NomosAnwalt

Dr. Bernhard von Kiedrowski
Rechtsanwalt, Berlin
Dr. Frank Lansnicker
Rechtsanwalt und Fachanwalt für Verwaltungs- und Arbeitsrecht, Berlin
Yvonne Marfurt
Rechtsanwältin, Berlin

Das Mandat in Bausachen

- Privates Baurecht
- Öffentliches Baurecht
- Architektenrecht

Nomos

Die Deutsche Bibliothek verzeichnet diese Publikation in
der Deutschen Nationalbibliografie; detaillierte bibliografische
Daten sind im Internet über http://dnb.ddb.de abrufbar.

ISBN 13: 978-3-8329-2032-6
ISBN 10: 3-8329-2032-3

1. Auflage 2007
© Nomos Verlagsgesellschaft, Baden-Baden 2007. Printed in Germany. Alle Rechte, auch die des Nachdrucks von Auszügen, der fotomechanischen Wiedergabe und der Übersetzung, vorbehalten.

Vorwort

Bau- und Architektenrecht ist anwaltliche Spezialmaterie. Als nachzuweisende besondere Kenntnisse im Bau- und Architektenrecht muss der angehende Fachanwalt u. a. das Bauvertragrecht, das Recht der Architekten und Ingenieure sowie die Grundzüge des öffentlichen Baurechts einschließlich der jeweiligen Besonderheiten der Verfahrens- und Prozessführung beherrschen. Für den Erwerb der Qualifikation als Fachanwalt für Verwaltungsrecht zählt das Gebiet des öffentlichen Baurechts zu einem der Bereiche, auf denen der Rechtsanwalt „besondere Kenntnisse" nachzuweisen hat. Der Band wendet sich an beide Zielgruppen wie auch an den praktizierenden Anwalt, der mit einem baurechtlichen Mandat beauftragt ist.

Da jede Partei und natürlich ebenso ihr Rechtsanwalt den gerichtlich ausgetragenen baurechtlichen Fall siegreich beenden möchte, ist es wichtig, die spezifischen Besonderheiten des materiellen Rechts zu kennen und die prozessuale Klaviatur voll zu beherrschen. Insbesondere das Architektenrecht mit seinen zahlreichen Bezügen zu dem komplizierten und unübersichtlichen Preisrecht – der HOAI – ist ein bei Rechtanwälten und Gerichten unbeliebtes Rechtsgebiet. Das Werk hat sich zum Ziel gesetzt, dem Praktiker Hinweise zum materiellen Recht mit seinen Besonderheiten einerseits und einem sachgerechten Vorgehen im Prozess andererseits an die Hand zu geben und einen Leitfaden für die umfassende, strukturierte und somit effektive Betreuung eines anwaltlichen Mandats im Bau- und Architektenrecht zu bieten. Es zeigt Gefahrenstellen und vorbeugende Gegenmaßnahmen auf und vermittelt Strategien und Gegenstrategien, damit der mandatierte Baurechtsfall zum verdienten Erfolg geführt werden kann.

Inhaltsübersicht

Vorwort 5
Inhaltsübersicht 7
Inhaltsverzeichnis 9
Literaturverzeichnis 43

Teil 1 Privates Baurecht 51
§ 1   Einleitung 51
§ 2   Wichtige Überlegungen im Zuge der Übernahme eines baurechtlichen Mandats. 52
§ 3   Lokalisierung einzelner Vertragsverhältnisse im Rahmen der klassischen Baumodelle 64
§ 4   Die Sicherung bauvertraglicher Ansprüche 85
§ 5   Weichenstellung: BGB-Bauvertrag oder VOB-Bauvertrag ... 146
§ 6   Die Ansprüche des Auftragnehmers gegen den Auftraggeber .. 152
§ 7   Die Ansprüche des Auftraggebers gegen den Auftragnehmer .. 307
§ 8   Prozessuale Fragestellungen im praktischen Bauprozess .. 361
§ 9   Der Bauvertrag im Fall der Insolvenz eines Vertragspartners .. 395

Teil 2 Öffentliches Baurecht 438
§ 1   Vorgerichtliche Beratung und Vertretung 438
§ 2   Zulässigkeit von Vorhaben 470
§ 3   Öffentlich-rechtlicher Nachbarschutz 536
§ 4   Nachbarschutz von Gemeinden 594
§ 5   Verfahren im ersten Rechtszug 603
§ 6   Berufungs- und Beschwerdeverfahren 637
§ 7   Revisionsverfahren 644
§ 8   Zivilrechtlicher Nachbarschutz 652
§ 9   Staatshaftungs- und entschädigungsrechtliche Verfahren . 666
§ 10 Verfassungsbeschwerdeverfahren 690
§ 11 Verfahren vor dem Europäischen Gerichtshof für Menschenrechte (EGMR) ... 701
§ 12 Verfahren vor dem Europäischen Gericht (EuG) und dem Europäischen Gerichtshof (EuGH) 705

Teil 3 Architektenrecht 716
§ 1   Einleitung 716
§ 2   Die Übernahme des architektenrechtlichen Mandates 717
§ 3   Vertragsverhältnisse mit Architekten – Vertragsmodelle . 719
§ 4   Die Sicherung von Ansprüchen im Architektenrecht 721
§ 5   Zulässigkeitsfragen im Architektenprozess 727
§ 6   Die Ansprüche des Architekten gegen den Auftraggeber .. 730
§ 7   Die Ansprüche des Auftraggebers gegen den Architekten . 842
Stichwortverzeichnis 885

Inhaltsverzeichnis

Vorwort 5
Literaturverzeichnis 43

Teil 1 Privates Baurecht 51
§ 1 Einleitung 51
§ 2 Wichtige Überlegungen im Zuge der Übernahme eines baurechtlichen Mandats. 52
    A. Abfordern der wesentlichen Vertragsunterlagen 52
    B. Vollmacht des Rechtsanwalts 53
        I. Beachtung von § 174 BGB bei der Vornahme einseitiger Erklärungen vorprozessualen Bereich 53
        II. Prozessvollmacht des Rechtsanwalts 54
          1. Erteilung der Prozessvollmacht 54
          2. Umfang der Prozessvollmacht 54
          3. Erlöschen der Prozessvollmacht 55
          4. Prüfung und Nachweis der Prozessvollmacht 55
          5. Fehlende Prozessvollmacht – Handeln als vollmachtloser Vertreter 55
    C. Pflichten und Haftung des Rechtsanwalts 56
        I. Grundpflichten des Rechtsanwalts 56
          1. Ermittlung des Sachverhaltes 56
          2. Rechtliche Würdigung 57
          3. Beratung und Belehrung des Mandanten 57
            a) Der Mandant als Entscheidungsträger 57
            b) Die Belehrung über die Erfolgsaussichten und das Kostenrisiko. 57
            c) Beratungspflichten im Zusammenhang mit dem Abschluss eines Vergleichs 58
          4. Der sicherste Weg 58
        II. Vermeidung einer Haftung des beauftragten Rechtsanwalts 58
        III. Verjährung und Aktenaufbewahrungspflicht gemäß § 50 Abs. 2 BRAO 59
        IV. Zulässige Haftungsbeschränkung gemäß § 51 a Abs. 1 BRAO 59
    D. Grundsätzliches zur Auswahl der Parteien 60
        I. Auswahl des Klägers (u. a. Abtretung der Forderung zur Schaffung von Zeugen) 60
        II. Auswahl des Beklagten (u. a. Klage gegen mehrere Streitgenossen zur Vermeidung) 61
    E. Rechtsschutzversicherung 61
    F. Außergerichtliche Streitbeilegung 62
§ 3 Lokalisierung einzelner Vertragsverhältnisse im Rahmen der klassischen Baumodelle 64
    A. Beauftragung eines Generalunternehmers oder -übernehmers 66
        I. Unternehmereinsatzformen 66
        II. Vertragsverhältnisse beim Generalunternehmer bzw. -übernehmermodell. 66
        III. Synchronisierung der Vertragsverhältnisse zwischen Bauherr, Haupt- und Subunternehmer 68
        IV. Die Beauftragung eines Nebenunternehmers 69
        V. Die Beteiligung einer Bau-ARGE 69
          1. Rechtsnatur der Bau-ARGE 69
          2. Begründung der Bau-ARGE 70

Inhaltsverzeichnis

		3. Organe der Bau-ARGE	71
		a) Aufsichtsstelle	71
		b) Kaufmännische und technische Geschäftsführung	71
		c) Bauleitung	71
		4. Haftung der Bau-ARGE und ihrer Gesellschafter	72
		5. Parteifähigkeit der Bau-ARGE	73
		6. Dauer und Auflösung der Bau-ARGE	74
	B.	Das Bauträgermodell	75
		I. Rechtsnatur des Bauträgervertrages	75
		1. Konstitutive Merkmale des Bauträgervertrages	75
		2. Rechtliche Einordnung des Bauträgervertrages	75
		3. Abgrenzung zum Generalübernehmermodell	76
		4. Sog. „verdecktes Bauträgermodell"	76
		II. Vertragsverhältnisse beim Erwerb einer Immobilie im Bauträgermodell	76
		III. Dinglicher Erwerb der Immobilie	77
		IV. Abwicklung klassischer Konfliktsituationen beim Bauträgervertrag	77
		1. Sicherung des Erwerbers im Fall der Insolvenz des Bauträgers	77
		a) § 3 MaBV	77
		b) § 7 MaBV	78
		c) Abweichen der vertraglichen Vereinbarung von §§ 3 und 7 MaBV	79
		2. Der Bauträger macht gegen den Erwerber Zahlungsansprüche geltend	79
		3. Der Erwerber begehrt von dem Bauträger (Insolvenzverwalter) die Auflassung oder will den Vertrag rückabwickeln	81
	C.	Die Bauherrengemeinschaft	82
		I. Konstruktion der Bauherrengemeinschaft	82
		II. Vertragsverhältnisse bei der Bauherrengemeinschaft	83
		III. Einschaltung eines Baubetreuers	83
§ 4	Die Sicherung bauvertraglicher Ansprüche		85
	A.	Das Privatgutachten	85
		I. Bedeutung des Privatgutachtens in der Baupraxis	85
		II. Verwertbarkeit des Privatgutachtens im Prozessverfahren	86
		III. Das Rechtsverhältnis zum Sachverständigen	87
		1. Rechtsnatur des Gutachtervertrages und Vergütung des Sachverständigen	87
		2. Haftung des Sachverständigen	87
		IV. Zur Erstattung der Kosten des Gutachtens von der Gegenseite	87
		1. Der materiell-rechtliche Kostenerstattungsanspruch	87
		2. Die Kostenerstattung im gerichtlichen Kostenfestsetzungsverfahren	88
	B.	Das Schiedsgutachten	88
		I. Vorliegen eines Schiedsgutachtenvertrages	89
		II. Abschluss eines Schiedsgutachtervertrages	89
		III. Wirkungen des Schiedsgutachtens	89
	C.	Das selbstständige Beweisverfahren	90
		I. Inhalt und Bedeutung des selbstständigen Beweisverfahrens	91
		II. Die besonderen Voraussetzungen des selbstständigen Beweisverfahrens	92
		1. Zustimmung des Gegners gemäß § 485 Abs. 1, 1. Alt. ZPO	93
		2. Veränderungsgefahr gemäß § 485 Abs. 1, 2. Alt. ZPO	93

		3. Sachverständigenbeweis gemäß § 485 Abs. 2 ZPO............	95
		a) Grundlagen......................................	95
		aa) Feststellungen zum Zustand oder zum Wert einer Sache ...	95
		bb) Feststellungen zu den Ursachen eines Sachschadens oder Sachmangels...................................	96
		cc) Feststellungen zum Aufwand für die Beseitigung eines Sachschadens oder Sachmangels....................	96
		b) Rechtliches Interesse..............................	97
		c) Später anhängiger Rechtsstreit / Aussetzung des Beweisverfahrens.......................................	98
	III.	Die Einleitung des selbstständigen Beweisverfahrens.............	99
		1. Die Antragsschrift....................................	99
		a) Bezeichnung des Gegners – § 487 Nr. 1 ZPO.............	99
		b) Bezeichnung der Tatsachen, über die Beweis erhoben werden soll – § 487 Nr. 2 ZPO................................	99
		c) Benennung der Zeugen oder Bezeichnung der übrigen nach § 485 ZPO zulässigen Beweismittel – § 487 Nr. 3 ZPO......	101
		d) Glaubhaftmachung der Tatsachen, die die Zulässigkeit des selbstständigen Beweis-verfahrens und die Zuständigkeit des Gerichts begründen sollen – § 487 Nr. 4 ZPO.............	101
		e) Kein Anwaltszwang................................	102
		2. Das zuständige Gericht gemäß § 486 ZPO..................	102
		a) § 486 Abs. 1 ZPO..................................	102
		b) § 486 Abs. 2 ZPO..................................	102
		c) § 486 Abs. 3 ZPO..................................	103
		3. Die Gewährung von Prozesskostenhilfe....................	103
		4. Die Streitverkündung im selbstständigen Beweisverfahren.......	104
	IV.	Die Verteidigung des Antragsgegners im selbstständigen Beweisverfahren..	105
		1. Einwendungen.......................................	105
		2. Stellen eines Gegenantrags.............................	105
	V.	Der Ergänzungsantrag.....................................	106
	VI.	Die Entscheidung über den Antrag...........................	107
		1. Art und Weise der Entscheidung durch das Gericht............	107
		2. Die Ablehnung des Antrags nebst Rechtsbehelf...............	107
		3. Der dem Antrag stattgebende unanfechtbare Beweisbeschluss....	107
		a) Verbot des Ausforschungsbeweises.....................	107
		b) Auslagenvorschuss.................................	108
		c) Ablauf der Beweisaufnahme..........................	109
		4. Der abändernde oder aufhebende Beschluss nebst Rechtsbehelf...	109
		5. Zur Frage der Auswahl des Sachverständigen................	109
		6. Die Ablehnung des Sachverständigen......................	109
		a) Ablehnungsgründe.................................	110
		b) Verfahren und Zeitpunkt............................	110
	VII.	Die Durchführung der Beweisaufnahme.......................	112
		1. Grundsätzliches zum Tätigwerden des gerichtlich bestellten Sachverständigen.......................................	112
		2. Die Durchführung der Ortsbesichtigung....................	113
		3. Mitwirkungspflichten der Parteien und Dritter................	114
		4. Das Gutachten.......................................	116

Inhaltsverzeichnis

VIII.	Verhalten nach Übersendung des schriftlichen Sachverständigengutachtens	116
	1. Anbringung von Einwendungen gegen das Gutachten und Antrag auf mündliche Anhörung des Sachverständigen gemäß § 411 Abs. 3 ZPO	116
	2. Verfristung des Anhörungsrechts und Beendigung des selbstständigen Beweisverfahrens	117
IX.	Rechtswirkungen des selbstständigen Beweisverfahrens	118
X.	Kosten des selbstständigen Beweisverfahrens	119
	1. Nach Durchführung des anschließenden Hauptsacheverfahrens	119
	a) Grundlagen	119
	b) Kostenentscheidung bei Durchführung der Hauptsache mit geringerem Streitwert	120
	aa) Zum Streitwert des selbstständigen Beweisverfahrens	121
	bb) Parteiidentität/identischer Streitgegenstand	122
	cc) Verbot der Teilkostenentscheidung	122
	c) Kostenentscheidung bei beendetem Beweisverfahren und Nichtdurchführung der Hauptsache	123
	d) Kostenentscheidung bei nicht beendetem Beweisverfahren	124
	e) Gesondertes Streitwertverfahren	125
D. Die Bauhandwerkersicherungshypothek		125
I.	Inhalt und Bedeutung der Bauhandwerkersicherungshypothek	125
II.	Voraussetzungen eines Anspruchs auf Eintragung einer Bauhandwerkersicherungshypothek	126
	1. Bestehen eines werkvertraglichen Werklohnanspruchs	126
	a) Die Aktivlegitimation des Auftragnehmers	126
	b) Die Werklohnforderung aus dem Bauvertrag	127
	2. Eigentum des Bestellers am Baugrundstück	127
	3. Nichtvorliegen eines vertraglich vereinbarten wirksamen Ausschlusses von § 648 BGB	128
III.	Verfahrensrechtliche Fragen	128
	1. Das einstweilige Verfügungsverfahren	128
	2. Das Klageverfahren	130
E. Bauhandwerkersicherung gemäß § 648a BGB		130
I.	Inhalt, Zweck und Bedeutung des § 648a BGB	130
II.	Voraussetzungen des § 648a BGB	130
	1. Der berechtigte Auftragnehmer	130
	2. Der verpflichtete Auftraggeber	131
	3. Der Anspruchsinhalt	131
III.	Rechtsfolgen des § 648a BGB	132
IV.	Ausschluss des § 648a BGB	134
F. Der einstweilige Rechtsschutz in Bausachen		134
I.	Grundlagen	134
	1. Abgrenzung der Sicherungsverfahren: Arrest und einstweilige Verfügung	134
	2. Das Verbot der Vorwegnahme der Hauptsache	135
	3. Anwaltszwang	135
	4. Zuständigkeiten	135
	5. Streitwert und RA-Gebühren	135
	6. Glaubhaftmachung	136
	7. Verspätungseinwand	137
	8. Rechtshängigkeit	137

	II.	Voraussetzungen für den Erlass	138
		1. Der zu sichernde Anspruch	138
		a) Einstweilige Verfügung eines Baubeteiligten	138
		aa) Aus der Sicht des Auftragnehmers	138
		bb) Aus der Sicht des Auftraggebers	140
		cc) Aus der Sicht eines Dritten	140
		b) Einstweiliges Verfügungsverfahren durch Dritte	140
		2. Arrest- bzw. Verfügungsgrund	141
		a) Sicherungs-, Regelungs- und Leistungsverfügung	141
		b) Dinglicher Arrest	142
		c) Persönlicher Arrest	142
	III.	Die Verfahrensarten	143
		1. Das Beschlussverfahren	143
		a) Ablehnender Beschluss	143
		b) Stattgebender Beschluss/Zustellung/Vollziehung	143
		2. Das Urteilsverfahren	144
	IV.	Der Widerspruch im Beschlussverfahren	145
§ 5	**Weichenstellung: BGB-Bauvertrag oder VOB-Bauvertrag**		**146**
	A.	Einbeziehungskontrolle	148
	B.	Inhaltskontrolle	149
	I.	Die VOB/B ist als Ganzes vereinbart worden	149
	II.	Die VOB/B ist nicht im Ganzen vereinbart worden	150
§ 6	**Die Ansprüche des Auftragnehmers gegen den Auftraggeber**		**152**
	A.	Werklohnansprüche für abgeschlossene (Teil)Leistungen	153
	I.	Beim BGB-Bauvertrag	153
		1. Vorliegen eines wirksamen Bauvertrages	153
		a) Der Bauvertrag als Werkvertrag – Abgrenzung zu anderen Vertragstypen	153
		aa) Abgrenzung zum Dienstvertrag	154
		bb) Abgrenzung zum Kaufvertrag	154
		cc) Abgrenzung zum Werklieferungsvertrag	155
		b) Zustandekommen des Bauvertrages gemäß der §§ 145 ff. BGB	155
		aa) Wirksames Angebot	156
		(1) Vorliegen einer Willenserklärung	156
		(2) Bestimmtheit der Willenserklärung	157
		(3) Wirksamkeit der Willenserklärung	158
		(4) Wirksamkeitshindernisse	160
		bb) Wirksame Annahme	160
		(1) Vorliegen einer Annahmeerklärung	160
		(2) Schweigen als Annahme – kaufmännisches Bestätigungsschreiben	160
		(3) Annahmezeitpunkt	162
		cc) Auslegung von Willenserklärungen – Vertragsauslegung	162
		dd) Einigungsmängel	163
		(1) Modifizierte Annahme gemäß § 150 Abs. 2 BGB	163
		(2) Offener Dissens gemäß § 154 BGB	164
		ee) Vertragsabschluss bei der Einschaltung eines Vertreters	164
		(1) Eigene Willenserklärung des Vertreters	165
		(2) Handeln im fremden Namen	165
		(3) Vertretungsmacht	166
		(4) Eigenhaftung des Vertreters	171

Inhaltsverzeichnis

c) Wirksamkeit des Bauvertrages	172
aa) Formnichtigkeit gemäß § 125 BGB	172
bb) Gesetzesverstoß gemäß § 134 BGB	173
(1) Verstoß gegen das Gesetz zur Intensivierung der Bekämpfung der Schwarzarbeit	173
(2) Verstoß gegen die Handwerksordnung	174
(3) Fehlen einer Baugenehmigung	174
(4) Verstoß gegen § 3 Abs. 2 MaBV	174
(5) Verstoß gegen Art. 1 § 1 Abs. 1 RBerG	174
cc) Sittenwidrigkeit gemäß § 138 BGB	174
dd) Anfechtung gemäß § 142 Abs. 1 BGB	175
(1) Vorliegen eines Anfechtungsgrundes	175
(2) Vorliegen einer Anfechtungserklärung	177
(3) Beachtung der Anfechtungsfrist	178
(4) Rechtsfolgen der Anfechtung	178
ee) (Aufschiebende) Bedingung gemäß § 158 Abs. 1 BGB	179
2. Vergütungsvereinbarung	179
a) Vorliegen einer ausdrücklichen Vergütungsvereinbarung	180
aa) Der Einheitspreisvertrag	180
(1) Grundlagen	180
(2) Zur Aufmaßnahme	182
(3) Exkurs: „Kreative" Angebotskalkulation	184
bb) Der Pauschalpreisvertrag	186
cc) Zum Stundenlohnvertrag	188
b) Übliche Vergütung gemäß § 632 BGB	189
3. Fälligkeit des Werklohnanspruchs	190
a) Grundsatz: Vorliegen einer Abnahme der Bauleistung	190
aa) Ausdrückliche Abnahme der Bauleistung	190
bb) Schlüssige Abnahme der Bauleistung	191
b) Ausnahme: Die Fälligkeit von Abschlagszahlungen gemäß § 632 a BGB	192
c) Vorliegen einer fiktiven Abnahme der Bauleistung	193
aa) Fertigstellungsbescheinigung gemäß § 641 a BGB	193
bb) Fiktive Abnahme gemäß § 640 Abs. 1 S. 3 BGB	194
d) Entbehrlichkeit einer Abnahme der Bauleistung für die Fälligkeit des Werklohnanspruchs	195
e) Durchgriffsfälligkeit gemäß § 641 Abs. 2 BGB	196
f) Rechtswirkungen der Abnahme	197
aa) Fälligkeit des Werklohnanspruchs	197
bb) Übergang der Leistungsgefahr und Preisgefahr	197
cc) Gewährleistungsfrist	198
dd) Beweislast	198
ee) Mängelvorbehalt	198
ff) Verzinsung	198
gg) Vorbehalt einer Vertragsstrafe	198
(1) Zweck einer Vertragsstrafe	199
(2) Wirksame Vereinbarung einer Vertragsstrafe	199
(3) Arten der Vertragsstrafe und ihre Auslösung	200
(4) Anrechnung der Vertragsstrafe auf einen Schadensersatzanspruch	201
(5) Berechnung der Vertragstrafe	201
(6) Beweislastverteilung	201

Inhaltsverzeichnis

    4. Vorliegen einer prüfbaren Abrechnung der erbrachten Bauleistungen 202
    5. Abzüge und Einbehalte 202
       a) Umlagen 202
       b) Sicherheitseinbehalt 203
II. Beim VOB-Bauvertrag: §§ 631, 632 i. V. m. §§ 12, 14, 16 VOB/B ... 203
    1. Vorliegen eines Werkvertrages bei wirksamer Einbeziehung der VOB/B 203
    2. Vergütungsvereinbarung 203
       a) Vorliegen einer ausdrücklichen Vergütungsvereinbarung 203
          aa) Einheitspreisvertrag gemäß § 5 Nr. 1 a) VOB/A 203
          bb) Pauschalpreisvertrag gemäß § 5 Nr. 1 b) VOB/A 203
          cc) Stundenlohnarbeiten gemäß § 5 Nr. 2 VOB/A 204
          dd) Selbstkostenerstattung gemäß § 5 Nr. 3 VOB/A 205
       b) Übliche Vergütung gemäß § 632 Abs. 2 BGB 205
    3. Abnahme der Bauleistung als Fälligkeitsvoraussetzung des Werklohnanspruchs 206
       a) Tatsächliche Abnahme der Bauleistung 206
          aa) Förmliche Abnahme gemäß § 12 Nr. 4 VOB/B 206
          bb) Schlüssige Abnahme 208
       b) Fiktive Abnahme der Bauleistung 208
          aa) Fiktive Abnahme gemäß § 12 Nr. 5 VOB/B 208
          bb) Fiktive Abnahme gemäß § 640 Abs. 1 S. 3 BGB 209
       c) Berechtigte Abnahmeverweigerung nach § 12 Nr. 3 VOB/B ... 210
       d) Rechtswirkungen der Abnahme 210
          aa) Fälligkeit des Werklohnanspruchs 210
          bb) Übergang der Leistungsgefahr und Preisgefahr 210
          cc) Gewährleistungsfrist 211
          dd) Beweislast 211
          ee) Mängelvorbehalt 211
          ff) Vorbehalt einer Vertragsstrafe 211
    4. Prüfbare Abrechnung der Bauleistung als Fälligkeitsvoraussetzung des Werklohnanspruchs 212
       a) Vorliegen einer prüfbaren Abrechnung 212
          aa) Grundlagen 212
          bb) Zur Abrechnung nach Aufmaßnahme 212
             (1) Gemeinsame Aufmaßnahme 213
             (2) Einseitige Aufmaßnahme 214
             (3) Abrechnung ohne Vorliegen eines Aufmaßes 214
             (4) Besonderheiten beim Pauschalvertrag 215
          cc) Die Prüfbarkeit der Abrechnung als reiner Selbstzweck? ... 215
          dd) Verlust des Einwands fehlender Prüfbarkeit der Abrechnung 215
          ee) Prozessuale Folgen bei fehlender Prüfbarkeit der Abrechnung 216
          ff) Selbsterstellung der Abrechnung durch den Auftraggeber .. 216
       b) Fälligkeit von Abschlags- und Schlusszahlungen 216
          aa) Abschlagszahlung gemäß § 16 Nr. 1 VOB/B 216
          bb) Vorauszahlungen gemäß § 16 Nr. 2 VOB/B 217
          cc) Schlusszahlung gemäß § 16 Nr. 3 VOB/B 217
       c) Verhältnis zwischen Abschlags- und Schlusszahlungsbegehren .. 218

Inhaltsverzeichnis

5. Abzüge und Einbehalte	219
a) Skontoabzug	219
b) Umlagen	220
c) Sicherheitseinbehalt	221
aa) Vorliegen einer ausdrücklichen Vereinbarung über die Sicherheitsleistung	221
bb) Inhalt der Sicherungsabrede	221
(1) Sicherungsmittel	221
(2) Zum Sicherungszweck	226
(3) Zum Sicherungsfall	228
(4) Zur Höhe der Sicherheitsleistung	229
B. Werklohnansprüche bei Änderungen, Zusatzaufträgen und auftragslos erbrachten Leistungen	229
I. Mengenänderungen	230
1. Beim Einheitspreisvertrag	230
a) VOB-Einheitspreisvertrag: § 2 Nr. 3 VOB/B	230
aa) Grundregel: § 2 Nr. 3 Abs. 1 VOB/B	230
bb) Mengenüberschreitungen: § 2 Nr. 3 Abs. 2 VOB/B	230
cc) Mengenunterschreitungen: § 2 Nr. 3 Abs. 3 VOB/B	231
b) BGB-Einheitspreisvertrag: § 313 BGB	231
2. Beim Pauschalpreisvertrag	232
II. Leistungsänderungen	233
1. Vorliegen einer Leistungsänderung	233
2. Abgrenzung zu den im Vertrag vorgesehenen Leistungen	233
3. Beim Einheitspreisvertrag	233
a) VOB-Einheitspreisvertrag: § 2 Nr. 5 VOB/B	233
aa) Ausgangspunkt: § 2 Nr. 5 VOB/B ist keine Rechtsgrundlage	233
bb) 1. Folgeschritt: § 2 Nr. 5 VOB/B: Änderung des Bauentwurfs/sonstige Anordnung des Auftraggebers	234
cc) 2. Folgeschritt: Einseitige Leistungsanordnung des Auftraggebers gemäß § 1 Nr. 3 VOB/B	234
dd) 3. Folgeschritt: Was stellt eine Änderung des Bauentwurfs dar?	235
ee) 4. Folgeschritt: Was sind „anderen" Anordnungen i. S. des § 2 Nr. 5 VOB/B?	236
ff) 5. Folgeschritt: Die Anordnung der reinen Bauzeitänderung	236
gg) 6. Folgeschritt: Die Rechtsfolgenregelung in § 2 Nr. 5 VOB/B	237
b) BGB-Einheitspreisvertrag: §§ 631, 632 BGB	237
4. Beim Pauschalpreisvertrag	238
III. Zusätzliche Leistungen	239
1. Beim Einheitspreisvertrag	239
a) VOB-Einheitspreisvertrag: § 2 Nr. 6 VOB/B	239
b) BGB-Einheitspreisvertrag: §§ 631, 632 BGB	240
2. Beim Pauschalpreisvertrag	240
IV. Wegfall einzelner Leistungen	240
1. VOB-Bauvertrag: §§ 2 Nr. 4, 8 Nr. 1 VOB/B	240
2. BGB-Bauvertrag: § 649 BGB	241
V. Auftragslos erbrachte Leistungen	241
1. VOB-Bauvertrag: § 2 Nr. 8 VOB/B sowie §§ 683 S. 1, 670 bzw. 812 ff. BGB	241

Inhaltsverzeichnis

2. BGB-Bauvertrag: §§ 683 S. 1, 670 bzw. 812 ff. BGB	241
C. Vergütungsansprüche des Auftragnehmers beim gekündigten Bauvertrag	242
I. Kündigung durch den Auftraggeber	243
1. Beim BGB-Bauvertrag	243
a) Kündigung gemäß § 649 BGB	243
aa) Freies Kündigungsrecht des Auftraggebers nach § 649 S. 1 BGB	243
bb) Wirkungen der Kündigung	244
(1) Wegfall der Leistungspflicht für den noch nicht erbrachten Teil	244
(2) Fälligkeit des Vergütungsanspruchs für die erbrachten Leistungen	244
(3) Anspruch des Auftragnehmers auf Abnahme	244
(4) Zur Aufmaßnahme	244
(5) Leistungsverweigerungsrecht des Auftraggebers bei Mängeln	246
(6) Mängelbeseitigungsrecht des Auftraggebers	247
(7) Bestehen eines Abrechnungsverhältnisses	247
cc) Umfang und Abrechnung des Vergütungsanspruchs bei § 649 BGB	248
(1) Zum Umfang des Vergütungsanspruch bei § 649 BGB	248
(2) Zur Abrechnung des Vergütungsanspruchs bei § 649 BGB	248
b) Kündigung wegen wesentlicher Überschreitung eines Kostenanschlags gemäß § 650 BGB	255
aa) Voraussetzungen für § 650 BGB	255
bb) Wirkungen der Kündigung	256
cc) Schadensersatzhaftung des Auftragnehmers aus §§ 280 Abs. 1, 650 Abs. 2 BGB	257
dd) Zum Umfang des Vergütungsanspruchs bei § 650 BGB	258
(1) Vergütung der erbrachten Leistungen	258
(2) Ersatz der in Vergütung nicht inbegriffenen Auslagen	259
ee) Auslegung der Kündigungserklärung	259
c) Kündigung aus wichtigem Grund	260
aa) Voraussetzungen einer Kündigung aus wichtigem Grund	260
bb) Wirkungen der Kündigung	261
cc) Zum Umfang des Vergütungsanspruchs bei Kündigung aus wichtigem Grund	262
dd) Auslegung der Kündigungserklärung	262
2. Beim VOB-Bauvertrag	263
a) Freie Kündigung gemäß § 8 Nr. 1 VOB/B i. V. m. § 649 BGB	263
aa) Voraussetzungen der Freien Kündigung	263
bb) Wirkungen der Kündigung nach § 8 Nr. 1 VOB/B	263
cc) Umfang und Abrechnung des Vergütungsanspruchs bei § 8 Nr. 1 VOB/B	265
b) Außerordentliche Kündigung gemäß § 8 Nr. 2 VOB/B	265
c) Außerordentliche Kündigung gemäß § 8 Nr. 3 VOB/B	265
aa) Voraussetzungen der außerordentlichen Kündigung gemäß § 8 Nr. 3 VOB/B	265
(1) § 4 Nr. 7 VOB/B	266
(2) § 5 Nr. 4 VOB/B	266
(3) Grobe Vertragsverletzung durch den Auftragnehmer	272

Inhaltsverzeichnis

(4) Fristsetzung mit Kündigungsandrohung	272
(5) Verwirkung des Kündigungsrechts	274
(6) Kündigungsfolgen	274
d) Kündigung bei Vorliegen einer Behinderung gemäß § 6 Nr. 7 VOB/B	278
II. Kündigung durch den Auftragnehmer	279
1. Beim BGB-Bauvertrag	279
a) Kündigung wegen der Nichterbringung von Mitwirkungspflichten gemäß §§ 642, 643 BGB	279
aa) Kündigungsvoraussetzungen	279
bb) Wirkungen der Kündigung	279
(1) Wegfall der Leistungspflicht für den noch nicht erbrachten Teil	279
(2) Fälligkeit des Vergütungsanspruchs für die erbrachten Leistungen	279
(3) Anspruch des Auftragnehmers auf Abnahme	280
(4) Zur Aufmaßnahme	280
(5) Leistungsverweigerungsrecht des Auftraggebers bei Mängeln	280
(6) Mängelbeseitigungsrecht des Auftraggebers	281
(7) Bestehen eines Abrechnungsverhältnisses	281
cc) Umfang des Vergütungs-/Entschädigungsanspruchs des Auftragnehmers	281
(1) Abrechnung der erbrachten Leistungen	281
(2) Entschädigungsanspruch gemäß § 642 Abs. 2 BGB	282
b) Kündigung aus wichtigem Grund	282
aa) Kündigungsvoraussetzungen	282
bb) Wirkungen der Kündigung	283
cc) Umfang des Vergütungs-/Entschädigungsanspruchs des Auftragnehmers	283
dd) Folgen einer unberechtigten Kündigung	283
2. Beim VOB-Bauvertrag	283
a) Außerordentliche Kündigung gemäß § 9 Nr. 1 a) VOB/B	283
aa) Kündigungsvoraussetzungen	283
bb) Wirkungen der Kündigung	284
cc) Umfang des Vergütungs-/Entschädigungsanspruchs des Auftragnehmers	284
b) Außerordentliche Kündigung gemäß § 9 Nr. 1 b) VOB/B	284
aa) Kündigungsvoraussetzungen	284
bb) Wirkungen der Kündigung	284
cc) Umfang des Vergütungs-/Entschädigungsanspruchs des Auftragnehmers	285
c) Kündigung aus wichtigem Grund	285
d) Kündigung bei Vorliegen einer Behinderung gemäß § 6 Nr. 7 VOB/B	285
D. Vergütungsansprüche des Auftragnehmers bei Behinderung und höherer Gewalt	285
I. Beim VOB-Bauvertrag	286
1. Werklohnanspruch des Auftragnehmers bei Behinderung gemäß § 6 Nr. 5 VOB/B	286
2. Werklohnanspruch des Auftragnehmers bei höherer Gewalt gemäß § 7 Nr. 1 i. V. m. § 6 Nr. 5 VOB/B	286

Inhaltsverzeichnis

3. (Behinderungs-)Schadensersatzanspruch des Auftragnehmers gemäß § 6 Nr. 6 VOB/B	286
4. Entschädigungsanspruch des Auftragnehmers gemäß § 642 BGB	289
II. Beim BGB-Bauvertrag	289
E. Ansprüche des Auftragnehmers aus § 280 Abs. 1 BGB bei der Verletzung von Nebenpflichten	289
F. Ansprüche des Unternehmers aus Geschäftsführung ohne Auftrag (GoA)	290
I. Vorliegen einer echten GoA	290
II. Vorliegen einer berechtigten GoA	290
III. Rechtsfolgen einer unberechtigten GoA	291
G. Ansprüche des Unternehmers aus Bereicherungsrecht	291
I. Voraussetzungen	291
II. Umfang	291
III. Aufgedrängte Bereicherung	292
H. Die Abwehr von Vergütungsansprüchen des Auftragnehmers durch den Auftraggeber	292
I. Einwendungen des Auftraggebers gegen den Vergütungsanspruch des Auftragnehmers	292
1. Aufrechnung gemäß §§ 387 ff. BGB	292
a) Voraussetzung einer Aufrechnung im laufenden Prozessverfahren	293
aa) Prozesshandlungsvoraussetzungen	293
(1) Vorliegen einer Prozesserklärung	293
(2) Bestimmtheit der Aufrechnung	293
(3) Die Aufrechnung als Verteidigungsvorbringen des Beklagten	293
(4) Rechtsfolge einer unzulässigen Aufrechnung	294
bb) Materielle Zulässigkeitsvoraussetzungen	294
(1) Gegenseitigkeit, Gleichartigkeit	294
(2) Kein Ausschluss der Aufrechnung	294
(3) Aufrechnungserklärung nach BGB	295
cc) Materielle Begründetheit: Bestehen einer Gegenforderung	295
b) Rechtskrafterstreckung gemäß § 322 Abs. 2 ZPO	296
c) Vorbehaltsurteil gemäß § 322 ZPO	296
2. Verrechnung	296
3. Verwirkung	297
II. Einreden des Auftraggebers gegen den Vergütungsanspruch des Auftragnehmers	298
1. Leistungsverweigerungsrecht gemäß § 320 BGB	298
a) Voraussetzungen	298
b) Druckzuschlag	298
c) Darlegungs- und Beweislast	298
d) Ausschluss des § 320 BGB	299
e) Problematik: § 648 a BGB nach Abnahme?	299
2. Zurückbehaltungsrecht gemäß § 273 BGB	301
3. Der unterlassene Vorbehalt bei der Schlusszahlung gemäß § 16 Nr. 3 Abs. 2 bis 6 VOB/B	301
a) Reichweite der Ausschlusswirkung	301
b) Vorliegen einer Schlussrechnung	301
c) Erfolgte Schlusszahlung durch den Auftraggeber	302
d) Schriftlicher Hinweis über die Ausschlusswirkung	302
e) Vorbehaltserklärung	302

Inhaltsverzeichnis

f) Vorbehaltsbegründung	303
aa) Begründung des Vorbehalts	303
bb) Folgen der Rechtsprechung zur formularrechtlichen Inhaltskontrolle	303
4. Einrede der Verjährung gemäß § 214 BGB	304
a) Beim BGB-Bauvertrag	304
b) Beim VOB-Bauvertrag	305
c) Grundsätzliches zum Verjährungsrecht	305

§ 7 Die Ansprüche des Auftraggebers gegen den Auftragnehmer **307**
   A. Der Baumangel. 307
     I. Vorliegen eines Sachmangels 307
      1. Beim BGB-Bauvertrag 307
        a) Vorliegen eines Sachmangels bei Beschaffenheitsvereinbarung . 307
          aa) Abweichung von der vertraglich vereinbarten Sollbeschaffenheit 307
          bb) Fehlende Verwendungseignung bei Vorliegen der vereinbarten Beschaffenheit 308
        b) Vorliegen eines Sachmangels ohne Beschaffenheitsvereinbarung 309
      2. Beim VOB-Bauvertrag 309
      3. Verletzung der Prüfungs- und Anzeigepflicht des Auftragnehmers . 310
        a) Rechtsgrundlage 310
        b) Prüfungspflicht 310
        c) Anzeigepflicht 310
      4. Zur Substantiierung des Sachmangels 311
     II. Vorliegen eines Rechtsmangels. 312
   B. Der Anspruch auf Mängelbeseitigung (Nachbesserung/Neuherstellung) 312
     I. Beim BGB-Bauvertrag 313
      1. Vor der Abnahme 313
      2. Nach der Abnahme 314
        a) Grundlagen 314
        b) Nacherfüllungsrecht des Auftragnehmers 315
        c) Erlöschen des Nacherfüllungsanspruchs des Auftraggebers.... 315
      3. Umfang des (Erfüllungs-)Nacherfüllungsanspruchs 315
      4. Kosten der Nachbesserung/Neuherstellung 317
      5. Die Selbstvornahme gemäß §§ 634 Nr. 2, 637 Abs. 1 BGB 318
      6. Der Kostenvorschussanspruch gemäß §§ 634 Nr. 2, 637 Abs. 3 BGB 321
        a) Voraussetzungen 321
        b) Zur Höhe des Vorschussanspruchs 321
        c) Geltendmachung weiterer Vorschüsse? 322
        d) Zur Verjährung des Vorschussanspruchs 323
        e) Abrechnungspflicht 323
        f) Rückforderungsanspruch 323
        g) Aufrechnung mit Schadensersatzanspruch. 324
      7. Die Abwehr der Mängelbeseitigungsklage durch den Auftragnehmer. 324
        a) Unmögliche Mängelbeseitigung gemäß § 275 BGB 324
        b) Die verweigerte Nacherfüllung bei unverhältnismäßigen Kosten gemäß § 635 Abs. 3 BGB 324
        c) Berücksichtigung von Sowieso-Kosten, Mitverschulden sowie der Vorteilsausgleichung. 325
          aa) Anspruchskürzung 325

Inhaltsverzeichnis

```
            (1) Sowieso-Kosten ............................. 325
            (2) Vorteilsanrechnung ......................... 326
            (3) Mitverschulden ............................. 326
         bb) Vorprozessuale Sicherheiten..................... 330
      d) Vorbehaltlose Abnahme gemäß § 640 Abs. 2 BGB.......... 331
      e) Verlust des Mängelbeseitigungsanspruchs bei Baustellenverbot? 331
      f) Vorliegen eines Haftungsausschlusses bzw. Haftungs-
         beschränkungen..................................... 331
         aa) Vorliegen von Allgemeinen Geschäftsbedingungen ....... 331
         bb) Inhaltskontrolle – Einzelne Klauseln ................. 333
            (1) Vollständiger Haftungsausschluss ................ 333
            (2) Haftungsausschluss bei gleichzeitiger Abtretung von
                Mängelhaftungsansprüchen..................... 335
            (3) Beschränkung auf Nacherfüllung................. 335
            (4) Beschränkung der Höhe nach ................... 336
            (5) Zeitliche Begrenzung.......................... 337
            (6) Änderung der Beweislast ...................... 337
            (7) Beschränkung auf den unmittelbaren Schaden........ 337
      g) Rechtsgeschäftliche Risikoübernahme .................. 338
   II. Beim VOB-Bauvertrag ................................. 338
      1. Vor der Abnahme................................... 338
         a) § 4 Nr. 6 VOB/B ................................. 338
         b) § 4 Nr. 7 VOB/B ................................. 339
      2. Nach der Abnahme.................................. 341
         a) Mängelbeseitigungsanspruch gemäß § 13 Nr. 5 Abs. 1 VOB/B . 341
         b) Die Selbstvornahme und der Aufwendungsersatzanspruch
            gemäß § 13 Nr. 5 Abs. 2 VOB/B ..................... 342
   III. Zur Verjährung des Mängelbeseitigungsanspruchs ............... 344
      1. Beim BGB-Bauvertrag................................ 344
      2. Beim VOB-Bauvertrag ............................... 344
         a) Grundlagen ..................................... 344
         b) Beachte: § 13 Nr. 5 Abs. 1 VOB/B..................... 345
C. Die Mängelrechte Rücktritt, Minderung und Schadensersatz ............ 345
   I. Beim BGB-Bauvertrag.................................. 346
      1. Rücktritt.......................................... 346
         a) Rücktritt gemäß §§ 634 Nr. 3, 323, 326 Abs. 5,
            346 Abs. 1 BGB................................... 346
         b) Rücktritt gemäß § 323 BGB bei verzögerter Bauausführung ... 347
      2. Minderung gemäß §§ 634 Nr. 3, 638 Abs. 1 BGB ............ 348
      3. Schadensersatz gemäß §§ 634 Nr. 4, 280 ff. BGB ............ 348
         a) Ersatz des Mangelfolgeschadens gemäß §§ 634 Nr. 4,
            280 Abs. 1 BGB................................... 349
         b) Ersatz des Mangelschadens gemäß §§ 634 Nr. 4,
            280 Abs. 1 und 3, 281 BGB........................... 349
         c) Ersatz des Verzögerungsschadens gemäß §§ 280 Abs. 1 und 2,
            286 BGB ........................................ 351
      4. Ersatz vergeblicher Aufwendungen gemäß § 284 BGB .......... 351
   II. Beim VOB-Bauvertrag ................................. 351
      1. Rücktritt beim VOB-Bauvertrag......................... 351
      2. Minderung gemäß § 13 Nr. 6 VOB/B..................... 352
      3. Schadensersatz gemäß § 4 Nr. 7 S. 2 VOB/B ................ 353
```

Inhaltsverzeichnis

			4. Schadensersatz gemäß § 13 Nr. 7 VOB/B	353
			a) § 13 Nr. 7 Abs. 1 VOB/B	354
			b) § 13 Nr. 7 Abs. 2 VOB/B	354
			c) § 13 Nr. 7 Abs. 3 S. 1 VOB/B – kleiner Schadensersatz	354
			d) § 13 Nr. 7 Abs. 3 S. 2 VOB/B – großer Schadensersatz	355
		III.	Zur Verjährung der Mängelrechte	356
			1. Beim BGB-Bauvertrag	356
			2. Beim VOB-Bauvertrag	356
	D.	Weitergehende Ansprüche		357
		I.	Schadensersatzanspruch des Auftraggebers gemäß § 280 Abs. 1 BGB bei der Verletzung von Nebenpflichten	357
		II.	Rücktrittsrecht und Schadensersatzanspruch des Auftraggebers beim BGB-Bauvertrag aus allgemeinem Leistungsstörungsrecht	358
		III.	Ansprüche des Auftraggebers bei verzögerter Bauausführung beim VOB-Bauvertrag	358
		IV.	Schadensersatzanspruch des Auftraggebers aus unerlaubter Handlung gemäß § 823 Abs. 1 BGB	359
§ 8	**Prozessuale Fragestellungen im praktischen Bauprozess**			**361**
	A.	Das Mahnverfahren		361
	B.	Das Klageverfahren		363
		I.	Zulässigkeitsfragen im Bauprozess	363
			1. Prüfung der Zulässigkeitsvoraussetzungen von Amts wegen	363
			2. Der Einfluss einer Schiedsvereinbarung auf den Bauprozess	364
			3. Die Zuständigkeit des Zivilgerichts in Bausachen	365
			a) Abgrenzung von privatem und öffentlichem Baurecht	365
			b) Funktionale Zuständigkeit	365
			c) Die Zuständigkeit der Kammer für Handelssachen	366
			4. Die örtliche Zuständigkeit	366
			a) Gerichtsstand des Erfüllungsorts	366
			b) Internationale Zuständigkeit bei grenzüberschreitender Bautätigkeit	367
			c) Gerichtsstandsvereinbarungen	367
			5. Taktisches Verhalten bei ungeklärter Zuständigkeit	368
			6. Zur subjektiven Klagehäufung im Bauprozess	369
			7. Aktivlegitimation und Prozessführungsbefugnis bei Mängeln am Sonder- und Gemeinschaftseigentum	369
			8. Die Feststellungsklage im Bauprozess	372
		II.	Zur Streitverkündung im Bauprozess	374
			1. Voraussetzungen der Streitverkündung	374
			a) Bestehender Rechtsstreit	375
			b) Streitverkündungsschriftsatz gemäß § 73 ZPO	375
			c) Zulässigkeit der Streitverkündung gemäß § 72 ZPO	375
			2. Form des Beitritts durch den Streitverkündungsempfänger	376
			3. Wirkungen der Streitverkündung	376
			4. Kosten der Streitverkündung	377
		III.	Die Klageschrift	377
			1. Anforderungen an einen schlüssigen Klägervortrag	377
			2. Darlegungslast	378
			a) Grundlagen	378
			b) Verkürzte Darlegungslast	379
			3. Zur Substantiierungslast	380

Inhaltsverzeichnis

	IV. Die Klageerwiderung	380
	1. Bestreiten der Anspruchsvoraussetzungen	380
	2. Vortrag einer Gegennorm	382
	3. Die Erhebung einer Widerklage	382
	V. Die mündliche Verhandlung	383
	1. Richterliche Maßnahmen	383
	2. Die Beweisstation	384
	a) Der Beweisbeschluss	384
	b) Die Beweiswürdigung	384
	3. Zu berücksichtigender Vortrag	386
	4. Verspätetes Vorbringen	387
	a) § 296 Abs. 1 ZPO	387
	b) § 296 Abs. 2 ZPO	388
	c) Tipps für die säumige Partei	388
	aa) Flucht in das Versäumnisurteil	388
	bb) Klageänderung / Klageerweiterung	388
	cc) Erhebung einer Widerklage	388
	C. Die Zwangsvollstreckung	389
	I. Die Zwangsvollstreckung wegen einer Geldforderung aus Bauvertrag	389
	1. Einfache Zug um Zug Verurteilung	389
	2. Doppelte Zug um Zug Verurteilung	391
	II. Die Zwangsvollstreckung bei der Abnahmeklage	392
	III. Die Zwangsvollstreckung bei der Mängelbeseitigung	392
§ 9	**Der Bauvertrag im Fall der Insolvenz eines Vertragspartners**	395
	A. Der Bauvertrag in der Insolvenz des Auftragnehmers	396
	I. Der Bauvertrag wird vom Auftraggeber bei eröffnetem Insolvenzverfahren nicht gekündigt	396
	1. Beiderseitige nicht vollständige Erfüllung	396
	a) Die Konzeption des BGH zu § 103 InsO – modifizierte Erlöschentheorie	397
	b) Der Insolvenzverwalter wählt gemäß § 103 InsO die Erfüllung des Bauvertrages	398
	c) Der Insolvenzverwalter lehnt die Erfüllung des Bauvertrages ab	399
	d) Bestehen eines insolvenzrechtlichen Abrechnungsverhältnisses	400
	aa) Zur Aufrechnung im Abrechnungsverhältnis	400
	(1) Bestehende Aufrechnungslage bei Eröffnung des Insolvenzverfahrens – § 94 InsO	401
	(2) Eintritt der Aufrechnungslage nach Verfahrenseröffnung – § 95 InsO	401
	(3) Einschränkung der Aufrechnungsbefugnis des Insolvenzgläubigers – § 96 InsO	401
	bb) Rechnungsposten zugunsten des Auftragnehmers/Insolvenzverwalters	402
	(1) Der Insolvenzverwalter lehnt die Erfüllung des Bauvertrages ab	402
	(2) Der Insolvenzverwalter wählt die Erfüllung des Bauvertrages	404
	cc) Rechnungsposten zugunsten des Auftraggebers	404
	(1) Mängel	404
	(2) Restfertigstellungsmehrkosten	406
	(3) Vertragsstrafe/Verzugsschaden	407
	(4) Sicherungseinbehalt	407

23

Inhaltsverzeichnis

2. Der von einer Vertragspartei bereits vollständig erfüllte Bauvertrag ... 407
   a) Der Auftraggeber hat bereits vollständig erfüllt. 407
   b) Der Auftragnehmer als Insolvenzschuldner hat bereits vollständig erfüllt 409
II. Der Bauvertrag wird vom Auftraggeber vor Eröffnung des Insolvenzverfahrens gekündigt. 409
   1. Kündigungsrecht des Auftraggebers beim VOB-Bauvertrag 409
      a) Voraussetzungen für eine Kündigung nach § 8 Nr. 2 Abs. 1 VOB/B 409
         aa) Kündigung gemäß § 8 Nr. 2 Abs. 1 1. Alt. VOB/B bei Zahlungsunfähigkeit 410
         bb) Kündigung gemäß § 8 Nr. 2 Abs. 1 2. Alt. VOB/B bei Vorliegen eines Insolvenz(eigen)antrags 411
         cc) Kündigung gemäß § 8 Nr. 2 Abs. 1 3. Alt. VOB/B bei Eröffnung eines Insolvenz- bzw. vergleichbaren gesetzlichen Verfahrens........................... 411
         dd) Kündigung gemäß § 8 Nr. 2 Abs. 1 4. Alt. VOB/B bei Ablehnung der Eröffnung des Insolvenzverfahrens mangels Masse 412
         ee) Zur Darlegungs- und Beweislast für das Vorliegen eines Kündigungsgrundes. 412
      b) Vereinbarkeit von § 8 Nr. 2 Abs. 1 VOB/B mit § 119 InsO ... 412
      c) Sonderproblem: Vermögensverfall einzelner Mitglieder einer ARGE auf Auftragnehmerseite 413
      d) Rechtsfolgen der Kündigung........................... 414
         aa) Wegfall der Leistungspflicht für den noch nicht erbrachten Teil. 414
         bb) Fälligkeit des Vergütungsanspruchs für die erbrachten Leistungen. 414
         cc) Anspruch des Auftragnehmers auf Abnahme 414
         dd) Zur Aufmaßnahme 414
         ee) Leistungsverweigerungsrecht des Auftraggebers bei Mängeln 414
         ff) Mängelbeseitigungsrecht des Auftraggebers 415
      e) Bestehen eines Abrechnungsverhältnisses 415
         aa) Rechnungsposten zugunsten des Auftragnehmers 415
         bb) Rechnungsposten zugunsten des Auftraggebers/ Insolvenzverwalters. 416
            (1) Restfertigstellungsmehrkosten.................... 416
            (2) Mängel 418
            (3) Vertragsstrafe/Verzugsschaden 421
            (4) Sicherungseinbehalt. 421
   2. Beim BGB-Bauvertrag 421
B. Der Bauvertrag in der Insolvenz des Auftraggebers 422
  I. Handlungsmöglichkeiten des Auftragnehmers vor Eröffnung des Insolvenzverfahrens 422
   1. Kündigung gemäß § 9 Nr. 1 b) VOB/B bzw. Rücktritt gemäß § 323 Abs. 1 BGB 422
   2. Loslösung vom Bauvertrag über § 648 a BGB 422
   3. Unsicherheitseinrede gemäß § 321 Abs. 1 S. 1 BGB............ 423
   4. Leistungsverweigerungsrecht 423

Inhaltsverzeichnis

II.	Abwicklung des Bauvertrages nach Eröffnung des Insolvenzverfahrens	424
	1. Der Insolvenzverwalter lehnt die Erfüllung ab: Forderungsanmeldung	424
	2. Der Insolvenzverwalter wählt die Erfüllung	424
C.	Praxisrelevante Problemkreise des materiellen Insolvenzrechts	425
I.	Der Gang des Insolvenzverfahrens	425
	1. Das Eröffnungsverfahren	425
	a) Die Vorprüfung	425
	aa) Vorliegen eines Insolvenzantrages	425
	bb) Zuständigkeiten	425
	cc) Zulässigkeit des Insolvenzverfahrens bei Vorliegen eines Gläubigerantrages	425
	b) Die Hauptprüfung	426
	aa) Beweis des Vorliegens eines Insolvenzgrundes	426
	bb) Anordnung von Sicherungsmaßnahmen	426
	(1) Anordnung eines Verfügungsverbots bzw. eines Zustimmungsvorbehalts	426
	(2) Anordnung betreffend der Einzelzwangsvollstreckung gegen den Schuldner	427
	(3) Einsetzung eines sog. starken vorläufigen Insolvenzverwalters	427
	(4) Einsetzung eines sog. schwachen vorläufigen Insolvenzverwalters	428
	c) Der Abschluss des Eröffnungsverfahrens	428
	aa) Das Insolvenzverfahren wird eröffnet	428
	bb) Die Eröffnung des Insolvenzverfahrens wird mangels Masse abgewiesen	429
II.	Auswirkungen des Insolvenzverfahrens auf anhängige Prozesse des Insolvenzschuldners	430
	1. Unterbrechung des anhängigen Prozesses nach §§ 240, 249 ZPO	430
	2. Aufnahme von Aktivprozessen	430
	3. Fortführung von Passivprozessen	431
	a) Aussonderungs-, Absonderungs-, Massegläubiger	431
	b) Insolvenzgläubiger	431
III.	Die Insolvenzanfechtung	431
	1. Zweck des Insolvenzanfechtungsrechts	431
	2. Ausübung des Insolvenzanfechtungsrechts	432
	3. Voraussetzungen der Insolvenzanfechtung	432
	a) Grundvoraussetzungen gemäß § 129 InsO	432
	b) Anfechtung wegen inkongruenter Deckung gemäß § 131 InsO	433
	aa) Vorliegen eines inkongruenten Deckungsgeschäfts	433
	bb) Vorliegen zusätzlicher Voraussetzungen gemäß § 131 Abs. 1 Nr. 1 – 3 InsO	434
	c) Anfechtung bei kongruenter Deckung gemäß § 130 InsO	435
	d) Anfechtung bei vorsätzlicher Gläubigerbenachteiligung gemäß § 133 InsO	436
	e) Anfechtung bei unentgeltlichem Erwerb gemäß § 134 InsO	437

Inhaltsverzeichnis

Teil 2 Öffentliches Baurecht	438
§ 1 Vorgerichtliche Beratung und Vertretung	438
A. Öffentliches Baurecht – Anwaltliche Spezialmaterie	438
I. Privates und öffentliches Baurecht	439
II. Rechtsquellen des öffentlichen Baurechts	439
III. Bauplanungs- und Bauordnungsrecht	440
IV. Besondere Kenntnisse des Verwaltungsrechts	441
B. Mandatsanbahnung	443
I. Telefonischer Erstkontakt	443
II. Sichtung der Unterlagen	445
III. Persönlicher Erstkontakt	445
IV. Zusammenfassendes Schreiben	447
C. Erstberatung	448
D. Mandatsübertragung	449
I. Klärung der Honorar- und Kostenfrage	449
1. Streitwertkatalog des BVerwG	449
2. Vergütungsvereinbarung	451
3. Rechtsschutzversicherung	453
4. Prozesskostenhilfe	453
II. Erteilung der Vollmacht	454
III. Nachforderung fehlender Unterlagen	455
IV. Fristenkontrolle und Anwaltshaftung	455
E. Außergerichtliche Tätigkeiten	456
I. Vorschußanforderung	456
II. Interne Beratungstätigkeit	457
III. Vertretung gegenüber Behörden	457
IV. Vertretung im Widerspruchsverfahren	459
1. Versagung der Baugenehmigung	459
2. Anfechtung der Baugenehmigung	460
3. Akteneinsicht	461
4. Erstattung von Kosten im Vorverfahren	462
5. Gebühren und Kosten	463
V. Vertretung im Bebauungsplanverfahren	464
1. Beteiligung der Öffentlichkeit	464
2. Rügepflichten	465
3. Heilungsmöglichkeiten	465
4. Vorgehen nach Inkrafttreten des Bebauungsplans	465
VI. Konfliktschlichtung	466
VII. Prüfung und Anmeldung von Staatshaftungs- und Entschädigungsansprüchen	467
§ 2 Zulässigkeit von Vorhaben	470
A. Bauleitplanung	471
I. Arten des Bebauungsplans	472
II. Aufstellungsverfahren	472
1. Erforderlichkeitsgebot	473
2. Entwicklungsgebot	475
3. Anpassungsgebot	476
4. Abstimmungsgebot	477
5. Beteiligungs- und Auslegungsgebot	477
6. Inhalt des Bebauungsplans	479
7. Bekanntmachung	481

Inhaltsverzeichnis

	III.	Baunutzungsverordnung	481
		1. Systematik	481
		2. Art der baulichen Nutzung	482
		3. Maß der baulichen Nutzung	482
		4. Bauweise	483
		5. Überbaubare Grundstücksflächen	483
		6. Gemengelage	484
		7. Gebiets(un)verträgliche Nutzungen	484
	IV.	Abwägungsgebot	487
	V.	Umweltbelange	489
	VI.	Plansicherung	490
		1. Veränderungssperre	490
		2. Zurückstellung von Baugesuchen	491
		3. Teilung von Grundstücken	491
		4. Vorkaufsrecht	492
	VII.	Planerhaltung	493
		1. § 214 BauGB	493
		2. § 215 BauGB	494
B.	Städtebaulicher Vertrag		494
C.	Vorhaben- und Erschließungsplan		496
D.	Städtebauliche Entwicklungsmaßnahme		498
	I.	Gesetzliche Voraussetzungen	499
	II.	Rechtsprechung des BVerwG	500
		1. Verfassungsrechtliche Bedenken	500
		2. Zulässigkeit und Grenzen	501
	III.	Beratung und Vertretung des Eigentümers	502
E.	Stadtumbau und Soziale Stadt nach §§ 171 a – 171 e BauGB		504
F.	Zulässigkeit von Vorhaben nach §§ 29–38 BauGB		505
	I.	§ 29 Begriff des Vorhabens; Geltung von Rechtsvorschriften	505
	II.	§ 30 Zulässigkeit von Vorhaben im Geltungsbereich eines Bebauungsplans	507
	III.	§ 31 Ausnahmen und Befreiungen	508
		1. Ausnahmen	508
		2. Befreiungen	508
	IV.	§ 32 Nutzungsbeschränkungen auf künftigen Gemeinbedarfs-, Verkehrs-, Versorgungs- und Grünflächen	509
	V.	§ 33 Zulässigkeit von Vorhaben während der Planaufstellung	510
		1. Rechtsanspruch	510
		2. Ermessen	510
	VI.	§ 34 Zulässigkeit von Vorhaben innerhalb der im Zusammenhang bebauten Ortsteile	511
		1. Systematik	511
		2. Im Zusammenhang bebaute Ortsteile	511
		3. Eigenart der näheren Umgebung	512
		4. Einfügen	513
		5. Weitere Anforderungen	514
		6. Anwendung der BauNVO	515
	VII.	§ 35 Bauen im Außenbereich	515
		1. Privilegierte Vorhaben	516
		2. Sonstige Vorhaben	517
		3. Beeinträchtigung öffentlicher Belange	517
		4. Begünstigte Vorhaben	519

27

Inhaltsverzeichnis

VIII.	§ 36 Beteiligung der Gemeinde und der höheren Verwaltungsbehörde	519
IX.	§ 37 Bauliche Maßnahmen des Bundes und der Länder	521
X.	§ 38 Bauliche Maßnahmen von überörtlicher Bedeutung auf Grund von Planfeststellungsverfahren; öffentlich zugängliche Abfallbeseitigungsanlagen	522

G. Materielles Bauordnungsrecht 523
    I. Rechtsgrundlagen. 523
    II. Aufbau. 523
    III. Regelungsgegenstände 524
    IV. Legaldefinitionen 524
    V. Anforderungen an das Bauvorhaben und seine Ausführung 525
        1. Generalklausel 525
        2. Allgemeine Anforderungen 526
        3. Besondere Anforderungen 526
H. Baugenehmigungsverfahren 526
    I. Bauaufsichtsbehörde 527
    II. Genehmigungsverfahren. 527
        1. Bauantrag 528
        2. Vereinfachtes Genehmigungsverfahren 528
        3. Genehmigungsfreistellungsverfahren 528
        4. Genehmigungsfreie Vorhaben 529
    III. Baugenehmigung 529
        1. Umfang und Regelungsgegenstand. 529
        2. Nebenbestimmungen 530
    IV. Bauvorbescheid 531
    V. Rücknahme und Widerruf 532
    VI. Eingriffsbefugnisse 532
        1. Betretungsrechte 532
        2. Eingriffe in rechtswidrig errichtete und genutzte bauliche Anlagen 533

§ 3 Öffentlich-rechtlicher Nachbarschutz. 536
    A. Abgrenzung zum zivilrechtlichen Nachbarschutz 537
        I. Begriff des Nachbarn 537
        II. Öffentlich-rechtlicher Nachbarschutz. 538
        III. Zivilrechtlicher Nachbarschutz 539
        IV. Verhältnis zwischen öffentlich-rechtlichem und zivilrechtlichem Nachbarschutz. 540
        V. Rechtsschutzwahl. 541
            1. Repressiver und präventiver Rechtsschutz 541
            2. Rechtsweg. 541
            3. Rechtsverletzungen 544
            4. Prozessuale Vorteile. 544
            5. Kostenaspekte 544
            6. Schadensersatz 545
            7. Vorteile des zivilrechtlichen Rechtsschutzes 545
            8. Abwägungsentscheidung 545
    B. Schutznormtheorie 546
        I. Konkret/partieller und abstrakt/genereller Nachbarschutz 547
        II. Bauplanungs- und Bauordnungsrecht 548
        III. Grundrechte. 549
            1. Art. 14 GG 549
            2. Art. 2 GG 550
            3. Landesverfassungen 550

	IV.	Verfahrensrechte	550
		1. Planfeststellungsverfahren	550
		2. Bebauungsplanverfahren	551
		3. Baugenehmigungsverfahren	551
C.	Inhaber geschützter Nachbarrechte	552
	I.	Klagebefugnis	553
		1. Eigentümer und dinglich Berechtigte	553
		2. Käufer	554
		3. Mieter, Pächter	554
		4. Verbände	555
		5. Erwerb von Sperrgrundstücken	556
	II.	Antragsbefugnis im Normenkontrollverfahren	557
		1. Darlegungslast	557
		2. Rechtsschutzbedürfnis	557
		3. Antragsteller	558
	III.	Geschützte Rechte der Gemeinde	559
D.	Verlust von Abwehrrechten	560
	I.	Bauplanungsrecht	560
	II.	Bauordnungsrecht	560
	III.	Verzicht	561
	IV.	Verwirkung	561
E.	Bauplanungsrechtlicher Nachbarschutz	563
	I.	Festsetzungen im Bebauungsplan	563
		1. Art der baulichen Nutzung nach §§ 2–11 BauNVO	564
		2. Festsetzungen nach §§ 12–14 BauNVO	567
		3. Maß der baulichen Nutzung nach §§ 16–21 BauNVO	567
		4. Schutz vor schädlichen Umwelteinwirkungen	568
		5. Weitere Festsetzungen	569
	II.	Abwägungsgebot	570
	III.	Nachbarschützende Vorschriften des BauGB	571
		1. § 14 BauGB	571
		2. § 19 BauGB	571
		3. § 30 BauGB	571
		4. § 31 BauGB	571
		5. § 34 BauGB	572
		6. § 35 BauGB	573
	IV.	Rücksichtnahmegebot	574
		1. Entwicklung	575
		2. § 15 I 2 BauNVO	576
	V.	Nachbarschutz gegen Spielflächen und Sportplätze	577
		1. Abgrenzung von Spielflächen und Sportplätzen	577
		2. Nachbarschutz gegen Spielflächen	578
		3. Nachbarschutz gegen Sportplätze	578
		4. Immissionsrichtwerte der 18. BImschV	579
F.	Bauordnungsrechtlicher Nachbarschutz	581
	I.	Schutznormtheorie	581
	II.	Bundesrechtliche Vorgaben	582
		1. Begriff des Baugrundstücks	582
		2. Sicherung der Erschließung	582
		3. Bauplanungsrechtliches Rücksichtnahmegebot	583
	III.	Nachbarschützende Regelungen	583
		1. Bauordnungsrechtliche Generalklausel	584

Inhaltsverzeichnis

	2. Abstandsflächenregelungen	584
	3. Stellplatz- und Garagenregelungen	584
	4. Vorschriften mit speziell immissionsbegrenzendem Schutzzweck	585
	5. Bestandsschützende Vorschriften	585
G.	Ansprüche gegenüber Immissionen durch die öffentliche Hand	585
I.	Abwehr- und Unterlassungsanspruch	586
	1. Anspruchsgrundlage	586
	2. Rechtswidrige zurechenbare Beeinträchtigung	587
	3. Zumutbarkeitsschwelle	587
	4. Gesteigerte Duldungspflichten	588
II.	Folgenbeseitigungsanspruch	588
III.	Kompensatorische Geldleistungsansprüche	589
IV.	Ansprüche gegenüber Immissionen durch Private	591
V.	Pflichten der Betreiber nicht genehmigungsbedürftiger Anlagen	591
VI.	Rechtsgrundlagen zum Einschreiten	591
VII.	Zumutbarkeitsschwelle	592
VIII.	Schutzwürdigkeit	592

§ 4 Nachbarschutz von Gemeinden ... 594
- A. Planfeststellungsverfahren ... 594
- B. Bauleitplanung ... 597
- C. Baugenehmigungsverfahren ... 598
- D. Anlagen der Landesverteidigung ... 599
- E. Rechtsschutz ... 600
  - I. Vorverfahren ... 600
  - II. Vorgehen gegen eine Baugenehmigung ... 601
  - III. Gemeindenachbarklage ... 601
  - IV. Anspruch auf Einschreiten ... 601
  - V. Vorhaben eines öffentlichen Bauherrn ... 602
  - VI. Vorläufiger Rechtsschutz ... 602
- F. Beiladung der Gemeinde ... 602

§ 5 Verfahren im ersten Rechtszug ... 603
- A. Hauptsacheverfahren ... 603
  - I. Zuständigkeiten ... 603
    - 1. Erstinstanzliche Zuständigkeiten ... 604
    - 2. Rechtswegfragen ... 604
  - II. Klageschrift ... 605
    - 1. Mussvorschriften ... 606
    - 2. Sollanforderungen ... 606
    - 3. Amtsermittlungsgrundsatz und Beweisangebote ... 607
    - 4. Akteneinsicht ... 608
    - 5. Kontaktaufnahme mit dem Gericht ... 608
  - III. Klagearten und Klageanträge ... 608
    - 1. Erteilung einer Baugenehmigung/eines Vorbescheides ... 609
    - 2. Anfechtung einer Baugenehmigung/eines Vorbescheides ... 609
    - 3. Anfechtung im vereinfachten Genehmigungsverfahren ... 610
    - 4. Einschreiten gegen baurechtswidrigen Zustand ... 610
    - 5. Genehmigungsfreistellung ... 612
    - 6. Fortsetzungsfeststellungsklage ... 612
    - 7. Untätigkeitsklage ... 613
  - IV. Verfahren außerhalb der mündlichen Verhandlung ... 614
    - 1. Klagerücknahmefiktion ... 614
    - 2. Übertragung auf den Einzelrichter ... 614

		3. Gerichtsbescheid.	615
		4. Vorlageverfahren	615
		5. Einfluss des Anwalts auf die Verfahrensdauer.	616
	V.	Mündliche Verhandlung.	617
		1. Ladung zur mündlichen Verhandlung.	617
		2. Vorbereitung des Termins.	618
		3. Gang der mündlichen Verhandlung	618
		4. Entscheidung über die Fortsetzung des Verfahrens	618
	VI.	Gebühren und Kosten.	619
		1. Festsetzung des Gegenstandswertes.	619
		2. Kosten des Beigeladenen.	619
		3. Kostenfestsetzung	619
B.	Vorläufiger Rechtsschutz		620
	I.	Antragsarten	620
		1. Antrag nach § 123 VwGO	621
		2. Antrag nach § 80 a III i. V. m. § 80 V VwGO	622
		3. Antrag nach §§ 80 VII, 123 VwGO	623
	II.	Verfahrensfragen	623
		1. **Antragsfristen**.	**623**
		2. Antrag und Begründung.	624
		3. Beweisaufnahme.	625
	III.	Schadensersatzpflicht	625
	IV.	Gebühren und Kosten.	625
C.	Normenkontrollverfahren		626
	I.	Sinn und Effektivität des Verfahrens.	626
	II.	Antragsbefugnis	627
	III.	Antragsgegenstand	628
		1. Vorhaben- und Erschließungsplan	629
		2. Planänderungen	630
		3. Teilunwirksamkeit	630
		4. Funktionslosigkeit	630
	IV.	Beiladung	631
	V.	Mündliche Verhandlung.	632
	VI.	Revisibililtät	632
	VII.	Verfahrensdauer	632
	VIII.	Gebühren und Kosten.	633
D.	Gerichtliche Entscheidung.		633
E.	Kostenfragen.		633
	I.	Allgemeine Kostenentscheidungen	634
	II.	Besondere Kostenentscheidungen	635
F.	Vollstreckung gegen die öffentliche Hand		635

§ 6 **Berufungs- und Beschwerdeverfahren** **637**

	A.	Formelle Voraussetzungen	637
		I. Vertretungszwang.	638
		II. Antrags- und Begründungserfordernis.	639
		III. Zulassungsgründe.	640
	B.	Nichtzulassungsentscheidung	641
	C.	Verfahren nach Zulassung des Rechtsmittels.	641
	D.	Gebühren und Kosten.	642
		I. Zulassungsverfahren.	642
		II. Berufungs- und Beschwerdeverfahren	643

Inhaltsverzeichnis

§ 7	Revisionsverfahren	644
	A. Sprungrevision	644
	B. Revisionszulassungsverfahren	645
	I. Frist und Form	645
	II. Zulassungsgründe	645
	1. Grundsatzrevision	646
	2. Divergenzrevision	646
	3. Verfahrensrevision	646
	4. Bedeutung im baurechtlichen Verfahren	647
	III. Entscheidung im Zulassungsverfahren	647
	1. Nichtabhilfe	647
	2. Zulassung der Revision	648
	3. Zurückverweisung bei Verfahrensmangel	648
	C. Revision	648
	I. Revisionsbegründung	648
	II. Mündliche Verhandlung	649
	D. Revisionsentscheidung	649
	I. Unzulässige oder unbegründete Revision	649
	II. Begründete Revision	649
	1. Letztentscheidung des BVerwG	650
	2. Zurückverweisung	650
	E. Verfahren nach Zurückverweisung	650
	F. Gebühren und Kosten	651
§ 8	**Zivilrechtlicher Nachbarschutz**	**652**
	A. Begriff des Nachbarn	653
	B. Anspruchsgrundlagen	654
	I. Beseitigungs- und Unterlassungsanspruch	655
	1. Schutzgut	655
	2. Beeinträchtigung	655
	3. Zurechenbarkeit	657
	4. Duldungspflichten	658
	II. Quasi-negatorischer Unterlassungsanspruch	661
	III. Ausgleichsanspruch	662
	C. Prozessuale Hinweise	664
	I. Beseitigungs- und Unterlassungsanspruch	665
	II. Ausgleichsanspruch	665
§ 9	**Staatshaftungs- und entschädigungsrechtliche Verfahren**	**666**
	A. Verfahren vor den allgemeinen Zivilgerichten	666
	I. Amtshaftung	666
	1. Allgemeine Amtspflichten	667
	2. Entschädigungsberechtigte	670
	3. Amtspflichten bei der Bauleitplanung	672
	4. Verschulden	674
	5. Anderweitige Ersatzmöglichkeit	675
	6. Abwendung durch andere Rechtsmittel	676
	7. Bindungswirkung verwaltungsgerichtlicher Entscheidungen	676
	8. Verjährung	677
	II. Enteignungsgleicher Eingriff	677
	1. Teilungsgenehmigung	678
	2. Bauvoranfrage	678
	3. Grundstücksverkehrsgenehmigung	678
	4. Verzögerungsschäden	678

	5. Anspruchskonkurrenz	678
III.	Enteignender Eingriff	679
B.	Verfahren vor den Baulandgerichten	679
I.	Prozessuale Besonderheiten	680
	1. Besetzung des Gerichts	680
	2. Beteiligte des Verfahrens	680
	3. Anzuwendendes Prozessrecht	681
II.	Planungsschadensrecht	682
	1. Abgrenzung	682
	2. Gegenstand des Planungsschadensrechts	682
	3. Beratungsgegenstand	684
III.	Enteignung und vorzeitige Besitzeinweisung	684
	1. Bemühen um den freihändigen Erwerb	685
	2. Verfahren vor der Enteignungsbehörde	685
	3. Gerichtliches Verfahren	687
IV.	Enteignungsentschädigung	688

§ 10 Verfassungsbeschwerdeverfahren **690**
- A. Formelle Voraussetzungen 690
  - I. Frist und Form 690
  - II. Rechtswegerschöpfung 692
  - III. Bundes- und Landesverfassungsrecht 694
  - IV. Annahmeerfordernis 694
- B. Prüfungsmaßstab 694
  - I. Verletzung spezifischen Verfassungsrechts 695
  - II. Fehlerhafte Gesetzesauslegung 695
  - III. Baurecht und Art. 14 GG 695
  - IV. Neuere Entscheidungen zu Art. 14 GG 697
- C. Verfahrensdauer 699
  - I. Kammerentscheidungen 700
  - II. Einstweilige Anordnungen 700
- D. Entscheidung 700

§ 11 Verfahren vor dem Europäischen Gerichtshof für Menschenrechte (EGMR) ... **701**
- A. Formelle Voraussetzungen 702
  - I. Form und Frist 702
  - II. Beschwerdegegenstand 702
- B. Verfahren 703
- C. Entscheidung 704
  - I. Urteil 704
  - II. Gebühren und Kosten 704

§ 12 Verfahren vor dem Europäischen Gericht (EuG) und dem Europäischen Gerichtshof (EuGH) **705**
- A. Bedeutung des Gemeinschaftsrechts im öffentlichen Baurecht 705
  - I. Unmittelbare Anwendung trotz fehlender Umsetzung 706
  - II. Schadensersatzpflicht 708
- B. Verfahren vor dem EuG 709
  - I. Beteiligtenfähigkeit 709
  - II. Klagebefugnis 710
    - 1. Nichtigkeitsklage 710
    - 2. Untätigkeitsklage 711
  - III. Form und Frist 711
  - IV. Klagegegenstand und Klageart 711
    - 1. Nichtigkeitsklage 712

Inhaltsverzeichnis

	2. Untätigkeitsklage	712
	3. Schadensersatzklage	712
	V. Verfahren	712
	VI. Entscheidung	713
	VII. Gebühren und Kosten	713
	C. Verfahren vor dem EuGH	714
	D. Neuere Entscheidungen des BVerwG und EuGH zu europarechtlichen Vorgaben	714

Teil 3 Architektenrecht ... 716

§ 1 Einleitung ... 716
§ 2 Die Übernahme des architektenrechtlichen Mandates ... 717
    A. Gestaltung von Architektenverträgen ... 717
    B. Vertragsrelevante Unterlagen ... 717
    C. Haftungsfälle: Gesamtschuldnerische Haftung ... 718
§ 3 Vertragsverhältnisse mit Architekten – Vertragsmodelle ... 719
    A. Rahmenvertrag ... 719
    B. Optionsvertrag ... 719
    C. Gestufte Beauftragung ... 720
§ 4 Die Sicherung von Ansprüchen im Architektenrecht ... 721
    A. Die Bauhandwerkersicherungshypothek ... 721
    B. Die Bauhandwerkersicherung gemäß § 648 a BGB ... 723
        1. Aufforderungsschreiben zur Sicherheitsleistung nach § 648 a BGB mit Ankündigung der Leistungsverweigerung ... 723
        2. Nachfristsetzung mit Kündigungsandrohung, § 648 a Abs. 5 S. 1 BGB ... 724
    C. Der einstweilige Rechtsschutz ... 724
§ 5 Zulässigkeitsfragen im Architektenprozess ... 727
    A. Zuständigkeitsfragen ... 727
        I. Spezialzuständigkeiten von Baukammern bzw. Bausenaten ... 727
        II. Örtliche Zuständigkeit ... 727
        III. Internationale Zuständigkeit ... 728
    B. Feststellungsklage ... 729
§ 6 Die Ansprüche des Architekten gegen den Auftraggeber ... 730
    A. Der Anspruch des Architekten auf das Architektenhonorar, §§ 631, 632 BGB, § 8 Abs. 1 HOAI ... 731
        I. Anspruch des Architekten auf das Architektenhonorar nach vertragsgemäß erbrachter Leistung ... 731
        1. Vorliegen eines wirksamen Architektenvertrages ... 731
            a) Der Architektenvertrag – Rechtsnatur ... 731
                aa) Der Architektenvertrag als Typenmischvertrag ... 731
                      (1) Werkvertragliche Komponente des Architektenvertrages ... 731
                      (2) Geschäftsbesorgungskomponente: Sachwalterpflichten ... 734
                bb) Architektenvertrag als Dienstvertrag ... 740
            b) Zustandekommen des Architektenvertrages ... 740
                aa) Wirksames Angebot ... 740
                      (1) Vorliegen einer Willenserklärung und Bestimmtheit der Willenserklärung ... 740
                      (2) Wirksamkeit der Willenserklärung ... 741
                bb) Wirksame Annahme ... 742
                      (1) Vorliegen einer Annahmeerklärung ... 742

(2) Vorvertrag	745
(3) Ansprüche aus einem Architektenwettbewerb	746
(4) Schweigen als Annahme	748
(5) Bewusste Willensmängel, Scheingeschäft – § 117 BGB	749
(6) Zuschlag bei öffentlicher Vergabe	749
(7) Annahmezeitpunkt	749
cc) Einigungsmängel	749
dd) Vertragsschluss bei Einschaltung eines Vertreters: Insbesondere Probleme der Vertretungsmacht bei Verträgen mit der öffentlichen Hand und Kirchen	749
(1) Vorschriften zur Vertretungsmacht bei Verträgen mit der öffentlichen Hand und Kirchen	750
(2) Rechtsfolgen bei mangelnder Vertretungsmacht	750
c) Wirksamkeit des Architektenvertrages	751
aa) Formnichtigkeit gem. § 125 BGB	751
(1) Grundsatz der Formfreiheit	751
(2) Schriftformabreden	751
(3) Notarielles Formerfordernis	751
(4) Schriftformerfordernis des § 4 Abs. 1, 4 HOAI	752
bb) Gesetzesverstoß gem. § 134 BGB	752
(1) Koppelungsverbot: § 134 BGB i. V. m. Art. 10 § 3 MRVG	752
(2) Vergabevorschriften der VOF als Verbotsgesetze	753
cc) Nichtigkeit gem. § 142 Abs. 1 BGB	754
dd) Widerrufsrecht nach § 312 BGB	755
ee) Aufschiebende Bedingung gem. § 158 Abs. 1 BGB	756
ff) Weitere Rechtsfolgen der Unwirksamkeit von Architektenverträgen	756
2. Vergütungsvereinbarung	757
a) Vorliegen einer ausdrücklichen Vereinbarung: Vergütung im Rahmen der Höchst- und Mindestsätze	757
aa) Anwendungsbereich der HOAI	757
(1) Sachlicher Anwendungsbereich	757
(2) Personeller Anwendungsbereich	758
(3) Territorialer Anwendungsbereich	759
bb) Honorarsatz, § 4 HOAI	759
(1) Honorar im Rahmen der Mindest- und Höchstsätze	760
(2) Unterschreitung des Mindestsatzes: § 4 Abs. 2 HOAI	761
(3) Überschreitung des Höchstsatzes: § 4 Abs. 3 HOAI	763
(4) Spätere Abänderung der Honorarvereinbarung	764
cc) Vereinbarung eines Pauschalhonorars	766
(1) Pauschalhonorar im Rahmen der Mindest- und Höchstsätze	766
(2) Bindung an das Pauschalhonorar bei Veränderung der Abrechnungsgrundlagen?	767
dd) Vereinbarung eines Zeithonorars, § 6 HOAI	768
ee) Die Fälle des § 16 Abs. 2 und Abs. 3 HOAI	769
ff) Vereinbarung eines Erfolgshonorars	769
gg) Vereinbarung eines Honorars für die Leistungen als SiGeKo (Sicherheits- und Gesundheitsschutzkoordinator)	770
hh) Vereinbarung eines Beratungshonorars	770
b) Übliche Vergütung, § 632 BGB	771

Inhaltsverzeichnis

c) Vergütung bei der Verlängerung von Planungs- und/oder Bauzeiten	771
3. Umfang des Honoraranspruchs nach Teil II der HOAI für Leistungen bei Gebäuden	773
a) Anrechenbare Kosten, § 10 HOAI	773
aa) Grundlagen: Die Kostenermittlungsarten nach § 10 Abs. 2 HOAI	773
(1) Kostenschätzung	778
(2) Kostenberechnung	778
(3) Kostenanschlag	779
(4) Kostenfeststellung	780
bb) Von § 10 Abs. 2 HOAI abweichende Kostenermittlung	780
(1) Vertraglich vereinbarte abweichende Kostenermittlung	780
(2) Bei Vereinbarung eines Pauschalhonorars	780
(3) Bei Vereinbarung einer Baukostengarantie oder einer Bausumme als Beschaffenheit des Werkes	781
cc) Ermittlung der anrechenbaren Kosten bei nur teilweise beauftragten Architektenleistungen und vorzeitiger Beendigung des Architektenvertrages	781
dd) Spezialfälle	782
(1) § 10 Abs. 3 HOAI	782
(2) § 10 Abs. 3 a HOAI	783
(3) § 10 Abs. 4 HOAI	784
(4) § 10 Abs. 5 HOAI	786
ee) Pauschalierung der anrechenbaren Kosten; § 4 a HOAI	787
b) Honorarzone	788
aa) Ermittlung der Honorarzone nach §§ 12, 11 HOAI	789
bb) Einordnung in die richtige Honorarzone nach objektiven Kriterien	790
c) Erbrachte und nicht erbrachte Leistungen, Leistungsphasen, § 15 HOAI	790
aa) Der Auftrag umfasst nicht sämtliche Leistungsphasen bzw. nicht alle Grundleistungen einer Leistungsphase	790
bb) Der Architekt erbringt nicht alle Grundleistungen der übertragenen Leistungsphasen	791
d) Ermittlung des Honorars durch Interpolation, §§ 5 a, 16 HOAI	792
e) Die Abrechnung besonderer Leistungen	794
aa) Isolierte Besondere Leistungen	794
bb) Ergänzende Besondere Leistungen: § 5 Abs. 4 HOAI	795
(1) Ergänzende Besondere Leistung mit Grundleistung vergleichbar: Abrechnung in angemessenem Verhältnis zur Grundleistung, § 5 Abs. 4 S. 2 HOAI	796
(2) Ergänzende Besondere Leistung nicht mit Grundleistung vergleichbar: Zeithonorar, § 5 Abs. 4 S. 3 i. V. m. § 6 HOAI	797
cc) Ersetzende Besondere Leistungen: § 5 Abs. 5 HOAI	797
f) Honorarerhöhungen und -minderungen	797
aa) Isolierte Beauftragung von Vorplanung, Entwurfsplanung und Objektüberwachung, § 19 HOAI	797
bb) Planungsänderungen, mehrere Vor- und Entwurfsplanungen, § 20 HOAI	799

(1) Planungsänderungen im Anwendungsbereich des
§ 20 HOAI bei unterschiedlichenAnforderungen 799
(2) Planungsänderungen außerhalb des Anwendungsbereichs des § 20 HOAI bei gleichen Anforderungen ... 801
cc) Mehrere Gebäude, § 22 HOAI 801
(1) Grundsatz: getrennte Abrechnung, § 22 Abs. 1 HOAI.. 801
(2) Honorarminderungen, § 22 Abs. 2 HOAI 802
(3) Honorarverteilung, § 22 Abs. 3 HOAI 805
(4) Honorarminderung, § 22 Abs. 4 HOAI............ 805
(5) Von § 22 Abs. 1-4 HOAI abweichende Vereinbarungen 805
dd) Umbau und Modernisierung, § 24 HOAI 806
(1) Honorarerhöhung nach § 24 Abs. 1 HOAI 807
(2) Honorarerhöhung nach § 24 Abs. 2 HOAI 808
(3) Abrechnung nach § 24 HOAI im Kontext mit
§ 23 HOAI 808
ee) Instandhaltung und Instandsetzung, § 27 HOAI 808
(1) Honorarerhöhung für die Leistungsphase 8 808
(2) Honorarerhöhung nach § 27 HOAI im Kontext mit
§ 24 HOAI 808
g) Zusätzliche Leistungen nach Teil III der HOAI 809
aa) Entwicklung und Herstellung von Fertigteilen, § 28 HOAI. 809
bb) Rationalisierungswirksame Besondere Leistungen,
§ 29 HOAI 809
cc) Projektsteuerung, § 31 HOAI 810
(1) Projektsteuerung in Abgrenzung zu Leistungen des
planenden Architekten......................... 810
(2) Projektsteuerungsleistungen nach § 31 Abs. 1 HOAI ... 811
(3) Honorar des Projektsteuerers, § 31 Abs. 2 HOAI 811
dd) Winterbau, § 32 HOAI 812
h) Gutachten und Wertermittlung, Teil IV der HOAI 812
aa) Gutachten, § 33 HOAI 812
bb) Wertermittlungen, § 34 HOAI..................... 812
i) Nebenkosten, § 7 HOAI 813
j) Umsatzsteuer, § 9 HOAI 814
4. Umfang des Honoraranspruchs nach Teil V bis XIII der HOAI ... 815
5. Fälligkeit des Honoraranspruchs, § 8 Abs. 1 HOAI 816
a) Vertragsgemäß erbrachte Leistung...................... 816
b) Prüfbare Schlussrechnung 817
aa) Anforderungen an die Prüfbarkeit der Schlussrechnung.... 817
bb) Inhaltliche Richtigkeit der Schlussrechnung.............. 818
cc) Einwendungen des Bauherrn gegen die Schlussrechnung ... 819
dd) Prozessuale Folgen der mangelnden Prüfbarkeit.......... 819
c) Übergabe der prüfbaren Schlussrechnung 820
d) Bindung des Architekten an die Schlussrechnung........... 820
e) Anspruch auf Abschlagszahlungen und deren Fälligkeit,
§ 8 Abs. 2 HOAI................................... 821
f) Fälligkeit von Nebenkosten 823
g) Abweichende Fälligkeitsvereinbarungen, § 8 Abs. 4 HOAI 823
II. Anspruch des Architekten auf Zahlung des Architektenhonorars
nach Kündigung des Architektenvertrages 824
1. Kündigung durch den Auftraggeber 824
a) Kündigung gem. § 649 BGB 824

37

		aa) Freies Kündigungsrecht des Auftraggebers, § 649 S. 1 BGB	824
		bb) Kündigungserklärung	824
		cc) Keine Abdingbarkeit des freien Kündigungsrechts in AGB .	825
		dd) Umfang und Abrechnung des Honoraranspruchs bei einer Kündigung gemäß § 649 BGB	825
		(1) Umfang des Vergütungsanspruchs	825
		(2) Abrechnung des Vergütungsanspruchs	825
		b) Kündigung aus wichtigem Grund durch den Bauherrn	828
		aa) Kündigungserklärung und Abmahnung	828
		bb) Wichtiger Grund	828
		cc) Berechnung des Honorars nach außerordentlicher Kündigung durch den Bauherrn	829
	2.	Kündigung durch den Architekten: Kündigung aus wichtigem Grund	830
		a) Wichtiger Grund	830
		b) Berechnung des Honorars nach der außerordentlichen Kündigung durch den Architekten	830
III.	Die Abwehr von Honoraransprüchen des Architekten durch den Auftraggeber	830
	1.	Einwendung des Auftraggebers gegen den Honoraranspruch des Architekten	830
		a) Aufrechung	830
		b) Verrechnung	831
		c) Verwirkung	831
	2.	Einreden des Auftraggebers gegen den Honoraranspruch des Architekten	831
		a) Einrede des nichterfüllten Vertrages gemäß § 320 BGB	831
		b) Zurückbehaltungsrecht gemäß § 273 BGB	832
		c) Einrede der Verjährung, § 214 BGB	832
IV.	Ansprüche aus Bereicherungsrecht	832
B. Urheberrechtliche Ansprüche des Architekten	833
I.	Voraussetzungen urheberrechtlicher Ansprüche gem. § 97 UrhG	833
	1.	Urheberrechtsschutz	834
		a) Urheber	834
		aa) Architekt als Urheber	834
		bb) Mehrere Architekten als Urheber	834
		b) Schutzfähigkeit: orginelle eigenschöpferische Darstellung und schützwürdige Gestaltungshöhe	834
		c) Inhalt des Urheberrechts	835
		aa) Urheberpersönlichkeitsrechte	835
		(1) Veröffentlichungsrecht, § 12 UrhG	835
		(2) Anerkennung der Urheberschaft, § 13 UrhG	835
		(3) Beeinträchtigungs- und Entstellungsverbot, § 14 UrhG .	836
		bb) Änderungsverbot und Änderungsbefugnis, § 39 UrhG	836
		cc) Instandsetzungen/Reparaturen und Zerstörung	837
		dd) Urheberrechte bei vorzeitiger Beendigung des Vertrages . . .	837
		ee) Verwertungsrechte, §§ 15-18 UrhG	837
		ff) Sonstige Urheberrechte, §§ 25-27 UrhG	838
	2.	Urheberrechtliche Nutzungsbefugnisse	838
		a) Übertragung der urheberrechtlichen Nutzungsbefugnisse	838
		b) Rechtsfolgen der Übertragung der Nutzungsbefugnisse	839

		aa) Kein Leistungsverweigerungs- und Zurückbehaltungsrecht des Architekten	839
		bb) Nachbauten	839
	II.	Rechtfolgen der Urheberrechtsverletzung	839
	III.	Schadensersatz oder Abwehransprüche außerhalb des UrhG bei nicht urheberrechtlich geschützten Werken	840
	IV.	Verjährung	840
	V.	Prozessuale Fragen des Urheberrechts	840
		1. Zuständigkeit	840
		2. Eilverfahren: einstweilige Verfügung	841

§ 7 Die Ansprüche des Auftraggebers gegen den Architekten 842
    A. Der Anspruch des Bauherrn auf Erbringung des werkvertraglich geschuldeten Erfolgs 842
    B. Der Mangel am Architektenwerk 843
        I. Vorliegen eines Sachmangels 843
            1. Sachmangel bei Beschaffenheitsvereinbarung 844
            2. Sachmangel ohne Beschaffenheitsvereinbarung 844
            3. Einzelne hervorzuhebende Mängel des Architektenwerkes. 844
                a) Planungsmängel 844
                    aa) Nicht genehmigungsfähige Planung 844
                    bb) Planung, die nicht den Regeln der Baukunst/Technik entspricht 845
                    cc) Planung, die nach wirtschaftlichen Gesichtspunkten nicht den vertraglichen Vereinbarungen entspricht 846
                        (1) Wirtschaftlich nicht der Sollbeschaffenheit entsprechende Planung 846
                        (2) Sonderproblem: Überschreiten der Baukosten 847
                        (3) Fehlende Optimierung der Nutzbarkeit 847
                    dd) Nicht oder nur teilweise erbrachte Planung 847
                b) Mängel bei der Vorbereitung und Mitwirkung bei der Vergabe. 847
                c) Mängel im Bereich der Objektüberwachung 848
                    aa) Gezielte Objektüberwachung 848
                    bb) Präsenz auf der Baustelle 848
                    cc) Prüfung von Baumaterialien 849
                    dd) Prüfung der Geeignetheit von Bauleistungen für den Aufbau weiterer Bauleistungen 849
                    ee) Bereits bei der Überwachung ersichtliche Baumängel. 849
                    ff) Überwachung in Abhängigkeit von dem Schwierigkeitsgrad der Bauleistungen 849
                        (1) Überwachungspflicht bei einfachen Bauleistungen 849
                        (2) Überwachungspflicht bei wichtigen Bauabschnitten. 850
                        (3) Gesteigerte Überwachungspflicht 850
                    gg) Einschränkungen der Überwachungspflicht 851
                    hh) Führen von Bautagebüchern 851
                    ii) Zeitplanung 851
                    jj) Rechnungsprüfung 852
                    kk) Objektüberwachung nach Beendigung der Bauleistungen .. 852
                d) Mängel im Rahmen der Leistungsphase 9 852
                e) Koordinierungsmängel 853
        II. Vorliegen eines Rechtsmangels 853

C. Der Anspruch des Bauherrn gegen den Architekten auf Mängelbeseitigung
(Nachbesserung/Nacherfüllung) 853
   I. Der Anspruch auf Nacherfüllung, §§ 634 Nr. 1, 635 BGB 853
      1. Nacherfüllungsverpflichtung bzgl. Mängel am Bauwerk 853
      2. Nacherfüllungsverpflichtung bzgl. Mängel am Architektenwerk .. 854
         a) Mangel des Architektenwerkes hat sich noch nicht als Mangel
           des Bauwerks verkörpert 854
           aa) Nacherfüllung bei nicht im Bauwerk verkörpertem Mangel 854
           bb) Ausnahme: Nacherfüllung trotz Verkörperung des
              Mangels im Bauwerk 854
         b) Nacherfüllung einer mangelhaften Planung 854
           aa) Nacherfüllung bei mangelhafter Genehmigungsplanung ... 855
           bb) Nacherfüllung bei mangelhafter Ausführungsplanung 855
         c) Nacherfüllung bei Kostenüberschreitung und Bausummen-
           überschreitung 855
         d) Nacherfüllung bei mangelhafter Bauüberwachung 856
         e) Nacherfüllung durch Mitwirkung bei der Mängelbeseitigung
           des Unternehmers 856
   II. Der Anspruch auf Selbstvornahme/Vorschuss §§ 634 Nr. 2,
      637 BGB 856
      1. Selbstvornahme/Vorschuss 856
      2. Fruchtloser Ablauf einer zur Nacherfüllung gesetzten
         angemessenen Frist 857
   III. Die Abwehr der Mängelbeseitigungsklage durch den Architekten ... 857
      1. Unmöglichkeit der Nacherfüllung, § 275 Abs. 1 BGB 857
      2. Die verweigerte Nacherfüllung bei unverhältnismäßigem
         Aufwand gemäß § 635 Abs. 3 BGB 857
      3. Sowieso-Kosten, Vorteilsausgleichung 857
   IV. Verjährung des Mängelbeseitigungsanspruchs 858
      1. Allgemeine Verjährungsfristen 858
         a) Erfüllungsanspruch des Bauherrn 858
         b) Anspruch auf Nacherfüllung, Aufwendungsersatz bei
           Selbstvornahme und Kostenvorschuss 858
           aa) Abnahme des Architektenwerkes 858
              (1) Anspruch des Architekten auf Abnahme 858
              (2) Teilabnahme 859
      2. Sonderregelungen und Vereinbarung von abweichenden
         Verjährungsfristen 859
D. Der Anspruch auf Rücktritt, Minderung und Schadensersatz 859
   I. Rücktritt gemäß §§ 634 Nr. 3, 323, 326 Abs. 5, 346 Abs. 1 BGB ... 859
      1. Rücktritt vom ganzen Vertrag oder Teilrücktritt 860
      2. Risiken des Rücktritts gem. §§ 634 Nr. 3, 323, 326 Abs. 5,
         346 Abs. 1 BGB 860
   II. Minderung gemäß §§ 634 Nr. 3, 638 Abs. 1 BGB 860
      1. Minderung bei mangelhaftem Architektenwerk 860
      2. Berechnung der Minderung beim mangelhaften Architektenwerk . 861
      3. Minderung und Versicherungsschutz 861
   III. Schadensersatz gemäß §§ 634 Nr. 4, 636, 280 ff. BGB 861
      1. Ersatz des Mangelfolgeschadens gemäß §§ 634 Nr. 4,
         280 Abs. 1 BGB 861

Inhaltsverzeichnis

	2. Ersatz des Mangelschadens gemäß §§ 634 Nr. 4, 280 Abs. 1 und 3, 281 BGB	862
	a) Voraussetzungen	862
	aa) Mangelhaftes Architektenwerk	862
	bb) Verschulden des Architekten	863
	b) Umfang des Schadensersatzanspruchs	863
	aa) Geldersatz	863
	bb) § 281 BGB: Schadensersatz statt der Leistung	864
	(1) Schadensersatz statt der Leistung.................	864
	(2) Kleiner Schadensersatzanspruch/großer Schadensersatzanspruch...............................	864
	3. Vorteilsausgleich	864
	4. Einwand des mitwirkenden Verschuldens, § 254 BGB	865
IV.	Verjährung der Ansprüche auf Rücktritt, Minderung und Schadensersatz	865
E. Schadensersatzanspruch des Bauherrn bei Überschreitung der Baukosten gemäß §§ 634 Nr. 4, 636, 280 BGB		865
I.	Baukostenüberschreitung	866
	1. Nichteinhaltung einer Baukostengarantie/Bausummengarantie ...	866
	2. Überschreitung einer Kostenobergrenze/des Kostenrahmens......	866
	a) Kostenobergrenze	866
	b) Kostenrahmen	866
	3. Kostenüberschreitung durch mangelnde Kostenkontrolle	867
II.	Pflichtverletzung und Kausalität	867
	1. Pflichtverletzung......................................	867
	a) Sonder- und Änderungswünsche des Bauherrn..............	868
	b) Toleranzgrenzen bei der Kostenermittlung?	868
	2. Kausalität	869
III.	Verschulden	869
IV.	Schaden	870
V.	Rechte des Architekten auf Nacherfüllung	871
VI.	Verjährung des Schadensersatzanspruchs wegen Baukostenüberschreitung	871
F. Schadensersatzanspruch wegen verzögerter Erbringung des Architektenwerks auf Ersatz des Verzögerungsschadens gemäß §§ 280 Abs. 1 und 2, 286 BGB		872
G. Schadensersatzansprüche gemäß § 280 Abs. 1 BGB bei „sonstiger" Pflichtverletzung – insbesondere Verletzung von Sachwalterpflichten...........		873
I.	Schadensersatz bei Ausschluss der Leistungspflicht nach §§ 280 (311 a BGB), 275, 283 BGB	873
II.	Schadensersatz statt der Leistung bei Verletzung von Schutzpflichten gemäß §§ 280 (311 Abs. 2), 282, 241 Abs. 2 BGB	873
H. Haftungsausschlüsse und Haftungsbeschränkungen		874
I.	Allgemeine Geschäftsbedingungen	874
II.	Inhaltskontrolle: Einzelne Klauseln	875
	1. Vollständiger Haftungsausschluss.........................	875
	a) Individuelle Vereinbarung	875
	b) Verwendung in AGB	876
	aa) Ausschluss der Mängelhaftung für einzelne Teilleistungen..	876
	bb) Haftungsausschluss für Nacharbeiten	876
	cc) Beschränkung auf verschuldete bzw. bei der Abnahme festgestellte Mängel	876

Inhaltsverzeichnis

	2. Beschränkung der Haftung auf Nacherfüllung...............	877
	a) Individuelle Vereinbarung.............................	877
	b) Verwendung in AGB..................................	877
	3. Beschränkungen der Höhe nach..........................	877
	a) Individuelle Vereinbarung.............................	877
	b) Verwendung in AGB..................................	877
	4. Zeitliche Begrenzung...................................	878
	a) Individuelle Vereinbarung.............................	878
	b) Verwendung in AGB..................................	878
	5. Änderung der Beweislast................................	878
	a) Individuelle Vereinbarung.............................	878
	b) Verwendung in AGB..................................	878
	6. Beschränkgung auf den unmittelbaren Schaden...............	878
	a) Individuelle Vereinbarung.............................	878
	b) Verwendung in AGB..................................	878
I.	Herausgabeansprüche des Auftraggebers..........................	878
J.	Schadensersatzanspruch aus unerlaubter Handlung gemäß § 823 Abs. 1 BGB und gemäß § 823 Abs. 2 BGB i. V. m. einem Schutzgesetz	879
	I. Haftung wegen Eigentumsverletzung gemäß § 823 Abs. 1 BGB.....	879
	II. Haftung wegen der Verletzung von Verkehrssicherungspflichten....	879
	1. Haftung des planenden Architekten......................	880
	2. Haftung des mit der Objektüberwachung beauftragten Architekten...	880
	3. Haftung für durch Baumängel verursachte Schäden............	881
	III. Haftung als Bauleiter nach den Landesbauordnungen	881
	IV. Haftung für Tätigkeiten nach der Baustellenverordnung	882
	V. Haftung nach § 823 Abs. 2 BGB i. V. m. einem Schutzgesetz	882
K.	Bereicherungsrechtliche Ansprüche	882
Stichwortverzeichnis		**885**

Literaturverzeichnis

Achilles-Baumgärtel, Zum Nachbesserungs-/Schadensbeseitigungsrecht der Architekten nach Bauwerksverwirklichung, BauR 2003, 1125

Anker/Adler, Die echte Bausummenüberschreitung als ein Problem des Schadensrechts, BauR 1998, 465

Basty, Der Bauträgervertrag, 4. Auflage 2002

Baumbach/Lauterbach/Albers/Hartmann, Zivilprozessordnung, 62. Auflage 2004

Baumgärtel, Beweislastpraxis im Privatrecht (1996)

Beck´scher VOB-Kommentar, VOB Teil B, 1997

Beigel, Urheberrecht des Architekten, 1984

Bindhardt/Jagenberg, Die Haftung des Architekten, 8. Auflage 1981

Böhme, Einige Überlegungen zum vereinbarten Kostenlimit. Wie wirkt es sich auf das geschuldete Honorar aus – und warum? BauR 2004, 397

Bönker, Der Architekt als Baujurist? – Haftung für genehmigungsfähige Planung, NZBau 2003, 80

Braun, Insolvenzordnung, Kommentar, 2002

Bredenbeck/Schmidt, Honorarabrechnung nach HOAI, BauR 1994, 67

Bultmann, Zur „Entreicherung" des Bauherrn bei Architektenleistungen aufgrund nichtigen Vertrags gemäß § 818 Abs. 3 BGB, BauR 1995, 335

Burchhardt/Pfülb, ARGE-Kommentar, 3. Auflage 1998

Craushaar ......1997, 1 und DAB 1997, 709

ders., Architektenleistungen als unentgeltliche Akquisition, Festschrift für Vygen, 1999, 10

Cuypers, Das neue Bauvertragsrecht, 2. Auflage 2002

Deckers, Minderung des Architektenhonorars trotz plangerechter und mängelfreier Entstehung des Bauwerks, BauRB 2004, 373

ders., Neues zur Honorarberechnung für Besondere Leistungen nach der HOAI, BauR 1995, 446

ders., Die Honorarzone muss stets objektiv ermittelt werden, DAB 2004, 36

ders., Europarecht und HOAI, ZfBR 2003, 419

ders., Honorarkürzung wegen nicht erbrachter Architektenleistung – Abschied vom Begriff der zentralen Leistung, Festschrift für Vygen 1999, 20

ders., Internationales Kollisionsrecht der HOAI und EG-rechtliche Folgen, ZfBR 2003, 421

ders., Rechtsfragen des Innenarchitektenvertrages, BauR 1971, 68

ders., Unlauterer Wettbewerb von Architekten und Ingenieuren durch Verstöße gegen Bestimmungen der HOAI und des Standesrechts, BauR 1995, 146

ders., Unterschreitung der HOAI-Mindestsätze in Ausnahmefällen (Zusammenfassung und Kritik des Meinungsstandes), BauR 1987, 144

Literaturverzeichnis

Doerry, Das Verbot der Architektenbindung in der Rechtsprechung des Bundesgerichtshofs, ZfBR 1991, 48

Dreiher/Schulze, Kommentar zum Urhebergesetz, 2004

Ehlers, Welches nationale Recht gilt bei binationalen Bauaufträgen?, NZBau 2002, 19

Elshorst, NJW 2001, 3223 zu den Ersatzansprüchen

Englert, „Wahlgerichtsstand Erfüllungsort", „Justizentlastung" und Verweisungspraxis in Bausachen: DAV und Gesetzgeber gefordert, NZBau 2004, 360

Enseleit/Osenbrück, HOAI-Praxis, Anrechenbare Kosten, 2. Auflage 1991

Erman, Handkommentar zum Bürgerlichen Gesetzbuch, 11. Auflage 2004

Fischer, Grenzüberschreitende Architektenverträge, BrBp 2005, 15

Franke/Kemper/Zanner/ Grünhagen, VOB-Kommentar, Bauvergaberecht/Bauvertragsrecht, 2002

Fromm/Nordemann, Urheberrecht, 8. Auflage 1998

Gottwald, Insolvenzrechtshandbuch, 2. Auflage 2000

Gritzwotz/Koeble, Handbuch Bauträgerrecht, 2004

Groß, Die Bauhandwerkersicherungshypothek, 1978

Hartmann, HOAI, Aktueller Praxiskommentar, Loseblattausgabe

ders., Zur Vergütung von Wettbewerbsleistungen im Rahmen der HOAI, BauR 1996, 623

Heidelberger Kommentar, Insolvenzordnung, 3. Auflage 2003

Heidland, Der Bauvertrag in der Insolvenz von Auftraggeber und Auftragnehmer, 2. Auflage 2003

Heiermann/Riedl/Rusan, Handkommentar zur VOB, Teile A und B, 10. Auflage 2003

Hök, Neues zum internationalen Privatrecht des Bauvertrages, ZfBR 2000, 7

Ingenstau/Korbion, Kommentar zur VOB, Teil A und B, 15. Auflage 2004

Jagenburg/Sieber/Mantscheff, Das private Baurecht im Spiegel der Rechtsprechung, 3. Auflage 2000

Jochem, Die Kostenplanung im Leistungsbild des Architekten, Festschrift für von ......

ders., HOAI, Gesamtkommentar, 4. Auflage 1998

Kaiser, Das Mängelhaftungsrecht in Baupraxis und Bauprozess, 7. Auflage 1992

Kannowski, Mangelfolgeschäden vor und nach der Schuldrechtsreform. Das Beispiel außergerichtlicher Anwaltskosten bei Baumängeln, BauR 2003, 170

Kapellmann/Messerschmidt, VOB, Teile A und B, 2003

Kapellmann/Schiffers, Vergütung, Nachträge und Behinderungsfolgen beim Bauvertrag, Bd. 1: Einheitspreisvertrag, 4. Auflage, 2000; Bd. 2: Pauschalvertrag einschließlich Schlüsselfertigbau, 3. Auflage, 2000

Karsten/Bauer/Klose, Forderungssicherung und -durchsetzung in der Bauwirtschaft, 2006

Kartzke, Internationaler Erfüllungsgerichtsstand bei Bau- und Architektenverträgen, ZfBR 1994, 1

Literaturverzeichnis

Kieserling, Mangelverantwortlichkeit mehrerer Baubeteiligter NZBau 2002, 263

Kleine-Möller/Merl/Oelmaier, Handbuch des privaten Baurechts, 3. Auflage 2005

Kleinhenz, Die Verordnung über Sicherheit und Gesundheitsschutz auf Baustellen (Baustellenverordnung), ZfBR 1999, 179

Klenk, Steckengebliebene Werkleistung im Umsatzsteuerrecht im Fall des § 649 BGB, BauR 2000, 638

Kniffka, Abnahme und Abnahmewirkungen nach der Kündigung des Bauvertrages – ZfBR 1998, 113

ders., Anspruch und Wirklichkeit des Bauprozesses, NZBau 2000, 2

ders., Die deliktische Haftung für durch Baumängel verursachte Schäden, ZfBR 1991, 1

Kniffka/Koeble, Kompendium des Baurechts, 2. Auflage 2004

Koeble, Gewährleistung und selbständiges Beweisverfahren bei Bausachen, 2. Auflage 1994

ders., Probleme des Gerichtsstands sowie der Darlegungs- und Beweislast im Architektenhonorarprozess, BauR 1997, 191

ders., Zur Berücksichtigung von Skonto, Abgebot u.ä. sowie Mängel- und Vertragsstrafenansprüchen bei der Kostenfeststellung des Architekten nach § 10 HOAI, BauR 1983, 323

Korbion/Hochstein/Keldungs, Der VOB-Vertrag, 8. Auflage 2002

Korbion/Mantscheff/Vygen, HOAI, 6. Auflage 2004

Kroppen, Die außergewöhnliche Leistung des Architekten und deren Honorierung, Festschrift für Korbion 1986, 227

Krüger-Doye, Neue Entwicklungen im Baurecht, DRiZ 2002, 383

Kübler/Prütting, Kommentar zur Insolvenzordnung

Kuhn/Uhlenbruck, Konkursordnung, 11. Auflage 1994

Lauer, Verjährung des Mängelanspruchs und Sekundärhaftung im Architektenrecht, BauR 2003, 1639

ders., Zur Haftung des Architekten bei Bausummenüberschreitung, BauR 1991, 401

Lauer/Steingröfer, Zusätzliche Vergütung des Architekten bei Bauzeitverlängerung – Teil 1, BrBp 2004, 316; Teil 2, BrBp 2004, 366

Lebmann, Die Grundsätzliche Bedeutung der HOAI für die Sicherung des Leistungswettbewerbs der Architekten und Ingenieure, BauR 1985, 512

Leinemann, Die Bezahlung der Bauleistung, 2. Auflage 1990

ders., VOB/B, Kommentar, 2. Auflage 2005

Locher, Das private Baurecht, Kurzlehrbuch, 6. Auflage 1996

ders., Das Schadensbeseitigungsrecht des Architekten und Ingenieurs, Festschrift für v. Craushaar (1997)

Locher/Koeble, Baubetreuungs- und Bauträgerrecht, 4. Auflage 1985

Locher/Koeble/Frik, Kommentar zur HOAI, 9. Auflage 2006

Literaturverzeichnis

Locher U., Die Haftung des Planers für eine nicht genehmigungsfähige Planung, BauR 2002, 1303

Löffelmann, Zum Planungsbegriff des § 10 Abs. 4 und 5 HOAI, Festschrift für von Craushaar, 31

Löffelmann/Fleischmann, Architektenrecht, 4. Auflage 2000

Lotz, Der Bauleiter und Fachbauleiter im Sinne der Landesbauordnungen, BauR 2003, 957

Maser, Die Haftung des Architekten für die Genehmigungsfähigkeit der Planung, BauR 1994, 180

Meurer, Änderungsbefugnis des Bauherrn im Architekten- oder Planungsvertrag, BauR 2004, 904

Meyke, Honorarvereinbarung des Architekten unter den Mindestsätzen der HOAI, BauR 1987, 513

Miegel, Baukostenüberschreitung und fehlerhafte Kostenermittlung – Zwei neue Entscheidungen des Bundesgerichtshofs, BauR 1997, 923

ders., Die Haftung des Architekten für höhere Baukosten sowie für fehlerhafte und unterlassene Kostenermittlungen (1995)

Moog, Von Risiken und Nebenwirkungen der Baustellenverordnung, BauR 1999, 795

Motzke/Wolff, Praxis der HOAI, 3. Auflage 2004

Münchener Kommentar Schuldrecht, Besonderer Teil, 4. Auflage 2005

Münchener Kommentar, ZPO, Band 2, 2. Auflage 2000

Münchner Kommentar, Insolvenzordnung Band 1 und 2, 2002

Nestler, Der Schutz nicht urheberrechtsfähiger Bauzeichnungen, BauR 1994, 589

Neuenfeld, Wirksame Honorarvereinbarung nach HOAI in der Rechtsprechung der Obergerichte, BauR 1998, 458

Neuenfeld/Baden/Dohna/Grosscurth, Handbuch des Architektenrechts, Loseblattsammlung

Nicklisch/Weick, Kommentar zur VOB, Teil B, 3. Auflage 2001

Niepmann, Mehrwertsteuererhöhung 01.01.2007 – Möglichkeiten vertraglicher „Vorsorge", IBR 2006, 481

Osenbrück, Sind bei der Berechnung des Umbauzuschlags nach HOAI neben den Umbaukosten zusätzlich auch etwaige Kosten mitzuverarbeitender Bausubstanz zu berücksichtigen? Festschrift für Jagenburg, 725

Palandt, Bürgerliches Gesetzbuch, Kommentar, 64. Auflage 2005

Palandt, Bürgerliches Gesetzbuch, Kommentar, 65. Auflage 2006

Pause, Bauträgerkauf und Baumodelle, 4. Auflage 2004

Plankemann, Der Kostenanschlag nach DIN 276, DAB 2003, 52

Portz, Der „Ausnahmefall" des § 4 Abs. 2 HOAI, Festschrift für Vygen 1999, 44

Pöschl, Unzulässigkeit der Ausschreibung von Architekten- und Ingenieurleistungen, DAB 1996, 247

Literaturverzeichnis

Pott/Dahlhoff/Kniffka, Honorarordnung für Architekten und Ingenieure, 7. Auflage 1996

Preussner, Das Risiko bauplanungsrechtlicher Änderungen nach Einreichung des Bauantrages, BauR 2001, 697

ders., Voller Honoraranspruch des Architekten trotz unvollständiger Teilleistungen, BauR 1991, 683

Prinz, Urheberrecht für Ingenieure und Architekten, 2001

Quack, Baukosten als Beschaffenheitsvereinbarung und die Mindestsatzgarantie der HOAI, ZfBR 2004, 315

ders., Fällt der Sicherheits- und Gesundheitskoordinator unter die HOAI?, BauR 2002, 541

Saenger, Zivilprozessordnung, Handkommentar, 2006

Sangenstedt, Zur Abänderbarkeit von Honorarvereinbarungen nach der HOAI, BauR 1991, 292

Schäfer/Finnern/Hochstein, Rechtsprechung der Bauausführung, Loseblattsammlung

Schellhammer, Zivilprozess, 11. Auflage 2004

Schmalzl, Bauwerkshypothek für den Architekten, MDR 1968, 14

ders., Zur Rechtsnatur des Architektenvertrages nach der neueren Rechtsprechung, BauR 1977, 80

Schmidt, Besondere Gestaltungsmöglichkeiten für Architekten- und Ingenieurverträge, BauR 1999, 538

ders., Die Baustellenverordnung – Leistungen, rechtliche Einstufung der Tätigkeit und Honorar des S + G-Koordinators, ZfBR 2000, 3

Schmidt/Winzen, Handbuch der Sicherheiten am Bau, 2000

Schmitz, Die Bauinsolvenz, 3. Auflage 2004

Schmitz, Der Inhalt der Architektenhonorarrechnung, BauR 1982, 219

ders., Handlungsmöglichkeiten von Auftragnehmer und Auftraggeber in der wirtschaftlichen Krise des Vertragspartners, BauR 2005, 169

Schramm/Schwenker, Steinfort und andere – Honorarkürzungen für nicht erbrachte Teilleistungen, ibr-online, ibr-Aufsatz

Schulze-Hagen, § 648a BGB – Eine Zwischenbilanz, BauR 2000, 28

Schweer, Zum Vertrags- und Urheberrecht des Architekten bei gestalterischen Änderungswünschen des Bauherrn, BauR 1997, 401

Schwenker, Die Prüffähigkeit der Architektenschlussrechnung – Zur Änderung der Rechtsprechung, ZfIR 2004, 232

Schwenker/Schramm, Vergütungsprobleme bei nicht erbrachten Architektenleistungen, ZfIR 2004, 753

Siegburg, Bauwerksicherungshypothek, 1989

ders., Handbuch der Gewährleistung beim Bauvertrag, 4. Auflage 2000

Slapnicar/Wiegelmann, Neue Sicherheiten für den Bauhandwerker, NJW 1993, 2903

Literaturverzeichnis

Staudinger, Kommentar zum Bürgerlichen Gesetzbuch, §§ 631-651 BGB, 15. Auflage 1994

Staudinger, Kommentar zum BGB, Buch 2, Recht der Schuldverhältnisse, §§ 631-651, Neubearbeitung, 2003

Steeger, Mindestsatzunterschreitung in Planerverträgen, BauR 2003, 794

Steinert, Schadensberechnung bzw. Vorteilsausgleichung bei der schuldhaften Bausummenüberschreitung des Architekten. Zur Ermittlung des Verkehrswertes bebauter Grundstücke, bei denen die Eigennutzung im Vordergrund steht, BauR, 1988, 552

Sturmberg, § 648a BGB – über das Ziel hinaus? Entspricht die neue Vergütungssicherung den Anforderungen der Vertragspraxis, BauR 1994, 57

Tempel, Bauhandwerker-Sicherungshypothek für den Architekten, JuS 1973, 414

Thode, Die wichtigsten Änderungen im BGB-Werkvertragsrecht: Schuldrechtsmodernisierungsgesetz und erste Probleme – Teil 2, NZBau 2002, 360

ders., Werkleistung und Erfüllung im Bau- und Architektenvertrage, ZfBR 1999, 116

Thode/Wenner, Internationales Architekten- und Bauvertragsrecht, 1998

Thode/Wirth/Kuffer, Praxishandbuch Architektenrecht, 2004

Thomas/Putzo, Kommentar zur Zivilprozessordnung, 24. Auflage 2002

Thomas/Putzo, ZPO, 26. Auflage 2006

Uhlenbruck, InsO, Kommentar, 12. Auflage 2003

Vogelheim, Die Kostenermittlung nach DIN im dynamischen Planungsablauf, NZBau 2004, 577

Volmer, Koppelungsverbot und Grundstücksveräußerung mit Bauplanung, ZfIR 1999, 249

v. Schildt-Lutzenburger, Können auch Gebäudeteile und Gebäudekomplexe Urheberrechte eines Architekten begründen?, BTR 2004, 202

Vygen, Rechtliche Probleme der baubegleitenden Qualitätsüberwachung, Festschrift für Jagenburg 2002, 933

Vygen, Bauvertragsrecht nach VOB und BGB, 3. Auflage, 1997

Vygen/Schubert/Lang, Bauverzögerung und Leistungsänderung, 4. Auflage 2002

v. Gamm, Der Architekt und sein Werk – Möglichkeiten und Grenzen des Urheberrechts, BauR 1982, 97

Walchshöfer, Der persönlichkeitsrechtliche Schutz der Architektenleistung, ZfBR 1988, 104

Weber, Das Bauhandwerkersicherungsgesetz, WM 1994, 725

Weinbrenner/Jochem/Neusüß, Der Architektenwettbewerb, 2. Auflage 1998

Wenner, Internationale Architektenverträge, insbesondere das Verhältnis Schuldstatut-HOAI, BauR 1993, 257

Werner, Die HOAI und der Grundsatz von Treu und Glauben, Festschrift für Locher 1990, 289

Werner/Pastor, Der Bauprozess, 11. Auflage 2005

Weise, Praxis des selbständigen Beweisverfahrens, 1994

Westphalen, F. Graf von, Vertragsrecht und AGB-Klauselwerk

Weyer, Probleme der Honorarberechnungen für besondere Leistungen nach der HOAI, Festschrift für Locher, 303

Wirth/Sienz/Englert, Verträge am Bau nach der Schuldrechtsreform, 2001

Wirth/Theis, Architekt und Bauherr, 1997

Wieczorek, Großkommentar zur Zivilprozessordnung

Wussow, Das gerichtliche Beweissicherungsverfahren in Bausachen, 3. Auflage 1971

Wussow, Haftung und Versicherung bei der Bauausführung, 3. Auflage 1971

Zöller, Kommentar zur Zivilprozessordnung, 24. Auflage 2004

Zöller, Kommentar zur Zivilprozessordnung, 25. Auflage 2005

Teil 1 Privates Baurecht

§ 1 Einleitung

Jede Partei und natürlich ebenso ihr Rechtsanwalt möchte den gerichtlich ausgetragenen baurechtlichen Fall siegreich beenden, was aber grundsätzlich nur einem der Beteiligten gelingen kann. Nun wird ein Bauprozess nicht immer von demjenigen gewonnen, der „auf den ersten Blick" das materielle Recht auf seiner Seite haben müsste, etwa dem Unternehmer/Auftragnehmer, der für seine Leistungen vom Besteller/Auftraggeber noch keinen Werklohn bezahlt bekommen, oder der Besteller/Auftraggeber, der vom Unternehmer/Auftragnehmer eine offensichtlich mängelbehaftete Bauleistung erhalten hat. Mancher scheitert bereits daran, die spezifischen Besonderheiten des materiellen Baurechts verkannt zu haben: Bestehen eines wirksamen Bauvertrages, Ermittlung/Bestimmung des Bausolls, Vorliegen einer Abnahme, unzureichende Abrechnung, Bestehen eines Kündigungsrechts, Auswahl der Mängelrechte. Andere scheitern aus verfahrensrechtlichen Gründen: falsch gefasste Klageanträge, fehlende Substantiierung, verspätetes Vorbringen, verkannte Beweislast, unzureichende Beweisanträge, mangelhafte Berufungsbegründung. Das nimmt nicht wunder, denn sowohl das materielle Baurecht wie auch das Bauprozessrecht sind schwierig geworden, stecken voller Tücken, Gefahrenquellen und Fallen.

Häufig ist der Rechtsanwalt nicht in der Lage, auf schwierige bzw. plötzlich auftretende verfahrensrechtliche Situationen, die ihren Ursprung meist im materiellen Recht haben, sofort und angemessen zu reagieren. Berücksichtigt man dabei weiter, dass es nicht ausgeschlossen ist, wegen unterlassener Hinweise vom erkennenden Gericht in der ersten Instanz „überfahren" zu werden, ist die Lage des Prozessvertreters nicht immer beneidenswert. Häufig wird ihm erst im Urteil, wenn es also zu spät ist, vorgehalten, das Klage- oder Verteidigungsvorbringen sei nicht hinreichend substantiiert oder verspätet bzw. seine Beweisantritte seien nicht konkret genug gefasst gewesen.

Die Praxis zeigt, dass der Prozessvertreter nicht darauf bauen kann, vor dem Hintergrund des § 139 ZPO vom erkennenden Gericht ausreichend Hilfestellung zu erhalten. Das Gegenteil ist eher wahrscheinlich. Dabei wird sowohl in Prozessordnungen wie auch in der Gerichtspraxis mit zweierlei Maß gemessen wird. Den Parteien und ihren Prozessvertretern werden Pflichten auferlegt, an deren Missachtung mitunter äußerst harte Sanktionen geknüpft sind. Dabei geht es bspw. um kurze Fristen zur Vornahme von Prozesshandlungen bzw. die Präklusion wegen verspäteten Vorbringens. Auf der anderen Seite werden zwar auch den Gerichten korrespondierende Pflichten auferlegt, wie Beschleunigungsgebote, Mitwirkungs- und Förderungspflichten, die Nichtbeachtung dieser Pflichten wird aber nicht sanktioniert.

Die nachfolgenden Ausführungen tragen dazu bei, vor dem Hintergrund materiell- wie auch prozessrechtlicher Grundlagen und der darauf aufbauenden Darstellung von Strategien und Gegenstrategien die Chance zu erhöhen, ihren aktuellen Baurechtsfall vor Gericht zum Erfolg zu führen. Dabei wird kein „Bilderbuch-Prozessrecht" ausgebreitet. Vielmehr soll sich die Darstellung auf grundlegende Hinweise zum materiellen Baurecht einerseits und einem sachgerechten Vorgehen im Bauprozess andererseits konzentrieren, um Gefahrenstellen und vorbeugende Gegenmaßnahmen aufzeigen. Sie bezweckt die Risikovermeidung und die Vermittlung spezieller Kenntnisse, um zu verhindern, dass die Rechtsverwirklichung an materiellrechtlichen oder prozessualen Stolpersteinen scheitert.

§ 2 Wichtige Überlegungen im Zuge der Übernahme eines baurechtlichen Mandats

Literatur

Behr, Die Vollstreckung in Personengesellschaften, NJW 2000, 1137; *Borgmann/Haug*, Anwaltshaftung, 3. Auflage 1995; *Coester-Waltjen*, Parteiaussage und Parteivernehmung am Ende des 20. Jahrhunderts, ZZP 113, 269; *Deggau*, § 174 BGB – Eine ungenutzte Vorschrift, JZ 1982, 796; *Feuerich/Weyland*, Bundesrechtsanwaltsordnung, 6. Auflage 2003; *Henssler/Prütting*, Kommentar zur BRAO, 1997; *Kraus*, Zur Tätigkeit des Mediators – aufgezeigt anhand eines Falles aus der Baupraxis, in: Festschrift für Vygen (1999), S. 404; *Rinsche*, Die Haftung des Rechtsanwalts und Notars, 6. Auflage 1998; *Roth*, Die Parteivernehmung als Voraussetzung eines fairen Zivilverfahrens nach Artikel 6 I EMRK, ZEuP 1996, 484; *Schlosser*; EMRK und Waffengleichheit im Zivilprozess, NJW 1995, 1404; *Vollkommer*, Anwaltshaftungsrecht, 1989; *Zugehör*, Handbuch der Anwaltshaftung, 1999.

A. Abfordern der wesentlichen Vertragsunterlagen

1 Um das **Mandatsübernahmegespräch** angemessen vorbereiten zu können, sollte ein Standardschreiben entworfen werden, welche Unterlagen der Mandant zur Sachverhaltsermittlung (vgl. Rn 15) bereits vor Stattfinden des ersten Besprechungstermins in Kopie zu übersenden hat. Andernfalls wird der auf das Baurecht spezialisierte Rechtsanwalt beim Herausarbeiten denkbarer Begehren des Mandanten und der Erörterung in Betracht kommender Anspruchsgrundlagen orientierungslos im Nebel stochern und in Unkenntnis der maßgebenden Tatsachengrundlage nicht in der Lage sein, bereits in diesem wichtigen Stadium der Mandatsbearbeitung, verbindliche Aussagen treffen zu können. Denkbare Folge beim Mandanten sind Bedenken in die Sachkunde des von ihm ausgesuchten Anwalts seines Vertrauens. Dass sich sodann ein Infragestellen der besonderen Vertrauensstellung des Rechtsanwalts bei der Vereinbarung über die Höhe des vom Mandanten zu zahlenden Honorars auswirken wird, liegt offen auf der Hand.

2 Im Regelfall geht es um folgende Unterlagen:
- den **schriftlichen Bauvertrag** (ggf. das Angebot nebst Annahmeerklärung) einschließlich aller etwaigen besonderen oder zusätzlichen Vertragsbedingungen, insbesondere allgemeinen Geschäftsbedingungen und dem Leistungsverzeichnis.
- ein eventuell vorhandenes **Abnahmeprotokoll**,
- eine eventuell vorhandene **Kündigungserklärung** (nebst vorbereitenden Fristsetzungen),
- eventuell vorhandene **Schluss- bzw. Abschlagsrechnungen**,
- die einschlägige **Korrespondenz**, insbesondere die zuletzt gewechselten Schreiben,
- ein etwaig vorhandenes **Sachverständigengutachten**,
- ein etwaig vorhandenes **Sicherungsmittel**, insbesondere Bürgschaften,
- und im Prozessfall: um die **Klageschrift** mit Ladung und Zustellungsurkunde einschließlich aller Anlagen.

3 Im gleichen Zuge ist darauf hinzuweisen, dass es nicht ausreicht, wenn der Mandant seine Mitarbeit ausschließlich darauf beschränkt, die ihm zur Verfügung stehenden Unterlagen zu überreichen, um den beauftragten Rechtsanwalt dann damit alleine zu lassen und aus den überreichten Aktenohne jede persönliche Erläuterung durch den Mandanten „alles herauszuholen". In diesem Fall muss sich der Rechtsanwalt durch die Akten wühlen, was für beide Seiten unbefriedigend ist, weil zwangsläufig wiederkehrende telefonische Nachfragen beim Mandanten betreffend weiterer nicht bekannter

Sachverhaltsdetails erforderlich werden. Dies kann beim Mandanten den Eindruck erwecken, der beauftragte Rechtsanwalt schwimme ziellos im Fall umher. Unterlässt der beauftragte Rechtsanwalt es dementgegen, den Sachverhalt zu hinterfragen, führen Schriftsatzkorrekturen des Mandanten im Hinblick auf sonstige Geschehnisse von Bedeutung, die nicht in den überreichten Unterlagen festgehalten wurden, zu einem – beiderseits nicht gewollten – doppelten Arbeitsaufwand beim Rechtsanwalt. Vor diesem Hintergrund sollte dem Mandanten gegenüber klargestellt werden, dass zu Beginn der Mandatsbearbeitung eine Erläuterung des gesamten Sachverhalts durch den Mandanten in einem persönlichen Gespräch erforderlich ist, in deren Verlauf zugleich sukzessive die dem Rechtsanwalt bereits vorliegenden Unterlagen besprochen werden sollten.

B. Vollmacht des Rechtsanwalts

Weiterhin ist gleich bei Übernahme eines baurechtlichen Mandats und Abschluss des Anwaltsvertrages sicherzustellen, dass der Mandant mindestens zwei **Vollmachtsurkunden im Original** unterzeichnet zur Akte reicht. Insoweit geht es zum einen im außergerichtlichen Bereich um die Beachtung von § 174 BGB bei der Vornahme einseitiger Erklärungen und im prozessualen Bereich zum anderen um die Legitimierung des Rechtsanwalts durch Erteilung einer umfassenden Prozessvollmacht.

▶ **Hinweis:** Das in der Praxis verwendete Vollmachtsformular sollte den gem. § 49 b Abs. 5 BRAO erforderlichen Hinweis enthalten, dass die Abrechnung nach Gegenstandswert erfolgt. Ferner ist es ratsam, bereits in der Prozessvollmacht den Anwalt gem. § 141 Abs. 3 ZPO zu bevollmächtigen, in der Güteverhandlung und der mündlichen Verhandlung für die geladene Partei als deren Vertreter aufzutreten. Haftungsbeschränkungen sollten wegen ihres AGB-Charakters in der Vollmachtsurkunde nicht aufgenommen werden (vgl. auch Rn 23). ◀

I. Beachtung von § 174 BGB bei der Vornahme einseitiger Erklärungen vorprozessualen Bereich

Gerade zu Beginn der Bearbeitung eines baurechtlichen Falls muss der Rechtsanwalt die Vorschrift des § 174 BGB im Blick behalten. Ein einseitiges Rechtsgeschäft, das ein Bevollmächtigter einem anderen gegenüber vornimmt, ist unwirksam, wenn der Bevollmächtigte keine **Vollmachtsurkunde im Original** vorlegt und der andere die rechtsgeschäftliche Erklärung aus diesem Grund unverzüglich[1] zurückweist. Einseitige Rechtsgeschäfte bilden den Gegensatz zu Verträgen, also den zweiseitigen Rechtsgeschäften. Zu den einseitigen Rechtsgeschäften zählen etwa Kündigung, Aufrechnung, Rücktritt, Anfechtung, Ausübung eines Widerrufsrechts oder des Wahlrechts.[2] Vielfach wird die Vorschrift des § 174 BGB aber auch auf einseitige geschäftsähnliche Handlungen wie etwa Mahnung, Abmahnung, Fristsetzung, Annahme eines Vertragsangebotes und dergleichen entsprechend angewendet.[3]

Die **Zurückweisung** nach § 174 BGB ist selbst ein einseitiges Rechtsgeschäft, weil sie eine Rechtsfolge auslösen soll, nämlich die Nichtberücksichtigung der zurückgewiesenen Erklärung.[4] Hat der Andere die Erklärung unter Hinweis auf § 174 BGB zu Recht

---
1 Palandt-*Heinrichs*, § 174 BGB, Rn 3.
2 Palandt-*Heinrichs*, Überbl. Vor § 104, Rn 11.
3 BGH NJW 1983, 1542; NJW 2001, 289; OLG Bamberg NJW-RR 1990, 905; *Deggau*, JZ 1982, 796; Palandt-*Heinrichs*, § 174 BGB, Rn 1.
4 Palandt-*Heinrichs*, § 111 BGB, Rn 5.

§ 2 Wichtige Überlegungen im Zuge der Übernahme eines baurechtlichen Mandats

zurückgewiesen, so reicht es nicht aus, wenn der bevollmächtigte Rechtsanwalt nunmehr eine Originalvollmacht nachreicht. Da die Erklärung nach § 174 BGB ins Leere gegangen ist, muss diese unter Vorlage einer Originalvollmacht wiederholt werden.[5] Der Rechtsanwalt wählt den sichersten Weg, wenn er sich auf diese Kontroverse gar nicht erst einlässt und seinen – ersten – anwaltlichen Schreiben stets eine Originalvollmacht beifügt.

II. Prozessvollmacht des Rechtsanwalts

1. Erteilung der Prozessvollmacht

7 Die Erteilung der **Prozessvollmacht** richtet sich nach § 167 BGB. Gemäß § 167 BGB kann der Mandant die Prozessvollmacht, die gem. § 130 Abs. 1 BGB mit Zugang wirksam wird, durch formfreie Erklärung (§ 80 ZPO regelt nur den Nachweis)[6] gegenüber dem Rechtsanwalt, Gericht oder aber auch dem Gegner erteilen. Zudem kann die Prozessvollmacht nach § 89 Abs. 2 ZPO auch stillschweigend erteilt werden, wenn der Mandant die Prozessführung des vollmachtlosen Vertreters genehmigt.[7] Gemäß § 81 ZPO kann der Prozessbevollmächtigte eine Untervollmacht erteilen, die den Unterbevollmächtigten zum Vertreter der Partei und nicht des Hauptvertreters macht.[8]

2. Umfang der Prozessvollmacht

8 Gemäß §§ 81, 82 ZPO deckt der gesetzliche Rahmen der **Prozessvollmacht** alle Prozesshandlungen von der Einleitung eines einstweiligen Rechtsschutz- oder Klageverfahrens bis hin zum Prozessvergleich und erstreckt sich über den Prozess hinaus auf Kostenfestsetzung, Zwangsvollstreckung und deren Abwehr sowie die Beauftragung eines Prozessbevollmächtigten für die höhere Instanz. Weiter erstreckt sich der Umfang der Prozessvollmacht auch auf solche Willenserklärungen, die das gerichtliche Verfahren erforderlich macht, wie bspw. Anfechtung, Kündigung, Genehmigung, Aufrechnung bzw. der Abschluss eines außergerichtlichen Vergleichs.[9] Aus der Prozessvollmacht begründet sich zudem eine Zustellungsvollmacht für Widerklagen.[10]

9 Im Anwaltsprozess ist gem. § 83 Abs. 1 ZPO der gesetzliche Umfang der Prozessvollmacht grundsätzlich unbeschränkbar.[11] Der Mandant darf nur Vergleich, Anerkenntnis und Verzicht von der Vollmacht ausnehmen und muss dies, weil es die Ausnahme ist, gegenüber dem Gegner deutlich zum Ausdruck bringen.[12] Vor diesem Hintergrund ist der Rechtsanwalt, der gem. **§ 141 Abs. 3 ZPO** als besonders bevollmächtigter Vertreter der geladenen Partei erschienen ist, unter Hinweis auf die insoweit beschränkte Prozessvollmacht berechtigt, den Abschluss eines Vergleichs ohne Widerrufsvorbehalt abzulehnen (vgl. Rn 750).

---

5 Vgl. insoweit Palandt-*Heinrichs*, § 111 BGB, Rn 5.
6 BGHZ 40, 203; NJW 1994, 2298.
7 RGZ 126, 263; 161, 351; Zöller-*Vollkommer*, § 89 ZPO, Rn 9 ff.
8 Zöller-*Vollkommer*, § 81 ZPO, Rn 6.
9 BGHZ 31, 206; 45, 11; NJW 1992, 1963 (1964); 2000, 2894; Zöller-*Vollkommer*, § 81 ZPO, Rn 10.
10 BGH NJW 2002, 1728; Zöller-*Greger*, § 261 ZPO, Rn 6 „Zustellung von Anwalt zu Anwalt genügt". Vgl. hierzu auch Rn 764.
11 BGHZ 92, 137; NJW 2001, 1356; 1991, 1176; Zöller-*Vollkommer*, § 83 ZPO, Rn 1.
12 BGHZ 16, 167; Zöller-*Vollkommer*, § 83 ZPO, Rn 1.

3. Erlöschen der Prozessvollmacht

Die Prozessvollmacht kann vom Mandanten jederzeit widerrufen und der Anwaltsvertrag gekündigt werden. Der Rechtsanwalt kann das Mandat gem. § 627 BGB niederlegen. Zu beachten bleibt, dass eine Beendigung des Anwaltsvertrages bzw. der Widerruf der Prozessvollmacht des Rechtsanwalts durch den Mandanten gegenüber dem Gericht sowie dem Gegner nicht genügt, wenn der Rechtsanwalt schon als Prozessbevollmächtigter aufgetreten ist. Im Anwaltsprozess erlischt die Prozessvollmacht des zuerst beauftragten Rechtsanwalts gem. § 87 Abs. 1 ZPO erst dann, wenn dem Gericht das **Erlöschen der Prozessvollmacht** angezeigt und Mitteilung gemacht wird, dass anstelle des alten ein neuer Anwalt bestellt worden sei.[13] Bis dahin bleibt der bisherige Rechtsanwalt Prozessbevollmächtigter.[14] Er kann – ist aber keineswegs verpflichtet, nachdem das Mandat gekündigt worden ist – weiterhin für und gegen die Partei prozessieren. Im Parteiprozess erlischt die Vollmacht gem. § 87 Abs. 1 ZPO schon dadurch, dass die Partei den Widerruf dem Gericht oder dem Gegner formlos anzeigt.[15]

Anzumerken bleibt, dass die ZPO im Hinblick auf die Frage, wer Prozessbevollmächtigter eines Mandanten ist, unterscheidet: Wo das Interesse des Mandanten vorgeht, wird maßgebend auf das Innenverhältnis zwischen Mandanten und Rechtsanwalt und wo der Gegner Schutz verdient, maßgebend auf das Außenverhältnis zwischen Mandanten und Gegner abgestellt.[16] Deshalb bleibt der Rechtsanwalt für die Zustellung nach § 172 Abs. 1 ZPO solange Prozessbevollmächtigter, bis die Prozessvollmacht gem. § 87 Abs. 1 ZPO nach außen erlischt.[17] Für die §§ 85 Abs. 2, 233, 246 ZPO hingegen endet die Prozessvollmacht bereits schon dann, wenn der Rechtsanwalt intern das Mandat niederlegt oder der Mandant es dem Rechtsanwalt intern entzieht.[18]

4. Prüfung und Nachweis der Prozessvollmacht

Gemäß § 88 Abs. 2 ZPO muss der Rechtsanwalt, der als Prozessbevollmächtigter auftritt, seine **Prozessvollmacht** immer dann **nachweisen**, wenn die gegnerische Partei dies verlangt.[19] Dementgegen prüft das Gericht die Vollmacht des Rechtsanwalts nur dann, wenn dieser selbst ernsthafte Zweifel am Bestehen einer Prozessvollmacht weckt.[20] Das Gericht kann dem angeblich Prozessbevollmächtigten eine Frist setzen, seine Prozessvollmacht nachzuweisen und ihn für diese Zeit gem. § 89 Abs. 1 S. 1 ZPO vorübergehend zulassen.

5. Fehlende Prozessvollmacht – Handeln als vollmachtloser Vertreter

Hat der Rechtsanwalt keine Prozessvollmacht mehr oder kann sie auf Parteirüge hin nicht schriftlich beweisen, prozessiert er als **vollmachtloser Vertreter**, § 88 Abs. 1 ZPO.[21] [22] In diesem Fall kann der Rechtsanwalt die Partei nicht wirksam vertreten. Das Gericht

---

13 BGHZ 31, 32; 43, 134; NJW 1980, 2309; Zöller-*Vollkommer*, § 87 ZPO, Rn 1.
14 BGHZ 43, 135; Zöller-*Vollkommer*, § 87 ZPO, Rn 2.
15 BGHZ 31, 32.
16 BGHZ 43, 135.
17 Zöller-*Vollkommer*, § 87 ZPO, Rn 4.
18 BGHZ 7, 280; 43, 135; NJW 1980, 999; Zöller-*Vollkommer*, § 87 ZPO, Rn 6.
19 BGH NJW 2002, 1957; OLG Hamm NJW 1979, 2316.
20 BGH NJW 2001, 2095.
21 BGH MDR 1971, 483; Zöller-*Vollkommer*, § 88 ZPO, Rn 1.
22 Die Partei kann die Prozessführung des vollmachtlosen Vertreters im Ganzen gem. §§ 89 Abs. 2, 547 Nr. 4, 579 Abs. 1 Nr. 4 ZPO rückwirkend genehmigen.

weist den vollmachtlosen Vertreter durch Beschluss oder in den klageabweisenden Gründen des Urteils zurück.[23] Der vollmachtlose Vertreter trägt die **Mehrkosten** seiner einstweiligen Zulassung und ist dem Gegner gem. § 89 Abs. 1 S. 3 ZPO zum Schadensersatz verpflichtet. Seine Prozesshandlungen sind unwirksam, Klage und Rechtsmittel mithin unzulässig.[24] Dennoch macht auch die Klage des vollmachtlosen Vertreters den Anspruch rechtshängig.[25] Das Urteil gegen die Partei, die vollmachtlos vertreten wird, ist wirksam und kann durch Zustellung an den vollmachtlosen Vertreter sogar rechtskräftig werden. Erlischt die Prozessvollmacht erst während des Prozesses, weist das Gericht den vollmachtlosen Vertreter zurück, was zur Folge hat, dass die Partei säumig ist. Die Kosten des Verfahrens trägt derjenige, der den Auftritt des vollmachtlosen Vertreters veranlasst hat. **Kostenveranlasser** in diesem Sinne kann im Einzelfall der Rechtsanwalt als vollmachtlose Vertreter – äußerste Vorsicht ist also geboten – selbst,[26] oder aber auch die vertretene Partei sein.[27]

C. Pflichten und Haftung des Rechtsanwalts

I. Grundpflichten des Rechtsanwalts

14 Der Anwaltsvertrag verpflichtet den beauftragten Rechtsanwalt, den Mandanten in jeder Richtung zu beraten und zu belehren sowie den Sachverhalt sorgfältig aufzuklären. Eine schuldhafte Verletzung dieser **Pflichten aus dem Anwaltsvertrag** kann unter Umständen einen Schadensersatzanspruch des Mandanten aus § 280 Abs. 1 BGB begründen.

1. Ermittlung des Sachverhaltes

15 Erste nicht delegierbare Grundpflicht eines Rechtsanwalts ist es, den **Sachverhalt präzise zu ermitteln**. Der beauftragte Rechtsanwalt kann dabei auf der den Mandanten treffenden Verpflichtung aufbauen, ihm alle notwendigen Informationen und Unterlagen zur Verfügung zu stellen (vgl. Rn 1). Im Anschluss ist die rechtliche Relevanz der zur Verfügung gestellten Informationen und Unterlagen zu prüfen. Dazu muss der Rechtsanwalt gemeinsam mit dem Mandanten dessen Zielvorstellungen abklären. Bei Bedarf muss er zum Sachverhalt Nachfragen stellen und weitere Unterlagen anfordern.[28] Gegebenenfalls muss der Rechtsanwalt zur ergänzenden Aufklärung bei dritten Stellen rückfragen. Anzumerken bleibt, dass selbst dann, wenn der Mandant seine **Informationspflicht** schuldhaft verletzt, dem Rechtsanwalt eine Pflichtverletzung vorzuwerfen ist, wenn er Anhaltspunkte dafür hatte, dass die Informationen des Mandanten nicht zutreffend waren und er nicht dem Gebot des sichersten Weges folgend entsprechend agiert hat.[29] Von der Pflicht zur sorgfältigen Sachverhaltsermittlung ist lediglich die Aufklärung solcher Vorgänge ausgenommen, die weder nach den ihm erteilten Informationen noch aus Rechtsgründen in einer inneren Beziehung zum Sachverhalt stehen, aus dem der Mandant einen Anspruch herleiten will.[30] Mit der Verpflichtung zur Sachverhaltsaufklärung

---

23 Zöller-*Vollkommer*, § 88 ZPO, Rn 6.
24 Zöller-*Vollkommer*, § 88 ZPO, Rn 6 f.
25 BGH NJW 1967, 2304; 86, 1039; 92, 2575.
26 BGH NJW 1957, 543; 1983, 883; 1988, 49; OLG Köln NJW 1972, 1330; MDR 1982, 239; Zöller-*Vollkommer*, § 88 ZPO, Rn 11.
27 BGH NJW 1993, 1865; Zöller-*Vollkommer*, § 88 ZPO, Rn 11.
28 BGH NJW 2002, 1413.
29 BGH NJW 1999, 1391.
30 BGH NJW 2002, 1413.

C. Pflichten und Haftung des Rechtsanwalts

korrespondiert die Pflicht des Rechtsanwalts, in einem Rechtsstreit **schlüssigen und vollständigen Vortrag** zu halten (s. Rn 734 ff.), der die für den Mandanten begehrte Rechtsfolge stützt, um diesen Vortrag – soweit möglich – durch geeignete und hinreichend bezeichnete Beweisangebote zu untermauern. All dies muss auch rechtzeitig geschehen, um nicht präkludiert zu werden (s. Rn 758 ff.).

2. Rechtliche Würdigung

Im Bereich der **Rechtsprüfung** stellt die Rechtsprechung höchste Anforderungen an die Tätigkeit des Rechtsanwalts. Er muss sämtliche für den jeweiligen Fall relevanten Rechtsnormen – ggf. auch neue Gesetze[31] und ausländisches Recht[32] – ermitteln und richtig anwenden. Von seltenen Ausnahmen abgesehen, wird ihm jeder Rechtsirrtum als schuldhaft zugerechnet.[33] Grundsätzlich hat sich der Rechtsanwalt an der höchstrichterlichen Rechtsprechung auszurichten.[34] Von neuen Entscheidungen muss er ebenso wie von neuen Rechtsnormen kurzfristig Kenntnis nehmen.[35] Auf den Fortbestand höchstrichterlicher Rechtsprechung darf er nicht mehr vertrauen, wenn diese durch neue Gesetze, Hinweise des Gerichts oder neue Entwicklungen in Rechtsprechung und Wissenschaft in Frage gestellt ist.[36] Existiert zu einem Rechtsproblem keine höchstrichterliche Rechtsprechung, muss der Rechtsanwalt Rechtsprechungen der Untergerichte und das Schrifttum heranziehen.[37] In einem gerichtlichen Verfahren muss der Rechtsanwalt alle zu Gunsten seines Mandanten sprechenden rechtlichen Argumente vortragen. Er darf sich nicht darauf verlassen, dass das Gericht das Recht auf den vorgetragenen Sachverhalt richtig anwendet; vielmehr muss er sogar möglichen Fehlern des Gerichts entgegenwirken.[38]

3. Beratung und Belehrung des Mandanten

a) Der Mandant als Entscheidungsträger

Im Rahmen der Beratung und Belehrung des Mandanten ist zunächst hervorzuheben, dass allein der Mandant Herr des Verfahrens ist und Entscheidungen **eigenverantwortlich** treffen muss.[39] Der Rechtsanwalt muss ihm dazu die Grundlagen verschaffen und Empfehlungen geben.

b) Die Belehrung über die Erfolgsaussichten und das Kostenrisiko

Wenn der Mandant dem Rechtsanwalt den Auftrag erteilt, einen vermeintlichen Anspruch klageweise geltend zu machen, muss der Rechtsanwalt zunächst die **Erfolgsaussichten einer Klage** prüfen und den Mandanten auf **Risiken** hinweisen. Vor Einleitung des Prozessverfahrens ist dem Mandanten das **Kostenrisiko** unter Zugrundelegung der Rechtsanwaltsgebühren nach dem RVG aufzuzeigen. Im erstinstanzlichen Verfahren vor den Zivilgerichten[40] erhalten die Rechtsanwälte die Gebühren nach Teil 3 Abschnitt 1 VV: Die **Verfahrensgebühr** nach Nr. 3100 VV beläuft sich auf 1,3. Bei vorzeitiger Been-

---

31 BGH NJW 1993, 332.
32 BGH NJW 1972, 1044.
33 BGH NJW 1971, 1704.
34 BGH NJW 1993, 3323.
35 BGH NJW 1958, 825; 1971, 1704; 1979, 877.
36 BGH NJW 1993, 3323; Borgmann/Haug, Kap. IV Rn 54.
37 BGH WM 1993, 420 (423).
38 BGH NJW 1974, 1865; *Rinsche*, Rn I 80.
39 BGH NJW 1992, 1159; 1996, 2648.
40 Vgl. zu den Rechtsanwaltsgebühren nach RVG für das selbstständige Beweisverfahren Fn 392.

§ 2 Wichtige Überlegungen im Zuge der Übernahme eines baurechtlichen Mandats

digung fällt eine Gebühr von 0,8 an. Kommt es zu einer Einigung bzw. Verhandlung sowie Erörterung über nicht anhängige Gegenstände, ist eine gesonderte Verfahrensgebühr in Höhe von 0,8 anzusetzen, wobei die Gesamtsumme beider in Ansatz gebrachten Gebühren nicht höher sein darf, als der durch Addition beider Werte ermittelte Gegenstandswert und die darauf entfallende Verfahrensgebühr (Nr. 3101 Nr. 2 VV). Eine Anrechnung der Geschäftsgebühr auf die Gebühren eines nachfolgenden gerichtlichen Verfahrens erfolgt zur Hälfte und höchstens zu einem Gebührensatz von 0,75. Die **Terminsgebühr** nach Nr. 3104 VV beläuft sich auf 1,2. Diese Gebühr erhält der Rechtsanwalt für die Teilnahme an Verhandlungs-, Erörterungs- oder Beweisaufnahmeterminen. Unerheblich ist es, ob die Gegenstände anhängig sind oder nicht. Auch bei Mitverhandeln oder Miterörtern nicht anhängiger Gegenstände wird die volle 1,2-Terminsgebühr ausgelöst. Auch dies bringt eine erhebliche Gebührensteigerung mit sich und soll i. V. m. Nr. 3101 Nr. 2 VV einen Anreiz dafür schaffen, im gerichtlichen Verfahren stets zu versuchen, eine „Gesamtbereinigung" herbeizuführen. Im **Berufungsverfahren** beläuft sich die Verfahrensgebühr nach Nr. 3200 VV auf 1,6 (bei vorzeitiger Beendigung 1,1). Die Terminsgebühr beträgt nach Nr. 3202 VV 1,2. Sind die Gegenstände gerichtlich anhängig, wozu auch die Anhängigkeit in einem Prozesskostenhilfeprüfungsverfahren zählt, reduziert sich die Einigungsgebühr nach Nr. 1003 VV von 1,5 auf 1,0.

c) Beratungspflichten im Zusammenhang mit dem Abschluss eines Vergleichs

19 Besondere Beratungspflichten treffen den Rechtsanwalt beim Abschluss bzw. Nichtabschluss eines Vergleichs. Er muss dem Mandanten Chancen und Risiken, Pro und Contra gegenüber den Aussichten im Falle einer streitigen Entscheidung darlegen. Bei günstigen Vergleichsmöglichkeiten muss er zur Annahme raten, bei ungünstigen abraten. Ausdrücklich zu belehren ist der Mandant über die Reichweite etwaig vorhandener Abgeltungsklauseln.[41]

4. Der sicherste Weg

20 Die Vermeidung einer Schädigung des Mandanten ist oberste Maßgabe der anwaltlichen Tätigkeit. Hierzu muss der Rechtsanwalt bei mehreren Handlungsalternativen den – relativ – **sichersten Weg** beschreiten bzw. dem Mandanten empfehlen.[42] Ist z. B. – aus rechtlichen oder aus tatsächlichen Gründen – nicht mit letzter Sicherheit zu klären, wann Ansprüche des Mandanten verjähren, muss der Rechtsanwalt seiner Beratung den frühestmöglichen Zeitpunkt zugrunde legen.[43] Erhält der Rechtsanwalt vom Mandanten und von dessen Gegner widersprüchliche Informationen, darf er sich auf die Angaben des Mandanten nicht blind verlassen, sondern muss den gegnerischen Vortrag unter dem Aspekt des sichersten Weges bei seiner Prozesstaktik berücksichtigen.[44]

II. Vermeidung einer Haftung des beauftragten Rechtsanwalts

21 Vor diesem Hintergrund muss dem beauftragten Rechtsanwalt daran gelegen sein, von vornherein für Nachweise zu sorgen, die belegen, dass er sich pflichtgemäß verhalten hat. So sollte schon bei der Mandatserteilung nachweisbar klargestellt werden, welcher Auftrag erteilt worden ist, und dass alle gegenüber dem Mandanten bestehenden **Auf-**

---

[41] BGH NJW 2002, 292.
[42] BGH NJW 2002, 292; *Zugehör*, Rn 598 ff.
[43] BGH NJW 1993, 734.
[44] BGH NJW 1999, 1391.

klärungs- und Hinweispflichten[45] gewahrt worden sind. Zudem sollten jedenfalls bei schwierigen und kritischen Fällen sämtliche mündlichen Beratungen schriftlich zusammengefasst werden. Das verhindert spätere Auseinandersetzungen darüber, ob das Unterliegen des Mandanten auf eine mangelnde Beratung des Rechtsanwalts zurückzuführen ist. Schließlich ist als weitere Vorsichtsmaßnahme zu beachten, jeden Schriftsatz, insbesondere aber die Klageschrift oder die Klageerwiderungsschrift, der Partei vorab im Entwurf zu schicken und die Versendung von einer Freigabeerklärung des Mandanten abhängig zu machen. Das bewahrt vor dem nicht seltenen Vorwurf, der Rechtsanwalt habe die Informationen der Partei nicht beachtet oder falsch wiedergegeben.

III. Verjährung und Aktenaufbewahrungspflicht gemäß § 50 Abs. 2 BRAO

Ist dem Rechtsanwalt eine schuldhafte Verletzung dieser Pflichten aus dem Anwaltsvertrag vorzuwerfen, **verjährt** der **Schadensersatzanspruch des Mandanten** aus § 280 Abs. 1 BGB nunmehr in der Regelverjährungsfrist gem. § 195 BGB in drei Jahren. Der Lauf dieser Verjährungsfrist beginnt gem. § 199 Abs. 1 BGB mit dem Schluss des Jahres, in dem der Anspruch entstanden ist und der Mandant von den den Anspruch begründenden Umständen und der Person des Schuldners Kenntnis erlangt hat oder ohne grobe Fahrlässigkeit hätte erlangen müssen. Vor diesem Hintergrund kann der Beginn der Verjährungsfrist von Ersatzansprüchen sehr weit in die Zeit nach Beendigung des Mandats verschoben werden. Die in § 199 Abs. 3 BGB enthaltene **Höchstfrist** (10 Jahre!) führt zudem für den Rechtsanwalt zu einer über die gesetzliche Frist des § 50 Abs. 2 BRAO hinausgehenden **Aktenaufbewahrungsobliegenheit**.

22

IV. Zulässige Haftungsbeschränkung gemäß § 51a Abs. 1 BRAO

Es ist zulässig, dass sich der beauftragte Rechtsanwalt im Bauprozess durch eine **Haftungsbeschränkung** absichert. So hat er im Rahmen des § 51a Abs. 1 BRAO die Möglichkeit, durch Vereinbarung mit dem Mandanten einen Haftungsrahmen nach oben hin festzulegen. § 51a Abs. 1 BRAO unterscheidet danach, ob die Haftungsbeschränkung Gegenstand einer schriftlichen **Individualvereinbarung** der Parteien darstellt oder aber in vorformulierten Vertragsbedingungen des Rechtsanwalts enthalten ist. Während bei Vorliegen einer individuell ausgehandelten Vereinbarung gem. § 51a Abs. 1 Nr. 1 BRAO die Haftung des Rechtsanwalts bei Fahrlässigkeit auf die Mindestversicherungssumme (EUR 250.000,-) beschränkt werden kann, ist gem. § 51a Abs. 1 Nr. 2 BRAO eine summenmäßige Beschränkung der Haftung für einfache Fahrlässigkeit bei einer in **vorformulierten Vertragsbedingungen** enthaltenen Haftungsklausel nur auf den vierfachen Betrag der Mindestversicherungssumme (EUR 1.000.000,-) zulässig.

23

▶ Individuell ausgehandelte Haftungsbeschränkungsvereinbarung nach § 51a Abs. 1 Nr. 1 BRAO:
Haftungsbeschränkungsvereinbarung
in der Rechtsstreitigkeit XY ./. YX
Rechtsanwalt Müller und Herr Schmidt vereinbaren, dass die Haftung des beauftragten Rechtsanwalts für fahrlässig begangene Pflichtverletzungen bei der Bearbeitung des Mandats auf

---

45 So hat der Rechtsanwalt den Mandanten gem. § 49b Abs. 5 BRAO darüber zu belehren, dass nach Gegenstandswert abgerechnet wird. Vgl. hierzu auch Rn 2.

einen Gesamtbetrag von höchstens EUR 250.000,- (Mindestversicherungssumme) beschränkt wird.
Unterschriften ◄

D. Grundsätzliches zur Auswahl der Parteien

I. Auswahl des Klägers (u. a. Abtretung der Forderung zur Schaffung von Zeugen)

24 Bereits unmittelbar nach Übernahme des Mandats sind **Strategieüberlegungen** dahingehend anzustellen, ob ein Anspruchsinhaber seinen Anspruch an den Mandanten abtritt, damit dieser sodann den Bauprozess als Kläger aus abgetretenem Recht gegen den Anspruchsgegner führt.[46] Der Kläger hat im Regelfall die Beweislast für das Vorliegen der Voraussetzungen des von ihm gegen den Beklagten geltend gemachten Anspruchs (s. Rn 736, 751). Nicht selten verhält es sich aber so, dass nur der Anspruchsberechtigte und sein Vertragspartner als Anspruchsgegner als Folge persönlicher Zweipersonengespräche überhaupt eigenes Wissen über den rechtsbegründenden Sachverhalt haben. Tritt dann der Anspruchsinhaber seinen Anspruch an einen Dritten ab, der die Forderung einklagt, ist der ursprüngliche Anspruchsinhaber prozessual unbeteiligt und kann als Zeuge vernommen werden.

▶ Typische Fallkonstellation: Häufig tritt der Fall auf, dass ein Gesamtgläubiger seinen Anspruch an den anderen Mitberechtigten abtritt und dieser allein klagt, sodass der andere als Zeuge zur Verfügung steht. ◄

Die Verteidigungsposition des Beklagten verschlechtert sich damit ganz erheblich.[47]

25 Eine solche **Abtretung zur Beschaffung eines Zeugen** kommt darüber hinaus auch dann in Betracht, wenn ein Dritter über den klagebegründenden Sachverhalt informiert ist und nach aller Voraussicht zu Gunsten des Beklagten aussagen wird. Dann dient die Abtretung gewissermaßen der Herstellung der Waffengleichheit. Dieser Gesichtspunkt veranlasst übrigens manche Gerichte, in solchen Abtretungsfällen kurzerhand den Beklagten als Partei zu vernehmen. Die Frage, ob in dieser Fallgestaltung eine Parteivernehmung zur Durchsetzung des Grundsatzes der Waffengleichheit erfolgt,[48] wird in Rechtsprechung und Lehre unterschiedlich beantwortet.[49] Im Grunde handelt es sich nur um ein Scheinproblem, da dem Gericht immer statt der Parteivernehmung nach § 448 ZPO die Anhörung der Parteien nach § 141 ZPO freisteht und auch deren Ergebnis bei der Beweiswürdigung zu berücksichtigen ist.[50] Ein anderes Problem bei der Zeugenbeschaffung durch Abtretung liegt darin, dass der Beklagte bei Vorliegen bestimmter Voraussetzungen[51] die Möglichkeit bekommt, im Rechtsstreit Widerklage gegen den Zedenten zu erheben, um diesen dadurch als Zeugen zu eliminieren.

---

46 Vgl. bspw. BGH BauR 2001, 1288.
47 Kritisch zur prozesstaktisch motivierten Abtretung: *Buß*, JZ 1987, 694.
48 Der Grundsatz der Waffengleichheit folgt aus den „Fair Trial – Grundsatz", der Ausfluss des Rechtsstaatsprinzips (Art. 20 Abs. 3 GG) ist und in Art. 6 Abs. 1 EMRK normiert ist.
49 Unter Bezugnahme auf EGMR NJW 1995, 1413 lässt sich argumentieren, dass aus Gründen der Waffengleichheit auf der Grundlage von § 448 ZPO die in Beweisnot geratene Partei von Amts wegen zu hören ist. Im gleichen Sinne OLG Zweibrücken NJW 1998, 167; *Roth*, ZEuP 1996, 484; *Schlosser*, NJW 1995, 1404; *Coester-Waltjen*, ZZP 113, 291; Thomas/Putzo, § 448 ZPO, Rn 4; **a. A.** OLG München NJW-RR 1996, 958; OLG Düsseldorf OLGR 1996, 274; LG Mönchengladbach NJW-RR 198, 501; Zöller-*Greger*, § 448 ZPO, Rn 2a.
50 So BGH NJW 1999, 363; NJW 1980, 1071; LAG Köln MDR 1999, 1085; Zöller-*Greger*, § 448 ZPO, Rn 2a.
51 Vgl. hierzu vor dem Hintergrund der Zulässigkeit einer isolierten Drittwiderklage: BGH BauR 2001, 1288.

II. Auswahl des Beklagten (u. a. Klage gegen mehrere Streitgenossen zur Vermeidung)

Darüber hinaus ist bei der Wahl des oder der Beklagten zu berücksichtigen, wie die Vollstreckung eines obsiegenden Urteils ablaufen würde. Geht es in einem Bauprozess bspw. um einen Vergütungsanspruch des Mandanten gegenüber einer Bau-ARGE (vgl. weiterführend zur Bau-ARGE Rn 40 ff.), ist zu bedenken, dass diese als Gesellschaft bürgerlichen Rechts gem. § 50 Abs. 1 ZPO parteifähig ist[52] und damit vor Gericht verklagt werden kann. Daneben haften aber auch die Gesellschafter persönlich für die Schulden der Gesellschaft (ARGE). Wird in diesem Fall ausschließlich die Gesellschaft (ARGE) verklagt und erweist sich diese später in der Zwangsvollstreckung als vermögenslos, dann kommt der Gläubiger vollstreckungsrechtlich nicht an das Vermögen der einzelnen Gesellschafter heran. Der Mandant muss neu klagen, was mit weiteren erheblichen Kosten und dem Umstand verbunden ist, dass bis zum Vorliegen eines Titels gegen die einzelnen Gesellschafter wiederum viel Zeit vergeht.

26

▶ Hinweis: Für den Schaden, der dem Kläger durch die doppelte Prozessführung oder gar durch den Ausfall seiner Forderung entsteht, wird der Rechtsanwalt möglicherweise haftbar zu machen sein. Er hätte das Vollstreckungsrisiko vermeiden können, indem er von vornherein Gesellschaft und Gesellschafter gemeinsam verklagt. ◀

Zur Erweiterung der Haftungsmasse empfiehlt der BGH deshalb, neben der Gesellschaft auch die Gesellschafter persönlich mit zu verklagen.[53]

Es besteht dabei eine einfache Streitgenossenschaft zwischen der BGB-Gesellschaft einerseits und ihren Gesellschaftern andererseits, da – und soweit – der einzelne Gesamthänder die Leistung auch als Einzelperson erbringen kann.[54]

▶ Hinweis: Zu bedenken bleibt, dass es gleichsam Aufgabe des Rechtsanwalts ist, seinen Mandanten vor vermeidbaren Kostenbelastungen zu bewahren. Werden neben der Gesellschaft auch die einzelnen Gesellschafter mitverklagt und wird die Klage schließlich abgewiesen, dann erhöht sich der prozessuale Kostenerstattungsanspruch der Gegenseite um ein Vielfaches der entstehenden Kosten, wenn die einzelnen Beklagten sich jeweils durch eigene Rechtsanwälte haben vertreten lassen. Es ist nicht auszuschließen, dass die Empfehlung des BGH im Falle eines Unterliegens im Prozess zu einer Haftung des Rechtsanwalts führt, da nach dem „Prinzip des sichersten Weges" eine Klage gegen mehrere Beklagte „rückwirkend betrachtet" nicht angezeigt gewesen ist. ◀

E. Rechtsschutzversicherung

Im Baurecht hat der beauftragte Rechtsanwalt verhältnismäßig wenig mit Rechtsschutzversicherungen zu tun. Dies liegt an § 4 Abs. 1 k) der Allgemeinen Bedingungen für die **Rechtsschutzversicherung** (ARB), wo es heißt: „Der Versicherungsschutz bezieht sich nicht auf die Wahrnehmung rechtlicher Interessen, die in unmittelbarem Zusammenhang mit der Planung, Errichtung oder genehmigungspflichtigen baulichen Veränderung eines im Eigentum oder Besitz des Versicherungsnehmers befindlichen oder von diesem zu erwerbenden Grundstückes, Gebäudes oder Gebäudeteiles stehen."

27

---

52 BGH NJW 2001, 1056.
53 BGH NJW 2001, 1056 (1060); *Behr*, NJW 2000, 1137 (1139) [für die OHG]; Zöller-*Vollkommer*, § 50 ZPO, Rn 18; Kapellmann/Messerschmidt-*Messerschmidt/Thierau*, Anh. VOB/A, Rn 162.
54 Zöller-*Vollkommer*, § 62 ZPO, Rn 7; Kapellmann/Messerschmidt-*Messerschmidt/Thierau*, Anh. VOB/A, Rn 162.

F. Außergerichtliche Streitbeilegung

28 Im Baurecht ist es geradezu unerlässlich, eine außergerichtliche vergleichsweise Erledigung der Streitigkeit anzustreben. Im Regelfall kann es weder der Interessenlage des Mandanten noch der des Gegners entsprechen, einen komplizierten und umfangreichen Bauprozess in mehreren Instanzen über viele Jahre auszutragen. Gerade die Dauer des gerichtlichen Verfahrens und das enorme Kostenrisiko, das mit einem über mehrere Instanzen ausgetragenen Prozessverfahren einhergeht, zwingt die Parteien dazu, **außergerichtliche Gespräche** mit dem Versuch einer **außergerichtlichen Erledigung** zu suchen. So kann sich über einen Bauprozess eigentlich nur derjenige freuen, der aus Liquiditätsgründen bestrebt ist, die Angelegenheit zu verschleppen. Haben sich die Parteien vor diesem Hintergrund – ggf. unter Mithilfe beauftragter Rechtsanwälte – dahingehend verständigt, außergerichtliche Vergleichsverhandlungen aufzunehmen, ist ein mit ausreichendem Zeitvorlauf verabredeter Verhandlungstermin mit entsprechender Sorgfalt vorzubereiten. Dies betrifft in erster Linie eine umfassende Ermittlung der Tatsachengrundlage, um in der Unterredung der Angelegenheit nicht von der Gegenseite mit nicht vor- und aufbereiteten Tatsachen überrascht zu werden.

29 Weiter sind mit dem Mandanten vor Stattfinden der Verhandlungen in einem persönlichen Gespräch die denkbaren Zielvorstellungen nebst Alternativen unter Einbeziehung einer qualifizierten Risikoanalyse zu erörtern. Folgende Risikobereiche sind abzuklären:
- Die Risiken können den **technischen Sachverhalt** betreffen, also bspw. die Frage, ob auf der Grundlage einer feststehenden Tatsachengrundlage von einem Verstoß gegen die Anerkannten Regeln der Technik auszugehen ist, mithin ein Baumangel zu bejahen ist oder nicht.
- Ein weiterer Risikobereich stellt die **Tatsachengrundlage** selbst dar, wie bspw. beim Streit über die Frage, ob und mit welchem Inhalt zwischen den Parteien etwas mündlich vereinbart worden ist oder nicht.
- Schließlich können z. B. **unbestimmte Rechtsbegriffe** Wertungsrisiken bzw. eine ausstehende höchstrichterliche Entscheidung eines fallrelevanten Streits schwer kalkulierbare Risiken im Bereich der Rechtslage begründen.

30 Enden die Vergleichsverhandlungen erfolgreich, sind bei der Protokollierung des Vergleichs zahlreiche wichtige Aspekte sorgfältig abzuklären:
- Ist die vom Schuldner nach dem Vergleichsinhalt zu erbringende vertretbare oder unvertretbare Handlung bestimmt genug umschrieben, um eine **Vollstreckungsfähigkeit** zu begründen?
- Sind auf die nach dem Vergleichsinhalt vom Schuldner zu zahlenden Vergleichssumme **Zinsen** geschuldet?
- Wann ist die vom Schuldner nach dem Vergleichsinhalt zu erbringende Leistung **fällig**?
- Sind von einer Partei zu einem bestimmten Zeitpunkt **Sicherheiten** zu stellen?
- Welche Folgen treffen den Schuldner bei **Nichtzahlung der Vergleichssumme**? Ist bei vereinbarter Ratenzahlung eine Verfallklausel in dem Vergleich geregelt, wonach bei Zahlungsverzug mit einer oder mehrerer Raten die gesamte Vergleichssumme sofort zur Zahlung fällig wird? Oder liegt eine Strafklausel vor, nach der z. B. der gesamte geforderte Betrag geschuldet wird, wenn die Vergleichssumme nicht innerhalb einer gewissen Frist bezahlt worden ist?
- Ist eine **notarielle Beurkundung** des Vergleichs erforderlich?

F. Außergerichtliche Streitbeilegung 1

- Sind die formalen Voraussetzungen für den wirksamen Abschluss eines **Anwaltsvergleichs** gem. § 796 a ZPO beachtet worden?
- Werden in dem Vergleich **sämtliche Streitigkeiten** der Parteien oder nur der hier vorliegende Streit geregelt?
- Soll geregelt werden, dass durch den Vergleich alle **gegenseitigen Ansprüche**, gleich aus welchem Rechtsgrund, erledigt werden?
- Welche **Kostenregelung** trifft der Vergleich? Handelt es sich vor dem Hintergrund des § 4 Abs. 1 k) ARB (s. Rn 27) ausnahmsweise um ein Rechtsschutzversicherungsmandat, ist darauf zu achten, dass die Kostenentscheidung nach § 2 Abs. 3 a) ARB dem Verhältnis des Obsiegens/Unterliegens entspricht. Ist dies nicht der Fall, ist der Mandant darauf hinzuweisen und zu belehren, dass die Rechtsschutzversicherung nur die abweichende Kostenfolge deckt.
- Soll der Vergleichsinhalt ein **Rücktrittsrecht** beinhalten bzw. einen **Widerrufsvergleich** darstellen?

Auch für den beauftragten Rechtsanwalt ist eine außergerichtliche Erledigung der Angelegenheit finanziell interessant: Bei einer außergerichtlichen Streitbeilegung fällt zunächst eine **Geschäftsgebühr** nach Nr. 2400 VV mit einem Gebührenrahmen von 0,5 bis 2,5 an. In Bausachen dürfte – bis auf Ausnahmefälle – regelmäßig eine Gebühr von 2,0 anzusetzen sein. Baurechtliche Angelegenheiten sind grundsätzlich als schwierig i. S. der Anmerkung zu Nr. 2400 VV anzusehen. 31

▶ **Hinweis:** Bei der Frage, ob ein Rechtsgebiet als schwierig einzustufen ist, kommt es auf den Durchschnittsanwalt an. Eine Schwierigkeit kann nicht deshalb verneint werden, weil der betreffende Rechtsanwalt sich auf das Gebiet des Baurechts spezialisiert hat. Darüber hinaus dürften Bausachen, weil es sich meist um Punktesachen handelt, in aller Regel als umfangreich einzustufen sein, sodass auch dieses Begrenzungs-Kriterium nicht greifen wird. ◀

Daneben kann die Terminsgebühr nach Nr. 3104 VV mit 1,2 berechnet werden. So entsteht gem. der Vorbemerkung 3 Abs. 3 VV die **Terminsgebühr** bei bereits vorliegendem Klageauftrag auch dann, wenn der Rechtsanwalt ohne Beteiligung eines Gerichts Besprechungen zur Vermeidung oder Erledigung des Rechtsstreits führt.

▶ **Hinweis:** Diese Gespräche müssen nicht einmal mit der Gegenpartei geführt werden; auch Besprechungen mit Dritten können ausreichen, wenn sie der Vermeidung oder Erledigung des Rechtsstreits dienen sollen. ◀

Weiter in Ansatz zu bringen ist die **Einigungsgebühr** von 1,5 nach Nr. 1000 VV, wenn die Gegenstände noch nicht gerichtsanhängig sind. Damit kann der Rechtsanwalt 4,7 Gebühren abrechnen.

▶ **Hinweis:** Im Klageverfahren kann der Rechtsanwalt maximal 3,5 Gebühren (Verfahrens-, Termins- und Einigungsgebühr) verdienen. Damit ist die Frage aufzuwerfen, ob der beauftragte Rechtsanwalt, der den sichersten Weg zu wählen hat, dem eigenen Mandanten überhaupt zur außergerichtlichen Streitbeilegung raten darf, wenn die Kostenlast des Mandanten bei Einschaltung der Gerichte günstiger ausfällt. ◀

von Kiedrowski

§ 3 Lokalisierung einzelner Vertragsverhältnisse im Rahmen der klassischen Baumodelle

Literatur
Anker/Zumschlinge, Die „VOB/B als Ganzes" eine unpraktikable Rechtsfigur?, BauR 1995, 325; *Basty*, Der Bauträgervertrag, 4. Auflage 2002; *Blomeyer*, Augen auf beim Wohnungskauf – Die Risiken des Käufers nach der Makler- und Bauträgerverordnung, NJW 1999, 472; *Baumbach/Hopt*, Kommentar zum HGB, 30. Auflage 2000; *Brych*, Die Bevollmächtigung des Treuhänders im Bauherrenmodell, in: Festschrift für Korbion, S. 1; *Bunte*, Die Begrenzung des Kompensationseinwandes bei der richterlichen Vertragskontrolle, in: Festschrift für Korbion S. 18; *Burchardt/Pfülb*, ARGE-Kommentar, 3. Auflage, 1998; *Crezelius*, Zivilrechtliche Beziehungen beim Bauherren-Modell, JuS 1981, 494; *Doerry*, Die Rechtsprechung des BGH zur Gewährleistung beim Haus- und Wohnungsbau unter besonderer Berücksichtigung von Bauträgerschaft und Baubetreuung, ZfBR 1982, 189; *Gehlen*, Rechtssicherheit bei Bauverträgen – VOB/B quo vadis?, NZBau 2004, 313; *Grziwotz/Koeble*, Handbuch Bauträgerrecht, 2004; *Heinrichs*, Die Entwicklung des Rechts der allgemeinen Geschäftsbedingungen im Jahre 1996, NJW 1997, 1407; *Hochstein*, Werkvertragliche Gewährleistung bei der Veräußerung „gebrauchter" oder für den privaten Eigenbedarf errichteter Immobilien?, in: Festschrift für Locher, S. 77; *Hochstein/Jagenburg*, Der Arbeitsgemeinschaftsvertrag, 1974; *Jagenburg*, Die Entwicklung des Baubetreuungs-, Bauträger- und Wohnungseigentumsrechts seit 1995, NJW 1997, 2362; *ders.*, Der Einfluss des AGB-Gesetzes auf das private Baurecht, BauR Sonderheft 1977; *Joussen*, Das Ende der ARGE als BGB-Gesellschaft?, BauR 1999, 1063; *ders.*, Die Anerkennung der ARGE als offene Handelsgesellschaft, in: Festgabe für Kraus, S. 73; *Kaiser*, Aktuelle Rechtsfragen im Privaten Baurecht Teil 1, ZfBR 1985, 1; *Klassen/Eiermann*, Das Mandat in WEG-Sachen, 1999; *Klumpp*, AGB-Gewährleistungsausschluss für „alte" Neubauten, NJW 1993, 372; *Kniffka*, Rechtliche Probleme des Generalunternehmervertrages, ZfBR 1992, 1; *Koeble*, Rechtshandbuch Immobilien; *ders.*, Probleme des Generalübernehmermodells, NJW 1992, 1142; *Koeble/Schwärzel*, Gesellschaftsvertragliche Ausgestaltung einer Arbeitsgemeinschaft am Beispiel der „Bau-Arbeitsgemeinschaft", DStR 1996, 1734; *Kraus*, Der Diskussionsentwurf eines Schuldrechtsmodernisierungsgesetzes, BauR 2001, 1; *Kraus/Vygen/Oppler*, Ergänzungsentwurf, Zum Entwurf eines Gesetzes zur Beschleunigung fälliger Zahlungen der Fraktionen der SPD und Bündnis 90/Die Grünen, BauR 1999, 967; *Locher*, Das private Baurecht, 6. Auflage 1996; *ders.*, AGB-Gesetz und Subunternehmerverträge, NJW 1979, 2235; *Marcks*, Makler- und Bauträgerverordnung, 6. Auflage 1998; *Maser*, Bauherrenmodelle im Spiegel der neuen Gesetzgebung und Rechtsprechung, NJW 1980, 961; *Mehrings*, Papier ist geduldig – Zur Verjährungsfrist des § 13 Nr. 4 VOB/B, MDR 1998, 78; *Nicklisch*, Rechtsfragen des Subunternehmervertrages bei Bau- und Anlageobjekten im In- und Auslandsgeschäft, NJW 1985, 2631; *Pauly*, Zum Verhältnis von VOB/B und AGBG, BauR 1996, 328; *Pause*, Bauträgerkauf und Baumodelle, 4. Auflage 2004; *ders.*, Die Entwicklung des Bauträgerrechts und der Baumodelle seit 1998, NZBau 2001, 603 und 661; *Quack*, Gilt die kurze VOB-Verjährung noch für Verbraucherverträge?, BauR 1997, 24; *Ramming*, Überlegungen zur Ausgestaltung von Nachunternehmerverträgen durch AGB, BB 1994, 518; *Recken*, Streitfragen zur Einwirkung des AGBG auf das Bauvertragsrecht, BauR 1978, 418; *Reithmann*, Das Generalübernehmer- und Architektenmodell, WM 1978, 61; *Schlünder*, Gestaltung von Nachunternehmerverträgen in der Praxis, NJW 1995, 1057; *Schmid*; Der Bauträgervertrag vor dem Aus?, BauR 2001, 866; *Schmidt*, Gesellschaftsrecht, 4. Auflage 2002; *Schmitz*, Handlungsmöglichkeiten von Auftragnehmer und Auftraggeber in der wirtschaftlichen Krise des Vertragspartners, BauR 2005, 169; *Schulze-Hagen*, Aktuelle Probleme des Bauträgervertrages, BauR 1992, 320; *Siegburg*, VOB/B und AGB-Gesetz, in: Festschrift für Locher, S. 349; *ders.*, Zum AGB-Charakter der VOB und deren Privilegierung durch das AGB-Gesetz, BauR 1993, 9; *Stemmer/Rohrmüller*, Abwicklung von VOB-Verträgen durch kommunale Auftraggeber bei Insolvenz des Auftragnehmers, BauR 2005, 622; *Sturmberg*, Die Veräußerung selbst genutzter oder leerstehender Häuser und Eigentumswohnungen – werkvertragliche Gewährleistung ohne Ende?, NJW 1989, 1832; *Thode*, Transparenzgebot und Bauträgervertrag – Baubeschreibung und Vergütung, ZNotP 2004, 131; *von Westphalen*,

Subunternehmer-Verträge bei internationalen Bauverträgen – Unangemessenheitskriterium nach § 9 AGB-Gesetz, in: Festschrift für Locher, S. 375; *Wittchen*, Die VOB/B in der Inhaltskontrolle, BauR 2004, 251; *Wölfing-Hamm*, Insolvenz eines ARGE-Partners, BauR 2005, 228; *Vygen*, Rechtliche Beratungs- und Hinweispflichten des Architekten beim Abschluss von Bauverträgen und bei der Vertragsabwicklung unter besonderer Berücksichtigung einer Vertragsstrafenvereinbarung im Bauvertrag, BauR 1984, 245.

Im Zuge der Mandatsbearbeitung im Baurecht ist immer wieder festzustellen, dass gerade private Bauherren auf der Grundlage **nebulöser Vertragsbeziehungen** von „angeblichen" bauvertraglichen Ansprüchen gegenüber Generalunternehmern oder -übernehmern bzw. Sub- oder Nebenunternehmern sprechen sowie Abwicklungsfragen für die unterschiedlichsten Baumodelle in den Raum stellen. Um nicht Gefahr zu laufen, mit dem Mandanten lange Gespräche über die Voraussetzungen und den Inhalt bauvertraglicher Ansprüche gegenüber potenziellen Anspruchsgegnern zu führen, und dann später feststellen zu müssen, dass die Vertragsbeziehungen des Mandanten in ganz anderer Richtung ausgestaltet sind, sollten zu Beginn der Bearbeitung eines bauvertraglichen Mandates die unterschiedlichen Vertragsbeziehungen der am Bau Beteiligten unter Beachtung der in Betracht kommenden **Baumodelle** lokalisiert werden.

32

Selbstverständlich hat es der Bauherr[55] in der Hand, bei Durchführung eines Bauvorhabens als Auftraggeber mit allen am Bau Beteiligten (also Bauunternehmern, Architekten und Sonderfachleuten) einzelne Vertragsverhältnisse zu begründen. Aufgrund des Vorliegens zahlreicher unterschiedlich ausgeformter Vertragsverhältnisse leuchtet es ein, dass in diesem Fall auf der einen Seite die Vergütungsansprüche der Auftragnehmer und auf der anderen Seite Mängelansprüche des Bauherrn/Auftraggebers für jedes einzelne Vertragsverhältnis getrennt zu behandeln sind. Gerade der Bauherr, der nicht ständig Bauvorhaben durchführt, wird aber bemüht sein, die im Zusammenhang mit den unterschiedlichen Vertragsverhältnissen zwangsläufig entstehenden Koordinierungsarbeiten und -probleme zu vermeiden. Aus diesem Grund wird sein Bestreben darauf gerichtet sein, ausschließlich mit einem Vertragspartner[56] einen Vertrag mit dem Inhalt abzuschließen, gegen Zahlung einer zuvor vereinbarten Summe einen **schlüsselfertigen Bau** übergeben zu bekommen. In Verwirklichung dieser Vorgabe wird der Bauherr mit einem sog. Generalunternehmer bzw. Generalübernehmer einen Bauvertrag abschließen, in dem dieser von dem Bauherrn mit sämtlichen zu einem Bauwerk gehörenden Leistungen beauftragt wird.

33

---

55 Kennzeichnend für einen Bauherrn ist, dass er das Realisierungs-, Verwendungs- und Finanzierungsrisiko trägt. Regelmäßig ist der Bauherr gleichzeitig Eigentümer des zu bebauenden Grundstücks. Ist dies nicht der Fall, sollte nicht mehr von einem Bauherrn, sondern vielmehr von einem Auftraggeber gesprochen werden, der im eigenen Namen Bauverträge mit den am Bau Beteiligten abschließt, Kapellmann/Messerschmidt-*Messerschmidt/Thierau*, Anh. VOB/A, Rn 2.

56 Insoweit erbringt dieser eine Vertragspartner regelmäßig die gesamten Planungs- und Bauerrichtungsleistungen und kann deshalb als sog. Total- oder aber Alleinunternehmer bezeichnet werden, Kapellmann/Messerschmidt-*Messerschmidt/Thierau*, Anh. VOB/A, Rn 8; Ingenstau/Korbion-*Korbion*, VOB Anhang 3, Rn 3. Da der Totalunternehmer mitunter weitere Leistungen zu erbringen hat, die über die reine Bautätigkeit hinausgehen (bspw. die Übernahme aller nach Errichtung und Abnahme zur Eröffnung eines „Drive-in" Restaurants zu erbringenden Leistungen), handelt es sich um keinen reinen Werkvertrag, sondern vielmehr um einen gemischten Vertrag mit unterschiedlichen Elementen.

§ 3 Lokalisierung einzelner Vertragsverhältnisse

A. Beauftragung eines Generalunternehmers oder -übernehmers

I. Unternehmereinsatzformen

34 Der Vertrag mit dem **Generalunternehmer** bzw. dem **Generalübernehmer** entspricht im Hinblick auf die rechtlichen Strukturen dem klassischen Bauvertrag. Die Besonderheiten dieses Vertrages ergeben sich aus dem geschuldeten Leistungserfolg: Sowohl bei dem Generalunternehmervertrag als auch dem Generalübernehmervertrag schuldet der Auftragnehmer sämtliche Bauarbeiten, die erforderlich sind, um das vereinbarte Bauwerk zur bestimmungsgemäßen Nutzung gebrauchsfertig herzustellen.[57] Diese umfassende Leistungspflicht schließt ein, dass der Generalunternehmer bzw. Generalübernehmer gleichzeitig auch die Stellung eines Hauptunternehmers hat.[58] Der Unterschied zwischen einem Generalunternehmer oder -übernehmer und einem **Totalunternehmer** besteht also darin, dass der Totalunternehmer die Bauleistung selbst erbringen muss,[59] während der Generalunternehmer oder -übernehmer als **Hauptunternehmer** die einzelnen Bauleistungen an Dritte (sog. Nachunternehmer) delegieren kann.[60] Der Generalunternehmer- und der Generalübernehmervertrag unterscheiden sich dadurch, dass der Generalunternehmer einen (Groß-)Teil der Bauleistungen (mehrerer Gewerke) selbst erbringt,[61] während der Generalübernehmer sämtliche Leistungen an sog. **Nachunternehmer** weiter gibt.[62] [63] [64]

II. Vertragsverhältnisse beim Generalunternehmer bzw. -übernehmermodell

35 Der Nachunternehmer wird von dem Generalunternehmer oder -übernehmer beauftragt und steht damit nur zu diesem in einem Vertragsverhältnis. Zwischen dem Nachunternehmer und dem eigentlichen Bauherrn (Auftraggeber) selbst bestehen keine rechtlichen Beziehungen.[65] [66] [67] Der Nachunternehmer ist dem Auftraggeber gegenüber als Erfül-

---

57 In Abgrenzung zum Totalunternehmer, der sämtliche geschuldeten Leistungen selbst zu erbringen hat, beauftragt der Generalunternehmer/Generalübernehmer dritte Urternehmer, die die zur Bauausführung notwendigen Arbeiten erbringen.
58 Nicklisch/Weick, Einl. Rn 62; Ingenstau/Korbion-*Korbion*, VOB Anhang 3, Rn 148; Staudinger-*Peters*, § 631 BGB, Rn 31; Kleine-Möller/Merl/Oelmaier-*Kleine-Möller*, § 3 Rn 4, 5.
59 Nicklisch/Weick, Einl. Rn 61; Ingenstau/Korbion-*Korbion*, VOB Anhang 3, Rn 148, 150.
60 Kniffka/Koeble, Kompendium 11. Teil, Rn 1; Ingenstau/Kcrbion-*Korbion*, VOB Anhang 3, Rn 148, 150; Werner/Pastor, Rn 1050.
61 Kleine-Möller/Merl/Oelmaier, § 3 Rn 5; Kapellmann/Messerschmidt-*Messerschmidt/Thierau*, Anh. VOB/A, Rn 10; Kniffka/Koeble, Kompendium 11. Teil, Rn 11.
62 Kapellmann/Messerschmidt-*Messerschmidt/Thierau*, Anh. VOB/A, Rn 9; Kleine-Möller/Merl/Oelmaier-*Kleine-Möller*, § 3 Rn 5; Ingenstau/Korbion-*Korbion*, VOB Anhang 3, Rn 148; Kniffka/Koeble, Kompendium 11. Teil, Rn 11.
63 Der Generalübernehmer erbringt damit regelmäßig die für die Vorhabensplanung notwendigen Koordinierungs- und Managementleistungen und selten die Durchführung der Bauleistung selbst. Für die Durchführung der Bauleistungen wird seitens des Generalübernehmers häufig ein Generalunternehmer beauftragt, Kapellmann/Messerschmidt-*Messerschmidt/Thierau*, Anh. VOB/A, Rn 9.
64 Der zwischen dem Bauherrn und dem Generalübernehmer bestehende Vertrag ist in erster Linie Werkvertrag, weist aber darüber hinaus Elemente des Geschäftsbesorgungsvertrages gem. § 675 BGB auf.
65 BGH BauR 1974, 134; SchlHOLG OLGR 1998, 310; Ingenstau/Korbion-*Korbion*, VOB Anhang 3, Rn 141 f., 150; Staudinger-*Peters*, § 631 BGB, Rn 3; Kleine-Möller/Merl/Oelmaier-*Kleine-Möller*, § 3 Rn 7; Werner/Pastor, 1051.
66 Von einem Vertragsverhältnis zwischen Bauherrn und Nachunternehmer ist allerdings dann auszugehen, wenn der Generalübernehmer den Nachunternehmer im Namen des Bauherrn beauftragt hat; vgl. zur Vollmacht des Generalübernehmers zum Abschluss von Nachunternehmerverträgen durch den Bauherrn (Auftraggeber): LG Dresden BauR 2001, 1917. Vgl. im Hinblick auf eine denkbare direkte Beauftragung des Nachunternehmers durch den Bauherrn KG BauR 2005, 1680.
67 Der Generalunternehmer und der Nachunternehmer sind nicht Gesamtschuldner gegenüber dem Bauherrn/Auftraggeber, BGH BauR 1981, 383. Ferner scheidet eine Haftung des Nachunternehmers gegenüber dem Bauherrn/Auftraggeber auf der Grundlage eines Vertrages mit Schutzwirkung für Dritte aus, Ingenstau/Korbion-*Korbion*, VOB Anhang 1, Rn 117; Kapellmann/Messerschmidt-*Messerschmidt/Thierau*, Anh. VOB/A, Rn 11.

A. Beauftragung eines Generalunternehmers oder -übernehmers

lungsgehilfe des Hauptunternehmers anzusehen.[68] Daneben ist der Bauherr als Auftraggeber des Generalunternehmers oder -übernehmers nicht dessen Erfüllungsgehilfe gegenüber dem Nachunternehmer.[69]

Beim **BGB-Bauvertrag** ist der Auftragnehmer auch ohne ausdrückliche Einwilligung des Auftraggebers berechtigt, einen Nachunternehmer einzuschalten, da das BGB-Werkvertragsrecht keine persönliche Leistungsverpflichtung des Auftragnehmers kennt.[70] Für den **VOB-Bauvertrag** gibt § 4 Nr. 8 VOB/B die Voraussetzungen vor, unter denen der Hauptunternehmer einen Nachunternehmer beauftragen darf. Danach kann ein Nachunternehmer grundsätzlich nur mit schriftlicher[71] Zustimmung des Auftraggebers eingeschaltet werden.[72] [73] Die Zustimmung entfällt lediglich bei Leistungen, auf die der Betrieb des Auftragnehmers nicht eingerichtet ist.[74] Im Übrigen hat der Hauptunternehmer bei Weitergabe von Bauleistungen an einen Nachunternehmer die VOB (Teile B und C) zugrunde zu legen und auf Wunsch des Auftraggebers diesem den Nachunternehmer mit Namen und Anschrift bekannt zu geben.[75] [76] Bei Zuwiderhandlungen hat der Auftraggeber ein Kündigungsrecht aus § 8 Nr. 3 VOB/B.[77]

Hervorzuheben bleibt, dass die **beiden Vertragsverhältnisse,** nämlich zwischen Bauherr (Auftraggeber) und Generalunternehmer oder -übernehmer einerseits und Generalunternehmer oder -übernehmer und Nachunternehmer andererseits, **selbstständig** zu beurteilen sind.[78] Nur innerhalb der jeweiligen Vertragsverhältnisse können Erfüllungs-, Vergütungs- und Mängelansprüche geltend gemacht werden.[79] Dabei sind sowohl die Haftungsgrundlagen wie auch der Haftungsumfang aus der Sicht des jeweiligen Vertragsverhältnisses isoliert zu betrachten. Unterschiedliche Rechtsfolgen sind dabei keine Seltenheit. Aus der Sicht des Hauptunternehmers besteht das Bedürfnis, die Regelungen des Generalunternehmer- oder -übernehmervertrages und des Nachunternehmervertrages

---

68 BGH BauR 1976, 131; BauR 1979, 324; BauR 1981, 383; Kapellmann/Messerschmidt-*Messerschmidt/Thierau*, Anh. VOB/A, Rn 11, Staudinger-*Peters*, § 631 BGB, Rn 36. Zu beachten bleibt, dass der Nachunternehmer zwar Erfüllungs- nicht aber Verrichtungsgehilfe des Hauptunternehmers ist, BGH BauR 1994, 780; Kleine-Möller/Merl/Oelmaier-*Kleine-Möller*, § 3 Rn 9.
69 Staudinger-*Peters*, § 631 BGB, Rn 39; Werner/Pastor, Rn 1052; Ingenstau/Korbion-*Oppler*, § 4 Nr. 8 VOB/B, Rn 8.
70 Kapellmann/Messerschmidt-*Merkens*, § 4 VOB/B, Rn 190 f.; Beck'scher VOB-Kommentar-*Hofmann*, § 4 Nr. 8 VOB/B, Rn 2; Kleine-Möller/Merl/Oelmaier-*Kleine-Möller*, § 3 Rn 11; **a. A.** Staudinger-*Peters*, § 631 BGB, Rn 34.
71 Grundsätzlich führt die Nichtbeachtung der Schriftform zur Nichtigkeit der nur mündlich erteilten Zustimmung. Etwas anderes gilt dann, wenn ein übereinstimmender Wille beider Vertragsparteien feststeht, Ingenstau/Korbion-*Oppler*, § 4 VOB/B, Rn 13.
72 Die Zustimmung (§ 182 BGB) kann in Form der vorangehenden Einwilligung (§ 183 BGB) sowie nachfolgenden Genehmigung (§ 184 BGB) erfolgen: Ingenstau/Korbion-*Oppler*, § 4 Nr. 8 VOB/B, Rn 8ff.; Kleine-Möller/Merl/Oelmaier-*Kleine-Möller*, § 2 Rn 330; Kapellmann/Messerschmidt-*Merkens*, § 4 VOB/B, Rn 191.
73 Den Auftragnehmer trifft die Darlegungs- und Beweislast für das Vorliegen der Zustimmung, Ingenstau/Korbion-*Oppler*, § 4 Nr. 8 VOB/B, Rn 13.
74 Aufgrund des in § 4 Nr. 8 Abs. 1 S. 1 VOB/B geregelten Grundsatzes der Selbstausführung ist § 4 Nr. 8 Abs. 1 S. 3 VOB/B eng auszulegen: Kapellmann/Messerschmidt-*Merkens*, § 4 VOB/B, Rn 194; Nicklisch/Weick, § 4 VOB/B, Rn 119.
75 Kapellmann/Messerschmidt-*Merkens*, § 4 VOB/B, Rn 205; Nicklisch/Weick, § 4 VOB/B, Rn 121; Beck'scher VOB-Kommentar-*Hofmann*, § 4 VOB/B, Rn 59. Der Anspruch des Auftraggebers auf Benennung des beauftragten Nachunternehmers ist selbstständig einklagbar, Ingenstau/Korbion-*Oppler*, § 4 Nr. 8 VOB/B, Rn 30.
76 Die Auskunftspflicht des Auftragnehmers bezieht sich ferner auf solche Tatsachen, die im Rahmen der grundsätzlichen Regelung des § 2 Nr. 1 VOB/B liegen sowie all die Tatsachen, die erforderlich sind, zu beurteilen, ob der Auftragnehmer seinen Nebenverpflichtungen genügend nachkommt (wie bspw. die Frage der Zahlung der Nachunternehmer im Hinblick auf die Regelung in § 16 Nr. 6 VOB/B, Ingenstau/Korbion-*Oppler*, § 4 Nr. 8 VOB/B, Rn 31.
77 Kapellmann/Messerschmidt-*Merkens*, § 4 VOB/B, Rn 188, 195ff; Ingenstau/Korbion-*Oppler*, § 4 Nr. 8 VOB/B, Rn 17; vgl. auch OLG Celle BauR 2005, 1336. Vgl. hierzu auch Rn 485.
78 *Kniffka*, ZfBR 1992, 1 (8).
79 Grundlegend: OLG Düsseldorf NJW-RR 1997, 83.

§ 3 Lokalisierung einzelner Vertragsverhältnisse

weitestgehend **parallel zu schalten**, damit sich der Hauptunternehmer gegenüber dem Nachunternehmer keiner schlechteren Rechtsposition ausgesetzt fühlt als im Verhältnis zum Bauherrn (Auftraggeber).[80]

III. Synchronisierung der Vertragsverhältnisse zwischen Bauherr, Haupt- und Subunternehmer

38 Das Bestreben des Hauptunternehmers nach Parallelisierung der einzelnen Vertragsverhältnisse bezieht sich in der Regel auf die Problemkreise: Zahlungseingang,[81] [82] Abnahmezeitpunkt,[83] Mängelrechte/Verjährungsfristen,[84] Vertragsstrafe[85] sowie die Frage der Kündigung (und deren Folgen)[86] des Bauvertrages.[87] Einem **pauschalen Gleichstellen** der Vertragsbedingungen von Hauptunternehmer- und Nachunternehmervertrag sind in der Praxis vor dem Hintergrund der Einbeziehungs- und Inhaltskontrolle bei der Verwendung von Allgemeinen Geschäftsbedingungen und dem Umstand, dass zwei selbstständige Vertragsverhältnisse betroffen sind, regelmäßig Grenzen gesetzt.[88] Wird der Hauptunternehmer nämlich von einem privaten Bauherrn (als Verbraucher i. S. des § 13 BGB) beauftragt, sind im Hinblick auf die **Einbeziehung der VOB/B** die Voraussetzungen des § 305 Abs. 2 BGB und bei der Inhaltskontrolle die speziellen Klauselverbote aus §§ 308, 309 BGB zu beachten, während sich die **Einbeziehungskontrolle** beim Nachunternehmervertrag (da sowohl der Haupt- wie auch der Nachunternehmer regelmäßig Unternehmer i. S. des § 14 BGB sind) nach den §§ 145 ff. BGB und die **Inhaltskontrolle** nur nach § 307 BGB richtet. Zudem werden vertragliche Regelungen des Hauptunternehmervertrages häufig **individuell** ausgehandelt. Gerade in diesem Fall wird ein reines Durchreichen der Vorschriften des Hauptunternehmervertrages auf den Nachunternehmervertrag in der Regel gegen § 307 Abs. 2 Nr. 1 BGB verstoßen.[89]

---

80 Ingenstau/Korbion-*Korbion*, VOB Anhang 3, Rn 188.
81 Kleine-Möller/Merl/Oelmaier-*Kleine-Möller*, § 3 Rn 33, 34.
82 Vgl. zu Klauseln, die die Fälligkeit des Werklohnanspruchs im Nachunternehmervertrag regeln: Ingenstau/Korbion-*Korbion*, VOB Anhang 3, Rn 201.
83 Vgl. hierzu BGH BauR 1995, 234; OLG Düsseldorf BauR 1995, 111; Kapellmann/Messerschmidt-*Messerschmidt/Thierau*, Anh. VOB/A, Rn 19; Ingenstau/Korbion-*Korbion*, VOB Anhang 3, Rn 198. So ist ein Hinauszögern des Abnahmezeitpunktes aus dem Generalunternehmer- bzw. -übernehmervertrag auf den Nachunternehmervertrag unwirksam.
84 Vgl. hierzu OLG Düsseldorf BauR 1995, 111; Kleine-Möller/Merl/Oelmaier-*Kleine-Möller*, § 3 Rn 35 ff.; Ingenstau/Korbion-*Korbion*, VOB Anhang 3, Rn 207.
85 Ingenstau/Korbion-*Korbion*, VOB Anhang 3, Rn 190 (insoweit ist ein Durchreichen einer Vertragsstrafe nur zulässig, wenn der Nachunternehmer die Bauverzögerung verursacht und verschuldet hat und dem Hauptunternehmer ein Schaden entstanden ist [so auch BGH BauR 1998, 330]; **a. A.** OLG Köln SFH § 640 BGB, Nr. 29.
86 Unwirksam ist der Ausschluss des Vergütungsanspruchs im Nachunternehmervertrag bei einer Kündigung des Generalunternehmer- bzw. -übernehmers aus § 649 S. 1 BGB/§ 8 Nr. 1 VOB/B (wenn der Bauherr gegenüber dem Hauptunternehmer das vertragliche Recht hat, einzelne Leistungen vergütungsfolgenlos streichen zu können), Kapellmann/Messerschmidt-*Messerschmidt/Thierau*, Anh. VOB/A, Rn 22.
87 Kleine-Möller/Merl/Oelmaier-*Kleine-Möller*, § 3 Rn 26 ff.; Kapellmann/Messerschmidt-*Messerschmidt/Thierau*, Anh. VOB/A, Rn 22.
88 Kapellmann/Messerschmidt-*Messerschmidt/Thierau*, Anh. VOB/A, Rn 15 sowie 18 ff.
89 *Locher*, NJW 1979, 2235; *von Westphalen*, Festschrift für Locher, S. 375 ff.; *Nicklisch* NJW 1985, 2631; Kapellmann/Messerschmidt-*Messerschmidt/Thierau*, Anh. VOB/A, Rn 15; Staudinger – *Peters*, § 631 BGB, Rn 38.

A. Beauftragung eines Generalunternehmers oder -übernehmers

IV. Die Beauftragung eines Nebenunternehmers

Schließlich bleibt darauf hinzuweisen, dass ein Nebenunternehmer nicht mit einem Nachunternehmer gleichzusetzen ist. Ein Nebenunternehmer hat unter der Leitung des Hauptunternehmers Teile des Werkes selbst zu erstellen, wobei er neben dem Hauptunternehmer unmittelbarer Vertragspartner des Bauherrn (Auftraggebers) ist.[90] Dabei übt der Hauptunternehmer gegenüber dem Bauherrn (Auftraggeber) eine Doppelfunktion aus. Zum einen schuldet er diesem gegenüber die Bauleistung, zum anderen hat er als Beauftragter des Bauherrn (Auftraggeber) die Leistungen des Nebenunternehmers zu überwachen.[91]

39

V. Die Beteiligung einer Bau-ARGE

1. Rechtsnatur der Bau-ARGE

Nach wohl noch überwiegender Auffassung wird eine in der Baubranche begründete ARGE als **Gesellschaft bürgerlichen Rechts** i. S. der §§ 705 ff. BGB angesehen.[92] Hintergrund dessen bildet der Umstand, dass eine ARGE in der Regel kurzlebig ist, da es sich um eine vertragliche Verbindung handelt, die seitens der Baubeteiligten darauf bezogen ist, gemeinschaftlich eine übernommene Bauaufgabe innerhalb einer bestimmten vorgesehenen Bauzeit gemeinschaftlich zu erfüllen.[93] Bis zur Reform des Handelsrechts im Jahre 1998 schieden zudem andere Rechtsformen – wie z. B. die OHG und die KG – für die Begründung einer ARGE aus, da diese Gesellschaftsformen ein vollkaufmännisches Grundhandelsgewerbe vorausgesetzt hätten. Bauhandwerker übten aber kein Grundhandelsgewerbe aus, weil sie die angeschafften Waren nicht veräußerten, sondern vielmehr einbauten.[94] Eine davon abweichende Betrachtungsweise galt allerdings unter Zugrundelegung der vorstehenden Ausführungen dann, wenn es sich um eine sog. Nebenerwerbs-ARGE handelte.[95] Von einer sog. Nebenerwerbs-ARGE ist dann auszugehen, wenn eine ARGE neben der eigentlichen Durchführung des Bauprojektes aufgrund überschüssiger Kapazitäten bspw. Baustoffe – wie Beton – geschäftsmäßig veräußert.

40

Seit der Handelsrechtsreform mit Wirkung ab dem 1. Juli 1998 hat sich das herkömmliche Verständnis zur Rechtsnatur der Bau-ARGE geändert. Weiterhin liegt eine Handelsgesellschaft nur dann vor, wenn sie auf die Ausübung eines Handelsgewerbes ausgerichtet ist (§ 105 Abs. 1 HGB).

41

▶ Hinweis: Zu bedenken bleibt allerdings, dass durch die Neufassung der §§ 1 ff. HGB die Definition des Handelsgewerbes modifiziert worden ist. So wird als Handelsgewerbe nunmehr jeder Gewerbebetrieb verstanden, es sei denn, das betriebene Unternehmen erfordert nach Art oder Umfang keinen in kaufmännischer Weise eingerichteten Geschäftsbetrieb (§ 1 Abs. 2 HGB). ◀

---

90 Weiterführend: *Zeiger*, Der Nebenunternehmervertrag, 1963.
91 Werner/Pastor, Rn 1060; Hochstein/Jagenburg, S. 5.
92 BGH NJW 1997, 2754; Burchardt/Pfülb, Präambel, Rn 3 f.; *Schmidt*, S. 1702 f.; Baumbach/Hopt, § 1 HGB, Rn 26; Kapellmann/Messerschmidt-*Messerschmidt/Thierau*, Anhang VOB/A, Rn 119; Ingenstau/Korbion-*Korbion*, VOB Anhang 3, Rn 17; Werner/Pastor, Rn 1062; Koeble/Schwärzel, DStR 1996, 1734; *Wölfing-Hamm*, BauR 2005, 228 (229).
93 Kapellmann/Messerschmidt-*Messerschmidt/Thierau*, Anhang VOB/A, Rn 119.
94 Burchardt/Pfülb, Präambel, Rn 3 f.; *Schmidt*, S. 1702 f.; Baumbach/Hopt, § 1 HGB, Rn 26; Koeble/Schwärzel, DStR 1996, 1734.
95 *Joussen*, BauR 1999, 1063 (1064).

§ 3 Lokalisierung einzelner Vertragsverhältnisse

Auf dieser Grundlage wird nunmehr teilweise die Auffassung vertreten werden, dass es sich bei einer ARGE, die aufgrund ihrer Größe ein Handelsgewerbe i. S. des § 1 Abs. 2 HGB betreibt, um eine OHG handelt.[96][97]

42 Eine pauschale Einordnung der ARGE als OHG ist abzulehnen, weil der Gewerbebegriff des § 1 Abs. 2 HGB eine anbietende Tätigkeit der ARGE am Markt erfordert.[98] Es hängt deshalb vom Einzelfall ab, ob eine sog. Dauer-ARGE vorliegt, die auf unbestimmte Zeit und eine unbestimmte Anzahl von Bauvorhaben abgeschlossen wird. Schließlich ist darauf hinzuweisen, dass auf der Grundlage der wegweisenden Entscheidung des BGH vom 29. 1. 2001 die vorgenannte Fragestellung an Bedeutung verloren hat. Dies ergibt sich daraus, dass der BGH die Rechtsverhältnisse einer (Außen-)Gesellschaft bürgerlichen Rechts, ihrer Gesellschafter und ihrer Gläubiger weitestgehend denen der OHG und KG angeglichen hat.[99] So besitzt die (Außen-)Gesellschaft bürgerlichen Rechts nunmehr wie die OHG und KG eigene Rechtsfähigkeit.[100] Zudem entspricht das Verhältnis zwischen den Verbindlichkeiten der Gesellschaft mit der (Mit-)Haftung ihrer Gesellschafter letztlich der bei der OHG.[101]

2. Begründung der Bau-ARGE

43 Zur Begründung einer Bau-ARGE bedarf es einer **Einigung** von zwei oder mehreren selbstständigen Bauunternehmen, nach deren Inhalt eine **wechselseitige Verpflichtung** besteht, ein Bauvorhaben gemeinsam auszuführen und die zur Erreichung dieses gemeinsamen Zwecks vereinbarten Beiträge[102] und Leistungen in der vertraglich bestimmten Qualität und Quantität termingerecht zu erbringen.[103] Die Beiträge und Leistungen der einzelnen Gesellschafter können dabei unterschiedlicher Natur sein: Denkbar ist die Erbringung von Werk- (wie z. B. Architektenleistungen) oder Dienstleistungen (wie. z. B. die Gestellung von Arbeitskräften), ferner Sachleistungen (wie z. B. die Zurverfügungstellung von Stoffen oder Bauteilen) und schließlich Geldleistungen oder aber Gebrauchsüberlassungen (wie z. B. die Zurverfügungstellung von Maschinen und sonstigen Geräten). Ohne Relevanz ist für die Entstehung einer ARGE, ob der Zusammenschluss der einzelnen baubeteiligten Unternehmen bereits in der Bieterphase – als sog. Bietergemeinschaft – oder erst im Zuge der Auftragserteilung erfolgt.[104]

44 Weiter bedarf die konstituierende Einigung zur Begründung der ARGE weder der **Schriftform** noch einer **notariellen Beurkundung** als Wirksamkeitsvoraussetzung.[105] Die Parteien sind aber gut beraten, derartige Verträge, die immerhin einiges wirtschaftliche

---

96 OLG Frankfurt NZBau 2005, 590; OLG Dresden BauR 2002, KG BauR 2001, 1790; 1414; *Joussen*, BauR 1999, 1063; *ders.*, Festgabe für Kraus, S. 73.
97 Die Frage, ob eine ARGE als OHG einzuordnen ist, spielt im Hinblick auf die Zuständigkeit der Kammer für Handelssachen gem. § 95 Abs. 1 Nr. 1 GVG („gegen einen Kaufmann ... aus Geschäften, die für beide Handelsgeschäft sind") eine maßgebende Rolle. Vgl. hierzu Rn 715.
98 Münch-Komm-*Schmidt*, § 1 HGB, Rn 28. Ingenstau/Korbion-Korbion, VOB Anhang 3, Rn 18. Liegt dem entgegen eine sog. Dauer-ARGE vor, die auf unbestimmte Zeit und eine unbestimmte Anzahl von Bauvorhaben abgeschlossen wird, so ist in diesem Fall von einem in kaufmännischer Weise eingerichteten Geschäftsbetrieb auszugehen, Kapellmann/Messerschmidt-*Messerschmidt/Thierau*, VOB/A Anhang, Rn 124.
99 *Ulmer*, ZIP 2001, 585.
100 BGH BauR 2001, 775.
101 BGH BauR 2001, 775.
102 Vgl. hierzu weiterführend Ingenstau/Korbion-*Korbion*, VOB Anhang 1, Rn 34 ff.
103 *Kornblum*, ZfBR 1992, 9; Kapellmann/Messerschmidt-*Messerschmidt/Thierau*, VOB/A Anhang, Rn 126.
104 *Langen*, Jahrbuch Baurecht 1999, Seite 64, 68.
105 Ingenstau/Korbion-*Korbion*, VOB Anhang 1, Rn 30; Kapellmann/Messerschmidt-*Messerschmidt/Thierau*, Anhang VOB/A, Rn 130; Burchardt/Pfülb, Einführung, Rn 20.

A. Beauftragung eines Generalunternehmers oder -übernehmers

Gewicht für jedes der beteiligten Bauunternehmen haben, mit Bedacht und Weitblick zumindest schriftlich abzufassen und ihre Gültigkeit von der rechtswirksamen Unterschrift aller Gesellschafter bzw. ihre Bevollmächtigtenvertreter abhängig zu machen.[106] Schließen sich mehrere Unternehmer als ARGE zusammen, so sollten diese den vom Zentralverband des Deutschen Baugewerbes herausgegebenen **ARGE-Mustervertrag** zur Grundlage der Vertragsbeziehungen machen.[107] So hat der ARGE-Mustervertrag dazu beigetragen, in langjähriger praktischer Übung und im Wechselspiel zu den §§ 705 ff. BGB eine Typisierung der Bau-ARGE zu prägen. Insoweit gelten nach der Präambel des Mustervertrages für die Rechtsbeziehung der Gesellschafter untereinander und bei der Vertretung der ARGE Dritten gegenüber in erster Linie die Bestimmungen des ARGE-Mustervertrages und nur hilfsweise die der §§ 705 ff. BGB. Anzumerken bleibt, dass auch der Abschluss des ARGE-Mustervertrages die Einhaltung einer bestimmten Form nicht vorschreibt.[108]

3. Organe der Bau-ARGE

a) Aufsichtsstelle

Bei der **Aufsichtsstelle** handelt es sich um die Gesellschafterversammlung der ARGE-Partner. Aufgabe des obersten Organs der ARGE ist es dabei, die Geschäftstätigkeit der Arbeitsgemeinschaft im Allgemeinen zu überwachen. Sie hat über alle Fragen von grundsätzlicher Bedeutung zu entscheiden, die ihr entweder von den Gesellschaftern unterbreitet werden oder über die sie nach dem ARGE-Vertrag zu befinden hat. Fragen von grundsätzlicher Bedeutung sind solche, die mit der Zweckerreichung unmittelbar zusammenhängen, also bspw. die Abforderungen von Gesellschafterbeiträgen, die Festlegung und Änderung der Beteiligungsverhältnisse, die Dauer und Beendigung der Geschäftsführung bzw. Bauleitung, den Ausschluss von Gesellschaftern sowie Forderungsabtretungen, Kredite und Wechsel bzw. die Anerkennung oder Zurückweisung von Mängelansprüchen.[109] Sitzungen der Aufsichtsstelle finden nach Antrag eines Gesellschafters oder bei Bedarf statt. Die Beschlüsse der Aufsichtsstelle bedürfen der Einstimmigkeit der anwesenden Gesellschafter, soweit der ARGE-Vertrag nicht ausnahmsweise Abweichendes bestimmt.[110]

45

b) Kaufmännische und technische Geschäftsführung

Die **kaufmännische und technische Geschäftsführung** ist Ausführungsorgan aller Beschluss der Aufsichtsstelle. Sie hat darüber hinaus alle Geschäfte wahrzunehmen, die nicht von der Aufsichtsstelle entschieden bzw. erledigt werden.[111]

46

c) Bauleitung

Der Bauleitung obliegt als **Hilfsorgan der Geschäftsführung** die Durchführung des Bauauftrages auf der Baustelle. Sie hat eine Berichtspflicht gegenüber den einzelnen ARGE-

47

---

106 Ingenstau/Korbion-*Korbion*, VOB Anhang 1, Rn 30.
107 Vgl. insoweit Ingenstau/Korbion-*Korbion*, VOB Anhang 1, Rn 19 sowie Kapellmann/Messerschmidt-*Messerschmidt/Thierau*, Anhang VOB/A, Rn 128.
108 Burchardt/Pfülb, Einführung, Rn 20.
109 Ingenstau/Korbion-*Korbion*, VOB Anhang 1, Rn 26; Kapellmann/Messerschmidt-*Messerschmidt/Thierau*, Anhang VOB/A, Rn 139.
110 Kapellmann/Messerschmidt-*Messerschmidt/Thierau*, Anhang VOB/A, Rn 141.
111 Ingenstau/Korbion-*Korbion*, VOB Anhang 1, Rn 27; Kapellmann/Messerschmidt-*Messerschmidt/Thierau*, Anhang VOB/A, Rn 142.

von Kiedrowski

Gesellschaftern, ist aber andererseits an die Weisungen der kaufmännischen und technischen Geschäftsführung gebunden.

4. Haftung der Bau-ARGE und ihrer Gesellschafter

48 Geht es um die Haftung der ARGE und ihrer Gesellschafter, so muss zwischen dem Innenverhältnis der Gesellschafter untereinander und im Außenverhältnis zu dem Auftraggeber und Dritten unterschieden werden. Im **Innenverhältnis** ist gem. § 722 Abs. 1 BGB davon auszugehen, dass die einzelnen ARGE-Gesellschafter zu gleichen Anteilen beteiligt sind. Dieser Prozentsatz der Beteiligung gilt grundsätzlich auch für die vertragliche Haftung der ARGE-Gesellschafter im Innenverhältnis untereinander.[112] Anzumerken bleibt, dass den einzelnen Gesellschaftern der ARGE das Recht zusteht, hiervon abweichende vertragliche Regelungen im ARGE-Vertrag zu treffen.[113] Im Innenverhältnis ist weiter § 708 BGB zu berücksichtigen, wonach ein ARGE-Gesellschafter bei der Erfüllung der ihm obliegenden Gesellschafter-Verpflichtungen nur für diejenige Sorgfalt einzustehen hat, welche er in eigenen Angelegenheiten anzuwenden pflegt.[114] Geht es dagegen im Innenverhältnis um eine außervertragliche Haftung eines ARGE-Gesellschafters, beurteilt sich diese nach dem Recht der unerlaubten Handlung, wobei auch hier das Haftungsprivileg des § 708 BGB eingreifen kann.[115]

49 Im Hinblick auf die vertragliche Haftung im **Außenverhältnis** ist nach dem Grundsatzurteil des BGH vom 29. 1. 2001 der Streit über die unterschiedlichen Begründungsmodelle der Haftung der ARGE und ihrer Gesellschafter erledigt. Mit dieser Entscheidung hat der BGH der Gesellschaft bürgerlichen Rechts die Fähigkeit zuerkannt, unmittelbar Träger von Rechten und Pflichten zu sein. Als Folge dieser Anerkennung der Rechtssubjektivität der Gesellschaft bürgerlichen Rechts im Verhältnis zu Dritten ist eine unmittelbare Haftung der ARGE im Zusammenhang eines rechtsgeschäftlichen Handelns ihrer Gesellschafter begründet.[116] Daneben tritt eine persönliche Haftung der Gesellschafter. Geht es um diese persönliche Haftung der einzelnen Gesellschafter, ist es denkbar, auf der Grundlage einer vertraglichen Vereinbarung mit dem Auftraggeber der ARGE die Haftung einzelner oder sämtlicher ARGE-Gesellschafter einzuschränken oder sogar auszuschließen.[117] Im Hinblick auf eine denkbare außervertragliche Inanspruchnahme haften die ARGE-Gesellschafter gem. §§ 823, 830, 840 BGB **gesamtschuldnerisch**, wenn sie den Haftungstatbestand gemeinsam verwirklicht haben bzw. die den Schaden begründende Handlung eines einzelnen ARGE-Gesellschafters der ARGE und ihrer Gesamtheit zugerechnet wird.[118]

50 Während für die OHG in § 130 HGB die Haftung des eintretenden Gesellschafters für **Altverbindlichkeiten** im Gesetz vorgesehen ist, sehen die Bestimmungen der auf die ARGE anwendbaren §§ 705 ff. BGB keine entsprechende gesetzliche Regelung vor. Vor dem Hintergrund der vorgenannten Grundlagenentscheidung des BGH und der Angleichung der Gesellschaft bürgerlichen Rechts an die OHG kann eine Haftung für beste-

---

112 Ingenstau/Korbion-*Korbion*, VOB Anhang 3, Rn 49.
113 Ingenstau/Korbion-*Korbion*, VOB Anhang 3, Rn 49; Kapellmann/Messerschmidt-*Messerschmidt/Thierau*, Anhang VOB/A, Rn. 145.
114 Ingenstau/Korbion-*Korbion*, VOB Anhang 3, Rn 50.
115 Palandt-*Sprau*, § 708 BGB, Rn 2; Kapellmann/Messerschmidt-*Messerschmidt/Thierau*, Anhang VOB/A, Rn 147.
116 BGH BauR 2001, 775 (778).
117 Kapellmann/Messerschmidt-*Messerschmidt/Thierau*, Anhang VOB/A, Rn 153.
118 Burchardt/Pfülb, Einführung Rn 49; Ingenstau/Korbion-*Korbion*, VOB Anhang 3, Rn 65; Kapellmann/Messerschmidt-*Messerschmidt/Thierau*, Anhang VOB/A, Rn 154.

A. Beauftragung eines Generalunternehmers oder -übernehmers

hende Altverbindlichkeiten der Gesellschafter in Anlehnung an § 130 HGB bejaht werden.[119] Gemäß § 736 Abs. 2 BGB sind die für die Personenhandelsgesellschaft (also OHG und KG) geltenden Regelungen über die Begrenzung der **Nachhaftung** sinngemäß auch auf die Gesellschaft bürgerlichen Rechts anzuwenden. Damit erlischt gem. § 160 HGB die sog. Nachhaftung des ausgeschiedenen ARGE-Gesellschafters nach dem Ablauf von 5 Jahren.[120]

5. Parteifähigkeit der Bau-ARGE

Vor dem Hintergrund der Grundsatzentscheidung des BGH vom 29. 1. 2001 besitzt die ARGE nunmehr eine eigene Rechtspersönlichkeit. Die ARGE kann demnach durch Teilnahme am Rechtsverkehr eigene Rechte und Pflichten begründen. Sie ist damit im Zivilprozess sowohl **aktiv und passiv parteifähig**.[121] Zum Zwecke der Mithaftung einzelner ARGE-Gesellschafter ist es geboten, die Klage nicht nur gegen die ARGE selbst, sondern darüber hinaus auch gegen ihre Gesellschafter zu richten (vgl. Rn 26).

51

▶ HINWEIS: Zu bedenken bleibt, dass es gleichsam Aufgabe des Rechtsanwalts ist, seinen Mandanten vor vermeidbaren Kostenbelastungen zu bewahren. Werden neben der Gesellschaft auch die einzelnen Gesellschafter mitverklagt und wird die Klage schließlich abgewiesen, dann erhöht sich der prozessuale Kostenerstattungsanspruch der Gegenseite um ein Vielfaches der entstehenden Kosten, wenn die einzelnen Beklagten sich jeweils durch eigene Rechtsanwälte haben vertreten lassen. Es ist nicht auszuschließen, dass die Empfehlung des BGH im Falle eines Unterliegens im Prozess zu einer Haftung des Rechtsanwalts führt, da nach dem „Prinzip des sichersten Weges" eine Klage gegen mehrere Beklagte „rückwirkend betrachtet" nicht angezeigt gewesen ist. ◀

Als Folge der gesamtschuldnerischen Haftung der Beklagten handelt es sich in diesem Fall um eine sog. einfache Streitgenossenschaft.[122]

Da der ARGE nunmehr Rechts- und Parteifähigkeit zugesprochen worden ist, kann nun mit einem Titel gegen die ARGE unmittelbar in das **Gesellschaftsvermögen** vollstreckt werden. Dabei steht § 736 ZPO dem nicht entgegen.[123] Von der Vollstreckung in das Gesellschaftsvermögen ist die in das Privatvermögen der Gesellschafter zu erfolgende Vollstreckung zu unterscheiden. So kann der Gläubiger, der lediglich einen Titel gegen die ARGE und nicht gegen die ARGE-Gesellschafter erwirkt hat, mit diesem Titel zwar in das Gesellschafts- nicht aber in das Privatvermögen der ARGE-Gesellschafter vollstre-

52

---

119 OLG München NZG 2000, 477 (478); OLG Düsseldorf NZG 2002, 284; *Habersack*, BB 2001, 477 (482); Baumann/Rößler, NZG 2002, 793; Kapellmann/Messerschmidt-*Messerschmidt/Thierau*, Anhang VOB/A, Rn 155.
120 *Seibert*, DB 1994, 461.
121 BGH BauR 2001, 775 (778).
122 OLG Jena IBR 2002, 530. Eine einfache Streitgenossenschaft besteht gem. § 59 ZPO, wenn die Beklagten zueinander in Rechtsgemeinschaft stehen. Eine Rechtsgemeinschaft liegt vor, wenn Gesamtschuldner verklagt werden. Dabei kommt es nur darauf an, wie der Kläger die Beklagten verklagt hat, nicht dagegen, ob die Beklagten – was ja erst nach materieller Prüfung festgestellt werden kann – tatsächlich Gesamtschuldner des Klägers sind. Ferner besteht eine einfache Streitgenossenschaft gem. §§ 59, 60 ZPO, wenn die Verpflichtung aus demselben oder einem – im Wesentlichen – gleichartigen tatsächlichen oder rechtlichen Grund folgt, BayObLG NJW-RR 1998, 209 und 805. Die Bestimmung ist als Zweckmäßigkeitsvorschrift weit auszulegen, BGH NJW 1986, 3209; 1992, 982; JZ 1990, 1036; Zöller-*Vollkommer*, § 61 ZPO, Rn 7. Es ist umstritten, ob ein Streitgenosse im Prozessrechtsverhältnis des anderen als Zeuge vernommen werden kann. Die Rechtsprechung lässt die Vernehmung eines Streitgenossen als Zeuge nur insoweit zu, als die Tatsache, zu der er als Zeuge benannt ist, ausschließlich den Prozess des anderen Streitgenossen betrifft, nicht jedoch, soweit die Tatsache auch für seinen Rechtsstreit von Bedeutung ist. Dadurch soll verhindert werden, dass der Streitgenosse praktisch in seinem eigenen Prozess als Zeuge aussagen könnte, BGH NJW 1983, 2508; NJW 1999, 2116; NJW-RR 1991, 256.
123 BGH NJW 2001, 1056; Thomas/Putzo, § 736 ZPO, Rn 4.

cken.[124] Für die OHG und KG ergibt sich dieser Grundsatz aus § 129 Abs. 4 HGB. Hintergrund der Regelung ist der, dass die Gesellschaft und die Gesellschafter unterschiedliche Rechtssubjekte darstellen.

6. Dauer und Auflösung der Bau-ARGE

53 Als Grundsatz gilt, dass die Dauer einer ARGE durch den für die Durchführung der übernommenen Bauaufgabe notwendigen Zeitbedarf bestimmt wird. Die ARGE beginnt dabei mit der Aufnahme der gemeinsamen Geschäftstätigkeit bzw. mit der Erteilung des Bauauftrages, also dem Abschluss des Bauvertrages und endet mit dem Ablauf der Nacherfüllung zu dem durchgeführten Bauvertrag. Eine vorzeitige Beendigung bzw. Auflösung der ARGE kommt in folgenden Fällen in Betracht, sofern nicht die Fortsetzung der ARGE unter den übrigen verbleibenden Gesellschaftern nach § 736 BGB vereinbart worden ist:

- Denkbar ist zunächst die Auslösung der ARGE als Folge einer **Gesellschafterkündigung**. Im gleichen Zusammenhang ist darauf hinzuweisen, dass eine ordentliche Kündigung des ARGE-Vertrages – sofern nicht ein einstimmiger Beschluss der ARGE-Gesellschafter vorliegt –[125] allerdings regelmäßig ausgeschlossen wird, um auf diese Weise die Durchführung der übernommenen Bauleistungen sicherzustellen.[126] Mithin geht es in diesem Bereich regelmäßig um eine vorzeitige Kündigung der Gesellschaft aus wichtigem Grund gem. § 723 Abs. 1 S. 2 BGB.[127]
- Weiter können Gläubiger die **Kündigung der Gesellschaft** gem. § 725 BGB betreiben. Für diesen Fall sollte der ARGE-Vertrag ein Ablösungsrecht der Gesellschaft regeln bzw. die Fortsetzung der Gesellschaft unter den verbleibenden Gesellschaftern vertraglich vereinbart sein.[128]
- Auch durch den **Tod eines Gesellschafters**[129] kommt es gem. § 727 Abs. 1 BGB bzw. gem. § 728 Abs. 1 BGB bei der **Eröffnung eines Insolvenzverfahrens** über das Vermögen eines Gesellschafters[130] zur Auflösung der ARGE, sofern im Gesellschaftsvertrag keine anderweitige Regelung zur Fortsetzung der Gesellschaft vereinbart wurde.[131]

---

124 Wertenbruch, NJW 2002, 324 (329).
125 Vgl. hierzu Ingenstau/Korbion-*Korbion*, VOB Anhang 3, Rn 94 sowie Kapellmann/Messerschmidt-*Messerschmidt/Thierau*, Anhang VOB/A, Rn 166.
126 Palandt-*Sprau*, § 705 BGB, Rn 37; Ingenstau/Korbion-*Korbion*, VOB Anhang 3, Rn 92; Kapellmann/Messerschmidt-*Messerschmidt/Thierau*, Anhang VOB/A, Rn 165.
127 Vgl. hierzu Ingenstau/Korbion-*Korbion*, VOB Anhang 3, Rn 92 sowie Kapellmann/Messerschmidt-*Messerschmidt/Thierau*, Anhang VOB/A, Rn 167.
128 BGHZ 30, 195.
129 Vgl. hierzu Ingenstau/Korbion-*Korbion*, VOB Anhang 3, Rn 97 sowie Kapellmann/Messerschmidt-*Messerschmidt/Thierau*, Anhang VOB/A, Rn 169.
130 Vgl. hierzu Ingenstau/Korbion-*Korbion*, VOB Anhang 3, Rn 98 sowie Kapellmann/Messerschmidt-*Messerschmidt/Thierau*, Anhang VOB/A, Rn 170.
131 BGHZ 68, 225 (229).

B. Das Bauträgermodell

I. Rechtsnatur des Bauträgervertrages

1. Konstitutive Merkmale des Bauträgervertrages

Der Bauträger führt als gewerbetreibender Bauherr im eigenen Namen und für eigene Rechnung auf eigenem Boden das Bauvorhaben durch.[132][133] Dabei umfasst der typische Bauträgervertrag folgende Leistungen:

- **Architektenleistungen** wie Planung, Statik, Koordination der Gewerke und Bauaufsicht,
- die Bauausführung als **Bauunternehmerleistung**,
- die **Eigentumsverschaffungspflicht** als Leistungspflicht des Grundstücksveräußerers, sowie
- **Sachverwalterpflichten** – nämlich die Beratung und Betreuung des Erwerbers.

2. Rechtliche Einordnung des Bauträgervertrages

Der Bauträgervertrag, der auf die schlüsselfertige Errichtung einer Immobilie und die Übereignung des Baugrundstücks oder des Wohnungseigentums gerichtet ist, ist ein **Vertrag eigener Art**,[134] der neben werkvertrags- und werklieferungsvertraglichen Elementen auch –bezüglich des Grundstückserwerbs – kaufrechtliche Element enthält.[135] Gleichsam können in dem Bauträgervertrag auch Bestandteile aus Auftrags- und Geschäftsbesorgungsrecht zu finden sein.[136] Der BGH hat den Bauträgervertrag in ständiger Rechtsprechung als Vertrag über den Erwerb von Grundstückseigentum und über die Bauerrichtung mit einheitlicher Leistungsverpflichtung beider Parteien eingeordnet. Der Bauträger schuldet als komplexe einheitliche Leistung die Errichtung des versprochenen Werkes und die lastenfreie Eigentumsverschaffung an dem Grundstück.[137] Der werkvertragliche Charakter des Bauträgervertrages prägt vorrangig die Rechtsnatur des Vertrages, weil nach der Interessenlage und dem jeweiligen Risiko der Parteien das werkvertragliche Gewährleistungs- und Mangelrisiko die anderen Elemente dominiert.[138]

---

132 *Jagenburg*, NJW 1997, 2363 ff.; Ingenstau/Korbion-*Korbion*, VOB Anhang 3, Rn 287.
133 Will er Vermögenswerte von Erwerbern, Mietern, Pächtern oder sonstigen Nutzungsberechtigten verwenden, bedarf es gem. § 34 c Abs. 1 Nr. 2 a) GewO einer Erlaubnis zum Tätigwerden. Gleichzeitig unterliegt er dann der auf der Grundlage von § 34 c GewO erlassenen Makler- und Bauträgerverordnung (MaBV). Die MaBV enthält Vorschriften über die Buchführung des Bauträgers, über die Überwachung durch die Gewerbeaufsichtsämter sowie zwingende Regeln über die Organisation des Bauträgers, die Vertragsgestaltung und Vertragsdurchführung. Der Normadressat der MaBV ist ausschließlich der Bauträger, die Vorschriften dienen dem Schutz des Erwerbers und der Allgemeinheit, BGH BauR 2001, 391.
134 BGH BauR 1986, 208; NJW 1984, 2573; NJW 1979, 1406; Werner/Pastor, Rn 997; Kapellmann/Messerschmidt-*Messerschmidt/Thierau*, Anh. VOB/A, Rn 85; Ingenstau/Korbion-*Korbion*, VOB Anhang 3, Rn 287.
135 BGH NJW 1984, 2573; BauR 1986, 208; Kapellmann/Messerschmidt-*Messerschmidt/Thierau*, Anh. VOB/A, Rn 85; *Koeble*, Rechtshandbuch Immobilien, Kap. 15, Rn 53 ff.; *ders.* in: Grziwotz/Koeble, 1. Teil, S. 67 ff.; *Hochstein*, Festschrift für Locher, S. 77 ff.; *Brych*, Festschrift für Locher, S. 1 ff.; *Doerry*, ZfBR 1982, 189 (190); *Sturmberg*, NJW 1989, 1832; *Klumpp*, NJW 1993, 372.
136 In Abgrenzung zur sog. Baubetreuung baut der Bauträger auf einem in seinem Eigentum stehenden Grundstück mit Mitteln des Erwerbers, um diesem sodann das Grundstück nebst errichteten Bauwerk zu übertragen, Ingenstau/Korbion-*Korbion*, VOB Anhang 3, Rn 287.
137 BGH BauR 1979, 337; BauR 1987, 686; BauR 1989, 597.
138 BGHZ 101, 350; BGHZ 108, 164.

3. Abgrenzung zum Generalübernehmermodell

56 Vor diesem Hintergrund bereitet die Abgrenzung des Bauträgervertrages von einem Generalunternehmer- bzw. -übernehmervertrag (vgl. Rn 34 ff.) keine Probleme. Die beiden letztgenannten Vertragstypen unterscheiden sich vom Bauträgervertrag dadurch, dass der Generalunternehmer/-übernehmer **keine Eigentumsverschaffungspflicht** hinsichtlich des Grundstücks übernimmt, denn der Generalunternehmer/-übernehmer baut auf einem fremden Grundstück, nämlich regelmäßig auf dem Grundstück des Auftraggebers.

4. Sog. „verdecktes Bauträgermodell"

57 Zu beachten bleibt, dass Bauträger und Bauunternehmen immer wieder versuchen, die spezifischen Haftungsrisiken aus dem Bauträgervertrag und die besonderen Sicherungspflichten der MaBV (vgl. in Fn 133) in der Weise zu umgehen, dass sie den Vertrag über den Grundstückserwerb und den über die Bauerrichtung aufspalten (**sog. verdecktes Bauträgermodell**). In diesem Fall wird dem Vertragspartner von einem Bauunternehmen – als Generalübernehmer – in einem ersten Vertrag ein für ein bestimmtes Grundstück geplantes Haus schlüsselfertig angeboten. Zugleich wird dem Kunden die Möglichkeit des käuflichen Erwerbs des betreffenden Grundstücks, das der Generalübernehmer „an der Hand hat", nachgewiesen. Liegt ein Fall der verdeckten Bauträgerschaft vor, geht die Rechtsprechung des BGH davon aus, dass beide Verträge eine Einheit bilden und als Folge dessen auch jeweils **beurkundungsbedürftig** sind.[139] Insbesondere steht der Einheitlichkeit des Vertrages nicht entgegen, dass die Vertragspartner des Erwerbers beim Kauf- und beim Bauvertrag personenverschieden sind.[140] Wird der Bauvertrag entgegen § 311 b BGB nicht notariell beurkundet, ist das gesamte Geschäft nichtig, also auch der für sich notariell beurkundete Grundstückskaufvertrag.[141] Kommt es zur Auflassung und Eintragung in das Grundbuch, bewirkt dies eine Heilung des formunwirksamen Vertrages gem. § 311 b Abs. 1 S. 2 BGB.[142] Fraglich bleibt, ob in dem Generalübernehmervertrag betreffend die Bauerrichtung die Makler- und Bauträgerverordnung (MaBV) zur Anwendung kommt. Im Schrifttum wird die Geltung der MaBV in diesem Fall kontrovers diskutiert.[143] Eine höchstrichterliche Entscheidung dieser Streitfrage steht weiter aus.

II. Vertragsverhältnisse beim Erwerb einer Immobilie im Bauträgermodell

58 Beim Bauträgermodell gibt es hinsichtlich der Bauleistungen ausschließlich **Vertragsbeziehungen** zwischen dem Erwerber und dem Bauträger einerseits sowie zwischen dem Bauträger und den am Bau Beteiligten sowie Architekten und Ingenieuren andererseits.[144] Der Bauträger hat nämlich keine Vollmacht, namens des Erwerbers Bauverträge abzuschließen oder ihn anderweitig zu verpflichten. Als Konsequenz dessen hat der Erwerber dementsprechend weder Einfluss auf die Auswahl der am Bau Beteiligten noch Weisungsrechte bezüglich der auszuführenden Arbeiten. Da keine direkten Vertragsbeziehungen

---

[139] BauR 1994, 239. Vgl. hierzu auch Rn 270.
[140] BGH NJW 1980, 829; WM 1988, 1702 (1704); NJW-RR 1993, 1421; *Pause*, Rn 1475.
[141] BGH NJW 1989, 898 (899).
[142] Palandt-*Heinrichs*, § 311 b BGB, Rn 55; *Pause*, Rn 1476.
[143] Insoweit wird die Geltung der MaBV teilweise bejaht oder doch für wünschenswert erachtet, so: *Reithmann*, WM 1978, 63; *Pause*, Rn 1477. Ablehnend: Grziwotz/Koeble-*Koeble*, 1. Teil, Rn 29; ders., Rechtshandbuch Immobilien, Kap. 37, Rn 1 ff.; *ders.*, NJW 1992, 1142 (1144 f.).
[144] Kniffka/Koeble, Kompendium 11. Teil, Rn 24; *ders.* in: Grziwotz/Koeble, 1. Teil, Rn 16.

zwischen dem Erwerber und den am Bau Beteiligten bestehen,[145] haben letztere keine direkten Vergütungsansprüche gegenüber dem Erwerber.[146] [147] Umgekehrt stehen dem Erwerber gegenüber dem am Bau Beteiligten auch keine Erfüllungs- und Mängelrechte zu.[148]

III. Dinglicher Erwerb der Immobilie

In dinglicher Hinsicht ist für das Bauträgermodell charakteristisch, dass das Eigentum bis zur **vollständigen Bezahlung** des Erwerbspreises beim Bauträger verbleibt. Erst nach Zahlung erfolgen die Auflassung und Eintragung im Grundbuch.[149]

IV. Abwicklung klassischer Konfliktsituationen beim Bauträgervertrag

1. Sicherung des Erwerbers im Fall der Insolvenz des Bauträgers

Zahlreiche Schwierigkeiten und Probleme ergeben sich im Fall der Insolvenz des Bauträgers. Hier besteht für den Erwerber das Risiko, schlimmstenfalls den Bauträger vollständig bezahlt zu haben, ohne aber Eigentümer der bezahlten Immobilie zu werden, und sich bei eröffnetem Insolvenzverfahren mit einer lapidaren Insolvenzquote begnügen zu müssen. Der Bauträger, der vor der Fertigstellung und Übereignung Vermögenswerte des Erwerbers entgegen nehmen will, unterliegt – ohne dass es einer ausdrücklichen Einbeziehung bedarf – den **Vorschriften der MaBV**, die zum Schutze des Erwerbers auf der Grundlage von § 34 c GewO erlassen worden ist. Dabei sollen die Vorschriften der MaBV zu den Zahlungsmodalitäten einen Mindestschutz des Erwerbers für den Fall gewährleisten, dass der Bauträger das Objekt nicht fertig stellt oder zahlungsunfähig wird.[150] Insoweit regelt die MaBV im Hinblick auf die Zulässigkeit der Entgegennahme von Abschlagszahlungen zwischen Vertragsabschluss und Übertragung des Eigentums durch den Bauträger in § 3 und § 7 MaBV zwei sog. Entgegennahmeverbote. Damit soll gewährleistet sein, dass die Höhe der Abschlagszahlungen dem Wert der tatsächlich erreichten Bautenstände entspricht (sog. Äquivalenzprinzip).[151]

a) § 3 MaBV

Nach § 3 Abs. 1 Nr. 2 MaBV darf der Bauträger einen Vermögenswert des Erwerbers zur Ausführung des Auftrages erst dann entgegennehmen,[152] wenn zugunsten des Erwerbers eine Auflassungsvormerkung im Grundbuch eingetragen worden ist.[153] Die Auflassungsvormerkung ist dabei insolvenzbeständig. Der Insolvenzverwalter hat folglich kein Wahlrecht nach § 103 InsO (vgl. Rn 777 ff). Er kann nach § 106 InsO die Erfüllung des Bauträgervertrages nicht ablehnen. Trotz einer Insolvenz des Bauträgers wird der Vertrag

---

145 Anzumerken bleibt, dass nichts dagegenspricht, im Zusammenhang mit der Ausführung von Sonderwünschen, die der Bauträger nach dem Bauträgervertrag gerade nicht schuldet, mit den am Bau Beteiligten unmittelbare Vertragsbeziehungen aufzubauen.
146 Dies betrifft auch Ansprüche aus den §§ 812 ff. BGB, da eine Eingriffskondiktion aus § 812 Abs. 1 S. 1 1. Alt. BGB nach dem Vorrangprinzip gesperrt ist. Vgl. hierzu Rn 559 f.
147 Vgl. zum Anspruch auf Eintragung einer Bauhandwerkersicherungshypothek gem. § 648 BGB Rn 167 ff.
148 Ingenstau/Korbion-*Korbion*, VOB Anhang 3, Rn 287; *Pause*, Rn 1011; Werner/Pastor, Rn 996.
149 Kniffka/Koeble, Kompendium 11. Teil, Rn 25; Ingenstau/Korbion-*Korbion*, VOB Anhang 3, Rn 287.
150 BGH BauR 1999, 53; *Blomeyer*, NJW 1999, 472.
151 BGH BauR 1999, 53; BauR 2001, 1737.
152 Vgl. zum Begriff der Entgegennahme Grziwotz/Koeble-*Riemenschneider*, 3. Teil, Rn 118; *Marcks*, § 2 MaBV, Rn 4.
153 Kapellmann/Messerschmidt-*Messerschmidt/Thierau*, Anh. VOB/A, Rn 95.

demnach vollständig abgewickelt. Das Problem, dass die Vormerkung gegenüber Globalgrundpfandrechten nachrangig ist, hat § **3 Abs. 1 Nr. 3 MaBV** mit der Freistellungserklärung[154] durch die Grundpfandgläubiger gelöst. Die Banken, denen regelmäßig vorrangige Grundschulden zustehen, verzichten also zugunsten des Vormerkungsberechtigten auf die Möglichkeit, wegen der Grundschulden die Zwangsvollstreckung in das Eigentum zu betreiben und geben ihre Grundschuld insoweit auf.

62 ▶ HINWEIS: Anzumerken bleibt, dass das dargestellte Modell des Bauträgervertrages mit der sog. Vormerkungslösung, verbunden mit der Abschlagszahlungsvereinbarung gem. § 3 Abs. 2 MaBV, im Falle der Insolvenz des Bauträgers für den Erwerber erhebliche Risiken begründet, weil der Erwerber an den Bauträger sog. Raten zahlen muss, ohne dass er für den Fall der Bau- und Zahlungsunfähigkeit oder der Insolvenz des Bauträgers über eine Sicherheit verfügt. Entschließt sich der Erwerber, den Erwerbervertrag mithilfe einer der Gestaltungsrechte rückabzuwickeln, sieht das Modell des Bauträgervertrages keine Sicherungen des Erwerbers für den Fall vor, dass der Bauträger in die Insolvenz gerät.[155] ◀

Mit der Ausübung eines Gestaltungsrechts durch den Erwerber entfällt nämlich der Eigentumsverschaffungsanspruch und die akzessorische Vormerkung. Damit bleibt festzuhalten, dass die Vormerkungslösung den Anspruch des Erwerbers auf den Erwerb des lastenfreien Eigentums nur dann sichert, wenn der Erwerber den Vertrag durchführt. Diese faktischen Beschränkungen der Rechte der Erwerber bieten hinreichenden Anlass zu Zweifeln daran, ob die Vormerkungslösung einer Inhaltskontrolle standhält.[156] [157]

b) § 7 MaBV[158]

63 § 7 MaBV räumt dem Bauträger – vorbehaltlich einer wirksamen vertraglichen Vereinbarung – die Möglichkeit ein, auch bei Nichtvorliegen der in § 3 Abs. 1 MaBV geregelten Fälligkeitsvoraussetzungen, Zahlungen des Erwerbers bei Vorliegen eines entsprechenden Bautenstandes[159] entgegenzunehmen, wenn er Sicherheit für alle etwaigen Ansprüche des Erwerbers auf Rückgewähr oder Auszahlung seiner Vermögenswerte geleistet hat. Die vorbenannte Sicherheit muss durch Übergabe einer Bürgschaft eines tauglichen Bürgen[160] i. S. des § 2 Abs. 2 S. 2 MaBV an den Erwerber erbracht werden. Dabei muss die Bürgschaft nach § 7 Abs. 1 MaBV neben den Ansprüchen auf Rückgewähr der Voraus-

---

154 Vgl. hierzu weiterführend Grziwotz/Koeble-*Schmucker*, 3. Teil, Rn 452 ff.; *Pause*, Rn 238 ff.
155 *Blomeyer*, NJW 1999, 472 (473).
156 Dies wird zu verneinen sein, da die Vormerkungslösung faktisch auf einen Ausschluss des Rücktrittsrechts hinausläuft. Vor dem Hintergrund, dass nach der Rechtsprechung des BGH beim Bauträgervertrag das Rücktrittsrecht nicht wirksam ausgeschlossen werden kann (BGH BauR 2002, 310), würde dies zwangsläufig auf die Unwirksamkeit der Vormerkungslösung zur Folge haben.
157 Beachte BGH NJW 1986, 915, wonach der Bauträgervertrag bei Vorliegen eines wichtigen Grundes vom Erwerber gekündigt werden kann. Wird der Bauträgervertrag gekündigt, wird der Anspruch auf Auflassung nicht gefährdet, Kniffka/Koeble, Kompendium 11. Teil, Rn 97, 84, 86.
158 Vgl. zum Austausch der beiden Sicherheiten: *Pause*, Rn 360 ff.; Grziwotz/Koeble-*Riemenschneider*, 3. Teil, Rn 649 ff.
159 Lange Zeit war umstritten, ob der Bauträger, der dem Erwerber eine geeignete Bürgschaft i. S. des § 7 MaBV übergibt, unabhängig vom Erreichen eines bestimmten Bautenstandes Zahlungen im Voraus entgegennehmen darf. Nach der inzwischen rechtskräftigen Entscheidung des OLG Karlsruhe, BauR 2001, 1630, ist die in AGB enthaltene Klausel „Vorauszahlung ohne entsprechende Bautenstände" unwirksam. Anzumerken bleibt, dass der Vorsitzende des VII. Zivilsenats in der Revisionsinstanz die Streitparteien am 22.12.2004 darauf hingewiesen hat, dass in Abweichung des Beschl. v. 2.5.2002, BauR 2002, 1390, der Senat nunmehr aufgrund der veröffentlichten Stellungnahmen und ergangenen Entscheidungen anderer Senate des BGH die Auffassung erwägt, die Vorauszahlungsklausel für unwirksam zu halten. Daraufhin hat der Revisionskläger die Revision zurückgenommen.
160 Vgl. hierzu *Pause*, Rn 350; Grziwotz/Koeble-*Riemenschneider*, 3. Teil, Rn 140, 606; *Basty*, Rn 74.

zahlung auch Ansprüche auf Ersatz von Aufwendungen für Mängelbeseitigung und Schadensersatz aus Nichterfüllung abdecken.[161]

c) Abweichen der vertraglichen Vereinbarung von §§ 3 und 7 MaBV

Weicht die vertragliche Vereinbarung von den zwingenden Vorgaben der §§ 3 und 7 MaBV zu Lasten des Erwerbers ab, dann ist sie gem. § 12 MaBV i. V. m. § 134 BGB **nichtig**.[162] An die Stelle der nichtigen Vereinbarung treten nicht die Regelungen der MaBV, sondern das dispositive Gesetzesrecht.[163] Mithin wird der Vergütungsanspruch des Bauträgers gem. § 641 BGB erst **mit Abnahme** fällig.[164]

64

2. Der Bauträger macht gegen den Erwerber Zahlungsansprüche geltend

Gemäß § 3 Abs. 1 MaBV müssen zunächst die **allgemeinen Fälligkeitsvoraussetzungen** vorliegen, damit der Zahlungsanspruch des Bauträgers fällig werden kann. Voraussetzung ist insoweit die Wirksamkeit des Bauträgervertrages,[165] die Sicherstellung des Eigentumserwerbs (durch Auflassungsvormerkung), die Sicherung der Lastenfreistellung (durch Freistellungserklärung der Bank des Bauträgers) sowie das Vorliegen einer gültigen Baugenehmigung.[166] Weiterhin ist zu prüfen, ob die konkret begehrte **Kaufpreisrate** auf der Grundlage des konkreten **Zahlungsplans** überhaupt fällig ist. Die Frage, wann die Fälligkeit der Abschlagszahlungen eintritt, regelt das BGB und nicht die MaBV. Insoweit modifiziert die MaBV das Vertragsrecht mittelbar durch Verbote und Gebote, die sich zugunsten des Erwerbers an den Bauträger richten. Sie regelt die Voraussetzungen, unter denen der Bauträger befugt ist, Zahlungen vom Erwerber zu verlangen – sie regelt nicht, unter welchen Voraussetzungen der Erwerber vertraglich verpflichtet ist, Zahlungen an den Bauträger zu leisten. Nach den Grundsätzen zur Fälligkeit von Abschlagszahlungen im Werkvertragsrecht tritt die Fälligkeit ein, wenn einerseits eine wirksame Abschlagszahlungsvereinbarung vorliegt und andererseits der vereinbarte Bautenstand erreicht ist. Ist der jeweilige Bautenstand nicht erreicht, ist die Abschlagsforderung nicht fällig. Ist die Teilleistung demtgegen fertig gestellt aber mit Mängeln behaftet, kann der Erwerber die Leistung nach § 320 BGB (vgl. Rn 578 ff.) mit Druckzuschlag gem. § 641 Abs. 3 BGB verweigern.

65

Die einzelnen Zahlungen erfolgen beim Erwerb einer noch zu errichtenden Immobilie vom Bauträger auf der Grundlage einer regelmäßig vorliegenden **Abschlagszahlungsvereinbarung** ratenweise nach Baufortschritt. § 3 Abs. 2 MaBV legt dabei – als an den Bauträger gerichtete Verbots- und Gebotsnorm – die in Prozentpunkten des Preises ausge-

66

---

161 BGH BauR 2002, 1547; Kapellmann/Messerschmidt-*Messerschmidt/Thierau*, Anh. VOB/A, Rn 100; *Pause*, Rn 350 ff.; Grziwotz/Koeble-*Riemenschneider*, 3. Teil, Rn 602 ff.
162 BGH BauR 2001, 391; *Pause*, Rn 376; Grziwotz/Koeble-*Riemenschneider*, 3. Teil, Rn 144.
163 An die Stelle der nichtigen Abschlagszahlungsvereinbarung tritt nach der Rechtsprechung des BGH nicht mehr die Regelung des § 3 Abs. 2 MaBV, da dies eine unzulässige geltungserhaltende Reduktion begründen würde. Vielmehr kommt das Werkvertragsrecht und damit die Vorschrift des § 641 BGB als Fälligkeitsregelung zur Anwendung, BGH BauR 2001, 391; *Schmid*, BauR 2001, 866; *Pause*, Rn 376; *ders.*, NZBau 2001, 181; Grziwotz/Koeble-*Riemenschneider*, 3. Teil, Rn 144.
164 Auf dem Papier kann der Bauträger in diesem Fall zwar unter Bezugnahme auf § 632 a BGB Abschlagszahlungen verlangen, in der Praxis scheitert eine berechtigte Geltendmachung von Abschlagszahlungen jedoch regelmäßig daran, dass der Bauträger nicht bereit ist, die strengen Anforderungen des § 632 a S. 3 BGB – Verschaffung von Eigentum oder Sicherheitsleistung – zu erfüllen.
165 Der Notar hat als gutachterliche Äußerung schriftliche Mitteilung über die Erfüllung der vorstehend genannten Voraussetzung (Vorliegen eines wirksamen Bauträgervertrages sowie die Vorlage der Vollzug des Vertrages erforderlichen öffentlichen Genehmigungen [§§ 19, 22 BauGB]) zu machen.
166 Kapellmann/Messerschmidt-*Messerschmidt/Thierau*, Anh. VOB/A, Rn 99.

drückten (Höchst-)Raten zwingend fest.[167] Diese Beträge werden in der Praxis in der Regel vom Notar in den konkreten Erwerbsvertrag übernommen und sind damit zwischen den Parteien vereinbart. Sofern einzelne der in § 3 Abs. 2 S. 2 Nr. 2 MaBV genannten Leistungen nicht anfallen, wird der jeweilige Vomhundertsatz anteilig auf die übrigen Raten verteilt. Betrifft das Bauvorhaben einen Altbau, so gelten die Sätze 1 und 2 mit der Maßgabe entsprechend, dass der hiernach zu errechnende Teilbetrag für schon erbrachte Leistungen mit Vorliegen der Voraussetzungen des § 3 Abs. 1 MaBV entgegengenommen werden kann. Hervorzuheben bleibt, dass 12 % des Restpreises[168] nach Bezugsfertigkeit Zug um Zug gegen Besitzübergabe des Objekts fällig werden. Das errichtete Objekt ist bezugsfertig, wenn dem Erwerber der Bezug nach der Verkehrsanschauung zumutbar ist. Wohn- und Geschäftsräume müssen unter Berücksichtigung üblicher Nutzungsverhältnisse ohne Gefahr für die Sicherheit und die Gesundheit der Nutzer dauerhaft verwendungsfähig sein.[169] Mängel stehen der Bezugsfertigkeit des Objekts nur dann entgegen, wenn sie die Funktionsfähigkeit der Wohn- und Geschäftsräume nennenswert einschränken.[170]

67 Die letzte Zahlungsrate in Höhe von 5 % des Restpreises (vgl. hierzu Fn 168) muss gem. § 3 Abs. 2 MaBV erst nach vollständiger (mangelfreier) Fertigstellung erbracht werden; meist ist dies der Zeitpunkt der mangelfreien Übergabe der Nebenanlagen, Garagen und Außenanlagen.[171] Von einer vollständigen Fertigstellung des Objekts kann nur dann gesprochen werden, wenn sämtliche vertraglich geschuldeten Leistungen für das Bauvorhaben erbracht sind. Vor allem müssen auch die Nebenanlagen, Garagen und Außenanlagen funktionsgerecht erstellt sein. Dabei ist zu beachten, dass die Fälligkeit der letzten Rate erst dann eintritt, wenn sämtliche Mängel behoben worden sind.[172] Auch verhältnismäßig geringfügige Mängel können demnach die Fertigstellung hindern, es sei denn, die Mängel sind nach ihrer Art, ihrem Umfang und ihren Auswirkungen derart unbedeutend, dass das Interesse des Erwerbers im Hinblick auf die Mängelbeseitigung nicht schützenswert erscheint.[173] Weicht in einem Bauträgervertrag der Zahlungsplan von den Vorgaben des § 3 Abs. 2 MaBV ab, ist die Abschlagszahlungsvereinbarung gem. § 134 BGB nichtig.[174] An die Stelle der nichtigen Abschlagszahlungsvereinbarung tritt nicht mehr die Regelung des § 3 Abs. 2 MaBV, da dies eine unzulässige geltungserhaltende Reduktion begründen würde. Vielmehr kommt das Werkvertragsrecht und damit die Vorschrift des § 641 BGB als Fälligkeitsregelung zur Anwendung.[175]

---

167 Beachte zum Verhältnis von § 3 Abs. 2 MaBV zur Regelung über Abschlagszahlungen nach § 632 a BGB: BGH NJW 2001, 818. Der BGH geht davon aus, dass die MaBV lediglich öffentlich-rechtliche, an den Bauträger gerichtete Ge- und Verbote enthalte und deshalb die zivilrechtlich bindende Bestimmung nicht verändern könne. Schließlich hat das BMJ am 23.5.2001 eine auf § 27 a AGBG (nunmehr Art. 244 EGBGB) gestützte Verordnung erlassen, wonach in Bauträgerverträgen die Ratenzahlungen des § 3 Abs. 2 MaBV zulässig sind. Die Verordnung gilt auch für Verträge, die zwischen dem 1.5.2000 und dem 29.5.2001 abgeschlossen worden sind.
168 Gemäß § 3 Abs. 2 Nr. 1 MaBV können vom Bauträger 30 % der Vertragssumme nach Beginn der Erdarbeiten gefordert werden. Von der restlichen Vertragssumme können 12 % (= 8,4 % des Gesamtpreises) bei Bezugsfähigkeit Zug um Zug gegen Besitzübergabe und 5 % nach vollständiger Fertigstellung (= 3,5 % des Gesamtpreises) gefordert werden.
169 Kapellmann/Messerschmidt-*Messerschmidt/Thierau*, Anh. VOB/A, Rn 101.
170 *Basty*, Rn 123; Kapellmann/Messerschmidt-*Messerschmidt/Thierau*, Anh. VOB/A, Rn 101.
171 *Pause*, Rn 336; Kapellmann/Messerschmidt-*Messerschmidt/Thierau*, Anh. VOB/A, Rn 102.
172 OLG Hamm OLGR 1994, 63; OLG Köln BauR 1978, 355; a. A. *Schulze-Hagen*, BauR 1992, 320 (324).
173 OLG Hamm BauR 2002, 641; *Pause*, Rn 336.
174 BGH BauR 2001, 391; *Blomeyer*, NJW 1999, 472; Kapellmann/Messerschmidt-*Messerschmidt/Thierau*, Anh. VOB/A, Rn 98; Ingenstau/Korbion-*Korbion*, VOB Anhang 3, Rn 298. Dies gilt dann nicht, wenn der Bauträger zugunsten des Erwerbers von § 3 Abs. 2 MaBV abweicht: OLG Saarbrücken NZBau 2000, 429.
175 BGH BauR 2001, 391; vgl. dazu die Lehre: *Schmid*, BauR 2001, 866; *Pause*, NZBau 2001, 181.

B. Das Bauträgermodell 1

Sind **Mängel am Sondereigentum** des Erwerbers festzustellen, ist darüber nachzudenken, ob der Erwerber gegen den Restpreiszahlungsanspruch die Aufrechnung mit einem Gegenanspruch aus §§ 634 Nr. 2, 637 Abs.1, 3 BGB (Kosten der Ersatzvornahme, Vorschussanspruch) (vgl. Rn 619 ff.) erklären kann. Ist die **Aufrechnung** im Bauträgervertrag ausgeschlossen, steht dem Erwerber jedenfalls gem. §§ 273, 320 BGB ein **Zurückbehaltungsrecht** zu.[176] Das Leistungsverweigerungsrecht kann in Bauträgerverträgen gem. § 309 Nr. 2 BGB nicht ausgeschlossen oder eingeschränkt werden.[177] Der Käufer ist gem. § 641 Abs. 3 BGB berechtigt, dass Dreifache des zur Mängelbeseitigung voraussichtlich erforderlichen Betrages zurückzuhalten, bis der Bauträger seiner Nachbesserungsverpflichtung nachgekommen ist.[178] Beziehen sich die Mängel auf das **Gemeinschaftseigentum**, ist im Hinblick auf das Zurückbehaltungsrecht zu beachten, dass der Erwerber nur mit einem Bruchteil an der gesamten Wohnanlage beteiligt ist. Der einzelne Erwerber kann, wenn auch noch andere Erwerber von dem Bauträger auf Zahlung in Anspruch genommen werden, das Zurückbehaltungsrecht nur für die auf ihn entfallende Anteilsquote, also für seinen Miteigentumsanteil an der Wohnungseigentümergemeinschaft, ausüben.[179] Wird nur ein Erwerber vom Bauträger in Anspruch genommen, kann dieser den dreifachen Mängelbeseitigungs(gesamt)betrag zurückhalten.[180]

68

3. Der Erwerber begehrt von dem Bauträger (Insolvenzverwalter) die Auflassung oder will den Vertrag rückabwickeln

Probleme in der praktischen Abwicklung gibt es zudem immer dadurch, dass der Erwerber entweder gegen den Bauträger oder gegen den Insolvenzverwalter am Ende um die Auflassung kämpfen muss. So wird im Bauträgervertrag regelmäßig vereinbart, dass der Bauträger die Eigentumsumschreibung erst dann schuldet, wenn der Erwerbspreis vollständig bezahlt ist. Stützt sich der Erwerber auf vorhandene Mängel und bezahlt deshalb den im Vertrag vereinbarten Preis nicht vollständig, wird der Bauträger bzw. der Insolvenzverwalter regelmäßig versuchen, eine **Eigentumsumschreibung** zu blockieren. Notarielle Verträge treffen entweder die Regelung, dass der Bauträger die Auflassung nach der Zahlung des Resterwerbspreises gesondert erklärt, oder dass die Auflassung zwar zugleich mit dem Erwerbsvertrag beurkundet wird, der Notar die Auflassungserklärung aber erst nach der Freigabeerklärung des Bauträgers oder dem Nachweis der vollständigen Zahlung des vereinbarten Preises an das zuständige Grundbuchamt weiterleiten darf.[181]

69

Ist die Auflassung bereits erklärt und fehlt nur noch die Freigabe durch den Bauträger, kann dieser vom Erwerber auf Abgabe der Bestätigung verklagt werden.[182] Sieht der Vertrag dagegen eine Regelung vor, wonach die Auflassungserklärung erst bei Nachweis der vollständigen Zahlung des vereinbarten Preises an das zuständige Grundbuchamt weitergeleitet werden darf, muss gegenüber dem Notar nachgewiesen werden, dass der Kaufpreis vollständig durch Aufrechnung erfüllt ist. Dieser Nachweis erfolgt durch Vorlage der Auf-

70

---

176 Kapellmann/Messerschmidt-*Messerschmidt/Thierau*, Anh. VOB/A, Rn 104.
177 Grziwotz/Koeble-*Riemenschneider*, 3. Teil, Rn 369; *Pause*, Rn 425; Kapellmann/Messerschmidt-*Messerschmidt/Thierau*, Anh. VOB/A, Rn 104.
178 BGH BauR 1992, 622 (626); Kapellmann/Messerschmidt-*Messerschmidt/Thierau*, Anh. VOB/A, Rn 104.
179 BGH BauR 1996, 401; *Deckert*, ZfBR 1984, 161 (166); Werner/Pastor, Rn 482; Klassen/Eiermann, Rn 248; a. A. *Groß*, BauR 1975, 12 (22).
180 BGH BauR 1998, 783 (785); Werner/Pastor, Rn 483; Heiermann/Riedl/Rusan, § 13 VOB/B, Rn 8.
181 Vgl. hierzu Klassen/Eiermann, Rn 246.
182 *Pause*, Rn 437; Klassen/Eiermann, Rn 246.

rechnungserklärung und der Zahlungsnachweise für die Restfertigstellung sowie des Abnahmeprotokolls des Verwalters für das Gemeinschaftseigentum.[183] Weigert sich der Notar, die Auflassungserklärung an das zuständige Grundbuchamt weiterzuleiten, muss der Erwerber eine Feststellungsklage mit dem Antrag gegen den Bauträger erheben, dass die vollständige Zahlung der Vergütung und das Nichtbestehen weiterer Zahlungsansprüche festgestellt werden.[184] Wenn die Auflassung noch nicht erklärt ist, muss der Bauträger nach der Tilgung der Restkaufpreisraten durch Aufrechnung mit Ersatzvornahmekosten zur Erklärung der Auflassung aufgefordert werden. Ist der Bauträger noch greifbar aber nicht mitwirkungswillig, ist der Erwerber auf eine Auflassungsklage zu verweisen.[185]

71 Ist eine Aufrechnung im Bauträgervertrag ausgeschlossen, muss versucht werden, die dem Bauträger zustehende Einrede des nichterfüllten Vertrages aus § 320 BGB (Auflassung erst bei vollständiger Zahlung des Kaufpreises) abzuschneiden. In diesem Fall muss sich der Erwerber auf **§ 320 Abs. 2 BGB** stützen und vortragen, dass die Leistungsverweigerung des Bauträgers wegen unverhältnismäßiger Geringfügigkeit des rückständigen Teils gegen Treu und Glauben verstößt.[186] Bei einem Verstoß des Bauträgers gegen die Verpflichtung, das Objekt fristgerecht fertig zu stellen, kann der Erwerber nach § 323 Abs. 1 BGB vom Vertrag zurücktreten.[187] Weiter kommt auch eine Teilkündigung in Betracht, um für den Erwerber die Möglichkeit zu realisieren, nach Übereignung des Grundstücks das Bauvorhaben selbst weiter zu realisieren.[188] Ein formularmäßiger Ausschluss des Wandlungs- oder aber Rücktrittsrechts des Erwerbers ist nach § 309 Nr. 8 b) BGB unwirksam.[189]

C. Die Bauherrengemeinschaft

I. Konstruktion der Bauherrengemeinschaft

72 Bei der Bauherrengemeinschaft schließen sich mehrere Bauherren als Gesellschaft bürgerlichen Rechts zusammen, um **nach gemeinschaftlichem Erwerb** eines geeigneten Grundstücks das Bauvorhaben gemeinsam durchzuführen. Nach Fertigstellung soll dann in der Regel eine Aufteilung des Objekts in Wohnungseigentum erfolgen.[190] In dinglicher Hinsicht ist das Bauherrenmodell anders konstruiert als der Bauträgervertrag. Die Bauherren erwerben vor Baubeginn Eigentum und bezahlen auch den auf Grund und Boden entfallenden Anteil im Voraus. Das gibt ihnen in dinglicher Hinsicht gegenüber dem Bauträgermodell eine stabilere Position.[191]

---

183 Vgl. hierzu Klassen/Eiermann, Rn 246.
184 *Pause*, Rn 437.
185 Vgl. hierzu Klassen/Eiermann, Rn 246. Nach den Beschlüssen des OLG Hamm vom 12.10.2004 (IBR 2005, 125) sowie 17.3.2005 (IBR 2005, 297) wird der Streitwert dieses Klageverfahrens (Vollzug der Auflassung) nunmehr – wie beim Fall der noch nicht im Erwerbsvertrag enthaltenen Auflassung – durch die Höhe des Erwerbspreises bestimmt. Anders das OLG Frankfurt, Beschl. v. 20.5.2005 (IBR 2005, 458), wonach gem. § 3 ZPO auf das wirtschaftliche Interesse (dort ca. 20 % des Kaufpreises) abzustellen sein soll.
186 BGH WM 1974, 369; LG Heilbronn BauR 2002, 107; Werner/Pastor, Rn 2529.
187 BGH NZBau 2001, 446; Kapellmann/Messerschmidt-*Messerschmidt/Thierau*, Anh. VOB/A, Rn 109.
188 KG BauR 2000, 114.
189 BGH NZBau 2002, 89; OLG Hamm NJW-RR 1998, 1031 (1032); OLG Koblenz NJW-RR 1995, 1104; Kapellmann/Messerschmidt-*Messerschmidt/Thierau*, Anh. VOB/A, Rn 113.
190 Kniffka/Koeble, Kompendium 11. Teil, Rn 27.
191 Kniffka/Koeble, Kompendium 11. Teil, Rn 28; *Maser*, NJW 1980, 961 ff.; *Crezelius*, JuS 1981, 494 ff.

C. Die Bauherrengemeinschaft

II. Vertragsverhältnisse bei der Bauherrengemeinschaft

Die an der Bauherrengemeinschaft Beteiligten treten als BGB-Gesellschaft hinsichtlich der Bauleistung grundsätzlich in **direkte Vertragsbeziehung** mit den am Bau Beteiligten.[192] Obwohl die Bauherren als BGB-Gesellschaft nach außen auftreten, haften sie den am Bau Beteiligten entgegen § 427 BGB grundsätzlich nicht als Gesamtschuldner, sondern nur anteilig, wobei die Höhe des Anteils nach den jeweiligen Umständen und der Interessenlage zu bestimmen ist.[193] Der BGH begründet dies damit, dass die am Bau Beteiligten erkennen können, dass jeder Bauherr eine eigene Einheit (Wohnung) erwirbt und sein Wille, sich nur insoweit verpflichten zu wollen, deutlich ist.[194] Dagegen verbleibt es bei der **gesamtschuldnerischen Haftung** einer Bauherrengesellschaft, die bspw. ein Geschäftshaus errichtet. In diesem Fall können die Bauherren die Haftung gegenüber den am Bau Beteiligten wirksam auf das Vermögen der Bauherrengesellschaft begrenzen.[195]

73

▶ Antrag einer Vergütungsklage des Auftragnehmers gegen die Beteiligten einer Bauherrengemeinschaft:
Namens und in Vollmacht des Klägers erheben wir gegen die Beklagten Klage und werden im Termin zur mündlichen Verhandlung beantragen:
1. Der Beklagte zu 1) wird verurteilt, an den Kläger EUR 2.438,99 nebst Zinsen in Höhe von 5 Prozentpunkten über dem Basiszinssatz hieraus seit dem ... zu zahlen.
2. Die Beklagte zu 2) wird verurteilt, an den Kläger EUR 4.268,23 nebst Zinsen in Höhe von 5 Prozentpunkten über dem Basiszinssatz hieraus seit dem ... zu zahlen.
3. Der Beklagte zu 3) wird verurteilt, an den Kläger EUR 3.201,17 nebst Zinsen in Höhe von 5 Prozentpunkten über dem Basiszinssatz hieraus seit dem ... zu zahlen.
4. Der Beklagte zu 4) wird verurteilt, an den Kläger EUR 5.335,28 nebst Zinsen in Höhe von 5 Prozentpunkten über dem Basiszinssatz hieraus seit dem ... zu zahlen. ◀

III. Einschaltung eines Baubetreuers

Häufig wird ein steuerlich begünstigtes Bauherrenmodell durch einen Baubetreuer initiiert. Der **Baubetreuer** leistet gegen eine Vergütung in fremdem Namen und auf fremde Rechnung, nämlich des anderen Bauherrn, auf fremdem Grundstück die planerisch – organisatorische und wirtschaftliche – finanzielle Gestaltung, Durchführung, Beaufsichtigung und Abrechnung des Bauvorhabens.[196] Es handelt sich um einen Geschäftsbesorgungsvertrag mit Werkvertragscharakter, wenn er die Planung und Durchführung des Bauvorhabens als Erfolg schuldet, mit Dienstvertragscharakter, wenn er lediglich die organisatorische und wirtschaftlich-finanzielle Betreuung ohne Planung und technischer Leitung schuldet.[197] In diesem Fall stellt sich die Frage, wer Vertragspartner der am Bau Beteiligten Bauhandwerker wird, wenn der Baubetreuer für die Bauherrengemeinschaft tätig wird und die Mitglieder der Bauherrengemeinschaft noch nicht abschließend feststehen. Nach der Rechtsprechung des BGH handelt der Baubetreuer bei der Auftragsver-

74

---

192 BGH BauR 1977, 58; BauR 1989, 213; Werner/Pastor, Rn 1037.
193 BGH BauR 1980, 262 (266); SFH, Nr. 6 zu § 164 BGB; Werner/Pastor, Rn 1038.
194 BGH BauR 1980, 262 (266).
195 BGH BauR 1989, 213; Werner/Pastor, Rn 1038.
196 Ingenstau/Korbion-*Korbion*, VOB Anhang 3, Rn 277; Staudinger-*Peters*, Vorbem zu §§ 631 ff. BGB.
197 Staudinger-*Peters*, Vorbem zu §§ 631ff BGB, Rn 133 ff.; Ingenstau/Korbion-*Korbion*, VOB Anhang 3, Rn 282; MünchKomm-*Busche*, § 631 BGB, Rn 224.

gabe im Namen der von ihm betreuten Bauherren, sodass diese auch Vertragspartner werden. Dies soll auch dann gelten, wenn die an der Bauherrengemeinschaft Beteiligten noch nicht namentlich feststehen.[198]

---

[198] BGH BauR 1977, 58; BauR 1989, 164 (166); NJW-RR 1987, 1233; Werner/Pastor, Rn 1037.

A. Das Privatgutachten

§ 4 Die Sicherung bauvertraglicher Ansprüche

Literatur

Bronsch, Abwendung der Vormerkung auf Eintragung einer Bauhandwerkersicherungshypothek durch Bürgschaft?, BauR 1983, 517; *Bruns*, Das Zurückbehaltungsrecht des Architekten an den von ihm gefertigten Plänen, BauR 1999, 529; *Döbereiner*, Die Haftung des gerichtlichen und außergerichtlichen Sachverständigen nach der neuen Rechtsprechung des BVerfG und des BGH, BauR 1979, 282; *Elshorst*, Ersatzansprüche benachbarter Grundstücksbesitzer gegen Bauherren bei Beeinträchtigungen durch Baumaßnahmen, NJW 2001, 3222; *Grunsky*, Grundlagen des einstweiligen Rechtsschutzes, JuS 1976, 277; *Hofmann/Koppmann*, Die neue Bauhandwerkersicherung, 4. Auflage 2000; *Hofmann/Koppmann*, Erste Streitfragen bei Anwendung des neuen § 648a, BauR 1994, 305; *Kapellmann*, Einzelprobleme der Handwerkersicherungshypothek, BauR 1976, 323; *Karsten/Bauer/Klose*, Forderungssicherung und -durchsetzung in der Bauwirtschaft, 2005; *Kerst*, Welche Rechte bestehen bei Störungen und Belästigungen durch Baumaßnahmen, NJW 1964, 181; *Klaft*, Die Bauhandwerkersicherung nach § 648a, 1998; *Lauer*, Herausgabe der für den Weiterbau erforderlichen Pläne und Zurückbehaltungsrecht des Architekten, BauR 2000, 812; *Leinemann*, Die Bezahlung der Bauleistung, 2. Auflage 1999; *ders.*, Der Nebel lichtet sich: Erste Rechtsprechung zu § 648a BGB, NJW 1997, 238; *Liepe*, Mängelbeseitigung durch Auftragnehmer erst nach Sicherheit gemäß § 648a BGB?, BauR 1998, 860; *Motzke*, Die Bauhandwerkersicherungshypothek, 1981; *Müller*, das Benutzungsverhältnis zwischen Vermieter und Mieter nach Gewährung einer Räumungsfrist gem. § 721 ZPO, MDR 1971, 253; *Musielak*, Kommentar zur Zivilprozessordnung, 4. Auflage 2005; *Peters*, Die Bauhandwerksicherungshypothek bei Mängeln der Werkleistung, NJW 1981, 2550; *Rosenberg/Gaul/Schilken*, Zwangsvollstreckungsrecht 11. Auflage 1997; *Schmidt/Winzen*, Handbuch der Sicherheiten am Bau, 2000; *Schellhammer*, Zivilprozessrecht 11. Auflage 2004; *Schmitz*, Anmerkung zum Urteil des BGH vom 09.11.2000 – VII ZR 82/99, ZfIR 2001, 25; *Schulze-Hagen*, § 648a BGB – eine Zwischenbilanz, BauR 2000, 28; *Siegburg*, Anmerkung zum Urteil des BGH vom 22.10.1987 – VI ZR 12/87, EWiR § 648 1/88, S. 43; *Teplitzky*, Arrest und einstweilige Verfügung, JuS 1980, 882; *ders.*, Streitfragen beim Arrest und bei der einstweiligen Vergütung, DRiZ 1982, 41; *Uechtritz*, Vorläufiger Rechtsschutz nach §§ 80 a Abs. 3, 80 Abs. 5 VWGO im Fall des § 10 Abs. 2 BauGB-Maßnahmegesetz, BauR 1992, 1; *Volmer*, Das Schiedsgutachterrecht – Bestandsaufnahme und Fragen der Praxis, BB 1984, 1010; *Weber*, Das Bauhandwerkersicherungsgesetz, WM 1994, 725; *Weise*, Sicherheiten im Baurecht, 1999; *Wiethaupt*, Rechtsprechung zum Baustellen-, Betriebs- und Fabriklärm, BB 1969, 333; *Wussow*, Probleme der gerichtlichen Beweissicherung in Baumängelsachen, NJW 1969, 1401.

A. Das Privatgutachten

I. Bedeutung des Privatgutachtens in der Baupraxis

Dem Mandanten ist zunächst immer dann anzuraten, ein **Privatgutachten** zum Zwecke einer Feststellung bzw. Nichtfeststellung von Tatsachen zur Beweissicherung einzuholen, wenn es darum geht, vor Baubeginn die örtlichen Gegebenheiten festzustellen oder aber während der Durchführung des Bauvorhabens als Folge absoluter Eilbedürftigkeit die Einleitung eines selbstständigen Beweisverfahrens betreffend einer etwaigen Mängelfeststellung nicht sachgerecht erscheint. Ferner macht die Einholung eines Privatgutachtens auch dann Sinn, wenn Ermittlungen notwendig sind, um eine vertragsgerechte oder mangelbehaftete Leistung feststellen zu können, damit auf der Grundlage des Gutachtens eine eigene Entscheidung herbeigeführt werden kann, ob und wenn ja, welche Ansprüche gegenüber dem Vertragspartner geltend gemacht werden können. Schließlich ist ein Privatgutachten auch dann erforderlich, wenn es während eines streitigen Verfahrens darum geht, ein vom Prozessgegner beigebrachtes Gutachten bzw. ein gerichtliches Sachverständigengutachten zu widerlegen.[199] Dies deshalb, da sich das Gericht – um nicht gegen §§ 412, 286 ZPO zu verstoßen – mit diesem Gegengutachten ebenso sorgfältig auseinander zu setzen hat, als wenn es sich um die abweichende Stellungnahme eines von ihm bestellten weiteren Sachverständigengutachters handeln würde.[200]

II. Verwertbarkeit des Privatgutachtens im Prozessverfahren

76 Im laufenden Prozessverfahren begründet ein Privatgutachten grundsätzlich nur einen substantiierten, urkundlichen belegten **Parteivortrag**, keinesfalls aber etwa einen Sachverständigenbeweis.[201] Hält das Prozessgericht im Klageverfahren die Einholung eines gerichtlichen Gutachtens für entbehrlich, weil ein von einer Partei vorgelegtes Privatgutachten als **Urkundenbeweis** i. S. des § 416 ZPO gem. § 286 ZPO bereits für ausreichend[202] erachtet wird, muss die gegnerische Partei hierauf hingewiesen werden.[203] Die Gegenpartei kann dann Gegenbeweis durch Antrag auf Einholung eines **Gerichtsgutachtens** antreten.[204] Der beauftragte Rechtsanwalt sollte allerdings im Bereich der Prozessvorbereitung nicht davon ausgehen, dass ein Privatgutachten dazu ausreicht, dem Gericht die erforderliche Überzeugung i. S. des § 286 ZPO im Hinblick auf die Richtigkeit der behaupteten Tatsachen zu vermitteln. Regelfall ist der, dass die Tatrichter, die gerade bei schwierigen technischen Fragen nicht über ausreichend eigene Sachkunde verfügen, die Richtigkeit des urkundlich belegten qualifizierten Parteivortrages durch einen gerichtlich bestellten Sachverständigen überprüfen lassen werden. Dabei kann sich das Gericht auch auf die Rechtsprechung des BGH berufen, nach der ein Privatgutachten in der Regel die Vernehmung eines gerichtlichen Sachverständigen, die von der Gegenpartei beantragt wird, nicht zu ersetzen vermag.[205]

77 Vor diesem Hintergrund wird der beauftragte Rechtsanwalt bestrebt sein, den Privatgutachter im Prozessverfahren als **sachverständigen Zeugen** zu benennen.[206] [207] Der sachverständige Zeuge unterscheidet sich vom Sachverständigen dadurch, dass er im Rechtsstreit nur darüber vernommen werden darf, welche Feststellungen er bei der Besichtigung des Streitobjekts aufgrund seiner besonderen Sachkunde getroffen hat.[208] Demgemäß ist es ausschließlich Aufgabe des Sachverständigen – und nicht die eines sachverständigen Zeugen –, dem Richter allgemeine Erfahrungssätze oder besondere Kenntnisse des jeweiligen Wissensgebietes zu vermitteln bzw. aufgrund von Erfahrungssätzen oder besonderen Fachkenntnissen Schlussfolgerungen aus einem feststehenden Sachverhalt zu ziehen.[209] Zu beachten ist für den beauftragten Rechtsanwalt, ob das Tatgericht den sachverständigen Zeugen im Laufe der Beweisaufnahme nicht als Sachverständigen vernimmt und ihn

---

199 OLG Hamburg OLGR 2002, 481; Werner/Pastor, Rn 150.
200 BGH BauR 1993, 500; NJW 1992, 2291; NJW 1993, 269; NJW 1990, 759; NJW-RR 1988, 763; OLG Hamm BauR 2000, 1372; NJW-RR 1988, 1534.
201 BGH NJW 1993, 2382 (2383); VersR 1981, 576; NJW 1982, 2874; NJW 1986, 3077; Zöller-*Greger*, § 402 ZPO, Rn 2; *Saenger*, Vor § 402 ZPO, Rn 2.
202 BGH NJW 1982, 2874; VersR 1987, 1007; OLG Hamburg OLGR 2003, 235; OLG Hamm NJW-RR 1993, 1441; Zöller-*Greger*, § 402 ZPO, Rn 6c.
203 OLG Karlsruhe NJW 1990, 192; Zöller-*Greger*, § 402 ZPO, Rn 6c.
204 Zöller-*Greger*, § 402 ZPO, Rn 6c.
205 BGH NJW 1962, 1569 (1570).
206 BGH BauR 1993, 500 (501); BauR 1990, 773; OLG Oldenburg, OLGR 2003, 443.
207 Beweisrechtlich ist der sachverständige Zeuge echter Zeuge. Er kann also grundsätzlich nicht wegen Besorgnis der Befangenheit abgelehnt werden.
208 BGH MDR 1974, 382.
209 BGH WM 1974, 239.

dadurch – ohne dass es hierzu eines Beschlusses bedarf – zum gerichtlichen Sachverständigen bestellt.[210] In diesem Fall sollte darüber nachgedacht werden, den Sachverständigen, der für die Gegenpartei bereits ein Privatgutachten erstellt hat, wegen der **Besorgnis der Befangenheit** abzulehnen.[211]

III. Das Rechtsverhältnis zum Sachverständigen

1. Rechtsnatur des Gutachtervertrages und Vergütung des Sachverständigen

Die mit dem Privatgutachter geschlossene Vereinbarung ist ein **Werkvertrag** i. S. der §§ 631 ff. BGB.[212] Die Höhe des Werklohns für die Erstellung des Privatgutachtens bestimmt sich nach der im Vertrag getroffenen Vereinbarung. Liegt eine solche Vereinbarung nicht vor, bestimmt sich die Vergütung gem. § 632 Abs. 2 BGB in der Regel nach der üblichen Vergütung (vgl. Rn 305 ff.). Bei der anzuratenden Beauftragung eines öffentlich bestellten und vereidigten Sachverständigen ist darauf zu achten, dass die Vergütung des Sachverständigen nach JVEG (Justizvergütungs- und -entschädigungsgesetz vom 5.5.2004) bestimmt wird. Wird nämlich an den öffentlich bestellten und vereidigten Privatgutachter eine höhere Entschädigung gezahlt, als nach dem JVEG bei entsprechendem Gerichtsgutachten vorgesehen, muss der Mandant damit rechnen, dass ihm im Rahmen der Kostenerstattung die Unangemessenheit der Sachverständigengebühren entgegengehalten wird.[213]

78

2. Haftung des Sachverständigen

Ein auf der Grundlage eines Werkvertrages erstelltes Gutachten, welches für ein bevorstehendes oder laufendes Prozessverfahren bestimmt ist, muss den Anforderungen genügen, die an ein gerichtliches Gutachten zu stellen sind.[214] Ist das Privatgutachten demnach objektiv und fachlich unrichtig und spiegelt einseitig ausschließlich die Interessenlage des Auftraggebers wieder, bestimmt sich eine mögliche **Haftung** des beauftragten Sachverständigen gem. §§ 634 Nr. 4, 280, 281 BGB bzw. § 839 a BGB.[215]

79

IV. Zur Erstattung der Kosten des Gutachtens von der Gegenseite

1. Der materiell-rechtliche Kostenerstattungsanspruch

Wendet der Mandant Kosten auf, um zum Zwecke einer Schadensfeststellung bzw. zur Bestimmung der zur Schadensbeseitigung erforderlichen Maßnahmen ein Privatgutachten einzuholen, kann dieser **Mangelfolgeschaden** auf der Grundlage eines **materiell-rechtlichen Erstattungsanspruchs** als Schadensersatzanspruch gem. § 280 Abs. 1 BGB (vgl.

80

---

210 BGH BauR 1994, 524 (525).
211 Zur Ablehnung wegen der Besorgnis der Befangenheit: OLG Düsseldorf OLGR 2000, 271. Vgl. hierzu auch Rn 133 f.
212 BGH NJW 1965, 106; NJW 1967, 719; *Döbereiner*, BauR 1979, 282 (284); Thode/Wirth/Kuffer-*Vogel*, § 18, Rn 38 ff.; Werner/Pastor, Rn 149.
213 Zöller-*Herget*, § 91 ZPO, Rn 13 „Privatgutachten"; Werner/Pastor, Rn 156.
214 BGH NJW 2004, 3035; ZIP 2001, 574; ZfBR 1995, 75; Werner/Pastor, Rn 153.
215 BGH NJW 1995, 392; BauR 1979, 76; OLG Celle BauR 2000, 1898; *Döbereiner*, BauR 1979, 282 (284); Werner/Pastor, Rn 152.

§ 4 Die Sicherung bauvertraglicher Ansprüche

Rn 682) bzw. § 13 Nr. 7 Abs. 3 VOB/B (vgl. Rn 697) geltend gemacht werden.[216] [217] Dabei sind von der Gegenseite diejenigen Kosten für ein Privatgutachten zu ersetzen, die erforderlich sind, um dem Auftraggeber über Ursache und Ausmaß der eingetretenen und noch zu erwartenden Mängel ein zuverlässiges Bild zu verschaffen.[218] [219] Sind die Kosten für das Privatgutachten deutlich überhöht, kann dem Auftraggeber im Einzelfall § 254 BGB entgegengehalten werden.[220]

2. Die Kostenerstattung im gerichtlichen Kostenfestsetzungsverfahren

81 Handelt es sich bei den Kosten für das Privatgutachten um **notwendige Kosten der Rechtsverfolgung** oder Rechtsverteidigung i. S. des § 91 ZPO,[221] können die vom Auftraggeber aufgewendeten Kosten auch im Kostenfestsetzungsverfahren gem. §§ 103 ff. ZPO geltend gemacht werden. Geht es um solche vor Prozessbeginn eingeholte Gutachten, sind diese im Kostenfestsetzungsverfahren nur dann erstattungsfähig, soweit die angefallenen Kosten mit einem konkreten bevorstehenden Rechtsstreit in unmittelbarer Beziehung stehen, also prozessbezogen waren.[222]

B. Das Schiedsgutachten

82 Steht zwischen den Parteien das Vorliegen bzw. Nichtvorliegen bestimmter Tatsachen in Streit, ist dem Mandanten und der Gegenpartei anzuraten, zum Zwecke der Verfahrensbeschleunigung sowie der Kostenersparnis die Einholung eines **Schiedsgutachtens** zu vereinbaren. Dem Schiedsgutachter können im Einzelfall vor allem folgende Aufgaben übertragen werden:

- In Ergänzung des Vertrages die Leistungspflichten der Parteien nach billigem Ermessen festzulegen.[223]
- Die Tatsachengrundlage, die für die Bestimmung des Inhalts einer Vertragsleistung maßgebend ist, zu ermitteln und für die Vertragsparteien verbindlich festzuschreiben.[224]
- Über die bloße Tatsachenfeststellung hinaus eine rechtliche Bewertung der zuvor ermittelten Tatsachen vorzunehmen.

---

216 BGH BauR 2002, 86 (87); BauR 1985, 83; BauR 1970, 244 (245); BauR 1971, 131; OLG Düsseldorf BauR 1989, 329 (331); OLG Hamm NJW-RR 1992, 1049; Werner/Pastor, Rn 159; Kniffka/Koeble, Kompendium 13. Teil, Rn 4.
217 Praktisch kann dies im Rahmen einer normalen Leistungsklage oder durch eine (Hilfs-) Aufrechnung in einem laufenden Prozessverfahren geschehen. Dem Auftraggeber und Kläger fehlt in diesem Fall auch nicht das Rechtsschutzbedürfnis, weil er sein Ziel auf einem einfacheren und billigerem Weg erreichen könne, nämlich über das Kostenfestsetzungsverfahren gem. §§ 103 ff. ZPO. Eine Vorrangigkeit des Kostenfestsetzungsverfahrens ist abzulehnen, BGH BauR 1971, 51; KG BauR 2004, 140; Werner/Pastor, Rn 165.
218 BGH BauR 1971, 51; OLG Düsseldorf BauR 1995, 883; OLG Frankfurt BauR 1991, 777 (778).
219 BGH BauR 1971, 51; BauR 1971, 131 (134); OLG Koblenz OLGZ 1991, 27; KG BauR 2004, 140.
220 OLG Köln OLGR 2001, 309.
221 Vgl. hierzu Zöller-*Herget*, § 91 ZPO, Rn 13 „Privatgutachten" mit zahlreichen weiteren Nachweisen.
222 BGH NJW 2003, 1398; OLG Koblenz BauR 2002, 1131 (1132); OLG Düsseldorf OLGR 1997, 246; OLG Bamberg OLGR 2001, 204; OLG Zweibrücken BauR 2004, 1491; Werner/Pastor, Rn 167.
223 Hierunter fallen z. B. die Festlegung des angemessenen üblichen Werklohns gem. § 632 Abs. 2 BGB, die Herabsetzung einer unverhältnismäßig hohen Vertragsstrafe sowie die Anpassung der beiderseitigen Vertragspflichten aufgrund veränderter Umstände.
224 Hierzu gehören u. a. die Feststellung von Werkmängeln, deren Ursachen, der Umfang und die Kosten einer Mängelbeseitigung, die Höhe eines geltend gemachten Schadens bzw. die Höhe einer Minderung. Die Entscheidung von Rechtsfragen ist von der Begutachtung ausgenommen.

B. Das Schiedsgutachten 1

Soll ein Schiedsgutachten eingeholt werden, sind zwei Vertragsverhältnisse zu unterscheiden, nämlich dem zwischen den streitenden Parteien abzuschließenden Schiedsgutachtenvertrag einerseits und dem zwischen den Parteien mit dem beauftragten Sachverständigen abzuschließenden Schiedsgutachtervertrag andererseits.

83

I. Vorliegen eines Schiedsgutachtenvertrages

Der **Schiedsgutachtenvertrag** ist die Vereinbarung zwischen den Parteien i. S. der §§ 311 Abs. 1, 317, 319 BGB, im Hinblick auf ein genau bezeichnetes Rechtsverhältnis ein Schiedsgutachten zur Begutachtung der vertragsergänzenden Bestimmung der Leistung sowie über die Feststellung von Tatumständen und Tatsachen einzuholen. In diesem Vertrag sind alle wesentlichen Punkte festzulegen: Zunächst ist der Gegenstand Begutachtung konkret zu bezeichnen. Des Weiteren sind die Aufgaben anzugeben, mit denen der Sachverständige betraut werden soll. Zudem ist die Vereinbarung unerlässlich, dass für die Parteien die festgestellten Ergebnisse des Schiedsgutachtens – z. B. Tatsachenfeststellungen – rechtsverbindlich sind. Zur Vermeidung späteren Streits ist schließlich eine Regelung erforderlich, wer die anfallenden Gutachterkosten ganz oder anteilig zu tragen hat. Der Schiedsgutachtenvertrag muss weder ausdrücklich noch schriftlich abgeschlossen werden, bedarf also – da die §§ 1029 ff. ZPO keine Anwendung finden –[225] der in § 1031 ZPO festgelegten Form nicht.

84

II. Abschluss eines Schiedsgutachtervertrages

Nach dem typischen Inhalt eines Schiedsgutachtervertrages haben in der Regel beide Parteien das Recht, mit Abschluss des Schiedsgutachtervertrages das Schiedsgutachten einzuholen. In den Bauverträgen ist insoweit typischerweise geregelt, dass der Sachverständige auf Antrag einer oder beider Parteien durch die zuständige Industrie- und Handelskammer benannt bzw. ernannt wird.[226] Weigert sich in dem konkreten praktischen Fall dann eine Vertragspartei, bei der Beauftragung des Schiedsgutachters mitzuwirken, ist nach einhelliger Ansicht der andere Vertragspartner berechtigt, allein den Schiedsgutachter zu beauftragen.[227] Der **Schiedsgutachtervertrag** ist ein Geschäftsbesorgungsvertrag für Dienstvertragsgrundlage, also im Gegensatz zum Privatgutachten kein Werkvertrag. Ein Ablehnungsrecht der Parteien betreffend der Auswahl des Sachverständigen besteht nicht, es sei denn die Parteien haben etwas Anderweitiges vereinbart.[228] Hindert eine der Vertragsparteien den Schiedsgutachter an einer ordnungsgemäßen Begutachtung, kann die vertragsgetreue Partei die andere Partei selbst auf Vorlage von Unterlagen oder das Betreten des Baugrundstücks verklagen.[229]

85

III. Wirkungen des Schiedsgutachtens

Haben die Parteien einen wirksamen Schiedsgutachtenvertrag geschlossen, sind die Ergebnisse des Sachverständigen zwischen den Parteien **rechtsverbindlich**. Allerdings

86

---

225 Zöller-*Geimer*, § 1029 ZPO, Rn 5.
226 OLG Koblenz NZBau 2000, 562 (563); *Volmer*, BB 1984, 1010 (1013).
227 BGH BB 1962, 856; OLG Köln ZfBR 2000, 105 (111).
228 BGH NJW 1957, 587; NJW 1965, 1523; Kleine-Möller/Merl/Oelmaier-*Kleine-Möller*, § 16 Rn 24.
229 BGH NJW 1952, 1296; VersR 1957, 122; Palandt-*Heinrichs*, § 317 BGB, Rn 8. Den Parteien steht es frei, vertraglich ein Ablehnungsrecht zu begründen, BGH NJW 1972, 827.

können die tatsächlichen Feststellungen des Schiedsgutachtens im nachfolgenden Prozessverfahren erfolgreich mit der Behauptung bekämpft werden, das Schiedsgutachten sei offenbar unrichtig. Da nach h. M. die §§ 317 ff. BGB entsprechend anzuwenden sind, ist das Schiedsgutachten gem. § 319 BGB unverbindlich, wenn es offensichtlich unrichtig ist.[230] Liegt zwischen den Parteien eine wirksame Schiedsgutachtenabrede vor und erhebt eine Partei eine Klage, ohne zuvor das vorgesehene Schiedsgutachten einzuholen, muss diese Klage als zur Zeit unbegründet abgewiesen werden. Dies deshalb, da die klagende Partei beweisfällig ist und das Prozessgericht keine Beweiserhebungen vornehmen kann, deren Feststellung nach dem vorliegenden Schiedsgutachtenvertrag dem Schiedsgutachter übertragen ist.[231] Weiter hat die Vereinbarung über die Einholung eines Schiedsgutachtens gem. § 204 Abs. 1 Nr. 8 BGB eine die Verjährung hemmende Wirkung.

C. Das selbstständige Beweisverfahren

Literatur

Balzer, Beweisaufnahme und Beweiswürdigung im Zivilprozess, 2005; *Booz*, Beweissicherungsverfahren in der Gesetzesänderung, BauR 1989, 30; *Cuypers*, Das selbständige Beweisverfahren in der juristischen Praxis, NJW 1994, 1985; *Deckert*, Die Klagebefugnis bei Gewährleistungsansprüchen wegen anfänglicher Baumängel am Gemeinschaftseigentum der neu erstellten Eigentumswohnanlage, ZfBR 1984, 161; *Enaux*, Das selbständige Beweisverfahren als Instrument der Schlichtung von Baustreitigkeiten: Möglichkeiten und Hemmnisse aus anwaltlicher Sicht, Jahrbuch Baurecht 1999, 162; *Fischer*, selbständiges Beweisverfahren – Zuständigkeits- und Verweisungsfragen, MDR 2001, 608; *Hansens*, Die wichtigsten Änderungen im Bereich der Zivilgerichtsbarkeit aufgrund des Rechtspflege-Vereinfachungsgesetzes, NJW 1991, 953; *Hesse*, Feststellung von Mängelursachen im Beweissicherungsverfahren, BauR 1984, 23; *Kamphausen*, Nochmals: Sachverständigenablehnung im Beweissicherungsverfahren, BauR 1984, 31; *Heyers*, Entwicklung des Meinungsstandes zu einigen aktuellen Fragen des Beweissicherungsrechtes, BauR 1996, 268; *Hoeren*, Streitverkündung im selbständigen Beweisverfahren, ZZP 95, Bd. 108, 343; *Hök*, Zum Anspruch auf Beweissicherung auf fremden Grund und Boden insbesondere in Baustreitigkeiten, BauR 1999, 221; *Knacke*, Der Streitwert im Beweissicherungsverfahren, NJW 1986, 36; *ders*, Der Streithelfer im selbständigen Beweisverfahren, Jahrbuch Baurecht 2002, S. 329; *Kunze*, Streitverkündung im selbständigen Beweisverfahren, NJW 1996, 102; *Meyer/Höver*, ZSEG, 23. Auflage 2004; *Moufang/Kupjetz*, Der Ausforschungsbeweis im selbständigen Beweisverfahren, NZBau 2003, 646; *Motzke*, Die Sachverständigen- und die Rechtsfrage – Konsequenzen für den Honorarsachverständigen und die Rechtsfindung, in: Festschrift für Vygen, S. 416; *Parmentier*, Förmliche Zustellung der Streitverkündungsschrift – Anmerkung zu dem Beitrag von Schulz, BauR 2001, 327 ff., BauR 2001, 888; *Pauly*, Das selbständige Beweisverfahren in Bausachen, JR 1996, 269; *ders.*, Das selbständige Beweisverfahren in der Baurechts-Praxis, MDR 1997, 1087; *Quack*, Neuerungen für den Bauprozess, vor allem beim Beweisverfahren. Zur Bedeutung der Änderungen der ZPO durch das Rechtspflege-Vereinfachungsgesetz, BauR 1991, 278; *ders.*, Zur Problematik der stillschweigenden Rechtsanwendung durch Sachverständige, BauR 1993, 161; *ders.*, Streitverkündung im selbständigen Beweisverfahren und kein Ende?, BauR 1994, 153; *Rosenberger*, Wohnungseigentümer: Geltendmachung von Gewährleistungsansprüchen; AGB: Vertragstyp und Abtretung von Gewährleistungsrechten, BauR 1980, 267; *Schmitz*, Einzelne Probleme des gerichtlichen Beweissicherungsverfahrens in Bausachen, BauR 1981, 40; *ders.*, Anwaltszwang für den Antrag gem. § 494 a Abs. 1 ZPO?, BauR 1990, 290; *Schneider*, Die neue Rechtsprechung zum zivilprozessualen Beweisrecht (II), MDR 1975,

---

230 BGH NJW-RR 1994, 1314; NJW-RR 2000, 279 (281); OLG Düsseldorf BauR 1229; OLG Koblenz NZBau 2000, 562.
231 BGH WM 1971, 39 (41); OLG Köln ZfBR 2000, 105 (113); OLG Zweibrücken BauR 1980, 482; OLG Düsseldorf NJW-RR 1986, 1061.

C. Das selbstständige Beweisverfahren

538; *Scholtissek*, Sind im selbständigen Beweisverfahren Fragen bezüglich erforderlicher Maßnahmen zur Beseitigung der festgestellten Mängel und hierfür aufzuwendende Kosten zulässig?, BauR 2000, 1118; *Schreiber*, Das selbständige Beweisverfahren, NJW 1991, 2600; *Schulze*, Ablehnung von Sachverständigen im Beweissicherungsverfahren, NJW 1984, 1019; *Siegburg*, Zum Beweisthema des Beweisbeschlusses beim Sachverständigenbeweis über Baumängel, BauR 2001, 875; *Thomas*, Streitverkündung und Nebenintervention im selbständigen Beweisverfahren, BauR 1992, 299; *Weise*, Praxis des selbständigen Beweisverfahrens, 1994; *ders*., Die Bedeutung der Mangelerscheinungen im Gewährleistungsrecht, BauR 1991, 19; *Weyer*, Erste praktische Erfahrungen mit dem neuen selbständigen Beweisverfahren, BauR 1992, 313; *Wirth*, Streitverkündung im selbständigen Beweisverfahren, BauR 1992, 300; *Wussow*, Probleme der gerichtlichen Beweissicherung in Baumängelsachen, NJW 1969, 1401.

I. Inhalt und Bedeutung des selbstständigen Beweisverfahrens

Die wesentlichen **Zielvorstellungen**, die der Gesetzgeber mit den Regelungen des selbstständigen Beweisverfahrens verfolgt, beziehen sich auf:
- eine Beweissicherung,
- die Prozessvermeidung,
- eine Beschleunigung des gerichtlichen Verfahrens sowie auf
- die Beeinflussung der Verjährung.

Zum Zwecke der Vorbereitung eines Hauptsacheprozesses wird den Baubeteiligten mit dem selbstständigen Beweisverfahren ein effizientes Sicherungsmittel zur Verfügung gestellt, um eine vorweggenommene Tatsachenfeststellung bewirken zu können. Das konkrete Ziel der **Beweissicherung** kann dabei vielfältiger Natur sein. Im Bauprozess geht es jedoch regelmäßig darum:
- Baumängel und deren Ursachen festzustellen,
- die Sanierungsmaßnahmen und Mängelbeseitigungskosten zu präzisieren,
- die Verantwortlichkeit für Mängel festzustellen,
- einen Bautenstand festzustellen, bzw.
- Mengen und Massen und deren Richtigkeit festzustellen.

Weiter dient das selbstständige Beweisverfahren einer **Entlastung der Gerichte** von vermeidbaren Prozessen. So müssen die Gerichte bestrebt sein, dass es auf der Basis des eingeholten Sachverständigengutachtens ohne Durchführung eines Hauptsacheverfahrens bereits im selbstständigen Beweisverfahren zu einer gütlichen Einigung zwischen den Parteien kommt, die – insoweit gem. § 492 Abs. 3 ZPO vom Gericht veranlasst – in einem gerichtlichen Erörterungstermin herbeigeführt und dann in einem Vergleich festgehalten werden kann. Neben der Entlastung der Gerichte zielt das selbstständige Beweisverfahren auch auf eine Erleichterung bzw. **Beschleunigung der Prozessführung** ab.[232] Leider zeigt die Praxis allerdings meist das Gegenteil, wenn der für das selbstständige Beweisverfahren so wichtige Beschleunigungseffekt aufgrund zahlreicher zusammenwirkender Umstände verloren geht. Zunächst neigen die Gerichte nicht von vornherein zu einer besonders raschen Bearbeitung von sog. „OH-Verfahren". Hintergrund dessen könnte sein, dass die Richter im Rahmen der Bewertung ihrer Leistungen weder nach dem vorgegebenen Pensenschlüssel noch in ihrer Erledigungsstatistik Punkte für die Bewältigung von selbstständigen Beweisverfahren erhalten. Als Folge dessen ist immer wieder festzustellen, dass die ständig steigende Arbeitsbelastung der Richter dazu führen kann, selbstständige Beweisverfahren eher beiläufig und nicht mit der gebotenen Eile zu bearbeiten.

---

[232] *Zöller-Herget*, Vor § 485 ZPO, Rn 2; Hk-ZPO/*Pukall*, Vorbem. zu §§ 485-494 a ZPO, Rn 1, 3; Werner/Pastor, Rn 1.

Aber auch die Sachverständigen betreiben die Erledigung nicht immer mit der gebotenen Beschleunigung. Es kommt nicht selten vor, dass der vom Gericht beauftragte Sachverständige überhaupt erst Monate nach Übersendung der Gerichtsakte mit der Begutachtung beginnt, weil denkbarer Weise vorrangig Privataufträge erledigt werden, für die im Allgemeinen eine höhere Vergütung zu vereinnahmen ist. Sodann eröffnen die nach überlanger Zeit erstellten Gutachten den Parteien fast regelmäßig neue Angriffspunkte, die dann dazu führen, dass immer wieder neue Ergänzungsgutachten notwendig werden, die das Verfahren in die Länge ziehen. Weiter dient das selbstständige Beweisverfahren dem Zweck, mit der Zustellung des Antrags auf Durchführung eines selbstständigen Beweisverfahrens gem. § 204 Abs. 1 Nr. 7 BGB eine **Verjährungshemmung** eintreten zu lassen.

90 Abschließend bleibt vor dem Hintergrund der vorstehenden Ausführungen anzumerken, dass die Einleitung eines selbstständigen Beweisverfahrens selbst dann Sinn macht, wenn dem Anspruchsteller bereits ein Privatgutachten (vgl. Rn 75 ff.) vorliegt, das er zum Zwecke einer Überprüfung des Bauwerks auf möglicherweise vorhandene Mängel quasi vorbereitend eingeholt hat, ohne dass bereits Mangelerscheinungen zu Tage getreten sein müssen. Wird ein Privatgutachten in einem laufenden Hauptsacheverfahren als Beweismittel eingeführt, dann handelt es sich grundsätzlich nur um einen substantiierten, urkundlich belegten Parteivortrag und nicht um einen Sachverständigenbeweis. Benötigt der Anspruchsteller bereits im Vorfeld eines Hauptsacheverfahrens ein Sachverständigengutachten mit Beweiswirkung gem. § 493 Abs. 1 ZPO, weil „sichere Beweise" als Folge eines bevorstehenden Weiterbaus später nicht mehr zu erlangen sind, ist die Einleitung eines selbstständigen Beweisverfahrens anzuraten.[233]

II. Die besonderen Voraussetzungen des selbstständigen Beweisverfahrens

91 Das Gericht ist an den Tatsachenvortrag des Antragstellers gebunden und muss dem Antrag stattgeben, wenn das selbstständige Beweisverfahren nach einer der Alternativen des § 485 ZPO zulässig ist.
- Nach § 485 Abs. 1 ZPO kann ein selbstständiges Beweisverfahren mit einer Beweiserhebung durch **Sachverständigengutachten**, **Zeugenvernehmung** oder **Augenscheinsnahme** durchgeführt werden **während** und **außerhalb** eines **Rechtsstreits**, wobei als prozessuale Voraussetzung die Zustimmung des Gegners oder die Besorgnis des Verlustes oder der erschwerten Benutzung des Beweismittels erforderlich ist.
- Nach § 485 Abs. 2 ZPO kann ein selbstständiges Beweisverfahren mit einer Beweiserhebung durch **Sachverständigengutachten** durchgeführt werden, solange ein Rechtsstreit noch **nicht anhängig** ist und ein rechtliches Interesse besteht.

92 Die Erheblichkeit der Beweistatsachen oder etwaige Erfolgsaussichten einer Klage sind nicht zu prüfen. Es kommt auch nicht darauf an, ob die begehrte Beweissicherung überhaupt durchführbar ist. Es ist vielmehr eine Frage, die sich erst bei der Durchsetzung des Beweisbeschlusses stellt und hier ggf. einer weiteren Klärung bedarf.

---

233 Ein Privatgutachten kann jedoch auf Antrag der vorlegenden Partei als Urkundsbeweis, auch gegen den Willen des Beklagten, verwertet werden, falls es dem Gericht gem. § 286 ZPO zum Nachweis der behaupteten Tatsache genügt. Dasselbe gilt, wenn beide Parteien mit der Verwertung einverstanden sind. Das Gericht muss in diesen Fällen die Parteien darauf hinweisen, dass es die Urkunde zum Beweis verwerten will. Diese Urkunde erbringt den Beweis, dass der Privatgutachter die im Gutachten getroffenen Feststellungen und Bewertungen gemacht hat, nicht aber, dass sie auch tatsächlich zutreffen (§ 416 ZPO).

C. Das selbstständige Beweisverfahren

1. Zustimmung des Gegners gemäß § 485 Abs. 1, 1. Alt. ZPO

Während oder außerhalb eines Streitverfahrens (Hauptsacheprozess) ist das selbstständige Beweisverfahren gem. § 485 Abs. 1, 1. Alt. ZPO zulässig, wenn der Gegner zustimmt. Bei der **Zustimmung**, die gegenüber dem Gericht zu erklären ist, handelt es sich um eine unwiderrufliche und nicht anfechtbare Prozesshandlung.[234] Die Zustimmung kann schriftlich, mündlich oder zu Protokoll der Geschäftsstelle erklärt werden. Stimmt der Antragsgegner mündlich außerhalb einer Verhandlung zu, bedarf es einer weiteren Erklärung, aus der sich ergibt, dass diese Zustimmung vom Antragsteller an das Gericht weitergeleitet werden darf. Zum Nachweis dieser Erklärungen reicht eine Glaubhaftmachung des Antragstellers durch eidesstattliche Versicherung i. S. des § 294 ZPO aus.[235] Allerdings wird das Gericht, bevor ein Beweisbeschluss erlassen wird, die Antragsschrift nebst Glaubhaftmachung an den Antragsgegner schicken, damit dieser zu der vom Antragsteller durch eidesstattliche Versicherung glaubhaft gemachten Zustimmung i. S. der § 485 Abs. 1, 1. Alt ZPO Stellung nehmen kann. Im Rahmen des Verfahrens gem. § 485 Abs. 1, 1. Alt. ZPO beschränkt sich die Beweiserhebung nicht nur auf die Einholung eines Sachverständigengutachtens. Auch eine im selbstständigen Beweisverfahren durchgeführte Zeugenvernehmung beziehungsweise Augenscheinsnahme kommt in Betracht. Da eine Zustimmung des Gegners nach § 485 Abs. 1 1. Alt. ZPO nur ausnahmsweise vorliegen wird, ist der Antrag in der Regel auf § 485 Abs. 1 2. Alternative ZPO und sie insoweit notwendige „Veränderungsgefahr" zu stützen.

93

2. Veränderungsgefahr gemäß § 485 Abs. 1, 2. Alt. ZPO

Gemäß § 485 Abs. 1, 2. Alt. ZPO ist das selbstständige Beweisverfahren mit einer Beweiserhebung durch Sachverständigengutachten, Zeugenvernehmung oder Augenscheinsnahme auch außerhalb eines Hauptsacheverfahrens ohne Zustimmung des Gegners zulässig, wenn zu Besorgen ist, dass das **Beweismaterial verloren** oder seine **Benutzung erschwert** wird.[236] Denkbare Gründe für den Beweismittelverlust können zunächst persönliche sein, bei Zeugen etwa eine gefährliche Erkrankung, eine längere Auslandsreise oder aber ein hohes Alter.[237] Werden im Zuge der Bauerrichtung vor vollständiger Fertigstellung des Bauwerks Mängel festgestellt, besteht die Gefahr, dass durch eine Veränderung des gegenwärtigen Zustands des Bauwerks eine später durchgeführte Begutachtung des gerügten Baumangels durch einen Sachverständigen bzw. eine Augenscheinsinnahme zu spät kommen, weil eine Tatsachenfeststellung vor dem Hintergrund des veränderten Istzustandes unmöglich ist oder zumindest erschwert wird. In der Praxis geht es meist um Mängel an Vorgewerken, die durch die Ausführung von Nachfolgearbeiten nicht mehr oder nur noch schwer feststellbar sind. Weiter ist an Mängelbeseitigungsmaßnahmen zu denken, die zur Abwendung weiterer Schäden innerhalb kürzester Zeit auszuführen sind.

94

---

234 Cuypers, NJW 1994, 1985; Wussow, NJW 1969, 1401; Schmitz, BauR 1981, 40; Kleine-Möller/Merl/Oelmaier-Oelmeier/Kleine-Möller, § 17 Rn 89; a. A. Pauly, JR 1996, 269 (271); Wieczorek, § 485 ZPO, B III b (mit bejahter Widerruflichkeit); Weise, Rn 271.
235 Zöller-Herget, § 485 ZPO, Rn 2.
236 Wie bereits bei § 485 Abs. 1, 1. Alt. ZPO ausgeführt, bezieht sich die Beweiserhebung auch bei § 485 Abs. 1, 2. Alt. ZPO nicht nur auf die Einholung eines Sachverständigengutachtens, sondern gleichsam auch auf die Augenscheinsnahme und die Zeugenvernehmung.
237 OLG Nürnberg NJW-RR 1998, 575.

§ 4 Die Sicherung bauvertraglicher Ansprüche

95 Unzulässig ist der Antrag auf gerichtliche Beweissicherung dagegen dann, wenn der Antragsteller nicht auf eine sofortige Beweismittelfeststellung angewiesen ist, weil ihm eine **Beweismittelerhaltung** zumutbar ist.[238] Dabei dürfen die Anforderungen an das Maß der Zumutbarkeit jedoch nicht überspannt werden, zumal sich immer behaupten lässt, der Antragsteller könne – bei Inkaufnahme von Bauverzögerungen – das Beweismittel prinzipiell durch geeignete Maßnahmen oder durch ein Unterlassen von Veränderungen in irgendeiner Weise erhalten. So ist eine Beweismittelerhaltung für den Antragsteller erst dann zumutbar, wenn die Belastung mit dem gegenwärtigen Zustand dem Antragsteller für einen absehbaren Zeitrahmen weder Kosten noch Schäden bzw. anderweitige erhebliche Belastungen verursacht.[239] Dies wird dann anzunehmen sein, wenn der Baumangel zu keinen Funktionsbeeinträchtigungen des Bauwerks führt und auch keine Vergrößerung des Schadensbildes droht.[240] Beschließt das Gericht im Fall der Veränderungsgefahr den gerichtlichen Augenschein und erfordert diese Augenscheinsnahme eine besondere Fachkunde, ist bereits mit der Antragstellung darauf hinzuwirken, dass das Gericht gem. §§ 492 Abs. 1, 372 Abs. 1 ZPO einen von ihm auszuwählenden Sachverständigen hinzuzieht; dieser ist dann Augenscheinsgehilfe oder Augenscheinsmittler.

96 Vom Gegenstand her kann sich die Beweissicherung bei drohendem Beweismittelverlust im Verfahren nach § 485 Abs. 1, 2. Alt. ZPO nicht nur ausschließlich auf die Feststellung der Mängel,[241] sondern vielmehr auch – wie bei § 485 Abs. 2 ZPO – auf die Ermittlung der Mängelursachen, die notwendigen Mängelbeseitigungsarbeiten, die Mängelbeseitigungs-kosten sowie die technische Verantwortlichkeit nebst technischer Verursachung eines Baubeteiligten beziehen.[242] Unstreitig unzulässig ist allerdings ein solcher Beweisantrag zur vorweggenommenen Tatsachenfeststellung nach § 485 Abs. 1 ZPO, der auf eine reine Ausforschung hinausläuft.[243]

▶ Antrag auf Vernehmung eines Zeugen im Verfahren nach § 485 Abs. 1 2. Alt. ZPO:
beantragen wir Namens und in Vollmacht der Antragstellerin zur Sicherung des Beweises gemäß §§ 485 ff. ZPO anzuordnen, dass Beweis durch Vernehmung des Zeugen
..., folgt Adresse,
zu folgender Behauptung der Antragstellerin erhoben wird:
Die Antragsgegnerin hat in einer Besprechung vom ..., bei der neben der Antragstellerin, vertreten durch ihren Geschäftsführer ..., und dem Antragsgegner auch der vorgenannten Zeuge ... als Bauleiter, der Architekt ... sowie der Unterzeichner zugegen waren, einem zwischen den Parteien einvernehmlich festgelegten Sanierungskonzeptes zur Beseitigung des Rissbildes der Straßenfassade des Gebäudes ... in ... zugestimmt.
Es wird beantragt, den Beweissicherungsbeschluss ohne mündliche Verhandlung zu erlassen. ◀

---

238 OLG Köln MDR 1994, 94; LG Heilbronn BauR 1980, 93; *Heyers*, BauR 1986, 268 ff.; *Weise*, Rn 188 f.
239 So *Wussow*, NJW 1969, 1401 (1402); *Schilken*, ZZP 1992, 238 (262 ff.).
240 Abweichend hiervon Werner/Pastor, Rn 20 mit der Begründung, dem Bauherrn sei nicht zuzumuten, für einen längeren Zeitraum einen vertragswidrigen Zustand in Kauf nehmen zu müssen.
241 So aber *Schreiber*, NJW 1991, 2600 f.; MünchKomm-*Schreiber*, § 485 ZPO, Rn 12; *Weise*, Rn 195.
242 So Werner/Pastor, Rn 24; *Quack*, BauR 1991, 278 (281); *Weyer*, BauR 1992, 313 (317); *Scholtissek*, BauR 2000, 1118 ff.; *Booz*, BauR 1989, 30 (33). So kann der Formulierung des § 485 Abs. 2 ZPO nicht entnommen werden, dass diese Feststellungen nur dem isolierten selbstständigen Beweisverfahren nach § 485 Abs. 2 ZPO vorbehalten sind.
243 OLG Köln BauR 2002, 1120; KG BauR 1992, 407; OLG Frankfurt BauR 1995, 275; LG Frankenthal MDR 1984, 854; LG Heilbronn BauR 1980, 93; *Siegburg*, BauR 2001, 875 (884); *Weise*, Rn 134 ff.

C. Das selbstständige Beweisverfahren

▶ **Antrag auf Einnahme des gerichtlichen Augenscheins im Verfahren nach § 485 Abs. 1 2. Alt. ZPO:**

beantragen wir Namens und in Vollmacht der Antragstellerin zur Sicherung des Beweises gemäß §§ 485 ff. ZPO anzuordnen, dass Beweis durch Einnahme des Augenscheins zu folgender Behauptung der Antragstellerin erhoben wird:

Das in der Senefelderstraße 15 in 10437 Berlin gelegene Mietshaus weist im Bereich der Straßenfassade folgende Mängel auf: ...

Es soll festgestellt werden, dass die vorstehend einzeln aufgeführten Mängel bestehen und bei der Antragstellerin Mängelbeseitigungskosten in Höhe von EUR 45.000,- anfallen.

Es wird angeregt, dass das Gericht hierfür einen Sachverständigen hinzuzieht.

Es wird beantragt, den Beweissicherungsbeschluss ohne mündliche Verhandlung zu erlassen. ◀

3. Sachverständigenbeweis gemäß § 485 Abs. 2 ZPO

a) Grundlagen

Ist ein Rechtsstreit noch nicht anhängig,[244] [245] kann – ohne dass das Verfahren von einem drohenden Beweismittelverlust abhängig wäre –[246] gem. § 485 Abs. 2 ZPO die schriftliche Begutachtung durch einen Sachverständigen beantragt werden, wenn ein rechtliches Interesse daran besteht, dass

- der Zustand oder der Wert einer Sache,
- die Ursachen eines Sachschadens oder Sachmangels, bzw.
- der Aufwand für die Beseitigung eines Sachschadens oder Sachmangels festgestellt wird.

Im Rahmen des selbstständigen Beweisverfahrens nach § 485 Abs. 2 ZPO ist eine über den allein vorgesehenen Sachverständigenbeweis hinausgehende Beweiserhebung etwa durch Einnahme eines gerichtlichen Augenscheins oder Vernehmung von Zeugen nicht zulässig.[247]

97

aa) Feststellungen zum Zustand oder zum Wert einer Sache

Die **Zustandsfeststellung** gem. § 485 Abs. 2 Nr. 1 ZPO erfasst die fachtechnische Einordnung einer Leistung, die sich in einem Bauwerk oder Bauwerksteil äußert, als den allgemeinen Regeln der Technik entsprechend oder aber widersprechend. Dabei beschränken sich die Feststellungen des Zustands einer Sache durch den Sachverständigen nach h. M. nicht nur auf das, was sich dem Sachverständigen bei einer Ortsbesichtigung darbietet, sondern auch auf Tatsachen, die erst nach eingehender Untersuchung – u. U. auch nach einem Eingriff in die Bausubstanz – festzustellen sind.[248] Richtigerweise kann auch nach dem früheren Zustand einer Sache gefragt werden,[249] was insbesondere dann von Rele-

98

---

244 Vor Einleitung eines Verfahrens nach § 485 Abs. 2 ZPO ist mithin zu klären, ob derselbe Lebenssachverhalt, aufgrund dessen sich ein Antragsteller im selbstständigen Beweisverfahren eines Anspruchs berühmt, bereits Gegenstand eines Rechtsstreits ist (ggf. auch eines Mahnverfahrens, OLG Jena OLGR 2000, 59) mit denselben Beteiligten bildet, OLG Braunschweig BauR 2001, 990. Dabei bietet sich die Kontrollfrage an, ob in einem bereits anhängigen Hauptsacheprozess sofort ein Beweisbeschluss mit identischem Inhalt ergehen könnte; wenn dies bejaht wird, ist das selbstständige Beweisverfahren nach § 485 Abs. 2 ZPO unzulässig.
245 Vgl. zu den Rechtsfolgen eines später anhängig werden Rechtsstreits Rn 102 f.
246 OLG Frankfurt BauR 1993, 637 (638).
247 OLG München OLGR 2000, 346.
248 OLG Düsseldorf NJW-RR 1997, 1360. Gemäß § 404 a Abs. 1 ZPO wird das Gericht den Sachverständigen in diesem Fall anweisen, für die Beseitigung der als Folge der Untersuchung angerichteten Schäden Sorge zu tragen.
249 OLG Oldenburg BauR 1995, 132; Zöller-*Herget*, § 485 ZPO, Rn 9; Ingenstau/Korbion-*Joussen*, VOB Anhang 4, Rn 18; Kleine-Möller/Merl/Oelmaier-*Oelmeier/Kleine-Möller*, § 17 Rn 117; a. A. Baumbach/Lauterbach-*Hartmann*, § 485 ZPO, Rn 10.

vanz ist, wenn es um die Frage eines arglistigen Verhaltens des Antragsgegners geht. Wird der Sachverständige nach dem Wert gefragt, hat er diesen nach allen ihm zugänglichen und nachvollziehbaren Kriterien zu bestimmen.

bb) Feststellungen zu den Ursachen eines Sachschadens oder Sachmangels

99 Im Rahmen des § 485 Abs. 2 Nr. 2 ZPO geht es darum, dass der vom Gericht beauftragte Sachverständige Aussagen zu **Art und Umfang der Ursachen** eines Personen- bzw. Sachschadens oder eines Sachmangels macht. Es geht also primär darum, im selbstständigen Beweisverfahren festzustellen, wer Verursacher des Schadens ist.[250] Weiter erfasst die Ursachenfeststellung auch die Zuordnung des Schadens/Mangels auf eine oder mehrere am Beweisverfahren beteiligte Personen.[251] Deren Mitverursachung kann mit einer Quote verdeutlicht werden, wobei diese allein den technischen Anteil der Verursachung und nicht den später im Hauptsacheverfahren maßgebenden rechtlichen Haftungsanteil festlegt.[252] Abzugrenzen ist die vorweggenommene Tatsachenfeststellung im selbstständigen Beweisverfahren von der Beantwortung streitiger Rechtsfragen, die nicht vom Sachverständigen zu beantworten sind. Aus diesem Grunde ist ein selbstständiges Beweisverfahren unzulässig, wenn es bspw. um die Frage geht, ob und inwieweit ein mit der Bauaufsicht beauftragter Architekt verantwortlich ist, wenn bei einer nicht fachgerecht aufgebrachten Außenabdichtung später Schäden auftreten.[253] Ebenfalls Rechtsfrage und deshalb der Begutachtung durch den Sachverständigen entzogen ist die Klärung, auf welcher vertraglichen Grundlage das Aufmaß zu nehmen ist.[254] Gleiches betrifft die Feststellung der Prüffähigkeit einer Schlussrechnung.[255] Keine Rechtsfrage ist hingegen die Frage der sachlichen Richtigkeit einer Schlussrechnung. Unzulässig ist ein Beweisverfahren schließlich auch dann, wenn die Darlegung und Bezeichnung der Beweistatsachen auf eine reine Ausforschung hinausläuft, wie dies etwa der Fall ist, wenn der Antragsteller ausschließlich Fragen an den Gutachter in der Hoffnung stellt, dadurch die Ursachen eines Sachschadens oder Sachmangels erst in Erfahren zu bringen.[256]

cc) Feststellungen zum Aufwand für die Beseitigung eines Sachschadens oder Sachmangels

100 Gemäß § 485 Abs. 2 Nr. 3 ZPO dient das selbstständige Beweisverfahren schließlich dem Zweck, den **Aufwand** für die Beseitigung eines Personen- oder Sachschadens oder Mangels festzustellen. Es ist nicht notwendig, dass der Antragsteller für dieses Begehren konkrete Sanierungsmaßnahmen angibt bzw. die für die Durchführung erforderlichen Kosten benennt.[257] So umfasst die Feststellung des Beseitigungsaufwandes nämlich auch die Darstellung der notwendigen bautechnischen Maßnahmen.[258] Über den „Aufwand für die Beseitigung" hinaus darf auch gefragt werden nach der Dauer der Sanierungsarbeiten und den Kosten anfallender Nacharbeiten einschließlich Entsorgung.[259]

---

250 OLG Frankfurt BauR 1995, 275.
251 OLG München BauR 1998, 363; Thüringisches OLG BauR 2001, 1945; OLG Köln BauR 2005, 765; Weise, Rn 219; *Enaux*, Jahrbuch Baurecht, 1999, 162 (166); Kniffka/Koeble, Kompendium 13. Teil, Rn 52; Werner/Pastor, Rn 31.
252 OLG Frankfurt BauR 2000, 1370; OLG München OLGZ 1992, 470; OLG Düsseldorf NJW-RR 1997, 1312; OLG Düsseldorf BauR 1996, 896.
253 OLG Oldenburg BauR 1999, 1476.
254 BGH BauR 2004, 1438.
255 OLG Stuttgart BauR1999, 514; Werner/Pastor, Rn 968 (für eine Architektenrechnung).
256 KG NJW-RR 1999, 1369; OLG Köln BauR 2002, 1120; OLG Hamburg OLGR 1999, 144; OLG Düsseldorf JurBüro 1992, 426; *Siegburg*, BauR 2001, 875 (884); *Weise*, Rn 134 ff.
257 KG BauR 1992, 407.
258 OLG München BauR 1998, 363.
259 OLG Koblenz BauR 2004, 136.

C. Das selbstständige Beweisverfahren

▶ Antrag auf Einholung eines Sachverständigengutachtens im Verfahren nach § 485 Abs. 2 ZPO (Positivantrag):

beantragen wir Namens und in Vollmacht der Antragstellerin zur Sicherung des Beweises gemäß §§ 485 ff. ZPO anzuordnen, dass Beweis über Mängel der Putzarbeiten an der Fassade des Hauses ..., ..., durch Einholung eines schriftlichen Sachverständigengutachtens erhoben werden soll. Dabei soll sich die Beweiserhebung auf folgende Fragen erstrecken:

1. An der Vorderfront der Fassade des Mehrfamilienhauses ... in ... ist im Bereich zwischen dem 2. und 3. OG der Putz in großem Umfang gerissen. Der Putz ist teilweise locker und fällt ab. Die Oberfläche des aufgebrachten Putzes ist nicht ausreichend fest. Es besteht kein dauerhafter Haftverbund mit dem Mauerwerk.
3. Welches sind die Ursachen für die Mängel? Liegt ein Verstoß gegen die anerkannten Regeln der Technik vor?
4. Welche Maßnahmen sind zur Beseitigung der Mängel erforderlich?
5. Welche Kosten entstehen für die Beseitigung der Mängel? ◀

▶ Antrag auf Einholung eines Sachverständigengutachtens im Verfahren nach § 485 Abs. 2 ZPO (Negativantrag):[260]

beantragen wir Namens und in Vollmacht der Antragstellerin zur Sicherung des Beweises gemäß §§ 485 ff. ZPO anzuordnen, dass Beweis über von der Antragsgegnerin behaupteter Mängel der Putzarbeiten an der Fassade des Gebäudes ... in ..., durch Einholung eines schriftlichen Sachverständigengutachtens erhoben werden soll. Dabei soll sich die Beweiserhebung auf folgende Fragen erstrecken:

1. An der Vorderfront der Fassade des Mehrfamilienhauses ... in ... soll im Bereich zwischen dem 2. und 3. OG der Putz in großem Umfang gerissen sein. Der Putz soll teilweise locker sein und angeblich abfallen. Die Oberfläche des aufgebrachten Putzes soll nicht ausreichend fest sein. Es soll kein dauerhafter Haftverbund mit dem Mauerwerk bestehen.
2. Welches sind ggf. die Ursachen? Liegt ein Verstoß gegen die anerkannten Regeln der Technik vor?
3. Welche Maßnahmen sind ggf. zur Beseitigung der Mängel erforderlich?
4. Welche Kosten entstehen ggf. für die Beseitigung der Mängel? ◀

b) Rechtliches Interesse

Sinn und Zweck des § 485 Abs. 2 ZPO ist es, Streitfragen mithilfe eines unparteiischen Sachverständigen abzuklären und einer Einigung zuzuführen. Ein rechtliches Interesse, das gem. § 487 Nr. 4 ZPO Zulässigkeitsvoraussetzung ist, wird gem. § 485 Abs. 2 S. 2 ZPO dann zu bejahen sein, wenn die Feststellung der **Vermeidung eines Rechtsstreits** dienen kann. Geboten ist eine großzügige Auslegung.[261] Es ist innerhalb von Rechtsbeziehungen selbst dann zu bejahen, wenn der Antragsgegner bisher jegliche Vergleichsbereitschaft hat vermissen lassen. Soll die **Verjährung** durch das selbstständige Beweisverfahren gehemmt werden, besteht immer ein rechtliches Interesse. Ein rechtliches Interesse kann allenfalls dann zu verneinen sein, wenn es an jeglichem rechtlichen Bezug zum Antragsgegner fehlt.[262] Dies ist gegeben, wenn ganz offensichtlich ist, dass Ansprüche, aus denen

---

[260] Behauptet der Auftraggeber Mängel, besteht für den Auftragnehmer ein rechtliches Interesse, durch einen vom Gericht bestellten Sachverständigen im Wege des selbstständigen Beweisverfahrens feststellen zu lassen, ob das Werk mangelfrei erbracht worden ist. Hervorzuheben bleibt, dass durch diesen Negativantrag keine Hemmung der Verjährung hinsichtlich des Werklohnanspruchs des Auftragnehmers eintritt.
[261] OLG Stuttgart BauR 2000, 923; KG KGR 1999, 33 und 219; OLG Koblenz OLGR 1998, 431.
[262] BGH BauR 2004, 1975; OLG Köln NJW-RR 1996, 573 (574); OLG Düsseldorf NJW-RR 2001, 1725 (1726); OLG Koblenz BauR 2005, 1071.

§ 4 Die Sicherung bauvertraglicher Ansprüche

die begehrte Feststellung hergeleitet werden kann, offensichtlich nicht bestehen, der Beweissicherungsantrag folglich als mutwillig zu bezeichnen ist. Er ist dann als rechtsmissbräuchlich zurückzuweisen.[263]

c) Später anhängiger Rechtsstreit / Aussetzung des Beweisverfahrens

102 Umstritten ist, welche Rechtsfolgen daran geknüpft sind, wenn es im Verfahren nach § 485 Abs. 2 ZPO später zur Einreichung einer Klage durch den Antragsteller oder den Antragsgegner kommt, die den gleichen Streitgegenstand wie das selbstständige Beweisverfahren hat.

▶ TYPISCHE FALLKONSTELLATIONEN:
– Der Auftraggeber leitet wegen Mängel des Bauwerks zunächst ein selbstständiges Beweisverfahren ein und erhebt im Laufe dieses Verfahrens Hauptsacheklage.
– Der Auftraggeber leitet wegen Mängel des Bauwerks ein selbstständiges Beweisverfahren ein und im Laufe dieses Verfahrens erhebt der Antragsgegner Werklohnklage. ◀

Während eine Auffassung die Zulässigkeit des Verfahrens nach § 485 Abs. 2 ZPO trotz zwischenzeitlich erfolgter Hauptsacheklage weiter bejaht,[264] ist nach der Gegenauffassung das selbstständige Beweisverfahren einzustellen und an das Hauptsachgericht abzugeben.[265] Gleichsam umstritten ist die Frage, ob der Antragsteller mit einem Antrag auf Aussetzung des Verfahrens gem. § 148 ZPO Einfluss auf den laufenden Hauptsacheprozess nehmen kann. Die h. M. lehnt eine Anwendung von § 148 ZPO mit der Begründung ab, das selbstständige Beweisverfahren ziele auf die Feststellungen von Tatsachen und stelle mithin nicht den von dem Wortlaut des § 148 ZPO geforderten „anderen Rechtsstreit" dar, der für das ausgesetzte Verfahren vorgreiflich wäre.[266]

103 Kommt es vor dem Hintergrund dieser Auffassung dazu, dass ein selbstständiges Beweisverfahren und der Hauptsacheprozess nebeneinander laufen, ist das Hauptsachegericht aufgrund § 493 Abs. 1 ZPO gehalten, wegen des gleich lautenden Beweisthemas den Sachverständigen aus dem selbstständigen Beweisverfahren auch für den Hauptsacheprozess zu beauftragen.[267] Die Gegenauffassung argumentiert dahingehend, dass das selbstständige Beweisverfahren von seinem gesetzgeberischen Zweck her der Prozessvermeidung diene und deshalb vor der weiteren Durchführung des Hauptsacheverfahrens

---

263 Das Rechtsschutzinteresse ist deshalb zu bejahen, wenn der Auftraggeber nach einer Neuherstellung neue Mängel rügt (LG Stuttgart BauR 2000, 924), die Begutachtung durch einen Sachverständigen unabdingbar ist (Werner/Pastor, Rn 35; *Cuypers*, NJW 1994, 1985 (1987)), es um die Inanspruchnahme eines Bürgen geht (OLG Frankfurt MDR 1991, 989), eine Regresshaftung droht, ein Streitverkündeter, der in einem selbstständigen Beweisverfahren dem Streitverkündenden (dort: Antragsgegner) beigetreten ist, gegen diesen ein neues Beweisverfahren anstrengt, selbst dann, wenn noch keine konkreten Regressansprüche angedroht sind (OLG Stuttgart BauR 2000, 923), Verjährung droht (*Schreiber*, NJW 1991, 2600 (2601); *Koeble*, S. 107; *Weise*, Rn 207; a. A. LG Amberg BauR 1984, 93) oder möglicherweise bereits eingetreten ist (OLG Düsseldorf BauR 2001, 128). Das Rechtsschutzinteresse ist dem entgegen zu verneinen, wenn ein Verzicht des Antragstellers auf seine Gewährleistungsansprüche vorliegt (OLG Karlsruhe BauR 1997, 356), ein selbstständiges Beweisverfahren bereits stattgefunden hat, an dem der Antragsteller als Antragsgegner beteiligt war (OLG Düsseldorf BauR 1997, 515 (517)),es ausschließlich um die Lösung von Rechtsfragen geht (OLG München BauR 1993, 117), die streitigen Tatsachen ausschließlich zwischen dem Antragsteller und seinem Streitverkündeten oder Streithelfer relevant werden (KG KGR 1999, 396), ein Leistungsverzeichnis für die Mängelbeseitigung erstellt werden soll (Weyer, BauR 1992, 313 (315 f.)).
264 So Kniffka/Koeble, Kompendium 13. Teil, Rn 17.
265 So Zöller-*Herget*, § 485 ZPO, Rn 7 unter Hinweis auf OLG Köln OLGR 1995, 215.
266 OLG BauR 1998, 595; OLG Düsseldorf NJW-RR 2000, 288 und BauR 2004, 292; *Weise*, Rn 523; Zöller-*Herget*, Vor § 485 ZPO, Rn 6; Werner/Pastor, Rn 6.
267 Kniffka/Koeble, Kompendium 13. Teil, Rn 19.

C. Das selbstständige Beweisverfahren

erledigt werden solle.[268] Anders zu beurteilen sind solche Fallgestaltungen, bei denen nicht sämtliche an dem Hauptsacheprozess beteiligte Personen auch an dem selbstständigen Beweisverfahren beteiligt sind; in diesem Fall soll unstreitig eine Aussetzung nicht in Betracht kommen.[269]

III. Die Einleitung des selbstständigen Beweisverfahrens

1. Die Antragsschrift

Die §§ 486 Abs. 4, 487 ZPO stellen klar, dass es für die Durchführung einer vorweggenommenen Tatsachenfeststellung in einem selbstständigen Beweisverfahren eines Antrages bedarf und welche Voraussetzungen er erfüllen muss. Der Antrag muss enthalten: **104**

a) Bezeichnung des Gegners – § 487 Nr. 1 ZPO

Der Antragsteller bestimmt, wer Antragsgegner des selbstständigen Beweisverfahrens ist. Die richtige Auswahl des Antragsgegners ist von entscheidender Bedeutung, da materiell-rechtlich nur bei **Personenidentität** mit anspruchsberechtigten Gläubiger und verpflichtetem Schuldner eine Verjährungshemmung eintritt. Hinzukommt die prozessrechtliche Komponente, dass nur bei einer Personengleichheit auf der Aktiv- und Passivseite im selbstständigen Beweisverfahren gewonnene Beweismittel im Hauptsacheprozess gem. § 493 ZPO benutzt werden können. Kommen mehrere Schadensverursacher (nämlich bspw. der planende Architekt neben dem Bauunternehmer) in Betracht, gebietet es die anwaltliche Sorgfalt, alle möglichen Schadensverursacher in das selbstständige Beweisverfahren einbeziehen, um die vorgenannten rechtlichen Wirkungen des selbstständigen Beweisverfahrens gegenüber allen möglichen Schadensverursachern eintreten zu lassen.[270] Denkbar ist darüber hinaus ein **Antrag gegen Unbekannt**, der allerdings nur dann in Betracht kommt, wenn dem Antragsteller überhaupt kein denkbarer Verursacher bekannt ist.[271] In diesem Fall führt der Antrag im selbstständigen Beweisverfahren betreffend die Mängelansprüche allerdings zu keiner Verjährungshemmung.[272] **105**

b) Bezeichnung der Tatsachen, über die Beweis erhoben werden soll – § 487 Nr. 2 ZPO

Dem Antragsteller ist nicht zumutbar, vor Einleitung eines selbstständigen Beweisverfahrens immer erst ein Privatgutachten einzuholen, um in der Antragsschrift ganz **präzise und detaillierte Ausführungen** bezüglich der Beweistatsachen machen zu können. Es genügt, wenn der Antragsgegner die Beweistatsachen in groben Zügen darstellt. Dies gilt insbesondere dann, wenn ihm eine weitere Substantiierung nicht möglich oder zumutbar ist.[273] Insoweit hilft dem Antragsteller die Symptom-Rechtsprechung des BGH, wonach bei Baumängeln für eine Substantiierung eine Beschreibung der Lage des Mangels[274] und **106**

---

268 OLG Stuttgart, Urt. v. 2.4.1996 – 1 W 43/95 nicht veröffentlicht (zitiert nach Kniffka/Koeble, Kompendium 13. Teil, Rn 18); KG BauR 2000, 1232; OLG München NJW-RR 1998, 576.
269 Kniffka/Koeble, Kompendium 13. Teil, Rn 18; offen lassend BGH BauR 2003, 607.
270 OLG München BauR 1998, 363; OLG Düsseldorf NJW-RR 1997, 1312; OLG Frankfurt BauR 1995, 275; BGH BauR 1980, 364 (365); Wussow, NJW 1969, 1401 (1407). Zum Streitwert: OLG Düsseldorf BauR 1995, 586.
271 Kleine-Möller/Merl/Oelmaier-Oelmeier/Kleine-Möller, § 17 Rn 36 ff.
272 BGH BauR 1980, 364.
273 KG BauR 1992, 407; OLG Köln BauR 1988, 241; OLG Düsseldorf MDR 1981, 324; Hesse, BauR 1984, 22 (28); Wussow, NJW 1969, 1401 (1407); Kleine-Möller/Merl/Oelmaier-Oelmeier/Kleine-Möller, § 17 Rn 40 ff.
274 LG Köln BauR 1992, 118; Werner/Pastor, Rn 54; Moufang/Kupjetz, NZBau 2003, 646 (647).

von Kiedrowski

des „äußeren Erscheinungsbildes" ausreicht.[275] Darauf aufbauend können sich Fragen zum Grund eines Mangels, zur Art und zum Umfang sowie zu den Ursachen des Mangels bzw. zum Beseitigungsaufwand sowie zu den erforderlichen Maßnahmen ergeben.

▶ Zulässige Beschreibung der Beweistatsachen:
beantragen wir Namens und in Vollmacht der Antragstellerin zur Sicherung des Beweises gemäß §§ 485 ff. ZPO anzuordnen, dass Beweis über Mängel der Putzarbeiten an der Fassade des Hauses ..., ..., durch Einholung eines schriftlichen Sachverständigengutachtens erhoben werden soll. Dabei soll sich die Beweiserhebung auf folgende Fragen[276] erstrecken:
1. An der Vorderfront der Fassade des Mehrfamilienhauses ... in ... ist im Bereich zwischen dem 2. und 3. OG der Putz in großem Umfang gerissen. Der Putz ist teilweise locker und fällt ab. Die Oberfläche des aufgebrachten Putzes ist nicht ausreichend fest. Es besteht kein dauerhafter Haftverbund mit dem Mauerwerk.
2. Welches sind die Ursachen für die Mängel?[277] Liegt ein Verstoß gegen die anerkannten Regeln der Technik vor?[278]
3. Handelt es sich um einen Mangel der bauausführenden Antragsgegnerin zu 1) und/oder handelt es sich um einen Mangel des planenden Antragsgegners zu 2) bzw. des bauüberwachenden Antragsgegners zu 3)?[279]
4. Für den Fall einer Mangelverursachung durch beide Antragsgegner möge der Sachverständige die jeweiligen Verursachungsbeiträge prozentual bewerten.[280]
5. Welche Maßnahmen sind zur Beseitigung der Mängel erforderlich?
6. Welcher Kostenaufwand[281] entstehen für die Beseitigung der Mängel? ◀

107 Unzulässig ist eine Darlegung und Bezeichnung der Beweistatsachen, die auf eine **reine Ausforschung** hinausläuft. Dabei geht es um solche Fälle, bei denen der Antragsteller keine konkreten Tatsachen vorträgt, sondern ausschließlich Fragen an den Gutachter in der Hoffnung gestellt werden, dadurch anspruchsbegründende Tatsachen erst in Erfahrung bringen zu können.[282]

▶ Unzulässiger Ausforschungsantrag:
1. Ist die Vorderfront der Fassade des Mehrfamilienhauses ... in ... mangelhaft?
2. Sind die Arbeiten entgegen den anerkannten Regeln der Technik ausgeführt worden?
3. Ist der Bau abweichend von der Planung errichtet worden? ◀

---

275 BGH BauR 1988, 476; BauR 1989, 79; BauR 1997, 1029; BauR 2000, 261; Kniffka/Koeble, Kompendium 13. Teil, Rn 47; Werner/Pastor, Rn 54.
276 Die Formulierung in Frageform ist unbedenklich, soweit überhaupt Tatsachen beschrieben werden, Kniffka/Koeble, Kompendium 13. Teil, Rn 47.
277 Auch hinsichtlich der Bestimmung der Ursachen ist vor dem Hintergrund der Symptom-Rechtsprechung die Frageform zulässig, LG Heilbronn BauR 1980, 93. Unschädlich wäre es sogar, wenn der Antragsteller selbst unrichtige Ursachen benennt, BGH BauR 1999, 391.
278 Die Frage nach einem Verstoß gegen die anerkannten Regeln der Technik stellt eine Sachverständigen- und keine Rechtsfrage dar, OLG München BauR 1994, 275; Kniffka/Koeble, Kompendium 13. Teil, Rn 48.
279 Zulässig ist es, die technische Verantwortlichkeit unter mehreren beteiligten Verursachern zu erfragen, OLG Frankfurt BauR 1995, 275; BauR 200, 1370; Kniffka/Koeble, Kompendium 13. Teil, Rn 52; Werner/Pastor, Rn 56.
280 Zulässig ist es ferner, die Festlegung einer technischen Quote mehrere Verursacher zum Gegenstand eines selbstständigen Beweisverfahrens zu machen, OLG München BauR 1998, 363; Kniffka/Koeble, Kompendium 13. Teil, Rn 52; Werner/Pastor, Rn 56.
281 KG BauR 1992, 407.
282 KG NJW-RR 1999, 1369; OLG Köln BauR 2002, 1120; OLG Hamburg OLGR 1999, 144; OLG Düsseldorf JurBüro 1992, 426; *Siegburg*, BauR 2001, 875 (884); *Weise*, Rn 134 ff.

C. Das selbstständige Beweisverfahren

c) Benennung der Zeugen oder Bezeichnung der übrigen nach § 485 ZPO zulässigen Beweismittel – § 487 Nr. 3 ZPO

Zu den zulässigen Beweismitteln gehören – je nach dem, ob es sich um ein Verfahren nach § 485 Abs. 1 ZPO oder § 485 Abs. 2 ZPO handelt – neben der Benennung von Zeugen die Einnahme von Augenschein und die Vernehmung eines Sachverständigen sowie die Einholung des schriftlichen Sachverständigengutachtens. Generell unzulässig sind die Parteivernehmung und der Urkundsbeweis. Der Sachverständige ist grundsätzlich – soweit die Parteien sich nicht gem. § 404 Abs. 4 ZPO auf einen bestimmten Sachverständigen verständigt haben – durch das Gericht auszuwählen.[283]

108

d) Glaubhaftmachung der Tatsachen, die die Zulässigkeit des selbstständigen Beweisverfahrens und die Zuständigkeit des Gerichts begründen sollen – § 487 Nr. 4 ZPO

Gemäß § 487 Nr. 4 ZPO sind diejenigen streitigen Tatsachen **glaubhaft** zu machen, welche die Zulässigkeit und die Zuständigkeit des angerufenen Gerichts betreffen. Insoweit geht es insbesondere um die sachliche und örtliche Zuständigkeit des angerufenen Gerichts. Ergibt sich die örtliche Zuständigkeit des angerufenen Gerichts kraft Gesetzes oder aus einer dem Antrag beigefügten Vertragsurkunde, bedarf es keiner zusätzlichen Glaubhaftmachung durch eidesstattliche Versicherung. Auch unbeglaubigte Kopien von Urkunden können vorgelegt werden, wobei deren abgeschwächter Beweiswert vom Gericht nach § 286 ZPO gewürdigt werden. Im Übrigen ist neben der schlüssigen Darlegung des für die Klärung der sachlichen Zuständigkeit bedeutsamen voraussichtlichen Streitwertes weiterer Vortrag und insbesondere eine Glaubhaftmachung dieser Ausführungen nicht nötig.[284] Die Glaubhaftmachung eines bestehenden rechtlichen Interesses ist im Regelfall nicht möglich.[285]

109

▶ Eidesstattliche Versicherung

Ich, ..., geboren am ..., wohnhaft ..., bin mir der strafrechtlichen Konsequenzen einer falschen eidesstattlichen Versicherung bewusst und erkläre in Kenntnis an Eides statt, was folgt:
Ich bin Eigentümer des Mehrfamilienhauses ... in ... Mit Werkvertrag vom ... habe ich im Zuge einer Fassadenerneuerung die ... mit der Aufbringung des neuen Putzes beauftragt. Die von der ... erbrachten Bauleistungen sind förmlich abgenommen worden. Zwei Monate nach Abnahme kam es an der Vorderfront der Fassade des Mehrfamilienhauses im Bereich zwischen dem 2. und 3. OG im Putz zu Rissen in großem Umfang. Der Putz ist teilweise locker und fällt ab. Die Oberfläche des aufgebrachten Putzes ist nicht ausreichend fest, sodass kein dauerhafter Haftverbund mit dem Mauerwerk zustande kam. Ein Rechtsstreit ist zwischen mir und der ... noch nicht anhängig. Ich will die Mängel alsbald beseitigen lassen. Ein längeres Zuwarten ist in Anbetracht des Umstandes, dass Teile des Putzes herabfallen können, nicht möglich. Die Mängelbeseitigungsarbeiten werden voraussichtlich ... € betragen. ◀

---

283 LG Schwerin BauR 2001, 849; OLG Celle BauR 1996, 144 (145); OLG Düsseldorf OLGZ 1994, 95; OLG Köln BauR 1992, 408; OLG Frankfurt OLGR 1992, 51; *Schreiber*, NJW 1991, 2600 (2602); *Weyer*, BauR 1992, 313 (319); *Booz*, BauR 1989, 30 (37). Einvernehmlich können die Parteien allerdings ein Sachverständigen bestimmen, OLG Brandenburg OLGR 1995, 34.
284 OLG München OLGZ 94, 229, 231; Ingenstau/Korbion-*Joussen*, VOB Anhang 4, Rn 71. Darauf hinzuweisen bleibt, dass die Gerichte häufig auf Zöller-*Herget*, § 486 ZPO, Rn 4 verweisen, wonach für die Klärung der sachlichen Zuständigkeit eine vorbereitende Anfrage bezüglich der Wert bei dem Sachverständigen erforderlich sein soll.
285 Kniffka/Koeble Kompendium 13. Teil, Rn 45. Nach Zöller-*Herget*, § 487 ZPO, Rn 6 müssen dem entgegen in jedem Fall die das rechtliche Interesse begründenden Umstände glaubhaft gemacht werden.

von Kiedrowski

e) Kein Anwaltszwang

110 Anwaltszwang besteht im selbstständigen Beweisverfahren für den Antrag gem. § 486 Abs. 4 ZPO – weil der Antrag auf Einleitung auch zu Protokoll der Geschäftsstelle erklärt werden kann und damit § 78 Abs. 5 ZPO zum Tragen kommt – nicht.[286] Ferner besteht – selbst wenn insoweit eine mündliche Verhandlung stattfindet – **kein Anwaltszwang** für den Antrag auf Bestimmung des zuständigen Gerichts, die mündliche Verhandlung über den Antrag selbst (§ 490 Abs. 1 ZPO), den Antrag auf Anhörung des Sachverständigen gem. §§ 492 Abs. 1, 411 Abs. 4 S. 1 ZPO und den Antrag auf Ablehnung wegen Befangenheit gem. §§ 492 Abs. 1, 406 Abs. 2 S. 3 ZPO. Kommt es allerdings im Laufe des Beweisverfahrens zu einer mündlichen Erörterung nach § 492 Abs. 3 ZPO und insbesondere zu einem Vergleichsabschluss, besteht zumindest vor dem Landgericht Anwaltszwang.[287]

2. Das zuständige Gericht gemäß § 486 ZPO

a) § 486 Abs. 1 ZPO

111 Ist im Verfahren nach § 485 Abs. 1 ZPO der Rechtsstreit bereits anhängig,[288] muss das Gesuch zur Durchführung eines Beweisverfahrens gem. § 486 Abs. 1 ZPO bei dem **Prozessgericht in der jeweiligen Instanz** gestellt werden. Hintergrund dieser Regelung ist es, die vorgezogene Tatsachenfeststellung im Rahmen eines selbstständigen Beweisverfahrens bei dem Gericht stattfinden zu lassen, das sich voraussichtlich auch in dem Hauptsacheprozess mit den insoweit streitigen tatsächlichen Behauptungen der Parteien zu befassen hat. Demzufolge ist es für die Frage der Zuständigkeit nach § 486 Abs. 1 ZPO unerheblich, ob der Antragsteller des selbstständigen Beweisverfahrens den Hauptsacheprozess aktiv führt oder sich lediglich gegen eine Klage verteidigt. Unerheblich ist ferner, ob sämtliche vom Antragsteller als klärungsbedürftig angesehenen Tatsachen schon konkret in den Hauptsacheprozess eingeführt oder bislang noch nicht vorgebracht worden sind.[289]

b) § 486 Abs. 2 ZPO

112 Ist ein Rechtsstreit noch nicht anhängig, ist der Antrag gem. § 486 Abs. 2 ZPO bei dem Gericht zu stellen, das nach dem Vortrag des Antragstellers zur Entscheidung in der **Hauptsache** berufen wäre. Folgt auf das Beweisverfahren ein Streitverfahren nach, kann sich der Antragsteller gem. § 486 Abs. 2 S. 2 ZPO nicht mehr auf die Unzuständigkeit des von ihm benannten Gerichts berufen. Für die sachliche Zuständigkeit kommt je nach Streitwert des Hauptsacheprozesses gem. § 486 Abs. 2 S. 1 i. V. m. §§ 2, 3 ZPO sowohl das Amtsgericht wie auch das Landgericht in Betracht. Das angerufene Gericht kann den Antragsteller auffordern, Angaben zum Streitwert der Hauptsache zu machen. Aus der Formulierung „nach dem Vortrag des Antragstellers" in § 486 Abs. 2 S. 1 ZPO folgt jedoch, dass Aufforderungen zur Vorgabe des Streitwertes der Hauptsache nicht so weit gehen dürfen, den Antragsteller zu zwingen, zum Zwecke einer Manifestierung des Hauptsachewertes ein privates Gutachten oder auch nur einen Kostenvoranschlag einzu-

---

286 Kniffka/Koeble, Kompendium 13. Teil, Rn 26.
287 Zöller-*Herget*, § 492 ZPO, Rn 7; **a. A.** Kniffka/Koeble, Kompendium 13. Teil, Rn 73.
288 Es kommt insoweit nicht auf die Rechtshängigkeit an, OLG Braunschweig NdsRpfl. 1983, 141.
289 OLG Köln OLGR 2005, 584.

C. Das selbstständige Beweisverfahren

holen.[290] Schließlich kommt es für die sachliche Zuständigkeit des Gerichts auf den Zeitpunkt der Antragstellung an.[291]

§ 486 Abs. 2 S. 1 ZPO bestimmt auch die örtliche Zuständigkeit. Unter mehreren Gerichtsständen, die für den Hauptsacheprozess in Betracht kommen, kann der Antragsteller gem. § 35 ZPO wählen. Der Antragsteller ist gem. § 486 Abs. 2 S. 2 ZPO an seine Wahl gebunden. Folglich kann er keine Einwendungen erheben, wenn der Antragsgegner des selbstständigen Beweisverfahrens später bei diesem Gericht Hauptsacheklage erhebt. Umgekehrt kann der Antragsgegner im nachfolgenden Hauptsacheverfahren die Rüge der örtlichen Unzuständigkeit erheben, wenn der Antragsteller des selbstständigen Beweisverfahrens später an einem anderen Gerichtsstand klagt. Wegen der einzelnen Gerichtsstände wird auf die nachfolgenden Ausführungen unter Rn 713 ff. verwiesen. 113

c) § 486 Abs. 3 ZPO

Bei **dringender Gefahr** kann gem. § 486 Abs. 3 ZPO der Antrag beim Amtsgericht gestellt werden, in dessen Bezirk das Bauwerk liegt.[292] 114

▶ HINWEIS: In der Praxis ist an die Notzuständigkeit des Amtsgerichts immer dann besonders zu denken, wenn für verschiedenen Antragsgegner unterschiedliche Landgerichte zuständig sind und dem Antragsteller der für das Bestimmungsverfahren nach § 36 Abs. 1 Nr. 3 ZPO zu erwartende Zeitablauf nicht mehr zumutbar ist.[293] ◀

3. Die Gewährung von Prozesskostenhilfe

Für ein selbstständiges Beweisverfahren kann den Parteien **Prozesskostenhilfe** gewährt werden.[294] Dabei sind für die Bewilligung von Prozesskostenhilfe zugunsten des Antragstellers – neben Vorliegen der persönlichen wirtschaftlichen Verhältnisse – die Erfolgsaussichten des Beweisantrages und nicht die der später beabsichtigten Klage maßgebend.[295] Vor diesem Hintergrund ist ein Prozesskostenhilfebegehren nur dann mangels Erfolglosigkeit abzulehnen, wenn das Rechtsschutzbedürfnis für das selbstständige Beweisverfahren abzulehnen ist, weil völlig klar ist, dass ein Anspruch nicht bestehen kann.[296] Dabei ist der Antragsteller nicht auf das Verfahren nach § 485 Abs. 1 ZPO beschränkt. Er muss auch nicht dartun, warum er das Verfahren nach § 485 Abs. 2 ZPO bestreitet und nicht gleichzeitig ein Hauptsacheverfahren einleitet.[297] Dem Antragsgegner kann Prozesskostenhilfe gewährt werden, wenn seine Beteiligung an dem Verfahren sinnvoll erscheint und die Verteidigung Erfolg verspricht. Ist der Antragsteller anwaltlich vertreten, spricht vieles dafür, dem Antragsgegner wegen des Gebotes der Chancengleichheit Prozesskostenhilfe zu gewähren.[298] [299] Ist im selbstständigen Beweisverfahren einem Dritten der Streit verkündet worden (vgl. Rn 117 ff.), ist dem Streitverkündungsempfänger dann Prozesskostenhilfe zu gewähren, wenn er Umstände darlegt, die gegenüber einer etwai- 115

---

290 *Fischer*, MDR 2001, 608 (609);
291 OLG München OLGZ 1994, 229; Kniffka/Koeble, Kompendium 13. Teil, Rn 25; Werner/Pastor, Rn 72.
292 Kleine-Möller/Merl/Oelmaier-*Oelmeier/Kleine-Möller*, § 17 Rn 90.
293 LG Kassel BauR 1998, 1045; zustimmend Kniffka/Koeble, Kompendium 13. Teil, Rn 28.
294 Kniffka/Koeble, Kompendium 13. Teil, Rn 44; Werner/Pastor, Rn 6.
295 Es genügt, dass die Beweistatsachen zur Begründung eines Anspruchs dienen können; die Schlüssigkeit dieses Anspruchs wird nicht geprüft, OLG Oldenburg BauR 2002, 815; OLG Celle BauR 2004, 1659; OLG Koblenz OLGR 2001, 214; OLG Köln VRS 2002, 445; Kniffka/Koeble, Kompendium 13. Teil, Rn 44; Werner/Pastor, Rn 6.
296 OLG Hamm BauR 2005, 1360.
297 LG Stade MDR 2004, 469; Zöller-*Herget*, § 490 ZPO, Rn 5.
298 LG Bielefeld BauR 1999, 1209; LG Rostock NJ 2004, 82.
299 LG Freiburg BauR 1998, 400; OLG Saarbrücken OLGR 2003, 309; OLG Koblenz OLGR 2001, 501.

gen nachfolgenden Hauptsacheklage als Einwände geeignet sind und im vorliegenden selbstständigen Beweisverfahren geklärt werden sollen.[300]

116 Liegt eine Prozesskostenhilfebewilligung unter Beiordnung eines Rechtsanwalts im selbstständigen Beweisverfahren vor, erstreckt sich diese – das selbstständige Beweisverfahren ist eine selbstständige Angelegenheit – gem. § 48 Abs. 4 S. 1 und 2 Nr. 3 RVG nicht auch auf das Hauptsacheverfahren.[301] Ist der Antrag auf Gewährung von Prozesskostenhilfe negativ beschieden worden, kann dieser Beschluss gem. § 127 Abs. 2 ZPO mit der sofortigen Beschwerde angegriffen werden. Nach Ablauf der einmonatigen Beschwerdefrist des § 127 Abs. 2 S. 3 ZPO tritt Unanfechtbarkeit und formelle Rechtskraft ein. Der Antrag auf Bewilligung von Prozesskostenhilfe kann erneut gestellt werden, da das Prozesskostenhilfe-Verfahren nicht kontradiktorisch stattfindet und mithin einem wiederholten Antrag keine materielle Rechtskraft entgegensteht.

4. Die Streitverkündung im selbstständigen Beweisverfahren

117 Die Frage nach einer Streitverkündung stellt sich in erster Linie dann, wenn ein Bauherr/Auftraggeber als Antragsteller gegen den Generalübernehmer als Antragsgegner ein selbstständiges Beweisverfahren eingeleitet hat, um Baumängel feststellen zu lassen. In diesem Fall ist der Generalübernehmer daran interessiert, seinerseits seinen Vertragspartner, den Nachunternehmer wegen der in Betracht kommenden Regressansprüche an dem Beweisverfahren zu beteiligen, um die rechtlichen Wirkungen auch gegenüber diesem Dritten verbindlich zu machen. Gleiches gilt dann, wenn der Antragsgegner als Gesamtschuldner in Anspruch genommen wird. Auch hier hat der Antragsgegner Interesse, Dritte – nämlich die übrigen möglichen Haftpflichtigen – in das Verfahren einzubeziehen.

118 Die Frage, ob außerhalb eines Hauptsacheverfahrens eine **Streitverkündung** zulässig ist, war in der Vergangenheit jahrzehntelang heftigst umstritten.[302] Glücklicherweise ist dieser Meinungsstreit inzwischen durch eine wegweisende Entscheidung des BGH beendet worden. Der BGH hat die Streitverkündung im selbstständigen Beweisverfahren für zulässig erklärt,[303] was zur Folge hat, dass die Streitverkündungsschrift ohne Prüfung ihrer Zulässigkeit an den Streitverkündungsempfänger von Amts wegen zuzustellen ist.[304] Will der Verfahrensbevollmächtigte des Streitverkündenden sicherstellen, dass die Zustellung auch erfolgt ist, muss er einen Antrag auf Zustellungsbescheinigung i. S. des § 169 Abs.1 ZPO stellen. Nach Zustellung der Streitverkündungsschrift ist über die Zulässigkeit erst im Hauptsacheprozess zu befinden. Auf der Rechtsfolgenseite bewirkt eine zulässige Streitverkündung im selbstständigen Beweisverfahren, dass gem. § 204 Abs. 1 Nr. 6 BGB eine Verjährungshemmung eintritt und dem Streitverkündungsempfän-

---

300 LG Hamburg BauR 2003, 2002.
301 Als Folge dessen kann sich eine im Hauptsacheverfahren erteilte Bewilligung von Prozesskostenhilfe auch nicht auf ein bereits durchgeführtes selbstständiges Beweisverfahren erstrecken.
302 Unproblematisch zulässig ist eine Streitverkündung dem entgegen innerhalb eines Hauptsacheverfahrens; Werner/Pastor, Rn 47.
303 BGH BauR 1997, 347; BauR 1998, 172; KG NJW-RR 2000, 513; LG Karlsruhe BauR 2000, 441; OLG Hamm OLGR 1997, 62; OLG Thüringen OLGR 1996, 69; OLG Düsseldorf OLGR 1996, 244; OLG Frankfurt BauR 1995, 426; OLG Koblenz MDR 1994, 619; OLG Celle OLGR 1994, 44; OLG München BauR 1996, 589; OLG Köln BauR 1993, 249; *Kunze*, NJW 1996, 102; *Hoeren*, ZZP 95, Bd. 108, 343; *Thomas*, BauR 1992, 299; *Wirth*, BauR 1992, 300; *Quack*, BauR 1994, 153; *Weise*, Rn 335 ff. Gegen seine Zulässigkeit: OLG Hamm OLGR 1992, 113 (114); LG Stuttgart BauR 1992, 267; *Cuypers*, NJW 1994, 1985 (1991).
304 OLG München NJW 1993, 2756 (2757); OLG Hamm OLGR 1994, 71; OLG Celle OLGR 1994, 44; *Parmentier*, BauR 2001, 888.

ger gem. §§ 68, 493 Abs. 1 ZPO das Ergebnis der Beweiserhebung in einem nachfolgenden (Regress-)Prozess entgegengehalten werden kann.[305]

Kommt es im klassischen – vorgenannten – Regressfall zu einem Beitritt des Streitverkündungsempfängers aufseiten des streitverkündenden Antragsgegners, bezieht sich der Beitritt – ohne dass es einer ausdrücklichen Erklärung über den Beitrittsumfang bedarf – nur auf solche Regressansprüche, denen sich der Streithelfer vor dem Hintergrund der Streitverkündungsschrift und deren Inhalt im Falle des Unterliegens des Streitverkündenden ausgesetzt sieht.[306] Als Nebenintervenient hat er in diesem Fall die Rechte des unterstützten Antragsgegners. Er kann mithin Gegenanträge bzw. einen Befangenheitsantrag gegen den beauftragten Sachverständigen anbringen.[307] Schließlich kann es für den Streitverkündungsempfänger wiederum von Interesse sein, wegen möglicher Ersatzansprüche gegenüber weiterer Nachunternehmer eine weitere Streitverkündung zu veranlassen.[308]

119

▶ **Hinweis:** Erfolgt eine Streitverkündung im selbstständigen Beweisverfahren (auch) aus verjährungshemmenden Gesichtspunkten, ist zu bedenken, dass beim VOB-Vertrag die sog. Quasi-Unterbrechung des § 13 Nr. 5 Abs. 1 S. 2 VOB/B auch durch eine Streitverkündung im selbstständigen Beweisverfahren herbeigeführt werden kann, dabei aber die bloße Mitteilung der von dem Antragsteller gerügten Mängel durch Übersendung der Antragsschrift und die Aufforderung, dem Antragsgegner beizutreten, nicht ausreicht. In diesem Fall ist zusätzlich ein schriftliches Mängelbeseitigungsverlangen i. S. des § 13 Nr. 5 Abs. 1 VOB/B zu übermitteln, damit die Regelfrist des § 13 Nr. 4 VOB/B entsprechend verlängert werden kann.[309] ◀

120

IV. Die Verteidigung des Antragsgegners im selbstständigen Beweisverfahren

1. Einwendungen

Für den Antragsgegner, der sich im selbstständigen Beweisverfahren verteidigen will, ergeben sich folgende auf den Verfahrensinhalt bezogene **Einwendungen:**
- Der Antragsgegner kann das Rechtsschutzbedürfnis und damit die Zulässigkeit des Antrags in Abrede stellen,
- die Zuständigkeit des Gerichts rügen,
- sowie die Wertangaben des Antragstellers in Zweifel ziehen.

Weiter kann der Antragsgegner
- einen unzulässigen Ausforschungsbeweis rügen,
- sowie ein Ablehnungsgesuch gegen den bestellten Sachverständigen anbringen.

121

2. Stellen eines Gegenantrags

Der Antragsgegner kann im Rahmen des selbstständigen Beweisverfahrens seinerseits einen **Gegenantrag** stellen.[310] Dies ist insbesondere dann sinnvoll, wenn die Gefahr besteht, dass die vom Antragsteller mit der Antragsschrift gestellten Fragen, die Inhalt des Beweisbeschlusses sind, nicht ausreichen, alle Streitfragen angemessen zu beantworten. Kommt es durch die Zulassung der Gegenanträge zu einer Erweiterung der Tätigkeit

122

---

305 Kommt es zu besagten Rückgriffsansprüchen, so wird der Streitverkündete in diesem Hauptprozess nicht mehr mit dem Einwand gehört, die Parteien des selbstständigen Beweisverfahrens hätten die Beweiserhebung unzureichend durchgeführt. Wegen der Einzelheiten zur Streitverkündung ist auf die nachfolgenden Ausführungen unter Rn 725 ff. zu verweisen.
306 OLG Düsseldorf OLGR 1997, 35.
307 Kniffka/Koeble, Kompendium 13. Teil, Rn 62; *Knacke*, Jahrbuch Baurecht, 2002, S. 329.
308 LG Karlsruhe BauR 2000, 441; Kniffka/Koeble, Kompendium 13. Teil, Rn 62; **a. A.** LG Berlin BauR 1996, 435.
309 OLG Hamm OLGR 1997, 62 (63).
310 OLG Rostock BauR 2001, 1141; OLG Nürnberg MDR 2001, 512; OLG Hamburg OLGR 2001, 256.

des Sachverständigen, wird die Beauftragung des Sachverständigen – soweit die Beweislast beim Antragsgegner liegt – in der Regel davon abhängig gemacht, dass der Antragsgegner einen Vorschuss in Höhe der voraussichtlich für diese weiteren gutachterlichen Arbeiten anfallenden weiteren Vergütung leistet.[311]

▶ Gegenantrag:
In dem selbstständigen Beweissicherungsverfahren
... ./. ...
beantragen wir Namens und in Vollmacht der Antragsgegnerin, im Wege des Gegenbeweisantrags zur Sicherung des Beweises gemäß §§ 485 ff. ZPO anzuordnen, dass Beweis durch schriftliche Begutachtung durch den vom Gericht mit Beweisbeschluss vom ... zum Sachverständigen bestellte ..., zu folgender Frage erhoben wird:
1. An der Vorderfront der Fassade des Mehrfamilienhauses ... ist im Bereich zwischen dem 2. und 3. OG das Mauerwerk der Außenwand durchfeuchtet.
2. Welches sind die Ursachen für die Mängel?
Es wird beantragt, den Beweissicherungsbeschluss ohne mündliche Verhandlung zu erlassen. ◀

V. Der Ergänzungsantrag

123 Ein vom Antragsteller gestellter **Ergänzungs- bzw. Erweiterungsantrag** ist dann zulässig, wenn er denselben Tatsachenkomplex wie der ursprüngliche Antrag betrifft und das selbstständige Beweisverfahren noch nicht abgeschlossen ist. Denkbar ist zudem – im Übrigen auch noch nach Eingang des schriftlichen Gutachtens – die personelle Ausweitung auf weitere Antragsgegner, wenn diese neuen Antragsgegner im Verfahren noch in der Weise Einfluss nehmen können, den Sachverständigen befragen zu können.

▶ Ergänzungsantrag:
In dem selbstständigen Beweissicherungsverfahren
... ./. ...
beantragen wir Namens und in Vollmacht des Antragstellers, zur Sicherung des Beweises über den Antrag vom ... und den entsprechenden Beweisbeschluss vom ... hinaus gemäß §§ 485 ff. ZPO die schriftliche Begutachtung durch einen Sachverständigen anzuordnen, dass Beweis über Mängel der Putzarbeiten an der Fassade des Hauses ... erhoben werden soll. Dabei soll sich die Beweiserhebung auf folgende Fragen erstrecken:
1. An der Vorderfront der Fassade des Mehrfamilienhauses ... in.... ist im Bereich zwischen dem 5. und 6. OG der Putz in großem Umfang gerissen. Der Putz ist teilweise locker und fällt ab. Die Oberfläche des aufgebrachten Putzes ist nicht ausreichend fest, sodass kein dauerhafter Haftverbund mit dem Mauerwerk zustande kam.
2. Welches sind die Ursachen für die Mängel? Liegt ein Verstoß gegen die anerkannten Regeln der Baukunst vor?
3. Welche Maßnahmen sind zur Beseitigung der Mängel erforderlich?
4. Welche Kosten entstehen für die Beseitigung der Mängel?
Als Sachverständiger wird bezeichnet: ...
Es wird beantragt, den Beweissicherungsbeschluss ohne mündliche Verhandlung zu erlassen. ◀

---

311 OLG Koblenz WuM 1997, 383; OLG Koblenz NJOZ 2003, 3009.

C. Das selbstständige Beweisverfahren

VI. Die Entscheidung über den Antrag

1. Art und Weise der Entscheidung durch das Gericht

Gemäß § 490 Abs. 1 ZPO entscheidet das Gericht ohne mündliche Verhandlung durch Beschluss über den Antrag.[312] Dabei steht es im Ermessen des Gerichts, ob dem Antragsgegner vor Erlass dieses Beschlusses rechtliches Gehör gewährt wird.[313] In der Praxis wird dem Antragsgegner allerdings regelmäßig rechtliches Gehör gewährt. Auch für das selbstständige Beweisverfahren, bei dem keine mündliche Verhandlung stattfindet, gilt die in § 139 ZPO normierte richterliche Hinweispflicht einschließlich der Pflicht, auf die Stellung sachdienlicher Anträge hinzuwirken.[314]

124

2. Die Ablehnung des Antrags nebst Rechtsbehelf

Will das Gericht den Beweisantrag ablehnen, muss es dem Antragsteller zuvor die Bedenken mitteilen und ihm **rechtliches Gehör** gewähren.[315] Wird der Antrag sodann entweder teilweise oder vollständig zurückgewiesen, kann der Antragsteller gem. § 567 ZPO **sofortige Beschwerde** erheben.[316] Gleiches gilt bei Zurückweisung eines Gegenantrags oder bei Nichtzustellung der Streitverkündungsschrift.[317]

125

▶ Sofortige Beschwerde gegen einen Zurückweisungsbeschluss:
Namens und in Vollmacht der Antragstellerin legen wir hiermit gegen den Beschluss des Landgerichts … vom …, Az: …,
sofortige Beschwerde
ein.
Wir beantragen, den Gerichtsbeschluss vom … aufzuheben und dem Antrag auf Durchführung des selbstständigen Beweisverfahrens der Antragstellerin vom … in vollem Umfang stattzugeben. ◀

3. Der dem Antrag stattgebende unanfechtbare Beweisbeschluss

Der Beschluss, der einem Beweissicherungsantrag stattgibt, ist nach § 490 Abs. 2 S. 2 ZPO **unanfechtbar**.[318] Geht der Beschluss über den Antrag des Antragstellers hinaus, ist der Beschluss anfechtbar und muss auch insoweit aufgehoben werden.[319]

126

a) Verbot des Ausforschungsbeweises

Unzulässig ist ein Beweisbeschluss, der auf eine reine Ausforschung hinausläuft. Das selbstständige Beweisverfahren dient ausschließlich einer vorweggenommenen Tatsachenfeststellung und nicht dem Zweck, für den Antragsteller klagevorbereitende Feststellungen

127

---

312 Die Anordnung einer mündlichen Verhandlung zur Entscheidung über den Antrag steht im Ermessen des Gerichts, Kleine-Möller/Merl/Oelmaier-*Oelmeier/Kleine-Möller*, § 17 Rn 123.
313 Dass dem Antragsgegner erst nach Beschlussfassung rechtliches Gehör gewährt wird, stellt ein Ausnahmefall dar, der nur dann zulässig ist, wenn gewichtige Interessen die Überraschung des Antragsgegners erfordern oder die Eilbedürftigkeit alsbaldiger Feststellungen dazu zwingt, LG München ZMR 1985, 417; Baumbach/Lauterbach-*Hartmann*, Vor § 485 ZPO, Rn 4; Werner/Pastor, Rn 76, *Weise*, Rn 262; Kleine-Möller/Merl/Oelmaier-*Oelmeier/Kleine-Möller*, § 17 Rn 36.
314 OLG Stuttgart NJW 2001, 1145; Zöller-*Herget*, § 487 ZPO, Rn 3.
315 *Balzer*, Rn 401.
316 OLG Frankfurt OLGR 2000, 18 (19); LG Mannheim MDR 1969, 931; Zöller-*Herget*, § 490 ZPO, Rn 4.
317 OLG Düsseldorf BauR 1996, 896; OLG München NJW-RR 1996, 1277; LG Köln BauR 1994, 407.
318 OLG Brandenburg BauR 2001, 1143; OLG Frankfurt BauR 1999, 1206; Kniffka/Koeble, Kompendium 13. Teil, Rn 67; Werner/Pastor, Rn 95.
319 OLG Frankfurt NJW-RR 1990, 1023.

zu treffen, ob die Voraussetzungen für einen Anspruch gegeben sind.[320] Vor dem Hintergrund des Verbots einer reinen **Ausforschung** muss in dem vom Gericht zu erlassenden Beweisbeschluss der Auftrag an den Sachverständigen so konkretisiert sein, dass der Verfahrensgegenstand zweifelsfrei abgrenzbar ist und der Sachverständige Art und Umfang der übertragenen Tätigkeit abgrenzen kann.[321] Dies gilt umsomehr, da der Beschluss, mit dem einem – auf eine unzulässige Ausforschung gerichteten – Beweissicherungsantrag vom Gericht stattgegeben wird, gem. § 490 Abs. 2 S. 2 ZPO unanfechtbar ist.[322]

b) Auslagenvorschuss

128 Dem Beweisbeschluss nachfolgend „soll" das Gericht die eigentliche Beweisaufnahme gem. § 17 Abs. 1 S. 2 GKG, §§ 492 Abs. 1, 402, 379 ZPO erst dann anordnen, wenn der Antragsteller als Kostenschuldner die voraussichtliche nach dem JVEG gemessene Vergütung des Sachverständigen als **Vorschuss** eingezahlt hat. Der Antragsteller ist von der Zahlung dieses Vorschusses einstweilen befreit, wenn ihm für das selbstständige Beweisverfahren Prozesskostenhilfe bewilligt worden ist. Der entscheidende Richter kann die Höhe des von der Partei zu leistenden Vorschusses schätzen. Dabei ist in letzter Zeit festzustellen, dass die Gerichte auf der Grundlage der von dem Sachverständigen prognostizierten Kosten mitunter ausgesprochen hohe Vorschusszahlungen anordnen[323] und es stellt sich die Frage, ob die mit dem Vorschuss belastete Partei die Entscheidung über die Anordnung des Vorschusses im Wege der sofortigen Beschwerde angreifen kann. Da eine gesetzliche Regelung i. S. des § 567 Abs. 1 Nr. 1 ZPO zur Statthaftigkeit der **sofortigen Beschwerde** gegen die Anordnung der Vorschusszahlung nicht existiert, ist eine sofortige Beschwerde gem. § 567 Abs. 1 Nr. 2 ZPO nur statthaft, wenn ein das Verfahren betreffendes Gesuch zurückgewiesen worden ist. Allerdings stellt die Entscheidung über die Festsetzung des Vorschusses eine Ermessensentscheidung des Gerichts und keine Entscheidung, „durch die ein das Verfahren betreffendes Gesuch zurückgewiesen worden ist" dar, sodass die sofortige Beschwerde unzulässig ist.[324]

129 Stellt der Antragsgegner im selbstständigen Beweisverfahren selbstständige Gegenanträge, die in den Beweisbeschluss erweiternd einbezogen werden, ist von jeder der Parteien ein Vorschuss abzufordern. Die Höhe des jeweiligen Vorschusses orientiert sich an dem, was jeder Partei aufzuerlegen wäre, wenn für ihre Behauptung ein Alleingutachten in Auftrag gegeben würde. Bringt der Streithelfer ergänzende Beweisbehauptungen, ist nicht dieser, sondern seine Partei Beweisführer, sodass dieser Partei die Zahlung auferlegt wird.[325] Geht es im selbstständigen Beweisverfahren um die nach Vorliegen des schrift-

---

320 KG NJW-RR 1999, 1369; OLG Köln BauR 2002, 1120; OLG Hamburg OLGR 1999, 144; OLG Düsseldorf JurBüro 1992, 426; *Siegburg*, BauR 2001, 875 (884); *Weise*, Rn 134 ff.
321 KG NJW-RR 2000, 468; *Moufang/Kupjetz*, NZBau 2003, 646.
322 OLG Brandenburg BauR 2001, 1143; OLG Frankfurt BauR 1999, 1206; Kniffka/Koeble, Kompendium 13. Teil, Rn 67; Werner/Pastor, Rn 95. Abzulehnen ist in diesem Fall eine weitere außerordentliche Beschwerde, weil eine unzulässige Stattgabe des Beweisantrages im selbstständigen Beweisverfahren nicht zu einem krassen und den Beweisgegner unerträglich belastenden Unrecht führt, OLG Frankfurt, BauR 1999, 1206.
323 In einem vor dem LG Berlin betriebenen selbstständigen Beweisverfahren rügte der Auftraggeber zahlreiche Mängel. Nachdem der beauftragte Sachverständige einen Teil der Mängel begutachtet hatte, teilte er mit, dass der geleistete Kostenvorschuss voraussichtlich nicht ausreichen werde. Das Gericht verlangte sodann vom Auftraggeber die Zahlung eines weiteren Auslagenvorschusses in Höhe von 116.000 Euro (!) das KG, IBR 2005, 1075, hat in diesem Fall die sofortige Beschwerde gegen diese Vorschussanordnung als unzulässig zurückgewiesen.
324 KG OLGZ 71, 423; OLG Frankfurt Rpfleger 1973, 63; OLG Köln OLGR 1998. 75; OLG Nürnberg EzFamR aktuell 1994, 144; Zöller-*Greger*, § 379 ZPO, Rn 6 sowie § 567 ZPO, Rn 35.
325 Stein/Jonas-*Berger*; § 379 ZPO; Rn 2; MünchKomm-*Damrau*, § 379 ZPO, Rn 3; Baumbach/Lauterbach-*Hartmann*, § 379 ZPO, Rn 4; Zöller-*Greger*, § 379 ZPO. Rn 4.

lichen Gutachtens von einer der Parteien beantragte Einholung eines Ergänzungsgutachtens bzw. die beantragte Anhörung des Sachverständigen, so trägt in diesem Fall derjenige – also ggf. auch der Antragsgegner – die Vorschusslast, der das Ergänzungsgutachten bzw. die Anhörung des Sachverständigen beantragt hat.

c) Ablauf der Beweisaufnahme

Liegt der Beweisbeschluss vor, wird der vom Gericht beauftragte Sachverständige die Parteien rechtzeitig zur Ortsbesichtigung laden.[326] Hervorzuheben bleibt, dass der Antragsgegner selbstverständlich in der Lage sein muss, den Termin zur Beweisaufnahme wahrnehmen zu können. **130**

4. Der abändernde oder aufhebende Beschluss nebst Rechtsbehelf

Der Beweisbeschluss ist nur unter den Voraussetzungen des § 360 ZPO abänderbar.[327] Er kann aufgehoben werden, wenn das Gericht später die Beweiserhebung doch noch für unzulässig hält, was allerdings nur dann gilt, wenn die Beweise noch nicht erhoben sind. Gegen eine Aufhebung kann eine sofortige Beschwerde eingelegt werden.[328] **131**

5. Zur Frage der Auswahl des Sachverständigen

Nicht den Parteien, sondern dem Gericht obliegt die Entscheidungsgewalt, einen bestimmten Sachverständigen zu bestimmen. In der Praxis kommt es immer wieder vor, dass der Antragsteller bereits mit der Antragsschrift einen bestimmten Sachverständigen vorschlägt. Dieser **Vorschlag** begründet eine bloße Anregung für das Gericht. Das Gericht kann selbst dann, wenn eine Anhörung des Antragsgegners ausgeblieben ist oder letztgenannter einen nicht begründeten Widerspruch gegen den vom Antragsteller vorgeschlagenen Sachverständigen erhoben hat, den vom Antragsteller vorgeschlagenen Sachverständigen bestimmen. Ein Rechtsbehelf gegen die Auswahl eines bestimmten Sachverständigen ist nicht statthaft.[329] Gemäß § 404 Abs. 2 ZPO „soll" das Gericht einen öffentlich bestellten und vereidigten Sachverständigen auswählen; die öffentliche Bestellung und Vereidigung eines Sachverständigen ist mithin nicht unbedingte Voraussetzung für seine Heranziehung durch das Gericht.[330] **132**

6. Die Ablehnung des Sachverständigen

Da das Gutachten gem. § 493 ZPO als ein vor dem Prozessgericht erstattetes betrachtet wird, ist es konsequent, den Parteien des selbstständigen Beweisverfahrens ein **Ablehnungsrecht** bezüglich des Sachverständigen gem. § 406 ZPO zuzubilligen.[331] Eine Ablehnung findet statt, wenn ein Grund vorliegt, der bei verständiger Würdigung vom Standpunkt des Ablehnenden aus gesehen ein Misstrauen gegen den Sachverständigen berechtigt erscheinen lässt.[332] Es kommt nicht darauf an, ob sich der Sachverständige selbst für befangen hält.[333] **133**

---

326 *Schneider*, MDR 1975, 538 (540); Kleine-Möller/Merl/Oelmaier-*Oelmeier/Kleine-Möller*, § 17 Rn 255.
327 Auch der Abänderungsbeschluss ist unanfechtbar; *Weise*, Rn 279.
328 OLG Frankfurt OLGR 1996, 83; LG Mannheim MDR 1978, 323.
329 OLG München MDR 1992, 520; OLG Frankfurt NJW-RR 1993, 1341.
330 OLG Düsseldorf OLGR 2001, 331.
331 OLG Köln BauR 1992, 408; OLG München BauR 1993, 636; OLG Hamm BauR 1998, 366; KG BauR 1998, 364; OLG Düsseldorf BauR 2001, 835; Kniffka/Koeble, Kompendium 13. Teil, Rn 64; Werner/Pastor, Rn 60.
332 OLG Köln BauR 1992, 408; BGH NJW 1975, 1363.
333 BGH MDR 1952, 409.

§ 4 Die Sicherung bauvertraglicher Ansprüche

a) Ablehnungsgründe

134 Als Ablehnungsgrund ist anerkannt:
- enge Freundschaft, erklärte Feindschaft;[334]
- laufende Geschäftsbeziehungen zu einem Verfahrensbeteiligten;[335]
- enge wissenschaftliche Zusammenarbeit über Jahre mit einer Partei;[336]
- wenn der Sachverständige bereits in der Sache ein entgeltliches Privatgutachten erstattet hat;[337]
- die einseitige Beschaffung von Untersuchungsmaterial von einer Partei, ohne den Gegner zu beteiligen;[338]
- Einholung von Informationen einer Partei;[339]
- Abhaltung eines Ortstermins mit nur einer Partei, wenn die andere Partei nicht ordnungsgemäß geladen ist;[340]
- falsche Angaben des Sachverständigen über die Grundlage des Gutachtens (z. B. über Anzahl der geführten Gespräche).[341]

135 Das Fehlen einer öffentlichen Bestellung und Vereidigung bzw. eine fehlende Sachkunde genügen dagegen für eine Ablehnung nicht. Gleiches betrifft die Tatsache, dass der Sachverständige in seinem Gutachten Rechtsausführungen gemacht hat.[342] Schließlich können auch fachliche Mängel der gutachterlichen Äußerung die Befangenheit nicht begründen, denn sie betreffen die Sachkunde des Sachverständigen und nicht seine Unparteilichkeit, Unvoreingenommenheit oder Unbefangenheit.[343]

b) Verfahren und Zeitpunkt

136 Gemäß §§ 492 Abs. 1, 406 Abs. 2 S. 1 ZPO ist der Ablehnungsantrag vor der Vernehmung des Sachverständigen zu stellen, spätestens jedoch binnen **2 Wochen** nach Verkündung oder Zustellung des Beschlusses über die Ernennung des Sachverständigen. Kommt es im laufenden Verfahren bei Vorliegen einer von Anfang an bestehenden Befangenheit zu einer späteren Ablehnung des Sachverständigen, ist Voraussetzung für die Zulässigkeit des Ablehnungsgesuchs eine Glaubhaftmachung dahingehend, dass die den Sachverständigen ablehnende Partei ohne Verschulden verhindert war, den Ablehnungsgrund früher geltend zu machen. Entsteht der Ablehnungsgrund erst nach der Ernennung des Sachverständigen, ist das Ablehnungsgesuch **unverzüglich** nach Erlangung der Kenntnis vom Ablehnungsgrund beim Gericht anzubringen.[344] Handelt eine Partei in Kenntnis des Ablehnungsgrundes sachlich zur Sache, so schließt dies die spätere Ablehnung des Sachverständigen wegen Besorgnis der Befangenheit aus.[345] Die zur Ablehnung mitgeteilten

---

334 Kniffka/Koeble, Kompendium 13. Teil, Rn 65; Werner/Pastor, Rn 2648.
335 OLG Köln MDR 1959, 1017; OLG München MDR 1998, 858; Kniffka/Koeble, Kompendium 13. Teil, Rn 65; Werner/Pastor, Rn 2648.
336 OLG Köln BauR 1992, 408.
337 OLG Düsseldorf NJW-RR 1997, 1428; OLG Nürnberg JurBüro 1981, 776; OLG Karlsruhe BauR 1987, 599; OLG Schleswig BauR 1993, 117; Kniffka/Koeble, Kompendium 13. Teil, Rn 65; Werner/Pastor, Rn 2648.
338 OLG Koblenz MDR 1978, 148.
339 OLG Düsseldorf BB 1972, 1248; OLG Koblenz ZSW 1980, 215.
340 BGH NJW 1975, 1363; Kniffka/Koeble, Kompendium 13. Teil, Rn 65; Werner/Pastor, Rn 2648.
341 OLG Frankfurt FamRZ 1980, 931.
342 OLG Karlsruhe MDR 1994, 725; OLG Hamburg OLGR 2000, 18; OLG Nürnberg BauR 2002, 129; Kniffka/Koeble, Kompendium 13. Teil, Rn 65; Werner/Pastor, Rn 2648.
343 VGH München NJW 2004, 90 (91); OLG Frankfurt OLGR 2004, 425.
344 OLG Celle NJW-RR 1995, 128; OLG Düsseldorf BauR 2001, 835.
345 OLG Düsseldorf MDR 1994, 620.

… Tatsachen sind von der die Befangenheit behauptende Partei gem. § 406 Abs. 3 ZPO glaubhaft zu machen, wobei nach Halbs. 2 dieser Vorschrift eine eigene eidesstattliche Versicherung ausgeschlossen ist.[346] Über das Ablehnungsgesuch einer Partei[347] muss gem. § 406 Abs. 4 ZPO durch Beschluss entschieden werden. Hiergegen findet gem. § 406 Abs. 5 ZPO die **sofortige Beschwerde** statt, wenn das Ablehnungsgesuch für unbegründet erklärt wird.[348] Solange über das Ablehnungsgesuch nicht entschieden ist, besteht für das Gericht das Verbot, das Gutachten zu verwerten.[349] Ein Endurteil darf erst ergehen, wenn das Ablehnungsverfahren abgeschlossen ist. Wird der Ablehnungsantrag nicht durch Beschluss, sondern vielmehr im Urteil selbst beschieden, so kann die fehlerhafte Behandlung des Ablehnungsgesuchs auf Antrag einer Partei nach § 538 Abs. 2 Nr. 1 ZPO zur Aufhebung und Zurückverweisung der Sache an die Vorinstanz führen.[350]

137

Ist das Ablehnungsgesuch wegen Befangenheit begründet, weil der Sachverständige grob fahrlässig oder durch bewusste Pflichtwidrigkeit gegen seine Pflichten zur Unparteilichkeit verstoßen und dadurch die Erfüllung seiner Gutachtertätigkeit oder die Verwertung des bereits erstatteten Gutachtens von vornherein unmöglich gemacht hat, verliert der Sachverständige seinen Vergütungsanspruch.[351] Der im selbstständigen Beweisverfahren erfolgreich abgelehnte Sachverständige kann im Hauptprozess derselben Parteien als sachverständiger Zeuge gehört werden. Insoweit dürfen ihm dann aber gerade keine Sachverständigen-Fragen gestellt werden.[352]

138

▶ Ablehnungsantrag:
In dem selbstständigen Beweissicherungsverfahren
… ./. …
beantragen wir namens und in Vollmacht der Antragsgegnerin,
den mit Beweisbeschluss vom … zum Sachverständigen bestellten …, wegen Besorgnis der Befangenheit abzulehnen.
Begründung:
Das Gericht hat mit Beweisbeschluss vom …, der Antragsgegnerin am … zugestellt, den Sachverständigen … bestellt. Die Antragsgegnerin hat vom Bauleiter des Antragstellers am … erfahren, dass der vorbenannte Sachverständige bereits im Sommer … für den Antragsteller ein entgeltliches Privatgutachten erstellt hat, das dasselbe Gebäude betrifft, welches nunmehr Gegenstand der Beweiserhebung ist.
Glaubhaftmachung: Eidesstattliche Versicherung des Bauleiters … vom … – Anlage E1 –.
Damit liegt ein Ablehnungsgrund nach § 406 Abs. 1 ZPO vor. ◀

---

346 OLG Brandenburg OLGR 2002, 370.
347 Außergerichtliche Kosten der Parteien sind in einem Verfahren, welches sich auf die Sachverständigenablehnung bezieht, nicht zu erstatten, OLG Brandenburg MDR 2002, 1092. Der nicht zum Prozessbevollmächtigten bestellte Rechtsanwalt erhält für seine auf das Ablehnungsverfahren beschränkte Tätigkeit die Verfahrensgebühr für sonstige Einzeltätigkeiten gem. Nr. 3403 VV RVG.
348 OLG Frankfurt NJW- RR 1993, 1341; OLG Köln VersR 1994, 1086.
349 OLG Schleswig MDR 2001, 711.
350 OLG Köln MDR 1974, 761.
351 OLG Koblenz KostRsp. ZSEG § 3 Nr. 60; Meyer/Höver-Bach, § 3 ZSEG, Rn 14.1.
352 OLG Celle BauR 1996, 144.

VII. Die Durchführung der Beweisaufnahme

139 Bei Vorliegen eines vom Gericht erlassenen Beweisbeschlusses erfolgt die Durchführung der Beweisaufnahme. Gemäß § 492 Abs. 1 ZPO sind in diesem Fall die Vorschriften der §§ 355 ff. ZPO entsprechend anwendbar. Um eine Verwertbarkeit des Gutachtens im Hauptsacheverfahren zu gewährleisten, ist gegenüber dem Gericht mitzuteilen, dass vor dem Hintergrund des § 411 Abs. 1 ZPO erwartet wird, dass das Gutachten vom Sachverständigen auf Anordnung des Gerichts – schriftlich erstattet wird.

1. Grundsätzliches zum Tätigwerden des gerichtlich bestellten Sachverständigen

140 Im Zuge der Durchführung der Beweisaufnahme ist den Parteien anzuraten, dafür Sorge zu tragen, dass der vom Gericht bestellte Sachverständige die im gerichtlichen Verfahren geltenden Regeln beachtet. Ein Verstoß gegen diese Regeln kann eine Ablehnung des Sachverständigen begründen. Aus dem **Merkblatt**, das von dem **Deutschen Industrie- und Handelstag** für den gerichtlichen Sachverständigen herausgegeben worden ist, sind auszugsweise folgende Punkte aufzuführen:

141 Eingang des Gutachtenauftrages:
- Der Eingang des Auftrages und der Empfang der Akten vom Gericht sind dem Gericht unverzüglich zu bestätigen. Regelmäßig mit der Empfangsbestätigung, spätestens jedoch innerhalb von 2 Wochen, soll dem Gericht mitgeteilt werden, wann das Gutachten erstattet werden kann.
- Der Sachverständige hat die Erstattung des Gutachtens aus den Gründen zu verweigern, aus denen ein Zeuge von seinem Zeugnisverweigerungsrecht Gebrauch machen darf (§§ 408, 383, 384 ZPO). Es empfiehlt sich, insbesondere bei verwandtschaftlichen Beziehungen zu einer Partei, hiervon Gebrauch zu machen.
- Der Sachverständige kann beantragen, von der Verpflichtung zur Erstattung des Gutachtens befreit zu werden, wenn Tatsachen vorliegen, die geeignet sind, berechtigte Zweifel gegen seine Unparteilichkeit aufkommen zu lassen. Dies gilt insbesondere bei früherer gutachterlicher Tätigkeit in derselben Sache für eine Partei, bei nahen persönlichen oder geschäftlichen Beziehungen einer Partei. In jedem Fall hat er das Gericht auf solche Tatsachen hinzuweisen.
- Das Gleiche gilt, wenn für die Erstattung des Gutachtens Spezialkenntnisse erforderlich sind, über die der Sachverständige nicht verfügt oder die Beweisfrage nicht in das Spezialgebiet des Sachverständigen fällt.

142 Arbeit am Gutachten:
- Die Ermittlung des Sachverhalts obliegt grundsätzlich dem Gericht. Der Sachverständige hat sich streng an den Beweisbeschluss zu halten und unter Berücksichtigung des Akteninhalts Klarheit über den ihm gestellten Auftrag zu verschaffen.
- Erscheint ihm der Gutachtenauftrag aus fachlicher Sicht unklar oder ergänzungsbedürftig, so ist diese Frage mit dem Gericht zu klären.
- Das Gleiche gilt, wenn der Sachverständige nicht eindeutig erkennen kann, von welchen Tatschen er bei der Gutachtenerstellung auszugehen hat.
- Hält der Sachverständige für die Beantwortung der Beweisfragen eine weitere Aufklärung des Sachverhalts (z. B. durch Zeugenvernehmung oder Vorlage von Urkunden) für erforderlich, so hat er das Gericht hiervon zu unterrichten. Selbst wenn der Sachverständige lediglich Unterlagen irgendwelcher Art von einer Partei benötigt, soll die Anforderung über das Gericht erfolgen.

C. Das selbstständige Beweisverfahren

- Eine Feststellung kann er nur treffen, wenn sich die Befugnis hierzu aus dem Beweisbeschluss oder dem Zweck des Gutachtenauftrages ergibt. Dabei hat er jeden Anschein der Einseitigkeit gegenüber den Parteien zu vermeiden. Ist der Sachverständige im Zweifel, ob er eigene Feststellungen zum Sachverhalt treffen darf, so muss er sich beim Gericht Gewissheit hierüber verschaffen.
- Sollten von einer Partei Urkunden oder sonstige Beweisstücke ermittelt werden, so können diese im Gutachten nur verwertet werden, wenn die Gegenpartei sich ausdrücklich damit einverstanden erklärt. Das Einverständnis ist im Gutachten zu vermerken. Die Unterlagen sind dem Gutachten beizufügen. Erklärt die Gegenpartei sich mit der Verwertung nicht einverstanden, so sollen die Urkunden oder sonstigen Beweisstücke unverzüglich dem Gericht übermittelt werden. Von Rücksprachen mit einer Partei oder deren Vertreter ohne Beisein der anderen Partei soll der Sachverständige grundsätzlich absehen.
- Von etwaigen Orts- und Objektbesichtigungen hat der Sachverständige die Parteien und deren Prozessbevollmächtigte zu verständigen und ihnen Gelegenheit zur Teilnahme zu geben.
- Bei der Durchführung der Vorarbeiten hat der Sachverständige auch jeden Anschein der Beeinflussung durch die Parteien zu vermeiden (z. B. Fahrt mit Wagen einer Partei zu einer Ortsbesichtigung; einseitiges Gespräch mit einer Partei, ohne der anderen Partei Gelegenheit zur Teilnahme zu geben).

Inhalt und Aufbau des Gutachtens: 143

- Der Sachverständige hat für die seinem Gutachten zugrunde liegenden Tatsachen die Quellen anzugeben. Dies gilt sowohl für Feststellungen, die er aufgrund von Ortsbesichtigungen oder im Rahmen seiner vorbereitenden Tätigkeit trifft, als auch für Tatschen, die er den Akten entnimmt.
- Hat ein Ortstermin stattgefunden, ist im Gutachten ein Hinweis über die Unterrichtung und die Anwesenheit der Partei und ihre Vertreter notwendig.
- Soweit der Sachverständige Hilfskräfte hinzugezogen hat oder sich zum Teil auf Untersuchungen Dritter stützt, hat er dies kenntlich zu machen.
- Das Gutachten muss im Gedankengang für den Richter nachvollziehbar und für den Fachmann in allen Schlussfolgerungen nachprüfbar sein. Unvermeidbare, nicht allgemein verständliche Fachausdrücke sind im Rahmen des Möglichen zu erläutern.
- Wissenschaftliche Auseinandersetzungen mit unterschiedlichen Lehrmeinungen sind im Gutachten nur insoweit notwendig, als sie zur Lösung der Beweisfrage beitragen. Auf abweichende fachliche Auffassungen ist hinzuweisen.
- Kommen für die Beantwortung der Beweisfrage mehrere Lösungen ernsthaft in Betracht, so hat der Sachverständige diese darzulegen und den Grad der Wahrscheinlichkeit gegeneinander abzuwägen.

2. Die Durchführung der Ortsbesichtigung

Von etwaigen Orts- und Objektbesichtigungen hat der Sachverständige die Parteien und 144 deren Prozessbevollmächtigte zu verständigen und ihnen Gelegenheit zur Teilnahme zu geben.[353] Wird der Antragsgegner vom Sachverständigen gem. § 491 Abs. 1 ZPO nicht rechtzeitig geladen, wird damit gegen das Recht auf Mitwirkung an der Beweiserhebung

---

353 *Schneider*, MDR 1975, 538 (540); Kleine-Möller/Merl/Oelmaier-*Oelmeier/Kleine-Möller*, § 17 Rn 255.

und das Grundrecht auf rechtliches Gehör verstoßen. Gemäß § 493 Abs. 2 ZPO ist das Gutachten in diesem Fall gegenüber dem Antragsgegner nicht verwertbar.[354]

145 Geht es um die Frage, ob und wenn ja, unter welchen Voraussetzungen der Sachverständige Eingriffe in die Substanz vornehmen darf bzw. muss, sind unterschiedliche Problemkreise auseinander zuhalten:

- Weist das Gericht den Sachverständigen gem. § 404 a ZPO an, Öffnungs- und Freilegungsarbeiten selbst durchzuführen, ist der Sachverständigen aufgrund des ihn treffenden Haftungsrisikos grundsätzlich nicht verpflichtet, dieser richterlichen Weisung Folge zu leisten.[355]
- Stimmt der Eigentümer des zu begutachtenden Objekts einem vom Sachverständigen für notwendig erachteten Eingriff in den Baukörper zu, ist es dem Sachverständigen auch ohne konkrete Anweisung des Gerichts erlaubt, diesen Eingriff – meist handelt es sich um Öffnungs- und Freilegungsarbeiten – vorzunehmen.[356] Wegen der bestehenden Haftungsrisiken lehnen es in der Praxis die meisten Sachverständigen aber ab, dementsprechende Eingriffe in den Baukörper selbst auszuführen.
- Lehnt der Sachverständige die Vornahme eines solchen Eingriffs in den Baukörper ab und steht das zu begutachtende Objekt im Eigentum des Beweisführers, obliegt es diesem, für die Herstellung der notwendigen Öffnungs- und Freilegungsarbeiten Sorge zu tragen.
- Ist der Beweisführer nicht Eigentümer des zu begutachtenden Objekts, wird in der Praxis meist der Weg gewählt, dass der Sachverständige der beweisbelasteten Partei aufgibt, die für die Begutachtung erforderlichen Konstruktionsöffnungen vornehmen zu lassen oder dem Beweisführer über das Gericht aufgibt, einen angemessenen Kostenvorschuss einzuzahlen, damit der Sachverständige einen Drittunternehmer mit den erforderlichen Arbeiten beauftragen kann. In diesem Fall sind die der beweisbelasteten Partei angefallenen Kosten als Rechtsverfolgungskosten i. S. des § 91 ZPO erstattungsfähig.[357]
- Umstritten ist schließlich, ob der Sachverständige, der entweder selbst oder durch Dritte Eingriffe in die Bausubstanz hat vornehmen lassen, zur Beseitigung etwaiger Öffnungen und auch Schäden verpflichtet ist. Nach überwiegender Auffassung soll der Sachverständige erst aufgrund ausdrücklicher Weisung des Gerichts verpflichtet sein, Öffnungen zu verschließen.[358] Es soll aber keine Verpflichtung des Sachverständigen bestehen, einen technisch nicht korrekten Zustand reproduzieren zu müssen.

3. Mitwirkungspflichten der Parteien und Dritter

146 Häufig stellt sich im Laufe der Durchführung der Beweisaufnahme heraus, dass der gerichtlich bestellte Sachverständige zum Zwecke der Begutachtung entweder ein Baugrundstück oder eine Wohnung betreten können muss und hierfür der Erlaubnis einer der Parteien oder eines Dritten als Eigentümer/Besitzer bedarf, die aber nicht erteilt wird. Weiter kann es sein, dass der Sachverständige zur Begutachtung Unterlagen benötigt, die

---

354 *Schneider*, MDR 1975, 538 (540); Kleine-Möller/Merl/Oelmaier-*Oelmeier/Kleine-Möller*, § 17 Rn 255.
355 OLG Rostock BauR 2003, 757; LG Limburg BauR 2005, 1670; **a. A.** OLG Celle BauR 1998, 1281 und BauR 2005, 1358.
356 OLG Düsseldorf NJW-RR 19997, 1360; *Schreiber* NJW 1991, 2600 (2601); *Pauly*, JR 1996, 269 (273); Werner/Pastor, Rn 28.
357 OLG Koblenz MDR 2004, 1025.
358 So OLG Düsseldorf NJW-RR 19997, 1360 und OLG Koblenz OLGR 2001, 501; **a. A.** Kniffka/Koeble Kompendium 20. Teil, Rn 36, wonach der Sachverständige, der Öffnungen vornimmt, den ursprünglichen Zustand wieder herzustellen habe.

C. Das selbstständige Beweisverfahren

sich in der Hand der Parteien oder eines Dritten befinden und deren Übergabe verweigert wird. Fraglich bleibt, ob die Parteien einerseits bzw. Dritte andererseits in dementsprechenden Fällen zur Mitwirkung im selbstständigen Beweisverfahren verpflichtet sind. Liegt ein Fall vor, bei dem die Begutachtung die **Mitwirkung des Beweisführers** erforderlich macht, und beteiligt sich dieser binnen einer gerichtlich gesetzten Frist nicht, tritt Beendigung des selbstständigen Beweisverfahrens ein.

Dementgegen trifft den **Antragsgegner** im selbstständigen Beweisverfahren – ohne Vorliegen einer gerichtlichen Anordnung – grundsätzlich keine besondere prozessuale Pflicht zur Mitwirkung an der vom Antragsteller begehrten Beweisaufnahme.[359] Verweigert der Antragsgegner grundlos die Duldung oder Mitwirkung an der Beweiserhebung, kann dies für ihn im Hauptsacheprozess unter dem Gesichtspunkt der **Beweisvereitelung** i. S. des § 371 Abs. 3 ZPO nachteilige Folgen haben.[360] [361] Denkbar ist aber, dass der Antragsteller gegenüber dem Antragsgegner aufgrund einer vertraglichen Nebenpflicht aus dem bestehenden Bauvertrag einen **materiellrechtlichen Anspruch** hat, der darauf gerichtet ist, dem Sachverständigen die erforderlichen Untersuchungen zu gestatten.[362] Weiter kann sich ein solcher Anspruch auch aus § 809 BGB i. V. m. § 811 Abs. 2 BGB ergeben.[363] Dabei müssen diese materiellen Ansprüche aber erst im Klageweg oder aber im einstweiligen Rechtsschutz im Wege der in besonderen Fällen zulässigen sog. Leistungsverfügung (vgl. Rn 188) geltend gemacht werden, um dann schließlich den auf Leistung gerichteten Titel vollstrecken zu können.

Zu beachten bleibt, dass nach der durch das Zivilprozessreformgesetz 2001 erfolgten Erweiterung der Vorschrift des § 144 ZPO für das Gericht die Möglichkeit eröffnet worden ist, die Parteien oder einen Dritten zur Duldung der Begutachtung eines in seinem Besitz befindlichen Gegenstandes zu verpflichten. **§ 144 Abs. 1 ZPO** statuiert eine **prozessuale Duldungspflicht**, die unabhängig davon besteht, ob der Dritte im Verhältnis zum Antragsteller aus materiellem Recht zur Duldung verpflichtet ist. Sie ist nach § 144 Abs. 1 S. 3 ZPO ausgeschlossen, wenn sie eine **Wohnung** betreffen würde und unterliegt nach § 144 Abs. 2 ZPO der Beschränkung, dass dem Dritten die Duldung nicht unzumutbar sein darf oder ihm insoweit ein Zeugnisverweigerungsrecht zusteht.[364] Schließlich ist die Anordnung des Gerichts dann ermessensfehlerhaft, wenn der Antragsteller mit dem Beweisantrag ausschließlich Ausforschungszwecke verfolgt.[365] Für den Fall, dass der vom Gericht beauftragte Sachverständige **Unterlagen** – z. B. Ausführungspläne usw. – benötigen sollte, die sich beim Antragsgegner oder einem Dritten befinden, kann das Gericht nach den §§ 142, 144 ZPO die Herausgabe bei dem Antragsgegner bzw. bei dem Dritten anordnen. Auch in diesem Fall ist die Anordnung des Gerichts dann ermessensfehlerhaft, wenn der Antragsteller mit dem Beweisantrag ausschließlich Ausforschungszwecke verfolgt.[366]

---

359 OLG Karlsruhe BauR 2002, 1437; OLG Stuttgart NJW-RR 1986, 1448; OLG Düsseldorf GRUR 1983, 741 (743); Werner/Pastor, Rn 86; *Wussow*, NJW 1969, 1401 (1406); *Hök*, BauR 1999, 221 ff.
360 Werner/Pastor, Rn 86 und 2618.
361 Eine Beweisvereitelung ist ferner dann anzunehmen, wenn der Antragsgegner vor Durchführung der Begutachtung etwaige Mängel oder Schäden beseitigt, Werner/Pastor, Rn 86.
362 Wussow, NJW 1969, 1401 (1407); Werner/Pastor, Rn 88.
363 OLG Karlsruhe NJW-RR 2002, 951.
364 So nunmehr zutreffend KG IBR 2006, 63.
365 Zöller-*Greger*, § 144 ZPO, Rn 2.
366 Zöller-*Greger*, § 144 ZPO, Rn 2.

4. Das Gutachten

149 In dem Gutachten ist zunächst die maßgebende Tatsachengrundlage darzustellen, wobei dies sowohl für Feststellungen gilt, die aufgrund von Ortsbesichtigungen oder im Rahmen einer vorbereitenden Tätigkeit ermittelt worden sind, wie auch für Tatsachen, die der Gutachter den Gerichtsakten entnommen hat. Weiter muss das Gutachten im Gedankengang für den Richter nachvollziehbar und für den Fachmann in allen Schlussfolgerungen nachprüfbar sein. Unvermeidbare, nicht allgemein verständliche Fachausdrücke sind im Rahmen des Möglichen zu erläutern. Wissenschaftliche Auseinandersetzungen mit unterschiedlichen Lehrmeinungen sind im Gutachten nur insoweit notwendig, als sie zur Lösung der Beweisfrage beitragen. Auf abweichende fachliche Auffassungen ist hinzuweisen. Kommen für die Beantwortung der Beweisfrage mehrere Lösungen ernsthaft in Betracht, so hat der Sachverständige diese darzulegen und den Grad der Wahrscheinlichkeit zu beschreiben.

150 Hervorzuheben bleibt, dass dem Sachverständigen die **eigenständige Rechtsanwendung** untersagt ist.[367] [368] Kommt es für die fachgerechte Gutachtenerstattung auf die richtige rechtliche Handhabung von juristischen Begriffen und/oder Tatbeständen an, darf der Sachverständige also nicht den Fehler machen, selbst rechtliche Wertungen im Gutachten vorzunehmen. Vielmehr ist der Sachverständige in diesen Fällen gehalten, das Gericht auf einen dementsprechenden Problembereich hinzuweisen und auf eine richterliche Einweisung gem. § 407 a Abs. 3 S. 1 ZPO hinzuwirken.[369]

VIII. Verhalten nach Übersendung des schriftlichen Sachverständigengutachtens

1. Anbringung von Einwendungen gegen das Gutachten und Antrag auf mündliche Anhörung des Sachverständigen gemäß § 411 Abs. 3 ZPO

151 Zusammen mit der Übersendung des schriftlichen Sachverständigengutachtens fordert das Gericht die Parteien gem. § 411 Abs. 4 ZPO auf, ihre **Einwendungen gegen das Gutachten** mitzuteilen. Vor diesem Hintergrund können die Parteien gem. § 411 Abs. 3 ZPO beantragen, dass das Gericht das Erscheinen des Sachverständigen vor Gericht anordnet, damit dieser etwaige Zweifelsfragen durch eine mündliche Äußerung abklären kann.[370] Dabei ist vonseiten des Gerichts einem Antrag auf Anhörung des Sachverständigen regelmäßig zu entsprechen,[371] sofern er nicht offensichtlich zum Zwecke der Prozessverschleppung oder in anderer missbräuchlicher Absicht gestellt wird.[372] Das Gericht ist allerdings nicht gehindert, anstelle der mündlichen Anhörung – was in der Praxis der Regelfall ist – zunächst eine **ergänzende schriftliche Stellungnahme** des Sachverständigen einzuholen.[373]

---

367 *Motzke*, Festschrift für Vygen, S. 416 ff.; *Quack*, BauR 1993, 161 (162); *Kamphausen*, Festschrift für Soergel, S. 327 (335 ff.).
368 Spricht der Sachverständige im Zusammenhang mit der Auslegung des Beweisthemas auch rechtliche Fragen an, so rechtfertigt dies aber noch nicht die Besorgnis der Befangenheit, OLG Nürnberg BauR 2002, 129; OLG Hamburg OLGR 2000, 18.
369 OLG München NJW-RR 2001, 1652.
370 BGH NZBau 2000, 249; OLG Düsseldorf NZBau 2000, 385; OLG Köln BauR 1996, 754; Werner/Pastor, Rn 112.
371 BGHZ 6, 398 (401); BGHZ 24, 9 (14); NJW-RR 1987, 339; NJW-RR 1989, 1275.
372 BGH BauR 2002, 536; NJW-RR 1986, 1470.
373 OLG Düsseldorf BauR 1999, 512.

C. Das selbstständige Beweisverfahren

Auch die Parteien können anstelle der Anhörung des Sachverständigen gem. § 411 Abs. 4 S. 1 ZPO eine Ergänzung des Gutachtens beantragen.[374]

Die Ladung des Sachverständigen zum **Anhörungstermin** bzw. die Einholung einer ergänzenden Stellungnahme des Sachverständigen kann von der Einzahlung eines kostendeckenden Vorschusses abhängig gemacht werden.[375] Dabei gilt der Grundsatz, dass denjenigen die Vorschusslast trifft, der die Anhörung des Sachverständigen veranlasst, wobei dies auch dann gilt, wenn das schriftliche Gutachten auf Antrag des Gegners eingeholt worden ist.[376]

▶ Antrag auf Anhörung des Sachverständigen:
In dem selbstständigen Beweissicherungsverfahren
... ./. ...
beantragen wir namens und in Vollmacht der Antragsgegnerin gemäß § 411 Abs. 3 ZPO:
1. Der mit Beweisbeschluss vom ... zum Sachverständigen bestellte ..., soll sein schriftliches Gutachten vom ... in einem Anhörungstermin mündlich erläutern.
2. Es soll das Erscheinen des Sachverständigen angeordnet werden.
Begründung:
Der Sachverständige ... hat sein Gutachten am ... erstellt. Es ist der Antragsgegnerin am ... zugegangen. Die Antragsgegnerin erachtet besonders folgende Punkte des Gutachtens für erläuterungsbedürftig: ... Die Antragsgegnerin behält sich vor, im Anhörungstermin zusätzliche Fragen zu stellen. ◀

2. Verfristung des Anhörungsrechts und Beendigung des selbstständigen Beweisverfahrens

Wird den Parteien nach Eingang des Gutachtens eine **Frist zur Stellungnahme** zum Gutachten gem. § 411 Abs. 4 ZPO gesetzt und wird in der zugestellten und von dem Richter unterzeichneten unmissverständlichen Fristsetzungsverfügung auf die Notwendigkeit der Antragstellung binnen der Frist klar hingewiesen, ist das Anhörungsrecht der Parteien mit Fristablauf verfristet. Der Antrag ist dann zurückzuweisen.[377] In diesem Fall ist das selbstständige Beweisverfahren mit Fristablauf beendet.[378] Auch dann, wenn den Parteien nach Eingang des Gutachtens keine Frist zur Stellungnahme gesetzt wird, kann der Antrag auf Anhörung des Sachverständigen nach § 411 Abs. 4 S. 1 ZPO nicht zeitlich unbegrenzt gestellt werden.[379] In einem solchen Fall ist vielmehr nach Maßstab des § 282 Abs. 1 ZPO zu prüfen, ob die Partei ihre das schriftliche Gutachten betreffenden Einwendungen und Anträge **so rechtzeitig** vorgebracht hat, wie es „einer sorgfältigen und auf Förderung des Verfahrens bedachten Prozessführung entspricht".[380] Der Antrag ist abzulehnen, wenn er nach Beendigung des selbstständigen Beweisverfahrens gestellt wird.
Von einer **Beendigung des selbstständigen Beweisverfahrens** ist in diesem Fall dann auszugehen, wenn das Gutachten den Parteien übermittelt worden ist, keine mündliche Erläuterung durch den Sachverständigen stattfindet bzw. binnen vorgenannter angemes-

---

374 Werner/Pastor, Rn 112.
375 BGH MDR 1964, 502.
376 OLG Düsseldorf JurBüro 1987, 1249; OLG München NJOZ 2005, 1305.
377 BGH NZV 2001, 460; OLG Koblenz OLGR 2000, 178; OLG Düsseldorf OLGR 2003, 305.
378 OLG Koblenz OLGR 2003, 162 (163); OLG Düsseldorf OLGR 2003, 303; OLG Celle NZBau 2001, 331; OLG Koblenz OLGR 2000, 178; Werner/Pastor, Rn 112.
379 Werner/Pastor, Rn 112.
380 Zöller-*Greger*, § 411 ZPO, Rn 5 e; Hk-ZPO/*Eichele*, § 411 ZPO, Rn 7; Werner/Pastor, Rn 2657.

sener Frist keine Anträge zur Sache gestellt worden sind. Die **Angemessenheit des Zeitraums** richtet sich dabei nach den schutzwürdigen Interessen der Parteien und dem Umfang der verfahrensrechtlichen Erkenntnisse, ist somit eine Frage der Einzelfallabwägung.[381] Nach vorliegender Rechtsprechung ist jedenfalls bei einfach gelagerten Gutachten ein Zeitraum von mehr als zwei bis drei Monaten regelmäßig als nicht mehr angemessen anzusehen.[382] Lediglich bei umfangreichen Gutachten wird eine Frist von drei bis vier Monaten ausnahmsweise noch als angemessen zu bezeichnen sein.

▶ Hinweis: Da in der Praxis festzustellen ist, dass die Instanzgerichte im Hinblick auf die Frage einer angemessenen Frist immer kürzere Zeiträume für maßgebend erachten, ist dem verfahrensbegleitenden Rechtsanwalt anzuraten, die das schriftliche Gutachten betreffenden Einwendungen und Anträge innerhalb kürzester Zeit vorzubringen. ◀

IX. Rechtswirkungen des selbstständigen Beweisverfahrens

155 Neben dem eigentlichen Effekt der **Beweissicherung nach § 493 ZPO**[383] tritt gem. § 204 Abs. 1 Nr. 7 BGB mit der Zustellung des Antrags auf Durchführung eines selbstständigen Beweisverfahrens eine **Verjährungshemmung** ein.[384] [385] Gibt es mehrere Gläubiger, so tritt die Verjährungshemmung durch ein selbstständiges Beweisverfahren grundsätzlich nur für die Ansprüche desjenigen Gläubigers ein, der das selbstständige Beweisverfahren durchgeführt hat. Entsprechendes gilt, wenn ein Antragsteller bei mehreren Verpflichteten das selbstständige Beweisverfahren nur gegen einen seiner Schuldner als Antragsgegner durchführt.[386] Jeder Schuldner muss formell in das Verfahren einbezogen werden.[387] Darüber hinaus wird die Verjährungshemmung nur für solche Ansprüche erreicht, die im Antrag und damit im Beweisbeschluss in tatsächlicher Hinsicht konkret bezeichnet sind (Mangelidentität). Die Baumängel müssen zumindest ihrem äußeren Erscheinungsbild nach genau angegeben werden, wobei dann sämtliche mit der gleichen Ursache zusammenhängenden Schäden und Folgen erfasst sind (sog. Symptomtheorie).[388]

156 Die Verjährungshemmung **beginnt** mit der Zustellung des Antrags auf Durchführung des selbstständigen Beweisverfahrens beim Antragsgegner, wobei gem. §§ 204 Abs. 1 Nr. 7, 167 ZPO bei einer Zustellung „demnächst" auf den Zeitpunkt des Eingangs des Antrages beim Gericht abzustellen ist.[389] Die Hemmung der Verjährung **endet** nach § 204 Abs. 2 S. 1 BGB sechs Monate nach der rechtskräftigen Entscheidung oder anderweiti-

---

[381] OLG Celle NJW-RR 2001, 142; Werner/Pastor, Rn 114.
[382] OLG Köln OLGR 1998, 54; SchlHOLG OLGR 1999, 141; KG BauR 2000, 1371; Werner/Pastor, Rn 114.
[383] Weiterführend: Kleine-Möller/Merl/Oelmaier-*Oelmeier/Kleine-Möller*, § 17 Rn 298 ff.; Kniffka/Koeble, Kompendium 13. Teil, Rn 84.
[384] Nach dem BGB in der bis zum 31.12.2001 geltenden Fassung hatte das selbstständige Beweisverfahren dem entgegen noch eine die Verjährung unterbrechende Wirkung.
[385] Auch ein unzulässiger Antrag führt zur Hemmung der Verjährung, soweit er nicht als unstatthaft zurückgewiesen worden ist, BGH BauR 1998, 390. Die Hemmungswirkung endet gem. § 204 Abs. 2 ZPO 6 Monate nach Beendigung durch Zustellung des zurückweisenden Beschlusses. Gleiches gilt im Fall der Zurücknahme des Antrags, Kniffka/Koeble, Kompendium 13. Teil, Rn 77.
[386] BGH BauR 1980, 364; LG Marburg BauR 1990, 738 (739); *Pauly*, MDR 1997, 1087.
[387] BGH NJW 1980, 1458.
[388] BGH BauR 1997, 1065; BauR 1997, 1029; OLG Düsseldorf NJW-RR 1997, 976; OLG Köln NJW-RR 1993, 553; *Weise*, BauR 1991, 19 ff.; *Quack*, BauR 1991, 278 (280 f.); Kniffka/Koeble, Kompendium 13. Teil, Rn 875.
[389] Kniffka/Koeble, Kompendium 13. Teil, Rn 75; Werner/Pastor, Rn 99.

gen Beendigung[390] des eingeleiteten Verfahrens. Da ein Beweisverfahren in der Praxis nur durch einen den Antrag zurückweisenden Beschluss rechtskräftig abgeschlossen werden kann, kommt es in der Regel entscheidend auf dessen Beendigung an. Dabei tritt die Beendigung des selbstständigen Beweisverfahrens grundsätzlich mit dem Zugang der Feststellung der Beweiserhebung ein, sofern die Parteien nicht innerhalb der ihnen vom Gericht gem. § 411 Abs. 4 ZPO gesetzten Frist (vgl. Rn 151 ff.) oder – wenn keine Frist gem. § 411 Abs. 4 ZPO gesetzt worden ist – innerhalb eines „gewissen Zeitraums" (vgl. Rn 151 ff.) einen Antrag auf Anhörung des Sachverständigen stellen oder Einwendungen vortragen.[391]

X. Kosten des selbstständigen Beweisverfahrens

1. Nach Durchführung des anschließenden Hauptsacheverfahrens

a) Grundlagen

Bereits seit Jahrzehnten gilt der Grundsatz, dass im selbstständigen Beweisverfahren selbst mangels Vorliegens einer Streitentscheidung keine Entscheidung über die Kostentragungspflicht stattfindet. Vielmehr bilden die Kosten des selbstständigen Beweisverfahrens[392] einen **Teil der Kosten** eines anhängigen oder künftigen **Erkenntnisverfahrens** zwischen den Parteien, neben dem oder zu dessen Vorbereitung das selbstständige Beweisverfahren stattfindet.[393] Dabei spielt es keine Rolle, ob die Ergebnisse der Beweisaufnahme im Hauptsacheverfahren auch tatsächlich Verwertung gefunden haben; maßgebend für die Frage der Erstattungsfähigkeit der Kosten ist allein, ob im Zeitpunkt des Antrages auf Durchführung des selbstständigen Beweisverfahrens die Befürchtung, dass die zu sichernden Beweise verloren gehen oder erschwert werden können, gerechtfertigt bzw. ob aus der Sicht des Antragstellers bei Einleitung des selbstständigen Beweisverfahrens die Zweckmäßigkeit dieses selbstständigen Beweisverfahrens zu bejahen war.[394] Nur

157

---

390 Betreibt der Antragsteller das Verfahren nicht, weil bspw. die vom Gericht abgeforderten Vorschüsse nicht eingezahlt werden, tritt an die Stelle der Beendigung des Verfahrens die letzte Verfahrenshandlung des Gerichts [hier die Aufforderung, den Vorschuss einzuzahlen], Kniffka/Koeble, Kompendium 13. Teil, Rn 82.
391 BGH BauR 2002, 1115; OLG Hamm OLGR 1999, 401 (402); *Pauly*, MDR 1997, 1087 (1089).
392 Neben den Kosten für die Beweiserhebung (insbesondere die Sachverständigenentschädigung) geht es bei den Gerichtsgebühren um die 1,0 Verfahrensgebühr (vgl. § 34 GKG, Nr. 1610). Kostenschuldner ist gem. § 22 GKG der Antragsteller. Eine Vorschusspflicht besteht nicht, denn ein Antrag auf Einleitung eines selbstständigen Beweisverfahrens ist nicht „Klage" i. S. des § 12 Abs. 1 GKG. Hinsichtlich der Anwaltsgebühren stellt das selbstständige Beweisverfahren nach dem RVG gebührenrechtlich eine eigene Angelegenheit dar. Dies ergibt sich daraus, dass das Beweisverfahren in dem zur Definition des „Rechtszuges" neugefassten § 19 Abs. 1 Nr. 3 RVG nicht mehr genannt wird. Trotz des Umstandes, dass das Beweisverfahren eine selbstständige Angelegenheit darstellt, wird die dort verdiente Verfahrensgebühr, wenn eine Übereinstimmung zwischen dem Streitgegenstand besteht, auf diejenige aus einem nachfolgenden Rechtsstreit angerechnet (Vorbemerkung 3, Abs. 3 und 5 VV). Gemäß § 15 Abs. 5 S. 2 RVG kann der Rechtsanwalt „in derselben Angelegenheit" nach Ablauf von zwei Kalenderjahren Gebühren erneut verdienen; das gilt entsprechend für Anrechnungen; mithin findet keine Anrechnung der Rechtsanwaltsgebühren statt, wenn ab der Erledigung des Auftrages für das selbstständige Beweisverfahren mehr als zwei Jahre vergangen sind, bevor das Hauptsacheverfahren beginnt, OLG Zweibrücken JurBüro 1999, 414. Der Rechtsanwalt kann aber immerhin, auch nach der Abschaffung der Beweisgebühr, neben der Verfahrensgebühr (Nr. 3100) von 1,3 jetzt schon im Beweisverfahren eine 1,2 Terminsgebühr (Nr. 3104) verdienen, die auf den nachfolgenden Rechtsstreit nicht angerechnet wird. Darüber hinaus wird er eine erhöhte 1,5 Einigungsgebühr (Nr. 1000) verdienen, wenn er in diesem Verfahrensstadium bei der Streitbeilegung mitwirkt, also zum Zeitpunkt der Vereinbarung noch keine Klage zur Hauptsache anhängig ist (ansonsten fällt lediglich eine 1,0 Einigungsgebühr nach Nr. 1003 VV an).
393 BGH NJW-RR 2004, 1005; Zöller-*Herget*, § 490 ZPO, Rn 5; Hk-ZPO/*Pukall*, § 494 a Rn 2; Kniffka/Koeble, Kompendium 13. Teil, Rn 185.
394 BGH BauR 2004, 1487; OLG Koblenz JurBüro 1996, 34; OLG Jena OLGR 2001, 252.

ausnahmsweise, etwa wenn wegen völliger Nutzlosigkeit das Ergebnis des selbstständigen Beweisverfahrens nicht verwendbar sein konnte[395] kann in Betracht kommen, die Kosten des selbstständigen Beweisverfahrens noch in der Kostenentscheidung der Hauptsache bei analoger Anwendung des § 96 ZPO gesondert derjenigen Seite aufzuerlegen, die Antragsteller dieses selbstständigen Beweisverfahrens war.[396]

158 Kommt es demnach im Anschluss an ein selbstständiges Beweisverfahren zu einem Hauptsacheprozess, können und sollen die Kosten des selbstständigen Beweisverfahrens soweit eine **Identität der Streitgegenstände** des selbstständigen Beweisverfahrens und der Hauptsache zu bejahen ist – in die dort getroffene Entscheidung über die Prozesskosten miteinbezogen werden.[397] Auf der Grundlage dieser Kostengrundentscheidung ist sodann über die Erstattungsfähigkeit der Kosten des selbstständigen Beweisverfahrens im anschließenden **Kostenfestsetzungsverfahren** des Hauptsacheprozesses gem. § 104 ZPO zu entscheiden.[398] Ist das Hauptsacheverfahren durch Vergleich abgeschlossen worden, der eine Kostenaufhebung vorsieht, hat dies – weil die Kosten des Beweisverfahrens zu den Gerichtskosten zählen –[399] zur Folge, dass für die keinen Vorschuss leistende Partei eine eigenständige neue Verbindlichkeit gegenüber der Staatskasse entsteht.[400]

159 Vor diesem Hintergrund muss sich der Antragsteller vor Einleitung eines selbstständigen Beweisverfahrens darüber im Klaren sein, dass er die mitunter gewaltige Kostenlast, die im Zuge der Durchführung eines selbstständigen Beweisverfahrens anfallen kann, nämlich Sachverständigenkosten (vgl. Rn 128), ggf. noch gesondert anfallende Kosten für Drittunternehmer zur Erbringung vom Sachverständigen geforderter Vor- und Begleitarbeiten (vgl. Rn 145) sowie den eigenen Anwaltskosten, für einen Zeitraum von bis zu mehreren Jahren vorfinanziert, bis das Hauptsacheverfahren abgeschlossen ist und das Kostenfestsetzungsverfahren stattfindet. Zumindest dann, wenn bereits vor Einleitung eines selbstständigen Beweisverfahrens feststeht, dass ein Hauptsacheverfahren unausweichlich ist, sollte – wenn es nicht um ein Verfahren nach § 485 Abs. 1 2. Alt. ZPO wegen Veränderungsgefahr geht – sorgfältig abgewogen werden, ob es zum Zwecke der Verfahrensbeschleunigung (vgl. Rn 94 ff.) einerseits und Verfahrensvereinfachung (vgl. Rn 89) andererseits nicht doch sinnvoller erscheint, sofort ein Klageverfahren einzuleiten.

b) Kostenentscheidung bei Durchführung der Hauptsache mit geringerem Streitwert

Geht es um die Frage der Kostenentscheidung, wenn das Hauptsacheverfahren mit einem geringeren Streitwert durchgeführt wird, ist als Vorfrage zunächst der Streitwert des selbstständigen Beweisverfahrens zu bestimmen.

---

395 BGH BauR 2004, 1487.
396 BGH BauR 2004, 1487; Werner/Pastor, Rn 126. Anzumerken bleibt, dass in diesem Fall der z. B. auf § 96 ZPO gestützte Ausspruch über die Kosten bereits in der Kostenentscheidung selbst und nicht erst im Kostenfestsetzungsverfahren zu erfolgen hat, anders BGH BauR 1996, 386, wonach § 96 ZPO im Kostenfestsetzungsverfahren zu berücksichtigen sein soll. Kritisch zu Recht gegen diese Verlagerung *Gross*, Festschrift für Werner, S. 341 (342).
397 BGHZ 20, 4 (15); BauR 1989, 601 (603); Zöller-*Herget*, § 494 a ZPO, Rn 1; Werner/Pastor, Rn 123.
398 BGH BauR 1996, 386; Kniffka/Koeble, Kompendium 13. Teil, Rn 85.
399 Mit der Begründung, dass das selbstständige Beweisverfahren in das Hauptsacheverfahren stark eingegliedert sei und dort gleichsam die Kosten der Beweisaufnahme wirtschaftlich ausmache, wird die Einstufung als Gerichtskosten vertreten, BGH NJW 2003, 1322; BauR 2004, 1485; und BauR 2004, 1487; OLG Frankfurt OLGR 1994, 203 und BauR 1997, 169; OLG Stuttgart OLGR 2001, 376; OLG Koblenz MDR 2003, 718; LG Karlsruhe NJW-RR 2003, 788; Kniffka/Koeble, Kompendium 13. Teil, Rn 85; **a. A.** OLG Nürnberg BauR 1995, 275; OLG Düsseldorf VersR 1997, 501; OLG Bamberg NZBau 2000, 82.
400 OLG Koblenz BauR 2004, 886.

aa) Zum Streitwert des selbstständigen Beweisverfahrens

Bei der Bestimmung des Streitwerts des selbstständigen Beweisverfahrens ist grundsätzlich auf das **materielle Interesse** des Antragstellers an der **Sicherung der Beweismittel** abzustellen.[401] Ist das Hauptsacheverfahren bereits anhängig, ist nicht etwa ein Bruchteil,[402] sondern vielmehr der volle Hauptsachewert im Zeitpunkt der Einreichung des Beweisermittlungsantrages maßgebend.[403] Ist das Hauptsacheverfahren dagegen noch nicht anhängig, ist das Interesse des Antragstellers nach dem Umfang der von ihm behaupteten Ansprüche zu bewerten.[404]

160

Bei der Bewertung dieses Interesses des Antragstellers werden die unterschiedlichsten Meinungen vertreten: **Eine Auffassung** stellt zur Wertbestimmung in Ermangelung objektivierbarer Anhaltspunkte maßgebend auf den Vortrag des Antragstellers zu dem von ihm behaupteten (Mängel-)Anspruch in der Antragsschrift ab.[405] Sofern der Sachverständige einen Teil der behaupteten Zustände gar nicht oder nur in einem geringeren Umfang bestätigt, wäre nach dieser Auffassung, die dem Ergebnis des selbstständigen Beweisverfahrens keine Bedeutung beimisst, konsequenterweise auf das Interesse des Antragstellers zurzeit des Eingangs des Antrags abzustellen.[406] Nach einer **anderen Auffassung** sind für die Wertbestimmung die „nachvollziehbaren" Darlegungen in der Antragsschrift einschließlich etwaiger Korrekturen bzw. Änderungen und der sich daraus ergebende objektive Wert der „Vorwurftatsachen" maßgebend,[407] wobei der vom Antragsteller bei Verfahrenseinleitung zusätzlich vorgenommenen Wertangabe keine Bindungswirkung zukommen soll.[408] Die Wertbestimmung erfolgt mithin auf der Grundlage einer „ex ante" Betrachtung. Nach einer **dritten Auffassung** soll bei der objektiven Bewertung der dargelegten Tatsachen noch weiter differenziert werden, nämlich „bessere Erkenntnisse" noch zu berücksichtigen sein, wie dies der Fall sein kann, wenn der tatsächliche Beseitigungsaufwand erheblich unter den von dem Sachverständigen ermittelten Kosten liegt.[409] Waren die Angaben des Antragstellers erkennbar überzogen, ist in diesem Fall auf die Feststellungen des Sachverständigen[410] oder aber auf eigenes Erfahrungswissen[411] des Gerichts abzustellen. Soweit der Sachverständige Mängel nicht feststellt und deshalb keine Beseitigungskosten auswirft, ist der Wert unter Zugrundelegung der Mängelbehauptung nicht mit Null anzusetzen, sondern zur Ermittlung des bedeutsamen streitwert-

161

---

401 LG Heilbronn MDR 1989, 999; LG Aachen JurBüro 1990, 1038; *Knacke*, NJW 1986, 36; Werner/Pastor, Rn 144.
402 So aber OLG Schleswig MDR 2004, 229; sowie BauR 2003, 1078 (Rechtsprechung inzwischen aufgegeben); OLG Düsseldorf MDR 2000, 1339; OLG Frankfurt OLGR 1993, 228; OLG Celle MDR 1994, 415.
403 BGH NJW 2004, 3488; OLG Schleswig OLGR 2005, 217; OLG Frankfurt OLGR 1993, 226 und OLG 1998, 156; OLG Köln OLGR 1992, 305; JurBüro 1996, 30; NJW-RR 2000, 802; OLG Karlsruhe OLGR 2001, 360; OLG Hamburg DAR 2001, 431; OLG München OLGR 2002, 32; OLG Bamberg BauR 2002, 1593 und BauR 2002, 1594; OLG Frankfurt NJW-RR 2003, 647; OLG Düsseldorf BauR 2005, 142; *Zöller-Herget*, § 3 ZPO, Rn 16; Thomas/Putzo, § 3 ZPO, Rn 33; Werner/Pastor, Rn 144; *Cypers*, MDR 2004, 244 (245).
404 BGH BauR 2004, 1975 (1976); OLG Celle BauR 2004, 705 sowie OLGR 2003, 136; OLG Düsseldorf NZBau 2003, 385; OLG Braunschweig OLGR 2003, 115; OLG München BauR 2004, 707; Werner/Pastor, Rn 145.
405 OLG Karlsruhe OLGR 2001, 163; OLG Celle NJW-RR 2004, 234; *Cuypers*, MDR 2004, 244 (245).
406 OLG Hamburg NJW-RR 2000, 827; OLG Jena OLGR 2001, 132; OLG Bamberg BauR 2000, 444; OLG Hamm BauR 2005, 142.
407 OLG Hamm OLGR 1999, 144; OLG München BauR 2002, 1595; OLG Bamberg MDR 2003, 853; OLG Köln BauR 2003, 929; OLG Düsseldorf OLGR 2004, 348; OLG Saarbrücken BauR 2004, 885; OLG Celle NJW-RR 2004, 234.
408 OLG Dresden OLGR 2002, 326.
409 OLG Düsseldorf BauR 2001, 1785.
410 OLG Düsseldorf MDR 2001, 649; OLG Celle BauR 2005, 430.
411 OLG Köln OLGR 2002, 385; OLG Dresden Baur 2001, 1133 sowie BauR 2004, 886; OLG Köln OLGR 2001, 60; OLG Koblenz BauR 1998, 593.

bb) Parteiidentität/identischer Streitgegenstand

162 Wird das Hauptsacheverfahren mit einem **geringeren Streitwert** durchgeführt, sind die Kosten des selbstständigen Beweisverfahrens, die auf der Grundlage des Streitwertes des selbstständigen Beweisverfahrens ermittelt werden, im Kostenfestsetzungsverfahren dann zu berücksichtigen, wenn die Parteien des selbstständigen Beweisverfahrens mit denen der Hauptsache identisch sind.[414] Im Hinblick auf die notwendige Personenidentität ist nicht erheblich, dass sämtliche am selbstständigen Beweisverfahren beteiligte Personen auch Parteien der Hauptsache sind. Demnach ist es ohne Bedeutung, wenn auf den Antrag des Antragstellers/Antragsgegners eine weitere Person in das Verfahren einbezogen wurde, die dann im Hauptsacheverfahren nicht mehr als Partei beteiligt ist.[415] [416] Ferner muss Identität des Gegenstandes zwischen dem vorausgegangenen selbstständigen Beweisverfahren und dem Hauptsacheverfahren bestehen, die sich nach sachlichen Gesichtspunkten und nicht nach der jeweiligen Bemessung des Streitwertes richtet.[417] Der Gegenstand des Hauptsacheverfahrens muss also durch das vorhergehende selbstständige Beweisverfahren „behandelt" worden sein.

cc) Verbot der Teilkostenentscheidung

163 Wird nur wegen eines abtrennbaren Teils des Gegenstandes des selbstständigen Beweisverfahrens Klage erhoben, stellt sich die Frage, ob bereits im selbstständigen Beweisverfahren eine **Teilkostenentscheidung** bezüglich des nicht weiterverfolgten sachlichen oder personellen Teils erfolgen kann.[418] Dies ist mit der h. M. abzulehnen, da eine Aufteilung der Entscheidung über die Kosten des selbstständigen Beweisverfahrens einerseits und des anschließenden Hauptsacheverfahrens andererseits gegen den Grundsatz der Einheitlichkeit der Kostenentscheidung verstößt.[419]

---

412 OLG Düsseldorf BauR 2000, 443; OLG Dresden OLGR 2002, 240; KG BauR 2003, 1765; OLG Düsseldorf BauR 2003, 1766.
413 OLG Naumburg OLGR 2003, 549: Der Sachverständige sollte möglichst schon im Beweisbeschluss zu dem Wert der von ihm nicht festgestellten Mängel befragt werden.
414 BGH BauR 1989, 601 (603); OLG Koblenz MDR 2000, 669 und MDR 2004, 840; OLG Köln OLGR 1993, 265. OLG Hamburg MDR 1999, 765.
415 OLG München JurBüro 2000, 484.
416 Leitet ein Antragsteller wegen eines Mangels ein selbstständiges Beweisverfahren gegen mehrere Antragsgegner (echte Streitgenossen) ein und verklagt er schließlich nur einen als für den Mangel verantwortlichen, so hat der Antragsteller im Falle des Obsiegens im Hauptsacheverfahren gegen diesen Anspruch auf Erstattung der gesamten Gerichtskosten des selbstständigen Beweisverfahrens, BGH BauR 2004, 734. Wird das selbstständige Beweisverfahren indes wegen unterschiedlicher Mängel gegen mehrere Antragsgegner eingeleitet, wobei den verschiedenen Antragsgegnern unterschiedliche Mängel zugeordnet werden (unechte Streitgenossen), und wird dann nur einer wegen der ihm zugeordneten Mängel verklagt, kommt die Aufteilung nach Kopfteilen nicht in Betracht. Vielmehr greift dann die Differenzlehre (OLG Oldenburg OLGR 2002, 48), wonach der Antragsteller in diesem Fall nur diejenigen Kosten und Auslagen trägt, die nicht angefallen wären, hätte er das selbstständige Beweisverfahren nur gegen den an dem nachfolgenden Hauptsacheverfahren als Partei Beteiligten eingeleitet.
417 OLG Köln NJW-RR 2000, 361; OLG Hamm OLGR 2003, 59.
418 So OLG Koblenz NJW-RR 1998, 68; OLG Düsseldorf OLGR 1997, 279 und MDR 2003, 1132 mit der Begründung, dass dem Antragsgegner ein Warten auf das Ende des Hauptsacheverfahrens nicht zuzumuten sei.
419 BGH BauR 1996, 386; BauR 2004, 1809; BauR 2005, 429; OLG München OLGR 2005, 444; Werner/Pastor, Rn 123.

C. Das selbstständige Beweisverfahren

c) Kostenentscheidung bei beendetem Beweisverfahren und Nichtdurchführung der Hauptsache

Kommt es, aus welchen Gründen auch immer, im Anschluss an ein selbstständiges Beweisverfahren nicht zu einem Hauptsacheprozess, besteht für den Antragsgegner bzw. seinen Streithelfer[420] nach § 494 a ZPO die Möglichkeit, zu einem Kostentitel gegen den Antragsteller im laufenden selbstständigen Beweisverfahren zu gelangen. Dabei hat der Antragsgegner/Streithelfer in zwei Schritten vorzugehen: Zunächst muss er den **Antrag**[421],[422] stellen, dass das Gericht dem Antragsteller eine Frist zur Klageerhebung setzt.[423] Dabei ist der Antragsteller vor Erlass des entsprechenden Beschlusses, der ohne mündliche Verhandlung ergehen kann, anzuhören.[424] Trägt der Antragsteller qualifizierte Gründe vor, die gegen eine einstweilige Klageerhebung sprechen, kann das Gericht den Antrag des Antragsgegners/Streithelfers zurückweisen. Gegen diesen Zurückweisungsbeschluss hat der Antragsgegner/Streithelfer das Recht, **sofortige Beschwerde** gem. § 567 ZPO zu erheben. Gegen den stattgebenden Beschluss kann der Antragsteller trotz der weiten Formulierung des § 494 a Abs. 2 S. 2 ZPO **keine sofortige Beschwerde** einlegen, da aus seiner Sicht kein Gesuch zurückgewiesen worden ist.[425]

▶ Antrag nach § 494 a ZPO:
In dem selbstständigen Beweissicherungsverfahren
.... /. ...
beantragen wir namens und in Vollmacht der Antragsgegnerin gemäß § 494 a Abs. 1 ZPO:
Dem Antragsteller wird aufgegeben, innerhalb einer Frist von 1 Monat wegen des Sachverhalts, der Gegenstand des selbstständigen Beweisverfahrens war, bei dem erkennenden Gericht Klage zur Hauptsache zu erheben. ◀

Kommt der Antragsteller innerhalb der Frist der Anordnung nicht nach,[426],[427] dann kann der Antragsgegner/Streithelfer einen **weitergehenden Antrag** stellen, die ihm entstandenen Kosten dem Gegner aufzuerlegen. Die Kostenentscheidung nach § 494 a Abs. 2 ZPO

---

420 Stellt ausschließlich der Streithelfer einen Antrag nach § 494 a Abs. 1 ZPO ist dieser dann unbeachtlich, wenn der Antragsgegner mit der Fristsetzung nicht einverstanden ist, OLG Karlsruhe NJW-RR 2001, 214; LG Regensburg NZBau 2004, 392.
421 Ob die Anträge nach § 494 a Abs. 1 und Abs. 2 ZPO dem Anwaltszwang unterliegen, ist umstritten: für einen Anwaltszwang: OLG Zweibrücken BauR 1995, 587; Zöller-*Herget*, § 494 a ZPO, Rn 6; Thomas/Putzo, § 494 a ZPO, Rn 1; MünchKomm-*Schreiber*, § 494 a ZPO, Rn 2; gegen einen Anwaltszwang: Thüringer OLG OLG 2000, 160; OLG Stuttgart BauR 1995, 135; OLG Schleswig BauR 1996, 590; OLG Braunschweig OLGR 1997, 71; *Schmitz*, BauR 1996, 340 ff.
422 Im Hinblick auf die Antragsformulierung ist erforderlich, dass im Antrag der Gegenstand der zu erhebenden Klage näher konkretisiert wird, so OLG Düsseldorf BauR 1995, 279; OLG Köln BauR 1997, 885; Kniffka/Koeble, Kompendium 13. Teil, Rn 88.
423 Steht bereits bei Antragstellung fest, dass es zu keiner Klageerhebung durch den Antragsteller kommen wird, bedarf es keines Antrages auf Fristsetzung für die Klageerhebung, OLG Köln OLGR 1996, 148; Zöller-*Herget*, § 494 a ZPO, Rn 49.
424 Kniffka/Koeble, Kompendium 13. Teil, Rn 88.
425 OLG Hamm BauR 2002, 522; Zöller-*Herget*, § 494 a ZPO, Rn 3; Kniffka/Koeble, Kompendium 13. Teil, Rn 88.
426 Geht die Klage innerhalb der Frist bei einem unzuständigen Gericht ein und wird sie gem. § 167 ZPO „demnächst" zugestellt, besteht kein Raum mehr für eine Kostenentscheidung.
427 Der Klageerhebung i. S. des § 494 a Abs. 1 ZPO steht die Erhebung einer Widerklage gleich, BGH BauR 2003, 255; OLG Frankfurt OLGR 2002, 295. Streitig ist, ob es ausreicht, wenn der Antragsteller im Rahmen eines anhängigen Rechtsstreits mit umgekehrtem Rubrum eine Aufrechnung erklärt, verneinend: OLG Dresden BauR 2003, 761 (762); OLG Düsseldorf Bau 1994, 278; OLG Köln BauR 1997, 517; bejahend: OLG Hamm, OLGR 1997, 299 (300); OLG Köln, OLGR 1999, 323) oder ein Zurückbehaltungsrecht geltend macht (bejahend: OLG Köln, OLGR 1999, 323 (324).

ist gem. § 794 Abs. 3 ZPO Vollstreckungstitel und gem. § 329 Abs. 3 ZPO sowohl dem Antragsteller als auch dem Antragsgegner zuzustellen. Der Beschluss nach § 494 a Abs. 2 S. 1 ZPO unterliegt der **sofortigen Beschwerde** gem. § 567 ZPO.

▶ Antrag nach § 494 a Abs. 2 ZPO:
In dem selbstständigen Beweissicherungsverfahren
.... ./. ....
beantragen wir namens und in Vollmacht der Antragsgegnerin gemäß § 494 a Abs. 2 ZPO:
Der Antragsteller hat die dem Antragsgegner im Beweisverfahren entstandenen Kosten zu tragen. ◀

Hat der Antragsgegner den Anspruch des Anspruchstellers erfüllt oder ist er vorbehaltlos bereit, den Anspruch zu erfüllen, darf eine Kostenentscheidung nach § 494 a Abs. 2 ZPO nicht ergehen.[428]

d) Kostenentscheidung bei nicht beendetem Beweisverfahren

165 Zu beachten bleibt, dass § 494 a ZPO in der Praxis häufig leer läuft, da die vorgenannte Norm voraussetzt, dass das selbstständige Beweisverfahren beendet worden ist. Dabei stellt sich die Frage, ob in diesen Fallkonstellationen ausnahmsweise eine Kostenentscheidung im selbstständigen Beweisverfahren ergehen kann. Die Zulässigkeit einer solchen „isolierten" Kostenentscheidung wird inzwischen von der ganz h. M. bejaht.[429]

▶ Typische Fallkonstellationen:
- Der selbstständige Beweisantrag wird durch Beschluss als unzulässig oder unbegründet **zurückgewiesen**. In diesem Fall hat eine Kostenentscheidung im selbstständigen Beweisverfahren in entsprechender Anwendung des § 91 ZPO zu erfolgen.[430]
- Nimmt der Antragsteller den selbstständigen **Beweisantrag zurück** oder wird das Verfahren von ihm nicht weiter betrieben, sind ihm im selbstständigen Beweisverfahren die Kosten in entsprechender Anwendung des § 269 Abs. 3 ZPO aufzuerlegen.[431]
- Erklären Antragsteller und Antragsgegner das selbstständige Beweisverfahren in der Hauptsache **übereinstimmend für erledigt**, ist über die Kosten des Verfahrens gem. § 91 a ZPO analog zu entscheiden.[432] Hierbei sind die Gründe, die für die Erledigungserklärung maßgebend waren, im Rahmen der Billigkeitsentscheidung angemessen zu berücksichtigen. Beseitigt der Antragsgegner die durch das Sachverständigengutachten festgestellten Mängel, sind ihm die Kosten des Beweisverfahrens aufzuerlegen. War das selbstständige Beweisverfahren unzulässig, sind dem Antragsteller die Kosten aufzuerlegen.
- Schließen die Parteien einen **außergerichtlichen Vergleich**, ohne dabei eine Kostenregelung hinsichtlich eines anhängigen selbstständigen Beweisverfahrens zu treffen, ist im Wege der

---

428 BGH BauR 2003, 575; OLG Celle BauR 2002, 1888; OLG Frankfurt BauR 1999, 435; OLG Düsseldorf BauR 1995, 279; Kniffka/Koeble, Kompendium 13. Teil, Rn 85. Vgl. hierzu im Übrigen die Ausführungen unter 165 f.
429 OLG München BauR 2001, 1947; OLG Brandenburg BauR 1996, 584; OLG Stuttgart BauR 1995, 278.
430 OLG Karlsruhe BauR 2000, 1529; OLG Brandenburg OLGR 1996, 115; OLG Stuttgart BauR 1995, 278 (279); OLG Braunschweig BauR 1993, 122; Kniffka/Koeble, Kompendium 13. Teil, Rn 86 „es findet ein Kostenfestsetzungsverfahren statt".
431 BGH BauR 2005, 133 (134); OLG Braunschweig BauR 2001, 994; OLG Zweibrücken BauR 2004, 541; KG KGR 2004, 70; OLG München BauR 1994, 276; Kniffka/Koeble, Kompendium 13. Teil, Rn 85. Das Verfahren wird bspw. dann nicht vom Antragsteller betrieben, wenn er den Auslagenvorschuss nicht fristgerecht oder unvollständig zahlt: KG KGR 2004, 70; OLG München NJW-RR 2001, 1439; OLG Hamm BauR 2000, 1090; anderer Auffassung: OLG Köln BauR 2000, 1777; OLG München BauR 1999, 784.
432 OLG Dresden BauR 2003, 1608; OLG München BauR 2000, 139; a. A. OLG Dresden BauR 2000, 605; KG BauR 2001, 1951.

Auslegung gem. §§ 133, 157 BGB festzustellen, ob sich die Kostenregelung des Vergleichs auch auf das Beweisverfahren bezieht.[433]
- Demgegenüber ermöglicht die – häufig nach einer zwischenzeitlichen Mängelbeseitigung durch den Antragsgegner – im Verfahren erfolgte **einseitige Erklärung** des Antragstellers, das selbstständige Beweisverfahren sei in der Hauptsache **erledigt**, keine Kostenentscheidung gegen den Antragsgegner.[434] Der Antragsteller muss in diesem Fall vielmehr in einem neuen Prozessverfahren auf Feststellung/Leistung klagen.[435] ◄

e) Gesondertes Streitwertverfahren

Unter Umständen können die Kosten des selbstständigen Beweisverfahrens in einem gesonderten Prozessverfahren im Wege der Leistungsklage geltend gemacht werden. Dies kommt allerdings nur bei bestehendem Rechtsschutzbedürfnis in Betracht. Ein dementsprechendes Rechtsschutzbedürfnis ist zu verneinen, wenn eine anderweitige prozessuale Kostenerstattung möglich ist, also etwa wenn dem selbstständigen Beweisverfahren ein dieses vollständig erfassendes Hauptsacheverfahren folgt[436] oder aber die Möglichkeit besteht, über § 494 a Abs. 2 ZPO bzw. die Grundsätze der isolierten Kostenentscheidung zu einem Kostentitel zu erlangen.[437] Wird in diesem Fall eine Leistungsklage erhoben, ist der **materiell-rechtliche Erstattungsanspruch** als Schadensersatzanspruch aufgrund Mängelhaftung gem. §§ 634 Nr. 4, 280 Abs. 1 BGB geltend zu machen.[438]

166

D. Die Bauhandwerkersicherungshypothek

I. Inhalt und Bedeutung der Bauhandwerkersicherungshypothek

Sowohl beim BGB- wie auch beim VOB-Bauvertrag kann der Auftragnehmer eines Bauwerks gem. § 648 BGB für seine Forderungen aus dem Vertrag die Einräumung einer Sicherungshypothek an dem Baugrundstück des Auftraggebers verlangen. Ist das Werk noch nicht vollendet, so kann er die Einräumung für einen der geleisteten Arbeit entsprechenden Teil der Vergütung nebst Auslagen verlangen. Der schuldrechtliche Anspruch auf Eintragung einer **Sicherungshypothek** soll dem Auftragnehmer eine Sicherheit für die Durchsetzung seiner Werklohnforderung geben. Zusätzlich kann das Recht vom Auftragnehmer als **Druckmittel** eingesetzt werden, um den Auftraggeber zu einer schnelleren Zahlung zu veranlassen.[439] So bewirkt die Eintragung einer Vormerkung bzw. der Sicherungshypothek selbst in der Regel eine **Grundbuchsperre**, durch die dem Auftraggeber die Gewährung weiterer Baukredite verwehrt wird.[440] Zudem muss der Auftraggeber die zwangsweise Verwertung des Grundstücks mit der Erzielung eines häufig äußerst geringen Erlöses befürchten und kann mit der Vormerkung im Grundbuch das Grundstück praktisch nicht mehr freihändig zu Marktpreisen veräußern.[441] Insbesondere bei Bauträ-

167

---

433 OLG Nürnberg MDR 1998, 861; Werner/Pastor, Rn 135.
434 BGH BauR 2004, 1181; BauR 2005, 133 (134); Kniffka/Koeble, Kompendium 13. Teil, Rn 86.
435 Werner/Pastor, Rn 135.
436 OLG Schleswig JurBüro 1989, 102; OLG Celle OLGR 04, 167; MünchKomm-*Belz*, Vor § 91 ZPO, Rn 17; *Weise*, Rn 629.
437 KG NJW-RR 1996, 846 (847); OLG Düsseldorf BauR 1995, 854; Werner/Pastor, Rn 136.
438 Kniffka/Koeble, Kompendium 13. Teil, Rn 87 „der Schadensersatzanspruch besteht bereits im Nachbesserungsstadium und setzt deshalb keinen Verzug des Auftragnehmers mit der Mängelbeseitigung voraus".
439 MünchKomm-*Busche*, § 648 BGB, Rn 1; Staudinger-*Peters*, § 648 BGB, Rn 6.
440 MünchKomm-*Busche*, § 648 BGB, Rn 1; Staudinger-*Peters*, § 648 BGB, Rn 6; *Peters*, NJW 1981, 2550.
441 In einem derart gelagerten Fall muss sich der Auftraggeber überlegen, dem Auftragnehmer als Gegenleistung für die Löschung seines Grundpfandrechts eine „Abstandszahlung" anzubieten, um als Folge des dann möglichen freihändigen Verkaufs einen höheren Erlös als bei einer Zwangsversteigerung des Objekts zu erzielen.

gern, die ein Weiterveräußern der Immobilie beabsichtigen, kann daher eine Vormerkung an jeder Eigentumswohnung für den Werklohn eines Nachunternehmers ein ideales Druckmittel sein.[442] Der besondere Vorteil des dem Auftragnehmer gesetzlich gewährten Anspruchs auf Sicherungshypothek besteht darin, dass er durch Eintragung einer Vormerkung, die im Wege einer einstweiligen Verfügung durchgesetzt werden kann, zu sichern ist. Dabei muss keine Gefährdung des zu sichernden Anspruchs glaubhaft gemacht werden (§§ 648, 883, 885 Abs. 1 BGB).[443]

168 Auf der anderen Seite gilt es zu bedenken, dass mit der Bauhandwerkersicherungshypothek nicht das Risiko der Vorleistungspflicht des Auftragnehmers abgedeckt wird. Denn gesichert werden ausschließlich Ansprüche für bereits **erbrachte Leistungen**. Darüber hinaus müssen Auftraggeber und Eigentümer des beliehenen Grundstücks **identisch** sein.[444] Schließlich hat der Gläubiger einer eingetragenen Sicherungshypothek im Insolvenzverfahren gem. §§ 49, 50, 51 Nr. 1 InsO lediglich ein Recht auf abgesonderte Befriedigung im Wege der Zwangsversteigerung oder Zwangsverwaltung.

169 War die Sicherungshypothek im Zeitpunkt der Insolvenzeröffnung noch nicht eingetragen, so kann der Auftragnehmer gem. § 106 InsO die Bewilligung der Eintragung der Hypothek nur dann gegenüber dem Insolvenzverwalter verlangen, wenn bereits eine Vormerkung zur Sicherung des Anspruchs auf ihre Eintragung im Zeitpunkt der Verfahrenseröffnung eingetragen war.[445] Das Recht auf Eintragung einer Sicherungshypothek erfüllt daher aus den vorgenannten Gründen nur dann seinen Zweck, wenn eine möglichst günstige Rangstelle im Grundbuch zur Verfügung steht, auf der der Auftragnehmer nicht auszufallen droht.[446]

II. Voraussetzungen eines Anspruchs auf Eintragung einer Bauhandwerkersicherungshypothek

1. Bestehen eines werkvertraglichen Werklohnanspruchs

a) Die Aktivlegitimation des Auftragnehmers

170 Der schuldrechtliche Anspruch auf Eintragung einer Bauhandwerkersicherungshypothek wird ausschließlich auf der Grundlage einer werkvertraglichen Bindung zwischen Auftragnehmer als Unternehmer und Auftraggeber als Besteller begründet. **Unternehmer eines Bauwerks** sind alle, die werkvertraglich dem Auftraggeber gegenüber zur Herstellung eines Baus oder zu Arbeiten am Bau oder eines Teils davon verpflichtet

---

442 Dem Auftraggeber steht auch nicht das Recht zu, die Eintragung der Bauhandwerkersicherungshypothek abzuwehren bzw. die einstweilige Einstellung der Zwangsvollstreckung aus einer bestehenden einstweiligen Verfügung oder sogar die Aufhebung derselben verlangen zu können, wenn er dem Auftragnehmer eine Austauschbürgschaft anbietet, OLG Hamm BauR 1993, 115; **a. A.** OLG Saarbrücken BauR 1993, 348; *Bronsch*, BauR 1983, 517 unter Hinweis auf die Kooperationspflicht der Bauvertragsparteien.
443 MünchKomm-*Busche*, § 648 BGB, Rn 1; Staudinger-*Peters*, § 648 BGB, Rn 35 f.
444 MünchKomm-*Busche*, § 648 BGB, Rn 9; Staudinger-*Peters*, § 648 BGB, Rn 19. Vgl. hierzu auch Rn 172.
445 Karsten/Bauer/Klose, Rn 448; Kübler/Prütting-*Tintelnot*, § 106 InsO, Rn 5 ff. Beachte aber auch die Unwirksamkeit der Vormerkung aufgrund der sog. Rückschlagsperre gem. § 88 InsO und hierzu Rn 850. Vgl. zur denkbaren Insolvenzanfechtung gem. der §§ 129 ff. InsO Rn 859 ff.
446 MünchKomm-*Busche*, § 648 BGB, Rn 2; Staudinger-*Peters*, § 648 BGB, Rn 4.

D. Die Bauhandwerkersicherungshypothek

sind.[447][448] Der vertraglich geschuldeten Leistung des Auftragnehmers darf also folglich kein Kauf-, Dienst- oder Werklieferungsvertrag zugrunde liegen. Somit scheiden Lieferanten von Baumaterialien oder sonstiger Teile eines Hauses aus.[449] Auch Nachunternehmer scheiden als Anspruchsberechtigte aus, da sie nicht aufgrund eines mit dem Bauherrn bestehenden Werkvertrages tätig werden.[450][451]

b) Die Werklohnforderung aus dem Bauvertrag

§ 648 BGB erfasst zunächst alle nicht verjährten **werkvertraglichen** Forderungen,[452] soweit sie sich auf das begonnene Werk beziehen und zu einer Werterhöhung geführt haben.[453] Künftige Ansprüche werden nicht geschützt.[454] Unbeachtlich ist, dass die Forderungen noch nicht fällig sind.[455] Anders ist es jedoch bei Forderungen, denen zu Recht die Einrede der Verjährung entgegengehalten wird.[456] Der Anspruch auf Einräumung einer Sicherungshypothek besteht nur insoweit, als die ausgeführten Leistungen **mangelfrei** sind.[457][458] Beruft sich der Auftraggeber auf Mängelrechte, wird der sicherungsfähige Anspruch ermittelt, indem vom Werklohn der Wert des Gegenanspruchs abgesetzt wird.[459]

171

2. Eigentum des Bestellers am Baugrundstück

Die Eintragung einer Sicherungshypothek für seine Werklohnforderungen kann der Auftragnehmer nach § 648 BGB auf dem Baugrundstück des Auftraggebers verlangen. Pfandgegenstand der Sicherungshypothek gem. § 648 BGB ist allein das Baugrundstück

172

---

447 Der Unternehmer muss nicht verpflichtet sein, das gesamte Bauwerk zu errichten. Es reicht schon, wenn einzelne Teilleistungen erbracht werden, BGHZ 19, 319; NJW 1977, 1146. Bei einem Abrissauftrag handelt es sich nicht um Bauwerksarbeiten, BGH ZfBR 2004, 549; OLG Bremen BauR 1995, 862; LG Köln BauR 1997, 672; *Weise*, Rn 484; Staudinger-*Peters*, § 648 BGB, Rn 13; *Leinemann*, Rn 355. Gleichsam geben Arbeiten an einem Grundstück keinen Anspruch, es sei denn, sie bereiten die Bauwerkerrichtung vor, MünchKomm-*Busche*, § 648 BGB, Rn 12; Werner/Pastor, Rn 206 m.w.N..
448 In der Praxis wirft die Einordnung von Sanierungs- und Renovierungsarbeiten Probleme im Hinblick auf die Frage auf, ob es sich um Arbeiten an einem Bauwerk handelt. Vgl. hierzu BGH BauR 1994, 101.
449 MünchKomm-*Busche*, § 648 BGB, Rn 11; Staudinger-*Peters*, § 648 BGB, Rn 9; Werner/Pastor, Rn 197.
450 Anders als der Nachunternehmer kann sich der Generalübernehmer, der Nachunternehmer die von ihm gegenüber dem Bauherrn geschuldeten Leistungen erbringen lässt auf § 648 BGB berufen; BGH MDR 1951, 728.
451 Soweit die Tätigkeit zu einer Wertsteigerung des Grundstücks führt, sind auch der Architekt, der plant und überwacht (BGH NJW 1969, 419; BauR 1982, 79; OLG Düsseldorf NJW-RR 2000, 166; OLG Hamm NJW 1963, 1459), der Statiker und andere Sonderfachleute anspruchsberechtigt (BGH NJW 1977, 2259; NJW 1974, 95); MünchKomm-*Busche*, § 648 BGB, Rn 13; Staudinger-*Peters*, § 648 BGB, Rn 15.
452 Neben dem Vergütungsanspruch aus § 631 BGB gilt dies auch für den Entschädigungsanspruch nach § 642 BGB, den Anspruch aus § 649 BGB bzw. § 8 Nr. 1 Abs. 2 VOB/B, den Aufwendungsersatzanspruch gem. § 645 Abs. 1 BGB sowie den Schadensersatzanspruch aus § 645 Abs. 2 BGB wegen Verzugs und aus § 280 Abs. 1 BGB; Schmidt/Winzen, S. 25; *Weise*, Rn 524.
453 OLG Düsseldorf BauR 1972, 254; *Weise*, Rn 495.
454 OLG Frankfurt OLGR 2000, 145 (146); *Leinemann*, Rn 356.
455 OLG Hamm BauR 1999, 407 (408); *Leinemann*, Rn 357; *Weise*, Rn 525.
456 LG Aurich NJW-RR 1991, 1240.
457 BGH BauR 1977, 208; OLG Brandenburg BauR 2003, 579; OLG Celle BauR 2001, 1623; Ingenstau/Korbion-*Joussen*, Anhang 2 BGB, Rn 58; MünchKomm-*Busche*, § 648 BGB, Rn 21 ff.; Staudinger-*Peters*, § 648 BGB, Rn 30 ff.; Palandt-*Sprau*, § 648 BGB, Rn 4; *Motzke*, S. 12 ff.
458 Vor Abnahme muss der Auftragnehmer im einstweiligen Verfügungsverfahren glaubhaft machen bzw. im Klageverfahren beweisen, dass das von ihm errichtete Werk keine Mängel oder dem Mängel mit glaubhaft gemacht bzw. bewiesenen Mängelbeseitigungskosten aufweist, OLG Brandenburg BauR 2003, 579; BGH BauR 1997, 133. Nach Abnahme trifft die Pflicht der Glaubhaftmachung bzw. des Beweisens den Auftraggeber, OLG Hamm BauR 1998, 885.
459 Ingenstau/Korbion-*Joussen*, Anhang 2 BGB, Rn 58 ff.; MünchKomm-*Busche*, § 648 BGB, Rn 21 ff.; Staudinger-*Peters*, § 648 BGB, Rn 30 ff.

§ 4 Die Sicherung bauvertraglicher Ansprüche

des Auftraggebers, gleich in welchem Umfang es bebaut ist.[460] Die erforderliche **Identität** zwischen dem Auftraggeber und dem Grundstückseigentümer ist nicht nach wirtschaftlicher Betrachtungsweise, sondern formaljuristisch zu beurteilen.[461] Die Voraussetzungen für die Einräumung einer Sicherungshypothek liegen daher nicht vor, wenn der Grundstückserwerber vor seiner Eintragung als Eigentümer den Werkvertrag abschließt.[462] Der BGH kommt einer wirtschaftlichen Betrachtungsweise aber nahe, wenn er es für denkbar hält, dass sich der Eigentümer im Einzelfall nach Treu und Glauben wie der Auftraggeber behandeln lassen muss.[463] So nennt der BGH die wirtschaftliche Beherrschung des Auftraggebers durch den Grundeigentümer und die tatsächliche Ausnutzung der Werkleistung. Das führt aber nicht dazu, dass der Grundstückseigentümer auch für die Werklohnforderung haftet.[464]

3. Nichtvorliegen eines vertraglich vereinbarten wirksamen Ausschlusses von § 648 BGB

173 Die Geltung von § 648 BGB kann durch **Individualvereinbarung** grundsätzlich ausgeschlossen werden.[465] [466] Eine in **Allgemeinen Geschäftsbedingungen** eines Baubetreuers enthaltene Klausel, wonach der Anspruch auf Einräumung einer Sicherungshypothek gem. § 648 BGB ausgeschlossen ist, benachteiligt den Auftragnehmer entgegen Treu und Glauben jedenfalls dann, wenn ihm keine andere angemessene Sicherheit angeboten wird.[467]

III. Verfahrensrechtliche Fragen

174 Die dingliche Sicherung des in § 648 BGB verankerten schuldrechtlichen Anspruchs des Auftragnehmers tritt erst mit der Bestellung der Bauhandwerkersicherungshypothek im Grundbuch ein. Billigt der Auftraggeber und Eigentümer die Eintragung nicht bereits im Rahmen einer gütlichen Einigung, muss der Auftragnehmer klagen. Die Rangstelle kann er im Wege der einstweiligen Verfügung über eine Vormerkung auf Eintragung der Sicherungshypothek sichern.[468]

1. Das einstweilige Verfügungsverfahren

175 Um das Sicherungsbegehren des Mandanten auf dem sichersten Weg durchzusetzen, ist die Bauhandwerkersicherungshypothek durch **Eintragung einer Vormerkung** im einstweiligen Verfügungsverfahren (vgl. Rn 186 ff.) abzusichern[469] und sodann Klage auf Eintragung der Bauhandwerkersicherungshypothek – verbunden mit einem Antrag auf Zahlung des ausstehenden Werklohns – zu erheben. Im einstweiligen Verfügungsverfahren

---

460 Werner/Pastor, Rn 243, *Weise*, Rn 498.
461 BGH NJW 1988, 253; *Weise*, Rn 510; MünchKomm-*Busche*, § 648 BGB, Rn 27; Staudinger-*Peters*, § 648 BGB, Rn 20 ff.
462 OLG Koblenz BauR 1993, 750.
463 BGH BauR 2000, 101; OLG Celle, IBR 2005, 483, Nichtzulassungsbeschwerde vom BGH durch Beschl. v. 23.6.2005 zurückgewiesen; OLG München BauR 2004 1992; KG BauR 1999, 921; OLG Dresden BauR 1998, 136 (137); OLG Celle BauR 2005, 1050; *Weise*, Rn 515 ff.
464 Werner/Pastor, Rn 259; *Siegburg*, EWiR § 648 1/88, S. 43 f.
465 OLG Köln BauR 1974, 282; OLG München BB 1976, 1001; OLG Karlsruhe IBR 1996, 368; Staudinger-*Peters*, § 648 BGB, Rn 42; MünchKomm-*Busche*, § 648 BGB, Rn 4; *Weise*, Rn 474.
466 Formulierungsbeispiel: „*Ansprüche aus § 648 BGB auf Einräumung einer Bauhandwerkersicherungshypothek sind ausgeschlossen.*".
467 BGH BauR 1984, 413; OLG Celle BauR 2001, 834; OLG Karlsruhe BauR 19997, 486; *Weise*, Rn 477; **a. A.** Kapellmann BauR 1976, 323 (326).
468 *Weise*, Rn 554; *Lüdtke-Handjery*, DB 1972, 2193 (2197).
469 Ausführlich hierzu *Siegburg*, BauR 1990, 290 ff.

D. Die Bauhandwerkersicherungshypothek

hat der Auftragnehmer – ggf. durch Beiziehung eidesstattlicher Versicherungen i. S. des § 294 ZPO – glaubhaft zu machen,[470] dass er Unternehmer eines Bauwerks ist[471] und auf der Grundlage einer werkvertraglichen Beziehungen zum Auftraggeber, der Eigentümer des Baugrundstücks ist, einen Werklohnanspruch für mangelfrei erbrachte bzw. bereits abgenommene Werkleistungen in bestimmter Höhe hat.[472] [473]

Ist eine einstweilige Verfügung erlassen worden, wird die Vormerkung auf Antrag (§ 13 GBO) oder auf Ersuchen des Prozessgerichts (§§ 38 GBO, 941 ZPO) im Grundbuch eingetragen.[474] [475] Der Antrag oder das gerichtliche Ersuchen muss binnen eines Monats beim Grundbuchamt eingegangen sein.[476] Wird die Frist nicht gewahrt, ist die einstweilige Verfügung gem. §§ 936, 929 Abs. 2 ZPO unwirksam.[477]

▶ Antrag auf Erlass einer einstweiligen Verfügung:
In Sachen
...
beantragen wir Namens und in Vollmacht der Antragstellerin im Wege der einstweiligen Verfügung – wegen Dringlichkeit ohne mündliche Verhandlung – für Recht zu erkennen:
Im Grundbuch von ..., Grundbuchblatt ..., Flurstück ..., wird zu Lasten der des Antragsgegners, zu Gunsten der Antragstellerin eine Vormerkung zur Sicherung ihres Anspruchs auf Einräumung einer Sicherungsgesamthypothek für die Forderung aus Bauvertrag vom ... gemäß Schlussrechnung vom ... in Höhe von EUR ... sowie wegen eines Kostenbetrages von EUR ... eingetragen.
Es wird weiter beantragt,
den Antrag auf Eintragung der Vormerkung durch das Gericht beim zuständigen Grundbuchamt einzureichen. ◀

Vertritt der Rechtsanwalt den Bauherrn, so ist vor Erlass einer einstweiligen Verfügung darüber nachzudenken, sich mit einer – meist auf das Vorliegen von Mängeln gestützten – **Schutzschrift** zur Wehr zu setzen. Diese Schutzschrift ist nebst beizufügenden eidesstattlichen Versicherungen bei allen in Betracht kommenden Gerichten zu hinterlegen. Bei Vorliegen einer im Beschlusswege erlassenen einstweiligen Verfügung kann der Auftraggeber gem. § 924 ZPO **Widerspruch** einlegen.[478] Ist die einstweilige Verfügung erlassen

---

470 Weiterführend: *Weise*, Rn 571 ff.
471 Der Auftragnehmer muss also den genauen Inhalt des Grundbuchs kennen, in dem die Zwangssicherungshypothek eingetragen werden soll. Als Folge der Grundbucheinsicht kann der Auftragnehmer zudem den wirtschaftlichen Wert der zu erlangenden Zwangssicherungshypothek einschätzen.
472 OLG Brandenburg BauR 2005, 1067. Was die Frage der Mangelhaftigkeit der Werkleistung betrifft, muss der Unternehmer bis zur Abnahme die Mängelfreiheit und der Besteller ab der Abnahme das Vorhandensein von Mängeln glaubhaft machen.
473 Soll erreicht werden, dass das angerufene Gericht die einstweilige Verfügung im Beschlussweg ohne mündliche Verhandlung erlässt [vgl. zu der gem. § 937 Abs. 2 ZPO im Ermessen des Gerichts stehende Entscheidung durch Beschluss oder Urteil zu entscheiden, Rn 208, 212], um den Überraschungseffekt gegenüber dem Auftraggeber zu wahren, sind die den Anspruch aus § 648 BGB begründenden Tatsachen akribisch durch Schriftstücke glaubhaft zu machen.
474 *Weise*, Rn 577.
475 Dem Prozessbevollmächtigten des Antragstellers ist anzuraten, nach Antragstellung beim zuständigen Richter telefonisch nachzufragen, ob die einstweilige Verfügung erlassen worden ist. Ist der Erlass der einstweiligen Verfügung vom erkennenden Gericht bejaht worden, ist – ggf. auch durch eigene Veranlassung – sicherzustellen, dass der Beschluss ohne Verzögerung auch an das Grundbuchamt weitergeleitet worden ist, um die bestmögliche Rangstelle zu sichern.
476 BGH BauR 1997, 301 (302); *Weise*, Rn 583.
477 Die Zustellung der einstweiligen Verfügung muss gem. § 929 Abs. 3 ZPO binnen einer Woche ab Vollziehung oder jedenfalls innerhalb der Monatsfrist des § 929 Abs. 2 ZPO erfolgen; *Weise*, Rn. 585. Vgl. hierzu auch Rn 210 f.
478 Vgl. hierzu Karsten/Bauer/Klose, Rn 441 f. sowie die Ausführungen unter Rn 213 f.

bzw. ganz oder teilweise durch Urteil bestätigt worden, ist der Frage nachzugehen, ob gem. § 926 ZPO ein **Antrag auf Fristsetzung zur Erhebung der Hauptsacheklage** gestellt werden sollte.[479] Auch kann das **Aufhebungsverfahren** nach § 927 ZPO wegen veränderter Umstände betrieben werden.[480]

2. Das Klageverfahren

178 Bei der Hauptklage i. S. des §§ 926, 936 Abs. 1 ZPO handelt es sich ausschließlich um die Hypothekenklage. Mit einer Zahlungsklage kann die Umschreibung der Vormerkung in eine Bauhandwerkersicherungshypothek nicht erreicht werden.

▶ Klage auf Eintragung einer Bauhandwerkersicherungshypothek:
Namens und in Vollmacht des Klägers erheben wir Klage mit dem Antrag:
Der Beklagte wird verurteilt, die Eintragung einer Sicherungshypothek für die Forderung der Klägerin aus dem Bauvertrag vom ... gemäß Schlussrechnung vom ... in Höhe von EUR ... zuzüglich Zinsen hieraus in Höhe von 5 Prozentpunkten über dem Basiszinssatz seit dem ... sowie wegen eines Kostenbetrages in Höhe von EUR ... im Grundbuch von ..., Grundbuchblatt ..., Flurstück ..., zu bewilligen unter rangwahrender Ausnutzung der auf Grund der einstweiligen Verfügung des Landgerichts ... vom ..., Az:... eingetragenen Vormerkung. ◀

E. Bauhandwerkersicherung gemäß § 648 a BGB

I. Inhalt, Zweck und Bedeutung des § 648 a BGB

179 § 648 a BGB, der sowohl beim BGB- wie auch VOB-Bauvertrag[481] zur Anwendung kommt, verschafft dem Auftragnehmer die Möglichkeit, seinen **Werklohnanspruch** abzusichern, um damit das Vorleistungsrisiko zu mindern. So steht dem Auftragnehmer nach dem Gesetz kein klagbarer Anspruch auf Leistung einer Sicherheit zur Verfügung.[482] Dies hat zur Folge, dass der Auftraggeber in Ermangelung des Bestehens eines Anspruchs den Auftraggeber nicht in Schuldnerverzug setzen kann und folglich keinen Anspruch auf Ersatz eines Verzugsschadens gem. §§ 280 Abs. 1, 2; 286 BGB hat. Gleichermaßen kann der Auftragnehmer weder nach § 323 BGB vom Vertrag zurücktreten, noch über §§ 280 Abs. 1, 3; 281 bzw. 284 BGB einen Erfüllungsschaden bzw. einen Aufwendungsersatzanspruch geltend machen. Stattdessen räumt § 648 a Abs. 5 BGB dem Auftragnehmer auf andere Weise das Recht ein, **sich vom Vertrag zu lösen**. Was die Vergütungspflicht für die bis zur Vertragsauflösung erbrachten Leistungen betrifft, so steht dem Auftragnehmer nur der Anspruch nach § 645 BGB zu, der um einen Anspruch auf Ersatz des Vertrauensschadens ergänzt wird.[483]

II. Voraussetzungen des § 648 a BGB

1. Der berechtigte Auftragnehmer

180 Anspruchsberechtigt ist – zunächst wie bei § 648 BGB – der Auftragnehmer eines Bauwerkes, der nach § 631 BGB zur Errichtung eines Bauwerkes oder einer Außenanlage

---

[479] Vgl. hierzu Karsten/Bauer/Klose, Rn 444 ff. sowie die Ausführungen unter Rn 211.
[480] Weitergehend Werner/Pastor, Rn 286 ff.
[481] *Leinemann*, Rn 295.
[482] BGH BauR 2001, 386; *Weise*, Rn 612; MünchKomm-*Busche*, § 648 a BGB, Rn 3.
[483] Es bleibt somit festzuhalten, dass der Schutz des Auftragnehmers deutlich eingeschränkter gegenüber dem Schutz desjenigen ist, der Rechte aus der Verletzung einer Leistungspflicht geltend machen kann.

E. Bauhandwerkersicherung gemäß § 648 a BGB

oder eines Teils davon verpflichtet ist,[484] wobei es – anders als bei § 648 BGB – keine Rolle spielt, dass der Auftraggeber nicht Eigentümer des Grundstücks ist, auf dem die Bauleistungen erbracht worden sind[485] (vgl. Rn 170). Die Regelung gilt für alle Auftragnehmer i. S. des § 631 BGB, also nicht nur für den Bauhandwerker, sondern auch für den Generalunternehmer/Generalübernehmer sowie den Nachunternehmer.[486]

2. Der verpflichtete Auftraggeber

Anspruchsgegner ist der werkvertraglich verbundene Auftraggeber[487] und zwar unabhängig davon, ob er Eigentümer des zu bebauenden Grundstücks ist.[488] Weiterhin erfolgt eine Eingrenzung des personellen Anwendungsbereiches durch § 648 a Abs. 6 BGB: § 648 a BGB findet zunächst dann **keine Anwendung**, wenn der Auftraggeber eine juristische Person des öffentlichen Rechts oder ein öffentlichrechtliches Sondervermögen ist. Darüber hinaus ist § 648 a BGB auch dann nicht anwendbar, wenn eine natürliche Person betroffen ist und die Bauarbeiten einem[489] Einfamilienhaus mit oder ohne Einliegerwohnung dienen.[490] Letzteres gilt allerdings nicht, wenn ein Baubetreuer zur Verfügung über die Finanzierung ermächtigt ist.[491]

181

3. Der Anspruchsinhalt

Nach § 648 a Abs. 1 S. 1 BGB kann der Auftraggeber für die von ihm zu erbringenden Vorleistungen eine **Sicherheit** verlangen. Der Sicherungsanspruch besteht gem. § 648 a Abs. 1 S. 2 BGB **bis zur Höhe des voraussichtlichen Vergütungsanspruchs**, wie er sich aus dem Vertrag oder einem Zusatzauftrag (= Nachtrag)[492] ergibt, wobei bereits gezahlte Beträge in Abzug zu bringen sind.[493] [494] Es erfolgt keine Kürzung wegen Mängel, wenn der Auftragnehmer nur tatsächlich und rechtlich in der Lage und bereit ist, die vorhan-

182

---

[484] Unter einem Bauwerk versteht die Rechtsprechung eine unbewegliche, durch Verwendung von Arbeit und Material in Verbindung mit dem Erdboden hergestellte Sache, BGH BauR 2001, 621. Vergütungsansprüche aus werkvertraglichen Leistungen zur erstmaligen Errichtung eines Bauwerks in diesem Sinne sind sicherungsfähig. Zu den Arbeiten am Bauwerk gehören auch Arbeiten, die für Konstruktion, Bestand, Erhaltung und Benutzbarkeit des Gebäudes von wesentlicher Bedeutung sind, wenn die eingebauten Teile mit dem Gebäude fest verbunden werden, BGH BauR 1994, 101. Nicht sicherbar sind die Vergütungsansprüche für Renovierungsarbeiten, die für Konstruktion, Bestand, Erhaltung und Benutzbarkeit des Gebäudes nicht von wesentlicher Bedeutung sind. Denn das sind keine Arbeiten für ein Bauwerk. Auch Abbrucharbeiten sind keine Arbeiten an einem Bauwerk; BGH ZfBR 2004, 549. Nicht sicherungsberechtigt sind ferner Vertragspartner eines Vertrages über die Herstellung und Lieferung von beweglichen Sachen, die nicht durch sie in ein Bauwerk eingebaut werden, da auf diesen Vertrag gem. § 651 BGB Kaufrecht Anwendung findet.
[485] Anzumerken bleibt, dass es bei § 648 a BGB – anders als bei § 648 BGB – nicht darauf ankommt, ob es zu einer Wrtsteigerung des Grundstücks gekommen ist, da der Schutzzweck der Norm ausschließlich auf die Sicherung der Vorleistungspflicht abzielt.
[486] *Weise*, Rn 620; *Weber*, WM 1994, 725; *Leinemann*, Rn 298; *Klaft*, S. 34; Werner/Pastor, Rn 321; Ingenstau/Korbion-Joussen, Anhang 2 BGB, Rn 138.
[487] Eine Haftung nach § 179 BGB reicht nicht aus. Gleiches gilt für den Fall des Schuldbeitritts, *Weise*, Rn 621.
[488] *Weise*, Rn 621; MünchKomm-*Busche*, § 648 a BGB, Rn 5; Werner/Pastor, Rn 324.
[489] Vgl. dazu LG Bonn NJW-RR 1998, 530.
[490] Staudinger-*Peters*, § 648 a BGB, Rn 6 f.; MünchKomm-*Busche*, § 648 a BGB, Rn 10.
[491] *Weise*, Rn 622; *Leinemann*, Rn 302; Werner/Pastor, Rn 325.
[492] Vgl. hierzu Karsten/Bauer/Klose, Rn 508.
[493] BGH BauR 2001, 386 (388 f.); Staudinger-*Peters*, § 648 a BGB, Rn 8 ff.; MünchKomm-*Busche*, § 648 a BGB, Rn 19 ff.; Werner/Pastor, Rn 328.
[494] Neben dem Vergütungsanspruch aus § 631 BGB bzw. § 2 VOB/B werden von dem Sicherungsbegehren des Auftragnehmers auch die Ansprüche aus §§ 642, 645, 649 S. 2 BGB sowie § 6 Nr. 6 VOB/B erfasst; Staudinger-*Peters*, § 648 a BGB, Rn 8; Hofmann/Koppmann, S. 49 f.; *Klaft*, S. 87; *Weise*, Rn 636. Schadensersatzansprüche, Ansprüche aus Geschäftsführung ohne Auftrag und Ansprüche aus ungerechtfertigter Bereicherung werden von § 648 a BGB nicht erfasst, Werner/Pastor, Rn 331; *Weise*, Rn 636.

§ 4 Die Sicherung bauvertraglicher Ansprüche

denen Mängel zu beseitigen.[495] Gemäß § 648 a Abs. 2 S. 1 BGB kann die Sicherheit[496] in Form einer Garantie oder eines Zahlungsversprechens eines Kreditinstituts oder Kreditversicherers geleistet werden.[497] Ferner kommt auch eine Bürgschaft in Betracht.[498] [499]

183 Der Auftragnehmer hat gem. § 648 a Abs. 3 BGB dem Auftraggeber die üblichen **Kosten der Sicherheit** bis zu einem Höchstsatz von 2% p.a. zu erstatten, es sei denn, unbegründete Einwände des Auftraggebers gegen die Vergütung führen zu einer Aufrechterhaltung der Sicherheit.[500] Der Auftragnehmer muss dem Auftraggeber gem. § 648 a Abs. 1 S. 1 BGB zur Leistung der Sicherheit eine **angemessene Frist**[501] setzen, mit der Erklärung, dass er nach dem Ablauf der Frist seine Leistung verweigere.[502]

▶ An die Firma   Rechtsanwälte ...
...   21. März 2006
Betr.: Bauvorhaben ...
Sehr geehrter Herr ...,
wir zeigen an, dass wir die anwaltliche Vertretung der CARAT GmbH, ..., übernommen haben. Auf uns lautende Vollmacht ist diesem Schreiben im Original beigefügt. Am 13. Dezember 2004 haben Sie einen Bauvertrag mit unserer Mandantin betreffend des Bauvorhabens Lährstraße 7A in Berlin-Zehlendorf abgeschlossen. Dabei ist zwischen den Parteien als Werklohn eine Pauschalsumme in Höhe von EUR 77.234,- vereinbart worden. Auf die Abschlagsrechnung vom 3. Januar 2005 sind Ihrerseits bereits EUR 10.000,- bezahlt worden.

Gemäß § 648 a Abs. 1 BGB ist unsere Mandantin berechtigt, für die von ihr zu erbringenden Vorleistungen Sicherheit in angemessener Höhe, also derzeit in Höhe von EUR 67.234,– zu verlangen. Wir bitten um Leistung einer entsprechenden Sicherheit über diesen Betrag bis spätestens zum 10. April 2006.

Bei fruchtlosem Ablauf der Frist ist unsere Mandantin zur Einstellung der Arbeiten berechtigt und wird hiervon Gebrauch machen.
Rechtsanwalt ◀

III. Rechtsfolgen des § 648 a BGB

184 Leistet der Auftraggeber die Sicherheit nicht fristgemäß, so bestimmen sich die Rechte des Auftragnehmers nach § 648 a Abs. 5 i. V. m. §§ 643, 645 Abs. 1 BGB. Der Auftragnehmer hat keinen klagbaren Anspruch auf die Sicherheit. Die Rechte des Auftragneh-

---

495 BGH BauR 2001, 386 (389): OLG Karlsruhe BauR 1996, 556 (557); *Schmitz*, ZfBR 2000, 489 (495); *Liepe*, BauR 1998, 860; *Leinemann*, NJW 1997, 238 (239); *Weise*, Rn 641; Werner/Pastor, Rn 330; Karsten/Bauer/Klose, Rn 513.
496 Von einer tauglichen Sicherheit kann nur dann die Rede sein, wenn sich aus der Erklärung des Verpflichteten ein unmittelbarer insolvenzfester Zahlungsanspruch des Auftragnehmers gegen das Kreditinstitut oder den Kreditversicherer ergibt, BGH BauR 2001, 386.
497 Weiterführend: *Leinemann*, Rn 303 ff.; *Weise*, Rn 624 ff.
498 *Weise*, Rn 624. Vgl. hierzu weiterführend Karsten/Bauer/Klose, Rn 473 ff. Befristete Bürgschaften stellen allerdings keine taugliche Sicherheit i. S. des § 648 a BGB dar, OLG Oldenburg BauR 1999, 518; OLG Frankfurt BauR 2003, 412; Karsten/Bauer/Klose, Rn 489 f.; *Erman-Schwenker*, § 648 a BGB, Rn 10.
499 Beachte § 648 a Abs. 1 S. 3 BGB, wonach der Bürge sein dem Auftragnehmer gegebenes Zahlungsversprechen im Falle einer wesentlichen Verschlechterung der Vermögensverhältnisse des Auftraggebers mit Wirkung für die Vergütungsansprüche aus Bauleistungen ... widerrufen kann, die der Auftragnehmer bei Zugang der Widerrufserklärung noch nicht erbracht hat. Kommt es hierzu, kann sich der Auftragnehmer wiederum auf § 648 a Abs. 1 S. 1 BGB mit erneut notwendiger Fristsetzung [Karsten/Bauer/Klose, Rn 483] stützen.
500 *Leinemann*, Rn 323, 328 f.; Karsten/Bauer/Klose, Rn 525.
501 Zur Angemessenheit der Fristsetzung: BGH BauR 2005, 1009. Eine Frist von 7 bis 10 Tagen stellt nur die Mindestfrist dar, die keinesfalls unterschritten werden sollte, Staudinger-Peters, § 648 a BGB, Rn 20; *Zielmann*, Rn 754; *Weber*, WM 1994, 725 (726).
502 *Weise*, Rn 650 f.; Hofmann/Koppmann, BauR 1994, 305 (310).

E. Bauhandwerkersicherung gemäß § 648 a BGB

mers beschränken sich darauf, die Erbringung der eigenen Leistung verweigern zu können.[503] [504] Die weiteren Rechtsfolgen ergeben sich dann aus § 642 BGB bzw. aus § 6 Nr. 6 VOB/B: Die durch die Leistungsverweigerung entstehenden **Behinderungen** und **Behinderungskosten** muss der Auftraggeber tragen (vgl. Rn 548 ff.). Schließlich kann der Auftragnehmer dem Auftraggeber gem. § 648 a Abs. 5 i. V. m. § 643 BGB eine **angemessene Nachfrist**[505] zur Erbringung der Sicherheit setzen, verbunden mit einer Kündigungsandrohung für den Fall, dass die Sicherheit nicht fristgerecht erbracht wird. Wird die Sicherheit dann nicht fristgerecht geleistet, gilt der Vertrag **als aufgehoben**; auf eine **Kündigungserklärung** kommt es nicht mehr an.[506] Der Auftragnehmer kann seine erbrachten Leistungen sodann nach § 648 a Abs. 5 i. V. m. § 645 BGB **abrechnen** (vgl. Rn 471 f.). Daneben kann er Ersatz von Auslagen und gemäß der ausdrücklichen Regelung des § 648 a Abs. 5 S. 2 BGB Ersatz des **Vertrauensschadens** verlangen.[507] **Ohne Nachfristsetzung** mit Kündigungsandrohung bleibt der Vertrag bestehen. Der Auftragnehmer kann sich in diesem Fall weiter auf das Leistungsverweigerungsrecht berufen. Kündigt dann der Auftraggeber nach § 649 S. 1 BGB, kann der Auftragnehmer nach § 649 S. 2 BGB abrechnen (vgl. Rn 452 ff.).

▶ An die Firma   Rechtsanwälte ...
...   21. März 2006

Betr.: Bauvorhaben ...

Sehr geehrter Herr ...,

mit Schreiben vom 21. März 2005 haben wir Sie aufgefordert, unserer Mandantin bis zum Ablauf des 10. April 2005 eine Sicherheit gemäß § 648 a BGB zu stellen.

Leider konnten wir den Eingang einer Sicherheit nicht feststellen. Wie bereits angekündigt, wird unsere Mandantin als Folge der Nichtleistung der Sicherheit die Arbeiten mit sofortiger Wirkung einstellen. Unsere Mandantin ist hierdurch an einer Fortsetzung der Arbeiten i. S. von § 6 VOB/B behindert. Hieraus resultierende Ansprüche aus § 6 Nr. 6 VOB/B bzw. § 642 BGB bleiben vorbehalten. Sollte uns bis zum 5. Mai 2006

nicht die geforderte Sicherheit vorliegen, werden wir gemäß §§ 648 a Abs. 5 BGB, 643 BGB den Vertrag kündigen. Einer ausdrücklichen Kündigungserklärung nach Fristablauf bedarf es dafür nicht. Der Vertrag gilt nach fruchtlosem Ablauf der Frist als gekündigt.

Namens und in Vollmacht unserer Mandantin werden wir für den Fall der Beendigung des Bauvertrages nicht nur Vergütung für die erbrachten Leistungen, sondern darüber hinaus für die noch ausstehenden Vergütungsteile Schadensersatz in Höhe von 5% der ausstehenden Vergütung gemäß § 648 a Abs. 5 BGB verlangen.

Rechtsanwalt ◀

---

503 *Weise*, Rn 652; Staudinger-*Peters*, § 648 a BGB, Rn 21; MünchKomm-*Busche*, § 648 a BGB, Rn 4, 31; Werner/Pastor, Rn 332; Karsten/Bauer/Klose, Rn 516.
504 Vgl. zur Anwendbarkeit des § 648 a BGB und Bestehen eines Leistungsverweigerungsrechts nach Abnahme Rn 582 ff.
505 Die dem Auftraggeber, der bereits vorgewarnt ist, zu setzende Nachfrist kann kürzer bemessen sein als die erste Frist, *Schmitz*, ZfIR 2001, 25 (27).
506 Karsten/Bauer/Klose, Rn 517.
507 Vgl. hierzu Karsten/Bauer/Klose, Rn 519 f.

IV. Ausschluss des § 648 a BGB

185 Ein **Ausschluss** des § 648 a BGB oder eine abweichende Vereinbarung zugunsten des Auftragnehmers,[508] die individuell vereinbart oder aber Teil Allgemeiner Geschäftsbedingungen bildet, ist gem. § 648 a Abs. 7 BGB **unwirksam**.[509]

F. Der einstweilige Rechtsschutz in Bausachen

186 Die Durchführung eines Klageverfahrens durch die Instanzen mit anschließender Zwangsvollstreckung kann bekanntermaßen ausgesprochen viel Zeit in Anspruch nehmen. Zudem gilt es zu bedenken, dass häufig der mühsam erkämpfte Vollstreckungstitel nicht einmal seine Kosten wert ist, weil der Schuldner schließlich insolvent geworden ist. Daher besteht aufgrund der weiterhin steigenden Zahlen von Unternehmensinsolvenzen in der Bauwirtschaft gerade in Bausachen ein besonderes Bedürfnis nach beschleunigter, wenn auch nur vorläufiger Regelung und Sicherung von Ansprüchen und Rechtsverhältnissen. Diesem Bedürfnis dienen die Eilverfahren des Arrestes und der einstweiligen Verfügung.

I. Grundlagen

1. Abgrenzung der Sicherungsverfahren: Arrest und einstweilige Verfügung

187 Arrest und einstweilige Verfügung sind Eilverfahren zur Sicherstellung von Ansprüchen bzw. zur Regelung von streitigen Rechtsverhältnissen.[510] Beide Institute dienen der Durchsetzung des materiellen Rechts: Der **Arrest** dient gem. § 916 ZPO der Sicherstellung von Geldforderungen[511] und solcher Ansprüche, die in eine Geldforderung übergehen können.[512] Nach § 916 Abs. 2 ZPO gilt dies unter gewissen Voraussetzungen auch für bedingte und betagte Ansprüche.[513] Damit kann ein Anspruch auf Zahlung einer noch nicht vollständig erbrachten und abgenommenen Leistung durch einen Arrest gesichert werden.[514] Die **einstweilige Verfügung** dient gem. § 935 ZPO der Sicherung solcher Ansprüche, die nicht auf Zahlung – sondern auf Herausgabe, Vornahme einer Handlung, Duldung, Unterlassung oder Abgabe von Willenserklärungen – gerichtet sind sowie gem. § 940 ZPO der einstweiligen Regelung streitiger Rechtsverhältnisse.[515] [516]

---

[508] Beachte BGH BauR 2002, 796, wonach bei dieser Teilfrage die Rechtslage offen sein soll.
[509] OLG Celle BauR 2001, 101; Staudinger-*Peters*, § 648 a BGB, Rn 2; MünchKomm-*Busche*, § 648 a BGB, Rn 40; Werner/Pastor, Rn 338; Schulze-*Hagen*, BauR 2000, 28 (36); Karsten/Bauer/Klose, Rn 470.
[510] *Grunsky*, JuS 1976, 277; *Teplitzky*, JuS 1980, 882; DRiZ 1982, 41.
[511] Gleichgestellt ist der Anspruch aus einem Grundpfandrecht auf Duldung der Zwangsvollstreckung: Baumbach-*Hartmann*, § 916 ZPO, Rn 4; MünchKomm-*Heinze*, § 916 ZPO, Rn 8.
[512] OLG Düsseldorf NJW 1977, 1828 – zum daraus folgenden Wahlrecht des Gläubigers zwischen Sicherung des Erfüllungsanspruchs (dann einstweilige Verfügung) und Schadensersatzanspruch (dann Arrest).
[513] Zöller-*Vollkommer*, § 916 ZPO, Rn 7. Nach h. M. können künftige Ansprüche bereits durch Arrestbefehl gesichert werden, wenn die Erhebung einer Feststellungsklage gem. § 256 ZPO zulässig ist, MünchKomm-*Heinze*, § 916 ZPO, Rn 12; Rosenberg/Gaul/Schilken, § 75 II 1.
[514] RGZ 54 162 (164); Werner/Pastor, Rn 389; Karsten/Bauer/Klose, Rn 1082.
[515] So kommt eine Leistungsverfügung bspw. dann in Betracht, wenn es um eine vorläufige Regelung zur Geschäftsführung und Vertretung bei Streitigkeiten innerhalb einer Bau-ARGE geht.
[516] In der Literatur wird teilweise besonderen Wert auf die Abgrenzung der verschiedenen Arten der einstweiligen Verfügung – insbesondere zwischen § 935 und § 940 ZPO – gelegt. Demgegenüber wird in der Praxis dieser Unterscheidung keine Bedeutung beigemessen. So wird betont, dass sich § 935 und § 940 ZPO gegenseitig zu einer umfassenden Generalklausel für das Eilverfahren ergänzen. Weitergehend wird sogar § 940 ZPO als bloße, den § 938 ZPO ergänzende „Norm für den Inhalt der Entscheidung" angesehen, sodass auch die Regelungsverfügung des § 940 ZPO den Voraussetzungen des § 935 ZPO unterliegen soll; Zöller-*Vollkommer*, § 935 ZPO, Rn 2; Musielak-*Huber*, § 935 ZPO, Rn 2 bzw. § 940 ZPO, Rn 1, 12.

F. Der einstweilige Rechtsschutz in Bausachen

Arrest und einstweilige Verfügung schließen sich nach der gesetzlichen Regelung gegenseitig aus.[517]

2. Das Verbot der Vorwegnahme der Hauptsache

Entsprechend dem Sicherungscharakter darf das Eilverfahren noch nicht zu einer Befriedigung des Gläubigers führen. Bei dem Arrest ist dies durch die besonderen Vollziehungsvorschriften der §§ 930-934 ZPO auf ganzer Linie gewährleistet. Für die einstweilige Verfügung geht man zwar im Grundsatz ebenfalls davon aus, dass der Inhalt der einstweiligen Verfügung die **Hauptsache nicht vorwegnehmen** darf,[518] eine Sonderstellung nimmt aber inzwischen die aus § 940 ZPO abgeleitete Leistungsverfügung ein, bei der in drei Fallgruppen, nämlich

- bei der Herausgabe einer Sache nach verbotener Eigenmacht,[519]
- der Unterlassung von Rechtsverletzungen[520] sowie
- der Zahlung von Schadensersatz in existenzbedrohender Not[521]

eine vorläufige Leistungsvollstreckung, ohne dass etwa die Hauptsache vorweg genommen würde, zugelassen wird.[522]

3. Anwaltszwang

Das Gesuch auf einstweiligen Rechtsschutz kann nach §§ 920 Abs. 3, 936 ZPO zu Protokoll der Geschäftsstelle erklärt werden. Es unterliegt damit gem. § 78 Abs. 5 ZPO **nicht dem Anwaltszwang**. Somit kann das einstweilige Rechtsschutzverfahren so lange von den Parteien selbst ohne die Einschaltung eines Rechtsanwalts durchgeführt werden, wie es im Beschlussverfahren verbleibt.[523] Kommt es aber – ggf. nach Widerspruch gem. § 924 ZPO – zur Anordnung der mündlichen Verhandlung, gilt im Verfahren vor dem Landgericht Anwaltszwang.

4. Zuständigkeiten

Zuständig für den Erlass des Arrestes ist gem. § 919 ZPO sowohl das Gericht der Hauptsache i. S. des § 943 ZPO als auch das Amtsgericht, in dessen Bezirk sich der Arrestgegenstand bzw. beim persönlichen Arrest der Antragsgegner befindet. Bei der einstweiligen Verfügung ist im Grundsatz gem. § 937 ZPO nur das Gericht der Hauptsache zuständig. In Fällen besonderer Dringlichkeit ergibt sich aus § 942 ZPO eine besondere Zuständigkeit des „Amtsgerichts der Zwangsbereitschaft".

5. Streitwert und RA-Gebühren

Der **Streitwert** für die Eilverfahren ist nach § 3 ZPO zu schätzen. Da der Antragsteller im Regelfall nur eine Sicherung seines Anspruchs erreicht, bleibt sein Interesse gegenüber dem Hauptverfahren zurück und ist auf einen Bruchteil dessen Werts reduziert. Dabei werden in der Rechtsprechung Bruchteile von ¼ bis ½ des Hauptsachewerts angenom-

---

517 OLG Düsseldorf NJW 1977, 1828; Zöller-*Vollkommer*, Vor § 916 ZPO, Rn 1; *Schellhammer*, Rn 1920.
518 Zöller-*Vollkommer*, § 938 ZPO, Rn 3; Baumbach-*Hartmann*, § 938 ZPO, Rn 7 ff.; *Schellhammer*, Rn 1943.
519 OLG Stuttgart MDR 1964, 604; OLG Saarbrücken NJW 1967, 1813; OLG Hamburg MDR 1970, 770; Zöller-*Vollkommer*, § 938 ZPO, Rn 3; § 935 ZPO, Rn 2 sowie § 940 ZPO, Rn 6, 8 „Herausgabe"; *Schellhammer*, Rn 1949.
520 Zöller-*Vollkommer*, § 938 ZPO, Rn 3; § 935 ZPO, Rn 2 sowie § 940 ZPO, Rn 6; *Schellhammer*, Rn 1950.
521 OLG Düsseldorf VersR 1988, 803; Zöller-*Vollkommer*, § 938 ZPO, Rn 3 sowie § 940 ZPO, Rn 6 m. w. N.; *Schellhammer*, Rn 1952.
522 Zöller-*Vollkommer*, § 938 ZPO, Rn 3; § 935 ZPO, Rn 2 sowie § 940 ZPO, Rn 6; *Schellhammer*, Rn 1948 ff.
523 Zöller-*Vollkommer*, § 78 ZPO, Rn 47 und § 920 ZPO, Rn 13.

men.[524] Im Einzelfall kann sich bei den sog. Leistungsverfügungen mit Befriedigungswirkung das Interesse des Antragstellers dem Wert der Hauptsache annähern und diesen sogar erreichen.[525] Der Rechtsanwalt erhält im einstweiligen Verfügungs- und Arrestverfahren **dieselben Gebühren** wie in der Hauptsache, also die Gebühren nach Nr. 3100 VV.

192 Diese Eilverfahren stellen dabei eine gesonderte Angelegenheiten gem. § 17 Nr. 4 a, b RVG dar. Wird der Antrag auf Erlass einer einstweiligen Verfügung oder eines Arrestes abgelehnt und hiergegen Beschwerde erhoben, erhält der Rechtsanwalt nach Nr. 3500 VV eine 0,5-Verfahrensgebühr. Ordnet das Beschwerdegericht die mündliche Verhandlung an, erhält der Anwalt nach Nr. 3514 VV eine volle 1,2 Terminsgebühr und nicht nur die reduzierte 0,5 Terminsgebühr nach Nr. 3513 VV. Dies gilt entgegen dem Wortlaut nicht nur dann, wenn das Gericht durch Urteil entscheidet, sondern auch dann, wenn das Verfahren nach mündlicher Verhandlung im Beschlusswege endet. Findet im einstweiligen Verfügungs- oder Arrestverfahren eine Berufung statt, gelten die Gebühren nach Nr. 3200 VV. Auch hier gelten gegenüber den Erkenntnisverfahren (vgl. Rn 708 ff.) grundsätzlich keine Besonderheiten.

6. Glaubhaftmachung

193 Die tatsächlichen Voraussetzungen für Anspruch und Grund (vgl. Rn 198 ff.) sind gem. §§ 920 Abs. 2, 936 ZPO vom Antragsteller nicht zu beweisen, sondern nur **glaubhaft zu machen**. Hervorzuheben bleibt, dass das Gesetz damit lediglich das Beweismaß erleichtert, aber keine abweichenden Aussagen für die Darlegungs- und die Beweislast trifft. Die Frage der Darlegungs- und Beweislast bestimmt sich mithin auch im einstweiligen Rechtsschutzverfahren nach allgemeinen Grundsätzen.[526] Die Glaubhaftmachung erfordert einen geringeren Grad der richterlichen Überzeugung gegenüber dem vollen Beweis nach § 286 ZPO. Hinsichtlich des Anspruchs muss ein Obsiegen des Antragstellers im Hauptsacheverfahren wahrscheinlich sein. Hinsichtlich des Arrest- bzw. Verfügungsgrundes muss die Gefährdung der prozessualen Rechtsstellung für das Gericht die beantragte Maßnahme erforderlich erscheinen lassen. Die Beweiserleichterung in Form der Glaubhaftmachung kann gem. § 294 Abs. 2 ZPO nur mit präsenten Beweisen erfolgen. Außerhalb der mündlichen Verhandlung sind nur Urkunden – also damit auch Privatgutachten –[527] und **schriftliche eidesstattliche Versicherungen** präsent, in der mündlichen Verhandlung auch noch Zeugen und Sachverständige, die eine Partei mitbringt, sowie die Parteien selbst. Es genügt nicht, dass die Parteien sich auf Urkunden-, Zeugen- und Sachverständigenbeweis berufen, sie müssen die Urkunden vorlegen, die Zeugen und Sachverständigen zum Termin stellen.[528] Ein Nachreichen in einem nachgelassenen Schriftsatz ist nicht möglich.[529]

194 Besondere **anwaltliche Vorsicht** ist dann geboten, wenn ein einstweiliges Rechtsschutzverfahren betreffend der Glaubhaftmachung des Arrest- bzw. Verfügungsanspruchs ausschließlich auf eine eidesstattliche Versicherung des Antragstellers gestützt wird. Der so

---

524 Zöller-*Herget*, § 3 ZPO, Rn 16 „Arrestverfahren", „Einstweilige Verfügung".
525 Zöller-*Herget*, § 3 ZPO, Rn 16 „Einstweilige Verfügung".
526 Zöller-*Vollkommer*, § 920 ZPO, Rn 9.
527 Im Arrest- und einstweiligen Verfügungsverfahren ist das Privatgutachten ein geeignetes Mittel zur Glaubhaftmachung gem. § 294 ZPO. Das schriftliche Gutachten wird zu diesem Zweck als Urkundenbeweis in den Prozess eingeführt und dem Gericht vorgelegt. Es ist darauf zu achten, dass sich aus dem Gutachten ergibt, dass es ein öffentlich bestellter und allgemein vereidigter Sachverständiger erstellt hat und dass der Gutachter sich im Hinblick auf die Richtigkeit und Vollständigkeit auf den allgemein geleisteten Eid beruft (vgl. § 410 Abs. 2 ZPO).
528 BGH NJW 1958, 712; *Schellhammer*, Rn 1910.
529 OLG München WRP 1971, 533; Werner/Pastor, Rn 381.

F. Der einstweilige Rechtsschutz in Bausachen

erfolgreich erwirkter Arrestbefehl bzw. die einstweilige Verfügung kann nämlich nur von begrenzter Dauer sein, wenn der Antragsgegner gem. § 926 Abs. 1 ZPO[530] die richterliche Fristsetzung zur Durchführung des Hauptsacheverfahren beantragt und der Kläger dann feststellen muss, dass im Hauptsacheverfahren der von ihm zu erbringende Beweis letztlich nicht geführt werden kann. In Ausnahmefällen, insbesondere bei Drohen einer besonderen Gefahr oder besonderer Eilbedürftigkeit, kann das Gericht gem. § 921 Abs. 2 ZPO einen Arrest oder eine einstweilige Verfügung auch dann anordnen, wenn der Anspruch oder der Arrestgrund (bzw. Verfügungsgrund) nicht glaubhaft gemacht sind, sofern wegen der dem Gegner drohenden Nachteile Sicherheit geleistet wird.

7. Verspätungseinwand

Der Arrestprozess ist ein Eilverfahren, das den Parteien wenig Zeit zur Prozessverschleppung lässt. Die Parteien dürfen ihre Angriffs- und Verteidigungsmittel bis zum Schluss der mündlichen Verhandlung bringen.[531] Der Gegner hat jedoch Anspruch auf rechtliches Gehör.[532]

195

8. Rechtshängigkeit

Arrest und einstweilige Verfügung haben einen anderen Streitgegenstand als Klage und Urteil im Hauptsacheverfahren. Im Arrestprozess begehrt der Gläubiger keine endgültige Verurteilung, Feststellung oder Gestaltung, sondern nur eine vorläufige Sicherung oder Regelung. Streitgegenstand ist deshalb nur das Sicherungsbegehren.[533] Der materielle Anspruch wird selbst nicht rechtshängig.[534] Der Antrag auf Arrest oder einstweilige Verfügung macht das Sicherungsbegehren schon **rechtshängig**, wenn er bei Gericht eingeht, nicht erst, wenn er dem Gegner zugestellt wird.[535] § 261 Abs. 1 ZPO ist mithin nicht einschlägig.[536] Rechtshängig wird dabei nur das Sicherungsbegehren, nicht die Hauptsache selbst.[537] Solange das Sicherungsbegehren rechtshängig ist, darf der Gläubiger es nicht wiederholen, § 261 Abs. 3 Nr. 1 ZPO. Die Rechtsprechung macht hierzu eine Ausnahme, nämlich dann, wenn der Gläubiger das Bestreben hat, einen neuen Arrest oder eine neue einstweilige Verfügung zu beantragen, weil der alte Titel durch Versäumung der Vollziehungsfrist gem. § 929 Abs. 2 ZPO unbrauchbar geworden ist.[538]

196

Auch im Arrestprozess wird die unanfechtbare Entscheidung materiell **rechtskräftig**. Das Gericht entscheidet jedoch nur über das Sicherungsbegehren, nicht über die Hauptsache. Die materielle Rechtskraft verbietet es dem Gläubiger, den Arrest- oder Verfügungsantrag zu wiederholen und dieselbe Sicherheit für denselben Anspruch aus demselben Sachverhalt noch einmal zu verlangen.[539] Hiervon werden allerdings zwei Ausnahmen

197

---

530 Auf Antrag des Antragsgegners ist dem Antragsteller durch das Gericht aufzugeben, innerhalb einer bestimmten Frist (Hauptsache-)Klage zu erheben. Kommt er dem nicht nach, wird der Arrest bzw. die einstweilige Verfügung gem. § 926 Abs. 2 ZPO aufgehoben und dem Antragsteller die Kosten des Verfahrens auferlegt. Zudem muss er Schadensersatz gem. § 945 wegen der Vollziehung leisten, *Grunsky*, JuS 1976, 277 (285).
531 *Schellhammer*, Rn 1914.
532 OLG Koblenz NJW-RR 1987, 509.
533 *Zöller-Vollkommer*, § 920 ZPO, Rn 12; *Schellhammer*, Rn 1905.
534 Gemäß § 204 Abs. 1 Nr. 9 BGB führt der Antrag auf Erlass eines Arrestes bzw. einstweiliger Verfügung zur Hemmung der Verjährung des materiellen (Hauptsache-)Anspruchs, *Zöller-Vollkommer*, Vor § 916 ZPO, Rn 5.
535 KG MDR 1988, 239; OLG München NJW 1993, 1604; *Zöller-Vollkommer*, Vor § 916 ZPO, Rn 5; *Schellhammer*, Rn 1906.
536 OLG Düsseldorf NJW 1981, 2824; *Zöller-Vollkommer*, § 920 ZPO, Rn 12; *Schellhammer*, Rn 1909.
537 BGH NJW 1980, 191; OLG Stuttgart NJW 1969, 1721; *Zöller-Vollkommer*, Vor § 916 ZPO, Rn 5.
538 OLG Frankfurt NJW 1968, 2112; *Zöller-Vollkommer*, § 929 ZPO, Rn 23; *Schellhammer*, Rn 1906.
539 OLG Frankfurt NJW 1986, 2112; KG MDR 1979, 64; *Zöller-Vollkommer*, Vor § 916 ZPO, Rn 13.

gemacht. Erstens darf der Gläubiger den abgelehnten Antrag mit neuen Tatsachen oder Beweisen noch einmal stellen, zweitens darf er den erfolgreichen Antrag wiederholen, wenn der Arrest oder die einstweilige Verfügung durch Versäumung der Vollziehungsfrist i. S. des § 929 Abs. 2 ZPO unbrauchbar geworden ist, denn dieser kraftlose Titel verfällt nach § 927 ZPO durch Aufhebung.[540]

II. Voraussetzungen für den Erlass

1. Der zu sichernde Anspruch

198 Arrest und einstweilige Verfügung setzen einen nach materiellem Recht bestehenden Anspruch voraus, der im Eilverfahren gesichert werden soll. Der Anspruch bedarf – ebenso wie im Hauptsacheprozess – einer genauen rechtlichen Prüfung hinsichtlich der Schlüssigkeit des Vorbringens des Antragstellers. Daran ändert die Erleichterung hinsichtlich des Bestehens der Tatsachen in Form der Glaubhaftmachung nichts.

a) Einstweilige Verfügung eines Baubeteiligten

aa) Aus der Sicht des Auftragnehmers

199 Geht es um eine denkbare einstweilige Verfügung des Auftragnehmers, stellt der Hauptanwendungsfall der einstweiligen Verfügung die Eintragung einer **Bauhandwerkersicherungshypothek** gem. § 648 BGB dar (vgl. Rn 167 ff.).

▶ Antrag auf Erlass einer einstweiligen Verfügung (Eintragung einer Vormerkung):
beantragen wir Namens und in Vollmacht der Antragstellerin im Wege der einstweiligen Verfügung – wegen Dringlichkeit ohne mündliche Verhandlung – für Recht zu erkennen:
Im Grundbuch von Berlin-Mitte, Grundbuchblatt 6534, Flurstück 45/5, wird zu Lasten des Antragsgegners, zu Gunsten der Antragstellerin eine Vormerkung zur Sicherung ihres Anspruchs auf Einräumung einer Sicherungsgesamthypothek für die Forderung aus Bauvertrag vom 12. Juli 2004 gemäß Schlussrechnung vom 30. Oktober 2004 in Höhe von EUR 30.000,- sowie wegen eines Kostenbetrages von EUR 125,80 eingetragen.
Es wird weiter beantragt,
den Antrag auf Eintragung der Vormerkung durch das Gericht beim zuständigen Grundbuchamt einzureichen. ◀

200 Darüber hinaus kann es sein, dass ein Auftragnehmer – als Bauunternehmer, Architekt, Sonderfachmann oder Bauträger – den Erlass einer einstweiligen Verfügung gegen den Auftraggeber begehrt, um dadurch die **Vornahme oder Unterlassung gewisser Handlungen** zu erreichen, die für die Bauausführung von unerlässlicher Wichtigkeit sind. Dabei kann es um die Anlieferung von Baumaterialien, die Herausgabe von Unterlagen, Baustoffen und Werkzeugen[541] sowie um das Verbot gehen, Änderungen des Bauwerks aus Urheberrechtsgründen[542] vorzunehmen.

▶ Antrag auf Erlass einer einstweiligen Verfügung (Herausgabe einer Sache):
beantragen wir Namens und in Vollmacht des Antragstellers im Wege der einstweiligen Verfügung – wegen Dringlichkeit ohne mündliche Verhandlung – für Recht zu erkennen:

---

540 Zöller-*Vollkommer*, Vor § 916 ZPO, Rn 13.
541 OLG Köln MDR 2000, 152 [verbotene Eigenmacht des Auftraggebers durch Wegnahme von Werkzeugen des Auftragnehmers].
542 OLG Hamm BauR 1984, 298 [Änderungsverbot], OLG Köln BauR 1995, 874 [Unterlassung einer Mängelbeseitigung durch Auftraggeber].

F. Der einstweilige Rechtsschutz in Bausachen

1. Der Antragsgegner hat die fahrbare Hebebühne vom Typ „Heheboy 2730" der Firma Konz mit der Maschinennummer 743789 800 an den Antragsteller herauszugeben.
2. Der Antragsgegner hat das von dem Architekten Dipl.-Ing. ... geführte Bautagebuch betreffend des Bauvorhabens ... herauszugeben. ◄

▶ Antrag auf Erlass einer einstweiligen Verfügung (Einsicht in Geschäftsbücher):
beantragen wir Namens und in Vollmacht des Antragstellers im Wege der einstweiligen Verfügung – wegen Dringlichkeit ohne mündliche Verhandlung – für Recht zu erkennen:
Der Antragsgegnerin wird im Wege der einstweiligen Verfügung aufgegeben, dem Antragsteller ihre Geschäftsbücher betreffend des Bauvorhabens ..., diesbezügliche Geschäftskonten und Geschäftspapiere zur Einsicht vorzulegen und ihm Zutritt zu den Geschäftsräumen in ... zu gestatten. ◄

▶ Antrag auf Erlass einer einstweiligen Verfügung (Unterlassen von Handlungen):
beantragen wir Namens und in Vollmacht der Antragstellerin im Wege der einstweiligen Verfügung – wegen Dringlichkeit ohne mündliche Verhandlung – für Recht zu erkennen:
Dem Antragsgegner wird im Wege der einstweiligen Verfügung unter Androhung der gesetzlichen Ordnungsmittel verboten, gegenüber Dritten zu erklären, die Antragstellerin habe bei der Aufbringung der Bitumendickbeschichtung zur Abdichtung der Kelleraußenwände beim Bauvorhaben ... die vom Hersteller vorgegebenen Abtrocknungszeiten nicht beachtet. ◄

▶ Antrag auf Erlass einer einstweiligen Verfügung (Urheberrechtsverletzung):
beantragen wir Namens und in Vollmacht des Antragstellers im Wege der einstweiligen Verfügung – wegen Dringlichkeit ohne mündliche Verhandlung – für Recht zu erkennen:
Der Antragsgegnerin wird im Wege der einstweiligen Verfügung unter Androhung der gesetzlichen Ordnungsmittel untersagt, in dem nördlichen Innenhof des Detlef-Rohwedder-Hauses (Bundesministerium der Finanzen) die von der Antragstellerin geschaffene Garten- und Flächengestaltung zu verändern, nämlich die von dem Künstler ... geschaffene Stahlskulptur mit dem Titel „Courante" aufzustellen. ◄

Eine weitere Fallgruppe, in der die Beantragung einer einstweiligen Verfügung durch den Auftragnehmer zu prüfen ist, bildet die Pflicht des Auftraggebers, im Rahmen des **selbstständigen Beweisverfahrens** an der **Beweiserhebung mitzuwirken** (vgl. Rn 147). Vermittels einstweiliger Verfügung kann der Auftraggeber gezwungen werden, das Betreten seines Grundstücks durch den gerichtlich bestellten Sachverständigen zum Zwecke der Durchführung der gerichtlichen Beweissicherung zu dulden (vgl. Rn 146 ff.).[543]

201

▶ Antrag auf Erlass einer einstweiligen Verfügung (Duldung der Besichtigung eines Grundstücks im selbstständigen Beweisverfahren):
beantragen wir Namens und in Vollmacht der Antragstellerin im Wege der einstweiligen Verfügung – wegen Dringlichkeit ohne mündliche Verhandlung – für Recht zu erkennen:
Dem Antragsgegner wird im Wege der einstweiligen Verfügung unter Androhung der gesetzlichen Ordnungsmittel aufgegeben, in dem selbstständigen Beweisverfahren des Landgerichts ... zum Az. ... zum Zwecke der Durchführung der gerichtlichen Beweissicherung dem Sachverständigen und seinen Hilfspersonen sowie der Antragstellerin und ihrem Anwalt das Betreten ihres Grundstücks ... zu gestatten. ◄

---

[543] In diesem Fall ist der im Rahmen des einstweiligen Rechtsschutzverfahrens erwirkte Titel gem. § 890 ZPO vollstreckbar, *Wussow*, NJW 1969, 1401 (1407); einschränkend: OLG Stuttgart NJW-RR 1986, 1448.

bb) Aus der Sicht des Auftraggebers

202 Aus der Sicht des Auftraggebers kann es dann geboten sein, eine einstweilige Verfügung gegen den Auftragnehmer zu erwirken, wenn es um das **Verbot** geht, **Baugeräte**, Gerüste oder sonst auf der Baustelle vorhandene Einrichtungen sowie angelieferte Baustoffe **zu entfernen**.[544] Daneben kann es um die Vornahme von Nachbesserungsarbeiten durch den Unternehmer oder Architekten gehen, wobei in diesem Fall allerdings nur dann eine einstweilige Verfügung gerechtfertigt ist, wenn der Eintritt eines größeren Schadens droht.[545] Denkbar ist auch die Sicherung des Begehrens der **Herausgabe von Unterlagen** für die Bauausführung oder die Abrechnung.[546]

cc) Aus der Sicht eines Dritten

203 Aus der Sicht des Auftraggebers kann ein einstweiliges Verfügungsverfahren auch gegen einen Dritten gerichtet sein, wenn es bspw. darum geht, den Dritten als Nachbarn dazu zu verpflichten, vom Nachbargrundstück aus **Bauarbeiten** am Grundstück des Auftraggebers **zu dulden**.[547]

▶ Antrag auf Erlass einer einstweiligen Verfügung (Duldung von Bauarbeiten):
beantragen wir Namens und in Vollmacht des Antragstellers im Wege der einstweiligen Verfügung – wegen Dringlichkeit ohne mündliche Verhandlung – für Recht zu erkennen:
Dem Antragsgegner wird im Wege der einstweiligen Verfügung unter Androhung der gesetzlichen Ordnungsmittel aufgegeben, zum Zwecke der Durchführung von Abdichtungsarbeiten an der nördlichen Kelleraußenwand des Gebäudes ... dem Antragsteller und dem zur Ausführung der Bauarbeiten beauftragten Handwerker das Betreten ihres Grundstücks ... zu gestatten und die Vornahme von Ausschachtungsarbeiten zu dulden. ◀

b) Einstweiliges Verfügungsverfahren durch Dritte

204 Bei der einstweiligen Verfügung durch einen Dritten als Baunachbarn wird es regelmäßig darum gehen, das **Verbot von Baumaßnahmen** einstweilen abzusichern.[548] So will der Nachbar in der Regel durch einstweilige Verfügung den Baubeginn bzw. die weitere Baufortsetzung stoppen. Voraussetzung hierfür ist, dass ein privatrechtlicher Beseitigungsanspruch des Baunachbarn gegen den Bauherrn begründet ist.[549] Ein privatrechtlicher Beseitigungsanspruch ist dann zu bejahen, wenn der Bauherr unter Verstoß gegen ein Bauverbot und ohne eine Baugenehmigung ein Bauwerk errichtet hat.[550] [551] Weiter ist an

---

544 LG Klewe Schäfer/Finnern, Z 2.510 Bl.1.
545 *Elshorst*, NJW 2001, 3222.
546 OLG Hamm BauR 2000, 295; OLG Köln BauR 1999, 189; OLG Frankfurt BauR 1980, 193; *Bruns*, BauR 1999, 529; *Lauer*, BauR 2000, 812.
547 AG Wuppertal MDR 1973, 409; *Müller*, MDR 1971, 253 (258); für den Nachbarn OLG Düsseldorf MDR 1992, 53; OLG Schleswig BauR 1984, 83 ff.; LG Aachen NJW 1966, 204; OLG Hamm NJW 1966, 599.
548 OLG Hamm BauR 2002, 669; OLG Hamburg MDR 1960, 849 (850); OLG München Schäfer/Finnern, Z 4.141 Bl. 2; LG Aachen BauR 1981, 501.
549 BVerwG BauR 1974, 44; OLG München BayVBl. 1976, 157.
550 BGH DB 1970, 1126; LG Aachen BauR 1981, 501; *Uechtritz*, BauR 1992, 1 (10).
551 In dieser Fallgruppe ist der Gesichtspunkt der Verhältnismäßigkeit der Maßnahmen im Rahmen einer Regelungsverfügung von entscheidender Bedeutung, BGH MDR 1960, 849 ff.; OLG Düsseldorf BauR 2001, 1270. Eine einstweilige Verfügung, die einen Baustopp anordnet, ist nur dann als zulässig anzusehen, wenn der Antragsteller glaubhaft machen kann, dass der Bauherr ohne Baugenehmigung und unter Verstoß gegen ein Bauverbot das Bauwerk errichtet. Der Umstand, dass einem Bauherrn bisher noch nicht die erforderliche Baugenehmigung erteilt worden ist, reicht allein für den Erlass einer einstweiligen Verfügung auf Stilllegung eines Bauwerks nicht aus, weil durch die fehlende Baugenehmigung noch nicht ohne weiteres in den Rechtskreis des Nachbarn eingegriffen wird. Vielmehr ist in diesen Fällen zusätzlich zu verlangen, dass ein Verstoß gegen das materiell-öffentliche Baurecht dargelegt wird.

F. Der einstweilige Rechtsschutz in Bausachen

die Fälle zu denken, bei denen es dem Dritten darum geht, dass ein Baubeteiligter die ihm zumutbaren Sorgfalts- und Rücksichtnahmepflichten wahrt, die im Rahmen des nachbarschaftlichen Gemeinschaftsverhältnisses erwartet werden können. So ist an den Erlass einer einstweiligen Verfügung dann zu denken, wenn erforderliche **Schutzmaßnahmen** (wie z. B. die Anbringung von Schutzgerüsten, Abdeckungen bzw. Abstützfundamenten) nicht vorgenommen werden und als Folge dessen unzumutbare Belästigungen bzw. größere Beschädigungen des Nachbargrundstücks drohen.[552] Gleiches gilt dann, wenn Aufragnehmer Baumaterialien bzw. Baugeräte auf dem Grundstück des Baunachbarn lagern bzw. Bauschutt dort abkippen oder aber **unerträgliche Immissionen**, wie Baulärm[553] oder Verschmutzungen, Stein des Anstoßes einer Störung des Dritten bilden.[554]

▶ Antrag auf Erlass einer einstweiligen Verfügung (Vornahme von Handlungen):
beantragen wir Namens und in Vollmacht des Antragstellers im Wege der einstweiligen Verfügung
– wegen Dringlichkeit ohne mündliche Verhandlung – für Recht zu erkennen:
Der Antragsgegnerin wird im Wege der einstweiligen Verfügung aufgegeben, die im Zuge der Durchführung der Bauarbeiten betreffend das Bauvorhaben ... auf dem Grundstück ... des Antragstellers abgestellten 20 Paletten Porotonsteine zu entfernen. ◀

▶ Antrag auf Erlass einer einstweiligen Verfügung (Unterlassen von Handlungen):
beantragen wir Namens und in Vollmacht der Antragstellerin im Wege der einstweiligen Verfügung – wegen Dringlichkeit ohne mündliche Verhandlung – für Recht zu erkennen:
Der Antragsgegnerin wird im Wege der einstweiligen Verfügung unter Androhung der gesetzlichen Ordnungsmittel untersagt, auf der Baustelle ... in der Zeit von 22 Uhr abends bis 7 Uhr morgens Rammarbeiten zur Einbringung einer Spundwand auszuführen. ◀

2. Arrest- bzw. Verfügungsgrund

Neben dem zu sichernden Anspruch muss ein sog. Arrest- bzw. Verfügungsgrund vorliegen, der in den §§ 917, 918, 935, 940 ZPO umschrieben ist:

a) Sicherungs-, Regelungs- und Leistungsverfügung

Der Verfügungsgrund für eine **Sicherungsverfügung** besteht gem. § 935 ZPO, wenn zu besorgen ist, dass durch eine Veränderung des bestehenden Zustands die Verwirklichung des Rechtes des Antragstellers vereitelt oder wesentlich erschwert werden könnte. Der Erlass einer **Regelungsverfügung** setzt gem. § 940 ZPO voraus, dass sie zur Abwendung wesentlicher Nachteile oder zur Verhinderung drohender Gewalt oder aus anderen Gründen erforderlich ist. Eine **Leistungsverfügung** kommt nur im Ausnahmefall dann in Betracht, wenn der Antragsteller als Gläubiger auf die sofortige Befriedigung dringend angewiesen ist und die geschuldete Handlung so kurzfristig zu erbringen ist, dass die Erwirkung eines Titels im Hauptsacheverfahren nicht möglich ist.[555]

---

552 So stellt das Eindringen des Schwenkarms eines Baukrans in den Luftraum des Nachbargrundstücks eine Besitzstörung dar, LG Lüneburg BauR 1999, 425; OLG Zweibrücken IBR 1998, 207; OLG Karlsruhe NJW-RR 1993, 91; LG Kiel BauR 1991, 380 (Stabilität eines Baukrans); OLG Celle BauR 1990, 626 (Schweißarbeiten bei starkem Wind); OLG Nürnberg BauR 1991, 781 (unzureichende Absicherung eines Fassadengerüstes).
553 LG Konstanz BauR 1990, 754; BGH LM Nr. 14 zu § 906 BGB; OLG Karlsruhe ZMR 1966, 36; Wiedhaupt, BB 1969, 333; *Kerst*, NJW 1964, 181.
554 BGH NJW 1974, 1869.
555 OLG Köln NJW-RR 1995, 1088; OLG Frankfurt NJW 1975, 393; Zöller-*Vollkommer*, § 940 ZPO, Rn 6.

§ 4 Die Sicherung bauvertraglicher Ansprüche

b) Dinglicher Arrest

206 Ein Grund für den **dinglichen Arrest** nach § 917 Abs. 1 ZPO besteht, wenn die Vereitelung oder wesentliche Erschwerung der Vollstreckung des Titels zu besorgen ist. Die Gefahr einer „Insolvenz"[556] reicht als Arrestgrund nicht aus, ebenso wenig dient das Arrestverfahren dazu, dem Antragsteller einen Vorsprung gegenüber anderen Gläubigern zu verschaffen.[557] Etwas anderes gilt dann, wenn durch den Antragsgegner als Schuldner Straftaten zulasten des Antragstellers als Gläubiger begangen worden sind.[558] [559] Nach § 917 Abs. 2 ZPO ist es als zureichender Arrestgrund anzusehen, wenn das Urteil im Ausland vollstreckt werden müsste und die Gegenseitigkeit nicht verbürgt ist.[560]

▶ Antrag auf Erlass eines dinglichen Arrestes:
beantragen wir Namens und in Vollmacht des Antragstellers – wegen Dringlichkeit ohne mündliche Verhandlung – den Erlassfolgenden Arrestbefehls und Arrestpfändungsbeschlusses:
1. Wegen einer Werklohnforderung des Antragstellers gegen den Antragsgegner aus dem Bauvertrag vom … in Höhe von … € nebst Zinsen in Höhe von 8 Prozentpunkten über dem Basiszinssatz seit dem … und eines entsprechenden Kostenansatzes wird der dingliche Arrest in das gesamte Vermögen des Antragsgegners angeordnet.
2. In Vollziehung des Arrestes wird die Forderung des Antragsgegners auf Bezahlung der Werklohnforderung nebst Zinsen aus dem Bauvertrag vom … gegen … bis zum Höchstbetrag von … € gepfändet. ◀

c) Persönlicher Arrest

207 Beim **persönlichen Arrest**, der sehr stark in die Persönlichkeitssphäre des Schuldners eingreift, ist der Arrestgrund besonders verschärft. Der persönliche Arrest findet gem. § 918 ZPO nur statt, um die gefährdete Zwangsvollstreckung in das Vermögen des Antragsgegners zu sichern. Er ist also gegenüber dem dinglichen Arrest subsidiär.[561] Entgegen einer weit verbreiteten laienhaften Auffassung ist der persönliche Arrest kein „Schuldturm", um den Schuldner zur Erfüllung seiner Verbindlichkeiten zu zwingen. Er dient nur dazu, die vorhandenen Vermögenswerte zu sichern, vor allem den Schuldner davon abzuhalten, sich durch Flucht ins Ausland der Abgabe der eidesstattlichen Versicherung i. S. des § 807 ZPO zu entziehen: Der Schuldner wird dementsprechend arrestiert und anschließend dem Vollstreckungsgericht zur Abgabe der eidesstattlichen Versicherung zugeführt.[562]

▶ Antrag auf Erlass eines persönlichen Arrestes:
beantragen wir Namens und in Vollmacht des Antragstellers im Wege des Arrestes – wegen Dringlichkeit ohne mündliche Verhandlung – für Recht zu erkennen:

---

556 BGHZ 131, 95 (105); Zöller-*Vollkommer*, § 917 ZPO, Rn 9; Baumbach-*Hartmann*, § 917 ZPO, Rn 3; Thomas/Putzo, § 917 ZPO, Rn 2.
557 BGHZ 131, 95 (106); Zöller-*Vollkommer*, § 917 ZPO, Rn 9.
558 OLG Dresden MDR 1998, 975; OLG München MDR 1970, 934; LAG Frankfurt NJW 1965, 989; Zöller-*Vollkommer*, § 917 ZPO, Rn 6.
559 Weitere Fälle: Verschleuderung von Schuldnervermögen bzw. Verschiebung mit unbekanntem Ziel – OLG Düsseldorf NJW-RR 1994, 453 (454); Aufgabe des Wohnsitzes und unbekannter Aufenthalt des Schuldners – OLG Karlsruhe FamRZ 1985, 507 (508), Falschauskünfte betreffend des Schuldnervermögens – OLG Frankfurt FamRZ 1996, 747 (748).
560 Vgl. hierzu Zöller-*Vollkommer*, § 917 ZPO, Rn 15 ff.
561 Zöller-*Vollkommer*, § 918 ZPO, Rn 1.
562 OLG München NJW-RR 1988, 382 (383).

Wegen einer Werklohnforderung des Antragstellers gegen den Antragsgegner aus dem Bauvertrag vom ... in Höhe von ... € nebst Zinsen in Höhe von 8 Prozentpunkten über dem Basiszinssatz seit dem ... sowie einer Kostenpauschale in Höhe von ... € wird der persönliche Sicherheitsarrest und zu dessen Vollzug Haft des Antragsgegners angeordnet. ◄

III. Die Verfahrensarten

Über den im Rahmen eines einstweiligen Rechtschutzverfahrens erhobenen Antrag entscheidet das Gericht entweder ohne mündliche Verhandlung im Beschluss- oder nach mündlicher Verhandlung im Urteilsverfahren.

1. Das Beschlussverfahren

Die Entscheidung über den Antrag kann nach §§ 921 Abs. 1, 937 Abs. 2 ZPO **ohne mündliche Verhandlung** ergehen. In diesem Falle wird der Antragsgegner vor der Entscheidung des Gerichts nicht angehört.[563] Dem hierdurch benachteiligten Antragsgegner wird rechtliches Gehör nachträglich gewährt, indem er gegen die erlassene Entscheidung gem. § 924 ZPO Widerspruch einlegen kann, der zur Überprüfung der Maßnahme auf Grund mündlicher Verhandlung führt. Selbstverständlich ist es dem Antragsgegner gestattet, vor Erlass des Arrestes bzw. der einstweiligen Verfügung beim erkennenden Gericht eine **Schutzschrift** einzureichen, in der er seine Einwendungen gegen den Anspruch und den Arrest- bzw. Verfügungsgrund vorträgt, um das Gericht zu einer Zurückweisung des Gesuchs oder wenigstens zur Anordnung der mündlichen Verhandlung zu veranlassen.[564] Die vorbeugende Verteidigung vermittels Einreichung einer Schutzschrift setzt natürlich voraus, dass der Antragsgegner Kenntnis von dem bevorstehenden Antrag des Antragstellers hat.

a) Ablehnender Beschluss

Der einen Arrest oder eine einstweilige Verfügung ablehnende Beschluss wird gem. § 922 Abs. 3 ZPO nur dem Antragsteller zugestellt, der dagegen das Rechtsmittel der **sofortigen Beschwerde** gem. § 567 Abs. 1 ZPO hat. Mit der Beschwerde kann der Antragsteller neben der Darlegung anderer Rechtsansichten auch den im ablehnenden Beschluss enthaltenen Bedenken Rechnung tragen und durch weiteren Vortrag und weitere Glaubhaftmachung das Gericht erster Instanz zum Erlass der Maßnahme im Wege des Abhilfeverfahrens veranlassen. Diese Abhilfe kann aber nur in dem Erlass der beantragten Entscheidung und nicht in der Anordnung einer mündlichen Verhandlung bestehen. Hilft das Gericht nicht ab, wird die Sache dem Beschwerdegericht zur Entscheidung vorgelegt. Dieses kann die Beschwerde zurückweisen, die beantragte Maßnahme erlassen oder aber mündliche Verhandlung anberaumen.

b) Stattgebender Beschluss/Zustellung/Vollziehung

Beim stattgebenden Beschluss obliegt dem Antragsteller die **Zustellung** des Arrestbefehls bzw. der einstweiligen Verfügung **im Parteibetrieb** gem. § 922 Abs. 2 ZPO. Die Zustellung im Auftrag des Gläubigers durch den Gerichtsvollzieher ermöglicht es, gleichzeitig

---

[563] Gerade die Verwirklichung des rechtlichen Gehörs beim Gegner gem. Art. 103 Abs. 1 GG bildet die Grundlage dafür, einer Entscheidung des Gerichts nach mündlicher Verhandlung im Urteilsverfahren – soweit keine Gefährdung des Zwecks des einstweiligen Rechtsschutzverfahrens besteht – den Vorzug gegenüber dem Beschlussverfahren einzuräumen, BVerfGE 3, 89 (93); LG Zweibrücken NJW-RR 1987, 1199; Zöller-*Vollkommer*, § 921 ZPO, Rn 1.
[564] Vgl. hierzu BGH NJW 2003, 1257; Zöller-*Vollkommer*, § 921 ZPO, Rn 1; Werner/Pastor, Rn 339 ff.

Vollstreckungsmaßnahmen zu treffen und damit den Überraschungseffekt zu gewährleisten. Zu beachten bleibt aber, dass eine zeitgleiche Zustellung des stattgebenden Beschlusses mit der Vollziehung nicht notwendig ist. Ist der Arrestbefehl bzw. die einstweilige Verfügung bereits vor der Zustellung vollzogen worden, ist die Zustellung an den Antragsgegner gem. § 929 Abs. 3 ZPO **binnen einer Woche** nach Vollziehung und vor Ablauf der Monatsfrist des § 929 Abs. 2 ZPO nachzuholen.

211 Die Vollziehung des Arrestbefehls bzw. der einstweiligen Verfügung muss der Antragsteller **binnen einem Monat** nach der ihm – also dem Antragsteller – gegenüber erfolgten Zustellung gem. § 929 Abs. 2 ZPO realisieren. Nach Ablauf der Monatsfrist kann der Antragsgegner den Arrestbefehl bzw. die einstweilige Verfügung im Widerspruchsverfahren gem. § 924 ZPO bzw. im Verfahren nach § 927 ZPO aufheben lassen. Streitig ist, inwieweit nach Ablauf der Monatsfrist noch Vollstreckungsmaßnahmen durchgeführt werden können. Die frühere rigorose Auffassung, dass nur innerhalb eines Monats Vollstreckungsmaßnahmen in Frage kommen, ist aufgegeben. Heute reicht es nach h. M. aus, wenn innerhalb der Monatsfrist mit Vollstreckungsmaßnahmen begonnen worden ist.[565]

▶ Antrag auf Zustellung einer einstweiligen Verfügung
An das Amtsgericht ...
- Gerichtsvollzieherverteilerstelle -
Sehr geehrte Damen und Herren,
in oben bezeichneter Angelegenheit übergeben wir namens und in Vollmacht der Antragstellerin die Original-Ausfertigung der einstweiligen Verfügung des Amtsgerichts ... vom ..., Az: ... sowie eine beglaubigte Fotokopie hiervon nebst Anlagen. Wir bitten Sie, die beglaubigte Fotokopie an den Antragsgegner, ..., zuzustellen.
Mit gleicher Post wurde bereits beim zuständigen Grundbuchamt die Eintragung der Vormerkung beantragt. Insoweit wird auf § 929 Abs. 3 ZPO verwiesen, wonach die Wochenfrist ab Eingang des Eintragungsantrages beim Grundbuchamt läuft. Die Angelegenheit ist daher eilbedürftig. Gleichzeitig erlauben wir uns höflich auf § 6 GVGA hinzuweisen. ◀

2. Das Urteilsverfahren

212 Das Gericht kann im Rahmen der §§ 921 Abs. 1, 937 Abs. 2 ZPO aber auch eine **mündliche Verhandlung** anordnen, wenn es dies – um dem Antragsgegner rechtliches Gehör zu gewähren – für erforderlich erachtet. In diesem Fall wird der Schuldner zu der mündlichen Verhandlung unter Einhaltung der Ladungsfrist gem. § 217 ZPO geladen und kann sich vor Erlass der Entscheidung gegen den beantragten Erlass des Arrests bzw. der einstweiligen Verfügung verteidigen. Die mündliche Verhandlung dient der Erörterung des Streitstoffes wie im Hauptprozess und der Aufklärung des Sachverhalts im Rahmen der durch die Glaubhaftmachung gesetzten Grenzen. Das Gericht kann von den Parteien benannte Zeugen bzw. einen Sachverständigen laden. Diese sind – wenn sie im Termin erscheinen – als präsente Beweismittel zu hören. Gleiches gilt aber auch für von den Parteien „sistierte" Zeugen und Sachverständige, da sie ebenfalls präsente Beweismittel sind. Die Entscheidung des Gerichts ergeht nach mündlicher Verhandlung durch Urteil.

---

565 BGHZ 112, 356 (357); Zöller-*Vollkommer*, § 929 ZPO, Rn 10.

IV. Der Widerspruch im Beschlussverfahren

Gegen den erlassenen Arrest bzw. die erlassene einstweilige Verfügung kann der Schuldner gem. § 924 Abs. 1 ZPO **Widerspruch** einlegen. Der Widerspruch ist an keine Frist gebunden. Er wird jedoch unzulässig, wenn der Antragsgegner auf ihn verzichtet bzw. ein Fall der **Verwirkung** des Widerspruchs in Frage kommt.[566] Der Widerspruch kann, wenn der Arrest bzw. die einstweilige Verfügung von dem Amtsgericht erlassen wurde, gem. § 924 Abs. 2 S. 3 ZPO schriftlich oder zu Protokoll der Geschäftsstelle erklärt werden, unterliegt also gem. § 78 Abs. 5 ZPO nicht dem Anwaltszwang. Demtentgegen ist der Widerspruch dann dem Anwaltszwang unterworfen, wenn der Arrest bzw. die einstweilige Verfügung von dem Landgericht erlassen worden ist. Der Widerspruch kann nach h. M. auf die Kostenentscheidung beschränkt werden, insbesondere um über ein sofortiges Anerkenntnis nach § 93 ZPO die Kostenlast auf den Antragsteller abzuwälzen. Auf Antrag des Schuldners kann die Vollziehung des Arrests bzw. der einstweiligen Verfügung durch eine einstweilige Anordnung ausgesetzt werden (§ 924 Abs. 3 ZPO).

213

In der **mündlichen Verhandlung** wird darüber entschieden, ob der erlassene Arrest bzw. die erlassene einstweilige Verfügung bestätigt wird oder nicht. Maßgebend ist hierfür die Sach- und Rechtslage im Zeitpunkt dieser Verhandlung, sodass Veränderungen gegenüber der Sachlage im Zeitpunkt des angegriffenen Beschlusses zu berücksichtigen sind. Eine Zurückweisung von Angriffs- und Verteidigungsmitteln, die erst im Laufe der Verhandlung vorgetragen werden, findet nicht statt, da § 296 ZPO im einstweiligen Rechtsschutzverfahren keine Anwendung findet. Die Entscheidung über die Aufrechterhaltung des Arrestes bzw. der einstweiligen Verfügung geschieht gem. § 925 Abs. 1 ZPO durch Endurteil. Dabei kann das erkennende Gericht den unzulässigen Widerspruch verwerfen, den Arrestbefehl bzw. die einstweilige Verfügung in vollem Umfang teilweise oder in vollem Umfang bestätigen oder aufheben bzw. unter der Bedingung bestätigen, dass der Verfügungskläger eine Sicherheit leistet. Schließlich kann der Arrestbefehl lediglich hinsichtlich der Vollziehung von einer Sicherheitsleistung abhängig gemacht oder unter der Bedingung aufgehoben werden, dass der Beklagte Sicherheit in einer bestimmten Höhe leistet.

214

---

[566] OLG Saarbrücken NJW-RR 1989, 1513; OLG Celle GRUR 1980, 945; KG GRUR 1985, 237; Zöller-*Vollkommer*, § 924 ZPO, Rn 10.

§ 5 Weichenstellung: BGB-Bauvertrag oder VOB-Bauvertrag

Literatur

Anker/Zumschlinge, Die VOB/B als Ganzes, eine unpraktische Rechtsfigur?, BauR 1995, 325; *Bunte*, Die Begrenzung des Kompensationseinwandes bei der richterlichen Vertragskontrolle, Festschrift für Korbion S. 17; von *Gehlen*, Rechtssicherheit bei Bauverträgen – VOB/B quo vadis?, NZBau 2004, 267; *Heinrichs*, Die Entwicklung des Rechts der Allgemeinen Geschäftsbedingungen im Jahre 1996, NJW 1997, 1407; *Hoff*, Die VOB/B 2000 und das AGB-Gesetz – der Anfang vom Ende der Privilegierung?, BauR 2001, 1656; *Jagenburg*, Der Einfluss des AGB-Gesetzes auf das private Baurecht, BauR Sonderheft 1977, S. 3; *Joussen*, Die Privilegierung der VOB nach dem Schuldrechtsmodernisierungsgesetz, BauR 2002, 1759; *Kaiser*, Aktuelle Rechtsfragen im privaten Baurecht Teil 1, ZfBR 1985, 1; *Kratzenberg*, Der Beschluss des DVA-Hauptausschusses zur Neuherausgabe der VOB 2002 (Teile A und B), NZBau 2002, 177; *Kraus*, Der Diskussionsentwurf eines Schuldrechtsmodernisierungsgesetzes, BauR 2001, 1; *ders.*, Die VOB – ein nachbesserungsbedürftiges Werk, BauR, Beilage zu Heft 4/1977; *Kraus/Vygen/Oppler*, Ergänzungsentwurf Kraus/Vygen/Oppler zum Entwurf eines Gesetzes zur Beschleunigung fälliger Zahlungen der Fraktionen SPD und Bündnis 90/Die Grünen, BauR 1999, 964; *Kretschmann*, Zum Vorschlag des BMJ zur Änderung der BGB-Regelungen über die Privilegierung der VOB/B, BauR 2005, 615; *Lenkeit*, Das modernisierte Verjährungsrecht, BauR 2002, 196; *Mehrings*, Papier ist geduldig – zur Verjährungsfrist des § 13 Nr. 4 VOB/B, MDR 1998, 78; *Pauly*, Zum Verhältnis von VOB/B und AGBG, BauR 1996, 328; *Peters*, Das Baurecht im modernisierten Schuldrecht, NZBau 2002, 113; *Preussner*, Das neue Werkvertragsrecht im BGB 2002, BauR 2002, 231; *Quack*, Gilt die kurze VOB/B-Verjährung noch für Verbraucherverträge?, BauR 1997, 24; *Ramming*, Überlegungen zur Ausgestaltung von Nachunternehmerverträgen durch AGB, BB 1994, 518; *Recken*, Streitfragen zur Einwirkung des AGBG auf das Bauvertragsrecht, BauR 1978, 418; *Schlünder*, Gestaltung von Nachunternehmerverträgen in der Praxis, NJW 1995, 1057; *Schmitz*, Handlungsmöglichkeiten von Auftragnehmer und Auftraggeber in der wirtschaftlichen Krise des Vertragspartners, BauR 2005, 169; *Schwenker/Heinze*, Die VOB/B 2002, BauR 2002, 1143; *Siegburg*, Einstweilige Verfügung auf Eintragung zur Sicherung des Anspruchs aus § 648 Abs. 1 BGB, VOB/B und AGB-Gesetz, Festschrift für Locher, S. 349; *ders.*, Zum AGB-Charakter der VOB und deren Privilegierung durch das AGBG, BauR 1993, 9; *Sienz*, Verträge am Bau, S. 112; *Stemmer/Rohrmüller*, Abwicklung von VOB-Verträgen durch kommunale Auftraggeber bei der Insolvenz des Auftragnehmers, BauR 2005, 622; *Tempel*, Ist die VOB/B noch zeitgemäß? – Teil 1, NZBau 2002, 465; *Vygen*, Rechtliche Beratungs- und Hinweispflichten des Architekten und Bauingenieurs beim Abschluss von Bauverträgen und bei der Vertragsabwicklung unter besonderer Berücksichtigung einer Vertragsstrafenvereinbarung im Bauvertrag, BauR 1984, 245.

Bei der Bearbeitung jedes baurechtlichen Mandats stellt sich die „weichenstellende" **215** Frage, ob es sich bei dem anspruchsbegründenden Vertragsverhältnis um einen Bauvertrag handelt, der auf der Grundlage der von der Konzeption her für die handwerkliche Herstellung oder Bearbeitung abstrakt gefassten Regelungen des Werkvertragsrechts (§§ 631 ff. BGB) abgewickelt wird, oder aber von den Parteien das auf die speziellen Bedürfnisse des Bauvertrages zugeschnittene Regelwerk der VOB[567] [568] in den Vertrag einbezogen worden ist. Wie schon die offizielle Bezeichnung „Allgemeine Vertragsbedingungen für die Ausführungen von Bauleistungen" zeigt, handelt es sich bei der VOB/B sowie VOB/C um **standarisierte Allgemeine Geschäftsbedingungen**.[569] Während normalerweise Allgemeine Geschäftsbedingungen nur einseitig für den Verwender nützliche Änderungen vom dispositiven Recht beinhalten, besteht die Besonderheit der VOB/B darin, dass es sich um ein im Wesentlichen für beide Vertragsparteien gleichermaßen ausgewogenes auf die Besonderheiten des Bauvertrages zugeschnittenes Regelwerk besonde-

---

[567] Grundlage der nachfolgenden Ausführungen bildet die Vergabe und Vertragsordnung für Bauleistungen (VOB) aus dem Jahr 2002. Die VOB/B 2002 ist in der Sitzung des Deutschen Vergabe- und Vertragsausschusses vom 2. 5. 2002 verabschiedet und am 28. 10. 2002 im Bundesanzeiger bekannt gemacht worden. Infolge einer Verzögerung bei der Verabschiedung der Vergabeverordnung ist die VOB/B 2002 erst am 15. 2. 2003 in Kraft getreten. Sie gilt für alle Verträge ab diesem Zeitpunkt, in denen die VOB/B vereinbart wird, ohne dass besonders geregelt wird, welche Fassung gelten soll.

[568] Die VOB ist in die Teile A, B und C untergliedert. Die VOB Teil A enthält die allgemeinen Bestimmungen für die Vergabe von Bauleistungen und hat grundsätzlich nur Bedeutung für Bauvergaben öffentlicher Auftraggeber. Es ist aber durchaus möglich, dass auch private Auftraggeber sich gegenüber ihren Vertragspartnern zu Beginn von Vertragsverhandlungen zur Einhaltung der Vergabebestimmung des Teil A, soweit im jeweiligen Fall einschlägig, verpflichten. Eine solche Verpflichtung muss aber völlig eindeutig und zweifelsfrei erfolgen. Die Vorschriften der VOB Teil A sind im Jahr 2002 nicht geändert worden. Geändert wurden die Anhänge der VOB Teil A in den Abschnitten 2 – 4. Diese Änderungen sind Folge der Änderung der EG Baukoordinierungsrichtlinie und der EG-Sektorenrichtlinie durch die RL 2002/78/EG vom 9. 8.2003 über die Verwendung von Standardformularen. Die Details der Änderungen sind in der Ausgabe 202 des BAnz. S. 24057 und der Beilage 202 a abgedruckt. Die VOB Teil B beinhaltet die allgemeinen Vertragsbedingungen für die Ausführung von Bauleistungen nach Vertragsschluss. Hier werden also die rechtlichen Beziehungen der Beteiligten und deren Rechte und Pflichten nach Vertragsabschluss behandelt. In der VOB Teil B sind insbesondere Regelungen für Fälle getroffen worden, die bei Bauverträgen erfahrungsgemäß häufig wiederkehrende Abweichungen den vorausgesetzten normalen Geschehensablauf beinhalten und Handlungen oder Unterlassungen darstellen, die grundsätzlich als Verletzung auferlegter Pflichten oder eingeräumter Rechte aufgefasst werden müssen. Die VOB Teil C erfasst die allgemeinen technischen Vertragsbedingungen für Bauleistungen. Gemäß § 1 Nr. 1 S. 2 VOB/B sind diese Bestimmungen Gegenstand eines VOB-Bauvertrages. Hier ist jedoch zu beachten, dass es sich bei der VOB/C um Allgemeine Geschäftsbedingungen handelt, die nur dann Geltung haben, wenn die VOB/B wirksam in den Bauvertrag einbezogen worden ist, BGH BauR 2004, 1438. Die VOB Teil C ist insbesondere für die Entscheidungen von Gerichten und Sachverständigen von Bedeutung, die die Frage beantworten müssen, ob ein Werk den anerkannten Regeln der Technik entspricht. Zu beachten bleibt, dass die VOB/C keineswegs nur „neutrale" technische Bestimmungen enthält. Vielmehr regelt die VOB/C in erheblichem Umfang materielles Vertragsrecht. Bspw. sind Aufmaßregeln mittelbare Preisbestimmungen, die Bestimmungen über Nebenleistungen und Besondere Leistungen sind Vermutungen zur Leistungsbeschreibung. Auch die angeblich ausschließlich technischen Regelungen sind, wenn man sie als verbindlichen Vertragsinhalt versteht, in erheblichem Umfang geeignet, vertragliche Qualitätsstandards zu formulieren oder auch zu beschränken. Soweit sie Vertragsrecht enthält – wie grundsätzlich als Verletzung in erheblichem Maße der Fall – enthält die VOB/C Allgemeine Geschäftsbedingungen und unterliegt die VOB/C deshalb selbstverständlich auch den Bestimmungen die Inhaltskontrolle. Das ist vor allem für die Einbeziehungsfragen, daneben aber auch für die Inhaltskontrolle von Bedeutung, BGH BauR 2004, 1438.

[569] BGH BauR 1983, 161; BauR 1997, 1027; Kapellmann/Messerschmidt-*von Rinteln*, Einl. VOB/B, Rn 38; Beck'scher VOB-Kommentar-*Ganten*, Einl. II VOB/B, Rn 5; Nicklisch/Weick, Einl. Rn 52; *Kaiser*, ZfBR 1985, 1 (2); *Locher*, Rn 80; *Recken*, BauR 1978, 418; *Vygen*, Rn 133; *Pauly*, BauR 1996, 328 (329); **a. A.** *Jagenburg*, BauR Sonderheft 1977, S. 3 ff.; zuletzt *Siegburg*, Festschrift für Locher, S. 349 und BauR 1993, 9 ff.; *Bunte*, Festschrift für Korbion S. 18; Anker/Zumschlinge, BauR 1995, 325; *Schlünder*, NJW 1995, 1057; *Kraus*, BauR, Beilage zu Heft 4/1977; Kraus/Vygen/Oppler BauR 1999, 967; *Kraus*, BauR 2001, 1 (10).

§ 5 Weichenstellung: BGB-Bauvertrag oder VOB-Bauvertrag

rer Art handelt.[570] [571] Damit bleibt festzuhalten, dass die Parteien es beim Abschluss eines Bauvertrages in der Hand haben, zwischen zwei unterschiedlichen und jeweils einem gerechten Interessenausgleich zu dienen bestimmten Regelungswerken, nämlich den werkvertraglichen Regelungen der §§ 631 ff. BGB einerseits und den auf die Besonderheiten eines Bauvertrages zugeschnittenen Regelungen der VOB/B andererseits, zu wählen. Jedes Regelwerk ist, soweit es im Ganzen zur Anwendung kommt, für sich aufgrund seiner Ausgewogenheit einer Inhaltskontrolle entzogen.[572] Bei der Prüfung, ob die VOB/B sowie VOB/C wirksamer Bestandteil des konkreten Bauvertrages geworden ist, muss zwischen der Einbeziehungs- und der Inhaltskontrolle unterschieden werden:

A. Einbeziehungskontrolle

216 Die für den Bauvertrag maßgebende VOB/B – wie auch VOB/C – ist weder Rechtsnorm noch Niederschlagung eines Handelsbrauchs. Es handelt sich um **Allgemeine Geschäftsbedingungen** (vgl. hierzu die Nachweise in Fn 569.) Demgemäß sind die §§ 305 ff. BGB auf die VOB/B anwendbar, unabhängig davon, ob sie insgesamt oder nur in einzelnen Regelungen in den Vertrag einbezogen werden sollte.[573] Die VOB/B und die VOB/C werden also nur dann Vertragsbestandteil, wenn sie Gegenstand einer Vereinbarung der Parteien bilden.[574] Es sind insbesondere folgende Besonderheiten hervorzuheben: Die AGB-Kontrolle gem. der §§ 305 ff. BGB findet keine Anwendung, wenn die VOB/B – wie auch VOB/C – nach dem **Willen beider Vertragsparteien** zur Grundlage des Bauvertrages gemacht worden ist. In diesem Fall gibt es nämlich keinen Verwender, der die vorformulierten Vertragsbedingungen beim Abschluss des Vertrages „stellt".[575] Ist der Vertragspartner kein Unternehmer bzw. juristische Person des öffentlichen Rechts, so richtet sich die Einbeziehungskontrolle nach § 305 Abs. 2 BGB. Dementsprechend muss der Verwender in Bezug auf die Einbeziehung der VOB/B als Allgemeine Geschäftsbedingungen einen **Hinweis** erteilen.

217 Zudem muss der Vertragspartner die **Möglichkeit der Kenntnisnahme** um die VOB/B haben.[576] [577] Schließlich muss der Vertragspartner mit der Geltung der VOB/B **einverstan-**

---

570 Ausgangspunkt für diese These bildet insoweit das Grundsatzurteil des BGH v. 16.12.1982 (BGHZ 86, 142), nach dem die Privilegierung der VOB/B im Hinblick auf die Nichtanwendung der Inhaltskontrolle gegenüber anderen Allgemeinen Geschäftsbedingungen damit begründet wird, dass die VOB/B kein Vertragswerk sei, das ausschließlich dem Zweck zu dienen bestimmt sei, lediglich den Vorteil nur einer Vertragsseite zu verfolgen. Dafür spricht, dass an der Erarbeitung der VOB/B sowohl die Interessengruppen der Auftraggeber wie auch der Auftragnehmer unter Einschluss der öffentlichen Hand beteiligt gewesen sind.
571 Während die VOB/B auf der Grundlage des Grundsatzurteils des BGH v. 16.12.1982 über Jahrzehnte lang generell als im Wesentlichen für beide Vertragsparteien gleichermaßen ausgewogenes und auf die Besonderheiten des Bauvertrages zugeschnittene Regelwerk besonderer Art angesehen worden ist, wird die diese These in neuerer Zeit zumindest im Hinblick auf Verbraucherverträge in Frage gestellt, so *Quack*, BauR 1997, 24; *Heinrichs*, NJW 1997, 1407 (1414); *Mehrings*, MDR 1998, 78.
572 Vgl. betreffend der VOB/B aber auch die nachfolgenden Ausführungen unter Rn 218.
573 BGHZ 101, 369; ZfBR 1987, 199.
574 Werner/Pastor, Rn 1003; Kapellmann/Messerschmidt-*von Rintelen*, Einl. VOB/B, Rn 47.
575 *Ramming*, BB 1994, 518 (520); *Pauly*, BauR 1996, 328 (330); Nicklisch/Weick, Einl. Rn 56 f.; Werner/Pastor, Rn 1007.
576 BGH BauR 1999, 1186 (1187); BauR 1994, 617; BauR 1990, 205; Werner/Pastor, Rn 1012; Beck'scher VOB-Kommentar-*Ganten*, Einl. II VOB/B, Rn 25; *Heiermann*, DB 1997, 1733; Kapellmann/Messerschmidt-*von Rintelen*, Einl. VOB/B, Rn 84.
577 Auch wenn der private Bauherr im Baugewerbe nicht bewandert ist, gelten die vorgenannten Grundsätze dann nicht, wenn er bei Vertragsschluss durch einen Architekten vertreten ist. Hier ist der bloße Hinweis auf die VOB/B ausreichend; OLG Düsseldorf BauR 1997, 647 (648); OLG Hamm BauR 1989, 480; *Pauly*, BauR 1996, 328 (331); *Vygen*, BauR 1984, 245 (247); Kapellmann/Messerschmidt-*von Rintelen*, Einl. VOB/B, Rn 87.

B. Inhaltskontrolle

den sein.[578] Gegenüber einem im Baubereich nicht bewanderten Vertragspartner, der kein Unternehmer i. S. des § 14 BGB ist, kann die VOB/B deshalb nicht durch bloßen Hinweis auf ihre Geltung in den Vertrag einbezogen werden.[579] Es ist zwar nicht erforderlich, dass der Text der VOB/B ausgehändigt wird. Ausreichend ist es, wenn die VOB/B nur ausgeliehen oder in vollem Umfang zur Einsicht gestellt wird. Dies gilt gleichermaßen für die VOB/C.[580] Ist der Vertragspartner des Verwenders der VOB/B Unternehmer und gehört der Vertrag zum Betrieb seines Handelsgewerbes, findet gem. § 310 Abs. 1 S. 1 BGB der § 305 Abs. 2 BGB keine Anwendung, sodass hier auf der Grundlage der §§ 145 ff. BGB der bloße Hinweis auf die VOB/B ausreicht. Die Einbeziehung der VOB/B hängt dann vom Vorliegen einer Akzeptanz des Vertragspartners ab.[581]

B. Inhaltskontrolle

I. Die VOB/B ist als Ganzes vereinbart worden

Haben die Parteien die **VOB/B als Ganzes** vereinbart, ist sie dahingehend **privilegiert**, dass fingierte Erklärungen entgegen § 308 Nr. 5 BGB und Erleichterungen der Verjährung entgegen § 309 Nr. 8 b) ff) BGB gelten.[582] Die VOB/B gilt also insoweit – noch – uneingeschränkt, ohne dass eine Inhaltskontrolle nach den §§ 307 ff. BGB stattfindet.[583] Dies hat seinen Grund darin, dass die VOB/B als eine im Wesentlichen ausgewogene Regelung angesehen wird.[584] [585] Zu beachten bleibt, dass nach dem Wortlaut von § 308 Nr. 5 b) sowie § 309 Nr. 8 b) ff) BGB die Privilegierung der VOB/B lediglich für die §§ 12 Nr. 5 und § 13 Nr. 4 VOB/B gilt. Vor diesem Hintergrund lässt sich die Auffassung ver-

218

---

578 OLG Köln BauR 1995, 100; Werner/Pastor, Rn 1008, 1010, 1015.
579 BGH NJW 1990, 715; BauR 1992, 503; Kapellmann/Messerschmidt-*von Rintelen*, Einl. VOB/B, Rn 82.
580 Werner/Pastor, Rn 1026.
581 BGH BauR 1989, 87; BauR 1983, 161; Werner/Pastor, Rn 1009; Kapellmann/Messerschmidt-*von Rintelen*, Einl. VOB/B, Rn 83.
582 Anzumerken bleibt, dass die Privilegierung zweifelsohne die im Zeitpunkt des Inkrafttretens des Schuldrechtsmodernisierungsgesetzes gültige Fassung der VOB/B, nämlich die VOB/B 2000 betrifft. Weiter umstritten bleibt die Frage, ob auch neue Fassungen des VOB/B, also insbesondere die derzeit geltende VOB 2002, erfasst werden. Der Gesetzestext im BGB lässt sich keinen Rückschluss darauf zu, ob es eine statische oder eine dynamische Verweisung handelt. Die Ansicht, es handele sich um eine dynamische Verweisung, muss sich verfassungsrechtliche Bedenken entgegenhalten lassen, da es nicht sein kann, dass der Deutschen Vergabe- und Vertragsausschuss als nicht demokratisch legitimiertes Gremium darüber bestimmt, inwieweit die VOB/B der Inhaltskontrolle unterliegt, so *Hoff*, BauR 2001, 1656; *Lenkeit*, BauR 2002, 223; Schwenker/Heinze, BauR 2002, 1143 (1145); *Tempel*, NZBau 2002, 465 (469).
583 BGHZ 86, 142; Ingenstau/Korbion, § 10 VOB/A, Rn 58 ff.; Heiermann/Riedl/Rusan, § 1 VOB/B, Rn 10; *Joussen*, BauR 2002, 1759; *Kretschmann*, BauR 2005, 615 (617); *Kratzenberg*, NZBau 2002, 177 (179).
584 Gegen die Wirksamkeit dieser Regelung sind im Hinblick auf die Verbraucherverträge Bedenken angemeldet worden: *Quack*, BauR 1997, 24; Heinrichs, NJW 1997, 1407 (1414); *Mehrings*, MDR 1998, 78.
585 Streitig geblieben ist, ob der die Privilegierung rechtfertigende Ansatz überhaupt tragfähig ist, wonach die VOB/B eine einigermaßen ausgewogene Regelung darstellt (vgl. *Bunte*, Festschrift für Korbion S. 23 m.w.N..; *Tempel*, NZBau 2002, 465, 468). Der Grund hierfür liegt in der VOB/B selbst. Diese ist ein in erster Linie für die Bauvergabe durch die öffentliche Hand geschaffenes Regelwerk (*Lampe-Helbig*, Festschrift für Korbion S. 249; *Siegburg*, BauR 1993, 12; Ingenstau/Korbion, VOB, 14. Aufl., A § 10 Rn 46). Damit erschöpft sich aber nicht deren Anwendungsbereich, denn sie wird ebenso bei der privaten Bauvergabe in den Vertrag einbezogen. Interessen des privaten Bestellers, insbesondere des nicht gewerblichen Verbrauchers, können ein anderes Gewicht haben als die Interessen des öffentlichen Bestellers, der z. B. die kurze Verjährungsfrist wesentlich leichter hinnehmen kann. Das Dogma der Ausgewogenheit ist deshalb schon aus diesem Grund möglicherweise nicht verallgemeinerungsfähig, zumal der Deutsche Vergabe- und Vertragsausschuss für Bauleistungen (DVA) es nicht als seine Aufgabe ansieht, das private Baurecht zu regeln (*Lampe-Helbig*, Festschrift für Korbion S. 267). Hinzu kommt, dass die VOB/B zwar immer wieder als einigermaßen ausgewogen bezeichnet wird, andererseits aber einzelne Regelungen enthält, die den einen oder anderen Vertragspartner unangemessen benachteiligen (vgl. auch *Koch*, BauR 2001, 162, 167 ff.).

treten, dass die unterlassene gesetzliche Privilegierung der VOB/B als Ganzes den Schluss darauf zulässt, dass der Gesetzgeber ausschließlich eine Privilegierung der §§ 12 Nr. 5 und 13 Nr. 4 VOB/B geregelt hat, was zur Folge hat, dass damit eine Privilegierung der VOB/B als Ganzes abzulehnen ist.[586]

II. Die VOB/B ist nicht im Ganzen vereinbart worden

219 Der Privilegierungsgrundsatz gilt nur dann, wenn die VOB/B ohne Einschränkungen als Ganzes zwischen den Parteien vereinbart worden ist. Ist die VOB/B **nicht als Ganzes** vereinbart, legt der Verwender dem Vertrag also kein ausgewogenes Regelwerk zugrunde, hat dies zur Folge, dass sämtliche Regelungen zu Lasten des Verwenders der **Inhaltskontrolle** unterliegen. Nach der älteren Rechtsprechung des BGH ist die VOB/B nicht als Ganzes vereinbart, wenn sie durch den Verwender mit vorrangigen vertraglichen Regelungen in ihrem Kernbereich verändert wird.[587] Diese Rechtsprechung hat der BGH nunmehr modifiziert. Nach dem Grundsatzurteil vom 22.1.2004[588] kommt es für die Frage, ob die VOB/B als Ganzes vereinbart worden ist, nicht mehr darauf an, ob ein Eingriff in den Kernbereich der VOB/B vorliegt oder welches Gewicht der Eingriff in die VOB/B hat. Vielmehr ist die Inhaltskontrolle bereits dann eröffnet, wenn nur **geringfügige inhaltliche Abweichungen** von der VOB/B vorliegen und auch unabhängig davon, ob eventuell benachteiligende Regelungen im vorrangigen Vertragswerk möglicherweise durch andere Regelungen „ausgeglichen" werden.[589]

220 Fraglich bleibt, ob eine inhaltliche Abweichung von der VOB/B – mit der Konsequenz der Eröffnung der Inhaltskontrolle gem. der §§ 307 ff. BGB – auch dann vorliegt, wenn die Parteien eine Vereinbarung im Rahmen einer in der VOB/B enthaltenen **Öffnungsklausel** (bspw. § 13 Nr. 4 VOB/B „soweit nicht Anderes vereinbart ist") getroffen haben. Da die VOB/B in diesen Bereichen den Parteien ausdrücklich das Recht zu einer vertraglichen Modifikation einräumt, ist davon auszugehen, dass die entsprechende Bestimmung der VOB/B lediglich Auffangregelungen darstellen, mithin die Inhaltskontrolle bei Vorliegen einer dementsprechenden Vereinbarung nicht eröffnet ist.[590] Eine inhaltliche Änderung ist darüber hinaus auch bei rein sprachlichen Modifizierungen zu verneinen, bei denen keine Abweichung vom Regelungsgehalt erfolgt (z. B. die Verwendung des Wortes „Muster" statt „Anforderung" in § 17 Nr. 4 VOB/B).[591] In der Praxis geschieht der Eingriff in die VOB/B als Ganzes in der Regel durch solche in den Bauvertrag einbezogenen Allgemeinen Geschäftsbedingungen, die den Regelungen der VOB/B vorgehen und diese jedenfalls teilweise abändern. Ob diese Regelungen ihrerseits der Inhaltskontrolle standhalten, bestimmt sich nach den §§ 305 ff. BGB (vgl. Rn 648 ff.).

221 ▶ HINWEIS: Geht es bei der praktischen Mandatsbearbeitung um die Frage, ob eine den Gegner des Verwenders belastende Bestimmung der VOB/B anzuwenden ist, muss wie folgt geprüft werden:
– Zunächst ist festzustellen, ob die VOB/B überhaupt Vertragsbestandteil geworden ist.
– Sodann ist zu prüfen, ob die VOB/B-Regelungen durch vorrangige Regelungen des Vertragswerks abgeändert worden sind.

---

586 So *Peters*, NZBau 2002, 113 (115); *Preussner*, BauR 2002, 231 (241); *Sienz*, Verträge am Bau, S. 112.
587 Vgl. insoweit Kapellmann/Messerschmidt-*von Rinteln*, Einl. VOB/B, Rn 76.
588 BGH BauR 2004, 668.
589 BGH BauR 2004, 668.
590 Werner/Pastor, Rn 1021; *Gehlen*, NZBau 2004, 267; *Wittchen*, BauR 2004, 251 (253).
591 BGH BauR 2004, 668.

B. Inhaltskontrolle 1

– Liegt eine Abänderung der VOB/B vor, ist nunmehr die Inhaltskontrolle der VOB/B zu Lasten des Verwenders betreffend sämtlicher Regelungen der VOB/B eröffnet. Folglich ist zu prüfen, ob die den Gegner des Verwenders belastende Regelung der Inhaltskontrolle nach §§ 307 ff. BGB standhält. ◀

Nach der Rechtsprechung des BGH sind beim Stellen der VOB/B mit Abweichungen und damit einer Nichtvereinbarung der VOB/B als Ganzes – je nachdem, ob der Auftraggeber oder der Auftragnehmer die VOB/B einseitig gestellt hat – folgende Regelungen unwirksam: **222**
- die 2-jährige (jetzt vierjährige) Verjährung gem. § 13 Nr. 4 VOB/B, wenn der Auftragnehmer der Verwender der VOB/B ist,[592]
- die fiktive Abnahme gem. § 12 Nr. 5 Abs. 2 VOB/B, wenn der Auftragnehmer der Verwender der VOB/B ist,[593]
- die Schlusszahlungsregelung gem. § 16 Nr. 3 VOB/B, wenn der Auftraggeber der Verwender der VOB/B ist,[594]
- die Zahlung an Dritte gem. § 16 Nr. 6 VOB/B, wenn der Auftraggeber der Verwender der VOB/B ist.[595]

▶ **HINWEIS:** Es gilt zu bedenken, dass nur der Vertragspartner des Verwenders der AGB (= VOB/B) durch die §§ 305 ff. BGB geschützt wird. Der Verwender der VOB/B kann sich demnach selbst nicht auf die Unwirksamkeit einer von ihm selbst gestellten Klausel berufen. ◀

---

592 BGH BauR 1986, 89; NJW 1986, 713; BauR 1987, 438; OLG Jena, BauR 2005, 1682, Nichtzulassungsbeschwerde vom BGH durch Beschl. v. 23. 6. 2005 zurückgewiesen.
593 BGH BauR 1997, 302.
594 BGH NJW 1998, 2053.
595 BGH BauR 1990, 727; *Schmitz*, BauR 2005, 169 (173); Stemmer/Rohrmüller, BauR 2005, 622 (623). Bedenken gegen die Wirksamkeit ergeben sich wegen der Fiktion der Anerkenntniserklärung des § 16 Nr. 6 S. 2 2.Halbs. VOB/B aus § 308 Nr. 5 BGB.

§ 6 Die Ansprüche des Auftragnehmers gegen den Auftraggeber

Literatur

Biermann, Die „kreative" Angebotskalkulation: Mengenspekulationen und ihre Auswirkungen auf Nachträge, in: Festschrift für Vygen, S. 134; *Brambring*, Schuldrechtsreform und Grundstückskaufvertrag, DNotZ 2001, 904; *Brand*, Die Vollmacht des Architekten zur Abnahme von Unternehmerleistungen, BauR 1972, 69; *Canaris*, Anmerkung zum Urteil des BGH vom 20.12.1984 – VIII ZR 388/83, NJW 1985, 2404; *von Craushaar*, Die Vollmacht des Architekten zur Anordnung und Vergabe von Zusatzarbeiten, BauR 1982, 421; *Crezelius*, Zu den Rechtswirkungen der Anscheinsvollmacht, ZIP 1984, 791; *Ebel*, Die Kollision Allgemeiner Geschäftsbedingungen, NJW 1978, 1033; *Heiermann*, Der Pauschalvertrag im Bauwesen, BB 1975, 991; *Heinze*, Praxisvorschläge zur Bewältigung des Gesetzes zur Beschleunigung fälliger Zahlungen, NZBau 2001, 237; *Herrmann*, Die neue Rechtsprechung zur Haftung Anscheinsbevollmächtigter, NJW 1984, 471; *Hertel*, Bauvertrag und Bauträgervertrag nach der Schuldrechtsreform, DNotZ 2002, 6; *Joussen*, Die Abwicklung fehlerhafter nichtiger Bauverträge, in: Festschrift für Vygen, S. 182; *Kainz*, Zur Wertung von Skontoangeboten bei öffentlichen Aufträgen, BauR 1998, 219; *Keldungs*, Die Vollmacht des Architekten zur Vergabe von Zusatzaufträgen, in: Festschrift für Vygen, S. 208; *Kirberger*, Die Beschleunigungsregelungen unter rechtsdogmatischem und praxisbezogenen Blickwinkel, BauR 2001, 492; *Kniffka*, Das Gesetz zur Beschleunigung fälliger Zahlungen – Neuregelung des Bauvertragsrechts und seine Folgen –, ZfBR 2000, 227; *Kraus*, Der Diskussionsentwurf eines Schuldrechtsmodernisierungsgesetzes, BauR 2001, 1; Kronenbitter, Der Skontoabzug in der Praxis der VOB/B, BB 1999, 2030; *Kuffer*, Sicherungsvereinbarungen im Bauvertrag, BauR 2003, 155; *Leupertz*, Der Anspruch des Unternehmers auf Bezahlung unbestellter Bauleistungen beim BGB-Bauvertrag, BauR 2005, 775; *Litzenburger*, Das neue Schuldrecht und der Bauträgervertrag, RNotZ 2002, 23; *Meissner*, Vertretung und Vollmacht in den Rechtsbeziehungen der am Bau Beteiligten, BauR 1987, 497; *Motzke*, Abschlagszahlung, Abnahme und Gutachterverfahren nach dem Beschleunigungsgesetz, NZBau 2000, 489; *ders.*, Parameter für Zusatzvergütung bei zusätzlichen Leistungen, NZBau 2002, 641; *Motzko-Schreiber*, Verweigerung der Bauabnahme bei einer Vielzahl kleiner Mängel – Möglichkeiten einer baubetrieblichen Bewertung, BauR 1999, 24; *Oberhauser*, Ansprüche des Auftragnehmers auf Bezahlung nicht „bestellter" Leistungen beim Bauvertrag auf der Basis der VOB/B, BauR 2005, 919; *Pauly*, Zur Frage des Umfangs der Architektenvollmacht, BauR 1998, 1143; *Pause*, Verstoßen Zahlungspläne gem. § 3 Abs. 2 MaBV gegen geltendes Recht?, NZBau 2001, 181; *Putzier*, Der Pauschalpreisvertrag (2000); *Quack*, Die „originäre" Vollmacht des Architekten, BauR 1995, 441; *ders.*, Der Eintritt des Sicherungsfalles bei den Bausicherheiten nach § 17 VOB/B und ähnlichen Gestaltungen, BauR 1997, 754; *Rodemann*, § 632a BGB: Regelungsbedarf für Unternehmer, BauR 2002, 863; *Rößler*, Formbedürftigkeit der Vollmacht, NJW 1999, 1151; *Schmid*, Der Bauträgervertrag vor dem Aus?, BauR 2001, 866; *Stapenhorst*, Das Gesetz zur Beschleunigung fälliger Zahlungen, DB 2000, 909; *Thode*, Die wichtigsten Änderungen im BGB-Werkvertragsrecht: Schuldrechtsmodernisierungsgesetz und erste Probleme – Teil 1, NZBau 2002, 297; *ders.*, Werkleistung und Erfüllung im Bau- und Architektenvertrag, ZfBR 1999, 116; *ders.*, Erfüllungs- und Gewährleistungssicherheiten in innerstaatlichen und grenzüberschreitenden Bauverträgen, ZfIR, 2000, 165; *ders.*, Aktuelle höchstrichterliche Rechtsprechung zur Sicherungsabrede in Bauverträgen, ZfBR 2002, 4; *Vogel/Schmitz*, Die Sicherung von bauvertraglichen Ansprüchen durch Bürgschaft nach der Schuldrechtsreform, ZfIR 2002, 509; *Voppel*, Abschlagszahlungen im Baurecht und § 632a BGB, BauR 2001, 1165; *von Craushaar*, Die Regelung des Gesetzes zur Beschleunigung fälliger Zahlungen im Überblick, BauR 2001, 471; *Vygen*, Die funktionale Leistungsbeschreibung, Festschrift für Mantscheff, S. 459; *ders.*, Der Vergütungsanspruch beim Pauschalvertrag, BauR 1979, 375; *ders.*, Der Pauschalvertrag – Abgrenzungsfragen zu anderen Vertragstypen im Baugewerbe, ZfBR 1979, 133; *Weise*, Sicherheiten im Baurecht, 1999; Weyand, Die Skontovereinbarung in einem der VOB unterliegenden Bauvertrag unter besonderer Berücksichtigung der VOB/A, BauR 1988, 58; *Weyer*, Verteidigungsmöglichkeiten des Unternehmers gegenüber einer unangemessen hohen Vertragsstrafe, BauR 1988, 28.

A. Werklohnansprüche für abgeschlossene (Teil)Leistungen

I. Beim BGB-Bauvertrag

1. Vorliegen eines wirksamen Bauvertrages

a) Der Bauvertrag als Werkvertrag – Abgrenzung zu anderen Vertragstypen

Der zwischen dem Unternehmer als Auftragnehmer und dem Besteller als Auftraggeber geschlossene Vertrag über die Errichtung eines Bauwerks ist ein **Werkvertrag** i. S. der §§ 631 ff. BGB. Ein Bauwerk ist eine durch Verwendung von Arbeit und Material in Verbindung mit dem Erdboden hergestellte unbewegliche Sache. Da es auf die sachenrechtliche Zuordnung nicht ankommt, ist es unerheblich, ob die Leistungen nach sachenrechtlichen Maßstäben zu wesentlichen Bestandteilen, mit dem Gebäude fest verbundenen einfachen Bestandteilen, zu Scheinbestandteilen oder zum Zubehör führen. Maßgeblich ist allein die funktionelle Einheit als Bauwerk.[596] **223**

Nach § 631 Abs. 1 BGB wird der Auftragnehmer zur Herstellung des versprochenen Werkes verpflichtet. Im Hinblick auf den Umfang der vom Auftragnehmer übernommenen Pflichten ist zwischen dem vertraglich **geschuldeten Werkerfolg** einerseits und dem vertraglich **vereinbarten Leistungssoll** andererseits zu unterscheiden. Zur Bestimmung des Werkerfolges und Leistungssolls ist der Vertrag gem. §§ 133, 157 BGB auszulegen (vgl. Rn 248). Nach Auslegung des Vertrages steht fest, welchen Werkerfolg die Parteien vereinbart haben und welches Leistungssoll gilt, um diesen Werkerfolg zu erreichen. Zur Erreichung des **werkvertraglich vereinbarten Erfolges** hat der Auftragnehmer das Werk funktionstauglich und zwecksprechend zu errichten.[597] Solange dieser Erfolg nicht herbeigeführt ist, hat er den Vertrag nicht – die Leistungen sind zudem nicht mangelfrei – (vgl. Rn 598) erfüllt. Der Auftraggeber kann in diesem Fall den Erfüllungsanspruch auf Erbringung des vertraglich geschuldeten Erfolges oder aber die Mängelrechte aus § 634 BGB geltend machen (vgl. Rn 608 ff.). Das **Leistungssoll** ist demgegenüber das Äquivalent für die vereinbarte Vergütung. Es beschreibt die Leistungen, die die Parteien vereinbaren, um den vertraglich geschuldeten Erfolg herbeizuführen. Bei der Bestimmung des Leistungssolls gilt sowohl beim BGB-Bauvertrag wie auch beim VOB-Bauvertrag der in § 2 Nr. 1 VOB/B niedergelegte Grundsatz, wonach durch die vereinbarten Preise alle Leistungen abgegolten werden, die nach den Vertragsunterlagen zur vertraglichen Leistung gehören. Der von der Preisabrede erfasste Leistungsinhalt ergibt sich aus dem gesamten Vertragswerk einschließlich Vorbemerkungen der Leistungsbeschreibung und der in Bezug genommenen Pläne.[598] **224**

Besondere Probleme bei der Vertragsabwicklung ergeben sich dann, wenn der vertraglich geschuldete Erfolg über das Leistungssoll hinausgeht. In diesem Fall ist der Auftragnehmer nicht verpflichtet, zur Erreichung des vertraglich geschuldeten Erfolges ohne zusätzliche Vergütung vom Leistungssoll abweichende oder über das Leistungssoll hinausge- **225**

---

[596] BGH BauR 2001, 621; MünchKomm-*Busche*, § 631 BGB, Rn 114; Staudinger-*Peters*, Vorbem zu § 631 BGB, Rn 69 f. und § 634 a BGB, Rn 18.
[597] MünchKomm-*Busche*, § 631 BGB, Rn 1.
[598] Leistungsinhalte können auch in Allgemeinen Geschäftsbedingungen geregelt sein, insbesondere in zusätzlichen, allgemeinen oder besonderen technischen Vertragsbedingungen. Dazu gehören beim VOB-Vertrag gem. § 1 Nr. 1 VOB/B stets die Allgemeinen Technischen Vertragsbedingungen für Bauleistungen (ATV). In den ATV der DIN 18 299 bzw. den anderen DIN-Normen der VOB/C (regelmäßig unter der Ordnungs-Nr. 4) sind die in der Regel bei Bauarbeiten auftretenden nichtvergütungspflichtigen Nebenleistungen sowie die vergütungspflichtigen Besonderen Leistungen in Abschnitt 4 genannt.

hende Leistungen zu erbringen.⁵⁹⁹ Den Auftragnehmer trifft aber die Pflicht, den Auftraggeber auf die Defizite des Leistungssolls, die dazu führen, dass der vertraglich geschuldete Erfolg nicht herbeigeführt werden kann, hinzuweisen (vgl. Rn 602). Sodann müssen sich die Parteien im Verlauf des Bauvorhabens entweder über die Erteilung gesondert zu vergütender Zusatzaufträge oder aber über die Vereinbarungen einer Leistungsänderung verständigen.⁶⁰⁰ Gleichermaßen kann auch der umgekehrte Fall eintreten, dass die vereinbarten Leistungen über den vertraglich geschuldeten Erfolg hinausgehen. Hier ist das Leistungssoll vom Auftragnehmer als Gegenstand seiner Leistungspflicht ungeschmälert zu erbringen.

▶ Hinweis: Um eine Divergenz zwischen Leistungssoll und vertraglich geschuldetem Erfolg zu vermeiden, ist den Parteien im Zuge der Vertragsgestaltung zu empfehlen, entweder die erforderlichen Leistungen auf der Grundlage einer gewissenhaften Planung und Leistungsbeschreibung detailliert genug zu beschreiben oder aber das Bausoll nach dem zu erreichenden Erfolg zu definieren.⁶⁰¹ (Vgl. Rn 287, 297 ff.) ◀

aa) Abgrenzung zum Dienstvertrag

226 Der Werkvertrag hat mit dem Dienstvertrag i. S. des § 611 BGB gemeinsam, dass jeweils eine entgeltliche Arbeitsleistung zu erbringen ist. Beim Dienstvertrag schuldet der Dienstverpflichtete allerdings nur die vertragsgemäße Bemühung um den Erfolg, während der Auftragnehmer beim Werkvertrag das konkrete Ergebnis seiner Tätigkeit, nämlich den Erfolg selbst, schuldet.⁶⁰²

bb) Abgrenzung zum Kaufvertrag

227 Anders als beim Werkvertrag, wo die Schöpfung des Werkes selbst im Mittelpunkt der vertraglichen Beziehung steht, ist beim Kaufvertrag die Herstellung der zu liefernden Sache nicht Gegenstand des Vertrages. Der Kaufvertrag i. S. des § 433 BGB ist mithin auf die Übereignung einer fertig hergestellten Sache ausgerichtet.⁶⁰³ Vor dem Hintergrund des Schuldrechtsmodernisierungsgesetzes ist der Werkvertrag nicht mehr ausschließlich vom klassischen Kaufvertrag, sondern vielmehr auch vom **Kaufvertrag mit sog. Montageverpflichtung** gem. § 434 Abs. 3 BGB abzugrenzen.⁶⁰⁴ Zur Abgrenzung zwischen einem Kaufvertrag mit Montageverpflichtung und einem Werkvertrag ist nach der Rechtsprechung des BGH auf die Art des zu liefernden Gegenstandes, das Wertverhältnis von Lieferung und Montage sowie auf die Besonderheiten des geschuldeten Ergebnisses abzustellen.⁶⁰⁵

228 Maßgebliche **Auswirkungen** hat die unterschiedliche Einordnung des Vertragsverhältnisses als Werkvertrag einerseits oder aber Kaufvertrag mit oder ohne Montageverpflichtung andererseits im Hinblick auf vom Auftragnehmer begehrte Abschlagszahlungen (vgl. Rn 311 f.) (die der Verkäufer nicht verlangen kann), die Anwendung der §§ 648, 648 a BGB (vgl. Rn 167 ff.) (die der Verkäufer nicht geltend machen kann), die Rechte des Auftragnehmers aus § 634 Nr. 2, 637 BGB (vgl. Rn 619 ff.) (die der Käufer nicht geltend machen kann) sowie die §§ 377, 381 HGB (die im Werkrecht nicht zur Anwendung

---

599 *Motzke*, NZBau 2002, 641; *Oberhauser*, BauR 2005, 919 (921).
600 *Motzke*, NZBau 2002, 641 (642); *Leupertz*, BauR 2005, 775 ff.; *Oberhauser*, BauR 2005, 919 (920 f.).
601 BGH BauR 1994, 236 (237); *Oberhauser*, BauR 2005, 919 (920 f.).
602 MünchKomm-*Busche*, § 631 BGB, Rn 8 ff.; Staudinger-*Peters*, Vorbem zu § 631 BGB, Rn 19 ff.
603 MünchKomm-*Busche*, § 631 BGB, Rn 7; Staudinger-*Peters*, Vorbem zu § 631 BGB, Rn 13 ff.
604 Staudinger-*Peters*, § 651 BGB, Rn 13; MünchKomm-*Busche*, § 651 BGB, Rn 7.
605 BGH BauR 2004, 882; Staudinger-*Peters*, § 651 BGB, Rn 13; MünchKomm-*Busche*, § 651 BGB, Rn 7.

A. Werklohnansprüche für abgeschlossene (Teil)Leistungen

kommen). Fraglich bleibt, ob es auch zukünftig beim Erwerb von neuen Häusern bzw. Eigentumswohnungen im Rahmen eines Bauträgergeschäftes bei der auf der Grundlage des Bürgerlichen Gesetzbuches in der bis zum 31. 12. 2001 geltenden Fassung ergangenen Rechtsprechung[606] verbleibt, wonach hinsichtlich der Herstellungsverpflichtung des Veräußerers Werkvertragsrecht zur Anwendung kommt (vgl. Rn 55).[607] Zur Begründung hat der BGH stets darauf verwiesen, dass sich aus dem Inhalt, Zweck und der wirtschaftlichen Bedeutung des Vertrages sowie aus der Interessenlage der Parteien als Erfolgssoll eine Verpflichtung zur mangelfreien Erstellung des Bauwerkes ergibt. Unter Zugrundelegung der Regelungen des Werkvertragsrechts kam sodann die Sachmängelhaftung der §§ 633 ff. BGB a. F. (= § 634 BGB n. F.) und die fünfjährige Verjährungsfrist gem. § 638 BGB a. F. (= § 634a Abs. 1 Nr. 2 BGB) zur Anwendung.

229 Mit Blick auf das Bürgerliche Gesetzbuch in der seit dem 1. 1. 2002 geltenden Fassung kommt es auf die Aktivierung der fünfjährigen Verjährungsfrist beim Bauträgervertrag nicht mehr an, da die Verjährung für Mängelansprüche beim Kauf eines Bauwerks gem. § 438 Abs. 1 Nr. 2 BGB gleichermaßen 5 Jahre beträgt und folglich an die werkvertragliche Verjährungsregelung des § 634a Abs. 1 Nr. 2 BGB angeglichen worden ist. Aus diesem Grund wird in der Lehre die Auffassung vertreten, dass beim Erwerb eines bereits errichteten Objektes künftig Kaufrecht anzuwenden ist.[608] Gegen diese Auffassung spricht, dass auch nach neuem Recht die werkvertraglichen Mängelansprüche für den „Käufer" Vorteile gegenüber der kaufrechtlichen Mängelhaftung haben. Anders als im Kaufrecht kann nämlich der Auftraggeber bei einem Mangel diesen gem. §§ 634 Nr. 2, 637 BGB selbst beseitigen lassen und hierfür vom Auftragnehmer einen Vorschuss gem. § 637 Abs. 3 BGB verlangen. Es ist mithin zumindest dann, wenn der Veräußerer eine Herstellungsverpflichtung übernommen hat, die insgesamt nach Umfang und Bedeutung Neubauarbeiten vergleichbar ist, davon auszugehen, dass sich an der bestehenden Rechtsprechung nichts ändern wird.[609]

cc) Abgrenzung zum Werklieferungsvertrag

230 Wie beim Werkvertrag geht es auch beim Werklieferungsvertrag gem. § 651 BGB um die Herstellung eines körperlichen Arbeitserfolges. Während beim Werkvertrag die Schöpfung des Werkes für den Auftraggeber im Vordergrund steht, geht es dem Auftragnehmer beim Werklieferungsvertrag um die mit dem Warenumsatz verbundene Übertragung von Eigentum und Besitz an einer **beweglichen Sache**.[610]

b) Zustandekommen des Bauvertrages gemäß der §§ 145 ff. BGB

231 Das Zustandekommen eines Vertrages ist in den §§ 145 ff. BGB geregelt, die für alle Verträge gelten. Erforderlich ist eine Einigung durch zwei übereinstimmende Willenserklä-

---

606 BGH BauR 1997, 1030; BGHZ 68, 372; 74, 204 (206); 87, 112, (117).
607 Beim Erwerb eines Fertighauses kommt dem entgegen Kaufrecht zur Anwendung, wenn der Hersteller – ohne die Montage des Hauses selbst zu übernehmen – nur die einzelnen Bauteile liefert. Übernimmt der Hersteller auch die Errichtungsverpflichtung, so ist Werkvertragsrecht anzuwenden.
608 Staudinger-*Peters*, Vorbem zu §§ 631 ff. BGB, Rn 129; *Brambring*, DNotZ 2001, 904 (906); *Hertel*, DNotZ 2002, 6 (18); *Heinemann*, ZfBR 2002, 167 (168); *Litzenburger*, RNotZ 2002, 23 (24).
609 BGH BauR 2006, 99; vgl. auch *Thode*, NZBau 2002, 297 (299); Ingenstau/Korbion-*Korbion*, VOB Anhang 3, Rn 288; Werner/Pastor, Rn 1445.
610 MünchKomm-*Busche*, § 651 BGB, Rn 8.

§ 6 Die Ansprüche des Auftragnehmers gegen den Auftraggeber

rungen. Insoweit ist zu prüfen, ob ein wirksames Angebot und eine wirksame Annahme vorliegen. Schließlich müssen Angebot und Annahme inhaltlich übereinstimmen.[611]

aa) Wirksames Angebot

232 Ein wirksames Angebot liegt dann vor, wenn eine Willenserklärung vorliegt, mit der einem anderen ein Vertragsschluss so angetragen wird, dass ein Zustandekommen des Vertrages nur von dessen Einverständnis abhängt. Darüber hinaus muss das Angebot – um wirksam zu sein – vom Erklärenden abgegeben und beim Empfänger zugegangen sein.

(1) Vorliegen einer Willenserklärung

233 Das Angebot setzt zunächst voraus, dass überhaupt eine Willenserklärung vorliegt, die darüber hinaus inhaltlich bestimmt bzw. bestimmbar ist. Die Willenserklärung ist notwendiger Bestandteil eines jeden Rechtsgeschäfts. Sie ist die Äußerung eines auf Herbeiführung einer Rechtsfolge gerichteten Willens. Folgende Tatbestandsmerkmale sind zu unterscheiden:

- **Äußerer – objektiver – Erklärungstatbestand**

234 Der objektive Erklärungstatbestand setzt ein Verhalten voraus, das nach dem Verständnis der Beteiligten oder der Verkehrssitte den Schluss auf einen bestimmten Geschäftswillen zulässt. Fehlt bereits der objektive Erklärungstatbestand, so liegt keine Willenserklärung – und damit auch kein Angebot auf Abschluss eines Vertrages – vor.[612] Erklärungsmittel des äußeren objektiven Erklärungstatbestandes sind die ausdrückliche oder aber konkludente Willenserklärung. Bei der ausdrücklichen Willenserklärung kommt der Geschäftswille unmittelbar in der Erklärung zum Ausdruck, während von einer konkludenten Willenserklärung dann auszugehen ist, wenn der Geschäftswille durch schlüssiges Verhalten deutlich wird.[613] Der äußere Erklärungstatbestand der Willenserklärung muss – aus der Sicht eines objektiven Beobachters – zunächst von einem Handlungswillen getragen sein, d. h., dass der Erklärende willensgesteuert tätig geworden ist. Darüber hinaus muss ein **Rechtsbindungswille** vorliegen, nach dem zum Ausdruck kommt, rechtsgeschäftlich verbindlich handeln zu wollen. Negativ ausgedrückt bedeutet dies, dass ein Rechtsbindungswille fehlt, wenn – aus der Sicht des objektiven Beobachters – keine Rechtsfolge ausgelöst werden soll. Dies ist dann der Fall, wenn es sich um eine sog. vorbereitende Erklärung (invitatio ad offerendum sowie ein freibleibendes Angebot) handelt. Von einer solchen vorbereitenden Erklärung ist im privaten Baurecht bspw. dann auszugehen, wenn ein potenzieller Auftraggeber Angebote von Unter-

---

611 Dem Vertragsabschluss gehen regelmäßig Verhandlungen voraus. Die während der Verhandlungen vorgetragenen Erklärungen erzeugen keinerlei Bindungen im Hinblick auf den späteren Vertragsabschluss. Der Abbruch von Vertragsverhandlungen stellt dann eine Pflichtverletzung dar, wenn das Vertrauen erweckt worden ist, der beabsichtigte Vertrag werde mit Sicherheit zustande kommen und eine Partei ohne triftigen Grund vom Vertragsschluss Abstand nimmt, BGHZ 71, 395; NJW 80, 1584.
612 Anzumerken bleibt, dass die Frage nach dem verobjektivierten Erklärungsbewusstsein im Baurecht eine große Relevanz einnimmt. So etwa: Bei einem Schuldanerkenntnis (vgl. Fn 759), mit dem sämtliche Einwendungen ausgeschlossen werden sollen, ist Voraussetzung, dass der Erklärende ein verobjektiviertes Erklärungsbewusstsein hat, mit der Erklärung das Schuldverhältnis insgesamt oder in einzelnen Bestimmungen dem Streit oder der Ungewissheit entziehen wollen, BGH BauR 1977, 138; BGH BauR 1998, 579. Auch die Aufhebung einer Vereinbarung über eine förmliche Abnahme im Fall der sog. „vergessenen Abnahme" setzt ein entsprechendes Erklärungsbewusstsein des Auftraggebers voraus (vgl. Rn 309, 351). Gleiches betrifft den Fall der schlüssigen Abnahme (vgl. Rn 310, 352). Voraussetzung für eine Anordnung i. S. des § 1 Nr. 3 und § 1 Nr. 4 VOB/B ist ein verobjektiviertes Erklärungsbewusstsein des Auftraggebers. (vgl. Rn 416 f.).
613 Vgl. hierzu die Ausführungen zum Vorliegen einer Abnahme durch schlüssiges Verhalten unter Rn 310, 352.

A. Werklohnansprüche für abgeschlossene (Teil)Leistungen

nehmern einholt, um sodann darüber zu entscheiden, welchem der Unternehmer der Auftrag erteilt wird. Diese Aufforderung zur Abgabe eines Angebots bindet den Auftraggeber als Vertragserklärung noch nicht.[614]

■ **Innerer – subjektiver – Tatbestand:**

Voraussetzung für das Vorliegen des subjektiven Tatbestandes der Willenserklärung ist, dass der Erklärende mit Handlungswillen gehandelt hat. Der Handlungswille bezeichnet den Willen, die als objektiven Erklärungsakt bewertete Handlung überhaupt vorzunehmen. Fehlt ein derartiger bewusster Willensakt, so liegt nach ganz h. M. keine Willenserklärung vor.[615] Das einen weiteren Teil des subjektiven Tatbestandes der Willenserklärung bildende **Erklärungsbewusstsein** wird als das Bewusstsein des Handelnden verstanden, überhaupt irgendeine rechtsgeschäftliche Erklärung – und nicht nur tatsächliche Mitteilung – abzugeben.[616] Nach heute h. M. liegt trotz fehlenden Erklärungsbewusstseins dann eine wirksame Willenserklärung vor, wenn der Erklärende bei Anwendung der im Verkehr erforderlichen Sorgfalt hätte erkennen und vermeiden können, dass seine Äußerung nach Treu und Glauben und mit Rücksicht auf die Verkehrssitte als Willenserklärung aufgefasst werden durfte und der Empfänger sie auch tatsächlich so verstanden hat. Die Willenserklärung kann vom Erklärenden aber als Erklärungsirrtum gem. §§ 119, 121, 143 BGB angefochten werden.[617] Erbringt jemand **nicht vertraglich vereinbarte Bauleistungen**, kann dies als konkludentes Angebot auf Abschluss eines Bauvertrages angesehen werden. Notwendig ist ein Erklärungsbewusstsein des Auftragnehmers, die Leistungen im Bewusstsein einer vertraglichen Verpflichtung zu erbringen. Zu prüfen bleibt dann aber weiter, ob das Angebot des erklärenden Auftragnehmers durch den Auftraggeber auch angenommen worden ist. Maßgeblich ist insoweit, ob ein entsprechender Rechtsbindungswille beim „Auftraggeber" zu bejahen ist. Dabei ist die Rechtsprechung des BGH zu berücksichtigen, wonach allein die Entgegennahme von Leistungen nicht den Schluss auf einen entsprechenden Willen des Empfängers zulässt, ein entsprechendes Angebot auch annehmen zu wollen.[618] Erforderlich sind regelmäßig weitere Umstände, die einen rechtsgeschäftlichen Willen erkennen lassen.[619]

(2) Bestimmtheit der Willenserklärung

Neben der Prüfung, ob eine Willenserklärung bereits tatbestandlich vorliegt, muss diese inhaltlich bestimmt genug bzw. bestimmbar sein. Regelmäßig wird von einem Angebot i. S. einer bindenden Erklärung erst dann auszugehen sein, wenn sich aus ihr ergibt, dass die Willenserklärung nur noch angenommen werden muss, um dem Vertrag Wirksamkeit zu verschaffen. Dafür ist erforderlich, dass das Angebot alle Einzelheiten des Vertrages enthält, die nach der Vorstellung des objektiven Erklärungsempfängers notwendig sind, um den Vertrag zu schließen. Insoweit sind bei einem Bauvertrag grundsätzlich Angaben über die Vergütung erforderlich. Zu beachten bleibt allerdings, dass sich aus § 632 BGB ergibt, dass eine Einigung über die Vergütung nicht zu den essentialia negoti eines Bauvertrages gehört (vgl. Rn 305 ff.). Nach der Verkehrssitte wird aber grundsätzlich eine Eini-

235

236

---

614 Es wird dadurch aber bereits ein vorvertragliches Verhältnis i. S. des § 311 Abs. 2 Nr. 1 BGB begründet, was sodann zu einer Schadensersatzhaftung des Auftraggebers gem. § 280 Abs. 1 BGB führen kann.
615 Palandt-*Heinrichs*, Einführung vor § 116 BGB, Rn 16.
616 BGHZ 91, 324 (329); Palandt-*Heinrichs*, Einführung vor § 116 BGB, Rn 1.
617 BGHZ 91, 324; 109, 177; NJW 1995, 953.
618 BGH BauR 1997, 644.
619 BGH BauR 1999, 1319.

von Kiedrowski

gung über die Vergütung erwartet. Ausnahmen davon gelten bei Bauaufträgen mit geringfügigem Umfang oder geringer Bedeutung, wie z. B. kleinere Reparaturarbeiten oder Sanierungsarbeiten im geringen Umfang.

(3) Wirksamkeit der Willenserklärung

Eine Willenserklärung ist gem. § 130 Abs. 1 BGB dann wirksam, wenn sie abgegeben und zugegangen ist.

▪ **Abgabe der Willenserklärung**

237 Die Abgabe ist Wirksamkeitsvoraussetzung für die Willenserklärung. Fehlt es an einer willentlichen Entäußerung in dem Rechtsverkehr, liegt keine wirksame Willenserklärung vor. Einer Anfechtung bedarf es nicht.[620] Abgegeben ist die Willenserklärung, wenn der Erklärende seinen rechtsgeschäftlichen Willen erkennbar so geäußert hat, dass an der Endgültigkeit des geäußerten Willens kein Zweifel besteht. Bei einer empfangsbedürftigen Willenserklärung muss die Verlautbarung in Richtung auf den Empfänger erfolgt sein, sodass bei Zugrundelegung normaler Verhältnisse mit dem Zugang zu rechnen ist.[621] Soll die Willenserklärung durch einen Erklärungsboten übermittelt werden, ist sie abgegeben, wenn der Erklärende dem Boten die Weisung erteilt, die Willenserklärung dem Empfänger zu übermitteln.

▪ **Zugang der Willenserklärung**

238 Eine empfangsbedürftige Willenserklärung wird gem. § 130 BGB erst mit Zugang wirksam. Grundgedanke dieser auf der gemeinrechtlichen Empfangstheorie beruhenden Regelung ist eine angemessene Risikoverteilung zwischen Erklärenden und Adressaten, falls die Willenserklärung auf dem Weg bis zur Wahrnehmung durch den Empfänger verloren geht, inhaltlich verändert oder die Kenntnisnahme verzögert wird. Für den Zugang einer verkörperten schriftlichen Willenserklärung ist nötig, dass die Willenserklärung so in den Machtbereich des Empfängers gelangt ist, dass bei Zugrundelegung gewöhnlicher Verhältnisse mit der Kenntnisnahme durch den Empfänger zu rechnen ist.[622] Der Empfänger muss die Möglichkeit der Kenntnisnahme haben. Tatsächliche Kenntnisnahme ist nicht erforderlich.[623] Diese Voraussetzung ist regelmäßig gegeben, wenn die Willenserklärung in den Herrschaftsbereich gelangt ist. Wird der Zugang durch Hindernisse in der Empfängersphäre verhindert oder verzögert, besteht die Frage, ob dem Erklärenden eine Wiederholung des Übermittlungsversuchs auferlegt werden soll und zu wessen Lasten die Verspätung des Zugangs wirkt: Liegt eine berechtigte Annahmeverweigerung vor, so kommt es zu keinem Zugang. In diesem Fall ist eine erneute Zustellung notwendig, das Verspätungsrisiko trägt der Erklärende. Bei der unberechtigten Weigerung der Annahme eines Schreibens ist ein Zugang zu bejahen. Der Empfänger hat bereits mit dem Angebot der Aushändigung des Schreibens die Möglichkeit der Kenntnisnahme. Ein erneuter Zugangsversuch des Erklärenden ist mithin nicht notwendig.[624] Beruht das Zugangshindernis auf dem Fehlen einer Empfangsvorrichtung (Briefkasten), auf der Abwesenheit des Empfängers oder einer Geschäftsverlegung, gilt Folgendes: Grundsätzlich kann ein vergeblicher Zustellversuch nicht bereits dem Zugang gleichgestellt werden. Der durch

---

620 BGHZ 65, 14.
621 BGH NJW 1979, 2032.
622 BGHZ 67, 275.
623 BGH NJW 1975, 384.
624 BGH NJW 1983, 930.

A. Werklohnansprüche für abgeschlossene (Teil)Leistungen

erneute Zustellung bewirkte oder notfalls gem. § 132 BGB fingierte Zugang wirkt jedoch auf den Zeitpunkt des ersten Zugangsversuchs zurück, wenn der Empfänger mit dem Eingehen rechtsgeschäftlicher Mitteilungen rechnen musste und keine Vorsorge getroffen hat, dass diese ihn (rechtzeitig) erreichen. Das Berufen auf den verspäteten Zugang ist dann gem. § 242 BGB rechtsmissbräuchlich. Eine Obliegenheit, den Zugang zu ermöglichen, besteht aufgrund einer angebahnten oder bestehenden Geschäftsbedingung.

Problemfall: Beweisführung vermittels Fax-Sendeberichte

In der Praxis stellt sich bereits seit einem knappen Jahrzehnt die Frage, ob der Absender, der ein Telefax verschickt hat, zur Begründung eines Anscheinsbeweises (vgl. Rn 737) für den Zugang auf den sog. „OK-Vermerk" im Sendebericht zurückgreifen kann. Nach der Rechtsprechung des BGH und BAG begründet der „Ok-Vermerk" im Sendebericht weiterhin keinen Anscheinsbeweis für den Zugang der Erklärung. Zur Begründung führt der BGH aus, dass es an gesicherten Erkenntnissen dazu fehle, wie oft Telefaxübertragungen trotz eines „OK-Vermerks" scheitern, sodass nicht i. S. eines Anscheinsbeweises widerleglich aus diesen Umständen geschlossen werden könne, dass das Telefax tatsächlich zugegangen sei.[625]

239

Problemfall: Zugang von (Einwurf-)Einschreiben (mit Rückschein)

Erfolgt die Erklärung durch **Einschreiben mit Rückschein** und ist der Empfänger nicht anwesend, liegt mit dem Hinterlegen des Benachrichtigungszettels noch kein Zugang vor.[626] Hintergrund dessen bildet der Umstand, dass der Empfänger durch den Benachrichtigungszettel lediglich in die Lage versetzt wird, das Schreiben in seinen Machtbereich zu bringen. Der Zugang tritt daher erst dann ein, wenn der Empfänger den Einschreibenbrief abgeholt hat. Erfolgt dies innerhalb der üblichen Frist, wirkt der dadurch bewirkte Zugang nicht zurück. Das Risiko einer durch die persönliche Aushändigung bedingten Verzögerung trägt er Erklärende.[627] Bei Nichtabholung eines beim Postamt niedergelegten Einschreibens ist der Erklärende gehalten, nach Kenntnisnahme von dem nicht erfolgten Zugang unverzüglich einen erneuten Zustellversuch anzustrengen, denn in diesem Fall wirkt ein geglückter Zugang zeitlich auf den ersten Zustellversuch zurück.[628] Ein wiederholter Zustellversuch ist nur dann entbehrlich, wenn der Empfänger die Annahme grundlos verweigert hat, obwohl er mit dem Eingang rechtserheblicher Mitteilungen seines Vertrags- oder Verhandlungspartners rechnen musste. Gleiches gilt, wenn der Empfänger den Zugang der Erklärung arglistig vereitelt hat. Erfolgt die Erklärung durch **Einwurfeinschreiben**, ist der Zugang mit dem Einwerfen in die Empfangsvorrichtungen (Briefkasten) des Empfängers erfolgt. Insoweit begründet der Einlieferungsbeleg aber keinen Anscheinsbeweis für den Einwurf des Einwurfeinschreibens in dem Briefkasten des Empfängers.[629] Bestreitet der Empfänger den Zugang der Erklärung, wird es auf eine Vernehmung des Postzustellers als Zeugen ankommen.

240

Problemfall: Einschaltung vom Empfangsboten

Für den Zugang ausreichend ist gleichermaßen die Aushändigung an einen Empfangboten, der tatsächlich ermächtigt ist oder nach der Verkehrsauffassung als ermächtigt gelten

241

---

625 BGH NJW 1995, 665; BauR 1999, 1319; BAG MDR 2003, 91; a. A. AG Rudolstadt NJW 2004, 2839; OLG München MDR 1999, 286; OLG München NJW 1994, 527 (jeweils Anscheinsbeweis bejaht).
626 BGH NJW 1998, 976 (977).
627 BGH NJW 1998, 976 (977).
628 BGH NJW 1998, 976 (977).
629 So LG Potsdam BauR 2001, 1632.

kann, die Willenserklärung für den Empfänger entgegenzunehmen und der hierzu bereit und geeignet ist.[630] Nimmt ein Empfangsbote die Willenserklärung entgegen, bestimmen sich die Voraussetzungen des Zugangs nach der Person des Adressaten. Erst wenn dieser bei Annahme gewöhnlicher Verhältnisse die theoretische Möglichkeit der Kenntnisnahme hat, ist ihm die an seinen Empfangsboten abgegebene Willenserklärung zugegangen. Vom Adressaten kann daher erst nach Ablauf der Zeit, die der Empfangsbote für die Übermittlungstätigkeit normalerweise benötigt, erwartet werden, dass er von der Willenserklärung Kenntnis nehmen kann.

■ **Zulässiger Widerruf der Willenserklärung**

242 Nach § 145 BGB ist der Antragende an den Antrag gebunden, wenn er die Bindung nicht ausgeschlossen hat. Dabei entsteht die Bindung gem. § 130 Abs. 1 S. 1 BGB mit dem Zugang der Willenserklärung. Zu berücksichtigen bleibt, dass der Erklärende gem. § 130 Abs. 1 S. 2 BGB das Angebot bis zum Zugang widerrufen kann. In diesem Fall entsteht keine Bindung im Hinblick auf das abgegebene Angebot.

■ **Bindungswirkung**

243 Der Antrag auf Abschluss eines Bauvertrages erlischt, wenn er dem Antragenden gegenüber abgelehnt oder wenn er nicht diesem gegenüber nach den §§ 147 ff. BGB rechtzeitig angenommen wird.

(4) Wirksamkeitshindernisse

244 Wirksamkeitshindernisse bestehen im Hinblick auf das Vorliegen einer Willenserklärung dann, wenn es sich um ein sog. Scheingeschäft i. S. des § 117 Abs. 1 BGB handelt. Eine einvernehmlich zum Schein abgegebene Willenserklärung ist gem. § 117 Abs. 1 BGB nichtig. Das verdeckte Rechtsgeschäft, das von den Parteien gewollt ist, ist gem. § 117 Abs. 2 BGB wirksam, wenn seine Erfordernisse erfüllt sind. Treuhänderische Rechtsübertragungen und sog. Strohmanngeschäfte fallen in der Regel nicht unter § 117 BGB, da die Parteien die vereinbarten Rechtsfolgen ernsthaft wollen.[631]

bb) **Wirksame Annahme**

(1) **Vorliegen einer Annahmeerklärung**

245 Die Erklärung, den Antrag auf Abschluss des Bauvertrages anzunehmen, ist gleichsam eine Willenserklärung. Es gelten die gleichen Grundsätze. Die Annahmeerklärung kann entweder ausdrücklich oder konkludent durch ein Verhalten erfolgen, das zum Ausdruck bringt, das Angebot annehmen zu wollen.

(2) **Schweigen als Annahme – kaufmännisches Bestätigungsschreiben**

246 Ausnahmsweise stellt Schweigen eine echte Willenserklärung dar, wenn die Umstände einen hinreichenden Schluss auf einen bestimmten, durch das Schweigen kund gemachten Geschäftswillen zulassen. Schließlich kann ein Schweigen nach Treu und Glauben als Annahme gewertet werden. Widerspricht der Empfänger eines kaufmännischen Bestätigungsschreibens diesem nicht unverzüglich, gilt der Vertrag, auf den im Schreiben Bezug genommen wird, als mit dem Inhalt des Bestätigungsschreibens zustande gekommen.

---

630 Im Baurecht stellt sich die Frage, ob der Auftragnehmer eine Bedenkenanzeige an den Architekten als Empfangsboten des Auftraggebers richten kann, vgl. Rn 605.
631 BGH NJW 1982, 569.

A. Werklohnansprüche für abgeschlossene (Teil)Leistungen

Dabei kann ein bislang noch nicht abgeschlossener Vertrag überhaupt erst zustande kommen oder ein bereits zustande gekommener Vertrag inhaltlich modifiziert werden.[632] Der **personelle Geltungsbereich** des kaufmännischen Bestätigungsschreibens bezieht sich dabei in erster Linie auf den Geschäftsverkehr unter Kaufleuten. Möglicher Empfänger eines Bestätigungsschreibens ist aber auch, wer wie ein Kaufmann in größerem Umfang selbstständig am Rechtsverkehr teilnimmt, was bei Grundstücksmaklern[633] und Architekten[634] zu bejahen ist. Möglicher Absender eines Bestätigungsschreibens ist jeder, der ähnlich wie ein Kaufmann am Rechtsverkehr teilnimmt und erwarten kann, dass ihm gegenüber nach kaufmännischer Sitte verfahren wird. Erforderlich ist darüber hinaus, dass ein **echtes Bestätigungsschreiben** vorliegt. Insoweit müssen Vertragsverhandlungen stattgefunden haben, die der Klarstellung bedürfen. Das ist regelmäßig dann der Fall, wenn mündliche oder telefonische Verhandlungen stattgefunden haben, bei denen Unklarheiten entstehen können. Die Rechtsprechung bejaht ein Klarstellungsbedürfnis auch dann, wenn ein telefonisches Angebot schriftlich angenommen wurde, und es bleibt die Unsicherheit über Art und Inhalt der telefonischen Erklärung.[635] Weiterhin muss der Absender nach dem Inhalt des Schreibens für den Empfänger erkennbar davon ausgehen, dass ein Vertrag bereits **geschlossen** ist.[636] Unerheblich ist, ob ein Vertrag tatsächlich schon geschlossen war oder ob das Schreiben als Bestätigungsschreiben oder als Auftragsbestätigung bezeichnet wird.[637] Kein Bestätigungsschreiben in diesem Sinne ist die Auftragsbestätigung, mit der lediglich auf ein Angebot und nicht auf abgeschlossene Verhandlungen Bezug genommen wird. Hier wird der Vertrag nicht als geschlossen vorausgesetzt, sondern er soll erst geschlossen werden. Der Absender muss **schutzbedürftig** und sein Vertrauen auf das Schweigen als Zustimmung zu werten sein. So entfällt das Vertrauen beim Absender immer dann, wenn er im Bestätigungsschreiben die vorausgegangenen Abreden treuwidrig verfälscht wiedergegeben hat[638] oder der Inhalt des Bestätigungsschreibens so erheblich von dem Vereinbarten abweicht, dass mit einem Einverständnis des Vertragspartners nicht gerechnet werden kann.[639] Zwei sich kreuzende Bestätigungsschreiben unterschiedlichen Inhalts begründen in der Regel keinen Vertrauenstatbestand.[640] Schließlich setzt ein kaufmännisches Bestätigungsschreiben voraus, dass der Empfänger dem Bestätigungsschreiben nicht **unverzüglich widersprochen** hat. Der Bestätigende muss erforderlichenfalls beweisen, ob und wann das Schreiben dem Empfänger zugegangen ist.[641] Als Frist für den Widerspruch sind in der Regel ein bis zwei

---

632 OLG Düsseldorf NJW-RR 1997, 211: Ein Generalübernehmer und sein Nachunternehmer schließen einen mündlichen Vergleich, wonach der Generalübernehmer seinem Vertragspartner verspricht, zusätzliche Leistungen (Einbau von Reinigungsleitern bei einem Hotelneubau) zu vergüten. Im Bestätigungsschreiben heißt es: „In der Anlage überreichen wir Ihnen die gestern geschlossene Vereinbarung in Kopie. Es wurde vereinbart, dass, wenn der Bauherr für die Leitern eine Vergütung zahlt, diese voll an sie bezahlt wird." Da der Nachunternehmer diesem Bestätigungsschreiben nicht widersprochen hat, besteht, soweit der Bauherr keine Zahlungen für die Leitern erbracht hat, kein Vergütungsanspruch des Nachunternehmers.
633 BGHZ 40, 42.
634 BGH WM 1973, 1376.
635 BGHZ 54, 240.
636 BGHZ 18, 215; 54, 239.
637 BGHZ 54, 239.
638 BGHZ 7, 190; 40, 45.
639 BGHZ 54, 242; 93, 343.
640 BGH NJW 61, 1862.
641 BGHZ 70, 232.

Tage angemessen.⁶⁴² Die Rechtzeitigkeit hat der Empfänger des Bestätigungsschreibens zu beweisen.

(3) Annahmezeitpunkt

247 Der einem Anwesenden gemachte Antrag kann nur sofort angenommen werden. Der einem Abwesenden gemachte Antrag kann gem. § 147 Abs. 2 BGB nur bis zu dem Zeitpunkt angenommen werden, in welchem der Antragende den Eingang der Antwort unter regelmäßigen Umständen erwarten darf. Der Antragende kann jedoch eine Frist bestimmen.⁶⁴³ Ist dies geschehen, kann die Annahme nur innerhalb der Frist erfolgen. Bei der Fristberechnung gem. § 147 Abs. 2 BGB sind die Transportfrist des Angebots, die Überlegungsfrist und die Transportfrist der Annahme zu berücksichtigen. Maßgebend ist jedoch die Angemessenheit der Gesamtfrist, nicht der Teilfristen.⁶⁴⁴ Erfolgt die Annahme nicht rechtzeitig, ist das Angebot erloschen und es liegt ein neues Angebot gem. § 150 Abs. 1 BGB vor. In diesem Fall ist zu prüfen, ob der Antragende dieses neue Angebot seinerseits wirksam angenommen hat. Eine Sonderregelung trifft § 149 BGB. Ist eine dem Antragenden verspätet zugegangene Annahmeerklärung dergestalt abgesendet worden, dass sie bei regelmäßiger Beförderung ihm rechtzeitig zugegangen sein würde, und musste der Antragende dies erkennen, hat er die Verspätung dem Annehmenden unverzüglich nach dem Empfang der Erklärung anzuzeigen, sofern es nicht schon vorher geschehen ist. Verzögert er die Absendung der Anzeige, gilt die Annahme als nicht verspätet.

cc) Auslegung von Willenserklärungen – Vertragsauslegung

248 Ist zweifelhaft, ob ein Vertrag durch zwei übereinstimmende Willenserklärungen zustande gekommen ist, muss eine Einzelauslegung der Willenserklärungen erfolgen. Haben die Parteien sich dementgegen auf eine bestimmte Fassung des Vertrages geeinigt, bestehen aber Zweifel oder Meinungsverschiedenheiten über den rechtlich maßgeblichen Inhalt des Vertrages, ist eine Gesamtauslegung des geschlossenen Vertrages vorzunehmen. Gemäß §§ 133, 157 BGB⁶⁴⁵ ist bei der Auslegung einer empfangsbedürftigen Willenserklärung darauf abzustellen, wie der **Erklärungsempfänger** die Erklärung nach Treu und Glauben mit Rücksicht auf die Verkehrssitte verstehen musste.⁶⁴⁶ Bei der Vertragsauslegung ist der Sinngehalt und die Bedeutung einer getroffenen vertraglichen Regelung nach Treu und Glauben mit Rücksicht auf die Verkehrssitte zu ermitteln. Geht es um die Auslegung von Willenserklärungen bzw. eine Vertragsauslegung, sind folgende Grundsätze zu berücksichtigen:
- Für die Verständnismöglichkeit ist nicht auf den individuellen Adressaten, sondern vielmehr auf einen vernünftigen Durchschnittsempfänger in der konkreten Situation abzustellen. Je nach dem, wem gegenüber die Erklärung abgegeben wird, kann dem

---

642 BGH NJW 1962, 246.
643 Die Fristbestimmung in AGB kann unwirksam sein, wenn sie den zukünftigen Vertragspartner unangemessen benachteiligt. Es gilt das Klauselverbot des § 308 Nr. 1 BGB. Danach ist die Frist in einem Formular des Bauträgers, mit der er berechtigt ist, den Antrag des Erwerbers auf Abschluss des Bauträgervertrages binnen einer Frist von 10 Wochen anzunehmen, für unwirksam gehalten worden, OLG Dresden BauR 2004, 1345.
644 BGH NJW 1996, 921.
645 Grundlegende Vorschriften für die Auslegung sind die §§ 133, 157 BGB. Nach dem Wortlaut gilt § 133 BGB für die Auslegung der einzelnen Willenserklärung, er ist aber auch auf Verträge anzuwenden, Palandt-*Heinrichs*, § 133 BGB, Rn 1. § 157 BGB betrifft hingegen nach dem Wortlaut nur den bereits zustande gekommenen Vertrag; jedoch ist auch die einzelne Willenserklärungen nach Treu und Glauben mit Rücksicht auf die Verkehrssitte auszulegen.
646 Palandt-*Heinrichs*, § 133 BGB, Rn 9.

A. Werklohnansprüche für abgeschlossene (Teil)Leistungen

Wortlaut der Erklärung demgemäß ein unterschiedliches Verständnis zukommen. Beinhaltet die Leistungsbeschreibung bspw. einen für Fachleute formulierten technisch spezialisierten Text, kann nicht auf das sprachliche Verständnis der Allgemeinheit abgestellt werden. Maßgebend ist vielmehr, wie die verwendete Formulierung von den angesprochenen Fachleuten in einem spezifischen technischen Sinn verstanden wird.[647] [648]

- Nach Ermittlung des Wortsinns sind die außerhalb des Erklärungsaktes liegenden Begleitumstände in die Auslegung einzubeziehen, soweit sie einen Schluss auf den Sinngehalt der Erklärung zulassen.[649] Es können mithin Umstände des ausgeschriebenen Vorhabens wie z. B. die konkreten Verhältnisse des Bauwerks, ein architektonischer Anspruch bzw. eine bestimmte Zweckbestimmung des Gebäudes für die Auslegung bedeutsam sein.[650]
- Redlicherweise kann der Auftraggeber erwarten, dass das Werk zum Zeitpunkt der Fertigstellung und Abnahme diejenigen Qualitäts- und Komfortstandards erfüllt, die auch vergleichbare andere zeitgleich abgenommene Bauwerke erfüllen. Mithin verspricht der Auftragnehmer üblicherweise stillschweigend bei Vertragsschluss die Einhaltung diesen Standards.[651]
- Kommt es auf das Verständnis einer den Vertrag übergreifenden Regelung, wie z. B. einer DIN-Norm an, muss das nach der Verkehrssitte maßgebliche Verständnis zugrunde gelegt werden. Hierunter wird die im Verkehr der beteiligten Kreise herrschende tatsächliche Übung verstanden, die eine gewisse Festigkeit erlangt haben muss. Dabei gilt festzuhalten, dass nach der Verkehrssitte ein Wortlaut sogar gegen seinen eigentlichen Wortsinn in einem bestimmten Sinn verstanden werden kann.[652]
- Heranzuziehen ist weiter die Entstehungsgeschichte des Rechtsgeschäfts. Aus der Abwicklung früherer Geschäfte oder den Vorverhandlungen kann sich ergeben, welche Bedeutung der auslegungsbedürftige Erklärungsteil nach dem Parteiwillen haben soll.

dd) Einigungsmängel

(1) Modifizierte Annahme gemäß § 150 Abs. 2 BGB

Eine modifizierte Annahme gilt als Ablehnung verbunden mit einem neuen Antrag.[653] Ob eine solche Modifizierung vorliegt, ist durch Auslegung zu ermitteln. Wer durch beigefügte Formulare oder sonstige Anlagen vom Vertragsangebot abweichen will, muss dies nach Treu und Glauben unzweideutig zum Ausdruck bringen. Liegt eine modifizierte Annahme verbunden mit einem neuen Antrag vor, stellt sich die Folgefrage, ob dieses modifizierte Angebot vom ursprünglich Antragenden angenommen worden ist. Da eine Annahme durch bloßes Schweigen grundsätzlich nicht möglich ist,[654] kommt es in der Praxis darauf an, ob dem Verhalten des ursprünglich Antragenden eine konkludente

---

647 BGH BauR 1994, 625;
648 Das technische Verständnis eines Bauvertrags kann unter Sachverständigenbeweis gestellt werden, BGH BauR 1997, 466.
649 Palandt-*Heinrichs*, § 133 BGB, Rn 15.
650 BGH BauR 1993, 595; BauR 2002, 935.
651 BGH BauR 1998, 872. Vgl. hierzu die Ausführungen unter Rn 599.
652 BGH BauR 2002, 324; BauR 2002, 935.
653 Vgl. hierzu BGH BauR 2005, 857: Ein neuer Antrag kann vorliegen, wenn der in der Ausschreibung und demgemäß im Angebot enthaltene Baubeginn bei der Annahme des Angebots längst überschritten ist und demgemäß auch die ursprünglichen Bauzeitbestimmungen nicht mehr zum Tragen kommen können.
654 OLG Köln BauR 1995, 100. Vgl. hierzu auch die Ausführungen unter Rn 245 f.

§ 6 Die Ansprüche des Auftragnehmers gegen den Auftraggeber

Annahme entnommen werden kann. Dies wird dann anzunehmen sein, wenn der Auftragnehmer mit der Aufnahme der Arbeiten beginnt und bei ihm in diesem Zeitpunkt der Wille des Auftraggebers, sein ursprüngliches Angebot nur modifiziert annehmen zu wollen, bekannt ist.[655] Liegt der umgekehrte Fall vor, bei dem die letzte modifizierende Erklärung von dem Auftragnehmer stammt, kann in der widerspruchslosen Entgegennahme der Vertragsleistung eine stillschweigende Annahme des geänderten Antrages gesehen werden. Dem Auftraggeber muss das modifizierte Angebot des Auftragnehmers aber bekannt gewesen sein und der Auftragnehmer muss das Verhalten des Auftraggebers nach der Verkehrssitte und Treu und Glauben so verstehen, dass dieser nunmehr den Vertrag auf der Grundlage des letzten Angebots schließen will.[656]

250 Umstritten ist die Anwendung des § 150 Abs. 2 BGB, wenn beide Vertragspartner auf ihre inhaltlich **kollidierenden Allgemeinen Geschäftsbedingungen** verweisen. Nach heute h. M. gelten grundsätzlich weder die Allgemeinen Geschäftsbedingungen des Auftraggebers noch die des Auftragnehmers. In der widerspruchslosen Hinnahme einer modifizierten Auftragsbestätigung liegt allein keine stillschweigende Annahme in Bezug auf die dort enthaltenen Allgemeinen Geschäftsbedingungen. Das gilt vor allem dann, wenn der Auftraggeber in seinen Allgemeinen Geschäftsbedingungen darauf hingewiesen hat, dass er die gegnerischen Allgemeinen Geschäftsbedingungen nur bei schriftlicher Anerkennung gelten lassen will (sog. Abwehrklausel).[657] Andererseits zeigt die Vertragsdurchführung, dass die Parteien den Bestand des Vertrages nicht an der Frage scheitern lassen wollen, ob ihre Allgemeinen Geschäftsbedingungen Geltung erlangen. Es liegt daher nur ein partieller Dissens vor, bei dem an die Stelle der durch die „Kollision der AGB" entstandenen Vertragslücke das dispositive Gesetzesrecht tritt.

(2) Offener Dissens gemäß § 154 BGB

251 Beim sog. offenen Dissens i. S. des § 154 BGB sind sich die Parteien ihres Einigungsmangels bewusst. Dies setzt voraus, dass beide Parteien davon ausgegangen sind, die noch lückenhafte Vereinbarung müsste durch beiderseitige Einigung vervollständigt werden. Soweit offene Punkte den Willen der Parteien entsprechend durch Vertragsergänzung oder durch Leistungsbestimmung nach §§ 315 ff. BGB ausgefüllt werden können, liegt kein offener Dissens vor. Ob der Einigungsmangel wesentliche Vertragsbestandteile oder vertragliche Nebenpunkte betrifft, ist unerheblich. Es kommt lediglich darauf an, dass wenigstens eine Partei erkennbar auf eine Einigung über den noch offenen Punkt bestanden hat. § 154 BGB stellt eine nur im Zweifel geltende Auslegungsregel dar. Sie ist widerlegt, wenn sich die Parteien erkennbar binden wollen, insbesondere, wenn sie im beiderseitigen Einverständnis mit der tatsächlichen Durchführung des unvollständigen Vertrages begonnen haben.[658]

ee) Vertragsabschluss bei der Einschaltung eines Vertreters

252 Durch Stellvertretung i. S. des § 164 Abs. 1 BGB wird dem Vertretenen eine Willenserklärung des Vertreters zugerechnet. Obwohl eine Person – als Vertreter – handelt, treffen die Rechtsfolgen eine andere Person – nämlich den Vertretenen –, wie wenn diese selbst rechtsgeschäftlich gehandelt hätte. Stellvertretung in diesem Sinne ist grundsätzlich nur

---

655 BGH BauR 2005, 935.
656 BGH NJW 1995, 1671.
657 BGH NJW 1991, 2633; abweichend: BGH LM Nr. 3, 6 zu § 150 BGB; *Ebel*, NJW 1987, 1073.
658 BGH NJW 1983, 1728.

A. Werklohnansprüche für abgeschlossene (Teil)Leistungen

gegeben, wenn das rechtsgeschäftliche Handeln unter Offenlegung der Fremdwirkung unmittelbar rechtliche Wirkung entfaltet.
Folgende Voraussetzungen sind bei einer Stellvertretung zu prüfen:

(1) Eigene Willenserklärung des Vertreters

Nach § 164 Abs. 1 BGB muss der Vertreter eine eigene Willenserklärung abgeben. Demgegenüber übermittelt der (Erklärungs-)Bote eine bereits fertige Willenserklärung des Geschäftsherrn. Für die Abgrenzung zwischen Vertretung und Botenschaft ist nach h. M. darauf abzustellen, wie die Hilfsperson im Außenverhältnis aufgetreten ist. Bote ist somit derjenige, von dem der Kontrahent den Eindruck haben musste, er nehme für die bereits abgegebene Willenserklärung nur eine Übermittlungsfunktion wahr. Andernfalls liegt Vertretung vor, und zwar auch dann, wenn die von der Hilfsperson abgegebene eigene Willenserklärung vom Vertretenen in allen Einzelheiten vorgegeben war; in diesem Fall handelt es sich um einen sog. **Vertreter mit gebundener Marschrute**.[659]

253

Tritt ein Bote als Vertreter auf und hält sich an die erteilte Botenmacht, ist die Willenserklärung dem Vertretenen zuzurechnen. Aus der Botenmacht ergibt sich zugleich die Vertretungsmacht. Einer Genehmigung gem. § 177 BGB bedarf es nicht. Tritt ein Vertreter als Bote auf, so wird die Willenserklärung des – als Boten – Handelnden dem Vertreter zugerechnet, wenn die Erklärung von der Vertretungsmacht gedeckt wäre. Zwar hat weder der Geschäftsherr noch der Bote eine Willenserklärung abgegeben, wenn aber dem Geschäftsherrn eine vom Boten unbewusst verfälschte Willenserklärung zugerechnet wird, ist ihm erst recht eine nicht abgegebene Willenserklärung zuzurechnen, die inhaltlich dem in der Vollmacht ausgedrückten Willen entspricht. Hinzu kommt, dass es dem Geschäftsherrn in der Regel gleichgültig ist, ob die Hilfsperson nach außen als Vertreter oder Bote auftritt, wenn das Geschäft nur weisungsgemäß abgeschlossen wird. Tritt der Bote als Vertreter auf, handelt er als Vertreter ohne Vertretungsmacht. Die Rechtslage ist nach §§ 177-179 BGB zu beurteilen, unabhängig davon, ob die Hilfsperson bewusst oder unbewusst von ihrer Botenmacht abweicht. Handelt jemand als Bote bewusst ohne Botenmacht – sog. Pseudobote –, gelten die §§ 177-179 BGB analog. Der Schutzzweck der §§ 177 ff. BGB deckt auch diese Fälle: Der Geschäftsherr soll grundsätzlich nicht gebunden sein, aber die Möglichkeit haben, das Geschäft durch Genehmigung an sich zu ziehen.

254

(2) Handeln im fremden Namen

Die Stellvertretung muss grundsätzlich offenkundig sein. Das **Offenheitsprinzip** bezweckt den Schutz des Geschäftsgegners, der wissen soll, wer sein Vertragspartner wird. Unerheblich ist gem. § 164 Abs. 1 S. 2 BGB, ob die Erklärung ausdrücklich oder konkludent im Namen des Vertretenen erfolgt. Bei der ggf. vorzunehmenden Auslegung ist insbesondere auf früheres Verhalten, Zeit und Ort der Erklärung, erkennbare Interessenlage, typische Verhaltensweisen und berufliche Stellung des Handelnden abzustellen. Es genügt, wenn der Vertretene individualisierbar, d. h. bestimmbar ist. Der Name des Vertretenen braucht nicht genannt zu werden. So reicht z. B. ein erkennbares Handeln für den Bauherrn oder eine noch nicht existente juristische Person aus. Ist ein Handeln in fremden Namen zu verneinen, liegt gem. § 164 Abs. 2 BGB ein unanfechtbares Eigengeschäft des Handelnden vor. Lässt ein im Gewerbebetrieb tätiger seine Vertretungsstellung nicht erkennen, wollen beide Vertragspartner aber mit Wirkung für und gegen den

255

---

659 BGHZ 12, 334.

§ 6 Die Ansprüche des Auftragnehmers gegen den Auftraggeber

Geschäftsinhaber abschließen, kommt das Geschäft mit dem **Inhaber des Gewerbebetriebs** zustande, wenn der Handelnde Vertretungsmacht hatte.[660] Der Geschäftsgegner wird durch den Vertragsschluss mit dem Geschäftsinhaber regelmäßig nur begünstigt, sodass der mit dem Offenheitsprinzip bezweckte Schutz des Geschäftsgegners gewahrt ist. Bei der Frage, ob der Architekt für den Bauherrn oder im eigenen Namen tätig geworden ist, ist vom objektiven Erklärungswert auszugehen. Nach Ansicht des BGH ist dabei von Bedeutung, wie sich die Erklärung nach Treu und Glauben mit Rücksicht auf die Verkehrssitte für einen objektiven Betrachter in der Lage des Erklärungsgegners darstellt, wobei die gesamten Umstände des Einzelfalls zu berücksichtigen sind.[661] In diesem Fall muss nach den Umständen des Einzelfalles allerdings eine bereits rechtliche oder tatsächliche Bindung des Vollmachtgebers eingetreten sein.[662] Da der Architekt grundsätzlich berufsspezifisch für den Bauherrn als Auftraggeber tätig wird, spricht vieles dafür, dass er in dessen Namen tätig wird.[663]

(3) Vertretungsmacht

256 Die Vollmachtserteilung stellt ein einseitiges Rechtsgeschäft des Vollmachtgebers dar, das durch eine grundsätzliche formfreie empfangsbedürftige Willenserklärung erfolgt.[664] Möglich ist eine ausdrückliche oder konkludente Willenserklärung gegenüber dem zu Bevollmächtigenden gem. § 167 Abs. 1, 1. Fall BGB oder dem Geschäftsgegner gem. § 167 Abs. 1, 2. Fall BGB.[665] Außerdem gibt es die Vollmachtserteilung durch bewusste Erklärung an die Öffentlichkeit, etwa durch öffentliche Bekanntmachung. Dies ist zu unterscheiden von der in § 171 Abs. 1 BGB genannten Mitteilung, dass eine Bevollmächtigung erfolgt sei. Bestand nämlich zurzeit der Kundgabe eine Innenvollmacht, ergibt sich die Vertretungsmacht schon aus § 167 Abs. 1, 1. Fall BGB. Die Mitteilung ist dann keine rechtsgeschäftliche Außenvollmachtserteilung, sondern nur ein deklaratorischer Akt.[666] Die **Vollmachtserteilung** ist grundsätzlich **formfrei**. Dies wird im Hinblick auf die Vollmacht zur Vornahme formbedürftiger Rechtsgeschäfte in § 167 Abs. 2 BGB ausdrücklich bestimmt. Eine Ausnahme von § 167 Abs. 2 BGB besteht aber dann, wenn die Vollmachtserteilung in ihrer Wirkung bereits der Vornahme eines formgebundenen Rechtsgeschäfts gleichkommt. In diesem Fall muss die Vollmacht in der für das Vertretergeschäft vorgeschriebenen Form erteilt werden, da andernfalls der für das Vertretergeschäft begründete Formzwang durch eine formlose Bevollmächtigung vereitelt würde.[667] Maßgebend ist, ob der Vollmachtgeber bereits durch die Vollmachtserteilung rechtlich und tatsächlich in gleicher Weise gebunden wird, wie durch den Abschluss des formbedürftigen Rechtsgeschäfts selbst. Dies ist dann der Fall, wenn die Vollmacht unwiderruflich erteilt worden ist.[668] Dies gilt auch bei zeitlich begrenzter Widerruflich-

---

660 BGH NJW 1995, 44; Palandt-*Heinrichs*, § 164 BGB, Rn 2.
661 BGH BauR 1998, 215.
662 BGH NJW 1979, 2307.
663 OLG Brandenburg BauR 2002, 476; OLG Köln BauR 1996, 254; *Meissner*, BauR 1987, 497; *Keldungs*, Festschrift für Vygen, S. 208; Palandt-*Heinrichs*, § 164 BGB Rn 5.
664 Palandt-*Heinrichs*, § 167 BGB, Rn 1.
665 Bei Auslegung einer Innenvollmacht (auf die sich bspw. ein Architekt stützt) können Inhalt und Zweck des Grundgeschäfts (also des Architektenvertrages) mitberücksichtigt werden. Bei Auslegung einer Außenvollmacht bzw. einer Mitteilung gem. §§ 171, 172 BGB dürfen dagegen nur solche Umstände herangezogen werden, die dem Geschäftsgegner bekannt oder erkennbar waren, RGZ 143, 199; Palandt-*Heinrichs*, § 167 BGB, Rn 5.
666 Palandt-*Heinrichs*, § 167 BGB Rn 5.
667 *Rößler*, NJW 1999, 1151; Palandt-*Heinrichs*, § 167 BGB, Rn 2.
668 BGH NJW 1998, 1857; 1979, 2306; Palandt-*Heinrichs*, § 167 BGB, Rn 2.

A. Werklohnansprüche für abgeschlossene (Teil)Leistungen 1

keit.[669] Gleiches gilt dann, wenn die Vollmacht zwar widerruflich, aber an den Geschäftsgegner oder eine von ihm abhängige Person erteilt worden ist. Schließlich sind die vorgenannten Grundsätze auch dann anzuwenden, wenn die Vollmacht unter Befreiung von der Einschränkung des § 181 BGB erteilt worden ist.

■ **Verträge mit der öffentlichen Hand**

Geht es um den wirksamen Abschluss eines Bauvertrages, an dem eine öffentliche Körperschaft beteiligt ist, müssen die jeweiligen für die Körperschaft geltenden Vorschriften beachtet werden. In der Regel bedürfen Erklärungen, durch welche die Körperschaften verpflichtet[670] werden sollen, der Schriftform.[671] [672] Dabei sehen Gemeindeordnungen vor, dass verpflichtende Erklärungen durch den Bürgermeister oder seinen Stellvertreter[673] zu unterzeichnen sind.[674] Darüber hinaus ist in der Regel zusätzlich auch das sog. **Vieraugenprinzip** zu wahren, wonach der Bürgermeister oder sein Stellvertreter das Geschäft nicht allein abschließen können, sondern ein vertretungsberechtigter Beamter oder Angestellter mitwirken muss, wobei die Erklärung auch durch letzteren zu unterzeichnen ist.[675] Die vorstehenden Ausführungen sind auch dann zu beachten, wenn es um eine Anordnung i. S. des § 1 Nr. 3 und 4 VOB/B geht, durch die zusätzliche Vergütungsansprüche ausgelöst werden (vgl. Rn 416, 430). Diese müssen gleichsam vom Bürgermeister und einem vertretungsberechtigten Beamten oder Angestellten schriftlich erteilt werden, denn durch die Anordnung wird die Gemeinde gem. § 2 Nr. 5, 6 oder 7 VOB/B zur Zahlung der geänderten Vergütung verpflichtet.[676]

Haben bei Geltung des Vieraugenprinzips der Bürgermeister und ein vertretungsberechtigter Beamter oder Angestellter entweder nicht gemeinsam gehandelt oder aber die Schriftform nicht eingehalten, ist § 125 BGB, wonach das Rechtsgeschäft nichtig wäre, nicht anwendbar. Denn die Regelungen der Gemeindeordnung, wonach mehrere Personen zusammen tätig werden müssen bzw. die Beachtung einer vorgegebenen Schriftform notwendig ist, werden von der Rechtsprechung als **Vertretungsregelungen** angesehen.[677] Folglich ist das Rechtsgeschäft aufgrund eines Verstoßes gegen anzuwendende Formvorschrif-

257

258

---

669 BGH WM 1967, 1039.
670 Es geht mithin um die Verpflichtungserklärung, die der Schriftform bedarf. Es ist nicht erforderlich, dass beide Vertragspartner auf der gleichen Urkunde unterzeichnen. Ausreichend ist, wenn das Angebot oder die Annahme eines Vertragsangebotes vom Bürgermeister und einem vertretungsberechtigten Beamten oder Angestellten unterschrieben ist und die Gegenerklärung auf einer anderen Urkunde erfolgt.
671 Um die Schriftform i. S. des § 126 Abs. 1 BGB zu wahren, ist von den Beteiligten eine Vertragsurkunde zu erstellen, die eigenhändig durch Namensunterschrift oder mittels notariell beglaubigten Handzeichens unterzeichnet werden muss. Der Bürgermeister und der vertretungsberechtigte Beamte und Angestellte dürfen also nicht mit einem Kürzel die Urkunde abzeichnen.
672 Ausgenommen vom Formzwang sind in der Regel Geschäfte der laufenden Verwaltung (z. B. § 64 Abs. 2 GO NW). Unter Geschäften der laufenden Verwaltung werden solche Angelegenheiten verstanden, die weder nach der grundsätzlichen Seite noch für den Gemeindehaushalt von erheblicher Bedeutung sind und zu den normalerweise anfallenden Geschäften der Gemeinde gehören (BGH EWiR 2004, 701). Ob Bauaufträge und Nachträge für laufende Bauvorhaben danach zu den Geschäften der laufenden Verwaltung gehören, kann nur im Einzelfall beurteilt werden.
673 Welcher Beamter oder Angestellter vertretungsberechtigt ist, ergibt sich aus den weiteren Regelungen der Gemeindeordnung und den entsprechenden Bevollmächtigungen.
674 So z. B. § 54 GemO-BW oder § 63 GO Niedersachsen.
675 So z. B. § 64 Abs. 1 GO Nordrhein-Westfalen.
676 BGH BauR 2004, 495: Wird über den Nachtrag eine Vereinbarung getroffen, wie z. B. eine Preisvereinbarung, muss die Verpflichtungserklärung erneut den Formvorschriften genügen.
677 BGH NJW 2001, 2626.

ten gem. § 177 Abs. 1 BGB schwebend unwirksam.[678] [679] Der schwebend unwirksame Vertrag kann von dem zuständigen Vertretungsorgan der Körperschaft genehmigt werden. Eine **Genehmigung** durch die Körperschaft selbst soll trotz § 182 Abs. 2 BGB nicht reichen, weil die Körperschaft nur durch ihr Vertretungsorgan wirksam nach außen vertreten werden kann.[680] In den Fällen, in denen das Beschlussorgan der Körperschaft (z. B. Gemeinderat) das Rechtsgeschäft genehmigt hat, ist es der Körperschaft jedoch verwehrt, sich auf die Unwirksamkeit der Erklärung zu berufen.[681] Der Schutzzweck der Formvorschriften ist nämlich nicht mehr gefährdet, wenn ein Geschäft zwar ohne Einhaltung der Formvorschriften geschlossen worden ist, das zuständige Beschlussorgan diesem Geschäft jedoch zugestimmt hat. Dabei dürfte es keinen Unterschied machen, ob der Gemeinderat von vornherein eingewilligt hat oder erst nachträglich seine Genehmigung erteilt.[682]

259 Im Einzelfall kann der Auftragnehmer aus dem pflichtwidrigen Verhalten der handelnden Organe der Körperschaft **Schadensersatzansprüche** gem. § 839 BGB gegen den „handelnden" Amtswalter einerseits und gem. §§ 31, 89, 839 BGB gegen die betreffende Körperschaft[683] andererseits herleiten. Kommt ein wirksamer Bauvertrag nicht zustande, weil die Form- und Vertretungsregeln nicht eingehalten werden, ist eine schuldhafte Pflichtverletzung der Amtswalter der Körperschaft bei der Anbahnung der Vertragsverhandlungen zu bejahen. Insoweit ist zur Begründung der schuldhaften Pflichtverletzung darauf abzustellen, dass die Amtswalter die für sie geltenden Vertretungs- und Zuständigkeitsvorschriften besser kennen bzw. kennen müssen als der Vertragspartner.[684] Der Auftragnehmer kann deshalb – vorbehaltlich eines Mitverschuldens – grundsätzlich den Schaden ersetzt verlangen, den er im Vertrauen auf die Gültigkeit der Erklärungen erlitten hat. Der Vertrauensschaden kann bis zum Erfüllungsinteresse geltend gemacht werden, wenn bei pflichtgemäßem Verhalten des Gemeindeorgans der Vertrag mit der Gemeinde zustande gekommen wäre. Das bedeutet, dass der Auftragnehmer alle Aufwendungen ersetzt verlangen kann, die er für den unwirksamen Vertrag gemacht hat, begrenzt durch das Erfüllungsinteresse.[685]

■ **Vollmacht des Generalunternehmers**

260 Vorbehaltlich einer rechtsgeschäftlichen Bevollmächtigung durch den Bauherrn oder Nachunternehmer ist der Generalunternehmer kraft seiner Funktion nicht automatisch bevollmächtigt, den Bauherrn oder Nachunternehmer rechtsgeschäftlich zu vertreten.[686]

---

678 BGH BauR 2004, 495.
679 Ferner tritt schwebende Unwirksamkeit auch dann ein, wenn es um die Erklärung eines Gesamtvertreters geht, der ohne die Mitwirkung der übrigen Vertreter gehandelt hat. In diesem Fall ist zunächst zu prüfen, ob der Vertreter, der die Erklärung zunächst noch nicht unterschrieben hat, dies mit der erforderlichen Schriftform – fristgerecht – nachgeholt hat, BGH NJW 1982, 1036; NJW 2001, 2626. Ansonsten bleibt zu beachten, dass rechtsgestaltende Erklärungen, die binnen einer bestimmten Frist vorgenommen werden müssen, nur in der vorgesehenen Frist genehmigt werden können, BGH NJW 1998, 3058 (3060).
680 BGH NJW 2001, 2626 (2628).
681 BGH BauR 1994, 363.
682 Der BGH hat entschieden, dass die Gemeinde sich nach Treu und Glauben dann nicht auf einen Verstoß gegen die Formvorschriften der Gemeindeordnung berufen kann, wenn das nach der Gemeindeordnung für die Willensbildung zuständige Organ den Abschluss des Verpflichtungsgeschäfts gebilligt hat, BGH BauR 1994, 363; NJW 2001, 2626 (2627).
683 BGH NJW 2001, 2626.
684 BGH BauR 2005, 1918, 10; NJW 1985, 1778.
685 BauR 2001, 1415.
686 Eine Klausel in einem Generalunternehmervertrag, wonach der Generalunternehmer berechtigt ist, Aufträge im Namen des Auftraggebers zu vergeben, ist so überraschend, dass sie unwirksam ist, § 305 c Abs. 1 BGB, BGH BauR 2003, 1544.

A. Werklohnansprüche für abgeschlossene (Teil)Leistungen

■ Vollmacht des Architekten

Vorbehaltlich einer rechtsgeschäftlichen Bevollmächtigung durch den Bauherrn ist auch der Architekt/Ingenieur/Bauleiter kraft seiner Funktion **nicht automatisch bevollmächtigt**, den Bauherrn rechtsgeschäftlich zu vertreten oder die rechtsgeschäftlichen Vereinbarungen zwischen Auftragnehmer und Auftraggeber zu ändern.[687][688] Er darf demgemäß keine rechtsgeschäftlichen Änderungen des Vertrages vornehmen, z. B. darf er nicht ohne Zustimmung des Auftraggebers die Vertragsfristen ändern oder Abschlagszahlungen vereinbaren.[689] Er ist ohne entsprechende Bevollmächtigung auch nicht befugt, die rechtsgeschäftliche Abnahme zu erklären.[690] Rechnungsprüfungen und Anerkenntnisse durch den Bauleiter haben grundsätzlich keine für den Auftraggeber bindende Wirkung.[691] Der Architekt ist auf der Grundlage dieser Ausführungen auch nicht befugt, Aufträge oder Zusatzaufträge zu vergeben. Er darf zwar im Rahmen seines Architektenauftrags Planungsanordnungen im Rahmen der vertraglichen Vereinbarungen erteilen. Sobald diese jedoch Zusatzkosten auslösen, etwa wegen einer Planungsänderung oder einer zusätzlichen Leistung, sind diese Anordnungen nur bei Zustimmung des Auftraggebers rechtsverbindlich.[692] Nach der Rechtsprechung des BGH darf der Architekt den Auftraggeber allerdings wirksam verpflichten, sofern die Mehrbelastung geringfügig ist.[693] Zu beachten bleibt, dass der BGH einen Schadensersatzanspruch des vollmachtlosen Architekten gegenüber seinem Vertragspartner – dem Bauherrn – bejaht hat für den Fall, das der Architekt in irriger Annahme seiner Bevollmächtigung einen Unternehmer mit Bauleistungen beauftragt und der Bauherr gegen die Durchführung der Arbeiten nichts unternommen hat.[694]

261

■ Erlöschen der Vollmacht

Gemäß § 168 S. 1 BGB bestimmt sich das Erlöschen nach dem der Vollmachtserteilung zugrunde liegenden Rechtsverhältnis. Das zugrunde liegende Rechtsverhältnis endet nach den allgemeinen schuldrechtlichen Grundsätzen, insbesondere durch Ablauf der vereinbarten Zeit, durch Widerruf, durch Kündigung oder Rücktritt. Gemäß § 168 S. 2 BGB kann die Vollmacht zudem durch Widerruf erlöschen, auch wenn das Grundver-

262

---

687 OLG Düsseldorf BauR 2000, 1878; und BauR 1997, 337; OLG Naumburg NZBau 2000, 143; *Brandt*, BauR 1972, 69; *Quack*, BauR 1995, 441 (442); Werner/Pastor, Rn 1075; Kniffka/Koeble, Kompendium 5. Teil, Rn 26; beachte dagegen die unzutreffenden Ausführungen bei Palandt-*Heinrichs*, § 167 BGB, Rn 8 und § 173 BGB, Rn 22, wonach eine originäre Architektenvollmacht der BGH-Rechtsprechung entsprechen soll.
688 Die früher vertretene Gegenauffassung (OLG Stuttgart NJW 1966, 1461) stellt darauf ab, dass mit der Bestellung eines Architekten zur Durchführung eines Bauvorhabens der Rechtsschein erweckt wird, der Architekt sei bevollmächtigt, einzelne im Rahmen des Bauvorhabens liegende Bauleistungen zu vergeben, insbesondere Zusatz- und Ergänzungsaufträge zu erteilen. Damit läuft diese Auffassung vor dem Hintergrund eines pauschal zu bejahenden Rechtsscheins auf eine originäre Architektenvollmacht hinaus. Zu beachten sind ferner Stimmen im Schrifttum, wonach eine originäre Architektenvollmacht die Vergabe solcher Leistungen umfasst, die sich nachträglich zur ordnungsgemäßen Durchführungen des Bauvorhabens als notwendig erweisen (so *von Craushaar*, BauR 1982, 421 ff.; in dieser Richtung ferner *Keldungs*, Festschrift für Vygen, S. 208 (213)), wobei zusätzlich teilweise eine Beschränkung auf geringfügige Arbeiten vorgenommen wird (so Messner, BauR 1987, 497).
689 BGH BauR 1978, 139; Werner/Pastor, Rn 1077.
690 OLG Düsseldorf BauR 1997, 647 (648); *Brandt*, BauR 1972, 69; Werner/Pastor, Rn 1077.
691 OLG Düsseldorf BauR 1996, 740; Werner/Pastor, Rn 1077.
692 OLG Düsseldorf BauR 2000, 891 (892); BauR 2000, 1198.
693 BGH BauR 1978, 314 [Bei dieser Entscheidung ging es um die Vergabe von Zusatzarbeiten im Wert von 272,12 DM bei einer Auftragssumme in Höhe von 19.277,18 DM]; OLG Köln BauR 1986, 443; OLG Düsseldorf BauR 1998, 1023 und BauR 2000, 1198; OLG Celle OLGR 1996, 171; *Pauly*, BauR 1998, 1143; *Meissner*, BauR 1987, 497.
694 BGH BauR 2001, 1412. Hintergrund für diesen Schadensersatzanspruch bildet eine Verletzung der Schutz-, Fürsorge- und Aufklärungspflichten, die der Bauherr gegenüber seinem Vertragspartner – dem Architekten – schuldet; vgl. hierzu die Ausführungen unter Rn 554.

§ 6 Die Ansprüche des Auftragnehmers gegen den Auftraggeber

hältnis fortbesteht. Der Widerruf erfolgt durch einseitige empfangsbedürftige Willenserklärung des Vollmachtgebers gem. §§ 168 S. 3, 167 Abs. 1 BGB. Unabhängig davon, ob sie als Außen- oder Innenvollmacht erteilt worden war, kann der Widerruf sowohl den Bevollmächtigten als auch den Dritten gegenüber erklärt werden. Auch eine unwiderrufliche Vollmacht kann aus wichtigem Grund widerrufen werden. Falls die Geltungsdauer oder Geltungsvoraussetzung von einer Befristung oder einer Bedingung abhängig gemacht wurde, erlöscht die Vollmacht nach dem Inhalt.

■ **Vorliegen einer Rechtsscheinsvollmacht**

263 Ist eine Vollmacht nicht wirksam erteilt worden oder erloschen, wirkt das Handeln des Vertreters gem. § 177 BGB grundsätzlich nicht für oder gegen den Vertretenen. Dies gilt nicht, wenn das Vertrauen des Geschäftspartners auf den Bestand der Vollmacht aus Rechtsscheinsgrundsätzen schutzwürdig ist.

§§ 170 ff. BGB

264 Nach dem Wortlaut wird der gute Glaube des Dritten an den Fortbestand einer einmal wirksam erteilten Vollmacht geschützt, vgl. §§ 170, 171 Abs. 2, 172 Abs. 2 BGB. Darüber hinaus gelten die §§ 170-173 BGB analog bei einer von Anfang an unwirksamen Vollmacht.[695] Der Geschäftsgegner muss von der angeblichen Vollmacht formell Kenntnis erlangt haben. Nach § 170 BGB bspw. durch Erteilung einer Außenvollmacht, nach § 171 BGB durch besondere Mitteilung der öffentlichen Bekanntmachung der Bevollmächtigung bzw. nach § 172 BGB durch Vorlegung einer echten und nicht abhanden gekommenen Vollmachtsurkunde. Weiterhin ist Voraussetzung, dass der Geschäftsgegner redlich ist, das Nichtbestehen oder Löschen der Vollmacht also nicht kannte bzw. kennen musste. Nach dem anzuwendenden Maßstab des § 122 Abs. 2 BGB schadet jede Fahrlässigkeit. Jedoch müssen dem Geschäftsgegner erkennbare Umstände vorliegen, die Anlass zu Zweifeln und erhöhter Vorsicht geben. Die Redlichkeit muss bei Vornahme des Vertretergeschäftes vorliegen.

Duldungsvollmacht[696] [697]

265 Eine sog. Duldungsvollmacht liegt vor, wenn der Vertretene es wissentlich geschehen lässt, dass jemand als sein Vertreter auftritt und der Geschäftsgegner dieses Dulden nach Treu und Glauben und Rücksicht auf die Verkehrssitte dahin versteht und auch verstehen darf, dass der als Vertreter Handelnde bevollmächtigt ist.[698] Voraussetzung ist ein Handeln im fremden Namen während einer gewissen Dauer, wobei jemand wiederholt für den Geschäftsherrn als Vertreter aufgetreten ist. Zudem muss der Geschäftsherr dieses Verhalten gekannt haben und trotz Möglichkeit nicht dagegen eingeschritten sein. Schließlich muss der Geschäftsgegner das Verhalten des Vertreters sowie die Duldung des Geschäftsherrn zurzeit der Vornahme des Vertretergeschäfts gekannt haben und muss die Duldung dahin verstehen, dass der Vertreter Vollmacht hatte. Erforderlich ist Kausalität für das Handeln des Geschäftsgegners.

---

[695] BGH NJW-RR 1986, 467.
[696] Vgl. hierzu Palandt-*Heinrichs*, § 173 BGB, Rn 11 ff.
[697] Das Bestehen einer Duldungs- oder Anscheinsvollmacht schließt die Inanspruchnahme des Vertreters nach § 179 BGB aus, da die Bindungswirkung einer Rechtsscheinsvollmacht einer rechtsgeschäftlich erteilten Vollmacht gleichsteht, BGH BauR 1983, 253; *Crezelius*, ZIP 1984, 791; *Herrmann*, NJW 1984, 471.
[698] BGH ZfBR 1997, 143; OLG Düsseldorf, BauR 2005, 1367 (Duldungsvollmacht eines Architekten), Nichtzulassungsbeschwerde vom BGH durch Beschl. v. 12. 5.2005 zurückgewiesen.

A. Werklohnansprüche für abgeschlossene (Teil)Leistungen 1

Anscheinsvollmacht

Eine sog. Anscheinsvollmacht[699] [700] liegt vor, wenn jemand, ohne bevollmächtigt zu sein, als Vertreter eines Geschäftsherrn auftritt, der das Verhalten des angeblichen Vertreters zwar nicht kennt, aber bei pflichtgemäßer Sorgfalt hätte kennen und verhindern können und wenn der Geschäftsgegner nach den Umständen auf eine Bevollmächtigung schließen durfte.[701] [702] Dabei handelt es sich nach allgemeiner Ansicht nicht um eine rechtsgeschäftliche Vollmacht, sondern um die Zurechnung einer schuldhaft verursachten Rechtsscheins.[703] Der Vertreter muss wiederholt und während eines gewissen Zeitraums im Namen des Vertretenen aufgetreten sein. Nur dann liegt ein den Rechtsschein einer Bevollmächtigung erzeugendes Verhalten vor.[704] Dem Geschäftsherrn muss der Rechtsscheinstatbestand zuzurechnen sein. Erforderlich ist, dass der Vertretene das Auftreten des Vertreters hätte erkennen und hindern können. Die bloße Veranlassung reicht nicht aus. Nötig ist vielmehr ein Verschulden. Dies ergibt sich regelmäßig aus einem Organisationsmangel in der eigenen Rechtssphäre.[705] Der Geschäftsgegner muss den Rechtsscheinstatbestand zurzeit der Vornahme des Vertretergeschäfts kennen und gutgläubig analog § 173 BGB sein. Erforderlich ist also Qualität des Rechtsscheins für das Handeln des Geschäftsgegners und kein Verschulden.

266

(4) Eigenhaftung des Vertreters

Genehmigt der Vertretene den ohne Vertretungsmacht geschlossenen Vertrag nicht, haftet der Vertreter dem Vertragspartner aus § 179 BGB.[706] [707] Nach **§ 179 Abs. 1 BGB** hat der Vertragspartner ein Wahlrecht. Wählt er die Erfüllung, so schuldet der Vertreter kraft Gesetzes, was der Vertretene nach Maßgabe des Vertretergeschäfts geschuldet hätte. Er wird zwar nicht zur Vertragspartei, erlangt jedoch tatsächlich deren Stellung. Folglich stehen dem Vertreter z. B. **Mängelrechte** oder die **§§ 320 ff. BGB** zu.[708] Wählt der Vertragspartner Schadensersatz, kann er zwischen dem Erfüllungs- oder Vertrauensinteresse wählen. Jedoch ist das Vertrauensinteresse durch das Erfüllungsinteresse begrenzt. Die

267

---

699 Vgl. hierzu Palandt-*Heinrichs*, § 173 BGB, Rn 14 ff.
700 Das Bestehen einer Duldungs- oder Anscheinsvollmacht schließt die Inanspruchnahme des Vertreters nach § 179 BGB aus, da die Bindungswirkung einer Rechtsscheinsvollmacht der einer rechtsgeschäftlich erteilten Vollmacht gleichsteht, BGH BauR 1983, 253; *Crezelius*, ZIP 1984, 791; *Herrmann*, NJW 1984, 471.
701 BGH NJW 1998, 1854.
702 Zur Anscheinsvollmacht des Architekten: BGH WM 1957, 926; OLG Hamburg 1996, 256; OLG Karlsruhe BauR 1971, 55; OLG Stuttgart NJW 1966, 1461 [s. hierzu die Anmerkung in Fn 687]; OLG Köln NJW 1973, 1798; OLG Köln MDR 1970, 840; Werner/Pastor, Rn 1085.
703 BGH NJW 1962, 1003.
704 BGH NJW-RR 1986, 1169.
705 Von einer Anscheinsvollmacht (BGH BauR 1999, 1300) ist insbesondere auszugehen, wenn der Bauherr dem Architekten allein die Vertragsverhandlungen mit dem Unternehmer überlässt (BGH BauR 1983, 165) oder in anderer Weise dem Architekten völlig freie Hand bei der Durchführung des Bauvorhabens lässt, ohne sich selbst um den Bau zu kümmern (OLG Hamburg BauR 1996, 256). Anders liegt das aber, wenn der Architekt nur die Angebote einholt (OLG Köln NJW-RR 1992, 915) oder seine Vollmacht durch Allgemeine Geschäftsbedingungen ausdrücklich beschränkt wird (OLG Stuttgart BauR 1994, 791). Allein der Umstand, dass der Architekt bevollmächtigt ist, den Hauptauftrag zu vergeben, begründet noch keinen Anschein einer uneingeschränkten Vollmacht für Zusatzaufträge (OLG Düsseldorf BauR 2000, 891 (893)).
706 Zur Haftung des Architekten: Werner/Pastor, Rn 1068; *von Craushaar*, BauR 1982, 421 (428). Zur Haftung des Untervertreters: OLG Köln BauR 1996, 764.
707 Etwas anderes gilt gem. § 179 Abs. 3 BGB, wenn der Auftragnehmer den Mangel der Architektenvollmacht kannte oder kennen musste, BGH NJW 2000, 1407 (1408); OLG Düsseldorf OLGR 1995, 17. Dabei trifft den Auftragnehmer grundsätzlich keine Nachforschungs- und Erkundigungspflicht, BGH DB 1985, 432 (433); OLG Celle BauR 1997, 174; *von Craushaar*, BauR 1982, 421 (429).
708 Dem Architekten stehen demnach alle Rechte aus dem Vertrag zu, OLG Düsseldorf BauR 1985, 339.

von Kiedrowski

Ansprüche aus § 179 Abs. 1 BGB verjähren in der Frist, die für den Erfüllungsanspruch aus dem nicht wirksam gewordenen Vertrag gegolten hätte (also regelmäßig §§ 195, 199 BGB). Nach § 179 Abs. 2 BGB haftet der Vertreter nur auf Ersatz des **Vertrauensschadens** bis zur Höhe des Erfüllungsschadens, wenn er den Mangel der Vertretungsmacht bei Abschluss des Geschäfts nicht gekannt hat. Die Haftung des Vertreters aus § 179 BGB ist ausgeschlossen, wenn das Vertrauen des Vertragspartners auf die Wirksamkeit des Geschäfts keinen Schutz verdient, so in den Fällen des § 179 Abs. 3 BGB[709] und wenn der Vertragspartner von seinem Widerrufsrecht nach § 178 BGB Gebrauch macht.

268 Ausnahmsweise kann eine Eigenhaftung des Vertreters aus §§ 280 Abs. 1 i. V. m. § 311 Abs. 2 BGB eingreifen, die neben die Haftung des Vertretenen tritt, aber nicht weiter gehen kann als dessen Haftung. Eine Eigenhaftung aus den vorgenannten Normen wird bejaht, wenn der Vertreter die Vertragsverhandlungen in unmittelbar eigenem Interesse maßgeblich geführt und aus dem Geschäft einen persönlichen Nutzen erstrebt, sodass er – wirtschaftlich betrachtet – gleichsam in eigener Sache tätig wurde. Gleiches gilt dann, wenn der Vertreter aufgrund besonderer Sachkunde oder persönlicher Zuverlässigkeit in besonderem Maße persönliches Vertrauen des Geschäftsgegners in Anspruch genommen hat.

c) Wirksamkeit des Bauvertrages

269 Geht es um Nichtigkeitsgründe, die der Wirksamkeit eines Bauvertrages entgegenstehen können, sind in erster Linie die Formnichtigkeit gem. § 125 BGB und eine Nichtigkeit wegen Gesetzesverstoß gem. § 134 BGB hervorzuheben. Darüber hinaus können auch die §§ 138, 142 sowie 158 Abs. 1 BGB zur Anwendung kommen.[710]

aa) Formnichtigkeit gemäß § 125 BGB

270 ▶ Hinweis: Eine Formnichtigkeit i. S. des § 311 b Abs. 1 S. 1 BGB ist regelmäßig dann zu problematisieren, wenn der Bauvertrag an den Abschluss eines Grundstückskaufvertrages gekoppelt ist. ◀

Nach der Rechtsprechung des BGH bedarf der gesondert abgeschlossene Bau-, Bauträger- oder Treuhändervertrag dann der notariellen Beurkundung, wenn er mit dem **Grundstückskaufvertrag** eine **rechtliche Einheit** bildet.[711] Von einer rechtlichen Einheit kann nur dann gesprochen werden, wenn die Vereinbarung der Parteien derart voneinander abhängig sind, dass sie miteinander stehen und fallen sollen. Der eine Vertrag darf also nicht ohne den anderen abgeschlossen worden sein. Nicht ausreichend ist nur ein bestehender wirtschaftlicher Zusammenhang.[712] Beurkundungsbedürftig sind Bauverträge auch dann, wenn die Veräußerung oder der Erwerb eines Grundstücks – für den Fall, dass sie nicht stattfinden – mittelbar durch die Vereinbarung von Nachteilen erzwungen wird. Ein solcher Zwang besteht bspw. dann, wenn der Bauherr für den Fall, dass er von dem Bauvertrag Abstand nimmt, weil er ein Grundstück nicht erwirbt, eine

---

709 BGH BGH NJW-RR 2005, 268.
710 Vgl. zur Abwicklung fehlerhafter/nichtiger Bauverträge *Joussen*, Festschrift für Vygen, S. 182 ff. sowie die Ausführungen unter Rn 555 ff.
711 BGH BauR 1981, 67; BauR 2002, 1541; BGHZ 78, 346; OLG Hamm BauR 1995, 705; OLG Jena OLGR 1995, 263; OLG Köln ZfBR 2001, 42; MünchKomm-*Busche*, § 631 BGB, Rn 52; Staudinger-*Peters*, Vorbem zu § 631 BGB, Rn 75.
712 MünchKomm-*Busche*, § 631 BGB, Rn 52; Staudinger-*Peters*, Vorbem zu § 631 BGB, Rn 75; LG Berlin BauR 2005, 1329 (1330).

A. Werklohnansprüche für abgeschlossene (Teil)Leistungen

unangemessene Entschädigung zahlen soll.[713] Beurkundungsbedürftig ist der gesamte Vertrag und zwar alle Vereinbarungen, aus denen sich nach dem Willen der Parteien das schuldrechtliche Veräußerungsgeschäft zusammensetzt.

▶ TYPISCHE FALLKONSTELLATION: Sieht der Vertrag eine Bebauung des zu erwerbenden Grundstücks vor, so muss der Vertrag auch beurkundet werden, soweit der Inhalt der Bebauungspflicht beschrieben ist. Beurkundungsbedürftig sind demnach alle vertraglichen Unterlagen, die die Bauleistungspflicht beschreiben, wie eine Leistungsbeschreibung, Baubeschreibung, Teilungserklärung, die Leistung beschreibende Pläne und Bauzeichnungen usw. (BGHZ 69, 266; 74, 348, NJW 2002, 1050). Das gilt auch für den Erwerb von Sanierungsobjekten, wie sanierte Altbauten, Eigentumswohnungen oder Reihenhäuser. ◀

▶ HINWEIS: In der Praxis ist immer wieder zu beobachten, dass die Notare die Beurkundung nicht richtig vornehmen, weil sie den Umfang der Herstellungspflichten nicht richtig beurkunden. Der BGH hat darauf hingewiesen, dass in diesem Fall der Erwerbsvertrag unwirksam ist. Es kann aber eine Heilung nach § 311 a Abs. 1 S. 2 BGB stattfinden. ◀

Hervorzuheben bleibt, dass die Formnichtigkeit i. S. des § 311 b Abs. 1 S. 2 BGB durch eine später erfolgte Auflassung und Eintragung in das Grundbuch geheilt wird.

▶ HINWEIS: Im Einzelfall kann es gegen Treu und Glauben verstoßen, sich auf die durch den Formmangel bedingte Nichtigkeit zu berufen. Insoweit ist Voraussetzung, dass das Scheitern des Rechtsgeschäfts wegen des Formmangels zu einem Ergebnis führt, das für die betroffene Partei nicht nur hart, sondern schlechthin untragbar ist. In Betracht kommen zwei Fallgruppen, nämlich zum einen die Fälle der Existenzgefährdung und zum anderen die Fälle einer besonders schweren Treuepflichtverletzung. ◀

bb) Gesetzesverstoß gemäß § 134 BGB
(1) Verstoß gegen das Gesetz zur Intensivierung der Bekämpfung der Schwarzarbeit

Ist ein **beidseitiger bewusster Verstoß** gegen das Schwarzarbeitsgesetz gegeben, ist der Vertrag gem. § 134 BGB nichtig.[714] Der Schwarzarbeiter hat keine Werklohn-, der Auftraggeber keine Gewährleistungsansprüche. Zu beachten bleibt, dass nach der Rechtsprechung der vorzuleistende Schwarzarbeiter einen Wertersatzanspruch gem. § 812 BGB gegen den Besteller haben kann. Dem in diesem Fall normalerweise sperrenden Einwendungstatbestand aus § 817 S. 2 BGB kann § 242 BGB entgegengesetzt werden.[715]

Liegt ein **einseitiger bewusster Verstoß** des Auftragnehmers gegen das Schwarzarbeitsgesetz vor, werden unterschiedliche Auffassungen vertreten: Teile der Rechtsprechung bejahen in diesem Fall eine Teilnichtigkeit des Vertrages. Aufgrund dieser (Teil-)Nichtigkeit des Vertrages stehen dem Auftragnehmer keine Vergütungsansprüche zu. Dem Auftraggeber, der nicht bewusst gegen das Schwarzarbeitsgesetz verstoßen hat, soll – weil der Vertrag insoweit nicht nichtig ist – weiterhin Erfüllungs- und Mängelansprüche gegenüber dem schwarzarbeitenden Auftragnehmer geltend machen können.[716] Die Gegenauffassung geht dagegen davon aus, dass bei einem dem Auftraggeber zum Zeitpunkt des

---

713 BGH BauR 1993, 490. Dagegen besteht kein Beurkundungszwang, wenn der Bauvertrag vorsieht, dass der Bau durch den Verkauf eines Hauses finanziert wird, BGH BauR 2002, 937.
714 BGH BauR 1983, 66; Staudinger-*Peters*, § 631 BGB, Rn 74; MünchKomm-*Busche*, § 631 BGB, Rn 53. Mit der Erweiterung der Tatbestände der Schwarzarbeit im Gesetz zur Intensivierung der Bekämpfung der Schwarzarbeit und damit zusammenhängender Steuerhinterziehung vom 23. Juli 2004 hat sich gegenüber dem insoweit abgelösten Schwarzarbeitergesetz an der Nichtigkeit des Bauvertrages nichts geändert.
715 BGHZ 111, 308; Staudinger-*Peters*, § 631 BGB, Rn 74; **a. A.** OLG Köln NJW-RR 1990, 251.
716 Canaris NJW 1985, 2404 f.; Staudinger-*Peters*, § 631 BGB, Rn 74; MünchKomm-*Busche*, § 631 BGB, Rn 53; LG Mainz NJW-RR 1998, 448; LG Bonn NJW-RR 1991, 180.

Vertragsabschlusses unbekannten Verstoß des Auftragnehmers gegen das Gesetz zur Bekämpfung der Schwarzarbeit der Werkvertrag nicht gem. § 134 BGB ganz oder – bezogen auf den Werklohnanspruch – teilweise nichtig sondern für den Auftraggeber lediglich anfechtbar ist.[717] Unterbleibt eine Anfechtung durch den Auftraggeber, steht dem Auftragnehmer ein Werklohnanspruch gem. §§ 631, 632, 641 BGB zu.

(2) Verstoß gegen die Handwerksordnung

273 Ist der Auftragnehmer nicht in die Handwerksrolle eingetragen, führt ein Verstoß gegen § 1 der HwO nicht dazu, dass der Bauvertrag deshalb nichtig wäre.[718] Für den Auftraggeber ist es in diesem Fall allerdings möglich, den Vertrag auf der Grundlage von § 119 Abs. 2 BGB anzufechten.[719]

(3) Fehlen einer Baugenehmigung

274 Das Fehlen einer Baugenehmigung führt nicht zur Nichtigkeit des Vertrages gem. § 134 BGB.[720]

(4) Verstoß gegen § 3 Abs. 2 MaBV

275 Weicht in einem Bauträgervertrag die Abschlagszahlungsvereinbarung von den Vorgaben des § 3 Abs. 2 MaBV ab, ist der Zahlungsplan gem. § 134 BGB nichtig.[721] An die Stelle der nichtigen Abschlagszahlungsvereinbarung tritt nach der Rechtsprechung des BGH[722] nicht die Regelung des § 3 Abs. 2 MaBV, da dies eine unzulässige geltungserhaltende Reduktion begründen würde. Vielmehr kommt das Werkvertragsrecht und damit die Vorschrift des § 641 BGB als Fälligkeitsregelung zur Anwendung (vgl. Rn 308 ff.).

(5) Verstoß gegen Art. 1 § 1 Abs. 1 RBerG

276 Nach der Rechtsprechung des BGH bedarf derjenige, der ausschließlich oder hauptsächlich die rechtliche Abwicklung eines Grundstückserwerbs im Rahmen eines Bauträgermodells für den Erwerber besorgt, der Erlaubnis nach Art. 1 § 1 RBerG. Ein ohne diese Erlaubnis abgeschlossener Geschäftsbesorgungsvertrag ist nichtig.[723] Die Nichtigkeit des Treuhandvertrags erfasst auch die dem Treuhänder zur Ausführung des Vertrags erteilte Abschlussvollmacht.[724]

cc) Sittenwidrigkeit gemäß § 138 BGB

277 Ein Rechtsgeschäft, das gegen die guten Sitten verstößt, ist gem. § 138 Abs. 1 BGB nichtig. Nichtig ist gem. § 138 Abs. 2 BGB insbesondere ein Rechtsgeschäft, durch das jemand unter Ausbeutung der Zwangslage, der Unerfahrenheit, des Mangels an Urteilsvermögen oder der erheblichen Willensschwäche eines anderen sich oder einem Dritten für eine Leistung Vermögensvorteile versprechen oder gewähren lässt, die in einem auffälligen Missverhältnis zu der Leistung stehen. § 138 BGB ist die als notwendig angesehene Einschränkung der allgemeinen Vertragsfreiheit. Die Privatautonomie ist nur in den

---

717 OLG Nürnberg, BauR 2000, 1494, Revision vom BGH durch Beschl. v. 25.1.2001 nicht angenommen.
718 BGH NJW 1984, 230; LG Görlitz NJW-RR 94, 117; Staudinger-*Peters*, § 631 BGB, Rn 80.
719 OLG Hamm NJW-RR 1990, 523.
720 BGH BauR 1976, 128.
721 BauR 2001, 391.
722 BGH BauR 2001, 391; vgl. dazu die Lehre: *Schmid*, BauR 2001, 866; *Pause*, NZBau 2001, 181.
723 BGHZ 145, 265 (269 ff.); BGH WM 2001, 2113 (2114 f.), BGH WM 2002, 1273 (1274); BGH WM 2001, 2260 (2261).
724 BGH BauR 2003, 1269.

A. Werklohnansprüche für abgeschlossene (Teil)Leistungen

Grenzen gewährleistet, die § 138 BGB beschreibt. Ein Verstoß gegen die guten Sitten liegt vor, wenn das Rechtsgeschäft gegen das Anstandsgefühl aller billig oder gerecht Denkenden verstößt. Dieser unbestimmte Rechtsbegriff muss im Einzelfall wertend ausgefüllt werden. Ein Verstoß gegen die guten Sitten kann vorliegen, wenn Leistung und Gegenleistung außer jedem vernünftigen Verhältnis stehen, sodass die Ungleichheit von der Rechtsordnung nicht mehr hingenommen werden kann. Zu einem **auffälligen Missverhältnis** von Leistung und Gegenleistung müssen weitere sittenwidrige Umstände hinzutreten, etwa eine verwerfliche Gesinnung, wie z. B. die Ausnutzung einer wirtschaftlich schwächeren Lage.

Bei einem besonders groben Missverhältnis zwischen Leistung und Gegenleistung besteht eine tatsächliche Vermutung für ein Handeln mit verwerflicher Gesinnung. Ein besonders grobes Missverhältnis wird im allgemeinen Vertragsrecht angenommen, wenn die Vergütung den Wert der Leistung um das ungefähr **Doppelte** übersteigt.[725] Die Vermutung einer verwerflichen Gesinnung setzt nicht voraus, dass der Begünstigte das besonders grobe Missverhältnis kannte.[726] Sie entfällt nur, wenn sie im Einzelfall durch besondere Umstände, die der Begünstigte darzulegen und zu beweisen hat, erschüttert wird. Ein überhöhter Werklohn für eine Bauleistung führt deshalb nicht ohne weiteres zur Sittenwidrigkeit, weil die Überhöhung ungewöhnlich hoch ist, also das Verhältnis von Leistung und Gegenleistung deutlich gestört ist. Eine verwerfliche Gesinnung wird aber zu vermuten sein, wenn der Preis für die Leistung um ungefähr das Doppelte über dem wert der geschuldeten Leistung liegt.[727] Dies gilt auch dann, wenn der Werklohn deutlich zu gering bemessen ist. Nach diesen Grundsätzen sind in der Rechtsprechung bereits Verträge über den Erwerb von Grundeigentum mit oder ohne Errichtungsverpflichtung für sittenwidrig angesehen worden, in denen der Erwerbspreis um knapp das Doppelte über dem Wert des Grundstücks lag.[728] Haben die Parteien vereinbart, dass die Leistungen vom Auftragnehmer „ohne Rechnung" zu erbringen sind, um die Umsatzsteuer aus dem Vertragspreis herauszunehmen, führt dies nach der Rechtsprechung des BGH nicht zur Unwirksamkeit des Vertrages gem. § 138 BGB.[729]

278

dd) Anfechtung gemäß § 142 Abs. 1 BGB

(1) Vorliegen eines Anfechtungsgrundes

- **§ 119, 120 BGB**

Bei einem **Inhaltsirrtum** nach § 119 Abs. 1 1. Alt. BGB ist sich der Erklärende über die Bedeutung seiner Erklärung im Unklaren. Er irrt über den objektiven, rechtlich wirksamen Inhalt seiner Erklärung. Der Erklärende weiß zwar, was er erklären will, er irrt sich jedoch über die Bedeutung der Erklärung. Ein Fall des Inhaltsirrtums ist der sog. Verlautbarungsirrtum, bei dem der Erklärende sich über die Bedeutung eines missverständlichen Erklärungsmittels, also z. B. bauspezifische Fachausdrücke irrt. Der **Erklärungsirrtum** nach § 119 Abs. 1 2. Alt. BGB betrifft einen Irrtum über die äußere Erklärungshandlung.

279

---

725 BGH NJW 2004, 2671 (zum Kaufpreis für eine Eigentumswohnung).
726 BGH NJW 2001, 1127.
727 KG NJW-RR 1995, 1422.
728 BGH NJW 1992, 899.
729 So ist nach der Rechtsprechung des BGH eine dementsprechende „Ohne-Rechnung-Abrede" nur dann sittenwidrig, wenn die Steuerhinterziehung Hauptzweck des Vertrages ist. Da bei Bauträger jeweils die Errichtung des Bauwerks Hauptzweck des Vertrages bildet, ist § 138 BGB abzulehnen, BGH NJW 1983, 1844; OLG Hamm OLGR 1993, 103; **a. A.** OLG Hamm ZfBR 1997, 151; OLG Oldenburg OLGR 1997, 2.

von Kiedrowski

§ 6 Die Ansprüche des Auftragnehmers gegen den Auftraggeber

▶ BEISPIEL: Der Auftragnehmer setzt als Einheitspreis im Leistungsverzeichnis einen Preis von 5,- € ein, wollte aber in Wirklichkeit 50,- € einsetzen. Der Unternehmer muss diesen Erklärungsirrtum beweisen. ◀

Gleiches gilt dann, wenn der irrtumsfrei gebildete Wille des Erklärenden auf dem Weg zum Empfänger durch eine unerkannt fehlerhafte Software von 50,- € (Wille) auf 5,- € (Erklärung) verfälscht wird. Weiter ist zu berücksichtigen, dass sich ein Erklärungsirrtum bei der „Aufforderung zum Angebot" bei der späteren Annahme fortsetzen kann. Macht der Auftraggeber irrtümliche Angaben in den Ausschreibungsunterlagen, dann setzt sich sein Irrtum später bei der Erklärung der Annahme des vom Auftragnehmer abgegebenen Angebots beachtlich fort. Ein **Motivirrtum**,[730] der beim Erklärenden im Zuge der Willensbildung entstehen kann, berechtigt grundsätzlich nicht zur Anfechtung. Dies gilt insbesondere für den unterhalb der Grenze des Wegfalls der Geschäftsgrundlage (vgl. Rn 410) angesiedelten **Kalkulationsirrtum**.[731] Ein Anfechtungsgrund liegt mithin nicht allein darin, dass irrtümlich in der Kalkulation preisbildende Faktoren nicht oder fehlerhaft berücksichtigt oder nach dem Vertrag geschuldete Leistungen bei der Preisbildung irrtümlich nicht berücksichtigt worden sind.[732] Das gilt auch dann, wenn ein Kalkulationsirrtum nach außen getreten ist und vom Auftraggeber erkannt wurde.[733]

▶ HINWEIS: Zu bedenken bleibt, dass dem Auftragnehmer in diesem Fall aber möglicherweise Schadensersatzansprüche aus schuldhafter Verletzung der Aufklärungspflicht gem. §§ 280 Abs. 1 i. V. m. § 311 Abs. 1 BGB zustehen können, wenn der Auftraggeber den erkannten Irrtum zu Lasten des Auftragnehmers ausnutzt.[734] ◀

Bei der Botenirrung nach § 120 BGB ist der Fehler bei der Willensübermittlung unterlaufen. Beim Eigenschaftsirrtum nach § 119 Abs. 2 BGB handelt es sich um einen Irrtum über wesentliche Merkmale eines Rechtsgeschäfts. Anders als bei § 119 Abs. 1 BGB besteht bei § 119 Abs. 2 BGB keine Diskrepanz von Wille und Erklärung, vielmehr liegt der Irrtum bei der Willensbildung.

■ **§ 123 BGB – arglistige Täuschung / widerrechtliche Drohung**

280 Voraussetzung für eine **arglistige Täuschung** i. S. des § 123 Abs. 1 1. Fall BGB ist, dass vonseiten des Erklärenden eine Täuschung über Tatsachen erfolgt ist. Darunter versteht man ein Verhalten, durch das beim Erklärungsgegner eine unrichtige Vorstellung hervorgerufen, bestärkt oder unterhalten wird. Eine Täuschung durch positives Tun liegt vor, wenn objektiv nachprüfbare Angaben und nicht nur subjektive Werturteile gemacht werden. Eine Täuschung durch Unterlassen setzt eine Rechtspflicht zur Aufklärung voraus. Maßgebend sind die besonderen Umstände des Einzelfalles. Eine gesteigerte Aufklärungspflicht besteht, wenn zwischen den Vertragsparteien dauernde Geschäftsbeziehungen bestehen oder der abgeschlossene Vertrag durch ein besonderes Treue- oder Vertrauensverhältnis geprägt ist. Gleiches gilt bei speziellen Fragen des anderen Vertragsteils.

---

730 Zu denken ist an solche Irrtümer, die bei der Erstellung des Leistungsverzeichnisses als Folge eines Softwarefehlers entstehen, BGH BauR 1998, 1089.
731 BGH NJW-RR 87, 1307; Palandt-*Heinrichs*, § 119 BGB, Rn 18.
732 BGH BauR 1986, 334; BGH BauR 1998, 1089.
733 BGHZ 139, 177; Palandt-*Heinrichs*, § 119 BGB, Rn 18.
734 BGH BauR 1980, 63; OLG Stuttgart BauR 1997, 855; OLG Frankfurt OLGR 1998, 38. Grundlage der Pflichtverletzung bildet der Umstand, dass der Auftraggeber verpflichtet ist, den Auftragnehmer auf einen vom Auftraggeber erkannten Kalkulationsfehler hinzuweisen.

A. Werklohnansprüche für abgeschlossene (Teil)Leistungen

Ansonsten ist entscheidend, ob der Vertragspartner nach Treu und Glauben unter Berücksichtigung der Verkehrsanschauung Aufklärung erwarten durfte.[735] Eine **Offenbarungspflicht** besteht insbesondere über Umstände, die zur Gefährdung oder Vereitelung des Vertragszweckes geeignet sind.[736] Andererseits besteht keine generelle Pflicht, alle Umstände zu offenbaren, die für die Entschließung des anderen Teils von Bedeutung sein können. Weiter erfordert die Arglist beim Erklärenden einen (bedingten) Vorsatz, d. h. das Wissen des Täuschenden, dass der andere die Willenserklärung ohne die Täuschung (möglicherweise) nicht abgegeben hätte. Jedoch ist zur Arglist nicht unbedingt das Wissen erforderlich, dass die angegebene Tatsache nicht der Wahrheit entspricht. Unerheblich ist eine Schädigungs- oder Bereicherungsabsicht des Täuschenden.[737] Eine **Drohung** i. S. des § 123 Abs. 1 2. Fall BGB ist das Inaussichtstellen eines zukünftigen Übels, das aus der Sicht des Bedrohten vom Willen des Drohenden abhängig ist. Als „Übel" kommt jeder Nachteil für den Bedrohten in Betracht.[738] Widerrechtlich ist die Drohung, wenn entweder das Drohungsmittel (das angekündigte Übel) oder der angestrebte Erfolg oder – wenn Mittel oder Erfolg für sich allein betrachtet nicht widerrechtlich sind – die Verknüpfung von Mittel und Erfolg (Mittel-Zweck-Relation) rechtswidrig sind.[739] Besteht zwischen den Vertragsparteien ein Streit über die Frage ob eine geforderte Leistung bereits vereinbart ist, und droht der Auftragnehmer die Einstellung der Arbeiten für den Fall an, dass der Auftraggeber nicht bereit ist, die Leistung zusätzlich zu vergüten, kann dieses Verhalten als widerrechtliche Drohung zur Anfechtbarkeit des im Hinblick auf die drohende Verzögerung und den dadurch eintretenden Schaden geschlossenen Vertrages über die vermeintliche Zusatzleistung führen. Voraussetzung für eine Anfechtung durch den Vertragspartner ist, dass die Leistung bereits vertraglich geschuldet war.[740]

(2) Vorliegen einer Anfechtungserklärung

Zur Begründung des Gestaltungsrechts muss der Anfechtungsberechtigte die Anfechtung gegenüber dem Anfechtungsgegner erklären. Erforderlich ist, dass die Anfechtungserklärung unzweideutig erkennen lässt, dass der Anfechtungsberechtigte die Willenserklärung wegen eines Willensmangels rückwirkend zu beseitigen wünscht bzw. das Rechtsgeschäft von Anfang an nicht gelten soll.[741] Ausreichend, aber auch nötig ist, dass für den Anfechtungsgegner erkennbar wird, auf welche tatsächlichen Gründe die Anfechtung gestützt wird. Die Rechtsgrundlage der Anfechtung braucht dagegen nicht bezeichnet zu werden Nach ständiger Rechtsprechung des BGH kann eine auf arglistige Täuschung gestützte Anfechtung die Irrtumsanfechtung in sich schließen. Ob dies der Fall ist, muss durch Auslegung ermittelt werden.[742] Wegen der Gestaltungswirkung ist die Anfechtungserklärung grundsätzlich bedingungsfeindlich. Zulässig ist jedoch die **Eventualanfechtung** im Prozess. Sie wird als Rechtsbedingung dahin bewertet, dass die Anfechtung „vorsorglich" für den Fall gelten soll, wenn sich die prozessual zunächst eingenommene Rechts-

---

735 BGH NJW 1983, 2493.
736 BGH NJW 1980, 2461.
737 BGH NJW 1974, 1506.
738 Palandt-*Heinrichs*, § 123 BGB, Rn 15.
739 Palandt-*Heinrichs*, § 123 BGB, Rn 19.
740 BGH BauR 2002, 89.
741 BGHZ 88, 245; 91, 331 f.; BGH NJW-RR 1988, 566; 1995, 859; Palandt-*Heinrichs*, § 143 BGB, Rn 3.
742 BGHZ 78, 221; kritisch *Berg*, NJW 81, 2337 „unzulässige Umdeutung".

§ 6 Die Ansprüche des Auftragnehmers gegen den Auftraggeber

position als nicht haltbar erweist.[743] Da sich die Bedingungsfeindlichkeit aus dem Interesse des Gegners an Rechtsklarheit ergibt, wird auch eine Anfechtungserklärung zugelassen, die unter einer ausschließlich in der Hand des Anfechtungsgegners stehenden Potestativbedingung erfolgt. Die Anfechtung ist ausgeschlossen, wenn das anfechtbare Rechtsgeschäft von dem Anfechtungsberechtigten i. S. des § 144 Abs. 1 BGB bestätigt wird. Die Bestätigung setzt jedoch ein entsprechendes Bewusstsein voraus. Sie kann also nur angenommen werden, wenn der Anfechtende die Anfechtbarkeit des Rechtsgeschäfts kannte oder jedenfalls für möglich hielt.[744] Dem Verhalten muss der Wille entnommen werden, trotz der Anfechtbarkeit an dem Rechtsgeschäft festhalten zu wollen.[745] Die Bestätigung ist nicht formbedürftig.

(3) Beachtung der Anfechtungsfrist

282 Die Anfechtung wegen Irrtums muss ohne schuldhaftes Zögern **unverzüglich**[746] erfolgen, nachdem der Anfechtungsberechtigte von dem Anfechtungsgrund Kenntnis erlangt hat.[747] Eine unverzügliche Absendung der Erklärung reicht aus.[748] Die Anfechtung ist gem. § 121 Abs. 2 BGB ausgeschlossen, wenn seit der Abgabe der Willenserklärung zehn Jahre verstrichen sind. Die Anfechtung einer nach § 123 BGB angefochtenen Willenerklärung kann gem. § 124 BGB nur **binnen Jahresfrist** erfolgen, wobei die Frist im Falle der arglistigen Täuschung mit dem Zeitpunkt, in welchem der Anfechtungsberechtigte die Täuschung entdeckt und im Falle der Drohung mit dem Zeitpunkt beginnt, in welchem die Zwangslage aufhörte.

(4) Rechtsfolgen der Anfechtung

283 Sind die Voraussetzungen einer Anfechtung gegeben, hat dies zur Folge, dass der Vertrag gem. § 142 Abs. 1 BGB von Anfang an als **nichtig** anzusehen ist. Da es somit an einer Vertragsgrundlage fehlt, bestehen keine vertraglichen Ansprüche. Die erbrachten Leistungen sind ohne Rechtsgrund erbracht worden und nach den Grundsätzen des Bereicherungsrechts zurückzugewähren. Im Falle einer Anfechtung nach § 119 BGB ist der Anfechtende gegenüber dem Anfechtungsgegner nach Maßgabe des § 122 BGB schadensersatzpflichtig. Dabei umfasst § 122 BGB den **Vertrauensschaden**, der dadurch entsteht, dass der Vertragspartner auf die Gültigkeit der Vertragserklärung vertraut hat. Begrenzt wird dieser Schadensersatzanspruch durch das Erfüllungsinteresse.[749] Eine Schadensersatzpflicht tritt nicht ein, wenn der Anfechtungsgegner den Grund der Nichtigkeit oder der Anfechtbarkeit kannte oder infolge von Fahrlässigkeit nicht kannte aber kennen musste.[750]

---

[743] BGH NJW 68, 2099; Palandt-*Heinrichs*, § 143 BGB, Rn 2.
[744] BGHZ 129, 371 (377); Palandt-*Heinrichs*, § 144 BGB, Rn 2.
[745] BGHZ 110, 220 (222); Palandt-*Heinrichs*, § 144 BGB, Rn 2.
[746] Palandt-*Heinrichs*, § 121 BGB, Rn 3.
[747] OLG Brandenburg BauR 2005, 1066.
[748] Palandt-*Heinrichs*, § 121 BGB, Rn 3.
[749] RGZ 170, 284; Palandt-*Heinrichs*, § 122 BGB, Rn 4.
[750] Palandt-*Heinrichs*, § 122 BGB, Rn 5.

A. Werklohnansprüche für abgeschlossene (Teil)Leistungen

ee) (Aufschiebende) Bedingung gemäß § 158 Abs. 1 BGB

Die Parteien können bei einem Rechtsgeschäft bestimmen, dass die Rechtsfolgen vom Eintritt oder Nichteintritt eines zukünftigen Ereignisses abhängen sollen. Ist das Ereignis ungewiss, handelt es sich um eine Bedingung i. S. des § 158 BGB.[751] Es handelt sich um die Nebenabrede eines Rechtsgeschäfts, wonach die Rechtsfolge des Geschäfts von einem zukünftigen, ungewissen Ereignis abhängen soll. Sie ist grundsätzlich bei jedem Rechtsgeschäft zulässig; „bedingungsfeindlich" sind jedoch die Auflassung gem. § 925 Abs. 2 BGB und die Ausübung von Gestaltungsrechten, da dem Erklärungsempfänger keine Ungewissheit und kein Schwebezustand zugemutet werden kann.[752] Bezüglich des Zeitpunktes der von den Parteien gewollten Wirksamkeit des Rechtsgeschäfts sind zu unterscheiden die aufschiebende Bedingung gem. § 158 Abs. 1 BGB, bei der das Wirksamwerden des Rechtsgeschäfts vom Eintritt des künftigen, ungewissen Ereignisses sowie die auflösende Bedingung gem. § 158 Abs. 2 BGB, bei der das Wirksambleiben des Rechtsgeschäfts vom Nichteintritt des künftigen, ungewissen Ereignisses abhängig ist. Ob die Parteien eine aufschiebende oder eine auflösende Bedingung gewollt haben, ist Auslegungsfrage. Bezüglich der Art des zukünftigen ungewissen Ereignisses sind die kasuelle (zufällige) Bedingung, bei der der Eintritt des Ereignisses vom Willen der Parteien unabhängig ist, die Potestativ- (oder Willkür-) Bedingung, bei der der Eintritt oder Nichteintritt des Umstandes auf dem freien Willen einer Partei beruht und schließlich die sog. Wollensbedingung, bei der der Eintritt der Rechtswirkung vom Willen einer Partei abhängt zu unterscheiden. Keine Bedingung i. S. der §§ 158 ff. BGB ist die sog. Rechtsbedingung. Sie ist gesetzliche (und nicht rechtsgeschäftliche) Voraussetzung für das Zustandekommen und die Wirksamkeit eines Rechtsgeschäfts. Trägt der Geschäftsgegner im Prozess vor, der Vertrag sei unter einer aufschiebenden Bedingung geschlossen worden ist, trägt die Partei, die aus dem Vertrag Rechte herleiten will, die Beweislast für einen unbedingten Vertragsschluss.[753]

284

2. Vergütungsvereinbarung

Geht es um den Vergütungsanspruch des Auftragnehmers, ist in erster Linie auf die zwischen den Parteien abgeschlossene ausdrückliche Vergütungsvereinbarung zurückzugreifen. In diesem Fall haben die Parteien mit der Vereinbarung eines Einheitspreis- bzw. eines Pauschalpreisvertrages entweder einen Leistungsvertrag oder mit der Vereinbarung eines Stundenlohn- bzw. Selbstkostenerstattungsvertrages einen Aufwandvertrag abgeschlossen. Haben die Parteien keine ausdrückliche Vergütungsvereinbarung abgeschlossen, kann der Auftragnehmer seinen Vergütungsanspruch ggf. auf die in § 632 BGB enthaltenen Vermutung des Bestehens einer stillschweigenden Einigung über die Entgeltlichkeit stützen.

285

---

751 Anders als bei einer Bedingung ist bei einer Befristung gem. § 163 BGB der Eintritt des Ereignisses gewiss. Es handelt sich um die rechtsgeschäftliche Vereinbarung, wonach ein zukünftiges, gewisses Ereignis für den Beginn der Rechtswirkungen (Anfangstermin) oder deren Ende (Endtermin) maßgebend ist, § 163 BGB. Das kann ein bestimmter Kalendertag, aber auch etwa der Todestag einer Person sein. In beiden Fällen ist der Eintritt des Ereignisses gewiss, im letzteren nur der Zeitpunkt des Eintritts ungewiss. Dagegen ist der bestimmte Geburtstag einer Person als Bedingung aufzufassen, da es unbestimmt ist, ob die Person diesen Tag erlebt.
752 BGHZ 97, 267; Palandt-*Heinrichs*, Einf v § 158 BGB, Rn 13.
753 BGH NJW 2002, 2862; Palandt-*Heinrichs*, Einf v § 158 BGB, Rn 14.

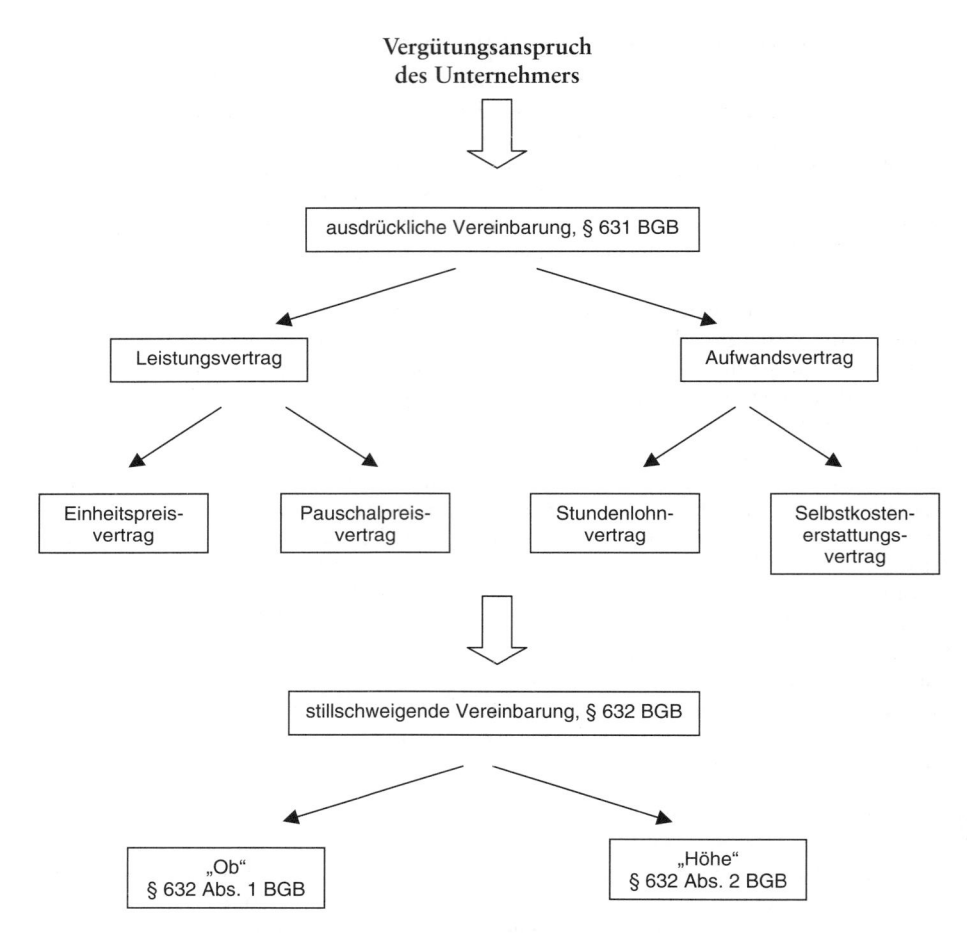

§ 6 Die Ansprüche des Auftragnehmers gegen den Auftraggeber

```
                    Vergütungsanspruch
                     des Unternehmers
                            ⇩
              ausdrückliche Vereinbarung, § 631 BGB
                    ╱                ╲
           Leistungsvertrag      Aufwandsvertrag
            ╱        ╲            ╱         ╲
   Einheitspreis-  Pauschalpreis-  Stundenlohn-  Selbstkosten-
     vertrag         vertrag        vertrag    erstattungs-
                                                  vertrag
                            ⇩
              stillschweigende Vereinbarung, § 632 BGB
                    ╱                ╲
                 „Ob"              „Höhe"
              § 632 Abs. 1 BGB   § 632 Abs. 2 BGB
```

a) Vorliegen einer ausdrücklichen Vergütungsvereinbarung

286 Stützt der Auftragnehmer seinen Werklohnanspruch auf § 631 BGB, muss er neben dem Abschluss eines Bauvertrages im Einzelnen darlegen und ggf. beweisen, dass zwischen den Parteien ausdrücklich eine bestimmte Vergütungsabrede (Vereinbarung eines Einheitspreis- bzw. eines Pauschalpreisvertrages oder aber ein Stundenlohn- bzw. Selbstkostenerstattungsvertrag) abgeschlossen worden ist.

aa) Der Einheitspreisvertrag

(1) Grundlagen

287 Bei der Vereinbarung eines Einheitspreisvertrages[754] zerlegt der Auftraggeber das vertraglich zu erstellende Werk in einem vorbereiteten Angebotsblankett nach Fertigungsgesichtspunkten in isolierte, nicht zwingend funktional zusammenhängende technische Teilleistungen (vgl. §§ 5 Nr. 1 a); 9 Nr. 6 VOB/A), die in einem Leistungsverzeichnis nach

---

[754] Weiterführend: Werner/Pastor, Rn 1162 ff.; Kapellmann/Messerschmidt-*Kapellmann*, § 5 VOB/A, Rn 10 ff.; Ingenstau/Korbion-*Keldungs*, § 5 VOB/A, Rn 8 ff.; Staudinger-*Peters*, § 632 BGB, Rn 4 f.

A. Werklohnansprüche für abgeschlossene (Teil)Leistungen 1

Ordnungszahlen (vgl. § 21 Nr. 1 Abs. 3 VOB/A) zusammengefasst werden. Hat der Auftraggeber einen Architekten beauftragt, handelt dieser bei der „Ermittlung der Mengen und Massen" sowie der „Aufstellung von Leistungsverzeichnissen" – als der Leistungsphase 6 zugehörigen Leistungen – als Erfüllungsgehilfe des Auftraggebers.
Beispiel:

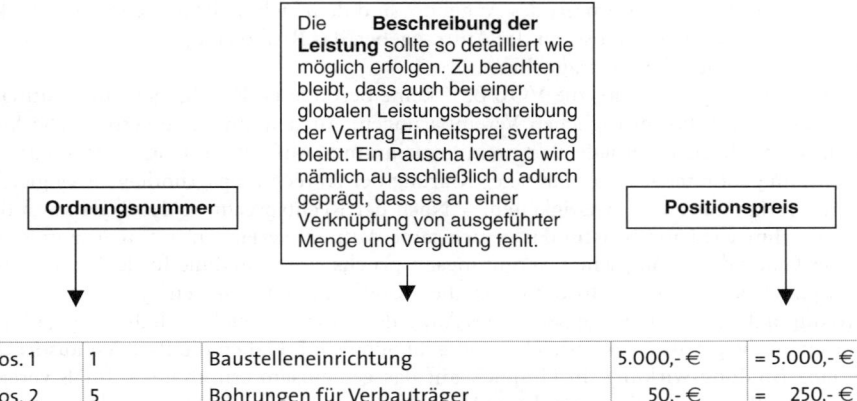

Ordnungsnummer	Die **Beschreibung der Leistung** sollte so detailliert wie möglich erfolgen. Zu beachten bleibt, dass auch bei einer globalen Leistungsbeschreibung der Vertrag Einheitspreisvertrag bleibt. Ein Pauschalvertrag wird nämlich ausschließlich dadurch geprägt, dass es an einer Verknüpfung von ausgeführter Menge und Vergütung fehlt.			Positionspreis	
Pos. 1	1	Baustelleneinrichtung	5.000,- €	=	5.000,- €
Pos. 2	5	Bohrungen für Verbauträger	50,- €	=	250,- €
Pos. 3	500m	Verbauträger	10,- €	=	5.000,- €
Pos. 4	300m	Ausfachung aus Holz	30,- €	=	9.000,- €

Sog. **Vordersatz** als Mengenangabe, der für die Kalkulation unabdingbar, aber für die Abrechnung nicht bindend ist.

Die **Einheitspreise**, die Material- und Arbeitslohn beinhalten, sind Festpreise, an die der Auftragnehmer auch bei Lohn- und Preissteigerungen gebunden ist.

Auf der Grundlage des vom Auftraggeber bzw. dessen Architekten als Erfüllungsgehilfe vorbereiteten Leistungsverzeichnisses kalkuliert der Auftragnehmer die jeweiligen Einheitspreise. Die in dem Angebotsblankett vom Auftragnehmer eingesetzten Einheitspreise, die von dem Auftraggeber mit der Auftragsvergabe akzeptiert werden, sind grundsätzlich Festpreise, an die der Auftragnehmer auch bei Lohn- und Preissteigerungen gebunden ist.[755][756]

288

---

[755] Eine Anpassung des angesetzten Einheitspreises kann jedoch Folge einer Störung der Geschäftsgrundlage bilden, vgl. hierzu die Ausführungen unter Rn 410.
[756] Hat der Auftragnehmer bei der Auswertung der ihm überreichten Angebotsunterlagen Fehleinschätzungen im Hinblick auf die prognostizierten Mengenangaben ermittelt, so wird er bestrebt sein, diese Schwachstellen in seiner Preisbildung positiv einfließen zulassen. Einer „kreativen" Angebotskalkulation – vgl. hierzu die nachfolgenden Ausführungen unter Rn 293 ff. – kommt somit eine gewisse Schlüsselrolle im Bieterverfahren zu. Weiterführend: *Biermann*, Festschrift für Vygen, S. 134 ff.

§ 6 Die Ansprüche des Auftragnehmers gegen den Auftraggeber

(2) Zur Aufmaßnahme

289 Nachdem der Auftragnehmer die vertraglich geschuldete Werkleistung erbracht hat, werden durch eine Aufmaßnahme die tatsächlich ausgeführten Mengen und Massen (sog. Vordersätze) ermittelt. Auf der Grundlage der tatsächlich angefallenen Mengen und Massen können die einzelnen Positionspreise ermittelt werden. Die einzelnen Positionspreise wie auch der Gesamtpreis des Angebots sind demnach nicht bindend. Das Risiko einer Mengenmehrung trägt somit der Auftraggeber, das Risiko eines verminderten Mengenanfalls hingegen der Auftragnehmer.

290 Das BGB enthält, anders als die VOB/B,[757] keine besonderen Regelungen zum Aufmaß. Maßgeblich sind die vertraglichen Vereinbarungen. Auch wenn keine vertragliche Vereinbarung vorliegt, kann jede Partei ein **gemeinsames Aufmaß** verlangen. So dient ein gemeinsam genommenes Aufmaß einer Klärung der Abrechnungsgrundlagen bei gleichzeitiger Vermeidung von Streitigkeiten.[758] Nach der Rechtsprechung des BGH kann der Auftragnehmer jedenfalls dann das gemeinsame Aufmaß verlangen, wenn er zum Zwecke der Geltendmachung seines Vergütungsanspruchs eine Abnahme fordern kann bzw. im Hinblick auf Abschlagsforderungen die Abrechnungsgrundlagen zu ermitteln hat. Wird durch die Parteien ein gemeinsames Aufmaß genommen, stellt sich die Frage, ob die Parteien an die getroffenen Feststellungen gebunden sind: Haben die Parteien **ausdrücklich** eine **Bindungswirkung** im Hinblick auf das gemeinsam ermittelte Aufmaß vereinbart, ist die Rechtslage klar. Liegt **keine Vereinbarung** vor, wird nach der Rechtsprechung der Instanzgerichte dann, wenn ein gemeinsames Aufmaß vereinbart worden ist oder wenn dem Verlangen der Gegenpartei nach gemeinsamer Aufmaßnahme nachgekommen wird, den Feststellungen eine Bindungswirkung wie bei **einem deklaratorischen Schuldanerkenntnis**[759] zuerkannt.[760] Diese Bindungswirkung kann dabei aber dann wieder entfallen, wenn der Vertragspartner, der sich an ein gemeinsames Aufmaß nicht gebunden fühlt, im einzelnen darlegt und beweist, dass ihm die die Unrichtigkeit begründenden Tatsachen erst nach dem gemeinsamen Aufmaß bekannt geworden sind.[761]

291 Der **BGH** vertritt demtentgegen die Auffassung, dass den im Zuge einer gemeinsamen Aufmaßnahme getroffenen Feststellungen nicht per se eine Bindungswirkung – wie bei

---

[757] Ist die VOB/B als Allgemeine Geschäftsbedingungen wirksam in den Bauvertrag einbezogen worden, gilt gem. § 1 Nr. 1 VOB/B gleichermaßen auch die VOB/C mit ihren technischen Vertragsbedingungen. Dazu gehören für die einzelnen Gewerke auch Aufmaßregelungen. Im Grundsatz gilt, dass die Leistung aus Zeichnungen zu ermitteln ist, sofern diese vorhanden sind, VOB/C DIN 18299 Abschnitt 5. Die für die Abrechnung erforderlichen Feststellungen sind auch beim BGB-Vertrag nach den DIN-Normen (VOB/C DIN 18299 Abschnitt 5) vorzunehmen, soweit diese der Verkehrssitte entspreche; OLG Saarbrücken BauR 2000, 1322.

[758] Insoweit geht es um die Kooperationspflicht der Vertragsparteien: Entstehen zwischen den Parteien eines Bauvertrages während der Vertragsdurchführung Meinungsverschiedenheiten über die Grundlagen der Abrechnung, sind die Parteien verpflichtet, durch gemeinsame Aufmaßnahme eine einvernehmliche Beilegung des Streitpunktes zu versuchen, BGH BauR 2003, 1207.

[759] Der BGH stellt an ein Schuldanerkenntnis, mit dem sämtliche Einwendungen ausgeschlossen werden sollen, hohe Anforderungen. Ein solches Schuldanerkenntnis setzt voraus, dass die Parteien mit der Vereinbarung das Schuldverhältnis insgesamt oder in einzelnen Bestimmungen dem Streit oder der Ungewissheit entziehen wollen, BGH BauR 1977, 138. Zu den notwendigen Voraussetzungen gehört also die Vereinbarung über Streitpunkte und Ungewissheiten, die aus der Sicht der Vertragsparteien nach den Umständen des Einzelfalles klärungs- und regelungsbedürftig waren, BGH BauR 1998, 579.

[760] OLG Düsseldorf OLGR 1994, 190; OLG Hamm BauR 1992, 242; KG OLGR 1995, 184; OLG Braunschweig BauR 2001, 413; MünchKomm-Busche, § 631 BGB, Rn 121; Ingenstau/Korbion-*Locher*, § 14 Nr. 2 VOB/B, Rn 9.

[761] OLG Düsseldorf OLGR 1994, 190; OLG Hamm BauR 1992, 242; KG OLGR 1995, 184; OLG Braunschweig BauR 2001, 413.

A. Werklohnansprüche für abgeschlossene (Teil)Leistungen 1

einem deklaratorischen Schuldanerkenntnis – zukommt. So setzt die Annahme einer Bindungswirkung nämlich einen Willen der erklärenden Partei voraus, das Aufmaß endgültig dem Streit zu entziehen. Die pauschale Annahme eines solchen Willens muss vor dem Hintergrund, dass ein Aufmaß ohne weiteres auch später noch auf seine Richtigkeit hin überprüft werden kann, verneint werden.[762] Im Einzelfall ist deshalb zu prüfen, ob der Auftraggeber tatsächlich ein **verobjektiviertes Erklärungsbewusstsein** hatte, mit der Teilnahme an der gemeinsamen Aufmaßnahme die dabei ermittelten Feststellungen endgültig dem Streit bzw. einer Ungewissheit entziehen zu wollen. Die Annahme dessen kann bspw. dann gerechtfertigt sein, wenn den Parteien bei Durchführung der gemeinsamen Aufmaßnahme bewusst ist, dass eine spätere Überprüfbarkeit der Feststellungen infolge Überbaus unmöglich wird. Ist ein dementsprechendes Erklärungsbewusstsein beim Auftraggeber abzulehnen, bleibt es dabei, dass der Auftragnehmer im Prozess die Richtigkeit des seiner Abrechnung zugrunde gelegten Aufmaßes beweisen muss. Dieser Grundsatz gilt allerdings dann wieder nicht, wenn den Feststellungen des Auftragnehmers – wie im Fall der einseitigen Aufmaßnahme durch den Auftragnehmer – ausnahmsweise eine Beweiswirkung zukommt.[763] [764] Besonders darauf hinzuweisen bleibt, dass eine gemeinsame Aufmaßnahme keinen Beweis oder Indiz dafür begründet, dass und wie die aufgemessene Leistung des Auftragnehmers vertraglich geschuldet war. Gleiches betrifft die Berechnung des Aufmaßes nebst gewählter Berechnungsmethode.

Eine **Beweiswirkung** kommt dann in Betracht, wenn der Auftraggeber sich einem berechtigten Verlangen des Auftragnehmers[765] nach einem gemeinsamen Aufmaß widersetzt.[766] Dem Auftragnehmer bleibt dann nichts anderes übrig, als – nunmehr einseitig – Aufmaß zu nehmen. Die Richtigkeit der im Zuge dieser einseitigen Aufmaßnahme ermittelten Feststellungen muss er im nachfolgenden Prozess beweisen.[767] Etwas anderes gilt jedoch dann, wenn dieser Nachweis, weil die Überprüfung – etwa durch Über- oder Weiterbau – nicht mehr möglich ist, im Verfahren nicht zu führen ist. Als Folge der in diesem Fall anzunehmenden Beweiswirkung ist es dann Sache des Auftraggebers, vorzutragen und zu beweisen, welche Mengen und Massen zutreffend oder dass die vom Auftragnehmer

292

---

762 BGH BauR 2005, 94.
763 BGH BauR 1974, 210; BauR 1975, 211; KG OLGR 1995, 184.
764 Von praktischer Relevanz ist weiter die Fragestellung, ob in einer Rechnungsprüfung durch den Auftraggeber selbst oder einen hierzu beauftragten Architekten ein deklaratorisches Anerkenntnis im Hinblick auf solche Mengen und Massen zu sehen ist, die einem Aufmaß des Auftragnehmers entstammen. Ein Anerkenntnis des Auftraggebers ist in diesem Fall abzulehnen. So begründet der Prüfvermerk des Architekten lediglich eine Bestätigung für die Vornahme einer Rechnungsprüfung. Eine Rechnungsprüfung allein gibt aber keinen Anhaltspunkt dafür, dass ein Streit der Parteien geklärt abschließend werden soll, wie es Voraussetzung für das deklaratorische Anerkenntnis ist. Das gilt auch dann, wenn der Auftraggeber die vom Architekten geprüfte Rechnung an den Auftragnehmer übersendet, BGH BauR 2002, 613; BGH BauR 2005, 94.
765 Der Auftragnehmer hat mithin, um dem Kooperationsgebot zu genügen, auf ein gemeinsames Aufmaß hinzuwirken. Versucht der Auftragnehmer dies nicht, muss er im Prozess den Nachweis für die Richtigkeit des Umfangs der von ihm behaupteten erbrachten Leistungen führen, BGH BauR 1999, 1185; BauR 2003, 1892.
766 Der Auftraggeber sollte sich als seriöser Vertragspartner einer zeitnahen gemeinsamen Leistungs-Erfassung grundsätzlich nicht widersetzen. Dies gilt insbesondere für solche Fälle, bei denen der Auftraggeber – etwa als Generalübernehmer – selbst gegenüber seinem Auftraggeber – dem Bauherrn – abzurechnen hat und es damit zweckmäßig ist, das gemeinsam mit dem Nachunternehmer erstellte Aufmaß gleichermaßen zur Grundlage der eigenen Abrechnung zu machen.
767 MünchKomm-*Busche*, § 631 BGB, Rn 121.

angesetzten Mengen und Massen[768] unzutreffend sind.[769] [770] Eine Unaufklärbarkeit geht dabei zu seinen Lasten. Schließlich kann der Vergütungsanspruch des Auftragnehmers auch dann erfolgreich klageweise durchgesetzt werden, wenn das **Aufmaß nicht mehr genommen** werden kann oder dem Auftragnehmer aus anderen Gründen die Vorlage eines Aufmaßes nicht möglich oder zumutbar ist. In diesem Fall genügt der Auftragnehmer seiner Darlegungslast, wenn er alle ihm zur Verfügung stehende Umstände mitteilt, die Rückschlüsse auf den Stand der erbrachten Leistung ermöglichen.[771] Der erkennende Richter muss die erbrachten Mengen und Massen dann gem. § 287 ZPO schätzen.[772]

(3) Exkurs: „Kreative" Angebotskalkulation[773]

293 Hat der Auftragnehmer bei der Auswertung der ihm überreichten Angebotsunterlagen Fehleinschätzungen im Hinblick auf die prognostizierten Mengenangaben ermittelt, wird er bestrebt sein, diese Schwachstellen in seiner Preisbildung positiv einfließen zu lassen. Die **Spekulation des Auftragnehmers** beruht in diesem Fall auf der Annahme, dass die im Leistungsverzeichnis enthaltenen Mengenangaben fehlerhaft sind und die spätere Ausführung deshalb gegenüber der Vorgaben im Angebot in veränderter Form erfolgen wird. Bei Mengenspekulationen wird der Bieter bei zu geringer LV-Menge die Preise erhöhen, während er bei überhöhten oder vermutlich nicht auszuführenden LV-Mengen die Preise reduziert. Die Preisreduzierung betreffend solcher überhöhten Mengen wird dann entweder in Positionen mit vermeintlich korrekten Mengenangaben oder bei Pauschalpreispositionen ausgeglichen.

Pos. 1	1	Baustelleneinrichtung	5.000,- €	= 5.000,- €
Pos. 2	5m	Bohrungen für Verbauträger	50,- €	= 250,- €
Pos. 3	500m	Verbauträger	10,- €	= 5.000,- €
Pos. 4	300m²	Ausfachung aus Holz	30,- €	= 9.000,- €
				=19.250,- €

Der Auftragnehmer hat das vorstehende Angebot mit firmenüblichen Einheitspreisen (in diesem Bereich liegen folglich auch die Angebote der anderen Bieter) versehen und bei Auswertung der ihm zur Verfügung gestellten Angebotsunterlagen festgestellt, dass bei der Position 2 die LV-Menge um 30 m zu gering und bei der Position 4 die LV-Menge um 150 m² überhöht angesetzt worden sind.

---

[768] Dem Auftragnehmer ist anzuraten, die einseitige Aufmaßnahme durch einen öffentlich bestellten und vereidigten Sachverständigen begleiten zu lassen, damit dieser später seine Feststellungen im Prozess als sachverständiger Zeuge bekunden kann.

[769] BGH BauR 2003, 1207; BauR 2003, 1892; OLG Celle BauR 2002, 1863.

[770] Erteilt der Auftraggeber dem Auftragnehmer Baustellenverbot und kann der Auftragnehmer deshalb kein Aufmaß mehr nehmen, kommt eine Beweisvereitelung durch den Auftraggeber in Betracht. Auch in diesem Fall wird man von einer entsprechenden Beweiswirkung ausgehen können, Ingenstau/Korbion-*Locher*, § 14 Nr. 2 VOB/B, Rn 5 sowie Ingenstau/Korbion-*Vygen*, § 8 Nr. 1 VOB/B, Rn 26.

[771] Für den Auftragnehmer ist es demnach zweckmäßig, den jeweiligen Leistungsstand täglich durch Fertigung aussagekräftiger Fotografien zu dokumentieren. In der Regel sagen „Bilder mehr als Worte" und sind damit verlässlicher als eine Zeugenaussage, die oft erst viele Jahre nach der Begehung ohne großes Erinnerungsvermögen gemacht wird.

[772] BGH BauR 2002, 1443; BauR 2003, 1207; BauR 2004, 1937.

[773] Bei dem nachstehenden Beispiel einer „kreativen" Angebotskalkulation bleibt eine denkbare Anpassung des angesetzten Einheitspreises als Folge einer Störung der Geschäftsgrundlage – vgl. hierzu Rn 410 – außer Betracht.

A. Werklohnansprüche für abgeschlossene (Teil)Leistungen 1

Die vom Auftragnehmer prognostizierte Schlussrechnungssumme sieht wie folgt aus: **294**

Pos. 1	1	Baustelleneinrichtung	5.000,- €	= 5.000,- €
Pos. 2	35m	Bohrungen für Verbauträger	50,- €	= 1.750,- €
Pos. 3	500m	Verbauträger	10,- €	= 5.000,- €
Pos. 4	150m²	Ausfachung aus Holz	30,- €	= 4.500,- €
				=16.250,- €

In diesem Fall erhält der Auftragnehmer anstelle der angesetzten 19.250,- € lediglich 16.250,- €.

Hat der Auftragnehmer die sich für ihn negativ auswirkenden Schwachstellen in den Angebotsunterlagen ermittelt, so liegt es nahe, das folgende Angebot zu unterbreiten: **295**

Pos. 1	1	Baustelleneinrichtung	9.000,- €	= 9.000,- €
Pos. 2	5m	Bohrungen für Verbauträger	150,- €	= 750,- €
Pos. 3	500m	Verbauträger	10,- €	= 5.000,- €
Pos. 4	300m²	Ausfachung aus Holz	10,- €	= 3.000,- €
				=17.750,- €

In diesem Fall hat der Auftragnehmer bei der Position 2 (zu geringe LV-Menge) den Einheitspreis von 50,- € auf 150,- € erhöht, während er bei der Position 4 (einer überhöhten LV-Menge) die Preise von 30,- € auf 10,- € reduziert hat. Die Preisreduzierung bei der überhöhten Menge ist durch eine Erhöhung der Pauschalpreisposition „Baustelleneinrichtung" ausgeglichen worden. Der Endpreis in Höhe von 17.750,- € muss dem Auftraggeber ausgesprochen günstig erscheinen.
Die spätere Abrechnung führt dann allerdings zu einer Schlussrechnungssumme in Höhe von 20.750,- €:

Pos. 1	1	Baustelleneinrichtung	9.000,- €	= 9.000,- €
Pos. 2	35m	Bohrungen für Verbauträger	150,- €	= 5.250,- €
Pos. 3	500m	Verbauträger	10,- €	= 5.000,- €
Pos. 4	150m²	Ausfachung aus Holz	10,- €	= 1.500,- €
				= 20.750,- €

Zusammenfassend kann festgehalten werden, dass der Auftragnehmer stets bemüht sein wird, sich durch einen niedrigen Angebotspreis gegenüber anderen Mitbewerbern Vorteile zu verschaffen. Bei – vom Auftragnehmer – erkannten Schwachstellen in den Angebotsunterlagen (LV-Mengen, technische und rechtliche Vertragsinhalte) wird er in spekulativer Erwartung der Vertragsausführung in veränderter Form das Angebot – wie vorbeschrieben – so gestalten, dass sich tatsächlich eintretende Änderungen nur zu seinen **296**

§ 6 Die Ansprüche des Auftragnehmers gegen den Auftraggeber

Gunsten auswirken. Ein solches Spekulationsangebot ist im Übrigen aus vergaberechtlicher Sicht wirksam.[774]

bb) Der Pauschalpreisvertrag

297 Das Wesen eines Pauschalpreisvertrages[775] wird in Abgrenzung zum Einheitspreisvertrag dadurch geprägt, dass es an einer Verknüpfung von tatsächlich ausgeführter Menge und dem darauf aufbauend berechneten (Positions-)Preis fehlt. Die vertraglich vorgesehene Leistung[776] ist also grundsätzlich zu dem vereinbarten Pauschalpreis zu erbringen, unabhängig davon, welchen tatsächlichen Aufwand sie für den Auftragnehmer verursacht hat.[777] Beim **Detailpauschalvertrag** wird der Umfang der vom Auftragnehmer geschuldeten Leistungen unter Bezugnahme auf ein zur Grundlage des Vertrages gemachten Leistungsverzeichnisses festgelegt.[778] Dabei sind die einzelnen im Leistungsverzeichnis in Ansatz gebrachten Mengen mit dem festgelegten Positionspreis pauschal abgegolten. Spätere Mengenänderungen (im Beispielsfall bei der Pos. 3: 560 m anstelle von 500 m) führen demnach – anders als beim Einheitspreisvertrag – nicht dazu, dass die einzelnen Positionspreise anzupassen sind.[779] Ein Aufmaß wird nach Leistungserbringung nicht genommen.

Beispiel Detailpauschalvertrag:

Pos. 1	1	Baustelleneinrichtung	5.000,- €	= 5.000,- €
Pos. 2	5	Bohrungen für Verbauträger	50,- €	= 250,- €
Pos. 3	500m	Verbauträger	10,- €	= 5.000,- €
Pos. 4	300m	Ausfachung aus Holz	30,- €	= 9.000,- €

298 In der Praxis stellt sich immer wieder die Frage, ob die differenzierte Bau- und Leistungsbeschreibung mit Leistungsverzeichnis überhaupt zur Grundlage des Bauvertrages gemacht worden ist. Ist die differenzierte Bau- und Leistungsbeschreibung mit Leistungsverzeichnis im direkten Vertragstext enthalten, liegt unmissverständlich ein Detailpauschalvertrag vor. Ist die differenzierte Bau- und Leistungsbeschreibung mit Leistungsverzeichnis dagegen in einer separaten Anlage enthalten, muss der Vertrag diese Anlage ausdrücklich einbeziehen. Gleichsam darf kein Widerspruch zu einer im Vertragstext enthaltenen globalen Leistungsbeschreibung vorhanden sein. Liegt bei Vorbereitung des Vertragsabschlusses eine differenzierte Bau- und Leistungsbeschreibung mit Leistungsverzeichnis zugrunde und nehmen die Parteien später eine pauschalisierte funktionale Leistungsbeschreibung im Vertragstext auf, ist nicht mehr von einem Detailpauschalvertrag-, sondern vielmehr von einem Globalpauschalvertrag auszugehen.[780] Es kann aber auch so sein, dass die Parteien die vom Auftragnehmer zu erbringende Bauleistung **funk-**

---

[774] OLG Dresden VergabeR 2003, 64.
[775] Weiterführend: Werner/Pastor, Rn 1179 ff.; Kapellmann/Messerschmidt-*Kapellmann*, § 5 VOB/A, Rn 28 ff.; Ingenstau/Korbion-*Keldungs*, § 5 VOB/A, Rn 13 ff.; Staudinger-*Peters*, § 632 BGB, Rn 6 f.
[776] Inhalt, Art und Umfang des Pauschalpreisvertrages hängen folglich davon ab, inwieweit (bzw. in praxi wie detailliert) die Parteien die dem Pauschalpreis zugrunde liegenden Leistungen beschrieben haben.
[777] BGH BauR 1984, 395.
[778] OLG Düsseldorf OLGR 1995, 52; Werner/Pastor, Rn 1179, 1189; Kapellmann/Schiffers, Bd. 2 Rn 2; Vygen, Rn 755; Ingenstau/Korbion-*Keldungs*, § 5 VOB/A, Rn 18.
[779] Allerdings werden später geforderte bzw. notwendige Zusatzarbeiten von dem Pauschalpreis nicht erfasst; BGH BauR 2002, 787; BauR 1984, 395; BauR 1995, 237; OLG Brandenburg BauR 2001, 1915. Vgl. insoweit auch Rn 435.
[780] BGH BauR 1997, 464.

A. Werklohnansprüche für abgeschlossene (Teil)Leistungen

tional, das heißt nicht nach Teilschritten, sondern im Hinblick auf das bei der Abnahme abzuliefernde Leistungsergebnis beschreiben, die für den vereinbarten Pauschalpreis zu erbringen ist. Dabei kann die funktionale Beschreibung – je nach Vertragsgestaltung – sehr detailliert aber auch nur **global** ausfallen.[781]

Beispiel einer funktionalen Leistungsbeschreibung:

Pos. 1	Der Stahlüberbau ist unter Verwendung der Stahlsorten St 37-2 und 52-3 „entsprechend statischen und konstruktiven Erfordernissen nach Zeichnung" herzustellen.[a]	125.000,- €
Pos. 2	Transport eines Bauwerks über eine Strecke von ca. 14 m vom Herstellungsort in die endgültige Lage. Endgültige Geometrie der Verschubbahnen und -einrichtungen nach statischen Erfordernissen.[b]	22.450,- €
1 Stück	schlüsselfertiges unterkellertes Einfamilienhaus mit 150qm Wohnfläche und Giebeldach	pauschal = 150.000,- €

a. Vgl. insoweit unlängst OLG Celle BauR 2005, 1776: Bei einem Bauvorhaben sollte nach dem Leistungsverzeichnis der Stahlüberbau „entsprechend statischen und konstruktiven Erfordernissen nach Zeichnung" unter Verwendung der beiden Stahlsorten St 37-2 und St 52-3 hergestellt werden. Der Auftragnehmer ging davon aus, dass es zu 80% der preiswerteren Stahlsorte St 37-2 und nur 20% der teureren Stahlsorte St 52-3 zu verbauen seien. Tatsächlich war das Gegenteil der Fall. Das OLG Celle hat einen Anspruch des Auftragnehmers auf Mehrvergütung zurückgewiesen. Dies ergibt die Auslegung der Leistungsbeschreibung gem. §§ 133, 157 BGB nach dem objektiven Empfängerhorizont des potenziellen Bieter. Der Stahlüberbau ist unter Verwendung der Stahlsorten St 37-2 und 52-3 „entsprechend statischen und konstruktiven Erfordernissen nach Zeichnung" herzustellen. Danach ist die geforderte Leistung über den zu erreichenden Erfolg vollständig beschrieben. Geschuldet ist nach dem Wortlaut des Leistungsverzeichnisses dasjenige Verhältnis der beiden Stahlsorten, das konstruktionstechnisch erforderlich ist.
b. KG, BauR 2005, 1680, Nichtzulassungsbeschwerde vom BGH durch Beschl. v. 21.7.2005 zurückgewiesen: Nach dem Bauvertrag sollte der Auftragnehmer zu einem Pauschalpreis ein Bauwerk über eine Strecke von ca. 14 m vom Herstellungsort in die endgültige Lage transportieren. Die zeichnerische Darstellung enthält einerseits konkrete Maßangaben und andererseits den aufgedruckten Zusatz: „Endgültige Geometrie der Verschubbahnen und -einrichtungen nach statischen Erfordernissen." Nachdem sich bei der Bauausführung herausstellt, dass es zu Massenmehrungen kommt, verlangt der Auftragnehmer eine Mehrvergütung. Das KG weist die Klage ab. Der vereinbarte Pauschalpreis umfasst sämtliche Arbeiten, die erforderlich sind, um den Verschub des Bauwerks vom Herstellplatz in die endgültige Lage durchzuführen. Im vorliegenden Fall ist nur das Leistungsziel, nämlich der Transport des Bauwerks über ca. 14 m in die endgültige Lage, genannt. Dem Zusatz „endgültige Geometrie der Verschubbahnen und -einrichtungen nach statischen Erfordernissen" kann der fachkundige Bieter entnehmen, dass der Verschub nicht nach der Zeichnung, sondern nach den statischen Anforderungen auszuführen ist. Dies folgt auch daraus, dass zusätzlich die Ausführungsplanung mit Statik in Auftrag gegeben ist. Unter diesen Umständen darf sich der Auftragnehmer nicht auf die Mengen- und Massenangaben im Plan verlassen.

Beim Pauschalvertrag mit funktionaler Leistungsbeschreibung hat der Auftragnehmer das Recht, über Inhalt und Umfang aller Details des Bauwerks selbst zu entscheiden, die der Auftraggeber in seiner Ausschreibung offen lässt und die sich nicht aus öffentlich-rechtlichen oder sonstigen zwingenden gesetzlichen Bestimmungen oder nach den anerkannten Regeln der Technik oder dem vorgegebenen Standard bzw. dem architektonischen Anspruch des Bauwerks ergeben.[782] Gleichermaßen trägt der Auftragnehmer aber auch die Risiken hinsichtlich einer Erkennbarkeit des Umfangs der übernommenen Verpflichtungen.[783]

299

---

781 Werner/Pastor, Rn 1191 f.
782 *Vygen*, Festschrift für Mantscheff, S. 459 (472).
783 BGH BauR 1997, 126; BGH NJW 1997, 1727.

§ 6 Die Ansprüche des Auftragnehmers gegen den Auftraggeber

cc) Zum Stundenlohnvertrag

300 Beim Stundenlohnvertrag[784] vereinbaren die Parteien, dass die Vergütung der vom Auftragnehmer zu erbringenden Leistung nach einem vereinbarten Lohn pro Stunde berechnet wird. Ausgangspunkt für die Berechnung der vom Auftraggeber geschuldeten Vergütung ist mithin die Stundenanzahl, die der Auftragnehmer für die geschuldete Leistung aufgewandt hat. Die Frage, welche Leistungen – also etwa auch Anfahrts- bzw. Material- und Gerätekosten – vom Auftragnehmer auf der Basis eines Stundenlohns geschuldet sind, ist durch Auslegung der vertraglichen Vereinbarung gem. §§ 133, 157 BGB (vgl. Rn 248) zu ermitteln.[785]

301 In der Praxis vereinbaren die Parteien häufig eine an einen Einheitspreisvertrag gekoppelte Stundenlohnabrede, wonach die vertraglich noch nicht vorgesehenen Leistungen als Stundenlohnarbeiten nach entsprechender Beauftragung vom Auftragnehmer zu erbringen sind. Die spätere Beauftragung erfolgt in diesem Fall gem. der §§ 145 ff. BGB (vgl. Rn 231 ff.), wobei im Falle einer Beauftragung durch einen Stellvertreter die §§ 164 ff. BGB zu beachten sind (vgl. Rn 252 ff.).[786]

▶ **HINWEIS:** In der Praxis stellt sich mitunter die Frage, ob aus der Ermächtigung eines Bauleiters oder Architekten, Stundenlohnnachweise abzuzeichnen, gleichzeitig die Bevollmächtigung zur Beauftragung von Stundenlohnarbeiten entnommen werden kann. Nach der Rechtsprechung des BGH ist dies zu verneinen, BGH BauR 1994, 760. ◀

Die Parteien können vereinbaren, dass die Berechtigung, den vereinbarten Stundenlohn abzurechnen, an die Vorlage von – vom Auftraggeber unterschriebener – **Stundenzettel**[787] geknüpft ist. In diesem Fall begründet die Pflicht zur Vorlage von Stundenzettel eine Vergütungsvoraussetzung.

302 Liegt keine dementsprechende Vergütungsvereinbarung vor, kann den vom Auftraggeber unterschriebenen Stundenzetteln als Beweisurkunde eine wichtige Bedeutung zukommen. Insoweit ist bei entsprechender Vereinbarung zunächst an die rechtliche **Beweiswirkung** eines deklaratorischen Schuldanerkenntnisses zu denken.[788] Ohne Vorliegen einer entsprechenden Vereinbarung erfasst der Umfang des durch Unterzeichnung des Stundenzettels begründeten Anerkenntnisses lediglich die tatsächlichen Angaben des Stundenzettels. Der vom Auftraggeber abgezeichnete Stundennachweis beweist also lediglich die Tatsache der Erbringung von Stundenlohnarbeiten der bescheinigten Art in dem bescheinigten Umfang. Der Stundenlohnnachweis begründet mithin keine Beweiswirkung dahingehend, dass die Arbeiten vertragsgemäß erbracht worden sind, dass sie zur

---

784 Weiterführend: Kapellmann/Messerschmidt-*Kapellmann*, § 5 VOB/A, Rn 37 ff.; Ingenstau/Korbion-*Keldungs*, § 5 VOB/A, Rn 25 ff.; Staudinger-*Peters*, § 632 BGB, Rn 8, 17 f.
785 OLG Düsseldorf BauR 2000, 1334.
786 In der Praxis stellt sich mitunter die Frage, ob aus der Ermächtigung eines Bauleiters oder Architekten, Stundenlohnnachweise abzuzeichnen, gleichzeitig die Bevollmächtigung zur Beauftragung von Stundenlohnarbeiten entnommen werden kann. Nach der Rechtsprechung des BGH ist dies zu verneinen, BGH BauR 1994, 760.
787 In dem Stundenzettel sind die Anzahl der Stunden zu dokumentieren, in der der Auftragnehmer die vertraglich geschuldete – und aufzulistende – Leistung erbracht hat. Weiter sollte der Auftragnehmer im Hinblick auf eine spätere Beweisführung dafür Sorge tragen, dass in dem Stundenzettel die einzeln ausgeführten Leistungen einzelnen Arbeitskräften namentlich zugeordnet werden, wobei in Anbetracht unterschiedlicher Stundensätze klarzustellen ist, ob es sich um Fachkräfte oder Hilfskräfte handelt. Ferner gehören auf den Stundenzettel Angaben zum verbrauchten Material, ggf. verbunden mit den dazu gehörenden Nachweisen wie bspw. Liefer- oder Wiegescheinen.
788 Ein solches deklaratorisches Anerkenntnis bindet den Auftraggeber, solange er nicht nachweist, dass die Angaben auf den Stundenlohnzetteln falsch sind und er die Unrichtigkeit nicht kannte, als er die Zettel an den Auftragnehmer zurückgegeben hat, KG BauR 2003, 726.

A. Werklohnansprüche für abgeschlossene (Teil)Leistungen

Erbringung der geschuldeten Leistung erforderlich waren, dass sie gesondert neben vereinbarten Einheits- oder Pauschalpreisen zu vergüten bzw., dass die allgemeinen Voraussetzungen für die Vergütung von Stundenlohnarbeiten erfüllt sind.[789]
Der Auftragnehmer trägt vor diesem Hintergrund beim Stundenlohnvertrag grundsätzlich die Darlegungs- und Beweislast für das Vorliegen einer Stundenlohnabrede und Anzahl der von ihm aufgewendeten Stunden.[790] Ferner muss der Auftragnehmer den Beweis führen, dass die abgerechnete Leistung identisch ist mit der Leistung, die nach Stundenlohn zu vergüten ist. Insbesondere muss er die substantiierte Behauptung des Auftraggebers widerlegen, die abgerechneten Leistungen seien nach einer Einheitspreisabrede bereits durch die Einheitspreise abgegolten.[791]

303

Hat der Auftraggeber Stundenlohnzettel unterschrieben, gilt – vorbehaltlich einer abweichenden Vereinbarung der Parteien – folgendes: Mit seiner Unterschrift bestätigt der Auftraggeber, dass der Auftragnehmer die angegebenen Stunden gearbeitet hat und das angegebene Material angefallen ist. Dagegen erklärt er nicht endgültig und bindend, dass die angefallenen Stunden auch objektiv erforderlich waren. Demtentgegen trägt der Auftraggeber die Darlegungs- und Beweislast dafür, dass die Anzahl der vom Auftragnehmer für die vereinbarte Leistung berechneten Stunden unangemessen hoch ist. Denn in einer unangemessen langen Arbeitsdauer liegt beim Stundenlohnvertrag eine Pflichtverletzung des Auftragnehmers, die derjenige zu beweisen hat, der daraus Rechte herleitet.[792]

304

b) Übliche Vergütung gemäß § 632 BGB

Haben die Parteien einen Werkvertrag abgeschlossen und keine Einigung über die Vergütung erzielt, ergibt sich aus § 632 Abs. 1 BGB, dass die Vergütung stillschweigend vereinbart ist, wenn die Herstellung des Werkes den Umständen nach nur gegen eine Vergütung zu erwarten ist.[793] Hervorzuheben bleibt, dass § 632 Abs. 1 BGB und die dort enthaltene Vermutungsregel nur dann zur Anwendung kommt, wenn die Parteien einen Bauvertrag abgeschlossen haben.[794] Folglich begründet § 632 Abs. 1 BGB **keine gesetzliche Vermutung** für das Zustandekommen eines Werkvertrages. Neben dem Vorliegen eines Bauvertrages muss der Auftragnehmer die Umstände darlegen und beweisen, auf der Grundlage deren der Schluss gerechtfertigt ist, dass seine Bauleistung nur gegen Vergütung zu erwarten war.[795] Beruft sich der Auftraggeber dagegen darauf, dass die üblicherweise gegen Entgelt zu erbringende Leistung in Abweichung zu § 632 Abs. 1 BGB **unentgeltlich** erbracht werden sollte, hat er das Vorliegen einer dementsprechenden Vereinbarung darzulegen und zu beweisen.[796]

305

---

789 Der nach dem vertraglichen Verfahren abgezeichnete Nachweis beweist also die Tatsache der Erbringung von Stundenlohnarbeiten, der bescheinigten Art in dem bescheinigten Umfang und nicht mehr, OLG Oldenburg, IBR 2005, 415, Nichtzulassungsbeschwerde vom BGH durch Beschl. v. 31.3.2005 zurückgewiesen. Der Stundenlohnnachweis bewirkt damit nicht den Nachweis, dass die Arbeiten vertragsgemäß sind dass sie zur Erbringung der geschuldeten Leistung erforderlich waren, dass sie gesondert neben vereinbarten Einheits- oder Pauschalpreisen zu vergüten sind, dass die allgemeinen Voraussetzungen für die Vergütung von Stundenlohnarbeiten erfüllt sind.
790 KG NZBau 2001, 26; OLG Frankfurt NZBau 2001, 27; Staudinger-*Peters*, § 632 BGB, Rn 18.
791 KG NZBau 2001, 26; OLG Frankfurt NZBau 2001, 27; OLG Hamm BauR 2005, 1330 (zur Substantiierung).
792 OLG Karlsruhe BauR 2003, 737; OLG Düsseldorf BauR 2003, 887.
793 BGH NZBau 2004, 498.
794 BGHZ 136, 33; Werner/Pastor, Rn 1134; Kapellmann/Messerschmidt-*Kapellmann*, § 2 VOB/B, Rn 2; MünchKomm-*Busche*, § 632 BGB, Rn 4.
795 BGH BauR 1987, 454; NJW 1957, 1555; OLG Köln OLGR 1994, 159; Staudinger-*Peters*, § 632 BGB, Rn 34; Münch-Komm-*Busche*, § 632 BGB, Rn 25.
796 BGH NJW 1987, 2742; Werner/Pastor, Rn 1113; Staudinger-*Peters*, § 632 BGB, Rn 34; MünchKomm-*Busche*, § 632 BGB, Rn 26.

von Kiedrowski

§ 6 Die Ansprüche des Auftragnehmers gegen den Auftraggeber

306 Hat der Auftragnehmer diese Hürde genommen, kommt nunmehr § 632 Abs. 2 BGB zur Anwendung. Für den Fall, dass eine Taxe bestehen sollte, ist die taxmäßige Vergütung als vereinbart anzusehen. Es kommen hierbei aber nicht beliebige Gebührenordnungen der verschiedenen Berufsverbände in Betracht, sondern nur solche, die eine hoheitliche Preisfestsetzung enthalten, wie z. B. die HOAI. Fehlt eine solche Taxe, ist die Vergütung nach der Üblichkeit zu bestimmen. Üblich ist diejenige Vergütung, die für Leistungen gleicher Art und Güte sowie gleichen Umfangs am Leistungsort nach allgemein anerkannter Auffassung bezahlt werden muss.[797] Für die **Orts- und Marktüblichkeit** der in Ansatz gebrachten Preise ist der Auftragnehmer darlegungs- und beweisverpflichtet.

307 Wendet der Auftraggeber bei Abrechnung nach § 632 Abs. 2 BGB die **Vereinbarung eines niedrigeren Preises** ein, bleibt der Auftragnehmer verpflichtet, darzulegen und zu beweisen, dass eine solche Vergütungsvereinbarung nicht getroffen worden ist. Um aber den Auftragnehmer, der insoweit einen negativen Beweis führen muss, nicht in unüberwindbare Beweisnot zu bringen, stellt der BGH erhöhte Anforderungen an die Darlegungslast des Auftraggebers. Der Auftraggeber, der eine bestimmte Vergütungsabrede behauptet, muss diese Vereinbarung nach Ort, Zeit und Höhe der Vergütungsvereinbarung substantiiert darlegen. Sache des Auftragnehmers ist es dann, die geltend gemachten Umstände zu widerlegen, die für die behauptete Vereinbarung sprechen könnten. An die Beweisführung sind keine zu strengen Anforderungen zu stellen.[798] [799]

3. Fälligkeit des Werklohnanspruchs

a) Grundsatz: Vorliegen einer Abnahme der Bauleistung

308 Liegt ein BGB-Werkvertrag vor, beurteilt sich die Fälligkeit der Vergütung des Auftragnehmers für den Fall, dass die Parteien keine anderweitigen Sonderregelungen getroffen haben sollten, nach § 641 BGB.[800] Unter einer **Abnahme** versteht man eine körperliche Hinnahme des Werkes verbunden mit der Billigung als der Hauptsache nach vertragsgemäßer Leistung.[801] Die Abnahme setzt voraus, dass die Bauleistung im Wesentlichen (bis auf geringfügige, also unwesentliche Mängel oder Restarbeiten) erbracht ist.[802] Eine Abnahme der Werkleistung des Auftragnehmers und die damit verbundene Anerkennung sowie Billigung der Bauleistung kann auf unterschiedliche Weisen erfolgen:

aa) Ausdrückliche Abnahme der Bauleistung

309 Von einer **ausdrücklichen Abnahme** spricht man immer dann, wenn diese durch eine empfangsbedürftige Erklärung des Auftraggebers, die in vielfältiger Hinsicht erfolgen kann, zum Ausdruck gebracht wird.[803] Ein Unterfall der ausdrücklichen Abnahme ist die sog. **förmliche Abnahme** mit gemeinsamer Überprüfung der Bauleistungen und Erstel-

---

[797] BGH BauR 2001, 249; Werner/Pastor, Rn 1138; Staudinger-*Peters*, § 632 BGB, Rn 38; MünchKomm-*Busche*, § 632 BGB, Rn 22.
[798] BGH BauR 1992, 505; MünchKomm-*Busche*, § 632 BGB, Rn 25.
[799] Ist der vom Auftraggeber behauptete Pauschalpreis ganz erheblich niedriger als der orts- und marktüblich in Ansatz zu bringende Preis, kann dies gem. § 138 BGB die Sittenwidrigkeit der vom Auftraggeber behaupteten Pauschalpreisabrede begründen. Vgl. zur Sittenwidrigkeit Rn 277 f.
[800] Die Abnahme der Werkleistung im BGB- und VOB/B-Vertrag dient dazu, die Frage zu klären, ob das Werk der vertraglichen Vereinbarung entspricht. Mit der Abnahme wird das Erfüllungsstadium des Vertragsverhältnisses beendet und dessen Abwicklungsstadium eingeleitet.
[801] BGHZ 48, 262; 50, 160 (162); BauR 1974, 67 (68); Staudinger-*Peters*, § 640 BGB, Rn 3; MünchKomm-*Busche*, § 640 BGB, Rn 3.
[802] BGH BauR 1970, 48; BauR 1971, 60; BauR 1972, 251 (252).
[803] Werner/Pastor, Rn 1348 f.; MünchKomm-*Busche*, § 640 BGB, Rn 6; Staudinger-*Peters*, § 640 BGB, Rn 16.

A. Werklohnansprüche für abgeschlossene (Teil)Leistungen

lung eines Abnahmeprotokolls.[804] Diese Abnahmeform ist in § 640 BGB (im Gegensatz zu § 12 Nr. 4 VOB/B) nicht vorgesehen. Sie muss deshalb zwischen den Parteien ausdrücklich vereinbart werden.[805] Findet die zwischen den Parteien vereinbarte förmliche Abnahme **nicht statt**, kann es gleichwohl zu einer konkludenten Abnahme kommen. Dies setzt voraus, dass die Vertragsparteien die Vereinbarung über die förmliche Abnahme – ggf. auch konkludent –[806] aufgehoben haben. Es ist ferner denkbar, eine stillschweigende Aufhebung der Vereinbarung über die förmliche Abnahme anzunehmen und vom Vorliegen einer stillschweigenden Abnahme auszugehen. Diese liegt jedenfalls in der Regel vor, wenn längere Zeit nach der Benutzung des Bauwerks keine der Parteien auf die förmliche Abnahme zurückkommt.[807] Unerheblich ist, ob die Parteien sich der Tatsache bewusst waren, dass eine förmliche Abnahme vorgesehen war oder ob sie diese nur vergessen haben. Eine Aufhebung der Vereinbarung über die förmliche Abnahme und damit auch eine stillschweigende Abnahme kommt jedoch nicht in Betracht, wenn der Auftraggeber Mängel gerügt hat und dieses Verhalten indiziell dafür ist, dass er auf die förmliche Abnahme nach Mängelbeseitigung nicht verzichten wollte.[808]

bb) Schlüssige Abnahme der Bauleistung

Die **schlüssige Abnahme** als besondere Abnahmeform ist im BGB nicht geregelt, nach ganz h. M. aber zulässig.[809] Sie setzt – wie die ausdrückliche Abnahme – ein vom Willen des Auftraggebers getragenes Verhalten voraus (Abnahmewillen). Daher ist eine stillschweigend erklärte und damit schlüssige Abnahme immer dann gegeben, wenn der Auftraggeber durch sein Verhalten zum Ausdruck bringt, dass er das Bauwerk als im Wesentlichen vertragsgerecht ansieht.[810] [811]

310

---

804 Werner/Pastor, Rn 1350; MünchKomm-*Busche*, § 640 BGB, Rn 16; Staudinger-*Peters*, § 640 BGB, Rn 19.
805 Die Vereinbarung einer förmlichen Abnahme in Allgemeinen Geschäftsbedingungen ist zulässig; BGH BauR 1996, 378; *Siegburg*, Rn 288.
806 BGH BauR 2001, 296; Staudinger-*Peters*, § 640 BGB, Rn 19.
807 BGH BauR 1977, 344; Kapellmann/Messerschmidt-*Havers*, § 12 VOB/B, Rn 20, 21, 85; Werner/Pastor, Rn 1355; Heiermann/Riedl/Rusan, § 12 Nr. 4 VOB/B, Rn 9.
808 BGH BauR 2001, 296.
809 Werner/Pastor, Rn 1353; MünchKomm-*Busche*, § 640 BGB, Rn 17 f.
810 Eine schlüssige Abnahme kommt z. B. in Betracht durch: Die vorbehaltslose Zahlung des restlichen Werklohns (BGH BauR 1970, 48); die bestimmungsgemäße Ingebrauchnahme (BGH BauR 1985, 200); den Bezug des Hauses bzw. die Übernahme des Bauwerks (BGH BauR 1975, 344); die Übergabe des Hausschlüssels an den Erwerber nach Besichtigung des Hauses (OLG Hamm BauR 1993, 374); die rügelose Benutzung des Werkes oder der Bauleistung; die Erstellung einer Gegenrechnung durch den Auftraggeber; die Unterschrift unter eine Auftrags- und Ausführungsbestätigung des Auftraggebers bei gleichzeitiger Rüge kleiner Mängel (OLG Düsseldorf BauR 1998, 126); den Einbehalt eines Betrages für gerügte Mängel im Rahmen eines Schlussgesprächs über die Restforderung des Auftragnehmers (OLG Koblenz NJW-RR 1994, 786); weiteren Aufbau durch den Auftraggeber auf die Leistung des Auftragnehmers (OLG Düsseldorf BauR 2001, 423).
811 Die schlüssige Abnahme hat gegenüber der förmlichen Abnahme den Nachteil, dass der Zeitpunkt der Abnahme und deren Voraussetzungen oftmals nicht feststehen. Fehlt es an einer zeitlich eindeutig fixierten Abnahme durch eine förmliche Abnahme, liegt es bei den Gerichten, festzulegen, ob und ggf. zu welchem Zeitpunkt die Abnahmewirkungen eingetreten sind. Bei der Bestimmung des Abnahmezeitpunkts muss der Zeitraum berücksichtigt werden, den der Auftraggeber benötigt, um das Werk zu prüfen und zu beurteilen.

§ 6 Die Ansprüche des Auftragnehmers gegen den Auftraggeber

▶ **Klage auf Abnahme beim BGB-Bauvertrag:**[812][813]
Namens und in Vollmacht der Klägerin erheben wir Klage gegen den Beklagten und werden in der mündlichen Verhandlung beantragen:
Es wird festgestellt, dass die Maurerarbeiten im Mehrfamilienhaus ... in ... Berlin durch den Beklagten abgenommen worden sind. ◀

b) Ausnahme: Die Fälligkeit von Abschlagszahlungen gemäß § 632 a BGB

311 Trotz der aus § 641 BGB resultierenden Vorleistungspflicht kann der Auftragnehmer beim BGB-Bauvertrag gem. § 632 a BGB für in sich abgeschlossene Teilleistungen auch ohne Vorliegen einer Teilabnahme **Abschlagszahlungen** gegenüber dem Auftraggeber geltend machen.[814] Voraussetzung für § 632 a BGB ist, dass der Auftragnehmer eine **in sich abgeschlossene Teilleistung vertragsgemäß** erbracht hat, oder Stoffe oder Bauteile eigens angefertigt oder angeliefert worden sind, und dem Auftraggeber Eigentum an den Teilen des Werkes, an den Stoffen oder Bauteilen übertragen oder Sicherheiten hierfür geleistet hat. Von einer abgeschlossenen Teilleistung ist dann auszugehen, wenn diese selbstständig werthaltig, eigenständig nutzbar sowie bewertbar und damit abrechnungsfähig ist.[815] Die Funktionalität der Leistung ist dabei kein geeignetes Abgrenzungskriterium.[816] Streitig ist, wie man den in § 632 a BGB enthaltenen Passus zur „vertragsgemäßen Leistung" zu verstehen hat. Teilweise wird vertreten, dass das Werk keinerlei Mängel haben darf.[817] Nach der Rechtsprechung zur insoweit vergleichbaren VOB-Regelung in § 16 Nr. 1 VOB/B kann der Auftraggeber die Vergütung für den der fertig gestellten Leistung entsprechenden Wert verlangen. Der Auftraggeber hat jedoch wegen der Mängel ein Leistungsverweigerungsrecht in Höhe eines angemessenen Betrages, der mit dem Zwei- bis Dreifachen der Mängelbeseitigungskosten zu bemessen ist.[818][819]

312 Der gesetzliche Anspruch auf Abschlagszahlungen wird gem. § 271 BGB mit Vorliegen der vorgenannten gesetzlichen Voraussetzungen **fällig**. Es bedarf zwar grundsätzlich keiner Rechnungserteilung für die Fälligkeit, ohne Vorliegen einer prüfbaren Abrechnung wird der Anspruch in einem Prozessverfahren allerdings nicht schlüssig darzulegen sein. Zudem tritt ohne Vorliegen einer prüfbaren Abrechnung regelmäßig kein Verzug ein (vgl. Rn 334), da eine schuldhafte Zahlungsverzögerung nur dann zu bejahen ist, wenn der Auftraggeber in der Lage ist, die Berechtigung der Forderung überprüfen zu können.[820]

---

812 Anzumerken bleibt, dass einer isolierten Abnahmeklage keine große praktische Relevanz zukommt, da der Auftragnehmer regelmäßig auf Zahlung einer ausstehenden Vergütung klagen wird. In diesem Fall kann der Auftragnehmer das Abnahmeverlangen, ohne einen zusätzlichen Antrag stellen zu müssen, mit einer Zahlungsklage geltend machen, Werner/Pastor, Rn 1346.
813 Vgl. zur Zwangsvollstreckung eines Titels, der auf Abnahme einer Bauleistung gerichtet ist, Rn 769.
814 Werner/Pastor, Rn 1218; Staudinger-*Peters*, § 632 a BGB, Rn 4; MünchKomm-*Busche*, § 632 a BGB, Rn 4.
815 Staudinger-*Peters*, § 632 a BGB, Rn 4; MünchKomm-*Busche*, § 632 a BGB, Rn 4.
816 Werner/Pastor, Rn 1218 a; *Kraus*, BauR 2001, 1 (9); *Motzke*, NZBau 2000, 489; *Kniffka*, ZfBR 2000, 227; *Voppel*, BauR 2001, 1165; *Rodemann*, BauR 2002, 863.
817 *von Craushaar*, BauR 2001 473; *Kirberger*, BauR 2001, 499; *Heinze*, NZBau 2001, 237.
818 BGH BauR 1988, 474; BauR 1981, 577; Staudinger-*Peters*, § 632 a BGB, Rn 7; MünchKomm-*Busche*, § 632 a BGB, Rn 6.
819 Ungeklärt ist die Frage, ob das Zurückbehaltungsrecht vor der Abnahme auch in Höhe der dreifachen Mängelbeseitigungskosten besteht. Das Gesetz regelt in § 641 Abs. 3 BGB nur das Zurückbehaltungsrecht nach der Abnahme in dieser Höhe. Mit Rücksicht darauf, dass die starre Fixierung auf das mindestens Dreifache ohnehin fraglich erscheinen und gerade während der Bauausführung die Liquidität des Auftragnehmers durch ein zu hohes Zurückbehaltungsrecht ernsthaft gefährdet werden kann, ist Zurückhaltung geboten und besser von einem zwei- bis dreifachen „Druckzuschlag" auszugehen.
820 Insbesondere muss aus der Rechnung der abgerechnete Leistungsstand hervorgehen. Dies bereitet insbesondere bei Pauschalpreisverträgen erhebliche Probleme.

A. Werklohnansprüche für abgeschlossene (Teil)Leistungen

Die Abschlagsforderung kann **selbstständig** eingeklagt werden. Die Klage auf Abschlagszahlung hat einen anderen Streitgegenstand als die Klage auf Zahlung der Schlussforderung.[821] In älteren Entscheidungen hat der BGH die Auffassung vertreten, der Übergang von der Abschlagszahlungsklage auf die Schlusszahlungsklage sei keine Klageänderung.[822] Diese Auffassung hat er inzwischen aufgegeben. Der Übergang ist eine Klageänderung, die jedoch in aller Regel sachdienlich ist.[823]

Übersicht:

Vergleich: § 632 a BGB ⇔ § 16 Nr. 1 VOB/B

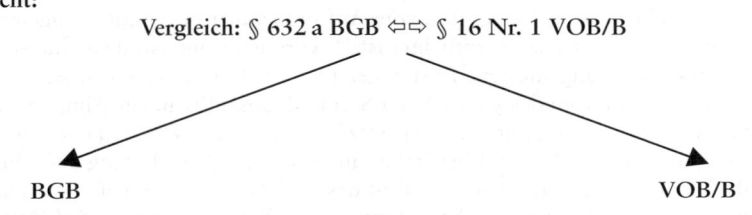

BGB	VOB/B
■ Voraussetzung: Erbringung einer vertragsgemäßen in sich abgeschlossenen (also eigenständig nutzbaren) Teilleistung bzw. Anfertigung oder Anlieferung von Stoffen oder Bauteilen nebst Verschaffung des Eigentums bzw. Sicherheitsleistung.	■ Voraussetzung: Abschlagszahlungen können in kurzen zeitlichen Abständen gestellt werden in Höhe des Wertes der jeweils nachgewiesenen vertragsgemäßen Leistung zzgl. UmSt sowie bei Anfertigung oder Anlieferung von Stoffen oder Bauteilen nebst Verschaffung des Eigentums bzw. Sicherheitsleistung.
■ Es muss keine prüfbare Abschlagsrechnung vorliegen.	■ Das Vorliegen einer prüfbaren Abschlagsrechnung ist notwendig.
■ Es ist keine Teilabnahme notwendig.	■ Es ist keine Teilabnahme notwendig.
■ Fälligkeit: sofort.	■ Fälligkeit: 18 WT nach Zugang der Aufstellung
■ Zinsen: Bei Vorliegen der Verzugsvoraussetzungen (i. d. R.. nach Mahnung) gem. §§ 280 Abs. 1, 2; 286 BGB	■ Zinsen: Bei Fälligkeit und Ablauf einer Nachfrist, § 16 Nr. 5 Abs. 3 VOB/B

c) Vorliegen einer fiktiven Abnahme der Bauleistung

aa) Fertigstellungsbescheinigung gemäß § 641 a BGB

Mit dem Gesetz zur Beschleunigung fälliger Zahlungen wurde mit Wirkung zum 1.5.2000 eine völlig neue Abnahmevariante geschaffen. Gemäß § 641 a BGB steht es einer Abnahme gleich, wenn dem Auftragnehmer von dem Gutachter eine Bescheinigung darüber erteilt wird, dass das versprochene Werk hergestellt ist und das Werk frei von Mängeln ist, die der Auftraggeber gegenüber dem Gutachter behauptet hat oder für den Gutachter bei einer Besichtigung feststellbar sind. Diese **Fertigstellungsbescheinigung** wird der Abnahme gleichgestellt. Das förmliche Verfahren zur Abgabe der Fertigstellungsbescheinigung ist im Einzelnen in § 641 a Abs. 2 bis 5 BGB vom Gesetzgeber fest-

313

---

821 BGH BauR 1999, 267.
822 BGH BauR 1985, 360; BauR 1987, 452.
823 BGH BauR 1999, 267.

geschrieben worden.[824] Vor dem Hintergrund der Tatsache, dass der Gutachter die Mangelfreiheit nur dann bescheinigen darf, wenn das Werk gar **keine Mängel** aufweist – nicht ausreichend ist das mit unwesentlichen Mängeln behaftete abnahmereife Werk i. S. des § 640 Abs. 1 S. 2 BGB – hat § 641 a BGB in der Praxis keinerlei Relevanz erfahren.

bb) Fiktive Abnahme gemäß § 640 Abs. 1 S. 3 BGB

314 Gemäß § 640 Abs. 1 S. 3 BGB steht es der Abnahme gleich, wenn der Auftraggeber die Bauleistungen nicht innerhalb einer ihm vom Auftragnehmer bestimmten angemessenen Frist abnimmt, obwohl er dazu verpflichtet ist.[825] Voraussetzung ist, dass eine vom Auftragnehmer bestimmte **angemessene Frist** abgelaufen ist. Der Auftragnehmer muss also, um die Abnahmewirkungen des § 640 Abs. 1 S. 3 BGB auszulösen, zur Abnahme auffordern und diese Aufforderung mit einer Fristsetzung verbinden. Welche Frist angemessen ist, hängt von den Umständen des Einzelfalles, insbesondere dem Umfang des erbrachten Werkes ab.[826] Ein Anhaltspunkt kann die Frist des § 12 Nr. 1 VOB/B liefern, wonach das Werk innerhalb von 12 Werktagen abzunehmen ist.[827] Weiterhin ist für § 640 Abs. 1 S. 3 BGB erforderlich, dass die Leistung **vertragsgemäß** erbracht worden ist. Dabei kann die Abnahme gem. § 640 Abs. 1 S. 2 BGB beim Vorliegen unwesentlicher Mängel nicht mehr verweigert werden.[828] Unwesentlich ist ein Mangel, wenn es dem Auftraggeber zumutbar ist, die Leistung als im Wesentlichen vertragsgemäße Erfüllung anzunehmen und sich mit den Mängelrechten gem. § 634 BGB zu begnügen. Dies ist anhand von Art und Umfang des Mangels sowie seiner konkreten Auswirkungen nach den Umständen des Einzelfalls unter Abwägung der beidseitigen Interessen zu beurteilen (vgl. hierzu auch Rn 355). Mit Vorliegen der fiktiven Abnahme treten alle Abnahmewirkungen ein mit einer Ausnahme: Der Auftraggeber verliert nicht die in § 640 Abs. 2 BGB genannten Gewährleistungsansprüche.[829]

---

824 Werner/Pastor, Rn 1357 ff.; Staudinger-*Peters*, § 641 a BGB, Rn 8 ff.; MünchKomm-*Busche*, § 641 a BGB, Rn 13 ff.
825 Nochmals hervorzuheben bleibt, dass die fiktive Abnahme gegenüber der förmlichen Abnahme den Nachteil hat, dass der Zeitpunkt der Abnahme und deren Voraussetzungen nicht feststehen. Das Vorliegen und der Zeitpunkt der Abnahme nebst Abnahmewirkungen werden mithin erst durch das Gericht bestimmt. Bestehen Unsicherheiten über den Zeitpunkt des Eintritts der Abnahmewirkungen, kann es sein, dass die Einstandspflichten und Gewährleistungsrisiken von den Parteien falsch eingeschätzt werden und sodann Ansprüche geltend gemacht werden, die nicht mehr oder noch nicht bestehen. Zudem besteht das Risiko, dass aufgrund einer unzutreffenden Beurteilung der Vertragssituation Ansprüche verloren gehen oder durch falsche Verhaltensweisen zusätzliche Risiken begründet werden, wie bspw. durch eine unberechtigte Verweigerung der Mängelbeseitigung/Zahlung, unbegründete Kündigungen, unterlassene Fristsetzungen oder Mahnungen.
826 Staudinger-*Peters*, § 640 BGB, Rn 45; MünchKomm-*Busche*, § 640 BGB, Rn 26.
827 Eine Fristsetzung ist nach allgemeinen Grundsätzen entbehrlich, wenn der Besteller die Abnahme von vornherein endgültig unberechtigt verweigert. Die Fristsetzung wäre dann reine Förmelei, MünchKomm-*Busche*, § 640 BGB, Rn 27; Staudinger-*Peters*, § 640 BGB, Rn 45.
828 Staudinger-*Peters*, § 640 BGB, Rn 45, 34; MünchKomm-*Busche*, § 640 BGB, Rn 12 ff.
829 Fraglich bleibt dem entgegen, ob der Auftraggeber die Vertragsstrafe verwirkt, wenn er sie sich nicht bis zum Fristablauf vorbehält. Vor dem Hintergrund einer Gleichstellung von fingierter und bewirkter Abnahme ist dies wohl zu bejahen. Zudem kann auf die Rechtsprechung zum Verlust des Vertragsstrafenanspruchs bei der fiktiven Abnahme gem. § 12 Nr. 5 VOB/B zurückgegriffen werden, OLG Düsseldorf NJW-RR 1994, 408; **a. A.** Palandt-*Sprau*, § 640 BGB, Rn 11.

A. Werklohnansprüche für abgeschlossene (Teil)Leistungen

Übersicht:

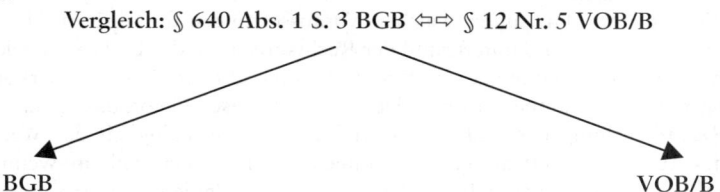

Vergleich: § 640 Abs. 1 S. 3 BGB ⇔ § 12 Nr. 5 VOB/B

BGB

1. Voraussetzung: Vertragsgemäße Erbringung des Werkes.	
2. Voraussetzung: Abnahmeverlangen durch den Unternehmer.	
3. Voraussetzung: Setzen einer angemessenen Frist zur Abnahme.	
■ Rechtsfolge: Bei erfolglosem Fristablauf tritt eine Abnahmefiktion ein, wenn das Werk vertragsgemäß ist.	

VOB/B

1. Voraussetzung: Zugang einer Fertigstellungserklärung des Unternehmers (ist auch in der Schlussrechnung zu sehen).
2. Voraussetzung: Keine Partei verlangt eine Abnahme.
3. Voraussetzung: Ablauf von 12 WT nach schriftlicher Fertigstellungserklärung bzw. 6 WT nach Beginn der Benutzung.
■ Rechtsfolge: Bei Fristablauf tritt eine Abnahmefiktion ein, wobei es nach dem BGH auf eine Abnahmefähigkeit ankommt (str.).

▶ **Klage bei Abnahmeverweigerung beim BGB-Bauvertrag:**[830]
Namens und in Vollmacht der Klägerin erheben wir Klage gegen den Beklagten und werden in der mündlichen Verhandlung beantragen:
Es wird festgestellt, dass die Maurerarbeiten im Mehrfamilienhaus ... in ... Berlin abnahmefähig waren und die Verweigerung der Abnahme seitens des Beklagten unberechtigt war. ◀

d) Entbehrlichkeit einer Abnahme der Bauleistung für die Fälligkeit des Werklohnanspruchs

Zu einer Fälligkeit des Werklohnanspruchs ohne Abnahme kommt es, wenn der Auftraggeber die Erfüllung des Vertrages **grundlos ablehnt**.[831] In diesem Fall kann der Auftragnehmer die Bezahlung des Werklohns schon vor Fertigstellung und Abnahme des Werkes nach Treu und Glauben verlangen.[832] Gleichermaßen ist eine Abnahme im Falle der berechtigten Abnahmeverweigerung dann nicht erforderlich, wenn der Auftraggeber gegenüber dem Werklohnanspruch des Auftragnehmers nur noch **Schadensersatzansprüche** wegen Mängeln geltend macht, weil der Auftraggeber damit die weitere Erfüllung des Vertrages durch den Auftragnehmer (Mängelbeseitigung) ablehnt, sodass nunmehr eine endgültige Abrechnung über die Bauleistung des Auftragnehmers einerseits und den

315

---

[830] Anzumerken bleibt, dass einer isolierten Abnahmeklage keine große praktische Relevanz zukommt, da der Auftragnehmer regelmäßig auf Zahlung einer ausstehenden Vergütung klagen wird. In diesem Fall kann der Auftragnehmer das Abnahmeverlangen, ohne einen zusätzlichen Antrag stellen zu müssen, mit einer Zahlungsklage geltend machen, Werner/Pastor, Rn 1346.
[831] BGH BauR 2005, 861. Lehnt der Auftraggeber die Vertragserfüllung endgültig ab, kann der Auftragnehmer seinen ohne Abnahme fällig werdenden Vergütungsanspruch durchsetzen, ohne die Gegenleistung erbringen zu müssen. Dabei lässt es der BGH dahin stehen, ob sich dieser Anspruch aus § 326 Abs. 2 BGB ergibt, weil der Auftraggeber vertragswidrig seine Mitwirkungspflicht verweigert und es somit zu vertreten hat, dass der Auftragnehmer seine Leistung nicht mehr erbringen kann, oder ob es sich um einen Anspruch auf Schadensersatz aus § 280 Abs. 1 BGB handelt.
[832] BGHZ 50, 175; NJW 1990, 3008 (3009).

§ 6 Die Ansprüche des Auftragnehmers gegen den Auftraggeber

Schadensersatzanspruch des Auftraggebers andererseits zu erfolgen hat.[833] Für diese Fallkonstellation ist ungeklärt, unter welchen Voraussetzungen die übrigen Abnahmewirkungen eintreten. Vor dem Hintergrund der Rechtsprechung des BGH zum gekündigten Bauvertrag[834] ist die Annahme gerechtfertigt, dass die übrigen Abnahmewirkungen erst bei Vorliegen einer Abnahme eintreten. Darauf hinzuweisen bleibt, dass es nach der bisherigen Rechtsprechung des BGH[835] im Hinblick auf die Fälligkeit des Werklohnanspruchs des Auftragnehmers auf eine Abnahme auch dann nicht ankam, wenn das Vertragsverhältnis vor der Fertigstellung der geschuldeten Bauleistung vorzeitig aufgelöst oder **gekündigt** worden ist.[836] [837] Mit seinem Urteil vom 11.5.2006 hat der BGH seine **Rechtsprechung** nunmehr dahingehend **geändert**, dass auch beim gekündigten Bauvertrag die Werklohnforderung grundsätzlich erst mit der Abnahme der bis dahin erbrachten Werkleistungen fällig wird.[838]

e) Durchgriffsfälligkeit gemäß § 641 Abs. 2 BGB

316 Gemäß § 641 Abs. 2 BGB, der vor allem Bauträger- und Generalübernehmerverträge sowie alle Dreiecksbeziehungen zwischen Bauherr/Hauptunternehmer/Nachunternehmer betrifft, wird die Vergütung des Auftragnehmers für ein Werk, dessen Herstellung der Auftraggeber einem Dritten versprochen hat, **spätestens fällig,** wenn und soweit der Auftraggeber von dem Dritten für das versprochene Werk wegen dessen Herstellung seine Vergütung oder Teile davon erhalten hat. Hat der Auftraggeber dem Dritten wegen möglicher Mängel des Werkes Sicherheit geleistet, gilt dies nur, wenn der Auftragnehmer dem Auftraggeber Sicherheit in entsprechender Höhe leistet. Ziel dieser Regelung einer Durchgriffsfälligkeit ist es, der immer wieder beobachteten Praxis entgegenzuwirken, dass der Bauträger/Generalübernehmer nach Herstellung der einzelnen Gewerke eine Vergütung von seinem Auftraggeber einfordert und auch erhält, aber nicht an den Auftragnehmer weiterleitet, der das Werk tatsächlich hergestellt hat.[839] Mit Eingang der für das jeweilige Gewerk anfallenden Vergütung beim Bauträger/Generalübernehmer wird nunmehr auch die Vergütung des Auftragnehmers fällig, der die Werkleistung erbracht hat. Der Nachunternehmer hat allerdings keinen uneingeschränkten Zahlungsanspruch, wenn sein Auftraggeber (Bauträger/Generalübernehmer) Zahlungen nur gegen Sicherheit erhalten hat. Dann kann er die Vergütung nur fordern, wenn er selbst in entsprechender Höhe Sicherheit leistet.[840]

---

833 BGH BauR 2000, 98; BauR 2002, 1295; BauR 2003, 88.
834 Vgl. insoweit BGH BauR 2003, 689.
835 BGH BauR 1987, 95; Staudinger-Peters, § 641 BGB, Rn 8.
836 Wobei nach der Rechtsprechung des BGH die sonstigen Abnahmewirkungen, abgesehen von der Fälligkeit der Werklohnforderung, erst mit der Abnahme der bis zur Kündigung erbrachten Leistung eintreten, BGH BauR 2003, 689.
837 Gegenstand der Abnahme ist die bis zur Kündigung erbrachte Leistung des Auftragnehmers. Die Kündigung beendet den Vertrag für die Zukunft, sie berührt die bis zur Kündigung entstandenen Erfüllungsansprüche der Vertragsparteien regelmäßig nicht. Die Kündigung des Vertrages beschränkt den Umfang der vom Auftragnehmer geschuldeten Werkleistung auf den bis zur Kündigung erbrachten Teil und seinen Vergütungsanspruch auf diesen Leistungsteil der ursprünglich geschuldeten Leistung. Sie beendet nicht das Erfüllungsstadium des Vertrages. Mit der Abnahme treten die Erfüllungswirkungen der durch die Kündigung beschränkten vertraglich geschuldeten Werkleistung ein. Die Abnahme hat unter anderem zur Folge, dass dem Auftraggeber statt der Ansprüche aus § 4 Nr. 7 VOB/B die umgewandelten Ansprüche aus § 13 Nr. 5 bis 7 Abs. 1, 2 VOB/B zustehen, die vorbehaltlich des § 13 Nr. 7 Abs. 3 VOB/B gem. § 13 Nr. 4 VOB/B verjähren.
838 BGH, Urteil vom 11.5.2006 – VII ZR 146/04, IBR 2006, 432.
839 Staudinger-Peters, § 641 BGB, Rn 38; MünchKomm-Busche, § 641 BGB, Rn 20.
840 MünchKomm-Busche, § 641 BGB, Rn 26.

A. Werklohnansprüche für abgeschlossene (Teil)Leistungen 1

Charakteristisch für die von § 641 Abs. 2 BGB erfassten Leistungsketten ist, dass sich die jeweiligen vertraglichen Leistungspflichten auf dieselben Gegenstände beziehen. Es muss also **Leistungsidentität** bestehen, wobei eine partielle Identität der Gegenstände ausreicht. Jedenfalls muss die Leistung, die der Auftragnehmer zu erbringen hat, auch Inhalt der Verpflichtung des Auftraggebers gegenüber dem Dritten sein. Wegen des Erfordernisses der Leistungsidentität muss der Dritte gegenüber dem Auftraggeber gerade Zahlungen für diejenige Leistung erbringen, zu der sich der Auftragnehmer gegenüber dem Auftraggeber verpflichtet hat. Zahlt der Dritte wegen anderer Leistungen des Auftraggebers, die nicht Gegenstand des Werkvertrages zwischen Auftraggeber und Auftragnehmer sind, ist § 641 Abs. 2 BGB nicht anwendbar. Worauf der Dritte im Einzelfall geleistet hat, kann zweifelhaft sein, dies konkret zu ermitteln, ist jedoch wegen der daran anknüpfenden Wirkungen in jedem Fall zwingend erforderlich. Ist die Leistung des Nachunternehmers mit Mängeln behaftet, hat der Auftraggeber aber den vollen Werklohn erhalten, kann dieser die Zahlung nicht mit dem Hinweis auf sein Recht der Abnahmeverweigerung gem. § 640 BGB ablehnen. Vielmehr kann er nur bezüglich der Mängel einen entsprechenden Einbehalt vornehmen. Der Höhe nach richtet sich dieser nach § 641 Abs. 3 BGB, weil auch der Auftraggeber des Auftragnehmers ein berechtigtes Interesse daran hat, dass der Auftragnehmer die Mängel schnell und umfassend beseitigt.[841]

317

f) Rechtswirkungen der Abnahme
aa) Fälligkeit des Werklohnanspruchs

Gemäß § 641 BGB wird der Vergütungsanspruch des Auftragnehmers, soweit die Abnahme als Fälligkeitsvoraussetzung nicht ausnahmsweise entbehrlich ist (vgl. Rn 315), erst bei Vorliegen einer Abnahme fällig.

318

bb) Übergang der Leistungsgefahr[842] und Preisgefahr[843]

Mit der Abnahme geht die **Leistungsgefahr** auf den Auftraggeber über. Mithin muss der Auftragnehmer bis zum Zeitpunkt der Abnahme das bereits von ihm (teil-)errichtete Werk im Falle eines Untergangs, Diebstahls oder einer Beschädigung neu errichten. Nur dann, wenn Unmöglichkeit gem. § 275 BGB zu bejahen ist, wird der Auftragnehmer von der Erbringung seiner Leistungspflicht frei.[844] Neben der Leistungsgefahr geht auch die **Preisgefahr** gem. § 644 Abs. 1 S. 1 BGB mit der Abnahme auf den Auftraggeber über. Ausnahmsweise geht die Preisgefahr unabhängig vom Vorliegen einer Abnahme gem. § 644 Abs. 1 S. 2 BGB aber bereits dann auf den Auftraggeber über, wenn sich dieser in Annahmeverzug nach §§ 293 ff. BGB befindet. Beruht der Untergang oder die Nichtausführung des Werkes auf einem Mangel des vom Auftraggeber gelieferten Stoffes oder auf einer Anweisung des Auftraggebers, kann der Auftragnehmer einen der geleisteten Arbeit entsprechenden Teil der Vergütung und Ersatz der in der Vergütung nicht inbegriffenen Auslagen gem. § 645 BGB verlangen (vgl. Rn 471 f.).

319

---

841 OLG Nürnberg NJW-RR 2003, 1526; Werner/Pastor, Rn 1338; *Stapenhorst*, DB 2000, 909 (910 f.); a. A. Münch-Komm-*Busche*, § 641 BGB, Rn 27; *Kniffka*, BauR 2000, 227 (232); Palandt-*Sprau*, § 641 BGB, Rn 8.
842 Bei der Leistungsgefahr geht es um die Frage, ob der Auftragnehmer das zufällig untergegangene oder verschlechterte Werk neu herzustellen oder ggf. nachzubessern hat.
843 Hierbei geht es um die Frage, ob und inwieweit der Vergütungsanspruch des Auftragnehmers bestehen bleibt oder entfällt, wenn das begonnene oder auch schon hergestellte Werk durch Zufall untergeht, verschlechtert oder sonst unausführbar wird.
844 Kniffka/Koeble, Kompendium 4. Teil, Rn 5.

§ 6 Die Ansprüche des Auftragnehmers gegen den Auftraggeber

cc) Gewährleistungsfrist

320 Mit der Abnahme beginnt gem. § 634a Abs. 2 BGB die Verjährungsfrist für die Ansprüche auf Nacherfüllung, Aufwendungsersatz bei Selbstvornahme, Kostenvorschuss, Schadensersatz sowie Ersatz vergeblicher Aufwendungen an zu laufen (vgl. Rn 698 f.).

dd) Beweislast

321 Mit der Abnahme geht weiterhin die Beweislast im Hinblick auf das Vorliegen von Mängeln auf den Auftraggeber über.[845]

ee) Mängelvorbehalt

322 Um einerseits Nacherfüllungsansprüche und andererseits die Gestaltungsrechte Rücktritt und Minderungsrecht beim Vorliegen von Mängeln nicht zu verlieren, bedarf es gem. § 640 Abs. 2 BGB eines entsprechenden Vorbehalts des Auftraggebers bei der Abnahme.[846]

ff) Verzinsung

323 Gemäß § 641 Abs. 4 BGB ist der Vergütungsanspruch des Auftragnehmers mit der Abnahme gesetzlich zu verzinsen.[847] Soweit nichts anders bestimmt ist, beträgt der gesetzliche Zinssatz gem. § 246 BGB 4 %. Liegt ein beiderseitiges Handelsgeschäft vor, beträgt der gesetzliche Zinssatz gem. § 352 Abs. 1 S. 1 HGB 5 %.

gg) Vorbehalt einer Vertragsstrafe

324 Bei nicht gehöriger Erfüllung i. S. des § 341 BGB (vgl. Rn 330) kann eine Vertragsstrafe vom Auftraggeber gem. § 341 Abs. 3 BGB bzw. § 11 Nr. 4 VOB/B nur dann verlangt werden, wenn sich dieser das Recht bei der Abnahme des Werkes vorbehält. Dabei bedarf es einer **ausdrücklichen Erklärung** des Vorbehalts bei der Abnahme, aus welcher sich eindeutig der Wille entnehmen lässt, dass der Auftraggeber auch unter dem Eindruck der Erfüllung des Vertrages den verwirkten Vertragsstrafenanspruch nicht aufgibt.[848] Eine Erklärung vor oder nach der Abnahme reicht grundsätzlich nicht aus.[849] Hat der Auftraggeber vor der Abnahme den Anspruch auf Vertragsstrafe bereits im Weg der Aufrechnung geltend gemacht, bedarf es weiter eines Vorbehalts zum Zeitpunkt der Abnahme.[850] Der Vorbehalt ist nur dann entbehrlich, wenn der Anspruch aus Vertragsstrafe vom Schuldner bereits anerkannt worden ist.[851] Geht es um die Geltendmachung eines Anspruchs auf Vertragsstrafe, sind die nachfolgenden Ausführungen zu berücksichtigen:

---

845 BGH BauR 1981, 575; Kniffka/Koeble, Kompendium 4. Teil, Rn 9.
846 BGH BauR 1997, 129; Kniffka/Koeble, Kompendium 4. Teil, Rn 9.
847 Dies gilt aber dann nicht, wenn der Auftraggeber nach Abnahme wegen vorliegender Mängel ein Leistungsverweigerungsrecht geltend macht, BGHZ 61, 42 (46).
848 BGH BauR 1975, 55; Ingenstau/Korbion-*Döring*, § 11 Nr. 4 VOB/B, Rn 9; Werner/Pastor, Rn 2060; Kniffka/Koeble, Kompendium 7. Teil, Rn 91.
849 BGH BauR 1983, 80; Ingenstau/Korbion-*Döring*, § 11 Nr. 4 VOB/B, Rn 2; Werner/Pastor, Rn 2060; Kniffka/Koeble, Kompendium 7. Teil, Rn 91.
850 BGH BauR 1983, 77; OLG Celle BauR 2000, 278; Ingenstau/Korbion-*Döring*, § 11 Nr. 4 VOB/B, Rn 3; Werner/Pastor, Rn 2060; Kniffka/Koeble, Kompendium 7. Teil, Rn 91.
851 OLG Celle BauR 2000, 278; OLG Naumburg NJW-RR 1995, 154.

A. Werklohnansprüche für abgeschlossene (Teil)Leistungen

(1) Zweck einer Vertragsstrafe

Zur Absicherung der gegenseitigen Ansprüche aus einem Bauvertrag steht es im Belieben der Parteien, eine Vertragsstrafe zu vereinbaren. Die akzessorische Vertragsstrafe, die das Bestehen einer Verbindlichkeit voraussetzt,[852] verfolgt dabei eine doppelte Zielrichtung:

- sie soll einmal als Druckmittel den Schuldner zur ordnungsgemäßen Erbringung seiner versprochenen Leistung anhalten,
- zum anderen soll sie dem Gläubiger im Verletzungsfall die Möglichkeit einer erleichterten Schadloshaltung ohne Schadensnachweis eröffnen.[853]

Die Vertragsstrafe ist somit abzugrenzen von:

- dem pauschalierten Schadensersatz, der allein den Schadensnachweis ersparen und keine Druckfunktion zur Erfüllung der Hauptverbindlichkeit ausüben soll,
- dem selbstständigen Strafversprechen i. S. des § 343 Abs. 2 BGB, bei dem – ohne dass eine erzwingbare Hauptverbindlichkeit besteht – eine Strafe für ein Tun oder Unterlassen vereinbart wird und der Versprechende zur Handlungsweise nicht verpflichtet ist,
- der Verfallklausel, i. S. des § 360 BGB, bei der der Schuldner bei Nichterfüllung oder nicht gehöriger Erfüllung einer Verpflichtung Rechte verliert.

(2) Wirksame Vereinbarung einer Vertragsstrafe

Eine Vertragsstrafe kann nur dann erfolgreich vom Gläubiger geltend gemacht werden, wenn sie wirksam vereinbart worden ist. Die Vereinbarung einer Vertragsstrafe bedarf grundsätzlich keiner Form, es sei denn, die Hauptverbindlichkeit unterliegt einem Formzwang, der dann auch für die Vertragsstrafe gilt.[854] Liegt eine **individuelle Vereinbarung** der Parteien über eine Vertragsstrafe vor, kann diese aufgrund eines **Verstoßes gegen die guten Sitten** gem. § 138 Abs. 1 BGB unwirksam sein. Dabei ist im Hinblick auf eine etwaige Sittenwidrigkeit zu prüfen, ob der Inhalt der Vertragsstrafenregelung, gemessen an dem Interesse des Gläubigers an der Absicherung des aus dem Bauvertrag resultierenden Anspruchs, für den Schuldner in hohem Maße unangemessen ist.[855] Für den Fall, dass die verwirkte, individuell vereinbarte Vertragsstrafe unangemessen hoch sein sollte, kann sie – soweit die Parteien nicht Kaufleute sind (§§ 348, 351 HGB) –[856] auf Antrag des Schuldners gem. § 343 Abs. 1 BGB durch Urteil auf den angemessenen Betrag herabgesetzt werden. Bei der Beurteilung der Angemessenheit ist jedes berechtigte Interesse des Gläubigers, nicht bloß das Vermögensinteresse, in Betracht zu ziehen. Ist die Vertragsstrafe vom Schuldner bereits entrichtet worden, kommt eine gerichtliche Herabsetzung der Vertragsstrafe nicht mehr in Betracht.

Es steht nichts entgegen, **Vertragsstrafeversprechen in den Allgemeinen Geschäftsbedingungen** eines Bauvertrages zu vereinbaren. Handelt es sich bei der konkreten Vertragsstrafenregelung um Allgemeine Geschäftsbedingungen i. S. des § 305 Abs. 1 BGB (vgl. Rn 648 ff.), die vor dem Hintergrund der Einbeziehungskontrolle wirksamer Vertragsbe-

---

[852] Die strafbewehrte Hauptverbindlichkeit und der Vertragsstrafenanspruch können mithin vor dessen Verwirkung nicht getrennt abgetreten werden, BGH NJW 1990, 832.
[853] OLG Dresden BauR 2001, 949; OLG Köln OLGR 1995, 117; Werner/Pastor, Rn 2045.
[854] BGH NJW 1970, 1916; NJW 1980, 1622; Werner/Pastor, Rn 2048.
[855] Kniffka/Koeble, Kompendium 7. Teil, Rn 70. Zu denken ist an eine solche Vereinbarung, bei der bei dem Bau eines Einfamilienhauses für den Fall einer Bauzeitüberschreitung von nur einem Tag eine Vertragsstrafe in Höhe von EUR 100.000 anfällt.
[856] Weyer, BauR 1988, 28 (32); Werner/Pastor, Rn 2068.

§ 6 Die Ansprüche des Auftragnehmers gegen den Auftraggeber

standteil geworden sind (vgl. Rn 216), zeigt die Praxis, dass eine Vielzahl aller Vertragsstrafenklauseln der Inhaltskontrolle gem. §§ 307 ff. BGB nicht standhalten.

▶ Typische Fallkonstellationen:
- Meistens folgt aus der Höhe der Vertragsstrafe die **unangemessene Benachteiligung** des Schuldners. In diesem Fall ist die Klausel insgesamt unwirksam. Eine geltungserhaltende Reduzierung auf eine angemessene Höhe findet nicht statt.[857]
- Geht es um eine klassische Vertragsstrafe, die gegenüber dem Auftragnehmer an einer Nichteinhaltung von Ausführungsfristen (entweder als Zwischen- oder Fertigstellungsfrist) anknüpft, kann sowohl die Höhe des Tagessatzes als auch die Gesamthöhe der Vertragsstrafe unangemessen sein.
- Wird die Vertragsstrafenregelung generell für Bauverträge verwendet, ist eine Vertragsstrafe bis zu 0,3 % der Auftragssumme pro Arbeitstag für die Überschreitung des Fertigstellungstermins nicht beanstandet worden.[858] Unangemessen hoch ist dem entgegen ein Tagessatz von 0,5 % der Auftragssumme.[859] ◀

329 Weiter setzt die Wirksamkeit einer Vertragsstrafenklausel in den allgemeinen Geschäftsbedingungen des Auftraggebers eine Begrenzung der Gesamtsumme voraus, die verhindert, dass der Auftragnehmer infolge der Fristüberschreitung mit einer unangemessen hohen Gesamtsumme belastet werden kann.[860] Mit seinem Urteil v. 23. 1. 2003 hat der BGH klargestellt, dass eine Vertragsstrafenklausel, die generell in Bauverträgen verwendet wird, die Obergrenze 5 % der Auftragssumme nicht überschreiten darf.[861] Das gilt nach vorgenannter Entscheidung des BGH für alle Verträge, die nach den 30. 6. 2003 geschlossen worden sind. Für Verträge, die vor dem 30. 6. 2003 geschlossen worden sind, ist zu differenzieren. Für Verträge mit einer Abrechnungssumme von bis zu 15 Millionen DM ist eine Obergrenze von 10 % nicht zu beanstanden.[862] Bedenken wirft zudem die Kumulierung von Einzelvertragsstrafen für Zwischenfristen auf, wobei dies auch solche Fälle betrifft, bei denen der jeweils vereinbarte Tagessatz (z. B. 0,2 %) für die Bemessung der Vertragsstrafe als angemessen anzusehen ist. Der BGH begründet das sog. Kumulierungsverbot damit, das bei wiederkehrend vorkommenden geringfügigen Verzögerungen der vereinbarten und mit einer Vertragsstrafe bewehrten Zwischenfristen denkbarer Weise die gesamte Vertragsstrafe in Höhe von 5 % der Auftragssumme verwirkt sein kann, ohne dass es zu einer für den Auftraggeber belastenden Verzögerung des vereinbarten Fertigstellungsdatums gekommen ist.[863]

(3) Arten der Vertragsstrafe und ihre Auslösung

330 Die Vertragsstrafe kann für den Fall der:
- Nichterfüllung gem. § 340 BGB,[864]
- der der nicht gehöriger Erfüllung gem. § 341 BGB vereinbart werden.[865]

---

857 Kniffka/Koeble, Kompendium 7. Teil, Rn 77.
858 BGH BauR 1983, 80; BauR 1976, 279; OLG Hamm BauR 2000, 1202; OLG Celle BauR 2005, 1780; Werner/Pastor, Rn 2070.
859 BGH BauR 2000, 1049.
860 BGH BauR 1989, 327.
861 BGH BauR 2003, 870.
862 BGH BauR 2003, 870.
863 BGH BauR 1999, 645; BauR 2001, 791; BauR 2001, 945; Kapellmann/Messerschmidt-*Langen*, § 11 VOB/B, Rn 77 ff.; Werner/Pastor, Rn 2073; Kniffka/Koeble, Kompendium 7. Teil, Rn 80.
864 Vgl. hierzu Ingenstau/Korbion-*Döring*, § 11 Nr. 1 VOB/B, Rn 9 ff.; Werner/Pastor, Rn 2056 f.
865 Vgl. hierzu Ingenstau/Korbion-*Döring*, § 11 Nr. 1 VOB/B, Rn 13 ff.; Werner/Pastor, Rn 2058 f.

A. Werklohnansprüche für abgeschlossene (Teil)Leistungen

In beiden Fällen ist die Vertragsstrafe gem. § 339 S. 1 BGB bzw. § 11 Nr. 2 VOB/B nur **bei Vorliegen eines Verzuges** i. S. des § 286 BGB (vgl. Rn 492) verwirkt.[866] Verzug setzt Verschulden des Auftragnehmers an der Fristüberschreitung voraus. Sieht die konkrete Regelung eine Verwirkung der Vertragsstrafe für den Fall vor, dass kein Verzug des Schuldners erforderlich ist bzw. wird eine verschuldensunabhängige Haftung begründet, indiziert diese Abweichung vom gesetzlichen Leitbild die Unangemessenheit der Regelung und führt regelmäßig zu deren Unwirksamkeit.[867]

(4) Anrechnung der Vertragsstrafe auf einen Schadensersatzanspruch

Nach §§ 341 Abs. 2, 340 Abs. 2 BGB wird die Vertragsstrafe auf einen Schadensersatzanspruch angerechnet. Davon abweichende Klauseln in Allgemeinen Geschäftsbedingungen sind unwirksam.[868]

331

(5) Berechnung der Vertragsstrafe

Um die Höhe der verwirkten Vertragsstrafe berechnen zu können, muss zunächst im Wege der Vertragsauslegung ermittelt werden, welche Frist die Parteien vereinbart haben. Dabei gilt es zu beachten, dass es unterschiedliche Fristen, nämlich Zwischenfristen, Fertigstellungsfristen, Bezugsfertigkeitsfristen, Einzelfristen sowie Gesamtfristen gibt. Bleibt die Vereinbarung unklar, erfolgt eine Auslegung zu Lasten des Auftraggebers.[869] Weiter ist zu prüfen, ob die vereinbarte Frist überhaupt noch Bestand hat. Das ist nicht der Fall, wenn sie sich als Folge einer Abänderungsvereinbarung[870] oder nach § 6 Nr. 1 bis 4 VOB/B (vgl. Rn 493 ff.) verlängert hat.[871] Von besonderer Bedeutung ist, dass ein Verzug ohne Mahnung nicht eintreten kann, wenn sich die vereinbarte Frist infolge einer vom Auftragnehmer nicht zu vertretenden Behinderung verlängert hat.[872] Wie die Vertragsstrafe berechnet wird, ergibt sich aus der entsprechenden Vereinbarung. Beim BGB-Bauvertrag werden grundsätzlich die Sonn- und Feiertage sowie Samstage mitgerechnet. Ist die VOB/B vereinbart, zählen gem. § 11 Nr. 4 VOB/B bei der Berechnung nur die Werktage, nicht dagegen die Sonn- und Feiertage, wenn die Vertragsstrafe nach Tagen bemessen ist. Arbeitsfreie Samstage zählen insoweit allerdings als Werktage, sodass sie bei der Berechnung der Vertragsstrafe mitzuzählen sind.

332

(6) Beweislastverteilung

Die Voraussetzungen des Vertragsstrafenanspruches, also die Vereinbarung, die Höhe, die Fälligkeit sowie die fristgerechte Erklärung des Vorbehalts hat der Gläubiger/Bauherr darzutun und zu beweisen.[873] Behauptet der Auftragnehmer, er habe die vertraglich vereinbarte Frist eingehalten, muss er dies gem. § 345 BGB beweisen.

333

---

866 Vgl. hierzu Ingenstau/Korbion-Döring, § 11 Nr. 1 VOB/B, Rn 5; Kniffka/Koeble, Kompendium 7. Teil, Rn 81; Werner/Pastor, Rn 2059.
867 OLG Düsseldorf BauR 1985, 327; OLG Bamberg BauR 1990, 475; Kniffka/Koeble, Kompendium 7. Teil, Rn 81.
868 BGH NJW 1985, 53; OLD Düsseldorf BauR 2003, 94.
869 Kniffka/Koeble, Kompendium 7. Teil, Rn 86.
870 Vgl. hierzu Kniffka/Koeble, Kompendium 7. Teil, Rn 88.
871 Kniffka/Koeble, Kompendium 7. Teil, Rn 87; Werner/Pastor, Rn 2078 ff.
872 BGH BauR 1999, 645.
873 BGH BauR 1977, 280.

§ 6 Die Ansprüche des Auftragnehmers gegen den Auftraggeber

4. Vorliegen einer prüfbaren Abrechnung der erbrachten Bauleistungen

334 Der Anspruch auf Abschlagszahlungen gem. § 632 a BGB wird nicht von dem Stellen einer prüfbaren Abschlagsrechnung (anders bei § 16 Nr. 1 VOB/B) abhängig gemacht.[874] Gleichermaßen ist die Prüfbarkeit einer Schlussrechnung beim BGB-Bauvertrag **keine Fälligkeitsvoraussetzung.**[875] Dies bedeutet aber nicht, dass ein Auftragnehmer ohne Vorliegen einer prüfbaren Abrechnung seiner Leistungen einen Vergütungsanspruch erfolgreich geltend machen wird. So muss eine schlüssige Abrechnung schon deshalb vorliegen, weil ohne prüfbare Abrechnung der Vergütungsanspruch des Auftragnehmers **im Prozess** nicht schlüssig darzulegen sein wird. Dabei sind nach der Rechtsprechung im Hinblick auf die Schlüssigkeitsprüfung bei der Vergütung eines BGB-Einheitspreisvertrages dieselben Anforderungen zu stellen, wie an die Prüfbarkeit einer Schlussrechnung beim VOB-Bauvertrag (vgl. Rn 365 ff.). Die Anforderungen an die Prüfbarkeit der Schlussrechnung sind in der VOB/B in § 14 Nr. 1 VOB/B geregelt. Es handelt sich um Mindestanforderungen, die grundsätzlich auch im BGB-Bauvertrag gelten.[876] Danach ist die Rechnung übersichtlich aufzustellen und sind die in den Vertragsbestandteilen enthaltenen Bezeichnungen zu verwenden. Die zum Nachweis von Art und Umfang der Leistung erforderlichen Mengenberechnungen, Zeichnungen und andere Belege sind beizufügen. Änderungen und Ergänzungen des Vertrages sind in der Rechnung besonders kenntlich zu machen; sie sind auf Verlangen getrennt abzurechnen. Die Anforderungen der Prüfbarkeit sollen gewährleisten, dass der Auftraggeber die Berechtigung des Vergütungsanspruches ohne weiteres nachvollziehen kann.[877] Zudem wird ohne Vorliegen einer prüfbaren Abrechnung der erbrachten Leistungen beim BGB-Bauvertrag regelmäßig kein Verzug eintreten. Dem Auftraggeber, der in Ermangelung des Vorliegens einer prüfbaren Abrechnung nicht in der Lage ist, eine Zahlungspflicht zu beurteilen, ist nämlich der für die Begründung eines Verzuges notwendige Verschuldensvorwurf (vgl. § 286 Abs. 4 BGB) nicht zu machen.[878] Schließlich hat der Auftraggeber bis zum Vorliegen einer Rechnung auch ein Leistungsverweigerungsrecht.[879]

5. Abzüge und Einbehalte

335 Bei Vorliegen einer wirksamen Vereinbarung über die Gewährung eines Skontos kann der Auftraggeber von dem Rechnungsbetrag bei Vorliegen der Voraussetzungen einen Skonto in Abzug bringen. Im Hinblick auf Einzelfragen zu einem Skonto-Abzug ist an dieser Stelle auf die Ausführungen zum VOB-Bauvertrag zu verweisen (vgl. Rn 380 f.).

a) Umlagen

336 Haben die Parteien eine wirksame vertragliche Vereinbarung dahingehend getroffen, dass vom Auftragnehmer eine Umlage für Baukosten wie z. B. Wasser, Strom und vergleichbarem zu zahlen ist, kann der Auftraggeber eine solche vereinbarte Umlage von der Schlussrechnung in Abzug bringen. Im Hinblick auf Einzelfragen zu einem Abzug einer Umlage ist an dieser Stelle auf die Ausführungen zum VOB-Bauvertrag zu verweisen (vgl. Rn 382).

---

[874] Die Parteien können beim BGB-Bauvertrag allerdings vereinbaren, dass ein gemeinsames Aufmaß zu nehmen ist. In dieser Vereinbarung liegt nicht ohne weiteres die Vereinbarung einer Fälligkeitsvoraussetzung. Eine Klage kann also dann auch auf ein einseitiges Aufmaß gestützt werden; BGH BauR 1999, 1185.
[875] BGH BauR 1981, 199; BauR 1982, 377.
[876] OLG Hamm OLGR 1996, 113; OLG Celle BauR 1997, 1052; Staudinger-*Peters*, § 641 BGB, Rn 28; MünchKomm-*Busche*, § 641 BGB, Rn 13.
[877] Staudinger-*Peters*, § 641 BGB, Rn 28 ff.; MünchKomm-*Busche*, § 641 BGB, Rn 13.
[878] BGH BauR 1989, 87 (88); OLG Frankfurt BauR 1997, 856; MünchKomm-*Busche*, § 641 BGB, Rn 8.
[879] OLG München NJW 1988, 270; MünchKomm-*Busche*, § 641 BGB, Rn 8; Staudinger-*Peters*, § 641 BGB, Rn 25.

A. Werklohnansprüche für abgeschlossene (Teil)Leistungen

b) Sicherheitseinbehalt

Haben die Parteien mit wirksamer Abrede einen Sicherungseinbehalt vereinbart, ist es dem Auftraggeber gestattet, von dem Werklohnanspruch des Auftraggebers den Sicherungsbetrag in Abzug zu bringen. Im Hinblick auf Einzelfragen zu einem Sicherungseinbehalt ist an dieser Stelle auf die Ausführungen zum VOB-Bauvertrag zu verweisen (vgl. Rn 383 ff.). 337

II. Beim VOB-Bauvertrag: §§ 631, 632 i.V. m. §§ 12, 14, 16 VOB/B

1. Vorliegen eines Werkvertrages bei wirksamer Einbeziehung der VOB/B

Auch bei einem VOB-Bauvertrag ist für den Werklohnanspruch des Auftragnehmers Grundvoraussetzung, dass zwischen den Parteien ein wirksamer Werkvertrag zustande gekommen ist. Zudem muss die VOB/B in das Vertragsverhältnis wirksam einbezogen worden sein (vgl. Rn 216 ff.). 338

2. Vergütungsvereinbarung

a) Vorliegen einer ausdrücklichen Vergütungsvereinbarung

§ 2 VOB/B modifiziert die Vergütungsregelung der §§ 631 ff. BGB. Nach dem Grundsatz des § 2 Nr. 2 VOB/B wird die Vergütung nach den vertraglichen Einheitspreisen[880] und in tatsächlich ausgeführten Leistungen berechnet, wenn keine andere Berechnungsart vereinbart worden ist. Als andere Berechnungsarten kommen die Berechnung nach der Pauschalsumme (§ 2 Nr. 7 VOB/B), nach einem Stundenlohn (§ 2 Nr. 10, § 15 VOB/B) sowie nach der Selbstkostenerstattung (§ 5 Nr. 3 VOB/A) in Betracht. 339

aa) Einheitspreisvertrag gemäß § 5 Nr. 1 a) VOB/A[881]

Nach dem Grundsatz des § 2 Nr. 2 VOB/B wird die Vergütung nach den vertraglichen Einheitspreisen und in tatsächlich ausgeführten Leistungen berechnet, wenn keine andere Berechnungsart vereinbart ist (vgl. die Nachweise in Rn 346). Gemäß § 5 Nr. 1 a) VOB/A liegt ein Einheitspreisvertrag vor, wenn die Vergütungen nach Leistung bemessen wird, und zwar zu Einheitspreisen für technisch und wirtschaftlich einheitliche Teilleistungen, deren Menge nach Maß, Gewicht oder Stückzahl vom Auftraggeber in den Verdingungsunterlagen anzugeben ist. 340

bb) Pauschalpreisvertrag gemäß § 5 Nr. 1 b) VOB/A[882]

Als andere Berechnungsarten kommt die Berechnung nach einer Pauschalsumme i. S. des § 2 Nr. 7 VOB/B in Betracht. Für den Pauschalvertrag bestimmt § 5 Nr. 1 b) VOB/A, dass sich die Vergütung nach Leistungen bemessen wird (Leistungsvertrag), und zwar in geeigneten Fällen für eine Pauschalsumme, wenn die Leistung nach Ausführungsart und 341

---

880 *Riedel*, ZfBR 1980, 1 (2); *Vygen*, ZfBR 1979, 133 (136); Werner/Pastor, Rn 1114; Ingenstau/Korbion-*Keldungs*, § 2 Nr. 2 VOB/B, Rn 1; MünchKomm-*Busche*, § 632 BGB, Rn 24; *Tempel*, JuS 1979, 493. Demgegenüber vertritt der BGH (BGH BauR 1981, 388) die Auffassung, dem § 2 Nr. 2 VOB/B sei nicht zu entnehmen, dass nach Einheitspreisen immer dann abzurechnen wäre, wenn sich eine Vereinbarung über die Berechnungsart der Vergütung nicht feststellen lässt, zumal die Abrechnung nach Einheitspreisen auch keinem Handelsbrauch im Baugewerbe entspricht.

881 Vgl. dazu die umfangreichen Ausführungen unter Rn 287 ff. Weiterführend: Kapellmann/Messerschmidt-*Kapellmann*, § 5 VOB/A, Rn 10 ff.; Werner/Pastor, Rn 1162 ff.; Ingenstau/Korbion-*Keldungs*, § 5 VOB/A, Rn 8 ff.; Staudinger-*Peters*, § 632 BGB, Rn 4 f.

882 Vgl. dazu die umfangreichen Ausführungen unter Rn 297 ff. Weiterführend: Kapellmann/Messerschmidt-*Kapellmann*, § 5 VOB/A, Rn 28 ff.; Ingenstau/Korbion-*Keldungs*, § 5 VOB/A, Rn 13 ff.; Staudinger-Peters, § 632 BGB, Rn 6 f.; Werner/Pastor, Rn 1178 ff.; *Putzier*, Der Pauschalpreisvertrag (2000); *Kapellmann*, Festschrift für Soergel, S. 99 ff.; *Vygen*, BauR 1979, 375; *ders.*, ZfBR 1979, 133; *Heiermann*, BB 1975, 991.

§ 6 Die Ansprüche des Auftragnehmers gegen den Auftraggeber

Umfang genau bestimmt ist und mit einer Änderung bei der Ausführung nicht zu rechnen ist (Pauschalvertrag). Grundsätzlich ist der Pauschalvertrag ein End- und Festpreis. Dies bedeutet, dass die gesamte Bauleistung, die zur Herstellung der vereinbarten Leistung gehört bzw. für diese erforderlich ist, mit dem Pauschalpreis vergütet ist.

cc) Stundenlohnarbeiten gemäß § 5 Nr. 2 VOB/A

342 In § 2 Nr. 10 VOB/B ist bestimmt, das Stundenlohnarbeiten[883] nur vergütet werden, wenn sie als solche **vor ihrem Beginn ausdrücklich vereinbart** worden sind. Stundenlohnarbeiten können demnach nur dann abgerechnet werden, wenn eine entsprechende Einigung der Vertragsparteien gem. der §§ 145 ff. BGB vorliegt (vgl. Rn 231 ff.). Handelt der Auftraggeber nicht selbst, kommt es darauf an, ob er sich auf der Grundlage der §§ 164 ff. BGB eine Beauftragung durch einen handelnden Dritten (Architekt/Bauleiter/Polier) zurechnen lassen muss (vgl. Rn 252 ff.). Der Auftragnehmer trägt vor diesem Hintergrund beim Stundenlohnvertrag grundsätzlich die Darlegungs- und Beweislast für das Vorliegen einer Stundenlohnabrede und Anzahl der von ihm aufgewendeten Stunden.[884] Ferner muss der Auftragnehmer den Beweis führen, dass die abgerechnete Leistung identisch ist mit der Leistung, die nach Stundenlohn zu vergüten ist. Insbesondere muss er die substantiierte Behauptung des Auftraggebers widerlegen, die abgerechneten Leistungen seien nach einer Einheitspreisabrede bereits durch die Einheitspreise abgegolten.[885]

343 Geht es um die Anzahl der abrechenbaren Stunden, ist es Sache des Auftragnehmers, nachzuweisen, dass er die Leistungen im abgerechneten Umfang auch tatsächlich erbracht hat. Gemäß § 15 Nr. 3 S. 1 VOB/B hat er über den geleisteten Arbeitsaufwand und den dabei erforderlichen „besonders zu vergütenden Aufwand für den Verbrauch von Stoffen, für Vorhaltung von Einrichtungen, Geräten, Maschinen ... je nach Verkehrssitte werktäglich oder wöchentlich Listen (Stundenlohnzettel) einzureichen." Aus den Stundenzetteln müssen sich:
- die jeweils geleisteten Arbeitsstunden,
- die eingesetzten Personen (auch hinsichtlich ihrer Funktion),
- die Art ihres Einsatzes und
- schließlich Ausführungen ergeben, welche konkreten Arbeiten in der angegebenen Zeit ausgeführt worden sind.[886]

344 Hat der Auftragnehmer die Ausführungen der Stundenlohnarbeiten gem. § 15 Nr. 3 S. 1 VOB/B vor Beginn angezeigt[887] und die Stundenlohnzettel in kurzen Zeitabständen an den Auftraggeber übergeben, kommt es bei der prozessualen Durchsetzung des Vergütungsanspruchs darauf an, wie der Auftraggeber sich verhält:
- Kommt der Auftraggeber zu dem Ergebnis, dass die Angaben in den ihm vorgelegten Stundenlohnzetteln zutreffend sind, hat er dem Auftragnehmer gegenüber die Stundenlohnzettel durch seine vorbehaltslose Unterzeichnung zu bescheinigen. Mit seiner Unterschrift bestätigt der Auftraggeber, dass der Auftragnehmer die angegebenen Stunden gearbeitet hat und das angegebene Material angefallen ist (vgl. Rn 302 f.). In

---

883 Weiterführend Kapellmann/Messerschmidt-*Kapellmann*, § 5 VOB/A, Rn 37 ff.; Werner/Pastor, Rn 1210 ff.; Ingenstau/Korbion-*Keldungs*, § 5 VOB/A, Rn 25 ff.; Staudinger-*Peters*, § 632 BGB, Rn 8, 17 f.
884 KG NZBau 2001, 26; OLG Frankfurt NZBau 2001, 27; Staudinger-*Peters*, § 632 BGB, Rn 18.
885 KG NZBau 2001, 26; OLG Frankfurt NZBau 2001, 27; OLG Hamm BauR 2005, 1330 (zur Substantiierung).
886 KG NJW-RR 2000, 1690.
887 Kommt der Auftragnehmer dieser Anzeigepflicht nicht nach, entfällt der Werklohnanspruch des Auftragnehmers nicht. Der Auftraggeber kann sich in diesem Fall gem. § 15 Nr. 5 VOB/B aber auf den Einwand stützen, er könne die tatsächlich erbrachten Leistungen nicht prüfen und sei daher nur zur Zahlung des objektiven Aufwands verpflichtet.

A. Werklohnansprüche für abgeschlossene (Teil)Leistungen

diesem Fall wird der Auftragnehmer seinen Vergütungsanspruch mit Erfolg durchsetzen können.

- Können die Stundenlohnzettel inhaltlich nicht nachvollzogen werden, kann der Auftraggeber derartige Stundenlohnzettel als nicht prüfbar zurückweisen. In Ermangelung einer späteren prüfbaren Abrechnung der Stundenlohnarbeiten ist in diesem Fall der Vergütungsanspruch des Auftragnehmers nicht fällig.
- Kommt der Auftraggeber zu dem Ergebnis, dass die Angaben des Auftragnehmers ganz oder teilweise unrichtig sind, hat er auf den Stundenlohnzetteln oder aber auch gesondert gem. § 15 Nr. 3 S. 4 VOB/B schriftliche Einwendungen gegen den Inhalt der Auftragnehmerangaben zu erheben. Es ist dann Sache des Auftragnehmers, darzutun und zu beweisen, dass er die Leistungen im abgerechneten Umfang auch tatsächlich erbracht hat.
- Weiter kann der Auftraggeber zu dem Ergebnis gelangen, dass die Anzahl der geleisteten Stunden im Verhältnis zu den ausgeführten Leistungen überzogen ist. In diesem Fall sollte eine Unterzeichnung der Stundenlohnzettel mit dem Vorbehalt mangelnder Erforderlichkeit der geleisteten Stunden für die übernommenen und ausgeführten Arbeiten verbunden werden. Beruft sich der Auftraggeber im Prozess darauf, dass die Anzahl der vom Auftragnehmer für die vereinbarte Leistung berechneten Stunden unangemessen hoch ist, trifft ihn insoweit die Darlegungs- und Beweislast. In einer unangemessen langen Arbeitsdauer liegt beim Stundenlohnvertrag nämlich eine Pflichtverletzung des Auftragnehmers, die derjenige zu beweisen hat, der daraus Rechte herleitet.[888]
- Schließlich ist es auch denkbar, dass der Auftraggeber untätig bleibt oder die Überprüfung der Stundenlohnarbeiten zurückstellt. Dadurch versäumt er die sich aus § 15 Nr. 3 S. 3 VOB/B ergebende Frist zur unverzüglichen Rückgabe der Stundenlohnzettel. Dies hat gem. § 15 Nr. 3 S. 5 VOB/B zur Folge, dass derartige nicht fristgemäß zurückgegebene Stundenlohnzettel gegenüber dem Auftragnehmer als anerkannt gelten. Auch in diesem Fall wird der Auftragnehmer seinen Vergütungsanspruch mit Erfolg durchsetzen können.

dd) Selbstkostenerstattung gemäß § 5 Nr. 3 VOB/A

Schließlich kommt auch eine Abrechnung nach Selbstkostenerstattung[889] gem. § 5 Nr. 3 VOB/A in Betracht. Was Selbstkosten sind, regelt die VOB nicht. Nach § 5 Nr. 3 Abs. 2 VOB/A soll im Rahmen der Vergabe festgelegt werden, wie Löhne, Stoffe, Gerätevorhaltung und andere Kosten einschließlich der Gemeinkosten zu vergüten sind und der Gewinn zu bemessen ist. **345**

b) Übliche Vergütung gemäß § 632 Abs. 2 BGB

Vor dem Hintergrund des § 2 Nr. 2 VOB/B steht fest, dass beim VOB-Bauvertrag die Leistungen des Auftragnehmers stets gegen Zahlung einer Vergütung durch den Auftraggeber zu erbringen sind. § 632 Abs. 1 BGB findet deshalb beim VOB-Bauvertrag keine Anwendung.[890] Im Hinblick auf die Vergütungsart begründet § 2 Nr. 2 VOB/B einen Anschein, dass **nach Einheitspreisen** abzurechnen ist. Betreffend der konkreten Vergütungshöhe kann sich der Auftragnehmer gem. § 632 Abs. 2 BGB – wie auch beim BGB- **346**

---

888 OLG Karlsruhe BauR 2003, 737; OLG Düsseldorf BauR 2003, 887.
889 Weiterführend Kapellmann/Messerschmidt-*Kapellmann*, § 5 VOB/A, Rn 41 ff.; Werner/Pastor, Rn 1217; Ingenstau/Korbion-*Keldings*, § 5 VOB/A, Rn 32 ff.; Staudinger-*Peters*, § 632 BGB, Rn 19.
890 Ingenstau/Korbion-*Keldings*, § 2 Nr. 2 VOB/B, Rn 1.

§ 6 Die Ansprüche des Auftragnehmers gegen den Auftraggeber

Bauvertrag – auf die markt- und ortsübliche(n) Vergütung (Einheitspreise) stützen (vgl. Rn 287 ff.). Zur Darlegungs- und Beweislast gelten die zu § 632 Abs. 2 BGB erläuterten Grundsätze (vgl. Rn 305 ff.). Für die Vereinbarung einer bestimmten Vergütungsart und -höhe hat der Auftragnehmer die Darlegungs- und Beweislast. Dies gilt insbesondere dann, wenn der Auftraggeber vor dem Hintergrund der ihn treffenden qualifizierten Darlegungslast die Absprache eines bestimmten Pauschalpreises anstelle der vom Auftragnehmer behaupteten Einheitspreisvereinbarung einwendet. Auch wenn der Auftragnehmer die übliche Vergütung beansprucht, der Auftraggeber jedoch die Vereinbarung einer bestimmten (niedrigeren) Vergütung einwendet, muss der Auftragnehmer den Beweis führen, dass diese Vereinbarung nicht getroffen worden ist.[891]

3. Abnahme der Bauleistung als Fälligkeitsvoraussetzung des Werklohnanspruchs

347 Voraussetzung für die Fälligkeit des Werklohnanspruchs beim VOB-Bauvertrag ist gem. § 12 VOB/B eine Abnahme der Bauleistung. Die Abnahme der Werkleistung kann in unterschiedlichen Formen erfolgen. Zu unterscheiden ist zunächst zwischen einer tatsächlichen und einer fiktiven Abnahme.

Übersicht:

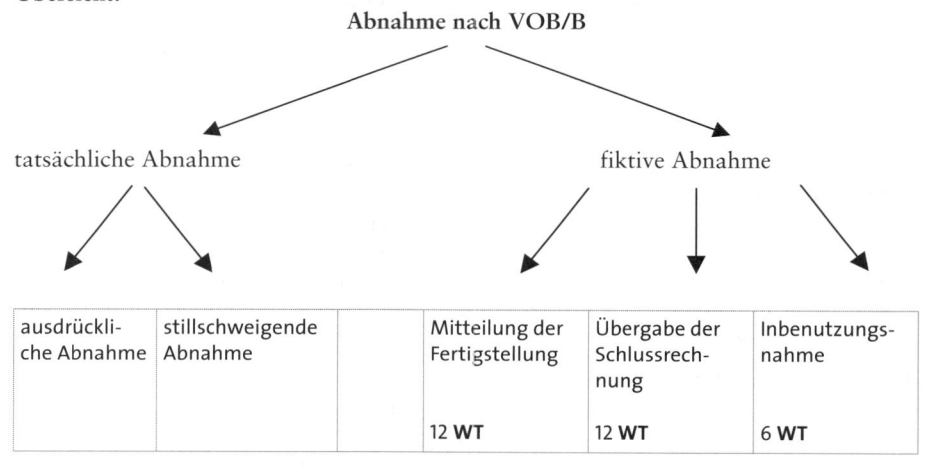

Abnahme nach VOB/B

- tatsächliche Abnahme
- fiktive Abnahme

ausdrückliche Abnahme	stillschweigende Abnahme		Mitteilung der Fertigstellung	Übergabe der Schlussrechnung	Inbenutzungsnahme
			12 **WT**	12 **WT**	6 **WT**

a) Tatsächliche Abnahme der Bauleistung

348 Geht es um die tatsächliche Abnahme, so geht die VOB/B von denselben Grundlagen wie das BGB-Werkvertragsrecht aus. Sie unterscheidet zwischen einer ausdrücklichen Abnahme als ausgesprochener Anerkennung des Werkes als eine in der Hauptsache vertragsgemäße Leistung, und einer schlüssige Abnahme, bei der der Auftraggeber durch sein Verhalten zum Ausdruck bringt, dass er die Bauleistung als im Wesentlichen vertragsgemäß ansieht.

aa) Förmliche Abnahme gemäß § 12 Nr. 4 VOB/B

349 Wichtigster Fall der tatsächlichen Abnahme stellt beim VOB-Bauvertrag die in § 12 Nr. 4 VOB/B geregelte förmliche Abnahme dar. Die förmliche Abnahme hat den Sinn und

---

891 BGH BauR 1981, 388; BauR 1992, 505; Werner/Pastor, Rn 1136; Kapellmann/Messerschmidt-*Kapellmann*, § 2 VOB/B, Rn 132; Kniffka/Koeble, Kompendium 5. Teil, Rn 60.

A. Werklohnansprüche für abgeschlossene (Teil)Leistungen 1

Zweck, dass die Vertragspartner an Ort und Stelle gemeinsam über die erbrachten Leistungen befinden. Damit soll möglichst umgehend Klarheit über die Erfüllung der Leistungspflichten geschaffen werden und spätere Streitigkeiten – insbesondere Beweisschwierigkeiten – vermieden werden.[892] Die förmliche Abnahme setzt das entsprechende Verlangen einer Vertragspartei voraus. Häufig enthält schon der VOB-Vertrag eine Regelung, wonach eine förmliche Abnahme stattzufinden hat. Ist nach dem Vertrag eine förmliche Abnahme nicht vereinbart, kann das Verlangen nach einer förmlichen Abnahme auch noch nach der Erbringung der Leistung erfolgen. Dieses Verlangen ist aber nur dann gerechtfertigt, wenn nicht bereits eine andere Abnahme stattgefunden hat. Das förmliche Abnahmeverlangen ist also insbesondere dann ausgeschlossen, wenn bereits eine Abnahme auf der Grundlage von § 12 Nr. 5 VOB/B stattgefunden hat, die Leistung also demnach fiktiv abgenommen worden ist.[893] Folglich muss die förmliche Abnahme jeweils vor Ablauf der Frist des § 12 Nr. 5 VOB/B verlangt werden. Gleiches gilt dann, wenn bereits von einer schlüssigen Abnahme auszugehen ist.[894]

Im Termin ist eine **Niederschrift** anzufertigen, in die der Befund sowie etwaige Vorbehalte wegen bekannten Mängeln und wegen Vertragsstrafen[895] sowie Einwendungen des Auftragnehmers aufzunehmen sind.[896] [897] Nach der Rechtsprechung des BGH hat der wirksam erklärte Vorbehalt hinsichtlich bekannter Mängel zur Folge, dass der Auftragnehmer, wie vor der Abnahme oder im Falle der berechtigten Verweigerung der Abnahme, die Mangelfreiheit des Werkes darlegen und beweisen muss, wenn der Auftraggeber den Mangel substantiiert behauptet. Enthält das Abnahmeprotokoll dementgegen die Formulierung, dass die Abnahme „erteilt wird", wenn genau beschriebene Mängel nachfolgend beseitigt werden, liegt in der Unterschrift des Auftraggebers noch keine Abnahme des Bauwerks.[898] Höchstrichterlich nicht entschieden ist die Frage, ob der Vorbehalt bestimmter Mängel dazu führt, dass hinsichtlich der vorbehaltenen Mängel die übrigen Abnahmewirkungen nicht eintreten. Derzeit ungeklärt ist, ob im Falle eines wirksamen Vorbehalts die Gewährleistungsfrist zu laufen beginnt, ob der Auftragnehmer hinsichtlich der vorbehaltenen Mängel die Vergütungsgefahr trägt (§ 7 VOB/B, §§ 644, 645 BGB), ob hinsichtlich der vorbehaltenen Mängel eine erneute Abnahme erforderlich ist und ob Auftraggeber eines VOB/B-Vertrages dem Auftragnehmer vor einer Ersatzvornahme den Auftrag entziehen muss. Die förmliche Abnahme kann auch in **Abwesenheit** des Auftragnehmers stattfinden, wenn der Auftraggeber hierzu mit angemessener Frist

350

---

[892] Kapellmann/Messerschmidt-*Havers*, § 12 VOB/B, Rn 83; Ingenstau/Korbion-*Oppler*, § 12 Nr. 4 VOB/B, Rn 1.
[893] Kapellmann/Messerschmidt-*Havers*, § 12 VOB/B, Rn 85 Ingenstau/Korbion-*Oppler*, § 12 Nr. 4 VOB/B, Rn 5; Heiermann/ Riedl/Rusan, § 12 VOB/B, Rn 35b.
[894] OLG Düsseldorf BauR 1992, 678; Kapellmann/Messerschmidt-*Havers*, § 12 VOB/B, Rn 85; Ingenstau/Korbion-*Oppler*, § 12 Nr. 4 VOB/B, Rn 5.
[895] Bei der förmlichen Abnahme muss der Vorbehalt der Vertragsstrafe und der bekannten Mängel zur Niederschrift erklärt werden. Der Vorbehalt kann auch in einer formularmäßig vorbereiteten Abnahmeniederschrift aufgenommen und mit der Unterschrift erklärt werden. Zur Abgabe der Vorbehaltserklärung und ihrer Entgegennahme sind im Zweifel die zur Durchführung der förmlichen Abnahme bevollmächtigten Vertreter der Vertragsparteien befugt.
[896] Kapellmann/Messerschmidt-*Havers*, § 12 VOB/B, Rn 88, 89; Ingenstau/Korbion-*Oppler*, § 12 Nr. 4 VOB/B, Rn 13 ff.
[897] Die Unterzeichnung des Abnahmeprotokolls durch beide Parteien ist nicht Wirksamkeitsvoraussetzung: Ingenstau/Korbion-*Oppler*, § 12 Nr. 4 VOB/B, Rn 18; Beck'scher VOB-Kommentar-*Jagenburg*, § 12 Nr. 4 VOB/B, Rn 38; Kapellmann/Messerschmidt-*Havers*, § 12 VOB/B, Rn 89; a. A. Heiermann/Riedl/Rusan, § 12 VOB/B, Rn 38b.
[898] OLG Saarbrücken, IBR 2005, 419, Nichtzulassungsbeschwerde vom BGH durch Beschl. v. 12.5.2005 zurückgewiesen.

geladen hatte (§ 12 Nr. 4 Abs. 2 VOB/B). Dann ist ihm das Ergebnis der Abnahme alsbald mitzuteilen.[899] [900]

351 In der Praxis ist immer wieder festzustellen, dass im Vertrag das Stattfinden einer förmlichen Abnahme vorgeschrieben worden ist, diese dann aber nach Fertigstellung der Leistungen nicht durchgeführt wird. Findet die zwischen den Parteien vereinbarte förmliche Abnahme **nicht statt**, ist zu prüfen, ob eine konkludente Abnahme zu bejahen ist. Dies setzt voraus, dass die Vertragsparteien die Vereinbarung über die förmliche Abnahme – ggf. auch konkludent –[901] aufgehoben haben. Es ist ferner denkbar, eine stillschweigende Aufhebung der Vereinbarung über die förmliche Abnahme und vom Vorliegen einer stillschweigenden Abnahme auszugehen. Diese liegt jedenfalls in der Regel vor, wenn längere Zeit nach der Benutzung des Bauwerks keine der Parteien auf die förmliche Abnahme zurückkommt.[902] Unerheblich ist, ob die Parteien sich der Tatsache bewusst waren, dass eine förmliche Abnahme vorgesehen war oder ob sie das nur vergessen haben. Eine Aufhebung der Vereinbarung über die förmliche Abnahme und damit auch eine stillschweigende Abnahme ohne diese kommt jedoch nicht in Betracht, wenn der Auftraggeber Mängel gerügt hat und dieses Verhalten indiziell dafür ist, dass er auf die förmliche Abnahme nach Mängelbeseitigung nicht verzichten wollte.[903]

bb) Schlüssige Abnahme

352 Die schlüssige Abnahme als besondere Abnahmeform ist in der VOB/B nicht geregelt, nach ganz h. M. aber zulässig.[904] Sie setzt – wie die ausdrückliche Abnahme – ein vom Willen des Auftraggebers getragenes Verhalten voraus (Abnahmewillen). Daher ist eine stillschweigend erklärte und damit schlüssige Abnahme immer dann gegeben, wenn der Auftraggeber durch sein Verhalten zum Ausdruck bringt, dass er das Bauwerk als im Wesentlichen vertragsgerecht ansieht.[905]

b) Fiktive Abnahme der Bauleistung
aa) Fiktive Abnahme gemäß § 12 Nr. 5 VOB/B

353 Eine erste Form der fiktiven Abnahme ist in § 12 Nr. 5 VOB/B geregelt. Danach gilt eine Werkleistung als abgenommen, wenn nach **schriftlicher Mitteilung über die Fertigstellung** der Leistung bzw. Zugang der Schlussrechnung 12 Werktage oder nach Inbenut-

---

899 Kapellmann/Messerschmidt-*Havers*, § 12 VOB/B Rn 92; Ingenstau/Korbion-*Oppler*, § 12 Nr. 4 VOB/B, Rn 20 ff.; Beck'scher VOB-Kommentar-*Jagenburg*, § 12 Nr. 4 VOB/B, Rn 46 ff.
900 Auf eine förmliche Abnahme kann sich der Auftraggeber in diesem Fall allerdings dann nicht berufen, wenn der Auftragnehmer aus wichtigem Grund der Abnahme fern geblieben ist und den Auftraggeber entsprechend informiert hat; Kapellmann/Messerschmidt-*Havers*, § 12 VOB/B, Rn 92.
901 BGH BauR 2001, 296; OLG Hamm BauR 1993, 640; OLG Düsseldorf BauR 1992, 678; Kapellmann/Messerschmidt-*Havers*, § 12 VOB/B, Rn 20; Werner/Pastor, Rn 1351.
902 BGH BauR 1977, 344; vgl. auch die weiteren Nachweise unter Rn 309.
903 BGH BauR 2001, 296.
904 OLG Jena BauR 2005, 1522; Werner/Pastor, Rn 1353; Kapellmann/Messerschmidt-*Havers*, § 12 VOB/B, Rn 15 ff., 32.
905 Eine schlüssige Abnahme kommt z. B. in Betracht durch: Die vorbehaltlose Zahlung des restlichen Werklohns (BGH BauR 1970, 48); die bestimmungsgemäße Ingebrauchnahme (BGH BauR 1985, 200); den Bezug des Hauses bzw. die Übernahme des Bauwerks (BGH BauR 1975, 344); die Übergabe des Hausschlüssels an den Erwerber nach Besichtigung des Hauses (OLG Hamm BauR 1993, 1975); die rügelose Benutzung des Werkes oder der Bauleistung; die Erstellung einer Gegenrechnung durch den Auftraggeber; die Unterschrift unter eine Auftrags- und Ausführungsbestätigung des Auftraggebers bei gleichzeitiger Rüge kleiner Mängel (OLG Düsseldorf BauR 1998, 126); den Einbehalt eines Betrages für gerügte Mängel im Rahmen eines Schlussgesprächs über die Restforderung des Auftragnehmers (OLG Koblenz NJW-RR 1994, 786); weiteren Aufbau durch den Auftraggeber auf die Leistung des Unternehmers (OLG Düsseldorf BauR 2001, 423).

A. Werklohnansprüche für abgeschlossene (Teil)Leistungen 1

zungnahme[906] der Leistung 6 Werktage vergangen sind. Wie auch bei § 640 Abs. 1 S. 3 BGB kommt es nach Auffassung des BGH für eine fiktive Abnahme nach § 12 Nr. 5 VOB/B auf eine Abnahmereife i. S. des § 12 Nr. 3 VOB/B an. Dabei setzt eine Abnahmereife nach der Rechtsprechung des BGH voraus, dass die geschuldeten Leistungen einerseits fertig gestellt worden sind und andererseits nicht mit wesentlichen Mängeln i. S. des § 12 Nr. 3 VOB/B behaftet sind.[907] Demtentgegen knüpft das Schrifttum ausschließlich die Fertigstellung der Leistung an das Erfordernis der Abnahmereife als Voraussetzung für eine fiktive Abnahme nach § 12 Nr. 5 VOB/B. Demnach kann es auch beim Vorliegen von wesentlichen Mängeln zu einer fiktiven Abnahme gem. § 12 Nr. 5 VOB/B kommen.[908] Unstreitig kommt § 12 Nr. 5 VOB/B aber dann nicht zur Anwendung, wenn die Leistungen mit wesentlichen Mängeln behaftet sind und deswegen vom Auftraggeber fristgerecht zurückgewiesen worden sind.[909] Weiterhin ist Voraussetzung, dass ein Abnahmeverlangen des Auftragnehmers oder Auftragebers nach § 12 Nr. 1 oder 4 VOB/B fehlt. Verlangt der Auftragnehmer gegenüber dem Auftraggeber vor Ablauf der in § 12 Nr. 5 VOB/B geregelten Fristen die Abnahme, ist § 12 Nr. 5 VOB/B nicht mehr anwendbar. In diesem Fall kann der Auftragnehmer, wenn die Leistungen abnahmefähig erbracht worden sind, zu einer fiktiven Abnahme auf der Grundlage des § 640 Abs.1 S. 3 BGB kommen.

bb) Fiktive Abnahme gemäß § 640 Abs. 1 S. 3 BGB

Voraussetzung für eine fiktive Abnahme nach § 640 Abs. 1 S. 3 BGB ist, dass eine vom Auftragnehmer bestimmte **angemessene Frist** abgelaufen ist. Der Auftragnehmer muss also, um die Abnahmewirkungen auszulösen, zur Abnahme auffordern und diese Aufforderung mit einer Frist verbinden. Welche Frist angemessen ist, hängt von den Umständen des Einzelfalles, insbesondere dem Umfang des erbrachten Werkes ab. Ein Anhaltspunkt kann die Frist des § 12 Nr. 1 VOB/B liefern, wonach das Werk innerhalb von 12 Werktagen abzunehmen ist.[910] Weiterhin ist für § 640 Abs. 1 S. 3 BGB erforderlich, dass die Leistung **vertragsgemäß** erbracht worden ist. Mit Vorliegen der fiktiven Abnahme treten alle Abnahmewirkungen ein. Nach § 12 Nr. 3 VOB/B kann der Auftraggeber die Abnahme wegen unwesentlicher **Mängel** nicht verweigern.[911] Nach der Rechtsprechung des BGH ist ein Mangel unwesentlich, wenn er an Bedeutung so weit zurücktritt, dass es unter Abwägung der beiderseitigen Interessen für den Auftraggeber zumutbar ist, eine zügige Abwicklung des gesamten Vertragsverhältnisses nicht länger aufzuhalten und deshalb nicht mehr auf den Vorteilen zu bestehen, die sich ihm vor vollzogener Abnahme bieten. Für die Abgrenzung wesentlicher von unwesentlichen Mängeln sind nicht in erster Linie technische oder wirtschaftliche Kriterien maßgeblich, sondern die Auswirkungen des Mangels auf die Gebrauchstauglichkeit für den Auftraggeber. Technisch gravie-

354

---

906 Die Benutzung von Teilen einer baulichen Anlage zur Weiterführung der Arbeiten gilt gem. § 12 Nr. 5 Abs. 2 S. 2 VOB/B nicht als Abnahme, Ingenstau/Korbion-*Oppler*, § 12 Nr. 5 VOB/B, Rn 23.
907 BGH BauR 1989, 603; Heiermann/Riedl/Rusan, § 12 VOB/B, Rn 41. Diese Voraussetzung begründet für den Auftragnehmer das Risiko, dass sich unter Umständen erst nach Jahren herausstellt, wenn ein verdeckter wesentlicher Mangel erkannt wird, dass die Abnahmewirkungen der fiktiven Abnahme nicht eingetreten sind.
908 Beck'scher VOB-Kommentar-*Jagenburg*, § 12 Nr. 5 VOB/B, Rn 7, 8, 9; Kapellmann/Messerschmidt-*Havers*, § 12 VOB/B, Rn 99 und 102; Ingenstau/Korbion-*Oppler*, § 12 Nr. 5 VOB/B Rn 12; Werner/Pastor, Rn 1390.
909 OLG Düsseldorf BauR 1976, 433; Werner/Pastor, Rn 1386.
910 Eine Fristsetzung ist nach allgemeinen Grundsätzen entbehrlich, wenn der Besteller die Abnahme von vornherein endgültig unberechtigt verweigert. In diesem Fall wäre die Notwendigkeit Die Fristsetzung wäre dann reine Förmelei, MünchKomm-*Busche*, § 640 BGB, Rn 27; Staudinger-*Peters*, § 640 BGB, Rn 45.
911 BGH BauR 1981, 1448, BGH BauR 1992, 627.

rende Mängel oder Mängel, deren Beseitigung nicht nur unbedeutende Kosten verursachen, sind unabhängig von ihren Auswirkungen auf die Gebrauchstauglichkeit regelmäßig wesentliche Mängel. Technisch unbedeutende Mängel, oder Mängel, deren Beseitigung geringe Kosten verursacht, sind dementgegen keine unwesentlichen Mängel, wenn sie die vereinbarte oder die nach dem Vertrag vorausgesetzte Gebrauchstauglichkeit nicht nur unwesentlich beeinträchtigen. Die Gebrauchstauglichkeit des Werkes bestimmt sich vorrangig nach den Interessen des Auftraggebers. Für die Beurteilung der Frage, ob ein Mangel eines Bauwerkes wesentlich ist, ist der Zeitpunkt der Abnahme maßgeblich.

c) Berechtigte Abnahmeverweigerung nach § 12 Nr. 3 VOB/B

355 Gemäß § 12 Nr. 3 VOB/B kann wegen wesentlicher Mängel die Abnahme bis zur Beseitigung der Mängel verweigert werden. Als **wesentliche Mängel** in diesem Sinne sind vor allem solche Mängel anzusehen, die die bestimmungsgemäße oder funktionsgerechte Benutzung der Bauleistungen verhindern.[912] Dies kann im Einzelfall auch bei einer sehr großen Anzahl kleinerer Mängel der Fall sein, die jeder für sich die bestimmungsgemäße Nutzung nicht ausschließen.[913] Die Abnahmeverweigerung sollte vom Auftraggeber stets klar und deutlich als Verweigerung ausgesprochen werden, um Missverständnisse auf beiden Seiten zu vermeiden. Dies gilt deshalb, da die bloße Mängelrüge auch erheblicher oder zahlreicher Mängel für sich alleine noch keine Abnahmeverweigerung bedeutet, sondern als bloßer Mangelvorbehalt bei der Abnahme gem. § 12 Nr. 4 Abs. 1 S. 3 VOB/B oder gem. § 12 Nr. 5 Abs. 3 VOB/B anzusehen ist.

d) Rechtswirkungen der Abnahme

356 Mit der Abnahme geht die Erfüllungsebene des Bauvertrages zu Ende und es beginnt das Stadium der Mängelhaftung. Nach außen manifestiert sich dies im Hinblick auf den Anspruch des Auftraggebers auf Errichtung eines mangelfreien Werkes. Während es sich vor der Abnahme gem. § 4 Nr. 7 VOB/B um einen Erfüllungsanspruch handelt, verbleibt dem Auftraggeber nach der Abnahme nur einen Mängelanspruch aus § 13 Nr. 5 VOB/B. (vgl. Rn 664 ff.)

aa) Fälligkeit des Werklohanspruchs

357 Gemäß § 12 VOB/B wird der Vergütungsanspruch des Auftragnehmers, soweit die Abnahme als Fälligkeitsvoraussetzung nicht ausnahmsweise entbehrlich ist (vgl. Rn 315), erst bei Vorliegen einer Abnahme fällig.

bb) Übergang der Leistungsgefahr[914] und Preisgefahr[915]

358 Mit der Abnahme ist ein Übergang der **Leistungsgefahr** verbunden. Gemäß § 4 Nr. 5 S. 1 VOB/B hat der Auftragnehmer die von ihm ausgeführten Leistungen und die ihm für die Ausführung übergebenen Gegenstände bis zur Abnahme vor Beschädigungen und Diebstahl zu schützen. Nach § 12 Nr. 6 VOB/B geht die Gefahr mit der Abnahme auf den

---

[912] Kapellmann/Messerschmidt-*Havers*, § 12 VOB/B, Rn 78; Beck'scher VOB-Kommentar-*Jagenburg*, § 12 Nr. 3 VOB/B, Rn 9 ff.; Ingenstau/Korbion-*Oppler*, § 12 Nr. 3 VOB/B, Rn 2; OLG Hamm BauR 2005. 731.
[913] KG BauR 1984, 527; *Motzko-Schreiber*, BauR 1999, 24; Ingenstau/Korbion-*Oppler*, § 12 Nr. 3 VOB/B, Rn 2.
[914] Bei der Leistungsgefahr geht es um die Frage, ob der Auftragnehmer das zufällig untergegangene oder verschlechterte Werk neu herzustellen oder ggf. nachzubessern hat.
[915] Hierbei geht es um die Frage, ob und inwieweit der Vergütungsanspruch des Auftragnehmers bestehen bleibt oder entfällt, wenn das begonnene oder auch schon hergestellte Werk durch Zufall untergeht, verschlechtert oder sonst unausführbar wird.

A. Werklohnansprüche für abgeschlossene (Teil)Leistungen

Auftraggeber über, soweit er sie nicht schon nach § 7 VOB/B trägt. Der Begriff der Gefahrtragung ist rechtlicher Natur. Durch die Gefahrtragung bestimmt sich, wer z. B. bei Beschädigung oder Zerstörung der bereits fertig gestellten Leistungsteile das Risiko einer Neuherstellung (Leistungsgefahr) sowie das Risiko der Zahlung der Vergütung (Preisgefahr) zu tragen hat. Die **Preisgefahr** geht bei Vereinbarung der VOB/B – abweichend von der gesetzlichen Regelung – vorzeitig auf den Auftraggeber gem. § 7 VOB/B über, wenn die ganz oder teilweise ausgeführten Leistungen vor der Abnahme durch höhere Gewalt, Krieg, Aufruhr oder anderer unabwendbare,[916] vom Auftragnehmer nicht zu vertretende Umstände beschädigt oder zerstört werden. In diesem Falle hat der Auftragnehmer zwar seine Leistung erneut zu erbringen (Leistungsgefahr), er hat aber für die ausgeführten Teile der Leistungen Vergütungsansprüche nach § 7 Nr. 1 i. V. m. § 6 Nr. 5 VOB/B. Er kann also die bereits erbrachten Leistungen nach den Vertragspreisen abrechnen.

cc) Gewährleistungsfrist

Mit der Abnahme beginnt gem. § 13 Nr. 4 Abs. 3 VOB/B die Verjährungsfrist für die Ansprüche auf Nacherfüllung, Aufwendungsersatz bei Selbstvornahme und Kostenvorschuss sowie Schadensersatz (vgl. insoweit § 13 Nr. 7 Abs. 4 VOB/B) an zu laufen (vgl. Rn 699). **359**

dd) Beweislast

Mit der Abnahme geht die Beweislast vom Auftragnehmer auf den Auftraggeber über. So hat der Auftragnehmer bis zur Abnahme den Beweis zu erbringen, dass das Werk vertragsgemäß (d. h. also mangelfrei) erbracht worden ist. Nach der Abnahme trägt der Auftraggeber die Beweislast dafür, dass die Werkleistung vom Auftragnehmer mangelhaft erbracht worden ist. **360**

ee) Mängelvorbehalt

Der Auftraggeber kann, wenn er ein mangelhaftes Werk trotz Kenntnis des Mangels abgenommen hat, bestimmte Mängelrechte verlieren. So ergibt sich aus § 12 Nr. 4 Abs. 1 S. 4 VOB/B und aus § 12 Nr. 5 Abs. 3 VOB/B, dass der Vorbehalt für bekannte Mängel ausdrücklich geltend gemacht werden muss. **361**

ff) Vorbehalt einer Vertragsstrafe

Durch die Abnahme kann der Auftraggeber seinen bis dahin begründeten Vertragsstrafenanspruch verlieren (vgl. Rn 324). Der Auftraggeber kann nämlich eine verwirkte Vertragsstrafe neben der Leistungserfüllung nur verlangen, wenn er sich dieses Recht bei der Abnahme ausdrücklich vorbehalten hat. Dies folgt sowohl aus § 11 Nr. 4 VOB/B. Wichtig ist dabei, dass der Vorbehalt bei der Abnahme erklärt wird, also nicht vorher oder nachher. Bei der fiktiven Abnahme gem. § 12 Nr. 5 Abs. 2 VOB/B durch Bezug des errichteten Bauwerks muss der Vorbehalt hinsichtlich einer Vertragsstrafe innerhalb von sechs Werktagen nach Beginn der Benutzung erklärt werden, ein vorher erklärter Vorbehalt ist wirkungslos. **362**

---

[916] Nach der Rechtsprechung des BGH ist ein Ereignis unabwendbar, das nach menschlicher Einsicht und Erfahrung in dem Sinne unvorhersehbar ist, dass es oder seine Auswirkungen trotz Anwendung wirtschaftlich erträglicher Mittel durch die äußerste nach der Sachlage zu erwartende Sorgfalt nicht verhütet oder in seinen Wirkungen bis auf ein erträgliches Maß unschädlich gemacht werden kann, BGH BauR 1991, 331 „Beschädigung eines Vorgewerks durch ein Nachfolgewerk". Ein Ereignis ist nicht schon dann unabwendbar, wenn es für den Auftragnehmer unverschuldet nicht vorhersehbar und für ihn nicht abwendbar war, BGH BauR 1997, 1019; BauR 1997, 1021.

§ 6 Die Ansprüche des Auftragnehmers gegen den Auftraggeber

4. Prüfbare Abrechnung der Bauleistung als Fälligkeitsvoraussetzung des Werklohnanspruchs

a) Vorliegen einer prüfbaren Abrechnung

363 Gemäß § 14 Nr. 1 VOB/B hat der Auftragnehmer seine Leistungen prüfbar abzurechnen. Gemäß § 16 Nr. 1 und 3 VOB/B ist die **Prüfbarkeit** der Abschlagsrechnung/Schlussrechnung sowohl beim Einheits- wie auch beim Pauschalpreisvertrag **Fälligkeitsvoraussetzung** für den Werklohnanspruch des Auftragnehmers.[917] Dies gilt selbst bei vorzeitiger Beendigung eines VOB-Bauvertrages. Auch hier ist die Erteilung einer prüfbaren Schlussrechnung Fälligkeitsvoraussetzung.[918]

aa) Grundlagen

364 Welche Voraussetzungen an die Prüfbarkeit einer Rechnung gestellt werden, ergibt sich aus § 14 Nr. 1 S. 2 bis 4 VOB/B. Danach ist die Rechnung übersichtlich aufzustellen und es sind die in den Vertragsbestandteilen enthaltenen Bezeichnungen zu verwenden.[919] Die zum Nachweis von Art und Umfang der Leistung erforderlichen Mengenberechnungen, Zeichnungen und andere Belege sind beizufügen.[920] Weiter sind Änderungen und Ergänzungen des Vertrages in der Rechnung besonders kenntlich zu machen. Verlangt der Auftraggeber dies, ist insoweit getrennt abzurechnen.[921] Geht es um die in der Praxis immer wieder gestellte Frage nach den Anforderungen an eine Prüfbarkeit, ist stets im Blick zu halten, dass mit diesem Kriterium gewährleistet sein soll, dass der Auftraggeber die Berechtigung des Vergütungsanspruches ohne weiteres nachvollziehen kann. Mithin bildet der Vertragsinhalt den Ausgangspunkt für die Rechnungsaufstellung. Einzelne Aufträge kann der Auftragnehmer auch einzeln abrechnen.[922] Ohne Relevanz ist es schließlich, wenn der Auftragnehmer die Schlussrechnung nicht insgesamt neu schreibt, sondern vielmehr auf prüfbare Abschlagsrechnungen Bezug nimmt.[923]

bb) Zur Abrechnung nach Aufmaßnahme

365 Grundlage für die Erstellung der prüfbaren Abrechnung bildet beim VOB-Einheitspreisvertrag die Aufstellung und Vorlage des Aufmaßes.[924] Dabei kann jede Partei ein gemeinsames Aufmaß verlangen. So dient ein gemeinsam genommenes Aufmaß der Klärung der Abrechnungsgrundlagen bei gleichzeitiger Vermeidung von Streitigkeiten.[925]

---

917 BGH NJW-RR 1990, 1170; NJW 1989, 836; Kapellmann/Messerschmidt-*Messerschmidt*, § 14 VOB/B, Rn 10; Werner/Pastor, Rn 1392. Für den Pauschalpreisvertrag: BGH BauR 1989, 87; OLG München BauR 1989, 749; OLG Hamm BauR 1992, 516.
918 BGH BauR 1987, 95; BauR 2000, 1191; BauR 2001, 106; OLG Köln BauR 1994, 413; Werner/Pastor, Rn 1392.
919 Insbesondere ist die Reihenfolge der Positionen des Leistungsverzeichnisses einzuhalten; Kapellmann/Messerschmidt-Messerschmidt, § 14 VOB/B, Rn 19; Werner/Pastor, Rn 1393; Ingenstau/Korbion-Locher, § 14 Nr. 1 VOB/B, Rn 11.
920 Kapellmann/Messerschmidt-Messerschmidt, § 14 VOE/B, Rn 24; Werner/Pastor, Rn 1393.
921 Kapellmann/Messerschmidt-Messerschmidt, § 14 VOB/B, Rn 28; Ingenstau/Korbion-Locher, § 14 Nr. 1 VOB/B, Rn 12-14.
922 BGH BauR 2000, 1485.
923 BGH BauR 1999, 1185.
924 Ist die VOB/B vereinbart, gilt gem. § 1 Nr. 1 VOB/B gleichermaßen auch die VOB/C mit ihren technischen Vertragsbedingungen. Dazu gehören für die einzelnen Gewerke auch Aufmaßregelungen. Im Grundsatz gilt: Ist die Leistung aus Zeichnungen zu ermitteln ist, sofern diese vorhanden sind, VOB/C DIN 18299 Abschnitt 5. Die für die Abrechnung erforderlichen Feststellungen sind auch beim BGB-Vertrag nach den DIN-Normen (VOB/C DIN 18299 Abschnitt 5) vorzunehmen, so weit diese der Verkehrssitte entsprechen, OLG Saarbrücken BauR 2000, 1322.
925 BGH BauR 2003, 1207. Nach der Rechtsprechung des BGH kann der Auftragnehmer jedenfalls dann das gemeinsame Aufmaß verlangen, wenn er Abnahme fordern kann.

A. Werklohnansprüche für abgeschlossene (Teil)Leistungen 1

(1) Gemeinsame Aufmaßnahme

Wird durch die Parteien ein gemeinsames Aufmaß genommen, stellt sich die Frage, ob die Parteien an die getroffenen Feststellungen gebunden sind. Haben die Parteien **ausdrücklich** eine **Bindungswirkung** im Hinblick auf das gemeinsam ermittelte Aufmaß vereinbart, ist die Rechtslage klar. Liegt **keine Vereinbarung** vor, wird nach der Rechtsprechung der Instanzgerichte dann, wenn ein gemeinsames Aufmaß vereinbart worden ist oder wenn dem Verlangen der Gegenpartei nach gemeinsamer Aufmaßnahme nachgekommen wird, den Feststellungen eine Bindungswirkung wie bei einem **deklaratorischen Schuldanerkenntnis**[926] zuerkannt.[927] Diese Bindungswirkung kann dabei aber dann wieder entfallen, wenn der Vertragspartner, der sich an ein gemeinsames Aufmaß nicht gebunden fühlt, im einzelnen darlegt und beweist, dass ihm die die Unrichtigkeit begründenden Tatsachen erst nach dem gemeinsamen Aufmaß bekannt geworden sind.[928] Der **BGH** vertritt demtentgegen die Auffassung, dass den im Zuge einer gemeinsamen Aufmaßnahme getroffenen Feststellungen nicht per se eine Bindungswirkung – wie bei einem deklaratorischen Schuldanerkenntnis – zukommt. So setzt die Annahme einer Bindungswirkung nämlich einen Willen der erklärenden Partei voraus, das Aufmaß endgültig dem Streit zu entziehen. Die pauschale Annahme eines solchen Willens muss vor dem Hintergrund, dass ein Aufmaß ohne weiteres auch später noch auf seine Richtigkeit hin überprüft werden kann, verneint werden.[929] Im Einzelfall ist deshalb zu prüfen, ob der Auftraggeber tatsächlich ein **verobjektiviertes Erklärungsbewusstsein** hatte, mit der Teilnahme an der gemeinsamen Aufmaßnahme die dabei ermittelten Feststellungen endgültig dem Streit bzw. einer Ungewissheit entziehen zu wollen. Die Annahme dessen kann bspw. dann gerechtfertigt sein, wenn den Parteien bei Durchführung der gemeinsamen Aufmaßnahme bewusst ist, dass eine spätere Überprüfbarkeit der Feststellungen infolge Überbaus unmöglich wird. Ist ein dementsprechendes Erklärungsbewusstsein beim Auftraggeber abzulehnen, bleibt es dabei, dass der Auftragnehmer im Prozess die Richtigkeit des seiner Abrechnung zugrunde gelegten Aufmaßes beweisen muss. Dieser Grundsatz gilt allerdings dann wieder nicht, wenn den Feststellungen des Auftragnehmers – wie im Fall der einseitigen Aufmaßnahme durch den Auftragnehmer – ausnahmsweise eine Beweiswirkung zukommt.[930][931] Besonders darauf hinzuweisen bleibt, dass eine gemeinsame

366

---

[926] Der BGH stellt an ein Schuldanerkenntnis, mit dem sämtliche Einwendungen ausgeschlossen werden sollen, hohe Anforderungen. Ein solches Schuldanerkenntnis setzt voraus, dass die Parteien mit der Vereinbarung das Schuldverhältnis insgesamt oder in einzelnen Bestimmungen dem Streit oder der Ungewissheit entziehen wollen, BGH BauR 1977, 138. Zu den notwendigen Voraussetzungen gehört also die Vereinbarung über Streitpunkte und Ungewissheiten, die aus der Sicht der Vertragsparteien nach den Umständen des Einzelfalles klärungs- und regelungsbedürftig waren, BGH BauR 1998, 579.
[927] OLG Düsseldorf OLGR 1994, 190; OLG Hamm BauR 1992, 242; KG OLGR 1995, 184; OLG Braunschweig BauR 2001, 413; MünchKomm-*Busche*, § 631 BGB, Rn 121; Ingenstau/Korbion-*Locher*, § 14 Nr. 2 VOB/B, Rn 9.
[928] OLG Düsseldorf OLGR 1994, 190; OLG Hamm BauR 1992, 242; KG OLGR 1995, 184; OLG Braunschweig BauR 2001, 413.
[929] BGH BauR 2005, 94.
[930] BGH BauR 1974, 210; BauR 1975, 211; KG OLGR 1995, 184.
[931] Von praktischer Relevanz ist weiter die Fragestellung, ob in einer Rechnungsprüfung durch den Auftraggeber selbst oder einen hierzu beauftragten Architekten ein deklaratorisches Anerkenntnis im Hinblick auf solche Mengen und Massen zu sehen ist, die einem Aufmaß des Auftragnehmers entstammen. Ein Anerkenntnis des Auftraggebers ist in diesem Fall abzulehnen. So begründet der Prüfvermerk des Architekten lediglich eine Bestätigung für die Vornahme einer Rechnungsprüfung. Eine Rechnungsprüfung allein gibt aber keinen Anhaltspunkt dafür, dass ein Streit der Parteien geklärt abschließend werden soll, wie es Voraussetzung für das deklaratorische Anerkenntnis ist. Das gilt auch dann, wenn der Auftraggeber die vom Architekten geprüfte Rechnung an den Auftragnehmer übersendet, BGH BauR 2002, 613; BGH BauR 2005, 94.

Aufmaßnahme keinen Beweis oder Indiz dafür begründet, dass und wie die aufgemessene Leistung des Auftragnehmers vertraglich geschuldet war. Gleiches betrifft die Berechnung des Aufmaßes nebst gewählter Berechnungsmethode.

(2) Einseitige Aufmaßnahme

367 Eine **Beweiswirkung** kommt dann in Betracht, wenn der Auftraggeber sich einem berechtigten Verlangen des Auftragnehmers[932] nach einem gemeinsamen Aufmaß widersetzt.[933] Dem Auftragnehmer bleibt dann nichts anderes übrig, als – nunmehr einseitig – Aufmaß zu nehmen. Die Richtigkeit der im Zuge dieser einseitigen Aufmaßnahme ermittelten Feststellungen muss er im nachfolgenden Prozess beweisen.[934] Etwas anderes gilt jedoch dann, wenn dieser Nachweis, weil die Überprüfung – etwa durch Über- oder Weiterbau – nicht mehr möglich ist, im Verfahren nicht zu führen ist. Als Folge der in diesem Fall anzunehmenden Beweiswirkung ist es dann Sache des Auftraggebers, vorzutragen und zu beweisen, welche Mengen und Massen zutreffend oder dass die vom Auftragnehmer angesetzten Mengen und Massen[935] unzutreffend sind.[936] [937] Eine Unaufklärbarkeit geht dabei zu seinen Lasten.

(3) Abrechnung ohne Vorliegen eines Aufmaßes

368 Schließlich kann der Vergütungsanspruch des Auftragnehmers auch dann erfolgreich klageweise durchgesetzt werden, wenn das **Aufmaß nicht mehr genommen** werden kann oder dem Auftragnehmer aus anderen Gründen die Vorlage eines Aufmaßes nicht möglich oder zumutbar ist. In diesem Fall genügt der Auftragnehmer seiner Darlegungslast, wenn er alle ihm zur Verfügung stehenden Umstände mitteilt, die Rückschlüsse auf den Stand der erbrachten Leistung ermöglichen.[938] Der erkennende Richter muss die erbrachten Mengen und Massen dann gem. § 287 ZPO schätzen.[939] Auf der Grundlage der tatsächlich angefallenen Mengen können nunmehr die einzelnen Positionspreise ermittelt werden. Der Positionspreis wie auch der Gesamtpreis des Angebots sind folglich nicht bindend. Das Risiko einer Mengenmehrung trägt somit der Auftraggeber, das Risiko eines verminderten Mengenanfalls hingegen der Auftragnehmer.

---

932 Der Auftragnehmer hat mithin, um dem Kooperationsgebot zu genügen, auf ein gemeinsames Aufmaß hinzuwirken. Versucht der Auftragnehmer dies nicht, muss er im Prozess den Nachweis für die Richtigkeit des Umfangs der von ihm behauptet erbrachten Leistungen führen, BGH BauR 1999, 1185; BauR 2003, 1892.

933 Der Auftraggeber sollte sich als seriöser Vertragspartner einer zeitnahen gemeinsamen Leistungs-Erfassung grundsätzlich nicht widersetzen. Dies gilt insbesondere für solche Fälle, bei denen der Auftraggeber – etwa als Generalübernehmer – selbst gegenüber seinem Auftraggeber – dem Bauherrn – abzurechnen hat und es damit zweckmäßig ist, das gemeinsam mit dem Nachunternehmer erstellte Aufmaß gleichermaßen zur Grundlage der eigenen Abrechnung zu machen.

934 MünchKomm-*Busche*, § 631 BGB, Rn 121.

935 Dem Auftragnehmer ist anzuraten, die einseitige Aufmaßnahme durch einen öffentlich bestellten und vereidigten Sachverständigen begleiten zu lassen, damit dieser später seine Feststellungen im Prozess als sachverständiger Zeuge bekunden kann.

936 BGH BauR 2003, 1207; BauR 2003, 1892; OLG Celle BauR 2002, 1863.

937 Erteilt der Auftraggeber dem Auftragnehmer Baustellenverbot und kann der Auftragnehmer deshalb kein Aufmaß mehr nehmen, kommt eine Beweisvereitelung durch den Auftraggeber in Betracht. Auch in diesem Fall wird man von einer entsprechenden Beweiswirkung ausgehen können, Ingenstau/Korbion-*Locher*, § 14 Nr. 2 VOB/B, Rn 5 sowie Ingenstau/Korbion-*Vygen*, § 8 Nr. 1 VOB/B, Rn 26.

938 Für den Auftragnehmer ist es demnach zweckmäßig, den jeweiligen Leistungsstand täglich durch Fertigung aussagekräftiger Fotografien zu dokumentieren. In der Regel sagen „Bilder mehr als Worte" und sind damit verlässlicher als eine Zeugenaussage, die oft erst viele Jahre nach der Begehung ohne großes Erinnerungsvermögen gemacht wird.

939 BGH BauR 2002, 1443; BauR 2003, 1207; BauR 2004, 1937.

A. Werklohnansprüche für abgeschlossene (Teil)Leistungen

(4) Besonderheiten beim Pauschalvertrag

Besonderheiten im Hinblick auf die Anforderungen an die Prüfbarkeit der Abrechnung bestehen beim Pauschalvertrag. Bei der Abrechnung eines Pauschalvertrages ist es grundsätzlich ausreichend, wenn der Pauschalpreis und die gezahlten Abschlagsrechnungen aufgeführt werden.[940] Diese Ausnahme ist aber beim Pauschalvertrag dann nicht anzuwenden, wenn sich der Vertragsinhalt geändert hat oder der Pauschalvertrag vorzeitig beendet worden ist.[941]

369

cc) Die Prüfbarkeit der Abrechnung als reiner Selbstzweck?

Geht es in laufenden Prozessverfahren immer wieder um den Problemkreis der „fehlenden Prüfbarkeit der Abrechnung", der dem auf Werklohnzahlung verklagten Auftraggeber als leicht zu spielender Ball dient, ist an dieser Stelle hervorzuheben, dass die Prüfbarkeit der Abrechnung **keinen Selbstzweck** darstellt. Trotz des Umstandes, dass eine Abrechnung den vorgenannten Voraussetzungen des § 14 Nr. 1 VOB/B nicht genügt, kann eine Rechnung dennoch nach Treu und Glauben als prüfbar zu behandeln sein. Dies ist dann der Fall, wenn der Auftraggeber oder seine von ihm beauftragten Hilfspersonen – wobei insoweit an die Fachkunde des vom Auftraggeber hinzugezogenen Architekten zu denken ist – im konkreten Fall in der Lage sind, die Prüfung der Abrechnung vorzunehmen.[942] Eine Argumentation des Auftraggebers, er müsse die Vergütung deshalb nicht bezahlen, weil die Voraussetzungen des § 14 Nr. 1 VOB/B nicht eingehalten sind, ist mithin rechtsmissbräuchlich und deshalb ohne Relevanz.[943]

370

dd) Verlust des Einwands fehlender Prüfbarkeit der Abrechnung

Hat der Auftraggeber eines VOB-Bauvertrages nicht binnen **zwei Monaten** nach Zugang der Schlussrechnung Einwendungen gegen deren Prüfbarkeit erhoben, wird der Werklohn auch dann fällig, wenn die Rechnung objektiv nicht prüfbar ist. Es findet die **Sachprüfung** statt, ob die Forderung berechtigt ist.[944] Darüber hinaus ist das Verhalten des Auftraggebers auch dann rechtsmissbräuchlich, wenn er sich auf das Fehlen der objektiven Voraussetzungen der Prüfbarkeit beruft, die Rechnung aber gleichwohl geprüft hat,[945] oder er die sachliche und rechnerische Richtigkeit der Schlussrechnung nicht bestreitet,[946] bzw. ihm die Überprüfung trotz einzelner fehlender Angaben möglich war.[947] Dazu gehören auch die Fälle, in denen der Auftraggeber die notwendigen Kenntnisse für die Berechnung der Vergütung bereits anderweitig erlangt hat und deshalb deren ergänzende Aufnahme in die Schlussrechnung reine Förmelei wäre. Dieser Ausschluss der Einwendungen gegen die Prüffähigkeit führt nicht dazu, dass die Rechnung prüffähig ist. Er führt vielmehr dazu, dass der Auftraggeber sich nach Treu und Glauben nicht auf die an sich nicht gegebene Fälligkeit berufen kann und diese damit zu bejahen ist. Es findet dann eine Sachprüfung statt, ob die Forderung berechtigt ist.

371

---

940 Kapellmann/Messerschmidt-*Messerschmidt*, § 14 VOB/B, Rn 35; Werner/Pastor, Rn 1392.
941 Kapellmann/Messerschmidt-*Messerschmidt*, § 14 VOB/B, Rn 34; Werner/Pastor, Rn 1392; vgl. zu den Anforderungen an die Prüfbarkeit einer Abrechnung nach Kündigung eines Pauschalpreisvertrages auch BGH BauR 2005, 1218.
942 BGH NJW 1967, 342; OLG München BauR 1993, 346; OLG Celle BauR 1996, 264.
943 BGH NJW 1967, 342; OLG Celle BauR 1996, 264.
944 BGH ZfBR 2005, 56.
945 BGH BauR 2002, 468.
946 BGHZ 136, 342; BauR 1999, 635.
947 BGH BauR 1999, 63 (64); BauR 2002, 468.

§ 6 Die Ansprüche des Auftragnehmers gegen den Auftraggeber

ee) Prozessuale Folgen bei fehlender Prüfbarkeit der Abrechnung

372 Eine auf eine nicht prüfbare Rechnung gestützte Klage muss als zurzeit unbegründet erfolgen, weil die Forderung noch nicht fällig ist und mit einer prüfbaren Schlussrechnung fällig werden kann. Der Auftragnehmer hat es dann in der Hand, mit einer neuen Schlussrechnung die Forderung erneut klageweise geltend zu machen. Unrichtigkeit der Abrechnung darf nicht gleichgesetzt werden mit fehlender Prüfbarkeit[948] Nur letztere führt zur gerichtlichen Undurchsetzbarkeit. Ob die Abrechnung hingegen falsch oder richtig ist, hat das Gericht durch eine Beweisaufnahme zu klären.

ff) Selbsterstellung der Abrechnung durch den Auftraggeber

373 Hält der Auftragnehmer die Frist des § 14 Nr. 3 VOB/B nicht ein und stellt die Schlussrechnung verzögert, kann der Auftraggeber dem Auftragnehmer eine **Nachfrist** setzen. Läuft auch diese Frist fruchtlos ab, hat es der Auftraggeber in der Hand nach § 14 Nr. 4 VOB/B – gerade auch um die Verjährung des Vergütungsanspruchs einzuleiten – selbst eine Rechnung auf Kosten des Auftragnehmers aufzustellen.[949] Legt der Auftragnehmer innerhalb der Frist keine Schlussrechnung vor, so kann der Auftraggeber ihn auf Erteilung einer Schlussabrechnung **verklagen** oder einen etwaigen Überschuss selbst ermitteln und einfordern. Anspruchsgrundlage für die Rückforderung von Überzahlungen aus Abschlags- und Vorauszahlungen ist nach Auffassung des BGH der Vertrag und nicht § 812 Abs. 1 BGB.[950] Der Auftragnehmer trägt nämlich die Darlegungs- und Beweislast für seinen Vergütungsanspruch.[951] Das gilt auch im Prozess des Auftraggebers auf Zahlung des Überschusses. Der Auftragnehmer ist aufgrund der vertraglichen Abrede verpflichtet nachzuweisen, dass er berechtigt ist, die Voraus- und Abschlagszahlungen endgültig zu behalten. Der Auftraggeber trägt die Beweislast für die behaupteten Voraus- und Abschlagszahlungen.[952]

b) Fälligkeit von Abschlags- und Schlusszahlung

aa) Abschlagszahlung gemäß § 16 Nr. 1 VOB/B

374 Abschlagszahlungen können in kurzen zeitlichen Abständen gestellt werden **in Höhe des Wertes der jeweils nachgewiesenen vertragsgemäßen Leistung** zzgl. Umsatzsteuer sowie bei Anfertigung oder Anlieferung von Stoffen oder Bauteilen nebst Verschaffung des Eigentums bzw. Sicherheitsleistung.[953] Es ist allerdings keine Teilabnahme notwendig. Nach § 16 Nr. 1 Abs. 3 VOB/B werden Ansprüche auf Abschlagszahlungen binnen 18 Werktagen nach Zugang der prüfbaren Aufstellung fällig. Zahlt der Auftraggeber nicht, hat der Auftragnehmer die Rechte aus § 9 Nr. 1 b) VOB/B (Kündigung) und § 16 Nr. 5 Abs. 3 VOB/B (Zinsanspruch). Abschlagszahlungen sind vorläufige Zahlungen auf vorläufige Berechnungen. Die Abschlagszahlung hat keinen Verrechnungs- oder Erfüllungsbezug zu den in der Abschlagsrechnung berechneten Leistungen. Deshalb ist anderweitige Verrechnung jederzeit möglich.[954] Die Abschlagszahlungen sind in der Schluss-

---

948 BGH BauR 2000, 1485.
949 Ingenstau/Korbion-*Locher*, § 14 Nr. 1 VOB/B, Rn 10; Kapellmann/Messerschmidt-*Messerschmidt*, § 14 VOB/B, Rn 63 ff.; Werner/Pastor, Rn 1397.
950 BGH BauR 1999, 635; **a. A.** OLG Düsseldorf BauR 1994, 272; OLG Köln BauR 1995, 583; KG BauR 1998, 348.
951 BGH BauR 1999, 635; BauR 1995, 91.
952 BauR 1999, 635.
953 Ingenstau/Korbion-*Locher*, § 16 Nr. 1 VOB/B, Rn 12-14; Kapellmann/Messerschmidt-*Messerschmidt*, § 14 VOB/B, Rn 88.
954 BGH BauR 1997, 468.

A. Werklohnansprüche für abgeschlossene (Teil)Leistungen

rechnung lediglich Rechnungsposten, die keinen Bezug zu den als Abschlag berechneten Leistungsteilen haben, für die der Auftragnehmer den Abschlag gefordert und erhalten hat.[955]

bb) Vorauszahlungen gemäß § 16 Nr. 2 VOB/B

Vorauszahlungen bedürfen nach § 16 Nr. 2 VOB/B der besonderen vertraglichen Regelung. Anders als bei den Abschlägen besteht auf sie also ohne besondere Absprache kein Anspruch. Vorauszahlungen können ursprünglich im Vertrag oder nachträglich vereinbart werden. Ohne Vereinbarung besteht auf Vorauszahlungen kein Anspruch. Hinsichtlich der Abrechnung gelten die gleichen Grundsätze wie für die Abschlagszahlungen.

375

cc) Schlusszahlung gemäß § 16 Nr. 3 VOB/B

Die Schlussabrechnung und Schlusszahlung nach VOB/B kommen regelmäßig in zwei Fällen in Betracht, nämlich nach Beendigung des Werks (Abnahme) und nach Kündigung (vgl. Rn 440). Die Abrechnungsregelungen gelten auch für den Pauschalvertrag. Das hat besondere Bedeutung in den Fällen, in denen nach teilweiser Erbringung der Leistung der Vertrag gekündigt wird oder der Auftraggeber die Leistung endgültig verweigert.[956] Die Schlussrechnung ist die Abrechnung, in der der Auftragnehmer seine Vertragsleistungen abschließend berechnet.[957] Der Auftragnehmer, der mit dem Auftraggeber mehrere Einzelverträge abgeschlossen hat, ist berechtigt, jeden Vertrag gesondert abzurechnen. Er ist nicht verpflichtet, die Vertragsleistungen aus mehreren Verträgen in einer Schlussrechnung abzurechnen.[958] Gemäß § 16 Nr. 3 Abs. 1 VOB/B wird der Anspruch auf die Schlusszahlung alsbald nach Prüfung und Feststellung der vom Auftragnehmer vorgelegten Schlussrechnung fällig, spätestens innerhalb von **2 Monaten** nach Zugang.[959] Die Schlusszahlung nach § 16 Nr. 3 VOB/B setzt die Schlussrechnung voraus. Sie ist die abschließende Zahlung der nach etwaigen Abschlagszahlungen verbleibenden Vergütung und hat gem. § 16 Nr. 1 Abs. 3 VOB/B spätestens innerhalb von 2 Monaten nach Zugang der Schlussrechnung zu erfolgen. Verzögert sich die Prüfung der Schlussrechnung, ist das unbestrittene Guthaben als Abschlagszahlung sofort zu zahlen. Einzelpositionen der Schlussrechnung können isoliert zugesprochen werden. Voraussetzung hierfür ist, dass sie prüfbar berechnet und sachlich unstreitig sind und die Gesamtabrechnung des Vertrags ein entsprechend unstreitiges oder prüfbar berechnetes und sachlich begründetes Guthaben ergibt. Das Guthaben ist aber nicht schon i. S. von § 16 Nr. 3 Abs. 1 S. 3 VOB/B unstreitig, weil einzelne Positionen der Schlussrechnung unstreitig sind.[960]

376

---

955 BGH BauR 1999, 267.
956 BGH BauR 2001, 106.
957 Da die Schlussrechnung eine Gesamtabrechnung ist, hat sie alle erbrachten bzw. berechneten Leistungen und alle erhaltenen Zahlungen auszuweisen, also vor allem die Abschlagszahlungen, BGH BauR 1994, 655. Dass die Abschlagszahlungen in die Schlussrechnung einzustellen sind, besagt nicht, dass sie nach Maßgabe der Abschlagsrechnungen zu verrechnen sind. Das ist gerade nicht der Fall. Vielmehr erscheinen die Abschlagszahlungen in der Schlussrechnung allein als Rechnungsposten. Sie haben dort auch keine andere Bedeutung, BGH BauR 1999, 635; BauR 1997, 468.
958 BGH BauR 2000, 1485.
959 Beendet der Auftraggeber die Prüfung der Schlussrechnung schon vor Ablauf der Prüfungsfrist, wir der Anspruch auf die Schlusszahlung bereits mit der Mitteilung des Prüfungsergebnisses an den Auftragnehmer fällig, BGH BauR 1982, 377.
960 BGH NJW 1997, 1444.

von Kiedrowski

c) Verhältnis zwischen Abschlags- und Schlusszahlungsbegehren

377 Nach der Rechtsprechung des BGH haben Abschlagsforderungen nur einen **vorläufigen Charakter**. Dies hat zur Folge, dass der Auftragnehmer Fehler, die in Abschlagsrechnungen enthalten waren, zu seinen Gunsten bei der späteren Erteilung der Schlussrechnung korrigieren kann.[961] Dieses Recht muss dann aber auch zugunsten des Auftraggebers bestehen. Dieser kann folglich mit erbrachten Abschlagszahlungen berechnete Leistungen im Rahmen der Schlussabrechnung wieder in Frage stellen.[962] Mit der Zahlung auf vorgelegte Abschlagsrechnungen ist nämlich kein Anerkenntnis des Auftraggebers betreffend der berechneten Leistungen zu bejahen.[963] Trotz des vorläufigen Charakters von Abschlagszahlungen handelt es sich bei ihnen um eigenständige Forderungen i. S. des § 241 Abs. 1 S. 1 BGB, die deshalb isoliert klageweise geltend gemacht werden können.[964] [965]

378 Sind die vom Auftragnehmer geschuldeten Bauleistungen abschließend erbracht worden, kann der Auftraggeber erwarten, dass der Auftragnehmer der ihm gem. § 14 Nr. 3 VOB/B obliegenden Pflicht zur Vorlage der Schlussrechnung nachkommt. Mit Abschluss des Bauvorhabens hat der Auftragnehmer die Pflicht, die von ihm erbrachten Leistungen abschließend abzurechnen. Dies bedeutet, dass Abschlagszahlungen dann nicht mehr geltend gemacht und gerichtlich durchgesetzt werden können, wenn der Auftragnehmer seine Schlussrechnung vorgelegt hat.[966] Der BGH geht in seiner Rechtsprechung sogar noch einen Schritt weiter. So soll bereits zum Zeitpunkt der **Schlussrechnungsreife** kein Raum mehr für die gerichtliche Geltendmachung bzw. Weiterverfolgung von Abschlagsforderungen bestehen.[967] Damit gilt als Grundsatz: Ist der Auftragnehmer gem. § 14 Nr. 3 VOB/B im Stande, seine Schlussrechnung anzufertigen und vorzulegen, können Forderungen aus Abschlagsrechnungen nicht mehr klageweise geltend gemacht werden.

379 Hat der Auftragnehmer zum Zeitpunkt der Schlussrechnungsreife bereits Klage aus einer Abschlagsrechnung erhoben, so muss er diese aufgrund der unterschiedlichen Streitgegenstände zwischen Abschlagsforderung und Schlussforderung im Wege einer Klageänderung gem. § 263 ZPO auf eine Forderung aus Schlussrechnung umstellen.[968] Eine derartige **Klageänderung** setzt voraus, dass der Auftragnehmer zur Begründung seines Zahlungsverlangens die Schlussrechnung vorlegt, die Schlussrechnung in den Rechtsstreit einführt und den offen stehenden Vergütungsanspruch nach Maßgabe der Schlussrechnung begründet. Dem Auftragnehmer steht es für den Fall, dass der Auftraggeber Einwendungen gegen das Vorliegen der Schlussrechnungsreife erhebt, frei, nach entsprechender Klageumstellung auf die Schlussrechnung zumindest den vormals begründeten Anspruch auf Abschlagszahlungen für den Fall hilfsweise geltend zu machen, dass der Auftragnehmer nicht im Stande ist, die Abnahme der Bauleistungen bzw. die unberechtigte Abnahmeverweigerung nachzuweisen.[969] Die Grundsätze über das Verhältnis zwischen Abschlags- und Schlussrechnung sind

---

961 BGH NJW 1995, 3311 (3312).
962 BGH BauR 1997, 468.
963 OLG Düsseldorf BauR 2001, 806.
964 BGH BauR 1999, 267 (268); *Thode*, ZfBR 1999, 116 (124).
965 Abschlagsforderungen verjähren selbstständig. Der Betrag der verjährten Abschlagsforderung kann mit der Schlussrechnung geltend gemacht werden, BGH BauR 1999, 267.
966 BGH NJW 1985, 1840; *Thode*, ZfBR 1999, 116 (124). Ein Teil der Literatur will eine Klage auf Abschlagszahlung nach Vorlage der Schlussrechnung in aller Regel zu einer Klage auf Zahlung eines Teilbetrages der Schlussrechnung umdeuten: Werner/Pastor, Rn 1229.
967 OLG Nürnberg, Nichtannahmebeschluss des BGH, NZBau 2000, 509.
968 BGH BauR 1999, 267.
969 BGH BauR 2000, 1482.

A. Werklohnansprüche für abgeschlossene (Teil)Leistungen 1

auch auf die Fälle anzuwenden, in denen das Vertragsverhältnis vorzeitig, etwa aufgrund Kündigung bzw. Auftragsentziehung beendet wird.[970]

5. Abzüge und Einbehalte

a) Skontoabzug

Haben die Parteien eine wirksame Vereinbarung über die Gewährung eines Skontos getroffen, kann der Auftraggeber von dem Rechnungsbetrag bei Vorliegen der Voraussetzungen einen Skonto in Abzug bringen. Insoweit begründet eine Skonto-Vereinbarung einen **prozentualen Abzug** bei sofortiger bzw. kurzfristiger Zahlung vor Fälligkeit.[971] Bringt der Auftraggeber von dem Rechnungsbetrag einen Skonto in Abzug, hat er die Darlegungs- und Beweislast dafür, dass einerseits eine wirksame Skonto-Vereinbarung zustande gekommen ist und andererseits die von ihm erbrachte Zahlung rechtzeitig erfolgt ist.[972] Erfolgt eine Zahlung des Rechnungsbetrages per Verrechnungsscheck, kommt es im Hinblick auf die Frage, ob die Skontofrist eingehalten worden ist, auf den Zeitpunkt der Zahlungshandlung – also die Absendung des Schecks – und nicht auf den Zeitpunkt des Zahlungseingangs an.[973] Wird dem Auftraggeber eine **nicht prüfbare Rechnung** übergeben, wird die Skontofrist nicht in Gang gesetzt; eine spätere Skontierungsmöglichkeit bleibt dem Auftraggeber also erhalten. Der Auftraggeber kann sich aber nicht auf die mangelnde Prüffähigkeit berufen, wenn er den Auftragnehmer nicht innerhalb der Skontierungsfrist darauf hingewiesen hat.[974]

380

▶ **HINWEIS**: In der Praxis ist immer wieder festzustellen, dass der Auftraggeber eine Prüfung der Rechnung vornimmt und sodann nach Verstreichen der vereinbarten Skontofrist Zahlungen mit Skontoabzug leistet, wobei er zur Rechtfertigung auf die mangelnde Prüfbarkeit der Rechnung verweist. In diesem Fall ist kein Skontoabzug gerechtfertigt, denn mit der Selbstprüfung der nicht prüfbaren Rechnung hat der Auftraggeber zu erkennen gegeben, dass er die Rechnung auch ohne Massenaufstellungen als prüffähig akzeptiert; hieran muss er sich festhalten lassen.[975] ◀

Umstritten ist die Frage, ob sich eine Skonto-Vereinbarung, die insoweit keine ausdrückliche Regelung vorsieht, ausschließlich auf einen Abzug bei fristgerechter Schlusszahlung bezieht oder aber bereits im Zuge einer fristgerechten Zahlung von Abschlagszahlungen zum Tragen kommen kann. Die überwiegende Meinung vertritt die Auffassung, der vereinbarte Skonto könne nur von der Schlusszahlung Berücksichtigung finden.[976] Dem kann nicht gefolgt werden. Haben die Parteien sich auf eine Skonto-Vereinbarung verständigt, bezieht sich deren Sinn und Zweck auf einen prozentualen Zahlungsabzug bei sofortiger bzw. kurzfristiger Zahlung vor Fälligkeit. Da es für eine unterschiedliche Behandlung von Abschlagszahlungen und der Schlusszahlung keinen Grund gibt, ist davon auszugehen, dass jede pünktliche Teilzahlung skontierungsfähig ist.[977] Haben die

381

---

970 BGH BauR 1991, 81 (82); BauR 1987, 453; Thode, ZfBR 1999, 116 (121).
971 OLG Düsseldorf BauR 1992, 783; Kainz, BauR 1998, 219 (226); Kapellmann/Messerschmidt-*Messerschmidt*, § 16 VOB/B, Rn 290; Werner/Pastor, Rn 1277.
972 BGH BauR 1998, 398; OLG Düsseldorf BauR 2001, 1268; Kapellmann/Messerschmidt-*Messerschmidt*, § 16 VOB/B, Rn 304.
973 BGH BauR 1998, 398; OLG Düsseldorf BauR 2000, 729; Kapellmann/Messerschmidt-*Messerschmidt*, § 16 VOB/B, Rn 301.
974 OLG München ZfBR 1998, 151; OLG Düsseldorf BauR 2000, 729; Werner/Pastor, Rn 1278.
975 OLG Düsseldorf BauR 2000, 729. Vgl. hierzu auch die Ausführungen unter Rn 371.
976 OLG Düsseldorf BauR 1992, 783; OLG Stuttgart BauR 1990, 386; Ingenstau/Korbion-*Locher*, § 16 Nr. 5 VOB/B, Rn 6; Vygen, Rn 920.
977 LG Konstanz BauR 1980, 79; Beck'scher VOB-Kommentar-*Motzke*, § 16 Nr. 5 VOB/B, Rn 20; Werner/Pastor, Rn 1279; *Kronenbitter*, BB 1999, 2030 (2032); *Weyand*, BauR 1988, 58 (59).

§ 6 Die Ansprüche des Auftragnehmers gegen den Auftraggeber

Parteien eine Skonto-Vereinbarung geschlossen, die neben der Schlusszahlung auch Abschlagszahlungen umfasst, kann der Auftraggeber im Hinblick auf die Schlusszahlung auch dann das zugesagte Skonto in Anspruch nehmen, wenn einzelne Abschlagszahlungen nicht pünktlich in der Skontofrist bezahlt worden sind.[978] Zahlt der Auftraggeber nicht den vollen Rechnungsbetrag, kommt es darauf an, ob der Einbehalt des Auftraggebers – bspw. wegen etwaiger Mängel – berechtigt erfolgt ist. Während bei einem berechtigten Einbehalt der Skontoabzug gerechtfertigt ist, kann der Auftraggeber dann, wenn unberechtigt nur ein Teil des Rechnungsbetrages gezahlt wird, keinen – anteiligen – Skonto mehr in Abzug bringen, denn im Regelfall ist davon auszugehen, dass der Auftragnehmer den vereinbarten Skontoabzug nur einräumen will, wenn der Auftraggeber die berechtigte Forderung vollständig bezahlt.[979]

b) Umlagen

382 Haben die Parteien eine wirksame vertragliche Vereinbarung dahingehend getroffen, dass vom Auftragnehmer eine Umlage für Baukosten wie z. B. Wasser, Strom und vergleichbarem zu zahlen ist, kann der Auftraggeber eine solche vereinbarte Umlage von der Schlussrechnung in Abzug bringen. Hat der Auftraggeber die Umlage-Regelung in seinen Allgemeinen Geschäftsbedingungen aufgenommen, sind dementsprechende Klauseln einer Inhaltskontrolle zu unterziehen. So können Umlageklauseln gem. § 307 Abs. 1 S. 2 BGB unwirksam sein, wenn die Klausel gegen das Transparenzgebot verstößt, weil sie missverständlich oder sogar irreführend formuliert sind.[980] Ob eine Umlageklausel darüber hinaus auch der Inhaltskontrolle gem. § 307 Abs. 1 S. 1 BGB zu unterwerfen ist, hängt davon ab, ob eine weitergehende Inhaltskontrolle gem. § 307 Abs. 3 BGB überhaupt stattfindet. Eine Inhaltskontrolle findet nämlich betreffend solchen Klauseln nicht statt, die Art und Umfang der vertraglichen Leistungspflicht unmittelbar regeln.[981] Dagegen unterliegen der Inhaltskontrolle sog. Preisnebenabreden, die zwar mittelbare Auswirkung auf Preis und Leistung haben, an deren Stelle aber, wenn eine wirksame vertragliche Regelung fehlt, dispositives Gesetzesrecht treten kann.[982] Umlageklauseln, die sich auf selbstständige Leistungen des Auftraggebers beziehen, wie z. B. die Lieferung von Strom, Wasser oder der Abschluss einer Bauwesenversicherung, stellen selbstständige Preisvereinbarungen dar, die der Inhaltskontrolle entzogen sind.[983]

---

[978] BGH BauR 2000, 1754; OLG München NJW-RR 1992, 790.
[979] OLG Düsseldorf BauR 2000, 729; OLG Oldenburg OLGR 1999, 100; Werner/Pastor, Rn 1280; Heiermann/Riedel/Rusan, § 16 VOB/B, Rn 115; Kapellmann/Messerschmidt-*Messerschmidt*, § 16 VOB/B, Rn 302; **a. A.** OLG Karlsruhe MDR 1980, 933; OLG Hamm BauR 1994, 774.
[980] OLG Hamm, BauR 1997, 661.
[981] BGH BauR 1999, 1290; BauR 2000, 1756.
[982] BGH BauR 2000, 1756.
[983] Nach Auffassung des BGH BauR 1999, 1290 handelt es sich bei der Klausel „*Bauwasser (§ 4) – In der Schlussrechnung werden die Verbrauchskosten und etwaige Kosten für Messer und Zähler in Höhe von 1,2% des Endbetrages der Schlussrechnung ... abgesetzt.*" um eine der Inhaltskontrolle entzogenen Vereinbarung, die eine vom vereinbarten Werklohn unabhängige Entgeltabrede für eine selbstständige Leistung des Auftraggebers enthält. Die „Umlage" der Bauwesenversicherung durch mittels der Klausel „*Der Auftraggeber schließt eine Bauwesenversicherung ab. Die anteilige Prämie wird mit 2,5 % von der Schlusssumme in Abzug gebracht.*" ist aus den gleichen Gründen wie die Bauwasserklausel nicht zu beanstanden, BGH BauR 2000, 1756. Dagegen verstößt eine Schutzklausel „*Für anteilige Baureinigung werden dem Auftragnehmer 0,5 % von der Schlusssumme in Abzug gebracht.*" wegen des Erhebungsinhalts (pauschalierter Schadensersatz) und einer damit einhergehenden Abweichung vom dispositiven Recht gegen § 307 Abs. 1 BGB, BGH BauR 2000, 1756; Kniffka/Koeble, Kompendium 5. Teil, Rn 186; Werner/Pastor, Rn 1147.

A. Werklohnansprüche für abgeschlossene (Teil)Leistungen

c) Sicherheitseinbehalt

Haben die Parteien mit wirksamer Abrede einen Sicherungseinbehalt vereinbart, ist es dem Auftraggeber gestattet, von dem Werklohnanspruch des Auftraggebers den Sicherungsbetrag in Abzug zu bringen. **383**

aa) Vorliegen einer ausdrücklichen Vereinbarung über die Sicherheitsleistung

Der Auftraggeber kann nur dann vom Auftragnehmer eine Sicherheit beanspruchen und vom Rechnungsbetrag einbehalten, wenn es eine **wirksame vertragliche Vereinbarung** – also eine Sicherungsabrede – zwischen den Parteien gibt. Dies gilt auch dann, wenn die Parteien die VOB/B zur Vertragsgrundlage gemacht haben. Weder aus § 14 VOB/A noch aus § 17 VOB/B oder aus den gesetzlichen Vorschriften der §§ 232 bis 240 BGB ergibt sich eine derartige Verpflichtung; die genannten Regelungen setzen vielmehr eine Sicherungsvereinbarung voraus.[984] Auch eine Verkehrssitte, einen Handelsbrauch oder eine sonstige Üblichkeit, Sicherheiten leisten zu müssen, gibt es nicht.[985] Die Sicherungsabrede kann individuell, in Allgemeinen Geschäftsbedingungen, bei Vertragsschluss oder später getroffen werden.[986] Die Sicherungsabrede ist eine vom Hauptvertrag unabhängige, selbstständige rechtsgeschäftliche Vereinbarung. Sie wird üblicherweise als Bestandteil des Hauptvertrages vereinbart. **384**

bb) Inhalt der Sicherungsabrede

Die Sicherungsabrede umfasst als notwendige Bestandteile die Vereinbarung, dass eine Vertragspartei eine Sicherheit, das Sicherungsmittel, für einen bestimmten Sicherungszweck, in bestimmter Höhe und in einer bestimmten Art zu leisten hat, und wann der Sicherungsfall eintritt.[987] **385**

(1) Sicherungsmittel

Bei dem Sicherungsmittel handelt es sich um den Vermögensteil, der dem Zugriff des Sicherungsnehmers zur Erfüllung des Sicherungszwecks dient. Liegt ein VOB-Bauvertrag vor, ergeben sich die verschiedenen Sicherungsmittel aus § 17 Nr. 2 VOB/B. Danach kann, wenn die Parteien nichts anderes vereinbart haben,[988] Sicherheit geleistet werden durch Einbehalt von Geld, Hinterlegung von Geld sowie durch eine Bürgschaft eines in der Europäischen Gemeinschaft zugelassenen Kreditinstitutes oder Kreditversicherers. **386**

■ **Wahlrecht des Sicherungsgebers**

Gemäß § 17 Nr. 3 i. V. m. Nr. 2 VOB/B hat der Auftragnehmer die Wahl unter den verschiedenen Arten der Sicherheit; er kann eine Sicherheit durch eine andere ersetzen. Dieses Wahlrecht ist für den Interessenausgleich wichtig, weil es damit dem Auftragnehmer überlassen bleibt, ob er auf die Liquidität verzichtet oder nicht. Im Hinblick auf die Ausübung dieses Wahlrechtes wird sich der Auftragnehmer von folgenden Erwägungen leiten lassen: **387**

– Ein Sicherungseinbehalt ist für den Auftragnehmer die einfachste Möglichkeit, eine Sicherheitsleistung zu erbringen. Dies gilt insbesondere dann, wenn es ihm aufgrund

---

[984] BGH BauR 2000, 1498; NJW-RR 1988, 851; Ingenstau/Korbion-*Joussen*, § 17 VOB/B, Rn 1; *Weise*, Rn 18.
[985] Ingenstau/Korbion-*Joussen*, § 17 Nr. 1 VOB/B, Rn 3; *Kuffer*, BauR 2003, 155; *Thode*, ZfBR 2000, 165 (166); *Weise*, Rn 16; Werner/Pastor, Rn 1240.
[986] *Weise*, Rn 17; Heiermann/Riedel/Rusan, § 17 VOB/B, Rn 8.
[987] BGH BauR 2001, 1893; BauR 2003, 1543; Ingenstau/Korbion-*Joussen*, § 17 Nr. 1 VOB/B, Rn 7 f.; *Thode*, ZfBR 2002, 4.
[988] Den Vertragsparteien bleibt es beim VOB-Bauvertrag mithin unbenommen, auch andere Sicherungsmittel zu vereinbaren, OLG Stuttgart BauR 1977, 139; *Weise*, Rn 136.

seiner finanziellen Situation nicht möglich ist, andere kostenwirksame Sicherheiten, nämlich bspw. eine Bürgschaft, zu stellen.
- Kommt es dem Auftragnehmer darauf an, den Sicherheitsbetrag dem Zugriffsbereich des Auftraggebers zu entziehen und verfügt er über eine ausreichende Liquidität, die es zulässt, die Kosten einer Bürgschaft zu sparen, wird er es vorziehen, die Sicherheit in Form der Hinterlegung zu stellen.
- Steht für den Auftragnehmer im Vordergrund, sich möglichst schnell Liquidität zu verschaffen, wird er dem Auftraggeber als Sicherungsmittel eine Bürgschaft stellen. So steht nämlich der Zinssatz bei der Hinterlegungsstelle bzw. auf einem Sperrkonto des Auftraggebers in keinem Verhältnis zu den zinsmäßigen Vorteilen des liquiden Betrages beim Auftragnehmer selbst.

388 Das **Wahlrecht** des Auftragnehmers, eine der in § 17 Nr. 2 VOB/B genannten Sicherungsmittel auswählen zu dürfen, ist nach § 17 Nr. 3 VOB/B befristet. Gemäß § 17 Nr. 7 VOB/B kann der Auftragnehmer, soweit die Parteien nichts anderes vereinbart haben, das Wahlrecht nur binnen 18 Werktagen nach Vertragsabschluss ausüben. Ist der Auftragnehmer seiner Verpflichtung zur Ausübung des Wahlrechts nicht fristgerecht nachgekommen, ist der Auftraggeber befugt, einen Sicherungseinbehalt vorzunehmen.[989]

▶ HINWEIS: In der Praxis kommt es immer wieder vor, dass bereits im Bauvertrag das Wahlrecht des Auftragnehmers nach § 17 Nr. 3 VOB/B abbedungen worden ist. Beruht der Ausschluss des Wahlrechts auf einer Individualvereinbarung der Parteien, die sich auf die erstmalige Stellung einer Sicherheit im Hinblick auf ein bestimmtes zu stellendes Sicherungsmittel bezieht, bestehen im Hinblick auf die Wirksamkeit dieser Vereinbarung keine Bedenken.[990] [991] Ist dem entgegen eine – nicht das Austausch(wahl-)recht tangierende – Beschränkung des Wahlrechts in den Allgemeinen Geschäftsbedingungen des Auftraggebers enthalten, hängt die Wirksamkeit solcher Klauseln davon ab, ob der Auftragnehmer durch den Ausschluss bzw. die Beschränkung des Wahlrechts unangemessen benachteiligt wird. Dies hängt von der Klauselgestaltung im Einzelfall ab.[992] ◀

■ Austauschrecht

389 Weiter steht dem Auftragnehmer gem. § 17 Nr. 3 VOB/B ein **Austauschrecht** zu. Der Auftragnehmer kann als Sicherungsverpflichteter, der sein Wahlrecht wahrgenommen hat oder dem die Auswahl des erstmalig zu gewährenden Sicherungsmittels aufgrund wirksamer vertraglicher Vereinbarung vorgegeben war, die geleistete Sicherheit durch eine andere ersetzen kann. Dies hat zur Folge, dass der Sicherungsnehmer die ersetzte Sicherheit zurückgeben muss.[993] Das Austauschrecht kann beliebig häufig geltend gemacht werden.[994]

---

989 Ingenstau/Korbion-*Joussen*, § 17 Nr. 7 VOB/B, Rn 5; Kapellmann/Messerschmidt-*Thierau*, § 17 VOB/B, Rn 218; *Weise*, Rn 138.
990 Vgl. insoweit OLG München BauR 1984, 188; LG Stuttgart BauR 1983, 481; Ingenstau/Korbion-*Joussen*, § 17 Nr. 3 VOB/B, Rn 4; *Weise*, Rn 139.
991 Zu beachten bleibt, dass dem Auftragnehmer im Rahmen des § 17 Nr. 3 VOB/B zwei Wahlrechte zustehen: Zum einen kann er bei der Auswahl des erstmalig zu gewährenden Sicherungsmittels wählen, zum anderen kann er die bereits gewährte Sicherheit nachträglich beliebig oft durch eine andere Sicherheit ersetzen.
992 Weiterführend: OLG München BauR 1984, 188; LG Stuttgart BauR 1983, 481; Ingenstau/Korbion-*Joussen*, § 17 Nr. 3 VOB/B, Rn 5 ff.; Kapellmann/Messerschmidt-*Thierau*, § 17 VOB/B, Rn 108 ff.; Heiermann/Riedel/Rusan, § 17 VOB/B, Rn 42.
993 Vgl. weiterführend zur Abwicklung des Sicherheitentausch: Ingenstau/Korbion-*Joussen*, § 17 Nr. 3 VOB/B, Rn 18 ff.; Kapellmann/Messerschmidt-*Thierau*, § 17 VOB/B, Rn 117 ff.
994 Weise, Rn 146; Ingenstau/Korbion-*Joussen*, § 17 Nr. 3 VOB/B, Rn 10; Heiermann/Riedel/Rusan, § 17 VOB/B, Rn 42.

A. Werklohnansprüche für abgeschlossene (Teil)Leistungen

Die Praxis zeigt, dass der Auftragnehmer, der im Verlauf der Gewährleistungszeit Liquidität benötigt, den Sicherheitseinbehalt durch eine Bürgschaft ablösen will. Immer wieder kommt es dann vor, dass der Auftraggeber trotz Entgegennahme der Bürgschaft den Sicherheitseinbehalt unter Hinweis auf bereits vorhandene oder vermutete Mängel nicht an den Auftragnehmer auszahlt.[995]   **390**

Mit Stellung der Bürgschaft erlangt der Auftragnehmer gegen den Auftraggeber grundsätzlich einen Anspruch auf Auszahlung des Sicherheitseinbehaltes. Der Auftraggeber kann diesem Anspruch nicht entgegenhalten, dass ein Mängelbeseitigungsanspruch bestehe und deshalb das Geld zurückbehalten werde. Nach § 17 Nr. 1 Abs. 2 VOB/B dient eine Sicherheit dazu, die vertragsgemäße Ausführung der Leistung und die Mängelansprüche sicherzustellen. Das bedeutet jedoch nicht, dass eine Sicherheit schon deshalb zurückbehalten werden kann, weil ein Anspruch auf Mängelbeseitigung besteht. Vielmehr ist grundsätzlich davon auszugehen, dass eine Sicherungsvereinbarung den Sicherungsnehmer berechtigt, die Sicherheit allein für die vom Sicherungszweck erfassten geldwerten Gewährleistungsansprüche zu verwerten.[996] Selbst dann, wenn zum Zeitpunkt der Vorlage der Bürgschaft ein solcher auf Geldzahlung gerichteter Anspruch bestehen sollte, kann der Auftraggeber bei gleichzeitigem Einbehalt der Bürgschaft die Auszahlung des Sicherungseinbehalt nicht verweigern, denn ein solches Verhalten liefe auf eine unzulässige doppelte Sicherung hinaus. Vielmehr muss sich der Auftraggeber entscheiden, ob er den Sicherungseinbehalt in Anspruch nimmt und damit die Sicherheit verbraucht oder ob er den Sicherheitseinbehalt unangetastet lässt.   **391**

▶ **Hinweis:** Die Parteien haben es in der Hand, das Austauschrecht des Auftragnehmers als Sicherungsverpflichteten vertraglich zu beschränken. Dabei kann das in § 17 Nr. 3 VOB/B verankerte Austauschrecht individualvertraglich jederzeit beschränkt werden.[997] Erfolgt die Beschränkung dem entgegen in den Allgemeinen Geschäftsbedingungen des Auftraggebers, muss die konkrete Regelung im Einzelfall auf der Grundlage der §§ 307 ff. BGB auf ihre Wirksamkeit hin überprüft werden.[998] ◀

■ **Einzelheiten zum Sicherungsmittel: Sicherungseinbehalt**

Haben die Vertragsparteien eine Vereinbarung zu dem Einbehalt von Vergütung als Sicherheit getroffen, regelt § 17 Nr. 6 VOB/B die Vorgehensweise, auf welche Weise und in welcher Höhe die Sicherheitsleistung vom Auftraggeber einzubehalten ist. Sieht die vertragliche Vereinbarung der Parteien vor, dass der Auftraggeber die Sicherheit in Teilbeträgen einbehalten darf,[999] ist es dem Auftraggeber untersagt, den Sicherungseinbehalt bereits in voller Höhe bei der ersten zu zahlenden Teilsumme (sei es als Vorauszahlung, Abschlagszahlung oder Teilschlusszahlung) vorzunehmen. Zulässig sind Teileinbehalte von jeweils höchstens 10 % solange, bis der vereinbarte Sicherheitsbetrag erreicht ist.[1000] Auszugehen ist dabei von dem jeweiligen Bruttorechnungsbetrag.[1001] Weiter kann der   **392**

---

995 Vgl. hierzu BGH BauR 2001, 1893.
996 BGH BauR 2001, 109.
997 Ingenstau/Korbion-*Joussen*, § 17 Nr. 3 VOB/B, Rn 13; Kapellmann/Messerschmidt-*Thierau*, § 17 VOB/B, Rn 107.
998 Weiterführend: Ingenstau/Korbion-*Joussen*, § 17 Nr. 3 VOB/B, Rn 13 ff.; *Weise*, Rn 147 ff.; Kapellmann/Messerschmidt-*Thierau*, § 17 VOB/B, Rn 108 ff.
999 Kniffka/Koeble, Kompendium 10. Teil, Rn 79; Kapellmann/Messerschmidt-*Thierau*, § 17 VOB/B, Rn 201; Ingenstau/Korbion-*Joussen*, § 17 Nr. 6 VOB/B, Rn 6.
1000 Kapellmann/Messerschmidt-*Thierau*, § 17 VOB/B, Rn 202; *Weise*, Rn 165; Ingenstau/Korbion-*Joussen*, § 17 Nr. 6 VOB/B, Rn 9; Kniffka/Koeble, Kompendium 10. Teil, Rn 79.
1001 *Weise*, Rn 167; Ingenstau/Korbion-*Joussen*, § 17 Nr. 6 VOB/B, Rn 9; Kapellmann/Messerschmidt-*Thierau*, § 17 VOB/B, Rn 203.

§ 6 Die Ansprüche des Auftragnehmers gegen den Auftraggeber

Auftraggeber den Sicherungseinbehalt aber auch in voller Höhe bei der Schlusszahlung vornehmen. Kann der Auftraggeber gegenüber dem fälligen Vergütungsanspruch des Auftragnehmers Gegenansprüche entgegenhalten, wie dies bei einem Leistungsverweigerungsrecht wegen Mängeln gem. § 320 i. V. m. § 641 Abs. 3 BGB der Fall ist, ist der höchst zulässige Einbehalt von 10 % nur aus dem zur Auszahlung fälligen Betrag zu errechnen.[1002] [1003]

393 Gemäß § 17 Nr. 6 S. 1 VOB/B hat der Auftraggeber dem Auftragnehmer mitzuteilen, welchen gekennzeichneten Betrag er als Sicherheit einbehalten hat und wie hoch der Sicherungseinbehalt ist.[1004] Weiter ist der Auftraggeber verpflichtet, das einbehaltene Geld von seinem eigenen Vermögen zu trennen. Daher muss er binnen **18 Werktagen** nach Mitteilung des Einbehalts den jeweiligen Betrag auf ein Sperrkonto beim vereinbarten Geldinstitut einzahlen.[1005] Dabei darf dem Auftraggeber für dieses Konto nicht die alleinige Verfügungsbefugnis zustehen. Mithin ist nur ein sog. „**Und-Konto**" ein insolvenzfestes Sperrkonto i. S. des § 17 Nr. 6 VOB/B.[1006] [1007] Die Vereinbarung über das betreffende Geldinstitut muss nicht bei Vertragsschluss, sondern kann auch später erfolgen.[1008] Mit der Einzahlung des Einbehalts auf dem Sperrkonto muss der Auftraggeber eine entsprechende Benachrichtigung des Auftragnehmers durch das Geldinstitut veranlassen, was in der Praxis durch Übersendung des Kontoauszuges mit dem Gutschriftbeleg erfolgt.[1009] Die aus dem Sperrkonto resultierenden Zinsen stehen gem. § 17 Nr. 5 S. 2 VOB/B dem Auftragnehmer zu. Bei kleineren oder kurzfristigen Aufträgen ist es gem. § 17 Nr. 6 Abs. 2 VOB/B zulässig, dass der Auftraggeber den einbehaltenen Sicherheitsbetrag erst bei der Schlusszahlung auf ein Sperrkonto einzahlt.

394 Zahlt der Auftraggeber die einbehaltene Sicherheit nicht auf ein Sperrkonto, kann ihm der Auftragnehmer gem. § 17 Nr. 6 Abs. 3 VOB/B eine **angemessene Nachfrist** setzen. Insoweit ist davon auszugehen, dass es sich bei einer Frist von einer Woche um eine solche angemessene Nachfrist handelt.[1010] Läuft die vom Auftragnehmer gesetzte Nachfrist zur Einzahlung des einbehaltenen Sicherungseinbehalts auf dem Sperrkonto ab, ohne das eine Einzahlung erfolgt ist, steht dem Auftragnehmer ein Anspruch auf **Auszahlung** der vollen Teilvergütung ohne Sicherheitsleistung gem. § 17 Nr. 6 Abs. 3 S. 2 VOB/B zu.[1011]

1002 OLG Dresden BauR 2001, 1918; Werner/Pastor, Rn 1252; Ingenstau/Korbion-*Joussen*, § 17 Nr. 6 VOB/B, Rn 9; Kniffka/Koeble, Kompendium 10. Teil, Rn 80; *Weise*, Rn 168.
1003 Weist die Abschlagsrechnung einen Bruttobetrag i. H. v. 30.000,00 € auf und steht dem Auftraggeber wegen Mängelbeseitigungskosten i. H. v. 5.000,00 € ein Leistungsverweigerungsrecht mit Druckzuschlag i. H. v. 15.000,00 € zu, wird lediglich ein Werklohnanspruch des Auftragnehmers i. H. v. 15.000,00 € fällig. Unter Berücksichtigung eines Sicherungseinbehalts von 10 % (= 1.500,00 €) ergibt dies einen Auszahlungsbetrag i. H. v. 13.500,00 €).
1004 Kapellmann/Messerschmidt-*Thierau*, § 17 VOB/B, Rn 204; Ingenstau/Korbion-*Joussen*, § 17 Nr. 6 VOB/B, Rn 11; *Weise*, Rn 169.
1005 Kapellmann/Messerschmidt-*Thierau*, § 17 VOB/B, Rn 203; Ingenstau/Korbion-*Joussen*, § 17 Nr. 6 VOB/B, Rn 12.
1006 LG Leipzig BauR 2001, 1920; Ingenstau/Korbion-*Joussen*, § 17 Nr. 6 VOB/B, Rn 12; Kniffka/Koeble, Kompendium 10. Teil, Rn 82.
1007 Zur strafrechtlichen Relevanz bei Nichteinhaltung dieser Anforderungen: *Greeve/Müller*, NZBau 2000, 239.
1008 LG Thüringen BauR 1977, 207; *Weise*, Rn 172; Ingenstau/Korbion-*Joussen*, § 17 Nr. 6 VOB/B, Rn 12.
1009 Ingenstau/Korbion-*Joussen*, § 17 Nr. 6 VOB/B, Rn 15; Kniffka/Koeble, Kompendium 10. Teil, Rn 82; Kapellmann/Messerschmidt-*Thierau*, § 17 VOB/B, Rn 205.
1010 Kniffka/Koeble, Kompendium 10. Teil, Rn 83; *Kapellmann/Messerschmidt-Thierau, § 17 VOB/B, Rn 211; Weise, Rn 177*; Ingenstau/Korbion-Joussen, § 17 Nr. 6 VOB/B, Rn 25.
1011 Umstritten ist, ob der Auftraggeber in diesem Fall gegen den Anspruch des Auftragnehmers auf Auszahlung des Sicherungseinbehalts die Aufrechnung mit Gegenprüchen erklären kann, verneinend: OLG Dresden BauR 1998, 640; Kapellmann/Messerschmidt-*Thierau*, § 17 VOB/B, Rn 211; bejahend: Ingenstau/Korbion-*Joussen*, § 17 Nr. 6 VOB/B, Rn 170.

A. Werklohnansprüche für abgeschlossene (Teil)Leistungen

Ferner hat der Auftragnehmer einen Anspruch auf Erstattung von Verzugszinsen gem. § 17 Nr. 5 S. 2 VOB/B. Auch kann der Auftragnehmer die Arbeiten einstellen bzw. vor dem Hintergrund des § 9 Nr. 1 b) VOB/B bei Fristsetzung mit Kündigungsandrohung und deren Ablauf die Kündigung des Bauvertrages erklären (Rn 541 ff.). Eine Auszahlung des Sicherungseinbehaltes kann der Auftraggeber nur dann verhindern, wenn ihm Gegenansprüche wegen Mängeln zur Verfügung stehen, da Aufrechnungs- und Zurückbehaltungsrechte auch bei einem Unterlassen der Einzahlung des Sicherungseinbehalts auf einem Sperrkonto nicht verloren gehen.[1012]

395

▶ Anzeige eines Sicherungseinbehaltes

An die Firma   Rechtsanwälte ...

...   ...

Betr.: Bauvorhaben ...

Sehr geehrter Herr ...,

die Prüfung Ihrer 5. Abschlagsrechnung vom ... hat unter anderem ergeben, dass der im Bauvertrag vom ... vereinbarte Sicherheitseinbehalt in Höhe von 10% der Abrechnungssumme nicht berücksichtigt wurde. Ihre Rechnung wird dementsprechend um EUR ...,– gekürzt.

Den Einbehalt von EUR ... hat meine Mandantin auf ein Sperrkonto gesondert von ihrem Vermögen einbezahlt. Das Kreditinstitut wird Sie hierüber mit gesonderter Post unterrichten.

Rechtsanwalt

Die Verwertung des Bardepots erfolgt bei Eintritt des Sicherungsfalls, in dem der Auftraggeber die Aufrechnung mit seinen fälligen gesicherten Ansprüchen erklärt. Ist das Geld auf einem Sperrkonto einbezahlt, hat der Auftraggeber gegen den Auftragnehmer einen Anspruch auf Freigabe des auf dem Sperrkonto befindlichen Betrages. Kommt der Auftragnehmer dem Anspruch auf Freigabe nicht nach, ist der Auftragnehmer auf Zustimmung zur Freigabe des Betrages zu verklagen. Die Vollstreckung erfolgt dann gem. § 894 ZPO. ◀

▶ Klageantrag auf Zustimmung zur Auszahlung:

Namens und in Vollmacht der Klägerin erheben wir gegen die Beklagte Klage und werden im Termin zur mündlichen Verhandlung beantragen:

Die Beklagte wird verurteilt, darin einzuwilligen, dass das auf dem gemeinsamen Konto der Parteien bei der ... Bank, Konto-Nr. ..., befindliche Guthaben in Höhe von ...,- € nebst angefallener Zinsen an die Klägerin ausgezahlt wird. ◀

■ **Einzelheiten zum Sicherungsmittel: Hinterlegung**

Beim VOB-Bauvertrag erfolgt die Hinterlegung entgegen den gesetzlichen Bestimmungen nicht nach der Hinterlegungsordnung bei den Amtsgerichten, sondern auf einem Hinterlegungskonto bei einem zu vereinbarenden Geldinstitut. Haben die Parteien es unterlassen, das konkrete Geldinstitut bereits im Bauvertrag festzulegen, hat der Auftragnehmer dem Auftraggeber einen Vorschlag zu unterbreiten. Hat der Auftraggeber innerhalb einer angemessenen Frist gegen diesen Vorschlag keine begründeten Einwendungen erhoben, ist der Auftragnehmer berechtigt, die Einzahlung bei dem vorgeschlagenen Geldinstitut vorzunehmen. Die Einzahlung hat auf einem Konto zu erfolgen, über das beide Parteien gemeinsam verfügen können. Mithin ist nur ein sog. „Und-Konto" ein solches insolvenzfestes Sperrkonto. Die aus dem hinterlegten Betrag resultierenden Zinsen stehen gem § 17 Nr. 5 S. 2 VOB/B dem Auftragnehmer zu. Ist der Sicherungsfall eingetreten, erfolgt die Verwertung von auf einem Sperrkonto hinterlegten Geld mit der einverständlichen

396

1012 OLG Dresden BauR 2001, 1918; KG BauR 2003, 728; Ingenstau/Korbion-*Joussen*, § 17 Nr. 6 VOB/B, Rn 27.

§ 6 Die Ansprüche des Auftragnehmers gegen den Auftraggeber

Freigabe des auf dem Sperrkonto hinterlegten Betrages. Verweigert der Auftragnehmer die Freigabe, muss der Auftraggeber den Auftragnehmer auf Zustimmung verklagen. Die Vollstreckung eines solchen Titels erfolgt nach § 894 ZPO.

■ **Einzelheiten zum Sicherungsmittel: Bürgschaft**

397 In der Praxis stellt die Bürgschaft i. S. des § 17 Nr. 4 VOB/B das wichtigste Sicherungsmittel dar. Voraussetzung für eine wirksame Sicherheitsleistung ist insoweit, dass ein tauglicher Bürge zur Verfügung steht. Stammt die Bürgschaft von einem Kreditinstitut oder Kreditversicherer, welches nach § 17 Nr. 2 VOB/B zugelassen ist, hat der Auftraggeber kein Recht, die Bürgschaft abzulehnen. Weiter müssen die Formvorschriften für die Bürgschaft beachtet worden sein. Den Anforderungen an die Schriftform genügt es nicht, wenn eine Bürgschaft per Telefax übermittelt wird.[1013] Notwendig ist vielmehr die Vorlage eines Originals mit Originalunterschriften. Schließlich muss auch der Inhalt der Bürgschaft den Anforderungen des § 17 Nr. 4 S. 2 VOB/B entsprechen. Demnach muss es sich um eine selbstschuldnerische Bürgschaft handeln, die unter Verzicht auf die Einrede der Vorausklage i. S. des § 771 BGB abgegeben worden ist. Weiter darf die Bürgschaft nicht auf bestimmte Zeit begrenzt sein. Dies deshalb, da im konkreten Fall die Verjährung für bestimmte Zeiträume gehemmt oder sogar unterbrochen – mit der Folge des Neubeginns – gewesen sein kann. Schließlich ist eine Bürgschaft nur dann wirksam, wenn die Hauptschuld hinreichend bezeichnet ist.[1014]

(2) Zum Sicherungszweck

398 Anders als beim BGB-Bauvertrag muss beim VOB-Bauvertrag der Sicherungszweck nicht ausdrücklich in der Sicherungsabrede angegeben sein, um dem Bestimmtheitsgebot zu genügen. Gemäß § 17 Nr. 1 Abs. 2 VOB/B dient die Sicherheit der vertragsgemäßen Ausführung der Leistung einschließlich der Mängelansprüche. Dabei regelt § 17 Nr. 1 Abs. 2 VOB/B die Zweckbestimmung der Sicherheitsleistung ausschließlich im Verhältnis des Auftragnehmers zum Auftraggeber und nicht die Zweckbestimmung einer Sicherheit (bspw. die einer Bürgschaft), die von einem Dritten im Verhältnis zum Auftraggeber gestellt worden ist. Erfolgt die Sicherheitsleistung mithin aus einer Drittrichtung, sind die zwei unterschiedlichen Rechtsverhältnisse jeweils einer isolierten Bewertung zu unterziehen:[1015] Dabei sollte es idealerweise so sein, dass beide Rechtsverhältnisse bezüglich des Umfanges der abzusichernden Ansprüche übereinstimmen. Genauso gut kann es aber sein, dass die aus Drittrichtung gewährte Sicherheit/Bürgschaft über den in der Sicherungsabrede vereinbarten Sicherungsumfang hinausgeht und dem Auftraggeber eine größere Rechtsmacht verleiht, als er nach der Sicherungsabrede in Anspruch nehmen darf. Denkbar ist auch der umgekehrte Fall, dass die von dritter Seite gewährte Sicherheit/ Bürgschaft hinter dem Sicherungsumfang zurückbleibt und in diesem Fall vom Auftraggeber als untaugliches Sicherungsmittel zurückgewiesen werden darf.

■ **Sicherung der vertragsgemäßen Ausführung der Leistung (Vertragserfüllungssicherheiten)**

399 – § 17 Nr. 1 Abs. 2 VOB/B dient zunächst der Absicherung des Anspruches des Auftraggebers auf vertragsgemäße Ausführung der Leistung. Die Erfüllungssicherheiten erfassen zunächst die Ansprüche des Auftraggebers auf eine fristgerechte Erfüllung.

1013 BGH BauR 1993, 340.
1014 BGH BauR 1993, 339.
1015 BGH BauR 1984, 406; Ingenstau/Korbion-*Joussen*, § 17 Nr. 1 VOB/B, Rn 13.

A. Werklohnansprüche für abgeschlossene (Teil)Leistungen 1

Die Sicherheitsleistung umfasst mithin sämtliche Ansprüche des Auftraggebers aus Verzug, nämlich Ansprüche aus §§ 280, 286 BGB (vgl. Rn 685); § 6 Nr. 6 VOB/B (vgl. Rn 548 ff.) sowie § 8 Nr. 3 i. V. m. § 5 Nr. 4 VOB/B (vgl. Rn 489 ff.).[1016] Auch die Zahlung einer Vertragsstrafe, die der Auftragnehmer im Bauvertrag dem Auftraggeber bei schuldhafter Nichteinhaltung fester zugesagter Vertragstermine versprochen hat (vgl. Rn 324 ff.), wird von einer Sicherheitsleistung nach § 17 Nr. 1 Abs. 2 VOB/B erfasst.[1017]

– Weiter werden durch die Vertragserfüllungssicherheit die Mängelansprüche des Auftraggebers bis zur Abnahme aus § 4 Nr. 7 VOB/B gesichert.[1018] Gesichert sind somit vor allem Schadensersatzansprüche für Mangelfolgeschäden, was bedeutsam ist, wenn die Mängel selbst zwischenzeitlich beseitigt worden sind.[1019] Abgesichert sind ferner sämtliche sich nach einer Vertragskündigung ergebenden Schadensersatzansprüche sowie Ansprüche auf Ersatz von Mehrkosten nach § 8 Nr. 3 VOB/B.[1020] (Vgl. Rn 513 ff.) Schließlich deckt die Vertragserfüllungssicherheit auch alle dem Auftraggeber zustehenden Schadensersatzansprüche wegen Nichterfüllung bzw. statt der Leistung.[1021]

– Nach der nunmehr vorherrschenden Rechtsprechung werden auch Rückforderungsansprüche von einer Vertragserfüllungssicherheit abgedeckt, wenn sie aus Ansprüchen auf Schadensersatz wegen Nichterfüllung resultieren wie dies bspw. im Falle der Insolvenz des Auftragnehmers und einer Nichtdurchführung des Bauvorhabens der Fall ist.[1022] Unter die Vertragserfüllungssicherheiten fallen hingegen nicht Überzahlungen, die vom Auftraggeber nach §§ 812 ff. BGB wegen ungerechtfertigter Bereicherung zurückgefordert werden können.[1023] Ebenso wenig werden Ansprüche wegen Rückzahlung von Vorauszahlungen oder wegen zu viel gezahlter Abschlagszahlungen erfasst.[1024]

■ **Sicherung der Mängelansprüche**

Unter eine Gewährleistungssicherheit fallen bei einem VOB-Bauvertrag sämtliche Ansprüche des Auftraggebers aus § 13 VOB/B (vgl. Rn 668 ff.). Voraussetzung für die Anwendbarkeit des § 13 VOB/B ist insoweit, dass eine Abnahme der Leistungen des Auftragnehmers erfolgt ist. Ist es zu einer vorzeitigen Beendigung des Bauvertrages nach fristloser Kündigung gem. § 8 Nr. 3 VOB/B gekommen, kommt die Gewährleistungssicherheit im Hinblick auf Ansprüche aus § 13 VOB/B dann zum Tragen, wenn eine Abnahme der Leistungen des Auftragnehmers gem. § 8 Nr. 6 VOB/B erfolgt ist. Dies gilt auch für Baumängel und deren Folgeschäden, die vor Abnahme unter § 4 Nr. 7 S. 1 und

400

1016 Ingenstau/Korbion-*Joussen*, § 17 Nr. 1 VOB/B, Rn 16; Kapellmann/Messerschmidt-*Thierau*, § 17 VOB/B, Rn 60; *Weise*, Rn 66.
1017 BGH BauR 1982, 506; NJW-RR 1990, 811; Kapellmann/Messerschmidt-*Thierau*, § 17 VOB/B, Rn 60; Ingenstau/Korbion-*Joussen*, § 17 Nr. 1 VOB/B, Rn 16; *Weise*, Rn 66.
1018 OLG Düsseldorf BauR 1998, 553; Werner/Pastor, Rn 1252 ff.; *Weise*, Rn 62; Ingenstau/Korbion-*Joussen*, § 17 Nr. 1 VOB/B, Rn 17; Kapellmann/Messerschmidt-*Thierau*, § 17 VOB/B, Rn 61.
1019 BGH BauR 2003, 870 (872 f.).
1020 *Weise*, Rn 68; Kapellmann/Messerschmidt-*Thierau*, § 17 VOB/B, Rn 62; Ingenstau/Korbion-*Joussen*, § 17 Nr. 1 VOB/B, Rn 17.
1021 BGH BauR 1988, 220; OLG Celle BauR 1997, 1057; Ingenstau/Korbion-*Joussen*, § 17 Nr. 1 VOB/B, Rn 18; Kapellmann/Messerschmidt-*Thierau*, § 17 VOB/B, Rn 62.
1022 BGH BauR 1988, 220; *Weise*, Rn 69; Ingenstau/Korbion-*Joussen*, § 17 Nr. 1 VOB/B, Rn 18.
1023 *Weise*, Rn 70; Ingenstau/Korbion-*Joussen*, § 17 Nr. 1 VOB/B, Rn 18.
1024 BGH NJW 1980, 1459; OLG Celle BauR 1997, 1057; *Schmitz/Vogel* ZflR 2002, 509 (512); Heiermann/Riedel/Rusan, § 17 VOB/B, Rn 1; *Weise*, Rn 70; Ingenstau/Korbion-*Joussen*, § 17 Nr. 1 VOB/B, Rn 18.

§ 6 Die Ansprüche des Auftragnehmers gegen den Auftraggeber

S. 2 VOB/B gefallen sind und die mit der Abnahme in echte Mängelrechte nach § 13 Nr. 5 ff. VOB/B umgewandelt worden sind.[1025] Erfolgt dem entgegen keine Abnahme der bauvertraglichen Leistungen des Auftragnehmers, stehen dem Auftraggeber wegen der Leistungen nur die Rechte aus § 4 Nr. 7 VOB/B zu. Diese werden jedoch ausschließlich von einer Erfüllungssicherheit erfasst.[1026] Die Gewährleistungssicherheit deckt mithin die Haftung des Auftragnehmers für alle während der Gewährleistungsfrist auftretenden Mängel ab, gleichgültig, ob sie bei oder nach Abnahme erkannt worden sind. Abgedeckt wird auch der Anspruch des Auftraggebers auf Kostenvorschuss für die Mängelbeseitigung.[1027] Ferner werden von der Gewährleistungssicherheit abgedeckt Ansprüche des Auftraggebers auf Restfertigstellung der Leistungen, da es sich insoweit um Ansprüche des Auftraggebers nach der Abnahme handelt.[1028]

- **Sonstige Vereinbarung**

401 Den Parteien eines VOB-Bauvertrages bleibt es unbenommen, eine Sicherungsabrede abweichend von § 17 Nr. 1 Abs. 2 VOB/B zu vereinbaren, nach der der Zweck der Sicherheit das vorgenannte Maß erweitert oder aber auch beschränkt.[1029]

(3) Zum Sicherungsfall

402 Geht es um den Eintritt des Sicherungsfalles, muss geprüft werden, unter welchen Voraussetzungen bzw. ab welchem Zeitpunkt der Auftraggeber eine ihm zur Verfügung gestellte Sicherheit verwerten[1030] bzw. wie lange der Auftraggeber die Sicherheit behalten darf.[1031] Insoweit gewinnt die Regelung des Sicherungsfalls in der Sicherungsabrede dann eine besondere Bedeutung, wenn die dem Auftraggeber von Drittseite zur Verfügung gestellte Bürgschaft über den in der Sicherungsabrede vereinbarten Sicherungsumfang hinausgeht. In diesem Fall ist es keinesfalls zulässig, aus der weitreichenden Rechtsmacht des Inhabers einer Bürgschaft auf erstes Anfordern Rückschlüsse auf den Inhalt und die Reichweite einer der Bürgschaft zugrunde liegenden Sicherungsabrede zwischen dem Auftraggeber und dem Auftragnehmer zu ziehen.[1032] Weiter stellt die Verwertung einer Sicherheit jedenfalls dann ein Verstoß gegen die Sicherungsabrede dar, wenn der Sicherungsfall gar nicht mehr eintreten kann.[1033] Fehlt im Bauvertrag eine ausdrückliche Vereinbarung zum Sicherungsfall, ist vom Vorliegen einer stillschweigenden Vereinbarung des Sicherungsfalls auszugehen, der durch Auslegung gem. §§ 133, 157 BGB zu ermitteln ist.[1034] Insoweit ist maßgeblich, dass die Sicherheit nicht vor Fälligkeit des gesicherten Anspruchs verwertet werden darf.[1035] Geht es um Mängelansprüche des Auftraggebers, ist mithin eine Verwertung der Sicherheit in der Regel erst dann zulässig, wenn der Män-

---

1025 BGH BauR 1982, 277 (279); BauR 2003, 689 (691 f.).
1026 BGH BauR 1998, 332 (333); OLG Düsseldorf BauR 1998, 553; Werner/Pastor, Rn 1252 ff.; *Weise*, Rn 62; Ingenstau/Korbion-*Joussen*, § 17 Nr. 1 VOB/B, Rn 17; Kapellmann/Messerschmidt-*Thierau*, § 17 VOB/B, Rn 61.
1027 BGH BauR 1984, 406; BauR 1992, 373.
1028 BGH BauR 1998, 332; OLG Hamm NJW-RR 1987, 686; OLG Köln, BauR 1998, 555.
1029 Ingenstau/Korbion-*Joussen*, § 17 Nr. 1 VOB/B, Rn 30 f.
1030 BGH BauR 2001, 1893 (1894); *Quack*, BauR 1997, 754 f.; *Kuffer*, BauR 2003, 155 f.
1031 *Schmitz/Vogel*, ZfIR 2002, 509 (510).
1032 *Quack*, BauR 1997, 754 (755).
1033 BGH ZfBR 1999, 88 (89); *Thode*, ZfBR 2002, 4 (5); Ingenstau/Korbion-*Joussen*, § 17 Nr. 1 VOB/B, Rn 8.
1034 BGH BauR 2001, 109 (111); BauR 2001, 1893 (1894); BauR 2002, 1543 (1544); *Quack*, BauR 1997, 754 f.; *Thode*, ZfIR 2000, 165 (166); ders., ZfBR 2002, 4 ff.; *Schmitz/Vogel*, ZfBR 2002, 509 (510); *Kuffer*, BauR 2003, 155 (156).
1035 BGH BauR 2001, 109 (111); *Quack*, BauR 1997, 754 (756); *Thode*, ZfBR 2002, 4 f.

gelanspruch entstanden ist, was in der Regel eine vom Auftraggeber gesetzte angemessene Frist zur Mängelbeseitigung und deren Ablauf voraussetzt.[1036]

(4) Zur Höhe der Sicherheitsleistung

Den Parteien ist anzuraten, bei Abschluss des Bauvertrages die Höhe der Sicherheitsleistung zu bestimmen. Ist im Bauvertrag lediglich eine Sicherheitsleistung vereinbart, ohne den Umfang festzulegen, ist eine dementsprechende Bestimmung der Höhe nach den §§ 315, 316 BGB notfalls durch das Gericht zu bestimmen.[1037] In der Praxis ist es üblich, die Höhe der Sicherheitsleistung anhand eines bestimmten Prozentsatzes der Vergütung des Auftragnehmers zu vereinbaren.[1038]

403

Geht es um die **Zulässigkeit der konkret vereinbarten Höhe**, ist wiederum danach zu unterscheiden, ob die Parteien eine Individualvereinbarung getroffen haben oder die Höhe der Sicherheitsleistung in den Allgemeinen Geschäftsbedingungen des Auftraggebers geregelt ist. Liegt eine Individualvereinbarung vor, ist diese – vorbehaltlich der Einhaltung der allgemeinen Schranken der Sittenwidrigkeit gem. § 138 Abs. 1 BGB (vgl. Rn 277 ff.) – wirksam.[1039] Wird die Höhe der Sicherheitsleistung dem entgegen in den Allgemeinen Geschäftsbedingungen des Auftraggebers geregelt, muss dieser darauf achten, dass er den Auftragnehmer nicht im Übermaß belastet. Insoweit sind Vertragserfüllungssicherheiten in Höhe von 5 % der Auftragssumme bzw. Sicherheiten für Mängelansprüche in Höhe von 3 % der Auftragssumme unproblematisch zulässig.[1040] Im konkreten Einzelfall ist im Blick zu halten, dass im Hinblick auf die Frage, ob dementsprechende Klauseln der Inhaltskontrolle gem. der §§ 307 ff. BGB standhalten, nicht auf starre Prozentobergrenzen abgestellt werden sollte. Dies gilt deshalb, da dem Auftraggeber immer dann, wenn von dem Auftragnehmer die Errichtung besonders mangelanfälliger Gewerke geschuldet war bzw. neue und bisher nicht erprobte Bautechniken verwendet werden, eine höhere Sicherheit abverlangt werden kann. Die zulässige Obergrenze für eine Sicherheitsleistung ist allerdings dann überschritten, wenn die Sicherheitsleistung **10 %** der Auftragssumme (bei Vertragserfüllungssicherheiten) bzw. der Abrechnungssumme (bei Mängelsicherheiten) überschreitet.[1041]

404

B. Werklohnansprüche bei Änderungen, Zusatzaufträgen und auftragslos erbrachten Leistungen

Literatur

Jagenburg, Der Vergütungsanspruch des Bauherrn bei mangelhafter oder nicht rechtzeitiger Bauausführung nach VOB, BauR 1970, 18; *Leinemann*, VOB-Bauvertrag: Leistungsverweigerungsrecht des Bauunternehmers wegen fehlender Nachtragsbeauftragung?, NJW 1998, 3672; *Leineweber*, Jahrbuch Baurecht 2002, 128; *Marbach*, Vergütungsansprüche aus Nachträgen, ZfBR 1989, 2; *Leupertz*, Der Anspruch des Unternehmers auf Bezahlung unbestellter Bauleistungen beim BGB-Bauvertrag, BauR 2005, 775; *Motzke*, Nachforderungsmöglichkeiten bei Einheits- und Pauschalverträgen, BauR 1992, 146; *Nienmöller*, Der Mehrvergütungsanspruch für Bauzeitverlängerungen durch Leistungsänderung und/oder Zusatzleistungen

---

1036 BGH BauR 2001, 109 (111); BauR 2001, 1893 (1894); *Quack*, BauR 1997, 754 (756); *Thode*, ZfIR 2000, 165 (171 f.); *ders.*, ZfBR 2002, 4 (5); *Kuffer*, BauR 2003, 155 f.
1037 Werner/Pastor, Rn 1262.
1038 Ingenstau/Korbion-*Joussen*, § 17 Nr. 1 VOB/B, Rn 32; *Weise*, Rn 110.
1039 *Weise*, Rn 111 „zulässig sind Vereinbarungen bis zu maximal 10-20% der Auftrags- bzw. Abrechnungssumme".
1040 Ingenstau/Korbion-*Joussen*, § 17 Nr. 1 VOB/B, Rn 33; Werner/Pastor, Rn 1262.
1041 OLG Frankfurt BauR 1993, 375; Ingenstau/Korbion-*Joussen*, § 17 Nr. 1 VOB/B, Rn 33.

§ 6 Die Ansprüche des Auftragnehmers gegen den Auftraggeber

beim VOB/B-Vertrag, BauR 2006, 175; *Oberhauser*, Ansprüche des Auftragnehmers auf Bezahlung nicht „bestellter" Leistungen beim Bauvertrag auf der Basis der VOB/B, BauR 2005, 919; *Quack/Asam*, Anmerkung zum Urteil des BGH vom 28.02.2002 – VII ZR 376/00, BauR 2002, 1247; *Schulze-Hagen*, Zur Anwendung der §§ 1 Nr. 3, 2 Nr. 5 VOB/B einerseits und §§ 1 Nr. 4, 2 Nr. 6 VOB/B andererseits, in: Festschrift für Soergel, S. 259; *Stemmer*, Bindung des Auftragnehmers an einen Preis „unter Wert" bei Mengenmehrungen?, BauR 1997, 417; *Thode*, Nachträge wegen gestörten Bauablaufs im VOB/B-Vertrag – Eine kritische Bestandsaufnahme –, ZfBR 2004, 214; *Vygen*, Die funktionale Leistungsbeschreibung, in: Festschrift für Mantscheff, S. 459; *Zanner*, Kann der AG durch Anordnung gem. § 1 Nr. 3 VOB/B nicht nur Leistungsinhalte sondern auch die Bauzeit einseitig ändern, BauR 2006, 177; *Zanner/Keller*, Das einseitige Anordnungsrecht des Auftraggebers zu Bauzeit und Bauablauf und seine Vergütungsfolgen, NZBau 2004, 353.

405 Gerade bei größeren Bauvorhaben ist immer wieder festzustellen, dass es nach Abschluss des Bauvertrages zu einer Änderung des vertraglich vereinbarten Bausolls gekommen ist. Als Folge dessen ist die Frage aufzuwerfen, welchen Auswirkungen Bausolländerungen auf den Werklohnanspruch des Auftragnehmers haben. Geht es um Änderungen des Bausolls, sind folgende Konstellationen zu unterscheiden:
- Mengenänderungen,
- Leistungsänderungen,
- Zusätzliche Leistungen,
- Wegfall einzelner Leistungen,
- Leistungen ohne Auftrag,
- Nichtvergütungspflichtige Nebenleistungen.

I. Mengenänderungen

1. Beim Einheitspreisvertrag

406 Mengenänderungen liegen dann vor, wenn sich nach der Aufmaßnahme herausstellt, dass die tatsächlich angefallenen Mengen (Vordersätze)[1042] betreffend konkreter im Vertrag festgelegter Leistungen von den ursprünglich prognostizierten Mengen des Leistungsverzeichnisses abweichen.

a) VOB-Einheitspreisvertrag: § 2 Nr. 3 VOB/B

aa) Grundregel: § 2 Nr. 3 Abs. 1 VOB/B

407 Weicht die ausgeführte Menge der unter einem Einheitspreis erfassten Leistung oder Teilleistung um nicht mehr als **10 %** von dem im Vertrag vorgesehenen Umfang ab, so gilt der vertragliche Einheitspreis unverändert. Es ist dabei von dem Mengenansatz jeder einzelnen Position auszugehen und nur für diese Position zu beurteilen, ob die ausgeführte Menge die 10 % – Grenze überschreitet. Auf den jeweiligen Gesamtpreis oder Positionspreis des Vertrages kommt es nicht an.[1043]

bb) Mengenüberschreitungen: § 2 Nr. 3 Abs. 2 VOB/B

408 Für die über 10 % hinausgehende **Überschreitung** des Mengenansatzes ist auf Verlangen des Auftragnehmers oder Auftraggebers ein neuer Preis unter Berücksichtigung der

---

1042 Vgl. hierzu die Übersicht unter Rn 287.
1043 BGH BauR 1976, 135; Werner/Pastor, Rn 1169; Ingenstau/Korbion-*Keldungs*, § 2 Nr. 3 VOB/B, Rn 14.

B. Werklohnansprüche bei sonstigen Leistungen

Mehr- oder Minderkosten zu vereinbaren.[1044] Bei der Berechnung bleibt der bisherige Einheitspreis für die vertraglich prognostizierte Menge bestehen. Diesem Mengenansatz ist zunächst der in § 2 Nr. 3 Abs. 1 VOB/B festgelegte Spielraum von 10 % hinzuzurechnen, für den der bisherige Einheitspreis gilt. Erst für die über 110 % hinausgehende Menge ist ein neuer Preis zu vereinbaren. Mengenunterschreitungen bei anderen Positionen bleiben unberührt. Für die Ermittlung des neuen Preises ist auf die bisherigen Preisermittlungsgrundlagen abzustellen. Der Auftragnehmer hat folglich seine Kalkulation offen zu legen.[1045] Vormals gewährte Nachlässe und Skonti sind mit zu berücksichtigen.[1046] Bei Mengenüberschreitungen besteht keine Ankündigungs- oder Hinweispflicht des Auftragnehmers.[1047]

cc) Mengenunterschreitungen: § 2 Nr. 3 Abs. 3 VOB/B

409 Bei einer über 10 % hinausgehenden **Unterschreitung** des Mengenansatzes ist auf Verlangen der Einheitspreis für die tatsächlich ausgeführte Menge der Leistung oder Teilleistung zu erhöhen, soweit der Auftragnehmer nicht durch Erhöhung der Mengen bei anderen Ordnungszahlen (Positionen) oder in anderer Weise einen Ausgleich erhält.[1048] Die Erhöhung des Einheitspreises soll im Wesentlichen dem Mehrbetrag entsprechen, der sich durch Verteilung der Baustelleneinrichtungs- und Baustellengemeinkosten und der Allgemeinen Geschäftskosten auf die verringerte Menge ergibt. Die Umsatzsteuer wird entsprechend dem neuen Preis vergütet. Will der Auftragnehmer eine Erhöhung des Einheitspreises erreichen, so hat er seine Kalkulation offen zu legen.[1049] Für das Preisanpassungsverlangen sieht die VOB/B keine zeitliche Beschränkung. Bis zur Zahlung des Vergütungsanspruchs kann das Verlangen unproblematisch erhoben werden. Das Verlangen ist nach allgemeinen Grundsätzen der Verwirkung ausgeschlossen, wenn der durch die Preisanpassung Belastete darauf vertrauen konnte, dass es nicht mehr gestellt wird.[1050]

b) BGB-Einheitspreisvertrag: § 313 BGB

410 Kommt es beim BGB-Einheitspreisvertrag im Hinblick auf die im Angebot aufgeführten Vordersätze im Zuge der späteren Bauausführung zu Mengenänderungen (d. h. Mengenmehrungen oder -minderungen), ist § 2 Nr. 3 VOB/B weder unmittelbar noch analog anzuwenden.[1051] Eine Anpassung, d. h. Erhöhung oder Reduzierung des vereinbarten Einheitspreises erfolgt nach § 313 BGB nur dann, wenn die **Geschäftsgrundlage** betroffen ist.[1052] Das setzt voraus, dass im Einzelfall eine so wesentliche Änderung des bei Vertragsabschluss von jedenfalls einer Person als sicher zugrundegelegten Mengenansatzes eingetreten ist, dass einer der Vertragsparteien bei unveränderter Aufrechterhaltung des Vertrages ein unvorhersehbares und unzumutbares Opfer auferlegt werden würde.[1053]

1044 Kapellmann/Messerschmidt-*Kapellmann*, § 2 VOB/B, Rn 145 ff.; Ingenstau/Korbion-*Keldungs*, § 2 Nr. 3 VOB/B, Rn 16 ff.; Werner/Pastor, Rn 1169.
1045 OLG München BauR 1993, 726; Werner/Pastor, Rn 1169; Ingenstau/Korbion-*Keldungs*, § 2 Nr. 3 VOB/B, Rn 19.
1046 Ingenstau/Korbion-*Keldungs*, § 2 Nr. 3 VOB/B, Rn 18.
1047 Vgl. hierzu OLG Jena, BauR 2005, 1066, Nichtzulassungsbeschwerde vom BGH durch Beschl. v. 13.1.2005 zurückgewiesen.
1048 Kapellmann/Messerschmidt-*Kapellmann*, § 2 VOB/B, Rn 151 ff.; Ingenstau/Korbion-*Keldungs*, § 2 Nr. 3 VOB/B, Rn 28 ff.; Werner/Pastor, Rn 1169.
1049 OLG München BauR 1993, 726; Ingenstau/Korbion-*Keldungs*, § 2 Nr. 3 VOB/B, Rn 36 ff.; Werner/Pastor, Rn 1169.
1050 BGH BauR 2005, 1152.
1051 BGH, Schäfer/Finnern, Z 2.311 Bl. 31; *Jagenburg*, BauR 1970; 18 (19); Werner/Pastor, Rn 2501.
1052 KG BauR 2001, 1591 (1592); Werner/Pastor, Rn 1173 und 2478 ff.
1053 KG BauR 2001, 1591 (1592); Werner/Pastor, Rn 2490.

§ 6 Die Ansprüche des Auftragnehmers gegen den Auftraggeber

Die Voraussetzungen für eine Preisanpassung sind dabei wesentlich enger als diejenigen nach § 2 Nr. 3 VOB/B beim VOB-Bauvertrag. Die in § 2 Nr. 3 Abs. 2 und 3 VOB/B enthaltene 10 % – Regelung kommt nicht zur Anwendung. Vielmehr ist jeweils auf den Einzelfall abzustellen. Eine **starre Grenze** von mindestens **20 %** ist nicht anzuerkennen.[1054] Fraglich bleibt, ob dabei auf den Mengenansatz der einzelnen Position oder auf den Gesamtpreis abzustellen ist.[1055] Im Rahmen des anzuwendenden § 242 BGB ist auch zu berücksichtigen, wie es zu der Mengenabweichung gekommen ist. Dabei spielt vor allem eine Rolle, wer die dem Pauschalvertrag zugrunde liegende Menge geschätzt hat. Fehlschätzungen des Auftraggebers berechtigen eher zu einer Preisanpassung als Fehlschätzungen des Auftragnehmers.

2. Beim Pauschalpreisvertrag

411 Beim VOB-Pauschalpreisvertrag bleibt der Pauschalpreis bei Mengenänderungen gem. § 2 Nr. 7 Abs. 1 S. 1 VOB/B grundsätzlich unverändert. Nur dann, wenn die ausgeführte Leistung von der vertraglich vereinbarten Leistung so erheblich abweicht, dass ein Festhalten an dem Pauschalpreis nicht mehr zumutbar ist, ist gem. § 242 BGB auf Verlangen einer Partei ein Ausgleich unter Berücksichtigung der Mehr- und Minderkosten zu gewähren. Es wird damit auf die Grundsätze des Wegfalls der **Geschäftsgrundlage** (§ 313 Abs. 1 BGB) verwiesen.[1056] Beim BGB-Pauschalpreisvertrag ist bei erheblichen Mengenänderungen auf die Regeln der Störung der Geschäftsgrundlage gem. § 313 Abs. 1 BGB zurückzugreifen. Eine Anpassung, d.h. Erhöhung oder Reduzierung des vereinbarten Pauschalpreises erfolgt also jeweils nur dann, wenn die Geschäftsgrundlage betroffen ist. Das setzt voraus, dass im Einzelfall eine so wesentliche Änderung des bei Vertragsabschluss von jedenfalls einer Person als sicher zugrunde gelegten Mengenansatzes eingetreten ist, dass einer der Vertragsparteien bei unveränderter Aufrechterhaltung des Vertrages ein unvorhersehbares und unzumutbares Opfer auferlegt werden würde.[1057] Eine **starre Grenze** von mindestens **20 %** ist nicht anzuerkennen. Vielmehr ist jeweils auf den Einzelfall abzustellen.[1058] In diesem Zusammenhang ist stets eine Gesamtschau notwendig, denn Mengenüberschreitungen in einer Position können durch Mengenunterschreitungen in anderen Positionen ausgeglichen sein.[1059] Es ist also nicht auf den Mengenansatz der einzelnen Position, sondern auf den Gesamtpreis abzustellen.[1060] Im Rahmen des anzuwendenden § 242 BGB ist auch zu berücksichtigen, wie es zu der Mengenabweichung gekommen ist. Dabei spielt vor allem eine Rolle, wer die dem Pauschalvertrag

---

[1054] BGH BauR 1996, 250; *Stemmer*, BauR 1997, 417 (421); Werner/Pastor, Rn 2490; Kapellmann/Schiffers, Bd. 2; Rn 1533, 1535; fraglich Staudinger-*Peters*, § 632 BGB, Rn 57.

[1055] Vor dem Hintergrund der Regelungen in § 2 Nr. 3 Abs. 2 und 3 VOB/B, bei denen grundsätzlich auf die einzelnen Positionen abgestellt wird, liegt die Vermutung nahe, beim BGB-Einheitspreisvertrag im Rahmen des § 313 BGB gleichermaßen zu verfahren. Dagegen lässt sich argumentieren, dass beim BGB-Einheitspreisvertrag § 2 Nr. 3 VOB/B gerade nicht anwendbar ist und es im Rahmen des § 313 BGB darauf ankommt, im Wege einer Gesamtschau zu ermitteln, ob einer der Vertragsparteien ein unerträgliches Opfer auferlegt worden wurde. Dies spricht dafür, auf den Gesamtpreis abzustellen.

[1056] Werner/Pastor, Rn 1200; Ingenstau/Korbion-*Keldungs*, § 2 Nr. 7 VOB/B, Rn 10; Staudinger-*Peters*, § 632 BGB, Rn 60.

[1057] So haben die Parteien aufgrund der Pauschalisierungsvereinbarung hinsichtlich der Bauleistung die Risiken einer Bausolländerung selbst übernommen: BGH BauR 1972, 118; BauR 1974, 416.

[1058] BGH BauR 1996, 250; *Stemmer*, BauR 1997, 417 (421); OLG Düsseldorf BauR 2001, 803 (806); OLG Hamm BauR 1993, 88; Werner/Pastor, Rn 1203, 2490; Kapellmann/Schiffers, Bd. 2; Rn 1533, 1535.

[1059] OLG Düsseldorf BauR 2001, 804 (806).

[1060] Werner/Pastor, Rn 1203; *Motzke*, BauR 1992, 146 ff.; Beck'scher VOB-Kommentar-*Jagenburg*, § 2 Nr. 7 VOB/B, Rn 64; Ingenstau/Korbion-*Keldungs*, § 2 Nr. 7 VOB/B, Rn 22 ff.; Nicklisch/Weick, § 2 VOB/B, Rn 80.

B. Werklohnansprüche bei sonstigen Leistungen

zugrunde liegende Menge geschätzt hat. Fehlschätzungen des Auftraggebers berechtigen eher zu einer Preisanpassung als Fehlschätzungen des Auftragnehmers.

II. Leistungsänderungen

1. Vorliegen einer Leistungsänderung

Leistungsänderungen liegen dann vor, wenn sich nach Vertragsabschluss die der Preisberechnung zugrundegelegten Umstände verändert haben. Dabei kann es sowohl um Art und Umfang wie auch um die Art und Weise der zu erbringenden Leistung gehen. Die Leistungsänderung kann sich auf den Material-, Geräte- und Personaleinsatz auswirken. Weiter kann sie auch Auswirkungen auf die Bauzeit haben, wenn Leistungsänderungen eine zeitliche Verschiebung der ursprünglich vorgesehenen Bauzeit bedingen. Schließlich kann sie Auswirkungen auf die Art und Weise der Ausführung haben, was bspw. bei Änderungen der Verfahrenstechnik der Fall ist.[1061]

412

2. Abgrenzung zu den im Vertrag vorgesehenen Leistungen

Geht es im Hinblick auf das Vorliegen einer möglichen Leistungsänderung um die Bestimmung eines neuen Preises unter Berücksichtigung der Mehr- und Minderkosten, kann dies nur die Fälle betreffen, bei denen die veränderte Leistung nicht bereits von den vertraglich vereinbarten Leistungen mitumfasst gewesen ist.[1062] So werden mit der vertraglich vereinbarten Vergütung all die Leistungen abgegolten, die nach der Baubeschreibung zu der Leistung innerhalb des Bauvertrages bzw. unter Umständen auch nach den Besonderen Vertragsbedingungen, den Allgemeinen Technischen Vertragsbedingungen, den Zusätzlichen Technischen Vertragsbedingungen zur vertraglichen Leistung gehören. In den Allgemeinen Technischen Vertragsbedingungen für Bauleistungen (ATV) DIN 18 299 bzw. den anderen DIN-Normen der VOB/C (regelmäßig unter der Ordnungs-Nr. 4) sind die in der Regel bei Bauarbeiten auftretenden **nichtvergütungspflichtigen Nebenleistungen** in Abschnitt 4 genannt. Anzumerken bleibt, dass die DIN-Normen der VOB/C als Allgemeine Geschäftsbedingungen (vgl. hierzu die Ausführungen in Fn 568) bei entsprechender Einbeziehung auch beim BGB-Bauvertrag zur Anwendung kommen.

413

3. Beim Einheitspreisvertrag

a) VOB-Einheitspreisvertrag: § 2 Nr. 5 VOB/B

aa) Ausgangspunkt: § 2 Nr. 5 VOB/B ist keine Rechtsgrundlage

Weder aus § 2 Nr. 5 VOB/B noch § 2 Nr. 6 VOB/B[1063] folgt die Rechtsgrundlage eines geänderten oder zusätzlichen Vergütungsanspruchs des Auftragnehmers gegenüber dem Auftraggeber. Während die § 2 Nr. 5 VOB/B und § 2 Nr. 6 VOB/B nur Rechtsfolgenregelungen darstellen, stellt die Rechtsgrundlage (causa) für einen geänderten bzw. zusätzlichen Vergütungsanspruch des Auftragnehmers – dem Grunde nach – stets eine vertragliche Vereinbarung der Parteien dar.[1064] Auf der Grundlage dieser Feststellung ist es demnach falsch, einen Vergütungsanspruch des Auftragnehmers wegen geänderter Leis-

414

1061 Weiterführend: Ingenstau/Korbion-*Keldungs*, § 2 Nr. 5 VOB/B, Rn 11 ff.; Kapellmann/Messerschmidt-*Kapellmann*, § 2 VOB/B, Rn 185.
1062 BGH BauR 1992, 759; Ingenstau/Korbion-*Keldungs*, § 2 Nr. 5 VOB/B, Rn 11.
1063 Die nachfolgenden Ausführungen beziehen sich – wenngleich mit Einschränkungen – gleichermaßen auf den Fall zusätzlicher Leistungen i. S. des § 2 Nr. 6 VOB/B. Vgl. hierzu die Ausführungen unter Rn 430 ff.
1064 BGH BauR 2004, 495; *Thode*, ZfBR 2004, 214 (215 f.).

tungen dann auf § 2 Nr. 5 VOB/B zu stützen, wenn eine veränderte Ausführung ohne Vorliegen einer rechtsgeschäftlichen Anordnung lediglich aus anderen Gründen erforderlich wird.[1065]

bb) 1. Folgeschritt: § 2 Nr. 5 VOB/B: Änderung des Bauentwurfs/sonstige Anordnung des Auftraggebers

415 Erfordern § 2 Nr. 5 VOB/B und § 2 Nr. 6 VOB/B – quasi als Ausgangslage – eine vertragliche Vereinbarung der Parteien im Hinblick auf die geänderte bzw. zusätzliche Leistung, ist – nunmehr als Folgeschritt – festzuhalten, dass es gem. § 2 Nr. 5 VOB/B dann zu einem geänderten Vergütungsanspruch des Auftragnehmers gegenüber dem Auftraggeber kommen kann, wenn

- der Auftraggeber gem. § 1 Nr. 3 VOB/B eine **Änderung des Bauentwurfs** angeordnet hat, oder
- eine **sonstige Anordnung** des Auftraggebers i. S. des § 2 Nr. 5 VOB/B vorliegt.

cc) 2. Folgeschritt: Einseitige Leistungsanordnung des Auftraggebers gemäß § 1 Nr. 3 VOB/B

416 Im VOB-Vertrag ist es nach § **1 Nr. 3 VOB/B** dem Auftraggeber vorbehalten, Änderungen des Bauentwurfs anzuordnen.[1066] Soweit der Auftraggeber eine geänderte Leistung oder eine zusätzliche Leistung ohne Zustimmung des Auftragnehmers anordnen kann, ist ihm durch die VOB/B das Recht eingeräumt, durch **einseitige empfangsbedürftige rechtsgeschäftliche Willenserklärung** den Leistungsumfang zu ändern oder zu erweitern.[1067] Anwendbar sind deshalb die für die Wirksamkeit einer Willenserklärung (vgl. Rn 233 ff.) geltenden Regeln sowie das Vertretungsrecht (vgl. Rn 252 ff.). Die Erklärung gem. § 1 Nr. 3 VOB/B kann deshalb von einem Dritten für den Auftraggeber nur im Rahmen einer gesetzlichen oder rechtsgeschäftlichen Vertretungsmacht (vgl. Rn 256 ff.) wirksam abgegeben werden. Der Auftraggeber kann das **Leistungsbestimmungsrecht** nicht uneingeschränkt, sondern vielmehr nach **billigem Ermessen** i. S. des § 315 BGB ausüben. Dabei stellt sich § 315 Abs. 1 BGB als Ausdruck des dem Vertragsrecht immanenten Grundsatzes von Treu und Glauben dar. Die Entscheidung des Auftraggebers, das Leistungsbestimmungsrecht auszuüben, unterliegt gem. § 315 Abs. 3 BGB folglich einer Kontrolle danach, ob sie der Billigkeit entspricht.[1068] Im Streitfall erfolgt eine Bestimmung durch gerichtliches Urteil. Hat der Auftraggeber sein Leistungsbestimmungsrecht durch Zugang der einseitigen empfangsbedürftigen Willenserklärung ausgeübt, ist er gem. §§ 315 Abs. 2, 130 Abs. 1 BGB daran gebunden.

417 Vor dem Hintergrund dieser Ausführungen zum einseitigen Leistungsanordnungsrecht des Auftraggebers gem. § 1 Nr. 3 VOB/B wird es im Einzelfall zunächst darauf ankommen, festzustellen, ob ein auf die Anordnung einer Änderung des Bauentwurfs gerichtetes (objektives) Erklärungsbewusstsein (vgl. Rn 233 ff.) des Auftraggebers vorliegt, wenn er von den veränderten Bauumständen Kenntnis hat und im Bewusstsein dieser Kenntnis

---

[1065] So aber Kapellmann/Messerschmidt-*Kapellmann*, § 2 VOB/B, Rn 185; Ingenstau/Korbion-*Keldungs*, § 2 Nr. 5 VOB/B, Rn 11, 22; *Leineweber*, Jahrbuch Baurecht 2002, S. 128.
[1066] § 1 Nr. 3 VOB/B begründet damit eine Durchbrechung des Grundsatzes, dass vergütungsrechtliche Regelungen der VOB/B stets auf eine zweiseitige vertragliche Vereinbarung der Parteien aufbauen müssen. Hervorzuheben bleibt, dass Durchbrechungen des Prinzips von einer vertraglichen Grundlage nur dann greifen können, wenn zwischen den Parteien wiederum eine vertragliche Vereinbarung vorliegt. Eine solche Vereinbarung ist in § 1 Nr. 3 VOB/B vorgesehen, wonach dem Auftraggeber ein Leistungsbestimmungsrechts dahin eingeräumt wird, dass er berechtigt ist, den Bauentwurf zu ändern.
[1067] BGH BauR 2004, 495; BauR 1994, 760; ausführlich *Thode*, ZfBR 2004, 214 (216).
[1068] Vgl. hierzu *Niemöller*, BauR 2006, 170 (175 f.), die die Problematik „Bauzeitverlängerungen" vor dem Hintergrund der Billigkeit der Ausübung des einseitigen Leistungsbestimmungsrechts des Auftraggebers lösen will.

B. Werklohnansprüche bei sonstigen Leistungen

die Fortsetzung der Arbeiten anordnet oder zulässt. Allein die Information des Auftraggebers über die veränderten Umstände wird keinen Rückschluss auf das Vorliegen eines Erklärungsbewusstseins betreffend einer vertragsändernden Leistungsbestimmung rechtfertigen.[1069] Es ist deshalb in jedem Einzelfall zu prüfen, inwieweit aus dem Verhalten des Auftraggebers das Erklärungsbewusstsein entnommen werden kann, die Änderung der Bauumstände nicht nur hinzunehmen, sondern auch als Änderung des Vertrages anzuordnen. Je weniger Einfluss er auf diese veränderten Bauumstände hat, umso weniger wird ein dementsprechendes Bewusstsein anzunehmen sein. Stammt die Störung des Vertrages folglich alleine aus dem Verantwortungsbereich des Auftragnehmers, ist die Annahme einer vertragsändernden Anordnung regelmäßig zu verneinen.[1070]

Für die praktische Fallprüfung kann deshalb an dieser Stelle festgehalten werden: Liegt eine einseitige empfangsbedürftige Willenserklärung/Leistungsanordnung (Änderung des Bauentwurfs) des Auftraggebers gem. § 1 Nr. 3 VOB/B vor, kann man zur Rechtsfolgenregelung in § 2 Nr. 5 VOB/B übergehen. Weiter gilt: Hat der Auftraggeber von seinem einseitigen Leistungsanordnungsrecht Gebrauch gemacht, kann sich der Auftragnehmer weder auf Schadensersatzansprüche aus § 280 Abs. 1 BGB bzw. § 6 Nr. 6 VOB/B noch auf einen Entschädigungsanspruch aus § 642 BGB stützen. Vorgenannte Normen setzten nämlich eine Verletzung von Vertragspflichten durch den Auftraggeber voraus, die gerade nicht vorliegt, wenn es auf der Grundlage einer Vertragslösung zu einer Änderung des Bauentwurfs gekommen ist.[1071] (Vgl. Rn 550) **418**

Liegt dagegen keine einseitige empfangsbedürftige Willenserklärung/Leistungsanordnung (Änderung des Bauentwurfs) des Auftraggebers gem. § 1 Nr. 3 VOB/B vor, oder muss sich der Auftraggeber vor dem Hintergrund der §§ 164 ff. BGB eine einseitige empfangsbedürftige Willenserklärung/Leistungsanordnung (Änderung des Bauentwurfs) des Handelnden Dritten (Architekt/Bauleiter) nicht zurechnen lassen (vgl. Rn 256 ff.), scheidet § 2 Nr. 5 VOB/B aus. Weiter gilt: Ein Vergütungsanspruch des Auftragnehmers gegen den Auftraggeber kann sich in diesem Fall auf der Grundlage von § 2 Nr. 8 VOB/B (vgl. Rn 438 f.) ergeben. Ferner kann sich der Auftragnehmer wegen der Vertragspflichtverletzung ggf. entweder auf Schadensersatzansprüche aus § 280 Abs. 1 BGB bzw. § 6 Nr. 6 VOB/B oder aber auf einen Entschädigungsanspruch aus § 642 BGB stützen (vgl. Rn 548 ff.). **419**

Daraus folgt auch, dass sich Vergütungsansprüche aus § 2 Nr. 5 VOB/B und Ansprüche aus Vertragspflichtverletzung nach § 280 BGB, § 6 Nr. 6 VOB/B und aus § 642 BGB grundsätzlich ausschließen. Denn eine wirksame Vertragsänderung, die Voraussetzung für eine angepasste Vergütung nach § 2 Nr. 5 VOB/B ist, ist keine Vertragspflichtverletzung und kann deshalb keine Schadensersatzansprüche aus Vertragspflichtverletzung oder einen Entschädigungsanspruch aus § 642 BGB auslösen. **420**

dd) 3. Folgeschritt: Was stellt eine Änderung des Bauentwurfs dar?

Als Änderungen des Bauentwurfs sind Änderungen des Bauleistungsinhalts anzusehen, soweit diese die **technische Bauausführung** betreffen.[1072] Dies gilt auch für solche Änderungen der technischen Bauausführung, die die sonstigen Bauumstände, wie z. B. die **421**

1069 *Thode*, ZfBR 2004, 214 (223).
1070 BGH BauR 1985, 561; OLG Düsseldorf BauR 1996, 267.
1071 Werner/Pastor Rn 1828; Kapellmann/Messerschmidt-*Kapellmann*, § 6 VOB/B, Rn 56; *Thode*, ZfBR 2004, 214 (216 ff.).
1072 Nachweise bei *Zanner/Keller*, NZBau 2004, 353 (354).

Zeitschiene, mittelbar betreffen.[1073] Geht es dementgegen um Anordnungen zu Leistungsinhalten, die nicht zu der technischen Bauausführung einschließlich der dazu gehörigen Bauumstände gehören, was bspw. bei reinen Bauzeitanordnung des Auftraggebers (wie z. B.: „Der Beginn des Bauvorhabens verschiebt sich um 8 Monate.") der Fall ist, besteht Streit, ob eine Änderung des Bauentwurfs zu bejahen ist.[1074] Auf diesen Streit und seine Relevanz wird zurückzukommen sein.

ee) 4. Folgeschritt: Was sind „anderen" Anordnungen i. S. des § 2 Nr. 5 VOB/B?

422 Andere Anordnungen i. S. des § 2 Nr. 5 VOB/B können nur solche sein, zu denen der Auftraggeber vertraglich berechtigt ist. Die Berechtigung, die vertraglichen Vereinbarungen auf der Grundlage eines einseitigen Leistungsbestimmungsrechts zu ändern, muss dem Auftraggeber auf der Grundlage einer – insoweit zweiseitigen – vertraglichen Vereinbarung zwischen den Parteien ausdrücklich eingeräumt sein.[1075] Aus § 1 Nr. 3 VOB/B und dem dort geregelten einseitigen Leistungsanordnungsrecht ergibt sie sich nicht, weil das dort geregelte Leistungsbestimmungsrecht nur den Bauentwurf erfasst. Auf der Grundlage dieser Ausführungen kann festgehalten werden, dass immer dann, wenn eine vertragliche Vereinbarung zwischen den Parteien betreffend eines sonstigen Anordnungsrechts des Auftraggebers außerhalb von § 1 Nr. 3 VOB/B fehlt, der Auftragnehmer berechtigt ist, die Leistungen im Hinblick auf eine vertragswidrig ausgesprochene andere Anordnung zu verweigern.

ff) 5. Folgeschritt: Die Anordnung der reinen Bauzeitänderung

423 Ordnet der Auftraggeber eine **Änderung der Bauzeit** an, die nichts mit der technischen Bauausführung zu tun hat, wirken sich nunmehr die unterschiedlichen Sichtweisen auf das Ergebnis aus: Geht man davon aus, dass eine reine Bauzeitänderung des Auftraggebers nicht von dem in § 1 Nr. 3 VOB/B enthaltenen einseitigen Leistungsanordnungsrecht umfasst ist, das der Auftragnehmer zu befolgen hat, kommt es darauf an, ob der Auftragnehmer die vom Auftraggeber „vorgeschlagene" Bauzeitänderung vertraglich akzeptiert, was im Fall des reinen „Duldens" einer vertragswidrigen Bauzeitänderung in der Regel in Ermangelung des Vorliegens eines Erklärungsbewusstseins zu verneinen sein wird.[1076] Als Folgewirkung ist dem Auftragnehmer das Recht einzuräumen, bei solchen reinen Bauzeitänderungen die Leistung zu verweigern. Damit erhält der Auftragnehmer ein Druckpotenzial, die Akzeptierung der zeitlichen Verschiebung von Nachbesserungen seines Vertragspreises abhängig machen. Liegen die Voraussetzungen für eine andere Anordnung nicht vor, scheidet § 2 Nr. 5 VOB/B aus. Geht man hingegen davon aus, dass eine reine Bauzeitänderung des Auftraggebers von dem in § 1 Nr. 3 VOB/B enthaltenen einseitigen Leistungsanordnungsrecht „Änderung des Bauentwurfs" umfasst ist, das der Auftragnehmer zu befolgen hat, ist die in § 2 Nr. 5 VOB/B enthaltene Rechtsfolgenregelung anzuwenden. Gleichzeitig kann sich der Auftragnehmer, wenn der Auftraggeber von seinem einseitigen Leistungsanordnungsrecht Gebrauch gemacht hat, wegen der Ver-

---

1073 Kapellmann/Schiffers, Bd. 1, Rn 787; Ingenstau/Korbion-*Keldungs*, § 1 Nr. 3 VOB/B, Rn 8, 9; *Thode*, ZfBR 2004, 214 ff.
1074 Nach h. M. begründen reine Bauzeitanordnungen keine Änderung des Bauentwurfs, werden also nicht von § 1 Nr. 3 VOB/B erfasst: So Kapellmann/Schiffers, Bd. 1, Rn 787; Ingenstau/Korbion-*Keldungs*, § 1 Nr. 3 VOB/B, Rn 8, 9; *Thode*, ZfBR 2004, 214 ff.; OLG Hamm BauR 2005, 1480. Die Gegenauffassung wird vertreten von: *Marbach*, ZfBR 1989, 2 (7); *Schulze-Hagen*, Festschrift für Soergel, S. 259 (263); *Zanner/Keller*, NZBau 2004, 353 (354); *Zanner*, BauR 2006, 177 (179 f.).
1075 *Thode*, ZfBR 2004, 214 (225).
1076 *Thode*, ZfBR 2004, 214.

tragspflichtverletzung weder auf Schadensersatzansprüche aus § 280 Abs. 1 BGB bzw. § 6 Nr. 6 VOB/B noch auf einen Entschädigungsanspruch aus § 642 BGB stützen.[1077] (Vgl. Rn 548 ff.)

gg) 6. Folgeschritt: Die Rechtsfolgenregelung in § 2 Nr. 5 VOB/B

Werden durch Änderungen des Bauentwurfs i. S. des § 1 Nr. 3 VOB/B oder sonstige Anordnungen des Auftraggebers i. S. des § 2 Nr. 5 VOB/B die Grundlagen des Preises für eine im Vertrag vorgesehene Leistung geändert,[1078] ist ein **neuer Preis** unter Berücksichtigung der Mehr- oder Minderkosten zu vereinbaren. Die Vereinbarung soll vor der Ausführung getroffen werden. Bei einer ausbleibenden Preiseinigung hat der Auftragnehmer ein **Leistungsverweigerungsrecht**.[1079]

424

Für die Einigung über eine geänderte Leistung und Vergütung gelten die allgemeinen Grundsätze. Sie kommt durch Angebot und Annahme gem. §§ 145 ff. BGB zustande (vgl. Rn 231 ff.). In vielen Fällen legt der Auftragnehmer ein Nachtragsangebot vor. Es hängt von dem Verhalten des Auftraggebers ab, inwieweit das Angebot angenommen wird. Reagiert der Auftraggeber auf das Nachtragsangebot in Kenntnis des Umstandes nicht, dass der Auftragnehmer die geänderte Leistung erbringen wird, kann in diesem Verhalten im Einzelfall die konkludente Annahme des Nachtragsangebotes gesehen werden (vgl. Rn 235). Eine stillschweigende Annahme des Angebots dürfte insbesondere dann nahe liegen, wenn der Auftraggeber ausreichend Zeit hatte, das Nachtragsangebot zu prüfen und keine Vorbehalte gegen dieses Angebot vorgebracht hat. Denn in der widerspruchslosen Entgegennahme der Vertragsleistung kann eine stillschweigende Annahme des Antrags auf Abschluss eines Vertrages über diese Leistung gesehen werden, wenn das Angebot bekannt war und der Auftragnehmer nach der Verkehrssitte und Treu und Glauben das Verhalten des Auftraggebers so verstehen kann, dass er nunmehr den Vertrag auf der Grundlage des Angebots schließen will. Das gilt insbesondere dann, wenn der Auftragnehmer zum Ausdruck gebracht hat, dass er nur unter seinen Bedingungen zur Leistung bereit ist.[1080] Einigen sich die Vertragsparteien nicht auf die Vergütung, muss das Gericht auf der Grundlage des § 2 Nr. 5 VOB/B entscheiden.

425

b) BGB-Einheitspreisvertrag: §§ 631, 632 BGB

Eine Leistungsänderung liegt dann vor, wenn es nach Vertragsschluss zu einer Abänderung der sich auf die Art und Weise der Bauausführung beziehenden Vertragsinhalte kommt. Insoweit kann es sich bspw. um eine Planungsänderung, eine Änderung im Leistungsbeschrieb des Leistungsverzeichnisses oder aber eine Änderung der vertraglich vereinbarten Bauzeiten handeln. Während beim VOB-Bauvertrag der Auftraggeber gem. § 1 Nr. 3 VOB/B einseitig Änderungen des Bauentwurfs (darunter werden nicht nur planerische Änderungen verstanden, sondern auch Änderungen des Leistungsinhalts, wie sie sich in der Leistungsbeschreibung, im Leistungsverzeichnis oder sonstigen Unterlagen dokumentieren) anordnen kann (vgl. Rn 412), sind einseitige Leistungsänderungen seitens des Auftraggebers beim BGB-Bauvertrag grundsätzlich nicht möglich. Leistungsän-

426

[1077] Werner/Pastor Rn 1828; Kapellmann/Messerschmidt-*Kapellmann*, § 6 VOB/B, Rn 56; *Thode*, ZfBR 2004, 214 (216 ff.).

[1078] Die Preisgrundlagenänderung muss vom Auftraggeber veranlasst sein. Da sich aus der Anordnung für den Auftraggeber zusätzliche vertragliche Verpflichtungen ergeben, müssen Anordnungen für den Auftragnehmer eindeutig als Vertragserklärung verpflichtend sein, BGH NJW-RR 1992, 1046.

[1079] BGH ZfBR 2004, 786; Kapellmann/Messerschmidt-*Kapellmann*, § 2 VOB/B, Rn 205; Staudinger-*Peters*, § 632 BGB, Rn 69; *Leinemann*, NJW 1998, 3672.

[1080] BGH NJW 1995, 1671.

§ 6 Die Ansprüche des Auftragnehmers gegen den Auftraggeber

derung bedürfen daher grundsätzlich einer entsprechenden **Einigung** der Vertragsparteien gem. der §§ 145 ff. BGB.[1081] Zu beachten bleibt allerdings, dass die Rechtsprechung im Einzelfall auch beim BGB-Vertrag aus Treu und Glauben das Recht des Auftraggebers ableitet, eine zusätzliche notwendige Leistung einseitig anordnen zu können.[1082]

427 Kommt es zu einer Leistungsänderung, haben beide Parteien die Verpflichtung, an einer Lösung mitzuwirken, die den vertraglich geschuldeten Erfolg herbeiführt. Der Auftraggeber muss dem Auftragnehmer ein Angebot über ein geändertes Leistungssoll unterbreiten, das geeignet ist, den vertraglich geschuldeten Erfolg herbeizuführen. Der Auftragnehmer ist verpflichtet, dieses Angebot anzunehmen, wenn er keinen vernünftigen Grund hat, es abzulehnen. Ein vernünftiger Grund, das Angebot abzulehnen ist eine fehlende Übereinstimmung hinsichtlich der Vergütung. Dabei kann der Auftragnehmer für eine geänderte Leistung nicht jede beliebige Preisvorstellung durchsetzen. Es besteht zwar in einem BGB-Bauvertrag keine Bindung an die Urkalkulation, wenn die Parteien das nicht vereinbart haben. Der Auftragnehmer muss deshalb nicht einen Preis anbieten, der sich aus der Urkalkulation des geschlossenen Vertrages ableitet. Auf der anderen Seite steht die ursprünglich getroffene Preisabrede von vornherein unter dem Vorbehalt einer Änderungsnotwendigkeit bei geänderten oder zusätzlichen Leistungen, die für den Leistungserfolg notwendig sind. Nach Treu und Glauben darf der Auftraggeber erwarten, dass der Auftragnehmer sich bei seinem Preisverlangen an dem ursprünglich vereinbarten Preis orientiert.

428 Unproblematisch ist die Abwicklung, wenn sich die Parteien im Hinblick auf die geänderte Vergütung geeinigt haben. Ist keine Einigkeit darüber erzielt worden, dass die Leistung ausgeführt wird, handelt es sich um eine vertragslose Leistung. Eine vertragliche Vergütung kann der Auftragnehmer insoweit nicht verlangen. Es können ihm jedoch Ansprüche aus Geschäftsführung ohne Auftrag[1083] oder aus Bereicherung zustehen (vgl. Rn 559 f.). Ist Einigkeit darüber erzielt worden, dass die Leistung ausgeführt wird, ohne dass über die Vergütung verhandelt worden ist, so wird diese Lücke durch die übliche Vergütung i. S. des § 632 Abs. 2 BGB geschlossen.[1084]

4. Beim Pauschalpreisvertrag

429 Beim VOB-Pauschalpreisvertrag ist bei Vorliegen einer Leistungsänderung gem. § 2 Nr. 7 Abs. 1 S. 4 VOB/B der § 2 Nr. 5 VOB/B gleichermaßen anzuwenden. Während die Frage, ob eine vergütungsrelevante Leistungsänderung vorliegt, die nicht bereits vom vereinbarten Bausoll umfasst ist, beim Detailpauschalpreisvertrag ohne große Probleme zu ermitteln sein wird,[1085] kann dies beim Globalpauschalpreisvertrag mit erheblichen Schwierigkeiten verbunden sein.[1086] Beim BGB-Pauschalpreis bedürfen Leistungsänderungen, da

---

1081 Staudinger-*Peters*, § 632 BGB, Rn 68.
1082 Dem ist mit der Maßgabe zuzustimmen, dass sich ein Kontrahierungszwang aus Treu und Glauben dann ergibt, wenn der Unternehmer keine vernünftigen Gründe hat, das angemessen bepreiste Angebot einer für den Leistungserfolg notwendige Leistung abzulehnen, BGH BauR 1996, 378.
1083 Vgl. insoweit weiterführend *Leupertz*, BauR 2005, 775 ff.
1084 Staudinger-*Peters*, § 632 BGB, Rn 68, wobei der neue Preis aus dem Preisgefüge des alten Vertrages zu ermitteln ist.
1085 Vgl. hierzu OLG Düsseldorf, BauR 2005, 1367, Nichtzulassungsbeschwerde vom BGH durch Beschl. v. 12.5.2005 zurückgewiesen.
1086 So ist darauf zu verweisen, dass bei einem Globalpauschalpreisvertrag mit funktionaler Leistungsbestimmung der Auftragnehmer das Recht hat, über Inhalt und Umfang aller Details des Bauwerks selbst zu entscheiden, die der Auftraggeber in seiner Ausschreibung offen lässt und die sich nicht aus öffentlich-rechtlichen oder sonstigen zwingenden gesetzlichen Bestimmungen oder nach den anerkannten Regeln der Technik oder dem vorgegebenen Standard bzw. dem architektonischen Anspruch des Bauwerks ergeben; *Vygen*, Festschrift für Mantscheff, S. 459 (472).

B. Werklohnansprüche bei sonstigen Leistungen

§ 2 Nr. 7 Abs. 1 S. 4 i. V. m. § 2 Nr. 5 VOB/B nicht anwendbar ist, einer entsprechenden Einigung der Vertragsparteien gem. der §§ 145 ff. BGB (vgl. Rn 231 ff.).

III. Zusätzliche Leistungen

1. Beim Einheitspreisvertrag

a) VOB-Einheitspreisvertrag: § 2 Nr. 6 VOB/B

Nach § 1 Nr. 4 S. 1 VOB/B muss der Auftragnehmer Leistungen, die nicht im Vertrag vereinbart worden sind, zur Ausführung des vertraglich geschuldeten Werkerfolges aber erforderlich sind, auf Verlangen des Auftraggebers mit ausführen.[1087] (Vgl. Rn 224) Diesem Recht des Auftraggebers zur Änderung der Leistung und damit des vertraglich geschuldeten Bausolls entspricht auf der Vergütungsseite das Recht des Auftragnehmers, unter bestimmten Voraussetzungen gem. § 2 Nr. 6 VOB/B die Vereinbarung eines neuen Preises für die zusätzliche Leistung verlangen zu können. **430**

Voraussetzung für § 2 Nr. 6 Abs. 1 S. 1 VOB/B ist zunächst, dass der Auftraggeber gegenüber dem Auftragnehmer die Erbringung zusätzlicher Leistungen anordnet (vgl. Rn 416). Weiterhin setzt § 2 Nr. 6 Abs. 1 S. 2 VOB/B voraus, dass der Auftragnehmer den zusätzlichen Vergütungsanspruch ankündigt, bevor er mit der Ausführung der Leistung beginnt.[1088] Mit der **Ankündigungspflicht** soll der Auftraggeber vor nachträglichen nicht eingeplanten Forderungen des Auftragnehmers geschützt werden, mit denen er nicht gerechnet hat.[1089] Daneben soll mit der Ankündigungspflicht frühzeitig Klarheit geschaffen werden, ob eine geforderte Leistung von dem ursprünglichen Bausoll erfasst war oder nicht und damit überhaupt eine zusätzliche Leistung i. S. des § 1 Nr. 4 VOB/B darstellt.[1090] Schließlich hat der Auftraggeber als Folge der Ankündigungspflicht Gelegenheit, die zusätzliche Kostenbelastung zu überdenken, um auch billigere Alternativen auswählen zu können.[1091] Einer besonderen Ankündigung durch den Auftragnehmer bedarf es nicht, wenn sich der Auftraggeber nach den Umständen nicht im Unklaren sein konnte, dass die zusätzliche Leistung gegen Vergütung ausgeführt bzw. beide Vertragsparteien bei Erteilung des Zusatzauftrages von der Entgeltlichkeit der Bauleistung ausgegangen sind.[1092] **431**

Die **Höhe der Zusatzvergütung**[1093] ermittelt sich nach § 2 Nr. 6 Abs. 2 VOB/B. Einerseits sind die Preisermittlungsgrundlagen für die vertragliche Leistung zugrunde zu legen. Andererseits sind die besonderen Kosten der geforderten Leistung sowie zwischenzeitlich eingetretene Kostenerhöhungen zu berücksichtigen.[1094] Auch alte Kostenfaktoren sind für die Zusatzleistung fortzuschreiben, soweit die Preisbestandteile des Hauptauftrags auf den Preis der Zusatzleistung fortwirken.[1095] **432**

1087 BGH BauR 2004, 495.
1088 Kapellmann/Messerschmidt-*Kapellmann*, § 2 VOB/B, Rn 198 ff.; Ingenstau/Korbion-*Keldungs*, § 2 Nr. 6 VOB/B, Rn 12 f.; Werner/Pastor Rn 1156. Für das Vorliegen einer Ankündigung vor Leistungsausführung ist der Auftragnehmer darlegungs- und beweisbelastet: BGH BauR 1996, 542; OLG Dresden NJW-RR 1999, 170; OLG Stuttgart BauR 1994, 789 (791); Heiermann/Riedl/Rusan, § 2 VOB/B, Rn 130.
1089 BGH BauR 2002, 312; BauR 1996, 542.
1090 BGH BauR 1996, 542; Ingenstau/Korbion-*Keldungs*, § 2 Nr. 6 VOB/B, Rn 12.
1091 BGH BauR 2002, 312; Ingenstau/Korbion-*Keldungs*, § 2 Nr. 6 VOB/B, Rn 12.
1092 BGH, Schäfer/Finnern, Z 2.310 Bl. 40; OLG Hamm BauR 2001, 1914; OLG Oldenburg BauR 1993, 228 (229); Werner/Pastor, Rn 1158; Kapellmann/Messerschmidt-*Kapellmann*, § 2 VOB/B, Rn 200.
1093 Im einzelnen zur Preisermittlung: Kapellmann/Schiffers, Bd. 1, Rn 377 ff.
1094 BGH, Schäfer/Finnern, Z 2.310 Bl. 12; *Vygen*, Rn 814 ff.
1095 OLG Düsseldorf BauR 1993, 479.

§ 6 Die Ansprüche des Auftragnehmers gegen den Auftraggeber

433 Verlangt der Auftraggeber eine zusätzliche Leistung oder eine geänderte Leistung, die der Auftragnehmer nach § 1 Nr. 3 oder § 1 Nr. 4 VOB/B ausführen muss, wird nach Maßgabe des § 2 Nr. 5 oder Nr. 6 VOB/B unmittelbar ein Anspruch des Auftragnehmers auf eine zusätzliche oder geänderte Vergütung begründet. Verweigert der Auftraggeber jedoch zu Unrecht eine geänderte oder zusätzliche Vergütung für eine geänderte oder zusätzliche Leistung, so hat der Auftragnehmer ein auf die zusätzliche Leistung oder die geänderte Leistung beschränktes **Leistungsverweigerungsrecht**.[1096] Gleiches gilt dann, wenn der Auftraggeber sich weigert, in Nachtragsverhandlungen einzutreten und gleichwohl auf der geänderten oder zusätzlichen Leistung besteht. Dem Auftragnehmer steht auch dann ein Leistungsverweigerungsrecht zu, wenn der Auftraggeber eine zusätzliche Leistung verlangt, die der Auftragnehmer gem. § 1 Nr. 4 S. 2 VOB/B nicht ausführen muss.

b) BGB-Einheitspreisvertrag: §§ 631, 632 BGB

434 Da § 2 Nr. 6 VOB/B für den VOB-Bauvertrag eine Sondervorschrift darstellt, die weder unmittelbar oder analog beim BGB-Bauvertrag zur Anwendung kommt, ist der zusätzliche Vergütungsanspruch des Auftragnehmers auf §§ 631, 641 BGB zu stützen. Zusätzliche Leistungen bedürfen mithin einer entsprechenden **Einigung** der Vertragsparteien gem. der §§ 145 ff. BGB.[1097] (Vgl. Rn 231 ff.) Voraussetzung für den zusätzlichen Vergütungsanspruch des Auftragnehmers ist, dass neben dem unmittelbar vertraglich geschuldeten Werkerfolg eine zusätzliche Leistung vom Auftraggeber gefordert wird. Insoweit ist stets auf die vertragliche Abrede im Einzelfall, insbesondere auf den Inhalt der Leistungsbeschreibung abzustellen.[1098]

2. Beim Pauschalpreisvertrag

435 Beim VOB-Pauschalpreisvertrag gilt bei zusätzlichen Leistungen über § 2 Nr. 7 Abs. 1 S. 4 VOB/B der § 2 Nr. 6 VOB/B gleichermaßen. Es kann deshalb auf die vorstehenden Ausführungen verwiesen werden. Beim BGB-Pauschalpreis bedürfen Leistungsänderungen, da § 2 Nr. 7 Abs. 1 S. 4 i. V. m. § 2 Nr. 6 VOB/B nicht anwendbar ist, einer entsprechenden Einigung der Vertragsparteien gem. der §§ 145 ff. BGB (vgl. Rn 231 ff.). Im Einzelfall ist insbesondere beim Globalpauschalpreisvertrag zu prüfen, ob überhaupt zusätzliche Leistungen vorliegen, die nicht bereits vom ursprünglich vereinbarten Bausoll des Vertrages mit umfasst sind.

IV. Wegfall einzelner Leistungen

1. VOB-Bauvertrag: §§ 2 Nr. 4, 8 Nr. 1 VOB/B

436 Fallen bei der Abwicklung eines VOB-Bauvertrages eine oder mehrere Positionen – ggf. durch Selbstvornahme des Auftraggebers – vollständig weg, ist dies sowohl beim Einheitspreis- (vgl. insoweit § 2 Nr. 4 VOB/B) wie auch beim Pauschalpreisvertrag (vgl. insoweit § 2 Nr. 7 Abs. 1 S. 4 VOB/B) als Teilkündigung des Auftraggebers gem. § 8 Nr. 1 VOB/B zu bewerten. Im Hinblick auf die Abrechnung dieser Positionen ist auf die Ausführungen zur Abrechnung solcher vom Auftraggeber nach § 649 BGB gekündigter Bauverträge zu verweisen (vgl. Rn 440 ff.).

[1096] OLG Düsseldorf BauR 1995, 707; OLG Celle BauR 2003, 890; OLG Dresden BauR 1998, 565.
[1097] Staudinger-*Peters*, § 632 BGB, Rn 68.
[1098] BGH BauR 2002, 935; BauR 1995, 237; *Quack/Asam*, BauR 2002, 1247 ff.

B. Werklohnansprüche bei sonstigen Leistungen

▶ HINWEIS: Zu bedenken bleibt, dass § 2 Nr. 4 VOB/B nur dann zur Anwendung kommt, wenn der Wegfall eines Leistungsteils auf eine einseitige Anordnung des Auftraggebers zurückzuführen ist. Ist die Auftragsreduzierung Gegenstand einer vertraglichen Vereinbarung der Parteien, muss durch Auslegung ermittelt werden, welche Vergütungsfolge die Reduzierung haben soll.[1099] ◀

2. BGB-Bauvertrag: § 649 BGB

Fallen beim BGB-Bauvertrag der Abwicklung eine oder mehrere Positionen – ggf. durch Selbstvornahme des Auftraggebers – vollständig weg, stellt dies eine Teilkündigung des Auftraggebers gem. § 649 S. 1 BGB dar. Die Abrechnung dieser Positionen erfolgt auf der Grundlage von § 649 S. 2 BGB (vgl. Rn 452 ff.).

437

V. Auftragslos erbrachte Leistungen

1. VOB-Bauvertrag: § 2 Nr. 8 VOB/B sowie §§ 683 S. 1, 670 bzw. 812 ff. BGB

Nach dem Grundsatz des § 2 Nr. 8 Abs. 1 VOB/B werden sowohl beim VOB-Einheitspreis- wie auch beim VOB-Pauschalpreisvertrag Leistungen, die der Auftragnehmer ohne Auftrag oder unter eigenmächtiger Abweichung von diesem ausführt, nicht vergütet. Die Ausnahmen sind in § 2 Nr. 8 Abs. 2 VOB/B geregelt. Eine Vergütung steht dem Auftragnehmer ausnahmsweise zu, wenn der Auftraggeber die Leistungen nachträglich **anerkannt** hat,[1100] oder die Leistungen für die Erfüllung des Vertrages **notwendig** waren, dem **mutmaßlichen Willen** des Auftraggebers entsprachen und ihm **unverzüglich**[1101] angezeigt wurden. Gemäß § 2 Nr. 8 Abs. 3 VOB/B kann neben § 2 Nr. 8 Abs. 2 VOB/B ein Aufwendungsersatzanspruch des Auftragnehmers nur über die Grundsätze der Geschäftsführung ohne Auftrag gem. §§ 683 S. 1, 670 BGB[1102] bzw. einer ungerechtfertigten Bereicherung nach § 812 BGB in Betracht kommen.[1103] [1104] (Vgl. Rn 555 ff.)

438

2. BGB-Bauvertrag: §§ 683 S. 1, 670 bzw. 812 ff. BGB

Bauleistungen, die der Auftragnehmer ohne Auftrag oder unter eigenmächtiger Abweichung vom Vertrag ausführt, werden beim BGB-Bauvertrag nicht vergütet. § 2 Nr. 8 Abs. 2 VOB/B kommt beim BGB-Bauvertrag als Sondervorschrift nicht zur Anwendung. Ein Aufwendungsersatzanspruch des Auftragnehmers kommt nur über die Grundsätze der Geschäftsführung ohne Auftrag gem. §§ 683 S. 1, 670 BGB[1105] bzw. einer ungerechtfertigten Bereicherung nach § 812 BGB in Betracht (vgl. Rn 559 f.).

439

1099 BGH BauR 1999, 1021; OLG Celle BauR 2005, 885.
1100 Vgl. hierzu *Oberhauser*, BauR 2005, 919 (928 f.).
1101 Das Vorliegen einer unverzüglichen Anzeige i. S. des § 121 BGB (= ohne schuldhaftes Zögern) ist Anspruchsvoraussetzung: BGH BauR 1991, 331; BauR 1978, 314; Kapellmann/Messerschmidt-*Kapellmann*, § 2 VOB/B, Rn 307. Eine unverzügliche Anzeige kann auch in der Übersendung eines Baubesprechungsprotokolls gesehen werden: BGH BauR 2004, 495.
1102 Vgl. insoweit weiterführend *Leupertz*, BauR 2005, 775 ff.
1103 BGH BauR 2004, 495.
1104 Das Vorliegen einer unverzüglichen Anzeige i. S. des § 121 BGB ist weder bei §§ 683 S. 1, 670 BGB noch bei § 812 BGB Anspruchsvoraussetzung: BGH BauR 1991, 331; Kapellmann/Messerschmidt-*Kapellmann*, § 2 VOB/B, Rn 311.
1105 Vgl. insoweit weiterführend *Leupertz*, BauR 2005, 775 ff.

§ 6 Die Ansprüche des Auftragnehmers gegen den Auftraggeber

C. Vergütungsansprüche des Auftragnehmers beim gekündigten Bauvertrag

Literatur

Acker/Roskosny, Die Abnahme beim gekündigten Bauvertrag und deren Auswirkungen auf die Verjährung – Zugleich Anmerkung zum Urteil des Bundesgerichtshofs vom 19.12.2002, BauR 2003, 1279; *Baumgärtel*, Handbuch der Beweislast, Band 1, 2. Auflage 1991; *Boldt*, Die Kündigung des Bauvertrages aus wichtigem Grund durch den Auftraggeber nach neuem Recht, NZBau 2002, 655; *Brügmann/Kenter*, NJW 2003, 2121; *Cypers*, Werklohnanspruch des Bauunternehmers, 2000; *Dornbusch/Plum*, Jahrbuch BauR 1999, 168; *Eschenbruch*, Festschrift für Jagenburg, Seite 179; *Duffek*, Vergütungsanspruch des Unternehmers ohne Werkleistung, BauR 1999, 979; *Glöckner*, § 649 Satz 2 BGB – ein künstlicher Vergütungsanspruch?, BauR 1998, 669; *Grünhoff*, NZBau 2000, 313; *Harz*, ZInsO 2001, 193; *Heidland*, ZInsO 2001, 1096; *Jauernig*, Zwangsvollstreckungs- und Insolvenzrecht, 21. Auflage; *Kniffka*, Abnahme und Gewährleistung nach Kündigung des Werkvertrages, in: Festschrift für von Craushaar, S. 359; *ders.*, Abnahme und Abnahmewirkungen nach der Kündigung des Bauvertrages – Zur Abwicklung des Bauvertrages nach der Kündigung unter besonderer Berücksichtigung des Rechtsprechung des Bundesgerichtshofes, ZfBR 1998, 113; *ders.*, Die neuere Rechtsprechung des Bundesgerichtshofs zur Abrechnung nach Kündigung des Bauvertrages, Jahrbuch Baurecht 2000, 1; *Kessen*, Das Ende der Verrechnung im Werkvertragsrecht und seine Folgen, BauR 2005, 1691; *Koenen*, Die Kündigung nach § 8 Nr. 2 VOB/B und deren Abrechnungsprobleme, BauR 2005, 202; *Köhler*, NJW 1983, 1633; *Kreft*, Festschrift für Uhlenbruck, S. 387; *ders.*, Festschrift für Kirchhof, S. 275; *Kuhn*, Der Eigenantrag des Auftragnehmers als Voraussetzung einer Kündigung nach § 8 Nr. 2 Abs. 1 2. Var. VOB/B?, BauR 2005, 942; *Lenzen*, Ansprüche gegen den Besteller, dem Mitwirkungspflichten unmöglich werden, BauR 1997, 210; *Löwe*, Die Vergütungsklage des Unternehmers nach Kündigung des Werkvertrages durch den Auftraggeber nach § 649 Satz 2 BGB unter Berücksichtigung der Entscheidungen des BGH vom 8.2.1996, 10.10.1996 und 7.11.1996, ZfBR 1998, 121; *Niemöller*, Vergütungsansprüche nach Kündigung des Bauvertrages, BauR 1997, 539; *Oberhauser*, BauR 2000, 1397; *Pahlmann*, Die Bindungswirkung des unverbindlichen Kostenanschlags, DRiZ 1978, 367; 387; *Pape*, Ablehnung und Erfüllung schwebender Rechtsgeschäfte, in: Kölner Schrift zur Insolvenzordnung, S. 555; *Pape/Uhlenbruck*, Insolvenzrecht; *Raab*, Anmerkung zum Urteil des BGH vom 21.10.1999 – VIII ZR 185/89, JZ 2001, 251; *Rohlfing/Thiele*, Überschreitung des Kostenanschlags durch den Werkunternehmer, MDR 1998, 632; *Schenk*, Kostenvoranschlag nach § 650 BGB und seine Folgen, NZBau 2001, 470; *Schmidt*, Zur unberechtigten Kündigung aus wichtigem Grund beim Werkvertrag, NJW 1995, 1313; *Schmitz*, Die Bauinsolvenz, 3. Auflage 2004; *Stemmer/Rohrmüller*, Abwicklung von VOB-Verträgen durch kommunale Auftraggeber bei Insolvenz des Auftragnehmers, BauR 2005, 622; *Thode*, Werkleistung und Erfüllung im Bau- und Architektenvertrag, ZfBR 1999, 116; *ders.*, ZfIR 2000, 165; *Wellensiek*, Fortführung des Bauvertrages nach Insolvenzantrag des Auftragnehmers, BauR 2005, 186; *Werner*, Anwendungsbereich und Auswirkungen des § 650 BGB, Festschrift für Korbion, S. 473; *Wölfing-Hamm*, Insolvenz eines ARGE-Partners, BauR 2005, 228; *Vogel*, Jahrbuch Baurecht 2004, 107; *Voit*, Die außerordentliche Kündigung eines Werkvertrages durch den Besteller, BauR 2002, 1776.

C. Vergütungsansprüche des Auftragnehmers beim gekündigten Bauvertrag

I. Kündigung durch den Auftraggeber

1. Beim BGB-Bauvertrag

a) Kündigung gemäß § 649 BGB

aa) Freies Kündigungsrecht des Auftraggebers nach § 649 S. 1 BGB

Beim BGB-Bauvertrag kann der Auftraggeber, wenn die Vertragsparteien keine abweichenden Vereinbarungen getroffen haben,[1106] jederzeit den gesamten Bauvertrag oder aber Teile[1107] davon nach § 649 S. 1 BGB kündigen.[1108] Hintergrund dieser Regelung bildet der Umstand, dass der Auftraggeber vorzugsweise ein Interesse an der Ausführung des Werkes hat und deshalb – wenn das Interesse wegfällt – die Möglichkeit haben soll, sich vom Vertrag lösen zu können. Dabei ist der Auftragnehmer nach der Wertung des Gesetzes durch die Regelung des § 649 S. 2 BGB ausreichend geschützt. Formerfordernisse bestehen insoweit hinsichtlich der Kündigungserklärung als einseitiger empfangsbedürftiger Willenserklärung[1109] – anders als beim VOB-Bauvertrag – (vgl. Rn 480) nicht.[1110] **440**

Gegebenenfalls ist durch **Auslegung** gem. §§ 133, 157 BGB (vgl. Rn 248) zu ermitteln, ob eine Erklärung als Kündigung zu verstehen ist. Dabei kann eine Kündigung auch aus dem schlüssigen Verhalten des Auftraggebers abgeleitet werden, was bspw. dann der Fall ist, wenn der Auftraggeber unmissverständlich zum Ausdruck bringt, dass er keine weitere Tätigkeit des Unternehmers mehr wünscht,[1111] bzw. gegenüber dem Auftragnehmer ein endgültiges Baustellenverbot ausspricht oder aber ein Drittunternehmen mit der Fertigstellung der Arbeiten beauftragt.[1112] **441**

Eine Kündigung muss grundsätzlich nicht begründet werden. Der Kündigende bleibt an etwa geäußerte Kündigungsgründe nicht gebunden. Selbst eine außerordentliche Kündigung muss den Kündigungsgrund nicht benennen. Besteht ein benannter Grund nicht oder ist keiner benannt worden, kann der Auftraggeber auch später zur Rechtfertigung der Kündigung noch andere tatsächlich bestehende Gründe nachschieben. Es kommt also darauf an, ob objektiv ein Grund zur außerordentlichen Kündigung bestanden hat.[1113] **442**

[1106] Die Parteien können durch individuelle Vereinbarung das Kündigungsrecht des Auftraggebers gem. § 649 S. 1 BGB ausschließen und auf das Vorliegen eines wichtigen Grundes beschränken, Palandt-*Sprau*, § 649 BGB, Rn 12.

[1107] Vgl. zur Teilkündigung: Kapellmann/Messerschmidt-*Lederer*, § 8 VOB/B, Rn 20; Heiermann/Riedl/Rusan, VOB/B Einführung zu §§ 8, 9, Rn 1; Beck'scher VOB-Kommentar-*Motzke*, § 8 Nr. 1 VOB/B, Rn 20; Ingenstau/Korbion-*Vygen*, § 8 Nr. 1 VOB/B, Rn 74; OLG Oldenburg BauR 2000, 897.

[1108] BGH BauR 1999, 1294.

[1109] Beachte in diesem Zusammenhang, dass ein einseitiges Rechtsgeschäft, das ein Bevollmächtigter einem anderen gegenüber vornimmt, unwirksam ist, wenn der Bevollmächtigte keine Vollmachtsurkunde im Original vorlegt und der andere die rechtsgeschäftliche Erklärung aus diesem Grund unverzüglich zurückweist, Palandt-*Heinrichs*, § 174 BGB, Rn 3. Die Zurückweisung nach § 174 BGB ist selbst ein einseitiges Rechtsgeschäft, weil sie eine Rechtsfolge auslösen soll, nämlich die Nichtberücksichtigung der zurückgewiesenen Erklärung, Palandt-*Heinrichs*, § 111 BGB, Rn 5. Hat der Andere die Erklärung unter Hinweis auf § 174 BGB zu Recht zurückgewiesen, so reicht es nicht aus, wenn der Bevollmächtigte nunmehr eine Originalvollmacht nachweist. Da die Erklärung nach § 174 BGB ins Leere gegangen ist, muss diese unter Vorlage einer Originalvollmacht wiederholt werden, vgl. insoweit Palandt-*Heinrichs*, § 111 BGB, Rn 5.

[1110] OLG Karlsruhe BauR 1994, 116; Werner/Pastor, Rn 1289.

[1111] BGH BauR 1977, 422.

[1112] BGH, WM 1972, 1025; OLG Düsseldorf BauR 2002, 336.

[1113] BGH BauR 1975, 280; BauR 1976, 139; BauR 1982, 79.

§ 6 Die Ansprüche des Auftragnehmers gegen den Auftraggeber

bb) Wirkungen der Kündigung

(1) Wegfall der Leistungspflicht für den noch nicht erbrachten Teil

443 Kommt es zu einer Kündigung des Bauvertrages, **entfallen die Leistungsverpflichtungen** für den bis zur Kündigung noch nicht erbrachten Teil. Als Folge dessen **beschränkt** sich der Gegenstand des Bauvertrages **auf die bis zur Kündigung erbrachten Leistungen**.[1114]

(2) Fälligkeit des Vergütungsanspruchs für die erbrachten Leistungen

444 Mit seinem Urteil vom 11.5.2006 hat der BGH klargestellt, dass beim gekündigten Bauvertrag die Werklohnforderung grundsätzlich erst mit der Abnahme der bis dahin erbrachten Werkleistungen fällig wird.[1115] Selbstverständlich werden auch die weitergehenden Abnahmewirkungen (vgl. hierzu die Ausführungen unter Rn 318 ff.) als Folge der Kündigung nicht herbeigeführt.[1116] Der Anspruch auf Schlusszahlung (im Abrechnungsverhältnis)[1117] wird nicht von dem Stellen einer prüfbaren Schlussrechnung (anders beim VOB-Bauvertrag) abhängig gemacht. Gleichermaßen ist die Prüfbarkeit einer Schlussrechnung beim BGB-Bauvertrag keine Fälligkeitsvoraussetzung.[1118] Dies bedeutet aber nicht, dass ein Auftragnehmer ohne Vorliegen einer prüfbaren Abrechnung seiner Leistungen einen Vergütungsanspruch erfolgreich geltend machen wird. So muss eine schlüssige Abrechnung schon deshalb vorliegen, weil ohne prüfbare Abrechnung der Vergütungsanspruch des Auftragnehmers im Prozess nicht schlüssig darzulegen sein wird (vgl. insoweit die Ausführungen unter Rn 334).

(3) Anspruch des Auftragnehmers auf Abnahme

445 Der Auftragnehmer hat gegen den Auftraggeber einen **Anspruch auf Abnahme** der bis zur Kündigung erbrachten Leistung, wenn diese nicht mit wesentlichen Mängeln behaftet sind.[1119] Dabei führt eine Abnahme der durch die Kündigung beschränkten vertraglich geschuldeten Werkleistung dazu, dass das Erfüllungsstadium des gekündigten Vertrages beendet wird und die Erfüllungswirkungen der Werkleistung herbeigeführt werden.

(4) Zur Aufmaßnahme

446 Der Auftragnehmer kann, wenn er eine Abnahme fordern kann, ein **gemeinsames Aufmaß verlangen**. So dient ein gemeinsam genommenes Aufmaß der Klärung der Abrechnungsgrundlagen bei gleichzeitiger Vermeidung von Streitigkeiten.[1120] Das gemeinsame Aufmaß kann auch dann verlangt werden, wenn der Auftraggeber eine Abrechnung verlangt, bzw. die Voraussetzungen für eine Abrechnung des Bauvorhabens vorliegen. Das ist auch dann der Fall, wenn die Abnahme der bis zur Kündigung erbrachten Leistungen wegen erheblicher Mängel verweigert wird, jedoch nur noch auf Zahlung gerichtete Mängelansprüche geltend gemacht werden. Denn in diesen Fällen sind keine Leistungen mehr zu erbringen, sodass die Voraussetzungen für eine Abrechnung geschaffen werden können und müssen.

1114 BGH BauR 1993, 469.
1115 BGH, Urteil vom 11.5.2006 – VII ZR 146/04, IBR 2006, 432; so auch das Schrifttum: *Kniffka*, ZfBR 1998, 113 (116); Werner/Pastor, Rn. 1301; Acker/Roskosny, BauR 2003, 1279 (1292); *Thode*, ZfBR 1999, 116 (123); *Brügmann/Kenter*, NJW 2003, 2121 ff.
1116 BGH BauR 2003, 689.
1117 Beachte dazu die nachfolgenden Ausführungen.
1118 BGH BauR 1981, 199; BauR 1982, 377.
1119 BGH BauR 2003, 689; Werner/Pastor, Rn 1301.
1120 BGH BauR 2003, 1207.

C. Vergütungsansprüche des Auftragnehmers beim gekündigten Bauvertrag

Wird durch die Parteien ein gemeinsames Aufmaß genommen, stellt sich die Frage, ob die Parteien an die getroffenen Feststellungen gebunden sind: Haben die Parteien **ausdrücklich eine Bindungswirkung** im Hinblick auf das gemeinsam ermittelte Aufmaß vereinbart, ist die Rechtslage klar. Liegt **keine Vereinbarung** vor, wird nach der Rechtsprechung der Instanzgerichte dann, wenn ein gemeinsames Aufmaß vereinbart worden ist oder wenn dem Verlangen der Gegenpartei nach gemeinsamer Aufmaßnahme nachgekommen wird, den Feststellungen eine Bindungswirkung wie bei einem **deklaratorischen Schuldanerkenntnis**[1121] zuerkannt.[1122] Diese Bindungswirkung kann dabei aber dann wieder entfallen, wenn der Vertragspartner, der sich an ein gemeinsames Aufmaß nicht gebunden fühlt, im einzelnen darlegt und beweist, dass ihm die die Unrichtigkeit begründenden Tatsachen erst nach dem gemeinsamen Aufmaß bekannt geworden sind.[1123] Der **BGH** vertritt demtentgegen die Auffassung, dass den im Zuge einer gemeinsamen Aufmaßnahme getroffenen Feststellungen nicht per se eine Bindungswirkung – wie bei einem deklaratorischen Schuldanerkenntnis – zukommt. So setzt die Annahme einer Bindungswirkung nämlich einen Willen der erklärenden Partei voraus, das Aufmaß endgültig dem Streit zu entziehen. Die pauschale Annahme eines solchen Willens muss vor dem Hintergrund, dass ein Aufmaß ohne weiteres auch später noch auf seine Richtigkeit hin überprüft werden kann, verneint werden.[1124] Im Einzelfall ist deshalb zu prüfen, ob der Auftraggeber tatsächlich ein veobjektiviertes Erklärungsbewusstsein hatte, mit der Teilnahme an der gemeinsamen Aufmaßnahme die dabei ermittelten Feststellungen endgültig dem Streit bzw. einer Ungewissheit entziehen zu wollen. Die Annahme dessen kann bspw. dann gerechtfertigt sein, wenn den Parteien bei Durchführung der gemeinsamen Aufmaßnahme bewusst ist, dass eine spätere Überprüfbarkeit der Feststellungen infolge Überbaus unmöglich wird. Ist ein dementsprechendes Erklärungsbewusstsein beim Auftraggeber abzulehnen, bleibt es dabei, dass der Auftragnehmer im Prozess die Richtigkeit des seiner Abrechnung zugrunde gelegten Aufmaßes beweisen muss. Dieser Grundsatz gilt allerdings dann wieder nicht, wenn den Feststellungen des Auftragnehmers – wie im Fall der einseitigen Aufmaßnahme durch den Auftragnehmer – ausnahmsweise eine Beweiswirkung zukommt.[1125] [1126] Besonders darauf hinzuweisen bleibt, dass eine gemeinsame Aufmaßnahme keinen Beweis oder Indiz dafür begründet, dass und wie die aufge-

---

[1121] Der BGH stellt an ein Schuldanerkenntnis, mit dem sämtliche Einwendungen ausgeschlossen werden sollen, hohe Anforderungen. Ein solches Schuldanerkenntnis setzt voraus, dass die Parteien mit der Vereinbarung das Schuldverhältnis insgesamt oder in einzelnen Bestimmungen dem Streit oder der Ungewissheit entziehen wollen, BGH BauR 1977, 138. Zu den notwendigen Voraussetzungen gehört also die Vereinbarung über Streitpunkte und Ungewissheiten, die aus der Sicht der Vertragsparteien nach den Umständen des Einzelfalles klärungs- und regelungsbedürftig waren, BGH BauR 1998, 579.
[1122] OLG Düsseldorf OLGR 1994, 190; OLG Hamm BauR 1992, 242; KG OLGR 1995, 184; OLG Braunschweig BauR 2001, 413; MünchKomm-*Busche*, § 631 BGB, Rn 121; Ingenstau/Korbion-*Locher*, § 14 Nr. 2 VOB/B, Rn 9.
[1123] OLG Düsseldorf OLGR 1994, 190; OLG Hamm BauR 1992, 242; KG OLGR 1995, 184; OLG Braunschweig BauR 2001, 413.
[1124] BGH BauR 2005, 94.
[1125] BGH BauR 1974, 210; BauR 1975, 211; KG OLGR 1995, 184.
[1126] Von praktischer Relevanz ist weiter die Fragestellung, ob in einer Rechnungsprüfung durch den Auftraggeber selbst oder einen hierzu beauftragten Architekten ein deklaratorisches Anerkenntnis im Hinblick auf solche Mengen und Massen zu sehen ist, die einem Aufmaß des Auftragnehmers entstammen. Ein Anerkenntnis des Auftraggebers ist in diesem Fall abzulehnen. So begründet der Prüfvermerk des Architekten lediglich eine Bestätigung für die Vornahme einer Rechnungsprüfung. Eine Rechnungsprüfung allein gibt aber keinen Anhaltspunkt dafür, dass ein Streit der Parteien geklärt abschließend werden soll, wie es Voraussetzung für das deklaratorische Anerkenntnis ist. Das gilt auch dann, wenn der Auftraggeber die vom Architekten geprüfte Rechnung an den Auftragnehmer übersendet, BGH BauR 2002, 613; BGH BauR 2005, 94.

§ 6 Die Ansprüche des Auftragnehmers gegen den Auftraggeber

messene Leistung des Auftragnehmers vertraglich geschuldet war. Gleiches betrifft die Berechnung des Aufmaßes nebst gewählter Berechnungsmethode.

448 Eine **Beweiswirkung** kommt dann in Betracht, wenn der Auftraggeber sich einem berechtigten Verlangen des Auftragnehmers[1127] nach einem gemeinsamen Aufmaß widersetzt.[1128] Dem Auftragnehmer bleibt dann nichts anderes übrig, als – nunmehr einseitig – Aufmaß zu nehmen. Die Richtigkeit der im Zuge dieser einseitigen Aufmaßnahme ermittelten Feststellungen muss er im nachfolgenden Prozess beweisen.[1129] Etwas anderes gilt jedoch dann, wenn dieser Nachweis, weil die Überprüfung – etwa durch Über- oder Weiterbau – nicht mehr möglich ist, im Verfahren nicht zu führen ist. Als Folge der in diesem Fall anzunehmenden Beweiswirkung ist es dann Sache des Auftraggebers, vorzutragen und zu beweisen, welche Mengen und Massen zutreffend oder dass die vom Auftragnehmer angesetzten Mengen und Massen[1130] unzutreffend sind.[1131] [1132] Eine Unaufklärbarkeit geht dabei zu seinen Lasten.

(5) Leistungsverweigerungsrecht des Auftraggebers bei Mängeln

449 Der Auftraggeber kann die Abnahme der erbrachten Leistung wegen **wesentlicher Mängel** verweigern. Solange er die Abnahme zu Recht verweigert und kein Abrechnungsverhältnis entsteht (vgl. Rn 575, 563 ff.), kann er auch die Zahlung des Werklohns für die erbrachte Leistung verweigern. Insoweit steht ihm – jedenfalls nach Abnahme der erbrachten Leistungen – gem. § 641 Abs. 3 BGB ein **Leistungsverweigerungsrecht** (aus § 320 BGB) in **Höhe des Dreifachen** der Mängelbeseitigungskosten zu. Dieses Leistungsverweigerungsrecht erlischt nicht durch einen Annahmeverzug, ist dann aber auf die einfachen Mängelbeseitigungskosten beschränkt.[1133] Hat der Auftraggeber nach einer Kündigung zunächst ein Baustellenverbot ausgesprochen, ist er nicht gehindert, dieses später aufzuheben und gegenüber dem Werklohnverlangen das Leistungsverweigerungsrecht erneut geltend zu machen.[1134]

1127 Der Auftragnehmer hat mithin, um dem Kooperationsgebot zu genügen, auf ein gemeinsames Aufmaß hinzuwirken. Versucht der Auftragnehmer dies nicht, muss er im Prozess den Nachweis für die Richtigkeit des Umfangs der von ihm behauptet erbrachten Leistungen führen, BGH BauR 1999, 1185; BauR 2003, 1892.
1128 Der Auftraggeber sollte sich als seriöser Vertragspartner einer zeitnahen gemeinsamen Leistungs-Erfassung grundsätzlich nicht widersetzen. Dies gilt insbesondere für solche Fälle, bei denen der Auftraggeber – etwa als Generalübernehmer – selbst gegenüber seinem Auftraggeber – dem Bauherrn – abzurechnen hat und es damit zweckmäßig ist, das gemeinsam mit dem Nachunternehmer erstellte Aufmaß gleichermaßen zur Grundlage der eigenen Abrechnung zu machen.
1129 MünchKomm-*Busche*, § 631 BGB, Rn 121.
1130 Dem Auftragnehmer ist anzuraten, die einseitige Aufmaßnahme durch einen öffentlich bestellten und vereidigten Sachverständigen begleiten zu lassen, damit dieser später seine Feststellungen im Prozess als sachverständiger Zeuge bekunden kann.
1131 BGH BauR 2003, 1207; BauR 2003, 1892; OLG Celle BauR 2002, 1863.
1132 Erteilt der Auftraggeber dem Auftragnehmer Baustellenverbot und kann der Auftragnehmer deshalb kein Aufmaß mehr nehmen, kommt eine Beweisvereitelung durch den Auftraggeber in Betracht. Auch in diesem Fall wird man von einer entsprechenden Beweiswirkung ausgehen können, Ingenstau/Korbion-*Locher*, § 14 Nr. 2 VOB/B, Rn 5 sowie Ingenstau/Korbion-*Vygen*, § 8 Nr. 1 VOB/B, Rn 26.
1133 BGH NZBau 2002, 383; Werner/Pastor, Rn 2531; MünchKomm-*Busche*, § 641 BGB, Rn 36; **a. A.** OLG Dresden BauR 2001, 1261; OLG Düsseldorf BauR 2002, 482 (484).
1134 Nach der Rechtsprechung des BGH (BGH ZfBR 2005, 49) endet bei einem Baustellenverbot der Annahmeverzug beim Auftraggeber, wenn der Auftraggeber sich im Prozess wegen der Mängel auf sein Leistungsverweigerungsrecht beruft und dadurch zu erkennen gibt, dass er zum Zwecke der Mängelbeseitigung das Betreten der Baustelle zulässt.

C. Vergütungsansprüche des Auftragnehmers beim gekündigten Bauvertrag

(6) Mängelbeseitigungsrecht des Auftraggebers

Die Kündigung lässt die **Mängelansprüche** des Auftraggebers **unberührt**, denn wegen des nicht gekündigten Teils besteht der Vertrag fort.[1135] Der Auftraggeber kann Nacherfüllung verlangen und hat nach fruchtlosem Fristablauf die Rechte auf Selbstvornahme und Kostenerstattung bzw. Vorschuss gem. § 634 Nr. 2 i. V. m. § 637 BGB, Minderung gem. § 634 Nr. 3 i. V. m. § 638 BGB, Rücktritt gem. § 634 Nr. 3 i. V. m. § 323 BGB und Schadensersatz bzw. Ersatz der vergeblichen Aufwendungen gem. § 634 Nr. 4 i. V. m. §§ 280, 281, 283, 311 a und § 284 BGB. Der Auftragnehmer ist vorbehaltlich des Nichtablaufs einer vom Auftraggeber gesetzten angemessenen Frist zur Mängelbeseitigung berechtigt, Mängel an dem von ihm erstellten Teilwerk zu beseitigen.[1136] Der Auftraggeber kann sich gegenüber dem Werklohnverlangen nach Kündigung nicht auf Mängel berufen, die er beseitigen ließ, ohne dem Auftragnehmer nach der Kündigung unter Fristsetzung Gelegenheit zur Mängelbeseitigung zu geben. In diesem Fall muss er den Werklohn ohne Kürzungen zahlen (vgl. Rn 622). Die Darlegungs- und Beweislast für die Mangelfreiheit der bis zur Kündigung erbrachten Leistungen trägt der Auftragnehmer, solange diese Leistung nicht abgenommen ist.[1137] Dies soll auch dann gelten, wenn die Mängel beseitigt sind und der Auftraggeber diese Mängel zuvor gegenüber dem Auftragnehmer gerügt hat.[1138]

▶ **HINWEIS:** Die Regel, dass der Auftragnehmer die Darlegungs- und Beweislast bis zur Abnahme der gekündigten Leistung trägt, birgt für diesen große Gefahren. Er muss frühzeitig die Abnahme und ein Aufmaß verlangen. Werden die Abnahme und ein Aufmaß verweigert, muss er eine Beweissicherung vornehmen oder veranlassen. Von der Beweissicherung darf er sich auch durch ein Baustellenverbot nicht abhalten lassen, OLG Düsseldorf BauR 2001, 262. Dauert ein gerichtliches Beweisverfahren zu lang, muss der Beweis durch Privatgutachten gesichert werden, gut geeignet ist auch eine Fotodokumentation. ◀

(7) Bestehen eines Abrechnungsverhältnisses

Nach der neusten Rechtsprechung[1139] stellen bei einer Kündigung des Bauvertrages der Vergütungsanspruch des Auftragnehmers für die bis zur Kündigung erbrachten Leistungen einerseits und Ansprüche des Auftraggebers auf Schadensersatz in Geld wegen Verzuges, Unmöglichkeit, Nebenpflichtverletzung oder wegen Mängeln andererseits selbstständige Ansprüche der Parteien dar, die sich im Wege der **Aufrechnung** gegenüberstehen können. Denn mit dem Begriff „Abrechnungsverhältnis" ist nicht zum Ausdruck gebracht, dass Forderung und Gegenforderung nicht den Regeln zur Aufrechnung unterliegen.

1135 BGH BauR 1987, 689; BauR 1989, 462 (464); BauR 2001, 667; Werner/Pastor, Rn 1290; *Kniffka*, Festschrift für von Craushaar, S. 359 ff.
1136 BGH BauR 1987, 689; BauR 1988, 82. Vgl. hierzu auch Rn 619 ff.
1137 BGH BauR 1995, 91; BauR 1999, 1319.
1138 BGH BauR 1993, 469.
1139 BGH BauR 2005, 1477; abweichend davon die alte Rechtsprechung: OLG Naumburg; Nichtannahmebeschluss des BGH vom 05.04.2001, BauR 2001, 1615 (1617); Werner/Pastor, Rn 2577, wonach Forderung und Gegenforderung sich nicht selbstständig gegenüberstehen und die wechselseitigen Forderungen im Rahmen der anzuwendenden Differenztheorie als unselbstständige Rechnungsposten eines einheitlichen Anspruchs anzusehen sind. Dabei war im Wege der Saldierung zu ermitteln, wem nach der Verrechnung noch ein Zahlungsanspruch zusteht, kritisch zu Recht: Ingenstau/Korbion-*Wirth*, § 13 Nr. 7 VOB/B, Rn 154 ff. Weiterführend *Kessen*, BauR 2005, 1691 ff. sowie die Ausführungen unter Rn 575.

§ 6 Die Ansprüche des Auftragnehmers gegen den Auftraggeber

cc) Umfang und Abrechnung des Vergütungsanspruchs bei § 649 BGB

(1) Zum Umfang des Vergütungsanspruch bei § 649 BGB

452 Kündigt der Auftraggeber im Rahmen des ihm zustehenden freien Kündigungsrechtes, kann der Auftragnehmer seinen Werklohnanspruch grundsätzlich in voller Höhe geltend machen. Die Fälligkeit des Werklohnanspruchs tritt dabei erst bei Abnahme ein.[1140] Der Werklohnanspruch des Auftragnehmers vermindert sich allerdings gem. § 649 S. 2 BGB, weil sich der Auftragnehmer das anrechnen lassen muss, was er in Folge der Aufhebung des Vertrages an Kosten erspart oder durch anderweitige Verwendung seiner Arbeitskraft und seines Betriebes erwirbt oder zu erwerben böswillig unterlässt.[1141] Verlangt der Auftragnehmer eine Vergütung gem. § 649 S. 2 BGB, ist eine darauf gestützte **Klage nur schlüssig**, wenn er einerseits zu den erbrachten Leistungen und andererseits zu den ersparten Aufwendungen bzw. zum anderweitigen Erwerb entsprechend vorträgt.[1142] Der Vergütungsanspruch des Auftragnehmers besteht nämlich von vornherein nur abzüglich der ersparten Aufwendungen und des Erwerbs durch anderweitige Verwendung der Arbeitskraft des Auftragnehmers.

(2) Zur Abrechnung des Vergütungsanspruchs bei § 649 BGB

453 Bei der Abrechnung des Vergütungsanspruchs nach Kündigung gem. § 649 BGB hat der Auftragnehmer die Schlussrechnung im Hinblick auf von ihm erbrachte bzw. nicht erbrachte Leistungen zu unterteilen:

- Zunächst hat der Auftragnehmer die von ihm **erbrachten Leistungen** abzurechnen, wobei für diesen Teil die Umsatzsteuer in Ansatz zu bringen ist.
- Sodann hat der Auftragnehmer die **nicht mehr erbrachten Leistungen** abzurechnen. Dabei sind ersparte Aufwendungen sowie Vorteile aus anderweitigem Erwerb abzusetzen.[1143]

- Die Abrechnung der erbrachten Leistungen bei Kündigung des Bauvertrages

Beim Einheitspreisvertrag

454 Liegt ein **Einheitspreisvertrag** vor, muss der Auftragnehmer nach Kündigung des Bauvertrages zunächst die erbrachten Mengen und Massen durch Aufmaßnahme ermitteln. Dabei sollte der Auftragnehmer anstreben, dass die von ihm bis zur Kündigung erbrachten Mengen und Massen im Zuge einer gemeinsamen Aufmaßnahme – mit vertraglich vereinbarter Bindungswirkung –[1144] [1145] festgestellt werden.[1146] Sodann kann der Auftragnehmer bei jeder Position die Einheitspreise mit den festgestellten Mengen und Massen

---

1140 BGH BauR 1993, 469; BauR 1987, 95; **a. A.** Kniffka, ZfBR 1998, 113 (116); Werner/Pastor, Rn 1301; Acker/Roskosny, BauR 2003, 1279 (1292); Thode, ZfBR 1999, 116 (123); Brügmann/Kenter, NJW 2003, 2121 ff.; beachte ferner auch BGH NZBau 2005, 685, in dem ein Änderung der bisherigen Rechtsprechung in Aussicht gestellt wird.
1141 Werner/Pastor, Rn 1293.
1142 BGH BauR 1998, 185 (186); BauR 1999, 635; BauR 1997, 304; BauR 1996, 382; Werner/Pastor, Rn 1294; **a. A.** Staudinger-Peters, § 649 BGB, Rn 24 ff.; Baumgärtel, § 649 Rn 1.
1143 Macht der Auftragnehmer nach erfolgter Kündigung nur einen Teil seines Vergütungsanspruches im Rahmen einer Teilklage geltend, ist es dem Auftraggeber versagt, die insgesamt angefallenen Ersparnisse dem vom Auftragnehmer geltend gemachten Teilbetrag entgegenzuhalten, RGZ 74, 197.
1144 Stehen die im Zuge einer gemeinsamen oder aber einseitigen Aufmaßnahme ermittelten Mengen und Massen im Streit, kann an dieser Stelle auf die Ausführungen unter Rn 466 ff. verwiesen werden.
1145 Beachte für den VOB-Bauvertrag das Recht des Auftragnehmers gem. § 8 Nr. 6 VOB/B auf gemeinsame Aufmaßnahme i. S. des § 14 Nr. 2 VOB/B.
1146 Sowohl beim BGB- wie auch beim VOB-Vertrag hat der gekündigte Auftragnehmer keinen Anspruch darauf, dass der Auftraggeber die Bauarbeiten stoppt, um dem Auftragnehmer Gelegenheit für ein Aufmaß seiner erbrachten Leistungen zu geben, OLG Düsseldorf BauR 2001, 1270.

C. Vergütungsansprüche des Auftragnehmers beim gekündigten Bauvertrag

vervielfältigen und dabei den Positionspreis und auf der Grundlage der einzelnen Positionspreise schließlich den Gesamtpreis berechnen. Änderungen des Einheitspreises wegen kündigungsbedingter Mindermengen gem. § 313 BGB (vgl. Rn 410) kommen nicht in Betracht.[1147] Beinhaltet der Leistungsbeschrieb einer Position des Leistungsverzeichnisses mehrere Arbeitsschritte, die durchlaufen werden müssen, damit die in der Position insgesamt beschriebene Leistung vollständig erbracht worden ist,[1148] muss der Auftragnehmer, wenn die tatsächlich erbrachten Leistungen im Hinblick auf die einzelnen Arbeitsschritte unterschiedlich ausfallen, zunächst die Arbeitsschritte im Verhältnis zur Gesamtleistung prozentual bewerten. Im Anschluss daran können die erbrachten Leistungen den einzelnen Arbeitsschritten zugeordnet werden. Vor dem Hintergrund der prozentualen Bewertung der einzelnen Arbeitsschritte ist nunmehr der Positionspreis zu ermitteln.

Beim Pauschalpreisvertrag

Auch beim Pauschalpreisvertrag hat der Auftragnehmer die erbrachten Leistungen und die dafür anzusetzende Vergütung darzulegen und von dem nicht ausgeführten Teil abzugrenzen. Die Höhe der Vergütung für die erbrachten Leistungen ist dabei nach dem Wertverhältnis der erbrachten zum Wert der geschuldeten Gesamtleistung zu errechnen. Relativ einfach zu ermitteln ist dieses Wertverhältnis dann, wenn es sich um einen **Detailpauschalvertrag** (vgl. Rn 297) handelt, bei dem vor dem Hintergrund eines Leistungsverzeichnisses die Mengen und Massen pauschalisiert werden. Die Abgrenzung zwischen erbrachten und nicht erbrachten Teilen erfolgt in diesem Fall auf der Grundlage des Leistungsverzeichnisses und den dort aufgeführten Positionen. Die erbrachten Leistungen rechnet der Auftragnehmer dabei nach Aufmaßnahme auf der Grundlage der tatsächlich erbrachten Mengen und Massen und den angebotenen Einheitspreisen ab. Handelt es sich um einen (Detail-)Pauschalpreisvertrag, bei dem Preisnachlässe oder Preiszuschläge bei der Pauschalisierung gewährt worden sind,[1149] ist bei der Abrechnung dieser prozentual ermittelte Nachlass oder Zuschlag bei der Ermittlung des Wertverhältnisses der erbrachten Leistungen zum Wert der geschuldeten Gesamtleistung bei sämtlichen Positionen zu berücksichtigen.

455

Beim **Globalpauschalpreisvertrag** (vgl. Rn 298) gestaltet sich die Abrechnung der erbrachten Leistungen vor dem Hintergrund dessen, dass die Bewertung nicht durch Einheitspreise vorgegeben ist und grundsätzlich auch keine Mengenangaben Gegenstand der

456

1147 OLG Celle BauR 1995, 558.
1148 Dies ist bspw. dann der Fall, wenn die Position 02.13 des Leistungsverzeichnisses unter der Rubrik „DIN 18 300 Erdarbeiten" lautet: „Baugrubenaushub; Böden der Bodenklassen 2-5; Bodenaushub bei 15 Metern Tiefe, Menge 858.179 cbm, Baugrube ausheben, Baugrubenaushub ins Zwischenlager verbringen, nach Bodenklassen sortieren und zwischenlagern, das Material ist Eigentum des Auftraggebers". Sind bei Kündigung vom Auftragnehmer erst 382.183 cbm ausgehoben worden, wobei nur 345.232 cbm ins Zwischenlager verbracht und 234.189 cbm des Bodenaushubs nach Bodenklassen sortiert und zwischengelagert worden sind, wirft eine Abrechnung der erbrachten Leistungen dieser Position des Leistungsverzeichnisses Probleme auf. Der Auftragnehmer sollte in diesem Fall zunächst die einzelnen Arbeitsschritte (Baugrube ausheben, Verbringung des Bodenaushubs ins Zwischenlager, Sortierung des Bodenaushubs und Zwischenlagerung) im Verhältnis zur Gesamtleistung dieser Position prozentual bewerten (bspw.: 50 % / 15 % / 35 %). Nunmehr können die erbrachten Leistungen den einzelnen Arbeitsschritten zugeordnet werden und auf der Grundlage der prozentualen Bewertung der einzelnen Arbeitsschritte der Positionspreis ermittelt werden.
1149 Im Hinblick auf diese Preisnachlässe geht es um das sog. Glattstellen eines ungeraden Positions- oder Gesamtpreises durch Vereinbarung eines entsprechenden oder abgerundeten Pauschalpreises. Lautet die Gesamtpositionssumme dem entsprechend 376.560,18 €, so wird häufig auf 370.000,00 € abgerundet. In diesem Fall ist ein Preisnachlass in Höhe von 1,74 % gewährt worden, der auf sämtliche Positionen zu beziehen ist. Dementsprechend legt der Auftragnehmer bei der Abrechnung nach Aufmaßnahme bei allen Positionen die angebotenen und auf der Grundlage der Pauschalpreisvereinbarung um einen 1,36%igen Nachlass gekürzten Einheitspreise zugrunde.

Vereinbarung sind, andererseits die Abrechnung jedoch so transparent sein muss, dass für den Auftraggeber die Orientierung am vereinbarten Pauschalpreis nachprüfbar ist, deutlich schwieriger. So ist es dem Auftragnehmer in diesem Fall versagt, den bereits erbrachten Leistungen einen Teil der Pauschale in beliebiger Weise zuzuordnen, um mit dieser Teilpauschale abzurechnen. Ferner kann der Auftragnehmer die erbrachten Leistungen auch nicht unter Zugrundelegung der ortsüblichen oder angemessenen Einheitspreise in Rechnung stellen. Um durch die Kündigung nicht bevorteilt zu werden, muss der Auftragnehmer die Vergütung für die erbrachten Leistungen vielmehr aus dem Vertragspreis selbst ableiten. Auf der Grundlage dieser Ausführungen hat der Auftragnehmer die Leistungen, die Gegenstand des Pauschalvertrages sind, zum Zwecke der Abrechnung in Einzelleistungen zu untergliedern und diese mit Preisen zu bewerten. Die Summe der Einzelleistungen muss die insgesamt geschuldete Leistung ergeben, die Summe der diesen Einzelleistungen zugeordneten Preise muss zu dem Pauschalpreis führen.[1150]

457 Sodann lässt sich die Höhe der Vergütung nach dem Verhältnis des Wertes der erbrachten Teilleistung zum Wert der nach dem Pauschalvertrag geschuldeten Gesamtleistung errechnen. Dies setzt voraus, dass der Auftragnehmer wie folgt vorgeht: Zunächst hat der Auftragnehmer den Vertrag nachträglich **in zwei Teile** nach erbrachten Leistungen sowie nicht erbrachten Leistungen **aufzuspalten**. Auf diese Weise kann er die Vergütung für die erbrachten Leistungen berechen. Dabei besteht ein Vergütungsanspruch zunächst in Höhe des durch den Vertragspreis festgesetzten Teilwertes der erbrachten Leistungen. Im Anschluss daran muss der Auftragnehmer in einem zweiten Schritt das Verhältnis der bewirkten Leistungen zur vereinbarten Gesamtleistung und des Preisansatzes für die Teilleistungen zum Pauschalpreis darstellen.[1151] Hat der Auftragnehmer seine Vergütung nur im Kopf kalkuliert, muss er die maßgeblichen Preisermittlungsgrundlagen nachträglich zusammenstellen.[1152] Im Hinblick darauf, welche Anforderungen an den Genauigkeitsgrad dieses Bewertungsvorgangs zu stellen sind, um die Prüfbarkeit der Schlussrechnung[1153] bzw. das Vorliegen eines schlüssigen Klagevortrags bejahen zu können, ist auf die Umstände des Einzelfalles zu verweisen. Der Auftragnehmer muss den Auftraggeber in die Lage versetzen, die Bewertung vor dem Hintergrund des abgeschlossenen Bauvertrages nachvollziehen zu können. Sind zur Bewertung der erbrachten Leistungen Anhaltspunkte aus der Zeit vor Vertragsschluss nicht vorhanden oder nicht ergiebig, muss der Auftragnehmer im Nachhinein im Einzelnen darlegen, wie die erbrachten Leistungen sich von den nicht erbrachten Leistungen abgrenzen und unter Beibehaltung des Preisniveaus der vereinbarten Pauschale zu bewerten sind. Für die Abgrenzung der einzelnen Leistungen müssen nachträglich Leistungspositionen gebildet werden. Diese müssen nicht den Detaillierungsgrad eines Einheitspreisvertrages entsprechen. Da diese Positionsbildung dazu dient, nachträglich die Berechtigung der Vergütungsforderung zu überprüfen, reicht eine Aufgliederung aus, die den Auftraggeber dazu in die Lage versetzt. Es ist davon auszugehen, dass eine gewerkebezogene Aufstellung in diesem Fall ausreichend ist.

1150 BGH BauR 2000, 1182.
1151 BGH BauR 1995, 691; BauR 1997, 643.
1152 BGH BauR 1999, 642.
1153 Beim BGB-Bauvertrag ist die Prüfbarkeit der Schlussrechnung momentan nicht Fälligkeitsvoraussetzung, vgl. hierzu die Ausführungen unter Rn 334. In diesem Fall wird es allerdings auf die Frage der Schlüssigkeit der Klagebegründung ankommen.

C. Vergütungsansprüche des Auftragnehmers beim gekündigten Bauvertrag

Beispiel 1
Für den Innenausbau eines Einfamilienhauses wird durch die Parteien eine Pauschale in Höhe von 149.000,- € vereinbart. Nach der Kündigung gliedert der Auftragnehmer die Pauschale gewerkebezogen wie folgt auf:

Sanitär	45.000,- €
Elektro	16.000,- €
Heizung	44.000,- €
Fenster	18.000,- €
Türen	5.000,- €
Trockenbau	21.000,- €
Insgesamt:	149.000,- €

Hat der Auftragnehmer in diesem Beispielsfall im Zeitpunkt der Kündigung die Leistungen für den Trockenausbau, die Böden und die Türen vollständig erbracht, können 68.000,- € abgerechnet werden.[1154] Hat der Auftragnehmer dagegen von den nachträglich gebildeten Leistungseinheiten nur Teilleistungen erbracht sind, empfiehlt sich eine Zerlegung in Einheitspreispositionen, die dann nach Aufmaß abgerechnet werden. Zwingend ist die Abgrenzung durch Aufmaß allerdings nicht. Sie kann sich auch aus den sonstigen Umständen des Vertrages ergeben. So kann auch eine mit einer Fotodokumentation unterlegte Bestandsaufnahme hinreichend verdeutlichen, welche Leistungen erbracht worden sind und dem entsprechend in Rechnung gestellt werden.

Beispiel 2
Hat der Auftragnehmer im obigen Beispiel nicht alle Türen eingebaut, kann er die nachträglich gebildete Pauschale von 5.000,- € in Preise für die einzelnen Türen zerlegen. So kann es z. B. sein, dass er eine massive Eingangstür zum Preis von 2.000,- €, acht normale Türen zum Preis von je 300,- € und zwei Flügeltüren zum Preis von 300,- € kalkuliert hat und davon die Eingangstür und eine Flügeltür im Zeitpunkt der Kündigung eingebaut hatte. Es ergibt sich ein Preis für erbrachte Leistungen in Höhe von 2.300,- €. **Fehlerhaft** ist eine Bewertung der erbrachten Leistungen in der Abrechnung immer dann, wenn der Auftragnehmer ausführt, der Leistungsstand mache (bspw.) 85 % der geschuldeten Leistung aus, denn diese Bewertung ist willkürlich und durch nichts nachvollziehbar. Zudem muss ein Leistungsstand von 85 % nicht dazu führen, dass auch 85 % der Pauschalsumme als Vergütung geltend gemacht werden können, da es im Hinblick auf die Gesamtvergütung darauf ankommt, wie die einzelnen Leistungsteile vergütungsmäßig zu bewerten sind. Gleichsam **unzulässig** ist es, auf der Grundlage eines Ratenzahlungsplanes abzurechnen, wenn nicht feststeht, dass die nach dem Zahlungsplan zu erbringenden Raten genau dem jeweiligen Leistungsstand entsprechen. Denn die Verknüpfung von Teilleistungen mit Teilzahlungen besagt nicht zwingend etwas dazu, dass die Vertragsparteien die einzelnen Teilleistungen tatsächlich mit den ihnen zugeordneten Raten bewerten.[1155] Besonders häufig berechnen Auftragnehmer die bis zur Kündigung erbrachten Leistungen nach Aufmaß und Einheitspreisen, ohne diese in Bezug zur Gesamtleistung zu setzen. Das ist fehlerhaft, weil bei einer derartigen Abrechnung nicht nachvollziehbar ist, ob die berechneten Einheitspreise der vertraglichen Kalkulation entsprechen. Eine

---

[1154] Hervorzuheben bleibt, dass der Auftraggeber in diesem Fall gleichermaßen überprüfen kann, ob die vom Auftragnehmer erbrachten Leistungen im Einzelnen für diesen Preis herzustellen waren. Darüber hinaus kann der Auftraggeber nachprüfen, ob die vom Auftragnehmer dargelegte Kalkulation nicht stimmen kann, weil die Verhältnisbildung der einzelnen Leistungen untereinander unrealistisch ist.
[1155] BGH BauR 1996, 846; BauR 1998, 125.

§ 6 Die Ansprüche des Auftragnehmers gegen den Auftraggeber

Abrechnung des Auftragnehmers muss also auch für den Fall, dass er nur die erbrachten Leistungen abrechnet, immer darlegen, wie sich der abgerechnete Teil zum Gesamtpreis verhält. Dazu ist es in der Regel unumgänglich, den gesamten Pauschalpreis in Einzelpreise aufzugliedern.[1156]

- **Die Abrechnung der nicht erbrachten Leistungen bei § 649 BGB**

459 Sind die erbrachten Leistungen spezifiziert, kann sich der Auftragnehmer der **Abrechnung** der **nicht** mehr **erbrachten Leistungen** zuwenden. Beim **Einheitspreis- wie auch beim Detailpauschalpreisvertrag** sind im Hinblick auf die nicht erbrachten Leistungen die prognostizierten Mengen und Massen mit den vereinbarten Einheitspreisen zu vervielfältigen, um damit den Positionspreis und auf der Grundlage der einzelnen Positionspreise schließlich den Gesamtpreis berechnen zu können. Beim **Globalpauschalpreisvertrag** muss der Auftragnehmer das Verhältnis der nicht mehr ausgeführten Leistungen zur vereinbarten Gesamtleistung und des Preisansatzes für diese Teilleistungen zum Pauschalpreis darstellen.[1157] Fraglich bleibt, ob bei der Abrechnung der nicht erbrachten Leistungen vom Auftragnehmer die **Umsatzsteuer** einzubeziehen ist. Bisher war der BGH der Auffassung, dass diese Frage zu verneinen ist,[1158] weil kein steuerrechtliches Austauschverhältnis vorliegen soll. Vor dem Hintergrund der Frage einer gemeinschaftsrechtlichen Auslegung der 6. Richtlinie des Rates zur Harmonisierung der Rechtsvorschriften der Mitgliedstaaten über die Umsatzsteuern 77/388/EWG ist die vorstehende Fragestellung verbindlich nur vom Gerichtshof der Europäischen Gemeinschaften zu klären. Eine Entscheidung des EuGH liegt insoweit bisher aber noch nicht vor.[1159]

▶ Klageantrag bei Kündigungsabrechnung nach § 649 S. 2 BGB:
Namens und in Vollmacht der Klägerin erheben wir gegen die Beklagte Klage und werden im Termin zur mündlichen Verhandlung beantragen:
1. Die Beklagte wird verurteilt, an die Klägerin EUR ... nebst Zinsen in Höhe von fünf Prozentpunkten über dem Basiszinssatz hieraus seit dem ... zu bezahlen.
2. Es wird festgestellt, dass die Beklagte verpflichtet ist, Umsatzsteuer in gesetzlicher Höhe zu zahlen, wenn sich durch die Rechtsprechung des Gerichtshofes der Europäischen Gemeinschaft eine Umsatzsteuerpflicht für den Vergütungsanteil für nicht erbrachte Leistungen ergibt. ◀

Ersparte Aufwendungen

460 Nunmehr sind von der Abrechnungsposition für die nicht mehr erbrachten Leistungen die **ersparten Aufwendungen** abzusetzen.[1160] Im Einzelnen ist wie folgt zu differenzieren:

- **Materialkosten/Bauteile**

Die Kosten für vom Auftragnehmer angeschafftes, aber noch nicht zur Herstellung des Bauwerks verwendetes Material zählen immer dann zu den ersparten Aufwendungen,

---

[1156] BauR 2000, 1182.
[1157] BGH BauR 1995, 691; BauR 1997, 643.
[1158] BGH BauR 1981, 198; BauR 1986, 577; Kniffka/Koeble, Kompendium 9. Teil, Rn 36.
[1159] Deshalb ist dem Auftragnehmer anzuraten, den bezifferten Vergütungsanspruch für den Fall der festgestellten Umsatzsteuerpflicht um den nachfolgenden Feststellungsantrag zu ergänzen: „Es wird festgestellt, dass der Beklagte verpflichtet ist, Umsatzsteuer in gesetzlicher Höhe zu zahlen, wenn sich durch die Rechtsprechung des Gerichtshofes der Europäischen Gemeinschaft eine Umsatzsteuerpflicht für den Vergütungsanteil für nicht erbrachte Leistungen ergibt."
[1160] Macht der Auftragnehmer nach erfolgter Kündigung nur einen Teil seines Vergütungsanspruches im Rahmen einer Teilklage geltend, so steht dem Auftraggeber das Recht nicht zu, die insgesamt angefallenen Ersparnisse auf diesen Fall zu projizieren, RGZ 74, 197.

C. Vergütungsansprüche des Auftragnehmers beim gekündigten Bauvertrag

wenn sich das Material in absehbarer und zumutbarer Zeit für den Auftragnehmer anderweitig verwenden lässt.[1161] Dies ist bei individuell angefertigten Bauteilen in der Regel abzulehnen. Als Folge dessen muss sich der Auftragnehmer in diesem Fall keinen Abzug gefallen lassen.[1162]

- **Baustellengemeinkosten**

Kommt es als Folge der Kündigung zu einer Verkürzung der kalkulierten Bauzeit, sind vom Auftragnehmer ersparte Baustellengemeinkosten in Abzug zu bringen.[1163]

- **Baustellenbezogene Lohn- und Personalkosten**

Hat der Auftragnehmer bedingt durch die Kündigung des Bauvertrages Neueinstellungen nicht vorgenommen bzw. Personal abgebaut und ist es deshalb zu einer Ersparnis von Lohn- und Personalkosten gekommen, sind diese ersparten Aufwendungen in Abzug zu bringen. Fraglich ist, ob dies auch für solche Lohn- und Personalkosten gilt, die dadurch entstehen, dass der Auftragnehmer die Möglichkeit der Kündigung des Personals nicht wahrgenommen hat. Nach h. M. ist der Auftragnehmer in einer Fallkonstellation, bei der es durch die Kündigung nicht zu einem langen Ausfallzeitraum gekommen ist,[1164] nicht verpflichtet, sein Personal nur deshalb zu reduzieren, weil der Auftraggeber den Vertrag gekündigt hat.[1165] Da § 649 S. 2 BGB auf die tatsächliche Ersparnis abstellt, muss sich der Auftragnehmer in diesem Fall auch keinen Abzug gefallen lassen.

- **Allgemeine Geschäftskosten**

Allgemeine Geschäftskosten sind in der Regel nicht erspart.[1166]

- **Nachunternehmerarbeiten**

Die Frage der Berücksichtigung von ersparten Nachunternehmerkosten stellt sich dann, wenn bei einem Generalunternehmer bzw. -übernehmervertrag (vgl. Rn 34 ff.) die Kündigung auftraggeberseits nach § 649 S. 1 BGB gegenüber dem Generalunternehmer bzw. -übernehmer ausgesprochen worden ist. Ferner ist zu prüfen, in welcher Höhe der Generalunternehmer bzw. -übernehmer als ersparte Aufwendungen solche Kosten anzusetzen hat, die, – wenn noch keine Beauftragung erfolgt ist – nach seiner Absicht an Nachunternehmer weiterzuleiten waren bzw. – auf der Grundlage eines bestehenden Vertragsverhältnisses – bereits von ihm an einen Nachunternehmer geleistet worden sind. Weiter ist zu klären, ob in diesem Fall als ersparte Aufwendungen die kalkulierten Kosten (sog. Soll-Kosten) oder die tatsächlich angefallenen Kosten (sog. Ist-Kosten) anzusetzen sind.[1167] Liegt im Zeitpunkt der Kündigung durch den Auftraggeber bereits eine Beauf-

---

1161 BGH BauR 1996, 382. Material, das noch nicht geordert ist, ist erspart. Gleiches gilt für Material, dessen Bestellung storniert werden kann. Untergeordnete Materialkosten, wie z. B. beim Architekten die Schreib-, Zeichen-, Telefon- und Kopierkosten, können mit einer auf Erfahrungswerten beruhenden Pauschale als erspart abgezogen werden.
1162 OLG Köln BauR 2004, 1953; OLG Düsseldorf BauR 2000, 1334; Werner/Pastor Rn 1296.
1163 BGH BauR 1999, 1292.
1164 Ist es allerdings kündigungsbedingt zu längeren Ausfallzeiten gekommen, wird man unter Berücksichtigung von Treu und Glauben eine Pflicht des Auftragnehmers zum Personalabbau zu bejahen haben, Werner/Pastor, Rn 1296.
1165 BGH NZBau 2000, 82; Kniffka/Koeble, Kompendium 9. Teil, Rn 29.
1166 BGH BauR 1999, 642.
1167 Vgl. hierzu insbesondere *Eschenbruch*, Festschrift für Jagenburg, S. 179 (185 ff.); *Dornbusch/Plum*, Jahrbuch BauR 1999, 168; Vygen/Schubert/Lang, Rn 548.

§ 6 Die Ansprüche des Auftragnehmers gegen den Auftraggeber

tragung eines Nachunternehmers durch den Generalunternehmer bzw. -übernehmer vor, sind die ersparten Aufwendungen nicht auf der Basis der kalkulierten, sondern auf der Grundlage der tatsächlichen Nachunternehmerkosten (sog. Ist-Kosten) in Ansatz zu bringen.[1168] Vor dem Hintergrund dessen ist gewährleistet, dass der Auftragnehmer durch die Kündigung weder Vor- noch Nachteile hat.[1169] Dies führt dazu, dass in diesem Fall ein bei der Beauftragung eines Nachunternehmers erzielter Vergabegewinn beim Generalunternehmer bzw. -übernehmer verbleibt. Liegt dagegen im Zeitpunkt der Kündigung durch den Auftraggeber keine Beauftragung eines Nachunternehmers durch den Generalunternehmer bzw. -übernehmer vor, sind grundsätzlich die kalkulatorischen Ansätze des Generalunternehmers bzw. -übernehmers heranzuziehen. In diesem Fall muss dem Generalunternehmer bzw. -übernehmer das Vorbringen zugesprochen werden, dass die von ihm prognostizierten Kosten, die als ersparte Aufwendungen in Betracht kommen, zu hoch angesetzt worden sind. Auf der Grundlage dessen kann der Generalunternehmer bzw. -übernehmer entsprechende Angebote von Nachunternehmern vorlegen, die ihm im Zeitpunkt der vom Auftraggeber erklärten Kündigung vorlagen, die niedriger sind, als die prognostizierten Kosten. In diesem Fall verbleibt dem Generalunternehmer bzw. -übernehmer ein entsprechender Vergabegewinn. Nunmehr ist es Sache des Auftraggebers seinerseits vorzutragen, dass die vom Generalunternehmer kalkulierten Beträge zu niedrig angesetzt worden sind.[1170]

- **Risikozuschlag**

Sind vom Auftragnehmer im Zeitpunkt der Kündigung ausschließlich Vorbereitungsmaßnahmen und noch keine Teilleistungen erbracht worden, ist ein vom Auftragnehmer kalkulierter Risikozuschlag in Abzug zu bringen, weil sich in diesem Fall das Risiko nicht mehr verwirklichen konnte.[1171]

Anderweitiger Erwerb

461 Schließlich sind von der Abrechnungsposition für die nicht mehr erbrachten Leistungen die Vorteile aus **anderweitigem Erwerb** abzusetzen.[1172] Fraglich bleibt, um was für einen Auftrag es sich handeln muss, den sich der Unternehmer als anderweitigen Erwerb anrechnen lassen muss. Während nach der Auffassung des BGH[1173] entsprechende Füllaufträge ausreichen, sollen nach der Gegenauffassung nur echte Ersatzaufträge, deren Hereinnahme bei Fortbestand des Vertrages nicht möglich gewesen wäre, zu einer Verminderung der Vergütung des gekündigten Auftragnehmers führen.[1174] Nach der Entscheidung des OLG Frankfurt muss zwischen der Kündigung und der anderen Gewinn

---

[1168] BGH BauR 1999, 1292, 1293; *Kniffka*, Jahrbuch Baurecht 2000, 1 (10), *Eschenbruch*, Festschrift für Jagenburg, S. 179 (192).
[1169] BGH BauR 1999, 1291, 1293.
[1170] Dabei trifft den Auftraggeber für die Behauptung, der Generalunternehmer bzw. -übernehmer habe zu niedrig kalkuliert, die Darlegungs- und Beweislast, Werner/Pastor, Rn 1294a.
[1171] BGH BauR 1998, 185.
[1172] Macht der Auftragnehmer nach erfolgter Kündigung nur einen Teil seines Vergütungsanspruches im Rahmen einer Teilklage geltend, so steht dem Auftraggeber das Recht nicht zu, die insgesamt angefallenen Ersparnisse auf diesen Fall zu projizieren, RGZ 74, 197.
[1173] BGH BauR 1996, 1383; vgl. hierzu *Löwe* ZfBR 1998, 121 (126) sowie *Glöckner*, BauR 1998, 669 (675, 681). Beachte ferner OLG Saarbrücken IBR 2005, 468, wonach auch solche Füllaufträge zu berücksichtigen sind, die zeitlich erst nach Ende der geplanten Ausführungsfrist auszuführen sind, es sei denn, der der Betrieb des Auftragnehmers ist in diesem Zeitraum anderweitig ausgelastet.
[1174] OLG Frankfurt BauR 1988, 599 (605); Staudinger-*Peters*, § 649 BGB, Rn 26; Ingenstau/Korbion-*Vygen*, § 8 Nr. 1 VOB/B, Rn 66; MünchKomm-*Busche*, § 649 BGB, Rn 27.

C. Vergütungsansprüche des Auftragnehmers beim gekündigten Bauvertrag

bringenden Beschäftigung ein ursächlicher Zusammenhang bestehen. Der Auftragnehmer muss ausschließlich durch die Vertragskündigung in die Lage versetzt worden sein, einen anderweitigen Auftrag auszuführen und Gewinn aus ihm erzielen. Konnte der Betrieb des Auftragnehmers neben dem gekündigten Auftrag weitere ausführen, so sind diese nicht anzurechnen.[1175]

■ **Zur Darlegungs- und Beweislast bei Kündigung nach § 649 BGB**

Für die erbrachten Leistungen ist der Auftragnehmer **darlegungs- und beweisverpflichtet**. Darüber hinaus hat der Auftragnehmer darzulegen, welche Kosten er erspart hat und welchen anderweitigen Erwerb er sich anzurechnen hat.[1176] Vor diesem Hintergrund bleibt festzuhalten, dass der Vortrag des Auftragnehmers zu den ersparten Aufwendungen und/oder einem anderweitigen Erwerb so ausgestaltet sein muss, dass der Auftraggeber diesen nachprüfen und hierzu sachgerecht Stellung nehmen kann, um ggf. höhere ersparte Aufwendungen vorzutragen und unter Beweis stellen zu können.[1177] Auf der Grundlage dessen ist es dann Sache des Auftraggebers, darzulegen und zu beweisen, dass weitergehende Ersparnisse vorliegen bzw. durch einen anderweitigen Erwerb mehr erzielt worden ist.[1178] An den Inhalt und Umfang der Substantiierungslast sind dabei regelmäßig keine zu hohen Anforderungen zu stellen, da der Auftraggeber im Allgemeinen die der Kalkulation des Unternehmens dienende Grundlage nicht kennt.[1179]

b) Kündigung wegen wesentlicher Überschreitung eines Kostenanschlags gemäß § 650 BGB[1180] [1181]

aa) Voraussetzungen für § 650 BGB

Voraussetzung für das Kündigungsrecht des Auftraggebers aus § 650 BGB ist, dass der Auftragnehmer für den Auftraggeber bezüglich der Preisgestaltung einen Kostenvoranschlag gefertigt hat, der Vertragsbestandteil geworden ist. Weiter darf der Auftragnehmer **keine Gewähr** für die Richtigkeit der prognostizierten Preise übernommen haben. Der Ausschluss der Gewähr muss dabei hinreichend klar zum Ausdruck gebracht sein, wobei es genügt, wenn die gewollte Unverbindlichkeit zweifelsfrei verdeutlicht wird. Dies ist dann zu bejahen, wenn von einem „ungefähren Richtwert" oder von einer „bloßen Kostenschätzung" gesprochen wird.[1182] Von einem dementsprechenden Kostenanschlag zu unterscheiden ist das **Kostenangebot** des Auftragnehmers, das gem. §§ 145 ff. BGB durch Annahme des Auftraggebers zum Abschluss des Bauvertrages führt (vgl. Rn 231 ff.) und dann für beide Vertragspartner verbindlich ist. Im Einzelfall ist deshalb zu prüfen, ob vor

462

463

1175 OLG Frankfurt BauR 1988, 599 (605).
1176 BGH BauR 1997, 643.
1177 BGH BauR 1999, 642; OLG Celle BauR 1998, 1016.
1178 BGH BauR 2001, 666; OLG Celle OLGR 1998, 187; KG KGR 1998, 314; Werner/Pastor, Rn 1294.
1179 BGH BauR 1978, 55; OLG Celle, OLGR 1998, 187; KG, KGR 1998, 314.
1180 Vgl. hierzu *Werner*, Festschrift für Korbion, S. 473 ff.; *Schenk*, NZBau 2001, 470.
1181 Zu beachten bleibt, dass § 650 BGB unter bestimmten Voraussetzungen auch beim VOB-Bauvertrag zur Anwendung kommt. Voraussetzung für eine Kündigung nach § 650 BGB ist bei einem VOB-Bauvertrag, dass die Anwendbarkeit von § 1 Nr. 3 und 4, § 2 Nr. 3, 5 und 6 VOB/B, die ja gerade die Fälle der Kostenüberschreitung im Einzelfall regeln, durch besondere oder zusätzliche Vertragsbedingungen ausdrücklich ausgeschlossen worden sind, Ingenstau/Korbion-*Vygen*, Vor §§ 8 und 9 VOB/B, Rn 18.
1182 OLG Frankfurt NJW-RR 1989, 209.

§ 6 Die Ansprüche des Auftragnehmers gegen den Auftraggeber

dem Hintergrund der verobjektivierten Empfängerperspektive nicht doch von einem verbindlichen Kostenangebot und keinem unverbindlichen Kostenanschlag auszugehen ist.[1183] [1184]

464 Wann eine **wesentliche Überschreitung** des Kostenanschlags vorliegt, ist eine Frage des Einzelfalls. Dabei ist insbesondere zu berücksichtigen, mit welchem Genauigkeitsgrad der Auftragnehmer bezüglich der angebotenen Bauleistung seinen Kostenanschlag hätte abgeben können.[1185] Entscheidend ist die Überschreitung des Endpreises, nicht einzelner Positionspreise. Bei der Überschreitung von mehr als 25 % wird man grundsätzlich das Kündigungsrecht des Auftraggebers zu bejahen haben.[1186] Kommt es vor dem Hintergrund von Bausolländerungen (vgl. Rn 405) zu Leistungsänderungen (vgl. Rn 412 ff.) oder Zusatzaufträgen (vgl. Rn 430 ff.) des Auftragnehmers, sind diese im Hinblick auf die Frage, ob eine wesentliche Überschreitung des Kostenanschlages vorliegt, nicht zu berücksichtigen.[1187] Schließlich bleibt anzumerken, dass hinsichtlich der Kündigungserklärung als einseitiger empfangsbedürftiger Willenserklärung (beachte im Hinblick auf § 174 BGB die Ausführungen in Fn 1110.) – anders als beim VOB-Bauvertrag – (vgl. Rn 480) keine Formerfordernisse bestehen.[1188]

bb) Wirkungen der Kündigung

465 Kommt es zu einer Kündigung des Bauvertrages gem. § 650 Abs. 1 BGB, **entfallen die Leistungsverpflichtungen** für den bis zur Kündigung noch nicht erbrachten Teil. Als Folge dessen beschränkt sich der Gegenstand des Bauvertrages **auf die bis zur Kündigung erbrachten Leistungen**.[1189] Der Vergütungsanspruch des Auftragnehmers wird erst mit Vorliegen einer Abnahme fällig.[1190] Selbstverständlich werden die weitergehenden **Abnahmewirkungen** als Folge der Kündigung **nicht** herbeigeführt. Der Anspruch auf Schlusszahlung (im Abrechnungsverhältnis)[1191] wird **nicht** von dem Stellen einer prüfbaren Schlussrechnung (anders beim VOB-Bauvertrag) abhängig gemacht. Eine schlüssige Abrechnung muss aber dennoch vorliegen, weil ohne prüfbare Abrechnung der Vergütungsanspruch des Auftragnehmers im Prozess nicht schlüssig darzulegen sein wird (vgl. Rn 334). Der Auftragnehmer hat gegen den Auftraggeber einen **Anspruch auf Abnahme** der bis zur Kündigung erbrachten Leistungen, wenn diese nicht mit wesentlichen Mängeln behaftet sind.[1192] Der Auftragnehmer kann, wenn er eine Abnahme fordern kann, ein **gemeinsames Aufmaß** verlangen (vgl. Rn 446). Verweigert der Auftraggeber die Teilnahme an einer gemeinsamen Aufmaßnahme, muss der Auftragnehmer die erbrachten

---

1183 Ingenstau/Korbion-*Vygen*, Vor §§ 8 und 9 VOB/B, Rn 18.
1184 § 650 BGB findet keine Anwendung, wenn dem Bauvertrag ein Kostenvoranschlag mit Pauschalpreisen zugrunde liegt, da dann grundsätzlich von einem verbindlichen Kostenvoranschlag oder richtiger von einem verbindlichen Pauschalpreisangebot, das durch Annahme zum Vertrag wird, auszugehen ist, OLG Rostock OLGE 22, 314; *Werner*, Festschrift für Korbion, S. 473. Gleiches gilt dann, wenn dem Bauvertrag ein bestimmter, nicht zu überschreitender Höchstpreis als garantierter Maximalpreis (GMP-Vertrag) zugrunde gelegt wird, *Werner*, Festschrift für Korbion, S. 474; *Oberhauser*, BauR 2000, 1397; *Grünhoff*, NZBau 2000, 313 ff.
1185 OLG Frankfurt NJW-RR 1989, 209; LG Köln NJW-RR 1990, 1498.
1186 Palandt-*Sprau*, § 650 BGB, Rn 2 [15 – 20 %]; *Rohlfing/Thiele*, MDR 1998, 632; *Pahlmann*, DRiZ 1978, 367 [10 %]; ebenso MünchKomm-*Busche*, § 650 BGB, Rn 10; *Schenk*, NZBau 2001, 470 (471) [10 – 15 %].
1187 Pastor/Werner, Rn 1307.
1188 OLG Karlsruhe BauR 1994, 116; Werner/Pastor, Rn 1289.
1189 BGH BauR 1993, 469.
1190 BGH, Urteil vom 11.05.2006 – VII ZR 146/04, IBR 2006, 432; so auch das Schrifttum: Kniffka, ZfBR 1998, 113 (116); Werner/Pastor, Rn. 1301; Acker/Roskosny, BauR 2003, 1279 (1292); Thode, ZfBR 1999, 116 (123); Brügmann/Kenter, NJW 2003, 2121 ff.
1191 Beachte dazu die nachfolgenden Ausführungen.
1192 BGH BauR 2003, 689; Werner/Pastor, Rn 1301.

C. Vergütungsansprüche des Auftragnehmers beim gekündigten Bauvertrag

Mengen und Massen einseitig aufmessen (vgl. Rn 448). Der Auftraggeber kann die Abnahme der erbrachten Leistung wegen **wesentlicher Mängel** verweigern. Solange er die Abnahme zu Recht verweigert und kein Abrechnungsverhältnis entsteht (vgl. Rn 575, 563 ff.), kann er auch die Zahlung des Werklohns für die erbrachte Leistung **verweigern** (vgl. Rn 449). Die Kündigung lässt die **Mängelansprüche** des Auftraggebers **unberührt**, denn wegen des nicht gekündigten Teils besteht der Vertrag fort.[1193] Der Auftraggeber kann Nacherfüllung verlangen und hat nach fruchtlosem Fristablauf die Rechte auf Selbstvornahme und Kostenerstattung bzw. Vorschuss gem. § 634 Nr. 2 i. V. m. § 637 BGB, Minderung gem. § 634 Nr. 3 i. V. m. § 638 BGB, Rücktritt gem. § 634 Nr. 3 i. V. m. § 323 BGB und Schadensersatz bzw. Ersatz der vergeblichen Aufwendungen gem. § 634 Nr. 4 i. V. m. §§ 280, 281, 283, 311 a und § 284 BGB (vgl. Rn 681 ff.).

Nach der neusten Rechtsprechung[1194] stellen bei einer Kündigung des Bauvertrages der Vergütungsanspruch des Auftragnehmers für die bis zur Kündigung erbrachten Leistungen einerseits und Ansprüche des Auftraggebers auf Schadensersatz in Geld wegen Verzuges, Unmöglichkeit, Nebenpflichtverletzung oder wegen Mängeln andererseits selbstständige Ansprüche der Parteien dar, die sich im Wege der **Aufrechnung** gegenüberstehen können. Denn mit dem Begriff „Abrechnungsverhältnis" ist nicht zum Ausdruck gebracht, dass Forderung und Gegenforderung nicht den Regeln zur Aufrechnung unterliegen.

466

cc) Schadensersatzhaftung des Auftragnehmers aus §§ 280 Abs. 1, 650 Abs. 2 BGB

Zu beachten bleibt, dass der Auftragnehmer gem. § 650 Abs. 2 BGB verpflichtet ist, eine wesentliche Überschreitung des Kostenanschlags dem Auftraggeber zum Schutz vor einer Kostenexplosion unverzüglich anzuzeigen. Unterbleibt eine unverzügliche Anzeige, begeht der Auftragnehmer eine schuldhafte Vertragsverletzung gegenüber dem Auftraggeber. Als Folge dieser **schuldhaften Vertragsverletzung** besteht nach § 650 Abs. 2 BGB eine Schadensersatzpflicht des Auftragnehmers gegenüber dem Auftraggeber.[1195]

467

Zu prüfen bleibt, ob im Hinblick auf diesen Schadensersatzanspruch des Auftraggebers aus § 650 Abs. 2 BGB der durch die Weiterarbeit dem Auftraggeber entstandene Vermögensvorteil auf den Schadensersatzanspruch anzurechnen ist.[1196] Betrachtet man insoweit die Rechtsfolgenseite des Schadensersatzanspruchs des Auftraggebers aus § 650 Abs. 2 BGB, ist dieser so zu stellen, wie er stehen würde, wenn ihm die Überschreitung des Kostenanschlags rechtzeitig mitgeteilt worden wäre. Dabei hängt ein Schadensersatzanspruch des Auftraggebers allerdings davon ab, dass bei rechtzeitiger Anzeige eine Kündigung des Bauvertrages durch den Auftraggeber erfolgt wäre. Hierfür ist der Auftraggeber darlegungs- und beweisverpflichtet.[1197] Die Schadensersatzverpflichtung des Auftrag-

468

[1193] BGH BauR 1987, 689; BauR 1989, 462 (464); BauR 2001, 667; Werner/Pastor, Rn 1290; *Kniffka*, Festschrift für von Craushaar, S. 359 ff.

[1194] BGH BauR 2005, 1477; abweichend davon die alte Rechtsprechung: OLG Naumburg, BauR 2001, 1615 (1617); Nichtannahmebeschluss des BGH v. 5.4.2001; Werner/Pastor, Rn 2577, wonach Forderung und Gegenforderung sich nicht selbstständig gegenüberstehen und die wechselseitigen Forderungen im Rahmen der anzuwendenden Differenztheorie als unselbstständige Rechnungsposten eines einheitlichen Anspruchs anzusehen sind. Dabei war im Wege der Saldierung zu ermitteln, wem nach der Verrechnung noch ein Zahlungsanspruch zusteht, kritisch zu Recht: Ingenstau/Korbion-*Wirth*, § 13 Nr. 7 VOB/B, Rn 154 ff. Weiterführend *Kessen*, BauR 2005, 1691 ff. sowie die Ausführungen unter Rn 575, 563 ff.

[1195] OLG Frankfurt NJW-RR 1989, 209.

[1196] Werner/Pastor, Rn 1311.

[1197] Nach der Gegenauffassung ist bei einer Verletzung der Anzeigepflicht stets von einer fiktiven Kündigung auszugehen, Köhler, NJW 1983, 1633.

§ 6 Die Ansprüche des Auftragnehmers gegen den Auftraggeber

nehmers entfällt, wenn er nachweisen kann, dass der Auftraggeber trotz rechtzeitiger Anzeige nicht gekündigt hätte oder er auch ohne Anzeige von der wesentlichen Überschreitung Kenntnis hatte.[1198]

469 Geht es sodann um die Frage einer Anrechnung des fiktiven weitergehenden Vergütungsanspruchs des Auftragnehmers auf den Schadensersatzanspruch des Auftraggebers, so wird dies teilweise bejaht.[1199] Diese Auffassung ist allerdings abzulehnen, da ansonsten die Pflichtverletzung des Auftragnehmers (unterlassene Anzeige nach § 650 Abs. 2 BGB) keine rechtlichen und wirtschaftlichen Konsequenzen für ihn hätte.[1200] Nach richtiger Auffassung[1201] hat der Auftragnehmer daher grundsätzlich nur einen Anspruch auf eine Vergütung in Höhe des Kostenanschlags zzgl. der zulässigen Überschreitung.[1202] Die Anrechnung eines fiktiven weitergehenden Vergütungsanspruchs des Auftragnehmers auf den Schadensersatzanspruch des Auftraggebers findet nicht statt. Der Auftragnehmer kann in diesem Fall auch über die Grundsätze der ungerechtfertigten Bereicherung keinen weiteren Ausgleich verlangen, da die §§ 812 ff. BGB schon tatbestandlich aufgrund der werkvertraglichen Bindung der Parteien ausscheiden.[1203]

dd) Zum Umfang des Vergütungsanspruchs bei § 650 BGB

470 Der Auftragnehmer hat gem. § 650 Abs. 1 BGB grundsätzlich einen Anspruch auf einen – der geleisteten Arbeit entsprechenden – Teil des Werklohns und Ersatz der in Vergütung nicht inbegriffenen Auslagen entsprechend § 645 Abs. 1 BGB.[1204]

(1) Vergütung der erbrachten Leistungen

471 Dem Auftragnehmer bleibt demnach trotz Kündigung nach § 650 Abs. 1 BGB der Werklohnanspruch für die **erbrachten Leistungen** erhalten.[1205] Der Vergütungsanspruch umfasst vor dem Hintergrund der Schadensersatzhaftung aus § 650 Abs. 2 BGB zunächst den Teil der Vergütung, der der erbrachten Bauleistung – bezogen auf den fiktiven Zeitpunkt der als erfolgt unterstellten Kündigung – entspricht. Fraglich bleibt, ob der Auftragnehmer auch für die über den Zeitpunkt der fiktiven Kündigung hinaus erbrachten Leistungen durch Weiterarbeit einen Vergütungsanspruch erhält. In der Rechtsprechung wird ein weitergehender Vergütungsanspruch des Auftragnehmers für die durch Weiterarbeit erbrachten Leistungen unter der Voraussetzung bejaht, dass der Auftraggeber als Folge der Weiterarbeit einen Vorteil erlangt.[1206] Bei der Bewertung dieses Vorteils soll nicht auf die objektive Werterhöhung des Werkgegenstands, sondern auf das subjektive Interesse des Auftraggebers an der Vollendung der Werkleistung abgestellt werden, wie dies im Bereicherungsrecht gleichermaßen für die aufgedrängte Bereicherung gilt. Kritisch bleibt anzumerken, dass diese Auffassung dazu führen muss, dass der Auftragnehmer bewusst oder leichtfertig zu niedrige Kostenanschläge abgibt, um auf diese Weise erst einmal einen Auftrag zu erhalten und dann nach Ausführung der Arbeiten eine

---

[1198] Werner/Pastor, Rn 1309; MünchKomm-*Busche*, § 650 BGB, Rn 16.
[1199] LG Köln, TranspR 1994, 317; MünchKomm-*Busche*, § 650 BGB, Rn 18.
[1200] *Rohlfing/Thiele*, MDR 1998, 632 (635); *Palmann*, DRiZ 1978, 387; Werner/Pastor, Rn 1311.
[1201] *Rohlfink/Thiele*, MDR 1998, 632 (636); Palandt-*Sprau*, § 650 BGB, Rn 3; *Schenk*, NZBau 2001, 470 (473); Werner/Pastor, Rn 1312.
[1202] Andere Ansicht: OLG Celle OLGR 2003, 261; BauR 2000, 1493; *Palmann*, DRiZ 1978, 367; Beck´scher VOB-Kommentar, Vor § 2 VOB/B, Rn 277.
[1203] Palandt-*Sprau* § 650 BGB, Rn 2; OLG Frankfurt BauR 1985, 207.
[1204] Werner/Pastor, Rn 1310; 1313; MünchKomm-*Busche*, § 650 BGB, Rn 12; Staudinger-*Peters*, § 650 BGB, Rn 26.
[1205] Vgl. zur Abrechnung der erbrachten Leistungen die Ausführungen unter Rn 454 ff.
[1206] OLG Frankfurt NJW-RR 1989, 209; LG Köln NJW-RR 1990, 1498.

C. Vergütungsansprüche des Auftragnehmers beim gekündigten Bauvertrag

erheblich höhere Vergütung fordern kann. Der Auftraggeber muss in diesem Fall unter Umständen mehr zahlen, als wenn er den Auftrag von vornherein einem teureren, aber realistisch kalkulierenden Bieter erteilt hätte. Deshalb ist der Gegenauffassung zu folgen, wonach der Auftragnehmer vor dem Hintergrund der §§ 650 Abs. 1, 645 Abs. 1 BGB selbst keinen weitergehenden Vergütungsanspruch geltend machen kann.[1207] Im Hinblick auf die Berechnung des Vergütungsanspruchs des Auftragnehmers kann auf die vorstehenden Ausführungen verwiesen werden (vgl. Rn 454 ff).

(2) Ersatz der in Vergütung nicht inbegriffenen Auslagen

Darüber hinaus kann der Auftragnehmer **diejenigen Kosten** geltend machen, die ihm auf der Grundlage der vertraglich geschuldeten Leistung bereits entstanden, dem Objekt der Leistung aber selbst noch nicht zu Gute gekommen sind.[1208] Hierunter fallen in erster Linie solche Leistungselemente, die den Auftragnehmer nach § 16 Nr. 1 Abs. 1 S. 3 VOB/B berechtigen würden, Abschlagsforderungen geltend machen zu können. Darüber hinaus geht es um alle weiteren Aufwendungen, die der Auftragnehmer zwecks ordnungsgemäßer Erbringung der vertraglichen Leistung bereits getätigt hat, wie z. B. durch Material- und Gerätebeschaffung, Baustelleneinrichtung, Vorhaltung usw. Für die Abrechnung ist hervorzuheben, dass die Vertragspreise den Maßstab für die Kostenberechnung bilden. Dementsprechend müssen die Kosten in den Vertragspreisen mit enthalten sein, wofür die Leistungsbeschreibung oder die zwecks Einsetzen der Preise in die Leistungsbeschreibung aufgestellte Kalkulation des Auftragnehmers maßgebend ist. Weiterhin müssen die Kosten in dem Teil des Angebotes berücksichtigt worden sein, der im Zeitpunkt der Kündigung noch nicht erledigt ist.[1209]

472

ee) Auslegung der Kündigungserklärung

Hat der Auftraggeber den Bauvertrag gem. § 650 Abs. 1 BGB gekündigt und stellt sich später heraus, dass ein Kündigungsgrund aus § 650 Abs. 1 BGB nicht bestanden hat, ist diese unwirksame außerordentliche Kündigung als **freie Kündigung** (vgl. Rn 440) auszulegen, wenn nach der Sachlage anzunehmen ist, dass diese dem Willen des Erklärenden entspricht und dieser Wille in seiner Erklärung gegenüber deren Empfänger zum Ausdruck gekommen ist.[1210]

473

▶ TYPISCHE FALLKONSTELLATION: Der Auftragnehmer stellt nach einer (unberechtigten) außerordentlichen Kündigung die Arbeiten ein und rechnet ab. In diesem Fall wendet der BGH stets § 649 BGB an (BGH, ZfBR 1996, 200; BauR 1997, 157; BauR 1999, 1319; BauR 1999, 1234). ◀

Dies ist bei Bauverträgen stets zu bejahen, denn beide Vertragsparteien wollen in der Regel die sofortige Beendigung des Vertrages. Dieses Ziel könnten sie nicht erreichen, wenn nur eine außerordentliche Kündigung gewollt wäre. Verweist der Auftraggeber darauf, er habe keine freie Kündigung erklären wollen, um die Vergütung nach § 649 S. 2 BGB nicht bezahlen zu müssen, hindert dieser Einwand nicht, den Willen einer hilfs-

---

1207 *Rohlfink/Thiele*, MDR 1998, 632 (636); Palandt-*Sprau*, § 650 BGB, Rn 3; *Schenk*, NZBau 2001, 470 (473); Werner/Pastor, Rn 1312.
1208 Hatte der Auftragnehmer bei Kündigung des Bauvertrages durch den Auftraggeber bereits notwendige Genehmigungen (z. B. eine Abrissgenehmigung für einen zweiten Gebäudeteil) eingeholt und sind die dafür entfallenden Gebühren in den Einheitspreisen der abzurechnenden vom Auftragnehmer erbrachten Leistungen (Einrichtung der Baustelle sowie Bau eines ersten Gebäudeteils) nicht enthalten, besteht auch wegen dieser zusätzlichen Kosten ein Vergütungsanspruch des Auftragnehmers.
1209 Ingenstau/Korbion-*Döring*, § 6 Nr. 5 VOB/B, Rn 15; Langen/Schiffers, Rn 2543; Kapellmann/Messerschmidt-*Kapellmann*, § 6 VOB/B, Rn 45.
1210 BGH NZBau 2001, 621 (622); *Schmidt*, NJW 1995, 1313 (1314).

§ 6 Die Ansprüche des Auftragnehmers gegen den Auftraggeber

weise erklärten freien Kündigung auf der Grundlage eines verobjektivierten Erklärungsbewusstseins (vgl. Rn 233 ff.) zu bejahen, da er die Vergütung auch vor dem Hintergrund des § 326 Abs. 2 BGB schuldet.[1211] Will der Auftraggeber dieses Verständnis seiner Kündigungserklärung vermeiden, muss er das in der Erklärung zum Ausdruck bringen, z. B. indem er ausdrücklich schreibt, die Kündigung solle nur als Kündigung gem. § 650 Abs. 1 BGB gelten oder eine freie Kündigung sei nicht gewollt. Lässt der Auftraggeber in diesem Fall nach unberechtigter Kündigung gem. § 650 Abs. 1 BGB, die nicht als freie Kündigung ausgelegt werden kann, die Arbeiten des Auftragnehmers nicht mehr zu, kann der Auftragnehmer seinen Vergütungsanspruch auf § 326 Abs. 2 BGB stützen.

c) Kündigung aus wichtigem Grund

aa) Voraussetzungen einer Kündigung aus wichtigem Grund

474 Auch vor dem Hintergrund der Änderungen durch das Schuldrechtsmodernisierungsgesetz[1212] und dem Fehlen einer gesetzlichen Grundlage für das Werkvertragsrecht bleibt festzuhalten, dass jeder Bauvertrag insgesamt oder aber zumindest teilweise[1213] vom Auftraggeber aus **wichtigem Grund** gekündigt werden kann.[1214] [1215] Um im Hinblick auf ein solches außerordentliches Kündigungsrecht Wertungskollisionen zu vermeiden, sind die Grundgedanken aus § 314 BGB einerseits und dem Rücktrittsrecht andererseits, in angemessener Weise zu berücksichtigen. Vor dem Hintergrund der Regelungen in § 314 Abs. 1 BGB ist ein außerordentliches Kündigungsrecht ausschließlich dann zu bejahen, wenn dem kündigenden Teil unter Berücksichtigung der Umstände des Einzelfalls und unter Abwägung der beiderseitigen Interessen die Fortsetzung des Vertragsverhältnisses bis zur vereinbarten Beendigung (oder bis zum Ablauf der Kündigungsfrist) nicht zugemutet werden kann.[1216] Zudem ist zu berücksichtigen, dass das außerordentliche Kündigungsrecht auf der Grundlage des § 314 Abs. 2 BGB binnen einer **angemessenen Frist** auszuüben ist, die beginnt, wenn Kenntnis vom Kündigungsgrund erlangt worden ist.

1211 BGH NJW 1969, 419 (421).
1212 So hat der Gesetzgeber für Dauerschuldverhältnisse ein Kündigungsrecht aus wichtigem Grund in § 314 BGB verankert und im Bereich des Werkvertragsrechts eine vergleichbare Regelung nicht aufgenommen.
1213 Vgl. zur Teilkündigung: Kapellmann/Messerschmidt-*Lederer*, § 8 VOB/B, Rn 20; Heiermann/Riedl/Rusan, VOB/B Einführung zu §§ 8, 9, Rn 1; Beck'scher VOB-Kommentar-*Motzke*, § 8 Nr. 1 VOB/B, Rn 20; Ingenstau/Korbion-*Vygen*, § 8 Nr. 1 VOB/B, Rn 74; OLG Oldenburg BauR 2000, 897.
1214 Zu beachten bleibt, dass im Schrifttum die Auffassung vertreten wird, mit dem Schuldrechtsmodernisierungsgesetz sei ein außerordentliches Kündigungsrecht aus wichtigem Grund weggefallen, so: *Boldt*, NZBau 2002, 655; *Voit*, BauR 2002, 1776. Dabei wird darauf abgestellt, dass der Gesetzgeber durch § 314 BGB zum Ausdruck gebracht habe, dass die außerordentliche Kündigung nur bei Dauerschuldverhältnissen möglich sei. Weiterhin soll es dem Rechtsinstitut der außerordentlichen Kündigung nicht mehr bedürfen, da nach dem Gesetz mit dem (Teil-)Rücktritt gem. § 324 BGB eine umfassende Regelung zur Verfügung stehe.
1215 Dabei bleibt anzumerken, dass hinsichtlich der Kündigungserklärung als einseitiger empfangsbedürftiger Willenserklärung (beachte im Hinblick auf § 174 BGB die Ausführungen in Rn 5 f.) – anders als beim VOB-Bauvertrag (vgl. hierzu die Ausführungen unter Rn 480) – keine Formerfordernisse bestehen (OLG Karlsruhe BauR 1994, 116; Werner/Pastor, Rn 1289).
1216 Beispiele für das Kündigungsrecht des Auftraggebers aus wichtigem Grund: Der Auftragnehmer verstößt trotz Abmahnungen des Auftraggebers mehrmals und nachhaltig gegen seine Vertragspflicht und sein Verhalten gibt im Übrigen einen hinreichenden Anlass für die Annahme, dass er sich auch in Zukunft nicht vertragsgetreu verhalten wird (BGH BauR 1996, 704); der Auftragnehmer vermittelt den Eindruck, er betreibe ein Fachunternehmen für ein bestimmtes Handwerk, also einen Meisterbetrieb, in Wirklichkeit ist das Unternehmen aber nicht in der Handwerksrolle eingetragen (OLG Hamm BauR 1988, 727); der Auftragnehmer weigert sich, eine bestimmte von ihm vorgesehene Leistungsmenge auf einen Wert zu vermindern, der den anerkannten Regeln der Technik entspricht (OLG Hamm BauR 2001, 1594); der Auftragnehmer ist für besonders grobe Mängel verantwortlich (OLG Bremen OLGR 2000, 153); der Auftragnehmer hält an einer Bauführung entgegen den anerkannten Regeln der Technik fest; der Auftragnehmer macht den Baubeginn davon abhängig, dass der Auftraggeber einen unberechtigten Nachtrag anerkennt (OLG Brandenburg IBR 2005, 302).

C. Vergütungsansprüche des Auftragnehmers beim gekündigten Bauvertrag

Unter Berücksichtigung des Rücktrittsrechts kann eine außerordentliche Kündigung auch bei der Verletzung solcher nicht im Gegenseitigkeitsverhältnis stehenden Pflichten folgen, wobei die Pflichtverletzung allerdings erheblich sein muss. Weiterhin hat dem Rücktritt eine Fristsetzung/Abmahnung vorauszugehen.[1217]

bb) Wirkungen der Kündigung

Kommt es zu einer Kündigung des Bauvertrages aus wichtigem Grund, **entfallen** die **Leistungsverpflichtungen** für den bis zur Kündigung noch nicht erbrachten Teil. Als Folge dessen beschränkt sich der Gegenstand des Bauvertrages auf die bis zur Kündigung erbrachten Leistungen.[1218] Der Vergütungsanspruch des Auftragnehmers wird erst **mit Vorliegen einer Abnahme fällig**.[1219] Selbstverständlich werden die weitergehenden **Abnahmewirkungen** als Folge der Kündigung **nicht** herbeigeführt. Der Anspruch auf Schlusszahlung (im Abrechnungsverhältnis)[1220] wird **nicht** von dem Stellen einer prüfbaren Schlussrechnung (anders beim VOB-Bauvertrag) abhängig gemacht. Eine schlüssige Abrechnung muss aber deshalb vorliegen, weil ohne prüfbare Abrechnung der Vergütungsanspruch des Auftragnehmers im Prozess nicht schlüssig darzulegen sein wird (vgl. Rn 334). Der Auftragnehmer hat gegen den Auftraggeber einen **Anspruch auf Abnahme** der bis zur Kündigung erbrachten Leistung, wenn diese nicht mit wesentlichen Mängeln behaftet sind.[1221] Der Auftragnehmer kann, wenn er eine Abnahme fordern kann, ein **gemeinsames Aufmaß** verlangen (vgl. Rn 446). Verweigert der Auftraggeber die Teilnahme an einer gemeinsamen Aufmaßnahme, muss der Auftragnehmer die erbrachten Mengen und Massen einseitig aufmessen (vgl. Rn 448). Der Auftraggeber kann die Abnahme der erbrachten Leistung wegen **wesentlicher Mängel** verweigern. Solange er die Abnahme zu Recht verweigert und kein Abrechnungsverhältnis entsteht (vgl. Rn 575, 563 ff.), kann er auch die Zahlung des Werklohns für die erbrachte Leistung **verweigern** (vgl. Rn 449). Die Kündigung lässt die **Mängelansprüche** des Auftraggebers **unberührt**, denn wegen des nicht gekündigten Teils besteht der Vertrag fort.[1222] Der Auftraggeber kann Nacherfüllung verlangen und hat nach fruchtlosem Fristablauf die Rechte auf Selbstvornahme und Kostenerstattung bzw. Vorschuss gem. § 634 Nr. 2 i. V. m. § 637 BGB, Minderung gem. § 634 Nr. 3 i. V. m. § 638 BGB, Rücktritt gem. § 634 Nr. 3 i. V. m. § 323 BGB und Schadensersatz bzw. Ersatz der vergeblichen Aufwendungen gem. § 634 Nr. 4 i. V. m. §§ 280, 281, 283, 311 a und § 284 BGB (vgl. Rn 681 ff.). Nach einer vom Auftragnehmer zu vertretenden Kündigung hat der Auftraggeber ferner Anspruch auf Ersatz der Mehrkosten der Fertigstellung gem. §§ 280, 281 BGB. Außerdem können ihm wegen der Vertragsverletzung des Auftragnehmers weitere Schadensersatzansprüche aus den §§ 280, 286 BGB zustehen.

475

[1217] Eine sofortige Kündigung kann nur bei solchen im Gegenseitigkeitsverhältnis stehenden Pflichtverletzungen erfolgen, die so schwer sind, dass eine sofortige Beendigung des Vertrages erforderlich ist.
[1218] BGH BauR 1993, 469.
[1219] BGH, Urteil vom 11.05.2006 – VII ZR 146/04, IBR 2006, 432; so auch das Schrifttum: Kniffka, ZfBR 1998, 113 (116); Werner/Pastor, Rn. 1301; Acker/Roskosny, BauR 2003, 1279 (1292); Thode, ZfBR 1999, 116 (123); Brügmann/Kenter, NJW 2003, 2121 ff.
[1220] Beachte dazu die nachfolgenden Ausführungen.
[1221] BGH BauR 2003, 689; Werner/Pastor, Rn 1301.
[1222] BGH BauR 1987, 689; BauR 1989, 462 (464); BauR 2001, 667; Werner/Pastor, Rn 1290; *Kniffka*, Festschrift für von Craushaar, S. 359 ff.

§ 6 Die Ansprüche des Auftragnehmers gegen den Auftraggeber

476 Nach der neusten Rechtsprechung[1223] stellen bei einer Kündigung des Bauvertrages der Vergütungsanspruch des Auftragnehmers für die bis zur Kündigung erbrachten Leistungen einerseits und Ansprüche des Auftraggebers auf Schadensersatz in Geld wegen Verzuges, Unmöglichkeit, Nebenpflichtverletzung oder wegen Mängeln andererseits selbstständige Ansprüche der Parteien dar, die sich im Wege der **Aufrechnung** gegenüberstehen können. Denn mit dem Begriff „Abrechnungsverhältnis" ist nicht zum Ausdruck gebracht, dass Forderung und Gegenforderung nicht den Regeln zur Aufrechnung unterliegen.

cc) Zum Umfang des Vergütungsanspruchs bei Kündigung aus wichtigem Grund

477 Dem Auftragnehmer bleibt trotz Kündigung aus wichtigem Grund der Werklohnanspruch für die **erbrachten Leistungen** erhalten.[1224] Dies gilt allerdings dann nicht, wenn die erbrachten Leistungen im Falle einer vom Auftragnehmer zu vertretenden Kündigung von dem Auftraggeber nicht verwertet werden können.[1225] [1226] Im Hinblick auf die Berechnung des Vergütungsanspruchs des Auftragnehmers kann auf die vorstehenden Ausführungen verwiesen werden (vgl. Rn 454 ff.).

dd) Auslegung der Kündigungserklärung

478 Hat der Auftraggeber aus vermeintlich wichtigem Grund gekündigt, und stellt sich später heraus, dass ein Kündigungsgrund aus wichtigem Grund nicht bestanden hat, ist diese unwirksame außerordentliche Kündigung **als freie Kündigung** (vgl. Rn 440) auszulegen, wenn nach der Sachlage anzunehmen ist, dass diese dem Willen des Erklärenden entspricht und dieser Wille in seiner Erklärung gegenüber deren Empfänger zum Ausdruck gekommen ist.[1227]

▶ Typische Fallkonstellation: Der Auftragnehmer stellt nach einer (unberechtigten) außerordentlichen Kündigung die Arbeiten ein und rechnet ab. Hier wendet der BGH stets § 649 BGB an (BGH, ZfBR 1996, 200; BauR 1997, 157; BauR 1999, 1319; BauR 1999, 1234). ◀

Dies ist bei Bauverträgen stets zu bejahen, denn beide Vertragsparteien wollen in der Regel die sofortige Beendigung des Vertrages. Dieses Ziel könnten sie nicht erreichen, wenn nur eine außerordentliche Kündigung gewollt wäre. Verweist der Auftraggeber darauf, er habe keine freie Kündigung erklären wollen, um die Vergütung nach § 649 S. 2 BGB nicht bezahlen zu müssen, hindert dieser Einwand nicht, den Willen einer hilfsweise erklärten freien Kündigung auf der Grundlage eines veobjektivierten Erklärungsbewusstseins (vgl. Rn 233 ff.) zu bejahen, da er die Vergütung auch vor dem Hintergrund des § 326 Abs. 2 BGB schuldet.[1228]

1223 BGH BauR 2005, 1477; abweichend davon die alte Rechtsprechung: OLG Naumburg; Nichtannahmebeschluss des BGH v. 5.4.2001, BauR 2001, 1615 (1617); Werner/Pastor, Rn 2577, wonach Forderung und Gegenforderung sich nicht selbstständig gegenüberstehen und die wechselseitigen Forderungen im Rahmen der anzuwendenden Differenztheorie als unselbstständige Rechnungsposten eines einheitlichen Anspruchs anzusehen sind. Dabei war im Wege der Saldierung zu ermitteln, wem nach der Verrechnung noch ein Zahlungsanspruch zusteht, kritisch zu Recht: Ingenstau/Korbion-*Wirth*, § 13 Nr. 7 VOB/B, Rn 154 ff. Weiterführend *Kessen*, BauR 2005, 1691 ff. sowie die Ausführungen unter Rn 575, 563 ff.
1224 Vgl. zur Abrechnung der erbrachten Leistungen die Ausführungen unter Rn 454 ff.
1225 BGH BauR 1993, 469; BauR 1997, 1060.
1226 So kann es bspw. sein, dass ein Nachfolgeunternehmen es mit vertretbaren Gründen ablehnt, seine Leistung darauf aufzubauen.
1227 BGH NZBau 2001, 621 (622); *Schmidt*, NJW 1995, 1313 (1314).
1228 BGH NJW 1969, 419 (421).

C. Vergütungsansprüche des Auftragnehmers beim gekündigten Bauvertrag

Will der Auftraggeber dieses Verständnis seiner Kündigungserklärung vermeiden, muss er das in der Erklärung zum Ausdruck bringen, z. B. indem er ausdrücklich schreibt, die Kündigung solle nur als außerordentliche Kündigung gelten oder eine freie Kündigung sei nicht gewollt. Lässt der Auftraggeber in diesem Fall nach unberechtigter außerordentlicher Kündigung, die nicht als freie Kündigung ausgelegt werden kann, die Arbeiten des Auftragnehmers nicht mehr zu, kann der Auftragnehmer seinen Vergütungsanspruch auf § 326 Abs. 2 BGB stützen. Die unberechtigte außerordentliche Kündigung durch den Auftraggeber ist zudem in aller Regel ein Kündigungsgrund für den Auftragnehmer.[1229] Erklärt der Auftragnehmer seinerseits die außerordentliche Kündigung, hat er Schadensersatzansprüche aus § 280 BGB.

479

2. Beim VOB-Bauvertrag

a) Freie Kündigung gemäß § 8 Nr. 1 VOB/B i. V. m. § 649 BGB

aa) Voraussetzungen der Freien Kündigung

Das Kündigungsrecht nach § 8 Nr. 1 VOB/B entspricht dem freien Kündigungsrecht des Auftraggebers nach § 649 S. 1 BGB (vgl. Rn 440). Folglich kann der Auftraggeber beim VOB-Bauvertrag, wenn die Vertragsparteien keine abweichenden Vereinbarungen getroffen haben,[1230] jederzeit den gesamten Bauvertrag oder aber Teile[1231] davon nach § 8 Nr. 1 VOB/B kündigen.[1232] Anders als beim BGB-Bauvertrag bestimmt § 8 Nr. 5 VOB/B, dass die Kündigung schriftlich zu erklären ist. Die Schriftform ist beim VOB-Bauvertrag mithin Wirksamkeitsvoraussetzung.[1233] Vor dem Hintergrund des Vorliegens einer schriftlichen Erklärung ist im Einzelfall ggf. gem. §§ 133, 157 BGB (vgl. Rn 233 ff.) durch Auslegung zu ermitteln, ob die Erklärung als Kündigung des Bauvertrages zu verstehen ist (vgl. Rn 248). Anzumerken bleibt, dass eine Kündigung grundsätzlich nicht begründet werden muss (vgl. Rn 442).

480

bb) Wirkungen der Kündigung nach § 8 Nr. 1 VOB/B

Kommt es zu einer Kündigung des Bauvertrages gem. § 8 Nr. 1 VOB/B **entfallen** die **Leistungsverpflichtungen** für den bis zur Kündigung noch nicht erbrachten Teil. Als Folge dessen beschränkt sich der Gegenstand des Bauvertrages **auf die bis zur Kündigung erbrachten Leistungen.**[1234] Der Vergütungsanspruch des Auftragnehmers wird erst **mit Vorliegen einer Abnahme** fällig.[1235] Selbstverständlich werden die weitergehenden **Abnahmewirkungen** als Folge der Kündigung **nicht** herbeigeführt. Der Anspruch auf Schlusszahlung (im Abrechnungsverhältnis)[1236] setzt voraus, dass dem Auftraggeber eine

481

1229 BGH NJW 1969, 419 (420); NJW-RR 2003, 981.
1230 Die Parteien können durch individuelle Vereinbarung das Kündigungsrecht des Auftraggebers gem. § 8 Nr. 1 VOB/B ausschließen und auf das Vorliegen eines wichtigen Grundes beschränken, BGH BauR 1999, 1294; Ingenstau/Korbion-*Vygen*, § 8 Nr. 1 VOB/B, Rn 20; Kapellmann/Messerschmidt-*Lederer*, § 8 VOB/B, Rn 9.
1231 Vgl. zur Teilkündigung: Kapellmann/Messerschmidt-*Lederer*, § 8 VOB/B, Rn 20; Heiermann/Riedl/Rusan, VOB/B Einführung zu §§ 8, 9, Rn 1; Beck'scher VOB-Kommentar-*Motzke*, § 8 Nr. 1 VOB/B, Rn 20; Ingenstau/Korbion-*Vygen*, § 8 Nr. 1 VOB/B, Rn 74; OLG Oldenburg BauR 2000, 897.
1232 BGH BauR 1999, 1294.
1233 BGH NJW 1973, 1463; OLG Celle BauR 1973, 49; Heiermann/Riedl/Rusan, § 8 VOB/B, Rn 47; Beck'scher VOB-Kommentar-*Motzke*, § 8 Nr. 1 VOB/B, Rn 17; Ingenstau/Korbion-*Vygen*, § 8 Nr. 1 VOB/B, Rn 16.
1234 BGH BauR 1993, 469.
1235 BGH, Urteil vom 11.05.2006 – VII ZR 146/04, IBR 2006, 432; so auch das Schrifttum: Kniffka, ZfBR 1998, 113 (116); Werner/Pastor, Rn. 1301; Acker/Roskosny, BauR 2003, 1279 (1292); Thode, ZfBR 1999, 116 (123); Brügmann/Kenter, NJW 2003, 2121 ff.
1236 Beachte dazu die nachfolgenden Ausführungen.

§ 6 Die Ansprüche des Auftragnehmers gegen den Auftraggeber

prüfbare **Schlussrechnung** zugeht.[1237] Diese hat der Auftragnehmer gem. § 8 Nr. 6 VOB/B unverzüglich zu erstellen. In der Schlussrechnung sind die Vergütungsansprüche sowie vergütungsgleiche Forderungen einzustellen (§§ 6 Nr. 5 bis 7 VOB/B; §§ 8 Nr. 1 Abs. 2, § 9 Nr. 3 S. 2 VOB/B). Das **Recht auf Abnahme** folgt aus § 8 Nr. 6 VOB/B i. V. m. § 12 Nr. 4 und Nr. 6 VOB/B, wobei eine fiktive Abnahme nach § 12 Nr. 5 VOB/B beim gekündigten VOB-Bauvertrag nicht in Betracht kommt. Der Auftragnehmer kann beim VOB-Bauvertrag ein **gemeinsames Aufmaß** gem. § 8 Nr. 6 VOB/B jedenfalls dann verlangen, wenn er die Abnahme verlangen kann. Der Auftraggeber ist aus dem Kooperationsgedanken verpflichtet, an der gemeinsamen Aufmaßnahme mitzuwirken.[1238] Verweigert der Auftraggeber die Teilnahme an einer gemeinsamen Aufmaßnahme, muss der Auftragnehmer die erbrachten Mengen und Massen einseitig aufmessen (vgl. Rn 448). Der Auftraggeber kann die Abnahme der erbrachten Leistung gem. § 12 Nr. 3 VOB/B wegen wesentlicher Mängel verweigern. Solange er die Abnahme zu Recht verweigert und kein Abrechnungsverhältnis entsteht (vgl. Rn 575, 563 ff.), kann er auch die Zahlung des Werklohns für die erbrachte Leistung **verweigern**. Hat er die bis zur Kündigung erbrachte Leistung abgenommen, steht ihm gem. § 641 Abs. 3 BGB sogar ein **Leistungsverweigerungsrecht** (aus § 320 BGB) in Höhe des Dreifachen der Mängelbeseitigungskosten zu. Dieses Leistungsverweigerungsrecht erlischt nicht durch einen Annahmeverzug, ist dann aber auf die einfachen Mängelbeseitigungskosten beschränkt.[1239] Hat der Auftraggeber nach einer Kündigung zunächst ein Baustellenverbot ausgesprochen, ist er nicht gehindert, dieses später aufzuheben und gegenüber dem Werklohnverlangen das Leistungsverweigerungsrecht erneut geltend zu machen.[1240]

482 Die Kündigung lässt die **Mängelansprüche** des Auftraggebers unberührt, denn wegen des nicht gekündigten Teils besteht der Vertrag fort. Der Auftraggeber kann in Ansehung auf die erbrachten Leistungen gem. §§ 4 Nr. 7 bzw. § 13 Nr. 5 Abs. 1 VOB/B Nacherfüllung verlangen und hat nach fruchtlosem Fristablauf die Rechte auf Selbstvornahme und Kostenerstattung bzw. Vorschuss gem. § 13 Nr. 5 Abs. 2 VOB/B. Zudem kann der Auftraggeber bei Vorliegen der Voraussetzungen gem. § 13 Nr. 6 VOB/B mindern bzw. gem. §§ 4 Nr. 7, 13 Nr. 7 VOB/B betreffend der erbrachten und gem. § 8 Nr. 3 Abs. 2 VOB/B im Hinblick auf die vom Auftragnehmer nach Kündigung nicht mehr erbrachten Leistungen Schadensersatz verlangen. Nach der neusten Rechtsprechung[1241] stellen bei einer Kündigung des Bauvertrages der Vergütungsanspruch des Auftragnehmers für die bis zur Kündigung erbrachten Leistungen einerseits und Ansprüche des Auftraggebers auf Schadensersatz in Geld wegen Verzuges, Unmöglichkeit, Nebenpflichtverletzung oder wegen Mängeln andererseits selbstständige Ansprüche der Parteien dar, die sich im Wege der

---

1237 BGH BauR 1987, 95.
1238 Vgl. zu den Wirkungen einer gemeinsamen/einseitigen Aufmaßnahme die Ausführungen unter Rn 366, 367.
1239 BGH NZBau 2002, 383; Werner/Pastor, Rn 2531; MünchKomm-*Busche*, § 641 BGB, Rn 36; **a. A.** OLG Dresden BauR 2001, 1261; OLG Düsseldorf BauR 2002, 482 (484).
1240 Nach der Rechtsprechung des BGH (BGH ZfBR 2005, 49) endet bei einem Baustellenverbot der Annahmeverzug beim Auftraggeber, wenn der Auftraggeber sich im Prozess wegen der Mängel auf sein Leistungsverweigerungsrecht beruft und dadurch zu erkennen gibt, dass er zum Zwecke der Mängelbeseitigung das Betreten der Baustelle zulässt.
1241 BGH BauR 2005, 1477; abweichend davon die alte Rechtsprechung: OLG Naumburg; Nichtannahmebeschluss des BGH v. 5.4.2001, BauR 2001, 1615 (1617); Werner/Pastor, Rn 2577, wonach Forderung und Gegenforderung sich nicht selbstständig gegenüberstehen und die wechselseitigen Forderungen im Rahmen der anzuwendenden Differenztheorie als unselbstständige Rechnungsposten eines einheitlichen Anspruchs anzusehen sind. Dabei war im Wege der Saldierung zu ermitteln, wem nach der Verrechnung noch ein Zahlungsanspruch zustehe, kritisch zu Recht: Ingenstau/Korbion-*Wirth*, § 13 Nr. 7 VOB/B, Rn 154 ff. Weiterführend *Kessen*, BauR 2005, 1691 ff. sowie die Ausführungen unter Rn 575, 563 ff.

C. Vergütungsansprüche des Auftragnehmers beim gekündigten Bauvertrag

Aufrechnung gegenüberstehen können. Denn mit dem Begriff „Abrechnungsverhältnis" ist nicht zum Ausdruck gebracht, dass Forderung und Gegenforderung nicht den Regeln zur Aufrechnung unterliegen.

cc) Umfang und Abrechnung des Vergütungsanspruchs bei § 8 Nr. 1 VOB/B

Im Hinblick auf den Umfang und die Berechnung des Vergütungsanspruchs des Auftragnehmers kann auf die vorstehenden Ausführungen zum BGB-Bauvertrag verwiesen werden (vgl. Rn 452 ff.). **483**

b) Außerordentliche Kündigung gemäß § 8 Nr. 2 VOB/B

Das in § 8 Nr. 2 Abs. 1 VOB/B enthaltene außerordentliche Kündigungsrecht des Auftraggebers ist zurückzuführen auf das (auch) auf den wirtschaftlichen Bereich zu erstreckende besondere **Vertrauensverhältnis**, welches zwischen den Parteien bei der Abwicklung eines Bauvertrages vorhanden sein muss. Der Auftraggeber, der bei Durchführung eines Bauvorhabens erhebliche Geldmittel einsetzt, ist auf die Leistungsfähigkeit und die Zuverlässigkeit des Auftraggebers angewiesen, damit ihm als Folge einer nicht vertragsgerechten Bauabwicklung keine – auf die wirtschaftliche Schwäche des Auftragnehmers zurückführbaren – finanziellen Schäden entstehen. Dementsprechend kann der Auftraggeber den VOB-Bauvertrag gem. § 8 Nr. 2 Abs. 1 VOB/B kündigen, wenn der Auftragnehmer seine Zahlungen einstellt, das Insolvenzverfahren bzw. ein vergleichbares gesetzliches Verfahren beantragt, ein solches Verfahren eröffnet bzw. dessen Eröffnung mangels Masse abgelehnt wird. Im Hinblick auf die Voraussetzungen für eine Kündigung gem. § 8 Nr. 2 VOB/B sowie den Umfang und die Berechnung des Vergütungsanspruchs des Auftragnehmers wird auf die nachfolgenden umfangreichen Ausführungen unter § 9 Insolvenz am Bau verwiesen. **484**

c) Außerordentliche Kündigung gemäß § 8 Nr. 3 VOB/B

aa) Voraussetzungen der außerordentlichen Kündigung gemäß § 8 Nr. 3 VOB/B

Kommt der Auftragnehmer der Pflicht zur Mängelbeseitigung aus § 4 Nr. 7 S. 1 VOB/B nicht nach, erbringt er ohne Zustimmung des Auftraggebers Leistungen durch Nachunternehmer (vgl. Rn 36) oder verzögert er den Beginn der Ausführung, gerät mit der Vollendung in Verzug oder kommt der in § 5 **Nr. 3 VOB/B** erwähnten Verpflichtung nicht nach, kann der Auftraggeber den Bauvertrag insgesamt oder aber Teile davon[1242] gem. § 8 Nr. 3 VOB/B i. V. m. § 4 Nr. 7 und 8 sowie § 5 Nr. 4 VOB/B außerordentlich kündigen. Gemäß § 8 Nr. 5 VOB/B bedarf die Kündigung der **Schriftform**, und zwar sowohl die ordentliche Kündigung als auch die hier besprochene Kündigung aus wichtigem Grund. Die fehlende Schriftform führt zur Unwirksamkeit der Kündigung.[1243] Verlässt der Auftragnehmer allerdings die Baustelle oder bringt er ansonsten durch sein Verhalten zum Ausdruck, dass er die Vertragsbeendigung als solche akzeptiert, dann kann man in der Regel von einer einvernehmlichen Vertragsaufhebung ausgehen.[1244] Die Rechtsfolgen dieser einvernehmlichen Vertragsaufhebung richten sich danach, ob die Voraussetzungen einer Kündigung aus wichtigem Grund vorlagen oder nicht. **485**

[1242] Vgl. zur Teilkündigung: Kapellmann/Messerschmidt-*Lederer*, § 8 VOB/B, Rn 20; Heiermann/Riedl/Rusan, VOB/B Einführung zu §§ 8, 9, Rn 1; Beck'scher VOB-Kommentar-*Motzke*, § 8 Nr. 1 VOB/B, Rn 20; Ingenstau/Korbion-*Vygen*, § 8 Nr. 1 VOB/B, Rn 74; OLG Oldenburg BauR 2000, 897.
[1243] Ingenstau/Korbion-*Vygen*, § 8 Nr. 5 VOB/B, Rn 3; Kapellmann/Messerschmidt-*Lederer*, § 8 VOB/B, Rn 106.
[1244] Ingenstau/Korbion-*Vygen*, § 8 Nr. 5 VOB/B, Rn 5; Kapellmann/Messerschmidt-*Lederer*, § 8 VOB/B, Rn 107.

1 § 6 Die Ansprüche des Auftragnehmers gegen den Auftraggeber

486 ▶ Hinweis: Bevor eine Kündigung bei Vorliegen der Voraussetzungen von § 8 Nr. 3 i.V. m. § 4 Nr. 7 und 8 VOB/B oder § 5 Nr. 4 VOB/B erklärt wird, sollte im anwaltlichen Beratungsgespräch der Hinweis gegeben werden, dass der Auftraggeber keinesfalls verpflichtet ist, den Bauvertrag zu kündigen. Alternativ zur möglichen Kündigung kann der Auftraggeber den Vertrag auch aufrechterhalten und neben dem fortbestehenden Erfüllungsanspruch gegenüber dem Auftragnehmer ggf. Schadensersatzansprüche geltend machen. Befindet sich der Auftragnehmer nämlich mit der Fertigstellung sowie Mängelbeseitigung in Verzug, schuldet er dem Auftraggeber Ersatz der daraus entstehenden Verzögerungsschäden gem. § 5 Nr. 4 i.V. m. § 6 Nr. 6 VOB/B[1245] (vgl. Rn 548 f.) sowie § 4 Nr. 7 VOB/B.[1246] ◀

487 Bevor die Kündigung des Bauvertrages gegenüber dem Auftragnehmer erklärt wird, sollte Klarheit darüber bestehen, dass in diesem Fall:
- gegenüber dem gekündigten Auftragnehmer keine Erfüllungsansprüche mehr geltend gemacht werden können, was zu Schwierigkeiten im Hinblick auf solche Leistungen führen kann, die eine besondere Fachkenntnis voraussetzen, wenn kein Nachfolgeunternehmer bereit steht, der mit der Fertigstellung der aufgekündigten Leistungen beauftragt werden kann,
- als Folge der kündigungsbedingten Vertragsbeendigung eine Schnittstelle entsteht, die zwangsläufig zu Abgrenzungsschwierigkeiten im Hinblick auf gegenüber dem Erst- bzw. Zweitunternehmer bestehenden Mängelrechten führen kann,
- Schadensersatzansprüche betreffend kündigungsbedingter Fertigstellungsmehrkosten in Anbetracht der wirtschaftlichen Insolvenz des gekündigten Auftragnehmers nicht durchsetzbar sind.

Aus diesem Grunde sollte eine auf § 8 Nr. 3 i. V. m. § 4 Nr. 7 und 8 bzw. § 5 Nr. 4 VOB/B gestützte Kündigung stets das Ergebnis sorgfältiger Prüfungen sämtlicher Folgen darstellen.

(1) § 4 Nr. 7 VOB/B

488 Gemäß § 4 Nr. 7 VOB/B ist der Auftragnehmer verpflichtet, Leistungen, die schon während der Ausführung als mangelhaft oder vertragswidrig (vgl. Rn 664 ff.) erkannt werden (vgl. Rn 664 ff.), auf eigene Kosten durch mangelfreie zu ersetzen. Kommt der Auftragnehmer der Mangelbeseitigung nicht nach, kann ihm der Auftraggeber eine **angemessene Frist** (vgl. zur Fristsetzung die Ausführungen unter Rn 503) zur Mangelbeseitigung setzen und erklären, dass er ihm nach fruchtlosem Fristablauf den Auftrag entziehe. Verläuft die nach § 4 Nr. 7 VOB/B gesetzte Frist fruchtlos, kann der Auftraggeber den Bauvertrag insgesamt oder aber Teile davon[1247] gem. § 8 Nr. 3 Abs. 1 VOB/B kündigen.

(2) § 5 Nr. 4 VOB/B

489 Verzögert der Auftragnehmer den Beginn der Ausführung, gerät er mit der Vollendung in Verzug oder kommt er der in § 5 Nr. 3 VOB/B enthaltenen Verpflichtung nicht nach, kann der Auftraggeber nach § 5 Nr. 4 VOB/B dem Auftragnehmer eine **angemessene Frist** (vgl. zur Fristsetzung Rn 503) zur Vertragserfüllung setzen und erklären, dass er

---

1245 Kapellmann/Messerschmidt-*Langen*, § 5 VOB/B, Rn 114 sowie Kapellmann/Messerschmidt-*Kapellmann*, § 6 VOB/B, Rn 94 ff.; Ingenstau/Korbion-*Döring*, § 6 Nr. 6 VOB/B, Rn 36.
1246 BGH BauR 1979, 159; BauR 2000, 1189; Ingenstau/Korbion-*Oppler*, § 4 Nr. 7 VOB/B, Rn 34; Kapellmann/Messerschmidt-*Merkens*, § 4 VOB/B, Rn 166. § 6 VOB/B steht insoweit einer Anwendung des § 4 Nr. 7 VOB/B nicht entgegen, soweit es um solche Verzögerungen geht, die auf Baumängel vor Abnahme zurückzuführen sind.
1247 Vgl. zur Teilkündigung: Kapellmann/Messerschmidt-*Lederer*, § 8 VOB/B, Rn 20; Heiermann/Riedl/Rusan, VOB/B Einführung zu §§ 8, 9, Rn 1; Beck'scher VOB-Kommentar-*Motzke*, § 8 Nr. 1 VOB/B, Rn 20; Ingenstau/Korbion-*Vygen*, § 8 Nr. 1 VOB/B, Rn 74; OLG Oldenburg BauR 2000, 897.

C. Vergütungsansprüche des Auftragnehmers beim gekündigten Bauvertrag

ihm nach fruchtlosem Fristablauf den Auftrag entziehe. Verläuft die nach § 5 Nr. 4 VOB/B gesetzte Frist fruchtlos, kann der Auftraggeber den Bauvertrag insgesamt oder aber Teile davon[1248] gem. § 8 Nr. 3 Abs. 1 VOB/B kündigen.

■ **Verzögerter Beginn**

Der Auftragnehmer verzögert den Beginn der Ausführungen, wenn er den vertraglich festgelegten **Anfangszeitpunkt** der Ausführungsfrist als Vertragsfrist i.S. des § 5 Nr. 1 S. 1 VOB/B überschreitet.[1249] [1250] Haben die Parteien für den Beginn der Ausführungen keinen konkreten Zeitpunkt[1251] vertraglich festgelegt, richtet sich der Ausführungsbeginn des Auftragnehmers nach § 5 Nr. 2 S. 1 VOB/B. Gemäß § 5 Nr. 2 S. 1 VOB/B hat der Auftraggeber auf Verlangen des Auftragnehmers Auskunft über den voraussichtlichen Ausführungsbeginn zu erteilen.[1252] Der Auftragnehmer hat, wenn der Auftraggeber seine Auskunftspflicht nach § 5 Nr. 2 S. 1 VOB/B ordnungsgemäß erfüllt oder der Auftragnehmer von seinem Auskunftsrecht keinen Gebrauch gemacht hat, gem. § 5 Nr. 2 S. 2 VOB/B innerhalb von **12 Werktagen**[1253] nach Aufforderung durch den Auftraggeber mit der Ausführung zu beginnen.[1254] [1255] Da die Beginnpflicht nach Abruf eine durch den Abruf bedingte Vertragsfrist i.S. des § 5 Nr. 1 S. 1 VOB/B darstellt, ist der Auftragnehmer innerhalb dieser Frist verbindlich verpflichtet, mit der Ausführung zu beginnen.[1256] Legt der Auftraggeber einen Ausführungsbeginn fest, der die Frist von 12 Werktagen verkürzt oder verlängert, so verbleibt es bei dem Recht des Auftragnehmers, die Einhaltung der Frist von 12 Werktagen aus § 5 Nr. 2 S. 2 VOB/B fordern zu können. Die einseitige Verkürzung der Frist von 12 Werktagen durch den Auftraggeber ist für den Auftragnehmer unbeachtlich.[1257] Den Beginn der Ausführung hat der Auftragnehmer gem. § 5 Nr. 2 S. 3 VOB/B dem Auftraggeber anzuzeigen. Dabei gilt die **Anzeigepflicht** nur bei Abruf der Leistungen durch den Auftraggeber und nicht dann, wenn es sich um einen vereinbarten

490

1248 Vgl. zur Teilkündigung: Kapellmann/Messerschmidt-*Lederer*, § 8 VOB/B, Rn 20; Heiermann/Riedl/Rusan, VOB/B Einführung zu §§ 8, 9, Rn 1; Beck'scher VOB-Kommentar-*Motzke*, § 8 Nr. 1 VOB/B, Rn 20; Ingenstau/Korbion-*Vygen*, § 8 Nr. 1 VOB/B, Rn 74; OLG Oldenburg BauR 2000, 897.
1249 Kapellmann/Messerschmidt-*Langen*, § 5 VOB/B, Rn 107; Ingenstau/Korbion-*Döring*, § 5 Nr. 4 VOB/B, Rn 2.
1250 Im Hinblick auf die Vereinbarung verbindlicher Fristen i.S. des § 5 Nr. 1 S. 1 VOB/B ist darauf zu achten, dass dies durch die Angabe ganz bestimmter, uneingeschränkt i.S. einer klar gewollten Verpflichtung genannter Daten oder Zeiträume festgelegt wird, wie z.B. „Ausführungsfrist vom 20.6.2005 bis zum 30.11.2005" oder „Ausführungsfrist 20 Tage ab dem 23.6.2005".
1251 So stellt ein Cirka-Termin lediglich eine unverbindliche Vereinbarung dar, Kapellmann/Messerschmidt-*Langen*, § 5 VOB/B, Rn 6, 61.
1252 Kapellmann/Messerschmidt-*Langen*, § 5 VOB/B, Rn 63.
1253 Gemäß § 187 Abs. 1 BGB ist der Tag des Zugangs der Abruferklärung nicht mitzurechnen, sodass die Frist von 12 Werktagen am Tag nach dem Abrufschreibens beginnt. Samstage sind einzurechnen (Argumentation aus § 11 Nr. 3 VOB/B, wonach die VOB/B Samstage als Werktage ansieht), Sonn- und Feiertage dem entgegen nicht.
1254 Ingenstau/Korbion-*Döring*, § 5 Nr. 1-3 VOB/B, Rn 12; Kapellmann/Messerschmidt-*Langen*, § 5 VOB/B, Rn 68.
1255 Eine innerbetriebliche Arbeitsvorbereitung wie etwa die Disposition von Arbeitskolonnen, die Bestellung von Baumaterial, die Anmietung von Baumaschinen, die Beauftragung von Nachunternehmern stellt keinen Ausführungsbeginn dar. Die Schnittstelle der innerbetrieblichen Arbeitsvorbereitung zum Ausführungsbeginn wird jedoch überschritten, wenn der Auftragnehmer – wenn auch nur innerbetrieblich – bereits mit dem eigentlichen Reduktionsvorgang wie z.B. die Herstellung von Betonfertigteilen, Fassadenelementen usw. begonnen hat.
1256 Kapellmann/Messerschmidt-*Langen*, § 5 VOB/B, Rn 68; Leinemann/Schirner, § 5 VOB/B, Rn 21.
1257 Kapellmann/Messerschmidt-*Langen*, § 5 VOB/B, Rn 70.

§ 6 Die Ansprüche des Auftragnehmers gegen den Auftraggeber

Beginn i. S. des § 5 Nr. 1 S. 1 VOB/B handelt.[1258] Hat sich der Fälligkeitszeitpunkt für den Beginn der Ausführungen gem. § 6 Nr. 2 VOB/B (vgl. Rn 493 ff.) verschoben oder besteht aufgrund eines Leistungsverweigerungsrechts des Auftragnehmers[1259] kein einredefreier Anspruch des Auftraggebers auf Ausführungsbeginn, ist ein verzögerter Beginn i. S. des § 5 Nr. 4 VOB/B durch den Auftragnehmer abzulehnen. Schließlich kommt es bei diesem Kündigungsgrund nicht auf einen Verzug des Auftragnehmers an. Folglich ist eine Mahnung des Auftraggebers nach verzögertem Baubeginn ebenso entbehrlich wie ein Verschulden des Auftragnehmers.[1260]

■ **Verstoß gegen die Abhilfepflicht gemäß § 5 Nr. 3 VOB/B**

491 Treten während der Bauausführung Schwierigkeiten auf, greift § 5 Nr. 3 VOB/B ein, wonach auf Verlangen des Auftraggebers der Auftragnehmer unverzüglich zur Abhilfe verpflichtet ist, wenn Arbeitskräfte, Geräte, Gerüste, Stoffe oder Bauteile so unzureichend sind, dass die Ausführungsfristen offenbar nicht eingehalten werden können.[1261] [1262] Die Voraussetzungen von § 5 Nr. 4 VOB/B sind hinsichtlich der **Abhilfepflicht** aus § 5 Nr. 3 VOB/B demnach dann gegeben, wenn der Auftragnehmer die Abhilfe unterlässt, verspätet oder unzureichend vornimmt. Auch hinsichtlich der gebotenen Abhilfemaßnahmen kann die Fälligkeit unter den Voraussetzungen von § 6 Nr. 2 VOB/B verschoben (vgl. Rn 493 ff.) bzw. durch ein Leistungsverweigerungsrecht des Auftragnehmers[1263] gehindert sein. Zu beachten bleibt weiterhin, dass auch bei diesem Kündigungsgrund die Voraussetzungen des Verzuges, also Mahnung und Verschulden des Auftragnehmers entbehrlich sind.[1264]

■ **Verzug mit der Fertigstellung**

Vorliegen eines Schuldnerverzuges gemäß § 286 Abs. 1 BGB

492 Geht es um die **Verzögerung der Fertigstellung,** kommt eine Kündigung des Auftraggebers nur dann in Betracht, wenn sich der Auftragnehmer mit der Fertigstellung der von

---

1258 Verletzt der Auftragnehmer die Anzeigepflicht schuldhaft, kommt ein Schadensersatzanspruch des Auftraggebers gem. § 280 Abs. 1 BGB in Betracht. Fraglich bleibt allerdings, welcher Schaden dem Auftraggeber aus einer Verletzung der Anzeigepflicht erwachsen sein soll. Allenfalls ist daran zu denken, dass der Auftraggeber aufgrund unterlassener Beginnanzeige die Leistungen anderer Unternehmer nicht rechtzeitig abruft und als Folge dessen bei ihm ein Schaden entsteht.
1259 Dem Auftragnehmer steht bspw. dann ein Leistungsverweigerungsrecht zu, wenn sich der Auftraggeber im Zahlungsverzug befindet bzw. sich in den Fällen des § 1 Nr. 3 und 4 VOB/B bei Leistungsänderungen oder zusätzlichen Leistungen weigert, vor Ausführung der Leistung eine Vergütungsvereinbarung abzuschließen [vgl. hierzu Rn 422, 425], OLG Düsseldorf BauR 1996, 115. Ob der Auftragnehmer sich auf das ihm zustehende Leistungsverweigerungsrecht berufen hat, spielt keine Rolle, BGH BauR 1996, 544 (546).
1260 Kapellmann/Messerschmidt-*Langen*, § 5 VOB/B, Rn 118.
1261 Ingenstau/Korbion-*Döring*, § 5 Nr. 1-3 VOB/B, Rn 16; Kapellmann/Messerschmidt-*Langen*, § 5 VOB/B, Rn 110.
1262 Die Ausführungsfristen können offenbar nicht eingehalten werden, wenn der mit den bisher vorhandenen persönlichen und sachlichen Mitteln erreichte Fortgang der Bauherstellung im Verhältnis zu verstreichenen Zeit in einem derartigen Missverhältnis steht, dass nach allgemein anerkannter Erfahrung mit an Sicherheit grenzender Wahrscheinlichkeit die Gesamtfertigstellung der betreffenden vertraglichen Leistung nicht bis zum Ablauf der Ausführungsfristen zu erwarten ist, BGH BauR 2000, 1182; Ingenstau/Korbion-*Döring*, § 5 Nr. 1-3 VOB/B, Rn 19.
1263 Dem Auftragnehmer steht bspw. dann ein Leistungsverweigerungsrecht zu, wenn sich der Auftraggeber im Zahlungsverzug befindet bzw. sich in den Fällen des § 1 Nr. 3 und 4 VOB/B bei Leistungsänderungen oder zusätzlichen Leistungen weigert, vor Ausführung der Leistung eine Vergütungsvereinbarung abzuschließen [vgl. hierzu Rn 422, 425], OLG Düsseldorf BauR 1996, 115. Ob der Auftragnehmer sich auf das ihm zustehende Leistungsverweigerungsrecht berufen hat, spielt keine Rolle, BGH BauR 1996, 544 (546).
1264 Kapellmann/Messerschmidt-*Langen*, § 5 VOB/B, Rn 118.

C. Vergütungsansprüche des Auftragnehmers beim gekündigten Bauvertrag

ihm geschuldeten Leistungen im Schuldnerverzug gem. § 286 Abs. 1 BGB befindet.[1265] Ein Verzug mit der Fertigstellung ist dann anzunehmen, wenn die Herstellung des vertraglich geschuldeten Bauwerks beim Verstreichen der Ausführungsfrist und Ablauf einer grundsätzlich gem. § 286 Abs. 1 BGB erforderlichen Mahnung des Auftraggebers nicht beendet ist.[1266] Das Verschulden des Auftragnehmers wird gem. § 286 Abs. 4 BGB vermutet. Dabei kann sich eine verbindliche und damit zur Fälligkeit führende Verpflichtung des Auftragnehmers, die Leistung fertig zu stellen, entweder aus einem kalendermäßig bestimmten oder bestimmbaren Fertigstellungstermin ergeben[1267] oder aber aus einer vereinbarten Ausführungsfrist,[1268] deren Lauf vom Abruf des Auftraggebers oder vom tatsächlichen Baubeginn abhängt.[1269] Eine Mahnung des Auftragnehmers ist gem. § 286 Abs. 2 Nr. 1 und 2 BGB ausnahmsweise dann entbehrlich, wenn ein kalendermäßig bestimmter (Nr. 1) oder bestimmbarer Fertigstellungstermin (Nr. 2) vereinbart worden ist. Zu beachten bleibt, dass der Auftragnehmer im Falle eines kalendermäßig bestimmten oder bestimmbaren Fertigstellungstermins i. S. des § 286 Abs. 2 Nr. 1 und 2 BGB, der gem. § 6 Nr. 2 VOB/B oder wegen eines Leistungsverweigerungsrechts des Auftragnehmers[1270] verschoben worden ist, anschließend angemahnt werden muss, um einen Verzug des Auftragnehmers herbeizuführen.[1271]

Fehlender Verzug aufgrund einer Behinderung gemäß § 6 Nr. 2 VOB/B

Der Auftragnehmer kommt trotz grundsätzlicher Fälligkeit der jeweiligen Bauleistung und trotz Mahnung des Auftraggebers ausnahmsweise nicht in Verzug, wenn er i. S. von § 6 Nr. 2 VOB/B an der fristgerechten Leistung gehindert worden ist. Hiernach werden Ausführungsfristen verlängert, soweit eine **Behinderung** verursacht ist durch

- einen Umstand aus dem Risikobereich des Auftraggebers,
- Streik oder eine von der Berufsvertretung der Arbeitgeber angeordnete Aussperrung im Betrieb des Auftragnehmers oder in einem unmittelbar für ihn arbeitenden Betrieb,
- höhere Gewalt oder andere für den Auftragnehmer unabwendbare Umstände.

1265 Ein Schuldnerverzug gem. § 286 BGB kommt nur dann in Betracht, wenn die noch mögliche Leistung vom Schuldner nicht erbracht wird, also kein Fall der Unmöglichkeit gegeben ist (Palandt-*Heinrichs*, § 286 BGB, Rn 5). Weiter muss der Gläubiger einen fälligen und einredefreien Anspruch auf die Leistung haben (Palandt-*Heinrichs*, § 286 BGB, Rn 12 ff.). Schließlich kommt der Schuldner grundsätzlich nur dann in Verzug, wenn er vom Gläubiger bei vorliegender Fälligkeit gemahnt worden ist oder aber die Mahnung gem. § 286 Abs. 2 Nr. 1-4 BGB (Nr. 1: Für die Leistung ist eine Zeit nach dem Kalender bestimmt; Nr. 2: Der Leistung hat ein Ereignis vorauszugehen und es ist eine angemessene Zeit für die Leistung in der Weise bestimmt, dass sie sich von dem Ereignis an nach dem Kalender berechnen lässt; Nr. 3: Der Schuldner hat die Leistungen ernsthaft und endgültig verweigert; Nr. 4: Aus besonderen Gründen unter Abwägung der beiderseitigen Interessen ist der sofortige Eintritt des Verzuges gerechtfertigt) entbehrlich ist (zur Mahnung: Palandt-Heinrichs, § 286 BGB, Rn 16 ff.; zum Verzug ohne Mahnung: Palandt-*Heinrichs*, § 286 BGB, Rn 22 ff.). Letztlich setzt ein Verzug gem. § 286 BGB ein Verschulden des Schuldners voraus, das aber gem. § 286 Abs. 4 BGB vermutet wird (Palandt-*Heinrichs*, § 286 BGB, Rn 39 ff.).
1266 Ingenstau/Korbion-*Döring*, § 5 Nr. 4 VOB/B, Rn 2.
1267 Kapellmann/Messerschmidt-*Langen*, § 5 VOB/B, Rn 111; Ingenstau/Korbion-*Döring*, § 5 Nr. 4 VOB/B, Rn 2.
1268 Beispiel: „Die Ausführungsfrist beträgt 60 Tage".
1269 Kapellmann/Messerschmidt-*Langen*, § 5 VOB/B, Rn 111, vgl. ferner die Ausführungen unter Rn 490.
1270 Dem Auftragnehmer steht bspw. dann ein Leistungsverweigerungsrecht zu, wenn sich der Auftraggeber im Zahlungsverzug befindet bzw. sich in den Fällen des § 1 Nr. 3 und 4 VOB/B bei Leistungsänderungen oder zusätzlichen Leistungen weigert, vor Ausführung der Leistung eine Vergütungsvereinbarung abzuschließen [vgl. hierzu Rn 422, 425], OLG Düsseldorf BauR 1996, 115. Ob der Auftragnehmer sich auf das ihm zustehende Leistungsverweigerungsrecht berufen hat, spielt keine Rolle, BGH BauR 1996, 544 (546).
1271 Kapellmann/Messerschmidt-*Langen*, § 5 VOB/B, Rn 45.

§ 6 Die Ansprüche des Auftragnehmers gegen den Auftraggeber

Vorliegen einer Behinderungsanzeige oder Offenkundigkeit der Behinderung und deren Wirkungen gemäß § 6 Nr. 1 VOB/B

494 Nach h. A. setzt eine Fristverlängerung gem. § 6 Nr. 2 VOB/B die Einhaltung der Formalien des § 6 Nr. 1 VOB/B voraus, also **schriftliche Behinderungsanzeige** oder (ausnahmsweise) Offenkundigkeit der Behinderung und deren Auswirkungen. Liegen die Voraussetzungen des § 6 Nr. 1 VOB/B nicht vor (also keine **schriftliche Behinderungsanzeige** und auch keine Offenkundigkeit der Behinderung und deren Auswirkungen), dann führen die Voraussetzungen des § 6 Nr. 2 VOB/B zwar nicht zu einer Fristverlängerung und damit zu einer Verschiebung der Fälligkeit der jeweiligen Leistung, jedoch wird aufgrund der in § 6 Nr. 2 VOB/B genannten Umstände der Auftragnehmer schuldlos daran gehindert, die unverändert gültige Frist einzuhalten.[1272] Nach h. M. gilt also eine differenzierte Betrachtungsweise: Bei formgerechter (und inhaltlich berechtigter) Behinderungsanzeige (oder ausnahmsweise Offenkundigkeit der Behinderung und deren Auswirkungen) verschiebt sich unter den Voraussetzungen des § 6 Nr. 2 VOB/B die Fälligkeit der jeweiligen Leistung entsprechend, da mangels Fälligkeit kein Verzug des Auftragnehmers eintreten kann. Fehlt dagegen die formgerechte Behinderungsanzeige und sind die Behinderung und deren Auswirkungen auch nicht offenkundig, dann verbleibt es (aus den genannten formalen Gründen) bei der Fälligkeit der jeweiligen Leistungen. Trotzdem sei die Fristüberschreitung nicht vom Auftragnehmer zu vertreten, weil er es nicht zu verantworten habe, dass bspw. Gründe aus dem Risikobereich des Auftraggebers die rechtzeitige Leistungserbringung verhindert hätten.[1273]

Umstand aus dem Risikobereich des Auftraggebers

495 Eine Verlängerung der Ausführungsfristen kommt zunächst dann in Betracht, wenn die Behinderung aus dem **Sphärenbereich des Auftraggebers** herrührt. Ein Verschulden des Auftraggebers ist insoweit nicht erforderlich.[1274] [1275]

Streik oder Aussperrung im Betrieb des Auftragnehmers oder in einem unmittelbar für ihn arbeitenden Betrieb

496 Eine Verlängerung der Ausführungsfristen kommt darüber hinaus dann in Betracht, wenn die Behinderung durch **Streik** oder eine von der Berufsvertretung des Auftraggebers angeordneten **Aussperrung** im Betrieb des Auftragnehmers oder in einem unmittelbar für ihn arbeitenden Betrieb begründet wird. Streik ist die gemeinsame, planmäßig durchgeführte Einstellung der Arbeit durch eine größere Anzahl von Arbeitnehmern innerhalb eines Betriebes oder eines Gewerbes oder Berufszweiges zu einem bestimmten Kampfzweck, verbunden mit dem Willen, die Arbeit wieder fortzusetzen, wenn der Arbeitskampf beendet ist.[1276] Unerheblich ist der Zweck des Streiks sowie seine Rechtmäßigkeit

---

1272 BGH BauR 1999, 645; OLG Saarbrücken BauR 1998, 1011.
1273 BGH BauR 1999, 645.
1274 Ingenstau/Korbion-*Döring*, § 6 Nr. 2 VOB/B, Rn 6; Langen/Schiffers, Rn 1785.
1275 Aus dem Sphärenbereich des Auftraggebers stammt die Behinderung bspw. dann, wenn die Baugenehmigung nicht rechtzeitig vorgelegt wird (Kapellmann/Messerschmidt-*Kapellmann*, § 6 VOB/B, Rn 18), eine verspätete Übergabe der für die Bauausführung notwendigen Unterlagen (Ausführungszeichnungen, Statik, Bewährungspläne) vorliegt (OLG Saarbrücken BauR 1998, 1010; Kapellmann/Messerschmidt-*Kapellmann*, § 6 VOB/B, Rn 18), eine Anordnung von Leistungsänderungen oder zusätzlichen Leistungen gem. § 1 Nr. 3 und 4 VOB/B vorliegt (BGH BauR 1990, 210; OLG Koblenz NJW-RR 1988, 851; Kapellmann/Messerschmidt-*Kapellmann*, § 6 VOB/B, Rn 20), oder aber die Baugrundverhältnisse sich tatsächlich schwieriger gestalten, als dies vom Auftraggeber und Auftragnehmer ursprünglich angenommen (Kapellmann/Messerschmidt-*Kapellmann*, § 6 VOB/B, Rn 19).
1276 Ingenstau/Korbion-*Döring*, § 6 Nr. 2 VOB/B, Rn 16; Kapellmann/Messerschmidt-*Kapellmann*, § 6 VOB/B, Rn 23.

C. Vergütungsansprüche des Auftragnehmers beim gekündigten Bauvertrag

oder Unrechtmäßigkeit.[1277] Die Aussperrung ist die aufgrund eines Kampfentschlusses der Arbeitgeberseite erfolgte Ausschließung einer Mehrzahl von Arbeitnehmern von der Arbeit zu dem Zweck, mithilfe des dadurch ausgeübten Drucks eine freiwillig nicht zugestandene kollektive vertragliche Regelung zu erreichen oder abzuwähren.[1278]

Höhere Gewalt oder unabwendbare Umstände

Schließlich werden die Ausführungsfristen auch dann gem. § 6 Nr. 2 Abs. 1 VOB/B verlängert, wenn die Behinderung auf **höhere Gewalt** und unabwendbare Umstände zurückzuführen ist. Höhere Gewalt ist ein betriebsfremdes, von außen durch elementare Naturkräfte oder durch Handlungen dritter Personen herbeigeführtes Ereignis, das nach menschlicher Einsicht und Erfahrung unvorhersehbar ist, mit wirtschaftlich erträglichen Mitteln auch durch die äußerste nach der Sachlage vernünftigerweise zu erwartende Sorgfalt nicht verhütet oder unschädlich gemacht werden kann und auch nicht wegen seiner Häufigkeit vom Betriebsunternehmer in Kauf zu nehmen ist.[1279] [1280] Die Unabwendbarkeit ist nicht nach der Situation des Auftragnehmers zu beurteilen, ein Ereignis ist nur dann unabwendbar, wenn es objektiv unabhängig von der konkreten Situation des betroffenen Auftragnehmers unvorhersehbar und unvermeidbar war.

497

Witterungseinflüsse können sich zweifelsohne hindernd auf die Bauausführung auswirken. Hinsichtlich der Witterungsverhältnisse enthält § 6 Nr. 2 Abs. 2 VOB/B jedoch eine besondere Regelung. Nach dieser Vorschrift führen kraft vertraglicher Vereinbarung der Parteien **Witterungseinflüsse**, mit denen bei Abgabe des Angebotes normalerweise gerechnet werden musste, nicht zu einer Fristverlängerung. Auf eine Behinderung kann der Auftragnehmer sich in diesen Fällen nicht berufen.[1281] Nur bei ungewöhnlichen Witterungsverhältnissen verlängert sich die Ausführungszeit, bspw. bei einer außergewöhnlich langen Frostperiode oder einem wolkenbruchartigen Regen, der so stark und selten ist, dass er im Bereich der Baustelle im Durchschnitt nur alle 20 Jahre vorkommt. Grundlage des Bausolls ist mindestens das sog. Normalwetter; in diesem Falle besteht kein Anspruch des Auftragnehmers auf Verlängerung der Ausführungsfristen.[1282]

498

Schadensminderungspflicht des Auftragnehmers aus § 6 Nr. 3 VOB/B

Der Auftragnehmer hat im Falle einer Behinderung alles zu tun, was ihm billigerweise zugemutet werden kann, um die Weiterführung der Arbeiten zu ermöglichen.[1283] Der Umfang der dem Auftragnehmer zumutbaren Maßnahmen hängen davon ab, ob er selbst oder der Auftraggeber die Behinderung zu vertreten hat. Hat der Auftragnehmer die Behinderung zu vertreten, muss er **alle erdenklichen Maßnahmen** ergreifen, auch wenn sie erhebliche Kosten verursachen.[1284] Kommt es während der laufenden Bauarbeiten zu einer Unterbrechung mit anschließendem Wiederbeginn der Arbeiten, so ist der Auftragnehmer gem. § 6 Nr. 3 VOB/B verpflichtet, unverzüglich die Arbeiten wieder aufzuneh-

499

1277 Ingenstau/Korbion-*Döring*, § 6 Nr. 2 VOB/B, Rn 16.
1278 Ingenstau/Korbion-*Döring*, § 6 Nr. 2 VOB/B, Rn 18; Kapellmann/Messerschmidt-*Kapellmann*, § 6 VOB/B, Rn 23.
1279 BGHZ 7, 338; NJW-RR 1988, 986; Ingenstau/Korbion-*Döring*, § 6 Nr. 2 VOB/B, Rn 19; Kapellmann/Messerschmidt-*Kapellmann*, § 6 VOB/B, Rn 25; Langen/Schiffers, Rn 1787.
1280 Dies ist bspw. bei Naturereignissen wie Erdbeben, Blitzschlag oder Orkanen der Fall (Ingenstau/Korbion-*Döring*, § 6 Nr. 2 VOB/B, Rn 19). In Betracht kommen darüber hinaus auch Handlungen Dritter, wie z. B. Brandstiftung, Explosionen oder mutwillige Sachbeschädigungen (Ingenstau/Korbion-*Döring*, § 6 Nr. 2 VOB/B, Rn 19).
1281 Ingenstau/Korbion-*Döring*, § 6 Nr. 2 VOB/B, Rn 24; Kapellmann/Messerschmidt-*Kapellmann*, § 6 VOB/B, Rn 26.
1282 Ingenstau/Korbion-*Döring*, § 6 Nr. 2 VOB/B, Rn 25; Kapellmann/Messerschmidt-*Kapellmann*, § 6 VOB/B, Rn 26.
1283 Kapellmann/Messerschmidt-*Kapellmann*, § 6 VOB/B, Rn 30; Langen/Schiffers, Rn 1788.
1284 Ingenstau/Korbion-*Döring*, § 6 Nr. 3 VOB/B, Rn 3 und 4.

§ 6 Die Ansprüche des Auftragnehmers gegen den Auftraggeber

men. Der Auftragnehmer hat dem Auftraggeber die Wiederaufnahme der Arbeiten anzuzeigen.[1285]

Berechnung der Fristverlängerung gemäß § 6 Nr. 4 VOB/B

500 Die **Berechnung** der Fristverlängerung regelt § 6 Nr. 4 VOB/B. Die Fristverlängerung aufgrund der Behinderung berechnet sich dabei nach der Zeitdauer der Behinderung, einem Zuschlag für die Wiederaufnahme der Arbeiten und einem eventuell weiteren Zuschlag wegen Verschiebung der Arbeiten in eine ungünstigere Jahreszeit.[1286] Sind die Behinderungen so umfassend, dass der Zeitplan des Auftragnehmers hinfällig geworden und eine Neuordnung der Bauablaufplanung erforderlich wird, verliert eine ursprünglich vereinbarte Ausführungsfrist ihre Verbindlichkeit. Eine etwaige Vertragsstrafenzusage wird zudem hinfällig.[1287] Zu berücksichtigen ist insbesondere, dass eine Verlängerung der Ausführungsfristen nach § 6 Nr. 4 VOB/B keine Vertragsfristen i. S. des § 5 Nr. 1 Abs. 1 S. 1 VOB/B begründet. Die verlängerten Fristen werden nur aufgrund einer neuen Vereinbarung zu Vertragsfristen.[1288]

(3) Grobe Vertragsverletzung durch den Auftragnehmer

501 Schließlich kann der VOB-Bauvertrag insgesamt oder aber zumindest teilweise[1289] vom Auftraggeber aus **wichtigem Grund** gekündigt werden.[1290] Im Hinblick auf die Anforderung der Wirksamkeit einer Kündigung aus wichtigem Grund kann auf die vorstehenden Ausführungen zum BGB-Bauvertrag verwiesen werden (vgl. Rn 474).

(4) Fristsetzung mit Kündigungsandrohung

502 Der Auftraggeber kann das Kündigungsrecht aus wichtigem Grund erst dann ausüben, wenn er dem Auftragnehmer bei verzögertem Beginn, Verzug mit der Fertigstellung oder Verstoß gegen die Verpflichtung gem. § 5 Nr. 3 VOB/B eine **angemessene Frist** zur Vertragserfüllung gesetzt und die Kündigung angedroht hat. Die Angemessenheit der Frist richtet sich nach der jeweiligen Störung des Bauvertrages, wobei die Frist für einen leistungsbereiten Auftragnehmer einhaltbar sein muss.[1291]

- **Bei § 4 Nr. 7 VOB/B**

503 Die Angemessenheit der Beseitigungsfrist richtet sich nach Art und Umfang des Mangels, der beseitigt werden muss. Wesentlich für den Begriff der Angemessenheit ist nicht die subjektive Sicht des Auftraggebers, sondern die bei objektiver Betrachtung im Einzelfall anzunehmende Zeit, die ein ordnungsgemäßer Auftragnehmer braucht, um diesen Man-

---

[1285] Ingenstau/Korbion-*Döring*, § 6 Nr. 3 VOB/B, Rn 9; Kapellmann/Messerschmidt-*Kapellmann*, § 6 VOB/B, Rn 35.
[1286] Ingenstau/Korbion-*Döring*, § 6 Nr. 4 VOB/B, Rn 3 ff.; Kapellmann/Messerschmidt-*Kapellmann*, § 6 VOB/B, Rn 39; Langen/Schiffers, Rn 1789.
[1287] BGH BauR 1993, 600; Kapellmann/Messerschmidt-*Kapellmann*, § 6 VOB/B, Rn 43.
[1288] BGH NJW 1966, 971.
[1289] Vgl. zur Teilkündigung: Kapellmann/Messerschmidt-*Lederer*, § 8 VOB/B, Rn 20; Heiermann/Riedl/Rusan, VOB/B Einführung zu §§ 8, 9, Rn 1; Beck'scher VOB-Kommentar-*Motzke*, § 8 Nr. 1 VOB/B, Rn 20; Ingenstau/Korbion-*Vygen*, § 8 Nr. 1 VOB/B, Rn 74; OLG Oldenburg BauR 2000, 897.
[1290] Zu beachten bleibt, dass im Schrifttum die Auffassung vertreten wird, mit dem Schuldrechtsmodernisierungsgesetz sei ein außerordentliches Kündigungsrecht aus wichtigem Grund weggefallen, so: *Boldt*, NZBau 2002, 655; Voit, BauR 2002, 1776. Dabei wird darauf abgestellt, dass der Gesetzgeber durch § 314 BGB zum Ausdruck gebracht habe, dass die außerordentliche Kündigung nur bei Dauerschuldverhältnissen möglich sei. Weiterhin soll es dem Rechtsinstitut der außerordentlichen Kündigung nicht mehr bedürfen, da nach dem Gesetz mit dem (Teil-)Rücktritt gem. § 324 BGB eine umfassende Regelung zur Verfügung stehe.
[1291] Beck'scher VOB-Kommentar-*Motzke*, § 5 Nr. 4 VOB/B, Rn 49; Kapellmann/Messerschmidt-*Langen*, § 5 VOB/B, Rn 127; Ingenstau/Korbion-*Döring*, § 5 Nr. 4 VOB/B, Rn 18.

C. Vergütungsansprüche des Auftragnehmers beim gekündigten Bauvertrag

gel oder diese Vertragswidrigkeit zu beheben.[1292] Dabei ist davon auszugehen, dass es im wohlberechtigten Interesse des Auftraggebers liegt, dass der Auftragnehmer unverzüglich (§ 121 BGB) nach Erhalt der Beseitigungsaufforderung die erforderlichen Arbeiten in Angriff nimmt und zügig durchführt.[1293]

- **Bei § 5 Nr. 4 VOB/B**

Hat der Auftragnehmer nicht in der vereinbarten oder gem. § 5 Nr. 2 S. 2 VOB/B gesetzten Frist mit der Ausführung begonnen, ist ihm für den Beginn nicht noch einmal eine Nachfrist von 12 Werktagen gem. § 5 Nr. 2 S. 2 VOB/B zu setzen. Im Regelfall wird hier eine Frist von einer Woche ausreichend sein.[1294] Beim Wiederbeginn nach einer Stilllegung der Bauarbeiten aus einem vom Auftraggeber zu vertretenden Grund kommt es darauf an, wie lange ein leistungsbereiter Auftragnehmer benötigt, um die Baustelle wieder einzurichten und die Leistungen wieder aufzunehmen. Insoweit richtet sich die Angemessenheit der Frist im Einzelfall nach der Größe des Bauvorhabens, dem Umfang der Baustelleneinrichtung und dem Gesamtzusammenhang der Produktionsgegebenheiten.[1295] Bei unzureichender Baustellenförderung durch den Auftragnehmer gem. § 5 Nr. 3 VOB/B kommt es darauf an, welche Zeit er vernünftigerweise für die gebotene Umdisponierung und Abhilfe benötigt. Im Regelfall wird auch hier eine Frist von einer Woche auskömmlich sein.[1296] Bezüglich des Fertigstellungstermins kommt es darauf an, wie lange ein leistungsbereiter Auftragnehmer zur Fertigstellung benötigt, wobei der eingetretene Verzug natürlich nicht fristverkürzend angesetzt werden darf.[1297]

- **Entbehrliche Fristsetzung**

Ausnahmsweise entbehrlich ist die Setzung einer Nachfrist nach allgemeiner Auffassung dann, wenn der Vertragszweck durch ein schuldhaftes Verhalten des Auftragnehmers so gefährdet ist, dass es dem vertragstreuen Auftraggeber nicht zumutbar ist, den Vertrag fortzusetzen.[1298] Eine solche schwerwiegende, ohne Nachfristsetzung zur Kündigung berechtigende **Pflichtverletzung des Auftragnehmers** liegt bspw. dann vor, wenn er endgültig und ernsthaft die Weiterarbeit verweigert oder die Weiterarbeit unberechtigt von einer Zahlung abhängig macht, die er jedenfalls derzeit nicht verlangen kann.[1299]

- **Unmissverständliche Kündigungsandrohung**

§ 4 Nr. 7 und Nr. 8 Abs. 1 bzw. § 5 Nr. 4 VOB/B fordern, dass der Auftraggeber dem Auftragnehmer eine angemessene Frist zur Vertragserfüllung setzt und erklärt, dass er ihm nach fruchtlosem Ablauf der Frist den Auftrag entziehe. Inhaltlich setzt die Kündigungsandrohung voraus, dass dem Auftragnehmer schon aufgrund der Wortwahl ein-

---

1292 Ingenstau/Korbion-*Oppler*, § 4 Nr. 7 VOB/B, Rn 43; Kapellmann/Messerschmidt-*Merkens*, § 4 VOB/B, Rn 175.
1293 Ingenstau/Korbion-*Oppler*, § 4 Nr. 7 VOB/B, Rn 43; Langen/Schiffers, Rn 2020 und 1815.
1294 Kapellmann/Messerschmidt-*Langen*, § 5 VOB/B, Rn 127; Langen/Schiffers, Rn 1815.
1295 Kapellmann/Messerschmidt-*Langen*, § 5 VOB/B, Rn 127; Langen/Schiffers, Rn 1815; Ingenstau/Korbion-*Döring*, § 5 Nr. 4 VOB/B, Rn 18.
1296 Kapellmann/Messerschmidt-*Langen*, § 5 VOB/B, Rn 127; Langen/Schiffers, Rn 1815; Beck'scher VOB-Kommentar-*Motzke*, § 5 Nr.4 VOB/B, Rn 49.
1297 Kapellmann/Messerschmidt-*Langen*, § 5 VOB/B, Rn 127; Langen/Schiffers, Rn 1815; Beck'scher VOB-Kommentar-*Motzke*, § 5 Nr.4 VOB/B, Rn 49.
1298 BGH BauR 1996, 704.
1299 BGH BauR 1980, 465 f.; BauR 2005, 1477; OLG Düsseldorf NZBau 2001, 562 (563); Ingenstau/Korbion-*Döring*, § 5 Nr. 4 VOB/B, Rn 19; Kapellmann/Messerschmidt-*Langen*, § 5 VOB/B, Rn 129.

von Kiedrowski

§ 6 Die Ansprüche des Auftragnehmers gegen den Auftraggeber

deutig und **unmissverständlich** vor Augen geführt wird, dass ihm nach fruchtlosem Fristablauf der Auftrag entzogen werde.[1300]

(5) Verwirkung des Kündigungsrechts

507 Das Kündigungsrecht aus wichtigem Grund gem. § 8 Nr. 3 VOB/B basiert auf dem Gedanken, dass dem Auftraggeber nach fruchtlosem Fristablauf die Fortsetzung des Vertragsverhältnisses nicht mehr zumutbar ist. Damit korrespondiert, dass der Auftraggeber in angemessener Frist nach Fristablauf darüber befinden muss, ob er sein Kündigungsrecht ausübt oder nicht.[1301] Zutreffend geht deshalb die h. A. davon aus, dass ein bereits entstandenes Kündigungsrecht aus wichtigem Grund **verwirkt** wird, wenn der Auftraggeber die Kündigung nicht kurzfristig, d. h. regelmäßig binnen weniger Tage ausspricht.[1302] Ein stillschweigender Verzicht auf das Kündigungsrecht kann auch darin gesehen werden, dass der Auftraggeber den Auftragnehmer nach Fristablauf weiterarbeiten lässt, wodurch er zu erkennen gibt, dass er das Vertragsverhältnis doch nicht beenden will.[1303]

(6) Kündigungsfolgen

■ Wirkungen der Kündigung

508 Mit der Kündigung **entfallen die Leistungsverpflichtungen** für den bis zur Kündigung noch nicht erbrachten Teil. Der Gegenstand des Bauvertrages beschränkt sich **auf die bis zur Kündigung erbrachten Leistungen**.[1304] Für die Weiterführung der Arbeiten kann der Auftraggeber – anders als beim BGB-Bauvertrag – Geräte, Gerüste, auf der Baustelle vorhandene andere Einrichtungen und angelieferte Stoffe sowie Bauteile gegen angemessene Vergütung in Anspruch nehmen. Dieser Anspruch wird gesondert abgerechnet. Seine Fälligkeit hängt nicht davon ab, dass der Auftragnehmer nach der Kündigung eine Schlussrechnung gem. § 8 Nr. 6 VOB/B erteilt. Es kann allerdings ein Zurückbehaltungsrecht des Auftraggebers bis zur Erteilung der Schlussrechnung bestehen.[1305]

509 Weiterhin wird im Fall der Kündigung der Vergütungsanspruch des Auftragnehmers erst bei Vorliegen einer Abnahme **fällig**.[1306] Selbstverständlich werden die weitergehenden **Abnahmewirkungen** als Folge der Kündigung nicht herbeigeführt. Beim VOB-Bauvertrag ist Fälligkeitsvoraussetzung für den Vergütungsanspruch des Auftragnehmers nach der Kündigung, dass dem Auftraggeber eine prüfbare Schlussrechnung zugeht.[1307] Diese hat der Auftragnehmer gem. § 8 Nr. 6 VOB/B unverzüglich zu erstellen. In der Schlussrechnung sind die Vergütungsansprüche sowie vergütungsgleiche Forderungen einzustellen (§§ 6 Nr. 5 bis 7 VOB/B; §§ 8 Nr. 1 Abs. 2, § 9 Nr. 3 S. 2 VOB/B).

1300 Ingenstau/Korbion-*Döring*, § 5 Nr. 4 VOB/B, Rn 20; Kapellmann/Messerschmidt-*Langen*, § 5 VOB/B, Rn 130 f.; Langen/Schiffers, Rn 1819 f.
1301 Ingenstau/Korbion-*Döring*, § 5 Nr. 4 VOB/B, Rn 16; Kapellmann/Messerschmidt-*Langen*, § 5 VOB/B, Rn 133; Langen/Schiffers, Rn 1821.
1302 Beck'scher VOB-Kommentar-*Motzke*, § 5 Nr.4 VOB/B, Rn 59; Vygen/Schubert/Lang, Rn 100; Langen/Schiffers, Rn 1821; Langen/Schiffers, Rn 1822.
1303 OLG Düsseldorf NJW-RR 1994, 149; Ingenstau/Korbion-*Döring*, § 5 Nr. 4 VOB/B, Rn 16.
1304 BGH BauR 1993, 469.
1305 BGH BauR 2001, 245.
1306 BGH, Urteil vom 11.05.2006 – VII ZR 146/04, IBR 2006, 432; so auch das Schrifttum: Kniffka, ZfBR 1998, 113 (116); Werner/Pastor, Rn. 1301; Acker/Roskosny, BauR 2003, 1279 (1292); Thode, ZfBR 1999, 116 (123); Brügmann/Kenter, NJW 2003, 2121 ff.
1307 BGH BauR 1987, 95. Vgl. zu den Anforderungen an die Prüfbarkeit einer Abrechnung nach Kündigung eines Pauschalpreisvertrages auch BGH BauR 2005, 1218.

C. Vergütungsansprüche des Auftragnehmers beim gekündigten Bauvertrag 1

Das **Recht auf Abnahme** folgt beim VOB-Bauvertrag aus § 8 Nr. 6 VOB/B i. V. m. § 12 Nr. 4 und Nr. 6 VOB/B, wobei eine fiktive Abnahme nach § 12 Nr. 5 VOB/B beim gekündigten VOB-Bauvertrag nicht in Betracht kommt. Der Auftragnehmer kann beim VOB-Bauvertrag ein **gemeinsames Aufmaß** gem. § 8 Nr. 6 VOB/B jedenfalls dann verlangen, wenn er die Abnahme verlangen kann. Der Auftraggeber ist aus dem Kooperationsgedanken verpflichtet, an der gemeinsamen Aufmaßnahme mitzuwirken.[1308] Verweigert der Auftraggeber die Teilnahme an einer gemeinsamen Aufmaßnahme, muss der Auftragnehmer die erbrachten Mengen und Massen einseitig aufmessen (vgl. Rn 448). Der Auftraggeber kann die Abnahme der erbrachten Leistung gem. § 12 Nr. 3 VOB/B wegen wesentlicher Mängel verweigern. Solange er die Abnahme zu Recht verweigert und kein Abrechnungsverhältnis entsteht (vgl. Rn 575, 563 ff.), kann er auch die Zahlung des Werklohns für die erbrachte Leistung verweigern. Hat er die bis zur Kündigung erbrachte Leistung abgenommen, steht ihm gem. § 641 Abs. 3 BGB sogar ein Leistungsverweigerungsrecht (aus § 320 BGB) in Höhe des Dreifachen der Mängelbeseitigungskosten zu. Dieses **Leistungsverweigerungsrecht** erlischt nicht durch einen Annahmeverzug, ist dann aber auf die einfachen Mängelbeseitigungskosten beschränkt.[1309] Hat der Auftraggeber nach einer Kündigung zunächst ein Baustellenverbot ausgesprochen, ist er nicht gehindert, dieses später aufzuheben und gegenüber dem Werklohnverlangen das Leistungsverweigerungsrecht erneut geltend zu machen.[1310]

510

Die Kündigung lässt die **Mängelansprüche** des Auftraggebers unberührt, denn wegen des nicht gekündigten Teils besteht der Vertrag fort. Der Auftraggeber kann in Ansehung auf die erbrachten Leistungen gem. §§ 4 Nr. 7 bzw. § 13 Nr. 5 Abs. 1 VOB/B Nacherfüllung verlangen und hat nach fruchtlosem Fristablauf die Rechte auf Selbstvornahme und Kostenerstattung bzw. Vorschuss gem. § 13 Nr. 5 Abs. 2 VOB/B. Zudem kann der Auftraggeber bei Vorliegen der Voraussetzungen gem. § 13 Nr. 6 VOB/B mindern bzw. gem. §§ 4 Nr. 7, 13 Nr. 7 VOB/B betreffend der erbrachten und gem. § 8 Nr. 3 Abs. 2 VOB/B im Hinblick auf die vom Auftragnehmer nach Kündigung nicht mehr erbrachten Leistungen Schadensersatz verlangen (vgl. Rn 513 ff.). Nach der neusten Rechtsprechung[1311] stellen bei einer Kündigung des Bauvertrages der Vergütungsanspruch des Auftragnehmers für die bis zur Kündigung erbrachten Leistungen einerseits und Ansprüche des Auftraggebers auf Schadensersatz in Geld wegen Verzuges, Unmöglichkeit, Nebenpflichtverletzung oder wegen Mängeln anderseits selbstständige Ansprüche der Parteien dar, die sich im Wege der **Aufrechnung** gegenüberstehen können. Mit dem Begriff „Abrechnungsverhältnis" ist nicht zum Ausdruck gebracht, dass Forderung und Gegenforderung nicht den Regeln zur Aufrechnung unterliegen.

511

1308 Vgl. zu den Wirkungen einer gemeinsamen/einseitigen Aufmaßnahme Rn 446 ff.
1309 BGH NZBau 2002, 383; Werner/Pastor, Rn 2531; MünchKomm-*Busche*, § 641 BGB, Rn 36; **a. A.** OLG Dresden BauR 2001, 1261; OLG Düsseldorf BauR 2002, 482 (484).
1310 Nach der Rechtsprechung des BGH (BGH ZfBR 2005, 49) endet bei einem Baustellenverbot der Annahmeverzug beim Auftraggeber, wenn der Auftraggeber sich im Prozess wegen der Mängel auf sein Leistungsverweigerungsrecht beruft und dadurch zu erkennen gibt, dass er zum Zwecke der Mängelbeseitigung das Betreten der Baustelle zulässt.
1311 BGH BauR 2005, 1477; abweichend davon die alte Rechtsprechung: OLG Naumburg; Nichtannahmebeschluss des BGH v. 5.4.2001, BauR 2001, 1615 (1617); Werner/Pastor, Rn 2577, wonach Forderung und Gegenforderung sich nicht selbstständig gegenüberstehen und die wechselseitigen Forderungen im Rahmen der anzuwendenden Differenztheorie als unselbstständige Rechnungsposten eines einheitlichen Anspruchs anzusehen sind. Dabei war im Wege der Saldierung zu ermitteln, wem nach der Verrechnung noch ein Zahlungsanspruch zusteht, kritisch zu Recht: Ingenstau/Korbion-*Wirth*, § 13 Nr. 7 VOB/B, Rn 154 ff.

§ 6 Die Ansprüche des Auftragnehmers gegen den Auftraggeber

- **Abrechnung der erbrachten Leistungen**

512 Ist der Auftrag dem Auftragnehmer nach § 8 Nr. 3 VOB/B entzogen worden, kann er gem. § 8 Nr. 3 Abs. 2 VOB/B nur den **Anteil seiner vereinbarten Vergütung** verlangen, der seinen bisher erbrachten Leistungen entspricht.[1312] Hierfür gelten die gleichen Regeln, die beim BGB-Bauvertrag im Zusammenhang mit der Abrechnung für erbrachte Leistungen dargestellt worden sind (vgl. Rn 454 ff.). Angelieferte, aber noch nicht eingebaute Bauteile werden nicht als erbrachte Leistungen betrachtet und sind nur ausnahmsweise nach Treu und Glauben zu vergüten.[1313] Die Abrechnung hat den Anforderungen einer prüfbaren Rechnung gem. § 14 Nr. 1 VOB/B zu genügen.[1314] § 8 Nr. 3 Abs. 4 VOB/B begründet keine Ausschlussfrist.[1315]

- **(Gegen-)Ansprüche des Auftraggebers**

Kleiner Schadensersatz

513 Der Auftraggeber ist gem. § 8 Nr. 3 Abs. 2 S. 1 1. Halbs. VOB/B berechtigt, nach der Entziehung des Auftrages den noch nicht vollendeten Teil der Leistung zu Lasten des Auftragnehmers durch einen Dritten ausführen zu lassen. Er hat in diesem Fall Anspruch auf Erstattung der durch die Ersatzvornahme entstandenen **Mehrkosten der Fertigstellung**. Dabei ist der Auftraggeber so zu stellen, wie er gestanden hätte, wenn der ursprüngliche Auftragnehmer das Werk ordnungsgemäß hergestellt hätte.[1316] Der Erstattungsanspruch wird ermittelt, indem von den Kosten der Ersatzvornahme für die infolge der Kündigung nunmehr durch einen Dritten erbrachten Leistungen die Vergütung in Abzug gebracht wird, die dem Auftraggeber nach dem gekündigten Bauvertrag zugestanden hätte, wenn er diese Arbeiten erbracht hätte.[1317] Dieser Anspruch besteht unabhängig davon, ob der Auftraggeber die Frist über die Zusendung der Mehrkostenaufstellung nach § 8 Nr. 3 Abs. 4 VOB/B eingehalten hat.

- **Einheitspreisvertrag**

514 Liegt dem gekündigten Vertragsverhältnis ein **Einheitspreisvertrag** zugrunde, ist der geforderten Differenzberechnung zwischen den tatsächlich durch den Auftraggeber an den Drittunternehmer gezahlten Kosten und der für diese Arbeiten an den gekündigten Auftragnehmer zu entrichtenden Vergütung am einfachsten dadurch gerecht zu werden, dass man die Fertigstellungsarbeiten an den Drittunternehmer ebenfalls auf Einheitspreisbasis vergibt und das dem gekündigten Bauvertrag zugrunde liegende Leistungsverzeichnis vereinbart.[1318] Weiter gehört es zu einer schlüssigen Darlegung des Erstattungsanspruches, dass der Auftraggeber vorträgt und ggf. auch beweist, die durch die Fertigstellung entstandenen Kosten dem Drittunternehmer auch tatsächlich gezahlt zu haben.[1319] Eine Verpflichtung des Auftraggebers, die Arbeiten zur Fertigstellung des vom

---

1312 Kapellmann/Messerschmidt-*Lederer*, § 8 VOB/B, Rn 83; Ingenstau/Korbion-*Vygen*, § 8 Nr. 3 VOB/B, Rn 35.
1313 BGH BauR 1995, 545; OLG Köln BauR 1996, 257; Ingenstau/Korbion-*Vygen*, § 8 Nr. 3 VOB/B, Rn 35.
1314 OLG Celle NJW-RR 1996, 343; Ingenstau/Korbion-*Vygen*, § 8 Nr. 3 VOB/B, Rn 36.
1315 BGH BauR 2000, 571; OLG Nürnberg BauR 2001, 415; Kapellmann/Messerschmidt-*Lederer*, § 8 VOB/B, Rn 98 f.; Ingenstau/Korbion-*Vygen*, § 8 Nr. 3 VOB/B, Rn 77.
1316 BGH BauR 1974, 412; BauR 2000, 571; Ingenstau/Korbion-*Vygen*, § 8 Nr. 3 VOB/B, Rn 35; Kapellmann/Messerschmidt-*Lederer*, § 8 VOB/B, Rn 84.
1317 BGH BauR 2000, 571; OLG München, BauR 2005, 1632, Nichtzulassungsbeschwerde vom BGH durch Beschl. v. 9.6.2005 zurückgewiesen; Kapellmann/Messerschmidt-*Lederer*, § 8 VOB/B, Rn 85; Ingenstau/Korbion-*Vygen*, § 8 Nr. 3 VOB/B, Rn 38.
1318 Ingenstau/Korbion-*Vygen*, § 8 Nr. 3 VOB/B, Rn 39; Kapellmann/Messerschmidt-*Lederer*, § 8 VOB/B, Rn 86.
1319 Ingenstau/Korbion-*Vygen*, § 8 Nr. 3 VOB/B, Rn 39; Kapellmann/Messerschmidt-*Lederer*, § 8 VOB/B, Rn 86.

C. Vergütungsansprüche des Auftragnehmers beim gekündigten Bauvertrag

Auftragnehmer nicht zu Ende geführten Werkes im Wege des Einheitspreisvertrages zu vergeben, ist abzulehnen.[1320]

- **Pauschalpreisvertrag**

Lag dem gekündigten Vertragsverhältnis ein **Pauschalpreisvertrag** zugrunde, so gilt der vorerwähnte Grundsatz, dass der Auftraggeber nicht verpflichtet ist, die Restfertigstellung im Wege des Einheitspreisvertrages zu vergeben, erst recht. Sind sowohl der gekündigte Bauvertrag als auch die Fertigstellungsarbeiten auf Pauschalpreisbasis beauftragt worden, so reicht es für eine schlüssige Abrechnung des Mehrkostenerstattungsanspruches aus, wenn der Auftraggeber wie folgt vorgeht: Grundlage der Abrechnung ist die an die Drittfirma für die Fertigstellung zu leistende Pauschalpreisvergütung. Dieser sind die Zahlungen hinzuzusetzen, die der Auftraggeber an den Auftragnehmer auf der Basis des gekündigten Pauschalpreisvertrages bereits als Abschlag geleistet hat. Von der sich so ergebenden Summe ist die Pauschalpreisvergütung aus dem gekündigten Pauschalpreisvertrag in Abzug zu bringen. Der sich ergebende Saldo ergibt den vom gekündigten Auftragnehmer an den Auftraggeber zu erstattenden Betrag.[1321]   515

- **Berücksichtigung von Bausolländerungen**

Wären von dem gekündigten Auftragnehmer zur Erbringung der Bauleistungen auch geänderte und/oder zusätzliche Leistungen auszuführen gewesen, so stellt sich die Frage, ob der Auftraggeber vom gekündigten Auftragnehmer auch Erstattung der ihm insoweit entstehenden **Mehrkosten** verlangen kann. Geht es um Leistungen, die der Auftragnehmer gem. § 1 Nr. 3 und 4 VOB/B hätte ausführen müssen, sind diese bei der Preisbildung auch entsprechend zu berücksichtigen.[1322] Für diese Leistungen muss als Vergleichspreis der nach § 2 Nr. 5 und 6 VOB/B zu bildende Preis herangezogen werden.   516

- **Sonstige Schäden**

Gemäß § 8 Nr. 3 Abs. 2 S. 1 2. Halbs. VOB/B wird klargestellt, dass der Auftraggeber neben dem Mehrkostenerstattungsanspruch auch noch darüber hinausgehende weitere Schadensersatzansprüche geltend machen kann. Hierzu zählen hauptsächlich die terminabhängigen Schäden, die dem Auftraggeber aus Anlass der späteren Fertigstellung des Bauwerkes erwachsen sind.[1323]   517

- **Beachtung der Schadensminderungspflicht**

Dem Auftraggeber obliegt zum Zwecke der Erfüllung seiner Schadensminderungspflicht gem. § 254 Abs. 2 BGB die Verpflichtung, bei der Beauftragung eines Drittunternehmers den Schaden so gering wie möglich zu halten.[1324]   518

- **Vorschussanspruch**

Ist dem Auftraggeber nach Einholung entsprechender Angebote oder auf andere Weise möglich, den voraussichtlichen Mehrkostenerstattungsanspruch zu ermitteln, so steht ihm ein Vorschussanspruch gegen den gekündigten Auftragnehmer zu.[1325]   519

1320 Kapellmann/Messerschmidt-*Lederer*, § 8 VOB/B, Rn 87; Ingenstau/Korbion-*Vygen*, § 8 Nr. 3 VOB/B, Rn 39.
1321 OLG Nürnberg BauR 2001, 415; Ingenstau/Korbion-*Vygen*, § 8 Nr. 3 VOB/B, Rn 39; Kapellmann/Messerschmidt-*Lederer*, § 8 VOB/B, Rn 88.
1322 BGH BauR 2000, 571; Ingenstau/Korbion-*Vygen*, § 8 Nr. 3 VOB/B, Rn 38; Kapellmann/Messerschmidt-*Lederer*, § 8 VOB/B, Rn 90.
1323 Ingenstau/Korbion-*Vygen*, § 8 Nr. 3 VOB/B, Rn 51; Kapellmann/Messerschmidt-*Lederer*, § 8 VOB/B, Rn 94.
1324 Ingenstau/Korbion-*Vygen*, § 8 Nr. 3 VOB/B, Rn 47; Kapellmann/Messerschmidt-*Lederer*, § 8 VOB/B, Rn 91.
1325 OLG Celle BauR 1984, 409, KG BauR 1984, 527; Ingenstau/Korbion-*Vygen*, § 8 Nr. 3 VOB/B, Rn 42 f.; Kapellmann/Messerschmidt-*Lederer*, § 8 VOB/B, Rn 92.

§ 6 Die Ansprüche des Auftragnehmers gegen den Auftraggeber

■ **Abrechnung der Mehrkosten**

520 Sind die Ersatzvornahmeleistungen, mit denen der Auftraggeber einen Dritten beauftragt hat, abgeschlossen und hat der Dritte über seine Leistungen schlussabgerechnet, so ist der Auftraggeber seinerseits verpflichtet, seine etwaig entstandenen Mehrkosten und seine etwaig entstandenen anderen Ansprüche spätestens binnen **12 Werktagen** nach Abrechnung mit dem Dritten zu erstellen und dem Auftragnehmer zuzusenden. Dieser Anspruch ist gerichtlich einklagbar.[1326]

■ **Zur Darlegungs- und Beweislast**

521 Der Auftraggeber trägt die Darlegungs- und Beweislast für die als Ersatzvornahme erbrachten Leistungen, der dadurch entstandenen Kosten und der infolge der Kündigung nicht mehr an den Auftragnehmer zu zahlenden Vergütung sowie die Berechnung der sich daraus ergebenden Differenz.[1327]

Großer Schadensersatz

522 Unter der Voraussetzung, dass der Auftragnehmer an der Ausführung der gekündigten Bauleistung aus den Gründen, die zur Entziehung des Auftrages geführt haben, kein Interesse mehr hat, kann er **auf die weitere Ausführung verzichten** und insgesamt Schadensersatz wegen Nichterfüllung verlangen. Der Auftragnehmer hätte in diesem Fall etwaig erhaltene Abschlagszahlungen zurückzuerstatten und außerdem den durch die Nichterfüllung dem Auftraggeber entstandenen Schaden zu ersetzen.[1328]

d) Kündigung bei Vorliegen einer Behinderung gemäß § 6 Nr. 7 VOB/B

523 Im Falle der Unterbrechung einer bereits begonnenen und nicht unmöglich gewordenen Bauausführung (vgl. Rn 633), die länger als **3 Monate** dauert,[1329] kann der Auftraggeber nach Ablauf dieser Zeit den Vertrag schriftlich kündigen. Dies gilt auch dann, wenn die Ursache für die Unterbrechung der Bauausführung aus dem Risikobereich des kündigenden Auftraggebers herrührt bzw. von diesem zu vertreten ist.[1330] Die **Abrechnung** regelt sich nach § 6 Nr. 5 VOB/B. Der Auftragnehmer hat mithin einen Anspruch auf einen der geleisteten Arbeit entsprechenden Teil des Werklohns und Ersatz der Kosten, die dem Auftragnehmer bereits entstanden sind und die in den Vertragspreisen des nicht ausgeführten Teils der Leistung nicht enthalten sind (vgl. Rn 472). Hat der Auftragnehmer die Unterbrechung nicht zu vertreten hat, sind auch die Kosten der Baustellenräumung zu vergüten, soweit sie nicht in der Vergütung für die bereits ausgeführten Leistungen enthalten sind. Hat der Auftraggeber hingegen die hindernden Umstände zu vertreten, so kann der Auftragnehmer einen darüber hinausgehenden Entschädigungsanspruch gem. § 6 Nr. 6 VOB/B geltend machen (vgl. Rn 548 ff.). Was die Wirkungen einer Kündigung des VOB-Bauvertrages gem. § 6 Nr. 7 VOB/B betrifft, kann auf die vorstehenden Ausführungen zur Kündigung gem. § 8 Nr. 1 VOB/B verwiesen werden (vgl. Rn 481).

[1326] BGH NZBau 2002, 435; Ingenstau/Korbion-*Vygen*, § 8 Nr. 3 VOB/B, Rn 69 ff.; Kapellmann/Messerschmidt-*Lederer*, § 8 VOB/B, Rn 98.
[1327] Ingenstau/Korbion-*Vygen*, § 8 Nr. 3 VOB/B, Rn 37, 52.
[1328] Ingenstau/Korbion-*Vygen*, § 8 Nr. 3 VOB/B, Rn 54 ff.; Kapellmann/Messerschmidt-*Lederer*, § 8 VOB/B, Rn 95.
[1329] Steht mit der erforderlichen Sicherheit fest, dass die Unterbrechung (bzw. Verzögerung) länger als 3 Monate dauern wird, kann bereits auch vor Fristablauf die Kündigung erklärt werden; die Frist von 3 Monaten ist demnach keinesfalls starr, BGH BauR 2004, 1285 (1286).
[1330] BGH BauR 2004, 1285 (1287) „§ 6 Nr. 7 VOB/B stellt ein vertraglich konkretisiertes Billigkeitsrecht dar".

C. Vergütungsansprüche des Auftragnehmers beim gekündigten Bauvertrag

II. Kündigung durch den Auftragnehmer

1. Beim BGB-Bauvertrag

a) Kündigung wegen der Nichterbringung von Mitwirkungspflichten gemäß §§ 642, 643 BGB

aa) Kündigungsvoraussetzungen

Dem Auftragnehmer steht beim BGB-Bauvertrag ein Kündigungsrecht nach §§ 642, 643 BGB zu, wenn der Auftraggeber seine **Mitwirkungspflichten** verletzt[1331] und der Auftragnehmer dem Auftraggeber eine angemessene Frist[1332] [1333] zur Nachholung der Mitwirkungshandlung mit der Erklärung gesetzt hat, dass er den Vertrag kündigen werde, wenn die Handlung nicht bis zum Ablauf der Frist vorgenommen wird. Folgende Mitwirkungspflichten kommen beim BGB-Bauvertrag in Betracht:[1334]

- Herbeiführung aller öffentlich-rechtlichen Genehmigungen;
- Bereitstellung des Baugrundstücks;
- die Absteckung der Hauptachsen (§ 3 Nr. 2 VOB/B), des Lager- und Arbeitsplatzes auf der Baustelle sowie der Zufahrtswege;
- Bereitstellen von Plänen und aller für die Ausführung erforderlicher Unterlagen;
- Erbringung notwendiger Vorarbeiten;
- Aufrechterhaltung der öffentlichen Ordnung auf der Baustelle;
- Pflicht zur Koordinierung aller am Bau beteiligten Firmen.

Wird die vom Auftraggeber geschuldete Mitwirkungshandlung nicht bis zum Ablauf der Frist nachgeholt, ist gem. § 643 S. 2 BGB der Bauvertrag aufgehoben, ohne dass es einer weiteren Erklärung des Auftragnehmers bedarf.[1335]

bb) Wirkungen der Kündigung

(1) Wegfall der Leistungspflicht für den noch nicht erbrachten Teil

Kommt es zu einer Kündigung des Bauvertrages, entfallen die **Leistungsverpflichtungen** für den bis zur Kündigung noch nicht erbrachten Teil. Als Folge dessen beschränkt sich der Gegenstand des Bauvertrages auf die bis zur Kündigung erbrachten Leistungen.[1336]

(2) Fälligkeit des Vergütungsanspruchs für die erbrachten Leistungen

Weiterhin wird im Fall der Kündigung der Vergütungsanspruch des Auftragnehmers im Hinblick auf die erbrachten Leistungen erst bei Vorliegen einer Abnahme **fällig**.[1337] Die

---

1331 Vgl. hierzu OLG Celle BauR 2001, 1597; *Lenzen*, BauR 1997, 210; *Duffek*, BauR 1999, 979 (984); *Niemöller*, BauR 539 (540).
1332 Die Angemessenheit der Frist richtet sich nach der jeweiligen Störung des Bauvertrages, wobei die Frist für einen leistungsbereiten Auftraggeber einhaltbar sein muss.
1333 Ausnahmsweise entbehrlich ist die Setzung einer Nachfrist nach allgemeiner Auffassung dann, wenn der Vertragszweck durch ein schuldhaftes Verhalten des Auftraggebers so gefährdet ist, dass es dem vertragstreuen Auftragnehmer nicht zumutbar ist, den Vertrag fortzusetzen, vgl. BGH BauR 1996, 704. Eine solche schwerwiegende, ohne Nachfristsetzung zur Kündigung berechtigende Pflichtverletzung des Auftraggebers liegt bspw. dann vor, wenn er (der Auftraggeber) endgültig und ernsthaft die Mitwirkung verweigert oder die Mitwirkung nicht mehr vornehmen kann, Palandt-Sprau, § 643 BGB, Rn 2.
1334 Vgl. auch Staudinger-*Peters*, § 642 BGB, Rn 17 ff. sowie Werner/Pastor, Rn 1328.
1335 Werner/Pastor, Rn 1327; Staudinger-*Peters*, § 643 BGB, Rn 14 ff. Fraglich ist, ob der Auftragnehmer seine Kündigungserklärung bis zum Fristablauf zurücknehmen kann, vgl. hierzu *Niemöller*, BauR 1997, 539 (541).
1336 BGH BauR 1993, 469.
1337 BGH, Urteil vom 11.05.2006 – VII ZR 146/04, IBR 2006, 432; so auch das Schrifttum: Kniffka, ZfBR 1998, 113 (116); Werner/Pastor, Rn. 1301; Acker/Roskosny, BauR 2003, 1279 (1292); Thode, ZfBR 1999, 116 (123); Brügmann/Kenter, NJW 2003, 2121 ff.

§ 6 Die Ansprüche des Auftragnehmers gegen den Auftraggeber

weitergehenden **Abnahmewirkungen** (vgl. Rn 356 ff.) werden als Folge der Kündigung grundsätzlich nicht herbeigeführt.[1338] Der Anspruch auf Schlusszahlung (im Abrechnungsverhältnis)[1339] wird nicht von dem Stellen einer prüfbaren Schlussrechnung (anders beim VOB-Bauvertrag) abhängig gemacht. Gleichermaßen ist die Prüfbarkeit einer Schlussrechnung beim BGB-Bauvertrag keine Fälligkeitsvoraussetzung.[1340] Dies bedeutet aber nicht, dass ein Auftragnehmer ohne Vorliegen einer prüfbaren Abrechnung seiner Leistungen einen Vergütungsanspruch erfolgreich geltend machen wird. So muss eine schlüssige Abrechnung schon deshalb vorliegen, weil ohne prüfbare Abrechnung der Vergütungsanspruch des Auftragnehmers im Prozess nicht schlüssig darzulegen sein wird (vgl. Rn 334).

(3) Anspruch des Auftragnehmers auf Abnahme

527 Der Auftragnehmer hat gegen den Auftraggeber einen **Anspruch auf Abnahme** der bis zur Kündigung erbrachten Leistungen, wenn diese nicht mit wesentlichen Mängeln behaftet sind.[1341] Dabei führt eine Abnahme der durch die Kündigung beschränkten vertraglich geschuldeten Werkleistung dazu, dass das Erfüllungsstadium des gekündigten Vertrages beendet wird und die Erfüllungswirkungen der Werkleistung herbeigeführt werden.

(4) Zur Aufmaßnahme

528 Der Auftragnehmer kann, wenn er eine Abnahme fordern kann, ein **gemeinsames Aufmaß** verlangen (vgl. Rn 446). Verweigert der Auftraggeber die Teilnahme an einer gemeinsamen Aufmaßnahme, muss der Auftragnehmer die erbrachten Mengen und Massen einseitig aufmessen (vgl. Rn 448).

(5) Leistungsverweigerungsrecht des Auftraggebers bei Mängeln

529 Der Auftraggeber kann die Abnahme der erbrachten Leistung wegen wesentlicher Mängel **verweigern**. Solange er die Abnahme zu Recht verweigert und kein Abrechnungsverhältnis entsteht (vgl. Rn 575, 563 ff.), kann er auch die Zahlung des Werklohns für die erbrachte Leistung – mit einem Druckzuschlag – verweigern. Insoweit steht ihm nach Abnahme der erbrachten Leistungen gem. § 641 Abs. 3 BGB sogar ein **Leistungsverweigerungsrecht** (aus § 320 BGB) in Höhe des Dreifachen der Mängelbeseitigungskosten zu. Dieses Leistungsverweigerungsrecht erlischt nicht durch einen Annahmeverzug, ist dann aber auf die einfachen Mängelbeseitigungskosten beschränkt.[1342] Hat der Auftraggeber nach einer Kündigung zunächst ein Baustellenverbot ausgesprochen, ist er nicht gehindert, dieses später aufzuheben und gegenüber dem Werklohnverlangen das Leistungsverweigerungsrecht erneut geltend zu machen.[1343]

[1338] BGH BauR 2003, 689.
[1339] Beachte dazu die nachfolgenden Ausführungen.
[1340] BGH BauR 1981, 199; BauR 1982, 377.
[1341] BGH BauR 2003, 689; Werner/Pastor, Rn 1301.
[1342] BGH NZBau 2002, 383; Werner/Pastor, Rn 2531; MünchKomm-*Busche*, § 641 BGB, Rn 36; a. A. OLG Dresden BauR 2001, 1261; OLG Düsseldorf BauR 2002, 482 (484).
[1343] Nach der Rechtsprechung des BGH (BGH ZfBR 2005, 49) endet bei einem Baustellenverbot der Annahmeverzug beim Auftraggeber, wenn der Auftraggeber sich im Prozess wegen der Mängel auf sein Leistungsverweigerungsrecht beruft und dadurch zu erkennen gibt, dass er zum Zwecke der Mängelbeseitigung das Betreten der Baustelle zulässt.

C. Vergütungsansprüche des Auftragnehmers beim gekündigten Bauvertrag

(6) Mängelbeseitigungsrecht des Auftraggebers

Die Kündigung lässt die **Mängelansprüche** des Auftraggebers unberührt, denn wegen des nicht gekündigten Teils besteht der Vertrag fort.[1344] Der Auftraggeber kann Nacherfüllung verlangen und hat nach fruchtlosem Fristablauf die Rechte auf Selbstvornahme und Kostenerstattung bzw. Vorschuss gem. § 634 Nr. 2 i. V. m. § 637 BGB, Minderung gem. § 634 Nr. 3 i. V. m. § 638 BGB, Rücktritt gem. § 634 Nr. 3 i. V. m. § 323 BGB und Schadensersatz bzw. Ersatz der vergeblichen Aufwendungen gem. § 634 Nr. 4 i. V. m. §§ 280, 281, 283, 311a und § 284 BGB. Der Auftragnehmer ist vorbehaltlich des Nichtablaufs einer vom Auftraggeber gesetzten angemessenen Frist zur Mängelbeseitigung berechtigt, Mängel an dem ihm erstellten Teilwerk zu beseitigen.[1345] Der Auftraggeber kann sich gegenüber dem Werklohnverlangen nach Kündigung nicht auf Mängel berufen, die er beseitigen ließ, ohne dem Auftragnehmer nach der Kündigung unter Fristsetzung Gelegenheit zur Mängelbeseitigung zu geben. In diesem Fall muss er den Werklohn ohne Kürzungen zahlen (vgl. Rn 622). Die Darlegungs- und Beweislast für die Mangelfreiheit der bis zur Kündigung erbrachten Leistungen trägt der Auftragnehmer, solange diese Leistung nicht abgenommen ist.[1346] Dies soll auch dann gelten, wenn die Mängel beseitigt sind und der Auftraggeber diese Mängel zuvor gegenüber dem Auftragnehmer gerügt hat.[1347] [1348]

(7) Bestehen eines Abrechnungsverhältnisses

Nach der neusten Rechtsprechung[1349] stellen bei einer Kündigung des Bauvertrages der Vergütungsanspruch des Auftragnehmers für die bis zur Kündigung erbrachten Leistungen einerseits und Ansprüche des Auftraggebers auf Schadensersatz in Geld wegen Verzuges, Unmöglichkeit, Nebenpflichtverletzung oder wegen Mängeln andererseits selbstständige Ansprüche der Parteien dar, die sich im Wege der Aufrechnung gegenüberstehen können. Denn mit dem Begriff „Abrechnungsverhältnis" ist nicht zum Ausdruck gebracht, dass Forderung und Gegenforderung nicht den Regeln zur **Aufrechnung** unterliegen.

cc) Umfang des Vergütungs-/Entschädigungsanspruchs des Auftragnehmers
(1) Abrechnung der erbrachten Leistungen

Ist der Bauvertrag gem. §§ 642, 643 BGB durch Fristablauf gekündigt worden, kann der Auftragnehmer nur den Anteil seiner vereinbarten Vergütung verlangen, der seinen bis-

---

1344 BGH BauR 1987, 689; BauR 1989, 462 (464); BauR 2001, 667; Werner/Pastor, Rn 1290; *Kniffka*, Festschrift für von Craushaar, S. 359 ff.
1345 BGH BauR 1987, 689; BauR 1988, 82. Vgl. hierzu die Ausführungen unter Rn 619 ff.
1346 BGH BauR 1995, 91; BauR 1999, 1319.
1347 BGH BauR 1993, 469.
1348 Die Regel, dass der Auftragnehmer die Darlegungs- und Beweislast bis zur Abnahme der gekündigten Leistung trägt, birgt für diesen große Gefahren. Er muss frühzeitig die Abnahme und ein Aufmaß verlangen. Werden die Abnahme und ein Aufmaß verweigert, muss er eine Beweissicherung vornehmen oder veranlassen. Von der Beweissicherung darf er sich auch durch ein Baustellenverbot nicht abhalten lassen, OLG Düsseldorf BauR 2001, 262. Dauert ein gerichtliches Beweisverfahren zu lang, muss der Beweis durch Privatgutachten gesichert werden, gut geeignet ist auch eine Fotodokumentation.
1349 BGH BauR 2005, 1477; abweichend von die alte Rechtsprechung: OLG Naumburg; Nichtannahmebeschluss des BGH v. 5.4.2001, BauR 2001, 1615 (1617); Werner/Pastor, Rn 2577, wonach Forderung und Gegenforderung sich nicht selbstständig gegenüberstehen und die wechselseitigen Forderungen im Rahmen der anzuwendenden Differenztheorie als unselbstständige Rechnungsposten eines einheitlichen Anspruchs anzusehen sind. Dabei war im Wege der Saldierung zu ermitteln, wem nach der Verrechnung noch ein Zahlungsanspruch zusteht, kritisch zu Recht: Ingenstau/Korbion-*Wirth*, § 13 Nr. 7 VOB/B, Rn 154 ff. Weiterführend *Kessen*, BauR 2005, 1691 ff. sowie die Ausführungen unter Rn 575.

von Kiedrowski

her erbrachten Leistungen entspricht. Hierfür gelten die gleichen Regeln, die beim BGB-Bauvertrag im Zusammenhang mit der Abrechnung für erbrachte Leistungen dargestellt worden sind (vgl. Rn 454 ff.).

(2) Entschädigungsanspruch gemäß § 642 Abs. 2 BGB

533 Neben der Abrechnung der erbrachten Leistungen kann der Auftragnehmer den bereits mit Annahmeverzug beim Auftraggeber entstandenen Entschädigungsanspruch gem. § 642 BGB geltend machen. Gemäß § 642 Abs. 2 BGB bemisst sich die **angemessene Entschädigung** einerseits nach der Dauer des auftraggeberseitigen Verzuges sowie der Höhe der vereinbarten Vergütung, andererseits nach demjenigen, was der Auftragnehmer infolge des Verzuges an Aufwendungen erspart oder durch anderweitige Verwendung seiner Arbeitskraft erwerben kann. Seinem Wortlaut nach erfasst der Entschädigungsanspruch gem. § 642 Abs. 2 BGB zunächst nur die durch die **Wartezeit** (Stillstandszeit) entstehenden und nicht abbaubaren Kosten des Auftragnehmers.[1350] Der auftraggeberseitige Annahmeverzug kann darüber hinaus aber auch zu **Mehrkosten** des Auftragnehmers führen, wenn die Bauleistung nach Wegfall der Behinderung zu höheren Material-, Lohn- oder sonstigen Kosten ausgeführt wird.[1351] Es handelt sich bei § 642 Abs. 2 BGB nicht um einen Anspruch, der einen Ausgleich für nicht erbrachte Leistungen bzw. die vorzeitige Beendigung des Vertragsverhältnisses begründet.[1352] Vielmehr geht es ausschließlich darum, die durch den Annahmeverzug des Auftraggebers begründeten Nachteile des Auftragnehmers auszugleichen,[1353] was bedeutet, dass sich der Entschädigungsanspruch auf den Zeitraum bis zur Kündigung beschränkt.[1354] Der Entschädigungsanspruch gem. § 642 BGB stellt dementsprechend einen Ausgleichsanspruch dar, der auf Vergütungsbasis und damit wiederum auf der Basis der angebotskalkulierten Soll-Kosten berechnet wird.[1355] Nach Auffassung des BGH beinhaltet der Entschädigungsanspruch gem. § 642 Abs. 2 BGB aber nicht Wagnis und Gewinn,[1356] was eine systemwidrige Einschränkung des Anspruchs darstellt, da eine nach Vergütungsgrundsätzen berechnete Entschädigung alle Kalkulationsbestandteile und damit auch – sofern angebotskalkuliert – Wagnis und Gewinn beinhalten muss.

b) Kündigung aus wichtigem Grund

aa) Kündigungsvoraussetzungen

534 Kommt es dazu, dass der Auftraggeber das Vertragsverhältnis gefährdet und dem Auftragnehmer die Fortsetzung des Vertrages nicht mehr zuzumuten ist, kann der Auftragnehmer den BGB-Bauvertrag wegen eines wichtigen Grundes kündigen.[1357]

1350 Staudinger-*Peters*, § 642 BGB, Rn 25 ff.
1351 Langen/Schiffers, Rn 2533.
1352 Kapellmann/Messerschmidt-*von Rintelen*, § 9 VOB/B, Rn 85; abweichend hiervon: Heiermann/Riedl/Rusan, § 9 VOB/B, Rn 21; Beck'scher VOB-Kommentar-*Motzke*, § 9 Nr.3 VOB/B, Rn 15; Staudinger-*Peters*, § 642 BGB, Rn 24.
1353 Der Auftraggeber fährt deshalb besser, wenn er den Bauvertrag nicht unter Bezugnahme auf § 649 S. 1 BGB kündigt, sondern vielmehr auf den Auftragnehmer auf der Grundlage einer massiven Verletzung von Mitwirkungspflichten in die Kündigung treibt; *Niemöller*, BauR 1997, 539 (541).
1354 *Nicklisch*, BB 1979, 553; *Raab*, JZ 2001, 251 (254); Kapellmann/Messerschmidt-*von Rintelen*, § 9 VOB/B, Rn 86.
1355 Langen/Schiffers, Rn 2533.
1356 BGH NJW 2000, 1336; OLG Nürnberg OLGR 2003, 419 (420).
1357 Ein Kündigungsrecht aus wichtigem Grund liegt bspw. vor: Der Auftraggeber verweigert endgültig und ernsthaft die Zahlung einer fälligen Abschlagsrechnung [BGH NJW 1975, 1467]; der Auftraggeber stellt Vergleichsantrag gem. § 13 InsO [OLG München BauR 1988, 605]; der Auftraggeber beharrt auf einer Bauausführung entgegen den Regeln der Baukunst [OLG München, SFH, Nr. 1 zu § 9 VOB/B].

C. Vergütungsansprüche des Auftragnehmers beim gekündigten Bauvertrag

bb) Wirkungen der Kündigung

Betreffend der Wirkungen der Kündigung kann auf die vorstehenden Ausführungen zur Kündigung wegen der Nichterbringung von Mitwirkungspflichten gem. §§ 642, 643 BGB verwiesen werden (vgl. Rn 524 ff.).   535

cc) Umfang des Vergütungs-/Entschädigungsanspruchs des Auftragnehmers

Ist der Bauvertrag aus wichtigem Grund gekündigt worden, kann der Auftragnehmer zunächst den Anteil seiner vereinbarten Vergütung verlangen, der seinen bisher erbrachten Leistungen entspricht. Darüber hinaus steht dem Auftragnehmer ein Entschädigungsanspruch aus § 642 BGB zu, der auch seinen entgangenen Gewinn umfasst.   536

dd) Folgen einer unberechtigten Kündigung

Erklärt der Auftragnehmer eine **unberechtigte** außerordentliche Kündigung, bleiben die Vertragspflichten ebenfalls bestehen. Da der Auftragnehmer in diesen Fällen die Arbeiten nicht fortgesetzt hat, stehen dem Auftraggeber Ansprüche aus Verzug zu. Der Auftraggeber hat in der Regel ebenfalls das Recht, den Vertrag wegen der durch die außerordentliche Kündigung zum Ausdruck gekommenen Leistungsverweigerung seinerseits außerordentlich zu kündigen. In vielen Fällen wird sein Verhalten so verstanden werden können, z. B. dann, wenn er das Bauwerk durch einen Dritten fortführen lässt.   537

2. Beim VOB-Bauvertrag

a) Außerordentliche Kündigung gemäß § 9 Nr. 1 a) VOB/B

aa) Kündigungsvoraussetzungen

Beim VOB-Bauvertrag begründet § 9 Nr. 1 a) VOB/B für den Auftragnehmer ein Recht zur Kündigung, wenn der Auftraggeber eine ihm obliegende Handlung unterlässt und den Auftraggeber dadurch außerstande setzt, seine Leistungen zu erbringen.[1358] Der Auftraggeber muss sich durch das Unterlassen seiner Mitwirkung gem. §§ 293 ff. BGB im Annahmeverzug befinden.[1359] § 9 Nr. 1 a) VOB/B umfasst, da der Auftragnehmer als Folge der Nichterbringung der **Mitwirkungshandlung** außer Stande sein muss, die Leistung auszuführen, nur solche Mitwirkungshandlungen, von denen nach dem Inhalt des Vertrages der Beginn oder die Durchführung der Arbeiten abhängig ist.[1360] In der VOB/B sind selbst zahlreiche Mitwirkungshandlungen des Auftraggebers geregelt. Sie umfassen: 538

- die Bereitstellung des Baugrundstücks bzw. der baulichen Anlagen,
- die Bereitstellung der Ausführungsunterlagen (§ 3 Nr. 1 VOB/B),
- die Absteckung der Hauptachsen (§ 3 Nr. 2 VOB/B),
- die Zustandsfeststellung (§ 3 Nr. 4 VOB/B),
- die Aufrechterhaltung der öffentlichen Ordnung auf der Baustelle (§ 4 Nr. 1 VOB/B),
- die Herbeiführung aller öffentlich-rechtlichen Genehmigungen (§ 4 Nr. 1 Abs. 1 S. 2 VOB/B),
- die Pflicht zur Koordinierung aller am Bau beteiligten Firmen (§ 4 Nr. 1 Abs. 1 S. 1 VOB/B),

---

[1358] Während es beim BGB-Bauvertrag gem. § 642 BGB lediglich darauf ankommt, dass der Auftraggeber Mitwirkungshandlungen nicht erbringt, muss der Auftragnehmer beim VOB-Bauvertrag aufgrund der Nichterbringung der Mitwirkungshandlungen außer Stande sein, die Leistung auszuführen.
[1359] Kapellmann/Messerschmidt-*von Rintelen*, § 9 VOB/B, Rn 16 ff.
[1360] Ingenstau/Korbion-*Vygen*, § 9 Nr. 1 VOB/B, Rn 4 ff.; Kapellmann/Messerschmidt-*von Rintelen*, § 9 VOB/B, Rn 8.

§ 6 Die Ansprüche des Auftragnehmers gegen den Auftraggeber

- die Auskunft über den voraussichtlichen Beginn der Ausführung und zum Abruf der Leistungen (§ 5 Nr. 2 VOB/B).

Die Kündigung muss gem. § 9 Nr. 2 S. 1 VOB/B **schriftlich** erklärt werden und kann erst nach dem Ablauf einer angemessenen Frist und Kündigungsandrohung erfolgen (§ 9 Nr. 2 S. 2 VOB/B).[1361]

bb) Wirkungen der Kündigung

539 Betreffend der Wirkungen der Kündigung kann auf die vorstehenden Ausführungen zur Kündigung wegen der Nichterbringung von Mitwirkungspflichten gem. §§ 642, 643 BGB verwiesen werden (vgl. Rn 524 ff.).

cc) Umfang des Vergütungs-/Entschädigungsanspruchs des Auftragnehmers

540 Die bisher **erbrachten Leistungen** sind nach den Vertragspreisen abzurechnen. Darüber hinaus hat der Auftragnehmer Anspruch auf eine **angemessene Entschädigung** gem. § 9 Nr. 3 VOB/B i. V. m. § 642 BGB. Zur Bemessung des Entschädigungsanspruchs aus § 642 BGB kann auf die vorstehenden Ausführungen zum BGB-Bauvertrag verwiesen werden. Dabei gilt die Maßgabe, dass der Entschädigungsanspruch aus § 9 Nr. 3 VOB/B i. V. m. § 642 BGB auch den entgangenen Gewinn des Auftragnehmers umfasst.[1362]

b) Außerordentliche Kündigung gemäß § 9 Nr. 1 b) VOB/B

aa) Kündigungsvoraussetzungen

541 Befindet sich der Auftraggeber mit den ihn treffenden Leistungspflichten, wobei es am häufigsten um ausstehende Zahlungen[1363] gehen wird, im Schuldnerverzug,[1364] kann der Auftragnehmer den VOB-Bauvertrag gem. § 9 Nr. 1 b) VOB/B kündigen. Die Kündigung muss gem. § 9 Nr. 2 S. 1 VOB/B **schriftlich** erklärt werden und kann erst nach dem Ablauf einer angemessenen Frist und Kündigungsandrohung erfolgen (§ 9 Nr. 2 S. 2 VOB/B).[1365]

bb) Wirkungen der Kündigung

542 Betreffend der Wirkungen der Kündigung kann auf die vorstehenden Ausführungen zur Kündigung wegen der Nichterbringung von Mitwirkungspflichten gem. §§ 642, 643 BGB verwiesen werden (vgl. Rn 524 ff.).

1361 Während beim BGB-Bauvertrag die Kündigungsfolge automatisch einsetzt, muss der Auftragnehmer beim VOB-Bauvertrag die Kündigung nach Ablauf der Nachfrist gegenüber dem Auftraggeber schriftlich erklären.
1362 BGH BauR 2000, 722; OLG Celle BauR 2000, 416; Ingenstau/Korbion-*Vygen*, § 9 Nr. 3 VOB/B, Rn 13; Werner/Pastor, Rn 1333.f.
1363 Dabei kann es um Vorauszahlungen (§ 16 Nr. 2 VOB/B), Abschlagszahlungen (§ 16 Nr. 1 VOB/B) [BGH BauR 1974, 178] oder Teilschlusszahlungen [Heiermann/Riedl/Rusan, § 9 VOB/B, Rn 10; Beck'scher VOB-Kommentar-*Motzke*, § 9 Nr. 1 VOB/B, Rn 29] gehen.
1364 Ein Schuldnerverzug beim Auftraggeber liegt nur dann vor, wenn dem Auftragnehmer ein fälliger und einredefreier Anspruch zusteht. Es müssen also die Fälligkeitsvoraussetzungen aus §§ 14, 16 VOB/B vorliegen; Kapellmann/Messerschmidt-*von Rintelen*, § 9 VOB/B, Rn 31, 32. Zudem ist ein mögliches Leistungsverweigerungsrecht des Auftraggebers aus § 320 BGB unter Berücksichtigung des Druckzuschlages (641 Abs. 3 BGB) zu berücksichtigen; Kapellmann/Messerschmidt-*von Rintelen*, § 9 VOB/B, Rn 34. Schließlich ist das Vorliegen einer Mahnung bzw. die Entbehrlichkeit derselben (§ 286 Abs. 2 BGB) sowie das Verschulden nach § 286 Abs. 4 BGB zu prüfen.
1365 Während beim BGB-Bauvertrag die Kündigungsfolge automatisch einsetzt, muss der Auftragnehmer beim VOB-Bauvertrag die Kündigung nach Ablauf der Nachfrist gegenüber dem Auftraggeber schriftlich erklären.

D. Vergütungsansprüche des Auftragnehmers bei Behinderung und höherer Gewalt

cc) Umfang des Vergütungs-/Entschädigungsanspruchs des Auftragnehmers

Die bisher **erbrachten Leistungen** sind nach den Vertragspreisen abzurechnen. Darüber hinaus hat der Auftragnehmer Anspruch auf eine **angemessene Entschädigung** gem. § 9 Nr. 3 VOB/B i. V. m. § 642 BGB. Zur Bemessung des Entschädigungsanspruchs aus § 642 BGB kann auf die vorstehenden Ausführungen zum BGB-Bauvertrag verwiesen werden. Dabei gilt die Maßgabe, dass der Entschädigungsanspruch aus § 9 Nr. 3 VOB/B i. V. m. § 642 BGB auch den entgangenen Gewinn des Auftragnehmers umfasst.[1366]

543

c) Kündigung aus wichtigem Grund

Schließlich kann der Auftraggeber auch beim VOB-Bauvertrag außerhalb des § 9 VOB/B aus wichtigem Grund kündigen.[1367]

544

d) Kündigung bei Vorliegen einer Behinderung gemäß § 6 Nr. 7 VOB/B

Im Falle der Unterbrechung einer bereits begonnenen und nicht unmöglich gewordenen Bauausführung (vgl. Rn 633), die länger als **3 Monate** dauert,[1368] kann der Auftragnehmer nach Ablauf dieser Zeit den Vertrag schriftlich kündigen. Dies gilt auch dann, wenn die Ursache für die Unterbrechung der Bauausführung aus dem Risikobereich des kündigenden Auftragnehmers herrührt bzw. von diesem zu vertreten ist.[1369] Die **Abrechnung** regelt sich nach § 6 Nr. 5 VOB/B. Der Auftragnehmer hat mithin einen Anspruch auf einen der geleisteten Arbeit entsprechenden Teil des Werklohns und Ersatz der Kosten, die dem Auftragnehmer bereits entstanden sind und die in den Vertragspreisen des nicht ausgeführten Teils der Leistung nicht enthalten sind. Hat der Auftragnehmer die Unterbrechung nicht zu vertreten hat, sind auch die Kosten der Baustellenräumung zu vergüten, soweit sie nicht in der Vergütung für die bereits ausgeführten Leistungen enthalten sind. Hat der Auftraggeber dagegen die hindernden Umstände zu vertreten, so kann der Auftragnehmer einen darüber hinaus gehenden Entschädigungsanspruch gem. § 6 Nr. 6 VOB/B geltend machen (vgl. Rn 548 ff.).

545

D. Vergütungsansprüche des Auftragnehmers bei Behinderung und höherer Gewalt

Literatur

von Craushaar, Der Vorunternehmer als Erfüllungsgehilfe des Auftraggebers, in: Festschrift für Vygen, S. 154; *Dähne*, Gerätevorhaltung und Schadensersatz nach § 6 Nr. 6 VOB/B – Ein Vorschlag zur Berechnung, BauR 1978, 429; *Grieger*, Nachlese zum Urteil des BGH vom 20.02.1986 – VIII ZR 286/84 (BauR 1986, 347), BauR 1987, 378; *Hagen*, Ein Verfahren zur Berechnung von Gerätestillstands- und Gerätestundenkosten, BauR 1991, 284; Niemöller, Vergütungsansprüche nach Kündigung des Bauvertrages (1), BauR 1997, 539; *Reister*, Baube-

---

[1366] BGH BauR 2000, 722; OLG Celle BauR 2000, 416; Ingenstau/Korbion-*Vygen*, § 9 Nr. 3 VOB/B, Rn 13; Werner/Pastor, Rn 1333.f.

[1367] Ein Kündigungsrecht aus wichtigem Grund liegt bspw. vor: Der Auftraggeber verweigert endgültig und ernsthaft die Erfüllung seiner Verpflichtungen [Kapellmann/Messerschmidt-*von Rintelen*, § 9 VOB/B, Rn 44; BGH NJW 1974, 1080; BauR 1980, 465]; der Auftraggeber kündigt zu Unrecht [BGH NJW 1994, 443]; der Auftraggeber lehnt berechtigte Nachtragsforderungen des Auftragnehmers endgültig ab [BGH BauR 2000, 409; Kapellmann/Messerschmidt-*von Rintelen*, § 9 VOB/B, Rn 46]; vgl. weitergehend: Kapellmann/Messerschmidt-*von Rintelen*, § 9 VOB/B, Rn 48-55.

[1368] Steht mit der erforderlichen Sicherheit fest, dass die Unterbrechung (bzw. Verzögerung) länger als 3 Monate dauern wird, kann bereits auch vor Fristablauf die Kündigung erklärt werden; die Frist von 3 Monaten ist demnach keinesfalls starr, BGH BauR 2004, 1285 (1286).

[1369] BGH BauR 2004, 1285 (1287) „§ 6 Nr. 7 VOB/B stellt ein vertraglich konkretisiertes Billigkeitsrecht dar".

§ 6 Die Ansprüche des Auftragnehmers gegen den Auftraggeber

trieblich Abwägung zur Arbeitseinstellung beim Bauvertrag, NZBau 2001, 1; *Kaiser*, Die konkurrierende Haftung von Vor- und Nachunternehmern, BauR 2000, 177; *Stamm*, Die Frage nach der Eigenschaft des Vorunternehmers als Erfüllungsgehilfe des Bauherrn im Verhältnis zum Nachunternehmer: Ein Problem der Abgrenzung von Schuldner- und Annahmeverzug, BauR 2002, 1; *Thode*, Nachträge wegen gestörten Bauablaufs im VOB/B-Vertrag – Eine kritische Bestandsaufnahme –, ZfBR 2004, 214.

I. Beim VOB-Bauvertrag

1. Werklohnanspruch des Auftragnehmers bei Behinderung gemäß § 6 Nr. 5 VOB/B

546 Wird die Ausführung des Werkes für voraussichtlich **längere Dauer** unterbrochen, ohne dass die Leistung dauernd unmöglich wird, sind die ausgeführten Leistungen nach den Vertragspreisen abzurechnen und außerdem die Kosten zu vergüten, die dem Auftragnehmer bereits entstanden und in den Vertragspreisen des nicht ausgeführten Teils enthalten sind. Der Auftragnehmer ist nur bei solchen hindernden Umständen zur vorzeitigen Abrechnung berechtigt, die eine Unterbrechung der Ausführung bewirken. Dies setzt voraus, dass der Auftragnehmer mit der Bauausführung bereits begonnen hatte. Weiterhin muss die Bauausführung voraussichtlich auf längere Dauer unterbrochen werden. Das Kündigungsrecht aus § 6 Nr. 7 VOB/B lässt den Schluss zu, dass eine Unterbrechung von mehr als **drei Monaten** regelmäßig eine solche von längerer Dauer ist.[1370] Das Abrechnungsrecht des Auftragnehmers entsteht jedoch nicht erst bei Erreichen der Dreimonatsfrist, sondern bereits dann, wenn eine auf hinreichende Anhaltspunkte gestützte Prognose nicht nur den Verdacht, sondern den belegbaren Schluss rechtfertigt, dass der gewerkebezogene Baustillstand zu einer über längere Zeit andauernden Unterbrechung führen wird.[1371] Dabei kommt es auf eine Gewissheit nicht an; vielmehr reicht ein hoher Wahrscheinlichkeitsgrad. Schließlich muss die Unterbrechung vorübergehender Natur sein. Deshalb ist § 6 Nr. 5 VOB/B nicht anzuwenden, wenn Leistung gem. § 275 BGB dauerhaft unmöglich geworden ist.[1372] Liegen die Voraussetzungen von § 6 Nr. 5 VOB/B vor, hat der Auftragnehmer einen Anspruch auf einen der geleisteten Arbeit entsprechenden Teil des Werklohns und Ersatz der Kosten, die dem Auftragnehmer bereits entstanden sind und die in den Vertragspreisen des nicht ausgeführten Teils der Leistung nicht enthalten sind.[1373] (Vgl. Rn 470 ff.)

2. Werklohnanspruch des Auftragnehmers bei höherer Gewalt gemäß § 7 Nr. 1 i. V. m. § 6 Nr. 5 VOB/B

547 Wird die ganze oder teilweise ausgeführte Leistung vor der Abnahme durch höhere Gewalt (vgl. Rn 358) oder andere unabwendbare vom Auftragnehmer nicht zu vertretende Umstände (vgl. Rn 358) beschädigt oder zerstört, hat der Auftragnehmer für die ausgeführten Teile der Leistung die Ansprüche aus § 6 Nr. 5 VOB/B.

3. (Behinderungs-)Schadensersatzanspruch des Auftragnehmers gemäß § 6 Nr. 6 VOB/B

548 Ein gegen den Auftraggeber gerichteter Schadensersatzanspruch des Auftragnehmers wegen Behinderung ist in § 6 Nr. 6 VOB/B geregelt. Der Anspruch aus § 6 Nr. 6 VOB/B

[1370] Kapellmann/Messerschmidt-*Kapellmann*, § 6 VOB/B, Rn 44; Ingenstau/Korbion-*Döring*, § 6 Nr. 5 VOB/B, Rn 3.
[1371] Beck'scher VOB-Kommentar-*Motzke*, § 6 VOB/B, Rn 15; Ingenstau/Korbion-*Döring*, § 6 Nr. 5 VOB/B, Rn 3.
[1372] Kapellmann/Messerschmidt-*Kapellmann*, § 6 VOB/B, Rn 44; Ingenstau/Korbion-*Döring*, § 6 Nr. 5 VOB/B, Rn 4 f.; Beck'scher VOB-Kommentar-*Motzke*, § 6 VOB/B, Rn 17.
[1373] Ingenstau/Korbion-*Döring*, § 6 Nr. 5 VOB/B, Rn 11 ff.

D. Vergütungsansprüche des Auftragnehmers bei Behinderung und höherer Gewalt

setzt zunächst voraus, dass über den vom Auftraggeber geltend gemachten Zeitraum eine Behinderung tatsächlich vorgelegen (vgl. Rn 493 ff.) und diese Behinderung als Folge eine Verzögerung der Arbeiten des Auftragnehmers bewirkt hat.[1374] Dabei haftet der Auftraggeber dem Auftragnehmer allerdings nur dann auf einen (Behinderungs-)Schadensersatz, wenn er (der Auftraggeber) die hindernden Umstände verursacht und damit eine Pflicht aus dem Schuldverhältnis **schuldhaft verletzt** hat. Insoweit geht es regelmäßig um solche vom Auftraggeber selbst vertragsgemäß geschuldete eigene Handlungen zur Ausführung des Werkes.[1375] Kommt der Auftraggeber mit der Erbringung solcher Erstellungshandlungen in Verzug, haftet er gem. § 280 Abs. 1, 2 i. V. m. § 286 BGB. Erfüllt er die fällige Leistung nicht oder nicht wie geschuldet, kann der Auftragnehmer Schadensersatz nach § 6 Nr. 6 VOB/B verlangen.[1376]

Gleiches gilt grundsätzlich dann, wenn es nicht um Erstellungshandlungen, sondern um solche vom Auftraggeber vertraglich geschuldeten bloße **Ermöglichungshandlungen** geht, also Handlungen, die der Auftraggeber schuldet, damit der Auftragnehmer bauen kann. Die Rede ist von Mitwirkungshandlungen des Auftraggebers. Für nahezu alle geschuldeten Mitwirkungshandlungen[1377] ist der Charakter als Vertragspflicht des Auftraggebers unbestritten.[1378] Geht es aber um die Pflicht des Auftraggebers, das Baugrundstück bzw. die bauliche Vorleistung rechtzeitig mangelfrei zur Verfügung zu stellen, gilt nach der Rechtsprechung des BGH[1379] etwas anderes. So soll es sich insoweit um eine bloße Obliegenheit des Auftraggebers handeln, die nicht Mitwirkungspflicht ist, was zur Folge hat, dass ihre Verletzung keinen Schadensersatzanspruch des Auftragnehmers begründet.[1380] Dem Auftragnehmer steht der (Behinderungs-)Schadensersatzanspruch nur dann zu, wenn er nach § 6 Nr. 1 VOB/B dem Auftraggeber unverzüglich bei Eintritt der Behinderung hinreichend genau Anzeige hiervon gemacht hat.[1381] Eine Ausnahme gilt gem. § 6 Nr. 1 S. 2 VOB/B dann, wenn dem Auftraggeber die Tatsachen und deren Wirkungen hinreichend und offenkundig bekannt waren.[1382]

549

§ 6 Nr. 6 VOB/B findet in Ermangelung des Vorliegens einer schuldhaften Pflichtverletzung des Auftraggebers keine Anwendung, soweit im Zuge des **Leistungsbestimmungsrechts** des Auftraggebers gem. **§ 1 Nr. 3 und 4 VOB/B** (vgl. Rn 415 f., 430 f.) Mengenänderungen, Leistungsänderungen sowie Zusatzaufträge i. S. des § 2 VOB/B zu

550

1374 Der Auftragnehmer diese Voraussetzung substantiiert darzulegen: BGH BauR 2002, 1249; OLG Düsseldorf NJW-RR 1998, 671; *Grieger*, BauR 1987, 378 (379); vgl. weiterhin Kapellmann/Schiffers, Bd. 1, Rn 1419; Ingenstau/Korbion-*Döring*, § 6 Nr. 6 VOB/B, Rn 16.
1375 BGH ZfBR 1992, 31 (der Auftraggeber hat sich vertraglich verpflichtet, sicherzustellen, dass auf einer bestimmten Deponie Schlamm abgelagert werden kann); OLG Celle BauR 1994, 629 (der Auftraggeber verpflichtet sich, für einen bestimmten Zeitraum eine Verkehrsführung auf einer Behelfsbrücke zu errichten); Kapellmann/Messerschmidt-*Kapellmann*, § 6 VOB/B, Rn 53; Ingenstau/Korbion-*Döring*, § 6 Nr. 6 VOB/B, Rn 17 ff.
1376 Kapellmann/Messerschmidt-*Kapellmann*, § 6 VOB/B, Rn 53; *Thode*, ZfBR 2004, 214 (220).
1377 In der VOB/B sind selbst zahlreiche Mitwirkungshandlungen des Auftraggebers geregelt. Sie umfassen: die Bereitstellung des Baugrundstücks bzw. der baulichen Anlagen, die Bereitstellung der Ausführungsunterlagen (§ 3 Nr. 1 VOB/B), die Absteckung der Hauptachsen (§ 3 Nr. 2 VOB/B), die Zustandsfeststellung (§ 3 Nr. 4 VOB/B), die Aufrechterhaltung der öffentlichen Ordnung auf der Baustelle (§ 4 Nr. 1 VOB/B), die Herbeiführung aller öffentlich-rechtlichen Genehmigungen (§ 4 Nr. 1 Abs. 1 S. 2 VOB/B), die Pflicht zur Koordinierung aller am Bau beteiligten Firmen (§ 4 Nr. 1 Abs. 1 S. 1 VOB/B), sowie die Auskunft über den voraussichtlichen Beginn der Ausführung und zum Abruf der Leistungen (§ 5 Nr. 2 VOB/B).
1378 BGH BauR 2000, 722.
1379 BGH BauR 2000, 722.
1380 Kritisch dazu: Kapellmann/Messerschmidt-*Kapellmann*, § 6 VOB/B, Rn 54.
1381 BGH BauR 2002, 722; *Thode*, ZfBR 2004, 214 (220); Kapellmann/Messerschmidt-*Kapellmann*, § 6 VOB/B, Rn 55; Werner/Pastor, Rn 1824.
1382 OLG Koblenz NJW-RR 1988, 852; Vygen/Schubert/Lang, Rn 148; Werner/Pastor, Rn 1825.

§ 6 Die Ansprüche des Auftragnehmers gegen den Auftraggeber

Bauzeitverlängerungen führen.[1383] Liegt dagegen der Fall vor, dass der Auftraggeber durch eine Anordnung eine Änderung der Bauzeit oder Baumstände verursacht, die nicht durch die vertraglich begründeten Leistungsbestimmungsrechte gem. § 1 Nr. 3 und 4 VOB/B gedeckt sind, ist § 2 Nr. 5 und 6 VOB/B nicht anwendbar.[1384] Die § 2 Nr. 5 und 6 VOB/B regeln einen Vergütungsanspruch nämlich nur für solche Leistungen, die aufgrund des ausgeübten Leistungsbestimmungsrechts durch den Auftraggeber vom Auftragnehmer als vertragliche Leistung geschuldet werden.[1385] Da in diesem Fall das Verhalten des Auftraggebers pflichtwidrig ist, wird zugunsten des Auftragnehmers ein Schadensersatzanspruch aus § 6 Nr. 6 VOB/B begründet. Nach der Auffassung des BGH[1386] und der h. M.[1387] ist deshalb von einer alternativen Anwendung des § 2 Nr. 5 und 6 VOB/B einerseits und § 6 Nr. 6 VOB/B andererseits auszugehen.[1388] Voraussetzung für § 6 Nr. 6 VOB/B ist schließlich, dass der Auftraggeber die hindernden Umstände gem. § 276 BGB zu vertreten hat.[1389] [1390] Wird das Vertretenmüssen des Auftraggebers verneint,[1391] stützt der BGH[1392] einen Entschädigungsanspruch des Auftragnehmers wegen desselben Sachverhalts auf § 642 BGB, für dessen Anwendung es keines Verschuldens des Auftraggebers bedarf (vgl. Rn 532 f.).

551 Der Auftraggeber muss den als Folge der von ihm zu vertretenden Störung beim Auftragnehmer verursachten Schaden ersetzen. Schaden ist die Differenz zwischen hypothetischer ursprünglicher Vermögenslage des Auftragnehmers, die vorgelegen hätte, wenn keine Störung eingetreten wäre, und heutiger tatsächlicher Vermögenslage, so wie sie durch die Störung verursacht worden ist.[1393] Zum erstattungsfähigen Schaden[1394] zählen alle ursächlich auf die Behinderung zurückzuführenden Mehrkosten wie: Stillstandskosten,[1395] Mehrkosten wegen verlängerter Bauzeit,[1396] zusätzliche allgemeine Geschäftskosten,[1397] Beschleunigungskosten.[1398] Die Umsatzsteuer gehört nicht dazu.[1399]

1383 Werner/Pastor Rn 1828; Kapellmann/Messerschmidt-*Kapellmann*, § 6 VOB/B, Rn 56; *Thode*, ZfBR 2004, 214 (216 ff.).
1384 *Thode*, ZfBR 2004, 214 (225).
1385 *Thode*, ZfBR 2004, 214 (225).
1386 BGH BauR 1985, 561 (564); BauR 1971, 202 (203).
1387 OLG Braunschweig BauR 2001, 1739; OLG Nürnberg BauR 2001, 409; OLG Düsseldorf BauR 2000, 1336 (1337); OLG Koblenz BauR NJW-RR 1988, 851; Beck'scher VOB-Kommentar-*Motzke*, § 6 Nr. 6 VOB/B, Rn 118; *Thode*, ZfBR 2004, 214 (225).
1388 Anders: Kapellmann/Messerschmidt-*Kapellmann*, § 6 VOB/B, Rn 57; Werner/Pastor, Rn 1828.
1389 BGH BauR 1997, 1021; OLG Düsseldorf BauR 1991, 337; Vygen/Schubert/Lang, Rn 254 ff.; Werner/Pastor, Rn 1826.
1390 Den Auftraggeber trifft die Darlegungs- und Beweislast, dass ihn kein Verschulden trifft; OLG Düsseldorf BauR 1999, 491; BauR 1997, 646; Werner/Pastor, Rn 1826.
1391 So ist der Vorunternehmer des Auftraggebers nach der Auffassung des BGH nicht dessen Erfüllungsgehilfe, was zur Folge hat, dass sich der Auftraggeber ein Verschulden des Auftraggebers gegenüber dem Nachunternehmer nicht als eigenes Verschulden zurechnen lassen muss; BGH BauR 2000, 722.
1392 BGH BauR 2000, 722. Kritisch dazu: Kapellmann/Messerschmidt-*Kapellmann*, § 6 VOB/B, Rn 54; *Kaiser*, BauR 2000, 177; *von Craushaar*, Festschrift für Vygen, S. 154 ff.; *Stamm*, BauR 2002, 1; Vygen/Schubert/Lang, Rn 263 ff.; Beck'scher VOB-Kommentar-*Motzke*, § 6 Nr. 6 VOB/B, Rn 47, 85 ff.
1393 BGH BauR 1986, 347.
1394 Vgl. hierzu *Plum*, Baurechtl. Schriften, Bd. 37, S. 105 ff.; *Reister*, NZBau 2001, 1 ff.
1395 BGH BauR 1997, 1021.
1396 BGH BauR 1976, 128; OLG Düsseldorf BauR 1988, 487; *Hagen*, BauR 1991, 284; *Dähne*, BauR 1978, 429.
1397 OLG Düsseldorf BauR 1988, 487 (490); OLG München BauR 1992, 74 (76); **a. A.** BGH BauR 1976, 128 (130); KG ZfBR 1984, 129 (132); Werner/Pastor Rn 1832; Beck'scher VOB-Kommentar-*Motzke*, § 6 Nr. 6 VOB/B, Rn 100.
1398 Werner/Pastor Rn 1832.
1399 Werner/Pastor Rn 1835.

E. Ansprüche des Auftragnehmers bei der Verletzung von Nebenpflichten

4. Entschädigungsanspruch des Auftragnehmers gemäß § 642 BGB

552 Kommt der Auftraggeber durch Unterlassen einer bei Herstellung der Bauleistung erforderlichen Mitwirkungshandlung in Annahmeverzug, so kann sich der Auftragnehmer auch beim VOB-Bauvertrag auf den in § 642 BGB geregelten Entschädigungsanspruch stützen.[1400] Es handelt sich dabei nicht um einen Anspruch, der einen Ausgleich für nicht erbrachte Leistungen bzw. die vorzeitige Beendigung des Vertragsverhältnisses herbeiführt.[1401] Vielmehr geht es ausschließlich darum, die durch den Annahmeverzug des Auftraggebers begründeten Nachteile des Auftragnehmers auszugleichen,[1402] was bedeutet, dass sich der Entschädigungsanspruch auf den Zeitraum bis zur Kündigung beschränkt.[1403] Bei der Bemessung des Ersatzanspruchs soll sich die Höhe der verzugsbedingten Entschädigung für das unnötige Bereithalten von Kapazitäten an den Vertragspreisen orientieren. Es geht folglich um die kalkulierten Kosten der Mehraufwendungen, wobei mögliche Ersparnisse sowie Ersatzverdienste zu berücksichtigen sind.[1404]

II. Beim BGB-Bauvertrag

553 Die vorstehenden Ausführungen zu einem Schadensersatzanspruch des Auftragnehmers gegen den Auftraggeber aus § 6 Nr. 6 VOB/B bei Behinderung gelten auch beim BGB-Bauvertrag[1405] mit der Besonderheit, dass keine schriftliche unverzügliche Anzeigepflicht gem. § 6 Nr. 1 VOB/B besteht.[1406] Ferner kommen die Einschränkungen des Schadensersatzanspruchs gem. § 6 Nr. 6 VOB/B (entgangener Gewinn bei grober Fahrlässigkeit und Vorsatz) nicht zum Tragen.[1407]

E. Ansprüche des Auftragnehmers aus § 280 Abs. 1 BGB bei der Verletzung von Nebenpflichten

554 Ein Anspruch aus § 280 Abs. 1 BGB kommt sowohl beim BGB-Bauvertrag wie auch beim VOB-Bauvertrag dann in Betracht, wenn es um die Verletzung vertraglicher Nebenpflichten des Auftraggebers geht. Bei diesen **Nebenpflichten** handelt es sich z. B. um Mitwirkungspflichten,[1408] Fürsorge- und Obhutspflichten sowie um Hinweispflichten. So hat der Auftraggeber alles ihm zumutbare und mögliche zu unternehmen, um den Auftragnehmer bei der Erfüllung seiner Vertragspflichten vor Schäden zu bewahren. Dies gilt auch für das Arbeitsgerät des Auftragnehmers.[1409] Neben dem Vorliegen einer Nebenpflichtverletzung, für deren Vorliegen der Auftragnehmer grundsätzlich darlegungs- und beweisverpflichtet ist, muss der Auftraggeber schuldhaft i. S. der §§ 276, 278 BGB

[1400] *Thode*, ZfBR 2004, 214 (221); Ingenstau/Korbion-*Döring*, § 6 Nr. 6 VOB/B, Rn 48 ff.; vgl. hierzu ferner die Ausführungen unter Rn 532 f.
[1401] Kapellmann/Messerschmidt-*von Rintelen*, § 9 VOB/B, Rn 85; abweichend hiervon: Heiermann/Riedl/Rusan, § 9 VOB/B, Rn 21; Beck'scher VOB-Kommentar-*Motzke*, § 9 Nr.3 VOB/B, Rn 15.
[1402] Der Auftraggeber fährt deshalb besser, wenn er den Bauvertrag nicht unter Bezugnahme auf § 649 S. 1 BGB kündigt, sondern vielmehr auf den Auftragnehmer auf der Grundlage einer massiven Verletzung von Mitwirkungspflichten in die Kündigung treibt; *Niemöller*, BauR 1997, 539 (541).
[1403] *Nicklisch*, BB 1979, 553; Raab, JZ 2001, 251 (254); Kapellmann/Messerschmidt-*von Rintelen*, § 9 VOB/B, Rn 86.
[1404] Kapellmann/Schiffers, Band 1, Rn 1650; *Thode*, ZfBR 2004, 214 (221).
[1405] Werner/Pastor Rn 1836.
[1406] Werner/Pastor Rn 1836; vgl. auch Beck'scher VOB-Kommentar-*Motzke*, Vor § 6 VOB/B, Rn 4 ff.
[1407] Werner/Pastor Rn 1836; Vygen/Schubert/Lang, Rn 24.
[1408] OLG Düsseldorf BauR 1996, 123 (127).
[1409] BGH BauR 1975, 64.

§ 6 Die Ansprüche des Auftragnehmers gegen den Auftraggeber

gehandelt haben. Gemäß § 280 Abs. 1 S. 2 BGB wird das Verschulden vermutet. Der Vertragspartner muss dementsprechend dartun und unter Beweis stellen, dass ihn kein Verschulden trifft.

F. Ansprüche des Unternehmers aus Geschäftsführung ohne Auftrag (GoA)

I. Vorliegen einer echten GoA

555 Nach der Rechtsprechung des BGH hat derjenige Vertragspartner, der zur Erfüllung eines vermeintlich wirksamen Vertrages leistet, die gesetzlichen Ansprüche aus GoA gem. §§ 677 ff. BGB. Der BGH geht davon aus, dass diese Ansprüche nicht nur dann bestehen, wenn der Geschäftsführer nur ein fremdes Geschäft erledigen will, sondern auch dann, wenn er auch ein eigenes Geschäft erledigen, also z. B. einen vermeintlich wirksamen Vertrag erfüllen will (sog. „auch-fremdes Geschäft").[1410]

II. Vorliegen einer berechtigten GoA

556 Damit ein Anspruch aus **berechtigter GoA** gem. §§ 683 S. 1, 670 BGB zu bejahen ist, muss die Übernahme des Geschäfts objektiv im Interesse des Geschäftsherrn liegen und subjektiv seinem wirklichen oder mutmaßlichen Willen entsprechen. Das objektive Interesse des Geschäftsherrn ist zu bejahen, wenn die Geschäftsübernahme nach konkreter Sachlage des Einzelfalls unter Beachtung der persönlichen Situation für den Geschäftsherrn objektiv nützlich ist. Bei der Ermittlung des Willens des Geschäftsherrn ist vorrangig auf den ausdrücklich oder konkludent geäußerten wirklichen Willen des Geschäftsherrn abzustellen. Ein mutmaßlicher Wille ist zu bejahen, wenn der Geschäftsherr bei objektiver Berücksichtigung aller Umstände der Geschäftsführung im Zeitpunkt der Geschäftsübernahme zugestimmt hätte.[1411] Maßgeblich sind die Umstände im **Zeitpunkt der Leistungserbringung**. Eine Bauleistung steht dann nicht im Interesse des Geschäftsherrn oder entspricht auch nicht seinem mutmaßlichen Willen, wenn sie erkennbar nicht notwendig und auch nicht finanzierbar war. Andererseits entsprechen Zusatzaufträge oder Änderungsaufträge in aller Regel dem Interesse und dem mutmaßlichen Willen des Geschäftsherrn, wenn sie für die ordnungsgemäße Durchführung der Bauleistung erforderlich waren.[1412] Der Anspruch auf Aufwendungsersatz hängt nicht davon ab, dass die Übernahme der Geschäftsführung, also die Ausführung der auftragslosen Leistung, dem Geschäftsherrn angezeigt wurde.[1413]

557 Entspricht die Bauleistung dem Interesse und dem wirklichen oder dem mutmaßlichen Willen des Geschäftsherrn, so kann der Geschäftsführer wie ein Beauftragter Ersatz seiner Aufwendungen verlangen. Der Beauftragte kann gem. §§ 683 S. 1, 670 BGB Ersatz der Aufwendungen verlangen, die er den Umständen nach für erforderlich halten durfte. Dieser

---

1410 Unlängst BGH BauR 2004, 1151.
1411 BGH BauR 1974, 273. Bei der Frage, ob eine auftraglose Leistung dem mutmaßlichen Willen des Geschäftsherrn entspricht, ist auch zu berücksichtigen, welche Folgen für den Geschäftsherrn entstanden wären, wenn diese Leistung nicht durchgeführt worden wäre.
1412 OLG Hamburg BauR 2003, 253; OLG Frankfurt BauR 2003, 1045.
1413 Der Geschäftsführer ist zwar verpflichtet, diese Anzeige vorzunehmen, wenn nicht Gefahr in Verzug ist, § 681 BGB. Das Gesetz bestimmt jedoch ausdrücklich, dass der Aufwendungsersatzanspruch gem. § 681 S. 2 BGB unabhängig von der Anzeige ist. Aus der Verletzung der Anzeigepflicht können deshalb nur Schadensersatzansprüche hergeleitet werden. Mit diesem Schadensersatzanspruch kann der Auftraggeber z. B. geltend machen, dass er die Leistung, wenn sie ihm angezeigt worden wäre, gar nicht oder anderweitig günstiger vergeben hätte.

Aufwendungsersatz wird nach der Rechtsprechung mit der üblichen Vergütung bewertet. Üblich ist die Vergütung, die zurzeit des Vertragsschlusses nach allgemeiner Auffassung der beteiligten Kreise am Ort der Werkleistung gewährt zu werden pflegt.[1414] Der Geschäftsführer kann eine Vergütung über die GoA nicht erlangen, soweit seine Leistung mangelhaft ist. Denn eine **mangelhafte Leistung** ist grundsätzlich nicht im Interesse des Geschäftsherrn.[1415]

III. Rechtsfolgen einer unberechtigten GoA

Im Falle einer unberechtigten GoA scheidet ein Aufwendungsersatzanspruch nach § 670 BGB aus. In Betracht kommen Bereicherungsansprüche gem. §§ 684, 812 ff. BGB.[1416]

558

G. Ansprüche des Unternehmers aus Bereicherungsrecht

I. Voraussetzungen

Ist kein wirksamer Bauvertrag zwischen den Parteien zustande gekommen, sind die beiderseitigen Leistungen nach Bereicherungsrecht gem. § 812 Abs. 1 S. 1 1. Alt. BGB zurückzugewähren. Damit steht dem vermeintlichen Auftragnehmer gegenüber dem Leistungsempfänger unabhängig davon, ob die Leistung im Interesse und im mutmaßlichen Willen des Leistungsempfängers erbracht worden ist und damit ein Anspruch aus §§ 683 S. 1, 670 BGB besteht, ein Anspruch auf Herausgabe der Bereicherung zu. Dabei ist der Anspruch regelmäßig auf einen Ausgleich des Wertes der Bereicherung gem. § 818 Abs. 2 BGB gerichtet.[1417]

559

II. Umfang

Der **Umfang des Bereicherungsanspruchs** besteht, wenn die Leistung plangerecht erfolgte und sie vom vermeintlichen Auftraggeber entgegen genommen und genutzt wird, in Höhe der ersparten Aufwendungen.[1418] Bei Bemessung der Höhe der ersparten Aufwendungen muss berücksichtigt werden, dass dem Leistungsempfänger als Folge des Nichtbestehens eines wirksamen Vertragsverhältnisses keine Gewährleistungsrechte zustehen. Aus diesem Grunde sind die ersparten Aufwendungen zu berechnen auf der Grundlage der üblichen Vergütung, die um einen Risikoabschlag zu kürzen ist.[1419] [1420]

560

1414 BGH BauR 2001, 249.
1415 Darüber hinaus ist der Geschäftsführer zum Ersatz der Mangelfolgeschäden nach § 678 BGB verpflichtet.
1416 BGH BauR 2004, 495.
1417 Etwas anderes gilt nur dann, wenn der Leistungsempfänger nicht mehr bereichert ist und sich auf § 818 Abs. 3 BGB stützen kann.
1418 BGH BauR 2001, 1412; BGH BauR 2002, 1245.
1419 BGH BauR 1990, 721. Den Gerichten ist bei der Bemessung des Abschlags ein Bewertungsspielraum zuzubilligen. Die Bewertung hängt im Einzelfall davon ab, mit welcher Wahrscheinlichkeit in welchem Umfang Mängel zu erwarten sind.
1420 Für den Leistungsempfänger als potenziellen Auftraggeber besteht die Frage, ob er dann, wenn es um einen durch einen vollmachtlosen Vertreter (bspw. Bauleiter oder Architekten) abgeschlossenen Bauvertrag geht, gem. § 177 BGB die Genehmigung erteilt und dem bis dahin schwebend unwirksamen Bauvertrag damit endgültig Wirksamkeit verleiht. So werden in der Regel die durch einen vollmachtlosen Vertreter in Auftrag gegebenen Leistungen notwendig sein, was zur Folge hat, dass der Auftraggeber bei Genehmigung wirtschaftlich besser fährt. Bei Vorliegen eines wirksamen Bauvertrages kommt der Auftraggeber nämlich in den Genuss verschuldensunabhängiger Mängelrechte, während er im Falle der Nichtgenehmigung zwar die Leistung nach den Grundsätzen der Geschäftsführung ohne Auftrag bezahlen muss, jedoch keine verschuldensunabhängige Mängelhaftung hat und lediglich auf verschuldensabhängige Schadensersatzansprüche gegen den Unternehmer beschränkt ist, BGH BauR 1994, 110.

§ 6 Die Ansprüche des Auftragnehmers gegen den Auftraggeber

III. Aufgedrängte Bereicherung

561 Der Leistungsempfänger kann sich gegen den Bereicherungsanspruch des Unternehmers verteidigen, wenn es sich bei der Leistung um eine sog. **aufgedrängte Bereicherung** handelt. Bei Bauleistungen wird von einer aufgedrängten Bereicherung in aller Regel dann nicht ausgegangen werden können, wenn der Leistungsempfänger zwar die Möglichkeit hat, ohne wesentliche Nachteile die Beseitigung der auftragslosen Leistung zu fordern, er sie jedoch nicht wahr nimmt, sondern das Bauwerk nutzt.

H. Die Abwehr von Vergütungsansprüchen des Auftragnehmers durch den Auftraggeber

Literatur

Gsell, Schuldrechtsreform: Die Übergangsregelung für die Verjährungsfristen, NJW 2002, 1297; *Heß*, Das neue Schuldrecht – In-Kraft-Treten und Übergangsregelung, NJW 2002, 253; *Kniffka*, Das Gesetz zur Beschleunigung fälliger Zahlungen – Neuregelung des Bauvertragsrechts und seine Folgen –, ZfBR 2000, 227; *Lenkeit*, Das modernisierte Verjährungsrecht, BauR 2002, 196; *Mansel*, Die Neuregelung des Verjährungsrechts, NJW 2002, 89; *Otto*, Zur Frage der Verjährung von Abschlagsforderungen des Architekten und des Werkunternehmers, BauR 2000, 250; *Schmalzl*, Zur Verjährung des Vergütungsanspruchs der Bauhandwerker nach der VOB/B, NJW 1971, 2015; *Stellmann/Schinköth*, Schlussrechnung und Schlusszahlung nach der VOB/B – Eine Orientierung für die Praxis –, ZfBR 2005, 3 ff.

I. Einwendungen des Auftraggebers gegen den Vergütungsanspruch des Auftragnehmers

562 Geht es um die Frage eines Verlustes des Anspruchs, ist zunächst an die klassischen rechtsvernichtenden Einwendungen des Bürgerlichen Gesetzbuches zu denken, nämlich Aufrechnung (§§ 387 ff. BGB), Erfüllung (§ 362 BGB), Erfüllungssurrogate (§ 364 BGB), Unmöglichkeit (§ 326 BGB), Rücktritt (§ 346 Abs. 1 i. V. m. §§ 323, 324, 326 Abs. 5 BGB), Hinterlegung (§§ 372 ff. BGB) sowie den Erlassvertrag (§ 397 BGB).

1. Aufrechnung gemäß §§ 387 ff. BGB

563 Im Hinblick auf den Vergütungsanspruch des Auftragnehmers geht es bei dem Verteidigungsvorbringen des Auftraggebers in aller Regel um eine Aufrechnung mit Gegenansprüchen. Zu unterscheiden ist grundsätzlich zwischen der Aufrechnung als materiellrechtliches Rechtsgeschäft gem. der §§ 387 ff. BGB und der Geltendmachung einer Aufrechnung im Klageverfahren als Prozesshandlung. Das dem Auftraggeber zustehende Recht, mit einer eigenen (Gegen-)Forderung gegen eine (Haupt-)Forderung des Auftragnehmers aufzurechnen hat den Zweck, als Erfüllungssurrogat das Hin und Her der Leistungen zu vermeiden, sog. Tilgungsfunktion gem. § 389 BGB. Zum anderen gibt sie dem Auftraggeber die Möglichkeit, seine Gegenforderung durch Selbsthilfe durchzusetzen, sog. Sicherungs- und Vollstreckungsfunktion. Der Aufrechnungseinwand führt – wenn er prozessual eingreift und materiellrechtlich durchgreift – zur Klageabweisung. Dem kann der Kläger dadurch entgehen, dass er etwa bei unbestrittener Gegenforderung nach der Aufrechnung den Rechtsstreit für erledigt erklärt.[1421] Dagegen ist eine Gegenaufrechnung des Klägers mit einer weiteren eigenen Forderung grundsätzlich unbeachtlich: Wenn die

---

1421 *Zöller-Greger*, § 145 ZPO, Rn 22.

Aufrechnung des Beklagten durchgreift, geht eine Aufrechnung durch den Kläger wegen des dann bereits eingetretenen Untergangs der Aufrechnungsforderung des Beklagten (mit der Klageforderung, § 389 BGB) ins Leere.[1422] Der Kläger muss dann seine weitere Forderung selbstständig einklagen, auch durch Klageerweiterung (nachträgliche Klagehäufung). Erheblich ist jedoch der Einwand des Klägers, die Forderung des Beklagten sei bereits vor dessen Prozessaufrechnung durch eine zeitlich frühere Aufrechnung durch den Kläger, z. B. auch durch Verrechnung in der Klageschrift, erloschen gewesen.[1423]

a) Voraussetzung einer Aufrechnung im laufenden Prozessverfahren

aa) Prozesshandlungsvoraussetzungen

(1) Vorliegen einer Prozesserklärung

Zur Aufrechnung muss ein Vortrag im Prozess erfolgen.[1424] Dies kann in der mündlichen Verhandlung und natürlich auch durch Bezugnahme auf den Vortrag in einem vorbereitenden Schriftsatz i. S. des § 137 Abs. 3 ZPO erfolgen. Weiter muss im Prozess vor dem Landgericht die Postulationsfähigkeit gegeben sein.[1425] Eine **Primäraufrechnung** liegt dann vor, wenn der Beklagte die Aufrechnung im Prozess nicht bedingt, sondern vielmehr unbedingt einwendet. Dies ist dann der Fall, wenn der Beklagte die Klageforderung unstreitig stellt und damit praktisch anerkennt und sich ausschließlich mit der Aufrechnung verteidigt. Eine **Eventualaufrechnung** liegt immer dann vor, wenn der Beklagte sich nicht nur mit der Aufrechnung verteidigt, die Aufrechnung also nur hilfsweise geltend gemacht wird für den Fall, dass die Klage nicht aus anderen Gründen abzuweisen sein sollte. Denn nur für diesen Fall will der Beklagte verständigerweise seine eigene Forderung opfern. In einem solchen Fall darf auf die Aufrechnung nur eingegangen werden, wenn bzw. soweit die Klageforderung festgestellt ist.[1426]

564

(2) Bestimmtheit der Aufrechnung

Daneben gilt größtes **Augenmerk** der Bestimmtheit der Gegenforderung i. S. von § 253 Abs. 2 Nr. 2 ZPO wegen der Rechtskraftwirkung des Urteils hinsichtlich der Aufrechnungsforderung.[1427] Aus diesem Grund muss bei der Aufrechnung mit mehreren, die Klageforderung übersteigenden Gegenforderungen eine Reihenfolge vorgegeben werden.[1428]

565

(3) Die Aufrechnung als Verteidigungsvorbringen des Beklagten

Bei der Aufrechnung handelt es sich um ein Verteidigungsvorbringen des Beklagten, was zu folgenden Konsequenzen führt:

- Eine Aufrechnung hat zunächst keinen Einfluss auf die zu stellenden Anträge.
- Hinsichtlich der Forderung, mit der aufgerechnet wird, müssen die Sachurteilsvoraussetzungen (= Zulässigkeitsvoraussetzungen) nicht gegeben sein.
- Eine Aufrechnung kann als verspätet zurückgewiesen werden.[1429]

566

1422 BGH NJW-RR 1994, 1203.
1423 BGH DRiZ 1954, 129.
1424 Zöller-*Greger*, § 145 ZPO, Rn 11.
1425 Zöller-*Greger*, § 145 ZPO, Rn 11.
1426 Für den Gebührenstreitwert bei der Eventualaufrechnung gilt § 45 Abs. 3 GKG: Der Streitwert erhöht sich, soweit über die – streitige – Gegenforderung mit Rechtskraftwirkung (§ 322 Abs. 2 ZPO) entschieden wird. Dies hat Einfluss auf die Kostenentscheidung: Diese ist gem. §§ 91, 92 ZPO nach dem Maß des Obsiegens bzw. Unterliegens in Bezug auf den gem. § 45 Abs. 3 GKG erhöhten Streitwert zu bestimmen, BGH NJW 1981, 394.
1427 BGH NJW 1994, 1538.
1428 OLG Schleswig MDR 1976, 50.
1429 BGH NJW 1984, 1964; *Knöringer*, NJW 1977, 2339; Zöller-*Greger*, § 145 ZPO, Rn 15.

- Die Aufrechnung kann zurückgenommen werden, ohne dass dies als Klagerücknahme zu werten wäre.[1430] Gleichsam kann die Gegenforderung beliebig ausgetauscht werden, da es sich insoweit nicht um eine Klageänderung i. S. der §§ 263 ff. ZPO handelt.
- Die Aufrechnung führt nicht zur Rechtshängigkeit der Gegenforderung.[1431] Es kann also mit einer Forderung aufgerechnet werden, die in einem anderen Verfahren gerade eingeklagt wird. Gleichsam kann bei einer bereits erfolgten Aufrechnung diese Forderung noch zum Gegenstand eines anderen Klageverfahrens gemacht werden.[1432]
- Schließlich **hemmt** die Aufrechnung im Prozess **die Verjährung** der Aufrechnungsforderung gem. § 204 Abs. 1 Nr. 5 BGB.[1433] Gleiches gilt bei der Hilfsaufrechnung[1434] und sogar bei einer prozessual oder materiellrechtlich unzulässigen Aufrechnung. Eine Hemmung erfolgt aber nur bis zur Höhe der Klageforderung. Wegen des überschießenden Teils ist ggf. eine Widerklage zu erheben.

(4) Rechtsfolge einer unzulässigen Aufrechnung

567 Bei prozessualer Unzulässigkeit der Aufrechnung geht man davon aus, dass die Aufrechnung auch materiellrechtlich keine Wirkung hat, damit der Beklagte seine Gegenforderung nicht verliert.[1435]

bb) Materielle Zulässigkeitsvoraussetzungen

(1) Gegenseitigkeit, Gleichartigkeit

568 Jeder der an der Aufrechnung Beteiligten muss zugleich Gläubiger und Schuldner des anderen sein. Ausnahmen folgen aus §§ 406, 268 Abs. 2 BGB. Nicht möglich ist die Aufrechnung mit einer fremden Forderung, selbst wenn der Dritte nach § 185 BGB seine Zustimmung erteilt.[1436] Die geschuldeten Leistungen müssen von gleicher Beschaffenheit sein. Dies trifft in der Regel nur bei Geld- und Gattungsschulden zu. Bejaht wird die Gleichartigkeit auch, wenn sich eine Geldsummenschuld (z. B. § 631, 632 BGB) und eine Geldwertschuld (z. B. §§ 812, 818 Abs. 2 BGB oder §§ 823 Abs. 1, 249 Abs. 2 BGB) gegenüberstehen, da die geschuldete Leistung in beiden Fällen Geld ist.[1437] Entgegen dem Grundsatz, dass Einreden geltend gemacht werden müssen, hindert bereits das bloße Bestehen der Einrede die Wirksamkeit der Aufrechnung. Nach § 390 S. 2 BGB schließt die Verjährung der Gegenforderung die Aufrechnung nicht aus, wenn die Aufrechnungslage bereits vor Ablauf der Verjährungsfrist bestanden hat.

(2) Kein Ausschluss der Aufrechnung

569 Weiter darf die Aufrechnung nicht ausgeschlossen sein: Gesetzlich ausgeschlossen ist die Aufrechnung, wenn die Hauptforderung aus einer vorsätzlich unerlaubten Handlung

---

[1430] BGHZ 57, 242 (243); Baumbach/Lauterbach-*Hartmann*, § 145 ZPO, Rn 12; Stein-Jonas-Leipold, § 145 ZPO, Rn 45; *Schellhammer*, Rn 320; **a. A.** OLG Düsseldorf NJW-RR 1995, 575; *Zöller-Greger*, § 145 ZPO, Rn 11.
[1431] *Schellhammer*, Rn 328.
[1432] BGH NJW 1986, 2767; NJW 1999, 1179; NJW-RR 1994, 380; *Schellhammer*, Rn 328; *Zöller-Greger*, § 145 ZPO, Rn 18; Thomas/Putzo, § 145 ZPO, Rn 20; *Musielak*, JuS 1994, 824.
[1433] Aus prozesstaktischen Gründen kann es geboten sein, mit einer zeitnah verjährenden Gegenforderung die Eventualaufrechnung zu erklären. Für die Dauer des Prozessverfahrens wird die Verjährungsfrist gem. § 204 Abs. 1 Nr. 5 BGB gehemmt. Wird die Klage ohne Berücksichtigung des Aufrechnungseinwandes abgewiesen, so fällt die Hemmungswirkung in Wegfall. Der Beklagte hat gem. § 204 Abs. 2 BGB nunmehr aber noch 6 Monate Zeit, die Aufrechnungsforderung zum Gegenstand eines neuen Klageverfahren zu machen.
[1434] BGH NJW 1990, 2680.
[1435] BGH NJW 1994, 2770.
[1436] BGH NJW-RR 1988, 1150.
[1437] BGHZ 27, 123.

H. Die Abwehr von Vergütungsansprüchen

stammt, § 393 BGB, oder unpfändbar ist, § 394 S. 1 BGB. Forderungen sind unpfändbar, soweit sie nicht abtretbar sind, § 851 ZPO i. V. m. § 399 BGB. Ist die Abtretung durch Parteivereinbarung ausgeschlossen (§ 399 BGB), so ist die Forderung pfändbar und unterliegt damit der Aufrechnung, wenn der geschuldete Gegenstand pfändbar ist, § 851 Abs. 2 ZPO. Die Aufrechnung kann ferner durch **Parteivereinbarung** ausgeschlossen oder beschränkt sein.[1438] Ist das Aufrechnungsverbot in Allgemeinen Geschäftsbedingungen enthalten, ist § 309 Nr. 3 BGB zu beachten.[1439]

(3) Aufrechnungserklärung nach BGB

Nötig ist eine wirksame einseitige, empfangsbedürftige Willenserklärung. Ausreichend ist, wenn der Aufrechnende gegenüber dem Inhaber der Hauptforderung deutlich zum Ausdruck bringt, er wolle dem anderen nichts mehr schulden, sondern habe seinerseits Forderungen. Die Aufrechnungserklärung ist gem. § 388 S. 2 BGB bedingungs- und befristungsfeindlich.

570

cc) Materielle Begründetheit: Bestehen einer Gegenforderung

Schließlich ist zu prüfen, ob dem Auftraggeber eine fällige einredefreie Gegenforderung zusteht. Beim BGB-Bauvertrag folgen Gegenforderungen, die der Auftraggeber dem Vergütungsanspruch des Auftragnehmers entgegenhalten kann, aus:

571

- Verschulden beim Vertragsschluss: § 280 i. V. m. § 311 Abs. 2 und 3 BGB,[1440]
- Aufwendungsersatz bei Selbstvornahme: §§ 634 Nr. 2 i. V. m. § 637 Abs. 1 BGB (vgl. Rn 619 ff.),[1441]
- Vorschussanspruch zur Mängelbeseitigung: §§ 634 Nr. 2 i. V. m. § 637 Abs. 3 BGB (vgl. Rn 625 ff.),
- Schadensersatz: §§ 280 ff. bzw. §§ 634 Nr. 4 i. V. m. §§ 280 ff. BGB (vgl. Rn 681 ff.),
- Vertragsstrafe: §§ 339 ff. BGB (vgl. Rn 327 ff.),
- Deliktsrecht: §§ 823 ff. BGB (vgl. Rn 705 ff.),
- Produkthaftung: §§ 1 ff. ProdHaftG.

Beim VOB-Bauvertrag folgen Gegenforderungen, die der Auftraggeber dem Vergütungsanspruch des Auftragnehmers entgegenhalten kann, aus:

572

- Verschulden beim Vertragsschluss: § 280 i. V. m. § 311 Abs. 2 und 3 BGB,[1442]
- Aufwendungsersatz bei Selbstvornahme: § 13 Nr. 5 Abs. 2 VOB/B (vgl. Rn 671),
- Vorschussanspruch zur Mängelbeseitigung: § 13 Nr. 5 Abs. 2 VOB/B i. V. m. § 637 Abs. 3 BGB (vgl. Rn 671 f.),
- Schadensersatz: § 280 ff. BGB bzw. § 4 Nr. 7 sowie § 13 Nr. 7 VOB/B (vgl. Rn 691 ff.),

---

[1438] Besteht ein Aufrechnungsverbot, so muss der Auftraggeber die Gegenforderung im Rahmen einer Widerklage geltend machen. Ein zusätzlich vereinbartes Verbot der Widerklageerhebung ist gem. § 242 BGB unwirksam, LG Mosbach MDR 1972, 514.
[1439] Weiterführend: Werner/Pastor, Rn 2571 ff.
[1440] Weiterführend: Werner/Pastor, Rn 1878 ff.
[1441] Anzumerken bleibt, dass der BGH (BauR 2002, 86 (88); OLG Karlsruhe BauR 1999, 622; OLG Düsseldorf NJW-RR 1996, 532 (533)) den Aufwendungs-, Vorschuss- sowie Schadensersatzanspruch des Auftraggebers stets um die (Mehr-)Kosten kürzt, um die die Bauleistung (das Werk) bei einer ordnungsgemäßen Ausführung von vornherein teurer gewesen wäre. Bei der Bezifferung dieser Sowieso-Kosten sind diejenigen Mehraufwendungen zu ermitteln, die bei Befolgung des jetzt vorgesehenen Konzepts entstanden wären. Keinen Anspruch auf Mehrkosten hat der Auftragnehmer allerdings dann, wenn er nach dem Vertrag einen bestimmten Erfolg zu einem bestimmten Preis versprochen hat und sich die vertraglich vorgesehene Ausführungsart später als unzureichend darstellt.
[1442] Weiterführend: Werner/Pastor, Rn 1878 ff.

§ 6 Die Ansprüche des Auftragnehmers gegen den Auftraggeber

- Vertragsstrafe: § 11 Nr. 1 VOB/B (vgl. Rn 327 ff.),
- Deliktsrecht: §§ 823 ff. BGB (vgl. Rn 705),
- Produkthaftung: §§ 1 ff. ProdHaftG.

Schließlich muss die Forderung, mit der aufgerechnet wird, gem. § 390 S. 1 BGB erzwingbar, fällig und einredefrei sein. Die Forderung, gegen die aufgerechnet wird, muss bestehen, braucht aber nicht fällig (§ 271 Abs. 2 BGB) oder durchsetzbar zu sein.

b) Rechtskrafterstreckung gemäß § 322 Abs. 2 ZPO

573 Voraussetzung für die Rechtskrafterstreckung nach § 322 Abs. 2 ZPO ist eine Entscheidung, wonach die Gegenforderung nicht besteht, weil die Gegenforderung nicht bestanden hat (also unbegründet ist) oder, dass die Gegenforderung zwar begründet war, sie aber durch die Aufrechnung erloschen ist, also nicht mehr besteht.[1443] Folglich liegt keine rechtskräftige Entscheidung über die Aufrechnungsforderung vor, wenn bereits die Klageforderung als solche verneint und die Klage aus diesem Grunde abgewiesen wird. Ferner tritt keine rechtskräftige Entscheidung über die Aufrechnungsforderung ein, wenn der Aufrechnungseinwand als prozessual (vgl. Rn 564 ff.) oder materiellrechtlich (vgl. Rn 568 ff.) unzulässig zurückgewiesen wird. Auch in diesem Fall wird über die Begründetheit der Gegenforderung gerade nicht entschieden.[1444] Eine rechtskräftige Abweisung erfolgt dagegen dann, wenn die Gegenforderung deshalb für unbegründet erklärt – und der Klage stattgegeben – wird, weil die Gegenforderung unsubstantiiert ist oder der Tatsachenvortrag zu ihrer Begründung als verspätet zurückgewiesen wird.

c) Vorbehaltsurteil gemäß § 322 ZPO

574 Das Gericht kann ein Vorbehaltsurteil gem. § 302 ZPO nach Ermessen erlassen. Der Zweck besteht darin, eine Prozessverschleppung durch den Beklagten mittels Aufrechnung zu verhindern. Der Vorbehalt ist unter bestimmter Bezeichnung der Aufrechnungsforderung in den Tenor selbst aufzunehmen.[1445] Die Kostenentscheidung geht gem. § 91 ZPO gegen den Beklagten, die vorläufige Vollstreckbarkeit – **ggf. mit Sicherheitsleistung** – folgt aus den §§ 708 ff. ZPO. Das Vorbehaltsurteil gilt hinsichtlich Rechtsmittel und Zwangsvollstreckung gem. § 302 Abs. 3 ZPO als Endurteil. Bei einer Vollstreckung droht dem Gläubiger ein Schadensersatzrisiko gem. § 302 Abs. 4 S. 3 ZPO; der Gläubiger vollstreckt daher aus dem Vorbehaltsurteil auf eigene Gefahr. Im **Nachverfahren** bleibt der Rechtsstreit zur Aufrechnung gem. § 320 Abs. 4 S. 1 ZPO anhängig. Das weitere Verfahren betrifft nur die Aufrechnungsforderung. Hinsichtlich der Klageforderung ist das Gericht gem. § 318 ZPO an das Vorbehaltsurteil gebunden. Im Schlussurteil wird bei Nichtdurchgreifen der Aufrechnung das Vorbehaltsurteil aufrechterhalten oder für vorbehaltslos erklärt, die „weiteren" Kosten treffen dann den Beklagten. Bei Durchgreifen der Aufrechnung wird das Vorbehaltsurteil aufgehoben und die Klage abgewiesen. In diesem Fall erfolgt eine Neuentscheidung über die gesamten Kosten des Rechtsstreits.

2. Verrechnung

575 Nach der **bisherigen Rechtsprechung**[1446] sollen Vergütungsansprüche des Auftragnehmers einerseits und Ansprüche des Auftraggebers auf Schadensersatz in Geld wegen Ver-

---

1443 BGHZ 89, 352.
1444 BGH NJW 1986, 1757; NJW 1994, 1538; NJW 1997, 743.
1445 BGH NJW 1981, 394.
1446 OLG Naumburg, BauR 2001, 1615 (1617), Revision vom BGH mit Beschl. v. 5.4.2001 nicht angenommen; Werner/Pastor, Rn 2577; kritisch zu Recht: Ingenstau/Korbion-*Wirth*, § 13 Nr. 7 VOB/B, Rn 154 ff.

H. Die Abwehr von Vergütungsansprüchen

zuges, Unmöglichkeit, Nebenpflichtverletzung oder wegen Mängeln andererseits keine selbstständigen Ansprüche der Parteien darstellen, die sich im Wege der Aufrechnung gegenüberstehen können. Vielmehr sollen die wechselseitigen Forderungen im Rahmen der anzuwendenden Differenztheorie als unselbstständige Rechnungsposten eines einheitlichen Anspruchs angesehen werden. Im Wege der Saldierung ist schließlich zu ermitteln, wem nach der Verrechnung noch ein Zahlungsanspruch zusteht. Die Folgen der Verrechnungstheorie stellen sich wie folgt dar:

- Mit der Verrechnungstheorie geht ein vertragliches Aufrechnungsverbot ins Leere, da es sich nunmehr um eine Verrechnung und gerade nicht um eine Aufrechnung handelt. Dabei bleibt anzumerken, dass eine Verrechnung in Allgemeinen Geschäftsbedingungen wegen § 307 Abs. 1 S. 1, Abs. 2 BGB nicht ausgeschlossen werden kann.[1447] Individualvertraglich ist dagegen ein Ausschluss möglich.[1448]
- Die Streitwerte verringern sich im Klageverfahren, da § 45 Abs. 3 GKG – anders als bei einer Hilfsaufrechnung – bei einer Verrechnung nicht zur Anwendung kommt.
- Schließlich kommt vor dem Hintergrund der Verrechnungstheorie auch der Erlass eines Vorbehaltsurteils – unter Zurückstellung der mängelbedingten Gegenansprüche des Auftraggebers – nicht mehr in Betracht.

Nach der **neusten Rechtsprechung**[1449] stellen demtentgegen der Vergütungsanspruch des Auftragnehmers einerseits und Ansprüche des Auftraggebers auf Schadensersatz in Geld wegen Verzuges, Unmöglichkeit, Nebenpflichtverletzung oder wegen Mängeln andererseits selbstständige Ansprüche der Parteien dar, die sich im Wege der Aufrechnung gegenüberstehen können. Mit dem Begriff „Abrechnungsverhältnis" soll nicht zum Ausdruck gebracht werden, dass Forderung und Gegenforderung nicht den Regeln zur Aufrechnung unterliegen.[1450]

3. Verwirkung

Die Verwirkung, die vom Gericht als Einwendung von Amts wegen zu berücksichtigen ist, stellt einen Fall der unzulässigen Rechtsausübung dar.[1451] Ein Vergütungsanspruch des Auftragnehmers kann verwirkt sein, wenn seit der Möglichkeit seiner Geltendmachung längere Zeit verstrichen ist (**Zeitmoment**) und wenn besondere Umstände hinzutreten, auf Grund derer die verspätete Geltendmachung gegen Treu und Glauben verstößt (**Vertrauenstatbestand**).[1452] Dem Auftraggeber obliegt die Darlegungs- und Beweislast dafür, dass der Auftragnehmer längere Zeit mit der Geltendmachung seines Anspruchs zugewartet hat. Gegenüber einer solchen Behauptung des Auftraggebers ist es die Aufgabe des Auftragnehmers, substantiiert zu bestreiten und darzulegen, wann und ggf. unter welchen Umständen er den Anspruch in der zurückliegenden Zeit geltend gemacht hat.[1453]

1447 Ingenstau/Korbion-*Wirth*, § 13 Nr. 7 VOB/B, Rn 153.
1448 Ingenstau/Korbion-*Wirth*, § 13 Nr. 7 VOB/B, Rn 153.
1449 BGH BauR 2005, 1477; OLG Düsseldorf BauR 2005, 1520.
1450 Nach dem Urteil des BGH BauR 2006, 411 ist ein Vorbehaltsurteil nach § 302 Abs. 1 ZPO grundsätzlich ausgeschlossen, wenn der Auftraggeber gegenüber der Werklohnforderung mit einem Anspruch auf Ersatz der Kosten der Mängelbeseitigung oder Fertigstellung aufrechnet.
1451 BGHZ 43, 289 (292); BauR 1980, 180. Weiterführend: Werner/Pastor, Rn 2320 ff.
1452 BGH BauR 1982, 283 (284); BauR 1980, 180; KG BauR 1971, 264; Werner/Pastor, Rn 2321.
1453 Werner/Pastor, Rn 2324.

§ 6 Die Ansprüche des Auftragnehmers gegen den Auftraggeber

II. Einreden des Auftraggebers gegen den Vergütungsanspruch des Auftragnehmers

1. Leistungsverweigerungsrecht gemäß § 320 BGB

a) Voraussetzungen

578   Bis zur Beseitigung der vorhandenen Mängel durch den Auftragnehmer hat der Auftraggeber ein auf § 320 BGB gestütztes Leistungsverweigerungsrecht am Werklohn. Es handelt sich dabei um eine **Einrede**, die im Prozess vom Auftraggeber geltend gemacht werden muss. Voraussetzung für das Bestehen eines Leistungsverweigerungsrechts ist, dass dem Auftraggeber aus demselben rechtlichen Verhältnis ein synallagmatischer Gegenanspruch zusteht. Beim BGB-Bauvertrag folgt der Gegenanspruch, den der Auftraggeber dem Vergütungsanspruch des Auftragnehmers entgegenhalten kann, aus § 634 Nr. 1, 635 Abs. 1 BGB, während sich der Auftraggeber beim VOB-Bauvertrag auf § 13 Nr. 5 Abs. 1 VOB/B stützen kann.[1454]

b) Druckzuschlag

579   Mit dem Leistungsverweigerungsrecht soll der Auftraggeber den Auftragnehmer zwingen können, nachzubessern, wenn er nicht auf einen Großteil seines Vergütungsanspruchs verzichten will. Um dies zu erreichen, gibt § 641 Abs. 3 BGB dem Auftraggeber sowohl beim BGB-Bauvertrag wie auch beim VOB-Bauvertrag das Recht, in Höhe des dreifachen Betrages der Mängelbeseitigungskosten den noch nicht gezahlten Werklohn einzubehalten (**sog. Druckzuschlag**).[1455] Zu beachten bleibt, dass der Druckzuschlag dann entfällt, wenn sich der Auftraggeber mit der Beseitigung der Mängel im Annahmeverzug befindet. Nach der Rechtsprechung des BGH steht dem Auftraggeber das Leistungsverweigerungsrecht dann nur mit dem einfachen Betrag zu.[1456]

c) Darlegungs- und Beweislast

580   Stützt sich der Auftraggeber im Hinblick auf vorhandene Mängel auf ein Leistungsverweigerungsrecht gem. § 320 BGB, wird der Auftraggeber regelmäßig die Zahlung des gesamten Werklohnanspruchs von der Beseitigung der vorhandenen Mängel abhängig machen. In diesem Fall ist der Auftragnehmer für die Behauptung, der vom Auftraggeber gem. § 320 BGB einbehaltene Betrag sei auch unter Berücksichtigung eines anzuerkennenden Druckzuschlages unverhältnismäßig hoch bemessen, darlegungs- und beweisbelastet.[1457]

[1454] Zu prüfen ist jeweils, ob der Nacherfüllungsanspruch des Auftraggebers wegen vorbehaltloser Abnahme der Leistung trotz Mängelkenntnis gem. § 640 Abs. 2 BGB bzw. § 12 Nr. 5 Abs. 3 VOB/B ausgeschlossen ist. Ist dem so, so entfällt auch das Leistungsverweigerungsrecht des Auftraggebers aus § 320 BGB. In diesem Fall ist dann daran zu denken, den dem Auftraggeber verbleibenden Schadensersatzanspruch aus § 634 Nr. 4 i. V. m. §§ 280 ff. BGB bzw. § 13 Nr. 7 VOB/B als Zurückbehaltungsrecht gem. § 273 BGB geltend zu machen.

[1455] Die gesetzliche Regelung in § 641 Abs. 3 BGB weicht damit von der bestehenden Rechtsprechung des BGH ab, der den Druckzuschlag flexibel auf die Umstände des Einzelfalls bezogen ausgestaltet hatte, BGH BauR 1997, 133 (134); 1992, 401; OLG Hamm BauR 1996, 123; OLG Düsseldorf BauR 1998, 126 (128); Staudinger-*Peters*, § 641 BGB, Rn 21 ff.; *MünchKomm-Busche*, § 641 BGB, Rn 31 ff.; kritisch zur Neuregelung des § 641 Abs. 3 BGB; *Kniffka*, ZfBR 2000, 227 (232).

[1456] BGH NZBau 2002, 383; Werner/Pastor, Rn 2531; *MünchKomm-Busche*, § 641 BGB, Rn 36; **a. A.** OLG Dresden BauR 2001, 1261; OLG Düsseldorf BauR 2002, 482 (484).

[1457] BGH BauR 1997, 133 (134); Werner/Pastor, Rn 2689.

H. Die Abwehr von Vergütungsansprüchen

▶ **Zahlungsantrag Zug um Zug gegen Mängelbeseitigung:**
Namens und in Vollmacht der Klägerin erheben wir Klage gegen die Beklagte und werden in der mündlichen Verhandlung beantragen:
1. Die Beklagte wird verurteilt, an die Klägerin EUR 43.253,45 nebst Zinsen in Höhe von fünf Prozentpunkten über dem Basiszinssatz seit Rechtshängigkeit zu bezahlen.
2. Die Beklagte wird verurteilt, an die Klägerin weitere EUR 3.353,- Zug um Zug gegen Beseitigung der 4 direkt vor dem Nordfenster des im 1. Obergeschoss gelegenen Arbeitszimmers im Gebäude Mozartstraße 34 in 12309 Berlin zerbrochenen Stäbe des Buchenparketts zu bezahlen.
3. Es wird festgestellt, dass sich die Beklagte mit der Annahme der Maßnahmen zur Beseitigung der 4 direkt vor dem Nordfenster des im 1. Obergeschoss gelegenen Arbeitszimmers im Gebäude Mozartstraße 34 in 12309 Berlin zerbrochenen Stäbe des Buchenparketts seit dem ... in Annahmeverzug befindet.[1458] ◄

▶ **Teilweises Anerkenntnis des Beklagten bei gleichzeitiger Erhebung der Einrede des nicht erfüllten Vertrages gem. § 320 BGB:**
zeigen wir an, dass wir den Beklagten im Klageverfahren anwaltlich vertreten. Namens und in Vollmacht des Beklagten erkennen wir unter Verwahrung gegen die Kostenlast nach § 93 ZPO die Klageforderung in Höhe von EUR 16.925,47 an und werden in der mündlichen Verhandlung beantragen:
Der Beklagte wird Zug um Zug gegen Beseitigung der 4 direkt vor dem Nordfenster des im 1. Obergeschoss gelegenen Arbeitszimmers im Gebäude Mozartstraße 34 in 12309 Berlin zerbrochenen Stäbe des Buchenparketts verurteilt, an die Klägerin EUR 16.925,47 nebst Zinsen in Höhe von fünf Prozentpunkten über dem Basiszinssatz hieraus seit Rechtshängigkeit zu bezahlen. ◄

d) Ausschluss des § 320 BGB

Das Leistungsverweigerungsrecht kann vom Auftraggeber nicht mehr geltend gemacht werden, wenn dem Auftragnehmer keine ausreichende Gelegenheit zur Nachbesserung eingeräumt[1459] bzw. die Nachbesserung vom Auftraggeber sogar insgesamt verweigert worden ist.[1460] Gleiches gilt dann, wenn dem Auftraggeber nach Minderungserklärung oder Geltendmachung von Schadensersatz kein Erfüllungsanspruch mehr zusteht.[1461]

581

e) Problematik: § 648 a BGB nach Abnahme?

Bis zur **Entscheidung des BGH vom 22.1.2004**[1462] war die Frage umstritten, ob der Auftraggeber sich auf § 320 BGB stützen kann, wenn er die vom Auftragnehmer gem. § 648 a BGB geforderte Sicherheit nicht erbracht hat. Nach der aktuellen BGH-Rechtsprechung gibt § 648 a Abs. 1 BGB dem Auftragnehmer auch nach der Abnahme das Recht, eine Sicherheit zu verlangen, wenn der Auftraggeber Erfüllung des Vertrages (Mängelbeseitigung) fordert. Voraussetzung für ein berechtigtes Mängelbeseitigungsver-

582

1458 Liegt dem Auftragnehmer gegenüber dem Auftrageber ein vollstreckbarer Titel gem. §§ 704, 794 Abs. 1 ZPO vor, entstehen im Rahmen der Zwangsvollstreckung vornehmlich dann Probleme, soweit der Zahlungstitel des Auftragnehmers nur Zug um Zug gegen Nacherfüllung (= Mängelbeseitigung) vollstreckt werden kann. Die Vollstreckung ist demnach in erster Linie dann zulässig, wenn die Nachbesserung/Nacherfüllung unstreitig durchgeführt worden ist bzw. dem Gerichtsvollzieher durch öffentliche beglaubigte Urkunde nachgewiesen wird, dass der Schuldner wegen der Gegenleistung befriedigt ist oder sich im Annahmeverzug befindet. Mit dem Feststellungsantrag wird demnach der Zweck verfolgt, den Annahmeverzug des Schuldners durch öffentliche Urkunde gegenüber dem Gerichtsvollzieher nachweisen zu können.
1459 BGH NJW 1982, 2494; WM 1981, 1108; NJW 1967, 34; MünchKomm-*Busche*, § 641 BGB, Rn 33.
1460 BGH DB 1970, 1375; LG Köln BauR 1972, 314; MünchKomm-*Busche*, § 641 BGB, Rn 33.
1461 BGH NJW 1979, 549 (550); Staudinger-*Peters*, § 641 BGB, Rn 22; MünchKomm-*Busche*, § 641 BGB, Rn 32.
1462 BGH BauR 2004, 826.

von Kiedrowski

§ 6 Die Ansprüche des Auftragnehmers gegen den Auftraggeber

langen ist, dass der Auftragnehmer bereit ist, die Mängel zu beseitigen.[1463] So ist in der Praxis festzustellen, dass Sicherungsverlangen häufig erst dann gestellt werden, wenn Mängelbeseitigung gefordert worden ist.[1464] Hierbei kann durchaus zweifelhaft sein, ob der Auftragnehmer bereit ist, die Mängel nach Stellung einer Sicherheit zu beseitigen. In Fällen, in denen bereits vor dem Sicherungsverlangen lange über die Mängel gestritten worden ist und der Auftragnehmer in diesem Streit die Auffassung vertreten hat, es lägen keine Mängel vor, wird häufig der Schluss erlaubt sein, dass das Sicherungsverlangen deshalb unberechtigt ist.[1465]

583 Leistet der Auftraggeber auf das berechtigte Sicherungsverlangen nach der Abnahme die Sicherheit nicht, ist der Auftragnehmer berechtigt, die Mängelbeseitigung zu verweigern. Der Auftragnehmer kann dem Auftraggeber sodann in sinngemäßer Anwendung des § 648 a Abs. 5 S. 1 BGB i. V. m. § 643 S. 1 BGB eine Nachfrist zur Sicherheitsleistung mit der Erklärung setzen, dass er die Mängelbeseitigung ablehne, wenn die Sicherheit nicht fristgerecht geleistet werde. Nach fruchtlosem Ablauf der Nachfrist wird er von der Pflicht zur Mängelbeseitigung frei. Ihm steht in weiterer sinngemäßer Anwendung des § 645 Abs. 1 S. 1 und § 648 a Abs. 5 S. 2 BGB der Anspruch auf die um den mängelbedingten Minderwert gekürzte Vergütung und der Anspruch auf Ersatz des Vertrauensschadens zu. Dem Auftragnehmer steht folglich nicht der uneingeschränkte Restwerklohn zu. Sofern die Mängelbeseitigung möglich ist und nicht wegen unverhältnismäßig hoher Kosten verweigert werden kann, ist die Vergütung regelmäßig um die Kosten zu kürzen, die notwendig sind, um den Mangel beseitigen zu lassen, sonst um den Minderwert des Bauwerks. Zu beachten bleibt, dass auf dieser Grundlage eine Minderung der Vergütung nur bis auf Null möglich erscheint. Dies hat zur Folge, dass der Auftraggeber weitergehende Mängelbeseitigungskosten nicht geltend machen kann. Zur Begründung dessen ist darauf zu verweisen, dass es der Auftraggeber ist, der die Mängelbeseitigung des Auftragnehmers objektiv dadurch vereitelt, dass er keine Sicherheit stellt. Es ist gerechtfertigt, den Auftragnehmer im Hinblick auf die Mängelrechte genauso zu stellen, als hätte der Auftraggeber ihm keine Möglichkeit eingeräumt, den Mangel zu beseitigen. In diesem Fall kann der Auftraggeber keine Ansprüche auf Kostenerstattung, Schadensersatz statt der Leistung und auch keine Minderung geltend machen bzw. auch nicht vom Vertrag zurücktreten (vgl. Rn 622).

584 Der Auftragnehmer ist allerdings nicht gezwungen, eine Nachfrist zu setzen, um die Vergütung zu erhalten. Mit der Abnahme ist sein Vergütungsanspruch fällig geworden. Er kann diesen Vergütungsanspruch geltend machen. In diesem Fall kann der Auftraggeber sein gesetzliches Leistungsverweigerungsrecht wegen der Mängel geltend machen.[1466] Diesem Leistungsverweigerungsrecht kann der Auftragnehmer nicht entgegenhalten, dass er seinerseits zur Leistung nicht verpflichtet ist, weil ihm keine Sicherheit gestellt

---

[1463] BGH BauR 2001, 386.
[1464] *Siegburg*, EWiR 2004, 372; Staudinger-*Peters*, § 648 a BGB, Rn 2.
[1465] Die Darlegungs- und Beweislast dafür, dass die Voraussetzungen für das Sicherungsbegehren vorliegen, trägt der Auftragnehmer.
[1466] Die Frage, in welcher Höhe das gesetzliche Leistungsverweigerungsrecht besteht, wenn der Auftraggeber eine Sicherheit nicht leistet und der Auftragnehmer sich entschließt, an der Leistungsverpflichtung festzuhalten – demnach also von einer Nachfrist nach § 643 BGB absieht –, hat der BGH bisher nicht entschieden. Geht man nach § 641 Abs. 3 BGB, kann der Auftraggeber das Dreifache der Vergütung zurückbehalten. Denkbar ist es auch, das Nichtstellen einer Sicherheit dem Fall des Verzuges des Auftraggebers mit der der Annahme der Mängelbeseitigung gleichzustellen; diesem Fall ist das Leistungsverweigerungsrecht auf die einfache Höhe der Mängelbeseitigungskosten beschränkt, OLG Hamm OLGR 1994, 194; OLG Celle BauR 2004, 884; OLG Düsseldorf BauR 2004, 514.

H. Die Abwehr von Vergütungsansprüchen

wird. Will er seine Rechte aus der fehlenden Sicherheit verfolgen, muss er nach §§ 648 a Abs. 5 i. V. m. §§ 643, 645 BGB vorgehen, um sich ungeachtet des Mängelbeseitigungsanspruchs des Auftraggebers eine einredefreie Vergütung zu verschaffen.

2. Zurückbehaltungsrecht gemäß § 273 BGB

Auch das Zurückbehaltungsrecht aus § 273 BGB stellt eine **Einrede** dar, die vom Auftraggeber im Prozess geltend gemacht werden muss. Voraussetzung für das Bestehen eines Zurückbehaltungsrechts ist, dass dem Auftraggeber ein fälliger, einredefreier und konnexer, d. h. aus einem innerlich zusammengehörenden einheitlichen Lebensverhältnis herrührender Gegenanspruch zusteht.[1467] [1468]

585

3. Der unterlassene Vorbehalt bei der Schlusszahlung gemäß § 16 Nr. 3 Abs. 2 bis 6 VOB/B[1469]

Beim VOB-Bauvertrag kann gem. § 16 Abs. 3 Abs. 2 VOB/B eine vorbehaltlose Annahme der Schlusszahlung durch den Auftragnehmer ebenso wie die unterlassene Begründung von Vorbehalten gegenüber vom Auftraggeber vorgenommenen Rechnungskürzungen dazu führen, dass Ansprüche **nicht mehr durchgesetzt** werden können.[1470]

586

a) Reichweite der Ausschlusswirkung

Die mit der Erhebung der Einrede eintretende Ausschlusswirkung erfasst gem. § 16 Nr. 3 Abs. 4 VOB/B **alle Ansprüche** aus dem Bauvertrag. Es werden nicht nur die Ansprüche aus der Schlussrechnung betroffen, sondern auch früher geltend gemachte, aber unerledigte – soweit sie nicht nochmals vorbehalten werden – bzw. solche aus Zusatz-[1471] oder Nachtragsaufträgen.[1472] Dabei kann es um Vergütungs-, Schadensersatz- oder sonstige jedwede Forderungen aus und im Zusammenhang mit dem im Streit befindlichen VOB-Bauvertrag handeln.[1473]

587

b) Vorliegen einer Schlussrechnung

Für die Schlusszahlung ist gem. § 16 Nr. 3 VOB/B Voraussetzung, dass eine **Schlussrechnung** vorliegt.[1474] [1475] Erteilt der Auftragnehmer eine nicht prüfbare Schlussrechnung,

588

1467 BGH NJW-RR 1990, 847; BGHZ 115, 103; Werner/Pastor, Rn 2505.
1468 Auch ein Freistellungsanspruch kann nach neuster Rechtsprechung ein Zurückbehaltungsrecht begründen, OLG Brandenburg, BauR 2005, 1920, Nichtzulassungsbeschwerde vom BGH durch Beschl. v. 22.9.2005 zurückgewiesen.
1469 Weiterführend: Stellmann/Schinköth, ZfBR 2005, 3 ff.
1470 BGHZ 86, 135; 101, 357 (362 f.); Kapellmann/Messerschmidt-Messerschmidt, § 16 VOB/B, Rn 224; Ingenstau/Korbion-Locher, § 16 Nr. 3 VOB/B, Rn 67.
1471 OLG München NJW-RR 1987, 598; OLG Hamm NJW-RR 1987, 599; Ingenstau/Korbion-Locher, § 16 Nr. 3 VOB/B, Rn 78; Stellmann/Schinköth, ZfBR 2005, 3 (6).
1472 OLG Düsseldorf BauR 1973, 396; OLG Hamm NJW-RR 1987, 599; Ingenstau/Korbion-Locher, § 16 Nr. 3 VOB/B, Rn 78; Stellmann/Schinköth, ZfBR 2005, 3 (6).
1473 OLG Frankfurt BauR 1994, 251; OLG Köln BauR 1994, 634; Kapellmann/Messerschmidt-Messerschmidt, § 16 VOB/B, Rn 238; Ingenstau/Korbion-Locher, § 16 Nr. 3 VOB/B, Rn 111 ff.; Werner/Pastor, Rn 2286. Gemäß § 390 S. 2 BGB bleibt dem Auftragnehmer allerdings die Möglichkeit offen, mit diesen Forderungen gegenüber dem Auftraggeber die Aufrechnung zu erklären, BGH NJW 1982, 2250.
1474 BGH BauR 1975, 349; BauR 1979, 525; Ingenstau/Korbion-Locher, § 16 Nr. 3 VOB/B, Rn 85; Werner/Pastor, Rn 2295; Stellmann/Schinköth, ZfBR 2005, 3.
1475 Hervorzuheben bleibt, dass die Schlussrechnung unter Geltung der VOB/ keine Bindungswirkung entfaltet. Folglich kann der Auftragnehmer auch nach Vorlage einer Schlussrechnung weitere Forderungen geltend machen. Ein Nachforderungsausschluss kann nur nach vorbehaltsloser Annahme der Schlusszahlung durch den Auftragnehmer gem. § 16 Nr. 3 Abs. 2 VOB/B eintreten, Stellmann/Schinköth, ZfBR 2005, 3.

§ 6 Die Ansprüche des Auftragnehmers gegen den Auftraggeber

kann der Auftraggeber gleichsam mit den sich aus § 16 Nr. 3 Abs. 2 VOB/B ergebenen Folgen Schlusszahlung leisten oder endgültig weitere Zahlungen ablehnen.[1476]

c) Erfolgte Schlusszahlung durch den Auftraggeber

589 Um eine Schlusszahlung handelt es sich, wenn sich aus dem im Zusammenhang mit der Zahlung vorliegenden Umständen – zweifelsfrei und für den Auftragnehmer erkennbar – ergibt, dass der Auftraggeber die Restschuld zum Ausgleich bringen und keine weiteren Zahlungen mehr leisten will.[1477] Bei einer Schlusszahlung handelt es sich folglich um eine ausdrücklich erklärte bzw. sich aus den Umständen ergebende abschließende Bezahlung des Auftragnehmers aus dem Bauvertrag.[1478] Ausreichend für die Annahme einer Schlusszahlung ist gem. § 16 Nr. 3 Abs. 3 VOB/B, dass der Auftraggeber unter Hinweis auf die geleisteten Zahlungen weitere Zahlungen endgültig und schriftlich ablehnt.[1479] Eine Schlusszahlung liegt aber dann nicht vor, wenn der Auftragnehmer einen Teil der Rechnung zahlt und im Übrigen ein Leistungsverweigerungsrecht wegen Mängeln geltend macht.[1480]

d) Schriftlicher Hinweis über die Ausschlusswirkung

590 Der Auftragnehmer muss den Auftraggeber über die Schlusszahlung schriftlich unterrichtet und ihn auf die **Ausschlusswirkung** hingewiesen haben. Die schriftliche Unterrichtung und der Hinweis auf die Ausschlusswirkung sind Wirksamkeitsvoraussetzung für die Ausschlusswirkung.[1481]

▶ HINWEIS: Zu beachten ist, dass sich der Hinweis nicht nur auf die Ausschlusswirkung, sondern sich auch im Einzelnen auf die Frist und Maßnahmen beziehen muss, die der Auftragnehmer zur Wahrung seiner Rechte beachten muss.[1482] ◀

e) Vorbehaltserklärung

591 Der Auftragnehmer muss gem. § 16 Nr. 3 Abs. 5 VOB/B den Vorbehalt, dass er trotz Annahme der Schlusszahlung noch weitere Forderungen geltend machen will, innerhalb von 24 Werktagen[1483] nach Zugang der Mitteilung über die Schlusszahlung oder die Ablehnung weiterer Zahlungen gegenüber dem Auftraggeber erklären. Von einer **Vorbehaltserklärung** des Auftragnehmers, die als empfangsbedürftige Willenserklärung dem Auftraggeber zugegangen sein muss,[1484] ist nur dann auszugehen, wenn sich aus dem im Zusammenhang mit den der Erklärung zugrunde liegenden Umständen – zweifelsfrei und für den Auftraggeber erkennbar – ergibt, dass der Auftragnehmer an der weiteren Gel-

---

1476 BGH BauR 1999, 396 (397).
1477 BGH BauR 1970, 240; Ingenstau/Korbion-*Locher*, § 16 Nr. 3 VOB/B, Rn 86; *Stellmann/Schinköth*, ZfBR 2005, 3 (4 f.).
1478 BGH BauR 1977, 135; BauR 1979, 527 (528); ZfBR 1982, 123; Ingenstau/Korbion-*Locher*, § 16 Nr. 3 VOB/B, Rn 86; *Stellmann/Schinköth*, ZfBR 2005, 3 (4 f.).
1479 Ingenstau/Korbion-*Locher*, § 16 Nr. 3 VOB/B, Rn 99 ff.
1480 BGH BauR 1991, 84; KG NJW-RR 1988, 582; Ingenstau/Korbion-*Locher*, § 16 Nr. 3 VOB/B, Rn 101; Werner/Pastor, Rn 2302.
1481 BGH BauR 199, 396; OLG Naumburg NZBau 2001, 139; OLG München BauR 1996, 871 (874) Ingenstau/Korbion-*Locher*, § 16 Nr. 3 VOB/B, Rn 93 ff.; *Stellmann/Schinköth*, ZfBR 2005, 3 (6).
1482 Werner/Pastor, Rn 2305; Ingenstau/Korbion-*Locher*, § 16 Nr. 3 VOB/B, Rn 94; Beck'scher VOB-Kommentar-*Motzke*, § 16 Nr. 3 VOB/B, Rn 67.
1483 Vgl. zur Fristberechnung die §§ 186 ff. BGB.
1484 BGH NJW 1978, 1631, Nicklisch/Weick, § 16 VOB/B, Rn 54; Kapellmann/Messerschmidt-*Messerschmidt*, § 16 VOB/B, Rn 247; Ingenstau/Korbion-*Locher*, § 16 Nr. 3 VOB/B, Rn 120; Werner/Pastor, Rn 2309.

tendmachung von Forderungen aus dem Bauvertrag festhält.¹⁴⁸⁵ Die Vorbehaltserklärung muss nicht begründet werden.¹⁴⁸⁶ In Ausnahmefällen ist der **Vorbehalt nach Treu und Glauben entbehrlich.** So z. B., wenn der Auftragnehmer im engen zeitlichen Zusammenhang mit dem Erhalt der schriftlichen Mitteilung über die Schlusszahlung und ihre Ausschlusswirkung unmissverständlich zu erkennen gegeben hat, er bestehe auf der Bezahlung der vollen von ihm geltend gemachten Werklohnforderung und dem Auftraggeber deshalb bereits bei der Schlusszahlung erkennbar war, dass der Auftragnehmer seine Forderung voll aufrechterhalten wird.¹⁴⁸⁷

f) Vorbehaltsbegründung

aa) Begründung des Vorbehalts

Reicht der Auftragnehmer nicht innerhalb von weiteren 24 Werktagen eine prüfbare Rechnung über die vorbehaltene Forderung ein oder begründet er den Vorbehalt nicht sonst eingehend, ist der Vorbehalt gem. § 16 Nr. 3 Abs. 5 S. 2 VOB/B hinfällig.¹⁴⁸⁸ Hat der Auftragnehmer bislang keine prüfbare Schlussrechnung vorgelegt, ist er verpflichtet, innerhalb von 24 Werktagen seinen Vorbehalt durch Vorlage einer entsprechend prüfbaren Schlussrechnung zu unterlegen. Die zur **Vorbehaltsbegründung** vorzulegende Schlussrechnung muss prüfbar i. S. des § 14 VOB/B sein.¹⁴⁸⁹ Gleichsam hat der Auftragnehmer zum Nachweis einer Abrechnung die erforderlichen Nachweise mit der Vorbehaltserklärung vorzulegen.¹⁴⁹⁰ Ist der Auftragnehmer innerhalb der kurzen Frist von 24 Werktage hierzu nicht im Stande, so verbleibt ihm im Rahmen des § 16 Nr. 3 Abs. 5 S. 2 VOB/B die Möglichkeit, seinen Vorbehalt anderweitig zu begründen. Der Auftragnehmer hat dann unter Berücksichtigung der **Informations- und Kontrollinteressen** des Auftraggebers im Einzelnen hinreichend klar die vorbehaltenen Forderungen bzw. Rechnungsposten zu begründen.¹⁴⁹¹ Dabei muss der Auftraggeber unter Berücksichtigung seiner Erkenntnismöglichkeiten in die Lage versetzt werden, die Berechtigung der erhobenen Ansprüche im Einzelnen näher prüfen zu können. Die Ausschlussfristen gelten gem. § 16 Nr. 3 Abs. 6 VOB/B nicht für ein Verlangen nach Richtigstellung der Schlussrechnung und -zahlung wegen Aufmaß-, Rechen- und Übertragungsfehlern.¹⁴⁹²

592

bb) Folgen der Rechtsprechung zur formularrechtlichen Inhaltskontrolle

Haben die Parteien die VOB/B nicht im Ganzen vereinbart (vgl. Rn 219), so hat dies auf der Grundlage der Rechtsprechung des BGH zur formularrechtlichen Inhaltskontrolle zur Folge, dass die Ausschlusswirkung der Schlusszahlung wegen eines Verstoßes gegen § 307 Abs. 1 i. V. m. Abs. 2 Nr. 1 BGB unwirksam ist.¹⁴⁹³ In diesem Fall ist die sodann

593

1485 BGH BauR 1974, 349; OLG Köln BauR 1975, 351 (352); OLG Hamm MDR 1985, 845; Kapellmann/Messerschmidt-*Messerschmidt*, § 16 VOB/B, Rn 243.
1486 Kapellmann/Messerschmidt-*Messerschmidt*, § 16 VOB/B, Rn 244; Ingenstau/Korbion-*Locher*, § 16 Nr. 3 VOB/B, Rn 125; Werner/Pastor, Rn 2307.
1487 Kapellmann/Messerschmidt-*Messerschmidt*, § 16 VOB/B, Rn 250; Werner/Pastor, Rn 2310. Spätere Vergleichsverhandlungen begründen keinen Verzicht des Auftraggebers auf die Ausschlusswirkung, OLG Hamburg BauR 1979, 163 (165).
1488 OLG Hamm MDR 1985, 845; Groß, BauR 2000, 342; Ingenstau/Korbion-*Locher*, § 16 Nr. 3 VOB/B, Rn 134 ff.; Werner/Pastor, Rn 2311; Kapellmann/Messerschmidt-*Messerschmidt*, § 16 VOB/B, Rn 256.
1489 Beck'scher VOB-Kommentar-*Motzke*, § 16 Nr. 3 VOB/B, Rn 98; Kapellmann/Messerschmidt-*Messerschmidt*, § 16 VOB/B, Rn 256; Ingenstau/Korbion-*Locher*, § 16 Nr. 3 VOB/B, Rn 137 ff.
1490 Nicklisch/Weick, § 16 VOB/B, Rn 60.
1491 BGH BauR 1977, 135; BauR 1980, 178.
1492 Kapellmann/Messerschmidt-*Messerschmidt*, § 16 VOB/B, Rn 258 ff.
1493 BGHZ 86, 135; 101, 357; 138, 176.

entstandene Lücke gem. § 306 Abs. 2 BGB durch das dispositive Recht des Bürgerlichen Gesetzbuches zu schließen. Unter Zugrundelegung des Werkvertragsrechts wird man entsprechend der herrschenden Literaturmeinung zu dem Ergebnis gelangen, dass der Schlussrechnung in diesem Fall – wie bei der Honorarschlussrechnung eines Architekten – Bindungswirkung zukommt.[1494] Ist der Auftraggeber selbst Verwender der VOB/B, so kann er, um im Einzelfall zu einer für ihn günstigeren Bindungswirkung zu gelangen, nicht die Unwirksamkeit der Regelung in § 16 Nr. 3 Abs. 2 VOB/B einwenden, um sich dann auf die Rechtslage nach BGB-Werkvertragsrecht (nebst Bindungswirkung) zu stützen.[1495] [1496]

4. Einrede der Verjährung gemäß § 214 BGB

594 Gemäß § 214 BGB kann sich der Auftraggeber nach Ablauf der Verjährungsfrist auf die Einrede der Verjährung stützen. Die Verjährung dient dabei einerseits dem Rechtsfrieden und andererseits der Sicherung des Rechtsverkehrs.[1497]

a) Beim BGB-Bauvertrag

595 Für solche nach dem 31. 12. 2001 abgeschlossen Bauverträge[1498] verjährt der Vergütungsanspruch des Auftragnehmers gem. § 195 BGB **in drei Jahren**. Die Verjährungsfrist beginnt gem. § 199 Abs. 1 BGB am Schluss des Jahres, in dem (1.) der Anspruch entstanden ist und (2.) der Auftragnehmer von dem den Anspruch begründenden Umständen und der Person des Schuldners Kenntnis erlangt oder ohne grobe Fahrlässigkeit erlangen musste. Die Entstehung des Anspruchs ist mit der Fälligkeit gleichzusetzen.[1499] Beim BGB-Bauvertrag wird der Vergütungsanspruch des Auftragnehmers **mit der Abnahme** des Werkes fällig. Einer prüfbaren Abrechnung bedarf es nicht.[1500] Geht es um Nachforderungen wegen Bausolländerungen (vgl. Rn 374), die in der Schlussrechnung nicht erfasst sind, so verjähren diese einheitlich mit der Hauptforderung. Abschlagsforderungen verjähren gesondert, allerdings bleibt anzumerken, dass der Auftragnehmer eine verjährte Abschlagsforderung ohne Bedenken zum Gegenstand des Schlussrechnungsbetra-

---

1494 OLG Frankfurt NJW-RR 1993, 340; OLG München WM 1984, 541; *Schelle*, BauR 1987, 272 (273); *Jagenburg*, BauR 1976, 319. Für die Bindungswirkung der Honorarschlussrechnung eines Architekten: BGH NJW 1993, 659; NJW 1986, 845 NJW 1978, 319; NJW 1974, 898. **a. A.** Werner/Pastor, Rn 1374.
1495 Stellmann/Schinköth, ZfBR 2005, 3 (9).
1496 Von einer Bindungswirkung ist dem entgegen aber dann auszugehen, wenn der Auftragnehmer selbst Verwender der VOB/B ist, *Stellmann/Schinköth*, ZfBR 2005, 3 (9).
1497 Werner/Pastor, Rn 2343.
1498 Geht es um die Verjährung nach altem und neuem Recht, so sind in diesem Zusammenhang die in Art. 229 § 6 EGBGB (vgl. dazu *Heß*, NJW 2002, 253 (256) sowie *Gsell*, NJW 2002, 1297 ff.) enthaltenen Überleitungsvorschriften zu beachten: Die Vorschriften des Bürgerlichen Gesetzbuchs über die Verjährung in der seit dem 1. 1. 2002 geltenden Fassung finden auf die an diesem Tag bestehenden und noch nicht verjährten Ansprüche Anwendung. Für den Fall, dass die neue Verjährungsfrist länger als die alte läuft, gilt aus Gründen des Vertrauensschutzes altes Recht. § 6 Abs. 3 ist alte Recht. Durch das neue Verjährungsrecht soll also folglich nicht zu einer Verlängerung bestehender Verjährungsfristen kommen. Ist dem entgegen die neue Verjährungsfrist kürzer als die alte, so bestimmt sich die Verjährung gem. § 6 Abs. 4 S. 1 nach der neuen Frist. Dabei ist bei der Berechnung der Verjährungsfrist nach neuem Recht das Kenntniselement in § 199 Abs. 1 BGB zu berücksichtigen, Palandt-*Heinrichs*, EGBGB Art. 229 § 6, Rn 6. Bei Verträgen, die vor dem 1. 1. 2002 abgeschlossen worden sind, ist also jeweils die Verjährungsfrist nach altem und nach neuem Recht zu ermitteln. Maßgebend ist dann die früher endende Frist. Wird bei einem Altvertrag der Vergütungsanspruch erst nach dem 31. 12. 2001 fällig, so richtet sich auch in diesem Fall die Verjährung gem. § 6 Abs. 3 nach altem "kürzerem" Recht, BGH NJW 2006, 44.
1499 BGH BauR 1990, 95; *Mansel*, NJW 2002, 89 (91); *Lenkert*, BauR 2002, 196 ff.; Werner/Pastor, Rn 2363.
1500 BGH BauR 1981, 1999; OLG Stuttgart BauR 1994, 121 (122); OLG Celle NJW 1986, 327. Vgl. dazu auch Rn 357.

H. Die Abwehr von Vergütungsansprüchen

ges erheben kann.[1501] Dies betrifft gleichermaßen den Anspruch aus § 649 S. 2 BGB.[1502] Ist der BGB-Bauvertrag zu Recht gekündigt worden oder liegt eine einverständliche Vertragsauflösung vor, so beginnt die Verjährung am Schluss des Jahres in dem die Kündigung/Vertragsauflösung erfolgt ist.[1503] Liegt ein nichtiger Bauvertrag vor, so verjährt auch der Anspruch aus § 812 BGB in der Frist des § 195 BGB.[1504]

b) Beim VOB-Bauvertrag

Beim VOB-Bauvertrag muss neben der Abnahme gem. § 16 Nr. 3 Abs. 1 VOB/B eine **prüfbare Schlussrechnung** vorliegen, damit die Fälligkeit des Vergütungsanspruchs begründet wird.[1505] Dabei hat der Auftraggeber eine Prüffrist von maximal 2 Monaten.[1506] Für den Beginn der Verjährungsfrist ist bei einem VOB-Bauvertrag daher, wenn der Auftraggeber die Schlussrechnung nicht bereits schon vor Ablauf der 2-Monatsfrist geprüft hat,[1507] der Ablauf der vorgenannten Frist maßgebend. Wird der Bauvertrag gekündigt, wird der Vergütungsanspruch mit Erteilung einer prüfbaren Schlussrechnung fällig.[1508] Auch für den VOB-Bauvertrag gilt im Hinblick auf den Vergütungsanspruch des Auftragnehmers die **regelmäßige Verjährungsfrist** gem. §§ 195, 199 BGB, die am Ende des Jahres zu laufen beginnt, in dem der Fälligkeitszeitpunkt (Zugang einer prüfbaren Schlussrechnung und Ablauf der Prüffrist) liegt.[1509] Geht es um Nachforderungen wegen Bausolländerungen (vgl. Rn 405 ff.), die in der Schlussrechnung nicht erfasst sind, so verjähren diese **einheitlich mit der Hauptforderung**.[1510] **Abschlagsforderungen** verjähren gesondert, allerdings bleibt anzumerken, dass der Auftragnehmer eine verjährte Abschlagsforderung ohne Bedenken zum Gegenstand des Schlussrechnungsbetrages erheben kann.[1511] Ist der VOB-Bauvertrag zu Recht gekündigt worden oder liegt eine einverständliche Vertragsauflösung vor, so beginnt die Verjährung am Schluss des Jahres in dem die Kündigung/Vertragsauflösung erfolgt ist.[1512] Liegt ein nichtiger Bauvertrag vor, so verjährt auch der Anspruch aus § 812 BGB in der Frist des § 195 BGB.[1513]

c) Grundsätzliches zum Verjährungsrecht

- Vereinbarungen über die Verjährung können grundsätzlich getroffen werden. Die Zulässigkeitsgrenzen sind in § 202 BGB geregelt. Insoweit ist eine Abkürzung der Verjährungsfristen, soweit in einer **Individualvereinbarung** geschehen, zulässig.[1514] § 202 BGB verbietet allerdings eine Vereinbarung, wonach eine Verjährungsfrist vereinbart wird, die 30 Jahre übersteigt.[1515]

1501 BGH BauR 1999, 267; kritisch dazu *Otto*, BauR 2000, 250.
1502 Werner/Pastor, Rn 2361.
1503 BGH BauR 1987, 95.
1504 Werner/Pastor, Rn 2362.
1505 Beachte OLG Dresden, IBR 2005, 304, wonach eine Werklohnforderung beim VOB-Bauvertrag auch ohne Vorliege einer Schlussrechnung verjähren kann, wenn eine Abschlagsrechnung in eine Schlussrechnung umgedeutet werden kann.
1506 BGH BauR 1989, 87; OLG Frankfurt NJW-RR 1988, 983.
1507 Zur Vorfälligkeit: BGH BauR 1982, 377; BauR 1984, 182.
1508 BGH BauR 1987, 95.
1509 Werner/Pastor, Rn 2367.
1510 BGH BauR 1982, 377; BauR 1970, 113.
1511 BGH BauR 1999, 267; kritisch dazu *Otto*, BauR 2000, 250.
1512 BGH BauR 1987, 95.
1513 Werner/Pastor, Rn 2362.
1514 Werner/Pastor, Rn 2349 ff.
1515 Werner/Pastor, Rn 2354 ff.

§ 6 Die Ansprüche des Auftragnehmers gegen den Auftraggeber

- Zu einer Verjährungshemmung kommt es gem. § 203 BGB insbesondere dann, wenn die Parteien Verhandlungen über den Anspruch oder die den Anspruch begründenden Umstände führen.[1516] Ferner enthält § 204 BGB 14 Tatbestände, bei denen es zu einer Verjährungshemmung kommt.[1517]
- Die Verjährung wird unterbrochen, wenn der Verpflichtete gegenüber dem Berechtigten den Anspruch durch Abschlags-, Zinszahlung oder in anderer Weise anerkennt. Ein solches Anerkenntnis ist bereits gegeben, wenn sich aus dem tatsächlichen Verhalten des Schuldners gegenüber dem Gläubiger klar und zweideutig ergibt, dass dem Schuldner das Bestehen der Schuld bewusst ist und angesichts dessen der Berechtigte darauf vertrauen darf, dass sich der Schuldner nicht nach Ablauf der Verjährung auf diese beruft.[1518]
- Geht es um eine Klageerhebung zur Hemmung der Verjährung, so ist zu beachten, dass eine Teilklage, mit der der Auftragnehmer nur einen Teil des Werklohns verlangt, nur in Höhe dieses Teilanspruchs die Verjährung hemmt.

[1516] Es genügt jeder Meinungsaustausch über den Schadensfall zwischen dem Berechtigten und Verpflichteten, sofern nicht sofort und eindeutig jeder Ersatz abgelehnt wird, Werner/Pastor, Rn 2417.
[1517] Werner/Pastor, Rn 2418 ff.
[1518] Palandt-*Heinrichs*, § 212 BGB, Rn 3 f.

§ 7 Die Ansprüche des Auftraggebers gegen den Auftragnehmer

A. Der Baumangel

Literatur

Jung, Mängelansprüche und Zahlung bei Bauverträgen: VOB/B 2002 im Vergleich zur gesetzlichen Regelung, ZGS 2003, 68; *Kemper*, Neuregelung der Mängelansprüche in § 13 VOB/B-2002, BauR 2002, 1613; *Merl*, Schuldrechtsmodernisierungsgesetz und werkvertragliche Gewährleistung, in: Festschrift für Jagenburg, S. 597; *Schudnagies*, Das neue Werkvertragsrecht nach der Schuldrechtsreform, NJW 2002, 396; *Siegburg*, Der Baumangel nach der geplanten VOB/B 2002, in: Festschrift für Jagenburg, S. 839; *Teichmann/Schröder*, Anmerkung zum Urteil des BGH vom 16.07.1998 – VII ZR 350/96 –, JZ 1999, 799; *Thode*, Die wichtigsten Änderungen im BGB-Werkvertragsrecht: Schuldrechtsmodernisierungsgesetz und erste Probleme – Teil 1, NZBau 2002, 297; *Vorwerk*, Mängelhaftung des Werkunternehmers und Rechte des Bestellers nach neuem Recht, BauR 2003, 1; *Weyer*, § 13 VOB/B 2002: Viele Änderungen und was wirklich Neues?, BauR 2003, 613.

Gemäß § 633 Abs. 1 BGB sowie § 13 Nr. 1 S. 1 VOB/B (vgl. zur wirksamen Einbeziehung der VOB/B in den Bauvertrag Rn 215 ff.) besteht eine Verpflichtung des Auftragnehmers, dem Auftraggeber das Werk frei von Sach- und Rechtsmängeln zu verschaffen.

I. Vorliegen eines Sachmangels[1519]

1. Beim BGB-Bauvertrag

a) Vorliegen eines Sachmangels bei Beschaffenheitsvereinbarung

aa) Abweichung von der vertraglich vereinbarten Sollbeschaffenheit

Vor dem Hintergrund des durch das SchRModG vorgegebenen dreistufigen Mangelbegriffs ist gem. § 633 Abs. 2 S. 1 BGB ein Werk zunächst dann frei von Sachmängeln, wenn es die **vereinbarte Beschaffenheit** hat. Der Sachmangel definiert sich vorrangig danach, ob das hergestellte Werk von der vereinbarten Beschaffenheit abweicht. Entspricht die Istbeschaffenheit nicht der Sollbeschaffenheit, so liegt ein Sachmangel vor.[1520] Um festzustellen, ob ein Sachmangel vorliegt, ist in einem ersten Schritt die vertraglich vereinbarte Leistung zu bestimmen, was bei Bauverträgen immer wieder große Probleme aufwirft, da Leistungsbeschreibungen in der Vielzahl leider unvollständig, ungenau,

598

[1519] Eine detaillierte Auflistung von Beispielen für Sachmängel aus der Rechtsprechung findet sich bei Werner/Pastor, Rn 1515.
[1520] Damit hat das Gesetz den subjektiven Mangelbegriff, der auch nach der alten – sprachlich noch anders lautenden – Regelung des § 633 Abs. 1 BGB a. F. maßgeblich war, übernommen, *Vorwerk* BauR 2003, 1 (3). Als Folge dessen könnte man der Auffassung sein, dass sich an der alten Rechtslage (insb. an dem vom BGH vertretenen subjektiven Mangelbegriff, BGH BauR 1995, 230) nichts geändert hat, so *Schudnagies*, NJW 2002, 396 (397); a. A. zutreffend *Thode*, NZBau 2002, 297 (303); Werner/Pastor, Rn 1456.

§ 7 Die Ansprüche des Auftraggebers gegen den Auftragnehmer

intransparent[1521] und wenig aussagekräftig sind. Ist nach dem Wortlaut des Bauvertrages eine eindeutige Beschaffenheitsvereinbarung zu verneinen, muss versucht werden, das von den Parteien Gewollte durch Auslegung gem. §§ 133, 157, 242 BGB zu ermitteln.[1522]

▶ HINWEIS: Insoweit ist zu bedenken, dass ein Bauvertrag, bei dem der Auftragnehmer einen konkreten Erfolg zu erbringen hat, ohne Beschaffenheitsvereinbarungen bzw. definiertem „Verwendungszweck" i. S. des § 633 Abs. 2 S. 2 Nr. 1 BGB praktisch nicht denkbar ist.[1523] ◀

Steht sodann die vertraglich vereinbarte Soll-Beschaffenheit fest, ist in einem zweiten Schritt die Ist-Beschaffenheit zu ermitteln, um schließlich im Ergebnis festzuhalten, ob eine Abweichung und damit ein Sachmangel gegeben ist.

bb) Fehlende Verwendungseignung bei Vorliegen der vereinbarten Beschaffenheit

599 Probleme entstehen dann, wenn das hergestellte Werk zwar die vereinbarte Beschaffenheit aufweist, sich aber nicht für die nach dem Vertrag vorausgesetzte Verwendung eignet. So müsste das Werk in diesem Fall nach dem Wortlaut des § 633 Abs. 2 S. 1 BGB eigentlich – obwohl das Werk selbst funktionsuntauglich ist – fehlerfrei sein, weil die nach dem Vertrag vereinbarten Leistungsschritte erfüllt worden sind. Dass dies so nicht sein kann, wird durch den Umstand belegt, dass sonst § 633 Abs. 2 S. 1 BGB n. F. im krassen Widerspruch zu dem von der Rechtsprechung für das Werkvertragsrecht entwickelten **funktionalen Mangelbegriff** stehen würde. Danach muss ein Werk ungeachtet der Einzelheiten der Leistungsbeschreibung den vertraglich vorausgesetzten Zweck erfüllen.[1524] Mithin bleibt festzuhalten: Hat das Werk die vereinbarte Beschaffenheit, fehlt ihm aber gleichwohl die Funktionstüchtigkeit, ist auch nach neuem Recht ein Sachmangel zu bejahen. Insoweit hat der Gesetzgeber zwar die Funktionalität und Zweckentsprechung nicht in § 633 Abs. 2 S. 1 BGB, sondern vielmehr der zweiten Alternative des Sachmangelbegriffs in § 633 Abs. 2 S. 2 Nr. 1 BGB zugeordnet. Das Tatbestandsmerkmal der vereinbarten Beschaffenheit darf aber nicht isoliert von den übrigen in § 633 Abs. 2 S. 2 BGB aufgeführten Sachmangelkriterien gesehen werden. Aus ihnen ergibt sich eindeutig, dass das Werk für eine gewöhnliche Verwendung geeignet sein und eine Beschaffenheit aufweisen muss, die üblich ist und von dem Besteller nach der Art des Werkes erwartet werden kann. Da der Auftragnehmer ein funktionsgerechtes Werk berechtigterweise erwarten kann, liegt ein Mangel auch dann vor, wenn die **Funktions-**

1521 Besonders zu beachten bleibt insoweit das in § 307 Abs. 1 S. 2 BGB geregelte Transparenzgebot. Dabei wird die Inhaltskontrolle von Allgemeinen Geschäftsbedingungen (beachte gleichsam § 310 Abs. 3 Nr. 2 BGB, wonach beim Verbrauchergeschäft die Inhaltskontrolle auch dann zur Anwendung kommt, wenn die vorformulierte Vertragsbedingung nur zur einmaligen Verwendung bestimmt ist und der Verbraucher auf Grund der Vorformulierung auf ihren Inhalt keinen Einfluss nehmen konnte) auch für Preis- und Leistungsbestimmungen sowie andere so genannte deklaratorische, von Rechtsvorschriften nicht abweichende Bestimmungen eröffnet. Maßgebend für die Inhaltskontrolle ist insofern, ob die Klausel aufgrund ihrer Intransparenz zu einer unangemessenen Benachteiligung des Vertragspartners des Verwenders führt.
1522 BGH JZ 1999, 797; OLG Bremen OLGR 2002, 147; Staudinger-*Peters*, § 633 BGB, Rn 173; Ingenstau/Korbion-*Wirth*, § 13 Nr. 1 VOB/B, Rn 22.
1523 Wirth/Sienz/Englert-*Grauvogel*, Teil II, § 633, Rn 22. Deshalb wird es in den meisten Fällen möglich sein, unter Berücksichtigung der gesamten Umstände des Vertragsschlusses zu einem eindeutigen Ergebnis des Gewollten zu kommen.
1524 BGH BauR 1995, 230; BGHZ 139, 244; BauR 2000, 411; BauR 2001, 823; BauR 2002, 613 (616); Kniffka/Koeble, Kompendium 6. Teil, Rn 22 ff.

tüchtigkeit beeinträchtigt ist bzw. die Werkleistung nicht den **anerkannten Regeln der Technik**[1525] entspricht.[1526] [1527]

b) Vorliegen eines Sachmangels ohne Beschaffenheitsvereinbarung

Enthält der Vertrag dagegen keine Vereinbarung zur Beschaffenheit,[1528] ist das Werk gem. § 633 Abs. 2 S. 2 Nr. 1 BGB mangelfrei, wenn es sich für die nach dem Vertrag vorausgesetzte, oder gem. § 633 Abs. 2 Nr. 2 BGB für den Fall, dass nach dem Vertrag eine Verwendung nicht vorausgesetzt ist,[1529] die **gewöhnliche Verwendung** eignet, wobei das Werk im letzten Fall eine Beschaffenheit aufweisen muss, die bei Werken der gleichen Art üblich ist und die der Auftraggeber nach der Art des Werkes erwarten kann. Schließlich steht es gem. § 633 Abs. 2 S. 3 BGB einem Sachmangel gleich, wenn der Auftragnehmer ein anderes als das bestellte Werk oder das Werk in zu geringer Menge herstellt.

600

2. Beim VOB-Bauvertrag

Für den **VOB-Bauvertrag** ist der Begriff des Sachmangels in § 13 Nr. 1 VOB/B definiert. § 13 Nr. 1 VOB/B übernimmt in der Fassung von 2002 die in § 633 Abs. 2 S. 1 und S. 2 BGB enthaltene dreistufige Rangfolge des Sachmangelbegriffs, wonach primär auf die vereinbarte Beschaffenheit, nachrangig auf die vertraglich vorausgesetzte und letztrangig auf die gewöhnliche Verwendung, übliche Beschaffenheit und einen allgemeinen Erwartungshorizont abzustellen ist.[1530] Hervorzuheben bleibt, dass in Abweichung zu § 633 Abs. 2 BGB die allgemein **anerkannten Regeln der Technik** gem. § 13 Nr. 1 S. 2 VOB/B ausdrücklich eine vertraglich vereinbarte Leistungspflicht des Auftragnehmers begründen.[1531] (Vgl. zum Begriff der „Anerkannten Regeln der Technik" die Nachweise in Fn 1525.) Verstößt der Auftragnehmer gegen die allgemein anerkannten Regeln der Technik, so begründet dies einen Sachmangel.[1532] Auch beim VOB-Bauvertrag steht es

601

1525 Vgl. zum Begriff der „Anerkannten Regeln der Technik" weiterführend: Kapellmann/Messerschmidt-*Merkens*, § 4 VOB/B, Rn 54 ff.; Staudinger-*Peters*, § 633 BGB, Rn 169 ff.; Werner/Pastor, Rn 1459 ff.; Ingenstau/Korbion-*Wirth*, § 1 VOB/B, Rn 78 ff.
1526 BGH BauR 1981, 577 (581); BauR 1989, 462; OLG Koblenz BauR 1995, 554 (556); *Merl*, Festschrift für Jagenburg, S. 597 (600 f.); *Siegburg*, Festschrift für Jagenburg, S. 839 (845); Staudinger-*Peters*, § 633 BGB, Rn 168; Werner/Pastor, Rn 1457 f.
1527 So hat der Gesetzgeber eine Regelung, wonach die anerkannten Regeln der Technik einzuhalten sind, bewusst nicht in § 633 Abs. 2 BGB aufgenommen. Eine derartige Regelung hätte zu Missverständnissen bei der Frage geführt, ob der Unternehmer seine Leistungspflicht bereits dann erfüllt hat, wenn zwar die anerkannten Regeln beachtet worden sind, das Werk aber nicht die vertragsgemäße Beschaffenheit aufweist; kritisch dazu *Siegburg*, Festschrift für Jagenburg, S. 839 (842 f.). Damit ist offensichtlich, dass die vertragsgemäße Beschaffenheit ungeachtet etwaiger anerkannter Regeln der Technik vorrangig ist und vor allem die Funktionstauglichkeit des Werkes zum Inhalt hat. Weiterhin ist auch klar, dass die anerkannten Regeln der Technik zur Beschaffenheitsvereinbarung i. S. des § 633 Abs. 2 S. 1 BGB gehören und nicht erst bei der üblichen Beschaffenheit eine Rolle spielen, *Siegburg*, Festschrift für Jagenburg, S. 839 (844); Staudinger-*Peters*, § 633 BGB, Rn 168.
1528 Die anderen beiden Alternativen des § 633 Abs. 2 BGB kommen also nur dann in Betracht, wenn eine Vereinbarung über die Beschaffenheit nicht vorliegt.
1529 Ob eine nach dem Vertrag vorausgesetzte Verwendung vorliegt, ist anhand der Umstände des Vertragsschlusses und des Vertrages selbst zu ermitteln. Das Ergebnis wird beim Werkvertrag in aller Regel eine nach dem Vertrag vorausgesetzte Verwendung sein.
1530 Bei dem in § 13 Nr. 1 VOB/B zusätzlich enthaltenen Passus „zur Zeit der Abnahme" handelt es sich um ein ungeschriebenes Tatbestandsmerkmal des § 633 Abs. 2 BGB, Palandt-*Sprau*, § 633 BGB, Rn 3.
1531 *Jung*, ZGS 2003, 68 (69); Teichmann/Schröder, JZ 1999, 799 (800); Werner/Pastor, Rn 1513; Ingenstau/Korbion-*Wirth*, § 13 Nr. 1 VOB/B, Rn 35.
1532 BGH BauR 1981, 577; BauR 1984, 401; OLG Düsseldorf BauR 1995, 890; Kapellmann/Messerschmidt-*Weyer*, § 13 VOB/B, Rn 29; Werner/Pastor, Rn 1513; Ingenstau/Korbion-*Wirth*, § 13 Nr. 1 VOB/B, Rn 62.

gem. § 633 Abs. 2 S. 3 BGB einem Sachmangel gleich, wenn der Auftragnehmer ein anderes als das bestellte Werk oder das Werk in zu geringer Menge herstellt.[1533]

3. Verletzung der Prüfungs- und Anzeigepflicht des Auftragnehmers

a) Rechtsgrundlage

602 Beim **VOB-Bauvertrag** folgt die Pflicht zur Anzeige von Bedenken aus § 4 Nr. 3 VOB/B. Danach sind dem Auftraggeber gegenüber Bedenken unverzüglich – möglichst schon vor Beginn der Arbeiten – und schriftlich mitzuteilen. Beim **BGB-Bauvertrag** wird die Pflicht zur Anzeige von Bedenken aus §§ 631 Abs. 1, 633 Abs. 1 BGB bzw. § 242 BGB abgeleitet,[1534] wobei in Ermangelung eines Schriftformerfordernisses der mündliche Hinweis ausreicht.[1535]

b) Prüfungspflicht

603 Unabhängig davon, ob ein BGB- oder VOB-Bauvertrag vorliegt, hat der Auftragnehmer, der seine Leistung in engem Zusammenhang mit der Vorarbeit eines anderen oder aufgrund dessen Planungen auszuführen hat, zu prüfen und ggf. Erkundigungen einzuziehen, ob diese Vorleistung eine geeignete Grundlage für sein Werk bietet und keine Eigenschaften aufweist, die den Erfolg seiner eigenen Arbeit in Frage stellen kann.[1536] [1537] [1538]

c) Anzeigepflicht

604 Darüber hinaus ist der Auftragnehmer verpflichtet, nach Prüfung der Umstände auf die für ihn erkennbare Fehlerhaftigkeit der Vorgabe bzw. der Vorleistung eines anderen Unternehmers unverzüglich hinzuweisen und Bedenken zu äußern. Kommt er der Prüfungs- und Hinweispflicht nicht nach, ist seine Werkleistung gem. § 633 Abs. 2 BGB bzw. § 13 Nr. 1 VOB/B mangelhaft.[1539] [1540] Die Anmeldung von Bedenken muss rechtzeitig erfolgen. Rechtzeitig ist die **Bedenkenanmeldung** dann, wenn der Hinweis zu einem Zeitpunkt gegeben wird, in dem der Auftraggeber noch angemessen reagieren kann. Für den VOB-Bauvertrag gilt dabei die Formulierung in § 4 Nr. 3 VOB/B, wonach die Beden-

---

[1533] Kapellmann/Messerschmidt-*Weyer*, § 13 VOB/B, Rn 35; Ingenstau/Korbion-*Wirth*, § 13 Nr. 1 VOB/B, Rn 44, 46; MünchKomm-*Busche*, § 633 BGB, Rn 31; **a. A.** *Merl*, Festschrift für Jagenburg, S. 597 (605).

[1534] OLG Bremen BauR 2001, 1599; OLG Hamm NZBau 2001, 691; OLG Düsseldorf BauR 1998, 126 (127); Staudinger-*Peters*, § 633 BGB, Rn 63.

[1535] BGH NJW 1960, 1813; Kleine-Möller/Merl/Oelmaier-*Merl*, § 12 Rn 99.

[1536] BGH BauR 1970, 57 (58); BauR 1983, 70; BauR 1987, 79; Werner/Pastor, Rn 1526; Kapellmann/Messerschmidt-*Merkens*, § 4 VOB/B, Rn 67.

[1537] Der Umfang der Prüfungspflicht hängt von den Umständen des Einzelfalls ab, OLG Düsseldorf BauR 2002, 323; OLG Celle BauR 2002, 812; OLG Bremen BauR 2001, 1599; Werner/Pastor, Rn 1520.

[1538] Bsp.: Vertrauen auf Fachkunde des Bauherrn (BGH BauR 1977, 420); Vertrauen auf Fachkunde des Herstellers (OLG Düsseldorf NJW-RR 1993, 1433); Estrichleger muss keine Spezialkenntnisse hinsichtlich Akustik haben (OLG Düsseldorf OLGR 1994, 267); Fertigbauer kann auf Statik vertrauen (OLG Hamm NJW-RR 1994, 1111); Vertrauen auf Fachkunde des Hauptunternehmers: Pflastersteine (OLG Brandenburg BauR 2001, 102); Vertrauen des Estrichlegers auf Gefälleplanung (OLG Brandenburg BauR 2002, 1709); Anfälligkeit von Material gegen Bewuchs (OLG Koblenz BauR 2003, 60); Geeignetheit von Verfüllungsmaterial für den Bodenaufbau (OLG Hamm BauR 2003, 101); Planung einer Kläranlage (OLG Dresden BauR 2003, 262); Asbestuntersuchung (OLG Hamm BauR 2003, 406); Heizungsplanung (OLG Celle BauR 2003, 730); Dämmung eines Warmwasserbehälters (OLG Hamm BauR 2003, 1054); Fugenbreiten (OLG Brandenburg BauR 2003, 1054).

[1539] BGH BauR 1983, 70; BauR 1985, 561 (563); OLG Hamm BauR 1995, 852; OLG Koblenz BauR 1995, 395 (396); Staudinger-*Peters*, § 633 BGB, Rn 62, 64; Werner/Pastor, Rn 1519; Kapellmann/Messerschmidt-*Merkens*, § 4 VOB/B, Rn 100; Ingenstau/Korbion-*Wirth*, § 13 Nr. 1 VOB/B, Rn 102.

[1540] Beruht der Mangel auf einer ausdrücklichen Anweisung des Auftraggebers bei der Bauausführung, ist der Auftragnehmer nicht zur (Nach-)Erfüllung verpflichtet, wenn er den Auftraggeber auf die nachteiligen Folgen hingewiesen hat.

A. Der Baumangel

kenanmeldung unverzüglich zu erfolgen hat. Festzuhalten bleibt demnach, dass der Auftragnehmer in dem Augenblick, in dem er bei der gebotenen Prüfung den Mangel der Vorgaben usw. erkennen konnte, den Auftraggeber ohne schuldhaftes Verzögern aufzuklären hat. Inhaltlich muss die Bedenkenanmeldung die nachteiligen Folgen und die sich daraus ergebenden Gefahren beinhalten, um dem Auftraggeber die Tragweite der Nichtbefolgung zu verdeutlichen.

Gemäß § 4 Nr. 3 VOB/B hat die Bedenkenanmeldung beim VOB-Bauvertrag **schriftlich** zu erfolgen. Beim BGB-Bauvertrag ist demtentgegen kein Formerfordernis zu beachten. Die Beachtung der Schriftform ist allerdings auch beim VOB-Bauvertrag nach Treu und Glauben nicht als Voraussetzung für die Haftungsbefreiung zu begründen. Vielmehr dient sie in erster Linie Beweiszwecken. Deshalb ist auch bei einem VOB-Bauvertrag ein mündlicher Hinweis, der trotz Fehlens der Schriftform den Warnzweck erfüllt, für die Enthaftung i. S. des § 13 Nr. 3 VOB/B ausreichend. Der **Adressat** der Bedenkenanmeldung ist der Auftraggeber oder ein zum Empfang dieses Hinweises ermächtigter Empfangsbote[1541] bzw. Empfangsvertreter (vgl. Rn 252 ff.). Verschließt sich der empfangszuständige Bauleiter oder Architekt den angezeigten Bedenken[1542] oder ist ersichtlich, dass die Informationen erkennbar nicht weitergegeben werden, muss der Auftragnehmer die Bedenken gegenüber dem Auftraggeber geltend machen.[1543] Schließlich hat der Auftragnehmer nach Treu und Glauben die **Reaktion des Auftraggebers** nach der Bedenkenanmeldung abzuwarten. Meldet sich der Auftraggeber nach einer angemessenen Frist nicht, kann es im Einzelfall geboten sein, durch Nachfrage zu klären, ob trotz der Bedenken weitergearbeitet werden soll. Das wird insbesondere dann der Fall sein, wenn das Werk im Falle einer Weiterarbeit unstreitig unbrauchbar wird. Der Auftragnehmer kann trotz eines Schweigens seitens des Auftraggebers nämlich nicht davon ausgehen, dass dieser ein unbrauchbares Werk errichtet wissen will.

605

4. Zur Substantiierung des Sachmangels

Kommt es zu einem Streit der Vertragsparteien, ob ein Baumangel aufgetreten ist, hat der Auftraggeber diesen darzulegen.[1544] Dabei ist der Baumangel so genau zu bezeichnen, dass der in Anspruch genommene Auftragnehmer weiß, was ihm vorgeworfen und was von ihm als Abhilfe erwartet wird.[1545] [1546] Der Auftraggeber genügt regelmäßig dieser Darlegungspflicht, wenn er seinen Vortrag auf die **Symptome** beschränkt, aus denen er die Mangelhaftigkeit der Bauleistung herleitet. Ausreichend ist ein Sachvortrag, wonach die vom Auftraggeber **festgestellten Erscheinungen** auf eine möglicherweise im Verant-

606

1541 Empfangsbote ist, wer entweder vom Empfänger zur Entgegennahme von Erklärungen ermächtigt worden ist oder nach der Verkehrsauffassung als ermächtigt anzusehen ist, Willenserklärungen oder diesen gleichstehende Mitteilungen mit Wirkung für den Erklärungsempfänger entgegenzunehmen und zur Übermittlung an den Empfänger geeignet und bereit ist, BGH BauR 2002, 945.
1542 Etwas anderes gilt dann, wenn der Architekt oder Bauleiter die Bedenken plausibel zerstreuen. Das ist z. B. dann der Fall, wenn der Auftragnehmer den Bauleiter auf ein nicht eingeplantes Gefälle in einer Halle verweist, dieser ihn an den Bauplaner verweist und jener ihm erläutert, dass wegen der Besonderheiten der Nutzung der Halle auf ein Gefälle verzichtet worden ist. Konnte der Auftragnehmer aufgrund der Darstellung des Planers darauf vertrauen, dass die Ausführung nicht zu einem Mangel seines Werkes führen würde, ist er von der Haftung frei.
1543 BGH BauR 1978, 54; BauR 1997, 301; BauR 2001, 622.
1544 BGH BauR 1974, 280; BauR 1982, 66 (67).
1545 BGH BauR 1998, 632 (633); BauR 1993, 112 (115); BauR 1982, 66 (67); OLG Celle MDR 2001, 686.
1546 Ein Nacherfüllungsbegehren, das nur allgemein Mängel rügt, ohne diese näher zu bezeichnen, ist gegenstandslos. Durch ein derartiges Begehren können nachteilige Rechtsfolgen zu Lasten des Unternehmers/Aufragnehmers nicht ausgelöst werden. Das gleiche gilt für Mängelrügen, die den Mangel nicht so lokalisieren, dass der Auftragnehmer ihn auffinden kann.

§ 7 Die Ansprüche des Auftraggebers gegen den Auftragnehmer

wortungsbereich des Auftraggebers liegende mangelhafte Werkleistung zurückzuführen sind.[1547] Er ist nicht genötigt, auch die Gründe seiner Entstehung, also die Mängelursachen im Einzelnen anzugeben,[1548] zumal der Auftraggeber dem Auftragnehmer ohnehin nicht vorschreiben kann, wie dieser eine etwaige Nachbesserung/Nacherfüllung durchzuführen hat.[1549] [1550]

II. Vorliegen eines Rechtsmangels

607 Das Werk ist gem. § 633 Abs. 1 und 3 BGB frei von Rechtsmängeln, wenn Dritte im Bezug auf das Werk keine oder nur die im Vertrag übernommenen Rechte gegen den Auftraggeber geltend machen können. Anzumerken bleibt, dass Rechte Dritter, die gegen den Auftraggeber geltend gemacht werden können, auch dann einen Rechtsmangel darstellen, wenn sie diesen in der (vereinbarten, nach dem Vertrag vorausgesetzten oder sogar gewöhnlichen) Verwendung nicht beeinträchtigen. § 13 Nr. 1 VOB/B enthält demgegenüber keine Definition des in § 633 Abs. 1 und 3 BGB geregelten Rechtsmangels, sodass die vorgenannte Gesetzesregelung für Rechtsmängel auch bei vereinbarter VOB/B mangels einer abschließenden Regelung in der VOB/B unmittelbar gilt.[1551]

B. Der Anspruch auf Mängelbeseitigung (Nachbesserung/Neuherstellung)

Literatur

Böhme, (Teil-)Identische Nachbesserungspflichten von Vor- und Nachunternehmer, in: Festschrift für von Craushaar, Seite 327; *Glöckner*, Ausgewählte Probleme der gesamtschuldnerischen Haftung Baubeteiligter wegen Leistungsstörungen bei der Erstellung des Bauwerks, BauR 2005, 251; *Groß*, Beweislast bei in der Abnahme vorbehaltenen Mängeln, BauR 1995, 456; *Gsell*, Nutzungsentschädigung bei kaufrechtlicher Nacherfüllung?, NJW 2003, 1969; *Jagenburg*, Geldersatz für Mängel trotz vorbehaltsloser Abnahme?, BauR 1974, 361; *ders.*, Die Rechtsprechung zum privaten Bau- und Bauvertragsrecht im Jahre 1969, NJW 1970, 1289; *Kemper*, Die Neuregelung der Mängelansprüche in § 13 VOB/B – 2002 –, BauR 2002, 1613; *Kniffka*, Änderung des Bauvertragsrechts im Abschlussbericht der Kommission zur Überarbeitung des Schuldrechts, ZfBR 1993, 97; *ders.*, Gesamtschuldnerausgleich im Baurecht, BauR 205, 274; *Knütel*, BauR 2002, 689; *Koeble*, Rückforderung des Vorschusses? Ein Märchen!, in: Festschrift für Jagenburg, S. 371; *Kohler*, Das Werk im Kauf, in: Festschrift für Jagenburg, S. 379; *Lenkert*, Das modernisierte Verjährungsrecht, BauR 2002, 196; *Malotki*, Die unberechtigte Mangelbeseitigungsaufforderung – Ansprüche des Unternehmers auf Vergütung, Schadens- und Aufwendungsersatz, BauR 1998, 682; *Mansel*, Die Neuregelung des Verjährungsrechts, NJW 2002, 89; *Neuhaus*, Dreißig Jahre Gewährleistungshaftung im Bau-

---

1547 BGH BauR 2000, 261; BauR 2002, 613 (617); BauR 1997, 1065; BauR 1997, 1029; BauR 1990, 356; Kapellmann/Messerschmidt-*Weyer*, § 13 VOB/B, Rn 196; Ingenstau/Korbion-*Wirth*, § 13 Nr. 5 VOB/B, Rn 34 ff.
1548 BGH BauR 1999, 899; BauR 2000, 261; Ingenstau/Korbion-*Wirth*, § 13 Nr. 5 VOB/B, Rn 34 ff.
1549 BGH BauR 1985, 355; BauR 1990, 356; BauR 1992, 503; BauR 2000, 261; BauR 2001, 630; BauR 2002, 784 (785); Werner/Pastor, Rn 1472.
1550 Technische Angaben des Auftraggebers zu der von ihm vermuteten Mängelursache sind auch dann nicht schädlich, wenn sie fehlerhaft sind. Führt der Auftraggeber den Mangel auf eine bestimmte, möglicherweise unzutreffende Ursache zurück, ist der Auftragnehmer nicht darauf beschränkt, diese Ursache zu überprüfen. Er ist stets verpflichtet, den Mangel, der sich aus der Mangelbeschreibung ergibt, vollständig zu beseitigen. Das bedeutet, dass der Auftragnehmer sich auch nicht darauf beschränken darf, den Mangel nur an der Stelle zu beseitigen, an der er sich gezeigt hat. Eine Beschränkung auf die vom Auftraggeber angegebenen Stellen ist mit der Bezeichnung einer Mangelerscheinung nicht verbunden. Deren Ursachen sind von der Rüge vollständig erfasst, BGH BauR 2002, 784; BauR 2001, 1897; BauR 2000, 261; BauR 1998, 682.
1551 Kapellmann/Messerschmidt-*Weyer*, § 13 VOB/B, Rn 2; *ders.*, BauR 2003, 613 (614); *Kemper*, BauR 2002, 1613 (1614); *Siegburg*, Festschrift für Jagenburg, S. 839 (849); Ingenstau/Korbion-*Wirth*, § 13 Nr. 1 VOB/B, Rn 7-9.

B. Der Anspruch auf Mängelbeseitigung (Nachbesserung/Neuherstellung) 1

recht – Vor und nach der Schuldrechtsmodernisierung, MDR 2002, 131; *Soergel*, Die möglichen Gesamtschuldverhältnisse von Baubeteiligten, BauR 2005, 239; *Vorwerk*, Mängelhaftung des Werkunternehmers und Rechte des Bestellers nach neuem Recht, BauR 2003, 1.

I. Beim BGB-Bauvertrag

1. Vor der Abnahme

Der Auftraggeber hat gegenüber dem Auftragnehmer gem. § 631 Abs. 1 BGB einen vertraglichen Erfüllungsanspruch auf Herstellung des versprochenen Werkes.[1552] Nach § 633 Abs. 1 BGB hat der Auftragnehmer dem Auftraggeber das Werk **frei von Sach- und Rechtsmängeln** zu verschaffen.[1553] Ist das Werk mit Mängeln behaftet, so hat der Auftragnehmer die ihm obliegende Erfüllungspflicht verletzt. In diesem Fall kann der Auftraggeber die Abnahme des errichteten Werkes verweigern und die Herstellung eines einwandfreien Werkes verlangen.[1554] Der Auftragnehmer kann seine Verpflichtung zur Erfüllung, d. h. zur Erbringung eines mangelfreien Werkes, nach seiner Wahl durch eine **neue Herstellung** bzw. durch **Beseitigung der Mängel** am hergestellten Werk erfüllen.[1555] [1556] Der Auftraggeber, der den Auftragnehmer vor der Abnahme auf Beseitigung von Mängeln verklagt, muss das Vorhandensein von Mängeln in der Klageschrift schlüssig dartun. Der ihm obliegenden Darlegungslast genügt der Auftraggeber durch einen Hinweis auf ein mangelhaftes Ergebnis der Arbeit als Folge eines Mangels des Bauwerkes.[1557] Abgekoppelt von der Darlegungslast trägt der Auftragnehmer bis zur Abnahme des Werkes die Beweislast dafür, dass das Werk vertragsgemäß, d. h. mangelfrei erbracht worden ist.[1558] [1559]

608

[1552] Bis zur Abnahme besteht der Erfüllungsanspruch, sodass sich die Rechte des Auftraggebers vor der Abnahme einerseits nach §§ 631 Abs. 1, 633 Abs. 1 BGB und andererseits nach dem allgemeinen Leistungsstörungsrecht richten. Der Auftraggeber ist deshalb nicht gezwungen, die Bauleistung abzunehmen, um die Mängelrechte aus § 634 BGB geltend machen zu können. Er kann vielmehr ohne Abnahme vom Auftragnehmer die Erbringung einer mangelfreien Leistung verlangen bzw. kann (nach Fristsetzung) unmittelbar auf die Vorschriften der §§ 280, 281, 323 BGB zurückgreifen, Palandt-*Sprau*, Vorb. vor § 633 BGB, Rn 7; Werner/Pastor, Rn 1545. Der Ablauf der dem Auftragnehmer gesetzten Frist bewirkt auch keinen Untergang des Erfüllungsanspruchs, sondern erst die Ausübung eines Gestaltungsrechts (Rücktritt/Minderung) bzw. das Schadensersatzverlangen gem. § 281 Abs. 4 BGB.
[1553] OLG Düsseldorf NJW-RR 1998, 527; *Böhme*, Festschrift für von Craushaar, S. 327 ff.
[1554] Liegt ein unwesentlicher Mangel vor, ist es dem Auftraggeber gem. § 640 Abs. 1 S. 2 BGB untersagt, die Abnahme des ihm als Erfüllung angebotenen Werkes zu verweigern. Unwesentlich ist ein Mangel, wenn es dem Auftraggeber zumutbar ist, die Leistung als im Wesentlichen vertragsmäßige Erfüllung anzunehmen und sich mit den Mängelrechten gem. § 634 BGB zu begnügen. Dies ist anhand von Art und Umfang des Mangels sowie seiner konkreten Auswirkungen nach den Umständen des Einzelfalls unter Abwägung der beidseitigen Interessen zu beurteilen.
[1555] BGH BauR 1998, 124; OLG Dresden BauR 1998, 787 (790); OLG Düsseldorf BauR 1977, 418 (419); Werner/Pastor, Rn 1553.
[1556] Nach neuem Recht erlischt der Erfüllungsanspruch, sobald der Auftraggeber mit der Selbstvornahme nach §§ 634 Nr. 2, 637 Abs. 1 BGB beginnt, Schadensersatz nach §§ 634 Nr. 4, 636, 280, 281 BGB begehrt oder von seinen Gestaltungsrechten (Rücktritt/Minderung) Gebrauch macht.
[1557] BGH BauR 2002, 784; BauR 1985, 355.
[1558] BGH BauR 1993, 469; OLG Celle BauR 1995, 393 [jeweils für den Fall des gekündigten Bauvertrages]; Werner/Pastor, Rn 1555, 1558. Nach der Abnahme muss der Auftraggeber dem entgegen beweisen, dass die Werkleistung mit einem Mangel behaftet ist.
[1559] Anstelle des Erfüllungsanspruchs gem. §§ 631 Abs. 1, 633 Abs. 1 BGB kann sich der Auftraggeber vor der Abnahme wahlweise auch auf den Nacherfüllungsanspruch aus §§ 634 Nr. 1, 635 Abs. 1 BGB stützen. Insoweit ergänzt der Nacherfüllungsanspruch den Anspruch auf mangelfreie Verschaffung des Werkes und ist mit diesem teilidentisch, Staudinger-*Peters*, § 634 BGB, Rn 9; Palandt-*Sprau*, Vorb. Von § 633 BGB, Rn 7; Werner/Pastor, Rn 1552. Streitig ist dem entgegen, ob auch die sonstigen Rechte des Auftraggebers aus § 634 BGB vor Abnahme anwendbar sind: bejahend *Vorwerk*, BauR 2003, 1 (8).

§ 7 Die Ansprüche des Auftraggebers gegen den Auftragnehmer

609 Besonderes Augenmerk ist regelmäßig darauf zu richten, ob der Erfüllungsanspruch des Auftraggebers bereits fällig ist, denn erst mit Fälligkeit des Erfüllungsanspruchs kann der Auftraggeber auch den Mängelbeseitigungsanspruch geltend machen. Geht es um die Fälligkeit des Erfüllungsanspruchs kann es zunächst sein, dass der Vertrag eine Fälligkeitsregelung enthält. Weiter ist es denkbar, dass die Parteien eine Fertigstellungsfrist vereinbart haben. Schließlich kann der **Fertigstellungszeitpunkt** nach den allgemeinen Grundsätzen des § 271 BGB[1560] zu bestimmen sein. Anzumerken bleibt, dass der Grundsatz, dass der Nacherfüllungsanspruch erst mit dem Fertigstellungstermin fällig wird, in den Fällen einzuschränken sein dürfte, in denen Leistungen mangelhaft sind, auf die andere Leistungen so aufbauen, dass eine Mängelbeseitigung durch die Fortführung der Arbeiten unmöglich oder erheblich erschwert wird. So ist es dem Auftraggeber in diesem Fall nicht zuzumuten, die Fertigstellungsfrist abwarten zu müssen, um dann letztlich auf die Erfüllungssurrogate verwiesen zu werden.

2. Nach der Abnahme

a) Grundlagen

610 Hat der Auftraggeber die Bauleistung abgenommen, erlischt der aus §§ 631 Abs. 1, 633 Abs. 1 BGB folgende Erfüllungsanspruch auf Verschaffung eines mangelfreien Werkes. Gemäß §§ 634 Nr. 1, 635 Abs. 1 BGB kann der Auftraggeber bei Vorliegen eines Sachmangels vom Auftragnehmer nunmehr die **Nacherfüllung** in Form einer **Nachbesserung/ Neuherstellung** des Werkes verlangen. Der Anspruch auf (Nach-)Erfüllung besteht also letztlich fort, ist aber in seiner rechtlichen Qualität verändert.[1561] Grundsätzlich kann der Auftraggeber vom Auftragnehmer nur noch die Beseitigung des Mangels und keine Neuherstellung mehr verlangen, da sich der Mangelbeseitigungsanspruch nach der Abnahme auf das abgenommene Werk beschränkt.[1562] Ist der Mangel aber nur durch Neuherstellung zu beseitigen, ist auch nach Abnahme der Nacherfüllungsanspruch des Auftraggebers ausnahmsweise auf Neuherstellung gerichtet.[1563] Weiterhin gelten für den Erfüllungsanspruch aus §§ 631 Abs. 1, 633 Abs. 1 BGB vor Abnahme und den Nacherfüllungsanspruch aus §§ 634 Nr. 1, 635 Abs. 1 BGB nach Abnahme unterschiedliche Verjährungsfristen, nämlich für ersteren die Regelverjährung gem. §§ 195, 199 BGB (3 Jahre) und für letzteren § 634 a BGB (bei Bauwerken gem. § 634 a Abs. 1 Nr. 2 BGB 5 Jahre).[1564] Schließlich ist nach Abnahme der Auftraggeber für das Vorliegen eines Mangels beweisverpflichtet (vgl. Rn 321 ff.).

611 Voraussetzungen für den **Nacherfüllungsanspruch** gem. §§ 634 Nr. 1, 635 BGB ist, dass das Werk des Auftragnehmers einen Mangel aufweist (vgl. Rn 598 ff.). Der Mangel kann auch auf eine Verletzung der Prüfungs- und Anzeigepflicht des Auftragnehmers zurückzuführen sein (vgl. Rn 602 ff.). Insoweit kommt es für den Nacherfüllungsanspruch nicht darauf an, ob der Auftragnehmer den Mangel verschuldet hat. Die Erfolgshaftung des

---

1560 Gemäß § 271 BGB hat der Auftragnehmer, wenn keine abweichende vertragliche Vereinbarung getroffen worden ist, die Arbeiten alsbald nach Vertragsabschluss zu beginnen und ohne Unterbrechungen zügig durchzuführen, BGH BauR 2001, 946. Es ist folglich auf die für die Herstellung des Werkes erforderliche Zeit abzustellen, Palandt-*Heinrichs*, § 271 BGB, Rn 9; *Kühne*, BB 1988, 713.
1561 Staudinger-*Peters*, § 634 BGB, Rn 23.
1562 BGH BauR 1973, 313; Werner/Pastor, Rn 1559.
1563 Zur Begründung kann zudem auf das Wahlrecht des Unternehmers gem. § 635 Abs. 1 BGB abgestellt werden, vgl. auch OLG Dresden BauR 1998, 787 (790); Werner/Pastor, Rn 1559.
1564 Staudinger-*Peters*, § 634 BGB, Rn 23.

B. Der Anspruch auf Mängelbeseitigung (Nachbesserung/Neuherstellung)

Auftragnehmers ist **verschuldensunabhängig**.[1565] Schließlich kann der Nacherfüllungsanspruch, der nach Ablauf der Fertigstellungsfrist ohne Fristsetzung sofort fällig ist,[1566] vom Auftraggeber gegenüber dem Auftragnehmer formlos – also auch mündlich – geltend gemacht werden. Im Rahmen der Mängelbeseitigungsklage muss der Auftraggeber den Mangel **so genau bezeichnen**, dass der Auftragnehmer in der Lage ist, eine Nacherfüllung vorzunehmen. Es gelten die Grundsätze der von der Rechtsprechung entwickelten Symptomtheorie (vgl. Rn 606).[1567]

b) Nacherfüllungsrecht des Auftragnehmers

Nach der Rechtsprechung des BGH muss der Auftraggeber ein Nacherfüllungsangebot des Auftragnehmers nicht mehr annehmen, wenn der Auftragnehmer eine ihm zur Nacherfüllung gesetzte Frist fruchtlos hat verstreichen lassen.[1568] Der Auftragnehmer hat somit nach Fristablauf **keinen Anspruch mehr auf Nacherfüllung**. Wäre dem nicht so, müsste der Auftraggeber für den Fall, dass der Auftragnehmer nach Fristablauf die Nachbesserung anbietet, einem bereits eingeschalteten Drittunternehmer mit der Folge des § 649 S. 2 BGB frei kündigen, was nicht richtig sein kann. Vor dem Hintergrund der vorstehenden Ausführungen gilt es aber gleichsam zu beachten, dass das Recht des Auftraggebers, nach Fristablauf das Nachbesserungsangebot des Auftragnehmers zurückweisen zu können, unter dem Vorbehalt von Treu und Glauben steht. Ist die Fristüberschreitung geringfügig bzw. trifft den Auftragnehmer an der Fristüberschreitung kein Verschulden und hat der Auftraggeber noch keine anderweitigen Dispositionen getroffen, wird sich der Auftragnehmer im Einzelfall ggf. erfolgreich auf § **242 BGB** stützen können.

c) Erlöschen des Nacherfüllungsanspruchs des Auftraggebers

Der Nacherfüllungsanspruch des Auftraggebers entfällt dann, wenn er durch ein Gestaltungsrecht dessen Untergang bewirkt hat. Das ist der Fall, wenn er wirksam den Rücktritt oder die Minderung ausgeübt hat. Gleiches gilt gem. § 281 Abs. 4 BGB dann, wenn der Auftraggeber Schadensersatz statt der Leistung verlangt.

3. Umfang des (Erfüllungs-)Nacherfüllungsanspruchs

Da dem Auftragnehmer die Art und Weise der Nacherfüllung überlassen bleibt,[1569] kann der Auftraggeber grundsätzlich nur **auf Beseitigung des Mangels**, nicht aber auf Vornahme einer bestimmten Nacherfüllungsmodalität klagen.[1570] Etwas anderes gilt für den Fall, wenn der Mangel nur auf eine bestimmte Art und Weise beseitigt werden kann.[1571] Nacherfüllungen, die den vertraglich geschuldeten Erfolg nicht vollständig herbeiführen,

---

1565 Der Unternehmer muss deshalb einen Mangel auch dann beseitigen, wenn ihm kein Vorwurf zu machen ist, etwa weil er unerkannt fehlerhaftes Material eingebaut hat oder die zum Zeitpunkt der Leistung anerkannten Regeln der Technik eingehalten hat.
1566 BGH BauR 2004, 1500.
1567 Trotz Fristsetzung erlischt der Nacherfüllungsanspruch erst dann, wenn der Auftraggeber von seinen Mängelrechten Gebrauch macht, also sein Rücktritts- oder Minderungsrecht ausübt oder Schadensersatz verlangt.
1568 BGH BauR 2003, 693.
1569 BGH NJW 1973, 1792; BauR 1988, 97; Staudinger-*Peters*, § 634 BGB, Rn 38; Werner/Pastor, Rn 1565; kritisch zum Wahlrecht des Unternehmers: Kohler, Festschrift für Jagenburg, S. 379 (385).
1570 BGH BauR 1973, 313; Staudinger-*Peters*, § 635 BGB, Rn 38 f.; Werner/Pastor, Rn 1566.
1571 BGH BauR 1997, 638; OLG Köln BauR 1977, 275 (277); Werner/Pastor, Rn 1565 f.

§ 7 Die Ansprüche des Auftraggebers gegen den Auftragnehmer

muss der Auftraggeber nicht akzeptieren. Unzureichende Nacherfüllungsangebote des Auftragnehmers kann der Auftraggeber demnach zurückweisen.[1572] [1573]

▶ Klageantrag auf Nacherfüllung (die Nacherfüllung kann auf unterschiedliche Weisen erfolgen):
Namens und in Vollmacht der Klägerin erheben wir gegen die Beklagte Klage und werden im Termin zur mündlichen Verhandlung beantragen:
1. Die Beklagte wird verurteilt, die Undichtigkeit des Wassereinlaufs der linken Dachterrasse und die dadurch bedingten Feuchtigkeitsschäden im Bereich der Decke des Balkons der unter der Dachterrasse im 4. OG befindlichen Wohnung des Hauses ... in ... nachzubessern.[1574]
2. Es wird festgestellt, dass die Beklagte verpflichtet ist, dem Kläger sämtliche Schäden, die im Zusammenhang mit der Undichtigkeit des Wassereinlaufs der linken Dachterrasse nach Ziffer 1 entstehen, zu ersetzen.[1575] ◀

▶ Klageantrag auf Nacherfüllung (die Nacherfüllung kann nur auf eine Weise erfolgen):
Namens und in Vollmacht der Klägerin erheben wir gegen die Beklagte Klage und werden im Termin zur mündlichen Verhandlung beantragen:
1. Die Beklagte wird verurteilt, die Luftschalldämmung zwischen den Einfamilien-Reihenhäusern ... in ... so nachzubessern, dass die Mindestwerte von 57 dB nach DIN 4109 erreicht werden und zwar mittels Durchsägen der drei Haustrennwände einschließlich aller Nebenarbeiten.[1576]
2. Es wird festgestellt, dass die Beklagte verpflichtet ist, dem Kläger sämtliche Schäden, die im Zusammenhang mit dem Schallmangel nach Ziffer 1 entstehen, zu ersetzen.[1577] [1578] ◀

615 In der Praxis ist immer wieder festzustellen, dass die Parteien über die Frage des **Umfangs der Nacherfüllungsverpflichtung** erbittert streiten. So ist der Auftragnehmer häufig nur gewillt, eine für ihn billige Lösung anzubieten, während der Auftragnehmer die umfassende teurere Variante zur Bedingung einer Nacherfüllung macht. In diesem Fall tragen beide Parteien ein erhebliches Risiko, wenn sie keine Einigung betreffend der Durchführung einer konkreten Nacherfüllungsmaßnahme erzielen. Trifft es – was sich meist erst

---

1572 BGH BauR 2004, 1500; Werner/Pastor, Rn 1565.
1573 Erklärt der Auftragnehmer, er werde nur wenige, unbedeutende Mängel beseitigen, die gravierenden jedoch nicht, muss der Auftraggeber diese unvollständige Mängelbeseitigung nicht zulassen. Gleiches gilt, wenn der Mangel auf eine Weise beseitigt wird, die den vertraglich geschuldeten Erfolg des Werkes nicht erreicht.
1574 Notwenig ist eine vollstreckbare, d. h. hinreichend bestimmte Bezeichnung/Auflistung der Mängel nach Art, Anzahl und Lage, BGH BauR 2002, 471; Werner/Pastor, Rn 446.
1575 Zum gegenwärtigen Zeitpunkt sind die dem Kläger im Zuge der Mängelbeseitigung weiter entstehenden Mangelfolgeschäden (Verdienstausfall, Hotelkosten, Schäden an anderen Gewerken usw.) noch nicht bezifferbar. Der Feststellungsantrag dient dem Zweck, vor dem Hintergrund eines möglichen Verjährungseintritts eine rechtskräftige Feststellung über den Grund zu erlangen.
1576 Mit dem Klageantrag zur Ziffer 1 wird ein Nacherfüllungsanspruch geltend gemacht. Sollte das Gericht einen Anspruch des Klägers auf Verurteilung des beklagten Auftragnehmers zu einer konkreten Art und Weise der Mängelbeseitigung ablehnen, ist der Klageantrag zur Ziffer 1 nicht insgesamt, sondern unter Abweisung des letzten Halbsatzes („und zwar mittels Durchsägens der drei Haustrennwände einschließlich aller Nebenarbeiten") bei Verurteilung des Beklagten, die Luftschalldämmung zwischen den Einfamilien-Reihenhäusern ... in ... so nachzubessern, dass die Mindestwerte von 57 dB nach DIN 4109 erreicht werden, stattzugeben.
1577 Zum gegenwärtigen Zeitpunkt sind die dem Kläger im Zuge der Mängelbeseitigung weiter entstehenden Mangelfolgeschäden (Verdienstausfall, Hotelkosten, Schäden an anderen Gewerken usw.) noch nicht bezifferbar. Der Feststellungsantrag dient dem Zweck, vor dem Hintergrund eines möglichen Verjährungseintritts eine rechtskräftige Feststellung über den Grund zu erlangen.
1578 Der Beklagte muss im Rahmen einer gegen ihn geführten Feststellungsklage sämtliche ihm möglichen Einwendungen gegen den Klageanspruch vorbringen, um nicht der Präklusionswirkung zu unterliegen. Aus diesem Grunde muss der Auftragnehmer gegenüber einem ihm gegenüber festgestellten Schadensersatzanspruch – bei bestehender Aufrechnungslage – die Aufrechnung mit etwaig bestehenden Werklohnansprüchen erklären, BGH BauR 1988, 374.

B. Der Anspruch auf Mängelbeseitigung (Nachbesserung/Neuherstellung)

im Laufe eines nachfolgenden Prozessverfahrens mit verbindlicher Wirkung herausstellt – zu, dass die vom Auftragnehmer angebotene „billige" Nachbesserungsmaßnahme für den Auftraggeber unzureichend ist, darf der Auftraggeber die vom Auftragnehmer angebotene Nacherfüllungsmaßnahme zu Recht zurückweisen. Als Folge dessen gerät der Auftraggeber mit der Mängelbeseitigung nicht in Annahmeverzug. Sollte der Auftragnehmer den Auftraggeber auf Zahlung restlichen Werklohns verklagen, kann der Auftraggeber dem Zahlungsanspruch das gesetzliche Leistungsverweigerungsrecht aus § 320 BGB – mit Druckzuschlag gem. § 641 Abs. 3 BGB – entgegenhalten. Weiterhin kann der Auftrageber dem Auftragnehmer eine Frist zur vertragsgerechten Nacherfüllung setzen und nach Ablauf der Frist gem. § 634 Nr. 2, 637 Abs. 1 BGB die Selbstvornahme auf Kosten des Auftragnehmers durchführen.

Ist die vom Auftragnehmer angebotene Nachbesserungsmaßnahme dagegen für den Auftraggeber zureichend, kommt der Auftraggeber, der eine vertragsgemäße Nachbesserungsmaßnahme ablehnt, gem. der §§ 294 ff. BGB in Annahmeverzug. Gemäß § 300 BGB trägt er dann zunächst die Leistungs- und Preisgefahr. Weiter kann der Auftragnehmer einen restlichen Werklohnanspruch bei fortbestehendem Annahmeverzug gerichtlich in der Weise durchsetzen, dass er Zahlung Zug um Zug gegen Mängelbeseitigung oder vor der Abnahme Zahlung nach Mängelbeseitigung verlangt und den Annahmeverzug feststellen lässt.[1579][1580] Weist der Auftraggeber die vom Auftragnehmer angebotene geeignete Art der Nacherfüllung zurück und beauftragt einen Drittunternehmer mit einer anderen bzw. umfangreicheren Mängelbeseitigung, vereitelt der Auftraggeber das dem Auftragnehmer zustehende Recht auf Mängelbeseitigung. Als Folge dessen verliert der Auftraggeber jeden Kostenerstattungsanspruch. Abweichend von § 13 Nr. 5 Abs. 1 S. 3 VOB/B sind beim BGB-Bauvertrag die Mängelbeseitigungsarbeiten nicht abzunehmen.

Kommt es zur **Neuherstellung** des Werkes, kann der Auftragnehmer vom Auftraggeber die Rückgewähr des bereits erbrachten mangelhaften Werkes gem. § 635 Abs. 4 BGB nach den Rücktrittsvorschriften verlangen.[1581] Der Verweis auf das Rücktrittsrecht hat zur Folge, dass der Auftragnehmer immer dann, wenn er das mangelhafte Werk nicht herausgeben kann, unter den Voraussetzungen des § 346 Abs. 2 BGB auf **Wertersatz** haftet. Ist der Anspruch auf Wertersatz gem. § 346 Abs. 3 BGB ausgeschlossen, muss der Auftraggeber nur die vorhandene Bereicherung herausgeben. **Gezogene Nutzungen** hat er stets herauszugeben, wie § 346 Abs. 1 BGB belegt.[1582] Wertersatz für nicht gezogene Nutzung schuldet der Auftragnehmer gem. § 347 Abs. 1 BGB nur dann, wenn er diese nach den Regeln der ordnungsgemäßen Wirtschaft hätte ziehen können. Der Auftraggeber muss sich an **Sowieso-Kosten** beteiligen (vgl. Rn 636). Gleiches gilt dann, wenn der Auftraggeber den Mangel **mitverursacht** hat (vgl. Rn 637). Schließlich muss der Auftraggeber sich nach allgemeinen Grundsätzen auch die **Vorteile** anrechnen lassen, die er durch eine Mängelbeseitigung erhält (vgl. Rn 638 ff.).

4. Kosten der Nachbesserung/Neuherstellung

Kommt es zu einer Beseitigung des Mangels durch den Auftragnehmer, so hat dieser gem. § 635 Abs. 2 BGB die zum Zwecke der Nacherfüllung erforderlichen Aufwendungen,

---

1579 In diesem Fall kann er ohne Mängelbeseitigung den Zahlungstitel vollstrecken, BGH BauR 2002, 794.
1580 Der Auftraggeber kann jederzeit den Annahmeverzug aufheben, indem er die Mängelbeseitigung, zulässt. Der Annahmeverzug führt nicht zu einem Verlust oder einer Verwirkung des Mängelbeseitigungsanspruchs.
1581 Staudinger-*Peters*, § 635 BGB, Rn 137.
1582 Bedenken gegen diese Regelung äußern: *Kniffka*, ZfBR 1993, 97 (100); *Gsell*, NJW 2003, 1969; *Kohler*, Festschrift für Jagenburg, S. 379 (390).

§ 7 Die Ansprüche des Auftraggebers gegen den Auftragnehmer

insbesondere **Transport-, Wege-, Arbeits- und Materialkosten** zu tragen. Die Nacherfüllungsverpflichtung erstreckt sich dabei auch auf das, was vorbereitend erforderlich ist, um den Mangel an der eigenen Leistung zu beheben. Hinzu kommen die Arbeiten, die notwendig werden, um nach durchgeführter Mängelbeseitigung den davor bestehenden Zustand wiederherzustellen.[1583]

5. Die Selbstvornahme gemäß §§ 634 Nr. 2, 637 Abs. 1 BGB[1584]

619 Der Auftraggeber hat nach §§ 634 Nr. 2, 637 Abs. 1 BGB das Recht, den Mangel selbst zu beseitigen und Ersatz der **erforderlichen Aufwendungen** zu verlangen, wenn er dem Auftragnehmer zuvor eine **angemessene Frist** gesetzt hat und diese erfolglos abgelaufen ist.[1585] Nach § 634 Nr. 2 BGB kommt es auf einen Verzug[1586] und das Vertretenmüssen des Auftragnehmers nicht an. Entscheidend ist nur, ob der Auftraggeber dem Auftragnehmer eine angemessene Frist zur Mängelbeseitigung gesetzt hat.[1587] Welche Frist angemessen ist, bestimmt sich nach den Umständen des Einzelfalles. Sie muss so bemessen sein, dass der Schuldner in der Lage ist, den Mangel zu beseitigen. Setzt der Auftraggeber eine unangemessen kurze Frist, hat dies zur Folge, dass eine angemessene Frist zu laufen begonnen hat.[1588] Die zu setzende Frist zur Nacherfüllung ist zu verbinden mit der Aufforderung zur Mängelbeseitigung. Dabei sind im Rahmen dieser Aufforderung zur Mängelbeseitigung auf der Grundlage der Symptomtheorie (vgl. Rn 606) die einzelnen Mängel so genau zu bezeichnen, dass der Auftragnehmer erkennen kann, welche Mängelbeseitigungsarbeiten von ihm verlangt werden.

620 In der Praxis ist festzustellen, dass der Auftraggeber ein besonderes Interesse daran hat, möglichst schnell in Erfahrung zu bringen, ob der Auftragnehmer gewillt ist, die Mängel innerhalb der von ihm gesetzten angemessenen Frist zu beseitigen. So kann ein Abwarten der gesetzten Frist nämlich dazu führt, dass zwischenzeitlich weitere Folgeschäden entstehen oder aber aufgrund veränderter Witterungsverhältnisse – bspw. im Fall des bevorstehenden Winters – Mängelbeseitigungsarbeiten, die der Auftraggeber erst nach Fristablauf in die Wege leiten kann, dann nicht mehr ausgeführt werden können. Vor diesem Hintergrund stellt sich die Frage, ob es ausreicht, dass dem Auftragnehmer eine Frist gesetzt wird, binnen derer er sich dazu äußern soll, ob er die Mängelbeseitigungsarbeiten innerhalb der vom Auftraggeber gesetzten angemessenen Frist ausführt. Eine solche Fristsetzung zur „Erklärung über die Mängelbeseitigung" genügt den Anforderungen des § 637 Abs. 1 BGB nicht.[1589] Gleiches betrifft den Fall einer Fristsetzung zur Aufnahme der Mängelbeseitigungsarbeiten.[1590]

1583 BGHZ 96, 221; NJW-RR 1999, 813; MünchKomm-*Busche*, § 635 BGB, Rn 16; Palandt-*Sprau*, § 635 BGB, Rn 6; Staudinger-*Peters*, § 635 BGB, Rn 2; Werner/Pastor, Rn 1569.
1584 Der Auftraggeber kann den Aufwendungsersatzanspruch nach § 637 Abs. 1 BGB nur dann geltend machen, wenn er vom Auftragnehmer die Beseitigung des Mangels gem. §§ 634 Nr. 1, 635 Abs. 1 BGB verlangen kann, Staudinger-*Peters*, § 634 BGB, Rn 68 f. Vgl. hierzu Rn 622.
1585 Mit Ablauf dieser Frist hat der Auftragnehmer seinen Anspruch darauf verloren, die Mängel selbst beseitigen zu dürfen, BGH BauR 2003, 693.
1586 So noch § 633 Abs. 3 BGB a. F.
1587 Auch nach mehrfachen erfolglosen Mängelbeseitigungsversuchen kann es noch erforderlich sein, dem Auftragnehmer eine Frist zur Mängelbeseitigung zu setzen, OLG Rostock IBR 2005, 532.
1588 Vgl. zur Fristsetzung: MünchKomm-*Busche*, § 636 BGB, Rn 7; Staudinger-*Peters*, § 634 BGB, Rn 47; Werner/Pastor, Rn 1582.
1589 BGH BauR 2000, 98; BauR 2004, 380; OLG Düsseldorf BauR 2001, 645.
1590 BGH IBR 2006, 265; *Knütel*, BauR 2002, 689 (690).

B. Der Anspruch auf Mängelbeseitigung (Nachbesserung/Neuherstellung)

Eine **Fristsetzung** kann in folgenden Fällen **entbehrlich** sein:

- Gemäß §§ 637 Abs. 2 S. 1, 323 Abs. 2 Nr. 1 BGB ist eine Fristsetzung zunächst dann entbehrlich, wenn der Auftragnehmer die Leistung **ernsthaft und endgültig verweigert** hat. Eine endgültige ernsthafte Erfüllungsverweigerung kann entweder ausdrücklich erklärt werden oder aber einem schlüssigen Verhalten des Auftragnehmers entnommen werden. Bestreitet der Auftragnehmer im Prozessverfahren das Vorhandensein von Mängeln in einer Weise, die die Annahme rechtfertigt, der Auftragnehmer werde endgültig seinen Vertragspflichten nicht nachkommen und sich durch eine Fristsetzung auch nicht umstimmen lassen, kann dies als endgültige Erfüllungsverweigerung gewertet werden.[1591]
- Weiter ist eine Fristsetzung gem. §§ 637 Abs. 2 S. 1, 323 Abs. 2 Nr. 2 BGB auch beim **Fixgeschäft** entbehrlich. Ein solches relatives Fixgeschäft liegt dann vor, wenn der Auftragnehmer die Leistung zu einem im Vertrag bestimmten Termin oder innerhalb einer vereinbarten Leistungsfrist nicht bewirkt und der Auftraggeber im Vertrag den Fortbestand seines Leistungsinteresses an die Rechtzeitigkeit der Leistung geknüpft hat.[1592]
- Sodann muss gem. §§ 637 Abs. 2 S. 1, 323 Abs. 2 Nr. 3 BGB keine Frist gesetzt werden, wenn **besondere Umstände** vorliegen, die unter Abwägung der beidseitigen Interessen die sofortige Selbstvornahme rechtfertigen. Solche besonderen Umstände sind bspw. bei der „Selbstmahnung" des Auftragnehmers anzunehmen, bei der sich der Schuldner unter Bestimmung einer Frist selbst verbindlich zur Leistung verpflichtet.
- Gemäß § 637 Abs. 2 S. 2 BGB ist eine Fristsetzung entbehrlich, wenn die Nacherfüllung **fehlgeschlagen** ist.[1593] Bei den klassischen Erscheinungsformen des Fehlschlagens geht es zunächst um die objektive und subjektive Unmöglichkeit, weiter die Unzulänglichkeit und schließlich die unberechtigte Verweigerung, die ungebührliche Verzögerung sowie der misslungene Versuch der Nachbesserung. Von einer fehlgeschlagenen Nachbesserung ist ferner dann auszugehen, wenn der Auftragnehmer trotz Aufforderung durch den Auftraggeber die Nacherfüllung nicht in angemessener Frist vorgenommen hat. Außerdem soll eine Nachbesserung auch dann fehlgeschlagen sein, wenn eine Frist gesetzt worden ist und vor Ablauf der Frist feststeht, dass die Frist nicht eingehalten werden kann.
- Schließlich ist gem. § 637 Abs. 2 S. 2 BGB keine Frist zu setzen, wenn dem Auftraggeber eine Fristsetzung **unzumutbar** ist.[1594] Unzumutbar ist die Fristsetzung für den Auftraggeber immer dann, wenn der Auftragnehmer durch sein vorheriges Verhalten das Vertrauen in seine Leistungsfähigkeit oder Leistungsbereitschaft derart erschüttert hat, dass es dem Auftraggeber nicht zumutbar ist, diesen Auftragnehmer noch mit der Nacherfüllung zu befassen. Dazu gehört auch der Fall, dass die Mängel so zahlreich und gravierend sind, dass das Vertrauen in die Leistungsfähigkeit des Auftragnehmers zu Recht nicht mehr besteht.

Besonders darauf hinzuweisen bleibt, dass der Auftraggeber **keine Kostenerstattung** für die Mängelbeseitigung gem. §§ 634 Nr. 2, 637 Abs. 1 BGB verlangen kann, wenn er den

---

[1591] BGH BauR 1984, 181; NJW-RR 1993, 882 (883); OLG Düsseldorf BauR 2002, 963 (965); OLG Schleswig BauR 2005, 1970; *Fischer* BauR 1995, 452 (454); MünchKomm-*Busche*, § 636 BGB, Rn 13; Staudinger-*Peters*, § 634 BGB, Rn 54; Werner/Pastor, Rn 1657.
[1592] MünchKomm-*Busche*, § 636 BGB, Rn 14; Staudinger-*Peters*, § 634 BGB, Rn 55.
[1593] BGH NJW 1994, 1004., BGH BauR 1982, 493; BauR 1985, 83; MünchKomm-*Busche*, § 636 BGB, Rn 21; Staudinger-*Peters*, § 634 BGB, Rn 59.
[1594] MünchKomm-*Busche*, § 636 BGB, Rn 22 f.; Staudinger-*Peters*, § 634 BGB, Rn 61.

Mangel selbst oder durch Dritte beseitigen lässt, ohne dem Auftragnehmer unter Fristsetzung die Gelegenheit zur Mängelbeseitigung eingeräumt zu haben. Auch weitergehende Ansprüche aus § 326 Abs. 2 S. 2 BGB,[1595] Geschäftsführung ohne Auftrag sowie Bereicherungsrecht sind in diesem Fall ausgeschlossen.[1596] Zur Begründung wird darauf abgestellt, dass der Zweck der Regelung, nach der dem Auftragnehmer eine Frist zur Nachbesserung eingeräumt werden muss, vereitelt würde, wenn der Auftraggeber auch ohne dies einen Anspruch darauf hätte, die Kosten wenigstens teilweise erstattet zu bekommen. Dieser Zweck ist darin zu sehen, dem Auftragnehmer die Gelegenheit zu geben, den Mangel zu prüfen und beseitigen zu können.

623 Der Auftraggeber hat gem. § 637 Abs. 1 BGB Anspruch auf Ersatz der für die Nacherfüllung erforderlichen Aufwendungen. Insoweit kann der Auftraggeber Ersatz der Aufwendungen verlangen, die erforderlich sind, um das vom Auftragnehmer vertraglich geschuldete Werk mangelfrei herzustellen. Der Auftraggeber muss sich also nicht auf eine billige Ersatzlösung bzw. auf eine Ausgleichszahlung für den im Zusammenhang mit einer nicht abschließenden Mängelbeseitigung verbleibenden Minderwert verweisen lassen. Vielmehr ist für die Frage, welche Aufwendungen erforderlich waren, auf den Aufwand und die damit verbundenen Kosten abzustellen, welche der Auftraggeber als vernünftiger, wirtschaftlich denkender Bauherr aufgrund sachkundiger Beratung oder Feststellung im Zeitpunkt der Mängelbeseitigung aufwenden musste. Dabei geht es einerseits um die zum Zwecke der Nacherfüllung erforderlichen Aufwendungen, insbesondere Transport-, Wege-, Arbeits- und Materialkosten und andererseits die Arbeiten und Kosten, die notwendig werden, um nach durchgeführter Mängelbeseitigung den davor bestehenden Zustand wiederherzustellen.[1597]

624 Der Auftraggeber muss die nach § 637 Abs. 1 BGB erstattungsfähigen Aufwendungen **nachvollziehbar abrechnen**.[1598] Insoweit kommt der Auftraggeber seiner Abrechnungspflicht nur dann nach, wenn der Auftragnehmer in die Lage versetzt wird, die abgerechneten Leistungen daraufhin zu überprüfen, ob sie zur Ersatzvornahme notwendig waren.

▶ Hinweis: Vor diesem Hintergrund ist im Zuge der Erstellung der Abrechnung besonders darauf zu achten, dass aus der Abrechnung ersichtlich wird, welcher Mangel mit welchen Aufwendungen beseitigt worden ist. Im Einzelfall können sich die vorstehenden Angaben aus der Rechnung eines Drittunternehmers ergeben; es ist in diesem Fall ausreichend, wenn die Rechnung des Drittunternehmers vorgelegt wird. Ist das nicht der Fall, muss die Abrechnung ergänzend begründet werden. ◀

1595 Beseitigt der Auftraggeber einen Mangel, ohne dass er dem Auftragnehmer zuvor eine erforderliche Frist zur Nacherfüllung gesetzt hat, kann er die Kosten der Mängelbeseitigung nicht gem. § 326 Abs. 2 S. 2, Abs. 4 BGB (analog) erstattet verlangen. Die §§ 634 ff. BGB enthalten insoweit abschließende Regelungen, die auch einen Anspruch auf Herausgabe ersparter Aufwendungen in unmittelbarer (so aber *Lorenz*, ZGS 2003, 398; *ders.*; NJW 2003, 1417; *Ebert*, NJW 2004, 1761 (1763); *Katzenstein*, ZGS 2004, 349) beziehungsweise analoger Anwendung des § 326 Abs. 2 S. 2 BGB ausschließen. Anderenfalls würde dem Auftraggeber im Ergebnis ein Selbstvornahmerecht auf Kosten des Auftragnehmers zugebilligt, auf das der Gesetzgeber bewusst verzichtet hat. Weiter würde der Vorrang des Nacherfüllungsanspruchs unterlaufen werden, der den §§ 634 ff. BGB zugrunde liegt, BGH BauR 2005, 1021 [für das Kaufrecht].
1596 BGH NJW 1966, 39; BGHZ 46, 246; BGHZ 70, 389 (398); NJW 1968, 43; ZfBR 1978, 77 (78); BauR 1988, 82; BauR 1987, 689; MünchKomm-*Busche*, § 637 BGB, Rn 7; Staudinger-*Peters*, § 634 BGB, Rn 42.
1597 BGHZ 96, 221; NJW-RR 1999, 813; MünchKomm-*Busche*, § 635 BGB, Rn 16; Palandt-*Sprau*, § 635 BGB, Rn 6; Staudinger-*Peters*, § 635 BGB, Rn 2; Werner/Pastor, Rn 1569.
1598 Staudinger-*Peters*, § 634 BGB, Rn 82; Palandt-*Sprau*, § 637 BGB, Rn 10.

B. Der Anspruch auf Mängelbeseitigung (Nachbesserung/Neuherstellung) 1

▶ Typische Fallkonstellation:

– Rechnungen von Drittunternehmern, mit denen irgendwelche Leistungen ohne jede Zuordnung zu einzelnen Mängeln lediglich pauschal abgerechnet werden;
– solche Rechnungen, die vor dem Hintergrund eines Stundenlohnvertrages lediglich die Anzahl der gearbeiteten Stunden ausweisen. ◀

Der Auftraggeber muss sich an **Sowieso-Kosten** beteiligen (vgl. Rn 636). Gleiches gilt dann, wenn der Auftraggeber den Mangel **mitverursacht** hat (vgl. Rn 637). Schließlich muss der Auftraggeber sich nach allgemeinen Grundsätzen auch die **Vorteile** anrechnen lassen, die er durch eine Mängelbeseitigung erhält (vgl. Rn 638 ff.).

6. Der Kostenvorschussanspruch gemäß §§ 634 Nr. 2, 637 Abs. 3 BGB

a) Voraussetzungen

Ist der Auftraggeber berechtigt, gem. § 637 Abs. 1 BGB (vgl. Rn 619 ff.) Mängel des Bauwerkes auf Kosten des Auftragnehmers selbst oder durch Dritte beseitigen zu lassen, kann er von dem nachbesserungspflichtigen Auftragnehmer gem. § 637 Abs. 3 BGB einen die voraussichtlichen Mängelbeseitigungskosten deckenden Vorschuss verlangen. Der Kostenvorschussanspruch umfasst die mutmaßlichen Nachbesserungskosten. Das sind die voraussichtlich erforderlichen Mängelbeseitigungs- oder Neuherstellungskosten.[1599] Voraussetzung für die Durchsetzbarkeit des Kostenvorschussanspruchs ist weiter, dass der Auftraggeber sein Recht auf Nachbesserung bzw. Nacherfüllung noch nicht verloren hat (vgl. Rn 633 ff.) bzw. überhaupt willens ist, die Mängel zu beseitigen.[1600] Der Vorschussanspruch besteht deshalb nicht, wenn die Mängel schon beseitigt sind oder der Auftraggeber das Bauwerk veräußert hat.[1601] Darüber hinaus besteht der Vorschussanspruch auch dann nicht, wenn der Auftraggeber sich aus zurückbehaltenem Werklohn befriedigen kann. Denn in diesem Fall steht ihm Geld zur Mängelbeseitigung zur Verfügung und er muss nicht auf einen Vorschussanspruch zurückgreifen.[1602] Der Auftraggeber muss sich an **Sowieso-Kosten** beteiligen (vgl. Rn 636). Gleiches gilt dann, wenn der Auftraggeber den Mangel **mitverursacht** hat (vgl. Rn 637). Schließlich muss der Auftraggeber sich nach allgemeinen Grundsätzen auch die **Vorteile** anrechnen lassen, die er durch eine Mängelbeseitigung erhält (vgl. Rn 638 ff.).

625

b) Zur Höhe des Vorschussanspruchs

Da im Zeitpunkt der Geltendmachung des Vorschussanspruchs der Umfang der zur Mängelbeseitigung anfallenden Aufwendungen noch nicht feststeht, müssen die zur Mängelbeseitigung voraussichtlich entstehenden Kosten im Streitfall vom Gericht gem. § 287 ZPO geschätzt werden.[1603] Schätzungsgrundlage ist dabei der auf der Grundlage der Symptomtheorie vom Auftraggeber beschriebene Mangel (vgl. Rn 606). Zur Substantiierung der Höhe der voraussichtlichen Mängelbeseitigungskosten sollte der Auftraggeber bestenfalls Kostenvoranschläge oder gar ein von ihm eingeholtes Sachverstän-

626

1599 MünchKomm-*Busche*, § 637 BGB, Rn 21; Staudinger-*Peters*, § 634 BGB, Rn 76; Werner/Pastor, Rn 1587.
1600 BGH BauR 1982, 66 (67); BauR 1984, 406; OLG Nürnberg NZBau 2003, 614.
1601 BGH BauR 1982, 66 (67).
1602 BGH BauR 2000, 881; OLG Hamm NJW-RR 1998, 885. Zudem kann der Auftragnehmer gegenüber einer Vorschussforderung die Aufrechnung mit seinem Werklohnanspruch erklären. Beachte die Ausführungen zur Verrechnung unter Rn 563 ff.
1603 Staudinger-*Peters*, § 634 BGB, Rn 76; *Vygen*, Rn 547; Werner/Pastor, Rn 1593.

digengutachten vorlegen; notwendig ist dies aber nicht.[1604] Ist der Auftraggeber nicht in der Lage, qualifizierte Angaben zur Höhe der voraussichtlichen Mängelbeseitigungskosten machen zu können, reicht allein die Angabe des vom Auftraggeber **grob geschätzten Mängelbeseitigungsbetrages**.[1605] Bestreitet der Auftragnehmer die vom Auftraggeber grob geschätzte Höhe der Mängelbeseitigungskosten, ist es Sache des Gerichts, durch Einholung eines Sachverständigengutachtens die tatsächlichen Grundlagen für den Vorschussanspruch zu klären. Dabei geht es einerseits um die Frage, ob überhaupt ein Mangel vorliegt, und andererseits um die Höhe der voraussichtlichen Mängelbeseitigungskosten.

627 Geht es um die Höhe der Mängelbeseitigungskosten, ist entscheidend, auf welche Weise die Mängel beseitigt werden können. Kommen verschiedene Mängelbeseitigungsmöglichkeiten mit unterschiedlichen Kostenfolgen in Betracht, ist die günstigste – den vertraglich geschuldeten Erfolg vollständig herbeiführende – Variante zugrunde zu legen. Unklarheiten des Beweisergebnisses gehen, wenn die Parteien darüber streiten, welche Sanierungsmöglichkeit erfolgversprechend ist, zu Lasten des Auftraggebers.[1606] Kommt es im Prozess mithin dazu, dass der Sachverständige nicht sicher sagen kann, ob eine kostengünstige oder eine kostenträchtigere Sanierung notwendig sein wird, kann dem Auftraggeber Vorschuss nur in Höhe der kostengünstigeren Methode zuerkannt werden. Dies gilt auch dann, wenn der Sachverständige bei einer feststehenden Sanierung die Kostenentwicklung nicht vorhersagen kann, weil die Einzelheiten der vorzunehmenden Maßnahmen sich erst bei der Mängelbeseitigung herausstellen. Dann besteht lediglich Anspruch auf Zahlung des Mindestbetrages. Dabei ist dem Auftraggeber anzuraten, betreffend des ungeklärten Restbetrages einen Feststellungsantrag zu stellen.

▶ Klageantrag auf Vorschusszahlung nebst begleitendem Feststellungsantrag:
Namens und in Vollmacht der Klägerin erheben wir gegen die Beklagte Klage und werden im Termin zur mündlichen Verhandlung beantragen:
1. Die Beklagte wird verurteilt, an den Kläger EUR 45.000,- nebst Zinsen in Höhe von fünf Prozentpunkten über dem Basiszinssatz hieraus seit Rechtshängigkeit zu bezahlen.
2. Es wird festgestellt, dass die Beklagten verpflichtet sind, den Klägern sämtliche über EUR 45.000,- hinausgehenden Aufwendungen und Schäden zu ersetzen, die im Zuge einer Beseitigung nachfolgend beschriebener Mängel entstehen:[1607]
    – Fehlende Notüberläufe der fünf geschlossenen Balkone an der Straßenseite des Hauses ... in ...,
    – ... ◀

c) Geltendmachung weiterer Vorschüsse?

628 Das Urteil in einem Vorschussprozess schreibt den Betrag, den der Auftraggeber vom Auftragnehmer verlangen kann, nicht rechtskräftig fest. Reicht der Vorschuss folglich nicht aus, kann der Auftraggeber vom Auftragnehmer weitere Zahlungsbeträge verlan-

---

1604 BGH BauR 1999, 631; Werner/Pastor, Rn 1593.
1605 BGH BauR 1989, 199 (200); BauR 1985, 355 (357); Werner/Pastor, Rn 1593.
1606 BGH BauR 2003, 1211.
1607 Zum gegenwärtigen Zeitpunkt sind die dem Kläger im Zuge der Mängelbeseitigung weiter entstehenden Schäden noch nicht bezifferbar. Der Feststellungsantrag dient dem Zweck, eine rechtskräftige Feststellung über den Grund zu erlangen.

B. Der Anspruch auf Mängelbeseitigung (Nachbesserung/Neuherstellung)

gen. Voraussetzung hierfür ist allerdings, dass die Nachbesserungsarbeiten noch nicht abgeschlossen sind.[1608]

d) Zur Verjährung des Vorschussanspruchs

Der Vorschussanspruch verjährt nach Maßgabe des § 634 a BGB. Wird der Vorschussanspruch vom Auftraggeber klageweise geltend gemacht, erfasst die Hemmungswirkung nicht nur den in der Klageschrift bezifferten Teil des Vorschussanspruchs. Vielmehr tritt die Hemmungswirkung auch für diejenigen Aufwendungen ein, die auf der Grundlage desselben Mangels erst später geltend gemacht werden.[1609] Hervorzuheben bleibt, dass es im Zuge der Vorschussklage lediglich zu einer Hemmung der Verjährung betreffend derjenigen Mängelrechte kommt, die sich aus dem geltend gemachten Mangel herleiten.[1610] Die Reichweite der Hemmungswirkung wird dabei auf der Grundlage der Symptomtheorie ermittelt. Folglich kann die Verjährung der Ansprüche wegen verschiedener Mängel unterschiedlich verlaufen. Gemäß § 202 Abs. 2 BGB endet die Hemmungswirkung sechs Monate nach einer rechtskräftigen Entscheidung oder anderweitigen Beendigung des Verfahrens. Ist ein Anspruch durch eine Entscheidung des Gerichts rechtskräftig festgestellt, läuft gem. § 197 Abs. 1 Nr. 3 BGB die dreißigjährige Frist. Fraglich bleibt in diesem Fall des Vorliegens einer rechtskräftigen Verurteilung, was im Hinblick auf die Verjährung hinsichtlich solcher „späterer sowie weitergehender" Vorschüsse gilt. Zur Alternative steht die vertragliche Frist, die nach Ablauf der Hemmung (§ 204 Abs. 2 BGB) weiterläuft, oder die dreißigjährige Frist aus § 197 Abs. 1 Nr. 3 BGB. Insoweit kommt es maßgeblich darauf an, welcher Anspruch mit dem Urteil i. S. des § 197 Abs. 1 Nr. 3 BGB festgestellt ist. Auf der Grundlage der dargestellten Rechtsprechung dürfte sich die rechtskräftige Feststellung des Vorschussurteils nicht auf den bezifferten Anspruch beschränken. Denn durch diese Rechtsprechung wird zum Ausdruck gebracht, dass die Verurteilung zur Zahlung eines Vorschusses gleichzeitig Elemente des Feststellungsurteils „über den Grund" enthält.

629

e) Abrechnungspflicht

Der Auftraggeber hat den Vorschuss binnen angemessener Frist abzurechnen.[1611] Insoweit kommt der Auftraggeber seiner Abrechnungspflicht nur dann nach, wenn der Auftragnehmer in die Lage versetzt wird, die abgerechneten Leistungen daraufhin zu überprüfen, ob sie zur Ersatzvornahme notwendig waren.[1612] Der Auftragnehmer hat Anspruch auf Auskunft über die Verwendung des Vorschusses.[1613] Er kann Rechnungslegung entsprechend § 259 BGB verlangen und diese gerichtlich geltend machen.

630

f) Rückforderungsanspruch

Den nicht verbrauchten Teil des Vorschusses hat der Auftraggeber zurückzugewähren.[1614] Es handelt sich nicht um einen bereicherungsrechtlichen Anspruch, sondern um

631

[1608] Staudinger-*Peters*, § 634 BGB, Rn 76; MünchKomm-*Busche*, § 637 BGB, Rn 21; Werner/Pastor, Rn 1597.
[1609] BGH BauR 2005, 1070.
[1610] BGH BauR 2005, 1070.
[1611] BGH BauR 1986, 345; Staudinger-*Peters*, § 634 BGB, Rn 82; MünchKomm-*Busche*, § 637 BGB, Rn 22; Werner/Pastor, Rn 1605.
[1612] Grundsätzlich gelten für die Abrechnung des Vorschusses dieselben Anforderungen wie für die Abrechnung von getätigten Aufwendungen gem. § 637 Abs. 1 BGB, BGH BauR 1989, 201, vgl. hierzu die Ausführungen unter Rn 624.
[1613] Werner/Pastor, Rn 1605.
[1614] BGH BauR 1984, 406; BauR 1985, 569; BauR 1988, 592; Werner/Pastor, Rn 1597.

von Kiedrowski

§ 7 Die Ansprüche des Auftraggebers gegen den Auftragnehmer

einen vertraglichen Anspruch i. V. m. § 637 Abs. 3 BGB. Die Regelungen der §§ 812 ff. BGB, insbesondere des § 818 Abs. 3 BGB, sind nicht anwendbar. Der Auftragnehmer kann Leistungsklage auf Rückzahlung des Vorschusses erheben. Hat er keinerlei Informationen über die Verwendung des Vorschusses empfiehlt sich die Erhebung eine Stufenklage.

g) Aufrechnung mit Schadensersatzanspruch

632 Der Auftraggeber ist nicht gehindert, vor bestimmungsgemäßer Verwendung des Vorschusses Schadensersatz gem. §§ 634 Nr. 4, 280 ff. BGB zu verlangen und mit diesem Anspruch gegen die Forderung des Auftragnehmers auf Rückzahlung des Vorschusses aufzurechnen.[1615]

7. Die Abwehr der Mängelbeseitigungsklage durch den Auftragnehmer

a) Unmögliche Mängelbeseitigung gemäß § 275 BGB

633 Der Nacherfüllungsanspruch geht unter, wenn die Nacherfüllung **unmöglich** ist. Dies ergibt sich aus § 275 Abs. 1 BGB, der in § 635 Abs. 3 BGB zwar nicht ausdrücklich benannt wird, allerdings gleichwohl zur Anwendung kommen muss, da etwas unmögliches nicht geschuldet sein kann.[1616] Daneben kann sich der Auftragnehmer im Prozess auf die Einrede aus §§ 635 Abs. 3, 275 Abs. 2 BGB stützen. Diese Einrede kommt dann zur Anwendung, wenn die Nacherfüllung einen Aufwand erfordert, der in einem groben Missverhältnis zum Leistungsinteresse des Auftraggebers steht. Es geht insoweit um Konstellationen, die nach dem alten Recht als sog. praktische oder faktische Unmöglichkeit bezeichnet worden sind.[1617] Nach §§ 635 Abs. 3, 275 Abs. 3 BGB kann der Auftragnehmer die Leistung ferner verweigern, wenn er sie persönlich zu erbringen hat und sie ihm unter Abwägung des seiner Leistung entgegenstehenden Hindernisses mit dem Leistungsinteresse des Auftraggebers nicht zugemutet werden kann. Soweit es um die Mängelbeseitigung geht, ist § 275 Abs. 2 BGB nicht auf Bauverträge zugeschnitten und wird daher kaum Anwendung finden.[1618]

b) Die verweigerte Nacherfüllung bei unverhältnismäßigen Kosten gemäß § 635 Abs. 3 BGB

634 § 635 Abs. 3 BGB gewährt dem Auftragnehmer eine Einrede für den Fall, dass die Mängelbeseitigung einen **unverhältnismäßigen Aufwand** erfordert. Insoweit sind Aufwendungen für die Beseitigung eines Werkmangels dann unverhältnismäßig, wenn der damit in Richtung auf die Beseitigung des Mangels erzielte Erfolg oder Teilerfolg bei Abwägung aller Umstände des Einzelfalles in keinem vernünftigen Verhältnis zur Höhe des dafür gemachten Geldaufwandes steht.[1619] Von einer Unverhältnismäßigkeit ist dabei insbesondere dann auszugehen, wenn einem objektiv geringen Interesse des Auftraggebers an einer völlig ordnungsgemäßen Vertragsleistung ein ganz erheblicher und deshalb unangemessener Aufwand gegenübersteht. Haftet dem Werk bspw. ein geringfügiger Schön-

---

[1615] BGH BauR 1989, 201; *Koeble*, Festschrift für Jagenburg, S. 371; Staudinger-*Peters*, § 634 BGB, Rn 84; MünchKomm-*Busche*, § 637 BGB, Rn 23; Werner/Pastor, Rn 1607.
[1616] Staudinger-*Peters*, § 634 BGB, Rn 52; MünchKomm-*Busche*, § 635 BGB, Rn 26; Werner/Pastor, Rn 1556.
[1617] Staudinger-*Peters*, § 635 BGB, Rn 6; MünchKomm-*Busche*, § 635 BGB, Rn 29-34; Werner/Pastor, Rn 1556.
[1618] Staudinger-*Peters*, § 635 BGB, Rn 7; MünchKomm-*Busche*, § 635 BGB, Rn 35 f.; Werner/Pastor, Rn 1556.
[1619] BGH BauR 2006, 377; OLG Schleswig, IBR 2006, 86, Nichtzulassungsbeschwerde vom BGH durch Beschl. v. 24.11.2005 zurückgewiesen; BauR 2002, 345; BauR 1997, 638; BauR 1995, 540 (541); OLG Karlsruhe IIBR 2006, 19; OLG Celle BauR 2005, 1176; Werner/Pastor, Rn 1574.

B. Der Anspruch auf Mängelbeseitigung (Nachbesserung/Neuherstellung)

heitsfehler an, wie z. B. bei einer unbeachtlichen farblichen Abweichungen bzw. unrelevanten Maßabweichungen ohne technische Folgewirkungen, ist denkbarer Weise von einem unverhältnismäßigen Kostenaufwand auszugehen.[1620] Ist allerdings die Funktionsfähigkeit des Werkes beeinträchtigt, kann Nachbesserung regelmäßig nicht wegen hoher Kosten verweigert werden.[1621]

c) Berücksichtigung von Sowieso-Kosten, Mitverschulden sowie der Vorteilsausgleichung

aa) Anspruchskürzung

Der Auftraggeber muss sich an etwaig entstehenden Sowieso-Kosten beteiligen.[1622] Ferner muss sich der Auftraggeber gem. § 254 BGB auch an den Aufwendungen für die Mängelbeseitigung beteiligen, wenn er den Mangel mitverursacht hat.[1623] Der Auftraggeber muss sich schließlich nach allgemeinen Grundsätzen auch die Vorteile anrechnen lassen, die er durch eine Mängelbeseitigung erhält.[1624]

635

(1) Sowieso-Kosten

Erlangt der Auftraggeber, ohne dass insoweit eine vertragliche Verpflichtung des Auftragnehmers besteht, allein durch die Mängelhaftung Vorteile, hat er auszugleichen.[1625] Als Folge dessen darf der Auftragnehmer nicht mit den Kosten solcher Maßnahmen belastet werden, um die das Werk bei ordnungsgemäßer Ausführung **von vornherein teurer** geworden wäre.[1626] Hätte der erwünschte Erfolg nur durch Vergabe von Zusatzaufträgen oder eines anderen, teureren Auftrags erreicht werden können, handelt es sich innerhalb der Mängelbeseitigung um anrechnungsfähige Sowieso-Kosten.[1627] Im Hinblick auf eine Bezifferung dieser Sowieso-Kosten sind diejenigen Mehraufwendungen zu ermitteln, die bei Befolgung des mit der Mängelbeseitigung vorgesehenen Konzepts entstanden wären.[1628] Dabei sind die Kosten, um die das Werk von Anfang an teurer geworden wäre, auf den Preisstand zum Zeitpunkt einer seinerzeit ordnungsgemäßen Errichtung zu beziehen.[1629] Zu beachten bleibt, dass es dem Auftragnehmer aber nicht gestattet sein darf, sich durch Geltendmachung von Sowieso-Kosten der eigenen werkvertraglichen Erfolgshaftung zu entziehen. Vor diesem Hintergrund muss im konkreten Fall die vom Auftragnehmer vertraglich geschuldete Leistung genau ermittelt werden. Hat der Auftragnehmer einen bestimmten Erfolg zu einem bestimmten Preis versprochen, bleibt er an seine Zusage selbst dann gebunden, wenn sich die beabsichtigte Ausführungsart nachträglich als unzureichend erweist und aufwändigere Maßnahmen erforderlich werden.

636

1620 OLG Celle BauR 2003, 915 und BauR 1995, 259; OLG Hamm BauR 2003, 1403; OLG Düsseldorf BauR 1998, 126; OLG Celle BauR 1998, 401; OLG Koblenz BauR 2003, 1728 (1729); OLG Düsseldorf NJW-RR 1994, 342.
1621 OLG Düsseldorf BauR 1987, 572; BauR 1993, 82; MünchKomm-*Busche*, § 635 BGB, Rn 37 f.; Staudinger-*Peters*, § 635 BGB, Rn 8-11; Werner/Pastor, Rn 1575.
1622 BGH BauR 2002, 86 (88).
1623 BGH BauR 2002, 86 (88).
1624 BGH BauR 2002, 86 (88).
1625 BGHZ 91, 206; BauR 1990, 84.
1626 BGH BauR 1990, 360.
1627 BGH BauR 1984, 310; BauR 2002, 86.
1628 BGH BauR 1984, 510; BauR 1993, 722.
1629 BGH BauR 1993, 722.

§ 7 Die Ansprüche des Auftraggebers gegen den Auftragnehmer

(2) Vorteilsanrechnung

637 Fraglich ist, ob der Auftragnehmer eine Reduzierung des für die Mängelbeseitigung erforderlichen Betrages unter Hinweis darauf gelten machen kann, dass der Auftraggeber durch die Nacherfüllung eine insgesamt längere Lebensdauer des Werkes erhält, Renovierungen erspart hat oder dass der Auftraggeber das mangelhafte Werk genutzt hat. Den Einwand einer Vorteilsausgleichung wegen einer durch die verzögerte Mängelbeseitigung verlängerten Lebensdauer des Werkes hat der BGH bisher stets zurückgewiesen. So kann ein solcher Abzug „Neu für Alt" jedenfalls dann nicht in Betracht kommen, wenn die erlangten Vorteile ausschließlich auf einer Verzögerung der Mängelbeseitigung beruhen und sich der Auftraggeber deshalb über lange Zeit mit einem mangelbehafteten Werk begnügen musste. Der Auftragnehmer soll dadurch, dass der Vertragszweck im Zuge einer von ihm verzögerten Mängelbeseitigung erst später erreicht wird, keine Besserstellung erfahren.[1630] Anders wird jedoch in solchen Fällen zu argumentieren sein, bei denen sich die Mängel beim Auftraggeber überhaupt erst nach Jahren gezeigt haben. In einer solchen Fallgestaltung ist es bei einer Mängelbeseitigung – insbesondere bei einer Neuherstellung – nicht einzusehen, keinen Abzug „Neu für Alt" vorzunehmen.

(3) Mitverschulden

638 Macht der Auftraggeber als Folge einer Fehlerhaftigkeit des Werkes bzw. weiterer bei ihm eingetretener Schäden Mängelansprüche gegenüber dem Auftragnehmer geltend, kann es sein, dass der Mangel des Werkes nebst Folgeschäden gleichsam auf sein Fehlverhalten zurückzuführen sind. Dieses Fehlverhalten des Auftraggebers führt als Mitverschulden gem. § 254 BGB bei einem vom Auftraggeber geltend gemachten Schadensersatzanspruch zu einer Anspruchskürzung. Macht der Auftraggeber hingegen keinen – insoweit kürzbaren – Zahlungsanspruch geltend, sondern vielmehr einen Mängelbeseitigungsanspruch, kommt § 254 BGB als Ausprägung des allgemeinen Rechtsgedankens von Treu und Glauben gleichermaßen zur Anwendung. In diesem Fall hat sich der Auftraggeber den Umständen nach angemessen an den Mängelbeseitigungskosten zu beteiligen.

▪ Eigenes Mitverschulden

639 Von einem **eigenen Mitverschulden** des Auftraggebers ist dann auszugehen, wenn ihm aufgrund eigener Kenntnis oder entsprechender Hinweise mögliche Gefährdungen bekannt sind, er aber diese Gefahrenquellen, die (Mit-)Ursache einer späteren Fehlerhaftigkeit des Werkes bilden, einfach ignoriert. Hat der Auftraggeber bspw. Kenntnis oder Hinweise über schwierige Grundwasserverhältnisse und geht er diesem Gefahrenpotenzial – etwa durch Einholung eines Bodengutachtens – nicht nach, ist ein Mitverschulden des Auftraggebers gem. § 254 BGB zu bejahen.[1631] Gleichsam kann ein eigenes Mitverschulden des Auftraggebers dann zu bejahen sein, wenn er im Bewusstsein einer fehlenden fachlichen Qualifikation seines Vertragspartners diesem erkennbar gefahrenträchtige Einwirkungsmöglichkeiten auf seine Rechtsgüter zulässt.[1632]

[1630] BGHZ 91, 206.
[1631] Noch gravierender ist der Fall, dass dem Auftraggeber sogar ein Bodengutachten vorliegt, er dieses den am Bau Beteiligten aber nicht zur Verfügung stellt und diese auch nicht auf die Gefahren hinweist, BGH BauR 1984, 395 (397).
[1632] BGH VersR 1967, 379; VersR 1988, 570.

B. Der Anspruch auf Mängelbeseitigung (Nachbesserung/Neuherstellung)

■ **Zurechnung eines Mitverschuldens gemäß §§ 254 Abs. 2, 278 BGB**

Weiter muss sich der Auftraggeber mitunter auch **fremdes Mitverschulden** anderer am Bau Beteiligter – nämlich das einer Erfüllungsgehilfen – gem. §§ 254 Abs. 2 S. 2, 278 BGB zurechnen lassen.[1633] Die Zurechnung eines fremden Mitverschuldens nach allgemeinen Grundsätzen des § 278 BGB setzt zunächst voraus, dass der Dritte Gehilfe des Auftraggebers bei der Erfüllung einer diesem gegenüber dem in Anspruch genommenen Auftragnehmer bestehenden eigenen Verbindlichkeit gewesen ist. Weiter muss dieser Erfüllungsgehilfe durch sein Fehlverhalten die Fehlerhaftigkeit des Werkes bzw. die weiter vom Auftraggeber eingetretenen Schäden mitverursacht haben. In der praktischen Mandatsbearbeitung ist auf die von der Rechtsprechung entwickelten Grundsätze abzustellen:

640

– Hat der Auftraggeber dem Auftragnehmer eine Planung vorzulegen, sind die von ihm **zur Planung eingesetzten Personen**, also der planende Architekt einerseits sowie andere Sonderfachleute – wie etwa der Tragwerksplaner – andererseits, seine Erfüllungsgehilfen. Als Folge dessen muss sich der Auftraggeber bei einem Planungsverschulden das Fehlverhalten der von ihm eingesetzten Fachleute gegenüber dem in Anspruch genommenen Auftragnehmer zurechnen lassen.[1634] [1635] [1636]

641

Der **Anteil der Mithaftung** des Auftraggebers bestimmt sich nach dem jeweils zu gewichtenden Verursachungsbeitrag des in Anspruch genommenen Auftragnehmers sowie des Auftraggebers bzw. seines Erfüllungsgehilfen.[1637] Zu beachten bleibt, dass nach der Rechtsprechung des BGH im Einzelfall das Verschulden des in Anspruch genommenen Auftragnehmers, der auf die mangelhafte Planung hätte hinweisen können, ganz zurücktreten kann, wenn der Mangel auf einem Planungsfehler beruht und diese fehlerhafte Planung des vom Auftraggeber beauftragten Architekten die eigentliche Schadensursache gesetzt hat.[1638] Der Auftragnehmer wird in dieser Konstellation von seiner Haftung gegenüber dem Auftraggeber frei. Stellt sich der Fall aber so dar, dass der Auftragnehmer seiner Hinweispflicht gegenüber einer fehlerhaften Planung nicht nachgekommen ist, obwohl er die Fehlerhaftigkeit der Planung positiv erkannt und die Mängel deshalb sicher vorausgesehen hat, vertritt der BGH die Auffassung, dass dann das dem Auftraggeber zurechenbare (Mit-)Verschulden des Architekten hinter dem Verschulden des Auftragnehmers ganz zurücktritt.[1639] Der Auftragnehmer haftet somit in voller Höhe.

– Hat der Auftraggeber gegenüber dem Auftragnehmer **vertraglich eine Koordinierung** des Bauvorhabens und insoweit auch die Abstimmung der Leistungen der einzelnen Bauunternehmer während der Bauausführung übernommen, muss er sich die Fehler

---

1633 Nach allgemeiner Ansicht ist § 254 Abs. 2 S. 2 BGB auch dann anzuwenden, wenn es um Mitverschulden bei Entstehung des Schadens geht. Es sei sachwidrig, den Geschädigten nur bei einer Mitwirkung durch Unterlassen (Abs. 2 S. 1) und nicht durch positives Tun (Abs. 1) für Dritte einstehen zu lassen. Die Vorschrift des § 254 Abs. 2 S. 2 BGB wird somit wie ein selbständiger Abs. 3 behandelt, BGHZ 1, 249; Palandt-Heinrichs, § 254 BGB, Rn 49.
1634 BGH BauR 1984, 395; BGHZ 95, 128; BauR 1985, 561; *Kniffka*, BauR 2005, 274 f.; *Glöckner*, BauR 2005, 251 (269); *Soergel*, BauR 2005, 239 (244).
1635 Hat sich der Hauptunternehmer gegenüber dem Nachunternehmer verpflichtet, die Planung zu stellen, haftet der Hauptunternehmer gegenüber dem Nachunternehmer auch für solche Planungsfehler, die von seinem Auftraggeber herrühren, wenn diese schließlich ursächlich für den Baumangel sind, BGH BauR 1987, 86 (88).
1636 Nimmt der Bauherr/Auftraggeber dem entgegen den Architekten in Haftung, haftet dieser gegenüber dem Bauherrn/Auftraggeber voll und muss sich dann mit dem Bauunternehmer nach § 426 BGB ausgleichen.
1637 Weiterführend *Kniffka*, BauR 2005, 274 (276 ff.); *Soergel*, BauR 2005, 239 (243 f.).
1638 BGH BauR 1973, 190, BauR 1975, 278; BauR 1978, 139.
1639 BGH NJW 1973, 518; BauR 1991, 71.

seines zur Erfüllung dieser Verbindlichkeit eingesetzten Personals zurechnen lassen.[1640]
– Die Zurechnung eines fremden Mitverschuldens ist dagegen abzulehnen, wenn es um das **Aufsichtsverschulden** der von dem Auftraggeber eingesetzten **Bauleitung** geht. Da der Auftraggeber gegenüber dem Auftragnehmer keine Bauaufsicht schuldet, ist das für die Bauaufsicht eingesetzte Personal nämlich nicht Erfüllungsgehilfe des Auftraggebers, was zur Folge hat, dass §§ 254 Abs. 2 S. 2, 278 BGB ausscheidet.[1641]
– Weiter sind nach der Rechtsprechung des BGH auch die **Vorunternehmer** – soweit der Auftraggeber gegenüber dem Auftragnehmer die Verpflichtung zur mangelfreien Vorunternehmerleistung nicht ausnahmsweise als eigene vertragliche Schuld übernommen haben sollte – keine Erfüllungsgehilfen des Auftraggebers. Ist also das vom Auftragnehmer zu erbringende Werk fehlerhaft, weil ein Mangel aufgetreten ist, der zwar auf die Beschaffenheit der Vorleistung eines anderen Unternehmers zurückzuführen ist, den der in Anspruch genommene Auftragnehmer aber erkennen konnte, kann dieser den Mangel der Vorarbeit nicht über §§ 254 Abs. 2 S. 2, 278 BGB gegenüber dem Auftraggeber haftungskürzend einwenden.[1642] In diesem Fall müssen der Vorunternehmer und der in Anspruch genommene Auftragnehmer im Gesamtschuldnerausgleich für eine Regulierung nach den Anteilen ihrer Mitverursachung sorgen (vgl. Rn 642 ff.).

■ **Exkurs: Der Haftungsausgleich mehrerer**

642 Vor dem Hintergrund der vorstehenden Ausführungen wird deutlich, dass eine Verantwortlichkeit mehrerer am Bau Beteiligter für einen Mangel im praktischen Baurechtsfall typisch ist. So kann es bspw. sein, dass ein Bauunternehmer bei der Ausführung seiner Arbeiten einen Baumangel verursacht, der von einem zweiten Bauunternehmer, der auf die Arbeiten des ersten Bauunternehmers aufbaut, übersehen wird.[1643] Weiter zu denken ist an die Fälle, bei denen ein Architekt oder Sonderplaner eine mangelbehaftete Planungsleistung erbringt und der Bauunternehmer, der später baut, ein mangelbehaftetes Haus errichtet, ohne den Bauherrn/Auftraggeber auf den von ihm erkannten Planungsmangel hingewiesen zu haben.[1644] In diesen Fällen steht es im freien Ermessen des Bauherrn/Auftraggebers, an wen er sich wegen des eingetretenen Schadens hält. Eine rechtliche Rangordnung dergestalt, dass sich der Bauherr/Auftraggeber zunächst an einen bestimmten Baubeteiligten als Verursacher des Schadens wenden muss, gibt es nicht. Nimmt der Bauherr/Auftraggeber einen Baubeteiligten wegen eines Bauschadens in Anspruch, kann dieser im Rahmen einer Haftungsausgleichsklage über § 426 Abs. 1 und 2 BGB dann **Rückgriff** bei dem anderen Baubeteiligten nehmen, wenn die Voraussetzun-

---

1640 Eine Verletzung der Koordinierungspflicht des Architekten ist aber nicht schon dann gegeben, wenn der Architekt infolge Fahrlässigkeit Mängel des Vorgewerks nicht bemerkt hat (Bauaufsicht). Vielmehr liegt sie regelmäßig erst dann vor, wenn die Pflichtverletzung ihrem Wesen nach einem Planungsfehler nahe kommt, BGH NJW 1972, 447.
1641 BGH BauR 1982, 514 (516); *Glöckner*, BauR 2005, 251 (269); *Soergel*, BauR 2005, 239 (243 f.).
1642 BGHZ 95, 128.
1643 So kann es bspw. sein, dass der Estrichleger vergisst, eine Dehnungsfuge zu legen. Der später arbeitende Fliesenleger übersieht dieses und es kommt später dazu, dass die unter zu großer Spannung stehenden Fliesen reißen.
1644 Unterlässt ein Architekt, vor dem Bau die Grundwasserverhältnisse abzuklären und schreibt deshalb eine unzureichende Kellerabdichtung ohne Drainage aus, kann es sein, dass der ortskundige Bauunternehmer den so ausgeschriebenen Keller baut, ohne auf seine Bedenken hinzuweisen.

B. Der Anspruch auf Mängelbeseitigung (Nachbesserung/Neuherstellung) 1

gen eines **Gesamtschuldverhältnisses** gegeben sind.[1645] [1646] Im Rahmen eines Ausgleichsanspruchs gem. § 426 BGB oder des Mitverschuldensanteils ist zu berücksichtigen, von wem der Schaden vorwiegend verursacht wurde.

▪ **Gesamtschuldverhältnis zwischen mehreren Bauunternehmern**
Haften mehrere Bauunternehmer für einen Baumangel, ist ein Gesamtschuldverhältnis nur dann anzunehmen, wenn beide Bauunternehmer eine Zweckgemeinschaft bilden, die darauf gerichtet ist, ein und **dieselbe** Bauleistung zu erbringen.[1647] Vor diesem Hintergrund wird ein Gesamtschuldverhältnis von mehreren Bauunternehmern oder Bauhandwerkern selten anzunehmen sein, da sie in aller Regel von einander getrennte Bauleistungen erbringen, ohne dass eine zweckgerichtete Verbindung ihrer Bauleistungen besteht.[1648] Von einem Gesamtschuldverhältnis kann auch dann nicht ausgegangen werden, wenn verschiedene Bauleistungen nur aufeinander aufbauen und damit schon zeitlich nacheinander geschuldet werden (Vor- und Nachunternehmer). Dasselbe gilt bei der Verletzung von Prüfungs- und Hinweispflichten des Bauunternehmers gegenüber der Vorleistung.

643

▪ **Gesamtschuldverhältnis zwischen Architekt und Bauunternehmer**
Zwischen planendem Architekten einerseits und Bauunternehmer andererseits ist von einem Gesamtschuldverhältnis auszugehen, wenn der Baumangel auf einen Planungsfehler des Architekten und den Ausführungsfehler des Bauunternehmers zurückzuführen ist.[1649] Weiter wird in der Rechtsprechung des BGH trotz verschiedener vertraglicher Verpflichtungen und somit fehlender Leistungsidentität ein Gesamtschuldverhältnis auch zwischen dem bauleitenden Architekten und der Bauunternehmer bejaht, soweit sie beide für einen Mangel am Bauwerk haften.[1650] Das ist immer der Fall, wenn einerseits der Bauunternehmer eine mangelhafte Werkleistung erbringt, andererseits der Architekt seine vertraglichen Pflichten bei der Beaufsichtigung des Bauvorhabens verletzt hat.

644

▶ Zahlungs- und Feststellungsantrag bei quotal haftenden Baubeteiligten:
Namens und in Vollmacht der Kläger erheben wir gegen die Beklagten Klage und werden im Termin zur mündlichen Verhandlung beantragen:[1651]

1645 Weiterführend *Glöckner*, BauR 2005, 251 (259 ff.).
1646 Nimmt der Bauherrn/Auftraggeber einen Haftenden in Anspruch und hat dieser die Leistung noch nicht erbracht, besteht für ihn auch schon vor Leistungserbringung die Möglichkeit, den anderen Gesamtschuldner auf anteilige Mitwirkung an der Befriedigung des Gläubigers in Anspruch zu nehmen (Freistellungsklage). Das setzt allerdings die Fälligkeit der Schuld des Mithaftendem gegenüber dem Bauherrn/Auftraggeber als Gläubiger voraus.
1647 *Kniffka*, BauR 2005, 274 (275); *Glöckner*, BauR 2005, 251 (262 ff.); *Soergel*, BauR 2005, 239 (247 f.).
1648 *Kniffka*, BauR 2005, 274 (275); *Glöckner*, BauR 2005, 251 (262 ff.); *Soergel*, BauR 2005, 239 (247 f.).
1649 BGH BauR 1989, 97; *Kniffka*, BauR 2005, 274; *Glöckner*, BauR 2005, 251 (261 ff.); *Soergel*, BauR 2005, 239 (244).
1650 BGH NJW 1965, 1175; OLG Hamm BauR 2000, 1363; OLG Braunschweig BauR 2001, 355; OLG Düsseldorf NJW-RR 1994, 1240; *Soergel*, BauR 2005, 239 (243).
1651 Dem Klageantrag liegt ein Sachverhalt zugrunde, bei dem ein Gutachter – im selbstständigen Beweisverfahren – die technischen Haftungsquote [vgl. hierzu Rn 99] von zwei Baubeteiligten für einen Baumangel, nämlich die des fehlerhaft planenden Architekten (Beklagter zu 2) mit 60 % und die des bauausführenden Unternehmers (Beklagten zu 1) mit 40 % beziffert hat. In den Klageanträgen wird berücksichtigt, dass sich der Kläger gegenüber dem Beklagten zu 1) das Planungsverschulden seines Architekten (des Beklagten zu 2) mit 60 % zurechnen lassen muss [vgl. hierzu Rn 640]. Der Gesamtschaden beläuft sich auf EUR 100.000,-.

§ 7 Die Ansprüche des Auftraggebers gegen den Auftragnehmer

1. Die Beklagten zu 1) und 2) werden verurteilt, an den Kläger als Gesamtschuldner EUR 40.000,- nebst Zinsen in Höhe von acht Prozentpunkten über dem Basiszinssatz hieraus seit Rechtshängigkeit zu bezahlen.[1652][1653]
2. Der Beklagte zu 2) wird verurteilt, an den Kläger weitere EUR 60.000,- nebst Zinsen in Höhe von fünf Prozentpunkten über dem Basiszinssatz hieraus seit Rechtshängigkeit zu bezahlen.[1654]
3. Es wird festgestellt, dass die Beklagte zu 1) als Gesamtschuldner mit dem Beklagten zu 2) verpflichtet ist, dem Kläger 40 % aller weiteren Schäden zu ersetzen, die durch die Beseitigung der Risse im Bodenbelag des Gebäudes ... in ... entstehen.[1655]
4. Es wird festgestellt, dass der Beklagte zu 2) verpflichtet ist, dem Kläger sämtliche weiteren Schäden zu ersetzen, die durch die Beseitigung der Risse im Bodenbelag des Gebäudes ... in ... entstehen. ◄

bb) Vorprozessuale Sicherheiten

645 Vor dem Hintergrund dieser Grundsätze kann der Auftraggeber im Einzelfall verpflichtet sein, gegenüber dem Auftragnehmer den Anteil an der Mängelhaftung zu übernehmen, der durch die Sowieso-Kosten entstanden ist, bzw. den Anteil zu übernehmen, der ihm als Gebrauchsvorteil zugeflossen ist oder den er als Vorteil durch die Mängelbeseitigung erlangt sowie den Anteil zu übernehmen, den er aufgrund seines Mitverschuldens oder das seiner Erfüllungsgehilfen zu tragen hat. Macht der Auftraggeber den Nacherfüllungsanspruch geltend, kann es dem Auftragnehmer nicht zugemutet werden, ohne Absicherung wegen dieses Kostenanteils in die Vorleistung zu gehen. Der Auftraggeber muss **vorprozessual eine Sicherheit stellen,** wenn der Auftragnehmer dies verlangt.[1656][1657][1658] Verweigert der Auftraggeber unter diesen Voraussetzungen die Sicherheitsleistung, muss der Auftragnehmer nicht nachbessern.[1659] Darf der Auftragnehmer die Mängelbeseitigung nach den vorstehenden Ausführungen verweigern und lässt der Auftraggeber den Mangel selbst beseitigen, verliert er jeden Kostenerstattungsanspruch.[1660] Leistet der Auftraggeber die Sicherheit, muss der Auftragnehmer die Nachbesserung vornehmen. Nach ordnungsgemäßer Erfüllung kann er Zahlung verlangen und bei Weigerung auf die Sicherheit zurückgreifen. Die Sicherheit kann auch durch eine vertrauenswürdige Bürgschaft erbracht werden.[1661]

1652 Die Beklagten zu 1) und zu 2) sind gegenüber dem Kläger Gesamtschuldner [vgl. hierzu Rn 644]. Damit ist in einem Klageantrag die gesamtschuldnerische Haftung des Beklagten zu 1) und des Beklagten zu 2) zu beziffern. In einem weiteren Klageantrag ist auf die überschüssige Haftung des Beklagten zu 2) [so musste sich der Kläger gegenüber dem Beklagten zu 1) das Planungsverschulden seines Architekten (des Beklagten zu 2) mit 60 % zurechnen lassen] abzustellen.
1653 Der Beklagte zu 1) und der Beklagte zu 2) haften gegenüber dem Kläger als Gesamtschuldner auf EUR 40.000,-.
1654 Schließlich haftet der Beklagte zu 2) gegenüber dem Kläger auf weitere EUR 60.000,-.
1655 Zum gegenwärtigen Zeitpunkt sind die dem Kläger im Zuge der Mängelbeseitigung weiterhin entstehenden Schäden noch nicht bezifferbar. Die nachfolgenden Feststellungsanträge dienen dem Zweck, unter Berücksichtigung der quotalen Haftung der Beklagten eine rechtskräftige Feststellung über den Grund zu erlangen.
1656 BGH BauR 1984, 310.
1657 Macht der Auftraggeber gegen den Auftragnehmer auf Geld gerichtete Mängelhaftungsansprüche geltend gemacht, werden seine Zuschussanteile abgezogen.
1658 Hat der Auftragnehmer die Mängelbeseitigung auf eigene Kosten vorgenommen, steht ihm in Höhe der Beteiligungspflicht des Auftraggebers ein Erstattungsanspruch zu. Er kann den Zuschuss also auch nachträglich einfordern, BGH BauR 1984, 395 (398).
1659 BGH BauR 1976, 430 (432).
1660 BGH BauR 1984, 395 (400).
1661 BGH BauR 1984, 395 (400).

B. Der Anspruch auf Mängelbeseitigung (Nachbesserung/Neuherstellung) 1

d) Vorbehaltslose Abnahme gemäß § 640 Abs. 2 BGB

Hat der Bauherr das Werk **in Kenntnis der Mängel** abgenommen und keinen Vorbehalt erklärt, so ist der Nacherfüllungsanspruch des Auftraggebers gem. § 640 Abs. 2 BGB ausgeschlossen.[1662] Abweichend von § 13 Nr. 5 Abs. 1 S. 3 VOB/B sind beim BGB-Bauvertrag die Mängelbeseitigungsarbeiten nicht abzunehmen. § 640 Abs. 2 BGB kann in diesem Fall folglich keine Anwendung finden.[1663]

646

e) Verlust des Mängelbeseitigungsanspruchs bei Baustellenverbot?

Ein vom Auftraggeber ausgesprochenes Baustellenverbot begründet **keine Verwirkung** des Mängelbeseitigungsanspruchs. Verhängt der Auftraggeber ein Baustellenverbot, so kommt er mit der Mängelbeseitigung in Annahmeverzug. Der Annahmeverzug ist beendet, wenn der Auftraggeber sich später – ggf. auch im Prozess – wegen der Mängel auf sein Leistungsverweigerungsrecht beruft und dadurch zu erkennen gibt, dass er zum Zwecke der Mängelbeseitigung das Betreten der Baustelle zulässt.[1664]

647

f) Vorliegen eines Haftungsausschlusses bzw. Haftungsbeschränkungen

Geht es um einen Haftungsausschluss oder eine Haftungsbeschränkung, ist zunächst zu unterscheiden, ob eine formularmäßig oder eine individuell vereinbarte Haftungsbeschränkung vorliegt. Die Grenzen einer formularmäßigen Haftungsbeschränkung sind in den §§ 305 ff. BGB geregelt.[1665]

648

aa) Vorliegen von Allgemeinen Geschäftsbedingungen

Voraussetzung für die Anwendung der § 305 ff. BGB ist, dass es sich um eine in § 305 Abs. 1 BGB definierte Allgemeine Geschäftsbedingung handelt. Allgemeine Geschäftsbedingungen sind danach für eine **Vielzahl** von Verträgen[1666] **vorvertragliche Vertragsbedingungen**,[1667] die eine Vertragspartei (Verwender)[1668] dem anderen beim Vertragsabschluss **stellt**[1669] und die **nicht im Einzelnen ausgehandelt** worden sind. Abweichungen von den vorgenannten Voraussetzungen gelten dann, wenn der Vertrag zwischen einem Unternehmer und einem Verbraucher geschlossen worden ist. Gemäß § 310 BGB kommt die AGB-Kontrolle auch dann zur Anwendung, wenn die Vertragsbedingungen für eine einmalige Verwendung vorformuliert worden sind, auf die der Verbraucher keinen Einfluss nehmen konnte. Unerheblich im Hinblick auf das Vorligen von Allgemeinen Geschäftsbedingun-

649

1662 Staudinger-*Peters*, § 640 BGB, Rn 61 f.
1663 OLG München MDR 1984, 141.
1664 BGH ZfBR 2005, 49.
1665 Zu beachten ist ferner, dass der Verwender ihm ungünstige AGB-Abweichungen vom Gesetz immer wirksam vereinbaren kann. Das AGB-Gesetz hat nicht den Zweck, den Verwender zu schützen. Das spielt im Baubereich vor allem in der Form eine Rolle, dass der Auftraggeber auch bei der mit relevanten Eingriffen vereinbarten VOB/B sich die kurze Verjährung auf den Hals ziehen darf. Der Verwender kann sich, das wird häufig übersehen, nicht auf die Unwirksamkeit der Klauseln berufen; BGH BauR 1987, 205; BauR 1990, 605; OLG Hamm BauR 1990, 731; Ingenstau/Korbion-*Locher*, VOB Anhang 1, Rn 33.
1666 Eine Vertragsklausel ist nur dann eine Allgemeine Geschäftsbedingung i.S. des § 305 BGB, wenn sie für eine Vielzahl von Verträgen vorformuliert worden ist. Bisher ging die VII. Zivilsenat davon aus, dass diese Voraussetzung nur erfüllt ist, wenn der Verwender im Zeitpunkt des Vertragsschlusses die Absicht der Mehrfachverwendung hatte, BGH BauR 1997, 123; BauR 1992, 622; ZIP 2001, 1921; BauR 2002, 83. Mit dem Urt. v. 24.11.2005, WM 2006, 247, hat der VII. Zivilsenat seine Rechtsprechung geändert. Nunmehr liegen Allgemeine Geschäftsbedingungen bereits dann vor, wenn sie von einem Dritten für eine Vielzahl von Verträgen vorformuliert sind, und die Vertragspartei, die die Klausel stellt, sie nur in einem einzigen Vertrag verwenden will.
1667 Weiterführend: Ingenstau/Korbion-*Locher*, VOB Anhang 1, Rn 36 f.
1668 Weiterführend: Ingenstau/Korbion-*Locher*, VOB Anhang 1, Rn 39.
1669 Weiterführend: Ingenstau/Korbion-*Locher*, VOB Anhang 1, Rn 38.

§ 7 Die Ansprüche des Auftraggebers gegen den Auftragnehmer

gen ist der Umstand, ob die Bestimmungen einen äußerlich gesunden Vertragsbestandteil bilden oder in der Vertragsurkunde selbst aufgenommen werden bzw. welche Form der Vertrag hat.[1670]

650 Allgemeine Geschäftsbedingungen liegen gem. § 305 Abs. 1 BGB dann nicht vor, wenn die Vertragsbedingungen im Einzelnen ausgehandelt worden sind. Ein Aushandeln nimmt der BGH nur dann an, wenn der Verwender zur Abänderung der Bedingung derart bereit ist, dass er den gesetzesfremden Kerngehalt der AGB ernsthaft zur Disposition stellt und dem Verhandlungspartner Gestaltungsfreiheit zur Wahrung eigener Interessen dahingehend einräumt, die inhaltliche Ausgestaltung der Vertragsbedingungen beeinflussen zu können.[1671] Es reicht nicht aus, wenn der Verwender den Inhalt der Klausel erläutert und dies dann den Vorstellungen der Parteien entspricht. Nach außen manifestiert sich ein individuelles Aushandeln in der Regel dadurch, dass es zu einer Abänderung des Vereinbarten kommt.[1672]

651 Enthält ein notarieller Vertrag Formularklauseln, so sind diese von einer Vertragspartei gestellt, wenn es sich um den Hausnotar einer Partei handelt oder der Notar gerade den Formularvertragsentwurf einer Vertragspartei verwandt hat.[1673] Ist dies nicht der Fall, aber verwendet der Notar vorformulierte Klauseln, so handelt es sich nicht um Allgemeine Geschäftsbedingungen.[1674] Gemäß § 310 BGB gelten beim Verbrauchergeschäft Allgemeine Geschäftsbedingungen als vom Unternehmer gestellt, es sein denn, der Verbraucher hat sie in den Vertrag eingeführt.[1675] Dies gilt auch für Klauseln, die zur einmaligen Verwendung bestimmt sind. Der Verbraucher muss bei einer nur zur einmaligen Verwendung bestimmten Klausel nachweisen, dass er aufgrund der Vorformulierung auf ihren Inhalt keinen Einfluss nehmen konnte.[1676]

652 Nach allgemeiner Auffassung trifft denjenigen, der sich auf den Schutz der § 305 ff. BGB beruft, die **Darlegungs- und Beweislast**, dass im Einzelfall Allgemeine Geschäftsbedingungen i. S. des § 305 Abs. 1 BGB vorliegen.[1677] [1678] Behauptet der „Verwender", dass die Vertragsbedingungen individuell ausgehandelt worden sind, trägt er dafür die Darlegungs- und Beweislast.[1679] Liegt ein Verbrauchervertrag vor, so trägt der Unternehmer

---

1670 Ingenstau/Korbion-*Locher*, VOB Anhang 1, Rn 33.
1671 Die Anforderung des BGH, dass der gesetzesfremde Kern der AGB-Klausel ernsthaft zur Disposition gestellt werden muss, ist damit überhaupt nicht und sonst praktisch auch nicht zu erfüllen: BGH BauR 1992, 794 (Aushandeln eines Architektenvertrages); BauR 1992, 226 (Anpassung an die konkrete Situation ist kein Aushandeln); BauR 2003, 870 (Aushandeln einer Vertragsstrafe); zuletzt BGH BauR 2005, 1154 sowie WM 2005,1373; Werner/Pastor, Rn 2151.
1672 Ingenstau/Korbion-*Locher*, VOB Anhang 1, Rn 41; Werner/Pastor, Rn 2151.
1673 BGH BauR 1979, 337; BauR 1994, 776; Werner/Pastor, Rn 2160.
1674 OLG Köln OLGR 1998, 189; Werner/Pastor, Rn 2161.
1675 Palandt-*Heinrichs*, § 310 BGB, Rn 14; Ingenstau/Korbion-*Locher*, VOB Anhang 1, Rn 36; Werner/Pastor, Rn 2170.
1676 Werner/Pastor, Rn 2170.
1677 BGH BauR 1992, 622; BauR 1997, 123; Ingenstau/Korbion-*Locher*, VOB Anhang 1, Rn 35; Werner/Pastor, Rn 2167.
1678 Für Bauträgerverträge hat der BGH dem Erwerber die Darlegung erleichtert. Handelt es sich um einen Vertrag, der nach seiner inhaltlichen Gestaltung aller Lebenserfahrung nach für eine mehrfache Verwendung entworfen wurde und vom Bauträger verwendet worden ist, so spricht der erste Anschein für einen vom Bauträger verwendeten Formularvertrag. Ein erster Anschein spricht auch dafür, dass der Bauträgervertrag von dem Bauträger gestellt worden ist, weil typischerweise die Bauträger auf die Gestaltung der Vertragsbedingungen Einfluss nehmen, sei es, dass sie die Bedingungen selbst entwerfen oder sich durch Dritte, z. B. ihren Hausnotar entwerfen lassen, BGH BauR 1992, 622. Die Grundsätze dieser Entscheidung hat der BGH unter Hinweis auf diese Entscheidung auf den Bauvertrag übertragen. Der BGH hat den Anschein einer Mehrfachverwendungsabsicht damit begründet, dass der Vertrag zahlreiche formelhafte Klauseln zur Regelung typischer konfliktgefährdeter Sachverhalte enthält, und dass die Klauseln nicht auf das konkrete Bauvorhaben zugeschnitten sind, BGH NJW 2004, 502.
1679 Ingenstau/Korbion-*Locher*, VOB Anhang 1, Rn 42.

B. Der Anspruch auf Mängelbeseitigung (Nachbesserung/Neuherstellung)

aufgrund der Fiktion des § 310 Abs. 3 Nr. 1 BGB die Beweislast, dass die Vertragsbedingungen im Einzelnen ausgehandelt worden sind und/oder dass es sich um eine vom Verbraucher eingeführte Klausel handelt.[1680] Bei Einzelvertragsklauseln hat der Verbraucher zu beweisen, dass er aufgrund der Vorformulierung der Klausel keinen Einfluss auf ihren Inhalt nehmen konnte.[1681]

bb) Inhaltskontrolle – Einzelne Klauseln
(1) Vollständiger Haftungsausschluss

In der Baubranche wird immer wieder der Versuch unternommen, die Haftung ganz oder doch überwiegend auszuschließen. **653**

- **Individuelle Vereinbarung**

Im Rahmen einer Individualvereinbarung ist ein vollständiger Haftungsausschluss des Auftragnehmers grundsätzlich möglich.[1682] [1683] [1684] In diesem Fall kann sich der Auftragnehmer auf einen solchen Mängelhaftungsausschluss gem. § 639 BGB aber dann nicht berufen, wenn er den Mangel arglistig verschwiegen hat oder eine Garantie für die Beschaffenheit des Werkes übernommen hat. Der Gesetzgeber hat im Regierungsentwurf klar gestellt, dass die Übernahme einer Garantie für das Vorhandensein einer Eigenschaft das Versprechen darstellt, für alle Folgen ihres Fehlens (ohne weiteres Verschulden) einzustehen. Nicht jede Zusicherung einer Eigenschaft muss aber eine vom Verschulden unabhängige Garantieübernahme bedeuten. Stets ist die Reichweite der jeweiligen Zusicherung festzustellen und zu klären, ob wirklich ein entsprechender unbedingter Einstandswille des Auftragnehmers i. S. einer Garantie gegeben ist.[1685] Bei bloßen Leistungsbeschreibungen sind nach wie vor Haftungsbeschränkungen möglich. Insoweit kann es sein, dass der Auftragnehmer lediglich Gewähr i. S. einer schlechten Beschaffenheitsvereinbarung übernehmen wollte. Es handelt sich um eine zugesicherte Eigenschaft, nicht aber die Übernahme einer Garantie, da der Auftragnehmer nicht zu erkennen gegeben hat, auch ohne Verschulden zu haften. Darüber hinaus kann der Auftragnehmer das Vorhandensein bestimmter Eigenschaften in der Weise versprochen haben, dass er für alle Folgen auch ohne Verschulden einstehen werde (unselbstständige Garantie). Schließlich kann auch eine selbstständige Garantie vom Auftragnehmer übernommen worden sein, die einen über die Vertragsmäßigkeit der Werkleistung hinausgehenden Erfolg (unabhängig von Mangelhaftigkeit und Verschulden) beinhaltet.

- **Verwendung in AGB**

Die Grenzen für Haftungsausschlussklauseln in AGB oder Formularverträgen ziehen nunmehr die Vorschriften der § 305 ff. BGB. **654**

1680 Palandt-*Heinrichs*, § 310 BGB, Rn 14; Ingenstau/Korbion-*Locher*, VOB Anhang 1, Rn 36; Werner/Pastor, Rn 2170.
1681 Werner/Pastor, Rn 2170.
1682 Werner/Pastor, Rn 2179.
1683 Den Auftragnehmer trifft die Darlegungs- und Beweislast für die Wirksamkeit der Haftungsausschlussklausel, *Baumgärtel*, ZfBR 1998, 112.
1684 Zu beachten bleibt, dass der BGH auch Individualverträge der Inhaltskontrolle unterzieht, wenn dis zum Schutze der Beteiligten erforderlich ist, BGH BauR 1987, 552; BauR 1987, 686; BauR 1988, 464. so ist ein vollständiger Ausschluss der Mängelhaftung beim Erwerb einer zu errichtenden Immobilie (Wohnung/Haus) gem. § 242 BGB unwirksam, BGH BauR 1990, 466 (467); BauR 1989, 597.
1685 Werner/Pastor, Rn 2179.

§ 7 Die Ansprüche des Auftraggebers gegen den Auftragnehmer

Grundlagen

§ 309 Nr. 8 b) aa) BGB enthält Verbote, die vor der Beschneidung oder Aushüllung gesetzlicher oder vertraglicher Gewährleistungsansprüche schützen sollen. Dabei wird der vollständige Ausschluss von Mängelhaftungsansprüchen (etwaige Nacherfüllungsansprüche inbegriffen) als unangemessen eingesehen. Dem Vertragspartner soll als Mindestrechtsschutz wenigstes das Recht auf Nacherfüllung, Minderung, Rücktritt, Selbstbeseitigung oder Schadensersatz verbleiben.[1686] Zulässig ist allerdings die Beschränkung auf ein Gewährleistungsrecht (z. B. Minderung). Läuft das eingeräumte Recht wegen der Besonderheit der Fallgestaltung oder des Vertragsverhältnisses leer, ist auch diese Beschränkung unwirksam.[1687] Zu beachten bleibt, dass § 309 Nr. 8 b) BGB nur für neu hergestellte Sachen gilt.[1688] Ein vollständiger formularmäßiger Haftungsausschluss verstößt auch gegen § 309 Nr. 7 BGB (sowohl bei neuen wie auch bei gebrauchten Sachen). Gemäß § 309 Nr. 7 b) BGB kann die Haftung insbesondere für vorsätzliche und grob schuldhafte Vertragsverletzung des Verwenders, seines gesetzlichen Vertreters oder Erfüllungsgehilfen nicht ausgeschlossen oder eingeschränkt werden. Für vorsätzliche und grob schuldhafte Vertragsverletzungen wird für jede Art des Schadens und der Höhe nach unbegrenzt gehaftet.

Ausschluss der Mängelhaftung für einzelne Teile

Unzulässig ist der völlige oder teilweise Ausschluss der Mängelhaftung nicht nur hinsichtlich der Bauleistung insgesamt, sondern auch hinsichtlich einzelner Teile, § 309 Nr. 8 b) aa) BGB. Dabei ist zu berücksichtigen, dass ein Ausschluss der Mängelhaftung bezüglich einzelner Teile der Bauleistung nicht nur dann vorliegt, wenn die Mängelhaftung auf einzelne reale Teile der Bauleistung beschränkt wird, sondern auch, wenn sie nur für bestimmte Arten oder bestimmte Ursachen von Mängeln gewährt wird.[1689]

Haftungsausschluss bei Nacharbeiten

Eine Klausel in Allgemeinen Geschäftbedingungen, wonach die Mängelhaftung eines Auftragnehmers für den Fall von Nacharbeiten durch Dritthandwerker ausgeschlossen wird, wird ebenfalls von § 309 Nr. 8 b) aa) BGB erfasst und ist deshalb unwirksam, da mit dieser Klausel dem Auftraggeber der Nachweis, dass dem Werk ein Mangel von vornherein anhaftete und nicht Folge der späteren Arbeiten war, abgeschnitten wird.[1690]

Beschränkung auf verschuldete bzw. bei der Abnahme festgestellte Mängel

Unzulässig ist ein Mängelhaftungsausschluss ferner, wenn eine Beschränkung auf verschuldete Mängel erfolgt, da das Mängelrecht grundsätzlich verschuldensunabhängig ausgestaltet ist und die Klausel daher in der Regel zum vollen Mängelhaftungsausschluss führt.[1691] Dasselbe gilt für die Beschränkung auf die bei der Abnahme festgestellten bzw. im Abnahmeprotokoll enthaltenen Mängel sowie auf die vom Auftragnehmer anerkannten Mängel.[1692]

[1686] Werner/Pastor, Rn 2182.
[1687] BGH DB 1980, 153; NJW 1998, 677; NJW 1998, 679.
[1688] Werner/Pastor, Rn 2183.
[1689] OLG Karlsruhe ZIP 1983, 1091; Werner/Pastor, Rn 2185.
[1690] OLG Karlsruhe ZIP 1983, 1091; Werner/Pastor, Rn 2186.
[1691] BGH NJW 1974, 1322; Werner/Pastor, Rn 2186.
[1692] Werner/Pastor, Rn 2186.

B. Der Anspruch auf Mängelbeseitigung (Nachbesserung/Neuherstellung) 1

Unternehmergeschäft

Auch gegenüber Unternehmern ist der völlige Ausschluss von Gewährleistungsansprüchen einschließlich von Nachbesserungsrechten gem. § 307 BGB unwirksam.[1693]

(2) Haftungsausschluss bei gleichzeitiger Abtretung von Mängelhaftungsansprüchen

■ Grundsatz

Vielfach schließen Auftragnehmer/Bauträger eines neu hergestellten oder noch zu errichtenden Bauwerks oder einer Eigentumswohnung die Mängelhaftung gegenüber dem Auftraggeber/Erwerber aus. Gleichzeitig werden die Mängelansprüche des Auftragnehmers/Bauträgers gegenüber den Baubeteiligten an dem Erwerber abgetreten. **655**

■ Individuelle Vereinbarung

Kann der Veräußerer die Mängelhaftung insgesamt wirksam ausschließen (vgl. Rn 653), so muss ein individualvertraglich geregelter Ausschluss der Mängelhaftung bei gleichzeitiger Abtretung der Mängelansprüche des Auftragnehmers/Bauträgers gegenüber den Baubeteiligten an den Erwerber wirksam sein.[1694] Ausnahmen kommen unter dem Gesichtspunkt von Treu und Glauben in Betracht.[1695]

■ Verwendung in AGB

Nach der aktuellen Rechtsprechung des BGH sind Subsidiaritätsklauseln zur Haftungsprivilegierung gem. § 307 Abs. 2 Nr. 2 BGB unwirksam.[1696] Der Vertrag über den Erwerb vom Bauträger wird im Unterschied zu einer Bauerrichtung auf Grund mehrerer Verträge mit am Bau Beteiligten dadurch bestimmt, dass der Erwerber einen Vertrag mit einem Generalunternehmer abschließt. Damit soll die Durchführung und Abwicklung des Vertrages durch einen Vertragspartner des Erwerbers gewährleistet sein. Diese Vertragsgestaltung und die damit für den Erwerber verbundenen Vorteile werden durch die Subsidiaritätsklausel für den Zeitraum, in dem der Erwerber sich um die Durchsetzung gegenüber den anderen am Bau Beteiligten bemühen muss, zu seinen Lasten weit gehend aufgehoben. Die Klausel begründet für den Erwerber die Unsicherheit, in welchem Umfang er sich darum bemühen muss, etwaige Ansprüche gegen andere am Bau Beteiligte geltend zu machen. Ihm obliegt es, auf Grund der Verträge des Bauträgers mit den einzelnen Unternehmern zu prüfen, welche Ansprüche gegen sie bestehen und wann sie verjähren. Für den Erwerber besteht das Risiko, dass er in Auseinandersetzungen mit dem Bauträger mit der Frage konfrontiert wird, ob er sich angemessen um die außergerichtliche Durchsetzung von Mängelansprüchen gegenüber den anderen am Bau Beteiligten bemüht hat.

(3) Beschränkung auf Nacherfüllung

■ Individuelle Vereinbarung

Bei individueller Vereinbarung ist eine Beschränkung der Mängelrechte auf das Recht der Nacherfüllung uneingeschränkt möglich.[1697] **656**

[1693] BGH NZBau 2002, 150; OLG Saarbrücken NJW-RR 1995, 117; *Paulausch*, DWiR 1992, 182 ff.
[1694] BGH BauR 1976, 432.
[1695] Ingenstau/Korbion-*Locher*, VOB Anhang 1, Rn 207; Werner/Pastor, Rn 2190.
[1696] BGH BauR 2002, 1385.
[1697] Werner/Pastor, Rn 2210.

§ 7 Die Ansprüche des Auftraggebers gegen den Auftragnehmer

■ **Verwendung in AGB**

In Allgemeinen Geschäftsbedingungen ist eine Beschränkung der Mängelrechte auf das Recht der Nacherfüllung gem. §§ 305 ff. BGB grundsätzlich zulässig.[1698] Werden im Rahmen eines Bauvertrages der Rücktritt, die Selbstvornahme, die Minderung und der Schadensersatz für Baumängel ausgeschlossen, muss dem Auftraggeber zumindest der Nacherfüllungsanspruch eingeräumt sein.[1699] Allerdings ist die Beschränkung nach § 309 Nr. 8 b) bb) BGB nur wirksam, wenn für den Fall des Fehlschlagens der Nacherfüllung das Minderungsrecht bestehen bleibt.[1700] Bauvertragliche Mängelhaftungsklauseln, in denen das Minderungsrecht für den Fall des Fehlschlagens endgültig ausgeschlossen wird, sind unwirksam.[1701] Die Gewährung eines Rücktrittsrechtes gleicht diesen Nachteil nicht aus.[1702] [1703] Deshalb kann der Auftragnehmer bei einer Beschränkung der Mängelansprüche auf die Nacherfüllung den Folgen des § 309 Nr. 8 b) bb) BGB nur entgehen, wenn dem Auftraggeber für den Fall des Fehlschlagens der Nacherfüllung[1704] das Recht auf Herabsetzung der Vergütung ausdrücklich einräumt. Nach dem BGH ist der formularmäßige Ausschluss des Rücktritts im Bauträgerverträgen gem. § 309 Nr. 8 b) bb) BGB unwirksam.[1705] Nach § 309 Nr. 8 b) cc) BGB kann die Verpflichtung des gewährleistungspflichtigen Verwenders, die Aufwendungen zu tragen, die zum Zwecke der Nacherfüllung erforderlich werden, weder ausgeschlossen noch beschränkt werden.[1706] Der Rechtsgedanke des § 309 Nr. 8 b) cc) BGB gilt über § 307 BGB auch im unternehmerischen Handelsverkehr.[1707]

(4) Beschränkung der Höhe nach

■ **Individuelle Vereinbarung**

657 In Individualverträgen ist eine Haftungsbeschränkung der Höhe nach unbedenklich.[1708]

■ **Verwendung in AGB**

Formularmäßige Haftungsbegrenzungen auf eine bestimmte Summe sind dagegen nur im beschränkten Raum möglich. Dies gilt auch für Klauseln, die die Haftung auf eine nicht bestimmte aber berechenbare Summe beschränken.[1709] Die Grenzen für Haftungsbegrenzungsklauseln in Allgemeinen Geschäftsbedingungen werden vor allem durch § 309 Nr. 5 BGB (Pauschalisierung von Schadensersatzansprüchen) und 309 Nr. 7 BGB (Haftung bei großen Verschulden gezogen). Danach ist eine formularmäßige Begrenzung der Höhe nach zunächst nur für die Haftung wegen leichter Fahrlässigkeit zulässig, da andernfalls ein Verstoß gegen § 309 Nr. 7 BGB vorliegt.[1710] Ob eine Haftungsbegren-

---

1698 BGH BauR 1978, 224.
1699 Werner/Pastor, Rn 2211.
1700 Werner/Pastor, Rn 2212.
1701 BGH NJW 1985, 623; NJW 1990, 1141; NJW 1994, 1004.
1702 BGH ZfBR 1991, 262.
1703 Diese Grundsätze geltend auch im unternehmerischen Geschäftsverkehr.
1704 Ein Fehlschlagen der Nacherfüllung i. S. des § 309 Nr. 8 b) bb) BGB liegt vor, wenn die Nacherfüllung scheitert oder wenn sie unmöglich, unzumutbar bzw. unzumutbar verzögert oder unberechtigt, aber auch berechtigte verweigert wird. Kurz um, wenn sie nicht realisiert werden kann.
1705 BGH BauR 2002, 310.
1706 Werner/Pastor, Rn 2221.
1707 BGH BauR 1981, 378; Werner/Pastor, Rn 2223.
1708 Werner/Pastor, Rn 2227.
1709 BGH WM 1993, 24; NJW 1985, 3016; Werner/Pastor, Rn 2227.
1710 Werner/Pastor, Rn 2228.

B. Der Anspruch auf Mängelbeseitigung (Nachbesserung/Neuherstellung)

zungsklausel für leichte Fahrlässigkeit im Einzelfall wirksam ist, richtet sich nach der Generalklausel des § 307 BGB. Unwirksam sind derartige Klauseln vor allem, wenn sie nicht ausreichend eindeutig und verständlich sind. Dasselbe gilt, wenn durch die Festlegung einer völlig unzureichenden Haftungssumme der Geschädigte praktisch schutzlos gestellt ist oder die Haftungsbegrenzung der Höhe nach auf einen Haftungsausschluss hinausläuft. Die Haftungshöchstsumme muss daher dem Umfang des Bauvorhabens angemessen sein und einem voraussehbaren Schaden entsprechen.[1711] Umstritten ist, ob im unternehmerischen Geschäftsverkehr die Haftung für grobes Verschuldens des Verwenders und seiner Erfüllungsgehilfen in Allgemeinen Geschäftsbedingungen oder in Formularverträgen der Höhe nach begrenzt oder ausgeschlossen werden kann. Der BGH[1712] hat hierzu noch nicht abschließend Stellung genommen.

(5) Zeitliche Begrenzung

■ **Individuelle Vereinbarung**

In Individualverträgen kann die Gewährleistungsfrist grundsätzlich gegenüber den gesetzlichen Vorschriften des BGB zeitlich eingeschränkt werden. Es ist allerdings § 202 BGB zu beachten (vgl. Rn 597).

658

■ **Verwendung in AGB**

Die nach dem BGB im Werksvertragsrecht geltenden Gewährleistungsfristen können dagegen nach § 309 Nr. 8 b) ff) BGB nicht mehr in Allgemeinen Geschäftsbedingungen verkürzt werden. Es bleibt grundsätzlich bei der 5jährigen Verjährungsfrist des § 634 a Abs. 1 Nr. 2 BGB.

(6) Änderung der Beweislast

■ **Individuelle Vereinbarung**

Die Beweislast kann unter den Vertragsparteien eines Bauvertrages grundsätzlich frei vereinbart werden. Dies gilt jedoch nur für Individualverträge.[1713]

659

■ **Verwendung in AGB**

Formularmäßige oder in Allgemeinen Geschäftsbedingungen enthaltene Beweislastregelungen sind dagegen nach § 309 Nr. 12 BGB zu bewerten. Danach ist eine Bestimmung in Formularverträgen oder AGB unwirksam, durch die der Verwender die Beweislast zum Nachteil des anderen Vertragsteils ändert, insbesondere dem er diesem die Beweislast für Umstände auferlegt, die in dem Verantwortungsbereich des Verwenders liegen. Entsprechendes gilt auch für den Schadenersatzanspruch.[1714]

(7) Beschränkung auf den unmittelbaren Schaden

■ **Individuelle Vereinbarung**

Eine Haftungsbegrenzung kann individualrechtlich in der Weise wirksam erfolgen, dass die Haftung auf den Ersatz des unmittelbaren Bauschadens beschränkt wird. Damit wird die Haftung für den mittelbaren Folgeschaden ausgeschlossen.[1715]

660

1711 Beigel, BauR 1986, 34 (36); Locher, Festschrift für Locher, S. 181 ff.; Werner/Pastor, Rn 2229 f.
1712 BGH NJW 1984, 1350; Kötz, NJW 1984, 2247.
1713 Werner/Pastor, Rn 2252.
1714 Werner/Pastor, Rn 2253, 2255.
1715 BGH WM 1974, 219.

§ 7 Die Ansprüche des Auftraggebers gegen den Auftragnehmer

■ **Verwendung in AGB**

Erfolg in Bauformularverträgen eine Haftungsbegrenzung auf den unmittelbaren Schaden, verstößt diese Klausel gegen § 309 Nr. 7 b) BGB und ist damit nichtig, soweit sie auch bei grober Fahrlässigkeit die Haftung beschränkt.[1716] Dies gilt auch über § 307 BGB für den unternehmerischen Verkehr.[1717]

g) Rechtsgeschäftliche Risikoübernahme

661 Bei Vorliegen besonderer Voraussetzungen ist es denkbar, dass der Auftraggeber das Risiko einer mangelhaften Leistung übernommen hat. Eine rechtsgeschäftliche Risikoübernahme, die dazu führt, dass der Auftraggeber trotz Vorliegens von Baumängeln keine Rechte gegenüber dem Auftragnehmer geltend machen kann, ist nur dann anzunehmen, wenn der Auftraggeber mit einer mangelhaften Leistung einverstanden ist oder jedenfalls das Risiko eines ganz oder teilweise nicht zweckentsprechenden oder funktionierenden Werkes übernimmt. Voraussetzung für die Annahme einer rechtsgeschäftlichen Risikoübernahme ist, dass der Auftragnehmer den Auftraggeber vor Abschluss des Vertrages oder jedenfalls vor Ausführung der Leistung über das vorhandene Risiko aufgeklärt und der Auftraggeber sich rechtsgeschäftlich mit der Risikoübernahme einverstanden erklärt hat.[1718]

II. Beim VOB-Bauvertrag

1. Vor der Abnahme

a) § 4 Nr. 6 VOB/B

662 Nach § 4 Nr. 6 VOB/B sind Stoffe oder Bauteile, die dem Vertrag oder den Proben nicht entsprechen,[1719] auf **Anordnung des Auftraggebers** innerhalb einer vom Auftraggeber bestimmten Frist (es muss sich um eine angemessene Frist handeln [vgl. hierzu Rn 619]) von der Baustelle zu entfernen.[1720] Geschieht dies nicht, so können sie auf Kosten des Auftragnehmers entfernt oder für seine Rechnung veräußert werden. Bei § 4 Nr. 6 VOB/B handelt es sich insoweit um einen sog. vorweggenommenen Mängelbeseitigungsanspruch,[1721] dessen Zweck darauf abzielt, einer bevorstehenden Mangel- und Vertragswidrigkeit der geschuldeten Leistung mit dem Ziel der vertragsgemäßen Erfüllung vorbeugen zu können. Folglich ist der Anwendungsbereich auf solche Stoffe und Bauteile

---

1716 *Kaiser*, BauR 1975, 313 (317); Werner/Pastor, Rn 2260.
1717 Werner/Pastor, Rn 2261.
1718 BGH BauR 1984, 510; BauR 2005, 1314.
1719 Die Stoffe/Bauteile sind unter Zugrundelegung objektiver Kriterien [anders als bei § 4 Nr. 1 Abs. 4 S. 1 VOB/B] dann vertragswidrig, wenn sie nach Güte oder sonstiger Beschaffenheit von den vertraglichen Vereinbarungen, also in erster Linie von der Leistungsbeschreibung abweichen. Ist die Leistungsbeschreibung nicht erschöpfend, so sind die Anerkannten Regeln der Technik sowie die einschlägigen Gütevorschriften zu beachten, Kapellmann/Messerschmidt-*Merkens*, § 4 VOB/B, Rn 134.
1720 Voraussetzung ist eine für den Auftragnehmer verbindliche Anweisung des Auftraggebers, in der die zu entfernenden Stoffe/Bauteile konkret bezeichnet werden, BGH NJW 1984, 2457; NJW 1977, 1966; Ingenstau/Korbion-*Oppler*, § 4 Nr. 6 VOB/B, Rn 8.
1721 Beck'scher VOB-Kommentar-*Hofmann*, § 4 Nr. 6 VOB/B, Rn 6; *Vygen*, Rn 485; Ingenstau/Korbion-*Oppler*, § 4 Nr. 6 VOB/B, Rn 2.

B. Der Anspruch auf Mängelbeseitigung (Nachbesserung/Neuherstellung) 1

beschränkt, die auf der Baustelle lagern und noch nicht verbaut worden sind.[1722] Nach dem Einbau der Stoffe/Bauteile gilt § 4 Nr. 7 VOB/B.[1723]
Werden die Stoffe/Bauteile vom Auftragnehmer innerhalb der vom Auftraggeber gesetzten Frist nicht beseitigt, gibt § 4 Nr. 6 S. 2 VOB/B dem Auftraggeber ein **Selbsthilferecht**. Der Auftraggeber kann die vertragswidrigen Stoffe/Bauteile selbst oder durch einen Dritten von der Baustelle entfernen und vom Auftragnehmer analog § 670 BGB Kostenersatz verlangen.[1724] Daneben hat der Auftraggeber auch einen **klagbaren Anspruch** auf Ausführung der Anordnung.[1725] Stellt sich allerdings später heraus, dass die Stoffe/Bauteile doch vertragsgemäß waren, können nunmehr dem Auftragnehmer weitreichende Folgeansprüche entstehen, nämlich **Schadensersatzansprüche** aus § 6 Nr. 6 VOB/B (vgl. Rn 548 ff.) sowie Vergütungsansprüche gem. § 2 Nr. 5 (vgl. Rn 414 ff.) und 6 VOB/B (vgl. Rn 430 ff.). Zudem werden die Ausführungsfristen gem. § 6 Nr. 1, 2 und 4 VOB/B verlängert und es entsteht unter Umständen für den Auftragnehmer ein Kündigungsrecht aus § 9 VOB/B (vgl. Rn 541 ff.).

663

b) § 4 Nr. 7 VOB/B

Leistungen, die schon **während** der **Ausführung** als mangelhaft oder vertragswidrig erkannt werden, weil vertragswidrige Stoffe/Bauteile eingebaut worden sind oder Mängel der Bauausführung vorhanden sind, hat der Auftragnehmer gem. § 4 Nr. 7 S. 1 VOB/B auf eigene Kosten durch mangelfreie zu ersetzen. Bei § 4 Nr. 7 S. 1 VOB/B handelt es sich um den Erfüllungsanspruch des Auftraggebers, durch den der Auftragnehmer verschuldensunabhängig verpflichtet wird, bereits vor der Abnahme mangelhafte/vertragswidrige Leistungen zu entfernen und durch mangelfreie zu ersetzen.[1726] Voraussetzung den Erfüllungsanspruch aus § 4 Nr. 7 S. 1 VOB/B ist, dass die Leistung des Auftragnehmers **mangelbehaftet** oder sonst **vertragswidrig** ist (vgl. Rn 601). Weiter müssen die Mängel bzw. die Vertragswidrigkeit vom Auftraggeber „**während der Ausführung**" erkannt werden. Mit dieser Voraussetzung wird klargestellt, dass es sich bei § 4 Nr. 7 S. 1 VOB/B um einen Mängelbeseitigungsanspruch vor Abnahmereife handelt.[1727] Ist das Werk bereits abgenommen worden oder aber abnahmereif i. S. des § 12 Nr. 1 VOB/B (wobei die Abnahme vom Auftraggeber grundlos verweigert wird), ergeben sich die Mängelbeseitigungsansprüche des Auftraggebers ausschließlich aus § 13 Nr. 5 VOB/B.[1728]

664

Im Rahmen der Mängelbeseitigungsklage muss der Auftraggeber den Mangel **so genau bezeichnen**, dass der Auftragnehmer in der Lage ist, eine Nacherfüllung vorzunehmen. Es gelten die Grundsätze der von der Rechtsprechung entwickelten Symptomtheorie (vgl.

665

1722 § 4 Nr. 6 VOB/B gilt insoweit nur für solche Stoffe/Bauteile, die die der Auftragnehmer selbst geliefert oder durch Dritte hat liefern lassen, Kapellmann/Messerschmidt-*Merkens*, § 4 VOB/B, Rn 132; Ingenstau/Korbion-*Oppler*, § 4 Nr. 6 VOB/B, Rn 3.
1723 Nicklisch/Weick, § 4 VOB/B, Rn 82; *Vygen*, Rn 485; Werner/Pastor, Rn 1610; Kapellmann/Messerschmidt-*Merkens*, § 4 VOB/B, Rn 131; Korbion/Hochstein/Keldungs, Rn 526.
1724 Beck'scher VOB-Kommentar-*Hofmann*, § 4 Nr. 6 VOB/B, Rn 59; Heiermann/Riedl/Rusan, § 4 VOB/B, Rn 77; Ingenstau/Korbion-*Oppler*, § 4 Nr. 6 VOB/B, Rn 16; Kapellmann/Messerschmidt-*Merkens*, § 4 VOB/B, Rn 143.
1725 Beck'scher VOB-Kommentar-*Hofmann*, § 4 Nr. 6 VOB/B, Rn 6; Kapellmann/Messerschmidt-*Merkens*, § 4 VOB/B, Rn 146.
1726 BGHZ 55, 354; NJW 1982, 1524; Kapellmann/Messerschmidt-*Merkens*, § 4 VOB/B, Rn 153, 159; Werner/Pastor, Rn 1611; Ingenstau/Korbion-*Oppler*, § 4 Nr. 7 VOB/B, Rn 2.
1727 BGHZ 50, 160; Beck'scher VOB-Kommentar-*Kohler*, § 4 Nr. 7 VOB/B, Rn 41; Kapellmann/Messerschmidt-*Merkens*, § 4 VOB/B, Rn 157; Werner/Pastor, Rn 1611; Ingenstau/Korbion-*Oppler*, § 4 Nr. 7 VOB/B, Rn 6.
1728 § 13 Nr. 5 VOB/B ist auch dann abschließend, wenn sich der Auftraggeber die Ansprüche aus § 4 Nr. 7 VOB/B bei der Abnahme vorbehalten hat, BGH BauR 1975, 344; *Jagenburg*, BauR 1974, 361; Werner/Pastor, Rn 1612; Ingenstau/Korbion-*Oppler*, § 4 Nr. 7 VOB/B, Rn 6.

§ 7 Die Ansprüche des Auftraggebers gegen den Auftragnehmer

Rn 606). Es ist dann Sache des verklagten Auftragnehmers, eine ordnungsgemäße Vertragserfüllung darzutun und zu beweisen.[1729] Da dem Auftragnehmer die Art und Weise der Nacherfüllung (in Form der Nachbesserung oder Neuherstellung)[1730] überlassen bleibt,[1731] kann der Auftraggeber grundsätzlich **nur auf Beseitigung des Mangels**, nicht aber auf Vornahme einer bestimmten Nacherfüllungsmodalität klagen.[1732] Etwas anderes gilt für den Fall, dass der Mangel nur auf eine bestimmte Art und Weise beseitigt werden kann.[1733] Kommt es zu einer Beseitigung des Mangels durch den Auftragnehmer, so hat dieser gem. § 635 Abs. 2 BGB die zum Zwecke der Nacherfüllung erforderlichen Aufwendungen, insbesondere **Transport-, Wege-, Arbeits- und Materialkosten** zu tragen.[1734] Der Erfüllungsanspruch des Auftraggebers aus § 4 Nr. 7 S. 1 VOB/B geht unter, wenn die Mängelbeseitigung i. S. des § 275 BGB **unmöglich** ist und sich der Auftragnehmer in den Fällen des § 275 Abs. 2 und 3 BGB auf die Einrede der Unmöglichkeit berufen hat.[1735]

666 § 635 Abs. 3 BGB, der auch beim VOB-Bauvertrag analog zur Anwendung kommt,[1736] gewährt dem Auftragnehmer eine Einrede für den Fall, dass die Mängelbeseitigung einen **unverhältnismäßigen Aufwand** erfordert. Insoweit sind Aufwendungen für die Beseitigung eines Werkmangels dann unverhältnismäßig, wenn der damit in Richtung auf die Beseitigung des Mangels erzielte Erfolg oder Teilerfolg bei Abwägung aller Umstände des Einzelfalles in keinem vernünftigen Verhältnis zur Höhe des dafür gemachten Geldaufwandes steht.[1737] Bei der prozessualen Geltendmachung des Mängelbeseitigungsanspruchs sind die **Sowieso-Kosten** zu berücksichtigen, deren Zahlung der Auftragnehmer als Zurückbehaltungsrecht gem. § 320 BGB geltend machen kann (vgl. Rn 636). Ferner muss sich der Auftraggeber gem. § 254 BGB auch an den Aufwendungen für die Mängelbeseitigung beteiligen, wenn er den Mangel **mitverursacht** hat (vgl. Rn 638 ff.). Der Auftraggeber muss sich schließlich nach allgemeinen Grundsätzen auch die **Vorteile** anrechnen lassen, die er durch eine Mängelbeseitigung erhält (vgl. Rn 637).

667 Zu beachten bleibt, dass das **Selbstvornahmerecht** des Auftraggebers nicht aus § 4 Nr. 7 VOB/B folgt und auch § 637 Abs. 1 BGB nicht analog anwendbar ist. Wäre dem so, würde ein von der VOB/B nicht gewolltes Konfliktpotenzial auf der Baustelle geschaffen. Denn es würden dort sowohl der Auftragnehmer wie auch der mit der Selbstvornahme beauftragte Drittunternehmer Erfüllungs- sowie Nacherfüllungshandlungen erbringen wollen. Deshalb sieht die VOB/B eine Regelung vor, die dieses Konfliktpotenzial vermeidet. Danach ist grundsätzlich eine Fristsetzung mit Kündigungsandrohung[1738] gem. § 4

1729 BGHZ 28, 288; Groß, BauR 1995, 456; Ingenstau/Korbion-*Oppler*, § 4 Nr. 7 VOB/B, Rn 17; Werner/Pastor, Rn 1614.
1730 Kapellmann/Messerschmidt-*Merkens*, § 4 VOB/B, Rn 159; Ingenstau/Korbion-*Oppler*, § 4 Nr. 7 VOB/B, Rn 18.
1731 BGH NJW 1973, 1792; BauR 1988, 97; Werner/Pastor, Rn 1614.
1732 Werner/Pastor, Rn 1614. Vgl. hierzu die Ausführungen unter Rn 614.
1733 BGH BauR 1997, 638; Werner/Pastor, Rn 1614. Vgl. hierzu die Ausführungen unter Rn 614.
1734 Kapellmann/Messerschmidt-*Merkens*, § 4 VOB/B, Rn 160; Ingenstau/Korbion-*Oppler*, § 4 Nr. 7 VOB/B, Rn 19. Vgl. hierzu die Ausführungen unter Rn 618.
1735 BGH NJW 1968, 1524; Beck'scher VOB-Kommentar-*Kohler*, § 4 Nr. 7 VOB/B, Rn 69; Kapellmann/Messerschmidt-*Merkens*, § 4 VOB/B, Rn 162. Vgl. hierzu die Ausführungen unter Rn 633.
1736 Werner/Pastor, Rn 1614; Kapellmann/Messerschmidt-*Merkens*, § 4 VOB/B, Rn 162; Ingenstau/Korbion-*Oppler*, § 4 Nr. 7 VOB/B, Rn 20 ff.
1737 BGH BauR 2002, 345; BauR 1997, 638; BauR 1995, 540 (541); Kapellmann/Messerschmidt-*Merkens*, § 4 VOB/B, Rn 163. Vgl. hierzu die Ausführungen unter Rn 634.
1738 In Ausnahmefällen bedarf es der Fristsetzung und Beseitigungsaufforderung nicht. Dies ist der Fall, wenn die Beseitigung des Mangels unmöglich, von dem Unternehmer ernsthaft und endgültig verweigert worden oder durch die mangelhafte Leistung eine Gefährdung des Vertragszweckes eingetreten ist, BGH BauR 1997, 1027. Vgl. hierzu Ausführungen unter Rn 621.

B. Der Anspruch auf Mängelbeseitigung (Nachbesserung/Neuherstellung)

Nr. 7 VOB/B und eine schriftliche Kündigung gem. § 8 Nr. 3 Abs. 2 und Nr. 5 VOB/B erforderlich, bevor das Selbstvornahmerecht entsteht.[1739] (Vgl. Rn 485 ff.)

2. Nach der Abnahme

a) Mängelbeseitigungsanspruch gemäß § 13 Nr. 5 Abs. 1 VOB/B

§ 13 Nr. 5 Abs. 1 VOB/B bestimmt, dass der Auftragnehmer alle während der Verjährungsfrist hervortretenden Mängel, die auf eine vertragswidrige Leistung zurückzuführen sind,[1740] auf seine Kosten zu beseitigen hat. Der Anspruch entspricht den Regelungen der §§ 634 Nr. 1, 635 Abs. 1 BGB, unterscheidet sich aber insofern von diesen Normen, als er erst ab Abnahme gilt. Voraussetzung für den Mängelbeseitigungsanspruch aus § 13 Nr. 5 Abs. 1 S. 1 VOB/B ist, dass die Leistung des Auftragnehmers **mangelbehaftet** ist (vgl. Rn 601). Weiter erfordert der Mängelbeseitigungsanspruch aus § 13 Nr. 5 Abs. 1 VOB/B eine **Mängelrüge** des Auftraggebers, die grundsätzlich auch mündlich erfolgen kann.[1741] Die Schriftform ist nur für die Verjährung des Mängelbeseitigungsanspruchs gem. § 13 Nr. 5 Abs. 1 S. 2 VOB/B von Bedeutung (vgl. Rn 676). Die Mängelrüge muss aber ersehen lassen, was vom Auftragnehmer nachgebessert werden soll.[1742] Dabei muss der Auftraggeber den der Mängelrüge zugrunde liegenden Mangel bezeichnen. Es gilt die Symptomtheorie (vgl. Rn 606). Eine Aufforderung nach § 13 Nr. 5 Abs. 1 S. 1 VOB/B kann im Einzelfall entbehrlich sein. Dies ist dann der Fall, wenn der Auftraggeber aus dem Verhalten des Auftragnehmers zweifelsfrei erkennen muss, dass der Auftragnehmer eine Aufforderung zur Mängelbeseitigung nicht nachkommen wird[1743] bzw. eine Mängelbeseitigung endgültig und ernsthaft abgelehnt hat.[1744] Hat sich der Auftragnehmer als völlig unzuverlässig erwiesen, wird man gleichsam auf eine ausdrückliche Mängelrüge des Auftraggebers verzichten können.[1745]

668

Da dem Auftragnehmer die Art und Weise der Nacherfüllung (in Form der Nachbesserung oder Neuherstellung) überlassen bleibt,[1746] kann der Auftraggeber grundsätzlich **nur auf Beseitigung des Mangels**, nicht aber auf Vornahme einer bestimmten Nacherfüllungsmodalität klagen.[1747] Etwas anderes gilt für den Fall, dass der Mangel nur auf eine bestimmte Art und Weise beseitigt werden kann.[1748] Kommt es zu einer Beseitigung des Mangels durch den Auftragnehmer, so hat dieser gem. § 635 Abs. 2 BGB die zum Zwe-

669

1739 BGH BauR 1986, 573; BauR 1997, 1027; ZfBR 1998, 31; BauR 2000, 1481; OLG Düsseldorf BauR 1994, 369 (370); Kapellmann/Messerschmidt-*Merkens*, § 4 VOB/B, Rn 149; Werner/Pastor, Rn 1618. a. A. Nicklisch/Weick, § 4 VOB/B, Rn 113 a ff.

1740 Probleme im Hinblick auf die Frage der Zurechenbarkeit bestehenden Mängel bestehen dann, wenn an der Bauleistung noch andere Auftragnehmer oder der Auftraggeber selbst mitgewirkt haben. Für § 13 Nr. 5 Abs. 1 VOB/B reicht es aus, wenn die Leistung des Auftragnehmers mitursächlich war, Kapellmann/Messerschmidt-*Weyer*, § 13 VOB/B, Rn 188.

1741 BGH NJW 1959, 142; BauR 1972, 311; Beck'scher VOB-Kommentar-*Kohler*, § 13 Nr. 5 VOB/B, Rn 42; Ingenstau/Korbion-*Wirth*, § 13 Nr. 5 VOB/B, Rn 90; Kapellmann/Messerschmidt-*Weyer*, § 13 VOB/B, Rn 191.

1742 OLG Düsseldorf BauR 2002, 963 (965); BauR 2001, 645; OLG Brandenburg NJW-RR 2000, 1620 (1621); *Malotki*, BauR 1998, 682 (684); Beck'scher VOB-Kommentar-*Kohler*, § 13 Nr. 5 VOB/B, Rn 40; Werner/Pastor, Rn 1625; Ingenstau/Korbion-*Wirth*, § 13 Nr. 5 VOB/B, Rn 30 ff.

1743 BGHZ 46, 242; WM 1974, 932; Werner/Pastor, Rn 1726.

1744 OLG Düsseldorf BauR 2001, 645 (646); BauR 2002, 963 (965); Ingenstau/Korbion-*Wirth*, § 13 Nr. 5 VOB/B, Rn 50.

1745 So Ingenstau/Korbion-*Wirth*, § 13 VOB/B, Rn 469; Werner/Pastor, Rn 1626.

1746 Kapellmann/Messerschmidt-Weyer, § 13 VOB/B, Rn 208; Ingenstau/Korbion-Wirth, § 13 Nr. 5 VOB/B, Rn 60; Werner/Pastor, Rn 1627.

1747 Werner/Pastor, Rn 1627. Vgl. hierzu die Ausführungen unter Rn 614.

1748 BGH BauR 1986, 93; OLG München NJW 1987, 1234; Werner/Pastor, Rn 1627; Kapellmann/Messerschmidt-*Weyer*, § 13 VOB/B, Rn 208, 209. Vgl. hierzu die Ausführungen unter Rn 614.

§ 7 Die Ansprüche des Auftraggebers gegen den Auftragnehmer

cke der Nacherfüllung erforderlichen Aufwendungen, insbesondere **Transport-, Wege-, Arbeits- und Materialkosten** zu tragen.[1749] Der Mängelbeseitigungsanspruch des Auftraggebers aus § 13 Nr. 5 VOB/B geht unter, wenn die Mängelbeseitigung i. S. des § 275 BGB **unmöglich** ist oder sich der Auftragnehmer in der Fällen des § 275 Abs. 2 und 3 BGB auf die Einrede der Unmöglichkeit berufen hat (vgl. Rn 633).

670 § 635 Abs. 3 BGB, der auch beim VOB-Bauvertrag analog zur Anwendung kommt,[1750] gewährt dem Auftragnehmer eine Einrede für den Fall, dass die Mängelbeseitigung einen **unverhältnismäßigen Aufwand** erfordert. Insoweit sind Aufwendungen für die Beseitigung eines Werkmangels dann unverhältnismäßig, wenn der damit in Richtung auf die Beseitigung des Mangels erzielte Erfolg oder Teilerfolg bei Abwägung aller Umstände des Einzelfalles in keinem vernünftigen Verhältnis zur Höhe des dafür gemachten Geldaufwandes steht.[1751] Bei der prozessualen Geltendmachung des Mängelbeseitigungsanspruchs sind die **Sowieso-Kosten** zu berücksichtigen, deren Zahlung der Auftragnehmer als Zurückbehaltungsrecht gem. § 320 BGB geltend machen kann.[1752] Ferner muss sich der Auftraggeber auch an den Aufwendungen für die Mängelbeseitigung beteiligen, wenn er den Mangel gem. § 254 BGB **mitverursacht** hat (vgl. Rn 638 ff.). Der Auftraggeber muss sich schließlich nach allgemeinen Grundsätzen auch die **Vorteile** anrechnen lassen, die er durch eine Mängelbeseitigung erhält.[1753]

b) Die Selbstvornahme und der Aufwendungsersatzanspruch gemäß § 13 Nr. 5 Abs. 2 VOB/B

671 Die Voraussetzungen der Selbstvornahme sind in § 13 Nr. 5 Abs. 2 VOB/B geregelt. Danach kann der Auftraggeber die Mängel auf Kosten des Auftragnehmers selbst beseitigen lassen, wenn dieser der Aufforderung des Auftraggebers zur Nachbesserung/Neuherstellung in angemessener Frist nicht nachgekommen ist. Voraussetzungen für § 13 Nr. 5 Abs. 2 VOB/B ist ein bestehender fälliger Mängelbeseitigungsanspruch[1754] sowie eine Mängelbeseitigungsaufforderung unter Setzung einer **angemessenen** Frist[1755] zur Nacherfüllung.[1756] Auf ein Vertretenmüssen des Auftragnehmers kommt es nicht

---

1749 Kapellmann/Messerschmidt-*Weyer*, § 13 VOB/B, Rn 212 ff.; Ingenstau/Korbion-*Wirth*, § 13 Nr. 5 VOB/B, Rn 73; Werner/Pastor, Rn 1627. Vgl. hierzu die Ausführungen unter Rn 618.
1750 Werner/Pastor, Rn 1614.
1751 BGH BauR 2002, 345; BauR 1997, 638; BauR 1995, 540 (541). Vgl. hierzu die Ausführungen unter Rn 634.
1752 Kapellmann/Messerschmidt-*Weyer*, § 13 VOB/B, Rn 221. Vgl. hierzu die Ausführungen unter Rn 636.
1753 Kapellmann/Messerschmidt-*Weyer*, § 13 VOB/B, Rn 225 ff. Vgl. hierzu die Ausführungen unter Rn 637.
1754 BGH BauR 1984, 395; Kapellmann/Messerschmidt-*Weyer*, § 13 VOB/B, Rn 243; Ingenstau/Korbion-*Wirth*, § 13 Nr. 5 VOB/B, Rn 106 ff. Beachte: Der Mängelbeseitigungsanspruch des Auftraggebers aus § 13 Nr. 5 VOB/B geht unter, wenn die Mängelbeseitigung i. S. des § 275 BGB unmöglich ist oder sich der Auftragnehmer in der Fällen des § 275 Abs. 2 und 3 BGB auf die Einrede der Unmöglichkeit berufen hat. Vgl. hierzu die Ausführungen unter Rn 633. § 635 Abs. 3 BGB, der auch beim VOB-Bauvertrag analog zur Anwendung kommt, gewährt dem Auftragnehmer eine Einrede für den Fall, dass die Mängelbeseitigung einen unverhältnismäßigen Aufwand erfordert. Insoweit sind Aufwendungen für die Beseitigung eines Werkmangels dann unverhältnismäßig, wenn der damit in Richtung auf die Beseitigung des Mangels erzielte Erfolg oder Teilerfolg bei Abwägung aller Umstände des Einzelfalles in keinem vernünftigen Verhältnis zur Höhe des dafür gemachten Geldaufwandes steht. Vgl. hierzu die Ausführungen unter Rn 634.
1755 Welche Frist angemessen ist, bestimmt sich nach den Umständen des Einzelfalles. Sie muss so bemessen sein, dass der Schuldner in der Lage ist, den Mangel zu beseitigen. Erweist sich die Frist als unangemessen kurz, ist die Fristsetzung nicht unwirksam. Es läuft dann eine angemessene Frist. Vgl. zur Fristsetzung: Werner/Pastor, Rn 1628, 1521; Ingenstau/Korbion-*Wirth*, § 13 Nr. 5 VOB/B, Rn 110 ff.; Kapellmann/Messerschmidt-*Weyer*, § 13 VOB/B, Rn 248.
1756 Die zu setzende Frist zur Nacherfüllung ist zu verbinden mit der Aufforderung zur Mängelbeseitigung. Die Aufforderung zur Mängelbeseitigung muss die Mängel so genau bezeichnen, dass der Auftragnehmer in der Lage ist, zu erkennen, was von ihm verlangt wird. Es gilt die Symptomtheorie. Vgl. hierzu die Ausführungen unter Rn 606.

B. Der Anspruch auf Mängelbeseitigung (Nachbesserung/Neuherstellung)

an.[1757] Eine **Fristsetzung** kann in folgenden Fällen **entbehrlich** sein:[1758] Gemäß §§ 637 Abs. 2 S. 1, 323 Abs. 2 BGB, der auch beim VOB-Bauvertrag zur Anwendung kommt, ist eine Fristsetzung entbehrlich, wenn der Auftragnehmer die Leistung ernsthaft und endgültig verweigelt hat (vgl. Rn 621), ein Fixgeschäft bzw. besondere Umstände vorliegen (vgl. Rn 621), die unter Abwägung der beidseitigen Interessen die sofortige Selbstvornahme rechtfertigen. Darüber hinaus ist eine Fristsetzung gem. § 637 Abs. 2 S. 2 BGB entbehrlich, wenn die Nacherfüllung fehlgeschlagen (vgl. Rn 621) oder dem Auftraggeber unzumutbar ist (vgl. Rn 621). Beseitigt der Auftraggeber den Mangel selbst oder lässt er ihn durch Dritte beseitigen, ohne dass dem Auftragnehmer die Gelegenheit zur Mängelbeseitigung eingeräumt worden ist, kann er grundsätzlich **keine Kostenerstattung** für die Mängelbeseitigung gem. § 13 Nr. 5 Abs. 2 VOB/B verlangen. Auch weitergehende Ansprüche aus GoA sowie Bereicherungsrecht sind in diesem Fall ausgeschlossen.[1759]

Der Auftraggeber hat gem. § 13 Nr. 5 Abs. 2 VOB/B Anspruch auf Ersatz der für die Nacherfüllung **erforderlichen Aufwendungen**. Für die Bewertung der Erforderlichkeit ist auf den Aufwand und die damit verbundenen Kosten abzustellen, welche der Auftraggeber im Zeitpunkt der Mängelbeseitigung als vernünftiger, wirtschaftlich denkender Bauherr aufgrund sachkundiger Beratung oder Feststellung aufwenden konnte und musste, wobei es sich um eine vertretbare Maßnahme der Schadensbeseitigung handeln muss.[1760] Der Auftraggeber hat die nach § 13 Nr. 5 Abs. 2 VOB/B erstattungsfähigen Aufwendungen **nachvollziehbar abrechnen**. Die Abrechnung muss derart sein, dass der Auftragnehmer erkennen kann, welcher Mangel mit welchen Aufwendungen beseitigt worden ist. Der Auftraggeber muss sich an Sowieso-Kosten beteiligen (vgl. Rn 636). Gleiches gilt dann, wenn der Auftraggeber den Mangel mitverursacht hat (vgl. Rn 638 ff.). Schließlich muss der Auftraggeber sich nach allgemeinen Grundsätzen auch die Vorteile anrechnen lassen, die er durch eine Mängelbeseitigung erhält (vgl. Rn 637). Ist der Auftraggeber berechtigt, gem. § 13 Nr. 5 Abs. 2 VOB/B Mängel des Bauwerkes auf Kosten des Auftragnehmers selbst oder durch Dritte beseitigen zu lassen, kann er von dem nachbesserungspflichtigen Auftragnehmer gem. § 637 Abs. 3 BGB, der auch beim VOB-Bauvertrag zur Anwendung kommt,[1761] einen die voraussichtlichen Mängelbeseitigungskosten deckenden Vorschuss verlangen. Der Kostenvorschussanspruch umfasst die mutmaßlichen Nachbesserungskosten. Das sind die voraussichtlich erforderlichen Mängelbeseitigungs- oder Neuherstellungskosten.[1762] [1763]

672

1757 Werner/Pastor, Rn 1628.
1758 Kapellmann/Messerschmidt-*Weyer*, § 13 VOB/B, Rn 226; Ingenstau/Korbion-*Wirth*, § 13 Nr. 5 VOB/B, Rn 131 ff.
1759 BGH NJW 1966, 39; BGHZ 46, 246; BGHZ 70, 389 (398); NJW 1968, 43; ZfBR 1978, 77 (78); BauR 1988, 82; BauR 1987, 689; Ingenstau/Korbion-*Wirth*, § 13 Nr. 5 VOB/B, Rn 125 f.; Werner/Pastor, Rn 1629; Kapellmann/Messerschmidt-*Weyer*, § 13 VOB/B, Rn 252. Der Auftraggeber kann die Kosten der Mängelbeseitigung auch nicht gem. § 326 Abs. 2 S. 2, Abs. 4 BGB (analog) erstattet verlangen. § 13 Nr. 5 VOB/B beinhaltet insoweit eine abschließende Regelung, die ein Anspruch auf Herausgabe ersparter Aufwendungen in unmittelbarer Anwendung (so aber – jeweils für das Kaufrecht – *Lorenz*, ZGS 2003, 398; *ders.*; NJW 2003, 1417; *Ebert*, NJW 2004, 1761 (1763); *Katzenstein*, ZGS 2004, 349) beziehungsweise analoger Anwendung des § 326 Abs. 2 S. 2 BGB ausschließt. Anderenfalls würde dem Auftraggeber im Ergebnis ein Selbstvornahmerecht auf Kosten des Auftragnehmers zugebilligt, auf das der Gesetzgeber bewusst verzichtet hat, BGH BauR 2005, 1021 [für das Kaufrecht].
1760 BGH BauR 1991, 651; BauR 1989, 97 (101); Ingenstau/Korbion-*Wirth*, § 13 Nr. 5 VOB/B, Rn 154 ff.; Werner/Pastor, Rn 1632; Kapellmann/Messerschmidt-*Weyer*, § 13 VOB/B, Rn 254, 255.
1761 Kapellmann/Messerschmidt-*Weyer*, § 13 VOB/B, Rn 263; Werner/Pastor, Rn 1633; Ingenstau/Korbion-*Wirth*, § 13 Nr. 5 VOB/B, Rn 179 f.
1762 Ingenstau/Korbion-*Wirth*, § 13 Nr. 5 VOB/B, Rn 179; Werner/Pastor, Rn 1587.
1763 Vgl. zu den Voraussetzungen sowie zum Umfang des Kostenvorschussanspruchs die Ausführungen unter Rn 665 f.

§ 7 Die Ansprüche des Auftraggebers gegen den Auftragnehmer

III. Zur Verjährung des Mängelbeseitigungsanspruchs

1. Beim BGB-Bauvertrag

673 Der auf Verschaffung eines mangelfreien Werkes gerichtete Erfüllungsanspruch des Auftraggebers aus § 631 Abs. 1 BGB vor Abnahme unterliegt der **3-jährigen** regelmäßigen Verjährungsfrist der §§ 195, 199 BGB.[1764] Die Verjährung des Nacherfüllungsanspruchs gem. §§ 634 Nr. 1, 635 Abs. 1 BGB sowie des Aufwendungsersatzanspruchs bei Selbstvornahme gem. §§ 634 Nr. 2, 637 Abs. 1 BGB bzw. des Kostenvorschussanspruchs aus § 637 Abs. 3 BGB richtet sich nach § 634a Abs. 1 BGB. Nach § 634a Abs. 1 Nr. 2 BGB gilt die **5-jährige** Verjährungsfrist für Mängelansprüche bei einem Bauwerk oder einem Werk, dessen Erfolg in der Erbringung von Planungs- und Überwachungsleistungen besteht. Die Verjährungsfrist beginnt gem. § 634a Abs. 2 BGB mit Abnahme des Werkes. Eine Sonderregelung für den Fall, dass der Auftragnehmer den Mangel **arglistig** verschwiegen hat, ergibt sich aus § 634a Abs. 3 BGB. Danach gilt die **3-jährige** regelmäßige Verjährungsfrist gem. §§ 195, 199 BGB, allerdings mit der Einschränkung des § 634a Abs. 3 S. 2 BGB, dass die Verjährung nicht vor Ablauf der Verjährungsfrist aus § 634a Abs. 1 BGB eintritt. Diese Regelung ist auch für das **Organisationsverschulden** des Auftragnehmers[1765] entsprechend anzuwenden.[1766] Ist zwischen den Parteien eine abweichende Verjährungsfrist **individuell** vereinbart worden, so gilt diese vereinbarte Frist.[1767]

2. Beim VOB-Bauvertrag

a) Grundlagen

674 Für den Erfüllungsanspruch auf Mängelbeseitigung vor Abnahme gem. § 4 Nr. 7 S. 1 VOB/B gilt die **3-jährige** regelmäßige Verjährungsfrist der §§ 195, 199 BGB.[1768] (Vgl. Rn 594 ff.) Nach der Abnahme verjähren die ursprünglich gem. § 4 Nr. 7 VOB/B begründeten Ansprüche, soweit sie sich mit denen aus § 13 Nr. 5 VOB/B inhaltlich decken, innerhalb der Fristen des § 13 Nr. 4 VOB/B.[1769] Die Dauer der Verjährungsfrist für den Mängelbeseitigungsanspruch nach Abnahme gem. § 13 Nr. 5 VOB/B ist in § 13 Nr. 4 VOB/B geregelt. Gemäß § 13 Nr. 4 VOB/B beträgt die Dauer der nach § **13 Nr. 4 Abs. 3 VOB/B** mit Abnahme beginnenden Verjährungsfrist (wenn die Parteien keine andere Vereinbarung getroffen haben):

- für Bauwerke 4 Jahre,
- für Arbeiten an einem Grundstück und für die vom Feuer berührten Teile von Feuerungsanlagen 2 Jahre,
- für feuerberührte und abgasdämmende Teile von industriellen Anlagen 1 Jahr,
- bei maschinellen/elektrotechnischen Anlagen oder Teilen davon, bei denen die Wartung Einfluss auf die Sicherheit und Funktionsfähigkeit hat, 2 Jahre, wenn der Auftraggeber sich dafür entschieden hat, dem Auftragnehmer die Wartung für die Dauer der Verjährungsfrist nicht zu übertragen.

1764 Staudinger-*Peters*, § 634a BGB, Rn 8. Vgl. hierzu die Ausführungen unter Rn 594 ff.
1765 Vgl. hierzu unlängst OLG Oldenburg, IBR 2006, 20, Nichtzulassungsbeschwerde vom BGH durch Beschl. v. 20.10.2005 zurückgewiesen.
1766 BGHZ 117, 318; BauR 2005, 438; *Mansel*, NJW 2002, 89 (96); *Lenkert*, BauR 2002, 196 (209); *Neuhaus*, MDR 2002, 131 (134); Staudinger-*Peters*, § 634a BGB, Rn 43; Werner/Pastor, Rn 2385.
1767 Voraussetzung ist, dass die Vorgaben aus § 202 BGB beachtet werden. Vgl. hierzu die Ausführungen unter Rn 597.
1768 BGH NJW 1974, 1707; MDR 1972, 410; Werner/Pastor, Rn 2387; Ingenstau/Korbion-*Oppler*, § 4 Nr. 7 VOB/B, Rn 25.
1769 BGH BauR 1971, 51; BauR 1982, 277; Kapellmann/Messerschmidt-*Weyer*, § 13 VOB/B, Rn 94.

C. Die Mängelrechte Rücktritt, Minderung und Schadensersatz

Hat der Auftragnehmer den Mangel **arglistig** verschwiegen, ist § 634a Abs. 3 BGB entsprechend auch beim VOB-Bauvertrag anzuwenden.[1770] (Vgl. Rn 673) Gleiches gilt für das **Organisationsverschulden** des Auftragnehmers.[1771] Ist zwischen den Parteien eine abweichende Verjährungsfrist **individuell** vereinbart worden, so gilt diese vereinbarte Frist. Voraussetzung ist, dass die Vorgaben aus § 202 BGB beachtet werden (vgl. hierzu die Ausführungen unter Rn 597).

675

b) Beachte: § 13 Nr. 5 Abs. 1 VOB/B

Die schriftliche Mängelanzeige des Auftraggebers gem. § 13 Nr. 5 Abs. 1 VOB/B gegenüber dem Auftragnehmer hat eine verjährungsverlängernde Wirkung. So bewirkt der Zugang der schriftlichen Mängelanzeige eine einmalige Verlängerung der Verjährungsfrist des § 13 Nr. 4 VOB/B um weitere zwei Jahre, wobei die Verjährung nicht vor Ablauf der Regelfrist nach § 13 Nr. 4 VOB/B oder der an ihre Stelle vereinbarten Frist eintritt.[1772] Sie hat – weil es nur um ein Hinausschieben des Endes einer Verjährungsfrist geht – „quasiunterbrechende" Wirkung.[1773] Zu beachten bleibt, dass die verjährungsverlängernde Wirkung nur dann eintritt, wenn der Auftraggeber in der schriftlichen Mängelanzeige den einzelnen Baumangel nach Art und Umfang genau bezeichnet hat. Es gilt die Symptomtheorie des BGH (vgl. Rn 606). Beseitigt der Auftragnehmer die vom Auftraggeber gerügten Mängel vollständig, so beginnt gem. § 13 Nr. 5 Abs. 1 S. 3 VOB/B für diese Leistungen eine neue **2-jährige** Verjährungsfrist ab Abnahme der Mängelbeseitigungsarbeiten zu laufen, wobei die neue Verjährungsfrist nicht vor Ablauf der Regelfristen des § 13 Nr. 4 VOB/B bzw. der an ihrer Stelle vereinbarten Frist endet. Hat der Auftragnehmer nur unvollständig nachgebessert, ohne den eigentlichen Mangel zu beheben, erfasst die neue Verjährungsfrist nicht nur die gerügten, aber unvollständig nachgebesserten Mangelerscheinungen, sondern nach der Symptomtheorie (vgl. Rn 606) auch den für die Mangelerscheinungen ursächlichen Mangel.[1774]

676

C. Die Mängelrechte Rücktritt, Minderung und Schadensersatz

Literatur

Aurnhammer, Verfahren zur Bestimmung von Wertminderung bei (Bau-)Mängeln und (Bau-)Schäden, BauR 1978, 356; *ders.*, Der Wert des Sachverständigengutachtens – Der Beurteilungsweg über das Zielbaumverfahren, BauR 1983, 97; *Derleder*, Der Wechsel zwischen den Gläubigerrechten bei Leistungsstörungen und Mängeln, NJW 2003, 998; *Däubler*, Neues Schuldrecht – ein erster Überblick, NJW 2001, 3729; *Gaier*, Das Rücktritts(folgen)recht nach dem Schuldrechtsmodernisierungsgesetz, WM 2002, 1; *Kaiser*; Die Rechtsfolgen des Rücktritts in der Schuldrechtsreform, JZ 2001, 1057; *Kratzenberg*, Der Beschluss des DVA-Hauptausschuss zur Neuherausgabe der VOB 2002 (Teile A und B), NZBau 2002, 177; *Pauly*, Zur

---

[1770] Werner/Pastor, Rn 2391; Ingenstau/Korbion-*Wirth*, § 13 Nr. 4 VOB/B, Rn 115 ff.; Kapellmann/Messerschmidt-*Weyer*, § 13 VOB/B Rn 128.
[1771] BGHZ 117, 318; BauR 2005, 438; *Mansel*, NJW 2002, 89 (96); *Lenkert*, BauR 2002, 196 (209); *Neuhaus*, MDR 2002, 131 (134); Werner/Pastor, Rn 2391; Kapellmann/Messerschmidt-*Weyer*, § 13 VOB/B, Rn 131 ff.; Ingenstau/Korbion-*Wirth*, § 13 Nr. 4 VOB/B, Rn 130 ff.
[1772] BGH BauR 19990, 723; OLG Schleswig BauR 1995, 101 (102); Kapellmann/Messerschmidt-*Weyer*, § 13 VOB/B, Rn 192; Werner/Pastor, Rn 2336.
[1773] OLG Oldenburg VersR 1975, 289; Kapellmann/Messerschmidt-*Weyer*, § 13 VOB/B, Rn 192; Werner/Pastor, Rn 2337.
[1774] BGH BauR 1989, 606 (607); OLG Schleswig OLGR 1997, 254; Werner/Pastor, Rn 2442.

§ 7 Die Ansprüche des Auftraggebers gegen den Auftragnehmer

Frage der Berechnung des Minderungsbetrages und des Minderwertes beim Bauvertrag am Beispiel von Schallschutzmängeln, BauR 2002, 1321; *Schlechtriem,* Außervertragliche Haftung für Bearbeitungsschäden und weiterfressende Mängel bei Bauwerken, ZfBR 1992, 95; *Voit,* Die Änderungen des allgemeinen Teils des Schuldrechts durch das Schuldrechtsmodernisierungsgesetz und ihre Auswirkungen auf das Werkvertragsrecht, BauR 2002, 154; *von Westphalen,* Das Kondensatorurteil des BGH – Mangelbeseitigungsaufwendungen und Versicherungsschutz, ZIP 1992, 532; *Westermann,* Das Schuldrecht, 2002.

I. Beim BGB-Bauvertrag

1. Rücktritt

a) Rücktritt gemäß §§ 634 Nr. 3, 323, 326 Abs. 5, 346 Abs. 1 BGB

677 Ist das Werk mit einem Mangel behaftet (vgl. Rn 598 ff.), kann der Auftraggeber unter den Voraussetzungen der §§ 634 Nr. 3, 636, 323, 326 Abs. 5 BGB vom Vertrag zurücktreten. Das Rücktrittsrecht ist verschuldensunabhängig und steht dem Auftraggeber als einseitiges Gestaltungsrecht zu. Der Auftraggeber kann also auch den Rücktritt erklären, wenn der Auftragnehmer den Mangel seiner Leistung nicht verschuldet hat. Dabei ist an den Fall zu denken, dass der Auftragnehmer nach den anerkannten Regeln der Technik gearbeitet hat und trotzdem die Funktionstauglichkeit des Werkes nicht gewährleistet ist (vgl. hierzu die Ausführungen unter Rn 599). Der Rücktritt setzt neben der Mangelhaftigkeit der Werkleistung voraus, dass eine dem Auftragnehmer gesetzte **angemessene Frist** zur Nacherfüllung erfolglos verstrichen ist.[1775][1776] Ist der Nacherfüllungsanspruch fällig, kann der Auftraggeber dem Auftragnehmer eine angemessene Frist zur Nacherfüllung bestimmen. Ist die Frist zu kurz bemessen, so wird eine angemessene Frist in Gang gesetzt.[1777] In bestimmten Fällen kann eine **Fristsetzung entbehrlich** sein: Gemäß § 323 Abs. 2 BGB ist eine Fristsetzung entbehrlich, wenn der Auftragnehmer die Leistung ernsthaft und endgültig verweigert hat (vgl. Rn 621), ein Fixgeschäft vorliegt bzw. besondere Umstände vorliegen (vgl. Rn 621), die unter Abwägung der beidseitigen Interessen die sofortige Selbstvornahme rechtfertigen. Gleiches gilt dann, wenn die Nacherfüllung dem Auftragnehmer gem. § 275 BGB unmöglich (und in den Fällen des § 275 Abs. 2 und 3 BGB verweigert worden) (vgl. Rn 633) ist bzw. der Auftragnehmer die Nacherfüllung wegen unverhältnismäßig hoher Kosten gem. §§ 635 Abs. 3, 636 BGB verweigert hat. Schließlich ist eine Fristsetzung gem. § 636 BGB auch dann entbehrlich, wenn die Nacherfüllung fehlgeschlagen (vgl. Rn 621) oder dem Auftraggeber unzumutbar ist (vgl. Rn 621). Das Rücktrittsrecht des Auftraggebers ist gem. § 323 Abs. 5 S. 2 BGB ausgeschlossen, wenn der **Mangel unerheblich** ist. Gleiches gilt gem. § 323 Abs. 6 BGB dann, wenn der Auftraggeber für den Umstand, der ihn zum Rücktritt berechtigen würde, allein oder weit überwiegend verantwortlich ist, oder wenn der vom Auftragnehmer

---

[1775] Dass das Rücktrittsrecht ein nachrangiges Gewährleistungsrecht ist und voraussetzt, dass dem Werkunternehmer zuvor eine angemessene Frist zur Nacherfüllung gesetzt worden ist, ergibt sich nicht unmittelbar aus dem Wortlaut des § 634 Nr. 3 BGB, sondern daraus, dass in § 634 Nr. 3 BGB auf § 636 und §§ 326 Abs. 5, 323 BGB verwiesen wird.

[1776] Verlangt der Gläubiger nach Fristablauf weiterhin die Erfüllung, so führt dies zum Untergang seiner nach Fristablauf entstandenen Rechte auf Rücktritt/Schadensersatz, OLG Celle NJW 2005, 2094.

[1777] BGH WM 1986, 1255; BauR 2000, 98; OLG Düsseldorf BauR 1982, 587 (589); Palandt-*Sprau,* § 634 BGB, Rn 5; Werner/Pastor, Rn 1656.

C. Die Mängelrechte Rücktritt, Minderung und Schadensersatz

nicht zu vertretende Umstand zu einer Zeit eintritt, zu welcher der Auftraggeber in Verzug der Annahme ist.[1778]

Der Rücktritt wandelt das bisherige Vertragsverhältnis in ein Rückgewähr- und Abwicklungsverhältnis um.[1779] Die bisherigen Leistungsansprüche und Leistungspflichten erlöschen. Nach dem Rücktritt sind nach § 346 Abs. 1 BGB die empfangenen Leistungen zurückzugewähren und die gezogenen Nutzungen herauszugeben. Bei Bauleistungen ist die Rückgewähr eines Bauwerkes oder eines Teils davon gem. § 346 Abs. 2 Nr. 2 BGB in der Regel ausgeschlossen, da die Werkleistung beim Rückbau regelmäßig zerstört oder anderweitig unbrauchbar wird und damit die Rückgewähr nach der Natur des Erlangten ausgeschlossen ist.[1780] Der Auftraggeber hat in diesem Fall gem. § 346 Abs. 2 BGB Wertersatz zu leisten, wobei gem. § 346 Abs. 2 S. 2 BGB bei der Berechnung dieses Wertansatzes grundsätzlich die im Vertrag bestimmte Gegenleistung (also der Werklohn) zugrunde zu legen ist.[1781] Nach § 346 Abs. 1 BGB sind zudem die gezogenen Nutzungen herauszugeben. Dabei sind gem. § 100 BGB die Gebrauchsvorteile zu ersetzen. Berechnet werden die Gebrauchsvorteile nach einer zeitanteiligen linearen Wertminderung im Vergleich zwischen tatsächlichem Gebrauch und voraussichtlicher Gesamtnutzungsdauer.[1782]

678

b) Rücktritt gemäß § 323 BGB bei verzögerter Bauausführung

Beim BGB-Bauvertrag kann der Auftraggeber bei einer verzögerten Bauausführung nach § 323 BGB zurücktreten. Eine Bauleistung ist ganz oder zum Teil nicht rechtzeitig hergestellt, wenn Fälligkeit der Leistung eingetreten ist, das Werk aber noch nicht vollständig hergestellt und noch nicht abgeliefert ist. Der Rücktritt ist allerdings erst dann möglich, wenn dem Auftragnehmer eine **angemessene Frist** zur Leistung oder Nacherfüllung gesetzt worden ist (vgl. Rn 619). Eine Fristsetzung ist nur in den in § 323 Abs. 2 BGB genannten Ausnahmefällen (vgl. Rn 621) entbehrlich, insbesondere, wenn der Auftragnehmer die Leistung endgültig und ernsthaft verweigert oder der Auftragnehmer seine Vertragspflichten in einem Maße schlecht erfüllt hat, dass dem Auftraggeber ein Festhalten am Vertrag nicht zugemutet werden kann (vgl. Rn 621). Hat eine teilweise Erfüllung des Vertrages für den Auftraggeber kein Interesse, so kann er von dem ganzen Vertrag zurücktreten. Ein Rücktrittsrecht entfällt gem. 242 BGB bei unerheblicher Verzögerung bzw. dann, wenn der Auftraggeber die Verzögerung selbst zu vertreten hat. Der Rücktritt vom Vertrag steht dem Anspruch auf Ersatz des bis zum Rücktritt eingetreten Verzögerungsschadens nicht entgegen.

679

[1778] Dieser Ausschluss des Rücktrittsrechts betrifft solche Fälle, bei denen der Mangel auf einer fehlerhaften Leistungsbeschreibung beruht und dieser Planungsfehler die weit überwiegende Verantwortlichkeit des Auftraggebers begründet. Denkbar ist darüber hinaus, dass der Auftraggeber gegen ihm obliegende Kooperationspflichten verstößt, BGH ZfBR 2000, 170; NJW 1996, 2158; OLG Köln NJW-RR 2002, 15; OLG Düsseldorf NZBau 2000, 427; Werner/Pastor, Rn 1664. Ob ein derartig schwer wiegender Verantwortungsbeitrag des Auftraggebers vorliegt, ist eine Wertungsfrage, die nur unter Berücksichtigung der Umstände des Einzelfalles möglich ist. Darin liegt ein gewisses Gefährdungspotenzial für den Auftraggeber, denn es kann sein, dass seine Wertung in einem Gerichtsverfahren nicht bestätigt wird, sodass dann feststeht, dass sein Rücktritt unberechtigt war.

[1779] BGH NJW 1998, 3268.

[1780] *Voit*, BauR 2002, 154; *Gaier*, WM 2002, 1 (4); Werner/Pastor, Rn 1664; **a. A.** *Kaiser*, JZ 2001, 1057 (1059).

[1781] Kritisch dazu *Voit*, BauR 2002, 159, wonach es nicht sein könne, dass der Auftraggeber eine „Vergütung" für eine Leistung zu zahlen habe, die er teilleistungsfrei ihm wertlos ist. Ist das Werk mangelbehaftet, ist die Gegenleistung – vergleichbar zur Minderung – um den Mängelbeseitigungsaufwand und einen etwaig verbleibenden Minderwert zu kürzen, *Gaier*, WM 2002, 1 (5); Staudinger-*Peters*, § 634 BGB, Rn 94; Werner/Pastor, Rn 1664.

[1782] BGH NJW 1996, 250 (252); *Gaier*, WM 2002, 1 (6). Bei Grundstücken kann auf den objektiven Mietwert abgestellt werden, BGHZ 87, 296, 301; NJW 1992, 892. Soweit dieser durch die Mängel der Bauleistung gemindert ist, muss auch eine Minderung der Gebrauchsvorteile stattfinden.

2. Minderung gemäß §§ 634 Nr. 3, 638 Abs. 1 BGB

680 Gemäß §§ 634 Nr. 3, 638 Abs. 1 BGB kann der Auftraggeber die mangelhafte Leistung (vgl. Rn 598 ff.) behalten und den Werklohn herabzusetzen. Dabei stellt das Minderungsrecht des Auftraggebers ein Gestaltungsrecht dar und muss durch die einseitige gestaltende Erklärung[1783] des Auftraggebers gegenüber dem Auftragnehmer vollzogen werden.[1784] Durch die Bezugnahme auf das Rücktrittsrecht im § 638 Abs. 1 S. 1 BGB ist klargestellt, dass sämtliche **Voraussetzungen des Rücktritts vorliegen** müssen, bevor der Auftraggeber den Werklohnanspruch des Auftragnehmers mindern kann (vgl. Rn 677 ff.). Anders als beim Rücktritt (§ 323 Abs. 5 S. 2 BGB) ist eine Minderung gem. § 638 Abs. 1 S. 2 BGB auch bei unerheblichen Mängeln möglich. Bei der Berechnung des Minderungsbetrages ist auf die **Kosten der Mängelbeseitigung** abzustellen, wobei ggf. ein verkehrsmäßiger (merkantiler) bzw. verbliebener technischer **Minderwert** zusätzlich auszugleichen ist. Etwas anderes gilt für den Fall, dass der Auftragnehmer die Mängelbeseitigung wegen der unverhältnismäßig hohen Kosten verweigert, die Nacherfüllung unmöglich ist oder die Leistungsverweigerungsrechte aus § 275 Abs. 2 und 3 BGB geltend gemacht werden. In diesem Fall muss die Minderung nach der gesetzlichen Formel des § 638 Abs. 3 BGB ermittelt werden.[1785] Bei der Ermittlung des Minderungsbetrages bei **Schönheitsfehlern** ist auf die Beeinträchtigung des Geltungswerts abzustellen.[1786] Der Auftraggeber hat bei der Minderungsklage alle Umstände vorzutragen, aus denen sich der Minderwert der Bauleistung errechnet. Der Umfang der Minderung kann von dem Auftraggeber meistens nur geschätzt werden. Es muss daher zukünftig in aller Regel für die Höhe des Minderwertes ein Sachverständigengutachten eingeholt werden, denn eine gerichtliche Schätzung (§ 287 ZPO) muss erkennen lassen, in welcher Weise z. B. die notwendigen Mängelbeseitigungskosten bei der Schätzung des Minderungsbetrages berücksichtigt worden sind.[1787] Hat der Auftraggeber mehr als die geminderte Vergütung bezahlt, so ist ihm der Mehrbetrag gem. § 638 Abs. 4 BGB nach den Rücktrittsvorschriften zu erstatten.

3. Schadensersatz gemäß §§ 634 Nr. 4, 280 ff. BGB[1788]

681 § 634 Nr. 4 BGB begründet keinen eigenständigen werkvertraglichen Schadensersatzanspruch, vielmehr wird auf das allgemeine Leistungsstörungsrecht und die Regelungen in

---

1783 Sind auf Bestellerseite mehrere beteiligt, muss die Minderung gem. § 638 Abs. 2 BGB von allen zusammen erklärt werden. Sind auf Unternehmerseite mehrere beteiligt, muss die Minderung gegenüber sämtlichen Unternehmern erklärt werden.
1784 Mit dem Zugang der Gestaltungserklärung hat der Auftraggeber das ihm zustehende Wahlrecht zwischen dem ihm zustehenden Rechten wegen eines Mangels getroffen. Diese Wahl ist bindend. In Angleichung zum Rücktrittsrecht (vgl. insoweit § 325 BGB) kann der Auftraggeber auch nach der Wahl der Minderung noch auf den Schadensersatzanspruch statt der Leistung übergehen, Westermann-*Maifeld*, S. 266; *Derleder*, NJW 2003, 998 (1002).
1785 Vgl. hierzu entwickelte Schätzungsmethoden, wie z. B. das Zielbaumverfahren, *Aurnhammer*, BauR 1978, 356 und BauR 1983, 97; *Pauly*, BauR 2002, 1323; Staudinger-*Peters*, § 634 BGB, Rn 100 ff.
1786 BGH BauR 2003, 533 (534); OLG München OLGR 1992, 133; OLG Celle BauR 1998, 401 (402); Werner/Pastor, Rn 1715.
1787 BGHZ 77, 320 (326).
1788 Der Schadensersatzanspruch ist gem. § 325 BGB nicht dadurch ausgeschlossen, dass der Auftraggeber vom Vertrag zurückgetreten ist oder die Werkvergütung gemindert hat. Der Auftraggeber kann daher trotz Rücktritt oder Minderung Schadensersatz oder Aufwendungsersatz verlangen. Rücktritt und Minderung stehen zueinander nicht in einem Ausschließlichkeitsverhältnis. In einem Ausschließlichkeitsverhältnis stehen nach dem Wortlaut des Gesetzes auch der Anspruch auf Schadensersatz und Aufwendungsersatz.

C. Die Mängelrechte Rücktritt, Minderung und Schadensersatz 1

§§ 280 ff. BGB verwiesen. Folgende Anspruchsgrundlagen kommen für den Schadensersatzanspruch des Auftraggebers in Betracht:

a) Ersatz des Mangelfolgeschadens gemäß §§ 634 Nr. 4, 280 Abs. 1 BGB

Ein Anspruch des Auftraggebers auf Ersatz der Schäden, die ihm in Folge der Pflichtverletzung des Auftragnehmers entstanden sind, folgt aus §§ 634 Nr. 4, 280 Abs. 1 BGB. Dieser neben der Leistung stehende Schadensersatzanspruch setzt voraus, dass es in Folge des Mangels des Werkes (vgl. Rn 598 ff.) zu einem Schaden des Auftraggebers an dessen sonstigen Rechtsgütern gekommen ist. Eine Fristsetzung ist für den Anspruch auf Ersatz des Mangelfolgeschadens nicht erforderlich. Allerdings muss der Auftragnehmer den Mangel zu vertreten haben, wobei gem. § 280 Abs. 1 S. 2 BGB das Verschulden des Auftragnehmers vermutet wird. Der Unternehmer muss sich folglich entlasten. Ersetzt werden die **Folgeschäden am Bauwerk**[1789] sowie solche Schäden, die nicht mehr in unmittelbarem, engem Zusammenhang mit dem Mangel eingetreten sind.[1790] Dazu gehören auch die Kosten für die Anmietung einer Ersatzwohnung während der Mängelbeseitigung,[1791] der Anspruch auf Ersatz des entgangenen Gewinns während der Mangelhaftigkeit oder Mängelbeseitigung,[1792] die mängelbedingten Mehraufwendungen[1793] sowie die der Mängelbeseitigung zuzuordnenden Sachverständigenkosten.[1794] Als Mangelfolgeschaden ist ferner ein eventuell zu ersetzender **Nutzungsausfall** einzuordnen. Nutzungsausfall kommt in Betracht, wenn der Auftraggeber das Bauwerk infolge des Mangels nicht nutzen kann.[1795] Schließlich zählt zum Mangelfolgeschaden auch ein **merkantiler Minderwert**, der von vornherein trotz ordnungsgemäßer Nachbesserung verbleibt.[1796]

682

b) Ersatz des Mangelschadens gemäß §§ 634 Nr. 4, 280 Abs. 1 und 3, 281 BGB

Ist die Nacherfüllung noch möglich,[1797] bestimmt sich der Schadensersatzanspruch des Auftraggebers gegen den Auftragnehmer nach §§ 634 Nr. 4, 280 Abs. 1 und 3, 281 BGB. Der Schadensersatzanspruch statt der Leistung setzt voraus, dass es bei Vorliegen eines Mangels des Werkes (vgl. Rn 598 ff.) zum erfolglosen Ablauf einer dem Auftragnehmer

683

1789 Insoweit geht es um eine Beeinträchtigung des Eigentums des Auftraggebers: BGH BauR 1975, 130; BauR 1990, 466 [Schäden am Wandanstrich und an verlegten Teppichfußböden infolge einer fehlerhaften Feuchtigkeitsisolierung]; NJW 1963, 805 [Schäden am Bauwerk infolge mangelhafter Rohr- und Putzarbeiten].
1790 BGHZ 58, 305; NJW 1982, 2244; VersR 1962, 480 [Wasserschäden nach Bruch eingebauter Heizkörper]; NJW 1979, 1651 [Beschädigung von Gegenständen nach Absturz eines nicht richtig befestigten Regals]; BauR 1972, 127 [Schäden durch auslaufendes Öl infolge fehlerhafter Montage einzelner Teile ölführender Leitungen]; BGHZ 115, 32 [Folgen eines Einbruchs nach fehlerhaftem Einbau einer Alarmanlage].
1791 BGHZ 46, 238.
1792 BGH BauR 1976, 354; BauR 1978, 402; BauR 2000, 1190.
1793 BGH BauR 1992, 504.
1794 BGH BauR 2002, 86; BauR 1971, 51; BGHZ 92, 308 (310).
1795 Bei Sachen, auf deren ständige Verfügbarkeit die eigenwirtschaftliche Lebenshaltung des Menschen angewiesen ist, kann der zeitweise Verlust der Nutzungsmöglichkeit ein Vermögensschaden sein. Der Ersatz der verlorenen Nutzungsmöglichkeit muss grundsätzlich Fällen vorbehalten bleiben, in denen sich die Funktionsstörung typischerweise auf die materielle Lebenshaltung signifikant auswirkt, BGHZ 98, 212; BauR 1980, 271; BGHZ 101, 325; NJW 1987, 771.
1796 BGH BauR 1986, 103.
1797 Ist die Nacherfüllung von Anfang an unmöglich, so ergibt sich der Schadensersatzanspruch des Auftraggebers aus § 311a Abs. 2 BGB. Gemäß § 311a Abs. 2 S. 2 BGB ist der Auftragnehmer nicht zum Schadensersatz verpflichtet, wenn er das Leistungshindernis bei Vertragsschluss nicht kannte und seine Unkenntnis auch nicht zu vertreten hat. Bei nachträglicher Unmöglichkeit der Nacherfüllung ergibt sich der Schadensersatzanspruch des Auftraggebers aus §§ 634 Nr. 4, 280 Abs. 1 und 3, 283 BGB. Eine Fristsetzung zur Mängelbeseitigung ist in beiden Fällen nicht erforderlich. Im Übrigen kann auf die nachstehenden Ausführungen verwiesen werden.

§ 7 Die Ansprüche des Auftraggebers gegen den Auftragnehmer

gesetzten **angemessenen Frist** (vgl. Rn 619) zur Nacherfüllung gekommen ist.[1798] Die **Fristsetzung** ist dann **entbehrlich,** wenn eine endgültige und ernsthafte Erfüllungsverweigerung des Auftragnehmers (vgl. Rn 621) vorliegt bzw. besondere Umstände (vgl. Rn 621) gem. § 281 Abs. 2 BGB entgegenstehen. Eine Fristsetzung ist gem. § 636 BGB auch dann entbehrlich, wenn die Nacherfüllung fehlgeschlagen (vgl. Rn 621) oder dem Auftraggeber unzumutbar ist (vgl. Rn 621). Schließlich ist eine Fristsetzung auch dann gem. §§ 635 Abs. 3, 636 BGB entbehrlich, wenn der Auftragnehmer sie wegen unverhältnismäßig hoher Kosten verweigert hat (vgl. Rn 634). Desweiteren setzt der Schadensersatzanspruch ein Verschulden des Auftragnehmers voraus. Das Verschulden wird gem. § 280 Abs. 1 S. 2 BGB vermutet, was zur Folge hat, dass die Haftung nur dann entfällt, wenn der Auftragnehmer sich entlasten kann. Liegen diese Voraussetzungen vor, kann der Auftraggeber **Schadensersatz statt der Leistung** verlangen. Beim sog. kleinen Schadensersatzanspruch erhält der Auftraggeber gem. § 281 Abs. 1 S. 1 BGB als Ersatz die Wertdifferenz zwischen der mangelfreien und der mangelhaften Leistung. Bereits der Mangel selbst ist Schaden.[1799] Die Bewertung des Schadens erfolgt nach der **Differenzhypothese**.[1800] Beim großen Schadensersatz, der gem. § 281 Abs. 1 S. 3 BGB nur bei erheblichen Mängeln geltend gemacht werden kann,[1801] weist der Auftraggeber die ganze Leistung zurück und begehrt in diesem Umfang Kompensation. Er macht den durch die Nichterfüllung des gesamten Vertrages entstandenen Schaden geltend.

684 ▶ Typische Fallkonstellationen:
- Zu denken ist zunächst an die Fälle, in denen der Auftraggeber das Werk anderweitig fertig stellen lässt. Der Schadensersatz berechnet sich dann nach den Mehrkosten, die durch die anderweitige Fertigstellung entstanden sind und allen weiteren Schäden, die durch die Nichterfüllung entstehen. Von den Kosten des Drittunternehmers ist bei dieser Berechnung der Werklohn des Altunternehmers abzuziehen, weil dieser nicht mehr zu entrichten ist.[1802]
- In den verbleibenden Fällen lässt der Auftraggeber das Werk überhaupt nicht mehr fertig stellen. Der Schadensersatzanspruch berechnet sich dann nach dem Vermögensverlust, den der Auftraggeber infolge des Scheiterns des Objekts erlitten hat. ◀

[1798] Verlangt der Gläubiger nach Fristablauf weiterhin die Erfüllung, so führt dies zum Untergang seiner nach Fristablauf entstandenen Rechte auf Rücktritt/Schadensersatz, OLG Celle NJW 2005, 2094.
[1799] BGH BauR 2003, 123; Staudinger-*Peters*, § 634 BGB, Rn 131 ff. Dieser Schaden ist grundsätzlich nach § 249 BGB zu ersetzen, allerdings findet § 249 BGB nur mit einer wesentlichen Einschränkung Anwendung. So besteht der Anspruch auf Naturalrestitution nicht, denn er wäre der Sache nach der Anspruch auf mangelfreie Herstellung, also auf Erfüllung. Der Erfüllungsanspruch ist aber gem. § 281 Abs. 4 BGB ausgeschlossen. Deshalb kann der Auftraggeber nach § 249 BGB nur einen geldwerten Ausgleich verlangen.
[1800] Der Auftraggeber kann die Minderung des Verkehrswertes verlangen, d. h. die Differenz zwischen Verkehrswert mit Mangel und ohne Mangel unter Berücksichtigung des Berechnungsmodus des § 638 Abs. 3 BGB, BGH BauR 1995, 388. Der mangelbedingte Minderwert kann auch nach den Aufwendungen berechnet werden, die zur vertragsgemäßen Herstellung des Werkes notwendig sind, BGH BauR 2003, 1209.
[1801] Die unerhebliche Pflichtverletzung i. S. des § 281 Abs. 1 S. 3 BGB ist nicht zu verwechseln mit dem unwesentlichen Mangel i. S. des § 640 BGB. Unwesentlich i. S. des § 640 BGB ist ein Mangel, wenn er an Bedeutung so weit zurücktritt, dass es unter Abwägung der beiderseitigen Interessen für den Besteller zumutbar ist, den zügige Abwicklung des gesamten Vertragsverhältnisses nicht länger aufzuhalten und deshalb nicht mehr auf den Vorteilen zu bestehen, die sich ihm vor vollzogener Abnahme bieten, BGH BauR 1981, 284. Die Unwesentlichkeit ist allein ein Kriterium für die Abnahmepflicht. Allerdings wird ein unwesentlicher Mangel i. S. des § 640 BGB grundsätzlich eine unerhebliche Pflichtverletzung i. S. des § 281 Abs. 1 S. 3 BGB sein. Umgekehrt ist das nicht so.
[1802] BGHZ 27, 215; Staudinger-*Peters*, § 634 BGB, Rn 130.

C. Die Mängelrechte Rücktritt, Minderung und Schadensersatz

▶ Klageantrag bei der Geltendmachung von Schadensersatz (u. a. auch Schmerzensgeld) nebst begleitendem Feststellungsantrag:
Namens und in Vollmacht der Kläger erheben wir gegen die Beklagte Klage und werden im Termin zur mündlichen Verhandlung beantragen:
1. Die Beklagte wird verurteilt, an die Kläger zu 1) und 2) EUR 33.168,51 nebst Zinsen in Höhe von fünf Prozentpunkten über dem Basiszinssatz hieraus seit Rechtshängigkeit zu bezahlen.[1803]
2. Es wird festgestellt, dass die Beklagte verpflichtet ist, den Klägern zu 1) und 2) sämtliche Schäden zu ersetzen, die im Zusammenhang mit der Explosion eines Heizkörpers am ... im Gebäude ... in ... entstanden sind bzw. noch entstehen.[1804]
3. Die Beklagte wird verurteilt, an die Klägerin zu 2) ein angemessenes Schmerzensgeld – mindestens jedoch EUR 15.000,00 – für den Zeitraum bis zur letzten mündlichen Verhandlung nebst Zinsen in Höhe von fünf Prozentpunkten über dem Basiszinssatz hieraus seit Rechtshängigkeit zu bezahlen.[1805]
4. Es wird festgestellt, dass die Beklagte verpflichtet ist, der Klägerin zu 2) sämtliche immateriellen Schäden – letztere, soweit sie nach der mündlichen Verhandlung entstehen – aus dem Unfall vom ... in dem Gebäude ... in ... zu bezahlen. ◀

c) Ersatz des Verzögerungsschadens gemäß §§ 280 Abs. 1 und 2, 286 BGB

Zu beachten bleibt, dass § 286 BGB in § 634 Nr. 4 BGB nicht erwähnt ist. § 634 Nr. 4 BGB verweist jedoch auf § 280 BGB, der in Abs. 2 wiederum auf § 286 BGB verweist. Verzögert sich die Nacherfüllung, so kann der Auftraggeber bei Verzug des Auftragnehmers gem. §§ 280 Abs. 1 und 2, 286 BGB Ersatz des Verzögerungsschaden verlangen.[1806]

685

4. Ersatz vergeblicher Aufwendungen gemäß § 284 BGB

In den Fällen, in denen der Auftraggeber einen Anspruch auf Schadensersatz statt der Leistung hat, kann er stattdessen Ersatz seiner vergeblichen Aufwendungen verlangen, die er im Vertrauen auf den Erhalt der Leistung gemacht hat und billiger Weise machen durfte, es sei denn, deren Zweck wäre auch ohne die Pflichtverletzung des Schuldners nicht erreicht worden.

686

II. Beim VOB-Bauvertrag

1. Rücktritt beim VOB-Bauvertrag

Die VOB/B enthält keine ausdrückliche Regelung zum Rücktritt. Insoweit vertritt der Deutsche Vergabe- und Vertragsausschuss (DVA) die Auffassung, die wirtschaftlichen Effekte eines Rücktritts könnten in Extremfällen im Wege der Minderung bzw. über einen Schadensersatzanspruch erreicht werden, sodass für einen Rücktritt kein prakti-

687

[1803] Insoweit handelt es sich betreffend der bereits bezifferbaren Schäden um einen normalen Zahlungsantrag.
[1804] Zum gegenwärtigen Zeitpunkt sind die dem Kläger im Zuge der Mängelbeseitigung weiter entstehenden Mangelfolgeschäden (Verdienstausfall, Hotelkosten, Schäden an anderen Gewerken usw.) noch nicht bezifferbar. Der Feststellungsantrag dient dem Zweck, vor dem Hintergrund eines möglichen Verjährungseintritts eine rechtskräftige Feststellung über den Grund zu erlangen.
[1805] In Ausnahmefällen kann es vorkommen, dass es aufgrund eines Baumangels (Bsp.: verbaute Heizungsrohre sind für den vorhandenen Flüssigkeitsdruck nicht geeignet und platzen) zu einem Personenschaden kommt und dann ein Schmerzensgeldanspruch gegenüber dem Auftragnehmer geltend zu machen ist. Das Gericht entscheidet über die Höhe des Schmerzensgeldes nach § 287 ZPO. Der im Klageantrag genannte Mindestbetrag begrenzt die Beschwer, ist also für die Frage eines Rechtsmittels von Bedeutung.
[1806] Daneben kann der Auftraggeber alle anderen Schäden liquidieren, die er infolge der Nichterfüllung hat, also z. B. Nutzungsausfall, Abschreibungsausfall usw., *Däubler*, NJW 2001, 3629 (3631).

sches Bedürfnis bestehe. Ob der Rücktritt beim VOB-Bauvertrag ausgeschlossen ist, ist in Ermangelung einer abschließenden Entscheidung des BGH weiterhin offen.[1807]

2. Minderung gemäß § 13 Nr. 6 VOB/B

688 Gemäß § 13 Nr. 6 S. 1 VOB/B kann der Auftraggeber durch Erklärung gegenüber dem Auftragnehmer die Vergütung mindern (§ 638 BGB), sofern die Beseitigung des Mangels für den Auftraggeber **unzumutbar** ist, sie **unmöglich** ist oder einen **unverhältnismäßig hohen Aufwand** erfordern würde und deshalb von dem Auftragnehmer verweigert wird. Vor diesem Hintergrund kommt der Minderung nach § 13 Nr. 6 VOB/B als Gestaltungsrecht lediglich eine Hilfs- und Ergänzungsfunktion zu. So wird einerseits dem Interesse des Auftraggebers, eine vertragsgemäße Bauleistung zu erhalten, und andererseits dem Interesse des Auftragnehmers, das Mängelbeseitigungsrecht zu schützen, der unbedingte Vorrang einräumt. Denn solange der Auftraggeber noch einen Anspruch auf Nachbesserung/Neuherstellung bzw. Eigenherstellung hat, scheidet ein Recht auf Minderung aus.[1808]

689 Neben dem Vorliegen eines dem Auftragnehmer zurechenbaren Mangels i. S. des § 13 Nr. 1 VOB/B (vgl. Rn 601) setzt eine Minderung durch den Auftraggeber voraus, dass eine der drei Fallalternativen des § 13 Nr. 6 VOB/B erfüllt sind:

- Der Auftraggeber kann den Werklohnanspruch mindern, wenn die Beseitigung des Mangels sowohl durch den Auftragnehmer als auch durch den Auftraggeber im Wege des Selbsthilferechts unmöglich ist.[1809] [1810]
- Gleiches gilt dann, wenn die Beseitigung des Mangels einen unverhältnismäßigen Aufwand erfordert und deshalb vom Auftragnehmer verweigert wird.[1811]
- Schließlich kann zur Begründung des Minderungsrechts darauf abzustellen sein, dass die Beseitigung des Mangels für den Auftraggeber unzumutbar ist.[1812]

690 Für den Fall, dass der Mangel **teilweise** zu beheben ist, bezieht sich das Minderungsrecht des Auftraggebers auf den Teil, der nicht behoben werden kann.[1813] Bei der Berechnung des Minderungsbetrages ist grundsätzlich auf die **Kosten der Mängelbeseitigung** abzustellen, wobei ggf. ein verkehrsmäßiger (merkantiler) bzw. verbliebener technischer Minderwert zusätzlich auszugleichen ist. Etwas anderes gilt für den Fall, dass der Auftragnehmer die Mängelbeseitigung wegen der unverhältnismäßig hohen Kosten verweigert[1814] bzw. die Nacherfüllung unmöglich ist. In diesem Fall muss die Minderung

---

1807 Nach Ingenstau/Korbion-*Wirth*, § 13 Nr. 6 VOB/B, Rn 79 f. und Nicklisch/Weick, § 13 VOB/B, Rn 218 ist aus der Gesamtregelung zur Mängelhaftung in der VOB/B zu folgern, dass der Rücktritt im VOB-Bauvertrag ausgeschlossen ist. Der BGH hat die Frage, ob eine Wandelung (jetzt Rücktritt) im VOB-Bauvertrag ausgeschlossen ist, offen gelassen, BGHZ 142, 232. Nach *Kratzenberg*, NZBau 2002, 177 (182) kann der Rücktritt im VOB-Bauvertrag zumindest wirksam abbedungen werden.
1808 Kapellmann/Messerschmidt-*Weyer*, § 13 VOB/B, Rn 291.
1809 Kapellmann/Messerschmidt-*Weyer*, § 13 VOB/B, Rn 295 ff.; Ingenstau/Korbion-*Wirth*, § 13 Nr. 6 VOB/B, Rn 23 ff.
1810 Voraussetzung ist insoweit eine objektive bzw. rechtliche Unmöglichkeit (etwa im Fall der Zwangsversteigerung – OLG Bremen MDR 1990, 339), Werner/Pastor, Rn 1711, 1712.
1811 Kapellmann/Messerschmidt-*Weyer*, § 13 VOB/B, Rn 300 ff.; Ingenstau/Korbion-*Wirth*, § 13 Nr. 6 VOB/B, Rn 31 ff.
1812 Kapellmann/Messerschmidt-*Weyer*, § 13 VOB/B, Rn 293 ff.; Ingenstau/Korbion-*Wirth*, § 13 Nr. 6 VOB/B, Rn 17 ff.
1813 OLG Köln Schäfer/Finnern, Z 2.414.2 Bl. 1; Werner/Pastor, Rn 1713.
1814 Die Mängelbeseitigungskosten scheiden in diesem Fall als Bezugspunkt deshalb aus, weil der Auftragnehmer wegen des hohen Aufwands die Mängelbeseitigung ja gerade nicht schuldet. Schuldet er aber nicht die Mängelbeseitigung, so darf er auch nicht mit den für die Mängelbeseitigung anfallenden Kosten belastet werden; Kapellmann/Messerschmidt-*Weyer*, § 13 VOB/B, Rn 314.

C. Die Mängelrechte Rücktritt, Minderung und Schadensersatz

nach der gesetzlichen Formel des § 638 Abs. 3 BGB ermittelt werden.[1815] Bei der Ermittlung der Minderungshöhe bei **Schönheitsfehlern** ist auf die Beeinträchtigung des Geltungswerts abzustellen.[1816] Der Auftraggeber hat bei der Minderungsklage alle Umstände vorzutragen, aus denen sich der Minderwert der Bauleistung errechnet. Der Umfang der Minderung kann von dem Auftraggeber meistens nur geschätzt werden. Es muss daher zukünftig in aller Regel für die Höhe des Minderwertes ein Sachverständigengutachten eingeholt werden, denn eine gerichtliche Schätzung (§ 287 ZPO) muss erkennen lassen, in welcher Weise z. B. die notwendigen Mängelbeseitigungskosten bei der Schätzung des Minderungsbetrages berücksichtigt worden sind.[1817]

3. Schadensersatz gemäß § 4 Nr. 7 S. 2 VOB/B

Vor der Abnahme hat der Auftragnehmer neben dem Mängelbeseitigungsanspruch aus § 4 Nr. 7 S. 1 VOB/B gem. § 4 Nr. 7 S. 2 VOB/B einen Schadensersatzanspruch, wenn der Auftragnehmer den Mangel oder die Vertragswidrigkeit i. S. des §§ 276, 278 BGB **zu vertreten** hat. Mit dem Anspruch aus § 4 Nr. 7 S. 2 VOB/B kann kein Schadensersatz statt der Leistung geltend gemacht werden. Vielmehr erfasst der Anspruch nur solche Schäden, die bei weiter bestehendem Vertrag trotz der Mängelbeseitigung oder der Beseitigung der sonstigen Vertragswidrigkeit verbleiben.[1818] Ersetzt werden die **Folgeschäden am Bauwerk**[1819] sowie solche Schäden, die nicht mehr in unmittelbarem, engem Zusammenhang mit dem Mangel eingetreten sind (vgl. Rn 682). Dazu gehören auch die Kosten für die Anmietung einer Ersatzwohnung während der Mängelbeseitigung,[1820] der Anspruch auf Ersatz des entgangenen Gewinns während der Mängelhaftigkeit oder Mängelbeseitigung[1821] die mängelbedingten Mehraufwendungen[1822] sowie die der Mängelbeseitigung zuzuordnenden Sachverständigenkosten.[1823] Als Mangelfolgeschaden ist ferner ein eventuell zu ersetzender **Nutzungsausfall** einzuordnen. Nutzungsausfall kommt in Betracht, wenn der Auftraggeber das Bauwerk infolge des Mangels nicht nutzen kann (vgl. Rn 682). Schließlich zählt zum Mangelfolgeschaden auch ein **merkantiler Minderwert**, der von vornherein trotz ordnungsgemäßer Nachbesserung verbleibt.[1824] Der Schadensersatzanspruch gem. § 4 Nr. 7 S. 2 VOB/B steht dem Auftraggeber nur bis zur Abnahme zu, danach gilt allein § 13 Nr. 7 VOB/B.

691

4. Schadensersatz gemäß § 13 Nr. 7 VOB/B

Der Schadensersatzanspruch aus § 13 Nr. 7 VOB/B steht in Anspruchskonkurrenz zu dem Recht auf Nachbesserung, Kostenerstattung oder Minderung.[1825] Eine vorbehalt-

692

1815 Vgl. hierzu entwickelte Schätzungsmethoden, wie z. B. das Zielbaumverfahren, *Aurnhammer*, BauR 1978, 356 und 1983, 97; *Pauly*, BauR 2002, 1323.
1816 Vgl. hierzu das nachfolgende Prozessformular zu § 13 Nr. 6 VOB/B.
1817 BGHZ 77, 320 (326).
1818 Es geht demnach um den engen und entfernten Mangelfolgeschäden des Auftraggebers, BGH BauR 2000, 1479; BGH NJW 1982, 1524; Leinemann-*Sterner*, § 4 VOB/B, Rn 103; Kapellmann/Messerschmidt-*Merkens*, § 4 VOB/B, Rn 165 f.; Ingenstau/Korbion-*Oppler*, § 4 Nr. 7 VOB/B, Rn 27; Werner/Pastor, Rn 1738.
1819 Kapellmann/Messerschmidt-*Merkens*, § 4 VOB/B, Rn 166; Ingenstau/Korbion-*Oppler*, § 4 Nr. 7 VOB/B, Rn 28.
1820 BGHZ 46, 238; Kapellmann/Messerschmidt-*Merkens*, § 4 VOB/B, Rn 166.
1821 Kapellmann/Messerschmidt-*Merkens*, § 4 VOB/B, Rn 166.
1822 BGH BauR 1992, 504; Kapellmann/Messerschmidt-*Merkens*, § 4 VOB/B, Rn 166.
1823 BGH BauR 2002, 86; BauR 1971, 51; BGHZ 92, 308 (310); Kapellmann/Messerschmidt-*Merkens*, § 4 VOB/B, Rn 166.
1824 BGH BauR 1986, 103; Kapellmann/Messerschmidt-*Merkens*, § 4 VOB/B, Rn 166.
1825 *Kaiser*, Rn 1178; Heiermann/Riedl/Rusan, § 13 VOB/B, Rn 179; Kapellmann/Messerschmidt-*Weyer*, § 13 VOB/B, Rn 340.

1 § 7 Die Ansprüche des Auftraggebers gegen den Auftragnehmer

lose Abnahme lässt den Schadensersatzanspruch unberührt.[1826] Insoweit ist auf § 640 Abs. 2 BGB zu verweisen. Der Anspruch erlischt nicht, wenn der Auftraggeber das Grundstück veräußert, bevor er den zur Mängelbeseitigung erforderlichen Geldbetrag erhalten hat.[1827]

a) § 13 Nr. 7 Abs. 1 VOB/B

693 Gemäß § 13 Nr. 7 Abs. 1 VOB/B haftet der Auftragnehmer bei schuldhaft verursachten Mängeln für Schäden aus **der Verletzung des Lebens, des Körpers oder der Gesundheit**. Mit § 13 Abs. 1 VOB/B wird § 309 Nr. 7 a) BGB Rechnung getragen, wonach in Allgemeinen Geschäftsbedingungen ein Ausschluss oder eine Begrenzung der Haftung für Schäden aus der Verletzung des Lebens, des Körpers oder der Gesundheit, die auf einem schuldhaften Verhalten beruhen, nicht ausgeschlossen werden kann.[1828]

b) § 13 Nr. 7 Abs. 2 VOB/B

694 Gemäß § 13 Nr. 7 Abs. 2 VOB/B haftet der Auftragnehmer dem Auftraggeber auf Schadensersatz, wenn er den Mangel **vorsätzlich oder grob fahrlässig verursacht** hat. Es kommt insoweit nicht darauf an, ob ein wesentlicher Mangel vorliegt oder nicht. Die Haftung umfasst sämtliche Schäden (also Mangel- wie auch Mangelfolgeschäden). Mit der Regelung in § 13 Nr. 7 Abs. 2 VOB/B wird § 307 Nr. 7 b) BGB Rechnung getragen.[1829]

c) § 13 Nr. 7 Abs. 3 S. 1 VOB/B – kleiner Schadensersatz

695 Gemäß § 13 Nr. 7 Abs. 3 S. 1 VOB/B hat der Auftragnehmer dem Auftraggeber den Schaden an der baulichen Anlage zu ersetzen, zu deren Herstellung, Instandhaltung oder Änderung die Leistung dient, wenn ein **wesentlicher Mangel** vorliegt, der die Gebrauchsfähigkeit **erheblich beeinträchtigt** und auf ein **Verschulden** des Auftragnehmers zurückzuführen ist. Es muss ein wesentlicher Mangel die Gebrauchsfähigkeit erheblich beeinträchtigen. Bei der Beurteilung, ob ein wesentlicher Mangel vorliegt, ist zum einen die Verkehrsauffassung, zum anderen das Interesse des Auftraggebers unter besonderer Berücksichtigung des von ihm verfolgten Nutzungs- und Verwendungszwecks maßgebend.[1830] Relevant ist nur ein wesentlicher Mangel, der die Gebrauchsfähigkeit erheblich beeinträchtigt. Der Wert oder die Tauglichkeit zu dem gewöhnlichen oder dem nach dem Vertrag vorausgesetzten Gebrauch muss (erheblich) aufgehoben oder gemindert sein.[1831] Schließlich ist ein Verschulden des Auftragnehmers oder seines Erfüllungsgehilfen gem. §§ 276, 278 BGB erforderlich.[1832]

696 § 13 Nr. 7 Abs. 3 S. 1 VOB/B erfasst nach seinem Inhalt den kleinen Schadensersatz. Es ist dem Auftraggeber der Schaden an der baulichen Anlage zu ersetzen, zu deren Herstellung, Instandsetzung oder Änderung die Leistung dient. Es handelt sich dabei in erster

---

1826 OLG Hamm NJW-RR 1991, 277; Kapellmann/Messerschmidt-*Weyer*, § 13 VOB/B, Rn 342.
1827 BGH NJW 1987, 645.
1828 Ingenstau/Korbion-*Wirth*, § 13 Nr. 7 VOB/B, Rn 37 ff.
1829 Ingenstau/Korbion-*Wirth*, § 13 Nr. 7 VOB/B, Rn 41 ff.
1830 OLG Celle BauR 1996, 263; OLG Düsseldorf BauR 1997, 355; OLG Nürnberg NJW-RR 1993, 1300; Kapellmann/Messerschmidt-*Weyer*, § 13 VOB/B, Rn 333; Ingenstau/Korbion-*Wirth*, § 13 Nr. 7 VOB/B, Rn 58 ff.; Werner/Pastor, Rn 1725; Kleine-Möller/Merl/Oelmaier-*Merl*, § 12 VOB/B, Rn 725.
1831 BGH BauR 1971, 124; Ingenstau/Korbion-*Wirth*, § 13 VOB/B, Rn 687; Beck'scher VOB-Kommentar-*Kohler*, § 13 Nr. 7, Rn 51; Heiermann/Riedl/Rusan, § 13 VOB/B, Rn 187; Kapellmann/Messerschmidt-*Weyer*, § 13 VOB/B, Rn 334; *Siegburg*, Rn 1295.
1832 Ingenstau/Korbion-*Wirth*, § 13 Nr. 7 VOB/B, Rn 70 ff.

C. Die Mängelrechte Rücktritt, Minderung und Schadensersatz

Linie um den Mangelschaden.[1833] Fraglich bleibt, ob der kleine Schadensersatzanspruch auch die sog. engen Mangelfolgeschäden umfasst.[1834] [1835] Vor dem Hintergrund des Schuldrechtsmodernisierungsgesetzes ist dies zu bejahen. So ist im Bereich der §§ 634 Nr. 4, 280, 281 BGB die Unterscheidung zwischen engen und entfernten Mangelfolgeschäden und die Folgefrage, welche Verjährungsfrist zur Anwendung kommt, weggefallen. Da mit der VOB/B 2002 die einzelnen Regelungen des Schuldrechtmodernisierungsgesetzes konsequent auch im Bereich der VOB/B umgesetzt werden sollten, ist es konsequent, davon auszugehen, dass § 13 Nr. 7 Abs. 3 S. 1 VOB/B künftig ausschließlich auf die Mangelschäden an der baulichen Anlage selbst zugeschnitten ist. § 13 Nr. 7 Abs. 3 S. 2 VOB/B wäre dann die Anspruchsgrundlage für die engen und entfernten Mangelfolgeschäden.[1836] [1837] Als Mangelschaden kann der Auftraggeber mit § 13 Nr. 5 Abs. 3 S. 1 VOB/B auch die Mängelbeseitigungskosten geltend machen.[1838] [1839] Zudem werden durch § 13 Nr. 7 Abs. 3 S. 1 VOB/B auch solche Nachteile abgedeckt, die trotz erfolgter oder möglicher Nachbesserung bzw. trotz Minderung der Vergütung fortbestehen.[1840]

d) § 13 Nr. 7 Abs. 3 S. 2 VOB/B – großer Schadensersatz

Will der Auftraggeber einen Schaden geltend machen, der über den in § 13 Nr. 7 Abs. 3 S. 1 VOB/B erfassten Schaden hinausgeht und der ursächlich auf einen Baumangel zurückzuführen ist, kann dies beim VOB-Bauvertrag nur im Rahmen des § 13 Nr. 7 Abs. 3 S. 2 VOB/B erfolgen. Gemäß § 13 Nr. 7 Abs. 3 S. 2 VOB/B ist ein Mangelfolgeschaden nur dann zu ersetzen, wenn der Mangel auf einem **Verstoß gegen die anerkannten Regeln der Technik** beruht, wenn der Mangel in dem **Fehlen einer vertraglich vereinbarten Beschaffenheit** besteht oder soweit der Unternehmer den Schaden **durch Versicherung** seiner gesetzlichen Haftpflicht gedeckt hat oder durch eine solche zu tarifmäßigen, nicht auf außergewöhnliche Verhältnisse abgestellten Prämien und Prämienzuschlägen bei einem im Inland zum Geschäftsbetrieb zugelassenen Versicherer hätte decken können.[1841] [1842] Ersetzt werden die **Folgeschäden am Bauwerk**[1843] sowie solche

697

1833 Kapellmann/Messerschmidt-*Weyer*, § 13 VOB/B, Rn 344 f.
1834 So Kapellmann/Messerschmidt-*Weyer*, § 13 VOB/B, Rn 331, 344 f., Werner/Pastor, Rn 1730 f.
1835 Der BGH hat dies vor dem Hintergrund der alten Fassung von § 13 Nr. 7 Abs. 2 VOB/B bejaht, BGHZ 46, 238 (240); BGHZ 58, 332 (340); BauR 1982, 505. Hervorzuheben bleibt, dass der BGH mit dieser Aufteilung in enge und entfernte Mangelfolgeschäden die zu § 635 BGB a. f. ergangene Rechtsprechung in der VOB/B konsequent fortgesetzt hat, BGHZ 58, 332 (340).
1836 Vgl. in der Tendenz BGH IBR 2004, 493.
1837 Anders als hier: Werner/Pastor, Rn 1730, 1731.
1838 BGH BauR 1980, 1952; BauR 1982, 277; BauR 1987, 89; Kapellmann/Messerschmidt-*Weyer*, § 13 VOB/B, Rn 340, Werner/Pastor, Rn 1721; Kleine-Möller/Merl/Oelmaier-*Merl*, § 12 VOB/B, Rn 741.
1839 Entsprechend § 13 Nr. 5 Abs. 2 VOB/B setzt der Schadensersatzanspruch des Auftraggebers dann voraus, dass dem Auftragnehmer zuvor eine angemessene Frist zur Mängelbeseitigung gesetzt worden ist, die ergebnislos verstrichen ist, Kapellmann/Messerschmidt-*Weyer*, § 13 VOB/B, Rn 341.
1840 Werner/Pastor, Rn 1729.
1841 Der Auftraggeber trägt die Beweislast für einen Baumangel i. S. des § 13 Nr. 7 Abs. 3 S. 1 VOB/B und des dadurch eingetretenen Schadens sowie seines Umfanges. Er muss erforderlichenfalls beweisen, dass der Schaden, dessen Ersatz er beansprucht, durch die Nachbesserung oder die Minderung nicht ausgeglichen ist oder ausgeglichen werden kann. Ist der Beweis gelungen, ist es Sache des Auftragnehmers, sich zu entlasten, also darzutun, dass die mangelhafte Bauleistung nicht auf sein Verschulden zurückgeht.
1842 Soweit es um die Frage geht, ob der Auftragnehmer den Schaden durch eine Haftpflichtversicherung gedeckt hat oder hätte decken können, obliegt dem Auftraggeber die Beweislast. Zwar ist es für den Auftraggeber kaum möglich und auch kaum zumutbar, den Beweis für das Vorliegen einer Versicherung zu führen. Er kann aber ohne weiteres den Nachweis der Möglichkeit eines entsprechenden Versicherungsschutzes erbringen.
1843 Werner/Pastor, Rn 1727. Vgl. hierzu die Ausführungen unter Rn 682.

Schäden, die nicht mehr in unmittelbarem, engem Zusammenhang mit dem Mangel eingetreten sind (vgl. Rn 682). Dazu gehören auch die Kosten für die Anmietung einer Ersatzwohnung während der Mängelbeseitigung,[1844] der Anspruch auf Ersatz des entgangenen Gewinns während der Mangelhaftigkeit oder Mängelbeseitigung[1845] die mängelbedingten Mehraufwendungen[1846] sowie die der Mängelbeseitigung zuzuordnenden Sachverständigenkosten.[1847] Als Mangelfolgeschaden ist ferner ein eventuell zu **ersetzender Nutzungsausfall** einzuordnen. Nutzungsausfall kommt in Betracht, wenn der Auftraggeber das Bauwerk infolge des Mangels nicht nutzen kann (vgl. Rn 682). Schließlich zählt zum Mangelfolgeschaden auch ein **merkantiler Minderwert**, der von vornherein trotz ordnungsgemäßer Nachbesserung verbleibt.[1848]

III. Zur Verjährung der Mängelrechte[1849]

1. Beim BGB-Bauvertrag

698 In § 634a Abs. 4 BGB wird für das Rücktrittsrecht und in § 634a Abs. 5 BGB für das Minderungsrecht auf **§ 218 BGB** verwiesen.[1850] Danach ist der Rücktritt bzw. die Minderung unwirksam, wenn der Anspruch auf die Nacherfüllung verjährt ist. Der Nacherfüllungsanspruch verjährt nach § 634a Abs. 1 BGB. Die Verjährung des Schadensersatzanspruchs gem. §§ 634 Nr. 4, 280 ff. BGB bzw. des Anspruchs nach § 284 BGB auf Ersatz nutzloser Aufwendungen richtet sich nach § 634a Abs. 1 BGB. Nach § 634a Abs. 1 Nr. 2 BGB gilt die **5-jährige** Verjährungsfrist für Mängelansprüche bei einem Bauwerk oder einem Werk, dessen Erfolg in der Erbringung von Planungs- und Überwachungsarbeitenhilfe bestehen. Die Verjährungsfrist beginnt gem. § 634a Abs. 2 BGB mit **Abnahme** des Werkes. Eine Sonderregelung für den Fall, dass der Auftragnehmer den Mangel **arglistig** verschwiegen hat, ergibt sich aus § 634a Abs. 3 BGB. Danach gilt die **3-jährige** regelmäßige Verjährungsfrist gem. §§ 195, 199 BGB, allerdings mit der Einschränkung des § 634a Abs. 3 S. 2 BGB, dass die Verjährung nicht vor dem Ablauf der Verjährungsfrist aus § 634a Abs. 1 BGB eintritt. Diese Regelung ist auch für das **Organisationsverschulden** des Auftragnehmers entsprechend anzuwenden.[1851] Ist zwischen den Parteien eine abweichende Verjährungsfrist **individuell** vereinbart worden, so gilt diese vereinbarte Frist. Voraussetzung ist, dass die Vorgaben aus § 202 BGB beachtet werden (vgl. Rn 597).

2. Beim VOB-Bauvertrag

699 Die Dauer der Verjährungsfrist wird für alle Mängelansprüche nach Abnahme, also den Anspruch auf Minderung gem. § 13 Nr. 6 VOB/B und Schadensersatz gem. § 13 Nr. 7 VOB/B in § 13 Nr. 4 VOB/B geregelt. Folgende Ausnahmen sind zu berücksichtigen: Bei dem Schadensersatzanspruch gelten gem. § 13 Nr. 7 Abs. 4 VOB/B die gesetzlichen

---

[1844] BGHZ 46, 238; Werner/Pastor, Rn 1736.
[1845] Werner/Pastor, Rn 1730. Vgl. hierzu die Ausführungen unter Rn 682.
[1846] BGH BauR 1992, 504; Werner/Pastor, Rn 1730.
[1847] BGH BauR 2002, 86; BauR 1971, 51; BGHZ 92, 308 (310); Werner/Pastor, Rn 1730.
[1848] BGH BauR 1986, 103; Werner/Pastor, Rn 1730.
[1849] Wegen allgemein geltender Besonderheiten des Verjährungsrechts einschließlich Hemmungs- und Unterbrechungstatbestände kann auf die Ausführungen unter Rn 597 verwiesen werden.
[1850] Werner/Pastor, Rn 2383.
[1851] *Mansel*, NJW 2002, 89 (96); *Lenkert*, BauR 2002, 196 (209); *Neuhaus*, MDR 2002, 131 (134); Werner/Pastor, Rn 2385; Kapellmann/Messerschmidt-*Weyer*, § 13 VOB/B, Rn 131 ff.; Ingenstau/Korbion-*Wirth*, § 13 Nr. 4 VOB/B, Rn 130 ff.

D. Weitergehende Ansprüche

Gewährleistungsvorschriften des § 634 a BGB, soweit sich der Auftragnehmer nach § 13 Nr. 7 Abs. 3 VOB/B durch Versicherung geschützt hat oder hätte schützen können oder soweit ein besonderer Versicherungsschutz vereinbart war.[1852] Für den Schadensersatzanspruch aus § 4 Nr. 7 S. 2 VOB/B gilt die **regelmäßige Verjährungsfrist** des §§ 195, 199 BGB.[1853] Hat der Auftragnehmer den Mangel **arglistig** verschwiegen, ist § 634 a Abs. 3 BGB entsprechend auch beim VOB-Bauvertrag anzuwenden.[1854] (Vgl. Rn 698) Diese Regelung gilt auch für das **Organisationsverschulden** des Auftragnehmers.[1855] Ist zwischen den Parteien eine abweichende Verjährungsfrist **individuell** vereinbart worden, so gilt diese vereinbarte Frist. Voraussetzung ist, dass die Vorgaben aus § 202 BGB beachtet werden (vgl. Rn 597).

D. Weitergehende Ansprüche

I. Schadensersatzanspruch des Auftraggebers gemäß § 280 Abs. 1 BGB bei der Verletzung von Nebenpflichten

Ein Anspruch aus § 280 Abs. 1 BGB kommt sowohl beim BGB-Bauvertrag wie auch beim VOB-Bauvertrag dann in Betracht, wenn es um die Verletzung vertraglicher **Nebenpflichten** geht und der eingetretene Schaden nicht mangelbedingt ist.[1856] Geht es um die Haftung des Auftragnehmers, ist in erster Linie an die Verletzung von Schutz- und Sorgfaltspflichten im Hinblick auf eine Verletzung der Rechtsgüter des Auftraggebers zu denken.[1857] Aber auch die Verletzung von Beratungs-, Hinweis-, Anzeige- und Aufklärungspflichten können eine Pflichtverletzung des Auftragnehmers begründen.[1858] [1859] Neben dem Vorliegen einer Nebenpflichtverletzung, für deren Vorliegen der Auftraggeber grundsätzlich darlegungs- und beweisverpflichtet ist, muss der Auftragnehmer schuldhaft i. S. der §§ 276, 278 BGB gehandelt haben. Gemäß § 280 Abs. 1 S. 2 BGB wird das Verschulden vermutet. Der Vertragspartner muss dementsprechend dartun und unter Beweis stellen, dass ihn kein Verschulden trifft.

700

1852 Kapellmann/Messerschmidt-*Weyer*, § 13 VOB/B, Rn 375, 377.
1853 BGH NJW 1974, 1707; MDR 1972, 410; Werner/Pastor, Rn 2387.
1854 Werner/Pastor, Rn 2391; Kapellmann/Messerschmidt-*Weyer*, § 13 VOB/B, Rn 128.
1855 *Mansel*, NJW 2002, 89 (96); *Lenkert*, BauR 2002, 196 (209); *Neuhaus*, MDR 2002, 131 (134); Werner/Pastor, Rn 2391; Kapellmann/Messerschmidt-*Weyer*, § 13 VOB/B, Rn 131 ff.; Ingenstau/Korbion-*Wirth*, § 13 Nr. 4 VOB/B, Rn 130 ff.
1856 Für mangelbedingte Schäden stellen § 634 Nr. 4, 280 ff. BGB bzw. §§ 4 Nr. 7, 13 Nr. 7 VOB/B abschließende Regelungen dar, Kapellmann/Messerschmidt-*Weyer*, § 13 VOB/B, Rn 390.
1857 OLG Hamm NJW-RR 1998, 91; OLG Düsseldorf NJW-RR 1997, 975; OLG Düsseldorf BauR 1992, 377; Staudinger-*Peters*, § 634 BGB, Rn 138; Kapellmann/Messerschmidt-*Weyer*, § 13 VOB/B, Rn 390.
1858 BGH ZfBR 1998, 91; OLG Hamm ZfBR 1995, 313; OLG Hamm NJW-RR 1997, 859; OLG Dresden NJW-RR 1998, 373; LG Berlin NJW-RR 1997, 852; Staudinger-*Peters*, § 634 BGB, Rn 140.
1859 So sind in der VOB/B zahlreiche Nebenpflichten des Auftragnehmers ausdrücklich erwähnt: § 15 Nr. 3 – Anzeigepflicht vom Beginn der Ausführung von Stundenlohnarbeiten, § 6 Nr. 1 – Anzeigepflicht bei Behinderung und Unterbrechung der Bauausführung, § 6 Nr. 3 – Pflicht zur Weiterführung der Arbeiten trotz Behinderung im Rahmen der Möglichkeiten, § 4 Nr. 9 – Anzeigepflicht anlässlich einer Entdeckung, § 4 Nr. 8 – Nachunternehmerverbot, § 4 Nr. 5 – Allgemeine Schutzpflichten des Unternehmers, § 4 Nr. 1 Abs. 4 – Überprüfungspflicht des Unternehmers bei Anordnungen des Auftraggebers. Diese in der VOB/B geregelten Nebenpflichten des Auftragnehmers folgen letztlich aus dem Grundsatz von Treu und Glauben und sind demnach über § 242 BGB auch auf den BGB-Bauvertrag übertragbar.

II. Rücktrittsrecht und Schadensersatzanspruch des Auftraggebers beim BGB-Bauvertrag aus allgemeinem Leistungsstörungsrecht

701 Beim BGB-Bauvertrag kann der Auftraggeber bei einer verzögerten Bauausführung gem. § 323 Abs. 1 BGB, bei einer Nebenpflichtverletzung (i. S. des § 241 Abs. 2 BGB) gem. § 324 BGB sowie bei unmöglicher Leistungserbringung gem. § 326 Abs. 5 BGB vom Bauvertrag zurücktreten. Gleichwohl hat das Rücktrittsrecht in der Baupraxis praktisch keine Bedeutung, da eine Rückabwicklung erbrachter Bauleistungen nur auf komplizierterem Wege möglich ist (vgl. Rn 677 f.). Im Fall der verzögerten Bauausführung ist ein Rücktritt allerdings erst dann möglich, wenn dem Auftragnehmer eine **angemessene Frist** zur Leistung gesetzt worden ist. Eine **Fristsetzung** ist nur in den in § 323 Abs. 2 BGB genannten Ausnahmefällen **entbehrlich**. Hat der Auftraggeber an einer teilweisen Erfüllung des Vertrages kein Interesse, kann er gem. § 323 Abs. 5 S. 1 BGB von dem Bauvertrag insgesamt zurücktreten. Gemäß § 323 Abs. 6 BGB ist der Rücktritt ausgeschlossen, wenn der Auftraggeber für den Umstand, der ihn zum Rücktritt berechtigen würde, allein oder weit überwiegend verantwortlich ist.

702 Gleichermaßen kann der Auftraggeber beim BGB-Bauvertrag bei einer verzögerten Bauausführung gem. § 281 Abs. 1 BGB, bei einer Nebenpflichtverletzung (i. S. des § 241 Abs. 2 BGB) gem. § 282 BGB sowie bei unmöglicher Leistungserbringung gem. §§ 283 sowie 311 a Abs. 2 BGB **Schadensersatz statt der Leistung** vom Auftragnehmer verlangen.[1860] Im Fall der verzögerten Bauausführung ist ein Schadensersatzanspruch statt der Leistung allerdings erst dann möglich, wenn der Auftragnehmer eine **angemessene Frist** zur Leistung gesetzt worden ist. Eine **Fristsetzung** ist nur in den in § 281 Abs. 2 BGB genannten Ausnahmefällen **entbehrlich**. Hat der Auftraggeber an einer teilweisen Erfüllung des Vertrages kein Interesse, kann er gem. § 281 Abs. 1 S. 2 BGB Schadensersatz statt der ganzen Leistung verlangen. Befindet sich der Auftragnehmer gem. § 286 BGB im Schuldnerverzug, kann der Auftraggeber den Verzögerungsschaden entweder als Rechnungsposten in den „Nichterfüllungsschaden" einbeziehen oder aber selbstständig über §§ 280 Abs. 1, 2; 286 BGB geltend machen.

III. Ansprüche des Auftraggebers bei verzögerter Bauausführung beim VOB-Bauvertrag

703 Der Auftragnehmer schuldet gegenüber dem Auftraggeber die Einhaltung der vertraglich vereinbarten Bauzeit. Haben die Parteien keine Bauzeiten vereinbart, ist durch Auslegung gem. §§ 133, 157 BGB zu ermitteln, wann der Auftragnehmer mit der Leistung beginnen und wann er sie fertig stellen muss. Im Zweifel hat der Auftragnehmer vor dem Hintergrund des § 271 BGB mit der Herstellung des vertraglich geschuldeten Bauwerks alsbald nach Vertragsschluss zu beginnen und sie in angemessener Zeit zügig zu Ende zu führen.[1861] Ist auf der Grundlage der vorstehenden Ausführungen von einem Fall der verzögerten Bauausführung auszugehen, ist beim VOB-Bauvertrag ein Rücktrittsrecht des Auftraggebers ausgeschlossen. Es gelten ausschließlich die §§ 5, 6 Nr. 6 und 8 Nr. 3 VOB/B.[1862]

1860 Gemäß § 325 BGB können Rücktritt und Schadensersatz nebeneinander geltend gemacht werden.
1861 BGH BauR 2001, 946.
1862 OLG Köln, SFH, Nr. 7 zu § 8 VOB/B; OLG Düsseldorf BauR 1992, 541; Werner/Pastor, Rn 1815.

D. Weitergehende Ansprüche 1

Ist dem Auftragnehmer vor dem Hintergrund des § 286 BGB i. V. m. § 5 Nr. 1 bis 3 VOB/B eine verzögerte Bauausführung vorzuwerfen, kann der Auftraggeber bei gleichzeitiger Aufrechterhaltung des Bauvertrages gem. **§ 6 Nr. 6 VOB/B Schadensersatz** verlangen.[1863] Dabei kann der Auftraggeber den nachweislich entstandenen Schaden geltend machen, wobei dies für den entgangenen Gewinn nur dann gilt, wenn dem Auftragnehmer grobe Fahrlässigkeit oder Vorsatz vorzuwerfen ist. Ist die Bauverzögerung demtentgegen auf einen **Baumangel** zurückzuführen, sind die §§ 4 Nr. 7 S. 2 sowie 13 Nr. 7 VOB/B einschlägig. In diesem Fall gilt die vorgenannte Beschränkung des Schadensersatzanspruchs nicht. Entgangener Gewinn kann vom Auftraggeber auch dann geltend gemacht werden, wenn der Auftragnehmer die Bauausführung vereitelt, was dann anzunehmen ist, wenn er die Erfüllung des Bauvertrages ernsthaft und endgültig verweigert, ohne hierzu berechtigt zu sein.[1864] Dabei steht diesem Schadensersatzanspruch des Auftraggebers nicht entgegen, dass er am Vertrag weiter festhält und die Erfüllung durch den Auftragnehmer durchsetzt. Als Verzugsschäden sind alle unmittelbaren und mittelbaren Schäden auszugleichen, die auf eine schuldhaft zögerliche Bauausführung seitens des Auftragnehmers zurückzuführen sind. Es handelt sich in der Regel um erhöhte Materialkosten sowie zusätzliches Architektenhonorar oder Gutachtenkosten.[1865]

704

IV. Schadensersatzanspruch des Auftraggebers aus unerlaubter Handlung gemäß § 823 Abs. 1 BGB

Fraglich ist, ob bei Baumängeln neben der vertraglichen Mängelhaftung zugleich auch Ansprüche aus unerlaubter Handlung gem. § 823 Abs. 1 BGB begründet sein können. Dabei ist eine Haftung des Auftragnehmers für Baumängel aus § 823 Abs. 1 BGB immer dann von Bedeutung, wenn vertragliche Mängelrechte bereits früher als der deliktsrechtliche Anspruch verjährt sind.[1866] Nach der ständigen Rechtsprechung des BGH ist eine **unerlaubte Handlung** bei Baumängeln nur dann zu bejahen, wenn durch die fehlerhafte Bauleistung in eine bereits vorhandene und vorher unversehrt gewesene im Eigentum des Auftraggebers bzw. eine Dritten stehende Sache eingegriffen wird. Der eingetretene Schaden darf also nicht stoffgleich sein mit dem Mangel, der dem Bauwerk von Anfang an anhaftet.[1867] Die mangelhafte Errichtung eines Bauwerks selbst ist also für sich allein noch keine Eigentumsverletzung, denn darin erweist sich lediglich ihr Mangelunwert.[1868] Vor diesem Hintergrund ist eine Eigentumsverletzung dann zu bejahen, wenn auf im Eigentum des Auftraggebers bzw. eines Dritten stehende Sachen eingewirkt wird, die überhaupt nicht in das auszuführende Werk einbezogen waren. Folglich muss sich der

705

[1863] OLG Düsseldorf NJW-RR 2000, 231.
[1864] BGH BauR 1976, 126; ZfBR 1980, 229.
[1865] § 5 Nr. 4 VOB/B gewährt dem Auftraggeber neben dem Anspruch auf Schadensersatz wahlweise ein Kündigungsrecht. Vgl. hierzu die Ausführungen unter Rn 489. Wegen des Schadensersatzanspruchs aus § 8 Nr. 3 VOB/B kann auf die Ausführungen unter Rn 485 verwiesen werden.
[1866] Während die in § 634 Nr. 4 BGB sowie § 13 Nr. 7 VOB/B geregelten Mängelansprüche des Auftraggebers nach § 634 a BGB (bei Bauwerken 5 Jahre) sowie § 13 Nr. 4 VOB/B (in der Regel 4 Jahre) verjähren, gilt bei der Deliktshaftung die regelmäßige Verjährung. §§ 195, 199 Abs. 1 BGB. Zwar beträgt die regelmäßige Verjährung gem. § 195 BGB drei Jahre, doch bleibt zu beachten, dass diese regelmäßige Verjährungsfrist erst am Schluss des Jahres beginnt, in dem der Anspruch entstanden ist und seine Kenntnis bzw. eine grob fahrlässige Unkenntnis des Anspruchsinhabers um den Anspruch vorliegt, Kapellmann/Messerschmidt-*Weyer*, § 13 VOB/B, Rn 394.
[1867] BGH BauR 2001, 800 (801); BauR 1992, 388; BauR 1985, 595 (596); Staudinger-*Peters*, § 634 BGB, Rn 144; Werner/Pastor, Rn 1840; Kapellmann/Messerschmidt-*Weyer*, § 13 VOB/B, Rn 392.
[1868] BGH BauR 1992, 388 (391); OLG München OLGR 1995, 2 (5); *von* Westphalen, ZIP 1992, 532; Werner/Pastor, Rn 1839; Kapellmann/Messerschmidt-*Weyer*, § 13 VOB/B, Rn 392, Staudinger-*Peters*, § 634 BGB, Rn 144.

§ 7 Die Ansprüche des Auftraggebers gegen den Auftragnehmer

Mangel auf die schon vorhandenen, bis dahin unversehrt gewesenen Teile des zu behandelnden Gegenstandes ausgewirkt und diese dadurch beschädigt haben. Weiterhin liegt eine Eigentumsverletzung auch dann vor, wenn nur ein selbstständig abgrenzbares Einzelteil mit Gesamtfunktion mangelbehaftet war und zu einem Schaden an der übrigen einwandfreien Gesamtanlage führt.[1869] [1870] Ist ein deliktischer Schadensersatzanspruch aus § 823 Abs. 1 BGB zu bejahen, beschränkt sich der Ersatzanspruch des Auftraggebers auf den Betrag, der zur Herstellung des ursprünglichen Zustandes erforderlich ist.[1871]

1869 BGH DB 1978, 1878; *Kaiser*, Rn 162; *Schlechtriem*, ZfBR 1992, 95 (100); Staudinger-*Peters*, § 634 BGB, Rn 144; Kapellmann/Messerschmidt-*Weyer*, § 13 VOB/B, Rn 392.
1870 Dies muss auch dann gelten, wenn mangelhafte Einzelteile in ein Bauwerk eingebracht werden, denn in diesem Fall werden mangelhafte Bauteile mit einwandfreien verbunden und dabei durch einen Mangel die anderen Teile oder sogar die gesamte neue Sache beschädigt oder unbrauchbar, BGH BauR 1992, 388 (392).
1871 Es handelt sich dabei nicht um einen Vorschussanspruch. Der Anspruch aus § 823 Abs. 1 BGB ist erst nach der Schadensbeseitigung abzurechnen.

§ 8 Prozessuale Fragestellungen im praktischen Bauprozess

Literatur

Baumgärtel, Die Darlegungslast in Bau- und Werkvertragsprozessen, Festschrift für Heiermann, S. 1; *Baumgärtel*, Handbuch der Beweislast, Band 1, 2. Auflage 1991; *Berg/Zimmermann*, Gutachten und Urteil, 17. Auflage 1997; *Bischof*, Die Streitverkündung (II.), JurBüro 1984, 1142; *Brych/Pause*, Bauträgerkauf und Baumodelle, 3. Auflage 1999; *Deckert*, Baumangel am Gemeinschaftseigentum, NJW 1973, 1073; *ders.*, Die Klagebefugnis bei Gewährleistungsansprüchen wegen anfänglicher Baumängel am Gemeinschaftseigentum der neu erstellen Eigentumswohnanlage, ZfBR 1984, 161; *Deubner*, Die Praxis der Zurückweisung verspäteten Vorbringens, NJW 1979, 337; *Ehrike*, Gerichtsstandsvereinbarungen in allgemeinen Geschäftsbedingungen im vollkaufmännischen Geschäftsverkehr, insbesondere im Hinblick auf § 32 ZPO, ZZP 111, 145; *Franzen*, Internationale Gerichtsstandsvereinbarungen in Arbeitsverträgen zwischen EuGVÜ und autonomen internationalem Zivilprozessrecht, RIW 2000, 81; *Fricke*, Zur Zulässigkeit von Nebenintervention und Streitverkündung im Arrestverfahren und Verfahren der einstweiligen Verfügung, BauR 1978, 257; *Frohn*, Substantiierungspflicht der Parteien und richterliche Hinweispflicht nach § 139 ZPO, JuS 1996, 243; *Greiner*, Mängel am Gemeinschaftseigentum und Aufrechnung einzelner Erwerber gegen Restforderungen des Bauträgers, ZfBR 2001, 439; *Gross*, Die Gewährleistung des Baubetreuers im weiteren Sinne bei Mängeln am gemeinschaftlichen Eigentum, BauR 1975, 12; *Hansen*, Die Substantiierungslast, JuS 1991, 588; *Hochstein/Jagenburg*, Der Arbeitsgemeinschaftsvertrag, 1974; *Hök*, Internationales Baurecht, 2001; *Knöringer*, Der Begriff der Verzögerung nach der Vereinfachungsnovelle, NJW 1977, 2336; *Koeble*, Probleme des Gerichtsstands sowie der Darlegungs- und Beweislast im Architektenhonorarprozess, BauR 1997, 191; *Kuffer*, Erleichterung der Beweisführung im Bauprozess durch den Beweis des ersten Anscheins, ZfBR 1998, 277; *Lange*, Zum Umfang der Substantiierungspflicht im Zivilprozess, DRiZ 1985, 247; *Mandelkow*, Schiedsgerichtsverfahren in Bausachen, BauR 1997, 785; *Micklitz/Rott*, Vergemeinschaftung des EuGVÜ in der Verordnung (EG) Nr. 44/2001, EuZW 2001, 325; *Musielak*, Die Aufrechnung des Beklagten im Zivilprozess, JuS 1994, 817; *Pastor*, Bauprozess und Anwaltshaftung, Festschrift für von Craushaar, S.403; *Rasch*, Die Abbruchverfügung, BauR 1975, 94; *Schellhammer*, Zivilprozess, 8. Auflage 1999; *Schneider*, Die Klage im Zivilprozess, 2000; *ders.*, Anmerkung zum Urteil des OLG Köln, Beschluss vom 16.10.1989 – VII W 37/89, MDR 1990, 251; *ders.*, Zum Urteil des BGH vom 31.01.1980 – VII ZR 96/79, NJW 1980, 947; *ders.*, Anmerkung zum Urteil des BGH vom 12.07.1979 – VII ZR 284/78, NJW 1979, 2614; *ders.*, Die neue Rechtsprechung zum Streitwertrecht, MDR 1982, 265; *Siegburg*, Zur Klage auf Abnahme einer Bauleistung, ZfBR 2000, 507; *Stürner*, Anmerkung zum Urteil des BGH vom 12.07.1984 – VIII ZR 123/83, JZ 1985, 185; *Weitnauer*, Mängelgewährleistung und Instandhaltungspflichten am gemeinschaftlichen Eigentum, ZfBR 1981, 109; *Wussow*, Feststellungs- oder Leistungsklage in Baumängelprozessen?, NJW 1969, 481.

A. Das Mahnverfahren

706 Ist davon auszugehen, dass der Anspruchsgegner, der dem geltend gemachten Anspruch vorprozessual nichts ernsthaftes entgegengesetzt hat, bei Inanspruchnahme des Gerichts freiwillig zahlen wird, reicht es aus, statt der Erhebung einer Klage das **kostengünstigere**[1872] Mahnverfahren gem. §§ 688 ff. ZPO einzuleiten.[1873] Das Verfahren ist durch Formalisierung vereinfacht, da gem. § 692 ZPO nur ein Formular auszufüllen ist. Schnel-

---

[1872] Der Antragsteller erhält im Mahnverfahren gem. Nr. 3305 VV eine Gebühr in Höhe von 0,5. Es erfolgt eine Anrechnung in voller Höhe auf die Gebühren des nachfolgenden Rechtsstreits. Der Antragsteller erhält beim Antrag eines Vollstreckungsbescheides gem. Nr. 3308 VV eine Gebühr in Höhe von 0,5. Gemäß Nr. 3307 VV erhält der Antragsgegner bei Vertretung eine Gebühr in Höhe von 0,5. Auch diese Gebühr wird nach der Anmerkung zu Nr. 3307 VV auf die nachfolgenden Gebühren eines Rechtsstreits angerechnet.

[1873] Das Mahnverfahren ist gem. § 688 Abs. 2 ZPO nicht statthaft, wenn die Geltendmachung des Vergütungsanspruchs von einer noch nicht erfolgten Gegenleistung – bspw. der Mängelbeseitigung (§ 320 BGB) – abhängig ist.

§ 8 Prozessuale Fragestellungen im praktischen Bauprozess

ler als im Erkenntnisverfahren ist ein **Vollstreckungstitel** in der Form des Vollstreckungsbescheides i. S. des § 794 Abs. 1 Nr. 4 ZPO zu erlangen.[1874] Wird ein Mahnverfahren – meist zum Jahresende – zum Zwecke der **Verjährungshemmung** gem. § 204 Abs. 1 Nr. 3 BGB eingeleitet, wirkt die Zustellung nach Verjährungseintritt gem. § 167 ZPO noch hemmend, wenn die Zustellung „demnächst" erfolgt.[1875] Um nicht unbedarft in eine Haftungsfalle zu tappen, ist in diesem Fall der Einleitung eines Mahnverfahrens zum Zwecke der Verjährungshemmung die Rechtsprechung zum Individualisierungszwang gem. § 690 Abs. 1 Nr. 3 ZPO besonders im Blick zu halten. Wird der Mahnantrag vor Verjährungsbeginn eingereicht, begnügt sich der Rechtspfleger nämlich in der Regel mit folgenden Angaben zur Bezeichnung des Anspruchs gem. § 690 Abs. 1 Nr. 3 ZPO:

▶ Werkvertrag gemäß Rechnungen 85001 bis 85005 vom 1.2.2001 bis 6.6.2004: 13.085 EUR.[1876] ◀

707 Legt der Antragsgegner gegen den Mahnbescheid Widerspruch ein, geht das Mahnverfahren in das Streitverfahren über. Hält später das erkennende Gericht die Individualisierungsangaben im Mahnbescheid für ungenügend, dann verneint es damit die Zulässigkeit des Mahnbescheides. Denn bei § 690 Abs. 1 Nr. 3 ZPO handelt es sich um ein unverzichtbare Zulässigkeitsvoraussetzung i. S. des § 295 Abs. 2 ZPO. Dieser Mangel kann zwar noch durch eine weitergehende Substantiierung im nachfolgenden Streitverfahren behoben werden. Das wirkt sich aber nur für die Zukunft aus. Da der unzulässige Mahnantrag die Verjährung nicht rückwirkend gehemmt hat, kann es dem Antragsteller jetzt passieren, dass seine Klage auf die **Verjährungseinrede** des Beklagten hin abgewiesen wird.[1877]

1874 Verzögerung treten allerdings dann ein, wenn der Anspruchsgegner gegen den Mahnbescheid Widerspruch einlegt. In diesem Fall muss der Rechtsstreit erst vom Mahngericht am allgemeinen Gerichtsstand des Antragstellers (§ 689 Abs. 2 ZPO) an das zur Durchführung des streitigen Verfahrens zuständige Gericht (§ 696 Abs. 1 ZPO) abgegeben werden.
1875 Diese Rückbeziehung der Zustellungswirkung auf den Zeitpunkt der Antragstellung soll den Gläubiger bei der Zustellung von Amts wegen vor Verzögerungen schützen, die außerhalb seines Einflussbereichs liegen. Die höchstrichterliche Rechtsprechung versteht unter „demnächst" eine Zustellung „innerhalb einer nach den Umständen angemessenen, selbst längeren Frist, sofern die Partei alles ihr Zumutbare für eine alsbaldige Zustellung getan hat und schutzwürdige Belange der Gegenpartei nicht entgegenstehen", BGH NJW 1999, 3124 (3125). Den Gerichtskostenvorschuss braucht der Kläger nicht von sich aus mit der Klage bzw. Mahnscheidsantrag einzahlen, er kann vielmehr grundsätzlich die Aufforderung durch das Gericht abwarten, BGH NJW 1986, 1347. Bleibt die Anforderung aus, darf er aber nicht länger als angemessen (ca. 3 Wochen) untätig bleiben, sondern muss nachfragen. Geht es um die Einzahlung des Gerichtskostenvorschusses nach Aufforderung, so wurden von der Partei zu vertretende geringfügige Verzögerungen bis zu 14 Tagen bisher als unschädlich, Verzögerungen von 18 Tagen dagegen als schädlich angesehen, BGH NJW 1999, 3124 (3125). Problematisch kann im Einzelfall – als Vorfrage für die Berechnung der Gerichtskosten – die Bestimmung der Höhe des Zuständigkeitsstreitwerts bei nicht bezifferten Klageanträgen sein (z. B. Klage auf Mängelbeseitigung [= voraussichtliche Mängelbeseitigungskosten, § 3 ZPO], Klage auf Herausgabe der Gewährleistungsbürgschaft [nicht automatisch der Wert der mit der Bürgschaftsurkunde abgesicherten Forderung, sondern das Interesse des Auftragnehmers an der Herausgabe der Urkunde nach § 3 ZPO]. Soll die unberechtigte Inanspruchnahme der Bürgschaft verhindert werden, so geht es letztlich um die gesicherte Forderung, sodass nach § 6 ZPO die Höhe der Bürgschaft maßgebend ist. Anders dagegen bei nicht mehr valutierender Hauptforderung nach Auslaufen der Gewährleistung, dann sind i. d. R.. ca. 20-30 % des verbürgten Wertes anzusetzen, Ingenstau/Korbion-*Joussen*, § 17 VOB/B, Rn 139, 203 m. w. N.. Nach § 253 Abs. 3 ZPO soll die Klageschrift Angaben zum für die sachliche Zuständigkeit und Höhe des Kostenvorschusses maßgeblichen Streitwert bei nicht bezifferten Klagen enthalten. Zwar berührt deren Fehlen die Zulässigkeit der Klage nicht, kann aber zu Verzögerungen bei der Zustellung führen – z. B. bei Nachfragen zur Höhe des Streitwerts –, was zum Ausschluss von § 167 ZPO – und ggf. zur Anwaltshaftung – führen kann, Zöller-*Greger*, § 253 ZPO, Rn 24.
1876 BGH NJW 1993, 862.
1877 BGH NJW 1993, 862; NJW 1995, 2230; KG MDR 2005, 859. Beachte auch jüngst das Urteil des BGH v. 27.4.2006: „Die Zustellung eines Mahnbescheids ist dann nicht mehr demnächst i. S. des von § 167 ZPO erfolgt, wenn der Antragsteller es unterlassen hat, beim Mahngericht nach Ablauf einer je nach Umständen des Einzelfalls zu bemessenden Frist nachzufragen, ob die Zustellung bereits veranlasst worden ist, und dieses Unterlassen nachweislich zu einer Verzögerung der Zustellung um mehr als einen Monat geführt hat.

B. Das Klageverfahren

I. Zulässigkeitsfragen im Bauprozess

1. Prüfung der Zulässigkeitsvoraussetzungen von Amts wegen

Vor der Klageerhebung sollte der Klägervertreter stets eine detaillierte Zulässigkeitsprüfung vornehmen, um festzustellen, ob die Zulässigkeitsvoraussetzungen der Klage gegeben sind. Die in der Praxis anzutreffende Vorstellung, dass Zulässigkeitsmängel einem Sachurteil nur dann entgegenstehen, wenn der Beklagte „die fehlende Zulässigkeit" rügt und die darauf scheinbar aufbauende Hoffnung, den unwissenden und deshalb schweigenden Beklagten auf diese Weise überrumpeln zu können, ist falsch. Zulässigkeitsmängel sind nämlich gem. § 56 Abs. 2 ZPO vom Gericht von Amts wegen zu berücksichtigen. Dies bedeutet aber nur, dass das Gericht von Amts wegen den Vortrag der Parteien – auch ohne Rüge[1878] und grundsätzlich auch ohne Bindung an übereinstimmenden Parteivortrag – auf das Vorliegen der Prozessvoraussetzungen zu untersuchen und die Parteien gem. § 139 Abs. 3 ZPO ggf. auf Bedenken hinzuweisen hat.

708

Die Beschaffung des Prozessstoffes obliegt grundsätzlich den Parteien. Die Prüfung von Amts wegen ist folglich **keine Amtsermittlung!** Die Entscheidung hat daher auf Grund des Vortrages der Parteien zu ergehen.[1879] Die Beibringung der Zulässigkeitstatsachen obliegt der darlegungs- und ggf. beweisbelasteten Partei, also grundsätzlich dem Kläger, da er ein Sachurteil begehrt.[1880] Nur im Hinblick auf **Prozesshindernisse** bzw. negative Prozessvoraussetzungen ist der Beklagte darlegungs- und ggf. beweisbelastet. Entscheidend ist die Überzeugung des Gerichts im Hinblick auf das Vorliegen der Zulässigkeitstatsachen, § 286 ZPO. Das Gericht kann dabei auf einen **Freibeweis** abstellen, der nicht auf die gesetzlichen Beweismittel beschränkt ist. Die Einholung amtlicher Auskünfte sowie Verwertung schriftlicher Zeugenaussagen oder eidesstattlicher Versicherungen ist erlaubt.[1881] [1882]

709

Ist der Zulässigkeitsmangel heilbar, so wird das Gericht von der in § 139 Abs. 3 ZPO normierten **Hinweispflicht** Gebrauch machen, damit die insoweit beweisbelastete Partei den Zulässigkeitsmangel noch ausräumen kann. **Maßgeblicher Zeitpunkt** für das Vorliegen der Zulässigkeitsvoraussetzungen ist nämlich derjenige des Schlusses der letzten mündlichen Verhandlung. Zu beachten bleibt § 335 Abs. 1 Nr. 1 ZPO, wonach beim heilbaren Zulässigkeitsmangel bei Säumnis des Beklagten kein unechtes Versäumnisurteil gegen den Kläger ergeht, sondern vielmehr der Antrag auf Erlass des Versäumnisurteils zurückgewiesen wird.[1883] Abschließend bleibt darauf hinzuweisen, dass Zulässigkeitsmängel seitens des Beklagten auch durch Rügeverzicht gem. § 295 ZPO oder rügelose Verhandlung gem. § 39 ZPO – für die Zuständigkeit – behoben sein können. Auf einen Rügeverzicht oder eine rügelose Verhandlung sollte man als Klägervertreter aber nicht bauen.

710

1878 BGH NJW 1995, 1354.
1879 BGH NJW 1982, 1467; 1991, 3096; 1995, 1354.
1880 Zöller-*Vollkommer*, § 56 ZPO, Rn 9.
1881 BGH NJW 2000, 290; Zöller-*Vollkommer*, § 56 ZPO, Rn 8.
1882 Im Gegensatz dazu steht der Strengbeweis, der auf die gesetzlich normierten Beweismittel beschränkt ist, nämlich: Sachverständigenbeweis, Augenschein, Parteivernehmung, Urkundenbeweis, Zeugenbeweis.
1883 Zöller-*Herget*, § 335 ZPO, Rn 1, 2.

§ 8 Prozessuale Fragestellungen im praktischen Bauprozess

2. Der Einfluss einer Schiedsvereinbarung auf den Bauprozess

711 Die Prozesseinrede der Schiedsvereinbarung, die nur auf eine Rüge des Beklagten hin geprüft wird,[1884] führt zum Erlass eines Prozessurteils. Die Vertragspartner haben es in der Hand, bereits bei Abschluss des Bauvertrages zu vereinbaren (vgl. Rn 82 ff.),[1885] Streitigkeiten aus dem Bauvertrag nicht vor den ordentlichen Gerichten, sondern vielmehr im Rahmen eines **Schiedsgerichtsverfahrens** vor einem Schiedsgericht, das die Parteien selbst auswählen können, endgültig und verbindlich[1886] auszutragen. Ein solches Schiedsgerichtsverfahren hat seine **Vorteile** darin, dass es zu einer intensiveren und schnelleren Bearbeitung des Streitfalls durch einen sachkundigen Schiedsrichter führt. Ein weiterer Vorteil ist in der Verkürzung des Instanzenzuges sowie dem Einfluss der Parteien auf die fachkundige Auswahl des oder der Schiedsrichter zu sehen.[1887]

712 Neben den **Vorteilen** sind allerdings auch die **Nachteile** eines Schiedsgerichtsverfahrens zu berücksichtigen: Im Schiedsgerichtsverfahren gibt es im Gegensatz zu einer Streitverkündung im ordentlichen Gerichtsverfahren keine Möglichkeit, Dritte ohne deren Zustimmung[1888] in das Verfahren einzubeziehen. Deshalb entfaltet der Schiedsspruch grundsätzlich keine Bindungswirkung gegenüber Dritten. Zudem bleibt auch bei Vorliegen einer Schiedsvereinbarung gem. § 1033 ZPO die Anordnung eines selbstständigen Beweisverfahrens in der Zuständigkeit der ordentlichen Gerichte.[1889] [1890] Die Parteien haben es allerdings in der Hand, im Schiedsvertrag auch das selbstständige Beweisverfahren ausdrücklich in die Zuständigkeit des Schiedsgerichts zu stellen. Folgeprobleme ergeben dabei im Hinblick auf die Fragestellung, welche Rechtsfolgen das durchgeführte selbstständige Beweisverfahren im Hinblick auf die Verjährungshemmung entfaltet. So bezieht sich die durch Einleitung des selbstständigen Beweisverfahrens eintretende Verjährungshemmung gem. § 204 Abs. 1 Nr. 7 BGB nur auf das bei den ordentlichen Gerichten geführte selbstständige Beweisverfahren gem. 485 ZPO. Ist im Schiedsvertrag vereinbart, auch das selbstständige Beweisverfahren der Schiedsgerichtsbarkeit zu unterstellen, so lässt dies den Schluss zu, dass es gleichsam dem Willen der Parteien entspricht, auch die Verjährungshemmung eintreten zu lassen.[1891]

[1884] Werner/Pastor, Rn 529. Gemäß § 1032 ZPO braucht der Beklagte die Einrede der Schiedsvereinbarung abweichend von §§ 296 Abs. 3, 282 Abs. 3 ZPO nicht innerhalb der Klageerwiderungsfrist vorbringen. Er kann sie noch bis zum Beginn der mündlichen Verhandlung zur Hauptsache geltend machen, BGH NJW 2001, 2176. Die erst im Einspruch gegen ein Versäumnisurteil erhobene Einrede ist dagegen verspätet, OLG München NJW-RR 1995, 127.
[1885] Findet sich in Allgemeinen Geschäftsbedingungen der Hinweis, dass die Parteien zur Regelung von Streitigkeiten ein Schiedsgericht zu vereinbaren haben, so ist damit gerade noch kein besonderer Schiedsvertrag abgeschlossen. Der Hinweis ist folglich wirkungslos, BGH MDR 1973, 1001; NJW 1992, 575; OLG München BauR 2000, 1179.
[1886] BGHZ 6, 335; OLG Düsseldorf MDR 1977, 762; OLG Zweibrücken NJW 1971, 943.
[1887] Heiermann/Riedl/Rusan, § 10 VOB/A, Rn 27 ff.; Hochstein/Jagenburg, S. 306 ff.; *Mandelkow*, S. 43 ff.; *ders.*, BauR 1997, 785 ff.; Werner/Pastor, Rn 519.
[1888] Etwas anderes gilt dann, wenn sich der Dritte entsprechend §§ 74, 68 ZPO den Wirkungen des Schiedsspruchs freiwillig unterworfen hat, BGH MDR 1965, 124.
[1889] Gemäß § 1033 ZPO kann ein Gericht vor und nach Beginn des schiedsrichterlichen Verfahrens auf Antrag einer Partei eine vorläufige oder sichernde Maßnahme in Bezug auf den Streitgegenstand (wie dies beim selbstständigen Beweisverfahren der Fall ist) anordnen, OLG Frankfurt BauR 1993, 504; Werner/Pastor, Rn 522.
[1890] Wird das selbstständige Beweisverfahren vor den ordentlichen Gerichten abgewickelt, kann das Schiedsgericht das Beweisergebnis im Schiedsverfahren verwerten. Eine direkte Bindungswirkung an das Beweisergebnis gibt es nicht. Das Schiedsgericht kann folglich die Beweisaufnahme ergänzen oder wiederholen lassen, wenn berechtigten Bedenken gegen die Verwertung bestehen.
[1891] Werner/Pastor, Rn 522.

B. Das Klageverfahren 1

3. Die Zuständigkeit des Zivilgerichts in Bausachen

a) Abgrenzung von privatem und öffentlichem Baurecht

Gemäß § 13 GVG entscheiden die Amts- und Landgerichte ausschließlich über bürgerlich-rechtliche Streitigkeiten. Somit ist bei Auseinandersetzungen, die das private Baurecht betreffen, die Zuständigkeit der Zivilgerichte eröffnet. Geht es vor diesem Hintergrund um die Abgrenzung von privatem und öffentlichem Baurecht, ist von einem privaten Baurechtsprozess immer dann auszugehen, wenn es um rechtliche Beziehungen von Baubeteiligten geht, die sich bei einem Bauvorhaben gleichrangig gegenüberstehen.[1892][1893] Während diese Vorgabe bei Streitigkeiten zwischen Bauherren, Architekten, Sonderfachleuten, Bauunternehmern und Baugesellschaften eindeutig zu bejahen ist, bestehen Abgrenzungsprobleme in der Regel dann, wenn Prozesspartei ein Rechtssubjekt des öffentlichen Rechts ist. In diesem Fall ist zu prüfen, ob die Natur des Rechtsverhältnisses, aus dem der Klageanspruch hergeleitet wird, dem öffentlichen Recht zuzuordnen ist,[1894] wobei es keine Rolle spielt, ob der Kläger sich dabei auf eine zivilrechtliche oder eine öffentlich-rechtliche Anspruchsgrundlage beruft.[1895] Steht ein **Vertragsverhältnis** zwischen einem Rechtssubjekt des öffentlichen Rechts und einem privaten Bauherrn, Architekten oder einer Bauträgergesellschaft in Streit, muss im Hinblick auf die Ermittlung der Natur des Rechtsverhältnisses die Abgrenzung zwischen öffentlich-rechtlichem und privatrechtlichem Vertrag vom Gegenstand des Vertrages her im Einzelfall getroffen werden.[1896] Geht es hingegen nicht um die Klage aus einem Vertragsverhältnis, sondern um das Beseitigungsbegehren eines Baunachbarn, der behauptet, das Bauwerk sei unter Verstoß gegen ein Bauverbot und ohne Baugenehmigung gebaut worden, dann geht es um einen privatrechtlich ausgestalteten **Beseitigungsanspruch des Nachbarn** auf Abriss des Bauwerks, über den die ordentlichen Gerichte zu entscheiden haben.[1897] Daneben gibt es die öffentlich-rechtliche Nachbarklage. Der **öffentlich-rechtliche Abwehr- und Beseitigungsanspruch** ist vom Baunachbarn im Wege der Klage vor dem Verwaltungsgericht geltend zu machen. Der Baunachbar wird dabei regelmäßig eine Verpflichtungsklage erheben, die darauf abzielt, die Behörde zu verpflichten, vermittels einer Beseitigungsverfügung gegen den Bauherrn des ungenehmigten Bauvorhabens vorzugehen.[1898]

713

b) Funktionale Zuständigkeit

Geht es im konkreten Streitfall um die Anwendung des **Wohnungseigentumsgesetz**, so sind die §§ 43 ff. WEG zu beachten, wonach eine ausschließliche Zuständigkeit für ein Verfahren der Freiwilligen Gerichtsbarkeit begründet wird.[1899]

714

1892 BGH NJW 2000, 1042; Werner/Pastor, Rn 397.
1893 Zur Beantwortung der Frage, ob der Streitgegenstand eine unmittelbare Rechtsfolge des Zivilrechts betrifft, kommt es allein auf den Tatsachenvortrag des Klägers an, BGH NJW 1978, 1860.
1894 BGHZ 102, 280; 108, 284.
1895 BGHZ 102, 280; 108, 284; OVG BauR 2002, 757.
1896 BGH NJW 1960, 1457; BGHZ 50, 284 (287); NJW 1969, 787; ZfBR 1997, 84; OLG Hamm BauR 1991, 653; OLG Dresden NZBau 2000, 88. Weiterführend: Werner/Pastor, Rn 398, 399.
1897 BGH NJW 1970, 1126; MDR 1977, 568; WM 1974, 1226; OLG Hamm DB 1975, 834.
1898 BVerwG BauR 1986, 195; OVG Lüneburg BauR 1986, 692; *Rasch*, BauR 1975, 94. Weiterführend: Werner/Pastor, Rn 403.
1899 Um in einem Verfahren der freiwilligen Gerichtsbarkeit geht es bspw.: Streit zwischen Wohnungseigentümern über die Beseitigung einer Reklameschrift, BayObLG NJW 1964, 47; Streit um einen Vergütungsanspruch des Verwalters, auch wenn er abberufen ist, BGH NJW 1980, 2466; Schadensersatzanspruch gegen Verwalter wegen unterbliebenen Hinweises auf Ablauf von Gewährleistungsfristen, BayObLG NZM 2001, 388; Streit unter Eigentümern wegen Eigentumsstörung, OLG Frankfurt MDR 1982, 151; Klage auf Herausgabe von Bauunterlagen gegenüber früherem Verwalter, OLG Hamm NJW-RR 1988, 268.

von Kiedrowski

§ 8 Prozessuale Fragestellungen im praktischen Bauprozess

c) Die Zuständigkeit der Kammer für Handelssachen

715 Richtet sich die Klage gegen ein Kaufmann i. S. des Handelsgesetzbuches, der in das Handelsregister oder Genossenschaftsregister eingetragen ist oder aufgrund einer gesetzlichen Sonderregelung für juristische Personen des öffentlichen Rechts nicht eingetragen zu werden braucht, wird bei Vorliegen eines Antrags des Klägers[1900] gem. § 95 Abs. 1 Nr. 1 GVG die Zuständigkeit der Kammer für Handelssachen begründet. Im Baurecht ist die Kammer für Handelssachen demnach zuständig, wenn sich die Klage gegen einen eingetragenen Kaufmann[1901] richtet und es sich bei den bauvertraglichen Ansprüchen um solche aus einem beiderseitigen Handelsgeschäft i. S. der §§ 343, 344 HGB handelt.[1902] Wird die Klage vom Klägervertreter nicht gleich mit Klageerhebung an die zuständige Kammer für Handelssachen gerichtet, kann der Beklagte gem. § 98 Abs. 1 ZPO die **Verweisung des Rechtsstreits** an die Kammer für Handelssachen **beantragen**. Dies kann für den Kläger, der im Klageverfahren möglichst schnell einen Titel erstreiten will, zu einer nicht unerheblichen Zeitverzögerung führen.

4. Die örtliche Zuständigkeit

a) Gerichtsstand des Erfüllungsorts

716 Geht es um die Erbringung von Zahlungs- und Mängelansprüchen aus einem Bauvertrag, befindet sich nach der Rechtsprechung des BGH der Erfüllungsort regelmäßig am **Ort des Bauwerkes**.[1903] Damit können alle bauvertraglichen Ansprüche[1904] am Ort der Bauausführung und dem besonderen Gerichtsstand des Erfüllungsortes gem. § 29 ZPO geltend gemacht werden, was insbesondere dann von Vorteil ist, wenn mehrere Beklagte mit unterschiedlichen Gerichtsständen gemeinsam verklagt werden sollen.[1905] [1906] Haben Vollkaufleute einen **VOB-Bauvertrag** abgeschlossen, so ist damit die in § 18 Nr. 1 VOB/

1900 Vgl. insoweit § 96 Abs. 1 GVG.
1901 Die Kammer für Handelssachen ist demnach auch dann zuständig, wenn sich die Klage gegen eine ARGE (so LG Berlin BauR 2003, 136; OLG Franfurt NZBau 2005, 590 „bei entsprechender Größe") bzw. gegen einen eingetragenen Gesellschafter einer AGRE richtet, KG BauR 2001, 1790.
1902 Zöller-*Gummer*, § 95 GVG, Rn 5.
1903 BGH BauR 1986, 241; OLG Düsseldorf BauR 1982, 297; BayOblG BauR 1983, 390 (391); OLG Saarbrücken NJW 1992, 987 (988); Zöller-*Vollkommer*, § 29 ZPO, Rn 25 „Bauvertrag"; Thomas/Putzo, § 29 ZPO, Rn 6; Werner/Pastor, Rn 420.
1904 Ausgenommen sind solche Ansprüche, die bestehen, wenn das Bauwerk nicht errichtet worden ist. In diesem Fall gelten ausschließlich §§ 12, 13 und 17 ZPO, LG Mainz NJW-RR 1999, 670; LG Tübingen MDR 1995, 1208; *Koeble* BauR 1997, 191.
1905 Dies gilt auch dann, wenn sich die Ansprüche gegen eine ARGE richten. Neben dem allgemeinen Gerichtsstand des § 17 ZPO kann der Kläger auch auf den besonderen Gerichtsstand des § 29 ZPO abstellen und nach § 35 ZPO selbst wählen, an welchem der beiden Gerichtsstände er die Klage anhängig machen will.
1906 Richtet sich die Klage gegen mehrere Beklagte mit unterschiedlichen Gerichtsständen, besteht für den Kläger die Möglichkeit, einen Antrag auf gerichtliche Zuständigkeitsbestimmung nach § 36 Abs. 1 Nr. 3 ZPO an das im Rechtszug zunächst höhere gemeinschaftliche Gericht zu stellen. § 36 Abs. 1 Nr. 3 ZPO gilt eigentlich nur im Flächenstaat, wie z. B. Brandenburg (LG Potsdam und LG Frankfurt/Oder = OLG Brandenburg). Fehlt ein gemeinschaftliches Gericht, ist das höhere Gericht zuständig, zu dessen Bezirk das zuerst mit der Sache befasste Gericht gehört (§ 36 Abs. 2 ZPO – z. B. LG Berlin und LG Potsdam = KG oder OLG Brandenburg). Die Bestimmung des zuständigen Gerichts erfolgt sodann nach Zweckmäßigkeitsgesichtspunkten, Zöller-*Vollkommer*, § 36 ZPO, Rn 18 – Konzentration mehrerer Verfahren, räumliches „Schwergewicht". § 36 Abs. 1 Nr. 3 ZPO erfasst – zumindest in entsprechender Anwendung – auch die Fälle, in denen für einen Streitgenossen die Zuständigkeit der Kammer für Handelssachen, für den anderen aber die Zuständigkeit der (allgemeinen) Zivilkammer begründet ist. Eine Gerichtsstandsbestimmung nach § 36 Nr. 3 ZPO scheidet aus, wenn, wie hier, ein besonderer Gerichtsstand des § 29 b ZPO gegeben ist. Seit dem 1. 4. 1991 ist für Klagen von Unternehmern, Architekten und Sonderfachleuten, Bauträgergesellschaften oder Treuhändern, die sich gegen Mitglieder einer Wohnungseigentümergemeinschaft richten und sich auf das gemeinschaftliche Eigentum, seine Verwaltung oder das Sondereigentum beziehen, das Gericht zuständig, in dessen Bezirk das Grundstück liegt.

B enthaltene **Gerichtsstandsregelung** vereinbart worden, mit der der Gerichtsstand des Erfüllungsortes ausgeschlossen wird.[1907] Ob **Honorarforderungen von Architekten** und Sonderfachleuten am Ort des Bauvorhabens geltend gemacht werden können, ist seit Jahrzehnten streitig. Überwiegend gehen die Instanzgerichte wohl davon aus, dass § 29 ZPO insoweit nicht einschlägig ist.[1908] Dagegen können alle Erfüllungs- und Mängelansprüche gegen Architekten und Sonderfachleute am Gerichtsstand des Erfüllungsortes geltend gemacht werden.[1909]

b) Internationale Zuständigkeit bei grenzüberschreitender Bautätigkeit

Die Frage der internationalen Zuständigkeit stellt sich unweigerlich dann, wenn ein Bauprozess bei Vorliegen einer grenzüberschreitenden Bautätigkeit[1910] eingeleitet werden soll. Nach Inkrafttreten das EuGVVO, dass das EuGVÜ seit dem 1. 2. 2002 abgelöst hat, wird der **Erfüllungsort** nicht mehr mithilfe des internationalen Privatrechts des angerufenen Gerichts,[1911] sondern alleine auf der Grundlage des Art. 5 Nr. 1 b EuGVVO bestimmt.[1912] Im bauvertraglichen Bereich geht es insoweit um die Erbringung von Dienstleistungen, wozu auch handwerkliche und freiberufliche Tätigkeiten gehören. Für diese Tätigkeiten bestimmt Art. 5 Nr. 1 b EuGVVO, dass Erfüllungsort der Ort in dem Mitgliedsstaat ist, an dem sie nach dem Vertrag erbracht worden sind oder hätten erbracht werden müssen.

717

c) Gerichtsstandsvereinbarungen

Es entspricht weiterhin ständiger Praxis, in Architekten- und Bauverträgen Gerichtsstandsvereinbarungen zu treffen, um für den Fall von Rechtsstreitigkeiten die sachliche als auch örtliche und internationale Zuständigkeit zu regeln.[1913] Es gibt drei **zulässige Vereinbarungsmöglichkeiten:**[1914]

718

- Gemäß § 38 Abs. 1 ZPO ist eine Gerichtsstandvereinbarung zulässig, wenn die Vertragsparteien **Kaufleute**, juristische Personen des öffentlichen Rechts oder öffentlich-rechtliches Sondervermögen sind. Es geht mithin um einen qualifizierten Personenkreis mit mangelnder Schutzwürdigkeit.[1915]
- § 38 Abs. 2 ZPO regelt zur Erleichterung des internationalen Rechtsverkehrs die **sog. internationale Prorogation.** Damit eine Gerichtsstandsvereinbarung getroffen werden darf, muss mindestens eine Vertragspartei bei Vertragsschluss keinen allgemeinen

---

[1907] OLG Frankfurt BauR 1999, 789.
[1908] LG Karlsruhe BauR 1997, 519; LG München NJW-RR 1993, 212; LG Flensburg BauR 1998, 1047. **a. A.** und § 29 ZPO bejahend: KG BauR 1999, 940 (941); LG Ulm BauR 2001, 441; OLG Frankfurt MDR 1993, 684; *Koeble* BauR 1997, 191.
[1909] BGH BauR 2001, 979 (981); BauR 1986, 241; OLG Düsseldorf DB 1969, 923.
[1910] Weiterführend: *Hök*, Internationales Baurecht, 2001.
[1911] Nach deutschem internationalem Privatrecht ist als Anknüpfung für das anzuwendende Recht bei Schuldverträgen in erster Linie auf die Parteiwille maßgeblich (Art. 27 Abs. 1 S. 1 EGBGB). Haben die Parteien eine ausdrückliche oder konkludente Rechtswahl nicht getroffen, ist die Regelvermutung des Art. 28 EGBGB heranzuziehen. Nach Auffassung des BGH und der h. M. wird der Werkvertrag durch die Leistung des Werkunternehmers charakterisiert, BGH BauR 1999, 677. Dies führt regelmäßig zum Recht des Ortes der Niederlassung des Werkunternehmers.
[1912] *Thomas/Putzo-Hüßtege*, Art. 5 EuGVVO, Rn 8; *Micklitz/Rott*, EuZW 2001, 325 (328).
[1913] *Zöller-Vollkommer*, § 38 ZPO, Rn 3.
[1914] Vorweg ist darauf hinzuweisen, dass vor dem Hintergrund des § 40 Abs. 2 ZPO eine gem. § 38 ZPO an sich zulässige Gerichtsstandsvereinbarung unwirksam ist, wenn für die Klage ein ausschließlicher Gerichtsstand begründet ist. Hier ist in Bausachen vor allem an § 29 c ZPO zu denken.
[1915] Weiterführend: Zöller-*Vollkommer*, § 38 ZPO, Rn 17 ff.; Thomas/Putzo, § 38 ZPO, Rn 7 ff.; *Ehrike*, ZZP 111, 145 ff.

Gerichtsstand im Inland haben. § 38 Abs. 2 ZPO ist nicht anwendbar, wenn alle Parteien ihren Wohnsitz bzw. Sitz im Inland haben.[1916]

- § 38 Abs. 3 Nr. 1 ZPO lässt für alle Personenkreise eine „**nach Entstehen der Streitigkeit**" getroffene Gerichtsstandsvereinbarung zu. Entstanden ist eine Streitigkeit, sobald die Parteien über einen bestimmten Punkt des Vertrages uneins sind und ein gerichtliches Verfahren unmittelbar bevorsteht.[1917] Die Prorogation kann nicht zugleich mit dem streitigen Hauptvertrag vereinbart werden. Zu beachten ist die Ausdrücklichkeit i. S. einer Unmissverständlichkeit im Hinblick auf das zuständige Gericht und ein bestimmtes Rechtsverhältnis sowie die Schriftform nach § 126 BGB (Warnfunktion!).[1918]

719 Damit kann festgehalten werden, dass Gerichtsstandsvereinbarungen wie auch gerichtsstandsbegründende Erfüllungsortvereinbarungen vor dem Hintergrund der §§ 38 Abs. 1, 29 Abs. 2 ZPO immer dann unwirksam sind, wenn nicht **beide Vertragspartner Kaufleute** sind.[1919] Beim VOB-Bauvertrag ist gem. § 18 Nr. 1 VOB/B eine Gerichtsstandsvereinbarungen ebenfalls nur im gesetzlich zulässigen Rahmen des § 38 ZPO wirksam.[1920]

5. Taktisches Verhalten bei ungeklärter Zuständigkeit

720 Fraglich bleibt, wie man sich als Prozessvertreter verhalten soll, wenn sich das Gericht zur zwischen den Parteien umstrittenen Frage der örtlichen Zuständigkeit noch nicht oder gegen die eigene Auffassung geäußert hat? In diesem Fall kann der Kläger einen unbedingten oder hilfsweisen **Verweisungsantrag** nach § 281 Abs. 1 ZPO stellen. Auf einen Verweisungsantrag des Beklagten kommt es nicht an. Das Gericht verweist nicht etwa von Amts wegen an das seiner Meinung nach zuständige Gericht, sondern weist die Klage ggf. durch Prozessurteil als unzulässig ab. Weiterhin obliegt es dem Beklagten, die fehlende – örtliche oder sachliche – Zuständigkeit zu rügen. Gemäß § **39 S. 1 ZPO** kann die Zuständigkeit auch dadurch begründet werden, dass der Beklagte, ohne die Unzuständigkeit geltend zu machen, zur Hauptsache mündlich verhandelt.[1921] Dabei ist die Erörterung der Angelegenheit vor Antragstellung im Rahmen des Gütetermins nach § 278 Abs. 2 ZPO kein Verhandeln zur Hauptsache und führt nicht zur Zuständigkeitsbegründung durch rügelose Einlassung.[1922] Gleiches gilt für ein Verhandeln über Prozessvoraussetzungen bzw. Vergleichsverhandlungen. Die Rüge ist deshalb **bis zum Beginn der Verhandlung** zur Hauptsache – also bis zur Antragstellung (§ 137 Abs. 1 ZPO) – zu erhe-

---

1916 Weiterführend: BGH NJW 1993, 1071; Zöller-*Vollkommer*, § 38 ZPO, Rn 23 ff.; *Franzen*, RIW 2000, 86.
1917 Zöller-*Vollkommer*, § 38 ZPO, Rn 33.
1918 Zöller-*Vollkommer*, § 38 ZPO, Rn 34; MünchKomm-*Patzina*, § 38 ZPO, Rn 34; Thomas/Putzo, § 38 ZPO, Rn 17.
1919 Als Folge des Handelsrecht-Reformgesetzes vom 22. 6. 1998 ist nunmehr nach § 1 Abs. 2 HGB jeder Gewerbebetrieb ein Handelsgewerbe und begründet damit die Kaufmannseigenschaft, es sei denn, dass das Unternehmen nach Art oder Umfang einen in kaufmännischer Weise eingerichteten Geschäftsbetrieb nicht erfordert. Damit besteht für Unternehmer und Bauhandwerker die (widerlegbare) Vermutung, dass sie Kaufleute sind. Demgegenüber sind Architekten oder Sonderfachleute weiterhin keine Kaufleute. Gerichtsstandsvereinbarung sind in diesem Bereich an § 38 Abs. 3 ZPO zu messen.
1920 Werner/Pastor, Rn 416.
1921 Im Säumnisverfahren gilt § 39 S. 1 ZPO bei einem Antrag des Beklagten auf Erlass eines Versäumnisurteils gegen den Kläger. Bei Einspruch kann der Beklagte wegen § 342 ZPO im Einspruchstermin § 343 ZPO die Unzuständigkeit allerdings wieder rügen, Zöller-*Vollkommer*, § 39 ZPO, Rn 9. Bei einer Säumnis des Beklagten ist § 331 Abs. 1 S. 2 ZPO zu beachten. Danach greift die Geständnisfiktion nicht hinsichtlich vom Kläger behaupteter Vereinbarungen nach §§ 29 Abs. 2, 38 ZPO. Das Gericht hat hier von Amts wegen eine hinreichend schlüssige Darlegung der Zuständigkeit durch den Kläger zu prüfen, Zöller-*Herget*, § 331 ZPO, Rn 6.
1922 Zöller-*Vollkommer*, § 39 ZPO, Rn 6.

ben.[1923] [1924] Die Zuständigkeit des angegangenen Gerichts ist die gesetzliche Folge der rügelosen Einlassung, auch wenn etwa ein Hinweis des Gerichts auf die fehlende Zuständigkeit nach § 139 Abs. 3 ZPO fehlt. Etwas anderes gilt nur nach § 39 S. 2 ZPO i. V. m. § 504 ZPO für Verfahren vor dem Amtsgericht. Hier kann die fehlende Zuständigkeit bei unterlassener Belehrung noch bis zum Schluss der mündlichen Verhandlung erster Instanz gerügt werden, in der Berufungsinstanz dagegen nach § 529 Abs. 2 ZPO nicht mehr.[1925]

6. Zur subjektiven Klagehäufung im Bauprozess

Eine subjektive Klagehäufung entsteht durch Klageerhebung oder im Laufe des Prozesses immer dann, wenn auf der Kläger- oder Beklagtenseite mehrere Personen stehen. Bei der **einfachen Streitgenossenschaft** handelt es sich um eine Zusammenfassung mehrerer Prozesse aus Zweckmäßigkeitserwägungen zu einem Prozess. Die verschiedenen Prozessverhältnisse und die jeweils an ihnen beteiligten Parteien bleiben daher grundsätzlich selbstständig und voneinander unabhängig.[1926] Eine einfache Streitgenossenschaft besteht gem. § 59 ZPO, wenn die Beklagten zueinander in Rechtsgemeinschaft stehen. Eine Rechtsgemeinschaft liegt vor, wenn Gesamtschuldner verklagt werden. Dabei kommt es nur darauf an, wie der Kläger die Beklagten verklagt hat, nicht dagegen, ob die Beklagten – was ja erst nach materieller Prüfung festgestellt werden kann – tatsächlich Gesamtschuldner des Klägers sind.[1927] Ferner besteht eine einfache Streitgenossenschaft gem. §§ 59, 60 ZPO, wenn die Verpflichtung aus demselben oder einem – im Wesentlichen – gleichartigen tatsächlichen oder rechtlichen Grund folgt.[1928] Die Bestimmung ist als Zweckmäßigkeitsvorschrift weit auszulegen.[1929] [1930] Liegen die Voraussetzungen einer Streitgenossenschaft nicht vor, erfolgt nach Rüge des Beklagten (vgl. § 295 ZPO) keine Klageabweisung durch Prozessurteil, sondern vielmehr eine **Trennung der Verfahren** nach § 145 ZPO.

721

7. Aktivlegitimation und Prozessführungsbefugnis bei Mängeln am Sonder- und Gemeinschaftseigentum[1931]

Die **Prozessführungsbefugnis** und die **Aktivlegitimation**[1932] des einzelnen Wohnungseigentümers sind unproblematisch zu bejahen, wenn es um die Durchsetzung von Män-

722

1923 Zöller-*Vollkommer*, § 39 ZPO, Rn 7, 8.
1924 Zulässig und geboten ist die Rüge und vorsorgliches Verhandeln zur Sache, z. B. wenn das Gericht die Klage entgegen der Auffassung des Beklagten für zulässig hält, um die Rüge der Zuständigkeit bzw. Unzuständigkeit in der nächsten Instanz weiterhin geltend machen zu können, Zöller-*Vollkommer*, § 39 ZPO, Rn 5.
1925 Zöller-*Gummer*, § 529 ZPO, Rn 13.
1926 Zöller-*Vollkommer*, § 61 ZPO, Rn 8; Thomas/Putzo, § 61 ZPO, Rn 1.
1927 Zöller-*Vollkommer*, § 61 ZPO, Rn 5.
1928 BayObLG NJW-RR 1998, 209 und 805.
1929 BGH NJW 1986, 3209; 1992, 982; JZ 1990, 1036; Zöller-*Vollkommer*, § 61 ZPO, Rn 7.
1930 Es ist umstritten, ob ein Streitgenosse im Prozessrechtsverhältnis des anderen als Zeuge vernommen werden kann. Die Rechtsprechung lässt die Vernehmung eines Streitgenossen als Zeuge nur insoweit zu, als die Tatsache, zu der er als Zeuge benannt ist, ausschließlich den Prozess des anderen Streitgenossen betrifft, nicht jedoch, soweit die Tatsache auch für seinen Rechtsstreit von Bedeutung ist. Dadurch soll verhindert werden, dass der Streitgenosse praktisch in seinem eigenen Prozess als Zeuge aussagen könnte, BGH NJW 1983, 2508; NJW 1999, 2116; NJW-RR 1991, 256.
1931 Zur Begriff des Wohnungseigentums und der Abgrenzung von Sonder- und Gemeinschaftseigentum: Werner/Pastor, Rn 466 ff.; Kleine-Möller/Merl/Oelmaier-*Merl*, § 12 Rn 841.
1932 Zur Abgrenzung zwischen Prozessführungsbefugnis und Aktivlegitimation: Zöller-*Vollkommer*, Vor § 50 ZPO, Rn 18; *Groß*, BauR 1975, 12 (17); OLG Köln NJW 1968, 2063.

gelansprüchen wegen des **Sondereigentums** geht.[1933] Geht es dagegen um das **Gemeinschaftseigentum**, ist zu bedenken, dass die Ansprüche allen Wohnungseigentümern in ihrer Verbundenheit als Wohnungseigentümergemeinschaft zustehen und deshalb bestimmte Mängelrechte nur von den Wohnungseigentümern[1934] gemeinsam geltend gemacht werden können. Der Erwerber hat gegen den Bauträger einen Anspruch auf mangelfreie Herstellung des Sondereigentums und des Gemeinschaftseigentums, an dem er anteilig Miteigentümer ist.[1935] Damit ist die **Aktivlegitimation** des einzelnen Wohnungseigentümers sowohl im Hinblick auf Erfüllungs- als auch für Mängelansprüche zu bejahen.[1936] Im Hinblick auf die Prozessführungsbefugnis muss allerdings unterschieden werden:

- Die **Prozessführungsbefugnis** des einzelnen Wohnungseigentümers liegt zunächst dann vor, wenn es im Hinblick auf das Gemeinschaftseigentum um den Erfüllungs- bzw. Nacherfüllungsanspruch geht.[1937] Darüber hinaus kann auch der Anspruch auf Zahlung eines Vorschusses für Nachbesserungskosten bzw. der Erstattungsanspruch bei bereits vorgenommener Nachbesserung vom Erwerber im eigenen Namen geltend gemacht werden.

▶ HINWEIS: Im Hinblick auf den Klageantrag ist bei der Vorschussklage zu bedenken, dass der Antrag auf eine Zahlung an die Wohnungseigentümergemeinschaft zu richten ist, da nur auf diese Weise eine dem Gemeinschaftsrecht entsprechende Verwendung der Zahlung gewährleistet wird.[1938] [1939] ◀

Bei Vorliegen eines Mehrheitsbeschlusses der Wohnungseigentümergemeinschaft kann allerdings auch der Verwalter in gewillkürter Prozessstandschaft[1940] Ansprüche der Gemeinschaft im eigenen Namen verfolgen.[1941] [1942]

1933 BGH BauR 1997, 488 (489); BauR 1991, 606; NJW 1989, 1031; *Groß*, BauR 1975, 12 (17); *Deckert*, NJW 1973, 1073; Kleine-Möller/Merl/Oelmaier-*Merl*, § 12 Rn 840; Werner/Pastor, Rn 471.
1934 Zu beachten bleibt, dass der V. Senat des BGH mit Beschl. v. 2.6.2005, BauR 2005, 1462, inzwischen die (Teil-) Rechtsfähigkeit der Wohnungseigentümergemeinschaft bejaht hat. Geht es um Ansprüche des/der Erwerber(s) gegen den Bauträger auf mangelfreie Herstellung des Sonder- und Gemeinschaftseigentums, sind weiter der/die Erwerber und nicht die Wohnungseigentümergemeinschaft prozessführungsbefugt bzw. aktivlegitimiert. So geht es nämlich nicht um Ansprüche, die durch die (teil-)rechtsfähige Wohnungseigentümergemeinschaft, sondern vielmehr durch die einzelnen Erwerber aufgrund der bestehenden Erwerbsverträge begründet worden sind.
1935 BGH BauR 1997, 488 (489); BauR 1991, 606; NJW 1989, 1031; *Groß*, BauR 1975, 12 (17); *Deckert*, NJW 1973, 1073; Kleine-Möller/Merl/Oelmaier-*Merl*, § 12 Rn 840; Werner/Pastor, Rn 471.
1936 Werner/Pastor, Rn 472.
1937 BGH BauR 1990, 353.
1938 BGH BauR 1977, 271; BauR 1979, 420; NJW 1980, 400; BauR 1990, 353; Werner/Pastor, Rn 478; Kleine-Möller/Merl/Oelmaier-*Merl*, § 12 Rn 847 f.
1939 Ein Beschluss der Wohnungseigentümergemeinschaft, durch den der Wohnungseigentümer zur klageweisen Geltendmachung der Ansprüche ermächtigt wird, ist nicht erforderlich.
1940 Eine gewillkürte Prozessstandschaft, bei der der Kläger ein fremdes Recht im eigenen Namen geltend macht, ist dann zulässig, wenn der Kläger ein schutzwürdiges Interesse an der Rechtsverfolgung hat und er die Ermächtigung offenbart, Zöller-*Vollkommer*, Vor § 50 ZPO, Rn 44 f.; Kleine-Möller/Merl/Oelmaier-*Oelmaier/Merl*, § 21 Rn 46 f.
1941 BGH BauR 1997, 488 (489); BauR 1981 467; OLG Celle BauR 2001, 1753.
1942 Insoweit hat die Wohnungseigentümerversammlung als Beschlussorgan nach dem WEG mit Mehrheit entschieden, Mängelansprüche aller Wohnungseigentümer wegen Mängeln am Gemeinschaftseigentum zu verfolgen. Auch nach einem derartigen Mehrheitsbeschluss bleiben die Erwerber Inhaber der Mängelansprüche aus ihren ursprünglichen Erwerbsverträgen, *Greiner* ZfBR 2001, 439 (441).

B. Das Klageverfahren 1

▶ Klage auf Minderung bei Mängeln am Gemeinschaftseigentum:[1943]
Namens und in Vollmacht der Klägerin erheben wir gegen die Beklagte Klage und werden im Termin zur mündlichen Verhandlung beantragen:
Die Beklagte wird verurteilt, an den Kläger und die übrigen Eigentümer der Eigentumswohnanlage Senefelderstraße 28 in ..., gemäß beigefügtem Eigentümerverzeichnis, EUR 34.342,63 nebst Zinsen in Höhe von fünf Prozentpunkten über dem Basiszinssatz seit dem ... auf das Konto der Eigentümergemeinschaft bei der ... Bank (Konto ..., BLZ ...) zu bezahlen.[1944] ◀

■ Die Prozessführungsbefugnis des einzelnen Wohnungseigentümers bezieht sich gleichsam auf die Ansprüche aus Rücktritt[1945] und für den Anspruch auf den großen Schadensersatz.[1946] Mit der Geltendmachung dieser Ansprüche und der Rückabwicklung des Erwerbsvertrages scheidet der Erwerber aus der Wohnungseigentümergemeinschaft aus und wird durch den Bauträger als Vertragspartner ersetzt.

▶ Klage auf Rückabwicklung des Bauträgervertrages bei Mängeln:
Namens und in Vollmacht des Klägers erheben wir gegen die Beklagte Klage und werden im Termin zur mündlichen Verhandlung beantragen:
Die Beklagte wird verurteilt, an den Kläger EUR 345.700,- nebst Zinsen in Höhe von fünf Prozentpunkten über dem Basiszinssatz seit dem ... Zug um Zug gegen Rückgabe der Eigentumswohnung Nr. 9, Senefelderstraße 24, ..., und Löschung der zugunsten des Klägers an dieser Wohnung im Grundbuch von ..., Grundbuchblatt ..., Flurstück ..., eingetragenen Auflassungsvormerkung sowie Löschung der dort zugunsten der ... Bank eingetragenen Grundpfandrechte über EUR ... und ... % Zinsen zu bezahlen. ◀

■ Dementgegen steht bei einer **Minderung** bzw. bei der Geltendmachung des **kleinen Schadensersatzes** die Entscheidung über die Geltendmachung dieser gemeinschaftsbezogenen Ansprüche der Wohnungseigentümergemeinschaft zu. Folglich können diese Rechte von dem einzelnen Wohnungseigentümer nicht alleine verfolgt werden.[1947] Voraussetzung für die Geltendmachung dieser Ansprüche ist ein Mehrheitsbeschluss der Wohnungseigentümerversammlung nach § 21 Abs. 3 WEG. Bei Vorliegen eines Mehrheitsbeschlusses der Wohnungseigentümergemeinschaft kann der Verwalter in gewillkürter Prozessstandschaft auch diese Ansprüche der Gemeinschaft im eigenen Namen geltend machen.[1948] [1949]

[1943] Es ist davon auszugehen, dass die Mängel sämtliche Wohnungen betreffen. Um den jeweiligen Minderungsbetrag zu ermitteln, sind die Mängelbeseitigungekosten entsprechend den Miteigentumsteilen zu verteilen. Betreffen dem entgegen einzelne Mängel nur einzelne Eigentümer, sind diese Mängelbeseitigungskosten nach den Miteigentumsanteilen dieser Eigentümer zu verteilen.
[1944] Der Kläger ist im Hinblick auf einen geltend gemachten Kostenvorschussanspruch lediglich Mitgläubiger neben den übrigen Wohnungseigentümern. In diesem Fall ist der einzelne Erwerber zwar berechtigt, die Anspruch im eigenen Namen gegenüber dem Veräußerer zu verfolgen, kann die Leistung aber nur an sich und die übrigen Eigentümer verlangen, Werner/Pastor, Rn 478.
[1945] BGH WM 1971, 1251; NJW 1979, 2007; KG NJW 1976, 522; *Groß*, BauR 1975, 12 (18); *Weitnauer*, ZfBR 1981, 109 (112); Werner/Pastor, Rn 486; Kleine-Möller/Merl/Oelmaier-Merl, § 12 M Rn 870.
[1946] BGHZ 74, 259; *Siegburg*, Rn 2076; Brych/Pause, Rn 659; Werner/Pastor, Rn 491.
[1947] BGHZ 74, 258; BauR 1988, 336 (338); BauR 1991, 606; BauR 2000, 285; Werner/Pastor, Rn 488.
[1948] BGH BauR 1986, 447; *Deckert*, ZfBR 1984, 161 (164).
[1949] Insoweit hat die Wohnungseigentümerversammlung als Beschlussorgan nach dem WEG mit Mehrheit entschieden, Mängelansprüche aller Wohnungseigentümer wegen Mängeln am Gemeinschaftseigentum zu verfolgen. Auch nach einem derartigen Mehrheitsbeschluss bleiben die Erwerber Inhaber der Mängelansprüche aus ihren ursprünglichen Erwerbsverträgen, *Greiner*, ZfBR 2001, 439 (441).

von Kiedrowski

§ 8 Prozessuale Fragestellungen im praktischen Bauprozess

▶ Klage auf Minderung bei Mängeln am Gemeinschaftseigentum:[1950]
Namens und in Vollmacht der Klägerin erheben wir gegen die Beklagte Klage und werden im Termin zur mündlichen Verhandlung beantragen:
Die Beklagte wird verurteilt, an die Kläger zu 1) und zu 2) EUR ..., an den Kläger zu 3) EUR ..., an den Kläger zu 5) EUR ... und an die Klägerin zu 6) EUR ..., jeweils nebst Zinsen in Höhe von fünf Prozentpunkten über dem Basiszinssatz seit ... zu bezahlen. ◀

8. Die Feststellungsklage im Bauprozess[1951]

723 Im Bauprozess ist an eine **Feststellungsklage** oder **Feststellungswiderklage** dann zu denken, wenn Verjährungseintritt droht[1952] oder der Kläger seinen Anspruch noch nicht beziffern kann. Dabei ist zu beachten, dass nach der Rechtsprechung des BGH das **Feststellungsinteresse** nach § 256 ZPO fehlt,[1953] wenn das vom Kläger verfolgte Ziel vermittels einer Leistungsklage erreicht werden kann und die Feststellungsklage weder zu einer abschließenden bzw. zu einer prozessökonomischen Entscheidung der Streitigkeit der Parteien führt.[1954]

▶ Typische Fallkonstellationen:
– Feststellung des Bestehens eines Bau-, Architekten- oder Bauträgervertrages unter dem Gesichtspunkt der Wirksamkeit oder seiner Auflösung (BGH NJW 1975, 259; BauR 1989, 626 (629); MünchKomm-Lüke, § 256 ZPO, Rn 11);
– die Feststellung des Bestehens von Mängelansprüchen, sofern der Beklagte den Baumangel oder seine Verantwortlichkeit bestreitet und die Erhebung einer Leistungsklage nicht möglich oder untunlich ist (BGH BauR 1997, 129 (130); OLG Celle BauR 1984, 647);
– die Feststellung einer Abnahme zu einem bestimmten Zeitpunkt, wenn daraus unmittelbare Rechte abgeleitet werden (BGH BauR 1996, 386; OLG Hamm BauR 1984, 92 (93); Siegburg, ZfBR 2000, 507 (511). ◀

Geht es um einen Mängelrechteprozess, ist es für den Kläger regelmäßig schwierig, zu den Mängelbeseitigungskosten auch nur annähernd genau vorzutragen. Zudem kann in der Regel zu den Mängelbeseitigungskosten abschließend wenig ausgeführt werden, weil sich die Mangelfolgen noch in der Entwicklung befinden bzw. vom Ausgang eines ande-

---

1950 Es ist davon auszugehen, dass die Mängel sämtliche Wohnungen betreffen. Um den jeweiligen Minderungsbetrag zu ermitteln, sind die Mängelbeseitigungekosten entsprechend den Miteigentumsteilen zu verteilen. Betreffen den entgegen einzelner Mängel nur einzelne Eigentümer, sind diese Mängelbeseitigungskosten nach den Miteigentumsanteilen dieser Eigentümer zu verteilen.
1951 Geht es um einen Freistellungsanspruch, bei dem bspw. der Auftragnehmer gegenüber dem Baustoffhändler die Freistellung von Schadensersatzansprüchen begehrt, die der Auftraggeber wegen mangelbehafteter Holzbalken gegen ihn geltend macht, dann ist dieser nicht auf eine Feststellung gerichtet, sondern stellt ein Leistungsbegehren dar, da er seiner Natur nach ein Schadensersatzanspruch i. S. der § 249 Abs. 1 BGB ist, vgl. insoweit BGH BauR 1995, 542; OLG Düsseldorf Schäfer/Finnern, Z 3.13 Bl. 57. Es kann allerdings auf eine Feststellung geklagt werden, dass der Beklagte verpflichtet ist, den Kläger von allen Ansprüchen eines näher bezeichneten Dritten aufgrund der zwischen diesem Dritten und dem Kläger geschlossenen Vertrages freizustellen, vgl. insoweit OLG Hamm NJW-RR 1996, 1338. Gem. § 250 S. 2 BGB geht der Freistellungsanspruch in einen Geldanspruch über, wenn der Geschädigte erfolglos eine Frist mit Ablehnungsandrohung zur Herstellung – also in der Regel Übernahme der Verbindlichkeit – gesetzt hat. Weiterführend zur Klage auf Freistellung von Ansprüchen Dritter: Kniffka/Koeble, Kompendium 16. Teil, Rn 13 ff.
1952 BGH BauR 2003, 689; Kniffka/Koeble, Kompendium 16. Teil, Rn 1.
1953 Das Feststellungsinteresse ist besondere Sachurteilsvoraussetzung der Feststellungsklage. Fehlt es, ist die Klage unzulässig.
1954 Zöller-*Greger*, § 256 ZPO, Rn 7 a; Thomas/Putzo-*Reichold*, § 256 ZPO, Rn 14; Werner/Pastor, Rn 426. Ein Feststellungsinteresse ist deshalb zu verneinen, wenn der Schaden, der sich aus dem Baumangel ergibt, der Höhe nach feststeht und ohne Schwierigkeiten beziffert werden kann.

B. Das Klageverfahren

ren Prozesses oder vom Verhalten des Gegners abhängen.[1955] Wäre der Besteller/Auftraggeber in diesem Fall gezwungen, stets Leistungsklage zu erheben, würde ihm ein unzumutbares Prozessrisiko aufgebürdet. Deshalb ist es in diesen Fällen ratsam, eine Teilleistungsklage und eine Feststellungsklage zu erheben.[1956] Darüber hinaus ist eine Feststellungsklage auch dann zuzulassen, wenn der Schaden aufgrund des Baumangels nicht abschließend feststellbar ist, weil der Mangel noch weitere schädigende Wirkung zeigt und auch in Zukunft in noch nicht abgrenzbarem Rahmen fortwirken wird.[1957] In diesem Fall muss eine weitere Schadensentstehung aus dem Mangel allerdings wahrscheinlich sein. An eine Feststellungswiderklage ist insbesondere im Werklohnprozess des Auftragnehmers zu denken, wenn vonseiten des Auftraggebers einerseits das Vorliegen einer Abnahme und damit die Fälligkeit des Vergütungsanspruchs in Abrede gestellt wird und andererseits im Wege der Aufrechnung (vgl. Rn 563 ff.) oder als Leistungsverweigerungsrecht (vgl. Rn 578 ff.) Mängelrechte eingewandt werden, ohne dass es in diesem Fall betreffend dieser Ansprüche zu einer Verjährungshemmung kommt.[1958]

▶ Denkbare Feststellungsanträge im Bauprozess:
Namens und in Vollmacht der Klägerin erheben wir gegen die Beklagte Klage und werden im Termin zur mündlichen Verhandlung beantragen:

Es wird festgestellt, dass die Maurerarbeiten im Mehrfamilienhaus ... in ... durch den Beklagten abgenommen worden sind.[1959]

oder:

Es wird festgestellt, dass die Beklagte verpflichtet ist, der Klägerin auch jeden weiteren über den im Klageantrag nach Ziffer 1 hinausgehenden Schaden auf Grund des Schallmangels an der Aufzugsanlage der Wohnanlage ... zu ersetzen.[1960]

oder:

Es wird festgestellt, dass sich der Beklagte mit der Annahme der Mängelbeseitigungsarbeiten (Beseitigung der Bodenrisse der Wohnung Nr. ..., gelegen in ...) in Annahmeverzug befindet.[1961]

oder:

Es wird festgestellt, dass die Beklagte verpflichtet ist, Umsatzsteuer in gesetzlicher Höhe zu zahlen, wenn sich durch die Rechtsprechung des Gerichtshofes der Europäischen Gemeinschaft eine Umsatzsteuerpflicht für den Vergütungsanteil für nicht erbrachte Leistungen ergibt.[1962]

oder:

Es wird festgestellt, dass der Beklagten aus dem zwischen den Parteien am ... abgeschlossenen Bauvertrag wegen angeblicher Mängel am Buchenparkett kein Schadensersatzanspruch in Höhe von EUR ... zusteht.[1963] ◀

1955 Eine Feststellungsklage bleibt auch dann weiter zulässig, wenn eine weitergehende Bezifferung im laufenden Prozess möglich geworden ist, BGH NJW 1984, 1552 (1554); OLG Brandenburg ZfBR 2001, 111 (115).
1956 BGH Schäfer/Finnern, Z 2.414 Bl. 66; NJW 1984, 1552 (1554); *Wussow*, NJW 1969, 483.
1957 LG Itzehoe Schäfer/Finnern, Z 4.142 Bl. 28; OLG Düsseldorf BauR 1984, 91 (92).
1958 Kniffka/Koeble, Kompendium 16. Teil, Rn 3.
1959 Vgl. zu einem Antrag auf Feststellung einer Abnahme Rn 308 ff.
1960 Vgl. zu einem Antrag auf Feststellung noch nicht bezifferbarer (Folge-)Schäden Rn 614.
1961 Vgl. zu einem Antrag auf Feststellung des Vorliegens eines Annahmeverzuges Rn 765.
1962 Vgl. zu einem Antrag auf Feststellung einer ggf. bestehenden Verpflichtung zur Abführung von Umsatzsteuer für die nicht mehr erbrachten Leistungen bei der Abrechnung nach § 649 S. 2 BGB Rn 459.
1963 Hier handelt es sich um den Klageantrag bei einer negativen Feststellungsklage, wenn sich der Beklagte etwaiger Ansprüche aus Bauvertrag berühmt.

§ 8 Prozessuale Fragestellungen im praktischen Bauprozess

724 Der Beklagte muss im Rahmen einer gegen ihn geführten Feststellungsklage sämtliche ihm möglichen Einwendungen gegen den Klageanspruch vorbringen, um nicht der Präklusionswirkung zu unterliegen. Aus diesem Grunde muss der Auftragnehmer gegenüber einem ihm gegenüber festgestellten Schadensersatzanspruch – bei bestehender Aufrechnungslage – (vgl. Rn 564 ff.) die Aufrechnung mit etwaig bestehenden Werklohnansprüchen erklären.[1964]

II. Zur Streitverkündung im Bauprozess

725 Gemäß § 72 ZPO kann eine Partei bis zur rechtskräftigen Entscheidung des Rechtsstreits einem Dritten den Streit verkünden, wenn sie meint, für den Fall des ihr ungünstigen Ausgangs des Rechtsstreits, einen Anspruch auf **„Gewährleistung oder Schadloshaltung"** gegen den Dritten erheben zu können. Vor diesem Hintergrund ist an eine Streitverkündung im Bauprozess zunächst dann zu denken, wenn der Bauherr/Auftraggeber gegenüber seinem Vertragspartner im Klageweg Mängelansprüche verfolgt und der in Anspruch genommene Auftragnehmer seinerseits gegenüber Subunternehmern oder Architekten Rückgriffsansprüche geltend machen will.[1965] Darüber hinaus kommt eine Streitverkündung bei der alternativen Schuldnerschaft in Betracht, wenn alternativ die Vertragspartnerschaft des gem. § 164 BGB wirksam vertretenen „vermeintlichen" Auftraggebers neben der Haftung des ggf. als Vertreter ohne Vertretungsmacht handelnden „vermeintlichen" Vertreters gem. § 179 BGB in Betracht kommt.[1966] Die Streitverkündung bezieht einen Dritten im Rechtsstreit ein und setzt ihn ohne Klageerhebung der prozessual bedeutsamen **Interventionswirkung gem. §§ 74, 68 ZPO** aus. Die Interventionswirkung besagt, dass das Urteil des Erstprozesses als richtig gilt. Der Nebenintervenient kann sich demnach nicht darauf berufen, dass der Erstprozess falsch entschieden worden ist. Darüber hinaus hemmt die Streitverkündung gem. § 204 Abs. 1 Nr. 6 ZPO ohne besondere Klageerhebung den Lauf der Verjährungsfrist. Allerdings wird durch die Streitverkündung die Verjährung nur wegen derjenigen Ansprüche gehemmt, die sich aus der Streitverkündungsschrift ergeben.[1967] Erfolgt die Streitverkündung zum Zwecke der Verjährungshemmung, sollte im Hinblick auf den Eintritt der Rechtswirkungen des § 167 ZPO[1968] zur Sicherheit gem. § 169 Abs. 1 ZPO der Antrag gestellt werden, dass das Gericht den Zeitpunkt der Zustellung des Streitverkündungsschriftsatzes bestätigt.

1. Voraussetzungen der Streitverkündung

726 Die Voraussetzungen der Streitverkündung werden erst im Folgeprozess geprüft, wenn es um die Interventionswirkung bzw. die Hemmung der Verjährungsfrist geht.[1969]

1964 BGH BauR 1988, 374;
1965 OLG Frankfurt MDR 1976, 937; OLG München NJW 1986, 263; OLG Köln SFH, Nr. 17 zu § 13 Nr. 4 VOB/B; Zöller-Vollkommer, § 72 ZPO, Rn 7; Werner/Pastor, Rn 549.
1966 BGH ZfBR 1982, 30; ZfBR 1983, 26; OLG Hamm OLGR 1996, 74 (76); OLG Koblenz OLGZ 1979, 209; Zöller-Vollkommer, § 72 ZPO, Rn 8; Werner/Pastor, Rn 548.
1967 Werden in der Streitverkündungsschrift ausschließlich auf bauvertragliche Ansprüche Bezug genommen, dann wird die Verjährung nicht gehemmt, wenn die Anspruchsberechtigung später auf das Recht der unerlaubten Handlung gestützt wird, OLG Düsseldorf BauR 1996, 860.
1968 Vgl. hierzu die Ausführungen in Fn 1877.
1969 Zöller-Vollkommer, § 73 ZPO, Rn 1; Werner/Pastor, Rn 551.

B. Das Klageverfahren

a) Bestehender Rechtsstreit

Eine Streitverkündung kann nur im Rahmen eines **anhängigen Rechtsstreits** erfolgen.[1970] Dabei kann es sich sowohl um ein Klage-, ein einstweiliges Rechtsschutz-[1971] sowie um ein selbstständiges Beweisverfahren[1972] handeln. Auch im schiedsrichterlichen Verfahren ist eine Streitverkündung mit Einschränkungen möglich (vgl. Rn 712).

727

b) Streitverkündungsschriftsatz gemäß § 73 ZPO

Der einzureichende **Streitverkündungsschriftsatz** muss alle Angaben enthalten, die für die Entschließung des Dritten zum Beitritt wesentlich sind. Dazu gehören: das volle Klagerubrum; die genaue ladungsfähige Anschrift des Streitverkündungsempfängers; Ausführungen dazu, dass und warum der Streitverkündende sich eines möglichen Regressanspruches gegenüber dem Streitverkündungsempfänger berühmt; eine Mitteilung über den derzeitigen Stand des Rechtsstreits, tunlichst unter Beifügung von Ablichtungen der Klageschrift und aller weiterer bereits gewechselter Schriftsätze.[1973] [1974]

728

▶ Klageerwiderung nebst Streitverkündung:

Zugleich wird Namens und in Vollmacht der Beklagten der

… GmbH, gesetzlich vertreten durch den Geschäftsführer …, …,

der Streit verkündet mit der Aufforderung, dem Rechtsstreit aufseiten der Beklagten beizutreten.

Begründung:

Die Klägerin macht als Auftraggeberin eines Generalübernehmervertrages gegenüber der Beklagten als Auftragnehmerin Schadensersatzansprüche aus § 13 Nr. 7 VOB/B geltend. Ausweislich der Ausführungen in der Klageschrift behauptet die Klägerin, die Beklagte habe im Bereich des Erkers an der Südseite des Hauses die horizontale und vertikale Abdichtung nicht fachgerecht ausgeführt. Dadurch sei es dazu gekommen, dass das Mauerwerk in diesem Bereich total durchfeuchtet ist.

Falls diese Behauptungen zutreffen und die Beklagte deshalb im Rechtstreit unterliegen sollte, hat sie gegenüber der Streitverkündungsempfängerin, die die Abdichtungsarbeiten auf der Grundlage eines am … geschlossenen VOB-Bauvertrages als Subunternehmerin der Beklagten ausgeführt hat, einen Schadensersatzanspruch aus § 13 Nr. 7 VOB/B.

Der momentane Stand des Rechtsstreits ergibt sich aus den beiliegenden Unterlagen (Klageschrift, Anordnung des schriftlichen Vorverfahrens). Das Gericht wird gebeten, die Streitverkündungsschrift nebst beigefügten Unterlagen alsbald an die Streitverkündungsempfängerin zuzustellen. Ein Termin zur mündlichen Verhandlung ist noch nicht bestimmt worden. ◀

c) Zulässigkeit der Streitverkündung gemäß § 72 ZPO

Die Hauptpartei muss im Falle des ihr ungünstigen Verfahrensausgangs einen Gewährleistungs- oder Regressanspruch gegen den Streitverkündeten haben.[1975] Im Hinblick auf

729

1970 BGH NJW 1985, 328; Zöller-*Vollkommer*, § 66 ZPO, Rn 2; Thomas/Putzo, § 66 ZPO, Rn 3, 4.
1971 OLG Düsseldorf NJW 1958, 794; Zöller-*Vollkommer*, § 66 ZPO, Rn 2; Thomas/Putzo, § 66 ZPO, Rn 2; Werner/Pastor, Rn 556; **a. A.** *Fricke*, BauR 1978, 257 (258).
1972 BGH BauR 1998, 1172; KG NJW-RR 2000, 513; Zöller-*Vollkommer*, § 66 ZPO, Rn 2 a; Thomas/Putzo, § 66 ZPO, Rn 2; Werner/Pastor, Rn 555. Vgl. hierzu Rn 117 ff.
1973 *Schneider*, Rn 491.
1974 Die Zustellung der Streitverkündungsschriftsatzes erfolgt gem. §§ 73, 270 ZPO von Amts wegen. Wird die Zustellung vom Gericht verweigert, so kann der den Streit Verkündende sofortige Beschwerde erheben, OLG Frankfurt BauR 2001, 677.
1975 BGHZ 116, 100; Zöller-*Vollkommer*, § 72 ZPO, Rn 4; Thomas/Putzo, § 72 ZPO, Rn 6; Werner/Pastor, Rn 551.

§ 8 Prozessuale Fragestellungen im praktischen Bauprozess

die Ausgestaltung der in § 72 ZPO enthaltenen Begriffe „**Gewährleistung und Schadloshaltung**" geht es zunächst um die Mängelansprüche nach BGB und VOB/B, die Ansprüche aus §§ 280 ff. BGB einschließlich des Anspruchs aus Verschulden bei Vertragsabschluss sowie aller Ansprüche aus nicht vertraglichen Anspruchsgrundlagen oder sonstiger Rückgriffsansprüche auf Schadensersatz im Falle des ungünstigen Ausgangs des Ausgangsprozesses. Dies gilt gleichermaßen für Ausgleichsansprüche aus § 426 BGB oder § 840 BGB bei mehreren Schadensverursachern.[1976]

2. Form des Beitritts durch den Streitverkündungsempfänger

730 **Beigetreten** wird in erster Instanz durch Einreichung eines Schriftsatzes beim Prozessgericht. Tritt der Streitverkündungsempfänger erst nach Urteilserlass bei, kann er dies gem. § 70 Abs. 1 S. 1 ZPO auch mit der Einlegung einer eigenen Berufung verbinden.[1977] Während die Streitverkündung in keiner Instanz dem Anwaltszwang unterliegt, ist der Beitritt im Verfahren mit Anwaltszwang nur zulässig durch Einreichung eines von einem postulationsfähigen Rechtsanwalt unterschriebenen Schriftsatzes.[1978] Dabei werden nur geringe Anforderungen an den Inhalt des Schriftsatzes, mit dem der Beitritt erklärt wird, gestellt. So genügt für die Angabe des Interesses schon die Verweisung auf die Streitverkündungsschrift.[1979] Der Streitverkündungsempfänger ist ab seinem Beitritt am Hauptverfahren zu beteiligen, § 71 Abs. 3 ZPO. Ihm sind Ablichtung aller Schriftsätze und sonstige Verfahrensvorgänge zuzusenden.

3. Wirkungen der Streitverkündung

731 Der Nebenintervenient wird **nicht Partei**.[1980] Seine Rechtsstellung ist deshalb beschränkt. Ihm ist alles gestattet, was der Unterstützung seiner Hauptpartei dient,[1981] und alles untersagt, was deren Vorgehen im Prozess widerspricht.[1982] Verwehrt sind dem Streithelfer daher alle Prozesshandlungen wie die Klagerücknahme, Klageeinschränkung oder Klageerweiterung, die Erklärung der Hauptsache für erledigt, der einseitige Vergleichsabschluss mit dem Gegner der von ihm unterstützten Partei, die Abgabe eines Anerkenntnisses oder einer Verzichtserklärung.[1983] Materiell-rechtliche Willenserklärungen mit Wirkung für die von ihm unterstützte Partei kann er nicht verbindlich abgeben.[1984] Er kann also weder die Aufrechnung erklären noch anfechten oder vom Vertrag zurücktreten. Erklärungen hingegen, die nicht rechtsgestaltend wirken, also bloße Einwendungen und Einreden, darf er zugunsten der Hauptpartei geltend machen, etwa die Einrede der Verjährung oder die Berufung auf ein Zurückbehaltungsrecht der Hauptpartei. Widerspricht die Hauptpartei allerdings diesen Erklärungen, dann sind sie unbeachtlich. Bleibt der Streitverkündete **untätig** oder **tritt er dem Gegner bei**, so trifft ihn die Interventionswirkung des § 68 ZPO ab dem Zeitpunkt des möglichen Beitritts.[1985] Tritt er dem Streitverkünder bei, hat er im Vorprozess die Stellung wie ein Nebenintervenient. Zu beachten

---

1976 Werner/Pastor, Rn 557.
1977 Zöller-*Vollkommer*, § 66 ZPO, Rn 15.
1978 BGHZ 92, 254; NJW 1991, 230; Zöller-*Vollkommer*, § 70 ZPO, Rn 1.
1979 OLG Düsseldorf NJW 1997, 443; Zöller-*Vollkommer*, § 70 ZPO, Rn 2.
1980 BGH NJW 1995, 199; Zöller-*Vollkommer*, § 67 ZPO, Rn 1.
1981 BGH ZIP 1994, 788; Zöller-*Vollkommer*, § 67 ZPO, Rn 3.
1982 BGH NJW 1976, 293; OLG Frankfurt MDR 1983, 233; Zöller-*Vollkommer*, § 67 ZPO, Rn 9.
1983 BGH NJW 1976, 292; Zöller-*Vollkommer*, § 67 ZPO, Rn 9a.
1984 BGH NJW 1966, 930; Zöller-*Vollkommer*, § 67 ZPO, Rn 11.
1985 BGHZ 100, 259; Zöller-*Vollkommer*, § 74 ZPO, Rn 5.

ist, dass im Folgeprozess die Voraussetzungen der Streitverkündung nicht mehr geprüft werden, da diese durch den tatsächlichen Beitritt überholt sind.[1986]
Die **Interventionswirkung** tritt nur gegen den Streitverkündungsempfänger ein, nicht dagegen auch gegen die streitverkündende Partei selbst, die daher im Folgeprozess nicht an die Ergebnisse des Vorprozesses gebunden ist.[1987] Zu beachten bleibt, dass die Interventionswirkung des § 68 ZPO nur dann eintritt, wenn in dem Hauptverfahren ein Sachurteil vorliegt. Schließen die Hauptparteien einen Prozessvergleich, dann muss der Streithelfer das vorangegangenen Verfahren nicht gegen sich gelten lassen.[1988] Die Interventionswirkung besagt, dass das Urteil des Erstprozesses als richtig gilt. Der Streithelfer kann sich demnach nicht darauf berufen, dass der Erstprozess falsch entschieden worden ist. Im Unterschied zur Rechtskraft, bei der nur der Tenor Rechtskraft erlangt, geht die Interventionswirkung weiter. Sie erfasst zusätzlich auch alle tatsächlichen und rechtlichen Grundlagen des Urteils (entscheidungserhebliche Tatsachen und deren rechtliche Beurteilung).[1989] Die einzige **Verteidigungsmöglichkeit** des Streithelfers gegen die zugunsten der Hauptpartei wirkenden Interventionswirkung ist die Einrede der mangelhaften Prozessführung. Voraussetzung dafür ist, dass er darlegt und beweist, dass entweder er selbst verhindert war, ein bestimmtes Angriffs- oder Verteidigungsmittel geltend zu machen oder die Hauptpartei absichtlich oder grob schuldhaft ein solches nicht geltend gemacht hat und dem Streithelfer dieses Mittel nicht bekannt gewesen ist. In beiden Fällen muss das unterbliebene Angriffs- oder Verteidigungsmittel dazu geeignet gewesen sein, eine andere Entscheidung hervorgerufen zu haben.[1990]

4. Kosten der Streitverkündung

Die **Kostenentscheidung** ergeht bei der Streitverkündung auf der Grundlage von § 101 Abs. 1 ZPO. Im Hinblick auf den Streitwert der Nebenintervention entstehen dann Probleme, wenn der Rechtsanwalt des Streitverkündungsempfängers dem Streitverkünder beitritt und sich den Anträgen der von ihm unterstützten Partei anschließt. Teilweise wird in diesem Fall angenommen, dass sich der Streitwert der Nebenintervention nach dem Wert der Hauptsache richtet.[1991] Das kann dann nicht richtig sein, wenn dem Streitverkündungsempfänger nur ein Regress in geringerer Höhe droht. Zunehmend stellt die Rechtsprechung deshalb bei der Bemessung des Streitwerts für die durchgeführte Nebenintervention ungeachtet der Anträge des Streithelfers nur auf sein Interesse am Beitritt ab.[1992]

III. Die Klageschrift

1. Anforderungen an einen schlüssigen Klägervortrag

Die Klage kann nur dann Erfolg haben, wenn bzw. soweit der Tatsachenvortrag des Klägers überhaupt schlüssig ist.[1993] Der Sachvortrag zur Begründung eines Klageanspruchs

---

1986 Zöller-*Vollkommer*, § 74 ZPO, Rn 4.
1987 BGH NJW 1987, 1894; Zöller-*Vollkommer*, § 68 ZPO, Rn 6.
1988 BGH DB 1967, 814; Zöller-*Vollkommer*, § 68 ZPO, Rn 4.
1989 BGHZ 103, 278; 116, 102; Zöller-*Vollkommer*, § 68 ZPO, Rn 9.
1990 *Bischof*, JurBüro 1984, 1142 (1148); Zöller-*Vollkommer*, § 68 ZPO, Rn 11, 12.
1991 BGHZ 31, 144.
1992 OLG Köln MDR 1990, 251; *Schneider*, MDR 1990, 251; *ders.*, MDR 1982, 270.
1993 Nur eine schlüssige Klage rechtfertigt gem. § 331 Abs. 2 ZPO den Erlass eines Versäumnisurteils gegen den Beklagten, Zöller-*Greger*, Vor § 253 ZPO, Rn 23. Ist die Klage unschlüssig, so ergeht ein unechtes Versäumnisurteil gegen den Kläger.

ist dann schlüssig, wenn der Kläger die Tatsachen vorgetragen hat, die in Verbindung mit einem Rechtssatz geeignet und erforderlich sind, um das geltend gemachte Recht als in der Person des Klägers entstanden erscheinen zu lassen.[1994] Die entscheidende Frage der **Schlüssigkeitsprüfung** ist demnach, ob die Voraussetzungen der in Betracht kommenden Anspruchsgrundlage vom Kläger hinreichend tatsächlich vorgetragen worden sind. Die Voraussetzungen einer Anspruchsgrundlage sind vom Kläger nur dann vorgetragen, wenn sich die das Merkmal ausfüllenden Haupttatsachen aus dem Vortrag ergeben. Haupttatsachen sind dabei die Tatsachen, die dem Tatbestandsmerkmal (der Anspruchsvoraussetzung) in der Norm (der Anspruchsgrundlage) entsprechen, also unmittelbar das Tatbestandsmerkmal bilden.[1995]

735 Bei den Merkmalen, die einen Tatsachenbegriff darstellen, ist **Haupttatsache** unmittelbar diese Tatsache. Soweit jedoch – wie häufig – die Anspruchsgrundlage Rechtsbegriffe[1996] als (Anspruchs-) Voraussetzungen aufführt, sind insoweit die den Rechtsbegriff ausfüllenden Tatsachen, also die Tatsachen, die sich bei rechtlicher Beurteilung des Rechtsbegriffs ergeben, als Haupttatsachen vorzutragen. Der Kläger hat daher das Tatbestandsmerkmal (die Anspruchsvoraussetzung) grundsätzlich nicht schon dann vorgetragen, wenn der Rechtsbegriff als solcher vorgetragen wird. Es bedarf vielmehr des Vortrags derjenigen Tatsachen, die den Rechtsbegriff ausfüllen. Von diesem Grundsatz können jedoch für **"einfache Rechtsbegriffe"**[1997] Ausnahmen in Betracht kommen. Der Vortrag des bloßen Rechtsbegriffs ist dann als hinreichender „Tatsachenvortrag" anzusehen, wenn er eindeutig ist und von den Parteien zutreffend und übereinstimmend verstanden wird. Dann ist seine Verwendung Vortrag der Haupttatsache.[1998] Bei **„schwierigen Rechtsbegriffen"** ist dagegen stets der Vortrag der den Rechtsbegriff ausfüllenden Tatsachen erforderlich. Bei „normativen Tatbestandsmerkmalen" – also Anspruchsvoraussetzungen, deren Annahme eine Bewertung voraussetzt – sind Haupttatsachen diejenigen Tatsachen, die das Merkmal ausfüllen, d. h. die Bewertung rechtfertigen.[1999] Die Partei, die ein solches normatives Tatbestandsmerkmal vorzutragen hat, genügt ihrer Darlegungspflicht daher nicht, wenn sie sich lediglich auf den Begriff oder auf ihre eigene Bewertung beruft. Sie hat das Merkmal vielmehr erst dann dargelegt, wenn sie Tatsachen vorgetragen hat, die – für sich oder zusammen mit anderen – die im Tatbestand vorausgesetzte Bewertung des Vorgangs ergeben.

2. Darlegungslast

a) Grundlagen

736 Wenn der Kläger zu wenig an Tatsachen zur Darlegung der Anspruchsvoraussetzungen vorgetragen hat, ist die betreffende Anspruchsgrundlage nicht schlüssig dargelegt. Auf eine Beweisaufnahme kommt es – selbst wenn der Kläger unter Beweisantritt vorgetragen

---

1994 BGH NJW-RR 1993, 189; NJW-RR 1997, 270; NJW-RR 1998, 712; NJW-RR 1999, 360; Zöller-*Greger*, Vor § 253 ZPO, Rn 23.
1995 Gegebenenfalls kann die Klage auch durch den Vortrag sog. Hilfstatsachen schlüssig sein. Hilfstatsachen (Indizien) sind solche Tatsachen, die nicht selbst das Tatbestandsmerkmal der Norm ausfüllen, sondern mit denen der (Rück-) Schluss auf das Vorliegen der Haupttatsache geführt und ggf. die Haupttatsache bewiesen werden kann, BGH NJW 1992, 2489; NJW-RR 1993, 444; *Schellhammer*, Rn 422; Berg/Zimmermann, S. 42.
1996 Bspw.: Werkvertrag, Abnahme, Einheits-/Pauschalpreisvertrag, Behinderung.
1997 OLG Frankfurt NJW-RR 1994, 530 (zur Abnahme gem. § 640 BGB).
1998 BGH NJW 1992, 906; NJW-RR 1994, 1085; MDR 1998, 769; OLG Koblenz NJW-RR 1993, 571.
1999 Solche normativen Merkmale sind bspw.: „Fahrlässigkeit", „Sittenwidrigkeit", „Arglist", „Treu und Glauben", „Unzumutbarkeit", „wichtiger Grund", „höhere Gewalt".

hat – nicht mehr an. Es ergeht vielmehr ein klageabweisendes Sachurteil. Der Kläger braucht die Anspruchsvoraussetzungen jedoch nur insoweit vorzutragen, als er die Darlegungslast trägt.[2000] Dabei kann zunächst festgehalten werden, dass die Darlegungslast der Beweislast folgt.[2001] Vor diesem Hintergrund hat der Kläger, der insoweit auch die Beweislast trägt, alle Anspruchsvoraussetzungen, d. h. den normalen Entstehungstatbestand des Anspruchs, darzulegen.[2002] Die Darlegungslast für die Einreden i. S. der ZPO (also rechtshindernde und rechtsvernichtende Einwendungen sowie rechtshemmende Einreden) trägt grundsätzlich der Beklagte.

b) Verkürzte Darlegungslast

Als Folge einer Beweiserleichterung kann im Einzelfall auch die Darlegungslast verkürzt sein. In einem solchen Fall schadet es dem Kläger daher nicht, wenn er einzelne Anspruchsvoraussetzungen nicht oder nur eingeschränkt vorgetragen hat. Die Darlegungslast ist verkürzt, sobald ein Fall der **Beweislastumkehr**[2003] vorliegt bzw. eine gesetzliche[2004] oder tatsächliche Vermutung für den Kläger spricht. Hervorzuheben sind im Bauprozess die Fälle der Annahme einer **tatsächlichen Vermutung**. Bei typischen Geschehensabläufen kann aufgrund der allgemeinen Lebenserfahrung – Erfahrungssätze – auf das Vorliegen bestimmter Umstände geschlossen werden.[2005] Man spricht von einem **Beweis des ersten Anscheins** aufgrund tatsächlicher Vermutungen.[2006] Wird vom erkennenden Gericht ein solcher Erfahrungssatz bejaht,[2007] liegt ein Anscheinsbeweis vor. Ein solcher Anscheinsbeweis führt zu einer Verkürzung der Darlegungslast des Klägers, der in diesem Fall nur die Tatsachengrundlage für die Annahme des Erfahrungssatzes vorzu-

737

2000 Die Darlegungslast ist dabei von der Beweislast zu unterscheiden, die das Risiko des Prozessverlustes wegen Nichterweislichkeit der zuvor hinreichend dargelegter Tatschen bezeichnet.
2001 Zöller-*Greger*, § 138 ZPO, Rn 8b.
2002 BGH NJW 1989, 1728; NJW 1991, 1053; NJW 1999, 2887; *Schellhammer*, Rn 159.
2003 Im Bauprozess ist die für das Verschulden geltende Beweislastregel in §§ 280 Abs. 1 S. 2 BGB, § 363 BGB sowie § 830 Abs.1 S. 2 BGB hervorzuheben. Vgl. zur Beweislastverteilung im Bauprozess: Werner/Pastor, Rn 2689 ff.
2004 Eine gesetzliche Vermutung ist jede gesetzliche Regelung (bspw. § 1006 BGB) dahin, dass bei Vorliegen eines bestimmten Umstandes (Vermutungsgrundlage) das Vorliegen eines anderen Umstandes (Vermutungsfolge) vermutet wird. Eine solche Vermutung beeinflusst nicht nur die Beweis-, sondern auch die Darlegungslast. Der Kläger braucht, wenn für eine von ihm vorzutragende Anspruchsvoraussetzung eine Vermutung spricht, nicht das Merkmal selbst vorzutragen, sondern es reicht aus, wenn sich aus seinem Vortrag die Vermutungsvoraussetzung ergibt (die erforderlichenfalls von ihm zu beweisen ist). Es ist dann Sache des Beklagten, die Vermutung zu widerlegen. Gelingt ihm dies, muss der Kläger nunmehr die zunächst vermutete Anspruchsvoraussetzung selbst substantiiert vortragen, damit die Klage schlüssig ist.
2005 So entspricht es einem typischen Geschehensablauf, dass eine Decke einstürzt, wenn der Beton schlecht ist oder wenn sie vorzeitig belastet bzw. zu früh oder unsachgemäß geschalt wird. Eine viel geringere Betondichte und Betonhärte reicht, so spricht ein typischer Geschehensablauf dafür, dass die Überwachung durch den Architekten mangelhaft war. Bei einer solchen Sachlage braucht der Auftraggeber nicht anzugeben, in wie weit es der Architekt im Einzelnen an der erforderlichen Überwachung hat fehlen lassen. Es ist vielmehr Sache des Architekten, den Beweis des ersten Anscheins dadurch auszuräumen, dass er seinerseits darlegt, was er oder sein Erfüllungsgehilfe an Überwachungsmaßnahmen geleistet hat. Dazu reicht nicht die bloße Behauptung, er habe die Betonarbeiten durch seinen Bauführer überwachen lassen, BGH BauR 1973, 255; vgl. darüber hinaus BGH VersR 1974, 972.
2006 BGH NJW 1991, 230; NJW 1996, 1821; NJW 1997, 529; BauR 1994, 524; ZfBR 1987, 245; NJW-RR 1986, 1350; Zöller-*Greger*, Vor § 284 ZPO, Rn 29 ff.
2007 Bestreitet der Beklagte das Bestehen des Erfahrungssatzes, so geht dieses Bestreiten praktisch ins Leere, da die Annahme des Erfahrungssatzes eine rechtliche Wertung des Gerichts darstellt. Bestreitet der Beklagte dem entgegen die Voraussetzungen des Erfahrungssatzes, ist über die Voraussetzungen Beweis zu erheben ist, BGH BauR 1997, 326.

§ 8 Prozessuale Fragestellungen im praktischen Bauprozess

tragen hat.[2008][2009] Es ist dann Sache des Beklagten, den Anscheinsbeweis durch ein substantiiertes Vorbringen zu entkräften.[2010] Gelingt dies dem Beklagten nicht, entfällt die Notwendigkeit einer Beweisaufnahme, da es bereits an der Beweisbedürftigkeit fehlt. Kann der Beklagte einen vom gewöhnlichen Verlauf abweichenden Gang des Geschehens beweisen, aus dem sich die ernsthafte Möglichkeit für einen anderen als den typischen Hergang ergibt, ist für einen Anscheinsbeweis kein Raum mehr. In diesem Fall gelten dann – mit den entsprechenden Auswirkungen für die Darlegungslast – wieder die allgemeinen Beweisregeln.[2011]

3. Zur Substantiierungslast

738 Neben der Schlüssigkeit des Klägervortrags stellt sich die Frage, wie weit der Vortrag des Klägers ins Einzelne gehen muss.[2012] Dies hängt insbesondere von der Einlassung des Beklagten ab.[2013] Wenn durch die Einlassung des Beklagten der Vortrag des Klägers zur Haupttatsache unvollständig oder unklar wird, sodass die Haupttatsache nunmehr nicht mehr dem Klägervortrag entnommen werden kann, ist eine weitere Substantiierung durch den Kläger erforderlich.[2014] So kann z. B. ein knapper Vortrag in der Klageschrift zum Vorliegen einer Abnahme durchaus schlüssig sein und den Erlass eines Versäumnisurteils nach dem Klageantrag gem. § 331 Abs. 1, 2 ZPO rechtfertigen. Durch die Einlassung des Beklagten kann der Vortrag allerdings unvollständig oder unklar werden, was dann zur Erhaltung der Schlüssigkeit einen ein- oder weitergehenden Vortrag des Klägers erfordert.

IV. Die Klageerwiderung

739 Gegenüber der einzelnen Anspruchsgrundlage kann sich der Beklagte grundsätzlich in zweifacher Richtung erheblich verteidigen, nämlich durch Bestreiten von Anspruchsvoraussetzungen – falls dies nicht zu einer anderweitigen, insoweit nicht bestrittenen Begründung führt – sowie durch Vortrag des Tatbestandes einer Norm, die dem Anspruch des Klägers entgegensteht (**Gegennorm:** Einwendung, Einrede), wobei natürlich auch eine Kombination beider Verteidigungsverhalten möglich ist.

1. Bestreiten der Anspruchsvoraussetzungen

740 Streitig ist ein Parteivorbringen, wenn es der Beklagte ausdrücklich bestreitet. Aus § 138 Abs. 3 Halbs. 2 ZPO folgt aber auch, dass ein Bestreiten nicht nur ausdrücklich, sondern auch konkludent erfolgen kann. Ob der Beklagte eine Behauptung des Klägers bestreitet, ist ggf. durch Auslegung zu ermitteln, wobei nach einer verständigen Würdigung davon auszugehen ist, dass eine Partei in der Regel ihren Vortrag im Zweifel so verstanden wissen will, dass er ihren Interessen entspricht und für sie günstig ist.[2015] Im Zweifel ist folg-

---

2008 *Kuffer*, ZfBR 1998, 277 ff.; *Baumgärtel*, Rn 227 ff.
2009 Dabei hat das erkennende Gericht anerkannte Erfahrungssätze von sich aus zu berücksichtigen, ohne dass die Parteien sich darauf zu berufen hätten bzw. Beweis antreten müssen, RG JW 1914, 36 Nr. 6.
2010 Legt der Beklagte Umstände dar, die auf einen atypischen Geschehensablauf schließen lassen, muss hierüber Beweis erhoben werden.
2011 BGH VersR 1974, 263.
2012 Zur „Substantiierungslast": Zöller-*Greger*, § 138 ZPO, Rn 8 a; *Hansen*, JuS 1991, 588; *Baumgärtel*, Festschrift für Heiermann, S. 1 ff.; *Frohn*, JuS 1996, 243; *Pastor*, Festschrift für v.Craushaar, S. 375 ff.
2013 BGH BauR 1992, 265 (266); Werner/Pastor, Rn 1471.
2014 BGH NJW 1991, 2707.
2015 BGH NJW 1990, 2684.

lich von einem Bestreiten auszugehen. Dabei ist der gesamte Vortrag der Partei zu berücksichtigen; auf eine zeitliche Reihenfolge kommt es dabei nicht an. Das Bestreiten muss nicht etwa dem betreffenden Vortrag nachfolgen, sondern kann sich auch aus gegensätzlichem früherem Vortrag ergeben.[2016] Möglich ist zunächst ein sog. **einfaches Bestreiten**, bei dem eine Behauptung der anderen Partei lediglich verneint wird und keine weitere Erklärung oder Begründung folgt.[2017] Ein **substantiiertes bzw. qualifiziertes Bestreiten** liegt vor, wenn ein Vortrag nicht bloß verneint, sondern eine Gegendarstellung – wie sich der bestrittene Vorgang nach Ansicht des Bestreitenden abgespielt hat – abgegeben wird.[2018]

Regelmäßig genügt gegenüber dem Tatsachenvortrag der darlegungsbelasteten Partei ein einfaches Bestreiten[2019] Ob ein einfaches Bestreiten ausreicht oder ein substantiiertes Bestreiten – und ggf. in welchem Umfang – erforderlich ist, hängt in der Regel vom Vortrag der primär darlegungsbelasteten Partei ab. Je substantiierter der Vortrag des darlegungsbelasteten Klägers ist, desto höhere Anforderungen sind an eine ausreichende Substantiiertheit des Bestreitens zu stellen, soweit dem Beklagten nähere Angaben möglich und zumutbar sind.[2020] Wurden dagegen vom Kläger zwar alle zur Begründung des behaupteten Rechts bzw. der erhobenen Einwendung erforderlichen Tatsachen hinreichend vorgetragen, aber nicht näher konkretisiert, so muss sich der Gegner dazu – unter Beachtung von § 138 Abs. 1 (Wahrheitspflicht beachten! – nicht einfach alles Bestreiten!) und Abs. 2 ZPO – erklären, muss aber ebenfalls keine konkreten Einzelheiten vortragen, sondern kann sich auf ein einfaches Bestreiten beschränken.[2021]

Als Ausnahme von diesem Grundsatz legt die Rechtsprechung dem Beklagten/Gegner der primär darlegungsbelasteten Partei in bestimmten Fallkonstellationen eine sog. **sekundäre Behauptungslast** nach Treu und Glauben auf. Dies gilt für solche Fälle, in denen die eigentlich darlegungsbelastete Partei außerhalb des von ihr darzulegenden Geschehensablaufs steht und die maßgebenden Tatsachen nicht kennt, während der anderen Partei nähere Angaben möglich und zumutbar sind,[2022] insbesondere, wenn sie selbst an dem Vorgang beteiligt war oder wenn nur sie in der Lage ist, den umstrittenen Sachverhalt aufzuklären.[2023] Erfüllt der Beklagte/Gegner die sekundäre Behauptungslast nicht, gilt die Behauptung des primär Darlegungsbelasteten trotz mangelnder Substantiierung i. S. von § 138 Abs. 3 ZPO als zugestanden.[2024] Erfüllt der Gegner dagegen seine sekundäre Behauptungslast, muss der primär Darlegungspflichtige die Gegendarstellung durch substantiierten Vortrag ausräumen.

Die letzte Erklärungsform ist das sog. **Bestreiten bzw. die Erklärung mit Nichtwissen** gem. § 138 Abs. 4 ZPO. Der Bestreitende begründet sein einfaches Bestreiten damit, dass er von dem Vorgang keine Kenntnis habe. Ein solches Bestreiten mit Nichtwissen ist gem. § 138 Abs. 4 ZPO nur hinsichtlich solcher Tatsachen als Bestreiten beachtlich, die weder eigenes Handeln noch eigene Wahrnehmungen des Bestreitenden betreffen.[2025] Andern-

---

2016 BGH NJW-RR 2001, 1294; Zöller-*Greger*, § 138 ZPO, Rn. 10.
2017 Zöller-*Greger*, § 138 ZPO, Rn 8a.
2018 Zöller-*Greger*, § 138 ZPO, Rn 8a.
2019 BGH NJW 1999, 1404 (1405.).
2020 BGH NJW 1996, 1827.
2021 BGH NJW 1995, 3312.
2022 BGH NJW 1990, 3151; NJW 1997, 128; NJW 1999, 354.
2023 BGHZ 116, 56; NJW 1990, 3151; NJW 1999, 1404 (1406).
2024 Zöller-*Greger*, Vor § 284, Rn. 34c.
2025 Zöller-*Greger*, § 138, Rn. 13.

falls ist das Bestreiten mit Nichtwissen unzulässig, mit der Folge, dass die gegnerische Behauptung als nicht bestritten zu behandeln ist.

2. Vortrag einer Gegennorm

744 Im Prozessrecht werden alle **Gegennormen** als Einreden bezeichnet. Einwendungen (vgl. Rn 562 ff.) und Einreden (vgl. Rn 578 ff.) unterscheiden sich grundsätzlich dadurch, dass **Einwendungen** bei Vortrag ihrer Voraussetzungen von Amts wegen zu berücksichtigen sind, wobei unerheblich ist, aus wessen Vortrag sie sich ergeben. **Einreden** sind dagegen nur dann zu berücksichtigen, wenn der Beklagte sich auf sie beruft. Trägt der Beklagte eine Gegennorm vor, so gilt hier das zur Klagebegründung Gesagte entsprechend (vgl. Rn 734 ff.). Es erfolgt also eine Schlüssigkeitsprüfung dahingehend, ob sich die tatsächlichen Voraussetzungen der Gegennorm aus dem Tatsachenvortrag des Beklagten ergeben. Liegen die Voraussetzungen vor, ist mit der Replik auf der Klägerseite zu prüfen, ob die Tatsachengrundlage für die Gegennorm durch den Kläger erheblich bestritten bzw. durch den Vortrag einer weiteren Gegennorm ausgeräumt werden kann.

3. Die Erhebung einer Widerklage

745 Die Erhebung einer **Widerklage** ist zwar keine Verteidigung gegen die Klageforderung im eigentlichen Sinne, da der Beklagte mit ihr zum selbstständigen Gegenangriff übergeht. Sie muss aber auch im Verteidigungszusammenhang gesehen – und demgemäß bei der Erarbeitung der Verteidigungsstrategie in Erwägung gezogen – werden.[2026] Sie ist angebracht, wenn

- die Widerklageforderung nicht unmittelbar zur Verteidigung verwendet werden kann, weil keine Aufrechnungsmöglichkeit (es besteht bspw. ein Aufrechnungsverbot oder es fehlt an der Gleichartigkeit der Forderungen) oder ein Zurückbehaltungsrecht (es fehlt an der Konnexität) besteht,
- die Forderung bei der Eventualaufrechnung möglicherweise für die Verteidigung nicht benötigt wird, weil die Klageforderung unbegründet ist,
- eine Gegenforderung nicht vollständig zur Verteidigung benötigt wird (Aufrechnung gegenüber der Klageforderung und Widerklage wegen des überschießenden Betrages),
- der Beklagte bei Eingreifen eines Zurückbehaltungsrechts Zug um Zug gegen Erfüllung der Verpflichtung des Klägers – etwa zur Zahlung gegen Mängelbeseitigung – verurteilt wird. In Rechtskraft erwächst dann aber nur die Verurteilung des Beklagten, nicht die Verpflichtung des Klägers. Nur der Kläger kann aus diesem Urteil vollstrecken. Der Beklagte kann die dem Kläger obliegende Leistung nur vollstrecken, wenn der Kläger dazu verurteilt ist. Dies kann mit einer Widerklage – neben der Ausübung des Zurückbehaltungsrechts – erzielt werden,
- durch die Erhebung gegen einen Dritten ein Zeugen des Klägers ausgeschlossen werden soll oder
- um weitere zwischen den Parteien streitige Ansprüche in den Rechtsstreit einzubeziehen, besonders dann, wenn dies der gesamten Erledigung der Streitigkeit dient oder
- um weitere Angriffe des Klägers zu verhindern. In diesem Fall ist eine negative Feststellungswiderklage gegen eine Teilklage bzw. eine negative Zwischenfeststellungswiderklage gem. § 256 Abs. 2 ZPO zu erheben.

[2026] Die Widerklage muss, soweit sie nicht in der mündlichen Verhandlung gestellt wird, gem. § 261 Abs. 2 ZPO durch das Gericht zugestellt werden. Eine Zustellung von Anwalt zu Anwalt führt demnach nicht zur Rechtshängigkeit der Gegenklage.

Sachurteilsvoraussetzung für eine Widerklage ist, dass die Hauptklage im Zeitpunkt der Erhebung der Widerklage **rechtshängig** ist.[2027] Maßgeblich ist, dass die Rechtshängigkeit bei der Widerklageerhebung besteht. Ein späterer Wegfall der Rechtshängigkeit der Klage wirkt sich folglich nicht aus. Nach Schluss der letzten mündlichen Verhandlung kann gem. §§ 296 a, 297 ZPO keine Widerklage mehr erhoben werden.[2028] In der Regel wird das Gericht die Widerklage in diesem Fall dem Kläger formlos zuleiten. Es wird damit keine Rechtshängigkeit begründet; der Beklagte kann die Widerklage folglich zum Gegenstand eines neuen selbstständigen Klageverfahrens machen. Wird die Widerklage allerdings doch zugestellt, wird die Rechtshängigkeit begründet und es erfolgt eine Entscheidung.[2029]

746

Die **Parteien** von Klage und Widerklage müssen **identisch** sein. Möglich ist auch eine Drittwiderklage. Eine solche Drittwiderklage kann allerdings grundsätzlich nur zusammen mit einer Widerklage erhoben werden. Für das Prozessrechtsverhältnis zwischen dem Beklagten und dem Dritten gilt folgendes: Kläger und Drittwiderbeklagter müssen Streitgenossen gem. §§ 59 ff. ZPO sein. Zudem sind aufgrund der Parteierweiterung die Klageänderungsvorschriften gem. §§ 263 ff. ZPO aus der Sicht des Dritten zu prüfen. § 33 ZPO gilt gegenüber dem Drittwiderbeklagten nicht.[2030] Eine **isolierte „Widerklage"** gegenüber einem Dritten kann ausnahmsweise zulässig sein.[2031]

747

Die Widerklage darf sich nicht lediglich in einer Verneinung des Klagegegenstandes erschöpfen. Voraussetzung ist ein **selbstständiger Streitgegenstand**. Schließlich muss zwischen dem Gegenstand der Klage und der Widerklage ein **Sachzusammenhang** bestehen. Dieses Erfordernis ergibt sich aus § 33 ZPO.[2032] Der Rechtsstreit muss einem einheitlichen Lebensverhältnis entspringen. Das Fehlen eines konnexen Lebensverhältnisses ist nach § 295 ZPO heilbar, wenn der Kläger keine Rüge erhebt.

748

V. Die mündliche Verhandlung

Grundsätzlich kann der Rechtsstreit nur auf der Grundlage einer mündlichen Verhandlung entschieden werden und nur der in der Verhandlung vorgetragene Streitstoff gem. § 128 Abs. 1 ZPO Entscheidungsgrundlage sein.[2033] So sind insbesondere Prozessrügen nur dann beachtlich, wenn sie in der Verhandlung erhoben worden sind. Dies betrifft zum einen § 39 ZPO und zum anderen § 295 ZPO bzw. § 267 ZPO.

749

1. Richterliche Maßnahmen

Wenn das Vorbringen des Klägers zu einer in Betracht kommenden Anspruchsgrundlage nicht schlüssig ist, kann unter Umständen ein Hinweis gem. § 139 Abs. 2 ZPO an den Kläger zur Vervollständigung seines Vortrages zu erwägen sein. Was **§ 139 Abs. 2 S. 1** ZPO betrifft, so geht es hier um tatsächliche wie auch rechtliche Gesichtspunkte, die eine Partei erkennbar übersehen oder für unerheblich gehalten hat. Nach der Rechtsprechung des BGH muss das Gericht auf Bedenken gegen die Schlüssigkeit der Klage gem. § 139 ZPO auch eine anwaltlich vertretene Partei hinweisen. Das gilt insbesondere dann, wenn

750

2027 OLG Frankfurt FamRZ 1993, 1466.
2028 BGH NJW-RR 1992, 1085.
2029 OLG München MDR 1981, 502.
2030 BGH NJW 1993, 2120.
2031 BGH NJW 2001, 2094.
2032 BGHZ 40, 185 (187); **a. A.** dagegen Baumbach/Lauterbach-*Hartmann*, § 33 ZPO, Rn 1.
2033 BGH NJW 1997, 398; NJW 1999, 1339.

§ 8 Prozessuale Fragestellungen im praktischen Bauprozess

der Rechtsanwalt die Rechtslage ersichtlich falsch beurteilt oder darauf vertraut, dass sein schriftsätzliches Vorbringen ausreichend ist. Ein Hinweis bzw. eine Rückfrage ist vor allem auch dann geboten, wenn für das Gericht offensichtlich ist, dass der Prozessbevollmächtigte einer Partei die von dem Prozessgegner erhobenen Bedenken gegen die Fassung des Klageantrages oder die Schlüssigkeit der Klage falsch aufgenommen hat.[2034] § 139 Abs. 2 S. 2 ZPO betrifft die Fälle, bei denen das Gericht die Entscheidung auf einen tatsächlichen oder rechtlichen Gesichtspunkt stützen möchte, den das Gericht anders beurteilt als beide Parteien. Erteilt das Gericht bei der Erörterung des Sach- und Streitstandes den Hinweis in der mündlichen Verhandlung **erstmalig**, wird das Gericht den Parteien Gelegenheit zur Stellungnahme geben. In diesem Fall sollte der Anwalt ggf. zu Protokoll geben, dass eine Äußerung im Termin für ihn nicht möglich ist, da er momentan nicht über die erforderlichen Informationen verfügt. Unter Bezugnahme auf § 139 Abs. 5 ZPO ist sodann ein **Schriftsatznachlass** zu beantragen. Nach § 139 Abs. 5 ZPO ist ein Schriftsatznachlass nur auf Antrag und nicht auch von Amts wegen zu gewähren. Das Gericht hat folglich nicht von sich aus den Schriftsatznachlass zu gewähren.

2. Die Beweisstation

a) Der Beweisbeschluss

751 Der Beweisbeschluss ist Ausgangspunkt für die Durchführung der Beweisaufnahme, deren Dauer wesentlich von der geschickten Fassung des Beweisbeschlusses abhängig ist. Der Beweisbeschluss sagt den Parteien, was das Gericht über Beweislast und Beweisbedürftigkeit denkt, welche Behauptungen wichtig erscheinen und welche nicht. Der Beweisbeschluss kann seine Ordnungs- und Aufklärungsfunktion im Bauprozess jedoch nur haben, wenn er von vornherein allen Parteien sowie den Zeugen und dem Sachverständigen, die aufgrund des Beweisbeschlusses angehört werden sollen, hinreichenden Sach- und Streitstand in seinen entscheidungserheblichen Teilen klarmacht. Die Formulierung der Beweisthemen im Beweisbeschluss ist deshalb von großer Wichtigkeit.[2035]

b) Die Beweiswürdigung

752 Der Tatsacheninstanz obliegt die Feststellung der beweiserheblichen Tatsachen. Sie muss alle für die Entscheidung erheblichen Tatumstände mittels der angebotenen und verfügbaren Beweismittel erschöpfend aufklären. Die Feststellung der entscheidungserheblichen Tatsachen erfolgt durch richterliche Beweiswürdigung, die der Nachprüfung durch die höhere Instanz unterliegt. Die tatrichterliche Beweiswürdigung muss in der Rechtsmittelinstanz allein deshalb nachgeprüft werden, weil die Vorinstanz von unrichtigen rechtlichen Grundlagen ausgegangen ist. Unbestritten ist, dass die tatrichterliche Beweiswürdigung stets darauf überprüft werden muss, ob sie
- von unrichtigen rechtlichen Grundlagen ausgeht,
- gegen Denkgesetze verstößt oder
- Schlüsse gezogen werden, die entweder mit einer feststehenden Auslegungsregel oder der allgemeinen Lebenserfahrung unvereinbar sind.[2036]

753 Das Gericht hat nach § 286 ZPO unter Berücksichtigung des gesamten Inhalts der Verhandlungen und des Ergebnisses einer Beweisaufnahme nach freier Überzeugung zu entscheiden, ob eine tatsächliche Behauptung für wahr oder unwahr zu erachten ist. Im

---

2034 BGH NJW 2001, 2548 (2549).
2035 *Siegburg*, BauR 2001, 875.
2036 BGH NZBau 2000, 523.

B. Das Klageverfahren

Urteil sind die Gründe anzugeben, die für die richterliche Überzeugung leitend gewesen sind. Das Gericht muss darlegen, warum es z. B. einer Zeugenaussage folgt, einer anderen aber nicht oder warum es sich einem Privatgutachten nicht anschließen will, sondern vielmehr sich der Auffassung eines gerichtlich bestellten Sachverständigen anschließt.[2037] Die Gründe müssen stets objektiv und logisch nachprüfbar sein. Grundlage der Beweiswürdigung ist der gesamte Inhalt der Verhandlungen. Bei der Bildung seiner Überzeugungen unterliegt das Gericht – außer im Falle von gesetzlichen Vermutungen oder Beweisregeln – jedoch keinerlei Bindung. Es beurteilt den Wert der einzelnen Beweismittel völlig frei. Vor allem kann das Gericht, was gerade für den Bauprozess von großer Wichtigkeit ist, beweisbedürftige Tatsachen ohne weitere Beweisaufnahme aufgrund von Erfahrungsregeln i. V. m. anderen Beweismitteln oder aufgrund der Würdigung des gesamtem im Prozess vorgetragenen Tatsachenstoffes bereits als bewiesen annehmen.[2038]

Will ein Richter sein Wissen aus Erfahrungssätzen außerhalb des Bereichs der allgemeinen Lebenserfahrung zur Grundlage seiner Entscheidung machen, muss er sein Wissen zuvor den Parteien mitgeteilt haben. Insoweit besteht eine Aufklärungspflicht gegenüber den Parteien.[2039] Hat ein Tatrichter keine eigene Sachkunde, ist er gehalten, einen Sachverständigen heranzuziehen, auch wenn dieses Beweismittel von dem Beweispflichtigen nicht angeboten worden ist.[2040] Will das Berufungsgericht die im ersten Rechtszug bejahte Glaubwürdigkeit eines Zeugen in Zweifel ziehen, so muss es den Zeugen erneut vernehmen, auch wenn der Zeuge dem Verhandlungstermin in Folge von Krankheit fernbleiben muss.[2041] Das Gleiche gilt z. B., wenn das Berufungsgericht die protokollierte Aussage eines Zeugen anders verstehen will als der Richter der Vorinstanz.[2042] Will das Berufungsgericht von einem erstinstanzlich eingeholten Gutachten abweichen, so muss es, falls es keine eigene Sachkunde darlegen kann, erneut Sachverständigenrat einholen.[2043]

Für die Anwendung des § 287 ZPO ist in Bauprozessen großer Raum, sofern es sich um Schadensersatzansprüche handelt. § 287 Abs. 1 ZPO kann keine Anwendung finden auf Minderungsansprüche,[2044] sowie auf Bereicherungsansprüche[2045] sowie auf Vertragsstrafenansprüche. Dem gegenüber ist § 287 Abs. 2 ZPO anwendbar, wenn zwischen den Parteien über die Höhe einer Forderung gestritten wird, die Schwierigkeiten einer vollständigen Aufklärung in keinem Verhältnis zu der Bedeutung der gesamten Forderung oder eines Teils von ihr steht. Damit ist aber vor allem bei der Höhe einer Vertragsstrafe (§ 343 BGB), bei der Höhe einer Minderung sowie vor allem bei der Höhe von Mängelschäden eine Anwendung des § 287 Abs. 2 ZPO möglich. In Bausachen kann es im Interesse des Baugläubigers angezeigt sein, von einem Beweisverfahren nach § 286 ZPO abzusehen, um diesem bald eine Realisierung seiner Bauforderung zu ermöglichen, sei es auch nur um den Preis einer genau abgesicherten Bezifferung.[2046] § 287 Abs. 2 ZPO kann im Baurecht deshalb auch herangezogen werden, wenn eine vollständige Aufklärung

---

2037 BGH NJW-RR 1994, 219; NZBau 2000, 48.
2038 OLG Köln VersR 1975, 352.
2039 BGH BauR 2000, 1762; BauR 1997, 692.
2040 BGH VersR 1969, 615.
2041 BGH NJW 2000, 2024.
2042 BGH BauR 1985, 593.
2043 BGH NJW-RR 1988, 1235.
2044 BGH WM 1971, 1382.
2045 BGH GRUR 1962, 281.
2046 OLG Köln MDR 1974, 321.

unmöglich ist.[2047] Zu beachten bleibt jedoch, dass der sog. konkrete Haftungsgrund stets nur nach den strengeren Grundsätzen des § 286 ZPO festzustellen ist und nur die Höhe des aus diesem Haftungsgrund erwachsenden Schadens nach § 287 ZPO geschützt werden darf.[2048] Die haftungsbegründende Kausalität ist also immer nach § 286 ZPO und die haftungsausfüllende Kausalität nach § 287 ZPO zu beurteilen.[2049]

756 Steht eine Forderung dem Grunde nach fest, kann die Höhe jedoch nicht sicher ermittelt werden, darf der Richter eine Klage nicht mangels Beweisen abweisen, sondern muss zur Schätzung nach § 287 ZPO greifen.[2050] Dabei müssen allerdings gewisse tatsächliche Grundlagen für die Schätzung vorhanden sein und vom Tatrichter sachgerecht und erschöpfend ausgewertet werden. Das gilt auch für die Schätzung einer Minderung gem. § 638 Abs. 3 S. 2 BGB. Die Vorschrift des § 287 ZPO erleichtert somit dem Geschädigten nicht nur die Beweisführung, sondern auch die Darlegung seines Schadens.[2051] Eine Schadensschätzung scheidet nach der Rechtsprechung des BGH nur aus, wenn deren Ergebnis mangels greifbarer Anhaltspunkte völlig in der Luft hängen würde.[2052] Bei der Schadensermittlung nach § 287 ZPO finden die Regeln über die Beweislast keine Anwendung. Die Beweislast wirkt sich erst dann zum Nachteil der beweispflichtigen Partei aus, wenn der Beweis nicht erbracht ist. Über § 287 ZPO kann aber ein Beweis geführt werden.

3. Zu berücksichtigender Vortrag

757 Ein **nach Schluss der letzten mündlichen Verhandlung** eingegangener Vortrag bleibt gem. § 296a ZPO grundsätzlich unberücksichtigt. Dies betrifft nachträgliche Angriffs- und Verteidigungsmittel bzw. nachträgliche Sachanträge. Dieses Vorbringen ist einfach unbeachtet zu lassen. Es bedarf keiner besonderen Zurückweisung durch das Gericht. Das Gericht muss allerdings den nachträglichen Schriftsatz zur Kenntnis nehmen, weil er Anlass zu einer Wiedereröffnung der Verhandlung gem. § 156 ZPO geben könnte. Dabei ist streitig, ob das Gericht den Schriftsatz der Gegenseite zuleiten muss oder ob es ihn, falls er unberücksichtig bleiben soll, lediglich zu den Akten zu nehmen hat. Gerade die Transparenz spricht dafür, dass der Schriftsatz der Gegenseite zugeleitet wird.[2053] Eine Ausnahme von diesem Grundsatz und eine Berücksichtigung des nachträglichen Vorbringens kommt in Betracht für nachgelassene Schriftsätze i. S. des § 283 ZPO. Einen fristgemäß eingehenden Schriftsatz muss, einen verspätet eingegangenen Schriftsatz kann (Ermessen) das Gericht bei seiner Entscheidung berücksichtigen. Berücksichtigt wird jedoch nur die Entgegnung auf den Vortrag der Gegenseite, auf den sich die Partei im Termin nicht erklären konnte und zu dem ihr daher der Schriftsatznachlass gewährt worden ist. Darüber hinausgehendes Vorbringen und neue Anträge bleiben dagegen gem. § 296a ZPO unberücksichtigt.[2054] Auf Grund eines nachträglichen Vorbringens kann die mündliche Verhandlung erneut zu eröffnen sein. Während § 156 Abs. 1 ZPO eine Ermessensvorschrift beinhaltet, sind in dem neuen § 156 Abs. 2 ZPO die Gründe genannt, bei deren Vorliegen die mündliche Verhandlung wiedereröffnet werden muss.

2047 BGH JR 1961, 500.
2048 BGHZ 29, 393 (398); BGHZ 4, 192 (196).
2049 BGH VersR 1971, 442.
2050 BGH NJW 1994, 663 (664); BGHZ 54, 45 (55).
2051 BGH NJW 1994, 663 (664).
2052 BGHZ 91, 243.
2053 Zöller-*Greger*, § 296a ZPO, Rn 3 f.
2054 BGH NJW 1993, 134.

4. Verspätetes Vorbringen

a) § 296 Abs. 1 ZPO

Um eine Prozessverschleppung zu verhindern, darf das Gericht gem. §§ 296 Abs. 1, 530 Abs. 1 ZPO Angriffs- und Verteidigungsmittel (Behauptungen, Bestreiten und Beweisanträge i. S. des § 282 Abs. 1 ZPO), deren sich eine Partei erst nach Ablauf einer ihr gesetzten Frist bedient, nur zulassen, wenn sie den Prozess nicht verzögern oder die Partei die Verspätung genügend entschuldigt.[2055] Es handelt sich insoweit um eine von Amts wegen zu beachtende Vorschrift. Auf eine Rüge der Verspätung kommt es also nicht an. Ein verspätetes, verzögerndes und unentschuldigtes Vorbringen darf somit nicht Urteilsgrundlage werden. Folgende Voraussetzungen müssen gegeben sein, damit eine Zurückweisung nach § 296 Abs. 1 ZPO erfolgen kann:

- Erforderlich ist zunächst eine **wirksame Fristsetzung** zur Klageerwiderung (§§ 276 Abs. 1 S. 2, Abs. 3, 275 Abs. 1 S. 1, Abs. 3 ZPO), zur Replik des Klägers (§§ 276 Abs. 3, 275 Abs. 4 ZPO), zur Ergänzung des Parteivortrags (§ 273 Abs. 2 Nr. 1 ZPO) oder zur Einspruchsbegründung (§ 340 Abs. 3 S. 3 ZPO). Die fristsetzende Verfügung muss dazu vom Vorsitzenden unterschrieben und der Partei gem. § 329 Abs. 2 S. 2 ZPO in beglaubigter Abschrift förmlich zugestellt worden sein.[2056] Eine Belehrung über die Folgen einer Fristversäumnis ist nur für die Klageerwiderung (§ 277 Abs. 2 ZPO) und für die Einspruchsbegründung (§ 340 Abs. 3 S. 5 ZPO) vorgeschrieben. Zudem muss die Frist ausreichend lang bemessen sein.[2057]

- Für das **Verschulden** gilt eine Vermutung. Der Säumige muss sich folglich entlasten. Kein Verschulden liegt vor, wenn die Partei die Frist nicht hatte einhalten können. Es schadet leichte Fahrlässigkeit. Das Verschulden des Anwalts steht dem Verschulden der Partei gem. § 85 Abs. 2 ZPO gleich.[2058]

- Weiterhin muss es überhaupt zu einer **Verzögerung** des gesamten Rechtsstreits gekommen sein. Dabei ist zunächst der streitige Begriff der „Verzögerung" zu klären. Die Verzögerung ist nach dem herrschenden realen (absoluten) Verzögerungsbegriff zu bejahen, wenn die Zulassung zu irgendeiner zeitlichen Verschiebung zwingt, die das Gericht nicht durch geeignete Terminsvorbereitung nach § 273 Abs. 2 oder § 358 a ZPO verhindern kann. Eine Verzögerung tritt also bereits dann ein, wenn der Rechtsstreit bei Zulassung des verspäteten Vorbringens länger als bei Zurückweisung dauern würde; auf den Umstand, wann das Verfahren bei fristgerechtem Vorbringen beendet worden wäre, kommt es nicht an.[2059] Nach der Rechtsprechung des BVerfG[2060] ist der vom BGH vertretene absolute Verzögerungsbegriff nicht verfassungswidrig. Eine Zurückweisung ist aber dann nicht gestattet, wenn offenkundig ist, dass dieselbe Verzögerung auch bei rechtzeitigem Vorbringen eingetreten wäre.

Nach beiden Auffassungen liegt keine Verzögerung vor, wenn

- das verspätete Vorbringen rechtlich unerheblich ist, die Klage also gleichwohl unschlüssig bzw. die Verteidigung gleichwohl unerheblich bleibt,

---

2055 Zöller-*Greger*, § 296 ZPO, Rn 8.
2056 BGH NJW 1990, 2389; NJW 1991, 2774.
2057 BGH NJW 1994, 736.
2058 Zöller-*Greger*, § 296 ZPO, Rn 23 ff.
2059 BGHZ 75, 138; 76, 133 (135); 76, 236 (239); 86, 31; MünchKomm-*Prüting*, § 296 ZPO, Rn 81; *Schellhammer*, Rn 462; *Deubner*, NJW 1979, 337 (340).
2060 BVerfG NJW 1987, 2733; NJW 1989, 705; NJW 1995, 1417; Zöller-*Greger*, § 296 ZPO, Rn 22; *Schneider*, NJW 1980, 947 sowie NJW 1979, 2614; *Leipold*, ZZP 1993, 237 (250).

- die beweisbelastete Partei keine Beweise angeboten hat,
- die erforderlichen Beweise bereits vollständig erhoben sind,
- eine Beweisaufnahme sogleich im Termin erfolgen kann (Vernehmung sistierter Zeugen),
- ohnehin noch eine Beweisaufnahme erforderlich ist,
- ein Schriftsatznachlass gem. § 283 ZPO erforderlich ist.[2061]

b) § 296 Abs. 2 ZPO

761 Neben § 296 Abs. 1 ZPO kann das Gericht verzögernde Angriffs- oder Verteidigungsmittel gem. § 296 Abs. 2 ZPO zurückweisen, die von einer Partei entgegen ihrer allgemeinen **Prozessförderungspflicht** aus § 282 ZPO nicht rechtzeitig in oder vor der mündlichen Verhandlung vorgebracht worden sind und es zu einer Verzögerung des Prozesses kommt. Voraussetzung ist allerdings eine grobe Nachlässigkeit der Partei oder ihres Prozessbevollmächtigten gem. § 85 Abs. 2 ZPO.

c) Tipps für die säumige Partei

aa) Flucht in das Versäumnisurteil

762 Die säumige Partei sollte ggf. außer der richterlichen Frist auch noch den Verhandlungstermin versäumen („Flucht in die Säumnis"). Das sodann mit dem Einspruch gegen das Versäumnisurteil wiederholte Vorbringen (§ 340 Abs. 3 S. 1 ZPO) bleibt zwar trotz § 342 ZPO verspätet, wirkt aber nicht verzögernd, da über den Einspruch ohnehin nach § 341 a ZPO verhandelt werden muss.[2062] Nachteil: Das Versäumnisurteil ist Titel ohne Sicherheitsleistung!

bb) Klageänderung / Klageerweiterung

763 Steht man auf der Klägerseite, ist daran zu denken, die Klage zu ändern. Ändert der Kläger seine Klage, greift er nämlich erneut an und macht nicht nur ein Angriffsmittel geltend. Insoweit sind die Voraussetzungen des § 296 ZPO ersichtlich nicht gegeben. Wird die Klageänderung zugelassen, so darf das ihrer Begründung dienenden tatsächliche Vorbringen nicht wegen Verspätung zurückgewiesen werden, weil sonst im Ergebnis auch der Angriff selbst zurückgewiesen würde.[2063] Das Gericht muss eine neue Erwiderungsfrist zur geänderten Klage setzen und darf erst nach deren Versäumung Verspätungsrecht anwenden. Auch eine Klageerweiterung ist eine Klageänderung, wird jedoch wegen § 264 Nr. 2 ZPO prozessual nicht so angesehen. Aus der sachlichen Übereinstimmung folgert der BGH, dass auch die Klageerweiterung den Angriff selbst darstellt und deshalb nicht zurückgewiesen werden darf. Es liefe auf eine unzulässige Analogie hinaus, wenn auf den die Klageerweiterung tragenden Tatsachenvortrag Verspätungsrecht angewendet werden würden.[2064] Der BGH macht allerdings die Einschränkung, dass die Klageerweiterung rechtsmissbräuchlich sein kann, wenn sie nur deshalb erfolgt, um Verspätungsfolgen zu entgehen.

cc) Erhebung einer Widerklage

764 Was den Erlass eines Teilurteils betrifft gilt Folgendes: Der unzulässigen Aufspaltung verspäteten Vorbringens in einen zurückweisenden und einen zu berücksichtigenden Teil

---

2061 BGH NJW 1985, 1539 (1543); OLG Frankfurt NJW-RR 1992, 1405; Zöller-*Greger*, § 296 ZPO, Rn 16.
2062 BGH NJW 1980, 1105.
2063 OLG Karlsruhe NJW 1979, 879.
2064 BGH NJW 1986, 2319.

entspricht das von der Rechtsprechung entwickelte Verbot, nicht fristgerecht vorgebrachte Behauptungen durch Teilurteil als verspätet zurückzuweisen.[2065] Das Präklusionsrecht will nur eine Verzögerung des gesamten Rechtsstreits verhindern.[2066] Nur dann, wenn der gesamte Rechtsstreit bei Außerachtlassen des verspäteten Vorbringens beendet werden kann, erscheint es gerechtfertigt, dieses nicht mehr zuzulassen, wenn die Verspätung nicht genügend entschuldigt wird. Diese Vorgabe sollte sich insbesondere der Beklagte zu Nutze machen, wenn er befürchtet, dass ein Verteidigungsvorbringen als verspätet zurückgewiesen wird. In diesem Fall ist an die Erhebung einer Widerklage im Termin zu denken. Die Widerklage kann auch noch in der mündlichen Verhandlung erhoben werden, wobei natürlich auch Beweis anzutreten ist. Die Vorschrift des § 261 Abs. 2 ZPO erlaubt das. Wie es dann weitergeht, richtet sich nach dem Verhalten des Gegners. Lässt er sich auf die Widerklage ein, ohne deren Begründung zu bestreiten, so ist die Widerklage entscheidungsreif. Bestreitet er das Vorbringen zu Widerklage, dann muss darüber Beweis erhoben werden, ggf. nach Einräumung eines Schriftsatznachlasses gem. § 283 ZPO. Verweigert der Gegner die Einlassung zur Widerklage, weil die Einlassungsfrist des § 274 Abs. 3 S. 1 ZPO nicht gewahrt ist, dann muss das Gericht vertagen. Allenfalls käme noch der Erlass eines Teilurteils in Betracht, dass aber nicht die Verzögerungsrückweisung zur Widerklage erlauben würde.

C. Die Zwangsvollstreckung

Literatur

Blunck, Die Bezeichnung der Gegenleistung bei der Verurteilung zur Leistung Zug um Zug, NJW 1967, 1598; *Heyers*, Der Bauprozess – ein besonderes Risiko?, ZfBR 1979, 46; *Quadbeck*, Vollstreckung in Bausachen – Durchsetzung von Nachbesserungsansprüchen, MDR 2000, 570; *Schilken*, Wechselbeziehungen zwischen Vollstreckungsrecht und materiellem Recht bei Zug-um-Zug-Leistungen, AcP 181, 355; *Schneider*, Vollstreckung von Zahlungstiteln Zug um Zug gegen Ausführung handwerklicher Leistungen, DGVZ 1982, 37.

I. Die Zwangsvollstreckung wegen einer Geldforderung aus Bauvertrag

1. Einfache Zug um Zug Verurteilung

Liegt dem Auftragnehmer gegenüber dem Auftraggeber ein vollstreckbarer Titel gem. §§ 704, 794 Abs. 1 ZPO vor, entstehen im Rahmen der Zwangsvollstreckung vornehmlich dann Probleme, soweit der Zahlungstitel des Auftragnehmers nur Zug um Zug gegen Nacherfüllung (= Mängelbeseitigung) vollstreckt werden kann. Die Vollstreckung ist demnach in erster Linie dann zulässig, wenn die Nachbesserung/Nacherfüllung unstreitig durchgeführt worden ist bzw. dem Gerichtsvollzieher durch öffentliche oder öffentlich beglaubigte Urkunde nachgewiesen wird, dass der Schuldner wegen der Gegenleistung befriedigt ist oder sich im Annahmeverzug befindet.[2067]

▶ HINWEIS: Zu beachten ist, dass eine Nachbesserung/Nacherfüllung in vielen Fällen ohne die Mitwirkung des Bauherrn/Auftraggebers nicht erfolgen kann. Weigert sich der Bauherr/Auftraggeber trotz entsprechender Aufforderung durch den Auftragnehmer, einen ihm genehmen

---

2065 BGHZ 77, 306.
2066 OLG Brandenburg NJW-RR 1998, 498.
2067 So kann der Gläubiger/Unternehmer den Gerichtsvollzieher beauftragen, dem Schuldner/Auftraggeber die Gegenleistung anzubieten, um ihn damit in Annahmeverzug zu setzen und sodann die Vollstreckung vorzunehmen (§ 84 Nr. 2 GVGA; LG Düsseldorf DGVZ 1991, 39; DGVZ 1991, 88 ff.

§ 8 Prozessuale Fragestellungen im praktischen Bauprozess

Termin für die Nachbesserung/Nacherfüllung zu nennen, so wird der Auftraggeber bereits durch die erfolglose Aufforderung zur Mitwirkung bei der Mängelbeseitigung in Verzug gesetzt. Dieser Annahmeverzug muss aber auch durch öffentliche Urkunde nachgewiesen werden. Der Nachweis bezieht sich dabei auf den Zugang der entsprechenden Aufforderung durch den Auftragnehmer. Dabei muss nachgewiesen werden, dass der Auftraggeber in der Lage war, das mündliche oder schriftliche Angebot zur Mängelbeseitigung zur Kenntnis zu nehmen. Es empfiehlt sich für den Auftragnehmer daher, die Aufforderung zur Benennung eines Nachbesserungstermins durch Gerichtsvollzieher zustellen zu lassen. ◄

Gemäß § 756 ZPO kann der Auftragnehmer in diesem Fall den titulierten Werklohnanspruch nur vollstrecken, wenn er vor der Vollstreckung seiner werkvertraglichen Verpflichtung zur Nacherfüllung in vollem Umfang **nachgekommen ist**.[2068] Dabei muss der Auftragnehmer – im Gleichklang zum materiellen Recht – auch im Vollstreckungsverfahren in Vorlage treten, denn erst nach durchgeführter ordnungsgemäßer Nachbesserung/Nacherfüllung kann er seinen Zahlungsanspruch gegenüber dem Auftraggeber vollstrecken.[2069]

766 Die negative Folge dieser Verlagerung der Austauschabwicklung in das Vollstreckungsverfahren ist darin zu sehen, dass den Vollstreckungsorganen die Prüfung und Entscheidung obliegt, festzustellen, ob der Auftragnehmer als Vollstreckungsgläubiger seine werkvertragliche Leistung in einer den Annahmeverzug begründenden Weise angeboten oder diese ordnungsgemäß erbracht hat.[2070] [2071] So ist in der Praxis der Einwand des Vollstreckungsschuldners/Bauherrn vorprogrammiert, wonach die von dem Auftragnehmer vorgenommene Nachbesserung/Nacherfüllung nicht, nur teilweise oder ganz oder gar unsachgemäß erfolgt sei. In diesem Fall muss der Gerichtsvollzieher selbstständig nachprüfen, ob die Nachbesserung/Nacherfüllung nach Wahl des Auftraggebers vor dem Hintergrund der Vorgaben des zu vollstreckenden Titels fachgerecht erbracht ist. Der Gerichtsvollzieher hat im Hinblick auf seine diesbezüglichen Feststellungen gem. §§ 762, 763 ZPO eine Niederschrift anzufertigen. Kann der Gerichtsvollzieher aus eigener Sachkunde notwendigen Feststellungen nicht treffen, muss er einen Sachverständigen beiziehen, um sich durch diesen das Tatsachenwissen vermitteln zu lassen.[2072]

767 Weiterhin problematisch ist die Bestimmbarkeit der vom Auftragnehmer zu erbringenden Zug um Zug Leistung. So muss der Auftraggeber im Klageverfahren vor dem Hintergrund der Symptomtheorie den behaupteten Mangel nur umschreiben, aber keine Mängelursachen dartun. Zudem hat es der zur Nachbesserung bzw. Nacherfüllung verpflichtete Auftragnehmer gem. § 635 BGB selbst in der Hand, zu bestimmen, welche Beseitigungsmaßnahmen er im Einzelfall ergreifen will.[2073] Damit der Urteilstenor vollstreckbar ist, muss das Gericht – ggf. durch Auswertung von Privatgutachten oder

---

2068 LG Stuttgart DGVZ 1990, 92.
2069 Insbesondere kann der Auftragnehmer gegenüber dem Auftraggeber nicht verlangen, dass dieser den titulierten Zahlungsanspruch vor oder während der Durchführung der Nachbesserungs-/Nacherfüllungsarbeiten bei dem Gerichtsvollzieher zu hinterlegen hat, um eine angemessene Sicherheit eingeräumt zu bekommen, LG Stuttgart DGVZ 1990, 92; *Schneider*, DGVZ 1982, 37 (38).
2070 *Schilken*, AcP 181, 355 (358).
2071 Die §§ 756, 765 ZPO durchbrechen mithin den Grundsatz einer formalisierten Zwangsvollstreckung, bei der den Vollstreckungsorganen die Prüfung materiell-rechtlicher Fragen und Einwendung untersagt ist.
2072 Weigert sich der Gerichtsvollzieher einen Sachverständigen hinzuzuziehen, kann sich der vollstreckende Gläubiger/Unternehmer hiergegen mit der Erinnerung gemäß § 766 ZPO wehren. Daneben wird man aber auch die Feststellungsklage des Unternehmers für zulässig halten müssen, und zwar dahin, dass er ordnungsgemäß nachgebessert hat.
2073 BGH BauR 1985, 355 (357); BauR 1973, 313 (316); BauR 1976, 430 (431); OLG Celle MDR 2001, 686; *Quadbeck*, MDR 2000, 570 (571); *Heyers*, ZfBR 1979, 49 (50).

C. Die Zwangsvollstreckung

gerichtlicher Gutachten – feststellen, welche Mängel zu beseitigen sind. Dabei muss die Gegenleistung des Auftragnehmers, die im Rahmen der Gewährleistungspflicht dem Auftraggeber gegenüber geschuldet wird, hinreichend genau beschrieben sein. Anderenfalls ist der Titel für den Auftragnehmer nicht vollstreckbar.[2074] [2075] Insbesondere müssen demnach im Tenor Angaben über das Material, über die Merkmale der Herkunft sowie über Größe und dergleichen mehr gemacht werden.[2076]

▶ Vollsteckung bei einer einfachen Zug um Zug Verurteilung:
überreichen wir namens und mit Vollmacht der Gläubigerin das beiliegende Urteil des Landgerichts Berlin zum AZ: 13 O 633/04 vom 28. November 2004 mit dem Antrag, die nachfolgende Beträge im Wege der Zwangsvollstreckung beizutreiben:
Konkrete Forderungsaufstellung (Hauptforderung, festgesetzte Kosten, Kosten früherer Vollstreckungsmaßnahmen, Zinsen sowie Zwangsvollstreckungsgebühren)
Die Hauptforderung ist in Höhe eines Teilbetrages von EUR 6.276,18 ohne Einschränkungen vollstreckbar. Der Restbetrag in Höhe von EUR 12.243,27 kann von der Gläubigerin nur Zug um Zug gegen Mängelbeseitigung vollstreckt werden. Angaben zur Art und Weise der Mängelbeseitigung ergeben sich aus dem Tenor des beigefügten Urteils des Landgerichts Berlin vom 28. November 2004. Die Gläubigerin hat die von ihr geschuldeten Mängelbeseitigungsarbeiten inzwischen sach- und fachgerecht ausgeführt. Sollten Bedenken hinsichtlich der ordnungsgemäßen Durchführung der Mängelbeseitigungsarbeiten bestehen, so beantragen wir, einen Sachverständigen hinzuzuziehen. ◀

2. Doppelte Zug um Zug Verurteilung

Eine doppelte Zug um Zug Verurteilung kommt dann in Betracht, wenn der Auftragnehmer den Vergütungsanspruch nur Zug um Zug gegen Beseitigung der vom Auftraggeber gerügten Mängel geltend machen kann. Muss der Auftragnehmer im Rahmen der Nachbesserung/Nacherfüllung Leistungen erbringen, zu denen er nach dem Vertrag nicht verpflichtet war und erlangt der Auftraggeber insoweit Vorteile, weil ansonsten er für diese Leistungen, wenn sie von Anfang an erbracht worden wären, mehr hätte zahlen müssen (sog. Sowieso-Kosten), dann kann der Auftragnehmer dem Nachbesserungsanspruch des Bauherrn/Auftraggebers wiederum § 320 BGB entgegenhalten.[2077] Somit kommt es zur doppelten Zug um Zug Verurteilung. Will der Auftragnehmer vollstrecken, muss er den Auftraggeber entsprechend § 295 S. 2 BGB **auffordern,** den Zuschuss zu seinen Gunsten **zu hinterlegen.** Hinterlegt der Auftraggeber nicht, kann der Auftragnehmer ohne weiteres vollstrecken, ohne nachgebessert haben zu müssen. Hinterlegt der Auftraggeber den Zuschuss, muss der Auftragnehmer den Mangel beseitigen. Danach kann er den Zahlungstitel vollstrecken. Dabei gelten die zur einfachen Zug um Zug Verurteilung dargestellten Besonderheiten des Vollstreckungsverfahrens. Hat der Auftraggeber den Zuschuss hinterlegt und beseitigt der Auftragnehmer den Mangel nicht, kann der Auftraggeber nach angemessener Zeit Freigabe des Zuschusses verlangen.[2078]

768

[2074] BGH NJW 1993, 3206 (3207); NJW 1994, 586 (587); OLG Düsseldorf NJW-RR 1999, 793; KG BauR 1999, 438; *Schilken,* AcP 181, 355 (360); *Blunck,* NJW 1967, 1598.
[2075] Der Bauherr/Auftraggeber kann aus dem Zug um Zug Urteil, das der Auftragnehmer erstritten hat, nicht vollstrecken, AG Wuppertal DGVZ 1991, 43. Kommt der Unternehmer/Auftragnehmer also seiner Nachbesserungspflicht nicht nach, kann der Auftraggeber nicht etwa selbst den Weg des § 887 Abs. 1 ZPO bestreiten.
[2076] OLG Frankfurt JurBüro 1979, 1389; OLG Celle MDR 2001, 686.
[2077] BGH BauR 1984, 401.
[2078] BGH BauR 1984, 401.

von Kiedrowski

II. Die Zwangsvollstreckung bei der Abnahmeklage

769 Liegt dem Auftragnehmer gegenüber dem Auftrageber ein vollstreckbarer Titel gem. §§ 704, 794 Abs. 1 ZPO vor, der auf Abnahme einer Bauleistung gerichtet ist, richtet sich die Zwangsvollstreckung nach § 888 ZPO. Sie erfolgt in diesem Fall durch Verhängung von **Zwangsgeld und Zwangshaft**. Ein dementsprechender Beschluss ist vom Gläubiger beim Prozessgericht des ersten Rechtszuges als Vollstreckungsorgan zu beantragen. Verhängt werden können gem. § 888 Abs. 1 S. 2 ZPO Zwangsgeld bis zu EUR 25.000,- und gem. §§ 888 Abs. 1 S. 3, 913 ZPO Zwangshaft bis zu 6 Monaten. Beide Maßnahmen sind reine Beugemittel. Sie können deshalb mehrfach, auch abwechselnd verhängt werden. Der Festsetzungsbeschluss ist Vollstreckungstitel i. S. des § 794 Abs. 1 Nr. 3 ZPO und muss dem Schuldner zugestellt werden. Er wird auf Antrag des Gläubigers nach §§ 803 ff. ZPO (Zwangsgeld) bzw. §§ 904-913 ZPO (Zwangshaft) durchgesetzt. Das Zwangsgeld wird vom Gerichtsvollzieher zugunsten der Staatskasse eingezogen.

▶ Zwangsvollstreckungsantrag auf Festsetzung eines Zwangsgelds/Zwangshaft zur Vornahme einer unvertretbaren Handlung gemäß § 888 ZPO:

Namens und in Vollmacht der Gläubigerin überreichen wir in der Anlage A1 das Urteil des Landgerichts Berlin vom 17. August 2004 zum Aktenzeichen 16 O 573/04, welches dem Prozessbevollmächtigten des Schuldners am 6. September 2004 zugestellt worden ist. Wir beantragen nunmehr:

Zur Erzwingung der dem Schuldner aufgrund des Urteils des Landgerichts Berlin vom 17. August 2004 zum Aktenzeichen 16 O 573/04 obliegenden unvertretbaren Handlung, das errichtete Einfamilienhaus in der Gotenstraße 7 in 10439 Berlin förmlich abzunehmen, wird gegen den Schuldner ein Zwangsgeld bis zu EUR 25.000,00, und für den Fall, dass dieses nicht beigetrieben werden kann, ersatzweise 6 Monate Zwangshaft festgesetzt. ◀

III. Die Zwangsvollstreckung bei der Mängelbeseitigung

770 Liegt dem Auftraggeber gegenüber dem Auftragnehmer ein vollstreckbarer Titel gem. §§ 704, 794 Abs. 1 ZPO vor, entstehen im Rahmen der Zwangsvollstreckung in der Praxis regelmäßig dann Probleme, wenn sich die nach dem Titel zu vollstreckende Leistung auf eine Beseitigung von Mängeln bezieht. Da dem Auftragnehmer sowohl beim BGB-Bauvertrag wie auch beim VOB-Bauvertrag die Art und Weise der Nacherfüllung überlassen bleibt, kann der Auftraggeber grundsätzlich nur auf Beseitigung des Mangels, nicht aber auf Vornahme einer bestimmten Nacherfüllungsmodalität klagen.[2079] Vor diesem Hintergrund können im Zwangsvollstreckungsverfahren erste Probleme dann entstehen, wenn es um die Frage geht, ob überhaupt ein **vollstreckungsfähiger Titel** vorliegt. Von einem vollstreckungsfähigen Titel kann nur dann ausgegangen werden, wenn die zu vollstreckende Handlung (Baumaßnahme) aus dem Vollstreckungstitel selbst erkennbar ist. Dabei muss die Tenorierung für sich verständlich sein und auch für jeden Dritten erkennen lassen, was der Auftraggeber als Vollstreckungsgläubiger von dem Auftragnehmer als Vollstreckungsschuldner verlangen kann.[2080] Ist der Titel nicht bestimmt genug, fehlt ihm die Vollstreckungsfähigkeit.

[2079] BGH BauR 1973, 313; Werner/Pastor, Rn 1566. Etwas anderes gilt für den Fall, wenn der Mangel nur auf eine bestimmte Art und Weise beseitigt werden kann. In diesem Fall kann der Auftraggeber ausnahmsweise die Vornahme einer bestimmten Art und Weise der Mängelbeseitigung bzw. Neuherstellung klagen, BGH BauR 1997, 638; OLG Köln BauR 1977, 275 (277); Werner/Pastor, Rn 1565 f.

[2080] BGH BauR 1993, 111 (115); OLG Koblenz BauR 1999, 942 (943) und BauR 1998, 1050; OLG Stuttgart NJW-RR 1999, 792.

C. Die Zwangsvollstreckung

Ist der Auftragnehmer zu einer Mängelbeseitigungshandlung verurteilt worden, richtet sich die Vollstreckung nach §§ 887, 888 ZPO. § 887 ZPO kommt dann zur Anwendung, wenn vom Schuldner eine Handlung verlangt werden kann, die vertretbar ist. Eine Handlung ist vertretbar, wenn es dem Gläubiger wirtschaftlich gleichgültig ist, wer die Handlung vornimmt, und die Vornahme durch einen Dritten rechtlich zulässig ist.[2081] Dem entgegen ist eine Handlung dann unvertretbar, wenn sie ein Dritter nicht vornehmen darf oder kann, oder nicht so vornehmen kann, wie es dem Schuldner möglich ist, sie also nur von dem Schuldner erbracht werden kann. Bezieht sich der Titel auf eine Mängelbeseitigungshandlung, handelt es sich regelmäßig um eine vertretbare Handlung.[2082] Bei Vorliegen des vollstreckbaren Titels ist dem Vollstreckungsschuldner zur Erbringung der Leistungshandlung eine angemessene Ausführungsfrist zuzubilligen.[2083] Gerade bei größeren Bauvorhaben muss dem Vollstreckungsschuldner ein längerer Zeitraum zur Einrichtung der Baustelle sowie Vornahme der Nachbesserung bzw. Neuherstellung eingeräumt werden. Erst dann, wenn der Vollstreckungsschuldner die Vornahme der Handlung ausdrücklich verweigert bzw. die vom Vollstreckungsgläubiger gesetzte angemessene Ausführungsfrist ergebnislos verstrichen ist, kann der Vollstreckungsgläubiger einen Antrag nach § 887 Abs. 1 ZPO stellen.[2084] Hängt die Vornahme der vom Vollstreckungsschuldner zu erbringenden Handlungen von einer Mitwirkungshandlung des Auftraggebers ab, ist ein Antrag des Vollstreckungsgläubigers gem. § 887 Abs. 1 ZPO abzulehnen, wenn der Vollstreckungsschuldner die Erbringung der Mängelbeseitigung angeboten hat, diese aber von dem Vollstreckungsgläubiger grundlos verweigert wird.[2085] Gleiches gilt dann, wenn der Vollstreckungsgläubiger die zur Mängelbeseitigung erforderlichen Pläne und Unterlagen nicht zur Verfügung stellt. Sind behördliche Genehmigungen erforderlich, müssen diese von dem Vollstreckungsgläubiger eingeholt werden. Dies betrifft auch notwendige Vorarbeiten des Vollstreckungsgläubigers, auf die der Vollstreckungsschuldner aufbaut. Im Falle der doppelten Zug um Zug Verurteilung braucht der Besteller nicht vorzuleisten, sondern muss den Zuschussbetrag nur tatsächlich anbieten. Sodann hat der Vollstreckungsschuldner die Nachbesserungsarbeiten zu erbringen und erhält daraufhin den Zuschuss ausgezahlt. Im Falle seiner Weigerung hat er unbeschränkt die Zwangsvollstreckung gem. § 887 ZPO zu dulden.[2086]

Im Rahmen des Vollstreckungsverfahrens gem. **§ 887 Abs. 1 ZPO** wird der Vollstreckungsgläubiger nach Anhörung des Vollstreckungsschuldners (§ 891 ZPO) durch Beschluss des Prozessgerichts erster Instanz als Vollstreckungsorgan ermächtigt, die Handlung auf Kosten des Vollstreckungsschuldners vorzunehmen.[2087] [2088] Auf Antrag des Vollstreckungsgläubigers ist der Vollstreckungsschuldner gem. § 887 Abs. 2 ZPO zu

---

2081 OLG Hamm OLGZ 1967, 250; Werner/Pastor, Rn 2756.
2082 BGH BauR 1993, 111 (112); BauR 1994, 40). Anders OLG München NJW-RR 1992, 768 für den Fall, dass mehrere Auftragnehmer zusammenwirken müssen. Hier soll § 888 ZPO einschlägig sein.
2083 OLG München MDR 1962, 487; Werner/Pastor Rn 2759.
2084 OLG Zweibrücken JurBüro 1982, 939 (941). Bestreitet der Vollstreckungsschuldner im Verfahren nach § 887 Abs. 1 ZPO, dass ihm seitens des Vollstreckungsgläubigers eine angemessene Frist zur Mängelbeseitigung bzw. Neuherstellung gesetzt worden ist, so ist diesbezüglich ggf. Beweis zu erheben.
2085 OLG Zweibrücken JurBüro 1982, 939 (941).
2086 BGH BauR 1984, 401.
2087 Streitig ist, ob in dem Antrag und/oder Beschluss nach § 887 Abs. 1 ZPO die Art und Weise der geschuldeten Handlung offen bleiben darf. Bejahend: OLG Hamm MDR 1983, 850; OLG München MDR 1987, 945; OLG Hamm BauR 1996, 900 (902). Verneinend: OLG Bamberg NJW-RR 2000, 358; OLG Stuttgart NJW-RR 1999, 792; OLG Frankfurt, JurBüro 1988, 259.
2088 Im Beschlusstenor wird nicht mit aufgenommen, wer mit der Bauleistung beauftragt werden kann. Für die Kosten der Entscheidung gelten gem. § 891 S. 2 ZPO die §§ 91-93, 95-100, 106 und 107 ZPO entsprechend.

§ 8 Prozessuale Fragestellungen im praktischen Bauprozess

einer Kostenvorschusszahlung zu verurteilen. Die Höhe des Vorschusses richtet sich nach den voraussichtlichen Kosten, die durch das Gericht nach billigem Ermessen aufgrund einer Schätzung festzulegen sind.[2089] Der Beschluss ist Titel nach § 794 Abs. 1 Nr. 3 ZPO und als Kosten der Zwangsvollstreckung wie eine Geldforderung aufgrund des isolierten Ersatzvornahmebeschlusses nach § 887 ZPO zu vollstrecken (788 Abs. 1 S. 1 ZPO). Im Rahmen des § 887 Abs. 2 ZPO geht es lediglich um eine überschlägige und nicht in Rechtskraft erwachsene Feststellung der voraussichtlichen Kosten. Der Vollstreckungsgläubiger hat über den Vorschuss nach Mängelbeseitigung abzurechnen.[2090] Der Vollstreckungsschuldner hat deshalb die Abrechnung des Vollstreckungsgläubigers über den gezahlten Vorschuss abzuwarten. Wird der vom Vollstreckungsschuldner gezahlte Vorschuss vom Vollstreckungsgläubiger nicht verbraucht, ist dieser an den Auftragnehmer zurückzuzahlen.[2091]

773 Macht der Vollstreckungsschuldner materiell-rechtliche Einwendungen gegen den vollstreckbaren Anspruch (insbesondere wegen Erfüllung) geltend, so sind diese im Verfahren nach §§ 887, 891 ZPO vom Prozessgericht nicht zu berücksichtigen. Der Vollstreckungsschuldner muss vielmehr vor demselben Gericht – aber ggf. vor einem anderen Spruchkörper – Vollstreckungsgegenklage erheben. Nur wenn die Erfüllung offenkundig ist oder vom Vollstreckungsgläubiger nach Anhörung des Vollstreckungsschuldners nicht mehr bestritten wird, erübrigt sich eine Klage nach § 767 ZPO, da sodann dem Antrag des Vollstreckungsgläubigers nach § 887 ZPO das Rechtsschutzbedürfnis fehlt.[2092] Nach § 788 Abs. 1 ZPO fallen die Kosten der Zwangsvollstreckung, soweit sie notwendig waren, dem Vollstreckungsschuldner zur Last und sind sogleich mit dem zur Zwangsvollstreckung stehenden Anspruch beizutreiben.

▶ Zwangsvollstreckungsantrag auf Ermächtigung zur Ersatzvornahme sowie Leistung eines Kostenvorschusses gemäß § 887 ZPO:
Namens und in Vollmacht der Gläubiger überreichen wir in der Anlage A1 das Urteil des Landgerichts Berlin vom 17. April 2004 zum Aktenzeichen 17 O 303/03, welches dem Prozessbevollmächtigten der Schuldnerin am 06. Mai 2004 zugestellt worden ist. Wir beantragen nunmehr:
1. Die Gläubiger werden ermächtigt, die der Schuldnerin aufgrund des vorstehenden Titels obliegende Handlung, die Luftschalldämmung zwischen den Einfamilien-Reihenhäusern Ahornallee 34, 35 und 36 in 14052 Berlin der Gestalt nachzubessern, dass die Mindestwerte von 57 dB nach DIN 4109 erreicht werden und zwar mittels Durchsägen der Haustrennwände einschließlich aller Nebenarbeiten, auf Kosten der Schuldnerin vornehmen zu lassen.
2. Die Schuldnerin wird verurteilt, für die Kosten, die zur Vornahme der in Ziffer 1 des Antrags bezeichneten Handlungen entstehen, einen Vorschuss in Höhe von EUR 55.000,00 an die Gläubiger zu bezahlen.
3. Uns eine vollstreckbare Ausfertigung des Ermächtigungsbeschlusses zu erteilen. ◀

2089 Aufgabe des Vollstreckungsgerichts wird es im Einzelfall sein, durch Auslegung des Titels Inhalt und Umfang der Nachbesserungspflicht zu klären, denn andernfalls wird es kaum in der Lage sein, sachgerecht über den Antrag des Gläubigers nach § 887 Abs. 2 ZPO zu entscheiden, BGH BauR 1993, 111 (114); OLG Köln OLGR 1996, 271.
2090 Werner/Pastor, Rn 2781.
2091 OLG Düsseldorf BauR 1978, 503 (505).
2092 *Guntau*, JuS 1983, 687 (689).

§ 9 Der Bauvertrag im Fall der Insolvenz eines Vertragspartners

Literatur

Acker/Roskosny, Die Abnahme beim gekündigten Bauvertrag und deren Auswirkungen auf die Verjährung, BauR 2003, 1279; *Bork*, Einführung in das neue Insolvenzrecht, 2. Auflage, 1998; *Breutigam/Tanz*, Einzelprobleme des neuen Insolvenzanfechtungsrechts, ZIP 1998, 717; *Brügmann/Kenter*, Abnahmeanspruch nach Kündigung von Bauverträgen, NJW 2003, 2121; *Graf/Wunsch*, Gegenseitige Verträge im Insolvenzverfahren, ZIP 2002, 2117; *Haarmeyer/Wutzke/Förster*, Handbuch zur Insolvenzordnung, EGInsO, 3. Auflage, 2001; S. 405; *Harz*, Kriterien der Zahlungsunfähigkeit und der Überschuldung unter Berücksichtigung der Änderungen nach dem neuen Insolvenzrecht, ZInsO 2001, 193; *Heublein, Gutschriften in der Krise – insolvenzfeste Glücksfall oder anfechtbare Scheindeckung?*, ZIP 2000, 161; *Höhn/Kaufmann*, die Aufrechnung in der Insolvenz, JuS 2003, 751; *Jauernig*, Zwangsvollstreckungs- und Insolvenzrecht, 21. Auflage, 1999; *Kessen*, Das Ende der Verrechnung im Werkvertragsrecht und seine Folgen, BauR 2005, 1691; *Kirchhoff*, Einfluss des neuen Verjährungsrechts auf die Insolvenzanfechtung, WM 2002, 2037; *Kniffka*, Abnahme und Abnahmewirkungen nach Kündigung des Bauvertrages, ZfBR 1998, 113; *Koenen*, Die Kündigung nach § 8 Nr. 2 VOB/B und deren Abrechnungsprobleme, BauR 2005, 202; *Kreft*, Teilbare Leistung nach § 105 InsO, in: Festschrift für Uhlenbruck, S. 387; *Kuhn*, Der Eigenantrag des Auftragnehmers als Voraussetzung einer Kündigung nach § 8 Abs. 1 2. Var. VOB/B?, BauR 2005, 942 (943ff); *Pape*, Ablehnung und Erfüllung schwebender Rechtsgeschäfte, in: Kölner Schrift zur Insolvenzordnung, S. 555; *Pape/Uhlenbruck*, Insolvenzrecht, 2002; *Paulus*, zum Verhältnis von Aufrechnung und Insolvenzanfechtung, ZIP 1997, 569; *Ringstmeier/Homann*, die Auswirkungen der Schuldrechtsreform auf die Insolvenzverwaltung, ZIP 2002, 505; *Schwörer*, Lösungsklauseln für den Insolvenzfall, 2000; *Stemmer/Rohrmüller*, Abwicklung von VOB-Verträgen durch kommunale Auftraggeber bei Insolvenz des Auftragnehmers, BauR 2005, 622; *Thode*, Erfüllungs- und Gewährleistungssicherheiten in innerstaatlichen und grenzüberschreitenden Bauverträgen, ZfIR 2000, 165; *Tintelnot*, Die gegenseitigen Verträge im neuen Insolvenzverfahren, ZIP 1995, 616; *Valenda*, Einzelzwangsvollstreckung im Insolvenzrecht, ZIP 1997, 1993; *Vogel*, Ein weites Feld – einige Probleme aus der Schnittmenge von Bau- und Insolvenzrecht, Jahrbuch Baurecht 2004, 107 *von Wilmowsky*, Aufrechnung in der Insolvenz, NZG 1998, 481; *Wellensiek*, Fortführung des Bauvertrages nach Insolvenzantrag des Auftragnehmers, BauR 2005, 186; *Wortberg*, Lösungsklauseln und Insolvenz, ZInsO 2003, 1032; *Zeuner*, Die Anfechtung in der Insolvenz, 1999.

Mit rund 25 %[2093] nimmt das Baugewerbe traditionell einen Spitzenplatz im Bereich der in Zeiten der wirtschaftlichen Krise weiterhin auf ausgesprochen hohem Niveau befindlichen Unternehmensinsolvenzen ein. Der auf dem Gebiet des Baurechts tätige Rechtsanwalt muss also in zunehmendem Maße auch über Spezialkenntnisse aus dem Insolvenzrecht verfügen. Dies gilt insbesondere dann, wenn der Bauvertrag durch Insolvenz keine Beendigung (sei es durch Kündigung, sei es durch Ablehnung der Erfüllung durch den Insolvenzverwalter) findet, sondern fortgesetzt wird. Hierzu dienen die nachfolgenden Ausführungen.

774

[2093] Quelle: Insolvenzstatistik des Statistischen Bundesamtes für das Jahr 2004.

§ 9 Der Bauvertrag im Fall der Insolvenz eines Vertragspartners

A. Der Bauvertrag in der Insolvenz des Auftragnehmers

I. Der Bauvertrag wird vom Auftraggeber bei eröffnetem Insolvenzverfahren nicht gekündigt

775 Kommt es beim **ungekündigten** Bauvertrag zur Eröffnung des Insolvenzverfahrens über das Vermögen des Auftragnehmers, richtet sich die Abwicklung dieses gegenseitigen Vertrages, wenn die beiderseitigen Leistungen der Vertragsparteien **überhaupt nicht** oder **noch nicht vollständig erfüllt** worden sind, nach § 103 Abs. 1 InsO. Die vollständige Erfüllung auch nur vonseiten einer Vertragspartei schließt die Anwendung von § 103 Abs. 1 InsO aus.[2094] (Vgl. zum Fall des von einer Vertragspartei vollständig erfüllten Bauvertrages Rn 796 ff.)

1. Beiderseitige nicht vollständige Erfüllung

776 Der Bauvertrag ist vom Auftraggeber **vollständig erfüllt**,[2095] wenn er den Werklohn an den Auftragnehmer komplett bezahlt hat.[2096] Darüber hinaus führt auch eine durch den Auftraggeber vor Verfahrenseröffnung erklärte Aufrechnung[2097] (vgl. zur Zulässigkeit der Aufrechnung bei eröffnetem Verfahren gem. der §§ 94 ff. InsO Rn 782 ff.) mit einem bestehenden, auf Geldzahlung gerichteten Mängelanspruch (z. B. mit den Aufwendungen bei selbst vorgenommener Ersatzvornahme (vgl. Rn 619 ff., 671 f.) oder einem Schadensersatzanspruch) (vgl. Rn 681 ff., 691 ff.) zur vollständigen Erfüllung des Vergütungsanspruchs des Auftragnehmers. Gleiches gilt dann, wenn ein Sicherheitseinbehalt durch Bürgschaft abgelöst worden ist.[2098] Ist der Sicherungseinbehalt dagegen vom Auftraggeber noch nicht voll ausgezahlt worden, kann im Hinblick auf den Vergütungsanspruch des Auftragnehmers nicht von einer vollständigen Erfüllung ausgegangen werden. Der Auftragnehmer hat den Bauvertrag vollständig erfüllt, wenn er seine Leistungen zum einen vollends und zum anderen mangelfrei[2099] fertig gestellt hat, was auch die Beseitigung von vor und nach Abnahme[2100] aufgetretenen Mängeln und die Abwicklung damit begründeter Mängelbeseitigungsansprüche des Auftraggebers umfasst (vgl. Rn 608 ff., 662 ff.). Der Anwendungsbereich des § 103 Abs. 1 InsO ist dagegen eröffnet, wenn der Auftraggeber die Vergütung nicht komplett bezahlt hat bzw. nach Fertigstellung des Objekts etwaige vor oder nach der Abnahme bestehender Mängelansprüche des Auftraggebers noch nicht abgewickelt sind.[2101] Problematisch erweist sich in der letztgenannten

---

[2094] BGH ZIP 1999, 199 ff.; 2001, 2315 ff.; Uhlenbruck-*Berscheid*, § 103 InsO, Rn 58; *Bork*, Rn 161; *Schmitz*, Rn 64.
[2095] Für das Vorliegen einer Erfüllung muss der Leistungserfolg eingetreten sein, Kübler/Prütting-*Tintelnot*, § 103 InsO, Rn 31; Uhlenbruck-*Berscheid*, § 103 InsO, Rn 58.
[2096] Vgl. hierzu weiterführend *Vogel*, Jahrbuch Baurecht 2004, 107 (121 ff.) sowie *Heidland*, Rn 582, 557, 557 a bis 557 f.
[2097] Uhlenbruck-*Berscheid*, § 103 InsO, Rn 60.
[2098] Bähr/Herrmann, § 103 InsO, Rn 83, 139; *Wellensiek*, BauR 2005, 186 (190); *Schmitz*, Rn 64.
[2099] Die gesetzliche Neuregelung des Erfüllungsanspruchs (vgl. insoweit § 633 Abs. 1 BGB) nach der Schuldrechtsreform hat mithin den Anwendungsbereich von § 103 Abs. 1 InsO erweitert, *Ringsmeier/Homann*, ZIP 2002, 505 (506). Weiterführend *Heidland*, Rn 571 ff.
[2100] BGH BauR 1999, 392 (394); BauR 1979, 420 (425); Uhlenbruck-*Berscheid*, § 105 InsO, Rn 29; *Thode*, ZfIR 2000, 165 (179); *Kreft*, Festschrift für Uhlenbruck, S. 387 (397).
[2101] *Thode*, ZfIR 2000, 165 (179); *Wellensiek*, BauR 2005, 186 (190).

A. Der Bauvertrag in der Insolvenz des Auftragnehmers

Fallkonstellation, dass häufig erst nach abschließender sachverständiger Beurteilung in einem Prozess rechtskräftig festgestellt werden kann, ob dem – bereits abgenommenen Werk – Mängel anhaften und dem Auftraggeber tatsächlich ein begründeter sowie nicht verjährter Mängelbeseitigungsanspruch zusteht und damit letztlich ein beiderseits nicht vollständig erfüllter Vertrag gegeben ist.[2102]

a) Die Konzeption des BGH zu § 103 InsO – modifizierte Erlöschentheorie

Die Eröffnung des Insolvenzverfahrens über das Vermögen einer Partei bei einem beiderseits noch nicht vollständig erfüllten Vertrag führt weder zum Erlöschen des Vertrages, noch gewährt sie dem anderen Vertragsteil ein Rücktrittsrecht. Auch entsteht kein Rückgewährschuldverhältnis, da § 103 Abs. 1 und 2 S. 1 InsO das Recht zum Rücktritt vom Vertrag für beide Vertragsparteien ausschließt.[2103] Nach der sog. **modifizierten Erlöschenstheorie** des BGH[2104] erlöschen die Ansprüche der Vertragsparteien mit der Insolvenzeröffnung nicht, sie verlieren vielmehr lediglich vorläufig die **Durchsetzbarkeit** aufgrund der beiden Vertragsparteien zustehenden **Nichterfüllungseinrede** des § 320 BGB, und zwar auch dann, wenn der Vertragspartner nach dem Inhalt des Vertrages vorzuleisten hat.[2105] Die Insolvenzeröffnung führt noch nicht zu einer materiell-rechtlichen Umgestaltung des Vertragesverhältnisses. Der Auffassung des BGH ist im Interesse des Gläubigerschutzes – wenngleich mit Bedenken –[2106] zuzustimmen. Die Masse wird so vor unerwünschten Nebenfolgen der Vertragserfüllung geschützt, insbesondere kann der Insolvenzverwalter die Erfüllung des Vertrages wählen, ohne befürchten zu müssen, dass die Gegenleistung aufgrund einer Aufrechnung des Vertragspartners nicht der Masse zugute kommt (vgl. insoweit § 96 Abs. 1 Nr. 1 InsO) (vgl. Rn 785).

777

2102 *Wellensiek*, BauR 2005, 186 (190); *Schmitz*, Rn 69 ff.
2103 BGH WM 2002, 1199; MünchKomm-*Kreft*, § 103 InsO, Rn 3-11; *Bork*, Rn 156 ff.
2104 BGH ZIP 2002, 1093 (1094); 2003, 1208 (1211) – unter Aufgabe der bisherigen BGH-Rechtsprechung ZIP 1997, 688; 1995, 926; NJW 1992, 507 (508); 1989, 1282 (1283); MünchKomm-*Kreft*, § 103 InsO, Rn 3 ff. In der Literatur wird dem entgegen der Auffassung vertreten, dass mit dem Erfüllungsverlangen des Insolvenzgläubigers das Rechtsverhältnis dahingehend umgewandelt werde, den Erfüllungsanspruch als Insolvenzforderung i. S. des § 38 InsO (vgl. insoweit Fn 1611) in eine Masseschuld gem. § 55 Abs. 1 Nr. 2 InsO umzuwandeln, *Bork*, Rn 160; *Tintelnot*, ZIP 1995, 616 (619); *Jauernig*, § 78 II.
2105 MünchKomm-*Kreft*, § 103 InsO, Rn 17; Uhlenbruck-*Berscheid*, § 103 InsO, Rn 4; *Schmitz*, Rn 76; *Wellensiek*, BauR 2005, 186 (191).
2106 Insoweit ist darauf hinzuweisen, dass die modifizierte Erlöschenstheorie des BGH in einem Punkte erheblicher dogmatischer Kritik auszusetzen ist. Wählt der Insolvenzverwalter Erfüllung und erhalten die zunächst nicht durchsetzbaren Ansprüche die Rechtsqualität von originären Forderungen der Insolvenzmasse und gegen diese, müssten konsequenter Weise akzessorische Sicherungsrechte mit Erfüllungswahl automatisch wegfallen. Bisher hat der BGH nicht begründen können, wie die Akzessorität zwischen dem Sicherungsrecht und dem infolge der Erfüllungswahl neu entstehenden Erfüllungsanspruch hergestellt werden soll, Uhlenbruck-*Berscheid*, § 103 InsO, Rn 4; MünchKomm-*Kreft*, § 103 InsO, Rn 44, 46; HK-*Marotzke*, § 103 InsO, Rn 2; *ders.*, EWiR 1881, 71 (72); *Bork*, Rn 160.

b) Der Insolvenzverwalter wählt gemäß § 103 InsO die Erfüllung des Bauvertrages

778 Wählt der Insolvenzverwalter die Vertragserfüllung,[2107] [2108] hat die Erklärung **rechtsgestaltende Wirkung** dahin, dass die insoweit **neu begründeten** Rechte und Pflichten aus dem Vertrag insgesamt[2109] zu Masseforderungen und Masseverbindlichkeiten i. S. des § 55 Abs. 1 Nr. 2 InsO[2110] werden. Es kommt mithin zu einem sog. Qualitätssprung. Die Erklärung des Insolvenzverwalters i. S. des § 103 InsO ist eine **einseitige empfangsbedürftige Willenserklärung** i. S. der §§ 130 ff. BGB, die bedingungsfeindlich und unwiderruflich ist.[2111] Da das Gesetz keine bestimmte Form vorschreibt, kann der Insolvenzverwalter seine Erklärung auch durch schlüssiges Verhalten abgeben. Für die Auslegung eines solchen Verhaltens ist allgemein maßgebend, welche Bedeutung ihm der Vertragspartner nach der Verkehrssitte und den Gesamtumständen beimessen musste.[2112] [2113] Zu

---

[2107] Bevor der Insolvenzverwalter auf der Grundlage von § 103 InsO die Erfüllung des Bauvertrages wählen kann, müssen von ihm in kürzester Zeit zahlreiche relevante Vorfragen einer umfassenden Klärung zugeführt werden, die für die Erfüllungswahl und die damit verbundene Fortsetzung des Bauvertrages von maßgebender Bedeutung sind. Insoweit geht es bspw. um die Ermittlung des Zeitraums für die Restfertigstellung des Bauvorhabens, die Spezifizierung des erforderlichen und dann auch tatsächlich abrufbar vorhandenen Personalbedarfs sowie die Ermittlung des ggf. erforderlichen Aufwands für sog. Drittleistungen durch Lieferanten bzw. Nachunternehmer. Ferner ist zu prüfen, ob das Bauvorhaben vom Insolvenzschuldner auskömmlich kalkuliert worden ist und wie das bisherige Zahlungsverhalten des Auftraggebers unter Berücksichtigung denkbarer Einwendungen und Einreden in Anbetracht etwaiger mangelhaft erbrachter Teilleistungen zu beurteilen ist. Weiter hat der Insolvenzverwalter auch die steuerlichen Auswirkungen der Erfüllungswahl zu bedenken, da nach der Rechtsprechung des Bundesfinanzhofs (BFH KTS 1979, 208 (210) sowie KTS 2001, 419 (426)) das Bauwerk erst mit vollständiger Fertigstellung geliefert worden ist und die auf dieser Lieferung beruhende Umsatzsteuer für das gesamte Bauwerk als Masseverbindlichkeit gem. § 55 Abs. 1 Nr. 2 InsO zu befriedigen ist. Der Insolvenzverwalter muss demnach genauestens prüfen, ob von dem Insolvenzschuldner die Umsatzsteuer aus den Abschlagszahlungen tatsächlich an das Finanzamt abgeführt worden sind. Hinzu kommt, dass der Insolvenzverwalter bei Erfüllungswahl die Gewährleistungsfristen im Blick zu halten hat und unter Berücksichtigung von Rückstellungen, die in Anbetracht etwaiger Mängelansprüche zu bilden sind, mit einem Abschluss des Insolvenzverfahrens vor Ablauf der Gewährleistungsfristen nicht zu rechnen ist. Vor dem Hintergrund dieser Umstände wird deutlich, dass eine Erfüllungswahl des Insolvenzverwalters in der Praxis eher die Ausnahme bildet. Vgl. weiterführend auch *Heidland*, Rn 1033 ff.

[2108] Gemäß § 160 Abs. 1 InsO hat der Insolvenzverwalter die vorherige Zustimmung des Gläubigerausschusses für jene Rechtshandlungen (worunter auch die Erfüllungswahl zählt) einzuholen, die für das Insolvenzverfahren in seiner Gesamtheit von Bedeutung sind. Ist ein Gläubigerausschuss nicht bestellt, muss er gem. § 160 Abs. 1 S. 2 InsO die Zustimmung der Gläubigerversammlung einholen.

[2109] Es geht also nicht nur um die Hauptleistungs-, sondern auch um Nebenpflichten: OLG Celle BauR 1995, 856 f.; Kübler/Prütting-*Tintelnot*, § 103 InsO, Rn 76; *Heidland*, Rn 1056.

[2110] Die Massegläubiger sind gem. § 53 InsO aus der nach Vollzug der Aussonderung und Absonderung sowie zulässiger Aufrechnung verbliebenen Insolvenzmasse vorweg, d. h. vor den Insolvenzgläubigern zu befriedigen. Massegläubiger sind diejenigen Gläubiger, deren vermögensrechtliche Ansprüche erst mit Verfahrenseröffnung begründet und durch das Verfahren selbst veranlasst worden sind. Die Geltendmachung der Ansprüche und deren Befriedigung erfolgt außerhalb des Insolvenzverfahrens. Dementsprechend können die Massegläubiger ihre Ansprüche auch während des Insolvenzverfahrens gegen den Insolvenzverwalter einklagen. Gemäß § 90 Abs. 1 InsO ist die Zwangsvollstreckung jedoch für Masseverbindlichkeiten, die eine Rechtshandlung des Insolvenzverwalters begründet worden sind – sog. oktroyierte Masseverbindlichkeiten –, in den ersten 6 Monaten seit Eröffnung des Insolvenzverfahrens unzulässig. Stellt der Insolvenzverwalter nach Eröffnung des Insolvenzverfahrens fest, dass die Insolvenzmasse zur Vollbefriedigung aller Massegläubiger nicht ausreicht (sog. Insolvenz der Insolvenz), hat er dem Insolvenzgericht gem. § 208 InsO die Masseunzulänglichkeit sofort mitzuteilen. Vgl. weiter zu § 54 InsO sowie zu § 55 InsO Fn 2156.

[2111] BGH WM 1998, 358, 1958, 430 (432); Uhlenbruck-*Berscheid*, § 103 InsO, Rn 64, 67; Haarmeyer/Wutzke/Förster, S. 405; *Wellensiek*, BauR 2005, 186 (191).

[2112] BGH NJW 1963, 1248; Uhlenbruck-*Berscheid*, § 103 InsO, Rn 65; *Heidland*, Rn 1031 (Beispiele einer konkludenten Erfüllungswahl).

[2113] Kommt es dazu, dass Mitarbeiter des Insolvenzschuldners mit Billigung und Wissen des Insolvenzverwalters die Arbeiten auf der Baustelle fortsetzen, ist darin eine Erfüllungswahl des Insolvenzverwalters zu sehen. Arbeiten dem entgegen Dritte oder Mitarbeiter des Insolvenzschuldners eigenmächtig weiter, weil sie der Erwartung verhaftet sind, der Auftraggeber werde sie direkt beauftragen und bezahlen, liegt hierin kein dem Insolvenzverwalter zurechenbares Verhalten, OLG Frankfurt NJW-RR 1988, 1338.

A. Der Bauvertrag in der Insolvenz des Auftragnehmers

beachten bleibt, dass § 103 InsO keinen Zeitraum vorgibt, innerhalb dessen der Insolvenzverwalter die Erfüllung wählen muss. Um Rechtsklarheit zu schaffen, kann der Auftraggeber den Insolvenzverwalter zur Ausübung des Wahlrechts **auffordern**.[2114] Der Insolvenzverwalter hat sich dann gem. § 121 BGB (vgl. Rn 5) unverzüglich zu erklären. Lehnt der Insolvenzverwalter die Erfüllung ab oder erklärt er sich nicht, verliert er das Recht, auf die Erfüllung des gegenseitigen Vertrages zu bestehen.

Der Insolvenzverwalter hat bei Erfüllungswahl in gleicher Weise, am gleichen Ort und zur selben Zeit wie der Insolvenzschuldner zu erfüllen.[2115] Er kann die ihm zustehenden Rechte aus dem neu begründeten Vertrag nur so ausüben, wie sie dem Auftragnehmer als Insolvenzschuldner zustanden, wobei für den Inhalt des Schuldverhältnisses und den Umfang der beiderseitigen Pflichten der Zeitpunkt der Insolvenzeröffnung maßgebend ist.[2116] Bei Bauverträgen, bei denen **Teilleistungen** selbstständig bewertbar sind, ist weiterhin **§ 105 InsO** zu beachten.[2117] Insoweit kann der Insolvenzverwalter für die Zukunft Erfüllung verlangen, ohne dadurch auch für die Vergangenheit vollends zur Erfüllung verpflichtet zu sein. Der Auftraggeber als Vertragspartner muss dementsprechend seinen Anspruch auf die Gegenleistung für die Vergangenheit (insoweit geht es bspw. um Mängelbeseitigungsansprüche betreffend der bis zur Eröffnung der Insolvenz erbrachten Teilleistungen (vgl. Rn 608 ff., 662 ff.) oder Rückforderungsansprüche bei Überzahlung der bis zur Eröffnung der Insolvenz erbrachten Leistungen) als Insolvenzgläubiger gem. § 38 InsO zur Tabelle anmelden.[2118] [2119]

779

c) Der Insolvenzverwalter lehnt die Erfüllung des Bauvertrages ab

Lehnt der Insolvenzverwalter dagegen die Vertragserfüllung ab[2120] oder erklärt er sich vor dem Hintergrund des § 103 Abs. 2 S. 2 und 3 InsO nicht, **erlöschen** nunmehr – mit der Ablehnungserklärung bzw. dem Fristablauf – die gegenseitigen Erfüllungsansprüche.[2121] Nach der modifizierten Erlöschenstheorie des BGH hat der Auftraggeber als Vertragspartner des Auftragnehmers als Insolvenzschuldners einen einseitigen **Anspruch auf**

780

2114 Ausführlich *Heidland*, Rn 1041 ff.
2115 *Heidland*, Rn 598. Ein Erfüllungsverlangen, das vertragsändernde Forderungen oder Bedingungen enthält, gilt als Erfüllungsablehnung, BGH WM 1958, 432; ZIP 1998, 322; Kuhn/Uhlenbruck, § 17 Rn 24.
2116 *Uhlenbruck-Berscheid*, § 103 InsO, Rn 71; Haarmeyer/Wutzke/Förster, S. 405.
2117 BGH WM 2002, 1199 (1201); 2001, 1470; Uhlenbruck-*Berscheid*, § 105 InsO, Rn 16; *Kreft*, Festschrift für Uhlenbruck, Seite 387 (396); *Wellensiek*, BauR 2005, 186 (191).
2118 MünchKomm-*Kreft*, § 103 InsO, Rn 47; *Wellensiek*, BauR 2005, 186 (191).
2119 Insolvenzgläubiger ist gem. § 38 InsO der persönliche Gläubiger, der einen zur Zeit der Eröffnung des Insolvenzverfahrens begründeten Vermögensanspruch gegen den Schuldner hat. Ist der vermögensrechtliche Anspruch nicht auf Geld gerichtet, wie z. B. der Verschaffungsanspruch oder ist der Geldbetrag nicht bestimmt, steht z. B. die Forderung zum Zeitpunkt der Eröffnung des Insolvenzverfahrens nur dem Grunde, nicht aber der Höhe nach fest, ist er gem. § 45 InsO seinem Wert nach zu schätzen und in Euro geltend zu machen. Der Grund dieser Vorschrift liegt darin, dass das Insolvenzverfahren nur zu einer anteilsmäßigen Befriedigung in Geld führt und somit auch nur auf einen bestimmten Geldbetrag gerichtete Forderungen gem. §§ 174 ff. InsO angemeldet werden können. Der Insolvenzgläubiger muss die Schätzung und Umrechnung selbst vornehmen, wobei der Zeitpunkt der Verfahrenseröffnung (vgl. §§ 30, 27 Abs. 2 Nr. 3 InsO) maßgebend ist. Die Umwandlung in eine Geldforderung erfolgt jedoch nicht schon mit der Eröffnung des Insolvenzverfahrens oder mit der Anmeldung zur Insolvenztabelle, sondern erst dann, wenn die Forderung im Eröffnungsverfahren festgestellt und vom Insolvenzverwalter nicht bestritten ist, der Feststellung nach. § 178 Abs. 3 InsO mit einem rechtskräftigen Urteil gleich zu setzen ist. Andernfalls würde die Umwandlung auch dann fortbestehen, wenn das Insolvenzverfahren gem. § 207 InsO mangels Masse noch vor dem Prüfungstermin eingestellt werden würde.
2120 Lehnt der Insolvenzverwalter die Erfüllung des Bauvertrages ab oder verstreicht die vom Vertragspartner gem. § 103 Abs. 2 S. 2 InsO gesetzte Frist zur Erfüllungswahl, steht fest, dass der Vertrag insgesamt nicht mehr erfüllt wird. Einer nochmaligen Fristsetzung mit Ausnahme betreffend Rügen für erst später festgestellte Mängel (vgl. hierzu die Ausführungen unter Rn 825 f.) – bedarf es nicht mehr.
2121 BGH ZIP 2002, 1093; Uhlenbruck-*Berscheid*, § 103 InsO, Rn 85; MünchKomm-*Kreft*, § 103 InsO, Rn 20, 22.

von Kiedrowski

§ 9 Der Bauvertrag im Fall der Insolvenz eines Vertragspartners

Schadensersatz,[2122] wobei § 103 Abs. 2 S. 1 InsO den Anspruch nicht selbst gewährt, sondern lediglich festlegt, dass er als einfache Insolvenzforderung gem. § 38 InsO (vgl. Fn 1611) geltend zu machen ist. Nach h. M. ist § 280 Abs. 1 BGB die Anspruchsgrundlage für den Schadensersatzanspruch, wobei die Eröffnung des Insolvenzverfahrens der schuldhaften Nichterfüllung des Vertrages gleichzustellen ist. Für die Abwicklung des Schadensersatzanspruches gilt somit auch im Falle des § 103 Abs. 2 S. 1 InsO die **Differenztheorie**. Sicherheiten, die zur Absicherung des Erfüllungsanspruchs bestellt wurden, decken auch den Schadensersatzanspruch statt der Leistung.[2123] Die von dem Auftragnehmer als Insolvenzschuldner bereits erbrachten Teilleistungen muss der Auftraggeber als Vertragspartner aus ungerechtfertigter Bereicherung gem. § 812 Abs. 1 S. 2 1. Fall BGB an den Insolvenzverwalter zurückerstatten. Der Rechtsgrund für die von dem Auftragnehmer bereits erbrachten Leistungen fällt jedoch nur insoweit weg, als diese sich nach § 280 BGB ergebenden Schadensersatzanspruch übersteigen. Übersteigt der Wert der vom Auftragnehmer als Insolvenzschuldner erbrachten Leistungen nicht den Schaden, der dem Auftraggeber als Vertragspartner in Folge des Erlöschens seines Erfüllungsanspruchs entstanden ist, kann der Insolvenzverwalter hingegen zur Masse zurückverlangen.[2124]

d) Bestehen eines insolvenzrechtlichen Abrechnungsverhältnisses

781 Kommt es zu einer Eröffnung des Insolvenzverfahrens, sind die gegenseitigen Ansprüche in ein insolvenzrechtlich bestimmtes **Abrechnungsverhältnis** einzustellen.[2125] [2126] Nach der **neusten Rechtsprechung des BGH**,[2127] die zur Abwicklung eines gekündigten Bauvertrages bei später eröffnetem Gesamtvollstreckungsverfahren ergangen ist (vgl. Rn 575 ff.), stellen der Vergütungsanspruch des Auftragnehmers für die bis zur Insolvenzeröffnung erbrachten Leistungen einerseits und Ansprüche des Auftraggebers auf Schadensersatz in Geld wegen Verzuges, Unmöglichkeit, Nebenpflichtverletzung oder wegen Mängeln andererseits selbständige Ansprüche der Parteien dar, die sich im Wege der **Aufrechnung** gegenüberstehen können. Mit dem Begriff „Abrechnungsverhältnis" soll nicht zum Ausdruck gebracht werden, dass Forderung und Gegenforderung nicht den Regeln zur Aufrechnung unterliegen.[2128]

aa) Zur Aufrechnung im Abrechnungsverhältnis

782 Die Aufrechnung im insolvenzrechtlichen Abrechnungsverhältnis durch den Insolvenzgläubiger erfolgt zunächst auf der Grundlage der allgemeinen Regeln der §§ 387 ff. BGB

2122 BGH ZIP 2002, 1093 (1094); 2003, 1208 (1211); MünchKomm-*Kreft*, § 103 InsO, Rn 22, 23; Uhlenbruck-*Berscheid*, § 103 InsO, Rn 86.
2123 Uhlenbruck-*Berscheid*, § 103 InsO, Rn 89; MünchKomm-*Kreft*, § 103 InsO, Rn 24.
2124 BGH ZIP 1983, 709; Uhlenbruck-*Berscheid*, § 103 InsO, Rn 89; *Graf/Wunsch*, ZIP 2002, 2117 (2122).
2125 *Schmitz*, Rn 87 ff.; *Kreft*, Festschrift für Uhlenbruck, S. 387 (398), Uhlenbruck-*Berscheid*, § 103 InsO, Rn 87; *Pape*, Kölner Schrift zur Insolvenzordnung, S. 555.
2126 Nach der bisherigen Rechtsprechung des BGH (NJW 2001, 1136) sind in diesem Abrechnungsverhältnis die gegenseitigen Ansprüche, die sich daraus ergeben, dass die Durchführung des Vertrages endet, miteinander zu verrechnen, sodass nur diejenige Seite einen Restanspruch behält, zu deren Gunsten ein Überschuss verbleibt.
2127 BGH BauR 2005, 1477 [abweichend davon die alte Rechtsprechung BauR 2001, 1615 (1617) sowie Uhlenbruck-*Berscheid*, § 103 InsO, Rn 87, wonach Forderung und Gegenforderung sich nicht selbstständig gegenüberstehen und die wechselseitigen Forderungen im Rahmen der anzuwendenden Differenztheorie als unselbständige Rechnungsposten eines einheitlichen Anspruchs anzusehen sind. Dabei war im Wege der Saldierung zu ermitteln, wem nach der Verrechnung noch ein Zahlungsanspruch zusteht]. Vgl. in diesem Zusammenhang auch Rn 574 f.
2128 Dazu jüngst *Kessen*, BauR 2005, 1691 ff.

A. Der Bauvertrag in der Insolvenz des Auftragnehmers

(vgl. Rn 563 ff.) die sodann durch die Spezialregelungen der §§ 94 ff. InsO ergänzt werden. Die Aufrechnungsbefugnis des Insolvenzverwalters richtet sich dagegen ausschließlich nach den allgemeinen Vorschriften der §§ 387 ff. BGB.[2129]

(1) Bestehende Aufrechnungslage bei Eröffnung des Insolvenzverfahrens – § 94 InsO

§ 94 InsO ermöglicht es dem Auftraggeber als Insolvenzgläubiger, sich unabhängig vom Insolvenzverfahren durch Aufrechnung mit einer **zurzeit der Eröffnung des Insolvenzverfahrens bestehenden fälligen Gegenforderung** gegenüber einer gegen ihn gerichteten Forderung zu befriedigen. Der Insolvenzgläubiger muss nicht seine volle Leistung an die Insolvenzmasse erbringen und braucht sich nicht für seine Forderung mit der Insolvenzquote zu begnügen. Die Aufrechnung bewirkt insoweit eine Art abgesonderte Befriedigung. Grund für die Sonderstellung des aufrechnungsbefugten Insolvenzgläubigers ist sein Vertrauen in die einmal erworbene Befriedigungsmöglichkeit.[2130]

783

(2) Eintritt der Aufrechnungslage nach Verfahrenseröffnung – § 95 InsO

Sofern die Gegenforderung, mit der aufgerechnet werden soll, im Zeitpunkt der Verfahrenseröffnung schon **begründet, jedoch noch bedingt, nicht fällig oder nicht gleichartig ist**, kann die Aufrechnung gem. § 95 Abs. 1 S. 1 InsO erst erfolgen, wenn das Aufrechnungshindernis behoben ist.[2131] Die Aufrechnung durch den Insolvenzgläubiger bleibt jedoch gem. § 95 Abs. 1 S. 3 InsO dann ausgeschlossen, wenn die Gegenforderung später **fällig oder später unbedingt** wurde als die zur Insolvenzmasse gehörende Hauptforderung.[2132] Mit diesem Ausschluss soll verhindert werden, dass ein Insolvenzgläubiger die Regelung des § 95 Abs. 1 S. 1 InsO unterläuft, in dem er die Befriedigung eines Anspruchs aus der Masse so lange hinauszögert, bis auch seine Forderung gegen die Masse fällig wird.[2133]

784

(3) Einschränkung der Aufrechnungsbefugnis des Insolvenzgläubigers – § 96 InsO

§ 96 InsO schränkt das Aufrechnungsrecht des Insolvenzgläubigers in der Weise ein, dass abweichend von § 387 BGB die Gegenseitigkeit schon im Zeitpunkt der Eröffnung des Insolvenzverfahrens bestanden haben muss. Die Vorschriften des §§ 96 Abs. 1 Nr. 1, 2 und 4 InsO entsprechen dem Schutz des § 91 InsO gegen die Verminderung der Insolvenzmasse durch Erwerb von Rechten an Massegegenständen nach Eröffnung des Insolvenzverfahrens.[2134] Die Bestimmung des § 96 Abs. 1 Nr. 3 InsO erweitert diesen Schutz auf die Aufrechnungslage, die in anfechtbarer Weise herbeigeführt worden ist. Die Aufrechnung ist gem. **§ 96 Abs. 1 Nr. 1 InsO** unzulässig, wenn ein Insolvenzgläubiger erst nach Eröffnung des Insolvenzverfahrens etwas zur Insolvenzmasse schuldig geworden ist[2135] Sie ist gem. **§ 96 Abs. 1 Nr. 2 InsO** unzulässig, wenn der Insolvenzgläubiger seine Forderung erst nach Eröffnung des Insolvenzverfahrens von einem anderen Gläubiger erworben hat. Dies gilt unabhängig davon, ob diese bei Verfahrenseröffnung bereits bestanden hat oder nicht, denn der Insolvenzgläubiger konnte bei Verfahrenseröffnung

785

[2129] Kübler/Prütting-*Lüke*, § 94 InsO, Rn 5; Uhlenbruck-*Uhlenbruck*, § 94 InsO, Rn 5; *Heidland*, Rn 976 a; *Höhn/Kaufmann*, JuS 2003, 751 ff.
[2130] Uhlenbruck-*Uhlenbruck*, § 94 InsO, Rn 1; Kübler/Prütting, S. 276; Jauernig, § 50 II.
[2131] Uhlenbruck-*Uhlenbruck*, § 95 InsO, Rn 1.
[2132] BGH ZIP 2002, 2184; Uhlenbruck-*Uhlenbruck*, § 95 InsO, Rn 20; Jauernig, § 50 III; *Holzer*, DStR 1998, 1268 (1271).
[2133] Pape/Uhlenbruck, Rn 628; Jauernig, § 50 III; *Wellensiek*, BauR 2005, 186 (196).
[2134] BGHZ 30, 250; OLG Düsseldorf ZIP 1996, 1749 (1755); Uhlenbruck-*Uhlenbruck*, § 96 InsO, Rn 1; *von Wilmowsky*, NZG 1998, 381 (386); *Holzer*, DStR 1998, 1268 (1271).
[2135] Uhlenbruck-*Uhlenbruck*, § 96 InsO, Rn 4 ff. Vgl. hierzu die Ausführungen unter Rn 778 ff, 788.

nicht darauf vertrauen, dass er seine Forderung im Wege der Aufrechnung werde durchsetzen können.[2136] Die Aufrechnung ist ferner gem. **§ 96 Abs. 1 Nr. 3 InsO** unzulässig, wenn die Aufrechnungslage vor Verfahrenseröffnung in einer Weise herbeigeführt worden ist, die den Insolvenzverwalter gegenüber dem Insolvenzgläubiger zur Insolvenzanfechtung (vgl. Rn 857 ff.) berechtigt.[2137] Die Aufrechnung ist schließlich gem. **§ 96 Abs. 1 Nr. 4 InsO** unzulässig, wenn ein Insolvenzgläubiger, dessen Forderung aus dem freien Vermögen des Schuldners zu erfüllen ist, etwas zur Insolvenzmasse schuldet. Diese Einschränkung resultiert aus der Trennung von Insolvenzmasse und freiem Vermögen des Schuldners.[2138] Der **vertragliche Ausschluss** der Aufrechnung gilt nicht in der Insolvenz des Aufrechnungsgegners, falls nach den Umständen des Einzelfalles anzunehmen ist, dass der Insolvenzgläubiger für den Fall der Insolvenz nicht auf die Möglichkeit verzichten wollte, sich unabhängig vom Insolvenzverfahren aus der gegen ihn gerichteten Forderung zu befriedigen. Der Zweck – nämlich die schnelle und zügige Geschäftsabwicklung zu gewährleisten – entfällt, wenn die Geschäftstätigkeit des durch die Verbotsklausel Begünstigten aufgehört hat und nur noch eine gesetzlich geregelte Abwicklung aller Ansprüche und Gegenansprüche greift.[2139]

bb) Rechnungsposten zugunsten des Auftragnehmers/Insolvenzverwalters

(1) Der Insolvenzverwalter lehnt die Erfüllung des Bauvertrages ab

786 Kommt es nach Eröffnung des Insolvenzverfahrens zu einer Erfüllungsablehnung durch den Insolvenzverwalter, entfallen die **Leistungsverpflichtungen** für den bis zur Insolvenzeröffnung **noch nicht erbrachten** Teil.[2140] Der Gegenstand des Bauvertrages beschränkt sich auf die bis zur Insolvenzeröffnung **erbrachten Leistungen**.[2141] Nach der Erfüllungsablehnung durch den Insolvenzverwalter sind die bis zum Zeitpunkt der Insolvenzeröffnung tatsächlich ausgeführten Leistungen des Auftragnehmers **abzurechnen**[2142] und zu vergüten. Dabei wird der Vergütungsanspruch des Auftragnehmers für die erbrachten Leistungen wie im Fall des gekündigten Bauvertrags erst bei **Vorliegen einer Abnahme** fällig.[2143] Fälligkeitsvoraussetzung für den Vergütungsanspruch des Auftragnehmers als Insolvenzschuldner ist weiter, dass dem Auftraggeber eine von dem Insolvenzverwalter

---

2136 Uhlenbruck-*Uhlenbruck*, § 96 InsO, Rn 14 ff.; Kübler/Prütting, S. 277.
2137 BGH WM 2000, 262 ff.; 1999, 781 ff.; OLG Stuttgart IBR 2006, 28; Uhlenbruck-*Uhlenbruck*, § 96 InsO, Rn 24 ff.; *Paulus*, ZIP 1997, 569 (576 f.); *Wellensiek*, BauR 2005, 186 (199 ff.).
2138 Uhlenbruck-*Uhlenbruck*, § 96 InsO, Rn 31; Kübler/Prütting, S. 278.
2139 BGH NJW 1984, 357; 1975, 442; Kuhn/Uhlenbruck, § 53 Rn 12; *Dempenwolf*, BB 1976, 1753.
2140 Betreffend solcher Mängel(symptome), die im Zeitpunkt der Entscheidung des Insolvenzverwalters bereits bekannt waren, geht ein etwaig bestehender Mängelbeseitigungsanspruch des Auftraggebers mit der Erfüllungsablehnung durch den Insolvenzverwalter unter, Schmitz, Rn 80. Vgl. hierzu auch Rn 791.
2141 BGH BauR 1993, 469.
2142 BGH ZIP 2002, 1093 (1096); *Schmitz*, Rn 140.
2143 BGH, Urteil vom 11.5.2006 – VII ZR 146/04, IBR 2006, 432; so auch das Schrifttum: *Kniffka*, ZfBR 1998, 113 (116); Werner/Pastor, Rn. 1301; *Acker/Roskosny*, BauR 2003, 1279 (1292); *Thode*, ZfBR 1999, 116 (123); Brügmann/Kenter, NJW 2003, 2121ff. Da nunmehr eine Abnahme für die Fälligkeit des Vergütungsanspruchs erforderlich ist, muss der Insolvenzverwalter wesentliche Mängel des erbrachten Teilwerks erst beseitigen und damit die Erfüllung des Vertrages wählen, bevor er einen dem Grunde nach bestehenden Vergütungsanspruch zugunsten der Masse geltend machen kann. Alternativ bliebe ihm die Möglichkeit, die Erfüllung abzulehnen und damit gleichzeitig den Vergütungsanspruch für die erbrachten Leistungen fallen zu lassen. Dies kann nicht dem Sinn und Zweck des Insolvenzverfahrens entsprechen.

A. Der Bauvertrag in der Insolvenz des Auftragnehmers

erstellte **prüfbare Schlussrechnung** zugeht.[2144] [2145] Im Hinblick auf den Umfang und die Berechnung des Vergütungsanspruchs des Auftragnehmers beim Einheits- bzw. beim Pauschalpreisvertrag kann auf die Ausführungen zum gekündigten Bauvertrag verwiesen werden (vgl. Rn. 512 ff.). Weiterhin hat der Insolvenzverwalter die Bauabzugsteuer gem. § 48 Abs. 1 EStG[2146] zu beachten.[2147] Dementsprechend muss der Auftraggeber, wenn der Insolvenzverwalter keine gültige Freistellungsbescheinigung gem. § 48 b EStG vorlegt,[2148] 15 % an das zuständige Finanzamt abführen, wobei diese Zahlung gegenüber der Insolvenzmasse Erfüllungswirkung zukommt.[2149]

Auf der Grundlage der neuen Rechtsprechung des BGH,[2150] wonach im Abrechnungsverhältnis die gegenseitigen Forderungen nicht mehr verrechnet, sondern zur Vermeidung der Umgehung von Aufrechnungsverboten vielmehr im Wege der Aufrechnung geltend zu machen sind, muss konsequenterweise davon ausgegangen werden, dass der Vertragspartner bei Erfüllungsablehnung seinen Schadensersatzanspruch wegen Nichterfüllung gem. § 280 Abs. 1 BGB häufig nur als Insolvenzgläubiger gem. § 38 InsO (vgl. insoweit die Ausführungen in Fn 1611) im Insolvenzverfahren nach den §§ 174 ff. InsO durch Anmeldung zur Tabelle geltend machen kann. Dies ist damit zu erklären, dass nach dem Urteil des BGH vom 11.5.2006[2151] eine Abnahme für die Fälligkeit des Vergütungsanspruchs beim – mithin auf nach § 8 Nr. 2 VOB/B – gekündigten Bauvertrag erforderlich ist. Gleiches muss dann gelten, wenn der Insolvenzverwalter nach Eröffnung des Insolvenzverfahrens die Erfüllung des – vom Auftraggeber nicht gekündigten – Bauvertrages ablehnt. Vor dem Hintergrund der Erfüllungsablehnung wird der Insolvenzverwalter im Hinblick auf die bereits erbrachten Leistungen möglicherweise keine Abnahme mehr herbeiführen, was dann zur Folge hat, dass damit gleichzeitig der Vergütungsanspruch für die erbrachten Leistungen fallengelassen werden muss. Ohne fälligen Vergütungsanspruch kommt es sodann auch nicht mehr zur Frage der Aufrechnung durch den Auftraggeber. Sollte der Vergütungsanspruch des Auftragnehmers für die erbrachten Leistungen doch fällig werden, käme des auf der Grundlage des § 95 Abs. 1 S. 3 InsO darauf an, ob die Schadensersatzforderung später fällig oder später unbedingt wurde als die zur Insol-

787

2144 BGH BauR 1987, 95; *Schmitz*, Rn 143.
2145 Verzögert sich die Erstellung der Schlussrechnung, kann der Auftraggeber dem Insolvenzverwalter eine Frist zur Übergabe einer prüfbaren Schlussrechnung setzen und nach Verstreichen der Frist diese gem. § 14 Nr. 4 VOB/B selbst erstellen. Die dem Auftraggeber insoweit entstehenden Kosten sind Insolvenzforderung i. S. des § 38 InsO (vgl. hierzu die Ausführungen in Fn 1611) und können zur Tabelle angemeldet werden.
2146 Gemäß § 48 Abs. 1 EStG muss der Auftraggeber, der gem. § 2 UStG Unternehmer oder Person des öffentlichen Rechts ist, bei Zahlungen von solchen im Inland entgegengenommenen Bauleistungen einen Teilbetrag von 15 % direkt an das für den Schuldner zuständige Finanzamt auf Rechnung des Auftragnehmers/Schuldners abführen. Legt der Auftragnehmer eine gültige Freistellungsbescheinigung i. S. des § 48 b EStG vor oder übersteigt der Gesamtvergütungsbetrag im laufenden Kalenderjahr voraussichtlich EUR 5.000 (brutto) nicht, muss die Bauabzugsteuer gem. § 48 Abs. 2 EStG nicht abgeführt werden.
2147 *Heidland*, ZInsO 2001, 1096 f.; *Schmitz*, Rn 147.
2148 Zu beachten bleibt, dass die Finanzverwaltung dem Insolvenzverwalter eine Freistellungsbescheinigung hinsichtlich solcher vor Verfahreneröffnung erbrachter Leistung nicht mit der Begründung verweigern darf, dass die hierauf entfallenden Steuern Insolvenzforderungen sind und in der Regel ausfallen bzw. nur anteilig befriedigt werden und es damit zu einer Gefährdung des Steueranspruchs kommt, BFH ZIP 2003, 173.
2149 LG Cottbus BauR 2002, 1703.
2150 BGH BauR 2005, 1477 [abweichend davon die alte Rechtsprechung BauR 2001, 1615 (1617) sowie Uhlenbruck-*Berscheid*, § 103 InsO, Rn 87, wonach Forderung und Gegenforderung sich nicht selbstständig gegenüberstehen und die wechselseitigen Forderungen im Rahmen der anzuwendenden Differenztheorie als unselbstständige Rechnungsposten eines einheitlichen Anspruchs anzusehen sind. Dabei war im Wege der Saldierung zu ermitteln, wem nach der Verrechnung noch ein Zahlungsanspruch zusteht].
2151 BGH, Urteil vom 11.05.2006 – VII ZR 146/04, IBR 2006, 432.

venzmasse gehörende – nach Abnahme und Übergabe einer prüfbaren Abrechnung fällig werdende – Hauptforderung.

(2) Der Insolvenzverwalter wählt die Erfüllung des Bauvertrages

788 Wählt der Insolvenzverwalter gem. § 103 InsO die Erfüllung des Bauvertrages (vgl. Rn. 778), wird der Bauvertrag „**zweigespalten**". Es ist – so auch bei der Erstellung der Schlussrechnung – zwischen den Leistungen, die vom Insolvenzschuldner bis zur Eröffnung des Insolvenzverfahrens und solchen Leistungen, die der Insolvenzverwalter aus Mitteln der Masse ab Verfahrenseröffnung erbringt, zu unterscheiden. Weiter muss auch im Hinblick auf den Vergütungsanspruch des Auftragnehmers und die Frage der **Aufrechenbarkeit mit Gegenforderungen** des Auftraggebers betreffend solcher bis zur Eröffnung des Insolvenzverfahrens und den bei eröffnetem Insolvenzverfahren erst nach Erfüllungswahl durch den Insolvenzverwalter begründeten Werklohnansprüchen des Auftragnehmers differenziert werden. Der Vergütungsanspruch des Auftragnehmers als Insolvenzschuldner betreffend der bereits vor Verfahrenseröffnung erbrachten Teilleistungen hat nach § 103 Abs. 1 InsO mit der Insolvenzeröffnung seine Durchsetzbarkeit nicht verloren, kann also vom Insolvenzverwalter ohne Einschränkungen geltend gemacht werden. Der Auftragnehmer kann gem. § 94 InsO vorbehaltlich der Einschränkungen gem. §§ 95, 96 InsO (vgl. Rn. 784 f.) mit einer eigenen im Zeitpunkt der Eröffnung des Insolvenzverfahrens bereits begründeten Insolvenzforderung gegen diesen Vergütungsanspruch aufrechnen. § 96 Abs. 1 Nr. 1 InsO steht der Aufrechnung nicht entgegen (vgl. zur Aufrechnung Rn. 784 f.). Gegen den Vergütungsanspruch des Auftragnehmers, der nach Erfüllungswahl gem. § 103 Abs. 1 InsO den nach Eröffnung des Insolvenzverfahrens erbrachten Leistungen des Auftragnehmers entspricht, kann der Auftraggeber als Insolvenzgläubiger nicht mit einem vor Verfahrenseröffnung begründeten Anspruch aufrechnen, da der Auftraggeber als Insolvenzgläubiger die Erfüllung seiner Leistungsverpflichtung aufgrund des erfolgten Erfüllungsverlangens i. S. des § 96 Abs. 1 Nr. 1 InsO erst nach Eröffnung des Insolvenzverfahrens schuldig geworden ist.[2152]

cc) Rechnungsposten zugunsten des Auftraggebers

(1) Mängel

789 Die Eröffnung des Insolvenzverfahrens über das Vermögen des Auftragnehmers lässt die **Mängelansprüche** des Auftraggebers grundsätzlich unberührt, denn wegen des nicht gekündigten Teils besteht der Vertrag fort (vgl. Rn. 508, 443). Mit Eröffnung des Insolvenzverfahrens wird hinsichtlich der erbrachten Leistungen gem. § 103 InsO der (Nach-)Erfüllungsanspruch des Auftraggebers durch die Anwendung von § 320 BGB suspendiert (vgl. Rn. 777).[2153] Da die §§ 320, 641 Abs. 3 BGB in diesem Fall durch § 103 InsO überlagert werden, kann der Auftraggeber mithin kein **Leistungsverweigerungsrecht** in Höhe der dreifachen Mängelbeseitigungsansprüche mehr geltend machen.[2154]

■ **Der Insolvenzverwalter wählt gemäß § 103 InsO die Erfüllung der Mängelbeseitigung**

790 Wählt der Insolvenzverwalter die Vertragserfüllung (= Mängelbeseitigung), hat diese Erklärung rechtsgestaltende Wirkung dahin, dass die Rechte und Pflichten aus dem Vertrag insgesamt zu Masseforderungen und Masseverbindlichkeiten werden, also den sog.

2152 Uhlenbruck-*Uhlenbruck*, § 96 InsO, Rn 5.
2153 BGH BauR 2002, 1264; MünchKomm-*Kreft*, § 103 InsO, Rn 13, 17; *Vogel*, Jahrbuch Baurecht 2004, S. 107 ff., 119; *Wellensiek*, BauR 2005, 186 (191); *Koenen*, BauR 2005, 202 (210 f.); Werner/Pastor, Rn 1047.
2154 AG Witten ZInsO 2003, 479 (480); *Schmitz*, Rn 153.

A. Der Bauvertrag in der Insolvenz des Auftragnehmers

Qualitätssprung gem. § 55 Abs. 1 Nr. 2 InsO erfahren.[2155] [2156] Der Auftraggeber hat in diesem Fall im Hinblick auf die Mängelbeseitigung die Ansprüche aus § 4 Nr. 7 bzw. § 13 Nr. 5 VOB/B (vgl. im Übrigen Rn. 664, 668).[2157] Der Auftragnehmer kann vorbehaltlich der Einschränkungen gem. §§ 94, 95, 96 InsO (vgl. Rn. 783 ff.) mit einem auf Zahlung gerichteten Mängelbeseitigungsanspruch (vgl. Rn. 619 ff., 671 ff.) bzw. Schadensersatzanspruch (vgl. Rn. 681 ff., 691 ff.) mit einer eigenen im Zeitpunkt der Eröffnung des Insolvenzverfahrens bereits begründeten Insolvenzforderung[2158] gegen den Vergütungsanspruch für solche vor Verfahrenseröffnung erbrachten Leistungen **aufrechnen**. Im Hinblick auf den Vergütungsanspruch für solche nach Verfahrenseröffnung erbrachten Leistungen steht § 96 Abs. 1 Nr. 1 InsO einer Aufrechnung mit erst nach Erfüllungswahl entstandenen und auf Geld gerichteten Mängel- bzw. Schadensersatzansprüchen nicht entgegen (vgl. zur Aufrechnung Rn. 788).

■ **Der Insolvenzverwalter lehnt die Mängelbeseitung gemäß § 103 InsO ab**

Lehnt der Insolvenzverwalter die Erfüllung des Vertrages ab, hat der Auftraggeber wegen solcher den vom Auftragnehmer vor Eröffnung des Insolvenzverfahrens erbrachten Leistungen anhaftenden Mängel einen einseitigen Anspruch auf Schadensersatz statt der Leistung gem. § 280 Abs. 1 BGB.[2159] (Vgl. Rn. 780) Dem Grunde nach müsste konsequenterweise davon ausgegangen werden, dass der Auftraggeber bei Erfüllungsablehnung seinen mangelbedingten Schadensersatzanspruch wegen Nichterfüllung gem. § 280 Abs. 1 BGB nicht mehr verrechnen, sondern auf der Grundlage der neuen Rechtspre-

791

2155 MünchKomm-*Kreft*, § 103 InsO, Rn 39 ff.; *ders.*, Festschrift für Uhlenbruck, S. 387 (399); *ders.*, Festschrift für Kirchhof, S. 275 (284); Kübler/Prütting-*Tintelnot*, § 103 InsO, Rn 66, 68.
2156 Als Massekosten bevorrechtigt befriedigt werden die Kosten des Insolvenzverfahrens (§ 54 InsO) und die sonstigen Masseverbindlichkeiten. Letztere sind vornehmlich in § 55 Abs. 1 und 2 InsO aufgelistet. Masseverbindlichkeiten sind hiernach keinesfalls nur solche Verbindlichkeiten, die zeitlich nach Verfahrenseröffnung begründet werden. Es ist auch bei den vom Insolvenzschuldner oder dem vorläufigen Insolvenzverwalter eingegangenen Rechtsverhältnissen oder in Anspruch genommene Leistungen jeweils aufgrund der spezifischen Voraussetzungen dieser Bestimmung zu prüfen, ob eine privilegierte Befriedigung als Masseverbindlichkeit in Betracht kommt. Bei Bauverträgen ist dies regelmäßig nur dann der Fall, wenn der Insolvenzverwalter eine Vertragserfüllung nach § 103 InsO wählt oder der Vertrag mit dem Insolvenzverwalter erst geschlossen wird.
2157 Der Auftraggeber kann in Ansehung auf die erbrachten Leistungen gem. § 4 Nr. 7 VOB/B vor Abnahme bzw. § 13 Nr. 5 Abs. 1 VOB/B nach Abnahme Nacherfüllung verlangen und hat in letztem Fall nach fruchtlosem Fristablauf die Rechte auf Selbstvornahme und Kostenerstattung bzw. Vorschuss gem. § 13 Nr. 5 Abs. 2 VOB/B. Vor Abnahme besteht zugunsten des Auftraggebers nach Fristsetzung mit Kündigungsandrohung und nach ergebnislosem Fristablauf schriftlich erklärter Kündigung ein Schadensersatzanspruch gem. § 8 Nr. 3 Abs. 2 VOB/B im Hinblick auf die vom Auftragnehmer nicht mehr erbrachten Mängelbeseitigungsleistungen.
2158 Was das Bestehen einer Aufrechnungslage im Zeitpunkt vor oder nach Verfahrenseröffnung betrifft, könnte wegen der Beseitigung etwaiger Mängel, die dem bis zur Verfahrenseröffnung vom Auftragnehmer erbrachten Leistungsteil anhaften, bei formaler Betrachtung § 95 Abs. 1 S. 1 und 3 InsO dann erfüllt sein, wenn der – mit Vorliegen eines Mangels vor Verfahrenseröffnung bereits entstandene – auf Geld gerichtete Mängelbeseitigungsanspruch/Schadensersatzanspruch nach der Werklohnforderung des Insolvenzverwalters fällig geworden ist. In diesem Fall ließe sich vertreten, die Aufrechnung für unzulässig zu erachten. Sachgerecht erscheint dies nicht, weil es z. B. bei Geltung der Fälligkeitsregelung des § 16 Nr. 3 Abs. 1 VOB/B allein auf den Zufall ankommt, ob der Insolvenzverwalter nach der Schlussrechnung so schnell gelegt hat, dass formal Fälligkeit vor dem auf Geld gerichtete Mängelbeseitigungsanspruch/Schadensersatzanspruch des Auftraggebers eingetreten ist. Bei dieser formalen Betrachtungsweise wird der entscheidende Wertungsgesichtspunkt, dass die in der Rechnung bezeichneten Leistungen vor Verfahrenseröffnung erbracht worden sind und es auf diesen Zeitraum, nicht auf den Zeitpunkt der Fälligkeit ankommt, entscheidend vernachlässigt. Dies spricht dafür, § 95 Abs. 1 S. 3 InsO nicht anzuwenden und stattdessen diesen im Zeitraum vor Verfahrenseröffnung angelegten Anspruch des Auftraggebers vermittels erklärter Aufrechnung in das Abrechnungsverhältnis einzustellen.
2159 MünchKomm-*Huber*, § 103 InsO, Rn 184 ff.; Kübler/Prütting-*Tintelnot*, § 103 InsO, Rn 97 ff.; Uhlenbruck-*Berscheid*, § 103 InsO, Rn 86; *Kreft*, Festschrift für Uhlenbruck, S. 387 (398); *Stemmer/Rohrmüller*, BauR 2005, 622 (633).

§ 9 Der Bauvertrag im Fall der Insolvenz eines Vertragspartners

chung des BGH[2160] nur als Insolvenzgläubiger gem. § 38 InsO (vgl. Fn 1611) im Insolvenzverfahren nach den §§ 174 ff. InsO durch Anmeldung zur Tabelle geltend machen kann. Dies ist damit zu erklären, dass nach dem Urteil des BGH vom 11.5.2006[2161] eine Abnahme für die Fälligkeit des Vergütungsanspruchs beim gekündigten Bauvertrag erforderlich ist. Gleiches muss dann gelten, wenn der Insolvenzverwalter nach Eröffnung des Insolvenzverfahrens die Erfüllung (= Mängelbeseitigung) des – vom Auftraggeber nicht gekündigten – Bauvertrages ablehnt. Vor dem Hintergrund der Erfüllungsablehnung wird der Insolvenzverwalter im Hinblick auf die bereits erbrachten Leistungen möglicherweise keine Abnahme mehr herbeiführen, was dann zur Folge hat, dass damit gleichzeitig der Vergütungsanspruch für die erbrachten Leistungen fallengelassen werden muss. Ohne fälligen Vergütungsanspruch kommt es sodann auch nicht mehr zur Frage der Aufrechnung durch den Auftraggeber. Sollte der Vergütungsanspruch des Auftragnehmers für die erbrachten Leistungen doch fällig werden, käme des auf der Grundlage des § 95 Abs. 1 S. 3 InsO darauf an, ob die Schadensersatzforderung später fällig oder später unbedingt wurde als die zur Insolvenzmasse gehörende – nach Abnahme und Übergabe einer prüfbaren Abrechnung fällig werdende – Hauptforderung.

■ **Zur Reichweite der Entscheidung des Insolvenzverwalters „zu Erfüllen" oder aber die Erfüllung abzulehnen**

792 Fordert der Auftraggeber den Insolvenzverwalter zur Erfüllung des Vertrages auf, trifft letzteren die dafür notwendige Willensbildung ausschließlich auf der Grundlage der Informationen, die ihm zum Zeitpunkt der Aufforderung bekannt sind. Im Hinblick auf solche Mängel, die vom Auftraggeber infolge Unkenntnis noch gar nicht gerügt worden sind, kann vom Insolvenzverwalter nicht verlangt werden, auch diese „möglicherweise auftretenden Mängel" in eine ablehnende Erklärung einzubeziehen. Während der Insolvenzverwalter den Aufwand für die Restfertigstellung des Bauvertrages oder für die Beseitigung von gerügten Mängeln vor seiner Entscheidung über die Erfüllung kalkulieren kann und muss, ist dies betreffend aktuell unbekannter Mängel unmöglich. Folglich kann sich die die Erfüllung ablehnende Erklärung des Insolvenzverwalters gem. §§ 133, 157 BGB nur auf die Ausführungen der **konkret gerügten Mängelsymptome** beziehen. Dies bedeutet sodann, dass dem Insolvenzverwalter das Recht zuzusprechen ist, die Erfüllung des Bauvertrages wegen anderer Mängelsymptome zu wählen, was zur Folge hat, dass der Auftraggeber insoweit das Prozedere des § 103 InsO zu wiederholen hat.[2162]

(2) Restfertigstellungsmehrkosten

793 Lehnt der Insolvenzverwalter die Restfertigstellung als Erfüllung des Bauvertrages ab, kann der Vertragspartner bei Erfüllungsablehnung konsequenterweise seinen Schadensersatzanspruch wegen Nichterfüllung gem. § 280 Abs. 1 BGB nur als Insolvenzgläubiger gem. § 38 InsO (vgl. Fn 1611) im Insolvenzverfahren nach den §§ 174 ff. InsO durch Anmeldung zur Tabelle geltend machen. Er kann vor dem Hintergrund der §§ 94, 95

2160 BGH BauR 2005, 1477 [abweichend davon die alte Rechtsprechung BauR 2001, 1615 (1617) sowie Uhlenbruck-*Berscheid*, § 103 InsO, Rn 87, wonach Forderung und Gegenforderung sich nicht selbstständig gegenüberstehen und die wechselseitigen Forderungen im Rahmen der anzuwendenden Differenztheorie als unselbstständige Rechnungsposten eines einheitlichen Anspruchs anzusehen sind. Dabei war im Wege der Saldierung zu ermitteln, wem nach der Verrechnung noch ein Zahlungsanspruch zusteht].
2161 BGH, Urteil vom 11.5.2006 – VII ZR 146/04, IBR 2006, 432.
2162 Wie hier MünchKomm-*Huber*, § 103 InsO, Rn 146; Kübler/Prütting-*Tintelnot*, § 103 InsO, Rn 66 a; *Schmitz*, ZIP 2001, 765. **a. A.** Uhlenbruck-*Berscheid*, § 105 InsO, Rn 32 ff. Der BGH hat diese wichtige Streitfrage bisher nicht entschieden.

A. Der Bauvertrag in der Insolvenz des Auftragnehmers

InsO nicht mit dieser erst mit Erfüllungsablehnung und damit nach Eröffnung des Insolvenzverfahrens entstandenen Insolvenzforderung gegen eine bei erfolgter Abnahme der erbrachten Leistungen bestehende massezugehörige Forderung **aufrechnen**.[2163] Die bei Ersatzvornahme entstehenden **Restfertigstellungsmehrkosten** entstehen dem Auftraggeber, weil er einen anderen Auftragnehmer mit der Fertigstellung des vom Auftragnehmer nicht ausgeführten Teils der Leistung beauftragen muss. Dadurch übersteigt die Summe der vom Auftraggeber insgesamt für die Fertigstellung aufgewandten Mittel zumeist die ursprünglich mit dem gekündigten Auftragnehmer für die gleiche Leistung vereinbarte Vergütung. Der Schadensersatzanspruch umfasst ferner Kostensteigerung und Schäden in Folge der Verzögerung der Fertigstellung, Mängelansprüche und entgangenen Gewinn.[2164] [2165] Restfertigstellungsmehrkosten muss der Auftraggeber – wie beim gem. § 8 Nr. 2 Abs. 1 VOB/B gekündigten Bauvertrag gem. § 8 Nr. 3 Abs. 4 VOB/B – nachvollziehbar abrechnen.[2166]

(3) Vertragsstrafe/Verzugsschaden

Im Hinblick auf eine Aufrechnung mit einem Anspruch wegen Vertragsstrafe/Verzugsschaden gelten die allgemeinen Regeln (vgl. Rn 324 ff.). Eine Vertragsstrafe kann für den Fall, dass der Insolvenzverwalter keine Erfüllung wählt, nur maximal bis zum Tag der Verfahrenseröffnung geltend gemacht werden, da ab dann der Erfüllungsanspruch suspendiert ist und mithin die Vertragsstrafe ihre Funktion nicht mehr erfüllen kann, den Auftragnehmer zur fristgerechten Vertragserfüllung anzuhalten.[2167]

794

(4) Sicherungseinbehalt

Auch der Insolvenzverwalter ist an die Vereinbarung eines Sicherheitseinbehalts gebunden.[2168] Dadurch wird die Fälligkeit des entsprechenden Werklohnanteils bis zum Ablauf der festgelegten Fristen hinausgeschoben. Der Sicherheitseinbehalt ist jedoch kein Bestandteil des Vermögens des Auftraggebers, sondern muss auf Nachfristsetzung des Insolvenzverwalters hin auf ein gemeinsames Sperrkonto einbezahlt werden (vgl. Rn 393).

795

2. Der von einer Vertragspartei bereits vollständig erfüllte Bauvertrag

a) Der Auftraggeber hat bereits vollständig erfüllt

Hat der Auftraggeber seinerseits bereits vollständig erfüllt (vgl. Rn 776), muss er, da § 103 Abs. 1 InsO nicht anwendbar ist, bestehende – nicht vollständig abgesicherte – Ansprüche **im sog. Feststellungsverfahren** gem. §§ 174 – 186 InsO beim Insolvenzverwalter **anmelden**, um bei der Verteilung berücksichtigt zu werden. Dabei ist es unerheblich, ob die Forderung bereits tituliert, bestritten oder unbestritten ist, desgleichen, auf welchem Rechtsgrund sie beruht. Die Anmeldung, die erst nach Eröffnung des Insolvenzverfahrens erfolgen kann, hat innerhalb der vom Insolvenzgericht im Eröffnungsbeschluss gem. § 28 Abs. 1 InsO festgesetzten Anmeldefrist gem. § 174 Abs. 1 S. 1 InsO schriftlich beim

796

2163 OLG Düsseldorf ZIP 1996, 1755; Uhlenbruck-*Uhlenbruck*, § 95 InsO, Rn 5; Gottwald-*Gottwald*, § 45 Rn 48.
2164 Vgl. zur Berechnung der Fertigstellungsmehrkosten *Schmitz*, Rn 190 ff.; vgl. ferner *Stemmer/Rohrmüller*, BauR 2005, 622 (630 f.).
2165 Zur Abrechnung der Restfertigstellungsmehrkosten OLG München, BauR 2005, 1632, Nichtzulassungsbeschwerde vom BGH durch Beschl. v. 9. 6. 2005 zurückgewiesen.
2166 *Schmitz*, Rn 192 ff.
2167 OLG Düsseldorf BauR 2003, 259; *Schmitz*, Rn 220.
2168 BGH BauR 1999, 392.

§ 9 Der Bauvertrag im Fall der Insolvenz eines Vertragspartners

Insolvenzverwalter zu erfolgen. Dabei stellt die Anmeldungsfrist keine Ausschlussfrist dar,[2169] was zur Folge hat, dass der Insolvenzgläubiger gem. § 177 Abs. 1 S. 1 InsO seine Forderung auch noch **nachträglich** anmelden kann. Im Fall der Insolvenz des Auftragnehmers wird der Auftraggeber einerseits die Mängelbeseitigungskosten (beachte insoweit § 45 InsO) (vgl. Fn 1611) und andererseits etwaig bestehende Schadensersatzansprüche (vgl. Rn 681 ff., 691 ff.) zur Tabelle anmelden.

▶ HINWEIS: In der Praxis genügt es für die Anmeldung von nicht erledigten Ansprüchen auf Mängelbeseitigung nicht, lediglich ein Blatt mit einer Kostenschätzung vorzulegen. Es ist vielmehr detailliert zum Bauvertrag, der Abnahme und den Mängelsymptomen vorzutragen.[2170] ◀

797 Gemäß § 175 Abs. 1 InsO trägt der Insolvenzverwalter die angemeldete Forderung ohne jede Prüfung in die **Insolvenztabelle** ein. Die Prüfung der Forderung erfolgt im anschließenden **Prüfungstermin**, der gem. § 29 Abs. 1 Nr. 2 InsO vom Insolvenzgericht im Eröffnungsbeschluss festgesetzt wird. In dieser Gläubigerversammlung werden die angemeldeten Forderungen gem. § 176 S. 1 InsO ihrem Betrag und ihrem Rang nach geprüft. Einzeln erörtert werden jedoch gem. § 176 S. 2 InsO nur die bestrittenen Forderungen. Das Insolvenzgericht trägt das Prüfungsergebnis gem. § 178 Abs. 2 S. 1 und 2 InsO in die Insolvenztabelle ein, wobei es nur beurkundend tätig wird.[2171] Wird die Forderung bzw. der Rang weder von dem Insolvenzverwalter noch von den Insolvenzgläubigern bestritten bzw. ein erhobener Widerspruch zurückgenommen, gilt sie als festgestellt i. S. des § 178 Abs. 1 S. 1 InsO. Die Beurkundung in der Tabelle lautet: *„festgestellt"* oder, falls ein Rang in Betracht kommt: *„Betrag und Rang festgestellt"*. Die Eintragung der Feststellung wirkt gem. § 178 Abs. 3 InsO gegenüber dem Insolvenzverwalter sowie gegenüber allen Insolvenzgläubigern **wie ein rechtskräftiges Urteil**.[2172] Die Eintragung der Feststellung kann daher nur mit Rechtsmitteln angegriffen werden, die gegen ein rechtskräftiges Urteil statthaft sind, insbesondere durch Wiederaufnahme des Verfahrens mit der Nichtigkeits- und Restitutionsklage gem. § 4 InsO i. V. m. den §§ 578 ff. ZPO. Einwendungen gegen die festgestellte Forderung sind durch die Vollstreckungsgegenklage gem. § 4 InsO i. V. m. § 767 ZPO geltend zu machen, wobei diese nur den Anspruch selbst, nicht die Eintragung als solche betreffen dürfen und gem. § 767 Abs. 2 ZPO auf Gründen beruhen müssen, die nach der Forderungsfeststellung entstanden sind.[2173] Wird die Forderung bzw. der Rang von dem Insolvenzverwalter oder/und einem oder mehreren Insolvenzgläubigern bestritten, lautet die Beurkundung in der Tabelle: *„vom Insolvenzverwalter bestritten"* oder *„von dem Insolvenzgläubiger ... bestritten"* oder *„Betrag festgestellt, Rang vom Insolvenzverwalter bestritten"*.[2174] In diesem Fall kann der Insolvenzgläubiger gem. § 179 InsO den Widerspruch – außerhalb des Insolvenzverfahrens – nur durch eine **Klage auf Feststellung der Insolvenzforderung** oder

---

2169 Uhlenbruck-*Uhlenbruck*, § 174 InsO, Rn 10.
2170 Vgl. hierzu weiterführend *Heidland*, Rn 308 ff.
2171 Unrichtige Tabelleneintragung, z. B. ein versehentlich übergangener Widerspruch, können von Amts wegen berichtigt werden, da dieser unrichtigen Eintragung die Wirkung eines rechtskräftigen Urteils nicht zukommt. Als Rechtsbehelf gegen die, eine Berichtigung anordnenden oder ablehnende Entscheidung kommen die befristete Erinnerung nach § 6 Abs. 1 InsO i. V. m. § 11 RPflG in Betracht.
2172 BGH NJW 1987,1691; Uhlenbruck-*Uhlenbruck*, § 178 InsO, Rn 13.
2173 BGH WM 2000, 2457; ZIP 1991, 46; Uhlenbruck-*Uhlenbruck*, § 174 InsO, Rn 25.
2174 Auch ein nur sog. vorläufiges Bestreiten, wie es in der Praxis häufig vorkommt, wenn der Insolvenzverwalter noch keine Möglichkeit hatte, die Forderung zu prüfen, andererseits aber den Prüfungstermin nicht hinauszögern will, ist ein Bestreiten. Die Zulässigkeit eines solchen vorläufigen Bestreitens ist in der gerichtlichen Praxis umstritten. In der Praxis der Insolvenzverwaltung hat sich daher durchgesetzt, dass der Insolvenzverwalter Vertagung beantragt, wenn dieser sich außer Stande sieht, eine Forderung zu prüfen.

A. Der Bauvertrag in der Insolvenz des Auftragnehmers

(und) ihres Ranges beseitigen. Hinsichtlich der Durchführung des Feststellungsprozesses ist zu differenzieren: War die bestrittene Forderung bereits bei Eröffnung des Insolvenzverfahrens tituliert, muss der Bestreitende gem. § 179 Abs. 2 InsO die Klage erheben. Andernfalls hat gem. § 179 Abs. 1 InsO der Insolvenzgläubiger der bestrittenen Forderung zu klagen.

Das klageabweisende Urteil wirkt nach dem Wortlaut der §§ 178 Abs. 3, 183 Abs. 1 InsO „gegenüber dem Insolvenzverwalter und allen Insolvenzgläubigern" hinaus auch zu Gunsten des Insolvenzschuldners, selbst wenn er die geltend gemachte Forderung nicht bestritten hat. Das obsiegende Urteil ermöglicht gem. § 183 Abs. 2 InsO die Berichtigung der Insolvenztabelle. Mit der Rechtskraft des Urteils setzt gem. § 178 Abs. 1 S. 1 InsO dieselbe Wirkung ein, als wäre im Prüfungstermin kein Widerspruch erhoben worden und die Forderung als unstreitig festgestellt worden. Wird die Forderung nur von dem Auftragnehmer als Insolvenzschuldner bestritten, ist dies gem. § 178 Abs. 1 S. 2 InsO ohne jeden Einfluss auf das Insolvenzverfahren. Die Forderung gilt als festgestellt. Nach Aufhebung des Insolvenzverfahrens kann jedoch gegen den vormaligen Insolvenzschuldner aus dem Tabelleneintrag gem. § 201 Abs. 2 S. 1 InsO die Zwangsvollstreckung nicht betrieben werden.

Zu beachten bleibt, dass die **Anmeldung einer Forderung** im Insolvenzverfahren zur Insolvenztabelle gem. § 204 Abs. 1 Nr. 10 BGB **verjährungshemmende Wirkung** hat. Die Verjährung der Verbindlichkeit des Auftragnehmers/Insolvenzschuldners als Hauptschuldner ist insbesondere im Hinblick auf die Bürgenhaftung von Relevanz. Gem. § 768 BGB kann sich der Bürge nämlich auch auf die dem Hauptschuldner zustehende Verjährungseinrede stützen. Daran ändert sich nichts, wenn der Hauptschuldner nach der Übernahme der Bürgschaft wegen Vermögenslosigkeit und/oder Löschung im Handelsregister als Rechtsperson untergegangen ist.[2175] Bei Einbeziehung der VOB/B (vgl. Rn 215 ff.) genügt es nach der bisherigen Rechtsprechung des BGH, wenn der Bürgschaftsgläubiger den Mangel rechtzeitig vor Eintritt der Verjährung schriftlich rügt,[2176] also nach Eröffnung eines Verfahrens gegenüber dem Insolvenzverwalter, davor gegenüber dem Auftragnehmer als Insolvenzschuldner, ebenso gegenüber dem Auftragnehmer als Insolvenzschuldner bei Abweisung des Antrags mangels Masse.

b) Der Auftragnehmer als Insolvenzschuldner hat bereits vollständig erfüllt

Hat der Auftragnehmer als Insolvenzschuldner die ihm obliegenden Leistungen bereits vollständig erfüllt (vgl. Rn 776), was in der Praxis selten vorkommen wird, kann der Insolvenzverwalter verbleibenden Vergütungsanspruch zur Insolvenzmasse geltend machen.

II. Der Bauvertrag wird vom Auftraggeber vor Eröffnung des Insolvenzverfahrens gekündigt

1. Kündigungsrecht des Auftraggebers beim VOB-Bauvertrag

a) Voraussetzungen für eine Kündigung nach § 8 Nr. 2 Abs. 1 VOB/B

Das in § 8 Nr. 2 Abs. 1 VOB/B enthaltene **außerordentliche Kündigungsrecht** des Auftraggebers ist zurückzuführen auf das (auch) auf den wirtschaftlichen Bereich zu erstre-

---

2175 BGH BauR 2003, 697.
2176 BGH BauR 1993, 337.

§ 9 Der Bauvertrag im Fall der Insolvenz eines Vertragspartners

ckende besondere Vertrauensverhältnis, welches zwischen den Parteien bei der Abwicklung eines Bauvertrages vorhanden sein muss. Der Auftraggeber, der bei Durchführung eines Bauvorhabens erhebliche Geldmittel einsetzt, ist auf die Leistungsfähigkeit und die Zuverlässigkeit des Auftraggebers angewiesen, damit ihm als Folge einer nicht vertragsgerechten Bauabwicklung keine – auf die wirtschaftliche Schwäche des Auftragnehmers zurückführbaren – finanziellen Schäden entstehen. Dementsprechend kann der Auftraggeber den VOB-Bauvertrag gem. § 8 Nr. 2 Abs. 1 VOB/B kündigen, wenn der Auftragnehmer seine Zahlungen einstellt, das Insolvenzverfahren bzw. ein vergleichbares gesetzliches Verfahren beantragt, ein solches Verfahren eröffnet bzw. dessen Eröffnung mangels Masse abgelehnt wird.

aa) Kündigung gemäß § 8 Nr. 2 Abs. 1 1. Alt. VOB/B bei Zahlungsunfähigkeit

802 Zahlungsunfähig ist der Auftragnehmer gem. § 17 Abs. 2 S. 1 InsO, wenn er nicht in der Lage ist, die fälligen Zahlungspflichten zu erfüllen. Die Ermittlung der objektiven **Zahlungsunfähigkeit** setzt eine Gegenüberstellung der in zeitlicher Reihenfolge fällig werdenden Zahlungsverpflichtungen und der zu den verschiedenen Zeitpunkten im Zeitablauf verfügbaren Zahlungsmittel in einem Finanzplan voraus, mit dessen Hilfe die Zahlungsfähigkeit grundsätzlich gemessen und gesteuert werden kann.[2177][2178] Nach außen erkennbar wird die Zahlungsunfähigkeit gem. § 17 Abs. 2 S. 2 InsO in der Regel, wenn der Auftragnehmer seine Zahlungen eingestellt hat. Diese widerlegbare gesetzliche Vermutung indiziert die Zahlungsunfähigkeit.[2179] Von der Zahlungsunfähigkeit ist die sog. **Zahlungsstockung** zu unterscheiden, bei der ein nur kurzfristiger Geldmangel umgehend durch Kreditaufnahme behoben werden kann. Ein Zeitraum von 3 bis höchstens 4 Wochen ist als kurzfristig anzusehen.[2180] Eine einmal eingetretene Zahlungsunfähigkeit wird regelmäßig erst beseitigt, wenn die geschuldeten Zahlungen an die Gesamtheit der Gläubiger wieder aufgenommen werden können. Vor diesem Hintergrund ergeben sich für den Auftraggeber in der Praxis bei einer auf die Zahlungsunfähigkeit des Auftragnehmers gestützten Kündigung erhebliche Risiken. Kann der Auftraggeber den Kündigungsgrund der Zahlungsunfähigkeit im späteren Prozessverfahren nicht dartun und/oder unter Beweis stellen,[2181] muss es damit rechnen, dass die unwirksame außerordentliche Kündigung in eine ordentliche Kündigung gem. § 8 Nr. 1 VOB/B umgedeutet wird.[2182] (Vgl. Rn 478 ff.)

2177 Im Finanzplan erfolgt eine taggenaue Erfassung aller fälliger Zahlungsverpflichtungen und der zu ihrer Erfüllung an diesem Tage – unter Einbeziehung eines Zahlungsmittelbestandes des Vortages – verfügbaren Finanzmittel des Schuldners für die nächste Zukunft, in der Regel für den Zeitraum von 12 Monaten. Finanzpläne spiegeln somit einerseits für die nächsten 20-30 Tage die zeitpunktbezogene Liquidität des Schuldners wider und erlauben auch Prognosen der objektiven Zahlungsfähigkeit für die nächsten 12 Monate. Kann der Schuldner sich zwar für den bevorstehenden Planmonat auf eine ausreichende Liquidität stützen, zeichnen sich aber für die Folgemonate bereits jetzt Zahlungsschwierigkeiten ab, muss der Schuldner entweder neues Kapital beschaffen oder aber gem. § 18 InsO Insolvenzantrag stellen.

2178 Weiterführend zur Frage der Ermittlung der objektiven Zahlungsunfähigkeit MünchKomm-*Eilenberger*, § 17 InsO, Rn 15 ff.

2179 BGH ZIP 1998, 2008 (2009); ZIP 2001, 1155; MünchKomm-*Eilenberger*, § 17 InsO, Rn 17; Kübler/Prütting-*Pape*, § 17 InsO, Rn 27; *Schmitz*, Rn 17; Ingenstau/Korbion-*Vygen*, § 8 Nr. 2 VOB/B, Rn 16; Kapellmann/Messerschmidt-*Lederer*, § 8 VOB/B, Rn 64; Werner/Pastor, Rn 1223; *Koenen*, BauR 2005, 202 (203); *Harz*, ZInsO 2001, 193.

2180 BGH NJW 2002, 512 (515); MünchKomm-*Eilenberger*, § 17 InsO, Rn 5; Kübler/Prütting-*Pape*, § 17 InsO, Rn 8 ff.

2181 OLG Oldenburg BauR 1987, 567 (568); *Schmitz*, Rn 16; Ingenstau/Korbion-*Vygen*, § 8 Nr. 2 VOB/B, Rn 17.

2182 Dabei muss bei vorhandener Sachlage davon auszugehen sein, dass die ordentliche Kündigung dem Willen des Auftraggebers und dieser Wille in seiner Erklärung gegenüber dem Auftragnehmer erkennbar zum Ausdruck gekommen ist, BGH NZBau 2001, 621 (622); ZIP 2000, 539 (540) [für den Anstellungsvertrag eines Geschäftsführers]; *Koenen*, BauR 2005, 202 (208).

A. Der Bauvertrag in der Insolvenz des Auftragnehmers

▶ **Hinweis:** Der Auftraggeber ist deshalb gut beraten, für den Fall, dass es bereits zu Verzögerungen sowie Arbeitseinstellung durch den Auftragnehmer gekommen ist, zur Absicherung einer nachfolgend erklärten Kündigung eine Frist mit Kündigungsandrohung nach § 8 Nr. 3 i. V. m. § 5 Nr. 4 VOB/B zu setzen. ◀

bb) Kündigung gemäß § 8 Nr. 2 Abs. 1 2. Alt. VOB/B bei Vorliegen eines Insolvenz(eigen)antrags

Weiterhin kann der Auftraggeber unter Bezugnahme auf § 8 Nr. 2 VOB/B dann kündigen, wenn das Insolvenzverfahren bzw. ein vergleichbares gesetzliches Verfahren beantragt wird. Geht es um den Kündigungsgrund des „Insolvenzantrages", muss es sich um einen (**Insolvenz-**)**Eigenantrag** des Auftragnehmers handeln.[2183] Auf diese Weise soll vermieden werden, dass ein Insolvenzantrag des Auftraggebers als Druckmittel gegen den Auftragnehmer dem Zweck dient, einen Kündigungsgrund zu schaffen. Weiter bleibt festzuhalten, dass auf der Grundlage eines (Insolvenz-)Eigenantrages des Auftragnehmers auch die weiteren Insolvenzeröffnungsgründe der Überschuldung gem. § 19 InsO bzw. der **drohenden Zahlungsunfähigkeit** gem. § 18 InsO Relevanz haben können. Die **Überschuldung** kommt als Eröffnungsgrund bei juristischen Personen, dem nicht rechtsfähigen Verein und bei Gesellschaften ohne Rechtspersönlichkeit in Betracht, bei denen keiner der persönlich haftenden Gesellschafter eine natürliche Person ist (§ 19 Abs. 3 InsO, Hauptfall: GmbH & Co. KG). Eine Überschuldung ist gem. § 19 Abs. 2 InsO gegeben, wenn das Vermögen des Schuldners die bestehenden Verbindlichkeiten nicht mehr deckt. Die Feststellung der Überschuldung setzt eine Überschuldungsbilanz voraus, in der Aktiva und Passiva gegenübergestellt werden.[2184] Grundsätzlich sind die Aktiva mit dem Liquidationswert, d. h. so anzusetzen, als würde zum Bilanzstichtag die Liquidation beschlossen und das Unternehmen in seinen einzelnen Bestandteilen veräußert. Ergibt sich danach rechnerisch eine Überschuldung, erfolgt gem. § 19 Abs. 2 S. 2 InsO in einem zweiten Schritt eine Fortführungsprognose. Nach dieser ist zu ermitteln, ob eine Fortführung des Unternehmens überwiegend wahrscheinlich ist. Stellt sich danach das Unternehmen als fortführungsfähig dar, ist in einem dritten Schritt eine weitere Überschuldungsbilanz zu erstellen, in der die Aktiva mit den Fortführungswerten anzusetzen sind. Maßgebend dafür ist die Ermittlung des bei einer Veräußerung des gesamten Unternehmens zu erzielenden Unternehmenswertes einschließlich aller stillen Reserven und des „good will". Nach § 18 Abs. 2 InsO droht der Schuldner zahlungsunfähig zu werden, wenn er voraussichtlich nicht in der Lage sein wird, die bestehenden Zahlungspflichten im Zeitpunkt der Fälligkeit zu erfüllen. Mit dem Insolvenzgrund der drohenden Zahlungsunfähigkeit i. S. des § 18 InsO wollte der Gesetzgeber eine rechtzeitige und leichtere Eröffnung des Insolvenzverfahrens für den Schuldner ermöglichen.[2185]

803

cc) Kündigung gemäß § 8 Nr. 2 Abs. 1 3. Alt. VOB/B bei Eröffnung eines Insolvenz- bzw. vergleichbaren gesetzlichen Verfahrens

Unter Bezugnahme auf § 8 Nr. 2 Abs. 1 3. Alt. VOB/B dann kann der Auftraggeber den Bauvertrag ferner kündigen, wenn das **Insolvenzverfahren** bzw. ein vergleichbares gesetzliches Verfahren **eröffnet** wird. Gemäß § 27 InsO wird das Insolvenzverfahren vom

804

[2183] Ingenstau/Korbion-*Vygen*, § 8 Nr. 2 VOB/B, Rn 18; Kapellmann/Messerschmidt-*Lederer*, § 8 VOB/B, Rn 66; *Schmitz*, Rn 21; Leinemann-*Schirmer*, § 8 VOB/B, Rn 53, 54; Franke/Kemper/Zanner/Grünhagen, § 8 VOB/B, Rn 45; *Koenen*, BauR 2005, 202 (203); **a. A.**, wonach auch der Insolvenzantrag eines Gläubigers ausreicht, der nicht zugleich Auftraggeber ist: *Kuhn*, BauR 2005, 942 (943 ff.); Nicklisch/Weick-*Nicklisch*, § 8 VOB/B, Rn 14 f.

[2184] Vgl. hierzu weiterführend MünchKomm-*Drukarczyk/Schüter*, § 19 InsO, Rn 42 ff.

[2185] MünchKomm-*Drukarczyk*, § 18 InsO, Rn 5; Kübler/Prütting-*Pape*, § 18 InsO, Rn 1.

Insolvenzgericht dann eröffnet, wenn ein Insolvenzgrund und eine die Verfahrenskosten deckende Masse vorhanden sind. Zum Gang des Insolvenzverfahrens wird auf die nachfolgenden Ausführungen unter Rn 884 ff. verwiesen.

dd) Kündigung gemäß § 8 Nr. 2 Abs. 1 4. Alt. VOB/B bei Ablehnung der Eröffnung des Insolvenzverfahrens mangels Masse

805 Schließlich kommt eine Kündigung des Bauvertrages unter Bezugnahme auf § 8 Nr. 2 Abs. 1 4. Alt. VOB/B dann in Betracht, wenn die **Eröffnung** des Insolvenzverfahrens **mangels Masse abgelehnt** wird. Das Insolvenzgericht weist den Antrag auf Eröffnung des Insolvenzverfahrens gem. § 26 Abs. 1 InsO ab, wenn das Vermögen des Auftragnehmers voraussichtlich nicht ausreichen wird, um die Kosten des Verfahrens zu decken. Die Abweisung unterbleibt, wenn ein ausreichender Geldbetrag verauslagt wird (vgl. hierzu weiterführend Rn 852).

ee) Zur Darlegungs- und Beweislast für das Vorliegen eines Kündigungsgrundes

806 Da der Auftraggeber aus einer Kündigung gem. § 8 Nr. 2 Abs. 1 InsO für sich günstige Rechtsfolgen ableitet, hat er die Darlegungs- und Beweislast für das Vorliegen eines Kündigungsgrundes.[2186]

b) Vereinbarkeit von § 8 Nr. 2 Abs. 1 VOB/B mit § 119 InsO

807 Die Frage, ob § 8 Nr. 2 Abs. 1 VOB/B wirksam oder wegen Verstoßes gegen § 119 InsO unwirksam ist, bleibt **umstritten**.[2187] § 119 InsO verbietet Vereinbarungen, durch die im Voraus die Anwendung des § 103 InsO ausgeschlossen oder beschränkt wird. Hierdurch soll das Erfüllungswahlrecht des Insolvenzverwalters gesichert werden. Es stellt sich also die Frage, ob § 8 Nr. 2 VOB/B eine Umgehung dieser Regelungen begründet und daher unwirksam ist. Diese Streitfrage lässt sich nicht pauschal beantworten, vielmehr ist zu differenzieren: Im Zeitraum vor Verfahrenseröffnung überwiegt das Interesse des Auftraggebers, schnell Klarheit über das weitere Schicksal des Bauvertrags zu erlangen und Verzögerungen zu vermeiden. Der Auftraggeber kann daher aufgrund des Insolvenzeigenantrags, einer bewiesenen[2188] Zahlungsunfähigkeit des Auftragnehmers bzw. bei Ablehnung der Verfahrenseröffnung mangels Masse den Vertrag mit den für ihn positiven Folgen des § 8 Nr. 2 Abs. 2 VOB/B kündigen.[2189]

808 Im Zeitraum nach der Verfahrenseröffnung – erst recht nach Erfüllungswahl des Insolvenzverwalters – haben dagegen die §§ 103, 119 InsO Vorrang.[2190] [2191] Wählt der Insolvenzverwalter Erfüllung, ist ohnehin der ursprünglich vom Auftragnehmer gesetzte Kündigungsgrund „Insolvenz" aufgehoben, da der Insolvenzverwalter Massemittel zur Verfügung hat und die Erfüllungswahl vor dem Hintergrund trifft, dass er voraussichtlich den Vertrag erfüllen kann. Daher kann der Auftraggeber ab der Eröffnung des Insolvenzverfahrens nicht mehr auf § 8 Nr. 2 Abs. 1 VOB/B zurückgreifen, sondern nur noch

---

2186 OLG Oldenburg BauR 1987, 567 (568); *Schmitz*, Rn 16; Ingenstau/Korbion-*Vygen*, § 8 Nr. 2 VOB/B, Rn 17.
2187 Vgl. *Schmitz*, Rn 52 ff.; Ingenstau/Korbion-*Vygen*, § 8 Nr. 2 VOB/B, Rn 10 ff.
2188 Vgl. hierzu den Nachweis in Fn 1611.
2189 *Schmitz*, Rn 52; Ingenstau/Korbion-*Vygen*, § 8 Nr. 2 VOB/B, Rn 11; Kapellmann/Messerschmidt-*Lederer*, § 8 VOB/B, Rn 62; *Thode*, ZfIR 2000, 165 (181); *Heidland*, Rn 916.
2190 *Schmitz*, Rn 53; Ingenstau/Korbion-*Vygen*, § 8 Nr. 2 VOB/B, Rn 12; offen lassend *Kreft*, Festschrift für Uhlenbruck, S. 387 (401).
2191 Geht man dem entgegen davon aus, dass auch im Zeitraum nach Verfahrenseröffnung eine auf § 8 Nr. 2 Abs. 1 VOB/B gestützte Kündigung des Auftraggebers wirksam ist, stellt sich die Folgefrage, ob der Insolvenzverwalter diese Kündigung gem. der §§ 129 ff. InsO anfechten kann. Vgl. hierzu weiterführend *Schwörer*, Rn 517 ff.; *Wortberg*, ZInsO 2003, 1032 (1035 ff.); *Schmitz*, Rn 525 ff.

A. Der Bauvertrag in der Insolvenz des Auftragnehmers

auf die allgemeinen Kündigungsrechte aus § 8 Nr. 3 VOB/B i. V. m. §§ 4 Nr. 7 und § 5 Nr. 4 VOB/B bzw. § 323 BGB. Da im Regelfall Auftraggeber kurzfristig nach Kenntniserlangung vom Insolvenzantrag/von der Zahlungsunfähigkeit des Auftragnehmers kündigen und zu diesem Zeitpunkt ein Insolvenzverfahren noch nicht eröffnet ist, sind solche Kündigungen wirksam. Da eine höchstrichterliche Entscheidung aussteht, sollte stets der sicherste Weg gegangen werden, falls eine Kündigung des Bauvertrages nicht zu vermeiden ist. Dann sollte die Kündigung nicht allein auf § 8 Nr. 2 Abs. 1 VOB/B gestützt werden; stattdessen sollten möglichst weitere außerordentliche Kündigungsgründe – nämlich § 8 Nr. 3 i. V. m. § 5 Nr. 4 VOB/B nach Fristsetzung – vorliegen.

c) Sonderproblem: Vermögensverfall einzelner Mitglieder einer ARGE auf Auftragnehmerseite

Steht auf der Auftragnehmerseite eine ARGE, stellt sich die Frage, ob der Auftraggeber den Bauvertrag gem. § 8 Nr. 2 Abs. 1 VOBB bereits dann kündigen kann, wenn ein Mitglied bzw. einzelne Mitglieder in Vermögensverfall geraten sind. Teilweise wird vertreten, dass dem Auftraggeber gem. § 8 Nr. 2 Abs. 1 VOB/B ein Kündigungsrecht zukommt, wenn infolge des Vermögensverfalls eines ARGE-Partners und dessen Ausscheiden aus der ARGE[2192] die Vertragserfüllung durch die verbleibenden ARGE-Partner als nicht mehr gesichert erscheint.[2193] Vor dem Hintergrund der gesamtschuldnerischen Haftung der ARGE-Partner[2194] muss ein Kündigungsrecht des Auftragnehmers bei der Insolvenz eines ARGE-Partners **abgelehnt** werden.[2195] So schlägt der Vermögensverfall eines ARGE-Partners nicht automatisch auf die wirtschaftliche Leistungsfähigkeit der verbleibenden ARGE-Partner in einer Weise durch, die es rechtfertigen würde, von einem Vermögensverfall der anderen ARGE-Partner bzw. der ARGE selbst[2196] auszugehen. Würde man pauschal ein Kündigungsrecht des Auftraggebers gem. § 8 Nr. 2 Abs. 1 VOB/B bejahen, wäre die unweigerliche Folge, dass erst die kündigungsbedingten Schadensersatzansprüche des Auftraggebers wegen Restfertigstellungsmehrkosten den eigentlichen Ruin der verbleibenden ARGE-Partner begründen können. Damit bleibt festzuhalten, dass dem Auftraggeber bei der Insolvenz eines ARGE-Partners kein Kündigungsrecht gem. § 8 Nr. 2 Abs. 1 VOB/B zusteht. Der/die verbleibenden ARGE-Partner können deshalb die Vertragserfüllung fortsetzen, um auf diese Weise eine Kündigung und damit einhergehende Schadensersatzansprüche des Auftraggebers, die nur auf § 8 Nr. 3 i. V. m. § 5 Nr. 4 VOB/B gestützt sein kann, abzuwenden. Gleichermaßen kann der Auftraggeber bei Problemen der Bauabwicklung sowohl Erfüllungs- wie auch Haftungsansprüche gegen die verbleibenden ARGE-Partner direkt richten bzw. verliert nicht das Recht, eigene – ggf. auch erst später entstehende Ansprüche – gegen (Rest-)Vergütungsansprüche der ARGE zu verrechnen. Über § 8 Nr. 3 i. V. m. § 5 Nr. 4 VOB/B hat er nach Fristsetzung mit Kündigungsandrohung die Möglichkeit, sich vom Bauvertrag loszusagen.

809

[2192] Gemäß § 23.51 ARGE-Mustervertrag kann ein Gesellschafter den anderen Gesellschafter aus der ARGE durch Erklärung ausschließen, wenn letzterer die Zahlungen eingestellt oder die Eröffnung des Insolvenzverfahrens über sein Vermögen beantragt oder seinen Gläubigern einen außergerichtlichen Vergleichsvorschlag unterbreitet hat.
[2193] Beck'scher VOB-Kommentar-*Motzke*, § 8 Nr.2 VOB/B, Rn 19 m. w. N.
[2194] Vgl. hierzu die Ausführungen unter B. I. 5. b).
[2195] Wie hier Ingenstau/Korbion-*Vygen*, § 8 Nr. 2 VOB/B, Rn 7; *Schmitz*, Rn 878.
[2196] Gemäß §§ 11 Abs. 2, 15 InsO ist die ARGE selbst insolvenzfähig. Wird betreffend der ARGE ein Insolvenzantrag gestellt, ist das Kündigungsrecht des Auftraggebers gem. § 8 Nr. 2 Abs. 1 VOB/B selbstverständlich zu bejahen.

§ 9 Der Bauvertrag im Fall der Insolvenz eines Vertragspartners

d) Rechtsfolgen der Kündigung

aa) Wegfall der Leistungspflicht für den noch nicht erbrachten Teil

810 Mit der Kündigung entfallen die **Leistungsverpflichtungen für** den **bis zur Kündigung noch nicht erbrachten Teil.** Der Gegenstand des Bauvertrages beschränkt sich auf die bis zur Kündigung **erbrachten Leistungen.**[2197]

bb) Fälligkeit des Vergütungsanspruchs für die erbrachten Leistungen

811 Weiterhin wird im Fall der Kündigung der Vergütungsanspruch des Auftragnehmers erst bei Vorliegen einer Abnahme **fällig.**[2198] Selbstverständlich werden die weitergehenden Abnahmewirkungen als Folge der Kündigung nicht herbeigeführt (vgl. Rn 509). Beim VOB-Bauvertrag ist Fälligkeitsvoraussetzung für den Vergütungsanspruch des Auftragnehmers nach der Kündigung, dass dem Auftraggeber eine prüfbare Schlussrechnung zugeht.[2199] Diese hat der Auftragnehmer/Insolvenzverwalter gem. § 8 Nr. 6 VOB/B unverzüglich zu erstellen. In der Schlussrechnung sind die Vergütungsansprüche sowie vergütungsgleiche Forderungen einzustellen (§§ 6 Nr. 5 bis 7 VOB/B; §§ 8 Nr. 1 Abs. 2, § 9 Nr. 3 S. 2 VOB/B).

cc) Anspruch des Auftragnehmers auf Abnahme

812 Das **Recht auf Abnahme** folgt beim VOB-Bauvertrag aus § 8 Nr. 6 VOB/B i. V. m. § 12 Nr. 4 und Nr. 6 VOB/B, wobei eine fiktive Abnahme nach § 12 Nr. 5 VOB/B beim gekündigten VOB-Bauvertrag nicht in Betracht kommt. Mit der Abnahme geht die Beweislast vom Auftragnehmer/Insolvenzverwalter auf den Auftraggeber über. So hat der Auftragnehmer/Insolvenzverwalter bis zur Abnahme den Beweis zu erbringen, dass das Werk vertragsgemäß (d. h. also mangelfrei) erbracht worden ist.[2200] Nach der Abnahme trägt der Auftraggeber die Beweislast dafür, dass die Werkleistung vom Auftragnehmer mangelhaft erbracht worden ist.[2201] Was die Höhe der Mängelbeseitigungskosten betrifft, trägt im Insolvenzfall der Auftraggeber die Darlegungs- und Beweislast.[2202]

dd) Zur Aufmaßnahme

813 Der Auftragnehmer/Insolvenzverwalter kann beim VOB-Bauvertrag ein **gemeinsames Aufmaß** gem. § 8 Nr. 6 VOB/B jedenfalls dann verlangen, wenn er die Abnahme verlangen kann. Der Auftraggeber ist aus dem Kooperationsgedanken verpflichtet, an der gemeinsamen Aufmaßnahme mitzuwirken (vgl. Rn 510).

ee) Leistungsverweigerungsrecht des Auftraggebers bei Mängeln

814 Der Auftraggeber kann die Abnahme der erbrachten Leistung gem. § 12 Nr. 3 VOB/B wegen wesentlicher Mängel verweigern. Hat er dagegen die bis zur Kündigung erbrachte Leistung abgenommen, steht ihm gem. § 641 Abs. 3 BGB ein **Leistungsverweigerungsrecht** (aus § 320 BGB) in Höhe des Dreifachen der Mängelbeseitigungskosten zu. Dieses Leistungsverweigerungsrecht erlischt nicht durch einen Annahmeverzug, ist dann aber

---

2197 BGH BauR 1993, 469.
2198 BGH, Urteil vom 11.5.2006 – VII ZR 146/04, IBR 2006, 432; so auch das Schrifttum: *Kniffka*, ZfBR 1998, 113 (116); Werner/Pastor, Rn. 1301; *Acker/Roskosny*, BauR 2003, 1279 (1292); *Thode*, ZfBR 1999, 116 (123); *Brügmann/Kenter*, NJW 2003, 2121ff.
2199 BGH BauR 1987, 95.
2200 BGH BauR 1981, 577 (579).
2201 BGH BauR 1997, 129 (130).
2202 *Schmitz*, Rn 167.

auf die einfachen Mängelbeseitigungskosten beschränkt.[2203] Hat der Auftraggeber nach einer Kündigung zunächst ein Baustellenverbot ausgesprochen, ist er nicht gehindert, dieses später aufzuheben und gegenüber dem Vergütungsverlangen das Leistungsverweigerungsrecht erneut geltend zu machen.[2204]

ff) Mängelbeseitigungsrecht des Auftraggebers

Die Kündigung lässt die **Mängelansprüche** des Auftraggebers unberührt, denn wegen des nicht gekündigten Teils besteht der Vertrag fort. Der Auftraggeber kann in Ansehung auf die erbrachten Leistungen gem. §§ 4 Nr. 7 bzw. § 13 Nr. 5 Abs. 1 VOB/B Nacherfüllung verlangen und hat nach fruchtlosem Fristablauf die Rechte auf Selbstvornahme und Kostenerstattung bzw. Vorschuss gem. § 13 Nr. 5 Abs. 2 VOB/B. Zudem kann der Auftraggeber bei Vorliegen der Voraussetzungen gem. § 13 Nr. 6 VOB/B mindern bzw. gem. §§ 4 Nr. 7, 13 Nr. 7 VOB/B betreffend der erbrachten und gem. § 8 Nr. 3 Abs. 2 VOB/B im Hinblick auf die vom Auftragnehmer nach Kündigung nicht mehr erbrachten Leistungen Schadensersatz verlangen.

815

e) Bestehen eines Abrechnungsverhältnisses

Nach der neusten Rechtsprechung[2205] stellen bei einer Kündigung des Bauvertrages der Vergütungsanspruch des Auftragnehmers für die bis zur Kündigung erbrachten Leistungen einerseits und Ansprüche des Auftraggebers auf Schadensersatz in Geld wegen Verzuges, Unmöglichkeit, Nebenpflichtverletzung oder wegen Mängeln andererseits selbständige Ansprüche der Parteien dar, die sich im Wege der **Aufrechnung** gegenüberstehen können. Mit dem Begriff „Abrechnungsverhältnis" soll nicht zum Ausdruck gebracht werden, dass Forderung und Gegenforderung nicht den Regeln zur Aufrechnung unterliegen.

816

aa) Rechnungsposten zugunsten des Auftragnehmers

Wie bereits ausgeführt, entfallen mit der Kündigung die Leistungsverpflichtungen für den bis zur Kündigung noch nicht erbrachten Teil. Der Gegenstand des Bauvertrages beschränkt sich auf die bis zur Kündigung erbrachten Leistungen.[2206] Nach der Kündigung sind die bis zum Zeitpunkt der Kündigung tatsächlich ausgeführten Leistungen des Auftragnehmers gem. § 6 Nr. 5 VOB/B abzurechnen und zu vergüten. Dies folgt aus § 8 Nr. 2 Abs. 2 S. 1 VOB/B. Dazu können auch Kosten von noch nicht ausgeführten Leistungsteilen zählen, soweit sie dem Auftragnehmer bereits vor der Kündigung entstanden, aber in den Vertragspreisen des noch nicht ausgeführten Teils der Leistung enthalten sind. Dabei wird der Vergütungsanspruch des Auftragnehmers, der nach (späterer) Eröffnung des Insolvenzverfahrens vom Insolvenzverwalter geltend zu machen ist, für die erbrachten Leistungen erst bei Vorliegen einer Abnahme dem Grunde nach fällig. Fällig-

817

2203 BGH NZBau 2002, 383; Werner/Pastor, Rn 2531; MünchKomm-*Busche*, § 641 BGB, Rn 36; **a. A.** OLG Dresden BauR 2001, 1261; OLG Düsseldorf BauR 2002, 482 (484).
2204 Nach der Rechtsprechung des BGH (BGH ZfBR 2005, 49) endet bei einem Baustellenverbot der Annahmeverzug beim Auftraggeber, wenn der Auftraggeber sich im Prozess wegen der Mängel auf sein Leistungsverweigerungsrecht beruft und dadurch zu erkennen gibt, dass er zum Zwecke der Mängelbeseitigung das Betreten der Baustelle zulässt.
2205 BGH BauR 2005, 1477 [abweichend davon die alte Rechtsprechung BauR 2001, 1615 (1617) sowie Uhlenbruck-*Berscheid*, § 103 InsO, Rn 87, wonach Forderung und Gegenforderung sich nicht selbständig gegenüberstehen und die wechselseitigen Forderungen im Rahmen der anzuwendenden Differenztheorie als unselbständige Rechnungsposten eines einheitlichen Anspruchs anzusehen sind. Dabei war im Wege der Saldierung zu ermitteln, wem nach der Verrechnung noch ein Zahlungsanspruch zusteht]. Vgl. in diesem Zusammenhang auch die Ausführungen unter Rn 576.
2206 BGH BauR 1993, 469.

keitsvoraussetzung für den Vergütungsanspruch des Auftragnehmers/Insolvenzverwalters nach der Kündigung ist weiter, dass dem Auftraggeber eine prüfbare Schlussrechnung zugeht.[2207] Diese hat der Auftragnehmer/Insolvenzverwalter gem. § 8 Nr. 6 VOB/B unverzüglich zu erstellen. In der Schlussrechnung sind die Vergütungsansprüche sowie vergütungsgleiche Forderungen (§ 6 Nr. 5 VOB/B) einzustellen. Hinsichtlich Umfang und Berechnung des Vergütungsanspruchs des Auftragnehmers/Insolvenzverwalters beim Einheits- bzw. beim Pauschalpreisvertrag kann auf die Ausführungen zum gekündigten Bauvertrag verwiesen werden (vgl. Rn 512 ff.). Weiterhin hat der Auftragnehmer/Insolvenzverwalter die Bauabzugsteuer gem. § 48 Abs. 1 EStG[2208] zu beachten.[2209] Dementsprechend muss der Auftraggeber, wenn der Auftragnehmer/Insolvenzverwalter keine gültige Freistellungsbescheinigung gem. § 48 b EStG vorlegt,[2210] 15 % an das zuständige Finanzamt abführen, wobei dieser Zahlung gegenüber der Insolvenzmasse Erfüllungswirkung zukommt.[2211] Schließlich bleibt zu bedenken: Für die Weiterführung der Arbeiten kann der Auftraggeber gem. § 8 Nr. 3 Abs. 3 VOB/B Geräte, Gerüste, auf der Baustelle vorhandene andere Einrichtungen und angelieferte Stoffe und Bauteile gegen angemessene Vergütung in Anspruch nehmen. Dieser Anspruch wird gesondert abgerechnet. Seine Fälligkeit hängt nicht davon ab, dass der Auftragnehmer nach der Kündigung eine Schlussrechnung gem. § 8 Nr. 6 VOB/B erteilt. Es kann allerdings ein Zurückbehaltungsrecht des Auftraggebers bis zur Erteilung der Schlussrechnung bestehen.[2212]

bb) Rechnungsposten zugunsten des Auftraggebers/Insolvenzverwalters
(1) Restfertigstellungsmehrkosten

818 Da der Grund für die vorzeitige Vertragsbeendigung aus der Sphäre des Auftragnehmers stammt, steht dem Auftraggeber gem. § 8 Nr. 2 Abs. 2 S. 2 VOB/B Schadensersatz wegen Nichterfüllung des Restes zu, den der Auftragnehmer noch zu leisten hatte. Wichtigster Posten dieses Schadensersatzanspruches sind die in der Regel bei der Ersatzvornahme anfallenden **Fertigstellungsmehrkosten**. Diese entstehen dem Auftraggeber, weil er einen anderen Unternehmer mit der Fertigstellung des vom Auftragnehmer nicht ausgeführten Teils der Leistung beauftragen muss. Dadurch übersteigt die Summe der vom Auftraggeber insgesamt für die Fertigstellung aufgewandten Mittel zumeist die ursprünglich mit dem gekündigten Auftragnehmer für die gleiche Leistung vereinbarte Vergütung. Der Schadensersatzanspruch umfasst ferner Kostensteigerung und Schäden in Folge der Verzögerung der Fertigstellung, Mängelansprüche und entgangenen Gewinn.[2213] [2214]

2207 BGH BauR 1987, 95.
2208 Gemäß § 48 Abs. 1 EStG muss der Auftraggeber, der gem. § 2 UStG Unternehmer oder Person des öffentlichen Rechts ist, bei Zahlungen von solchen im Inland entgegengenommenen Bauleistungen einen Teilbetrag von 15 % direkt an das für den Schuldner zuständige Finanzamt auf Rechnung des Auftragnehmers/Schuldners abführen. Legt der Auftragnehmer eine gültige Freistellungsbescheinigung i. S. des § 48 b Abs. 1 EStG vor oder übersteigt der Gesamtvergütungsbetrag im laufenden Kalenderjahr voraussichtlich EUR 5.000 (brutto) nicht, muss die Bauabzugsteuer gem. § 48 Abs. 2 EStG nicht abgeführt werden.
2209 *Heidland*, ZInsO 2001, 1096 f.; *Schmitz*, Rn 147.
2210 Zu beachten bleibt, dass die Finanzverwaltung dem Insolvenzverwalter eine Freistellungsbescheinigung hinsichtlich solcher vor Verfahrenseröffnung erbrachter Leistung nicht mit der Begründung verweigern darf, dass die hierauf entfallenden Steuern Insolvenzforderungen sind und in der Regel ausfallen bzw. nur anteilig befriedigt werden und es damit zu einer Gefährdung des Steueranspruchs kommt, BFH ZIP 2003, 173.
2211 LG Cottbus BauR 2002, 1703.
2212 BGH BauR 2001, 245.
2213 Vgl. zur Berechnung der Fertigstellungsmehrkosten *Schmitz*, Rn 190 ff.; vgl. ferner *Stemmer/Rohrmüller*, BauR 2005, 622 (630 f.).
2214 Zur Abrechnung der Restfertigstellungsmehrkosten OLG München, BauR 2005, 1632, Nichtzulassungsbeschwerde vom BGH durch Beschl. v. 9. 6. 2005 – VII ZR 262/03 zurückgewiesen.

A. Der Bauvertrag in der Insolvenz des Auftragnehmers

Restfertigstellungsmehrkosten muss der Auftraggeber **nachvollziehbar** gem. § 8 Nr. 3 Abs. 4 VOB/B **abrechnen**.[2215] Im Hinblick auf die Anforderungen, die an die Darlegung des dem Auftraggeber entstandenen Schadens zu stellen sind, reicht es in der Regel aus, dass die anderweitig als Ersatzvornahme erbrachten Leistungen nebst der dadurch entstandenen Kosten und der infolge der Kündigung nicht mehr an den Erstunternehmer zu zahlenden Vergütung sowie die Berechnung der sich daraus ergebenden Differenz aufgelistet werden.[2216] Um die Restfertigstellungsmehrkosten konkret darzutun, ist dem Auftraggeber zu empfehlen, betreffend jeder einzelnen Position des Leistungsverzeichnisses zunächst die Mengen und Massen zu bestimmen, die nach Kündigung des Bauvertrages im Wege der Restfertigstellung durch den neu beauftragten Drittunternehmer noch zu erbringen sind, um das Werk fertig zustellen. Dabei ist betreffend dieser ermittelten Mengen und Massen der ursprüngliche und neue Einheitspreis gegenüber zu stellen und sodann die positive oder negative Differenz mit den ermittelten Mengen und Massen zu multiplizieren. Auf der Grundlage dessen können für jede Position des Leistungsverzeichnisses Mehr- oder Minderkosten ermittelt werden. Nach Gesamtsaldierung ergeben sich sodann die Gesamtrestfertigstellungsmehrkosten.

819

LV-Position	Mengen/ Massen	alter EP	neuer EP	Differenz EP	Summe
Nr. 1	2500 Stück	1,50 €	1,60 €	0,10 €	250,00 €
Nr. 2	15 m	34,00 €	31,00 €	3,00 €	- 45,00 €
Nr. 3	60 m	23,00 €	25,50 €	2,50 €	150,00 €
					355,00 €

Der Auftraggeber ist bei der Restfertigstellung nicht an das Preissystem des Erstvertrages gebunden. Es ist zulässig, die Restfertigstellung der Arbeiten auf Pauschalpreisbasis zu vergeben, auch wenn der Erstvertrag auf Einheitspreisen basiert.[2217] Ferner darf der Auftraggeber auch solche Leistungen in die Restfertigstellungsmehrkostenabrechnung einstellen, die zwar mit dem insolventen Auftragnehmer noch nicht vereinbart waren, jedoch vom Auftraggeber gem. § 1 Nr. 3 bzw. § 1 Nr. 4 VOB/B angeordnet worden wären und zu deren Ausführung der insolvente Auftragnehmer aufgrund des einseitigen Leistungsanordnungsrechtes des Auftraggebers verpflichtet gewesen wäre. In diesem Fall muss der zu Gunsten des insolventen Auftragnehmers anzusetzende Preis nach § 2 Nr. 5 bzw. § 2 Nr. 6 VOB/B gebildet werden, was erfordert, dass der insolvente Auftragnehmer/Insolvenzverwalter die Kalkulation für die einzelnen Positionen offen legt, wozu er verpflichtet ist. Unterlässt er dies, darf der Auftraggeber von dem Prozentsatz ausgehen, um den die Leistungen des Erstunternehmers durchschnittlich teurer waren.[2218] Schließlich ist der Auftragnehmer nicht verpflichtet, vor Weiterführung der Arbeiten die Angebote diverser Drittunternehmer einzuholen und zu vergleichen. In bestimmten Fallkonstellationen kann der insolvente Auftragnehmer/Insolvenzverwalter dem Restfertigstellungsmehrkostenanspruch des Auftrag-

820

2215 Schmitz, Rn 192 ff.
2216 BGH BauR 2000, 571 (72); OLG Celle NJW-RR 1996, 343 (344).
2217 Kniffka/Koeble, Kompendium 9. Teil, Rn 57.
2218 BGH BauR 2000, 571 (573).

von Kiedrowski

gebers allerdings § 254 Abs. 2 BGB entgegenhalten, nämlich dann, wenn der Auftraggeber nachweisbar gegen die Schadensminderungspflicht verstoßen hat.[2219]

821 Beim **VOB/B-Vertrag** hat der Insolvenzverwalter gegenüber dem Auftraggeber einen einklagbaren Anspruch gem. § 8 Nr. 3 Abs. 4 VOB/B auf Zusendung einer Aufstellung über die infolge der Kündigung entstandenen Mehrkosten. Nach Erhalt und Prüfung dieser Abrechnung kann der Auftragnehmer/Insolvenzverwalter besser abschätzen, ob es Sinn macht, noch einen Restvergütungsanspruch im Abrechnungsverhältnis geltend zu machen. Hat der Auftraggeber vor Insolvenzverfahrenseröffnung gem. § 8 Nr. 2 Abs. 1 VOB/B gekündigt, wird seine Forderung auf Schadensersatz wegen der Restfertigstellungsmehrkosten bereits mit Kündigung fällig, mag sie auch noch nicht abschließend bezifferbar sein.[2220] §§ 94, 95 Abs. 1 S. 1 und 3 InsO steht also bereits deshalb der Aufrechnung nicht entgegen (vgl. Rn 783 ff.).

(2) Mängel

822 Die Kündigung lässt die **Mängelansprüche** des Auftraggebers grundsätzlich unberührt, denn wegen des nicht gekündigten Teils besteht der Vertrag fort (vgl. Rn 508, 443). Im Hinblick auf die Verteilung der Darlegungs- und Beweislast betreffend solcher sich auf den erbrachten Teil der Leistungen beziehender Mängel gilt Folgendes: Ist eine Abnahme der erbrachten Leistung erfolgt, liegt die Darlegungs- und Beweislast für das Vorliegen von Mängeln beim Auftraggeber. Steht eine Abnahme aus, ist der Auftragnehmer darlegungs- und beweisverpflichtet, dass seine Leistungen mangelfrei erbracht worden sind. Hinsichtlich der Höhe der Mängelbeseitigungskosten ist hingegen der Auftraggeber darlegungs- und beweisverpflichtet.[2221]

■ **Es kommt beim gekündigten Bauvertrag (später) zur Eröffnung des Insolvenzverfahrens**

823 Kommt es beim gekündigten Bauvertrag (später) zur Eröffnung des Insolvenzverfahrens, ist im Hinblick auf etwaige Mängelbeseitigungsansprüche des Auftraggebers § 103 Abs. 1 InsO anzuwenden (vgl. Rn 777). Denn auch derartige gekündigte Bauverträge sind i. S. von § 103 Abs. 1 InsO beiderseits nicht vollständig erfüllt, sofern bei Verfahrenseröffnung noch Mängel bestehen, die dem Auftragnehmer zur Last fallen und der Auftraggeber den auf das vor der Kündigung erbrachte Teilwerk entfallenden Werklohn noch nicht vollständig bezahlt hat.[2222] Indes kann sich § 103 Abs. 1 InsO nur noch auf die Berechtigung des an die Stelle des Auftragnehmers tretenden Insolvenzverwalters auswirken, die vom Auftragnehmer als Insolvenzschuldner verantworteten Mängel an der bis zur Kündigung erbrachten Leistungen zu beseitigen. Dies gilt deshalb, da die vertragliche Verpflichtung des Auftragnehmers, das Gesamtwerk fertig zu stellen, als Folge der Kündigung gem. § 8 Nr. 2 Abs. 1 VOB/B weggefallen ist (vgl. Rn 484). Aus der Anwendbarkeit des § 103 InsO folgt demnach: Kommt es beim gekündigten Bauvertrag (später) zur Eröffnung des Insolvenzverfahrens, wird gem. § 103 Abs. 1 InsO der Mängelbeseitigungsanspruch des Auftraggebers durch die Anwendung von § 320 BGB **suspendiert**.[2223] (Vgl. Rn 777) Bei auftretenden Mängeln hat der Auftraggeber dem Insolvenzverwalter

---

2219 OLG Nürnberg BauR 2001, 415 (418).
2220 BGH BauR 2005, 1477 (1479); BauR 1980, 182 (184); *Schmitz*, Rn 98.
2221 *Schmitz*, Rn 168. Zu bedenken bleibt in diesem Zusammenhang, dass im Falle der Insolvenz dem Auftraggeber gerade kein mängelbedingtes Leistungsverweigerungsrecht zusteht.
2222 *Wellensiek*, BauR 2005, 186 (190).
2223 BGH BauR 2002, 1264; MünchKomm-*Kreft*, § 103 InsO, Rn 13, 17; *Vogel*, Jahrbuch Baurecht 2004, S. 107 ff., 119; *Wellensiek*, BauR 2005, 186 (191); *Koenen*, BauR 2005, 202 (210 f.); Werner/Pastor, Rn 1047.

A. Der Bauvertrag in der Insolvenz des Auftragnehmers

eine angemessene Nachfrist zu setzen, und zwar so, dass der Insolvenzverwalter die für eine sinnvolle Wahlausübung erforderlichen Feststellungen und Abstimmungen vornehmen kann.[2224] Wegen neu auftretender Mängel ist das Prozedere des § 103 InsO zu wiederholen; eine frühere, auf einen anderen Mangel bezogene und erfolglos gebliebene Mängelrüge wirkt also nicht fort.[2225]

Wegen der Beseitigung etwaiger Mängel könnte bei formaler Betrachtung § 95 Abs. 1 S. 1 und 3 InsO dann erfüllt sein, wenn der auf Geld gerichtete Mängelbeseitigungsanspruch/ Schadensersatzanspruch nach der etwaigen Werklohnforderung des Insolvenzverwalters betreffend der erbrachten Leistungen fällig geworden ist. In diesem Fall ließe sich vertreten, die Aufrechnung für unzulässig zu erachten.[2226] Sachgerecht erscheint dies nicht, weil es z. B. bei Geltung der Fälligkeitsregelung des § 16 Nr. 3 Abs. 1 VOB/B allein auf den Zufall ankommt, ob der Insolvenzverwalter bzw. Insolvenzschuldner nach Abnahme die Schlussrechnung so schnell gelegt hat, dass formal Fälligkeit vor dem auf Geld gerichteten Mängelbeseitigungsanspruch/ Schadensersatzanspruch des Auftraggebers eingetreten ist. Bei dieser formalen Betrachtungsweise wird der entscheidende Wertungsgesichtspunkt, dass die in der Rechnung bezeichneten Leistungen vor Verfahrenseröffnung erbracht worden sind und es auf diesen Zeitraum, nicht auf den Zeitpunkt der Fälligkeit ankommt, vollkommen vernachlässigt. Dies spricht dafür, § 95 Abs. 1 InsO nicht anzuwenden und stattdessen diesen im Zeitraum vor Verfahrenseröffnung angelegten Anspruch des Auftraggebers vermittels Aufrechnungsfähigkeit in ein etwaiges Abrechnungsverhältnis einzustellen.[2227] [2228]

824

Der Insolvenzverwalter wählt gemäß § 103 InsO die Erfüllung des Vertrages (= Mängelbeseitigungsanspruchs)

Wählt der Insolvenzverwalter die Vertragserfüllung (= Mängelbeseitigung), hat diese Erklärung rechtsgestaltende Wirkung dahin, dass die Rechte und Pflichten aus dem Vertrag insgesamt zu Masseforderungen und Masseverbindlichkeiten werden, also den sog. Qualitätssprung gem. § 55 Abs. 1 Nr. 2 InsO erfahren (vgl. Fn 1659).[2229] Der Auftraggeber hat in diesem Fall im Hinblick auf die Mängelbeseitigung die **Ansprüche aus § 4 Nr. 7 bzw. § 13 Nr. 5 VOB/B**.[2230] Da dem Insolvenzverwalter in diesem Fall – bedingt

825

2224 Koenen, BauR 2005, 202 (213).
2225 MünchKomm-Huber, § 103 InsO, Rn 146; Schmitz, Rn 178.
2226 So OLG Brandenburg BauR 2003, 1229; OLG Hamm BauR 2005, 1788; LG Potsdam IBR 2002, 546; Braun, § 95 InsO, Rn 14; dazu Koenen, BauR 2005, 202 (215); zum Meinungsstand Kniffka/Koeble, Kompendium 5. Teil, Rn 212 ff.
2227 So OLG Dresden BauR 2003, 1736; LG Duisburg BauR 2004, 1625; dazu Koenen, BauR 2005, 202 (215).
2228 In dieser Richtung unlängst auch BGH NZBau 2005, 685, in einer Fallgestaltung, bei der der Schadensersatzanspruch des Auftraggebers erst später als der Werklohnanspruch des insolventen Auftragnehmers fällig geworden ist. Nach dem Schutzweck der Norm ist maßgebend, dass ein Gläubiger eine fällige durchsetzbare Forderung nicht bezahlt, sondern die Erfüllung solange hinauszögert bis es später zum Eintritt einer Aufrechnungslage kommt. Vor diesem Hintergrund ist die Aussage des BGH § 95 Abs. 3 InsO abgelehnt, weil der Auftraggeber im konkreten Fall seinen Werklohnanspruch wegen eines auf Mängel gegründeten Leistungsverweigerungsrechts sowieso nicht hätte durchsetzen können.
2229 MünchKomm-Kreft, § 103 InsO, Rn 39 ff.; ders., Festschrift für Uhlenbruck, S. 387 (399); ders., Festschrift für Kirchhof, S. 275 (284); Kübler/Prütting-Tintelnot, § 103 InsO, Rn 66, 68.
2230 Der Auftraggeber kann in Ansehung auf die erbrachten Leistungen gem. § 4 Nr. 7 VOB/B vor Abnahme bzw. § 13 Nr. 5 Abs. 1 VOB/B nach Abnahme Nacherfüllung verlangen und hat in letztem Fall nach fruchtlosem Fristablauf die Rechte auf Selbstvornahme und Kostenerstattung bzw. Vorschuss gem. § 13 Nr. 5 Abs. 2 VOB/B. Vor Abnahme besteht zugunsten des Auftraggebers nach Fristsetzung mit Kündigungsandrohung und nach ergebnislosem Fristablauf schriftlich erklärter Kündigung [„Kündigung des bereits gem. § 8 Nr. 2 Abs. 1 VOB/B gekündigten Bauvertrages" – so BGH ZIP 2003, 672 (674) – demgegenüber reicht nach der Gegenauffassung in Anlehnung an § 13 Nr. 5 Abs. 2 VOB/B eine einfache Fristsetzung aus, Kniffka, ZfBR 1998, 113 (117); Schmitz, Rn 50] ein Schadensersatzanspruch gem. § 8 Nr. 3 Abs. 2 VOB/B im Hinblick auf die vom Auftragnehmer nicht mehr erbrachten Mängelbeseitigungsleistungen.

durch die Erfüllungswahl – kein zusätzlicher Vergütungsanspruch entsteht, gegen den der Auftraggeber zusätzlich aufrechnen will, scheidet § 96 Abs. 1 Nr. 1 InsO (vgl. Rn 785) in dieser Fallkonstellation aus. Im Hinblick auf eine Aufrechnung mit mängelbedingten Ansprüchen des Auftraggebers gegen den Vergütungsanspruch des Insolvenzverwalters für die bis zur Kündigung des Bauvertrages erbrachten Leistungen, kann auch die Ausführungen zum nicht gekündigten Bauvertrag verwiesen werden (vgl. Rn 788).

Der Insolvenzverwalter lehnt gemäß § 103 InsO die Erfüllung des Vertrages (= Mängelbeseitigungsanspruchs) ab

826 Lehnt der Insolvenzverwalter die Erfüllung des Vertrages ab, hat der Auftraggeber im Hinblick auf solche – den vom Auftragnehmer vor Eröffnung des Insolvenzverfahrens erbrachten Leistungen – bestehenden Mängel einen einseitigen Anspruch auf **Schadensersatz statt der Leistung gem. § 280 Abs. 1 BGB.**[2231] (Vgl. Rn 780) Dem Grunde nach müsste konsequenterweise davon ausgegangen werden, dass der Auftrageber bei Erfüllungsablehnung seinen mangelbedingten Schadensersatzanspruch wegen Nichterfüllung gem. § 280 Abs. 1 BGB nicht mehr verrechnen, sondern auf der Grundlage der neuen Rechtsprechung des BGH[2232] nur als Insolvenzgläubiger gem. § 38 InsO (vgl. insoweit die Ausführungen in Fn 1611) im Insolvenzverfahren nach den §§ 174 ff. InsO durch Anmeldung zur Tabelle geltend machen kann. Dies ist damit zu erklären, dass nach dem Urteil des BGH vom 11.5.2006[2233] eine Abnahme für die Fälligkeit des Vergütungsanspruchs beim gekündigten Bauvertrag erforderlich ist. Vor dem Hintergrund der Erfüllungsablehnung (= Mängelbeseitigungsverweigerung) wird der Insolvenzverwalter im Hinblick auf die bereits erbrachten Leistungen möglicherweise keine Abnahme mehr herbeiführen, was dann zur Folge hat, dass damit gleichzeitig der Vergütungsanspruch für die erbrachten Leistungen fallengelassen werden muss. Ohne fälligen Vergütungsanspruch kommt es sodann auch nicht mehr zur Frage der Aufrechnung durch den Auftraggeber. Sollte der Vergütungsanspruch des Auftragnehmers für die erbrachten Leistungen doch fällig werden, käme des auf der Grundlage des § 95 Abs. 1 S. 3 InsO darauf an, ob die Schadensersatzforderung später fällig oder später unbedingt wurde als die zur Insolvenzmasse gehörende – nach Abnahme und Übergabe einer prüfbaren Abrechnung fällig werdende – Hauptforderung.

Es kommt beim gekündigten Bauvertrag nicht zur Eröffnung des Insolvenzverfahrens

827 Der Auftraggeber kann, wenn es nicht zur Eröffnung des Insolvenzverfahren kommt, in Ansehung auf die erbrachten Leistungen **gem. § 4 Nr. 7 vor Abnahme bzw. § 13 Nr. 5 Abs. 1 VOB/B nach Abnahme** Nacherfüllung verlangen und hat in letztem Fall nach fruchtlosem Fristablauf die Rechte auf Selbstvornahme und Kostenerstattung bzw. Vorschuss gem. § 13 Nr. 5 Abs. 2 VOB/B.[2234] Vor Abnahme besteht zugunsten des Auftraggebers ein Schadensersatzanspruch gem. § 8 Nr. 3 Abs. 2 VOB/B im Hinblick auf die vom Auftragnehmer nach erneuter Fristsetzung – mit Kündigungsandrohung und schrift-

---

2231 MünchKomm-*Huber*, § 103 InsO, Rn 184 ff.; Kübler/Prütting-*Tintelnot*, § 103 InsO, Rn 97 ff.; *Kreft*, Festschrift für Uhlenbruck, S. 387 (398); *Stemmer/Rohrmüller*, BauR 2005, 622 (633).
2232 BGH BauR 2005, 1477 [abweichend davon die alte Rechtsprechung BauR 2001, 1615 (1617) sowie Uhlenbruck-*Berscheid*, § 103 InsO, Rn 87, wonach Forderung und Gegenforderung sich nicht selbstständig gegenüberstehen und die wechselseitigen Forderungen im Rahmen der anzuwendenden Differenztheorie als unselbstständige Rechnungsposten eines einheitlichen Anspruchs anzusehen sind. Dabei war im Wege der Saldierung zu ermitteln, wem nach der Verrechnung noch ein Zahlungsanspruch zusteht].
2233 BGH, Urteil vom 11.5.2006 – VII ZR 146/04, IBR 2006, 432.
2234 *Stemmer/Rohrmüller*, BauR 2005, 622 (628 f.).

A. Der Bauvertrag in der Insolvenz des Auftragnehmers

licher Kündigungserklärung –[2235] nicht mehr erbrachten Mängelbeseitigungsleistungen.[2236]

(3) Vertragsstrafe/Verzugsschaden

Im Hinblick auf eine Aufrechnung mit einem Anspruch wegen Vertragsstrafe/Verzugsschaden gelten die allgemeinen Regeln (vgl. Rn 324 ff.). Gem. § 8 Nr. 7 VOB/B kann jedoch eine Vertragsstrafe nur für die Zeit bis zum Tage der Kündigung des Vertrags gefordert werden; unterbleibt die Kündigung, wählt aber der Insolvenzverwalter keine Erfüllung, berechnet sich die Vertragsstrafe maximal bis zum Tag der Verfahrenseröffnung, da ab dann der Erfüllungsanspruch suspendiert ist und mithin die Vertragsstrafe ihre Funktion nicht mehr erfüllen kann, den Auftragnehmer zur fristgerechten Vertragserfüllung anzuhalten.[2237]

828

(4) Sicherungseinbehalt

Auch der Insolvenzverwalter ist an die Vereinbarung eines Sicherheitseinbehalts gebunden.[2238] Dadurch wird die Fälligkeit des entsprechenden Werklohnanteils bis zum Ablauf der festgelegten Fristen hinausgeschoben. Der Sicherheitseinbehalt ist jedoch kein Bestandteil des Vermögens des Auftraggebers, sondern muss auf Nachfristsetzung des Insolvenzverwalters hin auf ein gemeinsames Sperrkonto einbezahlt (vgl. Rn 393).

829

2. Beim BGB-Bauvertrag

Für den **BGB-Bauvertrag** gibt es kein § 8 Nr. 2 Abs. 1 VOB entsprechendes Kündigungsrecht des Auftraggebers bei „Vermögenslosigkeit des Auftragnehmers". Der Auftraggeber kann aber gem. § 281 Abs. 1 S. 1 BGB vorgehen, um einen Schadensersatzanspruch „statt der Leistung" zu erhalten. Dazu muss der Anspruch des Auftraggebers fällig sein. Dies lässt sich unschwer bejahen, wenn der Auftragnehmer einen Vertragstermin für die Fertigstellung des Werkes nicht eingehalten hat. Enthält dagegen der Vertrag keinen solchen Termin, gilt für die Fälligkeit der Leistung des Auftragnehmers § 271 Abs. 1 BGB. Wann der Auftraggeber die Fertigstellung der Leistung verlangen kann, bemisst sich nach der Art und dem Umfang der Leistung und der demnach anhand allgemeiner Erfahrung und Leistungswerte angemessenen Ausführungszeit, wobei ein sofortiger Arbeitsbeginn durch den Auftragnehmer vorauszusetzen ist. Streiten Auftraggeber und Auftragnehmer darüber, ob die Schuld fällig ist, nachdem der Auftraggeber die Leistung verlangt hat, oder darüber, ob im konkreten Fall die angemessene Fertigstellungsfrist tatsächlich abgelaufen ist und deshalb Fälligkeit eingetreten ist, muss der Auftragnehmer darlegen und beweisen, dass aufgrund einer rechtsgeschäftlichen Festlegung oder der Umstände des Falles erst zu einem bestimmten späteren Zeitpunkt zu leisten ist. Setzt der Auftraggeber nach Eintritt der Fälligkeit eine angemessene Frist zur Leistung und verstreicht diese Frist fruchtlos, kann er sich vom Vertrag lösen und Schadensersatz verlangen (§ 281 Abs. 1, Abs. 4 BGB). Hierbei ist zu beachten, dass dem Auftragnehmer theoretisch der Gegenbeweis offen steht, dass er die Pflichtverletzung nicht zu vertreten hat (§ 280 Abs. 1 S. 2

830

[2235] Vgl. insoweit zunächst die Ausführungen in Fn 1747. Einer Kündigungserklärung bedarf es danach, da der Bauvertrag ja bereits nach § 8 Nr. 2 VOB/B gekündigt worden ist, im Hinblick auf den Mängelbeseitigungsanspruch des Auftraggebers möglicherweise nicht mehr (so *Kniffka*, ZfBR 1998, 113 (117 f.); *Schmitz*, Rn 50; Ingenstau/Korbion-*Vygen*, § 8 Nr. 2 VOB/B, Rn 30; anders wohl *Stemmer/Rohrmüller*, BauR 2005, 622 (629)), ist vor dem Hintergrund des „sichersten Weges" und der Rechtsprechung des BGH (ZIP 2003, 672 (674)) aber zu anzuraten.
[2236] *Schmitz*, Rn 171.
[2237] OLG Düsseldorf BauR 2003, 259; *Schmitz*, Rn 220.
[2238] BGH BauR 1999, 392.

BGB). Weiterhin ist darauf hinzuweisen, dass in bestimmten Fallkonstellationen eine Fristsetzung entbehrlich ist. Dies folgt beim Schadensersatzbegehren aus § 281 Abs. 2 BGB.

B. Der Bauvertrag in der Insolvenz des Auftraggebers

I. Handlungsmöglichkeiten des Auftragnehmers vor Eröffnung des Insolvenzverfahrens

831 In der finanziellen Krise des Auftraggebers besteht zugunsten des Auftragnehmers **kein insolvenzbedingtes Kündigungsrecht.** Der vorleistungspflichtige Auftragnehmer, dem grundsätzlich auch keine Aufrechnungsmöglichkeit zukommt, steht damit erheblich schlechter da als der Auftraggeber, dem bei Insolvenz des Auftragnehmers gem. § 8 Nr. 2 Abs. 1 VOB/B gleich mehrere Kündigungsalternativen zur Verfügung gestellt werden. Hinzu kommt, dass der Auftragnehmer, der in der wirtschaftlichen Krise des Auftraggebers, um weiterzubauen, durch Abtretung von Forderungen des Auftraggebers gegenüber dessen Schuldnern bzw. die Einräumung von Sicherheiten noch Vermögenswerte erhalten hat, diese Befriedigungen und Sicherheiten als Folge einer Insolvenzanfechtung gem. §§ 129 ff. InsO (vgl. Rn 859 ff.) möglicherweise später wieder an den Insolvenzverwalter zur Insolvenzmasse zurückzugewähren hat und sich wegen des erarbeiteten Vergütungsanspruchs mit einer Insolvenzforderung gem. § 38 InsO (vgl. Fn 1611) begnügen muss. Vor dem Hintergrund eines Bestrebens des Auftragnehmers, möglichst schnell von der Vorleistungspflicht entbunden zu werden, bieten sich für den Auftragnehmer vor Eröffnung des Insolvenzverfahrens über das Vermögen des Auftraggebers folgende Handlungsmöglichkeiten an:

1. Kündigung gemäß § 9 Nr. 1 b) VOB/B bzw. Rücktritt gemäß § 323 Abs. 1 BGB

832 Befindet sich der Auftraggeber mit der Zahlung einer Abschlagsrechnung im Schuldnerverzug, kann der Auftragnehmer gem. **§ 9 Nr. 1 b) VOB/B** durch schriftliche Erklärung den VOB-Bauvertrag kündigen. Voraussetzung für eine dementsprechende Kündigung ist, dass der Auftragnehmer dem Auftraggeber erfolglos eine angemessene Frist zur Bezahlung der Abschlagsrechnung gesetzt und erklärt hat, nach fruchtlosem Fristablauf den Vertrag zu kündigen (vgl. Rn 541). Beim BGB-Bauvertrag kann der Auftragnehmer beim Zahlungsverzug gem. **§ 323 Abs. 1 BGB** eine angemessene Frist zur Zahlung setzen und nach ergebnislosem Fristablauf vom Vertrag zurücktreten.

2. Loslösung vom Bauvertrag über § 648 a BGB

833 § 648 a BGB, der sowohl beim BGB- wie auch VOB-Bauvertrag zur Anwendung kommt, verschafft dem Auftragnehmer die Möglichkeit, seinen Vergütungsanspruch abzusichern, um damit das Vorleistungsrisiko zu mindern (vgl. Rn 179 ff.). Fordert der Auftragnehmer seinen Vertragspartner gem. § 648 a BGB dazu auf und leistet der Auftraggeber die Sicherheit nicht fristgemäß, besteht zugunsten des Auftragnehmers ein Leistungsverweigerungsrecht.[2239] Weiter bestimmen sich in diesem Fall die Rechte des Auftragnehmers nach § 648 a Abs. 5 i. V. m. §§ 643, 645 Abs. 1 BGB. Gemäß § 648 a Abs. 5 i. V. m. § 643 BGB kann der Auftragnehmer dem Auftraggeber eine angemessene Nachfrist zur

---

[2239] *Weise*, Rn 652; Staudinger-*Peters*, § 648 a BGB, Rn 21; MünchKomm-*Busche*, § 648 a BGB, Rn 4, 31; Werner/Pastor, Rn 332.

Erbringung der Sicherheit setzen, verbunden mit einer Kündigungsandrohung für den Fall, das die Sicherheit nicht fristgerecht erbracht wird. Wird die Sicherheit dann nicht fristgerecht geleistet, gilt der Vertrag als **aufgehoben**; auf eine Kündigungserklärung kommt es nicht mehr an.[2240]

3. Unsicherheitseinrede gemäß § 321 Abs. 1 S. 1 BGB

Bei § 321 Abs. 1 S. 1 BGB handelt es sich um eine allgemeine, nicht nur Werkverträge bezogene Norm, die Vorleistungspflichtigen eine besondere Einrede für den Fall gibt, dass ihr Anspruch auf eine Gegenleistung durch eine nachträglich aufgetretene mangelnde Leistungsfähigkeit des Vertragspartners gefährdet wird. Die Einrede beruht auf dem Gedanken, dass es dem an sich Vorleistungspflichtigen angesichts der veränderten Vermögenslage seines Gegenübers nicht mehr zugemutet werden kann, ohne Sicherheit vorzuleisten. Voraussetzung der Anwendung von § 321 BGB ist das Vorliegen eines gegenseitigen Vertrages, in dem der eine Vertragsteil hinsichtlich einer im Gegenseitigkeitsverhältnis stehenden Verbindlichkeit **vorleistungspflichtig** ist, wie es bei einem Bauvertrag für den Auftragnehmer der Fall ist. Weiter setzt § 321 BGB voraus, dass eine Gefährdung des Anspruchs des Auftragnehmers auf die Gegenleistung „**durch mangelnde Leistungsfähigkeit des anderen Teils – also des Auftraggebers – gefährdet wird**", wobei dies erst nach Vertragsschluss erkennbar geworden sein darf. Da die Einrede aus § 321 Abs. 1 BGB eine echte Anspruchsgefährdung voraussetzt, besteht kein Leistungsverweigerungsrecht, wenn der Auftragnehmer bereits auf anderer Grundlage eine Sicherheit für seine Forderungen erhalten hat. Notwendig ist dann aber, dass diese andere Sicherung eine ausreichende Deckung für den Auftragnehmer gewährt. Die Beweislast für den Tatbestand des § 321 Abs. 1 S. 1 BGB liegt beim Auftragnehmer. Kann er dieser nicht genügen, haftet er für die mit der rechtswidrigen Leistungsverweigerung verbundenen Schäden. Sind die Voraussetzungen des § 321 Abs. 1 S. 1 BGB gegeben, steht den Vorleistungspflichtigen das Recht zu, die Vorleistungen bis zur Bewirkung der Gegenleistung oder einer Sicherheitsleistung zu verweigern. Weiter kann der Vorleistungspflichtige nach § 321 Abs. 2 BGB eine angemessene Frist bestimmen, in welcher der andere Teil nach seiner Wahl die Leistung zu bewirken oder Sicherheit zu leisten hat. Nach fruchtlosem Fristablauf kann der vorleistungspflichtige Auftragnehmer vom Vertrag zurücktreten. § 323 BGB findet entsprechende Anwendung.

834

4. Leistungsverweigerungsrecht

Beim VOB-Bauvertrag kann sich der Auftragnehmer auf ein Leistungsverweigerungsrecht gem. § 16 Nr. 5 Abs. 5 VOB/B stützen. In diesem Fall muss der Auftragnehmer dem Auftraggeber zu einer fälligen Abschlagsrechnung eine Nachfrist setzen und kann die Arbeiten erst einstellen, wenn der Auftraggeber auch innerhalb der Nachfrist nicht bezahlt hat. Beim BGB-Bauvertrag ist ein **Zurückbehaltungsrecht** des Auftragnehmers gem. § 273 Abs. 1 BGB zu bejahen, sofern er berechtigte und fällige Abschlagsrechnungen gestellt hat, auf die der Auftraggeber keine Zahlung leistet. Der Auftragnehmer muss aber die Einrede aus § 273 Abs. 1 BGB ausdrücklich und zeitnah erheben.

835

2240 Der Auftragnehmer kann seine erbrachten Leistungen sodann nach § 648 a Abs. 5 i. V. m. § 645 BGB abrechnen. Daneben kann er Ersatz von Auslagen und gemäß der ausdrücklichen Regelung des § 648 a Abs. 5 S. 2 BGB Ersatz des Vertrauensschadens verlangen. Es handelt sich dabei jeweils um Insolvenzforderungen i. S. des § 38 InsO (vgl. insoweit Fn 1611), die zur Tabelle anzumelden sind.

II. Abwicklung des Bauvertrages nach Eröffnung des Insolvenzverfahrens

836 Mit Eröffnung des Insolvenzverfahrens werden gem. § 103 Abs. 1 InsO die beiderseitigen Hauptleistungspflichten suspendiert, sodass der Auftragnehmer zur weiteren Leistungserbringung gem. § 320 BGB nicht mehr verpflichtet ist (vgl. insoweit Rn 777).

1. Der Insolvenzverwalter lehnt die Erfüllung ab: Forderungsanmeldung

837 Lehnt der Insolvenzverwalter die Vertragserfüllung ab[2241] oder erklärt er sich vor dem Hintergrund des § 103 Abs. 2 S. 2 und 3 InsO nicht, erlöschen nunmehr – mit der Ablehnungserklärung bzw. dem Fristablauf – die gegenseitigen Erfüllungsansprüche.[2242] Nach der modifizierten Erlöschenstheorie des BGH hat der Auftragnehmer gegen den Auftraggeber als Insolvenzschuldner einen einseitigen Anspruch auf **Schadensersatz gem. § 280 Abs. 1 BGB** (vgl. insoweit Rn 780). Diesen Schadensersatzanspruch[2243] kann der Auftragnehmer unter Beigabe aller wesentlichen Unterlagen (Vertragstext, Abnahmeprotokoll, Schlussrechnung mit offenem Restbetrag) als Insolvenzforderung (vgl. insoweit Fn 1611) zur Tabelle anmelden (vgl. insoweit Rn 856).

2. Der Insolvenzverwalter wählt die Erfüllung

838 Wählt der Insolvenzverwalter dagegen die Vertragserfüllung, hat die Erklärung rechtsgestaltende Wirkung dahin, dass sowohl dem Insolvenzverwalter wie auch dem Auftragnehmer alle Rechte und Pflichten zustehen,[2244] die Inhalt des Bauvertrages sind oder sich aus ihm ergeben können, wobei die insoweit **neu begründeten Rechte und Pflichten** aus dem Vertrag insgesamt zu Masseforderungen und Masseverbindlichkeiten i. S. des § 55 Abs. 1 Nr. 2 InsO[2245] werden. Weiter hat die Erfüllungswahl zur Folge, dass der Insolvenzverwalter gem. §§ 103, 105 S. 1 InsO vom Auftragnehmer die Erfüllung der noch zu erbringenden Restleistungen verlangen kann, ohne auch die bereits bis dahin erbrachten Teilleistung aus der Insolvenzmasse bezahlen zu müssen (vgl. insoweit Rn 779).[2246] Wegen dieser Leistungen steht dem Auftragnehmer lediglich eine einfache Insolvenzforderung (vgl. insoweit Fn 1611) zu, die er zur Tabelle anmelden muss (vgl. insoweit Rn 856).

2241 Lehnt der Insolvenzverwalter die Erfüllung des Bauvertrages ab oder verstreicht die vom Vertragspartner gem. § 103 Abs. 2 S. 2 InsO gesetzte Frist zur Erfüllungswahl, steht fest, dass der Vertrag insgesamt nicht mehr erfüllt wird. Einer nochmaligen Fristsetzung – mit Ausnahme betreffend Rügen für erst später festgestellte Mängel – bedarf es nicht mehr.
2242 BGH ZIP 2002, 1093; MünchKomm-*Kreft*, § 17 InsO, Rn 20, 22.
2243 Weiterführend *Heidland*, Rn 668 ff.
2244 Weiterführend *Heidland*, Rn 637 ff.
2245 BGH ZIP 1984, 612 f.; Kübler/Prütting-*Tintelnot*, § 103 InsO, Rn 76; *Heidland*, Rn 609.
2246 Weiterführend zur Fortführung der vom Auftragnehmer zu erbringenden Leistungen *Heidland*, Rn 599 ff.

C. Praxisrelevante Problemkreise des materiellen Insolvenzrechts

I. Der Gang des Insolvenzverfahrens

1. Das Eröffnungsverfahren

a) Die Vorprüfung

Das Insolvenzverfahren wird bei Vorliegen eines Insolvenzantrages[2247] in Gang gesetzt. Dabei beginnt das Insolvenzverfahren mit dem sog. Eröffnungsverfahren, das zweigeteilt ist in eine **Vor- und die Hauptprüfung**. **839**

aa) Vorliegen eines Insolvenzantrages

Antragsberechtigt ist gem. § 13 Abs. 1 S. 2 InsO der (künftige) Insolvenzschuldner,[2248] [2249] wobei im Hinblick auf die Antragsberechtigung bei juristischen Personen und Gesellschaften ohne Rechtspersönlichkeit die Vorgaben des § 15 InsO zu beachten sind. Weiterhin ist gem. §§ 13 Abs. 1 S. 2, 14 InsO auch jeder (künftige) Insolvenzgläubiger[2250] antragsberechtigt. Der Antrag kann mit der Kostenfolge der §§ 4 InsO, 269 Abs. 3 S. 2 ZPO[2251] **zurückgenommen** werden, gem. § 13 Abs. 2 InsO jedoch nicht mehr nach der Insolvenzeröffnung oder nach rechtskräftiger Abweisung des Antrages, da nach diesem Zeitpunkt der Antragsteller auf den Fortgang des Verfahrens keinen Einfluss mehr hat.[2252] **840**

bb) Zuständigkeiten

Sachlich ist gem. § 2 Abs. 1 InsO das Amtsgericht als Insolvenzgericht zuständig, in dessen Bezirk ein Landgericht seinen Sitz hat. **Örtlich** ist gem. § 3 Abs. 1 S. 1 und 2 InsO das Gericht zuständig, in dessen Bezirk der Insolvenzschuldner seinen allgemeinen Gerichtsstand hat bzw. der Schwerpunkt seiner selbstständigen wirtschaftlichen Tätigkeit liegt. Bei Unternehmen kommt es in erster Linie darauf an, wo sich ihre Hauptniederlassung befindet.[2253] **841**

cc) Zulässigkeit des Insolvenzverfahrens bei Vorliegen eines Gläubigerantrages

In der Vorprüfung wird vom Insolvenzgericht die **Zulässigkeit des Antrages** geprüft, wobei es bei Insolvenzanträgen von (künftigen) Insolvenzgläubigern insbesondere um die Frage geht, ob die Voraussetzungen von § 14 InsO hinreichend dargetan sind. Der Antrag eines Gläubigers ist nur zulässig, wenn der Bestand der Forderung[2254] [2255] und der Insolvenzgrund (vgl. zu den einzelnen Insolvenzgründen gem. §§ 17, 18 und 19 InsO die Ausführungen unter Rn 802 ff.)[2256] glaubhaft gemacht sind. Zu den Mitteln der Glaub- **842**

[2247] Vgl. zu den Formerfordernissen Uhlenbruck-*Uhlenbruck*, § 13 InsO, Rn 13 ff.
[2248] Weiterführend Uhlenbruck-*Uhlenbruck*, § 13 InsO, Rn 22 ff.
[2249] Vgl. zu den gesetzlichen Insolvenzantragspflichten Uhlenbruck-*Uhlenbruck*, § 13 InsO, Rn 32 ff.
[2250] Weiterführend Uhlenbruck-*Uhlenbruck*, § 13 InsO, Rn 27 ff.
[2251] Uhlenbruck-*Uhlenbruck*, § 13 InsO, Rn 84.
[2252] OLG Celle ZIP 2000, 673; OLG Köln ZIP 1993, 936; MünchKomm-*Schmahl*, § 13 InsO, Rn 102 f.; Uhlenbruck-*Uhlenbruck*, § 13 InsO, Rn 80.
[2253] Uhlenbruck-*Uhlenbruck*, § 13 InsO, Rn 8; Haarmeyer/Wutzke/Förster, S. 69.
[2254] Eine Titulierung der Forderung ist grundsätzlich nicht erforderlich, es sei denn, die dem Insolvenzantrag zugrunde liegende Forderung sei die einzige, die für den Fall ihres Bestehens den Insolvenzgrund ausmachen würde, und diese Forderung wird von dem künftigen Insolvenzschuldner bestritten. Hier bedarf die Forderung des vollen Beweises, BGH ZIP 1992, 947.
[2255] Zur Glaubhaftmachung des Bestehens der Forderung weiterführend Uhlenbruck-*Uhlenbruck*, § 14 InsO, Rn 44 ff.
[2256] Zur Glaubhaftmachung des Bestehens eines Insolvenzgrundes weiterführend Uhlenbruck-*Uhlenbruck*, § 14 InsO, Rn 50 ff.

haftmachung ist §§ 4 InsO i. V. m. 294 ZPO zu beachten. Die **Glaubhaftmachung** erfolgt durch Vorlage von Urkunden, z. B. Kontoauszügen oder Rechnungen über Warenlieferungen, aus denen sich das Bestehen der Gläubigerforderung ergibt. Die Glaubhaftmachung der Zahlungsunfähigkeit, z. B. durch die Fruchtlosigkeitsbescheinigung des Gerichtsvollziehers[2257] bzw. das Protokoll der Abgabe einer eidesstattlichen Versicherung.[2258] Die Überschuldung ist für den Gläubiger durch Vorlage testierter Jahresabschlüsse kaum glaubhaft zu machen, weil er keinen Zugang zu den Unterlagen des (künftigen) Insolvenzschuldners hat.[2259] § 14 Abs. 1 InsO erfordert weiter das Vorliegen eines **Rechtsschutzinteresses**.[2260] Es ist grundsätzlich aufgrund der Gläubigereigenschaft gegeben, fehlt jedoch dann, wenn der Gläubiger auf einfachere und zweckmäßige Art und Weise die Befriedigung seiner Forderung erreichen kann.[2261]

b) Die Hauptprüfung

aa) Beweis des Vorliegens eines Insolvenzgrundes

843 Dem Vorprüfungsverfahren schließt sich das sog. Hauptprüfungsverfahren an. Nach der Zulässigkeit des Insolvenzantrages hat das Insolvenzgericht gem. § 5 Abs. 1 S. 1 InsO von Amts wegen zu prüfen, ob der **Insolvenzantrag begründet** ist.[2262] Dabei geht es insbesondere um die Frage, ob der Insolvenzgrund tatsächlich vorliegt. Zu diesem Zweck fertigt ein vom Gericht bestellter Sachverständiger[2263] ein Gutachten an, in dem er die Frage klärt, ob ein Insolvenzgrund gegeben ist. Dabei ist der (künftige) Insolvenzschuldner zu hören.[2264] Gesteht der Insolvenzschuldner seine Zahlungsunfähigkeit nicht ein, hat das Insolvenzgericht nach pflichtgemäßem Ermessen zu ermitteln. Hinsichtlich des Bestehens der Forderung ist dagegen – wie im Rahmen der Zulässigkeit – die Glaubhaftmachung ausreichend, es sei denn, dass gerade diese Forderung für das Vorliegen des Insolvenzgrundes maßgebend ist.[2265]

bb) Anordnung von Sicherungsmaßnahmen

(1) Anordnung eines Verfügungsverbots bzw. eines Zustimmungsvorbehalts

844 Das Insolvenzgericht kann nach § 21 Abs. 2 Nr. 2 InsO dem (künftigen) Insolvenzschuldner ein **allgemeines Verfügungsverbot**[2266] auferlegen oder den Insolvenzschuldner in seiner Verfügungsbefugnis mit der Maßgabe beschränken, dass die Verfügungen **nur mit Zustimmung** des vorläufigen Insolvenzverwalters wirksam sind.[2267] Das allgemeine Verfügungsverbot steht unter der auflösenden Bedingung der rechtskräftigen Aufhebung. Mit der Rechtskraft dieser Beschlüsse verliert es automatisch seine Wirkung. Die Wir-

---

2257 LG Hamburg ZIP 2002, 447; Uhlenbruck-*Uhlenbruck*, § 14 InsO, Rn 51; MünchKomm-*Schmahl*, § 14 InsO, Rn 32.
2258 Uhlenbruck-*Uhlenbruck*, § 14 InsO, Rn 51.
2259 HK-*Kirchhof*, § 14 InsO, Rn 11; MünchKomm-*Schmahl*, § 14 InsO, Rn 37; Uhlenbruck-*Uhlenbruck*, § 14 InsO, Rn 53.
2260 Das Rechtsschutzinteresse für den Insolvenzantrag fehlt jedoch nicht schon dann, wenn die Forderung des antragstellenden Gläubigers gering ist, da dadurch insbesondere die kleinen und damit häufig die wirtschaftlich schwächeren Gläubiger benachteiligt werden würden, BGH NJW-RR 1986, 1188; LG Magdeburg ZIP 1995, 579; MünchKomm-*Schmahl*, § 14 InsO, Rn 48, 49; Uhlenbruck-*Uhlenbruck*, § 14 InsO, Rn 6.
2261 Dies wird dann anzunehmen sein, wenn zugunsten des Gläubigers bereits eine ausreichende Sicherheit durch (Grund-)Pfandrechte besteht, OLG Hamm MDR 1973, 1029; Uhlenbruck-*Uhlenbruck*, § 13 InsO, Rn 9; MünchKomm-*Schmahl*, § 14 InsO, Rn 48.
2262 Vgl. zur Amtsermittlung im Regelinsolvenzverfahren Uhlenbruck-*Uhlenbruck*, § 5 InsO, Rn 1.
2263 Vgl. zur Auswahl und Bestellung des Sachverständigen Uhlenbruck-*Uhlenbruck*, § 5 InsO, Rn 10 ff.
2264 HK-*Kirchhof*, § 5 InsO, Rn 11; MünchKomm-*Ganter*, § 5 InsO, Rn 40; Uhlenbruck-*Uhlenbruck*, § 5 InsO, Rn 20.
2265 BGH ZIP 1992, 947; Haarmeyer/Wutzke/Förster, S. 133 ff.
2266 Uhlenbruck-*Uhlenbruck*, § 21 InsO, Rn 17.
2267 Uhlenbruck-*Uhlenbruck*, § 21 InsO, Rn 24.

C. Praxisrelevante Problemkreise des materiellen Insolvenzrechts

kungen des allgemeinen Verfügungsverbots ergeben sich aus § 24 Abs. 1 i. V. m. §§ 81, 82 InsO, wonach Verfügungen des Insolvenzschuldners absolut unwirksam sind und der gute Glaube nur bei Grundstücksgeschäften und bei Leistungen an den Insolvenzschuldner geschützt ist. Es soll den Bestand der künftigen Insolvenzmasse im Interesse der Insolvenzgläubiger vor masseschädigenden Verfügungen des Insolvenzschuldners schützen. Eine **Anhörung** des Insolvenzschuldners vor Erlass der Sicherungsmaßnahmen ist aufgrund des Eilcharakters des Insolvenzverfahrens nicht erforderlich. Zur Gewährung des rechtlichen Gehörs ist die Möglichkeit, nachträglich Einbindungen vorbringen zu können, ausreichend.[2268]

(2) Anordnung betreffend der Einzelzwangsvollstreckung gegen den Schuldner

Das Insolvenzgericht kann weiterhin schon im Eröffnungsverfahren **Maßnahmen der Einzelzwangsvollstreckung** gegen den (künftigen) Insolvenzschuldner untersagen oder einstweilen einstellen, soweit nicht unbewegliche Gegenstände betroffen sind.[2269] Damit wird die Wirkung des Vollstreckungsverbots, das grundsätzlich erst nach § 89 InsO mit der Eröffnung des Insolvenzverfahrens eintritt, bereits in das Insolvenzeröffnungsverfahren vorgezogen.[2270] Die nach Wirksamwerden des Einstellungsbeschlusses durchgeführte Vollstreckungsmaßnahme ist mit der Vollstreckungserinnerung nach § 766 ZPO anfechtbar. Das Vollstreckungsorgan hat den Untersagungs- bzw. Einstellungsbeschluss von Amts wegen zu beachten, neue oder bereits vorliegende Zwangsvollstreckungsaufträge dürfen nicht mehr ausgeführt werden. Bereits eingeleitete Vollstreckungsmaßnahmen sind nach § 775 Nr. 2 ZPO einstweilen einzustellen. Mit **Eröffnung des Insolvenzverfahrens** verliert der Untersagungs- bzw. Einstellungsbeschluss seine Wirkungen, da mit Eröffnung des Insolvenzverfahrens Einzelzwangsvollstreckungen gem. § 89 InsO unzulässig sind. Bei Ablehnung des Insolvenzeröffnungsantrags hat das Insolvenzgericht durch Beschluss auszusprechen, dass die im Eröffnungsverfahren angeordneten Vollstreckungsschutzmaßnahmen aufgehoben werden.

845

(3) Einsetzung eines sog. starken vorläufigen Insolvenzverwalters

Das Insolvenzgericht kann zusammen mit dem Erlass des allgemeinen Verfügungsverbotes die Einsetzung eines vorläufigen Insolvenzverwalters gem. § 21 Abs. 2 Nr. 1 InsO anordnen. In diesem Fall handelt es sich um den **sog. starken Insolvenzverwalter**.[2271] Durch die Verbindung beider Anordnungen wird schon vor der Eröffnung des Insolvenzverfahrens gem. § 22 Abs. 1 S. 1 InsO die Verwaltungs- und Verfügungsbefugnis des Insolvenzschuldners mit einer den Insolvenzbeschlag vorwegnehmenden Wirkung auf den vorläufigen Insolvenzverwalter übertragen. In diesem Fall hat er gem. § 22 Abs. 1 S. 2 Nr. 1 – 3 InsO das Vermögen des Insolvenzschuldners zu sichern und zu erhalten, ggf. ein Unternehmen des Insolvenzschuldners fortzuführen und zu prüfen, ob das Vermögen des Insolvenzschuldners die Kosten des Verfahrens decken wird. Der vorläufige Insolvenzverwalter hat nach § 24 Abs. 2 i. V. m. §§ 85 Abs. 1 S. 1, 86 InsO das Recht zur Aufnahme anhängiger Rechtsstreitigkeiten, die gem. § 240 S. 2 ZPO bereits mit Übertragung der Verwaltungs- und Verfügungsbefugnis auf den Insolvenzverwalter unterbro-

846

2268 LG Göttingen ZIP 2003, 679; Uhlenbruck-*Uhlenbruck*, § 21 InsO, Rn 8.
2269 Uhlenbruck-*Uhlenbruck*, § 21 InsO, Rn 26.
2270 MünchKomm-*Haarmeyer*, § 21 InsO; Rn 70 ff.; *Valenda*, ZIP 1997, 1993 (1996).
2271 Wird dem entgegen die Einsetzung eines vorläufigen Insolvenzverwalters mit einer Beschränkung der Verfügungsbefugnis mit der Maßgabe verbunden, dass die Verfügungen nur mit Zustimmung des vorläufigen Insolvenzverwalters wirksam sind, handelt es sich nicht um einen sog. „starken" Insolvenzverwalter.

chen werden (vgl. Rn 853). Die von dem sog. starken Verwalter begründeten Verbindlichkeiten sind gem. § 55 Abs. 2 S. 1 InsO Masseverbindlichkeiten (vgl. in Fn 2156) im eröffneten Verfahren. Entsprechendes gilt gem. § 55 Abs. 2 S. 2 InsO für Verbindlichkeiten aus einem Dauerschuldverhältnis. Nach § 55 Abs. 3 InsO kann auch bei Einsetzung eines sog. starken Verwalters die Bundesanstalt für Arbeit die auf ihn nach § 187 SGB III übergegangenen Ansprüche auf Arbeitsentgelt nur noch als Insolvenzgläubiger geltend machen. Reicht die Insolvenzmasse für die Erfüllung dieser Masseverbindlichkeiten nicht aus, so haftet der vorläufige Insolvenzverwalter den Massegläubigern nach §§ 21 Abs. 2 Nr. 1, 61 S. 1 InsO auf Schadensersatz. Nach § 61 S. 2 InsO scheidet eine Schadensersatzpflicht des vorläufigen Insolvenzverwalters jedoch aus, wenn dieser die Masseunzulänglichkeit bei Begründung der Verbindlichkeit nicht erkennen konnte.[2272]

(4) Einsetzung eines sog. schwachen vorläufigen Insolvenzverwalters

847 Ordnet das Gericht die vorläufige Insolvenzverwaltung isoliert, d. h. ohne Verhängung eines Verfügungsverbots an, so ist der vorläufige Insolvenzverwalter lediglich gem. § 22 Abs. 2 InsO Berater des Insolvenzschuldners[2273] ohne eigene Verfügungsmacht über dessen Vermögen mit nur denjenigen Pflichten, die das Insolvenzgericht ausdrücklich anordnet. Er ist dann ein **sog. schwacher Verwalter.** Der vorläufige Insolvenzverwalter hat in diesem Fall zumindest die Aufgabe der Massesicherung und Masseerhaltung – und damit die der Überwachung des Insolvenzschuldners.[2274] Er hat dagegen keine Verwertungsbefugnisse i. S. der §§ 159, 165 ff. InsO. Ein anhängiger Rechtsstreit wird bei der Bestellung des sog. schwachen Verwalters nicht nach § 240 S. 2 ZPO unterbrochen (vgl. Rn 853).

c) Der Abschluss des Eröffnungsverfahrens

aa) Das Insolvenzverfahren wird eröffnet

848 Sofern das Insolvenzgericht zu dem Ergebnis kommt, dass ein Insolvenzgrund und eine die Verfahrenskosten deckende Masse vorhanden sind, wird das Insolvenzverfahren gem. § 27 InsO **durch Beschluss** eröffnet. Der Eröffnungsbeschluss wird erst wirksam, wenn er aufhört, eine innere Angelegenheit des Gerichts zu sein, wenn die Geschäftsstelle ihn also zur Mitteilung an einen der Beteiligten oder zur öffentlichen Bekanntmachung i. S. des § 9 InsO herausgegeben hat.[2275] Die **Bekanntmachung** des Eröffnungsbeschlusses und die Hinweispflichten des Insolvenzgerichts erfolgen nach § 30 InsO, die Mitteilung an Register- und Grundbuchämter nach §§ 31 – 33 InsO.

849 Die **Beschlagnahme** gem. § 80 Abs. 1 InsO tritt grundsätzlich – vom Zeitpunkt des Wirksamwerdens des Eröffnungsbeschlusses aus gesehen – rückwirkend ein. Sie erstreckt sich auf die Insolvenzmasse. Dazu gehört gem. § 35 InsO das bei der Eröffnung vorhandene Vermögen, aber auch dasjenige Vermögen, das der Insolvenzschuldner während des Verfahrens erlangt, sog. Neuerwerb. Das dem Insolvenzbeschlag unterliegende Vermögen des Schuldners ist gem. § 35 InsO Insolvenzmasse, wobei darunter die sog. Soll-Masse zu verstehen ist, d. h. die Masse, wie sie sich in ihrem Bestand nach den gesetzlichen Bestimmungen zusammensetzen soll, im Gegensatz zur sog. Ist-Masse, die der Insolvenzverwalter vorfindet.[2276] Die Beschlagnahme bewirkt die öffentliche Verstrickung des Vermögens des Insolvenzschuldners, die unter strafrechtlichem Schutz gem. § 136 StGB steht. Insbe-

---

2272 Uhlenbruck-*Uhlenbruck*, § 61 InsO, Rn 19.
2273 Uhlenbruck-*Uhlenbruck*, § 22 InsO, Rn 6.
2274 Uhlenbruck-*Uhlenbruck*, § 22 InsO, Rn 6.
2275 MünchKomm-*Schmal*, § 30 InsO, Rn 5 ff.
2276 Insoweit kann es sein, dass die Ist-Masse auch dem Insolvenzschuldner nicht gehörende Gegenstände umfasst.

C. Praxisrelevante Problemkreise des materiellen Insolvenzrechts

sondere gehören gem. § 36 Abs. 2 Nr. 1 InsO auch die Geschäftsbücher zur Insolvenzmasse, anders als § 811 Abs. 1 Nr. 11 ZPO –, da der Insolvenzverwalter diese Unterlagen für die Verwaltung benötigt.

Nach § 89 InsO sind Einzelzwangsvollstreckungsmaßnahmen nach der Insolvenzverfahrenseröffnung für Insolvenzgläubiger weder in die Insolvenzmasse noch in das freie Vermögen des Schuldners zulässig. Die vor der Insolvenzverfahrenseröffnung im Wege der Einzelvollstreckung erworbenen Rechte bleiben gem. § 80 Abs. 2 S. 2 InsO unberührt. Nach § 88 InsO, sog. **Rückschlagssperre**, ist das Sicherungsrecht jedoch allein infolge der Insolvenzeröffnung unwirksam, wenn der Insolvenzgläubiger es im letzten Monat vor dem Antrag auf Eröffnung des Insolvenzverfahrens[2277] oder nach diesem Antrag durch Zwangsvollstreckung an dem zur Insolvenzmasse gehörenden Vermögen des Schuldners erlangt hat. Die Vollstreckungsorgane haben die Vollstreckungsmaßnahmen von Amts wegen aufzuheben.[2278]

850

Der Eröffnungsbeschluss kann vom Insolvenzschuldner mit der **sofortigen Beschwerde** angegriffen werden. Der vorläufige Insolvenzverwalter wird in der Regel als Insolvenzverwalter bestellt. Zudem bestimmt das Insolvenzgericht den Termin für die erste Gläubigerversammlung, in der auf der Grundlage eines Berichts des Insolvenzverwalters über den Fortgang des Insolvenzverfahrens beschlossen wird (sog. Berichtstermin). Dieser Termin soll nicht über 6 Wochen und darf nicht über 3 Monate hinaus angesetzt werden. Weiterhin setzt das Insolvenzgericht einen Termin für die Prüfung der Insolvenzforderung fest (sog. Prüfungstermin). Der Zeitraum für den Ablauf der Anmeldefrist und dem Prüfungstermin soll mindestens 1 Woche und höchstens 2 Monate betragen. Forderungen von Insolvenzgläubigern können erst nach Insolvenzeröffnung angemeldet werden, also nicht schon im Zeitpunkt der vorläufigen Insolvenzverwaltung.

851

bb) Die Eröffnung des Insolvenzverfahrens wird mangels Masse abgewiesen

Auch wenn die materiellen Insolvenzvoraussetzungen vorliegen, ist der Insolvenzantrag gem. § 26 InsO abzuweisen, wenn eine die Kosten des Verfahrens deckende Masse nicht vorhanden ist. Die **Kosten des Verfahrens** sind die Gerichtskosten für das Insolvenzverfahren (§ 54 Nr. 1 InsO), die Vergütung und die Auslagen des vorläufigen Insolvenzverwalters, des Insolvenzverwalters und der Mitglieder des Gläubigerausschusses (§ 54 Nr. 2 InsO). Die übrigen Masseverbindlichkeiten i. S. des § 55 InsO werden dem gem. bei der Prüfung der Kostendeckung nicht mehr berücksichtigt. Nach § 26 Abs. 1 S. 1 InsO hat das Insolvenzgericht zu prüfen, ob die Verfahrenskosten des gesamten Verfahrens gedeckt sind. Bei der Prognose ist auf den bei Verwertung der Masse zu erwartenden Erlös abzustellen. Einzustellen sind auch Forderungen, die nur prozessual durchzusetzen sind, z. B. durch Insolvenzanfechtung. Dabei sind die Prozessaussichten und das Kostenrisiko – unter Einbeziehung eines Prozesskostenhilfeverfahrens (§§ 114 ff. ZPO) – zu berücksichtigen. Nach § 26 Abs. 1 S. 2 InsO unterbleibt die Abweisung mangels Masse, wenn durch einen Dritten ein Kostenvorschuss zur Deckung der voraussichtlichen Kosten des Insolvenzverfahrens geleistet wird. Dies ist dann sachdienlich, wenn anzunehmen ist, dass die vorhandene Masse nach Eröffnung des Insolvenzverfahrens z. B. durch Anfechtungsprozesse angereichert werden kann. Der Vorschuss kann durch den Antrag-

852

2277 Kommt es zur Eröffnung des Insolvenzverfahrens, beginnt die rückwärts zu berechnende Monatsfrist auch dann zu laufen, wenn der Insolvenzantrag unzureichend war oder bei einem unzuständigen Gericht gestellt worden ist, BGH ZIP 2000, 1263 (1264). Vgl. zur Frage, wann eine vom Grundbuchamt umzusetzendes Sicherungsrecht erlangt worden ist, die Ausführungen in Fn 1835.
2278 *Valenda* ZIP 1997, 1993 (1994).

steller, einen sonstigen Gläubiger oder einen Dritten geleistet werden. Er wird nicht Teil der Insolvenzmasse und ist auf ein bei dem künftigen Insolvenzverwalter einzurichtenden Anderkonto oder bei der Gerichtskasse einzuzahlen. Weiterhin unterbleibt die Abweisung mangels Masse, wenn die Kosten nach § 4 a InsO gestundet werden. Im Fall der Abweisung des Insolvenzantrages mangels Masse werden die AG, die KG a. A. und die GmbH mit Eintritt der Rechtskraft des Abweisungsbeschlusses **aufgelöst** (§§ 131 Abs. 1 Nr. 3, Abs. 2 Nr. 2 HGB, § 262 Abs. 1 Nr. 4 AktG, § 60 Abs. 1 Nr. 5 GmbHG). Ist der Schuldner eine natürliche Person, hat das Insolvenzgericht ihn in das Schuldnerverzeichnis gem. § 26 Abs. 2 InsO einzutragen.

II. Auswirkungen des Insolvenzverfahrens auf anhängige Prozesse des Insolvenzschuldners

1. Unterbrechung des anhängigen Prozesses nach §§ 240, 249 ZPO

853 Aufgrund des Verlustes der Prozessführungsbefugnis des Insolvenzschuldners nach § 80 InsO durch die Insolvenzverfahrenseröffnung muss der Insolvenzverwalter die vor Verfahrenseröffnung anhängigen Prozesse übernehmen können. Nach §§ 240, 249 ZPO wird der Rechtsstreit, wenn er die Masse betrifft, **kraft Gesetzes unterbrochen**, um dem Insolvenzverwalter Gelegenheit zu geben, über die Fortsetzung des Prozesses zu entscheiden.[2279] Dies gilt auch für das Prozesskostenhilfeprüfungsverfahren.[2280] Aufgrund der Eröffnung des Insolvenzverfahrens erlischt auch die Prozessvollmacht des Rechtsanwalts nach § 87 ZPO i. V. m. §§ 115 ff. InsO.[2281]

2. Aufnahme von Aktivprozessen

854 Handelt es sich bei dem unterbrochenen massebezogenen Prozess um einen Aktivprozess des Insolvenzschuldners, kann der Insolvenzverwalter den Rechtsstreit nach § 85 Abs. 1 InsO **aufnehmen**. Dies erfolgt durch einen gem. § 250 ZPO vom Gericht an den Gegner zuzustellenden Schriftsatz.[2282] Der Insolvenzverwalter tritt damit in die prozessuale Stellung des Insolvenzschuldners ein. Der Rechtsstreit wird in der Lage fortgesetzt, in der er sich zum Zeitpunkt der Unterbrechung befand.[2283] **Lehnt** der Insolvenzverwalter die Aufnahme des Prozesses durch formlose Erklärung gegenüber dem Insolvenzschuldner oder dem Prozessgegner **ab**, gibt der Insolvenzverwalter zugleich den zur Masse gehörenden Gegenstand – für den Fall des Obsiegens – frei.[2284] In diesem Fall können sowohl der Insolvenzschuldner als auch der Prozessgegner den unterbrochenen Prozess nach § 85 Abs. 2 InsO wieder aufnehmen;[2285] die Prozessführungsbefugnis fällt in diesem Fall an den Insolvenzschuldner zurück.

[2279] Zöller-*Greger*, § 240 ZPO, Rn 1; Hk-ZPO/*Wöstmann*, § 240 Rn 1; Uhlenbruck-*Uhlenbruck*, § 85 InsO, Rn 46; *Heidland*, Rn 289 ff.
[2280] BGH ZIP 1990, 48; OLG Köln ZIP 2003, 1056; Uhlenbruck-*Berscheid*, § 115 InsO, Rn 5 ff.
[2281] BGH NJW-RR 1989, 183; OLG Karlsruhe MDR 2005, 231; Hk-ZPO/*Wöstmann*, § 240 Rn 1.
[2282] Uhlenbruck-*Uhlenbruck*, § 85 InsO, Rn 49; Hk-ZPO/*Wöstmann*, § 240 Rn 8 sowie § 250 Rn 1; *Heidland*, Rn 298.
[2283] Uhlenbruck-*Uhlenbruck*, § 85 InsO, Rn 49.
[2284] Kübler/Prütting-*Lüke*, § 85 InsO, Rn 69; *Heidland*, Rn 298.
[2285] LG Osnabrück ZIP 1994, 384; MünchKomm-*Schumacher*, § 85 InsO, Rn 23; Uhlenbruck-*Uhlenbruck*, § 85 InsO, Rn 56; Hk-ZPO/*Wöstmann*, § 240 Rn 8.

C. Praxisrelevante Problemkreise des materiellen Insolvenzrechts

3. Fortführung von Passivprozessen

a) Aussonderungs-, Absonderungs-, Massegläubiger

Nimmt der Kläger als Insolvenzgläubiger den Insolvenzschuldner aus einem – nach Insolvenzverfahrenseröffnung entstandenen – **Recht auf Aussonderung, Absonderung oder auf Befriedigung aus der Insolvenzmasse** in Anspruch, kann der Prozess sowohl von dem Insolvenzverwalter als auch von dem Kläger nach § 86 Abs. 1 InsO aufgenommen werden.[2286] Der Insolvenzverwalter kann sich der Fortsetzung des Prozesses nicht entziehen, allenfalls den mit der Klage geltend gemachten Anspruch gem. § 93 ZPO sofort anerkennen.[2287] Gemäß § 86 Abs. 2 InsO ist der Kostenerstattungsanspruch des Klägers nicht Masseschuld nach § 55 Abs. 1 Nr. 1 InsO, sondern nur eine, vom Kläger zur Tabelle anzumeldende Insolvenzforderung.[2288]

855

b) Insolvenzgläubiger

Macht dagegen der Kläger in dem unterbrochenen Rechtsstreit gegen den Insolvenzschuldner eine **Insolvenzforderung i. S. des § 38 InsO** geltend, kann er seine Forderung gem. § 87 InsO nur noch nach den Vorschriften über das Insolvenzverfahren verfolgen. Der Kläger muss somit seinen Anspruch im Feststellungsverfahren gem. §§ 174 ff. InsO (vgl. in Fn 2119) zur Tabelle anmelden. Im Fall des Widerspruchs gegen diese Anmeldung kann der Kläger den unterbrochenen Prozess gem. § 180 Abs. 2 InsO wieder aufnehmen. Der Bestreitende tritt damit in die Parteirolle des Insolvenzschuldners auf der Beklagtenseite ein. Der Kläger muss seinen Klageantrag auf Feststellung der Forderung umstellen. Unterliegt der Insolvenzverwalter, ist der Kostenerstattungsanspruch des Gegners Masseschuld i. S. des § 55 Abs.1 Nr. 1 InsO.[2289]

856

III. Die Insolvenzanfechtung

1. Zweck des Insolvenzanfechtungsrechts

Eine weitere dem Insolvenzverwalter[2290] zugewiesene Aufgabe ist die Ausübung des Anfechtungsrechts gem. §§ 129 ff., 92 InsO, das ihm mit seiner Ernennung als „ein mit dem Amt verbundenes eigenständiges Recht" zufällt[2291] und mit der Beendigung des Insolvenzverfahrens erlischt.[2292] Anders als die §§ 80, 81, 89 und 91 InsO, die nach Eröffnung des Insolvenzverfahrens eine Verkürzung der Insolvenzmasse verhindern sollen, wird durch die Insolvenzanfechtung die gleichmäßige Befriedigung der Insolvenzgläubiger schon für einen früheren Zeitpunkt als den der formellen Eröffnung des Insolvenzverfahrens sichergestellt.[2293] Zweck der Anfechtung ist es, im Interesse der Insolvenzgläubiger die Verminderung der zu deren Befriedigung dienenden Masse auszugleichen und die Benachteiligung der Gesamtheit der Insolvenzgläubiger zu Gunsten Einzelner rückgängig zu machen.

857

2286 Uhlenbruck-*Uhlenbruck*, § 86 InsO, Rn 6 ff.; Hk-ZPO/*Wöstmann*, § 240 Rn 8; *Heidland*, Rn 301.
2287 Uhlenbruck-*Uhlenbruck*, § 86 InsO, Rn 17.
2288 Uhlenbruck-*Uhlenbruck*, § 86 InsO, Rn 17.
2289 Kübler/Prütting-*Lüke*, § 86 InsO, Rn 18; Uhlenbruck-*Uhlenbruck*, § 86 InsO, Rn 17.
2290 Dem vorläufigen Insolvenzverwalter steht dagegen im Insolvenzeröffnungsverfahren kein Anfechtungsrecht zu, des gleichen nicht dem Treuhänder in dem vereinfachten Insolvenzverfahren gem. § 315 Abs. 2 S. 1 InsO.
2291 BGHZ 83, 102.
2292 *Bräutigam/Kanz*, ZIP 1998, 717 ff.
2293 MünchKomm-*Kirchhoff*, § 129 InsO, Rn 1, 2; Uhlenbruck-*Hirte*, § 129 InsO, Rn 1 sowie § 130 InsO, Rn 1; *Bork*, Rn 205; *Zeuner*, § 6 Rn 284.

von Kiedrowski

2. Ausübung des Insolvenzanfechtungsrechts

858 Die Anfechtung erfolgt grundsätzlich durch **Erhebung der Klage**, die den Gegenstand der Anfechtung und die Tatschen bezeichnen muss, aus denen die Anfechtungsberechtigung hergeleitet werden soll.[2294] Einer besonderen Erklärung oder Geltendmachung bedarf es nicht.[2295] Gemäß § 146 Abs. 1 InsO verjährt der Anfechtungsanspruch nach der regelmäßigen Verjährungsfrist gem. § 195 BGB.[2296] Die Anfechtung kann auch im Wege der Einrede geltend gemacht werden, was in Betracht kommt, wenn der Insolvenzverwalter in Anspruch genommen wird. Diese Anfechtungseinrede kann der Verwalter gem. § 146 Abs. 2 InsO auch dann erheben, wenn der Anfechtungsanspruch verjährt ist. Der Inhalt des Anfechtungsanspruchs geht primär auf **Rückgewähr in Natur**, § 143 Abs. 1 S. 1 InsO,[2297] d. h., eine in anfechtbarer Weise veräußerte bewegliche Sache muss an den Insolvenzverwalter zurückübereignet,[2298] eine Forderung zurückübertragen,[2299] ein Pfandrecht aufgegeben,[2300] ein Grundstück rückaufgelassen werden.[2301] Der Zweck des Insolvenzverfahrens erfordert es, dass die in anfechtbarer Weise veräußerten Gegenstände in die Verfügungsgewalt des Insolvenzverwalters zurückgelangen, damit dieser sie verwerten kann.[2302] Ist die Rückgewähr in Natur nicht möglich, ist gem. § 143 Abs. 1 S. 2 InsO i. V. m. §§ 819, 818 Abs. 4, 292 Abs. 1, 989, 990 BGB **Wertersatz** in Geld nach den Regeln der verschärften Bereicherungshaftung zu leisten.[2303] Hierbei ist der Wert zu erstatten, den der Anfechtungsgegenstand selbst für die Masse haben würde, wenn die anfechtbare Handlung unterblieben wäre.[2304]

3. Voraussetzungen der Insolvenzanfechtung

a) Grundvoraussetzungen gemäß § 129 InsO

859 Rechtshandlung ist jedes Handeln, das eine **rechtliche Wirkung** auslöst,[2305] wozu Verfügungen,[2306] Willenserklärungen[2307] und rechtsgeschäftliche Handlungen[2308] gehören, sowie auch Handlungen, die gegen den Insolvenzschuldner gerichtet sind, wie insbesondere Vollstreckungsakte, § 141 InsO.[2309] § 129 InsO setzt für die Anfechtbarkeit von Rechtshandlungen weiter voraus, dass die Gläubiger in ihrer Gesamtheit durch die Rechtshandlung objektiv benachteiligt worden sind.[2310] Eine **Benachteiligung** liegt vor, wenn sich die Befriedigung der Gläubiger im Falle des Unterbleibens der angefochtenen

---

2294 BGH WM 2001, 98; 1983, 1314 (1315); 1982, 562; Haarmeyer/Wutzke/Förster, S. 425.
2295 BGH ZIP 1987, 737.
2296 *Kirchhoff*, WM 2002, 2037 (2038).
2297 Kübler/Prütting, S. 359, MünchKomm-*Kirchhoff*, § 143 InsO, Rn 20; Uhlenbruck-*Hirte*, § 143 InsO, Rn 3.
2298 Uhlenbruck-*Hirte*, § 143 InsO, Rn 6.
2299 BGH WM 1998, 2542; Uhlenbruck-*Hirte*, § 143 InsO, Rn 10.
2300 Uhlenbruck-*Hirte*, § 143 InsO, Rn 12.
2301 BGH ZIP 1982, 857; WM 2001, 1078 (1079).
2302 BGH WM 1998, 2542; NJW 1980, 1580; OLG Zweibrücken OLGZ 1965, 310; *Zeuner*, § 7 Rn 314 ff.
2303 Kübler/Prütting, S. 359; Bork, Rn 225, 226; MünchKomm-*Kirchhoff*, § 143 InsO, Rn 73; Uhlenbruck-*Hirte*, § 143 InsO, Rn 28.
2304 BGH NJW 1987, 2821; 1980, 1580; Haarmeyer/Wutzke/Förster, S. 437; Uhlenbruck-*Hirte*, § 143 InsO, Rn 28.
2305 Uhlenbruck-*Hirte*, § 129 InsO, Rn 62 ff.
2306 Uhlenbruck-*Hirte*, § 129 InsO, Rn 66.
2307 Uhlenbruck-*Hirte*, § 129 InsO, Rn 62.
2308 BGH WM 2003, 524 (525); Uhlenbruck-*Hirte*, § 129 InsO, Rn 66 ff.
2309 BGH WM 2000, 1071; ZIP 2003, 1304; Kübler/Prütting, S. 337; *Zeuner*, § 2 Rn 26 ff.; Uhlenbruck-*Hirte*, § 129 InsO, Rn 82.
2310 Uhlenbruck-*Hirte*, § 129 InsO, Rn 90 ff.

C. Praxisrelevante Problemkreise des materiellen Insolvenzrechts

Handlung günstiger gestaltet hätte, so z. B. bei Verminderung der Aktivmasse, bei Vermehrung der Passivmasse oder bei Erschwerung der Zugriffsmöglichkeit bzw. Verwertbarkeit.[2311]

b) Anfechtung wegen inkongruenter Deckung gemäß § 131 InsO
aa) Vorliegen eines inkongruenten Deckungsgeschäfts

Nach § 131 InsO sind Rechtshandlungen anfechtbar, durch die einem Insolvenzgläubiger Sicherung oder Befriedigung gewährt oder ermöglicht wird, auf die er so keinen Anspruch hatte. Es muss demnach ein Fall der **inkongruenten Deckung** vorliegen. Inkongruent ist die Deckung gem. § 131 Abs. 1 InsO, wenn der Gläubiger die bewirkte Leistung durch den Insolvenzschuldner im Zeitpunkt der Leistung nicht oder nicht in der Art oder nicht zu der Zeit zu beanspruchen hatte.[2312]

860

▶ Typische Fallkonstellationen:
- Eine Befriedigung, die vom Gläubiger nicht beansprucht werden konnte, liegt vor, wenn der Bauvertrag aufgrund eines Anfechtungsrechts (§§ 119 ff., 123 BGB) (vgl. Rn 279 ff.), eines Gesetzesverstoßes (§ 134 BGB) (vgl. Rn 271 ff.) bzw. eines Formmangels (§ 125 BGB) (vgl. Rn 270) nichtig ist bzw. dem Erfüllungsanspruch des Gläubigers einer dauerhafte Einrede (bspw. der Verjährung gem. § 214 BGB) (vgl. Rn 594 ff.) gegenüberstand.[2313] Schließlich besteht auch kein Anspruch des Gläubigers auf Direktzahlung gem. § 16 Nr. 6 VOB/B. Eine vom Bauherrn vor Verfahrenseröffnung erbrachte Direktzahlung an den Nachunternehmer begründet demnach im Rechtsverhältnis des insolventen Generalübernehmers zum Nachunternehmer eine inkongruente Deckung, die zu einem Rückzahlungsanspruch des Insolvenzverwalters gegenüber dem Nachunternehmer führen kann.[2314] [2315]
- Eine Befriedigung, die vom Gläubiger nicht in der Art beansprucht werden konnte, liegt vor, wenn der spätere Insolvenzschuldner etwas an Erfüllung statt oder erfüllungshalber hingegeben hat. Hierher gehören die Fälle, dass statt Barzahlung oder Überweisung[2316] Forderungen abgetreten,[2317] Kundenschecks hingegeben[2318] oder aber Naturalien übergeben werden,[2319] um den Zahlungsanspruch des Gläubigers zu erfüllen.
- Eine nicht in der Art zu beanspruchende Sicherung ist weiterhin gegeben, wenn es um die Bestellung oder Verstärkung von Sicherheiten zugunsten des Gläubigers geht, auf die in Ermangelung einer wirksamen vertraglichen Vereinbarung kein Anspruch besteht.[2320] In die-

---

2311 BGH WM 2002, 558; 2000, 1072; 1999, 226 (228); ZIP 1990, 459; Haarmeyer/Wutzke/Förster, S. 429; Uhlenbruck-*Hirte*, § 129 InsO, Rn 91.
2312 Uhlenbruck-*Hirte*, § 131 InsO, Rn 1.
2313 Uhlenbruck-*Hirte*, § 131 InsO, Rn 4.
2314 *Schmitz*, Rn 496.
2315 Eine Anfechtungsklage des Insolvenzverwalters gegen den Bauherrn ist dem entgegen offensichtlich unbegründet, da der Bauherr aufgrund der in § 16 Nr. 6 VOB/B geregelten Befugnis mit befreiender Wirkung an den Nachunternehmer zahlen konnte, OLG Dresden ZIP1999, 2161 (2162). Direktzahlungen, die nach Antragstellung bei Bestehen eines als Sicherungsmaßnahme angeordneten Verfügungsverbots bzw. nach Verfahrenseröffnung erbracht werden, haben im Verhältnis des Bauherrn zum insolventen Generalübernehmer gem. §§ 80, 81 InsO keine befreiende Wirkung.
2316 Bei der Überweisung handelt es sich um die verkehrsübliche Zahlungsweise, die nicht unter § 131 InsO fällt, BGH ZIP 1993, 1653 (1654); Uhlenbruck-*Hirte*, § 131 InsO, Rn 9.
2317 BGH ZIP 1998, 2008; OLG Brandenburg ZIP 1998, 1367; OLG Schleswig ZIP 1982, 82; OLG Zweibrücken KTS 1984, 492; Uhlenbruck-*Hirte*, § 131 InsO, Rn 7; *Schmitz*, Rn 475 ff. Beachte auch die Ausführungen in Fn 1839.
2318 BGH ZIP 1992, 778 (780); ZIP 1993, 1653; Uhlenbruck-*Hirte*, § 131 InsO, Rn 7; *Schmitz*, Rn 500.
2319 BGH WM 1971, 908; Uhlenbruck-*Hirte*, § 131 InsO, Rn 7.
2320 BGH WM 2002, 951; 1999, 12 (14); Uhlenbruck-*Hirte*, § 131 InsO, Rn 15; *Heidland*, Rn 526 ff.

§ 9 Der Bauvertrag im Fall der Insolvenz eines Vertragspartners

sem Zusammenhang ist bspw. auf die Stellung einer Sicherheit nach § 648a BGB bei vollständiger Leistungserbringung durch den Auftragnehmer zu verweisen.[2321]
- Auch eine durch Zwangsvollstreckung erlangte Deckung, also z. B. die Erlangung eines Pfändungspfandrechts ist inkongruent, da gem. § 141 InsO trotz des Vollstreckungstitels ein materieller Anspruch auf Sicherung in der Art nicht besteht.[2322] [2323] Eine Anfechtung dieser Sicherung ist jedoch aufgrund der Rückschlagssperre gem. § 88 InsO (vgl. Rn 850) entbehrlich, wenn sie im letzten Monat vor dem Eröffnungsantrag oder nach Antragstellung durch Zwangsvollstreckung erlangt worden ist (vgl. Rn 850).[2324]
- Nicht zu der Zeit hat ein Gläubiger Befriedigung zu beanspruchen, wenn eine Forderung zum Zeitpunkt ihrer Befriedigung noch nicht fällig,[2325] betagt oder aufschiebend bedingt ist. Insoweit ist auf die Ausführungen zur Fälligkeit von Abschlags- und der Schlusszahlung beim BGB- und VOB-Bauvertrag zu verweisen (vgl. Rn 374ff.). ◄

bb) Vorliegen zusätzlicher Voraussetzungen gemäß § 131 Abs. 1 Nr. 1 – 3 InsO

861 Neben der inkongruenten Deckung muss einer der Fälle des § 131 Abs. 1 Nr. 1-3 InsO vorliegen. Nach § **131 Abs. 1 Nr. 1 InsO** ist eine Rechtshandlung ohne Weiteres anfechtbar, wenn sie im letzten Monat vor dem Antrag auf Eröffnung des Insolvenzverfahrens bzw. nach dem Antrag vorgenommen worden ist. Kenntnis und grob fahrlässige Unkenntnis von der Krise sowie die Krise selbst werden unwiderleglich vermutet.[2326] Der Zeitpunkt der Vornahme des Rechtsgeschäfts bestimmt sich nach § 140 InsO. Gemäß § 140 Abs. 1 InsO ist für den Zeitpunkt der Vornahme der Rechtshandlung grundsätzlich der Zeitpunkt maßgeblich, in dem die Rechtswirkungen der Handlung eintreten.[2327] Gemäß § **131 Abs. 1 Nr. 2 InsO** ist eine Rechtshandlung anfechtbar, wenn sie im zweiten

---

2321 Insoweit ist davon auszugehen, dass kein Auftraggeber mehr Veranlassung hat, eine Sicherheit zu stellen, wenn der Auftragnehmer die ihm obliegenden Leistungen bereits vollständig erbracht hat und somit die Androhung, weitere Leistungen nur noch gegen Stellung einer Sicherheit zu erbringen, ins Leere geht, LG Dresden ZIP 2001, 1428 (1429); *Schmitz*, Rn 477 f.; *Undritz*, EWiR 2001, 1099 (1100). Eine kongruente Deckung gem. § 130 InsO liegt dem entgegen vor, wenn der Anspruch des Auftragnehmers auf Stellung einer Sicherheit gem. § 648a BGB (vgl. hierzu die Ausführungen unter Rn 180 ff.) noch besteht.

2322 BGH WM 2003, 896 (897); 1997, 2009, 1278 (1279); 1997, 2093; Kübler/Prütting-*Paulus*, § 130 InsO, Rn 23; Uhlenbruck-*Hirte*, § 131 InsO, Rn 20; kritisch *Schmitz*, Rn 514 mit der Begründung, dass die staatlich organisierte Zwangsvollstreckung das rechtsstaatlich angemessene Instrumentarium für den Gläubiger ist, eine titulierte Forderung durchzusetzen und die Insolvenzgläubiger desjenigen Schuldners, der nicht freiwillig zahlt, aufgrund einer über § 131 InsO leichter durchzusetzenden Anfechtungsmöglichkeit keinen stärkeren Schutz verdienen, als diejenigen, deren Insolvenzschuldner – mit der Folge des Vorliegens eines kongruenten Deckungsgeschäfts i. S. des § 130 InsO – freiwillig zahlt.

2323 Geht es um die Zwangsvollstreckung im Hinblick auf die Eintragung einer Bauhandwerkersicherungshypothek gem. § 648 BGB (vgl. hierzu die Ausführungen unter 170 ff.) bzw. die im Wege der einstweiligen Verfügung (vgl. hierzu die Ausführungen unter 175 ff.) erwirkte Vormerkung zur Sicherung des Anspruchs, handelt es sich nach Auffassung des BGH (WM 1961, 174 (176)) um einen gesetzlichen Sicherungsanspruch und nicht um eine inkongruente Sicherung. Eine Anfechtung kann demnach allenfalls nach § 130 InsO erfolgen.

2324 Vor dem Hintergrund der Ausführungen in Fn 1832 fällt eine vermittels einstweiliger Verfügung erwirkte Vormerkung zur Sicherung eines Anspruchs aus § 648 BGB unter § 88 InsO. Der Insolvenzverwalter kann dementsprechend unter Vorlage einer beglaubigten Abschrift des Eröffnungsbeschlusses und des Insolvenzantrags gem. §§ 22 Abs. 1, 29 Abs. 1 S. 2 GBO das Grundbuchberichtigungsverfahren betreiben, BGH ZIP 2000, 931 (932). Geht es um die Frage, wann die inkongruente Sicherung erlangt worden ist, muss auf § 140 Abs. 2 InsO analog abgestellt werden. Maßgebend ist demnach der Zeitpunkt der Antragstellung beim Grundbuchamt, da der Gläubiger keinen Einfluss auf die Arbeitsabläufe beim Grundbuchamt hat, so auch Kübler/Prütting-*Lüke*, § 88 InsO, Rn 17; **a.A.** LG Berlin ZIP 2001, 2293; MünchKomm-*Breuer*, § 88 InsO, Rn 21; *Schmitz*, Rn 524 [jeweils Zeitpunkt der Eintragung des Sicherungsrechts].

2325 BGH ZIP 2002, 1410; Uhlenbruck-*Hirte*, § 131 InsO, Rn 13; *Schmitz*, Rn 483 f.; *Heidland*, Rn 449 ff.

2326 Uhlenbruck-*Hirte*, § 131 InsO, Rn 31; *Schmitz*, Rn 479.

2327 Hat der spätere Insolvenzschuldner zur Tilgung einer Verbindlichkeit als Leistung an Erfüllungs Statt künftige Forderungen an den Insolvenzgläubiger abgetreten, ist der maßgebende Zeitpunkt die Entstehung der Forderung, BGH ZIP 2000, 1154 (1156); ZIP 1997, 513 (514); *Breutigam/Tanz*, ZIP 1998, 717 (720); *Heublein*, ZIP 2000, 161 (170); Uhlenbruck-*Hirte*, § 140 InsO, Rn 6.

C. Praxisrelevante Problemkreise des materiellen Insolvenzrechts

oder dritten Monat vor dem Antrag vorgenommen worden ist und der Insolvenzschuldner zu diesem Zeitpunkt bereits zahlungsunfähig (vgl. Rn 802) war. Auch bei diesem Anfechtungsgrund werden die subjektiven Voraussetzungen wegen der besonderen Verdächtigkeit des inkongruenten Erwerbs unwiderleglich vermutet, die objektive Voraussetzung der Zahlungsunfähigkeit hat jedoch der Insolvenzverwalter zu beweisen.[2328] Nach § 131 Abs. 1 Nr. 3 InsO ist die Rechtshandlung nur anfechtbar, wenn der Insolvenzgläubiger Kenntnis von der Benachteiligung der übrigen Gläubiger hat.[2329] Die Zahlungsunfähigkeit braucht zu diesem Zeitpunkt noch nicht eingetreten zu sein. Nach dem BGH kann von einer Kenntnis ausgegangen werden, wenn der Anfechtungsgegner damit rechnet, dass der Schuldner seine Gläubiger in absehbarer Zeit nicht mehr befriedigen kann.[2330] Nach § 131 Abs. 2 S. 1 InsO genügt neben der positiven Kenntnis auch die Kenntnis von Umständen, die zwingend auf die Gläubigerbenachteiligung schließen lassen. Der Insolvenzverwalter hat die Voraussetzungen des § 131 InsO, mithin also auch die subjektiven Voraussetzungen nach Abs. 2 Nr. 1 InsO, darzutun und zu beweisen.[2331] Eine Umkehr der Beweislast tritt gem. § 131 Abs. 2 S. 2 InsO dann ein, wenn die gläubigerschädigende Handlung gegenüber einer nahestehenden Person i. S. des § 138 InsO vorgenommen worden ist.[2332]

c) Anfechtung bei kongruenter Deckung gemäß § 130 InsO

Im Falle einer **kongruenten Deckung** kommt der Anfechtungsgrund des § 130 Abs. 1 Nr. 1 InsO in Betracht. Eine kongruente Deckung liegt vor, wenn die Rechtshandlung einem Insolvenzgläubiger eine Sicherung oder Befriedigung gewährt hat, welche dieser in der gewährten Form oder zu dem Zeitpunkt genauso beanspruchen durfte.[2333] Zu denken ist dabei an eine Erfüllung fälliger Forderungen durch den späteren Insolvenzschuldner vermittels Barzahlung oder Überweisung, die Leistung an Erfüllungs Statt bzw. erfüllungshalber vermittels vertraglich wirksam vereinbarter Abtretung von Forderungen des Insolvenzschuldners gegenüber Dritten, die Aufrechnung mit Gegenforderungen, ein Anerkenntnis im Zivilprozess[2334] sowie die Bestellung oder Verstärkung von Sicherheiten, auf die aufgrund einer wirksamen vertraglichen Vereinbarung ein Anspruch besteht.[2335] Die kongruente Sicherung muss innerhalb der in § 130 Abs. 1 Nr. 1 InsO geregelten **3-Monats-Frist** vor dem Eröffnungsantrag erfolgt sein. Schließlich muss dem Gläubiger zum Zeitpunkt der Vornahme der Rechtshandlung die Zahlungsunfähigkeit des Schuldners **bekannt** gewesen sein.[2336] Die Wissenszurechnung erfolgt nach § 166 BGB.[2337] Nach der Rechtsprechung ist der Anwendungsbereich auf den sog. Wissensvertreter, d. h. jeden, der nach der Arbeitsorganisation des Geschäftsherrn dazu berufen ist, im Rechtsverkehr als dessen Repräsentant bestimmte Aufgaben in eigener Verantwor-

862

2328 Uhlenbruck-*Hirte*, § 131 InsO, Rn 33.
2329 Vgl. hierzu Uhlenbruck-*Hirte*, § 131 InsO, Rn 36.
2330 BGH WM 2003, 59 (60); 2002, 2181; 2000, 1071; 1999, 456; ZIP 1993, 1653 (1655); *Schmitz*, Rn 485.
2331 Uhlenbruck-*Hirte*, § 131 InsO, Rn 38 ff.
2332 Uhlenbruck-*Hirte*, § 131 InsO, Rn 43. Weiterführend zum Begriff der „nahestehenden Person" *Heidland*, Rn 423 ff.
2333 BGH WM 2002, 951; Uhlenbruck-*Hirte*, § 130 InsO, Rn 4.
2334 Uhlenbruck-*Hirte*, § 130 InsO, Rn 9.
2335 Uhlenbruck-*Hirte*, § 130 InsO, Rn 7 ff.
2336 BGH WM 1991, 151; NJW 1995, 2103; Uhlenbruck-*Hirte*, § 130 InsO, Rn 51.
2337 Uhlenbruck-*Hirte*, § 130 InsO, Rn 55 ff.

tung zu erledigen und dabei die anfallenden Informationen zur Kenntnis zu nehmen und ggf. weiter zu geben hat, erweitert worden.[2338]

863 Neben der Kenntnis von Zahlungsunfähigkeit oder Insolvenzeröffnungsantrag genügt nach § 130 Abs. 2 InsO auch die **Kenntnis von Umständen**, die zwingend auf die Zahlungsunfähigkeit oder den Insolvenzeröffnungsantrag schließen lassen. Nach der Rechtsprechung des BGH ist die Kenntnis von der Zahlungseinstellung für denjenigen – widerlegbar – vermutet, der diejenigen Tatsachen kennt, an die jedermann mit der entsprechenden Verkehrsauffassung verständigerweise die Erwartung knüpft, dass der Schuldner wesentliche Zahlungen so gut wie sicher nicht wird erbringen können.[2339] Nach § 130 Abs. 3 InsO wird die Beweislast zu Gunsten des Insolvenzverwalters hinsichtlich der Kenntnis von Zahlungsunfähigkeit oder Insolvenzeröffnungsantrag umgekehrt, wenn die gläubigerschädigende Handlung gegenüber einer dem Insolvenzschuldner zum Zeitpunkt der Vornahme der Handlung nahestehenden Person i. S. des § 138 InsO vorgenommen worden ist.[2340]

864 Bei den **sog. Bargeschäften**, d. h. Geschäften, bei denen gleichwertige Leistungen aufgrund Parteivereinbarungen ausgetauscht werden, fehlt es an der Gläubigerbenachteiligung, da dem Vermögen des späteren Insolvenzschuldners sofort ein entsprechender Gegenwert durch sein Handeln zufließt und derartige Geschäfte nicht der Sicherung oder Befriedigung einer bereits entstandenen Forderung dienen. Eine Masseverkürzung wird insoweit verhindert.[2341] Unterliegen auch Bargeschäfte der Anfechtung, wäre der Insolvenzschuldner, der sich in der Krise befindet, praktisch vom Geschäftsverkehr ausgeschlossen und jegliche Sanierungsversuche wären unterbunden, weil der Kreditgeber bei deren Fehlschlagen mit der Möglichkeit der Anfechtung rechnen müsste. Liegt eine sog. inkongruente Deckung vor (vgl. Rn 860), so schließt diese begrifflich ein Bargeschäft aus.[2342] Weiterhin müssen Leistung und Gegenleistung unmittelbar, d. h. in einem engen zeitlichen Zusammenhang ausgetauscht werden. Ein zeitlicher Abstand zwischen den einzelnen Akten des Leistungsaustausches steht der Annahme eines Bargeschäftes nicht entgegen, maßgebend ist nur, ob er von der zugrunde liegenden Parteivereinbarung gedeckt ist.

d) Anfechtung bei vorsätzlicher Gläubigerbenachteiligung gemäß § 133 InsO

865 Die **Vorsatzanfechtung gem.** § 133 InsO erfasst sowohl unmittelbar wie auch mittelbar benachteiligende Rechtshandlungen des späteren Insolvenzschuldners in dem Zeitraum der letzten 10 Jahre vor dem Antrag auf Eröffnung des Insolvenzverfahrens.[2343] [2344] Ein Gläubigerbenachteiligungsvorsatz des späteren Insolvenzschuldners liegt vor, wenn die Benachteiligung der Gläubiger vom Schuldner als Erfolg seines Handelns gewollt war.[2345] Es reicht aber auch aus, wenn der Insolvenzschuldner es für möglich hält, dass seine Rechtshandlung sich zum Nachteil des Gläubigers auswirkt und er diese Folge in Kauf

---

2338 Uhlenbruck-*Hirte*, § 130 InsO, Rn 57, 58.
2339 BGH ZIP 1995, 929; ZIP 1998, 477 (479); Uhlenbruck-*Hirte*, § 130 InsO, Rn 51.
2340 Uhlenbruck-*Hirte*, § 130 InsO, Rn 67.
2341 BGH WM 2003, 524; 1999, 781 (784).
2342 BGH NJW 1993, 3267.
2343 Uhlenbruck-*Hirte*, § 133 InsO, Rn 7; *Heidland*, Rn 435.
2344 Werden Zwangsvollstreckungsmaßnahmen ohne oder gegen den Willen des Insolvenzschuldners durchgeführt, werden sie ihm nicht zugerechnet. Anders liegt der Fall dann, wenn die Zwangsvollstreckungsmaßnahme auf der Grundlage einer Absprache zwischen Gläubiger und Insolvenzschuldner durchgeführt wird, BGH WM 2003, 1690 (1691); Uhlenbruck-*Hirte*, § 133 InsO, Rn 8.
2345 BGH ZIP 1993, 521 (522); Uhlenbruck-*Hirte*, § 133 InsO, Rn 12; *Heidland*, Rn 436.

genommen hat.[2346] Weiterhin muss derjenige, der durch die Rechtshandlung des späteren Insolvenzschuldners etwas zum Nachteil der Gläubiger erworben hat, von der vorsätzlichen Benachteiligung des Insolvenzschuldners positive Kenntnis gehabt haben.[2347] [2348] Nach § 133 Abs. 1 S. 2 InsO wird jedoch die Kenntnis des Gegners vom Benachteiligungsvorsatz des Insolvenzschuldners widerleglich vermutet, wenn – was vom Insolvenzverwalter zu beweisen ist – der Anfechtungsgegner die drohende Zahlungsunfähigkeit und die objektive Gläubigerbenachteiligung kannte.[2349] Nach § 133 Abs. 2 InsO besteht eine unwiderlegliche Vermutung sowohl für den Gläubigerbenachteiligungsvorsatz des Schuldners als auch für die Kenntnis des Anfechtungsgegners, wenn es sich um die Anfechtung eines entgeltlichen Vertrages mit einer nahestehenden Person i. S. des § 138 InsO handelt, durch den die Insolvenzgläubiger unmittelbar benachteiligt werden und der in den letzten zwei Jahren vor dem Insolvenzantrag geschlossen wurde.

e) Anfechtung bei unentgeltlichem Erwerb gemäß § 134 InsO

§ 134 InsO entspricht dem Grundsatz der geringeren Schutzwürdigkeit des unentgeltlichen gegenüber dem **entgeltlichen Erwerber**. Unter dem Begriff der Leistungen i. S. d. § 134 InsO fallen Verpflichtungs- und Verfügungsgeschäfte aller Art, dagegen nicht Maßnahmen der Zwangsvollstreckung.[2350] Für die Frage der Unentgeltlichkeit der Leistung ist grundsätzlich auf die objektive Wertrelation zwischen Leistung des späteren Insolvenz schuldners und Gegenleitung des Empfängers abzustellen. Erst wenn feststeht, dass er Insolvenzschuldner bei objektiver Betrachtungsweise überhaupt einen Gegenwert fürs eine eigene Leistung erhalten hat, kann geprüft werden, ob die Beteiligten die gewährte oder versprochene Gegenleistung tatsächlich als Entgelt angesehen haben.[2351] Die Beweislast für die Unentgeltlichkeit der Leistung sowie die weiteren Tatbestandsmerkmale trägt der Insolvenzverwalter,[2352] dagegen der Anfechtungsgegner dafür, dass die Leistung nicht innerhalb des Anfechtungszeitraums von 4 Jahren liegt (§ 134 Abs. 12. Halbs. InsO).[2353]

866

2346 BGH WM 2003, 1690 (1693); ZIP 1996, 83 (86); Uhlenbruck-*Hirte*, § 133 InsO, Rn 13; *Heidland*, Rn 436.
2347 BGH NJW 1984, 1893; ZIP 1999, 1271 (1273); Uhlenbruck-*Hirte*, § 133 InsO, Rn 25.
2348 Zur insoweit den Insolvenzverwalter treffenden Beweislast Uhlenbruck-*Hirte*, § 133 InsO, Rn 29, 30.
2349 Uhlenbruck-*Hirte*, § 133 InsO, Rn 31.
2350 MünchKomm-*Kirchhoff*, § 134 InsO, Rn 5 ff.
2351 BGH WM 1999, 394 (395); ZIP 1991, 454 (456).
2352 BGH ZIP 1992, 1089 (1092); Uhlenbruck-*Hirte*, § 134 InsO, Rn 51.
2353 Uhlenbruck-*Hirte*, § 133 InsO, Rn 52.

Teil 2 Öffentliches Baurecht

§ 1 Vorgerichtliche Beratung und Vertretung

Literatur

Einen praxisbezogenen Überblick über die allgemeinen Grundzüge des Verwaltungsverfahrens einschließlich der außergerichtlichen Beratungstätigkeit sowie über mehrere Bereiche des Besonderen Verwaltungsrechts mit zahlreichen Checklisten für die Mandatsbearbeitung bietet das zweibändige Werk von *Redeker/Uechtritz* (Hrsg.), Anwaltshandbuch für Verwaltungsverfahren.[1] Einen schnellen ersten Zugriff mit Musterschriftsätzen für den mit dem öffentlichen Baurecht bislang wenig vertrauten Rechtsanwalt verschafft *Grote*, Rationelle Mandatsbearbeitung im öffentlichen Baurecht.[2]

1 Im Bereich des öffentlichen Baurechts spielt schon die außergerichtliche Beratung und Vertretung eines **Bauherrn, Architekten**, eines **Nachbarn** oder einer **Gemeinde** eine mindestens ebenso große Rolle wie die gerichtliche Vertretung. Falls eine **Baugenehmigung** beantragt oder angefochten werden soll, bedarf es vor einer gerichtlichen Klärung stets der Einleitung und Durchführung eines Widerspruchsverfahrens. Wird die Vertretung eines Planbetroffenen im Rahmen eines **Bebauungsplanverfahrens** übernommen, hat der Anwalt sorgfältig zu überwachen, ob und in welchem Umfang Einwendungen während des Planauslegungsverfahrens vorzubringen sind, damit er nicht im Rahmen eines späteren Normenkontrollverfahrens wegen der gesetzlichen Rügepflichten mit entsprechenden Einwendungen präkludiert ist. Wird die planaufstellende Gemeinde vertreten, hat der Anwalt neben diesen Fragestellungen über die Festsetzungsmöglichkeiten und die in die Planabwägung einzubeziehenden Belange zu beraten.

2 Die normale Dauer eines verwaltungsgerichtlichen Hauptsacheverfahrens von durchaus mehreren Jahren zwingt die in Bausachen Beteiligten praktisch, auf außergerichtlichem Wege eine Einigung zu erzielen. Daher ist von dem Anwalt, der sich auf dem Gebiet des öffentlichen Baurechts betätigen will, juristisches und auch menschliches **Verhandlungsgeschick** gefordert. Im folgenden Kapitel wird dargestellt, wie ein öffentlich-rechtliches baurechtliches Mandat beginnend mit dem ersten Kontakt über die Mandatsgewinnung bis zur außergerichtlichen Vertretung effektiv betreut werden kann.

A. Öffentliches Baurecht – Anwaltliche Spezialmaterie

3 Das öffentliche Baurecht ist durchweg dadurch gekennzeichnet, dass auf der Ebene jeder behördlichen Entscheidung – z. B. über die Erteilung oder Versagung einer Baugenehmigung oder bei der Aufstellung eines Bebauungsplans – jeweils eine **Abwägungsentscheidung** zwischen der verfassungsrechtlich garantierten Baufreiheit (Art. 14 I 1 GG) und deren Grenze durch Inhalts- und Schrankenbestimmungen nach Art. 14 I 2 GG und ggf. der Enteignungsvorschrift nach Art. 14 III GG zu treffen ist. Auch bei der zivilrechtlichen Durchsetzung von Amtshaftungs- und Entschädigungsansprüchen ist der Anwalt wegen der **öffentlich-rechtlichen Vorfragen** zu den jeweiligen Amtspflichten der Baubehörden

---

1 Loseblattsammlung 2 Bände. Band I behandelt unter den Gliederungsziffern 2–5 öffentlich-rechtliche Bereiche des Baurechts (Ziff. 2: Das Baugenehmigungsverfahren; Ziff. 3: Das Bebauungsplanverfahren; Ziff. 4: Umlegungsrecht, Ziff. 5: Enteignungsverfahren).
2 München 2000.

A. Öffentliches Baurecht – Anwaltliche Spezialmaterie

auf die Kenntnis öffentlich-rechtlicher Vorschriften angewiesen. Das öffentliche Baurecht kann daher in mehrfacher Hinsicht als anwaltliche Spezialmaterie bezeichnet werden.

I. Privates und öffentliches Baurecht

Privates und öffentliches Baurecht stehen weitgehend **selbstständig** einander gegenüber und nebeneinander.

Das **private Baurecht** ist durch Rechtsbeziehungen und Streitigkeiten zwischen Privaten gekennzeichnet.[3] Es umfasst die zivilrechtlichen Rechtsbeziehungen insbesondere hinsichtlich des Baugeschehens und der Nutzung des Eigentums an Grund und Boden, ferner das Bauvertragsrecht, das z. B. die Vergabe von Bauvorhaben und die Haftung für Baumängel und Bauschäden regelt (§§ 631 ff. BGB, VOB).[4] Das private Baurecht begründet keine Rechte des Einzelnen zu Gunsten des Staates. Dem entspricht es, dass die Vorschriften des öffentlichen Baurechts im Privatrecht weitgehend ohne Bedeutung sind. Andererseits schließt die öffentlich-rechtliche Zulässigkeit eines Bauvorhabens nicht aus, das Vorhaben mit Mitteln des Privatrechts zu unterbinden, was noch darzustellen ist. Dementsprechend ergehen Baugenehmigungen auch regelmäßig „unbeschadet privater Rechte Dritter".

Das **öffentliche Baurecht** im hier erörterten Sinne umfasst die aus dem öffentlichen Interesse gebotene Ordnung und Lenkung der Grundstücksnutzung und des Baugeschehens. Es umfasst die Gesamtheit der Rechtsvorschriften, die die Zulässigkeit und die Grenzen, die Ordnung und die Förderung der baulichen Nutzung des Bodens, insbesondere durch Errichtung, bestimmungsgemäße Nutzung, wesentliche Veränderung und Beseitigung baulicher Anlagen, betreffen.[5] **Nicht weiter erörtert** werden hier die ebenfalls zum öffentlichen Baurecht im weiteren Sinne gehörenden Regelungsbereiche Denkmalschutzrecht, Erschließungsbeitragsrecht, Straßenausbaubeitragsrecht, Gewerberecht, Gaststättenrecht, Straßen- und Wegerecht. Nicht dargestellt werden auch die Materien des sog. Umweltrechts (z. B. Naturschutzrecht, Wasserhaushaltsrecht, Immissionsschutzrecht, Eisenbahnrecht, Atomrecht, Luftverkehrsrecht), die mehrheitlich im Rahmen von Planfeststellungsverfahren geregelt werden und daher als weitere Spezialmaterie anzusehen sind.

II. Rechtsquellen des öffentlichen Baurechts

Das öffentliche Baurecht ist durch ein **Nebeneinander** von Bundes-, Landes- und Ortsrecht gekennzeichnet.

Als Rechtsquelle des öffentlichen Baurechts im engeren Sinne ist zunächst das **Baurecht des Bundes** festzustellen. Vornehmlich sind hier die Regelungen des Baugesetzbuches (BauGB) sowie der Baunutzungsverordnung (BauNVO) zu nennen. Dieses Recht der sog. städtebaulichen Planung ist dem Bund in Art. 74 Nr. 18 GG als konkurrierende Gesetzgebungsbefugnis zuerkannt (u. a. Bodenrecht, Wohnungswesen, Siedlungswesen). Zum Baurecht des Bundes gehört ferner die Planzeichenverordnung (PlanzV), die Regelungen über die Beschaffenheit der Planunterlagen und die Bedeutung der Planzeichen enthalten, welche im Bauleitplan die Darstellungen und Festsetzungen kennzeichnen. Ferner gehören die Vorschriften der Wertermittlungsverordnung (WertV) zum Bundesbaurecht.

---

3 Grundlegend und sehr praxisbezogen zum privaten Baurecht: *Kniffka/Koeble*, Kompendium des Baurechts. Privates Baurecht und Bauprozess, München 2000.
4 Z. B. *Leitzke/Ringe*, Das baurechtliche Mandat – Band 1: Privates Baurecht, 3. Aufl. 2002.
5 *Krautzberger* in: *Battis/Krautzberger/Löhr*, BauGB 9. Aufl., Einl. Rn 3.

Lansnicker

§ 1 Vorgerichtliche Beratung und Vertretung

7 Alle übrigen Materien des öffentlichen Baurechts, insbesondere das **Bauordnungsrecht** (Bauordnungen der Länder), gehören zur Regelungskompetenz der Länder (Art. 70 GG). Alle 16 Bundesländer haben Bauordnungen erlassen. Schließlich sind die Satzungen der Gemeinden (z. B. der Bebauungsplan, § 10 BauGB) als **Ortsrecht** eine weitere wichtige Rechtsquelle des öffentlichen Baurechts.

III. Bauplanungs- und Bauordnungsrecht

8 Wesentlich ist vor allem die **Unterscheidung** zwischen Bauplanungsrecht und Bauordnungsrecht, weil die Zulässigkeit eines Bauvorhabens sowohl in bauplanungsrechtlicher als auch bauordnungsrechtlicher Hinsicht vorliegen muss, um eine ggf. erforderliche Baugenehmigung zu erhalten. Auch bei nachbarrechtlichen Streitigkeiten ist jeweils zu prüfen, ob eine Verletzung nachbarlicher Vorschriften des Planungsrechts und/oder bauordnungsrechtlicher Vorschriften vorliegt.

9 Das bundesrechtliche **Bauplanungsrecht** dient der Festlegung der rechtlichen Qualität des Bodens und seiner Nutzbarkeit,[6] es regelt also die Nutzung von Grund und Boden. Zum Bauplanungsrecht gehören neben der sog. Fachplanung insbesondere das gemeindliche Planungsrecht und die Bauleitplanung. Das Planungsrecht selbst bildet einen wesentlichen Bestandteil des bundesrechtlichen Städtebaurechts, das wiederum weitere Bereiche wie Bodenordnung (Umlegung, Grenzregelung), Enteignung, Erschließung sowie das besondere Städtebaurecht mit Sanierung, Entwicklungsmaßnahmen, Erhaltungssatzung und den städtebaulichen Geboten (insbesondere Baugebot) umfasst.

10 Das Bauplanungsrecht mit seinen städtebaulichen Regelungen ist nahezu ausschließlich durch die Rechtsprechung des 4. Senats des BVerwG geprägt. Der **4. Revisionssenat des BVerwG** ist zuständig für Sachen aus den Gebieten des Bau- und Bodenrechts sowie für Streitigkeiten, soweit das Schwergewicht auf der Anwendung baurechtlicher Vorschriften liegt. Der 4. Senat hat auch aufgrund der langjährigen gleichbleibenden Senatsbesetzung die Rechtsprechung im Bereich des Bauplanungsrechts fortlaufend geprägt und prägt diese auch weiterhin. Demgegenüber ist der 7. Senat des BVerwG zuständig u. a. für Sachen aus dem Gebiet des Umweltschutzrechts und des Immissionsschutzrechts.

11 Das **Bauordnungsrecht** umfasst die Anforderungen baukonstruktiver, baugestalterischer und bauwirtschaftlicher Art an Bauwerk und Baustoffen, das Baugenehmigungsverfahren, die Ordnung des Bauvorgangs, die Unterhaltung und Instandsetzung baulicher Anlagen und die Bekämpfung der von ihnen ausgehenden Gefahren. Die Funktionen des Bauordnungsrechts lassen sich wie folgt zusammenfassen:
- Gefahrenabwehr (Beschaffenheitsanforderungen für Baugrundstücke, Baustoffe und Bauausführungen),
- Baugestaltung (Verbot von Verunstaltungen und Gestaltungsgebote),
- Sozial- und Wohlfahrtsaufgaben (z. B. Bestimmungen über bauliche Maßnahmen für Behinderte, alte Menschen, Mütter mit Kleinkindern, die Herstellung von Gemeinschaftsanlagen oder die Anlegung von Kinderspielflächen),
- Baulicher Umweltschutz.[7]

---

6 Vgl. Rechtsgutachten des BVerfG vom 16.06.1954 – 1 PBvV 2/52, BVerfGE 3, 407 (423 f.).
7 Nach § 3 I BauO Berlin sind bauliche Anlagen „so anzuordnen, zu errichten, zu ändern und instand zu halten, dass ... die natürlichen Lebensgrundlagen nicht gefährdet werden". Zu diesem neuartigen baupolizeilichen Schutzgut der natürlichen Lebensgrundlagen sind Boden, Luft, Wasser sowie Tiere und Pflanzen zu rechnen, vgl. *Wilke/Dageförde/Knuth/Meyer*, BauO Berlin, 5. Aufl., § 3 Rn 10, 11.

A. Öffentliches Baurecht – Anwaltliche Spezialmaterie   2

Da es sich bei dem Bauordnungsrecht um Landesrecht handelt, ist die hierzu ergangene Rechtsprechung nahezu ausschließlich durch die **Verwaltungsgerichte** einschließlich der **Oberverwaltungsgerichte** der jeweiligen Länder gekennzeichnet. Durch die eingeschränkte Überprüfungsmöglichkeit des BVerwG, wonach nur die Verletzung von Bundesrecht überprüft werden kann (sog. Irrevisibilität des Landesrechts – § 137 I Nr. 1 VwGO) liegen zum Bauordnungsrecht zumeist keine Entscheidungen des BVerwG vor.[8]   12

Im Bereich des Landesbauordnungsrechts ist zu berücksichtigen, dass bestimmte Vorhaben teilweise **genehmigungsfrei** oder aber in einem **vereinfachten Genehmigungsverfahren** zu bescheiden sind. Landesrecht, das einen Anspruch auf Erteilung einer Baugenehmigung ohne Prüfung bauordnungsrechtlicher Fragen gewährt, verletzt nicht Bundesrecht, auch wenn das konkrete Vorhaben bauordnungsrechtlich unzulässig wäre.[9] Landesrecht bestimmt im Übrigen, was Gegenstand der Prüfung im bauordnungsrechtlichen Baugenehmigungsverfahren ist.[10]

IV. Besondere Kenntnisse des Verwaltungsrechts

Die Bearbeitung von Mandaten aus dem Bereich des öffentlichen Baurechts fordert wegen der Zugehörigkeit der hieraus entstehenden Streitigkeiten zum Verwaltungsrechtsweg (§ 40 VwGO) zumindest die Kenntnis von Grundzügen des **Verwaltungsprozessrechts**, die einem zivilrechtlich orientierten Anwalt regelmäßig eher fremd sind. Ferner ist wegen der Spezialzuständigkeiten der Baukammern bei den meisten Verwaltungsgerichten und Senaten der Oberverwaltungsgerichte eine genauere **Kenntnis** deren **Rechtsprechung** erforderlich, um eine fundiertere Rechtsberatung und Rechtsvertretung im öffentlichen Baurecht leisten zu können. Durch die landesrechtlichen Besonderheiten der verschiedenen Bauordnungen wird die Unübersichtlichkeit des öffentlichen Baurechts noch verstärkt.   13

Soweit der Anwalt beauftragt wird, z. B. vor den ordentlichen Gerichten Staatshaftungsansprüche wegen einer rechtswidrig verweigerten oder erteilten Baugenehmigung geltend zu machen, ist er auf die genaueste Kenntnis des öffentlichen Baurechts als **öffentlich-rechtliche Vorfrage** für den begehrten zivilrechtlichen Ersatz- oder Entschädigungsanspruch angewiesen. Die schließlich bei den Zivilgerichten angesiedelten **Baulandkammern** verhandeln und entscheiden über Enteignungsfragen und weitere ihnen zugewiesene Aufgaben aus dem Bereich des öffentlichen Baurechts auch nach den **Vorschriften der VwGO**.   14

Im Rahmen der zwingend notwendigen Aus-, Fort- und Weiterbildung sollte der Rechtsanwalt, der mit öffentlich-rechtlichen baurechtlichen Mandaten betraut ist, unbedingt die **Rechtsprechung des 4. Senats des BVerwG** beobachten und verfolgen, insbesondere die auch festzustellende Änderung der Rechtsprechung, auf die das BVerwG dann zumeist schon in seinen Leitsätzen hinweist. Die Fortbildung und Recherche geschieht vor allem über die regelmäßige Lektüre der einschlägigen **Fachzeitschriften**, wie z. B. NJW, NVwZ, NVwZ-RR, DVBl. Die Zeitschrift BauR bietet darüber hinaus ebenfalls eine sehr zeitnahe Veröffentlichung von instanz- und höchstrichterlichen Entscheidungen auf dem gesamten Gebiet des öffentlichen und zivilen Baurechts. Der auch in den neuen   15

---

8   Anderes gilt nur dann, wenn Vorschriften der Landesbauordnungen oder deren Auslegung durch die Gerichte selber gegen Bundesrecht verstoßen.
9   BVerwG, Beschl. v. 18.06.1997 – 4 B 238/96, NVwZ 1998, 157 – Leitsatz 3.
10 BVerwG, Beschl. v. 25.10.1995 – 4 B 216/95, NVwZ 1996, 377 – zur sog. Schlußpunkttheorie.

§ 1 Vorgerichtliche Beratung und Vertretung

16 Bundesländern tätige Rechtsanwalt erhält den notwendigen Rechtsprechungs-Report auch aus der Verwaltungs-Zeitschrift für die neuen Bundesländer, die Zeitschrift LKV.

Einen noch zeitnäheren und umfangreicheren Überblick kann sich der Rechtsanwalt verschaffen, der keine Angst vor der Anbindung seiner Kanzlei an die neuen Medien hat. Die **Internet-Recherche** über die verschiedensten juristischen Suchmaschinen verschafft dem Rechtsanwalt teilweise einen ausschlaggebenden Wissensvorsprung gegenüber einem vielleicht doch konservativer arbeitenden Kollegen, gegenüber schlecht ausgestatteten Behörden und überlasteten Gerichten: Das BVerwG bietet über http://www.bverwg.de Pressemitteilungen über Entscheidungen des Gerichts und eine Vorschau der anstehenden Verfahren. Die Internetseite des BVerfG bietet auf www.bverfg.de zahlreiche Links zu anderen Bundesgerichten. Insbesondere sind die Entscheidungen des BVerfG am Verkündungstage in voller Länge abrufbar und werden zwischenzeitlich auch von den Gerichten entsprechend dem Abruf auf dem Internet zitiert.[11] Auch verschiedene Verwaltungs- und Oberverwaltungsgerichte verfügen zwischenzeitlich über allerdings sehr unterschiedliche Informationsmöglichkeiten zu anstehenden und/oder beendeten Verfahren.[12]

17 Demgegenüber ist die Recherche über **JURIS** zwar ebenso schnell und einfach, jedoch auch mit nicht unerheblichen Kosten für den Abruf einzelner Dokumente verbunden. Eine Alternative hierzu bietet die ebenfalls durch JURIS angebotene CD-ROM zum öffentlichen Baurecht, die entweder als Fortsetzungsbezug zu abonnieren ist oder auf deren Grundlage nach einem einmaligen Bezug eine sog. Differenzrecherche Online bei JURIS abgefragt werden kann.[13]

Gute **Fort- und Weiterbildungsmöglichkeiten** bieten die Veranstaltungen der Deutschen AnwaltAkademie, wobei sich als kostengünstig die gleichzeitige Mitgliedschaft im Deutschen Anwaltverein (DAV)[14] erweist, weil Fortbildungsveranstaltungen dann teilweise für Mitglieder preiswerter sind. Fort- und Weiterbildungen sind im Übrigen auch erforderlich, damit der Anwalt nicht durch eine fehlerhafte Beratung seine Haftpflichtversicherung häufiger in Anspruch nehmen muss. Der Regreßpflicht entgeht letztlich nur, wer sich durch ständige Fort- und Weiterbildung den aktuellen Wissensstand jedenfalls der Rechtsprechung verschafft.

18 Nicht missen sollte der im öffentlichen Baurecht tätige Rechtsanwalt den Besuch des jährlich im Oktober in Berlin stattfindenden Kurses „**Städtebau und Recht**" des Instituts für Städtebau Berlin.[15] Hervorzuheben ist dort insbesondere die nahezu bis auf den Vortragstag aktuelle Referierung der gesamten neueren Rechtsprechung des 4. Senats des BVerwG aus dem Referatsjahr durch den bis zum 31.7.2001 amtierenden Vorsitzenden des Senats *Prof. Gaentzsch*. Gegenstand des Referats sind die Entscheidungen des 4. Senats aus allen Bereichen des öffentlichen Baurechts. Ergänzt wird die regelmäßig einwöchige Veranstaltungsreihe u. a. auch durch aktuellste Berichte zum Städtebaurecht aus der Sicht des Gesetzgebers und der Verwaltung.

---

11 Die Entscheidungen aus dem Internet sind mit Randnummern versehen und dementsprechend auch gut zitierfähig.
12 Wegen der Vielzahl der hierzu vorliegenden und ständig ansteigenden Internetadressen muss an dieser Stelle auf eine weitere Darstellung verzichtet werden. Durch die gängigen Suchmaschinen ist aber ein Zugriff auf die verschiedenen Verwaltungs- und Oberverwaltungsgerichte in den Ländern möglich.
13 Dabei wird dann über JURIS abgefragt, ob zu der eingegebenen Recherche gegenüber der CD-ROM eine neuere Rechtsprechung vorliegt.
14 Http://www.anwaltverein.de.
15 Stresemannstraße 90, 10963 Berlin, Tel. 030/230822-0, Fax 030/230822-22; http://www.staedtebau-berlin.de.

B. Mandatsanbahnung 2

Für den Anwalt, der besondere Sachkunde u. a. in dem Bereich des öffentlichen Baurechts erwerben und vertiefen möchte, sei schließlich auch der Besuch der Kurse zum Erwerb der theoretischen Kenntnisse zur Zulassung als **Fachanwalt für Verwaltungsrecht** empfohlen. Das öffentliche Baurecht gehört mit zu den Bereichen, in denen der zum Fachanwalt zuzulassende Rechtsanwalt eine besondere Kenntnis nachzuweisen hat und nachweisen kann.[16] Die Qualifikation als Fachanwalt und die Spezialisierung auf bestimmte Tätigkeits- und Interessenschwerpunkte wird immer mehr durch Rechtsuchende nachgefragt und bietet somit gegenüber den konkurrierenden Rechtsanwälten einen deutlichen **Wettbewerbs- und Werbungsvorsprung**. Die durch das Berufsrecht vorgesehene Beschränkung auf zwei Fachanwaltsbezeichnungen hat das BVerfG für mit Art. 12 I GG vereinbar angesehen.[17] Nach dieser Entscheidung des BVerfG gehört die **berufliche Außendarstellung** einschließlich der Werbung des Anwalts zu den durch Art. 12 I GG geschützten berufsbezogenen Tätigkeiten. Dem folgend hat nunmehr auch der BGH seine restriktive Rechtsprechung zur „Anwaltswerbung" aufgegeben und eine Informationsveranstaltung von Rechtsanwälten zur eigenen anwaltlichen Tätigkeit für zulässig erachtet.[18] 19

B. Mandatsanbahnung

Bereits bei der Mandatsanbahnung sollte sich der Anwalt eine erste Meinung darüber verschaffen und bilden, ob und in welchem Umfang eine anwaltliche Beratung und/oder Vertretung erforderlich ist.

I. Telefonischer Erstkontakt

Die Weichen zur Meinungsbildung können und sollten möglichst bereits bei dem telefonischen Erstkontakt gestellt werden. Schon bei dem ersten Telefonat mit dem Rechtsuchenden, das der Anwalt unbedingt selber führen sollte, muss versucht werden, so viele Informationen wie möglich über die potenzielle Mandantschaft und den Streitgegenstand einzuholen. In baurechtlichen Mandaten auf dem Gebiet des öffentlichen Rechts kommen regelmäßig als Auftraggeber in Betracht 20
- Bauherren und Investoren,
- Architekten und Ingenieure,
- Nachbarn,
- Gemeinden.

Genauer ist abzufragen, **wer** beraten und/oder vertreten werden will. Handelt es sich um eine Naturalpartei, eine Firma oder aber z. B. um eine Gemeinde, muss aufgrund dieser Information zunächst eine mögliche **Interessenkollision** mit einem bereits beendeten oder einem laufenden Mandat der Kanzlei in derselben Angelegenheit ausgeschlossen werden.[19] Ferner müsste wegen der wirksamen Bevollmächtigung des Anwalts und wegen 21

---

16 § 8 Abs. 2 a) der Fachanwaltsordnung i. d. F. vom 01.7.2005. Weitere Bereiche sind das Abgabenrecht, Wirtschaftsverwaltungsrecht, Umweltrecht und das öffentliche Dienstrecht. Für die Zulassung sind ferner 80 Fälle, davon mindestens 30 gerichtliche Verfahren in selbstständiger Bearbeitung als Erwerb besonderer praktischer Erfahrungen nachzuweisen (§ 5 der FAO).
17 BVerfG, Beschl. v. 13.10.2005 – 1 BvR 1188/05, NJW 2005, 3558.
18 BGH, Urt. v. 01.03.2001 – I ZR 300/98, DVBl. 2001, 1210.
19 Der Rechtsanwalt darf nicht tätig werden, wenn er, gleich in welcher Funktion, eine andere Partei in derselben Rechtssache im widerstreitenden Interesse bereits beraten oder vertreten hat, § 3 I Berufsordnung i. d. F. v. 01.11.2005.

§ 1 Vorgerichtliche Beratung und Vertretung

der Rechnungsstellung die Frage der **Vertretungsverhältnisse** der zu beratenden oder zu vertretenden Firma geklärt werden.

22 Zwingend notwendig ist bereits im Rahmen des Telefonats die Abklärung und unverzügliche Notierung möglicherweise **anstehender Fristen** für
- die Einlegung eines Widerspruchs (§ 70 VwGO),
- die Erhebung einer Klage (§ 74 VwGO),
- die Einlegung oder Begründung eines sonstigen Rechtsmittels.

23 Steht der Ablauf einer Rechtsmittelfrist bereits unmittelbar vor der Mandatsübernahme an, sollte der mögliche Auftraggeber angehalten werden, das entsprechende Rechtsmittel jedenfalls zur Fristwahrung zunächst **selber** einzulegen, falls nicht eine anwaltliche Vertretung durch Gesetz vorgeschrieben ist (z. B. § 67 VwGO). Eine sofortige Begründungspflicht mit Einlegung eines Widerspruchs oder der Erhebung einer verwaltungsgerichtlichen Klage ist gesetzlich nicht vorgeschrieben (vgl. § 70 VwVfG, § 82 I 2 VwGO).[20] Auch der Antrag auf Verlängerung einer Frist zur Begründung der Berufung (§ 124 a III 3 VwGO) bedarf ebenso wie die Begründung der Berufung eines Vertreters i.S. des § 67 I VwGO. Ein **Mangel in der Vertretung** führt jedoch nicht zur Unwirksamkeit einer gleichwohl durch das Gericht verfügten Fristverlängerung, weil sich an dieses Rechtshandeln ein Vertrauensschutz knüpft.[21]

24 Soweit Rechtsmittelfristen bereits abgelaufen sind, ist kurzfristig zu klären, ob und in welchem Umfang ggf. eine **Wiedereinsetzung** in den vorigen Stand in Betracht kommt (§ 32 VwVfG, § 60 VwGO). Das BVerfG hat festgestellt, dass im Hinblick auf die Gewährleistung des Art. 103 I GG die Anforderungen daran, was der Betroffene veranlasst haben und vorbringen muss, um nach einer Fristversäumung die Wiedereinsetzung in den vorigen Stand zu erlangen, nicht überspannt werden dürfen.[22] Dabei ist allerdings zugleich abzuklären, ob nicht bereits die zweiwöchige Frist für den Antrag auf Wiedereinsetzung abgelaufen ist (vgl. § 32 II VwVfG, § 60 II VwGO). Wurde eine Rechtsmittelschrift an ein **unzuständiges Gericht** gerichtet, und hat dieses den Vorgang nicht sofort an das zuständige Gericht weitergeleitet, ist Wiedereinsetzung in den vorigen Stand zu bewilligen.[23] Das BVerfG hat in einer bedeutsamen Entscheidung klargestellt, dass jedenfalls dann, wenn der Wiedereinsetzungsgrund in einem den **Gerichten zuzurechnenden Fehler** liegt, der **Grundsatz fairer Verfahrensführung** eine ausdrückliche Belehrung des Betroffenen über die Möglichkeit der Wiedereinsetzung gebietet.[24] Allerdings ist auch zu berücksichtigen, dass an die **Sorgfaltspflichten des Rechtsanwalts** zur Überprüfung und Einhaltung der Fristen gesteigerte Anforderungen gestellt werden, und zwar zum einen insbesondere im Verfassungsbeschwerdeverfahren zum anderen auch dann, wenn dem Rechtsanwalt in der Fristsache die betreffende Akte zur Bearbeitung vorgelegt wird.[25]

---

20 Eine zeitlich befristete Begründungspflicht ist – abgesehen von dem ohnehin bestehenden Vertretungszwang vor dem OVG und dem BVerwG (§ 67 VwGO) – allerdings zwingend vorgeschrieben bei dem Antrag auf Zulassung der Berufung (§ 124 a I 3 VwGO), der Beschwerde (§ 146 IV VwGO), der Beschwerde gegen die Nichtzulassung der Revision (§ 133 III VwGO) sowie bei der Revisionsbegründung (§ 139 III VwGO).
21 BVerwG, Urt. v. 22.04.2002 – 6 C 15/01, NVwZ 2002, 894.
22 BVerfG, Beschl. v. 25.09.2000 – 1 BvR 2104/99, NJW 2001, 1566.
23 BVerfG, Beschl. v. 17.03.2005 – 1 BvR 950/04, NJW 2005, 2137.
24 BVerfG, Beschl.v. 27.09.2005 – 2 BvR 172/04 u. a., zitiert nach www.bverfg.de, Rn 16.
25 BVerfG, Beschl. v. 27.03.2002 – 2 BvR 636/01, NJW 2002, 3014.

B. Mandatsanbahnung

Wichtig ist die Entscheidung des Gemeinsamen Senats der obersten Gerichtshöfe des Bundes zur Fristenfrage. Danach können auch in Prozessen mit Vertretungszwang bestimmende Schriftsätze formwirksam nunmehr durch elektronische Übertragung einer **Textdatei** mit **eingescannter Unterschrift** auf ein Faxgerät des Gerichts übermittelt werden.[26]

Sodann muss zwingend in einem Mandat zum öffentlichen Baurecht vor einem ersten Beratungstermin die **Überlassung von Unterlagen** erbeten werden. Regelmäßig erscheint es sinnvoll, vor einer Beratung über ein Bauvorhaben zumindest

- einen Lageplan,
- einen aktuellen Grundbuchauszug,
- Fotos (des Grundstücks, des Vorhabens und der vorhandenen Umgebungsbebauung),
- Bauantragsunterlagen oder
- bereits erfolgte Einwendungen

abzufordern. Die Unterlagen erleichtern das anstehende Beratungsgespräch erheblich und dienen letztlich auch der zeitlichen Straffung und Effektuierung des Beratungsgesprächs.

Keinesfalls sollte im Rahmen des telefonischen Erstkontakts eine über die Wahrung von Fristen erfolgende **Beratung** stattfinden, weil der Sachverhalt in baurechtlichen Angelegenheiten dafür regelmäßig zu unübersichtlich und im Rahmen eines Telefonats für eine fundierte und seriöse Beratung auch nicht aufzuklären ist. Die häufig anzutreffenden Versuche der potenziellen Mandanten, bereits telefonisch eine erste Einschätzung zu „ihrem" Fall zu erhalten, sollten mit dem Hinweise auf eine notwendige umfassende Aufklärung freundlich aber im Übrigen kurz und bestimmt abgewiesen werden.

Die häufig gestellte **Kostenfrage** des Anrufers als entscheidungserheblich für eine weitergehende Kontaktaufnahme mit dem Anwalt kann von diesem kurz und überzeugend beantwortet werden. Aufgrund der durch das RVG eröffneten Möglichkeit zu einer Erstberatung sind unabhängig von einem ggf. hohen Gegenstandswert die Beratungskosten gedeckelt und betragen derzeit maximal 243,60 Euro. Insbesondere der kostenbewusste potenzielle Mandant kann zumindest so von einer Erstberatung überzeugt werden.

II. Sichtung der Unterlagen

Nach Eingang der erbetenen Unterlagen in der Kanzlei sollte sich der Anwalt bereits **vor** dem ersten Beratungsgespräch eine Meinung darüber gebildet haben, ob und in welchem Umfang letztlich nur eine Beratung erwünscht, eine außergerichtliche Vertretung möglicherweise angezeigt oder gar ein verwaltungsgerichtliches Verfahren unumgänglich ist. Sinnvoll ist es, nach Durchsicht der überlassenen Unterlagen ggf. **ergänzende Informationen** vor dem Gespräch abzufordern, damit der erste Termin umfassend und effektiv vorbereitet werden kann. Nur dies gewährleistet, dass auch eine fundierte Information in der Beratung zur Verfügung gestellt werden kann, die den potenziellen Mandanten dazu veranlasst, den Anwalt ggf. weitergehend über die Erstberatung hinaus zu beauftragen.

III. Persönlicher Erstkontakt

Nicht nur wegen anstehender Fristen sollte ein persönlicher Erstkontakt mit dem Rechtsuchenden **kurzfristig** und **zeitnah** nach dem ersten Telefonat bzw. der Überlassung der Unterlagen zustande kommen. Die Rechtspraxis zeigt, dass Betroffene häufig erst längere

---

26 GmS-OBG, Beschl. v. 05.04.2000 – GmS-OBG 1/98, NJW 2000, 2340.

§ 1 Vorgerichtliche Beratung und Vertretung

Zeit nach Eingang eines rechtsmittelfähigen belastenden Verwaltungsaktes einen Anwalt konsultieren, so dass bereits aus diesem Grunde eine zeitnahe Beratung erfolgen muss. Die unverzügliche Aufnahme des Mandats nach dem telefonischen Erstkontakt ist im Übrigen nicht nur für die effektive Bearbeitung aller anwaltlichen Mandate in der Kanzlei sinnvoll. Sie fördert auch das **Vertrauen** in eine umfassende, effektive und fundierte juristische Beratung und Vertretung durch den angefragten und aufgesuchten Anwalt.

31 Bereits einleitend sollte umgehend so umfassend wie möglich der **Streitgegenstand** und das **Begehren** des Mandanten abgeklärt werden. Folgende Beratungs- und Streitgegenstände kommen in der Regel in Betracht:
- Erteilung einer Baugenehmigung oder eines Vorbescheides,
- Anfechtung eines Bauvorhabens auf einem Nachbargrundstück,
- Anfechtung oder Aufstellung und Festsetzung eines Bebauungsplans,
- Einschreiten gegen eine unzulässige Nutzung,
- Klärung von Art und Umfang einer Bebaubarkeit auf einem bestimmten Grundstück.

32 Der **Bauherr** oder **Investor** wird regelmäßig ein Interesse an der Verwirklichung „seiner" Planung haben und sucht dementsprechend anwaltliche Beratung oder Vertretung. Gleiches gilt für den **Architekten**, der gegenüber dem Bauherrn für die Genehmigungsfähigkeit seiner Planung haftet.[27] Daher muss der Architekt über elementare Kenntnisse aus dem Bereich des Bauplanungs- und Bauordnungsrechts verfügen.[28] Der Architekt hat seine vertraglich geschuldete Leistung zur Erbringung einer genehmigungsfähigen Planung nicht erbracht, wenn die angestrebte Genehmigung zwar zunächst erteilt aber später von Dritten erfolgreich angefochten wird.[29] Der Architekt muss den Bauherrn daher frühzeitig aufklären, ob die in Aussicht genommenen Planvorstellungen des Bauherrn realisierbar sind oder ob ihnen öffentlich-rechtliche Bauvorschriften oder speziell nachbarschützende Vorschriften entgegenstehen. Leider nehmen die Architekten ein entsprechendes Beratungsangebot durch hierauf spezialisierte Rechtsanwälte – offensichtlich auch aus Kostengründen – zu wenig wahr mit der Folge, dass sie teilweise durch den Bauherrn in Regreß genommen werden, falls die von dem Architekten vorgesehene Planung aus bauplanungs- oder bauordnungsrechtlichen Gründen nicht realisiert wird.

33 Der **Nachbar** jedenfalls wird regelmäßig eine Beratung darüber wünschen, ob und in welchem Umfang er gegen eine vorgesehene Bebauung seines Nachbargrundstücks oder gegen eine erfolgte Bebauung oder Nutzung vorgehen kann. Soweit eine **Gemeinde** beraten werden möchte, ist Gegenstand der Beratung – jedenfalls durch kleinere Gemeinden – vielfach die Aufstellung eines Bebauungsplans. Hier darf der warnende Hinweis des Anwalts nicht fehlen, dass die Mitglieder eines Rates der Gemeinde, die über die Aufstellung eines Bebauungsplans zu entscheiden haben, als Beamte im haftungsrechtlichen Sinne tätig werden.[30]

34 Folgende **Punkte** sollten im Rahmen des persönlichen Erstkontakts geklärt und erörtert werden:
- Streitgegenstand und Begehren des Rechtssuchenden,
- Klärung der offenen Fragen zum Sachverhalt,
- Votum zu den kurz-, mittel- und langfristig zu ergreifenden Maßnahmen,

---

[27] Hierzu *Maser*, Die Haftung des Architekten für die Genehmigungsfähigkeit der Planung, BauR 1994, 180–187.
[28] Die Klärung schwieriger Rechtsfragen werden von ihm nicht verlangt, weil er insoweit nicht einem Rechtsberater des Bauherrn gleichgestellt werden kann, BGH, Urt. v. 09.07.1992 – III ZR 119/91, NVwZ 1993, 602.
[29] BGH, Urt. v. 25.02.1999 – VII ZR 190/97, BauR 1999, 934.
[30] Vgl. BGH, Urt. v. 12.12.1989 – III ZR 49/88, NJW 1990, 1042 (1043).

- Strategie,
- Verfahrensdauer,
- Erfolgsaussichten,
- Kosten.

Das Gespräch muss nach vorrangiger Feststellung des Begehrens die **offenen Sachverhaltsfragen** klären. Dabei soll das Gespräch jederzeit durch den bereits vorbereiteten Anwalt geleitet werden. Sodann muss das Gespräch ein eindeutiges Votum des Anwalts für die weitere Vorgehensweise beinhalten. Das Votum soll dem anfragenden Klienten Klarheit darüber verschaffen, ob zunächst lediglich eine Erstberatung notwendig, eine außergerichtliche Vertretung im Rahmen einer projektbegleitenden Beratung angezeigt ist oder aber ein verwaltungsgerichtliches Verfahren eingeleitet werden muss. 35

Soweit eine gerichtliche Vorgehensweise unvermeidlich erscheint, sind die einzelnen **Rechtsschutzmöglichkeiten** zu erörtern: 36
- Verwaltungsgerichtliches Verfahren,
- Hauptsacheverfahren,
- Eilverfahren,
- Rechtsmittelverfahren,
- Normenkontrollverfahren,
- Zivilgerichtliches Verfahren,
- Vorgehen gegen baurechtswidrigen Zustand,
- Haftungs- und Entschädigungsverfahren,
- Außerordentliche Rechtsbehelfe (Gegenvorstellung, Verfassungsbeschwerde, Beschwerde an den EGMR).

Erörterungsbedürftig sind insoweit auch jeweils die Erfolgsaussichten, die Verfahrensdauer sowie die Kosten der Einzelnen Verfahrensschritte. Sodann ist unter Berücksichtigung des Begehrens abzuwägen, ob das **Risiko** eines gerichtlichen Vorgehens eingegangen werden soll. Eines sollte dem Klienten bereits im Rahmen des Erstkontakts vermittelt werden: Der Anwalt ist weder **Mietmaul** noch **Büttel** des Mandanten. Der Anwalt sollte dem potenziellen Mandanten klar zu erkennen geben, dass die sog. unternehmerische Entscheidung über eine Vorgehensweise zwar letztendlich durch den Auftraggeber getroffen wird, dass aber die rechtlichen Vorgaben hierzu seitens des Anwalts erstellt werden. Keinesfalls sollte sich der Anwalt dazu hergeben, seinen Briefbogen für die Fortsetzung eines Kleinkrieges zwischen Mandant und Behörde oder zwischen streitenden Mandanten zur Verfügung zu stellen. Es sollte klargestellt werden, dass der Anwalt die Richtlinien für das juristische Vorgehen selber vorgeben wird. 37

IV. Zusammenfassendes Schreiben

Sinnvollerweise sollte nach dem persönlichen Erstkontakt das Beratungsgespräch gegenüber der rechtsuchenden Partei schriftlich zusammengefasst werden. Das Schreiben sollte folgende Gegenstände enthalten: 38
- Sachverhalt,
- Begehren,
- Rechtslage,
- einzuleitende Maßnahmen,
- Kosten und Dauer,
- Mandatsklärung.

§ 1 Vorgerichtliche Beratung und Vertretung

39 In diesem Schreiben muss der Sach- und Streitstand kurz dargestellt werden. Es sollte das Votum des Anwalts für die weitere Vorgehensweise bezogen auf das Begehren des Klienten beinhalten (Beratung, außergerichtliche Vertretung, Einleitung eines verwaltungsgerichtlichen Verfahrens). Ferner soll es über die vermutliche Verfahrensdauer sowie die möglichen Erfolgsaussichten und die entsprechende Kostenlast informieren.

40 Das die erfolgte persönliche Beratung zusammenfassende Schreiben hat mehrfache **Funktionen**: Es bietet dem Anwalt einen jederzeitigen Zugriff auf den Ausgangspunkt des Mandats. Auf den dort dargestellten Sach- und Streitstand kann ggf. bei einem außergerichtlichen oder gerichtlichen Schriftverkehr zurückgegriffen werden. Gleichzeitig bietet ein ausführliches die Beratung zusammenfassendes Schreiben an den Mandanten die Vertrauensgrundlage, auf der er sich für eine weitere Vertretung und Beauftragung des Anwalts entschließen soll. Soweit Fristen einzuhalten sind, sollte der Mandant auch hierauf nochmals ausdrücklich hingewiesen werden.

41 Mit dem zusammenfassenden Schreiben sollte sich der Anwalt zugleich eine **Wiedervorlage** notieren, damit zeitnah geklärt werden kann, ob und in welchem Umfang eine Mandatsübertragung erfolgt. In dem zusammenfassenden Schreiben sollte darum gebeten werden, innerhalb einer zu benennenden Frist eine Rückmeldung dahin gehend abzugeben, ob eine Beauftragung des Anwalts erfolgen soll. Die durch die Erstberatung ausgelösten Kosten sind dann im Rahmen einer weiteren Mandatsübertragung anzurechnen, wenn sich nicht der Streitgegenstand zwischen Erstberatung und Mandatsübertragung verändert.

C. Erstberatung

42 Das RVG eröffnet dem Rechtssuchenden, der als Verbraucher i. S. des § 13 BGB anzusehen ist, die Möglichkeit, unabhängig von einem möglicherweise hohen Gegenstandswert eine oder mehrere juristische Ratschläge über eine Streitsache oder über ein konkretes (Bau)Vorhaben einzuholen, ohne mit hohen Anwaltskosten belastet zu werden.[31] Die **Kosten** für eine Erstberatung (vgl. Nr. 2102 VV RVG) betragen derzeit maximal **243,60 Euro**,[32] wenn nicht eine Abrechnung nach dem tatsächlichen Gegenstandswert eine niedrigere Summe ergibt.

43 Die Erstberatung sollte durchaus durch den auf dem Gebiet des öffentlichen Baurechts tätigen Anwalt praktiziert werden, weil eine Erstberatung einschließlich der Vor- und Nachbereitung eine Zeitstunde nicht zu überschreiten braucht. Die Erstberatung verschafft insbesondere dem noch nicht so versierten Anwalt einen größeren **Überblick** über die Konflikte auf dem Gebiet des öffentlichen Baurechts und erweitert im Übrigen auch dem schon auf diesem Gebiet gestandenen Anwalt den Horizont für weitere notwendige Vertiefungen seiner bisherigen Kenntnisse.

44 Die Erstberatung ist angezeigt z. B. bei Fällen **eindeutiger Sach- und Rechtslage**, so etwa wenn das Vorgehen eines Mandanten gegen eine Nachbarbebauung offensichtlich aussichtslos ist, weil z. B. eine Rechtsmittelfrist bereits abgelaufen ist, der Klageanspruch verwirkt ist oder eine Nachbarrechtsverletzung offensichtlich nicht festgestellt werden

---

31 Hierzu: *Bode/Trompetter*, Anwaltliche Taktik bei der Erstberatung, ProzRB 2002, 28 – 30.
32 Grundgebühr 190 Euro, nebst Postpauschale Nr. 7002 VV RVG (20 Euro) zuzüglich 16 % MwSt (33,60 Euro) = 243,60 Euro.

kann. Ansonsten wird davon auszugehen sein, dass weitere Streitsachen auf dem Gebiet des öffentlichen Baurechts jedenfalls nicht im Rahmen einer Erstberatung einer Lösung zuzuführen sind.

Die Erstberatung kann dem Rechtsuchenden die Möglichkeit eröffnen, eine **Entscheidungsgrundlage** darüber zu erhalten, ob und ggf. mit welchen juristischen Mitteln sich sein Begehren erreichen lässt. Auf diese Möglichkeit sollte der kostenbewusste Klient bereits telefonisch hingewiesen werden, insbesondere wenn anläßlich des Telefonats bereits erkennbar wird, dass die Kostenfrage ausschlaggebend für eine weitere Auftragsvergabe an den Anwalt ist. Schließlich bietet die Erstberatung auch dem Anwalt die Möglichkeit, seine fachliche und persönliche Kompetenz auf dem Bereich des öffentlichen Baurechts unter Beweis zu stellen, um so eine neue Klientel für einen Mandatsauftrag zu **werben** und zu **gewinnen**. 45

D. Mandatsübertragung

Auf die mit dem zusammenfassenden Schreiben erfolgte Wiedervorlage der Akte sollte der Anwalt ggf. durch ein **erneutes Anschreiben** abschließend klären, ob, durch wen und in welchem Umfang seine Beauftragung erfolgt.

I. Klärung der Honorar- und Kostenfrage

Im Rahmen der Mandatsübertragung ist im Interesse des Mandanten wie auch des Anwalts vorrangig die Kosten- und Honorarfrage zu klären und ggf. zwischen den Parteien zu **vereinbaren**. Während die anfallenden gerichtlichen Kosten und die gegnerischen anwaltlichen Kosten im Falle eines gerichtlichen Unterliegens durch den gerichtlich festzusetzenden **Gegenstandswert** (für das Verfahren vor Gerichten der Verwaltungsgerichtsbarkeit nach § 52 GKG) bestimmt werden (gesetzliche Gebühren), sind die Kosten der eigenen außergerichtlichen und gerichtlichen Beratung und Vertretung ggf. zusätzlich zwischen Auftraggeber und Anwalt zu vereinbaren. 46

1. Streitwertkatalog des BVerwG

Die gesetzlichen Gebühren richten sich grundsätzlich nach dem sog. Gegenstandswert. Ist ein beziffertes wirtschaftliches Interesse nicht erkennbar, gilt in verwaltungsrechtlichen Angelegenheiten der sog. **Auffangstreitwert** von derzeit 5.000,00 Euro (§ 52 II GKG). Für verschiedenste Streit- und Verfahrensgegenstände im Rahmen verwaltungsgerichtlicher Verfahren hat das BVerwG einen Streitwertkatalog entwickelt, der nach einer ersten Fassung aus 1996[33] nach dem In- Kraft-Treten des RVG mit Wirkung ab **1. Juli 2004 neu gefasst** wurde.[34] In diesem sind Gegenstandswerte für **Sachgebiete**, angefangen von der Abfallentsorgung bis zum Wohnraumrecht, angegeben. 47

Bei den jeweils bezifferten Werten handelt es sich um **Richtwerte**, die eine nach § 33 RVG angemessene Bewertung darstellen sollen. An diesen Richtwerten orientieren sich in der Regel auch die Verwaltungs- und Oberverwaltungsgerichte. Der Streitwertkatalog enthält allerdings keine normativen Festsetzungen, sondern spricht lediglich Empfehlungen aus.[35] Die Richtwerte können daher unter- oder überschritten werden, wenn der Einzel- 48

---

33 NVwZ 1996, 563–567.
34 NVwZ 2004, 1327.
35 BVerfG, Beschl. v. 24.08.1993 – 2 BvR 1858/92, DVBl. 1994, 41 (43).

§ 1 Vorgerichtliche Beratung und Vertretung

fall dazu Anlass gibt. Dies macht es auch dem auf dem öffentlichen Baurecht tätigen Anwalt schwer, dem Mandanten eine genaue Prognose über die anfallenden Kosten im Rahmen eines gerichtlichen Verfahrens abzugeben.

49 Folgende Richtwerte sind nach dem Streitwertkatalog des BVerwG für das Sachgebiet des **Bau- und Bodenrechts** angegeben:

Sachgebiet	Streitwert
9. Bau- und Bodenrecht	Es gelten grundsätzlich die nachstehend aufgeführten Werte. Soweit diese die Bedeutung der Genehmigung, des Vorbescheides oder der Anfechtung einer belastenden Maßnahme für den Kläger nicht angemessen erfassen, gilt stattdessen das geschätzte wirtschaftliche Interesse bzw. der Jahresnutzwert.
9.1 Klage auf Erteilung einer Baugenehmigung für:	
9.1.1 Einfamilienhaus	20.000 Euro
9.1.2 Doppelhaus	25.000 Euro
9.1.3 Mehrfamilienhaus	10.000 Euro je Wohnung
9.1.4 Einzelhandelsbetrieb	150 Euro/qm Verkaufsfläche
9.1.5 Spielhalle	600 Euro/qm Nutzfläche (ohne Nebenräume)
9.1.6 Großflächige Werbetafel	5.000 Euro
9.1.7 Imbissstand	6.000 Euro
9.1.8 Windkraftanlagen	10 % der geschätzten Herstellungskosten
9.1.9 sonstige Anlagen regelmäßig	je nach Einzelfall: Bruchteil der geschätzten Rohbaukosten oder Bodenwertsteigerung
9.2 Erteilung eines Bauvorbescheides, einer Teilungsgenehmigung	Mindestens ½ des Ansatzes für die Baugenehmigung
9.3. Abrissgenehmigung	wirtschaftliches Interesse am dahinterstehenden Vorhaben
9.4 Bauverbot, Stillegung, Nutzungsverbot, Räumungsgebot	Höhe des Schadens oder der Aufwendungen (geschätzt)
9.5 Beseitigungsanordnung	Zeitwert der zu beseitigenden Substanz plus Abrisskosten
9.6 Vorkaufsrecht	
9.6.1 Anfechtung des Käufers	25 % des Kaufpreises
9.6.2 Anfechtung des Verkäufers	Preisdifferenz
9.7 Klage eines Drittbetroffenen	
9.7.1 Nachbar	7.500 Euro, mindestens Betrag einer Grundstückswertminderung
9.7.2 Nachbargemeinde	30.000 Euro

D. Mandatsübertragung

Sachgebiet	Streitwert
9.8 Normenkontrolle gegen Bebauungsplan	
9.8.1 Privatperson	7.500 Euro bis 60.000 Euro
9.8.2 Nachbargemeinde	60.000 Euro
9.9 Genehmigung eines Flächennutzungsplanes	mindestens 10.000 Euro

2. Vergütungsvereinbarung

Da es sich bei den vorbenannten Angaben lediglich um Richtwerte handelt, sollte sich der Anwalt überlegen, ob er das Mandat **wirtschaftlich** betrachtet nicht nur auf der Grundlage einer Vergütungsvereinbarung führen kann. Zum einen steht die schon erwähnte extrem lange Verfahrensdauer (jedenfalls bei verwaltungsgerichtlichen Hauptsacheverfahren) in keinem Verhältnis zu dem Arbeitsaufwand des Anwalts. Auch angesichts der Bedeutung der Angelegenheit für den Mandanten und der Schwierigkeit der Sach- und Rechtslage sind die vorgegebenen Richtwerte unverhältnismäßig gering. Bei der außergerichtlichen Beratung wird die Vergütungsvereinbarung ab 1. Juni 2006 bedeutsam werden, weil dann jede Vergütung unabhängig von einem Gegenstandswert zwischen Anwalt und Mandant frei vereinbart werden muss, die bis zum 30. Juni 2006 geltenden Regelungen der Nr. 2100 ff. VV RVG werden dann ersatzlos gestrichen. 50

Im Übrigen macht sich der Anwalt, der sich gegenüber der Mandantschaft bereit erklärt, das Mandat auf der Grundlage der gesetzlichen Gebühren zu führen, von der Ermessensentscheidung bei der Festsetzung des Gegenstandswertes durch ein Gericht oder durch eine Behörde **abhängig**. Dabei ist zu berücksichtigen, dass die vorbenannten Gegenstandswerte bei den im öffentlichen Baunachbarrecht regelmäßig unumgänglichen verwaltungsgerichtlichen Eilverfahren regelmäßig halbiert und teilweise sogar gedrittelt werden. Das VG Berlin z. B. setzt bei Eilverfahren eines Betroffenen gegen eine Nachbarbebauung – zugunsten des anfechtenden Nachbarn – z. B. nur einen Gegenstandswert von 2.000 Euro fest. 51

Die Entgegennahme einer höheren als der gesetzlichen Vergütung durch den Anwalt bedarf der **schriftlichen Vergütungsvereinbarung**. § 4 I 1 RVG gibt vor, dass der Rechtsanwalt aus einer Vereinbarung eine höhere als die gesetzliche Vergütung nur fordern kann, „wenn die Erklärung des Auftraggebers schriftlich abgegeben und nicht in der Vollmacht enthalten ist." Die Anforderungen an die **Bestimmtheit** einer Vergütungsvereinbarung dürfen nicht überspannt werden, weil Vergütungsregelungen und hierauf gestützte Entscheidungen in die Freiheit der Berufsausübung eingreifen.[36] 52

In der Vergütungsvereinbarung sollte der Auftraggeber schriftlich darüber **belehrt** werden, dass das Honorar frei vereinbart worden und dass mit der Vergütungsvereinbarung keinerlei Erfolgszusage verbunden ist. Ferner sollte die schriftliche Belehrung enthalten sein, dass im Falle einer möglichen Kostenerstattung durch eine Rechtsschutzversicherung oder durch die unterlegene Partei die Kostenerstattung lediglich auf der Grundlage der gesetzlichen Gebühren erfolgt. 53

In der Vergütungsvereinbarung kann geregelt werden, dass die Abrechnung des Mandats erfolgen soll nach 54
- Pauschalsumme,
- Gegenstandswert,
- Zeithonorar.

---

[36] BVerfG, Beschl. v. 12.08.2002 – 1 BvR 328/02, NJW 2002, 3314.

2   § 1 Vorgerichtliche Beratung und Vertretung

Zu den Voraussetzungen, unter denen die Vereinbarung eines anwaltlichen Pauschalhonorars wegen **Sittenwidrigkeit** nichtig ist, hat der BGH Stellung genommen.[37] Dabei wurde im konkreten Fall die Vereinbarung für nichtig erklärt, weil das vereinbarte Honorar mehr als das Fünffache des gesetzlichen Honorars betrug. Dies kann allerdings nicht als Leitlinie angesehen werden, weil bereits das gesetzliche Honorar aufgrund des hohen Gegenstandswertes eine höhere fünfstellige Summe erreichte. Die Bedeutung der Angelegenheit und die Schwierigkeit der Sach- und Rechtslage sind weiterhin die ersten Anhaltspunkte für die Frage der Rechtfertigung eines individuell zu vereinbarenden Honorars. In einer weiteren Entscheidung hat der BGH die Überschreitung des gesetzlichen Honorars für einen Strafverteidiger um **mehr als das fünffache** für sittenwidrig erachtet.[38] Einer Unangemessenheit ist also i. d. R. nicht festzustellen, wenn die vereinbarte Vergütung nicht mehr als das Fünffache über den gesetzlichen Höchstgebühren liegt.

Regelmäßig hat die Vereinbarung eines **Pauschalhonorars** für den Mandanten den Vorteil, dass er die genaue Kostenlast bereits bei Mandatserteilung überblicken kann, andererseits muss der Anwalt seinen Zeit- und Arbeitsaufwand bei dieser Variante schon bei Mandatsübernahme genau abschätzen, was in baurechtlichen Mandaten zumeist nicht möglich ist. In jedem Fall sollte bei der Vereinbarung eines Pauschalhonorars die Vergütungsvereinbarung auf einen bestimmten Zeitraum **befristet** werden, um eine gewisse Verhältnismäßigkeit zwischen Zeit- und Arbeitsaufwand herzustellen.

55 Sinnvoll ist bei nicht genauer Abschätzbarkeit des Zeit- und Arbeitsaufwandes die individuelle Vereinbarung eines **Gegenstandswertes**, auf dessen Grundlage dann nach den verschiedenen Verfahrensschritten gemäß den Bestimmungen des RVG abgerechnet werden kann, so dass z. B. nicht vorhersehbare Besprechungen mit der Gegenseite oder Verhandlungen und Vergleiche dann mit einer gesonderten Gebühr nach den Bestimmungen des RVG abzugelten und zu vergüten sind.

56 Bei größeren, aus anwaltlicher Sicht projektbegleitenden Bauvorhaben, bei denen z. B. mehrfach Besprechungen auch außerhalb der Kanzlei stattfinden müssen, empfiehlt es sich, eine Abrechnung nach **Zeithonorar** vorzunehmen. Dabei sollte angesichts der erheblichen Aufwendungen des Anwalts für eine vernünftige Kanzleiausstattung und Kanzleiorganisation ein Stundensatz von 125 Euro keinesfalls unterschritten werden. Das Mittel des Stundenhonorars einer nicht zu großen Kanzlei liegt derzeit bei ca. 175 bis 225 Euro, wobei die Skala durchaus nach oben offen ist. Die Vereinbarung eines Zeithonorars dürfte jedenfalls bei größeren Bauvorhaben, die auch eine längere und intensivere Betreuung durch den Anwalt bedürfen, gegenüber dem **Bauherrn** bzw. gegenüber dem Architekten weniger Schwierigkeiten bereiten, weil hier das wirtschaftliche Risiko im Falle der Nichtdurchführbarkeit des Vorhabens doch den Abschluss einer entsprechenden Vergütungsvereinbarung fördert. Dagegen wird der eine Baugenehmigung anfechtende **Nachbar** genau übersehen wollen, welche Kosten im Falle eines verwaltungsgerichtlichen Verfahrens auf ihn zukommen. Dementsprechend wird dort die Vereinbarung eines Pauschalhonorars oder die Vereinbarung eines wirtschaftlich sinnvollen Gegenstandswertes angezeigt sein.

57 Soweit der Rechtsanwalt eine **Gemeinde** vertreten soll, ist folgendes zu berücksichtigen: Da die Gemeinden bei Abschluss privatrechtlicher Verträge haushaltsrechtlichen Grundsätzen unterworfen sind und dementsprechend auch Prüfungen durch den Rechnungshof

---

37 BGH, Urt. v. 30.05.2000 – IX ZR 121/99, NJW 2000, 2669.
38 BGH, Urt. v. 27.01.2005 – IX ZR 273/02, NJW 2005, 2142.

unterliegen, ist der Spielraum für die Vereinbarung von Stundenhonoraren – abhängig von der Größe der Gemeinden – meist äußerst eingeschränkt. Zwar sollte der Anwalt eine eigene Auffassung über die Wertigkeit seines Honorars besitzen, in der Höhe des Honorars bei der Vertretung einer Gemeinde wird er dabei aber zumeist zugunsten der Mandatsübertragung einige Abstriche machen müssen. Ggf. wird er die Mandatsübernahme auf der Grundlage der gesetzlichen Gebühren nicht ablehnen können, wenn er z. B. an einer dauerhaften Betreuung und Zusammenarbeit mit der Gemeinde interessiert ist.

3. Rechtsschutzversicherung

Häufig begehrt der Rechtsuchende unter Hinweis auf eine bestehende Rechtsschutzversicherung eine anwaltliche Beratung oder Vertretung in baulichen Angelegenheiten betreffend seines Grundstücks, wobei er auch auf einen bestehenden Versicherungsschutz für das Eigenheim hinweist. Hier muss der Anwalt sogleich vor der Beratung oder gar der Mandatsübernahme Aufklärungsarbeit leisten: In **verwaltungsrechtlichen Angelegenheiten** ist eine Kostenübernahme durch eine Rechtsschutzversicherung nach deren Versicherungsbedingungen i. d. R. **ausgeschlossen**, erst durch die ARB 2000 besteht auch hierfür ein möglicher Rechtsschutz (§ 2 r) ARB 2000).

In baurechtlichen Angelegenheiten bezieht sich der Versicherungsschutz nicht „auf die Wahrnehmung rechtlicher Interessen, die in unmittelbarem Zusammenhang mit der Planung, Errichtung oder genehmigungspflichtigen baulichen Veränderung eines im Eigentum oder Besitz des Versicherungsnehmers befindlichen oder von diesem zu erwerbenden Grundstückes, Gebäudes oder Gebäudeteiles stehen".[39] Erstrebt der Eigentümer also als Bauherr eine Baugenehmigung, ist der Versicherungsrechtsschutz hierfür ausgeschlossen. Zu beachten ist ferner der **Risikoausschluss** des § 3 III 3 d der Allgemeinen Bedingungen für die Rechtsschutzversicherung (ARB 94) bzw. § 3 I d, § 3 III d ARB 2000. Danach besteht kein Rechtsschutz für die Wahrnehmung rechtlicher Interessen bei dem Erwerb oder der Veräußerung eines zu Bauzwecken bestimmten Grundstücks, bei der Planung oder Errichtung eines Gebäudeteils, der genehmigungspflichtigen baulichen Veränderung, in Enteignungs-, Planfeststellungs-, Flurbereinigungs- sowie in im Baugesetzbuch geregelten Angelegenheiten. Wird also die Erteilung einer Baugenehmigung begehrt, wird eine Kostenübernahme durch die Rechtsschutzversicherung nicht erfolgen, worauf die Mandantschaft eindeutig hinzuweisen ist. Dagegen wird eine Kostenübernahme dann erfolgen können, wenn der Mandant gegen eine seiner Meinung nach rechtswidrige Bebauung oder Nutzung auf dem benachbarten Grundstück vorgehen möchte.

4. Prozesskostenhilfe

Grundsätzlich kommt auch bei baurechtlichen Mandaten und entsprechenden verwaltungsgerichtlichen Verfahren die Bewilligung von Prozesskostenhilfe und eine diesbezügliche Abrechnung des Mandats infrage (§§ 45 ff. RVG). Zu berücksichtigen ist, dass die Fachgerichte zwar die Anforderungen an die Erfolgsaussicht der beabsichtigten Rechtsverfolgung oder Rechtsverteidigung, die Voraussetzung für die Bewilligung der Prozesskostenhilfe ist, auch bei Verfahren, in denen ein Amtsermittlungsgrundsatz herrscht, **nicht überspannen dürfen**.[40] Wirft die beabsichtigte Klage schwierige, bislang **nicht hin-**

---

[39] § 4 I k der Allgemeinen Bedingungen für die Rechtsschutzversicherung (ARB).
[40] Grundlegend: BVerfG, Beschl. v. 13.03.1990 – 2 BvR 94 u. a./88, BVerfGE 81, 347 ff.; s. a. Beschl. v. 04.02.1997 – 1 BvR 391/93, NJW 1997, 2102; Beschl. v. 17.02.1997 – 1 BvR 1440/96, NJW 1997, 2103 (sozialgerichtliches Verfahren).

reichend geklärte Rechts- und Tatsachenfragen auf, so ist darüber nicht im Prozesskostenhilfe-, sondern im Hauptsacheverfahren zu entscheiden.[41] Liegen tatsächliche Anhaltspunkte für eine aufgestellte **Beweisbehauptung** vor, überschreiten die Fachgerichte ihren Entscheidungsspielraum, wenn sie eine Beweisaufnahme unter dem Gesichtspunkt des unzulässigen Ausforschungsbeweises ablehnen.[42] Gleichwohl ist in der Rechtspraxis festzustellen, dass die Gerichte in aller Regel eine dezidierte Begründung der Erfolgsaussicht einer Klage, eines Rechtsmittels oder einer Rechtsverteidigung fordern, so dass schon das Verfahren über die Bewilligung der Prozesskostenhilfe arbeitsmäßig für den Anwalt letztlich den gleichen Umfang einnimmt wie ein Hauptsacheverfahren. Dies sollte dem Anwalt daher bei Übernahme eines Prozesskostenhilfe-Mandats bewusst sein.

II. Erteilung der Vollmacht

62 In verwaltungsrechtlichen Angelegenheiten ist grundsätzlich die **Vorlage** einer schriftlichen Vollmacht des Auftraggebers gegenüber den Behörden sowie gegenüber den Verwaltungsgerichten **erforderlich**. Die Unterzeichnung eines Vollmachtsformulars durch den Auftraggeber sollte daher möglichst bereits bei Mandatsübertragung erfolgen. Dabei hat es sich als sinnvoll herausgestellt, dass sich der Anwalt mehrere Vollmachten unterschreiben lässt, damit er – soweit mehrere Vertretungsanzeigen gegenüber verschiedenen Beteiligten sukzessive erfolgen müssen – die Vollmachten nicht jeweils erneut bei dem Mandanten erbitten muss.

63 Nach § 14 I 3 VwVfG hat der Bevollmächtigte auf Verlangen der **Behörde** seine Vollmacht schriftlich nachzuweisen. Die Vorlage einer Vollmacht bei einer Behörde ist u. a. auch deshalb sinnvoll, weil z. B. in Widerspruchsangelegenheiten eine Erstattung der Gebühren und Auslagen des Rechtsanwalts nur möglich ist, wenn die Hinzuziehung eines Bevollmächtigten notwendig war und ein entsprechender Ausspruch hierzu erfolgt ist (§ 80 II, III VwVfG). Ist die Bevollmächtigung nachgewiesen, soll sich die Behörde regelmäßig im Laufe des Weiteren Verwaltungsverfahrens an den Bevollmächtigten wenden (§ 14 III 1 VwVfG).

64 Gemäß § 67 III VwGO ist die Vollmacht schriftlich zu erteilen, wenn sich eine Partei vor der **Verwaltungsgerichtsbarkeit** durch einen Bevollmächtigten vertreten lassen will. Vor dem BVerwG und den OVG ist eine Vertretung der Partei durch im Einzelnen dort benannte Bevollmächtigte zwingend vorgeschrieben (§ 67 I VwGO). Die Vollmacht kann nachgereicht werden (§ 67 III 2 VwGO). Geschieht dies jedoch nicht oder nicht innerhalb der von dem Gericht gesetzten Frist (§ 67 III 2 2. Halbs. VwGO), kann die Klage oder das Rechtsmittel durch Prozessurteil als unzulässig verworfen werden. Es empfiehlt sich, die herausgereichten Vollmachten in **Kopie** zu der Akte zu nehmen, damit zum einen jederzeit der Auftragsgegenstand gegenüber der Behörde bzw. dem Gericht überprüft werden kann. Im Übrigen dient die Kopie der Vollmacht oder eine weitere Vollmacht in der Handakte auch dem Nachweis des Anwalts gegenüber dem Mandanten bezüglich seiner Beauftragung.

65 Empfehlenswert ist die Verwendung eines **umfassenden Vollmachtsformulars**, wobei berücksichtigt werden sollte, dass in dem Formular auch die Bevollmächtigung

---

41 BVerfG, Beschl. v. 24.07.2002 – 2 BvR 2256/99, NJW 2003, 576; BVerfG, Beschl. v. 02.03.2000 – 1 BvR 2224/98, NJW 2000, 2098.
42 BVerfG, Beschl. v. 14.04.2003 – 1 BvR 1998/02, NJW 2003, 2976.

D. Mandatsübertragung

▶ „zur Begründung und Aufhebung von Vertragsverhältnissen und zur Abgabe und Entgegennahme von einseitigen Willenserklärungen (z. B. Kündigungen) in Zusammmenhang mit der oben unter „wegen" genannten Angelegenheit" ◀
aufgenommen ist.

Wichtig ist auch die ausdrückliche Bevollmächtigung des Anwalts zur Entgegennahme von **Erstattungsbeträgen** durch Dritte, weil der Anwalt notfalls – im Falle der Nichtzahlung – seine eigenen Gebührenansprüche gegenüber dem Auftraggeber mit den bei ihm eingehenden Rückerstattungsbeträgen verrechnen kann. Dringend sollte auch darauf geachtet werden, den Auftraggeber sowie den Auftragsgegenstand in der Vollmacht zu benennen, da die Vollmacht allein anhand der Unterschrift nicht näher bestimmbar ist. Die Vollmacht sollte daher bereits bei Unterschrift durch den Auftraggeber umfassend ausgefüllt sein. 66

III. Nachforderung fehlender Unterlagen

Nach erfolgter Beauftragung sollte durch den Anwalt abschließend geklärt werden, ob fehlende Unterlagen nachzufordern sind. Es ist wenig vertrauenerweckend, wenn der Anwalt im Laufe des Mandats sukzessive bei dem Auftraggeber fehlende Unterlagen abfordert. Vor einer ersten Außentätigkeit des Anwalts sollte dieser dafür Sorge tragen, dass alle entscheidungserheblichen Unterlagen in der Akte vorhanden sind. Es empfiehlt sich im Übrigen in diesem Zusammenhang, lediglich Kopien zu den Akten zu nehmen und **Originalunterlagen** umgehend wieder an die Mandantschaft **herauszureichen**, damit nicht nach Mandatsabschluss die Akte vor ihrer Ablage auf Originalunterlagen durchgesehen werden muss. 67

IV. Fristenkontrolle und Anwaltshaftung

Hinzuweisen ist nochmals deutlich auf die Notwendigkeit der ordnungsgemäßen Fristenkontrolle durch den Anwalt und seine Kanzlei. Die Nichteinhaltung einer gesetzlichen Frist durch den Bevollmächtigten ist der auftraggebenden Partei zuzurechnen (vgl. § 173 VwGO, § 85 II ZPO). Soweit dem Auftraggeber durch Nichteinhaltung einer gesetzlichen Frist ein Schaden entstanden ist, stellt dies einen Regreßfall gegenüber dem beauftragten Anwalt dar. 68

Eine den Verschuldensvorwurf auslösende Verletzung der von einem Bevollmächtigten zu wahrenden Sorgfaltspflicht fällt diesem unter dem Gesichtspunkt des **Organisationsverschuldens** insbesondere dann zur Last, wenn er nicht durch allgemeine Weisung dafür Sorge trägt, dass der Ablauf von Rechtsmittelfristen einschließlich der Rechtsmittelbegründungsfristen zuverlässig rechtzeitig bemerkt wird.[43] Diese Sorgfaltspflicht macht es erforderlich, dass der Anwalt die Wahrung der Fristen **eigenverantwortlich** überwacht. Zwar darf sich der Rechtsanwalt im Allgemeinen darauf verlassen, dass eine damit beauftragte erfahrene Hilfsperson in der Kanzlei den Fristenkalender ordentlich führt und entsprechend den erteilten allgemeinen Anweisungen im Einzelfall die maßgeblichen 69

---

43 BVerfG, Beschl. v. 21.02.2001 – 2 BvR 1469/00, NJW 2001, 1567 (1568) zur Wiedereinsetzung im Verfassungsbeschwerdeverfahren.

§ 1 Vorgerichtliche Beratung und Vertretung

Fristen beachtet. Bei der normalen und regelmäßigen Überwachung ist durch eine geeignete Büroorganisation eine wirksame End- oder Ausgangskontrolle für fristwahrende Schriftsätze zu gewährleisten.[44]

70 Der Anwalt ist daher auch gefordert, in Abständen die Einhaltung seiner Anweisungen regelmäßig durch **Kontrollen** zu überprüfen. Finden diese Kontrollen statt, ist es dem Anwalt nicht als Verschulden anzulasten, wenn eine Hilfsperson die Fristen entgegen seiner Weisung unrichtig einträgt. Die gesteigerte Sorgfaltspflicht durch den Rechtsanwalt setzt dann aber wieder ein, wenn ihm in der Fristsache die betreffende Akte zur Bearbeitung vorgelegt wird.[45] Bei der Organisation des Fristenwesens in seiner Kanzlei hat der Anwalt immer durch geeignete Anweisungen sicherzustellen, dass die Berechnung der Frist, die Eintragung im Fristenkalender sowie die Quittierung der Kalendereintragung durch einen Erledigungsvermerk auf den Handakten von der zuständigen Bürokraft zum frühestmöglichen Zeitpunkt und im unmittelbaren zeitlichen Zusammenhang vorgenommen werden.[46]

E. Außergerichtliche Tätigkeiten

71 Die außergerichtliche Tätigkeit des Anwalts im öffentlichen Baurecht richtet sich danach, ob nur eine beratende und/oder eine vertretende Tätigkeit beauftragt ist. Wichtig ist bei der Auftragserteilung, genau abzugrenzen, bis zu welchem Verfahrensschritt die Beauftragung zunächst erfolgt. Wird der Anwalt außergerichtlich ohne eine weitere Absprache tätig, endet die Tätigkeit regelmäßig spätestens mit dem Erlass eines Widerspruchsbescheides, weil sodann zu entscheiden ist, ob nach Durchführung des Vorverfahrens (§§ 68 ff. VwGO) ein Klageverfahren einzuleiten ist.
Folgende außergerichtliche Tätigkeiten kommen hauptsächlich in Betracht:
- Rein interne Beratungstätigkeit,
- Vertretung gegenüber Behörden,
- Vertretung im Widerspruchsverfahren,
- Vertretung im Bebauungsplanverfahren.

I. Vorschußanforderung

72 Es empfiehlt sich dringend, **ohne Ansehen der Person** bzw. der Partei vor **jedweder** Tätigkeit einen Vorschuß bei der Mandantschaft abzufordern und gleichzeitig darauf hinzuweisen, dass ohne diesen Kostenvorschuß eine einleitende oder weiterführende Bearbeitung des Mandats nicht erfolgen kann und nicht erfolgen wird. § 9 RVG eröffnet dem Anwalt die Möglichkeit „von seinem Auftraggeber für die entstandenen und die voraussichtlich entstehenden Gebühren und Auslagen einen angemessenen Vorschuß" zu fordern. Die **Höhe** des Vorschusses richtet sich nach der voraussichtlichen Höhe der Vergütung. Im Zweifel kann der Vorschuß sogar in der vollen Höhe der Vergütung gefordert werden. Zahlt der Vorschußpflichtige den geforderten Vorschuß nicht, kann der Anwalt seine weitere Tätigkeit für den Auftraggeber einstellen, bis der Vorschuß eingeht. Allerdings ist dem Anwalt eine Mandatsniederlegung zur Unzeit verboten, diese darf also z. B.

---

[44] BVerfG, Beschl. v. 21.02.2001 – 2 BvR 1469/00, NJW 2001, 1567.
[45] BVerfG, Beschl. v. 27.03.2002 – 2 BvR 636/01, NJW 2002, 3014.
[46] BGH, Urt.. v. 05.02.2003 – VIII Z. B. 115/02, NJW 2003, 1815.

nicht am letzten Tage vor Ablauf einer Rechtsmittelfrist erfolgen. Die Mandatsniederlegung sollte daher bei einer hartnäckigen Weigerung zur Zahlung des Vorschusses gegenüber der Mandantschaft unzweideutig vorab schriftlich angedroht werden.

II. Interne Beratungstätigkeit

Durchaus möglich und teilweise auch sinnvoll ist manchmal zunächst eine reine interne Beratungstätigkeit gegenüber dem Auftraggeber, ob Bauherr, Architekt, Nachbar oder Gemeinde, ohne nach außen – gegenüber der Behörde oder einem Dritten – anwaltlich tätig zu werden. Teilweise ist dies schon aus atmosphärischen Gründen angezeigt, um nicht möglicherweise noch bestehende Verhandlungsspielräume zwischen den Parteien einzuengen. Gerade Baugenehmigungsbehörden reagieren teilweise – jedenfalls wenn der Anwalt dort entweder nicht oder nicht als „kooperativ" bekannt ist – auf einen anwaltlichen Meldeschriftsatz eher ablehnend. Manchmal wird der Vorgang auch sogleich an die Rechtsabteilung der Behörde abgegeben, was der Sache erst recht nicht zuträglich ist, um eine sinnvolle Lösung zwischen den Parteien herbeizuführen. Dies muss aber jeweils im Einzelfall abgewogen werden. 73

Sobald abzusehen ist, dass die Vertretungsanzeige eines Anwalts zum aktuellen Verfahrensstand möglicherweise kontraproduktiv wirkt, sollte der Anwalt zunächst nur im Hintergrund wirken. Die interne Beratungstätigkeit kann von der Abschätzung einer reinen Erfolgsprognose gegenüber dem Mandanten bis zur schriftlichen Vorbereitung und Erstellung von Stellungnahmen und Schriftsätzen reichen. 74

Vertritt der Anwalt einen Bauherrn, der ein größeres Bauvorhaben plant, wobei insbesondere die planungsrechtliche Situation tatsächlich und/oder rechtlich kompliziert ist, sollte der Mandantschaft angeraten werden, zunächst über die Frage der Art und des Umfangs der Bebaubarkeit eines bestimmten Grundstücks einen **Bauvorbescheid** zu erwirken.

Das landesrechtliche Verfahrensrecht bestimmt den Umfang der Prüfung im Vorbescheidsverfahren und damit auch den Inhalt des Vorbescheids.[47] Grundsätzlich ist die Baugenehmigungsbehörde an den Inhalt des Vorbescheides im anschließenden Baugenehmigungsverfahren gebunden. Stellt der Vorbescheid für die Dauer seiner Geltung das Vorliegen bestimmter rechtlicher Voraussetzungen für die Zulässigkeit eines Bauvorhabens fest, hat die Baugenehmigungsbehörde von diesen Feststellungen bei ihrer Entscheidung über den rechtzeitig gestellten Bauantrag auch dann auszugehen, wenn sich die **Sach- und Rechtslage** inzwischen **verändert** hat. Bei dem Vorbescheid handelt es sich um einen feststellenden Verwaltungsakt mit Dauerwirkung. Der Vorbescheid entfaltet somit für das nachfolgende Baugenehmigungsverfahren eine rechtliche **Bindungswirkung**. Mit dem Vorbescheid oder dessen Ablehnung erhält der Bauherr ohne größeres Kostenrisiko jedenfalls eine Planungssicherheit für weitere Investitionen in und für das Bauvorhaben. 75

III. Vertretung gegenüber Behörden

Regelmäßig dürfte zunächst eine außergerichtliche Vertretung gegenüber der Behörde Gegenstand einer anwaltlichen Tätigkeit auf dem Bereich des öffentlichen Baurechts sein. Hilfreich ist es, jeweils zu wissen, wer im Rahmen eines Genehmigungsverfahrens z. B. als Entscheidungsträger oder votierende Stelle **zuständig** ist, etwa durch die Besorgung 76

---

47 BVerwG, Beschl. v. 18.06.1997 – 4 B 238/96, NVwZ-RR 1998, 157.

eines Geschäftsverteilungsplans oder eines Organigramms der Behörde, auf dem dann auch zugleich die Telefonnummern der jeweiligen Sachbearbeiter zu notieren sind.

77 Nicht außer Acht gelassen werden darf dabei die persönliche Komponente im Rahmen eines Verwaltungsverfahrens. Gerade der auf dem Gebiet des öffentlichen Baurechts tätige Anwalt wird darin gefordert sein, den **persönlichen Kontakt** zu den Entscheidungsträgern in der Genehmigungsbehörde herzustellen und auf eine atmosphärisch gute Zusammenarbeit hinzuwirken. Der Anwalt sollte hier weniger als „Gegner" denn als Sachwalter von Interessen auftreten, um ohne eine gerichtliche Auseinandersetzung das Beste für den Mandanten herauszuverhandeln. Dabei ist es Aufgabe des Anwalts, den tatsächlichen und rechtlichen Standpunkt des Auftraggebers gegenüber der Behörde dezidiert schriftlich vorzutragen und ggf. auch mündlich zu erläutern. Einen breiten Raum dürfte die Beteiligung des Anwalts insbesondere bei umfangreicheren Bauvorhaben einnehmen, wenn die bauplanungsrechtliche oder bauordnungsrechtliche Situation schwierig ist und/oder die Behörde auf den Entwurf des Bauherrn oder Architekten eine Baugenehmigung nicht erteilen möchte. Hier bleibt es durchaus dem Geschick des Anwalts überlassen, die Baugenehmigungsbehörde von der **Genehmigungsfähigkeit** des Vorhabens zu überzeugen. In diesem Rahmen muss der Anwalt oft **Überzeugungsarbeit** gegenüber dem eigenen Mandanten leisten, um ihm im Interesse der Genehmigungsfähigkeit seiner Planung zu vermitteln, dass möglicherweise sein Entwurf für das Bauvorhaben überarbeitungsbedürftig ist. Tatsache ist nämlich, dass die Baugenehmigungsbehörden regelmäßig die überlange Verfahrensdauer der Verwaltungsgerichte dafür nutzen, ihre eigenen Vorstellungen bezüglich eines Bauvorhabens gegenüber dem Bauherrn durchzusetzen. Ob und in welchem Umfang dies im Einzelfall zu akzeptieren ist, wird im Rahmen der Darstellungen über die Zulässigkeit eines Vorhabens zu erläutern sein.

78 Vertritt der Anwalt einen Betroffenen, um gegen eine geplante Bebauung auf dessen Nachbargrundstück vorzugehen, ist der Gestaltungsspielraum des Rechtsanwalts als eher gering einzuschätzen: Die Baugenehmigungsbehörde hat zwingend die Genehmigung zu erteilen, soweit die bauplanungs- und bauordnungsrechtlichen Vorgaben erfüllt und keine nachbarlichen Belange verletzt sind. Ist dies der Fall, hat der Bauherr einen ggf. einklagbaren Anspruch auf Erteilung der Baugenehmigung. Die Baugenehmigung **ist** zu erteilen,[48] wenn das Vorhaben den öffentlich-rechtlichen Bestimmungen entspricht; insoweit formulieren auch die Landesbauordnungen die gebundene Entscheidung der Behörde. Eine Genehmigung ist im Übrigen nur dann zu versagen, wenn eine Verletzung nachbarlicher Vorschriften durch das Vorhaben bzw. seiner konkreten Durchführung vorliegt.

79 Da die Genehmigungsbehörden immer mehr dazu übergehen, den Nachbarn nicht mehr von Amts wegen an einem Baugenehmigungsverfahren zu beteiligen,[49] ist es Sache des den Nachbarn vertretenden Anwalts, die mögliche **Verletzung nachbarlicher Belange** gegenüber der Behörde darzustellen und zu referieren, um eine Bebauung zu verhindern oder letztlich eine nachbarverträgliche Bebauung herbeizuführen. Dabei sollte der Anwalt auch gegenüber der Mandantschaft klar zum Ausdruck bringen, dass eine Bebaubarkeit des Nachbargrundstücks – von wenigen Ausnahmefällen abgesehen – nicht

---

48 Die Baugenehmigung ist insoweit eine gebundene Entscheidung. Demgegenüber ist in einzelnen Vorschriften die Erteilung einer Ausnahme oder Befreiung in das Ermessen der Behörde gestellt, vgl. §§ 31, 33 II, 34 III a, 35 II BauGB.
49 Soweit die Bauordnungen der Länder eine Nachbarbeteiligung am Genehmigungsverfahren nicht ausdrücklich vorsehen, ergibt sich ein Beteiligungsrecht nur aus § 13 VwVfG. Das Unterbleiben der Beteiligung kann aber jederzeit nachgeholt und insoweit auch geheilt werden. § 45 I Nr. 3 VwVfG.

grundsätzlich zu verhindern sein wird. Allein über die verfahrensrechtliche Stellung des Nachbarn, der eine erteilte Baugenehmigung zunächst mit Widerspruch und Klage anfechten und einen Baustopp über ein Verfahren nach § 80 V VwGO verfügen kann, sollte bereits im Vorfeld auf eine nachbarverträgliche Bebauung hingewirkt werden.
Hilfreich ist es, wenn sich der Anwalt – nachdem der Nachbar durch das aufgestellte Bauschild oder auf die erfolgte Akteneinsicht Kenntnis von dem **Bauherrn** hat – mit diesem unmittelbar **in Verbindung setzt**, um den Bauherrn ausgehend von dem Mandatsauftrag auf mögliche Anfechtbarkeiten seiner Baugenehmigung und dementsprechende Risiken hinzuweisen, um ggf. auch so eine einvernehmliche und interessengerechte Lösung zwischen den Nachbarn herbeizuführen. 80

IV. Vertretung im Widerspruchsverfahren

Einen wesentlichen Gegenstand der außergerichtlichen Vertretung bildet die anwaltliche Vertretung des Mandanten im Widerspruchsverfahren. So ist z. B. bei der rechtswidrigen Versagung einer Baugenehmigung ebenso wie bei der rechtswidrigen Erteilung einer Baugenehmigung ein Vorverfahren zwingend durchzuführen (§ 68 VwGO).

1. Versagung der Baugenehmigung

Soweit die Erteilung einer Baugenehmigung rechtswidrig versagt wurde, sollte aufgrund der überlangen Verfahrensdauer der Verwaltungsgerichte in sog. Hauptsacheverfahren spätestens im Widerspruchsverfahren eine **Einigung** mit der Baugenehmigungsbehörde darüber erzielt werden, auf welcher konkreten Grundlage das Bauvorhaben mit welchen Änderungen durchzuführen ist. Der Anwalt wird in diesem Verfahrensstadium mehr oder weniger zum Mediator, Schlichter und Mittler zwischen den sich gegenüberstehenden Parteien, dem Auftraggeber und der Baugenehmigungsbehörde. Hier ist es hilfreich, wenn der Anwalt die entscheidungserheblichen Personen in der Genehmigungs- und Widerspruchsbehörde bereits kennt und dort den Ruf besitzt, auch gegenüber dem Bauherrn vermittelnd tätig werden zu können. 81
Soweit Ausgangs- und Widerspruchsbehörde nicht identisch sind, empfiehlt sich eine **persönliche Kontaktaufnahme** mit der Widerspruchsbehörde, die ggf. unbeeindruckt von möglicherweise auch vorhergegangenen atmosphärischen Spannungen zwischen den Beteiligten des Baugenehmigungsverfahrens den Bauantrag und die Versagungsgründe nochmals gänzlich einer neuen Überprüfung unterziehen kann. Sollte sich die Widerspruchsbehörde von den Argumenten des Anwalts gänzlich unbeeindruckt zeigen, kommt als ultima ratio noch der Hinweis des Anwalts auf **drohende Haftungs- und Entschädigungsansprüche** des Mandanten gegen die Bauaufsichtsbehörde in Betracht, sollte die begehrte Genehmigung zu unrecht nicht erteilt werden. 82
Eine Chance, die begehrte Baugenehmigung im Wege des **vorläufigen Rechtsschutzes** durch einen Antrag auf Erlass einer einstweiligen Anordnung gem. § 123 VwGO zu erreichen, besteht regelmäßig nicht. Hier steht das Verbot, im vorläufigen Rechtsschutzverfahren die Hauptsache vorwegzunehmen, einer Entscheidung zugunsten des Bauherrn entgegen. Eine Ausnahme hiervon ist nur dann gegeben, wenn die Versagung einer Baugenehmigung – was allerdings kaum der Fall sein wird – offensichtlich rechtswidrig ist. Insoweit wird – allerdings auch von der herrschenden Meinung abweichend – die Auffassung vertreten, dass mit einem Verfahren nach § 123 VwGO eine Neubescheidung des Bauantrags erreicht werden könnte. 83

§ 1 Vorgerichtliche Beratung und Vertretung

2. Anfechtung der Baugenehmigung

Ist eine Baugenehmigung erteilt worden, hat die Einlegung des Widerspruchs gegen diese unterschiedliche Konsequenzen für den anfechtenden Nachbarn und den die Baugenehmigung begünstigenden Bauherrn.

- **Vertretung des Nachbarn**

84 Vertritt der Anwalt einen Nachbarn, der gegen eine erteilte Baugenehmigung vorgehen will, muss zunächst innerhalb der Monatsfrist des § 70 VwGO der Widerspruch erhoben werden, wenn die Baugenehmigung dem Nachbarn mit Rechtsmittelbelehrung zugestellt wurde. Anderenfalls gilt für die Einlegung des Widerspruchs die **Jahresfrist** des § 58 II VwGO. Gleichwohl sollte unverzüglich nach Kenntniserlangung von einem Bauvorhaben auf dem Nachbargrundstück, spätestens mit der Aufstellung des Bauschildes oder dem Anrücken der Baufahrzeuge, der Widerspruch zur Fristwahrung erhoben werden, da der Nachbar sonst – jedenfalls im einzuleitenden einstweiligen Rechtsschutzverfahren – Gefahr läuft, dass sein Widerspruchsrecht als **verwirkt** angesehen wird.[50]

Nach einer grundlegenden Entscheidung des BVerwG gilt für die Anfechtung von Bauvorhaben folgendes: Ist dem Nachbarn die Baugenehmigung, durch die er sich beschwert fühlt, nicht amtlich bekanntgegeben worden, so läuft für ihn weder in unmittelbarer noch in analoger Anwendung der §§ 70 und 58 II VwGO eine Widerspruchsfrist. Hat er jedoch sichere Kenntnis von der Baugenehmigung erlangt oder hätte er sie erlangen müssen, so kann ihm nach Treu und Glauben die Berufung darauf versagt sein, dass sie ihm nicht amtlich mitgeteilt wurde. Dann läuft für ihn die Widerspruchsfrist nach § 70 i. V. m. § 58 II VwGO so, als sei ihm die Baugenehmigung in dem Zeitpunkt amtlich bekanntgegeben worden, in dem er von ihr sichere Kenntnis erlangt hat oder hätte erlangen müssen.[51]

85 Die Tätigkeit des Anwalts im Widerspruchsverfahren für den Nachbarn reduziert sich durchweg auf die Einlegung des Widerspruchs und die dann zwingend zu beantragende Einsicht in Baugenehmigungsunterlagen bei der Behörde: Gemäß § 212 a BauGB haben Widerspruch und Anfechtungsklage eines Dritten gegen die bauaufsichtliche Zulassung eines Vorhabens nämlich **keine aufschiebende Wirkung**. Der Anwalt hat den eine Baugenehmigung anfechtenden Nachbarn darüber zu belehren, dass eine Ausnutzung der Baugenehmigung lediglich durch die Einleitung eines verwaltungsgerichtlichen Eilverfahrens gem. § 80 V VwGO gestoppt werden könnte.

86 Zugleich mit der notwendigen Einlegung des Widerspruchs sollte der Anwalt gegenüber der Behörde **beantragen**, die sofortige Vollziehbarkeit der Baugenehmigung bis zu deren Bestandskraft auszusetzen, wie dies in § 80 VI VwGO vorgesehen ist, damit nicht ein verwaltungsgerichtlicher Eilantrag nach § 80 V VwGO aus diesem formellen Grund als unzulässig verworfen wird. Ein verwaltungsgerichtliches **Eilverfahren** nach § 80 V VwGO auf Wiederherstellung der aufschiebenden Wirkung des Rechtsmittels muss ebenfalls unverzüglich ab Kenntnis von dem Bauvorhaben auf dem Nachbargrundstück eingeleitet werden, weil anderenfalls jedenfalls bei Ablauf mehrerer Monate ab Kenntnisnahme von der Baugenehmigung oder dem Baubeginn auch das Rechtsschutzbedürfnis für das Eilverfahren verneint werden kann.

---

50 Zur Verwirkung des Klagerechts (Zeit- und Umstandsmoment) allgemein: BVerwG, Beschl. v. 31.08.1999 – 3 B 57.99, DVBl. 2000, 560.
51 BVerwG, Urt. v. 25.01.1974 – 4 C 2.72, BVerwGE 44, 297 = NJW 1974, 1260; BVerwG, Beschl. v. 18.01.1988 – 4 B 257/87, NVwZ-RR 1988, 532.

E. Außergerichtliche Tätigkeiten

■ **Vertretung des Bauherrn**

Vertritt der Anwalt den Bauherrn, gegen dessen erteilte Baugenehmigung der Nachbar Widerspruch erhoben hat, muss der Anwalt sorgfältige Aufklärungsarbeit leisten. Der eingelegte Widerspruch hat zwar nach § 212 a BauGB keine aufschiebende Wirkung mit der Folge, dass die Baugenehmigung ausgenutzt werden und mit dem Bau begonnen werden kann. Allerdings erfolgt die Ausnutzung der Baugenehmigung auf **eigenes Risiko** des Bauherrn: Wird die Baugenehmigung später im Rahmen des Widerspruchsverfahrens oder des Klageverfahrens auf die Anfechtung durch den Nachbarn (bestandskräftig) aufgehoben, ist der sodann formell und ggf. materiell illegale Bau, auch wenn er bereits fertiggestellt ist, vollständig zurückzubauen und zu entfernen; ein Vorgehen gegen eine Beseitigungsverfügung der Genehmigungsbehörde hat auch unter dem Gesichtspunkt der Unzumutbarkeit der Beseitigung keine Aussicht auf Erfolg. Der Anwalt hat also gegenüber dem Bauherrn eine genaue **Risikoabschätzung** darüber zu erstellen, ob das Bauvorhaben mit Erfolg angefochten werden kann oder nicht, um zu entscheiden, ob trotz Anfechtung der Baugenehmigung das Bauvorhaben gefahrlos in Angriff genommen und mit dem Bau begonnen werden kann.

87

Sinnvoll erscheint es, wenn sich Bauherr und Nachbar im Falle der Anfechtung der Baugenehmigung unter Vermittlung des Anwalts zusammensetzen, damit das Begehren des Nachbarn und seine Befindlichkeit gegen das benachbarte Vorhaben übersehen und eingeschätzt werden kann. Vielfach kann durch eine simple **architektonische Lösung** die behauptete Nachbarrechtsverletzung aus dem Wege geräumt und so den Parteien zu einem guten nachbarschaftlichen Verhältnis verholfen werden. Daher sollte der beratende und vertretende Anwalt die Phantasie des Architekten durchaus dahin gehend anregen, dass durch eine ggf. geringfügige Umplanung eine zeitnahe Genehmigungsfähigkeit herbeizuführen wäre. In anderen Fällen kann durch die **Zahlung** eines einmaligen Betrages der Nachbar vielleicht bewogen werden, etwa einer Überschreitung der Abstandsfläche auf seinem Grundstück zuzustimmen. In diesem Falle sollte aber mit der Baugenehmigungsbehörde vorab abgestimmt werden, ob mit dieser Zustimmung das Vorhaben ansonsten genehmigungsfähig ist.

88

3. Akteneinsicht

Äußerst wichtig ist sowohl für den einen Bauherrn sowie den einen Nachbarn vertretenden Anwalt, die Verwaltungsvorgänge bei der Genehmigungsbehörde einzusehen. Ein entsprechendes Recht auf Akteneinsicht ergibt sich aus § 29 VwVfG.

■ **Vertretung des Nachbarn**

Die Baugenehmigungsbehörden gehen immer mehr dazu über, den Nachbarn im Rahmen eines Baugenehmigungsverfahrens nicht mehr von Amts wegen zu beteiligen, wenn nicht die Bauordnungen der Länder dies zwingend vorsehen. Daher ist es unumgänglich, Art und Umfang des benachbarten Bauvorhabens durch eine Akteneinsicht bei der Genehmigungsbehörde festzustellen. Je nach Kooperationsbereitschaft der Baugenehmigungsbehörde können zwar grundsätzlich **Kopien** aus den Baugenehmigungsunterlagen gefertigt werden. Regelmäßig ist jedoch festzustellen, dass die Behörden äußerst restriktiv mit dieser Möglichkeit verfahren und unter Hinweis auf datenschutzrechtliche und urheberrechtliche Bestimmungen über die Bauantragsunterlagen die Fertigung von Kopien aus den Baugenehmigungsunterlagen versagen. Eine Überlassung der Akte an den Anwalt ist im außergerichtlichen Verfahren grundsätzlich ausgeschlossen. Hilfreich ist daher, wenn der Anwalt bei der Akteneinsicht zumindest ein **Handdiktiergerät** mitnimmt, um ent-

89

Lansnicker

scheidungserhebliche Passagen – wie z. B. ablehnende oder zustimmende Stellungnahmen der Stadtplanung – dann wörtlich zu diktieren. Sinnvoll ist auch die Mitnahme von **Pauspapier**, um wichtige Teile einer Planung abzuzeichnen oder die Mitnahme einer **Spiegelreflex- oder Digitalkamera** mit Makroobjektiv. Erst die Einsicht in die Genehmigungsunterlagen versetzt den Anwalt in die Lage, im Rahmen des späteren Eilverfahrens dezidiert eine Verletzung nachbarlicher Belange vortragen zu können.

90 Sollte sich die Behörde gänzlich unkooperativ zur oder bei der Akteneinsicht zeigen, kann der Anwalt spätestens im verwaltungsgerichtlichen Verfahren eine uneingeschränkte Akteneinsicht nach § **100 VwGO** erhalten, weil die Verwaltungsvorgänge in dem Verfahren beizuziehen sind, was gegenüber der Behörde auch zu vermitteln ist. Im Rahmen der Akteneinsicht im verwaltungsgerichtlichen Verfahren ist diese unbeschränkt. Dem Anwalt steht es frei, sich im Rahmen der verwaltungsgerichtlichen Akteneinsicht Kopien aus den Verwaltungsvorgängen fertigen zu lassen.

- **Vertretung des Bauherrn**

91 Eine Akteneinsicht in die Genehmigungsunterlagen empfiehlt sich, wenn der die Versagung einer Baugenehmigung anfechtende Bauherr vertreten wird. Oft ergeben sich aus den Verwaltungsvorgängen Hinweise auf befürwortende Auffassungen der zu beteiligenden Stellen über die bauplanungs- oder bauordnungsrechtliche Zulässigkeit des Vorhabens, die aber im Bescheid keinen Niederschlag gefunden haben. Diese Stellungnahmen sind dann ggf. im weiteren Verfahren für den eigenen Rechtsstandpunkt zu verwenden.

4. Erstattung von Kosten im Vorverfahren

92 Im Falle eines erfolgreichen Widerspruchs hat die Behörde, die den angefochtenen Verwaltungsakt erlassen hat, dem Widerspruchsführer **auf Antrag** „die zur zweckentsprechenden Rechtsverfolgung oder Rechtsverteidigung notwendigen Aufwendungen zu erstatten" (§ 80 I 1 VwVfG). Die Gebühren eines Rechtsanwalts oder eines sonstigen Bevollmächtigten im Vorverfahren sind erstattungsfähig, wenn die Zuziehung eines Bevollmächtigten notwendig war (§ 80 II VwVfG). Nicht vergessen werden sollte daher mit dem einzulegenden Widerspruch zugleich folgender Hinweis:

▶ „Es wird beantragt, die Hinzuziehung des Bevollmächtigten für das Vorverfahren für notwendig zu erklären (§ 80 II VwVfG)." ◀

Wie schon ausgeführt, sind die Gebühren und Auslagen eines Rechtsanwalts oder eines sonstigen Bevollmächtigten im Vorverfahren dann erstattungsfähig, wenn der Bescheid oder Widerspruchsbescheid eine entsprechende **Kostenentscheidung** enthält (§§ 80 II, III 2 VwVfG).

93 Nach der ständigen Rechtsprechung des BVerwG ist die Hinzuziehung eines Bevollmächtigten im Vorverfahren „**notwendig**" i. S. von § 80 II VwVfG, wenn es der Partei nach ihren persönlichen Verhältnissen und der Schwierigkeit der Sache nicht zuzumuten ist, das Vorverfahren selbst zu führen. Maßgebend ist nach der Rechtsprechung, ob sich ein vernünftiger Bürger mit gleichem Bildungs- und Erfahrungsstand bei der gegebenen Sachlage eines Rechtsanwalts bedient hätte. Abzustellen ist auf den Zeitpunkt der Heranziehung des Rechtsanwalts, d. h. seiner förmlichen Bevollmächtigung, oder, bei schon früher erfolgter allgemeiner Bevollmächtigung, des Auftrages zur Einlegung des Widerspruchs.[52]

---

52 Zusammenfassend: BVerwG, Beschl. v. 14.01.1999 – 6 B 118/98, NVwZ-RR 1999, 611 (612).

E. Außergerichtliche Tätigkeiten   2

Schließt sich im Anschluss an einen ablehnenden Widerspruch ein **verwaltungsgerichtliches Verfahren** an, sind die Kosten des Anwalts der obsiegenden Partei dann erstattungsfähig, „wenn das Gericht die Zuziehung eines Bevollmächtigten für das Vorverfahren für notwendig erklärt" (§ 162 II 2 VwGO). Notwendig für die Kostenerstattung aus dem Widerspruchsverfahren ist also eine entsprechende Kostenentscheidung des Gerichts nach einer obsiegenden Entscheidung des Widerspruchsführers.   94

Erstattungsfähig können nach § 80 I 1 VwVfG im Einzelfall auch die Kosten eines **Privatgutachtens** sein, wenn dessen Einholung zur Vorbereitung des Verfahrens oder zur Erlangung der erforderlichen Sachkunde geboten war.[53] Die Notwendigkeit der Einholung eines Privatgutachtens hängt von den tatsächlichen Umständen des Einzelfalls ab und entzieht sich einer rechtsgrundsätzlichen Beantwortung.[54] Daher muss der Anwalt im Widerspruchsverfahren wie auch im anschließenden gerichtlichen Verfahren mit einem Antrag und einer ausführlicheren Begründung auf einen entsprechenden Kostenerstattungsausspruch hinwirken, da der Ausspruch anders als die Kostengrundentscheidung nicht von Amts wegen erfolgt.   95

Sollte der im verwaltungsgerichtlichen Verfahren obsiegende Anwalt den Antrag auf seine notwendige Hinzuziehung für das Vorverfahren im Verfahren vor dem Verwaltungsgericht übersehen haben, kann dieser auch noch **nach Abschluss** des Verfahrens (Urteil oder Beschluss) gestellt werden; das Gericht hat darüber durch gesonderten Beschluss zu entscheiden.   96

5. Gebühren und Kosten

Die Tätigkeit des Anwalts im Widerspruchsverfahren (§§ 68 ff. VwGO) stellt gegenüber einem sich anschließenden verwaltungsgerichtlichen Verfahren gebührenrechtlich eine **eigene Angelegenheit** dar (§ 17 I Nr. 1 RVG). Auch das dem Widerspruch vorausgehende Verwaltungsverfahren stellt gebührenrechtlich eine eigene Angelegenheit dar. Mit dem sich an das Widerspruchsverfahren anschließenden gerichtlichen Eil- oder Hauptsacheverfahren beginnt regelmäßig gebührenrechtlich eine **neue Angelegenheit**, die Gebühr des Widerspruchsverfahrens wird nicht auf das gerichtliche Verfahren angerechnet. Der Anwalt kann daher für die Tätigkeit im Verwaltungsverfahren eine Gebühr nach Nr. 2400 VV RVG abrechnen (0,5 – 2,5), eine weitere Gebühr nach Nr. 2401 VV RVG für die Tätigkeit im Widerspruchsverfahren (0,5 – 1,3) und weitere dritte Gebühren nach Nr. 3100 ff. VV RVG für die Tätigkeit im verwaltungsgerichtlichen Verfahren (Verfahrensgebühr, ggf. Termingebühr u. s. w..). Wird der Anwalt sowohl vor Erlass des Bescheides als auch im anschließenden Widerspruchsverfahren tätig, beträgt die Gebühr für das Widerspruchsverfahren nach Nr. 2401 Abs. 2 VV RVG allerdings nur 0,7, wenn nicht die Tätigkeit umfangreich oder schwierig war, was dann im Einzelnen nachzuweisen wäre.   97

Der Widerspruchsbescheid bestimmt, **wer** die Kosten zu tragen hat (§ 73 III VwGO). In den einzelnen Ländern bestimmen wiederum die Vorschriften des Verwaltungskostenrechts, ob der Widerspruchsbescheid selber im Falle des Unterliegens kostenpflichtig ist.   98

---

[53] BVerwG, Urt. v. 25.10.2000 – 6 C 11/99, NVwZ-RR 2001, 386 (387) – Kosten eines ärztlichen Privatgutachtens nach einem erfolgreichen Widerspruch gegen einen Musterungsbescheid.
[54] BVerwG, Beschl. v. 14.01.1999 – 6 B 118/98, NVwZ-RR 1999, 611 (613).

Lansnicker

§ 1 Vorgerichtliche Beratung und Vertretung

V. Vertretung im Bebauungsplanverfahren

99 Die anwaltliche Tätigkeit im Bebauungsplanverfahren, angefangen von dem Planaufstellungsbeschluss (§ 2 I BauGB) bis zu dessen Festsetzung durch die Gemeinde (§ 10 BauGB), ist umfangreich und kann hier nur in den Grundzügen dargestellt werden.[55] Nicht dargestellt werden z. B. weitere Tätigkeiten im Rahmen der Bauleitplanung, etwa bei der Aufstellung eines den Bebauungsplan vorbereitenden Flächennutzungsplans. Die Darstellung konzentriert sich im Übrigen hauptsächlich auf die Tätigkeit des Anwalts für einen von einem Bebauungsplan **Betroffenen**.

100 Der Ablauf des Bebauungsplanverfahrens ist gesetzlich im Einzelnen geregelt. In der Sache unterliegt der Plan rechtlichen Bindungen und Grenzen, die den Planungsvorgang wie auch dessen Ergebnis betreffen. Egal, ob der Anwalt eine Gemeinde bei der Aufstellung eines Bebauungsplans oder einen von der Planaufstellung Betroffenen berät und vertritt: Zwingend zur anwaltlichen Beratungspflicht gehört vorrangig der Hinweis, welche Rechtsverstöße überhaupt als beachtlich anzusehen und dementsprechend auch erfolgreich anzufechten sind, innerhalb welcher **Fristen** formelle und materielle Rechtsverstöße nach bundes- und landesrechtlichen Klauseln unbeachtlich werden und welche Schritte zur Vermeidung dieser Rechtsfolgen erforderlich sind.

1. Beteiligung der Öffentlichkeit

101 Wenn der Anwalt nicht schon vor dem Planaufstellungsbeschluss mit der Beratung und Vertretung beauftragt wurde, beginnt sie entweder mit der frühzeitigen Beteiligung der Öffentlichkeit (§ 3 I BauGB) oder dem formellen Beteiligungsverfahren. Die Entwürfe der Bauleitplanung sind mit der Begründung und den nach Einschätzung der Gemeinde wesentlichen, bereits vorliegenden umweltbezogenen Stellungnahmen für die Dauer eines Monats **öffentlich auszulegen** (§ 3 II 1 BauGB). Innerhalb der Auslegungsfrist sind „Anregungen" gegen die bisherige Planung vorzubringen (§ 3 II 2 BauGB). Zu prüfen ist in diesem Verfahrensstadium von Anwalt und Mandant, ob die Belange des Mandanten in der Planung vollständig erfasst und gewichtet wurden.

102 Hier genau beginnt der Spagat, den der Anwalt in diesem Verfahrensstadium leisten muss: Stellt er fest, dass ein **abwägungserheblicher Belang** seines Mandanten nicht berücksichtigt wurde, kann er nicht aus vermeintlich taktischen Gründen schweigen, um im Rahmen eines verwaltungsgerichtlichen Verfahrens eine bessere Rechtsposition zu erhalten. Übergeht der Bebauungsplan nämlich vom Anwalt nicht dargelegte Belange, so kann dies im gerichtlichen Rechtsschutzverfahren nicht als Abwägungsdefizit gerügt werden, wenn sich deren Existenz, Gewicht und Planbetroffenheit der Gemeinde nicht aufdrängen musste. Der Anwalt läuft also Gefahr, mit einem Vorbringen im gerichtlichen Verfahren **präkludiert** zu sein, wenn er Belange des Mandanten nicht im Auslegungsverfahren vorträgt, die der Gemeinde nicht auf den ersten Blick erkennbar sind. Dementsprechend besitzt der Anwalt im Planauslegungsverfahren Aufklärungs- und Hinweispflichten gegenüber dem einen Bebauungsplan anfechtenden Mandanten wie auch gegenüber der den Plan aufstellenden und beschließenden Gemeinde.

---

[55] Einen guten Gesamtüberblick über die Tätigkeit des Anwalts im Ablauf des Verfahrens vermittelt *Wohlgemuth* in: *Redeker/Uechtritz*, Anwaltshandbuch für Verwaltungsverfahren Band I, Ziff. 3 „Das Bebauungsplanverfahren".

2. Rügepflichten

Alle Verstöße gegen Vorschriften des BauGB sind **bis zur Bekanntmachung des Planes** beachtlich und von der höheren Verwaltungsbehörde im Rahmen der Rechtsaufsicht geltend zu machen (§ 216 BauGB). **Nach** der Schlußbekanntmachung des Plans sind folgende Vorschriften für Rügen gegen den Bebauungsplan zu berücksichtigen: 103
- Beachtlichkeitsvorschriften (§ 214 BauGB),
- Fristvorschriften (§ 215 BauGB),
- Formvorschriften (§ 215 BauGB).

§ 214 BauGB enthält Vorschriften, deren Verletzung nach der Bekanntmachung nur als **beachtlich** gerügt werden können. Dazu gehören bestimmte abschließend aufgeführte Verfahrens- und Formvorschriften (§ 214 I Nr. 1–4 BauGB). Mängel im Abwägungsvorgang sind nur erheblich, wenn sie offensichtlich und auf das Abwägungsergebnis von Einfluss gewesen sind (§ 214 III 2 BauGB). § 215 I BauGB schreibt darüber hinaus eine **Frist** für die Rüge der Verletzung von Verfahrens- und Formvorschriften sowie der Mängel in der Abwägung gegenüber der Gemeinde vor. Danach ist die Verletzung bestimmter, im Einzelnen abschließend benannter Verfahrens- und Formvorschriften (§ 214 I Nr. 1, 2 und 3 BauGB) sowie auch Mängel der Abwägung innerhalb von zwei Jahren seit Bekanntmachung des Flächennutzungsplans oder der Satzung geltend zu machen (§ 215 I BauGB). Zwingend ist auch die Beachtung der **Schriftform** sowie des **Darlegungserfordernisses**: Der Sachverhalt, der die Verletzung oder den Mangel begründen soll, ist darzulegen (§ 215 I 2. Halbs. BauGB). 104

3. Heilungsmöglichkeiten

Auch wenn Verfahrens- und Formvorschriften im Verwaltungsrecht an sich eine große Rolle spielen, sollte der im öffentlichen Baurecht tätige Anwalt deren Bedeutung im Bebauungsplanverfahren gegenüber dem Mandanten nicht übertrieben darstellen: § 214 IV BauGB sieht ein sehr weitgehendes Heilungsverfahren vor mit der Folge, dass ein an sich unwirksamer Bebauungsplan auch mit rückwirkender Kraft nachträglich geheilt werden kann. Durch die Neuregelung, die durch das BauGB 2004 eingeführt worden ist, kann nunmehr jeder fehlerhafte Bauleitplan durch ein ergänzendes Verfahren geheilt und anschließend rückwirkend in Kraft gesetzt werden, und zwar auf den Zeitpunkt seiner ursprünglichen ortsüblichen Bekanntmachung. Daher sollte auch genau abgeschätzt werden, ob es sinnvoll ist, den Bebauungsplan mit einem möglicherweise mehrjährigen Normenkontrollverfahren anzufechten oder ob es angesichts der Mandatsinteressen sinnvoller ist, nur die Erteilung einer auf den Bebauungsplan gestützten Maßnahme abzuwarten, um diese dann anzufechten und im Rahmen der Begründung für die Anfechtung die Mängel des Plans aufzudecken mit der Folge, dass die angefochtene Maßnahme dann möglicherweise aufzuheben ist, wenn die Mängel tatsächlich vorliegen. 105

4. Vorgehen nach Inkrafttreten des Bebauungsplans

Tritt der Bebauungsplan mit der ordnungsgemäßen Verkündung (Bekanntmachung) in Kraft (§ 10 III 4 BauGB),[56] setzt die weitere Beratungstätigkeit des Anwalts darüber ein, ob und mit welchen Mitteln der Bebauungsplan angefochten werden kann. In Betracht kommen 106

---

56 Die Form der ortsüblichen Bekanntmachung regelt das Landesrecht.

- das Normenkontrollverfahren (§ 47 VwGO),
- die sog. Inzidentkontrolle.

Während der **Normenkontrollantrag** an das OVG innerhalb von zwei Jahren seit Schlußbekanntmachung des Plans zu stellen ist, ist das Verfahren der **Inzidentkontrolle**[57] nicht fristgebunden: Bei allen Verwaltungsakten, die sich auf die Festsetzungen des Bebauungsplans stützen (z. B. Baugenehmigung, Enteignung), haben die Gerichte, die zur Überprüfung des angefochtenen Verwaltungsaktes aufgerufen sind, inzident zu prüfen, ob der zugrunde liegende Bebauungsplan unwirksam ist, weil sodann die Rechtsgrundlage für den angefochtenen Hoheitsakt – eben der Bebauungsplan – entfällt.[58] Steht ein gerichtliches Verfahren aktuell noch nicht zur Disposition, ist der Mandant nach Bekanntmachung des Bebauungsplans nochmals zwingend auf die **Präklusionsfristen** für die Rüge bestimmter Verfahrens-, Form- und materiellrechtlicher Vorschriften hinzuweisen (§ 215 BauGB).

VI. Konfliktschlichtung

107 Wie schon ausgeführt, sollte der Anwalt bereits bei der Mandatsübernahme abschätzen können, ob und mit welchen Möglichkeiten er die Erteilung einer Baugenehmigung erreichen oder aber ein beabsichtigtes Bauvorhaben zu Gunsten des den Auftrag erteilenden Nachbarn abwehren kann. Hat der Anwalt Zweifel, ob das Begehren des Auftraggebers in vollem Umfang durchgesetzt werden kann, sollten mit dem Mandanten auch frühzeitig **Einigungsmöglichkeiten** gesucht und erörtert werden. Der Rechtsanwalt sollte dabei nicht das Wort „vergleichen" verwenden, da erfahrungsgemäß die meisten Mandanten dieses häßliche Wort ablehnen und sich offenbar immer nur eine Einigung auf der Basis von 50 : 50 Prozent vorstellen.

108 Ausgehend von der Erkenntnis, dass sowohl der Bauherr einen gebundenen Anspruch auf Erteilung der Baugenehmigung hat, soweit keine öffentlich-rechtlichen Vorschriften dem Vorhaben entgegenstehen, und dass ein Nachbar ein Bauvorhaben zu Fall bringen kann, soweit er erfolgreich die Verletzung nachbarrechtlicher Rechte geltend machen kann, sollte eine Einigungsmöglichkeit versucht werden. Dem **Bauherrn und Investor** muss verdeutlicht werden, dass er aufgrund des mehrjährigen Terminstandes vor den Verwaltungsgerichten bei Verpflichtungsklagen auf Erteilung einer bauaufsichtlichen Genehmigung nicht zeitnah die Verwirklichung seines Vorhabens angehen kann. Ferner muss dem Bauherrn und Investor verdeutlicht werden, dass er keine Möglichkeit hat, eine erstrebte Genehmigung im Wege eines einstweiligen Rechtsschutzverfahrens vor den Verwaltungsgerichten herbeizuführen, weil dies prozessual eine unzulässige Vorwegnahme der Hauptsache darstellt. Ausgehend von diesen praktischen Gesichtspunkten wird der Anwalt versuchen müssen, darauf hinzuwirken, dass sich der Bauherr, Investor oder Architekt mit einer Umplanung seines Vorhabens anfreunden muss, um die Genehmigungsfähigkeit des Vorhabens herbeizuführen.

---

57 Hierzu BVerwG, Urt. v. 11.02.1993 – 4 C 25/91, NVwZ 1994, 265.
58 Allerdings tritt bei der Unwirksamkeit des aktuellen Bebauungsplans im Rahmen der Inzidentverwerfung dann der vorhergehende Bebauungsplan wieder in Kraft, s. BVerwG, Urt. v. 10.08.1990 – 4 C 3/90, NVwZ 1991, 673.

E. Außergerichtliche Tätigkeiten 2

Auch dem ein konkretes Vorhaben anfechtenden **Nachbar** muss klar vor Augen geführt werden, dass der Bauherr – ebenso wie der Nachbar, der auf seinem eigenen Grundstück ein Vorhaben verwirklicht hat – einen Anspruch aus der verfassungsgerichtlich garantierten Baufreiheit hat, auch auf dem benachbarten Grundstück ein Bauvorhaben zu verwirklichen. Zwar kann im Rahmen eines verwaltungsgerichtlichen Eilverfahrens möglicherweise ein Baustopp verfügt werden, wenn die Verletzung nachbarlicher Rechte dargestellt und glaubhaft gemacht werden kann. Keinesfalls kann jedoch jegliche Verwirklichung eines Vorhabens auf einem benachbarten Grundstück verhindert werden, egal wann und egal wo der Mandant sein eigenes Grundstück möglicherweise mit einer besten Aussichtslage verwirklicht hat. 109

Der Anwalt, der ein öffentlich-rechtliches Baumandat betreut, sollte also in jedem Verfahrensstadium in der Lage sein, auf eine einvernehmliche Regelung zwischen den Beteiligten hinzuwirken. Im Bereich des öffentlichen Baurechts kommt dem Anwalt dabei zugute, dass es sich regelmäßig um ein **dreiseitiges Verhältnis** zwischen dem Bauherr und Investor einerseits, der Bauaufsichtsbehörde andererseits und einem betroffenen Nachbar auf der dritten Seite handelt. Der Anwalt kann daher in jeder Lage des Verfahrens auch eine Schlichtungsfunktion zwischen den Beteiligten wahrnehmen. 110

Letztendlich kann es im Rahmen eines jeden Mandats im Bereich des öffentlichen Baurechts langfristig nur darum gehen, eine **nachbarverträgliche Bebauung** herbeizuführen. Auch die zunächst erfolgreiche Anfechtung einer Baugenehmigung bedeutet nicht, dass jegliche Bebauung auf dem benachbarten Grundstück zu unterbleiben hat. Seit dem 1.10.2003 wird am **VG Berlin ein professionelles Mediationsverfahren** offiziell angeboten.[59] Der langjährige Vorsitzende Richter am Verwaltungsgericht und Professor für öffentliches Baurecht Prof. Dr. Karsten-Michael Ortloff steht seit 1.10.2003 für Mediationsverfahren am VG Berlin zur Verfügung. Damit bekommen Parteien eine echte Alternative in Berlin zu oft langwierigen Verwaltungsprozessen. Ein Mediator wirkt auf eine selbstbestimmte Konfliktlösung zwischen den Parteien hin, statt den Streit zu entscheiden. Der Vorteil einer gerichtlichen Mediation liegt in der Kombination von juristischer Qualifikation des Mediators mit flexibleren Gestaltungsmöglichkeiten. So kann ohne Termindruck durch eine Flut von Verfahren genauer auf die Interessen der Streitparteien eingegangen werden, ohne die juristischen Aspekte zu vernachlässigen. Dies ermöglicht eine interessengerechte und eigenverantwortliche Einigung der Parteien. 111

VII. Prüfung und Anmeldung von Staatshaftungs- und Entschädigungsansprüchen

Soweit die persönliche und sachliche Überzeugungskraft des Anwalts nicht ausreicht, die Behörde bereits außergerichtlich von der Rechtsauffassung der von ihm vertretenen Partei zu gewinnen, sollte die Behörde durchaus auf eine mögliche Inanspruchnahme nach Staatshaftungs- und sonstigen Entschädigungsgrundsätzen hingewiesen werden. Die schuldhafte Verletzung der einem Dritten gegenüber obliegenden Amtspflicht begründet eine Schadensersatzpflicht des Staates gegenüber dem Dritten nach 112

- **Amtshaftungsgrundsätzen** (Art. 34 GG i. V. m. § 839 BGB).

Daneben kann eine verschuldensunabhängige Haftung des Staates aus dem Grundsatz des sog.

---

59 Hierzu: *Ortloff,* Mediation außerhalb und innerhalb des Verwaltungsprozesses, NVwZ 2004, 385–390.

§ 1 Vorgerichtliche Beratung und Vertretung

- **enteignungsgleichen Eingriffs**[60]

erfolgen oder eine Entschädigungspflicht des Staates bei ungewollten Folgen einer rechtmäßigen hoheitlichen Maßnahme nach den Grundsätzen des

- **enteignenden Eingriffs**

gegeben sein. So wurden z. B. Entschädigungsansprüche wegen Fluglärmimmissionen zuerkannt, die von einem Militärflughafen ausgehen.[61] Ansprüche wegen enteignenden Eingriffs hat der BGH zuerkannt, wenn ein denkmalgeschütztes Haus durch Straßenbauarbeiten der öffentlichen Hand beschädigt worden ist.[62]

113 Für den Bereich des öffentlichen Baurechts liegen zahlreiche Entscheidungen des für das Staatshaftungs- und Entschädigungsrecht zuständigen **III. Zivilsenats des BGH** vor.[63] Auf dem Gebiet des öffentlichen Baurechts können folgende schuldhafte Handlungen bzw. Unterlassungen der Behörde grundsätzlich zum Schadensersatz bzw. zu einer Entschädigung durch den Staat führen:

- rechtswidrige Versagung einer Baugenehmigung oder eines Bauvorbescheides,[64]
- rechtswidrige Erteilung einer Baugenehmigung oder eines Bauvorbescheides,[65]
- fehlerhafte Zusicherung einer später nicht umsetzbaren Bebaubarkeit eines auf die Zusicherung erworbenen Grundstücks,[66]
- rechtswidrige Nichterteilung eines nach § 36 BauGB erforderlichen Einvernehmens,[67]
- Überplanung eines Altlastengrundstücks durch eine Gemeinde gegenüber dem Erwerber eines Grundstücks in dem Plangebiet, wenn das dafür vorgesehene und beplante Grundstück später wegen Gesundheitsgefährdungen zu Wohnzwecken nicht genutzt werden kann,[68]
- Verzögerungen bei der Bearbeitung eines Bauantrags,[69]
- fehlerhafte Grundstücksbewertung durch Gutachterausschuß im Genehmigungsverfahren,[70]
- Beschädigung eines denkmalgeschützten Hauses durch Straßenbauarbeiten der öffentlichen Hand,[71]

---

60 Richterrechtliche Ausformung des Aufopferungsgedankens (§§ 74, 75 Einl. ALR), der im Bundesgebiet gewohnheitsrechtlich gilt. Das BVerfG sieht in dem enteignungsgleichen Eingriff ein Rechtsinstitut des einfachen Rechts, das von der Zivilrechtsprechung ergänzend zu den positiv-rechtlichen normierten deliktischen Haftungstatbeständen entwickelt worden ist, BVerfG, Beschl. v. 27.09.1991 – 1 BvR 868/90, DVBl. 1991, 1253. Der öffentlich-rechtliche Entschädigungsanspruch aus enteignungsgleichen Eingriff steht selbständig neben dem Schadensersatzanspruch wegen Amtspflichtverletzung und ist nicht auf Ersatz des vollen Schadens gerichtet, grundlegend seit BGH, Großer Senat für Zivilsachen, Beschl. v. 12.04.1954 – GSZ 1/54, BGHZ 13, 88 ff.
61 BGH, Urt. v. 25.03.1993 – III ZR 60/91, NJW 1993, 1700.
62 BGH, Urt. v. 10.12.1998 – III ZR 233/97, BGHZ 140, 200.
63 Eine Zusammenstellung der Rechtsprechung des BGH bieten: *Lansnicker/Schwirtzek*, Die Amtshaftung der Bauplanungs- und Bauordnungsbehörden in der Rechtsprechung des BGH, NVwZ 1996, 745–749.
64 BGH, Urt. v. 18.06.1998 – III ZR 100/97, NVwZ 1998, 1329 (1330); BGH, Urt. v. 03.07.1997 – III ZR 205/96, BGHZ 136, 182 ff. (rechtswidrige Versagung einer Genehmigung nach dem Grundstücksverkehrsgesetz als enteignungsgleicher Eingriff).
65 BGH, Urt. v. 05.05.1994 – III ZR 28/93, NJW 1994, 2087.
66 BGH, Urt. v. 28.09.1995 – III ZR 201/94, NVwZ-RR 1996, 66; Urt. v. 10.07.1980 – III ZR 23/79, NJW 1980, 2573.
67 BGH, Urt. v. 23.01.1997 – III ZR 234/95, DVBl. 1997, 566 (Versagung des Einvernehmens zu einer Teilungsgenehmigung); BGH, Urt. v. 21.05.1992 – III ZR 14/91, NJW 1992, 2691.
68 Grundlegend zu Amtspflichten bei der Aufstellung von Bebauungsplänen seit: BGH, Urt. v. 26.01.1989 – III ZR 194/87, NJW 1989, 976; BGH, Urt. v. 25.09.1997 – III ZR 273/96, NVwZ 1998, 318; BGH, Urt. v. 09.07.1992 – III R 87/91, NJW 1993, 384; s. auch: BGH, Urt. v. 18.02.1999 – III ZR 272/96, 272/96 (Nichtberücksichtigung ausreichender Entwässerungsmaßnahmen).
69 BGH, Urt. v. 18.06.1998 – III ZR 100/97, NVwZ 1998, 1329; BGH, Urt. v. 23.01.1992 – III ZR 191/90, NJW 1993, 29.
70 Änderung der Rechtsprechung durch: BGH, Urt. v. 01.02.2001 – III ZR 193/99, BB 2001, 590.
71 BGH, Urt. v. 10.12.1998 – III ZR 233/97, NJW 1999, 938.

E. Außergerichtliche Tätigkeiten

- Haftung einer Gebietskörperschaft wegen Verschuldens bei Vertragsschluss,[72]
- für Ansprüche aus Verschulden bei der Anbahnung oder dem Abschluss eines öffentlich-rechtlichen Vertrages (culpa in contrahendo) aus Gründen, die typischerweise auch Gegenstand eines Amtshaftungsanspruchs sein können, sind ebenfalls die ordentlichen Gerichte zuständig.[73] Das BVerwG bestätigt damit eine Entscheidung des BGH vom 3.10.1985,[74]
- der Baugenehmigungsbehörde obliegt die Verpflichtung zur unverzüglichen Unterrichtung des Bauherrn von einem Nachbarwiderspruch,[75]
- die Bediensteten einer Gemeinde haben den Inhaber einer Baugenehmigung für ein in einem potenziellen Planungsgebiet gelegenes Grundstück auf den **drohenden Eintritt einer Veränderungssperre** nach den Bestimmungen des FStrG hinzuweisen, wenn sie gehört wird und mit den Baumaßnahmen noch nicht begonnen wurde.[76]

Damit stellt der mehr oder weniger ausdrückliche Hinweis des Anwalts auf diese ggf. auch schriftsätzlich zu zitierenden Rechtsgrundsätze durchaus eine **ultima ratio** dar, doch noch vor der Inanspruchnahme gerichtlicher Hilfe die Behörde zum Umdenken und Einlenken auf den Standpunkt des Klienten zu motivieren.

---

[72] BGH, Urt. v. 06.06.2000 – XI ZR 235/99, DVBl. 2001, 69. Die Haftung ist aber begrenzt auf Fälle, in denen Organe der öffentlich-rechtlichen Körperschaft den Geschäftspartner trotz Kenntnis oder Kennenmüssen der Nichtigkeit eines Rechtsgeschäfts nicht auf besondere gesetzliche Wirksamkeitshindernisse hinweisen (z. B. aufsichtsbehördliches Zustimmungs- oder Genehmigungserfordernis).
[73] BVerwG, Beschl. v. 30.04.2002 – 4 B 72/01, NJW 2002, 2894 = DVBl. 2002, 1555 (Ersatzanspruch für ein später nicht realisiertes Verfahren auf Aufstellung eines Vorhaben- und Erschließungsplans).
[74] BGH, Urt. v. 03.10.1985 – III ZR 60/84, DVBl. 1986, 409.
[75] BGH, Urt. v. 09.10.2003 – III ZR 414/02, NVwZ 2004, 638.
[76] BGH, Urt. v. 03.03.2005 – III ZR 186/04, BauR 2005, 1443 ff.

§ 2 Zulässigkeit von Vorhaben

Literatur

Zwingend für die Bearbeitung bauplanungsrechtlicher Fragen ist der Praktikerkommentar *Battis/Krautzberger/Löhr*, BauGB, 9. Aufl. 2005. Soweit in größerem Umfang Mandate aus dem Bereich des öffentlichen Baurechts beraten und vertreten werden, ist ein Muss der Standardkommentar von *Ernst/Zinkahn/Bielenberg/Krautzberger*, BauGB, Loseblattkommentar in 5 Ordnern. Der „Berliner Kommentar zum Baugesetzbuch" von *Schlichter/Stich/Driehaus/ Paetow* zählt ebenfalls zu den wichtigen Kommentaren, zumal er von mehreren Richtern des BVerwG bearbeitet wird (nunmehr 5. Lieferung 2005). Eine Gesamtdarstellung bieten *Hoppenberg/de Witt*, Handbuch des öffentlichen Baurechts, Loseblattausgabe (Stand: Oktober 2004) und *Finkelnburg/Ortloff*, Öffentliches Baurecht Band I (Bauplanungsrecht – Stand 2006) und II (Bauordnungsrecht, Nachbarschutz, Rechtsschutz – Stand 2005). Eine aktuelle Rechtsprechungsübersicht verschafft *Stüer*, Städtebaurecht: Bauleitplanung – Rechtsprechungsbericht 2003/2004, DVBl. 2005, 461–471; *Stüer*, Städtebaurecht: Abwägungsgebot – Rechtsprechungsbericht 2003/04 im Lichte des EAG Bau, DVBl. 2005, 806–815. Eine ebenso aktuelle Rechtsprechungsübersicht für den Bereich des Bauordnungsrecht bietet *Ortloff*, Die Entwicklung des Bauordnungsrechts, NVwZ 2005, 1381–1387. Instruktiv zu den Neuregelungen des BauGB 2004: *Finkelnburg*, Die Änderungen des Baugesetzbuchs durch das Europarechtsanpassungsgesetz Bau, NVwZ 2004, 897–903 und *Hoppe*, Die Abwägung in EAG Bau nach Maßgabe des § 1 VII BauGB 2004, NVwZ 2004, 903–910, ferner *Battis/Krautzberger/Löhr*, Die Änderungen des Baugesetzbuchs durch das Europarechtsanpassungsgesetz Bau (EAG Bau 2004), NJW 2004, 2553–2559.

114 Die Zulässigkeit eines Bauvorhabens beurteilt sich nach **bauplanungs- und bauordnungsrechtlichen** Vorgaben, insbesondere nach den Vorgaben des BauGB und der Bauordnungen der Länder. Mit dem Europarechtsanpassungsgesetz Bau (**EAG Bau**) kam es nach den Novellierungen durch das Bau- und Raumordnungsgesetz 1998 (BauROG) und das durch die UVP-ÄndRL 1997 veranlasste Artikelgesetz 2001 erneut zu erheblichen Änderungen des BauGB zum **20. Juli 2004**. Mehr als 80 Paragraphen des BauGB wurden geändert oder neu eingefügt. Bereits seit 2001 besteht für bestimmte projektbezogene Bebauungspläne die Verpflichtung der Gemeinden zur Durchführung einer Umweltverträglichkeitsprüfung (UVP). Anlass und Kernpunkt für die erneute Änderung des BauGB war die erforderliche Umsetzung der europäischen Vorgaben über die Prüfung von Umweltauswirkungen bestimmter Pläne und Programme. Kernpunkte der Änderung des BauGB sind:

- die Regelung der Umweltprüfung als zentrales Trägerverfahren in allen Bauleitplänen (§ 2 IV BauGB),
- die Änderung der Öffentlichkeits- und Behördenbeteiligung (§§ 3, 4 BauGB),
- die Erweiterung der planerischen Möglichkeiten z. B. in § 9 BauGB,
- die Sicherung der Bauleitplanung (§§ 15, 19, 22 BauGB),
- das Bauen im Innen- und Außenbereich nach §§ 34, 35 BauGB,
- das Recht der Umlegung (§§ 45 – 79 BauGB),
- der Stadtumbau (§ 171 a – d BauGB) und die Soziale Stadt (§ 171 e BauGB) ,
- die Fortentwicklung des Besonderen Städtebaurechts (§§ 145, 158, 165 BauGB) und
- die Planerhaltung (§§ 214, 215 BauGB).

115 Im vorliegenden Kapitel wird dargestellt, welche **bauplanungs- und bauordnungsrechtlichen Voraussetzungen** erfüllt sein müssen, damit ein Vorhaben in objektivrechtlicher Hinsicht materiell genehmigungsfähig ist. Dabei sind zunächst die der Gemeinde zur Ver-

A. Bauleitplanung 2

fügung stehenden hauptsächlich genutzten städtebaulichen **Instrumentarien** vorzustellen, mit denen dort Baurecht zur Verfügung gestellt bzw. versagt werden kann, insbesondere
- Bebauungsplan,
- städtebaulicher Vertrag,
- Vorhaben- und Erschließungsplan,
- städtebauliche Entwicklungsmaßnahme.

Anschließend wird die bauplanungsrechtliche **Zulässigkeit von Vorhaben** nach den §§ 29–38 BauGB dargestellt sowie ein kurzer Überblick über das **materielle Bauordnungsrecht** gegeben. Schließlich wird das **Baugenehmigungsverfahren** vorgestellt. In dem nachfolgenden 3. Kapitel wird aufgezeigt, wo das öffentliche Baunachbarrecht ein Bauvorhaben gleichwohl zu Fall bringen kann. Die Darstellung im vorliegenden Kapitel beschränkt sich aus Gründen der Praktikabilität ausschließlich auf die Darstellung der Rechtsprechung des **BVerwG**, auch dort, wo bauordnungsrechtliche Fragen erörtert werden. Wie bereits ausgeführt, ist der 4. Senat des BVerwG für das Gebiet des Städtebaurechts allein entscheidungszuständig.

A. Bauleitplanung

Literatur

Ausführlich behandelt das Thema der Bauleitplanung *Stüer*, Der Bebauungsplan, Städtebaurecht in der Praxis, 2000. Ein umfangreiches Standardwerk bieten ebenso *Gelzer/Birk/Reidt*, Bauplanungsrecht, 7. Aufl. 2004. Eine aktuelle Rechtsprechungsübersicht verschafft *Stüer*, Städtebaurecht: Bauleitplanung – Rechtsprechungsbericht 2001/2003, DVBl. 2003, 966–977 und DVBl. 2003, 1030–1039.

Die Bauleitplanung ist Ausdruck der den Gemeinden in Art. 28 II 1 GG verfassungsrechtlich garantierten und zugleich zugewiesenen **Planungshoheit** und gehört zu den wesentlichen Aufgaben der kommunalen Selbstverwaltung. Durch sie wird die städtebauliche Entwicklung des Gemeindegebietes gesteuert. Aufgabe der Bauleitplanung ist es, die bauliche und sonstige Nutzung der Grundstücke in der Gemeinde vorzubereiten und zu leiten (§ 1 I BauGB). **Wichtigstes Instrument** der Gemeinde hierfür ist der Bebauungsplan. **116**

Der **Bebauungsplan** ist für Bürger wie für die Behörden mit seinem Inkrafttreten das verbindliche Mittel der gemeindlichen Bauleitplanung (§ 1 II BauGB), er enthält gegenüber dem nur vorbereitenden Bauleitplan (Flächennutzungsplan) die rechtsverbindlichen Festsetzungen für die städtebauliche Ordnung (§ 8 I 1 BauGB) und **gewährt bzw. versperrt Baurechte**. Er muss für die städtebauliche Ordnung erforderlich sein (§ 1 III BauGB). Der Bebauungsplan ist aus dem Flächennutzungsplan zu entwickeln (§ 8 II 1 BauGB). Die von der Planung betroffenen öffentlichen und privaten Interessen sind gegeneinander und untereinander gerecht abzuwägen (§ 1 VII BauGB). Die einzelnen Festsetzungen des Bebauungsplans sind enumerativ festgelegt (§ 9 BauGB). Allein die Einhaltung dieser gesetzlichen Vorgaben garantiert, dass ein Bebauungsplan und eine auf diesen gestützte hoheitliche Maßnahme gerichtsfest ist. **117**

Der erste Blick des Anwalts, der Art und Umfang eines geplanten Bauvorhabens – sowohl aus Sicht des Bauherrn wie auch aus Sicht eines das Vorhaben anfechtenden Nachbarn – prüfen soll, gilt daher der Frage, ob sich das Vorhaben im **Geltungsbereich eines Bebauungsplans** befindet. Ist dies der Fall, ist der Bebauungsplan vorrangiger Maßstab für die bauplanungsrechtliche Genehmigungsfähigkeit des Vorhabens. Andererseits ist die Rechtswirksamkeit des Bebauungsplans wiederum auch Voraussetzung für eine darauf gestützte Genehmigung eines konkreten Bauvorhabens. Daher sind zunächst die **118**

Lansnicker 471

§ 2 Zulässigkeit von Vorhaben

formellen und materiellen Voraussetzungen für das Zustandekommen eines Bebauungsplans zu beleuchten, um aus anwaltlicher Sicht eine Prognose über die Genehmigungsfähigkeit eines Vorhabens und den Bestand einer hierauf gestützten Baugenehmigung abgeben zu können. Nur so kann dem Mandanten ein hinreichend verläßliches Votum darüber gegeben werden, ob ggf. ein Normenkontrollverfahren und/oder ein verwaltungsgerichtliches Verfahren eingeleitet werden kann und muss.

I. Arten des Bebauungsplans

119 Festzustellen ist zunächst, um welche Art Bebauungsplan es sich handelt, weil sich die Anforderungen an die Genehmigungsfähigkeit des Vorhabens je nach Art des Bebauungsplans unterscheiden. Zu differenzieren sind **drei Arten** des Bebauungsplans:
- Qualifizierter Bebauungsplan (§ 30 I BauGB),
- einfacher Bebauungsplan (§ 30 III BauGB),
- vorhabenbezogener Bebauungsplan (§ 30 II BauGB).

120 Ein **qualifizierter Bebauungsplan** liegt vor, wenn er allein oder gemeinsam mit sonstigen baurechtlichen Vorschriften mindestens Festsetzungen über
- Art und Maß der baulichen Nutzung,
- die überbaubaren Grundstücksflächen und
- die örtlichen Verkehrsflächen

enthält. Liegt nach diesen Maßstäben ein qualifizierter Bebauungsplan vor, ist er **alleiniger Maßstab** für die Genehmigung des Vorhabens. Dies bedeutet: Der Bauherr kann sein Bauvorhaben ganz nach den Festsetzungen des Planes und den eventuellen sonstigen baurechtlichen Vorschriften ausrichten. Ein Bauvorhaben ist zulässig, d. h. eine Baugenehmigung ist nach den Bestimmungen des BauGB sowie sonstiger bauordnungsrechtlicher Vorschriften zu erteilen, wenn das Vorhaben den entsprechenden Planfestsetzungen nicht widerspricht und die Erschließung gesichert ist (§ 30 I BauGB).

121 Ein **einfacher Bebauungsplan** liegt vor, wenn dieser nicht die drei Mindestvoraussetzungen (Art und Maß der baulichen Nutzung, überbaubare Grundstücksflächen, örtliche Verkehrsflächen) enthält. In diesem Fall richtet sich die Zulässigkeit eines Bauvorhabens und damit die Erteilung einer Baugenehmigung nicht allein nach den Planfestsetzungen, sondern auch danach, ob das Vorhaben im Innenbereich (§ 34 BauGB) oder im Außenbereich (§ 35 BauGB) liegt.

122 Neben den beiden Bebauungsplanarten des qualifizierten und einfachen Planes gibt es seit dem 1.1.1998 noch den **vorhabenbezogenen Bebauungsplan** als Nachfolger des früheren Vorhaben- und Erschließungsplanes. Sein Inhalt muss ein konkretes Vorhaben präzise bestimmen. Sodann ist er alleiniger planungsrechtlicher Maßstab für die Zulässigkeit des Vorhabens.

II. Aufstellungsverfahren

123 Das Verfahren der Aufstellung der Bauleitpläne ist außer in § 3 in §§ 4, 4 a, 4 b, 204, 205 und § 6 sowie § 13, das des Bebauungsplanes zusätzlich in § 10 BauGB geregelt. Folgende **materiellen Planungsschranken** des BauGB hat die Gemeinde trotz ihrer Planungshoheit insbesondere zu beachten:
- die städtebauliche Erforderlichkeit der Planung (§ 1 III BauGB),
- die Anpassungspflicht an die Ziele der Raumordnung (§ 1 IV BauGB),
- das Abstimmungsgebot mit den Nachbargemeinden (§ 2 II BauGB),
- das Abwägungsgebot der öffentlichen und privaten Belange (§ 1 VII BauGB).

A. Bauleitplanung 2

Folgende **Verfahrensschritte** sind bei der Aufstellung eines Bebauungsplans einzuhalten: **124**
- Aufstellungsbeschluss der Gemeinde (§ 2 I 2 BauGB),
- ortsübliche Bekanntmachung des Aufstellungsbeschlusses (§ 2 I 2 BauGB),
- vorgezogene Beteiligung der Öffentlichkeit (Information der Bürger über Ziele und Zwecke der Planung – § 3 I BauGB),
- Beteiligung der Behörden (§ 4 I BauGB),
- evtl. Unterrichtung der Gemeinden und Behörden eines Nachbarstaates (§ 4 a V BauGB),
- öffentliche Auslegung des Planentwurfes mit Begründung, Dauer 1 Monat, ortsübliche Bekanntmachung von Ort und Dauer der Auslegung mindestens 1 Woche vor Beginn mit Hinweis auf mögliche Bedenken und Anregungen während der Auslegungsfrist (§ 3 II BauGB),
- Prüfung der fristgerechten Bedenken und Anregungen, Mitteilung des Ergebnisses (§ 3 II BauGB),
- bei Änderung des Planentwurfs erneute öffentliche Auslegung (§ 4 a III BauGB),
- Satzungsbeschluss der Gemeinde (§ 10 BauGB), Beifügung einer Planbegründung mit den Angaben nach § 2 a BauGB (§ 9 VIII BauGB),
- ausnahmsweise Einholung der Genehmigung der höheren Verwaltungsbehörde (§ 10 II BauGB) oder Anzeige des Planes bei der höheren Verwaltungsbehörde, falls das Landesrecht dies vorsieht (§ 246 I a BauGB),
- ortsübliche Bekanntmachung des Satzungsbeschlusses oder im Ausnahmefall der Erteilung der Genehmigung mit Hinweis auf die Stelle, wo der Plan eingesehen werden kann, Bereithaltung des Planes zu jedermanns Einsicht; mit Bekanntmachung tritt Bebauungsplan in Kraft (§ 10 III BauGB).

Der Beschluss, einen Bauleitplan aufzustellen (§ 2 I 2 BauGB), setzt das förmliche Plan- **125** aufstellungsverfahren in Gang. Der **Aufstellungsbeschluss** ist für den späteren Bauleitplan aber keine Wirksamkeitsvoraussetzung. Art und Form der ortsüblichen **Bekanntmachung** des Bauleitplans richten sich nach Landes- und Ortsrecht.

1. Erforderlichkeitsgebot

Gemäß § 1 III BauGB haben die Gemeinden Bauleitpläne aufzustellen, sobald und soweit **126** es für die städtebauliche Entwicklung und Ordnung **erforderlich** ist. Hieraus ergibt sich für die Entscheidungsbefugnis über die Aufstellung von Bauleitplänen eine gesetzliche Vorgabe in **zweierlei Richtungen**: Die Aufstellung von Bauleitplänen ist einerseits verboten, wenn sie nicht i. S. des § 1 III BauGB erforderlich ist. Sie ist andererseits geboten, sofern sie unter den Voraussetzungen des § 1 III BauGB erforderlich ist. Das BVerwG hat dies grundlegend konkretisiert: § 1 III BauGB kann Rechtsgrundlage einer gemeindlichen Erstplanungspflicht im unbeplanten Innenbereich sein, sie verdichtet sich zu einer strikten Planungspflicht, wenn städtebauliche Gründe von besonderem Gewicht vorliegen.[77]
Verboten ist der Gemeinde eine sog. **Negativplanung**.[78] Positive Planungsziele können **127** grundsätzlich durch negative Beschreibung festgesetzt werden, und zwar auch dann, wenn ihr Hauptzweck in der Verhinderung städtebaulich relevanter Nutzungen besteht.[79] Verboten ist es allerdings, wenn die Festsetzung nur **vorgeschoben** ist, um eine andere Nutzung zu verhindern. Dementsprechend kann ein Bebauungsplan mangels

---

[77] BVerwG, Urt. v. 17.09.2003 – 4 C 14.01, BVerwGE 119, 25 ff.
[78] Dazu erstmals BVerwG, Urt. v. 14.07.1972 – 4 C 8/70, BVerwGE 40, 258.
[79] BVerwG, Beschl. v. 18.12.1990 – 4 NB 8/90, NVwZ 1991, 875.

Erforderlichkeit für unwirksam erklärt werden, der Flächen für land- und forstwirtschaftliche Nutzung nicht im Interesse einer Förderung der Land- und Forstwirtschaft festsetzt, sondern allein deshalb, weil er durch das damit weitgehend erreichte Bauverbot außerhalb der Land- und Forstwirtschaft liegende Ziele fördern will.[80] Nicht erforderlich sind solche Bauleitpläne, die einer positiven **Planungskonzeption entbehren** und ersichtlich der Förderung von Zielen dienen, für deren Verwirklichung die Planungsinstrumente des BauGB nicht bestimmt sind. Davon ist auszugehen, wenn eine planerische Festsetzung lediglich dazu dient, private Interessen zu befriedigen, oder eine positive Zielsetzung nur vorgeschoben wird, um eine in Wahrheit auf bloße Verhinderung gerichtete Planung zu verdecken.[81]

128 Stellt eine Gemeinde neben einem städtebaulichen Entwicklungsbereich gem. § 165 BauGB einen Bebauungsplan zur Realisierung der Entwicklungsmaßnahme auf, so ist der Bebauungsplan nicht unwirksam, wenn die **Entwicklungssatzung** für unwirksam erklärt wird; die Unwirksamkeit einer Entwicklungssatzung hindert daher nicht den Vollzug des Bebauungsplans.[82] Ein Verstoß gegen § 1 III BauGB liegt vor, wenn die bauplanerischen Festsetzungen **keine Aussicht auf Verwirklichung** bieten. Die Gemeinde darf keinen Bebauungsplan aufstellen, der aus Rechtsgründen nicht vollzugsfähig ist, z. B. weil die für seine Verwirklichung erforderlichen Genehmigungen wegen Verletzung zwingenden Rechts nicht erteilt werden dürfen. Ein solcher Bebauungsplan wäre wegen Verstoßes gegen das in § 1 III BauGB enthaltene Gebot der Erforderlichkeit der Planung unwirksam.[83]

129 Eine **Planungspflicht** nach § 1 III BauGB besteht dann, wenn ein Bebauungsplan nach der planerischen Konzeption der Gemeinde erforderlich ist für die städtebauliche Entwicklung und Ordnung. Der Gemeinde steht insoweit allerdings ein weites **Planungsermessen** zu.[84] Beschließt eine Gemeinde, ein Planfeststellungsverfahren **aufzugeben**, schließt § 1 III 2 BauGB einen individuellen Anspruch auf Fortführung dieses Verfahrens aus. Dies gilt auch dann, wenn an sich die Gemeinde objektiv gem. § 1 III BauGB zur Planaufstellung verpflichtet sein sollte.[85]

130 Ausdrücklich ist ein Bauwilliger darauf hinzuweisen, dass nach § 1 III 2 BauGB **kein Anspruch**, also kein subjektives Recht zur Aufstellung von Bauleitplänen und städtebaulichen Satzungen besteht. Ein solcher Anspruch kann auch nicht durch Vertrag begründet werden. Wird ein entsprechender Vertrag zwischen Bauwilligem und der Gemeinde geschlossen, wäre dieser Vertrag wegen eines Verstoßes gegen das Koppelungsverbot nichtig.[86] § 1 III 2 BauGB beinhaltet auch, dass die Gemeinde jederzeit befugt ist, einen Bebauungsplan um Festsetzungen zu **ergänzen**, wenn sie feststellt, dass die bisher getroffenen Festsetzungen nicht ausreichen, um die von ihr verfolgten Vorstellungen über die städtebauliche Entwicklung und Ordnung gegen abweichende Vorstellungen eines Investors durchzusetzen.[87]

---

80 BVerwG, Beschl. v. 14.07.1972 – 4 C 8/70, BVerwGE 40, 258 (262 f.).
81 BVerwG, Beschl. v. 11.05.1999 – 4 BN 15/99, NVwZ 1999, 1338 (1339).
82 BVerwG, Beschl. v. 31.03.1998 – 4 BN 5/98, BauR 1998, 750.
83 BVerwG, Urt. v. 12.08.1999 – 4 CN 4/98, BVerwGE 109, 246 = NVwZ 2000, 550; BVerwG, Urt. v. 28.01.1999 – 4 CN 5/98, BVerwGE 108, 248; BVerwG, Beschl. v. 16.03.2001 – 4 BN 15/01 –, BauR 2001, 1232.
84 BVerwG, Beschl. v. 26.06.1997 – 4 B 97/97, NVwZ-RR 1998, 357.
85 BVerwG, Beschl. v. 26.06.1997 – 4 B 97/97, NVwZ-RR 1998, 357.
86 Vgl. zum Koppelungsverbot und zur Nichtigkeit nach § 59 II Nr. 4 VwVfG: BVerwG, Beschl. v. 16.05.2000 – 4 C 4/99, NVwZ 2000, 1285.
87 BVerwG, Beschl. v. 28.12.2000 – 4 BN 37/00, BauR 2001, 1060.

2. Entwicklungsgebot

131 Gemäß § 8 II 1 BauGB sind Bebauungspläne **aus dem Flächennutzungsplan** zu entwickeln. Nach § 8 II 2 BauGB ist ein Flächennutzungsplan nicht erforderlich, wenn der Bebauungsplan ausreicht, um die städtebauliche Entwicklung zu ordnen. Andererseits kann sich die Gemeinde auch – will sie die **städtebauliche Entwicklung im Außenbereich** mittels Bauleitplanung steuern – auf den Flächennutzungsplan beschränken.[88] Die Vorschrift bringt die Vorstellung des Gesetzgebers von der grundsätzlichen planerischen Priorität des Flächennutzungsplans und von einer Stufenfolge der Planung zum Ausdruck. Das gesetzliche Leitbild geht von der **Zweistufigkeit** der Bauleitplanung aus. Dieses Idealbild der Raumplanung entspricht allerdings der Planungspraxis nicht immer. Gleichwohl ist ein Bebauungsplan, der sich nicht i. S. des § 8 II 1 BauGB aus dem Flächennutzungsplan entwickelt hat, ungültig, wenn hierbei die sich aus dem Flächennutzungsplan ergebende geordnete städtebauliche Entwicklung beeinträchtigt worden ist.[89]

132 Ob das Entwicklungsgebot des § 8 II 1 BauGB eingehalten ist, beurteilt sich nach der planerischen Konzeption des Flächennutzungsplans für den (engeren) Bereich des Bebauungsplans. Für die Frage, ob die sich aus dem Flächennutzungsplan ergebende geordnete städtebauliche Entwicklung beeinträchtigt worden ist, ist die **planerische Konzeption** des Flächennutzungsplans für den größeren Raum (Gemeindegebiet Ortsteil) in den Blick zu nehmen.[90] In einem Urteil des BVerwG heißt es: „Bebauungspläne sind nach § 8 II BauGB aus dem Flächennutzungsplan in der Weise „zu entwickeln", dass durch ihre Festsetzungen die zu Grunde liegenden Darstellungen des Flächennutzungsplans konkret ausgestaltet und damit zugleich verdeutlicht werden. Dieser Vorgang der Konkretisierung schließt nicht aus, dass die in einen Bebauungsplan zu treffenden Festsetzungen von den vorgegebenen Darstellungen des Flächennutzungsplans abweichen. Derartige Abweichungen sind jedoch nur zulässig, wenn sie sich aus dem Übergang in eine konkretere Planstufe rechtfertigen und die Grundkonzeption des Flächennutzungsplans unberührt lassen. In der Regel gehört zu der vom Bebauungsplan einzuhaltenden Grundkonzeption des Flächennutzungsplans die Zuordnung der Einzelnen Bauflächen zueinander und zu den von Bebauung freizuhaltenden Gebieten.[91] In einer weiteren Entscheidung zum Entwicklungsgebot des Bebauungsplans aus einem Flächennutzungsplan wird ausgeführt: „Ob den Anforderungen des § 8 II 1 BauGB genügt ist, hängt davon ab, ob die Konzeption, die ihm zugrunde liegt, in sich schlüssig bleibt. Mit dem Entwicklungserfordernis will der Gesetzgeber verhindern, dass auf den verschiedenen Planungsstufen Pläne verwirklicht werden, die nicht hinreichend aufeinander abgestimmt sind."[92]

133 Auch Flächennutzungspläne unterstehen der **Genehmigungspflicht** durch die höhere Verwaltungsbehörde. Die Genehmigung ist gem. § 6 II BauGB zu versagen, soweit der Inhalt der Darstellung des Flächennutzungsplans einer Verordnung über die Festsetzung eines Landschaftsschutzgebietes widerspricht.[93] Durch das BauGB 2004 wurde § 5 BauGB insoweit ergänzt, als der Flächennutzungsplan nunmehr **spätestens 15 Jahre** nach seiner erstmaligen oder erneuten Aufstellung zu überprüfen und – soweit erforderlich – zu ändern, zu ergänzen oder neu aufzustellen ist (§ 5 I 3 BauGB). Der Flächennutzungsplan

---

[88] BVerwG, Urt. v. 18.08.2005 – 4 C 13/04, DVBl. 2005, 1583.
[89] Grundlegend: BVerwG, Urt. v. 28.02.1975 – 4 C 74/72, BVerwGE 48, 70, 72 ff.
[90] BVerwG, Urt. v. 26.02.1999 – 4 CN 6/98, NVwZ 2000, 197.
[91] BVerwG, Urt. v. 26.02.1999 – 4 CN 6/98, NVwZ 2000, 197 (198).
[92] BVerwG, Beschl. v. 12.02.2003 – 4 BN 9/03, NVwZ-RR 2003, 406.
[93] BVerwG, Urt. v. 21.10.1999 – 4 C 1/99, BauR 2000, 695 = NVwZ 2000, 1045.

verliert mit der periodischen Überprüfung seine bisher mögliche „Unendlichkeit". Neu wurde auch in § 6 V 2 BauGB geregelt, dass dem Flächennutzungsplan eine **zusammenfassende Erklärung** beizufügen ist u. a. über die Art und Weise, wie die Umweltbelange und die Ergebnisse der Öffentlichkeits- und Behördenbeteiligung berücksichtigt wurden. Auch dies zeigt, dass die Berücksichtigung der Umweltbelange zentrales Anliegen jeder planerischen Entscheidung der Gemeinden zu sein hat.

134 Eine **Ausnahme** von der grundsätzlichen Zweistufigkeit der Bauleitplanung enthält § 8 II 2 BauGB. Die Vorschrift ist allerdings missverständlich formuliert. Nach § 8 II 2 BauGB kann eine Gemeinde auf die Aufstellung eines Flächennutzungsplans verzichten, wenn es für die Ordnung der städtebaulichen Entwicklung ausreicht, Bebauungspläne aufzustellen (sog. **selbstständiger Bebauungsplan**). Auf § 8 II 2 BauGB kann sich die Gemeinde nicht berufen, wenn sie einen Flächennutzungsplan für erforderlich gehalten und deshalb erlassen hat.[94] § 8 II 2 BauGB findet also nur dann Anwendung, wenn ein Flächennutzungsplan überhaupt nicht erstellt wurde und wird, weil jeweils die selbstständigen Bebauungspläne ausreichen, um die städtebauliche Entwicklung zu ordnen.

3. Anpassungsgebot

135 Nach § 1 IV BauGB sind die Bauleitpläne den Zielen der Raumordnung anzupassen. Das BVerwG spricht in diesem Zusammenhang von dem Verbot der zielwidrigen Bauleitplanung.[95] Unter **Raumordnungszielen** sind nach der Begriffsbestimmung des § 3 Nr. 2 ROG verbindliche, räumliche und sachliche bestimmbare Festlegungen in Raumordnungsplänen zu verstehen. Die Festlegungen können dabei tatsächlicher oder zeichnerischer Art sein. Sie dienen der Entwicklung, Ordnung und Sicherung des Raumes. Ihr besonderes Kennzeichen besteht darin, dass sie auf einer abschließenden Abwägung des jeweiligen Plangebers beruhen. Ein in Aufstellung befindliches Raumordnungsziel kann als einem Bauvorhaben entgegenstehender Belang (hier nach § 35 III 1 BauGB) angesehen werden und der Errichtung einer Windkraftanlage entgegenstehen.[96]

136 Die Anpassungspflicht nach § 1 IV BauGB begründet **kein subjektiv-öffentliches Recht** auf Einhaltung. Gegenüber dem Bürger entfalten die Ziele der Raumordnung allenfalls eine mittelbare Wirkung. Ein Bauleitplan, der der Anpassungspflicht des § 1 IV BauGB nicht entspricht, ist allerdings unwirksam. Die Anpassungspflicht bedeutet, dass die Gemeinden die Ziele der Raumordnung zwar je nach deren Aussageschärfe konkretisieren und ausgestalten, sich über sie aber nicht im Wege der Abwägung hinwegsetzen dürfen.[97] Auch kann die Gemeinde, die von einem größeren Infrastrukturvorhaben betroffen ist, dagegen im Wege der Normenkontrolle vorgehen. Die gesetzliche Verpflichtung zur **gebietsscharfen Ausweisung regionalbedeutsamer Infrastrukturmaßnahmen** im Regionalplan ist mit der Garantie der kommunalen Selbstverwaltung vereinbar, wenn diese Ausweisung durch überörtliche Interessen von höherem Gewicht gerechtfertigt ist und den Grundsatz der Verhältnismäßigkeit wahrt.[98]

---

94 BVerwG, Urt. v. 26.02.1999 – 4 CN 6/98, NVwZ 2000, 197.
95 BVerwG, Urt. v. 15.05.2003 – 4 CN 9/01, NVwZ 2003, 1263.
96 BVerwG, Urt. v. 27.01.2005 – 4 C 5/04, NVwZ 2005, 578.
97 BVerwG, Beschl. v. 07.02.2005 – 4 BN 1/05, NVwZ 2005, 584.
98 BVerwG, Urt. v. 15.05.2003 – 4 CN 9/01, NVwZ 2003, 1263.

4. Abstimmungsgebot

Bei der Bauleitplanung haben die Gemeinden gem. § 2 II BauGB zu berücksichtigen, dass die Bauleitpläne benachbarter Gemeinden aufeinander abzustimmen sind. Neu in das BauGB 2004 wurde in § 2 II BauGB eingefügt, dass sich die Gemeinden dabei auch auf die ihnen durch Ziele der Raumordnung zugewiesenen Funktionen sowie auf Auswirkungen auf ihre zentralen Versorgungsbereiche berufen können. 137

Das Abstimmungsverfahren regelt sich nach § 4 BauGB, weil auch Nachbargemeinden zu den Trägern öffentlicher Belange zählen. Dementsprechend hat die benachbarte Gemeinde einen Anspruch auf Beteiligung. Wird § 2 II BauGB missachtet, wird zugleich das **interkommunale Abwägungsgebot** des § 1 VII BauGB verletzt mit der Folge, dass der materielle Fehler zur Anfechtbarkeit durch die Nachbargemeinde und damit auch zur Unwirksamkeit des Bebauungsplans führt. Zur Unwirksamkeit ist nicht erforderlich, dass auf dem Gebiet der Nachbargemeinde eine hinreichend bestimmte Planung nachhaltig zerstört wird. Materielle Verstöße gegen § 2 II BauGB sind weder nach §§ 214–215 BauGB unbeachtlich noch heilbar. In einer grundlegenden Entscheidung hat das BVerwG den Klagen der Städte Homburg und Neunkirchen in einem Streit über die bauplanungsrechtliche Zulässigkeit des **Factory Outlet Centers** (**FOC**) Zweibrücken stattgegeben.[99] Anders als die Vorinstanz geht das BVerwG davon aus, dass ein FOC, das die Merkmale eines Einkaufszentrums aufweist, nur auf der Grundlage eines Bebauungsplans zugelassen werden darf, der mit den Nachbargemeinden, die durch ein solches Vorhaben nachteilig betroffen werden können, abgestimmt ist. Nach der gesetzlichen Konzeption sind derartige Vorhaben nur in **Kerngebieten** oder eigens festgesetzten **Sondergebieten**, nicht aber in sonstigen Baugebieten zulässig. Nachbargemeinden, auf deren Interessen im Rahmen des **interkommunalen Abstimmungsgebotes** Rücksicht zu nehmen ist, können sich im Fall der Missachtung des Planungserfordernisses mit Erfolg gegen eine Baugenehmigung zur Wehr setzen. Mit dem **BauGB 2004** wurde das interkommunale Abstimmungsgebot nach § 2 II BauGB dahingehend verstärkt, dass sich die benachbarte Gemeinde nunmehr auch ausdrücklich qua Gesetz auf die ihnen durch Ziele der Raumordnung zugewiesenen Funktionen sowie auf **Auswirkungen auf ihre zentralen Versorgungsbereiche** berufen können. 138

Die grenzüberschreitende Beteiligung von **Nachbarstaaten** bei „erheblichen Auswirkungen" von Bauleitplänen auf diese ist nach § 4 a V BauGB vorgesehen, sieht insoweit aber nur Unterrichtungspflichten und Konsultationspflichten vor. Eine Verletzung der Unterrichtungs- und Konsultationspflichten führt gem. § 214 I Nr. 1 BauGB zur Unwirksamkeit des Bebauungsplans, wenn die Rügepflicht des § 215 I Nr. 1 BauGB gewahrt wird und die aufstellende Gemeinde den Fehler nicht nach § 214 IV BauGB behebt. 139

5. Beteiligungs- und Auslegungsgebot

Im Rahmen des Planaufstellungsverfahrens sieht § 3 BauGB eine **gestufte Beteiligung** der Öffentlichkeit vor, § 4 BauGB regelt die erforderliche Beteiligung der Behörden. Durch das **BauGB 2004** wurde entsprechend der Terminologie der Aarhaus-Konvention der bis dahin geltende Begriff der Bürgerbeteiligung durch **Öffentlichkeitsbeteiligung** und die Beteiligung der Träger öffentlicher Belange durch **Beteiligung der Behörden** ersetzt. Änderungen der Beteiligungsrechte sind damit nicht verbunden. Grundsätzlich wird die Öffentlichkeit wie bisher (mindestens) zweimal beteiligt. Das Aufstellungsverfahren für 140

---

99 BVerwG, Urt. v. 01.08.2002 – 4 C 5.01 und 4 C 9.01, BauR 2003, 55 = DVBl. 2003, 62 m. Anm. *Wurzel*, DVBl. 2003, 197 ff.

§ 2 Zulässigkeit von Vorhaben

einen Bebauungsplan nimmt erfahrungsgemäß mindestens zwei Jahre in Anspruch, in der Regel drei bis fünf Jahre oder gar mehr. Dies liegt unter anderem auch an den Vorschriften über die Bürger- und Behördenbeteiligung, ferner auch an den in den einzelnen Verfahrensschritten zu beteiligenden Entscheidungsgremien der Gemeinde wie Bezirksvertretungen und Fachausschüsse.

141 **Sinn und Zweck** des Beteiligungsverfahrens nach § 3 BauGB (Beteiligung der Öffentlichkeit) und § 4 BauGB (Beteiligung der Behörden) ist primär, Kenntnis von allen infrage kommenden Belangen zu erhalten, damit eine sachgerechte Planabwägung (§ 1 VII BauGB) erfolgen kann. Zugleich sollen und müssen auch die von der Planung Betroffenen Gelegenheit erhalten, auf die Planungsinhalte Einfluss zu nehmen, da durch den Bebauungsplan Inhalt und Schranken des Eigentums neu bestimmt werden. Das Verfahren der Beteiligung der Öffentlichkeit und der Behörden wurde durch Regelungen des BauGB seit dem 1.1.1998 deutlich gestrafft. Im normalen Planaufstellungsverfahren ist der **Verzicht** auf die **frühzeitige Bürgerbeteiligung** einfacher geworden. Nach einer Entscheidung des BVerwG vom 23.10.2003 ist ein Verstoß gegen die Regelung über die frühzeitige Bürgerbeteiligung (nunmehr seit BauGB 2004: Beteiligung der Öffentlichkeit) in § 3 I BauGB für die Wirksamkeit eines Bebauungsplans im Übrigen unerheblich.[100]

142 Von der Unterrichtung und Erörterung kann gem. § 3 I 2 BauGB **abgesehen** werden, wenn
- ein Bebauungsplan aufgestellt oder aufgehoben wird und sich dies auf das Plangebiet und die Nachbargemeinde nicht oder nur unwesentlich auswirkt oder
- die Unterrichtung und Erörterung bereits zuvor auf anderer Grundlage erfolgt sind.

143 Entscheidender und inhaltlich wichtiger ist die Voraussetzung, dass der Entwurf des Bebauungsplans mit dem Erläuterungsbericht oder der Begründung auf die Dauer eines Monats **öffentlich auszulegen** ist (§ 3 II 1 BauGB). Die weiteren Einzelheiten des Auslegungsverfahrens ergeben sich aus § 3 II BauGB. Nach dem fristgerechten Eingang der **Anregungen** sind diese zu prüfen, das Ergebnis ist mitzuteilen (§ 3 II 4 BauGB). Wird der Entwurf nach der Auslegung geändert oder ergänzt, ist er erneut auszulegen (§ 4 a III BauGB).

144 Das Beteiligungs- und Auslegungsverfahren wird verkürzt und gestrafft, wenn nach **§ 13 BauGB** durch Änderungen oder Ergänzungen eines Bauleitplans die **Grundzüge der Planung** nicht berührt werden oder durch die Aufstellung eines Bebauungsplans in einem Gebiet nach § 34 der sich aus der vorhandenen Eigenart der näheren Umgebung ergebende Zulässigkeitsmaßstab nicht wesentlich verändert wird (**sog. vereinfachtes Verfahren**). In diesem Falle kann nach § 13 II BauGB
- von der frühzeitigen Beteiligung der Öffentlichkeit und der Behörden abgesehen werden,
- der betroffenen Öffentlichkeit wahlweise Gelegenheit zur Stellungnahme gegeben oder das Auslegungsverfahren durchgeführt werden,
- ebenso den berührten Behörden und sonstigen Trägern öffentlicher Belange wahlweise Gelegenheit zur Stellungnahme gegeben oder das Beteiligungsverfahren nach § 4 BauGB durchgeführt werden.

145 Das BVerwG hat den Begriff „Berühren der Grundzüge der Planung" i. S. des § 13 BauGB näher definiert:[101] Die **Grundzüge der Planung** werden durch die Änderung eines Bebauungsplans nicht berührt, wenn das der bisherigen Planung zugrunde liegende Leit-

---

100 BVerwG, Beschl. v. 23.10.2002 – 4 BN 53/02, NVwZ-RR 2003, 172.
101 BVerwG, Beschl. v. 15.03.2000 – 4 B 18/00, NVwZ-RR 2000, 759.

bild nicht verändert und der planerische Grundgedanke erhalten wird. Abweichungen von minderem Gewicht, die die Planungskonzeption unangetastet lassen, berühren die Grundzüge der Planung nicht. Ob eine Abweichung von minderem Gewicht ist, beurteilt sich nach dem im Bebauungsplan zum Ausdruck kommenden planerischen Willen der Gemeinde.

Ein erkannter Verstoß gegen die vorbenannten Verfahrensvorschriften ist nicht zu überschätzen. Seit dem 1.1.1998 finden sich im BauGB in den §§ 214–215 BauGB Vorschriften, nach denen u. a. Bebauungsplanfehler entweder von vorne herein **unbeachtlich sind** oder nach Ablauf bestimmter Fristen **unbeachtlich werden,** wenn der entsprechende Fehler nicht innerhalb der **Frist** schriftlich gegenüber der Gemeinde **gerügt** worden ist (§§ 214, 215 BauGB). Schließlich hat die Gemeinde die Möglichkeit, in einem ergänzenden Verfahren weitergehende Bebauungsplanmängel zum Teil mit **Rückwirkung** zu beheben, wobei zumeist eine Wiederholung bestimmter Verfahrensschritte erforderlich ist (§ 214 IV BauGB). Angesichts dieser weitgehenden Unbeachtlichkeits- und **Reparaturregelungen** sind heute die Aussichten, einen Bebauungsplan in einem gerichtlichen Verfahren für unwirksam zu erklären, gegenüber der früheren Rechtslage vor dem 1.1.1998 erheblich vermindert worden.

146

6. Inhalt des Bebauungsplans

§ 9 I BauGB regelt – ergänzt durch die §§ 22 I 1 und 172 I BauGB – im Einzelnen und **abschließend,** welche Inhalte aus städtebaulichen Gründen im Bebauungsplan festgesetzt werden können. Der Katalog möglicher Festsetzungen ist durch das BauGB 2004 geringfügig in den Nr. 11, 13, 23 und 24 geändert worden. Neu und von grundlegender Bedeutung ist allerdings, dass der Bebauungsplan „in besonderen Fällen" befristete Festsetzungen treffen darf (§ 9 II BauGB). Damit ist es künftig möglich, zeitlich begrenzte Zwischennutzungen einschließlich der Folgenutzungen festzusetzen.

147

Ein „Festsetzungsfindungsrecht" steht der Gemeinde nicht zu, auch nicht in Kombination mehrerer Festsetzungen.[102] Festsetzungen, zu denen das Bundesrecht, insbesondere § 9 BauGB sowie die aufgrund des § 9a BauGB erlassene Baunutzungsverordnung, die Gemeinde nicht ermächtigt, dürfen im Bebauungsplan nicht getroffen werden.[103] Eine **Ausnahme** von dieser strikten Festlegung des möglichen Inhalts eines Bebauungsplans macht jedoch § 9 IV BauGB, wonach die Länder weitere Festsetzungsmöglichkeiten eröffnen können. Ferner ermöglichen § 12 III 2 BauGB (Vorhaben- und Erschließungsplan), § 22 I BauGB (Genehmigungsvorbehalt für die Begründung oder Teilung von Wohnungseigentum in Fremdenverkehrsgebieten) und § 172 I BauGB (Festlegung von Erhaltungsgebieten) weitere Festsetzungsmöglichkeiten.

148

Aus städtebaulichen Gründen können festgesetzt werden

149

- die Art und das Maß der baulichen Nutzung;
- die Bauweise, die überbaubaren und die nicht überbaubaren Grundstücksflächen sowie die Stellung der baulichen Anlagen;
- für die Größe, Breite und Tiefe der Baugrundstücke Mindestmaße und aus Gründen des sparsamen und schonenden Umgangs mit Grund und Boden für Wohnbaugrundstücke auch Höchstmaße;

---

102 BVerwG, Beschl. v. 31.03.1995 – 4 NB 48/93, NVwZ 1995, 696.
103 BVerwG, Beschl. v. 25.08.1997 – 4 BN 4/97, NVwZ-RR 1998, 483.

§ 2 Zulässigkeit von Vorhaben

- die Flächen für Nebenanlagen, die auf Grund anderer Vorschriften für die Nutzung von Grundstücken erforderlich sind, wie Spiel-, Freizeit- und Erholungsflächen sowie die Flächen für Stellplätze und Garagen mit ihren Einfahrten;
- die Flächen für den Gemeinbedarf sowie für Sport- und Spielanlagen;
- die höchstzulässige Zahl der Wohnungen in Wohngebäuden;
- die Flächen, auf denen ganz oder teilweise nur Wohngebäude, die mit Mitteln des sozialen Wohnungsbaus gefördert werden könnten, errichtet werden dürfen;
- einzelne Flächen, auf denen ganz oder teilweise nur Wohngebäude errichtet werden dürfen, die für Personengruppen mit besonderem Wohnbedarf bestimmt sind;
- der besondere Nutzungszweck von Flächen;
- die Flächen, die von der Bebauung freizuhalten sind, und ihre Nutzung;
- die Verkehrsflächen sowie Verkehrsflächen besonderer Zweckbestimmung, wie Fußgängerbereiche, Flächen für das Parken von Fahrzeugen, Flächen für das Abstellen von Fahrrädern sowie den Anschluss anderer Flächen an die Verkehrsflächen; die Flächen können auch als öffentliche oder private Flächen festgesetzt werden;
- die Versorgungsflächen;
- die Führung von oberirdischen oder unterirdischen Versorgungsanlagen und -leitungen;
- die Flächen für die Abfall- und Abwasserbeseitigung, einschließlich der Rückhaltung der Versickerung von Niederschlagswasser, sowie für Ablagerungen;
- die öffentlichen und privaten Grünflächen, wie Parkanlagen, Dauerkleingärten, Sport-, Spiel-, Zelt- und Badeplätze, Friedhöfe;
- die Wasserflächen sowie die Flächen für die Wasserwirtschaft, für Hochwasserschutzanlagen und für die Regelung des Wasserabflusses;
- die Flächen für Aufschüttungen, Abgrabungen oder für die Gewinnung von Steinen, Erden und anderen Bodenschätzen;
- die Flächen für Landwirtschaft und Wald;
- die Flächen für die Errichtung von Anlagen für die Kleintierhaltung wie Ausstellungs- und Zuchtanlagen, Zwinger, Koppeln und dergleichen;
- die Flächen oder Maßnahmen zum Schutz, zur Pflege und zur Entwicklung von Boden, Natur und Landschaft;
- die mit Geh-, Fahr- und Leitungsrechten zugunsten der Allgemeinheit, eines Erschließungsträgers oder eines beschränkten Personenkreises zu belastenden Flächen;
- die Flächen für Gemeinschaftsanlagen für bestimmte räumliche Bereiche wie Kinderspielplätze, Freizeiteinrichtungen, Stellplätze und Garagen;
- Gebiete, in denen
  - zum Schutz vor schädlichen Umwelteinwirkungen i. S. des BImSchG bestimmte luftverunreinigende Stoffe nicht oder nur beschränkt verwendet werden dürfen;
  - bei der Errichtung von Gebäuden bestimmte bauliche Maßnahmen für den Einsatz erneuerbarer Energien wie insbesondere Solarenergie getroffen werden müssen;
- die von der Bebauung freizuhaltenden Schutzflächen und ihre Nutzung, die Flächen für besondere Anlagen und Vorkehrungen zum Schutz vor schädlichen Umwelteinwirkungen und sonstigen Gefahren i. S. des BImSchG sowie die zum Schutz vor solchen Einwirkungen oder zur Vermeidung oder Minderung solcher Einwirkungen zu treffenden baulichen und sonstigen technischen Vorkehrungen;
- für einzelne Flächen oder für ein Bebauungsplangebiet oder Teile davon sowie für Teile baulicher Anlagen mit Ausnahme der für landwirtschaftliche Nutzungen oder Wald festgesetzten Flächen;

- das Anpflanzen von Bäumen, Sträuchern und sonstigen Bepflanzungen;
- Bindungen für Bepflanzungen und für die Erhaltung von Bäumen, Sträuchern und sonstigen Bepflanzungen sowie von Gewässern;
- die Flächen für Aufschüttungen, Abgrabungen und Stützmauern, soweit sie zur Herstellung des Straßenkörpers erforderlich sind.

Bei den Festsetzungen wird die Gemeinde regelmäßig die **Planzeichen** nach der PlanzV verwenden.[104] Allerdings ist die Gemeinde bei der Aufstellung von Bebauungsplänen nicht strikt an die Planzeichen der PlanzV gebunden. Weicht sie von der Darstellungsart der PlanzV ab, so wird hierdurch allein die Bestimmtheit eines Bebauungsplans nicht infrage gestellt, wenn der Inhalt der Festsetzung gleichwohl deutlich erkennbar ist.[105]

150

7. Bekanntmachung

Nachdem die Gemeinde den Bebauungsplan als Satzung beschlossen hat und die ggf. erforderliche Genehmigung der höheren Verwaltungsbehörde vorliegt, ist der Beschluss des Bebauungsplans – nach vorheriger Ausfertigung[106] – durch die Gemeinde ortsüblich bekanntzumachen (§ 10 III 1 BauGB).[107] Neu durch das BauGB 2004 wurde geregelt, dass der Bebauungsplan mit der Begründung und der zusammenfassenden Erklärung über die Umweltbelange zu jedermanns Einsicht bereitzuhalten ist (§ 10 III 2 BauGB). Die Bekanntmachungsorgane sind durch **Landesrecht** geregelt. Mit der Bekanntmachung tritt der Bebauungsplan **in Kraft** (§ 10 III 4 BauGB). Mit dem Zeitpunkt der Bekanntmachung beginnen auch die **Fristen** für die Geltendmachung von formellen und materiellen Mängeln des Bebauungsplans (§ 215 BauGB) zu laufen.

151

III. Baunutzungsverordnung

Die Baunutzungsverordnung (BauNVO) setzt **Maßstäbe** für die bauliche Nutzung von Grundstücken. Sie stellt das materielle Instrument der Gemeinden für die Bauleitplanung dar. In ihr sind Bestimmungen über den Inhalt von Flächennutzungsplan und Bebauungsplan getroffen.

1. Systematik

Die BauNVO regelt die Ordnung der Bebauung nach
- der Art der baulichen Nutzung (§§ 1–15 BauNVO),
- dem Maß der baulichen Nutzung (§§ 16–21 a BauGB) sowie
- der Bauweise (§ 22 BauNVO) und
- der überbaubaren Grundstücksfläche (§ 23 BauNVO).

152

Die planerische Festlegung der **Art** der baulichen Nutzung erfolgt im Flächennutzungsplan durch die Darstellung von Bauflächen und/oder Baugebieten, im Bebauungsplan durch die Festsetzung von Baugebieten. Bauflächen sind die für die Bebauung vorgesehenen Grundstücksflächen nach der allgemeinen Art ihrer baulichen Nutzung.

153

---

[104] Verordnung über die Ausarbeitung der Bauleitpläne und die Darstellung des Planinhalts (Planzeichenverordnung 1990 – PlanzV 90) v. 18.12.1990.
[105] BVerwG, Beschl. v. 10.01.2001 – 4 BN 42/00, NVwZ-RR 2001, 422.
[106] BVerwG, Beschl. v. 09.05.1996 – 4 B 60/96, NVwZ-RR 1996, 630: „Welche Anforderungen an die Ausfertigung eines Bebauungsplans im Einzelnen zu stellen sind, lässt Bundesrecht ungeregelt." Vorgeschrieben durch das BauGB 2004 ist aber eine dem Plan beizufügende zusammenfassende Erklärung über die Umweltbelange und die geprüften anderweitigen Planungsmöglichkeiten (§ 10 IV BauGB).
[107] BVerwG, Beschl. v. 27.01.1999 – 4 B 129/98, NVwZ 1998, 878: „Ein Bebauungsplan muss vor seiner Bekanntmachung, d. h. vor dem Bekanntmachungsakt, ausgefertigt sein."

Folgende vier **Bauflächen** (§ 1 I BauNVO) werden unterschieden:
- Wohnbauflächen (W),
- gemischte Bauflächen (M),
- gewerbliche Bauflächen (G),
- Sonderbauflächen (S).

Baugebiete sind die für die Bebauung vorgesehenen Flächen nach der besonderen Art ihrer baulichen Nutzung. Folgende zehn Baugebiete (§ 1 II BauNVO) können dargestellt bzw. festgesetzt werden:
- Kleinsiedlungsgebiete (WS),
- Reine Wohngebiete (WR),
- Allgemeine Wohngebiete (WA),
- Besondere Wohngebiete (WB),
- Dorfgebiete (MD),
- Mischgebiete (MI),
- Kerngebiete (MK),
- Gewerbegebiete (GE),
- Industriegebiete (GI),
- Sondergebiete (SO).

2. Art der baulichen Nutzung

154 Die weiteren Vorschriften (§§ 2–11 BauNVO) regeln im Einzelnen, welche Art von Nutzungen in den jeweiligen vorbenannten Baugebieten zulässig sind. Die Feststellung der zulässigen Art der Nutzung ist sowohl für den Anwalt erforderlich, der einen gegen eine Baugenehmigung vorgehenden Nachbarn vertritt, wie auch für den Anwalt, der eine Gemeinde bei der Aufstellung des Plans berät: Ist die jeweilige Nutzungsart unzulässig, besteht die Gefahr, dass der Bebauungsplan in einem Normenkontrollverfahren oder einem sog. Inzidentverfahren keinen Bestand haben kann.

155 Nach der Rechtsprechung des BVerwG **vermittelt** die Festsetzung der Art der baulichen Nutzung nämlich – anders als die Festsetzung des Maßes der baulichen Nutzung – **kraft Bundesrecht Drittschutz**.[108] In der Grundsatzentscheidung heißt es hierzu kategorisch: „Die Festsetzung von Baugebieten durch Bebauungspläne hat kraft Bundesrecht grundsätzlich nachbarschützende Wirkung."[109] Der Nachbar hat somit einen Anspruch darauf, dass die festgesetzte Nutzungsart innerhalb seines Baugebietes eingehalten wird. Gegen schleichende Umwandlung des Gebietes hat er einen Abwehranspruch.

3. Maß der baulichen Nutzung

156 Das Maß der baulichen Nutzung, das als lediglich grundstücksbezogen und damit nicht generell nachbarschützend angesehen wird,[110] kann nach § 16 II BauNVO im Bebauungsplan bestimmt werden durch Festsetzungen
- der **Grundflächenzahl** – GRZ (Verhältnis der Grundfläche der baulichen Anlage in qm) oder der Größe der Grundfläche der baulichen Anlagen,

---

[108] Drittschutz aufgrund der Festsetzung der Art der baulichen Nutzung: BVerwG, Beschl. v. 02.02.2000 – 4 B 87/99, NVwZ 2000, 679 – Schutz des Gebietes gegen „schleichende Umwandlung"; BVerwG, grundlegend: Urt. v. 16.09.1993 – 4 C 28/91, NJW 1994, 1546. Ablehnend zum Drittschutz aufgrund des Maßes der baulichen Nutzung: BVerwG, Beschl. v. 23.06.1995 – 4 B 52/95, NVwZ 1996, 170.

[109] BVerwG, Urt. v. 16.09.1993 – 4 C 28/91, NJW 1994, 1546 – Leitsatz 2.

[110] Allerdings kann die jeweilige Auslegung des Plans ergeben, dass das konkrete Maß der baulichen Nutzung im Einzelfall nachbarschützenden Charakter haben soll.

- der **Geschoßflächenzahl** – GFZ (Verhältnis der gesamten Geschoßfläche der baulichen Anlage in qm zur Grundstücksfläche in qm) oder der Größe der Geschoßfläche,
- der Zahl der **Vollgeschosse** (Geschosse, die nach landesrechtlichen Vorschriften Vollgeschosse sind oder auf ihre Zahl angerechnet werden),
- der **Höhe** baulicher Anlagen.

Für die vorbenannten Maßeinheiten gelten je nach Baugebiet die Höchstwerte, die nur unter bestimmten engen Voraussetzungen überschritten werden dürfen (§ 17 BauNVO). Nach der Rechtsprechung des BVerwG setzt eine – ausnahmsweise – zulässige Überschreitung der Obergrenzen für das Maß der baulichen Nutzung nach § 17 II BauNVO eine **städtebauliche Ausnahmesituation** voraus.[111]

4. Bauweise

Bezüglich der **Bauweise** ist im Bebauungsplan nach § 22 BauNVO festzusetzen   157
- die offene Bauweise (§ 22 II BauNVO – Errichtung der Gebäude mit seitlichem Grenzabstand) oder
- die geschlossene Bauweise (§ 22 III BauNVO – Errichtung der Gebäude ohne seitlichen Grenzabstand).

In der **offenen** Bauweise werden die Gebäude mit seitlichem Grenzabstand als Einzelhäuser, Doppelhäuser oder Hausgruppen errichtet, wobei deren Länge höchstens 50 m betragen darf. Der Bebauungsplan kann auch für Flächen nur bestimmte Hausformen (Einzelhäuser, nur Doppelhäuser, nur Hausgruppen oder zwei dieser Hausformen) bestimmen (§ 22 II 2 BauNVO). In der **geschlossenen** Bauweise werden die Gebäude ohne seitlichen Grenzabstand errichtet, es sei denn, die vorhandene Bebauung erfordert eine Abweichung (§ 22 III BauNVO).

Im Bebauungsplan kann eine von der geschlossenen oder offenen Bauweise **abweichende** 158
Bauweise festgesetzt werden. Dabei kann auch festgesetzt werden, inwieweit an die vorderen, rückwärtigen und seitlichen Grundstücksgrenzen herangebaut werden darf oder muss (§ 22 IV BauNVO). Wichtig ist in diesem Zusammenhang eine Entscheidung des BVerwG zum Begriff des **Doppelhauses** i. S. des § 22 BauNVO. Danach ist ein Doppelhaus eine bauliche Anlage, die dadurch entsteht, dass zwei Gebäude auf benachbarten Grundstücken durch Aneinanderbauen an der gemeinsamen Grundstücksgrenze zusammengefügt werden. Zwar können diese Baukörper auch zueinander versetzt oder gestaffelt aneinandergebaut werden. Kein Doppelhaus bilden aber zwei Gebäude, die sich zwar an der gemeinsamen Grundstücksgrenze noch berühren, aber objektiv gesehen als zwei selbstständige Baukörper erscheinen.[112]

5. Überbaubare Grundstücksflächen

Die gem. § 23 BauNVO **überbaubaren Grundstücksflächen** können durch die Festsetzung von   159
- Baulinien (es muss auf der Linie gebaut werden),
- Baugrenzen (Verbot der Überschreitung der Grenze) oder
- Bebauungstiefen

bestimmt werden.
Ist eine **Baulinie** festgesetzt, so muss auf dieser Linie gebaut werden, Ausnahmen können im Einzelfall oder durch Festsetzungen im Bebauungsplan generell zugelassen werden

---

111 BVerwG, Urt. v. 25.11.1999 – 4 CN 17/98, BauR 2000, 690 = NVwZ 2000, 813 (814).
112 BVerwG, Urt. v. 24.02.2000 – 4 C 12/98, NVwZ 2000, 1055.

(§ 23 II BauNVO). Ist eine **Baugrenze** festgesetzt, so dürfen Gebäude und Gebäudeteile diese nicht überschreiten; ein Vortreten von Gebäudeteilen in geringfügigem Ausmaß kann zugelassen werden (§ 23 III BauNVO). Ist eine **Bebauungstiefe** festgesetzt, so ist diese von der tatsächlichen Straßengrenze ab zu ermitteln, sofern im Bebauungsplan nichts anderes festgesetzt ist. Gebäude und Gebäudeteile dürfen die festgesetzte Bebauungstiefe nicht überschreiten (§ 23 IV BauNVO).

6. Gemengelage

160 Wichtig ist die im Jahre 1990 eingeführte Neuregelung des § 1 X BauNVO. Wären bei Festsetzungen eines Baugebietes nach den §§ 2–9 in überwiegend bebauten Gebieten bestimmte vorhandene bauliche oder sonstige Anlagen unzulässig, kann im Bebauungsplan festgesetzt werden, dass Erweiterungen, Änderungen, Nutzungsänderungen und Erneuerungen dieser Anlagen allgemein zulässig sind oder ausnahmsweise zugelassen werden können.

161 Im Fall einer bestehenden Konfliktsituation zwischen vorhandenem Gewerbebetrieb und benachbarter Wohnbebauung (**Gemengelage**) hat die Gemeinde nunmehr die Möglichkeit, zum einen ein Baugebiet festzusetzen und zum anderen zugleich im Bebauungsplan zu bestimmen, dass bei bestimmten vorhandenen baulichen oder sonstigen Anlagen, die an sich in dem Bereich unzulässig wären, Erweiterungen, Änderungen, Nutzungsänderungen und Erneuerungen dieser Anlagen ausnahmsweise zuzulassen. Damit kann in solchen Fällen eine sog. **Standortsicherung** erfolgen, die für die zum Teil schon jahrelang vorhandenen Betriebe nicht nur ihren Bestand sichert, sondern zugleich auch Entwicklungsmöglichkeiten bietet. Nicht zulässig ist die Neuschaffung einer Gemengelage durch die Gemeinde.

7. Gebiets(un)verträgliche Nutzungen

162 Die Rechtsprechung zur gebiets(un)verträglichen Nutzung ist fast unüberschaubar. Im Folgenden soll daher nur ein **Überblick** über die neueren Entscheidungen des BVerwG in Leitsätzen gegeben werden. Einleitend ist folgendes festzustellen: Die Zweckbestimmung eines Baugebiets kann nicht allein aus der jeweiligen Baugebietsvorschrift der BauNVO abgeleitet werden, sondern wird auch dadurch beeinflusst, welche **Funktionen** dem einzelnen Baugebiet im Verhältnis zu anderen Baugebieten der BauNVO zukommen. Dabei hängt die Zulässigkeit von Nutzungen in den einzelnen Baugebieten nicht nur von deren Immissionsträchtigkeit oder Immissionsverträglichkeit ab, sondern wird auch von anderen Maßstäben bestimmt.[113] Das BVerwG hat aber ausdrücklich daran festgehalten, dass die BauNVO mit ihrer Baugebietstypologie die an die gesunden Wohn- und Arbeitsverhältnisse zu stellenden Anforderungen sowie das Interesse an einer verbrauchernahen Versorgung der Bevölkerung konkretisiert.[114] Nach dieser Entscheidung bestimmt das Erfordernis der **Gebietsverträglichkeit** nicht nur die regelhafte **Zulässigkeit**, sondern erst recht den vom Verordnungsgeber vorgesehenen **Ausnahmebereich**.[115]

163 Folgende neuere Entscheidungen des BVerwG liegen vor:
- Die Festsetzung eines **Sportplatzes** (§§ 3 III Nr. 2, 4 II Nr. 3 BauNVO) neben einem reinen Wohngebiet in einem Bebauungsplan ist nicht grundsätzlich abwägungsfehler-

---

113 BVerwG, Urt. v. 24.02.2000 – 4 C 23/98, NVwZ 2000, 1054.
114 BVerwG, Urt. v. 21.03.2002 – 4 C 1.02, BauR 2002, 1497 = BVerwGE 116, 155 (Zustellstützpunkt der Deutschen Post AG im Allgemeinen Wohngebiet).
115 BVerwG, Urt. v. 21.03.2002 – 4 C 1.02, BauR 2002, 1497 (1498) = DVBl. 2002, 1421 = BVerwGE 116, 155.

haft. Vielmehr sind beide Nutzungen in einer solchen planungsgegebenen Situation mit einer Pflicht zu gegenseitiger Rücksichtnahme belastet.[116]
- Die Gebietsunverträglichkeit beurteilt sich für § 4 BauNVO in erster Linie nach dem Kriterium der gebietsunüblichen Störung. Entscheidend ist dafür nicht, ob etwa die immissionsschutzrechtlichen Lärmwerte überschritten oder eingehalten werden. So sind "**Anlagen für Verwaltungen**", die den Gebietscharakter des allgemeinen Wohngebietes stören, gebietsunverträglich. Nach einer Entscheidung des BVerwG vom 21.3.2002 sind solche Vorhaben auch nicht im Wege der Ausnahme nach § 4 III Nr. 3 BauNVO zulässig.[117]
- Ob eine **Gaststätte** i. S. des § 4 II Nr. 2 BauNVO der "Versorgung des Gebiets" dient, ist vom verbraucherbezogenen Einzugsbereich her zu bestimmen; nicht entscheidend sind dagegen – auch bei kleineren Landgemeinden – das Gemeindegebiet oder Gemeindegebietsteile (Ortsteile), ebenso nicht zwingend die festgesetzten Wohngebiete. Ein verbrauchernaher Einzugsbereich liegt nicht vor, wenn die Gaststätte auf Besucher ausgerichtet ist, die realistischerweise zum Besuch ein Kraftfahrzeug benutzen, oder wenn die Gaststätte eine Kapazität aufweist, die nicht erwarten lässt, dass sie durch Bewohner des "Gebiets" in einem ins Gewicht fallenden Umfang ausgelastet wird.[118] Den Betrieb eines Swinger-Clubs hat das BVerwG in einer Entscheidung vom 6.11.2002 – allerdings unter gaststättenrechtlichen Gesichtspunkten – nicht mehr für unsittlich und daher für unzulässig gehalten.[119]
- In einer Entscheidung vom 26.7.2005 hat das BVerwG geklärt, dass eine Anstalt des offenen Strafvollzugs ("**Freigängerhaus**") **keine Anlage für soziale Zwecke** i. S. der Vorschriften von § 4 oder § 6 BauNVO darstellt.[120]
- Ob es sich bei einer **SB-Autowaschanlage** um einen Gewerbebetrieb handelt, der das Wohnen nicht wesentlich stört i. S. von § 6 I BauNVO, kann nicht allgemein bejaht oder verneint werden. Für die Zulässigkeit einer solchen Anlage in einem Mischgebiet kommt es vielmehr auf die konkrete Betriebsgestaltung und Gebietssituation an.[121]
- Eine **ambulante Einrichtung der Drogenhilfe** ist als Anlage für soziale und (oder) gesundheitliche Zwecke i. S. des § 7 II Nr. 4 BauNVO in einem Kerngebiet allgemein zulässig, auch wenn der Bebauungsplan Festsetzungen gem. § 7 II Nr. 7 BauNVO über die allgemeine Zulässigkeit von Wohnungen in dem Gebiet (hier: mindestens 25 v.H. der Geschossfläche) trifft.[122]
- Eine **Wohnung für Bereitschaftspersonal** kann nach § 8 III Nr. 1 BauNVO ausnahmsweise im Gewerbegebiet zugelassen werden, wenn sie – auf der Grundlage der grundsätzlich vom Betriebsinhaber zu verantwortenden Organisation der Betriebsabläufe – aus betrieblichen Gründen objektiv sinnvoll ist.[123]
Auch für Ausnahmen nach § 8 III Nr. 2 BauNVO gilt, dass das Vorhaben mit den Zweckbestimmungen eines Gewerbegebietes vereinbar sein muss. Da im Gewerbege-

---

116 BVerwG, Urt. v. 24.04.1991 – 7 C 12/90, NVwZ 1991, 884.
117 BVerwG, Urt. v. 21.03.2002 – 4 C 1.02, BauR 2002, 1497 = DVBl. 2002, 1421 = BVerwGE 116,155.
118 BVerwG, Beschl. v. 03.09.1998 – 4 B 85/98, NJW 1998, 3792.
119 BVerwG, Urt. v. 06.11.2002 – 6 C 16.02, DVBl. 2003, 741.
120 BVerwG, Beschl. v. 26.07.2005 – 4 B 33/05, NVwZ 2005, 1186.
121 BVerwG, Beschl. v. 18.08.1998 – 4 B 82/98, NVwZ-RR 1999, 107.
122 BVerwG, Beschl. v. 06.12.2000 – 4 B 4/00, NVwZ-RR 2001, 217.
123 BVerwG, Beschl. v. 22.06.1999 – 4 B 46/99, NVwZ 1999, 1336.

biet nicht gewohnt werden soll, sind in ihm **Seniorenwohnheime** typischerweise wegen der wohnähnlichen Unterbringung der betreuten Personen unzulässig.[124]
- Kerngebietstypische Vergnügungsstätten (hier **Diskothek**) sind in Industriegebieten gem. § 9 BauNVO (in sämtlichen Fassungen) unzulässig.[125]
  Nach der Entscheidung des BVerwG vom 9.7.2002 sind **großflächige Einzelhandelsbetriebe** mit einer Geschoßfläche von mehr als 1.500 qm (1977) bzw. 1.200 qm (1990) (vgl. § 11 III 3 BauNVO 1977/1990) außer in Kerngebieten nur in für sie festgesetzten Sondergebieten zulässig (§ 11 III 1 Nr. 2 BauNVO 1990). Greift die Regelvermutung des § 11 III 1 Nr. 2 BauNVO ein, erübrigt sich eine Beweisaufnahme zu den möglichen Auswirkungen des Betriebes.[126]
  In der Entscheidung vom 18.6.2003 hat das BVerwG den Begriff des **Verbrauchermarktes** i. S. des § 11 III BauNVO (1968) näher definiert. Er beschränkt sich nicht auf großflächige Einzelhandelsbetriebe mit einem hauptsächlich auf Lebensmittel und verwandten Waren ausgerichteten oder mit einem insgesamt warenhausähnlichen Sortiment. Auch ein sog. **Fachmarkt** (hier für Fahrräder und Sportbedarf) kann ein Verbrauchermarkt sein.[127] Nach dieser Entscheidung ist das maßgebende Abgrenzungsmerkmal die **Großflächigkeit**.
- Eine **Mobilfunk-Sende- und Empfangsanlage**, die nicht nur dem Nutzungszweck des Baugebiets, sondern der Versorgung des gesamten Stadtgebiets sowie mehrerer Gemeinden in der Umgebung dient, ist keine Nebenanlage i. S. des § 14 I BauNVO.[128]
- Ob die **Haltung von 50 Brieftauben** als Kleintierhaltung gem. § 14 I 2 BauNVO mit der Eigenart eines Wohngebietes vereinbar ist, ist nicht abstrakt, sondern unter Würdigung der Verhältnisse des betroffenen Wohngebiets und der beabsichtigten Art der Taubenhaltung zu beantworten.[129]
- In einem (hier unbeplanten) allgemeinen Wohngebiet ist ein **Wohnbauvorhaben** in unmittelbarer Nachbarschaft eines vorhandenen **Sportplatzes** unzulässig, wenn es sich Sportlärmimmissionen aussetzt, die nach der Eigenart des Gebiets in diesem unzumutbar sind (§ 15 I 2 BauNVO).[130]
- Die planerische Festsetzung von **Doppelhäusern** gem. § 22 II BauNVO ist nachbarschützend. Das Erfordernis der baulichen Einheit ist nur erfüllt, wenn die beiden Gebäude in wechselseitig verträglicher und abgestimmter Weise aneinander gebaut werden. Kein Doppelhaus entsteht, wenn ein Gebäude gegen das andere so stark versetzt wird, dass es den Rahmen einer wechselseitigen Grenzbebauung überschreitet, den Eindruck eines gegenseitigen Grenzanbaus vermittelt und dadurch einen neuen Bodennutzungskonflikt auslöst.[131]

---

124 BVerwG, Beschl. v. 13.05.2002 – 4 B 86.01, BauR 2002, 1499.
125 BVerwG, Urt. v. 24.02.2000 – 4 C 23/98, NVwZ 2000, 1054.
126 BVerwG, Beschl. v. 09.07.2002 – 4 B 14.02.
127 BVerwG, Urt v. 18.06.2003 – 4 C 5.02.
128 BVerwG, Beschl. v. 01.11.1999 – 4 B 3/99, NVwZ 2000, 680.
129 BVerwG, Beschl. v. 01.03.1999 – 4 B 13/99, BauR 2001, 73.
130 BVerwG, Urt. v. 23.09.1999 – 4 C 6/98, NVwZ 2000, 1051.
131 BVerwG, Urt. v. 24.02.2000 – 4 C 12/98, NVwZ 2000, 1055.

IV. Abwägungsgebot

Nach § 1 VII BauGB sind bei der Aufstellung der Bauleitpläne die öffentlichen und privaten Belange gegeneinander und untereinander gerecht abzuwägen. Das Abwägungsgebot ist **die zentrale und wichtigste materielle Anforderung** an die Bauleitpläne. Planerische Festsetzungen sind Bestimmungen über Inhalt und Schranken des Eigentums i. S. des Art. 14 I 2 GG und II GG. Daraus folgt, dass Privatnützigkeit und auch faktische Verfügbarkeit von Grund und Boden einerseits und Sozialgebundenheit andererseits abwägungsrelevante Belange von erheblicher Bedeutung sind und bei der Planung gebührend berücksichtigt werden müssen.[132] Eine Verletzung des Abwägungsgebotes führt zur Unwirksamkeit eines Bebauungsplans im Rahmen einer gerichtlichen Kontrolle.

Die rechtlich überprüfbaren Anforderungen an eine gerechte Abwägung sind wie folgt festzulegen: Das Gebot gerechter Abwägung ist verletzt, wenn [133]
- eine sachgerechte Abwägung überhaupt nicht stattfindet (**Abwägungsausfall**).
- in die Abwägung nicht eingestellt wird, was nach Lage der Dinge in sie eingestellt werden muss (**Abwägungsdefizit**).
- die Bedeutung der betroffenen privaten Belange verkannt oder wenn der Ausgleich zwischen den von der Planung berührten öffentlichen Belangen in einer Weise vorgenommen wird, die zur objektiven Gewichtigkeit einzelner Belange außer Verhältnis steht (**Abwägungsfehleinschätzung**).

§ 214 III BauGB behandelt Abwägungsmängel. Durch das BauGB 2004 wurde eine Bestimmung aufgenommen, wonach die **fehlerhafte Ermittlung** und **Bewertung** der berührten Belange kein Abwägungs-, sondern ein Verfahrensmangel ist. Das hat zur Folge, dass ein solcher Fehler unbeachtlich werden kann. Der Gesetzgeber hat sich damit erneut entschieden, nur wichtige Fehler für beachtlich zu erklären mit der weiteren Folge, dass die Erfolgsaussichten, einen fehlerhaften Bebauungsplan endgültig zu Fall zu bringen, äußerst gering geworden sind, zumal alle Fehler auch nach Abschluss des Bebauungsplans in einem ergänzenden Verfahren rückwirkend geheilt werden können (§ 214 IV BauGB).
Wichtig ist in diesem Zusammenhang ein Urteil des BVerwG vom 24.9.1998. In diesem hat der 4. Senat des BVerwG erstmals entschieden und im Einzelnen begründet, dass das in § 1 VII BauGB enthaltene Abwägungsgebot **drittschützenden Charakter** hinsichtlich solcher privater Belange hat, die für die Abwägung **erheblich** sind.[134] **Nicht abwägungsbeachtlich**, weil nicht erheblich, sind dagegen
- geringwertige Interessen
- sowie solche, auf deren Beachtung kein schutzwürdiges Vertrauen besteht
- oder solche, die für die Gemeinde bei der Entscheidung über den Plan nicht erkennbar waren.[135]

Gleichwohl darf aber die Gemeinde etwa die bauliche Nutzbarkeit von Grundstücken ändern und dabei auch die privaten Nutzungsmöglichkeiten einschränken oder gar ganz aufheben, wenn die privaten Eigentümerinteressen in der nach § 1 VII BauGB gebotenen Abwägung als wichtige Belange berücksichtigt worden sind.[136]

---

132 BVerwG, Beschl. v. 31.01.1997 – 4 NB 27/96, NVwZ 1997, 1213.
133 BVerwG, Beschl. v. 09.11.1979 – 4 N 1/78 u. a., BauR 1980, 36 ff.; BVerwG, Urt. v. 12.12.1969 – IV C 105/66, BVerwGE 34, 301 (309).
134 BVerwG, Urt. v. 24.09.1998 – 4 CN 2/98, NJW 1999, 592 = DVBl. 1999, 100.
135 BVerwG, Urt. v. 24.09.1998 – 4 CN 2/98, NJW 1999, 592 = DVBl. 1999, 100; BVerwG, Beschl. v. 22.08.2000 – 4 BN 38/00, NVwZ 2000, 1413 (1414).
136 BVerwG, Urt. v. 31.08.2000 – 4 CN 6/99, BauR 2001, 358.

167 Sind aufgrund der Aufstellung, Änderung, Ergänzung oder Aufhebung eines Bebauungsplans **Eingriffe in Natur und Landschaft** zu erwarten, so verpflichtet § 8 a I 1 BNatSchG die Gemeinde zu ermitteln und zu entscheiden, ob vermeidbare Beeinträchtigungen von Natur und Landschaft zu unterlassen sind und ob und wie unvermeidbare Beeinträchtigungen auszugleichen oder durch Ersatzmaßnahmen zu kompensieren sind; Ermittlung und Entscheidung müssen den Anforderungen des planungsrechtlichen Abwägungsgebots entsprechen.[137] Überwiegen bei der nach § 8 III BNatSchG gebotenen Abwägung die **Belange des Naturschutzes** und der Landschaftspflege, so ist der Eingriff zwingend zu untersagen.[138]

168 Zur Bauleitplanung für eine **Sportanlage** hat das BVerwG eine wichtige Entscheidung getroffen:[139] Danach hat die Sportanlagenlärmschutzverordnung (18. BImSchV) für die Bauleitplanung nur mittelbare rechtliche Bedeutung. Bei der planerischen Abwägung muss die Gemeinde nach dieser Entscheidung die Schutzbedürftigkeit des Einwirkungsbereichs der Sportanlage entsprechend den Anforderungen der Verordnung ermitteln, aber nahe liegende und verhältnismäßige Möglichkeiten einer Sportlärmbeeinträchtigung benachbarter Gebiete unterhalb der Richtwerte nicht unberücksichtigt lassen.
Die Berücksichtigung der allgemeinen Anforderungen an **gesunde Wohn- und Arbeitsverhältnisse** (§ 1 VI Nr. 1 BauGB) stellt eine strikte rechtliche Grenze bei der Aufstellung eines Bebauungsplans dar. Zur Konkretisierung dieser **Abwägungsschranke** kann auf die Legaldefinition in § 136 II 2 Nr. 1 i. V. m. III BauGB zurückgegriffen werden. Die Anforderungen an die Wohnverhältnisse können durch das **Maß der baulichen Nutzung** berührt werden und beziehen sich insbesondere auf die Belichtung, Besonnung und Belüftung der Wohnungen, auf die bauliche Beschaffenheit von Gebäuden sowie auf die Zugänglichkeit der Grundstücke. Dabei sind soziale, hygienische und kulturelle Erfordernisse zu berücksichtigen. Eine **Überschreitung** der nach der **Art der baulichen Nutzung** (Gebietstypus) gestaffelten Obergrenzen in der Tabelle des § 17 I BauNVO kann ein Indiz für das Vorliegen ungesunder Wohnverhältnisse sein, führt aber nicht schematisch und zwangsläufig zur Beeinträchtigung der allgemeinen Anforderungen an gesunde Wohn- und Arbeitsverhältnisse.[140]
Äußerst wichtig für den eigentumsrechtlichen Drittschutz von Anwohnern in der Nachbarschaft des Plangebietes ist die Entscheidung des BVerwG vom 21.3.2002: Das Abwägungsgebot in § 1 VI BauGB vermittelt auch den Anwohnern in der **Nachbarschaft** des Plangebiets **eigentumsrechtlichen Drittschutz gegenüber planbedingten Beeinträchtigungen**, die in einem adäquat-kausalen Zusammenhang mit der Planung stehen und mehr als geringfügig sind. Denn nach der Rechtsprechung des BVerwG muss der Bauleitplanung eine **Erschließungskonzeption** zugrunde liegen, nach der das im Plangebiet anfallende Niederschlagswasser so beseitigt werden kann, dass Gesundheit und Eigentum der Planbetroffenen – auch außerhalb des Plangebietes – keinen Schaden nehmen.[141]
Die Festsetzung eines **Grundstücks eines Privaten** als **Fläche für den Gemeinbedarf** in einem Bebauungsplan ist abwägungsfehlerhaft, wenn dafür im Rahmen der planerischen Konzeption gleich geeignete Grundstücke der öffentlichen Hand zur Verfügung stehen.[142]

---

137 BVerwG, Beschl. v. 31.01.1997 – 4 NB 27/96, NVwZ 1997, 1213.
138 BVerwG, Urt. v. 27.10.2000 – 4 A 18/99, NVwZ 2001, 673 – Naturschutz und potenzielles FFH-Gebiet bei einem Autobahnbau.
139 BVerwG, Urt. v. 12.08.1999 – 4 CN 4/98, NVwZ 2000, 550.
140 BVerwG, Urt. v. 06.06.2002 – 4 CN 4.01, BauR 2002, 1655 = DVBl. 2002, 1494 = BVerwGE 116, 296.
141 BVerwG, Urt. v. 21.03.2002 – 4 CN 14.00, BauR 2002, 1650 = DVBl. 2002, 1469.
142 BVerwG, Urt. v. 06.06.2002 – 4 CN 6.01, BauR 2002, 1660.

A. Bauleitplanung 2

Bei der Anfechtung eines **bebauungsplanergänzenden Planfeststellungsbeschlusses** ist die darin übernommene bauleitplanerische Entscheidung inzident auf erhebliche Abwägungsmängel zu prüfen.[143] Übernimmt die Planfeststellungsbehörde in einem solchen Planfeststellungsbeschluss aufgrund eigener Abwägung das im Bebauungsplan zum Ausdruck kommende städtebauliche und verkehrspolitische Konzept, hat sie dessen Rechtmäßigkeit nach außen zu verantworten.[144]

V. Umweltbelange

Die in der Bauleitplanung zu berücksichtigenden **Umweltbelange** fasst § 1 VI Nr. 7 BauGB in einem umfassenden Katalog (lit. a – i) zusammen. Da diese Belange auch Gegenstand der neu eingeführten **Umweltprüfung** (§ 2 IV BauGB) sind, dient er damit auch der Umsetzung der Plan-UP-Richtlinie. § 1 a BauGB gibt ergänzende Vorschriften zum Umweltschutz vor, die bei der Aufstellung der Bauleitpläne zu berücksichtigen sind. Gemäß § 1 VI Nr. 7 BauGB sind bei der Aufstellung der Bauleitpläne gem. § 1 a BauGB die Belange des Umweltschutzes und der Landschaftspflege zu berücksichtigen. Durch das BauGB 2004 wurden in § 1 VI Nr. 7 BauGB Konkretisierungen durch die Unterpunkte a – i zum Umweltschutz, Naturschutz und zur Landschaftspflege vorgenommen. Das BVerwG hat bereits klargestellt, dass zwischen den in § 1 VI BauGB genannten Belangen keine Vorzugsregelung besteht. Die Belange sind vielmehr abstrakt gleichwertig. Auch aus Art. 20a GG lasse sich kein Vorrang der dort genannten Schutzgüter im Sinne einer bestimmten Vorzugswürdigkeit ableiten. Vielmehr bleibe es unveränderte Aufgabe der Gemeinde, sich bei der Bauleitplanung im Rahmen sachgerechter Abwägung selbst darüber schlüssig zu werden, welchen Belangen sie letztlich das stärkere Gewicht beimessen will.[145] Die **Umweltprüfung** ist daher auch kein Verfahren, das die Aufstellung möglichst „umweltfreundlicher" Bauleitpläne erzwingt. Die Umweltprüfung soll vielmehr der planenden Gemeinde und den sonstigen Beteiligten bewusst machen, welche Umweltauswirkungen durch die Umsetzung eines Bauleitplans zu erwarten sind, wobei hierzu auch Auswirkungen auf Menschen als Teil der Umwelt gehören. Entscheidet sich die Gemeinde in Kenntnis der Auswirkungen und möglichen Alternativen im Rahmen der Abwägung für eine Lösung mit stärkeren Auswirkungen, bedeutet das jedenfalls keinen Verstoß gegen die Bestimmungen zur Umweltprüfung. Die Grenze der Nichtbeachtung berührter Belange ergibt sich wie bisher aus den Abwägungsgrundsätzen.

Nach § 2 IV BauGB ist grundsätzlich bei **jedem Bauleitplan** für die Umweltbelange nach § 1 VI Nr. 7 BauGB und § 1 a BauGB eine Umweltprüfung durchzuführen. Diese enthält die Ermittlung, Beschreibung und Bewertung der Umweltauswirkungen. Die Beschreibung und Bewertung hat in einem **Umweltbericht** zu erfolgen. Dieser ist nach § 2 a S. 2 Nr. 2 BauGB wie bisher ein gesonderter Teil der Begründung. Die notwendigen Inhalte des Umweltberichts ergeben sich aus der Anlage zu § 2 IV BauGB und § 2 a BauGB. § 2 IV 4 BauGB regelt, dass das **Ergebnis der Umweltprüfung** in der Abwägung zu berücksichtigen ist. Daraus wird auch deutlich, dass die Regelungen zur Umweltprüfung keine materiellen Anforderungen enthalten, sondern nur ein Verfahren zur Bewusstmachung von Umweltauswirkungen darstellen.

169

---

143 BVerwG, Urt. v. 20.04.2005 – 9 A 56/04, NVwZ 2005, 949.
144 BVerwG, Urt. v. 20.04.2005 – 9 A 56/04, NVwZ 2005, 949.
145 BVerwG, Beschl. v. 15.10.2002 – 4 BN 51/02, NVwZ-RR 2003, 171.

§ 2 Zulässigkeit von Vorhaben

Nach § 6 I BauGB und § 10 IV BauGB ist dem Flächennutzungs- und dem Bebauungsplan eine **zusammenfassende Erklärung** beizufügen über die Art und Weise, wie die Umweltbelange und die Ergebnisse der Öffentlichkeits- und Behördenbeteiligung in dem Bebauungsplan berücksichtigt wurden, und aus welchen Gründen der Plan nach Abwägung mit den geprüften, in Betracht kommenden anderweitigen Planungsmöglichkeiten gewählt wurde.

Gem. § 4 c S. 1 BauGB überwachen die Gemeinden die erheblichen Umweltauswirkungen, die auf Grund der Durchführung der Bauleitpläne eintreten, um insbesondere unvorhergesehene nachteilige Auswirkungen frühzeitig zu ermitteln und in der Lage zu sein, geeignete Maßnahmen zur Abhilfe zu ergreifen (sog. **Monitoring**). Die Gemeinde kann diese Erkenntnisse zum Anlass nehmen, den Plan zu ändern und zusätzliche Minderungs- oder Kompensationsmaßnahmen festzusetzen. Unter den Voraussetzungen des § 1 III BauGB ist sie dazu verpflichtet. Das Monitoring ist bei allen Bauleitplänen und Satzungen erforderlich, für die eine Umweltprüfung vorgeschrieben ist.[146]

Wichtig für den Anwalt ist in die Beachtung der **Überleitungsvorschriften** in § 244 BauGB. Die verschiedenen Stichtage können nicht im Einzelnen dargestellt werden, sind aber aus der Vorschrift klar erkennbar. Im Übrigen bleibt abzuwarten, wie die Rechtsprechung die Vorgaben zur Umweltprüfung im BauGB 2004 umsetzen wird.

VI. Plansicherung

170 Zur Sicherung ihrer Planung für den künftigen Planbereich hat die Gemeinde die Möglichkeit,
- gem. § 14 BauGB eine Veränderungssperre zu erlassen,
- gem. § 15 BauGB Baugesuche zurückzustellen oder
- gem. §§ 24 ff. BauGB Vorkaufsrechte auszuüben.

1. Veränderungssperre

171 Sofern die Gemeinde beschlossen hat, einen Bebauungsplan aufzustellen, zu ändern, zu ergänzen oder aufzuheben, kann sie nach § 14 BauGB zur Sicherung der Planung für den künftigen Planbereich eine Veränderungssperre mit dem Inhalt beschließen, dass
- Vorhaben i. S. des § 29 BauGB nicht durchgeführt oder bauliche Anlagen nicht beseitigt werden dürfen,
- erhebliche oder wesentlich wertsteigernde Änderungen von Grundstücken und baulichen Anlagen, deren Veränderungen nicht genehmigungs-, zustimmungs- oder anzeigepflichtig sind, nicht vorgenommen werden dürfen.

Von einer Veränderungssperre werden Vorhaben nicht erfasst, die vor dem Inkrafttreten der Sperre baurechtlich genehmigt worden sind, d. h. für die vorher eine Baugenehmigung oder ein Vorbescheid erteilt worden ist. Gleiches gilt für Unterhaltungsarbeiten und die Fortführung einer bisher ausgeübten Nutzung.

172 Die zulässige Veränderungssperre setzt einen **Beschluss** der Gemeinde zur Aufstellung eines Bebauungsplans voraus (§ 16 BauGB). Ferner wird vorausgesetzt, dass die Gemeinde zumindest globale Vorstellungen über die zukünftige Planung hat; unzulässig

---

146 Ausführlich zum Verfahren: *Rautenberg*, Monitoring im Baugesetzbuch, NVwZ 2005, 1009–1013.

A. Bauleitplanung

ist eine Veränderungssperre, wenn zum Zeitpunkt ihres Erlasses die beabsichtigte Planung noch in keiner Weise absehbar ist.[147]

Die Veränderungssperre tritt nach Ablauf von **zwei Jahren** außer Kraft (§ 17 I 1 BauGB), die Frist kann jedoch längstens um zwei weitere Jahre bis längstens auf vier Jahre verlängert werden (§ 17 II BauGB). Soweit die Veränderungssperre länger als **vier Jahre** dauert, ist dem Betroffenen für die dadurch entstandenen Vermögensnachteile „eine angemessene Entschädigung in Geld zu leisten" (§ 18 I BauGB).

Die Veränderungssperre kann im Wege der **Normenkontrolle** überprüft werden, ebenso kommt eine **inzidente Überprüfung** der Veränderungssperre im Rahmen einer Anfechtung der Entscheidung der Baugenehmigungsbehörde über einen Bauantrag in Betracht. Wird also die Erteilung einer Baugenehmigung unter Hinweis auf eine Veränderungssperre abgelehnt, so hat das Verwaltungsgericht die Wirksamkeit der Veränderungssperre gerichtlich zu überprüfen und die Behörde ggf. zu verpflichten, über den Bauantrag erneut unter Beachtung der Rechtsauffassung des Gerichts zu entscheiden.

2. Zurückstellung von Baugesuchen

§ 14 BauGB ist ebenso wie § 15 BauGB ein Instrument der Gemeinde zur Sicherung der Bauleitplanung. Während die Veränderungssperre nach § 16 BauGB erst mit der Rechtsverbindlichkeit der Satzung wirksam wird, kann die Gemeinde Bauvorhaben nach § 15 BauGB unmittelbar unterbinden. Damit kann insbesondere die Zeit überbrückt werden, die der Erlass einer Veränderungssperre erfordert.

Das Zurückstellen eines Baugesuchs ist ein **Verwaltungsakt** mit der Folge, dass dieser gesondert angefochten werden kann. Die Veränderungssperre begründet ein baurechtliches Verbot und ist daher ein materieller Versagungsgrund für eine Baugenehmigung. In zeitlicher Hinsicht ist allerdings die Möglichkeit der Zurückstellung auf höchstens zwölf Monate befristet. Tritt während der Dauer der Zurückstellung eine **Veränderungssperre** in Kraft, so bleibt die Zurückstellung zunächst wirksam. Das bis dahin nur formell-rechtlich unzulässige Vorhaben ist dann allerdings auch **materiell-rechtlich unzulässig**. Der Bescheid über die Zurückstellung des Baugesuchs kann daher durch eine Ablehnung des Bauantrags gem. § 14 I BauGB ersetzt werden.

Ficht der Bauherr die Zurückstellung seines Baugesuchs an, haben Widerspruch und Klage gem. § 80 I BauGB aufschiebende Wirkung mit der Folge, dass der Bauantrag **weiterzubearbeiten** ist, es sei denn, mit der Zurückstellung des Baugesuchs wurde sogleich deren sofortige Vollziehbarkeit gem. § 80 II Nr. 4 VwGO angeordnet. Bearbeitet die Bauaufsichtsbehörde das Baugesuch nach einem Widerspruch nicht weiter, kann dies einen Amtshaftungsanspruch begründen.[148] Eine Klärung über die Rechtmäßigkeit des Zurückstellungsgesuches erreicht der Bauherr über ein einstweiliges Rechtsschutzverfahren nach § 80 V VwGO.

3. Teilung von Grundstücken

Die bis zum BauGB 2004 existierende Teilungsgenehmigung nach §§ 19, 20 BauGB diente der Sicherung der Bauleitplanung. Durch die Teilungsgenehmigung sollte bereits in einem frühen Zeitpunkt der Vorbereitung einer baulichen oder sonstigen Nutzung eines Grundstücks die Einhaltung des städtebaulichen Planungsrechts gesichert werden.[149] Seit

---

147 BVerwG, Urt. v. 10.09.1976 – 4 C 5/76, NJW 1977, 405 (406).
148 BGH, Urt. v. 26.07.2001 – III ZR 206/00, NVwZ 2002, 123.
149 BVerwG, Urt. v. 28.04.1964 – 1 C 64/62, BVerwGE 18, 242 (244).

dem 1.1.1998 war die Teilungsgenehmigung **bundesrechtlich nicht mehr vorgeschrieben**. Die Restgenehmigungspflicht ist nunmehr mit dem BauGB 2004 endgültig entfallen. Gemeinden haben nach § 244 III BauGB bestehende Teilungsgenehmigungssatzungen aufzuheben oder zumindest durch ortsübliche Satzung darauf hinzuweisen, dass keine Genehmigungspflicht mehr besteht. § 19 II BauGB in der Fassung seit 2004 schreibt nunmehr lediglich vor, dass durch die Teilung eines Grundstücks im Geltungsbereich eines Bebauungsplans keine Verhältnisse entstehen dürfen, die den Festsetzungen des Bebauungsplans widersprechen. Unklar sind bislang die Folgen, wenn entgegen den Festsetzungen des Bebauungsplans unzulässig stark genutzte Grundstücke entstehen. Ob die Rechtsprechung so weit geht, eine unzulässige Bebauung festzustellen mit der Folge einer Rückbauverpflichtung, bleibt abzuwarten.

4. Vorkaufsrecht

179 Das gemeindliche Vorkaufsrecht (§§ 24–28 BauGB) dient wie die Veränderungssperre (§ 14 BauGB), die Zurückstellung von Baugesuchen (§ 15 BauGB) und die bis zum BauGB 2004 geltende Teilungsgenehmigung (§ 19 BauGB) der Sicherung der Bauleitplanung. Beschließt ein Grundstückseigentümer, sein Grundstück zu verkaufen, hat er den Kaufvertrag gegenüber der Gemeinde **anzuzeigen** (§ 28 I 1 BauGB). Will er eine Planungssicherheit über den Bestand des Kaufvertrages, hat die Gemeinde ihm gegenüber auf Antrag zu bestätigen, dass sie ggf. auf die Ausübung des Vorkaufsrechts verzichtet (sog. **Negativattest**, § 28 I 4 BauGB). Wird der Verzicht nicht erklärt, kann die Gemeinde binnen zweier Monate nach Mitteilung des Kaufvertrages unter bestimmten Voraussetzungen das Vorkaufsrecht durch Verwaltungsakt gegenüber dem Verkäufer ausüben (§ 28 II 1 BauGB).

180 § 24 BauGB enthält das allgemeine Vorkaufsrecht der Gemeinde. § 25 BauGB fasst die Satzungsvorkaufsrechte zusammen, also diejenigen Vorkaufsrechte, die nicht bereits unmittelbar durch gesetzliche Anordnungen bestehen. In §§ 26–28 BauGB sind die Bestimmungen über den Ausschluss des Vorkaufsrechts, seine Abwendung, die Ausübung zugunsten eines Dritten sowie das Verfahren und die Entschädigung geregelt.

181 Das Vorkaufsrecht darf nur ausgeübt werden, wenn das Wohl der Allgemeinheit dies **rechtfertigt** (§ 24 III 1 BauGB). Gegenüber der Enteignung, deren Ausübung vom Wohl der Allgemeinheit **erfordert** sein muss, werden damit geringere Anforderungen gestellt.[150] Die Ausübung des gemeindlichen Vorkaufsrechts verwirklicht keinen enteignenden Tatbestand. Streitigkeiten entstehen gleichwohl über das Vorliegen der erforderlichen Voraussetzungen für die Ausübung des Vorkaufsrechts. Insoweit ist auf die Tatbestandsvoraussetzungen der Anspruchsgrundlagen zu verweisen. Streitigkeiten entstehen im Übrigen hauptsächlich über die Höhe der zu leistenden Entschädigung (§ 28 BauGB).

182 Grundsätzlich hat zwar die Gemeinde, die das Vorkaufsrecht binnen zwei Monaten nach Mitteilung eines anderweitigen Kaufvertrages über das Grundstück ausgeübt hat, den vereinbarten Kaufpreis zu entrichten (§ 28 II 2 BauGB i. V. m. § 505 BGB).[151] Abweichend hiervon kann die Gemeinde den zu zahlenden Betrag aber nach dem Verkehrswert des Grundstücks (§ 194 BauGB) im Zeitpunkt des Kaufes bestimmen, wenn der vereinbarte Kaufpreis den Verkehrswert in einer im Rechtsverkehr erkennbaren Weise deutlich überschreitet (§ 28 III 1 BauGB). Es hat somit eine **Preisprüfung** stattzufinden. In diesem

---

150 BVerwG, Beschl. v. 15.02.1990 – 4 B 245/89, NJW 1990, 2703.
151 § 505 II BGB lautet: Mit der Ausübung des Vorkaufsrechts kommt der Kauf zwischen dem Berechtigten und dem Verpflichteten unter den Bedingungen zustande, welche der Verpflichtete mit dem Dritten vereinbart hat.

Fall ist der Verkäufer berechtigt, bis zum Ablauf eines Monats nach Unanfechtbarkeit des Verwaltungsaktes über die Ausübung des Vorkaufsrechts vom Kaufvertrag zurückzutreten (§ 28 III 2 BauGB). Geschieht dies nicht, ist der Gemeinde das Eigentum an dem Grundstück zu übertragen.

Streitigkeiten über die Voraussetzungen der Ausübung des Vorkaufsrechtes sind vom Verkäufer und vom Käufer zunächst mit **Widerspruch** und sodann im Wege der **Anfechtungsklage** vor der Verwaltungsgerichtsbarkeit auszutragen. Hat die Gemeinde den zu zahlenden **Betrag** abweichend von dem vereinbarten Kaufpreis bestimmt, richtet sich die Zuständigkeit für die Anfechtung des Bescheids über die Festsetzung des Wertes für das Grundstück nach § 217 BauGB. Entsprechende Streitigkeiten sind damit vor den **Baulandgerichten** auszutragen. **183**

VII. Planerhaltung

Das BauGB stellt mit den §§ 214–215 BauGB weitgehende **Unbeachtlichkeits- und Reparaturregelungen** zur Planerhaltung zur Verfügung, nach denen Bebauungsplanfehler entweder von vornherein unbeachtlich sind, nach Ablauf einer bestimmten Frist unbeachtlich werden oder in einem ergänzenden Verfahren geheilt werden können. Insbesondere mit der Vorschrift des § 214 IV BauGB, wonach unter bestimmten Voraussetzungen auch ein Bebauungsplan mit **Rückwirkung** erneut in Kraft gesetzt werden kann, sind die Erfolgschancen für die gerichtliche Anfechtung des Bebauungsplans im Wege der Normenkontrolle nach § 47 VwGO oder im Rahmen eines sog. Inzidentverfahrens bei Anfechtung einer auf den Bebauungsplan gestützten Genehmigung erheblich gesunken. **184**

Verstöße gegen Form- und Verfahrensvorschriften des BauGB sind nur beachtlich, wenn sie **185**
- sich gegen die in § 214 I BauGB benannten Vorschriften über die Aufstellung des Flächennutzungsplans oder der Satzung richten und
- nicht durch Unbeachtlichkeitsklauseln für unbeachtlich erklärt werden.

1. § 214 BauGB

§ 214 I BauGB enthält nach zwei Seiten wirkende **Unbeachtlichkeitsregeln:** Er benennt zum einen abschließend die formellen Vorschriften des BauGB, deren Verletzung beachtlich sind, und erklärt damit die Verletzung der übrigen für stets unbeachtlich. Aus den hiernach beachtlichen Verstößen werden zum zweiten einzelne Vorschriften wiederum durch § 214 I BauGB selbst ausgegliedert und für unbeachtlich erklärt, so dass sich folgende Abstufung ergibt: **186**
- stets unbeachtliche Fehler (Verstöße gegen in § 214 I nicht benannte formelle Vorschriften des BauGB),
- „grundsätzlich" beachtliche Fehler (Verstöße gegen in § 214 I Nr. 1, 2 und 3 benannte formelle Vorschriften des BauGB, soweit sie nicht von Unbeachtlichkeitsklauseln erfasst werden),
- stets beachtliche Fehler (Verstöße gegen die in § 214 I Nr. 4 benannten Vorschriften des BauGB).

Verstöße gegen **materielle Vorschriften** des BauGB – hierzu zählen auch die vorgangs- und ergebnisbezogenen Anforderungen des Abwägungsgebotes – sind nur unbeachtlich, soweit sich dies aus § 214 II und III BauGB ergibt. **187**

§ 2 Zulässigkeit von Vorhaben

- Nach § 214 II BauGB ist eine Verletzung der Vorschriften über das Verhältnis des Bebauungsplanes zum Flächennutzungsplan nach § 8 II – IV BauGB nur unbeachtlich, soweit dies durch § 214 II Nrn. 1–4 BauGB bestimmt wird.
- Nach § 214 III BauGB sind Mängel im Abwägungsvorgang nur beachtlich, wenn sie offensichtlich und auf das Abwägungsergebnis von Einfluss gewesen sind.

188 **Offensichtlich** ist nicht gleichbedeutend mit offenkundig i. S. des § 44 I VwVfG, sondern schließt – weitergehend – zur äußeren Seite des Abwägungsvorgangs alles ein, wofür sich aus Akten, Protokollen, der Entwurfs- und der Planbegründung oder sonstigen Unterlagen positive Hinweise ergeben (selbst wenn sie der Erhärtung durch Beweisaufnahme bedürfen), klammert nur die „innere" Seite der Abwägung (subjektive Vorstellungen mitwirkender Entscheidungsträger) und solche Fehlermöglichkeiten aus, für welche die Akten keine positiven Hinweise enthalten. **Ergebnisrelevant** ist ein festgestellter Mangel, wenn sich „anhand der Planunterlagen oder sonst erkennbar" die Möglichkeit abzeichnet, dass ohne ihn anders geplant worden sein könnte.

2. § 215 BauGB

189 Nach § 214 BauGB **beachtliche Mängel** können gem. § 215 BauGB unbeachtlich werden, wenn sie nicht innerhalb von zwei Jahren seit Bekanntmachung des Flächennutzungsplans oder der Satzung schriftlich gegenüber der Gemeinde unter Darlegung des die Verletzung begründenden Sachverhalts geltend gemacht werden. Die **Gemeindeordnungen** regeln zum Teil unterschiedlich, welche Verstöße gegen (landesrechtliche) Form- und Verfahrensvorschriften beachtlich sind (also zur Unwirksamkeit der Satzung führen), welche der beachtlichen Verstöße unbeachtlich werden können und unter welchen Voraussetzungen dies geschieht.

190 Der Eintritt der Unbeachtlichkeit kann also dadurch verhindert werden, dass der Rechtsverstoß – ähnlich wie im Falle des § 215 BauGB – unter Bezeichnung der ihn ergebenden Tatsachen und Sachverhalte der Gemeinde gegenüber **schriftlich gerügt** wird. Diese Aufgabe der **Kontrolle des Planentwurfs** und des **Verfahrens** auf absehbare oder begangene Rechtsverstöße durch den Anwalt sollte dieser nicht aufschieben, sondern mit den übrigen Schritten der Interessenwahrnehmung koordinieren. Die mit der Bekanntmachung unbeachtlich werdenden und die im Interesse des Mandanten zu vermeidenden oder zu behebenden Fehler werden anderenfalls womöglich zu spät festgestellt. Nach Ablauf des Verfahrens sinkt erfahrungsgemäß auch die Bereitschaft der Beschlussgremien, Verfahrensschritte zur Behebung von Fehlern zu wiederholen. Die Kontrollaufgabe des Anwalts ist allerdings auch nur durch genaue Verfolgung des Verfahrens, insbesondere der Ausschuß- und Ratssitzungen, zu lösen, weil ein Anspruch auf **Einsicht in die Planaufstellungsvorgänge** nicht unumstritten ist und seine Durchsetzung in der Praxis oft zeitraubende Schwierigkeiten bereitet.

B. Städtebaulicher Vertrag

191 § 11 BauGB erlaubt der Gemeinde, städtebauliche Verträge zu schließen. Damit ist sowohl für Bauherrn und Investoren wie auch für Gemeinden eine effiziente und schnelle Möglichkeit der Schaffung von Baurecht gegeben. Die Bestimmung über städtebauliche Verträge in § 11 BauGB wurde erstmals mit dem Bau- und Raumordnungsgesetz (BauROG) zum 1.1.1998 in das BauGB eingeführt.[152] Städtebauliche Verträge dienen der

---

152 Ausführlich hierzu: *Bunzel/Coulmas/Schmidt-Eichstaedt*, Städtebauliche Verträge – ein Handbuch.

B. Städtebaulicher Vertrag 2

Erfüllung städtebaulicher Aufgaben. Sie ergänzen das hoheitliche Instrumentarium des Städtebaurechts. Der städtebauliche Vertrag stellt eine zulässige Form des kooperativen Handelns im Städtebaurecht dar, bei dem die Gemeinde städtebauliche Pflichten, teilweise gegen Gegenleistung, auf Dritte überträgt.

Häufig wird es darum gehen, die Durchführung städtebaulicher Vorhaben und privater Investitionsvorhaben zu beschleunigen. Aus der Sicht der Gemeinde dient der Vertrag in vielen Fällen dazu, Hindernisse, die sich aus der finanziellen Begrenztheit und der personellen Ressourcen der Gemeinde ergeben, aus dem Weg zu räumen, indem ein Vorhabenträger oder Grundstückseigentümer sich zur Durchführung von Maßnahmen auf seine Kosten verpflichtet oder die der Gemeinde entstehenden Kosten übernimmt. § 11 I 2 BauGB enthält eine beispielhafte Aufzählung der möglichen Inhalte städtebaulicher Verträge, die aber nicht abschließend sind. Nach § 11 IV BauGB bleibt die Zulässigkeit anderer, d. h. nicht in § 11 BauGB benannter städtebaulicher Verträge unberührt. Bei der Regelung des § 11 handelt es sich insoweit nicht um eine abschließende Regelung, sondern um eine „Sonderregelung", die „insbesondere" geeignete Fallgruppen für den Vertrag im Städtebau benennt und für sie zum Teil besondere Anforderungen aufstellt.[153]

192

Das Gesetz nennt exemplarisch folgende Vertragsgegenstände:
- Die Vorbereitung und Durchführung städtebaulicher Maßnahmen einschließlich der Ausarbeitung der städtebaulichen Planung,
- die Förderung und Sicherung der mit der Bauleitplanung verfolgten Ziele,
- die Übernahme der sonstigen Kosten und Aufwendungen, die der Gemeinde für städtebauliche Maßnahmen entstehen oder entstanden sind und die Voraussetzung oder Folge des geplanten Vorhabens sind sowie
- zur Umsetzung der mit den städtebaulichen Planungen und Maßnahmen verfolgten Zielen und Zwecken die Nutzung von Netzen und Anlagen der Kraft-Wärme-Kopplung sowie von Solaranlagen für die Wärme-, Kälte- und Elektrizitätsversorgung.

Die aufgeführten Vertragsgegenstände können miteinander verbunden und durch weitere Regelungen ergänzt werden. Neben den in § 11 BauGB genannten Vertragstypen kennt das BauGB eine Reihe **anderer Verträge**, die an verschiedenen Stellen des BauGB jeweils im Sachzusammenhang geregelt sind oder sich aus dem Regelungskontext ableiten lassen. Dabei handelt es sich insbesondere um folgende Vertragstypen:[154]

193

- Durchführungsvertrag zum vorhabenbezogenen Bebauungsplan nach § 12 BauGB (Vorhaben- und Erschließungsplan),
- Vereinbarungen über die Abwendung des Vorkaufsrechts nach § 27 I BauGB,
- Verträge zur Abwicklung von Übernahmeansprüchen, z. B. nach § 22 VIII BauGB, § 40 II BauGB, § 173 III BauGB, § 176 IV BauGB,
- das Plananerkenntnis nach § 33 BauGB,
- Verträge zur Vorwegnahme der Entscheidung in der Umlegung nach § 76 BauGB,
- Verträge zur Umlegung in gemeindlicher Trägerschaft (z. B. Stuttgarter Modell),
- Erschließungsverträge nach § 124 BauGB,
- Vereinbarungen über die Ablösung des Erschließungsbeitrags nach § 133 III 5 BauGB,
- Vereinbarungen über die Durchführung von Ordnungsmaßnahmen nach § 142 II BauGB,
- Beauftragung eines Sanierungs- oder Entwicklungsträgers nach § 157 BauGB,

---

153 BVerwG, Urt. v. 16.05.2000 – 4 C 4/99, NVwZ 2000, 1285.
154 *Bunzel/Coulmas/Schmidt-Eichstaedt*, Städtebauliche Verträge – ein Handbuch, S. 19.

- Vereinbarungen über die Abwendung des Grunderwerbs in städtebaulichen Entwicklungsbereichen nach § 166 III 3 Nr. 2 BauGB,
- Vereinbarungen über die Ablösung des Ausgleichsbetrags in Sanierungsgebieten und städtebaulichen Entwicklungsbereichen nach § 154 III 2 BauGB.

194 Wichtig ist die Regelung des § 11 II 2 BauGB, wonach die Vereinbarung einer vom Vertragspartner zu erbringenden Leistung unzulässig ist, wenn er auch ohne sie einen Anspruch auf die Gegenleistung hätte. Das Gesetz hat hier das sog. **Koppelungsverbot** übernommen. Der BGH entnimmt der Regelung des § 11 II BauGB das Gebot der angemessenen Vertragsgestaltung. Nicht anwendbar im Rahmen der Inhaltskontrolle städtebaulicher Verträge sei die Inhaltskontrolle nach den §§ 9 – 11 AGB.[155] Das Koppelungsverbot besagt nach der Rechtsprechung des BVerwG, dass – zum einen – durch einen verwaltungsrechtlichen Vertrag nichts miteinander verknüpft werden darf, was nicht ohnehin schon in einem inneren Zusammenhang steht und dass – zum anderen – hoheitliche Entscheidungen ohne entsprechende gesetzliche Ermächtigungen nicht von wirtschaftlichen Gegenleistungen abhängig gemacht werden dürfen, es sei denn, erst die Gegenleistung würde ein der Entscheidung entgegenstehendes rechtliches Hindernis beseitigen.[156]

195 Das BVerwG hat grundlegende Voraussetzungen für die Zulässigkeit der Abwälzung von **Baufolgekosten** aufgestellt.[157] Kein Verstoß gegen das Koppelungsverbot hat der BGH gesehen, wenn ein Grundstückseigentümer einen Teil seines im Außenbereich liegenden Grundstücks für einen marktgerechten Preis an die Gemeinde zur Beschaffung von Bauland verkauft und sie ihm dafür in Aussicht stellt, sie werde das ganze Grundstück in den Bebauungsplan aufnehmen.[158] Für zulässig wird es auch gehalten, wenn die Gemeinde ihre zustimmende Stellungnahme zu einem Baugesuch davon abhängig macht, dass der Bauwerber die nach dem Bebauungsplan für die Erschließung des Baugrundstücks vorgesehenen Straßenflächen unter Anrechnung auf den späteren Erschließungsbeitrag und die spätere Umlegung an die Gemeinde abtritt.[159]

C. Vorhaben- und Erschließungsplan

196 § 12 BauGB eröffnet die weitere Möglichkeit, durch einen vorhabenbezogenen Bebauungsplan die Zulässigkeit von konkreten Vorhaben zu bestimmen, wenn der Vorhabenträger auf der Grundlage eines mit der Gemeinde abgestimmten Plans zur Durchführung der Vorhaben und der Erschließungsmaßnahmen (**Vorhaben- und Erschließungsplan**) bereit und in der Lage ist und sich zur Durchführung innerhalb einer bestimmten Frist und zur Tragung der Planungs- und Erschließungskosten vor der Beschließung des Plans verpflichtet (**Durchführungsvertrag**). Von dem normalen Bebauungsplan unterscheidet er sich durch die **investive Einbindung** des Vorhabenträgers in die Planaufstellung sowie insbesondere durch die Lösung von dem enumerativen Festsetzungskatalog des § 9 BauNVO (§ 12 III 2 BauGB). Dem privaten Vorhabenträger wird auf diese Weise ein konzeptioneller und gestalterischer Spielraum zugestanden, der weit über die planerischen Entscheidungsspielräume der Gemeinde im Rahmen eines Bebauungsplans hinaus-

---

155 BGH, Urt. v. 29.11.2002 – V ZR 105/02, NJW 2003, 888.
156 BVerwG, Urt. v. 16.05.2000 – 4 C 4/99, NVwZ 2000, 1285 (1287).
157 BVerwG, Urt. v. 14.08.1992 – 8 C 19/90, NJW 1993, 1810.
158 BGH, Urt. v. 02.10.1998 – V ZR 45/98, BauR 1999, 235.
159 BVerwG, Urt. v. 16.12.1993 – 4 C 27/92, NVwZ 1994, 485.

C. Vorhaben- und Erschließungsplan 2

geht. Aufgrund der Einbeziehung von § 12 in das BauGB gilt allerdings auch die Vorgabe nach § 1 III BauGB, wonach ein **städtebauliches Erfordernis** für die Aufstellung des Bauleitplans in der Form des Vorhaben- und Erschließungsplans gegeben sein muss.

Zwingend erforderlich ist, dass der sog. Durchführungsvertrag vor dem Satzungsbeschluss nach § 10 I BauGB abgeschlossen sein muss. In der Praxis bedeutet dies, dass der Durchführungsvertrag unter der **aufschiebenden Bedingung** abgeschlossen wird, dass der Satzungsbeschluss zu dem ins Auge gefassten Vorhaben- und Erschließungsplan gefasst wird. Der vorhabenbezogene Bebauungsplan besteht aus drei Teilen: 197

- dem Vorhaben- und Erschließungsplan des Vorhabenträgers (planerischer Teil),
- dem zwischen der Gemeinde und dem Vorhabenträger abzuschließenden Durchführungsvertrag (vertraglicher Teil) und
- dem vorhabenbezogenen Bebauungsplan der Gemeinde (Satzungs- und Normteil).

Das Verfahren beginnt mit dem **Antrag** des Vorhabenträgers auf Einleitung des Aufstellungsverfahrens über den vorhabenbezogenen Bebauungsplan. Das **Planaufstellungsverfahren** entspricht im Wesentlichen den Anforderungen für den Erlass herkömmlicher Bebauungspläne. Dies betrifft die Beteiligung der Bürger und der Träger öffentlicher Belange (§§ 3 und 4 BauGB), die Planrechtfertigung (§ 1 III BauGB), die Anpassungspflicht an die Ziele der Raumordnung (§ 1 IV BauGB), das Entwicklungsgebot (§ 8 II BauGB) und die Abwägung (§ 1 VII BauGB). Da das Verfahren dem Bebauungsplanaufstellungsverfahren gleichgestellt ist, kann insoweit auf diese Ausführungen verwiesen werden. 198

Der **Plan des Investors** muss, da er in gleicher Weise wie ein qualifizierter Bebauungsplan die planungsrechtliche Zulässigkeit des Vorhabens begründet, die gleiche Regelungsdichte eines qualifizierten Bebauungsplans haben, d. h. Art und Maß der baulichen Nutzung sowie die Erschließung müssen das Vorhaben so konkret beschreiben, dass im Baugenehmigungsverfahren eine abschließende planungsrechtliche Beurteilung möglich ist. 199

Der abzuschließende **Durchführungsvertrag** zum Vorhaben- und Erschließungsplan ist eine Mischung aus dem städtebaulichen Vertrag nach § 11 BauGB und einem Erschließungsvertrag nach § 124 BauGB.[160] Im Interesse des Vorhabenträgers und zur Arbeitserleichterung der Gemeinde legt der Vertrag fest, dass alle durchzuführenden Arbeiten vom Investor zu erledigen sind. Hierzu gehören die Erstellung des Vorhaben- und Erschließungsplans selbst, sämtliche weiteren Planungsarbeiten wie etwa eine erforderliche Änderung des Flächennutzungsplans, die Erstellung von Gutachten über Bodenverunreinigungen, Verkehrserschließung und Immissionsschutz sowie die Erschließungs-, Entwässerungs- und andere Ausbauplanungen. 200

Im Durchführungsvertrag ist eine **Frist** zu regeln, bis wann das Bauvorhaben und die Erschließungsmaßnahmen ausgeführt sein müssen. Gelingt es dem Vorhabenträger nicht, innerhalb der vereinbarten Frist seine Bauverpflichtung zu erfüllen, soll die Gemeinde den Bebauungsplan aufheben (§ 12 VI 1 BauGB). Aus der Aufhebung können Ansprüche des Vorhabenträgers gegen die Gemeinde nicht geltend gemacht werden (§ 12 VI 2 BauGB). 201

Die Satzung über den Vorhaben- und Erschließungsplan kann auch Gegenstand eines Normenkontrollverfahrens sein. Die drittschützende Wirkung des **Abwägungsgebotes** in § 1 VII BauGB besteht ebenfalls auch gegenüber Satzungen über den Vorhaben- und Erschließungsplan.[161]

---

160 Zur Wirksamkeit eines Erschließungsvertrages: BGH, Urt. v. 13.03.2003 – X ZR 106/00, NVwZ 2003, 1015.
161 BVerwG, Urt. v. 09.03.1999 – 4 CN 18/98, BauR 2000, 243.

§ 2 Zulässigkeit von Vorhaben

In einer Entscheidung vom 6.6.2002 hat das BVerwG festgestellt, dass Satzungen über einen Vorhaben- und Erschließungsplan **nicht unmittelbar und strikt an die Vorschriften der BauNVO** gebunden seien, ebenso habe der Gesetzgeber darauf verzichtet, Vorhaben- und Erschließungspläne an den enumerativen Festsetzungskatalog in § 9 BauGB zu binden.[162] Die BauNVO besitzt nach dieser Entscheidung nur eine **Leitlinien- und Orientierungsfunktion** bei der Konkretisierung der Anforderungen an eine geordnete städtebauliche Entwicklung. Eine **Überschreitung** der in § 17 I BauNVO festgelegten **Obergrenzen** der Grundflächenzahl führt aber nicht schematisch und zwangsläufig zu einer Beeinträchtigung der allgemeinen Anforderungen an gesunde Wohn- und Arbeitsverhältnisse. Bei ungünstigen Verhältnissen kann eine Überschreitung der festgesetzten Grundflächenzahl ein **Indiz** für das Vorliegen ungesunder Wohnverhältnisse sein. Andererseits kann eine **Kombination** verschiedener Maßfaktoren sowie die Anordnung der Baukörper einschließlich Nebenanlagen und Folgeeinrichtungen auch bei hoher baulicher Verdichtung gesunde Wohn- und Arbeitsverhältnisse gewährleisten. Aus Gründen der Rechtssicherheit sei es daher sinnvoll, auch bei der Aufstellung eines Vorhaben- und Erschließungsplans auf die aus der klassischen Bauleitplanung bekannte „**Plansprache**" zurückzugreifen und die Begriffe, zeichnerischen Festsetzungen und Planzeichen zu verwenden, die sich aus § 9 BauGB, der BauNVO und der Planzeichenverordnung ergeben.

D. Städtebauliche Entwicklungsmaßnahme

202 Die städtebauliche Entwicklungsmaßnahme ist gem. § 165 BauGB fester Bestandteil des planerischen Instrumentariums der Gemeinde geworden. Gegenstand einer Entwicklungsmaßnahme nach dem BauGB kann sowohl

- die **erstmalige Entwicklung** eines Ortsteils oder eines anderen Teils des Gemeindegebietes (Außenentwicklungsmaßnahme) wie auch
- deren **Neuentwicklung** im Rahmen einer städtebaulichen Neuordnung, z. B. einer großflächigen Brachfläche oder Mindernutzungen (Innenentwicklungsmaßnahme) sein.

203 Entwicklungsmaßnahmen müssen auf die Schaffung von etwas **qualitativ Neuem** ausgerichtet sein. Das Instrumentarium der städtebaulichen Entwicklungsmaßnahme wurde bis zur Vereinigung der beiden deutschen Staaten am 3.10.1990 relativ wenig genutzt. Entscheidungen liegen insoweit kaum vor. Höchstrichterlich entschieden waren z. B. Fälle, die die Entwicklung der früheren Bundeshauptstadt Bonn betreffen.[163] Nach der Vereinigung der beiden deutschen Staaten wurde das Instrumentarium allerdings dafür genutzt, insbesondere in den **neuen Bundesländern** entweder brachliegende Flächen städtebaulich überhaupt zu entwickeln oder vorhandene Flächen einer neuen Nutzung zuzuführen. Auch derzeit ist noch festzustellen, dass das Instrumentarium durchaus gerne genutzt wird, schafft die städtebauliche Entwicklungsmaßnahme doch die Voraussetzung für eine generelle Übernahme aller im Plangebiet gelegenen privaten Grundstücke und dementsprechend für eine reibungslosere Realisierung der konkreten städtebaulichen Zielsetzung als z. B. über die Bauleitplanung, über städtebauliche Verträge oder das Sanierungsrecht.

---

162 BVerwG, Urt. v. 06.06.2002 – 4 CN 4.01, BauR 2002, 1655.
163 Etwa BGH, Urt. v. 02.10.1986 – III ZR 99/85, ZfBR 1987, 110 – städtebaulicher Entwicklungsbereich Bonn (Parlaments- und Regierungsviertel – EntwicklungsVO v. 17.12.1974).

D. Städtebauliche Entwicklungsmaßnahme

I. Gesetzliche Voraussetzungen

Nach entsprechenden Voruntersuchungen, die seitens der Gemeinde für den Entwicklungsbereich anzustellen sind (§ 161 IV BauGB), wird die förmliche Festlegung des Entwicklungsbereichs von der Gemeinde als Satzung beschlossen (§ 165 VI 1 BauGB). Die Maßnahme selber ist durch die Gemeinde durchzuführen (§ 166 I BauGB) oder durch einen von ihr zu beauftragenden Entwicklungsträger (§ 167 BauGB).

Die städtebauliche Entwicklungsmaßnahme ist gem. § 165 III BauGB **zulässig**, wenn
- die Maßnahme den Zielen und Zwecken einer erstmaligen städtebaulichen Neuordnung oder Entwicklung eines Maßnahmegebietes entspricht,
- das Wohl der Allgemeinheit die Durchführung der Maßnahme erfordert (z. B. Deckung eines erhöhten Bedarfs an Wohn- und Arbeitsstätten, zur Errichtung von Gemeinbedarfs- und Folgeeinrichtungen oder zur Wiedernutzung brachliegender Flächen),
- die mit der Maßnahme angestrebten Ziele und Zwecke durch städtebauliche Verträge nicht erreicht werden können oder die Eigentümer des Plangebietes nicht bereit sind, ihre Grundstücke an die Gemeinde oder den Entwicklungsträger zu einem Verkehrswert zu veräußern, und
- die zügige Durchführung der Maßnahme innerhalb eines absehbaren Zeitraums gewährleistet ist.

Vorausgesetzt wird auch, dass eine gerechte **Abwägung** der öffentlichen und privaten Belange gegeneinander und untereinander stattfindet (§ 165 III 2 BauGB). Angesichts der enteignenden Vorwirkung einer städtebaulichen Entwicklungsmaßnahme hat die Gemeinde auch bei der Festsetzung eines Entwicklungsbereichs **Planungsalternativen** zu berücksichtigen, wenn diese im Einzelfall ernsthaft in Betracht kommen.[164] Wörtlich heißt es in einer Entscheidung des BVerwG: „Deshalb sind auch Alternativlösungen, die sich ernsthaft anbieten, in die Abwägung mit einzubeziehen; denn es ist eine Frage des Übermaßverbots, ob sich das planerische Ziel mit geringerer Eingriffsintensität auf andere Weise erreichen lässt. ... Für städtebauliche Entwicklungssatzungen, die den Gemeinden eine Enteignungsbefugnis eröffnen, kann im Ergebnis nichts anderes gelten."[165]

Gegenstand einer städtebaulichen Entwicklungsmaßnahme können, wie bereits ausgeführt, auch **Gemeinbedarfseinrichtungen** sein (§ 165 III Nr. 2 BauGB). Dementsprechend kann ein **Landschaftspark** zulässiger Gegenstand der Maßnahme sein, selbst wenn er nicht allein dem Erholungsbedürfnis der Bewohner der in diesem Bereich zu errichtenden Wohnstätten dient, sondern auch dem Erholungsbedürfnis anderer umliegender Ortsteile.[166] Als Entwicklungsbereich kann auch eine **Fläche mit vorhandener Bebauung** festgelegt werden, wenn diese beseitigt und der Bereich einer grundlegend neuen städtebaulichen Entwicklung zugeführt werden soll; dementsprechend hält es das BVerwG auch für zulässig, ein baulich genutztes sanierungsbedürftiges Gebiet, das innerhalb eines größeren, grundlegend neu zu strukturierenden Bereichs liegt, in den Entwicklungsbereich einzubeziehen.[167] Dies allein zeigt, welche weitreichenden Eingriffsbefugnisse den Gemeinden mit dem Instrumentarium des § 165 BauGB eingeräumt ist. Der Anwen-

---

164 BVerwG, Beschl. v. 31.03.1998 – 4 BN 4/98, NVwZ-RR 1998, 544.
165 BVerwG, Beschl. v. 31.03.1998 – 4 BN 4/98, NVwZ-RR 1998, 544.
166 BVerwG, Beschl. v. 30.01.2001 – 4 BN 72/00, NVwZ 2001, 558 (559).
167 BVerwG, Beschl. v. 02.11.2000 – 4 BN 51/00, LKV 2001, 126 – Rummelsburger Bucht, Berlin. Vorgehend: OVG Berlin, Urt. v. 13.07.2000 – 2 A 5/95, LKV 2001, 126 ff.

§ 2 Zulässigkeit von Vorhaben

dungsbereich wird noch dadurch erweitert, dass nach der Rechtsprechung des BVerwG die Aufzählung in § 165 III Nr. 2 BauGB nur beispielhaft ist, es handelt sich insoweit nur um sog. **Regelbeispiele**.[168]

208 Mit der städtebaulichen Entwicklungsmaßnahme kann im Übrigen weitestgehend in Rechte derjenigen eingegriffen werden, die Eigentümer eines Grundstücks im Entwicklungsbereich sind, und die eine Entwicklungsmaßnahme auf ihrem Grundstück nicht selber finanzieren können oder wollen: Die **Enteignung** ihrer Grundstücke ist im städtebaulichen Entwicklungsbereich ohne Bebauungsplan zugunsten der Gemeinde oder des Entwicklungsträgers zur Erfüllung ihrer Aufgaben zulässig (§ 169 III BauGB). Gegenüber dem zu enteignenden Eigentümer ist die sog. **entwicklungsbedingte Bodenwerterhöhung** abzuschöpfen. Schließlich handelt es sich letztlich um eine Durchgangsenteignung, weil die Grundstücke nach Durchführung der Entwicklungsmaßnahme gem. § 169 VI BauGB nach ihrer Neuordnung und Erschließung wieder „unter Berücksichtigung weiter Kreise der Bevölkerung und unter Beachtung der Ziele und Zwecke der Entwicklungsmaßnahme an Bauwillige zu veräußern" sind.

II. Rechtsprechung des BVerwG

209 Insbesondere die weitreichende Enteignungsbefugnis und die daraus entstehenden verfassungsrechtlichen Fragen zu Art. 14 III 1 und 2 GG waren in den letzten Jahren häufiger Gegenstand verwaltungsgerichtlicher Entscheidungen zu städtebaulichen Entwicklungsbereichen. Das BVerwG hat in zwei **Urteilen vom 3.7.1998** erstmals weitergehende grundlegende Ausführungen über die Zulässigkeit und Grenzen der städtebaulichen Entwicklungsmaßnahmen gemacht,[169] wobei in einem Fall die Maßnahme für nichtig erklärt,[170] in einem weiteren Fall der städtebauliche Entwicklungsbereich für zulässig erklärt wurde.[171]
Das BVerwG hat weitergehende Aussagen zur gerichtlichen Kontrolldichte und zum gemeindlichen Bewertungsspielraum getroffen und insoweit seine Rechtsprechung ergänzt.[172] Es vertieft im Übrigen seine Auffassung, dass die Entwicklungssatzung enteignungsrechtliche Vorwirkung erzeugt, wonach mit Bindungswirkung für ein etwaiges nachfolgendes Enteignungsverfahren feststeht, dass das Wohl der Allgemeinheit den Eigentumsentzug generell rechtfertigt. Dem Enteignungsverfahren verbleibt die Prüfung, ob das konkrete Gemeinwohl den Zugriff auf das einzelne Grundstück erfordert.

1. Verfassungsrechtliche Bedenken

210 Die zahlreichen **verfassungsrechtlichen Bedenken** hat das BVerwG im Ergebnis aus praktikablen Gründen abgewiesen. Das gesetzgeberische Ziel der städtebaulichen Um- oder Neustrukturierung eines Gebietes lasse sich durch die übrigen städtebaulichen Instrumentarien, insbesondere durch den städtebaulichen Vertrag oder durch die Bauleitplanung oder mithilfe des Sanierungsrechts jedenfalls dann nicht effektiv erreichen, wenn bei der Gesamtmaßnahme mit einer Vielzahl von Betroffenen zu rechnen ist. „Wäre die Gemeinde verpflichtet, mit jedem der Einzelnen Eigentümer Vertragsverhandlungen zu

---

168 BVerwG, Urt. v. 31.03.1998 – 4 BN 4/98, NVwZ-RR 1998, 544 (545).
169 BVerwG, Urt. v. 03.07.1998 – 4 CN 2/97, DVBl. 1998, 1293; BVerwG, Urt. v. 03.07.1998 – 4 CN 5/97, NVwZ 1999, 407.
170 BVerwG, Urt. v. 03.07.1998 – 4 CN 2/97, DVBl 1998, 1293.
171 BVerwG, Urt. v. 03.07.1998 – 4 CN 5/97, NVwZ 1999, 407 (411).
172 BVerwG, Beschl. v. 05.08.2002 – 4 BN 32.02, BauR 2003, 73 = NVwZ-RR 2003, 7.

führen, so würde das Entwicklungsrecht weitgehend leerlaufen".[173] Aus eben diesem Grund wurde auch das Instrumentarium der städtebaulichen Entwicklungsmaßnahme durch das BVerwG für verfassungsrechtlich unbedenklich angesehen.

Nicht weiter problematisiert hat das BVerwG auch die Tatsache, dass die Enteignung im Entwicklungsbereich als sog. transitorische Enteignung oder **Durchgangsenteignung** darauf gerichtet ist, privaten Dritten das Eigentum zu verschaffen (§ 169 VI BauGB). „Der Durchgangserwerb ist gerechtfertigt, weil er die Gemeinde in den Stand setzt, im städtebaulichen Entwicklungsbereich die erforderlichen Einzelmaßnahmen zu ergreifen und im Rahmen eines Gesamtkonzepts koordiniert zum Ziel der angestrebten Entwicklung zu führen. Er ist ein notwendiger Zwischenschritt, um den eigentlichen Enteignungszweck, die Entwicklung eines Ortsteils und dabei die Errichtung z. B. von Arbeitsstätten zu erreichen."[174] Die **Abschöpfung** der entwicklungsbedingten **Bodenwerterhöhung** sei nicht zu beanstanden, weil letztlich alle Einnahmen aus der Entwicklungsmaßnahme für diese zu verwenden sind und ein etwaiger Überschuß gem. § 171 I BauGB wieder auf die Eigentümer zu verteilen sei.[175]

211

2. Zulässigkeit und Grenzen

Schon in früheren Entscheidungen hat das BVerwG die **enteignende Vorwirkung** bei der Festsetzung eines städtebaulichen Entwicklungsbereichs nach dem Städtebauförderungsgesetz erkannt, weil die Festlegung der Maßnahme nur zulässig ist, wenn „das Wohl der Allgemeinheit die Durchführung der städtebaulichen Entwicklungsmaßnahme erfordert" (§ 165 III Nr. 2 BauGB) und ein Bebauungsplan für die Übernahme aller Grundstücke im Plangebiet gerade nicht aufzustellen ist. Demnach hat das BVerwG auch gefordert, die Prüfung der Enteignungsvoraussetzungen auf den Zeitpunkt des Erlasses der Entwicklungsverordnung vorzuverlagern, wobei es sich um eine mehr pauschale Prüfung handeln müsse.[176] Dies hat das BVerwG nunmehr wiederholt, wobei es nochmals auf die notwendige Prüfung verwiesen hat, ob das mit der Maßnahme erstrebte „Ziel auch im konkreten Einzelfall zum Wohl der Allgemeinheit erfordert wird."[177] Allerdings hat das BVerwG in den beiden Entscheidungen vom 3.7.1998 weitergehende verfassungsrechtliche und einfachrechtliche **Grenzen** für die Inanspruchnahme dieses Instrumentariums festgelegt. Eine Entwicklungsmaßnahme nach § 165 BauGB setzt einen qualifizierten städtebaulichen Handlungsbedarf voraus, der aus Gründen des öffentlichen Interesses ein **planmäßiges und aufeinander abgestimmtes Vorgehen** im Sinne einer **Gesamtmaßnahme** erfordert. Wörtlich heißt es in einer der Entscheidungen vom 3.7.1998: „Das städtebauliche Vorhaben muss insbesondere den Charakter einer Gesamtmaßnahme haben, die darauf angelegt ist, für einen bestimmten Bereich ein Geflecht mehrerer Einzelmaßnahmen über einen längeren Zeitraum koordiniert und aufeinander abgestimmt vorzubereiten und durchzuführen. Es muss sich also um ein koordiniertes Maßnahmenbündel handeln, das durch eine „flächendeckende und zeitlich geschlossene Planungskonzeption für ein exakt umgrenztes Gebiet" verwirklicht werden soll.[178] Soll eine Entwicklungsmaßnahme dagegen auf voneinander **getrennten Teilflächen** verwirklicht werden, ist der Gesamtmaßnah-

212

213

---

173   BVerwG, Urt. v. 03.07.1998 – 4 CN 5/97, NVwZ 1999, 407 (411).
174   BVerwG, Urt. v. 03.07.1998 – 4 CN 5/97, NVwZ 1999, 407 (408).
175   BVerwG, Urt. v. 03.07.1998 – 4 CN 5/97, NVwZ 1999, 407 (409).
176   BVerwG, Urt. v. 15.01.1982 – 4 C 94/79, NJW 1982, 2787; BVerwG, Beschl. v. 05.08.1988 – 4 NB 23/88, Buchholz 406.12 § 53 StBauFG Nr. 2.
177   BVerwG, Beschl. v. 30.01.2001 – 4 BN 72/00, NVwZ 2001, 558 (559).
178   BVerwG, Urt. v. 03.07.1998 – 4 CN 2/97, DVBl 1998, 1293.

mecharakter nur gewahrt, wenn die Teilflächen untereinander in einer funktionalen Beziehung stehen, die die gemeinsame Überplanung und einheitliche Durchführung zur Erreichung des Entwicklungsziels nahelegt.[179]

214 Eine Grenze der städtebaulichen Entwicklungsmaßnahmen hat das BVerwG weiter wie folgt formuliert: „Richtig ist, dass eine Entwicklungsmaßnahme nicht in Betracht kommt, wenn sich das planerische Ziel ebenso gut mithilfe eines städtebaulichen Vertrages, der Bauleitplanung oder des Sanierungsrechts erreichen lässt."[180] Die Maßnahme des städtebaulichen Entwicklungsbereichs kommt daher mehr oder weniger erst als **ultima ratio** in Betracht, wenn die anderen vorhandenen städtebaulichen Instrumentarien nicht ausreichen.

215 Das Tatbestandsmerkmal der **zügigen Durchführung** war häufig Gegenstand einer gerichtlichen Auseinandersetzung. Insoweit hat eine der Entscheidungen vom 3.7.1998 eine deutliche Aussage getroffen. Das BVerwG führt wörtlich aus: „Welcher Zeitraum noch als absehbar i. S. des § 165 III 1 Nr. 4 BauGB zu werten ist, lässt sich nicht abstrakt festlegen. Insofern kommt es maßgeblich auf den Umfang der jeweiligen Entwicklungsmaßnahme an."[181] Ob i. S. des § 165 III 1 Nr. 4 BauGB die zügige Durchführung der Maßnahme gewährleistet ist, beurteilt sich im Übrigen nach den Verhältnissen im Zeitpunkt der Beschlussfassung.[182] Zieht sich die Maßnahme länger hin als ursprünglich vorgesehen, so beeinflusst dies nicht zwangsläufig die Gültigkeit der Satzung. Das von der Gemeinde geforderte Wahrscheinlichkeitsurteil ist nur fehlerhaft, wenn es von Anfang an auf haltlosen Annahmen beruht, nicht jedoch, wenn es durch die spätere tatsächliche Entwicklung nur unvollkommen bestätigt oder gar widerlegt wird.[183]

216 Eine weitere deutliche Grenze hat das BVerwG wie folgt formuliert: „Wie aus § 165 V 1 BauGB zu ersehen ist, hat der Maßnahmeträger den Entwicklungsbereich so zu begrenzen, dass sich die Entwicklung zweckmäßig durchführen lässt. Der Abwägungsspielraum, den man hierbei hat, ist überschritten, wenn er die Entwicklungsmaßnahme als Mittel im Rahmen einer Bodenvorratspolitik einsetzt, die es ihm ermöglicht, sich den Zugriff auf Flächen zu sichern, die nicht zur Überplanung innerhalb eines absehbaren Zeitraums anstehen, sondern nur für eine ferne Zukunft als Baulandreserve dienen."[184] Es bleibt zu hoffen, dass die Gemeinden insbesondere diesen Leitsatz verinnerlichen. Festzustellen ist nämlich, dass gerade der Gesichtspunkt der **Baulandreserve** zeitweise als der bestimmende Faktor einer Gemeinde anzuerkennen ist. Daher ist ein sehr weitgehender Beratungsbedarf durch den Anwalt angesagt, dessen Mandant mit einer städtebaulichen Entwicklungsmaßnahme konfrontiert ist oder wird.

III. Beratung und Vertretung des Eigentümers

217 Unter Hinweis auf Maßnahmen und Ziele kann ein Mandant beraten werden, der Eigentümer eines Grundstücks im Bereich einer geplanten oder schon festgesetzten städtebaulichen Entwicklungsmaßnahme ist:
- Bereitschaft zur Durchführung der Maßnahme durch den Eigentümer selber (§ 166 III Nr. 2 BauGB),

---

179 BVerwG, Urt. v. 03.07.1998 – 4 CN 2/97, DVBl 1998, 1293.
180 BVerwG, Urt. v. 03.07.1998 – 4 CN 5/97, NVwZ 1999, 407 (411).
181 BVerwG, Urt. v. 03.07.1998 – 4 CN 5/97, NvWZ 1999, 407 (412).
182 BVerwG, Urt. v. 03.07.1998 – 4 CN 5/97, NVwZ 1999, 407 (412).
183 BVerwG, Beschl. v. 19.04.1999 – 4 BN 10/99, NVwZ-RR 1999, 624 (625).
184 BVerwG, Urt. v. 03.07.1998 – 4 CN 5/97, NvWZ 1999, 407 (413).

D. Städtebauliche Entwicklungsmaßnahme 2

- Normenkontrollantrag gegen die Entwicklungssatzung (§§ 47 VwGO, 165 VI BauGB),
- Vorgehen gegen Enteignung des konkreten Grundstücks (§ 169 III BauGB) und vorzeitige Besitzeinweisung (§ 116 BauGB),
- Übernahmeverlangen (§ 168 BauGB).

Zunächst hat der Eigentümer die Möglichkeit, die städtebauliche Maßnahme, die für und auf seinem Grundstück vorgesehen ist, gem. § 166 III Nr. 2 BauGB **selber durchzuführen**, wenn er in der Lage ist, das Grundstück binnen angemessener Frist dementsprechend zu nutzen und er sich hierzu verpflichtet. Voraussetzung hierfür ist selbstverständlich ein entsprechender finanzieller Spielraum des Eigentümers. 218

Erwirbt die Gemeinde das Grundstück nicht, ist der Eigentümer im Übrigen verpflichtet, einen **Ausgleichsbetrag** an die Gemeinde zu entrichten, der der durch die Entwicklungsmaßnahme bedingten Erhöhung des Bodenwerts seines Grundstücks entspricht (§ 166 III 4 BauGB). Die entwicklungsbedingte Erhöhung des Bodenwerts wird also auch bei dem Eigentümer abgeschöpft, der sein Grundstück im Eigentum behält und die Entwicklungsmaßnahme selber durchführt. Die eigenständige Durchführung der Maßnahme hat den Vorteil, dass sich der Eigentümer jedenfalls nicht mit enteignungsrechtlichen Fragen und langwierigen Entschädigungsfeststellungsverfahren auf dem Rechtsweg mit der Gemeinde oder dem Entwicklungsträger, der Enteignungsbehörde oder dem Baulandgericht streiten muss. Das BVerwG hat klargestellt, dass eine **Vorauszahlung** auf den **Ausgleichsbetrag** nach § 154 BauGB bereits dann verlangt werden kann, wenn für ein entwicklungskonformes Vorhaben, dessen planungsrechtliche Zulässigkeit zweifelhaft ist, eine baurechtliche Genehmigung erteilt worden ist.[185] In einer weiteren Entscheidung stellt das BVerwG einen Maßstab für die Ermittlung des sanierungsbedingten Ausgleichsbetrags dar.[186] 219

Die Entwicklungssatzung selber kann gem. § 47 VwGO im Wege eines **Normenkontrollverfahrens** vor dem zuständigen OVG angefochten werden. Die Einzelheiten zu einem Normenkontrollverfahren werden im prozessualen Teil dargestellt. Prüfungsgegenstand im Normenkontrollverfahren ist die Frage, ob gem. § 165 III Nr. 1–4 BauGB eine bestimmte Maßnahme zulässiger Gegenstand einer städtebaulichen Entwicklungsmaßnahme ist, ob eine erstmalige Entwicklung oder eine Neuordnung eines Gebietes stattfinden soll, ob das Wohl der Allgemeinheit die Durchführung der Maßnahme erfordert, ob mit der städtebaulichen Entwicklungsmaßnahme angestrebte Ziele nicht vorrangig durch städtebauliche Verträge oder andere Maßnahmen der Bauleitplanung erreicht werden können und ob die zügige Durchführung der Maßnahme innerhalb eines absehbaren Zeitraums gewährleistet ist. Selbstverständlich sind auch die öffentlichen und privaten Belange gegeneinander und untereinander gerecht abzuwägen. 220

Die gleichen Fragestellungen kehren wieder, wenn der Eigentümer sich entschließt, gegen die **Enteignung** und **vorzeitige Besitzeinweisung** seines Grundstücks vor der Enteignungsbehörde und später den Baulandgerichten vorzugehen. Insoweit kann auf die vorstehenden Ausführungen verwiesen werden.

Schließlich hat der Eigentümer auch noch die Möglichkeit, zu jedem Zeitpunkt gem. § 168 BauGB ein **Übernahmeverlangen** seines im städtebaulichen Entwicklungsbereich gelegenen Grundstücks gegenüber der Gemeinde zu erklären, wenn es ihm mit Rücksicht auf die Erklärung zum städtebaulichen Entwicklungsbereich oder den Stand der Entwicklungsmaßnahme wirtschaftlich nicht mehr zuzumuten ist, das Grundstück zu behal- 221

---

185 BVerwG, Urt. v. 17.05.2002 – 4 C 6.01, DVBl. 2002, 1479.
186 BVerwG, Beschl. v. 16.11.2004 – 4 B 71/04, NVwZ 2005, 449.

ten oder in der bisherigen oder einer anderen zulässigen Art zu nutzen. Tatsache ist, dass mit Erlass der Entwicklungssatzung weitreichende Beschränkungen der Eigentümerbefugnisse einhergehen. Wie bei der Sanierung besteht im Entwicklungsbereich z. B. eine besondere Genehmigungspflicht von Bauvorhaben, Grundstücksteilungen und Rechtsvorgängen (z. B. Miet- oder Pachtverträge, die auf bestimmte Zeit von mehr als einem Jahr eingegangen oder verlängert werden, Kaufverträge über ein Grundstück oder ein Erbbaurecht, Bestellung von Hypotheken und Grundschulden). Daher erscheint es – je nach Fallgestaltung – teilweise sinnvoll, **frühzeitig** ein Übernahmeverlangen an die Gemeinde zu stellen, auch unter dem Gesichtspunkt der Enteignungsentschädigung. Grundsätzlich ist für die Bemessung der Entschädigung der Zustand des Grundstücks in dem Zeitpunkt maßgebend, in dem die Enteignungsbehörde über den Enteignungsantrag entscheidet (§ 93 IV 1 BauGB). Daher kann es empfehlenswert sein, zu einem Zeitpunkt ein Übernahmeverlangen zu stellen, zu dem der Zustand des Grundstücks sowie die maßgeblichen Verkehrswertverhältnisse noch einen hohen Stand erreichen, während zu einem späteren Zeitpunkt vielleicht die Marktverhältnisse für das entsprechende Grundstück heruntergehen. Wie bei jeder anderen Spekulation ist der Eigentümer aber hierbei auch auf Mithilfe von entsprechenden Immobilienexperten und Gutachtern angewiesen.

E. Stadtumbau und Soziale Stadt nach §§ 171 a – 171 e BauGB

Das bisherige Städtebaurecht war erkennbar auf die Ausweisung neuer Bauflächen und damit eine wachsende Stadt ausgerichtet. Bevölkerungsrückgang, hohe Wohnungsleerstände, Vereinsamung, Kriminalität u. s. w.. zwingen zu Strukturveränderungen. Bereits vor mehreren Jahren haben die neuen Länder und auch der Bund reagiert und den **Stadtumbau als neue Aufgabe** begriffen, bei dem der Rückbau dauerhaft nicht mehr nutzbaren Wohnraums nur eine von vielen Herausforderungen darstellt. Im BauGB 2004 wurde dem mit den §§ 171 a – 171 e Rechnung getragen.[187] Die Aufnahme eines Besonderen Teils zum Stadtumbau verdeutlicht vorrangig die Wichtigkeit dieser Aufgabe. Neben den bisherigen städtebaulichen Instrumentarien der Sanierungs- und Entwicklungsmaßnahmen sind mit den neuen Vorschriften diese stark formalisierten Verfahren um ein **flexibles Instrument** ergänzt worden.

Stadtumbaumaßnahmen sind, wie es in § 171 a II 1 BauGB heißt, Maßnahmen, durch die in von erheblichen städtebaulichen Funktionsverlusten betroffenen Gebieten Anpassungen zur Herstellung nachhaltiger städtebaulicher Strukturen vorgenommen werden. Die Gemeinde hat dazu ein städtebauliches Entwicklungskonzept aufzustellen, in dem die Ziele und Maßnahmen im Stadtumbaugebiet schriftlich darzustellen sind (§ 171 b BauGB).

Gem. § 171 e II BauGB sind **städtebauliche Maßnahmen der Sozialen Stadt** Maßnahmen zur Stabilisierung und Aufwertung von durch soziale Missstände benachteiligten Ortsteilen oder anderen Teilen des Gemeindegebietes, in denen ein besonderer Entwicklungsbedarf besteht.

Ob die Gemeinden wie auch die Rechtsprechung das neue städtebauliche Instrumentarium annehmen, bleibt abzuwarten.

---

187 Zu den Neuregelungen: *Goldschmidt*, Stadtumbau und Soziale Stadt, DVBl. 2005, 81 – 89.

F. Zulässigkeit von Vorhaben nach §§ 29–38 BauGB

Der dritte Teil des BauGB ist überschrieben mit „Regelung der baulichen und sonstigen Nutzung; Entschädigung". Die §§ 29–38 BauGB werden unter der Überschrift „Zulässigkeit von Vorhaben"[188] geführt. Demnach sind die §§ 29–38 BauGB die **zentralen Vorschriften** für die Prüfung der bauplanungsrechtlichen Zulässigkeit von Bauvorhaben. Aus Gründen einer besseren Übersichtlichkeit werden die Vorschriften kurz einzeln erläutert und anhand der jeweils neueren Rechtsprechung des BVerwG dargestellt.

I. § 29 Begriff des Vorhabens; Geltung von Rechtsvorschriften

§ 29 BauGB stellt die **Eingangsnorm** für die Prüfung dar, ob und in welchem Umfang die bauplanungsrechtlichen Vorschriften der §§ 30–37 BauGB Anwendung finden. Für Vorhaben, die die Errichtung, Änderung oder Nutzungsänderung von baulichen Anlagen zum Inhalt haben, für Aufschüttungen und Abgrabungen größeren Umfangs sowie für Ausschachtungen, Ablagerungen einschließlich Lagerstätten gelten die §§ 30–37 BauGB. § 29 BauGB enthält zunächst die Bestimmung des bauplanungsrechtlichen Begriffs des Vorhabens. Die Regelung über die im Einzelfall zulässige Grundstücksnutzung in den §§ 30–37 BauGB setzt somit stets das **Vorliegen eines Vorhabens** i. S. des § 29 BauGB voraus; fehlt es an einem derartigen Vorhaben, sind die §§ 30 ff. BauGB grundsätzlich nicht anzuwenden.

Die inhaltliche Umschreibung und Umgrenzung des Vorhabens, dessen Genehmigung er begehrt, obliegt dem Antragsteller. § 29 BauGB unterscheidet zwischen **zwei Arten** von Vorhaben:

- bauliche Anlagen, die ein Vorhaben zum Gegenstand hat,
- Aufschüttungen, Abgrabungen größeren Umfangs, Ausschachtungen, Ablagerungen einschließlich Lagerstätten.

Liegt ein Vorhaben im vorbenannten Sinne vor, sind die §§ 30 bis 37 BauGB anzuwenden. Gegenstand der Baugenehmigung ist in bauplanungsrechtlicher Hinsicht das zur Genehmigung gestellte Vorhaben nach § 29 BauGB. Der Verdacht eines späteren **Missbrauchs** bzw. einer Missachtung der Baugenehmigung erlaubt es nicht, eine bauplanungsrechtlich zulässige Nutzung auszuschließen.[189]

Wichtig ist die Definition der **baulichen Anlage**. Eine Anlage i. S. von § 29 BauGB liegt nur vor, wenn sie gem. § 1 III BauGB eine **städtebauliche** (bauplanungsrechtliche) **Relevanz** besitzt. Nur dann ist sie auch eine bauliche Anlage im Sinne des Bauplanungsrechts. Das ist der Fall, wenn die Anlage geeignet ist, ein Bedürfnis nach einer ihre Zulässigkeit regelnden verbindlichen Bauleitplanung hervorzurufen.[190] Eine bauliche Anlage ist im Übrigen nur eine solche, die in einer auf Dauer gedachten Weise künstlich mit dem **Erdboden verbunden** ist. Erforderlich ist eine bautechnische Betrachtungsweise. Die besondere Art der Verbindung, die konkrete konstruktive Beschaffenheit oder die Größe sind hingegen keine qualifizierenden Merkmale. Voraussetzung ist jedoch weiter die auf **Dauer** angelegte Verbindung.[191] Nicht erforderlich ist, dass die bauliche Anlage zum

---

188 Dritter Teil, Erster Abschnitt des BauGB.
189 BVerwG, Beschl. v. 22.11.1999 – 4 B 91.99, ZfBR 2000, 48.
190 BVerwG, Urt. v. 03.12.1992 – 4 C 27/91, BVerwG 91, 234 (236) – Werbeanlage.
191 BVerwG, Urt. v. 03.12.1992 – 4 C 27/91, BVerwGE 91, 234 (236) – Werbeanlage.

möglichen **Aufenthalt von Menschen** dient; auch die hüttenähnliche Einhausung eines Holzstapels ist als bauliche Anlage nach § 29 BauGB anzusehen.[192]

226 Ist eine bauliche Anlage erkennbar, finden für deren Errichtung, Änderung oder Nutzungsänderung die §§ 30–37 BauGB Anwendung. Der Begriff der Errichtung oder Änderung ist überwiegend unproblematisch:
- Unter **Errichtung** versteht man den Neubau, die erstmalige Herstellung der Anlage oder deren Aufstellung.
- Unter **Änderung** ist die Änderung der Substanz der baulichen Anlage zu verstehen, d. h. der Umbau, der Ausbau oder die Erweiterung. Im Fall der Änderung einer baulichen Anlage ist Gegenstand der bebauungsrechtlichen Prüfung das **Gesamtvorhaben** in seiner geänderten Gestalt; eine die Änderung gestattende Genehmigung muss sich aber nicht auf alle bebauungsrechtlichen Voraussetzungen der Zulässigkeit des Gesamtvorhabens erstrecken.[193] Das Gebäude und die beabsichtigte Nutzung sind der bebauungsrechtlichen Beurteilung als **funktionale Einheit** zugrunde zu legen; damit gilt das Prüfungsprogramm der §§ 30 bis 37 BauGB.[194] So ist Gegenstand der baurechtlichen Genehmigung bei einem **Dachgeschoßaufbau** das Dachgeschoß in seiner geänderten Funktion. Dies hat zur Folge, dass die Zulässigkeit der Nutzungsänderung auch im Hinblick auf das Maß der baulichen Nutzung erneut zu beurteilen ist, auch wenn das Gebäude in seinen äußeren Abmessungen bereits bauaufsichtlich genehmigt ist.[195]

227 Das BVerwG hat den Begriff der **Änderung** i. S. des § 29 BauGB in einer Entscheidung vom 14.4.2000 wie folgt zusammengefasst: „Eine Änderung i. S. des § 29 BauGB liegt vor, wenn ein vorhandenes Gebäude in städtebaulich relevanter Weise baulich umgestaltet wird. Davon ist auszugehen, wenn die Baumaßnahme mit einer Erhöhung des Nutzungsmaßes verbunden ist. ... Aber auch in Fällen, in denen das Erscheinungsbild unangetastet bleibt und das Bauvolumen nicht erweitert wird, können an der Anlage vorgenommene Bauarbeiten das Merkmal einer Änderung aufweisen. Denn nach dem Wortsinn des § 29 BauGB reicht es aus, dass eine Anlage nach baulichen Maßnahmen als eine andere erscheint als vorher. Der Senat stellt in diesem Zusammenhang maßgeblich auf Art und Umfang der Baumaßnahmen ab. Eingriffe in die vorhandene Bausubstanz qualifiziert er als Änderung i. S. des § 29 BauGB, wenn das Bauwerk dadurch seiner ursprünglichen Identität beraubt wird. Ein solcher **Identitätsverlust** tritt nach der Rechtsprechung des Senats nicht nur ein, wenn der Eingriff in den vorhandenen Bestand so intensiv ist, dass er die Standfestigkeit des gesamten Bauwerks berührt und eine statische Nachberechnung erforderlich macht, sondern erst recht, wenn die Bausubstanz ausgetauscht wird oder die Baumaßnahmen sonst praktisch einer Neuerrichtung gleichkommen ...".[196]

228 Streitigkeiten entstehen z. T. über den Begriff der **Nutzungsänderung**, weil diese ebenfalls genehmigungspflichtig ist. Eine Nutzungsänderung i. S. des § 29 BauGB liegt vor, wenn die jeder Nutzung eigene, tatsächliche Variationsbreite überschritten wird und der neuen Nutzung unter städtebaulichen Gesichtspunkten eine andere Qualität zukommt.[197] Das

---

[192] BVerwG, Beschl. v. 10.08.1999 – 4 B 57/99, BauR 2000, 1161.
[193] BVerwG, Urt. v. 21.03.2002 – 4 C 1.02, BauR 2002, 1497; BVerwG, Beschl. v. 04.02.2000 – 4 B 106/99, NVwZ 2000, 1047.
[194] BVerwG, Urt. v. 21.03.2002 – 4 C 1.02, BauR 2002, 1497.
[195] BVerwG, Beschl. v. 30.01.1997 – 4 B 172/96, NVwZ 1997, 519.
[196] BVerwG, Urt. v. 14.04.2000 – 4 C 5/99, NVwZ 2000, 1048 (1049).
[197] BVerwG, Urt. v. 18.05.1990 – 4 C 49/89, NVwZ 1991, 264 – Bestandsschutz für Nutzungsänderungen (hier Spielhalle im Allgemeinen Wohngebiet).

F. Zulässigkeit von Vorhaben nach §§ 29–38 BauGB

ist z. B. der Fall, wenn **planungsrechtlich relevante Belange** des Umweltschutzes und des Verkehrs durch die ursprüngliche und die neue Nutzung in unterschiedlicher Weise betroffen sein können.[198] So stellt die Umstellung eines bisher auf Winterzeit beschränkten Betriebs einer Alm-Gaststätte für Skiläufer und Wanderer auf einen ganzjährigen Betrieb, der zusätzliche Gäste (Auto- und Bustouristen) anziehen wird, eine Nutzungsänderung i. S. des § 29 BauGB dar.[199]

Das BVerwG hat den Begriff der **Lagerstätte** nach § 29 I BauGB genauer umschrieben. Der Begriff ist weit auszulegen. Er umfasst Grundstücksflächen, auf denen dauerhaft Gegenstände im weitesten Sinne gelagert, d. h. abgelegt oder abgestellt werden, unabhängig von dem Zweck, den der Betreiber der Lagerstätte mit der Lagerung verfolgt und unabhängig davon, ob und innerhalb welcher Zeiträume die gelagerten Gegenstände (hier: zum Verkauf ausgestellte Landmaschinen) jeweils ausgewechselt werden.[200]

229

II. § 30 Zulässigkeit von Vorhaben im Geltungsbereich eines Bebauungsplans

§ 30 BauGB regelt die Zulässigkeit von Vorhaben im Geltungsbereich eines Bebauungsplans. § 30 BauGB betrifft insoweit alle **drei Arten** des Bebauungsplans, nämlich den
- qualifizierten Bebauungsplan (Abs. 1),
- vorhabenbezogenen Bebauungsplan nach § 12 BauGB (Abs. 2) sowie
- einfachen Bebauungsplan (Abs. 3).

Liegt einer der drei Bebauungsplanarten vor, richtet sich die bauplanungsrechtliche Zulässigkeit zunächst nach diesem Plan.

230

Wichtig ist die **Abgrenzung des Planbereichs** nach § 30 I BauGB zu den beiden anderen planungsrechtlichen Bereichen nach § 34 und § 35 BauGB. Liegt ein qualifizierter Bebauungsplan vor, finden die §§ 34 und 35 BauGB keine Anwendung. Ist ein vorhabenbezogener oder einfacher Bebauungsplan vorhanden, finden die §§ 34 und 35 BauGB ergänzend Anwendung, soweit keine Festsetzungen in dem Plan getroffen werden. Sind **Festsetzungen** getroffen, gilt: Ein Vorhaben kann zunächst nur zulässig sein, wenn es den Festsetzungen des Bebauungsplans nicht widerspricht. Daher ist der Umfang und der Geltungsbereich eines Bebauungsplans genau zu bestimmen.

231

Weitere Voraussetzung für die Zulässigkeit eines Vorhabens im Geltungsbereich eines qualifizierten oder vorhabenbezogenen Bebauungsplans ist die **gesicherte Erschließung**. Von dem Erfordernis der Erschließung kann keine Befreiung erteilt werden. Die Erschließung i. S. des § 30 BauGB muss mindestens den Anschluss des Baugrundstücks an das öffentliche Straßennetz, die Versorgung mit Elektrizität und Wasser und die Abwasserbeseitigung umfassen. Maßgeblich hierfür sind aber die landesrechtlichen Bestimmungen und örtlichen Gegebenheiten. Welche Anforderungen im Einzelnen zu stellen sind, richtet sich nach dem konkreten Vorhaben, das auf dem Grundstück errichtet werden soll.[201] Unter bestimmten Voraussetzungen kann sich die Erschließungslast der Gemeinde für ein Grundstück dahingehend verdichten, dass eine Erschließungspflicht daraus wird, wenn nämlich die Rechtswirkungen des § 30 BauGB dadurch seitens der Gemeinde vereitelt werden, dass sie die Erschließung über einen längeren Zeitraum nicht betreibt.[202]

232

---

198 BVerwG, Beschl. v. 14.04.2000 – 4 B 28/00, NVwZ-RR 2000, 758.
199 BVerwG, Beschl. v. 06.09.1999 – 4 B 74/99, NVwZ 2000, 678.
200 BVerwG, Beschl. v. 29.06.1999 – 4 B 44/99, NVwZ-RR 1999, 623.
201 BVerwG, Beschl. v. 02.09.1999 – 4 B 47/99, BauR 2000, 1173.
202 BVerwG, Beschl. v. 22.03.1999 – 4 B 10/99, BauR 2000, 247.

Die Gemeinde kann nach § 124 BauGB die Erschließung durch Vertrag auf einen Dritten übertragen. Ein derartiges Geschäft stellt regelmäßig einen öffentlich-rechtlichen Vertrag dar.[203] Die Wirksamkeit eines Erschließungsvertrages setzt allerdings voraus, dass die Gemeinde sich nicht etwas zusagen darf, was ihr durch Gesetz verboten ist oder was in einem groben Missverhältnis zwischen Leistung und Gegenleistung steht.[204]

III. § 31 Ausnahmen und Befreiungen

233 § 31 BauGB regelt die Möglichkeit der Erteilung von Ausnahmen und Befreiungen von den Festsetzungen eines Bebauungsplans. Grundsätzlich sind die Festsetzungen eines Bebauungsplans zwingend zu berücksichtigen, ihre Nichtbeachtung führt zur bauplanungsrechtlichen Unzulässigkeit des Vorhabens. Die Vorschrift des § 31 BauGB dient der **Einzelfallgerechtigkeit** und stellt die **Flexibilität** planerischer Festsetzungen her, ohne die z. B. der Bebauungsplan ständig einem Änderungsdruck unterworfen wäre.

1. Ausnahmen

234 Gem. § 31 I BauGB können von den Festsetzungen des Bebauungsplans solche Ausnahmen zugelassen werden, die in dem Bebauungsplan nach Art und Umfang ausdrücklich vorgesehen werden. Die Entscheidung ist in das **Ermessen** der Baugenehmigungsbehörde gestellt. Der Bauherr wird dementsprechend in den wenigsten Fällen mit Aussicht auf Erfolg einen Anspruch auf Erteilung einer Ausnahme nach § 31 I BauGB durchsetzen können, weil die Behörde lediglich den üblichen Bindungen jeder Ermessensentscheidung unterworfen ist. Ein einklagbarer Rechtsanspruch des Bauherrn auf Erteilung einer Ausnahme nach § 31 I BauGB setzt mithin eine Ermessensreduzierung auf Null voraus.

2. Befreiungen

235 Von den Festsetzungen des Bebauungsplans kann nach § 31 II BauGB befreit werden, wenn
(1.) die **Grundzüge der Planung** nicht berührt werden und
(2.)
- Gründe des Wohls der Allgemeinheit die Befreiung erfordern oder
- die Abweichung städtebaulich vertretbar ist oder
- die Durchführung des Bebauungsplans zu einer offenbar nicht beabsichtigten Härte führen würde und wenn
(3.)
- die Abweichung auch unter Würdigung nachbarlicher Interessen mit den öffentlichen Belangen vereinbar ist.

Es handelt sich um einen sog. **dreigliedrigen Tatbestand**. Fehlt es an einem der Elemente des dreigliedrigen Tatbestandes, so ist eine Befreiung nicht zu erteilen.

236 Durch die Neufassung nach dem Bau- und Raumordnungsgesetz (BauROG) ab 1.1.1998 ist eine strukturelle Änderung des Befreiungstatbestandes eingetreten. Das gesetzgeberische Ziel war, dem § 31 II BauGB einen im Vergleich zum früheren Rechtszustand weiteren Anwendungsbereich zu erschließen. Der Gesetzgeber stellt mit § 31 II BauGB ein Instrument zur Verfügung, das trotz dieser Rechtsbindung im Interesse der **Einzelfallgerechtigkeit** und der Wahrung der **Verhältnismäßigkeit** für Vorhaben, die den Festsetzun-

---

[203] BGH, Beschl. v. 06.07.2000 – V Z. B. 50/99, NVwZ-RR 2000, 845.
[204] BGH, Urt. v. 13.03.2003 – X ZR 106/00, NVwZ 2003, 1015.

gen zwar widersprechen, sich mit den planerischen Vorstellungen aber gleichwohl in Einklang bringen lassen, ein Mindestmaß an Flexibilität schafft.[205] Das BVerwG hat ausdrücklich offengelassen, ob die Befreiung eine „Atypik" im Sinne der bisherigen Rechtsprechung des 4. Senats entfallen lässt.[206] Diese Rechtsprechung setzte voraus, dass nur ein sog. atypischer Sachverhalt Anlass für eine Befreiungsentscheidung geben kann. Insoweit bleiben weitere Revisionsentscheidungen abzuwarten.

Nach der Struktur des § 31 II BauGB ist für eine Befreiung auf der Grundlage dieser Bestimmung jedenfalls nur dann Raum, wenn die Grundzüge der Planung nicht berührt werden, alternativ einer der in den Nrn. 1 bis 3 genannten Gründe vorliegt und die Abweichung mit den öffentlichen Belangen vereinbar ist. Auch ist an das Vorliegen der Voraussetzungen wohl weiterhin ein **strenger Maßstab** anzulegen. „Die Befreiung kann nicht als Vehikel dafür herhalten, die von der Gemeinde getroffene planerische Regelung beiseite zu schieben. Sie darf – jedenfalls von Festsetzungen, die für die Planung tragend sind – nicht aus Gründen erteilt werden, die sich einer Vielzahl gleichgelagerter Fälle oder gar für alle von einer bestimmten Festsetzung betroffenen Grundstücke anführen ließen."[207] Der Schluss, eine Befreiung sei mit den öffentlichen Belangen nicht vereinbar, liegt umso näher, je tiefer die Befreiung in das Interessengeflecht einer Planung eingreift. Eine Befreiung ist ausgeschlossen, wenn das Vorhaben in seine Umgebung **nur durch Planung zu bewältigende Spannungen** hineinträgt oder erhöht, so dass es bei unterstellter Anwendbarkeit des § 34 I BauGB nicht zugelassen werden dürfte.[208]

237

Die Entscheidung über Erteilung oder Versagung einer Befreiung unterliegt zwar ebenfalls dem **Ermessen** der Baugenehmigungsbehörde. Dieses Ermessen ist jedoch gebunden durch die deutlichen und detaillierten Vorgaben des dreigliedrigen Tatbestandes. Liegen dessen Voraussetzungen vor, dürfte eine Befreiung zwingend zu erteilen sein.

238

IV. § 32 Nutzungsbeschränkungen auf künftigen Gemeinbedarfs-, Verkehrs-, Versorgungs- und Grünflächen

§ 32 BauGB erfüllt eine **Plansicherungsfunktion**. Ist ein Grundstück im Bebauungsplan als Baugrundstück für den Gemeinbedarf oder als Verkehrs-, Versorgungs- oder Grünfläche festgesetzt, derzeit jedoch anderweitig bebaut, darf die wertsteigernde Änderung der vorhandenen baulichen Anlage nur zugelassen und für sie Befreiungen von den Festsetzungen des Bebauungsplans erteilt werden, wenn

239

- der Bedarfs- oder Erschließungsträger zustimmt oder
- der Eigentümer für sich und seine Rechtsnachfolger auf Ersatz der Werterhöhung für den Fall schriftlich verzichtet, dass der Bebauungsplan durchgeführt wird.

Der Sinn der Vorschrift besteht darin, dass grundsätzlich jede **wertsteigernde Änderung** der baulichen Anlage **ausgeschlossen** werden soll, weil im Falle einer späteren Realisierung der durch den Bebauungsplan festgesetzten Planung vom Bedarfs- oder Erschließungsträger keine erhöhte Enteignungsentschädigung an den Eigentümer gezahlt werden soll. Stimmt der Bedarfs- oder Erschließungsträger zu oder verzichtet der Eigentümer schriftlich (§ 126 BGB) mit bindender Wirkung seines Rechtsnachfolgers auf die Werter-

240

---

205 BVerwG, Beschl. v. 20.11.1989 – 4 B 163/89, NVwZ 1990, 556.
206 BVerwG, Beschl. v. 05.03.1999 – 4 B 5/99, NVwZ 1999, 1110.
207 BVerwG, Beschl. v. 05.03.1999 – 4 B 5/99, NVwZ 1999, 1110.
208 BVerwG, Urt. v. 19.09.2002 – 4 C 13.01, DVBl. 2003, 526(528).

§ 2 Zulässigkeit von Vorhaben

höhung im Falle einer späteren Inanspruchnahme des Grundstücks, ist die Planung nicht weiter gefährdet und die wertsteigernde Änderung zuzulassen.

V. § 33 Zulässigkeit von Vorhaben während der Planaufstellung

241 § 33 BauGB regelt die Zulässigkeit von Vorhaben während der Planaufstellung. Die Vorschrift findet sowohl für die erstmalige **Aufstellung** wie auch für die **Änderung** oder **Ergänzung** eines Bebauungsplans Anwendung. Ist ein Beschluss über die Aufstellung, Änderung oder Ergänzung eines Bebauungsplans gefasst, so ist nach § 33 I BauGB ein Vorhaben nur zulässig, wenn

- die Öffentlichkeits- und Behördenbeteiligung nach § 3 II, § 4 II und § 4a II BauGB durchgeführt worden ist,
- anzunehmen ist, dass das Vorhaben den künftigen Festsetzungen des Bebauungsplans nicht entgegensteht,
- der Antragsteller diese Festsetzungen für sich und seine Rechtsnachfolger schriftlich anerkennt und
- die Erschließung gesichert ist.

242 Wegen der erheblichen Dauer von Bebauungsplanverfahren kann bereits vor Inkrafttreten des Bebauungsplans eine **vorzeitige Baugenehmigung** erteilt werden. Soll ein Bauvorhaben während der Aufstellung eines Bebauungsplans verhindert werden, müssen die Instrumente der Zurückstellung (§ 15 BauGB) und der Veränderungssperre (§ 14 BauGB) eingesetzt werden.

1. Rechtsanspruch

243 Nach der Systematik des § 33 BauGB regelt dessen Abs. einen **Rechtsanspruch** auf Zulassung von Vorhaben schon vor Rechtskraft des Bebauungsplans. Voraussetzung ist die **formelle Planreife**, d. h., die öffentliche Auslegung und Beteiligung der Behörden nach § 3 II, § 4 II und 4a II BauGB muß durchgeführt worden sein. Ferner muß die sog. **materielle Planreife** vorliegen. Die Zulassung eines Vorhabens nach § 33 I BauGB setzt somit weiter voraus, daß der Planungsstand einen hinreichend sicheren Schluß darauf zulassen muß, daß das Vorhaben mit den zukünftigen Festsetzungen des Bebauungsplans übereinstimmen wird. Die Planreife muß inhaltlich und zeitlich soweit fortgeschritten sein, daß hinreichend voraussehbar ist, sie werde in dieser Form als Bebauungsplan förmlich festgesetzt. Weiter muss der Antragsteller diese Festsetzungen für sich und seine Rechtsnachfolger schriftlich anerkennen und die Erschließung gesichert sein. Anders als bisher kann nach den Vorschriften des BauGB ein Vorhaben bei **lediglich materieller Planreife** grundsätzlich nicht mehr vorzeitig zugelassen werden. Dies geht auf die europarechtlichen Anforderungen zurück, nach denen die Öffentlichkeit und die Behörden die Möglichkeit haben müssen, sich vor der Zulassung von Vorhaben zu äußern.

2. Ermessen

244 Die europarechtlichen Anforderungen sind allerdings nicht zu beachten, wenn es sich um eine Planung handelt, für die diese Anforderungen nicht gelten, bei der also **keine Umweltprüfung** nötig ist. Dies sind die im vereinfachten Verfahren nach § 13 BauGB durchgeführten Planungsverfahren. Hier kann nach § **33 III BauGB** wie bisher ein Vorhaben zugelassen werden, wenn es den zukünftigen Festsetzungen entspricht, der Antragsteller diese Festsetzungen anerkennt und die Erschließung gesichert ist. Weiterhin ist wie

bisher den Betroffenen Gelegenheit zur Stellungnahme zu geben. Allerdings wird diese Möglichkeit der Vorweggenehmigung von Vorhaben überwiegend nur für einfach gelagerte und unproblematische Fälle in Betracht kommen.

VI. § 34 Zulässigkeit von Vorhaben innerhalb der im Zusammenhang bebauten Ortsteile

Eine zentrale und in ihrer Anwendung problematische Vorschrift stellt § 34 BauGB dar. § 34 BauGB findet auf Vorhaben im **unbeplanten Innenbereich** Anwendung. Soweit für Gemeindegebiete **qualifizierte Bebauungspläne** nach § 30 I BauGB **nicht vorliegen**, findet § 34 BauGB Anwendung, wenn es sich um einen Innenbereich handelt. Der planungsrechtliche Innenbereich ist abzugrenzen von dem sog. Außenbereich nach § 35 BauGB. Von einem **Innenbereichsvorhaben** ist auszugehen,
- wenn es in einem Bebauungszusammenhang liegt,
- der einem Ortsteil angehört.

Grundstücke im unbeplanten Innenbereich sind nach Maßgabe der in der näheren Umgebung tatsächlich vorhandenen Bebauung somit generell bebaubar.[209]

1. Systematik

Innerhalb der **im Zusammenhang bebauten Ortsteile** ist ein Vorhaben zulässig, wenn es sich nach Art und Maß der baulichen Nutzung, der Bauweise und der Grundstücksfläche, die überbaut werden soll, in die **Eigenart der näheren Umgebung einfügt** und die **Erschließung gesichert** ist (§ 34 I 1 BauGB). Die Anforderungen an gesunde Wohn- und Arbeitsverhältnisse müssen gewahrt bleiben; das **Ortsbild** darf nicht beeinträchtigt werden (§ 34 I 2 BauGB).

Nach der Rechtsprechung des BVerwG wird die bauplanungsrechtliche Zulässigkeit im unbeplanten Innenbereich nach § 34 I BauGB innerhalb des Bezugsrahmens der näheren Umgebung durch **vier Kriterien** bestimmt, nämlich
- die Art und
- das Maß der baulichen Nutzung,
- die Bauweise, und
- die Grundstücksfläche, die überbaut werden soll.[210]

Entspricht die Eigenart der näheren Umgebung einem der **Baugebiete** der **BauNVO** (§ 1 II BauNVO), so ist ein Vorhaben gem. § 34 II BauGB zulässig, wenn es nach der BauNVO seiner **Art** nach in dem Baugebiet zulässig wäre. Fügt sich ein Vorhaben dementsprechend nach § 34 I oder II BauGB in die Umgebungsbebauung ein, ist es zulässig; anderenfalls ist das Vorhaben nach § 34 BauGB dort unzulässig. Liegen die vorbenannten Voraussetzungen vor, bedarf es keiner weiteren Prüfung, ob z. B. Ziele der Raumordnung und Landesplanung als „sonstiger öffentlicher Belang" i. S. des § 34 I BauGB zu qualifizieren sind.[211]

2. Im Zusammenhang bebaute Ortsteile

In der Rechtsprechung des BVerwG ist geklärt, dass der Bebauungszusammenhang, den § 34 I BauGB voraussetzt, nach den rein **äußerlich wahrnehmbaren Verhältnissen** zu

---

209 BVerwG, Urt. v. 11.02.1993 – 4 C 15/92, NVwZ 1994, 285 (287).
210 BVerwG, Urt. v. 11.02.1993 – 4 C 15/92, NVwZ 1994, 285 (286).
211 BVerwG, Urt. v. 11.02.1993 – 4 C 15/92, NVwZ 1994, 285 (286).

bestimmen ist, also auf das abzustellen ist, was in der Umgebung des Vorhabens **tatsächlich** an Bebauung vorhanden ist. Das BVerwG hat mit Beschluss vom 10.7.2000[212] den Begriff des **Bebauungszusammenhangs** i. S. des § 34 I BauGB wie folgt zusammengefasst: Ein im Zusammenhang bebauter Ortsteil ist ein Bebauungskomplex im Gebiet einer Gemeinde, der nach der Zahl der vorhandenen Bauten ein gewisses Gewicht besitzt und Ausdruck einer organischen Siedlungsstruktur ist. Als Bebauungszusammenhang wird eine aufeinander folgende Bebauung gekennzeichnet, die trotz vorhandener Baulücken den Eindruck der Geschlossenheit (**Zusammengehörigkeit**) vermittelt. Unter den Begriff der Bebauung fallen nur bauliche Anlagen, die **optisch wahrnehmbar** sind und ein gewisses Gewicht haben, so dass sie geeignet sind, ein Gebiet als einen Ortsteil mit einem bestimmenden Charakter mitzuprägen. Kleinere Anlagen, denen die **maßstabsbildende Kraft** fehlt, sind nicht geeignet, einen Bebauungszusammenhang zu vermitteln. Dementsprechend stellt ein **Sportplatz** auch keinen Bebauungszusammenhang her, auch wenn auf ihm einzelne untergeordnete Nebenanlagen (hier Kassenhäuschen, Flutlichtmasten) vorhanden sind.[213] **Topographische Gegebenheiten** können insoweit auch eine Rolle spielen. Für die Abgrenzung des Innen- und Außenbereichs ist wiederholt entschieden worden, dass die Grenze eines Bebauungszusammenhangs durch Geländehindernisse, Erhebungen oder Einschnitte (Dämme, Böschungen, Flüsse und dergleichen) beeinflusst werden kann.[214] Baulichkeiten, die nur **vorübergehend genutzt** werden, sind unabhängig davon, ob sie landwirtschaftlichen Zwecken (z. B. Scheunen oder Ställe), Freizeitzwecken (z. B. Wochenendhäuser, Gartenhäuser) oder sonstigen Zwecken dienen, in aller Regel keine Bauten, die für sich genommen als ein für die Siedlungsstruktur prägendes Element zu Buche schlagen.[215]

251 Unter „**Ortsteil**" ist jeder Bebauungskomplex zu verstehen, der nach der Zahl der vorhandenen Bauten ein gewisses Gewicht besitzt und Ausdruck einer organischen Siedlungsstruktur ist. Mit diesen Anforderungen soll die Abgrenzung zur unerwünschten Splittersiedlung erreicht werden.[216] Für die Frage, ob ein Bebauungskomplex nach seinem Gewicht als Ortsteil oder als **Splittersiedlung** anzusehen ist, kommt es auf die Siedlungsstruktur der jeweiligen Gemeinde an.[217] Für die Beurteilung der Frage, ob eine zusammenhängende Bebauung ein Ortsteil i. S. von § 34 I BauGB ist, ist nur auf die Bebauung im jeweiligen **Gemeindegebiet** abzustellen.[218]

3. Eigenart der näheren Umgebung

252 Maßstab für die Zulässigkeit eines Vorhabens ist die Eigenart der näheren Umgebung. Die „**Eigenart**" der Umgebung wird vor allem durch die vorhandene Bebauung geprägt. Was die vorhandene Bebauung nicht prägt oder gar als Fremdkörper erscheint, muss unberücksichtigt bleiben. Abzustellen ist letztlich auf die städtebauliche Einheit, durch die die Umgebung gekennzeichnet ist, also auf alles Vorhandene, sofern es nur prägende Wirkung hat. Die Rechtsprechung zur Abgrenzung des Innen- und Außenbereichs kann

---

212 BVerwG, Beschl. v. 10.07.2000, 4 B 39/00, NVwZ 2001, 70 f. = BauR 2000, 1851 – Sportplatz vermittelt keinen Bebauungszusammenhang.
213 BVerwG, Beschl. v. 10.07.2000, 4 B 39/00, NVwZ 2001, 70 f. = BauR 2000, 1851.
214 BVerwG, Beschl. v. 20.08.1998 – 4 B 79/98, NVwZ-RR 1999, 105 (106).
215 BVerwG, Beschl. v. 02.03.2000 – 4 B 15/00, BauR 2000, 1310.
216 BVerwG, Urt. v. 03.12.1998 – 4 C 7/98, NVwZ 1999, 527 (528).
217 BVerwG, Beschl. v. 19.09.2000 – 4 B 49/00, NVwZ-RR 2001, 83; BVerwG, Urt. v. 17.02.1984 – 4 C 56/79, NVwZ 1984, 434.
218 BVerwG, Urt. v. 03.12.1998 – 4 C 7/98, NVwZ 1999, 527.

F. Zulässigkeit von Vorhaben nach §§ 29–38 BauGB

auf die Abgrenzung der näheren Umgebung i. S. von § 34 BauGB sinngemäß übertragen werden. Insoweit kann sich auch bei der Berücksichtigung **topographischer Gegebenheiten** ergeben, dass unmittelbar aneinandergrenzende bebaute Grundstücke gleichwohl zwei unterschiedlichen Baugebieten angehören, etwa wenn einem Steilhang im Grenzbereich eine trennende Funktion zukommt.[219] Nicht berücksichtigt werden müssen Bebauungen, die die Umgebung nicht prägen oder in ihr gar als Fremdkörper erscheinen. Singuläre Anlagen, die in einem auffälligen Kontrast zu der sie umgebenden, im wesentlichen homogenen Bebauung stehen, sind regelmäßig als **Fremdkörper** unbeachtlich, soweit sie nicht ausnahmsweise ihre Umgebung beherrschen oder mit ihr eine Einheit bilden.[220]

Als **nähere Umgebung** kommen zunächst die unmittelbaren Nachbargrundstücke in Betracht. Aber auch eine räumlich weiter entfernte Bebauung ist zu berücksichtigen, wenn diese noch **prägend** auf das Baugrundstück einwirkt. Der räumliche Umkreis lässt sich nicht schematisch beurteilen, was letztlich auch zu den zahlreichen Wertungsschwierigkeiten im Rahmen der Prüfung einer Zulässigkeit eines Vorhabens nach § 34 I BauGB führt.

Das BVerwG hat seine Rechtsprechung nochmals zusammengefasst und festgestellt, dass die Grundsätze zur Abgrenzung des Innenbereichs vom Außenbereich, die zu § 34 I BauGB entwickelt worden sind, auf die Abgrenzung der näheren Umgebung i. S. von § 34 II BauGB sinngemäß übertragen werden können: „Unter den Begriff der Bebauung i. S. des § 34 I, II BauGB fällt nicht jede beliebige bauliche Anlage. Gemeint sind Bauwerke, die für die angemessene Fortentwicklung der vorhandenen Bebauung **maßstabsbildend** sind. Hierzu zählen grundsätzlich nur Bauwerke, die dem ständigen Aufenthalt von Menschen dienen. Baulichkeiten, die wie z. B. **Wochenend- und Gartenhäuser** nur vorübergehend zu Freizeitzwecken genutzt werden, prägen die Siedlungsstruktur der näheren Umgebung in aller Regel nicht. Das schließt Abweichungen im Einzelfall nicht aus. Es obliegt letztlich der tatrichterlichen Würdigung, ob ein **Kleingartengelände** mit seinen Gartenlauben aufgrund seiner optisch wahrnehmbaren Eigenart Bestandteil eines Bebauungszusammenhangs ist und in die Eigenart der näheren Umgebung i. S. von § 34 II BauGB einzubeziehen ist (vgl. hierzu Senatsbeschluss vom 2. März 2000 – BVerwG 4 B 15.00 – Buchholz 406.11 § 34 BauGB Nr. 198 = ZfBR 2000, 428 m. w. N.).[221]

4. Einfügen

Hält sich ein Vorhaben in jeder Hinsicht innerhalb des aus seiner Umgebung hervorgehenden Rahmens, so fügt es sich i. d. R. seiner Umgebung ein.[222] In einer nach wie vor grundlegenden Entscheidung hat das BVerwG aber auch festgestellt, dass das Gebot des „Einfügens" nicht als starre Festlegung auf den gegebenen Rahmen allen individuellen Ideenreichtum blockieren und nicht zur „Uniformität" zwingen solle. Weiter heißt es: Das Erfordernis des „Einfügens" hindert nicht schlechthin daran, den vorgesehenen „Rahmen" zu überschreiten. Aber es hindert daran, dies in einer Weise zu tun, die – sei es schon selbst oder sei es infolge **Vorbildwirkung** – geeignet ist, bodenrechtlich beachtliche und erst noch ausgleichsbedürftige Spannungen zu begründen oder die vorhande-

---

219 BVerwG, Beschl. v. 20.08.1998 – 4 B 79/98, NVwZ-RR 1999, 105.
220 BVerwG, Urt. v. 15.02.1990 – 4 C 23/86, NVwZ 1990, 755.
221 BVerwG, Beschl. v. 09.07.2002 – 4 B 14.02, BauR 2002, 1825.
222 BVerwG, Urt. v. 26.05.1978 – 4 C 9/77, BVerwGE 55, 369 (385).

nen Spannungen zu erhöhen.[223] Formelhaft ist daher festzustellen: Ein Vorhaben fügt sich nicht in die Eigenart der näheren Umgebung ein, wenn es bezogen auf die in § 34 I BauGB genannten Kriterien den aus der Umgebung ableitbaren Rahmen überschreitet und geeignet ist, bodenrechtlich beachtliche bewältigungsbedürftige Spannungen zu begründen oder zu erhöhen.[224]

255 Häufig umstritten ist das einer Wertung zugängliche Kriterium des „Einfügens" in die Umgebungsbebauung insbesondere dann, wenn es um das **Maß der baulichen Nutzung** geht. Das BVerwG hat darauf abgestellt,[225] dass es für das Einfügen nach dem Maß der baulichen Nutzung nicht auf die Feinheiten der Berechnungsregeln der BauNVO für die Geschoßfläche ankommt; entscheidend sei allein, ob sich das Gebäude als solches in die Eigenart der näheren Umgebung einfügt. Maßgeblich ist insoweit die konkrete, am tatsächlich Vorhandenen ausgerichtete Betrachtung. Damit können z. B. auch die Höhenfestsetzungen überschritten werden, wenn sich das Vorhaben bei optischer Betrachtungsweise nur einfügt. Nach der Rechtsprechung des BVerwG können somit die Vorschriften der **BauNVO** – von den Sonderregelungen in § 34 II BauGB abgesehen – jedenfalls hinsichtlich des Maßes der baulichen Nutzung im unbeplanten Innenbereich lediglich als **Auslegungshilfe** berücksichtigt werden.[226]
Im Zuge des BauGB 2004 wurde das Merkmal des Einfügens in die Eigenart der näheren Umgebung etwas aufgeweicht. Nach § **34 III a BauGB** kann von dem Erfordernis des Einfügens in die Eigenart der näheren Umgebung im Einzelfall **abgewichen** werden, wenn die Abweichung

- der Erweiterung, Änderung, Nutzungsänderung oder Erneuerung eines zulässigerweise errichteten Gewerbe- oder Handwerksbetriebs dient,
- städtebaulich vertretbar ist und
- auch unter Würdigung nachbarlicher Interessen mit den öffentlichen Belangen vereinbar ist.

Die jetzt wieder in das BauGB aufgenommene Regelung war auch ursprünglich bis zum 1.1.1998 im BauGB enthalten. Sie wurde nun inhaltlich weitgehend unverändert wieder aufgenommen. Daher kann man durchaus auf die ältere Rechtsprechung zurückgreifen.

5. Weitere Anforderungen

Durch das BauGB 2004 wurde in § 34 BauGB ein neuer Abs. 3 eingefügt. Nach § **34 III BauGB** dürfen von einem Vorhaben keine schädlichen Auswirkungen auf **zentrale Versorgungsbereiche** in der Gemeinde oder in anderen Gemeinden zu erwarten sein. Zentrale Versorgungsbereiche ergeben sich insbesondere aus planerischen Festlegungen wie Darstellungen und Festsetzungen in Bauleitplänen oder Festlegungen in Raumordnungsplänen. Da die Regelung erkennbar auch dem Schutz der Nachbargemeinden dient, hat die Nachbargemeinde im Falle der Genehmigung eines unzulässigen Betriebs ein Klagerecht.

256 Auch ein Vorhaben, das sich gem. § 34 I 1 BauGB in die Eigenart der näheren Umgebung einfügt, kann gleichwohl bauplanungsrechtlich unzulässig sein, wenn es das **Ortsbild** beeinträchtigt.[227] Allerdings sind nur solche Beeinträchtigungen des Ortsbildes beacht-

---

223 BVerwG, Urt. v. 26.05.1978 – 4 C 9/77, BVerwGE 55, 369 (386).
224 BVerwG, Beschl. v. 25.03.1999 – 4 B 15/99, BauR 2000, 245.
225 BVerwG, Urt. v. 23.03.1994 – 4 C 18/92, NVwZ 1994, 1006 – Bauplanungsrechtliche Zulässigkeit eines Dachgeschoßausbaus.
226 BVerwG, Urt. v. 23.03.1994 – 4 C 18/92, NVwZ 1994, 1006 – Bauplanungsrechtliche Zulässigkeit eines Dachgeschoßausbaus.
227 BVerwG, Beschl. v. 16.07.1990 – 4 B 106/90, NVwZ-RR, 1991, 59.

F. Zulässigkeit von Vorhaben nach §§ 29–38 BauGB

lich, die städtebauliche Qualität besitzen. Das BVerwG hat dies in einer Entscheidung vom 11.5.2000[228] wie folgt zusammengefasst: Beim Beeinträchtigen des Ortsbildes kommt es nicht – wie beim Einfügensgebot – auf (fehlende) Übereinstimmung in den einzelnen Merkmalen der Bebauung (beim Einfügen z. B. im Maß der baulichen Nutzung hinsichtlich der überbaubaren Grundstücksfläche u. s. w.) an, sondern darauf, ob ein Gesamtbild, das durch unterschiedliche Elemente geprägt sein kann, gestört wird. Das ist nach dem ästhetischen Empfinden eines für Fragen der Ortsbildgestaltung aufgeschlossenen Betrachters zu beurteilen, das nicht verletzt sein darf. Das Ortsbild allerdings muss, um schützenswert zu sein und die Baugestaltungsfreiheit des Eigentümers einschränken zu können, eine gewisse Wertigkeit für die Allgemeinheit haben, muss einen besonderen Charakter, eine gewisse Eigenheit haben, die dem Ort oder dem Ortsteil eine aus dem Üblichen herausragende Prägung verleiht. Die das Ortsbild schützende Vorschrift des § 34 I 2 BauGB stellt im Übrigen auf einen größeren maßstabsbildenden Bereich als auf die für das Einfügensgebot maßgebliche nähere Umgebung ab.

Nach einer wichtigen Entscheidung des BVerwG zum Verhältnis von § 34 BauGB und **Naturschutz**[229] kann innerhalb eines im Zusammenhang bebauten Ortsteils der naturschutzrechtliche Artenschutz eine baurechtlich zulässige Bebauung einer Baulücke, die mit Bäumen und Sträuchern bewachsen ist, in denen heimische Vögel nisten und brüten, nicht schlechthin hindern. Die Baugenehmigungsbehörde kann aber Anordnungen treffen, damit die geschützten Lebensstätten durch das Bauvorhaben nicht mehr als unvermeidbar beeinträchtigt werden.

257

6. Anwendung der BauNVO

Entspricht die Eigenart der näheren Umgebung einem der Baugebiete der BauNVO (§ 1 II, §§ 2–11 BauNVO), so ist ein Vorhaben gem. § 34 II BauGB nach seiner **Art** zulässig, wenn es nach der **BauNVO** in dem entsprechenden Gebiet zulässig wäre. Ist ein Vorhaben nach der **Art** der Nutzung gemäß BauNVO zulässig, bedarf es hierfür keiner Prüfung mehr, ob sich das Vorhaben seiner Art nach i. S. des § 34 I BauGB einfügt. Nur hinsichtlich des **Maßes** der baulichen Nutzung ist auf § 34 I BauGB abzustellen. Insoweit verdrängt § 34 II BauGB die Zulässigkeitsbestimmung nach § 34 I BauGB und ergänzt sie nicht nur. Soweit die nähere Umgebung ihrer Art nach keinem der Baugebiete der BauNVO zuzuordnen ist, ist die Zulässigkeit des konkreten Vorhabens allerdings wieder nach § 34 I BauGB zu beurteilen. Auch dann, wenn die nähere Umgebungsbebauung die Merkmale zweier Baugebiete der BauNVO aufweist, findet § 34 II BauGB keine Anwendung, sondern ausschließlich § 34 I BauGB. Der Anwalt, der die Zulässigkeit eines Vorhabens nach § 34 BauGB beurteilen muss, sollte wegen der Verdrängung des § 34 I BauGB zunächst die Voraussetzungen nach § 34 II BauGB prüfen.

258

VII. § 35 Bauen im Außenbereich

§ 35 BauGB regelt das Bauen im Außenbereich. **Außenbereich** sind diejenigen Gebiete, die weder innerhalb des räumlichen Geltungsbereichs eines qualifizierten oder vorhabenbezogenen Bebauungsplans i. S. des § 30 I oder II BauGB, noch innerhalb der im Zusammenhang bebauten Ortsteile (§ 34 I BauGB) liegen. Der Außenbereich ist daher negativ definiert. Der Anwendungsbereich des § 35 BauGB ergibt sich aus den gesetzlichen

259

---

[228] BVerwG, Urt. v. 11.05.2000 – 4 C 14/98, NVwZ 2000, 1169 = BauR 2000, 1848.
[229] BVerwG, Urt. v. 11.01.2001 – 4 C 6/00, DVBl. 2001, 646.

§ 2 Zulässigkeit von Vorhaben

Regeln des § 35 BauGB. Die Gemeinde hat keine Möglichkeit, Flächen des Außenbereichs nach ihrem Ermessen durch Satzung konstitutiv zu bestimmen.

1. Privilegierte Vorhaben

260 § 35 I BauGB regelt enumerativ und abschließend sog. **privilegierte Vorhaben**, bei denen ein **Rechtsanspruch** auf Zulassung des Vorhabens besteht, sofern die sonstigen in § 35 I BauGB genannten Voraussetzungen erfüllt sind. Im Rahmen des BauGB 2004 wurde der Katalog der privilegierten Vorhaben nach § 35 I BauGB um eine neue Nr. 6 (Biogas-Anlagen) erweitert.

Im Außenbereich ist nunmehr gem. § 35 I BauGB ein (privilegiertes) Vorhaben nur zulässig, wenn öffentliche Belange nicht entgegenstehen, die ausreichende Erschließung gesichert ist und wenn das Vorhaben

- einem land- oder forstwirtschaftlichen Betrieb dient und nur einen untergeordneten Teil der Betriebsfläche einnimmt (Nr. 1),
- einem Betrieb der gartenbaulichen Erzeugung dient (Nr. 2),
- der öffentlichen Versorgung mit Elektrizität, Gas, Telekommunikationsdienstleistungen, Wärme und Wasser, der Abwasserwirtschaft oder einem ortsgebundenen gewerblichen Betrieb dient (Nr. 3),
- wegen seiner besonderen Anforderungen an die Umgebung, wegen seiner nachteiligen Wirkung auf die Umgebung oder wegen seiner besonderen Zweckbestimmung nur im Außenbereich ausgeführt werden soll (Nr. 4),
- der Erforschung, Entwicklung oder Nutzung der Wind- oder Wasserenergie dient (Nr. 5)
- der energetischen Nutzung von Biomasse im Rahmen eines Betriebs nach Nummer 1 oder Nummer 2 oder eines Betriebs nach Nummer 4, der Tierhaltung betreibt, sowie dem Anschluss solcher Anlagen an das öffentliche Versorgungsnetz dient – unter weiteren dort im Einzelnen genannter Voraussetzungen (Nr. 6),
- der Erforschung, Entwicklung oder Nutzung der Kernenergie zu friedlichen Zwecken oder der Entsorgung radioaktiver Abfälle dient (Nr. 7).

Es entspricht der gefestigten Rechtsprechung des BVerwG, dass ein **landwirtschaftlicher Betrieb** i.S. des **§ 35 I Nr. 1 BauGB** durch eine spezifisch betriebliche Organisation gekennzeichnet ist, dass er Nachhaltigkeit der Bewirtschaftung erfordert und dass es sich um ein auf Dauer gedachtes und auf Dauer lebensfähiges Unternehmen handeln muss. Allerdings genügt es auch, wenn erwartet werden kann, dass das Unternehmen nach dem Ausscheiden des derzeitigen Inhabers durch einen Verwandten oder Dritten fortgeführt werden wird.[230]

261 Nach der Rechtsprechung des BVerwG stellt **§ 35 I Nr. 4 BauGB** einen **Auffangtatbestand** für solche Vorhaben dar, die von den übrigen Nr. 1 bis 3, 5 und 6 des § 35 I BauGB nicht erfasst werden, nach den Grundsätzen städtebaulicher Ordnung, wenn überhaupt, sinnvoll aber nur im Außenbereich ausgeführt werden können, weil sie zur Erreichung des mit Ihnen verfolgten Zwecks auf einen Standort außerhalb der im Zusammenhang bebauten Ortsteile angewiesen sind.[231] Daher ist z. B. ein Golfplatz auch nicht nach § 35 I Nr. 4 BauGB im Außenbereich privilegiert.[232]

---

230 BVerwG, Urt. v. 16.12.2004 – 4 C 7/04, NVwZ 2005, 587.
231 BVerwG, Urt. v. 16.06.1994 – 4 C 20/93, NVwZ 1995, 64 – Windenergieanlage.
232 BVerwG, Beschl. v. 29.11.1991 – 4 B 209/91, NVwZ 1992, 476.

F. Zulässigkeit von Vorhaben nach §§ 29–38 BauGB

Das Vorliegen eines **einfachen Bebauungsplans** nach § 30 III BauGB hindert nicht die Zuordnung eines Gebietes zum Außenbereich. Der einfache Bebauungsplan ist somit auch für den Außenbereich verbindlich und besitzt Vorrang gegenüber den sonstigen Maßstäben des § 35 BauGB. Ist das Vorhaben i. S. des § 35 I Nr. 1–6 BauGB privilegiert, stehen keine öffentlichen Belange entgegen (vgl. § 35 III BauGB) und ist die Erschließung gesichert, besteht ein Rechtsanspruch auf Genehmigung des privilegierten Vorhabens. 262

Schwierigkeiten ergeben sich, wenn bei den privilegierten Vorhaben eine **Nutzungserweiterung** oder **Nutzungsänderung** stattfinden soll, weil die Vorschrift des § 35 I BauGB nur Vorhaben privilegieren will, die singulären Charakter haben, jedenfalls nicht in einer größeren Zahl zu erwarten sind und deshalb nicht das Bedürfnis nach einer vorausschauenden förmlichen Bauleitplanung im Außenbereich auslösen.[233] Dementsprechend werden auch Nutzungserweiterungen im Rahmen eines landwirtschaftlichen Betriebes nach § 35 I Nr. 1 BauGB nur zugelassen, wenn sie eindeutig dem landwirtschaftlichen Betrieb „dienen" sollen. Ein landwirtschaftsfremder Betriebsteil kann nur dann zugelassen werden, wenn es sich um eine „bodenrechtliche Nebensache" handelt. Die dementsprechende Betriebserweiterung muss von so untergeordneter Bedeutung sein, dass die Annahme eines landwirtschaftlichen Betriebes als solche nicht infrage gestellt wird. Das Erscheinungsbild eines im Außenbereich gelegenen landwirtschaftlichen Betriebes muss unverändert bleiben.[234] Eine Betriebserweiterung im Außenbereich setzt im Übrigen einen funktionalen Zusammenhang zwischen dem vorhandenen Gebäude und der beabsichtigten baulichen Erweiterung voraus.[235] 263

2. Sonstige Vorhaben

Für sonstige Vorhaben im Außenbereich (§ 35 II BauGB) hat der Gesetzgeber ein grundsätzliches Bauverbot mit Ausnahmevorbehalt ausgesprochen. Sie können im Einzelfall zugelassen werden, wenn ihre Ausführung oder Benutzung öffentliche Belange **nicht beeinträchtigt** und die Erschließung gesichert ist. Der maßgebliche Unterschied bei der Beurteilung der Zulässigkeit sonstiger Vorhaben gegenüber der Zulässigkeit privilegierter Vorhaben ist, dass sonstige Vorhaben nur zugelassen werden, wenn ihre Ausführung oder Benutzung öffentliche Belange nicht beeinträchtigt. Privilegierte Vorhaben sind demgegenüber bereits zulässig, wenn ihnen öffentliche Belange **nicht entgegenstehen**. 264

3. Beeinträchtigung öffentlicher Belange

§ 35 III BauGB formuliert einzelne öffentliche Belange, die einem privilegierten Vorhaben entgegenstehen können oder deren Beeinträchtigung ein sonstiges Vorhaben unzulässig macht. Der Begriff der öffentlichen Belange ist in § 35 III BauGB nicht generell definiert, vielmehr wird er durch einen **nicht abschließenden Katalog** wichtiger öffentlicher Belange erläutert. Neu aufgenommen wurde durch das BauGB 2004 der Tatbestand der Beeinträchtigung öffentlicher Belange, wenn das Vorhaben die Funktionsfähigkeit von Funkstellen und Radaranlagen stört (§ 35 III Nr. 8 BauGB). 265

Neuere Rechtsprechung ist zu dem Tatbestandsmerkmal „Entstehen, Verfestigen oder Erweiterung einer Splittersiedlung" (§ 35 III Nr. 7 BauGB) ergangen. Mit diesem Tatbestandsmerkmal soll „den Anfängen gewehrt werden".[236] Es ist ausreichend, wenn die 266

---

233 BVerwG, Beschl. v. 06.09.1999 – 4 B 74/99, NVwZ 2000, 678 – Nutzungsänderung einer „Alm-Gaststätte".
234 BVerwG, Beschl. v. 28.08.1998 – 4 B 66/98, NVwZ-RR 1999, 106.
235 BVerwG, Beschl. v. 17.09.1991 – 4 B 161/91, NVwZ 1992, 477.
236 BVerwG, Beschl. v. 02.09.1999 – 4 B 27/99, BauR 2000, 1173.

Gefahr besteht, dass durch die Zulassung eines entsprechenden Vorhabens im Außenbereich eine **negative Vorbildwirkung** geschaffen oder verfestigt wird.[237] Ein **Schrottlagerplatz** vermag den Begriff der Siedlung jedenfalls dann nicht zu erfüllen, wenn er in keinem funktionalen Zusammenhang mit einer zum Aufenthalt von Menschen bestimmten baulichen Anlage steht.[238]

267 Auch die Ausweitung eines Ortsteils über den Bebauungszusammenhang hinaus in den Außenbereich beeinträchtigt als Vorgang einer siedlungsstrukturell zu missbilligenden Entwicklung öffentliche Belange. Dies gilt erst recht für ein Vorhaben, durch das unter Auffüllung von **Freiflächen zwischen Splittersiedlungen** erst ein im Zusammenhang bebauter Ortsteil entsteht oder ein im Zusammenhang bebauter Ortsteil durch Bebauung eines Zwischenraums zu einer vorhandenen Splittersiedlung erweitert würde.[239]
Eine **Beeinträchtigung der Landschaft** liegt vor, wenn die zur Bebauung vorgesehene Fläche entsprechend der im Außenbereich zu schützenden „**naturgegebenen Bodennutzung**", nämlich landwirtschaftlich genutzt wird und nichts darauf hindeutet, dass die Eignung für diese Nutzung eingebüßt wird. Erst wenn die landwirtschaftliche Bodennutzung weitgehend durch andere – nicht bauliche – Nutzungen (Golfplatz, Manövergelände, Auskiesung et.) verdrängt ist, entfällt der Schutz der natürlichen Eigenart der Landschaft.[240]
Auch das gesetzgeberische Ziel, den Ausbau der Windenergienutzung zu steigern, führt nicht dazu, dass **Windenergieanlagen** stets privilegiert sind. Die von § 35 III 3 BauGB erfassten Vorhaben sind dann unzulässig, wenn ihnen öffentliche Belange i.S. des § 35 I BauGB entgegenstehen, sowie auch dann, wenn für sie durch Darstellungen im Flächennutzungsplan oder als Ziele der Raumplanung eine Ausweisung an anderer Stelle erfolgt ist.[241] In einer Entscheidung vom 13.3.2003 hat das BVerwG die Ausschlusswirkung des **Planungsvorbehalts in § 35 III S. 3 BauGB** für mit Art. 14 I GG vereinbar angesehen.[242] Nach dieser Entscheidung ist es dem Träger der Regionalplanung auch nicht verwehrt, die Windenergienutzung im gesamten Außenbereich einzelner Gemeinden auszuschließen.[243] Ist allerdings in einem Standorte für Windenergieanlagen ausweisenden **Raumordnungsplan** für bestimmte Flächen noch keine abschließende raumordnerische Entscheidung getroffen und fehlt es daher an einem schlüssigen gesamträumlichen Planungskonzept, kann der Raumordnungsplan die Ausschlusswirkung des § 35 III 3 BauGB nicht entfalten.[244] Das BVerwG hat wiederholt, dass die **Konzentrationsplanung** von **Windenergieanlagen** in einem Flächennutzungsplan insgesamt unwirksam ist, wenn dem Plan mangels ausreichender Darstellung von Positivflächen kein schlüssiges gesamträumliches Planungskonzept zu Grunde liegt.[245]
Wird eine genehmigungsbedürftige oder eine gem. § 67 II BImSchG anzuzeigende **Windfarm** durch Hinzutreten einer weiteren **Windkraftanlage** geändert, richtet sich die Genehmigungsbedürftigkeit der Änderung nach §§ 15, 16 BImSchG.[246]

---

237 BVerwG, Beschl. v. 02.09.1999 – 4 B 27/99, BauR 2000, 1173.
238 BVerwG, Urt. v. 11.04.2002 – 4 C 4.01, DVBl. 2002, 1423(1425).
239 BVerwG, Beschl. v. 11.10.1999 – 4 B 77/99, BauR 2000, 1175.
240 BVerwG, Urt. v. 11.04.2002 – 4 C 4.01, DVBl. 2002, 1423(1425).
241 BVerwG, Urt. v. 17.12.2002 – 4 C 15/01, NVwZ 2003, 733 (Konzentrationszone für Windkraftanlagen).
242 BVerwG, Urt. v. 13.03.2003 – 4 C 4.02, BauR 2003, 1165 (Ls. 1).
243 BVerwG, Urt. v. 13.03.2003 – 4 C 4.02, BauR 2003, 1165 (Ls. 3).
244 BVerwG, Urt. v. 13.03.2003 – 4 C 3.02, BauR 2003, 1172.
245 BVerwG, Urt. v. 21.10.2004 – 4 C 2/04, NVwZ 2005, 211.
246 BVerwG, Urt. v. 21.10.2004 – 4 C 3/04, NVwZ 2005, 208.

F. Zulässigkeit von Vorhaben nach §§ 29–38 BauGB 2

Eine Beeinträchtigung öffentlicher Belange i. S. des § 35 III Nr. 3 BauGB (schädliche Umwelteinwirkungen) liegt auch dann vor, **wenn sonstige nachteilige Wirkungen** in Rede stehen, weil auf solche Individualinteressen Rücksicht zu nehmen ist, die wehrfähig sind. Daher konnte die Errichtung einer **Windenergieanlage** im Außenbereich auch nicht durchgeführt werden, weil das **Gebot der Rücksichtnahme** gegenüber einem luftverkehrsrechtlich genehmigten Betrieb eines **Segelflugplatzes** als schutzwürdiges Individualinteresse gewichtet wurde.[247]

Der zwischenzeitlich eingeschlagene Weg, alle **Windenergieanlagen** über das Baurecht genehmigen zu lassen bzw. nur Windfarmen über das Immissionsschutzrecht zu regeln, ist nunmehr aufgegeben. Die Genehmigungsbedürftigkeit von Windenergieanlagen ist **zum 1.7.2005 grundlegend geändert** worden. Immissionsschutzrechtlich wird der umstrittene Begriff „Windfarm" aufgegeben. Zukünftig sind alle Windkraftanlagen mit einer Gesamthöhe von mehr als 50 m immissionsschutzrechtlich zu genehmigen. Dazu bestehen einige Übergangsvorschriften, auf die hier im Einzelnen nicht eingegangen werden kann.[248]

4. Begünstigte Vorhaben

§ 35 IV BauGB fasst Vorschriften über begünstigte Vorhaben (Nutzungsänderungen, Ersatzbauten, Erweiterungen) zusammen. Die **begünstigten Vorhaben** sind sonstige Vorhaben (§ 34 II BauGB), deren Durchführung durch Abs. 4 begünstigt werden soll. Die Begünstigung besteht darin, dass den in § 35 IV BauGB bezeichneten Vorhaben folgende öffentliche Belange nicht entgegengehalten werden können: 268

- Widerspruch zu den Darstellungen des Flächennutzungsplans oder eines Landschaftsplans,
- Beeinträchtigung der natürlichen Eigenart der Landschaft oder
- Befürchtung der Entstehung, Verfestigung oder Erweiterung einer Splittersiedlung.

Alle übrigen in § 35 IV BauGB nicht ausdrücklich genannten öffentlichen Belange sind demgegenüber auch bei begünstigten Vorhaben zu prüfen.

Das BVerwG hat in einer Entscheidung vom 12.3.1998 seine jüngere Rechtsprechung fortgeführt und nochmals ausdrücklich für einen Fall nach § 35 IV BauGB entschieden, dass es außerhalb der gesetzlichen Regelungen keinen Anspruch auf Zulassung eines Vorhabens aus eigentumsrechtlichem Bestandsschutz gibt.[249] Dies ist nunmehr auch für Erweiterungsvorhaben im Außenbereich bestätigt. 269

VIII. § 36 Beteiligung der Gemeinde und der höheren Verwaltungsbehörde

Über die Zulässigkeit von Vorhaben nach den §§ 31, 33–35 BauGB wird im bauaufsichtlichen Verfahren von der Baugenehmigungsbehörde im **Einvernehmen** mit der Gemeinde entschieden. Die Mitwirkungsbefugnis der Gemeinden nach § 36 BauGB beruht auf deren Planungshoheit, die sich aus dem verfassungsrechtlich gewährleisteten und garantierten Selbstverwaltungsrecht der Gemeinden herleitet (Art. 28 II GG). Aus der Planungshoheit der Gemeinden ergibt sich ihr Recht zur Beteiligung an Vorhaben, die ihre Planungsfreiheit berühren oder sich auf den örtlichen Bereich auswirken. Demgemäß hat 270

---
[247] BVerwG, Urt. v. 18.11.2004 – 4 C 1/04, NVwZ 2005, 328.
[248] Hierzu instruktiv: *Wustlich*, Die Änderungen im Genehmigungsverfahren für Windenergieanlagen, NVwZ 2005, 996–1000.
[249] BVerwG, Urt. v. 12.03.1998 – 4 C 10/97, NVwZ 1998, 842 – Zulässigkeit von Garagen im Außenbereich.

das BVerwG festgestellt, dass der Erfolg eines Abwehranspruchs der Gemeinde die Verletzung ihrer materiellen Planungshoheit voraussetzt, allein durch die Berufung auf ihr fehlendes Einvernehmen kann sich die Gemeinde nicht gegen die von der Widerspruchsbehörde verfügte Verpflichtung, die Baugenehmigung zu erteilen, zur Wehr setzen.[250]

271 § 36 BauGB findet auf Entscheidungen über die Erteilung und Versagung einer **Baugenehmigung** Anwendung. Auch für die Bebauungsgenehmigung (**Vorbescheid**) und die **Teilbaugenehmigung** ist § 36 BauGB anzuwenden. Nicht anzuwenden ist die Regelung des § 36 BauGB bei gesetzlichen **Planfeststellungsverfahren**. Dies ergibt sich unmittelbar aus § 38 BauGB, wonach bei den dort benannten Planfeststellungsverfahren die §§ 29–37 BauGB nicht anzuwenden sind.

272 Über ein nach den §§ 31, 33–35 BauGB zu beurteilendes Vorhaben kann nur im Einvernehmen mit der Gemeinde, also mit ihrer **Zustimmung** entschieden werden. Wird das Einvernehmen verweigert, ist die Bauaufsichtsbehörde hieran gebunden. Die Bauaufsichtsbehörde kann und muss ggf. allein aus diesem Grunde die Erteilung der begehrten Genehmigung verweigern. Die Erklärung des Einvernehmens oder ihre Verweigerung ist **kein Verwaltungsakt**, sondern ein verwaltungsinterner Rechtsvorgang. Die Versagung des Einvernehmens kann daher von einem Bauwilligen nicht mit Rechtsmitteln angefochten werden, angreifbar ist nur der Verwaltungsakt der Baugenehmigungsbehörde, also ggf. die Versagung der Genehmigung. In dem Anfechtungsverfahren ist dann inzident zu prüfen, ob die Gemeinde ihr Einvernehmen zu Recht verweigert hat oder nicht.

273 Soweit nach den §§ 31, 33–35 BauGB ein **Rechtsanspruch** auf Zulassung des Vorhabens besteht, ist die Gemeinde zur Erteilung ihres Einvernehmens verpflichtet. Sie hat somit ausschließlich zu beurteilen, ob das Vorhaben in Anwendung der genannten Vorschriften zulässig ist oder nicht. Der Gemeinde ist es verwehrt, ihr Einvernehmen nur deshalb zu versagen, weil das Vorhaben ihren Planungsvorstellungen nicht entspricht. Sollte die Gemeinde das Einvernehmen rechtswidrig verweigern, löst dies im Übrigen auch **Amtshaftungsansprüche** gegenüber der Gemeinde aus. Verweigert die Gemeinde rechtswidrig das Einvernehmen, so kann dieses im Wege der **Rechtsaufsicht ersetzt** werden. Seit dem 1.1.1998 ist in § 36 II 3 BauGB ein eigenes bundesrechtliches Verfahren vorgesehen. Bis zu diesem Zeitpunkt war es dem Landesgesetzgeber vorbehalten, ein rechtsaufsichtliches Verfahren zu regeln oder nicht.

Im Rahmen eines verwaltungsgerichtlichen Verfahrens ist zu beachten, dass das gemeindliche Einvernehmen sowohl im Falle eines verwaltungsgerichtlichen **Verpflichtungsurteils** als auch im Falle eines **Bescheidungsurteils** dann ersetzt wird, wenn das Gericht zu dem Ergebnis gelangt, dass das Vorhaben mit den §§ 31, 33, 34 oder 35 BauGB vereinbar ist.[251]

Die Gemeinde hat eine **Mitwirkungslast** dahingehend, dass eine Entscheidung über ihr Einvernehmen auf der Grundlage in planungsrechtlicher Hinsicht vollständiger Antragsunterlagen zu erfolgen hat. Daher hat sie innerhalb der zweimonatigen Einvernehmensfrist gegenüber dem Bauherrn oder der Baurechtsbehörde auf die Vervollständigung des Bauantrags hinzuwirken. Kommt sie dieser Mitwirkungslast nicht nach, gilt ihr Einvernehmen gem. § 36 II 2 Halbs. 2 BauGB mit Ablauf der Zwei-Monats-Frist als erteilt.[252]

---

250 BVerwG, Urt. v. 19.08.2004 – 4 C 16/03, NVwZ 2005, 83.
251 BVerwG, Beschl. v. 17.06.2003 – 4 B 14/03, NVwZ-RR 2003, 719.
252 BVerwG, Urt. v. 16.09.2004 – 4 C 7/03, NVwZ 2005, 213.

F. Zulässigkeit von Vorhaben nach §§ 29–38 BauGB

Hat die Gemeinde ihr Einvernehmen erteilt, so hat die Bauaufsichtsbehörde gleichwohl selbstverständlich alle weiteren öffentlich-rechtlichen Voraussetzungen für die Erteilung der begehrten Genehmigung zu prüfen. Eine Versagung kann dann nur nicht mehr auf das verweigerte Einvernehmen gestützt werden.

IX. § 37 Bauliche Maßnahmen des Bundes und der Länder

§ 37 BauGB enthält für Vorhaben des Bundes und der Länder formell- und materiellrechtliche Sonderregelungen. Im Kern geht es darum, das ggf. erforderliche **Einvernehmen** der Gemeinde zu **überwinden**, indem die höhere Verwaltungsbehörde oder der zuständige Bundesminister im Einvernehmen mit den beteiligten Bundesministern und im Benehmen mit der zuständigen obersten Landesbehörde über die Zulässigkeit eines Vorhabens des Bundes oder der Länder entscheidet.

Die entsprechende Zustimmung nach § 37 I und II BauGB bezieht sich auch auf die materiell-rechtlichen Abweichungen von städtebaulichen Vorschriften, während die Bestimmung über die nach den Landesbauordnungen zu erteilenden Baugenehmigungen davon unberührt bleiben.

Soweit Vorhaben von besonderer öffentlicher Zweckbestimmung gem. § 37 I BauGB betroffen sind, kann die Erteilung des Einvernehmens der Gemeinde, die normalerweise nach §§ 14 oder 36 BauGB erforderlich wäre, durch die Entscheidung der **höheren Verwaltungsbehörde** überwunden werden. Die Entscheidung darüber, ob die besondere öffentliche Zweckbestimmung dieser Anlage eine Abweichung von baurechtlichen Vorschriften erforderlich macht, unterliegt **uneingeschränkt gerichtlicher Kontrolle**.[253]

Für Vorhaben, die der Landesverteidigung, dienstlichen Zwecken des Bundesgrenzschutzes oder dem zivilen Bevölkerungsschutz dienen, enthält § 37 II BauGB eine Sonderregelung. Eines Einvernehmens der Gemeinde nach §§ 14 oder 36 BauGB bedarf es dann nicht. Ist eine Abweichung von den städtebaulichen Vorschriften erforderlich, wird nur die Zustimmung der höheren Verwaltungsbehörde vorausgesetzt (§ 37 II 1 BauGB). Die Gemeinde ist vor der Erteilung der Zustimmung zu hören. Versagt auch die höhere Verwaltungsbehörde ihre Zustimmung oder widerspricht die Gemeinde, entscheidet der zuständige **Bundesminister** im Einvernehmen mit den beteiligten Bundesministern und im Benehmen mit der zuständigen obersten Landesbehörde.

Die Entscheidung der höheren Verwaltungsbehörde nach § 37 I BauGB stellt ebenso wie die Entscheidung des zuständigen Bundesministers nach § 37 II 3 BauGB gegenüber der von ihr betroffenen Gemeinde einen **Verwaltungsakt** dar, der mit Widerspruch und Anfechtungsklage angegriffen werden kann.[254] Widerspruch und Anfechtungsklage entfalten gem. § 80 I VwGO aufschiebende Wirkung. Folglich ist die beantragte Baugenehmigung nicht zu erteilen. § 212 a I BauGB greift in Bezug auf die Ersetzung des Einvernehmens nach § 37 I BauGB nicht ein, da mit der Entscheidung der höheren Verwaltungsbehörde dem Bauherrn nicht die Befugnis zum Bauen erteilt wird. Die Befugnis vermittelt erst die von der unteren Bauaufsichtsbehörde zu erteilende Zustimmung.

---

253 BVerwG, Urt. v. 14.02.1991 – 4 C 20/88, NVwZ 1992, 477 – Bau eines Funkturms; s. a. BVerwG, Beschl. v. 10.07.1991 – 4 B 106/91, NVwZ 1992, 479 – Standortwahl bei baulichen Maßnahmen des Bundes und der Länder.
254 BVerwG, Urt. v. 03.12.1992 – 4 C 24/90, NVwZ 1993, 892.

X. § 38 Bauliche Maßnahmen von überörtlicher Bedeutung auf Grund von Planfeststellungsverfahren; öffentlich zugängliche Abfallbeseitigungsanlagen

279 § 38 BauGB in der Fassung seit dem 1.1.1998 sieht vor, dass für bestimmte Vorhaben die §§ 29–37 BauGB nicht anzuwenden sind. § 38 BauGB regelt den grundsätzlichen **Vorrang der Fachplanung** gegenüber der Bauleitplanung und Planungshoheit der Gemeinde.[255] Das BVerwG hat dies näher erläutert: Eine kommunale Bauleitplanung hat auf hinreichend konkretisierte und verfestigte Planungsabsichten der konkurrierenden Fachplanung Rücksicht zu nehmen. Grundsätzlich hat im Falle **konkurrierender Planvorstellungen** diejenige Planung Rücksicht auf die konkurrierende Planung zu nehmen, die den zeitlichen Vorsprung hat (sog. **Prioritätsgrundsatz**). Voraussetzung dafür ist allerdings eine hinreichende Verfestigung der Planung, die einen Vorrang beansprucht.[256]

280 Auf Planfeststellungsverfahren und sonstigen Verfahren mit den Rechtswirkungen der Planfeststellung (Plangenehmigung) und überörtlicher Bedeutung oder auf Verfahren für die Errichtung und den Betrieb einer öffentlich zugänglichen Abfallbeseitigungsanlage finden die §§ 29–37 BauGB keine Anwendung. Weiter tritt an die Stelle des § 36 BauGB die Beteiligungsvorschrift des § 38 S. 1 BauGB, wonach die Gemeinde nicht mehr ihr Einvernehmen zu erteilen hat, sondern nur noch **beteiligt** werden muss. Gleichwohl kann die Gemeinde eine Fachplanung, die ihre Planungshoheit verletzt, mit der Anfechtungsklage angreifen.

Unter dem Gesichtspunkt der **Planungshoheit** hat die Gemeinde dann eine wehrfähige, in die Abwägung einzubeziehende Rechtsposition gegen fremde Fachplanungen, wenn eine eigene hinreichend bestimmte Planung nachhaltig gestört wird oder wenn das Vorhaben wegen seiner Großräumigkeit wesentliche Teile des Gemeindegebietes einer durchsetzbaren Planung der Gemeinde entzieht. Im Anhörungsverfahren und im Prozess ist die Gemeinde hinsichtlich ihrer Planungsvorstellungen und deren Konkretisierungsstadium darlegungspflichtig. Ebenso ist es ihre Sache darzutun, worin die möglichen Konflikte liegen und warum trotz Abstimmung der Bauleitplanung auf die vorgegebene Situation bauplanerische Mittel nicht ausreichen, die Konflikte zu lösen.[257]

Das BVerwG hat erneut festgestellt, dass der Fachplanung entgegenstehende Festsetzungen eines Bebauungsplans nur als ein **abwägungserheblicher Gemeinwohlbelang** zu berücksichtigen ist.[258]

281 Welche Fachplanungen im Einzelnen privilegiert sind, ergibt sich aus der einschlägigen Kommentierung und muss hier nicht weiter dargestellt werden. Festzuhalten ist an dieser Stelle, dass die Gemeinde die Zulässigkeit solcher Vorhaben nicht durch Festsetzungen eines Bebauungsplans verbindlich ausschließen kann. Sie ist allerdings nicht gehindert, durch einen Bebauungsplan Festsetzungen zu treffen, die einem bereits fachplanungsrechtlich zugelassenen Vorhaben etwa zum Schutz der Nachbarschaft Beschränkungen unterwirft, allerdings dann ggf. mit den Entschädigungsfolgen der §§ 39 ff. BauGB.[259]

282 Ausschlaggebend ist nach der Neufassung des § 38 BauGB nunmehr ausschließlich noch die **überörtliche Bedeutung** des Vorhabens, nicht mehr die Überörtlichkeit der Planung.

---

255 Ausführlich hierzu: *Dippel*, Alte und neue Anwendungsprobleme der §§ 36, 38 BauGB, NVwZ 1999, 921–928.
256 BVerwG, Beschl. v. 05.11.2002 – 9 VR 14.02, NVwZ 2003, 207.
257 BVerwG, Beschl. v. 05.11.2002 – 9 VR 14.02, NVwZ 2003, 207.
258 BVerwG, Urt. v. 21.05.2003 – 9 A 40/02, NVwZ 2003, 1381 zur Verkürzung eines Bahnsteigdaches – Lehrter Bahnhof.
259 BVerwG, Beschl. v. 16.03.2001 – 4 BN 15/01.

§ 38 BauGB unterscheidet auch nicht mehr zwischen bundesrechtlich und landesrechtlich geregelten Planungsverfahren. Bei der Prüfung der Zulässigkeit einer Maßnahme nach § 38 BauGB ist allein noch auf die überörtliche Bedeutung und den überörtlichen Bezug des Vorhabens abzustellen, um ein nach § 36 BauGB an sich erforderliches Einvernehmen der Gemeinde zu überwinden.[260]

G. Materielles Bauordnungsrecht

Das materielle Bauordnungsrecht ist überwiegend in den Bestimmungen der jeweiligen Landesbauordnungen geregelt. Bis heute ist es nicht gelungen, auf der Grundlage einer Musterbauordnung eine Vereinheitlichung des Bauordnungsrechts der Länder herbeizuführen. Zuletzt hat die 106. Bauministerkonferenz (Argebau) am 8.11.2002 in Frankfurt a. M. eine überarbeitete Fassung der Musterbauordnung (MBO) verabschiedet, die die bisherige Fassung vom Dezember 1997 ersetzt.[261]

283

Die vorliegende Darstellung des materiellen Bauordnungsrechts beschränkt sich aufgrund der Vielzahl der unterschiedlichen Bestimmungen und Regelungsgehalte in den Landesbauordnungen auf eine nur knappe Übersicht der

284

- Systematik,
- der Begrifflichkeiten und
- der allgemeinen und besonderen Anforderungen an die Bauausführung sowie der
- Eingriffsbefugnisse

auf der Grundlage der Landesbauordnungen. Dies erfolgt jeweils nur überblickartig. Weitere Einzelheiten werden anhand konkreter Vorschriften im Rahmen des nachfolgenden Kapitels dargestellt, wobei sich die Darstellung dort u. a. auf die nachbarschützenden Vorschriften des Bauordnungsrechts beschränkt.

I. Rechtsgrundlagen

Die wichtigsten Rechtsgrundlagen des materiellen Bauordnungsrechts sind die Landesbauordnungen, Rechtsverordnungen und Satzungen. Örtliche Bauvorschriften der Gemeinden, die als Satzungen erlassen oder auch als Festsetzungen in Bebauungsplänen aufgenommen werden können, betreffen z. B. das Gestaltungsrecht, aber auch je nach den Ermächtigungsgrundlagen weitere Rechtsbereiche wie Gemeinschaftsanlagen u. ä. Schließlich werden auch technische Regeln und Bestimmungen in das Bauordnungsrecht einbezogen, indem z. B. geregelt wird, dass diese als allgemein anerkannte Regeln der Baukunst bzw. Bautechnik beachtet werden müssen.

285

II. Aufbau

Im Aufbau sind die einzelnen Landesbauordnungen ähnlich. Sie enthalten

286

- einen überwiegend **materiell-rechtlichen Teil** mit Bestimmungen über Anwendungsbereich des Gesetzes, Begriffe (z. B. bauliche Anlage, Vollgeschoß u. s. w.), das Grundstück und seine Bebauung (insbesondere Abstandsflächen), allgemeine Anforderungen an die Bauausführung (Gestaltung, Standsicherheit, Brandschutz u. s. w.), Baustoffe und Bauteile, die Mindestanforderungen an einzelne Bauteile (Wände,

---

260 BVerwG, Beschl. v. 31.10.2000 – 11 VR 12/00, NVwZ 2001, 90 (91).
261 Hierzu *Jäde*, Musterbauordnung 2002 – ein Überblick, NVwZ 2003, 668–671.

Decken, Dächer, Treppen, haustechnische Anlagen, Aufenthaltsräume u. s. w.) sowie besondere Anlagen (Garagen, Behelfsbauten u.ä.),
- einen **überwiegend verfahrensrechtlichen Teil**, in dem die Pflichten der am Bau Beteiligten (Bauherr, Entwurfsverfasser, Unternehmer, Bauleiter, verantwortlicher Bauleiter), die Zuständigkeiten und Aufgaben der Bauaufsichtsbehörden, die Einzelheiten über die Genehmigungsbedürftigkeit von baulichen Anlagen, das Genehmigungsverfahren (Baugenehmigung), Inhalt und Wirkung von Baugenehmigung und Vorbescheid, die Baulast sowie die Bauüberwachung geregelt sind,
- schließlich **Bußgeldbestimmungen, Ermächtigungen** zum Erlass von Satzungen (z. B. Gestaltungssatzung Gestaltung baulicher Anlagen) und **Übergangsregelungen**.

287 In ihren materiellen Teilen haben sich die Bauordnungen der Länder weitgehend auseinander entwickelt, was insbesondere für das Abstandsflächen- und Stellplatzpflichtrecht wie auch für die terminologisch und inhaltlich neuen „Abweichungen" anstelle der altbekannten Ausnahmen und Befreiungen gilt.

Auf der Grundlage der Bauordnungen sind in einzelnen Ländern eine Reihe von Rechtsverordnungen ergangen, wie z. B. allgemeine Durchführungsverordnungen, Verordnungen über die bei einem Bauantrag einzureichenden Unterlagen (Bauvorlagenverordnungen), Garagen- und Stellplatzverordnungen, Campingplatzverordnungen, Geschäftshausverordnungen, Verordnungen über Feuerungsanlagen und Verordnungen über bautechnische Prüfungen.

III. Regelungsgegenstände

288 Die Bauordnungen der Länder regeln überwiegend Gesichtspunkte des Gefahrenschutzes, des Verunstaltungsschutzes sowie der Verwirklichung sozialer Standards und der Umweltverträglichkeit. Sie enthalten Regelungen über Anforderungen an das Grundstück und an die Bauausführung, über Ausnahmen und Befreiungen sowie teilweise Anknüpfungspunkte an das Bauplanungsrecht. Schließlich enthalten sie Anspruchsgrundlagen für ein Eingreifen der Bauaufsichtsbehörde gegen baurechtswidrige Anlagen und Nutzungen.

IV. Legaldefinitionen

289 Wichtig sind die in den Bauordnungen verwendeten Legaldefinitionen bzw. Begrifflichkeiten über bauliche Anlagen, Gebäude, Vollgeschosse und weitere Begriffsbestimmungen, weil hiervon jeweils abhängig ist, ob und wann das Bauordnungsrecht eingreift. Unerläßlich ist die Klärung der **Begrifflichkeiten**, weil das BauGB teilweise wortgleiche Begrifflichkeiten wie die Landesbauordnungen verwendet, obwohl die Inhalte unterschiedlich sind.

290 Wichtig ist der Begriff der **baulichen Anlage**, der auch in § 29 I BauGB genutzt wird. Er ist vor allem Anknüpfungspunkt für den Anwendungsbereich der jeweiligen Bauordnung. Der bebauungsrechtliche, planungsrechtliche oder städtebauliche Begriff des Bundesrechts stimmt zwar weitgehend, aber nicht vollständig mit dem bauordnungsrechtlich verwendeten Begriff der baulichen Anlage überein. Unter den bundesrechtlichen Begriff fallen diejenigen Anlagen, die **planungsrechtlich relevant** sind, d. h. die in § 1 V und VII BauGB genannten Belange in einer Weise berühren, die geeignet ist, das Bedürfnis nach

G. Materielles Bauordnungsrecht

einer ihre Zulässigkeit regelnden Bebauungsplanung hervorzurufen.[262] Für den Begriff der baulichen Anlage im Sinne des Bauordnungsrechts kommt es dagegen nicht auf deren planungs- oder bodenrechtliche Relevanz an, sondern darauf, ob sie geeignet ist, die mit der Bauordnung verfolgten Zwecke zu beeinflussen.

Auch der Begriff des **Baugrundstücks** in den Bauordnungen ist nicht mit dem bauplanungsrechtlichen Grundstücksbegriff einheitlich. Der Begriff des Baugrundstücks ist zwar weder im BauGB noch in der BauNVO als gesetzliche Definition enthalten. Der Rechtsbegriff des Baugrundstücks, soweit er im Bauplanungsrecht verwendet wird, ist aber bundesrechtlich festgelegt, wie das BVerwG in einer Grundsatzentscheidung vom 14.2.1991 festgestellt hat.[263] Nach der Rechtsprechung des BVerwG ist das Grundstück im bauplanungsrechtlichen Sinne grundsätzlich mit dem bürgerlich-rechtlichen (grundbuchrechtlichen) Grundstück gleichzusetzen.[264] Demnach kann der bauplanungsrechtliche Grundstücksbegriff durch landesrechtliche **Baulasten** nicht verändert werden.[265] Den Ländern steht es aber frei, besondere bauordnungsrechtliche Anforderungen an das Baugrundstück zu stellen und es insoweit abweichend vom bundesrechtlichen Grundstücksbegriff zu definieren.[266] Die Länder sind auch nicht gehindert, als Grundstück im bauordnungsrechtlichen Sinne mehrere durch eine Vereinigungsbaulast zusammengehaltene Grundstücke gelten zu lassen.[267]

291

Weitere Begrifflichkeiten erklären sich regelmäßig aus den jeweiligen Legaldefinitionen der Bauordnungen heraus selber.

V. Anforderungen an das Bauvorhaben und seine Ausführung

Hinsichtlich der bauordnungsrechtlichen Anforderungen an das Bauvorhaben, ist folgendes zu berücksichtigen:

1. Generalklausel

Die Bauordnungen stellen an den Anfang ihrer Bestimmungen eine Grundsatzvorschrift, die die wesentlichen **Ziele** des Bauordnungsrechts, den Gefahrenschutz, die Pflege der Baukultur, die Verwirklichung sozialer Standards und teilweise die Umweltverträglichkeit zum Ausdruck bringt. Diese Generalklausel ist eine Norm des materiellen Bauordnungsrechts, weil sie rechtliche Voraussetzungen für die Zulässigkeit von Vorhaben aufstellt.

292

Regelmäßig sind bauliche Anlagen so anzuordnen, zu errichten, zu ändern und in Stand zu halten, dass die öffentliche Sicherheit oder Ordnung, insbesondere Leben oder Gesundheit, nicht gefährdet werden. Damit werden inhaltliche Anforderungen an bauliche Anlagen aufgestellt, die deren materielle Rechtmäßigkeit unter dem Gesichtspunkt des **Gefahrenschutzes** regeln. Bei diesen in allen Bauordnungen enthaltenen Vorschriften handelt es sich um die sog. polizeiliche Generalklausel, mit der teilweise auch versucht wird, die Genehmigung für ein an sich zulässiges Bauvorhaben zu versagen. Hieran sind jedoch strenge Voraussetzungen zu knüpfen.

293

---

262 BVerwG, Urt. v. 03.12.1992 – 4 C 27/91, BVerwGE 91, 234 ff. – Werbeanlage.
263 BVerwG, Urt. v. 14.02.1991 – 4 C 51/87, BVerwGE 88, 24 (29).
264 BVerwG, Urt. v. 26.06.1970 – 4 C 73/68, Buchholz 406.11 § 34 BauGB Nr. 28.
265 BVerwG, Urt. v. 14.02.1991 – 4 C 51/87, BVerwGE 88, 24.
266 BVerwG, Urt. v. 14.02.1991 – 4 C 51/87, BVerwGE 88, 24 (30).
267 BVerwG, Urt. v. 14.02.1991 – 4 C 51/87, BVerwGE 88, 24 (30).

2. Allgemeine Anforderungen

294 Die übrigen Aufgaben des Bauordnungsrechts werden in den Generalklauseln der Bauordnungen unterschiedlich benannt. Nach allen Bauordnungen ist vorgeschrieben, dass die **allgemein anerkannten Regeln der Baukunst** bzw. **Bautechnik** zu beachten sind. Allgemeine Anforderungen an die Bauausführungen ergeben sich unter dem Gesichtspunkt des Gefahrenschutzes. Insoweit sind Anforderungen an die **Baustellen**, an die **baulichen Anlagen** sowie Anforderungen an **Baustoffe, Bauteile, Einrichtungen** und **Bauarten** festgeschrieben. Zu den allgemeinen Anforderungen an die Bauausführung gehört auch der sog. **Verunstaltungsschutz** sowie örtliche Bauvorschriften über die äußere **Gestaltung** baulicher Anlagen. Insoweit handelt es sich um Vorschriften der positiven Gestaltungspflege, die entweder in den kommunalen Gestaltungssatzungen oder im Bebauungsplan festgeschrieben werden können. Die Bauordnungen enthalten im Übrigen außer den Formulierungen in der Generalklausel keine Anforderungen an die Bauausführung, die der Verwirklichung sozialer Forderungen dienen. Nur äußerst zögerlich werden auch besondere Anforderungen an bauliche Anlagen, die für **behinderte Personen oder andere besondere Personengruppen** zugänglich sein müssen, in die Bauordnungen übernommen.

3. Besondere Anforderungen

295 Besondere Anforderungen an die Bauausführung ergeben sich zunächst für den **Bau** und seine **Teile** selber (Wände, Decken und Dächer, Treppen, Rettungswege, Aufzüge und Öffnungen, haustechnische Anlagen, Aufenthaltsräume und Wohnungen). Wichtig unter dem Gesichtspunkt des Baunachbarrechts sind die Regelungen über die Erforderlichkeit und die Anordnung von **Stellplätzen**. Soweit eine Pflicht zur Herstellung von Einstellplätzen geregelt ist, kann auch die Ablösung der Stellplatzpflicht festgeschrieben sein. Das BVerwG hat die Verfassungsmäßigkeit der Ablösung von Stellplätzen festgestellt.[268]

296 Besonders beachtungsbedürftig sind die Vorschriften der Landesbauordnungen über die Festsetzung von **Abstandsflächen**. Diese sind insbesondere relevant, weil den Abstandsflächen eine nachbarschützende Funktion zugewiesen wird, was allerdings in den verschiedenen Bauordnungen erheblich unterschiedlich geregelt wurde. Art und Umfang des Nachbarschutzes werden im folgenden Kapitel näher dargestellt. Schließlich regeln die Bauordnungen über die Errichtung, die Änderung die Nutzungsänderung und den Abbruch von Wohngebäuden hinaus auch besondere Anforderungen an **weitere bauliche Anlagen** wie z. B. Ställe und Behelfsbauten, bauliche Anlagen und Räume von besonderer Art oder Nutzung und von Gemeinschaftsanlagen.

H. Baugenehmigungsverfahren

297 Im Baugenehmigungsverfahren entscheidet die Bauaufsichtsbehörde über die planungsrechtliche Zulässigkeit von Bauvorhaben nach den §§ 30–35 BauGB sowie über die bauordnungsrechtlichen Voraussetzungen, die erfüllt sein müssen, damit ein konkretes Vorhaben genehmigt werden kann. Ob und inwieweit ein Nachbar an dem Baugenehmigungsverfahren zu beteiligen ist, ergibt sich wie auch das jeweilige Verfahrensrecht in unterschiedlichen Ausformungen aus den landesrechtlichen Bestimmungen.
Die vorliegende Darstellung konzentriert sich nur auf allgemeine Zuständigkeiten und Bestimmungen, die im Rahmen des konkreten Baugenehmigungsverfahrens zu berücksichtigen sind.

---

[268] BVerwG, Urt. v. 16.09.2004 – 4 C 5/03, NVwZ 2005, 215.

H. Baugenehmigungsverfahren 2

I. Bauaufsichtsbehörde

Der Aufbau der Bauaufsichtsbehörden ist im Allgemeinen – bis auf die Stadtstaaten, in denen die staatliche Mittelinstanz fehlt – **dreistufig**. Folgende Hierarchie ist insoweit regelmäßig festzustellen: 298
- **Untere** Bauaufsichtsbehörde sind die Kreise, die kreisfreien Städte sowie die großen und mittleren kreisangehörigen Städte – Letztere jeweils mit einer durch die Gemeindeordnung festgelegten Mindesteinwohnerzahl,
- **obere** Bauaufsichtsbehörde sind für die Kreise und kreisfreien Städte die Regierungspräsidenten, im Übrigen die Oberkreisdirektoren,
- **oberste** Bauaufsichtsbehörde ist der zuständige Landesminister.

Den Bauaufsichtsbehörden ist insgesamt die staatliche Überwachung der Bautätigkeiten zugewiesen. Folgende Maßnahmen der Bauaufsichtsbehörde kommen in Betracht: 299
- Erteilung (Versagung) von Baugenehmigungen, Teilbaugenehmigungen, Vorbescheiden, Nutzungsänderungsgenehmigungen, Abbruchgenehmigungen,
- Erteilung (Versagung) von Ausnahmen, Befreiungen und Abweichungen,
- Erteilung (Versagung) der Genehmigung zur Begründung oder Teilung von Wohnungseigentum oder Teileigentum,
- Erteilung (Versagung) von Genehmigungen im Bereich einer Erhaltungssatzung,[269]
- Erlass von Nutzungsuntersagungen,
- Stilllegung von Baustellen,
- Versiegelung von Baustellen,
- Erlass von Abbruchanordnungen.

Die Rechtsgrundlagen für die einzelnen Maßnahmen ergeben sich aus den jeweiligen Bauordnungen der Länder.

II. Genehmigungsverfahren

Das Baugenehmigungsverfahren ist **Länderangelegenheit**. Dementsprechend finden sich in den Bauordnungen der Länder ausführliche Bestimmungen über das Baugenehmigungsverfahren. Das jeweilige Landesbauordnungsrecht bestimmt, was Gegenstand der Prüfung im Baugenehmigungsverfahren zu sein hat und wie das Verfahrensrecht bezüglich des Genehmigungsverfahrens zu gestalten ist.[270] 300

Ob und unter welchen Voraussetzungen die Baugenehmigungsbehörde bei der Erteilung einer Baugenehmigung (Abwehr-)**Rechte Dritter** zu beachten hat, bestimmt sich ebenso nach Landesrecht wie die Beantwortung der Frage, ob und ggf. welche Bindungswirkungen eine Baugenehmigung in Bezug auf private (Abwehr-)Rechte Dritter hat.[271]

Neben der landesrechtlich vorgeschriebenen Beteiligung anderer Behörden ist unter den Voraussetzungen des § 36 I BauGB das gemeindliche **Einvernehmen** erforderlich. Im Falle der Verweigerung des Einvernehmens ist die Baugenehmigungsbehörde hieran zunächst gebunden mit der Folge, dass eine Genehmigung ohne weitere Sachprüfung ver- 301

---

[269] S. hierzu BVerwG, Beschl. v. 03.12.2002 – 4 B 47/02, NVwZ-RR 2003, 259. § 172 III 2 BauGB enthält danach einen selbstständigen materiellen Versagungsgrund für die Errichtung einer neuen baulichen Anlage. Durch eine Erhaltungssatzung (-verordnung) kann die Errichtung eines nach § 34 I BauGB zulässigen Gebäudes verhindert werden. Andererseits unterfallen Änderungen baulicher Anlagen, die von vornherein nicht geeignet sind, sich auf die Zusammensetzung der Wohnbevölkerung auszuwirken, auch nicht dem Genehmigungsvorbehalt des § 172 IV 3 Nr. 1 BauGB – BVerwG, Beschl. v. 17.12.2004 – 4 B 85/04, NVwZ 2005, 445.
[270] BVerwG, Beschl. v. 25.10.1999 – 4 B 21/95, NVwZ 1996, 377.
[271] BVerwG, Beschl. v. 24.02.1994 – 4 B 40/94, NVwZ 1994, 1012.

sagt werden müsste. Seit dem 1.1.1998 besteht die Möglichkeit für die nach Landesrecht zuständige Behörde, ein rechtswidrig erteiltes Einvernehmen der Gemeinde zu ersetzen (§ 36 II 3 BauGB).

1. Bauantrag

302   Um die für ein Bauvorhaben erforderliche Baugenehmigung zu erhalten, ist nach den Bestimmungen der Landesbauordnungen ein Bauantrag notwendig. Zugleich sind **Bauvorlagen** einzureichen, aus denen sich alle für die Beurteilung des Bauvorhabens und die Bearbeitung des Bauantrags erforderlichen Unterlagen ergeben. Umfang, Inhalt und Anzahl der Bauvorlagen ergeben sich aus entsprechenden landesrechtlichen Bestimmungen. Mindestens sind jedoch folgende Unterlagen regelmäßig beizufügen:
- Lageplan,
- Bauzeichnung,
- Baubeschreibung und Betriebsbeschreibung,
- bautechnische Nachweise.

Die Einzelheiten werden regelmäßig in Bauvorlagenverordnungen durch die Länder geregelt.

2. Vereinfachtes Genehmigungsverfahren

303   Alle Bauordnungen sehen ein sog. vereinfachtes Genehmigungsverfahren vor. In einem solchen vereinfachten Verfahren werden die Bauvorlagen nicht auf die Einhaltung sämtlicher öffentlich-rechtlicher Bauvorschriften überprüft. Die Prüfung beschränkt sich vielmehr auf einige Punkte, wie z. B. die Frage der planungsrechtlichen Zulässigkeit, die Abstandsflächen und die Stellplatzfrage. Außerdem müssen der Bauaufsichtsbehörde spätestens bei Baubeginn Nachweise über die Standsicherheit und – soweit erforderlich – über den ausreichenden Schallschutz vorliegen. Die Bauaufsichtsbehörde hat im vereinfachten Genehmigungsverfahren unter bestimmten Voraussetzungen über den Bauantrag innerhalb einer bestimmten Frist nach Eingang des Antrags zu entscheiden.

3. Genehmigungsfreistellungsverfahren

304   Im Zuge der Novellierung verschiedener Landesbauordnungen ist das Genehmigungsverfahren noch weiter vereinfacht worden. So bedürfen z. B. die Errichtung und Änderung von Wohngebäuden geringer Höhe keiner Baugenehmigung, wobei regelmäßig vorausgesetzt wird, dass sie im Bereich eines qualifizierten **Bebauungsplans** oder eines vorhabenbezogenen Bebauungsplans errichtet werden sollen.
In diesen Fällen hat der Bauherr allerdings vor Baubeginn im Wege einer **Bauanzeige** die Durchführung des Bauvorhabens entweder bei der Gemeinde oder der Bauaufsichtsbehörde mitzuteilen. Dabei sind zugleich bestimmte Unterlagen sowie Erklärungen und Nachweise vom Entwurfsverfasser vorzulegen. Die diesbezüglichen landesrechtlichen Regelungen sind unterschiedlich. Abgesehen von derartigen Sonderregelungen darf der Bauherr prinzipiell nach Ablauf einer in der betreffenden Landesbauordnung normierten Frist, gerechnet von der Einreichung der vollständigen Unterlagen an, mit dem Bau beginnen. Allerdings müssen auch genehmigungsfreigestellte bauliche Anlagen die Anforderungen erfüllen, die sich aus sonstigen öffentlich-rechtlichen Vorschriften ergeben, z. B. auch die Festsetzungen eines bestehenden Bebauungsplans einhalten.

H. Baugenehmigungsverfahren 2

4. Genehmigungsfreie Vorhaben

Von den genehmigungsfreigestellten (anzeigepflichtigen) Vorhaben zu unterscheiden sind die in einem Katalog der Bauordnungen jeweils aufgeführten **genehmigungsfreien Vorhaben**, die weder einer Baugenehmigung noch einer Bauanzeige bedürfen. 305

III. Baugenehmigung

Die Baugenehmigung **ist** zu erteilen, wenn dem Vorhaben keine öffentlich-rechtlichen Vorschriften entgegenstehen. Der Bauherr hat einen **einklagbaren Anspruch**, wenn die bauplanungs- und bauordnungsrechtlichen Voraussetzungen vorliegen. Der Anspruch auf Erteilung einer Baugenehmigung ist durch die Eigentumsgarantie des Art. 14 I GG gewährleistet, die in ihrem rechtlichen Gehalt durch **Privatnützigkeit** und grundsätzliche Verfügungsbefugnis über den Eigentumsgegenstand gekennzeichnet ist.[272] 306

1. Umfang und Regelungsgegenstand

Mit Erteilung der Baugenehmigung steht fest, dass der Realisierung des Vorhabens keine öffentlich-rechtlichen Bestimmungen entgegenstehen. Die Baugenehmigung enthält die umfassende **Feststellung** der Vereinbarkeit des Vorhabens einschließlich der ihm zugedachten Nutzung mit allen im Baugenehmigungsverfahren relevanten öffentlich-rechtlichen Vorschriften. Mit ihrem **verfügenden Teil** hebt die Baugenehmigung im Einzelfall für das konkrete Vorhaben die Sperrwirkung des präventiven Verbots mit Erlaubnisvorbehalt auf. 307

Die Baugenehmigung ist Grundlage für einen **sofortigen Baubeginn**. § 212a BauGB regelt insoweit zugunsten des Bauherrn auch, dass Widerspruch und Anfechtungsklage eines Dritten gegen die bauaufsichtliche Zulassung eines Vorhabens keine aufschiebende Wirkung nach § 80 I VwGO haben. Will der das Vorhaben anfechtende Nachbar einen Baubeginn oder Baufortschritt verhindern, muss er nach § 80 V VwGO ein verwaltungsgerichtliches Eilverfahren einleiten mit dem Ziel, die aufschiebende Wirkung des von ihm eingelegten Rechtsmittels anzuordnen. 308

▶ Es wird beantragt, die aufschiebende Wirkung des Widerspruchs des Antragstellers vom ... gegen die Baugenehmigung vom ... anzuordnen. ◀

Wird über eine erteilte Baugenehmigung im Wege einer Nachbarklage entschieden, sind **Rechtsänderungen** zugunsten des Bauinteressenten, die im Laufe des anhängigen Verfahrens eintreten, grundsätzlich zu berücksichtigen.[273] 309
Problematisch ist im Einzelfall, wenn nach Erteilung einer Genehmigung eine gegenüber dem Antrag **veränderte Nutzung** stattfindet. Ob dies im Einzelfall genehmigungspflichtig ist, ist daran zu messen, ob sich durch die veränderte Nutzung „die Genehmigungsfrage neu stellt". Festzustellen ist jedenfalls, dass eine **Nutzungsintensivierung** allein keine Nutzungsänderung darstellt.[274]

Die Baugenehmigung wird regelmäßig nach den landesrechtlichen Regelungen „**unbeschadet der Rechte Dritter**" erteilt. Dies ist verfassungsrechtlich unbedenklich; wer „durch die Ausnutzung einer Baugenehmigung in einem privaten Recht verletzt wird, ist nicht schutzlos, weil er bei Verletzung privater Rechte bei den Zivilgerichten klagen 310

---

272 BVerfG, Urt. v. 14.02.1989 – 1 BvR 308/88 u. a., NJW 1989, 970 (971) – Eigenbedarfskündigung von Wohnraum.
273 BVerwG, Urt. v. 11.02.1993 – 4 C 15/92, NVwZ 1994, 285 (286).
274 BVerwG, Beschl. v. 20.10.1998 – 4 C 9/97, NVwZ 1999, 417.

Lansnicker 529

kann."[275] Wird die Baugenehmigung „unbeschadet privater Rechte Dritter" erteilt, kann der die bauaufsichtliche Zulassung des Vorhabens anfechtende Nachbar hieraus keinen öffentlich-rechtlichen **Abwehranspruch** herleiten, wenn private Rechte verletzt sein sollten.[276]

311 Möglich ist aber – wie noch dargestellt wird – dass der betroffene Nachbar auf dem **Zivilrechtsweg** gegen eine unzumutbare Bebauung oder Nutzung vorgeht. Dies wird erforderlich, um z. B. den Bauherren zur Einhaltung von Auflagen anzuhalten oder um gegen Lärm- und Geruchsbelästigungen vorzugehen. Möglich ist grundsätzlich auch, dass der Nachbar baurechtliche Auflagen im Wege einer zivilrechtlichen Leistungs- bzw. Unterlassungsklage durchsetzt:[277]

▶ Es wird beantragt, den Beklagten zu verurteilen, die Auflage ... aus dem Bescheid vom .... einzuhalten. ◀

312 Wird die Baugenehmigung versagt, hat der Bauherr nach einer erfolglosen Durchführung des Widerspruchsverfahrens die Möglichkeit, mit einer **Verpflichtungsklage** vor dem zuständigen VG die begehrte Baugenehmigung gegenüber der Genehmigungsbehörde einzuklagen:

▶ Es wird beantragt, den Beklagten zu verpflichten, die Baugenehmigung für das Vorhaben ... zu erteilen. ◀

Ebenso hat der Bauherr die Möglichkeit, gegen Auflagen bzw. Nebenbestimmungen der Baugenehmigung vorzugehen, die ihn nach seiner Meinung unzumutbar beauflagen:

▶ Es wird beantragt, folgende Nebenbestimmungen aus der Baugenehmigung vom ... aufzuheben. ◀

2. Nebenbestimmungen

313 Baugenehmigungen enthalten teilweise zahlreiche Zusätze, die als Erläuterungen, Bedingungen oder Auflagen bezeichnet werden, ohne dass damit etwas über ihre Rechtsnatur ausgesagt ist. Diese Zusätze bedürfen der sorgfältigen Auslegung, um sie in das System der Nebenbestimmungen einordnen und ggf. den **Rechtsschutz** der Betroffenen bestimmen zu können.

Stehen der Genehmigung behebbare Hindernisse aus dem öffentlichen Recht entgegen und können diese durch **Auflagen** oder **Bedingungen** beseitigt werden, so kann und muss die Behörde die Baugenehmigung nicht versagen, sondern mit den erforderlichen Nebenbestimmungen erteilen. Außerdem sind Nebenbestimmungen zulässig, um sicherzustellen, dass die gesetzlichen Voraussetzungen der Genehmigung erfüllt werden. Wegen der im Einzelfall oft schwierigen Abgrenzung zwischen Auflage und Bedingung kann hier nur auf die Definitionen des § 36 II VwVfG verwiesen werden.

314 Als Besonderheit ist von der Rechtsprechung die sog. **modifizierende Auflage** entwickelt worden. Diese Auflage modifiziert die Genehmigung und verändert sie dadurch qualitativ, die modifizierende Auflage führt zu einer modifizierten Genehmigung. In dieser Modifizierung liegt eine Ablehnung der ursprünglich begehrten und zugleich die Erteilung einer nicht beantragten Genehmigung. Die modifizierende Auflage unterscheidet sich von der echten Auflage dadurch, dass sie untrennbarer Bestandteil der Genehmigung

---

275 BVerwG, Beschl. v. 16.12.1996 – 4 B 218/96, NJW 1997, 1865.
276 BVerwG, Beschl. v. 10.11.1998 – 4 B 107/98, NVwZ 1999, 413 – Baugenehmigung und private Rechte Dritter.
277 BGH, Urt. v. 27.09.1996 – V ZR 335/95, NJW 1997, 55.

ist. Sie kann daher grundsätzlich nicht selbstständig angefochten und aufgehoben werden. Der Bauherr muss im Zweifel mit einer **Verpflichtungsklage** die abgelehnte Genehmigung ohne die modifizierende Auflage begehren:

▶ Es wird beantragt, den Beklagten zu verpflichten, die Baugenehmigung vom ... ohne die nachbenannten Auflagen zu erteilen: .... ◀

Das BVerwG hat diese strikte Auffassung durchbrochen und zum Rechtsschutz des Bauherrn weiterführend festgestellt: Die isolierte Aufhebung der einer Genehmigung beigefügten Auflage ist möglich, setzt aber voraus, dass die Genehmigung mit einem Inhalt **weiterbestehen** kann, der der Rechtsordnung entspricht.[278]

IV. Bauvorbescheid

In den Bauordnungen der Länder ist geregelt, dass der Bauherr vor Einreichung des Bauantrags auf schriftlichen Antrag zu **einzelnen Fragen** des Bauvorhabens einen schriftlichen Bescheid (Vorbescheid) erhalten kann. Der Vorbescheid ist regelmäßig befristet. Vielfach ist vorgesehen, dass die Frist auf Antrag verlängert werden kann. Im Gegensatz zu einer Teilbaugenehmigung oder einer Baugenehmigung vermittelt der Vorbescheid noch **keine** (teilweise) **Baufreigabe**, sondern enthält bindende **Feststellungen zur Genehmigungsfähigkeit** des Vorhabens. Die praktische Bedeutung des Vorbescheids beruht darauf, dass ein Bauherr bzw. ein am Kauf oder Verkauf eines Grundstücks Interessierter für seine Planungen und finanziellen Dispositionen im Vorfeld eines aufwändigen, im Hinblick auf die Erstellung vollständiger Bauvorlagen und die anfallenden Verwaltungsgebühren kostenträchtigen Genehmigungsverfahrens Klarheit über die Bebaubarkeit eines Grundstücks und die grundsätzliche Genehmigungsfähigkeit bzw. wichtige Einzelaspekte eines Bauvorhabens erlangen kann. Der Vorbescheid ist demnach ein Instrument des Vertrauensschutzes, das zugleich verfahrensökonomischen Zwecken dient.

Rechtsnatur und Bindungswirkung des Vorbescheids ergeben sich nicht aus dem bundesrechtlichen Bauplanungsrecht, sondern ist jeweils durch Auslegung der **landesrechtlichen Norm** zu ermitteln.[279] Der Vorbescheid stellt für die Dauer seiner Geltung das Vorliegen bestimmter rechtlicher Voraussetzungen für die Zulässigkeit eines Bauvorhabens fest, von denen bei der Entscheidung über den rechtzeitig gestellten Bauantrag auch dann auszugehen ist, wenn sich die **Sach- oder Rechtslage** zwischenzeitlich **geändert** hat.[280] Der Vorbescheid ist daher ein wichtiges Planungsinstrument für den Bauherrn oder Investor. Eine Bindungswirkung tritt jedoch nur in dem Umfang ein, wie die Feststellungen des Vorbescheides lauten, er hat keine Bindungswirkungen für ein abweichendes Vorhaben. Wie weit die Bindungswirkung reicht, ist im Zweifel auch anhand der vorgelegten Unterlagen im Vorbescheidsverfahren zu ermitteln.

Wird der Bauvorbescheid durch einen Nachbarn angefochten, hindert dies nicht die Bauaufsichtsbehörde an der Erteilung der Baugenehmigung zugunsten des Bauherrn. Nach einer wichtigen Entscheidung des BVerwG zur Bindungswirkung eines Bauvorbescheides kann die Behörde gegenüber der Vollstreckung aus einem rechtskräftigen Verpflichtungsurteil auf Erteilung eines Bauvorbescheides für eine Windenergieanlage die **Vollstreckungsabwehrklage nach § 767 ZPO** darauf stützen, dass nach Rechtskraft des

---

278 BVerwG, Urt. v. 17.02.1984 – 4 C 70/80, NVwZ 1984, 366.
279 BVerwG, Urt. v. 02.02.1984 – 4 C 39/82, BVerwGE 69, 1 (2).
280 BVerwG, Urt. v. 02.02.1984 – 4 C 39/82, BVerwGE 69, 1 (3).

§ 2 Zulässigkeit von Vorhaben

Urteils durch eine Änderung des Flächennutzungsplans die Voraussetzungen des § 35 III 3 BauGB geschaffen werden.[281] Darf ein **Bauvorbescheid**, zu dessen Erteilung die Behörde verpflichtet worden ist, auf der Grundlage neuen Ortsrechts nicht mehr ergehen, so ist dies ein Umstand, der als Einwendung im Wege der Vollstreckungsabwehrklage geltend gemacht werden kann. Auch das In-Kraft-Treten einer **Veränderungssperre** lässt sich dem gerichtlich festgestellten Anspruch ggf. als Einwendung entgegensetzen. In der Entscheidung betont das BVerwG, dass sich ein **bestandskräftiger Bauvorbescheid**, der die Feststellung enthält, dass das Vorhaben bauplanungsrechtlich zulässig ist, gegenüber nachfolgenden Rechtsänderungen durch das In-Kraft-Treten einer Veränderungssperre oder eines Bebauungsplans durchsetzen kann. Der gerichtlich festgestellte Anspruch auf Erteilung eines Bescheides verleiht, auch hinsichtlich des Vertrauensschutzes, nicht die gleiche Rechtsposition wie ein bereits erlassener Bauvorbescheid.

V. Rücknahme und Widerruf

318 Für Rücknahme und Widerruf der Baugenehmigung oder des Vorbescheides gelten die allgemeinen verwaltungsverfahrensrechtlichen Regelungen der §§ 48, 49 und 50 VwVfG. Im Falle der Rücknahme sind Schadensersatz- und Entschädigungsansprüche der Bauaufsichtsbehörde zu prüfen. Im Falle eines Widerrufs einer den Bauherrn begünstigenden Genehmigung ist der Betroffene auf Antrag für den Vermögensnachteil zu entschädigen, den er dadurch erleidet, dass er auf den Bestand des Verwaltungsaktes vertraut hat (§ 49 VI VwVfG).

319 Zu beachten ist, dass ein rechtswidriger begünstigender Verwaltungsakt nur innerhalb eines Jahres seit dem Zeitpunkt, in dem die Behörde Kenntnis von Tatsachen erhalten hat, welche dessen Rücknahme rechtfertigen, zurückgenommen werden kann (§ 48 IV 1 VwVfG). Die Frist beginnt erst zu laufen, wenn die Behörde die Rechtswidrigkeit des Verwaltungsaktes erkannt hat und ihr die weiteren für die Rücknahmeentscheidung erheblichen Tatsachen vollständig bekannt sind.[282] Der Bauherr kann und muss vorab im Wege des Widerspruchs und anschließend ggf. im Wege der Anfechtungsklage gegen die Rücknahme bzw. den Widerruf der ihn begünstigenden Genehmigung vorgehen. Kann die Rücknahme nicht aufgehoben werden, kann der Bauherr hilfsweise feststellen lassen, dass die Rücknahme der Genehmigung rechtswidrig war.[283]

VI. Eingriffsbefugnisse

320 Die Bauordnungen der Länder haben die den Bauaufsichtsbehörden eingeräumten Befugnisse, durch belastende Verfügungen gegen rechtswidrig errichtete oder genutzte bauliche Anlagen einzuschreiten (z. B. Baueinstellung, Beseitigungsanordnung, Nutzungsuntersagung), an den verschiedensten Stellen geregelt. Vorgestellt werden nur die gebräuchlichsten Eingriffsbefugnisse.

1. Betretungsrechte

321 Die Bauordnungen enthalten überwiegend eine Vorschrift, nach der die mit der Durchführung der Bauordnung beauftragten Personen berechtigt sind, in Ausübung ihres Amtes Grundstücke und bauliche Anlagen einschließlich der Wohnungen zu betreten.

---

281 BVerwG, Urt. v. 19.09.2002 – 4 A 3439/98, DVBl 2003, 201.
282 BVerwG, Urt. v. 24.01.2001 – 8 C 8/00, DVBl. 2001, 1221.
283 BVerwG, Urt. v. 11.01.2001 – 4 C 6/00, DVBl. 2001, 647.

Dieses Betretungsrecht dient u. a. zur Sachverhaltsfeststellung im Genehmigungsverfahren selber, darüber hinaus auch der Bauüberwachung und Bauabnahme, sonstiger Überprüfungen sowie der Abwehr von Gefahren, die durch baurechtswidrige Zustände verursacht werden.

2. Eingriffe in rechtswidrig errichtete und genutzte bauliche Anlagen

Teilweise wird seitens des Bauherren versucht, bereits ohne das Vorliegen einer Baugenehmigung seine begehrte bauliche Nutzung oder Ausnutzung seines Grundstücks dadurch zu erreichen, indem er durch einen vorzeitigen Baubeginn vollendete Tatsachen schafft oder vor einer Änderungsgenehmigung in seiner Bauausführung von der genehmigten Planung abzuweichen. Daher schaffen alle Bauordnungen Eingriffsbefugnisse für die Bauaufsichtsbehörden gegenüber rechtswidrig errichteten oder genutzten baulichen Anlagen. In der Regel handelt es sich dabei um die Möglichkeit zum Erlass von

- Baueinstellungsverfügungen,
- Beseitigungsverfügungen,
- Nutzungsuntersagungen.

322

Die Beachtung und Durchsetzung des materiellen Bauplanungsrechts steht grundsätzlich nicht zur Disposition des Landesgesetzgebers. Zwar räumen die Bauordnungen den Bauaufsichtsbehörden ein Ermessen dahingehend ein, ob und wann sie gegen eine baurechtswidrige oder unzulässige Nutzung einschreiten. Allerdings verdichtet sich ein der Behörde zustehender Ermessensspielraum dann, wenn der Nachbar erfolgreich und bestandskräftig eine Baugenehmigung angefochten hat. **Art. 14 I GG** und der Anspruch auf Folgenbeseitigung begründen dann einen Anspruch des Nachbarn auf Einschreiten im Wege einer Beseitigungsanordnung und/oder Nutzungsuntersagung gegen den Störer.[284] In gleicher Weise ist ein Anspruch des Nachbarn dahingehend anzuerkennen, dass die Bauaufsichtsbehörde eine **Duldungsanordnung** gegen den oder die **Mieter** eines illegalen Gebäudes ausspricht.[285]

Wichtig für die Beurteilung der Rechtmäßigkeit des jeweiligen Eingriffs ist die Unterscheidung zwischen der formellen und materiellen Illegalität des Vorhabens, weil sich danach Art und Umfang des Eingriffs richtet. **Formelle Illegalität** ist gegeben, wenn keine Genehmigung für das Vorhaben vorliegt, **materielle Illegalität** liegt vor, wenn das Vorhaben auch nicht genehmigungsfähig ist.

323

■ Baueinstellungsverfügungen

Eine Einstellung der Bauarbeiten kann regelmäßig angeordnet werden, wenn bei der Ausführung des Bauvorhabens von den genehmigten Bauvorlagen abgewichen oder gegen baurechtliche Vorschriften verstoßen wird. Für die Baueinstellungsanordnung reicht regelmäßig die **formelle Illegalität** der Baumaßnahmen aus. Es ist also nicht zu prüfen, ob das Vorhaben an sich genehmigungsfähig wäre.

324

■ Beseitigungsverfügungen

Die Beseitigungs- oder Abrißverfügung erfordert dagegen neben der formellen Illegalität (eine Genehmigung liegt nicht vor) die sog. **materielle Illegalität** des Vorhabens. Voraussetzung für die Rechtmäßigkeit einer Abrißverfügung ist also, dass die bauliche Anlage auch nicht genehmigungsfähig ist.

325

---

284 BVerwG, Beschl. v. 09.02.2000 – 4 B 11/00, BauR 2000, 1318.
285 BVerwG, Beschl. v. 13.07.1994 – 4 B 129/94, NVwZ 1995, 272.

326 Ferner darf die Anlage keinen **Bestandsschutz** genießen. Dabei ist aber zu berücksichtigen, dass ein baurechtlicher Bestandsschutz durch Art. 14 I GG nur bewirkt werden kann, wenn der Bestand zu irgendeinem Zeitpunkt genehmigt wurde oder jedenfalls genehmigungsfähig gewesen ist.[286] Bestandsschutz erhält ein Baubestand regelmäßig erst dann, wenn das Vorhaben fertiggestellt oder jedenfalls im Wesentlichen fertiggestellt ist.[287]

327 Der Bestandsschutz endet, wenn die bislang zulässige **Nutzung aufgegeben** wird.[288] Auch eine für militärische Zwecke im Außenbereich errichtete bauliche Anlage genießt nach der endgültigen Aufgabe der Nutzung keinen Bestandsschutz.[289] Eine Jagdhütte wird nach **Beendigung des Jagdpachtvertrages**, sofern sie nicht vom neuen Jagdpächter übernommen wird, materiell illegal.[290]

328 Das BVerwG hat im Übrigen ein **Zeitmodell** entwickelt, anhand dessen zu überprüfen ist, nach welcher Zeitdauer sich ein Berechtigter noch auf einen Bestandsschutz zur erleichterten Zulassung der „alsbaldigen Neuerrichtung eines zulässigerweise errichteten, durch Brand, Naturereignisse oder andere außergewöhnliche Weise zerstörten Gebäudes" berufen kann.[291] Danach rechnet die Verkehrsauffassung im **ersten Jahr** nach der Zerstörung des Bauwerks **stets** mit dem Wiederaufbau, so dass noch von einem Bestandsschutz auszugehen ist. Im **zweiten Jahr** spricht eine **Regelvermutung**, die jedoch entkräftet werden kann, für den Wiederaufbau. Wörtlich heißt es in der Entscheidung des BVerwG vom 18.5.1995: „Nach Ablauf von zwei Jahren kehrt sich diese Vermutung um. Es ist davon auszugehen, dass die Grundstückssituation nach so langer Zeit für eine Neuerrichtung nicht mehr offen ist. Der Bauherr hat besondere Gründe dafür darzulegen, dass die Zerstörung des Gebäudes noch keinen als endgültig erscheinenden Zustand herbeigeführt hat ..."[292]

Der BGH hat ebenfalls festgestellt, dass ein einmal begründeter Bestandsschutz nicht notwendigerweise mit der **faktischen Beendigung** der Nutzung endet. Art. 14 I GG räume dem Berechtigten eine gewisse Zeitspanne ein, innerhalb derer der Bestandsschutz noch nachwirkt und noch Gelegenheit besteht, an den früheren Zustand anzuknüpfen. Jedoch überwiegt das öffentliche Interesse an der Durchsetzung der veränderten bebauungsrechtlichen Situation, wenn der Berechtigte von dem Bestandsschutz **erkennbar keinen Gebrauch** mehr machen will. Die Beendigung einer bestimmten Art von Nutzung kommt nach der Verkehrsauffassung dadurch zum Ausdruck, dass der Berechtigte in dem Gebäude eine andersartige Nutzung aufnimmt und dies nach außen sichtbar wird.[293] Ein Wegfall des Bestandsschutzes ist jedenfalls auch dann anzunehmen, wenn eine bauliche Anlage sich in einem nicht mehr nutzbaren Zustand befindet und in einen wieder bewohnbaren Zustand nur durch Bauarbeiten gebracht werden kann, nach deren Art und Umfang keine **Identität** zwischen dem wiederhergestellten und dem ursprünglichen Bauwerk mehr gegeben ist.[294]

---

286 BVerfG, Beschl. v. 24.07.2000 – 1 BvR 151/99, NVwZ 2001, 424. Allgemein zum baurechtlichen Bestandsschutz: Gehrke/Brehsan, Genießt der baurechtliche Bestandsschutz noch Bestandsschutz? NVwZ 1999, 932–937.
287 BVerwG, Urt. v. 22.01.1971 – 4 C 62/66, NJW 1971, 1624.
288 BVerwG, Beschl. v. 14.04.2000 – 4 B 28/00, NVwZ-RR 2000, 758.
289 BVerwG, Beschl. v. 21.11.2000 – 4 B 36/00, NVwZ 2001, 557.
290 BVerwG, Beschl. v. 21.06.1994 – 4 B 108/94, NVwZ-RR 1995, 312.
291 Zusammengefasst in: BVerwG, Urt. v. 18.05.1995 – 4 C 20/94, DVBl. 1996, 40 (41).
292 BVerwG, Urt. v. 18.05.1995 – 4 C 20/94, DVBl. 1996, 40 (41).
293 BGH, Urt. v. 08.05.2003 – III ZR 68/02, DVBl. 2003, 1053(1055).
294 BGH, Urt. v. 08.05.2003 – III ZR 68/02, DVBl. 2003, 1053(1055).

H. Baugenehmigungsverfahren 2

Wird in einem verwaltungsgerichtlichen Verfahren auf die Nachbarklage eine rechtswidrige Baugenehmigung rechtskräftig aufgehoben, kann der Nachbar gegenüber der Bauaufsichtsbehörde einen Anspruch auf Erlass einer **Beseitigungsanordnung** oder einer Nutzungsuntersagung geltend machen.[295] Allerdings wäre eine Beseitigungsanordnung rechtswidrig, wenn das Vorhaben einer neuen, planungsrechtlichen Nutzung zugeführt werden könnte.[296]

329

- **Nutzungsuntersagungen**

Bei der Nutzungsuntersagung ist umstritten, ob neben der formellen Illegalität auch eine materielle Illegalität erforderlich ist. Dies ist jeweils anhand der landesrechtlichen Rechtsprechung zu prüfen. Übereinstimmend wird jedoch festzustellen sein, dass die Frage der materiell-rechtlichen Genehmigungsfähigkeit jedenfalls dann in die Prüfung der Rechtmäßigkeit der Untersagungsverfügung einzubeziehen ist, wenn diese mit einem **Sofortvollzug** versehen wurde und die beanstandete Nutzung bereits behördlicherseits eine zeitlang geduldet und unbeanstandet ausgeübt wurde.[297]

330

Der gegenüber dem Eigentümer ausgesprochene Widerruf einer Baugenehmigung und die ihm gegenüber erlassene Anordnung der Beseitigung eines Bauwerks wirken grundsätzlich und insbesondere im Fall der **Gesamtrechtsnachfolge** gegen den Rechtsnachfolger.[298]

331

Die den Bauherrn jeweils belastenden Verwaltungsakte können durch diesen angefochten werden, wobei das Rechtsmittel grundsätzlich gem. § 80 I VwGO **aufschiebende Wirkung hat**. Wird von der Bauaufsichtsbehörde gem. § 80 II Nr. 4 VwGO die sofortige Vollziehbarkeit der jeweiligen Verfügung angeordnet, muss der Bauherr gem. § 80 V VwGO ein einstweiliges Rechtsschutzverfahren auf Wiederherstellung der aufschiebenden Wirkung seines Rechtsmittels einleiten, weil die Behörde anderenfalls die Möglichkeit hat, aus den jeweils angefochtenen Verfügungen gegen den Bauherrn zu vollstrecken.

332

---

295 BVerwG, Beschl. v. 13.07.1994 – 4 B 129/94, NVwZ 1995, 272; BVerwG, Beschl. v. 09.02.2000 – 4 B 11/00, BauR 2000, 1318.
296 BVerwG, Beschl. v. 21.11.2000 – 4 B 36/00, NVwZ 2001, 557.
297 Zum Sofortvollzug einer Nutzungsuntersagung instruktiv: OVG Berlin, Beschl. v. 15.03.2000 – 2 S 2/00, NVwZ-RR 2001, 229.
298 BVerwG, Urt. v. 22.01.1971 – 4 C 62/66, NJW 1971, 1624.

§ 3 Öffentlich-rechtlicher Nachbarschutz

Literatur

Ein „Lehrbuch des Praktikers" zum „Nachbarschutz im öffentlichen Baurecht – Materielles Recht" bietet *Mampel*. Umfassend behandelt das Thema *Seidel*, „Öffentlich-rechtlicher und privatrechtlicher Nachbarschutz". Übersichtlich sind die Ausführungen von *Hoppenberg* zum Thema „Öffentlich-rechtlicher Nachbarschutz" in: Handbuch des öffentlichen Baurechts, Loseblattsammlung.

333 Der baurechtliche Nachbarschutz kann ebenso wie das öffentliche Baurecht als Ganzes als anwaltliche **Spezialmaterie** bezeichnet werden. Ohne eine fundierte Kenntnis der Rechtsprechung wird der Anwalt nicht in der Lage sein abzuschätzen, ob und mit welcher Erfolgsaussicht er gegen ein Bauvorhaben vorgehen kann, wenn der betroffene Nachbar ein entsprechendes Begehren an den Anwalt richtet. Das Problem des öffentlich-rechtlichen Nachbarschutzes liegt darin begründet, dass nicht jede **objektiv rechtswidrige** Genehmigung auch eine Nachbarrechtsverletzung begründet, die einen Anspruch auf Aufhebung einer bauaufsichtlichen Genehmigung oder auf ein bauaufsichtliches Einschreiten gegen eine unzulässige Nutzung auslöst.

334 Entscheidend für den Erfolg einer baurechtlichen Nachbarklage ist vielmehr allein, aus den vorhandenen bauplanungs- und bauordnungsrechtlichen Vorschriften eine Norm herauszufinden, aus der sich eine **subjektive Nachbarrechtsverletzung** herleiten lässt. Dies erfordert eine genaue Kenntnis der Rechtsprechung des BVerwG zum Bauplanungsrecht sowie der Verwaltungs- und Oberverwaltungsgerichte zu den bauordnungsrechtlichen Fragen in den betreffenden Ländern, in denen das Vorhaben verwirklicht werden soll.

335 Verkompliziert wird das System des baurechtlichen Nachbarschutzes dadurch, dass öffentlich-rechtlicher und **privatrechtlicher Nachbarschutz** teilweise nebeneinander bestehen, sich teilweise überschneiden und zum Teil auch gegenseitig ausschließen, so dass die Wahl der richtigen Rechtsschutzform ausschlaggebend für den Erfolg eines baurechtlichen Nachbarstreitverfahrens ist. Eine Sonderstellung nimmt der öffentlich-rechtliche Anspruch gegen einen **störenden Hoheitsträger** ein. In diesem Rechtsverhältnis zwischen Nachbar und hoheitlichem Störer bestehen einige materielle und prozessuale Besonderheiten, die in einem gesonderten Abschnitt behandelt werden. Jedenfalls sollte der Anwalt, soweit er von einem betroffenen Nachbarn mit dem Ziel aufgesucht wird, ein benachbartes Bauvorhaben zu verhindern oder gegen eine seiner Meinung nach unzulässige Nutzung einzuschreiten, diesem gegenüber auch eine deutliche **Aufklärungsposition** einnehmen.

336 Grundsätzlich gewährleistet Art. 14 I 1 GG dem Bauherrn in den Grenzen öffentlich-rechtlicher Vorschriften und in den Grenzen nachbarschützender Vorschriften eine **Baufreiheit** und eine Freiheit, mit seinem Grundstück so zu verfahren, wie er es für richtig hält. Der betroffene Nachbar sollte weiter darauf hingewiesen werden, dass er unter keinem rechtlichen Gesichtspunkt einen Anspruch darauf hat, von jeglicher Nachbarbebauung oder benachbarten Nutzung zu Lebzeiten verschont zu bleiben, egal, ob das Vorhaben im Geltungsbereich eines Bebauungsplans, eines im Zusammenhang bebauten Ortsteils oder aber im Außenbereich errichtet worden ist.

337 Auch das baurechtliche **Rücksichtnahmegebot**, das u. a. einen Nachbarschutz gewährt, ist nicht einseitig dahingehend zu verstehen, dass nur der Bauwillige Rücksicht auf die bereits vorhandene Nachbarbebauung zu nehmen hat. Vielmehr hat auch der Nachbar, der auf seinem Grundstück eine zulässige Nutzung bereits verwirklicht hat, Rücksicht

A. Abgrenzung zum zivilrechtlichen Nachbarschutz

darauf zu nehmen, dass der Bauherr des benachbarten Grundstücks ebenfalls einen Rechtsanspruch auf Erteilung einer Baugenehmigung hat, soweit das Vorhaben nicht gegen öffentlich-rechtliche Vorschriften verstößt. Bei dem Rücksichtnahmegebot handelt es sich daher, was vielfach auch von den Betroffenen übersehen wird, um eine **gegenseitige Verpflichtung.**

Dem Mandanten sollte daher vermittelt werden, dass das Rechtsschutzziel zwar zunächst unter taktischen Gesichtspunkten gerichtet sein kann auf die Verhinderung eines konkreten Vorhabens auf dem benachbarten Grundstück. Mittel- und langfristig kann und sollte das Rechtsschutzziel realistischerweise jedoch dahin gehen, auf eine **nachbarverträgliche** Bebauung hinzuwirken.

A. Abgrenzung zum zivilrechtlichen Nachbarschutz

Bei dem Nachbaranspruch muss unterschieden werden zwischen einem öffentlich-rechtlichen und zivilrechtlichen Nachbaranspruch.

Im **Grundsatz** richtet sich der öffentlich-rechtliche Nachbaranspruch gegen ein genehmigtes oder in der Errichtung befindliches Vorhaben sowie gegen unzulässige Nutzungen, während der zivilrechtliche Nachbaranspruch in erster Linie dazu dienen soll, Belästigungen und Beeinträchtigungen von bereits betriebenen Vorhaben oder Anlagen zu beseitigen, zu korrigieren oder in Geld auszugleichen, wenn eine Beeinträchtigung aus tatsächlichen oder rechtlichen Gründen nicht zu verhindern oder durch den Betroffenen zu dulden ist. Bereits einleitend ist festzustellen, dass das öffentliche Baunachbarrecht das private Baunachbarrecht heute bei weitem übertroffen hat. Der Anwalt, der ein Mandat im Bereich des öffentlichen Baurechts zu betreuen und zu vertreten hat, muss jedoch mit **beiden Spielarten** des öffentlichen und zivilen Nachbarschutzes vertraut sein, um die Interessen des Auftraggebers bestmöglich wahrnehmen zu können. 338

I. Begriff des Nachbarn

Die Frage, wer als Nachbar Abwehr- oder Schutzansprüche im öffentlichen Baurecht geltend machen kann, beantwortet sich nach der **subjektiven Reichweite** baurechtlicher Schutznormen. Bestimmend für diese Frage ist die Auslegung der zugrunde liegenden Genehmigungsvoraussetzungen, also der Vorschriften, auf deren Grundlage die Genehmigung für das streitgegenständliche Vorhaben erteilt worden sind. Während einige Bauordnungen bei der Regelung der Nachbarbeteiligung im Verfahren auf sog. „Angrenzer" abstellen und insoweit einen **formellen Nachbarbegriff** zugrunde legen, ist bei der Auslegung nachbarschützender Normen des materiellen Rechts nach der Schutznormtheorie zu bestimmen, wer als Nachbar geschützt ist (**materieller Nachbarbegriff**). Dabei ist zwischen dem Nachbargrundstück und dem Inhaber nachbarlicher Rechte zu unterscheiden. 339

Das öffentliche Baurecht regelt die bauliche und sonstige Nutzung der Grundstücke, ist also **grundstücks- und nicht personenbezogen.** Daher ist grundsätzlich Inhaber der Nachbarschutz-Position der Eigentümer oder der in eigentumsähnlicher Weise an dem Grundstück dinglich Berechtigte (z. B. Nießbraucher, Erbbauberechtigter, nicht aber der lediglich obligatorisch berechtigte Mieter, Pächter oder Käufer). 340

Bei der **generell** nachbarschützenden Norm folgt aus ihrem Schutzzweck, ob sie nur ein unmittelbar angrenzendes Grundstück, alle an das Baugrundstück angrenzenden Grundstücke oder schließlich weitere Grundstücke in der Umgebung (z. B. im Plangebiet) schützen will. Bei der **partiell** nachbarschützenden Norm ergibt sich das im konkreten 341

Einzelfall geschützte Grundstück sowohl aus der der Norm zu entnehmenden Reichweite der objektiven Rücksichtnahme, als auch daraus, ob innerhalb der danach zu berücksichtigenden Umgebung ein Grundstück liegt, dessen besonders geschützte Rechtsposition aus anderen Normen folgt.

342 Gegenstand der nachfolgenden Ausführungen ist zunächst nur das öffentliche Baunachbarrecht. Das private Baunachbarrecht wird in einem gesonderten Kapitel erörtert. Nicht erörtert werden nachbarliche Abwehransprüche im Bereich des **Fachplanungsrechts**, weil dies den Rahmen des vorliegenden Werkes überschreiten würde. Nur ansatzweise können auch Abwehransprüche gegenüber **immissionsträchtigen Vorhaben** durch die hoheitliche Hand und durch Private erörtert werden. Insoweit soll an dieser Stelle nur darauf hingewiesen werden, dass der Kreis der geschützten Nachbarn im Baurecht und Immissionsschutzrecht keineswegs deckungsgleich ist. Ist im Baurecht im Grundsatz Nachbar nur der Grundstückseigentümer und der in eigentumsähnlicher Weise an dem Grundstück Berechtigte, können im Immissionsschutzrecht darüber hinaus Rechte auch dem zustehen, der zu einer emittierenden Anlage ein besonderes Verhältnis im Sinne einer engeren räumlichen und zeitlichen Beziehung hat.

II. Öffentlich-rechtlicher Nachbarschutz

Der öffentlich-rechtliche Nachbarschutz ist durch das vorrangig **zweiseitige Rechtsverhältnis** zwischen Nachbar und Behörde gekennzeichnet.

343 Gegner im Rahmen des öffentlich-rechtlichen Nachbaranspruchs ist die **Bauaufsichtsbehörde**, die eine den Nachbarn belastende bauaufsichtliche Genehmigung zugunsten eines Bauherrn erlassen hat oder die sich weigert, gegen eine nach Auffassung des Betroffenen unzulässige Nutzung durch einen Störer auf dem benachbarten Grundstück einzuschreiten. Der Bauherr oder Störer ist in diesem Rechtsverhältnis außergerichtlich lediglich Beteiligter i. S. des § 13 VwVfG, im Stadium der gerichtlichen Auseinandersetzung ein gem. § 65 II VwGO notwendig **Beizuladender**.

344 Der öffentlich-rechtliche Nachbarschutz greift, wenn gegen **nachbarschützende Vorschriften** des Bauplanungs- und Bauordnungsrechts verstoßen wird. Dies wird im Einzelnen darzustellen sein. In geringem Umfang ergibt sich ein Anspruch des Nachbarn aus **Art. 14 I GG**. Verstößt ein Vorhaben nicht gegen Bestimmungen mit nachbarschützendem Charakter, beeinträchtigt dieses aber den Nachbarn schwer und unerträglich in seinem Eigentum, kann ein Abwehranspruch ausnahmsweise aus Art. 14 I GG hergeleitet werden. Unterhalb des Anspruchs aus Art. 14 I GG hat die Rechtsprechung einen Abwehranspruch entwickelt, der dann greift, wenn ein Vorhaben in unzumutbarer Weise gegen das z. B. in § 15 I BauNVO verankerte sog. Gebot **nachbarlicher Rücksichtnahme** verstößt.[299]

345 Der öffentlich-rechtliche Nachbaranspruch ist darauf gerichtet,
- eine den Nachbarn belastende bauaufsichtliche Genehmigung – nur in besonders gelagerten Ausnahmefällen – nicht zu erteilen (**Unterlassungsanspruch**),
- eine den Nachbarn belastende erteilte bauaufsichtliche Genehmigung aufzuheben (**Aufhebungsanspruch**),
- gegen eine den Nachbarn belastende unzulässige Nutzung auf dem benachbarten Grundstück einzuschreiten (**Einstellungs-, Unterlassungs- und Beseitigungsanspruch**).

---

299 Grundlegend seit: BVerwG, Urt. v. 05.08.1983 – 4 C 96/79, NJW 1984, 138.

A. Abgrenzung zum zivilrechtlichen Nachbarschutz

Nicht möglich im Bereich des öffentlichen Baurechts ist – anders als etwa im Planfeststellungsrecht[300] oder Immissionsschutzrecht[301] – ein vor den Verwaltungsgerichten einzuklagender Schadensersatz- und Entschädigungsanspruch. Insoweit ist der Nachbar ggf. bezüglich solcher Ansprüche auf den Zivilrechtsweg zu verweisen.

III. Zivilrechtlicher Nachbarschutz

Das private Baunachbarrecht ist überwiegend im **BGB** kodifiziert. Die Ansprüche des von einem Vorhaben oder seiner Nutzung betroffenen Nachbarn richten sich unmittelbar gegen den **Bauherrn** oder den **Störer**, die Bauaufsichtsbehörde ist in diesem Rechtsverhältnis, auch wenn sie das den Nachbarn störende Vorhaben zugelassen hat, prozessual nicht beteiligt.

Der zivilrechtliche Nachbar-Abwehranspruch folgt aus § **1004 BGB i. V. m.** § **906 BGB**. Wird das Eigentum in anderer Weise als durch Entziehen oder Vorenthaltung des Besitzes beeinträchtigt, so kann der Eigentümer von dem Störer die **Beseitigung** der Beeinträchtigung verlangen. Sind weitere Beeinträchtigungen zu besorgen, so kann der Eigentümer auf **Unterlassung** klagen. Gemäß § 906 BGB können allerdings Einwirkungen von einem fremden Grundstück nicht verboten werden, soweit durch die Einwirkung die Benutzung des Grundstücks **nicht** oder nur **unwesentlich** beeinträchtigt wird.

Der zivilrechtliche Nachbarabwehranspruch ist ausgeschlossen, wenn der Eigentümer wegen Ortsüblichkeit zur **Duldung** verpflichtet ist. Sodann hat der Betroffene aber ggf. einen Anspruch auf Geldersatz, der sich an den Grundsätzen der Enteignungsentschädigung ausrichtet.

Eine weitere Anspruchsgrundlage im privaten Nachbarrecht findet sich in §§ **823, 906, 1004 I 2 analog BGB**. Dabei handelt es sich um eine **quasi negatorische Unterlassungsklage**. Nach der Rechtsprechung des BGH kann der Nachbar die Einhaltung einer auf der Grundlage entsprechender Vorschriften in einer Baugenehmigung enthaltenen, bestandskräftigen **Auflage** zu seinem Schutz gegen Lärm (hier: Schließen der Fenster während der Übungsstunden einer Ballettschule) vor den Zivilgerichten im Wege einer quasi negatorischen Unterlassungsklage durchsetzen, auch wenn die Voraussetzungen des § 906 BGB im konkreten Fall nicht vorliegen.[302] Der BGH hat klargestellt, dass der auf § 823 II BGB gestützte quasi negatorische Unterlassungsanspruch und der Anspruch nach § 1004 I 2 BGB i. V. m. § 906 BGB zwar demselben Ziel, nämlich der Lärmabwehr dienen, es sich aber um **selbstständige Ansprüche** mit eigenen Voraussetzungen handelt, die auch inhaltlich teilweise verschieden sein können.[303] Damit kann der Nachbar auch über § 823 II BGB eine öffentlich-rechtliche Verhaltensanordnung im Zivilrechtsweg durchsetzen. Der BGH hat klargestellt, dass diese Konsequenz unmittelbar in § 823 II BGB angelegt ist. Daher wird auch nicht in Zweifel gezogen, dass bei Verstößen gegen öffentlich-rechtliche Schutzgesetze ein **zweigleisiger Rechtsschutz** für den Nachbarn besteht.

Schließlich können – anders als im öffentlichen Nachbarrecht – von einem Nachbarn gegen den Bauherrn oder einen Störer zivilrechtlich **Ausgleichs- und Schadensersatzansprüche** geltend gemacht werden, wenn z. B. ein bestimmtes Vorhaben oder eine kon-

---

300 Vgl. nur § 74 II 3 VwVfG.
301 §§ 42, 14 2 BImSchG.
302 BGH, Urt. v. 26.02.1993 – V ZR 74/92, NJW 1993, 1580; BGH, Urt. v. 27.09.1996 – V ZR 335/95, NJW 1997, 55.
303 BGH, Urt. v. 26.02.1993 – V ZR 74/92, NJW 1993, 1580.

krete beeinträchtigende Nutzung aus tatsächlichen oder rechtlichen Gründen nicht unterbunden werden können. Entsprechende Anspruchsgrundlagen für Ausgleichsansprüche finden sich in §§ 906 II 2, 917 II BGB. Schadensersatzansprüche sind nach §§ 823 I oder 823 II i. V. m. einem Schutzgesetz geltend zu machen.

350 Ausgleichs- und Schadensersatzansprüche sind **verschiedenartig** und verfügen jeweils über unterschiedliche Tatbestandsvoraussetzungen. Folgende Ansprüche werden dem Betroffenen in baunachbarrechtlichen Streitigkeiten auf privatrechtlicher Ebene zugestanden:

- **Beseitigungs- und Unterlassungsansprüche** bei Beeinträchtigungen des Eigentums (§ 1004 BGB i. V. m. § 906 BGB). Dem Eigentum sind gleichgestellt insbesondere das Erbbaurecht (§ 11 I ErbbRVO), Grunddienstbarkeit (§ 1027 BGB), Nießbrauch (§ 1065 BGB), beschränkte persönliche Dienstbarkeit (§§ 1090 II, 1027 BGB), Dauerwohnrecht und dingliches Wohnrecht (§ 34 II WEG). Dem Besitzer stehen gegen Besitzstörungen (durch verbotene Eigenmacht, § 858 I BGB) gleichartige Abwehransprüche zu (§§ 862, 869 BGB).
- Negatorische (bei Verletzung der Rechte aus § 823 I BGB) und quasi-negatorische **Abwehransprüche** (bei der Verletzung von Schutzgesetzen nach § 823 II BGB). Zu den Schutzgesetzen gehören auch die nachbarschützenden Vorschriften des öffentlichen Rechts.
- **Ausgleichsansprüche** (§ 906 II 2 BGB – Immissionen, § 912 II BGB – Überbau, § 917 II BGB – Notwegerecht).
- **Schadensersatzansprüche** aus unerlaubter Handlung (§ 823 I und II BGB i. V. m. einem Schutzgesetz).

351 Weitere zivilrechtliche Ansprüche können sich aus den zwischenzeitlich in allen Bundesländern erlassenen **Nachbarrechtsgesetzen** ergeben. Hierdurch werden z. B. Fenster- und Lichtrechte, Trauf-, Hammerschlags- und Leitungsrechte begründet. Die Gesetze enthalten aber auch Vorschriften über von Bäumen, Sträuchern, Pflanzen sowie von baulichen Anlagen einzuhaltende Grenzabstände.

IV. Verhältnis zwischen öffentlich-rechtlichem und zivilrechtlichem Nachbarschutz

352 Die Rechtsordnung bietet im Bereich des Baurechts sowohl privatrechtlichen als auch öffentlich-rechtlichen Nachbarschutz an. Damit stellt sich die Frage nach dem **Verhältnis** der Ansprüche zueinander. Das Problem ist von **praktischer Bedeutung**: Will sich ein betroffener Nachbar etwa gegen Lärmeinwirkungen eines privaten Sportplatzes (z. B. einer Tennis-Anlage) oder gegen Immissionen eines nicht nach § 4 BImSchG genehmigungspflichtigen Gewerbebetriebes (z. B. einer Tankstelle) zur Wehr setzen, so muss er wissen, ob es ihm freisteht, Abwehransprüche nach seinem Belieben neben- oder nacheinander sowohl gegen den privaten Betreiber der Anlage als auch gegen die Bauaufsichtsbehörde zu richten. Soweit dem Betroffenen eine Wahlmöglichkeit zusteht, kommt es weiter darauf an, seine Rechte optimal zu wahren und gleichzeitig das **Kostenrisiko** möglichst gering zu halten.

353 Die herrschende Meinung geht von einem unbeschränkten Nebeneinander der zivilrechtlichen und der öffentlich-rechtlichen Ansprüche, und damit von einer **Zweispurigkeit** des Rechtsschutzes aus. Das BVerfG hat dies in einem Beschluss bestätigt, indem dort in einem Leitsatz 3 ausgeführt wird: „Bei der Bestimmung der Rechtsstellung des Grundeigentümers nach Art. 14 I Satz 2 GG wirken bürgerliches Recht und öffentlich-rechtliche

A. Abgrenzung zum zivilrechtlichen Nachbarschutz

Gesetze **gleichrangig** zusammen."[304] Der Nachbar kann danach im Grundsatz **nacheinander** oder sogar **gleichzeitig** seine privaten und seine öffentlich-rechtlichen Abwehransprüche geltend machen, sich aber auch auf die Verfolgung nur der privaten oder nur der öffentlichen Rechte beschränken. Die prinzipielle Doppelgleisigkeit des Nachbarschutzes schließt allerdings gegenseitige Beeinflussungen und wechselseitige Verknüpfungen nicht aus.

Bei der zivilen Nachbarklage ist alleiniger **Streitgegenstand** die Frage, ob der Betroffene gegenüber dem störenden Nachbarn Beseitigung, Unterlassung oder Schadensersatz bzw. Entschädigung für eine von diesem herrührende Beeinträchtigung verlangen kann. Demgegenüber hat die öffentlich-rechtliche Nachbarklage zum Gegenstand, ob eine dem Störer erteilte Genehmigung subjektive Nachbarrechte des Klägers in rechtswidriger Weise verletzt und daher aufzuheben ist bzw. ob dem Kläger gegenüber der Behörde ein Anspruch auf ordnungsbehördliches Einschreiten zu Lasten störender Nachbarn zusteht.

V. Rechtsschutzwahl

Die Rechtsschutzwahl sollte sich am Rechtsschutzziel orientieren, ferner an der Verfahrensdauer und an den Verfahrenskosten. Taktische Gesichtspunkte sind dabei ebenfalls bei der Rechtsschutzwahl nicht zu vernachlässigen.

1. Repressiver und präventiver Rechtsschutz

Vom Grundsatz her ist folgendes festzustellen: Der private Nachbarrechtsschutz ist **repressiv**. Er setzt erst ein, wenn sich die Beeinträchtigungen bereits realisiert haben. Er ist z. B. gerichtet auf die Einhaltung etwaiger Auflagen der bauaufsichtlichen Genehmigung und soweit dies nicht möglich ist auf einen geldwerten Ausgleichsanspruch. Dagegen greift der öffentlich-rechtliche Rechtsschutz auch **präventiv**. Wird dem Bauherrn eine bauaufsichtliche Genehmigung erteilt, so hat der Nachbar die Möglichkeit, diese mit Widerspruch anzufechten und sodann ein einstweiliges Rechtsschutzverfahren einzuleiten mit dem Ziel, die aufschiebende Wirkung des Widerspruchs wiederherzustellen. Im Ergebnis kann dies dazu führen, dass die Ausnutzung einer Baugenehmigung untersagt wird.

Der öffentlich-rechtliche Rechtsschutz greift als präventiver Rechtsschutz also **früher** und ermöglicht dem Nachbarn bei zügiger Durchführung das Anfechtungsverfahren. Damit können bereits vor einer Realisierung des streitigen Bauvorhabens die Rechte des Nachbarn optimal gewahrt werden. Eine „normative Kraft des Faktischen" kann so verhindert werden. Allerdings kann mit einer vorbeugenden Unterlassungsklage in der Regel nicht die Erteilung einer bauaufsichtlichen Genehmigung untersagt werden, wenn der Betroffene zumutbar auf eine Rechtsverfolgung nach Erteilung der Genehmigung verwiesen werden kann.[305]

2. Rechtsweg

Die grundsätzliche Zweigleisigkeit des Rechtsschutzes mit einer Wahlmöglichkeit des Nachbarn, ob er gegen ein Vorhaben oder eine bestimmte Nutzung auf dem Verwaltungsrechtsweg allein oder daneben auf dem Zivilrechtsweg vorgeht oder ob er den öffentlichen und den zivilen Rechtsweg nacheinander beschreitet, findet bei bestimmten

---

304 BVerwG, Beschl. v. 15.07.1981 – 1 BvL 77/78, BVerfGE 58, 300 ff.
305 BVerwG, Urt. v. 29.07.1977 – 4 C 51/75, BVerwGE 54, 211.

§ 3 Öffentlich-rechtlicher Nachbarschutz

Fallkonstellationen eine Ausnahme. Insbesondere bei der Abwehr **hoheitlich verursachter Immissionen** gilt ausschließlich der Verwaltungsrechtsweg.

358 Der 4. Senat des **BVerwG** hatte den Vorrang des Verwaltungsrechtsweges bei Ausgleichsansprüchen öffentlich-rechtlicher Art aufgrund von Einwirkungen aus fachplanerischen Vorhaben festgestellt.[306] Das BVerwG hat den Anspruch als öffentlich-rechtlich qualifiziert, der als einheitlicher Anspruch unabhängig davon eingreife, ob die von der geplanten Verkehrsanlage ausgehenden Lärmimmissionen die enteignungsrechtliche Zumutbarkeitsschwelle einer schweren und unerträglichen Betroffenheit des Anliegergrundstücks überschritten wird. Für die Bemessung des genannten Anspruchs stelle die Höhe der Kosten, die dem immissionsbetroffenen Nachbarn aus der Durchführung der erforderlichen Schallschutzmaßnahmen am Gebäude erwachsen, neben anderen Gesichtspunkten – wie etwa die Beeinträchtigung des Außenwohnbereichs – einen maßgeblichen Richtpunkt dar. In einer vorhergehenden Entscheidung hatte das BVerwG weitergehend entschieden, dass über Ausgleichsansprüche nach § 17 IV 2 FStrG oder nach § 74 II 3 VwVfG im Verwaltungsrechtsweg zu entscheiden ist.[307]

In einer weiteren wichtigen Entscheidung stellt das BVerwG fest: Der Anspruch gegen den Träger der Straßenbaulast, ein Grundstück, das von den Auswirkungen eines Straßenbauvorhabens unzumutbar betroffen ist, gegen Zahlung einer Entschädigung zu übernehmen, kann seine Rechtsgrundlage in § 74 II 3 VwVfG finden.[308] Obwohl in § 74 II 3 VwVfG von einem **Übernahmeanspruch** nicht die Rede sei, sei dieser eine besondere Art des Entschädigungsanspruchs und die Hingabe des Eigentums eine seiner Voraussetzungen, so dass es sich bei dem Übernahmebegehren nicht um einen Enteignungsantrag handele, sondern um einen **Antrag auf Entschädigung**, in dessen Rahmen über die Eigentumsübertragung zu erkennen ist.[309] Der Kläger erstrebe daher die Übernahme des Grundstücks nicht um ihrer selbst willen, sondern als Voraussetzung dafür, dass ihm der gesamte Grundstückswert vergütet wird.[310]

In der Entscheidung des BVerwG vom 6.6.2002 wurde zugleich festgestellt, dass **optische Beeinträchtigungen**, denen ein Wohngrundstück dauerhaft ausgesetzt wird, entschädigungslos hinzunehmen sind. Insbesondere der Eigentümer eines im Außenbereich belegenen Grundstücks muss stets mit der Projektierung öffentlicher Verkehrswege außerhalb des Grundstücks rechnen,[311] da die Außenbereichslage zusammen mit der tatsächlichen Vorbelastung des Wohngrundstücks diesem die Schutzwürdigkeit nehme.[312] Klargestellt wurde auch nochmals, dass ein Nutzgarten genauso wenig schutzwürdig ist wie ein Vorgarten, der nur zur optischen Verschönerung des Anwesens bepflanzt wird; ein Anspruch, diesen Bereich von unzumutbaren Lärmeinwirkungen freizuhalten, besteht dort nicht.[313]

Mit Urteil vom 23.2.2005 hat das BVerwG aber grundsätzlich entschieden: Führt ein Vorhaben zu einer durch Schutzauflagen nicht vermeidbaren **Verschattung des Grund-**

---

306 BVerwG, Beschl. v. 07.09.1988 – 4 N 1/87, NJW 1989, 467 (469).
307 BVerwG, Urt. v. 22.05.1987 – 4 C 17–19/84, NJW 1987, 2884.
308 BVerwG, Urt. v. 06.06.2002 – 4 A 44.00, NVwZ 2003, 209.
309 BGH, Urt. v. 17.12.1992 – III ZR 112/91, DVBl 1993, 430(431)).
310 BVerwG, Urt. v. 24.06.1993 – 7 C 26.92, BVerwGE 94, 1(3)).
311 BVerwG, Urt. v. 24.06.1996 – 4 A 39.95, NJW 1997, 142(143).
312 BVerwG, Urt. v. 06.06.2002 – 4 A 44.00, NVwZ 2003, 209.
313 So auch: BVerwG, Urt. v. 29.01.1991 – 4 C 51.89, BVerwGE 87, 332(383).

A. Abgrenzung zum zivilrechtlichen Nachbarschutz

stücks, die die Grenze des zumutbaren überschreitet, kann der betroffene Grundstückseigentümer gem. § 74 II 3 VwVfG die Zuerkennung eines Entschädigungsanspruchs verlangen.[314]

Den **Vorrang des Primärrechtsschutzes** vor den Verwaltungsgerichten hat nunmehr der BGH – jedenfalls für Vorhaben unter Geltung eines fachplanungsrechtlichen Verfahrens – unter Aufgabe seiner früheren Rechtsprechung bestätigt und sich insoweit der Rechtsprechung des BVerwG angeschlossen: Ein Lärmbetroffener kann keinen Anspruch auf Grund enteignenden Eingriffs vor den Zivilgerichten geltend machen, wenn er den betreffenden Planfeststellungsbeschluss, der Schallschutzmaßnahmen nicht vorsieht, bestandskräftig werden lässt.[315] Nicht entschieden hat der BGH die **konkurrierende Rechtswegfrage** für Ansprüche auf Wertminderung aus enteignendem Eingriff, wenn und soweit Schallschutzeinrichtungen keine wirksame Abhilfe versprechen oder unverhältnismäßige Aufwendungen erfolgen.[316] Gleichwohl ist insbesondere in Verfahren, in denen Streitgegenstand eine behördlich genehmigte oder ungenehmigte privatrechtliche betriebene oder genutzte bauliche Anlage ist, der Zivilrechtsweg **parallel** zum Verwaltungsrechtsweg oder auch **im Anschluss** an den Primärrechtsschutz gegeben.

359

Grundlegend und instruktiv ist insoweit nach wie vor die sog. **Haltestelle-Entscheidung** des BGH.[317] Der BGH hat dort festgestellt: Für eine Immissionsabwehrklage, die auf eine nur mit behördlicher Genehmigung oder Zustimmung mögliche Verletzung der Haltestelle eines privatrechtlich betriebenen Omnibusunternehmens abzielt, ist der Rechtsweg vor den Zivilgerichten gegeben. Keine Bedenken hatte der BGH in der Entscheidung auch, dass der Kläger rechtskräftig in einem Verwaltungsstreitverfahren gegen die Gemeinde unterlag, in dem er beantragt hatte, ablehnende Bescheide aufzuheben und die Gemeinde zu verpflichten, die Bushaltestelle beseitigen zu lassen. Wörtlich heißt es insoweit in der Entscheidung: „Der Verwaltungsrechtsstreit und die vorliegende Klage auf der Grundlage von § 1004 BGB haben jedoch verschiedene Streitgegenstände."[318]

360

Eröffnet allerdings die Rechtsordnung mehrere Rechtswege zur Verfolgung eines Rechtsschutzziels (Schutz vor Lärmimmissionen), kann nach BVerwG nicht ausgeschlossen werden, dass die jeweils angerufenen Gerichte die Zumutbarkeitsgrenze bei Lärmimmissionen – hier: Live-Musik-Veranstaltungen – unterschiedlich bestimmen.[319]

Zusammenfassend ist folgendes festzustellen:

361

- **Hoheitlich** verursachte Immissionen sind ausschließlich vor den Verwaltungsgerichten abzuwehren.
- Ein grundsätzlicher Vorrang des verwaltungsgerichtlichen Rechtsschutzes mit einem anschließenden **Ausschluss** des Zivilrechtsweges liegt dann vor, wenn ein Lärmbetroffener den auf ein Planfeststellungsverfahren ergehenden Beschluss, der keine Lärmschutzmaßnahmen zu seinen Gunsten vorsieht, bestandskräftig werden lässt.
- Werden Ansprüche auf **Wertminderung** aus enteignendem Eingriff geltend gemacht, wenn und soweit Schallschutzeinrichtungen keine wirksame Abhilfe versprechen oder unverhältnismäßige Aufwendungen erfordern, kann neben oder nach dem Verwaltungsrechtsweg auch der Zivilrechtsweg beschritten werden.

---

314 BVerwG, Urt. v. 23.02.2005 – 4 A 4.04, DVBl. 2005, 914.
315 BGH, Urt. v. 21.01.1999 – III ZR 168/97, BGHZ 140, 285 (298).
316 BGH, Urt. v. 21.01.1999 – III ZR 168/97, BGHZ 140, 285 (300).
317 BGH, Urt. v. 11.11.1983 – V ZR 231/82, NJW 1984, 1242.
318 BGH, Urt. v. 11.11.1983 – V ZR 231/82, NJW 1984, 1242.
319 BVervG, Beschl. v. 17.07.2003 – 4 B 55/03, NJW 2003, 336.

■ Eröffnet die Rechtsordnung mehrere Rechtswege zur Verfolgung eines Rechtsschutzziels (z. B. Schutz vor Lärmimmissionen), kann nicht ausgeschlossen werden, dass die jeweils angerufenen Gerichte die Zumutbarkeitsgrenze bei Lärmimmissionen – z. B. bei Live-Musik-Veranstaltungen – unterschiedlich bestimmen.

3. Rechtsverletzungen

362 In seinen Wirkungen reicht der öffentlich-rechtliche Rechtsschutz z. T. weiter als der zivile Rechtsschutz. So werden als angreifbare Beeinträchtigungen und Rechtsverletzungen i. S. von § 1004 BGB nur **positive Einwirkungen**, also durch Zerstörung, Beschädigung, Benutzung sowie durch Zuführung physikalisch feststellbarer Einwirkungen erfasst. Ausgeschlossen auf der zivilrechtlichen Ebene ist die Geltendmachung der Verletzung von **immateriellen**, insbesondere ideellen Einwirkungen, durch die das sittlich-ästhetische Empfinden verletzt wird. Im Rahmen des öffentlich-rechtlichen Rechtsschutzes sind dagegen auch solche Rechtsverletzungen zu rügen. Weiter sind auch negative Einwirkungen, wie der Entzug von Licht, Luft, Sonne, Wasser, Wind, Aussicht vom öffentlich-rechtlichen Rechtsschutz erfasst, gegen den der zivile Rechtsweg keinen Schutz bietet.

4. Prozessuale Vorteile

363 Ein weiterer Vorteil des öffentlich-rechtlichen Rechtsschutzes gegenüber dem privatrechtlichen Rechtsschutz besteht darin, dass die Verwaltungsgerichtsbarkeit im Rahmen des ihr obliegenden **Amtsermittlungsgrundsatzes** (§ 86 VwGO) alle entscheidungserheblichen Umstände zu untersuchen, zu ermitteln und zu berücksichtigen hat. Dies erleichtert dem ein Vorhaben oder eine Nutzung anfechtenden Nachbarn letztlich die Rechtsverfolgung erheblich. Im Zivilrecht dagegen hat das Gericht aufgrund des dort geltenden **Beibringungsgrundsatzes** nur das zu berücksichtigen, was von den Parteien vorgetragen wird. Die Darlegungs- und Beweislast des Nachbarn im Zivilprozess erschwert eine erfolgreiche Rechtsverfolgung dort.

5. Kostenaspekte

364 Auch unter Kostengesichtspunkten ist die Inanspruchnahme verwaltungsgerichtlichen Rechtsschutzes vorzuziehen. Während bei zivilrechtlichen Eigentums- und Besitzstörungsklagen sich der **Gegenstandswert** gem. § 3 ZPO nach der Wertminderung richtet, die das Grundstück des Klägers infolge der Störung (insbesondere durch Immissionen) erleidet, setzen die Verwaltungsgerichte zugunsten des eine Baugenehmigung anfechtenden Nachbarn grundsätzlich einen äußerst geringen Gegenstandswert fest, teilweise wird in verwaltungsgerichtlichen Eilverfahren sogar nur die Hälfte des Auffangstreitwertes festgesetzt. Im Falle eines Unterliegens hat der Nachbar daher vor den Verwaltungsgerichten eine überschaubare Kostenlast, zumal die Bauaufsichtsbehörde sich dort regelmäßig **nicht anwaltlich** vertreten lässt und dementsprechend keine entsprechende Unterliegensgebühr für eine anwaltliche Vertretung der Gegenseite anfällt.
Nicht zu vernachlässigen ist auch die Tatsache, dass in verwaltungsgerichtlichen Verfahren ein **Gerichtskostenvorschuß** nicht zu leisten ist, ferner Kostenvorschüsse auch bei Beweisaufnahmen durch die Bestellung eines Sachverständigen – anders als im Zivilprozess – nicht abgefordert werden.

A. Abgrenzung zum zivilrechtlichen Nachbarschutz 2

6. Schadensersatz

Der eine Baugenehmigung oder eine bestimmte Nutzung anfechtende Dritte macht sich gegenüber dem in dem Eilverfahren beigeladenen Bauherrn **nicht schadensersatzpflichtig**, wenn er zunächst durch das Eilverfahren einen Baustopp oder eine Einstellung der Nutzung erreicht, dies aber im Hauptsacheverfahren später aufgehoben wird, weil die angefochtene Baugenehmigung oder Nutzung durch das Gericht als rechtmäßig bestätigt wird. Dies wird nach wie vor formell damit begründet, dass die Regelung des § 945 ZPO, in der die Schadensersatzpflicht grundsätzlich geregelt ist, für den Antragsteller eines verwaltungsgerichtlichen Eilverfahrens nicht greift, weil Antragsgegner in diesem Verfahren die Baugenehmigungsbehörde ist, nicht aber der beigeladene Bauherr.[320]

365

Der eine Baugenehmigung anfechtende Nachbar setzt sich daher **keinem erhöhten Kostenrisiko** aus, wenn zunächst auf seinen Eilantrag die sofortige Vollziehbarkeit der Baugenehmigung ausgesetzt wird, in dem anschließenden Hauptsacheverfahren aber die Rechtmäßigkeit der Baugenehmigung festgestellt wird. Für den dem Bauherrn aufgrund des verfügten Baustopps entstehenden Verzögerungsschaden ist der Nachbar nicht verantwortlich.

366

Auch die **Bauaufsichtsbehörde** macht sich im Übrigen nach § 945 ZPO nicht gegenüber dem Bauherrn schadensersatzpflichtig, wenn sie z. B. die sofortige Vollziehung eines Verwaltungsaktes gegenüber dem Bauherrn anordnet, soweit diese sich im Nachhinein als rechtswidrig herausstellt.[321]

7. Vorteile des zivilrechtlichen Rechtsschutzes

Stehen dem Betroffenen öffentlich-rechtliche Abwehransprüche nicht zu, weil er z. B. nicht als geschützter Dritter angesehen wird, können ihm ggf. privatrechtliche Ansprüche weiterhelfen. So können z. B. Beeinträchtigungen durch **schädliche Umwelteinwirkungen** auch dann noch zivilrechtlich abgewehrt werden, wenn der Betroffene gegen die das emittierende Vorhaben zulassende (Bau)Genehmigung nicht mehr vorgehen kann oder ein Vorgehen hiergegen – wegen fehlender drittschützender Normen – nicht erfolgversprechend war.

367

Sind Beeinträchtigungen i. S. von § 906 II BGB **nicht ortsüblich**, so kann ein hiervon Betroffener gegen diese Beeinträchtigungen zivilrechtlich vorgehen, auch wenn eine Baugenehmigung erteilt wurde, weil z. B. das Vorhaben bauplanungsrechtlich zulässig ist. Da im Übrigen die privaten Abwehrrechte des **Besitzers** weitgehend denen des Eigentümers angeglichen sind, kann zivilrechtlich somit auch der Besitzer eines Grundstücks die Beseitigung oder Unterlassung von Störungen verlangen, während er im öffentlichen Nachbarrecht nicht als geschützter Dritter angesehen wird mit der Folge, dass er dort Abwehrrechte nicht geltend machen kann.

368

8. Abwägungsentscheidung

Zusammenfassend ist festzustellen, dass öffentlich-rechtliche und privatrechtliche Nachbaransprüche **gleichrangig** und gleichberechtigt nebeneinander bestehen. Der Nachbar kann wählen, wie er ihn betreffende Beeinträchtigungen abwehren will. Zweckmäßig und teilweise prozessual geboten ist es, vorrangig zunächst die öffentlich-rechtlichen Abwehransprüche geltend zu machen. Der vorrangig zu präferierende **öffentliche Rechtsschutz**

369

---

320 BGH, Urt. v. 23.09.1980 – VI ZR 165/78, NJW 1981, 349.
321 BVerwG, Beschl. v. 09.08.1990 – 1 B 94/90, NVwZ 1991, 270.

- greift präventiv,
- reicht weiter,
- erleichtert die Sachverhaltsermittlung von Amts wegen,
- ist regelmäßig kostengünstiger und
- setzt den Dritten beim vorläufigen Rechtsschutz keinem Schadensersatzrisiko aus.

370 Nach dem Scheitern des öffentlich-rechtlichen Rechtsschutzes kann noch immer der **Zivilrechtsweg** beschritten werden, wenn z. B.
- das Vorhaben nicht zu verhindern ist, der Nachbar aber zur Einhaltung von Auflagen angehalten werden muss,
- wenn nicht vorhersehbare Nutzungsexzesse zu untersagen
- oder aber Ersatz- und Ausgleichsansprüche geltend zu machen sind.

371 Dem Nachbarn ist also in jedem Falle zu raten, zunächst gegen eine behördliche Genehmigung auf dem **Verwaltungsrechtsweg** vorzugehen, um dort deren Aufhebung zu erreichen oder um die Bauaufsichtsbehörde zu einem Einschreiten gegen einen baurechtswidrigen Zustand oder eine rechtswidrige Nutzung zu veranlassen. Sollte der öffentlich-rechtliche Rechtsschutz versagen, kann im Wege eines Vorgehens vor dem **Zivilgericht** ggf. versucht werden, eine Beeinträchtigung durch eine verwaltungsrechtlich hinzunehmende Bebauung oder Nutzung durch Schadensersatz- oder Entschädigungsansprüche auszugleichen oder jedenfalls zu mindern.

B. Schutznormtheorie

372 Der öffentlich-rechtliche Nachbarschutz im Baurecht ist dadurch gekennzeichnet, dass ein Vorgehen gegen nachbarrelevante Vorhaben nur dann Aussicht auf Erfolg hat, wenn der betroffene Anlieger überhaupt die **Verletzung nachbarschützender Normen** geltend machen kann. Die Rechtsprechung hat sich insoweit der aus den Regelungen über die des § 42 II VwGO und des § 113 I 1 VwGO zur Verletzung eigener Rechte entwickelten Schutznormtheorie angeschlossen. Sie verlangt zur Zulässigkeit und insbesondere zur Begründetheit einer Klage, dass die infrage stehenden Rechtssätze neben den mit ihnen verfolgten allgemeinen Interessen zumindest **auch den Individualinteressen eines Klägers zu dienen bestimmt** sind. Diese Frage ist nur durch Auslegung unter Berücksichtigung der gesamten Rechtsordnung zu beantworten.

373 Das BVerwG fordert in **Modifikation** zu seiner früheren Rechtsprechung eine Prüfung, inwieweit „... sich aus individualisierenden Tatbestandsmerkmalen der Norm ein Personenkreis entnehmen lässt, der sich von der Allgemeinheit unterscheidet".[322] Es bedarf jeweils der Klärung, ob eine baurechtliche Vorschrift ausschließlich **objektivrechtlichen Charakter** hat oder ob sie (auch) dem **Schutz individueller Interessen** dient, ob sie also Rücksichtnahme auf die Interessen Dritter gebietet. Die bauplanungs- und bauordnungsrechtlichen Vorschriften sind somit darauf zu untersuchen, ob die jeweils einschlägige Norm zugunsten des betroffenen Nachbarn Drittschutz vermittelt und gewährt.

374 Auch für **Festsetzungen** eines Bebauungsplans ist im Wege der Auslegung zu ermitteln, ob und inwieweit die Festsetzung Drittschutz vermitteln will.[323] Als Auslegungshilfe ist der Zusammenhang mit anderen Festsetzungen des Plans wie auch die Zuhilfenahme der Planbegründung erforderlich.[324] Hierin liegt die Schwierigkeit aber auch die **Herausfor-**

---

322 BVerwG, Urt. v. 19.09.1986 – 4 C 8/84, NVwZ 1987, 409.
323 BVerwG, Urt. v. 19.09.1986 – 4 C 8/84, NVwZ 1987, 409.
324 BVerwG, Urt. v. 19.01.1989 – 7 C 77/87, DVBl. 1989, 463 (467).

derung für den Anwalt, die jeweils nachbarschützende Vorschrift herauszufinden und dementsprechend im Baugenehmigungsverfahren oder im verwaltungsgerichtlichen Verfahren hierzu ausreichend vorzutragen.

Ist die Schutznormqualität einer Norm grundsätzlich zu bejahen, so kann deren **Auslegung** ergeben, dass der Gesetzgeber die betreffende Norm entweder nur partiell oder aber generell mit nachbarschützender Wirkung ausgestattet hat. Anhand der unterschiedlichen Anspruchsgrundlagen für das nachbarliche Abwehrrecht ist zu **unterscheiden**, ob eine Norm

- **konkret/partiell** nachbarschützend ist oder
- **abstrakt/generell** Nachbarschutz vermittelt.

Im Bereich des öffentlichen Baurechts ist weiter zu untersuchen und zu differenzieren, ob Drittschutz vermittelt wird durch

- **bauplanerische** Regelungen oder Festsetzungen,
- **bauordnungsrechtliche** Vorschriften,
- **Grundrechte**,
- **verfahrensrechtliche** Regelungen.

Je nach Vorschrift können sich Art und Umfang des Nachbarschutzes erheblich unterscheiden.

I. Konkret/partieller und abstrakt/genereller Nachbarschutz

Konkret/partiell drittschützende Rechtssätze greifen nicht in jedem Falle und zugunsten jedes Nachbarn ein. Sie schützen nur den Dritten, der sich mit seinem Individualinteresse aus der Allgemeinheit abhebt und auch nur dann, wenn er im Einzelfall durch ein Vorhaben in qualifizierter Weise gestört wird. Die konkrete Beeinträchtigung eines Betroffenen ist jeweils zu prüfen. Die Schutzwirkung der Norm entfaltet sich erst bei der Rechtsanwendung im Einzelfall.

Wer als Dritter vor welchen nachteiligen Einwirkungen Schutz beanspruchen kann, lässt sich nicht schon aus der drittschützenden Norm selber ablesen. Die jeweils drittschützenden Vorschriften sind regelmäßig mit unbestimmten Rechtsbegriffen ausgestattet, wie z. B. Störung, Schädigung, Nachteil, Belästigung u. s. w.. sowie mit hinzutretenden bewertenden Kriterien wir dem der Zumutbarkeit oder Unzumutbarkeit. Wer als Dritter vor welchen Beeinträchtigungen geschützt werden soll, ergibt sich erst durch die **Rechtsanwendung** im Einzelfall.

Typische von einer konkreten Betroffenheit abhängende, konkret/partiell nachbarschützende Vorschriften sind z. B. solche des **Bauplanungsrechts**, die das sog. Rücksichtnahmegebot enthalten, **immissionsschutzrechtliche** Vorschriften, die als Betreiberpflichten die Verhinderung von Gefahren, erheblichen Nachteilen und erheblichen Belästigungen auch für die Nachbarschaft vorsehen[325] sowie im privaten Nachbarrecht die Abwehrrechte aus §§ 1004, 906 BGB, deren Tatbestandsmäßigkeit von der Wesentlichkeit der als störend empfundenen Einwirkungen abhängt.

Bei den **abstrakt/generell** drittschützenden Vorschriften sind die Voraussetzungen des Nachbarschutzes auf der Gesetzesebene umfassend und abschließend geregelt. Wer als Berechtigter geschützt ist und unter welchen Voraussetzungen die Schutznorm eingreift, lässt sich aus dem Rechtssatz selbst ablesen. Die tatsächliche Betroffenheit eines Dritten findet in den jeweiligen Normen nicht explizit Ausdruck. Wird ein Vorhaben zugelassen,

---

325 Z. B. §§ 3 I, 5 I Nr. 1, 22 I Nr. 1 und 2 BImSchG.

obwohl die tatbestandlichen Merkmale der Norm nicht insgesamt erfüllt sind, ist der von der Vorschrift begünstigte Nachbar in jedem Falle zur Abwehr berechtigt. Ob er im Einzelfall tatsächlich beeinträchtigt wird, ist ohne Belang. Insbesondere im **Bauordnungsrecht** mit seinen Regelungen über die Einhaltung der Abstandsflächen wird dies umgesetzt: Dem Nachbarn wird regelmäßig ein Abwehrrecht allein durch die Unterschreitung der vorgeschriebenen Tiefe der Abstandsfläche zuerkannt, auch wenn sich im konkreten Einzelfall hierdurch kein unzumutbarer Nachteil für den Nachbarn ergibt.

381 Zusammenfassend gilt:
- Bei **konkret/partiell** drittschützenden Vorschriften muss eine konkrete Beeinträchtigung des Nachbarn vorliegen, damit ein Genehmigungsabwehr- oder Unterlassungsanspruch ausgelöst wird.
- Bei **abstrakt/generell** drittschützenden Vorschriften wird der nachbarliche Abwehr- und Unterlassungsanspruch allein durch die objektivrechtliche Verletzung der Norm ausgelöst.

II. Bauplanungs- und Bauordnungsrecht

382 Zu den Bereichen des **bauplanerischen** Nachbarrechtsschutzes existiert eine klare Rechtsprechungslinie des BVerwG. Nach einer Faustformel ist festzuhalten:
- Festsetzungen über die **Art** der baulichen Nutzung vermitteln kraft Bundesrecht Drittschutz.[326]
- Dagegen gewährt das **Maß** der baulichen Nutzung grundsätzlich kraft Bundesrecht keinen Drittschutz,[327] außer wenn sich aus den einschlägigen bauplanerischen Festsetzungen ausdrücklich erkennen lässt, dass ein bestimmtes Nutzungsmaß aus Gründen des Nachbarschutzes durch die Gemeinde willentlich festgesetzt wurde.[328]

383 Für den Bereich des **bauordnungsrechtlichen** Rechtsschutzes des Nachbarn ist eine Fülle von instanzgerichtlichen Entscheidungen vorhanden, weil die Bauordnungen der Länder in unterschiedlichem Umfang nachbarschützende Vorschriften enthalten. In den Grundzügen ist jedenfalls der Nachbarschutz durch die Festlegung von Abstandsflächen und bei der Anlage von Garagen und Stellplätzen nahezu einheitlich anerkannt.

Einem Nachbarn steht im Übrigen nicht gegen jede ihn irgendwie störende oder belästigende bauliche Anlage auf dem Nachbargrundstück ein öffentlich-rechtliches Abwehrrecht zu. Voraussetzung eines **Abwehrrechts** für den Nachbarn ist vielmehr, dass
- die errichtete bauliche Anlage früherem wie heutigem materiellen öffentlichen Baurecht widerspricht bzw. eine erteilte Baugenehmigung objektiv rechtswidrig ist,
- ein Verstoß gegen eine zumindest auch den Schutz des Nachbarn bezweckende Norm vorliegt und
- dieser Verstoß auch nicht durch die Erteilung einer Befreiung beseitigt werden kann.

Streitig ist, ob darüber hinaus eine **weitere Voraussetzung** erfüllt sein muss, nämlich dass
- der Nachbar durch den Verstoß tatsächlich spürbar beeinträchtigt wird.

384 Für das **Bundesrecht** hat das BVerwG entschieden, dass es einen allgemeinen bundesrechtlichen Satz, der auf jeden Fall eine tatsächliche Beeinträchtigung des Nachbarn fordere, nicht gebe. Die **tatsächliche Beeinträchtigung** ist im Bereich des Bundesrechts nicht

---

[326] BVerwG, Urt. v. 16.09.1993 – 4 C 28/91, NJW 1994, 1546; BVerwG, Beschl. v. 02.02.2000 – 4 B 87/99, NVwZ 2000, 679.
[327] BVerwG, Beschl. v. 23.06.1995 – 4 B 52/95, NVwZ 1996, 170.
[328] BVerwG, Beschl. v. 19.10.1995 – 4 B 215/95, NVwZ 1996, 888.

Voraussetzung für ein nachbarrechtliches Abwehrrecht.[329] Im Gegensatz zu diesem allgemeinen Grundsatz setzen aber Abwehrrechte, die z. B. auf einen Verstoß gegen das Rücksichtnahmegebot gestützt sind, eine tatsächliche Beeinträchtigung voraus, weil die für eine Verletzung dieses Gebotes vorausgesetzte Unzumutbarkeit der Bebauung nur dann gegeben ist, wenn der betroffene Nachbar auch tatsächlich beeinträchtigt ist.[330] Das BVerwG spricht insoweit von einer „**handgreiflichen Betroffenheit**" des Nachbarn.[331] **Wertminderungen** als Folge der Ausnutzung der einem Dritten erteilten Baugenehmigung begründen ebenfalls keinen allgemeinen bundesrechtlichen Abwehranspruch.[332]
Für den Bereich des **Landesrechts** liegen unterschiedliche Entscheidungen vor. Im Kern kann festgehalten werden, dass eine tatsächlich spürbare Beeinträchtigung zur Begründung eines Abwehrrechts nicht bei Verstößen gegen nachbarschützende Festsetzungen eines Bebauungsplans und auch nicht bei einem Verstoß gegen Vorschriften über Abstandsflächen gefordert wird.

III. Grundrechte

Vor allem die Grundrechte aus Art. 14 I GG und Art. 2 II 1 GG sind in früherer Zeit als Grundlage nachbarschutzrechtlicher Ansprüche herangezogen worden. Die **Bedeutung** der Grundrechte als Anspruchsgrundlage für Abwehrrechte des Nachbarn gegen Bauvorhaben oder baurechtswidrige Nutzungen auf dem benachbarten Grundstück ist in den letzten Jahren deutlich zurückgegangen. Zwar hat das BVerwG in **früheren** Entscheidungen einen Rückgriff auf Art. 14 I GG als Abwehrrecht gegen eine bauaufsichtliche Genehmigung grundsätzlich für möglich gehalten, wenn eine Baugenehmigung als schwerer und unerträglicher Eingriff in das Eigentum anzusehen war. Wörtlich heißt es in der Entscheidung vom 25.2.1977: „Eine Wertminderung, die jedes (eigentumsrechtlich) zumutbare Maß überschreitet, kann eine Auswirkung sein, die um ihrer selbst willen einen im Sinne der Rechtsprechung des Senats schweren und unerträglichen Eingriff in das Eigentum darstellt. Eine Genehmigung, die einen solchen Eingriff gestattet, kann von dem Betroffenen unter Berufung auf Art. 14 GG zu Fall gebracht werden."[333] Die **neuere Rechtsprechung** des BVerwG vermeidet es dagegen, die Grundrechte als Anspruchsgrundlage jedenfalls für ein baunachbarliches Abwehrrecht heranzuziehen.

1. Art. 14 GG

Mit Beschluss vom 6.12.1996 hat das BVerwG deutliche Ausführungen zur Bedeutung des Art. 14 GG im Nachbarrecht gemacht.[334] Wird auf der Grundlage des § 34 I BauGB eine Baugenehmigung erteilt, die sich für ein Nachbargrundstück nachteilig auswirkt, so liegt darin selbst bei schwerer Beeinträchtigung keine Enteignung i. S. des § 14 III GG. Selbst dann also, wenn eine Baugenehmigung und ihre Ausnutzung einen Betroffenen schwer und unerträglich beeinträchtigen, ist aus Art. 14 I GG **kein Abwehranspruch** des Nachbarn herzuleiten. Dieser Abwehranspruch ergibt sich nach der neueren Rechtspre-

---

329 BVerwG, Beschl. v. 10.09.1984 – 4 B 147/84, DVBl. 1985, 121.
330 BVerwG, Beschl. v. 20.09.1984 – 4 B 181/84, DVBl. 1985, 122.
331 BVerwG, Urt. v. 21.01.1983 – 4 C 59/79, BauR 1983, 143.
332 BVerwG, Beschl. v. 13.11.1997 – 4 B 195/97, NVwZ-RR 1998, 540.
333 BVerwG, Urt. v. 25.02.1977 – 4 C 22/75, BVerwGE 52, 122 (125).
334 BVerwG, Beschl. v. 06.12.1996 – 4 B 215/96, NVwZ-RR 1997, 516.

chung des BVerwG im Zweifel allein aus dem BauGB, entsprechenden nachbarschützenden Vorschriften des Bauordnungsrechts sowie aus einer Verletzung des sog. Rücksichtnahmegebotes.

387 Andererseits ist Art. 14 I GG im Rahmen einer Klage auf **bauaufsichtliches Einschreiten** nach einer erfolgreichen Nachbarklage gegen eine Baugenehmigung zu berücksichtigen. Für den Nachbarn, der durch eine rechtswidrige und im gerichtlichen Verfahren aufgehobene Baugenehmigung in seinen Rechten verletzt wird, kann sich aus einer an Art. 14 I GG auszurichtenden Auslegung der landesrechtlichen Ermächtigungsgrundlage gegen die Bauaufsichtsbehörde ein Anspruch ergeben, dass diese eine Beseitigungsanordnung oder eine Nutzungsuntersagung erlässt. Insoweit kommt Art. 14 I GG dort eine **ermessensreduzierende Wirkung** zu.[335]

Die **Gemeinde** kann sich nicht auf einen Schutz des Art. 14 I GG berufen, wenn ihr Grundeigentum für ein Straßenbauvorhaben in Anspruch genommen wird, weil sie – anders als ein privater Eigentümer – nicht Grundrechtsträgerin des Art. 14 I GG ist.[336]

2. Art. 2 GG

388 Schon in einer Entscheidung vom 29.7.1977 hat das BVerwG klargestellt: „Auf Art. 2 I GG lässt sich eine sog. Nachbarklage grundsätzlich nicht stützen".[337] Andererseits hat das BVerwG in derselben Entscheidung festgestellt: „Die durch Art. 2 II GG geschützten höchstpersönlichen Rechtsgüter (Leben, Gesundheit) sind im Prinzip nicht weniger als das durch Art. 14 I geschützte Eigentum geeignet, einer sog. Nachbarklage als Grundlage zu dienen."[338]

Der Anwendungsbereich des Art. 2 II 1 GG beschränkt sich in der Rechtspraxis im Ergebnis darauf, gestützt auf die Rechtsgüter „Leben und Gesundheit" ggf. eine **Klagebefugnis** gem. § 42 II VwGO oder ggf. eine Antragsbefugnis nach § 47 II VwGO zu begründen. Als materielle Anspruchsgrundlage für ein **Abwehrrecht** gegen ein bestimmtes Vorhaben bietet dagegen Art. 2 II 1 GG **keine taugliche Grundlage**.

3. Landesverfassungen

389 Soweit Landesverfassungen neben der Eigentumsgarantie und dem verfassungsrechtlich garantierten Schutz von Leben und Gesundheit als subjektive Abwehrrechte auch den Schutz der Umwelt als **Staatsziel** formuliert und geregelt haben, lassen sich hieraus subjektive (Abwehr)Rechte des Einzelnen gegen bauliche Anlagen nicht herleiten.

IV. Verfahrensrechte

Nachbarschutz durch **Verfahrensrecht** kommt im öffentlichen Baurecht nicht bzw. nur partiell sinnvoll zum Einsatz.

1. Planfeststellungsverfahren

390 Die weitreichendste Bedeutung hat das Verfahrensrecht im **Atom- und Luftverkehrsrecht**. Nach der höchstrichterlichen Rechtsprechung führt die Verletzung eines vorgesehenen Beteiligungsrechtes zur objektiven Rechtswidrigkeit der entsprechenden Genehmigung mit der Folge, dass eine mit einem solchen Mangel behaftete Genehmigung auf die

---

335 BVerwG, Beschl. v. 09.02.2000 – 4 B 11.00, BauR 2000, 1318.
336 BVerwG, Beschl. v. 15.04.1999 – 4 VR 18/98, NVwZ-RR 1999, 554.
337 BVerwG, Urt. v. 29.07.1977 – 4 C 51/75, BVerwGE 54, 211.
338 BVerwG, Urt. v. 29.07.1977 – 4 C 51/75, BVerwGE 54, 211.

Anfechtung durch einen Dritten der Aufhebung unterliegt.[339] Allerdings hat der für das Atomrecht zuständige 7. **Senat des BVerwG** dies insoweit eingeschränkt, als das atomrechtliche Verfahrensrecht Drittschutz nur im Hinblick auf eine bestmögliche Verwirklichung einer materiellen Rechtsposition vermittelt und deshalb eine auf einen Fehler des Verwaltungsverfahrens gestützte Klage nur dann Erfolg haben kann, wenn der Dritte darlegt, dass und inwieweit sich die Nichtbeachtung der Verfahrensvorschrift auf seine materiell-rechtliche Rechtsposition ausgewirkt hat. Dies sei z. B. dann der Fall, wenn ein Betroffener infolge des Verfahrensfehlers gehindert worden ist, Umstände vorzutragen, die die Behörde nicht beachtet hat, denen sie aber bei einer den Anforderungen des § 7 II Nr. 3 AtG entsprechenden Ermittlung und Bewertung von Risikofaktoren hätte nachgehen müssen.[340] Im Klartext bedeutet dies: Verfahrensfehler führen nur dann zum Erfolg einer Abwehrklage, wenn von einem Betroffenen dargelegt werden kann, dass bei Einhaltung der Verfahrensvorschriften ein anderes **Ergebnis** im Rahmen der Abwägung erzielt worden wäre. Dies ist aber eine eher utopische und kaum realisierbare Vorgabe der Rechtsprechung.

Das BVerwG hat festgestellt, dass gegenüber Bewohnern der ehemaligen DDR ein bereits durchgeführtes Verfahren der Öffentlichkeitsbeteiligung für die Pilot-Konditionierungsanlage **Gorleben** nicht wiederholt werden musste, selbst wenn sie während der politischen Wende nicht am Verfahren beteiligt wurden oder beteiligt werden konnten.[341]

2. Bebauungsplanverfahren

§ 3 BauGB sieht eine weitreichende Beteiligung der Öffentlichkeit im Rahmen des Verfahrens zur Aufstellung eines Bebauungsplans vor. Der an die Verletzung dieser Verfahrensvorschrift anknüpfende verwaltungsgerichtliche Rechtsschutz ist jedoch durch die §§ 214, 215, **BauGB** im Interesse der Bestandskraft der Bauleitpläne weitgehend eingeschränkt worden, indem nach einem ergänzenden Verfahren z. B. auch ein Bebauungsplan mit Rückwirkung erneut in Kraft gesetzt werden kann (§ 214 IV BauGB).

Auch in den Fällen, in denen **objektiv** die Aufstellung eines Bebauungsplans **geboten** wäre, die Bauleitplanung aber durch die Erteilung einer Baugenehmigung übergangen wurde, führt das Unterlassen der Beteiligung der Öffentlichkeit nach der Rechtsprechung des BVerwG nicht zu einer Verletzung subjektiver Rechte.[342] Dem Verfahren der Öffentlichkeitsbeteiligung nach § 3 BauGB kommt daher selber keine drittschützende Wirkung zu.

3. Baugenehmigungsverfahren

Soweit der Nachbarschutz durch Verfahrensrechte im Planfeststellungsverfahren oder Plangenehmigungsverfahren geregelt und zu beachten ist, so **wenig hilfreich** ist er im Bereich des Baugenehmigungsverfahrens. Die Bauordnungen der Länder gehen immer weiter dazu über, den Nachbarn im Baugenehmigungsverfahren entweder überhaupt nicht mehr zu **beteiligen** oder nur dann eine Beteiligung vorzusehen, wenn nachbarliche Interessen berührt werden können. Selbst nach einer unterlassenen Beteiligung kann

---

339 BVerfG, Beschl. v. 20.12.1979 – 1 BvR 385/77, BVerfGE 53, 30 (65) zum AKW Mülheim-Kärlich; BVerwG, Urt. v. 17.07.1980 – 7 C 101/78, BVerwGE 60, 297 (304); BVerwG, Urt. v. 22.12.1980 – 7 C 84/78, BVerwGE 61, 256 (275); BVerwG, Urt. v. 07.07.1978 – 4 C 79/76 u. a., BVerwGE 56, 110 (137) zum Luftverkehrsrecht.
340 BVerwG, Beschl. v. 12.07.1993 – 7 B 114/92, NVwZ-RR 1994, 14 (15).
341 BVerwG, Beschl. v. 05.08.1993 – 7 B 112/93, DVBl. 1993, 1152.
342 BVerwG, Beschl. v. 03.08.1982 – 4 B 145/82, DVBl. 1982, 1096.

diese jederzeit im Rahmen eines anschließenden Widerspruchsverfahrens bzw. eines Klageverfahrens geheilt werden.

395 Zwar greifen **subsidiär** die Beteiligungsvorschriften des VwVfG (§ 13 VwVfG). Auch dort finden sich jedoch weitgehende Heilungsvorschriften in § 45 VwVfG, wenn etwa eine unterbliebene Beteiligung nachgeholt wird (§ 45 I Nr. 3 VwVfG). Im Übrigen führt der Verfahrensfehler dann nicht zum Erfolg einer Nachbarklage, wenn trotz des Verfahrensfehlers keine andere Entscheidung in der Sache hätte ergehen können (§ 46 VwVfG). Damit sind die Verfahrensrechte des Nachbarn im Baugenehmigungsverfahren weitestgehend uneffektiv, weil die Vorschriften letztlich keinen Drittschutz vermitteln. Festzuhalten ist, dass der Nachbar allein wegen der Verletzung einer Verfahrensvorschrift über seine Beteiligung die Aufhebung einer Baugenehmigung nicht erreichen kann.

C. Inhaber geschützter Nachbarrechte

396 Das öffentliche Baurecht regelt die bauliche und sonstige Nutzung der Grundstücke, ist also grundstücks-, nicht personenbezogen. Daher ist grundsätzlich der Inhaber der Nachbarschutz-Position zur Abwehr und Beseitigung eines baurechtswidrigen Vorhabens oder einer unzulässigen Nutzung befugt. Dementsprechend ist klagebefugt in einem **Anfechtungsverfahren**
- der **Eigentümer** oder
- der in eigentumsähnlicher Weise an dem Grundstück **dinglich Berechtigte**, nicht dagegen sog. obligatorisch Berechtigte (Mieter, Pächter, Käufer).

397 Anders ist es im **Normenkontrollverfahren**. Nach der neueren Rechtsprechung des BVerwG sind auch im Rahmen eines Verfahrens nach § 47 VwGO nach § 47 II VwGO sog. **obligatorisch Berechtigte** antragsbefugt, wenn sie darlegen können, dass sie durch die anzufechtende Rechtsvorschrift oder deren Anwendung in ihren Rechten verletzt sind oder in absehbarer Zeit verletzt werden.
Nachdem der **BGH** in mehreren Entscheidungen der Gesellschaft bürgerlichen Rechts (GbR) die Parteifähigkeit zuerkannt hat,[343] hat auch das **BVerfG** der **GbR** in bestätigt, dass eine GbR in Ansehung der Eigentumsgarantie grundrechtsfähig ist.[344] Zugleich mit dieser Entscheidung hat das BVerfG auch die Grundrechts- und Parteifähigkeit einer **OHG** und einer **KG** bekräftigt.
Der BGH hat auch einer **ausländischen Gesellschaft** mit Verwaltungssitz in Deutschland als eine nach deutschem Recht anzuerkennende rechtsfähige Personengesellschaft die aktive und passive Parteifähigkeit vor den deutschen Gerichten zuerkannt.[345] Der BGH befindet sich damit in Übereinstimmung mit der Rechtsprechung des **EuGH**, der einer niederländischen Gesellschaft in Deutschland die Rechts- und Parteifähigkeit nach Art. 43 und 48 EG vor deutschen Gerichten zuerkannt hat.[346]
Nach wie vor nicht rechtsfähig ist nach BGH eine **Erbengemeinschaft**.[347] Die Erbengemeinschaft sei zwar eine Gesamthandsgemeinschaft. Anders als die BGB-Gesellschaft sei die Erbengemeinschaft nicht gesetzlich begründet, sondern auf Liquidation gerichtet und

---

343 BGH, Urt. v. 18.02.2002 – II ZR 331/00, NJW 2002, 1207; BGH, Urt. v. 29.01.2001 – II ZR 331/00, NJW 2001, 1056.
344 BVerfG, Beschl. v. 02.09.2002 – 1 BvR 1103/02, NJW 2002, 3533 = DVBl. 2003, 130.
345 BGH, Urt. v. 01.07.2002 – II ZR 380/00, NJW 2002, 3539.
346 EuGH, Urt. v. 05.11.2002 – Rs C-208/00, NJW 2002, 3614.
347 BGH, Urt. v. 11.09.2002 – XII ZR 187/00, NJ 2003, 253.

verfüge über keine Handlungsorganisation, die zur Teilnahme am Rechtsverkehr ausgerichtet sei. Ihr fehle ein auf Dauer ausgerichteter Handlungszweck und eine darauf gerichtete Personenverbindung.

I. Klagebefugnis

Nach § 42 II VwGO ist eine Klage nur zulässig, wenn der Kläger geltend macht, durch den Verwaltungsakt oder seine Ablehnung oder Unterlassung in seinen Rechten verletzt zu sein. Durch die Zulässigkeitsvoraussetzung der Klagebefugnis nach § 42 II VwGO sollen **Popularklagen** und solche Klagen ausgeschlossen werden, mit denen außerrechtliche Interessen verfolgt werden. 398

Die Klagebefugnis ist nur zu verneinen, wenn ein angefochtener oder auch begehrter Verwaltungsakt unter Zugrundelegung eines Klagevorbringens subjektive Rechte ersichtlich und eindeutig nach **keiner Betrachtungsweise** verletzen kann.[348] Bei Adressaten von belastenden Verwaltungsakten darf grundsätzlich davon ausgegangen werden, dass die Widerspruchs- bzw. Klagebefugnis gegeben ist.[349] Der Widerspruch eines durch den angefochtenen Verwaltungsakt nicht i. S. des § 42 II VwGO betroffenen Dritten hat daher auch keine aufschiebende Wirkung.[350] Eine Klage ist unzulässig, wenn unter Zugrundelegung eines substantiierten Vorbringens offensichtlich und eindeutig nach keiner Betrachtungsweise subjektive Rechte des Betroffenen verletzt sein können.[351] Die **Antragsbefugnis** entsprechend § 42 II VwGO ist ebenfalls Voraussetzung dafür, dass ein Betroffener gegen ein Vorhaben in zulässiger Weise ein verwaltungsgerichtliches Eilverfahren einleiten kann. 399

In einer Entscheidung vom 17.12.1986 hat das BVerwG festgestellt, dass u. U. eine **grenzüberschreitende Klagebefugnis** gegeben sein kann. So hat der 7. Senat des BVerwG festgestellt, eine gem. § 7 AtG erteilte atomrechtliche Genehmigung könne von einem in den Niederlanden wohnenden niederländischen Staatsbürger vor den deutschen Verwaltungsgerichten angefochten werden.[352] Für den Bereich des öffentlichen Baurechts dürfte die grenzüberschreitende Klagebefugnis jedoch weniger relevant werden. 400

1. Eigentümer und dinglich Berechtigte

Im Bereich des öffentlichen Baurechts ist es regelmäßig ausreichend, wenn sich der Nachbar zur Abwehr eines Planvorhabens oder einer Nutzung auf dem benachbarten Grundstück auf eine Verletzung seines Eigentums beruft.[353] Klagebefugt ist daher grundsätzlich der **Eigentümer** eines betroffenen Grundstücks. Auch der **dinglich Berechtigte** ist klagebefugt i. S. des § 42 II VwGO. Er kann sich ebenso wie jeder andere Eigentümer auf den Schutz des Art. 14 I GG berufen. Dies hat das BVerfG in einer grundlegenden Entscheidung festgestellt, wonach das Erbbaurecht den Schutz des Art. 14 I 1 GG genießt.[354] Klagebefugt ist daher der Inhaber eines **Erbbaurechts** ebenso wie der **Nießbraucher**.[355] 401

---

348 BVerwG, Urt. v. 28.02.1997 – 1 C 29/95, NJW 1998, 173; BVerwG, Urt. v. 23.08.1994 – 1 C 19/91, NVwZ 1995, 478; BVerwG, Urt. v. 11.02.1993 – 4 C 15/92, NVwZ 1994, 285.
349 BVerwG, Urt. v. 21.08.2003 – 3 C 15/03, NJW 2004, 698 zur Klagebefugnis bei der Anfechtung von Verkehrszeichen.
350 BVerwG, Urt. v. 30.10.1992 – 7 C 24/92, DVBl. 1993, 256.
351 BVerwG, Urt. v. 21.08.2003 – 3 C 15/03, NJW 2004, 698 zur Klagebefugnis bei der Anfechtung von Verkehrszeichen.
352 BVerwG, Urt. v. 17.12.1986 – 7 C 29/85, BVerwGE 75, 285 ff.
353 BVerwG, Urt. v. 27.10.2000 – 4 A 10/99, NVwZ 2001, 427 (428).
354 BVerfG, Beschl. v. 30.11.1988 – 1 BvR 1301/84, NJW 1989, 1271.
355 BVerwG, Urt. v. 29.10.1982 – 4 C 51/79, DVBl. 1983, 344.

§ 3 Öffentlich-rechtlicher Nachbarschutz

402 Das BVerwG hat an seiner bisherigen Rechtsprechung festgehalten, nach der das Sondereigentum nach dem **WEG** öffentlich-rechtliche Nachbarschutzansprüche innerhalb der Gemeinschaft der Miteigentümer desselben Grundstücks ausschließt; daher fehlt den Miteigentümern gegenüber für die im Teileigentum desselben Hauses stehende Räume erteilten Baugenehmigung die Klagebefugnis des § 42 II VwGO.[356] Nicht klagebefugt ist der **Nacherbe** vor Eintritt des Nacherbfalls.[357]

2. Käufer

403 Der Käufer eines Grundstücks, auf den der Besitz sowie Nutzen und Lasten übergegangen sind und zu dessen Gunsten eine Auflassungsvormerkung in das Grundbuch eingetragen ist, hat eine Rechtsposition, aus der er – wie der Eigentümer – als „Nachbar" eine für das angrenzende Grundstück erteilte Baugenehmigung abwehren kann.[358]

3. Mieter, Pächter

404 Die Klagebefugnis kann im Ausnahmefall auch aus der Berufung auf das Grundrecht auf Leben und körperliche Unversehrtheit (**Art. 2 II 1 GG**) hergeleitet werden. Dieses höchstpersönliche Rechtsgut schützt den Nachbarn „in nicht geringerem Maße als das durch Art. 14 I GG geschützte Eigentum vor nachteiligen Auswirkungen behördlich gestatteter Vorhaben in seiner Umgebung".[359] Daher kann die Klagebefugnis grundsätzlich auch für die sog. **obligatorisch Berechtigten** (Mieter, Pächter) anerkannt werden, soweit sich diese auf eine Verletzung des Art. 2 II 1 GG berufen können, etwa bei immissionsträchtigen Anlagen.

405 Für eine Klagebefugnis wird allerdings weiter vorausgesetzt, dass sich der Betroffene **mehr als nur gelegentlich** an dem Ort aufhält, an dem er sich schädlichen Umweltauswirkungen und sonstigen, durch eine genehmigungsbedürftige Anlage hervorgerufenen Gefahren etwa i. S. von § 5 Nr. 1 BImSchG aussetzt.[360] Bloß gelegentliche Aufenthalte – etwa aufgrund von Freizeitgewohnheiten oder sporadische Besuche aus Anlass der Berufsausübung – begründen daher kein zur Klage berechtigendes Nachbarschaftsverhältnis i. S. von § 5 Nr. 1 BImSchG.[361]

406 Ob den nur obligatorisch Berechtigten im Ergebnis ein nachbarlicher **Abwehranspruch** zusteht, ist eine Frage der Begründetheit. Festzuhalten ist, dass die nur obligatorisch Berechtigten keinen nachbarlichen Abwehranspruch gegen bauaufsichtliche Genehmigungen durchsetzen können.[362] Zwar hat das BVerwG unter Aufgabe seiner bisherigen Rechtsprechung auch eine Klagebefugnis des **Pächters** gegen eine straßenrechtliche Planfeststellung anerkannt, weil der Planfeststellungsbeschluss auch gegenüber dem obligato-

---

356 BVerwG, Urt. v. 12.03.1998 – 4 C 3/97, DVBl. 1998, 893.
357 BVerwG, Beschl. v. 21.03.2001 – 8 B 265/00, NJW 2001, 2417. Ebenso ablehnend für die Antragsbefugnis nach § 47 II 1 VwGO: BVerwG, Beschl. v. 27.10.1997 – 4 BN 20/97, NJW 1998, 770.
358 BVerwG, Urt. v. 29.10.1982 – 4 C 51/79, DVBl. 1983, 344.
359 BVerwG, Urt: v. 11.05.1989 – 4 C 1/88, NJW 1989, 1163 (1164) – Errichtung eines Brennelement-Zwischenlagers-Ahaus.
360 BVerwG, Urt. v. 22.10.1982 – 7 C 50/78, DVBl. 1983, 183.
361 BVerwG, Urt. v. 22.10.1982 – 7 C 50/78, DVBl. 1983, 183 (184).
362 BVerwG, Urt. v. 04.03.1983 – 4 C 74/80, DVBl. 1983, 898 (fehlende Klagebefugnis des Jagdpächters gegen Straßenplanfeststellung); BVerwG, Urt. v. 11.05.1989 – 4 C 1/88, NVwZ 1989, 1163 (keinen Nachbarschutz aus den Vorschriften des Bauplanungsrechts für den Pächter und erbvertraglich eingesetzten Hoferben eines landwirtschaftlichen Betriebes); BVerwG, Beschl. v. 11.07.1989 – 4 B 33/89, NJW 1989, 2766 (kein städtebaulicher Schutz für Mieter); BVerwG, Beschl. v. 26.07.1990 – 4 B 235/89, NVwZ 1991, 566 (keine Klagebefugnis aus ehe- oder familienrechtlicher Beziehung).

risch Berechtigten enteignungsrechtliche Vorwirkung entfaltet.³⁶³ Das BVerwG hat aber zuletzt erneut bestätigt, dass dem nur obligatorisch zur Nutzung eines Grundstücks Berechtigten (hier Pächter) kein Nachbarschutz gegen die Erteilung einer Baugenehmigung aus den Vorschriften des Bauplanungsrechts zusteht.³⁶⁴

Daran dürften auch die Entscheidungen des BVerfG zum **Besitzrecht des Wohnungsmieters** i. S. des Art. 14 I GG nichts ändern.³⁶⁵ In diesen hat das BVerfG festgestellt: „Auch das Besitzrecht des Mieters an der gemieteten Wohnung ist Eigentum i. S. von Art. 14 I 1 GG."³⁶⁶ Die Entscheidungen verhalten sich allein zum **konkurrierenden Eigentumsrecht** zwischen Vermieter und Mieter. Es ist nicht zu erwarten, dass damit eine Ausweitung des Schutzbereiches des Mieters oder sonstigen obligatorisch Berechtigten gegenüber bauaufsichtlichen Tatbeständen geschaffen werden sollte, die Entscheidungen sollen nicht dem Mieter grundsätzlich weitere Schutzrechte über die konkrete Mietsache und seinem Verhältnis gegenüber dem Vermieter hinaus einräumen. Das Abwehrrecht des Nachbarn gegen eine bauaufsichtliche Genehmigung folgt weiterhin dem Eigentum an seinem Grundstück.

407

Festzustellen bleibt: Obligatorisch Berechtigte können in einem Verfahren, in dem es um die Aufhebung einer bauaufsichtlichen Genehmigung geht, zwar gem. § 42 II VwGO klagebefugt sein; ein subjektives Recht im Sinne eines Abwehranspruchs gegen die Genehmigung steht dem obligatorisch Berechtigten dagegen nicht zu.

4. Verbände

Gesetzliche Ausnahmen von dem Erfordernis der in § 42 II VwGO geregelten Klagebefugnis bestehen zugunsten von Naturschutzverbänden, wenn ihnen bundesgesetzlich oder landesrechtlich eine Klagebefugnis zuerkannt wurde. Nach einer grundlegenden Entscheidung des BVerwG vom 31.10.1990 gewährt **§ 29 I Nr. 4 BNatschG** einem anerkannten Verein in einem Planfeststellungsverfahren ein selbstständig durchsetzbares, subjektiv öffentliches Recht auf Beteiligung am Verfahren.³⁶⁷

408

Zur Zulässigkeit der Verbandsklage im **Hessischen Naturschutzgesetz** äußert sich ein Beschluss des BVerwG vom 14.9.1987.³⁶⁸ Mit der Verbandsklage nach dem **Berliner Naturschutzgesetz** befasst sich das Urteil des BVerwG vom 18.12.1987.³⁶⁹ Nach der Entscheidung des BVerwG vom 29.4.1993 eröffnet § 36 HessNatG nicht das Recht, gegen **Maßnahmen von Bundesbehörden** zu klagen.³⁷⁰ Mit der Klagebefugnis **sächsischer Naturschutzverbände** befasst sich die Entscheidung des BVerwG vom 5.10.1993.³⁷¹ In einer Entscheidung vom 14.5.1997 hat das BVerwG klargestellt, dass das Beteiligungsrecht der anerkannten Naturschutzverbände nach § 29 I 1 Nr. 4 BNatSchG verletzt wird, wenn die Zulassungsbehörde ein an sich gebotenes **Planfeststellungsverfahren umgeht**.³⁷²

409

---

363 BVerwG, Urt. v. 01.09.1997 – 4 A 36/96, NVwZ 1998, 504.
364 BVerwG, Beschl. v. 20.04.1998 – 4 B 22/98, NVwZ 1998, 956.
365 BVerfG, Beschl. v. 26.05.1993 – 1 BvR 208/93, NJW 1993, 2035; BVerfG, Beschl. v. 28.03.2000 – 1 BvR 1460/99, NJW 2000, 2658.
366 BVerfG, Beschl. v. 28.03.2000 – 1 BvR 1460/99, NJW 2000, 2658 (2659).
367 BVerwG, Urt. v. 31.10.1990 – 4 C 7/88, NVwZ 1991, 162 (164).
368 BVerwG, Beschl. v. 14.09.1987 – 4 B 178/87, NVwZ 1988, 364.
369 BVerwG, Urt. v. 18.12.1987 – 4 C 9/86, NVwZ 1988, 527.
370 BVerwG, Urt. v. 29.04.1993 – 7 A 3/92, NVwZ 1993, 891.
371 BVerwG, Beschl. v. 05.10.1993 – 4 A 9/93, DVBl. 1994, 341.
372 BVerwG, Urt. v. 14.05.1997 – 11 A 43/96, NVwZ 1998, 279.

Die Klagebefugnis für anerkannte Naturschutzverbände ist durch das Gesetz zur Neuregelung des Rechts des Naturschutzes und der Landschaftspflege und zur Anpassung anderer Rechtsvorschriften (BNatSchGNeuregG) vom 25.3.2002[373] zum 4.4.2002 in § 61 BNatSchG neu geregelt worden. Nach BVerwG eröffnet § 69 V Nr. 2 BNatSchG n. F. rückwirkend die Klagebefugnis für solche anerkannten Naturschutzverbände, die eine im Übrigen zulässige Klage gegen einen Planfeststellungsbeschluss erhoben haben, der nach dem 1.7.2000 erlassen wurde.[374]

410 Im Bereich des einfachen öffentlichen Baurechts außerhalb von Planfeststellungsverfahren wird die Klagebefugnis etwa von anerkannten Naturschutzverbänden nicht relevant werden. Die Berufung auf **Art. 2 I und 2 II GG** ist den Verbänden verwehrt, da sie nicht Träger des Grundrechts sein können.[375] Festzustellen ist daher: Außerhalb des § 29 I Nr. 4 BNatschG ist Verbänden eine Klagebefugnis nur zuzuerkennen, wenn dies in fachplanungsrechtlichen Vorschriften ausdrücklich vorgesehen ist.

5. Erwerb von Sperrgrundstücken

411 Eine auf das Eigentum an einem Grundstück gestützte Klagebefugnis fehlt, wenn die Eigentümerstellung **rechtsmissbräuchlich** begründet worden ist. Gegen eine entsprechende Klage greift dann der Einwand der **unzulässigen Rechtsausübung** durch, der auch im Prozessrecht zu beachten ist.[376] Dies kann z. B. bei einem Erwerb eines Sperrgrundstücks vorliegen, wenn das Grundstück erworben worden ist, um eine Bebauung abzuwehren bzw. zu verhindern. Zwar gehört es zu den von der Rechtsordnung zu billigenden Zielen, ein Grundstück zum Zwecke des Naturschutzes oder der Landschaftspflege zu erhalten und gegen konkurrierende Nutzungsansprüche zu verteidigen. Die Möglichkeit, diesem rechtlich zulässigen Anliegen durch den Erwerb von „Sperrgrundstücken" Nachdruck zu verleihen, steht nicht nur natürlichen Personen, sondern auch anerkannten Naturschutzverbänden zu.[377]

412 Eine rechtsmissbräuchlich begründete Eigentümerstellung liegt vor, wenn das Eigentum nicht erworben worden ist, um die mit ihm verbundenen Gebrauchsmöglichkeiten zu nutzen, sondern nur als Mittel dafür dient, die formalen Voraussetzungen für eine Prozessführung zu schaffen, die grundsätzlich dem Eigentümer vorbehalten ist.[378] Derartige Umstände können sich daraus ergeben, dass dem Kläger aufgrund der vertraglichen Gestaltung lediglich eine Rechtsstellung übertragen worden ist, die auf eine **formale Hülle** ohne substantiellen Inhalt hinausläuft. Ferner ist von Bedeutung, ob sich an der tatsächlichen Nutzung des Grundstücks etwas geändert hat und ob für die Eigentumsübertragung ein wirtschaftlicher Gegenwert zugeflossen ist.

413 Grundstücke können zwar erworben werden, um mit ihrer Hilfe eine Bebauung abzuwehren oder zu verhindern, wenn mit den Grundstücken gleichzeitig Zwecke des Naturschutzes oder Landschaftsschutzes verfolgt werden. Ein Rechtsmissbrauch liegt aber dann vor, wenn die Grundstücke nur als formale Rechtsposition übertragen werden, ohne damit eine konkrete Nutzung auszuüben. In diesem Falle kann mit der erworbenen Eigentumsposition keine Klagebefugnis des Eigentümers begründet werden.

---

373 BGBl. I, 1193.
374 BVerwG, Zwischenurt. V. 28.06.2002 – 4 A 59/01, NVwZ 2002, 1234.
375 BVerwG, Urt. v. 16.07.1980 – 7 C 23/78 NJW 1981, 362 – keine Verbandsklage im Atomrecht.
376 BGH, Urt. v. 11.06.1966 – V ZR 160/65, BGHZ 44, 367.
377 BVerwG, Urt. v. 27.10.2000 – 4 A 10.99, DVBl 2001, 385.
378 BVerwG, Urt. v. 27.10.2000 – 4 A 10.99, DVBl 2001, 385.

C. Inhaber geschützter Nachbarrechte

II. Antragsbefugnis im Normenkontrollverfahren

Die Antragsbefugnis im Rahmen eines Normenkontrollverfahrens wurde durch das 6. VwGOÄndG vom 1.11.1996 **zum 1.1.1997 geändert.** Die Neufassung der Antragsbefugnis durch dieses Gesetz gilt nicht für Normenkontrollanträge, die vor dem Inkrafttreten am 1.1.1997 gestellt worden sind.[379] Nach § 47 II 1 VwGO kann der Normenkontrollantrag innerhalb von **zwei Jahren** nach der Bekanntmachung der anzugreifenden Rechtsnorm von jeder natürlichen oder juristischen Person gestellt werden, „die geltend macht, durch die Rechtsvorschrift oder deren Anwendung in ihren Rechten verletzt zu sein oder in absehbarer Zeit verletzt zu werden...". Vor dem 1.1.1997 war die Antragsbefugnis und damit die Zulässigkeit eines Normenkontrollantrags an die Geltendmachung eines „Nachteils" durch den jeweiligen Antragsteller geknüpft.

Gegenstand eines Normenkontrollverfahrens kann nicht nur ein Bebauungsplan sein, sondern auch ein Vorhaben- und Erschließungsplan (§ 12 BauGB). Die drittschützende Wirkung des Abwägungsgebotes in § 1 VII BauGB besteht ebenfalls gegenüber Satzungen über den Vorhaben- und Erschließungsplan.[380]

1. Darlegungslast

Mit der Neufassung der Antragsbefugnis haben sich auch die Anforderungen an die entsprechende **Darlegungslast** des Antragstellers geändert. Nach einer Grundsatzentscheidung des BVerwG sind an die Geltendmachung einer Rechtsverletzung nach § 47 II 1 VwGO nunmehr keine höheren Anforderungen zu stellen, als sie auch für die Klagebefugnis nach **§ 42 II VwGO** gelten. Danach genügt ein Antragsteller seiner Darlegungspflicht, wenn er hinreichend substantiiert Tatsachen vorträgt, die es zumindest als möglich erscheinen lassen, dass er durch Festsetzungen des Bebauungsplans in seinen Rechten verletzt wird.[381] Mit dieser Entscheidung wurde auch festgestellt, dass das in § 1 VII BauGB enthaltene Abwägungsgebot drittschützenden Charakter hinsichtlich solcher **privater Belange** hat, die für die Abwägung erheblich sind. Ist eine Verletzung des Abwägungsgebotes nicht offensichtlich und eindeutig nach jeder Betrachtungsweise unmöglich, ergibt sich die Antragsbefugnis für das Normenkontrollverfahren im Rahmen des § 47 II 1 VwGO.[382]

2. Rechtsschutzbedürfnis

Neben die Antragsbefugnis tritt allerdings als weitere Zulässigkeitsvoraussetzung für das Normenkontrollverfahren ein Rechtsschutzbedürfnis. Dieses fehlt dann, wenn sich die Inanspruchnahme des Gerichts als nutzlos erweist, weil der Antragsteller seine Rechtsstellung mit der begehrten Entscheidung **nicht verbessern** kann. Davon ist nach der Rechtsprechung des BVerwG u. a. dann auszugehen, wenn der Antragsteller Festsetzungen bekämpft, auf deren Grundlage bereits Vorhaben genehmigt oder verwirklicht worden sind.[383] Die Anforderungen an das Vorliegen des Rechtsschutzinteresses im Rahmen der Antragsbefugnis nach § 47 II VwGO sind nicht zu überspannen. Das Rechtsschutzin-

---

379 BVerwG, Urt. v. 12.03.1998 – 4 CN 12/97, NVwZ 1998, 731.
380 BVerwG, Urt. v. 05.03.1999 – 4 CN 18/98, NVwZ 1999, 987.
381 BVerwG, Urt. v. 24.09.1998 – 4 CN 2/98, NJW 1999, 592.
382 BVerwG, Urt. v. 24.09.1998 – 4 CN 2/98, NJW 1999, 592.
383 BVerwG, Beschl. v. 08.02.1999 – 4 BN 55/98, NVwZ 2000, 194.

teresse für einen Normenkontrollantrag kann auch gegeben sein, wenn die begehrte Entscheidung für den Antragsteller aus **tatsächlichen Gründen vorteilhaft** ist.[384]

3. Antragsteller

418 Folgende neuere Entscheidungen sind zur Antragsbefugnis im Normenkontrollverfahren ergangen:
- Die **höhere Verwaltungsbehörde** ist befugt, auch nach ihrer Genehmigung zum Vorhaben und Erschließungsplan diesen noch im Wege der Normenkontrolle anzufechten.[385]
- Auch der **Mieter** einer Wohnung kann durch einen Bebauungsplan oder seine Anwendung einen Nachteil erleiden oder zu erwarten haben und deshalb im Normenkontrollverfahren gem. § 47 II 1 VwGO a. F. antragsbefugt sein. Er kann namentlich geltend machen, sein Interesse, von zusätzlichem Verkehrslärm, den die Verwirklichung des Bebauungsplans mit sich bringen wird, verschont zu bleiben, sei in der Abwägung nicht berücksichtigt worden.[386]
- Wird für eine landwirtschaftliche genutzte Fläche (hier: hofnahes Weideland) im Bebauungsplan eine andere Nutzungsart festgesetzt, so kann auch der **Pächter** dieser Fläche gem. § 47 II 1 VwGO antragsbefugt im Normenkontrollverfahren sein.[387]
- Personen, die ein Landschaftsschutzgebiet zu Reitzwecken nutzen, können im Normenkontrollverfahren geltend machen, durch ein in der Landschaftsschutzverordnung enthaltenes Reitverbot in ihrer **allgemeinen Handlungsfreiheit** (Art. 2 I GG) verletzt zu sein.[388]
- Der Umstand allein, dass ein bisher unbebautes Grundstück künftig bebaut werden darf, macht das Interesse des Nachbarn an der Erhaltung dieses Zustandes, z. B. wegen der Ortsrand- und **Aussichtslage** noch nicht zu einem abwägungserheblichen Belang mit der Folge, dass damit die Verletzung des Rechts auf gerechte Abwägung i. S. des § 47 II 1 VwGO geltend gemacht werden könnte.[389]
- Wird eine Straße, die auf dem Gebiet zweier **benachbarter Gemeinden** verlaufen soll, inhaltlich und zeitgleich abgestimmt, durch Bebauungspläne der beiden Gemeinden festgesetzt, so sind Grundstückseigentümer hinsichtlich ihrer Eigentumsbetroffenheit für ein Normenkontrollverfahren nur gegenüber dem Bebauungsplan der Gemeinde antragsbefugt, durch den ihr Grundstück betroffen wird.[390]
- Das Interesse eines Anliegers, von der Überlastung eines sein Grundstück erschließenden Weges als Folge der Aufstellung eines Bebauungsplans für ein neues Baugebiet (hier: für eine Sportmehrzweckhalle und eine Reithalle) verschont zu bleiben, ist ein abwägungserheblicher privater Belang, der eine Antragsbefugnis (Verletzung des Rechts auf gerechte Abwägung) auch dann begründet, wenn das Grundstück des Anliegers **außerhalb des Geltungsbereichs** des Bebauungsplans liegt.[391]
- Ein **Unternehmen** kann eine Landschaftsschutzverordnung zur Normenkontrolle nach § 47 VwGO stellen, wenn diese einer Gewinnung von Kiesen nach dem Bergrecht entgegensteht und die Überleitung einer Erlaubnis in eine Bewilligung nach § 12

---

384 BVerwG, Urt. v. 23.04.2002 – 4 CN 3.01, BauR 2002, 1524.
385 BVerwG, Beschl. v. 26.06.1998 – 4 BN 29/97, SächsVBl 1998, 236.
386 BVerwG, Urt. v. 21.10.1999 – 4 CN 1/98, NVwZ 2000, 807.
387 BVerwG, Urt. v. 05.11.1999 – 4 CN 3/99, NVwZ 2000, 806.
388 BVerwG, Urt. v. 17.05.2000 – 6 CN 3/99, NVwZ 2000, 1296.
389 BVerwG, Beschl. v. 22.08.2000 – 4 BN 38/00, NVwZ 2000, 1413.
390 BVerwG, Beschl. v. 29.08.2000 – 4 BN 40.00, BauR 2001, 199.
391 BVerwG, Beschl. v. 06.12.2000 – 4 BN 59/00, NVwZ 2001, 431.

BBergG von der Gültigkeit der Landschaftsschutzverordnung abhängt. Die Antragsbefugnis steht auch einem Unternehmen zu, das die ernsthafte Absicht und die gesicherte zivilrechtliche Möglichkeit dargetan hat, in dem unter Landschaftsschutz gestellten Gebiet Kiese abzubauen.[392]
- Der **Nacherbe** ist vor Eintritt des Nacherbfalls nicht antragsbefugt i. S. des § 47 II 1 VwGO.[393]

III. Geschützte Rechte der Gemeinde

Einigkeit besteht darüber, dass der Gemeinde aus dem verfassungsrechtlich in Art. 28 II GG garantierten Selbstverwaltungsrecht die **Planungshoheit** garantiert ist, die der Gemeinde wiederum auch subjektiv öffentliche Abwehrrechte gegenüber das Gemeindegebiet beeinträchtigenden und störenden Vorhaben auf dem Gemeindegebiet selber oder auch auf dem benachbarten Gemeindegebiet vermittelt. Unter dem Gesichtspunkt der **Planungshoheit** hat die Gemeinde dann eine wehrfähige, in die Abwägung einzubeziehende Rechtsposition gegen fremde Fachplanungen, wenn eine eigene hinreichend bestimmte Planung nachhaltig gestört wird oder wenn das Vorhaben wegen seiner Großräumigkeit wesentliche Teile des Gemeindegebietes einer durchsetzbaren Planung der Gemeinde entzieht. Im Anhörungsverfahren und im Prozess ist die Gemeinde hinsichtlich ihrer Planungsvorstellungen und deren Konkretisierungsstadium darlegungspflichtig. Ebenso ist es ihre Sache darzutun, worin die möglichen Konflikte liegen und warum trotz Abstimmung der Bauleitplanung auf die vorgegebene Situation bauplanerische Mittel nicht ausreichen, die Konflikte zu lösen.[394]

419

§ 36 I BauGB vermittelt den Gemeinden ein Beteiligungsrecht bei Vorhaben, die sich auf ihren örtlichen Bereich auswirken. § 2 II BauGB schreibt ein sog. interkommunales Abstimmungsgebot zwischen benachbarten Gemeinden bei der Aufstellung ihrer jeweiligen Bebauungspläne fest. Liegt eine Verletzung des Beteiligungsrechts der Gemeinde und/oder des Abwägungsgebotes nach § 1 VII BauGB vor, hat die Gemeinde – wie auch jede natürliche oder juristische Person – die Möglichkeit, gegen eine entsprechende Bauleitplanung bzw. eine auf dieser Grundlage erteilte bauaufsichtliche Genehmigung im Wege der Gemeindenachbarklage oder im Rahmen eines Normenkontrollverfahrens nach § 47 VwGO vorzugehen.

420

Soweit die Gemeinde durch Normen des einfachen öffentlichen Rechts in ihrer Planungshoheit geschützt wird, hat sie eine dem Nachbarn vergleichbare Rechtsposition inne. Das bedeutet, dass nach den Kriterien der **Schutznormtheorie** die Vorschriften des einfachen Rechts auf ihre Schutzwirkung (zugleich) zugunsten der Gemeinde auszulegen sind. Neben materiellen Bestimmungen werden vor allem auch – anders als im individuellen Nachbarschutz – verfahrensrechtliche Normen als gemeindeschützend angesehen.

421

Generell gemeindeschützenden Charakter haben alle Vorschriften, die den Schutz der Gemeinde bezüglich der **in ihrem Gebiet** liegenden Vorhaben betreffen. Partiell gemeindeschützend sind die Normen, die die Planung und Durchführung von Vorhaben im Gebiet einer fremden Gemeinde regeln, weil es dort auf die konkreten Verhältnisse

422

---

392 BVerwG, Urt. v. 17.01.2001 – 6 CN 4/00, BauR 2001, 1243.
393 BVerwG, Beschl. v. 27.10.1997 – 4 BN 20/97, NJW 1998, 770.
394 BVerwG, Beschl. v. 05.11.2002 – 9 VR 14.02, NVwZ 2003, 207.

ankommt, um beurteilen zu können, ob in eine geschützte Rechtsposition der betroffenen Gemeinde eingegriffen wird und ob dieser Eingriff – im Sinne des Rücksichtnahmegebotes – zumutbar ist.

423 Auf den Schutz des **Art. 14 I GG** kann sich die Gemeinde dagegen nicht berufen, da sie nicht Träger des entsprechenden Grundrechts ist.[395] Verfassungsrechtlich ist das Eigentum von Gemeinden vielmehr nur im Rahmen der Gewährleistung der kommunalen Selbstverwaltung (Art. 28 II 1 GG) geschützt, also insoweit, als es Gegenstand und Grundlage kommunaler Betätigung ist. Fehlt dem Eigentum jeder Bezug zur Erfüllung gemeindlicher Aufgaben, so genießt es lediglich den Schutz des einfachen Rechts.[396]

D. Verlust von Abwehrrechten

Aus bestimmten verfahrensrechtlichen Vorschriften sowie aus bestimmten tatsächlichen Umständen kann sich auch ein Verlust von nachbarlichen Widerspruchs-, Unterlassungs- und Abwehrrechten ergeben.

I. Bauplanungsrecht

424 § 3 BauGB sieht im Rahmen des Planaufstellungsverfahrens ausdrücklich eine Beteiligung der Öffentlichkeit vor. Gemäß § 3 II 1 BauGB sind die Entwürfe der Bauleitpläne mit der Begründung und den nach Einschätzung der Gemeinde wesentlichen, bereits vorliegenden umweltbezogenen Stellungnahmen für die Dauer eines Monats öffentlich auszulegen. Innerhalb dieser **Auslegungsfrist** sind Anregungen möglich. Nur die fristgemäß vorgebrachten Stellungnahmen sind zu prüfen (§ 3 II 4 BauGB).

425 Nach der Rechtsprechung des BVerwG ist der von einem Vorhaben betroffene Nachbar jedenfalls dann in einem späteren gerichtlichen Anfechtungs- oder Normenkontrollverfahren mit seinem Einwand ausgeschlossen, die Abwägung gem. § 1 VII BauGB sei unzutreffend, wenn er seine privaten Belange, die für die aufstellende Gemeinde nicht offensichtlich **erkennbar** sind, nicht innerhalb der Auslegungsfrist gerügt hat. Das Unterlassen eines Vorbringens von Einwänden innerhalb der Auslegungsfrist führt also zu einem Verlust von Abwehrrechten gegen das Vorhaben, welches auf der Grundlage des Bebauungsplans genehmigt und errichtet sowie betrieben wird.

426 Auch die Regelungen der **§§ 214, 215 BauGB** führen zu einem Verlust von Abwehrrechten, wenn der Betroffene die dort im Einzelnen benannten Verletzungen von Verfahrens- und Formvorschriften nicht innerhalb bestimmter Fristen rügt. Unbeachtlich werden z. B. die Verletzungen der in § 214 I 1 Nr. 1, 2 und 3 BauGB bezeichneten Verfahrens- und Formvorschriften, wenn diese nicht innerhalb von zwei Jahren nach Bekanntmachung des Plans schriftlich gegenüber der Gemeinde geltend gemacht worden sind (§ 215 I Nr. 1 BauGB). Auch Mängel in der Abwägung müssen innerhalb von zwei Jahren seit Bekanntmachung des Plans schriftlich geltend gemacht werden (§ 215 I Nr. 3 BauGB).

II. Bauordnungsrecht

427 Im Rahmen des Bauordnungsrechts kann ein Verlust von Abwehrrechten dann eintreten, wenn Fristen für die Anfechtung bauaufsichtlicher Genehmigungen überschritten worden sind mit der Folge, dass der anzufechtende Verwaltungsakt bestandskräftig wird. Zu

---

[395] BVerwG, Urt. v. 24.11.1994 – 7 C 23/93, DVBl. 1995, 238 (241).
[396] BVerwG, Urt. v. 24.11.1994 – 7 C 23/93, DVBl. 1995, 238 (241).

D. Verlust von Abwehrrechten

berücksichtigen ist hier zunächst gem. § 70 VwGO die Frist für die Erhebung des Widerspruchs gegen einen den Bauherrn begünstigenden und den Nachbarn belastenden Verwaltungsakt, also im Regelfall die Baugenehmigung oder der Vorbescheid. Die Monatsfrist für die Erhebung des Widerspruchs gilt allerdings nur dann, wenn der Verwaltungsakt dem Nachbarn bekanntgegeben worden ist.

Wichtig ist allerdings zu berücksichtigen, dass zahlreiche Landesbauordnungen keine zwingende **Beteiligung der Nachbarn** am Baugenehmigungsverfahren vorsehen oder nur dann, wenn nachbarliche Interessen berührt sein können. Letzteres wird von der Bauaufsichtsbehörde regelmäßig verneint. Daher ist es im Zweifel Sache des Nachbarn oder des ihn vertretenden Anwalts, sich über Art und Umfang des geplanten Bauvorhabens auf dem Nachbargrundstück rechtzeitig zu informieren und seine Verfahrensbeteiligung gem. § 13 II VwVfG zu erbitten. Jedenfalls sollte spätestens mit Aufstellung des Bauschildes oder mit dem Anrücken der Baufahrzeuge auf dem benachbarten Grundstück ein **Widerspruch** erhoben werden, damit der Betroffene nicht riskiert, sein Abwehrrecht als verfristet oder verwirkt zu verlieren.

428

Wegen der Regelung des § 212 a BauGB, nach der Widerspruch und Anfechtungsklage eines Dritten gegen die baurechtliche Zulassung eines Vorhabens keine aufschiebende Wirkung haben, muss der Nachbar auch zwingend umgehend mit Kenntniserlangung von einem Bauvorhaben ein verwaltungsgerichtliches Eilverfahren mit dem Ziel eines Baustopps einleiten, da er anderenfalls riskiert, sein Rechtsschutzbedürfnis für ein Eilverfahren zu verlieren, wenn er das Vorhaben zunächst mehrere Monate hinnimmt und den Baufortschritt nur von seinem Fenster beobachtet.

429

III. Verzicht

Ein Verlust materieller Abwehr- und Schutzansprüche kommt auch durch Verzicht zustande, sofern nachbarschützende Vorschriften überhaupt disponibel sind. Der Verzicht ist als einseitige, empfangsbedürftige Willenserklärung gegenüber der Aufsichtsbehörde zu erklären und bei Willensmängeln analog §§ 119 ff. BGB **anfechtbar**. Bei einem wirksamen Verzicht **erlischt** der öffentlich-rechtliche Nachbaranspruch. Aus diesem Grund wird auch der Rechtsnachfolger durch den Verzicht gebunden.

430

In der Rechtspraxis wird der Verzicht häufiger eine Rolle spielen, wenn der Bauherr beabsichtigt, die vorgegebenen **Abstandsflächen** nicht einzuhalten. Soweit sich der anfechtungsberechtigte Nachbar mit der Nichteinhaltung der Abstandsfläche bereit erklärt, hat die Bauaufsichtsbehörde auch die Möglichkeit, eine entsprechende Befreiung zu erteilen. In einigen Fällen fordert die Bauaufsichtsbehörde allerdings, dass die entsprechende Zustimmung zur Überbauung der an sich einzuhaltenden Abstandsfläche als **Baulast** im Grundbuch eingetragen wird. Hierüber sollte sich der Anwalt vor einer entsprechenden Beratung der Mandantschaft mit der Bauaufsichtsbehörde verständigen.

431

IV. Verwirkung

Das Verhalten des von einem Vorhaben Betroffenen kann jedoch je nach den Umständen des Einzelfalls als Verwirken seiner prozessualen oder materiellen Abwehrrechte gewertet werden. Nach der Rechtsprechung des BVerwG setzt die Verwirkung

432

- erstens das Verstreichen eines längeren Zeitraums seit der Möglichkeit der Geltendmachung eines Rechts (**Zeitmoment**) und

- zweitens besondere Umstände voraus, dass die spätere Geltendmachung als Verstoß gegen Treu und Glauben erscheinen lassen (**Umstandsmoment**).[397]

Letzteres ist dann der Fall, wenn der Verpflichtete infolge eines bestimmten Verhaltens des Berechtigten darauf vertrauen durfte, dass dieser das Recht nach so langer Zeit nicht mehr geltend machen werde (Vertrauensgrundlage), der Verpflichtete ferner tatsächlich darauf vertraut hat, dass das Recht nicht mehr ausgeübt werde (Vertrauenstatbestand) und sich infolge seiner Vorkehrungen und Maßnahmen so eingerichtet hat, dass ihm durch die verspätete Durchsetzung des Rechts ein unzumutbarer Nachteil entstehen würde.[398]

433 Das Verwirken prozessualer Abwehrrechte im öffentlichen Baurecht ist – ebenso wie das Rechtsinstitut in anderen prozessrechtlichen Verhältnissen – letztlich gekennzeichnet durch **Zeit- und Umstandsmoment**. Wurde eine Baugenehmigung dem Nachbarn **nicht zugestellt**, hat der Bauherr aber sofort mit der Ausnutzung der Baugenehmigung begonnen, kann der Nachbar auch noch nach mehr als einem Monat Widerspruch erheben, ohne dass dieser als verwirkt anzusehen wäre.[399] Die Gerichte können, wenn zwischen der Zustellung einer bauaufsichtlichen Genehmigung an den Nachbarn oder dessen **Kenntnis von dem Baubeginn** mehrere Monate liegen, das Rechtsschutzbedürfnis für ein Eilverfahren verneinen. Es empfiehlt sich daher, jedenfalls mit der Zustellung der Baugenehmigung, spätestens aber mit dem Baubeginn den Eilantrag an das Verwaltungsgericht nach § 80 a III i. V. m. § 80 V VwGO unverzüglich vorzubereiten und einzureichen.

434 Materielle Abwehrrechte des Nachbarn können auch gegenüber **ungenehmigten Vorhaben** verwirkt werden.[400] Dies folgt aus dem besonderen nachbarlichen Gemeinschaftsverhältnis, das von den Nachbarn nach Treu und Glauben gesteigerte Rücksichtnahme aufeinander fordert.[401]

Für die Anfechtung von Bauvorhaben gilt grundsätzlich folgendes: Ist dem Nachbarn die Baugenehmigung, durch die er sich beschwert fühlt, **nicht amtlich bekanntgegeben** worden, so läuft für ihn weder in unmittelbarer noch in analoger Anwendung der §§ 70 und 58 II VwGO eine Widerspruchsfrist. Hat er jedoch **sichere Kenntnis** von der Baugenehmigung **erlangt** oder hätte er sie **erlangen müssen**, so kann ihm nach Treu und Glauben die Berufung darauf versagt sein, dass sie ihm nicht amtlich mitgeteilt wurde. Dann läuft für ihn die Widerspruchsfrist nach § 70 i. V. m. § 58 II VwGO so, als sei ihm die Baugenehmigung in dem Zeitpunkt amtlich bekanntgegeben worden, in dem er von ihr sichere Kenntnis erlangt hat oder hätte erlangen müssen.[402]

Ein durch ein Vorhaben Betroffener hat nicht die Wahl, ob er die für ihn nachteilige Entscheidung im Klagewege anficht oder im Klageverfahren eines Dritten seine Beiladung betreibt.[403]

---

[397] BVerwG, Urt. v. 09.12.1998 – 3 C 1/98, DVBl. 1999, 1034.
[398] BVerwG, Beschl. v. 31.08.1999 – 3 B 57/99, DVBl. 2000, 560.
[399] BVerwG, Urt. v. 16.05.1991 – 4 C 4/89, NVwZ 1991, 1182.
[400] BVerwG, Beschl. v. 11.02.1997 – 4 B 10/97, NJW 1998, 329; s. a. Beschl. v. 13.08.1996 – 4 B 135/96, BauR 1997, 281.
[401] BVerwG, Beschl. v. 11.02.1997 – 4 B 10/97, NJW 1998, 329.
[402] BVerwG, Urt. v. 25.01.1974 – 4 C 2.72, BVerwGE 44, 297 = NJW 1974, 1260; BVerwG, Beschl. v. 18.01.1988 – 4 B 257/87, NVwZ-RR 1988, 532.
[403] BVerwG, Beschl. v. 17.05.2005 – 4 A 1005.04, DVBl. 2005, 1059.

E. Bauplanungsrechtlicher Nachbarschutz

Nachbarschutz kann zunächst durch bauplanungsrechtliche Vorschriften vermittelt werden. Vor der Frage, ob das Bauordnungsrecht Drittschutz vermittelt, sind also die bauplanungsrechtlichen Regelungen darauf zu untersuchen, ob und in welchem Umfang sie Nachbarschutz gewährleisten.

Grundlegendes zum bauplanungsrechtlichen Nachbarschutz hat das BVerwG ausgeführt: „Bauplanungsrechtlicher Nachbarschutz beruht ... auf dem Gedanken des **wechselseitigen Austauschverhältnisses**. Weil und soweit der Eigentümer eines Grundstücks in dessen Ausnutzung öffentlich-rechtlichen Beschränkungen unterworfen ist, kann er auch deren Beachtung grundsätzlich auch im Verhältnis zum Nachbarn durchsetzen. ... Der Hauptanwendungsfall im Bauplanungsrecht für diesen Grundsatz sind die Festsetzungen eines Bebauungsplans über die Art der baulichen Nutzung. Durch sie werden die Planbetroffenen im Hinblick auf die Nutzung ihrer Grundstücke zu einer rechtlichen Schicksalsgemeinschaft verbunden. Die Beschränkungen der Nutzungsmöglichkeiten des eigenen Grundstücks wird dadurch ausgeglichen, dass auch die anderen Grundeigentümer diesen Beschränkungen unterworfen sind. ... Soweit die Gemeinde durch die Baunutzungsverordnung zur Festsetzung von Baugebieten ermächtigt wird, schließt die Ermächtigung deshalb ein, dass die Gebietsfestsetzung grundsätzlich nachbarschützend sein muss. Eine nicht nachbarschützende Gebietsfestsetzung würde gegen das Abwägungsgebot des § 1 VII BauGB verstoßen."[404]

Bauplanungsrechtlicher Nachbarschutz kann sich ergeben aus
- den Festsetzungen des Bebauungsplans,
- bestimmten Regelungen des BauGB, insbesondere den §§ 29 ff.,
- dem Rücksichtnahmegebot.

In anderen bauplanerischen Regelungen ist der Nachbarschutz kaum zu finden. Einzelne Bestimmungen mit nachbarschützendem Charakter sind nachstehend darzustellen.

I. Festsetzungen im Bebauungsplan

Liegt für das streitgegenständliche Gebiet oder Vorhaben ein Bebauungsplan vor, ist zunächst festzustellen, ob dort nachbarschützende Festsetzungen getroffen wurden, die dem ein konkretes Vorhaben anfechtenden Nachbarn ein Abwehrrecht vermitteln. § 30 BauGB begründet aus sich heraus keine subjektiv-öffentlichen Rechte zugunsten eines Nachbarn. Für den **Planbereich** kommt daher Nachbarschutz nur in dem Umfang in Betracht, in dem die Festsetzungen des Bebauungsplanes nachbarschützenden Charakter besitzen bzw. in dem sich aus § 15 BauNVO unter dem Gesichtspunkt des Gebotes der Rücksichtnahme ein nachbarliches Abwehrrecht ergibt.

Der Bebauungsplan dient mit Rücksicht auf eine städtebauliche Ordnungsfunktion für das Plangebiet zunächst öffentlichen Interessen. Ob und inwieweit darüber hinaus einer Festsetzung nachbarschützender Charakter zukommt, muss im Einzelfall für die jeweilige Festsetzung durch **Auslegung** ermittelt werden. Dies bedeutet, dass nicht von einem generell nachbarschützenden Charakter der Festsetzungen eines Bebauungsplans ausgegangen werden kann.

Allerdings vermitteln Festsetzungen über die **Art** der baulichen Nutzung nach der ständigen Rechtsprechung des BVerwG kraft Bundesrecht Drittschutz. Im Übrigen ist nur im

---

404 BVerwG, Urt. v. 16.09.1993 – 4 C 28/91, NJW 1994, 1546 – Nachbarschutz gegen Garagen.

§ 3 Öffentlich-rechtlicher Nachbarschutz

Wege der **Auslegung** zu ermitteln, ob und inwieweit eine bestimmte Festsetzung Drittschutz vermitteln will.[405] Eine erhebliche Ausweitung des baurechtlichen Nachbarschutzes hat die Entscheidung des BVerwG vom 16.9.1993 mit sich gebracht.[406] Danach hat die Festsetzung von **Baugebieten** durch Bebauungspläne kraft Bundesrecht grundsätzlich nachbarschützende Wirkung. Mit dieser Auslegungsvorgabe ist die Entscheidung auch Maßstab für die Prüfung weiterer Festsetzungen eines Bebauungsplans auf dritt- bzw. nachbarschützende Wirkungen.

Nachbarschutz lässt sich aus folgenden Festsetzungen des Bebauungsplans herleiten:.

1. Art der baulichen Nutzung nach §§ 2–11 BauNVO

439   Festsetzungen über die Art der baulichen Nutzung (vgl. §§ 2–11 BauNVO) haben nach einhelliger Meinung nachbarschützenden Charakter. Hierzu sind nach der grundlegenden Entscheidung des BVerwG vom 16.9.1993[407] zahlreiche Entscheidungen ergangen. In der Entscheidung vom 16.3.1993 hat das BVerwG zwei für den baurechtlichen Nachbarschutz äußerst wichtige Leitsätze aufgestellt:
- Die Festsetzungen von **Baugebieten** durch Bebauungspläne haben kraft Bundesrecht grundsätzlich nachbarschützende Wirkung.
- Der Nachbar hat auf die **Bewahrung der Gebietsart** einen Schutzanspruch, der über das Rücksichtnahmegebot hinausgeht.

Die nachbarschützende Qualität von Festsetzungen der Art der baulichen Nutzung gilt allerdings grundsätzlich nur für Grundstücke, die innerhalb des Geltungsbereichs des maßgeblichen Bebauungsplans liegen.

Bei folgenden Gebietsfestsetzungen kann ein Nachbarschutz mit entsprechendem Abwehrrecht vorliegen:

- **Kleinsiedlungsgebiet (WS) – § 2 BauNVO**

440   Im Kleinsiedlungsgebiet können sich die Inhaber einer Kleinsiedlung oder einer landwirtschaftlichen Nebenerwerbstelle dagegen wenden, dass gebietsfremde Nutzungen genehmigt werden, wenn sie durch die Zulassung eines solchen Vorhabens beeinträchtigt werden; maßgeblich ist die Störung des Gebiets- bzw. Nutzungscharakters.

- **Reines Wohngebiet (WR) – § 3 BauNVO**

441   Weitreichend ist der öffentlich-rechtliche Nachbarschutz innerhalb eines Gebietes, das planungsrechtlich als reines Wohngebiet i. S. von § 3 BauNVO ausgewiesen ist. Die durch die Festsetzung eines reinen Wohngebiets geschützten Interessen der Nachbarn zielen auf die Erhaltung der Wohnruhe, aber auch auf den Schutz all dessen, was den besonderen Wert des Gebietes, den „Wohnwert" oder das „Wohnklima" für die dort wohnende Bevölkerung ausmacht.

442   Demnach sind in die Wohnnutzung üblicherweise auch die Hausgärten einbezogen. Wird deren Nutzung als sog. **Außenwohnbereich** durch Geräusche von benachbarten Anlagen beeinträchtigt, kann dies unzumutbar und damit ein rechtswidriger Eingriff in die Wohnnutzung sein.[408] **Bolzplätze** können nur unter Vorbehalt einer Beurteilung nach § 15 BauNVO neben reinen Wohngebieten zugelassen werden.[409] Nach der Rechtsprechung

---

405 BVerwG, Urt. v. 19.09.1986 – 4 C 8/84, NVwZ 1987, 409.
406 BVerwG, Urt. v. 16.09.1993 – 4 C 28/91, DVBl. 1994, 284.
407 BVerwG, Urt. v. 16.09.1993 – 4 C 28/91, DVBl. 1994, 284.
408 BVerwG, Urt. v. 19.01.1989 – 7 C 77/87, NJW 1989, 1291 (1293).
409 BVerwG, Beschl. v. 03.03.1992 – 4 B 70/91, NVwZ 1992, 884.

des BVerwG ist auch die Festsetzung eines **Sportplatzes** neben einem reinen Wohngebiet in einem Bebauungsplan nicht grundsätzlich abwägungsfehlerhaft. Vielmehr sind beide Nutzungen in einer solchen planungsgegebenen Situation mit einer Pflicht zu gegenseitiger Rücksichtnahme belastet.[410]

- **Allgemeines Wohngebiet (WA) – § 4 BauNVO**

Ebenso wie den Vorschriften über den Schutz des reinen Wohngebietes wird Festsetzungen über das allgemeine Wohngebiet nachbarschützender Charakter zugesprochen. Demgemäß können wie im reinen Wohngebiet auch im Allgemeinen Wohngebiet **Wohnungszahlbeschränkungen** als nachbarschützend auszulegen sein.[411] Ein **Imbißraum** ist im Allgemeinen Wohngebiet als Schank- und Speisewirtschaft unzulässig, wenn keine funktionale Zuordnung zum allgemeinen Wohngebiet besteht, sondern das Vorhaben auf gebietsfremde Kundschaft ausgerichtet ist.[412] **Bolzplätze** und sonstige Sport- und Freizeitanlagen sind im Allgemeinen Wohngebiet zulässig, wenn sie nach Art und Umfang gebietstypisch und vorwiegend dem Wohnen dienend sind.[413]

443

- **Besonderes Wohngebiet (WB) – § 4 a BauNVO**

Das besondere Wohngebiet dient vorwiegend dem Wohnen, auch wenn die allgemeinen und ausnahmsweise zulässigen sonstigen andersartigen Nutzungen dort möglich sind. Für den Nachbarschutz zugunsten der Wohnnutzung bedeutet dies, dass einerseits ein größeres Maß an Immissionen zu tolerieren ist als im reinen oder allgemeinen Wohngebiet. Andererseits kann sich ein Nachbar erfolgreich gegen ein Vorhaben wehren, welches wegen seiner **Störungsintensität** dort unzulässig ist.

444

- **Dorfgebiet (MD) – § 5 BauNVO**

Das Dorfgebiet ist dadurch gekennzeichnet, dass der Gebietscharakter in erster Linie durch Landwirtschafts- und Forstbetriebe geprägt wird, außerdem durch die Unterbringung nicht wesentlich störender Gewerbebetriebe und der Gebietsversorgung dienender Handwerksbetriebe, so dass eine dem Mischgebiet vergleichbare Struktur aus Elementen der Wohnnutzung und gewerblicher Nutzung gegeben ist,[414] wobei land- und forstwirtschaftliche Betriebe Vorrang vor den übrigen Nutzungsarten haben.[415] Für den Schutz der Wohnruhe bedeutet dies: Gegenüber **gebietstypischen Beeinträchtigungen** wie z. B. insbesondere Geruchsbelästigungen und sonstigen mit der Tierhaltung verbundenen besonderen Auswirkungen sind grundsätzlich keine nachbarlichen Abwehrrecht anzuerkennen.[416] Allerdings hat auch der **Landwirt** in einem dörflich geprägten Gebiet keinen **Abwehranspruch** gegen eine heranrückende Wohnbebauung, die sich in die Eigenart der näheren Umgebung einfügt. Allein durch die Tatsache, durch eine Wohnnutzung in der Nachbarschaft werde ihm für die Zukunft die Möglichkeit abgeschnitten, seinen Betrieb zu erweitern oder umzustellen, wird kein Abwehranspruch des Landwirts begründet.[417]

445

---

410 BVerwG, Urt. v. 24.04.1991 – 7 C 12/90, NVwZ 1991, 884.
411 BVerwG, Beschl. v. 09.03.1993 – 4 B 38/93, NVwZ 1993, 1100 – Nachbarschutz durch Zwei-Wohnungs-Klausel.
412 BVerwG, Beschl. v. 18.01.1993 – 4 B 230/92, NVwZ-RR 1993, 455 f.
413 BVerwG, Beschl. v. 02.07.1991 – 4 B 1/91, NVwZ 1991, 983.
414 BVerwG, Beschl. v. 07.09.1995 – 4 B 200/95, BauR 1996, 78 (79).
415 BVerwG, Beschl. v. 04.12.1995 – 4 B 258/95, BauR 1996, 218.
416 BVerwG, Urt. v. 14.01.1993 – 4 C 19/90, NVwZ 1993, 1184 (1188) – Abwehr heranrückender Wohnbebauung im faktischen Dorfgebiet.
417 BVerwG, Urt. v. 14.01.1993 – 4 C 19/90, NVwZ 1993, 1184.

§ 3 Öffentlich-rechtlicher Nachbarschutz

■ **Mischgebiet (MI) – § 6 BauNVO**

446 Im Mischgebiet stehen das Wohnen und die gewerbliche Nutzung, die das Wohnen nicht wesentlich stören darf, gleichberechtigt nebeneinander. Für den Schutz der Wohnruhe bedeutet dies, dass die Wohnbevölkerung erheblich stärkere Belastungen hinnehmen muss, als im Allgemeinen Wohngebiet oder im Dorfgebiet.

■ **Kerngebiet (MK) – § 7 BauNVO**

447 Das Kerngebiet dient primär dazu, Handelsbetriebe sowie zentrale Einrichtungen der Wirtschaft, Verwaltung und Kultur aufzunehmen, eine Wohnnutzung ist nur eingeschränkt vorgesehen. Das bedeutet, dass den im Wohngebiet zulässigen zentralen und/ oder gewerblichen Nutzungen ein Abwehrrecht gegenüber solchen Vorhaben zusteht, die zu einer Beeinträchtigung der kerngebietstypischen Nutzung führen können. Der Nachbarschutz zugunsten der Wohnnutzung entfällt zwar im Kerngebiet nicht gänzlich, ist dort jedoch dem Gebietscharakter entsprechend erheblich gemindert.

■ **Gewerbegebiet (GE) – § 8 BauNVO**

448 Für das Gewerbegebiet ist die Ansiedlung von nicht erheblich belästigenden Gewerbebetrieben charakteristisch. Der Unterschied zum Industriegebiet ergibt sich aus dem dort zulässigen höheren Störungsgrad. Zwar ist eine gem. § 4 BImSchG genehmigungsbedürftige Anlage nicht nur in einem Industriegebiet gem. § 9 BauNVO zulässig. Gleichwohl muss zumindest bei einer nach § 4 BImSchG **genehmigungsbedürftigen Anlage** ein beeinträchtigendes Störpotential unterstellt werden, so dass im Einzelfall ein Nachbarschutz gegeben sein kann.[418] § 8 BauNVO lässt die Festsetzung eines Gewerbegebietes zu, in dem nur Geschäfts-, Büro- und Verwaltungsgebäude zulässig sind.[419]

449 Der Eigentümer eines Grundstücks im durch Bebauungsplan festgesetzten Gewerbegebiet hat Kraft Bundesrecht einen Abwehranspruch gegen die Genehmigung eines i. S. des § 8 I BauNVO – seiner Art nach – erheblich belästigenden und daher nur in einem Industriegebiet nach § 9 BauNVO allgemein zulässigen Gewerbebetriebs (hier: Bauschuttrecyclinganlage). Darauf, ob die von dem Gewerbebetrieb ausgehenden Belästigungen unzumutbar i. S. von § 15 I 2 BauNVO oder erheblich i. S. des § 5 I Nr. 1 BImSchG sind, kommt es – anders als bei Abwehransprüchen von Betroffenen außerhalb des Gebiets – für den Schutz des Gebiets gegen „schleichende Umwandlung" nicht an.[420]

■ **Industriegebiet (GI) – § 9 BauNVO**

450 Das Industriegebiet dient denjenigen Gewerbebetrieben als Standort, die wegen ihres hohen Störungsgrades durch Emissionen, insbesondere durch Lärm- und Luftverunreinigungen in anderen Gebieten unzulässig sind. Die gewerblichen Betriebe im Industriegebiet haben in erster Linie nachbarrechtliche Abwehransprüche gegen die Zulassung **störempfindlicher Nutzungen** im Industriegebiet selbst.[421]

■ **Sondergebiete (SO) – § 10 BauNVO**

451 Den Sondergebieten liegt die gemeinsame Zweckbestimmung zugrunde, dass sie dem **Erholungsaufenthalt** dienen und dass dieser Aufenthalt mit einer spezifisch darauf abgestimmten Wohnform in sog. Freizeitwohngelegenheiten verbunden ist. Gleiches gilt für

---

[418] BVerwG, Urt. v. 24.09.1992 – 7 C 7/92, NVwZ 1993, 987 (988).
[419] BVerwG, Beschl. v. 08.11.2004 – 4 BN 39/04, NVwZ 2005, 324.
[420] BVerwG, Beschl. v. 02.02.2000 – 4 B 87/99, NVwZ 2000, 679.
[421] BVerwG, Beschl. v. 25.11.1985 – 4 B 202/85, NVwZ 1986, 469.

die sonstigen Sondergebiete gem. § 11 BauNVO. Angesichts der vielfältigen Möglichkeiten der Art der Sondergebietsfestsetzung, lässt sich lediglich der allgemeine Grundsatz aufstellen, dass den Gebietsfestsetzungen ihrem Wesen nach prinzipiell nachbarschützender Charakter beizumessen ist. In welchem Umfang die konkrete Festsetzung Nachbarschutz zu vermitteln geeignet ist, hängt von der Störanfälligkeit sowie von der Schutzbedürftigkeit des konkret festgesetzten Sondergebietes ab.

2. Festsetzungen nach §§ 12–14 BauNVO

Die §§ 12–14 BauNVO beinhalten Anlagen, die in den meisten Baugebieten zulässig sind. Es handelt sich um Stellplätze und Garagen, um Gebäude und Räume für freie Berufe und um die untergeordneten Nebenanlagen. Aufgrund der prinzipiellen Zulässigkeit dieser Anlagen in den meisten Baugebieten kommt Nachbarschutz gegenüber der Genehmigung eines entsprechenden Vorhabens grundsätzlich nur dann in Betracht, wenn von diesem nach Art und Größe **außergewöhnliche Beeinträchtigungen** der Nachbarschaft ausgehen. 452

Die Regelung, wonach in Kleinsiedlungsgebieten, reinen Wohngebieten und allgemeinen Wohngebieten sowie Sondergebieten, die der Erholung dienen, **Stellplätze und Garagen** nur für den durch die zugelassene Nutzung verursachten Bedarf zulässig sind (§ 12 II BauNVO), hat nachbarschützenden Charakter. Dies hat das BVerwG mit Urteil vom 16.9.1993 unter Aufgabe seiner bis dahin gegenteiligen Rechtsprechung festgestellt.[422] 453

3. Maß der baulichen Nutzung nach §§ 16–21 BauNVO

Die Festsetzungen über das Maß der baulichen Nutzung entfalten kraft Bundesrecht grundsätzlich keine nachbarschützende Wirkung,[423] da sie regelmäßig ausschließlich städtebauliche und keinerlei individuelle Bedeutung besitzen. Die Festsetzungen über das Maß der baulichen Nutzung lassen in der Regel den **Gebietscharakter unberührt** und haben nur Auswirkungen auf das Baugrundstück und die unmittelbar anschließenden Baugrundstücke. Daher sei zum Schutze der Nachbarschaft das drittschützende Rücksichtnahmegebot des § 31 II BauGB ausreichend, das eine Abwägung der nachbarlichen Interessen ermöglicht und den Nachbarn vor unzumutbaren Beeinträchtigungen schützt.[424] Nur bei entsprechendem Willen des Plangebers – der anhand der Bauplanungsunterlagen zu erforschen und auszulegen ist – kann im Einzelfall Nachbarschutz bestehen. Maßgebend ist insoweit allein der **Wille der Gemeinde**[425] für den nachbarschützenden Charakter einer Festsetzung über das Maß der baulichen Nutzung. 454

■ Festsetzungen über Geschoß- und Geschoßflächenzahl

Bei entsprechendem Willen des Plangebers können bauplanerische Festsetzungen über die **Geschoßzahl** und die **Geschoßflächenzahl** nachbarschützende Wirkungen haben.[426] 455

■ Festsetzung der Geschossigkeit

Ob die Festsetzung eines Bebauungsplans „eingeschossige Wohngebäude mit einem fremder Sicht entzogenen Gartenhof" Drittschutz gegen die Möglichkeit bietet, den Gar- 456

---

422 BVerwG, Urt. v. 16.09.1993 – 4 C 28/91, DVBl. 1994, 284.
423 BVerwG, Beschl. v. 23.06.1995 – 4 B 52/95, NVwZ 1996, 170.
424 BVerwG, Beschl. v. 23.06.1995 – 4 B 52/95, NVwZ 1996, 170 (171).
425 BVerwG, Beschl. v. 19.10.1995 – 4 B 215/95, NVwZ 1996, 888.
426 BVerwG, Urt. v. 13.03.1981 – 4 C 1/78, DVBl. 1981, 928.

tenhof einzusehen, hängt nach einer Entscheidung des BVerwG von der Auslegung der dem irreversiblen Recht angehörenden Festsetzungen ab.[427]

- **Festsetzungen der Wohnungszahl**

457 Auch die Festsetzung der Anzahl der Wohnungen in einem Bebauungsplan kann im Einzelfall drittschützende Wirkung haben, wenn sich dies durch Auslegung des jeweiligen Bebauungsplans ermitteln lässt.

Bei Festsetzungen, die eine Wohnungszahlbeschränkung enthalten, kann diese Regelung als Art der baulichen Nutzung oder als Maß der baulichen Nutzung nachbarschützend sein. Die Beschränkung der Wohndichte bewirkt regelmäßig auch einen besonderen Wohnwert. Mit Rücksicht darauf betrifft eine die **Dichte und Intensität des Wohnens** mit all seinen Folgeerscheinungen regulierende Festsetzung die Art der baulichen Nutzung und gehört daher zu jenen Festsetzungen, die von ihrer Natur her in besonderem Maße geeignet sind, wechselseitige Bezüge zwischen den planbetroffenen Grundstücken herzustellen und den Verbund der in dem betreffenden Gebiet Ansässigen besonders zu kennzeichnen. Derartige Festsetzungen sind als nachbarschützend allerdings nur zu qualifizieren, wenn die entsprechende Festsetzung des Bebauungsplanes nach den allgemeinen Kriterien dahingehend auszulegen ist, dass sie nachbarschützende Wirkung entfaltet.[428] Wirkt sich demnach eine Wohnungszahlbeschränkung im konkreten Fall nachbarschützend aus, so kann daraus z. B. ein **Abwehrrecht** gegen wohnartige Siedlungsvorhaben folgen, die geeignet sind, gute Wohngegenden eines ruhigen Villencharakters zu entkleiden und ihren Wohnwert zu mindern.

- **Festsetzungen über Höhen**

458 Ob die Festsetzungen über die Zahl der Vollgeschosse gem. § 16 IV BauNVO oder sonstige Höhenfestsetzungen nachbarschützend ist, ist im Wege der einzelfallbezogenen Auslegung zu ermitteln. Ist die Festsetzung getroffen, um dem Nachbarn die **Aussicht** auf ein bevorzugtes Orts- und Landschaftsbild zu erhalten, wie z. B. im Falle einer Hangbebauung an einem See, so begründet eine solche Festsetzung ein nachbarliches Abwehrrecht gegenüber einer höheren Bebauung.[429]

- **Festsetzungen über die Baumassenzahl und über die Baumasse**

459 Festsetzungen über die Baumassenzahl und über die Baumasse gem. § 21 BauNVO haben grundsätzlich keine nachbarschützende Wirkung.

4. Schutz vor schädlichen Umwelteinwirkungen

460 Nach § 9 I Nr. 23 und 24 BauGB ist die Gemeinde berechtigt, in bestimmter Weise lokale Anforderungen zum Schutz vor schädlichen Umwelteinwirkungen im Bebauungsplan festzusetzen: § 9 I Nr. 23 BauGB regelt zunächst die Festsetzung von Gebieten, in denen zum Schutz vor schädlichen Umwelteinwirkungen im Sinne des BImSchG bestimmte luftverunreinigende Stoffe nicht oder nur beschränkt verwendet werden dürfen. Neu aufgenommen wurde durch das BauGB 2004 die Festsetzungsmöglichkeit, dass in Gebieten bei der Errichtung von Gebäuden bestimmte bauliche Maßnahmen für den Einsatz erneuerbarer Energien wie insbesondere Solarenergie getroffen werden müssen. § 9 I

---

[427] BVerwG, Beschl. v. 20.09.1984 – 4 B 202/84, NVwZ 1985, 748.
[428] BVerwG, Urt. v. 26.09.1991 – 4 C 5/87, NVwZ 1992, 977; BVerwG, Beschl. v. 09.03.1993 – 4 B 38/93, NVwZ 1993, 1100.
[429] BVerwG, Urt. v. 02.03.1973 – 4 C 35/70, BauR 1973, 238.

E. Bauplanungsrechtlicher Nachbarschutz

Nr. 24 BauGB ermöglicht die Festsetzung von Bebauung freizuhaltenden Nutzflächen und ihre Nutzung, die Flächen für besondere Anlagen und Vorkehrungen zum Schutz vor schädlichen Umwelteinwirkungen und sonstigen Gefahren im Sinne des BImSchG sowie die zum Schutz vor solchen Einwirkungen oder zur Vermeidung oder Verminderung zu treffenden baulichen oder sonstigen technischen Vorkehrungen.

Derartige Festsetzungen zielen darauf ab, einem dem **Immissionsschutzrecht** entsprechenden drittschützenden Schutzniveau zu genügen. Das BVerwG leitet daher unmittelbar aus dem gesetzgeberisch vorgegebenen Zweck den Drittschutz des § 9 I Nr. 24 BauGB ab.[430] Drittschutz besteht bei diesen Festlegungen also insofern schon kraft bundesgesetzlicher Vorgabe. Der Drittschutz äußert sich im Falle der Festsetzung von **Schutzvorkehrungen** zur Verhinderung schädlicher Umwelteinwirkungen im Plangebiet als Rechtsanspruch des Planbetroffenen auf deren Errichtung bzw. auf entsprechenden Kostenersatz.

Das BVerwG hat dies in einer Entscheidung vom 7.9.1988 ausführlich dargelegt: „Inhalt und Umfang dieses Nachbarschutzes ergeben sich daraus, dass die festgesetzten Vorkehrungen dem Schutz vor schädlichen Umwelteinwirkungen im Sinne des Bundes-Immissionsschutzgesetzes oder der Vermeidung oder Minderung solcher Einwirkungen zu dienen bestimmt sind. Mit ihnen soll die **Anpassung** der geplanten Anlage **an die Schutzbedürfnisse** der Nachbarschaft auf demselben Niveau erreicht werden, das auch § 5 I Nr. 1 BImSchG vorsieht. § 5 I Nr. 1 BImSchG enthält mit der an den Betreiber einer Anlage gerichteten Forderung, schädliche Umwelteinwirkungen auf die Nachbarschaft zu vermeiden, eine spezielle Ausprägung des Rücksichtnahmegebotes und gewährt deshalb nach der Rechtsprechung des beschließenden Senats Drittschutz. ... Entsprechendes gilt für bauplanerische Festsetzungen über Schutzvorkehrungen, die von der Gemeinde – begleitend zur Planung einer potenziell mit umweltschädigenden Einwirkungen verbundenen Anlage – getroffen werden."[431]

Aufgrund des identischen Schutzzwecks muss auch den Festsetzungen nach § 9 I Nr. 23 BauGB unmittelbar kraft bundesrechtlicher Vorgabe generell drittschützende Wirkung zugunsten der Nachbarn im Plangebiet zukommen. Im Genehmigungsverfahren hat der Nachbar im Plangebiet jedenfalls einen Anspruch darauf, dass die Genehmigungsbehörde die Genehmigung nur mit einer entsprechenden **Auflage** erteilt. Unterbleibt dies, verletzt die Genehmigung subjektive Nachbarrechte und ist nach §§ 42 II, 113 I 1 VwGO anfechtbar.

5. Weitere Festsetzungen

Hinsichtlich der weiteren Festsetzungen liegt kaum eine aussagefähige Rechtsprechung des BVerwG vor. Wichtig ist allerdings die Entscheidung des BVerwG vom 24.2.2000 zum Begriff des **Doppelhauses** i. S. des **§ 22 II BauNVO**: Die planerische Festsetzung von Doppelhäusern gem. § 22 II BauNVO ist **nachbarschützend**. Das Erfordernis der baulichen Einheit ist nur erfüllt, wenn die beiden Gebäude in wechselseitig verträglicher und abgestimmter Weise aneinander gebaut werden. Kein Doppelhaus entsteht, wenn ein Gebäude gegen das andere so stark versetzt wird, dass es den Rahmen einer wechselseitigen Grenzbebauung überschreitet, den Eindruck eines gegenseitigen Grenzanbaus vermittelt und dadurch einen neuen Bodennutzungskonflikt auslöst.[432]

---

430 BVerwG, Beschl. v. 07.09.1988 – 4 N 1/87, NJW 1989, 467 (468).
431 BVerwG, Beschl. v. 07.09.1988 – 4 N 1/87, NJW 1989, 467 (468).
432 BVerwG, Urt. v. 24.02.2000 – 4 C 12/98, NVwZ 2000, 1055.

465 Soweit Festsetzungen über die **Bauweise** sowie Festsetzungen über die **überbaubare Grundstücksfläche** (Baulinien, Baugrenzen und Bebauungstiefen) Streitgegenstand sind, liegt zwar eine umfangreiche Rechtsprechung der Verwaltungs- und Oberverwaltungsgerichte vor. Diese Rechtsprechung divergiert jedoch im Einzelfall, so dass an dieser Stelle auf die einschlägige jeweilige Kommentierung zu verweisen ist.

II. Abwägungsgebot

466 Während für den Bereich des Fachplanungsrechts anerkannt ist, dass das planerische Abwägungsgebot dem von einer Planung Betroffenen einen gerichtlich verfolgbaren Anspruch darauf vermittelt, dass eine gerechte Abwägung seiner Belange mit entgegenstehenden anderen Belangen stattfindet,[433] begründen weder die städtebaulichen Ziele des § 1 V BauGB noch das Abwägungsgebot des § 1 VII BauGB ein nachbarliches Abwehrrecht.[434] Gleiches gilt auch für das Anpassungsgebot gem. § 1 IV BauGB. Aus der mangelnden subjektiv-rechtlichen Qualität von § 1 BauGB folgt weiterhin, dass dem Abwägungsgebot auch **keine subjektiv-rechtliche Ausstrahlungswirkung** in der Weise zugebilligt werden kann, dass eine bestimmte Planaussage in einem späteren Baugenehmigungs- und Dispensverfahren allein deshalb nachbarschützend wirkt, weil sie aus einer Abwägung zwischen den Belangen der beteiligten Nachbarn hervorgegangen ist.

467 Wichtig ist die folgende Feststellung des 4. Senats des BVerwG: „Das in § 1 VII BauGB enthaltene Abwägungsgebot hat drittschützenden Charakter hinsichtlich solcher privater Belange, die für die Abwägung **beachtlich** sind."[435] Mit der Entscheidung stellt das BVerwG aber auch nochmals fest: „Ein privater Belang, der in der Abwägung zu berücksichtigen ist, wird durch den drittschützenden Charakter des Abwägungsgebots nicht selbst zum subjektiven Recht und ist als solcher auch nicht wehrfähig in dem Sinne, dass der Private die Durchsetzung seines Belangs – wie bei einem subjektiven Recht – verlangen könnte. Der Private hat lediglich ein Recht darauf, dass sein Belang in der Abwägung seinem Gewicht entsprechend „abgearbeitet" wird.[436] Danach vermittelt der drittschützende Charakter des Abwägungsgebotes dem eine Baugenehmigung anfechtenden Nachbarn **kein subjektives Abwehrrecht** gegen die Genehmigung an sich, wenn nicht darüber hinaus nachbarschützende Vorschriften bei Erteilung der Genehmigung verletzt wurden.

468 Zusammenfassend ist festzuhalten: Ist gegen das Abwägungsgebot oder gegen die Regelungen über die Beteiligung der Öffentlichkeit in § 3 BauGB verstoßen worden, so führt das zur Unwirksamkeit des Bebauungsplans, ohne dass es darauf ankommt, ob den entsprechenden Regelungen subjektiv-rechtliche Qualität zuzusprechen ist. Die Unwirksamkeit des Bebauungsplans hat zur Konsequenz, dass sich die Zulässigkeit des Vorhabens, gegen das sich der Nachbar wendet, nach einem zuvor bestehenden Plan oder nach §§ 34, 35 BauGB bestimmt, wenn kein vorhergehender Bebauungsplan besteht. Ein nachbarliches Abwehrrecht besteht sodann nur, wenn die anstelle des unwirksamen Bebauungsplanes anzuwendenden Vorschriften dem Nachbarn ein subjektiv-öffentliches Recht vermitteln. Dabei ist es ohne Bedeutung, ob die Ungültigkeit des Bebauungsplans in einem Normenkontrollverfahren oder nur inzidenter festgestellt worden ist.

---

433 BVerwG, Urt. v. 14.02.1975 – 4 C 21/74, BauR 1975, 191.
434 BVerwG, Urt. v. 29.07.1977 – 4 C 51/75, BVerwGE 54, 211 (217).
435 BVerwG, Urt. v. 24.09.1998 – 4 CN 2/98, DVBl. 1999, 100.
436 BVerwG, Urt. v. 24.09.1998 – 4 CN 2/98, DVBl. 1999, 100 (102).

III. Nachbarschützende Vorschriften des BauGB

Auch aus verschiedenen Einzelvorschriften des BauGB kann sich ein bauplanungsrechtlicher Nachbarschutz ergeben:

1. § 14 BauGB

§ 14 BauGB regelt die Zulässigkeit einer Veränderungssperre, damit die Gemeinde eine künftige und beabsichtigte Bauleitplanung sichern kann. Aufgrund dieser öffentlichen Zielsetzung kann sich ein Nachbar nicht darauf berufen, dass eine Baugenehmigung im Hinblick auf eine Veränderungssperre nicht hätte erteilt werden dürfen; dies gilt auch dann, wenn der spätere Bebauungsplan zu seinen Gunsten nachbarschützende Wirkung enthält.[437]

469

2. § 19 BauGB

§ 19 BauGB regelte bis zum in Kraft treten des BauGB 2004, dass die Gemeinde im Geltungsbereich eines Bebauungsplans bestimmen kann, dass die Teilung eines Grundstücks zu ihrer Wirksamkeit der Genehmigung bedarf. Mit Rücksicht darauf, dass die Bindungswirkung einer Teilungsgenehmigung auch gegenüber dem Nachbarn galt, war daher anerkannt, dass dem Nachbarn unter denselben Voraussetzungen, unter denen er sonst eine Baugenehmigung anfechten kann, ein Abwehrrecht gegenüber einer Teilungsgenehmigung zuzubilligen ist.[438]

470

Unter der Geltung des **BauGB 2004** ist die **Genehmigungspflicht** für die Teilung eines Grundstücks **entfallen**. Voraussetzung ist nunmehr nur noch, dass durch die Teilung eines Grundstücks im Geltungsbereich eines Bebauungsplans keine Verhältnisse entstehen dürfen, die den Festsetzungen eines Bebauungsplans widersprechen (§ 19 II BauGB). Ob sich diese neue gesetzliche Wertung letztlich auf den Nachbarschutz auswirkt, bleibt abzuwarten.

3. § 30 BauGB

§ 30 BauGB regelt die Zulässigkeit von Vorhaben im beplanten Bereich. Die Vorschrift begründet aus sich heraus keine subjektiv-öffentlichen Rechte zugunsten eines Nachbarn.[439] Für den Planbereich kommt daher Nachbarschutz in dem Umfang in Betracht, in dem die Festsetzungen des Bebauungsplans nachbarschützenden Charakter besitzen bzw. in dem sich aus § 15 BauNVO unter dem Gesichtspunkt des Gebotes der Rücksichtnahme ein nachbarliches Abwehrrecht ergibt.

471

4. § 31 BauGB

§ 31 BauGB regelt, dass von den Festsetzungen des Bebauungsplans Ausnahmen zugelassen werden können oder von diesen befreit werden kann. Bei der Beurteilung des Nachbarschutzes in diesen Fällen muss zwischen der Gewährung einer Ausnahme gem. § 31 I BauGB und der Erteilung einer Befreiung gem. § 31 II BauGB **differenziert** werden.

472

- **§ 31 I BauGB**

§ 31 I BauGB vermittelt aus sich heraus keine nachbarschützende Wirkung und räumt daher auch Vorschriften, die nicht ihrerseits nachbarschützend sind, keinen nachbar-

473

---

437 BVerwG, Beschl. v. 05.12.1988 – 4 B 182/88, NVwZ 1989, 453.
438 BVerwG, Urt. v. 14.01.1993 – 4 C 19/90, NVwZ 1993, 1184.
439 BVerwG, Beschl. v. 19.10.1995 – 4 B 215/95, NVwZ 1996, 888.

schützenden Charakter ein.⁴⁴⁰ Ob dem Nachbarn ein Abwehranspruch gegen eine gewährte Ausnahme zusteht, richtet sich daher ausschließlich danach, ob in rechtswidriger Weise, also unter Verstoß gegen die im Bebauungsplan normierten Ausnahmetatbestände von nachbarschützenden Festsetzungen des Bebauungsplans eine Ausnahme zugelassen wird.

- **§ 31 II BauGB**

474 § 31 II BauGB ist insoweit drittschützend, als diese Vorschrift das Ermessen der Baugenehmigungsbehörde dahingehend bindet, dass aufgrund der gebotenen **Würdigung nachbarlicher Interessen** nach dem Normzweck nicht nur auf die städtebauliche Ordnung und die Interessen des Bauherrn, sondern auch auf die individuellen Interessen des Nachbarn Rücksicht zu nehmen ist, und zwar selbst dann, wenn die Festsetzung, von der abgewichen werden soll, selbst nicht dem Schutz des Nachbarn zu dienen bestimmt ist.

Gemäß § 31 II BauGB kann von den Festsetzungen eines Bebauungsplans befreit werden, wenn bestimmte dort benannte Voraussetzungen vorliegen und die Abweichung „auch unter Würdigung nachbarlicher Interessen mit den öffentlichen Belangen vereinbar ist." § 31 II BauGB hat mit dem Gebot der Würdigung nachbarlicher Interessen nach der Rechtsprechung des BVerwG drittschützende Wirkung.⁴⁴¹ Das BVerwG hat im Übrigen festgestellt: „Gegen eine unter Verstoß gegen nicht nachbarschützende Festsetzungen eines Bebauungsplans erteilte Baugenehmigung kann Nachbarschutz in entsprechender Anwendung des § 15 I BauNVO unter Berücksichtigung der Interessenbewertung des § 31 II BBauG gegeben sein."⁴⁴²

5. § 34 BauGB

475 § 34 BauGB regelt die Zulässigkeit von Vorhaben innerhalb der im Zusammenhang bebauten Ortsteile. Für die Feststellung von Art und Umfang des sich aus § 34 BauGB ergebenden Nachbarschutzes ist nach den einzelnen Tatbestandsvoraussetzungen des § 34 BauGB zu differenzieren.

- **§ 34 I BauGB**

476 Das in § 34 I BauGB aufgestellte Erfordernis des Einfügens in die Eigenart der näheren Umgebung wirkt generell drittschützend.⁴⁴³ Der baurechtliche Nachbarschutz muss im nicht überplanten Innenbereich nicht denselben Grundsätzen folgen wie im Geltungsbereich eines Bebauungsplans.⁴⁴⁴ Sofern das im Tatbestandsmerkmal des **Einfügens** verankerte Rücksichtnahmegebot verletzt ist, entfaltet es nachbarschützende Wirkung.⁴⁴⁵ Für eine solche Verletzung reicht es indes nicht aus, dass ein Vorhaben sich nicht in jeder Hinsicht innerhalb des Rahmens hält, der durch die Bebauung der Umgebung gebildet wird.⁴⁴⁶ Das BVerwG hat dies in einer Entscheidung wie folgt zusammengefasst: Hinzu kommen muss objektivrechtlich, dass es im Verhältnis zu seiner Umgebung **bewältigungsbedürftige Spannungen** erzeugt, die potenziell ein **Planungsbedürfnis** nach sich ziehen, und **subjektivrechtlich**, dass es die gebotene Rücksichtnahme speziell auf die in seiner unmittelbaren

---

440 BVerwG, Urt. v. 10.12.1982 – 4 C 49/79, NJW 1983, 1574.
441 BVerwG, Urt. v. 06.10.1989 – 4 C 14/87, BVerwGE 82, 343 (344).
442 BVerwG, Urt. v. 06.10.1989 – 4 C 14/87, BVerwGE 82, 343.
443 BVerwG, Urt. v. 14.01.1993 – 4 C 19/90, NVwZ 1993, 1184 (1185).
444 BVerwG, Beschl. v. 10.10.1995 – 4 B 215/95, NVwZ 1996, 888.
445 BVerwG, Beschl. v. 06.12.1996 – 4 B 215/96, NVwZ-RR 1997, 516; BVerwG.
446 BVerwG, Urt. v. 26.05.1978 – 4 C 9/97, NJW 1978, 2564.

E. Bauplanungsrechtlicher Nachbarschutz

Nähe vorhandene Bebauung vermissen lässt.[447] Allein die Überschreitung der Grundflächenzahl oder die Beeinträchtigung des Ortsbildes führt nicht zu einer Verletzung des in § 34 I BauGB enthaltenen Rücksichtnahmegebots.[448] § 34 I BauGB kann im Hinblick auf das in ihm enthaltene Rücksichtnahmegebot auch dann verletzt sein, wenn die landesrechtlichen Abstands(flächen)vorschriften eingehalten sind.[449]

- **§ 34 II BauGB**

§ 34 II BauGB regelt, dass ein Vorhaben seiner **Art** nach zulässig ist, wenn die Eigenart der näheren Umgebung einem der Baugebiete der BauNVO entspricht. Liegen die Voraussetzungen des § 34 II BauGB vor, ist die Art der baulichen Nutzung ausschließlich nach der BauNVO, das Maß der baulichen Nutzung nach § 34 I BauGB (Einfügen in die Eigenart der näheren Umgebung) zu beurteilen.

Nach einer Entscheidung des BVerwG kommt der Festsetzung von Baugebieten durch Bebauungspläne kraft Bundesrecht grundsätzlich nachbarschützende Wirkung zu. Weiter heißt es dann – in Abänderung zu der vorhergehenden Rechtsprechung zu § 34 II BauGB: „Derselbe Nachbarschutz besteht im unbeplanten Innenbereich, wenn die Eigenart der näheren Umgebung einem der Baugebiete der Baunutzungsverordnung entspricht, § 34 II BauGB (Änderung der zu § 34 Abs. 3 Satz 1 BBauG 1976 ergangenen Rechtsprechung, vgl. Urteil vom 18.10.1985 – 4 C 19/82 –, DVBl. 1986, 187)."[450] In einer Entscheidung vom 20.8.1998 hat das BVerwG dies näher ausdifferenziert. Der sich aus § 34 II BauGB i. V. m. den Baugebietsvorschriften der BauNVO ergebende Nachbarschutz besteht dann, wenn die Eigenart der näheren Umgebung einem dieser Baugebiete entspricht. Er besteht allerdings nur so weit, wie die **nähere Umgebung** i. S. von § 34 BauGB reicht. Der die Erhaltung der Gebietsart betreffende Nachbarschutz ist durch die wechselseitige Prägung der benachbarten Grundstücke begrenzt und umfasst keinesfalls notwendig alle Grundstücke in der Umgebung, die zu derselben Baugebietskategorie gehören. Aufgrund topographischer Gegebenheiten kann sich ergeben, dass zwei unmittelbar aneinandergrenzende Grundstücke gleichwohl zwei unterschiedlichen Baugebieten angehören, etwa wenn einem Steilhang im Grenzbereich eine trennende Funktion zukommt.[451]

6. § 35 BauGB

§ 35 BauGB regelt die Zulässigkeit bestimmter näher bezeichneter Vorhaben im Außenbereich. Auch innerhalb dieser Vorschrift ergibt sich ein differenzierter Nachbarschutz. Gegen die Erteilung einer Baugenehmigung für ein Vorhaben im Außenbereich verleiht grundsätzlich weder § 1 VII noch § 3 BauGB dem Nachbarn ein mit der Anfechtungsklage durchsetzbares Abwehrrecht.[452]

- **§ 35 I BauGB**

§ 35 BauGB vermittelt einem im Außenbereich gem. § 35 I BauGB privilegierten Betrieb keinen Abwehranspruch gegen ein im Außenbereich unzulässiges Nachbarvorhaben.[453]

---

447 BVerwG, Beschl. v. 13.11.1997 – 4 B 195/97, NVwZ-RR 1998, 540.
448 BVerwG, Beschl. v. 13.11.1997 – 4 B 195/97, NVwZ-RR 1998, 540.
449 BVerwG, Beschl. v. 11.01.1999 – 4 B 128/98, DVBl. 1999, 786.
450 BVerwG, Urt. v. 16.09.1993 – 4 C 28/91, DVBl. 1994, 284 f.
451 BVerwG, Beschl. v. 20.08.1998 – 4 B 79/98, NVwZ 1999, 105.
452 BVerwG, Beschl. v. 24.04.1997 – 4 B 65/97, NVwZ-RR 1997, 682.
453 BVerwG, Beschl. v. 28.07.1999 – 4 B 38/99, NVwZ 2000, 552.

Zum Schutz eines im Außenbereich privilegierten Betriebes ist aber das in § 35 BauGB enthaltene drittschützende Rücksichtnahmegebot ausreichend.[454]
Vorhaben im Außenbereich müssen auf das Interesse eines Landwirts, seinen Betrieb in den Außenbereich hinein zu erweitern, nach einer Entscheidung des BVerwG vom 5.9.2000 jedenfalls dann keine Rücksicht nehmen, wenn das Erweiterungsinteresse vage und unrealistisch ist.[455] Allerdings kann sich ein Landwirt, dessen emittierender Betrieb sich im Außenbereich befindet, unter Berufung auf das Rücksichtnahmegebot des § 35 III BauGB gegen ein Innenbereichsvorhaben erfolgreich zur Wehr setzen, wenn sich dieses Vorhaben den Umwelteinwirkungen des Außenbereichsvorhabens aussetzen würde.[456]

- **§ 35 III BauGB**

481 § 35 III BauGB enthält nach der Rechtsprechung des BVerwG, obwohl es dort nicht ausdrücklich genannt ist, das Gebot, auf schutzwürdige Individualinteressen Rücksicht zu nehmen.[457] In einer Entscheidung des BVerwG vom 28.7.1999 heißt es: „Eine Kleinfeuerungsanlage kann auch bei Einhaltung der Emissionswerte der 1. BImSchV im Einzelfall auf Grund der konkreten örtlichen Verhältnisse zu erheblichen Belästigungen der Nachbarschaft führen und damit auch das in § 35 III Nr. 3 BauGB enthaltene – baurechtliche – Rücksichtnahmegebot verletzen.[458]
Das in § 35 III BauGB verankerte Gebot der Rücksichtnahme gilt nach einer Entscheidung des BVerwG vom 28.10.1993 auch über die Gebietsgrenzen hinweg und kommt auch Eigentümern zugute, deren Grundstücke im Geltungsbereich eines Bebauungsplans i. S. des § 30 BauGB oder im unbeplanten Innenbereich i. S. des § 34 BauGB liegen.[459]

IV. Rücksichtnahmegebot

482 Sozusagen **normübergreifend** spielt für die gesamte bauplanungsrechtliche Zulässigkeit eines Vorhabens nach §§ 29 ff. BauGB das sog. Gebot der Rücksichtnahme in der Rechtsprechung zum öffentlichen Baunachbarrecht eine überragende Rolle. Sind alle anderen nachbarschützenden Vorschriften als nicht verletzt festzustellen, kann gleichwohl eine Verletzung des Rücksichtnahmegebotes vorliegen mit der Folge, dass der eine Genehmigung anfechtende Nachbar hieraus ein Abwehrrecht geltend machen kann.

483 Mit dem Rücksichtnahmegebot wird den **Genehmigungsbehörden** ein Instrument an die Hand gegeben, einem an sich bauplanungsrechtlich unzulässigen Vorhaben im Einzelfall wegen unzumutbarer Auswirkungen auf den Umgebungsbereich und auf die Nachbarschaft die Genehmigung zu versagen. Bei Hinzutreten weiterer Kriterien wird von der Rechtsprechung eine drittschützende Wirkung des Rücksichtnahmegebotes anerkannt, die auch prozessual seitens des Nachbarn im Wege eines Abwehr- und Unterlassungsanspruchs durchgesetzt werden kann. Über das Gebot der Rücksichtnahme kommt dem Nachbarn ein **partieller Drittschutz** im Sinne eines Abwehr- und Anfechtungsrechts zu. Ein nachbarschützendes Rücksichtnahmegebot besteht nach der Rechtsprechung des

---

454 BVerwG, Beschl. v. 28.07.1999 – 4 B 38/99, NVwZ 2000, 552 (553).
455 BVerwG, Beschl. v. 05.09.2000 – 4 B 56/00, NVwZ 2001, 82 – Abwehranspruch eines Landwirts gegen heranrückende Wohnbebauung.
456 BVerwG, Urt. v. 10.12.1982 – 4 C 28/81, DVBl. 1983, 349.
457 BVerwG, Urt. v. 28.10.1993 – 4 C 5/93, NVwZ 1994, 686.
458 BVerwG, Beschl. v. 28.07.1999 – 4 B 38/99, NVwZ 2000, 552.
459 BVerwG, Urt. v. 28.10.1993 – 4 C 5/93, NVwZ 1994, 686 (687).

E. Bauplanungsrechtlicher Nachbarschutz

BVerwG nur, wenn es der Gesetzgeber positivrechtlich normiert hat. Es handelt sich um ein **einfach-rechtliches Gebot**, das der Gesetzgeber heute an einigen Stellen, nicht aber als allgemeines baurechtliches Gebot durchgehend geschaffen hat.[460]

Das bauplanungsrechtliche Rücksichtnahmegebot kann selbstverständlich nur dann verletzt sein, wenn eine Baugenehmigung zusätzlich objektiv gegen die §§ 31, 34, 35 BauGB oder gegen § 15 I BauNVO verstößt.[461] Das Rücksichtnahmegebot besteht also aus einer **objektiv-rechtlichen** und einer **subjektiv-rechtlichen** Komponente. Beide Teile müssen als verletzt festzustellen sein, damit ein Nachbaranspruch ausgelöst werden kann.

484

1. Entwicklung

Ursprünglich wurde ein baurechtlicher Nachbarschutz ausnahmsweise zugesprochen, wenn eine **schwere und unzumutbare Betroffenheit** des Nachbarn festzustellen war. Die Rechtsprechung zum Rücksichtnahmegebot hat sich wie folgt entwickelt:

485

- Im Urteil des BVerwG vom **13.6.1969** heißt es in den Leitsätzen: „1. § 34 BauGB hat keine nachbarschützende Funktion. 2. Durch eine gegen § 34 BauGB verstoßende Baugenehmigung kann ein Dritter in seinem Eigentumsrecht verletzt sein, wenn die Genehmigung bzw. ihre Ausnutzung die vorgegebene Grundstückssituation nachhaltig verändert und dadurch den Nachbarn schwer und unerträglich trifft."[462] Nachbarschutz wurde dort noch über die Konstruktion des faktischen Eingriffs in Art. 14 I GG hergeleitet.

- In der Entscheidung vom **25.2.1977** hat das BVerwG dann erstmals eine **subjektiv-rechtliche** Komponente in § 35 BauGB a. F. anerkannt und festgestellt, dass in Ausnahmefällen auch „rücksichtslose" Beeinträchtigungen, die noch nicht den Grad der gegen Art. 14 I GG verstoßenden Unzumutbarkeit erreichen, im Außenbereich und im unbeplanten Innenbereich erfolgreich abgewehrt werden können.[463]

- Die Grundsätze eines begrenzten subjektiven Rechtsschutzes aus dem bauplanungsrechtlichen Gebot der Rücksichtnahme wurden dann ausgehend von der Entscheidung vom 25.2.1977 zu § 35 BauGB weiterentwickelt und auf Vorhaben im beplanten und unbeplanten Innenbereich, auf Ausnahmen sowie auf Dispense übertragen. In einer Entscheidung vom **13.8.1981** hat das BVerwG ausdrücklich mit Hinweis auf seine Entscheidung vom 25.2.1977 ausgeführt: „Das Gebot der Rücksichtnahme ist Bestandteil des § 34 BauGB 1960/§ 34 Abs. 1 BauGB 1976/79; es kann in besonderen Fällen nachbarschützende Wirkung haben."[464]

- Das BVerwG hat sodann in der nach wie vor gültigen Entscheidung vom **5.8.1983** seine bis dahin geltende Rechtsprechung modifiziert und ausgeführt, dass **§ 15 BauNVO** als **Ausprägung des baurechtlichen Rücksichtnahmegebotes** drittschützende Wirkung haben kann: „Dem in § 15 Abs. 1 BauNVO verankerten Gebot der Rücksichtnahme kommt danach drittschützende Wirkung zu, soweit in qualifizierter und zugleich individualisierter Weise auf schutzwürdige Interessen eines erkennbar abgegrenzten Kreises Dritter Rücksicht zu nehmen ist; dies gilt für diejenigen Ausnahmefälle, in denen – erstens – die tatsächlichen Umstände handgreiflich ergeben, auf wen Rücksicht zu nehmen ist, und – zweitens – eine besondere rechtliche Schutzwür-

---

460 BVerwG, Beschl. v. 20.09.1984 – 4 B 181/84, DVBl. 1985, 122.
461 BVerwG, Urt. v. 26.09.1991 – 4 C 5/87, NVwZ 1992, 977 (979).
462 BVerwG, Urt. v. 13.06.1969 – 4 C 234/65, BVerwGE 32, 173.
463 BVerwG, Urt. v. 25.02.1977 – 4 C 22/75, BVerwGE 52, 122.
464 BVerwG, Urt. v. 13.03.1981 – 4 C 1/78, DVBl. 1981, 928.

§ 3 Öffentlich-rechtlicher Nachbarschutz

digkeit des Betroffenen anzuerkennen ist. ... Die Schutzwürdigkeit des Betroffenen, die Intensität der Beeinträchtigung, die Interessen des Bauherrn und das, was beiden Seiten billigerweise zumutbar oder unzumutbar ist, sind gegeneinander abzuwägen". Erforderlich sei dabei eine „Gesamtschau der von dem Vorhaben ausgehenden Beeinträchtigungen".[465]

- Mit Urteil vom **6.10.1989** hat das BVerwG den **Schutzzweck** des Rücksichtnahmegebotes weiter konkretisiert und seine Normierung in § 15 I BauNVO erläutert: „§ 15 I BauNVO ist anwendbar, wenn ein Vorhaben in Übereinstimmung mit den Festsetzungen eines Bebauungsplans steht oder wenn es wenigstens im Wege der Ausnahme gem. § 31 I BauGB zugelassen werden könnte. Die Vorschrift dient dem Schutz der Nachbarschaft vor Störungen durch Bauvorhaben, die zwar grundsätzlich nach den §§ 2 bis 14 BauNVO zulässig wären, aber wegen der besonderen Verhältnisse des konkreten Bauvorhabens der Eigenart dieses Baugebietes widersprechen oder die Umgebung unzumutbar stören. ... Während § 31 II BauGB den § 30 BauGB erweitert, führt § 15 I BauNVO zu einer Verengung, indem er die Zulässigkeit von Vorhaben gegenüber den Festsetzungen des Bebauungsplans einschränkt.[466]

2. § 15 I 2 BauNVO

486 Heute ist der Regelungsgehalt des Rücksichtnahmegebotes aus § 15 I 2 BauNVO höchstrichterlich festgeschrieben. Nach § 15 I 2 BauNVO sind die in den §§ 2–14 BauNVO aufgeführten baulichen Anlagen im Einzelfall unzulässig,
- wenn von ihnen Belästigungen oder Störungen ausgehen können, die nach der Eigenart des Baugebiets im Baugebiet selbst oder in dessen Umgebung unzumutbar sind, (Alt. 1) oder
- wenn sie solchen Belästigungen oder Störungen ausgesetzt werden (Alt. 2).

487 § 15 BauNVO ist eine bundesrechtliche Norm des Bodenrechts. Sie regelt aus städtebaulicher Sicht allgemeine Voraussetzungen für die Zulässigkeit baulicher und sonstiger Anlagen; der Akzent liegt hier auf der **Vereinbarkeit** der baulichen Anlage mit dem jeweiligen **Gebietscharakter**.[467]
Die Vorschrift des § 15 I 2 Alt. 2 BauNVO stellt sich als eine **besondere Ausprägung des Rücksichtnahmegebotes** und als eine zulässige Bestimmung des Eigentumsinhalts (Art. 1 I 2 GG) dar. Sie soll gewährleisten, Nutzungen, die geeignet sind, Spannungen und Störungen hervorzurufen, einander so zuzuordnen, dass Konflikte möglichst vermieden werden. Welche Anforderungen sich hieraus im Einzelnen ergeben, hängt maßgeblich davon ab, was dem Rücksichtnahmebegünstigten einerseits und dem Rücksichtnahmeverpflichteten andererseits nach Lage der Dinge zuzumuten ist. Ist die Grundstücksnutzung auf Grund der örtlichen Gegebenheiten mit einer spezifischen gegenseitigen Pflicht zur Rücksichtnahme belastet, so führt dies nicht nur zur Pflichtigkeit desjenigen, der Immissionen verursacht, sondern auch zu einer **Duldungspflicht** desjenigen, der sich solchen Immissionen aussetzt.[468]

488 Zwar hat das BVerwG formuliert, dass für die Anwendung des Rücksichtnahmegebotes nach § 15 I BauNVO insoweit **kein Raum** bleibt, wie die durch dieses Gebot geschützten Belange auch durch **spezielle bauordnungsrechtliche Vorschriften** geschützt werden und

---

[465] BVerwG, Urt. v. 05.08.1983 – 4 C 96/79, BVerwGE 67, 334 (339).
[466] BVerwG, Urt. v. 06.10.1989 – 4 C 14/87, BVerwGE 82, 343 (345).
[467] BVerwG, Urt. v. 07.12.2000 – 4 C 3/00, NVwZ 2001, 813 (814).
[468] BVerwG, Urt. v. 23.09.1999 – 4 C 6/98, NVwZ 2000, 1050 (1051).

E. Bauplanungsrechtlicher Nachbarschutz 2

das konkrete Vorhaben deren Anforderungen genügt.[469] Andererseits können bauordnungsrechtliche Vorschriften über die **Anordnung von Stellplätzen, auch wenn** diese an sich nachbarschützend sind, im konkreten Fall aber nicht verletzt sind – die Anwendung des § 15 I 2 BauNVO nicht ausschließen.[470]
Mit Beschluss vom 13.5.2002 hat das BVerwG erneut bestätigt, dass § 15 I 1 BauNVO nicht nur das Gebot der Rücksichtnahme enthält, sondern auch einen **Anspruch auf Aufrechterhaltung der typischen Prägung eines Baugebiets** vermittelt.[471]

V. Nachbarschutz gegen Spielflächen und Sportplätze

Eine gesonderte Stellung nimmt der Nachbarschutz gegen Spiel- und Sportplätze ein. Zum einen bestehen für die baurechtliche Zulässigkeit von Spielplätzen auf der einen und Sportplätzen auf der anderen Seite objektiv-rechtlich unterschiedliche Regelungen. Zum anderen ergibt sich aus dieser objektiv-rechtlichen Unterscheidung ein **unterschiedliches Maß** des jeweiligen Nachbarschutzes. 489

1. Abgrenzung von Spielflächen und Sportplätzen

Nach **§ 9 I Nr. 5, 15 und 22 BauGB** können in einem Bebauungsplan Flächen für **Sport- und Spielanlagen** ausdrücklich festgesetzt werden: 490
- Nr. 5: Sport- und Spielanlagen,
- Nr. 15: Sport- und Spielplätze,
- Nr. 22: Kinderspielplätze.

Daneben erklärt die **BauNVO** Anlagen für **sportliche Zwecke** 491
- im Allgemeinen Wohngebiet (§ 4 II Nr. 3),
- in besonderen Wohngebieten (§ 4 a II Nr. 5),
- in Dorfgebieten (§ 5 II Nr. 7),
- in Mischgebieten (§ 6 II Nr. 5),
- in Kerngebieten (§ 7 II Nr. 4) und
- in Gewerbegebieten (§ 8 II Nr. 4)

allgemein für zulässig und
- in Kleinsiedlungsgebieten (§ 2 III Nr. 2),
- reinen Wohngebieten (§ 3 III Nr. 2) und
- in Industriegebieten (§ 9 III Nr. 2)

ausnahmsweise für zulässig.
Schließlich sind unter den in der Vorschrift im Einzelnen bezeichneten Voraussetzungen solche Anlagen auch als **untergeordnete Nebenanlagen** nach § 14 I BauNVO zulässig, soweit die dort benannten Voraussetzungen vorliegen. Was unter dem Betriff Sport- und Spielflächen bzw. -anlagen im Einzelnen zu verstehen ist und wie die Begriffe gegeneinander abzugrenzen sind, legen die baurechtlichen Vorschriften nicht fest. Inhaltlich ist bei Spielflächen zu differenzieren zwischen sog. 492
- herkömmlichen Kinderspielplätzen,
- Abenteuer-, Robinson-, Bauspielplätzen und
- Bolzplätzen.

---

469 BVerwG, Urt. v. 16.09.1993 – 4 C 28/91, NJW 1994, 1546.
470 BVerwG, Urt. v. 07.12.2000 – 4 C 3/00, NVwZ 2001, 813.
471 BVerwG, Beschl. v. 13.05.2002 – 4 B 86/01, NVwZ 2002, 1384.

§ 3 Öffentlich-rechtlicher Nachbarschutz

2. Nachbarschutz gegen Spielflächen

493 Für den baurechtlichen Nachbarschutz gegenüber Spielflächen gilt folgendes: **Herkömmliche Kinderspielplätze** sind als sozialadäquate Ergänzung zur Erfüllung des mit ihnen verfolgten Zwecks auf eine enge räumliche Verknüpfung mit der Wohnbebauung angewiesen. Sie sind deshalb in allen auch dem Wohnen dienenden Baugebieten objektiv-rechtlich zulässig und bei bestimmungsgemäßer Benutzung auch von den Nachbarn regelmäßig hinzunehmen. Die mit ihnen gewöhnlich verbundenen Auswirkungen, insbesondere Geräusche, sind, ohne dass es auf die Art und die Stärke im Einzelfall ankommt, grundsätzlich unvermeidbar, ortsüblich, sozial adäquat und damit jedermann zumutbar. Die bestimmungsgemäße Benutzung eines Spielplatzes für (kleinere) Kinder umfasst auch das ungeregelte Spielen mit Bällen. Allenfalls bei **größeren Spielflächen** mit einer den Normalstandard bei weitem überschreitenden Ausstattung, besonderer Attraktivität und hohem Benutzeraufkommen kann ausnahmsweise in einem besonderen Einzelfall ein Verstoß gegen das Gebot der Rücksichtnahme und daraus folgend eine Pflicht zur Vornahme störungsmindernder Maßnahmen in Betracht kommt.

494 Hinsichtlich des Nachbarschutzes gegen **Bolzplätze** hängt die Erfolgsaussicht nachbarlicher Rechtsbehelfe von der Art und von der Größe des Bolzplatzes, aber auch von der Eigenart der Umgebungsbebauung ab. Die Sportanlagenlärmschutzverordnung (18. BImSchV) vom 18.7.1991 ist auf Bolzplätze nicht anwendbar. Das BVerwG hat ausdrücklich festgestellt, dass die Sportanlagenlärmschutzverordnung nur auf solche Sportanlagen anzuwenden sei, die von ihrer Zweckbestimmung als Anlage für die Sportausübung anzusehen sind. Die Beurteilung der Zumutbarkeit von Geräuschen von Anlagen der hier in Rede stehenden Art (etwa Bolz- und Skateplatz) muss wegen deren Atypik und Vielgestaltigkeit weitgehend der tatrichterlichen Wertung im Einzelfall vorbehalten bleiben.[472]

3. Nachbarschutz gegen Sportplätze

495 Häufiger Gegenstand verwaltungsgerichtlicher Entscheidungen ist auch der nachbarliche Rechtsschutz gegen Sportplätze. Nachbarlicher Rechtsschutz gegen Sportstätten wird typischerweise für Wohnnutzung begehrt. Sportplätze sind zumeist in einem **Bebauungsplan** festgesetzt. Insoweit ist im Rahmen der Bauleitplanung eine Konfliktbewältigung in der planerischen Abwägung gem. § 1 VII BauGB vorzunehmen. Die Anlage muss damit insbesondere im Sinne der wechselseitigen Verträglichkeit mit den städtebaulichen Strukturen der Umgebungsbebauung vereinbar sein. Im Übrigen sind die voraussichtlichen Lärmauswirkungen abzuschätzen und im Rahmen der Abwägungsentscheidung zu bewerten.

496 Das BVerwG hat mit Urteil vom **12.8.1999** grundlegende Ausführungen zur **Bauleitplanung** für eine Sportanlage gemacht[473] und in dieser Entscheidung festgestellt, dass die **18. BImSchV** vom 18.7.1991 für die Bauleitplanung **nur mittelbar** rechtliche Bedeutung hat. In der Entscheidung heißt es wörtlich: „Allerdings gilt die aufgrund des § 23 I BImSchG erlassene Sportanlagenlärmschutzverordnung nicht unmittelbar für die Bauleitplanung. Sie stellt zum Schutz der Allgemeinheit und der Nachbarschaft vor schädlichen Umwelteinwirkungen Anforderungen an die Errichtung und den Betrieb (immissionsschutzrechtlich) nicht genehmigungsbedürftiger Anlagen i. S. des § 22 BImSchG. Dazu gehören auch

---

472 BVerwG, Urt. v. 11.02.2003 – 7 B 88.02, DVBl. 2003, 808.
473 BVerwG, Urt. v. 12.08.1999 – 4 CN 4/98, NVwZ 2000, 550.

Sportanlagen (§ 3 V Nr. 1 und 3 BImSchG). Die Richtwerte konkretisieren verbindlich die Zumutbarkeit von Sportlärm. Die Einhaltung der Anforderungen der Sportanlagenlärmschutzverordnung ist insbesondere zu prüfen und hoheitlich durchzusetzen, wenn die Anlage einer anderen als immissionsschutzrechtlichen, z. B. einer baurechtlichen Genehmigung bedarf und genehmigt wird oder, falls sie keiner Genehmigung bedarf, wenn nach Maßgabe der §§ 24, 25 BImSchG über aufsichtsbehördliche Maßnahmen zu entscheiden ist."[474]

Weiter heißt es in der Entscheidung hinsichtlich der **Immissionsrichtwerte**: „Die Sportanlagenlärmschutzverordnung hat – auch mittelbar – keinen Leitliniencharakter im dem Sinne, dass die Bauleitplanung, die in ihr festgesetzten Immissionsrichtwerte stets ausschöpfen dürfte. So kann der Umstand, dass ein festgesetztes allgemeines Wohngebiet nach der tatsächlichen Nutzung einem reinen Wohngebiet entspricht, für die planerische Abwägung von Bedeutung sein, wenn eine Einhaltung der Richtwerte für reine Wohngebiete ohne unangemessene Zurückstellung anderer abwägungserheblicher Belange planerisch erreichbar erscheint."[475]

497

Für die Bauleitplanung wie auch für die Genehmigung eines Vorhabens an der Grenze zu einem Sportplatz hat die 18. BImSchV insofern rechtliche Bedeutung, als zur **Bestimmung der Zumutbarkeitsgrenze** in Nachbarkonflikten auf die Begriffsbestimmungen und die materiell-rechtlichen Maßstäbe des Immissionsschutzrechts zurückzugreifen ist. In einer weiteren Entscheidung hat das BVerwG zur Bestimmung der **Zumutbarkeitsgrenze** von Sportlärm gegenüber einem (unbeplanten) allgemeinen Wohngebiet festgestellt: „Der Begriff der erheblichen Belästigungen, vor denen das Immissionsschutzrecht (§§ 3 I, 5 I Nr. 1, 22 I Nr. 1 BImSchG) und speziell die Sportanlagenlärmschutzverordnung die Nachbarschaft schützt, wird in § 2 II der 18. BImSchV durch baugebietsspezifische Immissionsrichtwerte konkretisiert, die je nach Schutzwürdigkeit des Gebiets im Einwirkungsbereich der Sportanlage abgestufte Zumutbarkeitsschwellen bilden."[476]

498

4. Immissionsrichtwerte der 18. BImschV

Wie bereits dargestellt, konkretisiert die 18. BImSchV die Zumutbarkeitsgrenze in Nachbarkonflikten bei benachbarter Wohn- und Sportstättennutzung im Rahmen des Rücksichtnahmegebotes aus § 15 I BauNVO. Die Richtwerte regeln verbindlich die Zumutbarkeit von Sportlärm.[477] Im Beschluss des BVerwG vom 8.11.1994 heißt es dazu: „§ 2 der 18. BImSchV schließt als normative Festlegung der Zumutbarkeitsschwelle i. S. des § 3 I BImSchG grundsätzlich die tatrichterliche Beurteilung aus, dass Lärmimmissionen, die die festgelegten Immissionswerte unterschreiten, im Einzelfall gleichwohl als erheblich eingestuft werden."[478]

499

Den **fünf Gebietsarten** werden in § 2 II 18. BImSchV folgende Immissionsrichtwerte für **drei Beurteilungszeiträume** zugeordnet:

500

1. in **Gewerbegebieten**

    tags außerhalb der Ruhezeiten   65 dB (A)
    tags innerhalb der Ruhezeiten   60 dB (A)
    nachts   50 dB (A)

---

474 BVerwG, Urt. v. 12.08.1999 – 4 CN 4/98, NVwZ 2000, 550.
475 BVerwG, Urt. v. 12.08.1999 – 4 CN 4/98, NVwZ 2000, 550.
476 BVerwG, Urt. v. 23.09.1999 – 4 C 6/98, NVwZ 2000, 1050 (1051).
477 BVerwG, Beschl. v. 08.11.1994 – 7 B 73/94, NVwZ 1995, 993.
478 BVerwG, Beschl. v. 08.11.1994 – 7 B 73/94, NVwZ 1995, 993.

2. in **Kerngebieten, Dorfgebieten** und **Mischgebieten**
    tags außerhalb der Ruhezeiten   60 dB (A)
    tags innerhalb der Ruhezeiten   55 dB (A)
    nachts   45 dB (A)
3. in **allgemeinen Wohngebieten** und **Kleinsiedlungsgebieten**
    tags außerhalb der Ruhezeiten   55 dB (A)
    tags innerhalb der Ruhezeiten   50 dB (A)
    nachts   40 dB (A)
4. in **reinen Wohngebieten**
    tags außerhalb der Ruhezeiten   50 dB (A)
    tags innerhalb der Ruhezeiten   45 dB (A)
    nachts   35 dB (A)
5. in **Kurgebieten,** für Krankenhäuser und Pflegeanstalten
    tags außerhalb der Ruhezeiten   45 dB (A)
    tags innerhalb der Ruhezeiten   45 dB (A)
    nachts   35 dB (A)

501 Die **Beurteilungszeiträume** sind in § 2 V – differenziert nach Werk- und Sonn-/Feiertagen – wie folgt festgelegt:
1. **tags (außerhalb** der Ruhezeiten)
    an Werktagen   8.00 Uhr bis 20.00 Uhr
    an Sonn- und Feiertagen   9.00 Uhr bis 13.00 Uhr
    und   15.00 Uhr bis 20.00 Uhr
2. **tags (innerhalb** der Ruhezeiten)
    an Werktagen   6.00 Uhr bis 8.00 Uhr
    und   20.00 Uhr bis 22.00 Uhr
    an Sonn- und Feiertagen   7.00 Uhr bis 9.00 Uhr
                              13.00 Uhr bis 15.00 Uhr
                              20.00 Uhr bis 22.00 Uhr
3. **nachts**
    an Werktagen   0.00 Uhr bis 6.00 Uhr
    und   22.00 Uhr bis 24.00 Uhr
    an Sonn- und Feiertagen   0.00 Uhr bis 7.00 Uhr
    und   22.00 Uhr bis 24.00 Uhr

502 Die vorbenannten Werte **konkretisieren** somit **baugebietsspezifische Immissionsrichtwerte,** die je nach Schutzwürdigkeit des Gebietes im Einwirkungsbereich der Sportanlage abgestufte Zumutbarkeitsschwellen bilden[479] und somit zu beachten sind, und zwar sowohl zur **Abwehr** einer geplanten Sportplatzanlage[480] als auch für die **Erteilung** einer bauaufsichtlichen Genehmigung eines Wohnhauses an der Grenze zu einem Sportplatz.[481]

---

[479] BVerwG, Urt. v. 23.09.1999 – 4 C 6/98, NVwZ 2000, 1050 (1052).
[480] BVerwG, Urt. v. 12.08.19990 – 4 CN 4/98, NVwZ 2000, 550 – Bauleitplanung für eine Sportanlage.
[481] BVerwG, Urt. v. 23.09.1999 – 4 C 6/98, NVwZ 2000, 1050 – Zulässigkeit einer an einen Sportplatz heranrückenden Wohnbebauung.

F. Bauordnungsrechtlicher Nachbarschutz

Eine Gesamtdarstellung der Bedeutung des Bauordnungsrechts für den nachbarlichen Rechtsschutz ist wegen der zahlreichen Divergenzen in den Landesbauordnungen und der daraus resultierenden Fülle der zu kommentierenden Vorschriften nicht möglich. Sie ist zudem überflüssig, weil qualifizierte Kommentierungen der Landesbauordnungen vorliegen, die bei der Erläuterung der Einzelnen Vorschriften Fragen des Drittschutzes behandeln und zumeist auch eine zusammenfassende Darstellung des bauordnungsrechtlichen Nachbarschutzes bieten.

Wer sich zeitnah und umfassend über die aktuelle Rechtsprechung der Verwaltungs- und Oberverwaltungsgerichte zum Bauordnungsrecht informieren will, sollte jeweils jährlich den wirklich eindrucksvollen **Rechtsprechungsüberblick** von *Ortloff* in der Zeitschrift NVwZ verfolgen.[482] Ziel der vorliegenden Darstellung ist allein eine knappe Vermittlung der Systematik und der Zusammenhänge des bauordnungsrechtlichen Nachbarschutzes.

I. Schutznormtheorie

Auch für den Bereich des Bauordnungsrechts gilt der Grundsatz, dass nicht von einem generell nachbarschützenden oder zumindest potenziell nachbarschützenden Charakter der bauordnungsrechtlichen Vorschriften ausgegangen werden kann. Ob eine bauordnungsrechtliche Regelung Nachbarschutz entfaltet, ist ebenfalls nach den Kriterien der Schutznormtheorie zu ermitteln. Danach ist im Einzelfall im Wege der **Auslegung** anhand des Wortlautes, des systematischen Zusammenhangs und des Normzwecks zu klären, ob eine Vorschrift über den im öffentlichen Interesse liegenden objektiv-rechtlichen Regelungsgehalt hinaus auch bezweckt, den Nachbarn zu schützen.

Für die nach der Schutznormtheorie vorzunehmende Auslegung kann im Bereich des Bauordnungsrechts als allgemeine **Leitlinie** herangezogen werden, dass im Bauordnungsrecht spezielle Ausprägungen der polizeilichen **Generalklausel** und dem **Immissionsschutzrecht** verwandte Tatbestände im Vordergrund stehen. Regelungen dieser Art können neben dem Schutz öffentlicher Interessen anerkanntermaßen auch dem Individualschutz dienen. Soweit über bauordnungsrechtliche Anforderungen aus der Generalklausel oder speziellen Vorschriften mit immissionsbezogenen Schutzzweck auch der Nachbar vor unzumutbaren Belastungen geschützt werden soll, kann es zu Überschneidungen mit dem bauplanungsrechtlichen Rücksichtnahmegebot aus §§ 31 II, 34 I, 35 BauGB, § 15 I BauNVO kommen. Regelmäßig sind dann zur Vermeidung von Wertungswidersprüchen identische Zumutbarkeitsmaßstäbe anzuwenden.

Mit Rücksicht darauf ist denjenigen bauordnungsrechtlichen Normen nachbarschützender Charakter zuzuerkennen, die die unmittelbaren Auswirkungen des Bauvorhabens auf das Nachbargrundstück betreffen, indem sie **ausdrücklich verlangen**, dass eine bauliche Anlage keine **Gefahren**, erhebliche **Nachteile** oder **Belästigunge**n hervorruft oder dass sie die **Ruhe** und **Erholung** in der Umgebung durch Lärm oder Gerüche nicht erheblich **stört**. Derartige Vorschriften bezwecken durch ihre Anforderungen an benachbarte Vorhaben und Nutzungen den **nachbarlichen Interessenausgleich**, der ebenso wie im bauplanungsrechtlichen Nachbarschutz im bauordnungsrechtlichen Nachbarschutz im Vordergrund steht.

---

482 Zuletzt NVwZ 2005, 1381–1387, NVwZ 2004, 935–943.

II. Bundesrechtliche Vorgaben

507 Da es sich bei dem Bauordnungsrecht um sog. irreversibles Landesrecht handelt, existiert zu nachbarschützenden Vorschriften des Bauordnungsrechts kaum eine Rechtsprechung des BVerwG. Gleichwohl hat das BVerwG einige grundlegende Entscheidungen zum **Verhältnis** bauordnungsrechtlicher Vorschriften und bauplanungsrechtlicher Vorgaben gefällt, die auch im Bereich des bauordnungsrechtlichen Nachbarschutzes zu berücksichtigen sind. Dies gilt insbesondere deshalb, weil auch im Rahmen des baurechtlichen Nachbarschutzes bundesrechtliche Begriffe vorhanden sind, die durch Landesrecht nicht verändert werden können.

1. Begriff des Baugrundstücks

508 Da im Bereich des baurechtlichen Nachbarschutzes Ausgangspunkt immer ein konkretes Grundstück ist, ist zunächst der bauplanungsrechtliche Begriff des Baugrundstücks zu beachten. Der Rechtsbegriff des (Bau-)Grundstücks, soweit er im Bauplanungsrecht verwendet wird, ist als Bestandteil dieses nach Art. 74 Nr. 18, 72 GG zum Bundesrecht gehörenden Rechtsgebiets selbst bundesrechtlich festgelegt. Nach der Rechtsprechung des 4. Senats des BVerwG ist das Grundstück im bauplanungsrechtlichen Sinne grundsätzlich mit dem **bürgerlich-rechtlichen** (grundbuchrechtlichen) Grundstück gleichzusetzen.[483]

509 Relevant wird dies für die Frage, ob durch eine Zusammenfassung mehrerer Grundstücke im Wege einer **Baulast** eine planungsrechtliche Zulässigkeit für ein Vorhaben herbeigeführt werden kann. Dies hat das BVerwG in der benannten Entscheidung vom 14.2.1991 abgelehnt und ausgeführt: „Eine Zusammenfassung mehrerer Grundstücke durch eine Baulast kennt das Bundesrecht nicht; bundesrechtliche Baulasten gibt es nicht. Den Ländern steht es zwar frei, besondere bauordnungsrechtliche Anforderungen an das Baugrundstück zu stellen und es insoweit abweichend vom bundesrechtlichen Grundstücksbegriff zu definieren (vgl. BVerfGE 40, 261 ff.). Insoweit sind die Länder nicht gehindert, als Grundstück im bauordnungsrechtlichen Sinne auch mehrere durch eine Vereinigungsbaulast zusammengehaltene Grundstücke gelten zu lassen. Der kompetenzrechtlichen Zuweisung nach Art. 74 Nr. 18 GG würde es aber widersprechen, wenn die Länder damit auch den bundesrechtlichen Begriff des Grundstücks verändern könnten. Nicht zuletzt würde hierdurch der bundeseinheitliche planungsrechtliche Grundstücksbegriff und damit die bundeseinheitliche Umsetzung des Planungsrechts überhaupt infrage gestellt."[484] Festzuhalten ist demnach: Bundesrechtliche Begriffe des Bauplanungsrechts können durch Landesrecht nicht verändert werden.

2. Sicherung der Erschließung

510 Die bodenrechtliche Zulässigkeit schließt die bundesrechtlich gesicherte Erschließung eines Grundstücks nach §§ 30 bis 35 BauGB ein. Der Begriff der gesicherten Erschließung in den §§ 30 bis 35 BauGB ist ein bundesrechtlicher Begriff, der nicht durch Landesrecht konkretisiert wird. Landesrechtliche Regelungen über die Zugänglichkeit von Baugrundstücken können nur das bundesrechtliche Erfordernis der gesicherten Erschließung **ergänzen**.[485] Aus der bauplanungsrechtlichen Vorgabe der „Sicherung der Erschließung" lässt sich kein öffentlich-rechtlicher Rechtsschutz des Nachbarn herleiten.

---

483 BVerwG, Urt. v. 14.02.1991 – 4 C 51/87, BVerwGE 88, 24 (29).
484 BVerwG, Urt. v. 14.02.1991 – 4 C 51/87, BVerwGE 88, 24 (30).
485 BVerwG, Urt. v. 03.05.1988 – 4 C 54/85, NVwZ 1989, 353.

F. Bauordnungsrechtlicher Nachbarschutz 2

3. Bauplanungsrechtliches Rücksichtnahmegebot

Wichtig ist auch eine neuere Entscheidung des BVerwG zum Verhältnis zwischen dem bauplanungsrechtlichen Rücksichtnahmegebot und bauordnungsrechtlichen Vorschriften, denen im Einzelfall nachbarschützender Charakter zukommen kann.[486] In der Entscheidung hat das BVerwG festgestellt, dass die bauordnungsrechtlichen Vorschriften über die Anordnung von **Stellplätzen** (hier: § 46 I 2 NdsBauO) die Anwendung des § 15 I 2 BauNVO nicht spezialgesetzlich ausschließen können. Weiter heißt es, dass der in § 15 I 2 BauNVO nach Maßgabe des Rücksichtnahmegebots angelegte Drittschutz des Nachbarn grundsätzlich auch gegenüber Anlagen auf Grundstücken besteht, die mit dem Grundstück des Nachbarn durch eine landesrechtliche Vereinigungsbaulast zusammengeschlossen sind.[487]

511

Zwar hat das BVerwG in einer früheren Entscheidung vom 16.9.1993 formuliert, dass für die Anwendung des Rücksichtnahmegebotes aus § 15 I BauNVO insoweit **kein Raum** ist, wie die durch dieses Gesetz geschützten Belange auch durch **spezielle bauordnungsrechtliche Vorschriften** geschützt werden und das konkrete Vorhaben deren Anforderungen genügt.[488] Nach der Entscheidung des BVerwG vom 7.12.2000 ist aber ein bauplanungsrechtlicher Nachbarschutz nach § 15 I BauNVO nicht ausgeschlossen, wenn spezialgesetzlich geregelte Vorschriften des Bauordnungsrechts zwar grundsätzlich nachbarschützend sind, im Einzelfall daraus aber ein bauordnungsrechtlicher Nachbarschutz nicht festgestellt werden kann.[489]

512

Zum Verhältnis zwischen bauplanungs- und bauordnungsrechtlichem Nachbarschutz hat das BVerwG eine weitere Grundsatzentscheidung bezüglich des einzuhaltenden Grenzabstandes getroffen[490] und geklärt, dass Beeinträchtigungen, die ein Vorhaben dadurch verursacht, dass es beim Grenzabstand ein bestimmtes Maß unterschreitet, vom hierdurch betroffenen Nachbarn grundsätzlich dann hingenommen werden muss, wenn die landesrechtlichen **Abstandsvorschriften** eingehalten sind. Diese Regelungen zielen im Interesse der Wahrung sozialverträglicher Verhältnisse nicht zuletzt darauf ab, eine ausreichende Belichtung und Besonnung von Gebäude- und sonstigen Teilen des Nachbargrundstücks sicherzustellen. Der Nachbar, der sich gegen die Verwirklichung eines Bauvorhabens zur Wehr setzt, kann unter diesem Blickwinkel grundsätzlich keine Rücksichtnahme verlangen, die über den Schutz des Abstandsflächenrechts hinausgeht. Denn die landesrechtlichen Grenzabstandsvorschriften stellen insoweit ihrerseits eine Konkretisierung des Gebots nachbarlicher Rücksichtnahme dar.[491]

513

III. Nachbarschützende Regelungen

Folgende nachbarschützende Vorschriften im Rahmen des Bauordnungsrechts kommen im Einzelnen in Betracht:

---

486 BVerwG, Urt. v. 07.02.2000 – 4 C 3/00, NVwZ 2001, 813.
487 BVerwG, Urt. v. 07.02.2000 – 4 C 3/00, NVwZ 2001, 813.
488 BVerwG, Urt. v. 16.09.1993 – 4 C 28/91, NJW 1994, 1546 – Nachbarschutz gegen Garagen.
489 BVerwG, Urt. v. 07.02.2000 – 4 C 3/00, NVwZ 2001, 813.
490 BVerwG, Beschl. v. 06.12.1996 – 4 B 215/96, NVwZ-RR 1997, 516.
491 BVerwG, Beschl. v. 06.12.1996 – 4 B 215/96, NVwZ-RR 1997, 516 (517).

§ 3 Öffentlich-rechtlicher Nachbarschutz

1. Bauordnungsrechtliche Generalklausel

514 Nach den bauordnungsrechtlichen Generalklauseln sind bauliche Anlagen so anzuordnen, zu errichten, zu ändern oder instandzuhalten, dass sie die öffentliche Sicherheit oder Ordnung nicht gefährden. Die bauordnungsrechtliche Generalklausel dient damit primär dem Schutz der Allgemeinheit. Dennoch ist Nachbarschutz hier nicht von vornherein ausgeschlossen. Ebenso wie in der polizeilichen Generalklausel umfasst der Begriff der öffentlichen Sicherheit auch **Individualrechtsgüter**. Soweit es daher um die Abwehr **bauspezifischer Gefahren** für Individualrechtsgüter des Nachbarn geht, ist der bauordnungsrechtlichen Generalklausel drittschützende Funktion zugewiesen. Nachbarschützende Bedeutung kommt der Generalklausel allerdings nur zu, soweit es um die Abwehr von Bestandsstörungen oder -gefährdungen durch unzumutbare Immissionen geht.

2. Abstandsflächenregelungen

515 Das BVerwG hat schon mit Urteil vom 28.10.1993 entschieden, dass das Abstandsflächenrecht eine Konkretisierung des Rücksichtnahmegebotes darstellt.[492] Regelungen über die Abstandsflächen stellen im Übrigen eine landesrechtlich zulässige Inhaltsbestimmung des Eigentums dar.[493] Dementsprechend ist davon auszugehen, dass sämtlichen Regelungen der Bauordnungen über Abstandsflächen nachbarschützender Charakter zukommt.

516 Abstandsflächen legen fest, dass grundsätzlich vor den Außenwänden einer baulichen Anlage eine bestimmte Fläche nicht bebaut werden darf. Abstandsflächen gegenüberliegender Wände dürfen sich nicht überschneiden. Grundsätzlich müssen die Abstandsflächen auf dem betroffenen Grundstück selbst liegen.

517 Da die Regelungen über die einzuhaltenden Abstandsflächentiefen von dem gesetzgeberischen Zweck her eine ausreichende Belüftung, Belichtung und Besonnung garantieren sollen, gilt die Vorschrift eindeutig dem Schutz sowohl des angrenzenden Nachbargrundstücks, als auch im Übrigen zugunsten des Grundstücks des Bauherrn. In den persönlichen Schutzbereich ist grundsätzlich nur der unmittelbar **angrenzende Nachbar** einzubeziehen. Neben der einzuhaltenden Abstandsflächentiefe kennen die Landesbauordnungen auch einzelne **Privilegierungstatbestände**. Neben dem in den meisten Bundesländern vorgesehenen Schmalseitenprivileg sind besondere Anlagen wie etwa Garagen, Einfriedungen und Stückmauern in den Abstandsflächen eines Gebäudes sowie ohne eigene Abstandsflächen zulässig.
Festzuhalten ist, dass auf die Einhaltung der Abstandsflächen bzw. die Überprüfung der Abstandsflächen besonderer Wert zu legen ist, weil ein Verstoß gegen die Abstandsflächenvorschriften mit der größten Erfolgsaussicht im Wege einer nachbarlichen Anfechtungsklage gerügt werden kann.

3. Stellplatz- und Garagenregelungen

518 In den meisten Bauordnungen ist festgelegt, dass Einstellplätze so angeordnet und beschaffen sein müssen, dass ihre Nutzung nicht zu unzumutbaren Belästigungen für die Nachbarschaft führt. Den Vorschriften wird ein drittschützender Charakter beizumessen sein. Es wurde bereits darauf hingewiesen, dass das BVerwG der Vorschrift des § 12 **BauNVO**, die ebenfalls die Anlage von Stellplätzen und Garagen beinhaltet, nachbarschützender Charakter zukommt.[494]

---

492 BVerwG, Urt. v. 28.10.1993 – 4 C 5/93, NVwZ 1994, 686, 687.
493 BVerwG, Urt. v. 07.11.1997 – 4 C 7/97, NVwZ 1998, 735.
494 BVerwG, Urt. v. 16.09.1993 – 4 C 28/91, NJW 1994, 1546 – Nachbarschutz gegen Garagen.

G. Ansprüche gegenüber Immissionen durch die öffentliche Hand

Wenn auch diese Entscheidung zu einer bauplanungsrechtlichen Regelung ergangen ist, so ist jedenfalls der Sinngehalt auch auf entsprechende bauordnungsrechtliche Vorschriften zu übertragen. Insbesondere begegnen Garagen und Stellplätze im ruhigen **rückwärtigen Gartenbereich** hinter Wohnhäusern oft rechtlichen Bedenken. Ob sie allerdings im Einzelfall unzumutbar sind, richtet sich nach der Eigenart des Baugebiets. Eine generelle, für alle Standorte von Stellplätzen im rückwärtigen (Wohn-)Bereich geltende Beurteilung ist nicht möglich.[495]

519

4. Vorschriften mit speziell immissionsbegrenzendem Schutzzweck

Nach zahlreichen Vorschriften der Landesbauordnungen müssen bauliche Anlagen so errichtet und genutzt werden, dass im Hinblick auf Lärm- oder Luftimmissionen keine Gefahren oder unzumutbaren Belästigungen oder erhebliche Nachteile entstehen. Die einschlägigen Regelungsinhalte sind von Bundesland zu Bundesland verschieden. Der **Zumutbarkeitsmaßstab** entspricht dem des bauplanungsrechtlichen Rücksichtnahmegebots und damit auch dem in den §§ 3 I, 22 I BImSchG. Der partielle Nachbarschutz richtet sich insoweit inhaltlich weitgehend nach denselben Kriterien.

520

5. Bestandsschützende Vorschriften

Soweit bauordnungsrechtliche Vorschriften zumindest auch darauf abzielen, bauspezifische Gefahren für den Bestand des Nachbargrundstücks und seiner baulichen Anlage zu verhindern, sind diese nachbarschützend. Zum einen geht es insoweit um **brandschutzrechtliche** Vorschriften, deren Einhaltung dem Feuerübergriff auf das Nachbargrundstück vorbeugen soll. Insoweit sind Regelungen über die Beschaffenheit und Lage der äußeren Brandwände daher ebenfalls nachbarschützend. Daneben dienen auch die Vorschriften über die **Standsicherheit** dem Bestandsschutz des Nachbargrundstücks. Sofern bauordnungsrechtliche Vorschriften vorsehen, dass die **Oberfläche** des zu bebauenden Grundstücks auf behördliche Anordnung an die Oberfläche des Nachbargrundstücks anzugleichen ist, kommt diesen Vorschriften und den daraus ergehenden Anordnungen ebenfalls drittschützende Wirkung zugunsten des unmittelbar angrenzenden Nachbarn zu.

521

G. Ansprüche gegenüber Immissionen durch die öffentliche Hand

Geht die den Nachbarn beeinträchtigende Störung von einer Immissionsquelle aus, die etwa als öffentliche Einrichtung nicht in privatrechtlicher Form, sondern öffentlich-rechtlich betrieben wird, scheiden unmittelbare Abwehransprüche des privaten Nachbarrechts gem. §§ 1004, 906, 823 I und II, 862 BGB aus. In Betracht kommen etwa Beeinträchtigungen durch

522

- Geräusch- und Lärmimmissionen (z. B. Kinder- und Schullärm, Verkehrslärm, Sportlärm),
- Luftverunreinigungen (Gase, Dämpfe, Gerüche, Rauch, Staub, Ruß),
- Immissionen durch Erschütterungen sowie
- ähnliche Einwirkungen.

Abwehransprüche des betroffenen Nachbarn können dann nach herrschender Auffassung in Rechtsprechung und Literatur nur auf das öffentliche Recht gestützt werden. Für die Abwehr der hoheitlichen Störungen ist sodann ausschließlich der Verwaltungsrechts-

523

---

[495] BVerwG, Urt. v. 07.12.2000 – 4 C 3/00, NVwZ 2001, 813 (815).

weg gegeben. Problematisch ist derzeit die Rechtswegfrage bezüglich der Abwehr von Störungen durch die **Deutsche Bahn AG**. Soweit Ansprüche im Zusammenhang mit einer Planfeststellung durch das Eisenbahn-Bundesamt nach § 18 AEG[496] geltend gemacht werden, etwa auf zusätzliche Lärmschutzmaßnahmen und/oder Entschädigungsleistungen, ist hierfür der Verwaltungsrechtsweg gegeben. Der BGH hat allerdings auch den Zivilrechtsweg für eine Immissionsabwehrklage gegen die Deutsche Bahn AG anerkannt.[497] Die Diskussion über die weitergehenden Konsequenzen ist aber gerade erst eröffnet und kann hier nicht weiter vertieft werden.[498]

In Betracht kommen bei Störungen durch Immissionen durch die öffentliche Hand Ansprüche auf
- Abwehr und Unterlassung,
- Beseitigung und Folgenbeseitigung,
- Schadensausgleich und Entschädigung.

I. Abwehr- und Unterlassungsanspruch

524 Der Nachbar, der hoheitlichen Immissionen oder sonstigen Störungen durch die öffentliche Hand auf einem benachbarten Grundstück ausgesetzt ist, hat in erster Linie ein Interesse daran, dass die ihn beeinträchtigende Nutzung gänzlich unterbunden wird. Die Rechtsprechung stellt dem Nachbarn dafür einen allgemeinen öffentlich-rechtlichen Abwehranspruch in Form der **Leistungs- oder Unterlassungsklage** zur Verfügung:

▶ Es wird beantragt, den Beklagten zu verurteilen, den Betrieb, die Nutzung und die Vermietung auf dem Grundstück .... zu unterlassen. ◀

So weit lediglich ein eingeschränkter Betrieb begehrt wird (zeitliche, räumliche oder Einschränkungen von der Nutzungsart), könnte folgender Anspruch geltendgemacht werden:

▶ Es wird beantragt, den Betrieb, die Nutzung sowie die Vermietung auf dem Grundstück ... nur mit folgenden Einschränkungen vorzunehmen und zuzulassen: ... ◀

1. Anspruchsgrundlage

525 Das BVerwG hat es abgelehnt, einen öffentlich-rechtlichen Abwehranspruch gegen Immissionen, die von hoheitlichen Emittenten verursacht worden sind, unmittelbar aus §§ 4 ff., §§ 22 ff. BImSchG abzuleiten.[499] Nach der Systematik der §§ 22 ff. BImSchG beschränken sich Rechtsfolgen einer **Betreiberrechtsverletzung auf ordnungsbehördliche Maßnahmen** nach §§ 24, 25 BImSchG, die zudem noch im behördlichen Ermessen stehen. In dem unmittelbaren Verhältnis zwischen Störer und Gestörtem kommt §§ 22 ff. BImSchG daher keine eigenständige Anspruchsqualität zu. Der im Wege **richterlicher Rechtsfortbildung** entwickelte öffentlich-rechtliche Abwehranspruch findet heute keine klare dogmatische Rechtsgrundlage. Im Wesentlichen wird auf eine analoge Geltung der §§ 1004, 906 BGB verwiesen oder der Anspruch auf Art. 2 II und 14 I GG gestützt.

526 Das BVerwG hat kategorisch in seiner grundlegenden Entscheidung vom 29.4.1998 zur „Feueralarmsirene" festgestellt: „Es kann hier dahinstehen, welches die Grundlage ist für

---

[496] Allgemeines Eisenbahngesetz v. 27.12.1993 (BGBl. I, 2378) mit mehrfachen Änderungen.
[497] BGH, Beschl. v. 21.11.1996 – V Z. B. 19/96, NJW 1997, 744.
[498] S. aber *Roth*, Zur Bedeutung des Bürgerlichen Rechts bei der Abwehr von Störungen durch die Deutsche Bahn, NVwZ 2001, 34–39.
[499] BVerwG, Urt. v. 29.04.1988 – 7 C 33/87, BVerwGE 79, 254 ff. – Feueralarmsirene.

G. Ansprüche gegenüber Immissionen durch die öffentliche Hand

den gegen den Hoheitsträger als Störer gerichteten Anspruch auf Unterlassung von – ein noch zu bestimmendes Maß überschreitenden – Immissionen, nämlich die analog anzuwendenden §§ 1004, 906 BGB oder die Art. 2 II und 14 I GG. Dass ein Abwehranspruch besteht, ist unbestritten. Unbestritten ist auch, dass das Grundrecht auf körperliche Unversehrtheit (Art. 2 II GG) und das Eigentumsrecht (Art. 14 I GG) mit der Folge eines entsprechenden Abwehranspruchs verletzt sind, wenn eine in Wahrnehmung öffentlicher Aufgabe betriebene Einrichtung Immissionen hervorruft, die die Gesundheit schädigen oder schwer und unerträglich in das Eigentum eingreifen."[500]

2. Rechtswidrige zurechenbare Beeinträchtigung

Der öffentlich-rechtliche Abwehranspruch aus § 1004 BGB setzt voraus, dass der Bürger durch ein schlicht hoheitliches Verwaltungshandeln bzw. dessen zurechenbare Folgen, wie z. B. die von einer hoheitlich betriebenen Anlage oder Einrichtung ausgehenden Immissionen, in seinen geschützten Rechtsgütern rechtswidrig beeinträchtigt wird und er zur Duldung dieser Beeinträchtigung nicht verpflichtet ist. Allerdings wird der Immissionsabwehranspruch nicht nur bei einer tatsächlichen Gesundheitsbeschädigung oder einer schweren und erträglichen Eigentumsstörung des Nachbarn, sondern bereits **unterhalb** der Grenze der **Gesundheitsstörung** ausgelöst. Das BVerwG hat hierzu festgestellt: „Der Maßstab der erheblichen Belästigung oder des erheblichen Nachteils liegt unterhalb der Grenze, ab der Immissionen z. B. durch Geräusche eine Gesundheitsgefahr darstellen oder die Nutzung eines Grundstücks in einer Weise einschränken, die mit der Gewährleistung privatnützigen Eigentums (Art. 14 Abs. 1 Satz 1 GG) nicht mehr zu vereinbaren ist".[501]

Der Tatbestand des öffentlich-rechtlichen Abwehranspruchs verlangt, dass die rechtswidrige, nicht hinzunehmende Belastung dem Verwaltungsträger als Störer **zurechenbar** ist. Insoweit ergeben sich gegenüber dem zivilrechtlichen Nachbarschutz aus § 1004 BGB keine Besonderheiten.

3. Zumutbarkeitsschwelle

Die Grenzlinie zwischen rechtswidrigen, abwehrbaren und rechtmäßigen, nicht abwehrbaren Störungen wird unter Heranziehung der Rechtsgedanken aus § 906 BGB sowie § 22 BImSchG näher bestimmt. Nach der neuen Rechtsprechung zunächst des BVerwG sowie anschließend des BGH ist die **Zumutbarkeitsschwelle** innerhalb derer eine Beeinträchtigung hinzunehmen ist, in § 906 BGB und §§ 3, 22 BImSchG letztlich identisch zu beurteilen.

Das **BVerwG** hat in seiner **Sirenenentscheidung** vom 29.8.1988 schon ausgeführt: „Für die Beurteilung der Rechtmäßigkeit von Immissionen hoheitlich betriebener Anlagen sind – mangels anderweitiger spezialgesetzlicher Regelung – die Maßstäbe des Bundes-Immissionsschutzgesetzes für die Schädlichkeit von Umwelteinwirkungen (§ 3 I BImSchG) anzuwenden. Sie stellen den Emittenten nicht günstiger, als § 906 I BGB ihn im privaten Nachbarschaftsverhältnis mit dem Maßstab der – unzulässigen – wesentlichen Beeinträchtigung der Benutzung des Nachbargrundstücks stellt."[502] Allerdings ist die

---

500 BVerwG, Urt. v. 29.04.1988 – 7 C 33/87, BVerwGE 79, 254 (257) – Feueralarmsirene.
501 BVerwG, Urt. v. 23.05.1991 – 7 C 19/90, BVerwGE 88, 210 (213) – Schießlärm von einem Truppenübungsplatz.
502 BVerwG, Urt. v. 29.04.1988 – 7 C 33/87, BVerwGE 79, 254 Leitsatz 3 – Feueralarmsirene.

Erheblichkeit und damit die Zumutbarkeit von Geräuschimmissionen auch von wertenden Elementen wie solchen der Herkömmlichkeit, der sozialen Adäquanz und einer allgemeinen Akzeptanz mitgeprägt.[503]

530 Der **BGH** hat die Gleichstellung der Zumutbarkeitsschwelle im Nachbarrecht durch die Vorschriften des BImSchG einerseits und die des BGB andererseits erstmals mit seiner „**Volksfest-Entscheidung**" anerkannt. Dort heißt es im Leitsatz a): „Wesentliche Geräuschimmissionen im Sinne von § 906 Abs. 1 BGB sind identisch mit den erheblichen Geräuschbelästigungen und damit schädlichen Umwelteinwirkungen im Sinne von § 3 Abs. 1, § 22 Abs. 1 BImSchG."[504] Dies hat der BGH wiederholt, zugleich aber klargestellt, dass für die Frage der Wesentlichkeit der Lärmimmissionen Dauer und Häufigkeit der Einwirkung von erheblicher Bedeutung sind; daher können die von einem **Rockkonzert** ausgehenden Lärmimmissionen, die die Richtwerte der sog. **LAI-Hinweise** überschreiten, unwesentlich sein, wenn es sich um eine Veranstaltung von kommunaler Bedeutung handelt, die nur an einem Tag des Jahres stattfindet und weitgehend die einzige in der Umgebung bleibt.[505]

531 Die Rechtsprechung sieht einen öffentlich-rechtlichen Immissionsabwehranspruch jedenfalls als grundsätzlich einschlägig an, wenn die von einem hoheitlichen Emittenten (mit)verursachte Emissionsbelastung die **Erheblichkeitsgrenze** der §§ 3 I, 22 BImSchG übersteigt. Insofern können auch die **Grenzwerte** in öffentlich-rechtlichen und privaten **Regelwerken** – je nachdem unmittelbar oder zumindest indiziell – zur Beurteilung der Grenze herangezogen werden. Richtwerte von privaten Institutionen – auch wenn sie unter Beteiligung der Fachöffentlichkeit aufgestellt wurden (etwa VDI-Richtlinien, DIN-Normen) können im Rahmen der tatrichterlichen Würdigung nur als Indizien herangezogen werden.[506] Zu berücksichtigen ist im Übrigen auch die bebauungsrechtliche Situation, also die faktische oder planerische **Vorbelastung** des Beurteilungsgebietes.

4. Gesteigerte Duldungspflichten

532 Aufgrund des regelmäßig **gemeinbezogenen Zwecks** einer emittierenden öffentlichen Einrichtung können Gesichtspunkte der sozialen Adäquanz und der allgemeinen Akzeptanz die Zumutbarkeitsschwelle für eine hinzunehmende Beeinträchtigung in gewissen Grenzen erhöhen. Zu berücksichtigen ist weiter, ob der **Betroffene** die Störungswirkung selbst mittels einfacher Hilfsmittel zumutbar verhindern kann. Eine gesteigerte Duldungspflicht wird der Nachbarschaft auferlegt, wenn eine öffentlich-rechtliche Körperschaft im Rahmen ihrer **gesetzlichen Vorgaben** tätig wird.

II. Folgenbeseitigungsanspruch

533 Der Folgenbeseitigungsanspruch ist darauf gerichtet, die Folgen einer rechtswidrigen hoheitlichen Handlung zu beseitigen, indem die Wiederherstellung des Zustandes begehrt wird, der vor der rechtswidrigen hoheitlichen Handlung bestanden hat.[507] Das BVerwG hat für den Bereich des öffentlichen Baurechts grundlegende Ausführungen zu Art und Umfang des Anspruchs auf Folgenbeseitigung nach der **Unwirksamkeitserklä-**

---

503 BVerwG, Urt. v. 29.04.1988 – 7 C 33/87, BVerwGE 79, 254 (260) – Feueralarmsirene.
504 BGH, Urt. v. 23.03.1990 – V ZR 58/89, BGHZ 111, 63.
505 BGH, Urt. v. 26.09.2003 – V ZR 41/03, BauR 2004, 300.
506 BVerwG, Urt. v. 29.04.1988 – 7 C 33/87, BVerwGE 79, 254 (264) – Feueralarmsirene.
507 Zu den umfangreichen Antragsformen *Kopp/Schenke* VwGO, § 113 Rn 80.

G. Ansprüche gegenüber Immissionen durch die öffentliche Hand

rung eines Bebauungsplans gemacht.[508] Folgende tatbestandlichen Voraussetzungen müssen vorliegen, damit ein verschuldensunabhängiger Anspruch auf Folgenbeseitigung ausgelöst wird:
- Es muss ein hoheitlicher Eingriff vorliegen, der ein subjektives Recht des Betroffenen verletzt,
- für den Betroffenen muss dadurch ein rechtswidriger Zustand entstanden sein, der andauert.

Der Folgenbeseitigungsanspruch verpflichtet zur Beseitigung der durch den rechtswidrigen Eingriff entstandenen Folgen grundsätzlich in der Weise, dass der **ursprüngliche rechtmäßige Zustand** hergestellt und gerade dadurch die Fortdauer des rechtswidrigen Zustandes beendet wird. Als Ziel des Anspruchs gilt zwar die Wiederherstellung rechtmäßiger Zustände, gleichwohl ist sein Inhalt darauf begrenzt, den Eingriff in die subjektive Rechtsstellung zu beseitigen. Die Pflicht zur Beseitigung wird mithin durch **Art und Umfang der Beeinträchtigung begrenzt**.[509] Für den Nachbarn, der die Beseitigung eines rechtswidrigen Zustands begehrt, bedeutet dies: Der Betroffene kann die Beseitigung eines baurechtswidrigen Zustands oder einer unzulässigen Nutzung nur in dem Umfang verlangen, wie er dadurch konkret in seinen subjektiven Rechten verletzt ist.

In **prozessualer** Hinsicht ist folgendes zu berücksichtigen: Grundsätzlich ist es Sache des anspruchsverpflichteten Hoheitsträgers, selbst darüber zu befinden, mit welchen Mitteln er den früheren rechtmäßigen Zustand wiederherstellen will. Diese prozessuale Lage hat zur Konsequenz, dass ein Gericht nur zur Beseitigung der eingetretenen Störung verurteilen darf.[510] Dies sollte bei der Antragstellung berücksichtigt werden, indem keine zu weitgehenden Anträge gestellt werden, da diese mit dem Risiko behaftet sind, jedenfalls zum Teil abgewiesen zu werden.

III. Kompensatorische Geldleistungsansprüche

Ist die dem störenden Hoheitsträger zurechenbare Beeinträchtigung durch den Nachbarn aus tatsächlichen oder rechtlichen Gründen nicht abwehrfähig, steht ihm ein Ausgleichsanspruch gegen den Störer zu. In Betracht kommt zunächst, dass der gestörte Nachbar, der eine ihm seitens des störenden Hoheitsträgers geschuldete Beseitigungshandlung selbst ausführt, **Aufwendungsersatzansprüche** nach Maßgabe einer öffentlich-rechtlichen Geschäftsführung ohne Auftrag geltend machen kann.[511] Spezialgesetzlich geregelte Geldleistungsansprüche als Kompensation für einen ausgeschlossenen Abwehranspruch finden sich in Sonderregelungen des Fachplanungsrechts (§§ 74 II 3, 75 II 4 VwVfG, § 42 BImSchG).

Seit der sog. **Sirenenentscheidung** des BVerwG[512] kann der gestörte Nachbar gegen den Träger der emittierenden Quelle anstelle der Störungsunterlassung einen Geldbetrag verlangen. Das BVerwG stützt einen Anspruch analog auf die Regelungen des § 906 II 2 BGB, § 74 II 3 VwVfG, § 17 IV FStrG sowie § 42 BImSchG. Danach kann im Nachbarschaftsverhältnis ein Geldausgleich durch den verlangt werden, der einen unangemessen hohen Aufwand für eigene – passive – Immissionsabwehrmaßnahmen (z. B. Einbau von

---

508 BVerwG, Urt. v. 26.08.1993 – 4 C 24/91, NVwZ 1994, 275.
509 BVerwG, Urt. v. 26.08.1993 – 4 C 24/91, NVwZ 1994, 275 (280).
510 BVerwG, Urt. v. 26.08.1993 – 4 C 24/91, NVwZ 1994, 275 (280).
511 Zu den Voraussetzungen: BVerwG, Urt. v. 06.09.1988 – 4 C 5/86, BVerwGE 80, 170.
512 BVerwG, Urt. v. 29.04.1988 – 7 C 33/87, BVerwGE 79, 254 – Feueralarmsirene.

Schallschutzfenstern) vornimmt. Das BVerwG hat hierzu weiter folgendes grundsätzlich ausgeführt: „In allen öffentlich-rechtlich gestalteten Nachbarschaftsverhältnissen, wie sie durch die behördliche Zulassung öffentlicher Anlagen – insbesondere mittels einer planerischen Entscheidung entstehen, ist für einen Ausgleich zwischen störender und gestörter Nutzung zu sorgen. Dies hat in der Regel dadurch zu geschehen, dass dem Träger des geplanten Vorhabens **Vorkehrungen** oder die **Errichtung oder Unterhaltung von Anlagen aufzuerlegen** sind, die zum Wohle der Allgemeinheit oder zur Vermeidung nachteiliger Wirkungen des geplanten Vorhabens auf die Rechte anderer erforderlich sind. Ist im Einzelfall auf diesem Wege ein Ausgleich der widerstreitenden Interessen nicht oder nur mit unverhältnismäßigem Aufwand möglich, so hat der in seinem nachbarlichen Schutzrecht nachteilig Betroffene zum Ausgleich der ihm auferlegten Duldungspflicht Anspruch auf angemessene Entschädigung in Geld. Dieser allgemeine Rechtssatz, der für das private Nachbarrecht seine Entsprechung in § 906 II 2 BGB findet, hat u. a. in § 74 II 3 VwVfG und in den entsprechenden Vorschriften der Landesverwaltungsverfahrensgesetze sowie für spezielle öffentliche Anlagen z. B. in § 17 IV FStrG ... gesetzgeberischen Niederschlag gefunden."[513] Weiter heißt es in der Entscheidung sodann: „Der bezeichnete Ausgleichsanspruch in Geld ist öffentlich-rechtlicher Art und greift als einheitlicher Anspruch unabhängig davon ein, ob durch die von der geplanten Verkehrsanlage ausgehenden Lärmimmissionen die enteignungsrechtliche Zumutbarkeitsschwelle einer schweren und unerträglichen Betroffenheit des Anliegergrundstücks überschritten wird. ... Für die Bemessung des genannten Anspruchs stellt die Höhe der Kosten, die dem Immissionsbetroffenen Nachbarn aus der Durchführung der erforderlichen Schallschutzmaßnahmen am Gebäude erwachsen, neben anderen Gesichtspunkten – wie etwa der Beeinträchtigung des Außenwohnbereichs ... – einen maßgeblichen Richtpunkt dar."[514]

538 Das Bestehen dieses öffentlich-rechtlichen Ausgleichsanspruchs ist im Übrigen nicht nur davon abhängig, dass die Verkehrsanlage in der Form einer Planfeststellung zugelassen wird. Auch die Festsetzung von Verkehrsflächen gem. § 9 I Nr. 11 BauGB in einem Bebauungsplan oder sogar im Wege isolierter Straßenplanung kann einen Ausgleichsanspruch auslösen, wenn nicht die entsprechenden Schutzvorkehrungen geregelt sind oder diese keine wirksame Abhilfe versprechen.

539 Schließlich ist auf Ansprüche aus **enteignendem** und **enteignungsgleichem Eingriff** hinzuweisen. Der enteignungsgleiche Eingriff kommt als Anspruchsgrundlage für eine Entschädigung in Betracht, wenn die von der hoheitlichen Störungsquelle verursachte Belästigung rechtswidrig ist und keiner speziellen Duldungspflicht unterliegt. Der enteignende Eingriff erfasst Fallgestaltungen, in denen die Störungswirkung zwar vom Betroffenen mangels Rechtswidrigkeit zu dulden ist, dennoch eine Intensität erreicht, die als Sonderopfer zu bewerten ist. Grundsätzlich hat der Betroffene aber **kein freies Wahlrecht**, ob er einen Entschädigungsanspruch geltend machen will oder aber gegenüber der rechtswidrigen Beeinträchtigung einen Abwehranspruch geltend macht. Die Möglichkeit der Abwehr einer rechtswidrigen Beeinträchtigung hat grundsätzlich Vorrang vor der Einforderung einer Entschädigung.

---

513 BVerwG, Beschl. v. 07.09.1988 – 4 N 1/87, NJW 1989, 467 (469).
514 BVerwG, Beschl. v. 07.09.1988 – 4 N 1/87, NJW 1989, 467 (469).

IV. Ansprüche gegenüber Immissionen durch Private

540 Nur am Rande sei der Nachbarschutz gegenüber Anlagen angesprochen, die nicht im Sinne des BImSchG genehmigungsbedürftig sind. Entsprechende Regelungen für nicht genehmigungsbedürftige Anlagen ergeben sich aus §§ 22 ff. BImSchG. Insbesondere in Gebieten, in denen ein Nebeneinander von Wohnnutzung und immissionsträchtiger Nutzung stattfindet, kommt es gelegentlich zu einem **Nutzungskonflikt**, weil von dem Vorhaben Immissionen ausgehen, die für die benachbarte Wohnnutzung als erheblich belästigend oder die Gesundheit gefährdend angesehen werden. Dies gilt sowohl für immissionsschutzrechtlich genehmigungsbedürftige Anlagen wie auch für solche Anlagen, die immissionsschutzrechtlich nicht genehmigungsbedürftig sind (§ 22 BImSchG).

V. Pflichten der Betreiber nicht genehmigungsbedürftiger Anlagen

541 Gem. § 22 I BImSchG sind auch nicht genehmigungsbedürftige Anlagen so zu errichten und zu betreiben, dass
- schädliche Umwelteinwirkungen verhindert werden, die nach dem Stand der Technik vermeidbar sind (§ 22 I Nr. 1 BImSchG),
- nach dem Stand der Technik unvermeidbare schädliche Umwelteinwirkungen auf ein Mindestmaß beschränkt werden (§ 22 I Nr. 2 BImSchG) und
- die bei dem Betrieb der Anlagen entstehenden Abfälle ordnungsgemäß beseitigt werden können (§ 22 I Nr. 3 BImSchG).

Das BVerwG hat ausdrücklich darauf hingewiesen, dass die Grundpflichten gem. § 22 I BImSchG nicht nur im Zeitpunkt der Errichtung der Anlage, sondern in der **gesamten Betriebsphase** zu erfüllen sind. Der Betreiber kann sich insbesondere nicht darauf berufen, dass der sein Vorhaben zulassende Genehmigungsbescheid (z. B. eine Baugenehmigung) keine konkreten Anforderungen an den Schutz der Nachbarschaft stellt.[515]

VI. Rechtsgrundlagen zum Einschreiten

542 **§ 24 BImSchG** eröffnet der zuständigen Behörde im Einzelfall die Möglichkeit, die zur Durchführung des § 22 BImSchG erforderlichen Anordnungen zum Schutze der Nachbarschaft zu treffen. Ferner bietet **§ 25 II BImSchG** eine **Rechtsgrundlage** für ein Einschreiten der zuständigen Behörde, mit der die Errichtung oder der Betrieb einer Anlage ganz oder teilweise untersagt werden kann, soweit die Allgemeinheit oder die Nachbarschaft nicht auf andere Weise ausreichend geschützt werden kann.

543 Nach der Rechtsprechung des BVerwG kann eine (teilweise) Betriebsuntersagung wie auch eine minderschwere Maßnahme auf der Grundlage **sowohl** des **§ 24 BImSchG**, als auch des **§ 25 II BImSchG** ergehen.[516] In der grundlegenden Entscheidung vom 19.1.1989 hat das BVerwG sogar festgestellt, dass § 25 II BImSchG nicht die Befugnis der Immissionsschutzbehörde zum Einschreiten begrenzt, sondern das ihr sonst zustehende Ermessen in Richtung auf ein grundsätzliches **Gebot zum Einschreiten** reduziert, wenn die Voraussetzungen des § 25 II BImSchG vorliegen.[517] Im Konflikt zwischen

---

[515] BVerwG, Urt. v. 18.05.1995 – 4 C 20/94, DVBl. 1996, 40 (43) – Betrieb einer Autolackiererei.
[516] BVerwG, Urt. v. 19.01.1989 – 7 C 77/87, BVerwGE 81, 197 – Abwehranspruch gegen von der öffentlichen Hand betriebenen Sportplatz; BVerwG, Urt. v. 30.04.1992 – 7 C 25/91, DVBl 1992, 1234 – Glockengeläut während der Nachtzeit (22.00 bis 6.00 Uhr).
[517] BVerwG, Urt. v. 19.01.1989 – 7 C 77/87, BVerwGE 81, 197 – Abwehranspruch gegen von der öffentlichen Hand betriebenen Sportplatz.

Wohnnutzung und immissionsträchtiger Nutzung kann es im Übrigen auch von Bedeutung sein, welche Nutzung eher vorhanden war.[518] Das BVerwG geht hier von dem sog. **Prioritätsprinzip** aus, wonach es grundsätzlich darauf ankommt, welche der beiden miteinander unverträglichen Nutzungen zuerst verwirklicht wurde.[519]

VII. Zumutbarkeitsschwelle

544 Im öffentlich-rechtlichen Nachbarstreit ist die Frage der Zumutbarkeit von Geräuschen, die der Nachbar hinzunehmen oder aber nicht mehr zu dulden hat, nach den Maßstäben der §§ 3 und 22 I BImSchG zu bestimmen und zu beurteilen.[520] Nach der **Legaldefinition** des § 3 I BImSchG sind schädliche Umwelteinwirkungen Immissionen, die nach Art, Ausmaß oder Dauer geeignet sind, Gefahren, erhebliche Nachteile oder erhebliche Belästigungen für die Allgemeinheit oder die Nachbarschaft herbeizuführen. Nach § 22 I BImSchG sind schädliche Umwelteinwirkungen zu **vermeiden** oder nach dem Stand der Technik unvermeidbare Umwelteinwirkungen auf ein Mindestmaß zu **beschränken**.

545 Die Feststellung, wann Geräusche die Schwelle schädlicher Umwelteinwirkungen überschreiten, also die Allgemeinheit oder die Nachbarschaft erheblich belästigen (§ 3 I BImSchG), unterliegt weitgehend der **tatrichterlichen Würdigung** und ist eine Frage der **Einzelbeurteilung**. Diese richtet sich insbesondere nach der durch die **Gebietsart** und die tatsächlichen Verhältnisse bestimmten **Schutzwürdigkeit** und die **Schutzbedürftigkeit**, wobei wertende Elemente wie die **Herkömmlichkeit**, die **soziale** und die **allgemeine Adäquanz** mitbestimmend sind. Alle diese Umstände müssen im Sinne einer „**Güterabwägung**" in eine wertende Gesamtbetrachtung einfließen.[521] Zur Ermittlung und Bewertung des von dem Vorhaben ausgehenden Lärms können die **Richtwerte der TA Lärm** herangezogen werden. Die in der TA Lärm niedergelegten Ermittlungs- und Bewertungsgrundsätze sind auch für Geräusche nicht genehmigungsbedürftiger Anlagen – je nach Ähnlichkeit mit dem von genehmigungsbedürftigen Anlagen ausgehenden Lärm – bedeutsam.[522]

VIII. Schutzwürdigkeit

546 Mehrfach hatte sich das BVerwG auch mit der Frage zu beschäftigen, ob eine Wohnnutzung gegenüber Immissionen einer in der Nachbarschaft rechtmäßig betriebenen Anlage schutzwürdig ist, wenn z. B. die Wohnnutzung selber **baurechtswidrig** ist. Das BVerwG hat dies nochmals eindeutig klargestellt: Eine baurechtswidrige Nutzung ist gegenüber Immissionen einer in der Nachbarschaft rechtmäßig betriebenen Anlage **nicht schutzwürdig**.[523] Allerdings ist dieser Leitsatz etwas weiter zu differenzieren. Zwar scheidet eine Wohnnutzung als Schutzobjekt nicht schon dann aus, wenn diese ungenehmigt, also **formell** baurechtswidrig erfolgt. Schutzwürdigkeit und Schutzbedürftigkeit einer Wohnnutzung auf Nachbargrundstücken richten sich vielmehr danach, was aufgrund der **materi-**

---

518 BVerwG, Urt. v. 19.01.1989 – 7 C 77/87, BVerwGE 81, 197 – Abwehranspruch gegen von der öffentlichen Hand betriebenen Sportplatz.
519 BVerwG, Beschl. v. 23.10.2000 – 7 B 71/00, DVBl. 2001, 642 (643).
520 BVerwG, Urt. v. 19.01.1989 – 7 C 77/87, BVerwGE 81, 197 – Abwehranspruch gegen von der öffentlichen Hand betriebenen Sportplatz.
521 BVerwG, Urt. v. 30.04.1992 – 7 C 25/91, DVBl. 1992, 1234 (1235) – Glockengeläut während der Nachtzeit.
522 BVerwG, Urt. v. 24.09.1992 – 7 C 6/92, NJW 1993, 342 – Untersagung des Betriebs einer Tankstelle während der Nachtzeit.
523 BVerwG, Urt. v. 24.09.1992 – 7 C 6/92, NJW 1993, 342 – Untersagung des Betriebs einer Tankstelle während der Nachtzeit.

G. Ansprüche gegenüber Immissionen durch die öffentliche Hand

ell-baurechtlichen Situation billigerweise an Schutz erwartet werden darf. Daraus folgert das BVerwG, dass eine ungenehmigte Wohnnutzung, die beispielsweise planungsrechtlich unzulässig und auch nicht durch Bestandsschutz i. S. des Art. 14 I GG gedeckt ist, nicht Schutzobjekt einer rechtmäßigen Immissionsschutzauflage sein kann.[524]

Zusammenfassend ist somit festzustellen, dass ein Nachbar, der eine materiell-baurechtmäßige Nutzung betreibt, einen Anspruch gegen die Bauaufsichtsbehörde auf Einschreiten gegenüber solchen Vorhaben geltend machen kann, von denen schädliche Umwelteinwirkungen i. S. der §§ 3 I, 22 I BImSchG auf sein Grundstück ausgehen. Rechtsgrundlage für ein Einschreiten bieten insoweit die §§ 24, 25 BImSchG.

---

524 BVerwG, Urt. v. 25.02.1992 – 1 C 7/90, DVBl. 1992, 1170 (1771 f.).

§ 4 Nachbarschutz von Gemeinden

547 Nach Art. 28 II 1 GG muss den Gemeinden das Recht gewährleistet sein, alle Angelegenheiten der örtlichen Gemeinschaft in eigener Verantwortung zu regeln. Art. 28 II GG gewährleistet den Gemeinden damit eine **Planungshoheit** für ihr Gemeindegebiet. Die Verfassung gewährleistet den Gemeinden nach Art. 28 II 1 GG als Teil der Angelegenheiten der örtlichen Gemeinschaft das Recht, in eigener Verantwortung im Rahmen der Gesetze für ihr Gemeindegebiet die **Bodennutzung** festzulegen.[525]

548 Zu den **Sicherungsinstrumente**, die das BauGB bereithält, gehören neben den Abstimmungsvorschriften des § 2 II und des § 7 BauGB, die Sicherungsmaßnahmen der §§ 14 und 15 BauGB, das Vorkaufsrecht nach §§ 24 ff. BauGB und die Beteiligungsregelung des § 36 BauGB: Aus der verfassungsrechtlichen Stellung der Gemeinde heraus gewährleistet § 36 I BauGB den Gemeinden ein Beteiligungsrecht bei Vorhaben, die sich auf ihren örtlichen Bereich auswirken. § 2 II BauGB schreibt darüber hinaus ein sog. interkommunales Abstimmungsgebot zwischen benachbarten Gemeinden bei der Aufstellung ihrer jeweiligen Bebauungspläne fest.

549 Liegt eine Verletzung des Beteiligungsrechts der Gemeinde und/oder des Abwägungsgebotes nach § 1 VII BauGB vor, hat die Gemeinde – wie auch jede natürliche oder juristische Person – die Möglichkeit, gegen eine entsprechende Bauleitplanung bzw. eine auf dieser Grundlage erteilte bauaufsichtliche Genehmigung im Wege der **Gemeindenachbarklage** oder im Rahmen eines **Normenkontrollverfahrens** nach § 47 VwGO vorzugehen.

550 Aus der Verletzung der Beteiligungs- und Abstimmungsvorschriften kann die Gemeinde daher im Einzelfall ein **Abwehrrecht** gegen bestimmte Vorhaben herleiten. In der Rechtspraxis spielt die gemeindliche Planungshoheit vor allem als Abwehrrecht gegen (Fach)Planungen anderer öffentlichen Planungsträger[526] oder gegen die bauaufsichtliche Genehmigung eines Vorhabens eine Rolle, für das die Gemeinde das nach § 36 I BauGB erforderliche Einvernehmen nicht erteilt hat.[527] Im Einzelfall steht der Gemeinde sogar vorbeugender Rechtsschutz in Form einer **Unterlassungsklage** zur Verfügung.[528]

A. Planfeststellungsverfahren

551 Die gemeindliche Planungshoheit des Art. 28 II GG vermittelt nach ständiger Rechtsprechung des BVerwG eine wehrfähige in die **Abwägung** einzubeziehende Rechtsposition gegen fremde Fachplanungen auf dem eigenen Gemeindegebiet, wenn das Vorhaben
- nachhaltig eine hinreichend bestimmte Planung der Gemeinde stört
oder sich wegen der Großräumigkeit wesentliche Teile des Gemeindegebietes
- einer durchsetzbaren gemeindlichen Planung entzieht oder
- gemeindliche Einrichtungen erheblich beeinträchtigt.[529]

552 Zu dem durch Art. 28 II 1 GG gewährleisteten Selbstverwaltungsrecht der Gemeinde gehört die **Mitwirkung** an Planungen und Maßnahmen, die das Gemeindegebiet nachhal-

---

[525] BVerwG, Urt. v. 14.04.2000 – 4 C 5/99, NVwZ 2000, 5/99, NVwZ 2000, 1048 (1049).
[526] Vgl. BVerwG, Urt. v. 21.03.1996 – 4 C 26/94, BVerwGE 100, 388 – Fernstraßenrechtliche Planfeststellung.
[527] Ständige Rechtsprechung des BVerwG seit dem Urt. v. 19.11.1965 – 4 C 184/65, BVerwGE 22, 342: „Erteilt die (staatliche) Baugenehmigungsbehörde einem Bauwerber die nachgesuchte Baugenehmigung ohne das gesetzlich erforderliche Einvernehmen der Gemeinde, so ist die Gemeinde in ihren Rechten verletzt.".
[528] BVerwG, Urt. v. 08.09.1972 – 4 C 17/71, BVerwGE 40, 323.
[529] Ausführlich: BVerwG, Urt. v. 27.03.1992 – 7 C 13/91, NVwZ 1993, 364 – Planfeststellung für Sondermülldeponie; BVerwG, Beschl. v. 15.04.1999 – 4 VR 18/98, NVwZ-RR 1999, 554 (555).

tig betreffen und die Entwicklung der Gemeinde beeinflussen.[530] Die gemeindliche Selbstverwaltungsgarantie erlaubt eine Einschränkung der Planungshoheit einzelner Gemeinden nur, wenn und soweit diese durch überörtliche Interessen von höherem Gewicht erfordert werden.[531]

Allerdings setzt ein **Abwehrrecht** der Gemeinde gegenüber planfestzustellenden Vorhaben voraus, dass eine im Einzelnen **konkretisierte gemeindliche Planung** vorliegt; planerische Erschwernisse und planerischen Anpassungsbedarf für die Bauleitplanung wie auch mögliche Reduzierungen der als Wohnbauland geeigneten Fläche muss sie als Folge des Umstands hinnehmen, wenn sie mit ihrer Planung auf eine schon vorher konkretisierte und verfestigte Fachplanung trifft.[532]

Eine wichtige neuere Entscheidung des BVerwG liegt zur Frage der **Lärmzunahme infolge Straßenbaus** vor. Sind von dem Lärmzuwachs ausgewiesene Baugebiete betroffen, können Gemeinden Ihr Interesse an der Bewahrung der in der Bauleitplanung zum Ausdruck gekommenen **städtebaulichen Ordnung vor nachhaltigen Störungen** als eigenen abwägungserheblichen Belang geltend machen, weil dies einen schutzwürdigen kommunalen Belang darstellt.[533]

Anders als ein Privater kann die Gemeinde eine Planfeststellung nicht mit der Begründung anfechten, öffentliche, sie nicht in ihrer Planungshoheit schützende Belange, wie solche des **Umweltschutzes**, seien nicht oder nicht mit dem ihnen zukommenden Gewicht in die Abwägung eingestellt worden.[534] Von Art. 28 II 1 GG ist auch das sog. Selbstgestaltungsrecht umfasst. In der Rechtsprechung des BVerwG ist anerkannt, dass dieses Recht in den Schutzbereich der Selbstverwaltungsgarantie des Art. 28 II 1 GG fällt. Abwehransprüche erwachsen aus ihm z. B. dann, wenn die Gemeinde durch Maßnahmen betroffen wird, die das **Ortsbild** entscheidend prägen und hierdurch nachhaltig auf das Gemeindegebiet und die Entwicklung der Gemeinde einwirken.[535]

Den Gemeinden kann ein Anspruch auf **Planergänzung** zustehen, wenn sie zum Schutz einer gemeindlichen Trinkwasserversorgung erforderlich sind und die Gemeinden als Träger öffentlicher Interessen zugleich Träger eigener Rechte sind.[536] Nachbarschutz wird den Gemeinden also dann zugestanden, wenn gemeindliche Einrichtungen und/oder Aufgaben erheblich beeinträchtigt werden. Ein Planergänzungsanspruch steht der Gemeinde auch gegenüber Maßnahmen nach dem FStrG zu. Der Schutzanspruch der Gemeinde auf Sicherung der gemeindlichen Planungshoheit erfasst auch einen Anspruch auf Schutzauflagen für den aktiven Lärmschutz.[537] Gemeinden können sich dagegen **nicht** auf den verfassungsrechtlichen Schutz des **Art. 14 I GG** als Abwehrrecht berufen,[538] sie sind nicht Inhaber des Grundrechts aus Art. 14 GG.[539] Das BVerfG hat dies erneut bestätigt: Einer Gemeinde steht danach das Eigentumsrecht aus Art. 14 I GG auch außer-

---

530 BVerwG, Urt. v. 18.03.1987 – 7 C 31/85, NVwZ 1987, 590.
531 BVerfG, Beschl. v. 23.06.1987 – 2 BvR 826/83, NJW 1988, 47.
532 BVerwG, Urt. v. 21.03.1996 – 4 C 26/94, BVerwGE 100, 388 – BAB A 99.
533 BVerwG, Urt. v. 17.03.2005 – 4 A 18/04, NVwZ 2005, 811.
534 BVerwG, Urt. v. 21.03.1996 – 4 C 26/94, BVerwGE 100, 388 (391) – BAB A 99.
535 BVerwG, Beschl. v. 05.12.1996 – 11 VR 8/96, NVwZ-RR 1997, 339; BVerwG, Beschl. v. 15.04.1999 – 4 VR 18/98, NVwZ-RR 1999, 554 (555).
536 BVerwG, Urt. v. 12.08.1999 – 4 C 3/98, NVwZ 2000, 675 – Entschädigung für Wirkungen eines planfestgestellten Vorhabens.
537 BVerwG, Urt. v. 01.07.1988 – 4 C 49/86, BVerwGE 80, 7 (9).
538 BVerfG, Beschl. v. 08.07.1982 – 1 BvR 117/80, BVerfGE 61, 82 ff.
539 BVerwG, Urt. v. 24.11.1994 – 7 C 23/93, DVBl. 1995, 238 (241); BVerwG, Beschl. v. 15.04.1999 – 4 VR 18/98, NVwZ-RR 1999, 554.

halb der Wahrnehmung öffentlicher Aufgaben nicht zu, weil sich eine Gemeinde auch bei nicht-hoheitlicher Tätigkeit nicht in einer grundrechtstypischen Gefährdungslage befindet.[540] Offen gelassen hat das BVerfG dagegen auch in dieser Entscheidung, ob „ganz besonders gelagerte Ausnahmefälle geben kann, in denen es denkbar ist, einer Gemeinde den Schutz des Art. 14 I GG oder einen gleichartigen Schutz zuzubilligen, wenn sie in ihrem Eigentum außerhalb der Wahrnehmung öffentlicher Aufgaben beeinträchtigt wird."[541] Allerdings ist in der Rechtsprechung des BVerwG anerkannt, dass eine Gemeinde als Eigentümerin von Grundstücken in der Umgebung eines Fachplanungsvorhabens ebenso wie jeder private Grundstückseigentümer nach den allgemeinen Grundsätzen Schutz vor nachteiligen Wirkungen, z. B. durch Ausgleichsmaßnahmen gem. § 74 II 2 und 3 VwVfG verlangen kann.[542] Dieser Schutz setzt nicht voraus, dass das betreffende Grundstück einen spezifischen Bezug zur Erfüllung gemeindlicher Aufgaben besitzt.[543]

556 Verfassungsrechtlich ist das **Eigentum** von Gemeinden im Rahmen der Gewährleistung der kommunalen Selbstverwaltung insoweit geschützt, als es Gegenstand und Grundlage kommunaler Betätigung ist. Fehlt dem Eigentum jeder Bezug zur Erfüllung gemeindlicher Aufgaben, so genießt es lediglich den Schutz des einfachen Rechts. Für fachplanerische Entscheidungen bedeutet dies, dass die planungsbedingte Beeinträchtigung derartigen Eigentums, sei es unmittelbar durch Inanspruchnahme oder mittelbar durch die Auswirkungen des Vorhabens als **abwägungserheblicher Belang** nach Maßgabe der allgemeinen Grundsätze in die Abwägung einzubeziehen ist.[544] Gegen die objektiv rechtswidrige **Zulassung eines Flugplatzes** durch Außenstart- und landeerlaubnisse nach § 25 LuftVG steht der Gemeinde kein Unterlassungsanspruch zu, wenn ihr formelles Beteiligungsrecht gewahrt ist und in materiell-rechtlicher Hinsicht eine abwägungserhebliche Rechtsposition nicht berührt wird.[545]

557 Art. 28 II 1 GG erlaubt dem Staat eine gesetzliche Einschränkung der Planungshoheit einzelner Gemeinden nur, wenn und soweit sich bei der vorzunehmenden Güterabwägung ergibt, dass schutzwürdige **überörtliche Interessen** diese Einschränkungen erfordern. Bei der Festsetzung von Lärmschutzbereichen nach § 4 des Gesetzes zum Schutz gegen Fluglärm hat der Verordnungsgeber den für seine Entscheidung erheblichen Sachverhalt vollständig zu ermitteln und der Verordnung zugrundezulegen. Dabei steht der planungsbetroffenen Gemeinde ein Anhörungsrecht zu; eines förmlichen Verfahrens bedarf es für die Anhörung im Genehmigungsverfahren nach § 6 LuftVG dagegen nicht.[546] **Nachtflugregelungen** für einen Verkehrsflughafen dürfen auf eine Bedarfslage ausgerichtet sein, die zwar noch nicht eingetreten ist, aber bei vorausschauender Betrachtung in absehbarer Zeit mit hinreichender Sicherheit erwartet werden kann.[547]

558 Bei der Festlegung eines **Tieffluggebietes** unterhalb der in der LuftVO vorgeschriebenen Sicherheitsmindesthöhe bedarf es keines Verwaltungsverfahrens und auch keiner vorherigen Anhörung der betroffenen Gemeinden;[548] dem Bundesverteidigungsministerium

---

540 BVerfG, Beschl. v. 23.07.2002 – 2 BvR 403/02, DVBl. 2002, 1404 = NVwZ 2002, 1366.
541 BVerfG, Beschl. v. 23.07.2002 – 2 BvR 403/02, DVBl. 2002, 1404(1405) = NVwZ 2002, 1366.
542 BVerwG, Urt. v. 27.03.1992 – 7 C 18/91, NVwZ 1993, 364 (365).
543 BVerwG, Urt. v. 27.03.1992 – 7 C 18/91, NVwZ 1993, 364 (365).
544 BVerwG, Urt. v. 24.11.1994 – 7 C 23/93, DVBl. 1995, 238 (241).
545 BVerwG, Urt. v. 13.09.1993 – 4 B 68/93, NVwZ-RR 1994, 187.
546 BVerfG, Beschl. v. 07.10.1980 – 2 BvR 584/76 u. a., BVerfGE 56, 298 (321).
547 BVerwG, Urt. v. 20.04.2005 – 4 C 18/03, NVwZ 2005, 933 (Flughafen München II).
548 BVerwG, Urt. v. 14.12.1994 – 11 C 18/93, DVBl. 1995, 242.

wird durch das BVerwG sogar insoweit ein gerichtlich nicht überprüfbarer „verteidigungspolitischer Beurteilungsspielraum" zugestanden.
Das BVerwG hat die Rechtsposition der Gemeinde gegen Fachplanungen zusammengefasst: Unter dem Gesichtspunkt der Planungshoheit hat die Gemeinde dann eine wehrfähige, in die Abwägung einzubeziehende Rechtsposition gegen fremde Fachplanungen, wenn eine eigene hinreichend bestimmte Planung **nachhaltig gestört** wird oder wenn das Vorhaben wegen seiner **Großräumigkeit** wesentliche Teile des Gemeindegebietes einer durchsetzbaren Planung der Gemeinde entzieht. Im **Anhörungsverfahren** und im Prozess ist die Gemeinde hinsichtlich ihrer Planungsvorstellungen und deren Konkretisierungsstadium **darlegungspflichtig**. Ebenso ist es ihre Sache darzutun, worin die möglichen Konflikte liegen und warum trotz Abstimmung der Bauleitplanung auf die vorgegebene Situation bauplanerische Mittel nicht ausreichen, die Konflikte zu lösen.[549] Nicht rügen kann eine Gemeinde z. B. Belange des **Verkehrslärmschutzes**, da sie nicht unter Berufung auf ihre Planungshoheit oder ihre sonstigen Belange eine umfassende objektiv-rechtliche Planprüfung fordern kann.[550] Insbesondere kann sich die Gemeinde gegenüber einem anderen Planungsträger nicht zum gesamtverantwortlichen **„Wächter des Umweltschutzes"** machen.[551]

B. Bauleitplanung

§ 2 II BauGB verpflichtet benachbarte Gemeinden, ihre Bauleitpläne aufeinander abzustimmen (**interkommunales Abstimmungsgebot**), weil die Nachbargemeinden bei der Bauleitplanung sich auf der Ebene der Gleichordnung gegenüberstehen. § 2 II BauGB hat insoweit drittschützende Wirkung, die jeweils benachbarte Gemeinde hat einen Anspruch auf Beteiligung. Wird § 2 II BauGB missachtet, wird zugleich das interkommunale Abwägungsgebot des § 1 VII BauGB verletzt.[552] Durch das EAG Bau in 2004 wurde das interkommunale Abstimmungsgebot auch dahingehend erweitert, dass sich die Gemeinden auf die ihnen durch **Ziele der Raumordnung** zugewiesenen Funktionen sowie auf Auswirkungen auf ihre **zentralen Versorgungsbereiche** berufen können (§ 2 II 2 BauGB).

Für den Nachbarbegriff des § 2 II BauGB kommt es nicht auf ein unmittelbares Angrenzen der Gemeinden an. Entscheidend sind vielmehr die planungsrechtlichen **Auswirkungen** eines Vorhabens auf eine Nachbargemeinde.[553]

Lässt eine Gemeinde die nach § 2 II BauGB erforderliche Abstimmungspflicht außer Acht, so kann sich die Nachbargemeinde auch dagegen wehren, dass auf der Grundlage eines solchen nicht abgestimmten Bauleitplans ein **Einzelvorhaben** zugelassen wird.[554] Voraussetzung ist – anders als für die rechtliche Betroffenheit einer Gemeinde durch eine Fachplanung – nicht, dass eine hinreichend bestimmte Planung der Nachbargemeinde nachhaltig gestört wird oder dass wesentliche Teile von deren Gebiet einer durchsetzbaren Planung entzogen werden.[555] Einer materiellen gemeindenachbarlichen Abstimmung

---

549 BVerwG, Beschl. v. 05.11.2002 – 9 VR 14.02, NVwZ 2003, 207.
550 BVerwG, Urt. v. 11.01.2001 – 4 A 12.99, NVwZ 2001, 1160.
551 BVerwG, Urt. v. 21.03.1996 – 4 C 26.94, BVerwGE 100, 388(395).
552 BVerwG, Urt. v. 15.12.1989 – 4 C 36/86, BVerwGE 84, 209.
553 BVerwG, Beschl. v. 09.01.1995 – 4 NB 42/94, BauR 1995, 354.
554 BVerwG, Urt. v. 11.02.1993 – 4 C 15/92, NVwZ 1994, 285 (288).
555 BVerwG, Beschl. v. 09.01.1995 – 4 NB 42/94, NVwZ 1995, 694.

bedarf es bereits dann, wenn unmittelbare Auswirkungen **gewichtiger Art** auf die städtebauliche Ordnung und Entwicklung der Nachbargemeinde in Betracht kommen.

561 Da § 2 II BauGB weitergehende Rechte gibt als sie der Gemeinde gegen ihr Gebiet betreffende Fachplanungen zustehen, ist nicht erforderlich, dass eine hinreichend bestimmte Planung nachhaltig gestört wird. Auf das Bestehen von Bauleitplänen oder bestimmten planerischen Vorstellungen kommt es nicht an. Allein die Verletzung des **Abstimmungsgebotes** führt zu einem Abwehr- und Unterlassungsrecht der übergangenen Gemeinde.

562 Nach § 2 II BauGB kann sich die Nachbargemeinde auch dagegen wehren, dass auf der Grundlage eines nicht abgestimmten Bauleitplans ein Einzelvorhaben zugelassen wird. Der **einzelvorhabenbezogene Abwehranspruch** setzt voraus, dass die Gemeinde dem Bauinteressenten unter Missachtung von § 2 II BauGB einen Zulassungsanspruch verschafft hat.[556] Weist das abzuwehrende Vorhaben dagegen keinen Bezug zu der Bauleitplanung der benachbarten Gemeinde auf – etwa weil das Vorhaben nach § 34 BauGB genehmigt wurde – besteht kein Abwehranspruch aus § 2 II BauGB.[557]

563 Materielle Verstöße gegen § 2 II BauGB sind weder nach §§ 214–215 BauGB unbeachtlich, noch heilbar. Verstöße gegen § 2 II BauGB können durch eine Gemeindenachbarklage durchgesetzt werden, und zwar im Wege der **vorbeugenden Unterlassungsklage**, z. B. gegen eine mit § 1 V, VI BauGB unvereinbare Planung oder gegen einen veröffentlichten Bebauungsplan durch Normenkontrollantrag. Die Antragsbefugnis gem. § 47 I Nr. 2 VwGO hat die Gemeinde schon, wenn sie als Behörde die angegriffene Rechtsvorschrift zu beachten hat.

C. Baugenehmigungsverfahren

564 § 36 I 1 BauGB sichert der Gemeinde mit dem Erfordernis des Einvernehmens bei Vorhaben nach §§ 31, 33 bis 35 BauGB unter den dort genannten Voraussetzungen ein **Mitwirkungsrecht**, das die Baugenehmigungsbehörde zu beachten hat und dessen Wahrung im Klageweg erzwingbar ist.[558] Hinter dem gesetzlichen Einvernehmenserfordernis steht der Zweck, die gemeindliche Planungshoheit zu schützen. § 36 BauGB trifft aber keine abschließende Regelung über die Sicherung der planerischen Belange der Gemeinde. § 36 BauGB zielt darauf ab, **Verfahrensvorkehrungen** zu schaffen, durch die eine Beeinträchtigung gemeindlicher Rechtspositionen von vornherein verhindert wird. Zur Sicherung der planerischen Handlungsfreiheit trifft § 36 BauGB Vorsorge dafür, dass die Gemeinde als sachnahe und fachkundige Behörde in Ortsteilen, in denen sie noch nicht geplant hat, an der Beurteilung der bebauungsrechtlichen Zulässigkeitsvoraussetzungen mitentscheidend beteiligt wird.[559] Kommt es **außerhalb** des Anwendungsbereichs des § 36 BauGB zu einer Verletzung der Planungshoheit, ist die Gemeinde nicht weniger schutzbedürftig und daher auch zur Anfechtung eines Vorhabens berechtigt, das unter Umgehung ihres Mitwirkungsrechts genehmigt wurde.

565 Zur gemeindlichen Planungshoheit gehört das Recht, in eigener Verantwortung Bauleitpläne aufzustellen (§ 2 I BauGB). Dieses Recht umfasst auch einen Abwehranspruch gegen Baumaßnahmen, die den planerischen Festsetzungen **widersprechen**. Setzt sich die Baugenehmigungsbehörde über die Festsetzungen eines Bebauungsplans hinweg, so stellt

---

556 BVerwG, Urt. v. 15.12.1989 – 4 C 36/86, NVwZ 1990, 464.
557 BVerwG, Urt. v. 11.02.1993 – 4 C 15/92, NVwZ 1994, 285 (288).
558 Ausführlich hierzu: *Dippel*, Alte und neue Anwendungsprobleme der §§ 36, 38 BauGB, NVwZ 1999, 921–928.
559 BVerwG, Urt. v. 14.04.2000 – 4 C 5/99, NVwZ 2000, 1048 (1049).

D. Anlagen der Landesverteidigung

dies einen unmittelbaren Eingriff in die Planungshoheit dar, weil durch die Genehmigung Zustände geschaffen werden, die der gemeindlichen Planung widersprechen.[560] Nach der Rechtsprechung des BVerwG kann die Planungshoheit auch verletzt sein, wenn die Bauaufsichtsbehörde sich weigert, gegen ein Vorhaben **einzuschreiten**, das sie rechtsirrig für genehmigungsfrei hält.[561] Die Gemeinde hat sodann ein im Klageweg durchsetzbares subjektives Recht auf ermessensfehlerfreie Entscheidung über ihren Antrag auf Beseitigung der rechtswidrig ohne Baugenehmigung errichteten Anlage.[562]

Gibt das Verwaltungsgericht einer Anfechtungsklage des Bauherrn gegen eine entsprechende Beseitigungsanordnung der Bauaufsichtsbehörde mit der Begründung statt, das Vorhaben verstoße nicht gegen das Bauplanungsrecht, so kann die beigeladene Gemeinde unter Hinweis auf ihre Planungshoheit gegen dieses Urteil **Rechtsmittel** einlegen.[563] Ein **zwischengemeindlicher** Nachbarschutz ist allerdings nicht herzuleiten, wenn etwa ein großflächiger Einzelhandelsbetrieb auf der Grundlage des § 34 BauGB zugelassen wird, weil dann keine Verletzung des § 2 II BauGB vorliegen kann.[564]

566

Die Beteiligungsregelung des § 36 BauGB dient zwar der Wahrung der gemeindlichen Planungshoheit.[565] Der in § 38 BauGB enthaltene **Vorbehalt des Fachplanungsrechts** schließt aber die Erforderlichkeit des Einvernehmens nach § 36 BauGB aus.[566]

567

D. Anlagen der Landesverteidigung

Soweit Anlagen der Landesverteidigung betroffen sind, greift die Regelung des **§ 37 II BauGB**. Das an sich erforderliche **Einvernehmen** der Gemeinde nach § 36 BauGB ist nicht erforderlich und wird durch die Zustimmung der höheren Verwaltungsbehörde ersetzt. Gem. § 37 II 2 BauGB ist die Gemeinde vor der Zustimmung der höheren Verwaltungsbehörde aber „zu hören". In seiner Entscheidung vom 14.12.2000[567] hat das BVerwG zum sog. **Schieß- und Bombenabwurfplatz „Wittstock"** grundlegende Ausführungen zur **Beteiligung** der Gemeinde bei der Standortentscheidung von militärischen Anlagen gemacht. In der Entscheidung heißt es wörtlich: „Eine Anhörung, die den Anforderungen des Art. 28 II 1 GG genügt, setzt ... mehr voraus, als dass eine Gemeinde in beliebiger Weise über bestimmte Absichten informiert wird und Gelegenheit erhält, hierzu Erklärungen abzugeben. Erforderlich ist, dass der Gemeinde ein zeitlicher Rahmen zugebilligt wird, der es ihr ermöglicht, sich nach einer der Materie angemessenen Prüfung und Würdigung zu den aus ihrer Sicht maßgeblichen Punkten sachgemäß zu äußern. Erforderlich ist weiter, dass die eingeholte Stellungnahme zur Kenntnis genommen und bei der Entscheidung in Erwägung gezogen wird."[568]

568

Das BVerwG hat in der vorbenannten Entscheidung weiter grundsätzliche Ausführungen dazu gemacht, welche **gewichtigen Gründe** die Gemeinde in der gleichwohl zu treffenden Abwägungsentscheidung geltend machen kann. Dazu heißt es wörtlich: „Die kommunale Selbstverwaltung umfasst nach der Rechtsprechung u. a. das Recht, im Wege der

569

---

560 BVerwG, Urt. v. 11.02.1993 – 4 C 25/91, NVwZ 1994, 265.
561 BVerwG, Urt. v. 12.12.1991 – 4 C 31/89, NVwZ 1992, 878.
562 BVerwG, Urt. v. 14.04.2000 – 4 C 5/99, NVwZ 2000, 1048.
563 BVerwG, Urt. v. 14.04.2000 – 4 C 5/99, NVwZ 2000, 1048.
564 BVerwG, Urt. v. 11.02.1993 – 4 C 15/92, NVwZ 1994, 285.
565 BVerwG, Urt. v. 12.12.1992 – 4 C 31/89, UPR 1992, 262.
566 BVerwG, Urt. v. 04.05.1988 – 4 C 22/87, DVBl. 1988, 961.
567 BVerwG, Urt. v. 14.12.2000 – 4 C 13/99, BauR 2001, 585.
568 BVerwG, Urt. v. 14.12.2000 – 4 C 13/99, BauR 2001, 585 (589).

Bauleitplanung für das Gemeindegebiet die Bodennutzung festzulegen. Das Selbstverwaltungsrecht ist freilich nicht schrankenlos gewährleistet. Von ihm kann die Gemeinde nur im Rahmen der Gesetze Gebrauch machen. Die Klägerin kann nicht jede ihr unliebsame Beeinträchtigung ihrer Planungshoheit abwehren, doch braucht sie Sonderopfer, die nur ihr auferlegt werden, anderen Gemeinden aber erspart bleiben, nur hinnehmen, wenn sie der Wahrung überörtlicher Interessen dienen und durch zureichende Gründe gerechtfertigt sind. Der Gesichtspunkt der Verhältnismäßigkeit wirkt als weitere Schranke. Ihr ist nur Rechnung getragen, soweit überörtliche Interessen von höherem Gewicht eine Einschränkung der Planungshoheit erfordern. Ob diese Voraussetzung erfüllt ist, ist anhand der konkreten Gegebenheiten im Wege der Güterabwägung zu ermitteln. Je stärker eine Gemeinde schon von ihrer geographischen Lage oder ihrem sonstigen Ausstattungspotential her einer Situationsgebundenheit unterliegt, desto eher sind ihr Eingriffe, die an dieses Merkmal anknüpfen, zumutbar."[569]

570 Nach einer weiteren wichtigen Entscheidung zur Duldung von militärischen Anlagen genießt eine für militärische Zwecke im Außenbereich errichtete bauliche Anlage mit der endgültigen **Aufgabe der Nutzung** keinen Bestandsschutz. Dies gilt auch, wenn die Anlage aufgrund einer Zustimmung gem. § 37 BauGB oder eines die Zustimmung ersetzenden Verfahrens nach § 1 II Landbeschaffungsgesetz errichtet worden ist.[570] Der für ein Bauvorhaben der **NATO-Streitkräfte** vorgesehenen Standortgemeinde steht im Übrigen kein verwaltungsgerichtlicher Rechtsschutz zu gegen die Zustimmung der deutschen Behörden zu der Programmvereinbarung nach Art. 49 I und zur Anwendung des sog. Auftragsverfahrens nach Art. 49 II des Zusatzabkommens zum NATO-Truppenstatut. Das gilt auch, wenn diese Zustimmung den konkreten Standort der Baumaßnahme miterfasst.[571] Demgegenüber stellt eine nach § 37 II 3 BauGB ergehende Entscheidung des zuständigen Bundesministers ein von der Gemeinde anfechtbarer Verwaltungsakt dar.[572] Festzuhalten ist, dass die gemeindliche Planungshoheit gegenüber Planungen für Anlagen der Landesverteidigung sowie für weitere in § 37 II BauGB benannte Vorhaben weitgehend zurückgedrängt ist. Gerechtfertigt wird dies mit der **besonderen Zweckbestimmung** aller in § 37 BauGB benannten Anlagen und Vorhaben.[573]

E. Rechtsschutz

Der Rechtsschutz der Gemeinde gegen eine benachbarte Bebauung bzw. eine unzulässige Nutzung weist gegenüber dem Rechtsschutz des Nachbarn kaum eine Besonderheit auf.

I. Vorverfahren

571 Auch für das von der Gemeinde betriebene Abwehrverfahren gegen eine Baugenehmigung ist ein Vorverfahren erforderlich. Insoweit ergeben sich keine Besonderheiten zum individuellen Nachbarrecht.

---

569 BVerwG, Urt. v. 14.12.2000 – 4 C 13/99, BauR 2001, 585 (590).
570 BVerwG, Beschl. v. 21.11.2000, BauR 2001, 610.
571 BVerwG, Urt. v. 03.12.1992 – 4 C 53/89, DVBl. 1993, 435 = NVwZ 1993, 894 mit der Begründung, die Zustimmung entfalte gegenüber der Gemeinde noch keine Außenwirkung i. S. des § 35 VwVfG.
572 BVerwG, Urt. v. 03.12.1992 – 4 C 53/89, DVBl. 1993, 435 = NVwZ 1993, 894.
573 Vgl. BVerwG, Beschl. v. 21.11.2000 – 4 B 36/00, BauR 2001, 610 (611).

II. Vorgehen gegen eine Baugenehmigung

Wehrt sich die Gemeinde gegen eine Baugenehmigung für ein Grundstück auf dem eigenen Gemeindegebiet, kommt hierfür die Anfechtungsklage in Betracht. Im **Anfechtungsprozess**, in dem sich die Gemeinde gegen ein missachtetes Einvernehmenserfordernis wehrt, prüft das Gericht nicht, ob der Bauherr einen materiellen Anspruch auf die beantragte Genehmigung hat.[574]

572

Als Verletzung subjektiv-öffentlicher Rechte der Gemeinde kommen Verstöße gegen die Schutznormen des einfachen Rechts in Verbindung mit der gemeindlichen Planungshoheit des Art. 28 II GG in Betracht. Zum Erfolg der Anfechtungsklage führt die Verletzung materiell-rechtlicher Schutznormen wie etwa der Verstoß gegen planerische Festsetzungen oder gegen das Erschließungserfordernis. Gleiches gilt für Verstöße gegen verfahrensrechtliche Bestimmungen, vor allem bei einer trotz verweigerten Einvernehmens erteilten Baugenehmigung.

573

III. Gemeindenachbarklage

Im Grenzbereich zu einer anderen Gemeinde kann auch die für ein dort liegendes Baugrundstück erteilte Baugenehmigung im Wege der **Gemeindenachbarklage** angefochten werden. Bei einem qualifizierten Rechtsschutzbedürfnis der Gemeinde steht dieser auch ein **vorbeugender Rechtsschutz** im Wege der **Feststellungsklage** dahingehend zur Verfügung, dass ein bestimmtes Vorhaben der Abstimmungspflicht der klagenden Gemeinde unterliegt. Dies hat das BVerwG grundlegend in der sog. „Krabbenkamp-Entscheidung" vom 8.9.1972 entschieden.[575] Heute wird die gemeindliche Nachbarklage hauptsächlich bei Fällen relevant, in denen etwa „auf der grünen Wiese" sozusagen vor den Toren der benachbarten Gemeinde **großflächige Vorhaben** wie Fachmärkte, Einkaufszentren und Freizeiteinrichtungen (Großkinos u. s. w.) zugelassen werden.[576]

574

IV. Anspruch auf Einschreiten

Ähnlich wie im Nachbarstreitverfahren kann auch die Gemeinde einen Anspruch auf Einschreiten der staatlichen Bauaufsichtsbehörde gegen ein rechtswidriges Vorhaben eines privaten Bauherrn geltend machen, das ihre geschützte Planungshoheit verletzt.[577] Rechtsschutz wird insoweit über die **Verpflichtungsklage** geleistet.
Die gemeindliche Planungshoheit ist auch dann verletzt, wenn die Bauaufsichtsbehörde sich weigert, gegen ein Vorhaben einzuschreiten, das sie rechtsirrig für genehmigungsfrei hält.[578] Bei der dann zu treffenden Ermessensentscheidung zum Einschreiten hat die Bauaufsichtsbehörde die Beeinträchtigung der gemeindlichen Planungshoheit zu berücksichtigen.[579]

575

---

574 BVerwG, Beschl. v. 05.03.1999 – 4 B 62/98, BauR 1999, 1281.
575 BVerwG, Urt. v. 08.09.1972 – 4 C 17/71, BVerwGE 40, 323.
576 Hierzu: *Uechtritz*, Die Gemeinde als Nachbar – Abwehransprüche und Rechtsschutz von Nachbargemeinden gegen Einkaufszentren, Factory-Outlets und Großkinos, BauR 1999, 572–588.
577 Vgl. BVerwG, Beschl. v. 09.02.2000 – 4 B 11/00, BauR 2000, 1318; BVerwG, Beschl. v. 13.07.1994 – 4 B 129/94, NVwZ 1995, 272. Dort wurde allerdings die Ermessensreduzierung zu einem Anspruch auf Einschreiten aus Art. 14 I GG hergeleitet, während der Gemeinde der Anspruch aus Art. 14 I GG nicht zusteht, da sie nicht Trägerin dieses Grundrechts sein kann.
578 BVerwG, Urt. v. 14.04.2000 – 4 C 5/99, NVwZ 2000, 1048.
579 BVerwG, Urt. v. 12.12.1991 – 4 C 31/89, NVwZ 1992, 878.

Gegenüber einer militärischen Anlage, deren Nutzung endgültig aufgegeben wurde, kann auch ein Beseitigungsbegehren der Gemeinde geltend gemacht werden. Allein die Tatsache, dass die Anlage im öffentlichen (Verteidigungs-)Interesse errichtet worden ist, führt nicht dazu, dass eine Beseitigungsanordnung unverhältnismäßig wäre.[580]

V. Vorhaben eines öffentlichen Bauherrn

576 Gegen Vorhaben öffentlicher Bauherrn im eigenen oder fremden Gemeindegebiet kann die Gemeinde wegen Verletzung ihrer Planungshoheit mit denselben Mitteln der Unterlassungs- bzw. Leistungsklage wie der Nachbar vorgehen.

VI. Vorläufiger Rechtsschutz

577 Schließlich kann die Gemeinde im Wege des vorläufigen Rechtsschutzes gegen ungenehmigte Bauarbeiten oder Nutzungsänderungen im eigenen Gemeindegebiet vorgehen. Gleiches gilt für Vorhaben im fremden Gemeindegebiet.

F. Beiladung der Gemeinde

578 Gemäß § 65 VwGO ist die Beiladung Dritter im verwaltungsgerichtlichen Verfahren über die Erteilung oder Versagung einer Baugenehmigung **erforderlich**, wenn die Entscheidung ihr gegenüber nur einheitlich ergehen kann (notwendige Beiladung, § 65 II VwGO). Daher ist jedenfalls dann, wenn es um das Erfordernis des Einvernehmens der Gemeinde nach § 36 BauGB geht, die Beiladung der Gemeinde erforderlich. Gleiches gilt aber auch dann, wenn die Gültigkeit eines **Bebauungsplans** der Gemeinde im gerichtlichen Verfahren zur Disposition steht: Ist in dem Rechtsstreit des Bauwerbers auf Erteilung einer Baugenehmigung die Gültigkeit eines (Änderungs-) Bebauungsplans im Streit, so rechtfertigt das die Beiladung der Gemeinde.[581]
Gibt das Verwaltungsgericht einer Anfechtungsklage des Bauherrn gegen eine Beseitigungsanordnung der Bauaufsichtsbehörde mit der Begründung statt, das Vorhaben verstoße nicht gegen das Bauplanungsrecht, so kann die beigeladene Gemeinde unter Hinweis auf ihre Planungshoheit gegen dieses Urteil **Rechtsmittel** einlegen.[582]

---

[580] BVerwG, Beschl. v. 21.11.2000 – 4 B 36/00, BauR 2001, 610 (611 f.).
[581] BVerwG, Urt. v. 11.02.1993 – 4 C 25/91, NVwZ 1994, 265.
[582] BVerwG, Urt. v. 14.04.2000 – 4 C 5/99, NVwZ 2000, 1048 – Umbau einer Bootshütte als illegales Außenbereichsvorhaben.

A. Hauptsacheverfahren 2

§ 5 Verfahren im ersten Rechtszug

Literatur

Aktuell und umfassend über alle wichtigen Gebiete des Verwaltungsrechts informieren aus prozessrechtlicher Sicht in der Reihe „Münchener Anwalts Handbuch" *Johlen/Oerder*, Verwaltungsrecht, 2002. Einen aus der Sicht des Anwalts beschriebenen Gesamtüberblick über den gesamten Verwaltungsprozess bieten: *Kuhla/Hüttenbrink*, Der Verwaltungsprozess, 3. Aufl. 2002. Zwingend ist für den auf dem Gebiet des Verwaltungsrechts tätigen Anwalt der Praktiker-Handkommentar von *Kopp/Schenke*, VwGO 14. Aufl. 2005. Ausführlichst kommentiert die VwGO das zweibändige Loseblattwerk von *Schoch/Schmidt-Aßmann/Pietzner*, Verwaltungsgerichtsordnung. Einen auch rückblickenden Überblick über den Verwaltungsprozess verschafft *Johlen*, Der Anwalt im Verwaltungsprozess – Entwicklungen im Verwaltungsprozessrecht seit dem Inkrafttreten der VwGO, DÖV 2001, 582–588. Mit den Neuregelungen im Verwaltungsprozess durch das Gesetz zur Bereinigung des Rechtsmittelrechts im Verwaltungsprozess (RmBereinVPG) ab 1.1.2002 beschäftigen sich ausführlich *Just*, LKV 2002, 201–248; *Kienemund*, NJW 2002, 1231–1237; *Seibert*, NVwZ 2002, 265–271; *Kuhla/Hüttenbrink*, DVBl 2002, 85–91.

Nach dem Scheitern eines außergerichtlichen Bemühens stellt das erstinstanzliche gerichtliche Verfahren die weiteren Weichen zum Erfolg oder Misserfolg für das Begehren des Mandanten. Aufgrund der Tatsache, dass Rechtsmittel für das verwaltungsgerichtliche Berufungsverfahren wegen des restriktiven Zulassungsverfahrens kaum noch Aussicht auf Erfolg haben, stellt das erstinstanzliche Verfahren dann auch zumeist schon den Abschluss der gerichtlichen Rechtskontrolle dar. Daher ist eine juristisch fundierte, intensive und engagierte Rechtsvertretung in der ersten Instanz zwingend angezeigt. **579**

A. Hauptsacheverfahren

Soweit die Einleitung eines Hauptsacheverfahrens erforderlich ist, sollte der Mandant unbedingt über eine mögliche **mehrjährige Verfahrensdauer** innerhalb der Verwaltungsgerichtsbarkeit informiert werden sowie ferner darüber, dass der Anwalt auf die Verfahrensdauer keinen Einfluss hat. Insbesondere bei Streitigkeiten über die begehrte Erteilung einer Baugenehmigung oder eines Vorbescheides sollte im Interesse des **Bauherrn** angesichts der Verfahrensdauer angedacht werden, ob nicht durch eine Umplanung eine Genehmigungsfähigkeit des Vorhabens herbeigeführt werden kann. **580**

Dagegen kann der eine Baugenehmigung **anfechtende Nachbar** ohne weiteres einen mehrjährigen Terminsstand akzeptieren, da die Ausnutzung der angefochtenen Baugenehmigung allein auf das **Risiko des Bauherrn** erfolgt mit der Konsequenz, dass dieser nach einer rechtskräftigen Aufhebung der Baugenehmigung wegen Verletzung nachbarschützender Vorschriften das dann formell und illegal errichtete Bauwerk wieder zu beseitigen hat, wenn nicht die Genehmigungsfähigkeit der bis dahin errichteten Anlage anderweitig zu erlangen ist. **581**

Im Folgenden werden einige Grundzüge des erstinstanzlichen Hauptsacheverfahrens – bezogen auf das öffentlich-rechtliche Baumandat – dargestellt.

I. Zuständigkeiten

Folgende verwaltungsgerichtliche Zuständigkeiten sind bei einem baurechtlichen Mandat zu berücksichtigen:

§ 5 Verfahren im ersten Rechtszug

1. Erstinstanzliche Zuständigkeiten

582 Auf dem Gebiet des öffentlichen Baurechts im weiteren Sinne kommen mehrere Gerichte erstinstanzlich – abhängig von dem jeweiligen Vorhaben – in Betracht:
- Verwaltungsgericht (§ 45 VwGO)
- Oberverwaltungsgericht (§§ 47, 48 VwGO)
- Bundesverwaltungsgericht (§ 50 VwGO, § 5 VerkPBG).

583 Zuständig für Verwaltungsstreitverfahren auf dem Gebiet des öffentlichen Baurechts (§ 40 I VwGO) ist als Eingangsgericht im ersten Rechtszug das örtlich zuständige Verwaltungsgericht (§ 45 VwGO).
Erstinstanzlich entscheidet das Oberverwaltungsgericht auf einen Antrag z. B. über die Gültigkeit eines Bebauungsplans sowie weitere in § 47 VwGO benannte Rechtsverordnungen auf Grund des § 246 II BauGB oder sonstiges Landesrecht (§ 47 I Nr. 1 und 2 VwGO). Andere erstinstanzielle Zuständigkeiten des Oberverwaltungsgerichts ergeben sich aus § 48 VwGO auch für andere Bereiche aus dem Bau- und Umweltrecht.[583]
Schließlich kommt auch eine erstinstanzliche Zuständigkeit des Bundesverwaltungsgerichts in Betracht, soweit Gegenstände des Verkehrswegeplanungsbeschleunigungsgesetzes (VerkPBG) betroffen sind.[584]

2. Rechtswegfragen

584 § 40 VwGO eröffnet den Verwaltungsrechtsweg in allen öffentlich-rechtlichen Streitigkeiten nichtverfassungsrechtlicher Art. Der Verwaltungsrechtsweg wird regelmäßig nahezu in allen Bereichen des öffentlichen Baurechts zu beschreiten sein. In einigen baurechtlich relevanten Teilbereichen muss jedoch der Zivilrechtsweg beschritten werden. So müssen Beseitigungs- und Unterlassungsansprüche – als zivilrechtlicher Nachbarschutz – auch über **§§ 1004, 906, 823 II BGB** vor den ordentlichen Gerichten eingefordert werden. Aus dem Bereich des öffentlichen Baurechts sind gem. Art. 14 III 4 GG darüber hinaus alle **Entschädigungsansprüche** aus Enteignung, aus enteignenden und enteignungsgleichen Eingriffen den Zivilgerichten zugewiesen. Zu berücksichtigen ist ferner, dass **Amtshaftungsstreitigkeiten** gem. Art. 34 I 3 GG i. V. m. § 839 BGB der ordentlichen Gerichtsbarkeit zugewiesen sind. Zu beachten ist schließlich, dass im Wege einer **zivilrechtlichen Unterlassungsklage** auch die Durchsetzung baurechtlicher Auflagen erstrebt werden kann.[585]

585 Folgende Streitigkeiten sind daher für das Gebiet des öffentlichen Baurechts vor den Zivilgerichten zu führen:
- Zivilrechtlicher Nachbarschutz nach §§ 1004, 906, 823 II BGB,
- Ansprüche aus Enteignung (Art. 14 III 4 GG),
- Ansprüche aus Aufopferung § 40 II VwGO (enteignender und enteignungsgleicher Eingriff),
- Ansprüche aus Amtshaftung (Art. 34 I 3 GG i. V. m. § 839 BGB),
- Verfahren, die den Baulandgerichten zugewiesen sind (§§ 217 ff. BauGB).

586 Nach der Rechtsprechung des BVerwG sind mögliche **Ausgleichsansprüche**, die durch einen Planfeststellungsbeschluss ausgelöst werden, nach § 74 II 2 VwVfG ausschließlich

---

583 Atomanlagen, Kraftwerke, Abfallanlagen, immissionsschutzrechtliche Anlagen, Verkehrsflughäfen und Verkehrslandeplätze.
584 Planung, Bau und Änderungen von Verkehrswegen der Eisenbahn des Bundes, Bundesfernstraßen und Bundeswasserstraßen, Verkehrsflughäfen, bestimmter Vohaben in den neuen Bundesländern und Fernverkehrswegen.
585 BGH, Urt. v. 27.09.1996 – V ZR 335/95, NJW 1997, 55.

A. Hauptsacheverfahren 2

vor den Verwaltungsgerichten zu verhandeln und zu entscheiden, ohne Rücksicht auf die Intensität der Belästigungen oder der erheblichen Nachteile, also auch dann, wenn eine „enteignende Wirkung" des geplanten Vorhabens geltend gemacht wird.[586] Der BGH hat dieser Auffassung zunächst mit Urteil vom 15.12.1994 widersprochen und derartige Streitgegenstände für die Zivilgerichte beansprucht.[587] Der BGH hat sich nunmehr dem BVerwG jedenfalls für den Fall angenähert, dass ein Betroffener den entsprechenden Planfeststellungsbeschluss hat bestandskräftig werden lassen und auch später keinen **Anspruch auf zusätzliche Schallschutzvorkehrungen** wegen nicht vorhersehbarer Geräuschauswirkungen des Vorhabens bei der Planfeststellungsbehörde geltend gemacht hat; dementsprechend hat er die Klage unter dem Gesichtspunkt des enteignenden Eingriffs abgewiesen.[588] Mit dieser Entscheidung ist der BGH ausdrücklich von einer früheren Entscheidung aus 1986 abgewichen.[589]

Eine neuere Entscheidung des BVerwG sollte unbedingt beachtet werden: Für Ansprüche aus Verschulden bei der Anbahnung oder dem Abschluss eines öffentlich-rechtlichen Vertrages (**culpa in contrahendo**) aus Gründen, die typischerweise auch Gegenstand eines Amtshaftungsanspruchs sein können, sind ausschließlich die ordentlichen Gerichte zuständig.[590] Das BVerwG befindet sich damit in Übereinstimmung mit der Rechtsprechung des BGH.[591]

Vorsicht ist angebracht bei der **Honorarklage eines Vermessungsingenieurs**. Obwohl der öffentlich bestellte Vermessungsingenieur auf der Grundlage öffentlich-rechtlicher Vorschriften hoheitliche Tätigkeiten ausübt und seine Kostenrechnungen in der Regel durch Bescheide gegenüber dem Auftraggeber ebenfalls auf der Grundlage öffentlich-rechtlicher Vorschriften geltend machen kann, ist für die Honorarklage eines Vermessungsingenieurs nach einer Entscheidung des Kammergerichts der ordentliche Rechtsweg gegeben.[592]

587

Bestehen Zweifel an der Zulässigkeit des Rechtswegs, kann diese von einer Partei des Verfahrens gerügt werden. Das Gericht hat sodann gem. **§ 17 a III GVG** vorab zu entscheiden, ob der beschrittene Rechtsweg zulässig ist, eine Prüfung des Rechtsweges in der höheren Instanz ist damit ausgeschlossen.

II. Klageschrift

Unter Einhaltung der Klagefrist (§ 74 VwGO)[593] erfolgt die Klage- bzw. Antragserhebung im Rahmen eines einstweiligen Rechtsschutzverfahrens bei dem sachlich und örtlich zuständigen Gericht. § 82 VwGO regelt den notwendigen Inhalt der Klage- und Antragsschrift.

588

---

586 BVerwG, Urt. v. 24.06.1993 – 7 C 26/92, NJW 1993, 2949.
587 BGH, Urt. v. 15.12.1994 – III Z. B. 49/94, NJW 1995, 964.
588 BGH, Urt. v. 21.01.1999 – III ZR 168/97, BGHZ 140, 285 (300) – Entschädigung für Autobahnlärm.
589 BGH, Urt. v. 06.02.1986 – III ZR 96/84, BGHZ 97, 114 (117).
590 BVerwG, Beschl. v. 30.04.2002 – 4 B 72/01, NJW 2002, 2894 = BauR 2002, 1518 (Ersatzanspruch für ein später nicht realisiertes Verfahren auf Aufstellung eines Vorhaben- und Erschließungsplans).
591 BGH, Urt. v. 03.10.1985 – III ZR 60/84, NJW 1986, 1109 (Ersatzanspruch im Zusammenhang mit einer fehlgeschlagenen Bauleitplanung).
592 KG, Beschl. v. 13.10.2000 – 21 W 6562/00, BauR 2001, 441. Entscheidungserheblich sei, dass der Vermessungsingenieur seine Amtstätigkeit an einen privatrechtlichen Vertrag mit dem Auftraggeber knüpfe. Ebenso KG, Urt. v. 16.01.1998 – 6 U 7012/97.
593 Zu den Pflichten des Klägers im Rahmen der Einhaltung der Klagefrist: BVerwG, Beschl. v. 31.01.2001 – 4 A 46/00, NVwZ-RR 2001, 484.

§ 5 Verfahren im ersten Rechtszug

1. Mussvorschriften

589 § 82 I 1 VwGO enthält zunächst sog. Mussvorschriften. Die Verletzung dieser Vorschriften macht die Klage unzulässig. Zwingend ist
- die Schriftform (§ 81 I VwGO),
- die Bezeichnung des Klägers und Beklagten,
- die Bezeichnung des Streitgegenstandes.

590 Bei der Bezeichnung der klagenden Partei (Einzelperson, Gesellschaft bürgerlichen Rechts (GbR) – die nunmehr parteifähig ist[594] –, Personengesellschaft, Kapitalgesellschaft) muss darauf geachtet werden, dass diese formell richtig in das Rubrum aufgenommen wird und insbesondere die Vertretungsbefugnis einer Gesellschaft mit der dem Anwalt dann erteilten Vollmacht korrespondiert. Macht z. B. eine GbR einen Zahlungsanspruch geltend, ist diese befugt, den Anspruch in eigenem Namen, also im Namen der GbR geltend zu machen, sodann kann mit der Klage aber auch nur die Zahlung an die GbR verlangt werden. Auftraggeber des Anwalts ist die GbR, bestehend aus den Einzelgesellschaftern. Ist Auftraggeber eine GmbH, muss der Anwalt dafür Sorge tragen, dass der vertretungsberechtigte Geschäftsführer die Vollmacht zur Vertretung – und auch die Vergütungsvereinbarung – unterschreibt.

2. Sollanforderungen

591 § 82 I 2 VwGO enthält im Übrigen Sollanforderungen an die Klage- und Antragsschrift. Eine Verletzung dieser Anforderungen macht die Klage, den Antrag nicht unzulässig, soweit der Mangel spätestens bis zur letzten mündlichen Verhandlung geheilt wird. Folgende Sollanforderungen sind vorgegeben:
- Klageantrag,
- Klagebegründung einschließlich Bezeichnung der Beweismittel,
- Beifügung der angefochtenen Verfügung und des Widerspruchsbescheides in Urschrift oder Abschrift,
- Vorlage der Vollmacht (§ 67 III VwGO).

592 Im Einzelnen gilt dazu folgendes:

- **Klageantrag**

Die Klage soll einen bestimmten Klageantrag enthalten (§ 82 I 2 VwGO). Möglich ist, dass die Klage zunächst unter Einhaltung der zwingenden Vorschrift zur **Fristwahrung** eingereicht wird, wobei dem Gericht zugleich mitzuteilen ist, dass die Klage zu einem späteren Zeitpunkt begründet wird. In der Regel fordert das Gericht mit der Mitteilung des Aktenzeichens, zu dem das Verfahren geführt wird, die klagende Partei auf, die Klage binnen einer bestimmten Frist – zumeist vier bis sechs Wochen – zu begründen und/oder die nicht beigefügten Angaben bzw. Unterlagen nachzureichen (vgl. § 86 III VwGO). Hierbei handelt es sich zunächst nicht um eine Präklusionsfrist.[595] Allerdings sollte der Anwalt dann, wenn die Begründung der Klage noch nicht eingereicht wurde und innerhalb der benannten Frist nicht vorgelegt werden kann, um eine **Fristverlängerung** bitten, weil gem. § 92 II VwGO die Klage als zurückgenommen gilt, wenn der Kläger das Verfahren trotz Aufforderung des Gerichts länger als drei Monate nicht betreibt. Diese Frist kann auch durch das Gericht nicht verlängert werden. Voraussetzung für die Rückna-

---

[594] BGH, Urt. v. 29.01.2001 – II ZR 331/00, NJW 2001, 1056; Beschl. v. 18.02.2002 – II ZR 331/00, NJW 2002, 1207. Entschieden wurde allerdings nur über die aktive und passive Parteifähigkeit der (Außen-)GbR im Zivilprozess.
[595] Anders aber bei der Aufforderung des Gerichts nach § 82 II VwGO.

A. Hauptsacheverfahren

mefiktion ist allerdings eine formelle Betreibensaufforderung des Gerichts mit der entsprechenden Belehrung über die Klagerücknahmefiktion nach Verstreichen der Frist (§ 92 II VwGO).

- **Klagebegründung**

Die Klagebegründung sollte durchaus umfangreiche **Tatsachen- und Rechtsausführungen** enthalten, wenn der Streitgegenstand dies hergibt. Ist z. B. streitig, ob ein Vorhaben planungsrechtlich nach § 34 BauGB oder § 35 BauGB zu beurteilen ist, sind tatsächliche Ausführungen dazu erforderlich, dass und warum es sich um einen Bebauungszusammenhang handelt, weil das Gericht anderenfalls nicht motiviert werden kann, dies ggf. durch eine Beweisaufnahme vor Ort durch richterlichen Augenschein zu klären. Dem Gericht sind in jedem Falle in baurechtlichen Verfahren Lagepläne, aus denen das streitgegenständliche Grundstück erkennbar ist, sowie Fotos zu überreichen, aus denen sich das Bauvorhaben und die Umgebungsbebauung erkennen lassen. Rechtsausführungen sind immer dann wünschenswert, wenn z. B. durch neuere Entscheidungen der Instanzgerichte oder des BVerwG erkennbar ist, dass eine Änderung der bisherigen Rechtsprechung zu erwarten ist oder aber zu derselben Rechtsfrage divergierende Entscheidungen vorliegen, die dann auch eine Zulassung der Berufung (§ 124 II Nr. 4 VwGO) oder der Revision (§ 132 II Nr. 2 VwGO) rechtfertigen würden. Sind rechtsgrundsätzlich klärungsbedürftige Rechtsfragen erkennbar (§ 124 II Nr. 3, § 132 II Nr. 1 VwGO), sollte der Anwalt nicht davor zurückschrecken, diese auch im erstinstanzlichen Verfahren bereits zu formulieren, um dem Gericht so zu signalisieren, dass im Zweifel auch der weitere Rechtsweg beschritten werden wird.

593

- **Bescheide und Vollmacht**

Die angefochtenen Bescheide sollen der Klageschrift in Urschrift oder Abschrift beigefügt werden (§ 82 I 2 VwGO). Ferner ist die Vorlage einer schriftlichen Vollmacht erforderlich (§ 67 III VwGO). Geschieht dies nicht, wird das Gericht die Partei regelmäßig auffordern, die entsprechenden Unterlagen vorzulegen.

594

3. Amtsermittlungsgrundsatz und Beweisangebote

Für das verwaltungsgerichtliche Verfahren gilt der sog. Amtsermittlungsgrundsatz (§ 86 VwGO). Das Gericht hat den Sachverhalt von Amts wegen zu erforschen; die Beteiligten sind dabei heranzuziehen (§ 86 I 1 VwGO). Das Gericht ist an das Vorbringen und an die Beweisanträge der Beteiligten nicht gebunden (§ 86 I 2 VwGO). Das Gericht hat darauf hinzuwirken, dass Formfehler beseitigt und unklare Anträge erläutert werden (§ 86 III VwGO). Gleichwohl sollte der Anwalt aufgrund einer **klaren Antragstellung** zu erkennen geben, was Gegenstand des Klagebegehrens ist: Soll eine Baugenehmigung angefochten werden, ist diese durch das Gericht aufzuheben. Soll die Genehmigungsbehörde gegen einen baurechtswidrigen Zustand einschreiten, ist ein Verpflichtungsantrag zu stellen.

595

Trotz des Amtsermittlungsgrundsatzes sollte in der Klagebegründung ein **Beweisangebot** formuliert werden, wenn eine entscheidungserhebliche Tatsachengrundlage nur durch eine Beweiserhebung bewiesen werden kann. Wenn ein anwaltlich vertretener Kläger keinen Beweisantrag stellt, ist eine Beweiserhebung durch das Gericht nur dann veranlasst, wenn sie sich im Einzelfall geradezu **aufdrängt**. Das Gericht hat von Amts wegen nur sol-

596

che Tatsachen aufzuklären, die auf den ersten Blick entscheidungserheblich sind. Im verwaltungsgerichtlichen Verfahren geht die Unerweislichkeit von Tatsachen, aus denen eine Partei ihr günstige Rechtsfolgen herleitet, grundsätzlich zu ihren Lasten.[596]

597 In Bauprozessen – z. B. bei Ortsrandlagen oder bei Anfechtungsprozessen durch einen Nachbarn – wird eine Beweisaufnahme regelmäßig aber durch Einnahme eines **Augenscheins** stattfinden müssen (§§ 96, 97 VwGO).[597] Unterbleibt eine zur vollständigen Sachverhaltsermittlung notwendige Beweisaufnahme, kann in der nächsten Instanz ein **Verfahrensmangel** geltend gemacht werden (§§ 124 II Nr. 5, 132 II Nr. 3 VwGO), nämlich der Verstoß gegen die Aufklärungspflicht (§ 86 I VwGO).

4. Akteneinsicht

598 Soweit der Anwalt nicht bereits im Vorverfahren die Verwaltungsvorgänge eingesehen hat, sollte mit der Klageschrift um Akteneinsicht gem. § 100 VwGO gebeten werden. In dem verwaltungsgerichtlichen Verfahren ist die Akteneinsicht gem. § 100 VwGO grundsätzlich **unbeschränkt**. Gemäß § 100 II 2 VwGO können die Verwaltungsvorgänge nach dem Ermessen des Vorsitzenden dem bevollmächtigten Rechtsanwalt auch zur Mitnahme in seine Kanzlei übergeben werden, anderenfalls müssen die Verwaltungsvorgänge auf der Geschäftsstelle des Gerichts eingesehen werden. Sodann kann sich der Anwalt auch Ausfertigungen, Auszüge und Abschriften erteilen lassen (§ 100 II 1 VwGO).

▶ Gem. § 100 VwGO beantrage ich nach Vorlage der Verwaltungsvorgänge Akteneinsicht sowie nach § 100 II 2 VwGO die Gestattung zur Mitnahme der Akten in meine Kanzlei für die Dauer von drei Tagen. ◀

5. Kontaktaufnahme mit dem Gericht

599 Schließlich empfiehlt sich – jedenfalls im Laufe des Verfahrens – auch ein telefonischer Kontakt mit dem Berichterstatter oder dem Vorsitzenden, wenn der Anwalt bestimmte Verfahrens- oder Vorgehensweisen mit dem Gericht absprechen möchte oder das Gericht auf bestimmte Umstände noch hingewiesen werden muss. Die Richter der Verwaltungsgerichtsbarkeit haben – anders als z. B. die Richter der ordentlichen Gerichtsbarkeit – keine Berührungsängste bei solchen telefonischen Kontakten mit den Parteien, da diese dem Gericht ggf. auch bei seiner weiteren Sachverhaltsaufklärung im Rahmen der Amtsermittlung dienlich sein können.

III. Klagearten und Klageanträge

600 Im Folgenden werden die gebräuchlichen Klagearten sowie die entsprechenden Anträge im Bereich des öffentlichen Baurechts dargestellt. Auf § 86 III VwGO wird insoweit nochmals verwiesen; das Gericht hat im Zweifel auf eine sachdienliche Antragstellung hinzuwirken, wenn sich aus der Antragsbegründung das Klageziel klar erkennen lässt und die angekündigte Antragstellung dies nicht oder nicht hinreichend bestimmt erfasst. Regelmäßig kann den Vorschlägen des Gerichts für die Antragstellung dann auch gefolgt werden.

---

596 Z. B. BVerwG, Urt. v. 24.08.1999 – 8 C 24/98, NVwZ-RR 2000, 256.
597 BVerwG, Urt. v. 14.11.1991 – 4 C 1/91, NVwZ-RR 1992, 227.

A. Hauptsacheverfahren

1. Erteilung einer Baugenehmigung/eines Vorbescheides

Der Bauherr kann nach vorheriger erfolgloser Durchführung des Widerspruchverfahrens mit der **Verpflichtungsklage** (§ 42 I 2. Alt. VwGO) seinen Anspruch auf Erteilung der Baugenehmigung oder des Vorbescheides verwaltungsgerichtlich geltend machen.[598] Ist die Ablehnung der Baugenehmigung oder des begehrten Vorbescheides rechtswidrig und der Bauherr dadurch in seinen Rechten verletzt, spricht das Gericht die Verpflichtung der Verwaltungsbehörde aus, die beantragte Baugenehmigung bzw. den begehrten Vorbescheid zu erlassen (§ 113 V 1 VwGO).

Maßgeblicher Zeitpunkt für die Beurteilung der Rechtmäßigkeit des begehrten Verwaltungsaktes ist der **Zeitpunkt der letzten mündlichen Verhandlung**. Damit hat auch die Klage auf Erteilung einer Baugenehmigung grundsätzlich dann keinen Erfolg, wenn zwar aufgrund der für das Bauvorhaben im Zeitpunkt der Antragstellung oder auch der behördlichen Entscheidung über den Bauantrag maßgeblichen planungsrechtlichen Vorschriften ein Anspruch auf Erteilung der Baugenehmigung bestand, nach dem nunmehr geltenden Bebauungsplanrecht jedoch die Erteilung der Baugenehmigung ausgeschlossen ist.

▶ Es wird beantragt, den Beklagten zu verpflichten, dem Kläger auf seinen Antrag vom ... unter Aufhebung des Bescheides vom ... in Gestalt des Widerspruchsbescheides vom ... die Baugenehmigung bzw. den Bauvorbescheid für das Grundstück ... zu erteilen.[599] ◀

Liegen im Zeitpunkt der letzten mündlichen Verhandlung nicht alle Voraussetzungen für die Erteilung der Baugenehmigung vor, weil z. B. Streitgegenstand und tragender Grund für die Ablehnungsentscheidung allein die Feststellung war, das nicht privilegierte Vorhaben befände sich im Außenbereich (§ 35 BauGB), dagegen die bauordnungsrechtliche Zulässigkeit gar nicht behördlicherseits geprüft wurde, kommt nur eine Verpflichtung der Behörde auf **Neubescheidung** des Antrages auf Erteilung der Baugenehmigung bzw. des Vorbescheides „unter Beachtung der Rechtsauffassung des Gerichts" in Betracht (§ 113 V 2 VwGO), wenn sich im Rahmen des Verfahrens herausstellt, dass sich die planungsrechtliche Zulässigkeit des Vorhabens nach § 34 BauGB richtet.

Der Antrag auf Neubescheidung ist in dem Hauptantrag enthalten, eines entsprechenden Hilfsantrags bedarf es daher nicht. Das Gericht wird aber der klagenden Partei gegenüber anregen, den Vornahmeantrag auf einen Bescheidungsantrag umzustellen:

▶ Es wird beantragt, den Beklagten zu verpflichten, den Antrag des Klägers auf Erteilung der Baugenehmigung vom ... unter Aufhebung des Bescheides vom ... in Gestalt des Widerspruchsbescheides unter Beachtung der Rechtsauffassung des Gerichts neu zu bescheiden ◀

2. Anfechtung einer Baugenehmigung/eines Vorbescheides

Eine **vorbeugende Unterlassungsklage** eines Grundstückseigentümers wegen einer erwarteten Baugenehmigung zugunsten eines Nachbarn hat das BVerwG nur in einer vereinzelt gebliebenen Entscheidung vom 16.4.1971 bei der dortigen besonderen Fallgestaltung für zulässig gehalten.[600] Ansonsten hat das BVerwG regelmäßig festgestellt, dass mit einer vorbeugenden Unterlassungsklage nicht die Erteilung einer bauaufsichtlichen Genehmi-

---

598 Grundlegend: BVerwG, Urt. v. 18.08.1960 – 1 C 42/59, BVerwGE 11, 95 (98).
599 Eines gesonderten Aufhebungsantrags bezüglich des Ausgangs- und Widerspruchsbescheides bedarf es nicht, wird aber teilweise klarstellend erwünscht, vgl. *Kopp/Schenke*, VwGO § 42 Rn 29.
600 BVerwG, Urt. v. 16.04.1971 – 4 C 66/67, DVBl. 1971, 746.

gung untersagt werden kann.[601] Für einen vorbeugenden Rechtsschutz ist jedenfalls dann kein Raum, wenn der Betroffene zumutbarerweise auf den von der VwGO grundsätzlich als angemessen und ausreichend angesehenen nachträglichen Rechtsschutz verwiesen werden kann.[602] Regelmäßig ist der Nachbar auf die Erteilung der Genehmigung zu verweisen, um seinen Abwehranspruch gerichtlich geltend zu machen.

606 Will der Betroffene die einem Nachbarn erteilte Baugenehmigung oder einen ihm erteilten positiven Bauvorbescheid zu Fall bringen, wird er eine **Anfechtungklage** erheben (§ 42 I 1. Alt. VwGO).[603] Ist die Baugenehmigung rechtswidrig und der Nachbar dadurch in seinen Rechten verletzt, ist der den Nachbarn begünstigende Bescheid einschließlich eines etwaigen Widerspruchsbescheides aufzuheben (§ 113 I 1 VwGO):

▶ Es wird beantragt, die Baugenehmigung vom ... in Gestalt des Widerspruchsbescheides vom ... aufzuheben. ◀

607 Maßgeblicher Zeitpunkt bei der Anfechtung einer Baugenehmigung durch den Nachbarn ist nach ständiger Rechtsprechung des BVerwG die Sach- und Rechtslage im **Zeitpunkt der Genehmigungserteilung** mit der Einschränkung, dass nachträgliche Änderungen zugunsten des Bauherrn, nicht aber des Nachbarn, zu berücksichtigen sind; spätere Änderungen zu Lasten des Bauherrn haben außer Betracht zu bleiben.[604]
Mit der Rechtskraft der Entscheidung über die Aufhebung der Baugenehmigung oder des Vorbescheides ist das ggf. bereits errichtete Bauwerk durch den Bauherrn zu beseitigen, wenn nicht die Genehmigungsfähigkeit anderweitig hergestellt werden kann, etwa durch eine Umplanung.

608 Ebenso kann und muss der Bauherr mit der Anfechtungsklage gegen die Rücknahme einer ihm erteilten Baugenehmigung oder gegen eine ihm erteilte Beseitigungs- oder Unterlassungsverfügung der Bauaufsicht vorgehen:

▶ Es wird beantragt, den Bescheid des Beklagten vom ... in Gestalt des Widerspruchsbescheides vom .... aufzuheben. ◀

3. Anfechtung im vereinfachten Genehmigungsverfahren

609 In einem sog. vereinfachten Genehmigungsverfahren, in dem bei behördlicher Untätigkeit die Genehmigung fingiert wird, ist die **Verpflichtungsklage** die zutreffende Klageart mit einem Antrag auf Verpflichtung zum bauaufsichtlichen Einschreiten gegen das Vorhaben:[605]

▶ Es wird beantragt, den Beklagten zu verurteilen, gegenüber dem .... die Beseitigung der auf dem Grundstück ... errichteten .... anzuordnen. ◀

4. Einschreiten gegen baurechtswidrigen Zustand

610 Führt der Bauherr genehmigungspflichtige Maßnahmen ohne Genehmigung durch, weicht er vom Inhalt einer Genehmigung ab oder stellt der Nachbar fest, dass ein vorhandenes Bauwerk als „Schwarzbau" ohne eine Genehmigung bereits vollständig errichtet worden ist oder eine unzulässige Nutzung auf dem Nachbargrundstück betrieben wird, kommt ein Widerspruch nicht in Betracht. Der Nachbar kann aber einen Anspruch

---

601 BVerwG, Urt. v. 29.07.1977 – 4 C 51/75, BVerwGE 54, 211.
602 BVerwG, Urt. v. 29.07.1977 – 4 C 51/75, BVerwGE 54, 211.
603 Grundlegend: BVerwG, Urt. v. 05.10.1965 – 4 C 3/65, BVerwGE 22, 129 ff.
604 BVerwG, Beschl. v. 23.04.1998 – 4 B 40/98, NVwZ 1998, 1179; Beschl. v. 22.04.1996 – 4 B 54/96, NVwZ 1996, 628.
605 BVerwG, Beschl. v. 16.01.1997 – 4 B 244/96, NVwZ 1998, 58.

A. Hauptsacheverfahren

gegenüber der Behörde auf ein Einschreiten gegen den baurechtswidrigen Zustand bzw. die unzulässige Nutzung geltend machen.
Prozessual handelt es sich um eine **Verpflichtungsklage** mit dem Antrag

▶ dem Beklagten aufzugeben, gegen (...) (den zu bezeichnenden baurechtswidrigen Zustand) mit einer Einstellungs-, Unterlassungs- oder Beseitigungsanordnung vorzugehen. ◀

Es entspricht regelmäßig einer ordnungsgemäßen Ermessensbetätigung, unter dem Gesichtspunkt der **Gleichbehandlung** und zur **Vermeidung von Präzedenzfällen** die Beseitigung eines formell und materiell illegalen Bauvorhabens anzuordnen. Die **Duldung** eines rechtswidrigen Zustands kann nur veranlasst sein, wenn ganz konkrete Anhaltspunkte dafür sprechen, ihn ausnahmsweise in Kauf zu nehmen.[606]

Macht der Nachbar einen Anspruch auf Einschreiten gegenüber der Bauaufsichtsbehörde geltend, kann er nur bei einer **Ermessensreduzierung auf Null** Erfolg haben. Ob dem Nachbarn bei der Verletzung nachbarrechtlicher Vorschriften ein im Wege einer Ermessensreduzierung auf Null gebundener Anspruch auf behördliches Einschreiten zusteht, entscheidet sich grundsätzlich nach **Landesrecht**.[607] Allerdings verdichtet sich ein der Behörde zustehender Ermessensspielraum dann, wenn der Nachbar erfolgreich und bestandskräftig eine Baugenehmigung angefochten hat. Art. 14 I GG und der Anspruch auf Folgenbeseitigung begründen dann einen Anspruch des Nachbarn auf Einschreiten im Wege einer Beseitigungsanordnung und/oder Nutzungsuntersagung.[608] In gleicher Weise ist ein Anspruch des Nachbarn dahingehend anzuerkennen, dass die Bauaufsichtsbehörde eine **Duldungsanordnung** gegen den oder die **Mieter** eines illegalen Gebäudes ausspricht.[609]

611

Die Bauordnungen der Länder enthalten zumeist Regelungen über die Beseitigung baulicher Anlagen, die im Widerspruch zu öffentlich-rechtlichen Vorschriften errichtet oder geändert wurden, oder Eingriffsbefugnisse zur Nutzungsuntersagung, wenn die baulichen Anlagen im Widerspruch zu öffentlich-rechtlichen Vorschriften benutzt werden.[610] Die Behörde hat die für und gegen ein Einschreiten sprechenden Gesichtspunkte sachgerecht **abzuwägen** und bei der Verletzung nachbarschützender Vorschriften neben dem besonderen öffentlichen Interesse an der Wiederherstellung baurechtmäßiger Zustände auch die Interessen des in seinen Rechten verletzten Nachbarn zu berücksichtigen.[611]

612

Die Möglichkeit des Nachbarn, seine Rechte unmittelbar gegenüber dem „Störer" **zivilrechtlich** (§§ 1004, 906, 823 II BGB) geltend zu machen, kann je nach den konkreten Umständen des Einzelfalls ein beachtlicher Ermessensgesichtspunkt – zu Lasten des anfechtenden Nachbarn – sein[612] mit der Folge, dass er seinen Anspruch vor den ordentlichen Gerichten geltend machen müsste.
In einer auch für das Baurecht wichtigen Entscheidung hat der 3. Senat des BVerwG der Eigentümerin eines an einer Ortsdurchfahrt gelegenen bebauten Grundstücks aus § 45 StVO einen Anspruch auf Einschreiten gegen rechtswidriges Verkehrsverhalten Dritter oder verkehrsrechtswidriger Zustände zugestanden. Eine durch eine unzulässige oder übermäßige verkehrliche Straßennutzung hervorgerufene Erschütterung eines bebauten

613

---

606 BVerwG, Urt. v. 11.04.2002 – 4 C 4.01, DVBl. 2002, 1423(1426).
607 BVerwG, Beschl. v. 10.12.1997 – 4 B 204/97, NVwZ 1998, 395.
608 BVerwG, Beschl. v. 09.02.2000 – 4 B 11/00, BauR 2000, 1318.
609 BVerwG, Beschl. v. 13.07.1994 – 4 B 129/94, NVwZ 1995, 272.
610 Z. B. § 70 BauO Berlin.
611 BVerwG, Beschl. v. 10.12.1997 – 4 B 204/97, NVwZ 1998, 395.
612 BVerwG, Beschl. v. 10.12.1997 – 4 B 204/97, NVwZ 1998, 395.

Lansnicker

Grundstücks kann zu einer rechtserheblichen Beeinträchtigung des Eigentümers in seinem Grundrecht aus Art. 14 GG führen, die dieser nicht hinzunehmen braucht und der die Straßenverkehrsbehörde nicht tatenlos zusehen darf, soll ihr nicht der Vorwurf zu machen sein, durch Nichteinschreiten zu einer beachtlichen Eigentumsbeeinträchtigung bzw. -verletzung mit beigetragen zu haben.[613]

614 Unmittelbar gegen den **öffentlichen Bauherrn** kann der Nachbar seinen allgemeinen öffentlich-rechtlichen Abwehranspruch mit der **Leistungs- oder Unterlassungsklage** geltend machen:[614]

▶ Es wird beantragt, den Beklagten zu verurteilen, die Beseitigung der auf dem Grundstück ... errichteten baulichen Anlage (...) anzuordnen. ◀

5. Genehmigungsfreistellung

615 Stellt der Landesgesetzgeber in bestimmten Fällen Bauvorhaben von der Genehmigungspflicht frei, ist der gegen die Errichtung eines Bauvorhabens gerichtete Rechtsschutz – je nach Bautenstand – ebenfalls wie bei dem Einschreiten gegen den baurechtswidrigen Zustand über eine auf Erlass einer baubehördlichen **Untersagungs-, Einstellungs- bzw. Beseitigungsverfügung** gerichteten **Verpflichtungsklage** zu bewerkstelligen.[615]

6. Fortsetzungsfeststellungsklage

616 Durch Klage kann die Feststellung des Bestehens oder Nichtbestehens eines Rechtsverhältnisses oder der Unwirksamkeit/Nichtigkeit eines Verwaltungsakts begehrt werden, wenn der Kläger ein berechtigtes Interesse an der alsbaldigen Feststellung hat (§ 43 I VwGO). Eine reine **Feststellungsklage** nach § 43 VwGO dürfte in baurechtlichen Verfahren nahezu ausgeschlossen sein, weil sich das klägerische Begehren zumeist mit einer Anfechtungs- oder Verpflichtungsklage erreichen lässt, so dass die Subsidiaritätsklausel des § 43 II VwGO greift.

617 Die Regelung des § 43 II VwGO will unnötige Feststellungsklagen vermeiden, wenn für die Rechtsverfolgung eine andere sachnähere und wirksamere Klageart zur Verfügung steht.[616] Daher kann eine gegen rechtswidriges Verwaltungshandeln gerichtete **Unterlassungsklage** nach ihrer Erledigung nicht mit dem Ziel fortgesetzt werden, zur Förderung eines beim Zivilgericht anhängigen Schadensersatzprozesses die Rechtswidrigkeit des Verwaltungshandelns feststellen zu lassen, wenn die Schadensersatzklage gleichzeitig mit der Unterlassungsklage und damit unabhängig von deren möglicher Erledigung erhoben worden ist.[617] Andererseits wird ein Feststellungsinteresse z. B. dann bejaht, wenn ein Betroffener die Feststellung begehrt, dass die **Rücknahme** der ihm erteilten Baugenehmigung rechtswidrig war und eine beabsichtigte Schadensersatzklage nicht offensichtlich aussichtslos wäre.[618]

618 Teilweise ist im Rahmen baurechtlicher Verfahren eine Fortsetzungsfeststellungsklage nach § 113 I 4 VwGO **erforderlich**, wenn z. B. im Laufe des Verfahrens, mit dem die Erteilung einer Baugenehmigung begehrt wird, ein erledigendes Ereignis eintritt, also z. B. ein ursprünglich genehmigungsfähiges Vorhaben durch das Inkraftsetzen eines

---

613 BVerwG, Urt. v. 26.09.2002 – 3 C 9.02, NJW 2003, 601.
614 Instruktiv hierzu die Entscheidung des OVG Berlin vom 13.03.1998 – 2 S 2/98, LKV 1998, 355: Abwehranspruch des Nachbarn gegen sog. Wagenburg.
615 *Kopp/Schenke*, VwGO § 42 Rn 42.
616 BVerwG, Urt. v. 12.07.2000 – 7 C 3.00, DVBl. 2001, 308.
617 BVerwG, Urt. v. 12.07.2000 – 7 C 3/00, DVBl. 2001, 308.
618 BVerwG, Urt. v. 11.01.2001 – 4 C 6/00, DVBl. 2001, 646 (647).

Bebauungsplans unzulässig wird. Grundsätzlich ist auch für Verpflichtungsklagen § 113 I 4 VwGO entsprechend anzuwenden.[619] Im Rahmen der Fortsetzungsfeststellungsklage sind „kraft gesetzgeberischer Wertung im Vergleich zur isolierten Anwendung des § 43 I VwGO geringere Anforderungen an das Rechtsschutzinteresse" zu stellen.[620]

Zulässig ist die Fortsetzungsfeststellungsklage, wenn **kumulativ** 619
- die ursprüngliche Verpflichtungsklage zulässig war,
- nach Rechtshängigkeit ein erledigendes Ereignis eingetreten ist,
- ein klärungsfähiges Rechtsverhältnis besteht und
- ein Feststellungsinteresse gegeben ist.

In aller Regel wird zwar ein Feststellungsinteresse zu verneinen sein, wenn die aufgeworfenen Rechtsfragen in einem beabsichtigten **Zivilrechtsstreit** geklärt werden können, wie z. B. bei der Amtshaftungsklage, weil die aufgeworfene Rechtsfrage in einem Zivilprozess als Vorfrage dort zu klären ist.[621] Mit der Entscheidung des 4. Senats des BVerwG wurde aber eine gerichtliche Feststellung des Inhalts, dass dem Kläger während eines bestimmten Zeitraums ein **Anspruch** auf Erteilung einer Baugenehmigung zugestanden hat, für zulässig gehalten.[622] In dieser Entscheidung hat das BVerwG auch ausdrücklich festgestellt, dass in einem solchen Fall an das **Feststellungsinteresse** geringere Anforderungen zu stellen sind als bei einer isolierten Feststellungsklage. 620

In folgenden weiteren Entscheidungen wurde die Fortsetzungsfeststellungsklage für zulässig erklärt: 621
- Mit einer zulässigen Fortsetzungsfeststellungsklage nach dem Inkraftsetzen einer Veränderungssperre beschäftigt sich eine Entscheidung des BVerwG vom 2.10.1998.[623]
- Eine Entscheidung vom 27.3.1998 befasst sich mit der Fortsetzungsfeststellungsklage bei einer Untätigkeitsklage auf Erteilung eines Bauvorbescheides.[624]
- Das BVerwG hält in der Entscheidung vom 28.4.1999 auch bei einer Fortsetzungsfeststellungsklage eine Klageerweiterung nach § 91 I VwGO grundsätzlich für möglich.[625]

Der Klageantrag, der im Laufe des Hauptsacheverfahrens nach dem erledigenden Ereignis dann umzustellen ist, lautet 622

▶ festzustellen, dass dem Kläger in der Zeit vom ... bis ... ein Anspruch auf Genehmigung seines Bauantrags vom ... zugestanden hat. ◀

7. Untätigkeitsklage

Die Untätigkeitsklage mit dem Ziel, die Genehmigungsbehörde zum Erlass einer Baugenehmigung oder eines Vorbescheides oder zum Einschreiten gegen einen baurechtswidrigen Zustand zu verpflichten, ist zwar grundsätzlich möglich. Voraussetzung für die Zulässigkeit ist allein, dass über den Antrag ohne zureichenden Grund in angemessener Frist nicht entschieden worden ist (§ 75 S. 1 VwGO). Die Vorschrift eröffnet für Anfechtungs- und Verpflichtungsklagen und sonstige Klagen, für die ein Vorverfahren vorge- 623

---

619 BVerwG, Urt. v. 28.04.1999 – 4 C 4/98, NVwZ 1999, 1105.
620 BVerwG, Urt. v. 28.04.1999 – 4 C 4/98, NVwZ 1999, 1105 (1106).
621 BVerwG, Urt. v. 24.01.1992 – 7 C 24.91, BVerwGE 89, 354(357), s. a. BGH, Urt. v. 15.11.1990 – III ZR 302/89, NJW 1991, 1168.
622 BVerwG, Urt. v. 28.04.1999 – 4 C 4/98, NVwZ 1999, 1105.
623 BVerwG, Urt. v. 02.10.1998 – 4 B 72/98, NVwZ 1998, 523. In dem entschiedenen Fall erledigte sich der Verpflichtungsantrag auf Erteilung einer Baugenehmigung für ein nach § 34 BauGB zulässiges Vorhaben dadurch, dass die Gemeinde die Aufstellung eines Bebauungsplans beschloß und eine Veränderungssperre in Kraft setzte.
624 BVerwG, Urt. v. 27.03.1998 – 4 C 14/6, NVwZ 1998, 1295.
625 BVerwG, Urt. v. 28.04.1999 – 4 C 4/98, NVwZ 1999, 1105 = DVBl 1999, 1291.

schrieben ist, den Klageweg ohne dass der Kläger das Ergebnis eines Widerspruchsbescheids oder Bescheids der Ausgangsbehörde über seinen Antrag abwarten muss. Die Antragsform unterscheidet sich daher nicht von den vorgenannten Klageanträgen.

624 In der Praxis wird der Hinweis auf die dreimonatige Frist des § 75 VwGO an die Behörde ausreichen, um diese zu einer abschließenden Entscheidung z. B. über einen Bauantrag zu motivieren, wenn nicht schon die landesrechtlichen Bestimmungen eine genaue Zeitvorgabe für die Bearbeitung eines vollständigen Bauantrags vorschreiben. Der Nachbar, der gegen eine Bebauung oder unzulässige Nutzung auf dem benachbarten Grundstück vorgehen will, wird im Übrigen sein Begehren aber wohl effektiver im einstweiligen Rechtsschutzverfahren durchzusetzen versuchen.

IV. Verfahren außerhalb der mündlichen Verhandlung

Das Gericht verfügt über mehrere Verfahrensmöglichkeiten, Verfahren auch im Dezernatswege ohne eine mündliche Verhandlung zu beenden. Bereits außerhalb der mündlichen Verhandlung ist es deshalb – wie schon dargestellt – durchaus sinnvoll, einen telefonischen Kontakt mit dem Berichterstatter oder dem Vorsitzenden der erkennenden Kammer herzustellen.

1. Klagerücknahmefiktion

625 Gemäß § 92 II VwGO gilt die Klage als zurückgenommen, wenn der Kläger das Verfahren trotz Aufforderung des Gerichts länger als **drei Monate** nicht betreibt. Sinn und Zweck der Regelung ist es, einem vermuteten Wegfall des Rechtsschutzinteresses durch eine Verfahrensbeendigung kraft Gesetzes Rechnung zu tragen. Voraussetzung für die gesetzliche **Fiktion der Klagerücknahme** ist eine formelle Aufforderung des Gerichts zum Betreiben des Verfahrens mit der gleichzeitigen Belehrung des Klägers, dass im Falle des Nichtbetreibens die gesetzliche Fiktion der Klagerücknahme eingreift. Allerdings werden unter Berücksichtigung des Justizgewährleistungsanspruchs nach Art. 19 IV GG strenge Voraussetzungen an die Vorschrift geknüpft. Es müssen zum Zeitpunkt der Betreibensaufforderung **konkrete sachlich begründete Anhaltspunkte** vorliegen, die den sicheren Schluss zulassen, dass den Beteiligten an einer Sachentscheidung des Gerichts in Wahrheit nicht mehr gelegen ist.[626]

626 Entsteht Streit über die Wirksamkeit der Klagerücknahme oder über das Vorliegen der Voraussetzungen der gesetzlichen Rücknahmefiktion, so hat das Gericht das Verfahren **fortzusetzen** und über die Frage der Beendigung des Verfahrens aufgrund mündlicher Verhandlung durch Urteil zu entscheiden, wenn ein Beteiligter dies beantragt:

▶ Es wird beantragt, unter Aufhebung des Beschlusses vom ... das Verfahren fortzusetzen. Begründung: .... ◀

2. Übertragung auf den Einzelrichter

627 Die Kammer hat die Möglichkeit, den Rechtsstreit einem ihrer Mitglieder als Einzelrichter zur Entscheidung zu übertragen, wenn gem. § 6 VwGO
- die Sache keine besonderen Schwierigkeiten tatsächlicher oder rechtlicher Art aufweist und
- die Rechtssache keine grundsätzliche Bedeutung hat.

---

626 Unmittelbar zu der Regelung des § 92 VwGO: BVerwG, Beschl. v. 05.07.2000 – 8 B 119.00, DVBl. 2001, 307; BVerwG, Beschl. v. 12.04.2001 – 8 B 2/01, NVwZ 2001, 918.

Von dieser Möglichkeit machen die Gerichte aus Gründen der **Verfahrensökonomie** durchaus Gebrauch. Das Gericht hat vorab die Parteien anzuhören, ob Gründe für die Übertragung auf den Einzelrichter entgegenstehen. Hier sollte der Anwalt, wenn die Sache doch besondere Schwierigkeiten tatsächlicher oder rechtlicher Art oder grundsätzlich klärungsbedürftige Rechtsfragen aufweist, der avisierten Übertragung mit entsprechender Begründung entgegentreten.

Ist der Übertragungsbeschluss erfolgt, ist dieser **unanfechtbar**. Die Rechtsmittelgerichte sind an diese Entscheidung gebunden mit der Folge, dass entsprechende Verfahrensrügen einer Überprüfung entzogen sind; bei der Übertragungsanordnung steht dem Gericht im Übrigen ein weiter Beurteilungsspielraum zu.[627]

3. Gerichtsbescheid

Gemäß § 84 I VwGO kann das Gericht ohne mündliche Verhandlung durch Gerichtsbescheid entscheiden, | 628
- wenn die Sache keine besonderen Schwierigkeiten tatsächlicher oder rechtlicher Art aufweist und
- der Sachverhalt geklärt ist.

Auch hierzu sind die Beteiligten vorher zu hören (§ 84 I 2 VwGO). Bereits die Übertragung auf den Einzelrichter kann darauf hindeuten, dass das Gericht beabsichtigt, die Sache durch Gerichtsbescheid zu entscheiden. In der Regel kann die Übertragung auf den Einzelrichter und die Absicht, das Verfahren durch Gerichtsbescheid zu entscheiden, von den Parteien so verstanden werden, dass die Klage voraussichtlich abgewiesen wird. Gegen den Gerichtsbescheid sind Rechtsbehelfe zulässig, die im Einzelnen in § 84 II VwGO aufgeführt sind.

Gebührenrechtlich ist zu berücksichtigen, dass – obwohl keine mündliche Verhandlung | 629 stattfindet – der Anwalt gem. Nr. 3104 VV RVG eine Terminsgebühr erhält. Insgesamt ist das Verfahren, das mit einem Gerichtsbescheid endet, daher mit einer Verfahrensgebühr von 1,3 (Nr. 3100 VV RVG) und einer Terminsgebühr nach 1,2 (Nr. 3104 I Nr. 2 VV RVG) abzurechnen.

4. Vorlageverfahren

Auch in fachgerichtlichen Verfahren kommen Vorlagen an das BVerfG sowie an den | 630 EuGH in Betracht. Die Möglichkeit, ein fachgerichtliches Verfahren gem. Art. 100 I GG auszusetzen und den Rechtsstreit dem BVerfG vorzulegen, wenn das entscheidungserhebliche Gesetz von dem erkennenden Gericht für verfassungswidrig gehalten wird, ist grundsätzlich auch in baurechtlichen Angelegenheiten gegeben.

Hält der Anwalt ein Gesetz, auf dessen Gültigkeit es bei der Entscheidung ankommt, für | 631 verfassungswidrig, so sollte er dies dezidiert schriftsätzlich rügen und zugleich **anregen**, das Verfahren gem. Art. 100 I GG auszusetzen:

▶ Es wird beantragt, das Verfahren gem. Art. 100 I GG auszusetzen und dem BVerfG zur Entscheidung vorzulegen. Begründung .... ◀

Ein Rechtsanspruch auf Vorlage des Verfahrens an das BVerfG besteht nicht. Sollte die Aussetzung des Verfahrens nicht erfolgen, ist allerdings vor Erhebung einer Verfassungsbeschwerde die Erschöpfung des Rechtsweges notwendig (vgl. § 90 II 1 BVerfGG).

---

627 BVerwG, Beschl. v. 04.12.1998 – 8 B 187/98, NVwZ-RR 2000, 257.

632 Gem. Art. 234 II EG **können** nationale Gerichte entscheidungserhebliche Fragen über die Auslegung des EG-Vertrages, die Gültigkeit und Auslegung der Handlungen der Gemeinschaftsorgane sowie unter bestimmten Umständen über die Auslegung der Satzungen der durch den Rat geschaffenen Einrichtungen dem EuGH zur Vorabentscheidung vorlegen. Nach Art. 234 III EG **muss** ein letztinstanzliches nationales Gericht unter den vorgenannten Voraussetzungen das Verfahren aussetzen und die Vorabentscheidung des EuGH einholen. Daher ist auch ein Revisionsverfahren von Amts wegen mit Rücksicht auf ein beim EuGH anhängiges Verfahren auszusetzen, das gleiche Fragen des Gemeinschaftsrechts aufwirft (§ 94 VwGO).[628]

5. Einfluss des Anwalts auf die Verfahrensdauer

633 Die überlange Dauer der Verfahren vor der Verwaltungsgerichtsbarkeit ist verfassungsrechtlich äußerst bedenklich[629] und sollte – wenn die Grenze der Zumutbarkeit für den Mandanten und/oder den Anwalt überschritten ist – durchaus auch während des Verfahrens gegenüber dem Gericht gerügt werden. Der Gesetzgeber sieht derzeit vor, eine sog. **Untätigkeitsbeschwerde** einzuführen. Ob dies dann tatsächlich zu einer Beschleunigung der verwaltungsgerichtlichen Verfahren führt, bleibt allerdings abzuwarten.

634 Die Gewährleistung **effektiven Rechtsschutzes** (Art. 19 IV GG), die aus dem Rechtsstaatsprinzip abzuleiten ist, fordert im Interesse der Rechtssicherheit, dass strittige Rechtsverhältnisse in angemessener Zeit geklärt werden.[630] Ob eine Verfahrensdauer unangemessen lang ist, muss nach der Rechtsprechung des BVerfG nach den Umständen des Einzelfalls beurteilt werden. Tatsache ist allerdings, dass selbst eine Verfahrensdauer von fünf Jahren im erstinstanzlichen Rechtszug nicht für verfassungswidrig gehalten wird.

635 Es ist nicht absehbar, dass sich kurzfristig die Verfahrensdauer erstinstanzlicher Verfahren bei den Verwaltungsgerichten ändern wird, obwohl die überlange Verfahrensdauer vor den deutschen Gerichten bereits mehrfach durch den EGMR als **Verletzung des Art. 6 I EMRK**[631] gerügt wurde.[632] Soweit der Sachverhalt dazu Anlass gibt, sollte der Anwalt aber nicht davor zurückscheuen, den Verfassungsverstoß durch die überlange Verfahrensdauer gegenüber dem erkennenden Gericht zunächst zu rügen. Das BVerwG hat allerdings festgestellt, dass die Rüge der überlangen Verfahrensdauer als solche nicht geeignet ist, eine Zulassung der Revision zu erlangen.[633]

636 Im Falle einer hartnäckigen Untätigkeit des Gerichts kann ferner auch die **Dienstaufsicht** angemahnt werden, die den Richter gem. § 26 II DRiG zu „unverzögerter Erledigung der Amtsgeschäfte zu ermahnen" hat:

▶ Es wird beantragt, den Richter ... gem. § 26 II DRiG zu ordnungsgemäßer, unverzögerter Erledigung der Amtsgeschäfte zu ermahnen. ◀

---

[628] BVerwG, Beschl. v. 10.11.2000 – 3 C 3/00, NVwZ 2001, 319.
[629] Ausführlich hierzu mit einer Zusammenstellung der höchstrichterlichen Rechtsprechung: *Lansnicker/Schwirtzek*, Rechtsverhinderung durch überlange Verfahrensdauer – Verletzung des Beschleunigungsgebotes nach Art. 6 I I EMRK, NJW 2001, 1969–1974.
[630] BVerfG, Beschl. v. 11.12.2000 – 1 BvR 661/00, NJW 2001, 961.
[631] Art. 6 I 1 EMRK regelt die Verpflichtung der Vertragsstaaten, dass über Rechtssachen „innerhalb angemessener Fristen" entschieden wird.
[632] EGMR, Urt. v. 27.07.2000 – 33379/96 (Klein/Deutschland), NJW 2001, 213. Das Verfahren betraf ein Verfahren vor dem BVerfG. Der EGMR mahnt hier auch die Verpflichtung der Staaten an, ihr Gerichtssystem so einzurichten und personell auszustatten, dass eine zeitnahe Entscheidung der Rechtssache erfolgen kann.
[633] BVerwG, Beschl. v. 23.03.2005 – 8 B 3/05, NJW 2005, 2169.

A. Hauptsacheverfahren

Schließlich kommt als ultima ratio auch die Erhebung einer Verfassungsbeschwerde gegen die Untätigkeit des erkennenden Gerichts in Betracht, wobei das BVerfG sich dann allerdings darauf zu beschränken hat, den Verfassungsverstoß wegen der Untätigkeit festzustellen, weil es durch die Untätigkeit des Fachgerichts gehindert ist, in der Sache selber zu entscheiden.

637

Neuere verfassungsgerichtliche Entscheidungen geben Hoffnung, dass auch die Instanzgerichte langsam mehr und mehr dazu angehalten werden, ein Verfahren zügig zu entscheiden. Einfachrechtliche Ausgangslage ist, dass nach einer Entscheidung des **BVerwG** vom 30.1.2003 eine Untätigkeitsbeschwerde (hier gegen das Unterlassen einer Entscheidung durch das OVG) als unzulässig angesehen wird, weil die VwGO dies nicht vorsieht.[634] Dagegen sieht das **BVerfG** grundsätzlich die Verpflichtung des Betroffenen, vor Erhebung der Verfassungsbeschwerde eine Untätigkeitsbeschwerde zum OVG einzulegen; begründet wird dies mit der uneinheitlichen Rechtsprechung der OVG.[635] Das **VerfG des Landes Brandenburg** dagegen wiederum hält eine Verfassungsbeschwerde gegen eine gerichtliche Untätigkeit für zulässig; die Dauer eines verwaltungsgerichtlichen Verfahrens von drei Jahren und fünf Monaten ohne nennenswerte Förderung hält es gar für verfassungswidrig.[636] Das BVerfG verweist bei festgestellter Rechtswidrigkeit der Untätigkeit eines Gerichts ausdrücklich auf die Möglichkeit der **zivilrechtlichen Haftung** und das **Richterdienstrecht**.[637]

Derzeit arbeitet der Gesetzgeber an dem Entwurf eines Gesetzes zur sog. **Untätigkeitsbeschwerde**. Es wird sich anhand der Prozesspraxis zeigen, ob dadurch insbesondere die Verfahren in der Verwaltungsgerichtsbarkeit abzukürzen sind.

V. Mündliche Verhandlung

Mit dem Erhalt der Ladung zur mündlichen Verhandlung (§ 102 VwGO) beginnt ein neuer Abschnitt im Rahmen des baurechtlichen Mandats. Nach der Klageerhebung und der Begründung ist die Tätigkeit des Anwalts vornehmlich darauf beschränkt, auf die eingehende Klage- oder Antragserwiderung nochmals zu replizieren. Sodann ist die Akte im Regelfall zunächst einmal wegzulegen bis zur mündlichen Verhandlung, wenn sich nicht im Laufe des Verfahrens erledigende Ereignisse oder eine neue Sach- und Rechtslage ergeben.

638

1. Ladung zur mündlichen Verhandlung

Die Ladung zur mündlichen Verhandlung erfolgt regelmäßig etwa vier Wochen vor dem anstehenden Verhandlungstermin. § 102 VwGO schreibt eine **Mindestfrist von zwei Wochen**, bei dem BVerwG von mindestens vier Wochen vor. Die Praxis zeigt, dass sich die Gerichte im Laufe des Verfahrens vorab nicht auf einen möglichen Verhandlungstermin festlegen lassen. Diese Verfahrensweise ist zunächst hinzunehmen. Mit der Terminsladung ist allerdings ersichtlich, dass das Gericht nunmehr den Rechtsstreit vorbereiten und votieren wird.

639

---

634 BVerwG, Beschl. v. 30.01.2003 – 3 B 8/03, NVwZ 2003, 869.
635 BVerfG, Beschl. v. 16.01.2003 – 1 BvR 2222/02, NVwZ 2003, 858.
636 VerfG Brandenburg, Beschl. v. 20.03.2003 – 108/02, NJ 2003, 418.
637 BVerfG, Beschl. v. 29.03.2005 – 2 BvR 1610/03, NJW 2005, 3488.

2. Vorbereitung des Termins

640 Spätestens mit Erhalt der Terminsladung sollte der Anwalt die Akte nochmals daraufhin durchsehen, ob und in welchem Umfang er Tatsachen- oder Rechtsausführungen **nachzutragen** hat. Mit der Terminsladung ist aus der Sicht des Anwalts auch zu entscheiden, ob aufgrund neuerer Entscheidungen z. B. der Rechtsstreit keine Aussicht auf Erfolg mehr hat, so dass sich eine unverzügliche Klagerücknahme empfiehlt, wenn der Mandant nicht mit weiteren Kosten belastet werden soll:.

▶ In Sachen ...... nehme ich nach Rücksprache mit dem Kläger die Klage zurück. ◀

641 Im Übrigen empfiehlt sich wiederum die telefonische Kontaktaufnahme zum **Berichterstatter/Vorsitzenden**, um dort möglicherweise zu erfragen, ob das Gericht z. B. eine Beweisaufnahme durchführen möchte oder warum es eine Beweisaufnahme ggf. nicht für erforderlich hält, um daraus Rückschlüsse über die jeweilige Entscheidungserheblichkeit zu erhalten. Bei dem telefonischen Kontakt kann das Gericht auch auf besondere Umstände hingewiesen werden, die möglicherweise schriftsätzlich bislang noch nicht vorgetragen wurden. Schließlich empfiehlt sich auch mit der Terminsladung nochmals eine Kontaktaufnahme telefonischer oder persönlicher Art mit dem **Mandanten**, um von diesem zu erfahren, ob sich die Sachlage oder sein Klageziel zwischenzeitlich verändert hat.

3. Gang der mündlichen Verhandlung

642 Im Rahmen der mündlichen Verhandlung wird das Gericht zumeist deutlich zu erkennen geben, wie es die Sache vorberaten und vorvotiert hat. Abhängig von der jeweiligen Persönlichkeit des Vorsitzenden wird dieser auf eine einvernehmliche Regelung zwischen den Parteien hinwirken oder aber die Sache entscheiden wollen. Der Anwalt sollte unabhängig davon, welche Partei er vertritt, jedenfalls auch gegenüber dem Gericht signalisieren, dass eine **Vergleichsbereitschaft** seitens des Auftraggebers besteht. Dies ist bereits deshalb sinnvoll, weil mit der erstinstanzlichen Entscheidung noch nicht zwingend eine Rechtskraft eintreten muss, wenn noch die Zulassung der Berufung erfolgen kann. Soweit nämlich die Berufung gegen eine für den Bauherrn günstige Entscheidung durch das OVG zugelassen wird, weil etwa ernstliche Zweifel an der Richtigkeit des Urteils von der unterlegenen Partei geltend gemacht wurden, muss durchaus mit einer mehrjährigen Verfahrensdauer vor dem OVG zu rechnen, bis über die Berufung entschieden wird.

643 Wie bereits ausgeführt, wird das Gericht in baurechtlichen Verfahren häufig eine **Beweisaufnahme** vor Ort durchführen müssen, um die Örtlichkeiten abschließend beurteilen zu können.

4. Entscheidung über die Fortsetzung des Verfahrens

644 Nach der Erörterung der Sach- und Rechtsfragen bzw. der Beweisaufnahme wird der Anwalt regelmäßig die Möglichkeit erhalten, abschließend zu **plädieren**. Teilweise wird die Verhandlung auch durch die Gerichte unmittelbar im Anschluss an die Beweisaufnahme vor Ort durchgeführt. Zumeist stellt sich spätestens im Rahmen der Beweisaufnahme heraus, ob die Klage erfolgreich sein wird oder nicht. Auch hier liegt es in der Persönlichkeit des Vorsitzenden, die Parteien auf das jeweilige **Prozessrisiko** hinzuweisen und so eine mögliche Einigung zwischen den Parteien zu erzielen.

645 Sollte das Gericht im Laufe des Verfahrens klar zu erkennen geben, dass die Klage keine Aussicht auf Erfolg hat, muss der Mandant nochmals eindeutig auf die möglichen Konsequenzen auch kostenrechtlicher Art hingewiesen werden. Gegebenenfalls sollte dann auch der Anwalt gegenüber dem Mandanten ein **eindeutiges Votum** dahingehend abgeben, dass die Klage zurückzunehmen ist. Das Letztentscheidungsrecht verbleibt selbstverständlich bei dem Auftraggeber.

VI. Gebühren und Kosten

Nach der die erste Instanz abschließenden Entscheidung ist das Verfahren gegenüber dem Mandanten und/oder der Rechtsschutzversicherung abzurechnen und im Falle eines Obsiegens die Kostenfestsetzung gegenüber der unterliegenden Partei zu betreiben.

1. Festsetzung des Gegenstandswertes

Die **Streitwertfestsetzung** ergeht auf Antrag eines Beteiligten oder wenn es das Gericht für angemessen erachtet. Die Festsetzung erfolgt durch Beschluss oder Urteil, sie ist zu begründen (§ 122 II VwGO). Der Regelstreitwert in verwaltungsrechtlichen Angelegenheiten beträgt seit dem 1.7.2004 = 5.000,00 € (§ 52 GKG). Auf der Grundlage der Streitwertfestsetzung erfolgt die Berechnung der **Gerichtskosten** sowie die Festsetzung der erstattungsfähigen außergerichtlichen Kosten der obsiegenden Partei (§ 164 VwGO).

646

Hat der Anwalt mit dem Auftraggeber eine Abrechnung nach den Bestimmungen des RVG vereinbart, erhält der Anwalt im gerichtlichen Verfahren zunächst jeweils eine **Verfahrensgebühr** und eine **Terminsgebühr**. Die frühere Beweisgebühr ist nach den Regelungen des RVG seit dem 1.7.2004 entfallen. Im Falle einer Einigung oder Erledigung des Verfahrens kann auch noch eine Einigungsgebühr nach Nr. 1000 VV RVG oder Erledigungsgebühr nach Nr. 1002 VV RVG entstehen.

647

Da der für die Gerichtsgebühren festgesetzte Wert auch für die Vergütung des Rechtsanwalts maßgeblich ist (§ 32 RVG), kann der Anwalt auch von einer zu niedrigen Wertfestsetzung betroffen sein. Sind diese Gebühren zu niedrig festgesetzt, findet ein Eingriff in die durch Art. 12 I GG geschützte Freiheit statt, einen Beruf auszuüben, die Wertfestsetzung hat „berufsregelnde Tendenz"[638] Der Anwalt kann daher gegen eine zu niedrige Streitwertfestsetzung Beschwerde erheben, im Zweifel auch bis zur Verfassungsbeschwerde.

2. Kosten des Beigeladenen

Die außergerichtlichen Kosten des Beigeladenen sind erstattungsfähig, wenn sie das Gericht der unterliegenden Partei oder der Staatskasse auferlegt (§ 162 III VwGO). Die Erstattungsfähigkeit der außergerichtlichen Kosten des Beigeladenen wird immer dann angenommen, wenn der Beigeladene sich in dem Prozess durch eine **eigene Antragstellung** ebenfalls dem Kostenrisiko ausgesetzt hat. Stellt der Beigeladene im Verfahren keinen eigenen Sachantrag, erhält er auch keine Kostenerstattung durch die unterliegende Partei.

648

3. Kostenfestsetzung

Hat die auftraggebende Partei obsiegt, hat der Anwalt gegen die unterliegende Partei vor dem Verwaltungsgericht die Kostenfestsetzung auf der Grundlage der gesetzlichen Gebühren zu betreiben. Dabei hat der Urkundsbeamte des Gerichts des ersten Rechtszugs auf Antrag den Betrag der zu erstattenden Kosten festzusetzen (§ 164 VwGO).

649

---

638 BVerfG, Beschl. v. 23.08.2005 – 1 BvR 46/05, NJW 2005, 2980.

2 § 5 Verfahren im ersten Rechtszug

Werden alle Gesellschafter einer **GbR** oder wird eine GbR vertreten, ist derzeit folgendes zu berücksichtigen: Nach der neueren Rechtsprechung des BGH wird der GbR selber eine teilweise Rechts- und Parteifähigkeit zugestanden.[639] Der BGH hat zwar nach wie vor die Erstattungsfähigkeit der Erhöhungsgebühr gem. § 6 I 2 BRAGO (nunmehr Nr. 1008 VV RVG) in einem Aktivprozess der Gesellschafter einer BGB-Gesellschaft anerkannt, gleichzeitig aber darauf hingewiesen, dass im Hinblick auf die vorzitierten Entscheidungen des BGH vom 29.1.2001 und 18.2.2002 zukünftig auch anderes gelten könnte.[640]

Mit dem Kostenfestsetzungsbeschluss erhält der Auftraggeber einen gerichtlichen Titel, auf dessen Grundlage er die Verfahrenskosten gegen die unterliegende Partei ggf. im Wege der Zwangsvollstreckung betreiben kann.

650 Ist der Auftraggeber des Anwalts zahlungsunwillig, kann dieser die Festsetzung seiner gesetzlichen Vergütung bei dem Gericht des ersten Rechtszuges **gegen den Auftraggeber** beantragen (**§ 11 RVG**). Der Anwalt hat dann zugleich mit der Kostenfestsetzung einen vollstreckbaren Titel gegen seinen Auftraggeber, ohne dass er eine Zahlungsklage erheben muss. Festgesetzt werden kann allerdings nur die gesetzliche Vergütung nach den Bestimmungen des RVG, nicht dagegen eine die gesetzlichen Gebühren übersteigende Honorarforderung des Anwalts aufgrund der getroffenen Vergütungsvereinbarung (§ 4 RVG).

B. Vorläufiger Rechtsschutz

651 Der vorläufige Rechtsschutz spielt im öffentlichen Baurecht eine nahezu größere Rolle als das Hauptsacheverfahren. Seinen Grund findet dies darin, dass Rechtsbehelfe gegen eine bauaufsichtliche Genehmigung nach § 212 a BauGB keine aufschiebende Wirkung haben mit der Folge, dass für einen die Baugenehmigung anfechtenden Nachbarn die Einleitung eines verwaltungsgerichtlichen Eilverfahrens nach § 80 a III VwGO i. V. m. § 80 V VwGO unumgänglich ist. Auch bei der Ausübung einer unzulässigen Nutzung kommt ein einstweiliges Rechtsschutzverfahren nach § 123 VwGO in Betracht, um die Nutzung untersagen zu lassen.

I. Antragsarten

652 Nach der Rechtsprechung des BVerfG verlangt Art. 19 IV GG nicht nur bei Anfechtungs-, sondern auch bei Vornahmesachen jedenfalls dann vorläufigen Rechtsschutz, wenn ohne ihn schwere und unzumutbare, anders nicht abwendbare Nachteile entstünden, zu deren nachträglicher Beseitigung die Entscheidung in der Hauptsache nicht mehr in der Lage wäre. Daher sind auch die Gerichte gehalten, bei der Auslegung und Anwendung von Vorschriften der besonderen Bedeutung der jeweils betroffenen Grundrechte und den Erfordernissen eines effektiven Rechtsschutzes Rechnung zu tragen.[641]

653 Im Bereich des öffentlichen Baurechts ist jedenfalls festzustellen, dass die Gerichte auch im Eilverfahren über die summarische Prüfung hinaus doch eine sehr weitergehende **Prüfung der gesamten Sach- und Rechtslage** vornehmen mit der Folge, dass ausgehend von der Entscheidung im Eilverfahren voraussichtlich auch im Hauptsacheverfahren keine andere Entscheidung in der Sache zu erwarten ist. Der Auftraggeber ist ausgehend von der Entscheidung im Eilverfahren dann auch über die Aussichten des Hauptsacheverfah-

---

639 BGH, Urt. v. 29.01.2001 – II ZR 331/00, NJW 2001, 1056; BGH Beschl. v. 18.02.2002 – II ZR 331/00, NJW 2002, 1207.
640 BGH, Urt. v. 18.06.2002 – VIII Z. B. 6/02, NJW 2002, 2958.
641 BVerfG, Beschl. v. 25.10.1988 – 2 BvR 745/88, BVerfGE 79, 69 (74) unter Hinweis auf den Beschl. v. 19.10.1977 – 2 BvR 42/76, BVerfGE 46, 166 (179).

B. Vorläufiger Rechtsschutz

rens ausführlich nochmals zu beraten, ggf. auch mit dem Ziel, eine entsprechende Klage – z. B. gegen eine dem Nachbarn erteilte Baugenehmigung – zurückzunehmen, wenn das Gericht im Eilverfahren festgestellt hat, dass keine Verletzung nachbarrechtlicher Vorschriften vorliegt.

Der **Bauherr** wird regelmäßig als Antragsteller eines Eilverfahrens nicht in Betracht kommen, da er eine Baugenehmigung bzw. einen Vorbescheid im vorläufigen Rechtsschutzverfahren wegen des dortigen Verbots der Vorwegnahme der Hauptsache nicht erstreben kann. Ein Eilverfahren wird der Bauherr allerdings dann einzuleiten haben, wenn z. B. gegen ihn wegen eines baurechtswidrigen Zustands eine sofort vollziehbare Nutzungsuntersagung bzw. Beseitigungsverfügung ergangen ist. Sodann hat er Rechtsschutz über § 80 V VwGO zu suchen und zu erwirken. 654

Antragsteller eines einstweiligen Rechtsschutzverfahrens ist häufiger der **Nachbar**, der sich gegen einen sofortigen Baubeginn auf dem angrenzenden Grundstück oder gegen eine dort ausgeübte unzulässige Nutzung zur Wehr setzen möchte. Der Bauherr wird in diesen Verfahren regelmäßig durch das Gericht notwendig beizuladen sein (§ 65 II VwGO). Die nachfolgenden Antragsarten kommen im Rahmen des vorläufigen Rechtsschutzes im öffentlichen Baurecht in Betracht. 655

1. Antrag nach § 123 VwGO

Bei dem Antrag nach § 123 VwGO ist zu unterscheiden, ob er für den Bauherrn oder den Nachbarn gestellt wird.

- **Antrag des Bauherrn**

Der vorläufige Rechtsschutz nach § 123 VwGO ist versagt für den **Bauherren**: Nach der einhelligen Rechtsprechung kann die Erteilung einer Baugenehmigung oder die Erteilung eines Vorbescheides in einem Verfahren gem. § 123 I VwGO nicht begehrt werden, weil das Verbot einer Vorwegnahme der Hauptsache in Verfahren nach § 123 VwGO dem entgegensteht. Der Bauherr bleibt bei Versagung der Baugenehmigung daher praktisch rechtsschutzlos. Der Anwalt sollte gleichwohl jedenfalls in **Evidenzverfahren**, in denen eine Baugenehmigung offensichtlich rechtswidrig versagt wurde, über ein Verfahren nach § 123 VwGO versuchen, zumindest eine **Neubescheidung** des Bauantrags „unter Beachtung der Rechtsauffassung des Gerichts" zu erreichen (§ 113 V 2 VwGO), zumal das BVerfG auch eine Prüfungszulassung durch einstweilige Anordnung bestätigt hat.[642] Einen guten Überblick über den Stand der Rechtsprechung für die „Baugenehmigung im Eilverfahren" bietet Rolshoven.[643] 656

- **Antrag des Nachbarn**

Wie bereits ausgeführt, ist der einstweilige Rechtsschutz des die Baugenehmigung anfechtenden **Nachbarn** über § 80 a III i. V. m. § 80 V VwGO gewährleistet. Gleichwohl bleibt für den einstweiligen Rechtsschutz nach § 123 VwGO im Bereich des öffentlichen Baurechts für den Nachbarn noch Raum bei folgenden Sachverhalten: 657

- rechtswidrig errichtete oder unzulässig genutzte bauliche Anlagen;
- genehmigungsfreigestellte Vorhaben, da ein Anspruch gegen die Behörde auf Einschreiten geltend gemacht wird.[644]

---

642 BVerfG, Beschl. v. 25.07.1996 – 1 BvR 638/96, NVwZ 1997, 479.
643 *Rolshoven*, Baugenehmigung im Eilverfahren ? BauR 2003, 646–655.
644 Hierzu ausführlich: *Bamberger*, Die verwaltungsgerichtliche vorläufige Einstellung genehmigungsfreier Bauvorhaben, NVwZ 2000, 983–989; *Uechtritz*, Vorläufiger Rechtsschutz eines Nachbarn bei genehmigungsfreigestellten Vorhaben – Konkurrenz zwischen Zivil- und Verwaltungsprozess?, BauR 1998, 719–733.

§ 5 Verfahren im ersten Rechtszug

Für den Antrag nach § 123 VwGO bedarf es eines Anordnungsgrundes sowie eines Anordnungsanspruchs; beides ist durch den Antragsteller **glaubhaft** zu machen (§ 123 III VwGO, §§ 920 II, 294 ZPO).

- Anordnungsgrund

658 Für ein erfolgversprechendes Verfahren nach § 123 VwGO bedarf es zunächst eines Anordnungsgrundes. Erforderlich ist insoweit die Darlegung, dass ohne die einstweilige Anordnung die Gefahr vorliegt,
- dass durch die Veränderung des bestehenden Zustands die Verwirklichung eines Rechts des Antragstellers vereitelt oder wesentlich erschwert werden kann (§ 123 I 1 VwGO – **Sicherungsanordnung**) oder
- die Regelung, um wesentliche Nachteile abzuwenden oder aus anderen Gründen, nötig erscheint (§ 123 I 2 VwGO – **Regelungsanordnung**).

659 Der Anordnungsgrund, die besondere Eilbedürftigkeit, wird in der Regel wegen des langen Terminsstandes der Verwaltungsgerichte in Hauptsacheverfahren weniger Schwierigkeiten bereiten. Es wurde bereits darauf hingewiesen, dass bei längerer wissentlicher und willentlicher Duldung etwa eines baurechtswidrigen Zustandes oder einer unzulässigen Nutzung die besondere Eilbedürftigkeit oder das besondere Rechtsschutzinteresse des anfechtenden Nachbarn entfallen sein kann mit der Folge, dass er nur noch auf eine Hauptsacheklage zu verweisen ist.

- Anordnungsanspruch

660 Im Rahmen des Anordnungsanspruchs hat der Anwalt darzulegen, woraus der Antragsteller ein **subjektives Recht** i. S. des § 123 I 1 VwGO herleiten möchte. Der Anordnungsanspruch bezieht sich auf den materiellen Anspruch, für den der vorläufige Rechtsschutz begehrt wird.[645] Er kann aber auch in einem Anspruch auf ermessensfehlerfreie Entscheidung bestehen.

2. Antrag nach § 80 a III i. V. m. § 80 V VwGO

Häufiger ist in baurechtlichen Mandaten der Anwendungsbereich des § 80 V VwGO.

- Nachbar

661 Da Widerspruch und Anfechtungsklage des Nachbarn gegen die bauaufsichtliche Zulassung eines Vorhabens gem. **§ 212 a BauGB** keine aufschiebende Wirkung haben, muss der die Baugenehmigung anfechtende Nachbar ein verwaltungsgerichtliches Eilverfahren gem. § 80 a III i. V. m. § 80 V VwGO einleiten mit dem Ziel, die aufschiebende Wirkung des eingelegten Rechtsmittels anzuordnen, nachdem er bei der Behörde vorab erfolglos den Antrag gestellt hat, den Sofortvollzug auszusetzen (§ 80 a I Nr. 2 VwGO).

▶ Es wird beantragt, die aufschiebende Wirkung des Widerspruchs des Antragstellers vom .... gegen die Baugenehmigung vom ... anzuordnen. ◀

Der Bauherr wird in diesem Verfahren regelmäßig notwendig **beizuladen** sein, da er an dem streitigen Rechtsverhältnis derart beteiligt ist, dass die Entscheidung auch ihm gegenüber nur einheitlich ergehen kann (§ 65 II VwGO).

---

645 BVerwG, Beschl. v. 21.01.1994 – 7 VR 12/93, NVwZ 1994, 370.

B. Vorläufiger Rechtsschutz

■ **Bauherr**

Ist gegenüber dem Bauherrn die erklärte Rücknahme der Baugenehmigung für sofort vollziehbar erklärt worden, kann der Bauherr nach § 80 V VwGO um vorläufigen Rechtsschutz nachsuchen. Gleiches gilt für ihn, wenn er Adressat einer für sofort vollziehbar erklärten Beseitigungsverfügung oder Nutzungsuntersagung ist.

▶ Es wird beantragt, die aufschiebende Wirkung des Widerspruchs des Antragstellers vom .... gegen den Bescheid vom .... wiederherzustellen. ◀

■ **Gemeinde**

Dritter i. S. des § 212a I BauGB ist auch die Gemeinde, die sich gegen eine erteilte Baugenehmigung wendet, so dass auch die Gemeinde sich im vorläufigen Rechtsschutzverfahren nach § 80a III i. V. m. § 80 V VwGO wehren kann.

3. Antrag nach §§ 80 VII, 123 VwGO

§ 80 VII VwGO regelt die Befugnis des Gerichts der Hauptsache, Beschlüsse über Anträge nach § 80 V VwGO jederzeit zu **ändern** oder **aufzuheben**. Auch ein Beschluss nach § 123 I VwGO kann nach allgemeiner Auffassung in entsprechender Anwendung von § 80 VII VwGO bzw. von § 927 ZPO abgeändert oder aufgehoben werden, wenn sich die Sach- oder Rechtslage, die bei Erlass des Ausgangsbeschlusses gegeben war, geändert hat. Jeder Beteiligte kann die Änderung oder Aufhebung wegen veränderter oder im ursprünglichen Verfahren ohne Verschulden nicht geltend gemachter Umstände beantragen.

Hat der Nachbar die Anordnung der aufschiebenden Wirkung seines Rechtsbehelfs erreicht und begehrt der Bauherr im Abänderungsverfahren die Aufhebung dieses Beschlusses, dann ist Antragsgegner des Verfahrens nicht die Behörde, sondern der Nachbar.

Nach der ständigen Rechtsprechung des BVerfG gehört auch der Abänderungsantrag nach § 80 VII VwGO zu den Rechtsmitteln bzw. weiteren Rechtsbehelfen, die **vor Erhebung einer Verfassungsbeschwerde einzulegen** sind.[646] Dies gilt auch und gerade dann, wenn der Abänderungsantrag neben der Verletzung rechtlichen Gehörs (Art. 103 I GG) mit der Verletzung von weiteren Grundrechten begründet wird, weil das Abänderungsverfahren zugleich Gelegenheit bieten soll, diese verfassungsrechtlichen Mängel zu beseitigen, selbst wenn sie nicht mit dem auch geltend gemachten Gehörsverstoß notwendig im Zusammenhang stehen.

II. Verfahrensfragen

Gegenüber dem sog. Hauptsacheverfahren ergeben sich einige Besonderheiten:

1. Antragsfristen

Für die Erhebung der Klage ergibt sich die einmonatige Klagefrist nach Zustellung des anzufechtenden Verwaltungsaktes aus § 74 VwGO.[647] Für den Antrag gem. § 123 VwGO bzw. den Antrag nach § 80 V VwGO ergeben sich für das baurechtliche Mandat

---

646 BVerfG, 1. Kammer des Zweiten Senats, Beschl. v. 09.01.2002 – 2 BvR 2124/01, NVwZ 2002, 848.
647 Nach einer Entscheidung des BVerwG vom 19.09.2000 erfüllt das sog. Einwurf-Einschreiben der Post nicht die Anforderungen an eine förmliche Zustellung nach dem VwZG, so dass entsprechende Fristen auch nicht zu laufen beginnen – 9 C 7/00, DVBl. 2001, 477. Nach dem VwZG in der Fassung ab 01.02.2006 kann ein Dokument durch die Post mittels Übergabe-Einschreiben oder mittels Einschreiben mit Rückschein zugestellt werden (§ 4 I VwZG).

Lansnicker

dagegen **keine** zu notierenden **Fristen**. Vor Inkrafttreten des § 212 a BauGB am 1.1.1998 war nach § 10 II BauGB-MaßnahmenG der Antrag nach § 80 V VwGO innerhalb eines Monats nach Zustellung der Genehmigung zu stellen. Fristen für die prozessuale Geltendmachung im Wege des einstweiligen Rechtsschutzes ergeben sich ausschließlich in fachplanungsrechtlichen Verfahren (z. B. § 20 V AEG, § 19 II WaStrG, § 17 VI a FStrG).[648]

667 Das Verhalten des Nachbarn kann jedoch je nach den Umständen des Einzelfalls als **Verwirken** seiner prozessualen oder materiellen Abwehrrechte gewertet werden. Nach der Rechtsprechung des BVerwG setzt jede Verwirkung

- erstens das Verstreichen eines längeren Zeitraums seit der Möglichkeit der Geltendmachung eines Rechts und
- zweitens besondere Umstände voraus, dass die spätere Geltendmachung als Verstoß gegen Treu und Glauben erscheinen lassen.[649]

Letzteres ist insbesondere dann der Fall, wenn der Verpflichtete infolge eines bestimmten Verhaltens des Berechtigten darauf vertrauen durfte, dass dieser das Recht nach so langer Zeit nicht mehr geltend machen werde (**Vertrauensgrundlage**), der Verpflichtete ferner tatsächlich darauf vertraut hat, dass das Recht nicht mehr ausgeübt werde (**Vertrauenstatbestand**) und sich infolge seiner Vorkehrungen und Maßnahmen so eingerichtet hat, dass ihm durch die verspätete Durchsetzung des Rechts ein unzumutbarer Nachteil entstehen würde.[650] Die materiellen Abwehrrechte des Nachbarn können auch gegenüber ungenehmigten Vorhaben verwirkt werden.[651] Dies folgt aus dem besonderen nachbarlichen Gemeinschaftsverhältnis, das von den Nachbarn nach Treu und Glauben gesteigerte Rücksichtnahme aufeinander fordert.[652]

668 Wurde die Baugenehmigung dem Nachbarn **nicht zugestellt**, hat der Bauherr aber sofort mit der Ausnutzung der Baugenehmigung begonnen, kann der Nachbar auch noch nach mehr als einem Monat Widerspruch erheben, ohne dass dieser als verwirkt anzusehen wäre.[653] Die Gerichte können, wenn zwischen der Zustellung der Baugenehmigung an den Nachbarn oder dessen Kenntnis von dem Baubeginn mehrere Monate liegen, das **Rechtsschutzbedürfnis** für ein Eilverfahren verneinen. Es empfiehlt sich, jedenfalls mit der Zustellung der Baugenehmigung, spätestens aber mit dem Baubeginn den Eilantrag nach § 80 a III i. V. m. § 80 V VwGO unverzüglich vorzubereiten und einzureichen.

2. Antrag und Begründung

669 In einem Eilverfahren nach § 123 VwGO bzw. nach § 80 V VwGO ist es zwingend erforderlich, **umfassend** zum Sachverhalt **vorzutragen**. Bereits aus der Antragsschrift muss sich erkennen lassen, ob und in welchem Umfang nachbarliche Rechte verletzt sein können oder weshalb die Behörde zum Einschreiten verpflichtet werden muss. Aus diesem Grunde ist es erforderlich, die **bauliche Situation** oder **Nutzung** auf dem Nachbargrundstück so ausführlich wie möglich schriftlich darzulegen und ggf. unter Beifügung von Lageplänen und Fotos zu dokumentieren. Je eindeutiger die Verletzung nachbarlicher Rechte ist, desto motivierter wird das Gericht sein, in der Sache zügig zu entscheiden.

---

[648] Monatsfrist für den Antrag nach § 80 V VwGO, weil Klagen gegen den jeweiligen Planfeststellungsbeschluss kraft Gesetzes keine aufschiebende Wirkung haben.
[649] BVerwG, Urt. v. 09.12.1998 – 3 C 1/98, DVBl. 1999, 1034.
[650] BVerwG, Beschl. v. 31.08.1999 – 3 B 57/99, DVBl. 2000, 560.
[651] BVerwG, Beschl. v. 11.02.1997 – 4 B 10/97, NJW 1998, 329; s. a. Beschl. v. 13.08.1996 – 4 B 135/96, BauR 1997, 281.
[652] BVerwG, Beschl. v. 11.02.1997 – 4 B 10/97, NJW 1998, 329.
[653] BVerwG, Urt. v. 16.05.1991 – 4 C 4/89, NVwZ 1991, 1182.

B. Vorläufiger Rechtsschutz

Nach Eingang der Antragsschrift und Mitteilung des Aktenzeichens sollte ggf. auch eine telefonische Kontaktaufnahme mit dem Vorsitzenden erfolgen, um mögliche **Zwischenverfügungen** des Gerichts abzuklären. Zwar erfolgt die Ausnutzung einer angefochtenen Baugenehmigung auf das Risiko des Bauherrn. Gleichwohl bitten die Gerichte teilweise, bis zu einer Entscheidung über das Eilverfahren die Vollziehbarkeit auszusetzen. Dies sollte im Einzelfall mit dem Vorsitzenden abgeklärt werden. Gegen die Zulässigkeit von gerichtlichen Zwischenverfügungen bestehen im Übrigen aber auch erhebliche rechtliche Bedenken.[654]

3. Beweisaufnahme

In dem Verfahren gem. § 80a III i. V. m. § 80 V VwGO des eine Baugenehmigung anfechtenden Nachbarn wird regelmäßig eine Beweisaufnahme stattzufinden haben; gleiches gilt in Verfahren, bei denen der Nachbar ein Einschreiten der Behörde nach § 123 I VwGO erreichen möchte.
Anders als bei den sonstigen verwaltungsgerichtlichen Eilverfahren, in denen eine Entscheidung nur nach Aktenlage ergeht, kann Art und Umfang der Verletzung nachbarlicher Rechte durch das Gericht nur durch richterlichen Augenschein geprüft werden. Soweit sich ein konkretes Bauvorhaben z. B. nach § 34 BauGB richtet, wird die Umgebungsbebauung lediglich durch **richterlichen Augenschein** (§§ 97, 98 VwGO) zu bewerten sein. Ob und in welchem Umfang das Rücksichtnahmegebot verletzt ist, kann ebenfalls nur nach genauer Klärung der örtlichen Verhältnisse durch das Gericht bewertet werden.
Hinsichtlich der Kosten des Verfahrens ist zu berücksichtigen, dass dem Anwalt seit dem 1.7.2004 mit dem In-Kraft-Treten des RVG **keine** zusätzliche **Gebühr** mehr für eine Beweisaufnahme zusteht.

III. Schadensersatzpflicht

Der eine Baugenehmigung oder eine bestimmte Nutzung anfechtende Dritte macht sich gegenüber dem in dem Eilverfahren beigeladenen Bauherrn nicht schadensersatzpflichtig, wenn er zunächst durch das Eilverfahren einen Baustopp oder eine Einstellung der Nutzung erreicht, dies aber im Hauptsacheverfahren später aufgehoben wird, weil die angefochtene Baugenehmigung oder Nutzung durch das Gericht als rechtmäßig bestätigt wird. Dieses Ergebnis wird damit begründet, dass die Regelung des § 945 ZPO, in der die Schadensersatzpflicht grundsätzlich geregelt ist, für den Antragsteller eines verwaltungsgerichtlichen Eilverfahrens nicht greift, weil Antragsgegner in diesem Verfahren die Baugenehmigungsbehörde ist, nicht aber der beigeladene Bauherr.[655] Auch die Bauaufsichtsbehörde macht sich nach § 945 ZPO nicht gegenüber dem Bauherrn schadensersatzpflichtig, wenn sie z. B. die sofortige Vollziehung eines Verwaltungsaktes gegenüber dem Bauherrn anordnet, soweit diese sich im Nachhinein als rechtswidrig herausstellt.[656]

IV. Gebühren und Kosten

Gegenüber dem Hauptsacheverfahren ergeben sich keine gebührenrechtlichen und kostenrechtlichen Besonderheiten. Allerdings wird der Gegenstandswert gegenüber einem

---

654 Zum Meinungsstand: BerlVerfGH, Beschl. v. 06.10.1998 – 26 A/98, 26/98, NVwZ 1999, 1332.
655 BGH, Urt. v. 23.09.1980 – VI ZR 165/78, NJW 1981, 349.
656 BVerwG, Beschl. v. 09.08.1990 – 1 B 94/90, NVwZ 1991, 270.

§ 5 Verfahren im ersten Rechtszug

Hauptsacheverfahren regelmäßig **halbiert** oder **gedrittelt**. In erstinstanzlich vor dem OVG/VGH zu führenden Eilverfahren (hier nach § 47 VI VwGO) erhält der Rechtsanwalt eine erhöhte Gebühr nach Nr. 3302 VV RVG, also eine 1,6 Verfahrensgebühr.

C. Normenkontrollverfahren

674 Wie bereits ausgeführt, kann der Bebauungsplan entweder im Normenkontrollverfahren nach § 47 VwGO abstrakt oder in einem Verfahren des Individualrechtsschutzes gegen Verwaltungsakte, die sich auf dessen Festsetzungen stützen (z. B. Enteignungsbeschluss, Erteilung oder Versagung einer Bauerlaubnis), inzident gerichtlicher Kontrolle unterworfen werden.

Antrag und Gegenstand des Normenkontrollverfahrens ist die Feststellung, dass eine bestimmte Rechtsvorschrift (z. B. Bebauungsplan) **unwirksam** ist. Gem. § 47 I Nr. 1 VwGO entscheidet das OVG über die Gültigkeit von Satzungen, die nach den Vorschriften des BauGB erlassen worden sind sowie über Rechtsverordnungen auf Grund des § 246 II BauGB. Kommt das OVG zu der Überzeugung, dass die Rechtsvorschrift ungültig ist, so erklärt es sie für unwirksam (§ 47 V 2 VwGO). In der **bis zum 19.7.2004** geltenden Fassung des § 47 V 2 VwGO (a. F.) wurde die **Nichtigkeit** der Norm durch das OVG festgestellt und die Satzung für unwirksam erklärt, wenn sie in einem ergänzenden Verfahren nach § 215 a BauGB a. F. geheilt werden konnte. Inhaltlich ist aber mit der Tenorierung der Unwirksamkeit der Satzung keine Änderung erfolgt.

I. Sinn und Effektivität des Verfahrens

675 Gegenüber dem Individualrechtsschutz hat die abstrakte Normenkontrolle gem. § 47 VwGO weitergehende Rechtswirkungen, weil sie den Plan im Rahmen der **Unwirksamkeitsfeststellung** als Vollzugsgrundlage insgesamt ausschaltet und damit auch nachteilige Verwaltungsentscheidungen hindert, die der Antragsteller im Rahmen eines Individualrechtsschutzes mangels eigener Rechtsverletzung nicht erfolgreich angreifen könnte.

Bei der Prüfung der Gültigkeit eines Bebauungsplans ist das Normenkontrollgericht auch nicht auf die vom Antragsteller geltend gemachten Mängel beschränkt. Es kann den Bebauungsplan auch aus **anderen Gründen** für unwirksam erklären, die die privaten Belange des Antragstellers nicht berühren.[657] Erklärt ein Normenkontrollgericht eine Rechtsvorschrift für unwirksam (§ 47 V 2 VwGO), so ist diese Entscheidung nach § 47 V 2 VwGO allgemein verbindlich. Diese Wirkung tritt **mit Rechtskraft** der Normenkontrollentscheidung ein.[658]

Der Normenkontrollantrag muss innerhalb von **zwei Jahren** seit Schlußbekanntmachung des Bebauungsplans gestellt werden (§ 47 II VwGO). In der ortsüblichen Bekanntmachung ist nicht auf die Zweijahresfrist des § 47 II 1 VwGO hinzuweisen.[659]

676 Zu berücksichtigen ist aber, dass ein Normenkontrollantrag z. B. **keine aufschiebende Wirkung** gegenüber Verwaltungsakten hat, die auf der Grundlage des angefochtenen Bebauungsplans erteilt worden sind. Daher muss ggf. gegen Verwaltungsakte, die auf der Grundlage des Bebauungsplans erlassen werden, das Verfahren des Individualrechtsschutzes ebenfalls eingeleitet werden, in dem dann die Inzidentkontrolle des Bebauungs-

---

657 BVerwG, Beschl. v. 06.12.2000 – 4 BN 59/00, NVwZ 2001, 431 Leitsatz 2.
658 BVerwG, Beschl. v. 08.12.2000 – 4 B 75/00, NVwZ-RR 2001, 483.
659 BVerwG, Beschl. v. 28.12.2000 – 4 BN 32/00, BauR 2001, 1066.

plans stattfinden kann. Auf die Inzidentkontrolle findet auch die Vorschrift des § 47 II 1 VwGO über die befristete Normenkontrolle keine Anwendung.

Vor übertriebenen Erwartungen hinsichtlich der Erfolgsaussichten eines Normenkontrollverfahrens muss an dieser Stelle gewarnt werden: So wurden z. B. in 25 Jahren im Rahmen der Normenkontrollverfahren vor dem OVG Berlin nur neun Bebauungspläne und eine Veränderungssperre für ungültig erklärt.[660] Die Erfolgsaussichten für ein Normenkontrollverfahren sind daher bereits aus statistischen Gründen als **äußerst gering** zu bezeichnen.

677

Auch die **Dauer** eines Normenkontrollverfahrens ist mit mehreren Jahren ebenfalls nicht antragsfördernd. Im Zweifel sollte daher dem Individualrechtsschutz gegenüber dem Normenkontrollverfahren der Vorrang gegeben werden, zumal auch dort eine Inzidentkontrolle des Bebauungsplans stattzufinden hat.

II. Antragsbefugnis

Gemäß § 47 II 1 VwGO ist Voraussetzung für den Antrag, dass der Antragsteller geltend macht, durch die Rechtsvorschrift oder deren Anwendung in seinen Rechten verletzt zu sein oder in absehbarer Zeit verletzt zu werden.

678

▶ Es wird festgestellt, dass der Bebauungsplan Nr. ... vom .... unwirksam ist. ◀

Die Antragsbefugnis gem. § 47 II 1 VwGO ist regelmäßig zu bejahen, wenn sich ein Eigentümer eines im Plangebiet gelegenen Grundstücks gegen die bauplanerische Festsetzung wendet, die unmittelbar sein Grundstück betrifft.[661] Die **Belegenheit** eines Grundstücks im Geltungsbereich eines (Änderungs-)Bebauungsplans allein begründet die Antragsbefugnis nicht.[662]

Der Umstand allein, dass ein bisher unbebautes Grundstücke künftig bebaut werden kann, macht das Interesse des Nachbarn an der Erhaltung dieses Zustands, z. B. wegen der Ortsrand- und **Aussichtslage**, noch nicht zu einem abwägungserheblichen Belang mit der Folge, dass damit eine Verletzung des Rechts auf gerechte Abwägung i. S. des § 47 II VwGO geltend gemacht werden könnte.[663]

679

Antragsbefugt ist, wer sich auf einen abwägungserheblichen privaten Belang berufen kann.[664] Die Antragsbefugnis ist daher zu bejahen, wenn die planerische Festsetzung **private Belange** betrifft, die für die Abwägung nach § 1 VII BauGB **erheblich** sind.[665] Das BVerwG verlangt nunmehr nach der Änderung der Vorschrift durch das 6. VwGOÄndG für die Geltendmachung einer Rechtsverletzung nach § 47 II VwGO keine höheren Anforderungen als nach § 42 II VwGO.[666] Für die Antragsbefugnis ist erforderlich, aber auch ausreichend, dass der Antragsteller hinreichend substantiiert Tatsachen vorträgt, die es zumindest als **möglich** erscheinen lassen, dass er durch Festsetzungen des Bebauungsplans in seinem Eigentum verletzt wird.[667]

680

---

660 Vgl. *Dageförde*, Normenkontrollverfahren vor dem OVG Berlin, NVwZ-Beilage II/2001, 19–24.
661 BVerwG, Beschl. v. 29.08.2000 – 4 BN 40/00, NVwZ-RR 2001, 199 (200).
662 BVerwG, Beschl. v. 22.08.2000 – 4 BN 38/00, NVwZ 2000, 1413.
663 BVerwG, Beschl. v. 22.08.2000 – 4 BN 38/00, NVwZ 2000, 1413.
664 BVerwG, Beschl. v. 22.08.2000 – 4 BN 38/00, NVwZ 2000, 1413 (1414).
665 BVerwG, Urt. v. 24.09.1998 – 4 CN 2/98, NJW 1999, 592.
666 BVerwG, Urt. v. 24.09.1998 – 4 CN 2/98, NJW 1999, 592.
667 BVerwG, Urt. v. 10.03.1998 – 4 CN 6/97, NVwZ 1998, 732.

681 Bei folgendem **Personenkreis** außer dem betroffenen **Eigentümer** wird die Antragsbefugnis – anders als bei der Klagebefugnis nach § 42 II VwGO – anerkannt:
- Wird für eine landwirtschaftlich genutzte Fläche im Bebauungsplan eine andere Nutzungsart festgesetzt, so kann auch der **Pächter** dieser Fläche antragsbefugt im Normenkontrollverfahren sein.[668]
- Der **Mieter** kann antragsbefugt sein, wenn er geltend macht, sein Interesse, von zusätzlichem Verkehrslärm verschont zu bleiben, sei im Bebauungsplan nicht berücksichtigt worden.[669]

Nachdem der **BGH** in mehreren Entscheidungen der Gesellschaft bürgerlichen Rechts (GbR) die Parteifähigkeit zuerkannt hat,[670] hat auch das **BVerfG** der **GbR** bestätigt, dass sie in Ansehung der Eigentumsgarantie grundrechtsfähig ist.[671] Zugleich mit dieser Entscheidung hat das BVerfG auch die Grundrechts- und Parteifähigkeit einer **OHG** und einer **KG** bekräftigt. Daher ist davon auszugehen, dass – soweit GbR, OHG und KG eine Verletzung der Eigentumsgarantie geltend machen, diese auch im Rahmen eines Verfahrens nach § 47 VwGO antragsbefugt sind.

682 Neben der Antragsbefugnis ist das **Rechtsschutzbedürfnis** weitere Zulässigkeitsvoraussetzung im Normenkontrollverfahren. An dieser fehlt es, wenn sich die Inanspruchnahme des Gerichts als nutzlos erweist, weil der Antragsteller seine Rechtsstellung mit der begehrten Entscheidung nicht verbessern kann. Hiervon ist auszugehen, wenn der Antragsteller Festsetzungen bekämpft, auf deren Grundlage bereits Vorhaben genehmigt oder verwirklicht wurden.[672] Ist der Bebauungsplan erst torsohaft verwirklicht, so bedarf es allerdings näherer Erläuterungen, weshalb die Unwirksamkeitserklärung für den Antragsteller ohne jeden Nutzen sein soll.[673]

III. Antragsgegenstand

683 Die Normenkontrolle findet nur gegenüber den in § 47 I Nr. 1 VwGO und im jeweiligen Landesgesetz nach § 47 I Nr. 2 VwGO genannten untergesetzlichen Vorschriften des Landesrechts statt, sofern für Streitigkeiten aus der Vorschrift der Verwaltungsrechtsweg gegeben ist. Die Anwendung des § 47 VwGO ist durch dessen Abs. 1 abschließend begrenzt. Das gesamte Bundesrecht, förmliche Landesrechte einschließlich von Verordnungen mit Gesetzesrang sowie ausländisches oder innerkirchliches Recht unterfallen § 47 VwGO nicht. Eine entsprechende Anwendung ist insoweit ausgeschlossen.

Allerdings hat das BVerwG ausgeführt, dass **ausnahmsweise** auch eine Rechtsvorschrift, die als **formelles Landesgesetz** erlassen worden ist, der verwaltungsgerichtlichen Normenkontrolle unterliegen kann. Unter dem Vorbehalt landesrechtlicher Besonderheiten gilt dies insbesondere für den Fall der Änderung oder Ergänzung einer Rechtsverordnung durch ein formelles Gesetz, wenn dieses zugleich bestimmt, dass auch die (gesetzlichen) Einfügungen künftig durch Rechtsverordnung geändert werden können (sog. „Entsteinerungsklausel").[674]

---

668 BVerwG, Urt. v. 05.11.1999 – 4 CN 3/99, NVwZ 2000, 806.
669 BVerwG, Urt. v. 21.10.1999 – 4 CN 1/98, NVwZ 2000, 807.
670 BGH, Urt. v. 18.02.2002 – II ZR 331/00, NJW 2002, 1207; BGH, Urt. v. 29.01.2001 – II ZR 331/00, NJW 2001, 1056.
671 BVerfG, Beschl. v. 02.09.2002 – 1 BvR 1103/02, NJW 2002, 3533.
672 Zusammenfassend: BVerwG, Beschl. v. 08.02.1999 – 4 BN 55/98, NVwZ 2000, 194.
673 BVerwG, Beschl. v. 08.02.1999 – 4 BN 55/98, NVwZ 2000, 194.
674 BVerwG, Urt. v. 16.01.2003 – 4 CN 8/01, NJW 2002, 2039.

C. Normenkontrollverfahren 2

Folgende Gegenstände unterliegen gem. § 47 I Nr. 1 VwGO der Normenkontrolle: **684**
- Bebauungspläne (§§ 8, 10 BauGB), vorhabensbezogene Bebauungspläne (§ 12 BauGB), ; § 47 I Nr. 1 VwGO erlaubt auch die Nachprüfung von Festsetzungen, die gem. § 9 IV BauGB i. V. m. Landesrecht in Bebauungsplänen getroffen wurden. Nicht erfasst sind allerdings sog. „satzungsvertretende Gesetze" wie z. B. hamburgische Bebauungspläne in Gesetzesform;
- Veränderungssperren (§§ 14, 16 BauGB);
- Satzungen zur Sicherung von Gebieten mit Fremdenverkehrsfunktion gem. § 22 BauGB;
- Satzungen über die Ausübung eines Vorkaufsrechts (§ 25 BauGB);
- Satzungen über die Bestimmung des Innenbereiches (§ 34 IV BauGB) und Außenbereichssatzungen (§ 35 VI BauGB);
- Erschließungsbeitragssatzungen (§ 132 BauGB);
- Satzungen zur Festlegung (§ 142 III BauGB) oder zur Aufhebung (§ 162 BauGB) eines Sanierungsgebietes;
- Entwicklungssatzungen (§ 165 VI BauGB);
- Erhaltungssatzungen (§ 172 BauGB);
- Satzungen über die Verfassung von Planungsverbänden (§ 205 BauGB).
- Rechtsverordnungen, die gem. § 246 II BauGB in den Stadtstaaten anstelle der Satzungen treten.

Nicht in den Anwendungsbereich des § 47 I Nr. 1 VwGO fallen etwa: **685**
- Der Flächennutzungsplan gem. §§ 5, 6 BauGB, da er nicht als Satzung beschlossen wird;
- Umlegungsbeschlüsse gem. § 47 BauGB und Umlegungspläne gem. § 66 BauGB;
- „planreife" Bebauungsplanentwürfe i. S. von § 33 BauGB, da sie noch keine Rechtsvorschrift i. S. von § 47 VwGO sind;
- der Beschluss einer Gemeindevertretung, der die Unwirksamkeit eines Bebauungsplanes feststellt, auch wenn der Beschluss öffentlich bekanntgemacht wurde; anderes muss aber dann gelten, wenn es sich um ein Aufhebungsverfahren mit einem Satzungsbeschluss gehandelt hat.

Die Zulässigkeit gegen sonstige Vorschriften des Landesrechts ist gem. § 47 I Nr. 2 **686** VwGO von einer entsprechenden Regelung durch förmliches Landesgesetz abhängig. Bisher haben zahlreiche Länder nach § 47 I Nr. 2 VwGO durch Landesgesetz die Normenkontrolle eingeführt. Soweit ersichtlich fehlen bislang entsprechende Regelungen für die Bundesländer Berlin, Hamburg und Nordrhein-Westfalen sowie für den Bund.

Ein Normenkontrollverfahren kann zulässigerweise mit mehreren Antragsgegenständen und Antragsbegehren geführt werden:

1. Vorhaben- und Erschließungsplan

Gegenstand eines Normenkontrollverfahrens kann nicht nur ein Bebauungsplan sein, **687** sondern auch ein Vorhaben- und Erschließungsplan (§ 12 BauGB). Die drittschützende Wirkung des Abwägungsgebotes in § 1 VII BauGB besteht auch gegenüber Satzungen über den Vorhaben- und Erschließungsplan.[675]

---

675 BVerwG, Urt. v. 05.03.1999 – 4 CN 18/98, NVwZ 1999, 987.

2. Planänderungen

688 Gegenstand des Normenkontrollverfahrens bei mehrfacher Änderung des Plans ist ohne einen ausdrücklichen Antrag nur der letzte angefochtene Bebauungsplan. Richtet sich der Normenkontrollantrag auf die Feststellung der Unwirksamkeit der Änderung eines Bebauungsplans, so darf das Normenkontrollgericht nicht ohne Antrag den ursprünglichen Bebauungsplan zum Gegenstand seiner Unwirksamkeitsfeststellung machen. Die Unwirksamkeit der ursprünglichen Satzung prüft es von sich aus nur als Vorfrage der Gültigkeit der mit dem Normenkontrollantrag angegriffenen (Änderungs-) Satzung.[676]

3. Teilunwirksamkeit

689 Möglich ist auch, dass nur eine **Teilunwirksamkeit** eines Bebauungsplans geltend gemacht wird und/oder vorliegt:

▶ Es wird festgestellt, dass der Bebauungsplan Nr. ... vom .... mit folgenden Festsetzungen unwirksam ist: ... ◀

Mängel, die einem Bebauungsplan anhaften, führen dann nicht zur Gesamtunwirksamkeit des Plans, wenn die übrigen Regelungen, Maßnahmen oder Festsetzungen für sich betrachtet noch eine sinnvolle städtebauliche Ordnung i. S. des § 1 III BauGB bewirken können und wenn die Gemeinde nach ihrem im Planungsverfahren zum Ausdruck gekommenen Willen im Zweifel auch eine Satzung dieses eingeschränkten Inhalts beschlossen hätte.[677]

690 Führt der Normenkontrollantrag zur Feststellung (nur) der Teilunwirksamkeit eines Bebauungsplans, so hat der die Gesamtunwirksamkeit begehrende Antragsteller die Kosten des Normenkontrollverfahrens anteilig zu tragen, wenn die vom Normenkontrollgericht festgestellte Teilunwirksamkeit dem Antragsteller nicht oder nicht in dem angestrebten Maße nutzt.[678]

4. Funktionslosigkeit

691 Das BVerwG hat erstmals mit Urteil vom 3.12.1998 ausdrücklich festgestellt, dass Gegenstand eines Normenkontrollverfahrens nach § 47 VwGO auch die Entscheidung über die Gültigkeit eines Bebauungsplans im Hinblick auf die Frage seines Außerkrafttretens wegen Funktionslosigkeit sein kann.[679] Tatsache ist allerdings, dass Bebauungspläne nur in äußerst seltenen Fällen funktionslos sein können. Das BVerwG stellt äußerst **strenge Anforderungen** für das Außerkrafttreten des Bebauungsplans auf: Danach kann die Funktionslosigkeit eines Bebauungsplans nur dann angenommen werden, „wenn – erstens – die Verhältnisse, auf die er sich bezieht, in der tatsächlichen Entwicklung einen Zustand erreicht haben, der eine Verwirklichung der Festsetzungen auf unabsehbare Zeit ausschließt, und – zweitens – die Erkennbarkeit dieser Tatsache einen Grad erreicht hat, der einem etwa dennoch in die Fortgeltung der Festsetzungen gesetzten Vertrauen die Schutzwürdigkeit nimmt. ... Es muss sich somit um nachträgliche tatsächliche Veränderungen handeln, die der Planverwirklichung objektiv entgegenstehen. Die bloße Absicht der Gemeinde, künftig eine geänderte Planungskonzeption zu verfolgen, reicht hierfür nicht aus".[680]

---

[676] BVerwG, Urt. v. 16.12.1999 – 4 CN 7/98, BauR 2000, 685.
[677] BVerwG, Beschl. v. 06.04.1993 – 4 NB 43/92, NVwZ 1994, 272.
[678] BVerwG, Beschl. v. 25.02.1997 – 4 NB 30/96, NVwZ 1997, 896.
[679] BVerwG, Urt. v. 03.12.1998 – 4 CN 3/97, NVwZ 1999, 986 f.
[680] BVerwG, Urt. v. 17.06.1993 – 4 C 7/91, NVwZ 1994, 281.

Ein Bebauungsplan ist nicht bereits deshalb ganz oder teilweise wegen Funktionslosigkeit außer Kraft getreten, weil auf einer Teilfläche eine singuläre planwidrige Nutzung entstanden ist.[681]

IV. Beiladung

Nach der bisherigen Rechtsprechung des BVerwG sind Grundstückseigentümer, denen die Unwirksamkeit des Bebauungsplans zum Nachteil gereichen könnte, im Normenkontrollverfahren grundsätzlich nicht beizuladen. Gegen diesen generellen Ausschluss der Beiladung hat das BVerfG nunmehr erhebliche verfassungsrechtliche Zweifel angemeldet,[682] so dass der Anwalt des Eigentümers eines im Plangebiet liegenden Grundstücks dessen Beiladung auch im Normenkontrollverfahren anmelden sollte, um dessen Interessen dort wahren zu können. Sollte nämlich der Bebauungsplan dem Mandanten einen Vorteil bringen, könnte dieser gegen eine Unwirksamkeitsentscheidung nur dann Rechtsmittel einlegen, wenn er formell dem Verfahren beigeladen wurde. Aufgrund dieser Entscheidung hat sich der Gesetzgeber entschlossen, § 47 II VwGO zu konkretisieren und die Regelungen über die einfache Beiladung auch für das Normenkontrollverfahren für anwendbar zu erklären.[683]

692

▶ In Sachen ... wird beantragt, den .... im Verfahren beizuladen. Der Beizuladende verfügt über ein in seinem Eigentum stehendes Grundstück im Plangebiet. Die rechtlichen Interessen des Beizuladenden werden durch den angefochtenen Bebauungsplan berührt. Der Ausgang des Verfahrens hat daher auch Einfluss auf die Rechtsposition des Beizuladenden. ◀

Die Erschwerung der Verfahrensdurchführung durch eine Vielzahl von weiteren Betroffenen im Normenkontrollverfahren ist nach der vorzitierten Entscheidung jedenfalls kein Grund für die Ablehnung der Beiladung.[684]

Wird der Antrag auf Beiladung abgelehnt, steht hiergegen das Rechtsmittel der **Beschwerde** nach § 146 VwGO zur Verfügung. Im Übrigen wäre durch das Rechtsmittelgericht auch zu prüfen, ob eine Beiladung notwendig und zweckmäßig ist. Allerdings kommt in der Revisionsinstanz nur noch die notwendige Beiladung in Betracht (§ 142 I 2 VwGO).

693

Nach der bisherigen Rechtsprechung des BVerwG konnte ein **zu Unrecht nicht Beigeladener** die Entscheidung der Vorinstanz nicht mit einem Rechtsmittel angreifen; zur Einlegung eines Rechtsmittels ist danach nur berechtigt, wer schon in der Vorinstanz Beteiligter war.[685] Dies gilt nach der bisherigen Rechtsprechung des BVerwG auch zur Rechtsmittelbefugnis im Normenkontrollverfahren. Nach einer Entscheidung des BVerwG vom 6.6.2002 sei die **bisherige Rechtsprechung** aber unter Geltung des § 47 II 4 VwGO **zu überprüfen**.[686]

---

681 BVerwG, Beschl. v. 21.12.1999 – 4 BN 48/99, NVwZ-RR 2000, 411.
682 BVerfG, Beschl. v. 19.07.2000 – 1 BvR 1053/93, BauR 2000, 1720.
683 Die Neuregelung erfolgte im Rahmen des Gesetzes zur Bereinigung des Rechtsmittelrechts (RmBereinVPG) vom 20.12.2001 zum 01.01.2002 (BGBl. I S. 3987).
684 BVerfG, Beschl. v. 19.07.2000 – 1 BvR 1053/93, BauR 2000, 1720 (1721).
685 BVerwG, Beschl. v. 04.04.2000 – 7 B 190.9, VIZ 2000, 661.
686 BVerwG, Urt. v. 06.06.2002 – 4 CN 4.01, NVwZ 2003, 98.

V. Mündliche Verhandlung

694 Nach § 47 V 1 VwGO entscheidet das Oberverwaltungsgericht durch Urteil oder, wenn es eine mündliche Verhandlung nicht für erforderlich hält, durch Beschluss. Darüber, ob eine mündliche Verhandlung entbehrlich ist, entscheidet das Gericht nach richterlichem Ermessen. Im Normenkontrollverfahren wird dieses jedoch durch Art. 6 I 1 EMRK eingeschränkt. Daraus folgt, dass das Normenkontrollgericht, das über einen Normenkontrollantrag, mit dem sich der Eigentümer eines im Plangebiet gelegenen Grundstücks gegen die Festsetzung in einem Bebauungsplan wendet, die unmittelbar sein Grundstück betrifft, aufgrund einer öffentlichen mündlichen Verhandlung zu entscheiden hat. Wird über einen solchen Normenkontrollantrag ohne öffentliche mündliche Verhandlung durch Beschluss entschieden, liegt ein **absoluter Revisionsgrund** vor (§ 138 Nr. 3 VwGO).[687]

VI. Revisibilität

695 Da seit Inkrafttreten des 6. VwGOÄndG auch gegen Normenkontrollbeschlüsse gem. § 132 I VwGO eine Revision in Betracht kommt, gelten die allgemeinen Grundsätze des Revisionsrechts. Befugt zur Einlegung einer Revision sind nur die Beteiligten, d. h. grundsätzlich nur der Antragsteller und der Antragsgegner, nicht hingegen Dritte, die sich durch die Unwirksamkeitserklärung einer Norm belastet fühlen. Da es im Normenkontrollverfahren keine Beiladung gibt, können diese Personen auch keine Rechtsmittelbefugnis erlangen. Gegen diesen generellen **Ausschluss** der Beiladung hat das BVerfG nunmehr erhebliche verfassungsrechtliche Zweifel angemeldet,[688] so dass die weitere Entwicklung der Rechtsprechung der Instanzgerichte und des BVerwG hierzu abzuwarten ist.

VII. Verfahrensdauer

696 Wie bereits ausgeführt, ist bei einem Normenkontrollverfahren mit einer mehrjährigen Verfahrensdauer zu rechnen. § 47 VI VwGO sieht die Möglichkeit vor, auf Antrag eine **einstweilige Anordnung** zu erlassen, wenn dies zur Abwehr schwerer Nachteile oder aus anderen wichtigen Gründen dringend geboten ist. Dem Antrag nach § 47 VI VwGO kann nicht entgegengehalten werden, dass der Antragsteller einstweiligen Rechtsschutz im Rahmen des Inzidentverfahrens gegen Verwaltungsakte, die auf der Grundlage des angefochtenen Bebauungsplans ergangen sind, erhalten könnte. Auch das BVerwG ist als Gericht der Hauptsache befugt, im Rahmen eines Revisionsverfahrens nach § 47 VI VwGO eine einstweilige Anordnung zu erlassen.[689] Die Praxis stellt allerdings äußerst hohe Hürden an die Voraussetzungen des Antrags nach § 47 VI VwGO,[690] weshalb kaum einstweilige Anordnungen erlassen werden. Die Vorschrift ist daher im Rahmen von Normenkontrollverfahren **praktisch gegenstandslos**.

---

[687] BVerwG, Urt. v. 16.12.1999 – 4 CN 9/98, NVwZ 2000, 810.
[688] BVerfG, Beschl. v. 19.07.2000 – 1 BvR 1053/93, BauR 2000, 1720.
[689] BVerwG, Beschl. v. 18.05.1998 – 4 VR 2/98 (4 CN 1/98), NVwZ 1998, 1065.
[690] BVerwG, Beschl. v. 18.05.1998 – 4 VR 2/98 (4 CN 1/98), NVwZ 1998, 1065: „§ 47 VI VwGO stellt an die Aussetzung des Vollzugs einer (untergesetzlichen) Norm erheblich strengere Anforderungen als § 123 VwGO sie sonst an den Erlass einer einstweiligen Anordnung stellt".

D. Gerichtliche Entscheidung

VIII. Gebühren und Kosten

Gemäß Nr. 3302 VV RVG erhält der Rechtsanwalt im erstinstanzlichen Verfahren vor dem OVG und vor dem BVerwG die erhöhten Gebühren nach Nr. 3302 VV RVG. Damit beträgt eine Gebühr jeweils 1,6. **697**

Wird der Normenkontrollantrag gegen einen Bebauungsplan im selben Verfahren von mehreren **Miteigentümern** gestellt und liegen bei ihnen, wie dies regelmäßig der Fall ist, keine rechtlich relevanten Unterschiede vor, so können ihnen gem. § 159 S. 2 VwGO die Kosten als **Gesamtschuldner** auferlegt werden.[691] **698**
Weitere gebührenrechtliche oder kostenrechtliche Besonderheiten bestehen nicht.

D. Gerichtliche Entscheidung

Liegt die instanzabschließende Entscheidung vor (Beschluss oder Urteil), hat der Anwalt umfassend die Sach- und Rechtslage zu prüfen und gegenüber dem Mandanten und einer möglichen Rechtsschutzversicherung ein eindeutiges **Votum** zur Erfolgsaussicht eines möglichen **Rechtsmittels** abzugeben. Dies sollte nach Möglichkeit bereits mit der Überlassung der Entscheidungsgründe an den Mandanten geschehen. Zu berücksichtigen sind bei dem Votum über die Einlegung eines Rechtsmittels die engen Voraussetzungen, nach denen eine Berufung bzw. eine Beschwerde zum OVG nur zuzulassen ist (§§ 124, 146 VwGO). Daher müssen die **Erfolgsaussichten** für die Zulassung eines weiteren Rechtsmittels durch den Anwalt realistischerweise **zurückhaltend** beurteilt werden. Andererseits wird der Anwalt dem Auftraggeber die Einlegung des Rechtsmittels empfehlen müssen, wenn bereits abzusehen ist, dass etwa wegen der grundsätzlichen Bedeutung einer Rechtsfrage ein Revisionsverfahren oder gar Verfassungsbeschwerdeverfahren zu führen ist, weil sodann zunächst der **Rechtsweg zu erschöpfen** ist. **699**

Zu beachten ist, dass ein Urteil innerhalb der Frist des § 117 IV VwGO abzusetzen ist. Ist eine Frist von fünf Monaten überschritten, liegt ein absoluter Revisionsgrund vor (§ 138 Nr. 6 VwGO).[692] Ein nicht mit Gründen versehenes Urteil i. S. des § 138 Nr. 6 VwGO liegt im Übrigen auch vor, wenn die Begründung nicht erkennen lässt, welche Überlegungen für die Entscheidung maßgebend waren, weil die angeführten Gründe rational nicht nachvollziehbar, sachlich inhaltslos oder sonst wie völlig unzureichend sind.[693] **700**

E. Kostenfragen

In verwaltungsrechtlichen Angelegenheiten war bis zum 30.6.2004 die Einzahlung eines **Gerichtskostenvorschusses** (seinerzeit §§ 61, 65 GKG) nicht erforderlich. Seit dem 1.7.2004 werden auch bei Verfahren vor den Gerichten der Verwaltungsgerichtsbarkeit 3,0 Verfahrensgebühren nach Nr. 5110 GKG-KV fällig, in Verfahren vor dem OVG 4,0 (Nr. 5112 GKG-KV), vor dem BVerwG dagegen 5,0 Gebühren (Nr. 5114 GKG-KV). Allerdings wird die Beweisaufnahme nach § 96 VwGO wegen des Amtsermittlungsprinzips (§ 86 VwGO) – anders als im Zivilprozess – nicht von der Zahlung eines Auslagenvorschusses abhängig gemacht. **701**

---

[691] BVerwG, Beschl. v. 17.10.2000 – 4 BN 48/00, NVwZ-RR 201, 43.
[692] Vgl. Gemeinsamer Senat der obersten Gerichtshöfe des Bundes, Beschl. v. 27.04.1993 – GmS-OBG 1/92, NJW 1993, 2603; BVerfG, Beschl. v. 26.03.2001 – 1 BvR 383.00, NZA 2001, 982.
[693] BVerwG, Urt. v. 28.11.2002 – 2 C 25.01, DVBl. 2003, 867.

§ 5 Verfahren im ersten Rechtszug

702 **Prozesskostenhilfe** kann über § 166 VwGO entsprechend den Vorschriften der ZPO bewilligt werden (§§ 114 bis 127 ZPO). Kostenerstattungsansprüche aus allen Instanzen sind gegenüber dem **Gericht des ersten Rechtszuges** geltend zu machen (§ 164 VwGO). Auf die Möglichkeit, ggf. eine Kostenfestsetzung gegen die Mandantschaft nach **§ 11 RVG** zu betreiben, wurde bereits hingewiesen.

I. Allgemeine Kostenentscheidungen

703 Folgende Entscheidungen zur Kostentragungspflicht kommen in Betracht:
- Kosten der unterliegenden Partei (§ 154 I VwGO)
- Kosten des Beigeladenen (§ 154 III VwGO).

Grundsätzlich trägt die **unterliegende Partei** die Kosten des Verfahrens (§ 154 I VwGO). Im Falle der **Klage- oder Rechtsmittelrücknahme** trägt die klagende bzw. die das Rechtsmittel zurücknehmende Partei die Kosten des Rechtsmittelverfahrens (§§ 92, 155 II VwGO).

704 Soweit eine **Hauptsachenerledigung** eintritt, hat das Gericht gem. § 161 II VwGO nach billigem Ermessen über die Kosten des Verfahrens durch Beschluss zu entscheiden, wobei der bisherige Sach- und Streitstand zu berücksichtigen ist. Soweit das Verfahren durch das Gericht zum Erledigungszeitpunkt noch nicht oder nicht umfassend votiert ist, wird das Gericht insbesondere bei schwierigen Sach- und Rechtsfragen die Kosten des Verfahrens **jeweils zur Hälfte** den Parteien auferlegen mit der Begründung, dass der Ausgang des Rechtsstreits offen ist. Anderenfalls ist in dem Beschluss ausführlich zu begründen, weshalb der einen oder anderen Partei die Kosten des Verfahrens auferlegt werden. Als erstattungsfähige Kosten können nach § 162 VwGO festgesetzt werden:
- Gerichtskosten (Gebühren und Auslagen) § 162 I VwGO,
- Aufwendungen des Beteiligten einschließlich der Kosten des Vorverfahrens (§ 162 I, II VwGO),
- außergerichtliche Kosten der Beigeladenen (§ 162 III VwGO).

705 Soweit ein **Vorverfahren** (§ 68 VwGO) stattgefunden hat, sind Gebühren und Auslagen für die Vertretung durch einen Anwalt nur dann erstattungsfähig, wenn das Gericht die Zuziehung eines Bevollmächtigten für das Vorverfahren für **notwendig erklärt** hat (§ 162 II 2 VwGO). Auf eine entsprechende Antragstellung sollte der Anwalt hinwirken. Hat er den Antrag im verwaltungsgerichtlichen Verfahren übersehen, kann dieser auch noch nach Abschluss des Verfahrens gestellt werden; das Gericht hat darüber dann im Beschlusswege zu entscheiden.

706 Zu den erstattungsfähigen Kosten gem. § 162 I VwGO gehören auch die **sonstigen Aufwendungen**, die zur zweckentsprechenden Rechtsverfolgung oder Rechtsverteidigung notwendig waren. Allerdings ist darauf hinzuweisen, dass die Kosten von den Parteien eingeholter **Privatgutachten** für das Gerichtsverfahren nur ausnahmsweise erstattungsfähig sind. Der bei der Entscheidung über die Erstattungsfähigkeit von Aufwendungen für Privatgutachten anzulegende strenge Maßstab – aus der objektivierten Sicht einer verständigen Partei – erhält seine Rechtfertigung aus dem das gesamte Kostenrecht beherrschenden Grundsatz, die Kosten des Verfahrens im Interesse aller Beteiligten so niedrig wie möglich zu halten. Das BVerwG hat hierzu folgende Maßstäbe aufgestellt: Die Einholung eines Privatgutachtens im Verwaltungsprozess ist nur – **ausnahmsweise** – dann als notwendig anzuerkennen, wenn die Partei mangels genügender eigener Sachkunde die ihr Begehren tragenden Behauptungen ausschließlich mithilfe des eingeholten Gutachtens darlegen oder unter Beweis stellen kann. Außerdem ist der jeweilige Verfahrensstand

F. Vollstreckung gegen die öffentliche Hand

zu berücksichtigen: Die Prozesssituation muss das Gutachten herausfordern, und dessen Inhalt muss auf die Verfahrensförderung zugeschnitten sein.[694] In einem baurechtlichen Verfahren werden sich kaum Fallkonstellationen finden, in denen diese Voraussetzungen erfüllt sind, weil der Sachverhalt, den es aufzuklären gilt, in aller Regel ohne eine sachverständige Stellungnahme zu überschauen ist. Kosten für Privatgutachten sind daher in verwaltungsgerichtlichen Verfahren aus dem Bereich des öffentlichen Baurechts regelmäßig nicht erstattungsfähig.

Wie bereits ausgeführt, sind in baurechtlichen Nachbarstreitverfahren regelmäßig der Bauherr oder der Nachbar beizuladen (§ 65 VwGO).

Dem **Beigeladenen** können Verfahrenskosten nur auferlegt werden, wenn er in dem Verwaltungsstreitverfahren Anträge gestellt oder Rechtsmittel eingelegt hat (§ 154 III VwGO).[695] Allerdings hat das BVerwG klargestellt, dass allein die Antragstellung nicht zu einer Erstattungspflicht führt. Entscheidend sei vielmehr, ob der Beigeladene sich durch eine Antragstellung einem eigenen Kostenrisiko ausgesetzt und das Verfahren gefördert hat.[696] Darüber hinaus erhält der Beigeladene auch seine notwendigen **außergerichtlichen Kosten** erstattet, wenn sie das Gericht „aus Billigkeit der unterliegenden Partei oder der Staatskasse auferlegt" (§ 162 III VwGO).

707

II. Besondere Kostenentscheidungen

Selten kommt die Vorschrift des § 155 V VwGO zur Anwendung. Danach können Kosten, die durch **Verschulden** eines Beteiligten entstanden sind, diesem auferlegt werden. Hinzuweisen ist in diesem Zusammenhang aber auf die Vorschrift des § 21 GKG, wonach Kosten, die bei richtiger Behandlung der Sache – unabhängig von einem Verschuldensvorwurf – nicht entstanden wären, nicht erhoben werden. Nach einer Entscheidung des BVerwG kann die **Niederschlagung der Kosten** erfolgen, wenn ein Verfahren auf die Revision wegen fehlerhafter Besetzung des Gerichts an die Vorinstanz zurückverwiesen wird, wo die Klage dann erneut abgewiesen wird.[697] Dementsprechend sind die Kosten für die Durchführung des Revisionsverfahrens niedergeschlagen worden.

708

F. Vollstreckung gegen die öffentliche Hand

Die Vollstreckung gegen die öffentliche Hand weist Besonderheiten gegenüber dem sonstigen Vollstreckungsrecht auf, die sich daraus ergeben, daß üblicherweise davon auszugehen ist, daß sich der Staat an eine tenorierte und rechtskräftige Entscheidung eines Gerichts hält. Daher wird die Vollstreckung auch grundsätzlich durch das erkennende Gericht eingeleitet:

Soll gegen die öffentliche Hand (Bund, Land, Gemeindeverband, Gemeinde, Körperschaft, Anstalt oder Stiftung des öffentlichen Rechts) wegen einer **Geldforderung** vollstreckt werden, so verfügt auf Antrag des Gläubigers das Gericht des ersten Rechtszuges die Vollstreckung. Dabei hat das Gericht vor Erlass von Vollstreckungsverfügungen die

709

---

694 BVerwG, Beschl. v. 11.04.2001 – 9 KSt 2/01 (11 A 13/97), NVwZ 2001, 919.
695 Die außergerichtlichen Kosten des Beigeladenen sind aber im Beschwerdeverfahren auf Zulassung der Revision nicht erstattungsfähig, wenn er bereits vor einer formellen Aufforderung des BVerwG zur Stellungnahme eine anwaltliche Vertretung beauftragt, BVerwG, Beschl. v. 31.10.2000 – 4 KSt 2/00 (4 B 65/00), NVwZ-RR 2001, 276.
696 BVerwG, Beschl. v. 31.10.2000 – 4 B 65/00, NVwZ-RR 2001, 276. S. a. Bbg VerfG, Beschl. v. 21.01.2003 – VfGBbg 110/02, NVwZ 2003, 602.
697 Beschl. v. 29.08.2000 – 11 KSt 2.00, DVBl 2001, 310.

öffentliche Hand, gegen die vollstreckt werden soll, von der beabsichtigten Vollstreckung zu unterrichten mit der Aufforderung, die Vollstreckung innerhalb einer vom Gericht zu bemessenden Frist abzuwenden (§ 170 II VwGO). Es ist allerdings davon auszugehen, dass eine Vollstreckung gegen die öffentliche Hand im Regelfall nicht stattzufinden hat, weil diese den Entscheidungen des Gerichts Folge leisten wird.

710 Kommt die Behörde einer ihr im Urteil oder in einer einstweiligen Anordnung auferlegten Verpflichtung nicht nach, so kann ein **Zwangsgeldverfahren** gegen sie nach § 172 VwGO betrieben werden, wobei der Behörde wiederum zunächst durch das Gericht eine Frist zur Befolgung der Entscheidung auferlegt wird, bevor ein Zwangsgeld festgesetzt werden kann.
Nach einer wichtigen Entscheidung des BVerwG für die Vollstreckungspraxis kann die Behörde gegenüber der Vollstreckung aus einem rechtskräftigen Verpflichtungsurteil auf Erteilung eines Bauvorbescheides für eine Windenergieanlage die **Vollstreckungsabwehrklage nach § 767 ZPO** darauf stützen, dass nach Rechtskraft des Urteils durch eine Änderung des Flächennutzungsplans die Voraussetzungen des § 35 III 3 BauGB geschaffen werden.[698] Darf ein **Bauvorbescheid**, zu dessen Erteilung die Behörde verpflichtet worden ist, auf der Grundlage neuen Ortsrechts nicht mehr ergehen, so ist dies ein Umstand, der als Einwendung im Wege der Vollstreckungsabwehrklage geltend gemacht werden kann. Auch das In-Kraft-Treten einer Veränderungssperre lässt sich dem gerichtlich festgestellten Anspruch ggf. als Einwendung entgegensetzen.

---

[698] BVerwG, Urt. v. 19.09.2002 – 4 C 10.01, DVBl. 2003, 201.

§ 6 Berufungs- und Beschwerdeverfahren

Literatur

Kritisch mit den Auswirkungen der Änderung des Rechtsmittelverfahrens beschäftigt sich *Philipp*, Bürgerferner geht es nicht – Die Zulassungsberufung nach der Verwaltungsgerichtsordnung, NVwZ 2000, 1265–1266. Eine Bestandsaufnahme leistet *Uechtritz*, Die 6. VwGO-Novelle und die aktuellen Überlegungen zur Reform des Rechtsmittelrechts: Das Berufungsverfahren, NVwZ 2000, 1217–1223. Mit den Neuregelungen im Verwaltungsprozess durch das Gesetz zur Bereinigung des Rechtsmittelrechts im Verwaltungsprozess (RmBereinVPG) ab 1.1.2002 beschäftigen sich ausführlich *Just*, LKV 2002, 201 – 248; *Kienemund*, NJW 2002, 1231–1237; *Seibert*, NVwZ 2002, 265–271; *Kuhla/Hüttenbrink*, DVBl 2002, 85–91.

Am 7.11.1996 wurde das 6. Gesetz zur Änderung der Verwaltungsgerichtsordnung und anderer Gesetze veröffentlicht (6. VwGOÄndG), das am 1.1.1997 in Kraft getreten ist. Neben weiteren wesentlichen Änderungen der VwGO wurde insbesondere eine erhebliche Beschränkung der Rechtsmittel der Berufung gegen erstinstanzliche Entscheidungen eingeführt.[699] Bis 1997 konnte gegen Endurteile der Verwaltungsgerichte die Berufung zum Oberverwaltungsgericht bzw. zum Verwaltungsgerichtshof erhoben werden. Mit der Neuregelung in § 124 VwGO ist die generelle Zulassungsberufung eingeführt worden. In § 146 IV bis VI VwGO war dazu korrespondierend zur **Zulassungsberufung** die **Zulassungsbeschwerde** gegen verwaltungsgerichtliche Eilentscheidungen nach §§ 80, 80 a und 123 VwGO eingeführt worden. Die Beschwerde ist nunmehr nach einer erneuten Gesetzesänderung seit 2002 wieder zulassungsfrei. Damit sind die Rechtsschutzmöglichkeiten der unterliegenden Partei gegen erstinstanzliche Entscheidungen erheblich **eingeschränkt worden**. Mit der Einführung der Zulassungsberufung wurde und wird der verwaltungsgerichtliche Rechtsschutz in Hauptsacheverfahren praktisch erheblich verkürzt.

711

Die Erfolgsquoten zeigen, dass die Oberverwaltungsgerichte sehr **restriktiv** mit den Zulassungsgründen verfahren. Ist die Zulassung abgelehnt, sind die entsprechenden Entscheidungen unanfechtbar mit der Folge, dass dem betroffenen Bürger zumeist nur eine Tatsacheninstanz zur Überprüfung seines Begehrens zusteht; die Revision ist ausgeschlossen, wenn das OVG den Antrag auf Zulassung der Berufung abgelehnt hat.

712

A. Formelle Voraussetzungen

Rechtsmittelbefugt ist regelmäßig die **unterlegene Partei**. Auch ein Beigeladener ist, auch wenn er im Verfahren aus Kostengründen keinen Antrag gestellt hat, ohne formelle Beschwer zur Rechtsmitteleinlegung befugt, sofern er durch die angefochtene Entscheidung materiell beschwert wird. Demgemäß kann auch die in einem Anfechtungsprozess des Bauherrn gegen eine Beseitigungsanordnung der Bauaufsichtsbehörde **beigeladene Gemeinde** unter Hinweis auf ihre Planungshoheit gegen das Urteil Rechtsmittel einlegen.[700] Andererseits werden Rechte des **beigeladenen Grundstückseigentümers** grundsätzlich nicht verletzt, wenn ein Dritter die Erteilung einer Baugenehmigung gerichtlich einfordert und die Verpflichtungsklage abgewiesen wird; der beigeladene Grundstückseigentümer ist daher nicht zur Einlegung des Rechtsmittels befugt.[701]

713

---

699 Hierzu ausführlich *Schenke*, „Reform" ohne Ende – das Sechste Gesetz zur Änderung der Verwaltungsgerichtsordnung und anderer Gesetze (6. VwGOÄndG), NJW 1997, 81–93.
700 BVerwG, Urt. v. 14.04.2000 – 4 C 5/99, BauR 2000, 1312.
701 BVerwG, Beschl. v. 05.03.1998 – 4 B 153/97, NVwZ 1998, 842.

§ 6 Berufungs- und Beschwerdeverfahren

714 Die formellen Voraussetzungen im Rahmen des Zulassungsverfahrens sind zwingend einzuhalten, weil ein Antrag auf Zulassung des Rechtsmittels als **unzulässig verworfen** werden kann, wenn die formellen Voraussetzungen nicht vorliegen (§ 125 II VwGO).
Das Konzept der Zulassungsberufung ist **zweistufig** angelegt:[702]

- Auf der ersten Stufe ist der Antrag auf Zulassung des Rechtsmittels zu stellen und zu begründen (§§ 124 a IV VwGO).:

▶ Es wird beantragt, die Berufung gegen die Entscheidung des VG ... vom ... zuzulassen. Die Zulassung wird auf folgende Gründe gestützt: ... ◀

- Auf der zweiten Stufe ist nach Zustellung des zulassenden Beschlusses das Rechtsmittel der Berufung innerhalb einer weiteren Ausschlussfrist zu begründen (§ 124 a VI VwGO).

Wichtig ist, daß der Schriftsatz, mit dem der Antrag auf Zulassung der Berufung gestellt wird, nach § 124 a IV 2 VwGO bei dem **Verwaltungsgericht** einzureichen ist. Dagegen ist die Begründung für den Antrag auf Zulassung der Berufung bei dem OVG einzureichen.

715 Der Gesetzgeber hat in § 127 IV VwGO i. d. F. des Gesetzes zur Bereinigung des Rechtsmittelrechts im Verwaltungsprozess vom 20.12.2001 festgelegt, dass die **Anschlussberufung** keiner Zulassung mehr bedarf. Damit ist die Auffassung, die Einführung der Zulassungsberufung wirke sich insoweit auf die Zulässigkeit einer Anschlussberufung aus, als sie sich im Rahmen der zugelassenen Berufung halten müsse, für die Zukunft die Grundlage entzogen.

I. Vertretungszwang

716 In dem Verfahren auf Antrag der Zulassung der Berufung bzw. dem Beschwerdeverfahren ist gem. **§ 67 VwGO** eine Vertretung durch Prozessbevollmächtigte grundsätzlich zwingend für das gesamte Verfahren vorgeschrieben.
Die **fehlende Postulationsfähigkeit** eines von einem Beteiligten bestellten Prozessbevollmächtigten führt nicht dazu, dass der Beteiligte nicht nach den Vorschriften des Gesetzes i. S. von § 138 Nr. 4 VwGO vertreten war. Die fehlende Postulationsfähigkeit führt nur dazu, dass der Beteiligte die für die betreffende Prozesshandlung vorgeschriebene Form verfehlt hat, nicht aber dazu, dass dem Prozessbevollmächtigten nicht wirksam Urteile gegen den Beteiligten zugestellt werden können.[703]
Für den Fall, dass sich eine Behörde vor dem BVerwG oder dem OVG selber vertritt, hat der Anwalt deren Vertretungsbefugnis zu prüfen und im Zweifel zu rügen: Eine **Behörde** wird nämlich nicht i. S. des § 67 I VwGO ordnungsgemäß vertreten, wenn ein dem Vertretungszwang unterliegender Schriftsatz von einem Bediensteten unterzeichnet wird, der weder die Befähigung zum Richteramt besitzt noch Diplomjurist im höheren Dienst ist. Die fehlende Vertretungsberichtigung des Unterzeichners wird auch nicht dadurch ersetzt, dass der Schriftsatz auf einer behördeninternen Weisung oder Billigung durch einen vertretungsberechtigten Bediensteten beruht.[704] Greift die Rüge durch, ist das Rechtsmittel der Behörde unzulässig.

717 Das OVG hat auf den Antrag einer anwaltlich nicht vertretenen Partei, ihr für einen beabsichtigen Antrag auf Zulassung der Berufung oder für das Beschwerdeverfahren

---

702 BVerwG, Beschl. v. 08.09.2000 – 11 B 50/00, NVwZ-RR 2001, 142 (143).
703 BVerwG, Beschl. v. 10.06.2005 – 1 B 149/04, NJW 2005, 3018.
704 BVerwG, Beschl. v. 06.04.2005 – 7 B 1/05, NVwZ 2005, 827.

A. Formelle Voraussetzungen

Prozesskostenhilfe zu bewilligen und einen Rechtsanwalt beizuordnen, die Erfolgsaussicht der beabsichtigten Rechtsverfolgung **von Amts wegen** zu prüfen. Die Bewilligung von Prozesskostenhilfe hängt nicht davon ab, dass die anwaltlich nicht vertretene Partei zumindest in laienhafter Weise einen Zulassungsgrund dargelegt hat. Wird die Prozesskostenhilfe bewilligt, ist von dem dann zu Bevollmächtigenden aber zugleich innerhalb der zweiwöchigen Frist des § 60 II VwGO nach Zustellung des Beschlusses über die Gewährung der Prozesskostenhilfe der **Antrag auf Wiedereinsetzung** in den vorigen Stand zu stellen. Dies ist dann regelmäßig zu bewilligen, weil die antragstellende Partei wegen ihrer wirtschaftlichen Verhältnisse und damit gem. § 60 I VwGO ohne Verschulden an der rechtzeitigen Einlegung des Zulassungsantrags gehindert war.[705]

II. Antrags- und Begründungserfordernis

Die **Zulassung der Berufung** ist innerhalb **eines Monats** nach Zustellung des Urteils bei dem Verwaltungsgericht zu beantragen (§ 124 a IV 1 VwGO). Innerhalb von **zwei Monaten** nach Zustellung des vollständigen Urteils sind die **Gründe** darzulegen, aus denen die Berufung zuzulassen ist (§ 124 a IV 4 VwGO). Die Begründung ist bei dem OVG einzulegen (§ 124 a IV 5 VwGO).

Die **Beschwerde** gegen eine Eilentscheidung ist innerhalb von **zwei Wochen** seit Bekanntgabe der Entscheidung bei dem Verwaltungsgericht zu beantragen (§ 147 I VwGO). Die Beschwerde ist sodann innerhalb **eines Monats** nach Bekanntgabe der Entscheidung zu **begründen** (§ 146 IV 1 VwGO), die Begründung ist bei dem OVG einzureichen (§ 146 IV 2 VwGO).

Gleiche Fristen gelten für einen entsprechenden Prozesskostenhilfeantrag.. Nach Bewilligung der Prozesskostenhilfe unter Beiordnung eines Bevollmächtigten ist das Rechtsmittel durch diesen im Rahmen eines gleichzeitigen Antrags auf Wiedereinsetzung in den vorigen Stand zu stellen (§ 60 VwGO). Hat das OVG über den vor Ablauf der Frist zur Begründung der zugelassenen Berufung gestellten (ordnungsgemäßen) Antrag auf Bewilligung von Prozesskostenhilfe nicht vorab entschieden, darf es die Berufung nicht wegen Versäumung der Berufungsbegründungsfrist als unzulässig verwerfen.[706]

Die von einem Rechtsanwalt gegen die Sachentscheidung des Verwaltungsgerichts ohne Zulassungsantrag eingelegte Berufung kann nach Ablauf der Antragsfrist des § 124 I 1 VwGO **nicht** in einen Antrag auf Zulassung des Rechtsmittels **umgedeutet** werden; eine Rechtsmittelerklärung, die ein Rechtsanwalt als Prozessbevollmächtigter abgegeben hat, ist nach der ständigen Rechtsprechung des BVerwG einer gerichtlichen Umdeutung grundsätzlich unzugänglich.[707]

Verfasst zunächst ein Kläger die Beschwerdebegründung selbst, so ist der spätere pauschale Hinweis des Prozessbevollmächtigten, das Begründungsschreiben des Klägers werde „vollinhaltlich zum Gegenstand des Beschwerdevortrags gemacht", als Rechtsmittelbegründung unzulässig.[708]

---

705 BVerwG, Beschl. v. 18.03.1992 – 5 B 29/92, NJW 1992, 2307.
706 BVerwG, Beschl. v. 23.07.2003 – 1 B 386/02, NVwZ 2004, 111.
707 BVerwG, Beschl. v. 12.03.1998 – 2 B 20/98, NVwZ 1999, 641.
708 BVerwG, Beschl. v. 05.08.1998 – 4 B 74/98, NVwZ 1999, 643.

§ 6 Berufungs- und Beschwerdeverfahren

III. Zulassungsgründe

721 Die Gründe für die Zulassung der Berufung sind enumerativ abschließend in § 124 II VwGO bezeichnet. Danach ist die Berufung (alternativ) nur zuzulassen,
- wenn **ernstliche Zweifel an der Richtigkeit** des Urteils bestehen (§ 124 II Nr. 1 VwGO),
- wenn die Rechtssache **besondere tatsächliche oder rechtliche Schwierigkeiten** aufweist (§ 124 II Nr. 2 VwGO),
- wenn die Rechtssache **grundsätzliche Bedeutung** hat (§ 124 II Nr. 3 VwGO),
- wenn das Urteil von einer Entscheidung des Oberverwaltungsgerichts, des Bundesverwaltungsgerichts, des gemeinsamen Senats der Obersten Gerichtshöfe des Bundes oder des Bundesverfassungsgerichts **abweicht** und auf dieser Abweichung **beruht** (§ 124 II Nr. 4 VwGO) **oder**
- wenn ein der Beurteilung des Berufungsgerichts unterliegender **Verfahrensmangel** geltend gemacht wird und **vorliegt**, auf dem die Entscheidung **beruhen kann** (§ 124 II Nr. 5 VwGO).

Welche Anforderungen an die jeweilige Darlegung der Zulassungsgründe gestellt werden, kann vorliegend aus Platzgründen angesichts der Vielzahl auch unterschiedlicher Vorgaben der Oberverwaltungsgerichte nicht dargestellt werden und bedarf eines Blicks in die einschlägige Kommentierung.

722 Da die Oberverwaltungsgerichte die **Darlegungsanforderungen** aufgrund der gesetzlichen Neuregelung teilweise **erheblich überspannt** haben, sah sich das BVerfG mehrfach veranlasst, zu den verfassungsrechtlichen Anforderungen an die Darlegung von Gründen, auf die im verwaltungsgerichtlichen Verfahren der Antrag auf Zulassung der Berufung gestützt werden kann, Stellung zu nehmen und die Oberverwaltungsgerichte darauf zu verweisen, dass die Darlegung der Zulassung nicht derart erschwert werden darf, dass sie von einem durchschnittlichen, nicht auf das gerade einschlägige Rechtsgebiet spezialisierten Rechtsanwalt mit zumutbarem Aufwand nicht mehr erfüllt werden könnten.709 Der Vortrag des Antragstellers sei angemessen zu würdigen, der Zugang zur Berufungsinstanz dürfe nicht allein deswegen versagt werden, weil der Antragsteller sich nicht auf den nach Auffassung des Gerichts zutreffenden Zulassungsgrund bezogen habe.710 Die Anforderungen an die Substantiierung dürfen auch im Hinblick auf die Monatsfrist nicht derart überspannt werden, dass die Möglichkeit, eine Zulassung des Rechtsmittels zu erstreiten, ineffektiv wird und „leer läuft".711

Ausgehend von mehreren bundesverfassungsgerichtlichen Entscheidungen zum Rechtsmittelrecht der Berufungszulassung ist von folgenden Grundsätzen auszugehen:

723 **Ernstliche Zweifel an der Richtigkeit** einer Gerichtsentscheidung sind immer schon dann begründet, wenn ein einzelner tragender Rechtssatz oder eine erhebliche Tatsachenfeststellung mit schlüssigen Gegenargumenten infrage gestellt werden kann.712 Das BVerwG hat ebenfalls bekräftigt, dass die Anforderungen an die Darlegung des Zulassungsgrundes nicht überspannt werden dürfen. Der Zulassungsgrund des § 124 II Nr. 1 VwGO eröffne den Zugang zur Rechtsmittelinstanz mit Blick auf das **prognostizierte Ergebnis** des angestrebten Rechtsmittels. Die Zulassungsgründe nach § 124 II Nr. 1 und 2 VwGO

---

709 BVerfG, Beschl. v. 08.03.2001 – 1 BvR 1653/99, NVwZ 2001, 552 (553).
710 BVerfG, Beschl. v. 30.06.2005 – 1 BvR 2615/04, NVwZ 2005, 1176.
711 BVerfG, Beschl. v. 23.06.2000 – 1 BvR 830/00, NVwZ 2000, 1163. Zur Überspannung der Darlegungsanforderungen auch: VerfGH Brandenburg, Beschl. v. 21.10.1999 – VfG Bbg 26/99, DVBl. 1999, 1722.
712 BVerfG, Beschl. v. 23.06.2000 – 1 BvR 830/00, NVwZ 2000, 1163 (1164).

sollen **Richtigkeit im Einzelfall** gewährleisten; die maßgebliche Rechtsfrage gehe also dahin, ob die Rechtssache richtig entschieden ist.[713] In einer weiteren Entscheidung hat das BVerwG darüber hinausgehend festgestellt, dass bei der Beurteilung des Zulassungsgrundes nach § 124 II Nr. 1 VwGO auch solche nach materiellem Recht entscheidungserhebliche und von dem Antragsteller **innerhalb der Antragsfrist vorgetragene Tatsachen** zu berücksichtigen sind, die erst **nach** Erlass der verwaltungsgerichtlichen Entscheidung eingetreten sind.[714]

Ob eine Sache in **tatsächlicher oder rechtlicher Hinsicht schwierig** ist, wird sich häufig schon aus dem Begründungsaufwand des erstinstanzlichen Urteils ergeben. Der Antragsteller genügt daher seiner Darlegungslast dann regelmäßig mit erläuternden Hinweisen auf die einschlägigen Passagen des Urteils.[715]

Die Darlegungserfordernisse durch das OVG dürfen nicht überspannt werden dürfen.[716] Bei „berufungswürdigen Sachen" dürfe dem Antragsteller der Zugang zur zweiten Instanz nicht nur deswegen versagt werden, weil dieser sich nach Auffassung des Gerichts auf einen unzutreffenden Zulassungsgrund bezogen hat, wenn das Gericht den zutreffenden Grund aufgrund der weiteren Ausführungen in der Zulassungsbegründung erkennen kann.

724

Festzuhalten ist allerdings einschränkend wiederum folgendes: Im Falle einer mehrfachen, die Entscheidung jeweils selbstständig tragenden Begründung der angefochtenen Entscheidung bedarf es zur Zulässigkeit und Zulassung der Berufung in Bezug auf **jede dieser Begründungen** eines geltend gemachten und vorliegenden Zulassungsgrundes.[717]

B. Nichtzulassungsentscheidung

Wird der Antrag auf Zulassung der Berufung zurückgewiesen, tritt sogleich die Rechtskraft der angefochtenen Entscheidung ein (§ 121 VwGO). Ein weiteres formelles Rechtsmittel ist nicht mehr gegeben. Andererseits stellt die Nichtzulassungsentscheidung damit auch die Erschöpfung des Rechtsweges dar, so dass damit als ultima ratio ein Verfassungsbeschwerdeverfahren eingeleitet werden kann.

725

C. Verfahren nach Zulassung des Rechtsmittels

Soweit die **Berufung** seitens des OVG zugelassen wurde, ist die Berufung gem. § 124 a VI VwGO innerhalb eines Monats nach Zustellung des Beschlusses über die Zulassung der Berufung zu begründen. Die prozessuale Verpflichtung zur Vorlage einer **Berufungsbegründung** wird nicht dadurch umgangen, dass im Rahmen der Berufungsbegründung nur auf Schriftsätze aus dem Zulassungsverfahren verwiesen wird. Dem steht entgegen, dass das Konzept der Zulassungsberufung zweistufig angelegt ist.[718] Das BVerwG hat nochmals klargestellt: Die Pflicht zur Begründung der Berufung nach § 124 a VI VwGO n. F. (vorher § 124 a III 1 VwGO) erfordert unverändert die Einreichung eines gesonderten Schriftsatzes nach Zulassung der Berufung.[719] In einer weiteren Entscheidung vom

726

---

713 BVerwG, Beschl. v. 14.06.2002 – 7 AV 1.02, DVBl. 2002, 1556.
714 BVerwG, Beschl. v. 11.11.2002 – 7 AV 3.02, DVBl. 2003, 401.
715 BVerfG, Beschl. v. 23.06.2000 – 1 BvR 830/00, NVwZ 2000, 1163 (1164).
716 BVerfG, Beschl. v. 30.06.2005 – 1 BvR 2615/04, NVwZ 2005, 1176.
717 BVerwG, Beschl. v. 19.08.1997 – 7 B 261/97, NJW 1997, 3328.
718 BVerwG, Beschl. v. 08.09.2000 – 11 B 50/00, NVwZ-RR 2001, 142 (143).
719 BVerwG, Beschl. v. 03.12.2002 – 1 B 429/02, NVwZ 2003, 868.

20.3.2003 hat das BVerwG erneut betont, das Erfordernis eines gesonderten Schriftsatzes zur Berufungsbegründung nach Zulassung der Berufung sei keine Förmelei.[720]
Eine **Bezugnahme** auf den Zulassungsantrag und den Zulassungsbeschluss genügt nur dann dem Begründungserfordernis, wenn sich daraus eine für das Verfahren entscheidungserhebliche Tatsachenfrage und eine von der Vorinstanz abweichende Beurteilung ergibt.[721]
Hat das OVG über den vor Ablauf der Frist zur Begründung der zugelassenen Berufung gestellten (ordnungsgemäßen) **Antrag auf Bewilligung von Prozesskostenhilfe** nicht vorab entschieden, darf es die Berufung nicht wegen Versäumung der Berufungsbegründungsfrist als unzulässig verwerfen.[722]
Wird die Berufungsbegründung in einem Termin der mündlichen Verhandlung vor Ablauf der einmonatigen Frist zur Berufungsbegründung zu **Protokoll** erklärt, ist dies ausreichend.[723]
Allerdings muss der Beschluss über die Zulassung der Berufung zur Notwendigkeit und Fristgebundenheit der Berufungsbegründung eine **Rechtsmittelbelehrung** enthalten, die von der Unterschrift der Richter gedeckt ist.[724]

727 Auch nach Zulassung der Berufung kann über diese durch das OVG **ohne mündliche Verhandlung** entschieden werden (§ 130a VwGO). Eine Entscheidung durch Beschluss ohne mündliche Verhandlung im sog. vereinfachten Berufungsverfahren nach § 130a VwGO zu Lasten des Klägers ist aber **unzulässig**, wenn der Klage in erster Instanz durch **Gerichtsbescheid** stattgegeben wurde.[725] Andererseits hat das BVerwG festgestellt, dass eine mündliche Verhandlung nach Art. 6 I EMRK regelmäßig dann nicht im verwaltungsgerichtlichen Berufungsverfahren geboten ist, wenn im Wesentlichen nur **Rechtsfragen** zu entscheiden sind.[726] Ob das Berufungsgericht den ihm nach § 130a VwGO eröffneten Weg der Entscheidung im Beschlussverfahren beschreitet, steht in seinem pflichtgemäßen Ermessen, das nur auf sachfremde Erwägungen und grobe Fehleinschätzungen überprüfbar ist.[727]

D. Gebühren und Kosten

Während im Rechtsmittelverfahren selber keine gebührenrechtlichen Besonderheiten bestehen, besteht eine unterschiedliche Handhabung bei der Frage, ob trotz der Zweistufigkeit des Zulassungs- und Rechtsmittelverfahrens die Gebühren jeweils anfallen oder die Gebühr für das Zulassungsverfahren nach Zulassung des Rechtsmittels auf das Rechtsmittelverfahren angerechnet werden.

I. Zulassungsverfahren

728 Grundsätzlich sieht das RVG zwar eine Erhöhung der Gebühr im zweitinstanzlichen Verfahren vor. Dies gilt allerdings ausweislich des Wortlauts der Vorschrift nur für das Beru-

---

720 BVerwG, Beschl. v. 20.03.2003 – 3 B 143/02, NJW 2003, 3288.
721 BVerwG, Beschl. v. 23.09.1999 – 9 B 372/99, NVwZ 2000, 67.
722 BVerwG, Beschl. v. 23.07.2003 – 1 B 386/02, NVwZ 2004, 111.
723 BVerwG, Beschl. v. 07.03.2000 – 4 B 79/99, NVwZ 2000, 912.
724 BVerwG, Urt. v. 04.10.1999 – 6 C 31/98, NVwZ 2000, 190.
725 BVerwG, Urt. v. 14.03.2002 – 1 C 15.01, BVerwGE 116, 123.
726 BVerwG, Beschl. v. 25.09.2003 – 4 B 68/03, NVwZ 2004, 108.
727 BVerwG, Beschl. v. 12.11.2004 – 1 B 33/04, NVwZ 2005, 336.

fungs- und Revisionsverfahren bzw. den Antrag auf Zulassung des Rechtsmittels. Die Gebühr für die Beschwerde ist gem. Nr. 3500 VV RVG dagegen nur mit 0,5 in Ansatz zu bringen.

II. Berufungs- und Beschwerdeverfahren

Im Berufungsverfahren selber oder im Verfahren auf Zulassung der Berufung erhöht sich die Verfahrensgebühr von 1,2 (Nr. 3100 VV RVG) auf 1,6 (Nr. 3200 VV RVG). Die Terminsgebühr verbleibt bei 1,2 (Nr. 3202 VV RVG). Mit der Verfahrensgebühr wird auch der beim Verwaltungsgericht zu stellende Antrag auf Zulassung der Berufung nach § 124a I 2 VwGO abgegolten, es entstehen mithin nicht zwei Gebühren nach Zulassung der Berufung, obwohl die Berufung selber noch einmal in einem gesonderten Schriftsatz zu begründen ist (§ 124a VI VwGO).

729

§ 7 Revisionsverfahren

730 Bei dem Revisionsverfahren handelt es sich – ebenso wie bei den zweitinstanzlichen Verfahren – grundsätzlich um ein **Zulassungsverfahren**. Dabei hat das OVG selber die Möglichkeit, die Revision zuzulassen. Im Falle der Nichtzulassung der Revision durch das Ausgangsgericht kann dies dort durch eine Beschwerde angefochten werden mit dem Ziel, die Revision im Wege der **Abhilfe** durch das OVG oder durch eine Entscheidung des BVerwG nachträglich zuzulassen, damit eine neue Instanz zur Überprüfung der nicht akzeptierten Entscheidung eröffnet wird.

731 Die Revision dient allein der Überprüfung von **Rechtsfragen**, nicht dagegen vorrangig der Einzelfallgerechtigkeit. Dem Wesen des Revisionsverfahrens entsprechend sind die Gründe für die Zulassung der Revision auch abschließend in § 132 II VwGO dargelegt. Danach ist die Revision (alternativ) nur zuzulassen, wenn
- die Rechtssache grundsätzliche Bedeutung hat (**Grundsatzrevision**),
- das Urteil von einer Entscheidung des Bundesverwaltungsgerichts, des Gemeinsamen Senats der obersten Gerichtshöfe des Bundes oder des Bundesverfassungsgerichts abweicht und auf dieser Abweichung beruht (**Divergenzrevision**) oder
- ein Verfahrensmangel geltend gemacht wird und vorliegt, auf dem die Entscheidung beruhen kann (**Verfahrensrevision**).

Liegen diese Voraussetzungen nicht vor, ist eine Revision auch nicht zuzulassen.

A. Sprungrevision

732 Gemäß § 134 I 1 VwGO steht gegen das Urteil eines Verwaltungsgerichts den Beteiligten die Revision unter Umgehung der Berufungsinstanz zu, wenn Kläger und Beklagter schriftlich **zustimmen** und wenn sie von dem Verwaltungsgericht im Urteil oder auf Antrag durch Beschluss **zugelassen** wird.
Wichtig ist, die Zustimmung des Rechtsmittelgegners zur Einlegung der Sprungrevision rechtzeitig und formell einwandfrei zu erlangen. Nach einer Entscheidung des BVerwG genügt als Nachweis innerhalb der Rechtsmittelfrist nicht eine lediglich in Ablichtung dem Rechtsmittelführer per Telefax übermittelte Zustimmungserklärung.[728]

733 Eine Sprungrevision bietet sich insbesondere dann an, wenn die tatsächlichen Fragen umfassend aufgeklärt worden sind und nur reine Rechtsfragen zur Entscheidung anstehen. Die Sprungrevision ist allerdings **nur zuzulassen**, wenn die Voraussetzungen der
- Grundsatzrevision (§ 132 II Nr. 1 VwGO) oder der
- Divergenzrevision (§ 132 II Nr. 2 VwGO)

vorliegen (§ 134 II VwGO).
Der Gesichtspunkt des Verfahrensmangels (§ 132 II Nr. 3 VwGO) rechtfertigt nicht die Zulassung als Sprungrevision.
Mit der Zulassung der Sprungrevision ist das BVerwG an die Zulassung **gebunden**.

734 Die **Ablehnung** der Zulassung ist dagegen **unanfechtbar**. Die erstinstanzlich unterlegene Partei kann aber sodann noch fristgerecht den **Antrag auf Zulassung der Berufung** stellen (§ 134 III VwGO), so dass die unterlegene Partei nicht um eine mögliche weitere Tatsacheninstanz gebracht wird, wenn die Sprungrevision nicht zugelassen wird.

---

[728] BVerwG, Beschl. v. 25.08.2005 – 6 C 20/04, NJW 2005, 3367.

B. Revisionszulassungsverfahren

Gemäß § 133 I VwGO kann die Nichtzulassung der Revision durch die Berufungsinstanz oder das Normenkontrollgericht mit der Beschwerde durch die im Verfahren unterlegene Partei angefochten werden:

▶ ... erhebe ich gegen die Nichtzulassung der Revision durch das Urteil des OVG ... Beschwerde. Die Beschwerde wird auf folgende Gründe gestützt ... ◀

Das BVerfG hat die Verfassungsmäßigkeit des Rechts der Revisionszulassung in zivilgerichtlichen Verfahren bestätigt und erneut bekräftigt, dass die Verfassung keinen mehrzügigen Instanzenzug fordert.[729]

I. Frist und Form

Die Beschwerde ist bei dem Gericht, gegen dessen Urteil Revision eingelegt werden soll, innerhalb eines Monats nach Zustellung des vollständigen Urteils einzulegen (§ 133 II 1 VwGO). Die **Einlegung** der Beschwerde gegen die Nichtzulassung der Revision wie auch deren Begründung bei dem **BVerwG** (Revisionsgericht) ist nicht fristgerecht und damit **nicht zulässig**.[730] Zweck der Vorschrift ist es, dem Berufungsgericht die Möglichkeit zu geben, der Beschwerde abzuhelfen und die Revision zuzulassen (§ 133 V 1 VwGO).[731] Die Nichtzulassungsbeschwerde ist sodann innerhalb von zwei Monaten nach der Zustellung des vollständigen Urteils zu begründen (§ 133 III VwGO). Die Frist für die Begründung der Nichtzulassungsbeschwerde kann **nicht verlängert** werden.[732] Anders dagegen die Begründungsfrist für die Revision, die auf einen vor ihrem Ablauf gestellten Antrag von dem Vorsitzenden verlängert werden kann (§ 139 III 3 VwGO).
Die Einlegung der Beschwerde gegen die Nichtzulassung der Revision **hemmt die Rechtskraft** des anzufechtenden Urteils (§ 133 IV VwGO). Das OVG, an das die Beschwerde gegen die Nichtzulassung der Revision zu richten ist, kann der Nichtzulassungsbeschwerde **abhelfen** und die Revision nachträglich zulassen (§§ 152 I, 133 I, 133 V 1, 148 VwGO). Geschieht dies, ist das BVerwG an die nachträgliche Zulassung gebunden (§ 132 III VwGO). Im Regelfall wird dies das OVG aber nicht tun. Sodann hat über die Nichtzulassungsbeschwerde das BVerwG zu entscheiden.

II. Zulassungsgründe

In der Begründung der Beschwerde gegen die Nichtzulassung der Revision muss gem. § 133 III 3 VwGO
- die grundsätzliche Bedeutung der Rechtssache dargelegt, oder
- die Entscheidung, von der das Urteil abweicht, oder
- der Verfahrensmangel

bezeichnet werden.
Die Zulassungsgründe sind **alternativ**. Ausreichend ist daher, wenn nur ein Zulassungsgrund dargelegt wird. In der Regel ist es aber sinnvoll, alle Zulassungsgründe heranzuziehen, wenn sich aus der anzufechtenden Entscheidung hierfür Anhaltspunkte ergeben.

---

[729] BVerfG, Beschl. v. 09.03.2004 – 1 BvR 2262/03, NJW 2004, 1729.
[730] BVerwG, Beschl. v. 25.08.1969 – VIII B 34/68, BVerwGE 32, 357.
[731] BVerwG, Beschl. v. 23.07.1997 – 9 B 552/97, NVwZ 1997, 1209.
[732] BVerwG, Beschl. v. 28.03.2001 – 8 B 52/01, DVBl. 2001, 1232 (Leitsatz).

§ 7 Revisionsverfahren

An die entsprechende Darlegungslast des Beschwerdeführers werden auch durch das BVerwG höchste Anforderungen gestellt. Wird die Entscheidung des Vordergerichts auf eine **Mehrfachbegründung** gestützt, ist für jede Begründung des Vordergerichts auch ein Zulassungsgrund darzulegen.

1. Grundsatzrevision

740 Grundsätzliche Bedeutung ist gegeben, wenn die Klärung der für die Beurteilung des Streitfalls maßgeblichen Rechtsfrage über ihre Bedeutung für den zu entscheidenden konkreten Fall hinaus wesentliche Bedeutung für die einheitliche Auslegung und Anwendung oder die Fortbildung des Rechts hat (Grundsatzrevision).[733]

Eine Rechtsfrage, die sich nur auf eine **nach** der Berufungsentscheidung in Kraft getretene neue Rechtsgrundlage bezieht, verleiht der Sache allerdings keine grundsätzliche Bedeutung i.S. von § 132 II Nr. 1 VwGO und kann daher nicht zur Zulassung der Revision führen.[734] Gleiches gilt für sog. auslaufendes Recht.

2. Divergenzrevision

741 Die sog. Divergenzrüge (§ 132 II Nr. 2 VwGO) setzt voraus, dass der Beschwerdeführer einen die Entscheidung tragenden Rechtssatz in der anzufechtenden Entscheidung darlegt und aufzeigt, der von einem in einer anderen heranzuziehenden höchstrichterlichen Entscheidung dargelegten tragenden Rechtssatz abweicht und auf dieser Abweichung beruht. Unverzichtbar ist daher zunächst die Gegenüberstellung der voneinander abweichenden Rechtssätze[735] sowie das Aufzeigen, worin in Anwendung derselben Rechtsvorschrift der Widerspruch zwischen beiden zu sehen ist (Divergenzrevision).

3. Verfahrensrevision

742 Bei der Verfahrensrevision schließlich sind von dem Beschwerdeführer Verstöße gegen Verfahrensnormen aufzuzeigen, d. h. Rechtsfehler, die den Weg zu dem Urteil oder die Art und Weise seines Erlasses betreffen, in der Regel also Verstöße gegen die Vorschriften der VwGO.

Ferner wird die Darlegung der **Erheblichkeit** des Verfahrensmangels auf den Ausgang des Verfahrens gefordert. Wird allerdings ein absoluter Revisionsgrund gem. § 138 VwGO geltend gemacht, also z. B. die nicht vorschriftsmäßige Besetzung des Gerichts, ist regelmäßig davon auszugehen, dass das Urteil auf diesem Verstoß **beruhen** kann.

743 Wichtig ist in diesem Zusammenhang eine Entscheidung des Gemeinsamen Senats der obersten Gerichtshöfe des Bundes vom 27.4.1993, wonach gerichtliche Entscheidungen als „nicht mit Gründen versehen" (§ 138 Nr. 6 VwGO) anzusehen sind, wenn Tatbestand und Entscheidungsgründe nicht binnen fünf Monaten nach Verkündung niedergelegt, von den Richtern besonders unterschrieben und der Geschäftsstelle übergeben werden.[736]

Das BVerfG hat die Notwendigkeit der **zeitnahen Begründung** einer gerichtlichen Entscheidung verfassungsrechtlich unter dem Gebot des Anspruchs auf Gewährung wirkungsvollen Rechtsschutzes subsumiert und festgestellt, dass in Ausnahmefällen bei

---

[733] Grundlegend: BVerwG, Beschl. v. 17.03.2000 – 8 B 287/99, NVwZ 2000, 1298.
[734] BVerwG, Beschl. v. 30.03.2005 – 1 B 11/05, NVwZ 2005, 709.
[735] BVerwG, Beschl. v. 20.12.1995 – 6 B 35/95, NVwZ-RR 1996, 712.
[736] Gemeinsamer Senat der obersten Gerichtshöfe des Bundes, Beschl. v. 27.04.1993 – GmS-OGB 1/92, NJW 1993, 2603; BVerfG, Beschl. v. 26.03.2001 – 1 BvR 383/00, NZA 2001, 982.

B. Revisionszulassungsverfahren

Nichtvorliegen der schriftlichen Entscheidungsgründe auch unmittelbar eine Verfassungsbeschwerde erhoben werden kann.[737]

4. Bedeutung im baurechtlichen Verfahren

In baurechtlichen Verfahren wird sich immer wieder die Möglichkeit bieten, jedenfalls über die **Grundsatzrüge** eine Zulassung der Revision zu erhalten, weil zum einen das Gebiet des Bauplanungsrechts immer wieder neue Fallkonstellationen bietet und der 4. Senat des BVerwG auch sehr engagiert an noch nicht höchstrichterlich entschiedene Rechtsfragen herangeht. Dies setzt allerdings eine genaue Beobachtung und Kenntnis des beschwerdeführenden Anwalts über die bisherige Rechtsprechung des BVerwG sowie der Instanzgerichte zu der entscheidungserheblichen bundesrechtlichen Rechtsfrage voraus. 744

Der Bausenat des BVerwG gibt regelmäßig in seinen ausführlich begründeten Nichtzulassungsbeschlüssen **Hinweise** darauf, welche grundsätzliche Rechtsfrage noch nicht entschieden ist, wenn diese an sich klärungsbedürftige Rechtsfrage im Einzelfall nicht entscheidungserheblich war und damit nicht zur Zulassung der Revision führte. Wird die rechtsgrundsätzlich zu formulierende Rechtsfrage durch den 4. Senat des BVerwG bejaht, wird der beschwerdeführende Anwalt die Zulassung der Revision erreichen. 745

Die Darlegung einer **Divergenzrüge** erfordert ebenfalls durch den beschwerdeführenden Anwalt genauste Kenntnis der Rechtsprechung des BVerwG, wobei er sich als ersten Anhaltspunkt von den veröffentlichten amtlichen Leitsätzen der heranzuziehenden Entscheidungen orientieren kann. Die Begründung einer Divergenz- oder auch Verfahrensrevision erfordert gegenüber dem Begehren auf Zulassung einer Grundsatzrevision jedoch erheblich größeren Bearbeitungsaufwand. 746

III. Entscheidung im Zulassungsverfahren

Im Rahmen des Zulassungsverfahrens entscheidet das BVerwG ausschließlich nach **Aktenlage**. Alle Senate des BVerwG bemühen sich, das Zulassungsverfahren zeitnah innerhalb **weniger Monate** nach der Begründung der Beschwerde zu entscheiden; eine Verfahrensdauer von weniger als sechs Monaten seit Einlegung der Beschwerde ist nicht unüblich. 747

1. Nichtabhilfe

Wird der Beschwerde über die Nichtzulassung der Revision nicht abgeholfen, entscheidet das BVerwG durch Beschluss über die **Zurückweisung** der Beschwerde. In der Regel wird der Beschluss über die Zurückweisung der Beschwerde durch den Bausenat des BVerwG sehr ausführlich begründet, wenn auch der Beschwerdeantrag ausführliche, jedenfalls zulässige Rügen erhebt. Teilweise sind die Zurückweisungsbeschlüsse mehrere Seiten lang, in denen sich durchaus auch Hinweise für spätere Revisionsverfahren finden, wenn z. B. ausgeführt wird, die aufgeworfene Rechtsfrage stelle sich jedenfalls im vorliegenden Verfahren nicht. 748

Mit der Ablehnung der Beschwerde wird das angefochtene Urteil rechtskräftig (§ 133 V 3 VwGO). Damit ist ggf. auch der Rechtsweg erschöpft, so dass eine Verfassungsbeschwerde erhoben werden könnte, wenn dies aussichtsreich erscheint.

---

737 BVerfG, Beschl. v. 26.03.2001 – 1 BvR 383/00, NJW 2001, 2161.

2 § 7 Revisionsverfahren

2. Zulassung der Revision

749 Liegen die Voraussetzungen für die Zulassung der Revision vor, wird die angefochtene Entscheidung über die Nichtzulassung der Revision aufgehoben und die Revision zugelassen. In dem Zulassungsbeschluss bezeichnet das BVerwG auch den **Zulassungsgrund**. Hieraus wird bereits deutlich, welcher rechtliche Gesichtspunkt in dem anschließenden Revisionsverfahren entscheidungserheblich sein dürfte, so dass der bearbeitende Anwalt hier auch seinen Schwerpunkt bei der anschließenden Revisionsbegründung legen sollte.

3. Zurückverweisung bei Verfahrensmangel

750 Liegt ein Verfahrensmangel vor, auf dem die Entscheidung beruhen kann, hat das BVerwG in dem Beschluss das angefochtene Urteil aufzuheben und den Rechtsstreit zur anderweitigen Verhandlung und Entscheidung an die Vorinstanz **zurückzuverweisen** (§ 133 VI VwGO). Dies geschieht regelmäßig dann, wenn eine **unzureichende Sachverhaltsaufklärung** gerügt wurde und in dem Revisionsverfahren nicht ohne weitere Sachverhaltsaufklärung durch das Tatsachengericht entschieden werden kann.
Auch bei Feststellung von **absoluten Revisionsgründen** erfolgt meistens eine Zurückverweisung an die Tatsacheninstanz, weil nicht auszuschließen ist, dass bei Einhaltung der Verfahrensvorschriften das angefochtene Urteil – etwa bei anderer Besetzung der Richterbank – anders ausgefallen wäre.

C. Revision

751 Wird der Beschwerde gegen die Nichtzulassung der Revision durch das Vordergericht abgeholfen oder lässt das BVerwG die Revision auf die Nichtzulassungsbeschwerde zu, so wird das Beschwerdeverfahren als Revisionsverfahren fortgesetzt (§ 139 II VwGO). Einer erneuten Revisionseinlegung bedarf es dann nicht, der Beschwerdeführer wird automatisch zum Revisionsführer. Die Revision ist sodann innerhalb **eines Monats** nach Zustellung des Beschlusses über die Zulassung der Revision zu begründen. Wurde die Revision bereits durch das OVG zugelassen, ist die Revision zunächst innerhalb **eines Monats** einzulegen (§ 139 I VwGO) und innerhalb von **zwei Monaten** zu begründen (§ 139 III 1 VwGO).

I. Revisionsbegründung

752 Gem. § 139 III VwGO ist die Revision innerhalb von **zwei Monaten** nach Zustellung des vollständigen Urteils oder des Beschlusses über die Zulassung der Revision zu begründen. Die Begründungspflicht kann auf einen vor ihrem Ablauf gestellten Antrag von dem Vorsitzenden verlängert werden (§ 139 III 3 VwGO). Die Begründung muss einen bestimmten **Antrag** enthalten, die verletzte **Rechtsnorm** und, soweit Verfahrensmängel gerügt werden, die **Tatsachen** angeben, die den Mangel ergeben (§ 139 III 4 VwGO).
Zu einer ordnungsgemäßen Revisionsbegründung gehört nach ständiger Rechtsprechung des BVerwG eine **Sichtung** und **rechtliche Durchdringung des Streitstoffes** und eine damit verbundene sachliche **Auseinandersetzung** mit den die Entscheidung des Berufungsgerichts tragenden Gründen, aus der hervorgeht, warum der Revisionskläger diese Begründung nicht als zutreffend erachtet.[738]

---

[738] BVerwG, Urt. v. 03.03.1998 – 9 C 20/97, NVwZ 1998, 735.

II. Mündliche Verhandlung

In dem Revisionsverfahren ist – anders als im Berufungsverfahren – eine mündliche Verhandlung **obligatorisch** (§ 141 VwGO). Im Rahmen der mündlichen Verhandlung erhalten die Parteien nochmals die Gelegenheit, ihren Standpunkt vorzutragen. Da es sich um eine reine Rechtsinstanz – im Gegensatz zur vorangehenden Tatsacheninstanz – handelt, hat der die Revision führende oder abzuwehrende Anwalt sich auch darauf einzustellen, durchaus mit dem Revisionssenat in ein umfangreicheres **Rechtsgespräch** eintreten zu können und ggf. zu müssen. Die mündliche Verhandlung vor dem BVerwG ist daher – anders als bei manchen Tatsachengerichten – nicht nur eine notwendige formale Instanz. Daher sollte der Anwalt auch die mündliche Verhandlung vor dem BVerwG ordentlich vorbereiten.

753

D. Revisionsentscheidung

Das BVerwG ist bei seiner Entscheidung insbesondere an die in dem angefochtenen Urteil getroffenen tatsächlichen Feststellungen gebunden (§ 137 II VwGO), nicht aber an die vom Revisionsführer im Einzelnen vorgetragenen und geltend gemachten Revisionsrügen (§ 137 III 2 VwGO). Die zu berücksichtigenden Revisionsgründe ergeben sich aus §§ 137, 138 VwGO und sind im Einzelnen anhand der Rechtsprechung oder der Kommentierung zu übersehen.

754

Die Revision kann als unzulässig verworfen, als unbegründet zurückgewiesen oder als begründet auf zwei Verfahrensarten entschieden werden:
- Ist die Revision **unzulässig**, so verwirft sie das BVerwG durch Beschluss (§ 144 I VwGO),
- ist sie **unbegründet**, so weist das BVerwG die Revision durch Urteil zurück (§ 144 II VwGO).

755

I. Unzulässige oder unbegründete Revision

Werden etwa die Formalien bei der Revisionseinlegung oder das Erfordernis einer Begründung missachtet, wird die Revision als unzulässig durch Beschluss zurückgewiesen (§ 144 I VwGO). Ist die Revision dagegen unbegründet, weil die Revisionsgründe nicht festgestellt werden können, wird die Revision als solche zurückgewiesen (§ 144 II VwGO).

756

Mit der letzten Entscheidungsvariante kann auch die Verletzung eines bestehenden Revisionsrechts festgestellt werden. Gleichwohl ist die Revision aber zurückzuweisen, wenn die angefochtene Entscheidung sich aus **anderen Gründen als richtig** darstellt (§ 144 IV VwGO). Das BVerwG hat nach Feststellung einer Rechtsverletzung (§ 137 I VwGO) also immer weiter zu prüfen, ob die angefochtene Entscheidung im Ergebnis nicht aus anderen Gründen zutreffend ist.

757

II. Begründete Revision

Ist die Revision begründet, kann das BVerwG nach § 144 III VwGO
- in der Sache selbst entscheiden (§ 144 III Nr. 1 VwGO) oder
- das angefochtene Urteil aufheben und die Sache zur anderweitigen Verhandlung und Entscheidung zurückverweisen (§ 144 III Nr. 2 VwGO).

758

§ 7 Revisionsverfahren

1. Letztentscheidung des BVerwG

759 In der **Sache selbst** kann eine Entscheidung durch das BVerwG nur getroffen werden, wenn die Feststellungen der Tatsacheninstanz, an die das BVerwG gem. § 137 II VwGO im Revisionsverfahren gebunden ist, für eine Sachentscheidung ausreichend sind; anderenfalls ist die Sache zur weiteren Sachverhaltsaufklärung zurückzuverweisen. Das BVerwG führt als reine Rechtsinstanz demnach auch keine Beweisaufnahme durch.

760 Wird der Revision als **begründet** stattgegeben, kann das BVerwG als nunmehr letzte Instanz eine Klage ganz oder teilweise abweisen oder einer Klage ganz oder teilweise stattgeben. Diese Entscheidung erwächst wegen der Rechtswegerschöpfung dann unmittelbar in Rechtskraft. Wird die Revision als **unbegründet** zurückgewiesen, tritt mit Zustellung der entsprechenden Entscheidung die Rechtskraft der angefochtenen Entscheidung ein, die z. B. durch die Einlegung der Beschwerde gegen die Nichtzulassung der Revision für die Dauer des Beschwerdeverfahrens bzw. des Revisionsverfahrens gehemmt wurde (§ 133 IV VwGO). Damit ist zugleich die Rechtswegerschöpfung eingetreten, so dass im Zweifel nur noch das Verfassungsbeschwerdeverfahren betrieben werden kann.

2. Zurückverweisung

761 Ist ein nach der Klärung der Rechtsfrage im Revisionsverfahren entscheidungserheblicher Sachverhalt noch nicht hinreichend durch die Tatsacheninstanzen aufgeklärt (§ 86 VwGO), ist das Verfahren zur anderweitigen Verhandlung durch das BVerwG zurückzuverweisen. Dabei wird das BVerwG in seiner Zurückverweisungsentscheidung dem Vordergericht genau vorgeben, welche Punkte in welchem Umfang aufzuklären sind.

E. Verfahren nach Zurückverweisung

762 Wird das Verfahren zur erneuten und weiteren Sachverhaltsaufklärung zurückverwiesen, hat das Gericht, an das der Rechtsstreit zurückverwiesen wurde, seiner Entscheidung die rechtliche Beurteilung des Revisionsgerichts zugrunde zu legen (§ 144 VI VwGO). Das BVerwG wird hierzu regelmäßig in seinen Beschluss- oder Urteilsgründen ausführen, in welchem Umfang es welche **Sachverhaltsaufklärung** noch für erforderlich hält, so dass sich auch die Prozessparteien auf diesen Umstand einstellen, entsprechend vorbereiten und auch noch ergänzend vortragen können.

763 In der Entscheidung des BVerwG, mit dem ein Rechtsstreit zur erneuten Verhandlung und Entscheidung an die Tatsacheninstanz zurückverwiesen wird, wird die Kostenentscheidung bezüglich des Revisionsverfahrens der Tatsacheninstanz vorbehalten. Im Rahmen des dann die Tatsacheninstanz erneut abschließenden Urteils hat das Gericht somit auch über die **Kosten des Revisionsverfahrens** zu entscheiden. Die Kostenentscheidung für die Durchführung des Revisionsverfahrens folgt regelmäßig der Kostenentscheidung der abschließenden Tatsacheninstanz. Dies kann im Ergebnis bedeuten, dass trotz einer erfolgreichen Revision der Revisionsführer die Kosten der Revision zu tragen hat, wenn er nach erneuter Durchführung des Verfahrens vor der Tatsacheninstanz dort mit seinem Begehren unterliegt.

F. Gebühren und Kosten

Die Streitwertfestsetzung im Revisionsverfahren folgt – soweit dies nicht substantiiert durch die Parteien angegangen wird – regelmäßig der Festsetzung aus dem Ausgangsverfahren. Für das **Beschwerdeverfahren** im Rahmen der Nichtzulassung der Revision wird gem. Nr. 3506 VV RVG eine 1,6 Verfahrensgebühr fällig. Diese Verfahrensgebühr ist allerdings anzurechnen, wenn der Beschwerde stattgegeben und die Revision durchgeführt wird. Im Revisionsverfahren selber entstehen die erhöhten Gebühren der Nr. 3206 VV RVG in Höhe einer 1,6 Verfahrensgebühr. Daneben erhält der Anwalt eine 1,5 Terminsgebühr nach Nr. 3210 VV RVG. Über die Kosten des Revisionsverfahrens entscheidet nach Zurückverweisung des Rechtsstreits an das Ausgangsgericht dieses zusammen mit der instanzabschließenden Entscheidung.

764

§ 8 Zivilrechtlicher Nachbarschutz

Literatur
Ein guter Überblick über das private Nachbarrecht bieten die ausführlichen Kommentierungen von *Säcker* (§ 906) und *Medicus* (§ 1004) in: Münchener Kommentar zum BGB, Sachenrecht. Das private Nachbarrecht behandelt im Übrigen ausführlich *Seidel*, Öffentlich-rechtlicher und privatrechtlicher Nachbarschutz, § 16.

765 Ein umfassender und effektiver Rechtsschutz (Art. 19 IV GG) im Bereich des öffentlichen Baurechts erfordert von dem damit betrauten Anwalt auch eine genaue Kenntnis der zivilrechtlichen Abwehr- und Ausgleichsmöglichkeiten für einen von einem Bauvorhaben betroffenen Auftraggeber. Auf der Basis der **Zweigleisigkeitsthese** ist das Nachbarrecht durch ein Nebeneinander von öffentlich-rechtlichen Regelungen und privatrechtlichen Normierungen gekennzeichnet. Neben oder nach der verwaltungsrechtlichen Geltendmachung von Abwehr,- Beseitigungs- und Unterlassungsansprüchen gegenüber einer baulichen Anlage oder ihrer Nutzung sowie von Ansprüchen auf ein ordnungsbehördliches Einschreiten gegen eine unzulässige Nutzung kommt auch ein unmittelbares Vorgehen gegen den privaten Störer auf dem Zivilrechtsweg in Betracht.

766 Ausgangspunkt für das zivile Nachbarrecht ist die Regelung des **§ 903 BGB**, wonach der Eigentümer einer Sache mit dieser nach Belieben verfahren und andere von jeder Einwirkung ausschließen kann. Beschränkungen der Eigentümerbefugnisse enthält u. a. die Regelung des **§ 906 BGB** sowie weitere Vorschriften des Nachbarrechts. Diese Vorschriften bestimmen im Übrigen auch gegenüber hoheitlichen Eingriffen die Grenzen des Eigentums.[739] Was nach diesen Vorschriften zu dulden ist, ist auch nicht rechtswidrig i. S. von **§ 823 BGB**.

767 Privatrechtliche Ansprüche auf Beseitigung und Unterlassung von Störungen sind hauptsächlich auf **§ 1004 BGB** gestützt. Daneben existieren privatrechtliche verschuldensabhängige und verschuldensunabhängige Schadensersatz- und Ausgleichsansprüche: Muss der immissionsbetroffene Eigentümer etwa die ihn beeinträchtigende Einwirkung (weil ortsunüblich und unzumutbar) nicht dulden, kann er für die Zukunft Unterlassung gem. § 1004 und für die Vergangenheit Schadensersatz gem. § 823 I BGB verlangen. Hat dagegen der Betroffene gem. § 906 II 1 BGB die Immission zu dulden, so kann er einen angemessenen Ausgleich in Geld verlangen, wenn die Einwirkung die ortsübliche Nutzung seines Grundstücks über das zumutbare Maß hinaus beeinträchtigt (**§ 906 II 2 BGB**).

768 Gegenstand des zivilrechtlichen Nachbarrechts sind hauptsächlich die Abwehr und der Ausgleich von Immissionen sowie die Einhaltung von baurechtsgemäßen Zuständen. Dabei ist festzustellen, dass in den letzten Jahren durchaus **Harmonisierungstendenzen** zwischen dem öffentlich-rechtlichen und dem zivilrechtlichen Nachbarschutz zu beobachten sind, indem etwa die **Zumutbarkeitsschwelle** für die Duldungspflicht eines Immissionsbetroffenen zwischen § 3 I BImSchG und § 906 BGB angeglichen werden.

769 Gleichwohl bleibt noch ein größerer Anwendungsbereich für das private Nachbarrecht insbesondere bei Fallkonstellationen, in denen die Beeinträchtigungen aus tatsächlichen oder rechtlichen Gründen nicht unterbunden werden können, so dass der Betroffene auf Schadensersatz- oder Ausgleichsansprüche verwiesen ist. Da im Übrigen die privaten Abwehrrechte des **Besitzers** weitgehend denen des Eigentümers angeglichen sind, kann

---

739 BGH, Urt. v. 10.11.1977 – III ZR 121/75, NJW 1978, 1051 (1052).

zivilrechtlich somit auch der Besitzer eines Grundstücks die Beseitigung oder Unterlassung von Störungen verlangen[740] während er im öffentlichen Nachbarrecht nicht als geschützter Dritter angesehen wird mit der Folge, dass er dort Abwehrrechte nicht geltend machen kann. Der BGH hat allerdings klargestellt, dass der verschuldensunabhängige nachbarrechtliche Ausgleichsanspruch analog § 906 II 2 BGB **nicht zwischen Mietern** gegeben ist.[741]

Die Effektivität des Rechtsschutzes (Art. 19 IV GG) im Rahmen baulicher Nachbarstreitigkeiten fordert geradezu den Anwalt heraus, ggf. verwaltungsgerichtlichen und zivilgerichtlichen Rechtsschutz nebeneinander oder nacheinander zu suchen, um die Interessen des Auftraggebers bestmöglich durchzusetzen. Nochmals ist in diesem Zusammenhang aber darauf hinzuweisen, dass dem Betroffenen **kein absolutes Wahlrecht** dahingehend zusteht, welchen Rechtsweg er einschlägt: Steht einem Betroffenen ein primärer Rechtsschutz vor der Verwaltungsgerichtsbarkeit zur Verfügung, hat er seine Abwehransprüche zunächst auf diese Weise geltend zu machen.[742] Erst wenn er dort mit seinem Abwehrbegehren nicht durchdringen kann, kann er ggf. noch um zivilgerichtlichen Rechtsschutz nachsuchen, um eventuell Ausgleich in Geld zu verlangen.

770

A. Begriff des Nachbarn

Auch im privaten Bau-Nachbarrecht ist für die Aktivlegitimation entscheidend, ob der Anspruchsteller zum Kreis der „Nachbarn", also zu dem Personenkreis zählt, der von der in Betracht kommenden Anspruchsnorm geschützt ist, um Abwehr- und Ausgleichsansprüche überhaupt geltend machen zu können.

Im Anwendungsbereich des **§ 823 I BGB** kann jeder, der in einem hier genannten absoluten Recht oder Rechtsgut verletzt ist, einen Anspruch geltend machen. Im privaten Nachbarrecht spielt dabei vor allem die Verletzung des **Eigentums** oder eines sonstigen **dinglichen Rechts** an der Immobilie eine Rolle. Denkbar ist auch eine Verletzung des Eigentums an **beweglichen Sachen** auf dem Nachbargrundstück oder eine Verletzung des Schutzguts der **Gesundheit**. Als verletztes Rechtsgut kann auch der „**eingerichtete und ausgeübte Gewerbebetrieb**" sowie das allgemeine **Persönlichkeitsrecht** eine Rolle spielen. Anspruchsinhaber können im Rahmen von § 823 I BGB schließlich auch bloß obligatorisch am Nachbargrundstück berechtigte **Mieter** oder **Pächter** sein.

771

Ein ebenso weiter Personenkreis wird durch den Beseitigungs- und Unterlassungsanspruch aus **§ 1004 I BGB** und damit auch aus dem Ausgleichsanspruch aus § 906 II BGB geschützt. Zwar sind die Anspruchsgrundlagen unmittelbar nur zugunsten des gestörten Eigentümers einschlägig. Kraft ausdrücklicher gesetzlicher Verweisung erstrecken sie sich in persönlicher Hinsicht auch auf den

772

- Erbbauberechtigten (§ 11 I ErbbauVO),
- Nießbraucher (§ 1065 BGB),
- Wohnungseigentümer (§ 13 WEG) und
- Inhaber einer Grunddienstbarkeit (§ 1027 BGB),
- Inhaber einer beschränkt persönlichen Dienstbarkeit (§ 1090 II BGB)
- sowie eines Pfandrechts (§ 1227 BGB, § 8 PachtkreditG).

---

740 BGH, Urt. v. 23.02.2001 – V ZR 389/99, NJW 2001, 1865.
741 BGH, Urt. v. 12.12.2003 – V ZR 180/03, NJW 2004, 775 (Wasserschäden durch geplatzten Zuleitungsschlauch in einer darüber liegenden Wohnung).
742 BGH, Urt. v. 20.11.1992 – V ZR 82/91, BGHZ 120, 241 (251) – Froschlärm.

§ 8 Zivilrechtlicher Nachbarschutz

Die Rechtsprechungspraxis wendet darüber hinaus § 1004 BGB auf alle absolut geschützten „**sonstigen**" Rechte i. S. von § 823 I BGB analog an, also ebenfalls auf Leben und Gesundheit, den eingerichteten und ausgeübten Gewerbebetrieb sowie auf das allgemeine Persönlichkeitsrecht.

773 Hinsichtlich der **räumlichen Komponente** des zivilrechtlichen Nachbarschutzes beschränkt sich die Aktivlegitimation für die Abwehr-, Ausgleichs- und Schadensersatzansprüche aus §§ 823 I, 906 II 2, 1004 BGB sowie aus Gefährdungshaftung (z. B. § 1 UmwHG oder § 22 WHG) nicht auf Betroffene, deren Grundstück unmittelbar an das Grundstück des Störers oder Schädigers angrenzt. Entscheidend ist allein, wie weit sich die Störung auswirkt und den Betroffenen tatsächlich erreicht.

774 Andere Grundsätze gelten für Schadensersatzansprüche **nach § 823 II BGB** sowie für **quasi negatorische Abwehransprüche** analog §§ 1004, 823 II BGB. Die Aktivlegitimation begrenzt sich hier von vornherein auf den von dem einschlägigen Schutzzweck geschützten Personenkreis, der jeweils durch Auslegung der Schutznorm zu bestimmen ist.

B. Anspruchsgrundlagen

775 Der hauptsächliche Anwendungsbereich von privatrechtlichen Ansprüchen im Bereich des öffentlichen Baurechts betrifft
- Beseitigungs- und Unterlassungsansprüche gegen eine nicht zu duldende behördlich genehmigte Nutzung auf dem Nachbargrundstück,
- Durchsetzung einer drittschützenden Auflage aus einem öffentlich-rechtlichen Genehmigungsverfahren,
- Durchsetzung von Schadensersatz- und Ausgleichsansprüchen gegenüber einer aus rechtlichen oder tatsächlich zu duldenden erheblichen unzumutbaren Beeinträchtigung durch einen benachbarten Störer.

776 Für die Durchsetzung dieser Begehren stehen die nachfolgenden privatrechtlichen Anspruchsgrundlagen zur Verfügung:
- Beseitigungs- und Unterlassungsanspruch nach §§ 1004, 906 BGB,
- quasi-negatorischer Unterlassungsanspruch nach §§ 823, 906, 1004 BGB analog,
- Ausgleich in Geld bei einem aus rechtlichen oder tatsächlichen Gründen nicht durchsetzbaren Abwehranspruch z. B. aus § 906 II 2 BGB.

777 Weitere privatrechtliche Anspruchsgrundlagen im Nachbarschaftsverhältnis aus dem BGB sind nicht näher zu erläutern, sondern nur überblickartig darzustellen:
- § 907 BGB gefahrdrohende Anlagen,
- § 908 BGB drohender Gebäudeeinsturz,
- § 909 BGB Vertiefung,
- § 910 BGB Überhang,
- § 911 BGB Hinüberfall,
- § 912 BGB Überbau,
- § 917 BGB Notweg,
- § 919 BGB Grenzabmarkung,
- § 921 BGB gemeinschaftliche Benutzung von Grenzanlagen,
- § 923 BGB Grenzbaum.

Schließlich ergeben sich privatrechtliche Anspruchsgrundlagen auch aus den Nachbarrechtsgesetzen der jeweiligen Länder.

B. Anspruchsgrundlagen 2

I. Beseitigungs- und Unterlassungsanspruch

Nach § 1004 I BGB kann der Eigentümer einer Sache grundsätzlich Beeinträchtigungen seines Eigentums gegenüber dem verantwortlichen Störer abwehren, es sei denn, es besteht ausnahmsweise nach Maßgabe des § 1004 II BGB eine Duldungspflicht kraft Vereinbarung oder kraft Gesetzes. 778

Wird das Eigentum in anderer Weise als durch Entziehung oder Vorenthaltung des Besitzes beeinträchtigt, so kann der Eigentümer von dem Störer die **Beseitigung** der Beeinträchtigung verlangen (§ 1004 I 1 BGB). Sind weitere Beeinträchtigungen zu besorgen, so kann der Eigentümer auf **Unterlassung** klagen (§ 1004 I 2 BGB), und zwar nach der Rechtsprechung auch bereits vorbeugend.

Der Anspruch ist ausgeschlossen, wenn der Eigentümer zur Duldung verpflichtet ist (§ 1004 II BGB). Im BGB fehlt eine umfassende Regelung von **Duldungspflichten**. Für den hier interessierenden Bereich des öffentlichen Baurechts kommt jedenfalls hauptsächlich eine gesetzliche Duldungspflicht in Betracht: 779

- nach § 906 BGB sind unwesentliche oder ortsübliche Immissionen durch den Nachbarn zu dulden.

Hinzu kommen

- **öffentlich-rechtliche Duldungspflichten** (aus Grundrechten und einfachrechtlichen Gesetzen) und
- Duldungspflichten aus dem **allgemeinen nachbarrechtlichen Gemeinschaftsverhältnis**.

Hat der Eigentümer die Beeinträchtigung zu dulden, kann er ggf. Ausgleichsansprüche in Geld gegenüber dem Störer geltend machen und durchsetzen.

1. Schutzgut

Ausdrücklich schützt § 1004 I BGB zunächst nur vor Beeinträchtigungen des Schutzgutes „Eigentum", also des in § 903 BGB umschriebenen Vollrechts, wonach der Eigentümer grundsätzlich frei nach Belieben verfahren und andere von jeder Einwirkung ausschließen kann. 780

Teils kraft gesetzlicher Verweisung, teils im Wege der Analogie ist § 1004 I BGB auf Störungen **aller absolut geschützten Rechtsgüter** i. S. von § 823 I BGB entsprechend anwendbar. Hinsichtlich Beeinträchtigungen des Besitzes nach § 862 BGB ist diese Vorschrift lex specialis.

2. Beeinträchtigung

Der Abwehranspruch aus § 1004 I BGB setzt eine **Beeinträchtigung** des Eigentums voraus. Diese Beeinträchtigungen gehen über bloß ideelle oder ästhetische Einwirkungen hinaus. Bloß **ideelle oder ästhetische Beeinträchtigungen** sind grundsätzlich nicht abwehrfähig: 781

- Bietet ein Grundstück einen das ästhetische Empfinden des Nachbarn verletzenden Anblick (hier: Lagerplatz für Baumaterialien und Baugeräte in einer Wohngegend), so ist dies nicht ohne weiteres als „ähnliche von einem anderen Grundstück ausgehende Einwirkung" i. S. des § 906 BGB anzusehen.[743]
- Der „trostlose" Anblick auf einen Platz für Gebraucht- und Schrottfahrzeuge stellt keine abwehrfähige Rechtsposition aus § 1004 I dar.[744]

---

[743] BGH, Urt. v. 07.03.1969 – V ZR 169/65, BGHZ 51, 369.
[744] BGH, Urt. v. 15.05.1970 – V ZR 20/68, BGHZ 54, 56 (59) – Anblick auf einen Stellplatz für Gebraucht- und Schrottfahrzeuge.

Lansnicker

§ 8 Zivilrechtlicher Nachbarschutz

- Eine das sittliche Empfinden von Nachbarn verletzende Nutzung eines Grundstücks durch einen Mieter, die nach außen nicht wahrnehmbar ist (hier: Bordellbetrieb), begründet keinen Beseitigungs- und Unterlassungsanspruch nach §§ 1004, 906 BGB gegen den Vermieter.[745]

782 Die Beeinträchtigung darf sich nicht in einer Entziehung oder Vorenthaltung des Besitzes erschöpfen, weil anderenfalls die Regelung des § **985 BGB** greift. Die Verantwortlichkeit muss sich auf **menschliches Verhalten** zurückführen lassen. Der Störungsbeseitigungsanspruch ist **nicht** an ein **Verschulden** des Störers gebunden.[746] Ist ein Verschulden festzustellen, kann aber ein Anspruch aus § 823 II BGB gegeben sein.[747] Schließlich darf die Beeinträchtigung nicht in der Vergangenheit abgeschlossen sein, sie muss also noch **andauern**.

783 Im Bereich des privaten Baunachbarrechts kommen hauptsächlich folgende Beeinträchtigungen in Betracht:
- Lärm,
- Erschütterungen,
- Gerüche,
- Eindringen körperlicher Gegenstände sowie
- andere Beeinträchtigungen.

784 Folgende jüngere Entscheidungen des BGH vermitteln einen guten Überblick über Art und Umfang der abzuwehrenden bzw. nicht abzuwehrenden Beeinträchtigungen:
- In einer Entscheidung vom 18.4.1997 anerkennt der BGH einen Beseitigungsanspruch eines privaten Tennisplatzeigentümers gegenüber dem von dem Nachbargrundstück eindringenden **Wurzelwachstum**.[748]
- Zu der Fallgruppe der **Geruchsbelästigung** hat der BGH am 30.10.1998 eine grundlegende Entscheidung getroffen und die Geruchsbelästigung aus einer Schweinemästerei auch in einem dörflich geprägten Gebiet als wesentliche Beeinträchtigung i. S. von § 906 I 1 BGB angesehen mit der Folge eines Unterlassungsanspruchs aus § 1004 BGB.[749]
- In einem Urteil vom 7.4.2000 stellt der BGH fest, dass die **Behinderung des Zugangs** eines Grundstücks durch Drogenabhängige infolge des Betriebes eines Drogenhilfezentrums auf dem benachbarten Grundstück eine Beeinträchtigung des Eigentums i. S. von § 1004 I BGB darstellt.[750]
- Mit der Entscheidung vom 23.2.2001 hat der BGH den Beseitigungs- und Unterlassungsanspruch aus § 909 BGB (Vertiefung) auch des **Besitzers** des durch die **Vertiefung** beeinträchtigten Grundstücks anerkannt.[751]
- Mit Urt. v. 30.5.2003 stellt der BGH die Haftung der Stadtwerke für eine privatrechtlich betriebene **Wasserversorgungsleitung** fest, wenn der Rohrbruch das benachbarte Grundstück überschwemmt.[752]
- In einer Entscheidung vom 28.11.2003 hatte sich der BGH erneut mit der Frage der Selbsthilfe gegen Nachbars **Wurzelüberwuchs** zu befassen. Der Eigentümer eines

---

745 BGH, Urt. v. 12.07.1985 – V ZR 172/84, BGHZ 95, 307 (309) – Bordellbetrieb.
746 BGH, Urt. v. 08.03.1990 – III ZR 81/88, BGHZ 110, 313 (317) – Beseitigung durch Brand verdorbenen Milchpulvers.
747 Zur neueren Rechtsprechung: *Armbrüster*, Eigentumsschutz durch den Beseitigungsanspruch nach § 1004 I 1 BGB und durch Deliktsrecht, NJW 2003, 3087 – 3090.
748 BGH, Urt. v. 18.04.1997 – V ZR 28/96, BGHZ 135, 235 – Wurzeln in Tennisplatz.
749 BGH, Urt. v. 30.10.1998 – V ZR 64/98, BGHZ 140, 1 (5) – Geruchsbelästigung aus Schweinemästerei.
750 BGH, Urt. v. 07.04.2000 – V ZR 39/99, DVBl. 2000, 1608.
751 BGH, Urt. v. 23.02.2001 – V ZR 389/99, NJW 2001, 1865 – Ausgleichsansprüche des Mieters bei Besitzstörungen.
752 BGH, Urt. v. 30.05.2003 – V ZR 37/02, NJW 2003, 2377.

B. Anspruchsgrundlagen

Baums muss dafür Sorge tragen, dass dessen Wurzeln nicht in das Nachbargrundstück hineinwachsen. Verletzt er diese Pflicht, ist er hinsichtlich der dadurch hervorgerufenen Beeinträchtigungen des Nachbargrundstücks „Störer" i.S. von § 1004 I BGB. Der durch von dem Nachbargrundstück hinüber gewachsene Baumwurzeln gestörte Grundstückseigentümer kann die von dem Störer geschuldete Beseitigung der Eigentumsbeeinträchtigung selbst vornehmen und die dadurch entstandenen Kosten nach Bereicherungsgrundsätzen erstattet verlangen.[753]

■ Mit Urt. v. 2.7.2004 stellt der BGH die nachbarlichen Verkehrssicherungspflichten beim **Grenzbaum** i.S. von § 923 BGB – „Vertikales Eigentum" – fest. Jedem Grundstückseigentümer gehört der Teil des Baums, der sich auf seinem Grundstück befindet (**vertikal geteiltes Eigentum**). Jeder Grundstückseigentümer ist für den ihm gehörenden Teil eines Grenzbaums in dem selben Umfang verkehrssicherungspflichtig wie für einen vollständig auf seinem Grundstück stehenden Baum. Verletzt jeder Eigentümer die ihm hinsichtlich des ihm gehörenden Teils eines Grenzbaums obliegende Verkehrssicherungspflicht, ist für den ihnen daraus entstehenden Schaden eine Haftungsverteilung nach § 254 BGB vorzunehmen.[754]

3. Zurechenbarkeit

Die abzuwehrenden Beeinträchtigungen und Einwirkungen müssen dem auslösenden Nachbarn als Störer **zuzurechnen** sein, und zwar als unmittelbarer oder mittelbarer Handlungsstörer oder als Zustandsstörer.

Unproblematisch ist dies in den Fällen, in dem die Beeinträchtigung durch den Störer selbst herbeigeführt wird (**unmittelbarer Handlungsstörer**). Handlungsstörer i. S. des § 1004 I BGB ist aber auch derjenige, der die Beeinträchtigung des Nachbarn durch einen anderen in adäquater Weise durch seine Willensbetätigung verursacht (**mittelbarer Störer**).[755] Ein adäquater Zusammenhang besteht dann, wenn eine Tatsache im Allgemeinen und nicht nur unter besonders eigenartigen, unwahrscheinlichen und nach dem gewöhnlichen Verlauf der Dinge außer Betracht zu lassenden Umständen geeignet ist, einen Erfolg dieser Art herbeizuführen.[756] Mittelbarer Handlungsstörer ist auch der Eigentümer eines Grundstücks, der dieses vermietet hat, wenn die Beeinträchtigung auf dem störenden Grundstück durch die **Vermietungssituation** herbeigeführt wird. Das RG ist in ständiger Rechtsprechung davon ausgegangen, dass der Eigentümer eines Grundstücks für Störungshandlungen eines Mieters verantwortlich gemacht werden kann, wenn er sein Grundstück dem Mieter mit der Erlaubnis zu jenen Handlungen überlassen hat oder wenn er es unterlässt, den Mieter von dem nach dem Mietvertrag unerlaubten, fremdes Eigentum beeinträchtigenden Gebrauch der Mietsache abzuhalten. Der BGH ist dem im Grundsatz gefolgt und hat auch für den Fall der Überlassung der Mietsache oder des Pachtgegenstands zum störenden Gebrauch hervorgehoben, dass der Anspruch auf Beseitigung nicht an entgegenstehenden vertraglichen Bindungen des Störers scheitern muss.[757]

Unter dem Gesichtspunkt der **Zustandsverantwortlichkeit** werden im Baunachbarrecht Fallgestaltungen erfasst, bei denen die Beeinträchtigung von einem Bauwerk oder einer sonstigen Anlage selber ausgeht, für die der Eigentümer unterhaltspflichtig ist. Die

---

753 BGH, Urt. v. 28.11.2003 – V ZR 99/03, NJW 2004, 603.
754 BGH, Urt. v. 02.07.2004 – V ZR 33/04, NJW 2004, 3328.
755 BGH, Urt. v. 24.11.1967 – V ZR 196/65, BGHZ 49, 340 (347).
756 BGH, Urt. v. 09.10.1997 – III ZR 4/97, BGHZ 137, 11 (19).
757 BGH, Beschl. v. 04.05.1995 – V Z. B. 5/95, BGHZ 129, 329 (335); BGH, Urt. v. 10.07.1998 – V ZR 60/97, WM 1998, 2203.

§ 8 Zivilrechtlicher Nachbarschutz

Unterhaltungsverantwortlichkeit und damit die Zustandsverantwortlichkeit geht regelmäßig bei Veräußerung der Anlage auf den Erwerber über.[758] Die Zustandsverantwortlichkeit des Veräußerers endet, wenn mit der Vollrechtsübertragung jegliche Verfügungsbefugnis aufgegeben wird. Der BGH hat die Störereigenschaft eines Grundstücksnachbarn bei **brandbedingten Schäden** anerkannt, auch wenn die Brandursache letztlich unaufgeklärt blieb.[759]

4. Duldungspflichten

787 Nach § 1004 II BGB ist der Anspruch auf Beseitigung oder Unterlassung grundsätzlich ausgeschlossen, wenn der Eigentümer zur Duldung verpflichtet ist. Dem BGB fehlt eine umfassende Regelung von Duldungspflichten. Sie ergeben sich vielmehr aus verschiedenen Einzelvorschriften des BGB, aus öffentlich-rechtlichen Vorschriften und aus von der Rechtsprechung entwickelten Fallgruppen.

Die wichtigsten Duldungspflichten sollen nachstehend dargestellt werden.

■ **Duldung aus § 906 BGB**

788 § 906 BGB legt dem Eigentümer eine Duldungspflicht auf, wenn die Einwirkung die Benutzung seines Grundstücks nicht oder nur unwesentlich beeinträchtigt oder eine wesentliche Beeinträchtigung durch eine ortsübliche Benutzung des anderen Grundstücks herbeigeführt wird, die nicht wirtschaftlich zumutbar verhindert werden kann, allerdings sodann mit der Folge eines Ausgleichs in Geld (§ 906 II 2 BGB).

789 § 906 BGB setzt damit den Abwehrrechten des Eigentümers aus §§ 903, 1004 BGB Grenzen gegenüber Einwirkungen, die von einem anderen Grundstück ausgehen. Der Begriff der Einwirkung wird durch einen beispielhaften Katalog von sinnlich wahrnehmbaren, nicht wägbaren Stoffen (**Imponderabilien**) charakterisiert, die auf der Erde oder durch die Luft auf mechanischem oder physikalischem Wege zugeleitet werden. Das Gesetz führt namentlich die Zuführung von
- Gasen,
- Dämpfen,
- Gerüchen,
- Rauch,
- Ruß,
- Wärme,
- Geräuschen
- und Erschütterungen

auf. Es verbietet zugleich aber ähnliche, den in § 906 BGB genannten Imponderabilien vergleichbare, von einem anderen Grundstück ausgehende Einwirkungen.

790 Keine Einwirkungen i. S. des § 906 BGB sind **Entziehungen** positiver Umweltgegebenheiten, z. B. der Entzug von Licht, Luft, Wasser, schattenspendenden Bäumen oder Fernsehstörungen infolge von Hochhausbauten oder Reflektoren auf Nachbargrundstücken, weil es sich in solchen Fällen „negativer" Einwirkungen nicht um die „Zuführung" von Imponderabilien im Sinne des Gesetzes handelt.

791 Nicht unter den durch Beispieltatbestände konkretisierten gesetzlichen Einwirkungsbegriff fallen auch sog. **ideelle** (immaterielle), **unästhetische, optische Immissionen**, wie

---

[758] BGH, Urt. v. 10.07.1998 – V ZR 60/97, BGH, NJW 1998, 3273.
[759] BGH, Urt. v. 11.06.1999 – V ZR 377/98, NJW 1999, 2896 – Störereigenschaft des Grundstücksnachbarn bei brandbedingten Schäden.

B. Anspruchsgrundlagen

schamverletzende oder häßliche Anblicke (Bordell- und Nacktbadefälle, Anblick eines Sexshops, eines Sarggeschäfts, Lagerung von Gerümpel, Schrott, Müll oder Baumaterialien in einer Wohngegend), die psychische Beeinträchtigungen zur Folge haben können, das körperliche Wohlbefinden aber nicht, jedenfalls nicht unmittelbar beeinträchtigen.

Unwesentliche Beeinträchtigungen sind nach § 906 I BGB zu dulden, wesentliche Beeinträchtigungen können dagegen grundsätzlich – vorbehaltlich der in § 906 II 1 BGB getroffenen Regelung – abgewehrt werden. Der Begriff der **Wesentlichkeit** einer Beeinträchtigung dient der Abgrenzung zwischen den unabhängig von ihrer Ortsüblichkeit gem. § 906 I BGB hinzunehmenden „sozialadäquaten" Belästigungen im nachbarschaftlichen Gemeinschaftsverhältnis und den über eine bloße Belästigung hinausgehenden, körperliches Unbehagen hervorrufenden und deshalb wesentlichen Einwirkungen. Letztere können abgewehrt werden, sofern sie nach Art und Ausmaß nicht der Nutzung der Mehrheit der Vergleichsgrundstücke entsprechen (§ 906 II 1 BGB). 792

In der Entscheidung des BGH vom 30.10.1998 betreffend die Geruchsbelästigung aus einer Schweinemästerei hat der BGH zur Bestimmung des Maßes der Wesentlichkeit ausgeführt: Bei der Entscheidung darüber, ob von einer Schweinemästerei ausgehende Geruchsbelästigungen wesentlich sind, ist nunmehr mit der neueren Rechtsprechung des BGH zur Angleichung an die verwaltungsgerichtliche Rechtsprechung auf das Empfinden eines **verständigen Durchschnittsbenutzers** abzustellen, um damit bei der Prüfung der Erheblichkeit oder Wesentlichkeit auch wertende Momente einzubeziehen.[760] 793

Die Erheblichkeit einer Einwirkung wird objektiv durch Feststellung des Ausmaßes der vorhandenen Immissionen beurteilt. Insoweit ist aus der Einhaltung von **Grenz- bzw. Richtwerten**, die in Gesetzen, Verordnungen oder allgemeinen Verwaltungsvorschriften festgelegt sind, zu folgern, dass in der Regel nur eine unwesentliche Beeinträchtigung vorliegt (§ 906 I 2 und 3 BGB). Andererseits hat eine Überschreitung dieser Werte zunächst nur eine indizielle Wirkung für die Annahme einer wesentlichen Beeinträchtigung. Nach der Rechtsprechung des BGH kann bei einer Überschreitung der Richtwerte grundsätzlich von einer wesentlichen Einwirkung ausgegangen werden, solange dabei berücksichtigt wird, dass es insoweit lediglich um eine Richtlinie geht, die nicht schematisch angewendet werden darf, sondern nur einen wichtigen Anhaltspunkt darstellt. Der BGH hat nochmals ausdrücklich festgestellt, dass der Einhaltung der in Gesetzen oder Rechtsverordnungen i.S. des § 906 I 2 BGB festgelegten Grenz- oder Richtwerten Indizwirkung dahingehend zukommt, dass eine nur unwesentliche Beeinträchtigung vorliegt. Es ist dann Sache des Beeinträchtigten, Umstände darzulegen, die diese Indizwirkung erschüttern.[761] 794

Eine Lärmpegelmessung nach den Richtwerten der VDI-Richtlinie 2058 kann ein **Indiz** für die Wesentlichkeit oder Unwesentlichkeit des Lärms sein. Berücksichtigt der Tatrichter sowohl den Richtliniencharakter als auch die Besonderheiten des zu beurteilenden Lärms, ist nicht zu beanstanden, dass er bei deutlicher Überschreitung der Richtlinienwerte eine wesentliche Lärmbeeinträchtigung annimmt.[762] In der Regel wird der Tatrichter bei Lärm- oder Geruchsbelästigungen einen **Ortstermin** wahrnehmen müssen, um sich über Art und Umfang der Belästigungen eine ausreichende Beurteilungsgrundlage bilden zu können.[763] 795

---

760 BGH, Urt. v. 30.10.1998 – V ZR 64/98, BGHZ 140, 1 (4).
761 BGH, Urt. v. 13.02.2004 – V ZR 217/03, NJW 2004, 1317 – Mobilfunksendeanlage.
762 BGH, Urt. v. 20.11.1992 – 5 ZR 82/91, NJW 1993, 925.
763 BGH, Urt. v. 30.10.1998 – V ZR 64/98, BGHZ 140, 1 ff. – Geruchsbelästigung aus Schweinemästerei.

§ 8 Zivilrechtlicher Nachbarschutz

- **Duldung wegen Unmöglichkeit**

796 Eine Haftung aus § 1004 I BGB ist ausgeschlossen, wenn feststeht, dass ein obsiegender Kläger einen ihm zuerkannten Beseitigungsanspruch unter keinen Umständen durchzusetzen vermag. Zu einer Leistung, die unstreitig nicht möglich ist, darf niemand verurteilt werden.[764]

- **Duldung wegen Aufgabenerfüllung im Allgemeininteresse**

797 Ein zivilrechtlicher Abwehranspruch kann auch daran scheitern, dass die störende Einrichtung der Erfüllung von Aufgaben dient, die im Allgemeininteresse liegen. Nach der ständigen Rechtsprechung des BGH kann ein Abwehranspruch, der die Einstellung eines Betriebes oder einer Anlage zur Folge hätte, ausgeschlossen sein, wenn die störenden Einwirkungen der Erfüllung von Aufgaben dienen, die im Allgemeininteresse liegen und von öffentlich-rechtlichen Trägern oder von unmittelbar dem öffentlichen Interesse verpflichteten gemeinwichtigen Einrichtungen ausgehen. Folgende Allgemeininteressen wurden als duldungspflichtig anerkannt: Bau und Betrieb einer
- Autobahn,[765]
- Omnibushaltestelle,[766]
- Hochspannungsleitung,[767]
- Mülldeponie,[768]
- Kläranlange,[769]
- sowie eines Drogenhilfezentrum.[770]

798 Der BGH hat die im Schrifttum geäußerte Kritik zur Duldungspflicht wegen der Erfüllung von Aufgaben im Allgemeininteresse mit folgender Begründung zurückgewiesen: „Bei einer am Eigentum orientierten, die Grundsätze der Verhältnismäßigkeit und des Mindesteingriffs wahrenden ... und die Duldungspflicht (§ 1004 II BGB) durch Ausgleichsleistungen ... kompensierenden Handhabung, ist die Begrenzung des Abwehranspruchs am Allgemeininteresse rechtsstaatlich unbedenklich".[771]

- **Duldung aus dem Gebot der Rücksichtnahme**

799 Der BGH wendet zur Bestimmung des Maßes der Duldung auch das von der verwaltungsgerichtlichen Rechtsprechung entwickelte sog. Rücksichtnahmegebot an. In seiner Entscheidung heißt es: „In den Bereichen, in denen Gebiete von unterschiedlicher Qualität und Schutzwürdigkeit zusammentreffen, ist die Grundstücksnutzung mit einer spezifischen gegenseitigen Pflicht zur Rücksichtnahme belastet, die u. a. dazu führt, dass der Belästigte Nachteile hinnehmen muss, die er außerhalb eines derartigen Grenzbereichs nicht hinnehmen müsste (BVerwGE 50, 49). Dieser im öffentlichen Recht entwickelte Grundsatz gilt nicht nur dort, sondern im Zuge der vom Senat angestrengten Vereinheit-

---

764 BGH, Urt. v. 21.06.1974 – V ZR 164/72, BGHZ 62, 388 (393).
765 BGH, Urt. v. 15.06.1967 – III ZR 23/65, BGHZ 48, 98 (104).
766 BGH, Urt. v. 21.09.1960 – V ZR 89/59, JZ 1961, 498 f.
767 BGH, Urt. v. 25.01.1973 – III ZR 61/70, BGHZ 60, 119 (122).
768 BGH, Urt. v. 13.12.1979 – III ZR 95/78, NJW 1980, 770.
769 BGH, Urt. v. 29.03.1984 – III ZR 11/83, BGHZ 91, 20 (23).
770 BGH, Urt. v. 07.04.2000 – V ZR 39/99, DVBl. 2000, 1608.
771 BGH, Urt. v. 07.04.2000 – V ZR 39/99, DVBl 2000, 1608 (1610).

lichung zivilrechtlicher und öffentlich-rechtlicher Beurteilungsmaßstäbe (vgl. BGHZ 111, 63, 65; Senatsurt. v. 20. November 1992 a. a. O.) auch im privaten Nachbarrecht."[772]

- **Duldung wegen Interesse der Allgemeinheit an einer kinder- und jugendfreundlichen Umgebung**

Der BGH hat hierzu folgenden Leitsatz aufgestellt: Bei einer notwendigen Wertung kann im Interesse der Allgemeinheit an einer kinder- und jugendfreundlichen Umgebung auch den Bewohnern eines reinen Wohngebiets Lärm als Begleiterscheinung kindlichen und jugendlichen Freizeitverhaltens in höherem Maße zugemutet werden, als er generell in reinen Wohngebieten zulässig ist (Empfinden eines verständigen Durchschnittsmenschen).[773]

800

- **Duldungspflicht im Naturschutzinteresse**

Ein grundsätzlich gegebener Abwehranspruch nach §§ 1004, 906 BGB kann ausgeschlossen sein, wenn naturschutzrechtliche Bestimmungen die Abwehr der Immission ausschließen – hier Froschlärm aus einem angelegten Gartenteich.[774]

801

II. Quasi-negatorischer Unterlassungspruch

Zu den Voraussetzungen und zur Konkurrenz von quasi-negatorischer Unterlassungsklage und BGB-Nachbarrecht hat der BGH grundsätzliche Ausführungen gemacht. Ein Nachbar kann danach die Einhaltung einer auf der Grundlage entsprechender Vorschriften in einer Baugenehmigung enthaltenen, bestandskräftigen Auflage zu seinem Schutz gegen Lärm (hier: Schließen der Fenster während der Übungsstunden einer Ballettschule) vor den Zivilgerichten im Wege einer quasi-negatorischen Unterlassungsklage (§ 823 II BGB, § 1004 I 2 BGB analog) durchsetzen, auch wenn die Voraussetzungen des § 906 BGB im konkreten Fall nicht vorliegen.[775] Mit der quasi-negatorischen Unterlassungklage können grundsätzlich auch Maßnahmen zum Schutz vor **künftig** drohender Beeinträchtigung und damit Unterlassungsansprüche geltend gemacht werden; maßgebend ist der Umfang der in Zukunft befürchteten Einwirkung, wofür allerdings die früheren Einwirkungen einen Anhalt bieten.[776]

802

Der BGH hat anerkannt, dass auch ein Zivilrichter an **bestandskräftige Auflagen** der Baugenehmigungsbescheide **gebunden** ist, wenn es sich bei den Auflagen um Schutzgesetze i. S. von § 823 II BGB handelt. Als Schutzgesetz wird insoweit allerdings nicht der Verwaltungsakt als solcher angesehen, sondern die jeweilige Eingriffsnorm, auf der er beruht. Diese schon vom RG begonnene Rechtsprechung wurde in neuerer Zeit fortgesetzt und in einer grundlegenden Entscheidung auch durch den BGH bestätigt.[777]
Schutzgesetze i. S. von § 823 BGB sind danach in ständiger Rechtsprechung des BGH Normen, die nach Zweck und Inhalt wenigstens auch auf den Schutz von Individualinteressen vor einer näher bestimmten Art ihrer Verletzung ausgerichtet sind. Es genügt nicht, dass der Individualschutz durch Befolgung der Norm als ihr Reflex objektiv erreicht wer-

803

---

772   BGH, Urt. v. 05.02.1993 – V ZR 62/91, BGHZ 121, 248 (254).
773   BGH, Urt. v. 05.02.1993 – V ZR 62/91, BGHZ 121, 248.
774   BGH, Urt. v. 20.11.1992 – V ZR 82/91, BGHZ 120, 239.
775   BGH, Urt. v. 26.02.1993 – V ZR 74/92, NJW 1993, 1580 – Ballettschule.
776   BGH, Urt. v. 02.03.1984 – V ZR 54/83, BGHZ 90, 255 (266).
777   BGH, Urt. v. 22.04.1974 – III ZR 21/72, NJW 1974, 1240.

§ 8 Zivilrechtlicher Nachbarschutz

den kann; er muss vielmehr im Aufgabenbereich der Norm liegen. Andererseits muss sich das Schutzgesetz auch nicht in der Gewährleistung von Individualschutz erschöpfen; es reicht aus, dass dieser eines der gesetzgeberischen Anliegen der Norm ist.[778]

804 Der BGH hat erneut die Bindung des Zivilgerichts an die entsprechenden drittschützenden Auflagen festgestellt. Ferner hat der BGH festgestellt, dass der auf § 823 II BGB gestützte quasi-negatorische Unterlassungsanspruch und der Anspruch nach § 1004 I 2 BGB i. V. m. § 906 BGB zwar demselben Ziel, nämlich der Lärmabwehr dienen, es sich aber um **selbstständige Ansprüche** mit eigenen Voraussetzungen handelt, die auch inhaltlich teilweise verschieden sein können.[779] Für unbedenklich hat der BGH es schließlich gehalten, dass der Nachbar über § 823 II BGB eine **öffentlich-rechtliche Verhaltensanordnung** im Zivilrechtsweg durchsetzen kann. Diese Konsequenz sei unmittelbar in § 823 II BGB angelegt und für den Fall einer Schadensersatzforderung unbestritten.[780] In einer neueren Entscheidung hat der BGH diese Rechtsauffassung erneut bestätigt und festgestellt, dass der Unterlassungsanspruch nicht davon abhängt, ob der Betrieb der störenden Anlage schon zu konkreten Beeinträchtigungen auf dem Nachbargrundstück geführt hat oder zukünftig führen wird. In der Entscheidung heißt es sodann wörtlich: „Über die entsprechende Verhaltensanordnung der Verwaltungsbehörde, an welche die Zivilgerichte gebunden sind, wird ein **abstrakter Gefährdungstatbestand** normiert, der den Schutz des Nachbarn vorverlagert, ohne dass an einen konkreten Verletzungserfolg angeknüpft wird. ... Die Kläger müssen deshalb nicht abwarten, bis ein Verstoß der Beklagten gegen die Auflage sie konkret beeinträchtigt oder eine solche Beeinträchtigung unmittelbar bevorsteht. Das Verhaltensgebot gegenüber den Beklagten wird seinem Zweck nur dann gerecht, wenn seine Durchsetzung unabhängig von den Auswirkungen im jeweiligen Einzelfall gewährleistet ist."[781]

805 Die **Durchsetzung einer baurechtlichen Auflage** im Wege zivilrechtlicher Unterlassungsklage kann unabhängig davon erfolgen, ob ein Auflagenverstoß den Nachbarn konkret beeinträchtigt oder eine solche Beeinträchtigung unmittelbar bevorsteht.[782] Voraussetzung hierfür ist allerdings, dass die Einhaltung der baurechtlichen Auflage zur Konkretisierung einer drittschützenden Norm des Bau- und Umweltrechts erfolgt ist. In einem solchen Fall müssen die Betroffenen nicht abwarten, bis ein Verstoß gegen die Auflage sie konkret beeinträchtigt oder eine solche Beeinträchtigung unmittelbar bevorsteht.

III. Ausgleichsanspruch

806 § 906 II 2 BGB regelt einen nachbarlichen Ausgleichsanspruch. Hat hiernach der Eigentümer eines Grundstücks eine Einwirkung zu dulden, so kann er von dem Benutzer des anderen Grundstücks, von dem die Einwirkungen ausgehen, einen angemessenen Ausgleich in Geld verlangen, wenn die Einwirkung eine ortsübliche Benutzung seines Grundstücks oder dessen Ertrag über das zumutbare Maß hinaus beeinträchtigt. Der Ausgleichsanspruch nach § 906 II 2 BGB ist **verschuldensunabhängig**.

807 Der gegenüber einer Störung duldungspflichtige Nachbar hat gegenüber dem Störer einen Anspruch auf nachbarlichen Ausgleich in Form eines **Geldersatzes**. Ist im Einzelfall

---

778 BGH, Urt. v. 26.02.1993 – V ZR 74/92, NJW 1993, 1580 – Ballettschule.
779 BGH, Urt. v. 26.02.1993 – V ZR 74/92, NJW 1993, 1580 – Ballettschule.
780 BGH, Urt. v. 26.02.1993 – V ZR 74/92, NJW 1993, 1580 (1581) – Ballettschule.
781 BGH, Urt. v. 27.09.1996 – V ZR 335/95, NJW 1997, 55 – Elektroheizung.
782 BGH, Urt. v. 27.09.1996 – V ZR 335/95, NJW 1997, 55 – Elektroheizung.

ein Ausgleich der widerstreitenden Interessen zwischen störender und gestörter Nutzung nicht oder nur mit einem unverhältnismäßigen Aufwand möglich, so hat der in seinem nachbarlichen Schutzrecht nachteilig Betroffene zum Ausgleich der ihm auferlegten Duldungspflicht Anspruch auf angemessene Entschädigung in Geld. Geht die Störung von der öffentlichen Hand aus, ist der Ausgleich – der dort unter anderem in § 74 II 2, 3 VwVfG geregelt ist – vor den Verwaltungsgerichten geltend zu machen.[783] Geht die Störung dagegen von einem privaten Eigentümer oder Betreiber aus, ist der auf § 906 II 2 BGB gestützte Ausgleichsanspruch vor den Zivilgerichten geltend zu machen.

808
Ein nachbarrechtlicher Ausgleichsanspruch entsprechend § 906 II 2 BGB besteht nach der gefestigten Rechtsprechung des BGH regelmäßig dann, „wenn von einem Grundstück auf ein benachbartes Grundstück einwirkende Beeinträchtigungen zwar rechtswidrig sind und daher nicht, wie im gesetzlich geregelten Falle, geduldet werden müssten, der Betroffene Eigentümer jedoch aus besonderen Gründen gehindert ist, solche Störungen gem. § 1004 I BGB zu unterbinden; der Anspruch setzt voraus, dass der Betroffene hierdurch Nachteile erleidet, die das zumutbare Maß einer entschädigungslos hinzunehmenden Einwirkung übersteigen."[784] Der Ausgleichsanspruch ist nicht auf Folgen der Zuführung unwägbarer Stoffe, für die § 906 II 2 BGB unmittelbar gilt, beschränkt, sondern hat auch **andere Störungen** zum Gegenstand.[785] Der Anspruch ist nicht auf feinstoffliche Einwirkungen beschränkt ist, sondern erfasst auch Grobimmissionen.[786] Da er als Kompensation für den Ausschluss primärer Abwehransprüche dient, gilt der Ausgleichsanspruch auch für den Fall der Störung des **Besitzes**.[787]

809
Nach der ständigen Rechtsprechung des BGH ist ein auf angemessenem Ausgleich in Geld gerichteter Anspruch auch dann gegeben, „wenn von einem Grundstück im Rahmen seiner privatwirtschaftlichen Benutzung Einwirkungen auf ein anderes Grundstück ausgehen, die das zumutbare Maß einer entschädigungslos hinzunehmenden Beeinträchtigung übersteigen, sofern der davon betroffene Eigentümer aus besonderen Gründen gehindert war, diese Einwirkungen gem. § 1004 I BGB rechtzeitig zu unterbinden."[788]

810
Soweit eine Duldungspflicht des Nachbarn vorliegt, scheitert daran nicht der Anspruch auf nachbarlichen Ausgleich. Der Ausgleichsanspruch ist Teil des rechtlichen Gefüges, das sich aus der Versagung des vollen Abwehrrechts (Unterlassung, Beseitigung, Stilllegung), den verbleibenden Abwehrbefugnissen (Anspruch auf Einschreiten) und der Kompensation der Abwehrlücke durch Geldausgleich zusammensetzt. Der nachbarrechtliche Ausgleichsanspruch tritt in diesem Zusammenhang an die Stelle des primären Abwehrrechts nach § 1004 I BGB. Der BGH hält dabei an seiner gefestigten Rechtsprechung fest, die dem Eigentümer, der sich aus rechtlichen oder tatsächlichen Gründen daran gehindert sieht, den Abwehranspruch durchzusetzen, einen Ausgleich in Geld gewährt, z. B. bei folgenden **Fallgestaltungen**:

---

783 Hierzu grundsätzlich: BVerwG, Beschl. v. 07.09.1988 – 4 N 1/87, NJW 1989, 467 (469).
784 BGH; Urt. v. 23.02.2001 – V ZR 389/99, NJW 2001, 1865 (1866) – Ausgleichsansprüche des Mieters bei Besitzstörungen.
785 BGH; Urt. v. 23.02.2001 – V ZR 389/99, NJW 2001, 1865 (1866) – Ausgleichsansprüche des Mieters bei Besitzstörungen.
786 BGH, Urt. v. 17.09.2004 – V ZR 230/03, NJW 2004, 3701(3702) – Nachbarausgleich beim Umsturz naturgeschützter Bäume.
787 BGH; Urt. v. 23.02.2001 – V ZR 389/99, NJW 2001, 1865 (1866) – Ausgleichsansprüche des Mieters bei Besitzstörungen.
788 BGH, Urt. v. 11.06.1999 – V ZR 377/98, NJW 1999, 2896 – Brandbedingte Schäden.

§ 8 Zivilrechtlicher Nachbarschutz

811
- Ausschachtungen,[789]
- Grundstücksvertiefung,[790]
- verunreinigtes Niederschlagswasser,[791]
- Schrotblei,[792]
- Störung des Besitzes,[793]
- Umsturz eines naturgeschützten Baumes.[794]

Der Inhalt des Ausgleichsanspruchs richtet sich an den Grundsätzen der Enteignungsentschädigung aus.[795]

812 Bei der Beeinträchtigung der gewerblichen Nutzung eines Grundstücks kann dem Ausgleich unmittelbar der **Ertragsverlust** zugrunde gelegt werden. Der BGH hat dies für Fälle der vorübergehenden Beeinträchtigung wiederholt ausgesprochen, etwa
- bei dem U-Bahn-Bau[796] oder
- bei der zeitweisen Nutzung eines Sonderwegs.[797]

813 Für **dauernde Beeinträchtigungen** gilt im Grundsatz nichts anderes. In diesen Fällen ist dem Ausgleich der Ertragsminderung mit dem **Wert des Objekts** eine Grenze gesetzt, denn der Verkehrswert der entzogenen Substanz, nicht die hypothetische Vermögenslage beim Ausbleiben der Beeinträchtigung, ist für die Obergrenze des Ausgleichsanspruchs bestimmend.[798] Der BGH hat daher festgestellt, dass der Betreiber eines Drogenhilfezentrums und der Vermieter des Grundstücks, auf dem der Betrieb stattfindet, als mittelbare Störer für die Behinderung des Zugangs zu dem Nachbargrundstück durch die Drogenszene verantwortlich sein können, die sich auf der öffentlichen Straße vor den benachbarten Grundstücken bildet. Der Anspruch des Nachbarn auf Einstellung des Betriebes eines Drogenhilfezentrums wegen Behinderungen des Zugangs zu seinem Grundstück kann wegen des Allgemeininteresses an der Aufrechterhaltung des Betriebes allerdings ausgeschlossen sein; in diesem Falle steht dem Nachbarn ein Ausgleichsanspruch in Geld zu, der sich an den Grundsätzen der Enteignungsentschädigung ausrichtet und seine Grenze in dem **Wert des Objekts** findet.[799]

C. Prozessuale Hinweise

Da das Zivilprozessrecht – anders als die Amtsermittlung im Rahmen der Verwaltungsgerichtsbarkeit – durch den Beibringungsgrundsatz gekennzeichnet ist, ist insbesondere die Verteilung der **Darlegungs- und Beweislast** mit ausschlaggebend für den Erfolg entsprechender Nachbarklagen auf Beseitigung, Unterlassung oder auf einen Ausgleich in Geld.

---

789 BGH, Urt. v. 26.10.1978 – III ZR 26/72, BGHZ 72, 289 – Ausschachtungen.
790 BGH, Urt. v. 26.11.1982 – V ZR 314/81, BGHZ 85, 375 – Grundstücksvertiefung.
791 BGHG, Urt. v. 02.03.1984 – V ZR 54/83, BGHZ 90, 255 – verunreinigtes Niederschlagswasser.
792 BGH, Urt. v. 20.04.1990 – V ZR 282/88, BGHZ 111, 158 – Bodenverseuchung durch Schrotblei.
793 BGH; Urt. v. 23.02.2001 – V ZR 389/99, NJW 2001, 1865 (1866) – Ausgleichsansprüche des Mieters bei Besitzstörungen.
794 BGH, Urt. v. 17.09.2004 – V ZR 230/03, NJW 2004, 3701.
795 BGH; Urt. v. 23.02.2001 – V ZR 389/99, NJW 2001, 1865 (1867) – Ausgleichsansprüche des Mieters bei Besitzstörungen.
796 BGH, Urt. v. 20.12.1971 – III ZR 79/69, BGHZ 57, 359 – „Frankfurter U-Bahn".
797 BGH, Urt. v. 31.05.1974 – V ZR 114/72, BGHZ 62, 361.
798 BGH, Urt. v. 20.12.1971 – III ZR 79/69, BGHZ 57, 359 – „Frankfurter U-Bahn".
799 BGH, Urt. v. 07.04.2000 – V ZR 39/99, DVBl 2000, 1608.

C. Prozessuale Hinweise

I. Beseitigungs- und Unterlassungsanspruch

Im Rahmen der Beseitigungs- und Unterlassungsklage ist der Betroffene darlegungs- und beweispflichtig für die Emissionen, die Beeinträchtigung und die Kausalität zwischen beiden. Der Immittent ist beweispflichtig für die Zulässigkeit der Einwirkung; ihm obliegt der Nachweis der Unwesentlichkeit, der Ortsüblichkeit sowie der Nichtverhinderbarkeit durch mögliche und wirtschaftlich zumutbare Maßnahmen.[800] Nach der Neufassung des § 906 I 2 und 3 BGB muss der Einwirkende nur noch die Einhaltung der öffentlich-rechtlichen Grenzwerte darlegen und beweisen. Dem Nachbarn obliegt es dann darzulegen, dass trotz der Einhaltung der Werte eine wesentliche Beeinträchtigung vorliegt. 814

Wegen der Besonderheiten der immissionsschutzrechtlichen Unterlassungsklage sind in diesem Bereich Klageanträge mit dem Gebot, allgemein Störungen bestimmter Art, beispielsweise Geräusche oder Gerüche zu unterlassen, zulässig.[801] Bei Geruchsbelästigungen können sich sowohl der Klageantrag als auch die Verurteilung auf ein allgemeines, an dem Gesetzeswortlaut angelehntes Unterlassungsgebot beschränken:[802] 815

▶ Es wird beantragt, den Beklagten zu verurteilen, den Betrieb und die Vermietung von .... auf dem Grundstück ... zu unterlassen folgende Geruchs- bzw. Geräuschbelästigungen ausgehend von ... zu unterlassen. ◀

II. Ausgleichsanspruch

Die Beweislast für die tatsächlichen Voraussetzungen des Ausgleichsanspruchs gem. § 906 II 2 BGB trifft den Grundstückseigentümer.[803] Nach der Rechtsprechung des BGH weist die Überschreitung der Grenzwerte „in der Regel" darauf hin, dass schädliche Umwelteinwirkungen vorliegen.[804] Bei Unterschreiten der Grenzwerte muss der Nachbar beweisen, dass trotz Einhaltung der Werte eine wesentliche Beeinträchtigung vorliegt.[805] 816

---

800 BGH, Urt. v. 20.11.1992 – V ZR 82/91, BGHZ 120, 239 (257) – Froschlärm.
801 BGH, Urt. v. 05.02.1993 – V ZR 62/91, BGHZ 121, 248 – Immissionen von Jugendzeltplatz.
802 BGH, Urt. v. 30.10.1998 – V ZR 64/98, BGHZ 140, 1 ff. – Geruchsbelästigung aus Schweinemästerei.
803 BGH, Urt. v. 24.01.1992 – V ZR 274/90, BGHZ 117, 110 – Bienenanflug.
804 BGH, Urt. v. 16.12.1977 – V ZR 91/75, BGHZ 70, 102 (107) – Fluorgas-Immissionen.
805 Vgl. BT-Drucks. 12/7425 S. 88.

§ 9 Staatshaftungs- und entschädigungsrechtliche Verfahren

Literatur
Mit Einzelfragen zur Amtshaftung beschäftigen sich *Stüer*, Amtshaftung bei rechtswidrigem Bauvorbescheid, BauR 2000, 1431–1437 und *Fischer*, Entschädigungs- und Schadensersatzansprüche bei gescheiterten vorhabenbezogenen Bebauungsplänen, DVBl 2001, 258–264. „Die Rechtsprechung des BGH zu den öffentlich-rechtlichen Ersatzleistungen" im Zeitraum vom 1.9.2003 bis zum 31.8.2005 fassen die beiden BGH-Richter *Rinne* und *Schlick* zusammen in NJW 2005, 3330–3336 und NJW 2005, 3541–3550.

817 Haftungs- und entschädigungsrechtliche Fragen spielen im öffentlichen Baurecht eine große Rolle. Insbesondere dann, wenn mit verwaltungsgerichtlichen Mitteln ein Begehren nicht mehr durchzusetzen ist, wird der Anwalt den Mandanten auf den Zivilrechtsweg verweisen müssen, um auf diesem Wege ggf. eine Kompensation oder Schadensbegrenzung zu erreichen. Teilweise kann die Drohung mit zivilrechtlichen Ersatzansprüchen auch als taktische Variante gegenüber einer den sachlichen Argumenten des Bauherrn oder Anwalts unzugänglichen Bauaufsichtsbehörde verwendet werden, um diese doch noch zu einer Genehmigung des Vorhabens zu bewegen.

A. Verfahren vor den allgemeinen Zivilgerichten

818 Vor den allgemeinen Zivilgerichten werden alle **bundesrechtlichen** Ansprüche aus
- Amtshaftung (Art. 34 GG i. V. m. § 839 BGB),
- enteignungsgleichem Eingriff (vgl. § 232 BGB)
- sowie enteignendem Eingriff

verhandelt und entschieden.
Das **Landesrecht** sieht teilweise ebenfalls Entschädigungsansprüche und eine Haftung des Staates bei rechtswidrigen hoheitlichen Eingriffen vor.

819 Nach der Rechtsprechung des BGH stehen der Amtshaftungsanspruch und andere Entschädigungsansprüche in **Anspruchskonkurrenz**, auch wenn die Landesgesetze eine Verschärfung der Haftung der öffentlichen Hand anordnen, z. B. weil auf das Erfordernis des Verschuldens und/oder auf das Subsidiaritätsprinzip des § 839 I 2 BGB verzichtet wird.[806] Im Folgenden wird ein Überblick gegeben, welche Handlungen oder Unterlassungen im Bereich des öffentlichen Baurechts Amtshaftungs- und Entschädigungsansprüche auslösen können und in welchem Umfang sich hieraus eine Schadensersatz- und Entschädigungspflicht des Staates ergibt. Ferner wird dargestellt, welcher Personenkreis insoweit als entschädigungsberechtigt anzusehen ist. Die Darstellung beschränkt sich dabei überwiegend auf Sachverhalte aus dem Baugenehmigungsverfahren sowie auf Entschädigungsansprüche bei Verletzung von Pflichten bei der Aufstellung eines Bebauungsplans.

I. Amtshaftung

820 Verletzt ein Beamter vorsätzlich oder fahrlässig die ihm einem Dritten gegenüber obliegende Amtspflicht, so hat er dem Dritten den daraus entstehenden Schaden zu ersetzen (§ 839 I 1 BGB). Fällt dem Beamten nur Fahrlässigkeit zur Last, so kann der Staat nur dann in Anspruch genommen werden, wenn der Verletzte nicht auf andere Weise Ersatz

---

[806] BGH, Urt. v. 27.10.1983 – III ZR 191/82, NVwZ 1984, 333 zu § 48 VwVfG; Urt. v. 01.12.1994 – III ZR 33/94, NVwZ 1995, 620 (621) zu § 68 RhPfPVG.

A. Verfahren vor den allgemeinen Zivilgerichten

zu erlangen vermag (§ 839 I 2 BGB – Aushilfshaftung). Die Ersatzpflicht tritt nicht ein, wenn der Verletzte es vorsätzlich oder fahrlässig unterlassen hat, den Schaden durch Gebrauch eines Rechtsmittels abzuwenden (§ 839 III BGB).

Gem. Art. 34 GG trifft die Verantwortlichkeit bei der Amtspflichtverletzung grundsätzlich den **Staat** oder die **Körperschaft**, in deren Dienst der handelnde Beamte steht. Der Rückgriff des Staates gegen den Beamten bei festgestellter vorsätzlicher oder grob fahrlässiger Amtspflichtverletzung bleibt vorbehalten. Art. 34 GG regelt ferner die grundsätzliche Zuständigkeit der ordentlichen Gerichtsbarkeit für den Anspruch auf Schadensersatz und für den Rückgriff.

821

In dem Erlass eines rechtswidrigen belastenden Verwaltungsakts (Baugenehmigung oder Bauvorbescheid) oder in der rechtswidrigen Ablehnung oder Unterlassung eines begünstigenden Verwaltungsaktes ist eine zum Schadensersatz führende Amtspflichtverletzung des Staates zu sehen. Auch bei der Aufstellung von Bebauungsplänen hat die Gemeinde Sorgfaltspflichten zu beachten. Das Recht der Amtshaftung ist daher im Bereich des öffentlichen Baurechts durchaus eine Materie, mit der sich der das Mandat führende Anwalt vertraut machen muss.

822

1. Allgemeine Amtspflichten

Voraussetzung für einen Amtshaftungsanspruch ist zunächst die Verletzung der einem **Dritten gegenüber obliegenden Amtspflicht** durch den Beamten. Dargestellt wird zunächst, welche Amtspflichten im Bereich des öffentlichen Baurechts den Behörden in ihrem jeweiligen Zuständigkeitsbereich obliegen.

- **Baugenehmigungen**

Es gehört zu den unbestrittenen Amtspflichten der Bauaufsichtsbehörden, eine den einschlägigen baurechtlichen Vorschriften widersprechende Baugenehmigung nicht zu erteilen.[807] Dies gilt insbesondere auch dann, wenn bei einem Vorhaben die Gefahr besteht, dass es unzumutbaren Belästigungen oder Störungen durch Geruchsimmissionen ausgesetzt ist (hier geplante Wohnbebauung, die an einen bestandsgeschützten Rindermastbetrieb heranrückt).[808]

823

Andererseits stellt auch die Ablehnung eines Antrags, auf den der Bauwillige einen Anspruch hat, nach der Rechtsprechung des BGH eine Amtspflichtverletzung dar. In einer Entscheidung[809] zur Versagung eines Vorbescheides heißt es: „Die rechtswidrige Ablehnung eines Bauvorbescheides ist als enteignungsgleicher Eingriff zu werten. Wird ein Vorbescheid, auf dessen Erteilung der Eigentümer Anspruch hat, rechtswidrig versagt, so wird dadurch in die durch Art. 14 I GG geschützte Baufreiheit, die aus dem Grundeigentum abzuleiten ist, eingegriffen." Danach kann ein auf die „Bodenrente" gerichteter Ersatzanspruch begründet sein.[810] Der BGH hat die grundsätzliche Schadensersatzpflicht bei rechtswidriger Ablehnung einer Bauvoranfrage bzw. einer Baugenehmigung bereits vorher in mehreren Entscheidungen festgestellt.[811]

824

---

807 Vgl. nur: BGH, Urt. v. 21.12.1989 – III ZR 118/88, BGHZ 109, 380 (393); Urt. v. 06.06.1991 – III ZR 221/90, NJW 1991, 2696 (2697).
808 BGH, Urt. v. 21.06.2001 – III ZR 313/99, NJW 2001, 3054.
809 III ZR 9/93, BGHZ 125, 258 ff.
810 Leitsatz b der vorgenannten Entscheidung.
811 BGH, Urt. v. 21.05.1992 – III ZR 14/91, NJW 1992, 2691; Urt. v. 08.10.1992 – III ZR 220/90, NJW 1993, 530 ff.; Urt. v. 24.02.1994 – III ZR 6/93, NJW 1994, 2091.

§ 9 Staatshaftungs- und entschädigungsrechtliche Verfahren

- **Befreiungsentscheidungen**

825 Im Rahmen von bauaufsichtlichen Befreiungsentscheidungen gilt folgendes: Sind die gesetzlichen Voraussetzungen für eine Befreiungsentscheidung erfüllt und kommen für die Gemeinde Nachteile durch die Zulassung des Vorhabens nicht in Betracht, so kann sich das von ihr auszuübende Ermessen dahingehend verdichten, dass sie zur Erteilung der Befreiung verpflichtet ist.[812]

- **Zusagen und Auskünfte**

826 Grundsätzlich haben behördliche Auskünfte klar, unmissverständlich, umfassend und zutreffend zu sein. Der BGH hat eine **schriftliche Mitteilung,** dass gegen ein Bauvorhaben keine planungs- und baurechtlichen Bedenken bestehen, für einen Schadensersatzanspruch des Bauherrn, dem die Genehmigung dann anschließend verweigert wurde, für eine Amtspflichtverletzung ausreichen lassen.[813] Auch im Falle der Rücknahme einer gesetzeswidrig erteilten **Zusage** entsteht eine Verpflichtung zum Schadensersatz, wenn der Empfänger der Zusage auf diese vertraut hat.[814]

827 Bereits zuvor hat der BGH in ständiger Rechtsprechung entschieden, dass es zu den Amtspflichten des Beamten gehört, **Auskünfte** richtig, klar, unmissverständlich und vollständig zu erteilen;[815] entscheidend sei dabei, wie die Auskunft vom Empfänger aufgefasst wird und werden kann und welche Vorstellungen zu erwecken sie geeignet ist. Die Bediensteten einer Baugenehmigungsbehörde haben einen Bauwilligen insbesondere auf die (ihr bekanntgewordenen) **Bedenken** hinzuweisen, die sich gegen die Wirksamkeit eines Bebauungsplans ergeben.[816] Sie handeln amtspflichtwidrig, wenn sie einen unwirksamen Bebauungsplan anwenden.[817]
Der BGH hat erneut grundlegende Ausführungen zum Vertrauensschutz bei einer unrichtigen gemeindlichen Auskunft über die Baulandqualität eines Außenbereichsgrundstücks gemacht[818] und stellte klar, dass eine Amtspflicht dahingehend bestehe, Auskünfte unmissverständlich zu erteilen. Bei einer (unrichtigen) bauplanungsrechtlichen Auskunft über die **Bebaubarkeit eines Grundstücks** kann sich ein Dritter auf den Vertrauensschutz berufen, auch wenn er selber nicht unmittelbarer Empfänger der Auskunft gewesen ist, weil eine diesbezügliche Auskunft **objektbezogen** ist und daher jeder geschützt ist, der im berechtigten Vertrauen auf ihre Richtigkeit Rechtsgeschäfte über die darin bezeichneten Grundstücke tätigte.[819]

- **Verzögerungen**

828 Die pflichtwidrige Verzögerung einer – später als positiv beschiedenen – Bauvoranfrage wird vom BGH ebenfalls als schadensersatzpflichtig angesehen,[820] und zwar auch unter dem Gesichtspunkt des zur Entschädigung verpflichtenden enteignungsgleichen Eingriffs.[821] Dabei weist der BGH darauf hin, dass ggf. auch bei einem kürzeren Verzöge-

---

812 BGH, Urt. v. 23.09.1993 – III ZR 54/92, NVwZ 1994, 405 (409).
813 BGH, Urt. v. 05.05.1994 – ZR III 28/93, NJW 1994, 2087.
814 BGH, Urt. vom 13.07.1993 – III ZR 86/92, NVwZ 1994, 901.
815 BGH, Urt. vom 10.07.1980 – III ZR 23/79, 2573 f.; Urt. v. 11.05.1989 – III ZR 88/87, NJW 1990, 245 f.; Urt. v. 21.12.1989 – III ZR 49/88, NJW 1990, 1042 (1044).
816 BGH, Urt. v. 11.05.1989 – III ZR 88/87, NJW 1990, 245 (246).
817 BGH, Urt. v. 10.04.1986, – III ZR 209/84, NVwZ 1987, 168 (161).
818 BGH, Urt. v. 11.04.2002 – III ZR 97/01, BauR 2002, 1529.
819 BGH, Urt. v. 11.04.2002 – III ZR 97/01, BauR 2002, 1529(1530).
820 Beschl. v. 23.01.1992 – III ZR 191/90, NVwZ 1993, 299; BGH, Urt. v. 23.09.1993 – III ZR 54/92, NVwZ 1994, 405.
821 BGH, Urt. v. 26.10.1970 – III ZR 132/67, DVBl. 1971, 464; Urt. v. 29.09.1975 – III ZR 40/73, BGHZ 65, 182 (189).

rungszeitraum als der Dreimonatsfrist des § 75 VwGO eine Schädigung eintreten kann, für die die Behörde einzustehen hat.[822]

Auch die Verzögerung der Entscheidung über einen Baugenehmigungsantrag wird in der Rechtsprechung des BGH seit langem als Amtspflichtverletzung angesehen.[823] Pflichtwidrig ist insbesondere eine **bewusste Nichtbearbeitung** eines im Übrigen entscheidungsreifen Bauantrags mit dem Ziel, ein planerisches Instrumentarium, wie etwa eine Veränderungssperre nach § 14 BauGB, überhaupt erst in Gang zu setzen.[824] Legt der Bauherr gegen die auf § 15 BauGB gestützte **Zurückstellung** seines Baugesuchs **Widerspruch** ein, so hat die Bauaufsichtsbehörde mit Rücksicht auf dessen aufschiebende Wirkung die Amtspflicht, die Bearbeitung fortzusetzen, solange kein Sofortvollzug angeordnet ist.[825]

829

■ **Versagung des gemeindlichen Einvernehmens**

Die rechtswidrige Versagung eines nach § 36 BauGB erforderlichen gemeindlichen Einvernehmens begründet bei einem ansonsten nach §§ 33 bis 35 BauGB zulässigen Bauvorhaben unmittelbare Amtshaftungs- oder Entschädigungsansprüche des geschädigten Bauherrn gegen die Gemeinde,[826] nicht dagegen gegen die Bauaufsichtsbehörde, wenn diese die Verweigerung des Einvernehmens als alleinigen Grund für die Ablehnung des Baugesuchs macht, da die Genehmigungsbehörde verwaltungsrechtlich an die Verweigerung des Einvernehmens durch die Gemeinde gebunden ist, mithin schon nicht amtspflichtwidrig handelt.[827] Soweit die Bauaufsichtsbehörde die (rechtswidrige) Verweigerung des Baugesuchs nicht nur auf die Versagung des Einvernehmens, sondern auf sonstige Erwägungen stützt, ist dies haftungsrechtlich auch der Baugenehmigungsbehörde zuzurechnen. Die Gemeinde wie die Bauaufsichtsbehörde können dann haftungsrechtlich nebeneinander als **Gesamtschuldner** gem. § 840 I BGB verantwortlich sein.[828]

830

■ **Erfassung und Beseitigung von Niederschlagswasser**

In der neueren Rechtsprechung des BGH ist auch immer häufiger relevant geworden die Amtspflicht der Gemeinde, die im Baugebiet anfallenden Abwässer ordnungsgemäß zu erfassen und zu beseitigen.

Schon nach der Rechtsprechung des BVerwG muss der Bauleitplanung eine Erschließungskonzeption zugrunde liegen, nach der das im Plangebiet anfallende Niederschlagswasser so beseitigt werden kann, dass Gesundheit und Eigentum der Planbetroffenen – auch außerhalb des Plangebietes – keinen Schaden nehmen.[829]

831

In den Schutzbereich der Amtshaftung fallen solche Schäden, die darauf beruhen, dass das Regenwasser infolge unzureichender Kapazität der Kanalisation erst gar nicht in die Rohrleitung gelangt, sondern **ungefasst** in die anliegenden Häuser dringt.[830] Die **Unterdi-**

832

---

822 BGH, Beschl. v. 23.01.1992 – III ZR 191/90, NVwZ 1993, 299.
823 BGH, Beschl. v. 23.01.1992 – III ZR 191/90, NVwZ 1993, 299 m. w. N.
824 BGH, Urt. v. 23.01.1992 – III ZR 191/90, NVwZ 1993, 299 (300); BGH, Urt. v. 12.07.2001 – III ZR 282/00, NVwZ 2002, 124.
825 BGH, Urt. v. 26.07.2001 – III ZR 206/00, NVwZ 2002, 123.
826 BGH, Urt. v. 29.09.1975 – III ZR 40/73, BGHZ 65, 182 ff.; Urt. v. 26.04.1979 – III ZR 100/77, NJW 1980, 387; Urt. v. 21.05.1992 – III ZR 14/91, NJW 1992, 2691 (2692).
827 BVerwG, Urt. v. 19.11.1965 – IV C 184.65, BVerwGE 22, 342 ff.; Urt. v. 07.02.1986 – 4 C 43/83, NVwZ 1986, 556; Urt. v. 10.08.1988 – 4 C 20/84, NVwZ-RR 1989, 6.
828 BGH, Urt. v. 21.05.1992 – III ZR 14/91, NJW 1992, 2691.
829 BVerwG, Urt. v. 21.03.2002 – 4 CN 14.00, BauR 2002, 1650.
830 BGH, Urt. v. 18.02.1999 – III ZR 272/96, BGHZ 140, 380 (385).

§ 9 Staatshaftungs- und entschädigungsrechtliche Verfahren

mensionierung der Kanalisation mit der Folge, dass bei stärkerem Regen das anfallende Wasser nicht aufgenommen und weitergeleitet wird, stellt ebenfalls eine objektive Pflichtverletzung der Gemeinde dar.[831] In seiner Entscheidung vom 11.12.1997 stellt der BGH ausführlich dar, wie insoweit eine gemeindliche Abwasser- und Regenwasserkanalisation **ausgelegt** werden muss.[832]

833 Im Übrigen kann die Gemeinde auch nach § 2 HPflG haftbar sein, wenn bei Starkregen aus der Regenwasserkanalisation **austretendes** Wasser oder – möglicherweise auch nur zu einem unwesentlichen Teil – von der Kanalisation nicht aufgenommenes Wasser ein anliegendes Grundstück überschwemmt.[833] Dies gilt nach einer Entscheidung des BGH v. 22.4.2004 aber dann nicht, wenn ein ganz ungewöhnlicher und seltener Starkregen (sog. **Jahrhundertregen**) vorliegt. Die Gemeinde kann sich dann gegenüber der Anlagenhaftung nach § 2 HPflG auf **höhere Gewalt** berufen.[834] Der BGH hat festgestellt, dass es zur Amtspflicht der Behörde gehöre, bei einem **drohenden Deichbruch** die Bevölkerung vor Hochwassergefahr zu warnen.[835]

2. Entschädigungsberechtigte

834 Bei Bauverwaltungsakten wie Baugenehmigungen oder Bauvorbescheiden ist der Kreis der geschützten Dritten unterschiedlich zu bestimmen, je nachdem, ob es um die **Erteilung** oder um die **Versagung** des betreffenden Bescheides geht. Der BGH rechtfertigt diese Unterscheidung damit, dass die **Versagung** einer Genehmigung die Behörde nicht berechtigt, einen neuen Bauantrag ohne erneute Sachprüfung abzulehnen, da die Versagung nicht in materielle Rechtskraft erwächst.[836] Demgegenüber ist eine **erteilte Baugenehmigung** nicht an die Person des Antragstellers, sondern stets an das Grundstück und das Bauvorhaben gebunden (objektbezogen) und wirkt dementsprechend auch für und gegen einen Rechtsnachfolger des Antragstellers.[837]

■ Rechtswidrige Versagung einer Genehmigung

835 Die rechtswidrige Versagung eines Bauvorbescheides und/oder einer Baugenehmigung löst grundsätzlich einen Schadensersatzanspruch nach Amtshaftungsgrundsätzen aus.[838] Nach der Rechtsprechung des BGH ist bei der Ablehnung von Anträgen auf Erlass eines Vorbescheides oder einer Baugenehmigung nur der **Antragsteller** in seinen durch § 839 I 1 BGB geschützten Belangen betroffen,[839] da die Versagung nur gegenüber dem Antragsteller in materielle Bestandskraft erwächst. Der **Grundeigentümer** fällt nicht in den Schutzbereich der verletzten Amtspflicht und ist dementsprechend nicht als geschützter „Dritter" anzusehen, wenn er selber am Antragsverfahren nicht beteiligt war.[840] Dementsprechend hat der BGH auch bereits entschieden, dass die Ablehnung von Bauanträgen des **Mieters**[841] und des **Käufers**[842] eines Grundstücks keine Amtshaftung der Bauauf-

---

831 Vgl. BGH, Beschl. v. 30.07.1998 – III ZR 263/96, NVwZ 1998, 1218 (1219).
832 BGH, Urt. v. 11.12.1997 – III ZR 52/97, NJW 1998, 1307.
833 BGH, Urt. v. 26.04.2001 – III ZR 102/00, DVBl. 2001, 1272.
834 BGH, Urt. v. 22.04.2004 – III ZR 108/03, NVwZ 2005, 358.
835 BGH, Urt. v. 11.11.2004 – III ZR 300/03, NVwZ-RR 2005, 149.
836 BGH, Urt. v. 06.06.1991 – III ZR 221/90, NJW 1991, 2696.
837 BGH, Urt. v. 15.11.1984 – III ZR 70/83, BGHZ 93, 87 (92).
838 BGH, Urt. v. 24.02.1994 – III ZR 6/93, NJW 1994, 2091; BGH, Urt. v. 10.03.1994 – III ZR 9/93, BGHZ 125, 258 ff.
839 BGH, Urt. v. 24.02.1994 – III ZR 6/93, NJW 1994, 2091.
840 BGH, Urt. v. 24.02.1994 – III ZR 6/93, NJW 1994, 2091; BGH, Urt. v. 10.03.1994 – III ZR 9/93, NJW 1994, 1647 (1649).
841 BGH, Urt. v. 30.10.1986 – III ZR 10/86, NVwZ 1986, 356.
842 BGH, Urt. v. 23.11.1989 – III ZR 161/88, NVwZ 1990, 501.

sichtsbehörde gegenüber dem jeweiligen Grundstückseigentümer begründen kann. Etwas anderes gilt dann, wenn der Grundstückseigentümer einen Bauantrag gestellt hat und dem Käufer das Recht zur Bebauung eingeräumt hat. In diesem Ausnahmefall hat der BGH auch den Käufer als zu schützenden „Dritten" angesehen.[843]

- **Rechtswidrige Erteilung einer Genehmigung**

Die Amtspflicht, eine rechtswidrige Baugenehmigung **nicht zu erteilen**, obliegt der Baugenehmigungsbehörde zunächst gegenüber dem antragstellenden **Bauherrn**,[844] da die Erteilung der Baugenehmigung für den Bauherrn grundsätzlich einen Vertrauenstatbestand dahin gehend begründet, dass er sein Bauvorhaben nunmehr verwirklichen kann, ohne mit öffentlich-rechtlichen Hindernissen rechnen zu müssen. Der BGH hat den Kreis des geschützten Dritten aber auch auf den **Käufer** eines Grundstücks ausgedehnt, der das Grundstück im Vertrauen auf einen positiven Vorbescheid von dessen ursprünglichen Adressaten erwirbt.[845] Der **Nachbar** kann für eine dem benachbarten Grundstückseigentümer erteilte rechtswidrige Baugenehmigung gegenüber der Bauaufsichtsbehörde keine Amtshaftungsansprüche geltend machen, wenn die Rechtswidrigkeit der Baugenehmigung nicht auf der Verletzung nachbarschützender Vorschriften beruht.[846]

836

- **Schutzzweck der verletzten Amtspflicht**

In der neueren Rechtsprechung des BGH wird zunehmend betont, dass beim Ausgleich staatlichen Unrechts jeweils auf dem Schutzzweck der verletzten Amtspflicht oder der getroffenen ordnungsbehördlichen Maßnahme als Kriterium für die inhaltliche Bestimmung und sachliche Begrenzung der Haftung auch im Hinblick auf den entschädigungsberechtigten Dritten abzustellen ist.[847] Dies gilt nicht nur für das Amtshaftungsrecht, sondern auch für **Aufopferungsansprüche**[848] wie auch bei der Haftung für rechtswidrige ordnungsbehördliche Maßnahmen.[849] Der Bauherr darf nicht in die Gefahr gebracht werden, einen vorschriftswidrigen Bau auszuführen, der keinen Bestand haben kann und unter Umständen wieder beseitigt werden muss. Insoweit soll ihm mit dem Vorbescheid oder der Baugenehmigung eine verläßliche Grundlage für seine wirtschaftlichen Dispositionen verschafft werden.[850] Für das Bauvorlageverfahren bedeutet dies, dass der geschützte „Dritte", der im Vertrauen auf die Richtigkeit eines amtspflichtwidrig erteilten, von Anfang an fehlerhaften Vorbescheides **Aufwendungen** für den **Erwerb** des vermeintlichen Baugeländes sowie für die **Planung** eines Vorhabens macht, deren Ersatz verlangen kann, wenn später die Bebauung des Geländes aus Gründen scheitert, die schon zur Versagung der Genehmigung hätten führen müssen.[851] Dies gilt jedenfalls für Aufwendungen in den Grenzen eines überschaubaren zeitlichen und sachlichen Zusammenhangs zur Genehmigung.[852] Aufwendungen, die der Bauherr im Vertrauen auf die Rechtmäßigkeit einer in Wahrheit rechtswidrigen Baugenehmigung macht, sind aber nur ersatzfähig, wenn sie **in Ausnutzung** der Baugenehmigung erfolgen. Dagegen liegen Auf-

---

843 BGH, Urt. v. 15.11.1984 – III ZR 70/83, BGHZ 97, 87.
844 BGH, Urt. v. 05.05.1994 – III ZR 28/93, NJW 1994, 2087 (2088).
845 BGH, Urt. v. 05.05.1994 – III ZR 28/93, NJW 1994, 2087 ff.
846 BGH, Urt. v. 27.01.1983 – III ZR 131/81, NJW 1983, 1795 f.
847 BGH, Urt. v. 13.07.1993 – III ZR 22/92, DVBl. 1993, 1091 (1092).
848 BGH, Urt. v. 23.10.1975 – III ZR 97/73, BGHZ 65, 196.
849 BGH, Urt. v. 21.12.1989 – III ZR 118/88, BGHZ 109, 380 (393 ff.).
850 BGH, Urt. v. 06.03.1993 – III ZR 2/92, NJW 1993, 2303 (2304 m. w. N.).
851 BGH, Urt. v. 05.05.1994 – III ZR 28/93, NJW 1994, 2087 (2091).
852 BGH, Urt. v. 05.05.1994 – III ZR 28/93, NJW 1994, 2087 (2088).

wendungen, die auf wesentlichen Abweichungen von der genehmigten Planung beruhen, grundsätzlich nicht im Schutzbereich der verletzten Amtspflicht und sind daher nicht erstattungsfähig.[853] Wird mit dem Bauvorhaben begonnen, obwohl ein Nachbar die Baugenehmigung angefochten hat und diese Anfechtung nicht offensichtlich unzulässig oder unbegründet ist, kann ein Amtshaftungsanspruch – ggf. auch unter dem Gesichtspunkt des **Mitverschuldens** nach § 254 BGB – ausgeschlossen sein.[854]

3. Amtspflichten bei der Bauleitplanung

837 Auch im Rahmen der Bauleitplanung hat der Staat gegenüber Dritten obliegende Amtspflichten, wenn diese auch dadurch eingeschränkt sind, dass grundsätzlich kein Anspruch auf Aufstellung überhaupt eines oder gar eines bestimmten Bebauungsplans besteht: Ein subjektives Recht zur Aufstellung eines Bebauungsplans besteht nicht (§ 1 III BauGB). Ebensowenig besteht daher ein Anspruch auf Entschädigung für Aufwendungen, die im Vertrauen auf den Bestand eines (nichtigen) Bebauungsplans gemacht werden.[855] Allerdings hat der BGH die Ersatzpflicht einer Gemeinde für den Vollzug eines nichtigen Bebauungsplans, der eine immissionsempfindliche Wohnbebauung vorsieht, gegenüber einem vorhandenen Schweinemastbetrieb anerkannt, wenn die Planung dazu führt, dass der Betrieb schwer und unerträglich betroffen wird, weil nunmehr zu seiner Entfaltung notwendige Modernisierungsmaßnahmen unterbleiben müssen.[856] Im Rahmen der Bauleitplanung sind **unterschiedliche Anforderungen** an die als verletzt zu rügenden Amtspflichten zu stellen. Auch der Kreis der geschützten „Dritten" ist bei der Bauleitplanung anders zu bestimmen als bei dem bauaufsichtlichen Verfahren.

- **Aufstellung von Bebauungsplänen**

838 Nach der inzwischen gefestigten Rechtsprechung des BGH zu den sog. „**Altlastenfällen**" haben die Amtsträger einer Gemeinde bei der Aufstellung von Bebauungsplänen Gesundheitsgefährdungen zu verhindern, die den zukünftigen Bewohnern des Plangebietes aus dessen Bodenbeschaffenheit drohen.[857] Die Beachtung allgemeiner Anforderungen an **gesunde Wohnverhältnisse** gebietet es, Gefahrensituationen schon bei der Planung und nicht erst bei der bauordnungsrechtlichen Prüfung der Zulässigkeit eines Bauvorhabens zu ermitteln und in die planerische Abwägung einzustellen.[858] Der BGH hat in der Entscheidung vom 18.2.1999 nochmals bekräftigt, dass die Gemeinde schon bei der Bauleitplanung und nicht erst bei der bauordnungsrechtlichen Prüfung der Zulässigkeit eines Bauvorhabens **Gefahrensituationen** in die planerische Abwägung einstellt, die als Folge der Planung entstehen oder verfestigt werden können.[859] Die Behörde kann zwar ein ehemaliges **Deponiegelände** zu Wohnzwecken planerisch ausweisen, wenn von dem Deponiegebiet keine Gesundheitsgefahren ausgehen. In diesem Falle ist aber die plangebende Gemeinde verpflichtet, das Deponiegelände im Bebauungsplan zu kennzeichnen.[860]

---

853 BGH, Urt. v. 27.01.1994 – III ZR 97/92, NVwZ 1994, 821 (822).
854 BGH, Urt. v. 05.05.1994 – 28/93, NJW 1994, 2087 (2088).
855 BGH, Urt. v. 24.06.1982 – III ZR 169/80, BGHZ 84, 292 ff.
856 BGH, Urt. v. 28.06.1984 – III ZR 35/83, BGHZ 92, 34 ff.
857 Seit BGH, Urt. v. 26.01.1989 – III ZR 194/87, BGHZ 106, 323 ff.; BGH, Urt. v. 21.02.1991 – III ZR 243/89, BGHZ 113, 367 ff.; BGH, Beschl. v. 25.09.1997 – III ZR 273/96, NVwZ 1998, 319.
858 BGH, Urt. v. 21.12.1989 – III ZR 49/88, BGHZ 110, 1 (6).
859 BGH, Urt. v. 28.02.1999 – III ZR 272/96, BGHZ 140, 380 (383).
860 BGH, Urt. v. 21.02.1991 – III ZR 245/89, BGHZ 113, 367.

A. Verfahren vor den allgemeinen Zivilgerichten

Bei der Aufnahme von **Verhandlungen** über den **Abschluss von Verträgen**, z. B. Erschließungsverträgen im Rahmen beabsichtigter Bauvorhaben, kann ein haftungsbegründendes Verhalten der Gemeinde darin liegen, dass sie dem anderen Teil unrichtige Vorstellungen über den Stand der Bauleitplanung vermittelt oder die Vertragsverhandlungen bzw. die Zusammenarbeit ohne triftigen Grund, aus sachfremden Erwägungen, schuldhaft abbricht.[861]

■ **Geschützte Dritte**

Eine Amtspflicht, bei der Aufstellung von Bebauungsplänen mögliche Gesundheitsgefährdungen auszuschließen, besteht jedoch nur gegenüber einzelnen Planbetroffenen, wenn diesen bei der Ausübung der im Bebauungsplan vorgesehenen Nutzung nicht zu beseitigende **Gefahren für Leben oder Gesundheit** drohen, die das Wohnen auf dem betroffenen Grundstück **ausschließen**. Andere nicht lebens- oder gesundheitsbedrohende nachteilige Auswirkungen von einer benachbarten Nutzung werden vom Schutzzweck der Amtspflicht nicht erfasst, da die Amtshaftung dann praktisch auf eine „**Plangewährleistung**" hinauslaufen würde, die nicht geschützt ist.[862]

Zu den durch die zu beachtenden Amtspflichten geschützten „Dritten", die ggf. zu entschädigen sind, gehören jedenfalls die „**Ersterwerber**" eines kontaminierten Grundstücks, die ein nach der planerischen Ausweisung dem Wohnen dienendes Grundstücks mit noch zu errichtendem Wohnhaus erwerben.[863] Der zu ersetzende Schaden umfasst die **fehlgeschlagenen Aufwendung**en für den Grundstückserwerb und den Bau des Hauses, abzüglich eines noch zu erzielenden Verkaufspreises. Erstattungsfähig ist ferner der Nutzungsausfall, den der Betroffene in dem Zeitraum der Räumung des Hauses und dessen Veräußerung erlitten hat; dieser Schaden bestimmt sich nach den (fiktiven) Mieteinnahmen.[864]

Zu den geschützten „Dritten" gehören auch **Rechtsnachfolger** und **sonstige Nutzungsberechtigte**, die das belastete Grundstück nach Planaufstellung von einem Grundstückseigentümer erwerben.[865] Auch ein **Bauträger** kann zum Kreis der durch die Amtspflicht geschützten Dritten zu rechnen sein, wenn von der Beschaffenheit des Grund und Bodens schwere Gefahren für Leben und Gesundheit der „Ersterwerber" ausgehen,[866] auch wenn der Bauträger das Grundstück nicht selbst bebauen will.[867] Ggf. ist auch ein **Arbeitgeber** im Hinblick auf seine Verpflichtung gegenüber seinen Arbeitnehmern, die Arbeitsräume von Gesundheitsgefahren freizuhalten, in den Kreis der geschützten Dritten im Rahmen der Amtshaftung für Altlasten einzubeziehen.[868]

Nicht geschützt sind dagegen die Grundstückseigentümer zu einem **benachbarten**, mit Schadstoffen belasteten Grundstück,[869] wenn das von ihnen genutzte Haus selber nicht unbewohnbar ist. Nicht geschützt sind auch Erwerber eines Grundstücks, die dieses überhaupt **nicht bebauen wollen**.[870]

---

861 BGH, Urt. v. 21.12.1989 – III ZR 49/88, NJW 1990, 1042 (1045).
862 BGH; Urt. v. 21.12.1989 – III ZR 49/88, BGHZ 110, 1 (11).
863 BGH, Urt. v. 26.01.1989 – III ZR 194/87, BGHZ 106, 323 ff.
864 BGH, Urt. v. 26.01.1989 – III ZR 194/87, BGHZ 106, 323 (335).
865 BGH, Urt. v. 06.07.1989 – III ZR 251/7, NJW 1990, 381 ff.
866 BGH, Urt. v. 21.12.1989 – III ZR 49/88, BGHZ 110, 1 (10).
867 BGH, Urt. v. 19.03.1992 – III ZR 16/90, NJW 1992, 1953.
868 BGH, Urt. v. 09.07.1992 – III ZR 87/91, NJW 1993, 384.
869 BGH, Urt. v. 21.12.1989 – III ZR 118/88, BGHZ 109, 380 ff.
870 BGH, Urt. v. 06.07.1989 – III ZR 251/87, BGHZ 108, 224 (229).

■ Beamter im haftungsrechtlichen Sinne

844 **Gemeinderatsmitglieder** sind bei der Beschlussfassung über den Bebauungsplan als Beamte im haftungsrechtlichen Sinne anzusehen.[871] Für Mitglieder kommunaler Vertretungskörperschaften gelten im Rahmen des zu prüfenden Verschuldens für den Amtshaftungsanspruch **keine milderen Sorgfaltspflichten** als für sonstige Beamte. Die Mitglieder von Ratsgremien müssen sich auf ihre Entschließungen sorgfältig vorbereiten und, soweit ihnen die eigene Sachkunde fehlt, den Rat ihrer Verwaltung oder die Empfehlung von sonstigen Fachbehörden bzw. notfalls sogar außerhalb der Verwaltung stehender Sachverständigen zuziehen.[872]

845 Mit der persönlichen Haftung des **Bürgermeisters** aus einer im Privatrechtsverkehr namens der Gemeinde abgegebenen Verpflichtungserklärung des Bürgermeisters für die Gemeinde beschäftigt sich sehr ausführlich eine Entscheidung des BGH vom 10.5.2001.[873] Nach dieser Entscheidung trifft den Bürger, der mit der Gemeinde in Kontakt tritt, grundsätzlich keine Prüfungs- und Erkundigungspflicht, ob sich das kontaktierte Vertretungsorgan an die ihn intern bindenden Beschlüsse des Gemeinderates gehalten hat.[874]

4. Verschulden

846 Für die Frage des Verschuldens kommt es auf die Kenntnisse und Einsichten an, die für die Führung des übernommenen Amts im **Durchschnitt** erforderlich sind, nicht auf die Fähigkeiten, über die der Beamte tatsächlich verfügt. Jeder Beamte muss die zur Führung seines Amtes notwendigen **Kenntnisse der Rechts- und Verwaltungsvorschriften** besitzen oder sich verschaffen.[875] **Zweifelhafte Rechtsfragen** hat der Beamte unter Benutzung der ihm zu Gebote stehenden Hilfsmittel sorgfältig und gewissenhaft unter Beachtung der einschlägigen Rechtsprechung der Obergerichte und des Schrifttums zu prüfen und danach, fußend auf vernünftigen Überlegungen, seine Rechtsmeinung zu bilden.[876] Wenn die nach sorgfältiger Prüfung gewonnene Rechtsansicht des Amtsträgers als **rechtlich vertretbar** angesehen werden kann, darf aus der Missbilligung dieser Rechtsauffassung durch die Gerichte ein Schuldvorwurf nicht hergeleitet werden.[877]

847 Im Rahmen der **Ermessensausübung** handelt ein Amtsträger pflichtwidrig, wenn er sein Ermessen überhaupt nicht ausübt, die gesetzlichen Grenzen des Ermessens überschreitet oder von dem Ermessen in einer dem Zweck der gesetzlichen Ermächtigung widersprechenden Weise Gebrauch macht.[878] Eine Amtspflichtverletzung liegt danach vor, wenn der Beamte die vorstehend beschriebenen Ermessensschranken und -bindungen **verletzt** oder wenn er **verkennt**, dass sein Ermessen reduziert oder sogar auf eine bestimmte Verhaltensweise festgelegt ist, wie z. B. bei der „Ermessensschrumpfung auf Null" oder bei (zulässiger) Selbstbindung der Verwaltung, von der der Beamte ohne zureichenden rechtlichen Grund abweicht.[879]

---

871 BGH, Urt. v. 21.12.1989 – III ZR 49/88, BGHZ 110, 1 (8).
872 BGH, Urt. v. 08.10.1992 – III ZR 220/90, NJW 1993, 530 (531).
873 BGH, Urt. v. 10.05.2001 – III ZR 111/99, DVBl. 2001, 1273.
874 BGH, Urt. v. 10.05.2001 – III ZR 111/99, DVBl. 2001, 1273 (1275).
875 BGH, Urt. v. 23.09.1994 – III ZR 54/92, NVwZ 1994, 405 (406).
876 BGH, Urt. v. 25.10.1984 – III ZR 80/83, NJW 1985, 162.
877 BGH, Urt. v. 08.10.1992 – III ZR 220/90, NJW 1993, 530 (531).
878 BGH, Urt. v. 21.05.1992 – III ZR 14/91, NJW 1992, 2691 (2693).
879 BGH, Urt. v. 21.05.1992 – III ZR 14/91, NJW 1992, 2691 (2693).

Nach der ständigen Rechtsprechung des BGH handelt ein Amtsträger **vorsätzlich**, wenn er sich bewusst über die verletzte Amtspflicht hinwegsetzt. Dazu gehört das Bewußtsein der Pflichtwidrigkeit. Zumindest muss der Amtsträger mit der Möglichkeit eines solchen Pfichtverstoßes rechnen und diesen billigend in Kauf nehmen.[880]

848

Das Verschulden eines Beamten entfällt dann, wenn ein **Kollegialgericht** sein Verhalten als rechtmäßig beurteilt hat.[881] Dieser Grundsatz greift allerdings dann nicht, wenn das Gericht das Vorgehen des Beamten aus Rechtsgründen billigt, die der Beamte selber nicht erwogen hat.[882] Diese „Richtlinie" greift wiederum auch dann nicht, wenn das Kollegialgericht bei seiner Entscheidung wesentliche Gesichtspunkte unberücksichtigt gelassen hat[883] oder wenn die Entscheidung des Kollegialgerichts lediglich in einem **summarischen** (einstweiligen) Rechtsschutzverfahren ergangen ist.[884]

849

5. Anderweitige Ersatzmöglichkeit

Nach § 839 I 2 BGB kann die öffentliche Hand bei nur **fahrlässiger** Verletzung von Amtspflichten nur dann in Anspruch genommen werden, wenn der Betroffene „nicht auf andere Weise Ersatz zu verlangen vermag". Da die Unmöglichkeit, anderweitig Ersatz zu verlangen, einen **Teil des Tatbestandes** begründet, hat der Geschädigte diese zur Klagebegründung gehörende (negative) Voraussetzung des Amtshaftungsanspruchs darzulegen und im Streitfall zu beweisen.[885]

850

Im Bereich des Baurechts kommt die vorrangige Inanspruchnahme des **planenden Architekten** in Betracht.[886] Die grundsätzliche Möglichkeit, eine nach Maßgabe fehlerhafter Planung erteilte rechtswidrige Baugenehmigung (auch) dem Architekten zuzurechnen, ist in der Rechtsprechung des BGH anerkannt.[887] Der Architekt muss nach der Rechtsprechung des BGH **elementare Kenntnisse** auf dem Gebiet Bauplanungs- wie auch Bauordnungsrechts besitzen. Allerdings kann die Klärung schwieriger Rechtsfragen von ihm nicht verlangt werden, da er einem Rechtsberater des Bauherrn nicht gleichgestellt werden kann.[888] Andererseits muss ein Architekt einen Bauherrn ggf. über die mit einem Verstoß gegen Vorschriften des Bauplanungs- und Bauordnungsrechts verbundenen Risiken eindeutig aufklären, auch wenn eine Baugenehmigung erteilt wurde.[889] Ein Architekt, der sich zur Erstellung einer Genehmigungsplanung verpflichtet, schuldet als Werkerfolg eine dauerhaft genehmigungsfähige Planung.[890] Auch die vorrangige Inanspruchnahme eines **Maklers** ist möglich, wenn er etwa ein Grundstück als Bauland angepriesen hat, bei dem sich nach dem Kauf herausstellt, dass das Grundstück nicht zu bebauen ist.

851

Soweit die Geltendmachung von Ansprüchen gegenüber dem Dritten vor Klageerhebung nicht stattgefunden hat, kommt jedoch nur eine Abweisung der Amtshaftungsklage als „**zurzeit unbegründet**" in Betracht. Die Klageabweisung hat also lediglich vorläufigen

852

---

880 BGH, Urt. v. 12.11.1992 – III ZR 19/92, NJW 1993, 1529 (1530).
881 BGH, Urt. v. 23.09.1993 – III ZR 54/92, NVwZ 1994, 405 (406).
882 BGH, Urt. v. 11.06.1981 – III ZR 34/80, NJW 1982, 36.
883 BGH, Urt. v. 01.07.1993 – III ZR 88/92, NJW 1993, 2802 (2804).
884 BGH, Urt. v. 20.02.1992 – III ZR 188/90, NJW 1992, 3229 (3232).
885 BGH, Urt. v. 19.03.1992 – III ZR 117/90, NVwZ 1992, 911.
886 BGH, Urt. v. 01.12.1994 – III ZR 33/94, NVwZ 1995, 620 (622).
887 BGH, Urt. v. 25.10.1984 – III ZR 80/83, NJW 1985, 1692.
888 BGH, Urt. v. 09.07.1992 – III ZR 119/91, NVwZ 1993, 602 (603).
889 BGH, Urt. v. 25.10.1984 – III ZR 80/83, NJW 1985, 1692.
890 BGH, Urt. v. 26.09.2002 – VII ZR 290/01, NJW 2003, 287.

Charakter[891] und steht einer erneuten Klageerhebung, wenn nicht zwischenzeitlich die Verjährung eingetreten ist, nicht im Wege.

853 Bei der Frage, ob eine anderweitige Ersatzmöglichkeit besteht, kommt es grundsätzlich auf den Zeitpunkt der **Klageerhebung** an. Es muss zumindest die **begründete Aussicht** bestehen, den mit der Amtshaftung verfolgten Anspruch gegen einen Dritten in absehbarer und angemessener Zeit durchsetzen zu können.[892] Weitläufige, unsichere oder im Ergebnis zweifelhafte Wege eines Vorgehens gegen Dritte braucht der Geschädigte nicht einzuschlagen.[893] Auf anderweitige Ersatzansprüche kann der Geschädigte daher nur verwiesen werden, wenn ihm deren Verfolgung **zumutbar** ist.[894] Andererseits kann sich der Geschädigte auf einen **Wegfall** der anderweitigen Ersatzmöglichkeiten nicht berufen, wenn er den möglichen und durchsetzbaren Ersatzanspruch gegen den Dritten schuldhaft hat verjähren lassen.[895]

6. Abwendung durch andere Rechtsmittel

854 Nach § 839 III BGB tritt eine Ersatzpflicht der öffentlichen Hand nicht ein, wenn der Geschädigte es unterlassen hat, den Schaden durch Gebrauch eines Rechtsmittels abzuwenden. **Rechtsmittel** im Sinne dieser Bestimmung sind solche Rechtsbehelfe, die sich unmittelbar gegen die beanstandete Amtshandlung richten und deren Überprüfung bezwecken und ermöglichen,[896] nicht aber die Verfassungsbeschwerde.[897] Grundsätzlich ist bei Bauverwaltungsakten daher zunächst Rechtsschutz vor der Verwaltungsgerichtsbarkeit, ggf. sogar im Wege des einstweiligen Rechtsschutzes,[898] zu suchen. Dem Betroffenen steht grundsätzlich **kein Wahlrecht** zu, von einer Anfechtung ihn rechtswidrig belastender Maßnahmen abzusehen und sich auf einen Schadensersatzanspruch wegen Amtspflichtverletzung zu beschränken.[899]

855 Andererseits schließt der Eintritt der **Bestandskraft** einen Schadensersatzanspruch nur dann aus, wenn die Bestandskraft „auf einem vorwerfbaren Versäumnis des Verletzten im Sinne eines Verschuldens gegen sich selbst' beruht".[900] Zu prüfen ist also jeweils, ob dem Betroffenen die Einlegung eines Rechtsmittels **zuzumuten** ist. Die Nichteinlegung eines Rechtsmittels kann dem Geschädigten dann nicht vorgeworfen werden, wenn es aufgrund einer sich entwickelnden Rechtsprechung bei nachträglicher Betrachtung möglicherweise Erfolg gehabt hätte, die Rechtsprechung aber zum maßgeblichen Zeitpunkt noch nicht „ausgeformt oder verfestigt" war.[901]

7. Bindungswirkung verwaltungsgerichtlicher Entscheidungen

856 Das Zivilgericht prüft im Rahmen einer Amtshaftungsklage auch die verwaltungsrechtlichen Vorfragen über die Rechts- und Amtspflichtwidrigkeit behördlichen Tuns und Unterlassens grundsätzlich in **eigener Kompetenz.**[902] Ist dagegen die Rechtmäßigkeit oder

---

891 BGH, Urt. v. 01.12.1994 – III ZR 33/94, NVwZ 1995, 620 (622).
892 BGH, Urt. v. 05.11.1992 – III ZR 91/91, NJW 1993, 1647 (1649).
893 BGH, Urt. v. 05.11.1992 – III ZR 91/91, NJW 1993, 1647 (1648).
894 BGH, Urt. v. 26.11.1981 – III ZR 59/80, NJW 1982, 1328 (1329).
895 BGH, Urt. v. 19.03.1992 – III ZR 117/90, NVwZ 1992, 911 (913).
896 BGH, Urt. v. 26.09.1989 – III ZR 92/87, NJW 1990, 176 (178).
897 BGH, Urt. v. 23.03.1953 – III ZR 207/57, BGHZ 30, 19 (28).
898 BGH, Urt. v. 29.06.1989 – III ZR 92/87, NJW 1990, 176 (178).
899 BGH, Urt. v. 15.11.1990 – III ZR 302/89, BGHZ 113, 17 (22).
900 BGH, Urt. v. 15.11.1990 – III ZR 302/89, BGHZ 113, 17 (22).
901 BGH, Urt. v. 28.06.1984 – III ZR 35/83, BGHZ 92, 34 (54) zur drittschützenden Wirkung des Rücksichtnahmegebotes im öffentlichen Nachbarrecht.
902 BGH, Urt. v. 22.03.1979 – III ZR 22/78, NJW 1979, 2097 (2098).

A. Verfahren vor den allgemeinen Zivilgerichten

Rechtswidrigkeit eines Verwaltungsaktes oder des sonstigen Verwaltungshandelns durch eine gerichtliche, in materielle **Rechtskraft** erwachsene (Hauptsache-)Entscheidung festgestellt worden, so ist das Zivilgericht an diese Entscheidung **gebunden**.[903]

Die Zivilgerichte sind an den Ausgang verwaltungsgerichtlicher Verfahren dann **nicht gebunden**, wenn die im Amtshaftungsprozess entscheidungserheblichen Fragen nicht Gegenstand eines rechtskräftigen verwaltungsgerichtlichen Urteils gewesen sind[904] oder nur Vorfragen im verwaltungsgerichtlichen Verfahren waren, über die nicht mit Rechtskraftwirkung entschieden wurde.[905] Nicht gebunden sind die Zivilgerichte auch an die Beurteilung der Rechtmäßigkeit eines Verwaltungsaktes durch ein verwaltungsgerichtliches **Eilverfahren** im Rahmen des § 80 V VwGO, weil diese Entscheidungen gem. § 80 VII VwGO jederzeit geändert oder aufgehoben werden können.[906]

857

8. Verjährung

Amtshaftungsansprüche verjähren nach § 852 BGB in **drei Jahren** von dem Zeitpunkt an, in welchem der Verletzte von dem Schaden und der Person des Ersatzberechtigten Kenntnis erlangt. Die Verjährung beginnt nicht und ist unterbrochen, solange dem Geschädigten die Erhebung einer Klage deswegen nicht zumutbar ist, weil die aussichtsreiche Möglichkeit besteht, durch **Verhandlungen** mit der Behörde zwar nicht Schadensersatz im engeren Sinne zu erlangen, wohl aber eine anderweitige Kompensation, durch die die Vermögenseinbuße ausgeglichen wird, ohne dass es eines Schadensersatzprozesses bedarf.[907]

858

In Abweichung von einer früher vertretenen Auffassung unterbrechen nach der ständigen Rechtsprechung des BGH **Widerspruch** und verwaltungsgerichtliche **Klage** die Verjährung des Amtshaftungsanspruchs, der aus der angefochtenen oder begehrten Maßnahme abgeleitet wird.[908] Allerdings bestimmt sich der **Umfang** der Verjährungsunterbrechung des Amtshaftungsanspruchs danach, was Streitgegenstand jener verwaltungsgerichtlichen Klage war.[909] Dementsprechend hat der BGH auch entschieden, dass die gegen einen im Gegensatz zu einer vorangegangenen **Auskunft** erlassenen Verwaltungsakt eingelegten verwaltungsrechtlichen Rechtsbehelfe (Widerspruch sowie Anfechtungs- und Verpflichtungsklage) nicht geeignet sind, die Verjährung des Amtshaftungsanspruchs wegen unrichtiger Auskunftserteilung zu unterbrechen.[910]

859

II. Enteignungsgleicher Eingriff

Ein Entschädigungsanspruch aus enteignungsgleichem Eingriff setzt voraus, dass rechtswidrig in eine durch Art. 14 GG geschützte Rechtsposition von hoher Hand unmittelbar eingegriffen wird, die hoheitliche Maßnahme also unmittelbar eine Beeinträchtigung des Eigentums herbeiführt und dem Berechtigten dadurch ein besonderes, anderen nicht zugemutetes Opfer für die Allgemeinheit auferlegt wird.[911]

860

---

903 BGH, Urt. v. 05.05.1994 – III ZR 28/3, NJW 1994, 2087 (2088).
904 BGH, Urt. v. 21.05.1992 – III ZR 14/91, NJW 1992, 2691 (2692).
905 BGH, Urt. v. 05.05.1994 – III ZR 28/93, NJW 1994, 2087 (2088).
906 BGH, Urt. v. 16.11.2000 – III ZR 265/99, NVwZ 2000, 352.
907 BGH, Urt. v. 11.05.1989 – III ZR 88/87, NJW 1990, 245.
908 BGH, Urt. v. 12.10.2000 – III ZR 121/99, NVwZ 2001, 468.
909 BGH, Urt. v. 12.10.2000 – III ZR 121/99, NVwZ 2001, 468.
910 BGH, Urt. v. 12.10.2000 – III ZR 121/99, NVwZ 2001, 468 (469).
911 BGH, Urt. v. 18.06.1998 – III ZR 100/97, NVwZ 1998, 1329 (1330).

1. Teilungsgenehmigung

861 Ansprüche wegen enteignungsgleicher Eingriffe kamen bis 2004 in Betracht, wenn ein Betroffener durch die rechtswidrige Versagung einer Teilungsgenehmigung einen fühlbaren Nachteil erlitten hatte. Dies war insbesondere dann der Fall, wenn wegen der Versagung die konkrete Absicht und die konkrete Möglichkeit, das Grundstück selbst zu bebauen oder zu Bebauungszwecken zu veräußern, verhindert oder verzögert wurde oder wenn die Sperre das Bauvorhaben oder eine sonstige Nutzung des Grundstücks verhindert oder verzögert hatte.[912] Mit dem BauGB 2004 ist die Genehmigungspflicht bei der Teilung eines Grundstücks entfallen. Voraussetzung ist nur noch, dass durch die Teilung eines Grundstücks keine Verhältnisse entstehen, die den Festsetzungen des Bebauungsplans widersprechen (§ 19 II BauGB).

2. Bauvoranfrage

862 Auch die rechtswidrige Ablehnung einer Bauvoranfrage des Grundstückseigentümers kann zu dessen Lasten einen enteignungsgleichen Eingriff darstellen und einen auf die „Bodenrente" gerichteten Entschädigungsanspruch begründen.[913] Bei der Bemessung der „Bodenrente" ist auf den Betrag abzustellen, den ein Bauwilliger für die Erlaubnis zeitlicher baulicher Nutzung gezahlt haben würde (Miet-, Pacht- oder Erbbauzins).[914]

3. Grundstücksverkehrsgenehmigung

863 Wenn durch die rechtswidrige Versagung einer Genehmigung nach dem Grundstücksverkehrsgesetz die Veräußerung eines Grundstücks verhindert oder verzögert wird, so kann dies einen Entschädigungsanspruch des betroffenen Grundstückseigentümers aus enteignungsgleichem Eingriff begründen.[915]
Das BVerwG hat im Rahmen einer Fortsetzungsfeststellungsklage geurteilt, die rechtswidrige Versagung einer **Veräußerungsgenehmigung** nach § 172 IV BauGB könne einen Abspruch auf enteignungsgleichen Eingriff auslösen.[916]

4. Verzögerungsschäden

864 Schließlich kann auch die rechtswidrige Verzögerung bei der Erteilung einer Baugenehmigung oder eines Bauvorbescheides einen enteignungsgleichen Eingriff darstellen.[917]

5. Anspruchskonkurrenz

865 Zwischen dem Amtshaftungsanspruch und dem Entschädigungsanspruch aus enteignungsgleichem Eingriff besteht Anspruchskonkurrenz.[918] Eine Klage muss nicht ausdrücklich auf den enteignungsgleichen Eingriff gestützt sein, weil das Gericht diese materiell-rechtliche Frage und Anspruchsgrundlage ohne eine entsprechende Rüge des Klägers zu prüfen hat.[919]

---

912 BGH, Urt. v. 23.01.1997 – III ZR 234/95, BGHZ 134, 316 (318 f.).
913 BGH, Urt. v. 10.03.1994 – III ZR 9/93, BHGHZ 125, 258.
914 BGH, Urt. v. 18.06.1998 – III ZR 100/97, NVwZ 1998, 1329 (1330).
915 BGH, Urt. v. 03.07.1997 – III ZR 205/96, BGHZ 136, 182.
916 BVerwG, Urt. v. 30.06.2004 – 4 C 1/03, NVwZ-RR 2005, 383.
917 BGH, Urt. v. 21.05.1992 – III ZR 14/91, NJW 1992, 2691 (2694).
918 BVerwG, Urt. v. 30.06.2004 – 4 C 1/03, NVwZ-RR 2005, 383.
919 BGH, Urt. v. 03.07.1997 – III ZR 205/96, BGHZ 136, 182 (184).

III. Enteignender Eingriff

Bezüglich der Ansprüche aus dem sog. enteignenden Eingriff zeichnet sich durchaus ein **Wandel in der Rechtsprechung** ab. Entschädigung für „enteignende" Wirkungen hat der BGH Betroffenen immer dann zugesprochen, wenn der Eingriff einer Enteignung „gleichkommt" bzw. „enteignend" wirkt, weil der Eigentümer über die sog. Enteignungsschwelle hinaus **schwer und unzumutbar getroffen** wird. Dabei wurde nach der Faustformel verfahren, dass die Rechtmäßigkeit der Maßnahme durch die Verwaltungsgerichte entschieden wurde, über die Entschädigung befanden die Zivilgerichte. Das **BVerwG** hat sodann die Zuständigkeit der Verwaltungsgerichte auch für Entschädigungsfragen reklamiert.[920]

866

Nachdem der **BGH** zunächst in offener Abgrenzung zu der vorbenannten Entscheidung des BVerwG weiter die Zuständigkeit der Zivilgerichte für den sog. enteignenden Eingriff für sich in Anspruch genommen hat,[921] scheinen sich die Positionen der verschiedenen Gerichtsbarkeiten wieder einander anzunähern. Der BGH verneint jedenfalls im Ergebnis einen Anspruch aus enteignendem Eingriff dann, wenn der Betroffene einen ihn belastenden Planfeststellungsbeschluss hat bestandskräftig werden lassen und auch später keinen Anspruch gegen die Planfeststellungsbehörde auf Planergänzung (§ 75 II 3 VwVfG) geltend gemacht hat.[922] Der BGH geht damit jedenfalls im Ergebnis von einem Vorrang des Verwaltungsrechtsschutzes in fachplanerischen Angelegenheiten aus, um zunächst dort zu versuchen, im Wege der Planergänzung eine Schadensminderung zu erhalten.

867

Damit verbleiben für das Rechtsinstitut des enteignenden Eingriffs nur noch wenige Fallgestaltungen. Relevant wird die Anspruchsgrundlage wohl nur noch in Fällen, in denen durch eine hoheitlich betriebene Anlage oder durch eine hoheitliche Handlung, die keiner speziellen Rechtsgrundlage bedarf, bei einem Betroffenen Wirkungen ausgelöst werden, die tatsächlich enteignend wirken. In der neueren Rechtsprechung hat der BGH z. B. einen Anspruch wegen enteignenden Eingriffs anerkannt, wenn ein denkmalgeschütztes Gebäude durch Straßenbauarbeiten der öffentlichen Hand beschädigt worden ist.[923]

868

B. Verfahren vor den Baulandgerichten

Gegen bestimmte Verwaltungsakte nach dem BauGB ist gem. § 217 BauGB der Antrag auf gerichtliche Entscheidung zu den Baulandgerichten vorgeschrieben. Die sachliche Zuständigkeit der Baulandgerichte ist abschließend nach dem Enumerationsprinzip in § 217 I 1 BauGB bestimmt. Die Baulandgerichte entscheiden danach über alle Verwaltungsakte, die im

869

- Umlegungs-, Grenzregelungs- und Enteignungsverfahren

ergehen, darüber hinaus über die Verwaltungsakte, die aus Anlass

- einer Veränderungssperre (§ 18 BauGB),
- der Ausübung des Vorkaufsrechts (§ 28 III BauGB),
- nutzungsbeschränkender Planungsmaßnahmen (§§ 39–44 BauGB),
- des Härteausgleichs (§ 181 BauGB),
- von erschließungsrechtlichen Duldungspflichten (§ 126 II BauGB),

---

920 BVerwG, Urt. v. 24.06.1993 – 7 C 26/92, NJW 1993, 2949.
921 BGH, Urt. v. 15.12.1994 – III Z. B. 49/94, NJW 1995, 964.
922 BGH, Urt. v. 21.01.1999 – III ZR 168/97, BGHZ 140, 286 (300 f.).
923 BGH, Urt. v. 10.12.1998 – III ZR 233/97, BGHZ 140, 200.

/ **2** § 9 Staatshaftungs- und entschädigungsrechtliche Verfahren

- von Vorarbeiten auf Grundstücken (§ 209 II BauGB) sowie der
- Wiedereinsetzung in den vorigen Stand (§ 210 II BauGB)

ergehen.

870 Weitere Zuständigkeiten können den Baulandgerichten kraft Landesrecht zuerkannt werden (§ 232 BauGB). Die Vorschrift stellt klar, dass die Länder ermächtigt sind, den Baulandgerichten auf Landesrecht beruhende oder nach Landesrecht vorgenommene Enteignungs- und Entschädigungsverfahren durch Gesetz zuzuweisen.

I. Prozessuale Besonderheiten

Das Verfahren vor den Baulandgerichten weist gegenüber sonstigen Verfahren vor der ordentlichen Gerichtsbarkeit einige Besonderheiten auf, die kurz darzustellen sind.

1. Besetzung des Gerichts

871 Prozessuale Besonderheiten des Verfahrens vor den Baulandgerichten bestehen in der Besetzung des Gerichts. Die Kammern für Baulandsachen bei den Landgerichten bzw. die Senate bei den Oberlandesgerichten sind jeweils auch mit einem hauptamtlichen **Richter** eines **Verwaltungsgerichts** bzw. einem hauptamtlichen Richter eines **Oberverwaltungsgerichts** besetzt (§§ 220 I 2, 229 I BauGB). Die Klärung verwaltungsgerichtlicher Vorfragen erfordert insoweit auch eine besondere verwaltungsrechtliche Kenntnis.

2. Beteiligte des Verfahrens

872 Das Verfahren wird eingeleitet durch einen **fristgebundenen schriftlichen Antrag** auf gerichtliche Entscheidung, der nicht bei dem Baulandgericht einzureichen ist, sondern bei der Verwaltungsbehörde, die den Verwaltungsakt erlassen hat, daher besteht für diesen Antrag zunächst kein Anwaltszwang.[924]

▶ Gegen den Bescheid vom ... in Gestalt des Widerspruchsbescheides vom ... beantrage ich gem. § 217 BauGB die gerichtliche Entscheidung. Begründung: ... ◀

Die Verwaltungsbehörde legt den Antrag mit ihren Akten unverzüglich dem zuständigen **Landgericht** vor (§ 217 IV BauGB).

873 Dementsprechend kennt das Verfahren vor den Baulandgerichten auch keinen Kläger oder Beklagten (Parteien), sondern lediglich Beteiligte (§ 222 BauGB) im Rahmen des Verfahrens. § 222 I BauGB bestimmt den Kreis der **Beteiligten**, in der Regel

- Antragsteller,
- Behörde,
- sowie andere Beteiligte.
- Für die Beteiligten, die Anträge in der Hauptsache stellen, besteht dann Anwaltszwang vor dem Landgericht (§ 222 III 2 BauGB).

874 Ziel des **Antragsbegehrens** ist – wie im Verwaltungsprozess –
- die **Anfechtung** eines Verwaltungsaktes (§ 217 I 1 VwGO),
- die Verurteilung zum **Erlass** eines Verwaltungsaktes oder zu einer **sonstigen Leistung** (§ 217 I 3 BauGB)
- sowie einer **Feststellung** (§ 217 I 3 BauGB).

---

924 Eine unrichtige Rechtsmittelbelehrung durch die Verwaltungsbehörde hindert den Lauf der Frist für den Antrag auf gerichtliche Entscheidung entsprechend § 58 VwGO jedenfalls dann, wenn der Betroffene durch die Belehrung auf einen falschen gerichtlichen Weg verwiesen worden ist, BGH, Urt. v. 10.12.1998 – III ZR 2/98, NJW 1999, 1113.

3. Anzuwendendes Prozessrecht

Im Baulandverfahren sind grundsätzlich die für den Zivilprozess geltenden Vorschriften der **ZPO**, des **GVG** sowie des **GKG** entsprechend anzuwenden, soweit sich nicht aus den §§ 217–231 BauGB anderes ergibt (§ 221 I 1 BauGB). Nach § 221 I BauGB gilt danach grundsätzlich auch der im Zivilprozess herrschende **Verhandlungs- und Beibringungsgrundsatz**. § 221 II BauGB schwächt dies dahingehend ab, dass das Gericht vom Verhandlungsgrundsatz zum Untersuchungsgrundsatz übergehen kann, wenn ihm dies sachdienlich erscheint.

875

Die besonderen Vorschriften – mit denen Vorschriften des Verwaltungsprozessrechts für anwendbar erklärt werden – tragen dem öffentlich-rechtlichen Charakter des Baulandverfahrens Rechnung. Ohne sich ausgeprägt an die **VwGO** anzulehnen, dienen sie vornehmlich der Verfahrensbeschleunigung.
Zu beachten sind daher insbesondere die **Antragsfristen**. Nach BGH kann der Enteignungsbegünstigte nach Ablauf der Antragsfrist nicht im Wege der **Widerklage** die Herabsetzung der festgesetzten Entschädigung verlangen, wenn zuvor der Enteignungsbetroffene im baulandgerichtlichen Verfahren fristgerecht den Antrag auf gerichtliche Entscheidung mit dem Ziel der Erhöhung eingereicht hat.[925]

876

Die Berufung bzw. das Rechtsmittel in Baulandsachen kann zulässigerweise nur bei dem Gericht eingelegt werden, dem durch **Landesrecht** gem. § 229 II BauGB die Zuständigkeit für das Berufungsverfahren übertragen wurde.[926] Damit hat der Anwalt in Baulandsachen genau zu prüfen, welchem Rechtsmittelgericht des Bundeslandes in Baulandsachen ggf. alleinzuständig die zweite Instanz zugewiesen ist. Wird die Berufung zwar bei einem Oberlandesgericht eingereicht, bei dem aber kein Senat für Baulandsachen existiert, ist die Berufung unzulässig.

877

Ausgehend von dem öffentlich-rechtlichen Charakter des Verfahrens und dem besonderen Beschleunigungsgrundsatz finden auch gerade im einstweiligen Rechtsschutzverfahren die Bestimmungen der §§ 123, 80 V VwGO im Verfahren vor den Baulandgerichten Anwendung. Die Baulandgerichte können einstweilige Anordnungen erlassen oder auf Antrag die aufschiebende Wirkung eines Rechtsbehelfs anordnen. So hat z. B. der **Widerspruch** gegen eine **vorzeitige Besitzeinweisung** ebensowenig aufschiebende Wirkung wie der **Antrag** auf gerichtliche Entscheidung gegen eine vorzeitige Besitzeinweisung (§ 212 II, § 224 BauGB). Die aufschiebende Wirkung entfällt auch bei einem Rechtsbehelf im **Umlegungsverfahren** nach §§ 45 ff. BauGB (§ 224 I Nr. 1 und 2 BauGB). Dementsprechend ist bei diesen Konstellationen von dem davon Betroffenen auch ein **Eilverfahren** vor den Baulandgerichten einzuleiten.

878

Gegen die Entscheidungen des Landgerichts – Kammer für Baulandsachen – über die Anordnung der aufschiebenden Wirkung eines Rechtsbehelfs gem. § 212, § 224 BauGB i. V. m. § 80 V VwGO ist nach der zwischenzeitlich herrschenden Meinung die **sofortige Beschwerde** analog § 793 ZPO statthaft.[927]

879

---

925 BGH; Urt. v. 08.05.2003 – III ZR 68/02, DVBl. 2003, 1053.
926 BGH, Urt. v. 09.12.1999 – BauR 2000, 539: In NRW ist der Senat für Baulandsachen bei dem OLG Hamm.
927 OLG Karlsruhe, Beschl. v. 15.03.2001 – W 1/01 Baul, NVwZ 2001, 839.

II. Planungsschadensrecht

880 Die unter der Abschnittsüberschrift „Entschädigung" zusammengefassten §§ 39–44 BauGB regeln die **Folgen planerischer Eingriffe** in die Bodennutzbarkeit. Dieses sog. Planungsschadensrecht gewährleistet Entschädigung für bestimmte, im Einzelnen benannte Fälle, in denen durch Änderung oder Aufhebung der Festsetzung eines Bebauungsplans die Bebaubarkeit eines Grundstücks eingeschränkt oder der Berechtigte hinsichtlich sonstiger Nutzungsmöglichkeiten beschnitten wird.

1. Abgrenzung

881 Das Planungsschadensrecht ist von den mit derselben Abschnittsüberschrift betitelten §§ **93–103 BauGB** zu unterscheiden. Die §§ 93–103 BauGB regeln unmittelbar nur die Entschädigung für **Administrativenteignungen**, die überwiegend planakzessorisch als städtebauliches Instrument durch Verwaltungsakt auf der Grundlage der §§ 85–92 BauGB und nach dem Verfahren der §§ 104–122 BauGB betrieben werden. Gemäß § 43 II 3 BauGB sind aber die §§ 93–103 BauGB analog auf die für planerische Eingriffe in die Bodennutzbarkeit zu gewährende Geldentschädigung anzuwenden. Bezüglich der Einzelheiten hierzu ist auf die einschlägige Kommentierung zu verweisen. Problematisch ist im Bereich des Planungsschadensrechts – ebenso wie im Bereich des Enteignungsrechts – ebenfalls die Berechnung des Wertes der zu leistenden Entschädigung.

2. Gegenstand des Planungsschadensrechts

§§ 39–44 BauGB regeln den sog. **Vertrauensschaden** bei Änderung, Ergänzung oder Aufhebung einer bislang zulässigen Nutzung durch den Bebauungsplan.

- **§ 39 BauGB**

882 Haben Eigentümer oder in Ausübung ihrer Nutzungsrechte sonstige Nutzungsberechtigte im berechtigten Vertrauen auf den Bestand eines rechtsverbindlichen Bebauungsplans Vorbereitungen für die Verwirklichung von Nutzungsmöglichkeiten getroffen, die sich aus dem Bebauungsplan ergeben, können sie angemessene Entschädigung in Geld verlangen, soweit die Aufwendungen durch die Änderung, Ergänzung oder Aufhebung des Bebauungsplans an Wert verlieren (§ 39 S. 1 BauGB).

- **§ 40 BauGB**

883 § 40 BauGB regelt sodann die Entschädigung des Grundeigentümers für Planungsschäden, die dadurch entstehen, dass der Bebauungsplan gegenüber dem Eigentümer des betroffenen Grundstücks fremdnützige, insbesondere im Interesse der Allgemeinheit ergehende Festsetzungen enthält. Der Eigentümer ist bei der **Festsetzung** folgender Flächen zu entschädigen, soweit ihm Vermögensnachteile entstehen:
- Flächen für den Gemeindebedarf sowie für Sport- und Spielanlagen,
- Flächen für Personengruppen mit besonderem Wohnbedarf,
- Flächen mit besonderem Nutzungszweck,
- von der Bebauung freizuhaltende Schutzflächen und Flächen für besondere Anlagen und Vorkehrungen zum Schutz vor Einwirkungen,
- Verkehrsflächen,
- Versorgungsflächen,
- Flächen für die Abfall- und Abwasserbeseitigung einschließlich der Rückhaltung und Versickerung von Niederschlagswasser sowie für Ablagerungen,
- Grünflächen,

B. Verfahren vor den Baulandgerichten 2

- Flächen für Aufschüttungen, Abgrabungen oder für die Gewinnung von Steinen, Erden und anderen Bodenschätzen,
- Flächen für Gemeinschaftsstellplätze und Gemeinschaftsgaragen,
- Flächen für Gemeinschaftsanlagen,
- von der Bebauung freizuhaltende Flächen,
- Wasserflächen, Flächen für die Wasserwirtschaft, Flächen für Hochwasserschutzanlagen und Flächen für die Regelung des Wasserabflusses,
- Flächen zum Schutz, zur Pflege und zur Entwicklung von Boden, Natur und Landschaft.

Darüber hinaus kann der Eigentümer gem. § 40 II BauGB die **Übernahme der Flächen** verlangen, 884

- wenn und soweit es ihm mit Rücksicht auf die Festsetzung oder Durchführung des Bebauungsplans wirtschaftlich nicht mehr zuzumuten ist, das Grundstück zu behalten oder es in der bisherigen oder einer anderen zulässigen Art zu nutzen, oder
- wenn Vorhaben nach § 32 BauGB nicht ausgeführt werden dürfen und dadurch die bisherige Nutzung einer baulichen Anlage aufgehoben oder wesentlich herabgesetzt wird.

Sind allein die Voraussetzungen einer Nutzungsbeschränkung nach § 32 BauGB erfüllt und wird dem Eigentümer dadurch die bisherige Nutzung seines Grundstücks wirtschaftlich erschwert, ist dem Eigentümer eine angemessene Entschädigung in Geld zu leisten (§ 40 III 1 BauGB).

- **§ 41 BauGB**

§ 41 BauGB stellt eine Entschädigungspflicht bei Begründung von Geh-, Fahr- und Leitungsrechten und bei Bindungen für Bepflanzungen fest. 885

- **§ 42 BauGB**

§ 42 BauGB bildet innerhalb des Planungsschadensrecht die Grundnorm für die Entschädigung wegen Änderung oder Aufhebung einer zulässigen Nutzung. **Abs. 1**, der gegenüber den Sondertatbeständen der §§ 40, 41 BauGB einen subsidiären Auffangtatbestand bildet, enthält die Grundvoraussetzungen des in § 42 II bis IX BauGB ausgestalteten Entschädigungsanspruchs wegen Aufhebung oder Änderung einer nach §§ 30, 34 oder 35 BauGB zulässigen Nutzung. **Abs. 2** bestimmt die Entschädigung bei planerischen Eingriffen innerhalb der Sieben-Jahres-Frist ab Zulässigkeit der Nutzung, **Abs. 3** nach Ablauf der Sieben-Jahres-Frist. **Abs. 4** soll den Umfang des Entschädigungsanspruchs nach Abs. 3 klarstellen. Die **Abs. 5 bis 8** regeln besondere Vertrauenstatbestände, die nach Abs. 2 entschädigt werden, obwohl die zulässige Nutzung nicht innerhalb der Sieben-Jahres-Frist ausgeübt worden ist (Abs. 5 Veränderungssperre, Abs. 6 erteilte, aber nicht verwirklichte Baugenehmigung bzw. Vorbescheid, Abs. 7 rechtswidrige oder verspätete Entscheidung über Bauantrag oder Voranfrage, Abs. 8 Ausschluss wegen Nicht-Erfüllung von Nachweispflichten). **Abs. 9** gewährt anstelle des grundsätzlichen Geldanspruches bei der Aufhebung von Nutzungen einen Übernahmeanspruch. **Abs. 10** verpflichtet die Gemeinde zur Auskunft über Beginn und Ende der Sieben-Jahres-Frist. 886

- **§ 43 BauGB**

§ 43 BauGB regelt das Entschädigungsverfahren, Konkurrenz- und Ausschlussklauseln. 887

- **§ 44 BauGB**

888 § 44 BauGB regelt die Voraussetzungen für das Entstehen und Erlöschen des Entschädigungsanspruchs.

3. Beratungsgegenstand

889 Es ist wichtig, den Mandanten nach Festsetzung der entsprechenden Flächen im Bebauungsplan – mit denen eine bisher zulässige Nutzung auf dessen Grundstück aufgehoben oder beschränkt werden soll – eingehend zu beraten. Zu entscheiden ist, ob er wegen seines durch die Herabstufung seines Grundstücks eintretenden Vermögensnachteils durch die Festsetzung gegenüber der Gemeinde
- die Leistung einer **Geldentschädigung** beansprucht (§ 40 I BauGB) oder
- ein **Übernahmeverlangen** geltend macht (§ 40 II BauGB).

890 Ein Übernahmeverlangen ist dann angezeigt, wenn die endgültige Realisierung der neu festgesetzten Planung zeitlich nicht absehbar ist und der Mandant wegen der Beschränkungen der freien Nutzbarkeit seines Grundstücks wegen der neuen Planung dieses nicht mehr wirtschaftlich sinnvoll nutzen kann. Zu berücksichtigen ist ferner, dass erst durch die schriftliche Geltendmachung eines Entschädigungsanspruchs die **Fälligkeit** entsteht und damit der Anspruch auf Verzinsung (§ 44 III 2 BauGB). Der Entschädigungsanspruch erlischt im Übrigen, wenn nicht innerhalb von drei Jahren nach Ablauf des Kalenderjahres, in dem die Vermögensnachteile eingetreten sind, die Fälligkeit herbeigeführt wird.

III. Enteignung und vorzeitige Besitzeinweisung

891 Während planerische Eingriffe in die Bodennutzbarkeit, die durch Erlass, Änderung oder Aufhebung von Festsetzungen eines Bebauungsplans die Bebaubarkeit eines Grundstückes nur einschränken, nicht den Tatbestand einer Legalenteignung i. S. von § 14 III 2 GG verwirklichen, erfüllt die Legalenteignung durch ein formelles Gesetz eben diesen Tatbestand. Inzwischen ist es als gesicherte Rechtsprechung anzusehen, dass eine Enteignung nur als **gezielter Eingriff auf die Eigentumsposition** anzusehen ist. Das BVerfG hat dies folgendermaßen zusammengefasst: „Mit der Enteignung greift der Staat auf das Eigentum des Einzelnen zu. Sie ist darauf gerichtet, konkrete Rechtspositionen, die durch Art. 14 I 1 GG geschützt sind, zur Erfüllung bestimmter Aufgaben vollständig oder teilweise zu entziehen. Dies geschieht entweder durch Gesetz, das einen bestimmten Personenkreis konkrete Eigentumsrechte nimmt – Legalenteignung –, oder durch behördliche Vollzugsakte auf Grund gesetzlicher Ermächtigung zu einem solchen Zugriff – Administrativenteignung – (vgl. BVerfGE 100, 226 (239 f.)."[928]
Das BVerwG hat später erneut bestätigt, dass die Enteignung für Zwecke der **öffentlichen Energieversorgung** auch zu Gunsten privatrechlich organisierter Energieversorgungsunternehmen mit Art. 14 GG vereinbar ist.[929] Es bestätigt damit ausdrücklich eine Entscheidung des BVerfG vom 20.3.1984.[930] Es stehe dem Gesetzgeber ungeachtet der verfahrensrechtlichen Garantiefunktion des Eigentumsgrundrechts und des Gemeinwohlerfordernisses jeder Enteignung frei, zur planerischen Bewältigung komplexer raumgreifender und kon-

---

928 BVerfG, Beschl. v. 16.02.2000 – 1 BvR 242/91 u. a., NJW 2000, 2573 (2574) zur Haftung des Grundstückseigentümers für Sanierung von Altlasten. S. a. BVerfG, Beschl. v. 02.03.1999 – 1 BvL 7/91, NJW 1999, 2877 zur Vereinbarkeit denkmalschutzrechtlicher Regelungen mit der Eigentumsgarantie.
929 BVerwG, Urt. v. 11.07.2002 – 4 C 9.00, NJW 2003, 230 = BVerwGE 116, 365.
930 BVerfG, Beschl. v. 20.03.1984 – 2 BvL 28/82, BVerfGE 66, 248 ff.

B. Verfahren vor den Baulandgerichten 2

fliktträchtiger Infrastrukturvorhaben „Systeme vorausliegender Planungsstufen und mehrstufiger Entscheidungsverfahren" einzuführen sowie die Beteiligungs- und Klagerechte betroffener Dritter (insbesondere der Grundeigentümer) auf die letzte zur außenverbindlichen Entscheidung führende Verfahrensstufe zu begrenzen, sowie von den vorausliegenden Ebenen keine irreversiblen nachteiligen Rechtswirkungen ausgehen.

Der BGH stellt schließlich erneut klar, dass es sich auch bei Verfahren der **Unternehmensflurbereinigung** der Sache nach um ein Enteignungs-verfahren handelt.[931]

Das Enteignungsverfahren selber ist zunächst durch ein vorgeschaltetes Verwaltungsverfahren gekennzeichnet. Soweit in diesem Verfahren keine Einigung über den freihändigen Verkauf bzw. den freihändigen Erwerb des in Anspruch zu nehmenden Grundstücks erzielt werden kann, ist auch eine vorzeitige Besitzeinweisung möglich (§ 116 BauGB). Anschließend kann gegen beide Entscheidungen der Enteignungsbehörde ein Antrag auf gerichtliche Entscheidung herbeigeführt werden.

1. Bemühen um den freihändigen Erwerb

Wie bereits ausgeführt, ist vor einer formellen Enteignung zwingend erforderlich, dass durch den Enteignungsberechtigten zunächst versucht wird, das in Anspruch zu nehmende Grundstück freihändig zu angemessenen Bedingungen zu erwerben (§ 87 II BauGB). Der Enteignungsbegünstigte holt zu diesem Zweck das Gutachten eines Sachverständigen ein und unterbreitet dem zu Enteignenden auf dieser Grundlage ein Angebot für den Erwerb seines Grundstücks. Regelmäßig scheitert dieser freihändige Erwerb aber, weil die Parteien zu unterschiedliche Auffassungen über den Wert des Enteignungsobjekts haben, so dass ein Verfahren vor der Enteignungsbehörde eingeleitet wird, in dessen Rahmen dann noch in jeder Lage des Verfahrens eine Einigung oder Teileinigung möglich bleibt und auch von der Enteignungsbehörde regelmäßig angestrebt wird. 892

2. Verfahren vor der Enteignungsbehörde

Die Enteignung selber wird von der höheren Verwaltungsbehörde durchgeführt (§ 104 I BauGB). Welche Behörde dies ist, wird durch Landesrecht bestimmt. 893

■ **Enteignungsantrag**

Der Enteignungsberechtigte hat einen entsprechenden Enteignungsantrag schriftlich bei der Gemeinde einzureichen, in der das zu enteignende Grundstück liegt (§ 105 BauGB). Damit ist das formelle Enteignungsverfahren eingeleitet: 894

▶ Es wird beantragt, gem. § 105 BauGB zugunsten des .... das im Eigentum des ... stehende Grundstück .... bestehend aus den Flurstücken ... zu enteignen. ◀

Die Beteiligten des Enteignungsverfahrens ergeben sich aus § 106 BauGB.

■ **Antrag auf vorzeitige Besitzeinweisung**

Ist die sofortige Ausführung der beabsichtigten Maßnahme aus Gründen des Wohls der Allgemeinheit dringend geboten, so kann die Enteignungsbehörde den Antragsteller auf Antrag durch Beschluss in den Besitz des von dem Enteignungsverfahren betroffenen Grundstücks einweisen (§ 116 I 1 BauGB): 895

▶ Es wird beantragt, den Antragsteller gem. § 116 BauGB in den Besitz einer ... qm großen Teilfläche gem. Anlage 1 zu dem Antrag gem. § 105 BauGB einzuweisen sowie vorab gem. § 112 II BauGB vorab über den Übergang des Eigentums zu entscheiden.. ◀

---

931 BGH, Urt. v. 02.10.2003 – III ZR 114/02, NJW 2004, 281.

Über die vorzeitige Besitzeinweisung ist vor der Enteignungsbehörde zwingend mündlich zu verhandeln (§ 116 I 2 BauGB).

- **Erforderlichkeit der Enteignung**

896 Voraussetzung für die Enteignung durch die Enteignungsbehörde wie auch für die vorzeitige Besitzeinweisung ist
- die Notwendigkeit der Enteignung zu einem der in § 85 BauGB aufgeführten **Enteignungszwecke** sowie
- die Feststellung, dass das Wohl der Allgemeinheit die Enteignung **erfordert** und der Enteignungszweck auf andere zumutbare Weise nicht erreicht werden kann (§ 87 BauGB).

Unabhängig davon, ob ein der Enteignung zugrunde liegender Beschluss verwaltungsgerichtlich angefochten worden ist oder nicht, hat die Enteignungsbehörde die beiden vorbenannten Voraussetzungen in eigener Kompetenz und Verantwortung zu prüfen. Gleiches gilt für die mögliche anschließende Anfechtung der Entscheidung der Enteignungsbehörde vor den Baulandgerichten.

897 Nachgewiesen werden muss für einen Enteignungsbeschluss wie auch für einen Beschluss über die vorzeitige Besitzeinweisung seitens des Antragstellers das vergebliche Bemühen um den **freihändigen Erwerb** des zu enteignenden Grundstücks zu **angemessenen Bedingungen** (§ 87 II BauGB). Für die vorzeitige Besitzeinweisung ist zusätzlich erforderlich, dass die sofortige Ausführung der Maßnahme „aus Gründen des Wohls der Allgemeinheit **dringend geboten**" ist.

- **Teileinigung**

898 Da sich die Parteien zumeist weniger um die Zulässigkeit der Enteignung selber als um die Höhe der Enteignungsentschädigung streiten, ist es sinnvoll, wenn sich die Parteien in dem Verfahren über die vorzeitige Besitzeinweisung zunächst im Wege einer **Teileinigung** gem. § 111 BauGB über den Übergang des Eigentums einigen. Das Verfahren wird im Anschluss an die Teileinigung dann als sog. **Entschädigungsfeststellungsverfahren** vor der Enteignungsbehörde fortgesetzt.

899 Diese Verfahrensweise – zunächst eine Teileinigung zu erwirken und sodann das Entschädigungsfeststellungsverfahren weiter zu betreiben – hat den Vorteil, dass der Eigentümer im Falle der Teileinigung zumindest die angebotene **Mindestentschädigung** sofort ausgezahlt erhält. Dies ist nicht der Fall, soweit sich die Beteiligten weiter über die Besitzeinweisung, die Enteignung und die Enteignungsentschädigung streiten, was sodann noch über Jahre andauern kann, obwohl der Enteignungsbetroffene zwischenzeitlich den Besitz an dem Grundstück verloren hat. Ohne die Teileinigung verliert der Betroffene also zunächst das Eigentum und den Besitz am Grundstück und er erhält zudem vor einer Rechtskraft über die Besitzeinweisung bzw. die Enteignung keine Entschädigung für den Eigentumsverlust ausgezahlt.

- **Entschädigungsfeststellungsverfahren**

900 In dem anschließenden Entschädigungsfeststellungsverfahren muss sich der Entschädigungsberechtigte darauf einstellen, dass allein die Zuarbeit über den zu beteiligenden **Gutachterausschuß** (§ 192 BauGB) durchaus mehrere Jahre in Anspruch nehmen kann. In diesem Verfahrensstadium sollte und muss der Anwalt dringend darauf hinwirken, gegenüber der Enteignungsbehörde seinen Standpunkt bezüglich der Festlegung des **Qualitätsstichtags** sowie des **Wertermittlungsstichtags** für die Bewertung der Enteignungsentschädigung vorzutragen. Die Enteignungsbehörde gibt nämlich im Rahmen des Gutach-

B. Verfahren vor den Baulandgerichten 2

tenauftrags an den Gutachterausschuß diese Zeitpunkte vor. Wenn der Sachverhalt Anlass dafür gibt, von den üblichen gesetzlich vorgegebenen Zeitpunkten (§ 93 IV BauGB – Entscheidung über den Enteignungsantrag) abzuweichen, sollte dies durch den Anwalt dargelegt werden.

- **Erstattung notwendiger Aufwendungen**

Soweit der Anwalt einen Enteignungsbetroffenen vertritt, kann dieser beruhigend darauf hingewiesen werden, dass die zur Rechtsverfolgung oder Rechtsverteidigung notwendigen Aufwendungen des Betroffenen durch den Enteignungsberechtigten zu tragen sind. Erstattungsfähig sind insoweit Kosten für einen eigenen **Gutachter**, der etwa den von dem Enteignungsberechtigten ermittelten und angebotenen Wert überprüfen soll. Auch die **Gebühren und Auslagen** eines Rechtsanwalts oder eines sonstigen Bevollmächtigten sind erstattungsfähig, wenn die Zuziehung eines Bevollmächtigten notwendig war (§ 121 II 2 BauGB).

901

In einem Enteignungsverfahren bzw. einem Verfahren auf vorzeitige Besitzeinweisung wird dies regelmäßig der Fall sein, so dass die Kostenlast für die anwaltliche Vertretung vor der Enteignungsbehörde letztlich nicht von dem Enteignungsbetroffenen zu tragen sind, soweit nicht ein Honorar über den gesetzlichen Gebühren vereinbart worden ist (§ 121 II 3 BauGB). Den die gesetzlichen Gebühren übersteigenden Teil der Vergütungsvereinbarung hat der Auftraggeber dann selber zu tragen, ohne dass eine Erstattungspflicht besteht.

902

- **Gebühren**

Die Verfahren vor der Enteignungsbehörde über die Besitzeinweisung wie auch über die Enteignung bzw. Entschädigungsfeststellung stellen gebührenrechtlich eine Angelegenheit dar, wenn in beiden Verfahren ein einheitlicher Wert durch die Enteignungsbehörde festgesetzt wird. Soweit der Anwalt die Vertretung in der mündlichen Verhandlung für den Enteignungsbetroffenen wahrnimmt und an einer Teileinigung mitwirkt, erhält der Anwalt hierfür insgesamt 3 der gesetzlichen Gebühren nach VV RVG auf der Grundlage des Wertes der Teileinigung (Geschäftsgebühr, Terminsgebühr, Einigungs- bzw. Erledigungsgebühr). Wird in dem anschließenden Entschädigungsfeststellungsverfahren ein höherer Wert als der Wert der Teileinigung festgesetzt, erhält der Anwalt eine weitere Gebühr auf dem Wert der Differenz zwischen dem der Teileinigung und dem der endgültigen Entschädigungsfeststellung.

903

3. Gerichtliches Verfahren

Gegenstand des Baulandprozesses können alle Verwaltungsakte sein, die im Enteignungsverfahren ergehen. Angegriffen werden diese Verwaltungsakte mit dem Antrag auf gerichtliche Entscheidung gem. § 217 I 1 BauGB. Der Antrag ist binnen eines Monats seit der Zustellung des Verwaltungsaktes bei der Stelle einzureichen, die den Verwaltungsakt erlassen hat (§ 217 II BauGB). Der Antrag muss den Verwaltungsakt bezeichnen, gegen den er sich richtet, er soll die Erklärung, inwieweit der Verwaltungsakt angefochten wird, und einen bestimmten Antrag enthalten. Ferner soll der Antrag die Gründe sowie die Tatsachen und Beweismittel angeben, die zur Rechtfertigung des Antrags dienen (§ 217 III BauGB):

904

▶ Gegen den Bescheid vom ... in Gestalt des Widerspruchsbescheides vom ... beantrage ich gem. § 217 BauGB die gerichtliche Entscheidung. Begründung: ..... ◀

2 § 9 Staatshaftungs- und entschädigungsrechtliche Verfahren

905 Der Antrag ist sodann durch die Verwaltungsbehörde mit ihren Akten unverzüglich dem zuständigen Landgericht vorzulegen (§ 217 IV BauGB). Da das Landgericht sachlich zuständig ist, besteht für die weitere Vertretung dort Anwaltszwang gem. § 78 ZPO. Das Verfahren im Übrigen richtet sich dann ebenfalls nach den Bestimmungen der ZPO.

906 Ist Gegenstand des Verfahrens eine vorzeitige Besitzeinweisung nach § 77 BauGB oder § 116 BauGB, hat der Antrag an das Baulandgericht keine aufschiebende Wirkung (§ 224 I Nr. 3 BauGB). Demnach richtet sich das weitere landgerichtliche Verfahren entsprechend den Bestimmungen des § 80 V VwGO (§ 224 S. 2 BauGB). Das Gericht hat dann ebenso wie ein Verwaltungsgericht im summarischen Verfahren zu prüfen, ob die Voraussetzungen für die Enteignung sowie die vorzeitige Besitzeinweisung vorliegen. Letztendlich wird also in diesem Verfahren mehr oder weniger eine Interessenabwägung stattzufinden haben, die selbstverständlich meist zu Lasten des Enteignungsbetroffenen ausfällt. Gegen die erstinstanzliche Entscheidung ist ein Rechtsmittel zum zuständigen OLG gegeben.

IV. Enteignungsentschädigung

907 Die Feststellung der Enteignungsentschädigung ist zunächst relevant für alle Enteignungskonstellationen nach dem BauGB. Die Entschädigungsgrundsätze der §§ 93–103 BauGB sind aber auch analog auf die für planerische Eingriffe in die Bodennutzbarkeit zu gewährende Geldentschädigung anzuwenden (§ 43 II 3 BauGB). Damit ist die Feststellung der Enteignungsentschädigung auch wesentlich für das Planungsschadensrecht. Ermittlung und Höhe der Enteignungsentschädigung gehören mit zu den schwierigsten Kapiteln im Rahmen des Enteignungsrechts. Zwar werden die Werte letztendlich durch einen Gutachterausschuß ermittelt (§§ 192 ff. BauGB). Dieser hält sich jedoch bei seiner Bewertung an die rechtlichen Vorgaben, die für das konkrete zu beurteilende Grundstück ihm durch die Enteignungsbehörde aufgegeben werden.

908 Entschädigung gem. § 93 III BauGB wird grundsätzlich geleistet für
- den durch die Enteignung eintretenden Rechtsverlust (§ 95 BauGB),
- andere durch die Enteignung eintretenden Vermögensnachteile (§ 96 BauGB).

§ 95 BauGB regelt die Entschädigung für den sog. **Substanzverlust**, i. d. R. für den Verlust des Grundstücks ausgehend von dem Verkehrswert (§ 194 BauGB). § 96 BauGB sieht darüber hinaus eine Entschädigung für **Folgekosten** der Enteignung vor, wobei ein Verbot der Doppelentschädigung festgeschrieben ist (§ 96 I 1 BauGB), d. h. eine Entschädigung ist entweder für den Rechtsverlust zu leisten oder für die Folgekosten. Folgeschäden i. S. des § 96 BauGB sind Schäden, die in der Person des Enteigneten ohne dinglichen Wertabzug durch die Enteignung unmittelbar und zwangsnotwendig begründet werden. Davon erfasst werden z. B. Entschädigungen für
- den vorübergehenden oder zeitweisen Verlust einer Haupt- oder Nebentätigkeit des Enteigneten (§ 96 I 2 Nr. 1 BauGB),
- die Wertminderung des enteigneten Grundstücks (§ 96 I 2 Nr. 2 BauGB),
- die Betriebsverlagerung (§ 96 I 2 Nr. 3 BauGB)

909 Schwierigkeiten bereitet schon die Voraussetzung, dass für die Bemessung der Entschädigung der Zustand des Grundstücks in dem Zeitpunkt maßgebend ist, in dem die Enteignungsbehörde über den Enteignungsantrag entscheidet (§ 93 IV BauGB). Dieser Zeitpunkt kann jedoch auch durch verschiedene Konstellationen vorverlegt werden. Durch das mögliche Auseinanderfallen von **Qualitätsstichtag** (bezüglich der Qualität des Grundstücks) und **Wertermittlungsstichtag** (Zeitpunkt der Wertermittlung für den Ver-

kehrswert des Grundstücks) können sich weitere erhebliche Bewertungsunterschiede ergeben, je nachdem, von welchem Stichtag jeweils ausgegangen wird. Das genau sind aber die Punkte, denen der Anwalt im Zweifel in rechtlicher Hinsicht bei Vorlage entsprechender Gutachten nachzugehen hat. Hier kann nur auf die einschlägige Kommentierung mit einer fast unüberschaubaren Konstellation von Fällen verwiesen werden.

Eine neuere Entscheidung des BGH vom 6.5.1999 soll wegen der erheblichen Auswirkungen für die Praxis vorgestellt werden: Nach dieser Entscheidung ist bei der Enteignungsentschädigung für ein später als Gemeinbedarfsfläche ausgewiesenes Grundstück gleichwohl auf dessen **Qualität** als Bauland abzustellen, auch wenn diese zulässige Nutzung ursprünglich über sieben Jahre lang nicht ausgeübt worden war.[932] Die Entscheidung zeigt, dass die Frage der Bewertung eines Grundstücks je nach Festlegung des sog. Qualitätsstichtages erheblich abweichen kann, insbesondere in den Fällen, in denen z. B. eine höherwertige Nutzung des Grundstücks durch dessen Eigentümer wegen einer bevorstehenden, das Baugebiet verändernden Bauleitplanung nicht mehr ausgeübt wird. Auch bei den sog. Folgekosten ist durch den Enteigneten genau darzulegen, welche Positionen hier im Einzelnen zu berücksichtigen und einzurechnen sind. Diesbezüglich hat der Anwalt eine weitgehende Beratungs- und Kontrollfunktion auszuüben.

Der BGH hat diese Grundsätze in einer weiteren Entscheidung wiederholt und vertieft. Wird nach Ablauf der Sieben-Jahres-Frist des § 42 II BauGB unbebautes Bauland als Spielplatz ausgewiesen und enteignet, so kann für die Beurteilung, ob die Bemessung der Enteignungsentschädigung nach der ausgeübten Nutzung zu einer unzumutbaren Ungleichbehandlung des betroffenen Eigentümers führen würde, nicht außer Betracht bleiben, ob und in welchem Umfang der Eigentümer in demselben örtlichen Bereich anderweitig Bauvorhaben realisiert hat und diesen der geplante Spielplatz gedient hat.[933]

---

932 BGH, Urt. v. 06.05.1999 – III ZR 174/98, BGHZ 141, 319 f.
933 BGH, Urt. v. 11.07.2002 – III ZR 160/01, BauR 2002, 1686.

§ 10 Verfassungsbeschwerdeverfahren

Literatur
Ein Lehr- und Handbuch bieten *Benda/Klein*, Verfassungsprozessrecht, 2. Aufl. 2001. Praxisgerecht für den Anwalt, der eine Verfassungsbeschwerde erheben möchte, ist der Aufsatz von *Kreuder*, Praxisfragen zur Zulässigkeit der Verfassungsbeschwerde, NJW 2001, 1243–1248.

911 Die Verfassungsbeschwerde stellt einen außerordentlichen Rechtsbehelf dar. Die Einlegung der Verfassungsbeschwerde hemmt nicht den Eintritt der Rechtskraft nach Erschöpfung des Rechtsweges. Gleichwohl stellt sich die Verfassungsbeschwerde als **ultima ratio** dar, ggf. auf dem nationalen Rechtsweg noch eine korrigierende Entscheidung im Anschluss an die Rechtswegerschöpfung zu erhalten, auch wenn die „Erfolgsquote" als äußerst niedrig zu konstatieren ist: Von 5036 abschließend bearbeiteten Verfassungsbeschwerden endeten etwa im Jahre 2000 insgesamt 98,12 % mit einer Nichtannahme, auch wenn die meisten Beschwerden aus formellen Gründen scheiterten, weil z. B. die Grundrechtsrügen nicht hinreichend substantiiert dargelegt wurden.[934] Diese „Erfolgswerte" sind durchaus auch für die kommenden Jahre fortzuschreiben.

912 Grundsätzlich hat ein Betroffener die **Wahl** zwischen der Erhebung der Verfassungsbeschwerde vor dem BVerfG in Karlsruhe oder zu dem Verfassungsgericht des Landes (Verfassungsgerichtshof), dessen hoheitlicher Akte angefochten werden soll. Dargestellt wird vorliegend nur das **Verfahren vor dem BVerfG**, weil die Landesverfassungsgerichte in ihren Verfahrensordnungen zwar teilweise Unterschiedlichkeiten aufweisen, ansonsten aber der verfassungsgerichtliche Prüfungsumfang dort in gleichem Maße wie bei dem BVerfG gegeben ist.

A. Formelle Voraussetzungen

913 Den im BVerfGG enthaltenen formellen Vorschriften mit den Anforderungen an die Einhaltung der Monatsfrist, an die Beachtung des Subsidiaritätsgrundsatzes und an die Darlegungslast kommt in der Praxis erhebliche Bedeutung zu. Ihre **strenge Beachtung** und Befolgung schafft überhaupt dafür die Voraussetzung, dass der Sache grundsätzliche verfassungsrechtliche Bedeutung zukommt (§ 93a II a BVerfGG) oder die Annahme zur Durchsetzung verfassungsmäßig geschützter Rechte angezeigt ist (§ 93a II b BVerfGG), so dass überhaupt die Beschwerde zur Entscheidung durch das Verfassungsgericht anzunehmen ist.

I. Frist und Form

914 Nach § 90 I BVerfGG kann **jedermann** mit der Behauptung, durch die öffentliche Gewalt in einem seiner Grundrechte verletzt zu sein, die Verfassungsbeschwerde zum Bundesverfassungsgericht erheben. Nicht erforderlich ist ein konkreter Antrag. Die Tenorierung, ob und in welchem Umfang ein Verwaltungsakt oder eine gerichtliche Entscheidung Grundrechte des Beschwerdeführers verletzt, ist Sache des BVerfG. In der Verfassungsbeschwerde müssen nur die angefochtenen hoheitlichen Akte bezeichnet werden, ferner muss angegeben werden, durch welchen Umstand welche Grundrechte verletzt worden sein sollen.

---

934 *Kreuder*, Praxisfragen zur Zulässigkeit der Verfassungsbeschwerde, NJW 2001, 1243.

A. Formelle Voraussetzungen 2

Gemäß § 93 I 1 BVerfGG ist die Verfassungsbeschwerde **binnen eines Monats** zu erheben und zu begründen. Die Frist beginnt mit der Zustellung der in vollständiger Form abgefassten letztinstanzlichen Entscheidung. Die Verfassungsbeschwerde muss daher am letzten Tag der Frist bis 24 Uhr bei dem Verfassungsgericht vollständig einschließlich der Unterschrift unter der Verfassungsbeschwerde eingegangen sein. Ist das Telefaxempfangsgerät des Gerichts durch eine andere eingehende Sendung kurz vor 24 Uhr besetzt, kommt auch eine Wiedereinsetzung in den vorigen Stand nicht in Betracht, wenn mit der Übersendung einer längeren Verfassungsbeschwerde erst wenige Minuten vor Fristablauf begonnen wird.[935] Zu berücksichtigen ist auch, dass an die **Sorgfaltspflichten des Rechtsanwalts** zur Überprüfung und Einhaltung der Fristen gesteigerte Anforderungen gestellt werden, und zwar zum einen insbesondere im Verfassungsbeschwerdeverfahren selber wie zum anderen auch dann, wenn dem Rechtsanwalt in der Fristsache die betreffende Akte zur Bearbeitung vorgelegt wird.[936] Teilweise sehen die **Landesverfassungsgerichte** längere Fristen zur Einlegung und zur Begründung der Verfassungsbeschwerde vor.[937] 915

Allerdings ist allen Verfahrensordnungen gleich, dass die Einlegungs- und Begründungsfristen eine **Präklusionsfrist** darstellen. Grundrechtsrügen, die innerhalb der genannten Frist nicht erhoben und begründet wurden, sind im späteren Verfassungsbeschwerdeverfahren nicht mehr zu berücksichtigen, die Beschwerde wird dann als unzulässig zurückgewiesen. Eine vertiefende Begründung der Beschwerde ist zwar möglich, unzulässig ist aber das Nachschieben neuer Sachverhalte bzw. Grundrechtsrügen. 916

Das BVerfG stellt **strenge Anforderungen** an die Darlegung der zu rügenden Grundrechtsverletzung. In der Begründung der Beschwerde sind das Recht, das verletzt sein soll, und die Handlung oder Unterlassung des Organs oder der Behörde, durch die der Beschwerdeführer sich verletzt fühlt, zu bezeichnen (§ 92 BVerfGG).

Die dementsprechende **Darlegungslast** verlangt von dem Beschwerdeführer somit bereits für die Zulässigkeit einer Verfassungsbeschwerde, dass hinreichend deutlich die Möglichkeit einer Verletzung eines dem Beschwerdeführer verbürgten subjektiven Rechts vorgetragen wird. Die Geltendmachung einer Verletzung in eigenen Rechten schließt dabei die Darlegung ein, durch die angegriffene Maßnahme selbst und aktuell in einer verfassungsrechtlich geschützten Rechtsposition beeinträchtigt zu sein. Nicht ausreichend ist allein die Aufzählung einzelner in der Verfassung enthaltener Vorschriften. Dargelegt werden muss vor allem die hoheitliche Maßnahme, durch die eine Verfassungsverletzung eingetreten sein soll. 917

Gegenstand einer Verfassungsbeschwerde im öffentlichen Baurecht können sein 918
- angefochtene oder begehrte Verwaltungsakte (z. B. Baugenehmigung, Vorbescheid, Bebauungsplan),
- gerichtliche Entscheidungen.

Die Verfassungsbeschwerde **unmittelbar gegen ein Gesetz** ist nur in Ausnahmefällen zulässig. Sie ist gegeben, wenn der Beschwerdeführer durch die angegriffene Norm selbst, gegenwärtig und unmittelbar in seinem Grundrecht betroffen ist. Das ist ausnahmsweise dann zu bejahen, wenn die Norm ihren Adressaten bereits vor konkreten Vollzugsakten zu später nicht mehr revidierbaren Dispositionen veranlasst oder er ansonsten nicht in

---

935 BVerfG, Beschl. v. 19.11.1999 – 2 BvR 565/98, NJW 2000, 574.
936 BVerfG, Beschl. v. 27.03.2002 – 2 BvR 636/01, NJW 2002, 3014.
937 Vor dem Berliner Verfassungsgerichtshof z. B. beträgt die Einlegungs- und Begründungsfrist zwei Monate, vgl. § 51 I 1 VerfGHG Berlin.

§ 10 Verfassungsbeschwerdeverfahren

zumutbarer Weise Rechtsschutz gegen den Vollzugsakt durch die Anrufung der Fachgerichte erlangen kann.[938]

919 Die angefochtenen Verwaltungsakte (Ausgangsbescheide einschließlich Widerspruchsbescheide) sind der Verfassungsbeschwerde ebenso in Ablichtung **beizufügen** wie die anzufechtenden gerichtlichen Entscheidungen. Dabei ist zu beachten, dass im Einzelnen genau darzulegen ist, aus welchen Gründen welcher hoheitliche Akt und welche gerichtliche Entscheidung welches Grundrecht verletzt.

Wurde die Verfassungsbeschwerde zwar noch vor Fristablauf per Telefax (ohne Anlagen) eingereicht, gehen die **Anlagen** hierzu aber erst auf dem Postwege bei dem Verfassungsgericht nach Fristablauf ein, ist die Verfassungsbeschwerde unzulässig, wenn auch die Begründung der Verfassungsbeschwerde nicht ausreicht, um die behauptete Grundrechtsverletzung aus sich heraus verständlich substantiiert und nachvollziehbar darzutun.[939]

II. Rechtswegerschöpfung

920 Gemäß § 90 II BVerfGG ist die Erhebung der Verfassungsbeschwerde erst nach der Erschöpfung des Rechtsweges zulässig. Das BVerfG stellt auch an diese Zulässigkeitsvoraussetzung strengste Anforderungen. Es geht davon aus, dass es einem Beschwerdeführer grundsätzlich zuzumuten ist, gegen die behaupteten Eingriffe zunächst Abhilfe vor den **Instanz- und Fachgerichten** zu suchen. Der mit dem Gebot der Rechtswegerschöpfung verfolgte Zweck liegt darin, dass sich zunächst die Fachgerichte mit den Tatsachenfragen zu befassen haben. Sodann fordert das BVerfG durch die Fachgerichte eine **umfassende verfassungsrechtliche Prüfung**. Erst damit soll das BVerfG in die Lage versetzt werden, einen in tatsächlicher und rechtlicher Hinsicht vollständig aufbereiteten Fall zu erhalten, um dann die verschiedenen Rechtsauffassungen bei seiner Entscheidung zu berücksichtigen.[940] Das BVerfG fordert auch bei einer unmittelbar gegen ein **Gesetz** gerichteten Verfassungsbeschwerde, zunächst Abhilfe vor den Fachgerichten zu suchen.[941]

921 Grundsätzlich können verwaltungsgerichtliche Eilentscheidungen Gegenstand einer Verfassungsbeschwerde sein, insbesondere dann, wenn die Verletzung von Grundrechten gerade durch die Eilentscheidung gerügt wird.[942] Aber auch bei einer Verfassungsbeschwerde gegen die Versagung **vorläufigen Rechtsschutzes** fordert das BVerfG vor seiner Befassung die vorherige Erschöpfung des Rechtsweges im Hauptsacheverfahren vor den Tatsachengerichten, wenn ausschließlich Grundrechtsverletzungen gerügt werden, die sich auf die Hauptsache beziehen, die tatsächliche und die einfachrechtliche Lage durch die Fachgerichte noch nicht ausreichend geklärt ist und dem Beschwerdeführer durch die Verweisung auf den Rechtsweg in der Hauptsache kein schwerer Nachteil entsteht.[943]
Nach der ständigen Rechtsprechung des BVerfG gehört auch der **Abänderungsantrag nach § 80 VII VwGO** zu den Rechtsmitteln bzw. weiteren Rechtsbehelfen, die vor Erhe-

---

938 BVerfG, 3. Kammer des Zweiten Senats, Beschl. v. 18.03.2003 – 2 BvR 246/02, NVwZ 2003, 1249.
939 BVerfG, Beschl. v. 27.03.2002 – 2 BvR 636/01, NJW 2002, 3014.
940 BVerfG, Beschl. v. 25.02.1999 – 2 BvR 548/96, NVwZ 1999, 758 – Rechtsweg bei Streitigkeiten aus kirchlichem Dienstverhältnis; BVerfG, Beschl. v. 15.03.1999 – 2 BvR 2307/94, NVwZ 1999, 758 – Rechtsschutz in Kirchensachen.
941 BVerfG, Beschl. v. 29.09.2000 – 2 BvR 1507/96, NVwZ-RR 2001, 73.
942 BVerfG, Beschl. v. 14.03.1989 – 1 BvR 1308/82, NVwZ 1989, 854.
943 BVerfG, Beschl. v. 22.03.2001 – 1 BvR 1003/95, NVwZ 2001, 796; BVerfG, Beschl. v. 31.01.2001 – 1 BvR 66/01 u. a., NJW 2001, 1482.

A. Formelle Voraussetzungen 2

bung einer Verfassungsbeschwerde einzulegen sind.[944] Dies gilt auch und gerade dann, wenn der Abänderungsantrag neben der Verletzung des rechtlichen Gehörs (Art. 103 I GG) mit der Verletzung von weiteren Grundrechten begründet wird, weil das Abänderungsverfahren zugleich Gelegenheit bieten soll, diese verfassungsrechtlichen Mängel zu beseitigen, selbst wenn sie nicht mit dem auch geltend gemachten Gehörsverstoß notwendig im Zusammenhang stehen.
Mit Beschluss vom 16.1.2002 hat der Erste Senat des BVerfG das Plenum des BVerfG angerufen, weil der Erste Senat von der Rechtsauffassung des Zweiten Senats abweichen will, nach der **das Fehlen einer fachgerichtlichen Abhilfemöglichkeit** bei entscheidungserheblichen Verstößen gegen das Verfahrensgrundrecht des Art. 103 I GG nicht das Grundgesetz verletzt.[945]
In einem Beschluss vom 28.3.2002 fordert das BVerfG wegen des Grundsatzes der Subsidiarität der Verfassungsbeschwerde, von einem Rechtsbehelf grundsätzlich auch dann Gebrauch zu machen, wenn dessen **Statthaftigkeit zweifelhaft ist**.[946]
Das BVerfG fordert in einer Entscheidung vom 11.7.2002 unter dem Gesichtspunkt der Subsidiarität des Verfassungsbeschwerdeverfahrens auch und gerade nach Inkrafttreten des § 321a ZPO die Erhebung einer **Gegenvorstellung** vor Erhebung der Verfassungsbeschwerde.[947]
Nachdem der Gesetzgeber im Zuge des Anhörungsrügegesetzes mit Wirkung ab 1.1.2005 den Rechtsbehelf des § 321a ZPO eingeführt hat, fordert das BVerfG in einem Beschluss vom 25.4.2005 nunmehr grundsätzlich vor der Erhebung der Verfassungsbeschwerde die Einlegung dieses Rechtsbehelfs.[948] Für den Bereich der Verwaltungsgerichtsbarkeit ist die Möglichkeit der fachgerichtlichen Abhilfe für den Fall, dass ein Gericht in entscheidungserheblicher Weise den Anspruch auf rechtliches Gehör verletzt hat, seit dem 1.1.2005 in § 152a VwGO (**Anhörungsrüge**) geregelt.[949] Durch dieses Rechtsmittel werden andere außerordentliche Rechtsbehelfe nach Erlass des Anhörungsrügegesetzes nicht mehr für zulässig gehalten.[950]
Allerdings ist das Verhältnis von Anhörungsrüge und Verfassungsbeschwerde noch nicht hinreichend geklärt, wenn etwa nicht die Verletzung rechtlichen Gehörs, sondern **anderer Verfahrensrechte** zu rügen ist, wie etwa das Recht auf den **gesetzlichen Richter**, den Grundsatz des **fairen Verfahrens** sowie den Schutz vor grobem prozessualen Unrecht (**Willkürverbot**).[951] Der Anwalt wird sich also genau überlegen müssen, ob er nur die Anhörungsrüge oder nur die Verfassungsbeschwerde oder vorsorglich beides einlegt, was zu empfehlen ist, solange das Verhältnis zwischen beiden Rechtsbehelfen nicht gänzlich durch das BVerfG geklärt ist. Wenn **neben** der Gehörsrüge auch noch andere Verfahrens-

---

944 BVerfG, 1. Kammer des Zweiten Senats, Beschl. v. 09.01.2002 – 2 BvR 2124/01, NVwZ 2002, 848.
945 BVerfG, Beschl. v. 16.01.2002 – 1 BvR 10/99, BVerfGE 104, 357.
946 BVerfG, Beschl. v. 28.03.2002 – 1 BvR 229/02, NJW 2002, 3387.
947 BVerfG, Beschl. v. 11.07.2002 – 1 BvR 226/02, NJW 2002, 3388.
948 BVerfG, Beschl. v. 25.04.2005 – 1 BvR 644/05, NJW 2005, 3059.
949 *Guckelberger*, Die Anhörungsrüge nach § 152a VwGO, NVwZ 2005, 11 – 15.
950 *Schenke*, Außerordentliche Rechtsbehelfe im Verwaltungsprozess nach Erlass des Anhörungsrügegesetzes, NVwZ 2005, 729 – 739.
951 *Zuck*, Das Verhältnis von Anhörungsrüge und Verfassungsbeschwerde, NVwZ 2005, 739 – 743; *Zuck*, Wann verletzt ein Verstoß gegen ZPO-Vorschriften zugleich den Grundsatz rechtlichen Gehörs?, NJW 2005, 3753 – 3757.

grundrechte betroffen sind, fordert das BVerfG mit Beschluss vom 25.4.2005 jedenfalls die Erhebung der Anhörungsrüge als Zulässigkeitsvoraussetzung für die Verfassungsbeschwerde.[952]

III. Bundes- und Landesverfassungsrecht

922 Grundsätzlich steht es einem Beschwerdeführer frei, zwischen der Erhebung der Verfassungsbeschwerde zu dem für ihn zuständigen Landesverfassungsgericht oder zum BVerfG zu entscheiden. Nicht zulässig ist die **gleichzeitige** Rechtshängigkeit vor beiden Gerichten.[953] Die Landesverfassungsgerichte sind nach eigener Auffassung befugt, Entscheidungen der Landesgerichte am Maßstab ihrer Verfassung auch bei Anwendung von Bundesrecht zu prüfen, wenn die in der Landesverfassung verbürgten Individualgrundrechte inhaltlich mit den Grundrechten des GG übereinstimmen.[954]

923 Das BVerfG hat die Kompetenz der Landesverfassungsgerichte zur Überprüfung der Landesverfassungsbeschwerde in bundesrechtlich geregelten Verfahren bestätigt, soweit Bundes- und Landesgrundrecht einen bestimmten Gegenstand in gleichem Sinne und mit gleichem Inhalt regeln und in diesem Sinne inhaltsgleich sind.[955] Nach Erhebung einer Landesverfassungsbeschwerde ist im Übrigen noch die Erhebung einer weiteren Beschwerde zum BVerfG möglich. Auf eine Verletzung landesverfassungsrechtlicher Normen kann eine Bundesverfassungsbeschwerde aber nicht gestützt werden.[956]

IV. Annahmeerfordernis

924 Gemäß § 93 a BVerfGG bedarf die Verfassungsbeschwerde der Annahme zur Entscheidung. Sie ist zur Entscheidung anzunehmen,
- soweit ihr grundsätzliche verfassungsrechtliche Bedeutung zukommt, oder
- wenn es zur Durchsetzung der in § 90 I genannten Rechte angezeigt ist; dies kann auch der Fall sein, wenn dem Beschwerdeführer durch die Versagung der Entscheidung zur Sache ein besonders schwerer Nachteil entsteht.

Diese Voraussetzungen sind in der Verfassungsbeschwerde ebenfalls vom Beschwerdeführer darzulegen. Regelmäßig ergibt sich dies aus der Darstellung der verletzten Grundrechtsnorm.

B. Prüfungsmaßstab

Der Anwalt, der seinen Mandanten zur Durchführung eines Verfassungsbeschwerdeverfahrens beraten muss, sollte Zurückhaltung in der Prognose von Erfolgsaussichten der Beschwerde üben, weil die verfassungsgerichtliche Kontrolldichte gegenüber instanzgerichtlichen Entscheidungen äußerst begrenzt ist. Dies sollte dem Mandanten auch seriöserweise klargemacht werden.

---

952 BVerfG, Beschl. v. 25.04.2005 – 1 BvR 644/05, NJW 2005, 3059.
953 § 49 I VerfGHG Berlin erhebt zur Zulässigkeitsvoraussetzung, dass nicht die Verfassungsbeschwerde zum Bundesverfassungsgericht erhoben ist oder im Laufe des Beschwerdeverfahrens erhoben wird.
954 BerlVerfGH, Beschl. v. 02.12.1993 – VerfGH 89/93, NJW 1994, 436 – Fortdauer der Untersuchungshaft – Fall Mielke.
955 BVerfG, Beschl. v. 15.10.1997 – 2 BvN 1/95, NJW 1998, 1296.
956 BVerfG, Beschl. v. 26.03.2001 – 1 BvR 383/00, NJW 2001, 2161.

B. Prüfungsmaßstab

I. Verletzung spezifischen Verfassungsrechts

Zu berücksichtigen ist, dass nur die Verletzung spezifischen Verfassungsrechts geprüft werden kann. Die Rechtsauffassung der Fachgerichte unterliegt nur in sehr beschränktem Umfang der verfassungsgerichtlichen Überprüfung. Das BVerfG betont fortlaufend, dass die Auslegung und Anwendung der Bestimmungen des einfachen Rechts Sache der Tatsachengerichte ist. Es betont ferner, das BVerfG sei keine Superrevisionsinstanz.

Die Auslegung und Anwendung der **Bestimmungen des einfachen Rechts** kann durch die Verfassungsgerichte nur darauf überprüft werden, ob sie Auslegungsfehler enthalten, die auf einer grundsätzlich unrichtigen Anschauung von der Bedeutung der betroffenen Grundrechte, insbesondere vom Umfang ihres Schutzbereiches beruhen. Das ist dann der Fall, wenn die von den Fachgerichten vorgenommene Auslegung der Norm die Tragweite der Grundrechte nicht hinreichend berücksichtigt oder im Ergebnis zu einer unverhältnismäßigen Beschränkung der grundrechtlichen Freiheiten führt.[957]

II. Fehlerhafte Gesetzesauslegung

Zwar kann auch eine fehlerhafte Auslegung eines Gesetzes Gegenstand einer verfassungsgerichtlichen Überprüfung sein. Dies gilt jedoch nur dann, wenn eine Verletzung des Art. 3 I GG in seiner Ausprägung als **Willkürverbot** anzunehmen ist. Danach ist ein Richterspruch willkürlich, wenn er unter keinem denkbaren Aspekt rechtlich vertretbar ist und sich daher der Schluss aufdrängt, dass er auf sachfremden Erwägungen beruht. Das ist anhand objektiver Kriterien festzustellen. Schuldhaftes Handeln des Richters ist nicht erforderlich. Fehlerhafte Rechtsanwendung allein macht eine Gerichtsentscheidung nicht willkürlich. Willkür liegt vielmehr erst vor, wenn die Rechtslage in **krasser Weise verkannt** wird. Davon kann nicht gesprochen werden, wenn das Gericht sich mit einer Rechtslage eingehend auseinandergesetzt und seine Auffassung nicht jedes sachlichen Grundes entbehrt.[958]

III. Baurecht und Art. 14 GG

Im Bereich des öffentlichen Baurechts werden – abgesehen von Enteignungsverfahren – sowohl für den Bauherrn wie auch den in seinen Rechten verletzten Nachbarn in den meisten Fällen wenig Ansatzpunkte dafür bestehen, ein verfassungsgerichtliches Verfahren mit Aussicht auf Erfolg zu betreiben, weil als verletzte Grundrechtsnorm mehr oder weniger allein Art. 14 I GG mit der dort enthaltenen Baufreiheit sowohl für den Nachbarn wie auch für den Bauherrn sowie Art. 14 III GG bei Enteignungsverfahren in Betracht kommt.

Festzustellen ist zunächst, dass das Recht des **Grundeigentümers** und Bauherrn, sein Grundstück im Rahmen der Gesetze zu bebauen, durch die Eigentumsgarantie des Art. 14 I 1 GG geschützt ist; zum Inhalt des Grundeigentums gehört daher die Befugnis des Eigentümers, sein Grundstück im Rahmen der Gesetze **baulich zu nutzen**.[959] Weiter heißt es dann: „Die **Nachbarn** wiederum können sich aus demselben Grundrecht gegen unrechtmäßige Einwirkungen auf ihre Grundstücke **wehren**. Beide ... haben aus diesem

---

[957] BVerfG, Beschl. v. 04.07.2000 – 1 BvR 547/99, NJW 2000, 2734.
[958] BVerfG, Beschl. vom 20.09.2000 – 1 BvR 441/00, NJW 2001, 1200.
[959] BVerfG, Beschl. v. 19.06.1973 – 1 BvL 39/69 und 14/72, BVerfGE 35, 263(276).

§ 10 Verfassungsbeschwerdeverfahren

Grundrecht und aus Art. 19 IV GG einen Anspruch auf einen effektiven – den Bestand ihres Eigentums sichernden – Rechtsschutz."

929 Die Bedeutung des Art. 14 I GG im Nachbarrecht ist nach höchstrichterlicher Rechtsprechung insoweit aber zu vernachlässigen, als der Nachbar hieraus – ebensowenig wie aus Art. 2 I GG – keinen **Abwehranspruch** herleiten kann,[960] weil die Regelungen über die Bebaubarkeit eines Grundstücks als Inhalts- und Schrankenbestimmungen i. S. des Art. 14 I 2 GG dazu dienen, einen Ausgleich zwischen dem durch die grundsätzliche Verfügungsbefugnis und die Privatnützigkeit gekennzeichneten Privateigentum und der durch Art. 14 II GG festgeschriebenen Sozialbindung des Eigentums zu schaffen. Das BVerfG hat bereits in einer grundlegenden Entscheidung, in dem Überprüfungsgegenstand ein **Bebauungsplan** war, ausgeführt: „Das Eigentum an einem Grundstück garantiert seinem Inhaber nicht ohne weiteres, von der Nachbarschaft störender Anlagen verschont zu bleiben. Er ist grundsätzlich der Gefahr ausgesetzt, dass eine solche Anlage errichtet wird und dass dann dementsprechende Vorschriften des Nachbarrechts zum Tragen kommen."[961]

930 Zu der Frage, ob Bebauungspläne aus verfassungsrechtlichen Gründen eine **Bebauungsbefugnis** vermitteln, hat das BVerfG festgestellt: „Ob und mit welchem Inhalt diese Normen dem Eigentümer eine Bebauungsbefugnis vermitteln, ist eine Frage der Auslegung und Anwendung des einfachen Rechts. ... Die gilt auch hinsichtlich der Frage der Wirksamkeit dieser den Inhalt des Eigentums bestimmenden Vorschriften, einschließlich der Frage, ob die Rechtswidrigkeit einzelner Festsetzungen eines Bebauungsplans, dessen teilweise oder vollständige Unwirksamkeit zur Folge hat."[962] Dementsprechend sind auch nachbarrechtliche Streitigkeiten vorwiegend auf der Ebene der Anwendung und Auslegung des einfachen Rechts zu klären und durch die **Fachgerichte** zu entscheiden.

931 Auch **qualifizierte Festsetzungen** nach § 9 BauGB in einem Bebauungsplan sind grundsätzlich als **Inhaltsbestimmungen** i. S. des Art. 14 I 2 GG anzusehen.[963] Zwar ist nach der Rechtsprechung des BGH schon auf der Stufe der Bauleitplanung darauf Bedacht zu nehmen, dass ein Mindestmaß an Lastengleichheit gewährleistet ist. Er hat aber gleichzeitig klargestellt, dass diesem Erfordernis genügt ist, wenn planungsbedingte Ungleichbelastungen durch bodenordnende Maßnahmen ausgeglichen werden.[964]

932 Nach der ständigen Rechtsprechung des BVerfG entfaltet der Bebauungsplan – auch wenn er einem städtebaulichen Enteignungsverfahren vorausgeht – **keine enteignungsrechtliche Vorwirkung**, weil er keine verbindliche Aussage über die Zulässigkeit der Enteignung trifft.[965] Allerdings hat die Gemeinde bei der Aufstellung eines Bebauungsplans, der eine bislang zulässige Nutzung eines Grundstücks stark beschränkt, in die Abwägung einzustellen, dass sich der Entzug der baulichen Nutzungsmöglichkeit für die Betroffenen **wie eine Teilenteignung** auswirken kann und dass dem Bestandsschutz daher ein den von Art. 14 III GG erfassten Fällen vergleichbares Gewicht zukommt. Eine darüber hinausgehende Prüfung aller Enteignungsvoraussetzungen ist hingegen nicht erforderlich.[966]

---

[960] BVerwG, Beschl. v. 06.12.1996 – 4 B 215/96, NVwZ-RR 1996, 516 – Bedeutung des Art. 14 GG im Nachbarrecht und Tragweite des Rücksichtnahmegebotes.
[961] BVerfG, Beschl. v. 30.11.1988 – 1 BvR 1301/84, NJW 1989, 1271 (1274); BVerfG, Beschl. v. 12.03.1986 – 1 BvL 81/79, NJW 1986, 1288 (1289) – Flughafen Salzburg.
[962] BVerfG, Beschl. v. 02.07.1992 – 1 BvR 1536/91, NVwZ 1992, 972 (973).
[963] BVerwG, Beschl. v. 03.06.1998 – 4 BN 25/98, NVwZ-RR 1999, 425.
[964] BGH, Urt. v. 02.04.1992 – III ZR 25/91, NJW 1992, 2633.
[965] BVerfG, Urt. v. 24.03.1987 – 1 BvR 1046/85, BVerfGE 74, 264 (282).
[966] BVerfG, Beschl. v. 22.02.1999 – 1 BvR 565/91, NVwZ 1999, 979.

B. Prüfungsmaßstab 2

Der materiellrechtliche **Anspruch des Bauherrn** auf Genehmigung ergibt sich zwar aus 933
Art. 14 I GG und Art. 2 I GG, ebenfalls aber in Verbindung mit den öffentlich-rechtlichen
Vorschriften, die eine zulässige Inhalts- und Schrankenbestimmung des Eigentums darstellen.
Art. 14 I GG verhindert allein, dass der Gesetzgeber die Bestimmung des Eigentumsinhalts
ausschließlich dem Ermessen der Verwaltung anheimgibt.[967] Daher wird auch der
Bauherr, gestützt auf Art. 14 I GG, nicht mit Aussicht auf Erfolg im Rahmen einer Verfassungsbeschwerde
gegen eine ihm verweigerte Baugenehmigung vorgehen können, also
einen entsprechenden Leistungsanspruch aus Art. 14 I GG nicht herleiten können.

Nach der Rechtsprechung des BVerfG liegt ein durch Art. 14 I GG bewirkter **Bestands-** 934
schutz nur dann vor, wenn der Bestand zu irgendeinem Zeitpunkt genehmigt wurde oder
jedenfalls genehmigungsfähig gewesen ist.[968] Das BVerfG hat in einer wichtigen Entscheidung
aber auch **Grenzen** des BauGB für eine **Enteignung** aufgezeigt. Danach lässt das
Bundesbaugesetz eine Enteignung mit dem Ziel, Arbeitsplätze zu schaffen und dadurch
die regionale Wirtschaft zu verbessern, nicht zu.[969]

IV. Neuere Entscheidungen zu Art. 14 GG

Neuere Entscheidungen des BVerfG geben Anlass, auch den Schutzbereich des Art. 14 I
GG in Bezug auf baurechtlich unverhältnismäßige Beschränkungen erneut zu überprüfen
und im fachgerichtlichen Verfahren vorzutragen.[970]

- In einer Entscheidung vom 2.3.1999 hat das BVerfG einige Regelungen des Rhein- 935
  land-Pfälzischen **Denkmalschutzgesetzes** für unvereinbar mit Art. 14 I GG erklärt, da
  diese unverhältnismäßige Belastungen des Eigentümers nicht ausschließen und keinerlei
  Vorkehrungen zur Vermeidung derartiger Eigentumsbeschränkungen enthielten.[971]
  In der Entscheidung führt das BVerfG zur Grenze der Sozialbindung des Eigentums
  aus: „Wenn selbst ein dem Denkmalschutz aufgeschlossener Eigentümer von einem
  Baudenkmal keinen vernünftigen Gebrauch machen und es praktisch auch nicht veräußern
  kann, wird dessen Privatnützigkeit nahezu vollständig beseitigt. Nimmt man
  die gesetzliche Erhaltungspflicht hinzu, so wird aus dem Recht eine Last, die der
  Eigentümer allein im öffentlichen Interesse zu tragen hat, ohne dafür die Vorteile einer
  privaten Nutzung genießen zu können. Die Rechtsposition des Betroffenen nähert
  sich damit einer Lage, in der sie den Namen „Eigentum" nicht mehr verdient. Die Versagung
  einer Beseitigungsgenehmigung ist dann nicht mehr zumutbar. Erfordert das
  Allgemeinwohl nach Auffassung des Gesetzgebers dennoch die Erhaltung des
  geschützten Kulturdenkmals, wie es bei Bauwerken hoher kulturhistorischer Bedeutung
  denkbar ist, kann dies nur auf dem Wege der Enteignung (§ 30 I Nr. 1 RhPf-
  DenkmSchPflG) erreicht werden."[972]
- In einer Entscheidung vom 16. 2.2000 hat das BVerfG Grenzen für die **Haftung des**
  Grundstückseigentümers für die Sanierung von Altlasten festgelegt und damit die
  übertriebene Inanspruchnahme von Eigentümern als Zustandsverantwortliche einge-

---

967 BVerwG, Urt. v. 29.04.1964 – 1 C 30.62, BVerwGE 18, 247 (250).
968 BVerfG, Beschl. v. 24.07.2000 – 1 BvR 151/99, NVwZ 2001, 424.
969 BVerfG, Urt. v. 24.03.1987 – 1 BvR 1046/85, BVerfGE 74, 264 ff. – Boxberg-Urteil.
970 Mit der verfassungsrechtlichen Eigentumsdogmatik angesichts der neueren Judikatur des BVerfG befasst sich
    ausführlich: *Roller*, Enteignung, ausgleichspflichtige Inhaltsbestimmung und salvatorische Klauseln, NJW 2001,
    1003–1009.
971 BVerfG, Beschl. v. 02.03.1999 – 2 BvL 7/91, NJW 1999, 2877 ff.
972 BVerfG, Beschl. v. 02.03.1999 – 2 BvL 7/91, NJW 1999, 2877 (2878).

schränkt. Zwar rechtfertige es, den Eigentümer zur Beseitigung von Gefahren in Anspruch zu nehmen, die von der Sache für die Allgemeinheit ausgehen. Die Möglichkeit zur wirtschaftlichen Nutzung und Verwertung des Sacheigentums korrespondiere mit der öffentlich-rechtlichen Pflicht, die sich aus der Sache ergebenden Lasten und die mit der Nutzungsmöglichkeit verbundenen Risiken zu tragen. Das Ausmaß dessen, was dem Eigentümer zur Gefahrenabwehr abverlangt werden darf, müsse aber begrenzt sein. Das sei auch bei der Belastung des Eigentümers mit den Kosten einer Sanierungsmaßnahme zu beachten. Weiter heißt es dann wörtlich: „Eine solche Belastung ist nicht gerechtfertigt, soweit sie dem Eigentümer nicht zumutbar ist".[973]

- Auf eine weitere Entscheidung des BVerfG vom 28.3.2000 ist hinzuweisen. In dieser Entscheidung hat das BVerfG erneut ausgesprochen, das **Besitzrecht des Mieters** an der gemieteten Wohnung sei Eigentum i. S. von Art. 14 I 1 GG.[974] Ob sich hieraus allerdings eine Klagebefugnis des Mieters gegen baurechtswidrige Zustände ableiten lässt, ist zweifelhaft. Die Rechtsprechung der Verwaltungsgerichte lehnt es in letzter Zeit gerade ab, Abwehr- und Leistungsrechte unmittelbar aus den Grundrechten herzuleiten. Dies dürfte auch zutreffend sein.

- Das BVerfG hatte bislang ausdrücklich offengelassen hatte, wie die sog. **Baulandumlegung** nach §§ 45 ff. BauGB verfassungsrechtlich einzuordnen ist. In einem auch in der amtlichen Sammlung veröffentlichten Beschluss vom 22.5.2001 stellt das BVerfG fest: „Die Baulandumlegung nach den §§ 45 ff. Baugesetzbuch ist eine verfassungsrechtlich zulässige Inhalts- und Schrankenbestimmung des Eigentums im Sinne des Art. 14 I 2 GG", daher ist die Baulandumlegung nicht nach Art. 14 III GG zu beurteilen.[975]

- In einer Entscheidung vom 28. 2.2002 hatte das BVerfG über eine **Nachbarklage gegen eine Mobilfunkanlage** zu entscheiden.[976] Danach besteht keine Pflicht des Staates zur Vorsorge gegen rein hypothetische (Gesundheits-)Gefährdungen. Die geltenden Grenzwerte zum Schutz vor elektromagnetischen Feldern von Mobilfunkanlagen könnten nur dann verfassungsrechtlich beanstandet werden, wenn erkennbar ist, das sie die menschliche Gesundheit völlig unzureichend schützen. Davon könne so lange keine Rede sein, als sich die Eignung und Erforderlichkeit geringerer Grenzwerte mangels verläßlicher wissenschaftlicher Erkenntnisse noch gar nicht abschätzen lässt. Eine Verletzung der Nachbesserungspflicht durch den Verordnungsgeber könne erst gerichtlich festgestellt werden, wenn evident sei, dass eine ursprünglich rechtmäßige Regelung zum Schutz der Gesundheit auf Grund neuerer Erkenntnisse oder einer veränderten Situation verfassungsrechtlich untragbar geworden sei. In einer Entscheidung vom 8.12.2004 hat das BVerfG dies wiederholt und darauf verwiesen, dass dem Gesetz- und Verordnungsgeber ein weiter Einschätzungs-, Wertungs- und Gestaltungsspielraum zustehe, solange durch zahlreiche neue Forschungsarbeiten zu den Gefährdungen durch Mobilfunkanlagen noch keine abschließenden Erkenntnisse vorliegen.[977]

- In einem Beschluss vom 4.7.2002 beschäftigt sich das BVerfG mit der Überprüfung der Zulässigkeit einer **Entwicklungsmaßnahme** nach § 165 BauGB. Die Entwicklungssatzung lege mit Bindungswirkung für ein nachfolgendes Enteignungsverfahren

---

973 BVerfG, Beschl. v. 16.02.2000 – 1 BvR 242/91 u. a., NJW 2000, 2573 f.
974 BVerfG, Beschl. v. 28.03.2000 – 1 BvR 1460/99, NJW 2000, 2658 (2660).
975 BVerfG, Beschl. v. 22.05.2001 – 1 BvR 1512, 1677/97, BVerfGE 104, 1 ff.
976 BVerfG, (3. Kammer des Ersten Senats), Beschl. v. 28.02.2002 – 1 BvR 1676/01, NJW 2002, 1638.
977 BVerfG, Beschl. v. 08.12.2004 – 1 BvR 1238/04, NVwZ-RR 2005, 227.

fest, dass das Wohl der Allgemeinheit den Eigentumsentzug generell rechtfertige. Damit stehe die enteignungsrechtliche Zulässigkeit des Vorhabens und der Ziele, die realisiert werden sollen, dem Grunde nach fest. Dem Enteignungsverfahren verbleibt die Prüfung, ob das so konkretisierte Gemeinwohl den Zugriff auf das einzelne Grundstück erfordert. Das private Eigentum kann nur dann im Wege der Enteignung entzogen werden, wenn es im konkreten Fall benötigt wird, um besonders schwerwiegende und dringende öffentliche Interessen zu verwirklichen. Weiter heißt es dann wörtlich: „Der Enteignungsbetroffene hat einen aus Art. 14 Abs. 1 Satz 1 GG folgenden verfassungsrechtlichen Anspruch auf effektive gerichtliche Prüfung, ob der konkrete Zugriff auf sein Eigentum diesen Anforderungen genügt."[978]

- Das BVerfG hat in einer Entscheidung vom 23.7.2002 erneut bestätigt, dass einer **Gemeinde** das Eigentumsrecht aus Art. 14 I GG auch außerhalb der Wahrnehmung öffentlicher Aufgaben nicht zusteht, weil sich eine Gemeinde auch bei nicht-hoheitlicher Tätigkeit nicht in einer grundrechtstypischen Gefährdungslage befindet.[979] Offen gelassen hat das BVerfG dagegen auch in dieser Entscheidung, ob es „ganz besonders gelagerte Ausnahmefälle geben kann, in denen es denkbar ist, einer Gemeinde den Schutz des Art. 14 I GG oder einen gleichartigen Schutz zuzubilligen, wenn sie in ihrem Eigentum außerhalb der Wahrnehmung öffentlicher Aufgaben beeinträchtigt wird."[980]

- Nachdem der **BGH** in mehreren Entscheidungen nunmehr mehrfach der Gesellschaft bürgerlichen Rechts (GbR) die **Parteifähigkeit** zuerkannt hat,[981] hat auch das **BVerfG** der **GbR** in einer Entscheidung vom 2.9.2002 bestätigt, dass eine GbR in Ansehung der Eigentumsgarantie grundrechtsfähig ist.[982] Zugleich mit dieser Entscheidung hat das BVerfG auch die Grundrechts- und Parteifähigkeit einer **OHG** und einer **KG** bekräftigt.

- In einer Entscheidung vom 22.12.2004 bekräftigt das BVerfG, dass öffentlich-rechtliche Vorschriften im Verhältnis von **Wohnungseigentümern** untereinander keine Anwendung finden; gleichwohl sei bei baulichen Veränderungen im Einzelfall zu prüfen, ob die Zustimmung der Miteigentümer nach § **22 I WEG** erforderlich ist. Für den Fall des Anbaus eines unterkellerten Wintergartens, der auch eine erhebliche Umgestaltung der Gartenfläche mit sich brachte, hat das BVerfG dies bejaht.[983]

- Nach einer Entscheidung vom 6.9.2005 ist eine **wasserrechtliche Schutzgebietsausweisung** verfassungsrechtlich zulässig. Damit ist auch zugleich entschieden, dass das Verbot der **Ausweisung von Baugebieten** im Rahmen der Bauleitplanung nicht gegen das Übermaßverbot verstößt.[984]

C. Verfahrensdauer

Die Verfahrensdauer eines verfassungsgerichtlichen Verfahrens ist in keinster Weise absehbar. Allerdings hat sich die Verfahrensdauer in der jüngeren Zeit doch auch durch vermehrte sog. Kammerentscheidungen verkürzt.

---

978 BVerfG, Beschl. v. 04.07.2002 – 1 BvR 390/01, NVwZ 2003, 71.
979 BVerfG, Beschl. v. 23.07.2002 – 2 BvR 403/02, DVBl. 2002, 1404.
980 BVerfG, Beschl. v. 23.07.2002 – 2 BvR 403/02, DVBl. 2002, 1404(1405).
981 BGH, Urt. v. 18.02.2002 – II ZR 331/00, NJW 2002, 1207; BGH, Urt. v. 29.01.2001 – II ZR 331/00, NJW 2001, 1056.
982 BVerfG, Beschl. v. 02.09.2002 – 1 BvR 1103/02, NJW 2002, 3533.
983 BVerfG, Beschl. v. 22.12.2004 – 1 BvR 1806/04, NVwZ 2005, 801.
984 BVerfG, Beschl. v. 06.09.2005 – 1 BvR 1161/03, NJW 2005, 1412.

§ 10 Verfassungsbeschwerdeverfahren

I. Kammerentscheidungen

936 Die Verfassungsbeschwerde bedarf nach § 93 a BVerfGG der Annahme. Durch die bei den beiden Senaten des BVerfG gebildeten Kammern – jeweils bestehend aus drei Richtern – wurde die Verfahrensdauer deutlich verkürzt. Die Kammern haben die Möglichkeit, eine Verfassungsbeschwerde für offensichtlich begründet zu erklären (§ 93 c BVerfGG) oder diese abzulehnen, weil die Annahmevoraussetzungen nicht vorliegen (§§ 93 a, b BVerfGG). Allerdings kann auch bei den Entscheidungen durch eine Kammer noch eine Verfahrensdauer von mehreren Jahren gegeben sein, für die das BVerfG im Übrigen bereits mehrfach durch den EGMR gerüffelt wurde.[985] Eine längere Verfahrensdauer lässt jedenfalls nicht auf eine größere Erfolgsaussicht für das Verfahren schließen

II. Einstweilige Anordnungen

937 Gemäß § 32 BVerfGG besteht grundsätzlich die Möglichkeit, eine einstweilige Anordnung bei dem BVerfG zu erwirken, „wenn dies zur Abwehr schwerer Nachteile, zur Verhinderung drohender Gefahren oder aus einem anderen wichtigen Grund zum gemeinen Wohl dringend geboten ist" (§ 32 I BVerfGG). Das Gericht trifft im Rahmen der Entscheidung allerdings dann lediglich eine **Folgenabwägung**,[986] ohne auf die Zulässigkeit oder Begründetheit der Verfassungsbeschwerde näher einzugehen. Das BVerfG prüft dann nur die Folgen, die eintreten würden, wenn die einstweilige Anordnung nicht erginge, die Verfassungsbeschwerde aber später Erfolg hätte, in Abwägung gegenüber den Nachteilen, die entstünden, wenn die begehrte einstweilige Anordnung erlassen würde, der Verfassungsbeschwerde aber der Erfolg zu versagen wäre.[987]

938 Das BVerfG betont, dass anders als der von Art. 19 IV GG geprägte vorläufige Rechtsschutz im fachgerichtlichen Verfahren das einstweilige Rechtsschutzverfahren vor dem BVerfG nicht darauf angelegt ist, möglichst lückenlosen Schutz vor dem Eintritt auch endgültiger Folgen der sofortigen Vollziehung hoheitlicher Maßnahmen zu bieten.[988] Dementsprechend haben Anträge auf Erlass einer einstweiligen Anordnung auch nur in den wenigsten Fällen Aussicht auf Erfolg.

D. Entscheidung

939 Die Entscheidungen der sog. Individualbeschwerde vor dem BVerfG ergehen regelmäßig nach **Aktenlage**. Eine **mündliche Verhandlung** räumt das BVerfG nur in Verfahren ein, von dem die Allgemeinheit in einem größeren Umfang betroffen wird. Das Verfahren vor dem BVerfG selber ist **kostenfrei** (§ 34 BVerfGG), es entstehen also keine Gerichtsgebühren. Für den obsiegenden Beschwerdeführer kommt eine **Erstattung seiner Auslagen** in Betracht (§ 34 a BVerfGG). Zu den „notwendigen Auslagen" gehören auch die Kosten einer **anwaltlichen Vertretung**.[989] Diese werden auf Antrag des Beschwerdeführers oder dessen Bevollmächtigten durch das BVerfG festgesetzt. Im Falle einer anwaltlichen Vertretung erfolgt vorab auf Antrag eine Festsetzung des **Gegenstandswertes** für das Verfahren.

---

[985] Vgl. nur EGMR, Urt. v. 27.07.2000 – 33379/96 (Klein/Deutschland), NJW 2001, 213.
[986] BVerfG, Beschl. v. 21.05.1996 – 1 BvR 1408/95, BVerfGE 94, 334 ff.
[987] BVerfG, Beschl. v. 05.07.1995 – 1 BvR 2226/94, BVerfGE 93, 181 (186).
[988] BVerfG, Beschl. v. 11.03.1999 – 2 BvQ 4/99, NJW 1999, 2174.
[989] Grundlegend hierzu: BVerfG, Beschl. v. 19.11.1991 – 1 BvR 1425/90, NJW 1992, 816; Beschl. v. 19.11.1991 – 1 BvR 1521/89, NJW 1992, 818.

§ 11 Verfahren vor dem Europäischen Gerichtshof für Menschenrechte (EGMR)

Literatur

Grundlegend mit dem Verfahren vor dem EGMR beschäftigen sich: *Wittinger*, Die Einlegung einer Individualbeschwerde vor dem EGMR, NJW 2001, 1238–1243; *Meyer-Ladewig/Petzold*, Der neue ständige Europäische Gerichtshof für Menschenrechte, NJW 1999, 1165–1167; *Meyer-Ladewig*, Die Bindung deutscher Gerichte an Urteile des EGMR, NJW 2005, 15–20

Die europarechtliche Dimension auch nationaler Gerichtsverfahren nimmt ständig zu. Das BVerfG hat zwischenzeitlich erkannt, dass ein Verstoß gegen das Grundrecht auf den **gesetzlichen Richter** (Art. 101 I 2 GG) durch Nichtvorlage eines Verfahrens an den EuGH vorliegen kann[990] und hat damit seine in früheren Entscheidungen noch zum Ausdruck gekommene Zurückhaltung gegenüber gemeinschaftsrechtlichen Regelungen und Entscheidungen des EGMR ein wenig aufgegeben.   940

Nach Beschluss des BVerfG hat ein nationales Gericht die Rechtsprechung des EGMR grundsätzlich zu berücksichtigen, weil sich die Bindungswirkung einer Entscheidung des EGMR auf alle staatliche Organe erstreckt,[991] wie der EGMR vorher mit Urteil vom 26.02.2004 festgestellt hatte.[992] Unter Umständen hat das nationale Gericht sogar, wenn es in verfahrensrechtlich zulässiger Weise erneut über den Gegenstand zu entscheiden hat einen fortdauernden Konventionsverstoß zu beenden und einen konventionsmäßigen Zustand herzustellen.[993]

Der europarechtliche Bezug gilt auch für nationale Verfahren aus dem Bereich des öffentlichen Baurechts, weil verschiedene europäische Richtlinien im Bereich des Umweltrechts im weiteren Sinne die Bundesrepublik verpflichten, diese in nationales Recht umzusetzen, wie etwa die EG-Richtlinie zur Änderung der UVP-Richtlinie vom 3.3.1997, mit der das Verfahren der UVP auch weitergehend als bislang in die Bauleitplanung zu übernehmen ist.[994] § 1 VI Nr. 7 BauGB verpflichtet bei der Aufstellung von Bebauungsplänen zur Beachtung der Schutzzwecke der Gebiete von gemeinschaftlicher Bedeutung und der Europäischen Vogelschutzgebiete sowie zur Berücksichtigung der Vorgaben der Flora-Fauna-Habitat-Richtlinie der EG.   941

Seit dem 3.11.1998 ist der EGMR als **ständiger Gerichtshof** (Art. 19 EMRK) in Straßburg ansässig. Der EGMR hat u. a. über Verfahren zu entscheiden, die Gegenstand einer sog. Individualbeschwerde sind. Die EMRK sieht in Art. 34 vor, dass der Gerichtshof von jeder natürlichen Person, nichtstaatlichen Organisation oder Personengruppe, die behauptet, durch eine der hohen Vertragsparteien in einem der in dieser Konvention oder den Protokollen dazu anerkannten Rechte verletzt zu sein, mit einer Beschwerde befasst werden kann.   942

---

[990] BVerfG, Beschl. v. 09.01.2001 – 1 BvR 1036/99, DVBl. 2001, 720.
[991] BVerfG, Beschl. v. 05.04.2005 – 1 BvR 1664/04, NJW 2005, 1765.
[992] EGMR (III. Sektion), Urt. v. 26.02.2004 – 74969/01 (Görgülü/Deutschland), NJW 2004, 3397 – Verweigerung des Sorge- und Umgangsrechts für Vater eines nichtehelichen Kindes.
[993] BVerfG, Beschl. v. 05.04.2005 – 1 BvR 1664/04, NJW 2005, 1765 (1765).
[994] EG-Richtlinie zur Änderung der UVP-Richtlinie vom 03.03.1997 (Richtlinie 97/11/EG, abgedruckt in NVwZ 1997, 1200), mit der Neufassung des § 17 UVPG, der für das Verfahren der UVP vollinhaltlich auf das BauGB verweist.

A. Formelle Voraussetzungen

Das Verfahren vor dem EGMR erfordert die Einhaltung wesentlicher formeller Vorgaben, die zu erfüllen sind, um überhaupt eine zulässige Beschwerde erheben zu können.

I. Form und Frist

943 Voraussetzung für die Erhebung der Beschwerde an den EGMR ist die Erschöpfung aller innerstaatlichen Rechtsbehelfe (Art. 35 I 1 EGMR). Notwendig ist also zunächst die Beschreitung des gesamten **innerstaatlichen Rechtsweges,** hierzu gehört auch ggf. die Einlegung einer **Verfassungsbeschwerde** vor dem nationalen Gericht. Die Beschwerde an den EGMR ist unzulässig, wenn die vorher eingelegte Verfassungsbeschwerde als unzulässig abgewiesen wurde.[995] Die Beschwerde ist bei dem EGMR[996] in schriftlicher Form nur innerhalb einer **Frist von sechs Monaten** nach der endgültigen innerstaatlichen Entscheidung zu erheben. Ein konkreter Antrag ist nicht erforderlich. Der Gerichtshof hat ein **Merkblatt** für Personen herausgegeben, die sich an den EGMR wenden wollen.[997] Das Merkblatt beschreibt ausführlich die Frist- und Formvoraussetzungen, die zwingend einzuhalten sind, damit eine Beschwerde überhaupt in zulässiger Weise erhoben werden kann.

944 Sinnvoll ist es, vorab direkt bei dem EGMR schriftlich ein **Beschwerdeformular** für die Erhebung der Beschwerde zu erbitten, weil im Einzelnen vorgegebene Rubriken existieren, die auszufüllen sind, um eine zulässige Beschwerde zu erheben. Ferner sind dem Formular ausführliche Erläuterungshinweise zum Ausfüllen des Beschwerdeformulars beigefügt. Wird die Beschwerde ohne das Formular erhoben, erhält der Beschwerdeführer über das Gericht das Formular mit der Aufforderung, dieses auszufüllen und zurückzureichen, damit die Beschwerde als solche registriert werden kann.

945 Die **Amtssprachen** des EGMR sind Englisch und Französisch. Die Beschwerde und alle Schriftsätze bis zur Zulässigkeitserklärung können in der Sprache eines der Mitgliedstaaten verfasst werden. **Nach** der Zulässigkeitserklärung müssen die Schriftsätze in der Amtssprache des Gerichts vorgetragen werden (Englisch oder Französisch, Art. 34 II VerfO). Eine **anwaltliche Vertretung** ist für die Einlegung der Beschwerde nicht vorgeschrieben, allerdings erforderlich, wenn eine mündliche Verhandlung vor der Kammer stattfindet (§ 36 III VerfO).

II. Beschwerdegegenstand

Der Beschwerdegegenstand ist in der Beschwerde so genau wie möglich zu bezeichnen und darzulegen.

946 Im Bereich des öffentlichen Baurechts wird voraussichtlich allein ein Verstoß gegen die Eigentumsgarantie in Verbindung mit dem Diskriminierungsverbot zu rügen sein. Die **Eigentumsgarantie** ist durch Art. 1 des Zusatzprotokolls zur Konvention zum Schutze

---

995 EGMR (III. Sektion), Urt. v. 08.04.2004 – 11057/02 (Haasel/Deutschland), NJW 2004, 3401.
996 European Court of Human Rights, Council of Europe, F – 67075 Strasbourg, Telefon +33/ 3 88 41 20 18; fax +33/ 388 41 27 40.
997 Abgedruckt in NJW 1999, 1166 ff. Das Merkblatt ist auch abzurufen im Internet unter der Adresse http://www.echr.coe.int.

B. Verfahren

der Menschenrechte und Grundfreiheiten vom 20.3.1952 gewährleistet,[998] das **Diskriminierungsverbot** ist in Art. 14 EMRK geregelt.[999]

Wenige Entscheidungen des EGMR betreffen allerdings originäre baurechtliche Sachverhalte: **947**

Zur Höhe einer Entschädigung im Falle einer **Enteignung** hat die Große Kammer des EGMR am 25.3.1999 ein grundlegendes Urteil gefällt, auf das insoweit zu verweisen ist.[1000]

Zu der Überprüfung von nationalen sog. **Bodenordnungsplänen** liegt die Entscheidung des EGMR vom 25.5.2000 zur Auflösung der Gemeinde Horno vor, auf die ebenfalls an dieser Stelle nur verwiesen werden kann.[1001]

Interessant ist eine Entscheidung des BVerwG vom 25.9.2003, mit der der 4. Senat des BVerwG die Anwendung von **Art. 6 I EMRK** (Anspruch auf öffentliche Anhörung) auf verwaltungsgerichtliche Nachbarstreitigkeiten bejaht, obwohl Art. 6 EMRK an sich Streitigkeiten über „zivilrechtliche Ansprüche und Verpflichtungen" erfasst.[1002]

In einer Entscheidung vom 8.1.2004 stellt der EGMR klar, dass der Grundsatz der **Verfahrensbeschleunigung** auch für **Verfahren vor dem BVerfG** gilt. Eine Dauer von sieben Jahren für die Entscheidung über eine Verfassungsbeschwerde gegen ein Gesetz ist aber zu lang und verletzt Art. 6 I EMRK.[1003]

Mit Urt. v. 16.11.2004 hat der EGMR festgestellt, dass die Behörden ihre Pflicht aus Art. 8 EMRK zum Schutz des Rechts auf Wohnung verletzen können, wenn sie es versäumt haben, die Einhaltung von Lärmschutzregeln durchzusetzen (**Schutz vor nächtlichem Diskolärm**).[1004]

B. Verfahren

Ist die Beschwerde in formaler Hinsicht bedenklich, fehlen z. B. Angaben und Unterlagen, weist die Kanzlei des EGMR den Beschwerdeführer darauf hin. Bestehen keine weiteren offensichtlichen Bedenken gegen die Zulässigkeit, wird die Beschwerde als solche **registriert**. Nachdem die Beschwerde registriert ist, gelangt sie an eine Sektion, von der ein Richter als **Berichterstatter** bestellt wird, der dann über das weitere Schicksal der Beschwerde entscheidet. Ist die Beschwerde unzulässig, kann sie durch den sog. **Dreierausschuß** des Gerichts einstimmig für unzulässig erklärt werden. Ist die Beschwerde zulässig, wird die Sache an die **Kammer** – bestehend aus sieben Richtern – abgegeben. **948**

---

998 Die Vorschrift lautet: Art. 1 Schutz des Eigentums. Jede natürliche oder juristische Person hat das Recht auf Achtung ihres Eigentums. Niemandem darf sein Eigentum entzogen werden, es sei denn, dass das öffentliche Interesse es verlangt, und nur unter den durch Gesetz und durch die allgemeinen Grundsätze des Völkerrechts vorgesehenen Bedingungen. Absatz 1 beeinträchtigt jedoch nicht das Recht des Staates, diejenigen Gesetze anzuwenden, die er für die Regelung der Benutzung des Eigentums im Einklang mit dem Allgemeininteresse oder zur Sicherung der Zahlung der Steuern oder sonstiger Abgaben oder von Geldstrafen für erforderlich hält.

999 Die Vorschrift lautet: Art. 14 Diskriminierungsverbot. Der Genuß der in dieser Konvention anerkannten Rechte und Freiheiten ist ohne Diskriminierung insbesondere wegen des Geschlechts, der Rasse, der Hautfarbe, der Sprache, der Religion, der politischen oder sonstigen Anschauung, der nationalen oder sozialen Herkunft, der Zugehörigkeit zu einer nationalen Minderheit, des Vermögens, der Geburt oder eines sonstigen Status zu gewährleisten.

1000 Urt. v. 25.03.1999 – Papachelas/Griechenland (Beschw. Nr. 31423/96), NJW 2000, 2097.

1001 Entscheidung vom 25.05.2000 über die Zulässigkeit der Beschwerde Nr. 46346/99 – *Günther Noack u. a./Deutschland*, LKV 2001, 69.

1002 BVerwG, Beschl. v. 25.09.2003 – 4 B 68/03, NVwZ 2004, 108.

1003 EGMR (III. Sektion), Urt. v. 08.01.2004 – 47169/99 (Voggenreiter/Deutschland), NJW 2005, 41.

1004 EGMR (IV. Sektion), Urt. v. 16.11.2004 – 4143/02 (Moreno Gómez/Spanien), NJW 2005, 3767.

§ 11 Verfahren vor dem Europäischen Gerichtshof für Menschenrechte (EGMR)

949 Die Beschwerde wird der Regierung zugestellt, die Stellung zu nehmen hat. Das Gericht stellt dann den Sachverhalt umfassend fest und ermittelt, falls notwendig, Tatsachen im Wege der Beweisaufnahme. In geeigneten Fällen kann es unter Vermittlungen des Gerichts zu **Vergleichsverhandlungen** kommen. In Rechtssachen, die schwierige Auslegungsfragen enthält oder bei Abweichungen von einer früheren Rechtsprechung des EGMR muss die „**Große Kammer**" des Gerichtshofes, bestehend aus siebzehn Richtern, die Entscheidung treffen.

950 Die **Entscheidungsdauer** ist nicht abzusehen. Beschwerden, die von den Dreierausschüssen entschieden werden, können durchaus innerhalb eines Jahres abgeschlossen sein. Beschwerden, die von den Kammern entschieden werden, müssen mit einer Bearbeitungsdauer von bis zu zwei Jahren rechnen.[1005]

C. Entscheidung

951 Die Kammer hat über die Frage einer Konventionsverletzung durch Urteil zu entscheiden. Hat die Individualbeschwerde Erfolg, stellt der EGMR fest, dass der betroffene Staat die Konvention verletzt hat (Art. 41 EMRK). Hat sich die Hauptsache im Laufe des Verfahrens erledigt, ist die Beschwerde im Register zu streichen, eine weitere Prüfung der Beschwerde ist nicht gerechtfertigt (Art. 37 I lit. C EMRK).[1006]

I. Urteil

952 Die Urteile des EGMR sind lediglich **feststellender Natur** und haben keine kassatorische Wirkung: Der EGMR kann in seinen Urteilen die beanstandete Maßnahme nicht aufheben.[1007] Allerdings kann der EGMR der verletzten Partei eine gerechte **Entschädigung** zusprechen, wenn dies notwendig ist (Art. 41 EMRK). Die Umsetzung der Urteile des EGMR obliegt den Mitgliedstaaten, die tatsächliche Umsetzung beruht zwar auf **Freiwilligkeit** des verurteilten Staates (Art. 46 EMRK),[1008] der Konventionsstaat ist aber verpflichtet, die vom Gerichtshof festgestellte Konventionsverletzung umgehend abzustellen.[1009]

II. Gebühren und Kosten

953 Das Verfahren vor dem EGMR selber ist **kostenfrei**. Gerichtsgebühren werden nicht erhoben. **Prozesskostenhilfe** für eine anwaltliche Vertretung kann im Laufe des Verfahrens bewilligt werden, nicht aber bereits vor Erhebung der Beschwerde.

1005 *Wittinger*, Die Einlegung einer Individualbeschwerde vor dem EGMR, NJW 2001, 1238 (1242).
1006 EGMR (Dritte Sektion), Urt. v. 23.07.2002 – 56132/00 (Taskin/Deutschland), NJW 2003, 2003.
1007 *Wittinger*, Die Einlegung einer Individualbeschwerde vor dem EGMR, NJW 2001, 1238.
1008 Art. 46 I EMRK lautet: „Die Hohen Vertragsparteien verpflichten sich, in allen Rechtssachen, in denen sie Partei sind, das endgültige Urteil des Gerichtshofs zu befolgen.".
1009 EGMR (Große Kammer), Urt. v. 08.04.2004 – 71503/01 (Assanidzé/Georgien).

§ 12 Verfahren vor dem Europäischen Gericht (EuG) und dem Europäischen Gerichtshof (EuGH)

Literatur

Über „Die Entwicklung des europäischen Gemeinschaftsrechts bis Ende 2004" berichten *Montag/Bonin* in: NJW 2005, 2898 – 2904. Zum Rechtsschutz Privater vor dem EuGH: *Schwarze*, Der Rechtsschutz Privater vor dem Europäischen Gerichtshof: Grundlagen, Entwicklungen und Perspektiven des Individualrechtsschutzes im Gemeinschaftsrecht, DVBl. 2002, 1297–1315. Zu Entstehung, Stellung und den wesentlichen Grundlagen der Rechtsprechung des Gerichtshofs der EG: *Everling*, 50 Jahre Gerichtshof der Europäischen Gemeinschaften, DVBl. 2002, 1293–1296. Aktuell zur „Bedeutung von Vorrang und Durchführung des EG-Rechts für die nationale Rechtssetzung und Rechtsanwendung" *Jarass/Beljin*, NVwZ 2004, 1–11. Die Internet-Seiten des Europäischen Gerichtshofes (und des Gerichtes erster Instanz)[1010] enthalten – stets aktualisiert – eine Übersicht über anhängige Verfahren, über Entscheidungen seit 1997 (im Volltext) sowie das geltende Recht einschließlich des Verfahrensrechtes. Der Download ist kostenlos.

954 Das Gemeinschaftsrecht nimmt nicht nur einen immer größeren Stellenwert im nationalen Recht und damit auch bei Gerichtsverfahren ein. Es nimmt diese Position auch, um bei einem Bild zu bleiben, auf dem Schleichwege ein: Die zunehmende Kompetenzverlagerung vom nationalen Gesetzgeber zu den Gemeinschaftsorganen ist – abseits vom politischen Alltagsgespräch – kaum im Bewußtsein der Verfahrensbeteiligten, oft auch nicht der Gerichte. Entsprechendes gilt auch für die immer größer werdende Zahl **gemeinschaftlicher Rechtsakte** i. S. des Art. 249 EGV.

955 Dabei kann die **Kenntnis des Gemeinschaftsrechts**, gerade wenn Mandanten gegen öffentlich-rechtliche Gebietskörperschaften oder Behörden vertreten werden, die nicht selten Gemeinschaftsrecht verspätet oder falsch umsetzen (Richtlinien) oder anwenden, durchaus den Ausschlag für den Erfolg in einem nationalen Verfahren geben. Dies gilt auch gerade deshalb, weil die nationalen Gerichte die Bedeutung der europarechtlichen Vorgaben – etwa im Bereich der Umweltverträglichkeitsprüfung – nicht ausreichend würdigen. So misst z. B. das BVerwG der Umweltverträglichkeitsprüfung lediglich einen verfahrensbezogenen Gehalt zu.[1011]

956 Nachstehend wird die **Bedeutung** gemeinschaftsrechtlicher Vorgaben für den Bereich des öffentlichen Baurechts dargestellt, dann erfolgt ein Überblick über **Gang und Inhalt** eines Verfahrens vor dem EuG und dem EuGH, wenn der nationale Rechtsweg erschöpft oder aber wegen der Klärung einer gemeinschaftsrechtlichen Vorfrage die Vorlage an den EuGH durch das nationale Gericht erforderlich ist.

A. Bedeutung des Gemeinschaftsrechts im öffentlichen Baurecht

957 Durch das Gesetz zur Anpassung des Baugesetzbuchs an EU-Richtlinien (Europarechtsanpassungsgesetz Bau – EAG Bau) vom 24.6.2004 wurden über 80 Paragraphen des BauGB geändert oder neu eingefügt. Daneben wurden durch das Artikelgesetz das Raumordnungsgesetz (ROG), das Gesetz über die Umweltverträglichkeitsprüfung (UVPG), die Verwaltungsgerichtsordnung (VwGO) und das Bundesnaturschutzgesetz (BNatSchG) geändert. Ein Teil dieser Änderungen ist insbesondere für die Bauleitpla-

---

1010 Http://www.curia.eu.int.de.
1011 BVerwG, Urt. v. 25.01.1996 – 4 C 5/95, NVwZ 1996, 788 – Umweltverträglichkeitsprüfung bei Planfeststellung für Autobahn.

nung von Bedeutung. Anlass und Kern war die erforderliche Umsetzung der Richtlinie 2001/42/EG des Europäischen Parlaments und des Rates vom 27.6.2001 über die Prüfung der Umweltauswirkungen bestimmter Pläne und Programme, Abl. EG Nr. L 197 S. 30 (Plan-UP-Richtlinie). Nach diesen Richtlinien müssen im Ergebnis Bauleitpläne und Planungen nach dem Raumordnungsgesetz grundsätzlich einer Umweltprüfung unterzogen werden, um mögliche Umweltauswirkungen frühzeitig ermitteln, beschreiben und bewerten zu können und damit in Kenntnis der Auswirkungen eine sachgerechte Planungsentscheidung treffen zu können. Die Beachtung und Berücksichtigung dieser europarechtlichen Vorgaben im Bau- und Umweltrecht wird daher die nationalen und internationalen Gerichte künftig mehr als bisher zu beschäftigen haben.

I. Unmittelbare Anwendung trotz fehlender Umsetzung

958 Richtlinien sind grundsätzlich nicht unmittelbar anwendbar. In bestimmten Konstellationen sind sie jedoch – ähnlich den Bestimmungen des Primärrechts – **unmittelbar anwendbar**. Die Voraussetzungen hierfür müssen kumulativ vorliegen:[1012]
- Die Richtlinie ist nach Ablauf der Umsetzungsfrist nicht oder unzulänglich umgesetzt,
- die Richtlinie enthält Bestimmungen, die inhaltlich hinreichend bestimmt und unbedingt sind,
- diese Bestimmungen verleihen dem Einzelnen gegenüber dem Mitgliedsstaat subjektive Rechte.

959 Folge dieser Rechtsprechung ist, dass sich der Einzelne allen Trägern der öffentlichen Gewalt gegenüber unmittelbar auf die Richtlinie berufen kann, soweit sie ihm **individuelle Rechte** verleiht.[1013]

Der EuGH hat die unmittelbare Wirkung von EG-Richtlinien bei fehlender Umsetzung durch die Staaten bestätigt und den nationalen Gerichten aufgegeben, das nationale Recht „so weit wie möglich anhand des Wortlauts und des Zwecks der Richtlinie" auszulegen.[1014]

Keine unmittelbare Anwendbarkeit ist gegeben, wenn die Richtlinie nur **Verpflichtungen** für den einzelnen enthält. Insbesondere darf sich ein Mitgliedsstaat bei fehlender Umsetzung nicht auf Bestimmungen der Richtlinie berufen (Verbot des widersprüchlichen Verhaltens).[1015]

960 In bezug auf Richtlinien mit sog. „**Doppelwirkung**", die für den einzelnen Rechte und Pflichten normieren, gibt es noch keine ausdrückliche Entscheidung des EuGH. Allerdings zeigt sich an anderen Entscheidungen die Tendenz, dass auch diese Richtlinien nach erfolglosem Ablauf der Umsetzungsfrist unmittelbar anwendbar sein sollen. Gerade im Hinblick auf die nicht erfolgte Umsetzung der UVP-Richtlinie hat der EuGH entschieden, dass diese Richtlinie, die in erster Linie staatliche Stellen zur Durchführung von UVP verpflichtet, unmittelbar anwendbar ist.[1016] Ob diese Richtlinie dem einzelnen allerdings überhaupt Rechte oder Pflichten zuerkennt, hat das Gericht offengelassen.

[1012] St. Rspr. des EuGH seit Rs. 41/74, Slg. 1974, 1337 (van Duyn/Home Office). Das BVerfG hat diese Rechtsprechung ausdrücklich anerkannt, BVerfG, Beschl. v. 08.04.1987–2 BvR 687/85, BVerfGE 75, 223, 245.
[1013] EuGH, Rs. 80/86, Slg. 1987, 3669 (Kolpinghues Nijmwegen).
[1014] EuGH, (Große Kammer) Urt. v. 05.10.2004 – C 397/01 bis C 403/01 (Pfeiffer u. a./Deutsches Rotes Kreuz), NJW 2004, 3547 (Höchstarbeitszeit für Rettungsassistenten).
[1015] EuGH, Rs. 148/78, Slg. 1979, 1629 (Ratti).
[1016] EuGH, Rs. C 431/92, Slg. 1995, I-2189 (Kommission/Bundesrepublik Deutschland).

A. Bedeutung des Gemeinschaftsrechts im öffentlichen Baurecht

Die Umsetzung ist u. a. dann **fehlerhaft**, wenn sie nicht durch Normen, sondern nur durch Verwaltungshandeln erfolgt. Der EuGH verlangt insofern eine unbestreitbare Verbindlichkeit, Konkretheit, Klarheit und Bestimmtheit der Umsetzung.[1017]

Vor Ablauf der Umsetzungsfrist entfalten die Richtlinien eine, wenngleich auch nur **mittelbare**, Wirkung: Wegen Art. 10 EGV und des Effektivitätsgrundsatzes dürfen die Mitgliedstaaten keine rechtlichen oder tatsächlichen Maßnahmen ergreifen, die geeignet sind, die rechtzeitige Umsetzung des von der Richtlinie vorgeschriebenen Ziels zu gefährden.[1018] Dieser Rechtsprechung hat sich auch das BVerwG angeschlossen[1019] und unter Bezugnahme auf das Urteil „Inter-Environement Wallonie" des EuGH in Bezug auf die **FFH-Richtlinie** ausgeführt, diese entfalte bereits vor ihrer vollständigen Umsetzung bestimmte Vorwirkungen.[1020] Insbesondere könne die Bundesrepublik nicht „aus ihrem gemeinschaftsrechtswidrigen Verhalten Vorteile zu Lasten des gemeinschaftsrechtlichen Naturschutzes" ziehen.[1021] In einer vorhergehenden Entscheidung hat das BVerwG bereits festgestellt, dass die Vogelschutz-RL wie auch die FFH-RL ein mögliches **Hindernis für eine Planverwirklichung** (für eine straßenrechtliche Planung) sein können.[1022] Das BVerwG hat diese beiden Ansätze weiterentwickelt und festgestellt, dass das **Schutzgebiet** in einem potenziellen FHH-Gebiet durch die gemeinschaftsrechtlichen Vorwirkungen bestimmt wird, durch die verhindert wird, dass Gebiete, deren Schutzwürdigkeit nach der FHH-RL auf der Hand liegen, zerstört oder so nachhaltig beeinträchtigt werden, so dass sie für eine Meldung nicht mehr in Betracht kommen.[1023]

961

Nach wie vor hat aber z. B. für das BVerwG die Umweltverträglichkeitsprüfung nur einen verfahrensbezogenen Gehalt. Folge davon ist, dass sie nach der Rechtsprechung des BVerwG weder von Einfluss auf die Auslegung nationalen Rechts ist und dies nicht im Sinne einer vorsorgeorientierten, auch Wechselwirkungen berücksichtigenden Interpretation steuert,[1024] noch zu einer Alternativprüfung im Zulassungsverfahren verpflichtet; jene ist vielmehr nach der bisherigen Rechtsprechung ausschließlich nach Fachrecht zu absolvieren, Bestandteil der Umweltverträglichkeitsprüfung ist sie hingegen nicht.[1025] Die Klage eines Dritten wegen des Unterlassens einer Umweltverträglichkeitsprüfung hat nach der Rechtsprechung des BVerwG schließlich nur dann Aussicht auf Erfolg, wenn er – was so gut wie nicht möglich ist – darlegen kann, dass das Ergebnis des Verfahrens bei durchgeführter Umweltverträglichkeitsprüfung anders ausgefallen wäre.[1026]

962

Die Entscheidungen zeigen, dass die europarechtlichen Vorgaben, wenn überhaupt, nur zögerlich und noch zurückhaltend vom Ergebnis her gesehen, nur langsam einen Eingang in die nationale Rechtsprechung finden. Es ist Sache des Anwalts, hier immer wieder nachzuhaken und an der Rechtsfortbildung mitzuwirken, indem er den verbindlichen Charakter der EG-Vorgaben immer wieder betont und im fachgerichtlichen Verfahren vorträgt. Festzustellen ist nach wie vor, dass die nationalen Gerichte dem jeweiligen Staat

963

1017 EuGH, Urt. v. 17.05.2001 – Rs. C 159/99, DVBl. 2001, 1269 (Kommission/Italienische Republik).
1018 EuGH, Rs. C 129/96, Slg. 1997, I- 7411 (Inter-Environement Wallonie).
1019 BVerwG, Urt. v. 19.05.1998 – 4 A 9.97, BVerwGE 107, 1 (21 ff.).
1020 BVerwG, Urt. v. 27.01.2000 – 4 C 2.99, BVerwGE 110, 302 (308).
1021 BVerwG, Urt. v. 27.01.2000 – 4 C 2.99, BVerwGE 110, 302 (308).
1022 BVerwG, Urt. v. 19.05.1998 – 4 A 9/97, BVerwGE 107, 1.
1023 BVerwG, Urt. v. 27.10.2000 – 4 A 18/99, BauR 2001, 591.
1024 BVerwG, Urt. v. 25.01.1996 – 4 C 5/95, NVwZ 1996, 788.
1025 Ausführlich hierzu: *Schink*, Auswirkungen des EG-Rechts auf die Umweltverträglichkeitsprüfung nach deutschem Recht, NVwZ 1999, 11–19.
1026 BVerwG, Urt. v. 10.04.1997 – 4 C 5/96, NVwZ 1998, 508.

bei der Umsetzung von gemeinschaftsrechtlichen Vorgaben noch immer einen großen **Ermessensspielraum** einräumen. So hat das BVerwG zur FFH-Richtlinie festgestellt: „Den Mitgliedstaaten steht bei der Aufnahme der Gebiete von gemeinschaftlicher Bedeutung i. S. der FFH-Richtlinie in die nationale Vorschlagsliste ein naturschutzfachlicher Beurteilungsspielraum zu."[1027]

II. Schadensersatzpflicht

964 Weiterhin folgt aus dem Effektivitätsgrundsatz nach der Rechtsprechung des EuGH, dass die Mitgliedsstaaten ihren Bürgern gegenüber infolge verspäteter oder fehlerhafter Umsetzung von Richtlinien schadensersatzpflichtig sind.[1028] Hierfür müssen folgende Voraussetzungen vorliegen:

- die Richtlinie muss das Ziel haben, dem einzelnen klar bestimmbare Rechte zu verleihen,
- es muss ein unmittelbarer kausaler Zusammenhang zwischen dem Verstoß gegen die Umsetzungspflicht und dem Schaden des Einzelnen bestehen,
- die zuständigen Gesetzgebungsorgane des Mitgliedsstaates müssen offenkundig und erheblich gegen die Pflicht zur ordnungsgemäßen Richtlinienumsetzung verstoßen haben.

965 Die Schadensersatzansprüche sind nach den Gerichts- und Verfahrensordnungen der **nationalen Gerichte** umzusetzen, eine Zuständigkeit des EuG oder des EuGH besteht insoweit nicht.[1029] Nach nationalem Recht ist daher ein **Amtshaftungsverfahren** nach § 839 BGB i. V. m. Art 34 GG richtige Verfahrensart für Schadensersatzansprüch, die dem einzelnen durch vom Staat zurechenbare Verstöße gegen das Gemeinschaftsrecht entstehen.[1030]

966 Der EuGH hatte sich bereits mehrfach im Rahmen eines Vertragsverletzungsverfahrens gegen die Bundesrepublik Deutschland wegen der unterlassenen Anwendung bzw. Umsetzung der UVP-Richtlinie zu beschäftigen.[1031] In einer Entscheidung vom 30.9.2003 hat der EuGH festgestellt, dass eine Schadensersatzpflicht auch dann ausgelöst wird, wenn der fragliche Verstoß gegen das Gemeinschaftsrecht in einer **Entscheidung eines letztinstanzlichen Gerichts** besteht, sofern die verletzte Gemeinschaftsrechtsnorm bezweckt, dem Einzelnen Rechte zu verleihen, der Verstoß hinreichend qualifiziert ist und zwischen diesem Verstoß und dem Einzelnen entstandenen Schaden ein unmittelbarer Kausalzusammenhang besteht.[1032]

1027 BVerwG, Beschl. v. 24.08.2000 – 6 B 23/00, NVwZ 2001, 92.
1028 EuGH, Urt. v. 19.11.1991 – Rs. C 6/90 u. 9/90, NJW 1992, 165 (Frankovich/Italienische Republik); Urt. v. 16.12.1993 Rs. C 334/92, NJW 1994, 921 (Miret/Fondo del Garantia Salarial); Urt. v. 08.10.1996 – Rs. C 178/94 u. a., NJW 1996, 3141 (MP Travel Line); Urt. v. 10.07.1997 – Rs. C-373/95, NJW 1997, 2585 (Maso, Gazzetta u. a./Instituto nazionale della previdena Sociale (INPS) u. Italien); Urt. v. 04.07.2000 – C-424/97, DVBl. 2000, 1272.
1029 EuGH, Verb. Rs. C 6/90 u. 9/90, Slg. 1991, I-5357 (Frankovich).
1030 Vgl. zu den Voraussetzungen des gemeinschaftsrechtlichen Staatshaftungsanspruchs zusammenfassend: BGH, Urt. v. 14.12.2000 – III ZR 151/99, DVBl. 2001, 474.
1031 EuGH, Urt. v. 11.08.1995 – Rs. C-431/92, NVwZ 1996, 369 (Kommission/Bundesrepublik Deutschland); EuGH, Urt. v. 10.03.2005 – C-531/03 (Kommission/Deutschland), NVwZ 2005, 673.
1032 EuGH (Plenum), Urt. v. 30.09.2003 – Rs. C-224/01 (Gerhard Köbler/Republik Österreich), NJW 2003, 3539.

B. Verfahren vor dem EuG

Die Gerichtsbarkeit der Europäischen Gemeinschaften ist nach Art. 220 EGV dem Europäischen Gerichtshof zugewiesen, dem ein Gericht erster Instanz (EuG) beigeordnet ist, Art. 225 I 1 EGV. Grundsätzlich garantiert das Rechtsschutzsystem des Gemeinschaftsrechtes den Rechtsweg nicht über eine Generalklausel (wie etwa § 40 I VwGO), sondern über **enumerative Einzelzuständigkeiten**. In diesem Rahmen hat das EuG für die hier interessierende Materie folgende Zuständigkeiten für Klagen natürlicher oder juristischer Personen:[1033] **967**

- Nichtigkeitsklagen (Art. 230 IV EGV)
- Untätigkeitsklagen (Art. 232 III EGV)
- Schadensersatzklagen (Art. 235 i. V. m. Art. 288 II EGV).

Im Hinblick auf Rechtsakte der Gemeinschaftsorgane, also auf Sekundärrecht, eröffnet Art. 230 IV EGV die Möglichkeit einer sog. Nichtigkeitsklage, die der verwaltungsrechtlichen **Nichtigkeitsfeststellungsklage** nach deutschem Recht, § 43 I VwGO, vergleichbar ist. Auch die **Untätigkeitsklage** nach Art. 232 III EGV ist der Klage nach § 75 VwGO vergleichbar. Allerdings ist die gemeinschaftsrechtliche Untätigkeitsklage der Nichtigkeitsklage gegenüber subsidiär.[1034] Im Bereich der deliktischen Haftung der Gemeinschaft und ihrer Organe weist Art. 235 i. V. m. Art. 288 II EGV dem EuGH die entsprechenden **Schadensersatzverfahren** zu. Diese Klagen sind den Amtshaftungsverfahren nach nationalem Recht vergleichbar. **968**

Auf das Verfahren vor dem EuG sind die Bestimmungen der Art. 220 ff. EGV sowie die Satzung des EuGH[1035] entsprechend anwendbar. Das EuG hat jedoch auch eine eigene **Verfahrensordnung** (EuGVfO).[1036] Gegen Entscheidungen des EuG ist ein **Rechtsmittel**, die Überprüfung durch den EuGH möglich, wobei sich diese Überprüfung allein auf Rechtsfragen beschränkt, Art. 225 I 1 EGV, Art. 51 SEuGH. Das Verfahren vor dem EuGH kann mit einem Revisionsverfahren nach nationalem Recht verglichen werden. **969**

I. Beteiligtenfähigkeit

In Verfahren vor dem EuG sind natürliche und juristische Personen beteiligtenfähig. **Juristische Personen** i. S. von Art. 230 IV und Art. 232 III EGV sind alle rechtsfähigen Vereinigungen, wobei auf die Rechtsfähigkeit nach dem jeweiligen nationalen Recht abzustellen ist, in dem die juristische Person entweder ihren Sitz hat oder nach dem sie gegründet wurde.[1037] Juristischen Personen des **öffentlichen Rechts** ist vom EuGH ebenfalls die Beteiligtenfähigkeit zuerkannt worden.[1038] Sowohl vor dem EuG als auch vor dem EuGH besteht für natürliche und juristische Personen **Anwaltszwang**, Art. 17 II SEuGH. Dabei ist jeder Anwalt postulationsfähig, der berechtigt ist, vor einem Gericht **970**

1033 Art. 225 Abs. 1 i. V. m. Art. 3 c EG-Ratsbeschluss 88/591 vom 24.10.1988, ABl. L 319/1, zul. geänd. durch Beschl. v. 26.04.1999, ABl. L 114/52 (Satorius II, Nr. 248) i. V. m. Art. 225 Abs. 2 EG.
1034 Beutler/Bieber/Piepkorn/Streil, Europäische Union, 4. Aufl. 1993, S. 273.
1035 Protokoll über die Satzung des Gerichtshofs der Europäischen Gemeinschaft vom 17.04.1957 (BGBl. II, 1166, zul. geänd. durch Amsterdamer Vertrag vom 02.10.1997, BGBl. II 1998). Die Anwendbarkeit der Satzung auf das Verfahren vor dem EuG bestimmt sich nach Art. 46 SEuGH.
1036 ABl. L 136/1, zul. geänd. durch Beschluss des Gerichtes vom 06.12.2000, ABl. L 332.
1037 EuGH, Slg. 1958/59, 91.
1038 EuGH, Rs. 222/83, Slg. 1984, 2889 (Differdange). Auch Gebietskörperschaften sind von der Rspr. des EuGH umfasst, Verb. Rs. 62 u. 72/87, Slg. 1988, 1573 (Executif Regional Wallonie).

eines Mitgliedsstaates oder eines anderen Vertragsstaates des Europäischen Wirtschaftsraums (EWR) aufzutreten.

II. Klagebefugnis

971 Die Zulässigkeit einer **Individualklage** vor dem EuGH hängt – anders als die Klagen von Mitgliedsstaaten und Gemeinschaftsorganen, die als objektives Verfahren ausgestaltet sind – von dem Vorliegen einer subjektiven Klagebefugnis ab. Der EuGH hat erneut bestätigt, dass gem. § 230 IV EGV eine natürliche oder juristische Person nur dann Klage gegen eine EG-Verordnung erheben kann, wenn sie nicht nur unmittelbar, sondern auch individuell betroffen ist.[1039]

1. Nichtigkeitsklage

972 Für die **Nichtigkeitsklage** bestimmt Art. 230 IV EGV die Klagebefugnis, wobei drei Fälle zu unterscheiden sind:
- Entweder muss der Kläger **Adressat** einer Entscheidung i. S. von Art. 249 UA 4 EGV sein
- oder er muss von einer an einen **Dritten** adressierten Entscheidung **unmittelbar und individuell betroffen** sein.
- Schließlich liegt auch eine Klagebefugnis vor, wenn der Kläger von einer **Verordnung unmittelbar und individuell betroffen** ist.

973 Da Verordnungen nach Art. 249 UA 2 EGV allgemeine Geltung haben, sind damit solche Verordnungen gemeint, die materiell eine Entscheidung darstellen, aber formell als Verordnung bezeichnet sind, Art. 230 IV EGV beschreibt ein Umgehungsverbot. Soweit der Kläger **Adressat** einer Entscheidung ist, kommt es, anders als bei § 42 II VwGO, allein hierauf und nicht auf eine mögliche Rechtsverletzung an. Es ist somit für das Vorliegen einer Klagebefugnis ausreichend, wenn der Kläger nur ein faktisches oder rein wirtschaftliches Interesse hat.

974 Eine **unmittelbare Betroffenheit** i. S. von Art. 230 IV 2. Alt. EGV liegt vor, wenn die Entscheidung gegen einen Dritten (z. B. die Bundesrepublik) oder die Verordnung den Kläger zwangsläufig treffen werden. Dies ist bei Verordnungen immer dann der Fall, wenn sie den Mitgliedsstaat verpflichten, bestimmte belastende Regelungen zu treffen oder Handlungen vorzunehmen.[1040] Bei Verordnungen, die den Mitgliedsstaat jedoch lediglich zu belastenden tatsächlichen oder rechtlichen Maßnahmen berechtigen, ist eine unmittelbare Betroffenheit erst dann gegeben, wenn die nationalen Umsetzungsakte verfolgt sind.[1041] Nach der Rechtsprechung des EuGH liegt eine **individuelle Betroffenheit** vor, wenn der Kläger aufgrund besonderer Eigenschaften und Umstände so aus dem Kreis der übrigen Personen herausgehoben ist, dass er gleich einem Adressaten individualisiert ist.[1042] Dieses Kriterium soll nicht erfüllt sein, wenn der Kläger aufgrund bestimmter Merkmale zu einer Gruppe gehört, die als ganze von einer Entscheidung oder Verordnung betroffen ist.[1043] Letztlich bejaht der EuGH das Vorliegen der individuellen Betroffenheit wohl nur in Konstellationen, in denen die Zahl der Betroffenen bereits zum Zeitpunkt der Entscheidung konkretisiert ist, etwa weil alle bis zu einem bestimmten Zeitpunkt einen Antrag gestellt

---

1039 EuGH, (Plenum), Urt. v. 25.07.2002 – Rs. C-50/00 P, N.W 2002, 2935 = DVBl. 2002, 1348 mit Anm. Götz.
1040 EuGH, Slg. 1971, 411; 1979, 1185.
1041 EuGH, Rs. 222/83, Slg. 1984, 2889 (Differdange).
1042 EuGH, Slg. 1963, 213; 1977, 709; 1984, 423.
1043 EuGH, Slg. 1988, 219.

haben.[1044] Der EuGH hat erneut bestätigt, dass gem. § 230 IV EGV eine natürliche oder juristische Person nur dann Klage gegen eine EG-Verordnung erheben kann, wenn sie **nicht nur unmittelbar**, sondern **auch individuell betroffen** ist.[1045]

2. Untätigkeitsklage

Für die Untätigkeitsklage bestimmt Art. 232 III EGV, dass eine Klagebefugnis vorliegt, wenn ein Organ der Gemeinschaft es unterlässt, einen anderen Akt als eine Empfehlung oder Stellungnahme an den Kläger zu richten. Solche anderen Akte können gem. Art. 249 EGV nur Entscheidungen sein, da Richtlinien und Verordnungen nicht an Einzelpersonen gerichtet sein können. In Fortführung der Rechtsprechung zu Art. 230 IV EGV ist die Klagebefugnis auch gegeben, wenn Entscheidungen an einen Dritten zu richten sind, den Kläger aber unmittelbar und individuell treffen würden.[1046] Weiterhin ist die Zulässigkeit einer Untätigkeitsklage von der Durchführung eines Vorverfahrens nach Art. 232 II EGV abhängig.

975

III. Form und Frist

Die Klageerhebung erfolgt durch Einreichung einer an den Kanzler zu richtenden[1047] **Klageschrift**, die Namen und Wohnsitz des Klägers, die Stellung des Unterzeichnenden, die Parteien, der Streitgegenstand, die Anträge und die Klagegründe enthalten muss, Art. 19 SEuGH i. V. m. Art. 44 § 1 EuGVfO. Für juristische Personen enthält Art. 44 § 5 EuGVfO noch weitere Anforderungen. Nach Art. 44 § 3 EuGVfO muss ein **Anwalt**, der als Prozessvertreter auftritt, bei der Kanzlei eine Bescheinigung darüber hinterlegen, dass er berechtigt ist, vor einem Gericht eines Mitgliedsstaates oder eines anderen Vertragsstaates des Europäischen Wirtschaftsraums (EWR) aufzutreten.

976

Die **Klagefrist** beträgt für die Nichtigkeits- und die Untätigkeitsklage jeweils 2 Monate, Art. 230 V, 232 II 2 EGV, wobei bei der Untätigkeitsklage auch im Vorverfahren eine Zweimonatsfrist zu beachten ist, Art. 232 II 2 EGV. Bei der Nichtigkeitsklage beginnt die Frist mit der Bekanntgabe der Maßnahme oder der Kenntnis des Klägers. Grundsätzlich sind wegen der längeren **Postlaufzeiten** in der Gemeinschaft die Klagefristen je nach Mitgliedsstaat verlängert worden, Art. 102 § 2 EuGVfO i. V. m. Art. 81 § 2 EuGHVfO und Art. 1 der Anlage II zur EuGHVfO. Danach sind für Schriftsätze aus der Bundesrepublik weitere sechs Tage in die Fristberechnung einzustellen. Für die Schadensersatzklagen nennt Art. 235 EGV keine Klagefrist. Nach Art. 43 Satz 1 SEuGH **verjähren** Ansprüche aus deliktischer Haftung der Gemeinschaft aber in fünf Jahren nach Eintritt des schädigenden Ereignisses. Die Frist wird durch die Klageerhebung und die Geltendmachung des Anspruchs bei dem zuständigen Organ[1048] unterbrochen, Art. 43 Satz 2 SEuGH.

977

IV. Klagegegenstand und Klageart

Der Klagegegenstand ist nach dem jeweiligen Klagebegehren zu beurteilen. Danach richtet sich auch die Klageart.

1044 EuGH, Slg. 1975, 1393.
1045 EuGH, (Plenum), Urt. v. 25.07.2002 – Rs. C-50/00 P, NJW 2002, 2935.
1046 EuGH, Rs. C-68/95, EuZW 97, 1 (T. Port GmbH & Co. KG/Bundesanstalt für Landwirtschaft und Ernährung).
1047 Gericht erster Instanz, L – 2925 Luxemburg.
1048 Hierfür gilt dann die Zweimonatsfrist des Art. 230 V EGV.

§ 12 Verfahren vor dem EuG und dem EuGH

1. Nichtigkeitsklage

978 Für die Zulässigkeit einer Nichtigkeitsklage ist die plausible Darlegung des Vorliegens einer der vier in Art. 230 II EGV genannten Klagegründe erforderlich:
- Unzuständigkeit,
- Verletzung wesentlicher Formvorschriften,
- Verletzung des Vertrages oder einer bei seiner Durchführung anzuwendenden Rechtsnorm und
- Ermessensmissbrauch.

979 Dabei ist – gerade für das baurechtliche Mandat – darauf hinzuweisen, dass der Klagegrund der **Vertragsverletzung** auch geltend gemacht werden kann, wenn Primärrecht außerhalb des EGV verletzt ist, also vor allem gegen die allgemeinen Rechtsgrundsätze (Vertrauensschutz, Rückwirkungsverbot etc.) oder gegen Menschenrechte und Grundfreiheiten verstoßen wird, Art. 6 I EUV. Über diesen Umweg können auch vor dem EuG Verstöße gegen die **EMRK** gerügt werden, denn auch diese ist nach Art. 6 II EUV Teil des Primärrechts. Insoweit gilt das unter § 11 bereits Ausgeführte.

2. Untätigkeitsklage

980 Bei Untätigkeitsklagen ist der Klagegegenstand bereits durch das notwendige Vorverfahren bestimmt. Grundsätzlich kann es sich dabei nur um verbindliche Rechtsakte handeln (Art. 232 III EGV).

3. Schadensersatzklage

981 Ansprüche aus außervertraglicher Haftung der Gemeinschaft i. S. Art. 288 II EGV sind Klagegegenstand der **Schadensersatzklage**. Mit dieser Klageart können Schäden, welche die Gemeinschaft durch ihre Organe oder Mitarbeiter (in Ausübung der Amtstätigkeit) verursacht haben, verfolgt werden. Darunter ist sowohl rechtswidriges Verwaltungshandeln als auch rechtswidrige Norm-Setzung zu verstehen. Im Rahmen der Klage ist daher darzulegen, aus welchen Umständen sich eine Haftung der Gemeinschaft ergibt, Außerdem muss der Schaden beziffert werden, wenn dies jedoch aus bestimmten Gründen nicht möglich ist, ist grundsätzlich auch ein Feststellungsantrag zulässig.[1049] Allerdings ist eine Klage wegen eines Schadens, der aufgrund von Durchführungsmaßnahmen eines Mitgliedsstaates verursacht wurde, unzulässig; insofern ist ein Amtshaftungsverfahren nach nationalem Recht zu verfolgen.

V. Verfahren

982 Das Verfahren gliedert sich nach Art. 18 UA 1 SEuGH in ein schriftliches und ein mündliches Verfahren. Dabei umfasst das **schriftliche Verfahren** die Übermittlung der Klageschriften, Klagebeantwortungen, Schriftsätze und aller zur Unterstützung vorgelegten Belegstücke, Urkunden und Abschriften. Das Gericht hat für Prozessbevollmächtigte im Hinblick auf das mündliche und schriftliche Verfahren **Ratschläge und Hinweise** erarbeitet, die im Internet abrufbar sind.[1050]

1049 EuGH, Rs. 281/84, Slg. 1987, 49 (Zuckerfabrik Bedburg).
1050 Http://www.curia.eu.int.de.

B. Verfahren vor dem EuG

Grundsätzlich laufen die schriftlichen Verfahren vor dem EuG (und auch vor dem EuGH) in vier Schritten ab: 983
- Klageerhebung,
- Klagebeantwortung,
- Erwiderung,
- Gegenerwiderung.

Zum 1.2.2001 ist mit einer Änderung der EuGVfO auch die Möglichkeit eines beschleunigten Verfahrens („**fast track**") eröffnet worden.[1051] Weiterhin ist mit der Änderung der EuGVfO die Möglichkeit geschaffen worden, Schriftsätze fristwahrend per **E-Mail** einzulegen und sich die gegnerischen Schriftsätze auch auf diese Weise zustellen zu lassen.[1052] 984

Das **mündliche Verfahren** umfasst die Verlesung des Berichtes durch den Berichterstatter, die Anhörung der Bevollmächtigten und den Schlußantrag des Generalanwalts. Gegebenenfalls werden auch Zeugen oder Sachverständige vernommen.[1053] Eine der fünf **Verfahrenssprachen**, die der Kläger auswählen kann, ist deutsch, Art. 35 § 1 EuGVfO. 985

VI. Entscheidung

Das EuG besteht aus 15 Richtern,[1054] die von den Regierungen der Mitgliedsstaaten benannt werden, Art. 225 III EGV. Die **Spruchkörper** bestehen aus Kammern mit drei oder fünf Richtern, Art. 221 II EGV. Anders als bei dem EuGH gibt es beim EuG keine Generalanwälte, es sei denn, ein Richter ist zum Generalanwalt bestellt, Art. 2 § 2 EuGVfO. 986

Über die Klagen wird durch **Urteil** entschieden, Art. 81 EuGVfO, das in öffentlicher Sitzung verkündet wird, Art. 82 § 1 EuGVfO.

Ist eine **Nichtigkeitsklage** begründet, so erklärt das Gericht die angefochtene Handlung für nichtig, Art. 231 EGV. In diesem Falle und im Fall des Obsiegens bei einer **Untätigkeitsklage** ergibt sich aus Art. 233 EGV die Verpflichtung der Gemeinschaftsorgane, die sich aus dem Urteil ergebenden Maßnahmen zu treffen. Bei einer erfolgreichen **Schadensersatzklage** spricht das EuG entsprechenden Schadensersatz in entsprechender Höhe zu.

VII. Gebühren und Kosten

Verfahren vor dem EuG sind nach Art. 90 EuGVfO grundsätzlich **kostenfrei**. Das Urteil enthält auch eine Kostengrundentscheidung, Art. 87 § 1 EuGVfO. Weiterhin besteht die Möglichkeit, **Prozesskostenhilfe** zu beantragen. Der Antrag kann zugleich mit oder bereits vor der Einreichung eines Klageentwurfes erfolgen, Art. 94 § 2 EuGVfO. Dem Antrag auf Gewährung von Prozesskostenhilfe sind die Unterlagen, aus denen sich die Bedürftigkeit des Antragstellers ergibt, beizufügen, Art. 94 § 1 EuGVfO. 987

1051 Nunmehr Art. 76 a EuGVfO.
1052 Art. 43 § 6 und Änderung des Art. 44 § 2 sowie Änderung des Art. 100 EuGVfO.
1053 Vgl. auch Art. 29 SEUGH.
1054 Art. 2 Abs. 1 des Rats-Beschlusses 88/591.

C. Verfahren vor dem EuGH

988 Vor dem EuGH sind Klagen natürlicher oder juristischer Personen grundsätzlich unzulässig, da für sie eine ausschließliche Zuweisung an das Gericht erster Instanz besteht.[1055] Allerdings gibt es zwei Möglichkeiten, den Gerichtshof gleichwohl mit einer baurechtlichen Streitigkeit zu befassen, soweit diese einen Gemeinschaftsrechtsbezug aufweist:
- Zunächst kann man während des Verfahrens vor den nationalen Gerichten einen Beschluss zur **Vorlage** an den EuGH anregen. Das Gericht setzt dann das Verfahren aus und legt dem EuGH die entscheidungserhebliche Rechtsfrage zur Beantwortung vor (Vorabentscheidungsverfahren nach Art. 234 EGV).
- Weiterhin kann – bereits vorprozessual – die Kommission von Problemen bei der Umsetzung oder Anwendung von Gemeinschaftsrecht in der Bundesrepublik unterrichtet werden. Da die Kommission die ihr vorgelegten Materialien prüfen muss, kann sie ein **Vertragsverletzungsverfahren** gegen die Bundesrepublik einleiten, wenn sie der Ansicht ist, dass ein Verstoß gegen Gemeinschaftsrecht vorliegt, Art. 226 EGV.

Letztere Möglichkeit bietet sich gerade bei verspäteter Richtlinienumsetzung oder bei schlicht gemeinschaftsrechtswidrigem Verhalten nationaler Behörden an. Allerdings ist darauf hinzuweisen, dass weder auf die Einleitung eines Vorabentscheidungsverfahrens noch eines Vertragsverletzungsverfahrens ein rechtlicher Anspruch besteht.

989 Eine Ausnahme liegt bei der Vorlage nationaler Gerichte dann vor, wenn eine **Vorlagepflicht** gem. Art. 234 III EGV besteht. Dies gilt nur für letztinstanzliche Gerichte, wobei es nach der Rechtsprechung des EuGH auf eine konkrete Betrachtungsweise ankommt: Maßgeblich ist, ob das Gericht in dem konkreten Rechtsstreit die letzte Instanz ist, z. B. weil ein Berufungszulassungsantrag abgelehnt wurde.[1056] Soweit ein Gericht seiner Vorlagepflicht nach Art. 234 III EGV nicht nachkommt, stellt dies einen Gemeinschaftsrechtsverstoß dar, der zur Einleitung eines Vertragsverletzungsverfahrens führen kann.[1057]

D. Neuere Entscheidungen des BVerwG und EuGH zu europarechtlichen Vorgaben

- In einer Entscheidung vom **27.10.2000** hat das BVerwG grundlegende Ausführungen zu den Voraussetzungen eines **potenziellen FFH-Gebietes** gemacht. Das Schutzregime in einem solchen Gebiet wird grundsätzlich durch die gemeinschaftsrechtlichen Vorwirkungen bestimmt, durch die verhindert wird, dass Gebiete, deren Schutzwürdigkeit nach der FFH-Richtlinie auf der Hand liegt, zerstört oder so nachhaltig beeinträchtigt werden, dass sie für eine Meldung nicht mehr in Betracht kommen.[1058]
- Mit Urt. v. **31.1.2002** hat das BVerwG mehrere Klagen von Naturschutzverbänden, Grundstückseigentümern und Pächtern gegen einen Planfeststellungsbeschluss zum Bau der **Ostseeautobahn (A 20)** bei Lübeck abgewiesen.[1059] Nach Einschätzung des BVerwG weist der Naturraum, durch den die Autobahntrasse verläuft, nicht die Merkmale eines **faktischen Vogelschutzgebietes** auf, in dem ein Straßenbauvorhaben

---

1055 Art. 225 Abs. 1 i. V. m. Art. 3 c EG-Ratsbeschluss 88/591 vom 24.10.1988, ABl. Nr. L 319/1, zul. geänd. durch Beschl. v. 26.04.1999, ABl. Nr. L 114/52 (Satorius II, Nr. 248) i. V. m. Art. 225 Abs. 2 EG.
1056 EuGH, Rs. 107/76 (Hoffmann-La Roche/Centrafarm I), Slg. 77, 957; Verb. Rs. 35 u. 36/82 (Morson), Slg. 82, 3723.
1057 Außerdem stellt die Nichtvorlage in diesem Fällen auch einen Verstoß gegen Art. 101 Abs. 1 Satz 2 GG dar, denn der EuGH ist nach Auffassung des BVerfG gesetzlicher Richter.
1058 BVerwG, Urt. v. 27.10.2000 – 4 A 18/99, NVwZ 2001, 673 = BVerwGE 112, 140.
1059 Urt. v. 31.01.2002 – 4 A 15.01, NVwZ 2002, 1103 (Klage zweier in Schleswig-Holstein anerkannter Naturschutzverbände); Urt. v. 31.01.2002 – 21.02; 24.01; 47.01 und 77.01, Pressemitteilung BVerwG 2/2002 v. 31.01.2002.

D. Neuere Entscheidungen des BVerwG und EuGH zu europarechtlichen Vorgaben 2

unzulässig wäre. Das BVerwG hat sich auch nicht davon zu überzeugen vermocht, dass ein europarechtlich zu schützender **natürlicher Lebensraum** betroffen ist, in dem ein Autobahnbau nur bei Vorliegen von Ausnahmegründen in Betracht käme.

- Mit Urt. v. 17.5.2002 hat das BVerwG auf die Klage eines anerkannten Naturschutzvereins den Neubau der Autobahn A 44 (Kassel-Herleshausen) gestoppt.[1060] Der entsprechende Planfeststellungsbeschluss im Bereich Hessisch-Lichtenau wurde für rechtswidrig erklärt, weil der Planungsträger den Anforderungen des europäischen Naturschutzrechts, nämlich der **FFH-Richtlinie** nicht gerecht geworden ist, die nach der Rechtsprechung des BVerwG zu den Rechtsvorschriften zählt, die auch den Belangen des Naturschutzes und der Landschaftspflege zu dienen bestimmt ist. In der Entscheidung hat das BVerwG erneut betont, dass die FFH-Richtlinie schon jetzt bestimmte **Vorwirkungen** für den Mitgliedstaat entfaltet. Dazu gehört das Verbot, die Ziele der FFH-Richtlinie zu unterlaufen und vollendete Tatsachen zu schaffen, die geeignet sind, die Erfüllung der vertraglichen Pflichten unmöglich zu machen.
- In einem Urt. v. 18.11.2004 hat das BVerwG judiziert, dass Mängel im Bereich der **Umweltverträglichkeitsprüfung** nicht zwingend auf das **Abwägungsergebnis** durchschlagen müssen.[1061]
- Eine sehr weitgreifende Entscheidung hat das BVerwG am 4.5.2005 für die **Festlegung von Flugrouten** – An- und Abflug – von/zum – inländischen und ausländischen Flughafen getroffen (hier: Flughafen Zürich). Das BVerwG betont die Verpflichtung des Luftfahrt-Bundesamtes, bei der Festlegung von An- und Abflugverfahren eine Abwägungsentscheidung auch über das Interesse der Bevölkerung am Schutz vor den mit dem Luftverkehr verbundenen Lärm zu treffen.[1062]
- Der EuGH hat mit Urt. v. 13.1.2005 festgestellt, dass die Mitgliedstaaten in Bezug auf die Gebiete, die als **Gebiete von gemeinschaftlicher Bedeutung** bestimmt werden könnten und die in den der Kommission zugeleiteten Listen aufgeführt sind, verpflichtet, Schutzmaßnahmen zu ergreifen, die im Hinblick auf das mit der Richtlinie verfolgte Erhaltungsziel geeignet sind, die erhebliche ökologische Bedeutung, die diesen Gebieten auf nationaler Ebene zukommt, zu wahren.[1063]
- Das BVerwG ist dem vorbenannten Urt. des EuGH sogleich mit Beschl. v. 7.9.2005 entgegen getreten und hat festgestellt, dass bei Infrastrukturmaßnahmen in einem zwar gemeldeten, aber noch nicht in die Liste eingetragenen FFH-Gebiet jedenfalls die Anlegung der materiellrechtlichen Maßstäbe der FFH-Richtlinie in aller Regel einen „angemessenen Schutz" i.S. des Urt. des EuGH v. 13.1.2005 darstellt.[1064] Hier könnte sich ohne weiteres zukünftig wieder ein offener Konflikt zwischen den beiden obersten Gerichten ergeben.

[1060] BVerwG, Urt. v. 17.05.2002 – 4 A 28.01, NVwZ 2002, 1243.
[1061] BVerwG, Urt. v. 18.11.2004 – 4 CN 11/03, NVwZ 2005, 442.
[1062] BVerwG, Beschl. v. 04.05.2005 – 4 C 6/04, NVwZ 2005, 1061.
[1063] EuGH, Urt. v. 13.01.2005 – C-117/03, Società Italiana Dragaggi SpA u. a./Ministero delle Ifrastrutture e die Trasporti), NVwZ 2005, 311.
[1064] BVerwG, Beschl. v. 07.09.2005 – 4 B 49.05, DVBl. 2005, 1594 (Werft für das Großraumflugzeug A 380 am Flughafen Frankfurt/Main).

Teil 3 Architektenrecht

§ 1 Einleitung

Architektenrechtliche Fälle sind oft mit einer Vielzahl rechtlicher Fragen gespickt. Dies liegt einerseits daran, dass die für die Vergütungsfrage des Architekten anzuwendende Honorarordnung für Architekten und Ingenieure mit ihrem komplizierten und unübersichtlichen Regelwerk und die Fragen zur Prüfbarkeit einer Schluss- oder Abschlagsrechnung den Parteien – leider oft gerade den Architekten – nicht ausreichend bekannt sind und honorarrechtliche Fragen umfangreiche und ggf. nur mit Sachverständigen zu lösende Problem aufwerfen. In den meisten Fällen wird ein mit einem honorarrechtlichen Fall konfrontiertes Gericht daher versuchen, die Rechtsstreitigkeit mit einem Vergleich „vom Tisch zu bringen". Gerade in Fällen, wo der Architekt es versäumt hat, seine Honorarrechnung nach den Anforderungen der HOAI zu erstellen, steht der Umfang der von ihm zur Schlüssigkeit seiner Forderungen nachzuholenden Leistungen häufig in keinem Verhältnis zu der damit verbundenen Arbeit und ggf. auch zur Höhe der geforderten Vergütung. In der Vergangenheit sind zahlreiche Vorstöße zu einer Abschaffung oder Vereinfachung der HOAI gescheitert. Aktuell ist vom VBI ein Vorstoß zur Änderung der HOAI mit „HOAI 2006 – Honorarermittlung bis zur 6. Novelle" gestartet.[1]

Anderseits ist die Frage, welchen werkvertraglichen Erfolg ein Architekt schuldet bis heute nicht abschließend geklärt. Ein allgemein gültiger Leistungskatalog ist kaum zu formulieren, in jedem Einzelfall ist nach der zwischen den Parteien geschlossenen vertraglichen Vereinbarung unter Beiziehung der umfangreichen Rechtsprechung das vom Architekten geschuldete „Leistungssoll", sprich, der werkvertraglich geschuldete Erfolg, zu ermitteln. Hierbei übersehen die Architekten vielfach, dass der Architektenvertrag nicht ein reiner Werkvertrag, sondern ein Typenmischvertrag ist, der ihnen neben dem geschuldeten Werkerfolg zahlreiche Sachwalterpflichten auferlegt und sie während dem Vertragsverhältnis der Leitungs- und Direktionsbefugnis des Bauherrn unterliegen. Da sich auch die Sachwalterpflichten nicht allgemein definieren lassen, sondern vom jeweils abgeschlossenen Architektenvertrag abhängen, kann auch bei diesen Fragen immer nur nach dem Einzelfall unter Berücksichtigung der einschlägigen Rechtsprechung entschieden werden. Das Streitpotenzial ist also auch aus Sicht des Auftraggebers erheblich.

Einen dritten Fragenkomplex bilden die wieder vermehrt auftauchenden urheberrechtlichen Fragen des Architekten. Schließlich kann im Rahmen der wachsenden grenzüberschreitenden Bautätigkeit auch internationale Tätigkeit des Architekten, mit den damit verbunden Fragen zum anzuwendenden Recht und der Zuständigkeit der Gerichte nicht mehr ausgeblendet werden.

Für die Bearbeitung des architektenrechtlichen Mandates werden die beschriebenen Fragenkomplexe systematisch nach Anspruchsgrundlagen, ohne Anspruch auf Vollständigkeit, abgehandelt.

---

[1] IBR-Online, IBR-News Nr. 7363 – VBI startet neue HOAI-Initiative: Rückkehr zur Fairness gefordert (Quelle: VBI); Zum Diskussionsstag: 1. Deutscher Baugerichtstag, Arbeitskreis IV, Architekten- und Ingenieurrecht – 1. Prof. Rudolf Jochem, Reform der Honorarordnung für Architekten und Ingenieure (HOAI): Welche Änderungen des Honorarrechts für Architekten und Ingenieure empfehlen sich zur Vermeidung von Honorarstreitigkeiten? – Thesenpapier des Referenten Prof. Rudolf Jochem, IBR-Aufsatz; 2. Prof. Dr. Ulrich Werner, Reform der Honorarordnung für Architekten und Ingenieure (HOAI): Welche Änderungen des Honorarrechts für Architekten und Ingenieure empfehlen sich zur Vermeidung von Honorarstreitigkeiten? – Thesenpapier des Referenten Prof. Dr. Ulrich Werner, IBR-Aufsatz.

§ 2 Die Übernahme des architektenrechtlichen Mandates

Literatur
Thode/Wirth/Kuffer, Praxishandbuch Architektenrecht, 2004.

Wie bei der Übernahme aller rechtlichen Mandate sind Fragen der Vollmachtserteilung, zur eigenen Haftung und ggf. der Vereinbarung eines Haftungsbeschränkung, zu § 174 BGB bei einseitigen Willenserklärungen, bei der Einleitung von Prozessen zur Wahl der Parteien, einer ggf. erforderlichen Streitverkündung sowie zum Kostenrisiko und zur Solvenz der Parteien zu berücksichtigen. Einige Punkte bei der Betreuung architektenrechtlicher Mandate sind besonders zu beachten:

A. Gestaltung von Architektenverträgen

Bei der Gestaltung von Architektenverträgen sollte erwogen werden, den Mandanten – insbesondere wenn es sich um einen in Bausachen unkundigen Bauherrn oder auf Architektenseite einen Berufsanfänger handelt – auf die Möglichkeit hinzuweisen, unter Zuhilfenahme von Rechtsanwälten die wesentlichen Eckpunkte des Vertrages auszuarbeiten. Erfahrungsgemäß lassen sich in der gemeinsamen Vertragsgestaltung wesentliche Fragen zum Umfang der vom Architekten geschuldeten Leistung und das dafür zu zahlende Architektenhonorar so lösen, dass mögliches Konfliktpotenzial auf ein Minimum reduziert wird. So bietet es sich an, schon bei Vertragsabschluss die Vorstellungen des Bauherrn im Hinblick auf die Ausnutzung des Grundstücks, der Gebäudeflächen, des Qualitätsstandards, der Gestaltung, der Ausstattung, der Bauzeit u.a. in Verbindung mit seinen wirtschaftlichen Möglichkeiten weit gehend festzulegen.[2] Weiter lassen sich z.B. Honorarfragen und Auswirkungen wesentlicher Änderungen des Bausolls durch den Bauherrn auf die Baukosten sowie das Architektenhonorar vertraglich fixieren.

B. Vertragsrelevante Unterlagen

Bestehen zwischen den Parteien bereits Streitigkeiten, kann eine Beurteilung der Sach- und Rechtslage durch den Rechtsanwalt regelmäßig erst nach Sichtung der wesentlichen Vertragsunterlagen erfolgen. Da architektenrechtliche Streitigkeiten mit der Prüfung von umfangreichem Schriftverkehr und Planungsunterlagen verbunden sind, ist zu empfehlen, sich von dem Mandanten bereits vor dem ersten Besprechungstermin die Unterlagen übermitteln zu lassen. Bei Honorarfragen handelt es sich hierbei in der Regel um den Architektenvertrag und die gestellte Abschlags- und Schlussrechnung, bestehende Sicherungsmittel sowie den diesbezüglichen Schriftverkehr. Ist ein Haftungsfall zu betreuen, sind daneben ggf. vorhandene Sachverständigengutachten und bei Kündigung, Widerruf oder Rücktritt die entsprechenden Erklärungen abzufordern. Ist bereits Klage erhoben oder ein Beweissicherungsverfahren eingeleitet, sind vom Mandanten Klageschrift/Antragsschrift einschließlich aller Unterlagen, Ladung und Zustellungsurkunde beizubringen.

---

2 *Knipp* in Thode/Wirth/Kuffer, § 7.

C. Haftungsfälle: Gesamtschuldnerische Haftung

4   Bei architektenrechtlichen Haftungsfällen ist sowohl im Rahmen bereits anhängiger Verfahren (Beweissicherung/Rechtsstreit) wie auch bei der Übernahme des Mandates außerhalb laufender Verfahren stets mit besonderer Sorgfalt die Mitverantwortlichkeit anderer am Bau beteiligter zu prüfen. Dabei ist nicht nur an ein Mitverschulden des Bauherrn selbst, sondern vornehmlich eine **gesamtschuldnerische Haftung** von Architekt und anderen Sonderfachleuten (Tragwerkplaner, Bodengutachter, u. a.) sowie der am Bau tätigen Bauunternehmern zu prüfen (vgl. dazu Teil 1, Rn 642 ff.). Im laufenden Verfahren kann sich hierbei eine **Streitverkündung** an die Betroffenen dringend empfehlen (vgl. dazu Teil 1, Rn 725 ff.).

§ 3 Vertragsverhältnisse mit Architekten – Vertragsmodelle

Literatur

Hartmann, Zur Vergütung von Wettbewerbsleistungen im Rahmen der HOAI, BauR 1996, 623; *Korbion/Mantscheff/Vygen*, HOAI, 6. Auflage 2004; *Motzke/Wolff*, Praxis der HOAI, 3. Auflage 2004; *Schmidt*, Besondere Gestaltungsmöglichkeiten für Architekten- und Ingenieurverträge, BauR 1999, 538; *Weinbrenner/Jochem/Neusüß*, Der Architektenwettbewerb, 2. Auflage 1998; *Müller-Wrede*, Der Architektenwettbewerb in Thode/Wirth/Kuffer (Hrsg.), Praxishandbuch Architektenrecht, S. 124 ff.; *Westphalen, F. Graf von*, Vertragsrecht und AGB-Klauselwerk.

Bevor im Einzelnen auf den Anspruch des Architekten auf Zahlung seines Honorars eingegangen wird, sollen die neben dem „normalen" Architektenvertrag in der Praxis gängigen Vertragsmodelle kurz beleuchtet werden:

A. Rahmenvertrag

In einem **Rahmenvertrag** vereinbaren die Parteien, dass sie in einer auf längere Dauer angelegten Geschäftsbeziehung die für alle künftig abzuschließenden Verträge gemeinsamen Punkte regeln. Die konkreten Vertragspflichten werden erst in den abzuschließenden Einzelverträgen geregelt, die durch den Rahmenvertrag mit vorangehendem Geltungsanspruch ergänzt werden. Daher besteht aus dem Rahmenvertrag in der Regel **kein Anspruch auf Abschluss eines konkreten Architektenvertrages**.[3] Dies steht immer unter der Bedingung, dass tatsächlich auch die jeweiligen Baumaßnahmen ausgeführt werden. Werden die Baumaßnahmen, etwa wegen finanzieller Schwierigkeiten nicht ausgeführt, kann hieraus kein Honoraranspruch hergeleitet werden. Ein Architektenrahmenvertrag enthält im Regelfall auch nicht die Garantie, dass der Architekt eine Mindestanzahl an Aufträgen erhält.[4] Dem Architekten kann bei Nichtabschluss (weiterer) Einzelverträge ggf. ein Schadensersatzanspruch nach § 280 BGB zustehen, wenn ihm der Abschluss der betreffenden Einzelverträge vom Bauherrn verweigert wird.[5] Wie bei einem Vorvertrag erfolgt die Abwicklung dann nach den Grundsätzen der Kündigung gem. § 649 BGB (vgl. dazu Rn 273 ff.).[6]

B. Optionsvertrag

In **Optionsverträgen** wird einer Partei das Recht eingeräumt, einen Vertrag durch einseitige Erklärung (Gestaltungserklärung/Abrufrecht) zustande zu bringen. Nach überwiegender Ansicht handelt es sich hierbei um einen aufschiebend bedingten Vertrag i. S. des § 158 Abs. 1 BGB, bei dem der Bedingungseintritt durch die gestaltende Willensbildung eintritt.[7] Optionsverträge sind in der Praxis regelmäßig der Art ausgestaltet, dass ein **Auftrag über das Gesamtprojekt** mit entsprechender Honorarvereinbarung erteilt wird, und die einzelnen **Leistungen sukzessive** vom Bauherrn nach dessen Willen **abgerufen** werden

---

[3] OLG Celle, IBR 2004, 259; *Wirth* in Korbion/Mantscheff/Vygen, Einf. Rn 90 f; Zur Abrechnung nach den Mindestsätzen, wenn im Rahmenvertrag Stundensätze vereinbart worden sind: LG Darmstadt, IBR 2005, 601.
[4] OLG Celle, a. a. O.
[5] BGH, BauR 1992, 531; *Schmidt*, BauR 1999, 538; *Motzke* in Graf von Westphalen, Klauselwerke/Architektenvertrag, Rn 92.
[6] *Motzke/Wolff*, S. 17.
[7] BGH, NJW 2000, 2272; NJW 1996, 338.

können (Option). Nur der Architekt ist in einem solchen Fall also grundsätzlich zu einem Tätigwerden über die gesamte Vertragsdauer verpflichtet.[8] Die konkrete Leistungsverpflichtung hängt jedoch von der Wahrnehmung des Optionsrechts durch den Bauherrn ab. Nimmt der Bauherr alle vertraglich eingeräumten Optionen wahr, ist der Architekt zur Erbringung sämtlicher vertraglich vereinbarten Leistungen verpflichtet, der Bauherr zur Bezahlung des vollen Honorars.

C. Gestufte Beauftragung

7   Durch eine **gestufte Beauftragung** versuchen Bauherren, die für sie ungünstige Rechtsfolge des § 649 S. 2 BGB – Abrechnung nach ordentlicher Kündigung – zu vermeiden. Eine solche gestufte Beauftragung kann als **Optionsvertrag**[9] oder als **Vorvertrag** qualifiziert werden. Liegt eine echte gestufte Beauftragung vor, wird grundsätzlich der werkvertragliche Erfolg für jede Stufe einzeln bestimmt. Selbst wenn also der geschuldete Gesamterfolg (z. B. das Erstellen einer dauerhaften genehmigungsfähigen Planung) verfehlt wird, kann der Architekt für mangelfrei erbrachte Einzelstufen (z. B. das Honorar der Leistungsphasen 1-3) das volle Honorar verlangen.[10]

---

8 OLG Düsseldorf, BauR 1997, 340; *Wirth* in Korbion/Mantscheff/Vygen, Einf. Rn 94 f; **a. A.** *Motzke* in Graf von Westphalen, Klauselwerke/Architektenvertrag, Rn 94: Vertragliche Bindung beider Parteien beim Optionsvertrag.
9 OLG Bamberg, IBR 2005, 550; OLG Dresden, IBR 2001, 26; OLG Düsseldorf, IBR 1998, 541; LG Konstanz, BauR 1996, 577.
10 BGH, BauR 1997, 156.

§ 4 Die Sicherung von Ansprüchen im Architektenrecht

Literatur

Bindhardt/Jagenberg, Die Haftung des Architekten, 8. Auflage, 1981; *Elshorst*, NJW 2001, 3223 zu den Ersatzansprüchen; *Groß*, Die Bauhandwerkersicherungshypothek, 1978; *Hartmann*, Zur Vergütung von Wettbewerbsleistungen im Rahmen der HOAI, BauR 1996, 623; *Ingenstau/Korbion*, Kommentar zur VOB, Teil A und B, 15. Auflage 2004; *Kniffka/Koeble*, Kompendium des Baurechts, 2. Auflage 2004 *Korbion/Mantscheff/Vygen*, HOAI, 6. Auflag 2004; *Leinemann*, die Bezahlung der Bauleistung, 2. Auflage 1990; *Locher*, Das private Baurecht, Kurzlehrbuch, 6. Auflage, 1996; *ders.*, Rechtsfragen des Innenarchitektenvertrages, BauR 1971, 68; *ders.*, Unlauterer Wettbewerb von Architekten und Ingenieuren durch Verstöße gegen Bestimmungen der HOAI und des Standesrechts, BauR 1995, 146; *Locher/Koeble/Frik*, Kommentar zur HOAI, 9. Auflage 2006; *Löffelmann/Fleischmann*, Architektenrecht, 4. Auflage 2000; *Pott/Dahlhoff/Kniffka*, Honorarordnung für Architekten und Ingenieure, 7. Auflage 1996 *Schmalzl*, Bauwerkshypothek für den Architekten, MDR 1968, 14; *Schulze-Hagen*, § 648 a BGB – Eine Zwischenbilanz, BauR 2000, 28; *Siegburg*, Bauwerksicherungshypothek, 1989; *Slapnicar/Wiegelmann*, Neue Sicherheiten für den Bauhandwerker, NJW 1993, 2903; *Staudinger*, Kommentar zum Bürgerlichen Gesetzbuch, §§ 631-651 BGB, 15. Auflage 1994; *Sturmberg*, § 648 a BGB – über das Ziel hinaus? Entspricht die neue Vergütungssicherung den Anforderungen der Vertragspraxis, BauR 1994, 57; *Tempel*, Bauhandwerker-Sicherungshypothek für den Architekten, JuS 1973, 414; *Weber*, Das Bauhandwerkersicherungsgesetz, WM 1994, 725; *Werner/Pastor*, Der Bauprozess, 11. Auflage 2005.

Bezüglich der Sicherung von Ansprüchen im Baurecht wird zunächst allgemein auf die Ausführungen im Teil 1 diese Buches verwiesen (vgl. dazu Teil 1, Rn 167 ff.). Hier wird nur noch spezifisch auf die für den Architekten relevanten Sicherungsmöglichkeiten für seine Honorarforderung eingegangen.

A. Die Bauhandwerkersicherungshypothek

Eine **Bauhandwerkersicherungshypothek** kommt für den Architekten nur dann in Betracht, wenn es sich bei dem abgeschlossenen Architektenvertrag um einen Werkvertrag handelt und der Architekt als Unternehmer i. S. des § 648 BGB qualifiziert werden kann. Ist der Architekt **nur mit der Planung** beauftragt, kann er grundsätzlich eine Sicherungshypothek beanspruchen, denn seine im Entwurf enthaltene geistige Leistung ist ein für sich allein nicht wegzudenkender Teil der Gesamtleistung und bezieht sich unmittelbar auf die Herstellung des Bauwerks.[11] Dies gilt aber in den Fällen nicht, wo das Bauwerk nicht errichtet wird.[12] Ein Architekt muss daher in der Regel mindestens solange warten, bis mit den Ausschachtungsarbeiten begonnen wird. Ist der Architekt mit der **Planung und der Objektüberwachung** beauftragt, steht ihm bei Errichtung des Bauwerks ein Sicherungsanspruch nach § 648 BGB zu. Auch wenn der Architektenvertrag **nur die Objektüberwachung** als werkvertraglich geschuldeten Erfolg beinhaltet, kann dem Architekten der Anspruch auf Sicherungshypothek nach § 648 BGB zustehen.[13] Uneingeschränkt wird dem Architekten ein Anspruch auf Sicherungshypothek eingeräumt, wenn

---

[11] OLG Düsseldorf, NJW-RR 2000, 166; OLG Hamm, NJW 1962, 1399; OLG Düsseldorf NJW 1963, 1459; **a. A.** *Tempel*, JuS 1973, 414, LG Hamburg, MDR 1963, 211.

[12] OLG Koblenz, IBR 2005, 264; OLG Hamm, IBR 2000, 443; OLG Düsseldorf, BauR 1999, 1482; OLG Dresden, IBR 1997, 22; OLG Celle, NJW-RR 1996, 854 (bereits eingetragene Vormerkung ist zu löschen); KG, BauR 1996, 982; OLG Frankfurt, OLGR 1995, 97; **a. A.** LG Traunstein, NJW 1971, 1460.

[13] BGH; BauR 1982, 79.

er mit der **Vollarchitektur** (Planung bis örtliche Bauleitung) beauftragt ist.[14] Selbst wenn der Architekt die Leistungen nach § 15 Abs. 1 Nr. 9 HOAI (Leistungsphase 9 – Objektbetreuung und Dokumentation) isoliert übernommen hat, kann ihm ein Anspruch auf Einräumung einer Sicherungshypothek zustehen.[15]

9   Ein Sicherungsanspruch nach § 648 BGB steht dem Architekten nicht zu, wenn er lediglich Dienstleistungen[16] erbringt. Zu differenzieren ist bei Leistungen der **Innenarchitektur**: Übernimmt der Architekt nur innenarchitektonische Leistungen durch Planung von Innenräumen ohne dass in die Bausubstanz eingegriffen wird oder ist er lediglich mit der Herstellung von Einrichtungsgegenständen (§ 3 Nr. 8 HOAI) beauftragt, kommt ein Anspruch auf Einräumung einer Sicherungshypothek nicht in Betracht.[17] Anders, wenn die Tätigkeit als Innenarchitekt einen Eingriff in den Bestand oder die Baukonstruktion bewirkt.[18] Die gleichen Grundsätze sind bei der Beauftragung für Gebäude und Freianlagen anzuwenden.[19]

▶ **Anträge**
1. Werklohnsicherung durch Bauhandwerkersicherungshypothek

Beantragen wir im Wege der einstweiligen Verfügung – wegen Dringlichkeit ohne mündliche Verhandlung – für Recht zu erkennen:

> Im Grundbuch von Berlin-Mitte, Amtsgericht Tempelhof-Kreuzberg wird zu Lasten des Grundstücks Lemastraße 3, 10115 Berlin, Blatt 277N, Flur 42030 Flurstück 122 zu Gunsten des Antragstellers eine Vormerkung zur Sicherung seines Anspruchs auf Einräumung der Sicherungshypothek für seine Forderung aus dem Architektenvertrag vom 7. 7.2004 gem. Schlussrechnung vom 10.5.2005 in Höhe von 56.000,- Euro sowie wegen eines Kostenbeitrags von 150,- Euro eingetragen.

Wir beantragen weiter,

> den Antrag auf Eintragung der Vormerkung durch das Gericht beim zuständigen Grundbuchamt einzutragen.

---

14 BGH, NJW 1969, 419; LG Köln, BauR 1995, 421; *Schmalzl*, MDR 1968, 14; *Bindhardt/Jagenberg*, § 2 Rn 70 ff.
15 *Löffelmann/Fleischmann*, Rn 53; **a. A.** *Groß*, S. 28; *Locher*, Rn 224.
16 Kein Sicherungsanspruch bei dienstvertraglichen Leistungen des Architekten – so z. B. bei der Hinzuziehung eines Architekten bei einer Hausbesichtigung durch Kaufinteressenten, OLG Hamm, BauR 1999, 1323; oder wenn der Architekt nur ein anderes bloßes Tätigwerden wie die Finanzberatung oder die Hypothekenbeschaffung übernimmt, OLG München, NJW 1973, 289; *Bindhardt/Jagenburg*, § 2 Rn 79; OLG Hamm, BauR 1995, 579; Projektsteuerungsvertrag kann ganz oder teilweise Dienstleistungsvertrag sein, nur soweit er dem Werkvertragsrecht zuzuordnen ist, kann eine Bauhandwerkersicherungshypothek in Betracht kommen – *Pastor* in Werner/Pastor, Rn 215.
17 *Siegburg*, S. 149 ff; *Ingenstau/Korbion*, Anhang 2 BGB, Rn 23.
18 *Locher*, BauR 1971, 68; *Siegburg*, S. 152.
19 *Pastor* in Werner/Pastor, Rn 215.

2. Klage auf Bewilligung der Bauhandwerkersicherungshypothek

Im Termin zur mündlichen Verhandlung werden wir beantragen:

> Die Beklagte wird verurteilt, die Eintragung einer Sicherungshypothek für die Forderung des Klägers aus dem Architektenvertrag vom 7.7.2004 gem. der Schlussrechnung vom 10.5.2005 in Höhe von 56.000,- Euro zuzüglich Zinsen hieraus in Höhe von 5 Prozentpunkten über dem Basiszinssatz seit dem 31.5.2005 sowie wegen eines Kostenbetrages in Höhe von 150,- Euro im Grundbuch von Berlin-Mitte, Amtsgericht Tempelhof-Kreuzberg, Blatt 277N, Flur 42030 Flurstück 122, zu bewilligen unter rangwahrender Ausnutzung der auf Grund der einstweiligen Verfügung des Landgerichts Berlin vom ...... Az. ...... eingetragenen Vormerkung. ◄

B. Die Bauhandwerkersicherung gemäß § 648 a BGB

Für die Voraussetzungen einer Bauhandwerkersicherung gem. § 648 a BGB ist zunächst auf die Ausführungen im Teil 1 dieses Buches zu verweisen (vgl. dazu Teil 1, Rn 179 ff.). Auch der Architekt ist als Unternehmer nach § 648 a BGB zu qualifizieren, soweit er aufgrund eines Werkvertrages für den Besteller tätig wird.[20] Dem Architekten, der **lediglich mit der Planung beauftragt** worden ist, soll jedoch nur dann ein Sicherungsanspruch nach § 648 a BGB zustehen, wenn die Umsetzung der Planung gesichert ist[21] – grundsätzlich also mit Abschluss des wirksamen Architektenvertrages. Kommt der Bauherr einer Aufforderung unter angemessener Fristsetzung zur Sicherheitsleistung in Höhe des vertraglich geschuldeten Honorars abzüglich bereits bezahlter Leistungen nicht nach, kann er zunächst die Arbeit niederlegen. Nach weiterer Fristsetzung gilt die Kündigungsfiktion der §§ 648 a, 642, 643 BGB mit der Folge, dass sich für den Architekten die interessante Möglichkeit eröffnet, sich von dem zahlungsunwilligen Auftraggeber ohne die Ansammlung weiterer Verluste zu trennen.[22]

10

▶ Einwurf- Einschreiben

1. Aufforderungsschreiben zur Sicherheitsleistung nach § 648 a BGB mit Ankündigung der Leistungsverweigerung

Bauvorhaben: Lemastr. 3 in 10115 Berlin

Sehr geehrte Damen und Herrn,

in der oben bezeichneten Angelegenheit zeige ich unter Überreichung einer auf mich lautenden Originalvollmacht die Vertretung des Dipl. Ing. Architekten Bodo Boromelli, Leibnizstr. 44 in 10423 Berlin an.

Nach dem zwischen Ihnen und meinem Mandanten am 1.7.2002 abgeschlossenen Architektenvertrag steht meinem Mandanten ein Architektenhonorar in Höhe von 245.000,- Euro pauschal zu.

---

20 *Locher* in Locher/Koeble/Frik, HOAI, Einl. Rn 181; *Slapnicar/Wiegelmann*, NJW 1993, 2903; *Weber*, WM 1994, 735; *Sturmberg*, BauR 1994, 57; *Kniffka/Koeble*, 10. Teil, Rn 28.
21 OLG Düsseldorf, IBR 2005, 28; *Peters* in Staudinger, § 648 a BGB, Rn 3; *Leinemann*, Rn 299; *Schulze-Hagen*, BauR 2000, 28; **a. A.** OLG Düsseldorf, IBR 1994, 245; OLG Frankfurt, IBR 1995, 377; OLG Celle/OLG Dresden, IBR 1996, 432 – die alle den Unternehmerbegriff gleich weit wie in § 648 BGB auslegen und fordern, dass sich die Planungsleistungen bereits im Grundstück verkörpert haben.
22 OLG Stuttgart, IBR 2006, 275 zur Loslösung vom Vertrag bei Verzögerung des Baustarts und der Geltung der Kündigungsfiktionen der §§ 642, 643, 648 a BGB im Falle der vertraglichen Regelung von Kündigungsfolgen.

Hierauf haben Sie für die bereits erbrachten Leistungen bis zur Ausführungsplanung auf die 1. und 2. Abschlagsrechnung meines Mandanten über 145.000,- Euro lediglich einen Betrag in Höhe von 45.000,- Euro gezahlt.

Nach § 648 a Abs. 1 BGB ist mein Mandant berechtigt, für die von ihm zu erbringenden Vorleistungen Sicherheit in Höhe des gesamten vereinbarten Architektenhonorars abzüglich der bereits geleisteten Zahlungen in Höhe von 45.000,- Euro, also in Höhe von 200.000,- Euro zu fordern. Namens und in Auftrag meines Mandanten habe ich Sie aufzufordern bis zum

23.6.2006 – hier eingehend –

für den Betrag in Höhe von 200.000,- Euro eine entsprechende Sicherheit zu erbringen. Sollte nach Ablauf des 23.6.2006 Sicherheit nicht in geeigneter Form vorliegen, wird mein Mandant weitere Leistungen verweigern und die Arbeiten einstellen.

Mit freundlichen Grüssen

Rechtsanwalt ◄

▶ Per Boten:

2. Nachfristsetzung mit Kündigungsandrohung, § 648 a Abs. 5 S. 1 BGB

Bauvorhaben: Lemastr. 3 in 10115 Berlin

Sehr geehrte Damen und Herrn,

die von mir mit Schreiben vom 5.6.2006 .zur Sicherheitsleistung nach § 648 a BGB auf den 23.6.2006 gesetzte Frist ist fruchtlos verstrichen.

Wie angekündigt, wird mein Mandant aufgrund der Nichtleistung der Sicherheit seine Leistungen mit sofortiger Wirkung einstellen. Gleichsam setzte ich Ihnen namens und in Auftrag meines Mandanten eine weitere Frist bis zum

10.7.2006 – hier eingehend –

Sicherheit zu leisten verbunden mit der Erklärung, dass mein Mandant den bestehenden Architektenvertrag kündigt, falls ausreichend Sicherheit nicht fristgemäß vorliegt. Ich verweise auf §§ 648 a Abs. 5, 643 BGB: Nach Fristablauf muss seitens meines Mandanten keine ausdrückliche Kündigung erklärt werden. Nach fruchtlosem Ablauf der Frist gilt der Vertrag als gekündigt. Gemäß § 648 a Abs. 5 BGB wird mein Mandant nach Beendigung des Vertragsverhältnisses neben der ihm zustehenden Vergütung für die erbrachten Leistungen Schadensersatz in Höhe von 5% des vereinbarten Honorars verlangen.

Mit freundlichen Grüssen

Rechtsanwalt ◄

C. Der einstweilige Rechtsschutz

11 Zu der einstweiligen Verfügung in Bausachen ist bereits umfassend in Teil dieses Buches ausgeführt worden (vgl. dazu Teil 1, 186 ff.). Hier sollen lediglich noch den Architekten betreffende Fragen besonders unterstrichen werden.

Einstweilige Verfügungen des **Architekten gegen den Bauherrn** kommen insbesondere in Bezug auf Mitwirkungspflichten und Koordinierungspflichten des Bauherrn nach §§ 642, 643 BGB – z. B. auf Herausgabe von Unterlagen – oder im Hinblick auf ein Verbot, Änderungen des Bauwerks aus Urheberrechtsgründen vorzunehmen,[23] ggf. auch bei einem Anspruch eines Architekten als Preisträger auf weitere Beauftragung[24] in Betracht. Weiter sind die Fälle denkbar, in denen der Auftraggeber im Rahmen eines selbstständi-

---

23 OLG Hamm BauR 1984, 298; OLG Köln, BauR 1995, 874; LG Leipzig, IBR 2005, 1264; KG, IBR 2003, 84.
24 OLB München, IBR 2001, 429.

C. Der einstweilige Rechtsschutz

gen Beweisverfahrens verpflichtet ist, die Durchführung der Beweissicherung zu dulden und daran mitzuwirken (vgl. dazu Teil 1, Rn 146 ff.).

▶ **Antrag:**

Beantragen wir im Wege der einstweiligen Verfügung – wegen Dringlichkeit ohne mündliche Verhandlung – für Recht zu erkennen:

I. Der Antragsgegnerin wird unter Androhung der gesetzlichen Ordnungsmittel verboten:
   1. die Glas-Stahl Konstruktion der Fassade des Museums für bildende Künste (ausgeführt wie Planunterlagen Anlage 1) in einer Holz-Lamellenfassade wie nach den anliegenden Planunterlagen Anlage 2 ersichtlich, auszuführen;
   2. dritte Architekten mit der Veränderung der von der Antragsstellerin erstellten Fassaden-Plänen nach Anlage 1 zu beauftragen.
II. Die Herausgabe sämtlicher von der Antragsstellerin verfassten Planunterlagen zur Entwurfs- und Werkplanung der Fassade (Anlage 2 zur Antragsschrift) durch die Antragsgegnerin an den zuständigen Gerichtsvollzieher zum Zwecke der Sequestration und der Sicherstellung des Vernichtungsanspruchs aus § 98 UrhG anzuordnen. ◀

Einstweilige Verfügungen des **Bauherrn gegen den Architekten** betreffen insbesondere die Fallkonstellationen zur Vornahme von Nachbesserungsarbeiten durch den Architekten, wenn der Eintritt eines größeren Schadens droht[25] oder die Herausgabe von Bauunterlagen für die Bauausführung oder die Abrechnung.[26] Neben einstweiligen Verfügungen des Architekten gegen den Bauherrn und umgekehrt sind mögliche Konstellationen zu bedenken, in denen ein **Dritter gegen den Bauherrn oder Architekten** eine einstweilige Verfügung beantragt. In der Regel wird der Nachbar das Verbot anstreben, Baumaßnahmen, sei es der Baubeginn oder den Baufortschritt, durchzuführen.[27] So wenn vom Bauherrn oder seinem Architekten die zumutbaren Rücksichts- und Sorgfaltspflichten (z. B. Schutzgerüste, Abdeckungen, Abstützfundamente) gegenüber dem Nachbarn nicht eingehalten werden und der Nachbar unzumutbaren Belästigungen ausgesetzt ist[28] und/oder größere Beschädigungen des Nachbargrundstücks drohen.[29] Es kann sich jedoch auch um einen Beseitigungsanspruch handeln, wenn bspw. der Bauherr gegen ein Bauverbot verstoßen hat oder ohne Baugenehmigung ein Bauwerk errichtet hat.[30]

Von besonderer Bedeutung können im Architektenrecht auch einstweilige Verfügungen eines Dritten wegen **wettbewerbswidrigem Verhalten des Architekten** sein.[31] Ein Mitbewerber oder die Architektenkammer[32] können bei einer gegen die HOAI verstoßende Mindestsatzunterschreitung auf Unterlassung klagen. Im Rahmen des einstweiligen Verfügungsverfahrens wird dann versucht werden, den Abschluss des Architektenvertrages

---

25 *Elshorst*, NJW 2001, 3223 zu den Ersatzansprüchen.
26 OLG München, BauR 1987, 598.
27 OLG Hamm, BauR 2002, 669.
28 Schwenkarm eines Baukrans im Luftraum des Nachbargrundstücks: LG Lüneburg, IBR 1999, 271; OLG Zweibrücken, IBR 1998, 207; OLG Karlsruhe, NJW-RR 1993, 91 – **a. A.** LG Kiel, BauR 1991, 380; Beschränkung der Arbeitszeiten: LG Konstanz, BauR 1990, 754; Geräuschemissionen: Saarländisches OLG, MDR 2000, 152.
29 Stabilität eines Baukrans: LG Kiel, a.a.O; Schweißarbeiten bei starkem Wind: OLG Celle, BauR 1990, 626; Unzureichende Absicherung eines Fassadengerüsts: OLG Nürnberg, BauR 1991, 781.
30 BGH, DB 1970, 1126; LG Aachen, BauR 1981, 501.
31 *Locher*, BauR 1995, 146.
32 BGH, BauR 1997, 490.

zu den wettbewerbs- und/oder standeswidrigen[33] Bedingungen zu vereiteln. Zwar kann auch gegen ein **wettbewerbswidriges Verhalten des Auftraggebers** – vor allem in Honorarfragen bzgl. des Architekten – eine einstweilige Verfügung wegen Nichtbeachtung des zwingenden Preisrechts der HOAI in Betracht kommen. Diese „Störerhaftung" wird jedoch nur in den Fällen bejaht werden können, wo der Bauherr einer zumutbaren Prüfungspflicht nicht nachgekommen ist[34] oder z. B. durch die Form der Ausschreibung zu erkennen gibt, dass er auf einen wettbewerbswidrigen Verstoß gegen das zwingende Preisrecht der HOAI hinwirkt.[35] Gegenstand wettbewerbsrechtlicher Unterlassungsverfügungen kann auch die **fehlende Eintragung in die Liste der Architektenkammer** sein. Denn die Berechtigung, die Berufsbezeichnung „Architekt" zu führen, richtet sich nach den Architektengesetzen der jeweiligen Bundesländer, so dass derjenige, der nicht eingetragen ist, aber den Titel „Architekt" im Geschäftsverkehr nutzt, mit Unterlassungsverfügungen der Architektenkammer rechnen muss.[36]

---

33 Vorsätzliches Hinwegsetzen über die Mindestsatzregelungen der HOAI kann im Einzelfall standes- und wettbewerbswidrig sein: BGH, a. a. O.; OLG-München, NJW-RR 1996, 881; *Locher*, BauR 1995, 146 ff; *Hartmann*, BauR 1996, 623; *Locher* in Locher/Koeble/Frik, Einl. Rn 207 ff und § 4 HOAI, Rn 89 f; *Vygen* in Korbion/Mantscheff/Vygen, § 4 HOAI, Rn 92; Pott/Dahlhoff/Kniffka, § 4 HOAI, Rn 18 a.
34 BGH, BauR 1997, 490; OLG Braunschweig, BauR 1995, 869; anders OLG München, BauR 1996, 283 und OLG Bremen, BauR 1997, 490 – Störerhaftung wird bereits bejaht, wenn in dem Anschreiben Angaben über die anrechenbaren Kosten fehlen.
35 BGH, NZBau 2003, 622; OLG München, IBR 2004, 75.
36 OLG Karlsruhe, IBR 2004, 76 („Architekt") ; OLG Düsseldorf, IBR 2004, 77 („Dipl. Ing. Architekt"); OLG München, IBR 2004, 207; BVerfG, IBR 1996, 516; OLG Düsseldorf, BauR 1995, 571 und LG Frankenthal, IBR 2004, 208 – GmbH darf, auch wenn sie selbst nicht in der Architektenliste eingetragen ist, ihre Tätigkeit werbend als Architektenleistung bezeichnen, sofern alle Geschäftsführer in die Architektenliste eingetragen sind.

A. Zuständigkeitsfragen **3**

§ 5 Zulässigkeitsfragen im Architektenprozess

Literatur

Bindhardt/Jagenberg, Die Haftung des Architekten, 8. Auflage, 1981; *Ehlers*, Welches nationale Recht gilt bei binationalen Bauaufträgen?, NZBau 2002, 19; *Englert*, „Wahlgerichtsstand Erfüllungsort", „Justizentlastung" und Verweisungspraxis in Bausachen: DAV und Gesetzgeber gefordert, NZBau 2004, 360; *Hök*, Neues zum internationalen Privatrecht des Bauvertrages, ZfBR 2000,7; *Kartzke*, Internationaler Erfüllungsgerichtsstand bei Bau- und Architektenverträgen, ZfBR 1994, 1; *Kniffka/Koeble*, Kompendium des Baurechts, 2. Auflage 2004; *Kniffka*, Anspruch und Wirklichkeit des Bauprozesses, NZBau 2000, 2; *Koeble*, Probleme des Gerichtsstands sowie der Darlegungs- und Beweislast im Architektenhonorarprozess, BauR 1997, 191; *Korbion/Mantscheff/Vygen*, HOAI, 6. Auflag 2004; *Krüger-Doye*, Neue Entwicklungen im Baurecht, DRiZ 2002, 383; *Locher/Koeble/Frik*, Kommentar zur HOAI, 9. Auflage 2006; *Thode/Wenner*, Internationales Architekten- und Bauvertragsrecht, 1998; *Thomas/Putzo*, Kommentar zur Zivilprozessordnung, 24. Auflage 2002.

Zulässigkeitsfragen sollen an dieser Stelle nur mit Blick auf die relevanten Fragen für den Architektenprozess beleuchtet werden. Im Übrigen wird auf die Ausführungen in Teil 1 dieses Buches verwiesen (vgl. dazu Teil 1, Rn 708 ff.).

A. Zuständigkeitsfragen

I. Spezialzuständigkeiten von Baukammern bzw. Bausenaten

Der Präsident des Landgerichts kann bei der Geschäftsplanverteilung bestimmte Kammern mit der Behandlung von Bausachen ausschließlich oder überwiegend betrauen. Spezielle **Baukammern** und **Bausenate**, die auch für die Streitigkeiten im Architektenrecht zuständig sind, existieren bei folgenden Gerichten: LG Köln, LG Koblenz, LG München, LG Nürnberg, OLG Celle, OLG Köln, OLG München, OLG Nürnberg, OLG Oldenburg und beim BGH. Trotz der Zivilprozessreform (§§ 348, 348a ZPO) werden die Bausachen weit gehend bei den Kammern bleiben und nicht den Einzelrichtern übertragen werden. 14

II. Örtliche Zuständigkeit

Für die Frage der örtlichen Zuständigkeit ist zunächst auf die Ausführungen im Teil 1 dieses Buches zu verweisen (vgl. dazu Teil 1, Rn 716 ff.). An dieser Stelle sollen nur die für den Architekten besonders relevanten Fragen der örtlichen Zuständigkeit behandelt werden. **Erfüllungsort** für die beiderseitigen Verpflichtungen aus einem Bauvertrag ist in der Regel der Ort des Bauwerkes.[37] Alle **bauvertraglichen Ansprüche** – also auch die Honoraransprüche des Architekten – können nach h. M. wechselseitig an dem Ort des Bauwerkes gerichtlich geltend gemacht werden (str.).[38] Selbst wenn dem Architekten nur die Planung übertragen worden ist, kann, wenn sich die Planungsleistungen im Bauwerk 15

---

[37] BGH, BauR 1986, 241; LG Hamburg, IBR 2004, 735; OLG Dresden, IBR 2004, 606; SchlHOLG, OLGR 2003, 216 und NZBau 2001, 331; Bayerisches OLG, MDR 2004, 273 und BauR 1983, 390; OLG Düsseldorf, BauR 1982, 297.
[38] **A. A.** *Englert*, NZBau 2004, 360 f; LG München II, IBR 2004, 115; LG Leipzig, IBR 1996, 224 – Honorarklage für die LP des § 15 Abs. 2 Nr. 5 und 6: Wohnsitz des Schuldners; LG Karlsruhe, BauR 1997, 519 – Planung und Leitung einer Bodensanierung durch Ingenieur; LG München I, NJW-RR 1993, 212 – Honorarklage für Leistungen des § 15 Abs. 2 Nr. 1, 2 HOAI: Gericht am Ort des Büros des Architekten; LG Ulm, BauR 2001, 441 – Für die LP 1-3; BauR 1997, 191.

Marfurt

realisiert haben, am Ort des Bauvorhabens geklagt werden.[39] Wird das **Bauwerk jedoch nicht errichtet**, muss am Ort des Wohnsitzes des Bauherrn (§ 12 ZPO) Klage erhoben werden.[40] Dasselbe gilt, wenn ein Vergütungsanspruch **mehrere Bauvorhaben** betrifft: Der Rechtsstreit ist bei dem allgemeinen Gerichtsstand zu führen.[41] Unstrittig können alle Erfüllungs-, Nachbesserungs- (Nacherfüllungs-) oder Gewährleistungsrechte, insbesondere also auch Ansprüche auf Kostenerstattung und Schadensersatz einschließlich des Ersatzes von Mängelfolgekosten im Gerichtsstand des Erfüllungsortes (§ 29 ZPO) eingeklagt werden.[42] Auch für Klagen über einen Innenausgleich zwischen Gesamtschuldnern (§ 426 BGB) soll dies gelten.[43]

III. Internationale Zuständigkeit

16   Die zunehmende grenzüberschreitende Bautätigkeit macht auch nicht vor den Architekten halt. Die internationale Zuständigkeit ist von Amts wegen zu prüfen.[44] Das EuGVÜ[45] und das Luganer Übereinkommen vom 16.10.1988[46] sind seit dem 1.3.2002 durch die Verordnung (EG) Nr. 44/2001 vom 22.12.2000 des Rates über die gerichtliche Zuständigkeit und die Anerkennung und Vollstreckung von Entscheidungen in Zivil- und Handelssachen (EuGVVO)[47] abgelöst worden.

17   Art. 5 Nr. 1 EuGVÜ/EuGVVO bestimmt den **Erfüllungsort**. Nach dieser Norm bestimmte sich der Erfüllungsort nach dem alten Recht nach den Kollisionsnormen des angerufenen Gerichts, das für die streitige Verpflichtung maßgebend ist.[48] Gemäß Art. 27 Abs. 1 S. 1 EGBGB ist nach dem deutschen internationalen Privatrecht für das anzuwendende Recht bei Schuldverträgen primär der Parteiwille maßgebend („gewähltes Recht"). Daneben können die Parteien nach Art. 27 Abs. 1 S. 2 EGBGB das anzuwendende Recht wählen. **Indizien** dafür, dass die Parteien dem Bau- oder Architektenvertrag dem deutschen Recht unterstellen wollen,[49] ist z. B. die Vereinbarung der deutschen technischen Regeln[50] oder die Vereinbarung der VOB/B.[51] Nicht ausreichend für eine konkludente Rechtswahl ist aber, wenn die Parteien die HOAI vereinbaren oder Zahlung in Euro bestimmen.[52] Nehmen die Parteien keine Rechtswahl vor, ist auf Art. 28 EGBGB

---

39   *Koeble*, BauR 1997, 191; LG München, BauR 1996, 421; *Koeble* in Locher/Koeble/Frik, § 1 HOAI, Rn 16; *Vygen* in Korbion/Manscheff/Vygen, § 8 HOAI, Rn 75; LG Heilbronn, BauR 1977, 1073; **a. A.** LG Flensburg, BauR 1998, 1047; LG Tübingen, BauR 1991, 793 und BauR 1991, 795; gilt auch für den Architekten als Subplaner – *Koeble*, BauR 1997, 191.
40   *Vygen* in Korbion/Manscheff/Vygen, § 8 HAOI, Rn 75; *Koeble* in Locher/Koeble/Frik, § 1 HOAI, Rn 27; *Koeble*, BauR 1997, 191; LG Mainz, NJW-RR 1999, 670; LG Tübingen, MDR 1995, 1208.
41   LG Heilbronn, BauR 1997, 1073.
42   BGH, BauR 2001, 979; BauR 1986, 241; OLG Düsseldorf, BB 1969, 923; BauR 1982, 297; LG Heilbronn, BauR 1997, 1073; *Bindhardt/Jagenburg*, Rn 166; für die ARGE: BGH, BauR 2001, 775; OLG Dresden, BauR 2002, 1414; **a. A.** LG Frankfurt, IBR 1991, 182: für den Fall, dass der Schaden – vertragswidrige Durchführung des Vergabeverfahrens – sich nicht im Bauwerk niederschlägt; LG Tübingen, IBR 1992, 42.
43   LG Heilbronn, BauR 1997, 1073.
44   BGH, BauR 1999, 677; *Kniffka/Koeble*, Teil 15, Rn 8.
45   BGBl. 1972 II, 774.
46   BGBl. 1994 II, 2660.
47   ABl.EG Nr. L 12 vom 16.1.2001.
48   BGH, NJW 1982, 27733; OLG München, BauR 1986, 242; *Kartzke*, ZfBR 1994, 1, 3.
49   OLG Saarbrücken, BauR 2000,1332 – Gerichtsstandsvereinbarung ausreichend; BGH, BauR 2004, 560.
50   BGH, BauR 2001, 979.
51   BGH, BauR 1999, 631; *Ehlers*, BauR 2001, 822.
52   Brandenburgisches OLG, BauR 2001, 820; BGH, BauR 2003, 758 – Zur Geltung der HOAI für internationale Architektenverträge; *Ehlers*, NZBau 2002, 19.

abzustellen. Der Werkvertrag wird durch die Leistung des Werkunternehmers charakterisiert (h. M.).[53] Abzustellen ist daher grundsätzlich auf den **Ort der Niederlassung des Werkunternehmers**. Die „Baustelle" ist nach h. M. kein hinreichender Umstand, der „abweichend von der Vermutung des Art. 28 Abs. 2 EGBGB eine engere Verbindung i. S. des Art. 28 Abs. 5 EGBGB begründen" kann.[54] Wenn der **Hauptsitz des Unternehmers im Ausland** liegt, ist dieses Recht anzuwenden, es sei denn der Unternehmer unterhält eine Niederlassung, die das Bauvorhaben im Landesinneren betreut (Art. 28 Abs. 2 EGBGB).[55] Diese Grundsätze gelten auch bei einem Architektenvertrag mit einem ausländischen Architekten.[56]

Seit dem Inkrafttreten des EuGVVO ist der Erfüllungsort grundsätzlich (Ausnahme c) nicht mehr mit Hilfe des angerufenen Gerichts zu bestimmen. Art. 5 Nr. 1 b) EuGVVO bestimmt einen selbstständigen Begriff für den Erfüllungsort.[57] Unter **„Erbringung von Dienstleistungen"** werden sowohl handwerkliche als auch freiberufliche Tätigkeiten subsumiert. Damit ist – auch für den Architektenvertrag – solange nichts anderes vertraglich vereinbart ist, Erfüllungsort der Ort in einem Mitgliedsstaat, in dem die Tätigkeiten nach dem Vertrag erbracht worden sind oder hätten erbracht werden müssen.

18

B. Feststellungsklage

Die Erhebung der Feststellungsklage kommt im Architektenrecht in Betracht bei der Feststellung der Honorarforderung des Architekten, des Urheberrechts des Architekten, des Bestehens eines wirksamen Architektenvertrages, bei der Feststellung über Bestand und Umfang einer Architektenvollmacht sowie in Haftungsfällen, bei denen eine Bezifferung des Schadens noch nicht möglich ist.[58]

19

▶ **Antrag:**

werden wir in der mündlichen Verhandlung beantragen,

      I. Es wird festgestellt, dass der Kläger gleichwertig Prof. Pietro Pollini Miturheber des Museums ...... in Berlin ist;

– hilfsweise –

      II. Es wird festgestellt, dass der Kläger neben Prof. Pietro Pollini Miturheber des Museums ...... in Berlin ist ◀

Abzugrenzen von der Feststellungsklage ist der sog. **Freistellungsanspruch**, der nicht auf eine Feststellung gerichtet ist, sondern ein Leistungsbegehren darstellt. Er ist seiner Natur nach ein Schadensersatzanspruch.[59] Ein Freistellungsanspruch kommt beispielsweise zwischen Bauträger und einem von ihm beauftragten Architekten in Betracht.[60]

20

---

53 BGH, BauR 1999, 677.
54 BGH, a. a. O.; Kritisch *Hök*, ZfBR 2000, 7.
55 Brandenburgisches OLG, BauR 2001, 820; *Ehlers*, BauR 2001, 822.
56 Brandenburgisches OLG, BauR 2002, 119.
57 LG Saarbrücken, BauR 2004, 709 – zur internationalen Zuständigkeit eine Architektenhonorarklage; *Hüßtege* in Thomas/Putzow, Artikel 5 EuGVVO, Rn 4.
58 OLG Düsseldorf, IBR 2005, 433.
59 OLG Hamm, BauR 2004, 124.
60 BGH, BauR 1995, 542.

§ 6 Die Ansprüche des Architekten gegen den Auftraggeber

Literatur

Baumbach/Lauterbach/Albers/Hartmann, Zivilprozesszordnung, 62. Auflage 2004; *Beigel*, Urheberrecht des Architekten, 1984 *Bindhardt/Jagenburg*, Die Haftung des Architekten, 8. Auflage, 1981; *Bredenbeck/Schmidt*, Honorarabrechnung nach HOAI, BauR 1994, 67; *Bultmann*, Zur „Entreicherung" des Bauherrn bei Architektenleistungen aufgrund nichtiger Vertrags gemäß § 818 Abs. 3 BGB, BauR 1995, 335; *Doerry*, Das Verbot der Architektenbindung in der Rechtsprechung des Bundesgerichtshofs, ZfBR 1991, 48; *Dreiher/Schulze*, Kommentar zum Urhebergesetz, 2004; *Enseleit/Osenbrück*, HOAI-Praxis, Anrechenbare Kosten, 2. Auflage 1991; *Erman*, Bürgerliches Gesetzbuch, Handkommentar; *Fischer*, Grenzüberschreitende Architektenverträge, BrBp 2005, 15; *Fromm/Nordemann*, Urheberrecht, 8. Auflage, 1998; *Hartmann*, HOAI, Aktueller Praxiskommentar, Loseblattausgabe; *Hartmann*, Zur Vergütung von Wettbewerbsleistungen im Rahmen der HOAI, BauR 1996, 623; *Jochem*, HOAI, Gesamtkommentar, 4. Auflage 1998; *Jochem*, Die Kostenplanung im Leistungsbild des Architekten, Festschrift für von Craushaar 1997, 1 und DAB 1997, 709; *der.*, Architektenleistungen als unentgeltliche Akquisition, Festschrift für Vygen, 1999, 10; *Klenk*, Steckengebliebene Werkleistung im Umsatzsteuerrecht im Fall des § 649 BGB, BauR 2000, 638; *Kniffka/Koeble*, Kompendium des Baurechts, 2. Auflage 2004; *Kniffka*, Anspruch und Wirklichkeit des Bauprozesses, NZBau 2000, 2; *ders.*, Honorarkürzung wegen nicht erbrachter Architektenleistung – Abschied vom Begriff der zentralen Leistung, Festschrift für Vygen 1999, 20; *Koeble*, Zur Berücksichtigung von Skonto, Abgebot u. ä. sowie Mängel- und Vertragsstrafenansprüchen bei der Kostenfeststellung des Architekten nach § 10 HOAI, BauR 1983, 323; *Korbion/Mantscheff/Vygen*, HOAI, 6. Auflage 2004; *Kroppen*, Die außergewöhnliche Leistung des Architekten und deren Honorierung, Festschrift für Korbion 1986, 227; *Lauer/Steingröfer*, Zusätzliche Vergütung des Architekten bei Bauzeitverlängerung – Teil 1, BrBp 2004, 316; Teil 2, BrBp 2004, 366; *Lebmann*, Die Grundsätzliche Bedeutung der HOAI für die Sicherung des Leistungswettbewerbs der Architekten und Ingenieure, BauR 1985, 512; *Locher/Koeble/Frik*, Kommentar zur HOAI, 9. Auflage 2006; *Locher*, Das private Baurecht, Kurzlehrbuch, 6. Auflage, 1996; *Löffelmann/Fleischmann*, Architektenrecht, 4. Auflage 2000; *Löffelmann*, Zum Planungsbegriff des § 10 Abs. 4 und 5 HOAI, Festschrift für Craushaar, 31; *Meurer*, Änderungsbefugnis des Bauherrn im Architekten- oder Planungsvertrag, BauR 2004, 904; *Meyke*, Honorarvereinbarung des Architekten unter den Mindestsätzen der HOAI, BauR 1987, 513; *Motzke/Wolff*, Praxis der HOAI, 3. Auflage 2004; *Neuenfeld/Baden/Dohna/Grosscurth*, Handbuch des Architektenrechts, Loseblattsammlung; *Neuenfeld*, Wirksame Honorarvereinbarung nach HOAI in der Rechtsprechung der Obergerichte, BauR 1998, 458; *Nestler*, Der Schutz nicht urheberrechtsfähiger Bauzeichnungen, BauR 1994, 589; *Niepmann*, Mehrwertsteuererhöhung 01.01.2007 – Möglichkeiten vertraglicher Vorsorge, IBR 2006, 481; *Osenbrück*, Sind bei der Berechnung des Umbauzuschlags nach HOAI neben den Umbaukosten zusätzlich auch etwaige Kosten mitzuverarbeitender Bausubstanz zu berücksichtigen? Festschrift für Jagenburg, 725; *ders.*, Unterschreitung der HOAI-Mindestsätze in Ausnahmefällen (Zusammenfassung und Kritik des Meinungsstandes), BauR 1987, 144; *Palandt*, Bürgerliches Gesetzbuch, Kommentar, 64. Auflage 2005; *Plankemann*, Der Kostenanschlag nach DIN 276, DAB 2003, 52; *Pöschl*, Unzulässigkeit der Ausschreibung von Architekten- und Ingenieurleistungen, DAB 1996, 247; *Pott/Dahlhoff/Kniffka*, Honorarordnung für Architekten und Ingenieure, 7. Auflage 1996; *Portz*, Der „Ausnahmefall" des § 4 Abs. 2 HOAI, Festschrift für Vygen 1999, 44; *Preussner*, Voller Honoraranspruch des Architekten trotz unvollständiger Teilleistungen, BauR 1991, 683; *Prinz*, Urheberrecht für Ingenieure und Architekten, 2001; *Quack*, Fällt der Sicherheits- und Gesundheitskoordinator unter die HOAI?, BauR 2002, 541; *ders.*, Europarecht und HOAI, ZfBR 2003, 419; *Schäfer/Finnern/Hochstein*, Rechtsprechung der Bauausführung, Loseblattsammlung; *Sangenstedt*, Zur Abänderbarkeit von Honorarvereinbarungen nach der HOAI, BauR 1991, 292; *Schmalzl*, Zur Rechtsnatur des Architektenvertrages nach der neueren Rechtsprechung, BauR 1977,80; *Schmidt*, Besondere Gestaltungsmöglichkeiten für Architekten- und Ingenieurverträge, BauR 1999, 538; *Schmitz*, Der Inhalt der Architektenhonorarrechnung, BauR 1982, 219; *Schweer*,

A. Der Anspruch des Architekten auf das Architektenhonorar 3

Zum Vertrags- und Urheberrecht des Architekten bei gestalterischen Änderungswünschen des Bauherrn, BauR 1997, 401; *Schwenker*, Die Prüffähigkeit der Architektenschlussrechnung – Zur Änderung der Rechtsprechung, ZfIR 2004, 232; *Schwenker/Schramm*, Vergütungsprobleme bei nicht erbrachten Architektenleistungen, ZfIR 2004, 753; *Schramm/Schwenker*, Steinfort und anderer – Honorarkürzungen für nicht erbrachte Teilleistungen, ibr-online, ibr-Aufsatz; *Staudinger*, Kommentar zum Bürgerlichen Gesetzbuch, §§ 631-651 BGB, 15. Auflage 1994; *Steeger*, Mindestsatzunterschreitung in Planerverträgen, BauR 2003, 794; *Thode/Wirth/Kuffer*, Praxishandbuch Architektenrecht, 2004; *Thode*, Die wichtigsten Änderungen im BGB-Werkvertragsrecht: Schuldrechtsmodernisierungsgesetz und erste Probleme – Teil 2, NZBau 2002, 360; *Thode/Wenner*, Internationales Architekten- und Bauvertragsrecht, 1998; *v. Gamm*, Der Architekt und sein Werk – Möglichkeiten und Grenzen des Urheberrechts, BauR 1982, 97; *Vogelheim*, Die Kostenermittlung nach DIN im dynamischen Planungsablauf, NZBau 2004, 577; *Volmer*, Koppelungsverbot und Grundstücksveräußerung mit Bauplanung, ZfIR 1999, 249; *v. Schildt-Lutzenburger*, Können auch Gebäudeteile und Gebäudekomplexe Urheberrechte eines Architekten begründen?, BTR 2004, 202; *Vygen*, Rechtliche Probleme der baubegleitenden Qualitätsüberwachung, Festschrift für Jagenburg 2002, 933; *Walchshöfer*, Der persönlichkeitsrechtliche Schutz der Architektenleistung, ZfIR 1988, 104; *Weinbrenner/Jochem/Neusüß*, Der Architektenwettbewerb, 2. Auflage 1998; *Wenner*, Internationale Architektenverträge, insbesondere das Verhältnis Schuldstatut- HOAI, BauR 1993, 257; *ders.*, Internationales Kollisionsrecht der HOAI und EG-rechtliche Folgen, ZfBR 2003, 421; *Werner/Pastor*, Der Bauprozess, 11. Auflage 2005; *Werner*, Die HOAI und der Grundsatz von Treu und Glauben, Festschrift für Locher 1990, 289; *ders.*, Die Honorarzone muss stets objektiv ermittelt werden, DAB 2004, 36; *Westphalen, F. Graf von*, Vertragsrecht und AGB-Klauselwerk; *Weyer*, Probleme der Honorarberechnungen für besondere Leistungen nach der HOAI, Festschrift für Locher, 303; *ders.* Neues zur Honorarberechnung für Besondere Leistungen nach der HOAI, BauR 1995, 446; *Wirth/Theis*, Architekt und Bauherr, 1997; *Zöller*, Kommentar zur Zivilprozessordnung, 24. Auflage 2004.

A. Der Anspruch des Architekten auf das Architektenhonorar, §§ 631, 632 BGB, § 8 Abs. 1 HOAI

I. Anspruch des Architekten auf das Architektenhonorar nach vertragsgemäß erbrachter Leistung

1. Vorliegen eines wirksamen Architektenvertrages

a) Der Architektenvertrag – Rechtsnatur

Der Architektenvertrag ist – soweit er nicht Dienstvertrag ist, was in jedem Einzelfall zu prüfen ist[61] – als **Typenmischvertrag** zu qualifizieren. Er setzt sich aus Elementen des Werkvertrages und aus Elementen des Geschäftsbesorgungsvertrages zusammen. Der Architekt ist also Werkunternehmer und abhängiger Sachwalter des Bauherrn.[62]   21

aa) Der Architektenvertrag als Typenmischvertrag

(1) Werkvertragliche Komponente des Architektenvertrages

Die wesentliche Hauptleistungspflicht des Architekten liegt in der Erbringung des vertraglich vereinbarten Werkerfolges. Wie der Architekt diesen **Werkerfolg**, nämlich das geistige Werk als Teil der Herstellung des vom Bauherrn gewünschten Gebäudes, erbringt ist ihm weder nach dem Werkvertragsrecht noch nach der HOAI als bestimmte Art des Tätigwerdens vorgeschrieben. Der Werkerfolg ist aber mit dem dafür erforderlichen Auf-   22

---

61 BGH, NJW 2002, 3323.
62 *Schwenker* in Thode/Wirth/Kuffer, § 4 Rn 23.

§ 6 Die Ansprüche des Architekten gegen den Auftraggeber

wand durch den Architekten herbeizuführen, wobei seine Leistungsverpflichtung durch die HOAI – die reines öffentliches Preisrecht ist – nicht begrenzt ist.[63]

- **Der Leistungskatalog des § 15 HOAI als werkvertraglich geschuldeter Erfolg?**

23 Die Feststellungen, die die höchstrichterliche Rechtsprechung im Hinblick auf den geschuldeten Werkerfolg des Architekten trifft, kann man dem Gesetz, insbesondere den §§ 631 ff. BGB, die von „der Herstellung des versprochenen Werkes" sprechen, nicht entnehmen. Mit Blick auf §§ 2, 15, 5 HOAI ist wiederholt – insbesondere von Architektenseite – die Ansicht vertreten worden, die Bestimmungen der HOAI würden den geschuldeten Werkerfolg bzw. die dazu zu erbringenden Tätigkeiten definieren. Dieser Meinung hat die höchstrichterliche Rechtsprechung[64] eine klare Absage erteilt: Die §§ 2, 15, 5 HOAI sagen grundsätzlich nichts darüber aus, welchen werkvertraglichen Erfolg der Architekt schuldet. Für die Frage, was der Architekt zu leisten hat, ist allein der zwischen den Parteien abgeschlossene Architektenvertrag nach Maßgabe der Regelungen des BGB und der dazu im Einzelnen getroffenen Vereinbarungen von Bedeutung. Demgegenüber ist die HOAI – als Verordnung, die auf dem Gesetz zur Regelung von Ingenieur- und Architektenleistungen beruht – nur **öffentliches Preisrecht und kein Vertragsrecht**. Der Bundesgerichtshof hat in seiner letzten diesbezüglichen Entscheidung allerdings auch festgehalten, dass eine an den Leistungsphasen des § 15 HOAI orientierte vertragliche Vereinbarung im Regelfall die Pflicht des Architekten begründet, die **vereinbarten Arbeitsschritte als Teilerfolg des geschuldeten Gesamterfolges** zu leisten.[65] Erbringt er einen derartigen Teilerfolg nicht, ist sein geschuldetes Werk mangelhaft.

▶ HINWEIS: Diese Rechtsprechung ist für die Gestaltung eines Architektenvertrages von erheblicher Bedeutung: Der Architekt sollte bei der Bestimmung seines werkvertraglich geschuldeten Erfolgs eine Bezugnahme auf § 15 HOAI vermeiden, will er sich nicht dem Risiko aussetzen, sämtliche in § 15 HOAI beschriebenen Tätigkeiten zur Erreichung des werkvertraglich geschuldeten Erfolgs erbringen zu müssen. ◀

- **werkvertraglich geschuldeter Erfolg nach der Rechtsprechung**

24 Der BGH hat den werkvertraglich geschuldeten Erfolg des Architekten insoweit auf ein Mindestmaß festgelegt, als der vom Architekten geschuldete Gesamterfolg im Regelfall nicht darauf beschränkt ist, Aufgaben wahrzunehmen, die für die mangelfreie Errichtung des Bauwerkes erforderlich sind.[66] Umfang und Inhalt der geschuldeten Leistung des Architekten sind durch Auslegung des Architektenvertrags zu ermitteln. Einzelne Leistungen des Architekten, die für den geschuldeten Erfolg erforderlich sind, auch wenn sie nicht als selbstständige Teilerfolge vereinbart worden sind, hat der Architekt zu erbringen. Nach dem Grundsatz einer interessengerechten Auslegung sind die durch den konkreten Vertrag begründeten Interessen des Auftraggebers an den **Arbeitsschritten zu berücksichtigen, die für den vom Architekten geschuldeten Werkerfolg erforderlich sind**. Es sind dies Arbeitsschritte, die

---

63 BGH, BauR 1997, 154.
64 BGH, BauR 2004, 1640; BGH, a.a.O; OLG Karlsruhe, BauR 2005, 769.
65 BGH, BauR 2004, 1640; OLG München, IBR 2006, 1184.
66 BGH, a.a.O; *Kniffka*, in Festschrift Vygen, S. 24 f; *Preussner*, in Thode/Wirth/Kuffer, § 9 Rn 36 f, 49 ff.

A. Der Anspruch des Architekten auf das Architektenhonorar

- als Vorgabe aufgrund der Planung des Architekten für die Bauunternehmer erforderlich sind, damit diese die Planung vertragsgerecht umsetzen können;[67]
- es dem Auftraggeber ermöglichen zu überprüfen, ob der Architekt den geschuldeten Erfolg vertragsgemäß bewirkt hat (Bsp.: s. o.)
- den Auftraggeber in die Lage versetzen, etwaige Gewährleistungsansprüche gegen Bauunternehmer durchzusetzen (Bsp.: Zusammenstellung von Gewährleistungsfristen und Begleitung bei der Abnahme) und
- die erforderlich sind, die Maßnahmen zur Unterhaltung des Bauwerkes und dessen Bewirtschaftung zu planen (Bsp.: Hinweise auf Wartungspflichten oder z. B. bei Glasfassaden die Reinigungsmöglichkeiten und der insoweit zu erwartende Kostenaufwand).

Vergleicht man diese Arbeitsschritte mit den Tätigkeitsbeschreibungen im Leistungskatalog des § 15 HOAI, sind durchaus Parallelen zu erkennen.

■ **Umfang der werkvertraglichen Beauftragung**

Häufig kommt es zwischen Auftraggeber und Architekten zum Streit über den **Umfang des zwischen ihnen abgeschlossenen Vertrages**. Wie bereits dargestellt, enthält die HOAI keine normativen Leitbilder für Architektenverträge, so dass auch die in der HOAI beschriebenen Tätigkeiten nicht ohne weiteres Vertragsinhalt werden. Vielmehr regelt die HOAI lediglich die Berechnung des Honorars für bestimmte Tätigkeiten. Eine anderweitige Regelungsbefugnis wäre schon durch die Verordnungsermächtigung nicht gedeckt. Inhalt und Umfang des Vertrages ist daher allein durch **Auslegung** anhand der Umstände des konkreten Einzelfalles gem. §§ 133, 157 BGB zu ermitteln. So umfasst beispielsweise der Auftrag „den Bauantrag zu stellen" in der Regel die Leistungsphasen 1-4 des § 15 Abs. 2 HOAI, da im Allgemeinen eine Genehmigungsplanung nicht ohne Entwurfsplanung, eine Entwurfsplanung nicht ohne Grundlagenermittlung möglich ist. Ein „Planungsauftrag" dagegen soll regelmäßig die Leistungsphasen 1-5 und der Auftrag „das Bauvorhaben durchzuführen" die Leistungsphasen 1-9 erfassen. Andere Auslegungsergebnisse sind im Einzelfall aber durchaus möglich. Streitig ist häufig, ob das volle Leistungsbild des § 15 Abs. 2 Nr. 1-9 HOAI dem Architekten übertragen worden ist. Dies wird von Architekten regelmäßig deshalb behauptet, um entsprechend das Gebührenmaximum nach HOAI geltend zu machen. Die Frage, ob ein Auftrag über die **„Vollarchitektur"** vorliegt, ist vom Architekten, der sich darauf beruft, darzulegen und zu beweisen.[68] Die vorbenannten Grundsätze gelten auch für **mündlich abgeschlossene Architektenverträge**. Eine Vermutung für die Vollarchitektur gibt es nicht. Da in solchen Fällen nicht auf eine schriftliche Fixierung des Vertragsinhalts zurückgegriffen werden kann, soll für die Auslegung daher grundsätzlich darauf abgestellt werden, ob sich der Auftrag auf die im Zeitpunkt für den Auftraggeber zweckmäßigen Leistungen beschränkt.[69] Aber auch dieser Auslegungsgrundsatz birgt für beide Parteien erhebliche Risiken: Der Bauherr ist dem Risiko ausgesetzt dass seine Beauftragung als Vollarchitektur ausgelegt wird, der Architekt, der seine Leistungen „voreilig" über die „Zweckmäßigkeit hinaus erbringt, läuft

---

[67] Beispiele: Baugrundprüfung gehört zum werkvertraglich geschuldeten Erfolg – OLG Brandenburg, IBR 2005, 102; Kostenermittlungen müssen erstellt und rechtzeitig vorgelegt werden – BGH, IBR 2005, 096; Zeitplanung – OLG Celle, IBR 2004, 574.
[68] BGH, BauR 1980, 84; OLG Düsseldorf, BauR 1979, 347; **a. A.** z. T. die Instanzengerichte, die eine Vermutung der Vollarchitektur annehmen, die vom Bauherrn zu widerlegen sei, so: OLG Köln, BauR 1973, 251.
[69] BGH, BauR 1999, 1319.

§ 6 Die Ansprüche des Architekten gegen den Auftraggeber

Gefahr, ohne vertragliche Grundlage tätig zu sein und selbst wenn eine Beauftragung bejaht wird, gem. § 4 Abs. 1, 4 HOAI nur den Mindestsatz verlangen zu können.

(2) Geschäftsbesorgungskomponente: Sachwalterpflichten

27 Wie bereits ausgeführt, ist der Architekt nicht nur Werkunternehmer sondern nach h. M. wegen des ihm von der Auftraggeberseite entgegengebrachten erheblichen Vertrauens, ohne dass es hierzu einer besonderen Vereinbarung bedarf, auch **Sachwalter** des Bauherrn. Je nach Lage des Einzelfalls hat der Architekt daher neben dem werkvertraglich geschuldeten Erfolg unterschiedliche Aufklärungs-, Informations- und Hinweis- sowie Betreuungs- und Beratungspflichten. Durch diese Konkretisierung und Ergänzung der Planungs- und Objektüberwachungstätigkeit des Architekten soll die Realisierung des Bauvorhabens entsprechend den Vorgaben des Bauherrn so sichergestellt werden, dass durch die Ausübung der Sachwalterpflichten vermeidbare wirtschaftliche Risiken für den Bauherrn nicht entstehen. Aus diesem Grunde können die Sachwalterpflichten des Architekten vielfältig sein und sich auch auf das vor- und nachvertragliche Verhältnis beziehen.

28 Welche Sachwalterpflichten dem Architekten jeweils obliegen, hängt von den Umständen des konkreten Einzelfalls ab. Dabei sind z. B. Art und Inhalt des Auftrages und mögliche Besonderheiten der Vertragsdurchführung von Bedeutung. Bei bei der Ermittlung der Sachwalterpflichten sind stets auch der Kenntnisstand, die Sachkunde und die Erfahrung des Auftraggebers zu berücksichtigen,[70] wobei dies im Zweifel nicht mit einer Minderung des Anspruchs des Bauherrn auf Wahrnehmung der Sachwalterpflichten verbunden sein darf.[71]

▶ HINWEIS: Der konkrete Pflichtenkreis wird durch Auslegung des Vertrages (§§ 157, 133 BGB) zu ermitteln sein. Keinesfalls ist hierbei darauf abzustellen, ob dem Architekten für die betreffende Leistung oder Tätigkeit eine „gesonderte" Vergütung zusteht.[72] Auch lässt sich kein abstrakter allgemein gültiger Pflichtenkatalog aufstellen. ◀

29 Die **Verletzung der Sachwalterpflichten** durch den Architekten hat seine Haftung zur Folge. Bei der Begründung der Haftung wird differenziert: Dient die Sachwalterpflicht der Konkretisierung bzw. Ergänzung der vertraglichen Leistungspflichten, begründet eine Schlechtleistung in aller Regel einen Mangel des Architektenwerkes und damit Mängelansprüche des Auftraggebers nach §§ 634 ff. BGB. Dient die Sachwalterpflicht dagegen dem Schutz der derzeitigen Güterlage des Bauherrn (Pflicht i. S. des § 241 Abs. 2 BGB),wird ein Pflichtverstoß in der Regel unmittelbar einen Schadensersatzanspruch nach § 280 Abs. 1 BGB begründen, ggf. kann der Auftraggeber aus wichtigem Grund kündigen[73] oder unter den Voraussetzungen des § 282 Schadensersatz statt der Leistung verlangen (vgl. dazu Rn 422). Vor allem die BGH-Rechtsprechung lässt die Tendenz erkennen, die Annahme von Sachwalterpflichten zu Gunsten eines **Werkmangels** zurückzudrängen.[74]

---

[70] BGH, NJW 1973, 1457; NJW 1987, 2743; OLG Köln, BauR 1991, 649; NJW-RR 1994, 110; OLG Düsseldorf, NJW-RR 2002, 1098.
[71] BGH, IBR 1996, 373.
[72] BGH, BauR 1997, 154; BauR 1999, 187.
[73] OLG, BauR 1999, 1479, 1480.
[74] BGH, BauR 1998, 354: Der BGH hat es als Werkmangel angesehen, wenn vom Architekten bei der Planung übermäßiger Aufwand getrieben oder die geschuldete Optimierung der Nutzbarkeit eines Gebäudes, beispielsweise hinsichtlich des Verhältnisses Nutzflächen/Verkehrsflächen nicht erreicht wird – anders in der Entscheidung BauR 1998, 356, die der BGH wohl heute auch eher mit der Annahme eines Werkmangels begründen würde.

A. Der Anspruch des Architekten auf das Architektenhonorar

Zu den wesentlichen Sachwalterpflichten zählen die Beratungs- und Hinweispflichten, Verhandlungspflichten, Prüfungspflichten und die Pflicht, sonstige Interessen des Bauherrn wahrzunehmen.

- **Beratungs- und Hinweispflichten**

Inhalt des zwischen den Parteien abgeschlossenen Architektenvertrages sind in der Regel Beratungs- und Hinweispflichten. So muss der Architekt den Bauherrn hinsichtlich aller Vor- und Nachteile, welche die Verwirklichung seiner Wünsche und Vorstellungen im Hinblick auf das zu realisierende Bauvorhaben zur Folge haben, aufklären. Zu den Beratungs- und Hinweispflichten im Einzelnen:

Kein Bauvorhaben kommt heute ohne **Sonderfachleute** (z. B. Bodengutachter, Tragwerksplaner, Ingenieure für technische Ausrüstung) aus. Insoweit hat der Architekt den Auftraggeber aufzuklären und zu beraten, ob und welche Sonderfachleute zur Realisierung des Bauvorhabens beigezogen werden müssen.[75] Insbesondere wenn der Architekt auch mit der Grundlagenermittlung, also der Planung des Bauvorhabens von Anfang an bis zur Genehmigungsplanung, beauftragt ist, umfasst die Aufklärung und Beratung bzgl. der Sonderfachleute die Angaben zum konkreten Leistungsumfang des Planers, die vorauszusetzende Qualifikation und u. U. auch die Honorierung der Leistungen der Sonderfachleute.[76]

Die Aufklärungs- und Beratungspflichten umfassen auch die Pflicht des Architekten, den Bauherrn umfassend, sachkundig und unverzüglich über die **Ursachen von sichtbar gewordenen Baumängeln** aufzuklären[77] – auch bei Mängeln des eigenen Architektenwerks.[78]

Will der Architekt **bisher nicht verwendete Baustoffe** einsetzen, muss er sich über die Risiken erkundigen und den Bauherrn darüber unterrichten.[79] Insbesondere individuelle Bauherrenwünsche im Hinblick auf Baustoffe die bisher nicht oder nicht in dieser Art verwendet worden sind, können eine Prüfungs- und Hinweispflicht des Architekten auslösen. Allerdings darf sich der Architekt hier auf qualifizierte Sachverständigenäußerungen verlassen.

Dem Architekten obliegt es, den Bauherrn darüber zu informieren, ob seine Planungs- und Bauvorstellungen mit dem **zur Verfügung stehenden Kapital** realisiert werden können.[80] Dazu gehört auch die Aufklärung über **kostengünstigere Möglichkeiten** bei gleich bleibender Bauqualität oder Alternativlösungen wenn z. B. die Baukosten reduziert werden sollen.

Die Hinweis- und Beratungspflicht erstreckt sich auch auf **Baukostensteigerungen**, die darauf beruhen, dass die endgültige Bausumme im Zeitpunkt der ersten Ermittlung durch den Architekten nicht abschließend kalkuliert werden konnten;[81] auch wenn vertraglich keine Bausumme vereinbart worden ist oder die Kostensteigerung auf Wünschen des Bauherrn beruht, hat der Architekt eine entsprechende Hinweis- und Beratungspflicht.[82]

---

75 OLG Saarbrücken, IBR 2005, 382; OLG Düsseldorf, BauR 2002, 652, 654; OLG Jena, IBR 2002, 320.
76 *Koeble* in Locher/Koeble/Frik, § 15 HOAI, Rn 16 ff; *Pott/Dahlhoff/Kniffka*, § 15 HOAI Rn 7 a f.
77 BGH, BGHZ 71, 144, 149.
78 BGH, a.a.O; BGHZ 92, 251; OLG Brandenburg, IBR 2006, 279; OLG Oldenburg, IBR 1997, 025; OLG München, IBR 2000, 614; BGH, IBR 2002, 544 – zur Sekundärhaftung des Architekten.
79 BGH, WM 1975, 1275; OLG Hamm, IBR 2006, 152 und IBR 1990, 355; LG Düsseldorf, IBR 1992, 370; OLG Köln, IBR 1990, 160.
80 BGH, IBR 2005, 100; OLG Düsseldorf, IBR 2004, 435.
81 BGH, IBR 1998, 113.
82 BGH, BauR 1999, 1319.

Marfurt

§ 6 Die Ansprüche des Architekten gegen den Auftraggeber

37 Ist der Architekt nach dem mit dem Bauherrn abgeschlossenen Architektenvertrag zur sog. technischen Abnahme verpflichtet, gehört nicht nur diese selbst zu der von ihm geschuldeten Leistung, vielmehr muss er **bei der Abnahme mitwirken** und **überprüfen, ob die Abnahme ordnungsgemäß erfolgt.** Die Aufklärungs- und Beratungspflicht bezieht sich zunächst auf die Frage,, wann und in welcher Form Abnahmen mit den Bauunternehmen erforderlich sind. Außerdem hat der Architekt den Bauherrn über die Wirkungen der Abnahme und einen ggf. erforderlichen Vorbehalt bezüglich bereits bestehender Mängel zu belehren.[83] Die Belehrungspflicht erstreckt sich schließlich auf Gewährleistungsansprüche des Bauherrn wegen Mängeln, auf ein dem Bauherrn ggf. zustehendes Zurückbehaltungsrecht[84] sowie im Hinblick auf Vorbehalt und Verwirkung von Vertragsstrafen.[85]

38 Die Hinweis- und Beratungspflichten des Architekten umfassen auch die **technische und – in den Grenzen des Rechtsberatungsgesetztes – rechtliche Beratung.** Dies beinhaltet z. B. die Beratung über unterschiedliche Regelungen in der VOB/B und dem BGB.[86] Weiter muss er den Bauherrn auf die Unzuverlässigkeit, die fachliche Qualifikation, ggf. erforderliche Spezialkenntnisse und möglicherweise finanziell bedenkliche Situationen von Unternehmen hinweisen.

39 Ohne entsprechende Nachfrage besteht grundsätzlich keine Aufklärungspflicht des Architekten über die **eigene Qualifikation** und **berufliche Erfahrung.** Auf seine **fehlende Architekteneigenschaft** hat der Architekt jedoch vor Abschluss des Vertrages hinzuweisen, sofern er als Architekt auftritt, ausdrücklich Architektenleistungen oder auch nur den Abschluss eines Architektenvertrages anbietet.[87]

40 Eine allgemeine Pflicht, vor Vertragsabschluss Angaben über die **Höhe des Honorars** oder die **Entgeltlichkeit der Leistung** zu machen, besteht nur in Ausnahmefällen und zwar dann, wenn der Auftraggeber ausdrücklich nach dem Honorar fragt oder hierüber erkennbar völlig falsche Vorstellungen hat.[88] Zudem besteht eine Aufklärungspflicht, wenn dem Architekten bekannt ist, dass der Bauherr auch die Kosten für die Architektenleistung finanzieren oder eine öffentliche Förderung hierfür in Anspruch nehmen will.[89]

> ▶ **HINWEIS:** Unter Berücksichtigung des Transparenzgebots[90] und dem damit bestehenden Risiko einer Inhaltskontrolle (§§ 307 Abs. 1 S. 2 Abs. 3 S. 2 BGB) des Architektenvertrages ist dem Architekten jedoch unabhängig vom Vorliegen eines der oben beschriebenen Ausnahmefälle dringend zu raten, über Höhe und Art der Berechnung seines Honorars frühstmöglich vor Abschluss des Vertrages aufzuklären. ◀

■ Verhandlungs- und Mitwirkungspflichten

41 Notwendige **Verhandlungen mit Genehmigungsbehörden**, z. B. über die Genehmigungsfähigkeit der Planung, hat der Architekt frühzeitig zu führen.[91] Ergibt sich hierbei, dass

---

[83] *Koeble* in Locher/Koeble/Frik, § 15 HOAI, Rn 218; *Pott/Dahlhoff/Kniffka*, § 15 HOAI, Rn 31 a.
[84] *Löffelmann/Fleischmann*, Rn 587.
[85] BGH, BauR 1979, 345; OLG Brandenburg, IBR 2003, 426; OLG Düsseldorf, NJW-RR 2002, 1098.
[86] OLG Hamm, IBR 2005, 334; OLG Oldenburg, IBR 1996, 160.
[87] LG Köln, BauR 1990, 634, 635.
[88] OLG Hamm, IBR 1999, 587.
[89] OLG Karlsruhe, BauR 1984, 538; OLG Stuttgart, NJW-RR 1989, 1183; OLG Köln, NJW-RR 1994, 340; OLG Hamm, a. a. O.
[90] *Thode*, NZBau 2002, 360, 363: Durch die sich aus dem Transparenzgebot ergebenden Anforderungen an die Vertragsgestaltung sollen die Vertragsparteien in die Lage versetzt werden, die Äquivalenz von Leistungen und Gegenleistungen zu überprüfen und Konkurrenzangebote zu vergleichen.
[91] KG, IBR 1998, 445.

A. Der Anspruch des Architekten auf das Architektenhonorar

baurechtliche Fragen vom Architekten nicht beantwortet werden können, hat er den Bauherrn darauf hinzuweisen und ihm ggf. die Beiziehung eines Rechtsanwalts anzuraten.[92]

Sind Fragen zur Genehmigungsfähigkeit mit erheblichen Genehmigungsrisiken verbunden, muss der Architekt den Bauherrn über die Risiken und deren mögliche Folgen aufklären und auf die Möglichkeit einer **Bauvoranfrage** hinweisen.[93] 42

Zur Vermeidung von Nachbarwidersprüchen und um die Zustimmung aller berechtigten Nachbarn zu erreichen, obliegt es dem Architekten, auch die für die **Genehmigungsfähigkeit** relevanten **nachbarrechtlichen Fragen**, z. B. die Einhaltung von Abstandflächen oder Fragen der gesicherten Erschließung, zu klären.[94] Insoweit kann ggf. die Unterstützung des Bauherrn durch die Erläuterungen der Planungsunterlagen, Darstellung des Bauablaufs oder die Ausräumung bestehender Bedenken hinsichtlich befürchteter Einwirkungen ausreichend sein. 43

Eine Beratungs- und Mitwirkungspflicht des Architekten zu Fragen der **Baufinanzierung**, der **Erlangung von öffentlichen Fördermitteln** oder **Steuervergünstigungen** besteht nur bei einer besonderen Vereinbarung zwischen den Parteien. Hat der Architekt vertraglich die Finanzierung des Bauvorhabens und die wirtschaftliche Baubetreuung übernommen, macht er sich bei einem Scheitern des Bauvorhabens aber ggf. schadensersatzpflichtig.[95] Haftungsrisiken des Architekten im Zusammenhang mit der **Baufinanzierung** bestehen vornehmlich in Fällen, in denen die Kreditgeber Bautenstandsanzeigen von den Architekten bestätigt wissen wollen oder in denen eine Falschauskunft zur Verletzung eines stillschweigend abgeschlossenen Auskunftsvertrages mit dem Kreditgeber[96] oder eines Vertrages mit Schutzwirkung zugunsten Dritter[97] haftungsauslösend sein kann. 44

Hat der Architekt Mitwirkungs- und Beratungspflichten bzgl. **öffentlicher Fördermittel** übernommen, kann er bei entsprechender Vereinbarung zur Beantragung öffentlicher Fördermittel zur Prüfung in diesem Zusammenhang auftretender Fragen verpflichtet sein.[98] Beschränkt sich eine übernommene Verpflichtung auf die Beschaffung, Aufbereitung und Zusammenstellung notwendiger Unterlagen und führt eine verspätete Antragstellung oder das Einreichen von unvollständigen oder fehlerhaften Unterlagen, nicht zur Gewährung von Fördermitteln oder zur Gewährung von nur geringeren Fördermitteln, haftet der Architekt.[99] Die Beratungs- und Mitwirkungspflichten des Architekten können sich auch auf Informationen bzgl. möglicher **Auswirkungen der Planung auf für den Bauherrn relevante Steuervergünstigungen** erstrecken. Steuerliche Aspekte der Planung muss der Architekt berücksichtigen, wenn er von deren Relevanz für den Bauherrn weiß oder wenn sich ihm nach den Umständen des Einzelfalls die Erkenntnis aufdrängen muss, dass der Bauherr mögliche Steuervergünstigungen wahrnehmen will.[100] Kann der Architekt 45

---

92 OLG Düsseldorf, NJW-RR 1996, 1234; *Koeble* in Locher/Koeble/Frik, § 15 HOAI Rn 87; *Werner* in Werner/Pastor Rn 1482.
93 OLG Köln, BauR 1993, 358; OLG Düsseldorf, NJW-RR 1996, 404; OLG Hamm, BauR 1996, 578; OLG Oldenburg, IBR 2002, 85; OLG Karlsruhe, IBR 2002, 30.
94 BGH, BauR 1999, 934; IBR 1990, 420.
95 BGH, BauR 1984, 420.
96 OLG Köln, NJW-RR 1988, 355; BGH, NJW 1979, 1499.
97 BGH, BauR 2002, 814.
98 BGH, BauR 1996, 570; OLG Köln, IBR 2003, 614; OLG Hamm, BauR 2003, 923; OLG Bamberg, OLGR Bamberg 1998, 71; OLG München, BauR 2001, 981. *Koeble* in Locher/Koeble/Frik Einl. Rn 108.
99 BGH, a. a. O.; OLG Bamberg, a. a. O.; OLG Naumburg, IBR 1998, 263; KG, IBR 1996, 425; *Koeble* in Locher/Koeble/Frik, Einl. Rn 108 und § 15 HOAI, Rn 64.
100 BGH, BGHZ 60, 1; OLG Koblenz, IBR 1994, 335.

Marfurt

mangels eigener Sachkunde Beratungs- und Mitwirkungspflichten bzgl. Steuervergünstigungen nicht wahrnehmen, muss er dem Bauherrn empfehlen, den Rat eines Steuerberaters einzuholen.

■ **Prüfungspflichten**

46   Pflichten zu **Prüfung** der vom Bauherrn **gewünschten Planung**, deren **Umsetzung** und allen damit verbunden Fragen können den Architekten sowohl vor, während wie auch nach Ausführung des Bauvorhabens treffen.

47   Bei seiner Planung hat der Architekt die **Zielvorstellungen** des Bauherrn zu ermitteln. Der Architekt muss den Bauherrn bezogen auf all seine Zielvorstellungen (z. B. Gewünschte Nutzfläche, Ausstattung des Gebäudes, bevorzugtes Baumaterial) **über die technischen Realisierungsmöglichkeiten aufklären**[101] und den **wirtschaftlichen Rahmen abstecken.**[102] Hierbei muss der Architekt – auch während der Planungsphase – stets den Vorgaben des Auftraggebers folgen. Sich ergebende Zielkonflikte, z. B. zwischen dem vom Bauherrn gewünschten Qualitätsniveau und dem dem Bauherrn zur Verfügung stehenden Kostenrahmen oder zwischen der vom Bauherrn beabsichtigten Nutzung und deren rechtlichen Zulässigkeit, sind zwar vom Bauherrn zu lösen bzw. zu entscheiden,[103] aber die Aufklärungspflicht über das Bestehen der Zielkonflikte und über mögliche Lösungen dieser Konflikte liegt beim Architekten. Der Architekt hat also laufend zu prüfen, ob seine Planung technisch funktionstauglich ist, sich im Kostenrahmen hält und dabei die gestalterischen Vorgaben des Auftraggebers berücksichtigt.

▶ Hinweis: Hervorzuheben ist, dass der Architekt allerdings nicht die kostengünstigste Planung schuldet; er muss einen übermäßigen, übertriebenen Aufwand gemessen an der vertraglichen Leistungsverpflichtung des konkreten Einzelfalles vermeiden und die optimierte Planung suchen.[104] ◀

48   Parallel zu der bestehenden Pflicht, die nach der DIN 276 erforderlichen Kostenermittlungen zeitgerecht zu erbringen, hat der Architekt baubegleitend die anfallenden Kosten zu kontrollieren.[105] Die Pflicht zur **baubegleitenden Kostenkontrolle** besteht unabhängig davon, ob die Parteien vertraglich eine Bausumme vereinbart haben. Zu der baubegleitenden Kostenkontrolle gehört sowohl die Prüfung der eingehenden Rechnung der anderen am Bau Beteiligten und deren Vergleich mit dem Kostenanschlag als auch die Untersuchung und Information des Bauherrn über die Auswirkungen von Zusatzaufträgen. Bei der Prüfung eingehender Rechnungen hat der Architekt zu kontrollieren, ob die Rechnungen fachtechnisch und rechnerisch richtig, die zugrunde gelegten Leistungen erbracht und den vertraglichen Vereinbarungen entsprechend ausgeführt worden sind.[106] Die Rechnungs- und Prüfungsunterlagen muss der Architekt an den Bauherrn weiterleiten und das Ergebnis der Überprüfung mit entsprechenden Empfehlungen mitteilen. Durch die baubegleitende Kostenkontrolle soll es dem Bauherrn möglich sein, nur berechtigte Forderungen zu erfüllen und ggf. erfolgte Überzahlungen mit später gestellten Abschlagsrechnungen zu verrechnen. Er kann rechtzeitig Korrekturmaßnahmen einleiten und unter

---

101 BGH, BauR 1998, 354.
102 BGH, BauR 1998, 880; 1991, 366.
103 BGH, BauR 1998, 354;
104 BGH, a.a.O; OLG München, IBR 2004, 516 und OLG Hamburg, IBR 2004, 211 – keine Pflicht zur Planung für die objektiv kostengünstigste Lösung; OLG Dresden, IBR 2000, 612 – Planung offensichtlich unwirtschaftlicher Lösung; OLG Karlsruhe, BauR 2001, 1933; OLG Naumburg, BauR 2001, 1299.
105 BGH, BauR 1997, 1067.
106 BGH, BauR 1998, 869.

A. Der Anspruch des Architekten auf das Architektenhonorar

den Voraussetzungen des § 650 Abs. 1 BGB den Bauvertrag wegen Kostenüberschreitung kündigen.

Die Prüfungspflichten des Architekten erstrecken sich auch auf die ordnungsgemäße Prüfung von **Nachträgen der Bauunternehmen**.[107] Diese Prüfungspflicht umfasst nicht nur die rechnerische Nachprüfung sondern auch die Überprüfung des abgerechneten Nachtrags dahingehend, ob es sich tatsächlich um geänderte oder zusätzliche Leistungen handelt, die geforderte Vergütung die Mehr- und Minderkosten angemessen berücksichtigt bzw. den Preisermittlungsgrundlagen für die vertragliche Leistung und den besonderen Kosten für die zusätzliche Leistung entspricht.[108]

Die **Rechnungsprüfungspflicht** des Architekten erstreckt sich auf **Schluss-, Abschlags-, Teil- und Zwischenrechnungen**.[109] Auch die Rechnungsprüfung hat nicht nur rechnerisch zu erfolgen. Der Architekt hat zu überprüfen, ob die abgerechneten Leistungen tatsächlich erbracht worden sind und die Rechnung der vertraglichen Vereinbarung – bei einem VOB-Bauvertrag also den Anforderungen des § 14 VOB/B – entspricht.[110] Die Abrechnung ist mit dem vertraglich vereinbarten Bausoll im Hinblick auf zusätzliche und/oder geänderte Leistungen zu überprüfen,[111] ebenso sind Sicherheitseinbehalte und vereinbarte Skonti, Rabatte und Preisnachlässe zu überprüfen.[112] Das Ergebnis der Rechnungsprüfung hat der Architekt dem Auftraggeber durch einen schriftlichen Prüfvermerk bekannt zu geben. Dieser Prüfvermerk hat als Empfehlung des Architekten nur Bedeutung für die Vertragsbeziehung zwischen Architekt und Auftraggeber und ist kein Anerkenntnis der Berechtigung der vom Unternehmer gestellten Forderung.[113] Die Rechnungsprüfung ist auch so zügig durchzuführen, dass gewährte Nachlässe, wie z. B. Skonti, vom Auftraggeber geltend gemacht werden können.[114]

■ **Wahrnehmung sonstiger Interessen**

Besonders mit Blick auf die **Wahrung von Mängelansprüchen** ist der Bauherr auch nach Fertigstellung des Bauwerks auf die Unterstützung des Architekten angewiesen.[115] Selbst wenn der Architekt Erklärungen nicht im eigenen Namen abgeben soll, muss er jedenfalls den Bauherrn beraten und nachdrücklich darauf hinweisen, dass dieser seine Rechte wahrnimmt.[116] Auch der **Hinweis** auf mögliche **deliktische und produkthaftliche Ansprüche**, die z. B. aus der Lieferung mangelhafter Baustoffe resultieren können, gehört zu den Sachwalterpflichten des Architekten. Ist der mangels Fachkunde dazu nicht in der Lage, hat er den Bauherrn darauf hinzuweisen, sich ggf. den Rat eines Rechtsanwaltes einzuho-

---

107 BGH, BauR 1981, 482; BauR 1982, 185.
108 BGH, a. a. O.; *Koeble* in Locher/Koeble/Frik, § 15 HOAI Rn 219; OLG Brandenburg, IBR 2006, 1079: Die Kenntnis der Bestimmungen der VOB/B (damit auch der Anwendungsbereiche des § 2 Nr. 5 und 6 VOB/B) ist vom Architekten zu erwarten.
109 OLG Köln, BauR 1997, 343; *Werner* in Werner/Pastor, Rn 1509; *Löffelmann/Fleischmann* Rn 461; *Koeble* in Locher/Koeble/Frik § 15 HOAI, Rn 219; *Pott/Dahlhoff/Kniffka* § 15 HOAI, Rn 32; *Korbion* in Korbion/Mantscheff/Vygen, § 15 HOAI, Rn 176.
110 BGH, BauR 2002, 1112; BauR 1998, 869; KG, BauR 2006, 400 – wo die fehlerhafte Rechnungsprüfung als Mangel des Architektenwerkes beurteilt wird; OLG Brandenburg, IBR 2006, 281 – kein Schadensersatzanspruch des Bauherrn gegen den Architekten bei eigenmächtiger Überzahlung.
111 *Werner* in Werner/Pastor, Rn 1509; *Löffelmann/Fleischmann*, Rn 470 ff; *Koeble* in Locher/Koeble/Frik § 15 HOAI Rn 219; *Pott/Dahlhoff/Kniffka* § 15 HOAI, Rn 32.
112 *Werner* in Werner/Pastor, a.a.O.; *Pott/Dahlhoff/Kniffka*, a. a. O.;
113 BGH, IBR 2002, 124.
114 *Koeble* in Locher/Koeble/Frik § 15 HOAI Rn 192, 219.
115 BGH, BGHZ 61, 28.
116 BGH, BauR 1979, 343.

len. Zu den weiteren Sachwalterpflichten bezüglich der Wahrnehmung sonstiger Vertragsinteressen gehören die Pflicht zur **Auskunft** über alle Fragen, die der Bauherr zur Beurteilung des Baugeschehens benötigt sowie die Pflicht zur umfassenden Verschwiegenheit über alle Umstände und Tatsachen, die dem Architekten aufgrund der Zusammenarbeit über das Bauvorhaben und die Verhältnisse des Bauherrn bekannt geworden sind.

bb) Architektenvertrag als Dienstvertrag

52 Der Architektenvertrag kann in bestimmten Fällen als Dienstvertrag zu qualifizieren sein.[117] Dies ist z. B. der Fall, wenn der Architekt nur die Tätigkeit eines verantwortlichen **Bauleiters nach der jeweiligen Landesbauordnung** übernimmt.[118] Ein reiner **Beratungsvertrag** mit dienstvertraglichem Charakter soll auch dann vorliegen, wenn der Architekt von einem Kaufinteressenten zur Beurteilung von Mängeln des Bauobjekts beigezogen wird.[119] Nach Dienstvertragsrecht sollen auch die Tätigkeiten des Architekten beim Überwachen von Renovierungsarbeiten,[120] bei der Mitwirkung der Finanzierung des Bauvorhabens und der Übernahme der wirtschaftlichen Beratung und technischen Betreuung des Bauvorhabens[121] zu beurteilen sein. Werden dem Architekten nur **Teilleistungen** aus bestimmten Leistungsphasen des § 15 HOAI beauftragt, ist für die Einordnung des Vertragstypus im Einzelfall zu differenzieren, ob der werkvertraglich erfolgsorientierte oder der dienstvertragliche Aspekt überwiegt.[122] Unterschiedlich ist auch die Beauftragung des Architekten mit Aufgaben der **Baustellenverordnung** (BaustellV) zu beurteilen: Sind sämtliche Aufgaben der BaustellV übertragen, wird der Vertrag nach Werkvertragsrecht zu beurteilen sein,[123] sind nur teilweise Aufgaben übertragen ist in jedem Einzelfall abzuwägen, ob die werkvertragliche oder die dienstvertragliche Komponente überwiegt.

b) Zustandekommen des Architektenvertrages

Der Architektenvertrag kommt durch zwei übereinstimmende Willenserklärungen, Angebot und Annahme, zustande. Angebot und Annahme müssen wirksam sein.

aa) Wirksames Angebot

(1) Vorliegen einer Willenserklärung und Bestimmtheit der Willenserklärung

53 Die Willenserklärung ist die Äußerung eines auf Herbeiführung einer Rechtswirkung gerichteten Willens.[124] Der mit der Willenserklärung ausgedrückte Rechtsfolgewillen ist auf die Begründung, inhaltliche Änderung oder Beendigung eines Rechtsverhältnisses gerichtet. Ob die Willenserklärung diesen rechtsgeschäftlichen Inhalt – gerichtet auf den Abschluss eines Vertrages – hat, ist letztlich aus der Sicht des Erklärungsempfängers zu bestimmen (§§ 133, 157 BGB).[125] Das Angebot muss Gegenstand und Inhalt des Vertra-

---

117 Abgrenzung: Nach Werkvertragsrecht zu beurteilen: 1. künstlerische Oberleitung neben Objektplanung; 2. baubegleitende Qualitätsüberwachung – BGH, BauR 2002, 315 und *Vygen*, Festschrift für Jagenburg 2002, 933; 3. Vermessungstätigkeit – BGH, BauR 1973, 332; 4. Beauftragung mit Privatgutachten – BGH, NJW 1967, 719; 5. Beauftragung mit Erstellung einer Kostenermittlung nach DIN 276 – *Locher*, Rn 224.
118 *Pott/Frieling*, Rn 124; *Schmalzl*, BauR 1977, 80; **a. A.** *Locher*, Rn 224 und *Bindhardt/Jagenburg*, § 2 Rn 78.
119 OLG Hamm, BauR 1999, 1323.
120 *Bindhardt/Jagenburg*, § 2 Rn 82.
121 OLG Celle, BauR 2004, 1800.
122 *Bindhardt/Jagenburg*, § 2 Rn 80; *Locher*, Rn 224.
123 OLG Celle, IBR 2004, 431; **a. A.** OLG Köln, IBR 2004, 628.
124 *Heinrichs* in Palandt, Einf. Vor § 116 BGB, Rn 1.
125 *Heinrichs* in Palandt, § 133 BGB, Rn 9.

ges so bestimmen oder bestimmbar sein, dass die Annahme durch ein einfaches „Ja"
erfolgen kann.[126] Mit dem Zugang des Antrags ist der Antragende an sein Angebot
gebunden (§ 145 BGB). Das Erlöschen eines Antrags bestimmt sich nach § 146 BGB.

(2) Wirksamkeit der Willenserklärung
Da das Angebot eine auf den Abschluss eines Vertrages gerichtete Willenserklärung ist, handelt es sich um eine sog. empfangsbedürftige Willenserklärung. Die empfangsbedürftige Willenserklärung setzt für ihre Wirksamkeit neben der Abgabe der Willenserklärung den Zugang beim Empfänger der Erklärung voraus.[127]

- **Abgabe**

Eine Willenserklärung ist abgegeben, wenn der Erklärende seinen rechtsgeschäftlichen Willen erkennbar so geäußert hat, dass an der Endgültigkeit der Äußerung kein Zweifel besteht. Dazu muss die Erklärung mit dem Willen des Erklärenden so in den Verkehr gebracht worden sein, d. h. in Richtung auf den Empfänger des Angebots „in Marsch" gesetzt worden sein, dass unter normalen Umständen damit gerechnet werden kann, dass die Erklärung dem Empfänger zugeht.[128]

- **Zugang**

Eine empfangsbedürftige Willenserklärung wird im Zeitpunkt des Zugangs beim Erklärungsempfänger wirksam (§ 130 Abs. 1 BGB). Das Zustandekommen des Architektenvertrages unter Abwesenden setzt voraus, dass das Angebot dem Empfänger zugegangen ist. Eine Willenserklärung ist dann zugegangen, wenn so in den Machtbereich des Erklärungsempfängers gelangt, dass dieser unter normalen Umständen die Möglichkeit hat, von ihrem Inhalt Kenntnis zu nehmen.[129] Da es auf die tatsächliche Möglichkeit der Kenntnisnahme nicht ankommt, ist es z. B. ausreichend, wenn ein Brief in den Briefkasten des Empfängers gelangt und alsbald nach der Verkehrsanschauung mit der Entnahme durch den Empfänger zu rechnen ist. Da die Beweislast bei demjenigen liegt, der sich auf eine für ihn günstige Tatsache beruft, gilt auch für den Zugang, dass der Beweis des Zugangs bei demjenigen liegt, der sich darauf beruft.[130] Nach wie vor ergeben sich an dieser Stelle **Beweisprobleme**: Für normale Postsendungen und Einschreibebriefe gibt es keinen Beweis des ersten Anscheins, dass die zur Post gegebene Sendung den Empfänger erreicht hat.[131] Auch ein Einschreiben-Rückschein entfaltet nur dann Zugangswirkung, wenn der Adressat den Brief entgegennimmt oder ihn bei der Post abholt.[132] Selbst der Zugang des Einwurf-Einschreibens, der beim Postdienstleister über das Internet abgefragt werden kann, wird teilweise als zweifelhaft beurteilt.[133]

Große Probleme ergeben sich auch immer wieder bei der **Nutzung modernerer Kommunikationsgeräte**, die sich im Bau- und Architektenrecht großer Beliebtheit erfreuen. So vertritt die derzeit noch herrschende Rechtsprechung nach wie vor die Ansicht, der OK-

---

126 *Heinrichs* in Palandt, § 145 BGB, Rn 1.
127 *Heinrichs* in Palandt, § 130 BGB, Rn 2.
128 *Heinrichs* in Palandt, § 130 BGB, Rn 5 und 13.
129 BGH, NJW 1977, 194.
130 BGH, NJW 1987, 2235.
131 BGH, NJW 1964, 1176; NJW 1996, 2033.
132 BGH, IBR 1998, 152.
133 LG Potsdam, IBR 2001, 100.

Vermerk eines Faxgerätes sei kein Beleg für den Zugang[134] und der Zugang von Email-Nachrichten erst dann erfolgt, wenn sie im Empfangsbriefkasten des Providers eingehen.[135] Selbst wenn der Zugang aber in all diesen Fällen bewiesen werden könnte, kann der Empfänger immer noch bestreiten, eine Willenserklärung mit dem behaupteten Inhalt durch die Sendung erhalten zu haben. So wird in schwierigen Fällen, in denen es zwingend auf den Zugang ankommt, regelmäßig nichts anderes übrig bleiben, als die Dokumente in Anwesenheit eines Zeugen, der den Inhalt kennt, zu übergeben und vom Zeugen hierüber einen Aktenvermerk machen zu lassen. Dies ist ggf. auch durch die Übermittlung durch einen Boten, der den Inhalt der Erklärung kennt, zu bewerkstelligen. Der Zugang von Willenserklärungen gegenüber Anwesenden ist gesetzlich nicht geregelt. Es gelten jedoch die gleichen Grundsätze wie zu § 130 Abs. 1 BGB: Eine mündlich abgegebene Willenserklärung gilt dann als zugegangen, wenn der Abgebende darauf vertrauen konnte und durfte, richtig und vollständig verstanden worden zu sein.[136]

bb) Wirksame Annahme

58 Wie das Angebot bedarf auch die Annahme als empfangsbedürftige Willenserklärung zu ihrer Wirksamkeit der Abgabe und des Zugangs der Willenserklärung. Es gelten insoweit die gleichen Grundsätze wie zum Angebot ausgeführt.

(1) Vorliegen einer Annahmeerklärung

59 Die Annahmerklärung kann sowohl gegenüber Abwesenden wie auch gegenüber Anwesenden erfolgen. Unproblematisch sind die Fälle, in denen die Annahmeerklärung **ausdrücklich** schriftlich oder mündlich erfolgt. Verträge, die die Erbringung von Architektenleistungen zum Inhalt haben, sind nicht formgebunden. Neben dem ausdrücklichen schriftlichen Abschluss des Vertrages kommen deshalb auch mündliche Vereinbarungen oder stillschweigende Willenserklärungen in Betracht.

60 Da die Willenserklärung die „Äußerung eines auf die Herbeiführung einer Rechtswirkung gerichteten Willens ist", muss die Frage, ob dies auf ein bestimmtes Verhalten zutrifft, im Einzelfall im Wege der Auslegung nach §§ 133, 157 BGB ermittelt werden. Schwierigkeiten können sich hier vornehmlich bei **„stillschweigenden Willenserklärungen"** ergeben. Von dem Begriff der „stillschweigenden Willenserklärung" sind sowohl die Willenserklärung durch schlüssiges Verhalten (sog. **konkludente Willenserklärung**) als auch die Willenserklärung **durch bloßes Schweigen** erfasst. Ob konkludent ein Vertrag geschlossen worden ist, lässt sich nicht mit abstrakten Kriterien feststellen. Häufig bieten Architekten den Bauherren von sich aus Planungsleistungen an, sei es im Rahmen der **Akquisition** nach vorhergehenden Gesprächen oder auf **eigene Initiative** hin. In diesen Fällen wird man zwar das Verhalten des Architekten regelmäßig als konkludente Willenserklärung, gerichtet auf den Abschluss eines Architektenvertrages, auslegen, zweifelhaft ist aber, ob eine Annahme durch den Bauherrn vorliegt.

61 Schwierigkeiten bereitet die Bejahung eines Vertragsschlusses auch in Fällen, in denen der Bauherr ihm vom Architekten überlassene Planunterlagen gegenüber Dritten verwendet (z. B. zur Beantragung der Baugenehmigung, zur Beauftragung von Bauunternehmen).

---

134 BGH, IBR 1995, 5; IBR 1999, 478: Weil es bisher an gesicherten Erkenntnissen fehle, wie oft Telefaxübermittlungen trotz einwandfreien Sendeberichts scheiterten; BAG, IBR 2003, 288; **a. A.** AG Rudolstadt, IBR 2004, 553: Wird ein Schriftstück per Telefax übermittelt und trägt der Sendebericht den Vermerk „Ok", wird dadurch ein Anscheinsbeweis für den Zugang begründet.

135 OLG Hamburg, WM 2003, 582: Zum Anscheinsbeweis über den Inhalt einer auf elektronischem Weg übermittelten Datei.

136 *Heinrichs* in Palandt, § 130 BGB, Rn 13 f.

A. Der Anspruch des Architekten auf das Architektenhonorar 3

Die **Entgegennahme der Leistungen** und deren **Verwendung** gegenüber Dritten kann das Zustandekommen eines wirksamen Vertrages zur Folge haben.[137] Bei empfangsbedürftigen Willenserklärungen ist jedoch erforderlich, dass sie mit dem Willen des Erklärenden in den Verkehr gebracht worden sind.[138] Werden vom Architekten erstellte Baupläne verwendet, etwa für einen Bauantrag, stellt dies zwar ein gewichtiges Indiz für die Abgabe einer konkludenten Erklärung dar. Fraglich ist jedoch, ob diese Willenserklärung des Bauherrn dem Vertragspartner – eben dem Architekten – nach den Anforderungen des § 130 BGB zugegangen ist. Dies wird in der Regel zu verneinen sein, da die Möglichkeit der Kenntnisnahme durch den anbietenden Architekten nicht gegeben ist. Ein Vertragsschluss liegt damit nicht vor. Er könnte allenfalls noch dann bejaht werden, wenn die Willenserklärung des Bauherrn unter den Voraussetzungen des § 151 BGB nicht empfangsbedürftig ist, weil eine Annahmeerklärung entweder nach der Verkehrssitte nicht zu erwarten ist oder der Antragende – hier also der Architekt – auf sie verzichtet. Dadurch, dass der Architekt seine Leistungen durch das Überlassen von Plänen anbietet, kann sein Gesamtverhalten dahin ausgelegt werden, dass er auf den Zugang der Annahmeerklärung verzichtet. Nicht verzichten kann der Architekt jedoch auf die Annahmeerklärung selbst, also die konkludente Annahme durch den Bauherrn.

Verwertet ein Bauherr ihm überlassene Planungsunterlagen eines Architekten, so ist in diesen Aneignungs- oder Gebrauchshandlungen grundsätzlich eine Annahme des Angebots des Architekten zu sehen. Nicht selten wird jedoch der Wille des Bauherrn, der die Pläne Dritten gegenüber verwendet, entgegenstehend sein. Denn er wird nicht von einem abgeschlossenen Vertrag ausgehen und auch nicht konkludent die eine Zahlungspflicht auslösende Annahmeerklärung abgeben wollen. Das Auseinanderfallen der nach außen erkennbaren Annahme durch die Aneignungshandlung und des inneren Willen des Bauherrn wird nach der h. M. nach dem objektiv wahrzunehmenden Gesamtverhalten des Bauherrn beurteilt.[139] Da die Annahme durch den Bauherrn wegen dem Verzicht des Architekten nach § 151 BGB diesem gegenüber nicht erklärt zu werden braucht, kommt es allein auf die Sicht eines „objektiven Betrachters" an.[140] Gebraucht der Bauherr die Pläne des Architekten, wird eine wirksame Annahmeerklärung zu bejahen sein. Zu keinem Vertragsschluss kommt es in Fällen, in denen der Bauherr die Pläne des Architekten lediglich entgegennimmt ohne sie zu verwerten.[141] Hier fehlt es erkennbar an der erforderlichen objektiven Manifestation des Annahmewillens.

Immer wieder aktuell ist die Frage, ob zwischen den Parteien ein **schuldrechtlicher Vertrag mit Bindungswillen** zustande gekommen ist oder ob der Architekt lediglich Leistungen in der **honorarfreien Akquisitionsphase** erbracht hat. Dass ein Architektenvertrag mit der Folge des Anspruchs auf Zahlung eines Architektenhonorars zustande gekommen ist, hat der Architekt darzulegen und zu beweisen, allerdings ist die Darlegungslast insoweit erleichtert, als die Leistungen eines Architekten in der Regel vergütungspflichtig sind.[142]

---

137 BGH, BauR 1999, 1319.
138 BGH, NJW 1997, 2101; OLG Hamm, NJW-RR 1987, 260.
139 *Hefermehl* in Erman § 151 BGB, Rn 5.
140 BGH, BauR 1999,1319: Auch bei Annahmen i. S. von § 151 BGB gilt die ratio des § 116 BGB.
141 BGH, BauR 1999, 1913: Ein Architektenvertrag kommt nicht dadurch zustande, dass eine Architekt von sich aus einer Stadtverwaltung einen Entwurf unterbreitet und auf seinen Wunsch hin die Stadtverwaltung mit ihm die Realisierung des Entwurfs erörtert.
142 BGH, BauR 1987, 454 und 1997, 1060; OLG Bremen, OLGR 2004, 423; OLG Düsseldorf, BauR 2002, 1726; BauR 2003, 1251; *Koeble* in Locher/Koeble/Frik, Einl. HOAI, Rn 10 ff; *Löffelmann/Fleischmann*, Rn 713 ff; *Pott/Dahlhoff/Kniffka*, § 4 HOAI, Rn 50 ff; *Neuenfeld*, § 4 HOAI, Rn 20 ff.

§ 6 Die Ansprüche des Architekten gegen den Auftraggeber

Motiviert durch die Hoffnung auf den Abschluss eines Architektenvertrages, werden Architekten oft im Bereich „der Werbung für sich selbst" (Akquisition) unentgeltlich tätig.[143] Die **Akquisitionsphase** ist eine **Vertragsanbahnungsphase**, die sich rechtlich unterschiedlich einordnen lässt: So kann ein reines Gefälligkeitsverhältnis vorliegen, es kann sich um eine schenkweise Erbringung der Leistung handeln oder aber um einen Vertrag, der unter der Bedingung nachfolgender Auftragserteilung abgeschlossen worden ist. Da es jeweils auf den konkreten Willen der Parteien ankommt, lassen sich allgemeine Abgrenzungskriterien nicht aufstellen.[144] Die Rechtsprechung zieht sich daher auf Indizien zurück, die die Beurteilung eines Rechtsbindungswillens der Parteien ermöglichen sollen.

64 Indizien für einen bestehenden Rechtsbindungswillen sind

- **Leisten von Abschlagszahlungen**

Selbst bei Großprojekten[145] ist die Grenze der Akquisitionstätigkeit überschritten, wenn der Investor an den Architekten herantritt und auf die im Rahmen der Vorplanung erbrachte Tätigkeit eine Abschlagszahlung leistet.[146]

- **Unterschreiben von Plänen des Architekten**

Auf das Vorliegen eines Rechtsbindungswillen und damit auf ein Vertragsverhältnis kann geschlossen werden, wenn der Auftraggeber Pläne des Architekten z. B. zwecks Einholung eines Bauvorbescheides[147] unterschreibt[148] oder sogar das Baugesuch unterzeichnet.[149]

- **Vollmachtserteilung zu Verhandlungen mit Behörden oder Nachbarn**

Erteilt der Bauherr dem Architekten die Vollmacht, die Genehmigungsfähigkeit der Planungslösung in seinem Auftrag beim Bauordnungsamt abzuklären, dokumentiert er in der Regel seinen Willen zum Abschluss eines Architektenvertrages.[150]

65 Indizien gegen einen bestehenden Rechtsbindungswillen sind

- **Erbringen von Planungsleistungen und Erstellen einer Bauvoranfrage**

Allein das Erbringen von Planungsleistungen und das Einreichen einer Bauvoranfrage, um einen Vertrag zu erhalten, lässt nicht auf einen Rechtsbindungswillen der Parteien und einen entsprechenden Vertragsschluss schließen.[151] Auch wenn ein Architekt Leistungen nur für die Vorbereitung eines Vorstandsbeschlusses erbringe, spreche dies für eine unentgeltliche Akquisition.[152] **Bauvoranfragen** sollen grundsätzlich typischerweise zu den Aquisitionsleistungen des Architekten gehören. Aus der Bauvoranfrage allein kann kein Vertragsschluss hergeleitet werden.[153] Im Hinblick auf das Erstellen einer Bauvoranfrage soll

---

[143] OLG Düsseldorf, BauR 2003, 1251.
[144] BGH, BauR 1985, 467; OLG Köln, OLGR 1998, 63; OLG Hamm, BauR 2001, 1466 und BauR 1987, 582; KG, BauR 1988, 621.
[145] OLG Düsseldorf, IBR 1999, 539: Auch bei Großprojekten soll nach den Umständen eine Tätigkeit bis zur Leistungsphase 2 als Akquisitionsleistung erwartet werden. In dem konkreten Fall hat allerdings der Architekt den Bauherrn unaufgefordert angesprochen.
[146] OLG Hamm, IBR 2003, 138.
[147] BGH, BauR 1997, 1060.
[148] *Koeble* in Locher/Koeble/Frik, Einl. HOAI Rn 10; *Vygen* in Korbion/Mantscheff/Vygen § 1 HOAI Rn 8.
[149] OLG Hamm, BauR 1991,385; *Neuenfeld* § 4 HOAI Rn 21.
[150] OLG Naumburg, IBR 2006, 207; *Koeble* in Locher/Koebel/Frik Einl. HOAI Rn 10; *Werner* in Werner/Pastor Rn 635.
[151] OLG Oldenburg, IBR 2002, 140; BGH, IBR1999, 482.
[152] OLG Celle, BauR 2004, 361.
[153] BGH, BauR 1997, 1060; KG, BauR 1999, 431.

A. Der Anspruch des Architekten auf das Architektenhonorar

es allerdings auf die Umstände des Einzelfalles ankommen,[154] z. B. den Umfang der Tätigkeit, die erreichte Planungstiefe sowie Haftungsrisiken. Die Tätigkeit des Architekten bewegt sich aber nicht mehr im rein akquisitorischen, vergütungsfreien Bereich, wenn sich der Bauherr die Planungsleistungen im Rahmen einer Bauvoranfrage nutzbar macht.[155]

- **„Vorprellen" des Architekten und Entgegennahme von Architektenleistungen**

Ergreift der Architekt von sich aus die Initiative und bietet er dem Bauherrn Leistungen an, spricht die Vermutung für eine Akquisitionstätigkeit. Er arbeitet in diesem Fall im Zweifel „auf eigenes Risiko".[156] Fordert hingegen der Auftraggeber den Architekten auf, Architektenleistungen zu erbringen, ist von einer vertraglichen Bindung und damit von einer nach der HOAI zu vergütenden Tätigkeit auszugehen.[157] Die Grenze liegt deshalb meistens dort, **„wo der Architekt absprachegemäß in die konkrete Planung übergeht"**.[158] Eine stillschweigende (konkludente) Vertragsannahme ist nahe liegend, wenn die angebotenen Architektenleistungen entgegengenommen und verwertet werden. In der Rechtsprechung wird zutreffend immer wieder betont, dass es wesentlich auf die Umstände des Einzelfalls ankomme. Für die Annahme eines Vertragsschlusses reicht es regelmäßig nicht aus, wenn der Architekt auf eigene Initiative einen Entwurf vorlegt oder Pläne eines Architekten entgegengenommen werden, die per Fax übermittelt worden sind.[159]

66

Kann der Architekt darlegen und beweisen, dass bereits beim ersten Zusammentreffen ein Auftrag für die erbrachten Planungsleistungen vorliegt, ist der Bereich der Akquisition verlassen.[160] Dazu ist eine Berufung auf die Vermutungsregelung des **§ 632 Abs. 1 BGB**, wonach eine Vergütung als vereinbart gilt, wenn die Herstellung des Werkes den Umständen nach nur gegen eine Vergütung zu erwarten ist, nicht ausreichend.[161] Denn § 632 Abs. 1 BGB bezieht sich nur auf die **Entgeltlichkeit eines erteilten Auftrags**, nicht auf die Auftragserteilung. Aus dem Tätigwerden des Architekten allein kann nicht auf eine vertragliche Bindung geschlossen werden, vielmehr ist eine Willensübereinstimmung mit entsprechendem Bindungswillen erforderlich.[162] Dies gilt auch unabhängig von Art und Umfang der erbrachten Leistungen.[163]

67

(2) Vorvertrag

Durch einen Vorvertrag können beide oder nur eine der Parteien durch eine schuldrechtliche Vereinbarung die **Verpflichtung zum späteren Abschluss eines Hauptvertrages** begründen.[164] Eine Verpflichtung dahingehend, dass später ein Hauptvertrag abzuschließen ist und diese Pflicht einklagbar ist, muss sich aber eindeutig aus dem Vorvertrag entnehmen lassen. Eine Bindungswirkung tritt in der Regel nur dann ein, wenn die Werkleistung, das Honorar und alle von den Parteien für wesentlich angesehenen Nebenabreden

68

---

154 OLG Rostock, IBR 2002, 371; *Jochem*, Festschrift für Vygen, S. 10, 13.
155 OLG Saarbrücken, BauR 2000, 753.
156 BGH, BauR 1999, 1319; OLG Dresden, BauR 2001, 1769; KG, IBR 1997, 201 und BauR 1988, 624; OLG Karlsruhe, BauR 1985, 236.
157 OLG Düsseldorf, BauR 2002, 1726.
158 OLG Hamm, IBR 2001, 205.
159 BGH, BauR 1999, 1319, 1320.
160 OLG Düsseldorf, BauR 2002, 1726.
161 OLG Düsseldorf, BauR 2003, 1251.
162 BGH, BauR 1997, 1060.
163 OLG Düsseldorf, a. a. O.
164 BGH, BauR 1992, 531; 1988, 234.

§ 6 Die Ansprüche des Architekten gegen den Auftraggeber

bestimmt oder bestimmbar sind.[165] Darüber hinaus sind für die Bejahung eines Rechtsbindungswillens auch die wirtschaftlichen Interessen der Parteien und die rechtliche Bedeutung der Vereinbarung für die Parteien zu berücksichtigen.[166] Das Vorliegen einer bloßen **Absichtserklärung** reicht nicht aus. Ein Vorvertrag kann auch in Form einer sog. **Verpflichtungserklärung**[167] oder ggf. durch eine **Vollmacht**, die eine vertragliche Bindung begründet,[168] abgeschlossen werden. Vom Vorvertrag klar abzugrenzen ist jedoch ein Architektenvertrag, der nach § 158 Abs. 1 BGB unter einer **aufschiebenden Bedingung** abgeschlossen ist. So bspw., wenn die Parteien vereinbaren, dass die Architektenleistungen nur dann zu erbringen sind, wenn bestimmte Umstände eintreten, z. B. , wenn die Finanzierung des geplanten Bauvorhabens gesichert ist. Ist ein wirksamer Vorvertrag zustande gekommen und verweigert der Bauherr später ohne ausreichenden Grund den Abschluss des Hauptvertrages, führt das Bauvorhaben aber dennoch durch,[169] hat der Architekt gegen den Bauherrn einen Schadensersatzanspruch nach §§ 280, 281 BGB. Der Architekt ist so zu stellen, wie wenn der Bauherr den Hauptvertrag mit ihm abgeschlossen, dann aber nach § 649 S. 1 BGB gekündigt hätte, so dass er auch nach § 649 S. 2 BGB „entgangenen Gewinn" fordern kann.

69 Ein sog. „reiner Vorvertrag" ist nicht praxisrelevant. Üblich sind jedoch Vereinbarungen, bei denen vorvertragliche Elemente **im Rahmen einer stufenweisen Beauftragung** (vgl. dazu Rn 7) aufgenommen werden: Architekt und Bauherr schließen einen Vertrag über die Erbringung einzelner Leistungsphasen ab und nehmen in diesen Vertrag die Absicht des Bauherrn auf, nach erfolgreicher Ausführung der übernommenen Leistungen den Architekten mit weiteren Leistungsphasen zu beauftragen. Im Hinblick auf die zukünftigen Leistungen liegt dann ein Vorvertrag vor. Dieser gibt dem Architekten einen Anspruch dahingehend, dass der Bauherr mit ihm einen weiteren Vertrag über die Erbringung der weiteren Leistungsphasen abschließt. Schließt der Bauherr später entgegen der vertraglichen Vereinbarung den weiteren Vertrag nicht ab, wird in der Regel kein Interesse der Parteien bestehen, eine weitere vertragliche Beziehung fortzuführen. Eine Klage auf Erfüllung durch den Architekten wird daher nicht sinnvoll sein. Vielmehr kann der Architekt mit den Voraussetzungen der §§ 323, 325 BGB vom Vertrag zurücktreten und Schadensersatz wegen Nichterfüllung verlangen. Liegt ein Vorvertrag vor, kommt es für die wirksame Gebührenvereinbarung nach § 4 Abs. 1 HOAI nicht auf den Abschluss des Vorvertrages, sondern auf den abzuschließenden Hauptvertrag an (vgl. dazu Rn 108 ff.).

(3) Ansprüche aus einem Architektenwettbewerb

70 Architektenwettbewerbe sind **Auslobungen** bzw. **Preisausschreibungen** i. S. von § 661 BGB.[170] Durch die Beteiligung an einem Architektenwettbewerb erlangt der Architekt mangels Abschluss eines Architektenvertrages also keinen Honoraranspruch nach der HOAI.[171] Ein Anspruch besteht allenfalls auf den ausgelobten Preis, auf die Aufwandsentschädigung oder auf ein Beratungshonorar. Nach der GRW,[172] die in der Regel den

---

165 BGH, a.a.O; OLG Koblenz, IBR 2005, 428.
166 BGH, NJW 1995, 3389; OLG Naumburg, IBR 2005, 1241.
167 BGH, BauR 1992, 531; 1988, 234.
168 KG, NJW-RR 1988, 21; BGH, BauR 1988, 234.
169 BGH, BauR 1988, 234: Kein Erfüllungs- geschweige denn ein Schadensersatzanspruch, wenn der Bauherr das Bauvorhaben nicht durchführt.
170 BGH, NJW 1983, 442; OLG Nürnberg, BauR 1998, 360; Hartmann, BauR 1996, 623.
171 H. M.: exemplarisch: *Koeble* in Locher/Koeble/Frik, § 4 HOAI, Rn 90.
172 Grundsätze und Richtlinien für Wettbewerbe auf dem Gebiet der Raumplanung, des Städtebaus und des Bauwesens (GRW 2004) vom 22.12.2003.

A. Der Anspruch des Architekten auf das Architektenhonorar

„Ausschreibungen" zugrunde liegt, ist der Auslober verpflichtet, einem der **Preisträger**[173] die **notwendigen weiteren Planungsleistungen zu übertragen**,[174] sofern einer Beauftragung keine nach der Auslobung auftretenden wichtigen Gründe entgegenstehen.[175] Hierbei kann der Auslober seinen Auftrag beschränken,[176] stufenweise (vgl. dazu Rn 7) oder auch verschiedene Leistungsphasen an verschiedene Preisträger erteilen.[177]

In der **Auswahl der Preisträger** ist der Auslober dann nicht frei, wenn er sich bereits in den Auslobungsbedingungen auf eine Weiterbeauftragung eines Preisträgers festlegt oder eine Wertung nach dem Wettbewerb liegender Umstände ergibt, dass ein bestimmter Preisträger damit rechnen konnte und sich darauf einstellen durfte, den konkreten Auftrag zu erhalten.[178] Ein Anspruch auf die Beauftragung weiterer Planungsleistungen besteht auch dann nicht, wenn das **Projekt nach Durchführung des Wettbewerbs** von einem **Dritten realisiert wird**. Denn eine Realisierung durch den Auslober selbst erfolgt nicht und zu dem Dritten besteht kein Vertragsverhältnis bzw. eine Bindung des Dritten würde gegen das Koppelungsverbot (vgl. dazu Rn 90 ff.) verstoßen. Ist den am Wettbewerb teilnehmenden Architekten nicht bekannt, dass das Projekt ggf. von einem Dritten realisiert wird, kommen allenfalls Schadensersatzansprüche unter dem Gesichtspunkt des Verschuldens bei Vertragsschluss (§ 311 Abs. 2 BGB) in Betracht, wobei ein solcher Anspruch ausgeschlossen sein soll, wenn der Preisträger erkannte, dass die Vergabe unter Verstoß gegen das Koppelungsverbot zustande gekommen ist.[179] In Fällen, in denen dem Preisträger von vornherein bekannt ist, dass die Realisierung durch einen Dritten erfolgt, kann er höchstens erwarten, dass sich der Auslober ernsthaft darum bemüht, den Dritten zu einer Vergabe der weiteren Architektenleistungen an ihn zu veranlassen.[180]

71

Dem preistragenden Architekten steht ein **Schadensersatzanspruch** in Höhe des entgangenen Gewinns (Umfang der beabsichtigten Weiterbeauftragung) nach §§ 280, 281 BGB zu, wenn das ausgelobte Projekt realisiert, aber keiner der Preisträger mit den Architektenleistungen beauftragt wird.[181] Ist ein Preisträger noch nicht bestimmt, müssen alle Preisträger den Anspruch gemeinschaftlich verfolgen.[182] Sind die **Schwellenwerte nach § 98 GWB** überschritten und handelt es sich um einen öffentlichen Auftraggeber, kommen die europarechtlichen Vergabegrundsätze nach §§ 20, 25 VOF zur Anwendung. § 25 VOF regelt die Durchführung von Planungswettbewerben für die Vergabe von Architekten- und Ingenieurleistungen sowie die Ausgestaltung des Wettbewerbverfahrens, während § 20 VOF die Durchführung dieser Wettbewerbe als Auslobungsverfahren zulässt.

72

---

173 *Müller-Wrede* in Thode/Wirth/Kuffer, Rn 74.
174 BGH, BauR 2004, 1326; 1984, 196; 1987, 341; OLG München, NJW-RR 2001, 1532; OLG Nürnberg, IBR 2003, 30.
175 Entgegenstehende wichtige Gründe: BGH, BauR 2004, 1326: wichtiger Grund für eine Gebietskörperschaft des öffentlichen Rechts, wenn einkalkulierte Subventionen nachträglich gestrichen werden oder Steuereinnahmen „wegbrechen"; OLG Düsseldorf, BauR 1998, 1032 – keine Verpflichtung zum Abschluss eines Architektenvertrages mit dem Gewinner des ersten Preises, wenn der Entwurf des Preisträgers erheblich von den Vorgaben in den Wettbewerbsbedingungen abweicht; OLG Hamm, NJW-RR 2000, 1038: Kein Bindung an die Entscheidung des Preisgerichts, wenn dieses bei seiner Entscheidung eine grundlegende Forderung der Auslobung – die Einhaltung eines Kostenrahmens – nicht berücksichtigt.
176 *Weinbrenner/Jochem/Neusüß*, S. 218.
177 OLG Düsseldorf, BauR 1998, 163.
178 BGH, BauR 1987, 341.
179 OLG Hamm, NJW-RR 1996, 662.
180 BGH, NJW 1997, 2369; BauR 1987, 341.
181 BGH, NJW 1983, 442; OLG Köln, BauR 1982, 396.
182 BGH, BauR 1984, 196.

(4) Schweigen als Annahme

- **gesetzlich geregelte Fälle und sog. beredetes Schweigen**

73 In bestimmten Fällen (z. B. § 108 Abs. 2 BGB, § 177 Abs. 2 BGB) misst **das Gesetz dem Schweigen eine rechtliche Bedeutung** zu. Einfluss hat das Schweigen auch dann, wenn sich die Parteien vertraglich darüber einig sind, dass das Schweigen zukünftig eine bestimmte Bedeutung haben solle (**sog. beredetes Schweigen**). Diese beiden Fälle sind zwar bei Architektenverträgen grundsätzlich denkbar, dürften aber praktisch selten sein.

- **Kaufmännisches Bestätigungsschreiben**

74 Im Architektenrecht wichtig ist das **Schweigen auf ein kaufmännisches Bestätigungsschreiben:** Versendet eine Vertragspartei ein kaufmännisches Bestätigungsschreiben, das der Empfänger unwidersprochen hinnimmt, kommt unter bestimmten Voraussetzungen zwischen den Parteien ein Vertrag des Inhalts zustande, wie er sich aus dem Bestätigungsschreiben ergibt. Erste Voraussetzung dafür ist, dass zwischen den Vertragspartnern bereits entsprechende **Vorverhandlungen** stattgefunden haben. Darauf, ob objektiv bereits ein Vertrag abgeschlossen worden ist, kommt es hierbei nicht an, denn in diesem Fall hat das kaufmännische Bestätigungsschreiben konstitutive Wirkung.[183]

75 Als weitere Voraussetzung muss aus der **Sicht des Absenders** bereits ein Vertrag zustande gekommen sein. Geht der Absender selbst davon aus, dass es noch zu keinem Vertragsabschluss gekommen ist, ist sein „Bestätigungsschreiben" die Annahme eines Angebots. Sofern sie sich nicht mit dem Angebot deckt, ist sie gem. § 150 Abs. 2 BGB als neues Angebot zu verstehen ist. Drittens muss der Absender des Schreibens **redlich** und der Inhalt des Schreibens **annahmefähig** sein. Nach der Verkehrssitte kann der Bestätigende davon ausgehen, dass der Empfänger **unverzüglich** widerspricht, wenn er mit dem Inhalt des Schreibens nicht einverstanden ist. Kommt der Empfänger des kaufmännischen Bestätigungsschreibens dieser Obliegenheit nicht nach, muss er sein Schweigen als Zustimmung gegen sich gelten lassen.[184]

76 Weitere Voraussetzung ist die Qualifikation von Absender und Empfänger als **Kaufleute** bzw. als Personen, die wenigstens „kaufmannsähnlich" am Geschäftsverkehr teilnehmen, so dass erwartet werden kann, dass sie nach kaufmännischer Übung verfahren.[185] Bei **Nichtkaufleuten** kommt es nicht darauf an, ob die Verhandlungspartner diesen Handelsbrauch kennen oder kennen müssen. Entscheidend ist, ob im Einzelfall das Bewusstsein der Verbindlichkeit dieses Handelbrauches angenommen werden kann.[186] Aus diesem Grunde können kaufmännische Bestätigungsschreiben sowohl vom Architekten an den Bauherrn – jedenfalls wenn dieser Kaufmann ist – als auch in umgekehrter Richtung in Betracht kommen.[187]

77 Ist der Auftraggeber nicht Kaufmann,,kommen dem Bestätigungsschreiben des Architekten in der Regel die Rechtsfolgen des kaufmännischen Bestätigungsschreibens nicht zugute. Eine Ausnahme gilt dann, wenn der Architekt besondere Umstände darlegen und beweisen kann, z. B. dass der Auftraggeber „in erheblichem Umfang am Geschäftsleben" teilnimmt,. Selbst wenn dies nicht der Fall ist, schadet es dem Architekten aber nicht, wenn er die Ergebnisse von Verhandlungen seinem Auftraggeber umgehend schriftlich

---

[183] BGH, NJW-RR 2001, 680; OLG Saarbrücken, Urt. v. 9.11.2004 – 4 U 729/03; 4 U 76/04 – IBR Online.
[184] BGH, NJW 1970, 202.
[185] BGH, NJW 1964, 1223.
[186] BGH, NJW 1975, 1358; OLG Saarbrücken, Urt. v. 9.11.2004 – 4 U 729/03; 4 U 76/04 – IBR Online.
[187] BGH, BauR 1975, 67; WM 1973, 1376; OLG Saarbrücken, Urt. v. 9.11.2004 – 4 U 729/03; 4 U 76/04 – IBR Online.

bestätigt. Sollte der Architekt den Nachweis des Zugangs beim Auftraggeber führen können, wird es dem Bauherrn in einem etwaigen gerichtlichen Verfahren Schwierigkeiten bereiten zu erklären, warum er den nunmehr von ihm als falsch dargestellten schriftlichen Äußerungen des Architekten nicht unverzüglich widersprochen hat.

(5) Bewusste Willensmängel, Scheingeschäft – § 117 BGB

Der Architektenvertrag ist als nicht zustande gekommen zu beurteilen, wenn es sich bei dem zwischen Architekten und Bauherrn abgeschlossenen Vertrag um ein Rechtsgeschäft handelt, das nur zum Schein abgeschlossen worden ist (§ 117 BGB). So hat das OLG Hamm entschieden, dass der Abschluss eines Architektenvertrages, der ausschließlich zu dem Zweck erfolgt, den **Versicherungsschutz der Haftpflichtversicherung** des Architekten zu erreichen, die Nichtigkeit des Architektenvertrages als Scheingeschäft zur Folge hat.[188] In einer derzeit noch nicht rechtskräftigen Entscheidung des OLG Koblenz ist der Architektenvertrag gleichsam als nichtiges Scheingeschäft gem. § 117 BGB beurteilt worden, wenn er nur abgeschlossen worden ist, um auf diese Weise **öffentliche Fördermittel** erlangen zu können.[189]

78

(6) Zuschlag bei öffentlicher Vergabe

Im Rahmen einer öffentlichen Vergabe nach der VOF erfolgt der Vertragsabschluss zwischen den Parteien durch den **Zuschlag**. Hierbei ist die Vergabestelle nicht verpflichtet, den Planungsauftrag an den ersten Preisträger des Architektenwettbewerbs zu erteilen (VOF § 25 Abs. 9, § 5 Abs. 2 c).[190]

79

(7) Annahmezeitpunkt

Das Angebot ist unter Anwesenden sofort anzunehmen (§ 147 Abs. 1 BGB) unter Abwesenden kann die Annahme nur bis zu dem Zeitpunkt, in dem nach regelmäßigen Umständen mit der Antwort gerechnet werden kann, angenommen werden (§ 147 Abs. 2 BGB). Ist eine Frist bestimmt, muss die Annahme innerhalb dieser Frist erfolgen (§ 148 BGB).

80

cc) Einigungsmängel

Auch bei Architektenverträgen können Einigungsmängel vorkommen. Hierbei ist an die modifizierte Annahme gem. § 150 Abs. 2 BGB und die Fälle des offenen (§ 154 BGB) und versteckten Dissens zu denken. Einigungsmängel wegen möglichem Dissens können im Architektenrecht im Hinblick auf die Frage über die Einigung des **Vertragspartners** in Betracht kommen. So verwenden Architekten für ihre Büros oder Planungsgemeinschaften oft Fantasienamen, wie z. B. „Büro zehn". Damit verbunden stellt sich die Frage, ob eine Einigung zwischen den Parteien über den tatsächlichen Vertragspartner stattgefunden hat.[191]

81

dd) Vertragsschluss bei Einschaltung eines Vertreters: Insbesondere Probleme der Vertretungsmacht bei Verträgen mit der öffentlichen Hand und Kirchen

Der Vertragsschluss bei Einschaltung eines Vertreters erfolgt regelmäßig nach den allgemeinen Regeln. Eine wirksame Stellvertretung setzt eine eigene Willenerklärung des Vertreters, das Handeln in fremdem Namen und das Bestehen einer entsprechenden Vertre-

82

---

188 OLG Hamm, NJW-RR 1996, 1233.
189 OLG Koblenz, Urt. v. 10.11.2005 – 5 U 1182/03 (nicht rechtskräftig) – IBR-Online.
190 VK Nordbayern, Beschl. v. 12.8.2004 – 320.VK-3194-29/04 – IBR 2004, 642.
191 BGH, IBR 1999, 378: Bei der Bezeichnung „Planungsgruppe 5, Architekten und Ingenieure, Dipl.-Ing. E.B." kann der Bauherr bei entsprechender Information, er schließe mit einem bestimmten Ingenieur den Vertrag, nicht ohne weiteres annehmen, dass Vertragspartner eine Personenmehrheit sein soll.

Marfurt

§ 6 Die Ansprüche des Architekten gegen den Auftraggeber

tungsmacht voraus. Für den Architekten ergeben sich insoweit grundsätzlich keine abweichenden Besonderheiten (vgl. dazu Teil 1, Rn 256 ff.). Von Bedeutung sind außerdem Fragen, die sich bei Abschluss von Architektenverträgen mit der öffentlichen Hand ergeben, insbesondere im Hinblick auf die bestehende Vertretungsmacht des für die öffentliche Hand bzw. Kirche Handelnden.

(1) Vorschriften zur Vertretungsmacht bei Verträgen mit der öffentlichen Hand und Kirchen

83 Vorschriften der **Gemeindeordnungen** sowie **kirchenrechtliche Vorschriften** sehen in der Regel vor, dass Verträge **handschriftlich unterzeichnet** und mit einem **Dienstsiegel** versehen werden müssen, soweit es sich dabei nicht um ein Geschäft „der laufenden Verwaltung" handelt. **Geschäfte der laufenden Verwaltung** liegen dann vor, wenn sie wegen ihrer Regelmäßigkeit und Häufigkeit zu den herkömmlichen und üblichen Aufgaben der Verwaltung gehören. Bei Architektenleistungen wird es sich in der Regel nicht mehr um Geschäfte der laufenden Verwaltung handeln. Die h. A. und ständige Rechtsprechung des BGH sieht in den Regelungen der Gemeindeordnungen und des Kirchenrechts **keine Formvorschriften**.[192] Verträge, die unter Missachtung dieser Vorgaben aus den Gemeindeordnungen oder des Kirchenrechts geschlossen werden, sind damit nicht gem. § 125 BGB wegen Verstoß gegen die vorgeschriebene Form unwirksam. Vielmehr handelt es sich bei diesen Vorschriften um Vertretungsregelungen zum Schutz der Gemeinde/Kirche und zur Gewährleistung einer gewissen Kontrolle der Tätigkeit der für diese Institute Handelnden.[193] So wird die Gemeinde nur dann wirksam i. S. der §§ 164 f. BGB vertreten, wenn der Bürgermeister, der das zu Vertretung der Gemeinde beauftragte Organ ist, die entsprechenden Vorschriften einhält. Fehlt es daran – z. B. bei einer mündlichen Beauftragung – so handelt das Organ der Gemeinde ohne bzw. unter Überschreitung der Vertretungsmacht. Gem. § 177 Abs. 1 BGB ist dieser Vertrag **schwebend unwirksam**. Genehmigt die Gemeinde nachträglich, wird der Vertrag wirksam; verweigert die Gemeinde die Genehmigung, wird er endgültig unwirksam.

(2) Rechtsfolgen bei mangelnder Vertretungsmacht

84 Grundsätzlich ist derjenige, der ohne die erforderliche Vertretungsmacht einen Vertrag abschließt, dem anderen gemäß den **Grundsätzen einer schuldunabhängigen Garantiehaftung** nach dessen Wahl zur Erfüllung oder zum Schadensersatz verpflichtet (§ 179 Abs. 1 BGB).[194] Da § 179 BGB sowohl die gewillkürte als auch die gesetzliche und organschaftliche Vertretung erfasst, kommt z. B. auch eine Anwendung auf den ohne Vertretungsmacht handelnden Bürgermeister in Betracht. **Ausgeschlossen** ist die **Eigenhaftung** des Vertreters gem. § 179 Abs. 3 BGB nur dann, wenn der andere Teil den Mangel der Vertretungsmacht kannte oder kennen musste. Für die Eigenhaftung des Vertreters gegenüber dem beauftragten Architekten kommt es daher entscheidend darauf an, ob ein Architekt die einschlägigen Vorschriften in den Gemeindeordnungen oder des Kirchenrechts kennt oder kennen muss.

85 Die Kenntnis des Schriftformerfordernisses wird hierbei von **Architekten, die schon öfters mit der öffentlichen Hand kontrahiert haben**, zu verlangen sein. Aber auch eine darüber hinausgehende „**grundsätzliche Bekanntheit**" der Vorschriften der Gemeindeord-

---

192 BGH, IBR 1994, 183; BauR 1992, 269; NJW 1972, 940, 941; NJW 1980, 117, 118 und NJW 1986; OLG Stuttgart, IBR 2001, 121.
193 BGH, BauR 1994, 346.
194 BGH, BGHZ 39, 45, 51; BGH, BGHZ 73, 266, 269.

A. Der Anspruch des Architekten auf das Architektenhonorar 3

nung" ist in der Rechtsprechung bereits bejaht worden.[195] Der Architekt kann sich nicht darauf berufen, die Vertretungsregelungen in der Gemeindeordnung nicht zu kennen. Der mangels Einhaltung der „Formvorschriften" mit der Gemeinde/Kirche abgeschlossene Vertrag wird in der Regel also nur über die Grundsätze des Bereicherungsrechts abgewickelt werden können, wobei die die Leistungen des Architekten wegen der fehlenden Schriftform (§ 4 Abs. 1, 4 HOAI) allenfalls nach den Mindestsätzen der HOAI berechnet werden können. Ausnahmsweise führt die Nichtbeachtung der Vorschriften der Gemeindeordnung/Kirchen nach der Rechtsprechung des BGH nicht dazu, dass ein Vertrag nicht zustande kommt. Einen derartigen Ausnahmefall hat der BGH bejaht, wenn der mit der Vorschrift der Gemeindeordnung bezweckte Schutz deshalb bedeutungslos geworden ist, weil das nach der Gemeindeordnung für die Willensbildung zuständige Organ der öffentlich-rechtlichen Körperschaft den Abschluss des Verpflichtungsgeschäftes gebilligt hat.[196]

▶ **Hinweis:** Architekten sind daher grundsätzlich gut beraten, bei Abschluss von Verträgen mit der öffentlichen Hand und/oder Kirchen den Vertretungs- bzw. Formvorschriften der Gemeindeordnung oder des Kirchenrechts in jedem Fall besondere Aufmerksamkeit zu schenken. ◀

c) Wirksamkeit des Architektenvertrages

aa) Formnichtigkeit gem. § 125 BGB

(1) Grundsatz der Formfreiheit

Der allgemeinen Grundsatz des bürgerlichen Rechts, dass Verträge, soweit nicht etwas anderes durch Gesetz oder Vertrag bestimmt ist, formfrei abgeschlossen werden können, gilt auch für den Architektenvertrag. 86

(2) Schriftformabreden

Die Parteien des Architektenvertrages können ein **gewillkürtes Schriftformerfordernis** vereinbaren. Eine solche Vereinbarung ist ihrerseits ein Rechtsgeschäft, bedarf als zwei übereinstimmender Willenserklärung, deren Inhalt ggf. wiederum mittels Auslegung zu bestimmen ist. Soweit eine **deklaratorische Schriftformabrede** besteht, ist ein unter Nichtbeachtung dieses rechtsgeschäftlichen Formerfordernisses abgeschlossener Vertrag dennoch wirksam; denn eine solche Formabrede hat nur Beweis sichernde und klarstellende Funktion. Handelt es sich jedoch um eine **konstitutive Schriftformabrede**, gilt § 125 S. 2 BGB: Die Nichtbeachtung der Form führt zur Nichtigkeit des Vertrages. Allerdings kann auch ein konstitutives Schriftformerfordernis konkludent aufgehoben werden, was im Ergebnis – jedenfalls bei einem Architektenvertrag – zu seiner Bedeutungslosigkeit führen kann. 87

(3) Notarielles Formerfordernis

Architektenverträge können der notariellen Form bedürfen. Denkbar ist z. B. der **Abschluss des Architektenvertrages in Verbindung mit einem Grundstücksverkauf**, z. B. bei einer Honorarabrede als Kompensationsgeschäft oder der Übertragung einer Eigentumswohnung.[197] 88

---

195 OLG Celle, Beschl. v. 27.3.2006 – 14 U 237/05 – IBR-Online- Werkstattbeitrag; OLGZ 1976, 440, 441 f; KG, IBR 2001, 604.
196 BGH, NJW 1973, 1494; so auch: OLG Frankfurt, NJW-RR 1989, 1505; OLG Koblenz, IBR 2003, 180.
197 BGH, NJW-RR 1993, 1421; OLG Düsseldorf, NJW-RR 1993, 667.

Marfurt

§ 6 Die Ansprüche des Architekten gegen den Auftraggeber

(4) Schriftformerfordernis des § 4 Abs. 1, 4 HOAI

89 Gemäß § 4 Abs. 1 HOAI richtet sich das Honorar nach der schriftlichen Vereinbarung, die die Vertragsparteien bei Auftragserteilung im Rahmen der durch diese Verordnung festgesetzten Mindest- und Höchstsätze treffen (vgl. dazu Rn 108 ff.). Dieses Schriftformerfordernis betrifft jedoch ausschließlich die zwischen den Parteien getroffene **Honorarabrede**. Wird die erforderliche Form nicht gewahrt, so gelten gem. § 4 Abs. 4 HOAI die **Mindestsätze** als vereinbart. Entgegen der Auffassung des OLG Köln[198] ist die Folge gerade nicht die Nichtigkeit des ganzen Rechtsgeschäfts gem. §§ 125, 139 BGB und es erfolgt keine Rückabwicklung nach bereicherungsrechtlichen Grundsätzen; § 4 Abs. 4 HOAI regelt insoweit eine von den allgemeinen Vorschriften des BGB abweichende Folge – nämlich die **Mindestsatzfiktion**.[199]

bb) Gesetzesverstoß gem. § 134 BGB

(1) Koppelungsverbot: § 134 BGB i. V. m. Art. 10 § 3 MRVG

90 Im Bereich des Architektenrechts ist als wichtigstes Verbotsgesetz i. S. von § 134 BGB das **Koppelungsverbot** des Art. 10 § 3 MRVG[200] zu nennen. Nach Art. 10 § 3 MRVG ist eine Vereinbarung, durch die der Erwerber eines Grundstücks sich im Zusammenhang mit dem Erwerb verpflichtet, bei der Planung oder Ausführung eines Bauwerks auf dem Grundstück die Leistungen eines bestimmten Ingenieurs oder Architekten in Anspruch zu nehmen, unwirksam. Die Wirksamkeit des auf den Erwerb des Grundstücks gerichteten Vertrages bleibt hiervon in der Regel unberührt.[201] Von dem Koppelungsverbot werden sachlich alle Verpflichtungsgeschäfte erfasst, die zum Erwerb eines Grundstücks führen können und den Erwerber dabei zur Inanspruchnahme der Leistungen eines **bestimmten Architekten** verpflichten. Sei es, weil der Veräußerer den Erwerb des Grundstücks von der Beauftragung eines bestimmten Architekten abhängig macht oder der Architekt den Nachweis eines bestimmten Grundstücks von der Verpflichtung des Käufers abhängig macht, ihn mit den Architektenleistungen zu beauftragen.

91 Die umfangreiche Rechtsprechung bejaht einen Verstoß gegen das Koppelungsverbot,

- wenn Grunderwerb und Architektenvertrag nicht in einem einheitlichen Vertrag erfolgen;[202]
- wenn Planungsleistungen bereits beauftragt sind und der Erwerber verpflichtet werden soll, danach zu bauen[203] oder ein mit dem Architekten bereits abgeschlossener Architektenvertrag übernommen werden soll;[204]
- wenn der Architekt selbst Eigentümer des Grundstücks ist[205] oder eine enge wirtschaftliche Verflechtung zwischen Grundstückseigentümer und Architekt besteht;[206]

---

198 OLG Köln, BauR 1992, 108 f.
199 BGH, BauR 1985, 582.
200 Gesetz zur Verbesserung des Mietrechts und zur Begrenzung des Mietanstiegs, sowie zur Regelung von Ingenieur- und Architektenleistungen vom 4.11.1971, BGBl I 1795.
201 Ausnahme: BGH NJW 1976, 1931 – Nichtigkeit des Architektenvertrags erfasst auch das Grundstücksgeschäft.
202 BGH, BauR 1975, 288; OLG Düsseldorf, BauR 1975, 183 – die Verträge müssen nicht gleichzeitig abgeschlossen werden und BauR 1976, 64.
203 BGH, BauR 1978, 232.
204 BGH, BauR 1993, 104; a. a. O.; BauR 1983, 93 und OLG Hamm, BauR 1993, 494 und OLG Köln, BauR 1994, 413 sowie *Doerry*, ZfBR 1991, 48 und *Vollmer*, ZfIR 1999, 249 zu Abstandszahlungen zur Freistellung des Veräußerers aus den Verpflichtungen des Architektenvertrages; BGH, BauR 2000, 1213: der Erwerber will bzw. muss die Planung nicht verwerten.
205 BGH, BauR 1978, 147; OLG Hamm, BauR 1993, 494.
206 OLG Bamberg, IBR 2003, 546; OLG Düsseldorf, BauR 1985, 700.

A. Der Anspruch des Architekten auf das Architektenhonorar

- wenn der Architekt ein ihm gehörendes Grundstück im Zusammenhang mit einer fertigen Planung als „Gesamtpaket" verkauft.[207] Dies gilt nicht, wenn die Vergütung für die Planungsleistung als Rechnungsposten in den Grundstückskaufpreis einfließt;[208]
- unabhängig davon, wer – ob der Veräußerer oder der Architekt – Partner des Käufers bei der Koppelungsvereinbarung sind[209] und unabhängig davon, wer auf der Käuferseite auftritt;[210]
- unabhängig davon, ob der Veräußerer oder der Architekt von der jeweils vom anderen Teil initiierten Koppelung Kenntnis haben;[211]
- auch beim Abschluss von Vorverträgen [212] und beim Erwerb eines Erbbaurechts;[213]
- bei Architektenwettbewerben von Gemeinden, die dem Grundstückserwerber auferlegen, die Architektenleistungen vom Preisträger zu beziehen;[214]
- auch für die freiberufliche Tätigkeit des Architekten, die über die das Berufsbild prägende Aufgaben hinaus zusätzliche Leistungen verspricht und der Architekt damit wie ein Generalübernehmer, Bauträger oder Baubetreuer auftritt (berufsstandsbezogene Auslegung des Koppelungsverbots);[215] Die berufsstandsbezogene Auslegung gilt jedoch nicht für Architekten, die gewerbemäßig auf Grundlage des § 34 c GewO tätig werden[216] und auch nicht für Personen, die nicht Architekten sind.[217]

Einen Verstoß gegen das Koppelungsverbot muss derjenige beweisen, der sich darauf beruft. Allerdings gilt nach der Rechtssprechung: Ein zeitlicher, räumlicher, persönlicher Zusammenhang zwischen der Beauftragung des Architekten und dem Erwerb des Grundstücks ist ein **Beweis des ersten Anscheins** für einen Verstoß gegen das Koppelungsverbot.[218] Die Rechtsfolge des § 134 BGB i. V. m. Art. 10 § 3 MRVG ist, dass nur der Teil des Vertrages, der die Erbringung der Architektenleistungen erfasst, nichtig ist, ein Empfänger von rechtsgrundlos erbrachten Architektenleistungen schuldet dem Architekten also nach den Grundsätzen über die ungerechtfertigte Bereicherung das Honorar nach den Mindestsätzen (§§ 812 ff. BGB, § 4 Abs. 4 HOAI).

(2) Vergabevorschriften der VOF als Verbotsgesetze
Die Vergabe öffentlicher Aufträge mit einem jährlichen Volumen von rund 130 Mrd. Euro und steigender Tendenz im Dienstleistungsbereich haben eine erhebliche wirtschaftliche Bedeutung und sind daher auch für Architekten sowohl betriebswirtschaftlich wie auch hinsichtlich des Renommées ein bedeutendes Tätigkeitsfeld. Verträge zwischen öffentlichen Auftraggebern und Architekten sind regelmäßig **Werkverträge** i. S. der

---

207 OLG Hamm, BauR 1993, 494 und 641; LG Oldenburg, IBR 2004, 323.
208 BGH, BauR 2000, 1213; BauR 1978, 230; KG, IBR 2004, 22; OLG Frankfurt, NJW-RR 1995, 1484.
209 BGH, BauR 1975, 288; 1998, 579; OLG Hamm, MDR 1974, 228.
210 OLG Hamm, BauR 1993, 494.
211 BGH, a. a. O.; *Bindhardt/Jagenburg*, § 2 Rn 129 und 138 auch für einen Dritten, z. B. den Erwerber, es sei denn, es liegt eine unzulässige Rechtsausübung vor.
212 BGH, a. a. O.; OLG Hamm, BauR 1975, 288.
213 KG, NJW-RR 1992, 916.
214 BGH, BauR 1982, 512; OLG Hamm, NJW-RR 1996, 662; KG NJW-RR 1992, 916; *Vygen* in Korbion/Mantscheff/Vygen, § 3 Art. 10 MRVG, Rn 29; **a. A.** BauR Köln, BauR 1991, 642.
215 BGH, BauR 1993, 490; BauR 1991, 114; BauR 1978, 147.
216 BGH, BauR 1993, 490; BauR 1989, 25; OLG Düsseldorf, BauR 1984, 418.
217 LG Köln, BauR 1990, 634; BGH BauR 1975, 529 und OLG Hamm, BauR 1993, 494 für Wohnungsbau- und Wohnungsbaubetreuungsunternehmen; BGH, BauR 1984, 192 und KG, IBR 2003, 22 für Bauträger, Generalunternehmern Generalübernehmer; Ausnahmen: Das Unternehmen ist gezielt zur Umgehung des Koppelungsverbots gegründet: BGH, BauR 1993, 490.
218 BGH, BauR 1978, 232; BauR 1978, 495; OLG Bamberg, IBR 2003, 546.

§ 6 Die Ansprüche des Architekten gegen den Auftraggeber

§§ 631 ff. BGB und damit bezüglich ihrer Wirksamkeit allein nach bürgerlichem Recht zu beurteilen. Bei der öffentlichen Auftragsvergabe ist der Auftraggeber an das **Vergaberecht**, also das Gesetz gegen Wettbewerbsbeschränkungen (GWB), die Vergabeverordnung (VgV) und an die Verdingungsordnung für freiberufliche Leistungen (VOF) gebunden. Hierbei gilt grundsätzlich, dass Verstöße gegen vergaberechtliche Vorschriften sich im **vorvertraglichen Bereich** abspielen und nicht den anschließend zwischen dem öffentlichen Auftraggeber und dem Architekten abgeschlossenen Vertrag betreffen.

94 Über § 134 BGB können Verstöße gegen bestimmte vergaberechtliche Vorschriften jedoch zur **Unwirksamkeit des Architektenvertrages** führen. Wie bereits anhand der Verstöße gegen das Koppelungsverbot dargestellt, ist ein Vertrag nichtig, der gegen ein gesetzliches Verbot verstößt. So kann ein Verstoß gegen § 13 VgV, der ein gesetzliches Verbot i. S. vom § 134 BGB darstellt, z. B. wegen **Nichtbeachtung der Schwellenwerte** oder der Informationspflicht gegenüber den Mitbewerbern – durchaus nichtig sein.[219] Insoweit ist der Architekt gut beraten, darauf hinzuwirken, dass das Verfahren nach § 13 VgV eingehalten wird und ihm der Zuschlag wirksam erteilt wird.

95 Wird ein Vergabeverstoß von einem unterlegenen Bieter gerügt und anschließend ein **Nachprüfungsverfahren** entsprechend der Vorschriften des GWB eingeleitet, kommt eine Zuschlagserteilung auch nach Ablauf der 14-tägigen Frist nicht in Betracht (§ 115 Abs. 1 GWB). Damit soll verhindert werden, dass der Auftraggeber während des laufenden Nachprüfungsverfahrens vollendete Tatsachen schafft und so effektiven Rechtsschutz vereitelt. Ob § 115 Abs. 1 GWB ein Verbotsgesetz i. S. des § 134 BGB darstellt, ist allerdings höchstrichterlich noch nicht entschieden.

96 Ist der mit der öffentlichen Hand abgeschlossene Architektenvertrag nichtig, kann aus ihm kein vertraglicher Vergütungsanspruch geltend gemacht werden. In diesem Fall kommt nur ein Ausgleich nach **bereicherungsrechtlichen Grundsätzen** in Betracht. Insbesondere aufgrund der Möglichkeit des Bereicherungsschuldners, sich gem. § 818 Abs. 3 BGB auf Entreicherung zu berufen, oder wegen des denkbaren Ausschlusses der Rückforderung gem. § 817 S. 2 BGB, trägt der Architekt in diesen Fällen das Risiko, völlig unentgeltlich tätig geworden zu sein.

cc) Nichtigkeit gem. § 142 Abs. 1 BGB

97 Eine Nichtigkeit des Architektenvertrages gem. § 142 Abs. 1 BGB nach wirksamer Anfechtung des Vertrages kommt insbesondere dann in Betracht, wenn der vom Bauherrn beauftragte „Architekt" eben nicht ein solcher im Sinne des Gesetzes ist. Die Voraussetzungen, unter denen die **Berufsbezeichnung Architekt** geführt werden darf, ergeben sich aus den Architektengesetzen der Länder. Die Eintragung in die **Architektenliste** der Länder hat konstitutive Bedeutung. Aber auch mit einem Nichtarchitekten kann ein Architektenvertrag abgeschlossen werden. Allerdings kann die Wirksamkeit dieses Architektenvertrages daran scheitern, dass ein Bauherr – nachdem ihm die fehlende Architekteneigenschaft bekannt geworden ist – an dem abgeschlossenen Vertrag nicht mehr festhalten will. In diesen Fällen kann der Bauherr den Architektenvertrag nach § 119 Abs. 2 BGB oder § 123 BGB anfechten.[220] Gibt sich ein Nichtarchitekt ausdrücklich als Architekt aus, kommt eine Anfechtung nach § 123 BGB wegen arglistiger Täuschung in Betracht. Diese Fälle sind jedoch relativ selten. In der Praxis relevant sind die

---

219 Vgl. dazu: VK Bund, IBR 2002, 156: Ein Verstoß gegen die vergaberechtlich bestehende Ausschreibungspflicht führt nicht automatisch zur Nichtigkeit des geschlossenen Vertrages; KG, IBR 2005, 106.
220 OLG Düsseldorf, IBR 2006, 1081; OLG Nürnberg, IBR 1998, 542; OLG Stuttgart, IBR 1998, 67; OLG Hamburg, IBR 1996, 517.

A. Der Anspruch des Architekten auf das Architektenhonorar

Fälle, in denen sich ein Nichtarchitekt nicht positiv als Architekt ausgibt, der Bauherr jedoch davon ausgeht, er würde mit einem Architekten einen Architektenvertrag abschließen. Kann dann einem Nichtarchitekten der Täuschungsvorsatz nicht nachgewiesen werden, bleibt nur die Möglichkeit der Anfechtung gem. § 119 Abs. 2 BGB wegen Irrtum über die verkehrswesentliche Eigenschaft einer Person.

dd) Widerrufsrecht nach § 312 BGB

Auch bei Architektenverträgen kann nach § 312 BGB ein Widerrufsrecht in Betracht kommen. Voraussetzung dafür ist, dass es sich bei dem Architektenvertrag um ein **Haustürgeschäft** zwischen einem Unternehmer und einem Verbraucher handelt, der eine entgeltliche Leistung zum Gegenstand hat und der unter den in § 312 Abs. 1 Nr. 1- 3 BGB genannten **typischen situationsbedingten Überrumpelungssituationen** abgeschlossen worden ist. Der Architekt unterfällt regelmäßig dem Unternehmerbegriff des § 14 BGB. Der Bauherr muss ein Verbraucher i. S. des § 13 BGB sein.[221] 98

Praktische Bedeutung im Zusammenhang mit dem Abschluss eines Architektenvertrages hat alleine der in § 312 Abs. 1 Nr. 1 genannte Tatbestand des Vertragsabschlusses nach mündlicher Verhandlung.in einer Privatwohnung, wobei es sich nicht um die Wohnung des Verbrauchers handeln muss. Nicht in den Anwendungsbereich fällt die Privatwohnung des Unternehmers (Architekten), die der Bauherr zu Vertragsverhandlungen aufsucht, um dort den Vertrag abzuschließen.[222] Ist der Anwendungsbereich des § 312 BGB eröffnet, steht dem Bauherr ein Widerrufsrecht gem. § 355 BGB zu. Für die wirksame Ausübung des Widerrufs hat er zwei Wochen Zeit. Wird die Belehrung erst nach Vertragsschluss mitgeteilt, verlängert sich die Widerrufsfrist auf einen Monat (§ 355 Abs. 2 S. 2 BGB). Die Frist beginnt nur zu laufen, wenn der Unternehmer dem Verbraucher eine ordnungsgemäße Widerrufsbelehrung zur Verfügung gestellt hat. Fehlt eine solche, erlischt gem. § 355 Abs. 3 S. 1 BGB das Widerrufsrecht des Verbrauchers spätestens 6 Monate nach Vertragsschluss. Sie erlischt nach der EuGH-Entscheidung „Heiniger" abweichend von § 355 Abs. 3 S. 1 nicht, wenn der Verbraucher nicht ordnungsgemäß über sein Widerrufsrecht belehrt worden ist.[223] Übt der Auftraggeber sein Widerrufsrecht fristgerecht aus, wandelt sich der Vertrag mit Wirkung ex tunc in ein Rückgewährschuldverhältnis um. Die beiderseitigen Leistungen sind nach §§ 346 ff. BGB zurückzugewähren. Diese Normen verdrängen als Sondervorschriften das Bereicherungsrecht.[224] Die Rückgewährpflichten sind Zug um Zug zu erfüllen. 99

Soweit dienst- oder werkvertragliche Leistungen nicht zurückgegeben werden können, ist gem. §§ 357 Abs. 1 S. 1, 346 Abs. 2 Nr. 1 BGB der Wert der Leistung bis zur Ausübung des Widerrufs zu vergüten. Eine Vergütung entsprechend der HOAI für die bereits erbrachten Architektenleistungen wird insoweit ausscheiden, weil dies zum Vollzug des Vertrages bis zum Zeitpunkt der Ausübung des Widerrufsrechts durch den Auftragnehmer führen würde. Stattdessen bietet es sich an, den objektiven Wert der empfangenen Leistung als Maßstab zu nehmen und von diesem den üblichen Unternehmergewinn abzuziehen. Die sich dabei ergebenden Beträge dürften damit deutlich unter den Mindestsätzen der HOAI liegen. 100

---

221 Juristische Personen kommen als Verbraucher nicht in Betracht: EuGH, RsC-541/99 und 452/99, NJW 2002, 205; GbR als Verbraucher: bejahend noch BGH, NJW 2002, 368; nach der Entscheidung des BGH zur rechtlichen Verselbstständigung der GbR – BGH, NJW 2001, 1056 – allerdings fraglich.
222 BGH, ZIP 2000, 1057.
223 BGH, IBR 2002, 366.
224 BGH, NJW 1996, 57.

§ 6 Die Ansprüche des Architekten gegen den Auftraggeber

ee) Aufschiebende Bedingung gem. § 158 Abs. 1 BGB

101 Architektenverträge können auch unter einer aufschiebenden Bedingung geschlossen werden. Wird der Architektenvertrag an den tatsächlichen Eintritt „einer durch den Parteiwillen zum Geschäftsinhalt erhobenen Bestimmung, welche die Rechtswirkungen des Geschäfts von einem künftigen Ereignis abhängig macht, dessen Eintritt jetzt noch ungewiss ist" geknüpft, so liegt ein **aufschiebend bedingter Architektenvertrag** nach § 158 Abs. 1 BGB vor.[225] Denkbar in diesem Sinne sind z. B. die Bedingung nachfolgender Auftragserteilung, der Erteilung der Baugenehmigung, der möglichen Finanzierung des Bauvorhabens[226] oder auch der Entscheidung des Auftragnehmers, das Bauvorhaben tatsächlich durchzuführen. Bei letzterer handelt es sich um eine Potestativbedingung, deren Zulässigkeit umstritten ist. Die Frage, ob es sich überhaupt noch um ein Rechtsgeschäft handelt, wenn die Rechtswirkung ausschließlich vom Wollen der Partei abhängen, wird uneinheitlich beantwortet. Die Rechtsprechung lässt auch auf „willkürliche" Geltung des Geschäfts ausgerichtete Protestativbedingungen zu.[227] Allein das Bestehen oben angeführter Unklarheiten rechtfertigt aber noch nicht die Annahme, der Architektenvertrag werde unter einer Bedingung geschlossen, vielmehr müssen weitere Umstände hinzutreten.[228]

102 In Fällen, in denen dem Architekten bei Beauftragung eine **Baukostenobergrenze** vorgegeben wird, kommt der Architektenvertrag nicht unter der aufschiebenden Bedingung der Einhaltung dieser Grenze zustande.[229] Das Gleiche gilt bzgl. der **Erteilung der Baugenehmigung**. Denn seine Leistungen kann der Architekt unabhängig davon erbringen und die Baugenehmigung hat keine Bedeutung für den zwischen den Parteien abgeschlossenen Vertrag, da sie nur zum Ausdruck bringt, dass einem Bauvorhaben Hindernisse aus dem öffentlichen Baurecht nicht entgegenstehen.[230] Liegt ein aufschiebend bedingter Architektenvertrag vor, besteht ein **Schwebezustand** bis zu dem Zeitpunkt, in welchem entweder die Bedingung eintritt oder sicher ist, dass sie ausbleibt. Während dieser Zeit sind die Parteien zur Vertragstreue verpflichtet,[231] eine Verpflichtung dahingehend, den Bedingungseintritt herbeizuführen, kann daraus jedoch nicht folgen, was auch für die oben schon beschriebene Protestativbedingung gilt.

▶ HINWEIS: Zu beachten ist die Beweislastverteilung bei aufschiebend bedingten Verträgen: Behauptet der Bauherr, der Vertrag sei unter einer aufschiebenden Bedingung zustande gekommen, obliegt es dem Architekten, darzulegen und zu beweisen, dass der Architektenvertrag ohne eine Bedingung zustande gekommen ist.[232] ◀

ff) Weitere Rechtsfolgen der Unwirksamkeit von Architektenverträgen

103 Neben der **Rückabwicklung gem. §§ 346 ff. BGB** bzw. nach **bereicherungsrechtlichen Grundsätzen** (§§ 812 ff. BGB) bei Unwirksamkeit des Architektenvertrages kann im Ein-

---

[225] Zur Abgrenzung: OLG Frankfurt, IBR 2005, 27: Bei einer Regelung, wonach das Honorar des Architekten prozentual nach verkauften Wohneinheiten zu zahlen ist, handelt es sich um eine Stundungsabrede, nicht um eine Bedingung.
[226] KG, BauR 1998, 624: Staatliche Förderungszusage erfolgt nicht.
[227] BGH, NJW-RR 1996, 1167.
[228] OLG Karlsruhe, BauR 1985, 236; BGH, BauR 1985, 467; **a. A.** OLG Hamm, BauR 1987, 582; vgl. auch: KG, a. a. O.; OLG Schleswig, IBR 2003, 310 – wonach die Vereinbarung über die Erbringung einer sog. Schubladenplanung im Zweifel unter der aufschiebenden Bedingung des Erwerbs eines Grundstück steht.
[229] **A. A.** OLG Düsseldorf, NJW-RR 1999, 1696.
[230] OLG Saarbrücken, OLGR 2004, 303; OLG München, BauR 1980, 274.
[231] BGH, NJW 1992, 2489.
[232] BGH, IBR 2002, 670.

zelfall auch eine **Aufwandsentschädigung des Architekten über die Regeln der Geschäftsführung ohne Auftrag** gegeben sein (§§ 683, 677, 670 BGB), wenn mit dem BGH ein sog. „auch-fremdes Geschäft"[233] bejaht werden kann und die Geschäftsführung im Interesse des Bauherrn ist. Unerfreuliche Ergebnisse können sich bei der Abwicklung des nichtigen Architektenvertrages ergeben, wenn der Architekt neben den üblichen Leistungen besondere Verpflichtungen, wie z. B. eine Festpreisgarantie oder eine Terminzusage für die Fertigstellung verbunden mit einer Vertragsstrafe übernommen hat. Da die Nichtigkeit des Vertrages auch diese besonderen Vereinbarungen erfasst, kann dies zu dem Ergebnis führen, dass der Architekt nach §§ 812 ff. BGB sein Honorar verlangen kann und zu weiteren Leistungen nicht verpflichtet ist, während der Bauherr z. B. Gewährleistungsansprüche wegen Mängeln des Architektenwerks und die Erfüllung der Preis- und Zeitverpflichtungen des Architekten nicht verlangen kann.

2. Vergütungsvereinbarung

a) Vorliegen einer ausdrücklichen Vereinbarung: Vergütung im Rahmen der Höchst- und Mindestsätze

aa) Anwendungsbereich der HOAI

(1) Sachlicher Anwendungsbereich

Die HOAI gilt für „die Berechnung der Entgelte für die Leistungen der Architekten ..., soweit sie durch Leistungsbilder oder andere Bestimmungen dieser Verordnung erfasst werden" (§ 1 HOAI). In ihrem sachlichen Anwendungsbereich sind also alle Architektenleistungen, die **in der HOAI beschrieben sind** zwingend nach der HOAI abzurechnen.[234] Auch im Prozess ist daher eine Berufung auf die HOAI nicht erforderlich.[235] Im Einzelfall ist zu prüfen, ob die Leistungen des Architekten dem sachlichen Anwendungsbereich der HOAI unterfallen.[236] Werden nicht in der HOAI genannte Leistungen erbracht, die auch keine Besondere Leistungen i. S. der HOAI darstellen, sind die Parteien bei der Vereinbarung der Vergütung frei und nicht an die Mindest- und Höchstsätze der HOAI gebunden.[237] Welchem Vertragstyp der Architektenvertrag, der den Vergütungsanspruch begründet zuzuordnen ist, ist dabei unbeachtlich.[238] So soll z. B. die **Mitwirkung** eines Architekten an einem **Preisausschreiben** oder einem **beschränkten Wettbewerb**, wenn er allgemein

104

---

[233] BGH, NJW 2000, 1107; NJW-RR 1990, 1036; NJW 1975, 207 und BGH, NJW 2000,72: Beim „Auch-fremden" Geschäft wird der Geschäftsführungswille vermutet.
[234] *Koeble* in Locher/Koeble/Frik, § 1 HOAI, Rn 6.
[235] A. A. *Koeble* in Locher/Koeble/Frick, § 1 HOAI, Rn 6.
[236] BGH, BauR 1997, 667.
[237] Beispiele: BGH, BauR 1998, 193: Tätigkeit eines Architekten bei der Umwandlung von Mietobjekten in Wohnungseigentum; OLG Nürnberg, NZBau 2003, 502: Beratungstätigkeit und Gutachten, die nicht unter § 33 HOAI fallen; OLG Frankfurt, NJW-RR 1993, 1305: Typische Designertätigkeit des Architekten (wie die Anfertigung von Schautafeln für Einweihungen/Eröffnungen); OLG Düsseldorf, NJW-RR 1999, 1604: Die weitere Verwendung einer Tragwerksplanung der für bestimmte Gebäude gefertigten statischen Berechnung bei anderen baugleichen Bauten; OLG Köln, NZBau 2000, 298 und OLG Nürnberg, IBR 2002, 81: Beratung bei der Beschaffung eines Telekommunikationssytems; OLG Celle, BauR 2003, 1603: Planungsleistungen eines Einrichtungsunternehmens im Zusammenhang mit dem Verkauf oder der Beschaffung von Möbeln, Tapeten, Teppichen und Gardinen, vgl. auch *Fischer*, IBR 2003, 311, der zu Recht darauf verweist, dass die entsprechenden Leistungen des Einrichtungsunternehmens Leistungen des raumausbildenden Ausbaus, die im Innenarchitekt erbringt, darstellen und daher grundsätzlich der HOAI unterfallen; weil hier aber der Verkauf der Einrichtungsgegenstände im Vordergrund steht, werden sie nach h. m. nicht von der HOAI erfasst; OLG Nürnberg, NZBau 2003, 502: Die Beratung über das von einem Unternehmen ausgearbeitete Baukonzept im Vorfeld eines noch abzuschließenden Architektenvertrages; KG, IBR 2005, 26: Die Planung von Ausstattung und Nebenanlagen von Verkehrsanlagen.
[238] BGH, BauR 2000, 1512.

den Entwurf eines Gebäudes zum Gegenstand hat, nicht dem sachlichen Anwendungsbereich der HOAI unterfallen.[239] Auch Leistungen, die einem Architekten nach der **Baustellenverordnung** übertragen werden können, sind in der HOAI nicht beschrieben, so dass deren sachlicher Anwendungsbereich nicht eröffnet ist.[240] „Isolierte" Besondere Leistungen fallen nicht unter die Preisvorschriften der HOAI.[241] Es ist jedoch stets zunächst zu prüfen, ob es sich nicht um Besondere Leistungen i. S. des § 2 Abs. 3 HOAI handelt, die sachlich in den Anwendungsbereich der HOAI fallen.

(2) **Personeller Anwendungsbereich**

105 Die Regelungen der HOAI sind **nicht berufs- sondern leistungsbezogen**: Sie gelten nach h. M. nicht nur für Architekten, sondern auch für berufsfremde, soweit sie Leistungen erbringen, die den Bestimmungen der HOAI entsprechen.[242] Der BGH hat dieses „leistungsbezogene Verständnis" der HOAI allerdings eingeschränkt, indem er die HOAI auf Personen, die „neben oder zusammen" mit Bauleistungen **auch Architekten- oder Ingenieurleistungen erbringen**, (wie z. B. Generalunternehmer, Generalübernehmer, Bauträger usw.) nicht anwendet. Denn bei diesen Personen stehen nicht die typischen Architektenleistungen, sondern regelmäßig der weitergehende werkvertraglich geschuldete Erfolg – z. B. die vollständige Instandsetzung einer Immobilie durch den Bauträger – im Vordergrund. Dies gilt auch dann, wenn der Vertrag eine Aufzählung einzelner Leistungselemente aus den Leistungsbildern der HOAI enthält[243] und ebenso für den Fall, wenn ein Bauvorhaben das Planungsstadium nicht überschreitet.[244] Bei einem **zweistufigen GMP-Vertrag** finden die vorgenannten Grundsätze auf die 2. Stufe Anwendung, das Preisrecht der HOAI ist nur für die erste Stufe bindend. Ob der personelle Anwendungsbereich auch für **Angestellte oder beamtete Architekten**, wenn sie unmittelbar Leistungen für einen Bauherrn erbringen, eröffnet ist, ist streitig.[245] Keine Anwendung findet die HOAI für Architekten, die im Anstellungs- oder Beamtenverhältnis für ihre Arbeitgeber Architektenleistungen erbringen und für **freie Mitarbeiter** in einem arbeitnehmerähnlichen Verhältnis.[246] Anwendung findet die HOAI aber auf einen Werkvertrag über Architektenleistungen, die ein selbstständig tätiger **Architekt als „Subunternehmer"** für einen anderen Architekten erbringt.[247]

---

239 OLG Koblenz, ZfBR 1994, 229.
240 OLG Celle, IBR 2004, 431; *Quack*, BauR 2002, 541; *Moog*, BauR 1999, 795, 800; *Kleinhenz*, ZfBR 1999, 179; **a. A.** *Rosenbrück*, Festschrift für Manscheff, S. 349, 357; *Wingsch*, BauR 2001, 314.
241 Str. aber allg. Meinung: OLG Hamm, NJW-RR 1994, 985; *Vygen* in Korbion/Manscheff/Vygen, § 2 HOAI, Rn 10; *Koeble* in Locher/Koeble/Frik, § 2 HOAI, Rn 17; *Löffelmann/Fleischmann*, Rn 35; *Pott/Dahlhoff/Kniffka*, § 1 HOAI, Rn 3 b; *Hartmann*, § 5 HOAI, Rn 23; *Weya*, Festschrift für Locher, S. 303, 314.
242 BGH, BauR 1997, 677 und BauR 1998, 815; OLG Frankfurt, BauR 1992, 798; OLG Köln, BauR 1986, 467 und BauR 1985, 338; OLG Düsseldorf, BauR 1993, 613; BauR 1987, 348; OLG Stuttgart, BauR 1981, 404; *Vygen* in Korbion/Manscheff/Vygen, § 1 HOAI, Rn 23 f; *Neuenfeldt*, § 1 HOAI, Rn 13; *Jochem*, § 1 HOAI, Rn 5; *Pott/Dahlhoff/Kniffka*, § 1 HOAI, Rn 6; *Löffelmann/Fleischmann*, Rn 14.
243 BGH, BauR 1998, 193.
244 OLG Köln, BauR 2000, 910; **a. A.** Thüringer OLG, BauR 2002, 1725; OLG Oldenburg, BauR 2002, 332.
245 *Koeble* in Locher/Koeble/Frik, § 1 HOAI, Rn 9; *Pott/Dahlhoff/Kniffka*, § 1 HOAI, Rn 7; OLG Düsseldorf, BauR 1982, 390; – HOAI gilt auch für nicht freiberuflich tätige Architekten; OLG Düsseldorf, BauR 1984, 671 – keine Geltung der HOAI für die freie Mitarbeit eines an sich freiberuflich tätigen Architekten in einem Architektenbüro; OLG Oldenburg, BauR 1984, 541 und 1996, 88 (Abgrenzung zwischen Architektenvertrag und arbeitnehmerähnlichem Dienstvertrag).
246 BGH, BauR 1985, 582; OLG Frankfurt, BauR 2002, 1874; *Conrad*, BauR 1989, 653; *Jochem*, § 1 HOAI, Rn 7 f; BGH, BauR 1995, 731.
247 BGH, NJW-RR 1994, 1295 und BauR 1985, 582; OLG Hamm, BauR 1987, 467; *Vygen* in Korbion/Manscheff/Vygen, § 1 HOAI, Rn 31; *Motzke/Wolf*, S. 112; OLG Hamm, BauR 1985, 592 und 1985, 467 auch bei einer Kompensationsabrede zwischen den Architekten; **a. A.** OLG Nürnberg, IBR 2001, 495.

A. Der Anspruch des Architekten auf das Architektenhonorar

(3) Territorialer Anwendungsbereich

Territorial gilt die HOAI für Architektenleistungen, die der **inländische Architekt für in der Bundesrepublik Deutschland belegene Bauvorhaben** erbringt. Mit der zunehmenden grenzüberschreitenden Bautätigkeit stellt sich jedoch die Frage nach einem über die Bundesrepublik Deutschland hinausreichenden territorialen Anwendungsbereich der HOAI. Unzweifelhaft ist die HOAI, sofern nichts Anderes vereinbart ist, in den Fällen anwendbar in denen ein **ausländischer Architekt**, der eine **Niederlassung in der Bundesrepublik** unterhält, Architektenleistungen für ein **Bauvorhaben im Inland** erbringt.[248] Andererseits kann sich ein Bauvorhaben außerhalb der Bundesrepublik befinden oder aber der Architekt hat **keinen Sitz innerhalb der Bundesrepublik Deutschland**. Im letzteren Fall ist die Anwendung der HOAI umstritten.[249] Aber auch, wenn ein deutscher Architekt für ein **Bauvorhaben im Ausland** Architektenleistungen erbringt, ist – wenn die Anwendung deutschen Rechts nicht vereinbart wurde – die Geltung der HOAI zweifelhaft.[250]

106

Bei den vorbeschriebenen Konstellationen ist dem Architekten dringend zu raten, von der Möglichkeit der Rechtswahl i. S. des Art. 27 Abs. 1 EGBGB ausdrücklich Gebrauch zu machen.[251] Rechtssicherheit ist damit aber keineswegs gegeben. So hat der BGH entschieden, die Wahl des deutschen materiellen Schuldvertragsrechts erfasse die Regelungen der HOAI nicht, weil die HOAI als öffentlich-rechtliche Verordnung kein Vertragsrecht regele, sondern (lediglich) zwingendes Preisrecht darstellt.[252] Die Mindestsatzregelung des § 4 HOAI sei aber eine zwingende Bestimmung i. S. des Art. 34 EGBGB, so dass auf einen grenzüberschreitenden Architektenvertrag die HOAI anwendbar ist, wenn die vereinbarte Architektenleistung für ein im Inland gelegenes Bauwerk erbracht werden soll.[253] Unter Berücksichtigung der europarechtlichen Niederlassungsfreiheit ist jedoch fraglich, wie lange der BGH diese Ansicht aufrechterhalten können wird.[254]

107

bb) Honorarsatz, § 4 HOAI

Ob der Architekt überhaupt einen Anspruch auf Bezahlung des von ihm verlangten Architektenhonorars hat (**Anspruch dem Grunde nach**), richtet sich allein nach den Vorschriften des BGB,[255] vornehmlich den §§ 631 ff. BGB. Für die Frage nach dem **Anspruch der Höhe nach** (wie viel?) ist demgegenüber die HOAI, insbesondere § 4 HOAI, maßgebend. Die Festlegung des rechtswirksam schriftlich vereinbarten Honorarsatzes im Rahmen der Mindest- und Höchstsätze erfolgt nach § 4 Abs. 1 HOAI. Besonders wichtig ist in diesem Zusammenhang, dass die in § 4 Abs. 1 sowie Abs. 4 HOAI vorgesehene Vereinbarung eines Honorarsatzes, der über dem Mindestsatz liegt, **schriftlich** fixiert werden muss. Die Schriftform muss sich nicht auf den gesamten Vertrag, sondern nur auf die **Honorarvereinbarung** beziehen. Die Einhaltung der verlangten Schriftform muss der

108

---

248 Vgl. Art. 28 Abs. 2 EGBGB; allgemeine Meinung, vgl. hierzu *Fischer*, BrBp 2005 15; *Koeble* in Locher/Koeble/Frik, § 1 HOAI, Rn 18; *Löffelmann/Fleischmann*, Rn 10; *Motzke/Wolf*, S. 199.
249 Bejahend: *Koeble* in Locher/Koeble/Frik, § 1 HOAI, Rn 19; *Vygen* in Korbion/Manscheff/Vygen, § 1 HOAI, Rn 47; *Motzke/Wolf*, S. 120; *Wenner*, BauR 1993, 257, 264 f; *Neuenfeld*, § 1 HOAI, Rn 17; verneinend: *Löffelmann/Fleischmann*, Rn 10.
250 Bejahend: *Koeble* in Locher/Koeble/Frik, § 1 HOAI, Rn 24; *Löffelmann/Fleischmann*, Rn 11; verneinend: *Wenner*, BauR 1993, 257, 268; *Vygen* in Korbion/Manscheff/Vygen, § 1 HOAI, Rn 47.
251 Vgl. hierzu im Einzelnen: Thode/Wenner, Internationales Architekten- und Bauvertragsrecht 1998, Rn 239 f und 272 f; OLG München, BauR 1986, 242; *Wenner*, BauR 1993, 257, 260.
252 BGH, IBR 2003, 253; *Wenner*, ZfBR 2003, 42 und *Quack*, ZfBR 2003, 419.
253 BGH, a. a. O.
254 EuGH, IBR 2003, 640; **a. A.** OLG Stuttgart, IBR 2005, 217.
255 BGH, BauR 1997, 154; BauR 1996, 414; BauR 1992, 531; BauR 1985, 181.

§ 6 Die Ansprüche des Architekten gegen den Auftraggeber

Architekt darlegen und beweisen. Die Schriftform nach § 4 HOAI ist gewahrt, wenn die Honorarvereinbarung in einer Urkunde enthalten[256] und von beiden Parteien unterzeichnet worden ist (§ 126 S. 1 BGB). Nach § 126 Abs. 2 S. 2 BGB ist hierfür ausreichend, dass bei mehreren schriftlich abgefassten Honorarvereinbarungen, jede Vertragspartei ein Exemplar abzeichnet und dies der anderen Partei zukommen lässt. Wird von den Parteien gegen das Schriftformerfordernis verstoßen, hat der Architekt wegen der Fiktion des § 4 Abs. 4 HOAI keinen bereicherungsrechtlichen Anspruch nach den §§ 812 ff. BGB.

109 Eine wirksame Honorarvereinbarung gem. § 4 Abs. 1 HOAI setzt voraus, dass sie **bei der Auftragserteilung** getroffen wird. Dafür ist der Architekt darlegungs- und beweisbelastet.[257] Mit „Auftragserteilung" ist der **gleichzeitige Abschluss des Architektenvertrages** gem. §§ 631 ff. BGB gemeint.[258] Nicht als Auftragserteilung ist der Abschluss **Vorvertrages** oder auch von **Rahmenverträgen**, wodurch noch keine konkretes Bauvorhaben beauftragt wird, anzusehen.[259] Maßgebend ist demnach der Zeitpunkt, in dem sich Architekt und Auftraggeber über die Leistung und deren Umfang, die der Architekt für ein bestimmtes Objekt erbringen soll, einig sind. Eine **Einigung über die Entgeltlichkeit** der Architektenleistung und die Höhe des Honorars für die so festgelegte Leistung ist jedoch nicht erforderlich, denn diese folgt zwingend aus den gesetzlichen Regelungen der § 632 Abs. 2 BGB (Vergütungspflicht) und § 4 Abs. 4 HOAI (Höhe des Honorars).

110 Bei konkludenter oder ausdrücklicher Schriftformvereinbarung ist der Architektenvertrag bzw. die Honorarvereinbarung erst dann wirksam zustande gekommen, wenn er schriftlich abgeschlossen wird: Wie eng der zeitliche Zusammenhang zwischen Auftragserteilung und Honorarvereinbarung sein muss ist fraglich und im Einzelfall sorgfältig dahingehend zu prüfen, ob bei Annahme eines mündlichen Vertragsschlusses § 154 Abs. 1 BGB entgegensteht bzw. ob die Parteien sich trotz der offenen Honorarvereinbarung und das Fehlen eines schriftlichen Vertrages bereits haben binden wollen.[260] Ist Schriftform vereinbart, aber nicht eingehalten, ist § 154 Abs. 2 BGB einschlägig.[261]

(1) Honorar im Rahmen der Mindest- und Höchstsätze

111 Im Hinblick auf die Frage, ob gem. § 4 Abs. 1 und 4 HOAI eine wirksame Honorarvereinbarung vorliegt, ist besonders darauf hinzuweisen, dass eine Honorarvereinbarung immer dann unwirksam ist und damit der **Mindestsatz** zur Anwendung kommt,[262] wenn die Parteien **keine, keine schriftliche** oder **keine rechtzeitige** („bei Auftragserteilung") Honorarvereinbarung geschlossen haben.

---

[256] BGH, BauR 1994, 131 und 1989, 222: Bestätigungs-/Auftragsschreiben allein nicht ausreichend; KG, BauR 1998, 818; OLG Hamm, BauR 1996, 256 und 1999, 1204: Rücksendung des unterschriebenen Angebots-Fax; OLG Celle, OLGR 1994, 316; OLG Düsseldorf, NZBau 2002, 686: Bei fehlender körperlicher Verbindung zwischen Hauptkunde und in Bezug genommen Anlagen; *Vygen* in Korbion/Mantscheff/Vygen, § 4 HOAI, Rn 13; **a. A.** *Koeble* in Locher/Koeble/Frik, § 4 HOAI, Rn 33.

[257] OLG Hamm, BauR 1996, 437.

[258] H. M.: BGH, BauR 1990, 97; 1988, 364; 1987, 113; 1987, 706; 1985, 582; OLG Düsseldorf, NJW-RR 1995, 1362; *Koeble* in Locher/Koeble/Frik, § 4 HOAI, Rn 34; *Vygen* in Korbion/ Mantscheff/ Vygen, § 4 HOAI, Rn 24; *Löffelmann/Fleischmann*, Rn 795; *Groß*, BauR 1980, 9 ff; **a. A.** *Werner* in Werner/Pastor, Rn 749: Enger zeitlicher Zusammenhang ausreichend.

[259] Vorvertrag: OLG Köln, BauR 1997, 524; *Schmidt*, BauR 1999, 538; *Koeble* in Locher/Koeble/Frik, § 4 HOAI, Rn 44; *Pott/Dahlhoff/Kniffka*, § 4 HOAI, Rn 34; *Vygen* in Korbion/Mantscheff/Vygen, § 4 HOAI, Rn 36; **a. A.** *Löffelmann/Fleischmann*, Rn 396; Rahmenvertrag: BGH, BauR 1992, 531; *Motzke/Wolff*, S. 66.

[260] OLG Stuttgart, BauR 1985, 346; *Vygen* in Korbion/Mantscheff/Vygen, § 4 HOAI, Rn 28 a.

[261] OLG Dresden, BauR 2001, 1769; OLG Hamm, BauR 1995, 129; OLG Köln, BauR 1997, 524.

[262] BVerfG, BauR 1982, 74: § 4 Abs. 4 HOAI als Auffangtatbestand mit Leitbild- und Reservefunktion gegenüber vertraglicher Vereinbarung.

A. Der Anspruch des Architekten auf das Architektenhonorar 3

▶ **Hinweis:** Zu beachten ist, dass eine Unterschreitung der Mindestsätze bzw. Überschreitung der Höchstsätze nicht nur dann zu bejahen ist, wenn die zutreffenden Mindest- bzw. Höchstsätze ausdrücklich über- bzw. unterschritten werden. Vielmehr kann ein Verstoß gegen die vorgegebenen Mindestsätze/Höchstsätze auch mittelbar durch das Nichtbeachten einzelner HOAI Vorschriften zur Berechnung des Honorars, z. B. durch Vereinbarung einer falschen Honorarzone,[263] nicht zutreffender anrechenbarer Kosten,[264] falscher Grundleistungen, der Annahme zu geringer Prozentsätze,[265] nur teilweise Honorierung vollständig beauftragter Leistungsphasen[266] oder z. B. auch durch die Zusammenfassung an sich einzeln abzurechnender Bauvorhaben erfolgen. Ebenso hat sich ein vereinbartes Pauschalhonorar im Rahmen der Mindest- und Höchstsätze zu halten.[267] ◀

Halten sich die Parteien an die durch die zutreffenden **Mindest- und Höchstsätze gesteckten Grenzen**, können sie die Höhe des Honorars frei bestimmen.[268] Dadurch unterscheidet sich der wirksam vereinbarte Honorarsatz von den übrigen Komponenten der HOAI zur Bestimmung des Honorars (anrechenbare Kosten, Honorarzone, u. a.), da diese nicht zur freien Disposition der Parteien stehen und jederzeit überprüfbar sind. Dem Auftraggeber, der trotz unwirksamer Honorarvereinbarung ein über dem Mindestsatz liegendes Honorar oder ein über dem Höchstsatz liegendes Honorar bezahlt, steht gem. § 817 S. 1 BGB ein **Bereicherungsanspruch** zu.[269] Nach § 817 S. 2 BGB entfällt der Anspruch jedoch in den Fällen, in denen der Auftraggeber die **Unwirksamkeit der Vereinbarung kannte und dennoch zahlte**.[270] Anders kann die Beurteilung ausfallen, wenn der Auftraggeber trotz Kenntnis der Unwirksamkeit zahlt und das überhöhte Honorar anerkennt; dafür ist allerdings eine **Abschlagszahlung** nicht ausreichend, denn Abschlagsrechnungen haben lediglich vorläufigen Charakter.[271]

112

(2) Unterschreitung des Mindestsatzes: § 4 Abs. 2 HOAI

Die Durchbrechung des Mindestpreischarakters setzt, wie sich aus § 4 Abs. 1 HOAI ergibt, zwingend voraus, dass die **Vereinbarung schriftlich** (vgl. dazu Rn 111) abgefasst worden ist und **bei Auftragserteilung** (vgl. dazu Rn 109) erfolgte.[272] Darüber hinaus muss ein Ausnahmefall vorliegen. Die Darlegungs- und Beweislast für die Voraussetzungen des § 4 Abs. 2 HOAI liegt beim Auftraggeber.[273] Was ein **Ausnahmefall i. S. des § 4 Abs. 2 HOAI** ist, kann dem Gesetzestext nicht entnommen werden. Abzustellen ist auf die objektiven und subjektiven Gesamtumstände.[274] Nach der amtlichen Begründung zum Gesetzesentwurf und der h. M. in der Literatur[275] liegt ein Ausnahmefall i. S. des § 4 Abs. 2 HOAI dann vor, wenn es sich um **Leistungen mit außergewöhnlich geringem Auf-**

113

---

263 LG Stuttgart, NJW-RR 1997, 1380; KG, IBR 1998, 115; *Steeger*, BauR 2003, 794.
264 BGH, BauR 1999, 1045; OLG Düsseldorf, BauR 1987, 590; OLG Hamm, OLGR 1994, 208.
265 KG, a. a. O.; *Steeger*, a. a. O.
266 KG, IBR 1997, 511.
267 OLG Düsseldorf, BauR 1987, 348 und 650.
268 *Vygen* in Korbion/Mantscheff/Vygen, § 4 HOAI Rn 41 und 55.
269 *Koeble* in Locher/Koeble/Frik, § 4 HOAI, Rn 71; *Jochem*, § 4 HOAI, Rn 8.
270 *Koeble* in Locher/Koeble/Frik, a.a.O.; **a. A.** *Vygen* in Korbion/Mantscheff/Vygen, § 4 HOAI, Rn 117.
271 OLG Düsseldorf, BauR 1986, 473.
272 BGH, BauR 188, 364; BauR 1987, 706; 1985, 582; OLG Hamm, BauR 1995, 129; *Vygen* in Korbion/Mantscheff/Vygen, § 4 HOAI, Rn 72 ff; *Jochem*, § 4 HOAI, Rn 11; *Pott/Dahlhoff/Kniffka*, § 4 HOAI, Rn 19; **a. A.** *Koeble* in Locher/Koeble/Frik, § 4 HOAI, Rn 76.
273 OLG Celle, BauR 2004, 359.
274 *Löffelmann/Fleischmann*, Rn 818.
275 *Koeble* in Locher/Koeble/Frik, § 4 HOAI, Rn 85 ff; *Neuenfeld*, § 4 HOAI, Rn 5; *Osenbrück*, BauR 1987, 144; *Meyke*, BauR 1987, 513;

Marfurt

§ 6 Die Ansprüche des Architekten gegen den Auftraggeber

wand handelt,[276] verwandtschaftliche Beziehungen zwischen den Parteien vorliegen, nachweisbar persönlich enge Beziehungen[277] zwischen den Vertragsparteien gegeben sind oder die Mindestsatzunterschreitung erst bei Erteilung der Schlussrechnung, also **nach vollständigem Abschluss der Tätigkeit des Architekten** (vgl. dazu Rn 121), geschieht. Der BGH hat darüber hinaus einen Ausnahmefall bei engen Beziehungen rechtlicher, wirtschaftlicher, sozialer oder persönlicher Art oder sonstigen besonderen Umständen angenommen.[278] Danach sollen die HOAI-Mindestsätze auch dann ausnahmsweise unterschritten werden dürfen, wenn der Architekt mit 8,82% Geschäftsanteilen an der Gesellschaft des Auftraggebers beteiligt ist[279] und wenn ein enges freundschaftliches Verhältnis zwischen Auftraggeber und Architekt besteht.[280] Ein Ausnahmefall wird sogar bejaht, wenn besondere Umstände des Einzelfalls unter Berücksichtigung des Zwecks der Mindestsatzregelung ein unter dem Mindestsatz liegendes Honorar angemessen erscheinen lassen.[281] Persönlich-individuelle Eigenschaften des Architekten, der Kostenstruktur des Architekten oder der Betriebsform, in der der Architekt seine Tätigkeit ausübt sind jedoch für die Beurteilung eines Ausnahmefalles unbeachtlich.[282]

114 Eine **Mindestsatzunterschreitung** kann standes-[283] und/oder wettbewerbswidrig[284] sein. Dies kann auch bei Aufforderungen von Bauherren zu Angeboten unter den Mindestsätzen, insbesondere bei der Ausschreibung von Architektenleistungen durch private oder öffentliche Auftraggeber, der Fall sein.[285] Voraussetzung für die Wettbewerbswidrigkeit des auftraggeberischen Verhaltens ist jedoch stets, dass der Ausschreibung konkrete Vorgaben für die Preisermittlung zu entnehmen sind, die eine Aufforderung zur Unterschreitung des Mindestsatzes enthalten.[286] Keine unzulässige Mindestsatzunterschreitung ist in den bei Architektenwettbewerben unter dem Mindestsatz liegenden zugesagten „**Aufwandsentschädigungen**", „**Bearbeitungshonoraren**" und „**gestaffelten Preisen**" zu sehen. Denn bei einem Wettbewerb handelt es sich um einseitige Auslobung (§ 661 BGB), die im Vorfeld der Übertragung der Architektenleistungen – im Rahmen der Akquisition, außerhalb des eigentlichen Architektenvertrages stattfindet.[287] In **Gutachtenverfahren** (Mehrfachbeauftragungen), bei denen mehrere Architekten aufgefordert werden, planerische Lösungsvorschläge für ein Bauvorhaben vorzulegen, wird eine werkvertragliche Bindung

---

276 Kleine Umbau- und Reparaturarbeiten: *Vygen* in Korbion/Mantscheff/Vygen, § 4 HOAI, Rn 85; **a. A.** *Koeble* in Locher/Koebel/Frik, § 4 HOAI, Rn 87.
277 Freundschaft ausreichend: *Koeble* in Locher/Koebel/Frik, § 4 HOAI, Rn 87; *Vygen* in Korbion/Mantscheff/Vygen, § 4 HOAI, Rn 88; **a. A.** *Meyke*, a. a. O.
278 BGH, BauR 1997, 677.
279 OLG Dresden, IBR 2003, 423.
280 OLG Celle, IBR 2003, 548; BauR 1999, 1044: Mitgliedschaft im gleichen Sportclub nicht ausreichend; BauR 1997, 1062: Ständige Geschäftsbeziehungen nicht ausreichend; OLG Köln, IBR 2000, 493 – Ausnahmefälle bejaht bei Kompensationsgeschäft; OLG Oldenburg, IBR 2004, 432: Ausnahmefall verneint, wenn ein Architekt für denselben Bauherrn im zeitlichen Zusammenhang drei Bauvorhaben auf verschiedenen Grundstücken plant.
281 OLG Saarbrücken, IBR 2004, 210.
282 OLG Hamm, BauR 1988, 366; *Koeble* in Locher/Koeble/Frik, § 4 HOAI, Rn 87; *Portz*, Festschrift für Vygen, S. 44, 49.
283 BVerfG, NJW-RR 1999, 1542; VGH Kassel, NJW-RR 1995, 1299.
284 BGH, BauR 1997, 490; OLG-München, NJW-RR 1996, 881.
285 BGH, a. a. O., BauR 1991, 638; OLG München, BauR 1996, 283; OLG Düsseldorf, BauR 2001, 274; *Pöschl*, DAB 1996, 247.
286 BGH, NZBau 2003, 622.
287 BGH, BauR 1996, 414; Hess. VGH, BauR 1998, 1037; *Löffelmann/Fleischmann*, Rn 829 m; *Pott/Dahlhoff/Kniffka*, § 4 HOAI, Rn 17; *Hartmann*, BauR 1996, 623 *Portz*, Festschrift für Vygen, S. 44, 50.;

und damit die Anwendung der Bestimmungen der HOAI bejaht, wenn eine werkvertragliche Bindung zwischen den Parteien zu bejahen ist.[288]

Wenn der **Auftraggeber** auf die **Wirksamkeit einer die Mindestsätze unterschreitende Honorarvereinbarung vertraut hat und vertrauen durfte** und sich so darauf eingerichtet hat, dass ihm die Zahlung des Differenzbetrages zwischen dem vereinbarten Honorar und dem an sich zutreffenden Mindestsatz nicht zuzumuten ist,[289] wird von der Rechtsprechung eine **Bindung des Architekten** an eine vereinbarte unzulässige Mindestsatzunterschreitung nach den Grundsätzen von Treu und Glauben bejaht. Relevant sind solche Fallgestaltungen insbesondere bei der Vereinbarung eines den Mindestsatz unterschreitenden **Pauschalhonorars**. Allein der Umstand, dass der Auftraggeber das Pauschalhonorar in seine Finanzierung einstellt, dürfte allerdings nicht ausreichen, eine Bindung des Architekten zu begründen.[290] Nicht schutzwürdig ist allerdings der Auftraggeber, wenn er von der unzulässigen Unterschreitung der Mindestsätze Kenntnis hat, wovon insbesondere bei öffentlichen Auftraggebern oder mit dem Bauwesen vertraute Auftraggeber (Bauträger, Generalunternehmer) auszugehen ist.[291] Bedeutsam ist dies gerade für die Fälle des Einsatzes von **Subplanern**. Diese sollen auch dann nicht treuwidrig handeln, wenn sie mit einem anderen Architekten als Auftraggeber zunächst ein Honorar unter den Mindestsätzen vereinbaren, später aber nach den Mindestsätzen abrechnen. Dies soll selbst dann gelten, wenn der abrechnende Architekt mit seinem Auftraggeber gleichsam ein unter den Mindestsätzen liegendes Honorar vereinbart hat.[292] Bei einem Vertragsverhältnis **Generalplaner–Subplaner** kann indes ein Ausnahmefall nach § 4 Abs. 2 HOAI zu bejahen sein.[293] Unerheblich sind insoweit **„pay-when-paid"-Klauseln** (Anspruch des Subplaners entsteht erst bei Anspruch des Hauptplaners gegenüber dem Auftraggeber), denn insoweit handelt es sich lediglich um einen Zahlungsaufschub, der über die Höhe des Architektenhonorars nichts aussagt. Zur Bindung des Architektes an die Schlussrechnung vgl. auch Rn 257 ff.

(3) Überschreitung des Höchstsatzes: § 4 Abs. 3 HOAI

Gemäß § 4 Abs. 3 HOAI ist bei außergewöhnlichen oder ungewöhnlich lang dauernden Leistungen – neben anderen in der HOAI geregelten Fällen – bei Einhaltung der **Schriftform**, die allerdings die Voraussetzungen einer Höchstsatzüberschreitung nach § 4 Abs. 3 HOAI nicht nennen muss[294] – auch eine Überschreitung von Höchstsätzen möglich. Die Schriftform muss nach h. M. **bei Auftragserteilung**[295] vorliegen. Wie bei der Unterschreitung des Mindestsatzes kann auch eine Überschreitung des Höchstsatzes mit-

---

288 BVerfG, NJW-RR 1999, 1542; BGH, BauR 1997, 490; *Pott/Dahlhoff/Kniffka*, § 4 HOAI, Rn 56; *Hartmann*, a. a. O.; *Portz*, Festschrift für Vygen, S. 44, 50.
289 BGH, BauR 1997, 677; OLG Saarbrücken, IBR 2004, 210; OLG Zweibrücken, IBR 1998, 259; *Neuenfeld*, BauR 1998, 458.
290 OLG Hamm, BauR 2004, 1643; KG, IBR 2004, 258; OLG Köln, IBR 2000, 83; OLG Düsseldorf, IBR 2002, 24; OLG Köln, NJW-RR 1999, 1109; KG, KGR 1998, 352 und 1999, 5; OLG Hamburg, IBR 2004, 258; **a. A.** KG, KGR 2002, 111; OLG Celle, OLGR 2003, 375.
291 KG, KGR 2001, 210; OLG Celle, BauR 1997, 883; OLG Oldenburg, IBR 2003, 611.
292 **A. A.** OLG Stuttgart, IBR 2003, 364; OLG Nürnberg, IBR 2001, 495.
293 *Vygen* in Korbion/Mantscheff/Vygen, § 1 HOAI, Rn 32; *Jochem*, § 1 HOAI, Rn 9; *Fischer* in Thode/Wirth/Kuffer, § 19 Rn 114: Kompensation des Haftungs- und Insolvenzrisikos des Generalunternehmers; BGH, BauR 1994, 787: Degression der HOAI-Tabelle wird zu einem geringeren Honorar des Generalplaners im Vergleich zu den einzelnen Planungsaufträgen der Subunternehmer führen.
294 *Kroppen*, Festschrift für Korbion, S. 229.
295 *Löffelmann/Fleischmann*, Rn 834; *Vygen* in Korbion/Mantscheff/Vygen, § 4 HOAI Rn 105; *Jochem*, § 4 HOAI, Rn 16; *Pott/Dahlhoff/Kniffka*, § 4 HOAI, Rn 20; BGH BauR 1987, 706; BauR 1988, 364; BauR 1987, 112; OLG Düsseldorf, BauR 1987, 348; OLG Hamm, BauR 1986, 718.

§ 6 Die Ansprüche des Architekten gegen den Auftraggeber

telbar durch die Vereinbarung anderer falscher Honorarparameter (z. B. anrechenbare Kosten, Honorarsatz, über dem Höchstsatz vereinbartes Pauschalhonorar, zusätzliches Honorar für die Übertragung urheberrechtliche Nutzungsrechte,[296] nicht jedoch bei Haftungsbeschränkungen[297]) erfolgen,[298] wobei ein Bewusstsein der Parteien nicht erforderlich ist. Entscheidend ist der objektive Verstoß gegen das Preisrecht der HOAI:[299] **Außergewöhnliche Leistungen** liegen vor, wenn die Architektenleistung überdurchschnittlich, also „neu, originär, eigenwillig, genial" ist.[300] Wann ein solcher Fall vorliegt, ist objektiv zu beurteilen,[301] im Zweifel durch einen Sachverständigen. Ob **ungewöhnlich lang andauernde Leistungen** vorliegen, wird sich regelmäßig erst während der Bauzeit beurteilen lassen.

117 ▶ HINWEIS: Da das Risiko der Bauzeit und deren mögliche Überschreitung dem Architekten bereits bei Auftragserteilung bekannt ist, liegt es in seiner Hand, bereits bei Abschluss des Vertrages eine Einigung über die Regelbauzeit aufzunehmen und für den Fall der Überschreitung, die nicht im Verantwortungsbereich des Architekten liegt, eine Honorarerhöhung vorzusehen (vgl. dazu und zu verlängerten Bauzeiten, Rn 141 ff.).[302] ◀

Die Darlegungs- und Beweislast für eine Überschreitung des Höchstsatzes liegt beim Auftraggeber.[303] Gelingt dies dem Bauherrn hat der Architekt die formellen und materiellen Voraussetzungen einer zulässigen Überschreitung des Höchstsatzes darzulegen.

118 Eine unzulässige Überschreitung der Höchstsätze bewirkt die **Unwirksamkeit der Honorarvereinbarung**, die im Wege der Umdeutung nach § 140 BGB auf die Geltung der Höchstsätze umzudeuten ist.[304] Bei der Zahlung eines Architektenhonorars durch den Bauherrn, das er aufgrund einer unwirksamen Überschreitung der Höchstsätze geleistet hat, steht dem Bauherrn ein **bereicherungsrechtlicher Anspruch** gem. §§ 812 ff. BGB zu. Das Rückforderungsrecht entfällt allerdings gem. § 814 BGB dann, wenn der Bauherr trotz Kenntnis der Unwirksamkeit zahlt. Die Anwendung von § 817 S. 2 BGB ist streitig.[305]

(4) Spätere Abänderung der Honorarvereinbarung

119 Gem. § 4 Abs. 1 HOAI müssen Honorarvereinbarungen „bei Auftragserteilung schriftlich im Rahmen der durch diese Verordnung festgesetzten Mindest- und Höchstsätze" getroffen werden. Welche Anforderungen an eine schriftliche Honorarvereinbarung gestellt werden müssen, damit sie noch bei Auftragserteilung erfolgt, ist innerhalb der Rechtsprechung umstritten. Zum Teil wird darauf abgestellt, dass die Vereinbarung absolut **zeitgleich** mit dem Abschluss des Architektenvertrages erfolgen müsse[306] zum Teil darauf, ob sie noch in einem **engen zeitlichen Zusammenhang** mit dem Vertragsschluss

---

296 OLG Nürnberg, NJW-RR 1989, 407; OLG München, BauR 1995, 434.
297 *Koeble* in Locher/Koeble/Frik, § 4 HOAI, Rn 64; *Vygen* in Korbion/Mantscheff/Vygen, § 4 HOAI, Rn 5; *Groß*, BauR 1980, 9; OLG Köln, BauR 1971, 134; **a. A.** *Hesse*, BauR 1970, 193.
298 *Koeble* in Locher/Koeble/Frik, § 4 HOAI Rn 64; *Neuenfeld*, § 4 HOAI, Rn 12; *Weyer*, BauR 1982, 309; OLG Hamm, BauR 1995, 129.
299 KG, BauR 2001, 126.
300 *Vygen* in Korbion/Mantscheff/Vygen, § 4 HOAI, Rn 102; *Kroppen*, Festschrift für Korbion, S. 233.
301 *Kroppen*, a. a. O., S 227.
302 OLG Köln, BauR 1990, 762; *Koeble* in Locher/Koeble/Frik, § 4 HOAI, Rn 96 f; *Pott/Dahlhoff/Kniffka*, § 4 HOAI, Rn 22 a; *Jochem*, § 4 HOAI, Rn 20 f.
303 OLG Köln, BauR 1986, 467; *Löffelmann/Fleischmann*, Rn 840.
304 BGH BauR 1990, 239; OLG Jena, BauR 2002, 1724; KG, NJW-RR 1990, 91; *Löffelmann/Fleischmann*, Rn 844.
305 Dagegen: *Vygen* in Korbion/Mantscheff/Vygen, § 4 HOAI, Rn 117; dafür: *Koeble* in Locher/Koeble/Frik, § 4 HOAI, Rn 71; *Neuenfeld*, § 4 HOAI Rn 3 a.
306 OLG Düsseldorf, BauR 1988, 766.

A. Der Anspruch des Architekten auf das Architektenhonorar

stehe[307] Jedenfalls sind Vereinbarungen bzw. Abänderungen über das Honorar nach Vertragsschluss grundsätzlich unwirksam.

Eine **spätere Abänderung** des gem. § 4 Abs. 4 HOAI geltenden Mindestsatzes **nach vollständiger Beendigung der Architektenleistungen** ist möglich.[308] Wird der Architektenvertrag vorzeitig beendet (z. B. durch Kündigung, einvernehmliche Aufhebung) ist dieser Zeitpunkt maßgebend.[309]

Ein **nachträglicher Verzicht oder Teilverzicht auf das Architektenhonorar**, z. B. durch einen Erlassvertrag, richtet sich dem Grunde nach ausschließlich nach den Vorschriften des BGB, so dass es primär auf die Regelung des § 4 HOAI nicht ankommt.[310] Erforderlich ist demnach allein, ob sich die Vertragspartner wirksam (im Sinne des bürgerlichen Rechts) über einen **Verzicht geeinigt** haben. Im Übrigen wird bei einem **Erlassvertrag** regelmäßig als kausales Geschäft zwischen dem Architekten und dem Auftraggeber eine Schenkung i. S. der §§ 516 f. BGB angenommen. Wird schenkungsweise erlassen, so ist der Erlass bereits Vollzug der Schenkung und nach § 518 Abs. 2 BGB gilt somit der Mangel der Form durch den Vollzug geheilt. Für den wirksamen Abschluss eines Erlassvertrages nach Abschluss eines zunächst entgeltlichen Architektenvertrages trägt der Auftraggeber die Beweislast.[311] Ein Verzicht oder Teilverzicht auf das Architektenhonorar kann aber zu einer **Unterschreitung der Mindestsätze** führen und dann ggf. unwirksam sein.[312]

Als Form des Verzichts kommt zwischen dem Architekten und dem Bauherrn neben dem Erlassvertrag ein **Vergleich über die Höhe des Honorars** in Betracht. Ein vor Gericht geschlossener Vergleich ist im Hinblick auf die Regelung des § 4 HOAI unproblematisch. Liegen die Voraussetzungen eines Vergleichs gem. § 779 BGB vor, ist dessen Zulässigkeit mit Blick auf den Regelungsgehalt des § 4 HOAI zu beurteilen. Ein Vergleich zwischen Bauherr und Architekt über die Honorarforderung nach Beendigung der Architektentätigkeit fällt nicht unter die Regelung des § 4 HOAI, bedarf somit keiner Schriftform (die aus Beweisgründen aber zu empfehlen ist) und ist damit wirksam.[313] Für **Vergleiche, die vor Beendigung der Tätigkeit des Architekten abgeschlossen werden**, ist die Rechtslage umstritten, der BGH verneint die Zulässigkeit eines solchen Vergleichs.[314]

Ändert sich der Architektenvertrag dadurch, dass dem Architekten ein **gegenüber dem ursprünglichen Auftrag erweiterter Auftrag**, z. B. durch Änderung des Leistungsziels (z. B. Umbau statt Anbau) oder durch die Übertragung zusätzlicher Leistungsphasen erteilt wird, ist für die Erweiterung/Abänderung – nicht für die bereits beauftragten/ erbrachten Leistungen – eine Honorarvereinbarung, die über den Mindestsätzen liegt, zulässig.[315] Zu beachten ist aber, dass diese Vereinbarung zeitgleich mit der Einigung über die Erweiterung/Abänderung des Architektenauftrages erfolgen muss.[316]

---

307 OLG Stuttgart, BauR 1985, 346.
308 BGH, BauR 2003, 748; 1987, 706; 1987, 112; 1985, 582; KG, KGR 2002, 213; OLG Düsseldorf, BauR 2002, 499; 1987, 348 und 587; OLG Hamm, BauR 1998, 819.
309 OLG Düsseldorf, BauR 1987, 587; *Koeble* in Locher/Koeble/Frik, § 4 HOAI, Rn 47.
310 BGH, BauR 1996, 414 f.; OLG Celle, IBR 2004, 81; OLG Oldenburg, OLGR 2004, 4; OLG Saarbrücken, NZBau 2002, 576; *Vygen* in Korbion/Mantscheff/Vygen, § 4 HOAI, Rn 124; *Koeble* in Locher/Koeble/Frik, § 4 HOAI, Rn 46.
311 BGH, WM 1995, 1677: Der Erlass ist nicht zu vermuten und im Zweifel eng auszulegen.
312 Str.: OLG Celle, IBR 2004, 81 – Unwirksamkeit des Teilverzichts bei Unterschreitung der Mindestsätze; **a. A.** *Vygen* in Korbion/Mantscheff/Vygen, § 4 Rn 124.
313 BGH, BauR 1987, 112, 113; OLG Düsseldorf, BauR 1999, 507 und 1477.
314 BGH, BauR 1987, 706 f.
315 BGH, BauR 1988, 364; *Koeble* in Locher/Koeble/Frik, § 4 HOAI, Rn 39; *Vygen* in Korbion/Mantscheff/Vygen, § 4 HOAI, Rn 27 und 31; *Jochem*, § 4 HOAI, Rn 6; *Pott/Dahlhoff/Kniffka*, § 4 HOAI, Rn 32; *Sangenstedt*, BauR 1991, 292.
316 *Pott/Dahlhoff/Kniffa*, a. a. O.; *Vygen* in Korbion/Mantscheff/Vygen, § 4 HOAI, Rn 34.

Marfurt

§ 6 Die Ansprüche des Architekten gegen den Auftraggeber

cc) Vereinbarung eines Pauschalhonorars

124 Abgesehen von den nach der HOAI vorgesehenen Fällen (z. B. §§ 16 Abs. 2, 17 Abs. 2, 26, 28 Abs. 3, 32 Abs. 3, 33, 34 Abs. 3 HOAI) können die Parteien, soweit sie sich **im Rahmen der Höchst- und Mindestsätze** bewegen, vertraglich ein Pauschalhonorar vereinbaren.[317] Soll das zu vereinbarende Pauschalhonorar die **Mindestsätze überschreiten**, ist die entsprechende Honorarvereinbarung **schriftlich** und **bei Auftragserteilung** (vgl. §§ 4 Abs. 1, 4 HOAI) abzuschließen.[318] Vorteilhaft an der Vereinbarung eines Pauschalhonorars ist für den Architekten, dass er grundsätzlich nicht nach den Honorargrundlagen der HOAI (anrechenbare Kosten, Honorarzone, u. a. vgl. dazu Rn 145 ff.) abrechnen muss.[319] Die Angabe des Pauschalhonorars unter Ausweisung ggf. geleisteter Abschlagszahlungen und der Umsatzsteuer ist ausreichend. Mit der Angabe des Pauschalhonorars in der Schlussrechnung wird dann auch das Honorar des Architekten fällig.[320] Wenn das Pauschalhonorar aber nur mündlich und/oder nicht bei Auftragserteilung vereinbart wird, muss der Architekt, um den Einwand des Bauherrn, es läge eine Mindestsatzüberschreitung vor, abzuwenden, den Nachweis anhand einer prüfbaren nach den Anforderungen der HOAI zu erstellenden Rechnung führen.[321] Das gleiche Problem ergibt sich bei der vorzeitigen Beendigung des Vertragsverhältnisses, etwa bei Kündigung des Architektenvertrages (vgl. dazu Rn 268 ff.).[322]

(1) Pauschalhonorar im Rahmen der Mindest- und Höchstsätze

125 Nur wenn sich aus dem Vortrag der Parteien eine **Überschreitung des Höchstsatzes** ergibt, prüft das Gericht einen Verstoß gegen den Höchstpreischarakter, wobei für eine Überschreitung des Höchstsatzes der Bauherr darlegungs- und beweisbelastet ist.[323] Kann er diesen Beweis führen, ist nicht der gesamte Architektenvertrag unwirksam, vielmehr wird nach § 140 BGB eine Umdeutung dahin erfolgen, dass die **Höchstsätze der HOAI** als vereinbart gelten.[324] Erfolgt durch die Pauschalvereinbarung eine **Unterschreitung des Mindestsatzes**, kann der Architekt grundsätzlich nach den einschlägigen Mindestsätzen der HOAI abrechnen.[325]

126 Der Architekt trägt die **Darlegungs- und Beweislast** dafür, dass das vereinbarte Pauschalhonorar die Mindestsätze unterschreitet.[326] Die Darlegungs- und Beweislast dafür, dass ein vom Bauherrn behauptetes Pauschalhonorar, welches das nach der HOAI vom Architekten geltend gemachte Honorar unterschreitet, nicht vereinbart worden ist, liegt beim Architekten.[327] Dafür muss der Bauherr allerdings zunächst substantiiert vortragen, wann, wo und in welcher Höhe die Vereinbarung über das Pauschalhonorar zustande gekommen ist. Der Architekt hat dann die Unrichtigkeit dieses Vorbringens zu bewei-

---

317 OLG Düsseldorf, BauR 1972, 323; BauR 1976, 287; *Vygen* in Korbion/Mantscheff/Vygen, § 4 HOAI Rn 49; *Pott/Dahlhoff/Kniffka*, § 4 HOAI Rn 42.
318 KG, BauR 1994, 791.
319 BGH, IBR 2005, 262.
320 *Vygen* in Korbion/Mantscheff/Vygen, § 8 HOAI, Rn 42; a. A. OLG Düsseldorf, BauR 1982, 294.
321 OLG Düsseldorf, BauR 1982, 294; **a. A.** LG Fulda, BauR 1992, 110, wohl auch OLG Hamm, BauR 1992, 123.
322 BGH, IBR 2005, 311.
323 BGH, BauR 2001, 1926; *Koeble* in Locher/Koeble/Frik, § 4, Rn 64; *Preussner*, BauR 1991, 683, 692.
324 BGH, BauR 1990, 239.
325 OLG Celle, BauR 2004, 359; OLG Düsseldorf, BauR 1996, 746; OLG Hamm, IBR 2004, 209; OLG Saarbrücken, IBR 2004, 210.
326 BGH, BauR 2001, 1926.
327 BGH, NJW 1983, 1872; KG BauR 1999, 431.

A. Der Anspruch des Architekten auf das Architektenhonorar

sen.[328] Beim Bauherrn liegt aber dann die Darlegungs- und Beweislast, wenn der Architekt ein Honorar nach den Mindestsätzen der HOAI fordert und der Bauherr dem entgegenhält, es sei ein niedrigeres Pauschalhonorar vereinbart worden, an das der Architekt gebunden sei und auf das er, der Bauherr, sich eingerichtet habe.[329] Bei einer Unterschreitung der Mindestsätze durch die Pauschalvereinbarung kann der Architekt dennoch nicht nach den Mindestsätzen abrechnen, wenn er an die **Schlussrechnung**, mit der er das Pauschalhonorar abrechnet oder wenn er nach Treu und Glauben an das vereinbarte Pauschalhonorar **gebunden** ist[330] oder wenn die Parteien erst nach vollständiger Erbringung der Architektenleistungen wiederholt ein entsprechendes Pauschalhonorar vereinbart haben (vgl. dazu Rn 113, 120 ff.).

(2) Bindung an das Pauschalhonorar bei Veränderung der Abrechnungsgrundlagen?
Ändern sich unerwartet die Berechnungsgrundlagen des Honorars, z. B. die Baukostensumme, die Planungstätigkeit oder die zeitliche Abwicklung des Bauvorhabens, kann der Architekt ggf. über die Grundsätze des § 313 BGB (**Wegfall der Geschäftsgrundlage**) eine **Honoraranpassung** verlangen.[331] Allerdings gilt grundsätzlich, wie stets bei Pauschalisierungen, dass das Risiko einer Mehrleistung vom Architekten getragen werden muss. Nur bei unzumutbaren Mehrleistungen besteht im Einzelfall ein Anspruch auf Anpassung des Honorars.[332] Für eine behauptete Störung der Geschäftsgrundlage trägt der Architekt die Darlegungs- und Beweislast.[333] Bei einer **Erhöhung der Baukosten** ist nicht allein auf die Erhöhung der Baukostensumme abzustellen, vielmehr müssen in diesem Zusammenhang unerwartete, deutlich höhere Mehrleistungen des Architekten anfallen, die in einem erheblichen Missverhältnis zu der vereinbarten Pauschale stehen.[334] Dies gilt entsprechend, wenn Bauvorhaben, z. B. wegen Einsprüchen von Nachbarn, Sonderwünsche verbunden mit Planungsänderungen, das Ausscheiden mehrerer Unternehmer, unerwartet nur mit Mehraufwand ausgeführt werden können.[335]

127

Ist die Zumutbarkeitsgrenze überschritten, kann das Honorar unter **Berücksichtigung der Bemessungsgrundsätze der HOAI** und der Höhe des vereinbarten Pauschalhonorars[336] durch Anhebung der Pauschale oder – bei Wegfall der Pauschale – durch eine Abrechnung nach der HOAI erfolgen. Hierbei hat der Architekt zur Ermittlung des neuen Honorars die Bemessungskriterien für die ursprünglich vereinbarte Pauschale darzulegen und zu beweisen. Denn dies ist der Ausgangspunkt für die neu festzusetzende Vergütung unter Berücksichtigung der geänderten Verhältnisse. Die Parteien können aber vertraglich in einer **Härteklausel** vereinbaren, dass bei einer bestimmten Mehrarbeit, Baukostenerhöhung oder zeitlichen Verlängerung des Bauvorhabens (Überschreitung der **Regelbauzeit**) eine Honoraranpassung erfolgt. Eine solche Vereinbarung ist dem

128

---

328 BGH, NJW-RR 1992, 648; KG, a. a. O.
329 BGH, BauR 2002, 1720; OLG Hamm, Baur 2002, 1877; anders der BGH für den Bauvertrag, BGH a. a. O.: Der Unternehmer hat die Behauptung einer unterhalb der üblichen Sätze liegenden Pauschalvergütung zu widerlegen.
330 Bindungswirkung: OLG Dresden, IBR 2005, 496 und OLG Stuttgart, IBR 2005, 377.
331 OLG Hamm, BauR 1993, 88; OLG Frankfurt, BauR 1985, 585; OLG Düsseldorf, BauR 1986, 719; *Koeble* in Locher/Koeble/Frik, § 4 HOAI, Rn 22 f; *Werner*, Festschrift für Locher, S. 289 ff.; *Preussner*, BauR 1991, 683, 692; *Pott/Dahlhoff/Kniffka*; § 4 HOAI, Rn 43; *Vygen* in Korbion/Mantscheff/Vygen, § 4 HOAI, Rn 51 ff; *Jochem*, § 4 HOAI, Rn 9.
332 OLG Düsseldorf, Schäfer/Finnern/Hochstein, Z. 3.01 Bl. 45: 15,4%ige Überschreitung der Bausumme und dadurch bedingte Mehrleistungen noch zumutbar; BGH, Schäfer/Finnern/Hochstein, Z. 3.01 Bl. 311: 60%ige zeitliche Verlängerung der Bauzeit ist erheblich und berechtigt zu einer Erhöhung des Honorars.
333 OLG Frankfurt, BauR 1985, 585; OLG Düsseldorf, BauR 1986, 719; *Koeble* in Locher/Koeble/Frik, § 4 HOAI, Rn 25.
334 OLG Düsseldorf, BauR 1986, 719; *Neuenfeld/Baden/Dohna/Grosscurth*, § 4 HOAI Rn 33.
335 *Neuenfeld/Baden/Dohna/Grosscurth*, § 4 HOAI, Rn 32 ff.
336 *Vygen* in Korbion/Mantscheff/Vygen, § 4 HOAI, Rn 54; *Koeble* in Locher/Koeble/Frik, § 4 HOAI, Rn 25.

§ 6 Die Ansprüche des Architekten gegen den Auftraggeber

Architekten zu empfehlen, wobei er sie aus Gründen der Beweisführung[337] schriftlich abschließen sollte.

dd) Vereinbarung eines Zeithonorars, § 6 HOAI

129 Die HOAI sieht in § 6 HOAI die Möglichkeit der Vereinbarung eines Zeithonorars vor. Allerdings wird oft – insbesondere von Architekten – übersehen, dass eine Abrechnung nach **Zeithonorar** nur dort zulässig ist, wo die **HOAI dies ausdrücklich gestattet**.[338] Ohne entsprechende Rechtsgrundlage der HOAI ist die Vereinbarung eines Zeithonorars unwirksam.[339] Rechtsgrundlagen finden sich in der HOAI in den Fällen, in denen das Honorar frei vereinbart werden kann (z. B. §§ 16 Abs. 3; 31 Abs. 2; 34 Abs. 4 HOAI) oder dort, wo die HOAI die Vereinbarung eines Zeithonorars ausdrücklich vorsieht (z. B. §§ 5 Abs. 4; 26; 28 Abs. 3; 32 Abs. 3; 42 Abs. 2 HOAI) oder wenn die HOAI ein Zeithonorar ausdrücklich zulässt (z. B. §§ 16 Abs. 2; 29 Abs. 2; 33, 34, 39, 61 Abs. 4 HOAI).

130 Gemäß § 6 Abs. 1 HOAI kann ein Zeithonorar als **Fest- oder Höchstbetrag** vereinbart werden. Die Parteien müssen auf den voraussichtlichen Zeitbedarf und die in § 6 Abs. 2 HOAI festgelegten Stundensätze abstellen, wobei zu beachten ist, dass auch in § 6 Abs. 2 Nr. 1-3 HOAI jeweils Höchst- und Mindestsätze ausgewiesen sind. Ein Zeithonorar, das **höher als der jeweilige Mindeststundensatz** ist, kann nur dann abgerechnet werden, wenn die Parteien bei Abschluss des Vertrages eine schriftliche Vereinbarung getroffen haben (§ 4 Abs. 1 HOAI). Wird gegen das Form- und Zeiterfordernis verstoßen, bleibt wiederum nur der Weg, das Mindeststundensatzhonorar abzurechnen – vorausgesetzt natürlich, die Vereinbarung eines Zeithonorars war nach der HOAI überhaupt möglich.[340]

131 Bauherr und Architekt müssen sich **vor Beginn der entsprechenden Leistungen** über die Höhe des Zeithonorars einigen: Der **Zeitbedarf wird im Voraus geschätzt** und auf dieser Grundlage wird dann ein Fest- oder Höchstbetrag als Pauschalhonorar festgesetzt. Bei der Einigung auf einen **Festbetrag** ist die Vereinbarung für beide Parteien bindend,[341] eine nachträgliche Änderung des Zeitbedarfs grundsätzlich unbeachtlich bzw. nur in den Fällen der Unzumutbarkeit nach § 313 BGB (Wegfall der Geschäftsgrundlage) anzupassen.[342]

132 Bei der Festlegung eines **Höchstbetrags** geben die Parteien nur das obere Limit an. Dieses Limit muss nicht berechnet sein. Bei einer Unterschreitung der Stundensätze erfolgt eine Anpassung des Zeithonorars nach den tatsächlich angefallenen Stunden, bei einer Überschreitung kann kein höheres als mit dem Höchstbetrag vereinbartes Zeithonorar vom Architekten verlangt werden. Nur wenn eine Vorausschätzung des Zeitbedarfs nicht möglich ist, ist das Honorar aufgrund des **nachgewiesenen Zeitbedarfs** gemäß der Stundensätze des § 6 Abs. 2 HOAI zu berechnen. Das Honorar muss dann vom Architekten nach Mitarbeitern, Tätigkeiten und Zeitaufwand aufgeschlüsselt werden, was regelmä-

---

337 OLG Düsseldorf, BauR 1972, 385.
338 OLG Frankfurt, BauR 2000, 435; OLG Düsseldorf, NJW-RR 1999, 669; OLG Celle, BauR 2001, 1468; *Koeble* in Locher/Koeble/Frik, § 6 HOAI, Rn 2; *Pott/Dahlhoff/Kniffka*, § 6 HOAI Rn 2; *Vygen* in Korbion/Mantscheff/Vygen, § 6 HOAI Rn 2; **a. A.** *Neuenfeld/Baden/Dohna/Grosscurth*, § 6 HOAI, Rn 2.
339 *Vygen* in Korbion/Mantscheff/Vygen, § 6 HOAI, Rn 2.
340 BGH, BauR 1990, 236; OLG Düsseldorf, BauR 1996, 893; *Koeble* in Locher/Koeble/Frik, § 6 HOAI, Rn 3; *Vygen* in Korbion/Mantscheff/Vygen, § 6 HOAI, Rn 35.
341 *Koeble* in Locher/Koeble/Frik, § 6 HOAI, Rn 4; *Jochem*, § 6 HOAI, Rn 2; *Neuenfeld/Baden/Dohna/Grosscurth*, § 6 HOAI, Rn 5.
342 *Vygen* in Korbion/Mantscheff/Vygen, § 6 HOAI, Rn 12; *Jochem*, § 6 HOAI, Rn 3.

A. Der Anspruch des Architekten auf das Architektenhonorar 3

ßig durch die Vorlagen von Stundenzetteln erfolgen wird. Ob es den Parteien freisteht, zwischen den Alternativen der Berechnung des Zeithonorars – nach voraus geschätztem Zeitaufwand oder nach nachgewiesenem Zeitbedarf – zu wählen, ist strittig.[343]

ee) Die Fälle des § 16 Abs. 2 und Abs. 3 HOAI

Die Honorartafel des § 16 HOAI beginnt mit anrechenbaren Kosten (vgl. dazu Rn 145 ff.) von 25.565,- € und endet bei anrechenbaren Kosten von 25.564.594,- €. Dies bedeutet, dass unterhalb und oberhalb dieser anrechenbaren Kosten das Honorar **frei vereinbart** werden kann.[344] Liegen die anrechenbaren Kosten unter oder bis 25.656, - € können die Parteien gem. § 16 Abs. 2 HOAI ein **Pauschalhonorar oder Zeithonorar** nach § 6 HOAI vereinbaren. Bei fehlender oder unwirksamer Pauschalvereinbarung ist das Zeithonorar als Mindesthonorar zu berechnen.[345]

133

Beispiele:
1. Die anrechenbaren Kosten liegen bei 34.000,- €. Die Parteien vereinbaren für die Architektenleistungen (LP 1-9, Zone III) schriftlich ein Pauschalhonorar in Höhe von 10.000,- Euro netto. Die Honorarvereinbarung ist unwirksam. Denn bei anrechenbaren Kosten in Höhe von 25.656,- € beträgt der Höchstsatz 3.855,- € netto. Das Honorar ist als Zeithonorar zu berechnen und kann maximal 3.855,- € netto betragen.
2. Die anrechenbaren Kosten liegen bei 34.000,- €. Für die Architektenleistungen Zone III, LP 1-9 vereinbaren die Parteien nun mündlich ein Pauschalhonorar in Höhe von 10.000,- € netto. Auch hier ist die Honorarvereinbarung unwirksam. Abgerechnet werden muss nach Zeit; das maximal zulässige Nettohonorar beträgt nach der Tabelle zu § 16 HOAI 2.991,- €.

Übersteigen die anrechenbaren Kosten den Wert von 25.564.594,- € wird mangels Vorliegen einer ausdrücklichen Regelung auf **erweiterte Honorartafeln**[346] zurückgegriffen. Der BGH hat bislang dazu, wie die Vergütung bei Überschreitung der Tabellenwerte zu ermitteln ist, keine Stellung genommen.[347]

134

ff) Vereinbarung eines Erfolgshonorars

Die Parteien des Architektenvertrages können auch ein Erfolgshonorar vereinbaren. Regelungen dazu finden sich in den §§ 5 Abs. 4 a, 29 Abs. 2 HOAI. Wollen die Parteien ein Erfolgshonorar außerhalb dieser Bestimmungen vereinbaren, sind sie an die Mindest- und Höchstsätze nach § 4 HOAI gebunden.[348] Unter Einhaltung der Mindest- und Höchstsätze besteht die Möglichkeit, ein Erfolgshonorar z. B. für die **Abkürzung der Regelbauzeit**,[349] für den Fall des Erhalts einer Baugenehmigung bei einer riskanten Baugenehmigungsplanung[350] oder für den Fall der **Senkung der Baukosten**[351] zu vereinbaren.

135

---

343 Bejahend: *Jochem*, § 6 HOAI, Rn 3; verneinend: *Koeble* in Locher/Koeble/Frik, § 6 HOAI, Rn 4 f.
344 KG, BauR 2001, 126; *Koeble* in Locher/Koeble/Frik, § 16 HOAI, Rn 15.
345 OLG Düsseldorf, BauR 1987, 708.
346 Z. B. Tabelle der staatlichen Hochbauverwaltung Baden-Württemberg, DAB 1994, 1390; für die Anwendung der Tabellen: KG, IBR 2004, 243; OLG Düsseldorf, BauR 2002, 1726; gegen die Anwendung der Tabellen: KG, IBR 2004, 377.
347 BGH, BauR 2004, 1640: Eine Fortschreibung der Honorartabelle für anrechenbare Kosten, die den Wert des § 16 Abs. 3 HOAI überschreiten, komme nicht ohne entsprechende Vereinbarung der Parteien in Betracht, weil die Honorartabelle des § 16 Abs. 1 ein in sich geschlossenes System sei; so auch Schwenker/Schramm, ZfIR 2004, 73.
348 OLG Frankfurt, BauR 1982, 88; OLG Düsseldorf, IBR 1995, 334; *Vygen* in Korbion/Mantscheff/Vygen, § 4 HOAI, Rn 55.
349 *Vygen* in Korbion/Mantscheff/Vygen, a. a. O.; *Jochem*, § 4 HOAI, Rn 23.
350 OLG Düsseldorf, a. a. O.
351 *Vygen* in Korbion/Mantscheff/Vygen, § 4 HOAI, Rn 56.

§ 6 Die Ansprüche des Architekten gegen den Auftraggeber

Wird ein solches Erfolgshonorar vereinbart, sollten die Parteien darauf achten, die Kriterien vertraglich eindeutig und klar zu bestimmen. Keine Vereinbarung eines Erfolgshonorars ist in der **Stundungsabrede** der Parteien zu sehen, das Honorar des Architekten werde prozentual nach verkauften Wohneinheiten gezahlt.[352]

136 Nach § 5 Abs. 4 a HOAI kann ein **Erfolgshonorar für Besondere Leistungen** verlangt werden, wenn dies bei Auftragserteilung schriftlich vereinbar worden ist.[353] Mit der ziemlich verunglückten Norm des § 5 Abs. 4 a HOAI wird wohl selten ein Erfolgshonorar durch den Architekten geltend gemacht werden können. Einerseits bezieht sich die Norm nur auf sog. Besondere Leistungen und darüber hinaus muss es sich um Besondere Leistungen handeln, die unter Ausschöpfung der technisch-wirtschaftlichen Lösungsmöglichkeiten zu einer wesentlichen Kostensenkung ohne Verminderung des Standards führen. Diese Anforderungen sind sehr fraglich, da der Architekt stets seine Leistungen nach dem vereinbarten oder üblichen Standard **wirtschaftlich möglichst optimal** herbeiführen muss.[354]

gg) Vereinbarung eines Honorars für die Leistungen als SiGeKo (Sicherheits- und Gesundheitsschutzkoordinator)

137 Die Aufgaben des Sicherheits- und Gesundheitsschutzkoordinators ergeben sich aus § 3 BaustellV (Baustellenverordnung). Der Sicherheits- und Gesundheitsschutz nach der BaustellV ist **Aufgabe des Bauherrn**, er kann diese Aufgaben aber gem. § 4 BaustellV einem Dritten, also auch dem Architekten, übertragen. Eine Verpflichtung des mit der Planung und/oder Bauüberwachung beauftragten Architekten zur Erbringung der Leistungen nach der BaustellV besteht nur bei einer **entsprechenden Beauftragung durch den Bauherrn**.[355] Überträgt der Bauherr dem Architekten sämtliche Aufgaben nach der BaustellV handelt es sich um einen **Werkvertrag**, so dass für die Vergütungsfrage zunächst von den §§ 631 ff. BGB auszugehen ist. Wie die Leistungen nach der BaustellV zu vergüten sind, ist in dieser selbst nicht geregelt. Da die HOAI ein passendes Leistungsbild nicht kennt und eine vergleichbare Grund- oder Besondere Leistung nicht ersichtlich ist, kann das Honorar **frei vereinbart** werden.[356]

hh) Vereinbarung eines Beratungshonorars

138 Soll der Architekt beratend tätig werden, können die Parteien ein Beratungshonorar vereinbaren. Die Vergütung für eine Beratungsleistung richtet sich nach der HOAI, wenn der Architekt nicht außerhalb der in der HOAI beschriebenen Leistungen tätig wird. Ergehen die **Beratungsleistungen** des Architekten **parallel zu einem laufenden Bauvorhaben**, wird vermutet, dass die beratenden Leistungen von der **HOAI erfasst** sind.[357] Anders ist dies bei fehlendem Bezug zu einem Bauvorhaben, z. B. wenn der Architekt den Bauherrn über die **Bebaubarkeit eines Grundstücks** oder über die anfallenden Kosten für die Bauaufsicht informiert.[358] Das Gleiche gilt, wenn der Architekt ein **Gutachten außerhalb des Anwendungsbereichs des § 33 HOAI** erstellt.[359] In letztgenannten Fällen können die

---

[352] OLG Frankfurt, IBR 2005, 27.
[353] *Vygen* in Korbion/Mantscheff/Vygen, § 5 HOAI, Rn 48; *Koeble* in Locher/Koebel/Frik, § 5 HOAI, Rn 52.
[354] *Pott/Dahlhoff/Kniffka*, § 22 HOAI, Rn 22; *Budde* in Thode/Wirth/Kuffer, § 23 Rn 11 ff.
[355] *Vygen* in Korbion/Mantscheff/Vygen, § 2 HOAI, Rn 8; *Quack*, BauR 2002, 544; a. A. *Koeble* in Locher/Koebel/Frik, § 15 HOAI, Rn 18, 71, 174.
[356] *Vygen* in Korbion/Mantscheff/Vygen, § 2 HOAI, Rn 8; *Quack*, BauR 2002, 541, 544.
[357] *Budde* in Thode/Wirth/Kuffer, § 23 Rn 29.
[358] *Koeble* in Locher/Koeble/Frik, HOAI, Einl. Rn 181; *Löffelmann/Fleischmann*, Rn 34.
[359] *Koeble* in Locher/Koeble/Frik, a. a. O.

A. Der Anspruch des Architekten auf das Architektenhonorar

Parteien frei von der HOAI ein Honorar vereinbaren. Fehlt es an einer entsprechenden Vereinbarung, gilt § 632 Abs. 2 BGB, wobei stets zu prüfen ist, ob es sich nicht um einen Fall der Akquisition handelt (vgl. dazu Rn 63 ff.).

b) Übliche Vergütung, § 632 BGB

Haben die Parteien eines Architektenvertrages keine wirksame Vereinbarung über das Honorar abgeschlossen, kann der Architekt gem. § 632 BGB (bzw. § 612 BGB im Falle eines Dienstvertrages) die *„übliche"* Vergütung verlangen. Soweit die Parteien keine Honorarvereinbarung abgeschlossen haben, aber die HOAI als zwingendes Preisrecht zur Anwendung kommt, ist die „übliche Vergütung" i. S. des § 632 Abs. 2 BGB der jeweils zutreffende Mindestsatz (§ 4 Abs. 4 HOAI).[360] Nach der Darlegungs- und Beweislastverteilung der HOAI gelten bei fehlender oder unwirksamer Vereinbarung die Mindestsätze der HOAI. Wenn der Architekt darauf gestützt die „übliche Vergütung" verlangt, der Bauherr diesem ein niedrigeres vereinbartes Honorar – z. B. nach § 4 Abs. 2 HOAI oder im Rahmen einer Pauschalvereinbarung – entgegenhält, trägt der Bauherr die Darlegungs- und Beweislast.[361]

Die übliche Vergütung nach § 632 Abs. 2 BGB (§ 612 BGB) gilt auch außerhalb des Anwendungsbereichs der HOAI. Besteht eine „übliche" Vergütung oder Taxe nicht, kann der Architekt seine Vergütung gem. §§ 315, 316 BGB nach **billigem Ermessen** bestimmen.[362] Da das „billige Ermessen" im Einzelfall unter Abwägung der Interessenlage der Vertragsparteien festzustellen ist,[363] hat der Architekt substantiiert vorzutragen, welche Grundlagen ihn zur Bestimmung des Honorars veranlasst haben und wieso die Höhe der Vergütung „billig"[364] sei. Nur wenn das vom Architekten bestimmte Honorar tatsächlich der Billigkeit entspricht, ist es gem. § 315 Abs. 3 S. 1 BGB für den Bauherrn verbindlich.

c) Vergütung bei der Verlängerung von Planungs- und/oder Bauzeiten

Werden **Planungs- und/oder Bauzeiten verlängert**, stellt sich stets die Frage, ob der Architekt Anspruch auf ein höheres Architektenhonorar hat. In diesen Fällen kann nicht auf § 21 HOAI abgestellt werden. Diese Norm regelt lediglich die Fälle, bei denen ein oder mehrere Gebäude nicht in einem Zuge sondern sukzessive in größeren Zeitabschnitten ausgeführt werden. Auch ein Rückgriff auf **§ 4 Abs. 3 HOAI**, der bei außergewöhnlichen oder ungewöhnlich lange dauernden Leistungen eine Überschreitung der Höchstsätze erlaubt, wird regelmäßig nicht einschlägig sein und zudem ist für diese Fälle Voraussetzung, dass bei Auftragserteilung eine schriftliche Vereinbarung getroffen wird. Verlängerung von Planungs- und Bauzeiten werden aber regelmäßig erst **während der Bauphase** bekannt werden. Auch § 4 a S. 3 HOAI scheidet aus, denn diese „Kann-Vorschrift"[365] setzt zunächst eine entsprechende Vereinbarung voraus und ist nach überwiegender Ansicht auch nur auf die Fälle des § 4 a HOAI anwendbar.[366]

Ist **im Architektenvertrag keine Regelung für die Verlängerung von Planungs- und Bauzeiten** und eine damit verbundene Honorarerhöhung für den Architekten vereinbart,

---

360 OLG Köln, BauR 1994, 271; OLG Düsseldorf, BauR 1981, 401; a. A. *Koeble* in Locher/Koeble/Frik, § 4 HOAI Rn 74.
361 *Koeble* in Locher/Koeble/Frik, § 4 HOAI, Rn 91.
362 BGH, BauR 2001, 249.
363 BGHZ 41, 271.
364 BGH, NJW 1969, 1809: Beweislast für die Billigkeit liegt beim Architekten.
365 BGH, BauR 2005, 118.
366 BGH, IBR 2005, 94.

§ 6 Die Ansprüche des Architekten gegen den Auftraggeber

kann eine Anpassung des Honorars allenfalls über § 313 BGB (**Störung der Geschäftsgrundlage**) erfolgen.. Eine Honorarerhöhung wird dem Architekten zu gewähren sein, wenn Umstände, die der Architekt nicht zu verantworten hat, zu so einer erheblichen Planungs- oder Bauzeitenverlängerung führen, dass sie dem Architekten nicht mehr zumutbar sind.[367] Da bei der Anwendung des § 313 BGB die erforderliche Abwägung der beiderseitigen Interessen mit Unwägbarkeiten verbunden ist,[368] ist sowohl dem Architekten wie auch dem Bauherrn zu empfehlen, in dem Architektenvertrag klare Regelungen für den Fall einer **Bauzeitenverlängerung** zu treffen.

▶ Hinweis: Es empfiehlt sich, eine „Regelbauzeit" im Vertrag festzuhalten und gleichzeitig zu vereinbaren, dass der Bauherr ein bestimmtes zusätzliches Honorar zu zahlen hat, dessen Höhe sich nach der Regelbauzeit im Vergleich zur tatsächlichen Bauzeit orientiert. Hierbei kann für den Bauherrn auch eine Toleranzzeit eingeräumt werden. ◀

Eine Klausel, die für den Fall, dass die Bauausführung länger als 15 Monate dauert, die Parteien verpflichtet, über eine angemessene Erhöhung des Honorars für die Bauüberwachung zu verhandeln und die regelt, dass der nachgewiesene Mehraufwand dem Architekten zu erstatten ist, ist vom BGH als wirksam beurteilt worden.[369]

143 Die Parteien können vereinbaren, dass dem Architekten bei einer Bauzeitenverlängerung „**Mehraufwendungen" im Rahmen der Objektüberwachung** vergütet werden. Unter dem Begriff der Mehraufwendungen sind nicht etwaige Mehrleistungen, sondern die Mehrkosten (Personal- und Sachkosten) des Architekten aufgrund der verlängerten Bauzeit zu verstehen[370] Denkbar ist aber auch, dass Bauzeitenverlängerungen keinen oder nahezu keinen Mehraufwand verursachen, der eigentliche Aufwand sich lediglich über einen längeren Zeitraum verteilt oder zeitlich verschiebt,[371] z. B. dann, wenn der Architekt wegen Stillstandszeiten oder schleppender Ausführung auf der Baustelle den Personal- oder Zeitaufwand verringern kann. Liegt ein solcher Fall vor, muss der Architekt nachweisen, dass das Personal oder er selbst sowohl in der Regel- wie auch in der verlängerten Bauzeit mit voller Arbeitskraft tätig waren, er also seine eigenen Kapazitäten nicht herunterfahren konnte.[372]

144 Sind **vertraglich Vereinbarungen zu einer Erhöhung des Honorars wegen der Verlängerung von Planungs- und Bauzeiten vorgesehen**, scheitert dann aber eine Vereinbarung bzgl. der Höhe des Honorars, hat der Architekt einen Anspruch auf Festsetzung der Vergütung.[373] Wenn sich das zusätzliche Honorar wegen der Planungs- und/oder Bauzeitenverlängerung nach den Mehraufwendungen des Architekten richtet, ist er darlegungs-

---

367 BGH, BauR 2005, 118; Brandenburgisches OLG, OLGR 1998, 431; OLG Düsseldorf, BauR 1986, 719; *Vygen* in Korbion/Mantscheff/Vygen, § 4 HAOI, Rn 107; *Koeble* in Locher/Koeble/Frick, § 4 HOAI, Rn 97; *Neuenfeld/Baden/Dohna/Grosscurth*, § 4 HOAI, Rn 11; *Hartmann*, § 4 HOAI, Rn 55; *Motzke* in Graf von Westfalen, Klauselwerk/Architektenvertrag, Rn 295; *Jochem*, § 4 HOAI, Rn 21; **a. A.** OLG Hamm, BauR 1996, 718; LG Heidelberg, BauR 1994, 802; OLG Frankfurt, BauR 1985, 585.
368 Brandenburgisches OLG, OLGR 1998, 431 und BauR 2001, 1772.
369 BGH, BauR 2005, 118: Die Klausel begründet nicht nur eine Pflicht des Bauherrn, Verhandlungen mit dem Architekten aufzunehmen, sondern auch in eine angemessene Vergütung der Leistung im Rahmen der Bauzeitüberschreitung einzuwilligen.
370 OLG Celle, BauR 2003, 1248; *Pott/Dahlhoff/Kniffka*, § 4 a Rn 12 – Mehraufwendungen sind Aufwendungen bei unverändertem Leistungsinhalt; **a. A.** Brandenburgisches OLG, BauR 2001, 1772, wonach der Nachweis der Mehraufwendungen derart vorzunehmen ist, dass die tatsächlichen Aufwendungen für die gesamte Ausführungszeit dem Vertragshonorar für die Leistungsphase Objektüberwachung gegenüber zu stellen sind und der Mehrbetrag auf Differenzbildung zu ermitteln ist.
371 Brandenburgisches OLG, OLGR 1998, 421.
372 BGH, BauR 1998, 184; OLG Celle, IBR 2003, 259.
373 **A. A.** OLG Brandenburg, BauR 2001, 1772.

A. Der Anspruch des Architekten auf das Architektenhonorar

und beweisbelastet für seine Tätigkeit und die seiner Mitarbeiter (z. B. nach Tagen, Stunden, Personen, Tätigkeiten) während der Verlängerung.[374]

▶ **Hinweis:** Um insoweit wieder Konfliktpotenzial zu vermeiden, empfiehlt sich eine vertragliche Regelung, die festlegt, wie der Nachweis der Mehraufwendungen vom Architekten geführt werden soll.[375] Ist die Bauzeitenverlängerung vom Bauherrn zu verantworten, kann nach § 642 BGB oder über die Grundsätze der Pflichtverletzung ein Entschädigungs- bzw. Schadensersatzanspruch des Architekten in Betracht kommen.[376] ◀

3. Umfang des Honoraranspruchs nach Teil II der HOAI für Leistungen bei Gebäuden

a) Anrechenbare Kosten, § 10 HOAI

aa) Grundlagen: Die Kostenermittlungsarten nach § 10 Abs. 2 HOAI

Die korrekte Ermittlung der anrechenbaren Kosten nach § 10 Abs. 2 HOAI ist Voraussetzung der **Prüffähigkeit** der Architektenrechnung und damit der **Fälligkeit** des Architektenhonorars.[377] Die **Darlegungs- und Beweislast** liegt beim Architekten.[378] Eine **Ausnahme** gilt dann, wenn der Architekt selbst nicht über die entsprechenden Informationen verfügt, z. B. weil er bei der Vergabe oder Abrechnung des Bauvorhabens nicht oder nicht ganz beteiligt war oder nach seiner Kündigung ein Nachfolgearchitekt die anrechenbaren Kosten ermitteln muss. In diesen Fällen hat er gegen den Auftraggeber einen Anspruch auf **Auskunft/Information**, den er ggf. mit einer **Auskunftsklage** verfolgen muss.[379] Der Bauherr muss sämtliche für die Ermittlung der anrechenbaren Kosten erforderlichen Auskünfte geben und/oder die in seinem Besitz befindlichen Unterlagen zur Verfügung stellen. Die Auskunft muss in Form einer geordneten Zusammenstellung der Baukosten erfolgen, damit der Architekt die für die Honorabrechnung erforderliche Kostenermittlung vornehmen kann.[380] Die entsprechende Auskunft des Bauherrn muss alle Informationen und Belege enthalten, die der Architekt benötigt, um seine Ansprüche durchzusetzen.[381] Dem Auskunftsanspruch des Architekten kann der Bauherr nicht erfolgreich entgegenhalten, der Architekt könne in den Räumen des Bauherrn Einsicht nehmen. Dies ist regelmäßig unzumutbar. Der Architekt kann auch nicht verpflichtet werden, auf eigene Kosten Kopien der benötigen Belege anfertigen zu lassen.[382]

Die vom Bauherrn zu erteilende Auskunft ist eine vertragliche Nebenpflicht gem. § 241 Abs. 2 BGB. **Erfüllungsort** der Nebenpflicht und der Erfüllungsort der Hauptverpflichtung decken sich. Hat der Architekt die Planung und Bauüberwachung übernommen, ist für die beiderseitigen Hauptpflichtungen aus einem Architektenvertrag Erfüllungsort auch der Ort des Bauwerks.[383]

145

146

---

374 BGH, BauR 1998, 184; Brandenburgisches OLG, BauR 2001, 1772; *Vygen* in Korbion/Manscheff/Vygen, § 4 HOAI, Rn 36.
375 Lauer/Steingröber, BrBp 2004, 316.
376 Lauer/Steingröber, BrBp 2004, 316, 319; *Vygen* in Korbion/Manscheff/Vygen, § 4 HOAI, Rn 107; *Jochem*, § 4 HOAI, Rn 20; Brandenburgisches OLG, BauR 2001, 1772, 1775.
377 BGH, IBR 2005, 689.
378 BGH, BauR 2002, 1421; BauR 1992, 265; OLG Düsseldorf, OLGR 2002, 119; OLG Celle, IBR 2003, 312.
379 BGH, BauR 1995, 126; KG, BauR 2002, 1576; OLG Düsseldorf, BauR 1996, 742; OLG Frankfurt, BauR 1997, 325; OLG Köln, IBR 1998, 117; *Koeble* in Locher/Koeble/Frik, § 10 HOAI, Rn 63; *Seifert/Vygen* in Korbion/Mantscheff/Vygen, § 10 HOAI, Rn 8; *Rath*, BauR 1996, 632.
380 KG, NJW-RR 1995, 536; *Kniffka/Koeble*, Teil 9, Rn 83.
381 OLG Düsseldorf, a.a.O; OLG Stuttgart, BauR 1992, 539; KG, NJW-RR 1995, 536.
382 OLG Stuttgart, BauR 1992, 539.
383 BGH, BauR 2001, 979.

3 § 6 Die Ansprüche des Architekten gegen den Auftraggeber

▶ **Antrag:**
werden wir in der mündlichen Verhandlung beantragen:
  1. die Beklagte zu verurteilen, der Klägerin Auskunft über die anrechenbaren Kosten zu erteilen, die im Zusammenhang mit dem Bau des Wohn- und Geschäftshauses Lemastr. 1 in 10111 Berlin in den Jahren 2004 bis 2005 entstanden sind durch Vorlage der Schlussrechnung für die Gewerke
      a) Estricharbeiten, ausgeführt durch die C-GmbH, ...
      b) Zimmererarbeiten, ausgeführt durch die L-GmbH
      c) Schreinerarbeiten, ausgeführt durch die M-GmbH
      d) Maurerarbeiten, ausgeführt durch die ......
      e) Fliesenlegerarbeiten, ...
  Soweit diese Unterlagen noch nicht existieren durch Vorlage der Kostenanschläge und den dazu gehörigen Werkverträgen nebst Leistungsverzeichnissen.
  2. die Beklagte zu verurteilen, an den Kläger EUR 5.465,- nebst Zinsen in Höhe von 5 Prozentpunkten über dem Basiszinssatz seit dem 10.05.2005 sowie einen nach Erteilung der Auskunft noch zu beziffernden Betrag zu zahlen. ◀

147 Die Klage auf Auskunft kann auch durch die Erhebung einer **Stufenklage** (§ 254 ZPO) erfolgen. Es kann in der ersten Stufe der Anspruch auf Rechnungslegung, Vorlage eines Vermögensverzeichnisses bzw. Erteilung einer Auskunft verlangt werden, in der zweiten Stufe kann die Abgabe der eidesstattliche Versicherung und schließlich – in der dritten Stufe – der Leistungsantrag formuliert werden, desse Höhe bis zur Erteilung der Auskunft unbestimmt bleibt. Verweigert der Bauherr die Information, kann der Architekt im Wege der **Zwangsvollstreckung** vorgehen oder bei Zweifeln an der Richtigkeit und Vollständigkeit der Auskunft eine **eidesstattliche Versicherung** verlangen.[384]

148 Will der Architekt die **Richtigkeit der Auskunft** durch Einsicht überprüfen, kann er dies mangels Rechtsschutzbedürfnisses nicht bereits in der ersten Stufe verlangen, weil dann in der Regel noch keine begründeten Zweifel an der Richtigkeit und Vollständigkeit der Auskünfte bestehen können. Sichern kann der Architekt die Überprüfung der Richtigkeit der Auskünfte dadurch, dass er den Bauherrn zu einer eidesstattlichen Versicherung gem. § 259 BGB heranzieht. Ein solcher Antrag sollte allerdings erst dann gestellt werden, wenn die Auskunft erteilt und vom Architekten geprüft worden ist. Denn eine Verpflichtung zur Abgabe der eidesstattlichen Versicherung besteht nur dann, wenn Zweifel an der Richtigkeit und Vollständigkeit der Auskunft bestehen. Die Richtigkeit und Wahrheitsgemäßheit der vom Bauherrn erteilten Auskunft kann nur mit einer eidesstattlichen Versicherung überprüft werden; eine Überprüfung im Auskunftsprozess oder Zwangsvollstreckungsverfahren ist nicht möglich.[385] Die Vollstreckung der Auskunftsverpflichtung erfolgt nach § 888 ZPO.[386] Die Bedeutung der Auskunftsklage ist in der Praxis dadurch abgeschwächt, dass der Architekt bei vertragswidriger Vorenthaltung der notwendigen Angaben auch berechtigt sein kann, die **Kosten zu schätzen**.

149 In den Fällen, in denen der Architekt die Grundlagen für die Kostenermittlungen in zumutbarer Weise nicht selbst beschaffen kann, der Bauherr ihm die erforderlichen Auskünfte nicht erteilt und der Architekt die ihm zugänglichen Unterlagen sorgfältig ausge-

---

[384] LG Bonn, BauR 1994, 134 – für die eidesstattliche Versicherung unter Bezugnahme auf das unveröffentlichte Urteil des BGH vom 14.6.1993 – III ZR 48/92.
[385] LG Bonn, BauR 1994, 138.
[386] BGH, BauR 1994, 4; wegen BGH, BauR 1995, 126 zweifelhaft, da der Kläger die Handlung selbst durch Schätzung vornehmen kann.

A. Der Anspruch des Architekten auf das Architektenhonorar

wertet sowie der Bauherr anhand eigener Unterlagen die fehlenden Angaben leicht ergänzen kann,[387] hat der Architekt auch die Möglichkeit, **die Kosten zu schätzen**. Der Bauherr kann dann, wenn er selbst Gewerke unmittelbar vergeben oder abgerechnet hat bzw. wenn er die Kostenermittlung des Architekten der Höhe nach bestreitet, obwohl ihm die Unterlagen der Abrechnung zur Verfügung stehen oder für ihn leicht zu erlangen sind, die Schätzung des Architekten nicht mit Nichtwissen bestreiten.[388] Wählt der Architekt den Weg, die Kosten zu schätzen, ist aber gleichwohl zu überlegen, ob er nicht hilfsweise auf Auskunft klagt, um in den Fällen, in denen das Gericht die Schätzung als nicht ausreichend erachtete, das Risiko der Klageabweisung zu umgehen. Versäumt der Architekt die nach § 10 Abs. 2 geschuldeten Kostenermittlungsarten, kann nur in besonderen Ausnahmefällen auf die durch einen Sachverständigen ermittelten Baukosten abgestellt werden.[389]

Für die Honorarberechnung sind nach § 10 Abs. 2 HOAI **vier Kostenermittlungsarten** zu unterscheiden. Dabei geht es um die Kostenschätzung, die Kostenberechnung, den Kostenanschlag und die Kostenfeststellung. Auf zwei Punkte soll in diesem Zusammenhang besonders hingewiesen werden: Zunächst ist anzumerken, dass die Verweisung der HOAI auf **DIN 276 in der Fassung von 1981** eine statische Verweisung darstellt. Die Einhaltung dieser Vorgabe für die Honorarabrechnung ist also zwingend.[390] Dies heißt aber nicht, dass der Architekt im Rahmen der Ausführung des Auftrages die Kostenermittlung lediglich nach der **DIN 276 in der Fassung von 1981** zu erstellen hat. Nach den Regeln der Technik schuldet der Architekt nämlich auch eine Kostenermittlung nach der **DIN 276 in der Fassung von 1993**. Unabhängig von diesem Erfordernis einer Kostenermittlung nach der DIN 276 (1981) geht die höchstrichterliche Rechtsprechung inzwischen davon aus, dass die Ermittlung der Kosten nicht zwingend nach dem Formular der DIN 276 Teil 3 zu erfolgen hat. So soll eine Kostenermittlung ausreichen, die sich an dem Formular der DIN orientiert und die sieben Kostengruppen der DIN 276 in der Fassung von 1981 aufführt.[391] Zugleich stellt der BGH aber klar, dass die Kostenermittlung so konzipiert sein muss, dass der Auftraggeber überprüfen kann, ob die Zusammenstellung der anrechenbaren Kosten den Vorschriften des § 10 Abs. 3-5 HOAI entspricht.[392] Die qualitativen Anforderungen, die an die Aufschlüsselung der Kostenermittlung zu stellen sind, werden somit um ein weiteres Mal mehr durch die fachspezifischen Kenntnisse und Fähigkeiten des Auftraggebers und seiner Hilfspersonen geprägt. Da die subjektive Einschätzung des Kenntnisstandes beim Auftraggeber regelmäßig sehr schwierig ist, wird den Architekten angeraten, bei der Ermittlung der anrechenbaren Kosten nach der Kostenermittlung stringent die Formulare der DIN 276 Teil 3 in der Fassung von 1981 zu verwenden, damit das Prozessrisiko minimiert wird. Die DIN 276 in der Fassung von

---

387 BGH, BauR 1995, 126; BauR 1999, 265.
388 BGH, BauR 1995, 126; BauR 2003, 1892; OLG Celle, BauR 1999, 508; OLG Düsseldorf, BauR 2000, 290; OLG Hamm, NJW-RR 1991, 1430.
389 BGH, BauR 1990, 97; BauR 1990, 379; *Pott/Dahlhoff/Kniffka*, § 8 HOAI Rn 7.
390 BGH, BauR 1999, 1318; OLG-Hamm 1994, 984; OLG Düsseldorf, BauR 1985, 234 und 345; OLG Stuttgart, BauR 1985, 587; *Seifert/Vygen* in Korbion/Mantscheff/Vygen, § 10 HOAI, Rn 10: Entspricht die Ermittlung der anrechenbaren Kosten nach der Art ihrer Aufstellung bzw. ihrer Aufgliederung nicht den Formblättern der DIN 276, Teil 3, Anhang 1-4 in der Fassung vom April 1981, tritt keine Fälligkeit ein.
391 BGH, BauR 1999, 1318; OLG Düsseldorf, BauR 1996, 893; OLG Stuttgart, BauR 1991, 491; *Seifert/Vygen* in Korbion/Mantscheff/Vygen, § 10 HOAI; *Koeble* in Locher/Koeble/Frik, § 10 HOAI, Rn 12 f; *Pott/Dahlhoff/Kniffka*, § 10 HOAI, Rn 2 a; *Löffelmann/Fleischmann*, Rn 1142.
392 BGH, a. a. O.

3 § 6 Die Ansprüche des Architekten gegen den Auftraggeber

1981 enthält dabei die einzelnen **Kostengruppen**, auf die die HOAI in § 10 mehrfach Bezug nimmt. Dabei geht es um folgende Kostengruppen:

Kostengruppe 1: Kosten des Baugrundstücks
Kostengruppe 2: Kosten der Erschließung, aufgeteilt in öffentliche und nichtöffentliche
Kostengruppe 3: Kosten des Bauwerks, diese unterteilt in
    3.1. Baukonstruktion
    3.2. Installation
    3.3. Zentrale Betriebstechnik
    3.4. Betriebliche Einbauten
    3.5. Besondere Bauausführung
Kostengruppe 4: Gerät
Kostengruppe 5: Außenanlagen
Kostengruppe 6: Zusätzliche Maßnahmen
Kostengruppe 7: Baunebenkosten

> Beachte die detaillierte Kostengliederung in Anhang A 1 der DIN 276 (1981) mit 3 Spalten

151 In der DIN 276 findet sich folgende Zusammenstellung der Kostengruppen:

Zusammenstellung der Kosten DIN 276 Teil 3		
Kostengruppen	Teilbetrag Euro	Gesamtbetrag Euro
Summe 1 Baugrundstück		
Summe 2 Erschließung		
Summe 3 Bauwerk		
Summe 4 Gerät		
Summe 5 Außenanlagen		
Summe 6 Zusätzliche Maßnahmen		
Summe 7 Baunebenkosten		
Zur Abrundung		
Gesamtkosten		

152 ▶ HINWEIS: Hervorzuheben bleibt, dass § 10 Abs. 2 HOAI mit anrechenbaren Kosten unter Zugrundelegung der Kostenermittlungsarten in erster Linie die **Kosten der Baukonstruktion** nach Abschnitt 3.1 der DIN 276 meint, was sich aus einem Rückschluss aus § 10 Abs. 4 HOAI sowie aus § 10 Abs. 5 HOAI ergibt. Aus diesem Grund bilden häufig nur die Kosten der Baukonstruktion nach Abschnitt 3.1. die anrechenbaren Kosten nach § 10 Abs. 2 HOAI. In jedem Fall sind aber stets auch die **Spezialtatbestände des § 10 Abs. 3 bis 5 HOAI** zu beachten. ◀

153 Bei der für die Abrechnung der Leistungsphasen 1 bis 4 erforderlichen Kostenberechnung sind die anrechenbaren Kosten demnach auf der Grundlage des nachfolgenden verkürzten Formulars der DIN 276, Teil 3, in der Fassung von 1981 zu bestimmen.

A. Der Anspruch des Architekten auf das Architektenhonorar

Nr.	Kostengruppe	Teilbetrag Euro	Gesamtbetrag Euro
3	**Bauwerk**		
3.1.	Baukonstruktion		
3.1.1.	Gründung		
3.1.2.	Tragkonstruktion		
3.1.3.	Nichttragende Konstruktion		
3.1.9.	Sonstige Konstruktionen, soweit nicht in 3.1.1. bis 3.1.3. enthalten		
	Summe 3.1.		
3.2.	Installation		
3.3.	Zentrale Betriebstechnik		
3.4.	Betriebliche Einbauten		
3.5.	Besondere Bauausführungen		
	Summe 3		

▶ **Hinweis:** Unbedingt zu beachten ist auch, dass die in der Kostenberechnung ausgewiesenen Beträge **Bruttobeträge (inklusive Umsatzsteuer in Höhe von z.z. T.. 16 %)** darstellen. Die Berechnung des **Nettobetrages** der Kostenberechnung nach § 9 Abs. 2 HOAI erfolgt entsprechend den Steuersätzen des § 12 Abs. 1 UStG, derzeit 16 %. ◀

Bei der Erstellung einer prüfbaren Schlussrechnung sowie Abschlagsrechnung ist für Verträge, die nach dem 1. 1.1996 abgeschlossen worden sind, gem. § 10 Abs. 2 HOAI eine **Dreiteilung** der Rechnung erforderlich: Die anrechenbaren Kosten für die **Leistungsphasen 1 bis 4** sind unter Zugrundelegung der **Kostenberechnung** und solange diese nicht vorliegt, nach der Kostenschätzung zu ermitteln. Die anrechenbaren Kosten für die **Leistungsphasen 5 bis 7** sind unter Zugrundelegung des **Kostenanschlags** und solange dieser nicht vorliegt, nach der Kostenberechnung zu ermitteln. Die anrechenbaren Kosten für die **Leistungsphasen 8 und 9** sind unter Zugrundelegung der **Kostenfeststellung** und solange diese nicht vorliegt, nach dem Kostenanschlag zu ermitteln. Die für die jeweiligen Leistungsphasen benannten Kostenermittlungsarten sind die endgültige Grundlage und grundsätzlich nicht austauschbar oder können nicht, z. B. bei Kostensteigerungen, später korrigiert werden.[393]

154

Innerhalb der Abrechnungsgruppe ist **vorrangig die primär genannte Ermittlungsart** zugrunde zulegen, sofern sie im Zeitpunkt der Honorarberechnung entsprechend dem Leistungsbild des § 15 HOAI fällig war. Werden die Leistungen vor Fälligwerden einer Kostenermittlungsart abgebrochen, ist gem. § 10 Abs. 2 HOAI auf die **vorhergegangene Kostenermittlungsart** zurückzugreifen.[394] Ist die Leistungsphase 3 also nicht mehr geschuldet, so sind die anrechenbaren Kosten auf der Grundlage der in Leistungsphase 2

155

---

393 BGH, ZfBR 1998, 239; OLG Düsseldorf, BauR 1987, 708; OLG Celle, BauR 1985, 591.
394 OLG Hamm, IBR 2005, 1236.

3 § 6 Die Ansprüche des Architekten gegen den Auftraggeber

geschuldeten Kostenschätzung zu ermitteln. Für die Leistungsphasen 5 bis 9 ist der Kostenanschlag maßgebend, solange die Kostenfeststellung noch nicht durchgeführt werden konnte. Wird der Auftrag nach der Leistungsphase 5 oder 6 abgebrochen und liegt der erst in Leistungsphase 7 geschuldete Kostenanschlag deshalb noch nicht vor, lässt § 10 Abs. 2 HOAI die Frage offen, ob in diesem Fall auf der Grundlage der Kostenberechnung abzurechnen ist. Der Rückgriff auf die Kostenberechnung aus der Leistungsphase 3 ist ausnahmsweise zuzulassen, soweit es dem Auftragnehmer bei einer vorzeitigen Beendigung des Auftrages nicht zuzumuten ist, einen fiktiven Kostenanschlag anfertigen zu müssen, um abrechnen zu können.[395]

Zeitpunkt, in dem die jeweiligen Kostenermittlungsarten zu erstellen sind									
	Kostenschätzung § 15 Abs. 2 Nr. 2 HOAI	Kostenberechnung § 15 Abs. 2 Nr. 3 HOAI				Kostenanschlag § 15 Abs. 2 Nr. 7 HOAI	Kostenfeststellung § 15 Abs. 2 Nr. 8 HOAI		
LP1	LP2	LP3	LP4	LP5	LP6	LP7	LP8	LP9	
anrechenbare Kosten nach der Kostenberechnung DIN 276 (1981) (solange diese nicht vorliegt nach der Kostenschätzung) § 10 Abs. 2 Nr. 1 HOAI				anrechenbare Kosten nach dem Kostenanschlag DIN 276 (1981) (solange dieser nicht vorliegt nach der Kostenberechnung) § 10 Abs. 2 Nr. 2 HOAI			anrechenbare Kosten nach der Kostenfeststellung DIN 276(1981) (solange diese nicht vorliegt nach dem Kostenanschlag) § 10 Abs. 2 Nr. 3 HOAI	

(1) Kostenschätzung

156 Die Kostenschätzung nach DIN 276 in der Fassung von 1981,[396] die der Architekt in der **Leistungsphase 2** (Grundleistungen bei der Vorplanung) als Grundleistung zu fertigen hat, stellt die früheste und somit zwangsläufig gröbste Kostenermittlungsart dar. Die Ermittlung der anrechenbaren Kosten erfolgt hier auf der **Grundlage erster Bedarfsangaben** (z. B. Flächen, Nutzungseinheiten, Rauminhalte) nach dem jeweiligen Preiskostenindex bzw. nach Kubatur- und Quadratmetererfahrungspreisen.[397]

(2) Kostenberechnung

157 Für die Berechnung des Honorars für die Leistungsphasen 1 bis 4 gem. § 10 Abs. 2 HOAI ist die in **Leistungsphase 3** erstellte Kostenberechnung nach Formblatt DIN 276 Teil 3 in der Fassung von 1981[398] heranzuziehen. Die Kostenberechnung nach DIN 276 in der Fassung DIN 276 von 1981[399] schuldet der Architekt als Grundleistung in der **Leis-**

---

395 H. M.: OLG Hamm, BauR 1994, 793; OLG Düsseldorf, BauR 1996, 422; BauR 1994, 133 und BauR 1986, 244; *Seifert/Vygen* in Korbion/Mantscheff/Vygen, § 10 HOAI, Rn 10; *Koeble* in Locher/Koeble/Frik, § 10 HOAI Rn 50.
396 Formblatt nach DIN 276, Teil 3, Anhang 1.
397 *Werner* in Werner/Pastor, Rn 820.
398 BGH, BauR 1998, 354.
399 Formblatt nach DIN 276, Teil 3, Anhang 2.

A. Der Anspruch des Architekten auf das Architektenhonorar

tungsphase 3 (Grundleistungen bei der Entwurfsplanung). Der Kostenberechnung ist eine ganz besondere Bedeutung zuzumessen. Sie bildet für den Auftraggeber nämlich in der Regel die maßgebliche Entscheidungshilfe zur Beantwortung der Frage, ob er wirtschaftlich in der Lage ist, das gewünschte Bauvorhaben durchzuführen oder nicht. Da die Kostenberechnung eine differenzierte Aufschlüsselung der Baukosten nach verschiedenen Kostengruppen vorsieht, handelt es sich im Verhältnis zur Kostenschätzung um eine viel genauere Kostenermittlungsart. Grundlage der Kostenberechnung sind die **Entwurfsplanung und Objektbeschreibung** (Ausstattung und Standard). Die summarische Ermittlung der Kosten erfolgt dann aus einem Mengen- und Kostenansatz oder nach Erfahrungswerten bzw. pauschalisierten Angaben.[400] Ändern sich die anrechenbaren Kosten nachdem der Architekt die Kostenberechnung erstellt hat, z. B. durch vom Auftraggeber verringertes Bauvolumen oder einer verlangten höheren Ausführungsqualität, hat dies keinen Einfluss auf die Abrechnung der Leistungsphasen 1-4 nach der Kostenberechnung.[401]

(3) Kostenanschlag

Für die Leistungsphasen 5 bis 7 ist das Honorar nach dem Kostenanschlag (DIN 276 in der Fassung von 1981 Teil 3 Muster Kostenanschlag) inklusive Umsatzsteuer und unter Berücksichtigung der Regeln des § 10 Abs. 2 ff. HOAI zu berechnen. Der Kostenanschlag in der Fassung DIN 276 (1981),[402] der in der **Leistungsphase 7** (Grundleistungen im Rahmen der Mitwirkung bei der Vergabe) zu fertigen ist, stellt die dritte Kostenermittlungsart dar. Die Genauigkeit dieser Kostenermittlung ist gegenüber der Kostenberechnung um ein Vielfaches höher anzusetzen. Dies bedingt sich dadurch, dass bei der Erstellung des Kostenanschlages vollständige Ausführungs-, Detail- und Konstruktionspläne vorliegen, auf deren Basis Massenberechnungen und Leistungsbeschreibungen gefasst werden, die die **Grundlage für konkrete Angebotssummen** bilden. Für den Kostenanschlag sind sodann diese Angebotssummen maßgebend.[403]

Für die Art und Aufstellung des Kostanschlags nach Kostengruppen ist auf die Ausführungen zur Kostenberechnung zu verweisen.

▶ Hinweis: Praxisrelevant beachtenswert ist, dass bei der Vergabe nach Einzelgewerken in der Regel Ausschreibung und Vergabe nach Baufortschritt und nicht nach Baubeginn, wovon die HOAI auszugehen scheint, vorgenommen werden.[404] Jedenfalls für die Honorarermittlung ist dem Architekten insoweit zu empfehlen, den Kostenanschlag zeitnah zu erstellen bzw. nachzuliefern. ◀

Den Kostenanschlag hat der Architekt auch in Bezug auf **Nachträge** von Bauunternehmen fortzuschreiben, wenn er mit deren Prüfung und Vergabe[405] oder allein mit der Bauüberwachung beauftragt ist.[406] **Mengen- bzw. Massenerhöhungen oder -minderungen** haben dagegen im Kostenanschlag nichts zu suchen. **Bedarfs- oder Eventualpositionen** sind nur dann zu berücksichtigen, wenn die Positionen bei Vertragsschluss beauftragt werden.[407]

---

400 *Werner* in Werner/Pastor, Rn 820.
401 OLG Düsseldorf, BauR 1987, 708: Auswirkungen auf die nach der Kostenberechnung ermittelten anrechenbaren Kosten, bei nachträglicher Verringerung der anrechenbaren Kosten und ursprünglich schuldhafter zu hoher Kostenermittlung durch den Architekten.
402 Formblatt nach DIN 276, Teil 3, Anhang 3.
403 *Werner* in Werner/Pastor, Rn 820.
404 *Jochem*, DAB 1997, 709.
405 *Koeble* in Locher/Koeble/Frik, § 10 HOAI, Rn 24; *Seifert/Vygen* in Korbion/Mantscheff/Vygen, § 10 HOAI, Rn 23 b.
406 *Plankemann*, DAB 2003, 52: Ein Kostenanschlag ist erst dann abgeschlossen, wenn die letzte benötigte Leistung ausgeschrieben und vergeben ist.
407 *Koeble* in Locher/Koeble/Frik, § 10 HOAI, Rn 24; *Seifert/Vygen* in Korbion/Mantscheff/Vygen, § 10 HOAI Rn 23 a; *Vogelheim*, NZBau 2004, 577.

§ 6 Die Ansprüche des Architekten gegen den Auftraggeber

(4) Kostenfeststellung

160 Für die Leistungsphasen 8 und 9 ist das Honorar nach der Kostenfeststellung (DIN 276 in der Fassung von 1981 Teil 3 Muster Kostenfeststellung) inklusive Umsatzsteuer und unter Berücksichtigung der Regeln des § 10 Abs. 2 ff. HOAI zu berechnen. Die **Kostenfeststellung** nach DIN 276 in der Fassung 1981,[408] die in der **Leistungsphase 8** zu erbringen ist, bildet die letzte und endgültige Kostenermittlung, da sie auf den geprüften **Schlussrechnungen und Kostenbelegen**, also den tatsächlich anfallenden Kosten basiert.[409] Im Hinblick auf Art und Aufstellung der Kostenfeststellung nach Kostengruppen wird auf die Ausführungen zur Kostenberechnung verwiesen. **Nachträge, Massenerhöhungen und/oder -minderungen** sind hier selbstverständlich zu berücksichtigen. Für **Bedarfs- und Eventualpositionen** gilt dies nur, wenn sie bei Vertragsschluss beauftragt worden sind.

bb) Von § 10 Abs. 2 HOAI abweichende Kostenermittlung

(1) Vertraglich vereinbarte abweichende Kostenermittlung

161 Unter der Voraussetzung, dass sich das Honorar des Architekten im Rahmen der zulässigen **Mindest- und Höchstsätze** bewegt, können die Vertragsparteien – unabhängig von § 4 a HOAI (vgl. dazu Rn 175) – von § 10 Abs. 2 HOAI abweichende Vereinbarungen über die Ermittlung des Honorars treffen. Der Architekt setzt sich hier allerdings stets der Gefahr aus, dass er bei einem Einwand des Bauherrn gegen die ermittelten Kosten auf der Grundlage des § 10 Abs. 2 HOAI die tatsächlich zutreffende Ermittlung der Kosten nachweisen muss. Problematisch sind von § 10 Abs. 2 HOAI abweichende Vereinbarungen in **formularmäßigen Architektenverträgen**, da sie ggf. nach § 307 Abs. 2, Abs. 1 BGB wegen eines Verstoßes gegen wesentliche Grundgedanken des § 10 Abs. 2 HOAI oder als unangemessene Benachteiligung des Architekten kassiert werden können.[410] Nachdem der BGH zwingend die DIN 276 in der Fassung 1981 als die allein maßgebliche Ausgabe für die Ermittlung der anrechenbaren Kosten zur Berechnung des Architektenhonorars festgelegt hat,[411] ist fraglich, ob eine Vereinbarung der Parteien dahingehend, auch für die Berechnung des Honorars die Kostenermittlungsarten der DIN 276 in der Fassung 1993 abzurechnen, zulässig ist. Bei entsprechender vertraglicher Vereinbarung wird dies für den Fall des § 4 a HOAI zu bejahen sein.[412]

(2) Bei Vereinbarung eines Pauschalhonorars

162 Bei der Vereinbarung eines Pauschalhonorars hat der Architekt für die Fälligkeit seines Honorars keine Kostenermittlungen nach § 10 Abs. 2 HOAI zu erbringen.[413] Probleme können sich aber auch hier ergeben, wenn der Bauherr sich auf eine **Überschreitung der Höchstsätze** oder aber bei einer mündlichen Honorarvereinbarung der Bauherr oder

---

408 Formblatt nach DIN 276, Teil 3, Anhang 4.
409 *Werner* in Werner/Pastor, Rn 820.
410 BGH, BauR 1981, 582: Die Regelung in einem formularmäßigen Architektenvertrag, die dem Auftraggeber das Recht einräumt, für alle Leistungsphasen die Herstellungskosten nach Erfahrungswerten aufgrund der Pläne und Kubikmeterberechnungen als endgültige Honorargrundlage zu schätzen, ist gemäß § 307 Abs. 2 Nr. 1 BGB unwirksam, da sie mit wesentlichen Grundgedanken des § 10 Abs. 2 HOAI nicht vereinbar ist; KG, BauR 1991, 251: Die Klausel in Vertragsmustern der öffentlichen Hand, eine Honorarabrechnung könne nur „nach den genehmigten Kosten der Kostenberechnung" erfolgen, ist wegen einer unangemessenen Benachteiligung des Architekten gemäß § 307 Abs. 1 BGB unwirksam.
411 BGH, BauR 1998, 354.
412 *Vygen* in Korbion/Mantscheff/Vygen, § 4 a HOAI, Rn 17; *Knipp* in Thode/Wirth/Kuffer, § 7 Rn 36.
413 *Koeble* in Locher/Koebel/Frik, § 10 HOAI, Rn 70; **a. A.** OLG Düsseldorf, BauR 1982, 294.

A. Der Anspruch des Architekten auf das Architektenhonorar

Architekt auf eine **Unterschreitung der Mindestsätze** beruft. In beiden Fällen kann die korrekte Ermittlung des Pauschalhonorars durch den Architekten nur durch die Kostenermittlungen nach § 10 Abs. 2 HOAI nachgewiesen werden.[414]

(3) Bei Vereinbarung einer Baukostengarantie oder einer Bausumme als Beschaffenheit des Werkes

Die Übernahme einer Baukostengarantie (vgl. dazu Rn 396 ff.) oder der Vereinbarung einer Bauskostenhöchstsumme durch den Architekten hat keinen Einfluss auf die vom Architekten nach § 10 Abs. 2 HOAI geschuldeten Kostenermittlungsarten.[415] Allerdings wird bei höheren als den nach § 10 Abs. 2 ermittelten Kosten für die Honorarberechnung nur auf die **garantierten Kosten** abzustellen sein.[416] Bei einer vereinbarten Bausumme als Beschaffenheit des geschuldeten Werkes (vgl. dazu Rn 396 ff.) bildet diese die **Höchstgrenze** der für die Honorarabrechnung zugrunde zu legenden anrechenbaren Kosten.[417]

cc) Ermittlung der anrechenbaren Kosten bei nur teilweise beauftragten Architektenleistungen und vorzeitiger Beendigung des Architektenvertrages

163

Verringern sich bei der Entwurfsplanung die anrechenbaren Kosten durch **erhebliche Umplanungen**, kann der Architekt die Leistungsphasen 1 und 2 nach § 15 HOAI unter Zuziehung der Kostenschätzung abrechnen.[418] Das Gleiche gilt, wenn der Auftraggeber unter entsprechender Honorarkürzung (Steinfort Tabelle) auf die Erstellung von Kostenschätzung und/oder Kostenberechnung vertraglich verzichtet hat.[419] Erhebliche Veränderungen an dem Bauvorhaben in einem Zeitpunkt, in dem der Architekt die Leistungsphasen 5 und/oder 6 bereits erbracht hat und die zu einer Verringerung der anrechenbaren Kosten führen, berechtigen den Architekten, auf der vorgängigen Kostenermittlungsart, die tatsächlich für die Leistungen maßgebend war, abzurechnen. Folgerichtig gilt dies im umgekehrten Fall, in dem Veränderungen des Bauvorhabens nach Erbringung der Leistungsphasen 5 und/oder 6 erfolgen, damit aber eine Baukostensteigerung verbunden ist, ebenso: Entscheidend ist die Kostenermittlungsart, nach der vor den baulichen Veränderungen das Honorar zu ermitteln ist.

164

Grundsätzlich gilt, dass der Architekt bei **vorzeitiger Vertragsbeendigung** nach der zuletzt von ihm zu erbringenden Kostenermittlungsart abrechnen kann.[420] Die Ermittlung der anrechenbaren Kosten bei Beendigung des Bauvorhabens unmittelbar nach Vertragsschluss oder bei erbrachten Leistungen der Leistungsphase 1 nach § 15 HOAI kann durch den Architekten nur auf Grundlage der Kostenschätzung erfolgen.[421] Ist der Architekt nur mit den Leistungen bis Leistungsphase 5 und/oder 6 beauftragt oder wird der

165

---

414 *Seifert/Vygen* in Korbion/Mantscheff/Vygen, § 10 HOAI, Rn 27 a; OLG Düsseldorf, a. a. O.
415 *Seifert/Vygen* in Korbion/Mantscheff/Vygen, § 10 HOAI, Rn 27; OLG Hamm, BauR 1995, 415.
416 *Koeble* in Locher/Koeble/Frik, § 10 HOAI, Rn 68; OLG Köln, BauR 1995, 138.
417 BGH, IBR 2003, 1315; *Böhme*, BauR 2004, 397; *Quack*, ZfBR 2004, 315; **a. A.** *Seifert/Vygen* in Korbion/Mantscheff/Vygen, § 10 HOAI Rn 27: Dies kann zu einer gegen das Preisrecht verstoßenden Unterschreitung der Mindestsätze führen.
418 KG, KGR 2003, 222.
419 OLG Düsseldorf, BauR 1987, 227; BauR 1995, 741; BauR 1996, 293; KG, BauR 1991, 251; *Seifert/Vygen* in Korbion/ Mantscheff/Vygen, § 10 HOAI Rn 7.
420 KG, NJW-RR 1995, 536; OLG Düsseldorf, BauR 1987, 227; OLG Frankfurt, OLGR 1994, 97; OLG München, BauR 1991, 650; *Löffelmann/Fleischmann*, Rn 1155.
421 *Seifert/Vygen* in Korbion/Mantscheff/Vygen, § 10 HOAI, Rn 7; Nach *Löffelmann/Fleischmann*, Rn 1162 und *Koeble* in Locher/Koeble/Frik, § 10 HOAI, Rn 7 soll, wenn eine Kostenschätzung nicht möglich ist, auf ein Mindestzeithonorar zurückgegriffen werden können.

§ 6 Die Ansprüche des Architekten gegen den Auftraggeber

Vertrag zu diesem Zeitpunkt vorzeitig beendet, hat der Architekt für die Berechnung seines Honorars die Kostenberechnung heranzuziehen, denn mangels Beauftragung bzw. vorzeitiger Beendigung der Leistungsphase 7 hat er nach der Systematik des § 10 Abs. 2 HOAI noch keinen Kostenanschlag zu erbringen.[422] Wird der Architektenvertrag während der Leistungsphase 3, 7 oder 8 gekündigt, kann der Architekt die anrechenbaren Kosten nach der vorgängig zu erbringenden Kostenermittlungsart ansetzen.[423] Werden nach einer vorzeitigen Beendigung des Vertrages die nicht mehr vom Architekten zu erbringenden Leistungen von einem anderen Architekten fortgeführt, kann sich der ursprünglich beauftragte Architekt – wenn er nicht an seine bereits erstellte Honorarabrechnung gebunden ist (vgl. dazu Rn 257 ff.) – auch auf die für seine Abrechnung fehlenden, aber vom „Neuarchitekten" nun erstellten, Kostenermittlungsarten stützen.[424] Die Herausgabe der vom zweiten Architekten aufgestellten Kostenermittlungsarten muss der Architekt ggf. über eine Auskunfts- und Stufenklage nach § 254 ZPO vom Bauherrn einfordern[425] oder ggf. schätzen.[426]

dd) Spezialfälle

(1) § 10 Abs. 3 HOAI

166 In den vier Fällen des § 10 Abs. 3 HOAI liegen die anrechenbaren Kosten wegen **ungewöhnlicher Preisvergünstigungen** unterhalb dem Marktwert. Um das Architektenhonorar nicht ungerechtfertigterweise zu mindern, werden die anrechenbaren Kosten deshalb nach den **ortsüblichen Marktpreisen** angesetzt.[427] Ortsüblich ist der Preis, der für die fragliche Leistung oder Lieferung zu dem Zeitpunkt, in dem sie erbracht wird, am Ort der Bauausführung bzw. in dessen engerer Umgebung allgemein und daher üblicherweise bezahlt wird (wie § 15 Nr. 1 Abs. 2 VOB/B). Die Beweislast für die Ortsüblichkeit liegt beim Architekten. Nach dem ortsüblichen Preis bestimmen sich demnach Lieferungen (Baustoffe/Bauteile) und Leistungen (Arbeiten), die der Auftraggeber selbst übernimmt, § 10 Abs. 3 Nr. 1 HOAI). Darunter fällt einerseits die Nachbarschaftshilfe, also Lieferungen bzw. Leistungen Dritter, die aufgrund persönlicher Beziehungen zum Auftraggeber zu einem geringeren als dem Marktwert erbracht werden und damit eine Besserstellung des Auftraggebers bewirken. Andererseits ist aber auch eine Ausführung der Bauleistungen durch Schwarzarbeiter zu berücksichtigen, da sich eine illegale Steuerhinterziehung des Auftraggebers nicht zu Lasten des Architekten auswirken soll. Da übliche Vergünstigungen bei der Ermittlung der anrechenbaren Kosten in Abzug zu bringen sind, bezieht sich § 10 Abs. 3 Nr. 2 HOAI folglich auf solche Lieferungs- und Leistungsvergünstigungen, die gar nicht oder nicht in der gewährten Höhe üblich sind (z. B. Rabatte, Gutschriften, Provisionen, Rückvergütungen, Prämien, nicht aber Skonti).[428] Keine Ver-

---

422 BGH, BauR 1999, 1467; BauR 1999, 265: Hier erklärt der BGH, die für die Honorarabrechnung maßgebliche Kostenermittlungsart sei im Ausnahmefall davon abhängig, ob dem Architekten im Einzelfall und unter Berücksichtigung von Treu und Glauben zumutbar sei, die für die Abrechnung der Leistungsphasen nach § 10 Abs. 2 HOAI vorgeschriebene, aber noch nicht vorliegende Kostenermittlungsart zu erstellen.
423 BGH, BauR 2000, 1511 und wieder einschränkend nach BauR 1999, 265, a.a.O; OLG Düsseldorf NJW-RR 1996, 84.
424 BGH, BauR 1998, 814; *Jochem*, § 10 HOAI, Rn 7; *Koeble* in Locher/Koeble/Frik, § 10 HOAI, Rn 59.
425 KG, NJW-RR 1995, 536 und OLG Köln, NJW-RR 1991, 279: Der Bauherr muss die geordnete Zusammenstellung nebst Belegen aushändigen, mit der die Vollständigkeit und Richtigkeit der Abrechnung dokumentiert wird; *Jochem*, § 10 HOAI, Rn 7; *Koeble* in Locher/Koeble/Frik, § 10 HOAI, Rn 63.
426 BGH, BauR 1995, 126; BauR 1999, 265.
427 Wirth/Theis, Architekt und Bauherr, 841.
428 *Seifert/Vygen* in Korbion/Mantscheff/Vygen, § 10 HOAI, Rn 31 f; *Koeble* in Locher/Koeble/Frik, § 10 HOAI, Rn 82 f., 15; *Pott/Dahlhoff/Kniffka*, § 10 HOAI, Rn 14.

A. Der Anspruch des Architekten auf das Architektenhonorar 3

günstigungen i. S. des § 10 Abs. 3 Nr. 2 HOAI stellen Zurückbehaltungsrechte, Sicherheitseinbehalte sowie Kürzungen durch Aufrechnung mit Schadensersatzansprüchen bzw. Vertragsstrafen dar.

Auch bei allen **objektbezogenen „Tauschgeschäften"**, die vom Auftragnehmer nicht mit Geld, sondern durch eine sachliche oder gegenständliche Gegenleistung, ein Gegengeschäft, vergütet werden (§ 10 Abs. 3 Nr. 3 HOAI) sowie bei dem **Einbau vorhandener bzw. vorbeschaffter Baustoffe** (§ 10 Abs. 3 Nr. 4 HOAI) werden die anrechenbaren Kosten nach den ortsüblichen Preisen ermittelt. Baustoffe sind insoweit zur Herstellung von Bauten verwendbare, natürliche oder künstliche (umgeformte) Materialien (wie § 1 VOB/A). Bauteile sind dagegen wiederverwendbare Teile alter Bausubstanz (wie § 1 VOB/A), wenn und soweit sie aus dem festen Verbund mit der übrigen Bausubstanz zum Zwecke der Wiederverwendung herausgelöst worden sind (Abgrenzung zu § 10 Abs. 3 a HOAI). Vorhanden oder vorbeschafft sind Baustoffe/Bauteile, wenn sie bauseitig beigestellt, also nicht vom betreffenden Handwerker/Unternehmer zur Verfügung gestellt und damit nicht in deren Vertragspreisen enthalten sind. Maßgebend ist der Wert nach dem Erhaltungszustand im Zeitpunkt der Wiederverwendung. Ein Einbau liegt vor, wenn und soweit vorhandene oder vorbeschaffte Baustoffe bzw. Bauteile durch Tätigwerden und unter Verantwortung des Architekten als Objektplaner tatsächlich nicht nur mitverarbeitet werden, sondern in das Bauvorhaben eingehen, also durch Einfügung zu seinem Bestandteil werden.

(2) § 10 Abs. 3 a HOAI

Gemäß § 10 Abs. 3 a HOAI ist die **vorhandene Bausubstanz**, die bei den Baumaßnahmen **technisch oder gestalterisch mitverarbeitet** wird, bei der Ermittlung der anrechenbaren Kosten angemessen zu berücksichtigen. Für den Architekten, dem vonseiten des Auftraggebers vorhandene Bausubstanz zur Verfügung gestellt wird, die er in seine Planung einzubeziehen hat, soll damit im Hinblick auf die im Falle der Neuherstellung alternativ anfallenden höheren anrechenbaren Kosten ein Ausgleich geschaffen werden. Bei der vorhandenen Bausubstanz handelt es sich um tragende oder nicht tragende Elemente, also Baustoffe oder Bauteile, die mit dem bisherigen Bauwerk sowie mit Grund und Boden fest verbunden sind. Vorhandene Bausubstanz wird bei der Erstellung einer prüfbaren Schlussrechnung also regelmäßig dann gem. § 10 Abs. 3 a HOAI zu berücksichtigen sein, wenn es um **Erweiterungsbauten, Umbauten, Modernisierungen** und **Instandsetzungen** geht. Der Begriff der Bausubstanz in § 10 Abs. 3 a HOAI ist nicht identisch mit dem Begriff „Bauteile/Baustoffe" des § 10 Abs. 3 Nr. 4 HOAI.[429] Der wesentliche Unterschied besteht darin, dass Baustoffe/Bauteile losgelöst vom Objekt keine Bausubstanz darstellen. Bei der vorhandenen Bausubstanz handelt es sich um eingebaute oder verarbeitete Baustoffe/Bauteile von Gebäuden,[430] die noch fest mit dem Gebäude (und damit auch mit dem Grund und Boden) verbunden sind und in das beabsichtigte neue Bauvorhaben wiederverwendbar eingefügt werden können und deren funktionelle Bestimmung fortdauert. Die alte Bausubstanz muss in technischer konstruktiver und/oder planerisch-gestalterischer Hinsicht derart in die dem Architekten nach dem Vertrag obliegende Planungs-, Koordinierungs- und Überwachungspflichten einbezogen werden, dass die alte Substanz in das neue Planungskonzept und damit in das **neu entstandene**

---

[429] *Budde* in Thode/Wirth/Kuffer, § 24 Rn 33.
[430] *Koeble* in Locher/Koeble/Frik, § 10 HOAI, Rn 91; *Seifert/Vygen* in Korbion/Mantscheff/Vygen, § 10 HOAI, Rn 34; *Pott/Dahlhoff/Kniffka*, § 10 HOAI Rn 34; *Löffelmann/Fleischmann*, Rn 1180.

§ 6 Die Ansprüche des Architekten gegen den Auftraggeber

Gebäude eingeht (Wiederaufbau, Umbau, Modernisierung, Instandsetzung).[431] Nicht ausreichend ist damit allein die zeichnerische Darstellung vorhandener Bausubstanz nach vorhandenen Planunterlagen oder eine eine reine Bestandsaufnahme.[432] Nach der Entscheidung des BGH hat der Architekt darzulegen und zu beweisen, dass er die vorhandene Bausubstanz technisch und gestalterisch mitverarbeitet hat und in welchem Umfang dies in welchen Leistungsphasen erfolgt ist.[433]

169 Nach § 10 Abs. 3 a HOAI ist die vorhandene Bausubstanz bei der Ermittlung der anrechenbaren Kosten **angemessen** zu berücksichtigen. Es ist der effektive Wert entsprechend dem Erhaltungszustand im Zeitpunkt der Baumaßnahme und der Umfang der Leistung der Baumaßnahme, also der Umfang der mitzuverarbeitenden Bausubstanz in räumlicher, funktionaler, gestalterischer und quantitativer Hinsicht zu bewerten.[434] Dabei sind wertmindernde Merkmale, wie Alter und Substanzmängel mit zu berücksichtigen.[435] Der Ansatz der vorhandenen Bausubstanz als „ob" ist nicht zwingend schriftlich festzulegen, denn das **Schriftformerfordernis** bezieht sich ausdrücklich nur auf den Umfang der vorhandenen Bausubstanz.[436] Besonderes hinzuweisen ist darauf, dass § 4 HOAI nicht einschlägig ist, so dass die schriftliche (wenn nicht nach Mindestsätzen abgerechnet werden soll) Vereinbarung über den Umfang der vorhandenen Bausubstanz **nicht bei Auftragserteilung**, sondern auch später erfolgen kann. Das Schriftformerfordernis hat hier also nur Klarstellungsfunktion.[437] Abschließend ist darauf hinzuweisen, dass sich § 10 Abs. 3 a HOAI einerseits und der in § 24 HOAI vorgesehene Umbauzuschlag – der allerdings aus den reinen Umbaukosten ohne die vorhandene Bausubstanz zu ermitteln ist[438] – andererseits nicht ausschließen, bei Vorliegen entsprechender schriftlicher Vereinbarungen also in einer Rechnung nebeneinander zur Anwendung kommen können.[439]

(3) § 10 Abs. 4 HOAI

170 Nach § 10 Abs. 4 HOAI sind die anrechenbaren Kosten für die Kostengruppen 3.2. „Installation", 3.3. „Zentrale Betriebstechnik" sowie 3.4. „Betriebliche Einbauten" **nur teilweise** zu berücksichtigen, wenn vom Architekten keine **fachingenieurtypischen Leistungen** durch Planung oder Überwachung von Sonderfachleuten erbracht worden sind.[440] Diese Honorarminderung gilt gleichfalls auch dann, wenn der Architekt die fachliche Planung und/oder Überwachung der Ausführung von Installation, zentraler Betriebstechnik oder betrieblichen Einheiten erbringt. Für diesen Fall kann der Architekt

---

431 BGH, BauR 1986, 593; *Seifert/Vygen* in Korbion/Mantscheff/Vygen, § 10 HOAI, Rn 34 c; *Löffelmann/Fleischmann*, Rn 1184.
432 *Koeble* in Locher/Koeble/Frik, § 10 HOAI, Rn 93.
433 BGH, BauR 2003, 745.
434 BGH, BauR, a. a. O.
435 BGH, BauR 1986, 593; *Löffelmann/Fleischmann*, Rn 1186; *Jochem*, § 10 HOAI, Rn 12; *Seifert/Vygen* in Korbion/Mantscheff/Vygen, § 10 HOAI, Rn 34; **a. A.** Enseleit/Osenbrück, Rn 243 ff: Alter ist kein wertminderndes Kriterium, abgestellt wird auf den Neuwert (ortsübliche Preise) – Beispiele zur Ermittlung der Angemessenheit in: *Pott/Dahlhoff/Kniffka*, § 10 HOAI, Rn 22; *Koeble* in Locher/Koeble/Frik, § 10 HOAI, Rn 96 ff; *Seifert/Vygen* in Korbion/Mantscheff/Vygen, § 10 HOAI, Rn 34 c ff; *Enseleit/Osenbrück*, Rn 249 ff; *Bredenbeck/Schmidt*, BauR 1994, 67.
436 BGH, IBR 2003, 256.
437 BGH, a. a. O.; OLG Düsseldorf, BauR 1996, 289; *Koeble* in Locher/Koeble/Frik, § 10 HOAI, Rn 16; *Neuenfeld/Baden/Dohna/Grosscurth*, § 10 HOAI, Rn 19 d; *Pott/Dahlhoff/Kniffka*, § 10 HOAI, Rn 36; *Seifert/Vygen* in Korbion/Mantscheff/Vygen, § 10 HOAI, Rn 34 ff; *Löffelmann/Fleischmann*, Rn 11, 38.
438 *Osenbrück*, Festschrift für Jagenburg 2002, 725.
439 BGH, BauR 1986, 593; *Werner* in Werner/Pastor, Rn 847.
440 OLG Hamm, BauR 1995, 415; *Löffelmann*, Festschrift für v. Craushaar, S. 31 ff.

A. Der Anspruch des Architekten auf das Architektenhonorar

gem. § 10 Abs. 4 S. 2 HAOI für diese fachingenieurtypischen Leistungen ein **gesondertes Honorar** für die Grundleistungen aus dem Katalog des § 73 HOAI vereinbaren.[441] Liegt diesbezüglich keine Vereinbarung vor, steht dem Architekten für die Grundleistungen des § 73 HOAI zumindest der Mindestsatz zu.

Hinter der Regelung in § 10 Abs. 4 HOAI steht der Gedanke, dass der Auftraggeber bei Beauftragung von Sonderfachleuten nicht einerseits die Leistungen der Sonderfachleute honorieren muss und sich andererseits gleichzeitig das Architektenhonorar im Umfang der anrechenbaren Kosten der Sonderfachmanngewerke erhöht.

171

▶ **HINWEIS:** Zu beachten bleibt, dass immer dann, wenn die Summe der Kosten für die Kostengruppen 3.2. bis 3.4. die 25 % der Kosten der Baukonstruktion nicht erreichen, der vorgenannte Abzug nicht zu berücksichtigen ist. Dies belegt § 10 Abs. 4 HOAI, der eine vollständige Anrechnung der vorbenannten Kostengruppen bis zu einem Betrag von 25 % der sonstigen anrechenbaren Kosten vorsieht. Die Kostengrundlage für die Honorarermittlung bilden dann sowohl die Kosten der Baukonstruktion als auch die Kosten der Kostengruppen 3.2. bis 3.4. ◀

Zur Veranschaulichung sollen folgende Beispielsrechnungen dienen:

Beispiel 1: § 10 Abs. 4 HOAI bei teilweiser Berücksichtigung der anrechenbaren Kosten für die Kostengruppen 3.2. bis 3.4.:

Anrechenbare Kosten nach DIN 276 Abschnitt 3.1

Ausgangswerte:

Nr.	Kostengruppe	Summe 3.2, 3.3, 3.5.2	Summe 3.1
3 3.1.	Bauwerk Baukonstruktion		1.310.000,00 €
3.2	Installation	189.000,00 €	
3.3	Zentrale Betriebstechnik	122.000,00 €	
3.5.2	Besondere Installationen	33.500,00 €	
Summen		344.500,00 €	1.310.000,00 €

Berechnung:

Kostengruppe 3.1 Baukonstruktion		1.310.000,00 €
Kostengruppen 3.2, 3.3, 3.5.2 in voller Höhe maximal bis 25 v. H. von 3.1 = 1.310.000,00 € x 0,25 = 327.500,00 €	Max.: 327.500,00 €	327.500,00 €
Kostengruppen 3.2, 3.3, 3.5.2 mit 50 v. H. für > 25 v. H. von 3.1 = (344.500,00-327.500,00) x 0,5 =	keine	8.500,00 €
Kostenberechnung: anrechenbare Kosten		**1.646.000,00 €**

---

441 *Pott/Dahlhoff/Kniffka*, § 10 Rn 44 ff.

Marfurt

§ 6 Die Ansprüche des Architekten gegen den Auftraggeber

Beispiel 2: § 10 Abs. 4 HOAI ohne Berücksichtigung der anrechenbaren Kosten für die Kostengruppen 3.2. bis 3.4.:
Anrechenbare Kosten nach DIN 276 Abschnitt 3.1
Ausgangswerte:

Nr.	Kostengruppe	Summe 3.2, 3.3, 3.5.2	Summe 3.1
3 3.1.	Bauwerk Baukonstruktion		928.000,00 €
3.2	Installation	122.000,00 €	
3.3	Zentrale Betriebstechnik	5.000,00 €	
3.5.2	Besondere Installationen	14.000,00 €	
Summen		141.000,00 €	928.000,00 €

Berechnung:

Kostengruppe 3.1 Baukonstruktion		928.000,00 €
Kostengruppen 3.2, 3.3, 3.5.2 in voller Höhe maximal bis 25 v. H. von 3.1 = 928.000,00 € x 0,25 = 232.000,00 €	Max.: 232.000,00 €	141.000,00 €
Kostengruppen 3.2, 3.3, 3.5.2 mit 50 v. H. für > 25 v. H. von 3.1 = (0,00) x 0,5 =	keine	0,00 €
Kostenberechnung: anrechenbare Kosten		1.069.000,00 €

Die Kostengruppen 3.2. bis 3.4. sind hier voll ansetzbar, da die Summe der Kosten für die Kostengruppen 3.2. bis 3.4. die 25 % der Kosten der Baukonstruktion nicht erreichen.

(4) § 10 Abs. 5 HOAI

172 Bestimmte **Kostengruppen** sind bei der Ermittlung der anrechenbaren Kosten gem. § 10 Abs. 5 HOAI **nicht ansatzfähig**. Andere Kostengruppen bzw. Abschnitte einzelner Kostengruppen **ausnahmsweise** doch, wenn eine Planung oder Überwachung durch den Auftragnehmer durchgeführt worden ist. Anders als bei den in § 10 Abs. 4 HOAI aufgeführten Kosten, wird dem Architekten bei den in § 10 Abs. 5 HOAI geregelten Fällen keine „Mindestbeteiligung" zugestanden. Der Grund für diese generalisierende Unterscheidung liegt darin, dass der Architekt im allgemeinen an den Leistungen nach § 10 Abs. 4 HOAI in einem gewissen Umfang sachlich beteiligt ist, auch wenn er die betreffenden Planungsleistungen nicht selbst erbringt, während das bei § 10 Abs. 5 HOAI typischerweise nicht oder nur am Rande der Fall ist.

173 Im Hinblick auf die nicht anrechenbaren Kosten sind in § 10 Abs. 5 HOAI insgesamt 13 verschiedene Konstellationen aufgeführt, wobei die Nichtanrechenbarkeit teilweise von der Voraussetzung abhängig ist, dass die Leistung vom Architekten weder geplant noch die Ausführung überwacht worden ist.

A. Der Anspruch des Architekten auf das Architektenhonorar

Nicht ansatzfähig	Grundsätzlich nicht ansatzfähig; ausnahmsweise doch, wenn eine Planung oder Überwachung erfolgt sind
■ nach Kostengruppen der DIN 276: 1.1. Wert des Baugrundstücks 1.2. Erwerbskosten 1.3. Freimachungskosten 2.1. Öffentliche Erschließung[442] 2.3. Andere einmalige Abgaben 5. Außenanlagen (Ausnahme 5.3. und 5.7.) 6. Zusätzliche Maßnahmen 7. Baunebenkosten	■ nach Kostengruppen der DIN 276: 1.4. Herrichtungskosten 2.2. Nichtöffentliche Erschließung 5.3. Abwasser- und Versorgungsanlagen 5.7. Verkehrsanlagen 4. Gerät 5.4. Wirtschaftsgegenstände
■ im übrigen: – Geräte und Wirtschaftsgegenstände, die nicht in den Kostengruppen 4. und 5.4. nach DIN 276 aufgeführt sind oder die der Auftraggeber ohne Mitwirkung des Auftraggebers beschafft. – Kosten von Mängelbeseitigungsmaßnahmen[443] – Entschädigungen und Schadensersatzleistungen (zu den Schadensersatzleistungen zählen auch Nacherfüllungs- und Minderungsansprüche, die als Zurückbehaltungsrecht geltend gemacht werden)[444] – Sicherheitseinbehalte und Vertragsstrafen	■ im übrigen: – Künstlerisch gestaltete Bauteile – Fernmeldetechnische Einrichtungen und andere zentrale Einrichtungen der Fernmeldetechnik für Ortsvermittlungsstellen sowie Anlagen der Maschinentechnik, die nicht überwiegend der Ver- und Entsorgung des Gebäudes zu dienen bestimmt sind.

Teile der **Außenanlagen** sind trotz § 10 Abs. 5 Nr. 5 HOAI anrechenbar, wenn sie zur **Erschließung** nach § 10 Abs. 5 Nr. 4 HOAI gehören. Sind die Außenanlagen **Freianlagen**, können sie ausnahmsweise angerechnet werden. Gemäß § 18 S. 2 HOAI sind sie bis zu 7.500,- Euro zu den anrechenbaren Kosten des Objekts zu rechnen. Übersteigen die Grundleistungen für die Freianlagen die 7.500,- Euro – Grenze, so muss nach § 18 S. 1 HOAI eine gesonderte Abrechnung erfolgen. Die Kosten für **Kunstwerke** sind gem. § 10 Abs. 5 Nr. 8 HOAI anrechenbar, wenn sie wesentlicher Bestandteil des Gebäudes werden. Dies setzt eine feste Verbindung mit dem Gebäude voraus.

174

ee) Pauschalierung der anrechenbaren Kosten; § 4 a HOAI

Gemäß § 4 a HOAI haben es die Vertragsparteien in der Hand, die **anrechenbaren Kosten** als Bemessungsgrundlage für die Höhe des Vergütungsanspruchs des Auftragnehmers durch eine schriftliche Vereinbarung bei der Auftragserteilung **zu pauschalisieren**. Ziel einer solchen Pauschalisierung der anrechenbaren Kosten nach § 4 a HOAI ist die **Abkoppelung der Baukosten vom Architektenhonorar**. Die Wirksamkeit dieser Pauschalisierungsvereinbarung hängt neben dem Schriftformerfordernis bei Auftragserteilung davon ab, dass die Bereitstellung einer Ermittlung der voraussichtlichen Herstellungskos-

175

---

442 OLG Frankfurt, BauR 2000, 435.
443 *Enseleit/Osenbrück*, Rn 224; *Koeble*, BauR 1983, 323.
444 *Werner* in Werner/Pastor, Rn 848.

§ 6 Die Ansprüche des Architekten gegen den Auftraggeber

ten nach Kostenberechnung oder Kostenanschlag erfolgt. Diese Kostenermittlungen sind somit wahlweise (entsprechend der schriftlichen Vereinbarung „Kostenberechnung oder Kostenanschlag") auf der Grundlage der DIN 276[445] nachprüfbar zu erstellen. Anzumerken bleibt, dass für den Fall, dass die Voraussetzungen des § 4a HOAI nicht vorliegen, gem. §§ 4 Abs. 4; 10 Abs. 2 HOAI nach Mindestsatz abzurechnen ist.

176 Vom **Auftraggeber veranlasste Mehrleistungen**[446] (wie bspw. im Falle der nachträglichen Beauftragung zu weiteren Grundleistungen/Leistungsphasen bzw. Besonderen Leistungen sowie Änderungsleistungen) sind gem. § 4a S. 2 HOAI auf der Grundlage einer ggf. neu zu erstellenden Kostenermittlung gesondert zu vergüten. Der Honoraranspruch des Architekten entsteht nach § 4a S. 2 HOAI ohne ausdrückliche mündliche oder schriftliche Vereinbarung. Voraussetzung ist allerdings, dass zwischen den Parteien eine Vereinbarung gem. § 4a S. 1 HOAI geschlossen worden ist.[447] Fälle von Mehrleistungen und/oder Planungsänderungen außerhalb einer Vereinbarung nach § 4a S. 1 HOAI sind also nicht erfasst (vgl. dazu Rn 206 ff.). Die Erhöhung des Honorars ermittelt sich im Planungsbereich über eine Erhöhung der anrechenbaren Kosten. Des Weiteren kann dem Auftragnehmer im Falle einer von diesem nicht zu vertretenden wesentlichen **Planungs- und Bauzeitverlängerung** gem. § 4a S. 3 HOAI gegenüber dem Auftraggeber ein Anspruch auf Ersatz der durch die Planungs- und Bauzeitverlängerung entstandenen Mehraufwendungen zustehen. Voraussetzung dieses Anspruchs ist jedoch, dass der Erstattungsanspruch von einer entsprechenden Vereinbarung zwischen den Vertragsparteien gedeckt ist. Wie bei § 4a S. 2 HOAI ist Voraussetzung für die Anwendung des § 4a S. 3 HOAI, dass die Vertragsparteien eine Vereinbarung nach § 4a S. 1 getroffen haben.[448] Anderweitige Planungs- und Bauzeitenverlängerung sind also nicht erfasst (vgl. dazu Rn 206 ff.).

177 ▶ Hinweis: Auf den ersten Blick mag die Regelung des § 4a HOAI einfacher als die komplizierte Systematik des § 10 Abs. 2 HOAI erscheinen. Jedoch ist zu beachten, dass die Vertragsparteien vertraglich vorsehen müssen, dass bei einer frühzeitigen Vertragsbeendigung, d. h. einer Beendigung des Vertrages vor der vereinbarten Kostenermittlung, § 10 Abs. 2 HOAI entsprechend gilt.[449] ◀

b) Honorarzone

178 Das Gebäude ist gem. §§ 11 und 12 HOAI in die zutreffende Honorarzone einzuordnen. (§§ 13, 14 für Freianlagen, §§ 14a, b bei raumausbildenden Ausbauten). Dabei dient das Honorarzonensystem dazu, den Honorarrahmen „von – bis" entsprechend der Honorartafel zu § 16 Abs. 1 HOAI mit dem **Schwierigkeitsgrad der Planungsaufgabe** zu verknüpfen. Für die korrekt ermittelte Honorarzone trägt grundsätzlich der Architekt die **Darlegungs- und Beweislast**.[450] Beruft sich jedoch eine Partei darauf, es liege eine von den Regelbeispielen des § 12 HOAI oder von der vertraglichen Vereinbarung abweichende Honorarzone vor, trägt sie dafür die Darlegungs- und Beweislast.

---

445 *Werner* in Werner/Pastor, Rn 841; **a. A.** *Pott/Dahlhoff/Kniffka*, § 4a Rn 4, wonach die Parteien von der inhaltlichen Bindung an die DIN 276 in der Fassung 1981 befreit sein sollen.
446 *Koeble* in Locher/Koebel/Frik, § 4a, Rn 15: Mehrleistungen (Änderung/Erweiterungen) müssen vom Auftraggeber veranlasst worden sein und ein gewisses Gewicht haben.
447 *Koeble* in Locher/Koeble/Frik, a. a. O.
448 *Pott/Dahlhoff/Kniffka*, § 4a, Rn 11.
449 *Knipp* in Thode/Wirth/Kuffer, § 7 Rn 33.
450 BGH, BauR 1990, 632.

A. Der Anspruch des Architekten auf das Architektenhonorar

aa) Ermittlung der Honorarzone nach §§ 12, 11 HOAI

Zur Bestimmung der Honorarzone richtet sich der erste Blick zweckmäßigerweise darauf, die **Regelbeispiele des § 12 HOAI**[451] daraufhin zu überprüfen, ob das Gesamtobjekt (also nicht nur Teile) typischerweise in eine der dort aufgeführten fünf Honorarzonen eingeordnet ist. Wenn dies der Fall ist, ist weiterhin zu prüfen, ob die Merkmale des Objekts denen der **Honorarzone nach § 11 Abs. 1 HOAI** entsprechen. Liegen die dort genannten Merkmale vor, dann ist die Honorarzone ermittelt. Wenn das Objekt hingegen nicht in der Objektsliste des § 12 HOAI verzeichnet ist, so bestimmt sich die Ermittlung der Honorarzone für Leistungen bei Gebäuden zuerst nach § 11 Abs. 1 HOAI. Ist die Planungsaufgabe so gestellt, dass Bewertungsmerkmale aus **mehreren Honorarzonen** berührt werden und bestehen Zweifel, welcher Honorarzone das Gebäude zugerechnet werden kann, so ist die Honorarzone unter Berücksichtigung der in § 11 Abs. 3 HOAI aufgeführten Bewertungsmerkmale (Einbindung in die Umgebung, Anzahl der Funktionsbereiche, Gestalterische Anforderungen, Konstruktive Anforderungen, Technische Gebäudeausrüstung, Ausbau) aufgrund der Summe der ermittelten Bewertungspunkte gem. § 11 Abs. 2 HOAI festzulegen. Die Ermittlung der Bewertungspunkte auf der Grundlage der einzelnen in § 11 Abs. 3 HOAI aufgeführten Bewertungsmerkmale kann entsprechend der nachfolgenden Tabelle vorgenommen werden. Anhand der Summe der Bewertungspunkte ist abschließend gem. § 11 Abs. 2 HOAI die Honorarzone zu ermitteln.

179

Planungsanforderungen	Sehr gering	Gering	durchschnittlich	überdurchschnittlich	sehr hoch
Honorarzone	I	II	III	IV	V
Bewertungsmerkmale/Punkte					
Einbinden in die Umgebung	0-1,4	1,5-2,6	2,7-3,8	3,9-4,9	5,0-6,0
Konstruktive Anforderungen	0-1,4	1,5-2,6	2,7-3,8	3,9-4,9	5,0-6,0
Technische Ausrüstung	0-1,4	1,5-2,6	2,7-3,8	3,9-4,9	5,0-6,0
Ausbau	0-1,4	1,5-2,6	2,7-3,8	3,9-4,9	5,0-6,0
Funktionsbereiche	0-2,2	2,3-4,0	4,1-5,6	5,7-7,4	7,5-9,0
Gestalt. Anforderungen	0-2,2	2,3-4,0	4,1-5,6	5,7-7,4	7,5-9,0
Punktzahl maximal	10	18,4	26,4	34,4	42

Honorarzone	Punkte
I	1 bis 10
II	11 bis 18
III	19 bis 26
IV	27 bis 34
V	35 bis 42

---

[451] Die Einteilung ist nicht bindend, so: *Seifert* in Korbion/Mantscheff/Vygen, § 12 HOAI, Rn 1; *Jochem*, § 12 HOAI, Rn 2; *Koeble* in Locher/Koeble/Frik, § 11 HOAI, Rn 3; *Pott/Dahlhoff/Kniffka*, § 11/12 HOAI, Rn 3.

§ 6 Die Ansprüche des Architekten gegen den Auftraggeber

Im Zweifel kann die Einstufung des Bauvorhabens schließlich nur durch einen Sachverständigen erfolgen, es sei denn, das Gericht verfügt über die notwendige Sachkunde.[452]

bb) Einordnung in die richtige Honorarzone nach objektiven Kriterien

180 Die Bestimmung der Honorarzone hat stets **objektiv**, nach dem tatsächlich ausgeführten Bauvorhaben zu erfolgen.[453] Nicht erforderlich ist, dass die Honorarzone schriftlich bei Abschluss des Vertrages bestimmt wird,[454] vielmehr können die Parteien auch erst bei Abschluss des Bauvorhabens oder bei der Honorarabrechnung die Zone zuordnen.

▶ HINWEIS: Da der Bauherr aber regelmäßig ein nachvollziehbares Interesse daran hat, über die Höhe des Architektenhonorars Kenntnis zu haben und die Angabe der Höhe des Honorars auch zu den Aufklärungspflichten des Architekten gehört, empfiehlt es sich, bereits bei Abschluss des Architektenvertrages die richtige Zuordnung zur Honorarzone vorzunehmen. Bestimmen die Parteien im Architektenvertrag die Honorarzone, ist zu beachten, dass unter Berücksichtigung der anderen zur Berechnung des Honorars relevanten Komponenten (anrechenbare Kosten, Honorarsatz) keine Unterschreitung des Mindestsatzes erfolgt.[455] ◀

Eine Vereinbarung der Honorarzone, die eine **Unterschreitung des Mindestsatzes** zur Folge hat, ist unwirksam. Wird die Honorarzone von den Parteien so bestimmt, dass sie sich im Rahmen der Höchstsätze bewegt, ist dies zulässig.[456] Erst bei Überschreiten des Höchstsatzes ist die Vereinbarung unwirksam,[457] womit dann die Höchstsätze der richtigen Honorarzone gelten.[458]

c) Erbrachte und nicht erbrachte Leistungen, Leistungsphasen, § 15 HOAI

181 Je nachdem, welche Leistungen dem Architekten übertragen worden sind, richtet sich die Abrechnung des Honorars für die einzelnen Leistungsphasen nach der Bewertung der Grundleistungen des § 15 Abs. 1 HOAI. Probleme stellen sich insbesondere dann, wenn nicht alle Grundleistungen von Leistungsphasen übertragen worden sind oder wenn der Architekt Teile von übertragenen Leistungsphasen oder Grundleistungen dieser Leistungsphasen nicht bzw. nicht vollständig erbracht hat.

aa) Der Auftrag umfasst nicht sämtliche Leistungsphasen bzw. nicht alle Grundleistungen einer Leistungsphase

182 Die Parteien haben es in der Hand, beim Vertragsschluss eine Regelung zu treffen, wonach entweder **ganze Leistungsphasen** oder aber **einzelne Grundleistungen einer Leistungsphase** vom Architekten „honorarmäßig" nicht erbracht werden müssen. Als Folge dessen kann der Auftragnehmer gem. § 5 Abs. 1 HOAI diese Leistungsphasen bzw. gem. § 5 Abs. 2 HOAI einzelne Grundleistungen in der Honorarrechnung auch nicht in Ansatz bringen, denn honoriert werden kann nur das, was in Auftrag gegeben und an Leistung auch erbracht worden ist.[459] Sind **nicht alle Leistungsphasen** beauftragt bzw. die

---

452 OLG Frankfurt, BauR 1982, 600; OLG Düsseldorf, BauR 1995, 733; vgl. auch BGH, IBR 2005, 271 dazu, dass die rechtliche Beurteilung der Honorarzone eine Rechtsfrage ist, die vom Gericht und nicht vom Sachverständigen zu beantworten ist.
453 *Motzke/Wolff*, S. 299 und 304; *Werner*, DAB 2004, 36.
454 *Motzke/Wolff*, S. 303; *Schmitz*, BauR 1982, 219.
455 BGH, IBR 2004, 78.
456 *Vygen* in Korbion/Mantscheff/Vygen, § 4 HOAI, Rn 41.
457 *Koebel* in Locher/Koeble/Frik, § 4 HOAI, Rn 61; *Schmitz*, BauR 1982, 218.
458 BGH, BauR 1990, 239; OLG Jena, BauR 2002, 1724; KG, NJW-RR 1990, 91; *Vygen* in Korbion/Mantscheff/Vygen, § 4 HOAI, Rn 115; *Koeble* in Locher/Koeble/Frik, § 4 HOAI, Rn 61.
459 *Koeble* in Locher/Koeble/Frik, § 5 HOAI, Rn 2.

A. Der Anspruch des Architekten auf das Architektenhonorar

Leistungsphasen Vorplanung, Entwurfsplanung und Objektüberwachung als Einzelleistungen beauftragt, kann jedoch eine **Honorarerhöhung nach § 19 HOAI** gerechtfertigt sein (vgl. dazu Rn 197 ff.).

Beauftragt der Bauherr nur **Teilbereiche einzelner Leistungsphasen oder wesentliche Teile von Grundleistungen nicht**, kann der Architekt gem. § 5 Abs. 2 S. 1 und 2 HOAI nur den Anteil Honorar abrechnen, der der übertragenen Leistung an der gesamten Leistungsphase entspricht. Dieser „Anteil" ist objektiv zu ermitteln.[460] Die Abrechnung nach § 5 Abs. 2 S. 1 HOAI hat auch dann zu erfolgen, wenn der Auftrag nach Erbringung von Teilbereichen aus Teilleistungen abgebrochen wird. Gemäß § 5 Abs. 2 S. 3 HOAI ist bei der Abrechnug der Achitektenleistungen jedoch ein **zusätzlicher Koordinierungs- und Einarbeitungsaufwand** zu berücksichtigen. Dies ist der zusätzliche Arbeitsaufwand bei der Erbringung der Teilleistung, der dadurch entsteht, dass die Leistung eben nur zum Teil übertragen worden ist. Der Koordinierungs- und Einarbeitungsaufwand bedarf keiner gesonderten Vereinbarung. § 5 Abs. 2 S. 3 HOAI gibt dem Architekten einen Anspruch auf Berücksichtigung des entsprechenden Aufwands, den er unter Berücksichtigung von §§ 315, 316 BGB einseitig festlegen kann, der einseitig vom Architekten festgelegte Aufwand unterliegt dann aber einer Kontrolle des Auftraggebers im Hinblick auf die Billigkeit der durch den Architekten vorgenommenen Festlegung.[461] Werden Grundleistungen durch andere Fachbeteiligte erbracht, hat der Architekt sein Honorar nach § 5 Abs. 3 HOAI zu ermitteln.

183

Für die einzelnen Grundleistungen der Leistungsphasen sind in der HOAI keine Honorar- bzw. Bewertungsmaßstäbe festgesetzt. Ist vertraglich eine quantitative Bewertung einzelner Grundleistungen durch die Parteien nicht erfolgt bzw. streitig, wird zur Lösung der Frage, mit welchem Wert die Minderung des Gesamtprozentsatzes der Leistungsphase auf den Anteil der übertragenen Leistungen zu erfolgen hat, von den Gerichten[462] zunehmend auf **Tabellen**[463] zurückgegriffen. Die von *Steinfort* entwickelte Bewertungstabelle hat unlängst selbst der BGH als Orientierungshilfe herangezogen.[464]

184

bb) Der Architekt erbringt nicht alle Grundleistungen der übertragenen Leistungsphasen

§ 5 Abs. 1 – 3 HOAI erfasst nicht die Fälle, in denen der Architekt die nach dem Architektenvertrag zu erbringenden Leistungen als ganze Leistungsphasen oder Grundleistungen davon **nicht erbringt**. Wie bereits erläutert, ist die **HOAI** reines **öffentliches Preisrecht**, kein Vertragsrecht und gibt auch keine rechtliche Grundlage dafür, ob und in welcher Höhe das Architektenhonorar zu kürzen ist, wenn der Architekt eine vertraglich geschuldete Leistung nicht oder nur teilweise erbracht hat.[465] Der BGH hat mit seiner letzten Entscheidung die vom Architekten geschuldete Leistung nicht nur als objektbezogen in dem Sinne definiert, der Architekt schulde alles Erforderliche, um ein mangelfreies Bauvorhaben abzuliefern, vielmehr bestehe der Leistungserfolg eben nicht nur in diesem Endergebnis sondern auch in „**Arbeitsschritten**", die Teilerfolge des geschuldeten

185

---

460 *Steeger*, BauR 2003, 794.
461 *Koeble* in Locher/Koeble/Frik, § 5 HOAI, Rn 9; *Vygen* in Korbion/Mantscheff/Vygen, § 5 HOAI, Rn 36; a. A. *Jochem*, § 5 HOAI, Rn 3.
462 OLG Celle, IBR 2005, 493 und IBR 2005, 600.
463 Steinfort-Tabelle – abgedruckt in *Pott/Dahlhoff/Kniffka*, Anh. II und Locher/Koeble/Frik, Anhang 4; Siemon-Tabelle – abgedruckt in IBR-Online, Materialien.
464 BGH, IBR 2005, 159 – kritisch zur Anwendung der Tabellen: *Schramm/Schwenker*, ibr-Online, ibr-Aufsatz.
465 BGH, BauR 2006, 1640.

Gesamterfolges sind (vgl. dazu Rn 22 ff.).[466] Damit dürfte die vor allem von den Oberlandesgerichten praktizierte Rechtsprechung zu den sog. „zentralen Leistungen"[467] überholt sein.

186 Nach der Rechtsprechung des BGH ist zur Ermittlung des werkvertraglich geschuldeten Erfolges des Architekten auf die vertragliche Vereinbarung zwischen den Parteien abzustellen, die ggf. durch Auslegung des Vertrages ermittelt werden muss. Zur Beantwortung der Frage, welche „Arbeitsschritte" der Architekt als Teilerfolg des geschuldeten Gesamterfolges erbringen muss, hat der BGH zwei Wege aufgezeigt: Vereinbaren die Parteien im Architektenvertrag den werkvertraglich geschuldeten Erfolg unter **Bezugnahme auf die Leistungsphasen des § 15 Abs. 2 HOAI**, ggf. sogar unter expliziter Nennung des beauftragten Grundleistungskatalogs im Vertrag, haben sie eine konkrete Beschaffenheit des werkvertraglich geschuldeten Erfolges vereinbart. Erbringt der Architekt dann eine im Leistungskatalog des § 15 HOAI gennanten Leistungsphase oder Teilleistungen davon nicht, ist gem. § 633 Abs. 2 S. 1 BGB wegen Fehlens der vereinbarten Beschaffenheit ein Sachmangel zu bejahen,[468] der in den Fällen, in denen eine Nacherfüllung nicht möglich[469] ist, dazu führt, dass das Honorar durch Minderung gekürzt werden kann, der Bauherr ggf. auch Schadensersatz geltend machen kann.

187 Nehmen die Parteien **keinen Bezug auf § 15 Abs. 2 HOAI** – was bei der Vertragsgestaltung dem Architekten zu empfehlen ist – wird die Bestimmung des werkvertraglich geschuldeten Erfolgs und der dafür erforderlichen Arbeitsschritte wesentlich schwieriger. Inhalt und Umfang der vom Architekten geschuldeten Leistungen sind dann unter Anwendung der beispielhaft vom BGH genannten Arbeisschritte durch Auslegung zu ermitteln (vgl. dazu Rn 22 ff.).[470] Zum Umfang einer Honorarminderung hat der BGH keine Stellung genommen. Nachdem der BGH die von *Steinfort* entwickelte Bewertungstabelle unlängst als Orientierungshilfe zur Bewertung von fehlenden Leistungen im Rahmen des § 5 Abs. 1-3 HOAI herangezogen hat,[471] wird auch bei den hier betroffenen Fällen eine Honorarminderung durch richterliche Schätzung unter Beiziehung der einschlägigen Tabellen in Betracht kommen.

d) Ermittlung des Honorars durch Interpolation, §§ 5 a, 16 HOAI

188 Die Festlegung des Nettohonorars für die Grundleistungen hat nach der Honorartafel für Grundleistungen bei Gebäuden und raumbildenden Ausbauten des § 16 Abs. 1 HOAI durch **lineare Interpolation gem. § 5 a HOAI** zu erfolgen. Für eine solche Ermittlung des Honorars müssen die anrechenbaren Kosten, die anzuwendende Honorarzone sowie der zutreffende Honorarsatz und die Leistungen, die tatsächlich beauftragt und erbracht worden sind, bekannt sein.

---

[466] BGH, a.a.O.
[467] OLG Düsseldorf, BauR 2002, 1726; OLG Hamm, BauR 2002, 1721; OLG Braunschweig, BauR 2003, 1066; i.Ü. zum Stand der Rechtsprechung: *Preussner* in Thode/Wirth/Kuffer, § 9 Rn 52; kritisch zu einem Honorarabzug wegen fehlender „zentraler Leistungen" – *Kniffka*, Festschrift für Vygen, S. 20.
[468] BGH, a.a.O; *Schwenker/Schramm*, ZfIR 2004, 753, 759 f.
[469] Z. B. Führen eines Tagebuches, Kostenermittlungen zum Zwecke der baubegleitenden Kostenkontrolle.
[470] BGH, a. a. O.; zu den einzelnen Arbeitsschritten.
[471] BGH, IBR 2005, 159 – kritisch zur Anwendung der Tabellen: *Schramm/Schwenker*, ibr-Online, ibr-Aufsatz.

A. Der Anspruch des Architekten auf das Architektenhonorar

▶ Das Honorar netto ermittelt sich nach folgendem Beispiel/folgender Formel:
Sachverhalt:
anrechenbare Kosten nach Kostenberechnung DIN 276 (1981):   2.930.172,40 €
anrechenbare Kosten nach dem Kostenanschlag DIN 276 (1981):   2.934.000,50 €
anrechenbare Kosten nach der Kostenfeststellung DIN 276 (1981):   2.934.222,23 €
Honorarzone: Zone III nach §§ 11, 12 HOAI
Honorsatz: Mindestsatz, § 4 HOAI
Übertragene und erbrachte Leistungen: Leistung der Leistungsphasen 1-8, § 15 HOAI
Lösung:
1. Formel:
Honorar = tieferer Tabellenwert + (((höherer Tabellenwert – tieferer Tabellenwert) : Differenz der Tabellenwerte der anrechenbaren Kosten) x Mehrbetrag der wirklichen anrechenbaren Kosten über dem tieferen Tabellenwert der anrechenbaren Kosten)
2. Honorar für die Leistungsphasen 1-4:
Werte:

Tabellenwert Mindestsatz, § 16 HOAI	2.500.000 €	184.503,00 €
Tabellenwert Mindestsatz, § 16 HOAI	3.000.000 €	217.541,00 €
Differenz der Tabellenwerte der anrechenbaren Kosten	3.000.000 € -2.500.000 €	= 500.000 €
Mehrbetrag der wirklichen anrechenbaren Kosten über dem tieferen Tabellenwert der anrechenbaren Kosten	2.930.172,40 € - 2.500.000 €	= 430.172,40 €

Honorar für die Leistungsphasen 1-9:
= 184.503 € + (((217.541 € – 184.503 €): 500.000 €) x 430.172,40 €) = 212.927,07 €
Honorar für die Leistungsphasen 1-4 (§§ 10, 15 HOAI): 27 v. H. (3+7+11+6 v. H.)
212.927,07 x 0,27 =   57.490,31 €
3. Honorar für die Leistungsphasen 5-7
Werte:

Tabellenwert Mindestsatz, § 16 HOAI	2.500.000 €	184.503,00 €
Tabellenwert Mindestsatz, § 16 HOAI	3.000.000 €	217.541,00 €
Differenz der Tabellenwerte der anrechenbaren Kosten	3.000.000 € -2.500.000 €	= 500.000 €
Mehrbetrag der wirklichen anrechenbaren Kosten über dem tieferen Tabellenwert der anrechenbaren Kosten	2.934.000,50 € - 2.500.000 €	= 434.000,50 €

Honorar für die Leistungsphasen 1-9:
= 184.503 € + (((217.541 € – 184.503 €): 500.000 €) x 434.000,50 € = 213.180,02 €
Honorar für die Leistungsphasen 5-7(§§ 10, 15 HOAI): 39 v. H. (25+10+4 v. H.)
213.180,02 x 0,39 =   83.140,21 €
3. Honorar für die Leistungsphase 8

§ 6 Die Ansprüche des Architekten gegen den Auftraggeber

Werte:

Tabellenwert Mindestsatz, § 16 HOAI	2.500.000 €	184.503,00 €
Tabellenwert Mindestsatz, § 16 HOAI	3.000.000 €	217.541,00 €
Differenz der Tabellenwerte der anrechenbaren Kosten	3.000.000 € -2.500.000 €	= 500.000 €
Mehrbetrag der wirklichen anrechenbaren Kosten über dem tieferen Tabellenwert der anrechenbaren Kosten	2.934.222,23 € - 2.500.000 €	= 434.222,23 €

Honorar für die Leistungsphasen 1-9:
= 184.503 € + (((217.541 € – 184.503 €): 500.000 €) x 434.222,23 € = 213.194,67 €
Honorar für die Leistungsphasen 5-7 (§§ 10, 15 HOAI): 31 v. H. (31 v. H.)
213.180,02 x 0,31 =   **66.090,35 €**
4. Honorar netto insgesamt: **206.720,87 €.** ◄

e) Die Abrechnung besonderer Leistungen

189 Für die Grundleistungen (§ 2 Abs. 2 HOAI) der Leistungsbilder gelten die vorbenannten Vergütungsregeln. Diese sind aber für die **Besonderen Leistungen**, d. h. Leistungen, an die gem. § 2 Abs. 3 HOAI „besondere Anforderungen an die Ausführung des Auftrags gestellt werden, die über die allgemeinen Leistungen hinausgehen oder diese ändern", grundsätzlich nicht einschlägig. Besondere Leistungen, gleichgültig ob katalogisiert (§ 2 Abs. 3 S. 2 HOAI: Der Katalog des § 15 Abs. 2 HOAI ist nicht abschließend) oder von den Parteien vorgesehen, sind je nach ihrer Art bei Vorliegen der entsprechenden Voraussetzungen gesondert abzurechnen.

▶ HINWEIS: Zu beachten ist stets: Werkvertraglich schuldet der Planer unter Erfolgsgesichtspunkten die erfolgssichernde Leistung nach Maßgabe der gestellten Aufgabe. Deren Einordnung in die Leistungskategorien Grundleistung oder Besondere Leistung ist für das Preisrecht relevant, aber für das werkvertragliche Einstehenmüssen – für den Erfolg – bedeutungslos. ◄

190 Bei der Ermittlung des Honorars für Besondere Leistungen sind drei Arten von Besonderen Leistungen voneinander abzugrenzen: **Ergänzende Besondere Leistungen** als Besondere Leistungen, die zu Grundleistungen hinzutreten, **Ersetzende Besondere Leistungen** als Besondere Leistungen, die an die Stelle von Grundleistungen treten und **isolierte Besondere Leistungen,** als Besondere Leistungen, die unabhängig von Grundleistungen in Auftrag gegeben werden. Für die Honorierung von Besonderen Leistungen, die zu den Grundleistungen hinzutreten oder an die Stelle von Grundleistungen treten, enthalten die Absätze 4 und 5 des § 5 HOAI die maßgeblichen Bestimmungen. Die gilt auch für typische berufsbezogene Leistungen die in Verbindung mit Grundleistungen übertragen werden.[472] Für isolierte Besondere Leistungen, also Leistungen, die ohne Grundleistung vergeben werden, enthält die HOAI keine Honorarregelung.

aa) Isolierte Besondere Leistungen

191 Bei isolierten Besonderen Leistungen, die auf der Grundlage einer vertraglichen Einigung ohne Grundleistungen in Auftrag gegeben werden, muss keine schriftliche Honorarver-

---

472 *Vygen* in Korbion/Mantscheff/Vygen, § 2 HOAI, Rn 13; *Koeble* in Locher/Koeble/Frik, § 2 HOAI, Rn 5.

A. Der Anspruch des Architekten auf das Architektenhonorar

einbarung getroffen werden. Da die HOAI für isolierte Besondere Leistungen keine Honorarregelung vorsieht, können die Parteien das **Honorar** völlig **frei vereinbaren**.[473] Haben sich die Parteien insoweit überhaupt nicht auf ein bestimmtes Honorar geeinigt, findet die werkvertragliche Regelung des § **632 Abs. 2 BGB** Anwendung, wonach dann die „übliche Vergütung" geschuldet wird.[474] Regelmäßig kommt dann eine Vergütung nach Zeitaufwand in Betracht, die sich allerdings, da die HOAI hier nicht einschlägig ist, nicht an § 6 HOAI messen lassen muss. Als isolierte Besondere Leistungen kommen z. B. eine Bauvoranfrage,[475] die Erstellung eines Finanzierungsplans oder einer Wirtschaftlichkeitsberechung sowie eines Abbruchantrags[476] in Betracht.

bb) Ergänzende Besondere Leistungen: § 5 Abs. 4 HOAI

Ergänzende, also **zusätzliche Besondere Leistungen** sind immer dann zu bejahen, wenn sie im Zusammenhang mit typischen Architektenleistungen erbracht werden und zu den Grundleistungen hinzutreten.[477] Sie müssen nicht zwingend zu den berufsbezogenen oder berufstypischen Leistungen des Architekten gehören.[478] Leistungen, die der Architekt jedoch **anstelle anderer Fachleute** erbringt, die aber nach der HOAI als Grundleistungen dieser Fachleute zu vergüten sind, sind keine ergänzenden Besonderen Leistungen.[479] Liegen Besondere Leistungen i. S. des § 2 Abs. 3 HOAI vor und verursachen diese einen nicht unwesentlichen Arbeits- oder Zeitaufwand, besteht gem. § 5 Abs. 4 HOAI ein Honoraranspruch nur bei **schriftlicher Vereinbarung**.[480] Die schriftliche Vereinbarung muss ein bestimmtes oder zumindest bestimmbares Honorar für **konkret bezeichnete Besondere Leistungen** zum Gegenstand haben. Die Vereinbarung des Honorars muss also die **Ermittlung eines bestimmten Honorars zulassen** und sich auf eine nach Art und Umfang festliegende und nicht auf undefinierte „später anfallende" Besondere Leistung beziehen.[481] Nur in diesem Fall wird die durch die vorgesehene Schriftform gewünschte Warnfunktion der Vereinbarung ausreichend erfüllt. Mit ihr soll der Gefahr begegnet

192

---

473 BGH, BauR 1999, 1195; *Weyer*, Festschrift für Locher, S. 303 und 312 und BauR 1995, 446; *Koeble* in Locher/Koeble/Frik, § 5 HOAI, Rn 95; *Vygen* in Korbion/Mantscheff/Vygen, § 2 HOAI, Rn 10 und § 5 HOAI, Rn 54; *Pott/Dahlhoff/Kniffka*, § 1 HOAI, Rn 3.
474 BGH, BauR 1997, 1060; *Vygen* in Korbion/Mantscheff/Vygen, § 5 HOAI, Rn 54; *Koeble* in Locher/Koeble/Frik, § 5 HOAI Rn 35.
475 BGH, BauR 1999, 1195; BauR 1997, 1060; LG Köln, NJW-RR 1998, 456; *Koeble* in Locher/Koeble/Frik, § 15 HOAI Rn 55 mit dem Hinweis, dass eine Bauvoranfrage auch als zusätzliche (ergänzende) Besondere Leistung angesehen werden kann, für die Vergütung der Bauvoranfrage neben den Grundleistungen dann allerdings eine schriftliche Vereinbarung erforderlich ist und OLG Düsseldorf, BauR 2002, 658 und 1997, 681 sowie KG, KGR 1999, 5, die davon ausgehen, dass bei der Übertragung einer Bauvoranfrage gleichzeitig die Leistungsphasen 1 und 2 zumindest teilweise übertragen werden, weil eine Bauvoranfrage ohne diese entsprechenden Grundleistungen gar nicht erstellt werden kann.
476 LG Köln, a. a. O.
477 Beispiele für ergänzende Besondere Leistungen: OLG Hamm, BauR 2001, 1614: Einscannen und EDV-mäßige Überarbeitung alter Bauzeichnungen als Grundlage für das Aufmaß alter Bausubstanz; OLG Düsseldorf, BauR 1994, 803: Untersuchen von Lösungsmöglichkeiten auf grundsätzlich verschiedenen Anforderungen; OLG Hamm, BauR 1994, 797: wohnungswirtschaftliche Verwaltungsleistungen; OLG Celle, BauR 1991, 371: hydrogeologisches Gutachten; *Koeble* in Locher/Koebel/Frik, § 2 HOAI, Rn 6: Hereinholung öffentlicher und/oder privater Finanzierungsmittel – die Verwaltung derselben – Unterstützung bei der öffentlichen Erschließung – Unterstützung bei der Vermietung oder der Schaffung von Wohnungseigentum.
478 OLG Hamm, BauR 1993, 761; OLG Düsseldorf, BauR 1993, 758; *Koeble* in Locher/Koeble/Frik, § 2 HOAI, Rn 5.
479 OLG Düsseldorf, BauR 1995, 733 für den Entwässerungsplan (Grundleistung im Rahmen der technischen Ausrüstung, § 73 HOAI); *Vygen* in Korbion/Mantscheff/Vygen, § 5 HOAI, Rn 55 für den Wärmeschutznachweis (§ 78 HOAI).
480 OLG Oldenburg, IBR 2005, 551.
481 BGH, a. a. O.; OLG Hamm, BauR 1993, 633; *Koeble* in Locher/Koeble/Frik, § 5 HOAI, Rn 38; *Vygen* in Hesse/Korbion/Mantscheff, § 5 HOAI, Rn 82; *Weyer*, Festschrift für Locher, S. 303, 311.

§ 6 Die Ansprüche des Architekten gegen den Auftraggeber

werden, dass der Auftraggeber übereilt eine weitere Planungsleistung überträgt. Zu berücksichtigen ist weiterhin eine gewisse Beachtlichkeitsschwelle, die in § 5 Abs. 4 HOAI zum Ausdruck kommt. Die Besonderen Leistungen müssen daher einen **nicht unwesentlichen Arbeits- und Zeitaufwand** verursachen. Die Vereinbarung muss zwar schriftlich erfolgen, allerdings nicht zwingend bei Auftragserteilung.[482]

193 Für das Vorliegen der Voraussetzungen für die Abrechnung von ergänzenden Besonderen Leistungen trägt der Architekt die Darlegungs- und Beweislast.[483] Fehlt es an einer besonderen Vereinbarung über ein bestimmtes Honorar für die Besondere Leistung, hat er substanttiert den Berechungsmodus zu erläutern. Er hat insoweit auch die Zeit, den sonstigen Aufwand, die Schwierigkeit der Aufgabe und die Bewertung der Besonderen Leistung darzulegen und zu beweisen. Bei der Berechnung des Honorars für die ergänzenden Besonderen Leistungen ist zu differenzieren. Die Abrechnung nach einem Zeithonorar gem. § 5 Abs. 4 S. 3 HOAI i. V. m. § 6 HOAI steht nur **subsidiär** zu Verfügung, primär ist stets zu prüfen, ob die **Besondere Leistung mit einer Grundleistung vergleichbar** ist.[484]

(1) Ergänzende Besondere Leistung mit Grundleistung vergleichbar: Abrechnung in angemessenem Verhältnis zur Grundleistung, § 5 Abs. 4 S. 2 HOAI

194 Wenn die ergänzende Besondere Leistung mit einer Grundleistung vergleichbar ist, ist das Honorar in **angemessenem Verhältnis zu dem Honorar für die Grundleistung** zu berechnen, mit der die Besondere Leistung nach Art und Umfang vergleichbar ist.[485] Probleme ergeben sich naturbedingt beim Auffinden der vergleichbaren Grundleistung, der Heranziehung des entscheidenden Vergleichsmaßstabs der zutreffenden Grundleistung sowie bei Bewertung des angemessenen Verhältnisses. Da die HOAI selbst keine Bewertungssätze für die einzelnen Grundleistungen angibt, kann im Einzelfall nur wieder auf die von Steinfort[486] oder von anderen entwickelte Bewertungstabelle[487] zurückgegriffen werden. Bei der Bewertung der Vergleichsleistung und der Besonderen Leistung sind die **Mindest- und Höchstsätze** zu beachten. Haben die Parteien bei Auftragserteilung nicht schriftlich ein die Mindestsätze übersteigendes Honorar vereinbart, sind die Grundleistungen gem. § 4 Abs. 4 HOAI nach dem Mindestsatz zu vergüten, was dann – bei fehlender anderweitiger Vereinbarung – für eine mit diesen Grundleistungen vergleichbare Besondere Leistung ebenso gilt.[488] § 5 Abs. 4 S. 2 HOAI birgt wegen der vielen einem Beurteilungsspielraum unterliegenden Fragen erhebliches Potenzial für Streitigkeiten zwischen den Parteien.

▶ **Hinweis:** Der Architekt sollte deshalb dem Bauherrn die Berechnung des zusätzlichen Honorars erläutern und dieses z. B. als ein im Rahmen der Mindest- und Höchstsätze liegendes Pauschalhonorar für die konkrete Besondere Leistung vereinbaren und im Vertrag festschreiben, wenn er bereits bei Auftragserteilung abschätzen kann, dass er eine ergänzende Besondere Leistung, die mit einer Grundleistung vergleichbar ist, für den Bauherrn erbringen soll. ◀

---

[482] *Vygen* in Korbion/Mantscheff/Vygen, § 5 HOAI, Rn 65.
[483] BGH, BauR 1989, 222.
[484] *Vygen* in Korbion/Mantscheff/Vygen, § 5 HOAI Rn 69 und 72.
[485] Beispiele: *Löffelmann/Fleischmann*, Rn 1077 ff, *Hartmann*, § 5 Rn 21; *Neuenfeld/Baden/Dohna/Grosscurth*, § 5 Rn 10.
[486] BGH, IBR 2005, 159 – kritisch zur Anwendung der Tabellen: *Schramm/Schwenker*, ibr-Online, ibr-Aufsatz.
[487] Steinfort-Tabelle – abgedruckt in *Pott/Dahlhoff/Kniffka*, Anh. II und *Locher/Koeble/Frik*, Anhang 4; Siemon-Tabelle – abgedruckt in IBR-Online, Materialien.
[488] *Vygen* in Korbion/Mantscheff/Vygen, § 5 HOAI, Rn 71.

A. Der Anspruch des Architekten auf das Architektenhonorar

(2) Ergänzende Besondere Leistung nicht mit Grundleistung vergleichbar: Zeithonorar, § 5 Abs. 4 S. 3 i. V. m. § 6 HOAI

Sind die ergänzenden Besonderen Leistungen **nicht mit einer Grundleistung vergleichbar,** ist das Honorar gem. § 5 Abs. 4 S. 3 HOAI nach § 6 HOAI als Zeithonorar zu berechnen. Auch in diesem Fall soll die Vergütung anhand der konkreten Leistungen möglichst genau bestimmt werden. Die Vereinbarung hat im Rahmen der **Mindest- und Höchstsätze des § 6 HOAI** zu erfolgen, wobei § 5 Abs. 4 S. 3 mangels Bezugnahme auf § 4 HOAI für das Zeithonorar für die Besonderen Leistungen eine Vereinbarung über dem Mindestsatz auch dann zulässt, wenn für die Grundleistungen die Mindestsatzfiktion des § 4 Abs. 4 HOAI gilt.[489] Nur wenn das Zeithonorar in der Vereinbarung über die Besondere Leistung nicht mit einem Stundensatz festgelegt worden ist, gilt die Fiktion des § 4 Abs. 4 HOAI auch im Rahmen des § 5 Abs. 4 S. 3 HOAI.[490]

195

cc) Ersetzende Besondere Leistungen: § 5 Abs. 5 HOAI

Um ersetzende Besondere Leistungen handelt es sich, wenn Besondere Leistungen ganz oder teilweise **an die Stelle von Grundleistungen treten.**[491] Gemäß § 5 Abs. 5 HOAI ist in diesen Fällen ein Honorar zu berechnen, das dem **Honorar für die ersetzte Grundleistung entspricht**. Eine schriftliche Honorarvereinbarung ist nicht erforderlich.[492] Das Honorar kann unter Rückgriff auf die von Steinfort[493] entwickelte Tabelle oder andere Bewertungstabellen[494] ermittelt werden.[495]

196

f) Honorarerhöhungen und -minderungen

aa) Isolierte Beauftragung von Vorplanung, Entwurfsplanung und Objektüberwachung, § 19 HOAI

Nach § 19 Abs. 1 HOAI kann zwischen den Parteien eine Erhöhung der Regelansätze für die in der **Leistungsphase 2** nach § 15 HOAI (**Vorplanung**) bzw. die in der **Leistungsphase 3** nach § 15 HOAI geschuldete **Entwurfsplanung** für Gebäude vereinbart werden, wenn der Bauherr mit dem Architekten über diese gesamten Leistungsphasen als Einzelleistungen einen Architektenvertrag abschließt. Eine solche Vereinbarung müssen die Parteien wegen der Abweichung von den Mindestsätzen **schriftlich** und **bei Auftragsertei-**

197

---

489 *Koeble* in Locher/Koeble/Frik, § 5 HOAI, Rn 43.
490 *Vygen* in Korbion/Mantscheff/Vygen, § 5 HOAI, Rn 72.
491 Beispiele: *Vygen* in Korbion/Mantscheff/Vygen, § 2 HOAI, Rn 17 LP 6 – die Ermittlung von Mengen und das Aufstellen eines Leistungsverzeichnisses wird durch eine Leistungsbeschreibung mit Leistungsprogramm (funktionale Leistungsbeschreibung, § 9 Nr. 10-12 VOB/A) ersetzt; *Koeble* in Locher/Koeble/Frik, § 5 HOAI, Rn 45 – Tätigkeiten im Zusammenhang mit der Energiesparverordnung (EnEV), die die Leistungen für die Wärmeschutzverordnung nach § 78 Abs. 1 HOAI ersetzen und teilweise darüber hinausgehen.
492 BGH, BauR 1997, 1062.
493 BGH, IBR 2005, 159 – kritisch zur Anwendung der Tabellen: *Schramm/Schwenker,* ibr-Online, ibr-Aufsatz.
494 Steinfort-Tabelle – abgedruckt in *Pott/Dahlhoff/Kniffka,* Anh. II und Locher/Koeble/Frik, Anhang 4; Siemon-Tabelle – abgedruckt in IBR-Online, Materialien.
495 Zur Honorarberechung: *Vygen* in Korbion/Mantscheff/Vygen, § 5 HOAI, Rn 76 ff und 83: 3 Fallgestaltungen: 1. die ersetzende Besondere Leistung entspricht in ihrem Umfang der Grundleistung – identische Honorarberechnung; 2. die ersetzende Besondere Leistung bleibt in ihrem Umfang hinter der Grundleistung zurück – keine Honorarminderung, da die Besondere Leistung die Grundleistung vollständig ersetzt, aber einen geringeren Aufwand erfordert; 3. die ersetzende Besondere Leistung geht in ihrem Umfang über die Grundleistung hinaus – a) grundsätzlich keine Honorarerhöhung mit der gleichen Begründung wie zu 2) – b) wenn auch der sachliche Umfang die Grundleistung übersteigt, richtet sich das Honorar nach § 5 Abs. 4 HOAI.

3 § 6 Die Ansprüche des Architekten gegen den Auftraggeber

lung vornehmen.[496] Wird die Schriftform nicht gewahrt, so kommt nur der in § 15 HOAI enthaltene Vomhundertsatz in Betracht.

198 Eine Erhöhung des Honorars ist nur möglich, wenn die Leistungsphasen 2 oder 3 – also **alternativ** – als **Einzellleistungen** beauftragt werden. Das Honorar kann gleichsam nicht nach § 19 Abs. 1 HOAI erhöht werden, wenn mehr als eine der vorbenannten Leistungsphasen (dann keine Einzelleistung) oder aber diese Leistungsphasen **stufenweise** beauftragt werden oder später eine nachträgliche Einschränkung des Vertrages erfolgt. In all diesen Fällen ist nach den Regelsätzen des § 15 HOAI abzurechnen.[497] Wird jedoch nach einer Beauftragung nur für die Leistungsphase 2 oder 3 später ein weiterer Auftrag erteilt, findet § 19 Abs. 1 HOAI Anwendung.[498] Auch ist bei einer Beauftragung für mehrere Vor- oder Entwurfsplanungen die nach § 19 HOAI erhöhte Gebühr die Grundlage für die Berechnung des Honorars nach § 20 HOAI.[499] Für die Erhöhung kann der Architekt bei der Vorplanung statt dem Regelsatz in Höhe von 7 % bis zu 10 % und bei der Entwurfsplanung statt 11 % bis zu 18 % in Ansatz bringen. Entsprechende Regelungen für eine Honorarkürzung finden sich in § 19 Abs. 2 HOAI für als Einzelleistung beauftragte Vor- oder Entwurfsplanungen bei Freianlagen, bzw. in § 19 Abs. 3 HOAI bei raumausbildendem Ausbau.

199 Eine Erhöhung für die **Objektüberwachung** nach § 19 Abs. 4 HOAI ist ohne besondere Vereinbarung zulässig, denn § 19 Abs. 4 HOAI spricht lediglich von „berechnet werden" und nicht von „Vereinbarung".[500] Wegen der Degression beginnt die Berechnung der Honorarerhöhung aber erst bei verhältnismäßig hohen anrechenbaren Kosten und unterschiedlich nach den jeweiligen Honorarzonen. Die Berechnung erfolgt in der Weise, dass anstelle der Mindestsätze, die in § 19 Abs. 4 HOAI nach Honorarzonen gestaffelten Erhöhungssätze der gem. § 10 HOAI anrechenbaren Kosten berechnet werden.

Beispiel für § 19 Abs. 4 HOAI, §§ 15, 16 HOAI
Vergleich in der Honorarzone III:

Anrechenbare Kosten:	Honorar gem. § 19 Abs. 4 HOAI: 2,3 v. H. der anrechenbaren Kosten	Honorar gem. §§ 15, 16 HOAI; Interpolation bei Mindestsatz 31 v. H.
2.000.000,00 EUR	46.000,00 EUR	46.314,31 EUR
2.500.000,00 EUR	57.500,00 EUR	57.195,93 EUR
3.000.000,00 EUR	69.000,00 EUR	67.437,71 EUR

200 Anzumerken bleibt, dass der Architekt ein **Wahlrecht** im Hinblick auf die Frage hat, ob er nach § 19 Abs. 4 HOAI oder nach den §§ 15, 16 HOAI abrechnen will. Beachtenswert ist im letzteren Fall, dass in Ermangelung einer schriftlichen Vereinbarung nur nach Mindestsätzen abgerechnet werden kann. Im Hinblick auf die Prüfbarkeit der Schlussrechnung ist der Architekt angesprochen, den Honorarsatz im Falle der Abrechnung nach § 19 Abs. 1 HOAI mit Hinweis auf diese Bestimmung darzutun und bei der Ent-

---

496 OLG Düsseldorf, BauR 1993, 108; *Koeble* in Locher/Koeble/Frik, § 19 HOAI, Rn 2; *Seifert* in Korbion/Mantscheff/Vygen, § 19 HOAI Rn 4; Pott/Dahlhoff/Kniffka, § 19 HOAI Rn 4; **a. A.** *Hartmann*, § 19 HOAI Rn 4; *Jochem*, § 19 HOAI Rn 2.
497 *Seifert* in Korbion/Mantscheff/Vygen, § 15 HOAI Rn 13 f; *Koeble* in Locher/Koeble/Frik, § 19 Rn 11.
498 *Koeble* in Locher/Koebel/Frik, a.a.O; *Werner* in Werner/Pastor, Rn 880.
499 *Seifert* in Korbion/Mantscheff/Vygen, § 19 HOAI Rn 8.
500 *Seifert* in Korbion/Mantscheff/Vygen, § 19 HOAI, Rn 5; *Koeble* in Locher/Koeble/Frik, § 19 HOAI, Rn 3; *Jochem*, § 19 HOAI, Rn 15; *Pott/Dahlhoff/Kniffka*, § 19 HOAI, Rn 7; *Werner* in Werner/Pastor, Rn 879.

A. Der Anspruch des Architekten auf das Architektenhonorar

scheidung zugunsten von § 19 Abs. 4 HOAI das danach gebotene Rechenwerk zur Prüfbarkeit der Rechnung aufzumachen

bb) Planungsänderungen, mehrere Vor- und Entwurfsplanungen, § 20 HOAI

Vergütungspflichtige Planungsänderungen sind in drei Konstellationen denkbar: Planung für ein anderes Gebäude, Planung nach grundsätzlich verschiedenen Anforderungen und Planung nach den gleichen Anforderungen. Eine Honorarminderung nach § 20 HOAI ist immer dann zu beachten, wenn der Auftragnehmer für dasselbe Gebäude nach grundsätzlich verschiedenen Anforderungen mehrere Vor- und/oder Entwurfsplanungen auf Veranlassung des Auftraggebers gefertigt hat und somit vor der Frage steht, ob die Leistungsphasen 2 und/oder 3 mehrfach in Ansatz gebracht werden können. Grundsätzlich geht § 20 HOAI davon aus, dass dem Architekten für mehrfach erbrachte Leistungen jeweils das volle Honorar zusteht. Dennoch handelt es sich bei § 20 HOAI trotz der Mehrfachabrechnung aus der Sicht des Auftragnehmers um eine Honorarminderung. Der Architekt kann für die Fertigung jeder weiteren Vor- und/oder Entwurfsplanung nämlich nicht – wie sonst im Falle einer mehrfachen Erbringung einer Leistungsphase – den vollen, sondern lediglich nur den halben Vomhundertsatz auf der Grundlage der in Leistungsphase 2 erstellten Kostenschätzung bzw. der in Leistungsphase 3 erstellten Kostenberechnung in Rechnung stellen.[501]

201

(1) Planungsänderungen im Anwendungsbereich des § 20 HOAI bei unterschiedlichen Anforderungen

Da der Architekt für den Fall, dass unterschiedliche Vor- und/oder Entwurfsplanungen durchgeführt werden, gegenüber den in der Leistungsphase 2 bzw. 3 von ihm geschuldeten Leistungen ein „Mehr" erbringt, ist eine **Veranlassung** durch den Auftraggeber – wegen der Honorarminderung nicht eine Vereinbarung – erforderlich. § 20 HOAI kommt also nur dann zur Anwendung, wenn der Architekt **nach Abschluss der schon gefertigten ersten Vor- und/oder Entwurfsplanung** durch den Bauherrn veranlasst worden ist, eine weitere vollständige Vor- und/oder Entwurfsplanung für dasselbe Gebäude nach grundsätzlich verschiedenen Anforderungen zu fertigen. Der Architekt muss also zunächst die in den jeweiligen Leistungsphasen geschuldeten Grundleistungen für die jeweilige Vor- oder Entwurfsplanung mangelfrei durchgeführt haben. Auf einen entsprechenden Willen des Bauherrn durch schlüssiges Verhalten kann nicht geschlossen werden, wenn der Architekt lediglich die **Nachbesserung von Fehlern**, die **Nachholung von Architektenleistungen** oder **kleine Änderungen** verlangt oder der Architekt von sich aus Varianten zu einer besseren Lösung anfertigt.[502] Bei Planungsänderungen, die von der Bauaufsichtsbehörde initiiert werden, wird es darauf ankommen, ob die Planung genehmigungsfähig war.[503] Die Darlegungs- und Beweislast für die tatsächliche Beauftragung obliegt dem Architekten. § 20 HOAI geht zudem von einem **einheitlichen Auftrag** aus, ein enger zeitlicher Zusammenhang zwischen verschiedenen Beauftragungen ist nicht ausreichend.[504] Da sich § 20 HOAI nur auf die **Vor- und Entwurfsplanung i. S.** von § 15

202

---

[501] *Seifert* in Korbion/Mantscheff/Vygen, § 20 HOAI Rn 1; *Koeble* in Locher/Koeble/Frik, § 20 HOAI, Rn 1 f.; *Jochem*, § 20 Rn 2; *Pott/Dahlhoff/Kniffka*, § 20 HOAI, Rn 7 a.

[502] OLG Braunschweig, IBR 2005, 599; *Seifert* in Korbion/Mantscheff/Vygen, § 20 HOAI, Rn 9; *Koeble* in Locher/Koeble/Frik, § 20 HOAI, Rn 20; *Jochem*, § 20 HOAI, Rn 4; *Pott/Dahlhoff/Kniffka*, § 20 HOAI, Rn 6; **a. A.** *Neuenfeld*, § 20 HOAI, Rn 4.

[503] OLG Hamm, Urt. v. 12.12.2005 – 24 U 89/05 (nicht rechtskräftig); *Koeble* in Locher/Koeble/Frik, § 20 HOAI, Rn 20.

[504] *Seifert* in Korbion/Mantscheff/Vygen, § 20 HOAI, Rn 3; *Koeble* in Locher/Koeble/Frik, § 20 HOAI, Rn 27.

Marfurt

3 § 6 Die Ansprüche des Architekten gegen den Auftraggeber

HOAI bezieht, kann der Architekt darüber hinaus beauftragte weitere Leistungen voll abrechnen.[505]

203 Im Rahmen des § 20 HOAI kommt eine Erhöhung des Architektenhonorars nur dann in Betracht, wenn die mehreren Vor- und Entwurfsplanungen für **dasselbe Gebäude** erbracht werden. Das trifft nicht zu, wenn sich die Planung auf ein anderes oder ein zusätzliches Grundstück bezieht.[506] Ebenso kann nicht mehr von demselben Gebäude gesprochen werden, wenn zwar für das gleiche Grundstück, aber mit erheblichen Planänderungen zusätzliche Vor- oder Entwurfsplanungen erbracht werden sollen.[507] Auch bei Planungsänderungen von Funktion und Nutzung, die z. B. Auswirkungen auf die technische Ausrüstung oder die Konstruktion haben oder zu einer wesentlichen Änderung der Gestaltung führen, kann nicht mehr von demselben Gebäude ausgegangen werden.[508] In den vorbenannten Fällen kann das volle Honorar abgerechnet werden.

204 Die nach § 20 HOAI beauftragten mehreren Vor- und Entwurfsplanungen müssen nach **grundsätzlich verschiedenen Anforderungen** erbracht werden.[509] Dafür trägt der Architekt die Darlegungs- und Beweislast. Grundsätzlich verschiedene Anforderungen sind zu bejahen, wenn die Planung wesentliche Unterschiede aufweist und nicht nur geringe Verschiebungen zum Gegenstand hat. Davon abzugrenzen sind die Fällen, in denen der Architekt im Rahmen der Vorplanung (Leistungsphase 2) als **„wiederholte" Grundleistung mehrere Varianten nach gleichen Voraussetzungen** zu erbringen hat (§ 15 Abs. 2 Nr. 2 HOAI) oder als **Besondere Leistung Lösungsmöglichkeiten nach grundsätzlich verschiedenen Anforderungen** zu finden hat (§§ 15 Abs. 2 Nr. 2 HOAI, 5 Abs. 4 HOAI). Grundsätzlich verschiedene Anforderungen werden bejaht, wenn bei dem gleichen Gebäude, das Raum- und Funktionsprogramm wesentlich geändert wird, wenn das Bauvolumen oder die Wohn- und Nutzflächen wesentlich erweitert oder eingeschränkt werden oder bei nachträglichen strukturellen Änderungen, wie z. B. hinsichtlich der Baukonstruktion und/oder Methoden auch zu Eingriffen in die statische Berechnung führen.[510] Die Abgrenzungsprobleme können im Einzelfall immer nur aufgrund des konkret abgeschlossenen Architektenvertrages beurteilt werden. Im Rahmen der Entwurfsplanung (Leistungsphase 3) stellen sich die Abgrenzungsprobleme nicht, denn der Architekt schuldet insoweit grundsätzlich nur eine Entwurfsplanung.

205 Sind die Voraussetzungen des § 20 HOAI zu bejahen, kann der Architekt für die umfassendste Vor- oder Entwurfsplanung die Regelsätze nach § 15 HOAI berechnen und für jede weitere Vor- und Entwurfsplanung **zusätzlich die Hälfte der Regelsätze**. Als umfassendster Vorentwurf/Entwurf ist diejenige Planung anzusehen, die aufgrund der Kostenermittlungsarten die höchste Bausumme ausweist.[511] Abschließend ist darauf zu verweisen, dass die Schlussrechnung gem. § 8 Abs. 1 HOAI nur dann prüfbar ist, soweit das Rechenwerk für den Auftraggeber nachvollziehbar aufgemacht wird. Im Hinblick auf eine besondere Vergütung für mehrere Vor- und/oder Entwurfsplanungen nach § 20

---

[505] *Seifert* in Korbion/Mantscheff/Vygen, § 20 HOAI, Rn 2; *Koeble* in Locher/Koeble/Frik, § 20 HOAI, Rn 21 f; *Pott/Dahlhoff/Kniffka*, § 20 HOAI, Rn 3.
[506] OLG Düsseldorf, NJW-RR 1998, 1317.
[507] OLG Düsseldorf, BauR 1994, 858.
[508] OLG Koblenz, NZBau 2000, 256; OLG Düsseldorf, BauR 2000, 575; *Seifert* in Korbion/Mantscheff/Vygen, § 20 HOAI, Rn 8; *Koeble* in Locher/Koeble/Frik, § 20 HOAI Rn 19; *Jochem*, § 20 HOAI, Rn 3.
[509] **A. A.** wohl OLG Braunschweig, IBR 2005, 599.
[510] OLG Düsseldorf, BauR 2002, 1282; OLG Koblenz, BauR 2003, 570: Alternativen im Bereich der städtebaulichen Planung.
[511] *Seifert* in Korbion/Mantscheff/Vygen, § 20 HOAI, Rn 14; *Koeble* in Locher/Koeble/Frik, § 20 HOAI, Rn 26; *Pott/Dahlhoff/Kniffka*, § 20 HOAI, Rn 7; **a. A.** *Jochem*, § 20 HOAI, Rn 6.

HOAI ist der Architekt deshalb gehalten, in der Schlussrechnung die einzelnen Honoraranteile gesondert aufzuführen und deren Voraussetzungen prüfbar anzugeben.

(2) Planungsänderungen außerhalb des Anwendungsbereichs des § 20 HOAI bei gleichen Anforderungen

In welchen Fällen und in welcher Höhe vom Auftraggeber veranlasste Planungsänderungen außerhalb des Anwendungsbereichs von § 20 HOAI honorierungsfähig sind ist ein in der Praxis regelmäßig auftretendes und heftig umstrittenes Problem.[512] Voraussetzung dafür, dass solche Planungsänderungen vom Bauherrn vergütet werden ist zunächst, dass sie sich auf **dasselbe Gebäude** beziehen, **grundsätzlich gleiche Anforderungen** haben und der Bauherr dem Architekten einen **entgeltlichen Auftrag** erteilt. Auf einen rechtsgeschäftlichen Willen des Auftraggebers kann nicht geschlossen werden, wenn der Architekt lediglich **Versäumtes nachholt, eigene Fehler korrigiert** oder wenn es sich um **kleinere Änderungen** handelt. Das Gleiche gilt, wenn individualvertraglich eine Entgeltlichkeit ausgeschlossen worden ist (z. B. beim Pauschalvertrag) oder vertraglich besondere Voraussetzungen (z. B. Schriftform) vereinbart aber nicht eingehalten worden sind. Für die in Auftrag gegebenen Änderungsleistungen und dafür, dass diese tatsächlich erbracht worden sind, trägt der Architekt die Darlegungs- und Beweislast.[513]

Lässt sich eine entgeltliche Beauftragung bejahen, ist umstritten, ob die Änderungsleistung als Besondere Leistung, die nach § 5 Abs. 4 HOAI eine schriftliche Vereinbarung voraussetzt, oder als wiederholte Grundleistung zu qualifizieren ist.[514] Nach h. M. werden Änderungsleistungen als **Änderungen von Grundleistungen** mit der Folge der Honorarberechnung nach den üblichen Grundsätzen der HOAI durch Interpolation mit folgenden Einschränkungen zu beurteilen sein: Die anrechenbaren Kosten nach § 10 HOAI (DIN 276 in der Fassung 1981) sind auf die Gesamtmaßnahme zu beziehen aber das Honorar für die Änderungsleistung wird mit Blick auf die Leistungsbeschreibungen nach § 15 Abs. 2 HOAI anteilig gekürzt werden müssen, da bei Änderungsleistungen auf bereits erbrachte Grundleistungen zurückgegriffen werden kann.[515]

cc) Mehrere Gebäude, § 22 HOAI

(1) Grundsatz: getrennte Abrechnung, § 22 Abs. 1 HOAI

Beziehen sich die vom Architekten auf der Grundlage eines Auftrages erbrachten Leistungen auf mehrere Gebäude, die nach funktionalen und konstruktiven Gesichtspunkten eine bauliche Selbstständigkeit aufweisen, so ist gem. § 22 Abs. 1 HOAI für jedes einzelne Gebäude eine **eigenständige Honorarberechnung** zu erstellen. Die Regelung verfolgt den Zweck, dem nach der Honorartafel des § 16 HOAI bei steigenden anrechenbaren Kosten für den Fall einer einheitlichen Honorarberechnung eintretenden Degressionseffekt entgegenzutreten.

Schwierigkeiten bereitet im Rahmen des § 22 Abs. 1 HOAI regelmäßig die Frage, ob es sich bei einer komplexen Bauaufgabe um ein oder mehrere Gebäude handelt. Handelt es sich um **verschiedene Objekte** i. S. des § 3 Nr. 1 HOAI sind diese selbstverständlich

---

512 *Meurer*, BauR 2004, 904 – mit Formulierungsvorschlägen für die Vertragsgestaltung.
513 BGH, NJW-RR 1991, 981.
514 Änderungsleistungen als Besondere Leistungen: OLG Celle, BauR 1999, 508; OLG Köln, BauR 1995, 576; OLG Hamm, BauR 1994, 298; Änderungsleistungen als wiederholte Grundleistungen: OLG Düsseldorf, BauR 2000, 1889; OLG Hamm, BauR 1994, 535 und 1993, 633; *Koeble* in Locher/Koeble/Frik, § 20 HOAI, Rn 10; *Werner* in Werner/Pastor, Rn 869; *Lansnicker/Schwirtzeck*, BauR 2000, 56; *Motzke*, BauR 1994, 570; offengelassen vom BGH, a. a. O.
515 *Koeble* in Locher/Koeble/Frik, § 20 HOAI, Rn 12 ff.

selbstständig abzurechnen.[516] Hiervon abzugrenzen ist die Frage, wann **mehrere Gebäude** i. S. des § 22 Abs. 1 HOAI und wann ein einheitliches Gebäude vorliegen. Abzustellen ist darauf, ob die Bauteile nach **funktionalen und technischen Kriterien** zu einer Einheit zusammengefasst sind,[517] wobei es für diese Beurteilung primär auf die konstruktive Selbstständigkeit ankommt.[518] Nur wenn Zweifel über die konstruktive Selbstständigkeit bestehen, wird zusätzlich auf die funktionale Selbstständigkeit, die in der Regel von der konkreten Nutzung abhängig ist, abgestellt. Die konstruktive Selbstständigkeit wird in einer Gesamtschau anhand von Faktoren wie gemeinsame Versorgungsanlagen, gemeinsame Trennwand, andere gemeinschaftliche Bauteile oder eine anderweitige konstruktive Verbundenheit beurteilt.[519] Weitere Gesichtspunkte, wie getrennte Grundbücher, ein einheitlicher Funktionsablauf, der Abschluss mehrerer Verträge können bei der anzustellenden Gesamtschau ebenfalls Berücksichtigung finden. Liegen nach Abwägung der gesamten Umstände die Voraussetzungen des § 22 Abs. 1 HOAI vor, kann der Architekt für jedes Gebäude das volle Honorar berechnen.

(2) Honorarminderungen, § 22 Abs. 2 HOAI

210 Bezieht sich der Auftrag auf mehrere **gleiche, spiegelgleiche** oder **im Wesentlichen gleichartige Gebäude**, die im zeitlichen oder örtlichen Zusammenhang und unter gleichen baulichen Verhältnissen errichtet werden, so sieht § 22 Abs. 2 HOAI eine Honorarminderung vor. Die Ratio dieser Regelung ist darin zu sehen, dass die Planung des ersten Gebäudes bei einer zu wiederholenden Planung, wie dies z. B. bei Reihenhäusern der Fall ist, wieder bzw. weiterverwendbar ist, so dass es angebracht erscheint, aufgrund der eingeschränkten planerischen Tätigkeit des Auftragnehmers bei den Wiederholungen für die **Leistungsphasen 1 bis 7** das Honorar entsprechend zu kürzen. Das Honorar für die **Leistungsphasen 8 und 9** kann dagegen voll berechnet werden, da der Architekt diese Leistungen immer wieder voll erbringen muss.[520] Während die Beurteilung von gleichen – nach gleichem Entwurf ausgeführten – bzw. spiegelgleichen Gebäuden regelmäßig unproblematisch erfolgen kann, bereitet in der Praxis die Frage, ob im wesentlichen gleichartige Gebäude vorliegen, große Probleme. Entscheidendes Kriterium für die wesentliche Gleichartigkeit ist, ob der Grundriss und das Tragwerk wesentlich gleichartig sind.[521]

211 Weiter verlangt § 22 Abs. 2 HOAI einen **örtlichen oder zeitlichen Zusammenhang sowie gleiche bauliche Verhältnisse**. Von dem erforderlichen zeitlichen Zusammenhang ist auszugehen, wenn die Erbringung der Architektenleistungen – ggf. auch nur teilweise – zeitgleich erfolgt.[522] Der örtliche Zusammenhang ist zu bejahen, wenn die einzelnen

---

516 BGH, BauR 2004, 1963.
517 BGH, IBR 2006, 209, BauR 2005, 735 und BauR 2002, 817; *Seifert* in Korbion/Mantscheff/Vygen, § 22 HOAI, Rn 5 ff; *Koeble* in Locher/Koeble/Frik, § 22 HOAI, Rn 4; *Seifert*, BauR 2000, 809.
518 *Seifert* in Korbion/Mantscheff/Vygen, § 22 HOAI, Rn 6 a; *Koeble* in Locher/Koeble/Frik, § 22 HOAI, Rn 4.
519 KG, NZBau 2003, 46: Allein die Errichtung auf einer gemeinsamen Bodenplatte und die Verbindung durch eine gemeinsame Tiefgarage schließt die Annahme mehrerer Gebäude nicht aus; OLG Hamm, NJW-RR 1990, 522: Ein Gebäude, wenn gesonderte Haustrennwände fehlen und neben der konstruktiven auch die funktionale Selbstständigkeit wegen einem übergreifenden Bodenraum und der Anbindung an die gleiche Heizung und Schornsteinanlage fehlen; OLG Köln, BauR 1980, 282: Ein Gebäude, wegen der Verbindung einzelner Geschosse über das gleiche Treppenhaus und gemeinsame Heizung, Strom- und Wasseranlagen.
520 *Seifert* in Korbion/Mantscheff/Vygen, § 22 HOAI, Rn 11; *Koeble* in Locher/Koeble/Frik, § 22 HOAI, Rn 8.
521 OLG Düsseldorf, BauR 1983, 283; *Seifert* in Korbion/Mantscheff/Vygen, § 22 HOAI, Rn 9; *Koeble* in Locher/Koeble/Frik, § 22 HOAI, Rn 9; *Pauly*, BauR 1997, 928.
522 *Koeble* in Locher/Koeble/Frik, § 22 HOAI, Rn 10.

A. Der Anspruch des Architekten auf das Architektenhonorar 3

Gebäude in der näheren Umgebung errichtet werden.[523] Für die Ermittlung von gleichen baulichen Verhältnissen sind nur die Umstände zu berücksichtigen, die die Planungsleistungen des Architekten betreffen.[524] Die baulichen Verhältnisse sind dann gleich, wenn die zu bebauenden Grundstücksflächen im Hinblick auf die topographischen Gegebenheiten bzw. den vorhandenen Baugrund vergleichbar sind. Unabhängig von einem zeitlichen oder örtlichen Zusammenhang bzw. den baulichen Verhältnissen findet § 22 Abs. 2 HOAI stets Anwendung für **Serienbauten**, bei denen eine Vielzahl von Gebäuden nach einem im wesentlichen gleichen Entwurf ausgeführt werden, sowie für **Typenplanungen**, bei denen eine bis ins Detail gehende gleiche und damit typisierende planerische Vorgabe erfolgt.

Können die Voraussetzungen des § 22 Abs. 2 HOAI bejaht werden, hat der Architekt die Leistungsphasen der Häuser 2 bis 5, also die erste bis zur vierten Wiederholung, nur **zur Hälfte** abzurechnen und ab dem Haus 6 bzw. der fünften Wiederholung lediglich noch mit **40 Prozent** in Rechnung zu stellen. 212

Beispiel:
Der Architekt kann gemäß dem abgeschlossenen Architektenvertrag die Leistungsphasen 1-8 für 12 Gebäude nach Typenplanung unter Anwendung der Honorarzone III nach dem Mindestsatz abrechnen. Die anrechenbaren Kosten betragen:

Kostenberechnung (KB): 450.000,00 EUR
Kostenanschlag (KA): 455.000,00 EUR
Kostenfeststellung (KF): 460.000,00 EUR

Honorar Gebäude 1:

Gebäude 1	Honorar gem. §§ 15, 16 HOAI, Interpolation bei Mindestsatz, Zone III	Honorar netto
Leistungsphasen 1-4 KB: 450.000,00 EUR, 27%	= 41.362,00 EUR x 0,027	1.116,77 EUR
Leistungsphasen 5-7 KA: 455.000,00 EUR 39%	= 41.650,00 EUR x 0,039	1.624,35 EUR
Leistungsphase 8 KF: 460.000,00 EUR 31%	= 41.938,00 EUR x 0,031	1.300,08 EUR
Summe Gebäude 1		4.041,20 EUR

---

523 OLG Düsseldorf, BauR 1982, 599; *Seifert* in Korbion/Mantscheff/Vygen, § 22 HOAI, Rn 22; a. A. *Jochem*, § 22 HOAI, Rn 5.
524 *Seifert* in Korbion/Mantscheff/Vygen, § 22 HOAI, Rn 11; *Koeble* in Locher/Koeble/Frik, § 22 HOAI, Rn 11; *Jochem*, § 22 HOAI, Rn 5.

§ 6 Die Ansprüche des Architekten gegen den Auftraggeber

Honorar Gebäude 2-5:

Gebäude 2-5	Honorar gem. §§ 15, 16, § 22 Abs. 2 HOAI, Interpolation bei Mindestsatz, Zone III	Honorar netto
Leistungsphasen 1-4 KB: 450.000,00 EUR, 27%	= 41.362,00 EUR x 0,027 x 0,5 (Minderung) x 4 (Gebäude)	2.233,55 EUR
Leistungsphasen 5-7 KA: 455.000,00 EUR 39%	= 41.650,00 EUR x 0,039 x 0,5 (Minderung) x 4 (Gebäude)	3.248,70 EUR
Leistungsphase 8 KF: 460.000,00 EUR 31%	= 41.938,00 EUR x 0,031 x 4 (Gebäude)	5.200,31 EUR
Summe Gebäude 2-5		**10.682,56 EUR**

Honorar Gebäude 6-12:

Gebäude 6-10	Honorar gem. §§ 15, 16, § 22 Abs. 2 HOAI, Interpolation bei Mindestsatz, Zone III	Honorar netto
Leistungsphasen 1-4 KB: 450.000,00 EUR, 27%	= 41.362,00 EUR x 0,027 x 0,4 (Minderung) x 7 (Gebäude)	3.126,97 EUR
Leistungsphasen 5-7 KA: 455.000,00 EUR 39%	= 41.650,00 EUR x 0,039 x 0,4 (Minderung) x 7 (Gebäude)	4.548,18 EUR
Leistungsphase 8 KF: 460.000,00 EUR 31%	= 41.938,00 EUR x 0,031 x 7 (Gebäude)	9.100,55 EUR
Summe Gebäude 6-12		**16.775,70 EUR**

A. Der Anspruch des Architekten auf das Architektenhonorar

Gesamtes Honorar netto:

Gebäude	Honorar netto
Gebäude 1	4.041,20 EUR
Gebäude 2-5	10.682,56 EUR
Gebäude 6-12	16.775,70 EUR
Insgesamt netto	**31.499,46 EUR**

Da es sich bei der Honorarminderung nach § 22 Abs. 2 HOAI um einen Ausnahmetatbestand gegenüber § 22 Abs. 1 HOAI handelt, ist der sich darauf berufende Auftraggeber für das Vorliegen des Ausnahmetatbestandes darlegungs- und beweispflichtig.

(3) Honorarverteilung, § 22 Abs. 3 HOAI

Haben **mehrere Auftraggeber** gleichzeitig auf der Grundlage gesonderter Verträge den Architekten beauftragt, so dass dieser gem. § 22 Abs. 2 HOAI eine Honorarminderung vornehmen muss, kommt gem. § 22 Abs. 3 HOAI die Honorarminderung allen Auftraggebern zugute. Das Honorar ist folglich entsprechend des vorstehenden Beispiels zu errechnen und sodann **anteilig auf die einzelnen Auftraggeber umzulegen**. In dem Beispiel zu § 22 Abs. 2 HOAI hätte also bei 12 Auftraggebern jeder Auftraggeber ½ des Gesamthonorars, mithin einen Betrag in Höhe von netto 2.624,96 EUR zu tragen. Die Frage, ob sich der Architekt wegen des gesamten Honorars an nur einen von mehreren Auftraggebern halten kann bestimmt sich nach § 427 BGB (**Gesamtschuldverhältnis**). Nur wenn sich mehrere Bauherren gemeinsam vertraglich verpflichten haben, haftet jeder einzelne auf den vollen Betrag.[525] Kein Gesamtschuldverhältnis liegt vor, wenn ein Baubetreuungsunternehmen namens und in Vollmacht mehrerer Auftraggeber einen Architektenvertrag abgeschlossen hat.[526] Da es sich auch bei § 22 Abs. 3 HOAI um eine Ausnahmeregelung zu § 22 Abs. 1 HOAI handelt, haben auch hier die Auftraggeber die Beweislast für eine Beauftragung durch mehrere Auftraggeber für mehrere Aufträge sowie für das Vorliegen mehrerer gleicher, spiegelgleicher oder im Wesentlichen gleichartiger Gebäude.

213

(4) Honorarminderung, § 22 Abs. 4 HOAI

§ 22 Abs. 4 HOAI erlaubt eine Honorarminderung nach § 22 Abs. 2 HOAI auch in Fällen, in denen **kein zeitlicher oder örtlicher Zusammenhang** gegeben ist, aber gleiche oder spiegelgleiche Gebäude beauftragt sind oder in einem Anschlussauftrag beauftragt werden, wobei sich § 22 Abs. 4 HOAI nur auf § 22 Abs. 2 HOAI (ein Auftraggeber) bezieht. Die Beweislast für das Vorliegen der Voraussetzungen trägt wieder der/die Auftraggeber.

214

(5) Von § 22 Abs. 1-4 HOAI abweichende Vereinbarungen

Regelungen in Allgemeinen Geschäftsbedingungen, durch die § 22 Abs. 1 HOAI abbedungen wird mit dem Inhalt, dass der Architekt die einzelnen Gebäude nur nach den insgesamt anfallenden anrechenbaren Kosten abrechnen kann, verstoßen gegen § 307 BGB

215

---

525 OLG Celle, BauR 1970, 247.
526 BGH, BauR 1980, 262 und 1977, 58.

§ 6 Die Ansprüche des Architekten gegen den Auftraggeber

und sind unwirksam.[527] Gleiches gilt, wenn in Allgemeinen Geschäftsbedingungen eine Honorarminderung nach § 22 Abs. 2 HOAI vereinbart wird, obwohl die Voraussetzungen nicht vorliegen.[528] Wollen die Parteien durch Individualvereinbarung die Regelungen des § 22 Abs. 2 bis 4 HOAI z. B. durch eine Pauschalvereinbarung umgehen, ist dies nur möglich, wenn dadurch der Höchstsatz insgesamt nicht überschritten wird und sie bei Auftragserteilung eine schriftliche Vereinbarung schließen.[529]

dd) Umbau und Modernisierung, § 24 HOAI

216 Aus § 24 HOAI folgt die Honorarberechnungsgrundlage bei Umbauten und Modernisierungen von Gebäuden. Diese Norm soll einen Ausgleich für die erhöhten Anforderungen an die Leistung des Architekten schaffen, denn bei Umbauten und Modernisierungen treten häufig bei Baubeginn nicht vorhersehbare statische, technische und gestalterische Probleme auf, die eine schnelle Lösung erfordern und erhöhte Anforderungen an den Architekten bedingen. Die Begriffe „Umbauten" und „Modernisierung" ergeben sich aus § 3 Nr. 5 und Nr. 6 HOAI.

217 Gemäß **§ 3 Nr. 5 HOAI** sind „**Umbauten**" die „Umgestaltungen eines vorhandenen Objekts mit wesentlichen Eingriffen in die Konstruktion (nach DIN 276 in der Fassung 1981: Kostengruppen 3.1 und 3.5.1 nach DIN 276 in der Fassung 1993: Kostengruppe 300 „Bauwerk – Baukonstruktion) oder den Bestand. Zum Bestand zählen alle Bauteile, die nicht unter die Baukonstruktion fallen (nach DIN 276 in der Fassung 1981: Kostengruppen 3.2, 3.3, 3.4 und die entsprechenden Kostengruppen 3.5.2 bis 3.5.4).

218 Abgrenzungsschwierigkeiten ergeben sich zum Begriff des Erweiterungsbaus nach § 3 Nr. 4 HOAI. Erweiterungbauten i. S. von § 3 Nr. 4 HOAI lassen sich als ergänzende Anbauten zu einem vorhandenen Objekt oder die Aufstockung eines solchen qualifizieren.[530] **Im Gegensatz zum Umbau ist ein Erweiterungsbau stets mit einer räumlichen Ausdehnung verbunden.**[531] Eine Qualifizierung als Umbau kommt bei einem Erweiterungsbau in Betracht, wenn er auf vorhandener Bausubstanz erfolgt, da dann in der Regel wesentliche Eingriffe in Konstruktion oder Bestand der Bausubstanz erforderlich sind.

219 Nach **§ 3 Nr. 6 HOAI** werden „**Modernisierungen**" als bauliche Maßnahmen zur **nachhaltigen Erhöhung des Gebrauchswertes** eines Objekts bezeichnet, soweit diese nicht nur Erweiterungs- bzw. Umbauten oder Instandsetzungen (§ 3 Nr. 4, Nr. 5 und Nr. 10 HOAI) darstellen. Allerdings bilden die durch die baulichen Maßnahmen verursachten Instandsetzungen oft gleichsam Modernisierungen, nämlich modernisierungsbedingte Instandsetzungen.

220 Erhebliche Abgrenzungsschwierigkeiten ergeben sich zu den Begriffen Wiederaufbauten (§ 3 Nr. 3 HOAI) und Instandsetzung (§ 3 Nr. 10 HOAI). Oberbegriff für die **Instandsetzung** i. S. von § 3 Nr. 10 HOAI ist der Wiederaufbau. Die Instandsetzung setzt voraus, dass eine vollständig neue Planung erforderlich ist, das Objekt aber noch nicht zerstört, sondern wesentliche Bauteile noch vorhanden sind, die benutzt werden können.[532] **Wiederaufbauten** nach § 3 Nr. 3 HOAI lassen sich von der Instandsetzung dadurch abgrenzen, dass eine ganze oder teilweise Zerstörung des vorhandenen Objekts gegeben ist. In

---

527 BGH, BauR 1981, 582.
528 BGH, a. a. C.
529 *Pott/Dahlhoff/Kniffka*, § 22 HOAI Rn 10.
530 *Vygen* in Korbion/Mantscheff/Vygen, § 3 HOAI, Rn 27; *Koeble* in Locher/Koeble/Frik, § 3 HOAI, Rn 8.
531 OLG Düsseldorf, BauR 2002, 117.
532 *Cuypers*, Instandhaltung und Änderung baulicher Anlagen, Baurechtliche Schriften, Band 23, 1993.

A. Der Anspruch des Architekten auf das Architektenhonorar

Abgrenzung zum Begriff der **Modernisierung** setzt diese darüber hinaus eine **nachhaltige Erhöhung des Gebrauchswerts**, also des Werts des Objekts für dessen Nutzung, funktionellen Eigenschaften, Wirtschaftlichkeit und Anforderungen an den Stand der Technik und ggf. den Verkaufs- oder Handelswert voraus. Demgegenüber ist die Instandsetzung also die reine Wiederherstellung des Objekts zum bestimmungsgemäßen Soll-Zustand.[533] Sind Umbauten gleichzeitig als Modernisierung zu qualifizieren, kann die Honorarerhöhung nach § 24 HOAI nur einmalig von 20% bis 33% erfolgen.

(1) Honorarerhöhung nach § 24 Abs. 1 HOAI

Nach § 24 Abs. 1 HOAI kann der Architekt auf das Gesamthonorar einen Zuschlag berechnen. Gemäß § 24 Abs. 1 S. 1 HOAI ist die Honorarerhöhung für den **durchschnittlichen Schwierigkeitsgrad** (entspricht Zone III, vgl. § 11 Abs. 1 Nr. 3 HOAI) von 20% bis 33% schriftlich, aber nicht bei Auftragerteilung,[534] zu vereinbaren. Die Vereinbarung eines höheren Zuschlags ist zulässig. Versäumen die Parteien überhaupt eine Vereinbarung, gilt gem. § 24 Abs. 1 S. 4 HOAI **ab dem durchschnittlichen Schwierigkeitsgrad** (Zone III, vgl. § 11 Abs. 1 Nr. 3 HOAI) ein Zuschlag in Höhe von 20% als vereinbart. Ist der **Schwierigkeitsgrad geringer** als in der Zone III nach §§ 11, 12 HOAI (durchschnittlicher Schwierigkeitsgrad), kann eine Vereinbarung über einen Zuschlag getroffen werden, die Mindestfiktion des § 24 Abs. 1 S. 4 HOAI gilt aber nicht.[535]

Im Einzelnen orientiert sich § 24 HOAI zunächst an der Honorarzone, der der Umbau oder die Modernisierung entsprechend § 11 HOAI zuzuordnen ist.[536] Die anzuwendenden Honorarzonen für die normal abzurechnenden Leistungen und für den Umbau- bzw. Modernisierungszuschlag können also auseinanderfallen und auf § 12 HOAI muss wegen der ausdrücklichen Bezugnahme von § 24 HOAI zur Findung der Honorarzone nicht zurückgegriffen werden.[537] Nach der Zuordnung in die zutreffende Honorarzone ist die Honorarerhöhung unter Beiziehung der anrechenbaren Kosten nach § 10 HOAI, den Leistungsphasen nach § 15 HOAI sowie der Honorartafel nach § 16 HOAI zu ermitteln und erhält sodann eine Zuschlagsregelung. Im Hinblick auf die **bei der Abrechnung nach § 24 HOAI zugrunde zu legenden anrechenbaren Kosten** ist dabei allerdings zu berücksichtigen, dass nicht die gesamten anrechenbaren Kosten des Objekts, sondern nur der Anteil der anrechenbaren Kosten der Berechnung der Honorarerhöhung nach § 24 Abs. 1 HOAI zugrunde zu legen ist, der konkret auf den Umbau- bzw. Modernisierungsanteil entfällt.[538] Beträgt der Anteil für den Umbau bezogen auf die anrechenbaren Kosten z. B. 40 % der gesamten anrechenbaren Kosten, kann die Honorarerhöhung also auch nur auf diesen Teil bezogen werden. Daneben kann gem. **§ 10 Abs. 3 a HOAI** (vgl. dazu Rn. 168 f.) im Hinblick auf die anrechenbaren Kosten die vorhandene Substanz im Rahmen einer schriftlichen Vereinbarung angemessen zu berücksichtigen sein.[539] Liegt eine schriftliche Vereinbarung nicht vor, so ist der Wert der technisch oder gestalterisch mitverarbeiteten Bausubstanzteile durch einen Sachverständigen zu ermitteln (vgl. dazu Rn. 168 f.).

---

533 *Koeble* in Locher/Koeble/Frik, § 3 HOAI, Rn 15.
534 *Koeble* in Locher/Koeble/Frik, § 24 HOAI, Rn 15; *Pott/Dahlhoff/Kniffka*, § 24 HOAI, Rn 9; *Werner* in Festschrift für Soergel (1993), 291, 295.
535 **A. A.** VK Bund, IBR 2006, 163: Für eine mögliche Unterschreitung des Mindestsatzes auch bei durchschnittlichem Schwierigkeitsgrad.
536 OLG Düsseldorf, BauR 1995, 733.
537 OLG Jena, IBR 2001, 262; *Koeble* in Locher/Koeble/Frik, § 24 HOAI, Rn. 12f; a. A. OLG Düsseldorf, BauR 1995, 773; *Seifert* in Korbion/Mantscheff/Vygen, § 24 HOAI, Rn. 8; *Löffelmann/Fleischmann*, Rn. 1220.
538 OLG Karlsruhe, IBR 2005, 494.
539 BGH, BauR 1986, 593.

(2) Honorarerhöhung nach § 24 Abs. 2 HOAI

223 Gemäß § 24 Abs. 2 HOAI können die Parteien **statt einer Honorarerhöhung nach § 24 Abs. 1 HOAI** vereinbaren, dass Grundleistungen für die Leistungsphasen 1, 2 und 8 mit höheren als den in § 15 HOAI vorgesehenen Prozentsätzen bewertet werden. Der Zuschlag ist in der Höhe preisrechtlich nicht beschränkt, richtet sich aber nach dem Schwierigkeitsgrad und dem Umfang der erhöhten Anforderungen. Eine schriftliche Vereinbarung, die allerdings nicht bei Auftragserteilung erfolgen muss, ist erforderlich.

(3) Abrechnung nach § 24 HOAI im Kontext mit § 23 HOAI

224 Nach § 23 Abs. 1 HOAI hat der Architekt das Honorar für jede Leistung **getrennt** zu berechnen, wenn er einen Umbau gleichzeitig mit einem **Wiederaufbau**, einem **Erweiterungsbau** oder einem **raumbildenden Ausbau** erbringt. In diesen Fällen kann der Architekt den Zuschlag für den Umbau vereinbaren.[540] Erbringt der Architekt dagegen gleichzeitig Leistungen für einen **Neubau und einen Umbau**, ist zu differenzieren: Führt der Architekt beide Leistungen am gleichen Objekt aus, liegt ein Erweiterungsbau nach § 3 Nr. 4 HOAI vor, so dass § 23 HOAI Anwendung findet.[541] Nicht zur Anwendung kommt § 23 HOAI aber dann, wenn Neubau und Umbau getrennt durchgeführt werden.

ee) Instandhaltung und Instandsetzung, § 27 HOAI
(1) Honorarerhöhung für die Leistungsphase 8

225 Für Instandhaltung und Instandsetzung kann nach § 27 HOAI im Rahmen der Leistungsphase 8 (Objektüberwachung) eine Erhöhung bis zu 50 % auf den Höchstsatz von 46,5 % in Betracht kommen. Nach § 3 Nr. 10 HOAI handelt es sich bei der **Instandsetzung** um Maßnahmen zur **Wiederherstellung des zum bestimmungsgemäßen Gebrauch geeigneten Zustandes**. Der vor diesen Maßnahmen vorhandene Ist-Zustand des Gebäudes muss also von dem mit der Instandsetzung erstrebten Soll-Zustand abweichen. Bei einer **Instandhaltung** (§ 3 Nr. 11 HOAI) ist demgegenüber das Ziel der baulichen Maßnahme die **Erhaltung des vorhandenen Ist-Zustandes**.[542] Für die Erhöhung des Honorars nach § 27 HOAI ist eine **schriftliche Vereinbarung bei Auftragserteilung** (§ 4 Abs. 1, 4 HOAI) Voraussetzung.[543] Fehlt diese, so besteht kein Anspruch auf eine Honorarerhöhung nach § 27 HOAI. Weil damit § 27 HOAI eine Abweichung vom Rahmen der Mindest- und Höchstsätze darstellt, ist die Honorarerhöhung auch nicht davon abhängig. Die Honorarerhöhung nach § 27 HOAI kann also auch auf die Höchstsätze vereinbart werden.

(2) Honorarerhöhung nach § 27 HOAI im Kontext mit § 24 HOAI

226 Fallen Instandhaltung und Instandsetzung mit einer Modernisierung zusammen, kann der Architekt, auch wenn die Baumaßnahmen nach § 23 HOAI aufteilbar sind, nur den Modernisierungszuschlag nach § 24 HOAI vereinbaren.[544]

---

540 OLG Karlsruhe, IBR 2005, 494; OLG Düsseldorf, BauR 1987, 708.
541 OLG Düsseldorf, BauR 2002, 117.
542 *Koeble* in Locher/Koeble/Frik, § 3 HOAI Rn 16.
543 OLG Düsseldorf, NJW-RR 1999, 669; *Seifert* in Korbion/Mantscheff/Vygen, § 27 HOAI, Rn 2; *Koeble* in Locher/Koeble/Frik, § 27 HOAI, Rn 1; **a. A.** Hartmann, § 27 Rn 2.
544 *Seifert* in Korbion/Mantscheff/Vygen, § 27 HOAI Rn 4; *Koeble* in Locher/Koeble/Frik, § 27 HOAI, Rn 3; **a. A.** *Pott/Dahlhoff/Kniffka*, § 24 HOAI Rn 13; *Löffelmann/Fleischmann*, Rn 1014.

A. Der Anspruch des Architekten auf das Architektenhonorar 3

g) Zusätzliche Leistungen nach Teil III der HOAI

Zusätzliche Leistungen gem. §§ 28, 31 und 32 HOAI sind nicht in den Leistungsbildern der HOAI enthalten. Es handelt sich weder um Grundleistungen noch um Besondere Leistungen i. S. der HOAI. Sie können völlig unabhängig von Grundleistungen und Leistungsbildern der HOAI beauftragt werden.[545] **227**

aa) Entwicklung und Herstellung von Fertigteilen, § 28 HOAI

Fertigteile nach § 28 Abs. 1 HOAI sind alle außerhalb des Objekts vorgefertigten Konstruktionen, wobei der Katalog des § 28 Abs. 2 HOAI eine nicht abschließende Aufzählung enthält.[546] Das Honorar nach § 28 Abs. 3 HOAI bezieht sich nur auf die **Planungs- und Überwachungsleistung**, also nicht auf die Entwicklung und Herstellung der Fertigteile selbst. Es kann **frei vereinbart** werden. Für die Berechnung des Honorars bestehen zwei Möglichkeiten: Einmal kann das Honorar gem. § 28 Abs. 3 S. 1 HOAI **pauschal vereinbart** werden. Voraussetzung ist – wie stets bei Pauschalhonorarvereinbarungen – auch in diesem Fall, dass die Vereinbarung schriftlich und bei Auftragserteilung getroffen wird.[547] Liegt eine Pauschalvereinbarung nicht vor oder ist diese unwirksam, ist das Honorar gem. § 28 Abs. 3 S. 2 HOAI als **Zeithonorar** nach § 6 HOAI zu berechnen. Dies erfordert in der Regel eine Vorausschätzung des Auftragnehmers für den anfallenden Zeitbedarf. Ansonsten kommt nur eine Berechnung des Zeithonorars nach dem nachgewiesenen Zeitbedarf in Betracht (vgl. dazu Rn 129 ff.). Werden Leistungen nach § 28 HOAI im Rahmen der Objektplanung, also bei zugleich übertragenen Grundleistungen erbracht, ist nach § 28 Abs. 3 S. 3 HOAI die Berechnung eines zusätzlichen Honorars ausgeschlossen. **228**

bb) Rationalisierungswirksame Besondere Leistungen, § 29 HOAI

Gemäß § 29 Abs. 2 HOAI können Honorare als Erfolgshonorar oder als Zeithonorar für rationalisierungswirksame Besondere Leistungen berechnet werden. Voraussetzung für die Abrechnung solcher Honorare ist eine **vorherige schriftliche Vereinbarung** der Parteien. Dies bedeutet nicht, dass diese bereits bei Auftragserteilung vorliegen muss, jedoch muss die Vereinbarung vor Beginn der Erbringung der rationalisierungswirksamen Leistung getroffen worden sein.[548] § 29 Abs. 1 HOAI enthält eine Definition für den Begriff der **rationalisierungswirksamen Leistungen**. Wesentlich ist, dass es sich um zum **ersten Mal erbrachte Leistungen** handelt, wobei hierfür maßgebend ist, dass eine eigenschöpferische Neuheit vorliegt, die noch niemand so vorher erbracht hat. Dabei kann auch eine Leistung, die bereits in Wissenschaft, Forschung oder Praxis bekannt ist, als Leistung zum ersten Mal erbracht sein, sie darf nur nicht schon bereits einmal verwirklicht worden sein.[549] Die Rationalisierung kann auf zwei Wegen erfolgen: Zum einen durch eine größtmögliche Leistung mit den zur Verfügung stehenden Mitteln, zum anderen dadurch, dass die geforderte Leistung mit möglichst geringen Mitteln erbracht wird. Bei den Leistungen muss es sich zudem um **herausragende technisch-wirtschaftliche Lösungen** handeln und sie müssen über den Rahmen einer wirtschaftlichen Planung oder über **229**

---

545 BGH, BauR 1997, 497.
546 *Koeble* in Locher/Koeble/Frik, § 28 HOAI, Rn 3.
547 *Mantscheff* in Korbion/Mantscheff/Vygen, § 28 HOAI, Rn 6; *Koeble* in Locher/Koeble/Frik, § 28 HOAI, Rn 4; *Jochem*, § 28 Rn 3; *Neuenfeld/Baden/Dohna/Groscurth*, § 28 Rn 4.
548 *Mantscheff* in Korbion/Mantscheff/Vygen, § 29 HOAI, Rn 15; *Koeble* in Locher/Koeble/Frik, § 29 HOAI, Rn 5; *Neuenfeld/Baden/Dohna/Groscurth*, § 29 Rn 8; *Pott/Dahlhoff/Kniffka*, § 28 Rn 6.
549 *Mantscheff* in Korbion/Mantscheff/Vygen, § 29 HOAI, Rn 3 f; *Koeble* in Locher/Koeble/Frik, § 29 HOAI, Rn 2.

den allgemeinen Stand des Wissens wesentlich hinausgehen. Weitere Voraussetzung ist zudem, dass die rationalisierungswirksame Besondere Leistungen **ursächlich für die Senkung der Bau- oder Nutzungskosten** sind, und zwar so, dass der Rahmen der normalen Leistungen erheblich überschritten wird, denn rationelles und kostensparendes Planen ist stets vorausgesetzt.

230 Das Honorar kann als **Erfolgshonorar** oder als Zeithonorar nach § 6 HOAI vereinbart werden. Wird ein Erfolgshonorar vereinbart, hat nach § 29 Abs. 2 S. 2 HOAI bereits bei der Vereinbarung des Honorars das Verhältnis zwischen den geplanten und vorgegebenen Ergebnissen zu den erreichten Ergebnissen bestimmt zu sein.[550] Da das erreichte Ergebnis im vorhinein schwer zu ermitteln ist, muss es ausreichend sein, wenn die Vereinbarung so gefasst ist, dass erkennbar das Verhältnis zwischen dem geplanten und erreichten Ergebnis die Grundlage für die Bestimmung des Erfolgshonorars bildet. Mangelt es an einer schriftlichen Vereinbarung über die Höhe des Honorars, sind nur die Mindestsätze in Ansatz zu bringen. Wird das Honorar als **Zeithonorar** nach § 6 HOAI vereinbart, ist eine Vorausschätzung des Auftragnehmers für den anfallenden Zeitbedarf anzugeben. Ansonsten kommt nur eine Berechnung des Zeithonorars nach dem nachgewiesenen Zeitbedarf in Betracht. Fehlt eine schriftliche Vereinbarung über die Höhe, ist das Zeithonorar gem. §§ 4 Abs. 4, 6 Abs. 2 HOAI nach dem Mindeststundensatz zu vergüten.

cc) Projektsteuerung, § 31 HOAI

231 Ob es sich bei dem Projektsteuerungsvertrag um einen Werk- oder Dienstvertrag handelt, ist durch Auslegung der konkreten vertraglichen Vereinbarung zu ermitteln.[551] Ist das Leistungsbild des § 31 HOAI beauftragt, geht es in der Regel nicht nur um Beratungs-, Informations- und Koordinationsleistungen, vielmehr wird vom Projektsteuerer auch die Erstellung und Koordinierung des Programms für das Gesamtobjekt verlangt sein inkl. der Aufstellung projektbezogener Organisations- und Zahlungspläne, Koordinierung und Kontrolle der Projektbeteiligten, Fortschreibung der Planungsziele und Koordinierung und Kontrolle projektrelevanter Finanzierungs-, Förderungs- und Genehmigungsverfahren. Unter diesen Gesichtspunkten wird auf den Projektsteuerungsvertrag in der Regel **Werkvertragsrecht** anwendbar sein.[552] Projektsteuerungsaufgaben müssen nicht zwingend einem Dritten, sondern können einem Architekten auch neben seinen Planungsaufgaben übertragen werden.[553]

(1) Projektsteuerung in Abgrenzung zu Leistungen des planenden Architekten

232 Wie die Tätigkeitsbereiche von planendem Architekten und Projektsteuerer voneinander abzugrenzen sind, ist nicht klar definiert. Die Architekten- und Projektsteuerungsleistungen können zunächst dadurch abgegrenzt werden, dass **Architektenleistungen** sich auf das „**Objekt**" beziehen, während **Projektsteuerungsleistungen** das „**Projekt**" betreffen.[554] Im Einzelfall wird es für die Abrenzung auf die funktionelle Zuordnung der Auftraggeberaufgaben im jeweiligen Projektsteuerungsvertrag ankommen.[555]

---

550 *Mantscheff* in Korbion/Mantscheff/Vygen, § 29 HOAI, Rn 16; *Koeble* in Locher/Koeble/Frik, § 29 HOAi, Rn 6.
551 BGH, BauR 2002, 316 und 1999, 1317; **a. A.** wohl OLG Düsseldorf, BauR 1999, 508 und 1049.
552 *Koeble* in Locher/Koeble/Frik, § 31 Rn 19; *Pott/Dahlhoff/Kniffka*, § 31 Rn 10; *Werner* in Werner/Pastor, Rn 1429; **a. A.** OLG Düsseldorf, BauR 1999, 1049.
553 BGH, BauR 1997, 497; KG, IBR 2004, 31; OLG Nürnberg, BauR 2001, 438; *Fischer* in Thode/Wirth/Kuffer, § 19 Rn 65; **a. A.** *Neuenfeld/Baden/Dohna/Grosscurth*, § 31 Rn 2.
554 *Pott/Dahlhoff/Kniffka*, § 31, Rn 2; *Will*, BauR 1987, 370 und 1984, 333.
555 *Seifert* in Korbion/Mantscheff/Vygen, 31 Rn 2; *Koeble* in Locher/Koeble/Frik, § 21 HOAI, Rn 10; *Jochem*, § 31 HOAI, Rn 2; *Neuenfeld/Baden/Dohna/Groscurth*, § 31 HOAI, Rn 2.

A. Der Anspruch des Architekten auf das Architektenhonorar

(2) Projektsteuerungsleistungen nach § 31 Abs. 1 HOAI

Der Projektsteuerer muss nach § 31 Abs. 1 HOAI **Funktionen des Auftraggebers** wahrnehmen. Allerdings enthält der exemplarische Katalog des § 31 Abs. 1 HOAI auch „**Architektenleistungen**", Leistungen also, die nicht vom Bauherrn zu erbringen sind (z. B. § 31 Abs. 1 Nr. 6 HOAI: Die Klärung von Zielkonflikten ist auch in § 15 Abs. 2 Leistungsphase 1 geregelt und damit originäre Architektenleistung). Die Lösung des Konflikts kann durch eine Unterscheidung zwischen deligierbaren und nicht deligierbaren „zwingender" Bauherrenaufgaben erfolgen,[556] andererseits sollen alle Bauherrenaufgaben auf Dritte übertragbar sein.[557] Projektsteuerungsaufgaben können nur bei Projekten mit **mehreren Fachbereichen** erfolgen. Mehrere Fachbereiche liegen vor, wenn es sich mindestens um zwei verschiedene Fachdisziplinen handelt oder mehrere verschiedene Planungsinhalte gegeben sind und insgesamt ein gewisses Maß von Komplexität vorliegt. § 31 Abs. 1 HOAI definiert die Projektsteuerungsleistungen nur unvollständig. Weitere Regelungen zur Projektsteuerung finden sich in der HOAI nicht. Um das **Leistungsbild der Projektsteuerung** genauer einzuordnen ist daher zu empfehlen die **AHO/DVP-Vorschläge** als Vertragsgrundlage beizuziehen.[558] Das AHO/DVP-Modell hat den Vorteil, dass die Honorierung von Projektsteuerungsleistungen ähnlich wie in der HOAI nach anrechenbaren Kosten (§ 202), Honorarzonen (§ 203) und Leistungsbildern (§ 204) erfolgen soll. Damit setzt dieses Modell jedoch sowohl bezüglich des Umfangs der beauftragten Projektsteuerungsleistungen als auch hinsichtlich der Honorierung eine ausdrückliche **Vereinbarung** voraus. Haben die Parteien keine anderweitige vertragliche Regelung getroffen, sollten allerdings die im AHO / DVP-Modell enthaltenen prozentualen Bewertungen für die einzelnen Projektstufen als Grundlage für die Bewertung bei vorzeitiger Beendigung des Vertragsverhältnisses herangezogen werden.[559]

233

(3) Honorar des Projektsteuerers, § 31 Abs. 2 HOAI

Nach dem **Wortlaut** des § 31 Abs. 2 HOAI ist zwingende Voraussetzung für einen Honoraranspruch des Projektsteuerers, dass das Honorar **bei Auftragserteilung schriftlich** vereinbart worden ist. Der BGH hat die Voraussetzung der „Schriftform bei Auftragserteilung" als nicht von der preisrechtlichen Norm gedeckt erklärt und damit das Honorar des Projektsteuereres dem Grunde und der Höhe nach für **frei vereinbar** erklärt.[560] Feste Vorgaben für Honorarregelungen existieren nicht. Je nachdem, ob der Vertrag als Werkvertrag oder Dienstvertrag einzuordnen ist, ist § 632 Abs. 2 BGB bzw. § 612 Abs. 2 BGB zur Ermittlung der „üblichen Vergütung" beizuziehen, wobei zu beachten ist, dass auch das AHO/DVP-Modell keine „Taxe" im Sinne dieser Vorschriften ist.[561] Der Architekt, der **neben Planungsleistungen** mit **Projektsteuerungsleistungen** beauftragt ist, kann die Projektsteuerungsleistungen also losgelöst vom Preisrecht der HOAI berechnen.[562] Bilden dagegen **Architektenleistungen einen wesentlichen Teil des Projektsteuerungsvertrages**, sind diese nach dem Preisrecht der HOAI abzurechnen. Wird ein einheitliches Pauschalhonorar für Objektplanungs- und Projektsteuerungsleistungen vereinbart, ist eine

234

---

556 *Will*, BauR 1984, 267.
557 *Koeble* in Locher/Koeble/Frik, § 31 HOAI, Rn 4.
558 Vorschläge der Fachgruppe Projektsteuerung des Ausschusses für die Honorarordnung der Ingenieurkammern und Verbände.
559 OLG Hamburg, NJW-RR 2003, 1670.
560 BGH, BauR 1997, 497.
561 Anhaltspunkte für die Ermittlung der „üblichen Vergütung": *Neuenfeld/Baden/Dohna/Groscurth*, § 31 Rn 14.
562 OLG Nürnberg, BauR 2001, 438.

getrennte Abrechnung des Pauschalhonorars nicht erforderlich, wenn das Pauschalhonorar nicht insgesamt unter dem Mindestsatz nach § 4 HOAI liegt.[563]

dd) Winterbau, § 32 HOAI

235 § 32 HOAI bezieht sich auf alle **planerischen Leistungen** des Architekten, durch die auch in der Winterbauzeit mittels Winterbauschutzmaßnahmen der Baustellenbetrieb voll oder zeitweise aufrechterhalten werden kann. § 32 Abs. 2 HOAI nennt exemplarisch Maßnahmen, die während der Winterbauzeit die Fortführung der Bauarbeiten gewährleisten. § 32 HOAI erlaubt dem mit Winterbaumaßnahmen beauftragten Architekten ein Honorar neben dem nach § 15 HOAI zu ermittelnden Honorar zu berechnen, insbesondere ist § 32 HOAI auch nicht als Besondere Leistung zu qualifizieren.[564] Nach § 32 Abs. 3 HOAI kann der Architekt für zusätzlichen Arbeitsaufwand bei Winterbaumaßnahmen schriftlich ein **Pauschalhonorar** bei Auftragserteilung vereinbaren oder ein **Zeithonorar** gem. § 6 HOAI berechnen. Für Leistungen nach § 32 Abs. 2 Nr. 4 HOAI kann er auch, wenn ihm gleichzeitig die Grundleistungen nach § 15 HOAI übertragen worden sind, abweichend von Abs. 3 nach Abs. 4 vereinbaren, dass die Kosten der Winterbauschutzvorkehrungen den anrechenbaren Kosten nach § 10 HOAI zugerechnet werden. Die Vereinbarung eines Honorars nach § 32 Abs. 4 HOAI muss nicht schriftlich erfolgen und kann auch noch nach Beginn der Winterbaumaßnahmen abgeschlossen werden.[565]

h) Gutachten und Wertermittlung, Teil IV der HOAI

aa) Gutachten, § 33 HOAI

236 Gemäß § 33 HOAI kann der mit gutachterlichen Leistungen beauftragte Architekt ein zusätzliches Honorar abrechnen. Der **personelle Anwendungsbereich** des § 33 HOAI umfasst alle Personen, die in seinem Sinne gutachterlich tätig werden.[566] Mit seiner Fassung „Gutachten über Leistungen, die in dieser Verordnung erfasst sind" schränkt § 33 HOAI jedoch den **sachlichen Anwendungsbereich** auf Gutachten über Leistungen, die die HOAI regelt ein, so dass Gutachten über die Bauleistungen selbst oder Baumaterialien oder über die Beurteilung des Zustands von Objekten nicht von der Norm erfasst sind.[567] Ausdrücklich ausgenommen von der Abrechnung nach § 33 HOAI sind spezielle Vorschriften der HOAI über die Honorierung von Gutachten (§§ 42 Abs. 1 Nr. 3 und Nr. 4, 50 Abs. 1 Nr. 1 HOAI). Das Honorar kann nach § 33 HOAI **frei vereinbart werden**, die Vereinbarung eines **Pauschalhonorars** muss jedoch schriftlich bei der Auftragserteilung erfolgen, ansonsten kann nur ein **Zeithonorar** nach § 6 HOAI unter Berücksichtigung der Mindestsätze (§ 4 Abs. 2 HOAI) berechnet werden.

bb) Wertermittlungen, § 34 HOAI

237 Zusätzliches Honorar kann der Architekt auch dann berechnen, wenn er Leistungen für Wertermittlungen nach § 34 HOAI erbringt. **Wertermittlungen** sind grundsätzlich Bestimmungen des Wertes eines bebauten oder unbebauten Grundstücks, eines Gebäudes

---

[563] BGH, BauR 2005, 739 und 2000, 1926; *Koeble* in Locher/Koeble/Frik, § 31 HOAI, Rn 36; *Werner* in Werner/Pastor, Rn 1430; a. A. OLG Nürnberg, BauR 2001, 438.

[564] *Pott/Dahlhoff/Kniffka*, § 32 HOAI, Rn 3; *Koeble* in Locher/Koeble/Frik, § 32 HOAI, Rn 4; a. A. *Neuenfeld/Baden/Dohna/Groscurth*, § 32 HOAI, Rn 7.

[565] *Koeble* in Locher/Koeble/Frik, § 32 HOAI, Rn 6; *Jochem*, § 32 HOAI, Rn 8; a. A. *Mantscheff* in Korbion/Mantscheff/Vygen, § 32 HOAI, Rn 12; *Pott/Dahlhoff/Kniffka*, § 32 HOAI, Rn 4.

[566] OLG Düsseldorf, BauR 1999, 1477; *Mantscheff* in Korbion/Mantscheff/Vygen, § 33 HOAI, Rn 2; *Pott/Dahlhoff/Kniffka*, § 33 HOAI, Rn 2; a. A. *Koeble* in Locher/Koeble/Frik, § 33 HOAI, Rn 5.

[567] *Mantscheff* in Korbion/Mantscheff/Vygen, § 33 HOAI, Rn 2 f.

A. Der Anspruch des Architekten auf das Architektenhonorar

oder Bauwerks und von Rechten an Grundstücken zu einem bestimmten Stichtag. § 34 HOAI regelt im Übrigen nichts Genaues zum Leistungsbild und -umfang der Wertermittlungen, § 34 Abs. 6 HOAI gibt aber ein Indiz dafür, dass die Verkehrswertermittlungen von Grundstücken und Gebäuden über **Sachwertverfahren**[568] und/oder das **Ertragswertverfahren**[569] durchzuführen sind. Der **personelle Anwendungsbereich** des § 34 HOAI bezieht sich auf alle Personen, die Wertermittlungen i. S. von § 34 HOAI erbringen.[570] Ist der Architekt für die **Wertermittlung von mehreren Objekten** beauftragt, hat er gem. § 34 Abs. 2 S. 2 HOAI das Honorar nach der Summe der ermittelten Werte der einzelnen Objekte zu berechnen, wenn ein einheitlicher Auftrag vorliegt.[571] Damit soll die in der Honorartafel vorgegebene Degression erhalten bleiben. Liegen die Werte unter 25.565,- € kann das Honorar als **Pauschal- oder Zeithonorar** nach § 6 HOAI berechnet werden mit der Einschränkung, dass dies nur bis zum Höchstsatz der Honorartafel nach Abs. 1 für Werte von 25.565,- € möglich ist. Bei fehlender Vereinbarung können allenfalls Stundensätze nach dem Mindestsatz berechnet werden (§§ 6, 4 Abs. 4 HOAI). Für Werte, die 25.564.594,- € übersteigen, kann das Honorar frei vereinbart werden. Fehlt insoweit eine Honorarvereinbarung, richtet sich das Honorar nach der üblichen Vergütung (§ 632 Abs. 2 BGB).[572]

238

Gemäß § 34 Abs. 4 S. 1 HOAI kann der Architekt das Honorar bei Wertermittlungen mit Schwierigkeitsstufen nach § 34 Abs. 5 HOAI nach der **Schwierigkeitsstufe** berechnen. Hierfür ist jedoch Voraussetzung, dass eine besondere Schwierigkeit vorliegt und die Parteien bei Auftragserteilung die Schriftform gewahrt haben.[573] Gemäß § 34 Abs. 6 HOAI sind die nach § 34 Abs. 1, 2, 4 und 5 ermittelten Honorare von 20% bis 30% zu **mindern** bei überschläglichen Wertermittlungen, die nach Vorlagen von Banken und Versicherungen erstellt werden, bei Verkehrswertermittlungen, die nur unter Heranziehung des Sachwerts oder Ertragswerts erfolgen und bei der Umrechnung von bereits festgestellten Wertermittlungen auf einen anderen Zeitpunkt. Sind nur bestimmte geringfügige Ergänzungen erforderlich, ist das Honorar nach § 34 Abs. 7 HOAI ebenfalls um 20% zu mindern.

239

i) Nebenkosten, § 7 HOAI

Die bei der Ausführung des Bauvorhabens entstehenden Nebenkosten können gem. § 7 Abs. 1 HOAI vom Architekten berechnet werden. Voraussetzung ist, dass es sich um **erforderliche Kosten** handelt, also Kosten, die neben dem Honorar tatsächlich entstanden, objektiv notwendig und nicht vermeidbar waren. Was als Nebenkosten berechnet

240

---

568 §§ 1, 21 WertV und §§ 83 – 89 BewG: Bodenwert und Wert der baulichen Anlagen werden zunächst getrennt ermittelt, wobei der Bodenwert über den Preisvergleich bestimmt wird. Der Herstellungswert des Gebäudes wird z. B. über den umbauten Raum bzw. Rauminhalte bestimmt und auf das Preisverhältnis zum Wertermittlungsstichtag abgestellt. Bei der Wertermittlung sind technische und wirtschaftliche Wertminderungen zu berücksichtigen.
569 § 1, 15 WertV und §§ 78 – 82 BewG: Bodenwert und Gebäudewert werden getrennt ermittelt. Der Bodenwert wird in der Regel durch Preisvergleich bestimmt, der Gebäudewert kann durch den Rohertrag oder den Reinertrag (Rohertrag minus Bewirtschaftungskosten) ermittelt werden. Der Ertrag ist um den Verzinsungsbetrag des Bodenwerts zu vermindern und der Gebäudeertragswert dann mit entsprechender Vervielfältigung kapitalisiert (vereinfachte Methode von Maklern: Der Ertragswert wird mit bestimmten, für das entsprechende Objekt und die zutreffende Wohnlage maßgebenden Vervielfältigern aus der Jahresrohmiete bestimmt).
570 *Mantscheff* in Korbion/Mantscheff/Vygen, § 34 HOAI, Rn 7; **a. A.** *Koeble* in Locher/Koeble/Frik, § 34 HOAI, Rn 5.
571 OLG Hamm, BauR 1989, 758.
572 *Mantscheff* in Korbion/Mantscheff/Vygen, § 34 HOAI, Rn 13; *Koeble* in Locher/Koebel/Frik, § 34 HOAi, Rn 8; *Jochem*, § 34 HOAI Rn 17; **a. A.** *Neuenfeld/Baden/Dohna/Groscurth*, § 34 HOAI, Rn 7.
573 *Koeble* in Locher/Koebel/Frik, § 34 HOAI, Rn 10; *Pott/Dahlhoff/Kniffka*, § 34 Rn 11.

werden kann, ergibt sich aus § 7 Abs. 2 HOAI. Zu beachten ist jedoch, dass es sich hierbei **nicht um eine abschließende Aufzählung** handelt. Daher können auch nicht in Absatz 2 aufgeführte Nebenkosten berechnet werden, wenn sie die Voraussetzungen des Abs. 1 erfüllen. Nicht dazu gehören die konkret mit dem Auftrag zusammenhängenden Kosten, wie etwa laufende Kosten des Auftragnehmers für Miete, Strom, Heizung, Material und Reinigung. Soweit der Auftragnehmer zum Vorsteuerabzug nach § 15 Abs. 1 UStG berechtigt ist, ist die Umsatzsteuer von den Nebenkosten abzuziehen. Die Nebenkosten können nicht nur dann vom Architekten geltend gemacht werden, wenn diesbezüglich eine schriftliche Vereinbarung zwischen den Parteien getroffen worden ist. Vielmehr folgt das Recht zum Ansatz der Nebenkosten schon aus § 7 HOAI selbst. Das bedeutet, dass sie vom Auftragnehmer immer angesetzt werden können, wenn nicht die Erstattung schriftlich bei der Auftragserteilung ausgeschlossen worden ist (§ 7 Abs. 1 S. 2 HOAI).[574]

241 Die Art der Berechnung kann gem. § 7 Abs. 3 HOAI auf Einzelnachweis oder pauschal erfolgen.

▶ HINWEIS: Zu beachten ist, dass eine freie Wahlmöglichkeit nicht besteht, folglich also vorrangig nach Einzelnachweis abzurechnen ist. Bei der Abrechnung nach Einzelnachweis ist eine geordnete Zusammenstellung unter Beifügung von Belegen aufzustellen, wobei an den Nachweis der Nebenkosten keine überhöhten Anforderungen gestellt werden dürfen.[575] Für eine **Pauschalberechnung** ist eine **schriftliche Vereinbarung bei Auftragserteilung** erforderlich.[576] Da dies eine Vorausschätzung der zu erwartenden Nebenkosten darstellt, besteht für beide Parteien ein Risiko, denn sie sind an die einmal getroffene Vereinbarung gebunden. Für die Ermittlung der Pauschale gibt es keine festen Anhaltspunkte.[577] Maßgebend ist, dass die **Pauschale angemessen** ist. Es darf insoweit kein krasses Missverhältnis zu den tatsächlich entstandenen erstattungsfähigen Auslagen bestehen.[578] Für das Vorliegen der Voraussetzungen der Nebenkosten und für die Höhe derselben trägt der Architekt die Darlegungs- und Beweislast. ◀

j) Umsatzsteuer, § 9 HOAI

242 Gemäß § 9 Abs. 1 HOAI ist auf das nach der HOAI berechnete Honorar und die Netto-Nebenkosten nach § 7 HOAI, mit Ausnahme der Fälle des § 19 Abs. 1 UStG, die jeweils geltende Umsatzsteuer zu erheben. Der Anspruch entsteht kraft Gesetz, also ohne entsprechende Vereinbarung. Der Architekt hat die Umsatzsteuer gesondert in seiner Rechnung auszuweisen.[579]

▶ HINWEIS: Zu beachten bleibt, dass sich § 9 Abs. 1 der HOAI ausdrücklich nur auf das nach der HOAI berechnete Honorar bezieht. Bei einem schriftlich vereinbarten Pauschalhonorar sollte daher auch die hinzuzurechnende Umsatzsteuer schriftlich vereinbart werden. Vereinbaren die Parteien eine Pauschalvergütung, regeln hierbei aber nicht, ob die **Pauschalvergütung** brutto (inkl. Umsatzsteuer) gelten soll, wird vermutet, dass der vereinbarte Preis die Umsatzsteuer einschließt.[580] Allerdings bezieht sich § 9 Abs. 1 HOAI ausdrücklich nur auf das nach der HOAI vereinbarte berechnete Honorar. Bei der Vereinbarung eines Pauschalhonorars empfiehlt es sich daher auch die hinzuzurechnende Umsatzsteuer schriftlich zu vereinbaren. ◀

---

574 BGH, IBR 2005, 214; OLG Düsseldorf, BauR 1996, 746; *Vygen* in Korbion/Mantscheff/Vygen, § 7 HOAI, Rn 8.
575 OLG Hamm, BauR 2002, 1721 und BauR 1991, 385; *Koeble* in Locher/Koeble/Frik, § 7 HOAI, Rn 2; *Vygen* in Korbion/Mantscheff/Vygen, § 7 HOAI, Rn 5, 12.
576 BGH, BauR 1994, 131 und BauR 1990, 101.
577 BGH, BauR 2004, 356; OLG Braunschweig, IBR 2005, 553.
578 OLG Braunschweig, a. a. O.
579 BGH, BauR 1980, 471.
580 BGH NJW , ; BGH NJW , .

A. Der Anspruch des Architekten auf das Architektenhonorar

Ab dem 1.1.2007 erhöht sich die Umsatzsteuer von derzeit 16% auf einen Umsatzsteuersatz von 19 %. Gem. § 27 Abs. 1 S. 1 UStG ist bei einer Änderung des Steuersatzes der neue erhöhte Steuersatz auf diejenigen Umsätze anzuwenden, die ab dem Inkrafttreten der Gesetzesänderung (1.1.2007) ausgeführt worden sind. Entsprechendes gilt für Teilleistungen. Für die Frage, welcher Umsatzsteuersatz Anwendung findet, ist gem. § 27 Abs. 1 S. 1 UStG allein auf den Zeitpunkt der Ausführung des Umsatzes bzw. der Teilleistung abzustellen. Unerheblich ist, wann die Rechnung gestellt oder ein Zahlungseingang zu verzeichnen ist (§ 27 Abs. 1 S. 2 UStG). Für den als Werkvertrag zu qualifizierenden Architektenvertrag bedeutet dies, dass die Lieferung in dem Zeitpunkt ausgeführt wird, in dem der Auftraggeber die Verfügungsmacht an der Leistung erhält. Als Zeitpunkt der Lieferung ist damit regelmäßig der Zeitpunkt der Fertigstellung bzw. der Abnahme des fertigen ggf. mit nur unwesentlichen Mängeln versehenen Architektenwerks anzusehen.[581] Wird ein Architektenvertrag im Jahre 2006 abgeschlossen und findet die Abnahme der Leistungen erst im Jahre 2007 statt, wird die gesamte Vergütung des Architekten dem erhöhten Umsatzsteuersatz unterliegen und zwar selbst dann, wenn zuvor schon gem. der vertraglichen Vereinbarung Abschlagszahlungen mit der alten Umsatzsteuer geleistet worden sind.[582] Fraglich ist, ob die Parteien, wenn sie einen bestimmten Umsatzsteuersatz (z. B. den Steuersatz in Höhe von 16%) vereinbart haben, der Architekt bei Änderung des Steuersatzes (z. B. auf 19% ab dem 1.1.2007), für die nach Änderung des Steuersatzes fällig werdenden Umsatzsteuerzahlungen den neuen Umsatzsteuersatz verlangen kann.[583] Sog. Umsatzsteuergleitklauseln sind im Geschäftsverkehr mit Verbrauchern/Nichtkaufleuten wegen einem Verstoß gegen § 309 Nr. 1 BGB (i. V. m. § 306 a BGB) unwirksam. Denn Umsatzsteuergleitklauseln in Allgemeinen Geschäftsbedingungen sind unzulässig, da der gesetzgeberische Wille dahin geht, Abwälzungen von Umsatzsteuererhöhungen bei einer Leistungs- oder Lieferfrist von weniger als 4 Monaten nicht durch allgemeine Geschäftsbedingungen, sondern nur durch individualvertragliche Vereinbarung zuzulassen.[584] Dem steht auch nicht entgegen, dass die Umsatzsteuer ihrer Konzeption nach eine Steuer ist, die in der Regel den Endverbraucher treffen soll. Denn die zusätzliche Geltendmachung von Umsatzsteuer erfordert stets eine vertragliche Vereinbarung zwischen den Parteien. Schränkt der Architekt eine Klausel, die beide Teile bei einer Änderung der Umsatzsteuer zur Preisanpassung berechtigt, dahin ein, dass sie nicht gilt, wenn die Leistungen innerhalb von vier Monaten erbracht werden sollen, ist die Klausel auch in Verträgen mit Verbrauchern/Nichtkaufleuten zulässig.

4. Umfang des Honoraranspruchs nach Teil V bis XIII der HOAI

In Teil V regelt die HOAI das Honorar für städtebauliche Leistung, in Teil VI das Honorar für Landschaftsplanerische Leistungen, in Teil VII das Honorar für Leistungen bei Ingenieurbauwerken und Verkehrsanlagen, in Teil VIIa das Honorar für verkehrsplanerische Leistungen, in Teil VIII das Honorar für Leistungen bei der Tragwerksplanung, in Teil IX das Honorar für Leistungen bei der Technischen Ausrüstung, in Teil X das Honorar für Leistungen für Thermische Bauphysik, in Teil XI das Honorar für Leistungen für Schallschutz und Raumakustik, in Teil XII das Honorar für Leistungen für Bodenmechanik, Erd- und Grundbau und schließlich in Teil XIII das Honorar für Vermessungs-

---

581 OLG Stuttgart, BauR 1998, 559; OLG Düsseldorf, NJW-RR 1996, 1485; *Werner* in Werner/Pastor, Rn 1272.
582 *Niepmann*, IBR 2006, 481.
583 *Werner* in Werner/Pastor, Rn 1272; bejahend: OLG Celle, OLGR 1999, 269.
584 BGH, DB 1970, 2415 und BB 1981, 520; *Werner* in Werner/Pastor, Rn 1276.

§ 6 Die Ansprüche des Architekten gegen den Auftraggeber

technische Leistungen. All diesen Abschnitten ist mit dem hier behandelten Honorar für Leistungen an Gebäuden nach Teil II gemeinsam, dass die Abrechnung des Honorars auf Grundlage der anrechenbaren Kosten, der einschlägigen Honorarzone und anhand von Honorartabellen gemäß dem vereinbarten Honorarsatz erfolgt. Grundsätzlich kann daher auf die Ausführungen zu Teil II verwiesen werden. Eine eingehende Behandlung der zusätzlichen Abschnitte Teil V bis Teil XIII der HOAI würde den Umfang dieser Abhandlung zum Architektenrecht bei weitem sprengen.

5. Fälligkeit des Honoraranspruchs, § 8 Abs. 1 HOAI

244 Die Voraussetzungen der Fälligkeit des Architektenhonorars richten sich nach § 8 Abs. 1 HOAI. Danach muss die Leistung des Architekten vertragsgemäß erbracht sein und der Architekt dem Bauherrn eine prüfbare Schlussrechnung übergeben haben.

a) Vertragsgemäß erbrachte Leistung

245 Gemäß § 641 Abs. 1 S. 1 BGB hängt die Fälligkeit des Vergütungsanspruchs davon ab, dass der Auftraggeber die Leistung abgenommen hat. Entgegen dieser Norm ist in § 8 Abs. 1 HOAI bestimmt, dass das Architektenhonorar fällig ist, wenn die Leistung des Architekten vertragsgemäß erbracht ist. Die **Abnahme** selbst ist daher **keine Fälligkeitsvoraussetzung** für den Honoraranspruch des Architekten.[585] Vertragsgemäße Leistung i. S. von § 8 Abs. 1 HOAI bezieht sich jedoch auf die **Abnahmefähigkeit** des Architektenwerks.[586] Das Architektenwerk ist abnahmefähig, wenn es in der Hauptsache dem Vertrag entsprechend hergestellt und vom Bauherrn gebilligt werden kann, wenn es also mangelfrei oder nur mit geringfügigen, unerheblichen Mängeln behaftet ist.[587]

246 Liegen dagegen **wesentliche Mängel** vor, ist die Leistung des Architekten nicht vertragsgemäß. Lassen sich die Mängel des Architektenwerkes, z. B. Planungsmängel, noch im Wege der Nacherfüllung beseitigen, besteht keine Abnahmefähigkeit. Kommt dagegen eine Nacherfüllung nicht (mehr) in Betracht, kann der Bauherr zwar Mängelrechte z. B. in der Form der Minderung oder des Schadensersatzes geltend machen, die Abnahmefähigkeit bleibt davon jedoch unberührt, das Honorar ist sofort fällig.[588] Dasselbe gilt, wenn der Bauherr das Architektenwerk abgenommen hat oder er nur noch Minderung oder Schadensersatz verlangt.[589] Eine Ausnahme ist aber dann zu bejahen, wenn das Architektenwerk für den Auftraggeber wegen dem Mangel wertlos ist.[590]

247 Bezüglich des Umfangs der dem Architekten übertragenen Leistungen ist für die Frage die Fälligkeit des Architektenhonorars zu differenzieren: Generell gilt, dass die **Abnahmefähigkeit des Architektenwerkes** nicht identisch bzw. zeitgleich mit der **Abnahme des Bauwerks** vorliegt. Ist der Architekt auch mit den Leistungen der **Leistungsphase 9** i. S. des § 15 HOAI beauftragt, ist sein Werk erst dann vollendet, wenn er auch diese Leistung vollständig erbracht hat.[591] Da die Objektbetreuung und Dokumentation auch die Pflicht des Architekten beinhaltet, die Beseitigung der innerhalb der Gewährleistungsfristen auftretenden Mängel zu überwachen (§ 15 Abs. 2 Nr. 9 HOAI), kann die Abnahmefähigkeit

---

585 BGH, BauR 1991, 459 und 1986, 596; *Vygen* in Korbion/Mantscheff/Vygen, § 8 HOAI, Rn 22; *Koeble* in Locher/Koeble/Frik, § 8 HOAI, Rn 8.
586 *Wolfensberg/Moltrecht*, BauR 1984, 574 ff.
587 BGH, BauR 1972, 251; *Pott/Dahlhoff/Kniffka*, § 8 HOAI Rr 4; a. A. *Löffelmann/Fleischmann*, Rn 1394.
588 BGH, BauR 1982, 290; *Löffelmann/Fleischmann*, Rn 1344.
589 BGH, BauR 2002, 1399 (für den Bauvertrag).
590 BGH, BauR 1972, 185 und BauR 1982, 290, 292.
591 BGH, BauR 1994, 392; OLG Celle BauR 2002, 1578.

A. Der Anspruch des Architekten auf das Architektenhonorar

des Architektenwerkes und folglich die Fälligkeit für die Schlusszahlung insoweit ggf. erst 5 Jahre nach Abnahme der Bauunternehmerleistungen, also mit dem Ablauf der Mängelansprüche gegen die am Bau beteiligten Unternehmer, eintreten (§ 634a Nr. 2 BGB).

▶ **HINWEIS:** Bei Übernahme der Leistungsphase 9 ist dem Architekten deshalb dringend zu raten, vertraglich eine Fälligkeit für die Schlusszahlung im Hinblick auf die Leistungsphasen 1-8 zu vereinbaren.[592] ◀

Ist der Architekt für die Architektenleistungen bis **Leistungsphase 8** „Bauüberwachung" beauftragt, obliegt es ihm, dass die bereits vor Abnahme der Bauunternehmerleistungen erkannten Mängel abgestellt werden. Abnahmefähig ist das Architektenwerk erst dann, wenn die Mängel beseitigt sind, mindestens aber die entsprechende Mängelrüge angebracht, die Frist zur Nacherfüllung erfolglos abgelaufen und der Auftraggeber hiervon in Kenntnis gesetzt worden ist.

Beschränkt sich der vom Architekten zu erbringende Werkerfolg auf **planerische Leistungen**, ist die Leistung des Architekten mit der Übergabe der Pläne erbracht. Beinhalten die beauftragten Planungsleistungen auch die **Genehmigungsplanung** (Leistungsphase 4) wird das Honorar gem. § 15 Abs. 2 Nr. 4 HOAI fällig, wenn der Architekt die „Vorlagen für die nach den öffentlich-rechtlichen Vorschriften erforderlichen Genehmigungen" erarbeitet hat. Bei einem **vereinfachten Genehmigungsverfahren** und bei einem **Bauanzeigeverfahren**, bei dem die behördliche Baugenehmigung obsolet ist, ist es für die Abnahmefähigkeit und damit für die Fälligkeit des Honorars ausreichend, wenn die Bauvorlagen vorbereitet, zusammengestellt und eingereicht sind und die Bestätigung vorliegt, dass die Voraussetzungen des Kenntnisgabeverfahrens gegeben sind.[593]

248

b) Prüfbare Schlussrechnung

Damit der nach Werkvertragsrecht begründete Honoraranspruch fällig wird, muss der Architekt die geschuldete Leistung nicht nur vertragsgemäß erbringen, sondern dem Auftraggeber auch eine prüfbare Schlussrechnung überreichen. Das Fertigen einer prüfbaren Schlussrechnung ist unabdingbare Voraussetzung für die Fälligkeit des Honoraranspruchs des Architekten.

249

aa) Anforderungen an die Prüfbarkeit der Schlussrechnung

Als Schlussrechnung muss die Rechnung des Architekten nicht bezeichnet sein, sofern der „Schlussrechnung" nach Inhalt und Aufbau entnommen werden kann, dass der Architekt seine Leistungen **abschließend abrechnen** will.[594] Die von der HOAI und der Rechtsprechung des BGH aufgestellten und von den Instanzgerichten umgesetzten strengen formalen Anforderungen an die Prüfbarkeit sind bei Erstellung dieser Schlussrechnung einzuhalten. Die Schlussrechnung ist **prüfbar**, wenn der Bauherr aus der nach den Bestimmungen der HOAI aufgeschlüsselten Schlussrechnung ihre **sachliche und rechnerische Richtigkeit** erkennen kann.[595] Dies bedeutet, dass die Rechnung so verständlich und nachvollziehbar strukturiert sein muss, dass keine weiteren Erläuterungen notwendig

250

---

592 Zu einer möglichen Vertragsklausel: *Knipp* in Thode/Wirth/Kuffer, Rn 79 ff.
593 *Koeble* in Locher/Koeble/Frik, § 15 HOAI, Rn 106 ff; *Pott/Dahlhoff/Kniffka*, § 15 HOAI Rn 14.
594 OLG Düsseldorf, BauR 1997, 137.
595 BGH, BauR 1999, 265 und 1998, 1108; OLG Stuttgart, BauR 1985, 587; OLG Düsseldorf, BauR 1982, 294; *Vygen* in Korbion/Mantscheff/Vygen, § 8 HOAI Rn 7.

§ 6 Die Ansprüche des Architekten gegen den Auftraggeber

sind.[596] Allerdings ist die Prüfbarkeit einer Schlussrechnung kein Selbstzweck und kann nicht abstrakt, sondern nur anhand des konkreten Einzelfalls beurteilt werden.[597]

251 Bei der Aufstellung der prüfbaren Schlussrechnung ist zunächst von **objektiven Mindestvoraussetzungen** auszugehen, die sich aus dem vorgegebenen Schema der HOAI ergeben und eine Prüfung der Ermittlungsgrundlagen ermöglichen.[598] Die prüfbare Schlussrechnung muss als **Mindestangaben** das Leistungsbild, die Honorarzone, den Gebührensatz, die anrechenbaren Kosten (im System der Kostenermittlung nach § 10 Abs. 2 HOAI: Dreiteilung und nach DIN 276 in der Fassung 1981),[599] die erbrachten Leistungen und ggf. die Abgrenzung zu den nicht erbrachten Leistungen, die Vomhundersätze,[600] Honorarzuschläge,[601] Umsatzsteuer und bereits erhaltene Abschlagszahlungen[602] ausweisen. Demgegenüber ist zur Prüffähigkeit der Rechnung ausreichend, dass in der Schlussrechnung nur das Ergebnis der Interpolation und nicht deren konkrete Berechnung nach § 5 a HOAI angegeben wird.[603] Gleichsam sind die zutreffenden Kostenermittlungsarten nur dann vorzulegen, wenn die Kostenermittlungen streitig sind.

252 Wie weit die Schlussrechnung im Einzelfall aufzuschlüsseln ist, wird letztlich immer von der **Sachkunde des jeweiligen Bauherrn abhängen (subjektives Kriterium)**. Ist der Bauherr selbst Architekt oder ein im Bau Tätiger oder Kundiger, sind die Anforderungen an die Prüfbarkeit der Architektenschlussrechnung geringer,[604] wobei zu beachten ist, dass auch bei diesem sog. subjektiven Kriterium, die **Informations- und Kontrollinteressen** des Bauherrn nach objektiven Maßstäben zu bewerten sind.[605] Ist die Schlussrechnung des Architekten im Prozess nicht prüfbar, hat das Gericht durch Wahrnehmung seiner Hinweispflicht nach § 138 ZPO dem Architekten die Möglichkeit zur Nachbesserung zu geben.[606]

bb) Inhaltliche Richtigkeit der Schlussrechnung

253 In Abgrenzung zur Prüfbarkeit der Schlussrechnung, was eine vom Gericht zu entscheidende Rechtsfrage ist,[607] stellt sich die Frage nach der inhaltlichen – ggf. von einem Sachverständigen zu überprüfenden – Richtigkeit der Rechnung. Beispielsweise ist die Frage, ob die Kostenermittlungsarten die Beträge als brutto oder netto ausweisen, eine Frage der inhatlichen Richtigkeit.[608] Unerheblich für die Prüfbarkeit und damit eine Frage der inhaltlichen Richtigkeit ist auch, dass die Rechnung z. B. wegen unrichtiger Angaben

---

596 KG, BauR 1988, 624.
597 BGH, BauR 2000, 1511; OLG Düsseldorf, BauR 2001, 1137.
598 BGH, BauR 2004, 316, BauR 1995, 126, BauR 1994, 655, BauR 1991, 489, BauR 1990, 382; OLG Düsseldorf, BauR 1997, 612.
599 BGH, BauR 1999, 1318: Das Formblatt nach DIN 276 in der Fassung 1981 muss nicht zwingend angewandt werden, eine sachlich gleichwertige Kostenermittlung, die sich am Gliederungsschema der DIN 276 (1981) orientiert, ist ausreichend.
600 OLG Koblenz, BauR 1998, 1043 und OLG Rostock, BauR 1993, 762: Den Ansatz von reduzierten Vomhundertsätze hat der Architekt wegen der Transparenz der Rechnung zu begründen.
601 BGH, BauR 2004, 1804: Zuschläge sind in der Schlussrechnung gesondert aufzuführen und deren Voraussetzungen prüffähig anzugeben.
602 BGH, BauR 1994, 655; **a. A.** OLG Düsseldorf, BauR 2000, 1889; einschränkend der BGH in BauR 2003, 430: Die Nichtberücksichtigung von Abschlagszahlungen macht die Schlussrechnung nur dann nicht prüfbar, wenn das Informations- und Kontrollinteresse des Bauherrn die Angabe erfordert.
603 OLG Düsseldorf, BauR 1996, 893.
604 BGH, BauR 2000, 1511; KG, IBR 2006, 100.
605 BGH, BauR 2004, 316; OLG Oldenburg, BauR 2002, 502.
606 OLG Hamm, NJW-RR 2004, 1238; OLG Schleswig, BauR 2003, 1602 und OLG Celle, BauR 2003, 1096.
607 OLG Stuttgart, BauR 1999, 514.
608 BGH, BauR 2000, 591.

A. Der Anspruch des Architekten auf das Architektenhonorar

falsch ist,[609] z. B., wenn die Honorarzone oder andere Angaben falsch in der Rechnung aufgeführt sind. Eine nur inhaltliche Unrichtigkeit der Schlussrechnung ist also von der Prüfbarkeit der Schlussrechnung abzugrenzen. Ist die Schlussrechnung „nur" inhaltlich unrichtigt, hat dies auf die **Fälligkeit des Architektenhonorars keinen Einfluss.**

cc) Einwendungen des Bauherrn gegen die Schlussrechnung

Der Bauherr ist mit Einwendungen gegen die Prüfbarkeit ausgeschlossen, wenn er sich weder gegen die **sachliche** noch gegen die **rechnerische Richtigkeit der Schlussrechnung** wendet.[610] Das Gleiche gilt, wenn der Bauherr die Prüfbarkeit der Schlussrechnung nur bestreitet und nicht substantiiert vorträgt, wieso die Rechnung nicht prüfbar sein soll.[611] Ein **Einwand** des Bauherrn **gegenüber der Prüfbarkeit der Schlussrechnung** kann auch wegen rechtsmissbräuchlichem Verhalten ausgeschlossen sein. Dies ist stets dann der Fall, wenn der Bauherr sich auf die fehlende Prüfbarkeit einer Schlussrechnung beruft, aber den durch die Prüffähigkeit gewährten Schutz nicht benötigt.[612] Auch in den Fällen, in denen der Bauherr die notwendigen Kenntnisse für die Berechnung des Honorars hat und es reine Förmelei wäre, dass der Architekt in seiner Schlussrechnung ergänzende Angaben aufnimmt, ist ein Einwand des Bauherrn gegen die Prüfbarkeit der Schlussrechnung rechtsmissbräuchlich. Schliesslich kann der Bauherr Einwendungen gegen die Prüfbarkeit der Schlussrechnung nur innerhalb einer angemessenen Frist erheben.[613] Als angemessener Zeitraum ist eine Frist von **zwei Monaten ab Zugang der Schlussrechnung** anzusehen (**§ 16 Nr. 3 Abs. 1 VOB/B analog**).[614] Rügt der Bauherr innerhalb des zweimonatigen Zeitraums die Prüfbarkeit der Schlussrechnung nicht, ist er mit Einwendungen gegen die Prüfbarkeit ausgeschlossen. Damit kann der Architekt in einem Honorarprozess auch mit einer nicht prüfbaren Schlussrechnung obsiegen.

dd) Prozessuale Folgen der mangelnden Prüfbarkeit

Stellt der Architekt bei seiner Honorarklage auf eine nicht prüfbare Schlussrechnung ab, ist die Klage **mangels Fälligkeit als derzeit unbegründet** abzuweisen.[615] Damit kann der Architekt mit einer neuen prüfbaren Schlussrechnung einen weiteren Prozess betreiben. Wegen der Identität des Streitgegenstandes ist bei der Anstrengung eines neuen Prozesses zu prüfen, ob im Vorprozess die Honorarklage tatsächlich als derzeit unbegründet abgewiesen worden ist.[616] Statt einen neuen Prozess anzustrengen, kann der Architekt auch die Klage auf Zahlung einer weiteren Abschlagszahlung umstellen. Eine Klageänderung nach § 263 ZPO ist damit nicht verbunden.[617] Eine prüfbare Schlussrechnung kann auch erst in der Berufung vorgelegt werden (Kostennachteil § 97 Abs. 2 ZPO). Bei der Abwei-

---

609 BGH, BauR 1999, 1318.
610 BGH, BauR 2000, 124 und BauR 1997, 156; OLG Düsseldorf, BauR 2001, 1137.
611 BGH, BauR 2004, 316.
612 BGH, BauR 2002, 468: Der Bauherr beruft sich auf mangelnde Prüffähigkeit, obwohl er die Rechnung geprüft hat; BGHZ 136, 342: Bauherr beruft sich auf mangelnde Prüffähigkeit, obwohl er die sachliche und rechnerische Richtigkeit der Schlussrechnung nicht bestreitet; BGH, BauR 2000, 591: Der Bauherr beruft sich auf die mangelnde Prüfbarkeit, weil Angaben zu anrechenbaren Kosten fehlen, er die Kosten selbst jedoch nicht in Zweifel zieht – BGH, BauR 1999, 63 – oder ihm die Überprüfung trotz einzelner fehlender Angaben möglich war.
613 LG Berlin, NZBau 2004, 220.
614 BGH, BauR 2004, 316; Fallgruppen zur Fälligkeit: *Schwenker*, ZfIR 2004, 232.
615 BGH, BauR 2001, 124 und BauR 1995, 126; OLG Frankfurt, NJW-RR 1998, 374; *Koeble* in Locher/Koeble/Frik, § 10 HOAI, Rn 76; *Vygen* in Korbion/Mantscheff/Vygen, § 8 HOAI, Rn 47; **a. A.** OLG Düsseldorf, BauR 1992, 96.
616 BGH BauR 2001, 124; OLG Hamm, IBR 2006, 274.
617 OLG Köln, BauR 1994, 413.

§ 6 Die Ansprüche des Architekten gegen den Auftraggeber

sung einer Honorarklage als derzeit unbegründet ist der Bauherr/Beklagter, der die endgültige Klageabweisung beantragt hat, beschwert, so dass er insoweit die Möglichkeit der Berufung hat.

c) Übergabe der prüfbaren Schlussrechnung

256 Die prüfbare Schussrechnung ist dem Bauherrn dann übergeben, wenn sie so seinen Machtbereich gelangt ist, dass unter normalen Umständen davon ausgegangen werden kann, dass der Bauherr die Möglichkeit hat, von der Schlussrechnung Kenntnis zu nehmen.[618] Es gelten also die gleichen Anforderungen, die an den **Zugang einer empfangsbedürftigen Willenserklärung** zu stellen sind.

d) Bindung des Architekten an die Schlussrechnung

257 Eine **nachträgliche Änderung der Schlussrechnung** durch den Architekten die mit einer Nachforderung verbunden ist, kann treuwidrig sein, wenn zugunsten des Bauherrn ein über die Schlussrechnung hinausgehender Vertrauenstatbestand geschaffen wurde und in der Änderung der Rechnung eine unzulässige Rechtsausübung (§ 242 BGB) zu sehen ist. Dies kann auch dann der Fall sein, wenn die ursprüngliche Schlussrechnung nicht prüfbar war.[619] Allerdings begründet nicht jede Schlussrechnung bei dem Bauherrn ein **schutzwürdiges Vertrauen**. Die schutzwürdigen Interessen des Architekten und des Bauherrn sind in jedem Einzelfall umfassend zu prüfen und gegeneinander abzuwägen. Hierbei sind alle Umstände des Einzelfalls einzubeziehen, so z. B. der Zeitpunkt, zu dem sich der Bauherr auf die Bindungswirkung der Schlussrechnung bezieht oder auch, ob ein sachkundiger Bauherr die Unwirksamkeit einer Honorarvereinbarung erkannt hat oder hätte erkennen müssen.

258 Der Bauherr ist schutzwürdig, wenn er auf eine **abschließende Berechnung** vertrauen durfte und sich darauf in einer Weise eingerichtet hat, dass ihm eine **Nachforderung** nach Treu und Glauben nicht mehr zugemutet werden kann.[620] Deshalb ist der Bauherr nicht schutzwürdig, wenn er die mangelnde Prüfbarkeit der Schlussrechnung „alsbald" gerügt hat.[621] Das Gleiche gilt, wenn sich die Parteien von Anfang an über die Zahlungsverpflichtung aus der Schlussrechnung streiten.[622] Schutzwürdig ist der Bauherr auch dann nicht, wenn er der Rechnung des Architekten entnehmen kann, dass noch weitere Leistungen abgerechnet werden sollen.[623] Andererseits führt eine Unterschreitung der Mindestsätze in der Schlussrechnung des Architekten nicht schon dazu, dass der Auftraggeber kein schutzwürdiges Interesse in die Schlussrechnung haben darf.[624] Dafür, dass er sich auf die erste Schlussrechnung eingerichtet hat, muss der Bauherr substantiiert vortragen.[625] Er hat die Darlegungs- und Beweislast für die Voraussetzugen des Vertrauenstatbestandes und der unzulässigen Rechtsausübung.

259 Eine Bindungswirkung kann der Architekt dadurch vermeiden, dass er in der Schlussrechnung einen ausdrücklichen **Vorbehalt** erklärt, aus dem der Bauherr entnehmen kann, im Hinblick auf welche Positionen und in welcher Höhe er mit Nachforderungen zu

---

618 BGH, NJW 1965, 996; *Vygen* in Korbion/Mantscheff/Vygen. § 8 HOAI, Rn 49.
619 OLG Düsseldorf, BauR 1996, 289; OLG Hamm, BauR 1989, 351.
620 BGH, BauR 1998, 579, BauR 1997, 677 und BauR 1993, 236.
621 OLG Düsseldorf, NJW-RR 1998, 454; KG, NJW-RR 1995, 536.
622 OLG Koblenz, BauR 2001, 825.
623 OLG Hamm, OLGR 1996, 232.
624 BGH, BauR 1993, 236.
625 OLG Düsseldorf, BauR 2001, 277.

A. Der Anspruch des Architekten auf das Architektenhonorar

rechnen hat.[626] Die Bindungswirkung der Schlussrechnung bezieht sich einerseits auf das gesamte abgerechnete Honorar, andererseits aber auch auf die Berechnungsfaktoren. Dies bedeutet, dass der Architekt weder falsche noch vergessene Berechnungsfaktoren austauschen,[627] noch fehlende Gebührenanteile mit vergessenen Positionen auffüllen,[628] noch seine Schlussrechnung an endgültige Baukosten anpassen kann.[629]

e) Anspruch auf Abschlagszahlungen und deren Fälligkeit, § 8 Abs. 2 HOAI

Abschlagszahlungen kann der Architekt gem. § 8 Abs. 2 HOAI in angemessenen zeitlichen Abständen für nachgewiesene Leistungen fordern. § 8 Abs. 2 HOAI ist eine **Spezialvorschrift zu** § 632 a BGB.[630] Bei den „nachgewiesenen Leistungen" muss es sich um vertragsgemäß erbrachte Leistungen handeln.[631] Entgegen dem Wortlaut des § 8 Abs. 2 HOAI ist Voraussetzung für die Fälligkeit geforderter Abschlagszahlungen die Übergabe einer **prüfbaren Abschlagsrechnung**.[632] Eine Abnahmefähigkeit der erbrachten Leistungen ist jedoch nicht Voraussetzung für die Fälligkeit von Abschlagszahlungen.[633] Ob **angemessene zeitliche Abstände** vorliegen, muss in jedem Einzelfall geprüft werden, es müssen aber gewichtige Teilleistungen vom Architekten erbracht worden sein.[634] Für den in der Abschlagsrechnung geleisteten Leistungsstand und die Höhe der Abschlagsforderung trägt der Architekt die Darlegungs- und Beweislast.

260

▶ HINWEIS: Zu beachten ist, dass die Vereinbarung von Abschlagszahlungen, die deutlich von den Prozentsätzen des § 15 HOAI abweichen, unzulässig sein kann.[635] Ebenso ist eine Klausel, wonach Abschlagsforderungen nur in Höhe von 90% oder 95% der erbrachten Leistungen gezahlt werden, unwirksam.[636] ◀

Für mehrere Abschlagsforderungen nach § 8 Abs. 2 HOAI laufen jeweils **eigene Verjährungsfristen**.[637] Eine verjährte Abschlagsforderung kann nicht mehr mit Erfolg selbstständig eingeklagt werden, sie kann jedoch in die **Schlussrechnung** eingestellt und mit der Honorarschlussrechnung als neue einheitliche Schlussrechnungsforderung geltend gemacht werden.[638] Zwar verjähren Abschlagszahlungsforderungen selbstständig, jedoch kann die Honorarforderung insgesamt in der Schlussrechnung wieder aufgegriffen werden. Letzteres stellt gegenüber Abschlagszahlungsforderungen einen anderen Streitgegenstand dar, so dass die Verjährung von Abschlagszahlungsforderungen auf den

261

---

626 BGH, BauR 1990, 382.
627 BGH, BauR 1978, 64; OLG Köln, BauR 1991, 116; *Koeble* in Locher/Koeble/Frik, § 8 HOAI, Rn 55.
628 BGH, a.a.O; OLG Düsseldorf, BauR 1985, 234 und BauR 1982, 390.
629 BGH, BauR 1974, 213 und a.a. O.
630 *Vygen* in Korbion/Mantscheff/Vygen, § 8 HOAI, Rn 52.
631 OLG Köln, NJW-RR 1998, 955; OLG Naumburg, ZfBR 1996, 213.
632 BGH, BauR 1999, 267; OLG Stuttgart, BauR 1999, 67; *Koeble* in Locher/Koeble/Frik, § 8 HOAI, Rn 6; **a. A.** *Vygen* in Korbion/Mantscheff/Vygen, § 8 HOAI, Rn 52; *Pott/Dahlhoff/Kniffka*, § 8 HOAI Rn 10 a.
633 BGH, BauR 1974, 215; **a. A.** *Koeble* in Locher/Koeble/Frik, § 8 HOAI, Rn 61.
634 *Vygen* in Korbion/Mantscheff/Vygen, § 8 HOAI, Rn 56.
635 BGH, BauR 1981, 582.
636 BGH, IBR 2006, 212; *Motzke* in Graf von Westphalen, Klauselwerke Architektenvertrag, Rn 232 mit Hinweis auf BGH, BauR 1990, 727.
637 BGH, BauR 1999, 267; OLG Köln, OLGR 1994, 79; OLG Celle, BauR 1991, 371; *Koeble* in Locher/Koeble/Frik, § 8 HOAI, Rn 64; *Vygen* in Korbion/Mantscheff/Vygen, § 8 HOAI, Rn 60; *Pott/Dahlhoff/Kniffka*, § 8 HOAI, Rn 19; **a. A.** *Jochem*, § 8 HOAI, Rn 7.
638 BGH, BauR 1999, 267; OLG Celle BauR 1991, 371; **a. A.** *Koeble* in Locher/Koeble/Frik, § 8 HOAI, Rn 64.

3   § 6 Die Ansprüche des Architekten gegen den Auftraggeber

Honoraranspruch insgesamt ohne Einfluss ist.[639] Aus Gründen der Verjährung ist eine Abschlagszahlungsklage nur hinsichtlich der Zinsen erforderlich.

262   Ist der **Vertrag beendet** bzw. die **gesamte Leistung erbracht**, kann der Architekt Abschlagszahlungen grundsätzlich nur geltend machen, wenn es sich um anerkannte Forderungen handelt.[640] Die dennoch geltend gemacht Abschlagsforderung kann ggf. als eine Schlusszahlungsforderung ausgelegt werden.[641] Hat der Bauherr aufgrund Abschlagszahlungen eine **Überzahlung** geleistet, steht ihm ein vertraglicher Rückzahlungsanspruch zu.[642] Für als geleistet behauptete Abschlagszahlungen und dafür, dass eine Überzahlung vorliegt, trägt der Bauherr die Darlegungs- und Beweislast.[643]

263   Ist der Architekt mit allen Leistungen der Leistungsphasen 1-9 beauftragt, muss er noch vor Ablauf der Verjährungsfristen für Mängelansprüche gegenüber den am Bau Beteiligten eine „Objektbegehung zur Mängelfeststellung" durchzuführen (§ 15 Abs. 2 Nr. 5 HOAI). Diese Tätigkeit ist nach Auffassung des BGH so wesentlich, dass die Gesamtleistung des Architekten erst nach ihrer Erbringung abgenommen werden kann[644]. Die **Schlussrechnung** des Architekten kann daher erst etwa 5 Jahre nach den Abnahmen der Bauleistungen fällig werden. Hat der Architekt alle Leistungen inkl. der Leistungsphase 8 erbracht, kann ar aber eine Abschlagszahlung in Höhe von **97 % des Gesamthonorars** und ggf. eines aus LP 9 bereits erbrachten Anteils geltend machen. Hinsichtlich des Resthonorars besteht ein Zahlungsanspruch nur unter den Voraussetzungen des § 259 ZPO. Eine Klage auf künftige Leistung empfiehlt sich vor allem dann, wenn Aussichten bestehen, im Rechtsstreit einen Gesamtvergleich abzuschließen. Ein solcher Vergleich könnte dahin gehen, dass eine bestimmte Vergütung für die Leistungen der Leistungsphase 9 zu einem bestimmten Zeitpunkt bezahlt werden soll oder in Verbindung mit einer Beendigung der gesamten Vertragsbeziehung und Einstellung der Arbeiten die restliche Vergütung sofort gezahlt wird. Die Voraussetzungen des § 259 ZPO sind dann gegeben, wenn der Bauherr sich bei bzw. vor Klageerhebung bereits endgültig geweigert hat, die später fällig werdende Zahlung zu leisten. Damit hat er die Besorgnis begründet, er werde den Anspruch bei Fälligkeit seinem Grunde nach bestreiten.[645]

▶ Antrag:

werden wir in der mündlichen Verhandlung beantragen:

1. Die Beklagte wird verurteilt, an den Kläger EUR 97.000,- nebst 5 % Zinsen über dem Basiszinssatz seit dem 6.6.2006 zu zahlen,
2. Die Beklagte wird weiter verurteilt, an den Kläger weitere EUR 3.000,- am 5.5.2011 zu zahlen. ◀

---

639   BGH, BauR 1999, 267.
640   BGH, BauR 1387, 453 und BauR 1985, 456; OLG Köln NJW-RR 1992, 1483.
641   Widersprüchlich: BGH, BauR 1985, a.a.O: Umdeutung zu § 16 Nr. 1 VOB/B möglich, da sich beide Ansprüche auf den gleichen Lebenssachverhalt beziehen, eine Klageänderung nicht vorliege – allerdings soll nach BGH, BauR 1999, 267 bei § 8 Abs. 2 HOAI eine Umdeutung nicht möglich sein, da es sich um unterschiedliche Streitgegenstände handelt – damit wäre eine, allerdings sachdienliche, Klageänderung zu bejahen; bejahend: OLG Düsseldorf, BauR 2002, 117; KG, BauR 1994, 791; *Koeble* in Locher/Koeble/Frik, § 8 HOAI, Rn 65.
642   BGH, BauR 1999, 635; KG, BauR 1998, 348; OLG Düsseldorf, BauR 1999, 1477 und 1994, 272.
643   BGH, a. a.O.
644   BGH, BauR 1994, 392.
645   Baumbach/Lauterbach/Albers/Hartmann, § 259 Rn 5 f.; Zöller/Greger, § 259 Rn 3.

f) Fälligkeit von Nebenkosten

Die Zahlung von Nebenkosten ist gem. **§ 8 Abs. 3 HOAI auf Nachweis fällig**, wenn die Parteien nicht bei Auftragserteilung schriftlich eine anderweitige Vereinbarung getroffen haben.

264

g) Abweichende Fälligkeitsvereinbarungen, § 8 Abs. 4 HOAI

Gemäß § 8 Abs. 4 HOAI können die Parteien von den Abs. 1-3 abweichende Zahlungsweisen schriftlich vereinbaren. Gemeint ist damit, dass die Parteien **abweichende Vereinbarungen über die Fälligkeitsbestimmungen** der Abs. 1 und 2 des § 8 HOAI treffen können.[646] Die abweichende Fälligkeitsvereinbarung muss **schriftlich**, aber nicht bei Auftragserteilung erfolgen.[647] Nach Auffassung des BGH sind abweichende Fälligkeitsvereinbarungen nach § 8 Abs. 4 HOAI zulässig, wenn sie sich an der **Leitbildfunktion des § 8 HOAI und anderen Fälligkeitsregelungen der HOAI** messen lassen.[648] Die Parteien können daher Vereinbarungen über Vorschüsse oder Vorauszahlungen sowie über Teilschlussrechnungen treffen.

265

Vertraglich nicht ausgeschlossen werden kann dagegen das Erbringen der vertragsgemäßen Leistung nach § 8 Abs. 1 HOAI. Eine individualvertragliche Vereinbarung, die die Fälligkeit nach Gebrauchsabnahme und 14 Tage nach Vorlage einer Schlussrechnung bestimmt ist wirksam.[649] Da eine von § 8 Abs. 1 und 2 HOAI abweichende Fälligkeitsvereinbarung die Fälligkeit und den Verjährungsbeginn modifizieren kann, soll die Übergabe einer prüfbaren Honorarschlussrechnung dann nicht mehr erforderlich sein.[650] Dies dürfte allerdings mit Blick darauf, dass es zur Fälligkeit des Honoraranspruchs mindestens der Kenntnis des Bauherrn von der Höhe des Honoraranspruchs bedarf, nur bei einem wirksam vereinbarten Pauschalhonorar zutreffend sein.

266

Abweichende Vereinbarungen können auch in allgemeinen Geschäftsbedingungen getroffen werden, müssen sich dann aber den §§ 305 ff. BGB messen lassen. Eine Vertragsklausel des Bauherrn, die die Fälligkeit der Schlusszahlung vom Eingang des amtlichen Gebrauchsabnahmescheins, von der vollständigen Beseitigung der bei Objektübergabe festgestellten Mängel oder der Erledigung von Restarbeiten abhängig macht, verstösst gegen § 307 Abs. 1 BGB.[651] Das Gleiche gilt für eine Bauherrenklausel, nach der dem Architekten nach Erbringung der Leistungsphasen 1-8 ein Honorar in Höhe von 10% vorenthalten soll.[652] Grenzen für eine von § 8 auch Abs. 2 HOAI abweichende Vereinbarung bezüglich Abschlagszahlungen ergeben sich auch aus § 632 a BGB.

267

---

646 *Vygen* in Korbion/Mantscheff/Vygen, § 8 HOAI, Rn 10; **a. A.** *Pott/Dahlhoff/Kniffka*, § 8 HOAI, Rn 12 a.
647 *Vygen* in Korbion/Mantscheff/Vygen, § 8 HOAI, Rn 14; *Pott/Dahlhoff/Kniffka*, § 8 HOAI, Rn 12 a; **a. A.** *Koeble* in Locher/Koeble/Frik, § 8 HOAI, Rn 67.
648 BGH, BauR 1981, 582.
649 OLG Hamm, BauR 2003, 752.
650 LG Darmstadt, BauR 2005, 1499.
651 BGH, a. a. O.
652 BGH, a. a. O.

§ 6 Die Ansprüche des Architekten gegen den Auftraggeber

II. Anspruch des Architekten auf Zahlung des Architektenhonorars nach Kündigung des Architektenvertrages

1. Kündigung durch den Auftraggeber

a) Kündigung gem. § 649 BGB

aa) Freies Kündigungsrecht des Auftraggebers, § 649 S. 1 BGB

268 § 649 BGB räumt dem **Bauherrn** das Recht ein, den Architektenvertrag jederzeit ohne Angabe von Gründen zu kündigen. Diese – dem Architekten nicht zustehende – Möglichkeit, sich von dem Vertrag zu lösen, erklärt sich aus dem Wesen des Werkvertrages. Nur der Besteller eines Werkes hat vorzugsweise ein Interesse an der Herbeiführung des werkvertraglichen Erfolges, d. h. an der Erbringung der Architektenleistung. Das Interesse des Architekten ist dagegen auf den Erhalt der vereinbarten Vergütung beschränkt.

bb) Kündigungserklärung

269 Für die Ausübung des Kündigungsrechts muss der Bauherr dem Architekten gegenüber vor Vollendung des Werkes eine Kündigungserklärung abgeben. Die Kündigungserklärung ist eine **einseitige empfangsbedürftige Willenserklärung**, die dem Empfänger zugehen, also derart in dessen Machtbereich gelangen muss, dass dieser unter normalen Umständen die Möglichkeit hat, von ihr Kenntnis nehmen kann. Da die Kündigung an eine besondere Form nicht gebunden ist, kann ihre Erklärung auch konkludent erfolgen, wenn sich der Wille des Bauherrn erkennen lässt, dass das Vertragsverhältnis endgültig beendet sein soll.[653] Denkbar ist auch, die konsequente Verweigerung der erforderlichen Mitwirkungshandlungen durch den Bauherrn als konkludente Kündigung des Vertrages anzusehen.

270 Nur in Ausnahmefällen ist es möglich, eine Kündigung aus wichtigem Grund nach § 140 BGB in eine Kündigung ohne Angabe von Gründen gem. § 649 BGB **umzudeuten**. Dies betrifft Konstellationen, in denen der Auftraggeber zwar „aus wichtigem Grund" kündigt, diese Kündigung jedoch aufgrund des Fehlens eines solchen unwirksam ist. Eine „pauschale" Umdeutung der Kündigung aus wichtigem Grund in eine freie Kündigung verbietet sich. Denn es kann für den Bauherrn günstiger sein, den Vertrag fortzusetzen und auf vollständige Herstellung des Werkes zu bestehen. Es muss daher in jedem Einzelfall genau ermittelt werden, ob der Bauherr die Lösung vom Vertrag auch dann will, wenn er als Folge mit der Vergütungspflicht des § 649 S. 2 BGB belastet wird.[654]

271 Die Wirkung der Kündigung tritt mit Zugang der Kündigungserklärung beim Architekten ein. Der Vertrag wird mit Wirkung ex nunc aufgehoben. Daher sind **bereits erbrachte Leistungen** kondiktionsfest.[655] Der Architekt muss keine weiteren Leistungen erbringen, er ist aber berechtigt und verpflichtet, am bereits teilweise hergestellten Werk **Mängel** zu beseitigen.[656] Solange sich ein Mangel des Architektenwerkes noch nicht im Bauwerk verkörpert hat, muss ihm der Bauherr dazu auch Gelegenheit geben.[657]

---

653 BGH, WM 1972, 1025: Konkludente Kündigung, wenn der Besteller die dem Unternehmer obliegende Leistung nach vorheriger Ankündigung selbst ausführen lässt.
654 BGH, IBR 2003, 595; OLG München, IBR 2006, 1184.
655 BGH, NJW 1993, 1972 und 1982, 2553.
656 BGH, NJW 1988, 140.
657 BGH, BauR 2001, 667.

A. Der Anspruch des Architekten auf das Architektenhonorar 3

cc) Keine Abdingbarkeit des freien Kündigungsrechts in AGB
Das freie Kündigungsrecht kann individualvertraglich aber insbesondere wegen einer unangemessenen Benachteiligung gem. § 307 Abs. 2 Nr. 1 BGB **nicht durch AGB-Klauseln** abbedungen und z. B. auf Fälle des wichtigen Grundes beschränkt werden.[658] Denn § 649 BGB enthält ein nicht abdingbares „Gerechtigkeitsgebot".[659] 272

dd) Umfang und Abrechnung des Honoraranspruchs bei einer Kündigung gemäß § 649 BGB
(1) Umfang des Vergütungsanspruchs
Als Äquivalent für die freie Kündbarkeit des Werkvertrages durch den Besteller erhält der Architekt gem. § 649 S. 2 BGB den Anspruch auf die Vergütung. Durch die Kündigung nach § 649 S. 1 BGB soll der Architekt weder Vor- noch Nachteile erlangen, die Kündigung soll wirtschaftlich neutral sein. Die Vergütung für **erbrachte Leistungen** wird bereits im Zeitpunkt des Wirksamwerdens der Kündigung **fällig**. Zwar ist für die Fälligkeit des Honoraranspruchs entgegen den sonst im Werkvertrag geltenden Regelungen eine Abnahme der Architektenleistungen nicht erforderlich. Unter Berücksichtigung der neuen Rechtsprechung zum Baurecht, wonach auch bei einer Kündigung für die Fälligkeit des Vergütungsanspruchs grundsätzlich nunmehr eine Abnahme der erbrachten Leistungen erforderlich ist,[660] wird mit Blick auf § 8 Abs. 1 HOAI, der eine „vertragsgemäß erbrachte Leistung" als Fälligkeitsvoraussetzung erklärt, für die Fälligkeit des Honoraranspruchs des Architekten nach Kündigung seine erbrachten Leistungen aber mindestens abnahmefähig sein müssen (vgl. dazu Rn. 245 ff.). Nach § 649 S. 2 BGB hat der Architekt sich bestimmte Positionen Honorar mindernd auf die Vergütung für im Kündigungszeitpunkt noch **nicht erbrachte Leistungen** anrechnen zu lassen. Dies ist Ausdruck der vom Gesetzgeber gewollten wirtschaftlichen Neutralität der Kündigungserklärung. Der Vergütungsanspruch des Architekten besteht von Anfang an nur in dieser (begrenzten) Höhe und mindert sich kraft Gesetz, so dass insbesondere keine Aufrechnung mit abzugsfähigen Positionen durch den Bauherrn stattzufinden hat.[661] 273

(2) Abrechnung des Vergütungsanspruchs
Nach der Kündigung des Architekten durch den Bauherrn hat der Architekt darzulegen, wie sich der Honoraranspruch im Einzelnen zusammensetzt. Der Architekt hat die **erbrachten und nicht erbrachten Leistungen vorzutragen, abzugrenzen** und die entsprechenden **Honoraranteile zuzuordnen**.[662] Den Ansatz der Teilleistungen hat er der Höhe und dem Grund nach zu begründen, damit die Rechnung nachvollziehbar und prüfbar ist.[663] Die „Urkalkulation" muss der Architekten aber nicht offen legen, da er sich bei der Berechnung des Honorars auf die Normen der HOAI stützen kann.[664] Kann der Architekt aufgrund der Kündigung nur Teile von Leistungsphasen abrechnen, kann er die anteiligen Vonhundertsätze z. B. unter Beiziehung der Steinfort Tabelle oder anderer einschlägiger Tabellenwerke bewerten (vgl. dazu Rn 196). 274

---

658 OLG Düsseldorf, MDR 1999, 1439; OLG Hamburg, BauR 1993, 123; **a. A.** *Löffelmann/Fleischmann*, Rn 1457; *Koeble* in Locher/Koeble/Frik, Einl. HOAI, Rn 121.
659 BGH, NJW 1999, 3261 und BGHZ 41, 151, 154; BGHZ 89, 206, 211; OLG Düsseldorf, NJW-RR 1999, 166.
660 BGH, IBR 2006, 432.
661 BGH, NJW 1999, 1253.
662 BGH, BauR 2004, 316, BauR 2000, 126 und BauR 1998, 37; OLG Köln, BauR 1992, 668; OLG Düsseldorf, BauR 2001, 434.
663 OLG Koblenz, BauR 1998, 1043; OLG Stuttgart, BauR 1995, 587; OLG Rostock, BauR 1993, 762.
664 BGH, BauR 2000, 126.

§ 6 Die Ansprüche des Architekten gegen den Auftraggeber

- **Abrechnung erbrachter Leistungen**

275 Die bis zur Kündigung erbrachten Leistungen kann der Architekt **nach dem vereinbarten und darauf entfallenden Honorar** abrechnen.[665] Hat die Kündigung des Bauherrn zur Folge, dass der Architekt nur Teile von Leistungsphasen erbracht hat, hat er diese auf der Basis der im Kündigungszeitpunkt maßgebenden anrechenbaren Kosten, mit einem geminderten Vomhundertsatz in die Rechnung einzustellen.[666] Die Darlegungs- und Beweislast für die bis zur Kündigung erbrachten Leistungen, die entsprechende Vergütung und die Mangelfreiheit der erbrachten Leistungen trifft den Architekten.[667]

276 Haben die Parteien ein **Pauschalhonorar vereinbart**, hat der Architekt die erbrachten Leistungen unter **Aufschlüsselung der Pauschale** nachprüfbar darzulegen.[668] Der Architekt muss also die bis zum Zeitpunkt der Kündigung erbrachten Leistungen nachprüfbar von den nicht erbrachten Leistungen abgrenzen. Dann hat er nachprüfbar das auf die erbrachten Leistungen entfallende anteilige Pauschalhonorar zuzuordnen, in dem er den Wert des Pauschalansatzes für die erbrachten Leistungen im Verhältnis zum Wert der nach dem Architektenvertrag zu erbringenden Gesamtleistungen für das Gesamt-Pauschalhonorar darlegt.[669]

- **Abrechnung nicht erbrachter Leistungen**

277 Für die nicht erbrachten Leistungen kann der Architekt gem. § 649 S. 2 BGB die vereinbarte Vergütung reduziert um dasjenige fordern, was er infolge der Aufhebung des Vertrages an Aufwendungen erspart oder durch anderweitigen Erwerb seiner Arbeitskraft erwirbt oder zu erwerben böswillig unterlässt. Zu beachten ist, dass der vertragliche Honoraranspruch für die nicht erbrachten Leistungen von vornherein, als auch ohne entsprechenden Einwand des Bauherrn, zu berücksichtigen ist.[670] Die Honorarklage des Architekten ist nur dann schlüssig, wenn er zu den ersparten Aufwendungen und dem anderweitigen Erwerb dem Grunde und der Höhe nach vorträgt. Allerdings sind an die Substantiierungspflicht des Architekten sowie an den Umfang seines diesbezüglichen Vortrags nicht zu hohe Anforderungen zu stellen.[671] Denn die Beweislast für ersparte Aufwendungen und den anderweitigen Erwerb trifft den Bauherrn.[672] Seiner Darlegungslast genügt der Architekt, wenn er dem Bauherrn die Grundlagen zur Überprüfung und Entgegnung bekannt gibt. Für einen Ersatzauftrag ist sogar ausreichend, dass sich der Architekt dazu nachvollziehbar und nicht widersprüchlich erklärt, ohne dass er seine gesamte Geschäftsstruktur offen legen muss.[673]

278 **Ersparte Aufwendungen** sind bezogen auf den Einzelfall konkret abzurechnen und von den noch nicht erbrachten Architektenleistunge abzuziehen.[674] Als ersparte Aufwendungen sind einerseits **projektbezogene Personalkosten**[675] anzusehen. **Erspart** sind die Auf-

---

665 BGH, BauR 1993, 469; OLG Düsseldorf, BauR 1988, 237.
666 OLG Düsseldorf, BauR 2001, 434.
667 BGH, BauR 1994, 655 und BauR 1993, 469.
668 BGH, BauR 1999, 265.
669 BGH, BauR 1997, 304.
670 BGH, BauR 2000, 430, BauR 1986, 577 und 1981, 198.
671 BGH, BauR 1999, 167; OLG Celle, BauR 1999, 191.
672 BGH, BauR 2001, 666.
673 BGH, BauR 2000, 430; OLG Celle, BauR 1999, 191.
674 BGH, BauR 2004, 316, BauR 2000, 430, BauR 1988, 82 und 739; OLG Braunschweig, BauR 2002, 333.
675 BGH, BauR 2000, 126 und 430; Beispiele: Löhne, Gehälter und sonstige Kosten, die der Architekt aufgrund der Kündigung für ausscheidende oder anderweitig eingesetzte Mitarbeiter, wie Projektleiter, Zeichner, Bauleiter und freie Mitarbeiter nicht mehr aufwenden muss.

wendungen erst ab dem Zeitpunkt, in dem der Architekt sich durch Kündigung oder einvernehmliche Aufhebung des Vertragsverhältnisses von den Mitarbeitern trennt oder sie anderweitig für Projekte einsetzen kann. Im zweiten Fall kann die Ersparnis statt als ersparte Aufwendungen auch als Abzug durch anderweitigen Erwerb berücksichtigt werden.[676] Umstritten ist, ob der Architekt sich Personalkosten anrechnen lassen muss, wenn er eine rechtlich mögliche Kündigung des Personals nicht vornimmt.[677] Auch **projektbezogene Sachkosten**[678] sind als ersparte Aufwendungen zu qualifizieren. Bei Kleinstpositionen dürfen die projektbezogenen Sachkosten geschätzt werden.[679] Ersparte Aufwendungen i. S. von § 649 S. 2 BGB sind dagegen nicht die **allgemeinen Geschäftskosten**,[680] die ja auch nach der Kündigung und unabhängig von dieser permanent anfallen.[681]

Um den **anderweitigen Erwerb** honorarmindernd bezüglich der nicht erbrachten Leistungen anzusetzen, muss zwischen der Kündigung nach § 649 S.1 BGB und der anderen gewinnbringenden Beschäftigung ein ursächlicher Zuammenhang bestehen.[682] Ein anderweitiger Erwerb ist bei einem **echten Ersatzauftrag**, den der Architekt ohne die ausgesprochene Kündigung nicht hätte annehmen können, zu bejahen.[683]

Allgemeine Geschäftsbedingungen, durch die der **Honoraranspruch des Architekten nach § 649 S. 2 BGB ausgeschlossen wird**, verstoßen gegen § 307 BGB.[684] Nicht zu beanstanden sind **Individualvereinbarungen** zwischen Bauherr und Architekt, in denen die Parteien die Höhe des Honorars für die ersparten Aufwendungen/den anderweitigen Erwerb pauschalieren. In der Regel finden sich solche **Pauschalierungsabreden** (z. B. 40% pauschal für ersparte Aufwendung/anderweitigen Erwerb, so dass 60% des Honorars für die nicht erbrachten Leistungen abgerechnet werden kann) in allgemeinen Geschäftsbedingungen. Ihre Wirksamkeit ist daher an den §§ 309 Nr. 5 b, 307 BGB zu messen: Wenn der **Bauherr Verwender** einer Pauschalierungsabrede ist, ist diese wirksam. Denn der Verwender von AGB kann sich nicht auf den Schutz der §§ 305 ff. BGB berufen.[685] Ist dagegen der **Architekt Verwender** einer Pauschalierungsabrede, kann diese unangemessen (§ 307 BGB) sein oder gegen § 309 Nr. 5 BGB verstoßen. Sieht die Pauschalierung vor, dass von 100% der nicht erbrachten Leistungen gem. § 649 S. 2 BGB 40% als ersparte Aufwendungen/anderweitigen Erwerb abzuziehen sind, so dass 60% des Honorars für die nicht erbrachten Leistungen vom Bauherrn zu zahlen ist, soll diese Regelung nicht unangemessen sein.[686] Eine solche, vom Architekten verwendete Pauschalierungsabrede setzt aber voraus, dass dem Bauherrn in der Klausel die Möglichkeit eingeräumt wird, höhere ersparte Aufwendungen/anderweitigen Erwerb nachzuweisen.[687] Ist die vom Architekten verwendete Klausel jedenfalls mangels Vorliegens vorbenannter Nachweismöglichkeit durch den Bauherrn

---

676 BGH, BauR 200, 430; *Budde* in Thode/Wirth/Kuffer, § 26 Rn 10; *Koeble* in Locher/Koeble/Frik, Einl. Rn 125.
677 Verneinend: BGH, BauR 2000, 430, denn § 649 BGB stelle auf die tatsächliche Ersparnis ab.
678 Beispiele: Schreib- und Zeichenmittel, Kosten von Telefon und Fax sowie Fotokopierkosten, gekündigtes Projektbüro, gekündigte Projektversicherungen, Fahrten zur Baustelle, die nicht im Rahmen von § 7 HOAI beim Bauherrn berechnet werden können (z. B. Fahrten unter 15 km).
679 BGH, BauR 2000, 430 und NJW-RR 1992, 1077.
680 Beispiele: Gehälter und Löhne ständiger Mitarbeiter, Miete des Architekturbüros, Versicherungen, allgemeine Sachkosten des Bürobetriebs.
681 BGH, BauR 2000, 126 und 430.
682 OLG Frankfurt, BauR 1988, 599.
683 OLG Düsseldorf, BauR 2002, 649.
684 OLG Zweibrück, BauR 1989, 227.
685 BGH, BauR 1998, 866 und BauR 1994, 617; OLG Düsseldorf, BauR 2002, 660; OLG Oldenburg, OLGR 1998, 241.
686 Werner/Siegburg, BauR 1997, 181, 186.
687 OLG Düsseldorf, IBR 2003,85.

§ 6 Die Ansprüche des Architekten gegen den Auftraggeber

unwirksam, muss sich der Architekt, selbst wenn er tatsächlich ein höheres Honorar als 60% der nicht erbrachten Leistungen verlangen könnte, trotz der Unwirksamkeit der Klausel als Verwender dieser Klausel an ihr festhalten lassen.[688]

281 Nach der Rechtsprechung des BGH ist die **Vergütung für nicht erbrachte Leistungen** gem. § 649 S. 2 BGB **umsatzsteuerfrei**, da es an dem umsatzsteuerrechtlich vorausgesetzten Austausch von Leistungen fehlt.[689] Die Auffassung des BGH geht allerdings nicht konform mit der 6. Richtlinie des Rates zur Harmonisierung der Rechtsvorschriften der Mitgliedsstaaten über die Umsatzsteuern 77/388EWG.

▶ **Hinweis:** Es empfiehlt sich daher, eine Klage auf Zahlung des Architektenhonorars, die nach einer Kündigung gem. § 649 BGB erhoben wird und mit der auch nicht erbrachte Leistungen gem. § 649 S. 2 BGB eingeklagt werden, um einen Feststellungsantrag zu ergänzen.[690] ◀

▶ Antrag:

werden wir in der mündlichen Verhandlung beantragen:

1. Die Beklagte zu verurteilen, an den Kläger EUR 11.000,- nebst Zinsen in Höhe von 5 Prozentpunkten über dem Basiszinssatz seit dem 1.4.2006 zu zahlen.
2. Festzustellen, dass die Beklagte verpflichtet ist, Umsatzsteuer in gesetzlicher Höhe zu zahlen, wenn sich durch die Rechtsprechung des Gerichtshofes der Europäischen Gemeinschaft eine Umsatzsteuerpflicht für den Vergütungsanteil für nicht erbrachte Leistungen ergibt. ◀

b) Kündigung aus wichtigem Grund durch den Bauherrn

aa) Kündigungserklärung und Abmahnung

282 Wie die Kündigung nach § 649 BGB setzt die Kündigung aus wichtigem Grund eine Kündigungserklärung voraus, die dem Vertragspartner zugegangen sein muss. Eine **Abmahnung** ist dagegen grundsätzlich nicht Voraussetzung für die außerordentliche Kündigung. Wegen der Kooperationspflichten der Parteien kann sie ggf. angezeigt sein.

bb) Wichtiger Grund

283 Ein wichtiger Grund liegt vor, wenn die Fortsetzung des Vertrages für die kündigende Partei aufgrund einer schwer wiegenden schuldhaften Verletzung oder einer sonstigen Zerstörung des vertraglichen Vertrauensverhältnisses unmöglich ist.[691] Der wichtige Grund zur Kündigung muss **im Zeitpunkt der Beendigung des Vertrages** vorliegen. Auf den Zeitpunkt der Kenntnis des Kündigungsgrundes kommt es daher nicht an, und ein nach der ausgesprochenen Kündigung bekannt gewordener wichtiger Grund kann nachgeschoben werden.[692] Als wichtiger Grund, der den Bauherrn zur Kündigung des Architektenvertrages berechtigt, ist eine erhebliche Überschreitung der vorgegebenen Baukosten durch den Architekten gesehen worden.[693] Auch wenn der Architekt zwei nicht genehmigungsfähige Entwürfe anfertigt und diese zum Gegenstand des Bauantrages macht, kann dies den Bauherrn berechtigen, den Vertrag aus wichtigem Grund zu

---

688 BGH, BauR 2000, 430 und 126 und BauR 1998, 357.
689 BGH, BauR 1999, 1294.
690 *Klenk*, BauR 2000, 638.
691 BGH, BauR 2000, 409 und BauR 1996, 704; OLG Braunschweig, BauR 2002, 333; OLG Düsseldorf, BauR 2002, 649.
692 BGH, BauR 1976, 139 und 1975, 825; OLG Köln, BauR 1986, 467; OLG Hamm, BauR 1986, 375.
693 OLG Hamm, BauR 1987, 464.

A. Der Anspruch des Architekten auf das Architektenhonorar

kündigen.[694] Weiter sind als wichtiger Grund zur Kündigung des Architekten durch den Bauherrn angesehen worden:
- unbrauchbare zweite Version des Leistungsverzeichnisses trotz vorausgegangener Besprechung,[695]
- treuwidrige Honorarmehrforderung durch den Architekten,[696]
- der Architekt kann aufgrund einer schweren Erkrankung die von ihm übernommenen Aufgaben nicht mehr unbeeinträchtigt erbringen,[697]
- der Architekt lässt sich von Handwerkern für die Vergabe von Aufträgen Provisionen versprechen und gewähren,[698]
- bei einem Verstoß des Architekten gegen die ihm obliegende Optimierungspflicht: Ein solcher Verstoß wird angenommen, wenn die Planung zwar technisch funktionstauglich ist und den vom Architekten genannten Kostenrahmen einhält, aber gemessen an der vertraglichen Verpflichtung übermäßiger Aufwand betrieben wird,[699]
- schließlich können ehrenrührige Behauptungen einen wichtigen Kündigungsgrund darstellen.[700]

cc) Berechnung des Honorars nach außerordentlicher Kündigung durch den Bauherrn

Kündigt der Auftraggeber aus wichtigem Grund, so steht dem Architekten das Honorar für bereits **erbrachte Leistungen** zu.[701] Dies gilt jedoch nur, soweit die erbrachten Leistungen für den Bauherrn **brauchbar** sind. Für bereits erbrachte aber unbrauchbare Leistungen kann der Architekt daher Honorar nicht verlangen.[702] Für die Vergütung der im Zeitpunkt noch **nicht erbrachten Leistungen** des Architekten ist danach zu differenzieren, ob der Architekt den **wichtigen Grund zu vertreten hat oder nicht**. Was der Architekt bzw. der Bauherr zu vertreten hat, bestimmt sich stets nach den konkreten Umständen des Einzelfalls. Geprüft wird, in welche Risikosphäre die durch das Verhalten einer Partei oder andere Umstände eingetretene Situation einzuordnen ist.[703] Hat der Architekt den wichtigen Grund nicht zu vertreten, kann er das volle Honorar abzüglich der ersparten Aufwendungen fordern. In den Fällen, in denen er den wichtigen Grund zu vertreten hat, kann er nur für die tatsächlichen erbrachten und brauchbaren Leistungen abrechnen.[704]

284

---

694 OLG Düsseldorf, BauR 1986, 469. 472.
695 LG Aachen, NJW-RR 1988, 1364.
696 OLG Nürnberg, BauR 1998, 1275.
697 *Schwenker* in Thode/Wirth/Kuffer, § 4 Rn 190.
698 BGH, NJW 19777, 1915.
699 BGH, BauR 1988, 354.
700 OLG Karlsruhe, IBR 2006, 102.
701 BGH, BauR 1999, 167 und 1989, 626; NJW 1977, 1915; KG, IBR 1997, 209; OLG Hamm, NJW-RR 1986, 764.
702 BGH, NJW 1997, 3017; LG Aachen, NJW-RR 1988, 1364.
703 BGH, BauR 1990, 632.
704 Beispiele für wichtige Kündigungsgründe, die der Architekt zu vertreten hat: – Annahme von Provisionen von Bauhandwerkern für die Vermittlung eines Auftrags: BGH NJW 1977, 1915 und OLG Düsseldorf BauR 1996, 574; grob fahrlässiges Arbeiten des Architekten: OLG Düsseldorf, Schäfer/Finnern, Z. d.01, Bl. 73; unbrauchbare Planungsleistungen des Architekten wegen fehlender Bebaubarkeit bzw. Genehmigungsfähigkeit: OLG Karlsruhe, IBR 2006, 101 sowie KG, KGR 1998, 94 und OLG Düsseldorf BauR 1986, 469; Weigerung des Architekten, eine genehmigungsfähige Planung herzustellen: OLG Stuttgart, BauR 1996, 438 und OLG Oldenburg, OLGR 1999, 38; unrentable oder völlig wertlose Planung des Architekten: BGH, NJW 1975, 1657 und OLG Köln, BauR 1986, 467; erhebliches Übersteigen der Baukosten: OLG Naumburg, BauR 2002, 1722 und OLG Düsseldorf, IBR 2003,85; Nichteinhalten einer als Beschaffenheitsvereinbarung vorgegebenen Baukostenobergrenze: OLG Düsseldorf, IBR 2003, 85; Architekt verlangt überhöhte und ihm mangels Erfüllung seiner Vorleistungspflicht nicht zustehende Abschlagszahlungen: LG Darmstadt, BauR 1997, 162; Architekt besteht während der Bauzeit auf einem höheren als dem vereinbarten Honorar: OLG Nürnberg, BauR 1998, 1273; Architekt erbringt seine Leistungen trotz Fristsetzung nur schleppend und unzureichend: OLG Oldenburg, BauR 2002, 502.

Eine AGB-Klausel, die dem Architekten nur für erbrachte Einzelleistungen, die tatsächlich verwertet werden, einen Honoraranspruch einräumt, verstößt gegen § 307 BGB.[705]

2. Kündigung durch den Architekten: Kündigung aus wichtigem Grund

285 Im Gegensatz zum Bauherrn kann der Architekt den Vertrag nur aus wichtigem Grund kündigen. Im Hinblick auf die auszusprechende Kündigungserklärung und eine ggf. erforderliche Abmahnung wird zu den Ausführungen bzgl. der außerordentlichen Kündigung des Architektenvertrages durch den Bauherrn verwiesen.

a) Wichtiger Grund

286 Ein wichtiger Grund für eine außerordentliche Kündigung des Architekten liegt vor, wenn ihm die Fortsetzung des Vertrages unter Berücksichtigung aller Umstände des Einzelfalls nicht zugemutet werden kann. Besonders darauf hinzuweisen ist, dass das BGB in §§ 642, 643 bzw. §§ 648 a, 642, 643 BGB[706] spezielle **Kündigungsgründe** für den Architekten für die Fälle regelt, in denen der Bauherr seinen **Mitwirkungspflichten** nicht nachkommt. Nicht ausreichend für die Annahme eines wichtigen Grundes ist die Beschäftigung von Schwarzarbeitern durch den Bauherrn oder die Zahlungsverweigerung in Fällen, in denen Zurückbehaltungsrechte bestehen.[707]

b) Berechnung des Honorars nach der außerordentlichen Kündigung durch den Architekten

287 Bei der außerordentlichen Kündigung durch den Architekten, kann der Architekt das Honorar für die **erbrachten Leistungen** fordern. Hat der **Bauherr die Kündigung aus wichtigem Grund zu vertreten**, kann der Architekt das gesamte Honorar abzüglich ersparter Aufwendungen berechnen.[708] Liegen die Voraussetzungen des § 643 BGB vor, errechnet sich das Architektenhonorar nach § 645 BGB.

III. Die Abwehr von Honoraransprüchen des Architekten durch den Auftraggeber

1. Einwendung des Auftraggebers gegen den Honoraranspruch des Architekten

a) Aufrechung

288 Gegenüber dem Honoraranspruch des Architekten kann der Bauherr die Aufrechnung mit Gegenforderungen gem. §§ 387 ff. BGB, z. B. aus **Ansprüchen aus Verschulden bei Vertragsschluss, Mängelrechten** oder auch aus **deliktsrechtlichen Gegenansprüchen** entgegenhalten.

---

705 OLG Zweibrücken, BauR 1989, 227.
706 Zur Sicherheitsleitung nach § 648 a BGB vgl. Rn.
707 BGH, BauR 1989, 626.
708 BGH, BauR 1990, 623 und BauR 1989, 626; Beispiele für wichtige Kündigungsgründe, die der Bauherr zu vertreten hat: – unberechtigte Weigerung der Bauherrn, angemessene Teilzahlungen zu leisten: BGH, BauR 2000, 592 und BauR 1989, 626; Verlangen des Bauherrn ohne Baugenehmigung zu bauen; Veräußerung des zu bebauenden Grundstücks durch den Bauherrn; endgültige und ernsthafte Verweigerung der Erfüllung des Architektenvertrages: BGH BauR 1989, 626 und OLG Rostock, BauR 1993, 762; Insolvenz oder Illiquidität des Bauherrn; öffentliche und herabwürdigende Kritik des Bauherrn an der Planung des Architekten: OLG Düsseldorf, BauR 1995, 267; der Bauherr verlegt seinen Sitz an einen anderen Ort, so dass das geplante Bauvorhaben nicht mehr zur Ausführung kommen kann: OLG Düsseldorf, BauR 2002, 660.

A. Der Anspruch des Architekten auf das Architektenhonorar

b) Verrechnung

Gegenansprüche, die der Bauherr auf **Schadensersatz wegen Verzuges, Unmöglichkeit, Nebenpflichtverletzung oder Mängelrechten** dem Honoraranspruch des Architekten entgegenhält, sind keine gegenüberstehenden Ansprüche, sondern unter Anwendung der Differenztheorie selbstständige Rechnungsposten eines einheitlichen Anspruchs.[709] Nach einer Saldierung der Ansprüche ergibt sich, wer noch einen Zahlungsanspruch hat. Einem vertraglichen Aufrechnungsverbot steht die Verrechnung nicht entgegen. Die Verrechnung kann zwar individualvertraglich, aber nicht in allgemeinen Geschäftsbedingungen ausgeschlossen werden (§ 307 BGB).[710]

289

c) Verwirkung

Der Honoraranspruch des Architekten kann verwirkt sein, wenn der Architekt mit der Möglichkeit der Geltendmachung längere Zeit zugewartet hat und besondere Umstände hinzutreten, die die spätere Geltendmachung des Anspruchs als Verstoß gegen Treu und Glauben qualifizieren.[711] Wenn sich der Bauherr also nach Erteilung einer prüfbaren Schlussrechnung nach einem gewissen Zeitraum bei objektiver Betrachtung darauf einrichten durfte und eingerichtet hat, dass der Architekt seinen Anspruch nicht mehr geltend macht, ist der Honoraranspruch des Architekten verwirkt.[712] Das für die Verwirkung neben dem **Zeitmoment** erforderliche Vertrauen des Bauherrn ist insbesondere dann als **besonderer Umstand** zu werten, wenn er dem Architekten erfolglos eine Frist gesetzt hat, eine prüfbare Honorarrechnung zu erstellen.[713]

290

2. Einreden des Auftraggebers gegen den Honoraranspruch des Architekten

a) Einrede des nichterfüllten Vertrages gemäß § 320 BGB

Dem Honoraranspruch des Architekten kann der Bauherr die Einrede des nichterfüllten Vertrages gem. § 320 BGB entgegenhalten. Zu beachten ist, dass die Einrede des nichterfüllten Vertrages als sog. echte Einrede nur berücksichtigt wird, wenn sie vom Bauherrn geltend gemacht wird.[714] Wie beim Bauvertrag soll der Architekt durch die Einrede nach § 320 BGB bewegt werden, das Architektenwerk mangelfrei zu erstellen. Das **Leistungsverweigerungsrecht** nach § 320 BGB steht dem Bauherrn neben den Mängelrechten zu.

291

Zu den Voraussetzungen und Rechtsfolgen der Einrede des nichterfüllten Vertrages wird zunächst auf die Ausführungen in Teil 1 dieses Buches verwiesen, die vollumfänglich auch für den Architektenvertrag gelten (vgl. dazu Teil 1 Rn 578 ff.). Besonders hervorgehoben ist an dieser Stelle nur noch die Konstellation, in der der **Bauherr auf ein berechtigtes Sicherungsverlangen des Architekten nach § 648 a BGB keine Sicherheit leistet**, dem Honoraranspruch des Architekten wegen einem mangelhaften Architektenwerk aber die Einrede des § 320 BGB entgegenhält. Hier kann der Architekt unter Beiziehung der Regelung des § 648 a Abs. 5 S. 1 BGB i. V. m. § 643 S. 1 BGB dem Bauherrn eine Nachfrist zur Sicherheitsleistung, verbunden mit der Erklärung, er lehne die Mängelbeseitigung ab, wenn die Sicherheit nicht fristgemäß geleistet wird, setzen. Läuft die dem Bau-

292

---

[709] OLG Naumburg, BauR 2001, 1615; a. A. *Wirth* in Ingenstau/Korbion, § 17 Nr. 7 VOB/B, Rn 154 ff.
[710] *Wirth* in Ingenstau/Korbion, § 13 Nr. 7 VOB/B, Rn 153.
[711] BGH, BauR 1982, 283 und BauR 1980, 180; KG, BauR 1971, 264.
[712] BGH, BauR 2004, 316.
[713] BGH, BauR a. a. O. und IBR 2000, 125.
[714] BGH, BauR 1999, 69.

herrn gesetzt Frist fruchtlos ab, kann der Architekt die Mängelbeseitigung verweigern und – sofern die Mängelbeseitigung möglich und nicht mit unzumutbar hohen Kosten verbunden ist – entsprechend § 645 Abs. 1 S. 1 BGB i. V. m. § 648 a Abs. 5 S. 2 BGB den Honoraranspruch gekürzt um den mangelbedingten Minderwert sowie Ersatz des Vertrauensschadens fordern. Nur wenn der Architekt von dieser Möglichkeit keinen Gebrauch macht, kann der Bauherr, obwohl er die nach § 648 a BGB geforderte Sicherheit nicht gestellt hat, dem Honoraranspruch des Architekten die Einrede des nichterfüllten Vertrages gem. § 320 BGB entgegenhalten.[715]

b) Zurückbehaltungsrecht gemäß § 273 BGB

293 Der Bauherr kann unter den Voraussetzungen des § 273 BGB dem Honoraranspruch des Architekten auch ein Zurückbehaltungsrecht entgegenhalten. Als echte Einrede muss auch das Zurückbehaltungsrecht vom Bauherrn geltend gemacht werden.

c) Einrede der Verjährung, § 214 BGB

294 Der Honoraranspruch des Architekten verjährt in drei Jahren (§ 195 BGB). Gemäß § 199 Abs. 1 BGB beginnt die Verjährung mit dem Schluss des Jahres, in dem der Anspruch entstanden ist und der Architekt von den Anspruch begründenden Umständen und der Person des Schuldners Kenntnis erlangt oder ohne grobe Fahrlässigkeit hätte erlangen müssen. Entstehung des Anspruchs bedeutet Fälligkeit desselben, so dass die Verjährung des Honoraranspruchs am Ende des Jahres beginnt, in dem der Anspruch des Architekten nach § 8 Abs. 1 HOAI fällig wird (zur Fälligkeit gem. § 8 Abs. 1 HOAI vgl. Rn 244 ff.).[716] Die in § 199 Abs. 1 BGB angeführte Kenntnis bzw. Erkennbarkeit wird in der Regel nicht von Bedeutung sein, da der Architekt seinen Bauherrn kennen wird und es nur auf die Kenntnis der den Anspruch begründenden Tatsachen, nicht dagegen auf die richtige rechtliche Beurteilung ankommt.

IV. Ansprüche aus Bereicherungsrecht

295 Bereicherungsrechtliche Ansprüche des Architekten sind in Fällen der **Nichtigkeit des Vertrages** insbesondere wegen eines Verstoßes gegen das Koppelungsverbot[717] denkbar. Bei einer Unwirksamkeit des Architektenvertrages kann der Architekt einen bereicherungsrechtlichen Anspruch gegen den Bauherrn haben, wenn nicht vorrangig auf die Grundsätze der Geschäftsführung ohne Auftrag nach §§ 677 ff. BGB abzustellen ist.[718] Bei der Abwicklung des Architektenvertrages nach §§ 812 ff. BGB sind die vom Architekten erbrachten Leistungen mit dem Wert der Honorarzahlungen des Bauherrn nach der **Saldotheorie** zu verrechnen.[719] Der Wert der Architektenleistungen bemisst sich bei Ansprüchen aus ungerechtfertigter Bereicherung nach der üblichen bzw. angemessenen Vergütung, die maximal den Betrag ergeben kann, der dem Architekten bei Wirksamkeit des Vertrages zustehen würde.[720] In der Regel ist bei einem nichtigen Architektenvertrag auf die **Mindestsätze des § 4 Abs. 4 HOAI** zurückzugreifen, weil sie als „übliche" und

---

715 BGH, BauR 2004, 826.
716 *Neuenfeld/Baden/Dohna/Groscurth*, Rn 159.
717 LG Kiel, NJW 1995, 981; OLG Hamm, BauR 1986, 710 und BauR 1986, 711; OLG Düsseldorf, BauR 1975, 138; BGH, BauR 1982, 83; *Bindhardt/Jagenburg*, § 2 Rn 109–111.
718 BGH, BauR 1994, 110; OLG Koblenz, BauR 1995, 252.
719 BGH, BauR 1997, 868; OLG Nürnberg, BauR 1998, 1273.
720 OLG Nürnberg, a. a. O.

auch angemessene Vergütung anzusehen sind.[721] Dies gilt selbst dann, wenn die Parteien in dem unwirksamen Architektenvertrag eine Unterschreitung der Mindestsätze vereinbart haben.[722] Der Bauherr muss zudem aufgrund der erbrachten Architektenleistungen eigene Auslagen erspart haben.[723]

Die **Bereicherung des Bauherrn** kann im Einzelfall schwierig festzustellen sein, zumal ggf. der Wert der von dem Architekten erbrachten Leistungen zu bestimmen ist (§ 818 Abs. 2 BGB). Wenn der Bauherr z. B. für die vom Architekten erbrachte Leistung eine Baugenehmigung erhalten hat, ist er insoweit bereichert, als er nach § 15 HOAI einem anderen Architekten die Leistungsphasen 1-4 als Honorar zu vergüten gehabt hätte.[724] Ebenso sind andere vom Architekten erbrachte und nach § 15 HOAI zu vergütende Leistungen als Bereicherung anzusehen. Voraussetzung ist allerdings stets, dass die vom Architekten erbrachten Leistungen nicht wertlos, also mangelfrei sind.[725] Denn Aufwendungen des Bauherrn, die die mangelhaften Architektenleistungen brauchbar machen sollen, lassen gem. § 818 Abs. 3 BGB insoweit eine Bereicherung entfallen. Im Einzelfall obliegt es dem Bauherrn, darzulegen und zu beweisen, dass eine Entreicherung i. S. von § 818 Abs. 3 BGB vorliegt.[726] Im Rahmen des § 818 Abs. 3 BGB ist bei einer Nichtigkeit des Architektenvertrages wegen Verstoß gegen das Koppelungsverbot zu beachten, dass zugunsten des Bauherrn die durch das Koppelungsverbot vereitelten Vorteile auszugleichen sind.[727] Andererseits braucht sich bei **Verstoß gegen das Koppelungsverbot** der Architekt innerhalb von § 818 Abs. 3 BGB bereicherungsmindernd grundsätzlich auch nur die übliche und angemessene Vergütung des Ersatzarchitekten entgegenhalten zu lassen.

296

§ **817 Abs. 2 BGB** steht einem Bereicherungsausgleich bei Unwirksamkeit des Vertrages wegen Verstoß gegen das Koppelungsverbot nicht entgegen. Zwar wird beim Architekten die Kenntnis des Koppelungsverbots und seiner Rechtsfolgen vorausgesetzt, indes reicht für eine Anwendung des § 817 BGB der objektive Verstoß gegen das gesetzliche Verbot nicht aus, und der Architekt wird sich des Verstoßes in der Regel nicht bewusst sein und ihn dennoch gewollt haben.[728]

297

B. Urheberrechtliche Ansprüche des Architekten

I. Voraussetzungen urheberrechtlicher Ansprüche gem. § 97 UrhG

Der Anspruch aus § 97 UrhG setzt voraus, dass ein urheberrechtlich geschützes Werk und eine Verletzung des Urheberrechts vorliegen. Der Architekt trägt die Darlegungs- und Beweislast für diese Voraussetzungen.[729] Die urheberrechtliche Schutzfähigkeit wird

298

---

721 OLG Dresden, IBR 2003, 424; OLG Celle, IBR 2000, 128; OLG Hamm, BauR 1986, 710; BauR 1986, 711 sowie BauR 1992, 271.
722 OLG Düsseldorf, BauR 1982, 390; *Koeble* in Locher/Koeble/Frick, § 4 HOAI, Rn 10.
723 BGH, BauR 1994, 651, BauR 1987, 60 und BauR 1982, 83; Bindenhardt/Jagenburg, § 2 Rn 109; *Bultmann*, BauR 1995, 335.
724 BGH, BauR 1982, 83.
725 BGH. BauR a. a. O.; BauR 1998, 193; OLG Hamm, BauR 1986, 710.
726 BGH, BauR 1982, 83.
727 OLG Hamm, BauR 1986, 711.
728 BGH, BauR 1982, 83, der darüber hinaus die Anwendung des § 817 BGB auf das Koppelungsverbot offen lässt; *Vygen* in Korbion/Mancheff/Vygen, § 4 HOAI, Rn 117; **a. A.:** Für die Anwendung: *Koeble* in Locher/Koeble/Frick, § 4 HOAI, Rn 9.
729 BGH, NJW 1982, 108; *Nestler*, BauR 1994, 589 f; *v. Gamm*, BauR 1982, 97.

Marfurt

der Architekt in der Regel nur über ein Sachverständigengutachten führen können. Dies gilt nicht, wenn das Gericht über die notwendige Sachkunde verfügt.[730]

1. Urheberrechtsschutz

a) Urheber

aa) Architekt als Urheber

299 **Urheber** ist gem. § 7 UrhG der Schöpfer eines Werkes. Der Architekt ist Schöpfer, wenn er eine **persönliche geistige Schöpfung** im Rahmen seines gestalterischen Wirkens erbringt. Allein durch die in eigener Person vorgenommene gestalterische Tätigkeit erwirbt der Architekt sein Urheberrecht. Urheber kann auch jeder angestellte Architekt sein, wenn er das urheberrechtsschutzfähige Werk tatsächlich selbst hergestellt hat. Juristische Personen oder Personengesellschaften, die durch ihre Gesellschaftsorgane handeln, können nicht Urheber sein.

bb) Mehrere Architekten als Urheber

300 Sind mehrere Architekten Urheber eines urheberrechtlich geschützten Architektenwerkes, ist der **Beitrag jedes Architekten** durch das Urheberrechtsgesetz geschützt. Wenn sich die einzelnen Werkteile nicht isoliert beurteilen lassen, sind die Architekten **Miturheber**. Eine solche, nach § 8 UrhG zu beurteilende Miturheberschaft wird grundsätzlich bei der gemeinsamen Planung eines Bauwerks – z. B. im Rahmen eines Wettbewerbs – gegeben sein.[731]

b) Schutzfähigkeit: orginelle eigenschöpferische Darstellung und schützwürdige Gestaltungshöhe

301 Urheberrechtlichen Schutz genießen gem. § 2 Abs. 1 Nr. 4 und 7 UrhG Werke der Baukunst sowie Entwürfe solcher Werke, wie Pläne, Zeichnungen, Skizzen u. a. für Bauwerke, wenn es sich um Leistungen des Architekten mit einer **eigenpersönlichen geistigen Leistung** handelt (§ 2 S. 2 UrhG).[732] Unter Urheberrechtsschutz stehen Bauwerke und -pläne, Entwürfe und technische Konstruktionszeichnungen, wenn sie eine originelle eigenschöpferische Darstellungsweise erkennen lassen. Die Beurteilung des Urheberrechtsschutzes von Architektenplänen erfolgt unabhängig von einer urheberrechtlichen Schutzwürdigkeit des Bauwerks selbst.[733] Keinem urheberrechtlichen Schutz unterliegen in der Regel die Leistungsbeschreibungen des Architekten.[734]

302 Maßgebend für die Schutzfähigkeit des Architektenwerkes sind zwei Kriterien: Es muss ein künstlerisch gestaltetes Werk vorliegen, das sich von allen bisher dagewesenen Werken unterscheidet und das Werk muss neben der originellen, eigenschöpferischen Darstellung eine gewisse Gestaltungshöhe aufweisen.[735] Das Vorliegen einer **originellen, eigenschöpferischen Darstellung** kann an der Gesamtgestaltung des Bauwerks aber auch

---

730 LG Nürnberg-Fürth, IBR 2004, 325; OLG München, GRUR 1987, 290; BGH, GRUR 1980, 853; LG Hannover, BauR 1987, 584.
731 Zur Bedeutung des Architektenvermerks für Urheberschaft: BGH, BauR 2003, 561 (Staatsbibliothek).
732 Für den Urheberrechtsschutz einer Vorplanung: *Walchshöfer*, ZfBR 1988, 104 f.
733 OLG Hamm, GRUR 1967, 608; BGH GRUR 1979, 464 (Flughafenpläne); OLG Karlsruhe, BauR 1980, 374; BGH NJW 1995, 1018 (Pläne für die Aufteilung und Bebauung eines Siedlungsgeländes); OLG Hamm, BauR 1981, 300 (Grundrissplan).
734 BGH, BauR 1984, 423.
735 BGH, NJW 1992, 689; BGHZ 24, 55; OLG Karlsruhe, GRUR 1985, 534; im Schrifttum str.: *v. Gamm*, BauR 1982, 97.

an einzelnen Bauwerksteilen gemessen werden.[736] So kann die Zuordnung von Einzelgebäuden/Baukörpern in ein Ensemble (z. B. Reihenaussiedlung) urheberrechtsschutzfähig sein.[737] Da an die Anforderungen, die ein Bauwerk als eine persönliche geistige Schöpfung qualifizieren lassen hohe Maßstäbe zu stellen sind,[738] sind Pläne und Bauwerke des Architekten in der Regel nicht urheberrechtlich geschützt. Denn bei Architektenleistungen für Wohn- und Bürohäuser steht regelmäßig die **reine Funktionalität der Gebäude** im Vordergrund, so dass das allein praktisch-rationale Werk des Architekten keinen Urheberrechtsschutz genießt.[739] Eine **Gestaltungshöhe**, die einen Urheberrechtsschutz bejahen lässt, ist gegeben, wenn der Gesamteindruck der konkreten Formgestaltung im Vergleich zu den vorbestehenden Gestaltungen individuelle Züge aufweist und eine urheberrechtlich schutzwürdige Gestaltungshöhe aufweist.[740]

c) Inhalt des Urheberrechts

Gemäß § 11 UrhG ist der Urheber in seinen **geistigen und persönlichen Beziehungen zum Werk** und in der **Nutzung des Werkes** geschützt. Die Rechte des Urhebers, die seine geistigen und persönlichen Beziehung zum Werk schützen, konkretisieren die §§ 12-14 UrhG als Urheberpersönlichkeitsrechte. In §§ 15-24 UrhG werden die Nutzungs- und Verwertungsrechte geregelt.

303

aa) Urheberpersönlichkeitsrechte

(1) Veröffentlichungsrecht, § 12 UrhG

Das Veröffentlichungsrecht nach § 12 UrhG ist das Recht, das eigene urheberrechtlich geschützte Werk **selbst** und **ohne Mitwirkung oder Zustimmung anderer Personen** zu veröffentlichen. Das Recht zur Veröffentlichung des Architektenwerkes steht – wenn die Parteien vertraglich nichts anderes vereinbart haben – allein dem Architekten zu (§ 12 Abs. 1 UrhG). Es umfasst das Recht des Architekten zu bestimmen, **ob** und **wie** das Architektenwerk veröffentlicht wird und das Recht, **Abbildungen** über das Bauwerk zu verbreiten (§§ 16, 17 UrhG). Für Bauwerke auf öffentlichen Plätzen ist jedoch auch § 59 UrhG zu beachten. Das Veröffentlichungsrecht kann nach der **sog. Zweckübertragungslehre** mit der Einräumung des Nutzungsrechts auf den Bauherrn übergegangen sein.

304

(2) Anerkennung der Urheberschaft, § 13 UrhG

Das Recht auf Anerkennung der Urheberschaft gem. § 13 UrhG ermächtigt den Architekten zu bestimmen, ob und mit welcher **Urheberbezeichnung** das geschützte Werk zu versehen ist. In dem Fall, in dem das Architektenwerk als Werk der Baukunst nach § 2 Abs. 1 Nr. 4 UrhG anzusehen ist, hat der planende Architekt das Recht, eine Urheberbezeichnung **an das Bauwerk anzubringen**. Dieses Recht kann zwischen den Parteien vertraglich eingeschränkt oder ausgeschlossen werden. Insbesondere kann der Bauherr eine reklamehafte Ausgestaltung der Urheberbezeichnung verhindern.[741]

305

---

736 Zur Fassadengestaltung: BGH BauR 1989, 348 und OLG Jena BauR 1999, 672; Innengestaltung eines Treppenhauses: BGH, BauR 1999, 272; Erdgeschossgrundriss: BGH, GRUR 1988, 533 und BauR 1989, 348; *v. Gamm*, BauR 1982, 97; OLG Schleswig, GRUR 1980, 1082 und OLG Karlsruhe, GRUR 1985, 534: keine eigenschöpferische Leistung ist in dem Zusammenfügen bekannter Bauelemente zu einem Gebäude zu sehen.
737 OLG München, ZUM 2001, 339; *v. Schildt-Lutzenburger*, BTR 2004, 202.
738 OLG Schleswig, GRUR 1980, 1072.
739 *Vygen* in Korbion/Manscheff/Vygen, § 4 HOAI Rn 64.
740 OLG Düsseldorf, IBR 2000, 181.
741 BGH BauR 1994, 784; OLG München, NJW-RR 1995, 474.

(3) Beeinträchtigungs- und Entstellungsverbot, § 14 UrhG

306 Das Urheberrecht räumt dem Architekten das Recht ein, das von ihm geschaffene Werk der Mit- und Nachwelt in seiner **unveränderten individuellen Gestaltung** zugänglich zu machen (§§ 11, 14 UrhG).[742] Daneben schützt § 39 UrhG das Architektenwerk vor einer **Änderung**. Sowohl § 14 wie auch § 39 UrhG sollen das Spannungsverhältnis zwischen den urheberrechtlichen Interessen des Architekten einerseits und den Eigentümerinteressen des Bauherrn andererseits, über sein Eigentum grundsätzlich frei verfügen zu können, berücksichtigen.[743] Eine sachgerechte Entscheidung der widerstreitenden Interessen von Urheber und Eigentümerbelangen ist im Einzelfall stets mittels einer **Interessenabwägung** vorzunehmen.[744] § 14 UrhG schützt den Architekten gegen eine Entstellung oder eine andere Beeinträchtigung, die geeignet ist, seine geistigen oder persönlichen Interessen am Werk zu gefährden. Als Entstellung wird jede Verzerrung oder Verfälschung der Wesenszüge des Werkes angesehen.[745] § 14 UrhG schützt den Architekten auch vor rein ästhetischen Eingriffen.[746] In die Entstellung seines urheberrechtlich geschützten Werkes kann der Architekt individuel einwilligen.[747] Ob eine Entstellung eines urheberrechtlich geschützten Werkes im Einzelfall zu bejahen ist, wird in der Regel durch den Architekten nur mithilfe eines Sachverständigengutachtens dargelegt und bewiesen werden können.[748]

bb) Änderungsverbot und Änderungsbefugnis, § 39 UrhG

307 Änderungen i. S. von § 39 UrhG sind lediglich insoweit zulässig, soweit der Architekt als Urheber seine Einwilligung nach Treu und Glauben nicht versagen kann.[749] Das Änderungsrecht umfasst den Schutz des Standes und der Unversehrtheit des Werkes in seiner **konkret geschaffenen Gestaltung**. Eine Werksänderung setzt den **Eingriff in die Bausubstanz** voraus.[750] Ein solcher Eingriff ist bei Umbauten,[751] Erweiterungen[752] oder Verkleinerung, nicht aber bei dem Abriss von Gebäude oder Gebäudeteilen[753] zu bejahen. Sind bauliche Details in der Planung noch nicht berücksichtigt, zur Fertigstellung des Bauwerks aber erforderlich, kann der Architekt nur im Ausnahmefall gegen die vom Bauherrn gewünschte Ausführung vorgehen.[754] **Während der Planungszeit** kann der Architekt im Einzelfall urheberrechtliche Ansprüche nur dann geltend machen, wenn seine Planung vom Auftraggeber freigegeben und damit abgeschlossen ist. Dies folgt aus der stets bestehenden Leitungs- und Direktionsbefugnis des Bauherrn die ihm das Recht ein-

---

742 BGH, BauR 1999, 272.
743 OLG Hamm, BauR 1984, 298 (Veränderung der Fassade eines Zweckbaus durch Sonnenschutzjalousien); OLG Frankfurt, BauR 1986, 466 (Änderung des Daches und der Fassade eines Verwaltungsgebäudes); LG Hamburg, BauR 1981, 645 (Einbau neuer Fenster); LG Gera, BauR 1995, 866 (Wohnanlage); KG, OLGR Berlin 1997, 3 (planerische Veränderung eines Aufzugsschachtes).
744 BGH, BauR 1999, 272.
745 LG München, NJW 1982, 655.
746 BGH, BauR 1999, 272 (Änderung der Treppenhausgestaltung eines Dienstleistungszentrums durch Einbringung einer Skulptur).
747 *A. A. Schricker*, Festschrift für Hubmann, S. 409.
748 KG, OLGR Berlin 1997, 3.
749 *Schweer*, BauR 1997, 401.
750 BGH, a. a. O.
751 LG München, a. a. O.; LG Berlin, OFETA, 3,258.
752 BGH, BauR 1974, 428 (Schulerweiterung) und BauR 1981, 298 (Werkserweiterung).
753 *A. A. Walchshöfer*, ZfBR 1988, 104.
754 OLG Düsseldorf, BauR 1979, 260; BGHZ 55, 77 (Hausanstrich).

räumt, in jedem Stadium des Bauvorhabens über die Planung zu entscheiden.[755] Die Darlegungs- und Beweislast für den Abschluss der Planung trägt der Architekt.[756]

cc) Instandsetzungen/Reparaturen und Zerstörung

Bei Instandsetzungen und Reparaturen sind die **Urheberrechte** des Architekten eingeschränkt.[757] Der Architekt hat **keinen Anspruch auf Erhaltung des Bauwerks**, denn die Vernichtung des Werkes ist durch das UrhG nicht geschützt.[758] Auch wenn der Bauherr das bereits begonnene Gebäude nicht vollendet und die vorhandenen Bauteile abreißen lässt, besteht kein Urheberrechtsanspruch des Architekten.[759] Ist das Bauwerk zerstört worden, hat der Architekt auch **keinen Anspruch auf Wiederaufbau** des zerstörten Architektenwerkes.[760] Nur ausnahmsweise kann ein Vernichtungsverbot bejaht werden, etwa wenn das Gebäude unter Denkmalschutz steht oder Teil eines urheberrechtlich geschützten Ensembles ist, das durch die Vernichtung eines einzelnen Gebäude als Gesamtwerk zerstört würde.[761] Bei einer späteren Zerstörung oder Beschädigung des Bauwerks hat der Bauherr das Recht, das Werk **nach den alten Plänen unverändert wieder herzustellen**. Den Architekten muss er dafür nicht erneut hinzuziehen.

308

dd) Urheberrechte bei vorzeitiger Beendigung des Vertrages

Beenden die Parteien den Architektenvertrag vorzeitig, ist zu diesem Zeitpunkt aber eine gewisse Planung abgeschlossen und wird ein Nachfolge-Architekt mit der Erstellung des Bauwerks aufgrund der Planung des Vorgängers beauftragt, kann es z. B. bei Detailänderungen, zu Urheberrechtsverletzungen kommen.[762] Hierbei muss beachtet werden, ob die Änderungen ggf. dringend geboten und vom Urheberarchitekten zu verantworten sind.

309

ee) Verwertungsrechte, §§ 15-18 UrhG

Die Verwertungrechte nach §§ 15-18 UrhG stehen dem Architekten als Urheber zu. Nach § 15 UrhG hat der Architekt das ausschließliche Recht, sein urheberrechtlich geschützes Werk in körperlicher Form zu verwerten. Das **Verwertungsrecht schützt** als Urheberrecht die **Errichtung des Bauwerks** und **die dafür erforderliche Verwendung der entsprechenden Planung**. Der Architekt kann mit dem ihm zustehenden Verwertungsrecht auch die weitere Verwendung unrechtmäßig kopierter Pläne versagen. Das Verwertungsrecht räumt dem Architekten nach § 16 UrhG zudem das Recht ein, das urheberrechtlich geschützte Werk **nachzubauen**. Eingeschränkt werden kann dieses Recht jedoch dann, wenn besondere Belange des Bauherrn und die Grundsätze von Treu und Glauben entgegenstehen, z. B. wenn der Architekt in unmittelbarer Nachbarschaft zu einem individuell errichteten Einfamilienhaus dasselbe Haus ein zweites Mal errichten will.[763]

310

---

755 BGH, a. a. O.; KG a. a. O.; *Schweer*, BauR 1997, 401.
756 BGH, NJW 1971, 556; KG OLGR Berlin 1997, 3.
757 OLG Frankfurt, BauR 1986, 466; OLG Hamm, BauR 1984, 298.
758 *Beigel*, Rn 123.
759 Bundesverfassungsgericht, IBR 2005, 22.
760 LG München 1, NJW 1983, 1205; zum Wiederaufbau: *Beigel*, a. a. O., Rn 100.
761 BGH, ZUM 1988, 245 – Ledigenheim; *Werner*, Festschrift für Kraus, S. 403; OLG München, ZUM 2001, 339 – geplanter Abriss eines Kirchenschiffes als Bestandteil eines preisgekrönten Fahrzentrums, das sich aus verschiedenen Gebäuden zusammensetzt.
762 BGH GRUR 1980, 853; OLG Nürnberg, BauR 1980, 486.
763 *Werner* in Werner/Pastor, Rn 1951.

ff) Sonstige Urheberrechte, §§ 25-27 UrhG

311 Von besonderer Bedeutung ist für den Architekten das in § 25 UrhG geregelte **Zugangsrecht**. Steht dem Architekten ein Urheberrecht zu, kann sich dieses auch auf ein Zugangsrecht zum Bauwerk nach Fertigstellung erstrecken. § 25 UrhG schränkt dieses Zugangsrecht jedoch auf bestimmte Maßnahmen ein.[764] Problematisch ist die Frage, ob das Zugangsrecht dem Architekten auch insoweit zusteht, um Eingriffe des Bauherrn in das Bauwerk und ggf. damit verbundene Urheberrechtsverletzungen zu überprüfen.[765]

▶ Antrag:
werden wir in der mündlichen Verhandlung beantragen:
die Beklagte wird verurteilt, dem Kläger Zugang zu dem vom Kläger gestalteten Vestibül im Eingangsbereich des Wohngebäudes in der Lemastraße 1 in 10111 Berlin zur Anfertigung von Fotografien der Wand- und Deckenflächen sowie der Bodengestaltung des Vestibüls zu gestatten ◀

2. Urheberrechtliche Nutzungsbefugnisse

a) Übertragung der urheberrechtlichen Nutzungsbefugnisse

312 Mit Abschluss des Architektenvertrages überträgt der Architekt zwar **nicht sein Urheberrecht** an den Bauplänen und dem Bauwerk (§ 29 Abs. 2 UrhG), regelmäßig aber die **urheberrechtlichen Nutzungsbefugnisse** an seiner Planung, soweit sie der Bauherr zur Errichtung des Bauwerks benötigt.[766] Für die Übertragung des Nutzungsrechts kann der Architekt grundsätzlich kein Entgelt verlangen.[767] Fehlt im Architektenvertrag eine ausdrückliche Abrede über die Übertragung der urheberrechtlichen Nutzungsbefugniss ist eine Übertragung der Nutzungsrechte im Wege der **Auslegung** ermitteln.[768] Die durch den Abschluss des Architektenvertrages übertragene urheberrechtliche Nutzungsbefugnis entfällt auch nicht durch eine vorzeitige Beendigung des Vertragesverhältnisses.[769] Ist der Architekt allerdings nur mit der Vorplanung beauftragt worden, überträgt er keine urheberrechtlichen Nutzungsbefugnisse.[770] Auch aus der Teilnahme an einem **Architektenwettbewerb** werden grundsätzlich keine urheberrechtlichen Nutzungsrechte übertragen, es sei denn, der Architekt akzeptiert Wettbewerbsbedingungen, die die Übertragung der Nutzungsbefugnis vorsehen.[771] Solche formularmäßigen Nutzungseinräumungen in den Wettbewerbsbedingungen verstoßen jedoch gegen § 307 Abs. 2 BGB, wenn nicht als Ausgleich eine angemessene Vergütung vorgesehen ist.[772]

---

764 LG Düsseldorf, BauR 1980, 86: Zugangsrecht des Architekten zur Herstellung einer Fotoserie.
765 Verneinend: OLG Düsseldorf, BauR 1997, 216; a. A. *Werner* in Werner Pastor, Rn 1954.
766 BGH, BauR 1984, 416; OLG Köln, NJW-RR 1998, 1097; OLG Nürnberg, NJW-RR 1989, 407; OLG München, NJW-RR 1995, 474; *Schweer*, BauR 1997, 401.
767 OLG München, NJW-RR 1995, 474.
768 OLG München, GRUR 1987, 290.
769 Streitig: Bejahend – BGH, BauR 1975, 363; OLG Köln, OLGR 1989, 138; OLG Frankfurt, BauR 1982, 295; OLG Nürnberg, a. a. O.; *Locher*, Rn 362; a. a. O. BGH, GRUR 1973, 663; *v. Gamm*, BauR 1982, 97 – stellt auch im Fall des Architektenwechsels bezüglich der Übertragung von Nutzungsrechten auf den jeweiligen Baufortschritt ab; die vom Auftraggeber gestellte Klausel, wonach der Architekt bei diesen Fallgestaltungen entsprechende Verwertungs- und Nutzungsrechte auf den Bauherrn überträgt, stellt eine unangemessene Benachteiligung des Architekten dar und ist daher gem. § 307 BGB unwirksam.
770 BGH, BauR 1975, 363; 1981, 298; OLG Nürnberg, NJW-RR 1989, 407; *Vygen* in Korbion/Manscheff/Vygen, § 4 HOAI Rn 68.
771 *Fromm/Nordermann*, §§ 31/32, Rn 51.
772 *Schulze* in Dreiher/Schulze, vor § 31 Rn 270.

B. Urheberrechtliche Ansprüche des Architekten

b) Rechtsfolgen der Übertragung der Nutzungsbefugnisse

aa) Kein Leistungsverweigerungs- und Zurückbehaltungsrecht des Architekten

Nach der Übertragung des urheberrechtlichen Nutzungsrechts hat der Architekt kein Leistungsverweigerungs- oder Zurückbehaltungsrecht.[773] Wegen der bezüglich der Nutzungsbefugnis bestehenden Vorleistungspflicht des Architekten kann er Pläne und/oder Bauunterlagen, die für die Durchführung des Bauvorhabens erforderlich sind, **nicht von der Zahlung seines Honorars abhängig machen**. Steht dem Architekten ein Urheberrecht an den Originalunterlagen zu, ist er verpflichtet, seinem Bauherrn Mutterpausen zur Verfügung zu stellen.[774]

313

bb) Nachbauten

Der Urheber überträgt im Zweifel nicht mehr an Rechten, als der Vertragspartner benötigt, um sein Vertragsziel zu erreichen (sog. **Zweckübertragungstheorie**).[775] Ohne Einwilligung des Architekten darf der Bauherr also nach der Übetragung der Nutzungsbefugnisse in der Regel keinen Nachbau errichten, denn das Verwertungsrecht findet seine Schranken **grundsätzlich in der einmaligen Realisierung der Planung**.[776] Das Verbot des Nachbaus gilt allerdings nicht, wenn sich aus dem Sinn und Zweck des Architektenvertrages, insbesondere aus der Honorierung, ergibt, dass sich die Planung nicht auf ein Bauvorhaben, sondern auf eine **Reihe von Bauwerken** bezieht.[777] Demgegenüber steht dem Architekten gem. § 16 UrhG ein Vervielfältigungsrecht, also ein Recht zum Nachbau, grundsätzlich zu.[778]

314

II. Rechtfolgen der Urheberrechtsverletzung

Liegt eine urheberrechtliche Verletzung des Architektenwerkes vor, kann der Architekt gem. § 97 UrhG gegen den Verletzer einen Anspruch auf **Beseitigung und Unterlassung bei Wiederholungsgefahr** haben. Gleichsam kann er den Verletzer auf **Schadensersatz** in Anspruch nehmen, wenn die Verletzung vorsätzlich oder fahrlässig erfolgte.[779] Anstelle des Schadensersatzanspruches kann der Architekt die **Herausgabe des Gewinns**, den der Schädiger durch die Verletzung des Urheberrechts erlangt hat, fordern. Gemäß § 97 Abs. 3 UrhG können daneben Ansprüche aus **ungerechtfertigter Bereicherung** (§§ 812 ff. BGB) gegeben sein. Einen Schadensersatzanspruch kann der Architekt konkret nach § 249 BGB unter Einschluss des entgangenen Gewinns berechnen[780] oder eine angemessene Lizenzgebühr verlangen.[781] Die Lizenzgebühr ermittelt sich nach der HOAI unter

315

---

773 OLG Frankfurt, BauR 1982, 295; OLG Köln, BauR 1999, 189.
774 OLG Köln, BauR 1999, 189.
775 BGH, NJW 1995, 3252.
776 *V. Gamm*, BauR 1982, 97; *Fromm/Nordemann*, §§ 31, 32 UrhG, Rn 46; BGH GRUR 1982, 369 zum Nachbaurecht bei Kündigung; BGH, BauR 1981, 298: für Erweiterungsbauten, die bei der Planung der Erstbauten nur allgemein einbezogen waren.
777 *Hesse*, BauR 1971, 209; *Fromm/Nordemann*, §§ 31, 32 UrhG, Rn 46.
778 Ausnahme: Im Einzelfall können vertragliche Belange des Auftraggebers unter Berücksichtigung von Treu und Glauben entgegenstehen, *Gerlach*, GRUR 1976, 613; zur Errichtung eines besonders individuell gestalteten Einfamilienhauses in unmittelbarer Nachbarschaft: *v. Gamm*, BauR 1982, 97.
779 BGH GRUR 1988, 533: Rechtsirrtum entschuldigt nicht.
780 OLG München GRUR 1987, 290.
781 BGH GRUR 1988, 533; GRUR 1990, 1008; BauR 2000, 438; OLG Nürnberg, BauR 1988, 168 – Urheberrechtsverletzung bei Fertighausplanung; *Locher*, Rn 364.

Berücksichtigung der Teilleistungen, die bei der Berücksichtigung des Urheberrechts hätten beauftragt werden müssen;[782] abzuziehen ist die Eigenersparnis des Architekten.[783]

III. Schadensersatz oder Abwehransprüche außerhalb des UrhG bei nicht urheberrechtlich geschützten Werken

316 Liegt kein Urheberrechtsschutz vor, kann der Architekt allenfalls Schadensersatz oder Abwehransprüche nach den **Vorschriften des UWG**, ggf. nach den **§§ 823, 826, 1004 BGB**[784] oder entsprechenden **vertraglichen Abreden** geltend machen. Solche Ansprüche kommen bei der unzulässigen Verwendung nicht urheberrechtsschutzfähiger Pläne als auch für Änderungen des urheberrechtlich nicht geschützten Bauwerks in Betracht. Praxisrelevant sind insbesondere die Fälle, in denen der Bauherr die im Rahmen einer **Akquisition** von einem Architekten angefertigten Vorentwurfspläne an einen anderen Architekten zur Erbringung weiterer Planungsleistungen übergibt. Liegen besondere Umstände, wie z. B. ein **Vertraulichkeitsvermerk des Erstarchitekten** vor, kann die Übernahme der Leistungen durch den Erstarchitekten als unlauteres Verhalten nach § 1 UWG wettbewerbswidrig sein.[785] Ein Unterlassungsanspruch nach §§ 1, 14 UWG i. V. m. § 1004 BGB des Erstarchitekten gegen den nachfolgend beauftragten Architekt kommt in Betracht, wenn die Leistungen des Nachfolgearchitekten ein **Plagiat/Ideenklau** des Erstarchitekten darstellen.

IV. Verjährung

317 Urheberrechtliche Ansprüche verjähren in 3 Jahren von dem Zeitpunkt an, ab dem der Berechtigte von den die Ansprüche begründenden Umständen und der Person des Verpflichteten Kenntnis erlangt oder ohne grobe Fahrlässigkeit hätte erlangen müssen, §§ 102 UrhG i. V. m. §§ 195, 199 BGB.

V. Prozessuale Fragen des Urheberrechts

1. Zuständigkeit

318 Für Urheberrechtsstreitigkeiten sind die Landgerichte sachlich zuständig. Es ist darauf zu achten, dass die Bundesländer nach § 105 UrhG **zentrale Zuständigkeiten** begründet haben und bei ausgewählten Gerichten **Spezialkammern** eingerichtet worden sind. Örtlich zuständig ist gem. § 32 ZPO das Gericht, in dessen Bezirk die unerlaubte Handlung begangen worden ist. Werden neben urheberrechtlichen Ansprüchen gleichzeitig und alternativ vertragsrechtliche Ansprüche geltend gemacht, sind die **Urheberrechtskammern nicht zuständig**. Sie entscheiden ausschließlich über urheberrechtliche Angelegenheiten. Ein Übergang im Prozess von einem urheberrechtlichen Anspruch zu einem vertraglichen Anspruch ist eine Klageänderung, die mangels Zuständigkeit der Spezialkammern ggf. nicht als sachdienlich angesehen wird.

---

[782] OLG Nürnberg-Fürth, IBR 2004, 326; OLG Hamm, BauR 1999, 1198; OLG Nürnberg, BauR 1998, 168; OLG Köln, BauR 1991, 657; OLG Jena, BauR 1999, 672; OLG Nürnberg, BauR 1998, 168.
[783] BGH, NJW 1973, 1696; OLG Jena, a. a. O.; OLG Hamm, BauR 1974, 432; OLG Köln, a. a. O.; OLG Hamburg, BauR 1991, 645; *Locher*, Rn 364.
[784] OLG Zelle, BauR 2000, 1069; *Nestler*, BauR 1994, 589 f.
[785] OLG Karlsruhe, WRP 1986, 62; *Prinz*, 60.

2. Eilverfahren: einstweilige Verfügung

In urheberrechtlichen Streitigkeiten ist das Eilverfahren regelmäßig geboten, um durch eine einstweilige Verfügung den Schaden möglichst gering zu halten und um die Schaffung von vollendeten Tatsachen durch den Verletzer des Urheberrechts zu vereiteln. Vor der Einleitung gerichtlicher Schritte ist dringend zu empfehlen, den Verletzer des Urheberrechts **abzumahnen** und von ihm die Vorlage einer **strafbewehrten Unterlassungserklärung** abzufordern. Dies ist einerseits erforderlich, um die Wiederholungsgefahr begründen zu können, andererseits, um dem Bauherrn nicht zu ermöglichen, im Prozess durch eine Anerkenntnis in der Form einer strafbewehrten Unterlassungserklärung dem Architekten die Verfahrenskosten aufzubürden.

319

In Eilverfahren bei urheberrechlichen Streitigkeiten ist beim **Sachvortrag** besondere Sorgfalt geboten. Es ist dezidiert vorzutragen, weshalb das Architektenwerk Urheberrechtsschutz genießt und der behauptete Eingriff eine Verletzung des Urheberrechts darstellt. Der Anspruch ist ausreichend glaubhaft zu machen. Den Schwerpunkt sollte die Sachverhaltsdarstellung bilden, die mit Illustrationen, Fotografien und Plänen unterlegt werden sollte. Hierbei ist gerade bei der Frage nach der Urheberrechtsfähigkeit des Werkes genau abzugrenzen, welche Teile des Werkes oder ob das Werk insgesamt dem Urheberrechtsschutz unterliegt. Entsprechend sind die Anträge genau und ggf. beschränkt zu stellen.

320

▶ Antrag:
beantragen wir den Erlass folgender einstweiliger Verfügung der besonderen Eilbedürftigkeit halber ohne mündliche Verhandlung durch den Vorsitzenden allein:
1. Dem Antragsgegner wird geboten zu unterlassen, wörtlich oder sinngemäß im geschäftlichen Verkehr mit Dritten, insbesondere aber gegenüber Vertretern der Medien zu behaupten:
   a) der Entwurf des Antragsstellers für den Neubau des Hotelgebäudes am Potsdamer Platz 777 in 10101 Berlin stelle ganz oder teilweise keine eigenschöpferische Leistung dar und/oder
   b) der Entwurf erinnere an das Ursprungskonzept des Antragsgegner für das Hotelgebäude am Stacchus in 80335 München und/oder
   c) die Idee der Formgebung und Gestaltung erinnere an die eigene Idee des Antragsgegners für das Hotelgebäude am Stacchus in 80335 München und/oder
   d) der Antragssteller hätte einen „Ideenklau" begangen sowie
   e) jede tatsächliche Äußerung, mit der gegenüber dem Antragsteller der Vorwurf erhoben wird, in unrechtmäßiger Art und Weise Ideen und/oder Entwürfe des Antragsgegners verwertet zu haben.
2. Dem Antragsgegner wird angedroht, dass für jeden Fall der Zuwiderhandlung unter Ausschluss des Fortsetzungszusammenhangs gegen die in Ziffer 1 ausgesprochene Verpflichtung ein Ordnungsgeld bis zu EUR 250.000,-, ersatzweise Ordnungshaft bis bis zu 6 Monaten oder im Wiederholungsfall Ordnungshaft bis zu 2 Jahren festgesetzt wird bzw. festgesetzt werden kann. ◄

§ 7 Die Ansprüche des Auftraggebers gegen den Architekten

Literatur

Achilles-Baumgärtel, Zum Nachbesserungs-/Schadensbeseitigungsrecht der Architekten nach Bauwerksverwirklichung, BauR 2003, 1125; *Anker/Adler*, Die echte Bausummenüberschreitung als ein Problem des Schadensrechts, BauR 1998, 465; *Baumgärtel*, Beweislastpraxis im Privatrecht (1996); *Bindhardt/Jagenberg*, Die Haftung des Architekten, 8. Auflage, 1981; *Böhme*, Einige Überlegungen zum vereinbarten Kostenlimit. Wie wirkt es sich auf das geschuldete Honorar aus – und warum? BauR 2004, 397; *Bönker*, Der Architekt als Baujurist? – Haftung für genehmigungsfähige Planung, NZBau 2003, 80; *Deckers*, Minderung des Architektenhonorars trotz plangerechter und mängelfreier Entstehung des Bauwerks, BauRB 2004, 373; *Kannowski*, Mangelfolgeschäden vor und nach der Schuldrechtsreform. Das Beispiel außergerichtlicher Anwaltskosten bei Baumängeln, BauR 2003, 170; *Kieserling*, Mangelverantwortlichkeit mehrerer Baubeteiligter NZBau 2002, 263; *Kleinhenz*, Die Verordnung über Sicherheit und Gesundheitsschutz auf Baustellen (Baustellenverordnung), ZfBR 1999, 179; *Kniffka*, Abnahme und Abnahmewirkungen nach der Kündigung des Bauvertrages – ZfBR 1998, 113; *Kniffka*, Die deliktische Haftung für durch Baumängel verursachte Schäden, ZfBR 1991, 1; *Korbion/Mantscheff/Vygen*, HOAI, 9. Auflage 2006; *Lauer*, Verjährung des Mängelanspruchs und Sekundärhaftung im Architektenrecht, BauR 2003, 1639; *Lauer*, Zur Haftung des Architekten bei Bausummenüberschreitung, BauR 1991, 401; *Locher/Koeble/Frik*, Kommentar zur HOAI, 9. Auflage 2006; *U. Locher*, Die Haftung des Planers für eine nicht genehmigungsfähige Planung, BauR 2002, 1303; *Locher*, Das Schadensbeseitigungsrecht des Architekten und Ingenieurs, Festschrift für v. Craushaar (1997); *Löffelmann/Fleischmann*, Architektenrecht, 4. Auflage 2000; *Lotz*, Der Bauleiter und Fachbauleiter im Sinne der Landesbauordnungen, BauR 2003, 957; *Maser*, Die Haftung des Architekten für die Genehmigungsfähigkeit der Planung, BauR 1994, 180; *Miegel*, Die Haftung des Architekten für höhere Baukosten sowie für fehlerhafte und unterlassene Kostenermittlungen (1995); *Miegel*, Baukostenüberschreitung und fehlerhafte Kostenermittlung – Zwei neue Entscheidungen des Bundesgerichtshofs, BauR 1997, 923; *Moog*, Von Risiken und Nebenwirkungen der Baustellenverordnung, BauR 1999, 795; *Palandt*, Bürgerliches Gesetzbuch, Kommentar, 64. Auflage 2005; *Pott/Dahlhoff/Kniffka*, Honorarordnung für Architekten und Ingenieure, 7. Auflage 1996; *Preussner*, Das Risiko bauplanungsrechtlicher Änderungen nach Einreichung des Bauantrages, BauR 2001, 697; *Quack*, Baukosten als Beschaffenheitsvereinbarung und die Mindestsatzgarantie der HOAI, ZfBR 2004, 315; *Schmalzl*, Zur Rechtsnatur des Architektenvertrages nach der neueren Rechtsprechung, BauR 1977, 80; *Schmidt*, Die Baustellenverordnung – Leistungen, rechtliche Einstufung der Tätigkeit und Honorar des S + G-Koordinators, ZfBR 2000, 3; *Schmitz*, Handlungsmöglichkeiten von Auftragnehmer und Auftraggeber in der wirtschaftlichen Krise des Vertragspartners, BauR 2005, 169; *Schwenker/Schramm*, Vergütungsprobleme bei nicht erbrachten Architektenleistungen, ZfIR 2004, 753; *Steinert*, Schadensberechnung bzw. Vorteilsausgleichung bei der schuldhaften Bausummenüberschreitung des Architekten. Zur Ermittlung des Verkehrswertes bebauter Grundstücke, bei denen die Eigennutzung im Vordergrund steht, BauR 1988, 552; *Thode/Wirth/Kuffer*, Praxishandbuch Architektenrecht, 2004; *Thode*, Werkleistung und Erfüllung im Bau- und Architektenvertrage, ZfBR 1999, 116; *Wussow*, Haftung und Versicherung bei der Bauausführung, 3. Auflage, 1971.

A. Der Anspruch des Bauherrn auf Erbringung des werkvertraglich geschuldeten Erfolgs

321 Der Anspruch des Bauherrn auf Erbringung des werkvertraglich geschuldeten Erfolges ergibt sich aus § 631 BGB. Hierbei ist der Architekt als Unternehmer grundsätzlich **vorleistungspflichtig**. Spezielle architektenrechtliche Probleme ergeben sich nicht. Zu beachten ist § 321 BGB, der dem Architekten die Möglichkeit gibt, seine Leistung zu verweigern, wenn für ihn nach Abschluss des Vertrages erkennbar wird, dass sein Anspruch auf die Gegenleistung durch eine mangelnde Leistungsfähigkeit des Bauherrn gefährdet wird. Die **Unsicherheitseinrede** nach § 321 BGB gibt dem Architekten neben den Sicherungsmöglichkeiten gem. §§ 648, 648 a BGB sozusagen eine weitere Sicherheit. Im Gegensatz zu § 648 a BGB ist § 321 BGB auch auf Architektenverträge anwendbar, bei denen der Bauherr eine **natürliche Person** und Vertragsgegenstand die **Errichtung seines Eigenheims** ist.[786]

B. Der Mangel am Architektenwerk

Die Leistungspflicht des Architekten umfasst die Erstellung eines mangelfreien Bauwerks sowie andere, nicht im Bauwerk verkörperte Leistungen, wie z. B. die Kostenschätzung, die Ermittlung der Herstellungskosten oder die Feststellung der endgültigen Höhe der Herstellungskosten.[787] Der Architekt ist mehr als nur **Planverfasser** und **Bauleiter**. Er ist **Sachwalter** des Bauherrn hinsichtlich der gesamten wirtschaftlichen Abwicklung des Bauvorhabens.[788]

I. Vorliegen eines Sachmangels

Ob das Werk des Architekten mangelhaft ist, beurteilt sich in der Regel nach den allgemeinen Bestimmungen des Werkvertragsrechts, primär aber nach den im **Architektenvertrag** zwischen den Parteien abgeschlossenen Vereinbarungen. Ist der **Leistungskatalog des § 15 HOAI nicht ausdrücklich im Architektenvertrag aufgenommen** worden, kann auf die in der HOAI geregelten Leistungsbilder zur Ermittlung von Soll- und Istbeschaffenheit nicht zurückgegriffen werden.[789] Inhalt des werkvertraglichen Erfolges sind jedoch die **Arbeitsschritte**, an denen der Bauherr ein berechtigtes Interesse hat, die als Teilerfolge geschuldet sind und bei Nichterbringung die Mangelhaftigkeit des Architektenwerkes begründen.[790] **Baumängel** sind nicht zwingend **Mängel des Architektenwerkes**. Nur wenn die Baumängel durch eine objektiv mangelhafte Erfüllung der Architektenleistungen verursacht worden sind, sind Baumängel auch Mängel des Architektenwerkes.[791] Für die Beweislast gilt: **Vor Abnahme** des Architektenwerkes trägt der Architekt die Darlegungs- und Beweislast dafür, dass sein Werk frei von Mängeln ist. **Nach der Abnahme** obliegt es dem Bauherrn, einen Mangel darzulegen und zu beweisen, wobei es nach der **Symptomerechtsprechung** für die Substantiierung des Mangels ausreichend ist, dass der Bauherr eine sichbare Mangelerscheinung bezeichnet und diese den vom Architekten geschuldeten Leistungen zuordnet.[792] Werden die vom Architekten erbrachten Leistungen bei einer vorzeitigen Beendigung des Vertrages (z. B. Kündigung oder Rücktritt) nicht abgenommen, hat der Architekt die Mangelfreiheit des von ihm erbrachten Werkes zu beweisen.[793] Behauptet der Bauherr, das Architektenwerk sei nicht verwertbar, trägt er insoweit die Darlegungs- und Beweislast.

---

786 *Schmitz*, BauR 2005, 169, 179.
787 BGH, BauR 1982, 290, 291.
788 BVerfG, NVWZ-RR 1994, 153; BGH, NZBau 2002, 42, 43 und BauR 1985, 97, 99.
789 BGH, BauR 1997, 154.
790 BGH, BauR 2004, 1640; *Schwenker/Schramm*, ZflR 2004, 753; *Deckers*, BauRB 2004, 373.
791 BGH, BauR 1989, 97.
792 BGH, BauR 2003, 1247.
793 BGH, BauR 1997, 1060.

§ 7 Die Ansprüche des Auftraggebers gegen den Architekten

1. Sachmangel bei Beschaffenheitsvereinbarung

325 Haben die Parteien im Einzelnen bestimmt, welche Teilleistungen der Architekt schuldet, stellt dies eine **Vereinbarung der Beschaffenheit i. S. des § 633 Abs. 2 S. 1 BGB** dar. Fehlt eine dieser vertraglich vereinbarten Teilleistungen, führt dies ohne weiteres als Abweichung der Ist-Beschaffenheit von der vertraglich vorgesehenen Soll-Beschaffenheit zum Mangel des Architektenwerkes (§ 633 Abs. 2 S. 1 BGB).

2. Sachmangel ohne Beschaffenheitsvereinbarung

326 Unterhalb der Ebene einer konkreten Leistungsbeschreibung können die vom Architekten geschuldeten Teilleistungen nur durch Rückschluss aus dem Anforderungskatalog der §§ 633 Abs. 2 S. 2 Nr. 1 und Nr. 2 BGB ermittelt werden. Danach ist das Architektenwerk mangelhaft, wenn es sich nicht für die nach dem Vertrag vorausgesetzte oder nicht für die gewöhnliche Verwendung eignet und eine Beschaffenheit aufweist, die bei Werken der gleichen Art üblich ist und vom Bauherrn im Einzelfall erwartet werden kann. Der Architekt schuldet stets ein **mängelfreies** und **funktionstaugliches** Werk.[794] Dieses zweckentsprechende und funktiontaugliche Werk wird von den Parteien für den Planungsbereich mindestens konkludent vorausgesetzt werden, so dass Planungsmängel regelmäßig dem subjektiven Mangelbegriff des § 633 Abs. 2 S. 1 BGB unterfallen werden.

3. Einzelne hervorzuhebende Mängel des Architektenwerkes

a) Planungsmängel

327 Planungsaufgaben des Architekten sind in § 15 Abs. 2 Nr. 1 bis 7 HOAI als Grundlagenermittlung, Vorplanung, Entwurfsplanung, Genehmigungsplanung, Ausführungsplanung und Vorbereitung sowie Mitwirkung bei der Vergabe beschrieben (Leistungsphasen 1 bis 7). Die vom Architekten **zu erbringenden Planungsleistungen** ergeben sich aber grundsätzlich – wenn nicht ausdrücklich der Katalog des § 15 HOAI als „Architektensoll" vereinbart ist –, wie bereits erläutert, aus dem zwischen den Parteien abgeschlossenen Architektenvertrag und den Anforderungen, die erfüllt sein müssen, um ein zweckentsprechendes und funktiontaugliches Werk zu gewährleisten.[795] Der Architekt hat eine entsprechende Hinweispflicht, wenn er diesen Anforderungen nicht gerecht werden kann.[796] Die Frage, welchen **Detaillierungsgrad die Planung** des Architekten aufzuweisen hat, hängt stets vom konkreten Einzelfall ab. Einzelne Teile einer Bauausführung, die besonders gefahrenträchtig sind (z. B. Altbausanierung, Hochwasserschutz, Bauwerksabdichtung und Drainage sowie Eigenleistungen des Bauherrn), erfordern ggf. eine sehr detaillierte Planung, die auch dem Unternehmer in einer jedes Risiko ausschließenden Weise verdeutlicht werden muss.[797]

aa) Nicht genehmigungsfähige Planung

328 Eine nicht genehmigungsfähige Planung ist **fehlerhaft**.[798] Ist zwischen den Parteien nichts anderes vereinbart worden, haftet der Architekt für die Einhaltung der **einschlägigen**

---

[794] BGH, BauR 2001, 823.
[795] *Schwenker/Schramm*, ZfIR 2004, 753; *Bönker*, NZBau 2003, 80.
[796] OLG Düsseldorf, BauR 2000, 131.
[797] BGH, BauR 2000, 1330 und 1217; OLG Köln, BauRB 2003 und 233 NJW-RR 2002, 15; OLG Düsseldorf, BauR 2002, 652.
[798] BGH, BauR 2002, 87 (vereinfachtes Genehmigungsverfahren); BauR 2001, 667 und BauR 1999, 1195, BauR 1998, 579.

bauordnungs- und bauplanungsrechtlichen Normen.[799] Der Architekt schuldet eine **dauerhaft** genehmigungsfähige Planung,[800] eine Planung also, die rechtmäßig und bestandskräftig ist und die er ggf. anpassen muss, wenn bauplanungsrechtliche Änderungen dies erfordern.[801] **Auflagen der Genehmigungsbehörden,** die eine nachträgliche Änderung der vereinbarten Planung veranlassen, machen die Planung des Architekten gleichsam genehmigungsunfähig.[802] Wird die begehrte Baugenehmigung nicht erteilt, kann sich der Architekt auch nicht darauf berufen, der Bauherr habe entsprechende Rechtsmittel einzulegen. Eine solche Verpflichtung ist nur dann zu bejahen, wenn für den Bauherrn erkennbar zu Unrecht die Baugenehmigung versagt worden ist.[803] Eine **Unterschrift des Bauherrn unter die Bauvorlagen** ist keine Abnahme des Werkes oder Billigung der Planungsleistung als vertragsgemäße Leistung.[804]

Ob eine Planung genehmigungsfähig ist, hat der Architekt unter Umständen zunächst durch eine **Bauvoranfrage** zu klären.[805] Hat er Bedenken gegen die Genehmigungsfähigkeit einer Planung oder hätten sich ihm solche Bedenken aufdrängen sollen, muss er den Bauherrn aufklären und darauf hinweisen und ihm unter Umständen raten, sich rechtzeitig anwaltlichen Rat einzuholen.[806] **Kennt der Bauherr die mangelnde Genehmigungsfähigkeit der Planung** aufgrund einer entsprechenden Aufklärung durch den Architekten kann er, wenn er gleichwohl die nicht genehmigungsfähige Planung weiterverfolgen will, Mängelrechte nicht geltend machen.[807] Das Gleiche gilt, wenn der Bauherr, z. B. mit dem Ziel, eine maximale Bebaubarkeit zu erreichen, bewusst die mit dem Risiko der Genehmigungsunfähigkeit verbundene Planung forciert.[808] Die geschuldete Genehmigungsfähigkeit können die Parteien individualvertraglich abweichend regeln, wenn der Bauherr bereit ist, das Genehmigungsrisiko selbst zu tragen.[809]

bb) Planung, die nicht den Regeln der Baukunst/Technik entspricht

Sieht der Planungsentwurf eine **fehlerhafte Konstruktion** vor, ist er mangelhaft. Fehlerhaftet ist die Konstruktion insbesondere dann, wenn die **anerkannten Regeln der Baukunst/Technik** nicht eingehalten sind.[810] Mangelhaftigkeit der Planung liegt vor, wenn sie innerhalb der Gewährleistungsfristen aufgrund neuerer Erkenntnisse der Technik objektiv nachgewiesen werden kann; auf den Zeitpunkt der Abnahme des Architektenwerkes kommt es also nicht an.[811] **Klassische Planungsfehler** betreffen regelmäßig

---

799 BGH, BauR 2001, 667; OLG Düsseldorf, BauR 1996, 287; OLG München, BauR 1992, 354; *U. Locher*, BauR 2002, 1303; *Bindhardt/Jagenberg*, § 6 Rn 66 ff.
800 BGH, BauR 2002, 1872, BauR 2001, 785 und BauR 1999, 1195; OLG Nürnberg, BauR 2002, 976; einschränkend: OLG Zweibrücken, BauR 1998, 1036.
801 BGH, NJW 1985, 1692; *Preussner*, BauR 2001, 697 ff; *Bönker*, NZBau 2003, 80.
802 BGH, BauR 2002, 1872 und 1998, 579; *Koeble* in Locher/Koeble/Frik, § 15 HOAI, Rn 87 f; *Preussner*, BauR 2001, 697.
803 OLG Düsseldorf, BauR 1996, 287; *Bindhardt/Jagenberg*, § 6 Rn 77; *Maser*, BauR 1994, 180.
804 BGH, BauR 1999, 934.
805 OLG Celle, BauR 2002, 116; OLG Düsseldorf, BauR 1996, 287; OLG Hamm, BauR 1996, 578; OLG Köln, BauR 1993, 358; *Bönker*, NZBau 2003, 80; *Maser*, BauR 1994, 180.
806 OLG Düsseldorf, BauR 2000, 1515 und BauR 1997, 159; *U. Locher*, BauR 2002, 1303; *Maser*, BauR 1994, 180.
807 BGH, BauR 1996, 732 und 1994, 533.
808 BGH, BauR 1999, 1195; OLG Düsseldorf, BauR 2000, 1515; *Korbion* in Korbion/Mantscheff/Vygen, § 15 HOAI, Rn 110; *Koeble* in Locher/Koeble/Frik, § 15 HOAI, Rn 87 ff; *Bönker*, NZBau 2003, 80.
809 BGH, BauR 2002, 1872; OLG Stuttgart, IBR 2004, 28; KG, BauR 2002, 111.
810 OLG Naumburg, BauR 2000, 1515 und BauR 1996, 287; OLG Hamm, BauR 1996, 578.
811 BGH, BauR 1985, 567; BauR 1984, 510; BauR 1971, 58; OLG Hamm, BauR 2003, 567; KG, ZfBR 2001, 474.

§ 7 Die Ansprüche des Auftraggebers gegen den Architekten

- Abdichtungsmaßnahmen gegen Bodenfeuchtigkeit und drückendes Wasser,[812]
- Abdichtung mittels Dickbeschichtung,[813]
- Abstandsflächen,[814]
- fehlerhafte Ausschreibung,[815]
- Bodenuntersuchung,[816] Grundwasserverhältnisse,[817]
- Wärme-,[818] Schall-[819] und Brandschutzmaßnahmen,[820]
- unzureichende Berücksichtigung von Nachbarrechten und -belangen[821] sowie
- fehlerhafte Höhenlage des Gebäudes[822].

331 Die Konstruktion, die der Architekt für seine Planung vorsieht, muss er so wählen, dass völlig sicher ist, dass sie den an sie gestellten Anforderungen genügt.[823] Plant der Architekt die Verwendung von in der **Praxis noch nicht bewährten Baustoffen**, muss er alles ihm Zumutbare unternehmen, um zu klären, ob das Material für die vorgesehene bauliche Verwendung geeignet ist.[824] Das Gleiche gilt, wenn die vorgesehene Planung nicht auf entsprechende technische Normen (z. B. DIN) gestützt und/oder anerkannte Fachliteratur abgestellt werden kann. In diesen Fällen muss der Architekt den Bauherrn auch über die Planung außerhalb bautechnisch gesicherter Erkenntnisse aufklären.[825]

cc) **Planung, die nach wirtschaftlichen Gesichtspunkten nicht den vertraglichen Vereinbarungen entspricht**[826]

(1) **Wirtschaftlich nicht der Sollbeschaffenheit entsprechende Planung**

332 Planungsfehler sind auch dann zu bejahen, wenn das Architektenwerk nicht den **wirtschaftlich zur Grundlage des Vertrages gemachten Voraussetzungen** entspricht. Planungsfehler sind hier vornehmlich zu bejahen, wenn die Planung entgegen der vereinbarten Sollbeschaffenheit zu

- Verlust öffentlicher Fördermittel/Förderrichtlinien;[827]
- Ausfall von Steuervergünstigungen und -vorteile;[828]
- geringeren Mietertrag, Rentabilität, Wohnfläche;[829]

---

812 BGH, BauR 2003, 1918; OLG Düsseldorf, BauR 2005, 128.
813 OLG Hamm, NJW-RR 2002, 1669; OLG Bamberg, BauR 1999, 650; OLG Schleswig, BauR 1998, 1100.
814 OLG Hamm, BauR 2000, 918.
815 OLG Dresden, BauR 2000, 1341; OLG Koblenz, BauR 1998, 169.
816 BGH, BauR 1997, 488 und BauR 1996, 404; OLG Düsseldorf, BauR 2002, 652; OLG Jena, IBR 2002, 320.
817 Thüringer OLG, IBR 2002, 320; OLG Düsseldorf, BauR 2001, 277.
818 OLG Hamm, BauR 2003, 276 und 1983, 183; OLG Frankfurt, BauR 1991, 785.
819 OLG Stuttgart, IBR 2003, 145; OLG Naumburg, BauR 2000, 274; LG Hannover, IBR 2003, 207.
820 BGH, BauR 1994, 367.
821 OLG Düsseldorf, BauR 2004, 1026; OLG Koblenz, OLGR 2003, 146.
822 BGH, BauR 2002, 1536 und BauR 2001, 983; OLG Hamm, BauR 1989, 501.
823 OLG Hamm, BauR 1997, 876.
824 BGH, BauR 1976, 66; KG, NZBau 2002, 160; *Schmalzl*, BauR 1977, 365 ff.
825 OLG Zweibrück, IBR 1999, 524; OLG Saarbrücken, NJW-RR 1998, 93 – BGH, BauR 1981, 76: Grenze der Belehrungspflicht – trotz Hinweis auf die Risiken will der Bauherr die Durchführung der Planung.
826 BGH, BauR 1996, 570; OLG Düsseldorf, BauR 2004, 1024; OLG Naumburg, BauR 1998, 361; OLG Köln, BauRB 2003, 232.
827 OLG Hamm, BauR 2003, 923; OLG Bamberg, OLGR 1998,71.
828 BGH, NJW 1973, 322; OLG Köln, BauR 1993, 756; OLG Düsseldorf, BauR 1990, 493; OLG Hamm, BauR 2001, 984; OLG Celle, BauR 2000, 1082; OLG Schleswig, BauR 2000, 1220.
829 BGH, BauR 1984, 420, BauR 1975, 434 und VersR 1962, 641; OLG OLG München, IBR 2004, 349; Karlsruhe, IBR 2001, 411.

- fehlender Repräsentationsfunktion;[830]
- nicht ausreichendem Sicherungskonzept[831]

führt.

(2) Sonderproblem: Überschreiten der Baukosten

Bei der **Überschreitung von Baukosten** ist nach dem BGB in der Fassung vor dem 1.1.2002 die Frage, ob ein Mangel vorliegt und eine Haftung des Architekten wegen einem mangelhaften Werk, insbesondere als Schadensersatzanspruch des Bauherrn nach § 635 BGB a. F. oder wegen der Verletzung einer Nebenpflicht nach den Grundsätzen der positiven Vertragsverletzung zu beurteilen ist, umstritten gewesen. Die Differenzierung, ob eine mangelhafte Leistung des Architekten oder eine Nebenpflichtverletzung vorliegt, ist seit dem 1.1.2002 grundsätzlich nicht mehr erforderlich. Ein ggf. zu bejahender **Schadensersatzanspruch** ist bei einer entsprechenden Pflichtverletzung des Architekten nunmehr stets auf §§ 634 Nr. 4, 636, 280 BGB zu stützen (vgl. dazu Rn 396 ff.). 333

(3) Fehlende Optimierung der Nutzbarkeit

Selbst wenn die Planung im Übrigen technisch funktionstauglich ist und den Kostenrahmen einhält, ist die Planung mangelhaft, wenn, gemessen an der vertraglichen Leistungsverpflichtung, ein **übermäßiger Aufwand** getrieben oder die **geschuldete Optimierung der Nutzbarkeit** (z. B. Nutzflächen im Verhältnis zu Verkehrsflächen) nicht erreicht wird.[832] 334

dd) Nicht oder nur teilweise erbrachte Planung

Erbringt der Architekt die Planung nicht/teilweise nicht und kommt es dadurch zu Baumängeln, ist dies wie eine fehlerhafte Planung zu bewerten.[833] Eine schriftlich zu erbringende Planung ist nicht zwingend erforderlich; **Anweisungen auf der Baustelle** können ausreichend sein.[834] 335

b) Mängel bei der Vorbereitung und Mitwirkung bei der Vergabe

Erbringt der Architekt seine Leistungen im Bereich der Vorbereitung und bei der Mitwirkung der Vergabe (Leistungsphasen 6 und 7 nach § 15 HOAI) kann dadurch ein Schaden des Bauherrn entstehen. Die mangelhafte Leistung schlägt sich allerdings in der Regel nur dann in einem Schaden nieder, wenn Aufwendungen anfallen, die dadurch entstehen, dass **nachträglich angebotene** und **auszuführende Leistungen zu einem höheren Preis** beauftragt werden müssen oder Kosten dadurch anfallen, dass der Unternehmer aufgrund des vom Architekten **fehlerhaft erstellten Leistungsverzeichnisses** mit der **Ausführung nicht erforderlicher Positionen** beauftragt wird.[835] 336

Bei öffentlich-rechtlichen Auftraggebern können Fehler des Architekten im Rahmen der Auftragsvergabe bei **Verletzung von Bieterrechten** allerdings zu erheblichen Schäden führen. Der Auftraggeber kann gezwungen sein, eine neue Ausschreibung durchzuführen. Mehrkosten können dadurch entstehen, dass die Möglichkeit einer kostengünstigeren Vergabe bestanden hätte. Denkbar sind Schadensersatzansprüche der Bieter gegen den 337

---

830 OLG Hamm, NJW-RR 1989, 470.
831 OLG München, NJW-RR 1988, 85.
832 BGH, BauR 1998, 354.
833 BGH, BauR 2003, 1918, BauR 2000, 1918 und 1330, BauR 1974, 63 sowie NJW-RR 1988, 275; OLG Köln, NJW-RR 2002, 15; OLG Celle, BauR 1992, 801.
834 OLG Köln, VersR 1993, 1229.
835 OLG Celle, BauR 2004, 1971 – unzureichende Leistungsbeschreibung; Brandenburgisches OLG, NZBau 2003, 684 – nicht ausreichender Vertragsentwurf für die Vergabe.

§ 7 Die Ansprüche des Auftraggebers gegen den Architekten

öffentlichen Auftraggeber gem. § 126 GWB auf Ersatz der Kosten der Vorbereitung des Angebots oder der Teilnahme an einem Vergabeverfahren.

338 Zur Leistung von Schadensersatz ist der Auftraggeber verpflichtet, wenn nach § 24 VOB/A unzulässige Verhandlungen geführt worden sind und durch diese Preisverhandlungen ein Bieter, der ansonsten keine Chance auf den Zuschlag gehabt hätte, nach vorne gerückt ist und den Zuschlag erhält. Dem Bieter, der bei ordnungsgemäßer Durchführung des Vergabeverfahrens den Zuschlag hätte erhalten müssen, steht dann ein Schadensersatzanspruch in Höhe des entgangenen Gewinns zu.[836] In all diesen Konstellationen muss der Architekt, der schuldhaft die fehlerhafte Vergabe verursacht hat gegenüber dem Auftraggeber einstehen.

c) Mängel im Bereich der Objektüberwachung

339 Auch im Bereich der Bauüberwachung ist für die Frage, was der Architekt als werkvertraglich geschuldeten Erfolg zu erbringen hat, **primär auf die vertragliche Vereinbarung** abzustellen.[837] Der werkvertraglich geschuldete Erfolg des Architekten beinhaltet die Überwachung der Ausführung des Objekts auf Übereinstimmung mit der Baugenehmigung, den Ausführungsplänen und den Leistungsbeschreibungen, den anerkannten Regeln der Technik/Baukunst und den einschlägigen Vorschriften sowie die Koordination der Baubeteiligten (zur Beschreibung des Leistungsbildes: § 15 Abs. 2 Nr. 8 HOAI).[838] Dabei hat der Architekt auch die **Pläne** und die **Ausschreibung** auf **Fehler** und **Widersprüche** zu prüfen.[839] Von der Objektüberwachung abzugrenzen ist die Bauleitung des Architekten nach der einschlägigen landesrechtlichen Bauordnung, bei der der Architekt die öffentlichen Pflichten gegenüber der Baurechtsbehörde wahrnimmt.[840]

aa) Gezielte Objektüberwachung

340 Da der Architekt **abhängiger Sachwalter** des Bauherrn ist, hat er als örtlicher Bauführer die Arbeiten der auf dem Bau tätigen Handwerker und Unternehmen **gezielt zu überwachen und zu koordinieren** um zu gewährleisten, dass das Bauwerk mangelfrei und der Planung entsprechend erstellt wird.[841] Für die vertragsgemäße Erbringung dieser Leistung ist es nicht ausreichend, dass der Architekt die am Bau Beteiligten einmal koordiniert bzw. überwacht; er muss die Bauüberwachung **permanent** aufrecht erhalten und auch prüfen, ob und wie die am Bau Beteiligten seinen **Anweisungen** nachkommen.[842] Wird die **Planung geändert**, hat der Architekt darauf zu achten, dass die geänderte Planung umgesetzt wird.[843]

bb) Präsenz auf der Baustelle

341 Der Architekt hat die ihm obliegende Objektüberwachung regelmäßig, in angemessenen zeitlichen Abständen und in zumutbarer Weise zu erbringen.[844] Die Beantwortung der

---

836 OLG Celle, BauR 1996, 860; OLG Nürnberg, BauR 1997, 825.
837 BGH, BauR 2002, 1112; OLG Hamm BauR 2003, 273; OLG Düsseldorf, BauR 1997, 343.
838 BGH, BauR 2000, 1513 und BauR 1978, 498; OLG Frankfurt, BauR 2004, 1329; OLG Köln, BauR 2004, 1730; OLG Celle, OLGR 2004, 320; OLG Hamm NJW-RR 1991, 1045.
839 OLG Karlsruhe, BauR 2004, 363; OLG Celle, IBR 2004, 26; OLG Frankfurt, a.a.O; OLG Hamm, NJW-RR 1990, 915 und OLG Stuttgart, NJW-RR 1989, 1428 für die Überwachung und Abnahme der Bewehrung gemäß den Bewehrungsplänen des Tragwerkplaners.
840 OLG Hamm, BauR 2001, 1782; Lotz, BauR 2003, 957 ff.
841 BGH, BauR 1985, 229; BauR 1978, 498; BauR 1977, 428; OLG Karlsruhe, BauR 2004, 363.
842 BGH, BauR 2001, 273.
843 OLG Hamm, BauR 1993, 729.
844 OLG Celle BauR 2003, 104.

B. Der Mangel am Architektenwerk 3

Frage, welche Präsenz er auf der Baustelle zu einer ordnungsgemäßen Objektüberwachung zeigen muss, kann nicht schematisch sondern nur nach den **konkreten Umständen des Einzelfalles** beurteilt werden.[845] In der Regel wird die Häufigkeit und Dauer der Baustellenbesuche vom **Schwierigkeitsgrad der Bauleistungen** abhängen (vgl. dazu Rn 345 ff.).

cc) Prüfung von Baumaterialien

Die Objektüberwachungspflicht beinhaltet auch die Prüfung der Qualität der von den Unternehmen auf der Baustelle verwendeten Baumaterialien.[846] Sind ganz bestimmte Baumaterialen zu verwenden, erstreckt sich die Objektüberwachung des Architekten zudem darauf, ob diese Baumaterialen **tatsächlich auf der Baustelle verwendet werden**. 342

dd) Prüfung der Geeignetheit von Bauleistungen für den Aufbau weiterer Bauleistungen

Nicht nur der Bauunternehmer sondern auch der mit der Objektüberwachung betraute Architekt hat die Geeignetheit von Bauleistungen für den Aufbau weiterer Bauleistungen – z. B. können Fliesen auf den eingebrachten Estrich verlegt werden – zu prüfen. Ausreichend ist dabei grundsätzlich die **Inaugenscheinnahme**, das **Nachmessen** und **Befühlen**, **ggf. die Vornahme einer Belastungsprobe**. Eine darüber hinausgehende Prüfungspflicht besteht nur in Ausnahmefällen, z. B. bei wenn sich nach Feuchtigkeitsmessungen tatsächlich Feuchtigkeitserscheinungen nachweisen lassen.[847] 343

ee) Bereits bei der Überwachung ersichtliche Baumängel

Werden Bauherrenseits oder seitens anderer am Bau Beteiligter **Bedenken gegen die Bauausführung** vorgebracht, hat der Architekt diesen nachzugehen. Ergeben sich für den Architekten bereits während der Bauausführung Anhaltspunkte dafür, dass die Leistung des Werkunternehmers mangelhaft sein könnte, hat er eine entsprechend **gesteigerte Überwachungspflicht**.[848] Stellt der Architekt im Rahmen der Mängelüberwachung fest, dass es sich bei den festgestellten Mängeln ggf. um Mängel handelt, die er selbst zu verantworten hat, muss er den Bauherrn über diesen Tatbestand umfassend aufklären (**Sekundärhaftung des Architekten**).[849] Dazu hat er den Bauherrn umfassend und unverzüglich über die Ursachen sichtbar gewordener Mängel und sachkundig vom Ergebnis der Mängeluntersuchung und der sich daraus ergebenden Rechtslage zu unterrichten.[850] 344

ff) Überwachung in Abhängigkeit von dem Schwierigkeitsgrad der Bauleistungen

(1) Überwachungspflicht bei einfachen Bauleistungen

Der Umfang der vom Architekten zu erbringenden Überwachungspflicht hängt davon ab, welchen Schwierigkeitsgrad die am Bau zu erbringenden Werkleistungen haben. Bei Bauleistungen, die eine **handwerkliche Selbstverständlichkeit** darstellen, d. h. allgemein üblich, gängig und einfach sind,[851] kann der Architekt in der Regel davon ausgehen, dass diese Arbeiten vom Bauunternehmer beherrscht werden und nicht von ihm überwacht 345

---

845 BGH, BauR 1994, 392; OLG Schleswig, IBR 1998, 304; OLG München, NJW-RR 1988, 366.
846 Brandburgisches OLG, BauR 2001, 283.
847 OLG Stuttgart, BauR 2001, 671 und BauR 1990, 385; OLG Oldenburg, BauR 1999, 1476.
848 BGH, BauR 1994, 392.
849 BGH, BauR 2002, 108, BauR 2000, 1513, BauR 1996, 418 und BauR 1978, 235; OLG Stuttgart, BauR 2003, 1062; *Lauer*, BauR 2004, 1639 ff.
850 BGH, BauR 1985, 97.
851 Beispiele: LG Köln, VersR 1981, 1191: Putzarbeiten; BGH, VersR 1969, 473: Dacheindeckung mit Dachpappe; BGH, VersR 1966, 488: Reinigung von Schleifstaub vor dem Verlegen von Platten; KG, KGR 2001, 162: Malerarbeiten; OLG Hamm, BauR 1990, 363: Verlegen von Platten; BGH, VersR 1974, 436: Errichtung einer Klärgrube.

Marfurt

werden müssen.[852] Eine Überwachungspflicht besteht allerdings auch bei diesen Bauleistungen, wenn der Architekt in der **Person des Unternehmers** Gründe sieht, die für eine unzureichende Bauausführung sprechen können (z. B. fehlende Qualifikation, Unzuverlässigkeit).[853] Ist der vom Bauherrn beauftragte Unternehmer **nicht hinreichend sachkundig**, muss der objektüberwachende Architekt sogar darauf hinwirken, dass auch dieser Unternehmer eine mangelfreie Bauleistung erbringt.[854]

(2) Überwachungspflicht bei wichtigen Bauabschnitten

346 Bei wichtigen Bauabschnitten, die für die Fortführung und mangelfreie Erstellung des Bauwerkes entscheidend sind, hat der Architekt die Objektüberwachung selbst oder durch einen geeigneten Erfüllungsgehilfen unmittelbar zu überwachen, mindestens aber sich **zeitnah** nach der Ausführung der Bauleistungen von der Ordnungsgemäßheit derselben zu überzeugen.[855] Als **wichtige Bauabschnitte** sind z. B. anzusehen: Die Ausführung der Ringdrainage,[856] das Aufbringen der Bitumendickbeschichtung,[857] Abdichtungsmaßnahmen,[858] die Montage von abgehängten Decken,[859] die Horizontal- und Vertikalisolierung am Gebäudesockel,[860] die Einmessung der Baugrube[861] und Dacharbeiten.[862] Der Umfang der vom Architekten geschuldeten Überwachungsleistung steigt mit den Anforderungen, die an die Höhe der Qualität der Bauleistungen und das Baumaterial gestellt werden.[863]

(3) Gesteigerte Überwachungspflicht

347 Die Objektüberwachungspflicht des Architekten erhöht sich, wenn Anhaltspunkte für eine **gesteigerte Überwachungspflicht** bestehen.[864] Solche Anhaltspunkte sind z. B. die Ausführung **komplizierter und/oder gefahrenträchtiger Bauleistungen**.[865] Diese Bauleistungen muss der Architekt besonders sorgfältig überwachen.[866] Die Überwachungspflicht des Architekten erhöht sich aber auch dann, wenn **unvorhergesehene Schwierigkeiten** bei der Bauausführung auftauchen,[867] der Bauunternehmer **Nachbesserungsarbeiten** erbringt oder Bauleistungen nach den **Vorgaben eines Dritten**, nicht des Architekten selbst, erbracht werden.[868]

---

852 OLG Naumburg, NZBau 2003, 389; OLG Hamm, BauR 2003, 273; OLG München, NJW-RR 1988, 336.
853 OLG Düsseldorf, BauR 1998, 810.
854 BGH, BauR 1978, 60; OLG Hamm, BauR 2003, 273.
855 BGH, BauR 2000, 1513 und 1994, 392; KG, BauR 2000, 1362.
856 OLG Hamm, IBR 2002, 149.
857 OLG Hamm, a. a. O.
858 OLG Celle, BauR 2003, 104.
859 LG Krefeld, IBR 2004, 152.
860 OLG Köln, BrBp 2004, 167.
861 OLG Nürnberg, BauR 1997, 874.
862 OLG Düsseldorf, BauR 1998, 810.
863 BGH, BauR 1974, 66; *Korbion* in Korbion/Mantscheff/Vygen, § 15 HOAI, Rn 166 ff; *Locher*, Rn 256.
864 *Bindhardt/Jagenburg*, § 6 Rn 114.
865 Beispiele für schwierige/gefährliche Bauarbeiten: BGH, BauR 1973, 255 und OLG Düsseldorf, NJW-RR 1999, 244: Betonierungsarbeiten inkl. Bewehrungsarbeiten; BGH BauR 2001, 273: Ausschachtungsarbeiten; BGH, BauR 2000, 1330 und OLG Hamm, BauR 2002, 1882 sowie OLG München, BauR 2003, 278: Isolierungs- und Abdichtungsarbeiten; OLG Hamm, BauR 1995, 269: Drainagearbeiten; BGH, BauR 2000, 1513: Dachdeckerarbeiten; OLG Stuttgart, BauR 2001, 672: Estricharbeiten; BGH, BauR 1976, 66: Verarbeitung von neuen Baustoffen und vorgefertigter Bauteile; BGH, BauR 1970, 62: Verfüllung des Mauerwerks; BGH, BauR 1970, 62 und OLG Düsseldorf, BauR 1998, 810: Dacharbeiten; BGH, BauR 2000, 1217 und OLG Hamm, ZfBR 1991, 26: Sanierungs-/Instandsetzungsarbeiter; KG, BauR 2000, 1362: Schall- und Wärmeisolierungsarbeiten.
866 BGH, BauR 2001, 273 und BauR 1994, 392; OLG Hamm, BauR 2002, 1113; OLG Stuttgart, BauR 2001, 671.
867 OLG Düsseldorf, OLGR 1999, 155.
868 BGH, BauR 2001, 273 und 2000, 1513.

gg) Einschränkungen der Überwachungspflicht

Die dem Architekten obliegende Überwachungspflicht kann – insbesondere bei Einschaltung von **Sonderfachleuten**/Spezialisten – eingeschränkt sein. Eine Haftung des Architekten wegen Mängeln der Objektüberwachung kommt grundsätzlich nicht in Betracht, wenn ein Sonderfachmann (z. B. Tragwerksplaner) mit der Objektüberwachung beauftragt ist. Eine Haftung ist aber ggf. im Einzelfall zu bejahen, wenn für den Architekten nach seinem Wissensbereich Mängel offensichtlich sind oder eine Überprüfung keine besonderen fachspezifischen Kenntnisse des Architekten voraussetzt (vgl. dazu Teil 1, Rn 642 ff. und 725 ff.). Nicht eingeschränkt ist die Überwachungspflicht des Architekten aber grundsätzlich in den Fällen, in denen der Bauherr bestimmte Bauleistungen in **Eigenleistung** ausführt.[869]

348

hh) Führen von Bautagebüchern

Auch das Führen eines Bautagebuches (vgl. § 15 Abs. 2 Nr. 8 HOAI) gehört zu dem vom Architekten geschuldeten Werkerfolg. Diesen werkvertraglichen Erfolg schuldet der Architekt, wenn eine an den Leistungsphasen des § 15 HOAI orientierte vertragliche Vereinbarung zwischen den Parteien vorliegt, weil der Architekt dann die in § 15 HOAI aufgezählten Arbeitsschritte als Teilerfolg schuldet.[870] Aber selbst wenn im Architektenvertrag nicht Bezug auf die Tätigkeiten und Leistungsbeschreibungen des § 15 HOAI genommen wird, schuldet der Architekt das Führen eines Bautagebuches als werkvertraglich geschuldeten Erfolg. Denn nach der neueren Rechtsprechung umfasst der vom Architekten geschuldete werkvertragliche Erfolg diejenigen **Arbeitsschritte**, die es dem Bauherrn ermöglichen zu überprüfen, ob der Architekt den geschuldeten Erfolg vertragsgemäß bewirkt hat und die Arbeitsschritte, die es dem Bauherrn ermöglichen, etwaige Gewährleistungsansprüche gegen Bauunternehmer durchzusetzen.[871] Das Bautagebuch dient den Interessen des Bauherrn: Es soll Leistungen und Lieferungen der verschiedenen Unternehmen und die jeweiligen Arbeitsbedingungen auf der Baustelle dokumentieren und ist damit auch ein Beweismittel für außergerichtliche oder gerichtliche Auseinandersetzungen.[872]

349

ii) Zeitplanung

Dem bauüberwachenden Architekten obliegt auch die Zeitplanung.[873] Die **vorgesehene Bauzeit** muss möglichst eingehalten werden: Der Architekt hat das Erforderliche zu tun, damit der vorgesehene Zeitplan nach Möglichkeit befolgt wird[874] und die Handwerker rechtzeitig zur Arbeitsaufnahme aufzufordern.[875]

350

---

[869] Einschränkend OLG Hamm, OLGR 1996, 206: Der Architekt dürfe darauf vertrauen, dass der Bauherr die erforderlichen Kenntnisse für die in Eigenleistung ausgeführten Bauleistungen habe; bei Fehlen der erforderlichen Fachkenntnis sei nur dann von einer Überwachungspflicht des Architekten auszugehen, wenn der Bauherr diese abgerufen und auch ermöglich hat.
[870] OLG Celle, IBR 2005, 600.
[871] BGH, BauR 2004, 1640.
[872] OLG Celle, a. a. O.
[873] OLG Celle, BauR 2004, 1173: Zur Befreiung, wenn die Zeitplanung von einem Projektsteuerer oder Sonderfachmann tatsächlich übernommen wird.
[874] OLG Frankfurt, BauR 1991, 370.
[875] OLG Frankfurt, a. a. O.

§ 7 Die Ansprüche des Auftraggebers gegen den Architekten

jj) Rechnungsprüfung

351 Auch die Prüfung der von den am **Bau Beteiligten gestellten Abschlags- und Schlussrechnungen** ist Aufgabe des mit der Objektüberwachung betrauten Architekten.[876] **Abschlagsrechnungen und die Schlussrechnung** der Bauunternehmer muss der Architekt darauf kontrollieren, ob sie fachtechnisch richtig aufgestellt sind,[877] die abgerechneten Leistungen erbracht sind und diese der vertraglichen Vereinbarung entsprechen.[878] Weiter hat er zu kontrollieren, ob zusätzlich berechnete Leistungen gerechtfertigt[879] und ob Sonderkonditionen (Rabatt, Skonti u. a.) eingeräumt worden sind.

kk) Objektüberwachung nach Beendigung der Bauleistungen

352 Die vom Unternehmer erbrachten Bauleistungen müssen nach Fertigstellung auf Güte und Umfang überprüft werden: Der objektüberwachende Architekt nimmt mit dem Unternehmer gemeinsam das **Aufmaß**, soweit dies für die Rechnungsprüfung erforderlich ist. In Bezug auf die Abnahme hat der Architekt den Bauherrn zu beraten.[880] Ergeben sich bei der **technischen Abnahme** Abweichungen und Mängel, muss der Architekt den Bauherrn umgehend darüber unterrichten. Der Architekt hat die **Gewährleistungsfristen** der einzelnen Unternehmerleistungen zusammenzustellen und aufzulisten.[881] Die **Überwachung der Mängelbeseitigung** ist eine Tätigkeit, die der Architekt nach seiner eigentlich abgeschlossenen Architektenleistung zu erbringen hat. Auch hier gelten die Grundsätze der Sekundärhaftung des Architekten (vgl. dazu Rn 344).

d) Mängel im Rahmen der Leistungsphase 9

353 Der Architekt, der mit dem Bauherrn vertraglich auch die **Objektbetreuung und Dokumentation** (§ 15 Abs. 2 Nr. 9 HOAI) als werkvertraglich geschuldeten Erfolg vereinbart hat, muss während der Gewährleistungszeit für die Bauleistungen (maximal 5 Jahren nach Abnahme der Bauleistungen, § 634a Abs. 1 Nr. 2 BGB) die Mängelansprüche des Bauherrn gegen die Bauunternehmer nachhaltig wahren. Hierzu muss er Ansprüche des Bauherrn gegen die am Bau Beteiligten **feststellen**, die **Beseitigung von Mängeln veranlassen** und sie mit dem Ziel der dauerhaften und vollständigen Mängelbeseitigung, ggf. unter Beiziehung von Sonderfachleuten, **überwachen**.[882] Dies umfasst u. U. auch die Einleitung eines selbstständigen Beweisverfahrens. Unmittelbar vor Ablauf der Gewährleistungsfristen hat der mit der Leistungsphase 9 beauftragte Architekt eine Objektbegehung zur Feststellung bestehender Mängel durchzuführen.[883] Bei den vorbeschriebenen Leistungen handelt es sich um nach dem Architektenvertrag geschuldete Hauptleistungen, so dass sich der Architekt bei Unterlassen einem werkvertraglichen Schadensersatzanspruch des Bauherrn ausgesetzt sehen kann.[884]

---

876 BGH, BauR 2002, 1112, BauR 1998, 869.
877 BGH, BauR 2001, 251.
878 BGH, BauR 2002, 1112; OLG Celle, BauR 2000, 1897.
879 BGH, BauR 1982, 185 und BauR 1981, 482.
880 BGH, NJW 1979, 1499.
881 OLG Hamm, BauR 2002, 1721.
882 OLG Stuttgart, BauR 2003, 1062.
883 OLG Hamm, BauR 2003, 567.
884 OLG Stuttgart, IBR 2002, 428; *Korbion* in Korbion/Mantscheff/Vygen, § 15 HOAI, Rn 215; *Koeble* in Locher/Koeble/Frik, § 15 HOAI, Rn 234.

C. Der Anspruch des Bauherrn auf Mängelbeseitigung

e) Koordinierungsmängel

Sowohl bei der Planung wie auch bei der Objektüberwachung hat der Architekt das Bauvorhaben zu koordinieren. **Koordinierung** bedeutet, dass der der Architekt in technischer, wirtschaftlich-kostenmäßiger und und zeitlicher Hinsicht für einen reibungslosen Ablauf des Bauvorhabens zu sorgen hat.[885] Ob Mängel der Koordinierung in den Planungsbereich oder den Bereich der Objektüberwachung fallen, ist von erheblicher Bedeutung. Denn ist die Koordinierung des Architekten bereits im **Planungsbereich** mangelhaft, muss sich der Bauherr ein Verschulden des Architekten gem. §§ 278, 254 BGB gegenüber dem bauausführenden Unternehmer anrechnen lassen,[886] eine mangelhafte Koordinierung bei der **Objektüberwachung** kann dagegen nicht zu Lasten des Bauherrn geltend gemacht werden.[887]

354

II. Vorliegen eines Rechtsmangels

Das Werk ist gemäß § 633 Abs. 3 BGB frei von Rechtsmängeln, wenn Dritte keine oder nur die im Vertrag übernommenen Rechte gegen den Bauherrn geltend machen können. Ein Mangel des Architektenwerkes kann ggf. auch ein Rechtsmangel sein. In Betracht kommen bislang durch die Rechtsprechung noch nicht entschiedene Fälle, in denen z. B. ein **Nachbar** ein subjektiv-öffentliches Recht in der Form eines Immissionsanspruchs gegen den Bauherrn geltend macht.

355

C. Der Anspruch des Bauherrn gegen den Architekten auf Mängelbeseitigung (Nachbesserung/Nacherfüllung)

Da es sich beim Architektenvertrag in der Regel um einen Werkvertrag handelt, finden für die Mängelrechte des Bauherrn die §§ 631 ff. BGB Anwendung. Wie gegenüber dem Bauunternehmer hat der Bauherr auch gegenüber dem Architekten einen Anspruch auf **Nacherfüllung**. Dies allerdings nur, **solange sich das mangelhafte Architektenwerk noch nicht im Bauwerk verwirklicht hat**. Für das Erlöschen des Herstellungsanspruchs kommt es beim Architektenvertrag also **nicht auf die Abnahme**, sondern auf denjenigen Zeitpunkt an, in dem die Architektenleistung in gegenständliche Bauleistung umgesetzt wird.[888]

356

I. Der Anspruch auf Nacherfüllung, §§ 634 Nr. 1, 635 BGB

1. Nacherfüllungsverpflichtung bzgl. Mängel am Bauwerk

Der Architekt schuldet als Werkerfolg zwar, „das Bauwerk zu errichten", nicht jeder Mangel, der am Bauwerk auftaucht, ist aber auf ein mangelhaftes Architektenwerk zurückzuführen. Deshalb können nur diejenigen **Bauwerksmängel** für eine Nacherfüllung relevant sein, die auf eine **mangelhafte Architektenleistung** zurückzuführen sind.[889] Eine Beseitigung von Mängeln am Bauwerk ist regelmäßig nicht eine Nachbesserung des

357

---

885 OLG Celle, BauR 2004, 1173; OLG Köln, BauR 2003, 1730; OLG Hamm, IBR 2001, 531; OLG Köln, BauR 1999, 768; OLG Koblenz, BauR 1997, 482; OLG Frankfurt, BauR 1991, 370; .. in *Bindhardt/Jagenburg*, § 6 Rn 94 ff.
886 OLG Hamm, BauR 2001, 1761; OLG Köln, NJW-RR 2002, 15; *Kieserling*, NZBau 2002, 263.
887 BGH, BauR 1989, 97; OLG Hamm, NZBau 2003, 691.
888 OLG Bamberg, BauR 1996, 284; OLG München, NJW-RR 1988, 336.
889 BGH, NJW 1975, 1175; NJW 1964, 1791 und NJW 1962, 390 und 1499; OlG Naumburg, NZBau 2003, 389.

§ 7 Die Ansprüche des Auftraggebers gegen den Architekten

Architektenwerkes, so dass der Architekt grundsätzlich nicht verpflichtet ist, die Mängel am Bauwerk nachzubessern.[890]

2. Nacherfüllungsverpflichtung bzgl. Mängel am Architektenwerk

a) Mangel des Architektenwerkes hat sich noch nicht als Mangel des Bauwerks verkörpert

aa) Nacherfüllung bei nicht im Bauwerk verkörpertem Mangel

358 Bei Mängeln am Architektenwerk ist zu differenzieren: Hat sich die **mangelhafte Leistung des Architekten durch ihre Umsetzung im Bauwerk bereits realisiert**, führt eine Wiederholung/Nachbesserung der Leistung des Architekten nicht zu einer Beseitigung des Mangels am Bauwerk. Denn die mangelhafte Leistung des Architekten (z. B. fehlerhafte Planung) kann nicht mehr ungeschehen gemacht werden, wenn sie schon im fraglichen Bauteil verkörpert ist.[891] Eine Korrektur der mangelhaften Architektenleistungen, die bereits im Bau umgesetzt ist, ist sinnlos und damit dem Bauherrn nicht mehr zumutbar. Nacherfüllung kann der Bauherr vom Architekten also nur dann verlangen, wenn es noch möglich ist, den Mangel zu beseitigen (§ 275 Abs. 1 BGB).

bb) Ausnahme: Nacherfüllung trotz Verkörperung des Mangels im Bauwerk

359 In **Ausnahmefällen** ist dem Architekt im Rahmen seiner Schadensersatzverpflichtung (§§ 634 Nr. 4, 280, 281 BGB) das Recht zu geben, **selbst durch Nacherfüllung die Mängel am Bauwerk zu beseitigen**. Dieses ausnahmsweise zu bejahende eigene Nachbesserungsrecht des Architekten wird über § 254 BGB hergeleitet.[892] Der vom Bauherrn auf Schadensersatz in Anspruch genommene Architekt kann dem Bauherrn ein Mitverschulden als Verstoß gegen die Schadensminderungspflicht entgegenhalten, wenn der Bauherr dem Architekten keine Gelegenheit gegeben hat, selbst für die Mängelbeseitigung zu sorgen.[893] Voraussetzung dafür ist allerdings, dass der Architekt darlegen und beweisen kann, dass er die Baumängel mit einem wesentlich geringeren Kostenaufwand hätte beseitigen können, um dadurch die Höhe des Schadensersatzanspruches zu reduzieren.[894] Ein Ausnahmefall liegt auch dann vor, wenn der Architekt seine Haftung anerkennt, sich zur Beseitigung des Mangels bereit erklärt und mit einem ihm zur Verfügung stehenden Bauunternehmer die Bauwerksmängel ordnungsgemäß und preiswert beseitigt.[895]

b) Nacherfüllung einer mangelhaften Planung

360 Der Architekt ist zur Nacherfüllung seiner mangelhaften Planung verpflichtet und berechtigt, **solange noch nicht nach dem fehlerhaften Plan gebaut worden ist**.[896] Fehler in der Planung kann der Architekt ggf. auch durch eine geänderte Planung, zumindest aber ein neues Planungskonzept beheben. Soweit sich eine zur Mängelbeseitigung erforderliche **Umplanung** noch im Rahmen der vertraglichen Vorgaben hält oder die Parteien eine Änderung der ursprünglichen Planung vereinbaren, kann der Architekt seiner Nacherfül-

---

890 BGH, BauR 1996, 735; OLG Bamberg, BauR 1996, 284.
891 BGH, BauR 2002, 571, 572; NJW-RR 1989, 86, 88.
892 *Koeble* in Locher/Koble/Frik, Einl. Rn 7; *Achilles-Baumgärtel*, BauR 2003, 1125; *Locher*, Festschrift v. Craushaar, 21, 23.
893 BGH, BauR 1996, 736, BauR 1978, 498; OLG Braunschweig, BauR 2002, 333; OLG Hamm, BauR 1995, 413.
894 *Bindhardt/Jagenburg*, § 4 Rn 48; *Locher*, Festschrift v. Crausharr, 21, 23.
895 BGH, VersR 1968, 152; KG, NZBau 2004, 337.
896 BGH, BauR 2001, 667; BauR 1989, 97, 100/101.

lungsverpflichtung gerecht werden.[897] Ist bereits mit dem **Bau begonnen** worden, kommt eine Nacherfüllung mangelhafter Pläne vor ihrer Umsetzung nur in seltenen Fällen in Betracht. Denkbar ist dies z. B. in Fällen, in denen der Unternehmer seiner Hinweispflicht nach § 4 Nr. 3 VOB/B, der für die Hinweispflicht entsprechend auch bei einem BGB-Bauvertrag angewandt wird, genügt und Bedenken gegen die Planung äußert.

aa) Nacherfüllung bei mangelhafter Genehmigungsplanung

Wird festgestellt, dass die Genehmigungsplanung des Architekten mangelhaft ist, haben die Bauarbeiten in der Regel noch nicht begonnen. Eine genehmigungfähige Planung kann durch Verhandlungen mit der Baugenehmigungsbehörde und/oder dem Träger der Planungshoheit[898] ggf. über eine Befreiung (§ 31 Abs. 2 BauGB) oder Änderung der Bauleitplanung[899] erreicht werden. Begrenzt ist die Nacherfüllungsmöglichkeit des Architekten dadurch, dass er einerseits die mit dem **Bauherrn vereinbarte Planung** und andererseits eine **dauerhaft genehmigungsfähige Planung** (vgl. dazu Rn 328 ff.) schuldet (Zielkonflikt). Der Bauherr ist nicht verpflichtet, die vertraglich vereinbarte Planung so zu ändern, dass sie als geänderte Planung dauerhaft genehmigungsfähig ist.[900] Kann die Genehmigungsfähigkeit der Planung nur unter Abweichung der vertraglich vereinbarten „Sollplanung" erreicht werden, kann der Bauherr die Nacherfüllung gem. ggf. als **unzumutbar** zurückweisen.[901]

361

bb) Nacherfüllung bei mangelhafter Ausführungsplanung

Fehler in Ausführungsplanungen werden sich regelmäßig erst bei Umsetzung der Planung im Bauwerk oder nach Herstellung des Bauwerks nach der falschen Planung zeigen. Auch wenn grundsätzlich gilt, dass eine Nacherfüllung bei Verkörperung des Mangels im Bauwerk ausgeschlossen ist, ist zu beachten, dass eine Beseitigung des Mangels am Bauwerk in der Regel eine **Neu- bzw. Umplanung** erfordert. Die für die Korrektur des Mangels am Bauwerk notwendige weitere und/oder geänderte Planung zu erbringen, gehört zur originären Leistungsplicht des Architekten. Denn der Architekt ist ohne Rücksicht auf eigenes Verschulden verpflichtet, nicht nur die zur Mängelbeseitigung notwendigen Maßnahmen zu konzipieren, sondern auch eine Konstruktion zu planen, die nunmehr die Herstellung eines mangelfreien Werkes sicherstellt. Räumt der Bauherr dem Architekten diese Möglichkeit zur Nacherfüllung nicht ein, sollte er keinen Schadensersatz hinsichtlich der Kosten für die Neuplanung verlangen können.[902]

362

c) Nacherfüllung bei Kostenüberschreitung und Bausummenüberschreitung

Werden die vertraglich vorgegebenen Kosten oder die Ergebnisse einer früheren Kostenermittlung überschritten, ist das Architektenwerk damit noch nicht gänzlich unbrauchbar oder fehlerhaft. Eine Nacherfüllung kann durchaus in Betracht kommen.[903] So können in der Kostenermittlung falsche Mengenansätze und Einheitspreise ggf. noch

363

---

897 BGH, BauR 2002, 571, 572: die Umplanung entspricht nicht mehr der vertraglich vereinbarten Planung; Gebäude 1,15 m höher ausgeführt als ursprünglich geplant.
898 Bei Abweichungen vom Bebauungsplan ist das Einvernehmen der Gemeinde nach § 36 BauGB erforderlich.
899 BGH, BauR 2001, 667.
900 BGH, BauR 2002, 1872; BauR 2001, 785.
901 OLG Nürnberg, BauR 2002, 976.
902 **AA.** BGH, BauR 1975, 66, 67: Wonach der Anspruch auf Ersatz des gesamten Schadens neben den Kosten einer etwa erforderlichen Neuplanung auch die Kosten der Beseitigung der wegen der fehlerhaften Planung am Bauwerk selbst eingetretenen Mängel erfasst.
903 OLG Hamm, BauR 1995, 413; OLG Düsseldorf, BauR 1994, 133, 136 und BauR 1988, 237.

3 § 7 Die Ansprüche des Auftraggebers gegen den Architekten

korrigiert oder durch eine Umplanung können Kosten an anderer Stelle eingespart werden. Solche Nachbesserungsmöglichkeiten finden allerdings immer dort ihre **Grenze**, wo **andere vertragliche Vorgaben aufgegeben werden müssen**. Eine Nacherfüllung des Architektenwerkes ist aber in den Fällen, in denen die Entscheidung über die Kosten bereits endgültig gefallen ist und nachträgliche Korrekturen nicht mehr brauchbar sind – z. B. nach Abschluss der Bauverträge – nicht mehr möglich.

d) Nacherfüllung bei mangelhafter Bauüberwachung

364 Bei fehlerhafter Objektüberwachung durch den Architekten werden sich die **Fehler sofort im Bauwerk niederschlagen**. Eine Überwachung in der gebotenen Form zu wiederholen, macht keinen Sinn.[904] Dem Recht des Architekten auf Nacherfüllung kann der Bauherr die Unzumutbarkeit entgegenhalten.

e) Nacherfüllung durch Mitwirkung bei der Mängelbeseitigung des Unternehmers

365 Verlangt der Bauherr vom Bauunternehmer die Beseitigung von Mängeln, die der Unternehmer mitverursacht hat und für die er losgelöst von einer Pflichtverletzung des Architekten haftet, ist der Architekt verpflichtet, bei der **Nachbesserung/Nacherfüllung des Unternehmers durch überwachen ggf. auch koordinieren mitzuwirken**.[905] Es handelt sich hier vornehmlich um die Fälle, in denen wegen einer Aufsichtspflichtverletzung des mit der Objektüberwachung beauftragten Architekten eine Haftung des Architekten zwar auch zu bejahen ist, der Unternehmer dem Bauherrn – anders als bei Planungsfehlern – ein Mitverschulden des Architekten aber nicht entgegenhalten kann. Der Architekt ist in diesen Fällen aus seiner originären Leistungsverpflichtung zur Nacherfüllung verpflichtet und berechtigt (**Nachwirkung des Architektenvertrages**).[906] Der Bauherr kann schon aus Gründen der Schadensminderungspflicht gegenüber dem Bauunternehmer verpflichtet sein, den ursprünglich mit der Leistung beauftragten Architekten beizuziehen.[907] Dies gilt allerdings dann nicht mehr, wenn dem Bauherrn **mangels Zuverlässigkeit und fachlicher Kompetenz des Architekten** die Mitwirkung bei der Mängelbeseitigung nicht mehr zugemutet werden kann.[908] Ist der Architekt auch mit den Leistungen der Leistungsphase 9 nach § 15 HOAI beauftragt, ergibt sich seine Mitwirkungspflicht bei der Mängelbeseitigung des Unternehmers bereits daraus.[909]

II. Der Anspruch auf Selbstvornahme/Vorschuss §§ 634 Nr. 2, 637 BGB

1. Selbstvornahme/Vorschuss

366 Kommt der Architekt einem berechtigten Nacherfüllungsverlangen nicht nach, kann der Bauherr den Mangel selbst beseitigen und nach §§ 634 Nr. 2, 637 BGB einen angemessenen Vorschuss zur Mängelbeseitigung fordern. Diese Ansprüche kommen allerdings, wie bereits ausgeführt, nur dann in Betracht, wenn sich der **Fehler des Architektenwerkes**

---

904 BGH, BauR 1987, 498; *Korbion* in Korbion/Mantscheff/Vygen, HOAI, § 15, Rn 186; *Löffelmann/Fleischmann*, Rn 697.
905 St.Rspr.: BGH, NZBau 2002, 514; *Bindhardt/Jagenburg*, § 7, Rn 2 ff.
906 *Korbion* in Korbion/Mantscheff/Vygen, HOAI, § 15 Rn 186.
907 BGH, BauR 1972, 62, 63 und BauR 1978, 498; OLG Hamm, BauR 1992, 801.
908 BGH, BauR 1972, 62, 63.
909 *Lauer*, BauR 2003, 1639.

C. Der Anspruch des Bauherrn auf Mängelbeseitigung

als Mangel im Bauwerk verkörpert hat. Erhebt der Bauherr dennoch eine Klage auf Vorschuss, ist diese dahin auszulegen, dass er Schadensersatz begehrt.[910]

2. Fruchtloser Ablauf einer zur Nacherfüllung gesetzten angemessenen Frist

Der Bauherr muss dem Architekten eine angemessene Frist (vgl. dazu Teil 1, Rn 619) zur Nacherfüllung setzen. Bei der Bemessung einer „angemessenen Frist" für die Nacherfüllung einer fehlerhaften Planung ist zu berücksichtigen, ob der Architekt sich mit **anderen am Bau Beteiligten**, insbesondere einem Fachplaner (z. B. dem Tragwerksplaner) **abstimmen** muss. Die zur Nacherfüllung gesetzte Frist muss ergebnislos abgelaufen sein. Eine Fristsetzung kann im Einzelfall entbehrlich sein (vgl. dazu Teil 1, Rn 621). 367

III. Die Abwehr der Mängelbeseitigungsklage durch den Architekten

1. Unmöglichkeit der Nacherfüllung, § 275 Abs. 1 BGB

Wie bereits ausgeführt, kann die vom Bauherrn verlangte Nacherfüllung durch den Architekten nur erbracht werden, wenn sie **noch möglich** ist. Denn die mangelhafte Leistung des Architekten (z. B. fehlerhafte Planung) kann nicht mehr ungeschehen gemacht werden, wenn sie schon im fraglichen **Bauteil verkörpert** ist. Der Architekt kann gegen die Mängelbeseitigungsklage in diesen Fällen die Unmöglichkeit der Nacherfüllung nach § 275 Abs. 1 BGB entgegenhalten (vgl. dazu Teil 1, Rn 633). 368

2. Die verweigerte Nacherfüllung bei unverhältnismäßigem Aufwand gemäß § 635 Abs. 3 BGB

Steht der vom Bauherrn verlangten Nacherfüllung ein unverhältnismäßiger Aufwand gegenüber, kann der Architekt gem. § 633 Abs. 3 BGB die Nacherfüllung verweigern. Die Grenze der Unverhältnismäßigkeit ist allerdings erst erreicht, wenn einem objektiv geringen Interesse des Bauherrn an einer mangelfreien Werkleistung unter Abwägung aller Umstände, ein ganz erheblicher vergleichsweise unangemessener Aufwand gegenübersteht.[911] Im Übrigen kann sich der Architekt gem. § 633 Abs. 3 BGB i. V. m. § 275 Abs. 2 und 3 BGB auch auf grobes Missverhältnis zwischen Leistungsaufwand und Bauherreninteresse bzw. auf die Unzumutbarkeit der persönlichen Leistungserbringung berufen. 369

3. Sowieso-Kosten, Vorteilsausgleichung

Dem Aufwendungsersatzanspruch des Bauherrn kann der Architekt die sog. Sowiesokosten entgegenhalten. Das sind die **diejenigen (Mehr)kosten**, um die die Architektenleistung bzw. Bauleistung bei einer ordnungsgemäßen Bauausführung/Architektenleistung von vornherein teurer gewesen wäre. Entscheidend für die Minderung des Aufwendungsersatzanspruches sind die Sowiesokosten, die aus der Sicht der damaligen Bauzeit üblich gewesen wären und sicher zu einem mangelfreien Erfolg geführt hätten. Auch ein Vorteilsausgleich durch eine Wertsteigerung kann der Architekt dem Anspruch des Bauherrn ggf. entgegenhalten. 370

---

910 BGH, BauR 2004, 1477.
911 BGH, BauR 2002, 613.

IV. Verjährung des Mängelbeseitigungsanspruchs

1. Allgemeine Verjährungsfristen

a) Erfüllungsanspruch des Bauherrn

371 Der auf Verschaffung eines mangelfreien Werkes gerichtete Erfüllungsanspruch des Bauherrn aus § 631 Abs. 1 BGB **vor Abnahme** unterliegt der 3-jährigen regelmäßigen Verjährungsfrist der §§ 195, 199 BGB.

b) Anspruch auf Nacherfüllung, Aufwendungsersatz bei Selbstvornahme und Kostenvorschuss

372 Die Verjährung des Nacherfüllungsanspruchs gem. §§ 634 Nr. 1, 635 Abs. 1 BGB sowie des Aufwendungsersatzanspruchs bei Selbstvornahme gem. §§ 634 Nr. 2, 637 Abs. 1 BGB bzw. des Kostenvorschussanspruchs aus § 637 Abs. 3 BGB richtet sich nach § 634 a Abs. 1 BGB. Gemäß § 634 a Abs. 1 Nr. 2 BGB gilt die 5-jährige Verjährungsfrist für Mängelansprüche bei einem Bauwerk und einem Werk, dessen Erfolg in der Erbringung von Planungs- und Überwachungsleistungen besteht. Die Verjährungsfrist beginnt gem. § 634 a Abs. 2 BGB mit **Abnahme** des Werkes.

aa) Abnahme des Architektenwerkes

373 Das Architektenwerk ist wie das Werk des Bauunternehmers einer **Abnahme zugänglich**, denn Architektenleistungen sind überwiegend billigungsfähig.[912] Die Regelungen über die Abnahme und ihre Wirkung (§§ 640 f. BGB) gelten daher grundsätzlich auch für den Architektenvertrag.

(1) Anspruch des Architekten auf Abnahme

374 Auch der Architekt hat gem. § 640 Abs. 1 BGB einen Anspruch auf Abnahme des vertragsgemäß hergestellten Werkes. Die Abnahme muss er **verlangen** und dem Bauherrn die Möglichkeit einräumen, das Werk innerhalb einer angemessenen Frist zu überprüfen und zu bewerten.

- **Abnahmefähigkeit des Architektenwerkes**

Das Architektenwerk ist abzunehmen, wenn der Architekt dies verlangt und die Voraussetzungen einer Abnahme vorliegen. Bei einem **Vollauftrag** (inkl. Leistungsphase 9) kann der Architekt die Abnahme des Werkes erst fünf Jahre nach Abnahme der Bauunternehmerleistungen selbst verlangen.[913]

- **Zeitpunkt der Abnahme**

Ist das Werk vom Architekten vertragsgemäß erstellt, so muss die Abnahme auf sein Verlangen hin sofort erfolgen. Hat der Bauherr das Architektenwerk durch eine Selbstvornahme in einen mangelfreien Zustand verbracht, ist er gleichsam zur Abnahme verpflichtet.[914] Im Falle einer Kündigung des Architektenvertrages hat der Bauherr die bis zum Zeitpunkt der Kündigung erbrachten Leistungen abzunehmen.[915]

---

[912] BGH, BauR 2000, 128; BGHZ 37, 341, 345; BGH, BGHZ 48, 257, 263.
[913] BGH, BauR 1994, 392.
[914] *Thode*, ZfBR 1999, 116, 119; *Kniffka*, Abnahme und Abnahmewirkungen nach der Kündigung des Bauvertrages – ZfBR 1998, 113, 114.
[915] BGH, BauR 2003, 689.

D. Der Anspruch auf Rücktritt, Minderung und Schadensersatz

(2) Teilabnahme

Zwar kennt das BGB im Gegensatz zur VOB keine Regelung zur Teilabnahme, die Parteien können jedoch eine **Teilabnahme vereinbaren** (§ 641 Abs. 1 S. 2 BGB). Im Übrigen steht es dem Bauherrn frei, Teile eines Werkes, die sich bei natürlicher Betrachtungsweise abtrennen lassen, vor Fertigstellung des Gesamtwerkes abzunehmen. Wie bei der Schlussabnahme treten auch bei der Teilabnahme sämtliche Abnahmewirkungen ein.[916] Die Möglichkeit einer Teilabnahme ist für den Architekten von besonderer Bedeutung. Denn der Architekt, der auch die **Leistungsphase 9 nach § 15 HOAI** übertragen bekommen hat, kann vom Bauherrn die Schlussabnahme erst fünf Jahre nach Abnahme der Bauunternehmerleistungen verlangen.[917] Durch eine Teilabnahme hat der Architekt die Möglichkeit, nach Beendigung der Leistungsphase 8 den Hauptteil seiner Leistungen bereits fünf Jahre vorher abnehmen zu lassen. Voraussetzung ist aber, dass eine solche **Teilabnahme ausdrücklich vereinbart ist** (§ 641 Abs. 1 S. 2 BGB).[918] Selbst eine formularmäßige Regelung der Teilabnahme ist zulässig.[919]

▶ **HINWEIS:** Dem Architekten ist dringend zu raten, nach Abschluss der Leistungsphase 8 eine Teilabnahme durchzusetzen. Dies kann er dadurch bewirken, dass er eine entsprechende Teilschlussrechnung stellt; die vorbehaltlose Zahlung durch den Bauherrn ist dann als konkludente Abnahme zu werten.[920] ◀

Verlangt der Architekt die vertraglich vereinbarte Teilabnahme und kommt der Bauherr dieser innerhalb angemessener Frist nicht nach, treten die Abnahmewirkungen gem. § 640 Abs. 1 S. 3 BGB ein.

2. Sonderregelungen und Vereinbarung von abweichenden Verjährungsfristen

Eine Sonderregelung für den Fall, dass der Architekt den Mangel arglistig verschwiegen hat, ergibt sich aus § 634a Abs. 3 BGB. Danach gilt die 3-jährige regelmäßige Verjährungsfrist gem. §§ 195, 199 BGB, allerdings mit der Einschränkung des § 634a Abs. 3 S. 2 BGB, dass die Verjährung nicht vor dem Ablauf der Verjährungsfrist aus § 634a Abs. 1 BGB eintritt. Diese Regelung ist auch für das Organisationsverschulden des Architekten entsprechend anzuwenden. Ist zwischen den Parteien eine abweichende Verjährungsfrist individuell vereinbart worden, so gilt diese vereinbarte Frist.

D. Der Anspruch auf Rücktritt, Minderung und Schadensersatz

I. Rücktritt gemäß §§ 634 Nr. 3, 323, 326 Abs. 5, 346 Abs. 1 BGB

Ist das Architektenwerk mangelhaft, kann der Bauherr unter den Voraussetzungen der §§ 634 Nr. 3, 636, 323, 326 Abs. 5 BGB vom Vertrag zurücktreten. Das Rücktrittsrecht ist verschuldensunabhängig. Es steht dem Bauherrn als einseitiges Gestaltungsrecht zu. Neben der Mangelhaftigkeit des Werkes setzt der Rücktritt voraus, dass eine dem Architekten gesetzte angemessene Frist zur Nacherfüllung erfolglos verstrichen ist.

---

916 BGH, BGHZ 50, 160.
917 BGH, BauR 1994, 392.
918 BGH, a. a. O.
919 BGH, IBR 2001, 679.
920 BGH, BauR 1994, 103 und 1970, 48.

§ 7 Die Ansprüche des Auftraggebers gegen den Architekten

1. Rücktritt vom ganzen Vertrag oder Teilrücktritt

378 Hat der Architekt **nur einen Teil der ihm übertragenen Leistungen abgearbeitet**, kann der Bauherr grundsätzlich nicht vom ganzen Vertrag zurücktreten. Denn will der Bauherr die bisher erbrachten Architektenleistungen verwenden, dokumentiert er damit sein „Interesse an den Teilleistungen". Er kann also lediglich einen **Teilrücktritt** erklären. Der **Rücktritt vom gesamten Architektenvertrag** ist dem Bauherrn allenfalls möglich, wenn er das von dem Architekten geplante Bauvorhaben in der geplanten Form aufgeben will.

2. Risiken des Rücktritts gem. §§ 634 Nr. 3, 323, 326 Abs. 5, 346 Abs. 1 BGB

379 Ein Rücktritt vom Vertrag ist für den Bauherrn riskant. Denn nach § 346 Abs. 2 BGB muss er nach einem Rücktritt dem Architekten **Wertersatz** in Höhe der geschuldeten Vergütung leisten, da er einen wesentlichen Teil der vom Architekten erbrachten Leistungen nicht in Natur zurückgewähren können wird. Darüber hinaus hat ein Rücktritt nach §§ 634 Nr. 3, 323, 326 Abs. 5, 346 Abs. 1 BGB zur Folge, dass durch die Umwandlung in ein Rückabwicklungsverhältnis die **zukünftigen Mängelansprüche** des Bauherrn untergehen. Tritt der Bauherr also wegen einem Mangel zurück, der nur einen Teil der Architektenleistungen betrifft, verliert er insoweit seine Mängelansprüche. Er kann dann nicht mit einer Selbstvornahme einen anderen Architekten beauftragen und dessen Honorar dem Erstarchitekten in Rechnung stellen. Die Kosten, die durch den **Zweitarchitekten** entstehen, kann der Bauherr allenfalls mit einem verschuldensabhängigen Schadensersatzanspruch gem. § 280 Abs. 1 BGB gegen den Erstarchitekten verfolgen.

380 Aus all diesen Gründen ist dem Bauherrn anzuraten, bei einem mangelhaften Architektenwerk, sofern der Mangel ausreichendes Gewicht besitzt, den Architektenvertrag aus **wichtigem Grund zu kündigen**. Denn die Kündigung wirkt ex nunc, so dass dem Bauherrn sämtliche Rechte, die bis zur Vertragsauflösung bestanden haben, erhalten bleiben.[921] Da der Architektenvertrag ein von Dauer und Komplexität geprägtes Rechtsverhältnis ist, kann er als „Dauerschuldverhältnis" i. S. des § 314 BGB verstanden werden kann.[922]

II. Minderung gemäß §§ 634 Nr. 3, 638 Abs. 1 BGB

1. Minderung bei mangelhaftem Architektenwerk

381 Die Minderung nach §§ 634 Nr. 3, 638 Abs. 1 BGB kann der Bauherr statt des Rücktritts geltend machen. Die Minderung hat die gleichen Voraussetzungen wie der Rücktritt: Es muss ein wirksamer Architektenvertrag vorliegen, das Architektenwerk muss mangelhaft und die dem Architekten zur Nachbesserung gesetzte angemessene Frist muss fruchtlos verstrichen sein. Außerdem kommt eine Minderung immer in Betracht, wenn das **Architektenwerk mangelhaft**, eine **Nacherfüllung aber nicht möglich ist**, weil sich der **Mangel bereits im Bauwerk verkörpert** hat.

---

921 BGH, NJW 1993, 1976, 1979.
922 Nach dem BGB in der Fassung vor dem 1. 1.2002 konnte der Bauherr einen Architektenvertrag aus wichtigem Grund kündigen, wenn „durch den Vertrauensverlust die Vertragsgrundlage zwischen den Parteien so erschüttert ist, dass von der kündigenden Partei ein Festhalten an dem Vertrag nicht verlangt werden kann", so BGH, NJW-RR 1994, 15; OLG Nürnberg, BauR 1998, 1273, 1275; BGH, NJW 1993, 1972, 1973.

D. Der Anspruch auf Rücktritt, Minderung und Schadensersatz **3**

2. Berechnung der Minderung beim mangelhaften Architektenwerk

Was der Architekt als **werkvertraglichen Erfolg** schuldet, ergibt sich aus einer interessengerechten Auslegung des Architektenvertrages.[923] Regelmässig sind das diejenigen Arbeitsschritte, die den Bauherrn in die Lage versetzen zu überprüfen, ob der Architekt den am Bau Beteiligten die nach der Planung für die vertragsgerechte Errichtung des Bauwerks notwendigen Vorgaben gemacht hat.[924] Die Minderung des Architektenhonorars erfolgt dadurch, dass der entsprechende **Honoraranteil** für die ordnungsgemäße Leistung im Verhältnis zur mangelhaften Leistung ermittelt werden muss.[925] Da der Wert des Architektenwerkes sich nach dem korrespondierenden Honoraranspruch ermittelt, kann eine mangelhafte oder **fehlerhafte Vertragsleistung auf der Grundlage der HOAI bewertet werden**. Dabei wird die einschlägige Grundleistung nach ihrem Gewicht innerhalb der einzelnen Leistungsphasen bestimmt und nach § 15 HOAI in Prozentpunkten bewertet. Allerdings kann der Wert der einzelnen Grundleistungen nicht allgemeinverbindlich festgelegt werden. Je nachdem, welche Bedeutung die mangelhafte Leistung für den Bauherrn hat, muss sie in jedem Einzelfall individuell bewertet werden. Z. B. ist eine fehlende Kostenermittlung für den Bauherrn, dessen Mittel beschränkt sind, von wesentlich höherer Bedeutung, als für einen Bauträger, der seine eigene Kostenkontrolle parallel zum Architekten durchführt.[926] **Orientierungshilfen** bieten die von Vygen auf der Grundlage der „Steinfort"-Tabelle entwickelte „Bewertung der einzelnen in § 15 HOAI aufgeführten Grundleistungen bei Gebäuden" sowie die von Locher/Koeble/Frick als Anhang 4 in ihrer Kommentierung der HOAI aufgenommene Tabelle zur Bewertung von „Tabelle zur Bewertung von Teilgrundleistungen" (vgl. dazu Rn 196). 382

3. Minderung und Versicherungsschutz

Kann der Bauherr anstelle der Minderung auch einen Schadensersatzanspruch geltend machen, ist abzuwägen, welchem Anspruch der Vorzug gegeben werden soll. Da der Minderungsanspruch ein modifizierter Erfüllungsanspruch ist, bieten die Versicherer keinen **Haftpflichtschutz**. Sie treten nur für Schadensersatzansprüche ein. Kann mit an Sicherheit grenzender Wahrscheinlichkeit beurteilt werden, dass der Architekt nicht über die erforderliche Liquidität verfügt, ist der Bauherr – sollten die Voraussetzungen für einen Schadenseratzanspruch vorliegen – ggf. besser beraten, vorrangig den Schadensersatzanspruch zu verfolgen. 383

III. Schadensersatz gemäß §§ 634 Nr. 4, 636, 280 ff. BGB

1. Ersatz des Mangelfolgeschadens gemäß §§ 634 Nr. 4, 280 Abs. 1 BGB

Der Mangelfolgeschaden, der durch das mangelhafte Architektenwerk an anderen Rechtsgütern des Bauherrn entsteht, ist nach §§ 634 Nr. 4, 280 Abs. 1 BGB zu beurteilen.[927] Darunter fallen beim Architektenvertrag insbesondere alle Schäden des Bauherrn, die sich durch eine schuldhafte Pflichtverletzung des Architekten (das mangelhafte Archi- 384

---

923 BGH, BauR 2004, 847.
924 *Schwenker/Schramm*, ZfIR 2004, 753, 759.
925 *Koeble* in Locher/Koeble/Frick, HOAI, Einl. Rn 283; *Decker*, BauRB 2004, 373.
926 OLG Hamm, NJW 1990, 552: Fehlende Kostenberechnung mit 0,8 % bewertet ; OLG Hamm, BauR 1994, 793: fehlende Kostenberechnung mit 2 % bewertet; OLG Düsseldorf, BauR 2000, 290: fehlende Kostenberechnung bewertet mit 1 %.
927 *Heinrichs* in Palandt, § 280 BGB Rn 18; *Kannowski*, BauR 2003, 170, 179.

tektenwerk) im **Bauwerk verkörpert** haben. Das Verschulden wird gem. § 280 Abs. 1 S. 2 BGB vermutet.

2. Ersatz des Mangelschadens gemäß §§ 634 Nr. 4, 280 Abs. 1 und 3, 281 BGB

385 Hat sich der Mangel des Architektenwerkes **noch nicht im Bauwerk verkörpert** und ist es dem Bauherrn zumutbar, dass der Architekt nacherfüllt, kann der Bauherr gem. § 281 BGB Schadensersatz statt der Leistung für die Schäden verlangen, die in unmittelbarem Zusammenhang stehen. Hierbei handelt es sich insbesondere um die **Kosten für eine Mangelbeseitigung durch Dritte**. Für den Schadensersatzanspruch findet indes § 280 BGB Anwendung, wenn sich der Mangel des Architektenwerkes **bereits im Bauwerk verköpert hat**, die Nacherfüllung durch den Architekten also unmöglich ist (§ 275 Abs. 1 BGB) oder in den Fällen, wenn dem Bauherrn eine Mängelbeseitigung durch den Architekten nicht mehr zumutbar ist (§§ 637 Abs. 2, 275 BGB).

a) Voraussetzungen

386 Voraussetzungen für einen Schadensersatzanspruch nach §§ 634 Nr. 4, 280 Abs. 1, 281 BGB ist, dass durch ein mangelhaftes Architektenwerk eine schuldhafte Pflichtverletzung des Architekten vorliegt, eine zur Nachbesserung gesetzte angemessene Frist fruchtlos verstrichen ist oder die Nacherfüllung unmöglich oder unzumutbar ist. Schließlich muss dem Bauherrn durch die schuldhafte Pflichtverletzung des Architekten ein Schaden entstanden sein.

aa) Mangelhaftes Architektenwerk

387 Im Hinblick auf Mängel, die das Architektenwerk aufweisen kann wird auf die bisherigen Ausführungen verwiesen (vgl. dazu Rn 322 ff.). Die objektiven Voraussetzungen eines Schadensersatzanspruches hat der Bauherr darzulegen und zu beweisen.[928] Er muss im Prozess sowohl die fehlerhafte Planung bzw. die ungenügende Bauüberwachung als auch die Ursächlichkeit für den Baumangel darlegen und ggf. beweisen. Seiner Darlegungslast genügt der Bauherr, wenn er eine Mangelerscheinung am Bau als Mangel des Architektenwerks bezeichnet und die mangelhafte Leistung dem Architekten zuschreibt (**Symptomerechtsprechung**). Ob ein Planungs- oder Überwachungsfehler vorliegt, hat der Bauherr nicht darzulegen.[929] Für die Pflichtverletzung des Architekten ist grundsätzlich der Bauherr beweisbelastet. Einen Beweisnotstand des Bauherrn bei Zweifeln an der Ursächlichkeit eines Planungsfehlers für einen Baumangel – z.B. wenn der Architekt die erforderlichen Pläne überhaupt nicht angefertigt hat – führt allerdings zu einer **Umkehr der Beweislast**.[930] Wirft der Bauherr dem Architekten eine mangelhafte Bauüberwachung vor, ist zunächst zu prüfen, ob und in welchem Maße der Architekt die Bauüberwachung schuldete (vgl. dazu Rn 339 ff.). Nur wenn der Architekt zu einer umfassenden Objektüberwachung verpflichtet war oder aufgrund der konkreten Baumaßnahme eine gesteigerte Überwachungspflicht bestand, kann vom Baufehler auf eine Pflichtverletzung des Architekten geschlossen werden. In diesen Fällen muss der Architekt den **Gegenbeweis** führen, dass der Baumangel auch bei mangelfreier Objektüberwachung bzw. entsprechender Kontrolldichte entstanden wäre.

---

[928] BGH, BauR 1997, 494 und VersR 1974, 261; OLG Köln, BauR 2002, 978.
[929] BGH, NJW-RR 2003, 1239.
[930] BGH, VersR 1974, 261.

D. Der Anspruch auf Rücktritt, Minderung und Schadensersatz

bb) Verschulden des Architekten

Gemäß § 280 Abs. 1 S. 2 BGB wird vermutet, dass der Architekt die Pflichtverletzung zu vertreten hat. Diese Vermutung kann der Architekt widerlegen, wenn es ihm gelingt, den Gegenbeweis zu führen.[931] Dies wird dem Architekten selten möglich sein, da von ihm verlangt wird, dass er diejenigen Fachkenntniss besitzt, die für die Erbringung seiner Leistungen erforderlich ist.[932] Ein **Verschulden** des Architekten ist allerdings zu **verneinen**, wenn er beweisen kann, dass er

- sich an die im Zeitpunkt der Planung **anerkannten Regeln der Bautechnik** gehalten hat, die sich später als unzutreffend erwiesen haben,[933]
- auf ein **fehlerhaftes Bodengutachten** vertrauen durfte, weil es plausibel und in sich stimmig war,[934]
- einen Planungsfehler im Zusammenhang mit schwierigen und **verwaltungsrechtlich streitigen Fragen** erbracht hat, den Bauherrn insoweit aber über die Risiken aufgeklärt hat,[935]

oder dass

- die **erteilte Baugenehmigung** später wieder zurückgenommen worden ist, weil die zuständigen Genehmigungsstellen die eigene Beurteilung nach § 34 BauGB korrigert und auf § 35 BauGB abstellt,[936]
- trotz der Überschreitung eines **Kostenlimits** oder eines **Kostenrahmens** nach dem Architektenvertrag ein gewisser Toleranzrahmen eingeräumt ist,[937]
- er das vom Bauherrn selbst **ausgewählte Material**, welches sich später als mangelhaft herausstellt, auf seine Geeignetheit geprüft und Bedenken ggf. angemeldet hat.[938]

Führt der Architekt für eine Gemeinde das Vergabeverfahren durch, hat er nicht für eine fehlerhafte Auslegung der Vergabebestimmungen (VOB/A) oder einen Verstoß gegen die Zuwendungsbestimmungen des Zuschussgebers einzustehen.[939]

b) Umfang des Schadensersatzanspruchs

aa) Geldersatz

Ist dem Bauherrn ein Schaden entstanden, haftet der Architekt primär auf Geldersatz.[940] Die Möglichkeit, den Schaden in Natur mit geringerem Kostenaufwand zu beseitigen als es dem Bauherrn möglich ist, kann der Architekt nur in **Ausnahmefällen** unter dem Gesichtspunkt der Schadensminderungspflicht des Bauherrn fordern (§ 254 BGB) (vgl. dazu Rn 359).[941]

---

931 BGH, VersR 1974, 261, 263; BGHZ 48, 310.
932 BGH, NZBau 2003, 567.
933 BGH, BauR 1985, 567.
934 BGH, BauR 1996, 404; OLG Köln, BauR 1999, 429.
935 OLG Düsseldorf, BauR 2000, 151 und BauR 1997, 159; OLG Zweibrücken, NJW-RR 1998, 1097.
936 KG, BauR 1999, 1474.
937 BGH, BauR 1997, 494.
938 OLG Hamm, IBR 2001, 31; OLG Köln, BauR 1990, 103.
939 OLG München, BauR 2001, 981.
940 BGH, BauR 1978, 498.
941 BGH, a. a. O und BauR 2001, 425.

§ 7 Die Ansprüche des Auftraggebers gegen den Architekten

bb) § 281 BGB: Schadensersatz statt der Leistung

390 Die Schäden, die der Mangel unmittelbar am Werk verursacht hat, werden von § 281 BGB erfasst. Hierbei handelt es sich um die Kosten der Ersatzbeschaffung oder der Reparatur und ein nach der Mängelbeseitigung ggf. noch bestehender Minderwert.[942]

(1) Schadensersatz statt der Leistung

391 Der Bauherr, der sich dafür entschieden hat, Schadensersatz statt der Leistung zu verlangen, kann eine Mängelbeseitigung nicht mehr verlangen (§ 281 Abs. 4 BGB). Schadensersatz statt der Leistung kann der Bauherr nur dann fordern, wenn der Architekt sein mangelhaftes Werk durch eine Nacherfüllung mangelfrei machen kann, der Mangel sich also **noch nicht im Bauwerk verkörpert hat** (Unmöglichkeit der Nacherfüllung) oder die Nacherfüllung dem Bauherrn nicht unzumutbar ist. Schadensersatz statt der Leistung wird bei einer mangelhaften Leistung des Architekten grundsätzlich also nur in den Fällen in Betracht kommen, wo eine mangelhafte Planung des Architekten noch nicht umgesetzt worden ist.

(2) Kleiner Schadensersatzanspruch/großer Schadensersatzanspruch

392 Den kleinen Schadensersatzanspruch kann der Bauherr gem. § 281 Abs. 1 S. 1 BGB, den großen Schadensersatz – d. h. die zur Verfügungstellung des mangelhaften Werkes unter Berechnung des Schadens aus der Nichterfüllung des gesamten Vertrages – nach § 281 Abs. 1 S. 2 BGB geltend machen. Den Großen Schadensersatz kann der Bauherr nur dann fordern, wenn es ihm auch unter Berücksichtigung des Anspruchs auf Schadensersatz nicht zumutbar ist, das Werk zu behalten. Dies wird in den Fällen zu bejahen sein, in denen die Planung des Architekten **schwerwiegende Fehler** aufweist und der Bauherr dadurch das Vertrauen in die Qualität seines Architekten und dessen Fähigkeit, die ihm übertragenen Leistungen bzw. das Bauvorhaben zu einem guten Ende zu bringen, verloren hat. Der Architekt kann dann gem. § 281 Abs. 5 BGB sein Werk nach den Grundsätzen des Rücktritts zurückverlangen (§§ 346 ff. BGB).

3. Vorteilsausgleich

393 Gegenüber dem Schadensersatzanspruch des Bauherrn kann der Architekt **Vorteile** einwenden, die der Bauherr durch eine Neugestaltung des Bauwerks erlangt. So hat der Architekt nicht einen Mehrpreis für die Ausführung von stärkeren Fensterrahmen zu tragen, die gegen die zu schwach dimensionierten ausgetauscht werden.[943] Auch kann ein Schaden des Bauherrn nicht daraus hergeleitet werden, wenn die Gründung eines Bauwerks teurer als ursprünglich geplant ausgeführt wird oder eine Hangsicherung nachträglich verstärkt wird.[944] Als Schadenspositionen kann der Bauherr aber nicht mehr zu verwendende ursprüngliche Leistungen und die Mängelbeseitigungskosten ansetzen. Das Gleiche gilt für Planungskosten, die nicht erforderlich gewesen wären.[945] Auch muss sich der Bauherr eine Kostenerhöhung durch die Ausführung einer teureren Variante nicht also Sowieso-Kosten entgegenhalten lassen, wenn er bei rechtzeitiger Information durch den Architekten die preisgünstigere Variante gewählt hätte.[946]

---

942 BGH, NJW 1980, 1950 und NJW 1978, 2241.
943 BGH, BauR 1971, 61.
944 BGH, BauR 1988, 4685 und NJW-RR 1990, 728.
945 BGH, BauR 1993, 722.
946 OLG Frankfurt, I3R 2001, 681.

E. Schadensersatzanspruch des Bauherrn bei Überschreitung der Baukosten

4. Einwand des mitwirkenden Verschuldens, § 254 BGB

Dem Schadensersatzanspruch des Bauherrn kann der Architekt den Einwand des mitwirkenden Verschuldens entgegenhalten. Dieser Einwand kann sich sowohl auf ein Mitverschulden des Bauherrn selbst als auch auf das Mitverschulden von Erfüllungsgehilfen des Bauherrn (§§ 254 Abs. 2, 278 BGB) beziehen. Als Erfüllungsgehilfe des Bauherrn gelten dem Architekten gegenüber die vom Bauherrn **eingeschalteten Sonderfachleute**,[947] grundsätzlich aber nicht die **Bauunternehmer**.[948] Die Beweislast für ein mitwirkendes Verschulden des Bauherrn oder seiner Erfüllungsgehilfen trägt der Architekt. Steht ein Verschulden sowohl des Architekten wie auch des Bauherrn oder seiner Erfüllungsgehilfen fest, so muss für die Haftungsabwägung gem. § 254 BGB jede Partei die Umstände beweisen, die zu ihren Gunsten sprechen.[949] Im Übrigen finden die §§ 286, 287 ZPO Anwendung. Zu einer Ausgleichsklage unter den am Bau Beteiligten und der Haftungsverteilung vgl. im Teil 1 dieses Buches Rn 642 ff.

394

IV. Verjährung der Ansprüche auf Rücktritt, Minderung und Schadensersatz

Mangels abweichender Vereinbarung zwischen den Parteien verjähren die Gewährleistungsansprüche des Bauherrn gegen den Architekten gem. § 634a Abs. 1 Nr. 2 BGB in fünf Jahren, soweit es sich um Planungs- und Überwachungsleistungen des Architekten für ein **Bauwerk** handelt.[950] Beziehen sich die mangelhaften Leistungen dagegen nur auf **Planungsleistungen**, die sich ausschließlich auf Arbeiten am Grundstück beziehen, gilt die zweijährige Verjährungsfrist gem. § 634a Abs. 1 Nr. 1 BGB.[951] Die Verjährung beginnt mit der Abnahme der Architektenleistungen. Insoweit wird auf die Ausführungen zur Verjährung des Mängelbeseitigungsanspruchs verwiesen (vgl. dazu Rn 371 ff.).

395

E. Schadensersatzanspruch des Bauherrn bei Überschreitung der Baukosten gemäß §§ 634 Nr. 4, 636, 280 BGB

Eine zu einem Schadensersatzanspruch nach §§ 634 Nr. 4, 636, 280 BGB führende schuldhafte Pflichtverletzung des Architekten liegt vor, wenn seine Planung zu einer **Überschreitung der vorgesehenen Baukosten** führt.[952] Nach dem Leistungskatalog des § 15 HOAI hat der Architekt **vier Kostenermittlungsarten** zu erbringen: Die Kostenschätzung (Leistungsphase 2), die Kostenberechnung (Leistungsphase 3), den Kostenanschlag (Leistungsphase 7) und die Kostenfestellung (Leistungsphase 8) (vgl. dazu Rn 155 ff.). Für den werkvertraglich geschuldeten Erfolg hat er die Kostenermittlungsarten in der neuesten Fassung der DIN 276, in der zurzeit noch anzuwendenden Fassung 1993, für die Abrechnung, wie bereits erläutert, in der Fassung 1981 zu erbringen. Daneben hat der Architekt ständig die **Kosten zu kontrollieren**. Dadurch soll für den Bauherrn gewährleistet sein, dass seine wirtschaftlichen Belange stets berücksichtigt werden und die Planung und Bauausführung dementsprechend ausgerichtet sind.[953] Ob und welche

396

---

947 OLG Düsseldorf, BauR 2001, 277; OLG Frankfurt, NJW-RR 1990, 1496; *Locher*, Rn 372; a. A. wohl BGH, BauR 1971, 265.
948 OLG Düsseldorf, BauR 1974, 357.
949 *Wussow*, Haftung, 297; *Baumgärtel/Strieder*, Beweislast, § 254 BGB, Rn 2, 12.
950 OLG Düsseldorf, BauR 2003, 127.
951 BGH, BauR 1993, 219.
952 BGH, BauR 1997, 494; OLG Stuttgart, BauR 1987, 462 und 1977, 426.
953 BGH, BauR 1993, 354.

§ 7 Die Ansprüche des Auftraggebers gegen den Architekten

Vereinbarung die Parteien bezüglich der Baukosten getroffen haben, ist in jedem Einzelfall unter Berücksichtigung der Gesamtumstände zu ermitteln.[954]

I. Baukostenüberschreitung

1. Nichteinhaltung einer Baukostengarantie/Bausummengarantie

397 Mit einer **Baukostengarantie** ist dem Architekten eine **Bausummenhöchstgrenze** vorgegeben.[955] Der Architekt ist verpflichtet, für die Kosten, die über die vereinbarte Summe hinausgehen – unabhängig von einem Verschulden – zu haften und die Mehrkosten selbst zu tragen. Die Rechtsprechung nimmt wegen der weitreichenden Folgen für den Architekten eine Bausummengarantie allerdings nur dann an, wenn entsprechende Erklärungen des Architekten i. S. eines **echten Garantievertrages** allein dahin verstanden werden können, persönlich für die Einhaltung des Kostenrahmens einstehen zu wollen.[956] Selbst die Erklärung mit einem gewissen Betrag könne das Bauwerk mit Sicherheit erstellt werden, führt nicht zwangsläufig zu der Auslegung, der Architekt habe sich tatsächlich im Rahmen einer Bausummengarantie verpflichten wollen.[957] Eine Haftung entfällt, wenn der Bauherr die Überschreitung der Garantiesumme anerkennt oder die ursprüngliche Planung im Einvernehmen mit dem Architekten ändert.[958]

2. Überschreitung einer Kostenobergrenze/des Kostenrahmens

a) Kostenobergrenze

398 Eine mangelhafte Planung bzw. Pflichtverletzung des Architekten kann vorliegen, wenn die Parteien des Architektenvertrages gemeinsam von einem **bestimmten Baukostenbetrag** ausgehen, den der Architekt überschreitet. Eine **Kostenobergrenze** können die Parteien als Beschaffenheit des Architektenwerkes vereinbaren,[959] sie kann aber auch eine Vorgabe des Bauherrn[960] oder eine für den Architekten erkennbare Vorstellung des Bauherrn[961] sein. Auch eine gemeinsame Vorstellung der Parteien, mit welchen Kosten das Bauwerk errichtet werden soll, kann als Kostenobergrenze angesehen werden.

b) Kostenrahmen

399 Nicht nur eine bestimmte benannte Bausumme sondern auch ein **Kostenrahmen** kann eine gemeinsame Kostenvorstellung der Parteien bilden. Ein solcher Kostenrahmen ergibt sich oft aus den Finanzierungsmöglichkeiten des Bauherrn oder dem Verwendungszweck des Bauwerks.[962] Als Kostenrahmen oder Baukostenobergrenze gelten aber nicht die **Angaben in einem Bauantrag**, zumal damit einerseits zwischen den Parteien keine Vereinbarung über die Kostenvorstellung getroffen wird. Andererseits gibt der Architekt mit

---

954 OLG Celle, BauR 1998, 1030; OLG Düsseldorf, BauR 1996, 293.
955 OLG Düsseldorf, 3auR 1996, 293.
956 BGH, NJW 1960, 1567; OLG Celle, IBR 2003, 260; OLG Düsseldorf, BauR 1996, 293, BauR 1995, 411 und BauR 1993, 356.
957 OLG Koblenz, NZBau 2002, 231; *Bindhardt/Jagenburg*, § 6 Rn 202, *Miegel*, 21.
958 OLG Düsseldorf, BauR 1995, 411.
959 BGH, BauR 2003, 566 und IBR 2003, 315; OLG Braunschweig, BauR 2003, 1066; OLG Stuttgart, BauR 2000, 1893; *Quack*, ZfBR 2004, 315; *Böhme*, BauR 2004, 397.
960 OLG Dresden, IBR 2003, 556.
961 BGH, BauR 1999, 1319.
962 OLG Hamm, BauR 1987, 464; *Löffelmann/Fleischmann*, Rn 1702.

E. Schadensersatzanspruch des Bauherrn bei Überschreitung der Baukosten

den Bauvorlagen keine für den Bauherrn bestimmte Willenserklärung ab.[963] Streitig ist, ob die Angabe eines Kostenrahmens, selbst bei der Vereinbarung einer **Zirka-Bausumme**, eine Beschaffenheitsvereinbarung darstellt.[964] Bedeutung hat diese Frage insbesondere dafür, ob dem Architekten gewisse **Toleranzen** für die Genauigkeit der Kostenermittlungsarten nach DIN 276 zugebilligt werden. Ein einmal vereinbarter Kostenrahmen kann durch eine Vereinbarung der Parteien später abgeändert werden. Die Angabe von den Kostenrahmen überschreitenden Baukosten im Bauantrag kann aber nicht als Angebot des Architekten gesehen werden, das vom Bauherrn durch Unterzeichnung des Bauantrags angenommen wird.[965]

3. Kostenüberschreitung durch mangelnde Kostenkontrolle

Lässt sich dem Architektenvertrag keine Beschaffenheitsvereinbarung hinsichtlich der Bausumme entnehmen, kann in der Überschreitung der dem Architekten von seinem Auftraggeber **einseitig vorgegebenen Baukosten** eine Pflichtverletzung vorliegen. Die Kostenbetreuung als Kostenkontrolle, die auch in den Leistungsphasen 3, 7 und 8 der HOAI festgeschrieben ist, obliegt dem Architekten mit dem Hintergrund, stets die wirtschaftlichen Belange des Bauherrn im Auge zu behalten und Planung und Bauausführung danach auszurichten.[966]

400

II. Pflichtverletzung und Kausalität

Wie zum Anfang dieses Abschnitts bereits ausgeführt, hat der Architekt die Kostenermittlungen (Kostenschätzung, Kostenberechnung, Kostenanschlag und Kostenfeststellung) nach der DIN 276 zu erstellen und während des Baugeschehens fortwährend zu kontrollieren, ob die vorgegebenen Kosten eingehalten werden.

401

1. Pflichtverletzung

Bei der Ermittlung der Kosten ist es die primäre Aufgabe des Architekten, die Belange des Bauherrn zu berücksichtigen. Selbst wenn die Parteien keinen Kostenrahmen oder eine Kostenobergrenze vereinbart haben, obliegt es dem Architekten, **von sich aus frühzeitig die Kosten der Planung einzugrenzen** und den Bauherrn über die voraussichtlich entstehenden Kosten zu **beraten**.[967] Die Kosten hat der Architekt stets danach zu ermitteln, welche Kosten im Zeitpunkt der Kostenermittlung realistisch sind.[968] Für die Ermittlung der Kosten ist daher von entscheidender Bedeutung, an welche **Planvorgaben** – insbesondere durch den Bauherrn gestellte – der Architekt sich halten muss.[969] Sind die Planvorgaben nicht klar oder eindeutig, hat der Architekt den **Leistungsbedarf abzuklären**, die **Grundlagen zu analysieren** und mit den **Zielvorstellungen des Bauherrn abzustimmen**.[970]

402

---

963 BGH, BauR 2004, 397, BauR 2003, 566, BauR 1997, 494; abweichend z. T. OLG Köln, BauR 2002, 978; OLG Stuttgart, BauR 2000, 1893.
964 Bejahend: BGH, BauR 2003, 566 – wobei die vereinbarte Bausumme die Obergrenze der anrechenbaren Kosten für die Honorarberechnung darstelle; vgl. dazu *Böhme*, BauR 2004, 397; *Quack*, ZfBR 2004, 315, **a. A.** *Werner* in Werner/Pastor, Rn 1782.
965 BGH, IBR 2003, 315 und BauR 1997, 494.
966 BGH, BauR 1998, 354.
967 BGH, BGH, BauR 1991, 366; OLG Düsseldorf, IBR 2004 und BauR 1998, 880.
968 OLG Köln, NJW-RR 1993, 366.
969 BGH, BauR 1991, 366; OLG Düsseldorf, *BauR* 1995, 411.
970 BGH, a. a. O.

§ 7 Die Ansprüche des Auftraggebers gegen den Architekten

403 Gibt der Bauherr neben dem Kostenrahmen ein Raum- und Funktionsprogramm vor, hat der Architekt die bei Einhaltung des Raum- und Funktionsprogramms anfallenden Kosten zu ermitteln und den Bauherrn über die Kosten so rechtzeitig aufzuklären, dass es diesem möglich ist, durch Anordnung von Planungsänderungen den Kostenrahmen einzuhalten oder zu erhöhen.[971] Gesteigerte Anforderungen an die Ermittlung der Kosten hat der Architekt einzuhalten, wenn das zu planende Bauvorhaben ein **Renditeobjekt** sein soll.[972]

404 Eine Pflichtverletzung des Architekten ist stets zu bejahen, wenn er die Kostenermittlung und/oder Kostenkontrolle **unterlässt**[973] oder die Kosten, z. B. durch zu gering berechnete Kubatur oder zu niedrig angemessenen Kubikmeterpreis, **fehlerhaft ermittelt**. Die Pflichtverletzung kann aber auch dadurch erfolgen, dass ungünstige Verträge mit Bauunternehmen abgeschlossen werden, der Architekt ohne Aufklärung des Bauherrn über die Kostensteigerung aus ästhetischen Gründen eine teurere Ausführung wählt oder eine Planung erstellt, die nach den baurechtlichen Vorschriften keine Aussichten auf Erfolg hat.[974]

a) Sonder- und Änderungswünsche des Bauherrn

405 Bei Sonder- und Änderungswünschen des Bauherrn, die zu einer **Erhöhung der Baukosten** führen, hat der Architekt grundsätzlich den Bauherrn rechtzeitig über die **Mehrkosten zu beraten**, damit dieser in der Lage ist, unter Einhaltung seiner finanziellen Möglichkeiten ggf. eine preisgünstigere Ausführung zu wählen.[975] Eine Ausnahme von dieser Aufklärungs- und Beratungspflicht besteht allerdings dann, wenn für den Bauherrn die Kostenerhöhung ohne weiteres **erkennbar** ist.[976] Dies ist regelmäßig der Fall, wenn der Bauherr grundlegende bauliche Änderungen oder Qualitätsverbesserungen anordnet.[977]

b) Toleranzgrenzen bei der Kostenermittlung?

406 Haben sich die Parteien über eine **bestimmte Kostengrenze** (konkret vereinbare Kostenobergrenze – Kostenlimit) i. S. einer Beschaffenheitsvereinbarung geeinigt, ist jede Überschreitung dieser Grenze eine Pflichtverletzung des Architekten.[978] Etwas anderes gilt in den Fällen, in denen die angesetzten Baukosten nur als ein gewisser **Kostenrahmen** zur Orientierung zu verstehen sind. Hier kann dem Architekten bei der Ermittlung der Baukosten bis zu einer angemessenen Grenze ein gewisser Spielraum zustehen (**Toleranzrahmen**).[979]

407 Bei der Frage, ob und in welcher Höhe ein Toleranzrahmen zugestanden werden kann, sind zunächst die tatsächlichen Baukosten um diejenigen Mehrkosten zu berichtigen, die aufgrund Sonder- und Änderungswünschen des Bauherrn oder nicht vorhersehbaren Mehrkosten angefallen sind.[980] Die ggf. einzuräumenden Toleranzgrenzen werden nach

---

971 KG, KGR 2003, 222; OLG Stuttgart, BauR 1977, 426.
972 BGH, BauR 1984, 420 und 1975, 434; OLG Naumburg, BauR 1996, 889.
973 BGH, BauR 1997, 494; OLG Naumburg, OLGR 2001, 410; OLG Köln, NJW-RR 1994, 981.
974 Weitere Beispiele: OLG Hamm, BauR 2005, 310: Ausschreibungsfehler, z. B. Vergessen von Einzelpositionen im Leistungsverzeichnis; BGH, BauR 1998, 354: Unnötiger übermäßiger Aufwand der Planung, z. B. Missverhältnis von Nutz- zu Verkehrsflächen.
975 OLG Düsseldorf, BauR 1995, 411; OLG Köln, NJW-RR 1993, 986; *Lauer*, BauR 1991, 401, 412.
976 OLG Düsseldorf, NJW-RR 1999, 1696.
977 OLG Hamm, NZBau 2004, 560; OLG Braunschweig, BauR 2003, 227.
978 BGH, BauR 1997, 494.
979 BGH, BauR 1988, 734; OLG Stuttgart, OLGR 2000, 422.
980 BGH, BauR 1997, 494; OLG Schleswig, OLGR 2002, 272; OLG Stuttgart, a. a. O.

E. Schadensersatzanspruch des Bauherrn bei Überschreitung der Baukosten 3

dem Genauigkeitsgrad der Kostenermittlungen unter Berücksichtigung des Baufortschritts und nach der Schwere des Pflichtverstoßes des Architekten beurteilt.[981] So wird im Rahmen der **Kostenschätzung** ein Toleranzrahmen von zirka 30% eingeräumt.[982]
Höher hat der Genauigkeitsgrad bei der während der Entwurfsplanung zu erstellenden **Kostenberechnung** und dem nachfolgend bei der Mitwirkung bei der Vergabe aufzustellenden **Kostenanschlag** zu liegen. Für die Kostenberechnung wird ein Toleranzrahmen von 20 bis 25%, für den Kostenanschlag ein Toleranzrahmen von 10 bis 15% eingeräumt.[983] Die oben erwähnten Toleranzrahmen sind allerdings nur **Richtlinien**, sie können nicht unbesehen auf jeden Fall übertragen werden. Stets ist der konkrete Einzelfall im Blick zu behalten: Es sind alle Umstände, wie z. B. die Art des Bauvorhabens, die Leistungsfähigkeit des Bauherrn oder auch Unwägbarkeiten, die sich daraus ergeben, dass es sich um einen Umbau oder eine Altbausanierung handelt, mitzuberücksichtigen.[984]

408

2. Kausalität

Die Pflichtverletzung allein verhilft dem Bauherrn nicht zum erfolgreichen Durchdringen mit seinem Schadensersatzanspruch. Als Anspruchsteller muss er für die Bejahung der Kausalität der Pflichtverletzung des Architekten vielmehr vortragen, dass der Umfang seines Bauvorhabens, wie es sich tatsächlich darstellt, mit dem, auf das sich die Kostenermittlung des Architekten bezieht, identisch ist. Dabei sind, wie bereits erläutert, Mehrkosten, die sich auf **Änderungs- und Sonderwünsche des Bauherrn** beziehen, bei einer Erhöhung der Baukosten zugunsten des Architekten zunächst abzuziehen (vgl. dazu Rn 405), wenn der Architekt seinen ggf. dahingehenden Aufklärungspflichten nachgekommen ist. Hierbei ist für den Architekten auch günstig, dass der Bauherr die Darlegungs- und Beweislast dafür trägt, eine **mangelnde Aufklärung über die Kostenentwicklung** sei für den geltend gemachten Schaden kausal gewesen.[985] Beweiserleichterungen kann der Bauherr nicht für sich reklamieren, insbesondere gilt für ihn nicht die im Anwaltshaftungsrecht entwickelte Vermutung beratungskonformen Handelns, die auf einem nach der Lebenserfahrung typischen Verhalten des Geschädigten beruht. Denn wie sich ein Bauherr verhält, der von seinem Architekten pflichtgemäß über die Höhe der zu erwartenden Baukosten aufgeklärt wird, entzieht sich jeder typisierenden Betrachtung.[986]

409

III. Verschulden

Das Verschulden des Architekten wird gem. § 280 Abs. 1 S. 2 BGB vermutet. Der Architekt hat gegenbeweislich darzutun, dass ihn kein Verschulden an der Bausummenüberschreitung trifft, da die Pflichtverletzung nicht seinem Verantwortungsbereich zuzuordnen ist.

410

---

[981] BGH, BauR 1997, 335; OLG Köln, BauR 2002, 978.
[982] BGH, BauR 1988, 734; *Lauer*, BauR 1991, 401, 403.
[983] OLG Köln, BauR 2002, 978; *Koeble* in Locher/Koeble/Frik, Einl. Rn 99.
[984] BGH, BauR 1997, 494 und BauR 1988, 734; OLG Dresden, BauR 2003, 556; OLG Stuttgart, OLGR 2000, 422; *Koeble* in Locher/Koeble/Frik, Einl. Rn 99.
[985] OLG Stuttgart, BauR 2000, 1896; OLG Braunschweig, OLGR 2003, 227.
[986] BGH, BauR 1997, 494.

§ 7 Die Ansprüche des Auftraggebers gegen den Architekten

IV. Schaden

411 Der Bauherr muss den ihm durch die Kostenüberschreitung entstandenen Schaden darlegen und beweisen. In der Regel scheitert an diesem Punkt die Durchsetzbarkeit des Anspruchs gegen den Architekten. Worin der **Schaden** des Bauherrn **bei einer Baukostenüberschreitung** liegen kann ist umstritten.[987] Sofern die Parteien sich **nicht auf eine Kostengrenze i. S. einer Beschaffenheitsvereinbarung geeinigt** haben, liegt der Schaden in der Höhe der über der Toleranzgrenze liegenden Kosten abzüglich der vom Architekten nicht zu verantwortenden Mehrkosten. Maßgeblich sind die im Zeitpunkt der Kostenermittlung zu erwartenden realistischen Kosten.[988] Auch ein Finanzierungsmehraufwand durch einen wegen der Bausummenüberschreitung erforderlichen Zusatzkredit kann berücksichtigt werden.[989] Dies gilt nicht, wenn der zu Lasten des Bauherrn entstandene Mehraufwand gleichzeitig zu einer **Wertsteigerung des Objekts** geführt hat.[990] Ist eine Wertsteigerung zu bejahen, trägt der Bauherr die Darlegungs- und Beweislast, dass die Baukosten höher als die ermittelte Wertsteigerung sind.[991]

412 Bei der Gegenüberstellung von Mehraufwand und Wertsteigerung des Objekts sind folgende Grundsätze zu beachten: Handelt es sich um ein Objekt, das zur **Ertragserzielung** (z. B. Vermietung und Verpachtung) errichtet worden ist, ist für die Ermittlung des Verkehrswerts primär der Etragswert zugrunde zu legen.[992] Der Sachwert ist daneben beizuziehen, insbesondere, wenn es sich bei dem Objekt um ein vom Bauherrn **selbst genutztes Gebäude** handelt (z. B. Einfamilienhaus).[993] Bei einem **Umbau**, einer **Modernisierung** oder **Instandsetzung** des Objekts ist die Wertsteigerung sehr schwer zu ermitteln. Denn es muss der Wert des vor der früheren Bebauung weiter verwendeten Teils berechnet und vom Gesamtwert des Objekts abgezogen werden.[994] Die Berechnungsmethoden sind auch für die Ermittlung eines Schadens durch eine **zusätzlich erforderliche Finanzierung** beizuziehen.[995] Steuervorteile des Bauherrn, z. B. die Abzugsfähigkeit von Schuldzinsen, kann der Architekt grundsätzlich schadensmindernd geltend machen (**Vorteilsausgleichung**).[996] Einer ermittelten Wertsteigerung kann der Bauherr u. U. eine „**aufgedrängte Bereicherung**" entgegenhalten.[997] Ist es dem Bauherrn wegen der Kostenüberschreitung nicht mehr zumutbar am Architektenvertrag festzuhalten, kann er den Vertrag **aus wichtigem Grund kündigen**.[998] Liegt eine Baukostenüberschreitung vor, kann der Architekt sein Honorar nur nach den **veranschlagten Baukosten** abrechnen.[999]

---

987 *Anker/Adler* BauR 1998, 465 ff; *Lauer*, BauR 1991, 401, 405 ff; *Steinert*, BauR 1988, 522.
988 OLG Köln, NJW-RR 1993, 986.
989 OLG Stuttgart, OLGR 2000, 422; OLG Köln, NJW-RR 1993, 986.
990 BGH, BauR 1997, 494 und 335; BauR 1994, 268; BauR 1979, 74; OLG Celle, BauR 1998, 1030; OLG Hamm, BauR 1993, 628; *Anker/Adler*, BauR 1998, 465, 467; *Miegel*, 68 ff und BauR 1997, 923, 926.
991 BGH, BauR 1997, 494.
992 BGH, BauR 1979, 74 und 1970, 246; OLG Düsseldorf, BauR 1974, 356.
993 BGH, a.a.O; OLG Koblenz, NZBau 2002, 231; OLG Stuttgart, OLGR 2000, 422; OLG Celle, BauR 1998, 1030.
994 BGH, BauR 1997, 494.
995 BGH, BauR 1994, 268; OLG Celle, BauR 1998, 1030.
996 BGH, NJW 1989, 3150.
997 OLG Hamm, NJW-RR 1994, 211: Bauherr ist nicht in der Lage, die Finanzierung der Mehrkosten zu tragen; OLG Stuttgart, BauR 1977, 426: Bei Kenntnis der Baukostenüberschreitung hätte der Bauherr eine preisgünstigere Ausführung gewählt oder ggf. das Bauvorhaben aufgegeben.
998 OLG Köln, BauR 1997, 1080; OLG Naumburg, BauR 1996, 889; *Miegel*, 82 ff.
999 BGH, BauR 2003, 566; OLG Köln, a.a.O; OLG Naumburg, a. a. O.

E. Schadensersatzanspruch des Bauherrn bei Überschreitung der Baukosten 3

▶ **Hinweis:** Bei einer Klage auf Schadensersatz wegen Überschreitung der Baukosten empfiehlt sich neben dem Zahlungsantrag das Stellen eines Feststellungsantrages, wenn der volle Schadensumfang noch nicht bezifferbar ist. Das Feststellungsinteresse des Bauherrn ergibt sich zunächst daraus, dass für die Schadensberechnung der Termin der letzten mündlichen Verhandlung maßgebend ist[1000] und – z. B. aufgrund der Situation auf dem Immobilienmarkt – ein Absinken des Verkehrswertes denkbar ist. Bei der Schadensberechnung über den Wert des Objekts sind die tatsächlichen Kosten mit dem Verkehrswert in Relation zu setzen. Als Zeitpunkt für die Ermittlung des Verkehrswertes ist derjenige der letzten mündlichen Verhandlung zugrunde zu legen.[1001] ◀   413

▶ Antrag:

werden wir in der mündlichen Verhandlung beantragen:

1. Der Beklagte wird verurteilt, an den Kläger EUR 157.600,- nebst Zinsen in Höhe von 5 Prozentpunkten über dem Basiszinssatz seit dem 6.6.2006 zu zahlen.
2. Es wird festgestellt, dass der Beklagte verpflichtet ist, an die Klägerin jeden über EUR 157.600,- hinausgehenden, aus der Erhöhung der Baukosten bei dem Bauvorhaben „Instandsetzung und Modernisierung des Wohnhauses in der Lemastraße 22 in 10111 Berlin" entstandenen Schaden zu bezahlen. ◀

Bei Schadensersatzklagen in architektenrechtlichen Fällen ist neben dem Wohnsitz des Beklagten (§ 13 ZPO) in der Regel auch das Gericht am Ort des Bauvorhabens als **Erfüllungsort** (§ 29 ZPO). Ob das allerdings auch für Schadensersatzansprüche bei Bausummenüberschreitung gilt, ist noch nicht abschließend geklärt.[1002]   414

V. Rechte des Architekten auf Nacherfüllung

Einen Schadensersatzanspruch wegen Baukostenüberschreitung kann der Bauherr nicht geltend machen, wenn er dem Architekten zuvor nicht die Möglichkeit eingeräumt hat, durch neue planerische Bemühungen die Baukosten auf den vorgegebenen Betrag zu senken.[1003] Das Recht auf Nacherfüllung steht dem Architekten insoweit zu, als eine **Korrektur noch möglich** ist. Für die Behauptung, die Planung können nicht mehr nachgebessert werden, ist der Bauherr darlegungs- und beweisbelastet.[1004] Auch wenn der Bauherr beabsichtigt den Architekten wegen Kostenüberschreitung aus wichtigem Grund zu kündigen, muss er ihm – soweit möglich – vorher die Möglichkeit der Nachbesserung einräumen.[1005]   415

VI. Verjährung des Schadensersatzanspruchs wegen Baukostenüberschreitung

Die ordentliche Kostenermittlung und die Einhaltung der Baukosten sind dem Kernbereich der architektonischen Tätigkeit zuzuordnen. Für den Schadensersatzanspruch wegen schuldhafter Baukostenüberschreitung gilt die fünfjährige Verjährungsfrist gem. § 634a Abs. 1 Nr. 2 BGB.   416

1000 *Werner* in Werner/Pastor, Rn 433 f.
1001 BGH, BauR 1977, 335.
1002 Bejahend: *Werner* in Werner/Pastor, Rn 420; **a. A.** *Koeble* in Locher/Koeble/Frik, § 1 Rn 31.
1003 OLG Celle, BauR 2004, 359; OLG Düsseldorf, IBR 2003, 85; OLG Köln, BauR 2002, 978; OLG Schleswig, OLGR 2002, 272; OLG Stuttgart, OLGR 2000, 422; *Miegel*, 80.
1004 OLG Düsseldorf, BauR 1994, 133.
1005 OLG Düsseldorf, IBR 2003, 85 und BauR 1988, 237.

§ 7 Die Ansprüche des Auftraggebers gegen den Architekten

F. Schadensersatzanspruch wegen verzögerter Erbringung des Architekten werks auf Ersatz des Verzögerungsschadens gemäß §§ 280 Abs. 1 und 2, 286 BGB

417 Liegen die Voraussetzungen des Verzuges nach § 286 BGB vor, haftet der Architekt gem. § 280 Abs. 2 BGB auf Schadensersatz (Verzögerungsschaden). Die Pflichtverletzung ergibt sich aus der **verspäteten Leistungserbringung** (§ 280 Abs. 1 BGB). Das Verschulden wird vermutet (§ 280 Abs. 1 S. 2 BGB). Der Architekt kann sich gem. § 286 Abs. 4 BGB entlasten, wenn er nachweisen kann, dass die Leistung infolge eines Umstandes unterblieben bzw. verspätet ist, den er nicht zu vertreten hat.

418 Bei Abschluss des Architektenvertrages wird der Architekt in der Regel kein Interesse haben, sich durch die Vereinbarung von **verbindlichen Fertigstellungsfristen** zu binden. Zumal in diesem Zeitpunkt viele Unwägbarkeiten eine konkrete Zeitangabe für die Beendigung des Bauvorhabens schwierig machen. Aus der Sicht des Bauherrn wird dagegen bereits bei Abschluss des Architektenvertrages eine genaue Terminvorgabe gewünscht sein.

▶ HINWEIS: Da die bloße Nichteinhaltung eines Fertigstellungstermins für sich den Schluss auf einen Verzug des Architekten nicht zulässt sondern eine ausdrückliche Abrede zwischen den Parteien erforderlich ist, ist dem Bauherrn dringend zu raten, einen Fertigstellungstermin und ggf. auch Zwischentermine mit dem Architekten zu vereinbaren.[1006] ◀

Ist eine **Fälligkeit verbindlich geregelt**, gerät der Architekt nach § 286 Abs. 2 Nr. 2 BGB in Verzug, wenn die Parteien im Architektenvertrag ein die Frist auslösendes Ereignis und sich daran anschließend eine angemessene Frist zur Leistung vereinbart haben. Für das die Frist auslösende Ereignis ist z. B. der Bezug auf die „Erteilung der Baugenehmigung", den „Abruf des Ausführungsplanung" oder die „Eintragung des Bauherrn als Eigentümer im Grundbuch" in Verbindung mit einer angemessenen Frist für die Leistungserbringung ausreichend.

419 Die Parteien versäumen es oft, im Architektenvertrag Fertigstellungsfristen zu vereinbaren. Fertigstellungstermine können sich jedoch auch aus der **Üblichkeit** ergeben. Die fehlende vertragliche Regelung der Fälligkeit soll aus den Umständen zu entnehmen sein und sich am üblichen Zeitaufwand einer Leistung orientieren.[1007] Wie der Bauunternehmer hat der Architekt mit der Herstellung des Werkes im Zweifel alsbald nach Vertragsschluss zu beginnen und es in einer angemessenen Zeit fertig zu stellen.[1008] Dies setzt voraus, dass auch der Bauherr seinen Mitwirkungspflichten nachgekommen ist und dem Architekten die notwendigen Informationen/Entscheidungen mitgeteilt hat.

[1006] OLG Frankfurt, BauR 1991, 370: Der Bauherr muss substantiiert und nachvollziehbar darlegen, wann der Architekt welche nach dem Bauablauf erforderlichen Handlungen nicht rechtzeitig vorgenommen hat.
[1007] OLG Düsseldorf, NJW-RR 1998, 1749.
[1008] BGH, BauR 2001, 946.

G. Schadensersatzansprüche gemäß § 280 Abs. 1 BGB bei „sonstiger" Pflichtverletzung – insbesondere Verletzung von Sachwalterpflichten

I. Schadensersatz bei Ausschluss der Leistungspflicht nach §§ 280 (311 a BGB), 275, 283 BGB

Gemäß § 275 Abs. 1 BGB kann **Unmögliches** nicht verlangt werden. Der Bauherr kann vom Architekten auch keine Leistung verlangen, die ihm **nicht zuzumuten** ist, weil sie in einem groben Missverhältnis zum Interesse des Bauherrn steht (§ 275 Abs. 2 BGB) oder als persönlich zu erbringende Leistung mit einem besonderen Hindernis verbunden ist (§ 275 Abs. 3 BGB). Hat der Architekt die Unmöglichkeit oder die Unzumutbarkeit selbst verschuldet, haftet er dem Bauherrn auf Schadensersatz statt der Leistung (§§ 275 Abs. 4, 280 Abs. 3, 283 BGB), ggf. auf Ersatz des Schadens statt der ganzen Leistung (§§ 283, 281 Abs. 1 S. 2 und 3 BGB). Bestand das Leistungshindernis bereits bei Abschluss des Architektenvertrages, kann die Leistung vom Bauherrn nach § 275 BGB nicht gefordert werden. Gemäß § 311 a Abs. 2 S. 1 BGB steht dem Bauherrn ggf. ein Schadensersatzanspruch zu. Der Architekt muss gegenüber dem Bauherrn dann dafür einstehen, dass er sich für eine unmögliche Leistung vertraglich verpflichtet hat. Nur wenn er nachweisen kann, dass er das Leistungshindernis bei Vertragsschluss weder kannte noch durch Unkenntnis zu vertreten hat (§ 311 Abs. 2 BGB), muss er für die Unmöglichkeit der Leistung nicht einstehen. **420**

Grundsätzlich wird der Architekt in der Lage sein, die vom Bauherrn gewünschte Leistung zu erbringen. Dies, zumal gerade bei Abschluss des Architektenvertrages das **Bausoll** noch nicht konkret feststeht, so dass schwer vorstellbar ist, dass der Architekt etwas Unmögliches verspricht. Von Bedeutung sind aber die Fälle, in denen das zu **beplanende Grundstück** nicht oder nicht in der vom Bauherrn gewünschten Form bebaut werden kann.[1009] Der Architekt ist nach §§ 275 Abs. 1, 311 a Abs. 1 BGB von seiner Leistungspflicht befreit aber dem Bauherrn schadensersatzpflichtig, wenn er die zur Unmöglichkeit führenden Umstände kannte oder schuldhaft nicht kannt. Wie bei § 280 Abs. 1 S. 2 BGB trägt der Architekt für ein fehlendes Verschulden die Beweislast. Werden **Änderungen der Bauleitplanung** durch ein neues im Zeitpunkt der Antragsstellung genehmigungsfähiges Baugesuch veranlasst und erlässt die Gemeinde eine Veränderungssperre, stellt einen neuen Bebauungsplan auf oder korrigiert den alten in ihrem Sinne, um schließlich den Bauantrag als nicht mit dem neuen Bebauungsplan konform abzulehnen, wird ein Schadensersatzanspruch des Bauherrn nach §§ 283, 280 Abs. 3, 275 BGB in der Regel ausscheiden, denn ein Vertretenmüssen wird dem Architekten in solchen Fällen kaum anlastbar sein. **421**

II. Schadensersatz statt der Leistung bei Verletzung von Schutzpflichten gemäß §§ 280 (311 Abs. 2), 282, 241 Abs. 2 BGB

Zu den Schutzpflichten nach § 241 Abs. 2 BGB zählen die **Sachwalterpflichten** (vgl. dazu Rn 27 ff.), also vornehmlich die Beratungs- und Aufklärungspflichten des Architekten **422**

[1009] Beispiele: Das Grundstück soll im Außenbereich nach § 35 BauGB mit einem Wohngebäude bebaut werden; das zu bebauende Grundstück ist gem. § 9 Nr. 15 BauGB als öffentliche Grünfläche festgesetzt; in einem nach § 3 BauNVO reinen Wohngebiet soll eine immissionsträchtiges Gewerbegebiet angesiedelt werden; besondere Baugrundverhältnisse schließen eine Bebauung aus (Altlasten, Lage in Hochwasserzone).

§ 7 Die Ansprüche des Auftraggebers gegen den Architekten

soweit sie nicht den leistungsbezogenen und leistungsbegleitenden Pflichten zuzuordnen sind und sich nicht zugleich auf das Integritätsinteresse i. S. von § 241 Abs. 1 BGB beziehen.[1010] Als Sachwalter des Bauherrn treffen den Architekten im besonderen Maße Pflichten zur Aufklärung und zum Schutz seines Bauherrn.[1011] Der Architekt ist sachkundiger Berater und Betreuer des Bauherrn auf dem Gebiet des Bauwesens und der primäre Ansprechpartner des Bauherrn, wenn es zu Problemen bei der Bauabwicklung kommt.[1012] Die aus den Sachwalterpflichten resultierenden Beratungs- und Betreuungspflichten sind in jedem Einzelfall auch abhängig vom eigenen Kenntnisstand des Bauherrn.[1013] Bei eigener ausreichender Sachkunde des Bauherrn oder eines von ihm beigezogenen Dritten, z. B. einem Projektsteuerer oder Koordinator nach der Baustellenverordnung kann der Architekt von seiner Beratungspflicht befreit sein.[1014] Zu beachten ist, dass zu den Schutzpflichten auch die Verkehrssicherungspflicht gehört, so dass sich im Einzelfall auch für geschädigte Dritte ein vertraglicher Anspruch ergeben kann.[1015] Verstößt der Architekt gegen eine bestehende Hinweis- und Aufklärungspflicht (§ 241 Abs. 2 BGB, ggf. i. V. m. § 311 Abs. 2 Nr. 1 BGB), steht dem Auftraggeber ein Schadensersatz nach § 280 Abs. 1 S. 1 BGB zu. Ggf. kann daneben, sofern dem Auftraggeber die Fortsetzung des Vertrages nicht mehr zuzumuten ist, auch eine Kündigung des Vertrages aus wichtigem Grund[1016] in Betracht kommen (§ 314 BGB analog) oder der Auftraggeber stattdessen unter den Voraussetzungen des § 282 BGB Schadensersatz statt der Leistung verlangen.

H. Haftungsausschlüsse und Haftungsbeschränkungen

423 Haftungsausschlüsse oder -beschränkungen können **formularmäßig** oder durch eine **Individualvereinbarung** erfolgen. Formularmäßig Haftungsausschlüsse oder -beschränkungen müssen sich an den §§ 305 ff. BGB messen lassen.[1017]

I. Allgemeine Geschäftsbedingungen

424 Gemäß § 305 Abs. 1 BGB sind allgemeine Geschäftsbedingungen für eine Vielzahl von Verträgen[1018] vorformulierte Vertragsbedingungen, die eine Vertragspartei (Verwender) der anderen Vertragspartei bei Abschluss des Vertrages stellt und die nicht im Einzelnen ausgehandelt worden sind. Handelt es sich bei den Vertragsparteien um Unternehmer und Verbraucher, hat gem. § 310 BGB eine Kontrolle nach den §§ 305 ff. BGB auch dann zu erfolgen, wenn die Klausel nur für eine **einmalige Verwendung** vorformuliert ist und

---

1010 *Werner* in Werner/Pastor, Rn 1773.
1011 BGH, NZBau 2002, 42 und BauR 1985, 97, 99; OLG Düsseldorf, NJW-RR 2002, 1098.
1012 BGH, BauR 1979, 345, 346.
1013 OLG Düsseldorf, NJW-RR 2002, 1098.
1014 BGH, BauR 1979, 345 und BauR 1975, 66.
1015 *Heinrichs* in Palandt, § 280 BGB, Rn 28.
1016 OLG Hamm, BauR 1999, 1479, 1480.
1017 Der Verwender von AGB kann auch für ihn ungünstige Klauseln vereinbaren: BGH BauR 1987, 205; BauR 1990, 605; OLG Hamm BauR 1990, 731.
1018 Eine Vertragsklausel ist nur dann eine Allgemeine Geschäftsbedingung i. S. des § 305 BGB, wenn sie für eine Vielzahl von Verträgen vorformuliert worden ist. Bisher ging der VII. Zivilsenat davon aus, dass diese Voraussetzung nur erfüllt ist, wenn der Verwender im Zeitpunkt des Vertragsschlusses die Absicht der Mehrfachverwendung hatte, BGH BauR 1997, 123; BauR 1992, 622; ZIP 2001, 1921; BauR 2002, 83. Mit Urt. v. 24.11.2005, WM 2006, 247, hat der VII. Zivilsenat seine Rechtsprechung geändert. Nunmehr liegen Allgemeine Geschäftsbedingungen bereits dann vor, wenn sie von einem Dritten für eine Vielzahl von Verträgen vorformuliert sind und die Vertragspartei, die die Klausel stellt, sie nur in einem einzigen Vertrag verwenden will.

H. Haftungsausschlüsse und Haftungsbeschränkungen

der Verbraucher keinen Einfluss nehmen konnte. Sind die Vertragsbedingungen **im Einzelnen ausgehandelt,** liegen gem. § 305 Abs. 1 BGB keine Allgemeinen Geschäftsbedingungen vor. Ein Aushandeln ist nur in den Fällen zu bejahen, wenn der Verwender der Klausel zur Abänderung der von ihm gestellten Klausel in der Art bereit ist, dass er den gesetzesfremden Kerngehalt ernsthaft zur Disposition stellt und dem Vertragspartner Gestaltungsfreiheit zur Wahrung seiner eigenen Interessen einräumt, damit dieser die Möglichkeit hat, die inhaltliche Ausgestaltung der Klausel zu beeinflussen.[1019] Nicht ausreichend ist, dass der Verwender den Inhalt der Klausel erläutert und dies dann den Vorstellungen der Parteien entspricht. Ein individuelles Aushandeln manifestiert sich nach außen, wenn es zur einer Abänderung des vereinbarten gekommen ist.[1020] Klauseln in notariellen Verträgen sind von einer Partei gestellt, wenn der Vertrag vom Hausnotar entworfen worden ist oder der Notar den Formularvertragsentwurf einer Partei verwendet.[1021] Verwendet der Notar ohne Hausnotar zu sein, vorformulierte Klauseln, liegen keine AGB vor.[1022]

Gemäß § 310 BGB gelten beim Verbrauchergeschäft Allgemeine Geschäftsbedingungen als **vom Unternehmer gestellt,** es sei denn, der Verbraucher hat sie in den Vertrag eingeführt.[1023] Wie bereits erwähnt, gilt dies auch für Klauseln, die nur zur einmaligen Verwendung bestimmt sind. Allerdings muss der Verbraucher bei einer nur zur einmaligen Verwendung bestimmten Klausel nachweisen, dass er wegen deren Vorformulierung keinen Einfluss auf ihren Inhalt nehmen konnte.[1024] Denjenigen, der sich auf den Schutz der §§ 305 ff. BGB beruft, trifft die Darlegungs- und Beweislast dafür, dass Allgemeine Geschäftsbedingungen i. S. des § 305 Abs. 1 BGB vorliegen.[1025] Behauptet der Verwender, die Vertragsbedingungen seien individuell ausgehandelt worden, trägt er dafür die Darlegungs- und Beweislast. Liegt ein Verbrauchervertrag vor, trägt wegen der Fiktion des § 310 Abs. 3 Nr. 1 BGB der Unternehmer die Beweislast, dass die Vertragsbedingungen im Einzelnen ausgehandelt worden sind und/oder es sich um eine vom Verbraucher eingeführte Klausel handelt.[1026]

425

II. Inhaltskontrolle: Einzelne Klauseln

1. Vollständiger Haftungsausschluss

a) Individuelle Vereinbarung

Über eine Individualvereinbarung ist ein vollständiger Haftungsausschluss – z. B. für die Mängelhaftung des Architekten – grundsätzlich möglich.[1027] Der Architekt kann sich auf einen solchen Mängelhaftungsausschluss aber gem. § 639 BGB dann nicht berufen, wenn

426

1019 BGH BauR 1992, 794 (Aushandeln eines Architektenvertrages); BauR 1992, 226 (Anpassung an die konkrete Situation ist kein Aushandeln); BauR 2003, 870 (Aushandeln einer Vertragsstrafe); zuletzt BGH BauR 2005, 1154 sowie WM 2005,1373; *Werner* in Werner/Pastor, Rn 2151.
1020 *Werner* in Werner/Pastor, Rn 2151.
1021 BGH BauR 1979, 337; BauR 1994, 776,.
1022 OLG Köln OLGR 1998, 193; *Werner* in Werner/Pastor, Rn 2161.
1023 *Heinrichs* in Palandt, § 310 BGB, Rn 14; *Werner* in Werner/Pastor, Rn 2170.
1024 *Werner* in Werner/Pastor, Rn 2170.
1025 BGH BauR 1992, 622; BauR 1997, 123.
1026 *Heinrichs* in Palandt, § 310 BGB, Rn 14.
1027 *Werner* in Werner/Pastor, Rn 2179; Zu beachten bleibt, dass der BGH auch Individualverträge der Inhaltskontrolle unterzieht, wenn dies zum Schutze der Beteiligten erforderlich ist, BGH BauR 1987, 552; BauR 1987, 686; BauR 1988, 464. So ist ein vollständiger Ausschluss der Mängelhaftung beim Erwerb einer zu errichtenden Immobilie (Wohnung/Haus) gem. § 242 BGB unwirksam, BGH BauR 1990, 466 (467); BauR 1989, 597.

er den Mangel **arglistig verschwiegen** hat oder eine **Garantie** für die Beschaffenheit des Architektenwerkes übernommen hat, wobei aber nicht jede Zusicherung einer Eigenschaft einer verschuldensunabhängigen Garantiehaftung gleichzustellen ist. Die Reichweite der jeweiligen Zusicherung ist dahin zu prüfen, ob wirklich ein entsprechender unbedingter Einstandswille des Architekten im Sinne einer Garantie gegeben ist.[1028]

b) Verwendung in AGB

427 Grenzen für einen Ausschluss der Haftung durch AGB werden durch die §§ 305 ff. BGB gezogen. § **309 Nr. 8 b aa) BGB** soll die Beschneidung oder Aushüllung gesetzlicher oder vertraglicher Gewährleistungsansprüche vermeiden. Danach ist der vollständige Ausschluss von Mängelhaftungsansprüchen umangemessen. Dem Vertragspartner soll als Mindestrechtsschutz wenigstens das Recht auf Nacherfüllung, Minderung, Rücktritt, Selbstbeseitigung oder Schadensersatz verbleiben.[1029] Zulässig ist allerdings die Beschränkung auf ein Gewährleistungsrecht, sofern dieses Recht nicht wegen der besonderen Fallgestaltung oder dem Vertragsverhältnis leer läuft.[1030] Ein vollständiger formulamäßiger Haftungsausschluss verstößt auch gegen § **309 Nr. 7 BGB**. Gemäß § **309 Nr. 7 b BGB** kann die Haftung nicht für vorsätzliche und grob schuldhafte Vertragsverletzungen des Verwenders, seines gesetzlichen Vertreters oder Erfüllungsgehilfen ausgeschlossen werden. Für vorsätzliche und grob schuldhafte Vertragsverletzungen wird für jede Art des Schadens und der Höhe nach unbegrenzt gehaftet.

aa) Ausschluss der Mängelhaftung für einzelne Teilleistungen

428 Gem. § **308 Nr. 8 b) aa) BGB** kann die Haftung auch hinsichtlich einzelner Teile der Leistung nicht ausgeschlossen werden. Ein solcher Ausschluss bezüglich einzelner Teile der Leistung ist auch darin zu sehen, wenn eine Mängelhaftung nur für bestimmte Arten oder bestimmte Ursachen von Mängeln gewährt wird.[1031]

bb) Haftungsausschluss für Nacharbeiten

429 Eine Klausel in Allgemeinen Geschäftsbedingungen, die die Mängelhaftung des Architekten für den Fall von Nacharbeiten durch einen anderen Architekten ausschließt, wird ebenfalls von § **309 Nr. 8 b) aa) BGB** erfasst und ist deshalb unwirksam. Mit dieser Klausel wird dem Bauherrn der Nachweis, dass dem Architektenwerk von vornherein ein Mangel anhaftete und dieser nicht Folge von Leistungen des Nacharchitekten ist, abgeschnitten.[1032]

cc) Beschränkung auf verschuldete bzw. bei der Abnahme festgestellte Mängel

430 Da die Mängelhaftung verschuldensunabhängig ausgestaltet ist, führt eine Klausel, die die Haftung auf schuldhaft verursachte Mängel beschränken will, in der Regel zu einem **vollen Haftungsausschluss** und ist damit unzulässig.[1033] Das Gleiche gilt, wenn die Haftung auf Mängel beschränkt werden soll, die **bei der Abnahme** festgestellt worden sind.[1034]

1028 *Werner* in Werner/Pastor, Rn 2179.
1029 *Werner* in Werner/Pastor, Rn 2182.
1030 BGH DB 1980, 153; NJW 1998, 677; NJW 1998, 679.
1031 OLG Karlsruhe ZIP 1983, 1091.
1032 OLG Karlsruhe ZIP 1983, 1091; *Werner* in Werner/Pastor, Rn 2186.
1033 BGH NJW 1974, 1322.
1034 *Werner* in Werner/Pastor, Rn 2186.

H. Haftungsausschlüsse und Haftungsbeschränkungen

2. Beschränkung der Haftung auf Nacherfüllung

a) Individuelle Vereinbarung

Individualvertraglich ist eine Beschränkung der Haftung auf Nacherfüllung möglich.[1035] Bei den architektenrechtlichen Fällen, in denen eine Nacherfüllung nicht möglich ist, weil sich der Fehler im Architektenwerk auch bereits in einem Mangel am Bauwerk niedergeschlagen hat, kann eine solche Haftungsbeschränkung nicht zum Zuge kommen.

431

b) Verwendung in AGB

Auch in AGB ist eine Beschränkung der Mängelrechte auf das Recht zur Nacherfüllung grundsätzlich zulässig.[1036] Gem. § 309 Nr. 8 b) bb) BGB ist die Beschränkung auf die Nacherfüllung allerdings nur dann wirksam, wenn für den Fall des **Fehlschlagens der Nacherfüllung** – beim Architektenvertrag also stets in den Fällen, in denen sich der Mangel des Architektenwerks im Bauwerk bereits verkörpert hat – das **Minderungsrecht** bestehen bleibt.[1037] Die Verpflichtung des Architekten, die Aufwendungen zu tragen, die zum Zwecke der Nacherfüllung erforderlich sind, kann weder ausgeschlossen noch beschränkt werden.[1038]

432

3. Beschränkungen der Höhe nach

a) Individuelle Vereinbarung

In Individualverträgen ist eine Haftungsbeschränkung der Höhe nach unbedenklich.[1039]

433

b) Verwendung in AGB

Haftungsbegrenzungen der Höhe nach auf **bestimmte Summen** sind in AGB dagegen nur beschränkt möglich. Dies gilt auch für Klauseln, die die Haftung auf eine nicht bestimmte aber berechenbare Summe beschränken.[1040] Die Grenzen für die Haftungsbegrenzungsklauseln in Allgemeinen Geschäftsbedingungen werden vor allem durch § **309 Nr. 5 BGB** (Pauschalierung von Schadensersatzansprüchen) und § **309 Nr. 7 BGB** (Haftung bei grobem Verschulden) gezogen. Danach ist eine summenmäßige Haftungsbegrenzung zunächst für die Haftung wegen **leichter Fahrlässigkeit** zulässig (vgl. § 309 Nr. 7 BGB).[1041] Aber auch eine solche an sich zulässige Klausel kann noch gegen § 307 BGB verstoßen. Dies ist der Fall, wenn die Klausel nicht ausreichend eindeutig und verständlich ist oder der Bauherr durch eine völlig **unzureichende Haftungssumme** praktisch schutzlos gestellt wird oder wenn die Haftungsbegrenzung der Höhe nach auf einen Haftungsausschluss hinausläuft. Die Haftungssumme muss daher dem Umfang des Architektenwerks/Bauwerks angemessen sein und einem voraussehbaren Schaden entsprechen.[1042]

434

1035 *Werner* in Werner/Pastor, Rn 2210.
1036 BGH BauR 1978, 224.
1037 BGH ZfBR 1991, 262; NJW 1985, 623; NJW 1990, 1141; NJW 1994; 1004; *Werner* in Werner/Pastor, Rn 2212.
1038 BGH BauR 1981, 378.
1039 *Werner* in Werner/Pastor, Rn 2227.
1040 BGH WM 1993, 24; NJW 1985, 3016.
1041 *Werner* in Werner/Pastor, Rn 2228.
1042 *Beigel*, BauR 1986, 34 (36); *Locher*, Festschrift für Locher, S. 181 ff; *Werner* in Werner/Pastor, Rn 2229 f.

4. Zeitliche Begrenzung

a) Individuelle Vereinbarung

435 In Individualverträgen kann die Gewährleistungsfrist grundsätzlich gegenüber den gesetzlichen Vorschriften des BGB zeitlich eingeschränkt werden. Es ist allerdings § 202 BGB zu beachten.

b) Verwendung in AGB

436 Die nach dem BGB im Werksvertragsrecht geltenden Gewährleistungsfristen können dagegen nach § 309 Nr. 8 b) ff.) BGB nicht mehr in Allgemeinen Geschäftsbedingungen verkürzt werden. Es bleibt grundsätzlich bei der 5jährigen Verjährungsfrist des § 634 a Abs. 1 Nr. 2 BGB.

5. Änderung der Beweislast

a) Individuelle Vereinbarung

437 Die Beweislast kann unter den Vertragsparteien eines Bauvertrages grundsätzlich frei vereinbart werden. Dies gilt jedoch nur für Individualverträge.[1043]

b) Verwendung in AGB

438 Formularmäßige oder in Allgemeinen Geschäftsbedingungen enthaltene Beweislastregelungen sind dagegen nach § 309 Nr. 12 BGB zu bewerten. Danach ist eine Bestimmung in Formularverträgen oder AGB unwirksam, durch die der Verwender die Beweislast zum Nachteil des anderen Vertragsteils ändert, insbesondere indem er diesem die Beweislast für Umstände auferlegt, die im Verantwortungsbereich des Verwenders liegen. Entsprechendes gilt auch für den Schadenersatzanspruch.[1044]

6. Beschränkung auf den unmittelbaren Schaden

a) Individuelle Vereinbarung

439 Eine Haftungsbegrenzung kann individualrechtlich in der Weise wirksam erfolgen, dass die Haftung auf den Ersatz des unmittelbaren Bauschadens beschränkt wird. Damit wird die Haftung für den mittelbaren Folgeschaden ausgeschlossen.[1045]

b) Verwendung in AGB

440 Erfolgt eine Haftungsbegrenzung auf den unmittelbaren Schaden in Allgemeinen Geschäftsbedingungen, verstößt diese Klausel gegen § 309 Nr. 7 b) BGB und ist damit nichtig, soweit sie auch bei grober Fahrlässigkeit die Haftung beschränkt.[1046]

I. Herausgabeansprüche des Auftraggebers

441 Aus dem abgeschlossenen Architektenvertrag hat der Bauherr gegen den Architekten einen Anspruch auf **Herausgabe von Unterlagen**. Diese Verpflichtung des Architekten ergibt sich aus seinen Sachwalterpflichten, nämlich aus der Pflicht, dem Bauherrn Aus-

---

1043 *Werner* in Werner/Pastor, Rn 2252.
1044 *Werner* in Werner/Pastor, Rn 2253, 2255.
1045 BGH WM 1974, 219.
1046 *Werner* in Werner/Pastor, Rn 2260.

kunft über alle Fragen zu erteilen, die er zur Beurteilung des Baugeschehens benötigt.[1047] Wie bei allen Auskunftsansprüchen besteht der Anspruch primär in einem Recht zur Einsichtnahme, ggf. zur Übergabe von Kopien oder aber der Übergabe von Originalunterlagen, um davon Abschriften/Kopien fertigen zu können (vgl. dazu Rn 145 ff.). Mit der Einrede des nichterfüllten Vertrages gem. § 320 BGB kann der Architekt wegen seines noch nicht gezahlten Architektenhonorars dem Herausgabeanspruch des Bauherrn auf Unterlagen, wie z. B. Ausführungs- und Detailpläne und Leistungsverzeichnisse nicht entgegentreten.[1048] Der Architekt ist bezüglich seiner Leistungsverpflichtung **vorleistungspflichtig** und kann daher die Herausgabe von Unterlagen nicht von der vorherigen Bezahlung seines Honorars abhängig machen.[1049] Nichts anderes gilt mit Blick auf die urheberrechtlichen Ansprüche des Architekten, da der Architekt mit Abschluss des Architektenvertrages in der Regel die urheberrechtliche Nutzungsbefugnis auf den Bauherrn überträgt (vgl. dazu Rn 312).

J. Schadensersatzanspruch aus unerlaubter Handlung gemäß § 823 Abs. 1 BGB und gemäß § 823 Abs. 2 BGB i. V. m. einem Schutzgesetz

I. Haftung wegen Eigentumsverletzung gemäß § 823 Abs. 1 BGB

442 Bei einem mangelhaften Architektenwerk, das zu einer Beeinträchtigung von absolut geschützten Rechtsgütern des Bauherrn nach § 823 Abs. 1 BGB führen kann, sind durchaus auch deliktsrechtliche Ansprüche des Bauherrn gegen den Architekten denkbar, insbesondere wegen **Eigentumsverletzungen**. Das an sich mangelhafte Architektenwerk bzw. Bauwerk ist allein aber noch keine Eigentumsverletzung, darin erweist sich lediglich ihr Mangelunwert.[1050] Deliktische Ansprüche werden daher nur in Betracht kommen, wenn sich ein Mangel gerade auf **schon vorhandene bisher unversehrte Teile** des zu behandelnden Gegenstandes auswirkt und der zu ersetzende Schaden nicht mit dem bloßen Unwert der Sache **stoffgleich** ist.[1051] Eine Eigentumsverletzung, die sowohl eine Substanzverletzung und eine nicht unerhebliche Beeinträchtigung des bestimmungsgemäßen Gebrauchs sein kann, liegt z. B. vor, wenn durch eine mangelhafte Architektenplanung das Grundstück/Gebäude vor der Realisierung des Baus in mangelfreiem Zustand im Eigentum des Bauherrn gestanden hat.[1052] Eine Eigentumsbeeinträchtigung kann sich auch dadurch ergeben, dass im Rahmen der Mängelbeseitigung bislang mangelfreie, im Eigentum des Bauherrn stehende Bauteile beschädigt werden.[1053]

II. Haftung wegen der Verletzung von Verkehrssicherungspflichten

443 Voraussetzung für die Haftung wegen einer Verletzung von Verkehrssicherungspflichten ist die dadurch herbeigeführte schuldhafte Verletzung eines der in § 823 Abs. 1 BGB genannten Schutzgüter. Wer einen Verkehr eröffnet, muss auch die notwendigen Vorkehrungen Dritten gegenüber treffen. Dies setzt wiederum das Bestehen einer gerade diesen

---

1047 *Schwenker* in Thode/Wirth/Kuffer, § 4 Rn 54.
1048 BGH, NJW-RR 1997, 1272 und BauR 1992, 622.
1049 OLG Hamm, BauR 2000, 295; OLG Köln, BauR 1999, 189; OLG Frankfurt, BauR 1982, 295.
1050 BGH, BauR 1992, 388.
1051 BGH, BauR 2001, 800 und a. a. O.
1052 BGH, BauR 1992, 388; 1985, 102 und 1977, 277.
1053 BGH, BauR 1992, 388.

Dritten gegenüber bestehenden **Verkehrssicherungspflicht** voraus. Erforderliche Verkehrssicherungspflichten ergeben sich aus Verträgen oder Schutzgesetzen (§ 823 Abs. 2 BGB). Die Darlegungs- und Beweislast für die schuldhafte und kausale Verletzung einer Verkehrssicherungspficht trägt der Geschädigte. Eine **Beweiserleichterung** ergibt sich jedoch aus dem Beweis des ersten Anscheins für die Ursächlichkeit der Pflichtverletzung, wenn sich in dem Schadensereignis gerade diejenige Gefahr verwirklicht, der durch die konkrete Verkehrssicherungspflicht hätte begegnet werden können. Der in Anspruch genommene Architekt kann diesen Beweis nur dadurch erschüttern, dass er feststehende Tatsachen entkräftet, so dass die Möglichkeit eines anderen Geschehensablaufs ernsthaft in Betracht kommt.[1054] Zu den Verkehrssicherungspflichten des Architekten sind zahlreiche Gerichtsentscheidungen ergangen: Eine Haftung des Architekten ist z. B. bejaht worden bei einem Sturz von einer nicht fertig gestellten Aussentreppe,[1055] beim Einsturz einer unzureichend abgehängten Decke[1056] und bei der Beschädigung des Nachbargebäudes durch Abrissarbeiten.[1057]

1. Haftung des planenden Architekten

444 Auch dem „nur" planenden Architekten können Verkehrssicherungspflichten obliegen.[1058] Denn Anknüpfungspunkt für eine Verkehrssicherungspflicht ist u. a. die **Beherrschung eines bestimmten Sachbereichs** sowie die **Schaffung einer besonderen Gefahrenlage**. Ergeben sich aus der Planung des Architekten erkennbare Gefahren (z. B. risikoreiche Bauabläufe) muss der Architekt entsprechende Vorsorge treffen um vorzubeugen, dass keine geschützten Rechtsgüter Dritter betroffen werden. Dies gilt auch, wenn der Architekt in Ergänzung seiner Planung auf der Baustelle Maßnahmen anordnet, von denen Gefahren für Dritte ausgehen können.

2. Haftung des mit der Objektüberwachung beauftragten Architekten

445 Grundsätzlich hat der **Bauherr** dafür Sorge zu tragen, dass von seiner Baustelle keine Gefahren ausgehen, die geeignet sind, die Schutzgüter Dritter zu beeinträchtigen. Als Veranlasser des Bauvorhabens ist zunächst der Bauherr verkehrssicherungspflichtig.[1059] Beauftragt der Bauherr aber einen Bauunternehmer mit der Durchführung des Bauvorhabens, eröffnet dieser die Gefahrenquelle und ist dann primär verkehrssicherungspflichtig.[1060] Dies wiederum bedeutet für den **Architekten**, dass er insoweit verkehrssicherungspflichtig ist, als er diejenigen Verkehrssicherungspflichten zu beachten hat, die dem Bauherrn als mittelbarem Veranlasser der sich aus der Bauausführung ergebenden Gefahren obliegen.[1061] Damit muss der Architekt erkannte oder bei gewissenhafter Beobachtung der ihm obliegenden Sorgfalt erkennbare **baustellentypische Gefahren** beseitigen

---

1054 BGH, NJW 1994, 945.
1055 OLG Hamm, BauR 2003, 127.
1056 OLG Celle, BauR 2001, 1925.
1057 OLG Frankfurt a. M., BauR 1999, 1324; Weitere Beispiele: OLG Stuttgart, IBR 1999 und IBR 2000, 328: Sturz von einem Gerüst mit unzureichender Belags- und Fangbreite; OLG Schleswig, BauR 1999, 1488: Sturz in einen ungesicherten Kellerschacht; OLG Frankfurt a. M, BauR 1999, 1488: Einsturz eines bei einem vorangegangenen Baustellenunfall beschädigten Gebäudeteiles; OLG Frankfurt a. M., BauR 1998, 152: Absturz wegen eines unzureichend befestigten Querholms an einem Gerüst; BGH, NJW 1997, 582: Sturz eines Kindes in einen ungesicherten, nicht umfriedeten Löschwasserteich.
1058 BGH, BauR 1997 148 und BauR 1987, 116.
1059 BGH, BauR 1977, 428 und BauR 1976, 441; OLG Karlsruhe, BauR 2002, 1555; Brandenburgisches OLG, BauR 2001, 656.
1060 OLG Koblenz, BauR 2001, 298; Brandenburgisches OLG, a. a. O.; OLG Düsseldorf, NJW-RR 1995, 403.
1061 BGH; BauR 1984, 77 und BauR 1977, 428; OLG Schleswig-Holstein, BauR 2001, 974.

I. Schadensersatzanspruch aus unerlaubter

oder ihnen durch konkrete Anweisung oder Belehrung der Baubeteiligten entgegenwirken.[1062] Dies umfasst auch die stichenprobenartige Kontrolle des in erster Linie verkehrssicherungspflichtigen Bauunternehmers.[1063] Auch bei Anlass zu Zweifeln bezüglich der Zuverlässigkeit des Bauunternehmes hat der Architekt einzuschreiten.[1064] Das Gleiche gilt, wenn die Tätigkeit des Bauunternehmes mit besonderen Gefahren verbunden ist oder sich Fehler in besonders gravierender Weise auswirken könnten.[1065]

3. Haftung für durch Baumängel verursachte Schäden

Eine aus der Verkehrssicherungspflicht hergeleitete Haftung des Architekten kann sich nicht nur aus den Gefahren der Baustelle, sondern auch aus Gefahren für Schutzgüter Dritter aus dem **Projekt selbst**, so aus einem Baumangel, ergeben.[1066] Das Vorliegen eines Baumangels allein reicht für die Begründung einer solchen Haftung aber nicht aus. Es muss darüber hinaus die Verpflichtung gegenüber Dritten, die bestimmungsgemäß mit dem Bauwerk in Berührung kommen, etwaigen Gefahren die von dem Bauwerk für Gesundheit und Eigentums ausgehen, vorzubeugen und diese ggf. abzuwehren, bejaht werden können.[1067] Maßgebend ist die Schutzwürdigkeit und -bedürftigkeit Dritter. Deliktische Ansprüche Dritter wegen Baumängeln gegen den Architekten kommen nicht in Betracht, wenn dem geschädigten Dritten selbst vertragliche Erfüllungs- oder Schadensersatzansprüche zustehen.[1068]

446

III. Haftung als Bauleiter nach den Landesbauordnungen

Ist der Architekt nach Maßgabe der jeweiligen Landesbauordnung als verantwortlicher Bauleiter bestellt, hat er die Bauausführung nach den Vorschriften der einschlägigen **Landesbauordnung** zu überwachen. Hierbei hat der Architekt vornehmlich dafür Sorge zu tragen, dass die Bauausführung nach den **genehmigten Bauantragsunterlagen** erfolgt und die Arbeiten auf der Baustelle **ohne Gefährdung** der am **Bau Beteiligten** und **Dritter** ausgeführt werden. Diese Verpflichtung übernimmt der Architekt in der Regel auch im Rahmen seines Vertrages, wenn er mit der **Objektüberwachung** beauftragt ist. Sein Pflichtenkreis deckt sich mit dem des verantwortlichen Bauleiters, insoweit rechtfertigt sich auch keine Honorarerhöhung.[1069] Grundsätzlich hat der Architekt den sicheren bautechnischen Ablauf auf der Baustelle dadurch zu gewährleisten, dass die Arbeiten der Unternehmer gefahrenlos ineinander übergreifen. Er hat nicht für über die Landesbauordnung hinausgehende sonstige öffentlich-rechtlichen Vorschriften einzustehen.[1070] Soweit der Bauherr einen zuverlässigen Architekten und zuverlässige Unternehmer wählt, tritt seine Verkehrssicherungspflicht in den Hintergrund.[1071] Dies gilt jedoch dann nicht, wenn der Bauherr besondere Gefahren erkennt.[1072]

447

1062 BGH, a. a. O.; OLG Nürnberg, BauR 1996, 135; OLG Düsseldorf, BauR 1996, 731.
1063 OLG Frankfurt a. M., BauR 1998, 152.
1064 BGH, BauR 1985, 237; OLG Düsseldorf, a. a. O.
1065 BGH, BauR 1991, 111; OLG Düsseldorf, a. a. O.
1066 BGH, VersR 1971, 84: Sturz einer Besucherin von einer fehlerhaft errichteten Wendeltreppe.
1067 BGH, BauR 1971, 64.
1068 *Kniffka*, ZfBR 1991, 1 ff.
1069 BGH, BauR 1980, 189 und 1977, 428; *Koebel* in Locher/Koeble/Frik, § 15 HOAI, Rn 179; *Pott/Dahlhoff/Kniffka*, § 15 HOAI Rn 37 a; *Vogel/Vogel*, BauR 1998, 156, 158.
1070 *Löffelmann/Fleischmann*, Rn 526.
1071 BGH, BauR 1982, 299.
1072 BGH, BauR 1981, 302.

§ 7 Die Ansprüche des Auftraggebers gegen den Architekten

IV. Haftung für Tätigkeiten nach der Baustellenverordnung[1073]

448 Vom Bauherrn dem Architekten übertragene Tätigkeiten nach der BaustellV sind weder Grundleistungen noch Besondere Leistungen nach der HOAI, so dass das Honorar frei vereinbart werden kann (vgl. dazu Rn 137).[1074] Übernimmt der Architekt die **grundsätzlich dem Bauherrn obliegenden Verpflichtungen** nach der Baustellenverordnung (§ 4 BaustellV) können neben der vertraglichen Haftung gegenüber dem Bauherrn und gegenüber den Beschäftigten auf der Baustelle auch deliktsrechtlichen Haftungstatbestände in Betracht kommen. Werden die Pflichten nach der Baustellenverordnung **vollständig auf den Architekten übertragen**, gehen alle damit zusammenhängenden Haftungstatbestände, auch eine Haftung nach § 823 Abs. 1 BGB, unter Befreiung des Bauherrn auf den Architekten über.[1075] Dies betrifft auch die arbeitsschutzrechtlichen Pflichten und primäre Verkehrssicherungspflichten für diese Maßnahmen, allerdings nicht andere sonstige dem Bauherrn obliegende Verkehrssicherungspflichten. Im Falle der Beauftragung des Architekten i. S. v. § 4 BaustellV nimmt der Architekt auch die dem Bauherrn zugedachte arbeitsschutzrechliche Position ein, so dass wegen dem Schutzrechtscharakter der §§ 2 und 3 Abs. 1 S. 1 BaustellV auch eine Haftung des Architekten nach § 823 Abs. 2 BGB in Verbindung mit diesen Schutzgesetzen in Betracht kommt.

V. Haftung nach § 823 Abs. 2 BGB i. V. m. einem Schutzgesetz

449 Für eine Haftung des Architekten nach § 823 Abs. 2 BGB i. V. m. einem Schutzgesetz kommt neben den bereits angesprochenen möglichen Fällen nach der **Baustellenverordnung** insbesondere § 909 BGB als Schutzgesetz in Betracht. Nach § 909 BGB darf ein Grundstück nicht in der Weise **vertieft** werden, dass der Boden des Nachbargrundstücks die erforderliche Stütze verliert, es sei denn, dass für eine genügende anderweitige Befestigung gesorgt ist.[1076] § 909 BGB ist auch auf den mit der Bauplanung und Objektüberwachung beauftragten Architekten anwendbar.[1077] Als weitere Schutzgesetze – insbesondere im Zusammenhang mit Baustellenunfällen – sind § 323 StGB und § 222 StGB zu nennen. Keinen Schutzrechtscharakter kommen dagegen den **Unfallverhütungsvorschriften der Berufsgenossenschaften** zu.[1078]

K. Bereicherungsrechtliche Ansprüche

450 Für den Bauherrn werden bereicherungsrechtliche Ansprüche insbesondere bei Fragen der **Überzahlung des Architetken** als Rückzahlungsansprüche von Bedeutung sein.[1079] Die „Bereicherung" des Architekten liegt regelmäßig in der Zahlung des Bauherrn. **Vorschuss-, Abschlags- oder Vorauszahlungen**, die zur Überzahlung führen, sind nicht nach §§ 812 f. BGB auszugleichen, vielmehr ergibt sich der Zahlungsanspruch aus der vertrag-

---

1073 Verordnung über Sicherheit und Gesundheitsschutz auf der Baustelle (Baustellenverordnung – BaustellV) vom 10. 6.1998, BGBl I 1283.
1074 *Moog*, BauR 1999, 795; *Schmidt*, ZfBR 2000, 3 ff.
1075 *Moog*, BauR 1999, 795, 799; *Kleinhenz*, ZfBR 1999, 179, 181.
1076 BGH, NJW-RR 1996, 852 und VersR 1977, 355.
1077 BGH, BauR 1996, 877 und 404, BauR 1983, 177; Brandenburgisches OLG, BauR 2001, 1129; OLG Köln, NJW-RR 1994, 89.
1078 BGH, BauR 1988 116; OLG Schleswig-Holstein, BauR 2001, 974; *Thomas* in Palandt, § 823 Rn 155.
1079 BGH, BauR 2002, 1257; OLG Düsseldorf, BauR 1995, 583 und BauR 1994, 272.

J. Bereicherungsrechtliche Ansprüche

lichen Abrede selbst.[1080] Dieser besteht in Höhe der Überzahlung. Hinsichtlich der **Darlegungs- und Beweislast** ist dabei Folgendes zu beachten: Hat die Forderung des Architekten vor der Zahlung des Bauherrn **bereits festgestanden** oder sollte die Zahlung des Bauherrn die **Anerkennung** – sei es der Forderung, sei es des Teils der Forderung, die bezahlt werden sollte – darstellen, so handelt es sich bei dem Rückforderungsbegehren des Bauherrn materiell um die Rückforderung eines zur Erfüllung einer Verbindlichkeit gezahlten Betrages. In diesem Fall ist der Bauherr beweispflichtig für den Rückforderungsanspruch.[1081] Stand die Forderung des Architekten zur Zeit der Zahlung jedoch **noch nicht fest** und sollte die Zahlung des Bauherrn auch **keine Anerkennung** enthalten, so ist auf eine erst noch festzustellende Forderung gezahlt worden. Der Bauherr fordert damit also einen Betrag zurück, den er in Erwartung der Feststellung der Forderung (etwa durch prüfbare Schlussrechnung), aber nicht in ihrer Anerkennung gezahlt hat. Mit dem BGH ist hinsichtlich der Darlegungslast Folgendes zu beachten. Liegt eine Schlussrechnung des Unternehmers nicht vor und wird sie auch trotz angemessener Fristsetzung von dem Architekten nicht erstellt, kann die Überzahlung durch den Auftraggeber mit einer **eigenen Berechnung** begründet werden. Denn eine Pflicht, sich selbst eine prüffähige Rechnung zu erstellen, besteht nicht.[1082] Es ist dann Sache des Architekten[1083] darzulegen und zu beweisen, „dass die Feststellung zu seinen Gunsten ausgefallen ist oder ausfallen müsste".[1084] Nichts anderes gilt, wenn ein Architektenvertrag vorzeitig durch **Kündigung** beendet wird und nunmehr der Bauherr erbrachte Akontozahlungen (oder einen Teil hiervon) zurückverlangt; streiten die Parteien über den Umfang („Wert") der erbrachten Bauleistungen, so obliegt dem Architekten die Darlegungs- und Beweislast, dass der Wert seiner Leistungen und/oder sein Honoraranspruch (gem. § 649 S. 1 BGB) höher ist als die insgesamt erbrachten Voraus- und/oder Abschlagszahlungen des Bauherrn.[1085] Legt der Architekt eine prüffähige Schluss- bzw. Honorarrechnung nicht vor, wird dem Zahlungsanspruch des Auftraggebers im Zweifel daher stattzugeben sein.[1086]

1080 BGH, BauR 2004, 1940; BauR 2002, 1257; BauR 2002, 1407; BauR 2002, 938; OLG Düsseldorf, NZBau 2000, 85; OLG Dresden, OLGR 2000, 265; BGH, BauR 1990, 379 – Der Auftraggeber des Architekten kann Vorschüsse nur zurückverlangen, wenn die Abrechnung des Architekten eine Überbezahlung ergibt; KG, NZBau 2001, 636 – Zur Rückforderung überhöhter Abschlagszahlungen für Ingenieurleistungen.
1081 BGH, BauR 1999, 635; KG, NZBau 2001, 636 und BauR 1998, 348; BGH, BauR 1991, 223.
1082 BGH, BauR 1999, 635; OLG Düsseldorf, BauR 2003, 1587.
1083 OLG Dresden, OLGR 2000, 265; OLG Köln, BauR 1995, 583; OLG Düsseldorf, BauR 1998, 887.
1084 BGH, NJW 1989, 161; OLG Düsseldorf, BauR 1994, 272.
1085 BGH, BauR 2003, 337; BauR 2002, 938; BauR 1999, 635; BauR 1997, 486; OLG Frankfurt, BauR 2001, 1748; OLG Naumburg, IBR 1999, 576; Brandenburgisches OLG, IBR 1998, 108; KG, BauR 1998; **a. A.** OLG Düsseldorf, BauR 1977, 64; OLG Düsseldorf, BauR 1989, 336 – Darlegungs- und Beweislast hinsichtlich einer unter Vorbehalt geleisteten Zahlung.
1086 OLG Köln, BauR 1995, 583; OLG Düsseldorf, BauR 1994, 272 und BauR 1998, 887; **a. A.** LG Berlin, BauR 2000, 294.

Stichwortverzeichnis

Fette Zahlen = Teil
Magere Zahlen = Randnummern

A

Abmahnung 3 282, 285
Abnahme
– Abnahmeprotokoll **1** 2, 70, 309, 350, 645
– ausdrückliche Abnahme **1** 309
– beim Bauträgervertrag **1** 64
– berechtigte Abnahmeverweigerung nach § 12 Nr. 3 VOB/B **1** 355
– Entbehrlichkeit der Abnahme **1** 315
– fiktive Abnahme gem. § 12 Nr. 5 VOB/B **1** 353
– fiktive Abnahme gem. § 640 Abs. 1 S. 3 BGB **1** 314, 354
– fiktive Abnahme gem. § 641 a BGB **1** 313
– förmliche Abnahme gem. § 12 Nr. 4 VOB/B **1** 349 ff.
– Rechtswirkungen **1** 318 ff.
– schlüssige Abnahme **1** 310, 352
– vergessene Abnahme **1** 351
– vorbehaltslose Abnahme **1** 646
Abnahme des Architektenwerkes 3 373 ff.
– als Fälligkeitsvoraussetzung für den Honoraranspruch **3** 245
– Teilabnahme **3** 375
Abnahmefähigkeit des Architektenwerkes 3 245, 374
– bei Beauftragung der Leistungsphasen 1–8 **3** 247
– bei planerischen Leistungen **3** 248
– bei Vollarchitekturauftrag **3** 247
Abnahmeprotokoll 1 2, 70, 309, 350, 654
Abrechnung nach Kündigung
– erbrachte Leistungen **3** 275
– nicht erbrachte Leistungen **3** 276 ff.
Abrechnungsverhältnis 1 816 ff.
– Aufrechnung im Abrechnungsverhältnis **1** 782
– insolvenzrechtliches Abrechnungsverhältnis **1** 781

– Rechnungsposten zu Gunsten des Auftraggebers **1** 789 ff.
– Rechnungsposten zu Gunsten des Auftragnehmers/Insolvenzverwalters **1** 786 ff.
Abschlagszahlung 1 374, **3** 260 ff.
– gem. § 632a BGB **1** 311
– Prüfbarkeit **3** 260
– Verjährung **3** 261
Abstandsvorschriften 2, 296, 513, 515 ff.
Abstimmungsgebot 2 123, 137 ff., 420, 548, 559 f.
Abtretung 1 24, 25, 45, 569, 655
Abwägung 2 3, 102, 104, 138, 164 ff., 369 f., 416, 426, 466 ff.
Abwägungsgebot 2 137 ff., 164 ff., 415, 466 ff.
AHO/DVP-Vorschläge 3 233
Aktivlegitimation im WEG-Fall 1 722 ff.
Akquisition 3 60 ff.
Allgemeine Geschäftsbedingungen 1 649 ff.; **3** 424 ff.
Amtsermittlungsgrundsatz 2 61, 595 ff.
Amtshaftung 2 820 ff.
– Abwendung durch Rechtsmittel **2** 854 ff.
– Amtspflichten **2** 823 ff.
– anderweitiger Ersatz **2** 850 ff.
– Bauleitplanung **2** 837 ff.
– Bindungswirkung an VG-Entscheidungen **2** 856 ff.
– Entschädigungsberechtigte **2** 840 ff.
– Verjährung **2** 858 ff.
– Verschulden **2** 846 ff.
Anderweitiger Erwerb 3 279
Anfechtung 1 279
– Anfechtungserklärung **1** 282
– Anfechtungsfrist **1** 282
– arglistige Täuschung **1** 280
– Kalkulationsirrtum **1** 279
– Rechtsfolgen der Anfechtung **1** 283
– widerrechtliche Drohung **1** 280

885

Anhörungsrüge 2 921
Annahme
- Annahmezeitpunkt 3 80
- Architektenwettbewerb 3 70 ff.
- Erklärung 3 59 ff.
- Rechtsbindungswille/Akqusition 3 63 ff.
- Scheingeschäft 3 78
- Schweigen 3 73 ff.
- Vorvertrag 3 65 ff.
- Zuschlag bei öffentlicher Vergabe 3 79
Anpassungsgebot 2 135 ff.
Anrechenbare Kosten
- Abrechnung nach Leistungsphasen 3 154 ff.
- bei fachingenieurtypischen Leistungen gem. § 10 Abs. 4 HOAI 3 170 ff.
- bei nur teilweise beauftragten Architektenleistungen 3 164
- bei Umbau und Modernisierung 3 220
- bei ungewöhnlichen Preisvergünstigungen gem. § 10 Abs. 3 HOAI 3 166 ff., 220
- bei Vereinbarung einer Baukostengarantie/Bausumme 3 163
- bei Vereinbarung eines Pauschalhonorars 3 162
- bei vorzeitiger Beendigung des Architektenvertrages 3 164
- Kostenanschlag 3 158 f.
- Kostenberechnung 3 157
- Kostenermittlungsarten gem. § 10 Abs. 2 HOAI 3 145 ff.
- Kostenfeststellung 3 160
- Kostenschätzung 3 156
- bei vorhandener Bausubstanz gem. § 10 Abs. 3a HOAI 3 168 ff.
- nicht ansatzfähig/teilweise ansatzfähig 3 172 ff.
- Pauschalierung gem. § 4a HOAI 3 175 ff.
- Schätzung 3 148 f.
- vertraglich vereinbarte abweichende Kostenermittlung 3 161
Anstellungs- oder Beamtenverhältnis 3 105
Antragsbefugnis 2 388, 414 ff., 678 ff.
Antragsteller 2 414 ff., 678 ff.
Anwaltshaftung 2 68 ff.

Anwaltsprozess 1 9, 10
Anwaltsvergleich 1 30
Anwaltsvertrag
- Aktenaufbewahrungspflicht 1 22
- Aufklärungs- und Hinweispflichten 1 21
- Beratung und Belehrung des Mandanten 1 17 ff.
- Haftungsbeschränkung 1 23
- Kostenrisiko 1 18
- Pflichten aus dem Anwaltsvertrag 1 14 ff.
- Rechtsprüfung 1 16
- Sachverhaltsermittlung 1 15
- Verjährung 1 22
Architekt 2 32, 851
- ausländischer 3 106 ff.
- Berufsbezeichnung 3 97
Architektenliste 3 97
Architektenvertrag
- Akquisition 3 60 ff.
- als Dienstvertrag 3 52
- Gestaltung 3 2
- gestufte Beauftragung 3 7
- Optionsvertrag 3 6
- Rahmenvertrag 3 5
- Typenmischvertrag 3 21
- Verträge mit der öffentlichen Hand 3 83 f.
- Verträge mit Kirchen 3 83 f.
- Vertragspartner 3 81
- Wirksamkeit 3 86 ff.
- Zustandekommen 3 53 ff.
Architektenwettbewerb 3 70 ff.
ARGE
- ARGE-Mustervertrag 1 44
- Aufsichtsstelle 1 45
- Bauleitung 1 47
- Begründung der ARGE 1 43
- Dauer und Auflösung der ARGE 1 53
- Geschäftsführung 1 46
- Gesellschaft bürgerlichen Rechts 1 49, 50
- Haftung der ARGE 1 48 ff.
- Haftung für Altverbindlichkeiten 1 50
- Haftung ihrer Gesellschafter 1 48
- Nebenerwerbs-ARGE 1 40
- offene Handelsgesellschaft 1 50

– Organe der ARGE **1** 45
– Parteifähigkeit der ARGE **1** 51
– Rechtsnatur der ARGE **1** 40, 41
– Schriftform **1** 44
– Vermögensverfall einzelner Mitglieder **1** 809
Art der baulichen Nutzung 2 152, 154 ff., 382, 439 ff., 457
– Aufklärungs- und Beratungspflichten **3** 31 ff.
Aufmaßnahme 1 289 ff., 365
– einseitige **1** 291, 367
– gemeinsame **1** 290, 366
Aufrechnung 1 563 ff.; **3** 288
– Ausschluss **1** 569
– Bestehen einer Gegenforderung **1** 571 f.
– Bestimmtheit **1** 565
– Eventualaufrechnung **1** 564
– Primäraufrechnung **1** 564
– Rechtsfolgen unzulässiger Aufrechnung **1** 567
– Rechtskrafterstreckung gem. § 322 Abs. 2 ZPO **1** 573
– Vorbehaltsurteil gem. § 322 ZPO **1** 574
– Vorliegen einer Prozesserklärung **1** 564
Aufschiebende Bedingung 3 101 ff.
Auftragslos erbrachte Leistungen
– beim BGB-Bauvertrag **1** 439
– beim VOB-Bauvertrag **1** 438
Aufwandsentschädigung
– Mindestsatzunterschreitung **3** 114
Aufwendungen
– ersparte **3** 278
– Mehraufwendungen bei Bauzeitenverlängerung **3** 143
Ausgleichsanspruch 2 767 ff., 806 ff.
Auskunftsklage 3 145 ff.
Ausnahmen 2 233 ff.
Außenanlagen 3 174
Außenbereich 2 245, 259 ff.
– begünstigte Vorhaben **2** 260 ff.
– öffentliche Belange **2** 265 ff.
– privilegierte Vorhaben **2** 260 ff.
Außergerichtliche Streitbeilegung 1 28 ff.

B
Bauantrag 2 302 ff., 656, 829, 834 ff.
Bauanzeigeverfahren 3 248
Bauaufsichtsbehörde 2 272, 298 ff.
– Eingriffsbefugnisse **2** 320 ff.
Baubetreuer 1 74, 173, 181; **3** 91
Baufreiheit 2 3, 109, 336, 824, 928.
BauGB 2004 2 105, 133, 137, 140 f., 147, 151, 165, 169, 178, 255 f., 260 f., 460, 470, 861
Baugenehmigung 2 297 ff., 306 ff.
– Anfechtung **2** 605 ff.
– Nebenbestimmung **2** 313 ff.
– Rücknahme **2** 318 ff., 617, 662
– Verfahren **2** 300 ff.
– Versagung **2** 81 ff., 656, 824, 835
Baugrundstück 2 291 ff., 508 ff.
Bauhandwerkersicherung gem. § 648a BGB 1 179 ff., 833; **3** 10
– Anspruchsinhalt **1** 182 f.
– Ausschluss **1** 185
– berechtigter Auftragnehmer **1** 180
– Rechtsfolgen **1** 184
– verpflichteter Auftraggeber **1** 181
Bauhandwerkersicherungshypothek 3 8 f.
– Aktivlegitimation des Auftragnehmers **1** 170
– Ausschluss **1** 173
– Druckmittel **1** 167
– Eigentum des Bestellers am Baugrundstück **1** 172
– einstweiliges Verfügungsverfahren **1** 175 ff.
– in der Insolvenz **1** 168
– Klageverfahren **1** 178
– Werklohnforderung aus dem Bauvertrag **1** 171
Bauherrengemeinschaft
– Baubetreuer **1** 74
– gesamtschuldnerische Haftung **1** 73
– Konstruktion der Bauherrengemeinschaft **1** 72
– Vertragsverhältnisse bei der Bauherrengemeinschaft **1** 73
Baukammern 3 14
Baukosten
– Änderungswünsche des Bauherrn **3** 405

- Garantie 3 397
- Kontrolle 3 48, 400
- Überschreitung 3 333, 397 ff.
- Kostenrahmen 3 399
- Obergrenze 3 398

Baumangel 1 598 ff.
- anerkannte Regeln der Technik 1 599, 601
- funktionaler Mangelbegriff 1 599
- Rechtsmangel 1 607
- Symptom-Theorie 1 606
- Verletzung der Prüfungs- und Anzeigepflicht 1 602 ff.

Baumodelle 1 32 ff.
Baulandgerichte 2 869 ff.
Baunutzungsverordnung 2 152 ff.
- Bauflächen 2 153
- Baugebiete 2 153

Bauordnungsrecht 2 283 f., 300 ff.
- genehmigungsfreie Vorhaben 2 305 ff.
- Genehmigungsfreistellung 2 304 ff.
- Generalklausel 2 292 ff.
- Legaldefinitionen 2 289 ff.
- Nachbarschutz 2 296 ff.

Bausenate 3 14
Bausolländerungen
- auftragslos erbrachte Leistungen 1 438 f.
- Leistungsänderungen 1 412 ff.
- Mengenänderungen 1 406 ff.
- Wegfall der einzelnen Leistungen 1 436 f.
- zusätzliche Leistung 1 430 ff.

Baustellenverbot 1 647
Baustellenverordnung 3 137, 448
Bautagebücher 3 349
Bauträgermodell
- § 3 MaBV 1 54 ff.
- § 320 Abs. 2 BGB 1 61
- § 7 MaBV 1 71
- Abgrenzung zum Generalübernehmermodell 1 56
- Abschlagszahlungsvereinbarung 1 66
- Auflassung 1 70
- Aufrechnung 1 68, 71
- Beurkundungsbedürftigkeit 1 57
- in der Insolvenz des Bauträgers 1 69
- dinglicher Erwerb der Immobilie 1 59
- Fälligkeit des Zahlungsanspruchs 1 65
- Mängel am Gemeinschaftseigentum 1 68
- Mängel am Sondereigentum 1 68
- Rechtsnatur des Bauträgervertrages 1 54
- Sachwalterpflichten 1 54
- Sicherungspflichten der MaBV 1 57
- verdecktes Bauträgermodell 1 57
- Vertragsbeziehungen 1 58
- Zurückbehaltungsrecht 1 68

Bauvertrag
- Abgrenzung zu anderen Vertragstypen 1 223 ff.
- Annahmezeitpunkt 1 247
- BGB-Bauvertrag 1 215 ff.
- Einigungsmängel 1 249
- Einschaltung von Empfangsboten 1 241
- Erklärungsbewusstsein 1 235
- geschuldeter Werkerfolg 1 224
- in der Insolvenz des Auftraggebers 1 831 f.
- in der Insolvenz des Auftragnehmers 1 474 ff.
- kaufmännisches Bestätigungsschreiben 1 246
- Leistungssoll 1 224
- Scheingeschäft 1 244
- schriftlicher Bauvertrag 1 2
- Vergütungsvereinbarung 1 285 ff.
- Verträge mit der öffentlichen Hand 1 257 ff.
- Vertretungsprobleme 1 252 ff.
- VOB-Bauvertrag 1 215 ff.
- Wirksamkeit des Bauvertrages 1 269 ff.
- Zugangsprobleme 1 238 ff.
- Zustandekommen 1 231 f.
- Vertragsauslegung 1 248

Bauvoranfrage 3 65, 329
Bauvorbescheid 2 315 ff.
Bauweise 2 157 ff.
Bauzeitenverlängerung 3 141 f., 350
Bebauungsplan 2 116 ff.
- Abstimmungsgebot 2 137 ff.
- Anpassungsgebot 2 135 ff.
- Arten 2 119 ff.
- Aufstellungsverfahren 2 123 ff.
- Bekanntmachung 2 151 ff.

Stichwortverzeichnis

- Beteiligungsgebot 2 140 ff.
- einfacher 2 121
- Erforderlichkeitsgebot 2 126 ff.
- Gebietsunverträglichkeit 2 162 ff.
- Heilung 2 184 ff.
- Inhalt 2 147 ff.
- Negativplanung 2 127
- qualifizierter 2 120
- Umweltverträglichkeitsprüfung 2 169 ff.
- Unbeachtlichkeit 2 184 ff.
- vorhabenbezogener 2 196

Bebauungsplanverfahren 2 99, 123 ff., 140 ff., 392 ff.
- Beteiligung der Öffentlichkeit 2 140 ff.
- Heilungsmöglichkeit 2 184 ff.
- Inkrafttreten 2 154 ff.
- Präklusion 2 106
- Rügepflichten 2 1, 103 ff.
- Vertretung 2 155 ff.

Bedarfsangaben 3 156

Bedarfs- oder Eventualpositionen
- beim Kostenanschlag 3 159
- bei der Kostenfeststellung 3 160

Befreiung 2 233 ff.
- Atypik 2 236

Behinderung 1 493 ff.
- Berechnung der Fristverlängerung 1 500
- Entschädigungsanspruch des Auftragnehmers gem. § 642 BGB 1 552
- höhere Gewalt oder unabwendbare Umstände 1 497
- Schadensersatzanspruch des Auftragnehmers gem. § 6 Nr. 6 VOB/B 1 548 ff.
- Schadensminderungspflicht des Auftragnehmers 1 499
- Streik oder Aussperrung im Betrieb des Auftragnehmers 1 496
- Umstand aus dem Risikobereich des Auftraggebers 1 495
- Vorliegen einer Behinderungsanzeige 1 494
- Werklohnanspruch des Auftragnehmers 1 546
- Witterungseinflüsse 1 498

Beigeladene
- Kosten 2 648

Beiladung 2 692
- Gemeinde 2 578

Beratung
- außergerichtliche 2 1 ff.
- interne 2 73 ff.

Beratungshonorar 3 138

Beratungs- und Hinweispflichten 3 31 ff.

Bereicherung 3 295 ff., 450
- aufgedrängte 3 412

Berufungs- und Beschwerdeverfahren 2 711 ff.
- Antrags- und Begründungserfordernis 2 718 ff.
- Gebühren und Kosten 2 727
- Vertretungszwang 2 716 ff.
- Zulassungsgründe 2 721 ff.

Berufungsverfahren 1 18

Beschlagnahme im Insolvenzverfahren 1 849

Beschwerdeverfahren 2 711

Besondere Leistungen 3 189 ff.
- ergänzende 3 192 ff.
- ersetzende 3 196
- isolierte 3 191

Bestandsschutz 2 269, 326 ff., 570, 934

Beteiligungsgebot 2 140 ff.

Beweisvereitelung 1 147

BGB-Gesellschaft 1 26, 73

Bindung
- an die Schlussrechnung 3 257 ff.
- bei zulässiger Mindestsatzunterschreitung 3 115
- Pauschalhonorar bei Veränderung der Abrechnungsgrundlage 3 127

D

Dienstvertrag 1 226

DIN 276
- in der Fassung 1993 3 150
- in der Fassung 1981 3 150

Drittschutz
- Art der baulichen Nutzung 2 155
- Maß der baulichen Nutzung 2 382, 454 f.

Durchgriffsfälligkeit gem. § 641 Abs. 2 BGB 1 316 f.

E

Einbau vorhandener Baustoffe 3 167
Einbeziehung von AGB 1 216
Einbeziehungskontrolle 1 38, 216, 217
Einheitspreisvertrag 1 285 ff., 340
Einigungsgebühr 1 18, 31
Einigungsmängel 3 81
Einreden
- nicht erfüllter Vertrag 3 291, 441
- Verjährung, § 214 BGB 3 294
- Zurückbehaltungsrecht 3 293

Einstweiliger Rechtsschutz 1 186 ff.
- Anwaltszwang 1 189
- Bauhandwerkersicherungshypothek 1 199
- Baustopp 1 203
- Beschlussverfahren 1 208
- des Architekten gegen den Bauherrn 3 11
- des Bauherrn gegen den Architekten 3 12
- dinglicher Arrest 1 206
- Dritter 1 204; 3 12
- Einsicht in Geschäftsbücher 1 200
- Glaubhaftmachung 1 193 f.
- Herausgabe von Sachen 1 200, 202
- im selbständigen Beweisverfahren 1 201
- persönlicher Arrest 1 207
- Rechtshängigkeit 1 196
- Streitwert und RA-Gebühren 1 191 f.
- Unterlassen von Handlungen 1 200
- Urheberrechtsstreitigkeiten 3 319 ff.
- Urheberrechtsverletzung 1 200
- Urteilsverfahren 1 212
- Verspätung 1 195
- Vollziehung 1 210
- Vorwegnahme der Hauptsache 1 188
- wettbewerbswidriges Verhalten 3 13
- Widerspruch 1 213
- Zuständigkeiten 1 190
- Zustellung 1 210

Einvernehmen 2 113, 270 ff., 301, 564 ff., 830
- Amtshaftung 2 273, 830

Einzelrichter 2 627
Enteignender Eingriff 2 866 ff.
Enteignung 2 891 ff.

Enteignungsentschädigung 2 900, 907 ff.
Enteignungsgleicher Eingriff 2 860 ff.
Enteignungsverfahren 2 869, 891 ff.
- Enteignungsentschädigung 2 907 ff.
- Teileinigung 2 898 ff.
- Verfahren vor der Enteignungsbehörde 2 891, 895 ff.

Entschädigungsanspruch 2 112 ff.
Entwicklungsgebot 2 130 ff.
Erbrachte Leistungen 3 275 f.
Erfolgshonorar 3 135 ff.
- Besondere Leistungen 3 136
- rationalisierungswirksame besondere Leistungen 3 229 f.

Erforderlichkeitsgebot 2 126 ff.
Erfüllungsort 3 15, 17 f., 414
- Auskunftsklage 3 146

Erfüllungsverweigerung des Insolvenzverwalters 1 780
Erfüllungswahl des Insolvenzverwalters 1 778, 788
Ergänzende Besondere Leistungen 3 192 ff.
- mit Grundleistungen nicht vergleichbare 3 195
- mit Grundleistungen vergleichbare 3 194 ff.

Ersatzauftrag 3 277, 279
Erschließung 2 232, 3 174
Ersetzende Besondere Leistungen 3 196
Ersparte Aufwendungen 1 460; 3 278
Erweiterungsbauten 3 168, 218
Erstberatung 2 28, 42 ff.
Europäische Menschenrechtskonvention 2 940
Europäischer Gerichtshof 2 954
Europäischer Gerichtshof für Menschenrechte 2 940 ff.
- Beschwerdeverfahren 2 948 ff.

Europäisches Gericht 2 954 ff.
- Verfahren 2 967 ff.

F

Factory Outlet 2 138
Fälligkeit
- Abschlagszahlungen 3 260 ff.
- abweichende Fälligkeitsvereinbarungen 3 265 ff.

Stichwortverzeichnis

– Honoraranspruch 3 244 ff.
– Nebenkosten 3 264
Fälligkeitsvoraussetzungen
– Abnahme 1 308 ff., 347 ff.
– Abschlagszahlungsvereinbarung 1 66
– beim Bauträgervertrag 1 65
– insoweit Zahlungsplan 1 65
Fertigstellungszeitpunkt 1 609
Fertigteile
– Entwicklung und Herstellung 3 228
Feststellungsklage 1 723 ff.; 3 19 f.
Folgenbeseitigungsanspruch 2 533 ff.
Forderungsanmeldung 1 799
Formnichtigkeit 1 270
– gem. § 125 BGB 3 86 ff.
Fortbildung 2 15 f.
– Fachanwalt 2 19
Fortsetzungsfeststellungsklage 2 616 ff.
Freianlagen 3 174
Fristenkontrolle 2 68 ff.
Funktionslosigkeit 2 691 ff.

G

Gebäude
– gleich, spiegelgleiche, wesentlich Gleichartige 3 210
Gegenstandswert 2 28, 47 ff., 364, 646 ff., 939
Gegenvorstellung 2 921
Gemeinde
– Anlagen der Landes-Verteidigung 2 568 ff.
– Baugenehmigungsverfahren 2 22 ff.
– Bauleitplanung 2 564 ff.
– Beiladung 2 578 ff.
– Beteiligung 2 559 ff.
– Einvernehmen 2 564 ff.
– Nachbarschutz 2 547 ff.
– Planfeststellungsverfahren 2 551 ff.
– Rechtsschutz 2 547 ff.
Gemeindenachbarklage 2 574 ff.
Gemengelage 2 160 ff.
Genehmigungsplanung
– Abnahmefähigkeit 3 248
– Genehmigungsrisiken 3 42
Generalübernehmer 1 33, 34 ff.
Gerenalübernehmermodell 1 35
Generalunternehmer 1 33, 34 ff.

Generalunternehmermodell 1 35
Gerichtsbescheid 2 628 ff.
Gesamtschuldnerische Haftung 3 4
Gesamtschuldverhältnis 3 213
Geschäfte der laufenden Verwaltung 3 83
Geschäftsführung ohne Auftrag 1 438, 439, 555 ff.
Gesetzesverstoß gem. § 134 BGB
– Koppelungsverbot 3 90 ff.
– Verstoß gegen Vergabevorschriften der VOF 3 93 ff.
Gesetzesverstoß 1 271
Gestufte Beauftragung 3 7, 198
Gewährleistungsfrist 1 320
Gläubigerantrag 1 842
Gleiche bauliche Verhältnisse 3 211
Grundleistungen
– nicht alle beauftragt 3 182 ff.
– nicht alle erbracht 3 185 ff.
Grundrechte 2 914 ff.
Grundstücksfläche 2 159 ff.
Grundzüge der Planung 2 144 f., 237
Gutachten
– außerhalb des Anwendungsbereichs des § 33 HOAI 3 138
– gem. § 33 HOAI 3 236

H

Haftung
– als Bauleiter nach den Landesbauordnungen 3 447
– bei Eigentumsverletzung 3 442
– für durch Baumängel verursachte Schäden 3 446
– für Tätigkeiten nach der Baustellenverordnung 3 448
– nach § 823 Abs. 2 i. V. m. einem Schutzgesetz 3 449
– Verletzung von Verkehrssicherungspflichten 3 443
– vertragliche 3 384 ff.
Haftungsausschluss 1 648 ff.
– für einzelne Teilleistungen 3 428
– für Nacharbeiten 3 429
– vollständiger 1 653; 3 426 ff.
Haftungsbeschränkung 1 648 ff.
– Änderung der Beweislast 1 659; 3 437 f.
– auf Nacherfüllung 1 656; 3 431 f.

Stichwortverzeichnis

- auf unmittelbaren Schaden 1 660; 3 439 f.
- der Höhe nach 1 657; 3 433 f.
- zeitliche Begrenzung 1 658; 3 435 f.

Hauptsacheverfahren 2 580 ff.
Haustürgeschäft 3 98 ff.
Hauptunternehmer 1 34 ff.
Hauptunternehmervertrag 1 38
Herausgabe
- Bauunterlagen 3 12, 441
- Kostenermittlungen 3 11, 148 f., 165

HOAI
- personeller Anwendungsbereich 3 105
- sachlicher Anwendungsbereich 3 104
- territorialer Anwendungsbereich 3 106 ff.

Höchstsätze
- Überschreitung 3 116 ff.

Honorar
- Anpassung 3 127 ff.
- anrechenbare Kosten 3 145 ff.
- anrechenbare Kosten außerhalb der Honorartafel 3 133 f.
- bei Kündigung 3 273 ff.
- Beratungshonorar 3 138
- des SiGeKo 3 137 ff.
- Erfolgshonorar 3 135 ff.
- Erhöhungen und Minderungen 3 197 ff.
- Fälligkeit 3 244 ff.
- für zusätzliche Leistungen 3 227 ff.
- Honorarsatz 3 108 ff.
- Honorzone 3 179 ff.
- Interpolation 3 188
- nachträglicher Verzicht 3 121
- Pauschalhonorar 3 124 ff.
- Umfang 3 145 ff.
- Vergleich über die Höhe 3 121
- Vereinbarung im Rahmen der Höchst- und Mindestsätze 3 104 ff.
- Zeithonorar 3 129 ff.

Honorarsatz 3 108 ff.
- „bei Auftragserteilung" 3 108
- Mindest- und Höchstsätze 3 111 ff.
- spätere Änderung der Honorarvereinbarung 3 119 ff.
- Unterschreitung des Mindestsatzes, § 4 Abs. 2 HOAI 3 113 ff.

- Überschreitung des Höchstsatzes 3 116 ff.

Honorartafel 3 188
- anrechenbare Kosten außerhalb 3 133 f.
- erweiterte 3 134

Honorarzone 3 179 ff.
- bei Umbau und Modernisierung 3 222
- mehrere 3 179

I

Immissionen durch die öffentliche Hand 2 352, 357 ff.
Immissionen durch Private 2 540 ff.
Immissionsschutz
- 18. BImschV 2 494 ff.
- Anspruchsgrundlage 2 775 ff.
- Duldungspflichten 2 779, 787 ff.
- Immissionen durch die öffentliche Hand 2 357 ff.
- Immissionen durch Private 2 540 ff.
- Zumutbarkeitsschwelle 2 544 ff.

Informations- und Kontrollinteresse 3 252
Inhaltliche Richtigkeit der Schlussrechnung 3 253
Inhaltskontrolle 1 653 ff.
Inhaltskontrolle von AGB 1 218 ff.
Innenbereich 2 245 ff.
- BauNVO 2 258 ff., 439 ff.
- Einfügen 2 254 ff., 476 ff.
- nähere Umgebung 2 252 ff., 256, 478 f.

Insolvenzanfechtung
- Ausübung des Insolvenzanfechtungsrechts 1 858
- inkongruentes Deckungsgeschäft 1 860
- kongruentes Deckungsgeschäft 1 862 ff.
- unentgeltlicher Erwerb 1 866
- Voraussetzungen der Insolvenzanfechtung 1 859 ff.
- vorsätzliche Gläubigerbenachteiligung 1 865
- Zweck des Insolvenzanfechtungsrechts 1 857

Insolvenzeigenantrag 1 803, 840
Insolvenztabelle 1 797
Insolvenzverfahren
- Ablehnung des Insolvenzverfahrens 1 805

Stichwortverzeichnis

- Anmeldung einer Forderung 1 799
- Aufnahme von Aktivprozessen 1 854
- beiderseitige nicht vollständige Erfüllung 1 776
- Aufrechnung im Insolvenzverfahren 1 783 ff.
- Eröffnung 1 805
- Fortführung von Passivprozessen 1 855 f.
- Insolvenzanfechtung 1 857 ff.
- insolvenzrechtliches Abrechnungsverhältnis 1 781
- Kosten 1 852
- Klage auf Feststellung der Insolvenzforderung 1 797
- modifizierte Erlöschenstheorie 1 777
- Sicherungsmaßnahmen 1 844 ff.
- Unterbrechung anhängiger Prozesse 1 853
- Zuständigkeiten des Insolvenzgerichts 1 841

Insolvenzverwalter
- schwacher 1 847
- starker 1 846

Instandhaltung 3 225
Instandsetzung 3 168, 220, 225
Internationale Zuständigkeit 3 16 ff.
Internet-Recherche 2 16 f.
Interpolation 3 188
Isolierte Beauftragung von Vorplanung, Entwurfsplanung, Objektüberwachung 3 197 ff.
Isolierte Besondere Leistungen 3 191

K

Kaufmännisches Bestätigungsschreiben 3 74 ff.
Kaufvertrag 1 227 ff.
- mit Montageverpflichtung 1 227

Klagearten 2 600 ff.
- Anfechtung Baugenehmigung 2 605 ff.
- Einschreiten 2 610 ff.
- Erteilung Baugenehmigung 2 601 ff.
- Fortsetzungsfeststellungsklage 2 616 ff.
- Genehmigungsfreistellung 2 615 f.
- Untätigkeitsklage 2 623 ff.
- Vereinfachtes Genehmigungsverfahren 2 609 ff.

Klage auf künftige Leistung 3 263
Klagebefugnis 2 398 ff., 971 ff.
- Eigentümer 2 401 ff.
- Käufer 2 403
- Mieter und Pächter 2 404 ff.
- Rechtsmissbrauch 2 411 ff.
- Verbände 2 408 ff.
- Verlust 2 430 ff.

Klagerücknahmefiktion 2 625 ff.
Klageschrift 1 734 ff.; 2 588, 976 ff.
Klageverfahren 1 708 ff.
- Aktivlegitimation und Prozessführungsbefugnis 1 722 ff.
- Beweisbeschluss 1 751
- Beweiswürdigung 1 752 ff.
- Darlegungslast 1 736
- doppelte Zug-um-Zug-Verurteilung 1 768
- einfache Zug-um-Zug-Verurteilung 1 765 ff.
- Feststellungsverfahren 1 723 ff.
- Klageerwiderung 1 739 ff.
- mündliche Verhandlung 1 749
- richterliche Maßnahmen 1 750
- schlüssiger Klägervortrag 1 734 f.
- Streitverkündung 1 725 ff.
- subjektive Klagehäufung 1 721
- Substantiierungslast 1 738
- verkürzte Darlegungslast 1 737
- verspätetes Vorbringen 1 758 ff.
- Widerklage 1 745 ff.
- Zulässigkeitsfragen im Bauprozess 1 708 ff.
- Zuständigkeit des Zivilgerichts 1 713 ff.
- Zwangsvollstreckung 1 765 ff.
- Zwangsvollstreckung bei der Abnahmeklage 1 769
- Zwangsvollstreckung bei der Mängelbeseitigung 1 770 ff.

Konfliktschlichtung 2 107 ff.
Koordinierungs- und Einarbeitungsaufwand 3 183
Kostenanschlag 3 158
Kostenberechnung 3 157
Kostenermittlungsarten 3 150 ff.
Kostenerstattungsanspruch 1 80
Kostenfestsetzung 2 646, 649 ff.
Kostenfestsetzungsverfahren 1 158

Kostenfeststellung 3 160
Kostenfragen 2 701 ff.
Kostengruppen 3 150 ff.
Kostenobergrenze 3 398
Kostenrahmen 3 399
Kostenschätzung 3 156
Kostenüberschreitung durch mangelnde Kostenkontrolle 3 400
Kostenvorschussanspruch 1 625 ff.
- Abrechnungspflicht 1 630
- Aufrechnung 1 632
- Höhe des Vorschussanspruchs 1 626 f.
- Rückforderungsanspruch 1 631
- Verjährung des Vorschussanspruchs 1 629
- Voraussetzung 1 625
- weitere Vorschüsse? 1 628

Kündigung
- Abnahme 1 445, 527
- Abrechnung des Honoraranspruchs bei Kündigung gem. § 649 BGB 3 273 ff.
- Abrechnungsverhältnis 1 451, 531
- anderweitiger Erwerb 1 461
- Aufmaßnahme 1 446 ff., 528
- aus wichtigem Grund 1 474, 533 f., 544
- aus wichtigem Grund durch den Architekten 3 285 ff.
- aus wichtigem Grund durch den Bauherrn 3 282 ff.
- Auslegung der Kündigungserklärung 1 473, 478 f.
- außerordentliche gem. § 8 Nr. 3 VOB/B 1 485 ff.
- außerordentliche gem. § 9 Nr. 1b VOB/B 1 541
- außerordentliche gem. § 98 Nr. 1a VOB/B 1 538
- außerordentliche gem. § 8 Nr. 2 VOB/B 1 484
- bei Vorliegen einer Behinderung 1 523, 545
- beim BGB-Bauvertrag 1 440 ff., 524 f.
- beim VOB-Bauvertrag 1 480 ff., 538 ff.
- durch den AG 1 440 ff.
- durch den Auftragnehmer 1 524 ff.
- entbehrliche Fristsetzung 1 505
- Entschädigungsanspruch gem. § 642 Abs. 2 BGB 1 533

- ersparte Aufwendungen 1 460
- Fälligkeit des Vergütungsanspruchs 1 444, 526
- Form 1 440
- freie gem. § 8 Nr. 1 VOB/B 1 480 ff.
- Fristsetzung mit Kündigungsandrohung 1 503 ff.
- gem. § 649 Satz 1 BGB 1 440
- gem. § 650 BGB 1 464 ff.
- Kostenangebot 1 463
- Kündigungserklärung 1 2, 184, 440, 464, 473, 478 f., 827, 833; 3 269, 271, 273, 282, 285
- Kündigungsfolgen 1 508 ff.
- Leistungsverweigerungsrecht des Auftraggebers 1 449, 529
- Mängelbeseitigungsrecht des Auftraggebers 1 450, 530
- nach § 8 Nr. 2 Abs. 1 VOB/B 1 801 ff.
- ordentliche 3 268 ff.
- Schadensersatzansprüche des Auftraggebers 1 513 ff.
- Umfang des Vergütungsanspruchs bei § 650 BGB 1 470 ff.
- Umfang des Vergütungsanspruchs bei Kündigung aus wichtigem Grund 1 477
- Umfang und Abrechnung bei § 649 BGB 1 452 ff.
- Umfang und Abrechnung des Vergütungsanspruchs bei § 8 Nr. 1 VOB/B 1 483
- Verstoß gegen die Abhilfepflicht 1 491
- Verwirkung des Kündigungsrechts 1 507
- verzögerter Beginn 1 490
- Verzug mit der Fertigstellung 1 492
- wegen Nichterbringung von Mitwirkungspflichten 1 524 ff.
- Wegfall der Leistungspflicht 1 443, 525
- Wirkungen der Kündigung 1 443 ff., 465, 475, 481 f., 525 ff., 542

Kündigungserklärung 3 269 ff.

L

Leistungen
- Änderungen, Erweiterungen 3 123
- außergewöhnliche bei Überschreitung des Höchstsatzes 3 116

Stichwortverzeichnis

- erbrachte und nicht erbrachte 3 181ff.
- mit außergewöhnlich geringem Aufwand 3 113
- ungewöhnlich lang andauernde 3 116

Leistungsänderungen
- „andere" Anordnungen 1 422
- Abgrenzung zu vertraglich vorgesehenen Leistungen 1 413
- Änderung des Bauentwurfs 1 421
- beim BGB-Einheitspreisvertrag 1 426 ff.
- beim Pauschalpreisvertrag 1 429
- beim VOB-Einheitspreisvertrag 1 414 ff.
- einseitiges Leistungsanordnungsrecht gem. § 1 Nr. 3 VOB/B 1 416 f.
- Leistungsverweigerungsrecht 1 425
- Preisänderung 1 424
- reine Bauzeitänderung 1 423
- Vorliegen einer Leistungsänderung 1 412

Leistungsgefahr 1 319, 358

Leistungsphasen
- nicht alle beauftragt 3 182
- Teilbereiche beauftragt 3 183

Leistungsverweigerungsrecht 1 835
- § 648a BGB nach Abnahme? 1 582 ff.
- Ausschluss 1 581
- Darlegungs- und Beweislast 1 580
- des Architekten 3 313
- des Auftraggebers 3 291
- Druckzuschlag 1 579
- gem. § 320 ZPO 1 578

M

MaBV 1 54 ff.

Mängel
- bei der Koordinierung 3 354
- bei der Objektbetreuung und Dokumentation 3 353
- bei der Planung 3 327 ff.
- bei der Vorbereitung und Mitwirkung bei der Vergabe 3 336 ff.
- im Bereich der Objektüberwachung 3 339 ff.

Mängelvorbehalt 1 322, 361
Mahnverfahren 1 706 ff.
Mandatsanbahnung 2 20 ff.
- Erstkontakt 2 30 ff.
- Schreiben 2 38

- Unterlagen 2 29

Mandatsübernahmegespräch 1 1
Mandatsübertragung 2 46 ff.
- Honorar 2 46 ff.
- Unterlagen 2 67
- Vollmacht 2 62 ff.

Maß der baulichen Nutzung 2 156 ff.
Maßnahmen des Bundes 2 275 ff.
Mediationsverfahren 2 111
Mehrere Auftraggeber 3 213
Mehrere Fachbereiche 3 233
Mehrere Gebäude gem. § 22 HOAI 3 208 ff.
Mehrere Vor- oder Entwurfsplanungen 3 201 ff.

Mengenänderung
- beim BGB-Einheitspreisvertrag 1 410
- beim Pauschalpreisvertrag 1 411
- beim VOB-Einheitspreisvertrag 1 407 ff.

Mengenerhöhungen und -minderungen
- bei Kostenanschlag 3 159
- bei Kostenfeststellung 3 160

Minderung 1 680, 688
- beim BGB-Bauvertrag 1 680
- beim VOB-Bauvertrag 1 688
- Berechnung der Minderung 3 382
- und Versicherungsschutz 3 383

Mindestsatz
- Bindung des Architekten 3 115
- Standes- und Wettbewerbsrecht 3 114
- Unterschreitung, des 3 113 ff.

Miturheber 3 300
Mitverschulden 1 638; 3 394
- Anteil der Mithaftung 1 641
- eigenes Mitverschulden 1 639
- Haftungsausgleich mehrerer 1 642 ff.
- Zurechnen fremden Mitverschuldens 1 640

Modernisierung 3 168, 219
Monitoring 2 169
Mündliche Verhandlung 2 638 ff.

N

Nachbarbegriff 2 339 ff., 559
Nachbarschutz 2 333 ff.
- Abgrenzung zivilrechtlicher und öffentlich-rechtlicher 2 338 ff.
- Abwägungsgebot 2 446 ff.

Stichwortverzeichnis

- Art der baulichen Nutzung 2 439 ff.
- bauordnungsrechtlicher 2 503 ff.
- bauplanungsrechtlicher 2 435 ff.
- Festsetzungen im B-Plan 2 437 ff.
- Gemeinde 2 547 ff.
- Grundrechte 2 385 ff.
- Maß der baulichen Nutzung 2 454 ff.
- öffentlich-rechtlicher 2 333 ff.
- partieller und genereller 2 377 ff.
- Rechtsschutzwahl 2 355 ff.
- Rechtsweg 2 357 ff.
- Schadensersatz 2 365 ff.
- schädliche Umwelteinwirkungen 2 267, 367, 462, 541, 544 ff., 816
- Schutznormtheorie 2 372 ff.
- Spiel- und Sportflächen 2 489 ff.
- Verfahrensrechte 2 390 ff.
- Verhältnis zivilrechtlicher und öffentlich-rechtlicher 2 352 ff.
- Vorschriften des BauGB 2 469 ff.
- zivilrechtlicher 2 346 ff.

Nacherfüllung 3 356 ff.
- bei Kostenüberschreitung und Bausummenüberschreitung 3 363, 415
- bei mangelhafter Ausführungsplanung 3 362
- bei mangelhafter Bauüberwachung 3 364
- bei mangelhafter Genehmigungsplanung 3 361
- bei nicht im Bauwerk verkörpertem Mangel 3 358
- durch Mitwirken bei der Mängelbeseitigung des Unternehmers 3 365
- trotz Verkörperung des Mangels im Bauwerk 3 359
- Unmöglichkeit 3 368

Nacherfüllungsanspruch 1 610 ff.
- Erlöschen des Nacherfüllungsanspruchs des Auftraggebers 1 613
- Kosten der Nachbesserung/Neuherstellung 1 618
- Nacherfüllungsrecht des Auftragnehmers 1 612
- Umfang des Nacherfüllungsanspruchs 1 614 ff.

Nachprüfungsverfahren 3 95

Nachträge
- bei Kostenanschlag 3 159
- bei Kostenfeststellung 3 160

Nachunternehmer
- § 4 Nr. 8 VOB/B 1 36
- Nachunternehmervertrag 1 37, 38

Naturschutz 2 169 ff.

Nebenkosten 3 240 ff.

Nebenpflichten
- Verletzung 1 554

Nebenunternehmer 1 32, 39

Negativplanung 2 127

Nicht genehmigungsbedürftige Anlagen 2 540

Normenkontrolle 2 136, 174, 184, 418, 674 ff.

Normenkontrollverfahren 2 674 ff.
- Antragsbefugnis 2 678 ff.
- Antragsgegenstand 2 683 ff.
- Antragsteller 2 678 ff.
- Beiladung 2 692 ff.
- Darlegungslast 2 678 ff.
- Effektivität 2 675 ff.
- Funktionslosigkeit 2 691 ff.
- Gebühren und Kosten 2 697
- Rechtsschutzbedürfnis 2 682 ff.
- Verfahrensdauer 2 696 ff.

Notarielle Beurkundung 1 30, 44, 57, 270

Notarielles Formerfordernis 3 88

O

Objektüberwachung
- Abhängigkeit vom Schwierigkeitsgrad der Bauleistung 3 345 ff.
- bei Überwachung ersichtliche Baumängel 3 344
- Einschränkungen der Überwachungspflicht 3 348 ff.
- Führen von Bautagebüchern 3 349
- gezielte 3 340
- nach Beendigung der Bauleistungen 3 352
- Präsenz auf der Baustelle 3 341
- Prüfung von Baumaterialien 3 342
- Prüfung der Geeignetheit von Bauleistungen für den Aufbau 3 343

Öffentliche Fördermittel 3 78, 332

Stichwortverzeichnis

Öffentliches Baurecht **2** 5 ff.
- Bauordnungsrecht **2** 11 ff.
- Bauplanungsrecht **2** 9 ff.
- Rechtsquellen **2** 6 ff.

Öffentliche Vergabe
- Zuschlag **3** 79

Öffnungsklausel **1** 220
Optionsvertrag **3** 6
Ortsteil **2** 132, 207, 245 ff.
Ortsübliche Marktpreise **3** 166

P

Parteivernehmung **1** 25, 108
Pauschalhonorar
- Abrechnung nach Kündigung **3** 276
- anrechenbare Kosten **3** 162
- bei anrechenbaren Kosten außerhalb der Honorartafel **3** 133 f.
- bei Entwicklung und Herstellung von Fertigteilen **3** 228
- bei Gutachten gem. § 33 HOAI **3** 236
- bei Wertermittlungen gem. § 34 HOAI **3** 237
- bei Winterbau **3** 235
- Bindung an das vereinbarte Pauschalhonorar **3** 127
- Darlegungs- und Beweislast **3** 126
- im Rahmen der Mindest- und Höchstsätze **3** 125
- Unterschreitung des Mindestsatzes **3** 115

Pauschalisierung der anrechenbaren Kosten **3** 175 ff.
Pauschalierungsabreden in AGB **3** 280
Pauschalpreisvertrag **1** 297 ff., 341
- Detailpauschalvertrag **1** 297
- funktionale Leistungsbeschreibung **1** 299
- Globalpauschalpreisvertrag **1** 298

Pay-when-paid-Klauseln **3** 115
Planaufstellung **2** 100, 125, 140 ff., 241 ff.
Planerhaltung **2** 184 ff.
Planfeststellung **2** 279 ff.
Plansicherung **2** 170 ff., 239
Planungsänderungen **3** 201 ff.
- außerhalb des Anwendungsbereichs des § 20 HOAI **3** 206 ff.
- im Anwendungsbereich des § 20 HOAI **3** 202

Planungshoheit **2** 116, 270, 419 f., 547 ff.
Planungsmangel
- fehlende Optimierung der Nutzbarkeit **3** 334
- nicht genehmigungsfähige Planung **3** 328 f.
- nicht oder nur teilweise erbrachte Planung **3** 335
- Planung, die nicht den Regeln der Technik/Baukunst entspricht **3** 330 ff.
- Sonderproblem: Überschreitung der Baukosten **3** 333
- wirtschaftlich nicht der Sollbeschaffenheit entsprechende Planung **3** 332

Planungsschadensrecht **2** 880 ff.
Planungs- und Bauzeitenverlängerung **3** 142, 176
Präklusion **2** 106
Preisgefahr **1** 319, 358
Preisträger **3** 70 f.
Privates Baurecht **2** 4 ff.
Privatgutachten **2** 95, 706
- Besorgnis der Befangenheit **1** 77
- Haftung des Sachverständigen **1** 79
- Rechtsnatur des Gutachtervertrages **1** 78
- sachverständiger Zeuge **1** 77
- Vergütung des Sachverständigen **1** 78
- Verwertbarkeit im Prozessverfahren **1** 76

Projektbezogene Personalkosten und Sachkosten **3** 278
Projektsteuerung, § 31 HOAI **3** 231 ff.
Prozessführungsbefugnis im WEG-Fall **1** 722 ff.
Prozesskostenhilfe **2** 61 ff.
- im selbständigen Beweisverfahren **1** 115

Prüfbare Abrechnung **1** 334 ff., 363 ff.
- kein reiner Selbstzweck **1** 370
- Selbsterstellung der Abrechnung durch den Auftraggeber **1** 373
- Verlust des Einwands fehlender Prüfbarkeit **1** 371

Prüfbare Schlussrechnung **3** 249 ff.
Prüfungspflichten **3** 46 ff.
Prüfungstermin **1** 797

897

R

Rahmenvertrag 3 5
Rationalisierungswirksame Besondere Leistungen 3 229 f.
Rechtsbehelfe
– außerordentliche 2 921 ff.
Rechtsgeschäftliche Risikoübernahme 1 661
Rechtsmangel 3 355
Rechtsmissbrauch 2 411 ff.
Rechtsschutzversicherung 1 27; 2 53, 58 ff.
Rechtswirkungen
– Abnahme 1 356 ff.
– Kündigung 1 810 ff.
Restfertigstellungsmehrkosten 1 793, 818
Rechtsschutzwahl 2 355 ff.
– Repressiver und Präventiver Rechtsschutz 2 355 ff.
Rechtsweg 2 584 ff.
– Amtshaftung 2 585
– Ausgleichsansprüche 2 586
Regelbauzeit 3 128, 142
– Erfolgshonorar bei Abkürzung 3 135
Revision 2 730 ff.
Revisionsverfahren 2 730 ff.
– Bedeutung im Baurecht 2 744 ff.
– Entscheidungen 2 747, 754 ff.
– mündliche Verhandlung 2 753 ff.
– Sprungrevision 2 732 ff.
– Zulassungsgründe 2 739 ff.
– Zulassungsverfahren 2 735 ff.
– Zurückverweisung 2 750 ff.
Rückschlagsperre 1 850
Rücksichtnahmegebot 2 482
– § 15 Abs.1 2 BauNVO 2 486
– Abstandsvorschriften 2 513
– Entwicklung 2 485 ff.
– Stellplatz 2 488
Rücktritt 1 677 f.
– beim BGB-Vertrag 1 677
– beim VOB-Vertrag 1 687
– Risken 3 379
– Teilrücktritt 3 378
– vom ganzen Vertrag 3 378

S

Sachmangel
– bei Beschaffenheitsvereinbarung 3 325
– ohne Beschaffenheitsvereinbarung 3 326
– Planungsmängel 3 327 ff.
Sachverständigenbeweis
– Ablehnung des Sachverständigen 1 133
– Ablehnungsgründe 1 134
– Verfahren und Zeitpunkt 1 136 ff.
Sachverständigengutachten 1 108, 151, 626, 680, 690; 3 3, 298, 306
Sachwalterpflichten 3 27 ff.
– Beratungs- und Hinweispflichten 3 31 ff.
– Prüfungspflichten 3 46 ff.
– Schadensersatz 3 422
– Verhandlungs- und Mitwirkungspflichten 3 41 ff.
– Wahrnehmung sonstiger Interessen 3 51
Schadensersatz 1 681 ff.; 2 672, 767 ff., 817 ff.
– bei Ausschluss der Leistungspflicht 3 420 ff.
– beim BGB-Bauvertrag 1 681 ff.
– beim VOB-Bauvertrag 1 691 ff.
– bei Überschreitung der Baukosten 3 396 ff.
– bei verzögerter Erbringung des Architektenwerkes 3 417 ff.
– Ersatz des Mangelfolgeschadens 1 682, 697; 3 384
– Ersatz des Mangelschadens 1 683, 695; 3 385 ff.
– Ersatz vergeblicher Aufwendungen 1 686
– statt Leistung bei Verletzung von Schutzpflichten 3 422
– statt Leistung 3 391
– Verzögerungsschaden 1 685
– Vorläufiger Rechtsschutz 2 672
Scheingeschäft 3 78
Schiedsgutachten 1 82
Schiedsgutachtenvertrag
– Abschluss eines Schiedsgutachtervertrages 1 85
– Wirkungen des Schiedsgutachtens 1 86
Schiedsvereinbarung 1 711 f.

Stichwortverzeichnis

Schlüsselfertiger Bau 1 33
Schlussrechnung 1 588; **3** 249 ff.
– Bindung des Architekten an die Schlussrechnung **3** 257 ff.
– Einwendungen des Bauherrn gegen die Schlussrechnung **3** 254
– inhaltliche Richtigkeit **3** 253
– prozessuale Folgen mangelnder Prüfbarkeit **3** 255
– Prüfbarkeit **3** 250 ff.
– Übergabe **3** 256
Schlusszahlung 1 376, 589
– unterlassener Vorbehalt bei der Schlusszahlung **1** 586 ff.
Schriftformerfordernis
– gewillkürtes **3** 87
– Honorarsatz **3** 89, 108 ff.
Schutznormtheorie 2 339, 372 ff., 504 ff.
Schweigen als Annahme
– beredtes **3** 73
– gesetzlich geregelte Fälle **3** 73
– kaufmännisches Bestätigungsschreiben **3** 74 ff.
Selbständiges Beweisverfahren
– § 494a ZPO **1** 164
– abändernder oder aufhebender Beschluss **1** 131
– ablehnender Beschluss **1** 125
– Ablehnung des Antrags **1** 125
– Ablehnung des Sachverständigen **1** 133
– Anhörungstermin **1** 152
– Antrag gegen Unbekannt **1** 105
– Antragsschrift **1** 104
– Anwaltszwang **1** 110
– Augenscheinsnahme **1** 91
– Ausforschung **1** 96
– Ausforschungsbeweis **1** 96, 127
– Auslagenvorschuss **1** 128
– Aussetzung des Beweisverfahrens **1** 102
– Auswahl des Sachverständigen **1** 132
– Beendigung des selbständigen Beweisverfahrens **1** 154
– Benennung der Zeugen und anderen Beweismittel **1** 108
– Beweismittelerhaltung **1** 95
– Beweismittelverlust **1** 96
– Bezeichnung der Tatsachen **1** 106
– Bezeichnung des Gegners **1** 105
– Durchführung der Beweisaufnahme **1** 139, 144 ff.
– Durchführung der Ortsbesichtigung **1** 144 ff.
– eidesstattliche Versicherung **1** 109
– Eingriffe in die Bausubstanz **1** 145
– Einwendungen gegen das Gutachten **1** 151 f.
– Ergänzungsantrag **1** 123
– Ermittlung der Mängelbeseitigungskosten **1** 100
– Gegenantrag **1** 122
– Glaubhaftmachung **1** 109
– Inhalt und Bedeutung **1** 87 ff.
– Kosten des selbständigen Beweisverfahrens **1** 157 ff.
– Kostenvorschuss **1** 129
– materiell-rechtlicher Erstattungsanspruch **1** 166
– Mitwirkungspflichten der Parteien und Dritter **1** 146 ff.
– Prozesskostenhilfe **1** 115
– rechtliches Interesse **1** 101
– Rechtswirkungen des selbständigen Beweisverfahrens **1** 155
– Sachverständigenbeweis **1** 97
– Sachverständigengutachten **1** 91
– sofortige Beschwerde **1** 125, 128, 137
– Streitverkündung **1** 117 ff.
– Streitwert des selbständigen Beweisverfahrens **1** 160 ff.
– Symptom-Rechtsprechung **1** 106
– Ursachenfeststellung **1** 99
– Veränderungsgefahr **1** 94
– Verbot der Teilkostenentscheidung **1** 163
– Verfristung des Anhörungsrechts **1** 153
– Verjährung **1** 101
– Verjährungshemmung **1** 90, 101
– Verteidigung des Antragsgegners **1** 121 f.
– Voraussetzungen **1** 91 ff.
– Zeugenvernehmung **1** 91
– zuständiges Gericht **1** 111 ff.
– Zustandsfeststellung **1** 98
– Zustimmung des Gegners **1** 93
Selbsthilferecht 1 627
Selbstkostenerstattung 1 345

899

Stichwortverzeichnis

Selbstvornahme 1 619 ff.
- Abrechnungspflicht 1 624
- angemessene Frist 1 619
- entbehrliche Fristsetzung 1 621
- erforderliche Aufwendungen 1 623

Selbstvornahme/Vorschuss 3 366
Serienbauten 3 211
Sicherheiten
- ausdrückliche Vereinbarung 1 384
- Austauschrecht 1 389 ff.
- Bürgschaft 1 397
- Gewährleistungssicherheit 1 400
- Hinterlegung 1 396
- Inhalt der Sicherungsabrede 1 385
- Sicherheitsleistung 1 214, 312, 374, 384 ff., 574, 583, 645, 762, 834, 3 10, 292
- Sicherungseinbehalt 1 392 ff.
- Sicherungsfall 1 402
- Sicherungsmittel 1 386
- Sicherungszweck 1 398
- Vertragserfüllungssicherheiten 1 399

Sicherungseinbehalt 1 795, 829
Sicherheits- und Gesundheitsschutzkoordinator 3 137, 448
Sittenwidrigkeit 1 277
Skontoabzug 1 335, 380
Sowieso-Kosten 1 636; 3 370
Spiel- und Sportflächen 2 489 ff.
Sportplätze 2 489 ff.
Sprungrevision 2 732 ff.
Staatshaftung 2 817 ff.
- Amtshaftung 2 820 ff.
- Amtspflichten 2 823 ff.
- enteignender Eingriff 2 866
- enteignungsgleicher Eingriff 2 860

Städtebauliche Entwicklungsmaßnahme 2 202 ff.
- Grenzen 2 212 ff.
- Verfassungsrecht 2 210 ff.
- Voraussetzungen 2 204 ff.

Städtebaulicher Vertrag 2 191 ff.
Stellvertretung
- Anscheinsvollmacht 1 266
- Duldungsvollmacht 1 265
- Eigenhaftung des Vertreters 1 267
- Erlöschen der Vollmacht 1 262

- Verträge mit der öffentlichen Hand 1 257 ff.
- Vertreter mit gebundener Marschroute 1 253
- Vertretungsmacht 1 256
- Vollmacht des Architekten 1 261
- Vollmacht des Generalunternehmers 1 260

Streitgenossenschaft 1 26, 51, 721
Streitverkündung 1 725 ff.; 3 4
- Beitritt durch den Streitverkündungsempfänger 1 730
- im selbständigen Beweisverfahren 1 117 ff.
- Kosten 1 733
- Wirkung 1 731 f.
- Zulässigkeit 1 729

Streitwert 1 109, 112, 159 ff., 191, 575, 733; 2 47 ff.
Stufenklage (§ 254 ZPO) 3 147
Stufenweise Beauftragung 3 7, 198
Stundenlohnvertrag 1 300, 342
- Stundenzettel 1 301, 342 ff.

Subjektive Klagehäufung 1 721
Subplaner 3 105, 115

T

Teilabnahme 3 375
Teileinigung 2 892, 898 ff.
Teilleistung im Sinne des § 105 InsO 1 779
Teilung von Grundstücken 2 178 ff.
Terminsgebühr 1 18, 31, 192; 2 97, 629, 647, 729, 764, 903
Toleranzgrenzen bei der Kostenermittlung 3 406
Totalunternehmer 1 34
Typenmischvertrag 3 21
Typenplanungen 3 211

U

Überschuldung 1 803
Überzahlung 3 262, 450
Übliche Vergütung 1 346
Umbau und Modernisierung, § 24 HOAI 3 169, 216 ff.
- anrechenbare Kosten 3 222
- getrennte Berechnung gem. § 23 HOAI 3 224
- Honorarzone 3 222

Stichwortverzeichnis

Umbauten 3 168, 217
Umlagen 1 336, 382
Umsatzsteuer 3 242 ff.
– bei Änderung des Steuersatzes 3 242
– bei Pauschalvergütung 3 242
– für nicht erbrachte Leistungen 3 281
Umweltbelange 2 169 ff.
Unerlaubte Handlung 1 705
Ungerechtfertigte Bereicherung 1 438, 439, 559 ff.
– aufgedrängte Bereicherung 1 561
Unmögliche Mängelbeseitigung 1 633
Unsicherheitseinrede gem. § 321 BGB 1 833
Untätigkeitsklage 2 621, 623 ff.
Unternehmereinsatzform 1 34
Unverhältnismäßige Kosten 1 634
Unverhältnismäßiger Aufwand 1 670, 666
Urheberbezeichnung 3 305
Urheberpersönlichkeitsrechte 3 304 ff.
Urheberrecht 3 298 ff.
– Anerkennung der Urheberschaft 3 305
– Änderungsverbot und Änderungsbefugnis 3 307
– Beeinträchtigungs- und Entstellungsverbot 3 306
– bei Instandsetzung, Reparaturen, Zerstörung 3 308
– bei vorzeitiger Beendigung des Vertrages 3 309
– Schutzfähigkeit 3 301 ff.
– Urheber 3 299 f.
– Verjährung 3 317
– Veröffentlichungsrecht 3 304
– Verwertungsrechte 3 310
Urheberrechtliche Nutzungsbefugnisse 3 312 ff.
UVP-Richtlinie 2 114, 941, 957 ff., 966

V

Veränderungssperre 2 171 ff., 621, 684, 829
Verfahrensdauer 2 580, 633 ff.
Verfahrensgebühr 1 18, 192; 2 97, 629, 647, 673, 701, 729, 764
Verfahrensrechte 2 390 ff.
– Baugenehmigungsverfahren 2 394 ff.
– Bebauungsplanverfahren 2 392 ff.
– Planfeststellungs-Verfahren 2 390 ff.
Verfassungsbeschwerde 2 911 ff.
Verfassungsbeschwerdeverfahren
– Entscheidungen zu Art. 14 I GG 2 928 ff.
– Frist und Form 2 914 ff.
– Landesverfassungsrecht 2 922 ff.
– Prüfungsmaßstab 2 925 ff.
– Rechtswegerschöpfung 2 920 ff.
Vergabevorschriften der VOF 3 93 ff.
Vergleich
– Vergleich ohne Widerrufsvorbehalt 1 9
– Vergleichsabschluss 1 8, 19, 30, 110
Vergütung
– bei Verlängerung von Planungs- und/ oder Bauzeiten 3 141 ff.
– übliche 3 139 f.
Vergütungsvereinbarung 2 50 ff., 650
– ausdrückliche Vergütungsvereinbarung 1 286 ff., 339
– Pauschalhonorar 2 54
– Sittenwidrigkeit 2 54
– übliche Vergütung gem. § 632 BGB 1 305 ff.
– Zeithonorar 2 56
Verhandlungs- und Mitwirkungspflichten 3 41 ff.
Verjährung 1 594 ff.
– Ansprüche auf Rücktritt, Minderung und Schadensersatz 3 395
– beim BGB-Bauvertrag 1 595
– beim VOB-Bauvertrag 1 596
– der Mängelrechte 1 698 f.
– des Mängelbeseitigungsanspruchs 1 673 ff.
– Honoraranspruch 3 294
– Mängelbeseitigungsanspruch 3 371 ff.
– Schadensersatzanspruch bei Baukostenüberschreitung 3 416
– Vereinbarung abweichender Verjährungsfristen 3 376
Verkehrssicherungspflichten 3 443 ff.
Verletzung von Nebenpflichten 1 700
Verlust von Abwehrrechten 2 424 ff.
Verrechnung 1 575; 3 289
Vertragsgemäß erbrachte Leistungen 3 245 ff.

Vertragsstrafe 1 324 ff., 794, 828
– Anrechnung der Vertragsstrafe **1** 333
– Arten der Vertragsstrafe **1** 330
– Begrenzung der Gesamtsumme **1** 329
– Berechnung der Vertragsstrafe **1** 332
– Höhe des Tagessatzes **1** 328
– Vorbehalt der Vertragsstrafe **1** 324, 362
– Wirksame Vereinbarung **1** 327 ff.
– Zweck der Vertragsstrafe **1** 325
Vertragsunterlagen 1 1 ff., 224; **3** 3
Vertretung 2 76 ff.
– Bebauungsplanverfahren **2** 99 ff.
– Behörde **2** 76 ff.
– Widerspruchsverfahren **2** 81 ff.
Verwirkung 1 577; **2** 432 ff., 667 f., **3** 290
Verzicht 2 430 ff.
Verzögerte Bauausführung 1 679, 703
VOB/B
– Einbeziehungskontrolle **1** 216
– Inhaltskontrolle **1** 218 ff.
VOB/C 1 215
– allgemeine Geschäftsbedingungen **1** 215
– Einbeziehung in den Vertrag **1** 217
Vollmacht 2 62 ff.
– fehlende Prozessvollmacht **1** 13
– Kostenveranlasser **1** 13
– Nachweis der Prozessvollmacht **1** 12
– Originalvollmacht **1** 6
– Prozessvollmacht **1** 7 ff.
– Untervollmacht **1** 7
– Vollmacht des Rechtsanwalts **1** 4 ff.
– Vollmachtsurkunde **1** 4
Vollstreckung 2 317 ff.
– gegen die öffentliche Hand **2** 709 ff.
Vollstreckungsfähigkeit 1 30, 770
Vorauszahlung 1 375
Vorbehaltsbegründung 1 592
Vorbehaltserklärung 1 591
Vorbescheid 2 315 ff., 601 ff., 824
Vorhaben- und Erschließungsplan 2 196 ff., 687 ff.
Vorhandene Bausubstanz 3 168 ff.
Vorkaufsrecht 2 179 ff.
Vorlageverfahren 2 630 ff.
Vorläufiger Rechtsschutz 2 651 ff.
– Antragsarten **2** 652 ff.
– Beweisaufnahme **2** 671 ff.
– Gebühren und Kosten **2** 673 ff.

– Schadensersatz **2** 672 ff.
– Verfahren **2** 666 ff.
Vorprellen des Architekten 3 66
Vorprozessuale Sicherheiten 1 645
Vorteilsanrechnung 1 637
Vorteilsausgleichung 3 393
Vorvertrag 3 68 ff.
Vorzeitige Besitzeinweisung 2 891 ff.

W
Wegfall der Geschäftsgrundlage
– Bindung an das vereinbarte Pauschalhonorar **3** 127 f.
– Verlängerung von Planungs- und/oder Bauzeiten **3** 142
Wegfall einzelner Leistungen
– beim BGB-Bauvertrag **1** 437
– beim VOB-Bauvertrag **1** 436
Werbung 2 19 f.
Werkerfolg
– bei mündlich abgeschlossenem Architektenvertrag **3** 26
– geschuldeter **3** 22 ff.
– Umfang **3** 25
Werklieferungsvertrag 1 230
Wertermittlungen, § 34 HOAI 3 237 ff.
Wertsteigerung des Objekts 3 411
Widerrufsrecht 3 98 ff.
Widerrufsvergleich 1 30
Widerspruchsverfahren 2 81 ff.
– Akteneinsicht **2** 89 ff.
– Gebühren **2** 97 ff.
– Kostenerstattung **2** 98 ff.
Wiederaufbauten 3 200
Wiedereinsetzung in den vorigen Stand 2 24, 717
Willenserklärung 3 53
– Rechtsbindungswillen **3** 64 ff.
– stillschweigende **3** 60
– Wirksamkeit **3** 54 ff.
Willkürverbot 2 921, 927 ff.
Windenergieanlage 2 267, 317, 710
Winterbau, § 32 HOAI 3 235

Z
Zahlungsunfähigkeit 1 802
Zeitbedarf
– nachgewiesener **3** 131
– Schätzung im Voraus **3** 131

Zeithonorar, § 6 HOAI 3 129 ff.
– bei anrechenbaren Kosten außerhalb der Honorartafel **3** 133 f.
– bei ergänzenden Besonderen Leistungen **3** 195
– bei Entwicklung und Herstellung von Fertigteilen **3** 228
– bei Gutachten gem. § 33 HOAI **3** 236
– bei rationalisierungswirksamen besonderen Leistungen **3** 229 f.
– bei Wertermittlung gem. § 34 HOAI **3** 237
– bei Winterbau **3** 235

Zeugenbeschaffung 1 25
Zielvorstellungen 3 403
Zinsen 1 323
Zivilrechtlicher Nachbarschutz 2 765 ff.
– Anspruchsgrundlagen **2** 775 ff.
– Ausgleichsanspruch **2** 806 ff.
– Duldungspflichten **2** 787 ff.
– Nachbarbegriff **2** 771 ff.
– Quasi-negatorischer Unterlassungsanspruch **2** 802 ff.
– Unterlassungsanspruch **2** 778 ff.

Zugang
– Beweisprobleme **3** 56 f.

Zugangsrecht 3 311
Zulässigkeit von Vorhaben 2 114 ff.

Zurückbehaltungsrecht
– des Architekten **3** 313
– des Auftraggebers **3** 293
– gem. § 273 BGB **1** 585

Zurückstellung von Baugesuchen 2 175 ff.
Zusätzliche Leistungen
– Ankündigungspflicht **1** 431
– beim BGB-Einheitspreisvertrag **1** 434
– beim Pauschalpreisvertrag **1** 435
– beim VOB-Einheitspreisvertrag **1** 430 f.
– Höhe der Zusatzvergütung **1** 432

Zuständigkeit
– internationale **3** 16 ff.
– örtliche **3** 15
– Spezialzuständigkeiten **3** 14
– zentrale in Urheberrechtssachen **3** 318

Zuständigkeit des Zivilgerichts
– Abgrenzung von privatem und öffentlichem Baurecht **1** 713
– funktionale Zuständigkeit **1** 714
– Gerichtsstandsvereinbarungen **1** 718
– internationale Zuständigkeit **1** 717
– Kammer für Handelssachen **1** 715
– örtliche Zuständigkeit **1** 716

Zwangsvollstreckung 1 765 ff.
– bei Abnahmeklage **1** 769
– bei Mängelbeseitigung **1** 770 ff.

Rechtliche Möglichkeiten bei schlechter Zahlungsmoral

Jedes zweite Unternehmen muss einen Ausfall seiner Werklohnforderung verkraften. Die Sicherung von Forderungen der Werkunternehmer gewinnt daher zunehmend an Bedeutung.

Das sehr nützliche Praxisbuch

■ stellt alle Instrumentarien zur Sicherung der Werklohnforderungen auf dem neuesten Stand umfassend dar,

■ bietet Muster, Beispiele und taktische Hinweise für die Gestaltung und Durchführung von Bauverträgen sowie für die Mandatsführung,

■ zeigt auf, welche Besonderheiten bei einem Bauprozess zu beachten sind und

■ behandelt auch ausführlich die Durchgriffshaftung der Gesellschafter und Geschäftsführer einer GmbH nach neuester BGH-Rechtsprechung.

Zahlreiche wertvolle Praxishinweise ... stellt das Werk ein praktisches Hilfsmittel für die vertiefte Einarbeitung in die Materie dar.
    Fachverband Bau Baden-Württemberg 5/06

Forderungssicherung und -durchsetzung in der Bauwirtschaft
Von Dr. Frederik Karsten, HWK Chemnitz, RA u FABau- und ArchitektenR Dr. Günter Bauer, Augsburg und VRiLG Dr. Bernhard Klose, Chemnitz
2005, 402 S., brosch., 59,– €,
ISBN 3-8329-1093-X

Nomos

Bitte bestellen Sie bei Ihrer Buchhandlung oder bei:
Nomos Verlagsgesellschaft
76520 Baden-Baden | www.nomos.de

Wer haftet für „schlechte" Investments?

Bauträgermodell und geschlossener Immobilienfonds
Von RA Dr. Matthias Meindl, RA Dr. Mathias Schmid und RA u Stb Franz J. Kemmetter
2006, 224 S., brosch., 49,– €, ISBN 3-8329-1362-9

Vor dem Hintergrund hoher Leerstandsraten, einer Vielzahl von wenig werthaltigen Immobilien und der dadurch verursachten Immobilienkrise mit drohender Insolvenz zahlreicher Fonds, suchen Anleger immer häufiger anwaltliche Hilfe für die Auseinandersetzung mit ihren Vertragspartnern.

Das Recht der Bauträgermodelle und der geschlossenen Immobilienfonds stellt eine Querschnittsmaterie dar, in der Werkvertrags-, Darlehensvertrags-, Kreditsicherungs-, Wohnungseigentums- und Gesellschaftsrecht eine ebenso bedeutsame Rolle einnehmen wie die zunehmend von EU-Richtlinien überlagerten verbraucherschützenden Normen des Bürgerlichen Rechts, das Steuerrecht und wirtschaftliche Zusammenhänge.

Das Handbuch

- erläutert die rechtlichen Grundlagen und die typischen Probleme von Bauträgermodell und geschlossenen Immobilienfonds,
- systematisiert Ansprüche enttäuschter Anleger nach Anspruchsgegnern,
- zeigt Möglichkeiten der Schadensbegrenzung auf,
- erläutert die neueste Rechtsprechung des EuGH,
- unterstützt die Mandatsführung mit zahlreichen taktischen Hinweisen und Mustern und warnt vor Haftungsfallen und
- erläutert steuerrechtliche Zusammenhänge.

Nomos

Bitte bestellen Sie bei Ihrer Buchhandlung oder bei:
Nomos Verlagsgesellschaft
76520 Baden-Baden | www.nomos.de